THE AMERICAN SIDEREAL EPHEMERIS
2001-2025

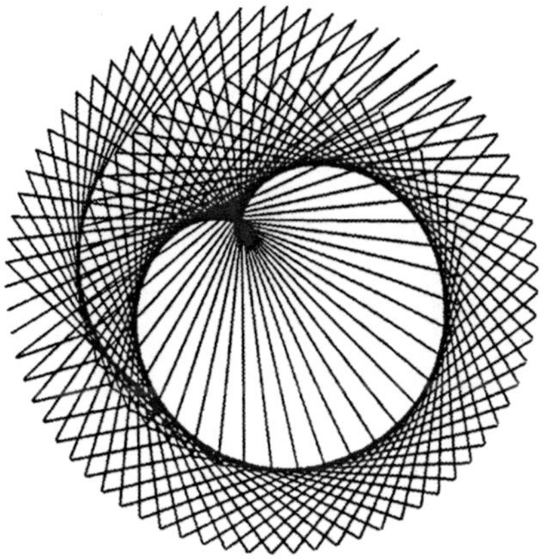

Compiled and Programmed by
Neil F. Michelsen
with formatting by Gerald Peters

A Brief Introduction to the Sidereal Zodiac
by James A. Eshleman
with Kenneth Irving

Published by
Starcrafts Publishing
PO Box 446
Exeter, NH 03833-0446

The American Sidereal Ephemeris 2001-2035

Previously published by ACS Publications in 1981 for the years 1976-2000
and in 1996 for the years 2001-2025

First printing by Starcrafts Publishing: 2007

Compiled and Programmed by Neil F. Michelsen

"A Brief Look at the Sidereal Zodiac"
by James A. Eshelman with Kenneth Irving

Formatting by Gerald Peters
Cover by Maria Kay Simms
The cover mandala, by Neil Michelsen from *Tables of Planetary Phenomena.*
is a visual representation of orbital patterns of Venus and Earth.

International Standard Book Number: ISBN 978-0-9762422-6-0

Library of Congress Control Number: 2007932719

Published b:

Starcrafts Publishing, Starcrafts LLC
PO Box 446
Exeter, NH 03833

Printed in the United States of America

In Memoriam

Neil F. Michelsen

May 11, 1931—May 15, 1990

Publisher's note:

With the publication of **The American Ephemeris 1931-1980** in 1976, Neil F. Michelsen began the series of computer generated ephemerides that are his most enduring legacy. As a primary pioneer of computer technology for astrology, he set high standards for accuracy. Among the numerous reference works he compiled and programmed was *The American Sidereal Ephemeris.* Through his company, ACS Publications, Neil published *The American Sidereal Ephemeris 1976-2000.* After his passing, ACS utilized Neil's programming to extend the years, and in 1996, published *The American Sidereal Ephemeris 2001-2025.*

This volume, with copyright by The Michelsen-Simms Family Trust, has some changes in format, and a few minor changes in the introductory article, *A Brief Introduction to the Sidereal Zodiac,* by James A. Eshelman with Kenneth Irving. Many thanks to Jim for permission to reuse the article, and to Ken for his very welcome assistance in editing and slightly revising the text, including the addition of a new concluding paragraph to address the current popularity of Vedic astrology in the West. I am especially grateful to Rique Pottenger for his utilization of Neil's programming routines to provide the ephemeris pages for this new printing from Starcrafts Publishing.

—Maria Kay Simms

INTRODUCTION

The American Sidereal Ephemeris 2001-2025 contains planetary information for the **Sidereal Zodiac,** as used in western astrology. Generally, the sidereal astrologer will most utilize this ephemeris, although special features such as right ascension and declination and the to-the-second listings of planetary longitudes (see section on "Tropical-Sidereal Conversion") will be of value to Tropical astrologers as well. Those interested in investigating the techniques used specifically by sidereal astrologers will also find this volume a splendid and complete resource.

Planetary positions within *The American Sidereal Ephemeris* are calculated for 0h (midnight Ephemeris Time (ET), with the Moon also for 12h (noon) ET. The S.V.P., A.S.S.I., S.S.R.Y. and phenomena are presented in ET as well. Sidereal Time is provided for Oh Universal Time (UT), identical to midnight Greenwich Mean Time.

Planetary data were obtained from the **U.S. Naval Observatory** on magnetic tape in the form of heliocentric rectangular coordinates for the mean equinox and equator of 1950. These data were used to calculate **apparent** Tropical geocentric longitudes for the true equinox and ecliptic of date. These values are fundamentally the same as those in *The American Ephemeris and Nautical Almanac* (U.S. Observatory) and *The Astronomical Ephemeris* (Royal Greenwich Observatory)which are used by navigators and astronomers throughout the world. Tropical longitudes were converted to **apparent sidereal longitudes** by addition of the Synetic Vernal Point (S.V.P.)

The S.V.P. is the Sidereal longitude of the Vernal Equinox (the Tropical zero-point) in the Fagan-Bradley school of Western Sidereal astrology. It was determined empirically, its mean value being defined as 335°57'28.64 for the epoch 1950.0. This value is precessed to any given epoch, and nutation subtracted to produce the true S.V.P. as listed in this ephemeris. From 221 A.D. until 2376 A.D. the S.V.P. is in Pisces; hence the designation "Age of Pisces."

SUMMARY OF SPECIAL FEATURES

1. Seconds of Arc for All Planets

No other astrological ephemeris is presently available with the to-the-second precision. Among other things, this opens the door to experimentation with return charts for Venus, Mars, etc., and accurate timing of aspects.

2. All Lunar & Planetary Sign Ingresses

A monthly listing gives the day and time each planet enters a new Sidereal sector of the zodiac.

3. Right Ascension & Declination

These equatorial coordinates are used for numerous purposes, such as accurate timing of the risings, settings and culminations of planets.

4. Moon at both midnight and noon

Longitude, 12-hour motion, R.A., declination and 2DIF (half the mean second difference) are given twice a day, providing increased accuracy.

5. A.S.S.I. & S.S.R.Y.

For calculation of the Progressed Sidereal Solar Return P.S.S.R.), Carl Stahl's Apparent Sidereal Solar Increment (A.S.S.I.) is given daily. Also, an innovation in this ephemeris is the daily tabulation of the length of the Sidereal Solar Return Year (S.S.R.Y.)

6. Direct/Retrograde Indicators

Direction of planetary motion is indicated on the date a planet goes retrograde or direct. **The exact time of the station** is tabulated next to the sign ingresses.

7. True Lunar Node

This value can differ from the Mean Node given in most older ephemerides by as much as 1°45'.

8. Delta Time, Mean Node, Julian Day, Obliquity of the Ecliptic & Nutation for the First of Each Month.

"Delta T" is the time in seconds that one must add to Universal Time (UT) to arrive at Ephemeris Time (ET). Future differences between UT and ET can only be estimated, based on past behavior; consequently, some past sidereal ephemeris makers, computing UT ephemerides, limited themselves to producing only one year at a time. Our choice of an ET ephemeris allows us to present this multi-year volume with high precision, and without loss of accuracy.

A BRIEF LOOK AT THE SIDEREAL ZODIAC
by James A Eshelman with Kenneth Irving

The Sidereal Zodiac, like the more familiar Tropical Zodiac (currently used by most Western astrologers), is divided into 12 equal segments of 30° each. These divisions bear the familiar names Aries, Taurus, etc. The basic difference is that the start of the Tropical Zodiac (0° 1) is permanently identified with the vernal equinox, while the sidereal zodiac is measured in a way that fixes it against the starry celestial backdrop. The boundaries of the Sidereal Zodiac have been precisely determined by purely observational means, supported by **independent** archaeological investigation. Because the vernal equinox is not fixed against this same celestial backdrop, the Tropical zodiac is in constant backwards motion in relation to the Sidereal zodiac (the **Precession of the Equinoxes**). As a result, "signs" of the same name in these zodiacs do not presently occupy the same areas of space.

In 1944, Cyril Fagan discovered the superiority of Sidereal Solar and Lunar returns ('Solunars') over their Tropical counterparts. These returns, calculated in a precession-free reference frame, yield quite different results from Tropical returns. For example, the difference in the time of a Solar Return amounts to a whole day at age 72. Fagan began favoring the use of a sidereal, or non-precessing, zodiac such as Eastern astrologers have used for centuries. He felt it made more sense than continuing to use a precessing (Tropical) zodiac but deleting precession for predicting purposes. Sidereal sign-placements also began to provide solutions for many confusing problems of astrological symbolism. In this early, formative stage of Western Sidereal astrology, Fagan adopted the leading Hindu stellar zodiac, which fixed the star Spica at 0♎00'00" for all time. This zodiac differed from contemporary Tropical zodiac by about 23° in the mid-1940s.

Donald Bradley entered the scene in the late 40s. Then an advocate of the Tropical zodiac, Bradley undertook what was at that time the largest, most carefully performed statistical examination of astrology's fundamental precepts. Published in 1950 as *Profession and Birth Date*[1], Bradley's study of 2492 eminent clergymen surprised him by indicating that, while twelve equal divisions of the zodiac do exist, their boundaries are not where Tropical tradition places them. In fact, Bradley's work suggested that in this century, a new sign begins about where Tropicalists mark 24° of each sign, not at 0°.

This differed by 1° from Fagan's initial speculation. Bradley pointed out that this purely empirical determination (which had since been replicated with other large data samples) carried symbolic virtues. For instance, it placed the star Aldebaran, the "bull's eye,"exactly at 15° Taurus, the "bull's eye" of this original first sign of the zodiac. Spica, symbolically the sheaf of wheat in Virgo's hands, was now found at 29°6, not 0°. Shortly thereafter, Fagan verified these speculations when he solved the mystery of the origin of traditional exaltation degrees (*Hpysomata—*see *Zodiacs Old and New*)[2] , thereby determining to the nearest degree the boundaries of the ancient Egypto-Babylonian zodiac. Spica was officially shifted, by Fagan, Bradley, and others who had by that time joined them, to 29♍00'00".

Yet no single "fixed" star can reasonably be presumed to determine the structure of the entire zodiac. These Sidereal longitudes of Spica, Aldebaran, etc., were known to be near-approximations at best, and not precise "permanent residences" by which a zodiac is defined. Current Sidereal theorists generally presume that their zodiac is the resultant of the harmonic interplay of **all** galactic and extra-galactic material, visible and invisible. In other words, it is a **"field"** in which the relative positions of the planets produce astrological effects; a concept by no means out of alignment with progressive physics.

In 1956, a dozen years after Fagan's initial discovery, Bradley began investigating Sidereal Solar and Lunar Cardinal Ingresses. The accuracy of his calculations was naturally dependent on the exact locations of Sidereal 0° Aries, Cancer, Libra and Capricorn. A half-degree error in these points would displace the timing of a Lunar ingress by about an hour, or of a Solar Ingress by about 12 hours. Initially, the Solar Ingress results were quite disappointing. Sidereal Lunar Ingresses, however, were exceptionally illuminating. Bradley found that by adjusting the zero-point by only 0°06, these Lunar Ingresses were often nearly **perfect** in their symbolic representation of socio-political events and natural phenomena. Spica was temporarily redefined as marking 29♍ 06.

These six minutes altered by about 2-1/2 hours the timing of Solar Ingresses, miraculously transforming them, like the Lunar Ingresses, into valid mundane charts. A further adjustment of only 5" produced the most significant "polishing" improvement on this already pleasing technique. Spica was therefore re-situated at 29♍06'05" for the epoch 1950.0, placing the mean longitude of the Vernal Point at 5♓57'28.64 for the same point in time.

This is the basis of the Synetic Vernal Point (S.V.P.) utilized by Western Siderealists since 1957. It is presumed to be in error by no more than a few seconds, if that much. Thus, no longer are the boundaries of the 12 divisions of the Sidereal zodiac even nominally dependent on any single star with its own proper motion, but rather on a **truly sidereal matrix** which encompasses the totality of space.

Two important corroborations deserve mention in closing. One, statistical in nature, arose from a discovery made by Bradley after this initial experiments with Sidereal Ingresses. Investigating Sidereal Lunar Capricorn Ingresses ("Caplunars") for record rainfalls, he found Jupiter appeared near the angles of these charts at the localities of the cloud-bursters many times more than normal expectation would allow. Further pursuit of this led to a grant from **The National Science Foundation** administered by New York University to continue this research and related studies. This "Jupiter Effect' which Bradley felt was replicated in larger-scale studies, naturally depends upon the correct placement of the sidereal zodiacal boundaries and lends considerable support to their defined locations.

The second corroboration, from archaeological sources and non-astrological scholars who study the history of astrology and astronomy, was unknown to either Fagan or Bradley during their lives. In 1958 (a year after Bradley's determination of the S.V.P.), Peter Huber published some noteworthy findings on the Babylonian zodiac. The Babylonians are acknowledged by most modern scholars as the originators of astrology. In order to determine the boundaries of the zodiac used by the Babylonians, Huber compared the calculated dates of planetary ingresses into the "Sidereal signs" to the calculated dates of planetary conjunctions with certain stars, as recorded in Babylonian astronomical texts. Huber's conclusion, published in the German journal *Centaurus* (1958, Vol. IX, pp 192-208), were that the Babylonian zodiac, adjusted to the epoch –100, placed the Vernal Point at 4♈28 +/-20'. The Fagan-Bradley S.V.P., for the same epoch, located the Vernal Point at 4♈27, agreeing **within 1' of arc**!

USE OF THE EPHEMERIS

In this space it is impossible to give full details of horoscope calculation. We must assume the ephemeris user has learned this elsewhere. Full instructions for construction of an astrological chart are given in *The Michelsen Book of Tables* (with tables for both Placidus and Koch house systems), by Neil F. Michelsen.

The following instructions refer to particular features included in this ephemeris, and special applications which users will frequently make of this reference.

Tropical-Sidereal Conversion

Because the S.V.P. is in Pisces for the entire period 221-2376 AD, its sign is not listed. Always assume this to be Pisces.

To convert any longitude from Tropical to Sidereal, add the numerical value of the S.V.P. and back up one sign (30°). For instance, Alex Eisenhower (great-grandson of President Eisenhower) was born in Phoenixville, PA (40N08, 75W31) on October 10, 1980 at 3:03 am EDT when the S.V.P. was 5♓31'55". These examples convert two of his Tropical placements to Sidereal longitude.

17°07'50" ♎	Tropical Longitude	23°34'28" ♏
+5°31'55"	+ S.V.P.	+5°31'55"
22°38'105" ♎		28°65'84" ♏
22°39' 45" ♎		29°06'23" ♏
-30°00'00"	subtract one sign	-30°00'00"
22°39'45" ♍		29°06'23" ♎

Example of Tropical to Sidereal Conversion

To convert a Sidereal longitude to Tropical, reverse the process, add one sign (30°), then subtract the S.V.P.

Solar Quotidian (S.Q.)

The daily progression of the Solar Return angles advances the Solar Return's Sidereal Time at the same rate as the right ascension of transiting Sun.

Method A. This is especially useful for examining a single date. Subtract Solar Return Sun's R.A. from transiting Sun's R.A. Add this to the Solar Return's Sidereal Time to get the S.Q.'s Sidereal Time. Calculate the S.Q. angles.

Method B. This is especially useful when the S.Q. is to be calculated daily or at least several times during the year. Subtract the Solar Return Sun's R.A. from the Solar Return's Sidereal Time for the longitude of residence. This gives the Sun's **Hour Angle** (H.A.), a constant for the duration of the entire Solar Return period, provided the individual doesn't change location. Simply add transiting Sun's R.A. to this constant Hour Angle to get the S.Q.'s Sidereal Time for any date and time. Calculate the S.Q. angles.

These two methods yield identical results.

Progressed Sidereal Solar Return (P.S.S.R.)

The Sidereal year averages 365 days 6:09:09.5 hours, the average period between two consecutive Sidereal Solar Returns. Accordingly, the average Sidereal Time increase from one Solar Return to the next averages 6:09:13, (a slightly different value), provided both are calculated for the same location.
Actually, since in 365 days the earth rotates **366 times**, this value is properly expressed as 24:00:00 + 6:09:13, or 30:09:13. Also, it is only an average, and can vary ten or more minutes from this on any given date. The exact value is given daily in this ephemeris as the S.S.R.Y., or length of the Sidereal Solar Return Year.

The Progressed Sidereal Solar Return (P.S.S.R.) distributes this S.S.R.Y. value over the entire Solar Return period, with solar right ascension as its argument. We shall explain three methods of calculating the P.S.S.R. One is a very good approximation method based on the average S.S.R.Y., and the other two methods calculate it precisely.

Mean P.S.S.R

a. Calculate the Solar Return as usual. In addition, interpolate the A.S.S.I. (Apparent Sidereal Solar Increment) as though it were a planet. This constant for the entire Solar Return year is accordingly called the Apparent Sidereal Solar Increment Constant (A.S.S.I.C.).

b. Calculate the A.S.S.I. for the date and Ephemeris Time for which you wish to compute the P.S.S.R. Subtract the A.S.S.I.C. from the transiting A.S.S.I. (If the A.S.S.I. is smaller than the A.S.S.I.C., add 30:09:13 first, **not** 24h.)

c. Add the Solar Return's Sidereal Time for the longitude of residence. If the sum is greater than 24 hours, subtract 24 hours. The answer is the Sidereal Time of the mean P.S.S.R.

Accurate P.S.S.R.—A.S.S.I. Method

a. Calculate the Sidereal Solar Return Year (S.S.R.Y.) for the time and date of the Solar Return. From the

S.S.R.Y., subtract 30:09:13; call the difference D. Note that D will be a negative number about as often as it's a positive number. The S.S.R.Y. and D are constants for this Solar Return.

b. Calculate the mean P.S.S.R. as instructed above, using A.S.S.I.

c. Determine the number of days elapsed from the Solar Return date to the P.S.S.R. date. Multiply this number by D, and divide by 365.25, being careful to observe whether D is positive or negative. Add this to the answer obtained in (b) above (which means, of course, subtracting the numerical value if D is negative, or adding if positive).

Notice that D will readily tell you how much error is possible for the P.S.S.R. if not corrected this way. If the S.S.R.Y. is 30:05:53, D will be 30:05:53 - 30:09:13 = 0:03:20. Since four minutes of time averages one degree on the angles, 3m20s corresponds to a maximum error of 0°50', a little less than one degree. This maximum error will only occur at the end of the Solar Return Year. Halfway through the year it will be half of this, etc. This allows the user to easily determine whether or not (s)he wishes to bother with this correction.

Accurate P.S.S.R.—Direct Calculation Method

This method doesn't use the A.S.S.I., but requires a calculator, rendering it the fastest and easiest method of calculating a P.S.S.R.

a. Calculate the Solar Return, as usual, being sure to calculate the Sun's R.A. and the S.S.R.Y. as constraints for the year.

b. Convert the S.S.R.Y. to hours and a decimal. Divide this by 24.00093 (24:00:03:35). The quotient is the **annual constant** or **annual decimal**, and is constant for one year.

c. Calculate transiting Sun's R.A. for the date and Ephemeris Time of the desired P.S.S.R. Subtract the Solar Return Sun's R.A. If the answer is negative, add 24 hours.

d. Multiply the result by the annual constant.

e. Add the product of the multiplication to the Solar Return's Sidereal Time for the longitude of residence. The sum is the P.S.S.R. Sidereal Time.

P.S.S.R.s and P.S.I.R.s

Some practitioners have found that the Sidereal Lunar Return (and probably any other chart) also progresses meaningfully at both the S.Q. and P.S.S.R. rates. If you wish to try this idea, the mean P.S.S.R. method will almost always suffice. In the most extreme case, an error of about one minute of Sidereal Time can accumulate by the end of the personal lunar month. Usually the error will be negligible.

Since the original publication of this ephemeris, Vedic astrology, the astrology of India, has gained many adherents in the West, and particularly in America. Even though Vedic is quite different from Western Sidereal in terms of technique, it does use a sidereal zodiac. Thus, the positions in this ephemeris can be used, with some slight adjustment, in Vedic work when an ephemeris for a particular ayanamsa isn't available.

Endnotes

[1] Bradley, *Donald, Profession and Birthdate*, Los Angeles: Llewellyn Foundation for Astrological Research, 1950.

[2] Fagan, Cyril, *Zodiacs, Old & New*, Los Angeles: Llewellyn Foundation for Astrological Research, 1950; London: Anscombe, 1951.

JANUARY 2001

DAY	SIDEREAL TIME h m s	☉ SUN LONG ° ' "	MOT ' "	R.A. h m s	DECL ° ' "	☽ MOON AT 0 HOURS LONG ° ' "	12h MOT ° ' "	2DIF	R.A. h m s	DECL ° ' "	☽ MOON AT 12 HOURS LONG ° ' "	12h MOT ° ' "	2DIF	R.A. h m s	DECL ° ' "
1 M	6 42 50	15♐52 59	61 10	18 46 15.4	23S 0 46	23♒56 49	6 4 12	100	23 25 55	8S49 30	0♓ 1 2	6 7 49	117	23 48 42	6S37 49
2 Tu	6 46 47	16 54 8	61 9	18 50 40.2	22 55 39	6♓ 8 51	6 12 0	134	0 11 28	4 21 1	12 20 51	6 16 44	150	0 34 21	2 0 7
3 W	6 50 44	17 55 17	61 9	18 55 4.6	22 50 6	18 37 35	6 21 59	165	0 57 27	0N23 44	24 59 33	6 27 43	179	1 20 54	2N49 20
4 Th	6 54 40	18 56 26	61 9	18 59 28.6	22 44 5	1♈27 16	6 33 53	190	1 44 47	5 15 18	8♈ 1 9	6 40 25	200	2 9 15	7 40 8
5 F	6 58 37	19 57 35	61 9	19 3 52.2	22 37 37	14 41 34	6 47 12	206	2 34 25	10 2 4	21 28 45	6 54 7	208	3 0 25	12 19 6
6 S	7 2 33	20 58 44	61 8	19 8 15.4	22 30 42	28 22 52	7 1 3	205	3 27 19	14 28 58	5♉23 55	7 7 49	198	3 55 13	16 29 7
7 Su	7 6 30	21 59 52	61 8	19 12 38.1	22 23 20	12♉31 44	7 14 15	186	4 24 9	18 16 50	19 45 59	7 20 11	168	4 54 8	19 49 14
8 M	7 10 26	23 0 59	61 8	19 17 0.3	22 15 32	27 6 10	7 25 25	144	5 25 5	21 3 29	4♊31 35	7 29 48	116	5 56 53	21 56 56
9 Tu	7 14 23	24 2 7	61 7	19 21 21.9	22 7 18	12♊ 1 23	7 33 11	84	6 29 19	22 27 25	19 34 34	7 35 26	49	7 2 10	22 33 26
10 W	7 18 20	25 3 14	61 7	19 25 43.0	21 58 38	27 9 59	7 36 28	13	7 35 7	22 14 19	4♋46 27	7 36 16	-24	8 7 54	21 30 22
11 Th	7 22 16	26 4 21	61 7	19 30 3.6	21 49 32	12♋22 43	7 34 51	-60	8 40 14	20 22 49	19 57 34	7 32 16	-93	9 11 53	18 53 43
12 F	7 26 13	27 5 27	61 7	19 34 23.6	21 40 1	27 29 50	7 28 38	-123	9 42 44	17 5 40	4♌58 29	7 24 5	-148	10 12 40	15 1 43
13 S	7 30 9	28 6 34	61 6	19 38 42.9	21 30 4	12♌22 34	7 18 47	-168	10 41 41	12 44 59	19 41 21	7 12 54	-182	11 9 47	10 18 37
14 Su	7 34 6	29 7 40	61 6	19 43 1.7	21 19 43	26 54 15	7 6 37	-192	11 37 2	7 45 35	4♍ 0 52	7 0 7	-196	12 3 33	5 8 36
15 M	7 38 2	0♑ 8 46	61 6	19 47 19.8	21 8 53	11♍ 0 58	6 53 32	-192	12 29 26	2 30 7	17 54 30	6 47 2	-192	12 54 48	0S 7 43
16 Tu	7 41 59	1 9 52	61 6	19 51 37.3	20 57 46	24 41 32	6 40 42	-185	13 19 46	2S42 58	1♎22 14	6 34 40	-176	13 44 28	5 13 57
17 W	7 45 55	2 10 58	61 5	19 55 54.1	20 46 12	7♎56 54	6 29 0	-164	14 8 59	7 39 9	14 25 54	6 23 44	-151	14 33 25	9 57 12
18 Th	7 49 52	3 12 3	61 5	20 0 10.2	20 34 14	20 49 38	6 18 54	-138	14 57 53	12 6 52	27 8 32	6 14 33	-124	15 22 26	14 7 1
19 F	7 53 48	4 13 9	61 5	20 4 25.7	20 21 52	3♏23 5	6 10 40	-110	15 47 9	15 56 32	9♏33 45	6 7 14	-96	16 12 2	17 34 26
20 S	7 57 45	5 14 14	61 5	20 8 40.4	20 9 8	15 40 58	6 4 16	-83	16 37 9	18 59 48	21 45 14	6 1 43	-70	17 2 28	20 11 46
21 Su	8 1 42	6 15 18	61 4	20 12 54.4	19 56 0	27 46 57	5 59 34	-59	17 27 59	21 9 38	3♐46 31	5 57 49	-47	17 53 39	21 52 47
22 M	8 5 38	7 16 22	61 4	20 17 7.6	19 42 31	9♐44 20	5 56 24	-37	18 19 25	22 20 48	15 40 44	5 55 20	-28	18 45 13	22 33 25
23 Tu	8 9 35	8 17 26	61 3	20 21 20.1	19 28 39	21 36 3	5 54 33	-19	19 10 58	22 30 36	27 30 37	5 54 4	-11	19 36 36	22 12 30
24 W	8 13 31	9 18 29	61 2	20 25 31.8	19 14 26	3♑24 40	5 53 50	-3	20 2 3	21 39 30	9♑18 30	5 53 52	5	20 27 14	20 52 7
25 Th	8 17 28	10 19 31	61 1	20 29 42.8	18 59 51	15 12 22	5 54 9	12	20 51 36	19 51 7	21 6 31	5 54 40	19	21 16 37	18 37 20
26 F	8 21 24	11 20 32	61 0	20 33 52.9	18 44 56	27 1 11	5 55 26	27	21 40 46	17 11 44	2♒56 38	5 56 28	35	22 4 34	15 35 22
27 S	8 25 21	12 21 32	60 59	20 38 2.2	18 29 40	8♒53 6	5 57 46	43	22 28 2	13 49 20	14 50 52	5 59 22	52	22 51 11	11 54 43
28 Su	8 29 18	13 22 31	60 58	20 42 10.7	18 14 4	20 50 14	6 1 16	62	23 14 5	9 52 39	26 51 29	6 3 30	72	23 36 48	7 44 14
29 M	8 33 14	14 23 30	60 57	20 46 18.4	17 58 8	2♓54 59	6 6 5	83	23 59 25	5 30 37	9♓ 1 4	6 9 3	95	0 22 0	3 12 53
30 Tu	8 37 11	15 24 27	60 56	20 50 25.2	17 41 53	15 10 7	6 12 26	107	0 44 39	0 52 12	21 22 33	6 16 13	120	1 7 29	1N30 16
31 W	8 41 7	16♑25 22	60 55	20 54 31.2	17S25 19	27♓38 46	6 20 27	133	1 30 36	3N53 18	3♈59 13	6 25 6	146	1 54 6	6N15 33

LUNAR INGRESSES
1 ☽ ♓ 11:58
3 ☽ ♈ 21:19
6 ☽ ♉ 2:47
8 ☽ ♊ 4:42
10 ☽ ♋ 4:28
12 ☽ ♌ 4:00
14 ☽ ♍ 5:12
16 ☽ ♎ 9:31
18 ☽ ♏ 17:29
21 ☽ ♐ 4:26
23 ☽ ♑ 17:04
26 ☽ ♒ 6:02
28 ☽ ♓ 18:14
31 ☽ ♈ 4:28

PLANET INGRESSES
7 ☿ ♑ 9:30
14 ☉ ♑ 20:33
26 ☿ ♒ 10:51
27 ♀ ♓ 23:05

STATIONS
25 ♃ D 8:39
25 ♄ D 0:25

DATA FOR THE 1st AT 0 HOURS
JULIAN DAY 36890.5
☽ MEAN ☊ 20°♊ 56' 4"
OBLIQUITY 23° 26' 18"
DELTA T 64.6 SECONDS
NUTATION LONGITUDE -16.2"

DAY MO	YR	☿ LONG ° ' "	♀ LONG ° ' "	♂ LONG ° ' "	♃ LONG ° ' "	♄ LONG ° ' "	♅ LONG ° ' "	♆ LONG ° ' "	♇ LONG ° ' "	☊ LONG ° '	A.S.S.I. h m s	S.S.R.Y. h m s	S.V.P. ♓ ° ' "	☿ MERCURY R.A. h m s	DECL ° ' "
1	1	19♐31 14	2♒12 58	10♎16 16	7♉26R26	29♈50R29	23♑54 1	10♑34 39	19♏ 1 6	20♊46	23 34 58	30 12 38	5 15 1.0	19 2 54	24S38 13
2	2	21 8 43	3 19 9	10 46 19	7 21 42	29 47 56	23 56 57	10 36 46	19 3 13	20 46	23 40 31	30 13 16	5 15 0.9	19 10 1	24 29 33
3	3	22 46 32	4 25 4	11 21 20	7 17 9	29 45 29	23 59 54	10 38 53	19 5 19	20 46	23 46 3	30 13 43	5 15 0.8	19 17 8	24 19 21
4	4	24 24 38	5 30 44	11 56 17	7 12 46	29 43 9	24 2 52	10 41 2	19 7 24	20 46	23 51 35	30 14 0	5 15 0.7	19 24 15	24 7 37
5	5	26 3 4	6 36 8	12 31 11	7 8 35	29 40 54	24 5 53	10 43 11	19 9 29	20 46	23 57 6	30 14 5	5 15 0.6	19 31 22	23 54 21
6	6	27 41 46	7 41 16	13 6 2	7 4 35	29 38 45	24 8 54	10 45 21	19 11 32	20 46	24 2 37	30 13 58	5 15 0.4	19 38 28	23 39 31
7	7	29 20 45	8 46 6	13 40 49	7 0 47	29 36 43	24 11 58	10 47 31	19 13 34	20 46	24 8 7	30 13 37	5 15 0.2	19 45 34	23 23 7
8	8	1♑ 0 0	9 50 38	14 15 33	6 57 10	29 34 47	24 15 3	10 49 42	19 15 35	20 46	24 13 36	30 13 4	5 14 59.9	19 52 38	23 5 10
9	9	2 39 28	10 54 52	14 50 14	6 53 45	29 32 57	24 18 9	10 51 53	19 17 35	20 46	24 19 5	30 12 20	5 14 59.6	19 59 42	22 45 39
10	10	4 19 6	11 58 47	15 24 51	6 50 31	29 31 14	24 21 16	10 54 6	19 19 34	20 46	24 24 33	30 11 27	5 14 59.3	20 6 43	22 24 35
11	11	5 58 52	13 2 23	15 59 25	6 47 29	29 29 37	24 24 25	10 56 18	19 21 32	20 46	24 30 0	30 10 27	5 14 59.1	20 13 43	22 1 58
12	12	7 38 42	14 5 38	16 33 55	6 44 39	29 28 6	24 27 35	10 58 31	19 23 29	20 46	24 35 27	30 9 25	5 14 58.9	20 20 40	21 37 49
13	13	9 18 30	15 8 33	17 8 22	6 42 1	29 26 42	24 30 47	11 0 45	19 25 25	20 45	24 40 53	30 8 24	5 14 58.7	20 27 34	21 12 10
14	14	10 58 10	16 11 6	17 42 45	6 39 34	29 25 25	24 33 59	11 2 59	19 27 19	20 44	24 46 18	30 7 28	5 14 58.6	20 34 25	20 45 2
15	15	12 37 36	17 13 17	18 17 4	6 37 20	29 24 13	24 37 13	11 5 13	19 29 12	20 43	24 51 42	30 6 40	5 14 58.5	20 41 12	20 16 27
16	16	14 16 38	18 15 6	18 51 19	6 35 18	29 23 9	24 40 28	11 7 28	19 31 4	20 43	24 57 6	30 6 3	5 14 58.4	20 47 54	19 46 29
17	17	15 55 6	19 16 31	19 25 30	6 33 28	29 22 11	24 43 44	11 9 43	19 32 55	20 43	25 2 28	30 5 38	5 14 58.4	20 54 31	19 15 11
18	18	17 32 47	20 17 32	19 59 38	6 31 50	29 21 20	24 47 1	11 11 58	19 34 44	20 43	25 7 50	30 5 25	5 14 58.2	21 1 1	18 42 37
19	19	19 9 26	21 18 8	20 33 41	6 30 25	29 20 35	24 50 19	11 14 14	19 36 32	20 44	25 13 11	30 5 25	5 14 58.1	21 7 23	18 8 54
20	20	20 44 46	22 18 18	21 7 39	6 29 12	29 19 58	24 53 38	11 16 30	19 38 19	20 46	25 18 31	30 5 37	5 14 57.9	21 13 37	17 34 7
21	21	22 18 27	23 18 2	21 41 33	6 28 11	29 19 27	24 56 58	11 18 46	19 40 4	20 47	25 23 50	30 5 59	5 14 57.7	21 19 42	16 58 25
22	22	23 50 4	24 17 17	22 15 23	6 27 23	29 19 3	25 0 19	11 21 2	19 41 48	20 48	25 29 8	30 6 31	5 14 57.4	21 25 34	16 21 57
23	23	25 19 11	25 16 4	22 49 8	6 26 47	29 18 45	25 3 40	11 23 19	19 43 30	20 48	25 34 25	30 7 11	5 14 57.2	21 31 14	15 44 55
24	24	26 45 18	26 14 21	23 22 48	6 26 24	29 18 35	25 7 3	11 25 35	19 45 11	20 48	25 39 42	30 7 58	5 14 57.0	21 36 39	15 7 31
25	25	28 7 51	27 12 7	23 56 23	6 26D13	29 18D31	25 10 26	11 27 52	19 46 51	20 46	25 44 57	30 8 49	5 14 56.8	21 41 47	14 30 1
26	26	29 26 10	28 9 21	24 29 53	6 26 15	29 18 34	25 13 50	11 30 10	19 48 28	20 43	25 50 11	30 9 43	5 14 56.7	21 46 35	13 52 42
27	27	0♒39 35	29 6 2	25 3 18	6 26 29	29 18 44	25 17 14	11 32 25	19 50 5	20 40	25 55 24	30 10 39	5 14 56.6	21 51 2	13 15 52
28	28	1 47 20	0♓ 2 8	25 36 38	6 26 55	29 19 1	25 20 39	11 34 42	19 51 40	20 36	26 0 37	30 11 35	5 14 56.5	21 55 4	12 39 53
29	29	2 48 38	0 57 37	26 9 52	6 27 34	29 19 25	25 24 5	11 36 58	19 53 13	20 32	26 5 48	30 12 29	5 14 56.4	21 58 40	12 5 9
30	30	3 42 40	1 52 29	26 43 1	6 28 25	29 19 55	25 27 31	11 39 15	19 54 44	20 28	26 10 58	30 13 19	5 14 56.4	22 1 45	11 32 4
31	31	4♒28 36	2♓46 42	27♎16 4	6♉29 29	29♈20 32	25♑30 58	11♑41 31	19♏56 14	20♊26	26 16 7	30 14 3	5 14 56.3	22 4 18	11S 1 4

DAY Jan	♀ VENUS R.A. h m s	DECL ° ' "	♂ MARS R.A. h m s	DECL ° ' "	♃ JUPITER R.A. h m s	DECL ° ' "	♄ SATURN R.A. h m s	DECL ° ' "	♅ URANUS R.A. h m s	DECL ° ' "	♆ NEPTUNE R.A. h m s	DECL ° ' "	♇ PLUTO R.A. h m s	DECL ° ' "
1	21 58 51	13S56 52	14 12 21	11S58 51	4 1 6	19N48 23	3 31 9	16N47 4	21 25 12	15S53 1	20 30 34	18S46 17	16 54 38	12S12 27
2	22 3 2	13 30 33	14 14 36	12 10 40	4 0 46	19 47 41	3 30 59	16 46 42	21 25 24	15 52 6	20 30 43	18 45 47	16 54 46	12 12 37
3	22 7 10	13 3 58	14 16 51	12 22 23	4 0 27	19 47 1	3 30 49	16 46 21	21 25 36	15 51 9	20 30 52	18 45 17	16 54 55	12 12 47
4	22 11 16	12 37 8	14 19 6	12 34 0	4 0 9	19 46 23	3 30 39	16 46 2	21 25 47	15 50 13	20 31 0	18 44 46	16 55 3	12 12 56
5	22 15 21	12 10 3	14 21 21	12 45 32	3 59 51	19 45 47	3 30 30	16 45 45	21 25 59	15 49 16	20 31 9	18 44 15	16 55 12	12 13 5
6	22 19 23	11 42 44	14 23 36	12 56 59	3 59 34	19 45 14	3 30 21	16 45 29	21 26 11	15 48 18	20 31 18	18 43 44	16 55 20	12 13 13
7	22 23 23	11 15 13	14 25 51	13 8 20	3 59 18	19 44 43	3 30 12	16 45 15	21 26 23	15 47 20	20 31 27	18 43 13	16 55 28	12 13 21
8	22 27 21	10 47 30	14 28 6	13 19 36	3 59 3	19 44 14	3 30 4	16 45 3	21 26 35	15 46 22	20 31 36	18 42 42	16 55 36	12 13 29
9	22 31 17	10 19 35	14 30 21	13 30 46	3 58 49	19 43 47	3 29 56	16 44 52	21 26 47	15 45 23	20 31 45	18 42 10	16 55 44	12 13 36
10	22 35 12	9 51 31	14 32 36	13 41 51	3 58 35	19 43 23	3 29 49	16 44 42	21 27 0	15 44 23	20 31 54	18 41 39	16 55 52	12 13 42
11	22 39 4	9 23 16	14 34 51	13 52 49	3 58 22	19 43 1	3 29 42	16 44 35	21 27 12	15 43 24	20 32 3	18 41 7	16 56 0	12 13 49
12	22 42 54	8 54 54	14 37 6	14 3 42	3 58 10	19 42 42	3 29 36	16 44 29	21 27 25	15 42 23	20 32 12	18 40 35	16 56 8	12 13 55
13	22 46 41	8 26 23	14 39 21	14 14 29	3 57 59	19 42 24	3 29 30	16 44 24	21 27 37	15 41 23	20 32 21	18 40 3	16 56 16	12 14 0
14	22 50 27	7 57 45	14 41 36	14 25 10	3 57 49	19 42 10	3 29 25	16 44 22	21 27 50	15 40 22	20 32 31	18 39 31	16 56 24	12 14 5
15	22 54 11	7 29 1	14 43 51	14 35 46	3 57 39	19 41 57	3 29 20	16 44 21	21 28 3	15 39 20	20 32 40	18 38 59	16 56 31	12 14 10
16	22 57 53	7 0 12	14 46 6	14 46 15	3 57 30	19 41 47	3 29 15	16 44 21	21 28 15	15 38 19	20 32 49	18 38 26	16 56 39	12 14 14
17	23 1 32	6 31 18	14 48 20	14 56 38	3 57 23	19 41 40	3 29 11	16 44 23	21 28 28	15 37 17	20 32 58	18 37 53	16 56 46	12 14 17
18	23 5 9	6 2 20	14 50 35	15 6 55	3 57 16	19 41 35	3 29 7	16 44 27	21 28 41	15 36 14	20 33 7	18 37 20	16 56 54	12 14 20
19	23 8 45	5 33 19	14 52 50	15 17 6	3 57 9	19 41 32	3 29 4	16 44 33	21 28 54	15 35 11	20 33 17	18 36 48	16 57 1	12 14 23
20	23 12 18	5 4 15	14 55 4	15 27 11	3 57 4	19 41 32	3 29 1	16 44 40	21 29 7	15 34 8	20 33 26	18 36 15	16 57 8	12 14 26
21	23 15 49	4 35 10	14 57 19	15 37 9	3 57 0	19 41 35	3 28 59	16 44 49	21 29 20	15 33 5	20 33 35	18 35 42	16 57 15	12 14 28
22	23 19 18	4 6 5	14 59 33	15 47 1	3 56 56	19 41 40	3 28 57	16 45 0	21 29 33	15 32 1	20 33 45	18 35 9	16 57 22	12 14 29
23	23 22 44	3 36 59	15 1 48	15 56 46	3 56 54	19 41 47	3 28 55	16 45 12	21 29 47	15 30 57	20 33 54	18 34 36	16 57 29	12 14 30
24	23 26 8	3 7 55	15 4 2	16 6 25	3 56 52	19 41 57	3 28 54	16 45 27	21 30 0	15 29 53	20 34 3	18 34 3	16 57 36	12 14 31
25	23 29 30	2 38 53	15 6 16	16 15 58	3 56 51	19 42 10	3 28 54	16 45 42	21 30 13	15 28 48	20 34 13	18 33 29	16 57 43	12 14 31
26	23 32 50	2 9 53	15 8 30	16 25 24	3 56 51	19 42 25	3 28 54	16 46 0	21 30 27	15 27 44	20 34 22	18 32 54	16 57 49	12 14 31
27	23 36 7	1 40 57	15 10 44	16 34 43	3 56 51	19 42 43	3 28 54	16 46 19	21 30 40	15 26 39	20 34 31	18 32 23	16 57 56	12 14 31
28	23 39 21	1 12 5	15 12 58	16 43 56	3 56 53	19 43 3	3 28 55	16 46 40	21 30 54	15 25 34	20 34 40	18 31 50	16 58 2	12 14 30
29	23 42 33	0 43 19	15 15 11	16 53 2	3 56 56	19 43 25	3 28 56	16 47 3	21 31 7	15 24 28	20 34 50	18 31 16	16 58 8	12 14 28
30	23 45 43	0 14 40	15 17 25	17 2 2	3 56 59	19 43 50	3 28 58	16 47 27	21 31 21	15 23 23	20 34 59	18 30 43	16 58 15	12 14 27
31	23 48 50	0N13 53	15 19 38	17S10 54	3 57 3	19N44 18	3 29 0	16N47 53	21 31 34	15S22 17	20 35 8	18S30 9	16 58 21	12S14 24

FEBRUARY 2001

DAY	SIDEREAL TIME (h m s)	☉ SUN LONG (° ' ")	MOT (' ")	R.A. (h m s)	DECL (° ' ")
1 Th	8 45 4	17♑26 17	60 53	20 58 36.4	17S 8 27
2 F	8 49 0	18 27 10	60 52	21 2 40.7	16 51 16
3 S	8 52 57	19 28 2	60 51	21 6 44.3	16 33 48
4 Su	8 56 53	20 28 53	60 49	21 10 46.9	16 16 3
5 M	9 0 50	21 29 42	60 48	21 14 48.8	15 58 0
6 Tu	9 4 47	22 30 29	60 46	21 18 49.8	15 39 42
7 W	9 8 43	23 31 15	60 45	21 22 50.0	15 21 7
8 Th	9 12 40	24 32 0	60 44	21 26 49.4	15 2 17
9 F	9 16 36	25 32 44	60 42	21 30 48.0	14 43 12
10 S	9 20 33	26 33 26	60 41	21 34 45.8	14 23 52
11 Su	9 24 29	27 34 7	60 40	21 38 42.9	14 4 17
12 M	9 28 26	28 34 48	60 39	21 42 39.2	13 44 29
13 Tu	9 32 22	29 35 26	60 38	21 46 34.7	13 24 27
14 W	9 36 19	0♒36 4	60 37	21 50 29.6	13 4 11
15 Th	9 40 15	1 36 41	60 36	21 54 23.7	12 43 43
16 F	9 44 12	2 37 16	60 34	21 58 17.1	12 23 2
17 S	9 48 9	3 37 51	60 33	22 2 9.8	12 2 10
18 Su	9 52 5	4 38 24	60 32	22 6 1.8	11 41 6
19 M	9 56 2	5 38 55	60 31	22 9 53.2	11 19 50
20 Tu	9 59 58	6 39 26	60 29	22 13 43.9	10 58 24
21 W	10 3 55	7 39 55	60 28	22 17 34.0	10 36 48
22 Th	10 7 51	8 40 22	60 26	22 21 23.4	10 15 2
23 F	10 11 48	9 40 48	60 24	22 25 12.1	9 53 6
24 S	10 15 44	10 41 12	60 23	22 29 0.3	9 31 2
25 Su	10 19 41	11 41 35	60 21	22 32 47.9	9 8 48
26 M	10 23 38	12 41 55	60 19	22 36 34.8	8 46 27
27 Tu	10 27 34	13 42 14	60 17	22 40 21.2	8 23 57
28 W	10 31 31	14♒42 31	60 15	22 44 7.1	8S 1 21

DAY	☽ MOON AT 0 HOURS LONG (° ' ")	12h MOT (° ' ")	2DIF (")	R.A. (h m s)	DECL (° ' ")
1 Th	10♈24 19	6 30 11	159	2 18 8	8N35 35
2 F	23 30 10	6 41 31	180	3 8 10	13 2 21
3 S	6♉59 21	6 54 2	193	4 1 34	16 58 27
4 Su	20 53 54	7 7 0	192	4 58 51	20 5 34
5 M	5♊14 12	7 19 17	172	5 59 57	22 3 37
6 Tu	19 58 13	7 29 29	129	7 3 54	22 34 43
7 W	5♋ 1 3	7 36 8	66	8 8 57	21 28 53
8 Th	20 14 55	7 38 2	-11	9 13 4	18 48 48
9 F	5♌29 59	7 34 41	-89	10 14 41	14 49 55
10 S	20 35 45	7 26 24	-155	11 13 7	9 55 58
11 Su	5♍22 53	7 14 20	-200	12 8 29	4 32 54
12 M	19 44 37	7 0 6	-221	13 1 24	0S55 46
13 Tu	3♎37 22	6 45 18	-218	13 52 40	6 10 51
14 W	17 0 48	6 31 18	-198	14 43 6	10 57 36
15 Th	29 57 0	6 19 3	-167	15 33 23	15 4 50
16 F	12♏29 50	6 9 6	-131	16 23 57	18 24 3
17 S	24 44 0	6 1 39	-93	17 15 0	20 48 44
18 Su	6♐44 31	5 56 39	-58	18 6 27	22 14 20
19 M	18 36 10	5 53 54	-26	18 57 58	22 38 27
20 Tu	0♑23 21	5 53 6	1	19 49 5	22 1 16
21 W	12 9 45	5 53 54	22	20 39 20	20 25 38
22 Th	23 58 26	5 55 57	38	21 28 22	17 56 53
23 F	5♒51 42	5 58 56	51	22 16 5	14 42 17
24 S	17 51 21	6 2 38	60	23 2 37	10 50 21
25 Su	29 58 41	6 6 55	68	23 48 19	6 30 21
26 M	12♓14 51	6 11 45	77	0 33 42	1 52 0
27 Tu	24 40 59	6 17 14	88	1 19 26	2N54 35
28 W	7♈18 29	6 23 32	102	2 6 16	7N38 34

DAY	☽ MOON AT 12 HOURS LONG (° ' ")	12h MOT (° ' ")	2DIF (")	R.A. (h m s)	DECL (° ' ")
1 Th	16♈54 30	6 35 40	170	2 42 47	10N51 47
2 F	0♉11 41	6 47 40	188	3 34 25	15 5 19
3 S	13 53 23	7 0 31	194	4 29 43	18 39 22
4 Su	28 0 54	7 13 18	184	5 28 58	21 14 27
5 M	12♊33 29	7 24 45	153	6 31 40	22 30 55
6 Tu	27 27 43	7 33 21	100	7 36 25	22 14 5
7 W	12♋37 11	7 37 44	29	8 41 14	20 19 55
8 Th	27 52 58	7 37 1	-50	9 44 15	16 57 50
9 F	13♌ 4 39	7 31 6	-124	10 44 19	12 28 11
10 S	28 2 9	7 20 45	-181	11 41 9	7 16 31
11 Su	12♍37 14	7 7 23	-214	12 35 12	1 47 57
12 M	26 44 42	6 52 40	-222	13 27 11	3S36 2
13 Tu	10♎22 40	6 38 8	-210	14 17 57	8 38 32
14 W	23 32 6	6 24 55	-184	15 8 14	13 6 44
15 Th	6♏16 4	6 13 47	-149	15 58 36	16 50 54
16 F	18 38 57	6 5 4	-112	16 49 25	19 43 32
17 S	0♐45 39	5 58 51	-75	17 40 42	21 39 7
18 Su	12 41 10	5 55 1	-41	18 32 14	22 34 8
19 M	24 30 4	5 53 17	-12	19 23 37	22 27 24
20 Tu	6♑16 26	5 53 19	12	20 14 21	21 20 29
21 W	18 3 39	5 54 47	31	21 4 1	19 17 29
22 Th	29 54 22	5 57 20	45	21 52 24	16 24 49
23 F	11♒50 38	6 0 42	56	22 39 29	12 50 25
24 S	23 53 59	6 4 42	64	23 25 33	8 43 15
25 Su	6♓ 5 36	6 9 15	72	0 11 0	4 12 51
26 M	18 26 36	6 14 24	82	0 56 28	0N30 55
27 Tu	0♈58 13	6 20 16	95	1 42 39	5 17 37
28 W	13♈42 1	6 27 3	110	2 30 20	9N55 56

LUNAR INGRESSES
2 ☽ ♉ 11:39
4 ☽ ♊ 15:19
6 ☽ ♋ 16:02
8 ☽ ♌ 15:20
10 ☽ ♍ 15:12
12 ☽ ♎ 17:39
15 ☽ ♏ 0:06
17 ☽ ♐ 10:29
19 ☽ ♑ 23:12
22 ☽ ♒ 12:11
25 ☽ ♓ 0:03
27 ☽ ♈ 10:09

PLANET INGRESSES
5 ♂ ♏ 0:03
12 ☿ ♑ 15:56
13 ☉ ♒ 9:43
21 ♄ ♉ 7:40

STATIONS
4 ☿ R 1:59
25 ☿ D 15:42

DATA FOR THE 1st AT 0 HOURS
JULIAN DAY 36921.5
☽ MEAN ☊ 19°♊ 17' 30"
OBLIQUITY 23° 26' 19"
DELTA T 64.7 SECONDS
NUTATION LONGITUDE-15.7"

DAY MO	YR	☿ LONG (° ' ")	♀ LONG (° ' ")	♂ LONG (° ' ")	♃ LONG (° ' ")	♄ LONG (° ' ")	♅ LONG (° ' ")	♆ LONG (° ' ")	♇ LONG (° ' ")	☊ LONG (° ')	A.S.S.I. (h m s)	S.S.R.Y. (h m s)	S.V.P. ♓ (° ' ")	☿ MERCURY R.A. (h m s)	☿ MERCURY DECL (° ' ")
1	32	5♒ 5 38	3♓40 15	27♎49 2	6♉30 44	29♈21 17	25♑34 25	11♑43 48	19♏57 43	20♊24	26 21 15	30 14 40	5 14 56.3	22 6 16	10S32 36
2	33	5 33 2	4 33 5	28 21 54	6 32 12	29 22 7	25 37 52	11 46 4	19 59 9	20 24	26 26 22	30 15 4	5 14 56.1	22 7 36	10 7 7
3	34	5 50 11	5 25 11	28 54 41	6 33 52	29 23 5	25 41 20	11 48 19	20 0 34	20 25	26 31 28	30 15 16	5 14 56.0	22 8 17	9 45 2
4	35	5 56R35	6 16 32	29 27 21	6 35 44	29 24 9	25 44 48	11 50 35	20 1 58	20 27	26 36 33	30 15 13	5 14 55.8	22 8 17	9 26 45
5	36	5 51 57	7 7 5	29 59 56	6 37 48	29 25 20	25 48 16	11 52 50	20 3 19	20 28	26 41 37	30 14 55	5 14 55.5	22 7 35	9 12 36
6	37	5 36 15	7 56 48	0♏32 25	6 40 4	29 26 38	25 51 44	11 55 5	20 4 39	20 29	26 46 39	30 14 23	5 14 55.3	22 6 13	9 2 50
7	38	5 9 44	8 45 40	1 4 48	6 42 32	29 28 3	25 55 13	11 57 20	20 5 57	20 28	26 51 41	30 13 39	5 14 55.0	22 4 10	8 57 38
8	39	4 32 57	9 33 39	1 37 4	6 45 11	29 29 34	25 58 41	11 59 34	20 7 13	20 26	26 56 42	30 12 43	5 14 54.8	22 1 31	8 57 2
9	40	3 46 50	10 20 42	2 9 15	6 48 2	29 31 11	26 2 10	12 1 48	20 8 28	20 22	27 1 42	30 11 42	5 14 54.7	21 58 18	9 0 56
10	41	2 52 34	11 6 48	2 41 19	6 51 4	29 32 55	26 5 38	12 4 1	20 9 41	20 16	27 6 41	30 10 37	5 14 54.6	21 54 36	9 9 9
11	42	1 51 41	11 51 54	3 13 17	6 54 18	29 34 46	26 9 7	12 6 14	20 10 51	20 11	27 11 38	30 9 34	5 14 54.6	21 50 32	9 21 18
12	43	0 45 54	12 35 59	3 45 8	6 57 44	29 36 43	26 12 36	12 8 27	20 12 0	20 05	27 16 35	30 8 35	5 14 54.5	21 46 12	9 36 57
13	44	29♑37 5	13 18 59	4 16 52	7 1 20	29 38 46	26 16 4	12 10 39	20 13 8	20 01	27 21 31	30 7 44	5 14 54.5	21 41 43	9 55 32
14	45	28 27 7	14 0 54	4 48 30	7 5 8	29 40 56	26 19 33	12 12 50	20 14 13	19 58	27 26 26	30 7 2	5 14 54.4	21 37 13	10 16 26
15	46	27 17 54	14 41 39	5 20 0	7 9 7	29 43 13	26 23 1	12 15 1	20 15 17	19 57	27 31 20	30 6 31	5 14 54.3	21 32 47	10 39 1
16	47	26 11 6	15 21 12	5 51 23	7 13 17	29 45 35	26 26 29	12 17 11	20 16 18	19 57	27 36 14	30 6 11	5 14 54.2	21 28 33	11 2 39
17	48	25 8 13	15 59 32	6 22 38	7 17 38	29 48 4	26 29 57	12 19 21	20 17 18	19 59	27 41 6	30 6 1	5 14 54.0	21 24 36	11 26 46
18	49	24 10 31	16 36 34	6 53 45	7 22 10	29 50 40	26 33 24	12 21 30	20 18 16	20 00	27 45 58	30 6 2	5 14 53.8	21 21 1	11 50 49
19	50	23 18 56	17 12 15	7 24 44	7 26 53	29 53 21	26 36 51	12 23 38	20 19 11	20 01	27 50 48	30 6 13	5 14 53.6	21 17 50	12 14 20
20	51	22 34 9	17 46 34	7 55 35	7 31 46	29 56 9	26 40 18	12 25 45	20 20 5	20 00	27 55 38	30 6 34	5 14 53.5	21 15 7	12 36 58
21	52	21 56 38	18 19 26	8 26 18	7 36 50	29 59 3	26 43 44	12 27 52	20 20 57	19 58	28 0 27	30 7 2	5 14 53.3	21 12 54	12 58 24
22	53	21 26 35	18 50 47	8 56 52	7 42 5	0♉ 2 3	26 47 10	12 29 58	20 21 47	19 53	28 5 15	30 7 39	5 14 53.2	21 11 10	13 18 25
23	54	21 4 3	19 20 36	9 27 17	7 47 30	0 5 9	26 50 35	12 32 3	20 22 35	19 45	28 10 3	30 8 23	5 14 53.1	21 9 57	13 36 49
24	55	20 48 54	19 48 47	9 57 33	7 53 5	0 8 22	26 53 59	12 34 7	20 23 21	19 36	28 14 49	30 9 12	5 14 53.1	21 9 13	13 53 29
25	56	20 40D57	20 15 17	10 27 40	7 58 50	0 11 40	26 57 23	12 36 11	20 24 5	19 26	28 19 35	30 10 7	5 14 53.1	21 8 57	14 8 22
26	57	20 39 54	20 40 2	10 57 38	8 4 46	0 15 4	27 0 47	12 38 13	20 24 47	19 15	28 24 20	30 11 4	5 14 53.0	21 9 9	14 21 23
27	58	20 45 25	21 2 59	11 27 26	8 10 51	0 18 34	27 4 9	12 40 15	20 25 27	19 06	28 29 5	30 12 3	5 14 53.0	21 9 47	14 32 33
28	59	20♑57 8	21♓24 4	11♏57 4	8♉17 7	0♉22 10	27♑ 7 31	12♑42 15	20♏26 4	18♊58	28 33 49	30 13 0	5 14 53.0	21 10 49	14S41 50

DAY Feb	♀ VENUS R.A. (h m s)	♀ VENUS DECL (° ' ")	♂ MARS R.A. (h m s)	♂ MARS DECL (° ' ")	♃ JUPITER R.A. (h m s)	♃ JUPITER DECL (° ' ")	♄ SATURN R.A. (h m s)	♄ SATURN DECL (° ' ")	♅ URANUS R.A. (h m s)	♅ URANUS DECL (° ' ")	♆ NEPTUNE R.A. (h m s)	♆ NEPTUNE DECL (° ' ")	♇ PLUTO R.A. (h m s)	♇ PLUTO DECL (° ' ")
1	23 51 54	0N42 18	15 21 51	17S19 40	3 57 8	19N44 48	3 29 3	16N48 20	21 31 48	15S21 11	20 35 18	18S29 36	16 58 27	12S14 22
2	23 54 55	1 10 33	15 24 4	17 28 19	3 57 14	19 45 20	3 29 6	16 48 49	21 32 1	15 20 5	20 35 27	18 29 3	16 58 33	12 14 19
3	23 57 54	1 38 38	15 26 17	17 36 52	3 57 21	19 45 55	3 29 10	16 49 20	21 32 15	15 18 59	20 35 36	18 28 29	16 58 38	12 14 15
4	0 0 49	2 6 33	15 28 29	17 45 17	3 57 28	19 46 32	3 29 14	16 49 52	21 32 29	15 17 53	20 35 45	18 27 56	16 58 44	12 14 12
5	0 3 41	2 34 15	15 30 41	17 53 36	3 57 37	19 47 11	3 29 18	16 50 26	21 32 42	15 16 47	20 35 55	18 27 23	16 58 50	12 14 8
6	0 6 31	3 1 44	15 32 54	18 1 49	3 57 46	19 47 53	3 29 23	16 51 2	21 32 56	15 15 40	20 36 4	18 26 49	16 58 55	12 14 3
7	0 9 17	3 28 59	15 35 6	18 9 54	3 57 56	19 48 37	3 29 29	16 51 39	21 33 10	15 14 34	20 36 13	18 26 16	16 59 0	12 13 58
8	0 11 59	3 55 59	15 37 17	18 17 53	3 58 7	19 49 24	3 29 34	16 52 18	21 33 23	15 13 27	20 36 22	18 25 43	16 59 6	12 13 53
9	0 14 38	4 22 42	15 39 29	18 25 45	3 58 19	19 50 13	3 29 41	16 52 58	21 33 37	15 12 21	20 36 31	18 25 10	16 59 11	12 13 48
10	0 17 14	4 49 8	15 41 40	18 33 30	3 58 31	19 51 3	3 29 47	16 53 40	21 33 51	15 11 15	20 36 40	18 24 37	16 59 16	12 13 42
11	0 19 45	5 15 16	15 43 51	18 41 9	3 58 44	19 51 56	3 29 55	16 54 23	21 34 4	15 10 8	20 36 50	18 24 4	16 59 20	12 13 35
12	0 22 13	5 41 4	15 46 2	18 48 40	3 58 58	19 52 52	3 30 2	16 55 8	21 34 18	15 9 1	20 36 59	18 23 32	16 59 25	12 13 29
13	0 24 37	6 6 32	15 48 12	18 56 5	3 59 13	19 53 49	3 30 10	16 55 54	21 34 32	15 7 55	20 37 8	18 22 59	16 59 30	12 13 22
14	0 26 57	6 31 38	15 50 22	19 3 23	3 59 29	19 54 48	3 30 19	16 56 42	21 34 45	15 6 48	20 37 16	18 22 26	16 59 34	12 13 14
15	0 29 12	6 56 21	15 52 32	19 10 35	3 59 45	19 55 49	3 30 28	16 57 31	21 34 59	15 5 42	20 37 25	18 21 54	16 59 38	12 13 7
16	0 31 24	7 20 40	15 54 42	19 17 39	4 0 2	19 56 53	3 30 37	16 58 22	21 35 13	15 4 35	20 37 34	18 21 21	16 59 43	12 12 59
17	0 33 30	7 44 33	15 56 51	19 24 37	4 0 20	19 57 58	3 30 47	16 59 14	21 35 26	15 3 29	20 37 43	18 20 49	16 59 47	12 12 50
18	0 35 32	8 7 59	15 59 0	19 31 28	4 0 39	19 59 6	3 30 57	17 0 7	21 35 40	15 2 23	20 37 52	18 20 17	16 59 51	12 12 42
19	0 37 29	8 30 57	16 1 8	19 38 12	4 0 59	20 0 15	3 31 8	17 1 2	21 35 53	15 1 16	20 38 1	18 19 45	16 59 55	12 12 33
20	0 39 20	8 53 25	16 3 16	19 44 49	4 1 19	20 1 26	3 31 19	17 1 59	21 36 7	15 0 10	20 38 9	18 19 13	16 59 58	12 12 23
21	0 41 7	9 15 21	16 5 24	19 51 20	4 1 40	20 2 39	3 31 30	17 2 56	21 36 20	14 59 4	20 38 18	18 18 42	17 0 2	12 12 14
22	0 42 48	9 36 44	16 7 31	19 57 44	4 2 1	20 3 54	3 31 42	17 3 55	21 36 34	14 57 59	20 38 27	18 18 10	17 0 5	12 12 4
23	0 44 23	9 57 33	16 9 38	20 4 1	4 2 24	20 5 11	3 31 55	17 4 56	21 36 47	14 56 53	20 38 35	18 17 39	17 0 9	12 11 54
24	0 45 52	10 17 45	16 11 44	20 10 12	4 2 47	20 6 29	3 32 7	17 5 57	21 37 1	14 55 48	20 38 43	18 17 8	17 0 12	12 11 43
25	0 47 15	10 37 18	16 13 50	20 16 16	4 3 11	20 7 49	3 32 21	17 7 0	21 37 14	14 54 43	20 38 52	18 16 37	17 0 15	12 11 32
26	0 48 31	10 56 10	16 15 55	20 22 13	4 3 36	20 9 11	3 32 34	17 8 4	21 37 27	14 53 38	20 39 0	18 16 7	17 0 18	12 11 21
27	0 49 41	11 14 20	16 18 0	20 28 4	4 4 1	20 10 34	3 32 48	17 9 9	21 37 40	14 52 33	20 39 8	18 15 36	17 0 21	12 11 10
28	0 50 44	11N31 44	16 20 4	20S33 48	4 4 27	20N11 59	3 33 2	17N10 16	21 37 54	14S51 28	20 39 17	18S15 6	17 0 23	12S10 58

DAY	SIDEREAL TIME h m s	☉ SUN LONG ° ' "	MOT ' "	R.A. h m s	DECL ° ' "	☽ MOON AT 0 HOURS LONG ° ' "	12h MOT ° ' "	2DIF "	R.A. h m s	DECL ° ' "	☽ MOON AT 12 HOURS LONG ° ' "	12h MOT ° ' "	2DIF "	R.A. h m s	DECL ° ' "
1 Th	10 35 27	15♒42 46	60 13	22 47 52.4	7S38 37	20♈ 9 4	6 30 51	118	2 54 59	12N 8 2	26♈39 55	6 34 56	127	3 20 18	14N13 7
2 F	10 39 24	16 42 59	60 11	22 51 37.2	7 15 47	3♉14 51	6 39 19	136	3 46 22	16 9 19	9♉54 10	6 43 59	144	4 13 14	17 54 36
3 S	10 43 20	17 43 10	60 9	22 55 21.4	6 52 50	16 38 9	6 48 54	151	4 40 57	19 26 51	23 27 3	6 54 2	156	5 9 32	20 43 56
4 Su	10 47 17	18 43 19	60 7	22 59 5.2	6 29 48	0♊21 5	6 59 19	159	5 38 55	21 43 44	7♊20 23	7 4 38	159	6 9 3	22 24 14
5 M	10 51 13	19 43 26	60 5	23 2 48.5	6 6 41	14 25 1	7 9 54	155	6 39 48	22 43 46	21 34 56	7 14 58	146	7 10 59	22 41 0
6 Tu	10 55 10	20 43 30	60 3	23 6 31.4	5 43 28	28 49 53	7 19 40	133	7 42 26	22 15 12	6♋ 9 33	7 23 49	114	8 13 56	21 26 15
7 W	10 59 7	21 43 33	60 0	23 10 13.8	5 20 11	13♋33 22	7 27 16	90	8 45 17	20 14 46	21 0 38	7 29 50	62	9 16 17	18 42 0
8 Th	11 3 3	22 43 33	59 58	23 13 55.8	4 56 50	28 30 29	7 31 23	29	9 46 50	16 49 54	6♌ 1 51	7 31 46	-6	10 16 48	14 40 51
9 F	11 7 0	23 43 31	59 56	23 17 37.4	4 33 26	13♌33 38	7 30 57	-43	10 46 9	12 17 41	21 4 34	7 28 54	-80	11 14 53	9 43 23
10 S	11 10 56	24 43 28	59 54	23 21 18.7	4 9 57	28 33 28	7 25 39	-114	11 43 0	7 1 5	5♍59 7	7 21 18	-145	12 10 34	4 13 53
11 Su	11 14 53	25 43 22	59 53	23 24 59.6	3 46 26	13♍20 25	7 15 59	-171	12 37 40	1 24 45	20 36 25	7 9 54	-192	13 4 21	1S23 33
12 M	11 18 49	26 43 15	59 51	23 28 40.2	3 22 52	27 46 18	7 3 12	-206	13 30 44	4S 8 28	4♎49 30	6 56 8	-215	13 56 54	6 47 42
13 Tu	11 22 46	27 43 6	59 49	23 32 20.5	2 59 15	11♎45 38	6 48 52	-218	14 22 54	9 19 13	18 34 31	6 41 37	-215	14 48 50	11 41 16
14 W	11 26 42	28 42 55	59 48	23 36 0.6	2 35 37	25 16 8	6 34 33	-207	15 14 45	13 52 19	1♏50 41	6 27 48	-196	15 40 41	15 51 4
15 Th	11 30 39	29 42 42	59 46	23 39 40.4	2 11 57	8♏18 29	6 21 29	-181	16 6 40	17 36 26	14 39 58	6 15 43	-164	16 32 44	19 7 31
16 F	11 34 36	0♓42 28	59 44	23 43 20.0	1 48 15	20 55 41	6 10 33	-145	16 58 51	20 23 38	27 6 14	6 6 2	-125	17 25 1	21 24 16
17 S	11 38 32	1 42 12	59 43	23 46 59.4	1 24 32	3♐12 16	6 2 13	-104	17 51 11	22 9 4	9♐14 29	5 59 5	-84	18 17 19	22 37 52
18 Su	11 42 29	2 41 54	59 41	23 50 38.7	1 0 49	15 13 33	5 56 38	-63	18 43 21	22 50 41	21 10 11	5 54 52	-43	19 9 15	22 47 39
19 M	11 46 25	3 41 35	59 39	23 54 17.7	0 37 6	27 5 4	5 53 46	-24	19 34 57	22 29 6	2♑58 49	5 53 17	-6	20 0 24	21 55 29
20 Tu	11 50 22	4 41 14	59 37	23 57 56.6	0 13 22	8♑52 6	5 53 22	11	20 25 34	21 7 23	14 45 28	5 54 0	26	20 50 24	20 5 31
21 W	11 54 18	5 40 51	59 35	0 1 35.5	0N10 20	20 39 27	5 55 6	40	21 14 55	18 50 41	26 34 34	5 56 39	52	21 39 6	17 23 44
22 Th	11 58 15	6 40 26	59 33	0 5 14.2	0 34 2	2♒31 12	5 58 33	62	22 2 58	15 45 39	8♒29 45	6 0 46	70	22 26 32	13 57 26
23 F	12 2 11	7 40 0	59 31	0 8 52.8	0 57 43	14 30 31	6 3 14	77	22 49 51	12 0 9	20 33 45	6 5 53	82	23 12 57	9 54 54
24 S	12 6 8	8 39 31	59 29	0 12 31.3	1 21 22	26 39 38	6 8 40	85	23 35 54	7 42 51	2♓48 19	6 11 33	87	23 58 46	5 25 14
25 Su	12 10 5	9 39 1	59 27	0 16 9.8	1 44 59	8♓59 52	6 14 28	88	0 21 38	3 3 19	15 14 20	6 17 24	87	0 44 34	0 38 26
26 M	12 14 1	10 38 28	59 25	0 19 48.3	2 8 33	21 31 43	6 20 18	87	1 7 39	1N48 2	27 52 1	6 23 11	86	1 30 59	4N14 36
27 Tu	12 17 58	11 37 53	59 23	0 23 26.7	2 32 5	4♈15 12	6 26 1	85	1 54 39	6 39 42	10♈41 13	6 28 50	84	2 18 43	9 1 41
28 W	12 21 54	12 37 17	59 21	0 27 5.1	2 55 34	17 10 3	6 31 37	84	2 43 18	11 18 50	23 41 40	6 34 26	85	3 8 29	13 29 18
29 Th	12 25 51	13 36 38	59 19	0 30 43.6	3 18 59	0♉16 5	6 37 16	86	3 34 18	15 31 11	6♉53 21	6 40 10	88	4 0 49	17 22 30
30 F	12 29 47	14 35 56	59 17	0 34 22.1	3 42 21	13 33 32	6 43 10	92	4 28 4	19 1 14	20 16 42	6 46 16	95	4 56 3	20 25 22
31 S	12 33 44	15♓35 13	59 14	0 38 0.7	4N 5 38	27♉ 2 58	6 49 30	99	5 24 44	21N33 0	3♊52 28	6 52 51	102	5 54 4	22N22 21

LUNAR INGRESSES

1 ☽ ♉ 18:06	12 ☽ ♎ 3:46	24 ☽ ♓ 6:32
3 ☽ ♊ 23:24	14 ☽ ♏ 8:37	26 ☽ ♈ 16:01
6 ☽ ♋ 1:55	16 ☽ ♐ 17:41	28 ☽ ♉ 23:31
8 ☽ ♌ 2:23	19 ☽ ♑ 5:56	31 ☽ ♊ 5:12
10 ☽ ♍ 2:19	21 ☽ ♒ 18:55	

PLANET INGRESSES
12 ☿ ♒ 16:28
15 ☉ ♓ 6:57

STATIONS
9 ♀ R 1:08
18 ♇ R 2:39

DATA FOR THE 1st AT 0 HOURS
JULIAN DAY 36949.5
☽ MEAN ☊ 17°♊ 48' 29"
OBLIQUITY 23° 26' 19"
DELTA T 64.7 SECONDS
NUTATION LONGITUDE-16.2"

DAY MO	YR	☿ LONG ° ' "	♀ LONG ° ' "	♂ LONG ° ' "	♃ LONG ° ' "	♄ LONG ° ' "	♅ LONG ° ' "	♆ LONG ° ' "	♇ LONG ° ' "	☊ LONG ° '	A.S.S.I. h m s	S.S.R.Y. h m s	S.V.P. ♓ ° ' "	☿ MERCURY R.A. h m s	DECL ° ' "
1	60	21♑14 40	21♓43 12	12♏26 32	8♉23 32	0♉25 51	27♑10 52	12♑44 15	20♏26 40	18♊52	28 38 32	30 13 53	5 14 52.9	21 12 15	14S49 16
2	61	21 37 39	22 0 19	12 55 50	8 30 6	0 29 38	27 14 12	12 46 13	20 27 14	18 49	28 43 14	30 14 35	5 14 52.8	21 14 2	14 54 51
3	62	22 5 44	22 15 22	13 24 57	8 36 50	0 33 31	27 17 31	12 48 11	20 27 46	18 48	28 47 56	30 15 6	5 14 52.7	21 16 8	14 58 37
4	63	22 38 33	22 28 16	13 53 54	8 43 44	0 37 29	27 20 49	12 50 7	20 28 15	18 49	28 52 37	30 15 23	5 14 52.5	21 18 33	15 0 35
5	64	23 15 46	22 38 59	14 22 41	8 50 46	0 41 33	27 24 6	12 52 2	20 28 43	18 49	28 57 18	30 15 23	5 14 52.3	21 21 16	15 0 49
6	65	23 57 6	22 47 25	14 51 17	8 57 58	0 45 42	27 27 23	12 53 57	20 29 9	18 49	29 1 57	30 15 8	5 14 52.1	21 24 14	14 59 19
7	66	24 42 15	22 53 32	15 19 41	9 5 18	0 49 57	27 30 38	12 55 50	20 29 32	18 47	29 6 37	30 14 37	5 14 51.9	21 27 26	14 56 8
8	67	25 30 57	22 57 17	15 47 54	9 12 48	0 54 16	27 33 52	12 57 41	20 29 54	18 42	29 11 16	30 13 54	5 14 51.8	21 30 52	14 51 17
9	68	26 22 58	22 58R37	16 15 56	9 20 26	0 58 41	27 37 5	12 59 32	20 30 13	18 35	29 15 54	30 13 0	5 14 51.7	21 34 30	14 44 48
10	69	27 18 6	22 57 30	16 43 47	9 28 12	1 3 11	27 40 17	13 1 21	20 30 31	18 25	29 20 32	30 12 0	5 14 51.7	21 38 19	14 36 44
11	70	28 16 7	22 53 55	17 11 25	9 36 7	1 7 46	27 43 27	13 3 10	20 30 46	18 14	29 25 10	30 10 57	5 14 51.7	21 42 19	14 27 6
12	71	29 16 51	22 47 49	17 38 51	9 44 10	1 12 27	27 46 37	13 4 56	20 30 59	18 04	29 29 47	30 9 55	5 14 51.7	21 46 28	14 15 55
13	72	0♒20 9	22 39 13	18 6 4	9 52 22	1 17 12	27 49 45	13 6 42	20 31 11	17 55	29 34 24	30 8 57	5 14 51.6	21 50 47	14 3 14
14	73	1 25 52	22 28 7	18 33 5	10 0 41	1 22 2	27 52 51	13 8 26	20 31 20	17 48	29 39 0	30 8 4	5 14 51.6	21 55 14	13 49 3
15	74	2 33 51	22 14 33	18 59 52	10 9 9	1 26 57	27 55 57	13 10 9	20 31 27	17 44	29 43 36	30 7 18	5 14 51.4	21 59 48	13 33 24
16	75	3 43 59	21 58 30	19 26 26	10 17 45	1 31 56	27 59 1	13 11 51	20 31 32	17 42	29 48 12	30 6 41	5 14 51.3	22 4 29	13 16 20
17	76	4 56 11	21 40 4	19 52 45	10 26 28	1 37 1	28 2 4	13 13 31	20 31 35	17 42	29 52 48	30 6 13	5 14 51.1	22 9 18	12 57 50
18	77	6 10 20	21 19 16	20 18 50	10 35 19	1 42 10	28 5 5	13 15 10	20 31R37	17 42	29 57 23	30 5 53	5 14 51.0	22 14 12	12 37 56
19	78	7 26 22	20 56 12	20 44 41	10 44 18	1 47 23	28 8 4	13 16 47	20 31 36	17 42	30 1 59	30 5 43	5 14 50.8	22 19 12	12 16 40
20	79	8 44 11	20 30 58	21 10 16	10 53 24	1 52 42	28 11 2	13 18 23	20 31 33	17 40	30 6 34	30 5 43	5 14 50.7	22 24 17	11 54 4
21	80	10 3 45	20 3 41	21 35 35	11 2 38	1 58 4	28 13 59	13 19 57	20 31 28	17 35	0 2 0	30 5 52	5 14 50.6	22 29 28	11 30 7
22	81	11 24 58	19 34 28	22 0 39	11 11 58	2 3 32	28 16 54	13 21 30	20 31 21	17 28	0 6 35	30 6 11	5 14 50.5	22 34 43	11 4 51
23	82	12 47 49	19 3 29	22 25 26	11 21 26	2 9 3	28 19 47	13 23 2	20 31 11	17 18	0 11 9	30 6 40	5 14 50.5	22 40 3	10 38 17
24	83	14 12 15	18 30 53	22 49 56	11 31 2	2 14 39	28 22 39	13 24 32	20 31 0	17 06	0 15 44	30 7 19	5 14 50.5	22 45 28	10 10 27
25	84	15 38 14	17 56 53	23 14 9	11 40 44	2 20 19	28 25 28	13 26 0	20 30 47	16 52	0 20 18	30 8 7	5 14 50.5	22 50 56	9 41 21
26	85	17 5 43	17 21 41	23 38 5	11 50 32	2 26 3	28 28 16	13 27 27	20 30 32	16 38	0 24 53	30 9 3	5 14 50.5	22 56 29	9 11 1
27	86	18 34 41	16 45 29	24 1 42	12 0 28	2 31 51	28 31 2	13 28 52	20 30 15	16 26	0 29 27	30 10 5	5 14 50.4	23 2 6	8 39 27
28	87	20 5 6	16 8 32	24 25 1	12 10 30	2 37 43	28 33 47	13 30 15	20 29 56	16 15	0 34 2	30 11 9	5 14 50.4	23 7 46	8 6 40
29	88	21 36 59	15 31 3	24 48 2	12 20 39	2 43 39	28 36 29	13 31 37	20 29 35	16 07	0 38 36	30 12 12	5 14 50.3	23 13 31	7 32 42
30	89	23 10 18	14 53 18	25 10 43	12 30 54	2 49 39	28 39 10	13 32 57	20 29 12	16 01	0 43 11	30 13 10	5 14 50.2	23 19 19	6 57 33
31	90	24♒45 2	14♓15 32	25♏33 5	12♉41 15	2♉55 43	28♑41 48	13♑34 16	20♏28 47	15♊59	0 47 45	30 13 57	5 14 50.0	23 25 11	6S21 14

DAY Mar	♀ VENUS R.A. h m s	DECL ° ' "	♂ MARS R.A. h m s	DECL ° ' "	♃ JUPITER R.A. h m s	DECL ° ' "	♄ SATURN R.A. h m s	DECL ° ' "	♅ URANUS R.A. h m s	DECL ° ' "	♆ NEPTUNE R.A. h m s	DECL ° ' "	♇ PLUTO R.A. h m s	DECL ° ' "
1	0 51 40	11N48 21	16 22 8	20S39 25	4 4 53	20N13 26	3 33 17	17N11 24	21 38 7	14S50 24	20 39 25	18S14 36	17 0 26	12S10 46
2	0 52 28	12 4 9	16 24 11	20 44 57	4 5 21	20 14 54	3 33 32	17 12 33	21 38 20	14 49 20	20 39 33	18 14 6	17 0 28	12 10 34
3	0 53 9	12 19 4	16 26 13	20 50 21	4 5 49	20 16 23	3 33 48	17 13 43	21 38 33	14 48 16	20 39 41	18 13 36	17 0 30	12 10 22
4	0 53 41	12 33 4	16 28 15	20 55 40	4 6 18	20 17 54	3 34 4	17 14 54	21 38 46	14 47 12	20 39 49	18 13 7	17 0 32	12 10 9
5	0 54 6	12 46 6	16 30 16	21 0 53	4 6 47	20 19 26	3 34 20	17 16 6	21 38 59	14 46 9	20 39 57	18 12 38	17 0 34	12 9 56
6	0 54 23	12 58 8	16 32 17	21 5 59	4 7 17	20 20 59	3 34 37	17 17 20	21 39 12	14 45 6	20 40 4	18 12 9	17 0 36	12 9 43
7	0 54 31	13 9 6	16 34 17	21 10 59	4 7 47	20 22 34	3 34 54	17 18 34	21 39 24	14 44 4	20 40 12	18 11 41	17 0 38	12 9 30
8	0 54 30	13 18 58	16 36 16	21 15 54	4 8 19	20 24 10	3 35 11	17 19 50	21 39 37	14 43 1	20 40 20	18 11 13	17 0 39	12 9 16
9	0 54 21	13 27 41	16 38 15	21 20 42	4 8 51	20 25 47	3 35 29	17 21 6	21 39 50	14 42 0	20 40 27	18 10 45	17 0 41	12 9 2
10	0 54 3	13 35 12	16 40 13	21 25 25	4 9 23	20 27 25	3 35 47	17 22 24	21 40 2	14 40 58	20 40 35	18 10 17	17 0 42	12 8 49
11	0 53 36	13 41 27	16 42 10	21 30 2	4 9 56	20 29 5	3 36 5	17 23 42	21 40 15	14 39 57	20 40 42	18 9 50	17 0 43	12 8 34
12	0 53 0	13 46 25	16 44 6	21 34 34	4 10 30	20 30 45	3 36 24	17 25 1	21 40 27	14 38 56	20 40 49	18 9 23	17 0 44	12 8 20
13	0 52 16	13 50 3	16 46 2	21 39 0	4 11 4	20 32 26	3 36 43	17 26 22	21 40 39	14 37 56	20 40 56	18 8 56	17 0 45	12 8 5
14	0 51 23	13 52 18	16 47 57	21 43 20	4 11 39	20 34 8	3 37 3	17 27 43	21 40 51	14 36 56	20 41 3	18 8 30	17 0 46	12 7 51
15	0 50 21	13 53 8	16 49 51	21 47 35	4 12 14	20 35 51	3 37 23	17 29 5	21 41 3	14 35 57	20 41 10	18 8 3	17 0 46	12 7 36
16	0 49 11	13 52 32	16 51 44	21 51 45	4 12 50	20 37 35	3 37 43	17 30 27	21 41 15	14 34 58	20 41 17	18 7 38	17 0 47	12 7 20
17	0 47 53	13 50 26	16 53 36	21 55 50	4 13 27	20 39 20	3 38 3	17 31 51	21 41 27	14 33 59	20 41 24	18 7 12	17 0 47	12 7 5
18	0 46 27	13 46 51	16 55 27	21 59 50	4 14 4	20 41 5	3 38 24	17 33 16	21 41 39	14 33 1	20 41 31	18 6 47	17 0 47	12 6 50
19	0 44 54	13 41 46	16 57 18	22 3 44	4 14 42	20 42 52	3 38 45	17 34 41	21 41 51	14 32 3	20 41 37	18 6 22	17 0 48	12 6 34
20	0 43 13	13 35 9	16 59 7	22 7 34	4 15 20	20 44 39	3 39 7	17 36 7	21 42 3	14 31 6	20 41 44	18 5 58	17 0 47	12 6 19
21	0 41 27	13 27 2	17 0 55	22 11 19	4 15 58	20 46 27	3 39 28	17 37 34	21 42 14	14 30 9	20 41 50	18 5 34	17 0 47	12 6 3
22	0 39 35	13 17 25	17 2 43	22 15 0	4 16 38	20 48 15	3 39 51	17 39 1	21 42 25	14 29 13	20 41 57	18 5 11	17 0 47	12 5 47
23	0 37 37	13 6 19	17 4 29	22 18 36	4 17 17	20 50 4	3 40 13	17 40 29	21 42 37	14 28 18	20 42 3	18 4 47	17 0 46	12 5 31
24	0 35 35	12 53 47	17 6 14	22 22 7	4 17 58	20 51 53	3 40 36	17 41 58	21 42 48	14 27 23	20 42 9	18 4 25	17 0 46	12 5 15
25	0 33 29	12 39 52	17 7 58	22 25 34	4 18 39	20 53 43	3 40 58	17 43 28	21 42 59	14 26 29	20 42 15	18 4 2	17 0 45	12 4 58
26	0 31 21	12 24 38	17 9 40	22 28 57	4 19 20	20 55 33	3 41 22	17 44 58	21 43 10	14 25 35	20 42 21	18 3 40	17 0 44	12 4 42
27	0 29 10	12 8 9	17 11 22	22 32 17	4 20 2	20 57 24	3 41 45	17 46 28	21 43 21	14 24 42	20 42 27	18 3 18	17 0 43	12 4 25
28	0 26 59	11 50 29	17 13 2	22 35 32	4 20 44	20 59 15	3 42 9	17 47 59	21 43 32	14 23 49	20 42 32	18 2 57	17 0 42	12 4 9
29	0 24 47	11 31 46	17 14 41	22 38 43	4 21 27	21 1 7	3 42 33	17 49 31	21 43 42	14 22 57	20 42 38	18 2 36	17 0 41	12 3 52
30	0 22 35	11 12 6	17 16 18	22 41 51	4 22 10	21 2 58	3 42 58	17 51 3	21 43 53	14 22 5	20 42 43	18 2 16	17 0 39	12 3 35
31	0 20 25	10N51 34	17 17 55	22S44 56	4 22 53	21N 4 50	3 43 22	17N52 36	21 44 3	14S21 15	20 42 49	18S 1 56	17 0 38	12S 3 19

APRIL 2001

DAY	SIDEREAL TIME h m s	☉ SUN LONG ° ' "	MOT ' "	R.A. h m s	DECL ° ' "
1 Su	12 37 40	16♓34 27	59 12	0 41 39.3	4N28 51
2 M	12 41 37	17 33 39	59 10	0 45 18.0	4 51 58
3 Tu	12 45 33	18 32 48	59 7	0 48 56.8	5 15 1
4 W	12 49 30	19 31 55	59 5	0 52 35.8	5 37 57
5 Th	12 53 27	20 31 0	59 3	0 56 14.8	6 0 48
6 F	12 57 23	21 30 3	59 0	0 59 54.1	6 23 32
7 S	13 1 20	22 29 3	58 58	1 3 33.5	6 46 10
8 Su	13 5 16	23 28 1	58 56	1 7 13.2	7 8 40
9 M	13 9 13	24 26 58	58 54	1 10 53.0	7 31 3
10 Tu	13 13 9	25 25 52	58 53	1 14 33.2	7 53 19
11 W	13 17 6	26 24 44	58 51	1 18 13.6	8 15 27
12 Th	13 21 2	27 23 35	58 49	1 21 54.3	8 37 26
13 F	13 24 59	28 22 24	58 47	1 25 35.4	8 59 17
14 S	13 28 56	29 21 11	58 46	1 29 16.7	9 20 59
15 Su	13 32 52	0♈19 56	58 44	1 32 58.4	9 42 32
16 M	13 36 49	1 18 40	58 42	1 36 40.5	10 3 55
17 Tu	13 40 45	2 17 22	58 40	1 40 23.0	10 25 8
18 W	13 44 42	3 16 2	58 39	1 44 5.9	10 46 12
19 Th	13 48 38	4 14 41	58 37	1 47 49.1	11 7 4
20 F	13 52 35	5 13 18	58 35	1 51 32.8	11 27 46
21 S	13 56 31	6 11 53	58 33	1 55 16.9	11 48 16
22 Su	14 0 28	7 10 26	58 32	1 59 1.5	12 8 35
23 M	14 4 25	8 8 58	58 30	2 2 46.5	12 28 42
24 Tu	14 8 21	9 7 27	58 28	2 6 32.0	12 48 37
25 W	14 12 18	10 5 55	58 26	2 10 18.0	13 8 19
26 Th	14 16 14	11 4 21	58 24	2 14 4.4	13 27 48
27 F	14 20 11	12 2 45	58 22	2 17 51.3	13 47 3
28 S	14 24 7	13 1 7	58 20	2 21 38.7	14 6 5
29 Su	14 28 4	13 59 27	58 18	2 25 26.6	14 24 54
30 M	14 32 0	14♈57 44	58 16	2 29 15.1	14N43 27

DAY	☽ MOON AT 0 HOURS LONG ° ' "	12h MOT ° ' "	2DIF "	R.A. h m s	DECL ° ' "	☽ MOON AT 12 HOURS LONG ° ' "	12h MOT ° ' "	2DIF "	R.A. h m s	DECL ° ' "
1 Su	10♊45 19	6 56 19	105	6 23 55	22N51 52	17♊41 38	6 59 50	106	6 54 10	23N 0 25
2 M	24 41 28	7 3 22	105	7 24 39	22 47 13	1♋44 51	7 6 50	101	7 55 13	22 12 3
3 Tu	8♋51 41	7 10 8	95	8 25 40	21 15 13	16 1 49	7 13 9	84	8 55 52	19 57 33
4 W	23 14 58	7 15 46	70	9 25 43	18 20 24	0♌30 44	7 17 49	52	9 55 6	16 25 33
5 Th	7♌48 33	7 19 13	30	10 23 59	14 15 9	15 7 46	7 19 50	5	10 52 21	11 51 37
6 F	22 27 36	7 19 34	-22	11 20 13	9 17 33	29 47 10	7 18 22	-50	11 47 38	6 35 40
7 S	7♍ 5 33	7 16 14	-78	12 14 40	3 48 45	14♍21 46	7 13 9	-105	12 41 22	0 59 30
8 Su	21 34 56	7 9 13	-130	13 7 51	1S49 25	28 44 8	7 4 30	-151	13 34 10	4S35 27
9 M	5♎48 39	6 59 10	-168	14 0 24	7 16 13	12♎47 49	6 53 20	-180	14 26 38	9 49 31
10 Tu	19 41 9	6 47 11	-187	14 52 54	12 13 20	26 28 20	6 40 53	-189	15 19 15	14 25 54
11 W	3♏ 9 13	6 34 34	-187	15 45 43	16 25 39	9♏43 47	6 28 24	-181	16 12 17	18 11 19
12 Th	16 12 10	6 22 30	-171	16 38 58	19 41 48	22 34 40	6 16 59	-158	17 5 42	20 56 19
13 F	28 51 39	6 11 57	-143	17 32 28	21 54 20	5♐ 3 36	6 7 28	-125	17 59 11	22 35 33
14 S	11♐11 4	6 3 36	-106	18 25 49	22 59 53	17 14 40	6 0 23	-86	18 52 15	23 7 30
15 Su	23 15 3	5 57 50	-66	19 18 28	22 58 45	29 12 54	5 55 59	-45	19 44 22	22 34 10
16 M	5♑ 8 53	5 54 49	-25	20 9 56	21 54 25	11♑ 3 41	5 54 19	-5	20 35 7	21 0 14
17 Tu	16 58 0	5 54 28	14	20 59 55	19 52 30	22 52 28	5 55 15	32	21 24 19	18 32 7
18 W	28 47 44	5 56 38	49	21 48 21	17 0 1	4♒44 21	5 58 33	65	22 12 3	15 17 11
19 Th	10♒42 54	6 0 57	78	22 35 27	13 24 36	16 43 51	6 3 46	90	22 58 36	11 23 17
20 F	22 47 37	6 6 58	100	23 21 36	9 14 19	28 54 35	6 10 26	107	23 44 29	6 58 47
21 S	5♓ 5 1	6 14 7	113	0 7 20	4 37 50	11♓19 8	6 17 57	116	0 30 16	2 12 42
22 Su	17 37 5	6 21 50	116	0 53 21	0N15 18	23 58 55	6 25 42	115	1 16 41	2N44 43
23 M	0♈24 37	6 29 30	112	1 40 21	5 14 0	6♈54 7	6 33 9	107	2 4 28	7 41 29
24 Tu	13 27 16	6 36 38	101	2 29 5	10 5 19	20 3 54	6 39 54	94	2 54 19	12 23 33
25 W	26 43 48	6 42 56	87	3 20 12	14 34 5	3♉26 44	6 45 43	80	3 46 49	16 34 46
26 Th	10♉12 26	6 48 16	73	4 14 11	18 23 21	17 0 42	6 50 36	67	4 42 17	19 57 40
27 F	23 51 18	6 52 44	62	5 11 5	21 15 35	0♊44 2	6 54 42	57	5 40 30	22 15 13
28 S	7♊38 44	6 56 33	53	6 10 25	22 54 57	14 35 16	6 58 16	50	6 40 42	23 13 35
29 Su	21 33 32	6 59 53	47	7 11 9	23 10 25	28 33 25	7 1 25	45	7 41 37	22 45 15
30 M	5♋34 50	7 2 51	41	8 11 54	21N58 26	12♋37 41	7 4 11	37	8 41 53	20N50 53

LUNAR INGRESSES
2 ☽ ♋ 9:02
4 ☽ ♌ 11:09
6 ☽ ♍ 12:21
8 ☽ ♎ 14:08
10 ☽ ♏ 18:19
13 ☽ ♐ 2:12
15 ☽ ♑ 13:35
18 ☽ ♒ 2:26
20 ☽ ♓ 14:08
22 ☽ ♈ 23:14
25 ☽ ♉ 5:51
27 ☽ ♊ 10:43
29 ☽ ♋ 14:28

PLANET INGRESSES
3 ☿ ♓ 5:21
13 ♂ ♐ 12:46
14 ☉ ♈ 15:51
19 ☿ ♈ 7:40

STATIONS
20 ♀ D 4:35

DATA FOR THE 1st AT 0 HOURS
JULIAN DAY 36980.5
☽ MEAN ☊ 16°♊ 9' 55"
OBLIQUITY 23° 26' 20"
DELTA T 64.7 SECONDS
NUTATION LONGITUDE-17.3"

DAY MO YR	☿ LONG ° ' "	♀ LONG ° ' "	♂ LONG ° ' "	♃ LONG ° ' "	♄ LONG ° ' "	♅ LONG ° ' "	♆ LONG ° ' "	♇ LONG ° ' "	☊ LONG ° '	A.S.S.I. h m s	S.S.R.Y. h m s	S.V.P. ♓ ° ' "	☿ MERCURY R.A. h m s	DECL ° ' "
1 91	26♒21 11	13♓37R59	25♏55 6	12♉51 42	3♉ 1 50	28♑44 25	13♑35 32	20♏28R21	15♊58	0 52 20	30 14 33	5 14 49.8	23 31 7	5S43 47
2 92	27 58 46	13 0 55	26 16 48	13 2 15	3 8 1	28 46 59	13 36 47	20 27 52	15 58	0 56 55	30 14 51	5 14 49.6	23 37 7	5 5 12
3 93	29 37 46	12 24 33	26 38 8	13 12 54	3 14 16	28 49 32	13 38 1	20 27 22	15 58	1 1 30	30 14 55	5 14 49.4	23 43 10	4 25 31
4 94	1♓18 12	11 49 9	26 59 8	13 23 39	3 20 33	28 52 2	13 39 12	20 26 49	15 55	1 6 5	30 14 43	5 14 49.3	23 49 18	3 44 45
5 95	3 0 3	11 14 56	27 19 46	13 34 30	3 26 55	28 54 31	13 40 22	20 26 15	15 49	1 10 40	30 14 16	5 14 49.2	23 55 30	3 2 54
6 96	4 43 21	10 42 5	27 40 2	13 45 26	3 33 19	28 56 57	13 41 30	20 25 39	15 41	1 15 15	30 13 37	5 14 49.2	0 1 46	2 20 1
7 97	6 28 7	10 10 50	27 59 56	13 56 27	3 39 47	28 59 21	13 42 37	20 25 1	15 31	1 19 51	30 12 49	5 14 49.1	0 8 6	1 36 6
8 98	8 14 20	9 41 21	28 19 27	14 7 34	3 46 18	29 1 43	13 43 41	20 24 21	15 19	1 24 27	30 11 55	5 14 49.1	0 14 31	0 51 11
9 99	10 2 1	9 13 47	28 38 34	14 18 46	3 52 52	29 4 2	13 44 44	20 23 40	15 07	1 29 3	30 10 58	5 14 49.1	0 21 1	0 5 18
10 100	11 51 12	8 48 16	28 57 17	14 30 3	3 59 30	29 6 19	13 45 45	20 22 57	14 57	1 33 40	30 10 0	5 14 49.0	0 27 35	0N41 32
11 101	13 41 52	8 24 55	29 15 35	14 41 25	4 6 10	29 8 35	13 46 44	20 22 12	14 49	1 38 17	30 9 3	5 14 48.9	0 34 15	1 29 16
12 102	15 34 2	8 3 50	29 33 27	14 52 52	4 12 53	29 10 47	13 47 41	20 21 25	14 43	1 42 54	30 8 10	5 14 48.8	0 41 0	2 17 52
13 103	17 27 43	7 45 6	29 50 54	15 4 25	4 19 39	29 12 58	13 48 36	20 20 37	14 40	1 47 32	30 7 21	5 14 48.6	0 47 50	3 7 17
14 104	19 22 53	7 28 46	0♐ 7 54	15 16 1	4 26 28	29 15 6	13 49 30	20 19 47	14 40	1 52 10	30 6 38	5 14 48.4	0 54 46	3 57 28
15 105	21 19 33	7 14 52	0 24 26	15 27 43	4 33 20	29 17 12	13 50 22	20 18 55	14 40	1 56 48	30 6 1	5 14 48.3	1 1 48	4 48 21
16 106	23 17 42	7 3 26	0 40 30	15 39 29	4 40 14	29 19 15	13 51 12	20 18 2	14 40	2 1 28	30 5 32	5 14 48.1	1 8 55	5 39 54
17 107	25 17 18	6 54 27	0 56 5	15 51 20	4 47 11	29 21 16	13 51 59	20 17 7	14 39	2 6 7	30 5 12	5 14 48.0	1 16 9	6 32 0
18 108	27 18 18	6 47 57	1 11 11	16 3 15	4 54 10	29 23 15	13 52 45	20 16 10	14 36	2 10 47	30 5 2	5 14 47.9	1 23 29	7 24 34
19 109	29 20 39	6 43 53	1 25 46	16 15 15	5 1 12	29 25 11	13 53 29	20 15 12	14 30	2 15 28	30 5 3	5 14 47.8	1 30 56	8 17 32
20 110	1♈24 18	6 42D13	1 39 51	16 27 18	5 8 17	29 27 4	13 54 12	20 14 12	14 22	2 20 9	30 5 16	5 14 47.7	1 38 29	9 10 45
21 111	3 29 8	6 42 57	1 53 24	16 39 26	5 15 23	29 28 55	13 54 52	20 13 11	14 12	2 24 50	30 5 41	5 14 47.7	1 46 8	10 4 7
22 112	5 35 3	6 46 1	2 6 24	16 51 38	5 22 32	29 30 43	13 55 30	20 12 8	14 01	2 29 32	30 6 20	5 14 47.7	1 53 54	10 57 28
23 113	7 41 54	6 51 22	2 18 51	17 3 54	5 29 43	29 32 29	13 56 6	20 11 4	13 49	2 34 15	30 7 9	5 14 47.7	2 1 45	11 50 40
24 114	9 49 31	6 58 58	2 30 45	17 16 14	5 36 57	29 34 12	13 56 41	20 9 59	13 38	2 38 58	30 8 9	5 14 47.6	2 9 43	12 43 32
25 115	11 57 44	7 8 44	2 42 4	17 28 38	5 44 12	29 35 53	13 57 13	20 8 51	13 29	2 43 42	30 9 16	5 14 47.5	2 17 45	13 35 54
26 116	14 6 18	7 20 36	2 52 48	17 41 5	5 51 30	29 37 31	13 57 43	20 7 43	13 22	2 48 27	30 10 25	5 14 47.3	2 25 53	14 27 33
27 117	16 15 0	7 34 32	3 2 57	17 53 36	5 58 49	29 39 6	13 58 12	20 6 33	13 18	2 53 12	30 11 32	5 14 47.1	2 34 4	15 18 18
28 118	18 23 32	7 50 28	3 12 30	18 6 11	6 6 10	29 40 38	13 58 38	20 5 22	13 16	2 57 57	30 12 32	5 14 46.9	2 42 19	16 7 56
29 119	20 31 39	8 8 19	3 21 25	18 18 49	6 13 33	29 42 8	13 59 3	20 4 10	13 16	3 2 44	30 13 22	5 14 46.7	2 50 36	16 56 14
30 120	22♈39 2	8♓28 3	3♐29 44	18♉31 30	6♉20 58	29♑43 35	13♑59 25	20♏ 2 56	13♊17	3 7 31	30 13 59	5 14 46.5	2 58 55	17N43 1

DAY Apr	♀ VENUS R.A. h m s	DECL ° ' "	♂ MARS R.A. h m s	DECL ° ' "	♃ JUPITER R.A. h m s	DECL ° ' "	♄ SATURN R.A. h m s	DECL ° ' "
1	0 18 18	10N30 20	17 19 29	22S47 58	4 23 38	21N 6 43	3 43 47	17N54 9
2	0 16 14	10 8 31	17 21 3	22 50 56	4 24 22	21 8 35	3 44 12	17 55 43
3	0 14 14	9 46 14	17 22 35	22 53 52	4 25 7	21 10 28	3 44 38	17 57 17
4	0 12 18	9 23 38	17 24 6	22 56 45	4 25 53	21 12 20	3 45 3	17 58 52
5	0 10 29	9 0 51	17 25 35	22 59 36	4 26 38	21 14 13	3 45 29	18 0 27
6	0 8 45	8 38 1	17 27 2	23 2 25	4 27 25	21 16 5	3 45 55	18 2 2
7	0 7 8	8 15 17	17 28 28	23 5 11	4 28 11	21 17 58	3 46 22	18 3 38
8	0 5 39	7 52 45	17 29 52	23 7 55	4 28 58	21 19 50	3 46 48	18 5 13
9	0 4 17	7 30 33	17 31 15	23 10 38	4 29 46	21 21 42	3 47 15	18 6 50
10	0 3 4	7 8 49	17 32 36	23 13 19	4 30 34	21 23 35	3 47 42	18 8 26
11	0 1 59	6 47 37	17 33 55	23 15 59	4 31 22	21 25 26	3 48 9	18 10 2
12	0 1 3	6 27 4	17 35 13	23 18 37	4 32 10	21 27 18	3 48 37	18 11 39
13	0 0 16	6 7 14	17 36 28	23 21 15	4 32 59	21 29 10	3 49 5	18 13 16
14	23 59 38	5 48 13	17 37 42	23 23 51	4 33 49	21 31 1	3 49 32	18 14 54
15	23 59 10	5 30 3	17 38 54	23 26 27	4 34 38	21 32 52	3 50 1	18 16 31
16	23 58 50	5 12 48	17 40 3	23 29 3	4 35 28	21 34 42	3 50 29	18 18 9
17	23 58 39	4 56 31	17 41 11	23 31 38	4 36 19	21 36 32	3 50 57	18 19 46
18	23 58 37	4 41 14	17 42 17	23 34 13	4 37 9	21 38 22	3 51 26	18 21 24
19	23 58 45	4 26 58	17 43 20	23 36 48	4 38 0	21 40 12	3 51 55	18 23 2
20	23 59 0	4 13 44	17 44 21	23 39 23	4 38 52	21 42 0	3 52 24	18 24 40
21	23 59 25	4 1 34	17 45 20	23 41 59	4 39 43	21 43 49	3 52 53	18 26 18
22	23 59 58	3 50 28	17 46 17	23 44 35	4 40 35	21 45 37	3 53 22	18 27 56
23	0 0 38	3 40 26	17 47 11	23 47 12	4 41 28	21 47 24	3 53 52	18 29 34
24	0 1 27	3 31 27	17 48 3	23 49 50	4 42 20	21 49 10	3 54 21	18 31 12
25	0 2 24	3 23 32	17 48 52	23 52 29	4 43 13	21 50 56	3 54 51	18 32 50
26	0 3 27	3 16 39	17 49 39	23 55 9	4 44 6	21 52 42	3 55 21	18 34 28
27	0 4 38	3 10 49	17 50 23	23 57 51	4 45 0	21 54 26	3 55 51	18 36 6
28	0 5 56	3 5 59	17 51 5	24 0 34	4 45 53	21 56 10	3 56 22	18 37 44
29	0 7 21	3 2 8	17 51 43	24 3 19	4 46 47	21 57 53	3 56 52	18 39 21
30	0 8 52	2N59 17	17 52 20	24S 6 7	4 47 42	21N59 36	3 57 23	18N40 59

DAY Apr	♅ URANUS R.A. h m s	DECL ° ' "	♆ NEPTUNE R.A. h m s	DECL ° ' "	♇ PLUTO R.A. h m s	DECL ° ' "
1	21 44 13	14S20 25	20 42 54	18S 1 36	17 0 36	12S 3 2
2	21 44 23	14 19 35	20 42 59	18 1 17	17 0 34	12 2 45
3	21 44 33	14 18 46	20 43 4	18 0 58	17 0 32	12 2 28
4	21 44 43	14 17 58	20 43 9	18 0 40	17 0 30	12 2 11
5	21 44 53	14 17 11	20 43 14	18 0 22	17 0 28	12 1 54
6	21 45 2	14 16 24	20 43 18	18 0 5	17 0 26	12 1 37
7	21 45 12	14 15 38	20 43 23	17 59 48	17 0 23	12 1 20
8	21 45 21	14 14 53	20 43 27	17 59 31	17 0 21	12 1 3
9	21 45 30	14 14 9	20 43 31	17 59 15	17 0 18	12 0 46
10	21 45 39	14 13 25	20 43 35	17 59 0	17 0 15	12 0 29
11	21 45 48	14 12 42	20 43 39	17 58 45	17 0 12	12 0 13
12	21 45 56	14 12 0	20 43 43	17 58 30	17 0 9	11 59 56
13	21 46 5	14 11 18	20 43 47	17 58 16	17 0 6	11 59 39
14	21 46 13	14 10 37	20 43 51	17 58 2	17 0 3	11 59 22
15	21 46 22	14 9 57	20 43 54	17 57 49	17 0 0	11 59 5
16	21 46 30	14 9 18	20 43 58	17 57 36	16 59 56	11 58 49
17	21 46 38	14 8 40	20 44 1	17 57 24	16 59 53	11 58 32
18	21 46 45	14 8 2	20 44 4	17 57 13	16 59 49	11 58 15
19	21 46 53	14 7 26	20 44 7	17 57 1	16 59 45	11 57 59
20	21 47 0	14 6 50	20 44 10	17 56 51	16 59 41	11 57 43
21	21 47 7	14 6 15	20 44 13	17 56 41	16 59 37	11 57 26
22	21 47 15	14 5 41	20 44 15	17 56 31	16 59 33	11 57 10
23	21 47 21	14 5 8	20 44 18	17 56 22	16 59 29	11 56 54
24	21 47 28	14 4 36	20 44 20	17 56 13	16 59 25	11 56 38
25	21 47 35	14 4 4	20 44 22	17 56 5	16 59 20	11 56 22
26	21 47 41	14 3 33	20 44 24	17 55 57	16 59 16	11 56 6
27	21 47 47	14 3 4	20 44 26	17 55 50	16 59 11	11 55 51
28	21 47 53	14 2 35	20 44 28	17 55 43	16 59 7	11 55 35
29	21 47 59	14 2 7	20 44 30	17 55 37	16 59 2	11 55 20
30	21 48 5	14S 1 40	20 44 31	17S55 32	16 58 57	11S55 5

DAY	SIDEREAL TIME h m s	☉ SUN LONG ° ' "	MOT ' "	R.A. h m s	DECL ° ' "	☽ MOON AT 0 HOURS LONG ° ' "	12h MOT ° ' "	2DIF "	R.A. h m s	DECL ° ' "	☽ MOON AT 12 HOURS LONG ° ' "	12h MOT ° ' "	2DIF "	R.A. h m s	DECL ° ' "
1 Tu	14 35 57	15♈56 0	58 14	2 33 4.0	15N 1 46	19♋41 51	7 5 21	32	9 11 24	19N23 53	26♋47 12	7 6 19	25	9 40 25	17N39 10
2 W	14 39 54	16 54 14	58 12	2 36 53.4	15 19 50	3♌53 31	7 7 2	17	10 8 52	15 38 41	11♌ 0 34	7 7 27	6	10 36 45	13 24 37
3 Th	14 43 50	17 52 25	58 10	2 40 43.3	15 37 39	18 8 0	7 7 28	-6	11 4 6	10 59 16	25 15 28	7 7 2	-21	11 30 59	8 25 0
4 F	14 47 47	18 50 35	58 8	2 44 33.8	15 55 12	2♍22 29	7 6 5	-36	11 57 27	5 44 14	9♍28 35	7 4 36	-53	12 23 36	2 59 20
5 S	14 51 43	19 48 42	58 6	2 48 24.8	16 12 29	16 33 11	7 2 33	-70	12 49 32	0 12 41	23 35 44	6 59 55	-87	13 15 20	2S33 23
6 Su	14 55 40	20 46 48	58 4	2 52 16.4	16 29 30	0♎35 39	6 56 44	-103	13 41 5	5S16 36	7♎32 24	6 53 3	-117	14 6 52	7 54 45
7 M	14 59 36	21 44 52	58 2	2 56 8.5	16 46 14	14 25 27	6 48 55	-130	14 32 46	10 25 44	21 14 21	6 44 24	-139	14 58 50	12 47 33
8 Tu	15 3 33	22 42 54	58 1	3 0 1.2	17 2 42	27 58 45	6 39 38	-146	15 25 6	14 58 23	4♏38 23	6 34 41	-149	15 51 35	16 56 32
9 W	15 7 29	23 40 55	57 59	3 3 54.5	17 18 52	11♏13 3	6 29 40	-150	16 18 18	18 40 34	17 42 43	6 24 41	-147	16 45 11	20 9 14
10 Th	15 11 26	24 38 54	57 58	3 7 48.3	17 34 45	24 7 24	6 19 51	-141	17 12 12	21 21 37	0♐27 16	6 15 16	-133	17 39 17	22 17 1
11 F	15 15 23	25 36 52	57 57	3 11 42.7	17 50 21	6♐42 31	6 10 59	-122	18 6 21	22 55 4	12 53 31	6 7 7	-109	18 33 19	23 15 42
12 S	15 19 19	26 34 48	57 55	3 15 37.7	18 5 38	19 0 37	6 3 43	-94	19 0 4	23 19 8	25 4 20	6 0 49	-78	19 26 32	23 5 47
13 Su	15 23 16	27 32 43	57 54	3 19 33.3	18 20 38	1♑ 5 9	5 58 29	-61	19 52 38	22 36 19	7♑ 3 38	5 56 46	-43	20 18 20	21 51 33
14 M	15 27 12	28 30 37	57 53	3 23 29.5	18 35 19	13 0 24	5 55 39	-24	20 43 35	20 52 25	18 56 3	5 55 11	-5	21 8 22	19 39 54
15 Tu	15 31 9	29 28 29	57 51	3 27 26.3	18 49 41	24 51 13	5 55 21	15	21 32 42	18 15 4	0♒46 34	5 56 9	33	21 56 37	16 38 57
16 W	15 35 5	0♉26 21	57 50	3 31 23.6	19 3 45	6♒42 43	5 57 35	52	22 20 8	14 52 35	12 40 18	5 59 37	69	22 43 20	12 57 0
17 Th	15 39 2	1 24 11	57 49	3 35 21.6	19 17 29	18 39 54	6 2 13	86	23 6 17	10 53 13	24 42 7	6 5 21	101	23 29 3	8 42 15
18 F	15 42 58	2 22 0	57 48	3 39 20.1	19 30 53	0♓47 27	6 8 57	115	23 51 44	6 25 8	6♓56 24	6 12 59	126	0 14 25	4 2 56
19 S	15 46 55	3 19 47	57 47	3 43 19.2	19 43 58	13 9 23	6 17 21	135	0 37 13	1 36 48	19 26 44	6 22 0	142	1 0 13	0N52 3
20 Su	15 50 52	4 17 34	57 45	3 47 18.8	19 56 42	25 48 44	6 26 49	146	1 23 33	3N22 14	2♈15 33	6 31 43	147	1 47 18	5 52 17
21 M	15 54 48	5 15 19	57 44	3 51 19.0	20 9 6	8♈47 16	6 36 37	145	2 11 35	8 20 28	15 23 53	6 41 25	141	2 36 30	10 44 56
22 Tu	15 58 45	6 13 3	57 43	3 55 19.7	20 21 10	22 5 18	6 46 1	134	3 2 8	13 3 36	28 51 19	6 50 20	124	3 28 34	15 14 12
23 W	16 2 41	7 10 46	57 42	3 59 21.0	20 32 52	5♉41 39	6 54 18	113	3 55 50	17 14 20	12♉35 57	6 57 51	99	4 23 58	19 1 30
24 Th	16 6 38	8 8 28	57 41	4 3 22.8	20 44 14	19 33 48	7 0 56	85	4 52 56	20 33 11	26 34 44	7 3 31	70	5 22 39	21 47 4
25 F	16 10 34	9 6 8	57 39	4 7 25.1	20 55 14	3♊38 15	7 5 37	55	5 53 2	22 41 3	10♊43 51	7 7 12	40	6 23 53	23 13 27
26 S	16 14 31	10 3 47	57 38	4 11 27.9	21 5 52	17 51 3	7 8 18	26	6 55 1	23 23 12	24 59 21	7 8 57	13	7 26 13	23 9 48
27 Su	16 18 27	11 1 25	57 36	4 15 31.2	21 16 9	2♋ 8 18	7 9 11	1	7 57 15	22 33 30	9♋17 28	7 9 1	-10	8 27 55	21 35 9
28 M	16 22 24	11 59 1	57 35	4 19 34.9	21 26 3	16 26 29	7 8 31	-20	8 58 5	20 16 11	23 35 0	7 7 42	-29	9 27 37	18 38 29
29 Tu	16 26 21	12 56 36	57 33	4 23 39.1	21 35 35	0♌42 41	7 6 36	-37	9 56 28	16 44 14	7♌49 16	7 5 14	-44	10 24 36	14 35 47
30 W	16 30 17	13 54 9	57 32	4 27 43.6	21 44 45	14 54 31	7 3 39	-51	10 52 3	12 15 34	21 58 10	7 1 50	-58	11 18 54	9 46 0
31 Th	16 34 14	14♉51 41	57 31	4 31 48.6	21N53 32	29♌ 0 0	6 59 49	-64	11 45 11	7N 9 29	5♍59 49	6 57 34	-70	12 11 3	4N28 17

LUNAR INGRESSES
1 ☽ ♌ 17:26
3 ☽ ♍ 20:00
5 ☽ ♎ 22:59
8 ☽ ♏ 3:38
10 ☽ ♐ 11:08
12 ☽ ♑ 21:50
15 ☽ ♒ 10:26
17 ☽ ♓ 22:27
20 ☽ ♈ 7:49
22 ☽ ♉ 14:01
24 ☽ ♊ 17:49
26 ☽ ♋ 20:25
28 ☽ ♌ 22:48
31 ☽ ♍ 1:43

PLANET INGRESSES
3 ☿ ♉ 13:03
15 ☉ ♉ 13:04
15 ♅ ♒ 9:28
23 ☿ ♊ 13:05
31 ♀ ♈ 18:04

STATIONS
11 ♂ R 16:09
11 ♆ R 1:14
29 ♅ R 15:12

DATA FOR THE 1st AT 0 HOURS
JULIAN DAY 37010.5
☽ MEAN ☊ 14°♊ 34' 32"
OBLIQUITY 23° 26' 20"
DELTA T 64.8 SECONDS
NUTATION LONGITUDE-18.0"

DAY MO	YR	☿ LONG ° ' "	♀ LONG ° ' "	♂ LONG ° ' "	♃ LONG ° ' "	♄ LONG ° ' "	♅ LONG ° ' "	♆ LONG ° ' "	♇ LONG ° ' "	☊ LONG ° '	A.S.S.I. h m s	S.S.R.Y. h m s	S.V.P. ♓ ° ' "	☿ MERCURY R.A. h m s	DECL ° ' "
1	121	24♈45 23	8♓49 34	3♐37 25	18♉44 14	6♉28 24	29♑44 59	13♑59 46	20♏ 1R41	13♊17	3 12 18	30 14 21	5 14 46.3	3 7 13	18N28 5
2	122	26 50 23	9 12 51	3 44 28	18 57 2	6 35 52	29 46 21	14 0 4	20 0 25	13 16	3 17 7	30 14 30	5 14 46.2	3 15 31	19 11 14
3	123	28 53 45	9 37 48	3 50 51	19 9 52	6 43 21	29 47 39	14 0 21	19 59 7	13 13	3 21 55	30 14 23	5 14 46.1	3 23 46	19 52 19
4	124	0♉55 11	10 4 23	3 56 36	19 22 45	6 50 52	29 48 55	14 0 36	19 57 49	13 07	3 26 45	30 14 4	5 14 46.0	3 31 58	20 31 12
5	125	2 54 25	10 32 32	4 1 40	19 35 42	6 58 24	29 50 8	14 0 48	19 56 29	13 00	3 31 35	30 13 35	5 14 46.0	3 40 5	21 7 45
6	126	4 51 14	11 2 13	4 6 4	19 48 41	7 5 57	29 51 19	14 0 59	19 55 9	12 51	3 36 26	30 12 56	5 14 45.9	3 48 6	21 41 53
7	127	6 45 23	11 33 20	4 9 46	20 1 42	7 13 31	29 52 26	14 1 8	19 53 47	12 43	3 41 18	30 12 11	5 14 45.8	3 56 0	22 13 33
8	128	8 36 41	12 5 53	4 12 47	20 14 47	7 21 7	29 53 31	14 1 14	19 52 24	12 35	3 46 10	30 11 20	5 14 45.7	4 3 46	22 42 42
9	129	10 24 58	12 39 46	4 15 5	20 27 53	7 28 44	29 54 33	14 1 19	19 51 0	12 30	3 51 3	30 10 27	5 14 45.5	4 11 22	23 9 18
10	130	12 10 5	13 14 58	4 16 40	20 41 3	7 36 22	29 55 32	14 1 22	19 49 36	12 26	3 55 57	30 9 33	5 14 45.3	4 18 49	23 33 24
11	131	13 51 56	13 51 25	4 17R32	20 54 15	7 44 1	29 56 28	14 1R23	19 48 10	12 24	4 0 51	30 8 38	5 14 45.1	4 26 4	23 54 59
12	132	15 30 24	14 29 4	4 17 39	21 7 29	7 51 41	29 57 21	14 1 22	19 46 44	12 24	4 5 47	30 7 45	5 14 44.9	4 33 7	24 14 7
13	133	17 5 23	15 7 53	4 17 2	21 20 45	7 59 21	29 58 11	14 1 19	19 45 16	12 25	4 10 43	30 6 55	5 14 44.7	4 39 57	24 30 50
14	134	18 36 50	15 47 48	4 15 40	21 34 4	8 7 3	29 58 59	14 1 14	19 43 48	12 27	4 15 39	30 6 10	5 14 44.5	4 46 35	24 45 13
15	135	20 4 40	16 28 48	4 13 32	21 47 25	8 14 45	29 59 43	14 1 7	19 42 19	12 28	4 20 37	30 5 33	5 14 44.4	4 52 58	24 57 20
16	136	21 28 50	17 10 49	4 10 39	22 0 48	8 22 28	0♒ 0 25	14 0 58	19 40 49	12 28	4 25 35	30 5 4	5 14 44.2	4 59 7	25 7 16
17	137	22 49 17	17 53 49	4 6 59	22 14 12	8 30 12	0 1 4	14 0 47	19 39 19	12 26	4 30 34	30 4 47	5 14 44.2	5 5 0	25 15 6
18	138	24 5 57	18 37 45	4 2 34	22 27 39	8 37 56	0 1 39	14 0 34	19 37 48	12 23	4 35 34	30 4 42	5 14 44.1	5 10 38	25 20 55
19	139	25 18 48	19 22 36	3 57 23	22 41 8	8 45 41	0 2 12	14 0 19	19 36 16	12 18	4 40 34	30 4 52	5 14 44.0	5 16 0	25 24 48
20	140	26 27 45	20 8 19	3 51 25	22 54 38	8 53 26	0 2 42	14 0 3	19 34 43	12 12	4 45 35	30 5 16	5 14 44.0	5 21 5	25 26 51
21	141	27 32 46	20 54 52	3 44 42	23 8 11	9 1 12	0 3 9	13 59 44	19 33 10	12 06	4 50 37	30 5 55	5 14 43.9	5 25 54	25 27 9
22	142	28 33 46	21 42 13	3 37 13	23 21 44	9 8 58	0 3 33	13 59 24	19 31 37	12 00	4 55 39	30 6 47	5 14 43.7	5 30 24	25 25 48
23	143	29 30 43	22 30 20	3 28 59	23 35 20	9 16 44	0 3 54	13 59 1	19 30 2	11 55	5 0 42	30 7 49	5 14 43.6	5 34 37	25 22 52
24	144	0♊23 31	23 19 12	3 20 0	23 48 57	9 24 30	0 4 12	13 58 37	19 28 28	11 52	5 5 46	30 8 57	5 14 43.4	5 38 32	25 18 27
25	145	1 12 7	24 8 45	3 10 18	24 2 35	9 32 16	0 4 27	13 58 11	19 26 53	11 50	5 10 51	30 10 6	5 14 43.1	5 42 8	25 12 37
26	146	1 56 26	24 59 0	2 59 52	24 16 14	9 40 2	0 4 39	13 57 43	19 25 18	11 50	5 15 56	30 11 13	5 14 42.8	5 45 25	25 5 29
27	147	2 36 24	25 49 53	2 48 45	24 29 55	9 47 49	0 4 48	13 57 14	19 23 42	11 51	5 21 1	30 12 13	5 14 42.5	5 48 22	24 57 5
28	148	3 11 56	26 41 25	2 36 56	24 43 37	9 55 35	0 4 54	13 56 42	19 22 6	11 52	5 26 8	30 13 3	5 14 42.3	5 50 59	24 47 32
29	149	3 42 59	27 33 33	2 24 27	24 57 20	10 3 21	0 4R57	13 56 9	19 20 29	11 54	5 31 14	30 13 42	5 14 42.1	5 53 17	24 36 54
30	150	4 9 29	28 26 15	2 11 20	25 11 3	10 11 7	0 4 58	13 55 33	19 18 53	11 54	5 36 22	30 14 8	5 14 42.0	5 55 14	24 25 15
31	151	4♊31 22	29♓19 32	1♐57 35	25♉24 48	10♉18 52	0♒ 4 55	13♑54 56	19♏17 16	11♊53	5 41 29	30 14 22	5 14 41.9	5 56 50	24N12 40

DAY May	♀ VENUS R.A. h m s	DECL ° ' "	♂ MARS R.A. h m s	DECL ° ' "	♃ JUPITER R.A. h m s	DECL ° ' "	♄ SATURN R.A. h m s	DECL ° ' "	♅ URANUS R.A. h m s	DECL ° ' "	♆ NEPTUNE R.A. h m s	DECL ° ' "	♇ PLUTO R.A. h m s	DECL ° ' "
1	0 10 29	2N57 22	17 52 53	24S 8 56	4 48 36	22N 1 17	3 57 53	18N42 36	21 48 11	14S 1 14	20 44 33	17S55 26	16 58 52	11S54 50
2	0 12 12	2 56 24	17 53 24	24 11 47	4 49 31	22 2 58	3 58 24	18 44 14	21 48 16	14 0 49	20 44 34	17 55 22	16 58 47	11 54 35
3	0 14 1	2 56 20	17 53 52	24 14 41	4 50 26	22 4 38	3 58 55	18 45 51	21 48 21	14 0 25	20 44 35	17 55 18	16 58 42	11 54 21
4	0 15 56	2 57 10	17 54 17	24 17 37	4 51 21	22 6 17	3 59 26	18 47 27	21 48 26	14 0 1	20 44 36	17 55 14	16 58 37	11 54 7
5	0 17 56	2 58 52	17 54 39	24 20 35	4 52 16	22 7 55	3 59 57	18 49 4	21 48 31	13 59 39	20 44 37	17 55 11	16 58 31	11 53 52
6	0 20 1	3 1 24	17 54 58	24 23 36	4 53 12	22 9 32	4 0 28	18 50 40	21 48 35	13 59 18	20 44 38	17 55 9	16 58 26	11 53 38
7	0 22 11	3 4 45	17 55 14	24 26 40	4 54 8	22 11 9	4 0 59	18 52 16	21 48 40	13 58 57	20 44 38	17 55 7	16 58 21	11 53 25
8	0 24 26	3 8 54	17 55 28	24 29 46	4 55 4	22 12 44	4 1 31	18 53 52	21 48 44	13 58 38	20 44 39	17 55 5	16 58 15	11 53 11
9	0 26 45	3 13 49	17 55 38	24 32 55	4 56 0	22 14 18	4 2 2	18 55 28	21 48 48	13 58 19	20 44 39	17 55 5	16 58 10	11 52 58
10	0 29 9	3 19 28	17 55 44	24 36 7	4 56 57	22 15 51	4 2 34	18 57 3	21 48 52	13 58 2	20 44 39	17 55 4	16 58 4	11 52 44
11	0 31 37	3 25 51	17 55 48	24 39 21	4 57 53	22 17 23	4 3 6	18 58 38	21 48 56	13 57 45	20 44 39	17 55 4	16 57 59	11 52 32
12	0 34 9	3 32 55	17 55 49	24 42 38	4 58 50	22 18 54	4 3 37	19 0 12	21 48 59	13 57 29	20 44 39	17 55 5	16 57 53	11 52 19
13	0 36 45	3 40 39	17 55 46	24 45 58	4 59 47	22 20 24	4 4 9	19 1 46	21 49 3	13 57 15	20 44 39	17 55 6	16 57 47	11 52 7
14	0 39 24	3 49 2	17 55 40	24 49 20	5 0 44	22 21 53	4 4 41	19 3 20	21 49 6	13 57 1	20 44 39	17 55 7	16 57 41	11 51 54
15	0 42 8	3 58 2	17 55 30	24 52 44	5 1 42	22 23 21	4 5 13	19 4 54	21 49 9	13 56 48	20 44 38	17 55 10	16 57 35	11 51 43
16	0 44 54	4 7 38	17 55 17	24 56 11	5 2 39	22 24 48	4 5 45	19 6 27	21 49 11	13 56 37	20 44 38	17 55 12	16 57 29	11 51 31
17	0 47 44	4 17 47	17 55 1	24 59 39	5 3 37	22 26 13	4 6 17	19 8 0	21 49 14	13 56 26	20 44 37	17 55 15	16 57 23	11 51 20
18	0 50 37	4 28 30	17 54 41	25 3 10	5 4 35	22 27 38	4 6 49	19 9 32	21 49 16	13 56 16	20 44 36	17 55 19	16 57 17	11 51 9
19	0 53 34	4 39 43	17 54 18	25 6 42	5 5 33	22 29 1	4 7 21	19 11 4	21 49 19	13 56 7	20 44 35	17 55 23	16 57 11	11 50 58
20	0 56 33	4 51 27	17 53 52	25 10 16	5 6 31	22 30 23	4 7 53	19 12 35	21 49 20	13 56 0	20 44 34	17 55 28	16 57 5	11 50 47
21	0 59 35	5 3 39	17 53 22	25 13 51	5 7 30	22 31 43	4 8 26	19 14 6	21 49 22	13 55 53	20 44 33	17 55 33	16 56 59	11 50 37
22	1 2 40	5 16 18	17 52 49	25 17 27	5 8 28	22 33 3	4 8 58	19 15 37	21 49 24	13 55 47	20 44 31	17 55 39	16 56 53	11 50 27
23	1 5 47	5 29 23	17 52 12	25 21 3	5 9 27	22 34 21	4 9 30	19 17 7	21 49 25	13 55 42	20 44 30	17 55 45	16 56 46	11 50 17
24	1 8 57	5 42 53	17 51 32	25 24 40	5 10 25	22 35 38	4 10 2	19 18 36	21 49 27	13 55 38	20 44 28	17 55 52	16 56 40	11 50 8
25	1 12 10	5 56 46	17 50 49	25 28 17	5 11 24	22 36 54	4 10 35	19 20 5	21 49 28	13 55 35	20 44 27	17 55 59	16 56 34	11 49 59
26	1 15 24	6 11 0	17 50 3	25 31 54	5 12 23	22 38 8	4 11 7	19 21 34	21 49 28	13 55 33	20 44 25	17 56 6	16 56 27	11 49 50
27	1 18 42	6 25 36	17 49 13	25 35 30	5 13 22	22 39 21	4 11 40	19 23 2	21 49 29	13 55 33	20 44 23	17 56 14	16 56 21	11 49 42
28	1 22 1	6 40 31	17 48 20	25 39 6	5 14 21	22 40 33	4 12 12	19 24 29	21 49 30	13 55 33	20 44 21	17 56 23	16 56 15	11 49 34
29	1 25 22	6 55 44	17 47 25	25 42 39	5 15 21	22 41 44	4 12 44	19 25 56	21 49 30	13 55 34	20 44 18	17 56 32	16 56 8	11 49 26
30	1 28 46	7 11 15	17 46 26	25 46 12	5 16 20	22 42 53	4 13 17	19 27 23	21 49 30	13 55 36	20 44 16	17 56 42	16 56 2	11 49 19
31	1 32 12	7N27 2	17 45 25	25S49 41	5 17 19	22N44 0	4 13 49	19N28 49	21 49 30	13S55 39	20 44 14	17S56 52	16 55 55	11S49 12

JUNE 2001

DAY	SIDEREAL TIME h m s	☉ SUN LONG ° ' "	MOT ' "	R.A. h m s	DECL ° ' "
1 F	16 38 10	15♉49 11	57 29	4 35 54.0	22N 1 56
2 S	16 42 7	16 46 41	57 28	4 39 59.8	22 9 56
3 Su	16 46 3	17 44 8	57 27	4 44 5.9	22 17 34
4 M	16 50 0	18 41 35	57 26	4 48 12.4	22 24 48
5 Tu	16 53 56	19 39 1	57 25	4 52 19.2	22 31 38
6 W	16 57 53	20 36 26	57 24	4 56 26.4	22 38 5
7 Th	17 1 50	21 33 49	57 23	5 0 33.8	22 44 8
8 F	17 5 46	22 31 12	57 22	5 4 41.6	22 49 47
9 S	17 9 43	23 28 35	57 22	5 8 49.6	22 55 3
10 Su	17 13 39	24 25 56	57 21	5 12 57.9	22 59 54
11 M	17 17 36	25 23 17	57 21	5 17 6.5	23 4 20
12 Tu	17 21 32	26 20 38	57 20	5 21 15.2	23 8 23
13 W	17 25 29	27 17 58	57 20	5 25 24.2	23 12 1
14 Th	17 29 25	28 15 17	57 19	5 29 33.3	23 15 14
15 F	17 33 22	29 12 36	57 19	5 33 42.6	23 18 3
16 S	17 37 19	0♊ 9 55	57 18	5 37 52.1	23 20 27
17 Su	17 41 15	1 7 13	57 18	5 42 1.6	23 22 27
18 M	17 45 12	2 4 31	57 18	5 46 11.2	23 24 2
19 Tu	17 49 8	3 1 49	57 18	5 50 20.9	23 25 12
20 W	17 53 5	3 59 6	57 17	5 54 30.7	23 25 57
21 Th	17 57 1	4 56 23	57 17	5 58 40.4	23 26 17
22 F	18 0 58	5 53 40	57 16	6 2 50.2	23 26 13
23 S	18 4 55	6 50 56	57 16	6 6 59.8	23 25 44
24 Su	18 8 51	7 48 12	57 15	6 11 9.4	23 24 50
25 M	18 12 48	8 45 27	57 15	6 15 18.9	23 23 31
26 Tu	18 16 44	9 42 42	57 14	6 19 28.3	23 21 48
27 W	18 20 41	10 39 56	57 14	6 23 37.5	23 19 40
28 Th	18 24 37	11 37 9	57 13	6 27 46.5	23 17 7
29 F	18 28 34	12 34 22	57 13	6 31 55.2	23 14 9
30 S	18 32 30	13♊31 35	57 12	6 36 3.8	23N10 48

DAY	☽ MOON AT 0 HOURS LONG ° ' "	12h MOT ° ' "	2DIF "	R.A. h m s	DECL ° ' "
1 F	12♍57 23	6 55 7	-77	12 36 34	1N44 37
2 S	26 44 57	6 49 35	-89	13 27 4	3S41 41
3 Su	10♎21 3	6 43 16	-100	14 17 30	8 53 18
4 M	23 44 11	6 36 18	-109	15 8 33	13 35 10
5 Tu	6♏53 5	6 28 52	-113	16 0 39	17 33 23
6 W	19 47 2	6 21 18	-112	16 53 51	20 36 1
7 Th	2♐25 56	6 14 0	-105	17 47 49	22 34 14
8 F	14 50 31	6 7 23	-92	18 41 52	23 23 24
9 S	27 2 22	6 1 53	-72	19 35 10	23 3 42
10 Su	9♑ 3 54	5 57 52	-47	20 27 0	21 39 42
11 M	20 58 17	5 55 40	-18	21 16 57	19 18 55
12 Tu	2♒49 17	5 55 34	15	22 4 57	16 10 18
13 W	14 41 12	5 57 43	50	22 51 17	12 22 57
14 Th	26 38 35	6 2 12	85	23 36 30	8 5 27
15 F	8♓46 6	6 8 58	117	0 21 19	3 26 3
16 S	21 8 13	6 17 47	145	1 6 34	1N26 50
17 Su	3♈48 50	6 28 14	166	1 53 11	6 23 35
18 M	16 50 58	6 39 43	175	2 42 6	11 12 21
19 Tu	0♉16 17	6 51 24	171	3 34 12	15 37 53
20 W	14 4 42	7 2 19	152	4 30 5	19 21 24
21 Th	28 14 12	7 11 29	119	5 29 45	22 1 54
22 F	12♊40 50	7 18 3	75	6 32 25	23 19 50
23 S	27 19 2	7 21 26	26	7 36 23	23 2 51
24 Su	12♋ 2 21	7 21 30	-23	8 39 39	21 10 14
25 M	26 44 10	7 18 28	-65	9 40 33	17 53 22
26 Tu	11♌18 37	7 12 57	-97	10 38 17	13 31 44
27 W	25 41 4	7 5 41	-118	11 32 57	8 27 39
28 Th	9♍48 24	6 57 27	-127	12 25 8	3 2 18
29 F	23 39 0	6 48 52	-128	13 15 47	2S25 43
30 S	7♎12 28	6 40 26	-124	14 5 48	7S40 25

DAY	☽ MOON AT 12 HOURS LONG ° ' "	12h MOT ° ' "	2DIF "	R.A. h m s	DECL ° ' "
1 F	19♍52 29	6 52 27	-83	13 1 53	0S59 23
2 S	3♎34 32	6 46 32	-95	13 52 14	6 20 18
3 Su	17 4 20	6 39 51	-105	14 42 55	11 18 51
4 M	0♏20 29	6 32 37	-111	15 34 27	15 40 32
5 Tu	13 21 57	6 25 5	-113	16 27 8	19 12 17
6 W	26 8 20	6 17 36	-109	17 20 47	21 43 35
7 Th	8♐39 56	6 10 35	-99	18 14 53	23 7 32
8 F	20 57 54	6 4 28	-83	19 8 39	23 21 58
9 S	3♑ 4 15	5 59 40	-60	20 1 18	22 29 19
10 Su	15 1 46	5 56 31	-33	20 52 14	20 35 51
11 M	26 53 57	5 55 20	-2	21 41 11	17 50 1
12 Tu	8♒44 51	5 56 21	32	22 28 18	14 20 55
13 W	20 38 55	5 59 40	67	23 13 59	10 17 27
14 Th	2♓40 48	6 5 19	101	23 58 54	5 47 59
15 F	14 55 5	6 13 8	132	0 43 50	1 0 44
16 S	27 26 0	6 22 50	157	1 29 39	3N55 24
17 Su	10♈17 4	6 33 54	172	2 17 18	8 49 50
18 M	23 30 41	6 45 36	175	3 7 43	13 29 6
19 Tu	7♉ 7 41	6 57 1	164	4 1 39	17 36 11
20 W	21 7 1	7 7 11	138	4 59 28	20 50 51
21 Th	5♊25 42	7 15 8	98	6 0 48	22 52 12
22 F	19 58 53	7 20 10	51	7 4 22	23 23 34
23 S	4♋40 29	7 21 53	1	8 8 13	22 18 2
24 Su	19 23 50	7 20 20	-45	9 10 28	19 41 14
25 M	4♌ 2 39	7 15 59	-83	10 9 50	15 49 16
26 Tu	18 31 34	7 9 29	-109	11 5 58	11 3 38
27 W	2♍46 45	7 1 39	-124	11 59 18	5 46 24
28 Th	16 45 50	6 53 10	-129	12 50 36	0 17 34
29 F	0♎27 52	6 44 36	-127	13 40 49	5S 5 39
30 S	13♎52 54	6 36 22	-120	14 30 51	10S 8 19

LUNAR INGRESSES
2 ☽ ♎ 5:42
4 ☽ ♏ 11:23
6 ☽ ♐ 19:21
9 ☽ ♑ 5:53
11 ☽ ♒ 18:17
14 ☽ ♓ 6:41
16 ☽ ♈ 16:51
18 ☽ ♉ 23:31
21 ☽ ♊ 2:57
23 ☽ ♋ 4:23
25 ☽ ♌ 5:21
27 ☽ ♍ 7:17
29 ☽ ♎ 11:11

PLANET INGRESSES
7 ♂ ♏ 8:08
12 ♅ ♑ 23:18
15 ☉ ♊ 19:51
17 ☿ ♉ 19:23
19 ♃ ♊ 21:54
30 ♀ ♉ 19:50

STATIONS
4 ☿ R 5:23
28 ☿ D 5:50

DATA FOR THE 1st AT 0 HOURS
JULIAN DAY 37041.5
☽ MEAN ☊ 12°♊ 55' 58"
OBLIQUITY 23° 26' 19"
DELTA T 64.8 SECONDS
NUTATION LONGITUDE-17.9"

DAY MO YR	☿ LONG ° ' "	♀ LONG ° ' "	♂ LONG ° ' "	♃ LONG ° ' "	♄ LONG ° ' "	♅ LONG ° ' "	♆ LONG ° ' "	♇ LONG ° ' "	☊ LONG ° '	A.S.S.I. h m s	S.S.R.Y. h m s	S.V.P. ♓ ° ' "	☿ MERCURY R.A. h m s	DECL ° ' "
1 152	4♊48 36	0♈13 22	1♐43R14	25♉38 34	10♉26 37	0♒ 4R49	13♑54R18	19♏15R39	11♊51	5 46 38	30 14 23	5 14 41.8	5 58 6	23N59 14
2 153	5 1 11	1 7 43	1 28 19	25 52 20	10 34 22	0 4 41	13 53 37	19 14 2	11 49	5 51 46	30 14 14	5 14 41.8	5 59 1	23 45 0
3 154	5 9 7	2 2 34	1 12 51	26 6 7	10 42 6	0 4 29	13 52 55	19 12 25	11 45	5 56 56	30 13 54	5 14 41.7	5 59 36	23 30 5
4 155	5 12R26	2 57 56	0 56 52	26 19 54	10 49 50	0 4 15	13 52 11	19 10 48	11 42	6 2 5	30 13 24	5 14 41.5	5 59 50	23 14 32
5 156	5 11 11	3 53 46	0 40 23	26 33 43	10 57 33	0 3 58	13 51 26	19 9 11	11 39	6 7 15	30 12 47	5 14 41.3	5 59 45	22 58 26
6 157	5 5 29	4 50 4	0 23 26	26 47 31	11 5 15	0 3 38	13 50 38	19 7 33	11 36	6 12 26	30 12 2	5 14 41.1	5 59 20	22 41 54
7 158	4 55 29	5 46 49	0 6 4	27 1 20	11 12 57	0 3 15	13 49 49	19 5 56	11 35	6 17 37	30 11 11	5 14 40.9	5 58 37	22 25 0
8 159	4 41 23	6 44 0	29♏48 17	27 15 10	11 20 37	0 2 50	13 48 59	19 4 19	11 35	6 22 48	30 10 16	5 14 40.6	5 57 36	22 7 51
9 160	4 23 25	7 41 36	29 30 9	27 29 0	11 28 17	0 2 21	13 48 7	19 2 42	11 36	6 28 0	30 9 18	5 14 40.4	5 56 19	21 50 32
10 161	4 1 54	8 39 37	29 11 42	27 42 50	11 35 57	0 1 50	13 47 13	19 1 6	11 37	6 33 12	30 8 20	5 14 40.2	5 54 47	21 33 11
11 162	3 37 10	9 38 1	28 52 57	27 56 40	11 43 35	0 1 16	13 46 18	18 59 29	11 38	6 38 24	30 7 22	5 14 40.0	5 53 2	21 15 55
12 163	3 9 38	10 36 48	28 33 57	28 10 31	11 51 12	0 0 39	13 45 21	18 57 53	11 40	6 43 36	30 6 30	5 14 39.8	5 51 5	20 58 51
13 164	2 39 44	11 35 57	28 14 46	28 24 22	11 58 48	29♑59 59	13 44 23	18 56 17	11 40	6 48 49	30 5 44	5 14 39.7	5 48 58	20 42 8
14 165	2 8 0	12 35 27	27 55 24	28 38 13	12 6 23	29 59 16	13 43 23	18 54 41	11 41	6 54 2	30 5 8	5 14 39.6	5 46 44	20 25 54
15 166	1 34 56	13 35 18	27 35 56	28 52 2	12 13 57	29 58 31	13 42 21	18 53 5	11 41	6 59 15	30 4 45	5 14 39.5	5 44 25	20 10 18
16 167	1 1 6	14 35 28	27 16 23	29 5 53	12 21 29	29 57 43	13 41 18	18 51 30	11 40	7 4 29	30 4 37	5 14 39.4	5 42 3	19 55 28
17 168	0 27 6	15 35 58	26 56 50	29 19 43	12 29 1	29 56 52	13 40 14	18 49 56	11 39	7 9 42	30 4 44	5 14 39.3	5 39 41	19 41 32
18 169	29♉53 29	16 36 46	26 37 17	29 33 33	12 36 30	29 55 59	13 39 8	18 48 21	11 38	7 14 56	30 5 8	5 14 39.2	5 37 20	19 28 39
19 170	29 20 51	17 37 53	26 17 49	29 47 23	12 43 59	29 55 3	13 38 1	18 46 48	11 37	7 20 10	30 5 46	5 14 39.0	5 35 4	19 16 56
20 171	28 49 45	18 39 16	25 58 29	0♊ 1 13	12 51 26	29 54 4	13 36 53	18 45 15	11 36	7 25 23	30 6 36	5 14 38.8	5 32 55	19 6 30
21 172	28 20 42	19 40 56	25 39 18	0 15 2	12 58 51	29 53 3	13 35 43	18 43 42	11 35	7 30 37	30 7 35	5 14 38.5	5 30 54	18 57 28
22 173	27 54 13	20 42 52	25 20 21	0 28 50	13 6 15	29 51 59	13 34 31	18 42 10	11 35	7 35 51	30 8 40	5 14 38.2	5 29 4	18 49 54
23 174	27 30 44	21 45 4	25 1 40	0 42 38	13 13 37	29 50 52	13 33 19	18 40 39	11 35	7 41 5	30 9 45	5 14 37.9	5 27 26	18 43 52
24 175	27 10 40	22 47 31	24 43 18	0 56 25	13 20 57	29 49 43	13 32 5	18 39 8	11 35	7 46 18	30 10 49	5 14 37.7	5 26 2	18 39 26
25 176	26 54 20	23 50 13	24 25 18	1 10 11	13 28 15	29 48 32	13 30 50	18 37 38	11 36	7 51 32	30 11 47	5 14 37.5	5 24 54	18 36 36
26 177	26 42 5	24 53 8	24 7 42	1 23 57	13 35 31	29 47 17	13 29 34	18 36 9	11 36	7 56 45	30 12 37	5 14 37.3	5 24 3	18 35 23
27 178	26 34 7	25 56 18	23 50 33	1 37 41	13 42 45	29 46 1	13 28 17	18 34 40	11 36	8 1 58	30 13 18	5 14 37.2	5 23 29	18 35 46
28 179	26 30D40	26 59 40	23 33 53	1 51 24	13 49 58	29 44 42	13 26 58	18 33 12	11 36	8 7 11	30 13 49	5 14 37.1	5 23 14	18 37 43
29 180	26 31 53	28 3 17	23 17 45	2 5 7	13 57 8	29 43 21	13 25 38	18 31 46	11 36	8 12 23	30 14 10	5 14 37.0	5 23 19	18 41 12
30 181	26♉37 53	29♈ 7 6	23♏ 2 9	2♊18 48	14♉ 4 16	29♑41 57	13♑24 18	18♏30 20	11♊36	8 17 36	30 14 20	5 14 36.9	5 23 43	18N46 9

DAY Jun	♀ VENUS R.A. h m s	DECL ° ' "	♂ MARS R.A. h m s	DECL ° ' "	♃ JUPITER R.A. h m s	DECL ° ' "	♄ SATURN R.A. h m s	DECL ° ' "	♅ URANUS R.A. h m s	DECL ° ' "	♆ NEPTUNE R.A. h m s	DECL ° ' "	♇ PLUTO R.A. h m s	DECL ° ' "
1	1 35 40	7N43 4	17 44 21	25S53 9	5 18 19	22N45 7	4 14 21	19N30 14	21 49 30	13S55 43	20 44 11	17S57 2	16 55 49	11S49 5
2	1 39 9	7 59 20	17 43 14	25 56 33	5 19 19	22 46 11	4 14 54	19 31 38	21 49 29	13 55 48	20 44 8	17 57 13	16 55 42	11 48 59
3	1 42 41	8 15 49	17 42 5	25 59 54	5 20 18	22 47 15	4 15 26	19 33 2	21 49 28	13 55 54	20 44 5	17 57 24	16 55 36	11 48 53
4	1 46 15	8 32 30	17 40 53	26 3 11	5 21 18	22 48 17	4 15 58	19 34 25	21 49 28	13 56 1	20 44 2	17 57 36	16 55 29	11 48 47
5	1 49 50	8 49 22	17 39 39	26 6 24	5 22 18	22 49 18	4 16 30	19 35 48	21 49 26	13 56 9	20 43 59	17 57 48	16 55 23	11 48 42
6	1 53 28	9 6 24	17 38 23	26 9 32	5 23 17	22 50 17	4 17 3	19 37 10	21 49 25	13 56 18	20 43 56	17 58 1	16 55 16	11 48 37
7	1 57 7	9 23 36	17 37 5	26 12 35	5 24 17	22 51 15	4 17 35	19 38 31	21 49 24	13 56 27	20 43 53	17 58 14	16 55 10	11 48 32
8	2 0 48	9 40 55	17 35 46	26 15 33	5 25 17	22 52 11	4 18 7	19 39 52	21 49 22	13 56 38	20 43 50	17 58 28	16 55 4	11 48 28
9	2 4 31	9 58 21	17 34 24	26 18 24	5 26 17	22 53 6	4 18 39	19 41 12	21 49 20	13 56 50	20 43 46	17 58 42	16 54 57	11 48 25
10	2 8 16	10 15 53	17 33 1	26 21 10	5 27 17	22 54 0	4 19 11	19 42 31	21 49 18	13 57 2	20 43 42	17 58 56	16 54 51	11 48 21
11	2 12 2	10 33 30	17 31 37	26 23 48	5 28 17	22 54 52	4 19 43	19 43 50	21 49 16	13 57 16	20 43 39	17 59 11	16 54 44	11 48 18
12	2 15 50	10 51 11	17 30 12	26 26 20	5 29 17	22 55 42	4 20 15	19 45 8	21 49 14	13 57 30	20 43 35	17 59 26	16 54 38	11 48 16
13	2 19 40	11 8 55	17 28 45	26 28 45	5 30 17	22 56 31	4 20 47	19 46 25	21 49 12	13 57 46	20 43 31	17 59 42	16 54 31	11 48 13
14	2 23 31	11 26 42	17 27 18	26 31 2	5 31 17	22 57 19	4 21 18	19 47 42	21 49 9	13 58 2	20 43 27	17 59 58	16 54 25	11 48 12
15	2 27 25	11 44 29	17 25 51	26 33 12	5 32 17	22 58 5	4 21 50	19 48 58	21 49 6	13 58 19	20 43 23	18 0 14	16 54 18	11 48 10
16	2 31 19	12 2 17	17 24 23	26 35 13	5 33 17	22 58 50	4 22 22	19 50 13	21 49 3	13 58 37	20 43 18	18 0 31	16 54 12	11 48 9
17	2 35 16	12 20 4	17 22 55	26 37 7	5 34 17	22 59 33	4 22 53	19 51 28	21 49 0	13 58 56	20 43 14	18 0 48	16 54 6	11 48 8
18	2 39 14	12 37 50	17 21 27	26 38 53	5 35 17	23 0 15	4 23 25	19 52 41	21 48 56	13 59 16	20 43 10	18 1 6	16 53 59	11 48 8
19	2 43 13	12 55 33	17 19 59	26 40 31	5 36 17	23 0 55	4 23 56	19 53 54	21 48 53	13 59 37	20 43 5	18 1 23	16 53 53	11 48 8
20	2 47 15	13 13 12	17 18 32	26 42 2	5 37 17	23 1 34	4 24 27	19 55 6	21 48 49	13 59 58	20 43 1	18 1 42	16 53 47	11 48 9
21	2 51 17	13 30 47	17 17 6	26 43 24	5 38 17	23 2 12	4 24 59	19 56 18	21 48 45	14 0 21	20 42 56	18 2 0	16 53 40	11 48 10
22	2 55 22	13 48 17	17 15 40	26 44 39	5 39 17	23 2 48	4 25 30	19 57 29	21 48 41	14 0 44	20 42 51	18 2 19	16 53 34	11 48 11
23	2 59 27	14 5 40	17 14 16	26 45 46	5 40 17	23 3 22	4 26 1	19 58 39	21 48 37	14 1 8	20 42 46	18 2 38	16 53 28	11 48 13
24	3 3 35	14 22 57	17 12 53	26 46 46	5 41 17	23 3 55	4 26 31	19 59 48	21 48 32	14 1 33	20 42 41	18 2 58	16 53 22	11 48 15
25	3 7 44	14 40 5	17 11 32	26 47 39	5 42 17	23 4 27	4 27 2	20 0 56	21 48 28	14 1 59	20 42 36	18 3 18	16 53 16	11 48 18
26	3 11 54	14 57 5	17 10 13	26 48 26	5 43 17	23 4 57	4 27 33	20 2 4	21 48 23	14 2 25	20 42 31	18 3 38	16 53 10	11 48 21
27	3 16 6	15 13 55	17 8 56	26 49 6	5 44 17	23 5 25	4 28 3	20 3 11	21 48 18	14 2 53	20 42 26	18 3 58	16 53 4	11 48 24
28	3 20 19	15 30 34	17 7 41	26 49 41	5 45 16	23 5 52	4 28 33	20 4 17	21 48 13	14 3 21	20 42 20	18 4 19	16 52 58	11 48 28
29	3 24 34	15 47 3	17 6 28	26 50 10	5 46 16	23 6 18	4 29 4	20 5 22	21 48 8	14 3 50	20 42 15	18 4 40	16 52 52	11 48 33
30	3 28 50	16N 3 19	17 5 18	26S50 33	5 47 15	23N 6 42	4 29 34	20N 6 27	21 48 2	14S 4 19	20 42 10	18S 5 2	16 52 46	11S48 37

DAY	SIDEREAL TIME h m s	☉ SUN LONG ° ' "	SUN MOT ' "	SUN R.A. h m s	SUN DECL ° ' "	☽ MOON AT 0 HOURS LONG ° ' "	12h MOT ° ' "	2DIF "	R.A. h m s	DECL ° ' "	☽ MOON AT 12 HOURS LONG ° ' "	12h MOT ° ' "	2DIF "	R.A. h m s	DECL ° ' "
1 Su	18 36 27	14♊28 47	57 12	6 40 12.1	23N 7 1	20♎29 16	6 32 27	-115	14 56 3	12S27 44	27♎ 1 43	6 28 40	-111	15 21 26	14S37 8
2 M	18 40 24	15 25 58	57 12	6 44 20.1	23 2 51	3♏30 23	6 25 4	-106	15 47 5	16 35 3	9♏55 26	6 21 37	-101	16 13 1	18 20 7
3 Tu	18 44 20	16 23 10	57 11	6 48 27.9	22 58 16	16 17 3	6 18 21	-95	16 39 14	19 51 7	22 35 24	6 15 15	-90	17 5 42	21 6 58
4 W	18 48 17	17 20 21	57 11	6 52 35.3	22 53 18	28 50 39	6 12 20	-85	17 32 22	22 6 46	5♐ 2 59	6 9 36	-79	17 59 10	22 49 52
5 Th	18 52 13	18 17 32	57 11	6 56 42.5	22 47 55	11♐12 34	6 7 3	-73	18 25 59	23 15 54	17 19 37	6 4 42	-67	18 52 45	23 24 46
6 F	18 56 10	19 14 43	57 11	7 0 49.2	22 42 9	23 24 19	6 2 34	-61	19 19 20	23 16 39	29 26 52	6 0 39	-54	19 45 38	22 52 0
7 S	19 0 6	20 11 54	57 11	7 4 55.7	22 35 59	5♑27 31	5 58 59	-46	20 11 35	22 11 31	11♑26 30	5 57 35	-37	20 37 7	21 16 8
8 Su	19 4 3	21 9 5	57 12	7 9 1.7	22 29 26	17 24 5	5 56 29	-28	21 2 10	20 6 54	23 20 35	5 55 43	-18	21 26 43	18 44 56
9 M	19 7 59	22 6 17	57 12	7 13 7.4	22 22 29	29 16 18	5 55 18	-7	21 50 46	17 11 29	5♒11 35	5 55 15	5	22 14 21	15 27 44
10 Tu	19 11 56	23 3 28	57 12	7 17 12.7	22 15 10	11♒ 6 50	5 55 38	18	22 37 31	13 34 53	17 2 28	5 56 26	31	23 0 18	11 34 8
11 W	19 15 53	24 0 40	57 13	7 21 17.5	22 7 27	22 58 54	5 57 44	46	23 22 47	9 26 35	28 56 38	5 59 30	61	23 45 4	7 13 19
12 Th	19 19 49	24 57 53	57 13	7 25 22.0	21 59 21	4♓56 8	6 1 48	77	0 7 13	4 55 24	10♓57 56	6 4 37	93	0 29 21	2 33 53
13 F	19 23 46	25 55 6	57 14	7 29 25.9	21 50 53	17 2 33	6 7 59	109	0 51 35	0 9 49	23 10 32	6 11 53	125	1 14 1	2N15 41
14 S	19 27 42	26 52 19	57 14	7 33 29.5	21 42 2	29 22 25	6 16 19	141	1 36 46	4N41 28	5♈38 45	6 21 15	155	1 59 58	7 6 14
15 Su	19 31 39	27 49 33	57 15	7 37 32.5	21 32 49	12♈ 0 0	6 26 40	169	2 23 44	9 28 32	18 26 40	6 32 30	180	2 48 11	11 46 44
16 M	19 35 35	28 46 48	57 15	7 41 35.1	21 23 15	24 59 9	6 38 40	189	3 13 26	13 59 0	1♉37 49	6 45 6	195	3 39 36	16 3 14
17 Tu	19 39 32	29 44 3	57 16	7 45 37.2	21 13 18	8♉22 55	6 51 40	198	4 6 44	17 57 9	15 14 35	6 58 16	196	4 34 54	19 38 11
18 W	19 43 28	0♋41 19	57 17	7 49 38.8	21 2 59	22 12 51	7 4 44	190	5 4 6	21 3 44	29 17 35	7 10 55	178	5 34 18	22 11 8
19 Th	19 47 25	1 38 36	57 17	7 53 39.9	20 52 19	6♊28 30	7 16 38	162	6 5 21	22 57 55	13♊45 8	7 21 43	141	6 37 6	23 21 58
20 F	19 51 22	2 35 53	57 18	7 57 40.4	20 41 18	21 6 51	7 26 1	115	7 9 19	23 21 45	28 32 51	7 29 22	85	7 41 44	22 56 31
21 S	19 55 18	3 33 11	57 18	8 1 40.4	20 29 57	6♋ 2 13	7 31 40	52	8 14 4	22 6 23	13♋33 53	7 32 49	17	8 46 4	20 52 21
22 Su	19 59 15	4 30 29	57 19	8 5 39.8	20 18 14	21 6 42	7 32 48	-18	9 17 32	19 16 15	28 39 30	7 31 38	-52	9 48 17	17 20 31
23 M	20 3 11	5 27 47	57 19	8 9 38.6	20 6 11	6♌11 8	7 29 21	-84	10 18 14	15 8 4	13♌40 29	7 26 3	-112	10 47 22	12 42 4
24 Tu	20 7 8	6 25 6	57 19	8 13 36.8	19 53 48	21 6 32	7 21 53	-136	11 15 41	10 5 43	28 28 26	7 17 0	-155	11 43 16	7 22 8
25 W	20 11 4	7 22 26	57 20	8 17 34.4	19 41 5	5♍45 26	7 11 34	-169	12 10 11	4 34 16	12♍57 0	7 5 45	-178	12 36 34	1 44 50
26 Th	20 15 1	8 19 45	57 20	8 21 31.5	19 28 3	20 2 45	6 59 43	-182	13 2 30	1S 3 42	27 2 28	6 53 37	-182	13 28 8	3S49 6
27 F	20 18 57	9 17 6	57 21	8 25 27.8	19 14 41	3♎56 5	6 47 35	-178	13 53 34	6 29 24	10♎43 40	6 41 44	-172	14 18 54	9 2 47
28 S	20 22 54	10 14 26	57 21	8 29 23.6	19 1 0	17 25 24	6 36 9	-163	14 44 14	11 27 38	24 1 33	6 30 53	-152	15 9 39	13 42 27
29 Su	20 26 51	11 11 47	57 22	8 33 18.8	18 47 0	0♏32 26	6 26 0	-141	15 35 14	15 45 52	6♏58 26	6 21 31	-128	16 1 0	17 36 38
30 M	20 30 47	12 9 8	57 22	8 37 13.3	18 32 42	13 19 56	6 17 26	-116	16 26 59	19 13 39	19 37 22	6 13 46	-104	16 53 10	20 35 54
31 Tu	20 34 44	13♋ 6 30	57 23	8 41 7.2	18N18 5	25♏51 8	6 10 31	-92	17 19 33	21S42 34	2♐ 1 39	6 7 39	-81	17 46 5	22S33 0

LUNAR INGRESSES
1 ☽ ♏ 17:29
4 ☽ ♐ 2:14
6 ☽ ♑ 13:06
9 ☽ ♒ 1:29
11 ☽ ♓ 14:07
14 ☽ ♈ 1:12
16 ☽ ♉ 9:04
18 ☽ ♊ 13:11
20 ☽ ♋ 14:20
22 ☽ ♌ 14:08
24 ☽ ♍ 14:30
26 ☽ ♎ 17:08
28 ☽ ♏ 23:00
31 ☽ ♐ 8:03

PLANET INGRESSES
7 ☿ ♊ 12:28
17 ☉ ♋ 6:41
27 ☿ ♋ 21:08
27 ♀ ♊ 22:14

STATIONS
19 ♂ D 22:46

DATA FOR THE 1st AT 0 HOURS
JULIAN DAY 37071.5
☽ MEAN ☊ 11°♊ 20' 35"
OBLIQUITY 23° 26' 19"
DELTA T 64.9 SECONDS
NUTATION LONGITUDE-16.8"

DAY MO YR	☿ LONG ° ' "	♀ LONG ° ' "	♂ LONG ° ' "	♃ LONG ° ' "	♄ LONG ° ' "	♅ LONG ° ' "	♆ LONG ° ' "	♇ LONG ° ' "	☊ LONG ° '	A.S.S.I. h m s	S.S.R.Y. h m s	S.V.P. ♓ ° ' "	☿ MERCURY R.A. h m s	☿ MERCURY DECL ° ' "
1 182	26♉48 44	0♉11 7	22♏47R 9	2♊32 28	14♉11 21	29♑40R31	13♑22R56	18♏28R55	11♊36	8 22 48	30 14 20	5 14 36.8	5 24 27	18N52 29
2 183	27 4 30	1 15 21	22 32 46	2 46 7	14 18 25	29 39 3	13 21 33	18 27 30	11 37	8 27 59	30 14 7	5 14 36.6	5 25 31	19 0 7
3 184	27 25 13	2 19 47	22 19 2	2 59 44	14 25 26	29 37 32	13 20 9	18 26 7	11 37	8 33 10	30 13 45	5 14 36.4	5 26 57	19 8 56
4 185	27 50 51	3 24 25	22 5 57	3 13 20	14 32 24	29 36 0	13 18 45	18 24 45	11 38	8 38 21	30 13 12	5 14 36.2	5 28 43	19 18 51
5 186	28 21 24	4 29 15	21 53 34	3 26 55	14 39 21	29 34 25	13 17 19	18 23 24	11 38	8 43 32	30 12 30	5 14 35.9	5 30 50	19 29 43
6 187	28 56 52	5 34 16	21 41 54	3 40 28	14 46 14	29 32 48	13 15 52	18 22 4	11 38	8 48 42	30 11 40	5 14 35.7	5 33 18	19 41 26
7 188	29 37 10	6 39 28	21 30 57	3 54 0	14 53 6	29 31 9	13 14 25	18 20 45	11 37	8 53 51	30 10 42	5 14 35.5	5 36 7	19 53 51
8 189	0♊22 17	7 44 51	21 20 45	4 7 29	14 59 54	29 29 28	13 12 57	18 19 27	11 36	8 59 1	30 9 40	5 14 35.3	5 39 17	20 6 50
9 190	1 12 10	8 50 25	21 11 19	4 20 58	15 6 40	29 27 44	13 11 28	18 18 11	11 35	9 4 9	30 8 36	5 14 35.1	5 42 47	20 20 14
10 191	2 6 44	9 56 9	21 2 40	4 34 24	15 13 23	29 25 59	13 9 58	18 16 55	11 33	9 9 17	30 7 32	5 14 35.0	5 46 38	20 33 54
11 192	3 5 58	11 2 3	20 54 48	4 47 49	15 20 3	29 24 12	13 8 27	18 15 41	11 31	9 14 25	30 6 33	5 14 34.9	5 50 50	20 47 39
12 193	4 9 47	12 8 8	20 47 44	5 1 12	15 26 40	29 22 23	13 6 56	18 14 28	11 30	9 19 32	30 5 42	5 14 34.8	5 55 23	21 1 21
13 194	5 18 7	13 14 22	20 41 29	5 14 33	15 33 15	29 20 32	13 5 24	18 13 16	11 29	9 24 39	30 5 2	5 14 34.7	6 0 15	21 14 48
14 195	6 30 55	14 20 46	20 36 3	5 27 52	15 39 46	29 18 40	13 3 51	18 12 5	11 29	9 29 45	30 4 35	5 14 34.7	6 5 28	21 27 50
15 196	7 48 6	15 27 19	20 31 27	5 41 8	15 46 15	29 16 45	13 2 18	18 10 56	11 30	9 34 50	30 4 23	5 14 34.6	6 11 1	21 40 16
16 197	9 9 37	16 34 1	20 27 41	5 54 23	15 52 40	29 14 49	13 0 44	18 9 48	11 31	9 39 55	30 4 28	5 14 34.4	6 16 53	21 51 54
17 198	10 35 21	17 40 53	20 24 45	6 7 35	15 59 2	29 12 51	12 59 10	18 8 41	11 32	9 44 59	30 4 47	5 14 34.2	6 23 4	22 2 33
18 199	12 5 13	18 47 52	20 22 40	6 20 45	16 5 21	29 10 51	12 57 35	18 7 36	11 33	9 50 2	30 5 20	5 14 34.0	6 29 34	22 12 1
19 200	13 39 5	19 55 1	20 21D26	6 33 53	16 11 36	29 8 50	12 56 0	18 6 32	11 34	9 55 5	30 6 5	5 14 33.7	6 36 23	22 20 6
20 201	15 16 51	21 2 17	20 21 3	6 46 58	16 17 48	29 6 48	12 54 24	18 5 30	11 34	10 0 7	30 6 58	5 14 33.4	6 43 29	22 26 35
21 202	16 58 20	22 9 41	20 21 31	7 0 1	16 23 56	29 4 43	12 52 48	18 4 29	11 32	10 5 9	30 7 56	5 14 33.2	6 50 51	22 31 19
22 203	18 43 22	23 17 14	20 22 49	7 13 1	16 30 1	29 2 38	12 51 12	18 3 30	11 30	10 10 10	30 8 57	5 14 32.9	6 58 29	22 34 5
23 204	20 31 44	24 24 53	20 24 59	7 25 58	16 36 3	29 0 31	12 49 35	18 2 32	11 27	10 15 10	30 9 57	5 14 32.8	7 6 22	22 34 43
24 205	22 23 13	25 32 40	20 27 59	7 38 52	16 42 0	28 58 22	12 47 58	18 1 36	11 24	10 20 9	30 10 53	5 14 32.7	7 14 27	22 33 3
25 206	24 17 31	26 40 35	20 31 50	7 51 43	16 47 54	28 56 13	12 46 20	18 0 41	11 21	10 25 8	30 11 45	5 14 32.6	7 22 44	22 28 58
26 207	26 14 23	27 48 36	20 36 30	8 4 32	16 53 44	28 54 2	12 44 43	17 59 48	11 19	10 30 5	30 12 31	5 14 32.6	7 31 11	22 22 22
27 208	28 13 30	28 56 45	20 41 59	8 17 17	16 59 30	28 51 50	12 43 5	17 58 56	11 18	10 35 2	30 13 8	5 14 32.5	7 39 47	22 13 9
28 209	0♋14 32	0♊ 5 1	20 48 17	8 29 59	17 5 13	28 49 37	12 41 27	17 58 6	11 18	10 39 59	30 13 37	5 14 32.4	7 48 28	22 1 16
29 210	2 17 9	1 13 24	20 55 23	8 42 38	17 10 51	28 47 23	12 39 49	17 57 18	11 19	10 44 54	30 13 54	5 14 32.2	7 57 14	21 46 42
30 211	4 21 0	2 21 53	21 3 16	8 55 14	17 16 25	28 45 7	12 38 12	17 56 32	11 20	10 49 49	30 14 1	5 14 32.1	8 6 3	21 29 29
31 212	6♋25 46	3♊30 30	21♏11 55	9♊ 7 46	17♉21 55	28♑42 51	12♑36 34	17♏55 47	11♊22	10 54 43	30 13 55	5 14 31.9	8 14 53	21N 9 40

DAY Jul	♀ VENUS R.A. h m s	♀ VENUS DECL ° ' "	♂ MARS R.A. h m s	♂ MARS DECL ° ' "	♃ JUPITER R.A. h m s	♃ JUPITER DECL ° ' "	♄ SATURN R.A. h m s	♄ SATURN DECL ° ' "	♅ URANUS R.A. h m s	♅ URANUS DECL ° ' "	♆ NEPTUNE R.A. h m s	♆ NEPTUNE DECL ° ' "	♇ PLUTO R.A. h m s	♇ PLUTO DECL ° ' "
1	3 33 8	16N19 23	17 4 10	26S50 52	5 48 15	23N 7 4	4 30 4	20N 7 30	21 47 57	14S 4 50	20 42 4	18S 5 23	16 52 41	11S48 42
2	3 37 28	16 35 12	17 3 6	26 51 7	5 49 14	23 7 25	4 30 33	20 8 33	21 47 51	14 5 21	20 41 59	18 5 45	16 52 35	11 48 48
3	3 41 49	16 50 48	17 2 4	26 51 18	5 50 13	23 7 45	4 31 3	20 9 35	21 47 45	14 5 53	20 41 53	18 6 7	16 52 29	11 48 54
4	3 46 11	17 6 8	17 1 5	26 51 25	5 51 13	23 8 3	4 31 32	20 10 36	21 47 39	14 6 25	20 41 47	18 6 30	16 52 24	11 49 0
5	3 50 35	17 21 13	17 0 9	26 51 29	5 52 12	23 8 20	4 32 1	20 11 36	21 47 33	14 6 58	20 41 41	18 6 52	16 52 18	11 49 7
6	3 55 0	17 36 1	16 59 17	26 51 30	5 53 11	23 8 35	4 32 31	20 12 36	21 47 27	14 7 32	20 41 36	18 7 15	16 52 13	11 49 15
7	3 59 27	17 50 31	16 58 28	26 51 29	5 54 9	23 8 49	4 32 59	20 13 34	21 47 21	14 8 7	20 41 30	18 7 38	16 52 7	11 49 22
8	4 3 55	18 4 43	16 57 42	26 51 26	5 55 8	23 9 2	4 33 28	20 14 32	21 47 14	14 8 42	20 41 24	18 8 1	16 52 2	11 49 31
9	4 8 24	18 18 36	16 56 59	26 51 21	5 56 7	23 9 13	4 33 57	20 15 29	21 47 8	14 9 18	20 41 18	18 8 25	16 51 57	11 49 39
10	4 12 55	18 32 10	16 56 21	26 51 15	5 57 5	23 9 23	4 34 25	20 16 26	21 47 1	14 9 54	20 41 12	18 8 48	16 51 52	11 49 48
11	4 17 28	18 45 23	16 55 45	26 51 8	5 58 4	23 9 31	4 34 53	20 17 21	21 46 54	14 10 32	20 41 6	18 9 12	16 51 47	11 49 58
12	4 22 1	18 58 14	16 55 14	26 51 0	5 59 2	23 9 38	4 35 21	20 18 15	21 46 47	14 11 9	20 40 59	18 9 36	16 51 42	11 50 7
13	4 26 37	19 10 44	16 54 46	26 50 52	6 0 0	23 9 43	4 35 49	20 19 9	21 46 40	14 11 48	20 40 53	18 10 1	16 51 37	11 50 18
14	4 31 13	19 22 52	16 54 21	26 50 44	6 0 58	23 9 48	4 36 17	20 20 2	21 46 33	14 12 26	20 40 47	18 10 25	16 51 32	11 50 28
15	4 35 51	19 34 36	16 54 1	26 50 36	6 1 56	23 9 50	4 36 44	20 20 54	21 46 25	14 13 6	20 40 41	18 10 49	16 51 27	11 50 39
16	4 40 30	19 45 56	16 53 44	26 50 29	6 2 53	23 9 52	4 37 11	20 21 45	21 46 18	14 13 46	20 40 34	18 11 14	16 51 22	11 50 51
17	4 45 10	19 56 51	16 53 31	26 50 23	6 3 51	23 9 52	4 37 38	20 22 35	21 46 10	14 14 26	20 40 28	18 11 39	16 51 18	11 51 3
18	4 49 52	20 7 21	16 53 21	26 50 18	6 4 48	23 9 51	4 38 5	20 23 25	21 46 2	14 15 7	20 40 21	18 12 3	16 51 13	11 51 15
19	4 54 35	20 17 25	16 53 16	26 50 14	6 5 45	23 9 48	4 38 31	20 24 13	21 45 55	14 15 48	20 40 15	18 12 28	16 51 9	11 51 28
20	4 59 19	20 27 2	16 53 14	26 50 11	6 6 42	23 9 45	4 38 57	20 25 1	21 45 47	14 16 30	20 40 9	18 12 53	16 51 5	11 51 41
21	5 4 4	20 36 12	16 53 16	26 50 11	6 7 39	23 9 40	4 39 24	20 25 48	21 45 39	14 17 12	20 40 2	18 13 19	16 51 0	11 51 54
22	5 8 51	20 44 55	16 53 22	26 50 12	6 8 35	23 9 34	4 39 49	20 26 34	21 45 30	14 17 55	20 39 56	18 13 44	16 50 56	11 52 8
23	5 13 38	20 53 9	16 53 32	26 50 15	6 9 32	23 9 26	4 40 15	20 27 20	21 45 22	14 18 38	20 39 49	18 14 9	16 50 52	11 52 23
24	5 18 27	21 0 54	16 53 45	26 50 21	6 10 28	23 9 17	4 40 40	20 28 4	21 45 14	14 19 22	20 39 42	18 14 35	16 50 48	11 52 38
25	5 23 16	21 8 9	16 54 2	26 50 28	6 11 24	23 9 8	4 41 5	20 28 47	21 45 6	14 20 5	20 39 36	18 15 0	16 50 45	11 52 53
26	5 28 6	21 14 54	16 54 23	26 50 38	6 12 20	23 8 56	4 41 30	20 29 30	21 44 57	14 20 50	20 39 29	18 15 26	16 50 41	11 53 9
27	5 32 58	21 21 9	16 54 48	26 50 50	6 13 15	23 8 44	4 41 54	20 30 12	21 44 49	14 21 34	20 39 23	18 15 51	16 50 37	11 53 25
28	5 37 50	21 26 53	16 55 16	26 51 4	6 14 10	23 8 30	4 42 18	20 30 53	21 44 40	14 22 19	20 39 16	18 16 17	16 50 34	11 53 41
29	5 42 43	21 32 6	16 55 48	26 51 20	6 15 5	23 8 16	4 42 42	20 31 33	21 44 31	14 23 4	20 39 9	18 16 42	16 50 30	11 53 58
30	5 47 37	21 36 46	16 56 23	26 51 39	6 16 0	23 8 0	4 43 6	20 32 12	21 44 23	14 23 50	20 39 3	18 17 8	16 50 27	11 54 15
31	5 52 32	21N40 55	16 57 2	26S51 59	6 16 55	23N 7 43	4 43 29	20N32 50	21 44 14	14S24 35	20 38 56	18S17 33	16 50 24	11S54 32

AUGUST 2001

DAY	SIDEREAL TIME h m s	☉ SUN LONG ° ' "	SUN MOT ' "	SUN R.A. h m s	SUN DECL ° ' "	☽ MOON AT 0 HOURS LONG ° ' "	12h MOT ° ' "	2DIF "	R.A. h m s	DECL ° ' "	☽ MOON AT 12 HOURS LONG ° ' "	12h MOT ° ' "	2DIF "	R.A. h m s	DECL ° ' "
1 W	20 38 40	14♋ 3 53	57 24	8 45 0.5	18N 3 11	8♐ 9 18	6 5 8	-70	18 12 40	23S 6 44	14♐14 26	6 2 58	-60	18 39 15	23S23 35
2 Th	20 42 37	15 1 16	57 24	8 48 53.1	17 47 59	20 17 24	6 1 7	-51	19 5 43	23 23 34	26 18 32	5 59 34	-43	19 32 0	23 6 58
3 F	20 46 33	15 58 40	57 25	8 52 45.2	17 32 30	2♑18 5	5 58 16	-35	19 58 0	22 34 19	8♑16 22	5 57 14	-28	20 23 38	21 46 20
4 S	20 50 30	16 56 5	57 26	8 56 36.6	17 16 44	14 13 36	5 56 26	-21	20 48 50	20 43 56	20 10 2	5 55 52	-14	21 13 36	19 28 12
5 Su	20 54 26	17 53 31	57 27	9 0 27.5	17 0 40	26 5 54	5 55 31	-7	21 37 53	18 0 15	2♒ 1 25	5 55 25	0	22 1 43	16 21 18
6 M	20 58 23	18 50 58	57 28	9 4 17.7	16 44 21	7♒56 50	5 55 32	8	22 25 5	14 32 36	13 52 22	5 55 55	16	22 48 3	12 35 22
7 Tu	21 2 20	19 48 26	57 29	9 8 7.4	16 27 45	19 48 18	5 56 35	24	23 10 40	10 30 50	25 44 52	5 57 32	34	23 33 1	8 20 10
8 W	21 6 16	20 45 55	57 30	9 11 56.4	16 10 54	1♓42 24	5 58 49	44	23 55 9	6 4 32	7♓41 13	6 0 27	55	0 17 10	3 45 3
9 Th	21 10 13	21 43 25	57 32	9 15 44.9	15 53 46	13 41 41	6 2 29	67	0 39 10	1 22 52	19 44 9	6 4 55	80	1 1 15	1N 0 56
10 F	21 14 9	22 40 57	57 33	9 19 32.8	15 36 24	25 49 5	6 7 49	94	1 23 31	3N25 11	1♈56 54	6 11 11	108	1 46 5	5 48 42
11 S	21 18 6	23 38 30	57 34	9 23 20.2	15 18 46	8♈ 8 5	6 15 2	123	2 9 4	8 10 10	14 23 7	6 19 24	138	2 32 34	10 28 14
12 Su	21 22 2	24 36 4	57 36	9 27 7.0	15 0 54	20 42 31	6 24 16	153	2 56 43	12 41 21	27 6 46	6 29 37	167	3 21 37	14 47 48
13 M	21 25 59	25 33 40	57 37	9 30 53.3	14 42 47	3♉36 23	6 35 25	180	3 47 22	16 45 41	10♉11 47	6 41 37	191	4 14 2	18 32 54
14 Tu	21 29 55	26 31 17	57 39	9 34 39.0	14 24 26	16 53 25	6 48 10	200	4 41 41	20 7 13	23 41 34	6 54 56	205	5 10 20	21 26 13
15 W	21 33 52	27 28 56	57 40	9 38 24.2	14 5 51	0♊36 30	7 1 48	205	5 39 57	22 27 31	7♊38 17	7 8 37	201	6 10 26	23 8 47
16 Th	21 37 49	28 26 36	57 42	9 42 8.9	13 47 3	14 46 54	7 15 12	191	6 41 38	23 28 0	22 2 5	7 21 21	175	7 13 23	23 23 36
17 F	21 41 45	29 24 17	57 43	9 45 53.1	13 28 1	29 23 26	7 26 52	153	7 45 26	22 54 41	6♋50 17	7 31 32	124	8 17 32	22 1 6
18 S	21 45 42	0♌22 1	57 45	9 49 36.8	13 8 47	14♋21 49	7 35 9	91	8 49 27	20 43 33	21 56 58	7 37 34	53	9 20 58	19 3 34
19 Su	21 49 38	1 19 45	57 46	9 53 20.0	12 49 20	29 34 32	7 38 40	12	9 51 55	17 3 21	7♌13 13	7 38 23	-29	10 22 13	14 45 42
20 M	21 53 35	2 17 31	57 47	9 57 2.7	12 29 41	14♌51 35	7 36 42	-70	10 51 48	12 13 48	22 28 18	7 33 42	-108	11 20 41	9 30 59
21 Tu	21 57 31	3 15 18	57 48	10 0 44.9	12 9 50	0♍ 2 0	7 29 30	-142	11 48 53	6 40 39	7♍31 31	7 24 16	-169	12 16 30	3 46 2
22 W	22 1 28	4 13 7	57 50	10 4 26.7	11 49 47	14 55 47	7 18 12	-191	12 43 36	0 50 15	22 14 0	7 11 32	-206	13 10 17	2S 3 55
23 Th	22 5 24	5 10 56	57 51	10 8 7.9	11 29 34	29 25 31	7 4 28	-215	13 36 40	4S53 54	6♎30 0	6 57 14	-217	14 2 52	7 37 25
24 F	22 9 21	6 8 47	57 52	10 11 48.7	11 9 9	13♎27 13	6 50 0	-214	14 28 56	10 12 29	20 17 13	6 42 57	-207	14 55 0	12 37 20
25 S	22 13 18	7 6 39	57 53	10 15 29.1	10 48 34	27 0 9	6 36 12	-196	15 21 6	14 50 27	3♏36 21	6 29 53	-182	15 47 17	16 50 30
26 Su	22 17 14	8 4 32	57 55	10 19 9.0	10 27 49	10♏ 6 14	6 24 3	-167	16 13 36	18 36 20	16 30 17	6 18 46	-150	16 40 2	20 7 0
27 M	22 21 11	9 2 27	57 56	10 22 48.6	10 6 53	22 49 2	6 14 3	-133	17 6 35	21 21 45	29 3 5	6 9 55	-115	17 33 14	22 19 58
28 Tu	22 25 7	10 0 22	57 57	10 26 27.7	9 45 49	5♐13 0	6 6 22	-98	17 59 54	23 1 19	11♐19 23	6 3 23	-82	18 26 31	23 25 35
29 W	22 29 4	10 58 19	57 59	10 30 6.4	9 24 35	17 22 45	6 0 55	-66	18 53 2	23 32 51	23 23 41	5 58 58	-52	19 19 21	23 23 21
30 Th	22 33 0	11 56 18	58 0	10 33 44.8	9 3 12	29 22 38	5 57 28	-39	19 45 25	22 57 35	5♑20 6	5 56 23	-27	20 11 8	22 16 10
31 F	22 36 57	12♌54 18	58 1	10 37 22.9	8N41 41	11♑16 29	5 55 41	-16	20 36 27	21S19 56	17♑12 9	5 55 18	-7	21 1 21	20S 9 51

LUNAR INGRESSES
2 ☽ ♑ 19:23
5 ☽ ♒ 7:54
7 ☽ ♓ 20:34
10 ☽ ♈ 8:12
12 ☽ ♉ 17:21
14 ☽ ♊ 22:57
17 ☽ ♋ 0:59
19 ☽ ♌ 0:40
20 ☽ ♍ 23:57
23 ☽ ♎ 0:58
25 ☽ ♏ 5:25
27 ☽ ♐ 13:50
30 ☽ ♑ 1:15

PLANET INGRESSES
11 ☿ ♌ 11:43
17 ☉ ♌ 14:51
22 ♀ ♋ 18:05
28 ☿ ♍ 13:56
28 ♂ ♐ 17:04

STATIONS
23 ♇ D 16:08

DATA FOR THE 1st AT 0 HOURS
JULIAN DAY 37102.5
☽ MEAN ☊ 9°♊ 42' 1"
OBLIQUITY 23° 26' 20"
DELTA T 64.9 SECONDS
NUTATION LONGITUDE-15.8"

DAY MO YR	☿ LONG ° ' "	♀ LONG ° ' "	♂ LONG ° ' "	♃ LONG ° ' "	♄ LONG ° ' "	♅ LONG ° ' "	♆ LONG ° ' "	♇ LONG ° ' "	☊ LONG ° '	A.S.S.I. h m s	S.S.R.Y. h m s	S.V.P. ♓ ° ' "	☿ MERCURY R.A. h m s	☿ MERCURY DECL ° ' "
1 213	8♋31 8	4♊39 13	21♏21 21	9♊20 15	17♉27 21	28♑40R34	12♑34R56	17♏55R 4	11♊23	10 59 36	30 13 39	5 14 31.6	8 23 42	20N47 19
2 214	10 36 46	5 48 3	21 31 31	9 32 40	17 32 43	28 38 16	12 33 18	17 54 22	11 22	11 4 28	30 13 8	5 14 31.4	8 32 28	20 22 32
3 215	12 42 24	6 56 59	21 42 25	9 45 2	17 38 1	28 35 58	12 31 40	17 53 42	11 21	11 9 19	30 12 27	5 14 31.2	8 41 11	19 55 26
4 216	14 47 47	8 6 3	21 54 3	9 57 20	17 43 14	28 33 38	12 30 2	17 53 4	11 17	11 14 10	30 11 36	5 14 31.0	8 49 49	19 26 11
5 217	16 52 40	9 15 12	22 6 24	10 9 34	17 48 23	28 31 18	12 28 25	17 52 28	11 12	11 19 0	30 10 37	5 14 30.9	8 58 21	18 54 54
6 218	18 56 52	10 24 29	22 19 26	10 21 44	17 53 27	28 28 58	12 26 48	17 51 54	11 05	11 23 50	30 9 32	5 14 30.8	9 6 46	18 21 46
7 219	21 0 13	11 33 52	22 33 10	10 33 51	17 58 27	28 26 37	12 25 11	17 51 21	10 58	11 28 38	30 8 25	5 14 30.7	9 15 4	17 46 55
8 220	23 2 33	12 43 21	22 47 35	10 45 54	18 3 22	28 24 15	12 23 34	17 50 50	10 51	11 33 26	30 7 18	5 14 30.7	9 23 14	17 10 31
9 221	25 3 46	13 52 56	23 2 39	10 57 53	18 8 13	28 21 53	12 21 57	17 50 21	10 45	11 38 13	30 6 17	5 14 30.6	9 31 15	16 32 44
10 222	27 3 47	15 2 38	23 18 23	11 9 47	18 12 59	28 19 30	12 20 21	17 49 54	10 40	11 42 59	30 5 23	5 14 30.6	9 39 7	15 53 41
11 223	29 2 30	16 12 26	23 34 45	11 21 37	18 17 40	28 17 7	12 18 45	17 49 28	10 37	11 47 45	30 4 40	5 14 30.5	9 46 51	15 13 33
12 224	0♌59 52	17 22 20	23 51 45	11 33 24	18 22 17	28 14 44	12 17 10	17 49 5	10 36	11 52 30	30 4 11	5 14 30.5	9 54 26	14 32 26
13 225	2 55 52	18 32 20	24 9 22	11 45 5	18 26 49	28 12 20	12 15 35	17 48 43	10 36	11 57 14	30 3 55	5 14 30.3	10 1 52	13 50 28
14 226	4 50 26	19 42 26	24 27 36	11 56 42	18 31 15	28 9 57	12 14 1	17 48 23	10 37	12 1 58	30 3 54	5 14 30.2	10 9 9	13 7 47
15 227	6 43 35	20 52 38	24 46 26	12 8 15	18 35 37	28 7 33	12 12 27	17 48 6	10 38	12 6 41	30 4 7	5 14 29.9	10 16 18	12 24 29
16 228	8 35 16	22 2 56	25 5 51	12 19 43	18 39 54	28 5 9	12 10 53	17 47 50	10 39	12 11 23	30 4 32	5 14 29.7	10 23 18	11 40 40
17 229	10 25 32	23 13 19	25 25 52	12 31 6	18 44 5	28 2 45	12 9 20	17 47 35	10 37	12 16 5	30 5 9	5 14 29.4	10 30 11	10 56 25
18 230	12 14 21	24 23 48	25 46 26	12 42 25	18 48 12	28 0 21	12 7 48	17 47 23	10 34	12 20 46	30 5 55	5 14 29.2	10 36 55	10 11 50
19 231	14 1 43	25 34 22	26 7 35	12 53 38	18 52 13	27 57 58	12 6 17	17 47 13	10 28	12 25 26	30 6 47	5 14 29.1	10 43 31	9 26 59
20 232	15 47 41	26 45 1	26 29 17	13 4 46	18 56 9	27 55 34	12 4 46	17 47 5	10 21	12 30 6	30 7 44	5 14 29.0	10 50 0	8 41 58
21 233	17 32 13	27 55 45	26 51 31	13 15 49	18 59 59	27 53 11	12 3 16	17 46 59	10 13	12 34 45	30 8 42	5 14 28.9	10 56 22	7 56 49
22 234	19 15 21	29 6 35	27 14 18	13 26 47	19 3 44	27 50 48	12 1 47	17 46 54	10 05	12 39 24	30 9 41	5 14 28.9	11 2 37	7 11 37
23 235	20 57 6	0♋17 29	27 37 35	13 37 39	19 7 24	27 48 26	12 0 18	17 46D52	9 59	12 44 2	30 10 37	5 14 28.9	11 8 45	6 26 26
24 236	22 37 29	1 28 28	28 1 23	13 48 26	19 10 58	27 46 4	11 58 51	17 46 51	9 55	12 48 39	30 11 29	5 14 28.8	11 14 47	5 41 18
25 237	24 16 29	2 39 33	28 25 41	13 59 7	19 14 26	27 43 42	11 57 24	17 46 53	9 53	12 53 16	30 12 13	5 14 28.7	11 20 42	4 56 16
26 238	25 54 9	3 50 42	28 50 28	14 9 43	19 17 49	27 41 21	11 55 58	17 46 57	9 52	12 57 52	30 12 48	5 14 28.6	11 26 31	4 11 24
27 239	27 30 28	5 1 56	29 15 43	14 20 13	19 21 6	27 39 1	11 54 33	17 47 2	9 53	13 2 28	30 13 12	5 14 28.4	11 32 14	3 26 44
28 240	29 5 27	6 13 15	29 41 26	14 30 37	19 24 18	27 36 42	11 53 9	17 47 10	9 53	13 7 3	30 13 25	5 14 28.3	11 37 52	2 42 18
29 241	0♍39 6	7 24 38	0♐ 7 36	14 40 55	19 27 24	27 34 23	11 51 47	17 47 19	9 53	13 11 38	30 13 24	5 14 28.1	11 43 24	1 58 10
30 242	2 11 26	8 36 7	0 34 13	14 51 7	19 30 24	27 32 5	11 50 25	17 47 30	9 51	13 16 12	30 13 10	5 14 27.9	11 48 51	1 14 21
31 243	3♍42 26	9♋47 40	1♐ 1 15	15♊ 1 13	19♉33 18	27♑29 47	11♑49 4	17♏47 44	9♊47	13 20 46	30 12 44	5 14 27.8	11 54 12	0N30 54

DAY Aug	♀ VENUS R.A. h m s	VENUS DECL ° ' "	♂ MARS R.A. h m s	MARS DECL ° ' "	♃ JUPITER R.A. h m s	JUPITER DECL ° ' "	♄ SATURN R.A. h m s	SATURN DECL ° ' "	♅ URANUS R.A. h m s	URANUS DECL ° ' "	♆ NEPTUNE R.A. h m s	NEPTUNE DECL ° ' "	♇ PLUTO R.A. h m s	PLUTO DECL ° ' "
1	5 57 28	21N44 31	16 57 44	26S52 21	6 17 49	23N 7 25	4 43 52	20N33 27	21 44 5	14S25 21	20 38 49	18S17 59	16 50 21	11S54 50
2	6 2 24	21 47 33	16 58 30	26 52 44	6 18 43	23 7 6	4 44 15	20 34 4	21 43 56	14 26 7	20 38 43	18 18 24	16 50 18	11 55 9
3	6 7 21	21 50 3	16 59 19	26 53 9	6 19 37	23 6 46	4 44 38	20 34 40	21 43 47	14 26 54	20 38 36	18 18 50	16 50 15	11 55 28
4	6 12 19	21 51 59	17 0 11	26 53 36	6 20 30	23 6 25	4 45 0	20 35 15	21 43 38	14 27 40	20 38 30	18 19 15	16 50 12	11 55 47
5	6 17 17	21 53 20	17 1 6	26 54 3	6 21 23	23 6 3	4 45 22	20 35 49	21 43 29	14 28 27	20 38 23	18 19 41	16 50 10	11 56 6
6	6 22 16	21 54 8	17 2 5	26 54 31	6 22 16	23 5 40	4 45 43	20 36 22	21 43 20	14 29 14	20 38 16	18 20 6	16 50 7	11 56 26
7	6 27 16	21 54 21	17 3 6	26 55 0	6 23 9	23 5 16	4 46 4	20 36 55	21 43 11	14 30 1	20 38 10	18 20 31	16 50 5	11 56 46
8	6 32 15	21 53 59	17 4 11	26 55 30	6 24 1	23 4 51	4 46 25	20 37 26	21 43 1	14 30 48	20 38 3	18 20 57	16 50 3	11 57 7
9	6 37 16	21 53 3	17 5 18	26 56 0	6 24 53	23 4 25	4 46 46	20 37 57	21 42 52	14 31 35	20 37 57	18 21 22	16 50 1	11 57 28
10	6 42 16	21 51 31	17 6 29	26 56 30	6 25 45	23 3 58	4 47 6	20 38 27	21 42 43	14 32 23	20 37 50	18 21 47	16 49 59	11 57 49
11	6 47 17	21 49 24	17 7 42	26 57 0	6 26 37	23 3 30	4 47 26	20 38 56	21 42 34	14 33 10	20 37 44	18 22 12	16 49 57	11 58 10
12	6 52 18	21 46 41	17 8 58	26 57 30	6 27 28	23 3 2	4 47 46	20 39 24	21 42 24	14 33 57	20 37 37	18 22 36	16 49 55	11 58 32
13	6 57 20	21 43 23	17 10 17	26 57 58	6 28 18	23 2 32	4 48 5	20 39 52	21 42 15	14 34 45	20 37 31	18 23 1	16 49 53	11 58 55
14	7 2 21	21 39 29	17 11 39	26 58 27	6 29 9	23 2 2	4 48 24	20 40 18	21 42 6	14 35 32	20 37 24	18 23 26	16 49 52	11 59 17
15	7 7 23	21 35 0	17 13 4	26 58 54	6 29 59	23 1 31	4 48 42	20 40 44	21 41 56	14 36 19	20 37 18	18 23 50	16 49 50	11 59 40
16	7 12 25	21 29 55	17 14 31	26 59 20	6 30 49	23 0 59	4 49 1	20 41 9	21 41 47	14 37 6	20 37 12	18 24 14	16 49 49	12 0 3
17	7 17 27	21 24 14	17 16 0	26 59 44	6 31 38	23 0 27	4 49 19	20 41 33	21 41 38	14 37 54	20 37 6	18 24 38	16 49 48	12 0 27
18	7 22 29	21 17 58	17 17 33	27 0 7	6 32 27	22 59 54	4 49 36	20 41 56	21 41 28	14 38 41	20 36 59	18 25 2	16 49 47	12 0 51
19	7 27 30	21 11 6	17 19 8	27 0 27	6 33 16	22 59 20	4 49 53	20 42 19	21 41 19	14 39 28	20 36 53	18 25 26	16 49 46	12 1 15
20	7 32 32	21 3 39	17 20 45	27 0 46	6 34 4	22 58 46	4 50 10	20 42 41	21 41 10	14 40 15	20 36 47	18 25 50	16 49 45	12 1 40
21	7 37 33	20 55 36	17 22 25	27 1 2	6 34 52	22 58 11	4 50 26	20 43 1	21 41 0	14 41 1	20 36 41	18 26 13	16 49 45	12 2 5
22	7 42 35	20 46 59	17 24 7	27 1 15	6 35 40	22 57 35	4 50 42	20 43 21	21 40 51	14 41 48	20 36 35	18 26 36	16 49 44	12 2 30
23	7 47 35	20 37 46	17 25 51	27 1 25	6 36 27	22 56 59	4 50 58	20 43 40	21 40 42	14 42 34	20 36 29	18 26 59	16 49 44	12 2 55
24	7 52 36	20 27 58	17 27 38	27 1 32	6 37 14	22 56 22	4 51 13	20 43 59	21 40 32	14 43 21	20 36 23	18 27 22	16 49 44	12 3 21
25	7 57 37	20 17 36	17 29 27	27 1 35	6 38 0	22 55 45	4 51 28	20 44 16	21 40 23	14 44 7	20 36 17	18 27 44	16 49 43	12 3 47
26	8 2 37	20 6 39	17 31 18	27 1 35	6 38 46	22 55 7	4 51 42	20 44 33	21 40 14	14 44 52	20 36 11	18 28 7	16 49 43	12 4 13
27	8 7 36	19 55 8	17 33 12	27 1 30	6 39 32	22 54 29	4 51 56	20 44 49	21 40 5	14 45 38	20 36 5	18 28 29	16 49 44	12 4 39
28	8 12 35	19 43 3	17 35 7	27 1 21	6 40 17	22 53 50	4 52 10	20 45 4	21 39 56	14 46 23	20 36 0	18 28 50	16 49 44	12 5 6
29	8 17 34	19 30 25	17 37 5	27 1 7	6 41 1	22 53 11	4 52 23	20 45 19	21 39 47	14 47 8	20 35 54	18 29 12	16 49 44	12 5 33
30	8 22 32	19 17 14	17 39 4	27 0 48	6 41 46	22 52 32	4 52 36	20 45 32	21 39 38	14 47 52	20 35 49	18 29 33	16 49 45	12 6 1
31	8 27 30	19N 3 30	17 41 5	27S 0 23	6 42 29	22N51 52	4 52 48	20N45 45	21 39 29	14S48 36	20 35 43	18S29 54	16 49 46	12S 6 28

SEPTEMBER 2001

DAY	SIDEREAL TIME h m s	☉ SUN LONG ° ' "	SUN MOT ' "	SUN R.A. h m s	SUN DECL ° ' "	☽ MOON AT 0 HOURS LONG ° ' "	12h MOT ° ' "	2DIF "	R.A. h m s	DECL ° ' "	☽ MOON AT 12 HOURS LONG ° ' "	12h MOT ° ' "	2DIF "	R.A. h m s	DECL ° ' "
1 S	22 40 53	13♌52 19	58 3	10 41 0.6	8N20 1	23♑ 7 27	5 55 13	1	21 25 48	18S46 58	29♑ 2 41	5 55 24	9	21 49 48	17S12 25
2 Su	22 44 50	14 50 22	58 4	10 44 38.0	7 58 13	4♒58 5	5 55 48	15	22 13 22	15 27 24	10♒53 53	5 56 24	21	22 36 31	13 33 6
3 M	22 48 47	15 48 26	58 6	10 48 15.1	7 36 18	16 50 17	5 57 11	26	22 59 19	11 30 46	22 47 28	5 58 9	31	23 21 49	9 21 36
4 Tu	22 52 43	16 46 32	58 8	10 51 51.9	7 14 15	28 45 37	5 59 16	36	23 44 5	7 6 51	4♓44 54	6 0 34	42	0 6 11	4 47 41
5 W	22 56 40	17 44 40	58 10	10 55 28.5	6 52 6	10♓45 28	6 2 3	48	0 28 13	2 25 19	16 47 31	6 3 45	54	0 50 16	0 0 58
6 Th	23 0 36	18 42 49	58 11	10 59 4.9	6 29 49	22 51 16	6 5 40	62	1 12 25	2N24 8	28 56 56	6 7 51	70	1 34 46	4N48 45
7 F	23 4 33	19 41 1	58 13	11 2 41.1	6 7 27	5♈ 4 48	6 10 20	79	1 57 25	7 11 35	11♈15 8	6 13 9	90	2 20 29	9 31 14
8 S	23 8 29	20 39 14	58 16	11 6 17.1	5 44 58	17 28 16	6 16 19	101	2 44 3	11 46 16	23 44 36	6 19 54	113	3 8 13	13 55 7
9 Su	23 12 26	21 37 30	58 18	11 9 52.9	5 22 23	0♉ 4 29	6 23 53	126	3 33 4	15 56 6	6♉28 23	6 28 19	139	3 58 42	17 47 24
10 M	23 16 22	22 35 47	58 20	11 13 28.6	4 59 43	12 56 42	6 33 11	152	4 25 10	19 27 6	19 29 53	6 38 28	164	4 52 30	20 53 10
11 Tu	23 20 19	23 34 7	58 22	11 17 4.2	4 36 57	26 8 21	6 44 9	175	5 20 42	22 3 32	2♊52 30	6 50 9	184	5 49 43	22 56 8
12 W	23 24 15	24 32 28	58 24	11 20 39.7	4 14 7	9♊42 39	6 56 24	189	6 19 30	23 29 4	16 39 3	7 2 47	191	6 49 54	23 40 40
13 Th	23 28 12	25 30 52	58 26	11 24 15.1	3 51 12	23 41 50	7 9 9	188	7 20 45	23 29 40	0♋50 58	7 15 19	179	7 51 53	22 55 20
14 F	23 32 9	26 29 18	58 28	11 27 50.4	3 28 12	8♋ 6 17	7 21 6	165	8 23 5	21 57 33	15 27 23	7 26 18	144	8 54 10	20 36 51
15 S	23 36 5	27 27 46	58 30	11 31 25.7	3 5 9	22 53 41	7 30 41	116	9 24 57	18 54 30	0♌24 22	7 34 3	83	9 55 20	16 52 22
16 Su	23 40 2	28 26 16	58 32	11 35 0.9	2 42 3	7♌58 25	7 36 14	46	10 25 13	14 32 50	15 34 39	7 37 7	5	10 54 33	11 58 44
17 M	23 43 58	29 24 48	58 34	11 38 36.2	2 18 53	23 11 46	7 36 35	-36	11 23 21	9 13 11	0♍48 21	7 34 41	-77	11 51 39	6 19 24
18 Tu	23 47 55	0♍23 22	58 36	11 42 11.4	1 55 40	8♍23 2	7 31 25	-116	12 19 30	3 20 43	15 54 27	7 26 57	-150	12 46 59	0 20 20
19 W	23 51 51	1 21 58	58 38	11 45 46.7	1 32 25	23 21 25	7 21 27	-178	13 14 11	2S38 41	0♎42 51	7 15 6	-200	13 41 11	5S33 26
20 Th	23 55 48	2 20 36	58 39	11 49 21.9	1 9 8	7♎57 57	7 8 8	-214	14 8 4	8 21 19	15 6 6	7 0 48	-222	14 34 55	10 59 59
21 F	23 59 44	3 19 15	58 41	11 52 57.3	0 45 49	22 6 54	6 53 18	-224	15 1 48	13 27 21	29 0 12	6 45 51	-221	15 28 44	15 41 40
22 S	0 3 41	4 17 56	58 43	11 56 32.7	0 22 28	5♏46 3	6 38 36	-212	15 55 46	17 41 25	12♏24 40	6 31 43	-200	16 22 54	19 25 23
23 Su	0 7 38	5 16 39	58 45	12 0 8.2	0S 0 53	18 56 23	6 25 18	-184	16 50 6	20 52 40	25 21 41	6 19 26	-167	17 17 20	22 2 33
24 M	0 11 34	6 15 24	58 46	12 3 43.7	0 24 15	1♐41 7	6 14 11	-148	17 44 34	22 54 40	7♐55 17	6 9 34	-128	18 11 42	23 28 52
25 Tu	0 15 31	7 14 10	58 48	12 7 19.5	0 47 37	14 4 51	6 5 37	-109	18 38 40	23 45 14	20 10 28	6 2 20	-89	19 5 23	23 44 8
26 W	0 19 27	8 12 58	58 50	12 10 55.3	1 11 0	26 12 48	5 59 41	-70	19 31 48	23 26 5	2♑12 29	5 57 39	-52	19 57 50	22 51 47
27 Th	0 23 24	9 11 47	58 52	12 14 31.3	1 34 22	8♑10 8	5 56 13	-35	20 23 27	22 2 6	14 6 21	5 55 19	-19	20 48 36	20 58 1
28 F	0 27 20	10 10 39	58 53	12 18 7.6	1 57 43	20 1 40	5 54 55	-5	21 13 16	19 40 33	25 56 35	5 54 58	7	21 37 28	18 10 49
29 S	0 31 17	11 9 32	58 55	12 21 44.0	2 21 3	1♒51 33	5 55 25	19	22 1 13	16 29 58	7♒46 58	5 56 12	28	22 24 32	14 39 8
30 Su	0 35 13	12♍ 8 27	58 57	12 25 20.6	2S44 22	13♒43 10	5 57 17	36	22 47 30	12S39 30	19♒40 27	5 58 37	43	23 10 9	10S32 14

LUNAR INGRESSES
1 ☽ ♒ 13:56
4 ☽ ♓ 2:29
6 ☽ ♈ 14:04
8 ☽ ♉ 23:52
11 ☽ ♊ 6:54
13 ☽ ♋ 10:35
15 ☽ ♌ 11:21
17 ☽ ♍ 10:44
19 ☽ ♎ 10:50
21 ☽ ♏ 13:45
23 ☽ ♐ 20:47
26 ☽ ♑ 7:34
28 ☽ ♒ 20:14

PLANET INGRESSES
16 ♀ ♌ 18:46
17 ☉ ♍ 14:26
21 ☿ ♎ 11:09

STATIONS
27 ♄ R 0:05

DATA FOR THE 1st AT 0 HOURS
JULIAN DAY 37133.5
☽ MEAN ☊ 8°♊ 3' 27"
OBLIQUITY 23° 26' 21"
DELTA T 65.0 SECONDS
NUTATION LONGITUDE-16.4"

DAY MO	YR	☿ LONG ° ' "	♀ LONG ° ' "	♂ LONG ° ' "	♃ LONG ° ' "	♄ LONG ° ' "	♅ LONG ° ' "	♆ LONG ° ' "	♇ LONG ° ' "	☊ LONG ° '	A.S.S.I. h m s	S.S.R.Y. h m s	S.V.P. ♓ ° ' "	☿ MERCURY R.A. h m s	☿ MERCURY DECL ° ' "
1	244	5♍12 7	10♋59 18	1♐28 42	15♊11 13	19♉36 6	27♑27R31	11♑47R45	17♏47 59	9♊40	13 25 20	30 12 3	5 14 27.6	11 59 29	0S12 10
2	245	6 40 27	12 11 1	1 56 34	15 21 6	19 38 49	27 25 16	11 46 26	17 48 17	9 30	13 29 53	30 11 16	5 14 27.6	12 4 40	0 54 48
3	246	8 7 27	13 22 48	2 24 49	15 30 53	19 41 25	27 23 1	11 45 9	17 48 36	9 19	13 34 26	30 10 18	5 14 27.5	12 9 46	1 36 57
4	247	9 33 6	14 34 41	2 53 28	15 40 34	19 43 56	27 20 48	11 43 53	17 48 57	9 07	13 38 58	30 9 15	5 14 27.5	12 14 47	2 18 37
5	248	10 57 22	15 46 38	3 22 30	15 50 8	19 46 20	27 18 36	11 42 38	17 49 21	8 54	13 43 30	30 8 9	5 14 27.5	12 19 44	2 59 44
6	249	12 20 14	16 58 39	3 51 54	15 59 35	19 48 38	27 16 25	11 41 24	17 49 46	8 43	13 48 2	30 7 4	5 14 27.5	12 24 35	3 40 17
7	250	13 41 40	18 10 45	4 21 41	16 8 56	19 50 51	27 14 15	11 40 12	17 50 13	8 33	13 52 34	30 6 3	5 14 27.5	12 29 22	4 20 14
8	251	15 1 38	19 22 56	4 51 48	16 18 10	19 52 57	27 12 7	11 39 0	17 50 42	8 26	13 57 5	30 5 9	5 14 27.4	12 34 3	4 59 32
9	252	16 20 6	20 35 12	5 22 17	16 27 16	19 54 57	27 10 0	11 37 51	17 51 13	8 22	14 1 36	30 4 25	5 14 27.3	12 38 40	5 38 9
10	253	17 37 0	21 47 32	5 53 7	16 36 16	19 56 50	27 7 54	11 36 42	17 51 47	8 20	14 6 7	30 3 52	5 14 27.2	12 43 11	6 16 2
11	254	18 52 18	22 59 56	6 24 16	16 45 8	19 58 38	27 5 49	11 35 35	17 52 22	8 20	14 10 38	30 3 31	5 14 27.0	12 47 37	6 53 10
12	255	20 5 55	24 12 25	6 55 46	16 53 53	20 0 19	27 3 47	11 34 30	17 52 59	8 20	14 15 9	30 3 23	5 14 26.8	12 51 57	7 29 29
13	256	21 17 46	25 24 59	7 27 35	17 2 31	20 1 53	27 1 45	11 33 25	17 53 38	8 20	14 19 40	30 3 27	5 14 26.6	12 56 11	8 4 56
14	257	22 27 47	26 37 36	7 59 44	17 11 1	20 3 22	26 59 46	11 32 23	17 54 19	8 17	14 24 10	30 3 45	5 14 26.4	13 0 20	8 39 29
15	258	23 35 52	27 50 18	8 32 12	17 19 23	20 4 44	26 57 48	11 31 21	17 55 2	8 12	14 28 41	30 4 14	5 14 26.3	13 4 22	9 13 4
16	259	24 41 53	29 3 3	9 4 58	17 27 38	20 5 59	26 55 51	11 30 22	17 55 46	8 04	14 33 11	30 4 54	5 14 26.2	13 8 16	9 45 37
17	260	25 45 43	0♌15 53	9 38 2	17 35 44	20 7 8	26 53 57	11 29 24	17 56 33	7 54	14 37 41	30 5 43	5 14 26.1	13 12 4	10 17 5
18	261	26 47 15	1 28 46	10 11 25	17 43 43	20 8 10	26 52 4	11 28 27	17 57 22	7 43	14 42 12	30 6 39	5 14 26.1	13 15 44	10 47 23
19	262	27 46 17	2 41 44	10 45 5	17 51 33	20 9 6	26 50 13	11 27 32	17 58 12	7 32	14 46 42	30 7 39	5 14 26.1	13 19 15	11 16 26
20	263	28 42 40	3 54 45	11 19 2	17 59 15	20 9 55	26 48 24	11 26 39	17 59 5	7 22	14 51 13	30 8 42	5 14 26.1	13 22 37	11 44 10
21	264	29 36 11	5 7 49	11 53 16	18 6 49	20 10 38	26 46 37	11 25 47	17 59 59	7 15	14 55 43	30 9 43	5 14 26.0	13 25 50	12 10 29
22	265	0♎26 37	6 20 57	12 27 47	18 14 14	20 11 14	26 44 52	11 24 57	18 0 55	7 11	15 0 14	30 10 40	5 14 25.9	13 28 51	12 35 16
23	266	1 13 44	7 34 9	13 2 33	18 21 30	20 11 43	26 43 9	11 24 9	18 1 54	7 09	15 4 45	30 11 30	5 14 25.8	13 31 41	12 58 24
24	267	1 57 16	8 47 23	13 37 35	18 28 38	20 12 6	26 41 28	11 23 22	18 2 54	7 08	15 9 15	30 12 11	5 14 25.6	13 34 19	13 19 47
25	268	2 36 55	10 0 42	14 12 51	18 35 37	20 12 23	26 39 49	11 22 37	18 3 55	7 08	15 13 46	30 12 41	5 14 25.4	13 36 42	13 39 14
26	269	3 12 21	11 14 4	14 48 23	18 42 27	20 12 32	26 38 13	11 21 54	18 4 59	7 07	15 18 18	30 12 59	5 14 25.3	13 38 51	13 56 38
27	270	3 43 13	12 27 29	15 24 9	18 49 8	20 12R36	26 36 38	11 21 13	18 6 5	7 05	15 22 49	30 13 4	5 14 25.1	13 40 43	14 11 46
28	271	4 9 10	13 40 57	16 0 8	18 55 40	20 12 32	26 35 6	11 20 33	18 7 12	7 00	15 27 21	30 12 55	5 14 25.0	13 42 17	14 24 30
29	272	4 29 47	14 54 29	16 36 21	19 2 3	20 12 22	26 33 36	11 19 55	18 8 21	6 52	15 31 53	30 12 33	5 14 24.9	13 43 32	14 34 35
30	273	4♎44 39	16♌ 8 4	17♐12 48	19♊ 8 16	20♉12 6	26♑32 9	11♑19 19	18♏ 9 32	6♊41	15 36 25	30 12 0	5 14 24.9	13 44 26	14S41 48

DAY Sep	♀ VENUS R.A. h m s	♀ VENUS DECL ° ' "	♂ MARS R.A. h m s	♂ MARS DECL ° ' "	♃ JUPITER R.A. h m s	♃ JUPITER DECL ° ' "	♄ SATURN R.A. h m s	♄ SATURN DECL ° ' "	♅ URANUS R.A. h m s	♅ URANUS DECL ° ' "	♆ NEPTUNE R.A. h m s	♆ NEPTUNE DECL ° ' "	♇ PLUTO R.A. h m s	♇ PLUTO DECL ° ' "
1	8 32 27	18N49 13	17 43 8	26S59 54	6 43 13	22N51 13	4 53 0	20N45 57	21 39 20	14S49 20	20 35 38	18S30 15	16 49 46	12S 6 56
2	8 37 24	18 34 24	17 45 13	26 59 18	6 43 56	22 50 32	4 53 12	20 46 8	21 39 11	14 50 4	20 35 32	18 30 35	16 49 47	12 7 24
3	8 42 20	18 19 4	17 47 20	26 58 36	6 44 38	22 49 52	4 53 23	20 46 19	21 39 2	14 50 47	20 35 27	18 30 55	16 49 48	12 7 52
4	8 47 15	18 3 12	17 49 28	26 57 48	6 45 20	22 49 12	4 53 34	20 46 29	21 38 54	14 51 30	20 35 22	18 31 15	16 49 50	12 8 21
5	8 52 10	17 46 49	17 51 39	26 56 53	6 46 1	22 48 31	4 53 44	20 46 38	21 38 45	14 52 12	20 35 17	18 31 35	16 49 51	12 8 49
6	8 57 4	17 29 55	17 53 50	26 55 52	6 46 42	22 47 50	4 53 54	20 46 46	21 38 36	14 52 54	20 35 12	18 31 54	16 49 52	12 9 18
7	9 1 58	17 12 32	17 56 4	26 54 43	6 47 23	22 47 9	4 54 3	20 46 53	21 38 28	14 53 35	20 35 7	18 32 13	16 49 54	12 9 47
8	9 6 50	16 54 39	17 58 19	26 53 27	6 48 2	22 46 28	4 54 12	20 47 0	21 38 20	14 54 16	20 35 2	18 32 31	16 49 56	12 10 16
9	9 11 43	16 36 17	18 0 35	26 52 3	6 48 42	22 45 47	4 54 21	20 47 6	21 38 11	14 54 56	20 34 57	18 32 50	16 49 58	12 10 46
10	9 16 34	16 17 27	18 2 53	26 50 32	6 49 21	22 45 6	4 54 29	20 47 11	21 38 3	14 55 36	20 34 53	18 33 7	16 50 0	12 11 15
11	9 21 25	15 58 9	18 5 12	26 48 52	6 49 59	22 44 25	4 54 37	20 47 15	21 37 55	14 56 16	20 34 48	18 33 25	16 50 2	12 11 45
12	9 26 15	15 38 23	18 7 33	26 47 5	6 50 37	22 43 44	4 54 44	20 47 19	21 37 47	14 56 54	20 34 44	18 33 42	16 50 4	12 12 15
13	9 31 5	15 18 10	18 9 55	26 45 9	6 51 14	22 43 3	4 54 51	20 47 22	21 37 39	14 57 33	20 34 39	18 33 59	16 50 6	12 12 45
14	9 35 53	14 57 31	18 12 19	26 43 4	6 51 51	22 42 23	4 54 57	20 47 24	21 37 31	14 58 10	20 34 35	18 34 15	16 50 9	12 13 16
15	9 40 41	14 36 26	18 14 44	26 40 51	6 52 27	22 41 42	4 55 3	20 47 26	21 37 23	14 58 48	20 34 31	18 34 31	16 50 12	12 13 46
16	9 45 29	14 14 56	18 17 10	26 38 29	6 53 3	22 41 2	4 55 8	20 47 27	21 37 16	14 59 24	20 34 27	18 34 47	16 50 14	12 14 17
17	9 50 15	13 53 1	18 19 38	26 35 57	6 53 38	22 40 22	4 55 13	20 47 27	21 37 8	15 0 0	20 34 23	18 35 2	16 50 17	12 14 48
18	9 55 1	13 30 43	18 22 6	26 33 16	6 54 12	22 39 43	4 55 18	20 47 26	21 37 1	15 0 35	20 34 19	18 35 17	16 50 20	12 15 19
19	9 59 46	13 8 1	18 24 36	26 30 26	6 54 46	22 39 3	4 55 22	20 47 25	21 36 54	15 1 10	20 34 15	18 35 32	16 50 24	12 15 50
20	10 4 31	12 44 56	18 27 7	26 27 26	6 55 20	22 38 24	4 55 25	20 47 23	21 36 46	15 1 44	20 34 12	18 35 46	16 50 27	12 16 21
21	10 9 14	12 21 30	18 29 39	26 24 16	6 55 52	22 37 46	4 55 28	20 47 20	21 36 39	15 2 18	20 34 8	18 35 59	16 50 30	12 16 52
22	10 13 57	11 57 42	18 32 13	26 20 56	6 56 24	22 37 7	4 55 31	20 47 16	21 36 33	15 2 50	20 34 5	18 36 12	16 50 34	12 17 23
23	10 18 40	11 33 33	18 34 47	26 17 26	6 56 56	22 36 30	4 55 33	20 47 12	21 36 26	15 3 22	20 34 2	18 36 25	16 50 38	12 17 55
24	10 23 22	11 9 4	18 37 22	26 13 45	6 57 26	22 35 52	4 55 35	20 47 7	21 36 19	15 3 53	20 33 59	18 36 38	16 50 41	12 18 26
25	10 28 3	10 44 16	18 39 59	26 9 54	6 57 57	22 35 16	4 55 36	20 47 1	21 36 13	15 4 24	20 33 56	18 36 50	16 50 45	12 18 58
26	10 32 43	10 19 8	18 42 36	26 5 52	6 58 26	22 34 39	4 55 37	20 46 55	21 36 6	15 4 53	20 33 53	18 37 1	16 50 49	12 19 29
27	10 37 23	9 53 43	18 45 14	26 1 40	6 58 55	22 34 4	4 55 37	20 46 48	21 36 0	15 5 22	20 33 50	18 37 12	16 50 53	12 20 1
28	10 42 2	9 28 0	18 47 53	25 57 16	6 59 23	22 33 29	4 55 37	20 46 40	21 35 54	15 5 51	20 33 47	18 37 23	16 50 58	12 20 33
29	10 46 41	9 2 1	18 50 33	25 52 42	6 59 51	22 32 55	4 55 36	20 46 32	21 35 48	15 6 18	20 33 45	18 37 33	16 51 2	12 21 5
30	10 51 19	8N35 45	18 53 13	25S47 57	7 0 18	22N32 21	4 55 35	20N46 23	21 35 42	15S 6 45	20 33 42	18S37 43	16 51 7	12S21 37

OCTOBER 2001

DAY	SIDEREAL TIME h m s	☉ SUN LONG ° ' "	MOT ' "	R.A. h m s	DECL ° ' "	☽ MOON AT 0 HOURS LONG ° ' "	12h MOT ° ' "	2DIF	R.A. h m s	DECL ° ' "	☽ MOON AT 12 HOURS LONG ° ' "	12h MOT ° ' "	2DIF	R.A. h m s	DECL ° ' "
1 M	0 39 10	13♍ 7 24	58 59	12 28 57.5	3S 7 39	25♒39 4	6 0 9	48	23 32 33	8S18 32	1♓39 12	6 1 51	53	23 54 47	5S59 34
2 Tu	0 43 7	14 6 23	59 1	12 32 34.7	3 30 54	7♓41 3	6 3 40	56	0 16 55	3 36 34	13 44 43	6 5 36	59	0 39 3	1 10 45
3 W	0 47 3	15 5 24	59 3	12 36 12.2	3 54 7	19 50 19	6 7 37	62	1 1 16	1N16 35	25 57 56	6 9 44	64	1 23 39	3N44 7
4 Th	0 51 0	16 4 27	59 5	12 39 50.0	4 17 17	2♈ 7 40	6 11 55	67	1 46 18	6 10 28	8♈19 35	6 14 12	70	2 9 18	8 34 11
5 F	0 54 56	17 3 32	59 7	12 43 28.2	4 40 23	14 33 47	6 16 37	74	2 32 46	10 53 43	20 50 24	6 19 10	79	2 56 45	13 7 28
6 S	0 58 53	18 2 39	59 10	12 47 6.7	5 3 27	27 9 34	6 21 53	85	3 21 21	15 13 43	3♉31 27	6 24 49	91	3 46 38	17 10 41
7 Su	1 2 49	19 1 48	59 12	12 50 45.7	5 26 27	9♉56 16	6 27 59	99	4 12 38	18 56 29	16 24 15	6 31 25	107	4 39 23	20 29 14
8 M	1 6 46	20 1 0	59 14	12 54 25.1	5 49 22	22 55 39	6 35 7	116	5 6 54	21 47 0	29 30 47	6 39 8	125	5 35 9	22 47 58
9 Tu	1 10 42	21 0 14	59 17	12 58 4.9	6 12 13	6♊ 9 55	6 43 26	133	6 4 2	23 30 25	12♊53 21	6 48 0	140	6 33 29	23 52 51
10 W	1 14 39	21 59 30	59 19	13 1 45.1	6 35 0	19 41 20	6 52 47	146	7 3 20	23 54 8	26 34 8	6 57 44	149	7 33 28	23 33 31
11 Th	1 18 36	22 58 49	59 21	13 5 25.9	6 57 41	3♋31 52	7 2 45	150	8 3 41	22 50 42	10♋34 37	7 7 43	146	8 33 51	21 45 56
12 F	1 22 32	23 58 10	59 23	13 9 7.1	7 20 17	17 42 20	7 12 30	138	9 3 48	20 19 58	24 54 50	7 16 55	125	9 33 27	18 34 6
13 S	1 26 29	24 57 33	59 26	13 12 48.9	7 42 47	2♌11 45	7 20 49	107	10 2 42	16 30 0	9♌32 34	7 24 2	83	10 31 32	14 9 48
14 Su	1 30 25	25 56 59	59 28	13 16 31.2	8 5 11	16 56 36	7 26 23	56	10 59 56	11 35 55	24 22 59	7 27 45	24	11 27 56	8 50 59
15 M	1 34 22	26 56 27	59 30	13 20 14.0	8 27 28	1♍50 44	7 28 0	-9	11 55 34	5 57 53	9♍18 44	7 27 7	-44	12 22 56	2 59 31
16 Tu	1 38 18	27 55 57	59 32	13 23 57.5	8 49 38	16 45 51	7 25 3	-78	12 50 5	0S 1 5	24 10 55	7 21 53	-111	13 17 8	3S 0 59
17 W	1 42 15	28 55 29	59 34	13 27 41.4	9 11 40	1♎32 48	7 17 41	-139	13 44 9	5 57 17	8♎50 29	7 12 36	-163	14 11 12	8 47 11
18 Th	1 46 11	29 55 3	59 36	13 31 26.0	9 33 35	16 3 5	7 6 48	-182	14 38 22	11 28 7	23 9 53	7 0 28	-195	15 5 41	13 57 43
19 F	1 50 8	0♎54 39	59 38	13 35 11.2	9 55 21	0♏10 21	6 53 47	-203	15 33 12	16 13 52	7♏ 4 8	6 46 58	-205	16 0 53	18 14 46
20 S	1 54 4	1 54 17	59 40	13 38 57.0	10 16 59	13 51 5	6 40 9	-202	16 28 43	19 58 57	20 31 14	6 33 31	-194	16 56 40	21 25 17
21 Su	1 58 1	2 53 57	59 42	13 42 43.4	10 38 27	27 4 45	6 27 12	-183	17 24 38	22 33 1	3♐31 57	6 21 18	-169	17 52 34	23 21 46
22 M	2 1 58	3 53 38	59 43	13 46 30.5	10 59 46	9♐53 15	6 15 55	-153	18 20 20	23 51 27	16 9 10	6 11 5	-135	18 47 51	24 2 23
23 Tu	2 5 54	4 53 21	59 45	13 50 18.3	11 20 55	22 20 15	6 6 54	-116	19 15 1	23 55 6	28 27 9	6 3 21	-97	19 41 45	23 30 24
24 W	2 9 51	5 53 6	59 47	13 54 6.6	11 41 54	4♑30 29	6 0 27	-77	20 8 0	22 49 15	10♑30 56	5 58 13	-57	20 33 42	21 52 45
25 Th	2 13 47	6 52 53	59 48	13 57 55.7	12 2 41	16 29 9	5 56 38	-38	20 58 51	20 42 4	22 25 47	5 55 41	-20	21 23 27	19 18 23
26 F	2 17 44	7 52 41	59 50	14 1 45.5	12 23 18	28 21 28	5 55 19	-2	21 47 31	17 42 55	4♒16 47	5 55 31	14	22 11 5	15 56 51
27 S	2 21 40	8 52 31	59 52	14 5 36.0	12 43 43	10♒12 18	5 56 14	28	22 34 14	14 1 21	16 8 32	5 57 25	42	22 57 1	11 57 32
28 Su	2 25 37	9 52 23	59 54	14 9 27.2	13 3 57	22 5 57	5 59 1	53	23 19 30	9 46 32	28 4 58	6 0 59	63	23 41 47	7 29 28
29 M	2 29 33	10 52 16	59 55	14 13 19.2	13 23 57	4♓ 5 57	6 3 15	72	0 3 56	5 7 28	10♓ 9 11	6 5 45	78	0 26 4	2 41 40
30 Tu	2 33 30	11 52 12	59 57	14 17 11.9	13 43 46	16 14 57	6 8 27	83	0 48 16	0 13 16	22 23 24	6 11 18	87	1 10 37	2N16 26
31 W	2 37 27	12♎52 9	59 59	14 21 5.4	14S 3 21	28♓34 42	6 14 13	89	1 33 15	4N46 6	4♈48 55	6 17 12	89	1 56 13	7N14 15

LUNAR INGRESSES
1 ☽ ♓ 8:42
3 ☽ ♈ 19:52
6 ☽ ♉ 5:22
8 ☽ ♊ 12:53
10 ☽ ♋ 17:56
12 ☽ ♌ 20:24
14 ☽ ♍ 21:02
16 ☽ ♎ 21:28
18 ☽ ♏ 23:42
21 ☽ ♐ 5:24
23 ☽ ♑ 15:03
26 ☽ ♒ 3:20
28 ☽ ♓ 15:50
31 ☽ ♈ 2:45

PLANET INGRESSES
10 ☿ ♍ 15:42
11 ♀ ♍ 6:09
18 ☉ ♎ 2:00
19 ♂ ♑ 23:20

STATIONS
1 ☿ R 19:24
18 ♆ D 1:50
23 ☿ D 0:24
30 ♅ D 22:56

DATA FOR THE 1st AT 0 HOURS
JULIAN DAY 37163.5
☽ MEAN ☊ 6°♊ 28' 4"
OBLIQUITY 23° 26' 21"
DELTA T 65.0 SECONDS
NUTATION LONGITUDE -17.9"

DAY MO YR	☿ LONG	♀ LONG	♂ LONG	♃ LONG	♄ LONG	♅ LONG	♆ LONG	♇ LONG	☊ LONG	A.S.S.I. h m s	S.S.R.Y. h m s	S.V.P. ♓ ° ' "	☿ MERCURY R.A. h m s	DECL ° ' "
1 274	4♎53R21	17♌21 42	17♐49 27	19♊14 20	20♉11R43	26♑30R44	11♑18R45	18♏10 44	6♊29	15 41 57	30 11 14	5 14 24.9	13 44 58	14S45 56
2 275	4 55 27	18 35 24	18 26 19	19 20 15	20 11 20	26 29 21	11 18 13	18 11 58	6 15	15 45 30	30 10 24	5 14 24.9	13 45 6	14 46 42
3 276	4 50 33	19 49 8	19 3 23	19 26 0	20 10 37	26 28 1	11 17 42	18 13 14	6 01	15 50 3	30 9 27	5 14 24.9	13 44 49	14 43 52
4 277	4 38 16	21 2 56	19 40 39	19 31 35	20 9 54	26 26 43	11 17 13	18 14 32	5 48	15 54 37	30 8 27	5 14 24.9	13 44 6	14 37 10
5 278	4 18 19	22 16 47	20 18 6	19 37 1	20 9 5	26 25 27	11 16 47	18 15 51	5 37	15 59 11	30 7 26	5 14 24.8	13 42 55	14 26 22
6 279	3 50 29	23 30 42	20 55 46	19 42 16	20 8 9	26 24 15	11 16 22	18 17 13	5 29	16 3 46	30 6 28	5 14 24.7	13 41 16	14 11 15
7 280	3 14 42	24 44 39	21 33 36	19 47 22	20 7 7	26 23 4	11 15 59	18 18 35	5 24	16 8 21	30 5 35	5 14 24.6	13 39 9	13 51 40
8 281	2 31 7	25 58 40	22 11 37	19 52 17	20 5 58	26 21 57	11 15 38	18 20 0	5 22	16 12 56	30 4 48	5 14 24.5	13 36 36	13 27 32
9 282	1 40 5	27 12 43	22 49 49	19 57 3	20 4 43	26 20 52	11 15 19	18 21 26	5 21	16 17 33	30 4 10	5 14 24.3	13 33 37	12 58 53
10 283	0 42 15	28 26 50	23 28 12	20 1 37	20 3 22	26 19 49	11 15 2	18 22 53	5 22	16 22 9	30 3 42	5 14 24.1	13 30 16	12 25 55
11 284	29♍38 33	29 40 59	24 6 45	20 6 2	20 1 54	26 18 49	11 14 46	18 24 22	5 21	16 26 47	30 3 27	5 14 23.9	13 26 35	11 48 58
12 285	28 30 16	0♍55 11	24 45 29	20 10 16	20 0 19	26 17 52	11 14 33	18 25 53	5 19	16 31 25	30 3 24	5 14 23.7	13 22 41	11 8 35
13 286	27 18 58	2 9 26	25 24 23	20 14 19	19 58 39	26 16 58	11 14 22	18 27 26	5 15	16 36 3	30 3 35	5 14 23.6	13 18 39	10 25 31
14 287	26 6 28	3 23 44	26 3 26	20 18 11	19 56 52	26 16 7	11 14 12	18 28 59	5 08	16 40 42	30 3 59	5 14 23.5	13 14 36	9 40 40
15 288	24 54 48	4 38 4	26 42 40	20 21 53	19 54 58	26 15 18	11 14 5	18 30 35	4 59	16 45 22	30 4 35	5 14 23.5	13 10 37	8 55 6
16 289	23 46 1	5 52 27	27 22 3	20 25 23	19 52 59	26 14 32	11 14 0	18 32 12	4 48	16 50 3	30 5 22	5 14 23.5	13 6 52	8 10 0
17 290	22 42 11	7 6 52	28 1 35	20 28 42	19 50 53	26 13 49	11 13 57	18 33 50	4 38	16 54 45	30 6 19	5 14 23.4	13 3 25	7 26 31
18 291	21 45 10	8 21 20	28 41 17	20 31 50	19 48 42	26 13 9	11 13D55	18 35 30	4 29	16 59 27	30 7 21	5 14 23.4	13 0 25	6 45 48
19 292	20 56 35	9 35 49	29 21 8	20 34 47	19 46 24	26 12 31	11 13 56	18 37 11	4 22	17 4 10	30 8 27	5 14 23.3	12 57 55	6 8 50
20 293	20 17 43	10 50 21	0♑ 1 7	20 37 33	19 44 0	26 11 57	11 13 59	18 38 54	4 18	17 8 53	30 9 32	5 14 23.1	12 56 0	5 36 26
21 294	19 49 27	12 4 55	0 41 15	20 40 7	19 41 30	26 11 26	11 14 4	18 40 38	4 16	17 13 38	30 10 33	5 14 22.9	12 54 42	5 9 16
22 295	19 32 19	13 19 31	1 21 31	20 42 29	19 38 55	26 10 57	11 14 11	18 42 23	4 16	17 18 23	30 11 27	5 14 22.7	12 54 4	4 47 42
23 296	19 26D30	14 34 8	2 1 55	20 44 41	19 36 14	26 10 32	11 14 20	18 44 10	4 17	17 23 9	30 12 12	5 14 22.5	12 54 5	4 31 59
24 297	19 31 51	15 48 48	2 42 27	20 46 40	19 33 27	26 10 9	11 14 30	18 45 58	4 17	17 27 56	30 12 47	5 14 22.3	12 54 45	4 22 6
25 298	19 47 57	17 3 29	3 23 6	20 48 28	19 30 35	26 9 50	11 14 43	18 47 48	4 17	17 32 44	30 13 10	5 14 22.2	12 56 2	4 17 56
26 299	20 14 15	18 18 12	4 3 52	20 50 5	19 27 37	26 9 33	11 14 58	18 49 38	4 14	17 37 33	30 13 21	5 14 22.1	12 57 54	4 19 13
27 300	20 49 58	19 32 57	4 44 45	20 51 29	19 24 34	26 9 20	11 15 16	18 51 30	4 09	17 42 22	30 13 19	5 14 22.0	13 0 19	4 25 36
28 301	21 34 20	20 47 44	5 25 46	20 52 42	19 21 25	26 9 9	11 15 35	18 53 23	4 02	17 47 13	30 13 5	5 14 22.0	13 3 13	4 36 40
29 302	22 26 28	22 2 33	6 6 52	20 53 43	19 18 12	26 9 2	11 15 56	18 55 17	3 54	17 52 4	30 12 40	5 14 21.9	13 6 34	4 51 59
30 303	23 25 31	23 17 23	6 48 5	20 54 32	19 14 53	26 8D57	11 16 19	18 57 13	3 44	17 56 56	30 12 5	5 14 21.9	13 10 19	5 11 5
31 304	24♍30 39	24♍32 15	7♑29 24	20♊55 10	19♉11 29	26♑ 8 56	11♑16 44	18♏59 9	3♊34	18 1 50	30 11 22	5 14 21.9	13 14 24	5S33 32

DAY Oct	♀ VENUS R.A. h m s	DECL ° ' "	♂ MARS R.A. h m s	DECL ° ' "	♃ JUPITER R.A. h m s	DECL ° ' "	♄ SATURN R.A. h m s	DECL ° ' "	♅ URANUS R.A. h m s	DECL ° ' "	♆ NEPTUNE R.A. h m s	DECL ° ' "	♇ PLUTO R.A. h m s	DECL ° ' "
1	10 55 57	8N 9 14	18 55 54	25S43 0	7 0 44	22N31 48	4 55 34	20N46 13	21 35 37	15S 7 11	20 33 40	18S37 52	16 51 11	12S22 9
2	11 0 35	7 42 28	18 58 36	25 37 52	7 1 9	22 31 16	4 55 32	20 46 2	21 35 31	15 7 36	20 33 38	18 38 1	16 51 16	12 22 41
3	11 5 11	7 15 28	19 1 19	25 32 33	7 1 34	22 30 45	4 55 29	20 45 51	21 35 26	15 8 0	20 33 36	18 38 10	16 51 21	12 23 13
4	11 9 48	6 48 14	19 4 2	25 27 2	7 1 58	22 30 14	4 55 26	20 45 40	21 35 21	15 8 23	20 33 34	18 38 17	16 51 26	12 23 45
5	11 14 24	6 20 48	19 6 46	25 21 19	7 2 21	22 29 45	4 55 23	20 45 27	21 35 16	15 8 46	20 33 32	18 38 25	16 51 31	12 24 17
6	11 19 0	5 53 9	19 9 30	25 15 25	7 2 44	22 29 16	4 55 19	20 45 14	21 35 11	15 9 8	20 33 30	18 38 32	16 51 36	12 24 49
7	11 23 35	5 25 19	19 12 15	25 9 19	7 3 6	22 28 48	4 55 14	20 45 1	21 35 7	15 9 29	20 33 29	18 38 38	16 51 42	12 25 21
8	11 28 10	4 57 18	19 15 1	25 3 1	7 3 27	22 28 21	4 55 10	20 44 46	21 35 2	15 9 49	20 33 27	18 38 44	16 51 47	12 25 53
9	11 32 45	4 29 8	19 17 47	24 56 32	7 3 48	22 27 55	4 55 4	20 44 31	21 34 58	15 10 8	20 33 26	18 38 50	16 51 53	12 26 25
10	11 37 19	4 0 47	19 20 34	24 49 51	7 4 8	22 27 30	4 54 59	20 44 16	21 34 54	15 10 26	20 33 25	18 38 55	16 51 58	12 26 57
11	11 41 54	3 32 19	19 23 21	24 42 58	7 4 27	22 27 7	4 54 53	20 44 0	21 34 50	15 10 44	20 33 24	18 39 0	16 52 4	12 27 28
12	11 46 28	3 3 42	19 26 8	24 35 53	7 4 45	22 26 44	4 54 46	20 43 43	21 34 46	15 11 0	20 33 23	18 39 4	16 52 10	12 28 0
13	11 51 2	2 34 58	19 28 56	24 28 36	7 5 2	22 26 22	4 54 39	20 43 26	21 34 43	15 11 16	20 33 22	18 39 7	16 52 16	12 28 32
14	11 55 36	2 6 8	19 31 45	24 21 7	7 5 19	22 26 2	4 54 31	20 43 8	21 34 39	15 11 31	20 33 22	18 39 11	16 52 22	12 29 4
15	12 0 10	1 37 12	19 34 34	24 13 27	7 5 35	22 25 42	4 54 23	20 42 49	21 34 36	15 11 44	20 33 21	18 39 13	16 52 28	12 29 36
16	12 4 44	1 8 11	19 37 23	24 5 34	7 5 50	22 25 24	4 54 15	20 42 30	21 34 33	15 11 57	20 33 21	18 39 16	16 52 35	12 30 8
17	12 9 18	0 39 6	19 40 12	23 57 29	7 6 4	22 25 7	4 54 6	20 42 10	21 34 30	15 12 9	20 33 21	18 39 17	16 52 41	12 30 39
18	12 13 52	0 9 58	19 43 2	23 49 12	7 6 18	22 24 51	4 53 57	20 41 49	21 34 27	15 12 20	20 33 20	18 39 18	16 52 48	12 31 11
19	12 18 26	0S19 14	19 45 52	23 40 43	7 6 31	22 24 37	4 53 47	20 41 28	21 34 25	15 12 30	20 33 21	18 39 19	16 52 54	12 31 42
20	12 23 0	0 48 27	19 48 42	23 32 2	7 6 43	22 24 23	4 53 37	20 41 7	21 34 23	15 12 39	20 33 21	18 39 19	16 53 1	12 32 14
21	12 27 35	1 17 42	19 51 33	23 23 10	7 6 54	22 24 11	4 53 27	20 40 44	21 34 20	15 12 47	20 33 21	18 39 19	16 53 8	12 32 45
22	12 32 9	1 46 57	19 54 24	23 14 5	7 7 4	22 24 0	4 53 16	20 40 22	21 34 19	15 12 55	20 33 22	18 39 18	16 53 15	12 33 16
23	12 36 44	2 16 12	19 57 15	23 4 48	7 7 13	22 23 51	4 53 4	20 39 59	21 34 17	15 13 1	20 33 22	18 39 16	16 53 22	12 33 47
24	12 41 19	2 45 26	20 0 6	22 55 20	7 7 22	22 23 43	4 52 52	20 39 35	21 34 15	15 13 6	20 33 23	18 39 15	16 53 29	12 34 18
25	12 45 54	3 14 38	20 2 58	22 45 40	7 7 30	22 23 36	4 52 40	20 39 11	21 34 14	15 13 10	20 33 24	18 39 12	16 53 36	12 34 49
26	12 50 30	3 43 47	20 5 49	22 35 48	7 7 37	22 23 31	4 52 28	20 38 46	21 34 13	15 13 13	20 33 25	18 39 9	16 53 43	12 35 20
27	12 55 6	4 12 54	20 8 41	22 25 45	7 7 43	22 23 27	4 52 15	20 38 20	21 34 12	15 13 16	20 33 26	18 39 6	16 53 51	12 35 50
28	12 59 42	4 41 56	20 11 32	22 15 30	7 7 48	22 23 25	4 52 2	20 37 55	21 34 11	15 13 18	20 33 27	18 39 2	16 53 58	12 36 21
29	13 4 19	5 10 54	20 14 24	22 5 3	7 7 53	22 23 24	4 51 48	20 37 28	21 34 11	15 13 18	20 33 29	18 38 58	16 54 5	12 36 51
30	13 8 56	5 39 46	20 17 16	21 54 26	7 7 56	22 23 24	4 51 34	20 37 2	21 34 10	15 13 18	20 33 30	18 38 53	16 54 13	12 37 21
31	13 13 34	6S 8 32	20 20 8	21S43 36	7 7 59	22N23 26	4 51 20	20N36 34	21 34 10	15S13 16	20 33 32	18S38 48	16 54 21	12S37 51

DAY	SIDEREAL TIME h m s	☉ SUN LONG ° ' "	☉ SUN MOT ' "	☉ SUN R.A. h m s	☉ SUN DECL ° ' "	☽ MOON AT 0 HOURS LONG ° ' "	12h MOT ° ' "	2DIF "	R.A. h m s	DECL ° ' "	☽ MOON AT 12 HOURS LONG ° ' "	12h MOT ° ' "	2DIF "	R.A. h m s	DECL ° ' "
1 Th	2 41 23	13♎52 8	60 1	14 24 59.6	14S22 42	11♈ 6 7	6 20 11	89	2 19 39	9N39 20	17♈26 18	6 23 9	89	2 43 37	11N59 37
2 F	2 45 20	14 52 8	60 3	14 28 54.7	14 41 50	23 49 27	6 26 5	87	3 8 13	14 13 18	0♉15 32	6 28 59	86	3 33 29	16 18 28
3 S	2 49 16	15 52 11	60 5	14 32 50.5	15 0 43	6♉44 31	6 31 50	85	3 59 30	18 13 4	13 16 21	6 34 39	84	4 26 16	19 55 3
4 Su	2 53 13	16 52 16	60 7	14 36 47.2	15 19 22	19 51 0	6 37 27	84	4 53 47	21 22 22	26 28 27	6 40 15	84	5 22 1	22 33 5
5 M	2 57 9	17 52 22	60 9	14 40 44.8	15 37 46	3♊ 8 42	6 43 3	85	5 50 52	23 25 23	9♊51 45	6 45 54	86	6 20 14	23 57 48
6 Tu	3 1 6	18 52 31	60 11	14 44 43.1	15 55 54	16 37 38	6 48 46	87	6 49 59	24 9 10	23 26 25	6 51 41	88	7 19 55	23 58 49
7 W	3 5 2	19 52 41	60 13	14 48 42.4	16 13 47	0♋18 6	6 54 38	89	7 49 53	23 26 32	7♋12 44	6 57 36	88	8 19 44	22 32 38
8 Th	3 8 59	20 52 54	60 15	14 52 42.4	16 31 24	14 10 20	7 0 32	87	8 49 17	21 17 54	21 10 52	7 3 23	83	9 18 28	19 43 35
9 F	3 12 56	21 53 9	60 17	14 56 43.4	16 48 43	28 14 15	7 6 5	78	9 47 11	17 51 15	5♌20 20	7 8 33	69	10 15 25	15 42 47
10 S	3 16 52	22 53 26	60 19	15 0 45.2	17 5 46	12♌28 54	7 10 42	58	10 43 10	13 20 17	19 39 36	7 12 26	44	11 10 29	10 45 59
11 Su	3 20 49	23 53 45	60 21	15 4 47.8	17 22 32	26 52 2	7 13 39	28	11 37 25	8 2 18	4♍ 5 42	7 14 16	8	12 4 3	5 11 39
12 M	3 24 45	24 54 6	60 23	15 8 51.4	17 38 59	11♍19 58	7 14 13	-13	12 30 28	2 16 36	18 34 11	7 13 26	-35	12 56 48	0S40 20
13 Tu	3 28 42	25 54 28	60 25	15 12 55.8	17 55 9	25 47 37	7 11 53	-58	13 23 7	3S36 32	2♎59 30	7 9 35	-80	13 49 32	6 29 25
14 W	3 32 38	26 54 53	60 26	15 17 1.0	18 11 0	10♎ 9 4	7 6 33	-101	14 16 7	9 16 26	17 15 37	7 2 50	-120	14 42 58	11 55 4
15 Th	3 36 35	27 55 19	60 28	15 21 7.1	18 26 31	24 18 28	6 58 33	-136	15 10 6	14 22 56	1♏17 0	6 53 46	-149	15 37 33	16 37 49
16 F	3 40 31	28 55 47	60 30	15 25 14.1	18 41 44	8♏10 46	6 48 36	-158	16 5 20	18 37 43	14 59 22	6 43 12	-164	16 33 23	20 20 55
17 S	3 44 28	29 56 17	60 31	15 29 21.9	18 56 36	21 42 33	6 37 40	-166	17 1 39	21 46 2	28 20 13	6 32 8	-164	17 30 2	22 52 7
18 Su	3 48 25	0♏56 48	60 33	15 33 30.5	19 11 8	4♐52 21	6 26 43	-159	17 58 24	23 38 35	11♐19 4	6 21 31	-151	18 26 39	24 5 17
19 M	3 52 21	1 57 20	60 34	15 37 40.0	19 25 20	17 40 35	6 16 38	-141	18 54 37	24 12 32	23 57 13	6 12 9	-128	19 22 13	24 0 56
20 Tu	3 56 18	2 57 54	60 35	15 41 50.3	19 39 10	0♑ 9 22	6 8 7	-113	19 49 19	23 31 25	6♑17 29	6 4 37	-97	20 15 51	22 45 8
21 W	4 0 14	3 58 29	60 36	15 46 1.3	19 52 40	12 22 5	6 1 40	-80	20 41 46	21 43 23	18 23 45	5 59 18	-62	21 7 2	20 27 31
22 Th	4 4 11	4 59 5	60 38	15 50 13.2	20 5 47	24 23 3	5 57 33	-43	21 31 41	18 58 56	0♒20 35	5 56 25	-25	21 55 44	17 18 57
23 F	4 8 7	5 59 43	60 39	15 54 25.8	20 18 32	6♒17 0	5 55 54	-6	22 19 14	15 28 53	12 12 53	5 55 59	12	22 42 16	13 29 57
24 S	4 12 4	7 0 21	60 40	15 58 39.2	20 30 54	18 8 52	5 56 41	29	23 4 54	11 23 18	24 5 34	5 57 57	46	23 27 13	9 10 4
25 Su	4 16 0	8 1 1	60 41	16 2 53.3	20 42 54	0♓ 3 30	5 59 45	62	23 49 19	6 51 18	6♓ 3 16	6 2 4	76	0 11 19	4 28 4
26 M	4 19 57	9 1 42	60 42	16 7 8.2	20 54 31	12 5 19	6 4 50	89	0 33 19	2 1 25	18 10 9	6 8 0	100	0 55 26	0N27 32
27 Tu	4 23 54	10 2 23	60 43	16 11 23.8	21 5 44	24 18 9	6 11 30	110	1 17 45	2N57 36	0♈29 39	6 15 18	117	1 40 24	5 27 29
28 W	4 27 50	11 3 6	60 44	16 15 40.1	21 16 33	6♈44 57	6 19 18	122	2 3 29	7 55 47	13 4 15	6 23 27	125	2 27 8	10 20 53
29 Th	4 31 47	12 3 51	60 45	16 19 57.1	21 26 58	19 27 41	6 27 40	126	2 51 24	12 41 3	25 55 21	6 31 52	125	3 16 25	14 54 22
30 F	4 35 43	13♏ 4 36	60 47	16 24 14.8	21S36 58	2♉27 13	6 36 0	122	3 42 14	16N58 41	9♉ 3 13	6 40 1	117	4 8 54	18N51 48

LUNAR INGRESSES
2 ☽ ♉ 11:31
4 ☽ ♊ 18:21
6 ☽ ♋ 23:28
9 ☽ ♌ 2:59
11 ☽ ♍ 5:12
13 ☽ ♎ 7:00
15 ☽ ♏ 9:47
17 ☽ ♐ 15:02
19 ☽ ♑ 23:42
22 ☽ ♒ 11:18
24 ☽ ♓ 23:53
27 ☽ ♈ 11:03
29 ☽ ♉ 19:30

PLANET INGRESSES
4 ☿ ♎ 6:28
4 ♀ ♎ 8:58
17 ☉ ♏ 1:29
23 ☿ ♏ 11:05
28 ♀ ♏ 7:11

STATIONS
2 ♃ R 15:36

DATA FOR THE 1st AT 0 HOURS
JULIAN DAY 37194.5
☽ MEAN ☊ 4°♊ 49' 30"
OBLIQUITY 23° 26' 21"
DELTA T 65.1 SECONDS
NUTATION LONGITUDE-18.8"

DAY MO YR	☿ LONG ° ' "	♀ LONG ° ' "	♂ LONG ° ' "	♃ LONG ° ' "	♄ LONG ° ' "	♅ LONG ° ' "	♆ LONG ° ' "	♇ LONG ° ' "	☊ LONG ° '	A.S.S.I. h m s	S.S.R.Y. h m s	S.V.P. ♓ ° ' "	☿ MERCURY R.A. h m s	☿ MERCURY DECL ° ' "
1 305	25♍41 6	25♍47 8	8♑10 49	20♊55 35	19♉ 8R 1	26♑ 8 57	11♑17 11	19♏ 1 7	3♊25	18 6 44	30 10 32	5 14 21.8	13 18 48	5S58 51
2 306	26 56 7	27 2 3	8 52 20	20 55R49	19 4 27	26 9 2	11 17 40	19 3 5	3 17	18 11 39	30 9 38	5 14 21.7	13 23 29	6 26 40
3 307	28 15 4	28 17 0	9 33 57	20 55 51	19 0 49	26 9 10	11 18 11	19 5 5	3 12	18 16 36	30 8 42	5 14 21.5	13 28 23	6 56 35
4 308	29 37 19	29 31 59	10 15 39	20 55 40	18 57 6	26 9 20	11 18 45	19 7 6	3 09	18 21 33	30 7 45	5 14 21.4	13 33 29	7 28 14
5 309	1♎ 2 23	0♎46 59	10 57 26	20 55 18	18 53 19	26 9 34	11 19 20	19 9 8	3 08	18 26 32	30 6 49	5 14 21.1	13 38 45	8 1 18
6 310	2 29 46	2 2 1	11 39 19	20 54 43	18 49 27	26 9 51	11 19 57	19 11 10	3 09	18 31 31	30 5 58	5 14 20.9	13 44 10	8 35 30
7 311	3 59 5	3 17 4	12 21 17	20 53 57	18 45 31	26 10 11	11 20 36	19 13 14	3 10	18 36 32	30 5 13	5 14 20.7	13 49 42	9 10 35
8 312	5 29 59	4 32 9	13 3 20	20 52 59	18 41 31	26 10 34	11 21 17	19 15 19	3 11	18 41 33	30 4 37	5 14 20.4	13 55 22	9 46 19
9 313	7 2 10	5 47 15	13 45 28	20 51 48	18 37 27	26 11 0	11 22 0	19 17 24	3 11	18 46 36	30 4 14	5 14 20.3	14 1 6	10 22 30
10 314	8 35 21	7 2 23	14 27 41	20 50 25	18 33 19	26 11 29	11 22 46	19 19 31	3 09	18 51 40	30 4 4	5 14 20.2	14 6 56	10 58 56
11 315	10 9 21	8 17 32	15 9 58	20 48 51	18 29 7	26 12 2	11 23 33	19 21 38	3 06	18 56 45	30 4 8	5 14 20.1	14 12 50	11 35 30
12 316	11 43 58	9 32 42	15 52 21	20 47 4	18 24 52	26 12 37	11 24 22	19 23 46	3 01	19 1 50	30 4 27	5 14 20.0	14 18 47	12 12 2
13 317	13 19 3	10 47 53	16 34 48	20 45 5	18 20 33	26 13 15	11 25 13	19 25 55	2 55	19 6 58	30 4 59	5 14 20.0	14 24 48	12 48 24
14 318	14 54 29	12 3 6	17 17 20	20 42 54	18 16 10	26 13 57	11 26 6	19 28 4	2 49	19 12 6	30 5 44	5 14 19.9	14 30 51	13 24 32
15 319	16 30 8	13 18 20	17 59 56	20 40 32	18 11 45	26 14 41	11 27 0	19 30 15	2 44	19 17 15	30 6 38	5 14 19.8	14 36 57	14 0 18
16 320	18 5 55	14 33 35	18 42 37	20 37 57	18 7 16	26 15 29	11 27 57	19 32 26	2 40	19 22 25	30 7 38	5 14 19.6	14 43 6	14 35 39
17 321	19 41 47	15 48 50	19 25 21	20 35 11	18 2 45	26 16 19	11 28 56	19 34 37	2 38	19 27 36	30 8 42	5 14 19.4	14 49 16	15 10 29
18 322	21 17 40	17 4 7	20 8 10	20 32 13	17 58 10	26 17 13	11 29 57	19 36 50	2 38	19 32 49	30 9 45	5 14 19.1	14 55 29	15 44 44
19 323	22 53 31	18 19 24	20 51 2	20 29 4	17 53 34	26 18 9	11 30 59	19 39 3	2 38	19 38 2	30 10 45	5 14 18.9	15 1 43	16 18 22
20 324	24 29 17	19 34 42	21 33 58	20 25 43	17 48 54	26 19 9	11 32 3	19 41 16	2 40	19 43 17	30 11 40	5 14 18.6	15 8 0	16 51 18
21 325	26 4 58	20 50 1	22 16 58	20 22 10	17 44 13	26 20 12	11 33 10	19 43 30	2 42	19 48 32	30 12 26	5 14 18.4	15 14 18	17 23 30
22 326	27 40 32	22 5 20	23 0 1	20 18 27	17 39 29	26 21 17	11 34 18	19 45 45	2 43	19 53 48	30 13 4	5 14 18.3	15 20 38	17 54 55
23 327	29 15 59	23 20 40	23 43 7	20 14 32	17 34 44	26 22 26	11 35 27	19 48 0	2 44	19 59 6	30 13 31	5 14 18.1	15 27 0	18 25 32
24 328	0♏51 17	24 36 0	24 26 16	20 10 26	17 29 57	26 23 38	11 36 39	19 50 15	2 43	20 4 24	30 13 47	5 14 18.0	15 33 23	18 55 16
25 329	2 26 28	25 51 21	25 9 28	20 6 10	17 25 8	26 24 52	11 37 52	19 52 31	2 41	20 9 43	30 13 52	5 14 17.9	15 39 48	19 24 8
26 330	4 1 30	27 6 43	25 52 42	20 1 43	17 20 18	26 26 9	11 39 8	19 54 48	2 38	20 15 4	30 13 46	5 14 17.9	15 46 15	19 52 4
27 331	5 36 24	28 22 5	26 36 0	19 57 5	17 15 26	26 27 30	11 40 24	19 57 4	2 35	20 20 25	30 13 29	5 14 17.8	15 52 44	20 19 3
28 332	7 11 10	29 37 28	27 19 19	19 52 17	17 10 34	26 28 53	11 41 43	19 59 21	2 31	20 25 47	30 13 2	5 14 17.7	15 59 14	20 45 4
29 333	8 45 49	0♏52 51	28 2 41	19 47 19	17 5 40	26 30 19	11 43 3	20 1 38	2 28	20 31 10	30 12 26	5 14 17.6	16 5 46	21 10 3
30 334	10♏20 22	2♏ 8 14	28♑46 5	19♊42 11	17♉ 0 46	26♑31 48	11♑44 25	20♏ 3 56	2♊25	20 36 33	30 11 42	5 14 17.4	16 12 20	21S34 1

DAY Nov	♀ VENUS R.A. h m s	♀ VENUS DECL ° ' "	♂ MARS R.A. h m s	♂ MARS DECL ° ' "	♃ JUPITER R.A. h m s	♃ JUPITER DECL ° ' "	♄ SATURN R.A. h m s	♄ SATURN DECL ° ' "	♅ URANUS R.A. h m s	♅ URANUS DECL ° ' "	♆ NEPTUNE R.A. h m s	♆ NEPTUNE DECL ° ' "	♇ PLUTO R.A. h m s	♇ PLUTO DECL ° ' "
1	13 18 12	6S37 11	20 23 0	21S32 35	7 8 1	22N23 29	4 51 5	20N36 6	21 34 10	15S13 14	20 33 34	18S38 42	16 54 28	12S38 20
2	13 22 51	7 5 43	20 25 51	21 21 23	7 8 2	22 23 33	4 50 50	20 35 38	21 34 11	15 13 10	20 33 36	18 38 36	16 54 36	12 38 50
3	13 27 31	7 34 5	20 28 43	21 10 0	7 8 2	22 23 39	4 50 34	20 35 10	21 34 11	15 13 6	20 33 38	18 38 29	16 54 44	12 39 19
4	13 32 11	8 2 19	20 31 35	20 58 26	7 8 1	22 23 47	4 50 19	20 34 41	21 34 12	15 13 0	20 33 41	18 38 21	16 54 52	12 39 48
5	13 36 52	8 30 23	20 34 27	20 46 41	7 8 0	22 23 56	4 50 3	20 34 11	21 34 13	15 12 54	20 33 43	18 38 13	16 55 0	12 40 17
6	13 41 34	8 58 16	20 37 18	20 34 45	7 7 57	22 24 6	4 49 46	20 33 41	21 34 14	15 12 46	20 33 46	18 38 5	16 55 8	12 40 46
7	13 46 17	9 25 57	20 40 10	20 22 39	7 7 54	22 24 18	4 49 30	20 33 11	21 34 15	15 12 38	20 33 48	18 37 56	16 55 16	12 41 15
8	13 51 0	9 53 26	20 43 1	20 10 22	7 7 50	22 24 31	4 49 13	20 32 40	21 34 16	15 12 28	20 33 51	18 37 47	16 55 25	12 41 43
9	13 55 45	10 20 42	20 45 53	19 57 54	7 7 45	22 24 46	4 48 56	20 32 9	21 34 18	15 12 18	20 33 54	18 37 37	16 55 33	12 42 11
10	14 0 30	10 47 44	20 48 44	19 45 16	7 7 39	22 25 2	4 48 38	20 31 38	21 34 20	15 12 7	20 33 57	18 37 27	16 55 41	12 42 39
11	14 5 16	11 14 31	20 51 35	19 32 28	7 7 33	22 25 20	4 48 20	20 31 6	21 34 22	15 11 54	20 34 0	18 37 16	16 55 50	12 43 7
12	14 10 3	11 41 2	20 54 27	19 19 30	7 7 25	22 25 39	4 48 2	20 30 34	21 34 24	15 11 41	20 34 4	18 37 4	16 55 58	12 43 34
13	14 14 51	12 7 17	20 57 18	19 6 21	7 7 16	22 25 59	4 47 44	20 30 1	21 34 27	15 11 27	20 34 7	18 36 53	16 56 7	12 44 2
14	14 19 40	12 33 15	21 0 8	18 53 3	7 7 7	22 26 21	4 47 25	20 29 29	21 34 29	15 11 12	20 34 11	18 36 40	16 56 15	12 44 28
15	14 24 30	12 58 55	21 2 59	18 39 35	7 6 57	22 26 44	4 47 7	20 28 56	21 34 32	15 10 55	20 34 15	18 36 28	16 56 24	12 44 55
16	14 29 21	13 24 16	21 5 50	18 25 56	7 6 46	22 27 8	4 46 48	20 28 22	21 34 35	15 10 38	20 34 19	18 36 14	16 56 33	12 45 22
17	14 34 13	13 49 18	21 8 40	18 12 9	7 6 34	22 27 34	4 46 29	20 27 49	21 34 39	15 10 20	20 34 23	18 36 0	16 56 41	12 45 48
18	14 39 6	14 13 59	21 11 31	17 58 12	7 6 22	22 28 1	4 46 9	20 27 15	21 34 42	15 10 0	20 34 27	18 35 46	16 56 50	12 46 14
19	14 44 0	14 38 19	21 14 21	17 44 5	7 6 8	22 28 30	4 45 50	20 26 41	21 34 46	15 9 40	20 34 31	18 35 31	16 56 59	12 46 39
20	14 48 56	15 2 17	21 17 11	17 29 50	7 5 54	22 29 0	4 45 30	20 26 7	21 34 50	15 9 19	20 34 35	18 35 16	16 57 8	12 47 5
21	14 53 52	15 25 51	21 20 1	17 15 26	7 5 39	22 29 31	4 45 10	20 25 32	21 34 54	15 8 57	20 34 40	18 35 1	16 57 17	12 47 30
22	14 58 50	15 49 3	21 22 50	17 0 52	7 5 23	22 30 3	4 44 50	20 24 58	21 34 58	15 8 34	20 34 45	18 34 44	16 57 26	12 47 54
23	15 3 49	16 11 49	21 25 40	16 46 11	7 5 6	22 30 36	4 44 30	20 24 23	21 35 2	15 8 10	20 34 49	18 34 28	16 57 35	12 48 19
24	15 8 49	16 34 11	21 28 29	16 31 20	7 4 48	22 31 11	4 44 10	20 23 48	21 35 7	15 7 45	20 34 54	18 34 11	16 57 44	12 48 43
25	15 13 50	16 56 6	21 31 18	16 16 22	7 4 30	22 31 47	4 43 49	20 23 13	21 35 12	15 7 20	20 34 59	18 33 54	16 57 53	12 49 7
26	15 18 53	17 17 34	21 34 7	16 1 15	7 4 11	22 32 24	4 43 29	20 22 38	21 35 17	15 6 53	20 35 4	18 33 36	16 58 2	12 49 31
27	15 23 56	17 38 35	21 36 55	15 46 0	7 3 51	22 33 1	4 43 8	20 22 3	21 35 22	15 6 25	20 35 10	18 33 17	16 58 11	12 49 54
28	15 29 1	17 59 8	21 39 44	15 30 37	7 3 30	22 33 40	4 42 48	20 21 28	21 35 28	15 5 56	20 35 15	18 32 58	16 58 20	12 50 17
29	15 34 7	18 19 11	21 42 32	15 15 7	7 3 9	22 34 20	4 42 27	20 20 53	21 35 33	15 5 27	20 35 21	18 32 39	16 58 29	12 50 39
30	15 39 14	18S38 44	21 45 19	14S59 29	7 2 47	22N35 1	4 42 6	20N20 18	21 35 39	15S 4 56	20 35 26	18S32 19	16 58 38	12S51 1

DECEMBER 2001

DAY	SIDEREAL TIME h m s	☉ SUN LONG ° ' "	MOT ' "	R.A. h m s	DECL ° ' "	☽ MOON AT 0 HOURS LONG ° ' "	12h MOT ° ' "	2DIF "	R.A. h m s	DECL ° ' "	☽ MOON AT 12 HOURS LONG ° ' "	12h MOT ° ' "	2DIF "	R.A. h m s	DECL ° ' "
1 S	4 39 40	14♏ 5 22	60 48	16 28 33.1	21S46 34	15♉43 14	6 43 49	111	4 36 26	20N31 23	22♉27 3	6 47 24	103	5 4 48	21N55 8
2 Su	4 43 36	15 6 10	60 49	16 32 52.2	21 55 45	29 14 26	6 50 41	94	5 33 56	23 0 51	6♊ 5 7	6 53 40	84	6 3 42	23 46 37
3 M	4 47 33	16 6 59	60 50	16 37 11.8	22 4 31	12♊58 47	6 56 19	74	6 33 58	24 10 54	19 55 5	6 58 37	64	7 4 30	24 12 40
4 Tu	4 51 30	17 7 49	60 52	16 41 32.1	22 12 51	26 53 42	7 0 36	54	7 35 7	23 51 31	3♋54 18	7 2 14	44	8 5 36	23 7 39
5 W	4 55 26	18 8 41	60 53	16 45 52.9	22 20 46	10♋56 32	7 3 33	35	8 35 46	22 1 54	18 0 5	7 4 33	26	9 5 28	20 35 38
6 Th	4 59 23	19 9 33	60 54	16 50 14.4	22 28 14	25 4 38	7 5 15	17	9 34 35	18 50 37	2♌ 9 53	7 5 41	8	10 3 4	16 48 57
7 F	5 3 19	20 10 27	60 56	16 54 36.3	22 35 17	9♌15 33	7 5 49	0	10 30 55	14 32 54	16 21 23	7 5 42	-8	10 58 11	12 4 51
8 S	5 7 16	21 11 23	60 57	16 58 58.8	22 41 53	23 27 4	7 5 18	-16	11 24 54	9 27 11	0♍32 22	7 4 38	-24	11 51 10	6 42 16
9 Su	5 11 12	22 12 20	60 58	17 3 21.8	22 48 2	7♍37 0	7 3 41	-33	12 17 6	3 52 28	14 40 41	7 2 27	-41	12 42 48	1 0 5
10 M	5 15 9	23 13 17	60 59	17 7 45.3	22 53 44	21 43 8	7 0 56	-50	13 8 24	1S52 39	28 44 4	6 59 6	-60	13 34 0	4S43 28
11 Tu	5 19 5	24 14 17	61 0	17 12 9.2	22 59 0	5♎43 10	6 56 58	-69	13 59 43	7 30 9	12♎40 8	6 54 31	-78	14 25 39	10 10 32
12 W	5 23 2	25 15 17	61 1	17 16 33.6	23 3 48	19 34 39	6 51 46	-87	14 51 53	12 42 25	26 26 25	6 48 44	-95	15 18 28	15 3 42
13 Th	5 26 59	26 16 18	61 2	17 20 58.3	23 8 9	3♏15 8	6 45 25	-103	15 45 27	17 12 21	10♏ 0 33	6 41 52	-109	16 12 49	19 6 29
14 F	5 30 55	27 17 20	61 3	17 25 23.3	23 12 2	16 42 25	6 38 7	-115	16 40 34	20 44 24	23 20 32	6 34 13	-119	17 8 36	22 4 41
15 S	5 34 52	28 18 23	61 4	17 29 48.6	23 15 27	29 54 45	6 30 13	-121	17 36 50	23 6 15	6♐24 58	6 26 10	-121	18 5 9	23 48 24
16 Su	5 38 48	29 19 27	61 5	17 34 14.2	23 18 25	12♐51 8	6 22 8	-120	18 33 24	24 10 54	19 13 16	6 18 11	-116	19 1 27	24 13 53
17 M	5 42 45	0♐20 31	61 5	17 38 40.1	23 20 54	25 31 26	6 14 23	-111	19 29 8	23 57 55	1♑45 49	6 10 47	-104	19 56 21	23 23 55
18 Tu	5 46 41	1 21 36	61 6	17 43 6.1	23 22 56	7♑56 36	6 7 27	-95	20 23 0	22 33 4	14 4 2	6 4 27	-84	20 49 0	21 26 44
19 W	5 50 38	2 22 41	61 6	17 47 32.3	23 24 29	20 8 29	6 1 49	-72	21 14 21	20 6 23	26 10 18	5 59 37	-59	21 39 2	18 33 31
20 Th	5 54 34	3 23 47	61 6	17 51 58.6	23 25 35	2♒ 9 55	5 57 53	-44	22 3 5	16 49 36	8♒ 7 48	5 56 40	-28	22 26 33	14 56 4
21 F	5 58 31	4 24 53	61 6	17 56 24.9	23 26 12	14 4 28	5 56 0	-12	22 49 30	12 54 15	20 0 28	5 55 53	5	23 12 0	10 45 22
22 S	6 2 28	5 25 59	61 7	18 0 51.3	23 26 20	25 56 20	5 56 21	23	23 34 11	8 30 36	1♓52 41	5 57 24	41	23 56 6	6 11 1
23 Su	6 6 24	6 27 6	61 7	18 5 17.7	23 26 1	7♓50 5	5 59 3	59	0 17 54	3 47 41	13 49 8	6 1 18	76	0 39 41	1 21 35
24 M	6 10 21	7 28 13	61 7	18 9 44.1	23 25 13	19 50 26	6 4 8	93	1 1 34	1N 6 12	25 54 34	6 7 30	109	1 23 41	3N34 36
25 Tu	6 14 17	8 29 19	61 7	18 14 10.5	23 23 57	2♈ 2 4	6 11 24	124	1 46 7	6 2 27	8♈13 29	6 15 47	137	2 9 1	8 28 25
26 W	6 18 14	9 30 26	61 7	18 18 36.7	23 22 13	14 29 15	6 20 34	149	2 32 31	10 51 5	20 49 49	6 25 42	158	2 56 42	13 8 46
27 Th	6 22 10	10 31 33	61 7	18 23 2.8	23 20 0	27 15 31	6 31 6	165	3 21 41	15 19 36	3♉46 37	6 36 40	168	3 47 33	17 21 31
28 F	6 26 7	11 32 40	61 7	18 27 28.8	23 17 19	10♉23 17	6 42 19	168	4 14 23	19 12 14	17 5 36	6 47 54	165	4 42 11	20 49 19
29 S	6 30 3	12 33 48	61 8	18 31 54.6	23 14 11	23 53 29	6 53 19	158	5 10 57	22 10 16	0♊46 49	6 58 27	148	5 40 36	23 12 40
30 Su	6 34 0	13 34 55	61 8	18 36 20.1	23 10 34	7♊45 16	7 3 10	134	6 11 1	23 54 18	14 48 26	7 7 22	117	6 42 1	24 13 25
31 M	6 37 57	14♐36 2	61 8	18 40 45.4	23S 6 30	21♊55 48	7 10 57	97	7 13 21	24N 8 47	29♊ 6 45	7 13 50	75	7 44 49	23N39 55

LUNAR INGRESSES
2 ☽ ♊ 1:20
4 ☽ ♋ 5:19
6 ☽ ♌ 8:20
8 ☽ ♍ 11:05
10 ☽ ♎ 14:10
12 ☽ ♏ 18:16
15 ☽ ♐ 0:10
17 ☽ ♑ 8:36
19 ☽ ♒ 19:39
22 ☽ ♓ 8:13
24 ☽ ♈ 20:02
27 ☽ ♉ 5:04
29 ☽ ♊ 10:39
31 ☽ ♋ 13:29

PLANET INGRESSES
1 ♂ ♒ 16:50
12 ☿ ♐ 12:14
16 ☉ ♐ 15:56
22 ♀ ♐ 3:34
31 ☿ ♑ 11:18

STATIONS
NONE

DATA FOR THE 1st AT 0 HOURS
JULIAN DAY 37224.5
☽ MEAN ☊ 3° ♊ 14' 7"
OBLIQUITY 23° 26' 20"
DELTA T 65.1 SECONDS
NUTATION LONGITUDE -18.0"

DAY MO YR	☿ LONG ° ' "	♀ LONG ° ' "	♂ LONG ° ' "	♃ LONG ° ' "	♄ LONG ° ' "	♅ LONG ° ' "	♆ LONG ° ' "	♇ LONG ° ' "	☊ LONG ° '	A.S.S.I. h m s	S.S.R.Y. h m s	S.V.P. ♓ ° ' "	☿ MERCURY R.A. h m s	☿ DECL ° ' "
1 335	11♏54 50	3♏23 39	29♑29 31	19♊36R53	16♉55R51	26♑33 19	11♑45 49	20♏ 6 13	2♊23	20 41 58	30 10 53	5 14 17.2	16 18 56	21S56 55
2 336	13 29 12	4 39 3	0♒12 59	19 31 25	16 50 55	26 34 54	11 47 14	20 8 31	2 23	20 47 23	30 9 53	5 14 16.9	16 25 33	22 18 45
3 337	15 3 30	5 54 29	0 56 29	19 25 48	16 46 0	26 36 31	11 48 41	20 10 49	2 23	20 52 50	30 8 52	5 14 16.6	16 32 12	22 39 27
4 338	16 37 46	7 9 54	1 40 1	19 20 2	16 41 4	26 38 11	11 50 10	20 13 8	2 24	20 58 17	30 7 50	5 14 16.3	16 38 53	22 59 2
5 339	18 11 59	8 25 21	2 23 35	19 14 6	16 36 8	26 39 53	11 51 40	20 15 26	2 25	21 3 44	30 6 50	5 14 16.1	16 45 36	23 17 27
6 340	19 46 11	9 40 48	3 7 10	19 8 2	16 31 13	26 41 39	11 53 12	20 17 44	2 26	21 9 13	30 5 56	5 14 15.9	16 52 21	23 34 42
7 341	21 20 23	10 56 15	3 50 47	19 1 49	16 26 18	26 43 27	11 54 45	20 20 3	2 27	21 14 42	30 5 12	5 14 15.7	16 59 7	23 50 44
8 342	22 54 36	12 11 43	4 34 26	18 55 28	16 21 23	26 45 18	11 56 20	20 22 21	2 27	21 20 12	30 4 40	5 14 15.6	17 5 55	24 5 33
9 343	24 28 50	13 27 12	5 18 6	18 48 59	16 16 29	26 47 11	11 57 56	20 24 40	2 27	21 25 42	30 4 21	5 14 15.5	17 12 44	24 19 6
10 344	26 3 6	14 42 41	6 1 48	18 42 21	16 11 36	26 49 7	11 59 34	20 26 58	2 26	21 31 13	30 4 18	5 14 15.4	17 19 35	24 31 24
11 345	27 37 26	15 58 10	6 45 31	18 35 36	16 6 44	26 51 6	12 1 13	20 29 16	2 25	21 36 45	30 4 30	5 14 15.3	17 26 28	24 42 24
12 346	29 11 50	17 13 40	7 29 16	18 28 44	16 1 54	26 53 7	12 2 54	20 31 35	2 24	21 42 17	30 4 55	5 14 15.2	17 33 22	24 52 5
13 347	0♐46 19	18 29 10	8 13 3	18 21 45	15 57 4	26 55 10	12 4 36	20 33 53	2 23	21 47 49	30 5 32	5 14 15.0	17 40 18	25 0 26
14 348	2 20 53	19 44 41	8 56 50	18 14 39	15 52 17	26 57 17	12 6 20	20 36 11	2 23	21 53 22	30 6 18	5 14 14.7	17 47 14	25 7 25
15 349	3 55 33	21 0 11	9 40 39	18 7 26	15 47 31	26 59 25	12 8 5	20 38 28	2 22	21 58 56	30 7 11	5 14 14.5	17 54 12	25 13 2
16 350	5 30 19	22 15 42	10 24 30	18 0 8	15 42 47	27 1 37	12 9 51	20 40 46	2 23	22 4 29	30 8 7	5 14 14.2	18 1 11	25 17 14
17 351	7 5 12	23 31 13	11 8 21	17 52 44	15 38 5	27 3 50	12 11 39	20 43 3	2 23	22 10 3	30 9 4	5 14 13.9	18 8 11	25 20 1
18 352	8 40 10	24 46 44	11 52 13	17 45 14	15 33 25	27 6 6	12 13 27	20 45 20	2 23	22 15 38	30 9 59	5 14 13.7	18 15 11	25 21 23
19 353	10 15 16	26 2 15	12 36 6	17 37 39	15 28 48	27 8 25	12 15 18	20 47 36	2 23	22 21 12	30 10 50	5 14 13.5	18 22 12	25 21 16
20 354	11 50 27	27 17 46	13 20 0	17 30 0	15 24 13	27 10 45	12 17 9	20 49 52	2 23	22 26 47	30 11 35	5 14 13.3	18 29 13	25 19 41
21 355	13 25 44	28 33 16	14 3 54	17 22 16	15 19 42	27 13 8	12 19 2	20 52 8	2 23	22 32 21	30 12 14	5 14 13.2	18 36 14	25 16 37
22 356	15 1 5	29 48 47	14 47 49	17 14 28	15 15 13	27 15 33	12 20 55	20 54 23	2 23	22 37 56	30 12 44	5 14 13.1	18 43 15	25 12 3
23 357	16 36 30	1♐ 4 18	15 31 44	17 6 37	15 10 47	27 18 1	12 22 50	20 56 38	2 22	22 43 31	30 13 6	5 14 13.0	18 50 16	25 5 58
24 358	18 11 55	2 19 48	16 15 39	16 58 42	15 6 25	27 20 30	12 24 46	20 58 52	2 23	22 49 5	30 13 18	5 14 12.9	18 57 16	24 58 21
25 359	19 47 20	3 35 19	16 59 35	16 50 45	15 2 5	27 23 2	12 26 43	21 1 6	2 23	22 54 40	30 13 20	5 14 12.8	19 4 14	24 49 12
26 360	21 22 42	4 50 49	17 43 31	16 42 45	14 57 50	27 25 36	12 28 42	21 3 19	2 24	23 0 14	30 13 11	5 14 12.6	19 11 11	24 38 31
27 361	22 57 56	6 6 19	18 27 26	16 34 43	14 53 38	27 28 12	12 30 41	21 5 31	2 25	23 5 49	30 12 51	5 14 12.5	19 18 6	24 26 18
28 362	24 32 59	7 21 49	19 11 22	16 26 39	14 49 30	27 30 50	12 32 41	21 7 43	2 25	23 11 23	30 12 19	5 14 12.3	19 24 59	24 12 33
29 363	26 7 45	8 37 19	19 55 18	16 18 33	14 45 25	27 33 30	12 34 42	21 9 55	2 26	23 16 57	30 11 36	5 14 12.0	19 31 48	23 57 16
30 364	27 42 8	9 52 49	20 39 13	16 10 27	14 41 25	27 36 12	12 36 44	21 12 5	2 26	23 22 30	30 10 42	5 14 11.7	19 38 34	23 40 29
31 365	29♐16 0	11♐ 8 19	21♒23 8	16♊ 2 19	14♉37 29	27♑38 55	12♑38 47	21♏14 15	2♊25	23 28 4	30 9 40	5 14 11.4	19 45 16	23S22 13

DAY Dec	♀ VENUS R.A. h m s	♀ DECL ° ' "	♂ MARS R.A. h m s	♂ DECL ° ' "	♃ JUPITER R.A. h m s	♃ DECL ° ' "	♄ SATURN R.A. h m s	♄ DECL ° ' "	♅ URANUS R.A. h m s	♅ DECL ° ' "	♆ NEPTUNE R.A. h m s	♆ DECL ° ' "	♇ PLUTO R.A. h m s	♇ DECL ° ' "
1	15 44 23	18S57 47	21 48 7	14S43 44	7 2 24	22N35 43	4 41 46	20N19 43	21 35 45	15S 4 25	20 35 32	18S31 59	16 58 48	12S51 23
2	15 49 32	19 16 19	21 50 54	14 27 51	7 2 1	22 36 25	4 41 25	20 19 7	21 35 51	15 3 53	20 35 38	18 31 39	16 58 57	12 51 45
3	15 54 43	19 34 18	21 53 41	14 11 52	7 1 37	22 37 9	4 41 4	20 18 32	21 35 57	15 3 20	20 35 44	18 31 18	16 59 6	12 52 6
4	15 59 55	19 51 45	21 56 28	13 55 46	7 1 12	22 37 53	4 40 43	20 17 58	21 36 4	15 2 46	20 35 50	18 30 56	16 59 15	12 52 27
5	16 5 8	20 8 38	21 59 15	13 39 33	7 0 46	22 38 38	4 40 22	20 17 23	21 36 11	15 2 11	20 35 56	18 30 34	16 59 24	12 52 48
6	16 10 22	20 24 57	22 2 1	13 23 14	7 0 20	22 39 24	4 40 1	20 16 48	21 36 17	15 1 35	20 36 2	18 30 12	16 59 34	12 53 8
7	16 15 38	20 40 41	22 4 47	13 6 48	6 59 54	22 40 10	4 39 41	20 16 14	21 36 24	15 0 58	20 36 9	18 29 50	16 59 43	12 53 28
8	16 20 54	20 55 49	22 7 33	12 50 16	6 59 26	22 40 57	4 39 20	20 15 39	21 36 32	15 0 21	20 36 15	18 29 27	16 59 52	12 53 47
9	16 26 12	21 10 21	22 10 19	12 33 38	6 58 58	22 41 45	4 38 59	20 15 5	21 36 39	14 59 43	20 36 22	18 29 3	17 0 1	12 54 7
10	16 31 30	21 24 17	22 13 4	12 16 54	6 58 30	22 42 33	4 38 38	20 14 31	21 36 47	14 59 4	20 36 28	18 28 40	17 0 11	12 54 25
11	16 36 50	21 37 34	22 15 49	12 0 5	6 58 1	22 43 22	4 38 18	20 13 57	21 36 54	14 58 24	20 36 35	18 28 15	17 0 20	12 54 44
12	16 42 11	21 50 14	22 18 34	11 43 9	6 57 31	22 44 11	4 37 57	20 13 24	21 37 2	14 57 43	20 36 42	18 27 51	17 0 29	12 55 2
13	16 47 32	22 2 15	22 21 19	11 26 9	6 57 1	22 45 0	4 37 37	20 12 51	21 37 10	14 57 1	20 36 49	18 27 26	17 0 38	12 55 19
14	16 52 55	22 13 37	22 24 4	11 9 2	6 56 31	22 45 49	4 37 17	20 12 18	21 37 18	14 56 19	20 36 56	18 27 1	17 0 48	12 55 37
15	16 58 18	22 24 20	22 26 48	10 51 51	6 55 59	22 46 39	4 36 56	20 11 45	21 37 27	14 55 35	20 37 3	18 26 35	17 0 57	12 55 54
16	17 3 42	22 34 22	22 29 32	10 34 35	6 55 28	22 47 30	4 36 36	20 11 13	21 37 35	14 54 51	20 37 10	18 26 9	17 1 6	12 56 10
17	17 9 7	22 43 43	22 32 16	10 17 14	6 54 56	22 48 20	4 36 17	20 10 41	21 37 44	14 54 7	20 37 18	18 25 42	17 1 15	12 56 26
18	17 14 33	22 52 23	22 35 0	9 59 49	6 54 24	22 49 10	4 35 57	20 10 10	21 37 53	14 53 21	20 37 25	18 25 16	17 1 25	12 56 42
19	17 19 59	23 0 22	22 37 43	9 42 19	6 53 51	22 50 1	4 35 37	20 9 39	21 38 2	14 52 35	20 37 33	18 24 49	17 1 34	12 56 58
20	17 25 26	23 7 39	22 40 26	9 24 45	6 53 18	22 50 52	4 35 18	20 9 9	21 38 11	14 51 47	20 37 40	18 24 21	17 1 43	12 57 13
21	17 30 54	23 14 13	22 43 9	9 7 7	6 52 45	22 51 42	4 34 59	20 8 39	21 38 20	14 51 0	20 37 48	18 23 54	17 1 52	12 57 27
22	17 36 22	23 20 5	22 45 52	8 49 25	6 52 11	22 52 33	4 34 40	20 8 9	21 38 30	14 50 11	20 37 56	18 23 25	17 2 1	12 57 42
23	17 41 50	23 25 14	22 48 35	8 31 39	6 51 37	22 53 24	4 34 21	20 7 40	21 38 39	14 49 22	20 38 4	18 22 57	17 2 10	12 57 56
24	17 47 19	23 29 39	22 51 17	8 13 50	6 51 3	22 54 14	4 34 2	20 7 12	21 38 49	14 48 32	20 38 12	18 22 29	17 2 19	12 58 9
25	17 52 48	23 33 21	22 53 59	7 55 58	6 50 29	22 55 4	4 33 44	20 6 44	21 38 59	14 47 41	20 38 20	18 22 0	17 2 28	12 58 22
26	17 58 18	23 36 20	22 56 41	7 38 2	6 49 54	22 55 54	4 33 26	20 6 17	21 39 9	14 46 50	20 38 28	18 21 30	17 2 37	12 58 35
27	18 3 48	23 38 34	22 59 23	7 20 4	6 49 19	22 56 44	4 33 8	20 5 50	21 39 19	14 45 58	20 38 36	18 21 1	17 2 46	12 58 47
28	18 9 17	23 40 5	23 2 5	7 2 2	6 48 45	22 57 33	4 32 51	20 5 25	21 39 29	14 45 5	20 38 44	18 20 31	17 2 55	12 58 59
29	18 14 47	23 40 52	23 4 46	6 43 59	6 48 10	22 58 22	4 32 34	20 4 59	21 39 40	14 44 12	20 38 52	18 20 1	17 3 4	12 59 10
30	18 20 17	23 40 55	23 7 27	6 25 52	6 47 35	22 59 10	4 32 17	20 4 35	21 39 50	14 43 18	20 39 1	18 19 30	17 3 12	12 59 21
31	18 25 47	23S40 13	23 10 8	6S 7 44	6 46 59	22N59 59	4 32 0	20N 4 11	21 40 1	14S42 23	20 39 9	18S19 0	17 3 21	12S59 32

JANUARY 2002

DAY	SIDEREAL TIME h m s	☉ SUN LONG ° ' "	☉ MOT ' "	☉ R.A. h m s	☉ DECL ° ' "	☽ MOON AT 0 HOURS LONG ° ' "	12h MOT ° ' "	2DIF "	R.A. h m s	DECL ° ' "	☽ MOON AT 12 HOURS LONG ° ' "	12h MOT ° ' "	2DIF "	R.A. h m s	DECL ° ' "
1 Tu	6 41 53	15♐37 10	61 8	18 45 10.5	23S 1 58	6♋20 35	7 15 57	52	8 16 7	22N47 6	13♋36 32	7 17 17	28	8 47 4	21N31 24
2 W	6 45 50	16 38 18	61 8	18 49 35.2	22 56 58	20 53 48	7 17 49	5	9 17 27	19 54 30	28 11 37	7 17 35	-18	9 47 11	17 58 39
3 Th	6 49 46	17 39 26	61 8	18 53 59.7	22 51 31	5♌29 12	7 16 37	-38	10 16 11	15 46 25	12♌45 49	7 15 1	-57	10 44 26	13 20 34
4 F	6 53 43	18 40 34	61 9	18 58 23.7	22 45 37	20 0 50	7 12 50	-72	11 12 0	10 43 56	27 13 40	7 10 11	-85	11 38 55	7 59 18
5 S	6 57 39	19 41 42	61 9	19 2 47.4	22 39 16	4♍23 50	7 7 9	-95	12 5 18	5 9 18	11♍30 59	7 3 50	-102	12 31 17	2 16 30
6 Su	7 1 36	20 42 51	61 9	19 7 10.7	22 32 28	18 34 50	7 0 20	-107	12 56 57	0S36 46	25 35 10	6 56 43	-109	13 22 28	3S28 14
7 M	7 5 32	21 44 0	61 9	19 11 33.6	22 25 13	2♎31 53	6 53 4	-110	13 47 55	6 15 48	9♎24 57	6 49 24	-109	14 13 26	8 57 28
8 Tu	7 9 29	22 45 10	61 9	19 15 56.0	22 17 31	16 14 21	6 45 48	-107	14 39 7	11 31 17	23 0 9	6 42 16	-105	15 5 4	13 55 23
9 W	7 13 26	23 46 19	61 10	19 20 17.9	22 9 23	29 42 24	6 38 49	-102	15 31 19	16 8 1	6♏21 14	6 35 29	-99	15 57 56	18 7 27
10 Th	7 17 22	24 47 28	61 10	19 24 39.3	22 0 49	12♏56 42	6 32 14	-96	16 24 54	19 52 8	19 28 56	6 29 5	-93	16 52 13	21 20 39
11 F	7 21 19	25 48 38	61 9	19 29 0.2	21 51 50	25 58 0	6 26 0	-91	17 19 50	22 31 48	2♐24 1	6 23 1	-89	17 47 38	23 24 41
12 S	7 25 15	26 49 47	61 9	19 33 20.5	21 42 24	8♐47 1	6 20 6	-86	18 15 32	23 58 40	15 7 7	6 17 15	-84	18 43 23	24 13 34
13 Su	7 29 12	27 50 56	61 9	19 37 40.2	21 32 34	21 24 23	6 14 29	-82	19 11 3	24 9 31	27 38 52	6 11 48	-79	19 38 25	23 47 2
14 M	7 33 8	28 52 4	61 8	19 41 59.3	21 22 18	3♑50 40	6 9 13	-76	20 5 20	23 6 59	9♑59 52	6 6 45	-72	20 31 44	22 10 28
15 Tu	7 37 5	29 53 12	61 8	19 46 17.7	21 11 38	16 6 37	6 4 26	-67	20 57 32	20 58 50	22 11 3	6 2 17	-61	21 22 43	19 33 31
16 W	7 41 2	0♑54 20	61 7	19 50 35.4	21 0 33	28 13 20	6 0 22	-54	21 47 15	17 56 2	4♒13 42	5 58 42	-46	22 11 10	16 7 54
17 Th	7 44 58	1 55 27	61 6	19 54 52.5	20 49 4	10♒12 24	5 57 20	-36	22 34 31	14 10 36	16 9 44	5 56 18	-25	22 57 21	12 5 31
18 F	7 48 55	2 56 34	61 6	19 59 8.9	20 37 12	22 6 2	5 55 40	-13	23 19 44	9 53 59	28 1 42	5 55 28	1	23 41 47	7 37 14
19 S	7 52 51	3 57 39	61 5	20 3 24.5	20 24 56	3♓57 9	5 55 44	16	0 3 35	5 16 26	9♓52 53	5 56 30	31	0 25 13	2 52 41
20 Su	7 56 48	4 58 44	61 4	20 7 39.4	20 12 16	15 49 23	5 57 49	48	0 46 50	0 27 2	21 47 12	5 59 43	66	1 8 30	1N59 29
21 M	8 0 44	5 59 48	61 3	20 11 53.5	19 59 15	27 46 55	6 2 13	84	1 30 22	4N25 46	3♈49 8	6 5 19	102	1 52 33	6 50 43
22 Tu	8 4 41	7 0 51	61 2	20 16 6.8	19 45 50	9♈54 26	6 9 1	120	2 15 10	9 13 6	16 3 28	6 13 20	138	2 38 20	11 31 37
23 W	8 8 37	8 1 53	61 1	20 20 19.4	19 32 4	22 16 48	6 18 14	155	3 2 11	13 44 45	28 35 2	6 23 41	171	3 26 48	15 50 48
24 Th	8 12 34	9 2 54	61 0	20 24 31.1	19 17 56	4♉58 43	6 29 37	184	3 52 19	17 47 52	11♉28 20	6 35 58	195	4 18 47	19 33 52
25 F	8 16 31	10 3 54	60 59	20 28 42.1	19 3 27	18 4 18	6 42 38	203	4 46 15	21 6 29	24 46 55	6 49 29	206	5 14 44	22 23 19
26 S	8 20 27	11 4 53	60 58	20 32 52.3	18 48 36	1♊36 24	6 56 22	205	5 44 11	23 21 56	8♊32 46	7 3 9	199	6 14 30	24 0 3
27 Su	8 24 24	12 5 51	60 57	20 37 1.6	18 33 26	15 35 55	7 9 37	187	6 45 31	24 15 42	22 45 32	7 15 36	169	7 17 1	24 7 24
28 M	8 28 20	13 6 48	60 56	20 41 10.1	18 17 55	0♋ 1 7	7 20 54	146	7 48 46	23 34 23	7♋22 1	7 25 19	118	8 20 30	22 36 38
29 Tu	8 32 17	14 7 44	60 55	20 45 17.9	18 2 4	14 47 20	7 28 44	85	8 51 59	21 15 0	22 16 4	7 31 0	50	9 23 2	19 31 7
30 W	8 36 13	15 8 39	60 54	20 49 24.8	17 45 55	29 47 3	7 32 3	13	9 53 29	17 27 15	7♌19 6	7 31 52	-23	10 23 14	15 6 12
31 Th	8 40 10	16♑ 9 33	60 53	20 53 30.8	17S29 26	14♌50 58	7 30 29	-58	10 52 17	12N31 4	22♌21 27	7 27 59	-90	11 20 37	9N45 6

LUNAR INGRESSES			PLANET INGRESSES	STATIONS	DATA FOR THE 1st AT 0 HOURS
2 ☽ ♌ 14:58	13 ☽ ♑ 16:33	25 ☽ ♊ 21:12	11 ♂ ♓ 18:44	18 ☿ R 20:51	JULIAN DAY 37255.5
4 ☽ ♍ 16:38	16 ☽ ♒ 3:33	27 ☽ ♋ 23:58	14 ♀ ♑ 23:48		☽ MEAN ☊ 1°♊ 35' 33"
6 ☽ ♎ 19:37	18 ☽ ♓ 16:00	30 ☽ ♌ 0:21	15 ☉ ♑ 2:40		OBLIQUITY 23° 26' 21"
9 ☽ ♏ 0:32	21 ☽ ♈ 4:25				DELTA T 65.2 SECONDS
11 ☽ ♐ 7:31	23 ☽ ♉ 14:40				NUTATION LONGITUDE-16.4"

DAY MO YR	☿ LONG ° ' "	♀ LONG ° ' "	♂ LONG ° ' "	♃ LONG ° ' "	♄ LONG ° ' "	♅ LONG ° ' "	♆ LONG ° ' "	♇ LONG ° ' "	☊ LONG ° '	A.S.S.I. h m s	S.S.R.Y. h m s	S.V.P. ♓ ° ' "	☿ MERCURY R.A. h m s	☿ MERCURY DECL ° ' "
1 1	0♑49 13	12♐23 49	22♒ 7 2	15♊54R12	14♉33R37	27♑41 41	12♑40 51	21♏16 24	2♊24	23 33 37	30 8 33	5 14 11.1	19 51 52	23S 2 30
2 2	2 21 35	13 39 18	22 50 57	15 46 4	14 29 50	27 44 29	12 42 56	21 18 32	2 22	23 39 9	30 7 22	5 14 10.9	19 58 23	22 41 22
3 3	3 52 54	14 54 48	23 34 51	15 37 56	14 26 7	27 47 18	12 45 2	21 20 40	2 20	23 44 42	30 6 15	5 14 10.7	20 4 46	22 18 54
4 4	5 22 56	16 10 17	24 18 44	15 29 50	14 22 29	27 50 9	12 47 8	21 22 46	2 19	23 50 13	30 5 13	5 14 10.6	20 11 1	21 55 8
5 5	6 51 21	17 25 47	25 2 37	15 21 44	14 18 56	27 53 2	12 49 16	21 24 52	2 17	23 55 45	30 4 21	5 14 10.5	20 17 7	21 30 10
6 6	8 17 51	18 41 17	25 46 30	15 13 39	14 15 27	27 55 56	12 51 24	21 26 57	2 17	24 1 15	30 3 42	5 14 10.4	20 23 2	21 4 6
7 7	9 42 1	19 56 46	26 30 22	15 5 37	14 12 4	27 58 53	12 53 32	21 29 1	2 17	24 6 46	30 3 16	5 14 10.3	20 28 45	20 37 4
8 8	11 3 24	21 12 16	27 14 14	14 57 36	14 8 45	28 1 51	12 55 42	21 31 4	2 18	24 12 15	30 3 5	5 14 10.1	20 34 13	20 9 12
9 9	12 21 29	22 27 45	27 58 6	14 49 39	14 5 32	28 4 50	12 57 52	21 33 6	2 19	24 17 44	30 3 7	5 14 10.0	20 39 24	19 40 42
10 10	13 35 42	23 43 15	28 41 57	14 41 44	14 2 24	28 7 51	13 0 3	21 35 7	2 21	24 23 13	30 3 22	5 14 9.8	20 44 17	19 11 45
11 11	14 45 22	24 58 44	29 25 48	14 33 52	13 59 22	28 10 54	13 2 14	21 37 7	2 22	24 28 41	30 3 48	5 14 9.5	20 48 49	18 42 37
12 12	15 49 47	26 14 13	0♓ 9 38	14 26 4	13 56 25	28 13 58	13 4 26	21 39 6	2 22	24 34 8	30 4 23	5 14 9.3	20 52 57	18 13 34
13 13	16 48 8	27 29 42	0 53 27	14 18 20	13 53 33	28 17 3	13 6 39	21 41 4	2 21	24 39 34	30 5 4	5 14 9.0	20 56 38	17 44 53
14 14	17 39 36	28 45 10	1 37 16	14 10 40	13 50 48	28 20 10	13 8 52	21 43 1	2 18	24 44 59	30 5 49	5 14 8.8	20 59 48	17 16 56
15 15	18 23 17	0♑ 0 38	2 21 4	14 3 5	13 48 8	28 23 19	13 11 5	21 44 56	2 14	24 50 24	30 6 37	5 14 8.6	21 2 26	16 50 5
16 16	18 58 18	1 16 6	3 4 51	13 55 35	13 45 34	28 26 28	13 13 19	21 46 51	2 09	24 55 48	30 7 25	5 14 8.4	21 4 27	16 24 43
17 17	19 23 47	2 31 34	3 48 38	13 48 11	13 43 7	28 29 39	13 15 33	21 48 44	2 03	25 1 11	30 8 12	5 14 8.3	21 5 48	16 1 14
18 18	19 38R57	3 47 0	4 32 23	13 40 52	13 40 45	28 32 51	13 17 48	21 50 36	1 58	25 6 33	30 8 57	5 14 8.2	21 6 28	15 40 4
19 19	19 43 7	5 2 27	5 16 7	13 33 39	13 38 29	28 36 4	13 20 3	21 52 26	1 53	25 11 54	30 9 38	5 14 8.1	21 6 22	15 21 35
20 20	19 35 49	6 17 53	5 59 51	13 26 33	13 36 20	28 39 18	13 22 18	21 54 15	1 49	25 17 14	30 10 14	5 14 8.0	21 5 32	15 6 8
21 21	19 16 51	7 33 18	6 43 33	13 19 34	13 34 17	28 42 34	13 24 34	21 56 3	1 48	25 22 34	30 10 43	5 14 7.9	21 3 55	14 54 1
22 22	18 46 21	8 48 43	7 27 14	13 12 41	13 32 20	28 45 50	13 26 50	21 57 50	1 47	25 27 52	30 11 2	5 14 7.9	21 1 32	14 45 26
23 23	18 4 49	10 4 7	8 10 54	13 5 56	13 30 30	28 49 8	13 29 6	21 59 35	1 48	25 33 9	30 11 12	5 14 7.7	20 58 28	14 40 29
24 24	17 13 12	11 19 30	8 54 32	12 59 18	13 28 46	28 52 26	13 31 22	22 1 19	1 50	25 38 25	30 11 9	5 14 7.6	20 54 44	14 39 10
25 25	16 12 49	12 34 53	9 38 9	12 52 49	13 27 8	28 55 45	13 33 38	22 3 2	1 51	25 43 41	30 10 53	5 14 7.3	20 50 28	14 41 21
26 26	15 5 26	13 50 15	10 21 44	12 46 27	13 25 37	28 59 5	13 35 55	22 4 42	1 52	25 48 55	30 10 22	5 14 7.1	20 45 45	14 46 46
27 27	13 53 5	15 5 36	11 5 18	12 40 13	13 24 13	29 2 26	13 38 12	22 6 22	1 51	25 54 8	30 9 38	5 14 6.8	20 40 45	14 55 5
28 28	12 37 57	16 20 57	11 48 50	12 34 8	13 22 55	29 5 48	13 40 29	22 8 0	1 48	25 59 21	30 8 42	5 14 6.6	20 35 35	15 5 52
29 29	11 22 20	17 36 17	12 32 21	12 28 12	13 21 44	29 9 10	13 42 43	22 9 37	1 44	26 4 32	30 7 35	5 14 6.3	20 30 26	15 18 38
30 30	10 8 23	18 51 37	13 15 50	12 22 25	13 20 39	29 12 33	13 45 1	22 11 12	1 37	26 9 42	30 6 23	5 14 6.2	20 25 25	15 32 55
31 31	8♑58 3	20♑ 6 56	13♓59 18	12♊16 47	13♉19 41	29♑15 57	13♑47 17	22♏12 45	1♊30	26 14 51	30 5 8	5 14 6.0	20 20 41	15S48 14

DAY Jan	♀ VENUS R.A. h m s	♀ VENUS DECL ° ' "	♂ MARS R.A. h m s	♂ MARS DECL ° ' "	♃ JUPITER R.A. h m s	♃ JUPITER DECL ° ' "	♄ SATURN R.A. h m s	♄ SATURN DECL ° ' "	♅ URANUS R.A. h m s	♅ URANUS DECL ° ' "	♆ NEPTUNE R.A. h m s	♆ NEPTUNE DECL ° ' "	♇ PLUTO R.A. h m s	♇ PLUTO DECL ° ' "
1	18 31 17	23S38 48	23 12 49	5S49 33	6 46 24	23N 0 46	4 31 44	20N 3 48	21 40 12	14S41 28	20 39 17	18S18 29	17 3 30	12S59 42
2	18 36 47	23 36 38	23 15 30	5 31 20	6 45 49	23 1 34	4 31 28	20 3 26	21 40 23	14 40 32	20 39 26	18 17 58	17 3 38	12 59 52
3	18 42 16	23 33 45	23 18 10	5 13 6	6 45 14	23 2 21	4 31 12	20 3 4	21 40 34	14 39 35	20 39 34	18 17 26	17 3 47	13 0 1
4	18 47 45	23 30 8	23 20 51	4 54 50	6 44 39	23 3 7	4 30 56	20 2 44	21 40 45	14 38 38	20 39 43	18 16 55	17 3 56	13 0 10
5	18 53 14	23 25 47	23 23 31	4 36 33	6 44 4	23 3 52	4 30 41	20 2 24	21 40 56	14 37 41	20 39 52	18 16 23	17 4 4	13 0 19
6	18 58 42	23 20 42	23 26 11	4 18 14	6 43 29	23 4 38	4 30 27	20 2 4	21 41 8	14 36 43	20 40 0	18 15 51	17 4 12	13 0 27
7	19 4 10	23 14 54	23 28 51	3 59 54	6 42 54	23 5 22	4 30 12	20 1 46	21 41 19	14 35 44	20 40 9	18 15 19	17 4 21	13 0 35
8	19 9 38	23 8 23	23 31 31	3 41 33	6 42 19	23 6 6	4 29 58	20 1 29	21 41 31	14 34 45	20 40 18	18 14 46	17 4 29	13 0 42
9	19 15 4	23 1 10	23 34 10	3 23 11	6 41 45	23 6 49	4 29 44	20 1 12	21 41 42	14 33 45	20 40 27	18 14 13	17 4 37	13 0 49
10	19 20 31	22 53 13	23 36 50	3 4 48	6 41 11	23 7 31	4 29 31	20 0 56	21 41 54	14 32 44	20 40 36	18 13 40	17 4 45	13 0 56
11	19 25 56	22 44 35	23 39 29	2 46 25	6 40 37	23 8 13	4 29 18	20 0 42	21 42 6	14 31 44	20 40 45	18 13 7	17 4 54	13 1 2
12	19 31 21	22 35 14	23 42 9	2 28 1	6 40 3	23 8 53	4 29 6	20 0 28	21 42 18	14 30 42	20 40 54	18 12 34	17 5 2	13 1 8
13	19 36 45	22 25 13	23 44 48	2 9 37	6 39 29	23 9 34	4 28 54	20 0 15	21 42 30	14 29 40	20 41 3	18 12 1	17 5 10	13 1 13
14	19 42 8	22 14 30	23 47 27	1 51 13	6 38 56	23 10 13	4 28 42	20 0 3	21 42 42	14 28 38	20 41 12	18 11 27	17 5 17	13 1 18
15	19 47 30	22 3 7	23 50 6	1 32 49	6 38 23	23 10 52	4 28 31	19 59 52	21 42 54	14 27 36	20 41 21	18 10 53	17 5 25	13 1 23
16	19 52 52	21 51 3	23 52 45	1 14 25	6 37 51	23 11 30	4 28 20	19 59 42	21 43 7	14 26 32	20 41 30	18 10 20	17 5 33	13 1 27
17	19 58 12	21 38 20	23 55 24	0 56 1	6 37 19	23 12 7	4 28 9	19 59 33	21 43 19	14 25 29	20 41 39	18 9 46	17 5 41	13 1 31
18	20 3 32	21 24 58	23 58 3	0 37 39	6 36 47	23 12 43	4 27 59	19 59 25	21 43 31	14 24 25	20 41 48	18 9 12	17 5 48	13 1 34
19	20 8 50	21 10 58	0 0 42	0 19 16	6 36 16	23 13 19	4 27 49	19 59 18	21 43 44	14 23 21	20 41 57	18 8 37	17 5 56	13 1 37
20	20 14 7	20 56 20	0 3 21	0 0 55	6 35 45	23 13 53	4 27 40	19 59 13	21 43 57	14 22 16	20 42 7	18 8 3	17 6 3	13 1 40
21	20 19 23	20 41 4	0 6 0	0N17 25	6 35 15	23 14 27	4 27 31	19 59 8	21 44 9	14 21 11	20 42 16	18 7 29	17 6 10	13 1 42
22	20 24 38	20 25 12	0 8 38	0 35 45	6 34 45	23 15 0	4 27 23	19 59 4	21 44 22	14 20 5	20 42 25	18 6 54	17 6 18	13 1 44
23	20 29 52	20 8 43	0 11 17	0 54 2	6 34 15	23 15 32	4 27 15	19 59 1	21 44 35	14 19 0	20 42 34	18 6 20	17 6 25	13 1 45
24	20 35 4	19 51 39	0 13 56	1 12 19	6 33 47	23 16 4	4 27 8	19 59 0	21 44 48	14 17 53	20 42 43	18 5 45	17 6 32	13 1 46
25	20 40 16	19 34 0	0 16 34	1 30 33	6 33 18	23 16 34	4 27 1	19 58 59	21 45 1	14 16 47	20 42 53	18 5 10	17 6 39	13 1 47
26	20 45 26	19 15 47	0 19 13	1 48 46	6 32 51	23 17 4	4 26 54	19 58 59	21 45 14	14 15 40	20 43 2	18 4 35	17 6 46	13 1 47
27	20 50 35	18 57 1	0 21 51	2 6 57	6 32 24	23 17 33	4 26 48	19 59 1	21 45 27	14 14 33	20 43 11	18 4 0	17 6 52	13 1 47
28	20 55 43	18 37 42	0 24 30	2 25 5	6 31 57	23 18 1	4 26 43	19 59 4	21 45 40	14 13 26	20 43 21	18 3 25	17 6 59	13 1 47
29	21 0 49	18 17 51	0 27 8	2 43 11	6 31 32	23 18 29	4 26 37	19 59 8	21 45 53	14 12 18	20 43 30	18 2 50	17 7 6	13 1 46
30	21 5 54	17 57 29	0 29 47	3 1 15	6 31 7	23 18 55	4 26 33	19 59 13	21 46 6	14 11 11	20 43 39	18 2 16	17 7 12	13 1 45
31	21 10 58	17S36 36	0 32 25	3N19 16	6 30 42	23N19 21	4 26 29	19N59 19	21 46 19	14S10 3	20 43 48	18S 1 41	17 7 18	13S 1 43

FEBRUARY 2002

DAY	SIDEREAL TIME (h m s)	☉ SUN LONG (° ' ")	MOT (' ")	R.A. (h m s)	DECL (° ' ")
1 F	8 44 6	17♑10 27	60 53	20 57 36.1	17S12 38
2 S	8 48 3	18 11 19	60 52	21 1 40.6	16 55 33
3 Su	8 52 0	19 12 11	60 51	21 5 44.3	16 38 9
4 M	8 55 56	20 13 2	60 50	21 9 47.2	16 20 28
5 Tu	8 59 53	21 13 52	60 49	21 13 49.2	16 2 30
6 W	9 3 49	22 14 41	60 49	21 17 50.6	15 44 15
7 Th	9 7 46	23 15 30	60 48	21 21 51.1	15 25 44
8 F	9 11 42	24 16 17	60 47	21 25 50.8	15 6 57
9 S	9 15 39	25 17 4	60 45	21 29 49.8	14 47 55
10 Su	9 19 35	26 17 49	60 44	21 33 48.0	14 28 38
11 M	9 23 32	27 18 33	60 43	21 37 45.4	14 9 6
12 Tu	9 27 29	28 19 16	60 42	21 41 42.1	13 49 20
13 W	9 31 25	29 19 57	60 40	21 45 37.9	13 29 20
14 Th	9 35 22	0♒20 37	60 39	21 49 33.1	13 9 8
15 F	9 39 18	1 21 15	60 37	21 53 27.5	12 48 42
16 S	9 43 15	2 21 52	60 35	21 57 21.1	12 28 4
17 Su	9 47 11	3 22 28	60 34	22 1 14.0	12 7 14
18 M	9 51 8	4 23 1	60 32	22 5 6.2	11 46 12
19 Tu	9 55 4	5 23 33	60 30	22 8 57.7	11 24 59
20 W	9 59 1	6 24 3	60 28	22 12 48.5	11 3 36
21 Th	10 2 58	7 24 31	60 26	22 16 38.6	10 42 2
22 F	10 6 54	8 24 57	60 25	22 20 28.1	10 20 19
23 S	10 10 51	9 25 22	60 23	22 24 16.9	9 58 25
24 Su	10 14 47	10 25 44	60 21	22 28 5.1	9 36 23
25 M	10 18 44	11 26 5	60 19	22 31 52.6	9 14 13
26 Tu	10 22 40	12 26 23	60 17	22 35 39.6	8 51 54
27 W	10 26 37	13 26 40	60 15	22 39 26.0	8 29 27
28 Th	10 30 33	14♒26 55	60 13	22 43 11.8	8S 6 53

DAY	☽ MOON AT 0 HOURS LONG (° ' ")	12h MOT (° ' ")	2DIF (")	R.A. (h m s)	DECL (° ' ")
1	29♌49 26	7 24 30	-117	11 48 19	6N51 31
2	14♍34 7	7 15 13	-156	12 42 9	0 53 50
3	28 59 7	7 4 5	-173	13 34 40	4S59 17
4	13♎ 1 28	6 52 28	-171	14 26 46	10 28 41
5	26 40 47	6 41 26	-157	15 19 14	15 18 21
6	9♏58 34	6 31 38	-136	16 12 35	19 15 3
7	22 57 30	6 23 21	-113	17 6 55	22 8 8
8	5♐40 37	6 16 34	-91	18 1 56	23 50 10
9	18 10 52	6 11 7	-73	18 56 54	24 17 48
10	0♑30 49	6 6 45	-59	19 50 56	23 32 29
11	12 42 28	6 3 13	-48	20 43 14	21 40 15
12	24 47 24	6 0 20	-39	21 33 19	18 50 31
13	6♒46 51	5 58 2	-30	22 21 5	15 14 30
14	18 42 0	5 56 23	-19	23 6 47	11 3 45
15	0♓34 14	5 55 34	-4	23 50 56	6 29 13
16	12 25 20	5 55 52	15	0 34 12	1 40 55
17	24 17 45	5 57 39	40	1 17 21	3N11 50
18	6♈14 36	6 1 16	70	2 1 14	7 59 59
19	18 19 45	6 7 4	105	2 46 43	12 33 55
20	0♉37 40	6 15 16	142	3 34 41	16 42 35
21	13 13 14	6 25 55	177	4 25 52	20 12 47
22	26 11 15	6 38 47	207	5 20 43	22 48 56
23	9♊35 55	6 53 16	224	6 19 9	24 14 4
24	23 29 58	7 8 15	220	7 20 21	24 12 55
25	7♋53 41	7 22 11	190	8 22 51	22 36 20
26	22 44 2	7 33 10	133	9 24 59	19 25 25
27	7♌54 12	7 39 29	53	10 25 28	14 52 42
28	23♌14 13	7 40 2	-36	11 23 45	9N19 53

DAY	☽ MOON AT 12 HOURS LONG (° ' ")	12h MOT (° ' ")	2DIF (")	R.A. (h m s)	DECL (° ' ")
1	7♍13 56	7 20 11	-139	12 15 28	3N53 27
2	21 49 20	7 9 47	-167	13 8 31	2S 4 35
3	6♎ 3 12	6 58 16	-174	14 0 43	7 48 1
4	19 53 57	6 46 50	-166	14 52 55	12 59 22
5	3♏22 13	6 36 22	-147	15 45 47	17 24 3
6	16 30 12	6 27 18	-124	16 39 38	20 50 5
7	29 20 51	6 19 46	-102	17 34 23	23 8 21
8	11♐57 11	6 13 42	-82	18 29 29	24 13 18
9	24 22 0	6 8 49	-65	19 24 5	24 3 59
10	6♑37 34	6 4 54	-53	20 17 20	22 44 12
11	18 45 41	6 1 42	-43	21 8 34	20 21 53
12	0♒47 44	5 59 7	-35	21 57 29	17 7 34
13	12 44 53	5 57 7	-25	22 44 10	13 12 46
14	24 38 23	5 55 51	-12	23 29 1	8 48 48
15	6♓29 47	5 55 33	5	0 12 38	4 6 11
16	18 21 12	5 56 33	27	0 55 44	0N45 28
17	0♈15 24	5 59 12	54	1 39 9	5 37 4
18	12 15 52	6 3 53	87	2 23 43	10 19 22
19	24 26 49	6 10 51	123	3 10 21	14 42 10
20	6♉52 56	6 20 18	160	3 59 50	18 33 25
21	19 39 9	6 32 6	193	4 52 49	21 38 40
22	2♊50 2	6 45 53	217	5 49 31	23 41 25
23	16 29 11	7 0 47	225	6 49 29	24 25 3
24	0♋38 14	7 15 28	209	7 51 32	23 36 45
25	15 15 52	7 28 10	165	8 54 3	21 12 8
26	0♌17 12	7 37 0	95	9 55 29	17 18 5
27	15 33 42	7 40 31	8	10 54 54	12 12 12
28	0♍54 15	7 38 6	-79	11 52 6	6N19 11

LUNAR INGRESSES
1 ☽ ♍ 0:17
3 ☽ ♎ 1:43
5 ☽ ♏ 5:56
7 ☽ ♐ 13:14
9 ☽ ♑ 23:00
12 ☽ ♒ 10:24
14 ☽ ♓ 22:51
17 ☽ ♈ 11:29
19 ☽ ♉ 22:47
22 ☽ ♊ 6:54
24 ☽ ♋ 10:56
26 ☽ ♌ 11:33
28 ☽ ♍ 10:35

PLANET INGRESSES
7 ♀ ♒ 21:05
12 ♅ ♒ 18:45
13 ☉ ♒ 15:51
22 ♂ ♈ 6:27

STATIONS
8 ☿ D 17:29
8 ♄ D 1:33

DATA FOR THE 1st AT 0 HOURS
JULIAN DAY 37286.5
☽ MEAN ☊ 29°♉ 56' 59"
OBLIQUITY 23° 26' 21"
DELTA T 65.3 SECONDS
NUTATION LONGITUDE-15.8"

MO	YR	☿ LONG (° ' ")	♀ LONG (° ' ")	♂ LONG (° ' ")	♃ LONG (° ' ")	♄ LONG (° ' ")	♅ LONG (° ' ")
1	32	7♑53R 1	21♑22 14	14♓42 43	12♊11R18	13♉18R49	29♑19 21
2	33	6 54 35	22 37 32	15 26 8	12 5 59	13 18 5	29 22 46
3	34	6 3 40	23 52 49	16 9 30	12 0 50	13 17 27	29 26 12
4	35	5 20 55	25 8 6	16 52 52	11 55 50	13 16 55	29 29 37
5	36	4 46 35	26 23 22	17 36 11	11 51 1	13 16 31	29 33 4
6	37	4 20 46	27 38 38	18 19 29	11 46 22	13 16 13	29 36 31
7	38	4 3 18	28 53 53	19 2 46	11 41 53	13 16 2	29 39 58
8	39	3 53D53	0♒ 9 7	19 46 1	11 37 36	13 15D58	29 43 25
9	40	3 52 10	1 24 21	20 29 14	11 33 28	13 16 1	29 46 53
10	41	3 57 42	2 39 34	21 12 26	11 29 32	13 16 10	29 50 21
11	42	4 10 0	3 54 46	21 55 37	11 25 47	13 16 27	29 53 49
12	43	4 28 36	5 9 58	22 38 45	11 22 14	13 16 50	29 57 17
13	44	4 53 2	6 25 8	23 21 52	11 18 51	13 17 20	0♒ 0 46
14	45	5 22 50	7 40 18	24 4 57	11 15 40	13 17 57	0 4 13
15	46	5 57 35	8 55 26	24 48 1	11 12 41	13 18 41	0 7 42
16	47	6 36 53	10 10 33	25 31 2	11 9 53	13 19 32	0 11 10
17	48	7 20 22	11 25 40	26 14 2	11 7 17	13 20 29	0 14 38
18	49	8 7 41	12 40 45	26 57 0	11 4 52	13 21 33	0 18 6
19	50	8 58 33	13 55 49	27 39 55	11 2 40	13 22 44	0 21 34
20	51	9 52 41	15 10 52	28 22 49	11 0 39	13 24 1	0 25 1
21	52	10 49 50	16 25 54	29 5 41	10 58 50	13 25 26	0 28 29
22	53	11 49 46	17 40 54	29 48 31	10 57 13	13 26 57	0 31 56
23	54	12 52 17	18 55 53	0♈31 18	10 55 49	13 28 34	0 35 22
24	55	13 57 13	20 10 51	1 14 3	10 54 36	13 30 18	0 38 48
25	56	15 4 24	21 25 47	1 56 47	10 53 35	13 32 9	0 42 14
26	57	16 13 42	22 40 42	2 39 28	10 52 45	13 34 6	0 45 39
27	58	17 24 59	23 55 36	3 22 6	10 52 8	13 36 9	0 49 4
28	59	18♑38 8	25♒10 29	4♈ 4 43	10♊51 43	13♉38 19	0♒52 28

MO	♆ LONG (° ' ")	♇ LONG (° ' ")	☊ LONG (° ')	A.S.S.I. (h m s)	S.S.R.Y. (h m s)	S.V.P. ♓ (° ' ")	☿ MERCURY R.A. (h m s)	☿ MERCURY DECL (° ' ")
1	13♑49 34	22♏14 17	1♊23	26 19 59	30 3 54	5 14 6.0	20 16 19	16S 4 9
2	13 51 50	22 15 47	1 18	26 25 6	30 2 50	5 14 5.9	20 12 25	16 20 17
3	13 54 7	22 17 16	1 14	26 30 13	30 1 54	5 14 5.9	20 9 3	16 36 21
4	13 56 23	22 18 43	1 12	26 35 18	30 1 10	5 14 5.8	20 6 14	16 52 2
5	13 58 39	22 20 8	1 12	26 40 22	30 0 38	5 14 5.6	20 4 1	17 7 10
6	14 0 54	22 21 32	1 13	26 45 25	30 0 18	5 14 5.5	20 2 23	17 21 33
7	14 3 10	22 22 54	1 14	26 50 27	30 0 11	5 14 5.3	20 1 20	17 35 3
8	14 5 25	22 24 14	1 14	26 55 28	30 0 15	5 14 5.1	20 0 51	17 47 35
9	14 7 40	22 25 33	1 12	27 0 29	30 0 29	5 14 4.8	20 0 53	17 59 4
10	14 9 54	22 26 50	1 08	27 5 28	30 0 51	5 14 4.6	20 1 26	18 9 25
11	14 12 9	22 28 5	1 01	27 10 26	30 1 20	5 14 4.5	20 2 27	18 18 36
12	14 14 22	22 29 18	0 52	27 15 24	30 1 56	5 14 4.3	20 3 54	18 26 36
13	14 16 35	22 30 30	0 41	27 20 20	30 2 36	5 14 4.2	20 5 45	18 33 21
14	14 18 48	22 31 39	0 29	27 25 15	30 3 20	5 14 4.2	20 7 59	18 38 50
15	14 21 0	22 32 47	0 17	27 30 10	30 4 7	5 14 4.1	20 10 33	18 43 3
16	14 23 12	22 33 53	0 06	27 35 3	30 4 54	5 14 4.1	20 13 26	18 45 59
17	14 25 23	22 34 57	29♉57	27 39 56	30 5 41	5 14 4.1	20 16 35	18 47 37
18	14 27 34	22 35 59	29 50	27 44 48	30 6 24	5 14 4.0	20 20 1	18 47 56
19	14 29 44	22 36 59	29 46	27 49 38	30 7 1	5 14 4.0	20 23 41	18 46 55
20	14 31 53	22 37 58	29 45	27 54 28	30 7 30	5 14 3.9	20 27 34	18 44 36
21	14 34 1	22 38 54	29 45	27 59 18	30 7 47	5 14 3.7	20 31 39	18 40 57
22	14 36 9	22 39 48	29 45	28 4 6	30 7 49	5 14 3.5	20 35 54	18 35 58
23	14 38 16	22 40 41	29 45	28 8 53	30 7 37	5 14 3.3	20 40 20	18 29 40
24	14 40 22	22 41 32	29 43	28 13 40	30 7 9	5 14 3.1	20 44 55	18 22 2
25	14 42 28	22 42 20	29 38	28 18 26	30 6 25	5 14 2.9	20 49 38	18 13 5
26	14 44 32	22 43 7	29 31	28 23 11	30 5 29	5 14 2.7	20 54 29	18 2 48
27	14 46 36	22 43 52	29 21	28 27 55	30 4 23	5 14 2.6	20 59 27	17 51 12
28	14♑48 39	22♏44 34	29♉10	28 32 39	30 3 12	5 14 2.6	21 4 31	17S38 17

DAY Feb	♀ VENUS R.A. (h m s)	♀ VENUS DECL (° ' ")	♂ MARS R.A. (h m s)	♂ MARS DECL (° ' ")	♃ JUPITER R.A. (h m s)	♃ JUPITER DECL (° ' ")	♄ SATURN R.A. (h m s)	♄ SATURN DECL (° ' ")
1	21 16 1	17S15 14	0 35 4	3N37 15	6 30 18	23N19 46	4 26 25	19N59 26
2	21 21 2	16 53 22	0 37 42	3 55 10	6 29 55	23 20 10	4 26 21	19 59 34
3	21 26 3	16 31 2	0 40 21	4 13 3	6 29 33	23 20 34	4 26 19	19 59 43
4	21 31 2	16 8 14	0 42 59	4 30 52	6 29 11	23 20 57	4 26 16	19 59 53
5	21 35 59	15 44 59	0 45 38	4 48 38	6 28 50	23 21 18	4 26 14	20 0 4
6	21 40 56	15 21 18	0 48 17	5 6 21	6 28 30	23 21 40	4 26 13	20 0 17
7	21 45 51	14 57 11	0 50 55	5 24 0	6 28 10	23 22 0	4 26 12	20 0 30
8	21 50 45	14 32 40	0 53 34	5 41 36	6 27 52	23 22 20	4 26 12	20 0 45
9	21 55 38	14 7 45	0 56 13	5 59 8	6 27 34	23 22 39	4 26 12	20 1 1
10	22 0 30	13 42 28	0 58 52	6 16 36	6 27 17	23 22 57	4 26 12	20 1 18
11	22 5 21	13 16 47	1 1 31	6 34 0	6 27 1	23 23 15	4 26 13	20 1 36
12	22 10 10	12 50 46	1 4 10	6 51 20	6 26 45	23 23 32	4 26 15	20 1 55
13	22 14 59	12 24 24	1 6 50	7 8 36	6 26 30	23 23 48	4 26 17	20 2 15
14	22 19 46	11 57 41	1 9 29	7 25 47	6 26 17	23 24 4	4 26 19	20 2 36
15	22 24 33	11 30 40	1 12 9	7 42 53	6 26 4	23 24 19	4 26 22	20 2 59
16	22 29 18	11 3 20	1 14 48	7 59 55	6 25 51	23 24 34	4 26 25	20 3 22
17	22 34 2	10 35 43	1 17 28	8 16 52	6 25 40	23 24 47	4 26 29	20 3 46
18	22 38 46	10 7 49	1 20 8	8 33 44	6 25 30	23 25 1	4 26 33	20 4 12
19	22 43 28	9 39 39	1 22 48	8 50 31	6 25 20	23 25 13	4 26 38	20 4 38
20	22 48 10	9 11 14	1 25 28	9 7 12	6 25 11	23 25 25	4 26 43	20 5 5
21	22 52 50	8 42 34	1 28 8	9 23 48	6 25 3	23 25 36	4 26 49	20 5 34
22	22 57 30	8 13 40	1 30 48	9 40 18	6 24 56	23 25 47	4 26 55	20 6 3
23	23 2 9	7 44 34	1 33 29	9 56 43	6 24 50	23 25 57	4 27 2	20 6 34
24	23 6 48	7 15 16	1 36 9	10 13 2	6 24 45	23 26 7	4 27 9	20 7 5
25	23 11 25	6 45 46	1 38 50	10 29 14	6 24 41	23 26 16	4 27 17	20 7 38
26	23 16 2	6 16 5	1 41 31	10 45 21	6 24 37	23 26 24	4 27 25	20 8 11
27	23 20 38	5 46 15	1 44 12	11 1 21	6 24 34	23 26 32	4 27 33	20 8 45
28	23 25 14	5S16 16	1 46 53	11N17 15	6 24 33	23N26 40	4 27 42	20N 9 21

DAY Feb	♅ URANUS R.A. (h m s)	♅ URANUS DECL (° ' ")	♆ NEPTUNE R.A. (h m s)	♆ NEPTUNE DECL (° ' ")	♇ PLUTO R.A. (h m s)	♇ PLUTO DECL (° ' ")
1	21 46 33	14S 8 55	20 43 58	18S 1 6	17 7 25	13S 1 41
2	21 46 46	14 7 46	20 44 7	18 0 31	17 7 31	13 1 39
3	21 46 59	14 6 38	20 44 16	17 59 56	17 7 37	13 1 36
4	21 47 12	14 5 29	20 44 25	17 59 21	17 7 43	13 1 33
5	21 47 26	14 4 20	20 44 34	17 58 46	17 7 48	13 1 30
6	21 47 39	14 3 11	20 44 44	17 58 11	17 7 54	13 1 26
7	21 47 53	14 2 2	20 44 53	17 57 36	17 8 0	13 1 22
8	21 48 6	14 0 52	20 45 2	17 57 1	17 8 5	13 1 18
9	21 48 20	13 59 43	20 45 11	17 56 26	17 8 11	13 1 13
10	21 48 33	13 58 34	20 45 20	17 55 51	17 8 16	13 1 8
11	21 48 47	13 57 24	20 45 29	17 55 17	17 8 21	13 1 2
12	21 49 0	13 56 14	20 45 38	17 54 42	17 8 26	13 0 57
13	21 49 14	13 55 5	20 45 47	17 54 7	17 8 31	13 0 51
14	21 49 27	13 53 56	20 45 56	17 53 33	17 8 36	13 0 44
15	21 49 41	13 52 46	20 46 5	17 52 59	17 8 40	13 0 38
16	21 49 54	13 51 36	20 46 14	17 52 25	17 8 45	13 0 31
17	21 50 7	13 50 26	20 46 23	17 51 51	17 8 49	13 0 23
18	21 50 21	13 49 17	20 46 32	17 51 17	17 8 53	13 0 16
19	21 50 34	13 48 7	20 46 41	17 50 43	17 8 58	13 0 8
20	21 50 48	13 46 58	20 46 50	17 50 9	17 9 2	12 59 59
21	21 51 1	13 45 48	20 46 58	17 49 36	17 9 5	12 59 51
22	21 51 15	13 44 39	20 47 7	17 49 2	17 9 9	12 59 42
23	21 51 28	13 43 30	20 47 16	17 48 29	17 9 13	12 59 33
24	21 51 41	13 42 21	20 47 24	17 47 56	17 9 16	12 59 24
25	21 51 55	13 41 12	20 47 33	17 47 23	17 9 20	12 59 14
26	21 52 8	13 40 3	20 47 41	17 46 51	17 9 23	12 59 5
27	21 52 21	13 38 54	20 47 49	17 46 19	17 9 26	12 58 55
28	21 52 34	13S37 46	20 47 58	17S45 46	17 9 29	12S58 44

DAY	SIDEREAL TIME (h m s)	☉ SUN LONG (° ' ")	MOT (' ")	R.A. (h m s)	DECL (° ' ")
1 F	10 34 30	15♒27 9	60 12	22 46 57.1	7S44 12
2 S	10 38 26	16 27 20	60 10	22 50 41.9	7 21 24
3 Su	10 42 23	17 27 30	60 9	22 54 26.2	6 58 30
4 M	10 46 20	18 27 39	60 7	22 58 10.1	6 35 30
5 Tu	10 50 16	19 27 46	60 6	23 1 53.5	6 12 24
6 W	10 54 13	20 27 52	60 4	23 5 36.5	5 49 12
7 Th	10 58 9	21 27 56	60 3	23 9 19.1	5 25 56
8 F	11 2 6	22 27 58	60 1	23 13 1.3	5 2 36
9 S	11 6 2	23 27 59	59 59	23 16 43.1	4 39 11
10 Su	11 9 59	24 27 58	59 58	23 20 24.6	4 15 43
11 M	11 13 55	25 27 56	59 56	23 24 5.8	3 52 11
12 Tu	11 17 52	26 27 51	59 54	23 27 46.6	3 28 37
13 W	11 21 49	27 27 45	59 52	23 31 27.2	3 5 0
14 Th	11 25 45	28 27 37	59 50	23 35 7.5	2 41 21
15 F	11 29 42	29 27 27	59 48	23 38 47.5	2 17 40
16 S	11 33 38	0♓27 15	59 46	23 42 27.2	1 53 58
17 Su	11 37 35	1 27 1	59 44	23 46 6.7	1 30 15
18 M	11 41 31	2 26 45	59 42	23 49 46.1	1 6 31
19 Tu	11 45 28	3 26 27	59 40	23 53 25.2	0 42 47
20 W	11 49 24	4 26 6	59 37	23 57 4.2	0 19 4
21 Th	11 53 21	5 25 43	59 35	0 0 43.0	0N 4 39
22 F	11 57 18	6 25 18	59 33	0 4 21.6	0 28 22
23 S	12 1 14	7 24 51	59 30	0 8 0.2	0 52 2
24 Su	12 5 11	8 24 21	59 28	0 11 38.6	1 15 41
25 M	12 9 7	9 23 49	59 26	0 15 17.0	1 39 18
26 Tu	12 13 4	10 23 14	59 23	0 18 55.4	2 2 53
27 W	12 17 0	11 22 38	59 21	0 22 33.7	2 26 25
28 Th	12 20 57	12 21 59	59 19	0 26 11.9	2 49 53
29 F	12 24 53	13 21 18	59 17	0 29 50.2	3 13 18
30 S	12 28 50	14 20 35	59 15	0 33 28.6	3 36 40
31 Su	12 32 47	15♓19 50	59 13	0 37 7.0	3N59 57

DAY	☽ MOON AT 0 HOURS LONG (° ' ")	12h MOT (° ' ")	2DIF (")	R.A. (h m s)	DECL (° ' ")
1 F	8♍32 21	7 34 47	-117	12 20 0	3N13 31
2 S	23 37 23	7 24 45	-177	13 14 47	2S59 24
3 Su	8♎20 36	7 11 39	-209	14 8 55	8 54 15
4 M	22 36 46	6 57 20	-214	15 3 6	14 10 23
5 Tu	6♏24 21	6 43 24	-200	15 57 49	18 31 36
6 W	19 44 39	6 30 54	-173	16 53 9	21 46 4
7 Th	2♐40 55	6 20 25	-141	17 48 51	23 46 30
8 F	15 17 20	6 12 8	-108	18 44 14	24 30 17
9 S	27 38 16	6 5 58	-78	19 38 32	23 59 32
10 Su	9♑47 48	6 1 37	-53	20 31 2	22 20 25
11 M	21 49 26	5 58 45	-34	21 21 19	19 41 58
12 Tu	3♒45 57	5 57 2	-19	22 9 18	16 14 49
13 W	15 39 29	5 56 10	-8	22 55 15	12 9 55
14 Th	27 31 39	5 55 59	2	23 39 37	7 38 0
15 F	9♓23 45	5 56 26	12	0 23 1	2 49 19
16 S	21 17 6	5 57 36	24	1 6 10	2N 6 18
17 Su	3♈13 14	5 59 44	41	1 49 47	6 59 7
18 M	15 14 12	6 3 7	62	2 34 40	11 39 2
19 Tu	27 22 42	6 8 6	89	3 21 34	15 55 9
20 W	9♉42 7	6 15 2	120	4 11 8	19 35 10
21 Th	22 16 27	6 24 6	152	5 3 50	22 25 22
22 F	5♊10 0	6 35 20	183	5 59 42	24 11 11
23 S	18 27 0	6 48 24	206	6 58 15	24 38 57
24 Su	2♋10 48	7 2 33	214	7 58 26	23 38 44
25 M	16 23 1	7 16 32	199	8 58 57	21 7 31
26 Tu	1♌ 2 28	7 28 38	157	9 58 40	17 11 7
27 W	16 4 29	7 37 1	89	10 56 56	12 4 4
28 Th	1♍20 49	7 40 12	4	11 53 43	6 7 49
29 F	16 40 36	7 37 31	-83	12 49 26	0S12 1
30 S	1♎52 10	7 29 25	-155	13 44 45	6 28 33
31 Su	16♎45 19	7 17 16	-202	14 40 22	12S16 16

DAY	☽ MOON AT 12 HOURS LONG (° ' ")	12h MOT (° ' ")	2DIF (")	R.A. (h m s)	DECL (° ' ")
1 F	16♍ 7 8	7 30 16	-151	12 47 32	0N 6 15
2 S	1♎ 2 8	7 18 28	-197	13 41 53	6S 0 28
3 Su	15 32 14	7 4 32	-215	14 35 58	11 38 16
4 M	29 34 6	6 50 14	-209	15 30 22	16 28 42
5 Tu	13♏ 7 44	6 36 55	-188	16 25 25	20 17 45
6 W	26 15 33	6 25 23	-157	17 20 59	22 55 49
7 Th	9♐ 1 20	6 16 0	-124	18 16 38	24 17 57
8 F	21 29 28	6 8 48	-93	19 11 34	24 23 55
9 S	3♑44 14	6 3 35	-65	20 5 2	23 18 0
10 Su	15 49 25	6 0 1	-43	20 56 28	21 7 58
11 M	27 48 11	5 57 46	-26	21 45 35	18 3 48
12 Tu	9♒42 59	5 56 30	-13	22 32 31	14 16 24
13 W	21 35 39	5 56 0	-3	23 17 36	9 56 41
14 Th	3♓27 38	5 56 7	7	0 1 24	5 15 8
15 F	15 20 11	5 56 55	18	0 44 35	0 21 46
16 S	27 14 42	5 58 32	32	1 27 52	4N33 40
17 Su	9♈12 58	6 1 15	51	2 12 1	9 21 20
18 M	21 17 19	6 5 23	75	2 57 49	13 50 48
19 Tu	3♉30 49	6 11 19	104	3 45 59	17 50 29
20 W	15 57 9	6 19 18	136	4 37 5	21 7 24
21 Th	28 40 33	6 29 28	168	5 31 24	23 27 14
22 F	11♊45 20	6 41 40	196	6 28 42	24 35 34
23 S	25 15 24	6 55 24	212	7 28 13	24 20 13
24 Su	9♋13 21	7 9 40	210	8 28 44	22 34 21
25 M	23 39 32	7 22 56	182	9 28 58	19 19 14
26 Tu	8♌31 6	7 33 24	126	10 28 0	14 45 13
27 W	23 41 30	7 39 19	48	11 25 29	9 10 34
28 Th	9♍ 1 1	7 39 35	-40	12 21 40	2 59 10
29 F	24 18 6	7 34 4	-121	13 17 6	3S22 21
30 S	9♎21 35	7 23 44	-182	14 12 29	9 27 30
31 Su	24♎ 2 35	7 10 15	-216	15 8 25	14S52 15

LUNAR INGRESSES
2 ☽ ♎ 10:19
4 ☽ ♏ 12:45
6 ☽ ♐ 18:58
9 ☽ ♑ 4:38
11 ☽ ♒ 16:25
14 ☽ ♓ 5:00
16 ☽ ♈ 17:32
19 ☽ ♉ 5:08
21 ☽ ♊ 14:28
23 ☽ ♋ 20:15
25 ☽ ♌ 22:19
27 ☽ ♍ 21:53
29 ☽ ♎ 21:02
31 ☽ ♏ 21:57

PLANET INGRESSES
3 ♀ ♓ 20:52
8 ☿ ♒ 10:49
15 ☉ ♓ 13:04
26 ☿ ♓ 19:12
28 ♀ ♈ 0:54

STATIONS
1 ♃ D 15:16
20 ♇ R 14:56

DATA FOR THE 1st AT 0 HOURS
JULIAN DAY 37314.5
☽ MEAN ☊ 28°♉ 27' 57"
OBLIQUITY 23° 26' 22"
DELTA T 65.3 SECONDS
NUTATION LONGITUDE-16.3"

DAY MO YR	☿ LONG (° ' ")	♀ LONG (° ' ")	♂ LONG (° ' ")	♃ LONG (° ' ")	♄ LONG (° ' ")	♅ LONG (° ' ")	♆ LONG (° ' ")
1 60	19♑53 4	26♒25 20	4♈47 17	10♊51D29	13♉40 35	0♒55 51	14♑50 40
2 61	21 9 40	27 40 9	5 29 49	10 51 28	13 42 58	0 59 14	14 52 41
3 62	22 27 54	28 54 58	6 12 19	10 51 38	13 45 27	1 2 36	14 54 41
4 63	23 47 39	0♓ 9 45	6 54 47	10 52 0	13 48 2	1 5 57	14 56 40
5 64	25 8 54	1 24 31	7 37 13	10 52 34	13 50 43	1 9 18	14 58 38
6 65	26 31 35	2 39 16	8 19 36	10 53 19	13 53 31	1 12 38	15 0 35
7 66	27 55 39	3 54 0	9 1 58	10 54 17	13 56 24	1 15 57	15 2 31
8 67	29 21 3	5 8 42	9 44 18	10 55 26	13 59 24	1 19 15	15 4 26
9 68	0♒47 47	6 23 23	10 26 35	10 56 47	14 2 30	1 22 32	15 6 19
10 69	2 15 48	7 38 2	11 8 51	10 58 19	14 5 41	1 25 48	15 8 12
11 70	3 45 5	8 52 41	11 51 4	11 0 3	14 8 59	1 29 3	15 10 3
12 71	5 15 38	10 7 17	12 33 16	11 1 59	14 12 23	1 32 17	15 11 53
13 72	6 47 24	11 21 53	13 15 25	11 4 6	14 15 52	1 35 30	15 13 42
14 73	8 20 24	12 36 27	13 57 33	11 6 25	14 19 28	1 38 41	15 15 29
15 74	9 54 37	13 50 59	14 39 38	11 8 55	14 23 9	1 41 52	15 17 15
16 75	11 30 4	15 5 29	15 21 41	11 11 36	14 26 55	1 45 1	15 19 0
17 76	13 6 44	16 19 58	16 3 42	11 14 28	14 30 48	1 48 9	15 20 44
18 77	14 44 37	17 34 25	16 45 41	11 17 32	14 34 46	1 51 16	15 22 26
19 78	16 23 43	18 48 51	17 27 37	11 20 46	14 38 49	1 54 21	15 24 7
20 79	18 4 4	20 3 14	18 9 32	11 24 12	14 42 58	1 57 25	15 25 46
21 80	19 45 39	21 17 36	18 51 24	11 27 48	14 47 12	2 0 28	15 27 24
22 81	21 28 30	22 31 56	19 33 14	11 31 35	14 51 31	2 3 29	15 29 1
23 82	23 12 36	23 46 14	20 15 1	11 35 33	14 55 56	2 6 28	15 30 36
24 83	24 58 0	25 0 30	20 56 46	11 39 41	15 0 26	2 9 26	15 32 9
25 84	26 44 40	26 14 44	21 38 29	11 44 0	15 5 1	2 12 22	15 33 41
26 85	28 32 39	27 28 56	22 20 9	11 48 29	15 9 41	2 15 17	15 35 12
27 86	0♓21 57	28 43 6	23 1 47	11 53 8	15 14 26	2 18 10	15 36 41
28 87	2 12 33	29 57 13	23 43 23	11 57 58	15 19 15	2 21 1	15 38 8
29 88	4 4 30	1♈11 19	24 24 56	12 2 57	15 24 10	2 23 51	15 39 34
30 89	5 57 47	2 25 23	25 6 27	12 8 6	15 29 9	2 26 39	15 40 58
31 90	7♓52 23	3♈39 25	25♈47 55	12♊13 25	15♉34 13	2♒29 25	15♑42 21

DAY MO YR	♇ LONG (° ' ")	☊ LONG (° ')	A.S.S.I. (h m s)	S.S.R.Y. (h m s)	S.V.P. ♓ (° ' ")	☿ MERCURY R.A. (h m s)	☿ MERCURY DECL (° ' ")
1 60	22♏45 15	28♉59	28 37 22	30 1 57	5 14 2.5	21 9 42	17S24 2
2 61	22 45 54	28 50	28 42 5	30 0 48	5 14 2.5	21 14 57	17 8 29
3 62	22 46 30	28 42	28 46 46	29 59 44	5 14 2.5	21 20 18	16 51 38
4 63	22 47 5	28 38	28 51 28	29 58 48	5 14 2.4	21 25 44	16 33 28
5 64	22 47 38	28 36	28 56 8	29 58 1	5 14 2.3	21 31 13	16 14 0
6 65	22 48 9	28 35	29 0 49	29 57 25	5 14 2.1	21 36 47	15 53 14
7 66	22 48 37	28 35	29 5 28	29 56 59	5 14 1.9	21 42 25	15 31 12
8 67	22 49 4	28 35	29 10 7	29 56 43	5 14 1.8	21 48 6	15 7 52
9 68	22 49 29	28 32	29 14 46	29 56 37	5 14 1.6	21 53 51	14 43 16
10 69	22 49 51	28 26	29 19 24	29 56 41	5 14 1.4	21 59 39	14 17 23
11 70	22 50 12	28 18	29 24 2	29 56 54	5 14 1.3	22 5 30	13 50 15
12 71	22 50 30	28 07	29 28 40	29 57 16	5 14 1.2	22 11 24	13 21 52
13 72	22 50 47	27 53	29 33 17	29 57 46	5 14 1.2	22 17 21	12 52 13
14 73	22 51 1	27 38	29 37 53	29 58 24	5 14 1.2	22 23 20	12 21 20
15 74	22 51 13	27 23	29 42 30	29 59 8	5 14 1.2	22 29 22	11 49 13
16 75	22 51 24	27 09	29 47 6	29 59 59	5 14 1.2	22 35 27	11 15 52
17 76	22 51 32	26 58	29 51 42	30 0 53	5 14 1.2	22 41 35	10 41 19
18 77	22 51 38	26 49	29 56 17	30 1 49	5 14 1.1	22 47 45	10 5 32
19 78	22 51 42	26 44	30 0 53	30 2 42	5 14 1.1	22 53 58	9 28 33
20 79	22 51R44	26 41	30 5 28	30 3 29	5 14 0.9	23 0 14	8 50 23
21 80	22 51 44	26 40	0 0 54	30 4 7	5 14 0.8	23 6 32	8 11 2
22 81	22 51 42	26 40	0 5 29	30 4 31	5 14 0.6	23 12 53	7 30 30
23 82	22 51 38	26 40	0 10 3	30 4 40	5 14 0.4	23 19 18	6 48 50
24 83	22 51 32	26 38	0 14 38	30 4 34	5 14 0.2	23 25 45	6 6 0
25 84	22 51 25	26 34	0 19 12	30 4 11	5 14 0.0	23 32 16	5 22 3
26 85	22 51 15	26 27	0 23 46	30 3 33	5 13 59.9	23 38 49	4 37 0
27 86	22 51 3	26 18	0 28 21	30 2 44	5 13 59.9	23 45 27	3 50 51
28 87	22 50 49	26 07	0 32 55	30 1 46	5 13 59.8	23 52 7	3 3 38
29 88	22 50 33	25 57	0 37 29	30 0 42	5 13 59.8	23 58 52	2 15 23
30 89	22 50 15	25 47	0 42 3	29 59 37	5 13 59.8	0 5 40	1 26 8
31 90	22♏49 56	25♉40	0 46 38	29 58 34	5 13 59.8	0 12 33	0S35 55

DAY Mar	♀ VENUS R.A. (h m s)	♀ VENUS DECL (° ' ")	♂ MARS R.A. (h m s)	♂ MARS DECL (° ' ")	♃ JUPITER R.A. (h m s)	♃ JUPITER DECL (° ' ")	♄ SATURN R.A. (h m s)	♄ SATURN DECL (° ' ")
1	23 29 49	4S46 8	1 49 35	11N33 2	6 24 32	23N26 47	4 27 52	20N 9 57
2	23 34 23	4 15 53	1 52 16	11 48 43	6 24 32	23 26 53	4 28 2	20 10 34
3	23 38 57	3 45 30	1 54 58	12 4 17	6 24 32	23 26 58	4 28 12	20 11 11
4	23 43 31	3 15 2	1 57 40	12 19 44	6 24 34	23 27 3	4 28 23	20 11 50
5	23 48 4	2 44 27	2 0 22	12 35 4	6 24 36	23 27 8	4 28 34	20 12 29
6	23 52 37	2 13 49	2 3 4	12 50 17	6 24 40	23 27 12	4 28 45	20 13 10
7	23 57 10	1 43 6	2 5 47	13 5 23	6 24 44	23 27 15	4 28 57	20 13 51
8	0 1 42	1 12 20	2 8 29	13 20 22	6 24 49	23 27 18	4 29 10	20 14 33
9	0 6 14	0 41 31	2 11 12	13 35 13	6 24 55	23 27 20	4 29 23	20 15 16
10	0 10 46	0 10 40	2 13 55	13 49 57	6 25 2	23 27 22	4 29 36	20 15 59
11	0 15 18	0N20 11	2 16 39	14 4 33	6 25 9	23 27 23	4 29 50	20 16 44
12	0 19 50	0 51 3	2 19 22	14 19 2	6 25 18	23 27 24	4 30 4	20 17 29
13	0 24 22	1 21 54	2 22 6	14 33 22	6 25 27	23 27 24	4 30 18	20 18 15
14	0 28 53	1 52 44	2 24 50	14 47 35	6 25 37	23 27 23	4 30 33	20 19 1
15	0 33 25	2 23 33	2 27 34	15 1 40	6 25 48	23 27 22	4 30 49	20 19 49
16	0 37 57	2 54 18	2 30 19	15 15 36	6 26 0	23 27 20	4 31 5	20 20 36
17	0 42 29	3 25 1	2 33 3	15 29 24	6 26 12	23 27 18	4 31 21	20 21 25
18	0 47 1	3 55 39	2 35 48	15 43 4	6 26 26	23 27 15	4 31 37	20 22 14
19	0 51 33	4 26 12	2 38 33	15 56 35	6 26 40	23 27 11	4 31 54	20 23 4
20	0 56 5	4 56 39	2 41 19	16 9 57	6 26 55	23 27 7	4 32 12	20 23 54
21	1 0 38	5 27 0	2 44 4	16 23 11	6 27 10	23 27 2	4 32 29	20 24 45
22	1 5 11	5 57 14	2 46 50	16 36 16	6 27 27	23 26 57	4 32 48	20 25 37
23	1 9 44	6 27 20	2 49 36	16 49 11	6 27 44	23 26 50	4 33 6	20 26 29
24	1 14 18	6 57 18	2 52 22	17 1 58	6 28 2	23 26 44	4 33 25	20 27 22
25	1 18 52	7 27 6	2 55 8	17 14 35	6 28 21	23 26 36	4 33 44	20 28 15
26	1 23 27	7 56 44	2 57 55	17 27 3	6 28 41	23 26 28	4 34 4	20 29 9
27	1 28 2	8 26 11	3 0 42	17 39 22	6 29 1	23 26 19	4 34 24	20 30 3
28	1 32 38	8 55 27	3 3 29	17 51 31	6 29 22	23 26 10	4 34 44	20 30 58
29	1 37 14	9 24 30	3 6 16	18 3 30	6 29 44	23 25 59	4 35 5	20 31 53
30	1 41 51	9 53 20	3 9 4	18 15 20	6 30 6	23 25 48	4 35 25	20 32 48
31	1 46 29	10N21 56	3 11 52	18N27 0	6 30 29	23N25 36	4 35 47	20N33 44

DAY Mar	♅ URANUS R.A. (h m s)	♅ URANUS DECL (° ' ")	♆ NEPTUNE R.A. (h m s)	♆ NEPTUNE DECL (° ' ")	♇ PLUTO R.A. (h m s)	♇ PLUTO DECL (° ' ")
1	21 52 47	13S36 38	20 48 6	17S45 15	17 9 32	12S58 34
2	21 53 1	13 35 30	20 48 14	17 44 43	17 9 34	12 58 23
3	21 53 14	13 34 22	20 48 22	17 44 11	17 9 37	12 58 12
4	21 53 27	13 33 15	20 48 30	17 43 40	17 9 39	12 58 1
5	21 53 40	13 32 8	20 48 38	17 43 9	17 9 42	12 57 49
6	21 53 53	13 31 0	20 48 46	17 42 38	17 9 44	12 57 37
7	21 54 5	13 29 54	20 48 54	17 42 8	17 9 46	12 57 26
8	21 54 18	13 28 47	20 49 2	17 41 38	17 9 48	12 57 13
9	21 54 31	13 27 41	20 49 9	17 41 8	17 9 50	12 57 1
10	21 54 44	13 26 35	20 49 17	17 40 38	17 9 51	12 56 49
11	21 54 56	13 25 30	20 49 24	17 40 9	17 9 53	12 56 36
12	21 55 9	13 24 25	20 49 32	17 39 40	17 9 54	12 56 23
13	21 55 21	13 23 20	20 49 39	17 39 11	17 9 55	12 56 10
14	21 55 34	13 22 16	20 49 46	17 38 43	17 9 56	12 55 57
15	21 55 46	13 21 12	20 49 54	17 38 15	17 9 57	12 55 44
16	21 55 58	13 20 9	20 50 1	17 37 47	17 9 58	12 55 30
17	21 56 10	13 19 6	20 50 8	17 37 20	17 9 59	12 55 17
18	21 56 22	13 18 3	20 50 15	17 36 53	17 9 59	12 55 3
19	21 56 34	13 17 1	20 50 21	17 36 26	17 9 59	12 54 49
20	21 56 46	13 15 59	20 50 28	17 36 0	17 10 0	12 54 35
21	21 56 58	13 14 58	20 50 35	17 35 34	17 10 0	12 54 21
22	21 57 10	13 13 57	20 50 41	17 35 8	17 10 0	12 54 6
23	21 57 21	13 12 57	20 50 48	17 34 43	17 10 0	12 53 52
24	21 57 33	13 11 57	20 50 54	17 34 18	17 9 59	12 53 37
25	21 57 44	13 10 58	20 51 0	17 33 54	17 9 59	12 53 23
26	21 57 55	13 9 59	20 51 6	17 33 30	17 9 58	12 53 8
27	21 58 6	13 9 1	20 51 12	17 33 7	17 9 57	12 52 54
28	21 58 18	13 8 4	20 51 18	17 32 44	17 9 57	12 52 39
29	21 58 28	13 7 7	20 51 24	17 32 21	17 9 56	12 52 24
30	21 58 39	13 6 11	20 51 30	17 31 58	17 9 55	12 52 9
31	21 58 50	13S 5 15	20 51 35	17S31 37	17 9 53	12S51 54

APRIL 2002

DAY	SIDEREAL TIME h m s	☉ SUN LONG ° ' "	MOT ' "	R.A. h m s	DECL ° ' "	☽ MOON AT 0 HOURS LONG ° ' "	12h MOT ° ' "	2DIF	R.A. h m s	DECL ° ' "	☽ MOON AT 12 HOURS LONG ° ' "	12h MOT ° ' "	2DIF	R.A. h m s	DECL ° ' "
1 M	12 36 43	16♓19 4	59 12	0 40 45.5	4N23 10	1♏12 50	7 2 54	-222	15 36 42	17S13 9	8♏15 43	6 55 26	-222	16 5 10	19S17 2
2 Tu	12 40 40	17 18 15	59 10	0 44 24.2	4 46 18	15 11 9	6 48 4	-218	16 33 49	21 2 21	21 59 13	6 40 56	-209	17 2 34	22 27 58
3 W	12 44 36	18 17 25	59 8	0 48 2.9	5 9 22	28 40 8	6 34 9	-196	17 31 21	23 33 10	5♐14 18	6 27 51	-181	18 0 1	24 17 41
4 Th	12 48 33	19 16 33	59 6	0 51 41.9	5 32 20	11♐42 9	6 22 5	-164	18 28 29	24 41 37	18 4 14	6 16 54	-147	18 56 37	24 45 27
5 F	12 52 29	20 15 39	59 5	0 55 21.0	5 55 12	24 21 8	6 12 19	-128	19 24 18	24 29 59	0♑33 27	6 8 20	-110	19 51 28	23 56 16
6 S	12 56 26	21 14 44	59 3	0 59 0.3	6 17 58	6♑41 47	6 4 57	-93	20 18 1	23 5 31	12 46 45	6 2 9	-76	20 43 55	21 59 6
7 Su	13 0 22	22 13 46	59 1	1 2 39.8	6 40 38	18 48 54	5 59 54	-60	21 9 10	20 38 25	24 48 47	5 58 9	-45	21 33 46	19 4 56
8 M	13 4 19	23 12 47	58 59	1 6 19.5	7 3 11	0♒46 56	5 56 53	-32	21 57 45	17 20 2	6♒43 49	5 56 2	-20	22 21 9	15 25 7
9 Tu	13 8 16	24 11 46	58 57	1 9 59.5	7 25 37	12 39 50	5 55 34	-9	22 44 3	13 21 31	18 35 24	5 55 26	1	23 6 30	11 10 32
10 W	13 12 12	25 10 43	58 55	1 13 39.7	7 47 55	24 30 50	5 55 36	9	23 28 36	8 53 24	0♓26 26	5 56 2	16	23 50 26	6 31 21
11 Th	13 16 9	26 9 39	58 53	1 17 20.2	8 10 6	6♓22 28	5 56 41	23	0 12 5	4 5 34	12 19 9	5 57 32	28	0 33 39	1 37 14
12 F	13 20 5	27 8 32	58 52	1 21 1.0	8 32 9	18 16 41	5 58 34	33	0 55 13	0N52 26	24 15 14	5 59 46	38	1 16 54	3N22 12
13 S	13 24 2	28 7 24	58 50	1 24 42.1	8 54 3	0♈15 0	6 1 7	43	1 38 46	5 50 47	6♈16 7	6 2 38	48	2 0 56	8 16 53
14 Su	13 27 58	29 6 13	58 48	1 28 23.5	9 15 48	12 18 45	6 4 19	54	2 23 29	10 39 6	18 23 4	6 6 12	60	2 46 30	12 55 58
15 M	13 31 55	0♈ 5 1	58 45	1 32 5.2	9 37 24	24 29 16	6 8 18	66	3 10 4	15 5 56	0♉37 34	6 10 38	74	3 34 16	17 7 22
16 Tu	13 35 51	1 3 46	58 43	1 35 47.3	9 58 50	6♉48 12	6 13 14	83	3 59 8	18 58 34	13 1 27	6 16 9	92	4 24 44	20 37 47
17 W	13 39 48	2 2 29	58 41	1 39 29.7	10 20 6	19 17 35	6 19 23	102	4 51 4	22 3 16	25 36 58	6 22 59	113	5 18 6	23 13 14
18 Th	13 43 44	3 1 10	58 39	1 43 12.5	10 41 12	1♊59 57	6 26 56	125	5 45 50	24 6 1	8♊26 53	6 31 17	136	6 14 9	24 40 7
19 F	13 47 41	3 59 49	58 37	1 46 55.7	11 2 8	14 58 10	6 36 0	147	6 42 58	24 54 14	21 34 10	6 41 4	156	7 12 8	24 47 24
20 S	13 51 38	4 58 26	58 35	1 50 39.2	11 22 52	28 15 13	6 46 26	165	7 41 31	24 19 1	5♋ 1 39	6 52 2	170	8 10 58	23 28 54
21 Su	13 55 34	5 57 0	58 32	1 54 23.2	11 43 25	11♋53 41	6 57 47	173	8 40 20	22 17 20	18 51 28	7 3 34	172	9 9 30	20 45 2
22 M	13 59 31	6 55 33	58 30	1 58 7.5	12 3 46	25 55 2	7 9 14	166	9 38 24	18 53 8	3♌ 4 16	7 14 38	155	10 6 58	16 43 12
23 Tu	14 3 27	7 54 3	58 28	2 1 52.3	12 23 56	10♌18 54	7 19 35	139	10 35 11	14 17 4	17 38 29	7 23 55	118	11 3 5	11 36 58
24 W	14 7 24	8 52 31	58 26	2 5 37.5	12 43 52	25 2 23	7 27 26	91	11 30 41	8 45 20	2♍29 49	7 30 0	61	11 58 4	5 44 50
25 Th	14 11 20	9 50 56	58 24	2 9 23.2	13 3 37	9♍59 49	7 31 28	27	12 25 19	2 38 21	17 31 17	7 31 46	-9	12 52 33	0S31 8
26 F	14 15 17	10 49 20	58 22	2 13 9.4	13 23 8	25 3 3	7 30 52	-45	13 19 50	3S40 29	2♎33 55	7 28 46	-80	13 47 17	6 46 32
27 S	14 19 13	11 47 42	58 20	2 16 56.0	13 42 26	10♎ 2 41	7 25 33	-112	14 14 59	9 46 9	17 28 14	7 21 18	-140	14 43 0	12 36 15
28 Su	14 23 10	12 46 2	58 18	2 20 43.1	14 1 30	24 49 32	7 16 12	-164	15 11 22	15 13 55	2♏ 5 44	7 10 24	-182	15 40 6	17 36 31
29 M	14 27 7	13 44 20	58 17	2 24 30.8	14 20 21	9♏16 7	7 4 5	-194	16 9 11	19 41 41	16 20 13	6 57 27	-201	16 38 33	21 27 32
30 Tu	14 31 3	14♈42 37	58 15	2 28 19.0	14N38 57	23♏17 40	6 50 41	-203	17 8 6	22S52 37	0♐ 8 21	6 43 55	-200	17 37 42	23S56 1

LUNAR INGRESSES
3 ☽ ♐ 2:25
5 ☽ ♑ 10:55
7 ☽ ♒ 22:25
10 ☽ ♓ 11:06
12 ☽ ♈ 23:30
15 ☽ ♉ 10:47
17 ☽ ♊ 20:15
20 ☽ ♋ 3:07
22 ☽ ♌ 6:52
24 ☽ ♍ 7:59
26 ☽ ♎ 7:54
28 ☽ ♏ 8:32
30 ☽ ♐ 11:45

PLANET INGRESSES
6 ♂ ♉ 2:19
10 ☿ ♈ 22:15
14 ☉ ♈ 21:57
21 ♀ ♉ 10:59
26 ☿ ♉ 13:58

STATIONS
NONE

DATA FOR THE 1st AT 0 HOURS
JULIAN DAY 37345.5
☽ MEAN ☊ 26°♉ 49' 23"
OBLIQUITY 23° 26' 22"
DELTA T 65.3 SECONDS
NUTATION LONGITUDE -17.4"

DAY MO	YR	☿ LONG ° ' "	♀ LONG ° ' "	♂ LONG ° ' "	♃ LONG ° ' "	♄ LONG ° ' "	♅ LONG ° ' "	♆ LONG ° ' "	♇ LONG ° ' "	☊ LONG	A.S.S.I. h m s	S.S.R.Y. h m s	S.V.P. ♓ ° ' "	☿ MERCURY R.A. h m s	DECL ° ' "
1	91	9♓48 19	4♈53 25	26♈29 22	12♊18 53	15♉39 22	2♒32 10	15♑43 42	22♏49R34	25♉35	0 51 12	29 57 35	5 13 59.7	0 19 29	0N15 14
2	92	11 45 33	6 7 23	27 10 46	12 24 31	15 44 35	2 34 52	15 45 1	22 49 11	25 33	0 55 47	29 56 41	5 13 59.5	0 26 30	1 7 15
3	93	13 44 3	7 21 19	27 52 8	12 30 19	15 49 53	2 37 33	15 46 18	22 48 45	25 33	1 0 22	29 55 54	5 13 59.3	0 33 35	2 0 4
4	94	15 43 47	8 35 14	28 33 28	12 36 16	15 55 15	2 40 11	15 47 34	22 48 18	25 33	1 4 57	29 55 15	5 13 59.1	0 40 45	2 53 38
5	95	17 44 42	9 49 6	29 14 46	12 42 22	16 0 41	2 42 48	15 48 49	22 47 49	25 33	1 9 32	29 54 44	5 13 58.9	0 47 59	3 47 52
6	96	19 46 42	11 2 57	29 56 1	12 48 38	16 6 12	2 45 23	15 50 1	22 47 18	25 32	1 14 8	29 54 22	5 13 58.8	0 55 17	4 42 39
7	97	21 49 43	12 16 46	0♉37 15	12 55 2	16 11 47	2 47 56	15 51 12	22 46 45	25 29	1 18 44	29 54 10	5 13 58.6	1 2 40	5 37 55
8	98	23 53 38	13 30 32	1 18 27	13 1 36	16 17 27	2 50 27	15 52 21	22 46 10	25 23	1 23 20	29 54 7	5 13 58.6	1 10 7	6 33 30
9	99	25 58 18	14 44 17	1 59 36	13 8 18	16 23 10	2 52 55	15 53 28	22 45 33	25 14	1 27 56	29 54 18	5 13 58.5	1 17 37	7 29 18
10	100	28 3 33	15 58 0	2 40 43	13 15 10	16 28 58	2 55 22	15 54 34	22 44 55	25 04	1 32 33	29 54 34	5 13 58.5	1 25 12	8 25 8
11	101	0♈ 9 11	17 11 41	3 21 49	13 22 10	16 34 49	2 57 46	15 55 37	22 44 15	24 53	1 37 10	29 55 3	5 13 58.5	1 32 50	9 20 52
12	102	2 14 59	18 25 19	4 2 52	13 29 18	16 40 45	3 0 8	15 56 39	22 43 33	24 41	1 41 47	29 55 44	5 13 58.4	1 40 30	10 16 18
13	103	4 20 41	19 38 56	4 43 53	13 36 35	16 46 44	3 2 28	15 57 39	22 42 49	24 31	1 46 25	29 56 34	5 13 58.4	1 48 12	11 11 14
14	104	6 26 1	20 52 31	5 24 52	13 44 0	16 52 48	3 4 46	15 58 37	22 42 4	24 22	1 51 3	29 57 32	5 13 58.4	1 55 56	12 5 28
15	105	8 30 41	22 6 3	6 5 49	13 51 34	16 58 54	3 7 1	15 59 33	22 41 17	24 15	1 55 42	29 58 35	5 13 58.3	2 3 40	12 58 47
16	106	10 34 21	23 19 33	6 46 44	13 59 16	17 5 5	3 9 15	16 0 28	22 40 28	24 11	2 0 21	29 59 40	5 13 58.2	2 11 23	13 50 59
17	107	12 36 41	24 33 1	7 27 37	14 7 5	17 11 19	3 11 25	16 1 20	22 39 37	24 10	2 5 0	30 0 43	5 13 58.0	2 19 5	14 41 51
18	108	14 37 22	25 46 26	8 8 27	14 15 3	17 17 37	3 13 34	16 2 11	22 38 45	24 10	2 9 40	30 1 38	5 13 57.8	2 26 43	15 31 10
19	109	16 36 2	26 59 49	8 49 16	14 23 8	17 23 58	3 15 40	16 3 0	22 37 51	24 13	2 14 20	30 2 24	5 13 57.6	2 34 18	16 18 45
20	110	18 32 23	28 13 10	9 30 2	14 31 21	17 30 22	3 17 44	16 3 47	22 36 56	24 12	2 19 1	30 2 55	5 13 57.4	2 41 47	17 4 26
21	111	20 26 6	29 26 28	10 10 46	14 39 42	17 36 50	3 19 45	16 4 31	22 35 59	24 12	2 23 43	30 3 12	5 13 57.2	2 49 9	17 48 1
22	112	22 16 52	0♉39 44	10 51 28	14 48 10	17 43 21	3 21 44	16 5 14	22 35 1	24 10	2 28 24	30 3 14	5 13 57.0	2 56 23	18 29 25
23	113	24 4 26	1 52 57	11 32 7	14 56 45	17 49 55	3 23 40	16 5 56	22 34 1	24 07	2 33 7	30 3 0	5 13 56.9	3 3 28	19 8 29
24	114	25 48 34	3 6 7	12 12 45	15 5 27	17 56 32	3 25 34	16 6 35	22 32 59	24 02	2 37 50	30 2 34	5 13 56.9	3 10 23	19 45 9
25	115	27 29 1	4 19 15	12 53 20	15 14 17	18 3 12	3 27 25	16 7 12	22 31 56	23 55	2 42 33	30 1 56	5 13 56.9	3 17 6	20 19 20
26	116	29 5 38	5 32 20	13 33 52	15 23 13	18 9 55	3 29 14	16 7 47	22 30 52	23 49	2 47 17	30 1 11	5 13 56.8	3 23 37	20 51 1
27	117	0♉38 15	6 45 23	14 14 23	15 32 16	18 16 41	3 31 0	16 8 20	22 29 46	23 43	2 52 2	30 0 19	5 13 56.8	3 29 55	21 20 11
28	118	2 6 41	7 58 23	14 54 52	15 41 26	18 23 29	3 32 44	16 8 52	22 28 39	23 38	2 56 48	29 59 25	5 13 56.6	3 35 58	21 46 48
29	119	3 30 51	9 11 20	15 35 18	15 50 42	18 30 21	3 34 25	16 9 21	22 27 30	23 36	3 1 34	29 58 30	5 13 56.5	3 41 46	22 10 53
30	120	4♉50 38	10♉24 15	16♉15 43	16♊ 0 5	18♉37 15	3♒36 3	16♑ 9 49	22♏26 20	23♉35	3 6 20	29 57 36	5 13 56.3	3 47 19	22N32 29

DAY Apr	♀ VENUS R.A. h m s	DECL ° ' "	♂ MARS R.A. h m s	DECL ° ' "	♃ JUPITER R.A. h m s	DECL ° ' "	♄ SATURN R.A. h m s	DECL ° ' "	♅ URANUS R.A. h m s	DECL ° ' "	♆ NEPTUNE R.A. h m s	DECL ° ' "	♇ PLUTO R.A. h m s	DECL ° ' "
1	1 51 7	10N50 18	3 14 40	18N38 30	6 30 53	23N25 24	4 36 8	20N34 40	21 59 1	13S 4 20	20 51 41	17S31 15	17 9 52	12S51 39
2	1 55 46	11 18 25	3 17 28	18 49 49	6 31 18	23 25 10	4 36 30	20 35 36	21 59 11	13 3 26	20 51 46	17 30 54	17 9 50	12 51 24
3	2 0 26	11 46 16	3 20 16	19 0 59	6 31 43	23 24 56	4 36 53	20 36 33	21 59 22	13 2 32	20 51 51	17 30 33	17 9 49	12 51 9
4	2 5 7	12 13 50	3 23 5	19 11 59	6 32 9	23 24 41	4 37 15	20 37 31	21 59 32	13 1 39	20 51 56	17 30 13	17 9 47	12 50 53
5	2 9 48	12 41 6	3 25 54	19 22 49	6 32 35	23 24 25	4 37 38	20 38 28	21 59 42	13 0 47	20 52 1	17 29 53	17 9 45	12 50 38
6	2 14 30	13 8 5	3 28 43	19 33 28	6 33 3	23 24 9	4 38 1	20 39 26	21 59 52	12 59 55	20 52 6	17 29 34	17 9 43	12 50 23
7	2 19 13	13 34 44	3 31 32	19 43 57	6 33 31	23 23 51	4 38 25	20 40 24	22 0 2	12 59 4	20 52 11	17 29 15	17 9 41	12 50 8
8	2 23 58	14 1 4	3 34 22	19 54 15	6 33 59	23 23 33	4 38 49	20 41 23	22 0 11	12 58 13	20 52 16	17 28 57	17 9 39	12 49 53
9	2 28 43	14 27 4	3 37 12	20 4 23	6 34 28	23 23 14	4 39 13	20 42 21	22 0 21	12 57 24	20 52 20	17 28 39	17 9 37	12 49 38
10	2 33 28	14 52 42	3 40 2	20 14 21	6 34 58	23 22 54	4 39 37	20 43 20	22 0 31	12 56 35	20 52 25	17 28 22	17 9 34	12 49 23
11	2 38 15	15 17 58	3 42 52	20 24 7	6 35 29	23 22 33	4 40 2	20 44 19	22 0 40	12 55 47	20 52 29	17 28 5	17 9 31	12 49 7
12	2 43 3	15 42 52	3 45 42	20 33 43	6 36 0	23 22 11	4 40 27	20 45 18	22 0 49	12 55 0	20 52 33	17 27 49	17 9 29	12 48 52
13	2 47 52	16 7 22	3 48 33	20 43 8	6 36 31	23 21 48	4 40 52	20 46 18	22 0 58	12 54 13	20 52 37	17 27 33	17 9 26	12 48 37
14	2 52 42	16 31 28	3 51 24	20 52 22	6 37 4	23 21 24	4 41 18	20 47 17	22 1 7	12 53 27	20 52 41	17 27 18	17 9 23	12 48 22
15	2 57 33	16 55 9	3 54 15	21 1 25	6 37 37	23 21 0	4 41 44	20 48 17	22 1 16	12 52 42	20 52 45	17 27 3	17 9 20	12 48 7
16	3 2 25	17 18 24	3 57 6	21 10 17	6 38 10	23 20 34	4 42 10	20 49 17	22 1 24	12 51 58	20 52 49	17 26 48	17 9 17	12 47 52
17	3 7 18	17 41 13	3 59 58	21 18 57	6 38 44	23 20 7	4 42 36	20 50 16	22 1 33	12 51 14	20 52 52	17 26 34	17 9 13	12 47 37
18	3 12 13	18 3 35	4 2 49	21 27 27	6 39 19	23 19 39	4 43 3	20 51 16	22 1 41	12 50 32	20 52 56	17 26 21	17 9 10	12 47 22
19	3 17 8	18 25 29	4 5 41	21 35 45	6 39 54	23 19 11	4 43 30	20 52 16	22 1 49	12 49 50	20 52 59	17 26 8	17 9 6	12 47 8
20	3 22 4	18 46 54	4 8 33	21 43 52	6 40 30	23 18 41	4 43 57	20 53 17	22 1 57	12 49 9	20 53 2	17 25 56	17 9 3	12 46 53
21	3 27 1	19 7 50	4 11 25	21 51 47	6 41 6	23 18 10	4 44 24	20 54 17	22 2 5	12 48 29	20 53 5	17 25 44	17 8 59	12 46 38
22	3 32 0	19 28 16	4 14 18	21 59 31	6 41 43	23 17 38	4 44 52	20 55 17	22 2 13	12 47 49	20 53 8	17 25 33	17 8 55	12 46 24
23	3 36 59	19 48 11	4 17 10	22 7 3	6 42 20	23 17 5	4 45 19	20 56 17	22 2 20	12 47 11	20 53 11	17 25 22	17 8 51	12 46 10
24	3 42 0	20 7 35	4 20 3	22 14 24	6 42 58	23 16 31	4 45 47	20 57 17	22 2 28	12 46 34	20 53 13	17 25 12	17 8 47	12 45 55
25	3 47 1	20 26 26	4 22 55	22 21 33	6 43 36	23 15 56	4 46 16	20 58 17	22 2 35	12 45 57	20 53 16	17 25 2	17 8 43	12 45 41
26	3 52 4	20 44 45	4 25 48	22 28 30	6 44 15	23 15 20	4 46 44	20 59 17	22 2 42	12 45 21	20 53 18	17 24 53	17 8 39	12 45 27
27	3 57 7	21 2 30	4 28 41	22 35 15	6 44 54	23 14 42	4 47 13	21 0 17	22 2 49	12 44 46	20 53 21	17 24 44	17 8 34	12 45 13
28	4 2 12	21 19 42	4 31 34	22 41 48	6 45 34	23 14 4	4 47 42	21 1 16	22 2 55	12 44 12	20 53 23	17 24 36	17 8 30	12 45 0
29	4 7 18	21 36 18	4 34 28	22 48 10	6 46 15	23 13 24	4 48 11	21 2 16	22 3 2	12 43 39	20 53 25	17 24 28	17 8 25	12 44 46
30	4 12 24	21N52 20	4 37 21	22N54 19	6 46 55	23N12 43	4 48 40	21N 3 15	22 3 8	12S43 7	20 53 27	17S24 21	17 8 21	12S44 33

MAY 2002

DAY	SIDEREAL TIME h m s	☉ SUN LONG ° ' "	MOT ' "	R.A. h m s	DECL ° ' "	☽ MOON AT 0 HOURS LONG ° ' "	12h MOT ° ' "	2DIF "	R.A. h m s	DECL ° ' "
1 W	14 35 0	15♈40 52	58 14	2 32 7.7	14N57 19	6♐52 16	6 37 20	-194	18 7 13	24S37 22
2 Th	14 38 56	16 39 5	58 12	2 35 57.0	15 15 27	20 0 36	6 25 5	-171	19 5 17	24 55 6
3 F	14 42 53	17 37 17	58 11	2 39 46.8	15 33 19	2♑45 18	6 14 40	-140	20 1 12	23 52 23
4 S	14 46 49	18 35 28	58 9	2 43 37.2	15 50 56	15 10 15	6 6 28	-105	20 54 14	21 40 34
5 Su	14 50 46	19 33 37	58 8	2 47 28.1	16 8 17	27 19 58	6 0 37	-70	21 44 13	18 32 47
6 M	14 54 42	20 31 45	58 6	2 51 19.7	16 25 22	9♒19 10	5 57 5	-37	22 31 27	14 41 42
7 Tu	14 58 39	21 29 51	58 5	2 55 11.8	16 42 11	21 12 23	5 55 41	-6	23 16 32	10 18 42
8 W	15 2 36	22 27 56	58 3	2 59 4.5	16 58 44	3♓ 3 47	5 56 9	19	0 0 13	5 33 42
9 Th	15 6 32	23 25 59	58 2	3 2 57.7	17 14 59	14 56 56	5 58 11	40	0 43 19	0 35 55
10 F	15 10 29	24 24 1	58 1	3 6 51.6	17 30 58	26 54 49	6 1 28	57	1 26 40	4N25 32
11 S	15 14 25	25 22 2	57 59	3 10 46.0	17 46 38	8♈59 46	6 5 41	69	2 11 6	9 20 46
12 Su	15 18 22	26 20 0	57 58	3 14 41.0	18 2 1	21 13 32	6 10 37	78	2 57 24	13 58 31
13 M	15 22 18	27 17 58	57 56	3 18 36.6	18 17 6	3♉37 26	6 16 4	85	3 46 13	18 5 44
14 Tu	15 26 15	28 15 54	57 55	3 22 32.8	18 31 52	16 12 28	6 21 58	92	4 38 0	21 27 50
15 W	15 30 11	29 13 48	57 53	3 26 29.5	18 46 19	28 59 29	6 28 17	98	5 32 42	23 49 44
16 Th	15 34 8	0♉11 41	57 51	3 30 26.8	19 0 28	11♊59 22	6 35 2	105	6 29 49	24 57 49
17 F	15 38 5	1 9 32	57 50	3 34 24.7	19 14 17	25 12 58	6 42 14	111	7 28 17	24 42 45
18 S	15 42 1	2 7 21	57 48	3 38 23.0	19 27 46	8♋41 10	6 49 47	115	8 26 50	23 1 43
19 Su	15 45 58	3 5 9	57 46	3 42 22.0	19 40 55	22 24 35	6 57 29	114	9 24 20	19 59 7
20 M	15 49 54	4 2 55	57 44	3 46 21.4	19 53 45	6♌23 20	7 4 53	106	10 20 11	15 45 33
21 Tu	15 53 51	5 0 39	57 43	3 50 21.4	20 6 14	20 36 30	7 11 23	86	11 14 24	10 35 53
22 W	15 57 47	5 58 22	57 41	3 54 21.9	20 18 22	5♍ 1 57	7 16 13	56	12 7 28	4 47 44
23 Th	16 1 44	6 56 3	57 40	3 58 22.9	20 30 9	19 35 57	7 18 40	15	13 0 11	1S19 23
24 F	16 5 40	7 53 42	57 38	4 2 24.4	20 41 35	4♎13 25	7 18 9	-32	13 53 28	7 24 21
25 S	16 9 37	8 51 20	57 37	4 6 26.4	20 52 39	18 48 16	7 14 28	-78	14 48 7	13 4 48
26 Su	16 13 34	9 48 57	57 36	4 10 28.9	21 3 22	3♏14 11	7 7 47	-119	15 44 41	17 58 17
27 M	16 17 30	10 46 32	57 35	4 14 31.8	21 13 43	17 25 29	6 58 44	-149	16 43 7	21 44 28
28 Tu	16 21 27	11 44 7	57 34	4 18 35.3	21 23 42	1♐17 47	6 48 8	-165	17 42 45	24 8 18
29 W	16 25 23	12 41 40	57 33	4 22 39.2	21 33 19	14 48 27	6 36 56	-167	18 42 18	25 2 49
30 Th	16 29 20	13 39 12	57 32	4 26 43.6	21 42 34	27 56 48	6 26 4	-156	19 40 18	24 30 21
31 F	16 33 16	14♉36 43	57 31	4 30 48.5	21N51 26	10♑43 51	6 16 15	-136	20 35 35	22S40 43

DAY	☽ MOON AT 12 HOURS LONG ° ' "	12h MOT ° ' "	2DIF "	R.A. h m s	DECL ° ' "
1 W	13♐29 36	6 31 1	-184	18 36 27	24S56 51
2 Th	26 25 41	6 19 37	-156	19 33 34	24 33 10
3 F	8♑59 58	6 10 17	-123	20 28 6	22 54 18
4 S	21 16 43	6 3 15	-88	21 19 36	20 12 51
5 Su	3♒20 35	5 58 35	-53	22 8 9	16 41 54
6 M	15 16 15	5 56 8	-21	22 54 13	12 33 33
7 Tu	27 8 5	5 55 42	7	23 38 30	7 58 22
8 W	8♓59 57	5 57 0	30	0 21 47	3 5 51
9 Th	20 55 8	5 59 42	49	1 4 54	1N54 56
10 F	2♈56 17	6 3 29	63	1 48 41	6 54 36
11 S	15 5 27	6 8 5	74	2 33 58	11 42 36
12 Su	27 24 9	6 13 17	82	3 21 28	16 6 49
13 M	9♉53 30	6 18 58	88	4 11 44	19 53 23
14 Tu	22 34 26	6 25 4	95	5 5 0	22 47 14
15 W	5♊27 46	6 31 36	101	6 1 1	24 33 43
16 Th	18 34 24	6 38 35	108	6 58 58	25 1 2
17 F	1♋55 12	6 45 58	113	7 57 38	24 2 52
18 S	15 30 57	6 53 38	115	8 55 46	21 40 4
19 Su	29 22 4	7 1 15	111	9 52 29	18 0 21
20 M	13♌28 13	7 8 18	97	10 47 29	13 16 41
21 Tu	27 47 53	7 14 3	73	11 41 2	7 45 27
22 W	12♍18 10	7 17 47	37	12 33 49	1 45 16
23 Th	26 54 37	7 18 48	-8	13 26 42	4S23 31
24 F	11♎31 34	7 16 42	-55	14 20 35	10 19 4
25 S	26 2 44	7 11 28	-100	15 16 9	15 38 46
26 Su	10♏21 59	7 3 31	-136	16 13 41	20 0 54
27 M	24 24 13	6 53 34	-159	17 12 51	23 7 20
28 Tu	8♐ 5 55	6 42 33	-168	18 12 38	24 46 47
29 W	21 25 24	6 31 25	-163	19 11 35	24 56 59
30 Th	4♑22 52	6 20 59	-147	20 8 20	23 44 21
31 F	17♑ 0 5	6 11 56	-123	21 2 0	21S21 17

LUNAR INGRESSES
2 ☽ ♑ 18:45
5 ☽ ♒ 5:19
7 ☽ ♓ 17:48
10 ☽ ♈ 6:09
12 ☽ ♉ 17:01
15 ☽ ♊ 1:53
17 ☽ ♋ 8:34
19 ☽ ♌ 13:05
21 ☽ ♍ 15:40
23 ☽ ♎ 17:04
25 ☽ ♏ 18:35
27 ☽ ♐ 21:44
30 ☽ ♑ 3:49

PLANET INGRESSES
15 ☉ ♉ 19:09
16 ♀ ♊ 4:56
20 ♂ ♊ 13:41

STATIONS
13 ♆ R 12:11
15 ☿ R 18:51

DATA FOR THE 1st AT 0 HOURS
JULIAN DAY 37375.5
☽ MEAN ☊ 25°♉ 14' 0"
OBLIQUITY 23° 26' 22"
DELTA T 65.4 SECONDS
NUTATION LONGITUDE-17.8"

DAY MO YR	☿ LONG ° ' "	♀ LONG ° ' "	♂ LONG ° ' "	♃ LONG ° ' "	♄ LONG ° ' "	♅ LONG ° ' "	♆ LONG ° ' "	♇ LONG ° ' "	☊ LONG ° '	A.S.S.I. h m s	S.S.R.Y. h m s	S.V.P. ♓ ° ' "	☿ MERCURY R.A. h m s	DECL ° ' "
1 121	6♉ 5 56	11♉37 8	16♉56 5	16♊ 9 34	18♉44 12	3♒37 39	16♑10 14	22♏25R 9	23♉36	3 11 8	29 56 46	5 13 56.0	3 52 34	22N51 37
2 122	7 16 39	12 49 58	17 36 26	16 19 10	18 51 11	3 39 12	16 10 38	22 23 57	23 37	3 15 56	29 55 57	5 13 55.8	3 57 33	23 8 19
3 123	8 22 43	14 2 45	18 16 44	16 28 52	18 58 13	3 40 42	16 10 59	22 22 43	23 38	3 20 44	29 55 15	5 13 55.6	4 2 13	23 22 38
4 124	9 24 4	15 15 30	18 57 1	16 38 40	19 5 17	3 42 10	16 11 19	22 21 28	23 39	3 25 34	29 54 41	5 13 55.4	4 6 35	23 34 36
5 125	10 20 37	16 28 13	19 37 16	16 48 35	19 12 23	3 43 35	16 11 37	22 20 12	23 39	3 30 24	29 54 14	5 13 55.3	4 10 38	23 44 18
6 126	11 12 19	17 40 53	20 17 29	16 58 35	19 19 32	3 44 57	16 11 52	22 18 55	23 37	3 35 15	29 53 57	5 13 55.2	4 14 22	23 51 44
7 127	11 59 5	18 53 30	20 57 40	17 8 41	19 26 43	3 46 17	16 12 6	22 17 36	23 34	3 40 6	29 53 51	5 13 55.1	4 17 46	23 57 0
8 128	12 40 53	20 6 5	21 37 49	17 18 53	19 33 57	3 47 34	16 12 18	22 16 17	23 30	3 44 59	29 53 58	5 13 55.0	4 20 49	24 0 7
9 129	13 17 40	21 18 38	22 17 57	17 29 10	19 41 12	3 48 48	16 12 28	22 14 56	23 25	3 49 52	29 54 17	5 13 55.0	4 23 31	24 1 8
10 130	13 49 23	22 31 7	22 58 3	17 39 33	19 48 29	3 49 59	16 12 35	22 13 34	23 20	3 54 46	29 54 50	5 13 54.9	4 25 52	24 0 7
11 131	14 16 0	23 43 35	23 38 7	17 50 2	19 55 49	3 51 7	16 12 41	22 12 11	23 15	3 59 40	29 55 35	5 13 54.9	4 27 53	23 57 5
12 132	14 37 31	24 55 59	24 18 9	18 0 36	20 3 10	3 52 13	16 12 45	22 10 48	23 11	4 4 35	29 56 31	5 13 54.8	4 29 31	23 52 6
13 133	14 53 56	26 8 21	24 58 9	18 11 16	20 10 33	3 53 15	16 12R47	22 9 23	23 08	4 9 31	29 57 36	5 13 54.6	4 30 48	23 45 14
14 134	15 5 16	27 20 40	25 38 8	18 22 0	20 17 58	3 54 15	16 12 46	22 7 58	23 07	4 14 28	29 58 47	5 13 54.4	4 31 44	23 36 30
15 135	15 11R35	28 32 56	26 18 4	18 32 50	20 25 25	3 55 12	16 12 44	22 6 31	23 07	4 19 26	29 59 58	5 13 54.2	4 32 19	23 25 58
16 136	15 12 58	29 45 9	26 57 59	18 43 45	20 32 53	3 56 6	16 12 40	22 5 4	23 08	4 24 24	30 1 6	5 13 53.9	4 32 33	23 13 43
17 137	15 9 33	0♊57 19	27 37 52	18 54 44	20 40 23	3 56 57	16 12 34	22 3 36	23 09	4 29 23	30 2 8	5 13 53.7	4 32 27	22 59 49
18 138	15 1 30	2 9 26	28 17 43	19 5 48	20 47 54	3 57 45	16 12 26	22 2 7	23 11	4 34 22	30 2 59	5 13 53.5	4 32 2	22 44 22
19 139	14 49 3	3 21 29	28 57 33	19 16 57	20 55 27	3 58 30	16 12 16	22 0 37	23 12	4 39 22	30 3 37	5 13 53.3	4 31 18	22 27 26
20 140	14 32 27	4 33 30	29 37 20	19 28 11	21 3 1	3 59 12	16 12 4	21 59 7	23 12	4 44 23	30 4 3	5 13 53.1	4 30 18	22 9 11
21 141	14 12 2	5 45 27	0♊17 6	19 39 29	21 10 36	3 59 52	16 11 50	21 57 36	23 11	4 49 25	30 4 15	5 13 53.0	4 29 2	21 49 43
22 142	13 48 11	6 57 21	0 56 49	19 50 51	21 18 13	4 0 28	16 11 35	21 56 5	23 10	4 54 27	30 4 13	5 13 52.9	4 27 32	21 29 12
23 143	13 21 19	8 9 11	1 36 31	20 2 18	21 25 50	4 1 2	16 11 17	21 54 32	23 08	4 59 29	30 4 0	5 13 52.9	4 25 50	21 7 50
24 144	12 51 55	9 20 58	2 16 11	20 13 49	21 33 29	4 1 33	16 10 58	21 53 0	23 06	5 4 33	30 3 36	5 13 52.8	4 23 57	20 45 47
25 145	12 20 31	10 32 41	2 55 49	20 25 24	21 41 9	4 2 0	16 10 36	21 51 27	23 05	5 9 37	30 3 4	5 13 52.7	4 21 57	20 23 18
26 146	11 47 39	11 44 21	3 35 25	20 37 3	21 48 49	4 2 25	16 10 13	21 49 53	23 03	5 14 42	30 2 24	5 13 52.5	4 19 52	20 0 36
27 147	11 13 55	12 55 57	4 15 0	20 48 46	21 56 31	4 2 47	16 9 48	21 48 19	23 03	5 19 47	30 1 39	5 13 52.2	4 17 43	19 37 56
28 148	10 39 53	14 7 30	4 54 33	21 0 32	22 4 13	4 3 6	16 9 21	21 46 44	23 03	5 24 53	30 0 50	5 13 52.0	4 15 33	19 15 34
29 149	10 6 10	15 18 59	5 34 4	21 12 23	22 11 56	4 3 22	16 8 52	21 45 9	23 03	5 29 59	29 59 59	5 13 51.7	4 13 25	18 53 43
30 150	9 33 21	16 30 24	6 13 34	21 24 17	22 19 40	4 3 35	16 8 22	21 43 34	23 04	5 35 6	29 59 8	5 13 51.4	4 11 20	18 32 39
31 151	9♉ 1 58	17♊41 46	6♊53 2	21♊36 15	22♉27 25	4♒ 3 45	16♑ 7 49	21♏41 59	23♉05	5 40 14	29 58 18	5 13 51.2	4 9 22	18N12 36

DAY May	♀ VENUS R.A. h m s	DECL ° ' "	♂ MARS R.A. h m s	DECL ° ' "	♃ JUPITER R.A. h m s	DECL ° ' "	♄ SATURN R.A. h m s	DECL ° ' "	♅ URANUS R.A. h m s	DECL ° ' "	♆ NEPTUNE R.A. h m s	DECL ° ' "	♇ PLUTO R.A. h m s	DECL ° ' "
1	4 17 32	22N 7 46	4 40 14	23N 0 17	6 47 37	23N12 1	4 49 10	21N 4 15	22 3 14	12S42 36	20 53 28	17S24 15	17 8 16	12S44 19
2	4 22 40	22 22 35	4 43 8	23 6 3	6 48 18	23 11 18	4 49 39	21 5 14	22 3 20	12 42 5	20 53 30	17 24 9	17 8 11	12 44 6
3	4 27 49	22 36 48	4 46 2	23 11 37	6 49 0	23 10 33	4 50 9	21 6 13	22 3 26	12 41 36	20 53 31	17 24 3	17 8 6	12 43 53
4	4 32 59	22 50 23	4 48 55	23 16 59	6 49 43	23 9 47	4 50 39	21 7 12	22 3 32	12 41 8	20 53 33	17 23 58	17 8 1	12 43 40
5	4 38 10	23 3 20	4 51 49	23 22 8	6 50 26	23 9 0	4 51 9	21 8 11	22 3 37	12 40 40	20 53 34	17 23 54	17 7 56	12 43 28
6	4 43 22	23 15 39	4 54 43	23 27 6	6 51 9	23 8 12	4 51 40	21 9 10	22 3 43	12 40 14	20 53 35	17 23 50	17 7 51	12 43 15
7	4 48 34	23 27 18	4 57 37	23 31 52	6 51 53	23 7 23	4 52 10	21 10 8	22 3 48	12 39 48	20 53 36	17 23 47	17 7 46	12 43 3
8	4 53 48	23 38 19	5 0 31	23 36 25	6 52 37	23 6 32	4 52 41	21 11 6	22 3 53	12 39 24	20 53 37	17 23 44	17 7 41	12 42 51
9	4 59 1	23 48 39	5 3 26	23 40 46	6 53 22	23 5 40	4 53 12	21 12 4	22 3 58	12 39 0	20 53 37	17 23 42	17 7 35	12 42 39
10	5 4 16	23 58 19	5 6 20	23 44 55	6 54 7	23 4 47	4 53 43	21 13 1	22 4 2	12 38 37	20 53 38	17 23 40	17 7 30	12 42 27
11	5 9 31	24 7 19	5 9 14	23 48 52	6 54 52	23 3 52	4 54 14	21 13 59	22 4 7	12 38 16	20 53 38	17 23 39	17 7 24	12 42 16
12	5 14 46	24 15 38	5 12 8	23 52 37	6 55 38	23 2 56	4 54 45	21 14 56	22 4 11	12 37 55	20 53 39	17 23 38	17 7 19	12 42 5
13	5 20 2	24 23 15	5 15 3	23 56 9	6 56 24	23 1 59	4 55 17	21 15 52	22 4 15	12 37 35	20 53 39	17 23 38	17 7 13	12 41 54
14	5 25 19	24 30 11	5 17 57	23 59 29	6 57 11	23 1 0	4 55 48	21 16 49	22 4 19	12 37 17	20 53 39	17 23 39	17 7 7	12 41 43
15	5 30 36	24 36 25	5 20 51	24 2 37	6 57 57	23 0 0	4 56 20	21 17 45	22 4 23	12 36 59	20 53 39	17 23 40	17 7 2	12 41 32
16	5 35 53	24 41 57	5 23 46	24 5 32	6 58 45	22 58 58	4 56 52	21 18 41	22 4 26	12 36 42	20 53 38	17 23 41	17 6 56	12 41 22
17	5 41 10	24 46 46	5 26 40	24 8 15	6 59 32	22 57 56	4 57 24	21 19 36	22 4 30	12 36 27	20 53 38	17 23 43	17 6 50	12 41 12
18	5 46 27	24 50 53	5 29 35	24 10 46	7 0 20	22 56 52	4 57 56	21 20 31	22 4 33	12 36 12	20 53 38	17 23 46	17 6 44	12 41 2
19	5 51 44	24 54 18	5 32 29	24 13 5	7 1 8	22 55 46	4 58 28	21 21 26	22 4 36	12 35 59	20 53 37	17 23 49	17 6 38	12 40 53
20	5 57 2	24 56 59	5 35 23	24 15 11	7 1 57	22 54 39	4 59 0	21 22 21	22 4 38	12 35 46	20 53 36	17 23 53	17 6 32	12 40 43
21	6 2 19	24 58 58	5 38 17	24 17 5	7 2 46	22 53 31	4 59 33	21 23 15	22 4 41	12 35 34	20 53 35	17 23 57	17 6 26	12 40 34
22	6 7 36	25 0 14	5 41 12	24 18 47	7 3 35	22 52 22	5 0 5	21 24 8	22 4 43	12 35 24	20 53 34	17 24 2	17 6 20	12 40 26
23	6 12 54	25 0 47	5 44 6	24 20 16	7 4 24	22 51 11	5 0 38	21 25 1	22 4 46	12 35 15	20 53 33	17 24 7	17 6 14	12 40 17
24	6 18 10	25 0 37	5 47 0	24 21 34	7 5 14	22 49 58	5 1 10	21 25 54	22 4 48	12 35 6	20 53 32	17 24 13	17 6 7	12 40 9
25	6 23 27	24 59 44	5 49 54	24 22 38	7 6 4	22 48 44	5 1 43	21 26 46	22 4 50	12 34 59	20 53 30	17 24 19	17 6 1	12 40 1
26	6 28 43	24 58 9	5 52 48	24 23 31	7 6 54	22 47 29	5 2 16	21 27 38	22 4 51	12 34 52	20 53 29	17 24 26	17 5 55	12 39 54
27	6 33 59	24 55 51	5 55 41	24 24 11	7 7 45	22 46 12	5 2 49	21 28 29	22 4 53	12 34 47	20 53 27	17 24 33	17 5 49	12 39 46
28	6 39 14	24 52 50	5 58 35	24 24 39	7 8 36	22 44 54	5 3 22	21 29 20	22 4 54	12 34 42	20 53 25	17 24 41	17 5 42	12 39 39
29	6 44 28	24 49 7	6 1 29	24 24 55	7 9 27	22 43 34	5 3 55	21 30 11	22 4 55	12 34 39	20 53 23	17 24 49	17 5 36	12 39 32
30	6 49 42	24 44 42	6 4 22	24 24 59	7 10 18	22 42 13	5 4 28	21 31 1	22 4 56	12 34 36	20 53 21	17 24 58	17 5 30	12 39 26
31	6 54 56	24N39 36	6 7 16	24N24 51	7 11 9	22N40 51	5 5 1	21N31 50	22 4 57	12S34 35	20 53 19	17S25 7	17 5 23	12S39 20

JUNE 2002

DAY	SIDEREAL TIME h m s	☉ SUN LONG ° ' "	MOT ' "	R.A. h m s	DECL ° ' "
1 S	16 37 13	15♉34 14	57 30	4 34 53.7	21N59 56
2 Su	16 41 10	16 31 44	57 29	4 38 59.4	22 8 2
3 M	16 45 6	17 29 13	57 28	4 43 5.5	22 15 46
4 Tu	16 49 3	18 26 41	57 28	4 47 12.0	22 23 6
5 W	16 52 59	19 24 8	57 27	4 51 18.9	22 30 2
6 Th	16 56 56	20 21 35	57 26	4 55 26.1	22 36 35
7 F	17 0 52	21 19 1	57 26	4 59 33.6	22 42 45
8 S	17 4 49	22 16 27	57 25	5 3 41.4	22 48 30
9 Su	17 8 45	23 13 52	57 24	5 7 49.6	22 53 51
10 M	17 12 42	24 11 16	57 24	5 11 58.0	22 58 49
11 Tu	17 16 39	25 8 39	57 23	5 16 6.6	23 3 22
12 W	17 20 35	26 6 2	57 22	5 20 15.5	23 7 30
13 Th	17 24 32	27 3 23	57 21	5 24 24.5	23 11 14
14 F	17 28 28	28 0 44	57 20	5 28 33.8	23 14 34
15 S	17 32 25	28 58 4	57 19	5 32 43.1	23 17 29
16 Su	17 36 21	29 55 24	57 18	5 36 52.5	23 19 59
17 M	17 40 18	0♊52 42	57 18	5 41 2.0	23 22 5
18 Tu	17 44 14	1 49 59	57 17	5 45 11.6	23 23 45
19 W	17 48 11	2 47 16	57 16	5 49 21.2	23 25 1
20 Th	17 52 8	3 44 32	57 15	5 53 30.8	23 25 52
21 F	17 56 4	4 41 47	57 15	5 57 40.4	23 26 18
22 S	18 0 1	5 39 1	57 14	6 1 50.0	23 26 20
23 Su	18 3 57	6 36 15	57 13	6 5 59.5	23 25 56
24 M	18 7 54	7 33 28	57 13	6 10 8.9	23 25 8
25 Tu	18 11 50	8 30 41	57 13	6 14 18.2	23 23 55
26 W	18 15 47	9 27 53	57 13	6 18 27.5	23 22 17
27 Th	18 19 43	10 25 6	57 12	6 22 36.6	23 20 15
28 F	18 23 40	11 22 18	57 12	6 26 45.5	23 17 48
29 S	18 27 37	12 19 30	57 12	6 30 54.3	23 14 57
30 Su	18 31 33	13♊16 42	57 12	6 35 2.9	23N11 41

DAY	☽ MOON AT 0 HOURS LONG ° ' "	12h MOT ° ' "	2DIF "	R.A. h m s	DECL ° ' "
1 S	23♑12 1	6 8 4	-108	21 27 36	19S47 55
2 Su	5♒24 48	6 1 55	-76	22 16 25	16 6 34
3 M	17 26 22	5 57 59	-42	23 2 34	11 49 52
4 Tu	29 21 13	5 56 20	-8	23 46 47	7 9 0
5 W	11♓13 55	5 56 55	25	0 29 59	2 13 29
6 Th	23 8 50	5 59 34	54	1 13 4	2N47 58
7 F	5♈10 0	6 4 1	79	1 56 58	7 46 25
8 S	17 20 50	6 9 57	98	2 42 35	12 31 43
9 Su	29 44 7	6 16 57	111	3 30 42	16 51 40
10 M	12♉21 46	6 24 36	117	4 21 57	20 31 44
11 Tu	25 14 53	6 32 27	117	5 16 30	23 15 45
12 W	8♊23 38	6 40 5	111	6 13 56	24 47 52
13 Th	21 47 26	6 47 10	100	7 13 12	24 56 0
14 F	5♋24 59	6 53 24	86	8 12 48	23 35 10
15 S	19 14 31	6 58 37	70	9 11 19	20 49 6
16 Su	3♌13 55	7 2 42	53	10 7 51	16 49 13
17 M	17 20 56	7 5 37	35	11 2 13	11 51 42
18 Tu	1♍33 12	7 7 20	16	11 54 50	6 14 50
19 W	15 48 14	7 7 45	-4	12 46 30	0 17 30
20 Th	0♎ 3 27	7 6 49	-25	13 38 12	5S41 18
21 F	14 16 5	7 4 26	-47	14 30 54	11 22 13
22 S	28 23 12	7 0 32	-70	15 25 22	16 25 30
23 Su	12♏21 45	6 55 8	-92	16 21 57	20 31 50
24 M	26 8 46	6 48 22	-110	17 20 23	23 24 28
25 Tu	9♐41 41	6 40 31	-123	18 19 41	24 52 9
26 W	22 58 31	6 32 1	-130	19 18 26	24 51 50
27 Th	5♑58 13	6 23 23	-127	20 15 11	23 29 8
28 F	18 40 47	6 15 10	-117	21 8 58	20 56 9
29 S	1♒ 7 20	6 7 55	-98	21 59 28	17 27 54
30 Su	13♒20 5	6 2 9	-73	22 46 58	13S19 14

DAY	☽ MOON AT 12 HOURS LONG ° ' "	12h MOT ° ' "	2DIF "	R.A. h m s	DECL ° ' "
1 S	29♑20 5	6 4 43	-92	21 52 23	18S 2 26
2 Su	11♒26 43	5 59 40	-59	22 39 47	14 1 53
3 M	23 24 21	5 56 52	-25	23 24 52	9 31 49
4 Tu	5♓17 34	5 56 22	9	0 8 27	4 42 31
5 W	17 10 50	5 58 0	40	0 51 29	0N17 2
6 Th	29 8 25	6 1 35	67	1 34 51	5 18 9
7 F	11♈14 1	6 6 49	89	2 19 30	10 11 25
8 S	23 30 47	6 13 20	105	3 6 17	14 45 43
9 Su	6♉ 1 3	6 20 43	115	3 55 55	18 47 41
10 M	18 46 22	6 28 31	118	4 48 49	22 1 47
11 Tu	1♊47 20	6 36 19	115	5 44 54	24 11 41
12 W	15 3 44	6 43 43	106	6 43 26	25 2 56
13 Th	28 34 36	6 50 24	94	7 43 4	24 26 40
14 F	12♋18 23	6 56 8	78	8 42 16	22 22 13
15 S	26 13 7	7 0 48	61	9 39 52	18 57 27
16 Su	10♌16 38	7 4 19	44	10 35 18	14 26 32
17 M	24 26 34	7 6 38	26	11 28 42	9 7 1
18 Tu	8♍40 31	7 7 42	6	12 20 43	3 17 33
19 W	22 55 59	7 7 28	-14	13 12 17	2S42 55
20 Th	7♎10 16	7 5 49	-36	14 4 22	8 35 14
21 F	21 20 31	7 2 41	-59	14 57 53	13 59 48
22 S	5♏23 44	6 58 1	-81	15 53 24	18 36 55
23 Su	19 16 52	6 51 54	-102	16 50 59	22 8 14
24 M	2♐57 8	6 44 33	-118	17 50 0	24 19 20
25 Tu	16 22 12	6 36 19	-128	18 49 13	25 2 50
26 W	29 30 32	6 27 41	-130	19 47 8	24 20 8
27 Th	12♑21 36	6 19 11	-123	20 42 29	22 20 31
28 F	24 55 57	6 11 23	-109	21 34 37	19 17 59
29 S	7♒15 15	6 4 50	-87	22 23 34	15 27 45
30 Su	19♒22 13	5 59 56	-59	23 9 46	11S 3 52

LUNAR INGRESSES
1 ☽ ♒ 13:19
4 ☽ ♓ 1:18
6 ☽ ♈ 13:43
9 ☽ ♉ 0:30
11 ☽ ♊ 8:44
13 ☽ ♋ 14:30
15 ☽ ♌ 18:29
17 ☽ ♍ 21:23
19 ☽ ♎ 23:54
22 ☽ ♏ 2:45
24 ☽ ♐ 6:47
26 ☽ ♑ 12:54
28 ☽ ♒ 21:49

PLANET INGRESSES
10 ♀ ♋ 9:29
16 ☉ ♊ 1:56

STATIONS
3 ♅ R 0:12
8 ☿ D 15:13

DATA FOR THE 1st AT 0 HOURS
JULIAN DAY 37406.5
☽ MEAN ☊ 23°♉ 35' 26"
OBLIQUITY 23° 26' 22"
DELTA T 65.4 SECONDS
NUTATION LONGITUDE-17.2"

DAY MO YR	☿ LONG ° ' "	♀ LONG ° ' "	♂ LONG ° ' "	♃ LONG ° ' "	♄ LONG ° ' "	♅ LONG ° ' "	♆ LONG ° ' "	♇ LONG ° ' "
1 152	8♉32R33	18♊53 5	7♊32 28	21♊48 17	22♉35 10	4♒ 3 53	16♑ 7R15	21♏40R23
2 153	8 5 36	20 4 19	8 11 53	22 0 22	22 42 56	4 3 57	16 6 39	21 38 47
3 154	7 41 31	21 15 30	8 51 17	22 12 30	22 50 42	4 3R58	16 6 1	21 37 10
4 155	7 20 44	22 26 38	9 30 39	22 24 42	22 58 29	4 3 57	16 5 22	21 35 34
5 156	7 3 32	23 37 42	10 10 0	22 36 57	23 6 16	4 3 52	16 4 41	21 33 57
6 157	6 50 12	24 48 42	10 49 19	22 49 15	23 14 3	4 3 45	16 3 58	21 32 21
7 158	6 40 58	25 59 38	11 28 37	23 1 36	23 21 51	4 3 35	16 3 13	21 30 44
8 159	6 35D59	27 10 30	12 7 53	23 14 1	23 29 39	4 3 21	16 2 27	21 29 7
9 160	6 35 24	28 21 19	12 47 9	23 26 28	23 37 27	4 3 5	16 1 38	21 27 30
10 161	6 39 16	29 32 3	13 26 22	23 38 58	23 45 15	4 2 46	16 0 49	21 25 54
11 162	6 47 39	0♋42 43	14 5 35	23 51 31	23 53 2	4 2 24	15 59 57	21 24 17
12 163	7 0 34	1 53 19	14 44 46	24 4 7	24 0 50	4 2 0	15 59 4	21 22 41
13 164	7 18 0	3 3 51	15 23 55	24 16 45	24 8 38	4 1 32	15 58 10	21 21 4
14 165	7 39 56	4 14 18	16 3 4	24 29 26	24 16 26	4 1 2	15 57 14	21 19 28
15 166	8 6 18	5 24 41	16 42 10	24 42 10	24 24 13	4 0 28	15 56 16	21 17 52
16 167	8 37 3	6 34 59	17 21 16	24 54 55	24 31 59	3 59 52	15 55 17	21 16 17
17 168	9 12 7	7 45 12	18 0 20	25 7 43	24 39 46	3 59 13	15 54 16	21 14 42
18 169	9 51 27	8 55 20	18 39 22	25 20 33	24 47 32	3 58 32	15 53 14	21 13 7
19 170	10 34 57	10 5 23	19 18 23	25 33 26	24 55 17	3 57 47	15 52 10	21 11 32
20 171	11 22 34	11 15 21	19 57 23	25 46 20	25 3 2	3 57 0	15 51 5	21 9 59
21 172	12 14 14	12 25 14	20 36 21	25 59 16	25 10 45	3 56 10	15 49 58	21 8 25
22 173	13 9 52	13 35 0	21 15 18	26 12 14	25 18 29	3 55 18	15 48 51	21 6 52
23 174	14 9 24	14 44 42	21 54 14	26 25 14	25 26 11	3 54 23	15 47 41	21 5 20
24 175	15 12 47	15 54 18	22 33 8	26 38 16	25 33 53	3 53 25	15 46 31	21 3 48
25 176	16 19 58	17 3 48	23 12 1	26 51 19	25 41 33	3 52 25	15 45 19	21 2 16
26 177	17 30 53	18 13 12	23 50 53	27 4 24	25 49 13	3 51 22	15 44 6	21 0 46
27 178	18 45 31	19 22 30	24 29 43	27 17 30	25 56 52	3 50 17	15 42 52	20 59 16
28 179	20 3 47	20 31 43	25 8 33	27 30 38	26 4 29	3 49 9	15 41 36	20 57 47
29 180	21 25 40	21 40 49	25 47 21	27 43 48	26 12 6	3 47 58	15 40 20	20 56 18
30 181	22♉51 8	22♋49 49	26♊26 9	27♊56 59	26♉19 41	3♒46 45	15♑39 2	20♏54 50

DAY MO YR	☊ LONG ° '	A.S.S.I. h m s	S.S.R.Y. h m s	S.V.P. ♓ ° ' "	☿ MERCURY R.A. h m s	☿ MERCURY DECL ° ' "
1 152	23♉06	5 45 22	29 57 33	5 13 51.0	4 7 31	17N53 47
2 153	23 06	5 50 31	29 56 54	5 13 50.9	4 5 50	17 36 25
3 154	23 06	5 55 40	29 56 24	5 13 50.8	4 4 20	17 20 39
4 155	23 06	6 0 49	29 56 4	5 13 50.7	4 3 3	17 6 39
5 156	23 06	6 6 0	29 55 56	5 13 50.6	4 2 0	16 54 31
6 157	23 06	6 11 10	29 56 2	5 13 50.5	4 1 12	16 44 21
7 158	23 05	6 16 21	29 56 23	5 13 50.4	4 0 39	16 36 13
8 159	23 05	6 21 33	29 56 58	5 13 50.3	4 0 23	16 30 8
9 160	23 05	6 26 44	29 57 46	5 13 50.1	4 0 24	16 26 8
10 161	23 05	6 31 56	29 58 46	5 13 49.9	4 0 42	16 24 12
11 162	23 05	6 37 9	29 59 54	5 13 49.7	4 1 18	16 24 18
12 163	23 05	6 42 21	30 1 6	5 13 49.4	4 2 11	16 26 22
13 164	23 05	6 47 34	30 2 19	5 13 49.1	4 3 22	16 30 22
14 165	23 04	6 52 47	30 3 29	5 13 48.9	4 4 50	16 36 13
15 166	23 04	6 58 1	30 4 33	5 13 48.6	4 6 36	16 43 49
16 167	23 03	7 3 14	30 5 28	5 13 48.4	4 8 39	16 53 5
17 168	23 03	7 8 27	30 6 13	5 13 48.3	4 10 59	17 3 55
18 169	23 02	7 13 41	30 6 47	5 13 48.2	4 13 37	17 16 13
19 170	23 03	7 18 55	30 7 10	5 13 48.1	4 16 31	17 29 51
20 171	23 03	7 24 8	30 7 20	5 13 48.0	4 19 43	17 44 43
21 172	23 04	7 29 22	30 7 19	5 13 47.9	4 23 11	18 0 41
22 173	23 05	7 34 35	30 7 7	5 13 47.7	4 26 57	18 17 39
23 174	23 06	7 39 49	30 6 45	5 13 47.5	4 30 58	18 35 28
24 175	23 06	7 45 2	30 6 13	5 13 47.2	4 35 17	18 54 1
25 176	23 05	7 50 15	30 5 32	5 13 47.0	4 39 52	19 13 9
26 177	23 04	7 55 29	30 4 45	5 13 46.7	4 44 44	19 32 45
27 178	23 02	8 0 41	30 3 54	5 13 46.4	4 49 53	19 52 39
28 179	22 59	8 5 54	30 3 1	5 13 46.2	4 55 18	20 12 44
29 180	22 57	8 11 7	30 2 8	5 13 46.0	5 1 0	20 32 48
30 181	22♉54	8 16 19	30 1 18	5 13 45.9	5 6 59	20N52 43

DAY Jun	♀ VENUS R.A. h m s	♀ VENUS DECL ° ' "	♂ MARS R.A. h m s	♂ MARS DECL ° ' "	♃ JUPITER R.A. h m s	♃ JUPITER DECL ° ' "	♄ SATURN R.A. h m s	♄ SATURN DECL ° ' "	♅ URANUS R.A. h m s	♅ URANUS DECL ° ' "	♆ NEPTUNE R.A. h m s	♆ NEPTUNE DECL ° ' "	♇ PLUTO R.A. h m s	♇ PLUTO DECL ° ' "
1	7 0 8	24N33 47	6 10 9	24N24 31	7 12 1	22N39 27	5 5 34	21N32 40	22 4 57	12S34 35	20 53 17	17S25 17	17 5 17	12S39 14
2	7 5 20	24 27 18	6 13 2	24 23 59	7 12 53	22 38 1	5 6 7	21 33 28	22 4 58	12 34 35	20 53 15	17 25 27	17 5 10	12 39 9
3	7 10 31	24 20 7	6 15 55	24 23 14	7 13 45	22 36 35	5 6 40	21 34 16	22 4 58	12 34 37	20 53 12	17 25 38	17 5 4	12 39 4
4	7 15 41	24 12 16	6 18 48	24 22 18	7 14 38	22 35 6	5 7 14	21 35 4	22 4 58	12 34 40	20 53 9	17 25 50	17 4 57	12 38 59
5	7 20 50	24 3 44	6 21 40	24 21 10	7 15 31	22 33 37	5 7 47	21 35 51	22 4 57	12 34 43	20 53 7	17 26 1	17 4 51	12 38 55
6	7 25 58	23 54 33	6 24 33	24 19 50	7 16 24	22 32 5	5 8 20	21 36 37	22 4 57	12 34 48	20 53 4	17 26 13	17 4 44	12 38 50
7	7 31 5	23 44 42	6 27 25	24 18 18	7 17 17	22 30 33	5 8 54	21 37 23	22 4 56	12 34 54	20 53 1	17 26 26	17 4 38	12 38 46
8	7 36 11	23 34 12	6 30 17	24 16 34	7 18 10	22 28 59	5 9 27	21 38 9	22 4 56	12 35 1	20 52 58	17 26 39	17 4 31	12 38 43
9	7 41 16	23 23 4	6 33 9	24 14 38	7 19 3	22 27 23	5 10 1	21 38 54	22 4 55	12 35 8	20 52 54	17 26 53	17 4 25	12 38 40
10	7 46 20	23 11 17	6 36 1	24 12 31	7 19 57	22 25 46	5 10 34	21 39 38	22 4 54	12 35 17	20 52 51	17 27 7	17 4 18	12 38 37
11	7 51 22	22 58 53	6 38 53	24 10 12	7 20 51	22 24 7	5 11 7	21 40 22	22 4 52	12 35 27	20 52 48	17 27 21	17 4 12	12 38 35
12	7 56 23	22 45 52	6 41 44	24 7 41	7 21 45	22 22 27	5 11 41	21 41 5	22 4 51	12 35 38	20 52 44	17 27 36	17 4 5	12 38 32
13	8 1 23	22 32 14	6 44 35	24 4 59	7 22 39	22 20 46	5 12 14	21 41 48	22 4 49	12 35 49	20 52 41	17 27 51	17 3 59	12 38 31
14	8 6 21	22 18 1	6 47 26	24 2 5	7 23 33	22 19 3	5 12 48	21 42 30	22 4 47	12 36 2	20 52 37	17 28 7	17 3 52	12 38 29
15	8 11 18	22 3 12	6 50 17	23 59 0	7 24 28	22 17 19	5 13 21	21 43 12	22 4 45	12 36 16	20 52 33	17 28 23	17 3 46	12 38 29
16	8 16 14	21 47 49	6 53 8	23 55 43	7 25 23	22 15 33	5 13 54	21 43 53	22 4 43	12 36 30	20 52 29	17 28 40	17 3 39	12 38 28
17	8 21 8	21 31 52	6 55 58	23 52 15	7 26 17	22 13 46	5 14 28	21 44 33	22 4 40	12 36 46	20 52 25	17 28 57	17 3 33	12 38 28
18	8 26 1	21 15 21	6 58 48	23 48 36	7 27 12	22 11 57	5 15 1	21 45 13	22 4 38	12 37 2	20 52 21	17 29 14	17 3 27	12 38 28
19	8 30 52	20 58 17	7 1 38	23 44 46	7 28 7	22 10 7	5 15 34	21 45 53	22 4 35	12 37 20	20 52 16	17 29 32	17 3 20	12 38 28
20	8 35 42	20 40 42	7 4 27	23 40 44	7 29 3	22 8 15	5 16 8	21 46 31	22 4 32	12 37 38	20 52 12	17 29 50	17 3 14	12 38 29
21	8 40 30	20 22 34	7 7 16	23 36 31	7 29 58	22 6 22	5 16 41	21 47 9	22 4 29	12 37 58	20 52 8	17 30 9	17 3 8	12 38 30
22	8 45 16	20 3 56	7 10 5	23 32 8	7 30 53	22 4 28	5 17 14	21 47 47	22 4 26	12 38 18	20 52 3	17 30 28	17 3 1	12 38 32
23	8 50 1	19 44 48	7 12 54	23 27 33	7 31 49	22 2 32	5 17 47	21 48 23	22 4 22	12 38 39	20 51 58	17 30 47	17 2 55	12 38 34
24	8 54 44	19 25 11	7 15 42	23 22 47	7 32 44	22 0 35	5 18 20	21 49 0	22 4 19	12 39 1	20 51 54	17 31 7	17 2 49	12 38 36
25	8 59 26	19 5 5	7 18 30	23 17 51	7 33 40	21 58 36	5 18 53	21 49 35	22 4 15	12 39 24	20 51 49	17 31 27	17 2 43	12 38 39
26	9 4 6	18 44 31	7 21 18	23 12 44	7 34 36	21 56 36	5 19 26	21 50 10	22 4 11	12 39 48	20 51 44	17 31 47	17 2 37	12 38 42
27	9 8 45	18 23 29	7 24 5	23 7 26	7 35 32	21 54 34	5 19 59	21 50 45	22 4 7	12 40 12	20 51 39	17 32 8	17 2 30	12 38 46
28	9 13 22	18 2 1	7 26 52	23 1 58	7 36 28	21 52 32	5 20 32	21 51 19	22 4 2	12 40 38	20 51 34	17 32 29	17 2 24	12 38 50
29	9 17 57	17 40 7	7 29 39	22 56 20	7 37 24	21 50 27	5 21 4	21 51 52	22 3 58	12 41 4	20 51 29	17 32 50	17 2 18	12 38 54
30	9 22 31	17N17 48	7 32 25	22N50 30	7 38 20	21N48 22	5 21 37	21N52 25	22 3 53	12S41 32	20 51 24	17S33 12	17 2 12	12S38 59

JULY 2002

DAY	SIDEREAL TIME (h m s)	☉ SUN LONG (° ' ")	SUN MOT (' ")	SUN R.A. (h m s)	SUN DECL (° ' ")	☽ MOON AT 0 HOURS LONG (° ' ")	12h MOT (° ' ")	2DIF (")	R.A. (h m s)	DECL (° ' ")
1 M	18 35 30	14♊13 54	57 12	6 39 11.2	23N 8 1	25♒22 9	5 58 13	-43	23 32 4	8S43 6
2 Tu	18 39 26	15 11 6	57 12	6 43 19.4	23 3 57	7♓17 26	5 56 27	-9	0 15 39	3 50 19
3 W	18 43 23	16 8 18	57 13	6 47 27.3	22 59 28	19 10 18	5 57 0	26	0 58 37	1N 9 53
4 Th	18 47 19	17 5 31	57 13	6 51 34.9	22 54 35	1♈ 5 27	5 59 55	61	1 41 56	6 8 57
5 F	18 51 16	18 2 44	57 13	6 55 42.2	22 49 19	13 7 36	6 5 8	94	2 26 33	10 57 53
6 S	18 55 12	18 59 57	57 13	6 59 49.2	22 43 38	25 21 15	6 12 25	123	3 13 25	15 26 6
7 Su	18 59 9	19 57 10	57 14	7 3 55.9	22 37 34	7♉50 23	6 21 23	144	4 3 19	19 20 35
8 M	19 3 6	20 54 24	57 14	7 8 2.2	22 31 6	20 38 5	6 31 28	156	4 56 43	22 25 49
9 Tu	19 7 2	21 51 37	57 14	7 12 8.1	22 24 15	3♊46 15	6 41 57	155	5 53 36	24 24 50
10 W	19 10 59	22 48 51	57 14	7 16 13.7	22 17 1	17 15 15	6 51 57	142	6 53 8	25 2 15
11 Th	19 14 55	23 46 6	57 15	7 20 18.8	22 9 24	1♋ 3 43	7 0 38	116	7 53 54	24 8 33
12 F	19 18 52	24 43 20	57 15	7 24 23.5	22 1 23	15 8 35	7 7 14	80	8 54 11	21 43 30
13 S	19 22 48	25 40 34	57 15	7 28 27.7	21 53 0	29 25 25	7 11 17	40	9 52 39	17 56 54
14 Su	19 26 45	26 37 49	57 15	7 32 31.5	21 44 15	13♌48 59	7 12 38	1	10 48 43	13 5 47
15 M	19 30 42	27 35 4	57 15	7 36 34.7	21 35 7	28 14 0	7 11 34	-32	11 42 32	7 30 50
16 Tu	19 34 38	28 32 18	57 15	7 40 37.4	21 25 37	12♍35 50	7 8 34	-56	12 34 46	1 33 10
17 W	19 38 35	29 29 33	57 15	7 44 39.6	21 15 46	26 50 55	7 4 14	-72	13 26 21	4S26 58
18 Th	19 42 31	0♋26 48	57 15	7 48 41.2	21 5 32	10♎56 54	6 59 9	-80	14 18 18	10 10 32
19 F	19 46 28	1 24 2	57 15	7 52 42.3	20 54 58	24 52 30	6 53 41	-83	15 11 30	15 19 24
20 S	19 50 24	2 21 17	57 15	7 56 42.8	20 44 2	8♏37 5	6 48 4	-85	16 6 28	19 36 20
21 Su	19 54 21	3 18 33	57 16	8 0 42.7	20 32 45	22 10 22	6 42 21	-87	17 3 17	22 45 50
22 M	19 58 17	4 15 48	57 16	8 4 42.1	20 21 8	5♐32 8	6 36 27	-90	18 1 21	24 36 6
23 Tu	20 2 14	5 13 4	57 17	8 8 40.9	20 9 10	18 42 0	6 30 20	-93	18 59 33	25 1 26
24 W	20 6 11	6 10 20	57 17	8 12 39.1	19 56 52	1♑39 32	6 24 1	-96	19 56 30	24 3 43
25 Th	20 10 7	7 7 37	57 18	8 16 36.7	19 44 14	14 24 21	6 17 36	-96	20 51 3	21 51 48
26 F	20 14 4	8 4 55	57 19	8 20 33.7	19 31 17	26 56 24	6 11 21	-91	21 42 38	18 39 4
27 S	20 18 0	9 2 14	57 19	8 24 30.2	19 18 0	9♒16 9	6 5 37	-80	22 31 13	14 40 20
28 Su	20 21 57	9 59 33	57 20	8 28 26.0	19 4 24	21 24 50	6 0 49	-63	23 17 12	10 9 40
29 M	20 25 53	10 56 53	57 21	8 32 21.2	18 50 29	3♓24 33	5 57 23	-39	0 1 19	5 19 19
30 Tu	20 29 50	11 54 14	57 22	8 36 15.9	18 36 15	15 18 13	5 55 43	-9	0 44 24	0 19 40
31 W	20 33 46	12♋51 36	57 23	8 40 10.0	18N21 44	27♓ 9 37	5 56 13	25	1 27 21	4N40 10

DAY	☽ MOON AT 12 HOURS LONG (° ' ")	12h MOT (° ' ")	2DIF (")	R.A. (h m s)	DECL (° ' ")
1 M	1♓20 23	5 57 3	-27	23 54 0	6S18 11
2 Tu	13 13 53	5 56 25	8	0 37 9	1 20 37
3 W	25 7 18	5 58 9	44	1 20 10	3N40 6
4 Th	7♈ 5 22	6 2 15	78	2 4 1	8 35 18
5 F	19 12 44	6 8 32	109	2 49 39	13 15 20
6 S	1♉33 40	6 16 43	135	3 37 57	17 28 28
7 Su	14 11 45	6 26 20	151	4 29 34	21 0 25
8 M	27 9 33	6 36 42	157	5 24 45	23 34 39
9 Tu	10♊28 12	6 47 4	150	6 23 7	24 54 32
10 W	24 7 12	6 56 31	130	7 23 28	24 47 3
11 Th	8♋ 4 21	7 4 14	99	8 24 12	23 7 3
12 F	22 15 49	7 9 36	61	9 23 42	19 59 27
13 S	6♌36 42	7 12 17	20	10 20 59	15 38 9
14 Su	21 1 37	7 12 23	-16	11 15 52	10 22 27
15 M	5♍25 34	7 10 16	-45	12 8 47	4 33 33
16 Tu	19 44 23	7 6 32	-65	13 0 34	1S27 48
17 W	3♎55 9	7 1 45	-76	13 52 14	7 21 58
18 Th	17 56 3	6 56 27	-82	14 44 42	12 50 25
19 F	1♏46 11	6 50 54	-84	15 38 44	17 35 23
20 S	15 25 9	6 45 13	-86	16 34 40	21 20 22
21 Su	28 52 43	6 39 25	-88	17 32 13	23 51 23
22 M	12♐ 8 35	6 33 25	-92	18 30 31	24 59 27
23 Tu	25 12 20	6 27 12	-95	19 28 15	24 42 32
24 W	8♑ 3 33	6 20 49	-96	20 24 7	23 6 16
25 Th	20 41 58	6 14 26	-94	21 17 14	20 22 7
26 F	3♒ 7 45	6 8 24	-86	22 7 17	16 44 32
27 S	15 21 46	6 3 4	-72	22 54 30	12 28 11
28 Su	27 25 39	5 58 54	-52	23 39 27	7 46 16
29 M	9♓21 55	5 56 18	-25	0 22 56	2 50 4
30 Tu	21 13 57	5 55 41	7	1 5 50	2N10 46
31 W	3♈ 5 50	5 57 20	43	1 49 4	7N 7 26

LUNAR INGRESSES
1 ☽ ♓ 9:18
3 ☽ ♈ 21:49
6 ☽ ♉ 9:00
8 ☽ ♊ 17:11
10 ☽ ♋ 22:10
13 ☽ ♌ 0:58
15 ☽ ♍ 2:57
17 ☽ ♎ 5:20
19 ☽ ♏ 8:55
21 ☽ ♐ 14:01
23 ☽ ♑ 20:54
26 ☽ ♒ 5:55
28 ☽ ♓ 17:09
31 ☽ ♈ 5:45

PLANET INGRESSES
4 ☿ ♊ 12:21
5 ♂ ♋ 12:30
6 ♀ ♌ 6:27
9 ♃ ♋ 6:20
17 ☉ ♋ 12:46
19 ☿ ♋ 11:47
31 ♄ ♊ 3:00

STATIONS
NONE

DATA FOR THE 1st AT 0 HOURS
JULIAN DAY 37436.5
☽ MEAN ☊ 22°♉ 0' 3"
OBLIQUITY 23° 26' 22"
DELTA T 65.5 SECONDS
NUTATION LONGITUDE-16.3"

DAY MO YR	☿ LONG (° ' ")	♀ LONG (° ' ")	♂ LONG (° ' ")	♃ LONG (° ' ")	♄ LONG (° ' ")	♅ LONG (° ' ")	♆ LONG (° ' ")	♇ LONG (° ' ")	☊ LONG (° ')	A.S.S.I. (h m s)	S.S.R.Y. (h m s)	S.V.P. ♓ (° ' ")	☿ MERCURY R.A. (h m s)	☿ MERCURY DECL (° ' ")
1 182	24♉20 6	23♋58 44	27♊ 4 55	28♊10 11	26♉27 15	3♒45R30	15♑37R43	20♏53R23	22♉52	8 21 31	30 0 34	5 13 45.8	5 13 14	21N12 19
2 183	25 52 34	25 7 32	27 43 40	28 23 25	26 34 48	3 44 12	15 36 23	20 51 57	22 51	8 26 43	30 0 1	5 13 45.7	5 19 46	21 31 24
3 184	27 28 26	26 16 13	28 22 25	28 36 39	26 42 19	3 42 51	15 35 1	20 50 32	22 51	8 31 54	29 59 38	5 13 45.7	5 26 35	21 49 49
4 185	29 7 41	27 24 49	29 1 8	28 49 55	26 49 49	3 41 29	15 33 39	20 49 7	22 51	8 37 5	29 59 29	5 13 45.6	5 33 39	22 7 21
5 186	0♊50 12	28 33 17	29 39 51	29 3 12	26 57 18	3 40 4	15 32 16	20 47 44	22 53	8 42 16	29 59 34	5 13 45.4	5 41 0	22 23 49
6 187	2 35 55	29 41 39	0♋18 32	29 16 30	27 4 44	3 38 36	15 30 51	20 46 21	22 54	8 47 26	29 59 53	5 13 45.3	5 48 36	22 39 1
7 188	4 24 43	0♌49 55	0 57 13	29 29 49	27 12 10	3 37 7	15 29 26	20 45 0	22 56	8 52 36	30 0 27	5 13 45.1	5 56 27	22 52 45
8 189	6 16 27	1 58 3	1 35 53	29 43 8	27 19 33	3 35 35	15 28 0	20 43 39	22 56	8 57 46	30 1 14	5 13 44.9	6 4 33	23 4 50
9 190	8 10 59	3 6 4	2 14 32	29 56 29	27 26 55	3 34 1	15 26 33	20 42 20	22 56	9 2 55	30 2 11	5 13 44.6	6 12 52	23 15 3
10 191	10 8 6	4 13 58	2 53 10	0♋ 9 50	27 34 15	3 32 24	15 25 5	20 41 2	22 54	9 8 3	30 3 15	5 13 44.3	6 21 23	23 23 13
11 192	12 7 37	5 21 45	3 31 47	0 23 12	27 41 33	3 30 46	15 23 36	20 39 44	22 51	9 13 11	30 4 24	5 13 44.1	6 30 6	23 29 11
12 193	14 9 16	6 29 24	4 10 23	0 36 34	27 48 49	3 29 6	15 22 7	20 38 28	22 47	9 18 19	30 5 35	5 13 43.8	6 38 58	23 32 46
13 194	16 12 48	7 36 55	4 48 58	0 49 57	27 56 3	3 27 23	15 20 36	20 37 14	22 42	9 23 26	30 6 43	5 13 43.6	6 47 59	23 33 51
14 195	18 17 56	8 44 17	5 27 33	1 3 20	28 3 15	3 25 39	15 19 5	20 36 0	22 37	9 28 32	30 7 48	5 13 43.5	6 57 7	23 32 20
15 196	20 24 21	9 51 32	6 6 6	1 16 44	28 10 24	3 23 52	15 17 33	20 34 48	22 34	9 33 37	30 8 47	5 13 43.4	7 6 20	23 28 7
16 197	22 31 46	10 58 38	6 44 38	1 30 7	28 17 32	3 22 4	15 16 1	20 33 36	22 31	9 38 42	30 9 38	5 13 43.3	7 15 35	23 21 10
17 198	24 39 53	12 5 34	7 23 10	1 43 31	28 24 37	3 20 13	15 14 28	20 32 27	22 30	9 43 46	30 10 20	5 13 43.3	7 24 52	23 11 29
18 199	26 48 21	13 12 22	8 1 40	1 56 55	28 31 39	3 18 21	15 12 54	20 31 18	22 30	9 48 50	30 10 51	5 13 43.1	7 34 9	22 59 5
19 200	28 56 55	14 19 0	8 40 10	2 10 19	28 38 40	3 16 27	15 11 20	20 30 11	22 32	9 53 53	30 11 11	5 13 43.0	7 43 24	22 44 1
20 201	1♋ 5 18	15 25 29	9 18 39	2 23 43	28 45 37	3 14 32	15 9 46	20 29 5	22 33	9 58 55	30 11 18	5 13 42.8	7 52 35	22 26 21
21 202	3 13 15	16 31 47	9 57 7	2 37 6	28 52 32	3 12 35	15 8 11	20 28 1	22 34	10 3 57	30 11 13	5 13 42.6	8 1 42	22 6 11
22 203	5 20 33	17 37 55	10 35 34	2 50 30	28 59 25	3 10 36	15 6 35	20 26 58	22 33	10 8 57	30 10 55	5 13 42.3	8 10 42	21 43 39
23 204	7 26 59	18 43 53	11 14 0	3 3 53	29 6 15	3 8 35	15 4 59	20 25 56	22 30	10 13 57	30 10 26	5 13 42.1	8 19 35	21 18 53
24 205	9 32 23	19 49 40	11 52 26	3 17 16	29 13 2	3 6 33	15 3 23	20 24 56	22 25	10 18 57	30 9 46	5 13 41.8	8 28 20	20 52 2
25 206	11 36 36	20 55 17	12 30 51	3 30 39	29 19 47	3 4 30	15 1 46	20 23 58	22 19	10 23 55	30 8 58	5 13 41.6	8 36 56	20 23 13
26 207	13 39 33	22 0 42	13 9 15	3 44 2	29 26 28	3 2 25	15 0 9	20 23 1	22 11	10 28 53	30 8 5	5 13 41.4	8 45 23	19 52 37
27 208	15 41 6	23 5 56	13 47 38	3 57 23	29 33 7	3 0 19	14 58 32	20 22 5	22 03	10 33 50	30 7 8	5 13 41.3	8 53 41	19 20 22
28 209	17 41 11	24 10 58	14 26 1	4 10 45	29 39 43	2 58 11	14 56 55	20 21 11	21 55	10 38 46	30 6 12	5 13 41.2	9 1 48	18 46 38
29 210	19 39 45	25 15 48	15 4 23	4 24 6	29 46 16	2 56 2	14 55 17	20 20 19	21 48	10 43 42	30 5 18	5 13 41.2	9 9 46	18 11 32
30 211	21 36 45	26 20 27	15 42 45	4 37 26	29 52 45	2 53 52	14 53 39	20 19 28	21 42	10 48 37	30 4 31	5 13 41.1	9 17 33	17 35 13
31 212	23♋32 10	27♌24 53	16♋21 6	4♋50 45	29♉59 12	2♒51 40	14♑52 2	20♏18 39	21♉39	10 53 31	30 3 53	5 13 41.1	9 25 10	16N57 49

DAY Jul	♀ VENUS R.A. (h m s)	VENUS DECL (° ' ")	♂ MARS R.A. (h m s)	MARS DECL (° ' ")	♃ JUPITER R.A. (h m s)	JUPITER DECL (° ' ")	♄ SATURN R.A. (h m s)	SATURN DECL (° ' ")	♅ URANUS R.A. (h m s)	URANUS DECL (° ' ")	♆ NEPTUNE R.A. (h m s)	NEPTUNE DECL (° ' ")	♇ PLUTO R.A. (h m s)	PLUTO DECL (° ' ")
1	9 27 3	16N55 5	7 35 12	22N44 31	7 39 16	21N46 15	5 22 10	21N52 57	22 3 49	12S42 0	20 51 18	17S33 34	17 2 7	12S39 4
2	9 31 34	16 31 57	7 37 58	22 38 21	7 40 12	21 44 7	5 22 42	21 53 28	22 3 44	12 42 29	20 51 13	17 33 56	17 2 1	12 39 9
3	9 36 3	16 8 27	7 40 43	22 32 2	7 41 8	21 41 57	5 23 14	21 53 59	22 3 39	12 42 58	20 51 8	17 34 18	17 1 55	12 39 15
4	9 40 30	15 44 34	7 43 28	22 25 32	7 42 5	21 39 46	5 23 47	21 54 29	22 3 33	12 43 29	20 51 2	17 34 41	17 1 49	12 39 21
5	9 44 56	15 20 19	7 46 13	22 18 52	7 43 1	21 37 34	5 24 19	21 54 59	22 3 28	12 44 0	20 50 56	17 35 4	17 1 43	12 39 28
6	9 49 20	14 55 43	7 48 58	22 12 2	7 43 57	21 35 20	5 24 51	21 55 28	22 3 22	12 44 32	20 50 51	17 35 27	17 1 38	12 39 35
7	9 53 43	14 30 47	7 51 42	22 5 2	7 44 54	21 33 5	5 25 23	21 55 56	22 3 17	12 45 5	20 50 45	17 35 51	17 1 32	12 39 42
8	9 58 4	14 5 32	7 54 26	21 57 52	7 45 50	21 30 49	5 25 55	21 56 24	22 3 11	12 45 38	20 50 39	17 36 15	17 1 27	12 39 50
9	10 2 24	13 39 57	7 57 10	21 50 33	7 46 47	21 28 31	5 26 26	21 56 51	22 3 5	12 46 13	20 50 33	17 36 39	17 1 21	12 39 58
10	10 6 42	13 14 5	7 59 53	21 43 4	7 47 43	21 26 13	5 26 58	21 57 18	22 2 59	12 46 48	20 50 28	17 37 3	17 1 16	12 40 7
11	10 10 59	12 47 55	8 2 36	21 35 26	7 48 40	21 23 53	5 27 29	21 57 44	22 2 52	12 47 23	20 50 22	17 37 27	17 1 11	12 40 16
12	10 15 15	12 21 28	8 5 18	21 27 38	7 49 37	21 21 31	5 28 1	21 58 10	22 2 46	12 48 0	20 50 16	17 37 52	17 1 6	12 40 25
13	10 19 28	11 54 45	8 8 1	21 19 41	7 50 33	21 19 9	5 28 32	21 58 34	22 2 40	12 48 37	20 50 10	17 38 17	17 1 0	12 40 35
14	10 23 41	11 27 47	8 10 42	21 11 35	7 51 30	21 16 45	5 29 3	21 58 59	22 2 33	12 49 14	20 50 3	17 38 42	17 0 55	12 40 45
15	10 27 52	11 0 34	8 13 24	21 3 20	7 52 26	21 14 21	5 29 34	21 59 22	22 2 26	12 49 53	20 49 57	17 39 7	17 0 50	12 40 56
16	10 32 1	10 33 7	8 16 5	20 54 56	7 53 23	21 11 54	5 30 4	21 59 45	22 2 19	12 50 32	20 49 51	17 39 33	17 0 46	12 41 6
17	10 36 9	10 5 27	8 18 46	20 46 23	7 54 19	21 9 27	5 30 35	22 0 8	22 2 12	12 51 11	20 49 45	17 39 58	17 0 41	12 41 18
18	10 40 16	9 37 34	8 21 26	20 37 41	7 55 16	21 6 59	5 31 5	22 0 30	22 2 5	12 51 52	20 49 39	17 40 24	17 0 36	12 41 29
19	10 44 21	9 9 30	8 24 6	20 28 50	7 56 12	21 4 29	5 31 35	22 0 51	22 1 58	12 52 32	20 49 32	17 40 50	17 0 31	12 41 41
20	10 48 25	8 41 14	8 26 46	20 19 51	7 57 9	21 2 0	5 32 5	22 1 12	22 1 50	12 53 14	20 49 26	17 41 16	17 0 27	12 41 54
21	10 52 28	8 12 49	8 29 25	20 10 43	7 58 5	20 59 27	5 32 35	22 1 32	22 1 43	12 53 55	20 49 19	17 41 42	17 0 22	12 42 7
22	10 56 29	7 44 13	8 32 4	20 1 27	7 59 1	20 56 54	5 33 5	22 1 51	22 1 35	12 54 38	20 49 13	17 42 8	17 0 18	12 42 20
23	11 0 29	7 15 28	8 34 43	19 52 2	7 59 58	20 54 20	5 33 34	22 2 10	22 1 28	12 55 20	20 49 7	17 42 34	17 0 14	12 42 33
24	11 4 28	6 46 35	8 37 21	19 42 29	8 0 54	20 51 45	5 34 4	22 2 29	22 1 20	12 56 4	20 49 0	17 43 1	17 0 10	12 42 47
25	11 8 25	6 17 34	8 39 59	19 32 48	8 1 50	20 49 10	5 34 33	22 2 47	22 1 12	12 56 48	20 48 54	17 43 27	17 0 6	12 43 2
26	11 12 22	5 48 26	8 42 36	19 22 59	8 2 46	20 46 33	5 35 1	22 3 4	22 1 4	12 57 32	20 48 47	17 43 54	17 0 2	12 43 16
27	11 16 17	5 19 12	8 45 13	19 13 2	8 3 42	20 43 55	5 35 30	22 3 21	22 0 56	12 58 17	20 48 41	17 44 20	16 59 58	12 43 31
28	11 20 10	4 49 52	8 47 50	19 2 58	8 4 38	20 41 16	5 35 59	22 3 37	22 0 48	12 59 2	20 48 34	17 44 47	16 59 54	12 43 47
29	11 24 3	4 20 26	8 50 26	18 52 45	8 5 34	20 38 36	5 36 27	22 3 53	22 0 40	12 59 47	20 48 28	17 45 14	16 59 50	12 44 2
30	11 27 54	3 50 56	8 53 3	18 42 25	8 6 30	20 35 56	5 36 55	22 4 8	22 0 31	13 0 33	20 48 21	17 45 40	16 59 47	12 44 19
31	11 31 44	3N21 22	8 55 38	18N31 57	8 7 26	20N33 14	5 37 23	22N 4 23	22 0 23	13S 1 19	20 48 14	17S46 7	16 59 43	12S44 35

AUGUST 2002

DAY	SIDEREAL TIME h m s	☉ SUN LONG ° ' "	MOT ' "	R.A. h m s	DECL ° ' "	☽ MOON AT 0 HOURS LONG ° ' "	12h MOT ° ' "	2DIF "	R.A. h m s	DECL ° ' "	☽ MOON AT 12 HOURS LONG ° ' "	12h MOT ° ' "	2DIF "	R.A. h m s	DECL ° ' "
1 Th	20 37 43	13♋48 59	57 24	8 44 3.4	18N 6 54	9♈ 3 10	5 59 6	62	2 11 6	9N31 26	15♈ 2 16	6 1 29	81	2 33 34	11N50 57
2 F	20 41 40	14 46 23	57 26	8 47 56.3	17 51 46	21 3 45	6 4 31	100	2 56 35	14 4 42	27 8 16	6 8 11	119	3 20 15	16 11 13
3 S	20 45 36	15 43 49	57 27	8 51 48.6	17 36 21	3♉16 26	6 12 28	137	3 44 41	18 8 52	9♉28 54	6 17 19	153	4 9 56	19 55 56
4 Su	20 49 33	16 41 15	57 28	8 55 40.4	17 20 38	15 46 12	6 22 41	168	4 36 5	21 30 27	22 8 54	6 28 31	180	5 3 8	22 50 25
5 M	20 53 29	17 38 43	57 29	8 59 31.5	17 4 38	28 37 24	6 34 42	189	5 31 6	23 53 42	5♊12 6	6 41 7	195	5 59 53	24 38 18
6 Tu	20 57 26	18 36 12	57 30	9 3 22.0	16 48 22	11♊53 13	6 47 40	196	6 29 24	25 2 18	18 40 53	6 54 10	192	6 59 29	25 4 11
7 W	21 1 22	19 33 42	57 31	9 7 12.0	16 31 50	25 35 2	7 0 27	183	7 29 57	24 42 51	2♋35 29	7 6 21	169	8 0 34	23 57 49
8 Th	21 5 19	20 31 13	57 33	9 11 1.4	16 15 1	9♋41 50	7 11 42	150	8 31 8	22 49 15	16 53 33	7 16 20	126	9 1 28	21 18 1
9 F	21 9 15	21 28 46	57 34	9 14 50.2	15 57 57	24 9 53	7 20 6	98	9 31 24	19 25 39	1♌29 59	7 22 53	68	10 0 48	17 14 14
10 S	21 13 12	22 26 19	57 34	9 18 38.4	15 40 38	8♌52 52	7 24 37	36	10 29 39	14 46 15	16 17 29	7 25 17	4	10 57 56	12 4 32
11 Su	21 17 9	23 23 54	57 35	9 22 26.0	15 23 3	23 42 46	7 24 54	-27	11 25 39	9 12 4	1♍ 7 40	7 23 31	-55	11 52 54	6 11 54
12 M	21 21 5	24 21 29	57 36	9 26 13.0	15 5 14	8♍31 11	7 21 14	-79	12 19 45	3 7 3	15 52 25	7 18 13	-100	12 46 20	0 0 29
13 Tu	21 25 2	25 19 5	57 37	9 29 59.5	14 47 10	23 10 38	7 14 35	-116	13 12 45	3S 5 0	0♎25 13	7 10 30	-127	13 39 7	6S 6 42
14 W	21 28 58	26 16 42	57 38	9 33 45.4	14 28 52	7♎35 43	7 6 7	-134	14 5 33	9 2 6	14 41 50	7 1 34	-137	14 32 9	11 48 48
15 Th	21 32 55	27 14 20	57 39	9 37 30.7	14 10 20	21 43 24	6 56 59	-137	14 59 1	14 24 35	28 40 22	6 52 27	-134	15 26 13	16 47 20
16 F	21 36 51	28 11 59	57 40	9 41 15.4	13 51 35	5♏32 49	6 48 3	-129	15 53 47	18 55 8	12♏20 52	6 43 51	-123	16 21 43	20 46 16
17 S	21 40 48	29 9 39	57 41	9 44 59.7	13 32 37	19 4 43	6 39 52	-116	16 50 1	22 19 12	25 44 35	6 36 7	-109	17 18 35	23 32 44
18 Su	21 44 44	0♌ 7 20	57 42	9 48 43.3	13 13 26	2♐20 42	6 32 37	-102	17 47 20	24 25 56	8♐53 18	6 29 20	-95	18 16 9	24 58 17
19 M	21 48 41	1 5 2	57 43	9 52 26.5	12 54 2	15 22 38	6 26 15	-90	18 44 53	25 9 40	21 48 52	6 23 21	-85	19 13 22	25 0 24
20 Tu	21 52 38	2 2 46	57 45	9 56 9.2	12 34 27	28 12 13	6 20 36	-81	19 41 28	24 31 9	4♑32 49	6 17 58	-77	20 9 4	23 43 1
21 W	21 56 34	3 0 30	57 46	9 59 51.3	12 14 39	10♑50 46	6 15 27	-74	20 36 3	22 37 18	17 6 13	6 13 0	-72	21 2 22	21 15 36
22 Th	22 0 31	3 58 16	57 47	10 3 33.0	11 54 40	23 19 13	6 10 38	-70	21 27 57	19 39 36	29 29 51	6 8 21	-68	21 52 50	17 51 2
23 F	22 4 27	4 56 3	57 48	10 7 14.3	11 34 30	5♒38 12	6 6 8	-65	22 17 2	15 51 42	11♒44 20	6 4 1	-62	22 40 35	13 43 18
24 S	22 8 24	5 53 51	57 50	10 10 55.1	11 14 8	17 48 21	6 2 2	-57	23 3 33	11 27 29	23 50 23	6 0 11	-52	23 26 2	9 5 48
25 Su	22 12 20	6 51 41	57 52	10 14 35.4	10 53 37	29 50 34	5 58 32	-46	23 48 5	6 39 43	5♓49 7	5 57 8	-38	0 9 50	4 10 36
26 M	22 16 17	7 49 33	57 53	10 18 15.4	10 32 54	11♓46 15	5 56 0	-29	0 31 22	1 39 44	17 42 15	5 55 13	-18	0 52 47	0N51 40
27 Tu	22 20 13	8 47 26	57 55	10 21 54.9	10 12 2	23 37 28	5 54 49	-5	1 14 12	3N22 25	29 32 17	5 54 51	8	1 35 43	5 51 23
28 W	22 24 10	9 45 21	57 57	10 25 34.1	9 51 0	5♈27 8	5 55 23	24	1 57 26	8 17 26	11♈22 30	5 56 26	40	2 19 28	10 39 21
29 Th	22 28 6	10 43 17	57 59	10 29 12.9	9 29 48	17 18 56	5 58 4	58	2 41 56	12 55 57	23 17 1	6 0 19	77	3 4 55	15 5 54
30 F	22 32 3	11 41 16	58 0	10 32 51.4	9 8 28	29 17 20	6 3 13	97	3 28 31	17 7 50	5♉20 33	6 6 45	116	3 52 50	19 0 11
31 S	22 36 0	12♌39 16	58 2	10 36 29.6	8N46 58	11♉27 18	6 10 58	136	4 17 55	20N41 20	17♉38 16	6 15 50	155	4 43 49	22N 9 32

LUNAR INGRESSES			PLANET INGRESSES	STATIONS	DATA FOR THE 1st AT 0 HOURS
2 ☽ ♉ 17:37	13 ☽ ♎ 11:18	25 ☽ ♓ 0:19	2 ♀ ♍ 10:06	26 ♇ D 11:02	JULIAN DAY 37467.5
5 ☽ ♊ 2:32	15 ☽ ♏ 14:18	27 ☽ ♈ 12:56	3 ☿ ♌ 11:15		☽ MEAN ☊ 20°♉ 21' 29"
7 ☽ ♋ 7:35	17 ☽ ♐ 19:44	30 ☽ ♉ 1:25	17 ☉ ♌ 20:57		OBLIQUITY 23° 26' 23"
9 ☽ ♌ 9:33	20 ☽ ♑ 3:23		21 ♂ ♌ 9:31		DELTA T 65.5 SECONDS
11 ☽ ♍ 10:10	22 ☽ ♒ 12:59		22 ☿ ♍ 15:58		NUTATION LONGITUDE-15.6"

DAY MO YR	☿ LONG ° ' "	♀ LONG ° ' "	♂ LONG ° ' "	♃ LONG ° ' "	♄ LONG ° ' "	♅ LONG ° ' "	♆ LONG ° ' "	♇ LONG ° ' "	☊ LONG ° '	A.S.S.I. h m s	S.S.R.Y. h m s	S.V.P. ♓ ° ' "	☿ MERCURY R.A. h m s	DECL ° ' "
1 213	25♋25 58	28♌29 6	16♋59 27	5♋ 4 4	0♊ 5 35	2♒49R28	14♑50R24	20♏17R51	21♉37	10 58 24	30 3 27	5 13 41.0	9 32 38	16N19 28
2 214	27 18 9	29 33 7	17 37 48	5 17 22	0 11 55	2 47 14	14 48 45	20 17 5	21 37	11 3 17	30 3 13	5 13 40.9	9 39 55	15 40 15
3 215	29 8 42	0♍36 54	18 16 7	5 30 39	0 18 12	2 44 59	14 47 7	20 16 21	21 38	11 8 8	30 3 13	5 13 40.7	9 47 3	15 0 18
4 216	0♌57 38	1 40 28	18 54 27	5 43 55	0 24 25	2 42 43	14 45 29	20 15 38	21 39	11 13 0	30 3 27	5 13 40.6	9 54 1	14 19 43
5 217	2 44 57	2 43 47	19 32 46	5 57 10	0 30 35	2 40 27	14 43 51	20 14 57	21 39	11 17 50	30 3 55	5 13 40.3	10 0 50	13 38 36
6 218	4 30 40	3 46 53	20 11 5	6 10 23	0 36 41	2 38 9	14 42 14	20 14 18	21 37	11 22 40	30 4 33	5 13 40.1	10 7 30	12 57 1
7 219	6 14 47	4 49 44	20 49 23	6 23 36	0 42 44	2 35 51	14 40 36	20 13 41	21 33	11 27 29	30 5 22	5 13 39.8	10 14 1	12 15 4
8 220	7 57 18	5 52 20	21 27 41	6 36 47	0 48 43	2 33 31	14 38 58	20 13 5	21 27	11 32 17	30 6 19	5 13 39.6	10 20 23	11 32 50
9 221	9 38 15	6 54 40	22 5 58	6 49 57	0 54 38	2 31 11	14 37 21	20 12 31	21 19	11 37 4	30 7 22	5 13 39.4	10 26 38	10 50 23
10 222	11 17 38	7 56 44	22 44 15	7 3 6	1 0 30	2 28 51	14 35 44	20 11 59	21 09	11 41 51	30 8 28	5 13 39.3	10 32 44	10 7 46
11 223	12 55 27	8 58 32	23 22 31	7 16 12	1 6 17	2 26 30	14 34 7	20 11 29	21 00	11 46 37	30 9 35	5 13 39.2	10 38 42	9 25 4
12 224	14 31 42	10 0 2	24 0 47	7 29 18	1 12 0	2 24 8	14 32 30	20 11 0	20 52	11 51 22	30 10 40	5 13 39.2	10 44 33	8 42 21
13 225	16 6 24	11 1 15	24 39 3	7 42 21	1 17 40	2 21 46	14 30 54	20 10 34	20 46	11 56 7	30 11 42	5 13 39.2	10 50 16	7 59 40
14 226	17 39 32	12 2 9	25 17 18	7 55 23	1 23 15	2 19 23	14 29 19	20 10 9	20 43	12 0 50	30 12 38	5 13 39.1	10 55 51	7 17 4
15 227	19 11 7	13 2 44	25 55 32	8 8 23	1 28 46	2 17 0	14 27 43	20 9 46	20 42	12 5 33	30 13 25	5 13 39.0	11 1 20	6 34 37
16 228	20 41 9	14 2 59	26 33 46	8 21 21	1 34 13	2 14 37	14 26 9	20 9 25	20 42	12 10 16	30 14 2	5 13 38.8	11 6 41	5 52 21
17 229	22 9 35	15 2 53	27 12 0	8 34 17	1 39 36	2 12 14	14 24 34	20 9 6	20 42	12 14 57	30 14 26	5 13 38.6	11 11 56	5 10 20
18 230	23 36 27	16 2 27	27 50 13	8 47 10	1 44 54	2 9 50	14 23 1	20 8 49	20 41	12 19 38	30 14 36	5 13 38.4	11 17 4	4 28 36
19 231	25 1 42	17 1 38	28 28 26	9 0 2	1 50 8	2 7 26	14 21 28	20 8 34	20 39	12 24 19	30 14 33	5 13 38.2	11 22 5	3 47 12
20 232	26 25 19	18 0 27	29 6 39	9 12 52	1 55 18	2 5 3	14 19 55	20 8 20	20 34	12 28 59	30 14 16	5 13 38.0	11 26 59	3 6 12
21 233	27 47 17	18 58 52	29 44 51	9 25 39	2 0 23	2 2 39	14 18 23	20 8 9	20 26	12 33 38	30 13 46	5 13 37.8	11 31 46	2 25 38
22 234	29 7 33	19 56 54	0♌23 2	9 38 24	2 5 24	2 0 15	14 16 52	20 7 59	20 16	12 38 16	30 13 6	5 13 37.7	11 36 27	1 45 32
23 235	0♍26 6	20 54 30	1 1 14	9 51 6	2 10 19	1 57 52	14 15 22	20 7 52	20 04	12 42 54	30 12 17	5 13 37.6	11 41 1	1 5 59
24 236	1 42 51	21 51 41	1 39 25	10 3 46	2 15 11	1 55 28	14 13 52	20 7 46	19 51	12 47 32	30 11 21	5 13 37.5	11 45 28	0 27 0
25 237	2 57 47	22 48 26	2 17 36	10 16 24	2 19 57	1 53 5	14 12 23	20 7 42	19 38	12 52 8	30 10 22	5 13 37.5	11 49 48	0S11 21
26 238	4 10 48	23 44 43	2 55 47	10 28 59	2 24 39	1 50 42	14 10 55	20 7D40	19 26	12 56 45	30 9 23	5 13 37.5	11 54 1	0 49 1
27 239	5 21 52	24 40 32	3 33 58	10 41 31	2 29 16	1 48 20	14 9 28	20 7 40	19 17	13 1 21	30 8 27	5 13 37.5	11 58 7	1 25 57
28 240	6 30 52	25 35 52	4 12 9	10 54 0	2 33 48	1 45 58	14 8 2	20 7 42	19 10	13 5 56	30 7 37	5 13 37.4	12 2 5	2 2 4
29 241	7 37 44	26 30 42	4 50 20	11 6 27	2 38 15	1 43 36	14 6 36	20 7 46	19 06	13 10 31	30 6 54	5 13 37.4	12 5 55	2 37 21
30 242	8 42 21	27 25 1	5 28 30	11 18 51	2 42 37	1 41 15	14 5 12	20 7 52	19 04	13 15 5	30 6 22	5 13 37.3	12 9 38	3 11 41
31 243	9♍44 37	28♍18 47	6♌ 6 41	11♋31 12	2♊46 54	1♒38 54	14♑ 3 48	20♏ 8 0	19♉03	13 19 40	30 6 1	5 13 37.1	12 13 12	3S45 2

DAY Aug	♀ VENUS R.A. h m s	DECL ° ' "	♂ MARS R.A. h m s	DECL ° ' "	♃ JUPITER R.A. h m s	DECL ° ' "	♄ SATURN R.A. h m s	DECL ° ' "	♅ URANUS R.A. h m s	DECL ° ' "	♆ NEPTUNE R.A. h m s	DECL ° ' "	♇ PLUTO R.A. h m s	DECL ° ' "
1	11 35 33	2N51 44	8 58 14	18N21 22	8 8 21	20N30 31	5 37 50	22N 4 37	22 0 14	13S 2 6	20 48 8	17S46 34	16 59 40	12S44 52
2	11 39 21	2 22 4	9 0 49	18 10 39	8 9 17	20 27 48	5 38 17	22 4 51	22 0 6	13 2 53	20 48 1	17 47 1	16 59 37	12 45 9
3	11 43 8	1 52 21	9 3 23	17 59 49	8 10 12	20 25 4	5 38 45	22 5 4	21 59 57	13 3 40	20 47 55	17 47 27	16 59 34	12 45 26
4	11 46 54	1 22 37	9 5 58	17 48 52	8 11 8	20 22 18	5 39 11	22 5 16	21 59 48	13 4 28	20 47 48	17 47 54	16 59 31	12 45 44
5	11 50 38	0 52 52	9 8 32	17 37 47	8 12 3	20 19 33	5 39 38	22 5 28	21 59 40	13 5 15	20 47 41	17 48 21	16 59 28	12 46 2
6	11 54 22	0 23 7	9 11 5	17 26 36	8 12 58	20 16 46	5 40 4	22 5 40	21 59 31	13 6 3	20 47 35	17 48 47	16 59 25	12 46 21
7	11 58 4	0S 6 38	9 13 39	17 15 18	8 13 53	20 13 58	5 40 30	22 5 51	21 59 22	13 6 52	20 47 28	17 49 14	16 59 22	12 46 40
8	12 1 45	0 36 23	9 16 12	17 3 53	8 14 48	20 11 10	5 40 56	22 6 2	21 59 13	13 7 40	20 47 22	17 49 40	16 59 20	12 46 59
9	12 5 26	1 6 6	9 18 45	16 52 21	8 15 43	20 8 21	5 41 22	22 6 12	21 59 4	13 8 29	20 47 15	17 50 7	16 59 18	12 47 19
10	12 9 5	1 35 46	9 21 17	16 40 43	8 16 38	20 5 32	5 41 47	22 6 22	21 58 55	13 9 18	20 47 9	17 50 33	16 59 15	12 47 39
11	12 12 43	2 5 24	9 23 49	16 28 58	8 17 32	20 2 42	5 42 12	22 6 32	21 58 46	13 10 7	20 47 2	17 51 0	16 59 13	12 47 59
12	12 16 20	2 34 59	9 26 21	16 17 7	8 18 27	19 59 51	5 42 37	22 6 41	21 58 37	13 10 56	20 46 56	17 51 26	16 59 11	12 48 19
13	12 19 56	3 4 30	9 28 52	16 5 9	8 19 21	19 57 0	5 43 1	22 6 49	21 58 28	13 11 45	20 46 49	17 51 52	16 59 9	12 48 40
14	12 23 31	3 33 56	9 31 23	15 53 6	8 20 15	19 54 8	5 43 25	22 6 57	21 58 19	13 12 34	20 46 43	17 52 18	16 59 7	12 49 1
15	12 27 5	4 3 17	9 33 54	15 40 56	8 21 9	19 51 15	5 43 49	22 7 5	21 58 9	13 13 24	20 46 36	17 52 44	16 59 5	12 49 23
16	12 30 37	4 32 31	9 36 24	15 28 40	8 22 3	19 48 22	5 44 13	22 7 12	21 58 0	13 14 13	20 46 30	17 53 10	16 59 4	12 49 44
17	12 34 9	5 1 39	9 38 54	15 16 19	8 22 56	19 45 29	5 44 36	22 7 19	21 57 51	13 15 2	20 46 24	17 53 35	16 59 2	12 50 6
18	12 37 39	5 30 40	9 41 24	15 3 51	8 23 50	19 42 35	5 44 59	22 7 25	21 57 42	13 15 52	20 46 17	17 54 0	16 59 1	12 50 29
19	12 41 8	5 59 33	9 43 53	14 51 18	8 24 43	19 39 40	5 45 21	22 7 31	21 57 33	13 16 41	20 46 11	17 54 26	16 59 0	12 50 51
20	12 44 36	6 28 18	9 46 22	14 38 40	8 25 36	19 36 46	5 45 44	22 7 36	21 57 23	13 17 30	20 46 5	17 54 51	16 58 59	12 51 14
21	12 48 3	6 56 53	9 48 51	14 25 56	8 26 29	19 33 51	5 46 6	22 7 42	21 57 14	13 18 20	20 45 59	17 55 16	16 58 58	12 51 37
22	12 51 28	7 25 19	9 51 20	14 13 6	8 27 22	19 30 55	5 46 27	22 7 47	21 57 5	13 19 9	20 45 52	17 55 40	16 58 57	12 52 1
23	12 54 52	7 53 34	9 53 48	14 0 12	8 28 14	19 27 59	5 46 49	22 7 51	21 56 56	13 19 58	20 45 46	17 56 5	16 58 56	12 52 25
24	12 58 15	8 21 39	9 56 16	13 47 12	8 29 6	19 25 4	5 47 10	22 7 55	21 56 46	13 20 47	20 45 40	17 56 29	16 58 56	12 52 49
25	13 1 37	8 49 32	9 58 43	13 34 7	8 29 58	19 22 7	5 47 30	22 7 59	21 56 37	13 21 36	20 45 34	17 56 53	16 58 55	12 53 13
26	13 4 57	9 17 12	10 1 11	13 20 57	8 30 50	19 19 11	5 47 50	22 8 3	21 56 28	13 22 24	20 45 28	17 57 17	16 58 55	12 53 37
27	13 8 16	9 44 40	10 3 38	13 7 42	8 31 42	19 16 14	5 48 10	22 8 6	21 56 19	13 23 13	20 45 22	17 57 41	16 58 55	12 54 2
28	13 11 33	10 11 55	10 6 5	12 54 22	8 32 33	19 13 17	5 48 30	22 8 9	21 56 10	13 24 1	20 45 17	17 58 4	16 58 55	12 54 27
29	13 14 49	10 38 55	10 8 31	12 40 57	8 33 25	19 10 20	5 48 49	22 8 11	21 56 1	13 24 49	20 45 11	17 58 27	16 58 55	12 54 52
30	13 18 3	11 5 42	10 10 58	12 27 28	8 34 16	19 7 23	5 49 8	22 8 14	21 55 51	13 25 37	20 45 5	17 58 50	16 58 55	12 55 18
31	13 21 16	11S32 13	10 13 24	12N13 54	8 35 6	19N 4 26	5 49 27	22N 8 16	21 55 42	13S26 25	20 45 0	17S59 13	16 58 56	12S55 43

DAY	SIDEREAL TIME h m s	☉ SUN LONG ° ' "	MOT ' "	R.A. h m s	DECL ° ' "
1 Su	22 39 56	13♌37 18	58 4	10 40 7.5	8N25 20
2 M	22 43 53	14 35 22	58 6	10 43 45.1	8 3 34
3 Tu	22 47 49	15 33 28	58 8	10 47 22.4	7 41 40
4 W	22 51 46	16 31 36	58 10	10 50 59.5	7 19 38
5 Th	22 55 42	17 29 46	58 12	10 54 36.3	6 57 29
6 F	22 59 39	18 27 58	58 14	10 58 12.9	6 35 14
7 S	23 3 35	19 26 11	58 15	11 1 49.3	6 12 51
8 Su	23 7 32	20 24 26	58 17	11 5 25.4	5 50 23
9 M	23 11 29	21 22 43	58 19	11 9 1.4	5 27 48
10 Tu	23 15 25	22 21 2	58 20	11 12 37.2	5 5 9
11 W	23 19 22	23 19 22	58 22	11 16 12.9	4 42 24
12 Th	23 23 18	24 17 44	58 23	11 19 48.4	4 19 34
13 F	23 27 15	25 16 7	58 25	11 23 23.8	3 56 40
14 S	23 31 11	26 14 32	58 27	11 26 59.1	3 33 41
15 Su	23 35 8	27 12 58	58 28	11 30 34.3	3 10 39
16 M	23 39 4	28 11 26	58 30	11 34 9.5	2 47 34
17 Tu	23 43 1	29 9 55	58 31	11 37 44.6	2 24 25
18 W	23 46 58	0♍ 8 27	58 33	11 41 19.7	2 1 14
19 Th	23 50 54	1 6 59	58 35	11 44 54.8	1 38 1
20 F	23 54 51	2 5 34	58 37	11 48 29.9	1 14 45
21 S	23 58 47	3 4 11	58 38	11 52 5.1	0 51 27
22 Su	0 2 44	4 2 49	58 40	11 55 40.3	0 28 8
23 M	0 6 40	5 1 30	58 42	11 59 15.6	0 4 48
24 Tu	0 10 37	6 0 12	58 45	12 2 51.1	0S18 33
25 W	0 14 33	6 58 57	58 47	12 6 26.7	0 41 55
26 Th	0 18 30	7 57 43	58 49	12 10 2.5	1 5 17
27 F	0 22 27	8 56 32	58 51	12 13 38.4	1 28 38
28 S	0 26 23	9 55 23	58 54	12 17 14.6	1 52 0
29 Su	0 30 20	10 54 17	58 56	12 20 51.0	2 15 20
30 M	0 34 16	11♍53 12	58 58	12 24 27.7	2S38 40

DAY	☽ MOON AT 0 HOURS LONG ° ' "	12h MOT ° ' "	2DIF "	R.A. h m s	DECL ° ' "
1	23♉54 5	6 21 19	173	5 10 35	23N22 56
2	6♊42 48	6 33 59	204	6 6 33	24 57 49
3	19 57 45	6 48 15	220	7 5 14	25 12 5
4	3♋41 40	7 3 1	217	8 5 28	23 56 0
5	17 54 49	7 16 44	188	9 5 48	21 7 36
6	2♌34 12	7 27 39	133	10 5 4	16 54 29
7	17 33 24	7 34 12	59	11 2 37	11 33 12
8	2♍43 6	7 35 27	-21	11 58 32	5 26 38
9	17 52 37	7 31 28	-94	12 53 19	0S59 19
10	2♎51 53	7 23 13	-148	13 47 47	7 18 29
11	17 33 2	7 12 12	-177	14 42 43	13 6 41
12	1♏51 23	7 0 1	-183	15 38 40	18 2 58
13	15 45 19	6 48 1	-173	16 35 49	21 50 40
14	29 15 42	6 37 4	-153	17 33 49	24 18 18
15	12♐24 55	6 27 39	-129	18 31 49	25 20 32
16	25 16 7	6 19 51	-105	19 28 43	24 58 37
17	7♑52 29	6 13 33	-84	20 23 33	23 19 39
18	20 16 57	6 8 31	-68	21 15 40	20 34 49
19	2♒31 51	6 4 29	-55	22 4 58	16 57 12
20	14 39 5	6 1 11	-44	22 51 42	12 40 2
21	26 40 3	5 58 32	-35	23 36 24	7 55 49
22	8♓36 1	5 56 29	-25	0 19 47	2 55 56
23	20 28 14	5 55 12	-13	1 2 36	2N 9 9
24	2♈18 20	5 54 53	4	1 45 37	7 9 28
25	14 8 25	5 55 53	27	2 29 37	11 55 9
26	26 1 16	5 58 32	54	3 15 22	16 15 55
27	8♉ 0 23	6 3 12	87	4 3 30	20 0 31
28	20 9 58	6 10 10	123	4 54 27	22 56 38
29	2♊34 42	6 19 35	159	5 48 20	24 51 16
30	15♊19 29	6 31 22	192	6 44 47	25N31 57

DAY	☽ MOON AT 12 HOURS LONG ° ' "	12h MOT ° ' "	2DIF "	R.A. h m s	DECL ° ' "
1	0♊15 24	6 27 24	190	5 38 11	24N19 38
2	13 16 47	6 40 58	214	6 35 37	25 15 47
3	26 46 0	6 55 40	222	7 35 15	24 45 40
4	10♋44 41	7 10 7	206	8 35 42	22 43 5
5	25 11 33	7 22 39	164	9 35 37	19 10 47
6	10♌ 1 51	7 31 33	98	10 34 4	14 21 2
7	25 7 36	7 35 30	19	11 30 45	8 33 59
8	10♍18 33	7 34 4	-60	12 26 1	2 14 25
9	25 24 6	7 27 47	-124	13 20 33	4S11 19
10	10♎15 5	7 17 57	-165	14 15 9	10 17 51
11	24 45 13	7 6 9	-183	15 10 32	15 42 28
12	8♏51 24	6 53 56	-180	16 7 6	20 6 15
13	22 33 20	6 42 22	-164	17 4 45	23 14 59
14	5♐52 46	6 32 9	-141	18 2 53	25 0 10
15	18 52 34	6 23 33	-117	19 0 28	25 19 46
16	1♑35 58	6 16 32	-94	19 56 27	24 18 8
17	14 6 3	6 10 54	-75	20 49 58	22 4 40
18	26 25 28	6 6 24	-61	21 40 40	18 51 46
19	8♒36 20	6 2 45	-49	22 28 37	14 52 45
20	20 40 16	5 59 47	-40	23 14 16	10 20 34
21	2♓38 35	5 57 26	-31	23 58 13	5 27 9
22	14 32 30	5 55 44	-19	0 41 13	0 23 25
23	26 23 26	5 54 54	-5	1 24 2	4N40 30
24	8♈13 13	5 55 12	15	2 7 27	9 34 46
25	20 4 17	5 56 58	40	2 52 14	14 9 20
26	1♉59 48	6 0 36	70	3 39 6	18 13 29
27	14 3 35	6 6 23	105	4 28 36	21 35 26
28	26 20 8	6 14 34	141	5 21 2	24 2 27
29	8♊54 17	6 25 12	177	6 16 17	25 21 33
30	21♊50 50	6 38 1	206	7 13 43	25N21 20

LUNAR INGRESSES
1 ☽ ♊ 11:31
3 ☽ ♋ 17:38
5 ☽ ♌ 19:50
7 ☽ ♍ 19:42
9 ☽ ♎ 19:23
11 ☽ ♏ 20:51
14 ☽ ♐ 1:20
16 ☽ ♑ 8:57
18 ☽ ♒ 19:01
21 ☽ ♓ 6:41
23 ☽ ♈ 19:19
26 ☽ ♉ 8:00
28 ☽ ♊ 19:04

PLANET INGRESSES
1 ♀ ♎ 21:52
17 ☉ ♍ 20:32

STATIONS
14 ☿ R 19:39

DATA FOR THE 1st AT 0 HOURS
JULIAN DAY 37498.5
☽ MEAN ☊ 18°♉ 42' 55"
OBLIQUITY 23° 26' 23"
DELTA T 65.6 SECONDS
NUTATION LONGITUDE-15.7"

DAY MO YR	☿ LONG ° ' "	♀ LONG ° ' "	♂ LONG ° ' "	♃ LONG ° ' "	♄ LONG ° ' "	♅ LONG ° ' "	♆ LONG ° ' "
1 244	10♍44 23	29♍12 1	6♌44 51	11♋43 29	2♊51 6	1♒36R34	14♑ 2R26
2 245	11 41 31	0♎ 4 40	7 23 2	11 55 44	2 55 12	1 34 15	14 1 4
3 246	12 35 52	0 56 44	8 1 13	12 7 55	2 59 14	1 31 57	13 59 44
4 247	13 27 16	1 48 11	8 39 23	12 20 3	3 3 9	1 29 39	13 58 25
5 248	14 15 29	2 39 0	9 17 34	12 32 7	3 7 0	1 27 22	13 57 7
6 249	15 0 21	3 29 9	9 55 44	12 44 8	3 10 45	1 25 6	13 55 50
7 250	15 41 36	4 18 37	10 33 55	12 56 6	3 14 25	1 22 51	13 54 34
8 251	16 19 1	5 7 22	11 12 5	13 7 59	3 17 58	1 20 38	13 53 19
9 252	16 52 18	5 55 23	11 50 16	13 19 49	3 21 27	1 18 25	13 52 6
10 253	17 21 10	6 42 37	12 28 26	13 31 34	3 24 49	1 16 13	13 50 54
11 254	17 45 19	7 29 2	13 6 36	13 43 16	3 28 6	1 14 3	13 49 44
12 255	18 4 25	8 14 38	13 44 46	13 54 54	3 31 17	1 11 54	13 48 35
13 256	18 18 9	8 59 20	14 22 56	14 6 27	3 34 22	1 9 46	13 47 27
14 257	18 26R10	9 43 8	15 1 6	14 17 56	3 37 21	1 7 40	13 46 21
15 258	18 28 8	10 25 58	15 39 16	14 29 21	3 40 15	1 5 35	13 45 16
16 259	18 23 46	11 7 49	16 17 26	14 40 41	3 43 2	1 3 32	13 44 12
17 260	18 12 47	11 48 38	16 55 36	14 51 57	3 45 43	1 1 30	13 43 10
18 261	17 54 56	12 28 22	17 33 45	15 3 8	3 48 19	0 59 30	13 42 10
19 262	17 30 8	13 6 59	18 11 55	15 14 15	3 50 48	0 57 31	13 41 11
20 263	16 58 18	13 44 27	18 50 5	15 25 17	3 53 11	0 55 35	13 40 14
21 264	16 19 35	14 20 42	19 28 15	15 36 13	3 55 28	0 53 39	13 39 18
22 265	15 34 15	14 55 42	20 6 25	15 47 5	3 57 39	0 51 46	13 38 24
23 266	14 42 48	15 29 23	20 44 35	15 57 52	3 59 43	0 49 55	13 37 31
24 267	13 45 56	16 1 43	21 22 46	16 8 34	4 1 41	0 48 5	13 36 40
25 268	12 44 36	16 32 39	22 0 56	16 19 10	4 3 33	0 46 17	13 35 51
26 269	11 40 1	17 2 8	22 39 7	16 29 42	4 5 19	0 44 31	13 35 4
27 270	10 33 34	17 30 5	23 17 18	16 40 7	4 6 58	0 42 48	13 34 18
28 271	9 26 52	17 56 29	23 55 30	16 50 28	4 8 31	0 41 6	13 33 34
29 272	8 21 36	18 21 15	24 33 42	17 0 42	4 9 57	0 39 26	13 32 51
30 273	7♍19 30	18♎44 20	25♌11 54	17♋10 51	4♊11 17	0♒37 49	13♑32 11

DAY MO YR	♇ LONG ° ' "	☊ LONG ° '	A.S.S.I. h m s	S.S.R.Y. h m s	S.V.P. ♓ ° ' "	☿ MERCURY R.A. h m s	DECL ° ' "
1 244	20♏ 8 10	19♉03	13 24 13	30 5 53	5 13 37.0	12 16 37	4S17 19
2 245	20 8 22	19 03	13 28 47	30 5 55	5 13 36.8	12 19 52	4 48 26
3 246	20 8 35	19 00	13 33 20	30 6 11	5 13 36.6	12 22 58	5 18 18
4 247	20 8 51	18 55	13 37 52	30 6 38	5 13 36.4	12 25 53	5 46 50
5 248	20 9 9	18 47	13 42 25	30 7 17	5 13 36.2	12 28 37	6 13 54
6 249	20 9 29	18 38	13 46 57	30 8 5	5 13 36.1	12 31 9	6 39 25
7 250	20 9 51	18 26	13 51 29	30 9 1	5 13 36.0	12 33 29	7 3 14
8 251	20 10 14	18 15	13 56 0	30 10 3	5 13 36.0	12 35 35	7 25 13
9 252	20 10 40	18 05	14 0 32	30 11 9	5 13 36.0	12 37 26	7 45 12
10 253	20 11 8	17 58	14 5 3	30 12 15	5 13 36.0	12 39 2	8 3 3
11 254	20 11 37	17 53	14 9 34	30 13 19	5 13 35.9	12 40 21	8 18 33
12 255	20 12 9	17 51	14 14 5	30 14 17	5 13 35.8	12 41 22	8 31 32
13 256	20 12 42	17 50	14 18 35	30 15 6	5 13 35.6	12 42 5	8 41 47
14 257	20 13 18	17 50	14 23 6	30 15 43	5 13 35.4	12 42 27	8 49 4
15 258	20 13 55	17 50	14 27 36	30 16 8	5 13 35.2	12 42 29	8 53 11
16 259	20 14 35	17 47	14 32 6	30 16 18	5 13 35.0	12 42 9	8 53 54
17 260	20 15 16	17 42	14 36 37	30 16 15	5 13 34.9	12 41 25	8 50 59
18 261	20 15 59	17 34	14 41 7	30 15 58	5 13 34.8	12 40 19	8 44 13
19 262	20 16 45	17 24	14 45 37	30 15 28	5 13 34.7	12 38 49	8 33 24
20 263	20 17 32	17 11	14 50 7	30 14 48	5 13 34.6	12 36 55	8 18 25
21 264	20 18 21	16 58	14 54 38	30 13 59	5 13 34.6	12 34 38	7 59 10
22 265	20 19 11	16 44	14 59 8	30 13 4	5 13 34.6	12 32 1	7 35 39
23 266	20 20 4	16 32	15 3 39	30 12 6	5 13 34.6	12 29 3	7 7 59
24 267	20 20 59	16 23	15 8 9	30 11 6	5 13 34.6	12 25 49	6 36 22
25 268	20 21 55	16 15	15 12 40	30 10 9	5 13 34.6	12 22 22	6 1 12
26 269	20 22 53	16 11	15 17 11	30 9 14	5 13 34.5	12 18 46	5 23 0
27 270	20 23 53	16 09	15 21 43	30 8 26	5 13 34.4	12 15 6	4 42 25
28 271	20 24 55	16 09	15 26 14	30 7 45	5 13 34.2	12 11 28	4 0 17
29 272	20 25 59	16 09	15 30 46	30 7 14	5 13 34.1	12 7 57	3 17 30
30 273	20♏27 5	16♉10	15 35 18	30 6 53	5 13 33.9	12 4 40	2S35 2

DAY Sep	♀ VENUS R.A. h m s	DECL ° ' "	♂ MARS R.A. h m s	DECL ° ' "	♃ JUPITER R.A. h m s	DECL ° ' "
1	13 24 27	11S58 28	10 15 50	12N 0 16	8 35 57	19N 1 29
2	13 27 36	12 24 27	10 18 15	11 46 33	8 36 47	18 58 32
3	13 30 44	12 50 9	10 20 41	11 32 46	8 37 37	18 55 35
4	13 33 49	13 15 33	10 23 6	11 18 55	8 38 27	18 52 38
5	13 36 53	13 40 39	10 25 31	11 5 0	8 39 16	18 49 41
6	13 39 54	14 5 27	10 27 55	10 51 0	8 40 6	18 46 45
7	13 42 54	14 29 55	10 30 20	10 36 57	8 40 55	18 43 48
8	13 45 51	14 54 2	10 32 44	10 22 50	8 41 43	18 40 52
9	13 48 46	15 17 49	10 35 8	10 8 40	8 42 32	18 37 56
10	13 51 38	15 41 13	10 37 32	9 54 25	8 43 20	18 35 0
11	13 54 28	16 4 15	10 39 56	9 40 8	8 44 8	18 32 5
12	13 57 15	16 26 54	10 42 19	9 25 47	8 44 55	18 29 10
13	13 59 59	16 49 9	10 44 42	9 11 22	8 45 42	18 26 16
14	14 2 40	17 10 59	10 47 5	8 56 55	8 46 29	18 23 22
15	14 5 18	17 32 22	10 49 28	8 42 24	8 47 16	18 20 28
16	14 7 53	17 53 19	10 51 51	8 27 50	8 48 2	18 17 35
17	14 10 24	18 13 49	10 54 13	8 13 14	8 48 48	18 14 43
18	14 12 51	18 33 49	10 56 36	7 58 34	8 49 33	18 11 52
19	14 15 14	18 53 20	10 58 58	7 43 52	8 50 19	18 9 1
20	14 17 33	19 12 21	11 1 20	7 29 8	8 51 3	18 6 11
21	14 19 48	19 30 50	11 3 42	7 14 21	8 51 48	18 3 21
22	14 21 58	19 48 46	11 6 4	6 59 31	8 52 32	18 0 32
23	14 24 4	20 6 9	11 8 25	6 44 39	8 53 16	17 57 45
24	14 26 4	20 22 57	11 10 47	6 29 44	8 53 59	17 54 58
25	14 28 0	20 39 9	11 13 8	6 14 48	8 54 42	17 52 12
26	14 29 50	20 54 44	11 15 29	5 59 49	8 55 25	17 49 27
27	14 31 34	21 9 40	11 17 50	5 44 48	8 56 7	17 46 42
28	14 33 12	21 23 57	11 20 12	5 29 45	8 56 49	17 43 59
29	14 34 45	21 37 32	11 22 32	5 14 40	8 57 31	17 41 17
30	14 36 10	21S50 24	11 24 53	4N59 34	8 58 12	17N38 37

DAY Sep	♄ SATURN R.A. h m s	DECL ° ' "	♅ URANUS R.A. h m s	DECL ° ' "	♆ NEPTUNE R.A. h m s	DECL ° ' "	♇ PLUTO R.A. h m s	DECL ° ' "
1	5 49 45	22N 8 17	21 55 33	13S27 12	20 44 54	17S59 35	16 58 56	12S56 9
2	5 50 2	22 8 19	21 55 24	13 27 59	20 44 49	17 59 57	16 58 57	12 56 35
3	5 50 20	22 8 20	21 55 16	13 28 45	20 44 43	18 0 19	16 58 57	12 57 1
4	5 50 37	22 8 21	21 55 7	13 29 32	20 44 38	18 0 40	16 58 58	12 57 28
5	5 50 53	22 8 21	21 54 58	13 30 18	20 44 33	18 1 2	16 58 59	12 57 55
6	5 51 10	22 8 22	21 54 49	13 31 3	20 44 27	18 1 22	16 59 1	12 58 22
7	5 51 25	22 8 22	21 54 40	13 31 49	20 44 22	18 1 43	16 59 2	12 58 49
8	5 51 41	22 8 22	21 54 32	13 32 34	20 44 17	18 2 3	16 59 3	12 59 16
9	5 51 56	22 8 22	21 54 23	13 33 18	20 44 12	18 2 23	16 59 5	12 59 44
10	5 52 10	22 8 21	21 54 15	13 34 2	20 44 7	18 2 43	16 59 6	13 0 11
11	5 52 25	22 8 21	21 54 6	13 34 45	20 44 3	18 3 2	16 59 8	13 0 39
12	5 52 38	22 8 20	21 53 58	13 35 28	20 43 58	18 3 20	16 59 10	13 1 7
13	5 52 52	22 8 19	21 53 50	13 36 11	20 43 53	18 3 39	16 59 12	13 1 35
14	5 53 5	22 8 17	21 53 41	13 36 53	20 43 49	18 3 57	16 59 15	13 2 3
15	5 53 17	22 8 16	21 53 33	13 37 34	20 43 45	18 4 14	16 59 17	13 2 32
16	5 53 29	22 8 15	21 53 25	13 38 15	20 43 40	18 4 32	16 59 19	13 3 0
17	5 53 41	22 8 13	21 53 18	13 38 55	20 43 36	18 4 49	16 59 22	13 3 29
18	5 53 52	22 8 11	21 53 10	13 39 35	20 43 32	18 5 5	16 59 25	13 3 58
19	5 54 3	22 8 9	21 53 2	13 40 14	20 43 28	18 5 21	16 59 28	13 4 27
20	5 54 13	22 8 7	21 52 55	13 40 52	20 43 24	18 5 37	16 59 31	13 4 56
21	5 54 23	22 8 5	21 52 47	13 41 30	20 43 21	18 5 52	16 59 34	13 5 25
22	5 54 32	22 8 3	21 52 40	13 42 7	20 43 17	18 6 7	16 59 37	13 5 54
23	5 54 41	22 8 0	21 52 33	13 42 44	20 43 13	18 6 21	16 59 40	13 6 24
24	5 54 50	22 7 58	21 52 25	13 43 20	20 43 10	18 6 35	16 59 44	13 6 53
25	5 54 58	22 7 55	21 52 18	13 43 55	20 43 7	18 6 49	16 59 47	13 7 22
26	5 55 5	22 7 52	21 52 12	13 44 29	20 43 3	18 7 2	16 59 51	13 7 52
27	5 55 12	22 7 50	21 52 5	13 45 3	20 43 0	18 7 14	16 59 55	13 8 21
28	5 55 19	22 7 47	21 51 58	13 45 36	20 42 57	18 7 27	16 59 59	13 8 51
29	5 55 25	22 7 44	21 51 52	13 46 8	20 42 54	18 7 38	17 0 3	13 9 21
30	5 55 31	22N 7 41	21 51 45	13S46 39	20 42 52	18S 7 50	17 0 7	13S 9 50

OCTOBER 2002

DAY	SIDEREAL TIME h m s	☉ SUN LONG ° ' "	MOT ' "	R.A. h m s	DECL ° ' "	☽ MOON AT 0 HOURS LONG ° ' "	12h MOT ° ' "	2DIF	R.A. h m s	DECL ° ' "	☽ MOON AT 12 HOURS LONG ° ' "	12h MOT ° ' "	2DIF	R.A. h m s	DECL ° ' "
1 Tu	0 38 13	12♍52 10	59 0	12 28 4.6	3S 1 58	28♊28 51	6 45 5	216	7 42 56	24N48 58	5♋13 56	6 52 25	222	8 12 19	23N54 26
2 W	0 42 9	13 51 10	59 3	12 31 41.9	3 25 14	12♋ 6 22	6 59 53	223	8 41 42	22 37 51	19 6 15	7 7 18	218	9 10 58	20 59 46
3 Th	0 46 6	14 50 13	59 5	12 35 19.4	3 48 28	26 13 33	7 14 27	207	9 40 0	19 1 15	3♌28 0	7 21 6	189	10 8 46	16 43 49
4 F	0 50 2	15 49 18	59 7	12 38 57.3	4 11 40	10♌49 6	7 27 2	164	10 37 14	14 9 26	18 16 7	7 32 1	132	11 5 24	11 20 27
5 S	0 53 59	16 48 25	59 9	12 42 35.5	4 34 49	25 48 8	7 35 51	96	11 33 18	8 19 35	3♍23 58	7 38 23	55	12 1 1	5 9 47
6 Su	0 57 56	17 47 34	59 11	12 46 14.1	4 57 54	11♍ 2 21	7 39 30	12	12 28 37	1 54 17	18 41 52	7 39 12	-30	12 56 12	1S23 34
7 M	1 1 52	18 46 45	59 13	12 49 53.1	5 20 56	26 21 4	7 37 29	-71	13 23 52	4S40 19	3♎58 33	7 34 28	-108	13 51 43	7 52 30
8 Tu	1 5 49	19 45 58	59 15	12 53 32.5	5 43 54	11♎33 1	7 30 18	-140	14 19 49	10 56 45	19 3 19	7 25 9	-166	14 48 16	13 49 50
9 W	1 9 45	20 45 13	59 17	12 57 12.3	6 6 47	26 28 27	7 19 14	-185	15 17 5	16 28 45	3♏47 42	7 12 48	-198	15 46 17	18 50 50
10 Th	1 13 42	21 44 30	59 19	13 0 52.5	6 29 35	11♏ 0 29	7 6 1	-205	16 15 49	20 53 49	18 6 30	6 59 7	-207	16 45 38	22 35 53
11 F	1 17 38	22 43 49	59 21	13 4 33.2	6 52 18	25 5 37	6 52 15	-203	17 15 37	23 55 44	1♐57 52	6 45 34	-196	17 45 37	24 52 38
12 S	1 21 35	23 43 10	59 23	13 8 14.3	7 14 56	8♐43 26	6 39 11	-186	18 15 29	25 26 25	15 22 37	6 33 11	-173	18 45 3	25 37 25
13 Su	1 25 31	24 42 32	59 24	13 11 56.0	7 37 27	21 55 47	6 27 37	-160	19 14 8	25 26 30	28 23 24	6 22 33	-145	19 42 37	24 54 51
14 M	1 29 28	25 41 56	59 26	13 15 38.1	7 59 52	4♑45 57	6 17 58	-130	20 10 23	24 4 1	11♑ 3 54	6 13 53	-115	20 37 23	22 55 39
15 Tu	1 33 25	26 41 22	59 28	13 19 20.7	8 22 11	17 17 48	6 10 19	-100	21 4 24	21 31 33	23 28 6	6 7 12	-87	21 28 57	19 53 32
16 W	1 37 21	27 40 50	59 29	13 23 3.8	8 44 22	29 35 19	6 4 33	-74	21 53 34	18 3 22	5♒39 51	6 2 18	-62	22 17 27	16 2 42
17 Th	1 41 18	28 40 19	59 31	13 26 47.5	9 6 25	11♒42 9	6 0 26	-51	22 40 42	13 53 10	17 42 35	5 58 55	-41	23 3 21	11 36 16
18 F	1 45 14	29 39 50	59 33	13 30 31.8	9 28 21	23 41 31	5 57 43	-32	23 25 36	9 13 25	29 39 14	5 56 48	-24	23 47 27	6 45 57
19 S	1 49 11	0♎39 23	59 35	13 34 16.7	9 50 8	5♓36 2	5 56 9	-16	0 9 2	4 15 10	11♓32 11	5 55 43	-9	0 30 26	1 42 18
20 Su	1 53 7	1 38 58	59 37	13 38 2.2	10 11 47	17 27 54	5 55 31	-3	0 51 46	0N51 25	23 23 26	5 55 31	3	1 13 8	3N24 45
21 M	1 57 4	2 38 35	59 39	13 41 48.3	10 33 16	29 18 57	5 55 44	10	1 34 38	5 56 29	5♈14 41	5 56 9	16	1 56 21	8 25 19
22 Tu	2 1 0	3 38 14	59 41	13 45 35.1	10 54 37	11♈10 50	5 56 48	23	2 18 24	10 49 57	17 7 38	5 57 41	30	2 40 50	13 9 1
23 W	2 4 57	4 37 55	59 43	13 49 22.5	11 15 47	23 5 19	5 58 49	38	3 3 47	15 21 5	29 4 8	6 0 14	47	3 27 17	17 24 40
24 Th	2 8 53	5 37 38	59 45	13 53 10.7	11 36 48	5♉ 4 22	6 1 58	57	3 51 23	19 18 13	11♉ 6 20	6 4 3	68	4 16 10	21 0 10
25 F	2 12 50	6 37 23	59 47	13 56 59.5	11 57 38	17 10 23	6 6 30	80	4 41 37	22 28 54	23 16 53	6 9 22	92	5 7 45	23 42 49
26 S	2 16 47	7 37 10	59 50	14 0 49.1	12 18 17	29 26 15	6 12 40	106	5 34 31	24 40 24	5♊38 55	6 16 25	119	6 1 52	25 20 14
27 Su	2 20 43	8 36 59	59 52	14 4 39.4	12 38 44	11♊55 20	6 20 38	133	6 29 43	25 41 6	18 15 57	6 25 18	147	6 57 56	25 42 0
28 M	2 24 40	9 36 51	59 54	14 8 30.4	12 59 1	24 41 15	6 30 26	160	7 26 24	25 22 17	1♋11 42	6 35 59	172	7 54 59	24 41 34
29 Tu	2 28 36	10 36 45	59 56	14 12 22.3	13 19 5	7♋47 41	6 41 55	182	8 23 33	23 39 55	14 29 35	6 48 8	189	8 51 59	22 17 43
30 W	2 32 33	11 36 41	59 58	14 16 14.9	13 38 57	21 17 43	6 54 32	193	9 20 13	20 35 44	28 12 15	7 1 1	193	9 48 11	18 35 5
31 Th	2 36 29	12♎36 39	60 0	14 20 8.3	13S58 36	5♌13 16	7 7 26	189	10 15 53	16N17 12	12♌20 42	7 13 36	178	10 43 17	13N43 47

LUNAR INGRESSES
1 ☽ ♋ 2:43
3 ☽ ♌ 6:17
5 ☽ ♍ 6:38
7 ☽ ♎ 5:44
9 ☽ ♏ 5:46
11 ☽ ♐ 8:33
13 ☽ ♑ 15:01
16 ☽ ♒ 0:49
18 ☽ ♓ 12:42
21 ☽ ♈ 1:23
23 ☽ ♉ 13:52
26 ☽ ♊ 1:05
28 ☽ ♋ 9:48
30 ☽ ♌ 15:05

PLANET INGRESSES
7 ♂ ♍ 12:55
18 ☉ ♎ 8:08
28 ☿ ♎ 19:34

STATIONS
6 ☿ D 19:27
10 ♀ R 18:36
11 ♄ R 13:02
20 ♆ D 13:54

DATA FOR THE 1st AT 0 HOURS
JULIAN DAY 37528.5
☽ MEAN ☊ 17°♉ 7' 32"
OBLIQUITY 23° 26' 24"
DELTA T 65.6 SECONDS
NUTATION LONGITUDE-16.6"

DAY MO YR	☿ LONG ° ' "	♀ LONG ° ' "	♂ LONG ° ' "	♃ LONG ° ' "	♄ LONG ° ' "	♅ LONG ° ' "	♆ LONG ° ' "	♇ LONG ° ' "	☊ LONG ° '	A.S.S.I. h m s	S.S.R.Y. h m s	S.V.P. ♓ ° ' "	☿ MERCURY R.A. h m s	☿ MERCURY DECL ° ' "
1 274	6♍22R16	19♎ 5 40	25♌50 6	17♋20 54	4♊12 30	0♒36R14	13♑31R32	20♏28 12	16♉08	15 39 51	30 6 43	5 13 33.7	12 1 42	1S53 52
2 275	5 31 29	19 25 13	26 28 19	17 30 51	4 13 37	0 34 41	13 30 55	20 29 21	16 05	15 44 24	30 6 46	5 13 33.5	11 59 8	1 14 58
3 276	4 48 30	19 42 53	27 6 31	17 40 42	4 14 37	0 33 10	13 30 20	20 30 32	16 00	15 48 57	30 7 2	5 13 33.4	11 57 3	0 39 11
4 277	4 14 27	19 58 39	27 44 45	17 50 27	4 15 31	0 31 42	13 29 46	20 31 45	15 52	15 53 31	30 7 30	5 13 33.3	11 55 30	0 7 17
5 278	3 50 11	20 12 25	28 22 58	18 0 6	4 16 18	0 30 15	13 29 15	20 32 59	15 43	15 58 5	30 8 11	5 13 33.2	11 54 31	0N20 8
6 279	3 36D16	20 24 8	29 1 12	18 9 38	4 16 58	0 28 52	13 28 45	20 34 15	15 34	16 2 40	30 9 2	5 13 33.2	11 54 10	0 42 36
7 280	3 32 57	20 33 46	29 39 26	18 19 4	4 17 31	0 27 30	13 28 17	20 35 33	15 26	16 7 15	30 10 1	5 13 33.2	11 54 25	0 59 49
8 281	3 40 16	20 41 13	0♍17 40	18 28 22	4 17 58	0 26 12	13 27 52	20 36 52	15 20	16 11 50	30 11 6	5 13 33.2	11 55 18	1 11 38
9 282	3 58 0	20 46 28	0 55 54	18 37 35	4 18 18	0 24 55	13 27 28	20 38 14	15 16	16 16 26	30 12 12	5 13 33.1	11 56 46	1 18 3
10 283	4 25 44	20 49R25	1 34 9	18 46 40	4 18 32	0 23 42	13 27 6	20 39 36	15 15	16 21 3	30 13 15	5 13 32.9	11 58 49	1 19 8
11 284	5 2 55	20 50 4	2 12 24	18 55 38	4 18R39	0 22 31	13 26 46	20 41 1	15 15	16 25 40	30 14 12	5 13 32.7	12 1 24	1 15 5
12 285	5 48 54	20 48 20	2 50 38	19 4 30	4 18 39	0 21 22	13 26 28	20 42 27	15 16	16 30 18	30 15 0	5 13 32.5	12 4 29	1 6 11
13 286	6 42 45	20 44 13	3 28 53	19 13 14	4 18 32	0 20 16	13 26 12	20 43 55	15 17	16 34 57	30 15 36	5 13 32.3	12 8 1	0 52 45
14 287	7 44 15	20 37 41	4 7 8	19 21 50	4 18 19	0 19 13	13 25 57	20 45 24	15 16	16 39 36	30 16 0	5 13 32.1	12 11 58	0 35 7
15 288	8 52 3	20 28 43	4 45 24	19 30 20	4 17 59	0 18 12	13 25 45	20 46 55	15 14	16 44 15	30 16 11	5 13 32.0	12 16 16	0 13 42
16 289	10 5 35	20 17 19	5 23 39	19 38 42	4 17 32	0 17 15	13 25 35	20 48 27	15 10	16 48 56	30 16 9	5 13 31.9	12 20 53	0S11 8
17 290	11 24 6	20 3 30	6 1 55	19 46 56	4 16 59	0 16 20	13 25 27	20 50 1	15 03	16 53 37	30 15 54	5 13 31.8	12 25 47	0 38 59
18 291	12 46 54	19 47 18	6 40 11	19 55 3	4 16 19	0 15 27	13 25 21	20 51 36	14 55	16 58 19	30 15 28	5 13 31.8	12 30 55	1 9 28
19 292	14 13 21	19 28 46	7 18 27	20 3 2	4 15 33	0 14 38	13 25 17	20 53 13	14 47	17 3 1	30 14 52	5 13 31.7	12 36 15	1 42 14
20 293	15 42 51	19 7 56	7 56 44	20 10 53	4 14 40	0 13 51	13 25D14	20 54 51	14 38	17 7 44	30 14 7	5 13 31.7	12 41 45	2 16 57
21 294	17 14 55	18 44 55	8 35 1	20 18 36	4 13 40	0 13 7	13 25 14	20 56 31	14 31	17 12 28	30 13 16	5 13 31.7	12 47 24	2 53 18
22 295	18 49 3	18 19 48	9 13 18	20 26 11	4 12 34	0 12 26	13 25 16	20 58 12	14 24	17 17 13	30 12 21	5 13 31.6	12 53 9	3 30 59
23 296	20 24 52	17 52 42	9 51 36	20 33 38	4 11 22	0 11 48	13 25 20	20 59 54	14 20	17 21 59	30 11 23	5 13 31.6	12 59 0	4 9 45
24 297	22 2 1	17 23 46	10 29 54	20 40 57	4 10 2	0 11 13	13 25 26	21 1 38	14 18	17 26 46	30 10 24	5 13 31.4	13 4 56	4 49 23
25 298	23 40 11	16 53 10	11 8 13	20 48 7	4 8 37	0 10 40	13 25 34	21 3 23	14 17	17 31 33	30 9 26	5 13 31.3	13 10 55	5 29 40
26 299	25 19 7	16 21 3	11 46 32	20 55 9	4 7 5	0 10 11	13 25 44	21 5 10	14 18	17 36 22	30 8 31	5 13 31.1	13 16 58	6 10 23
27 300	26 58 36	15 47 39	12 24 52	21 2 2	4 5 27	0 9 44	13 25 55	21 6 58	14 20	17 41 11	30 7 40	5 13 30.9	13 23 3	6 51 25
28 301	28 38 27	15 13 9	13 3 12	21 8 46	4 3 42	0 9 21	13 26 9	21 8 47	14 22	17 46 1	30 6 57	5 13 30.7	13 29 10	7 32 35
29 302	0♎18 30	14 37 46	13 41 32	21 15 22	4 1 51	0 9 0	13 26 25	21 10 37	14 22	17 50 53	30 6 24	5 13 30.4	13 35 19	8 13 46
30 303	1 58 39	14 1 46	14 19 53	21 21 48	3 59 54	0 8 43	13 26 44	21 12 28	14 22	17 55 45	30 6 2	5 13 30.3	13 41 29	8 54 51
31 304	3♎38 46	13♎25 23	14♍58 14	21♋28 5	3♊57 50	0♒ 8 28	13♑27 4	21♏14 21	14♉20	18 0 38	30 5 55	5 13 30.2	13 47 39	9S35 45

DAY Oct	♀ VENUS R.A. h m s	♀ VENUS DECL ° ' "	♂ MARS R.A. h m s	♂ MARS DECL ° ' "	♃ JUPITER R.A. h m s	♃ JUPITER DECL ° ' "	♄ SATURN R.A. h m s	♄ SATURN DECL ° ' "	♅ URANUS R.A. h m s	♅ URANUS DECL ° ' "	♆ NEPTUNE R.A. h m s	♆ NEPTUNE DECL ° ' "	♇ PLUTO R.A. h m s	♇ PLUTO DECL ° ' "
1	14 37 30	22S 2 32	11 27 14	4N44 26	8 58 53	17N35 57	5 55 36	22N 7 38	21 51 39	13S47 10	20 42 49	18S 8 0	17 0 12	13S10 20
2	14 38 42	22 13 54	11 29 35	4 29 16	8 59 33	17 33 19	5 55 41	22 7 35	21 51 33	13 47 40	20 42 47	18 8 11	17 0 16	13 10 50
3	14 39 47	22 24 27	11 31 56	4 14 4	9 0 13	17 30 41	5 55 46	22 7 32	21 51 27	13 48 9	20 42 44	18 8 21	17 0 21	13 11 20
4	14 40 45	22 34 12	11 34 16	3 58 52	9 0 52	17 28 6	5 55 49	22 7 29	21 51 22	13 48 37	20 42 42	18 8 30	17 0 26	13 11 50
5	14 41 35	22 43 4	11 36 37	3 43 38	9 1 31	17 25 31	5 55 53	22 7 26	21 51 16	13 49 5	20 42 40	18 8 39	17 0 30	13 12 20
6	14 42 17	22 51 2	11 38 57	3 28 22	9 2 10	17 22 58	5 55 56	22 7 22	21 51 11	13 49 31	20 42 38	18 8 47	17 0 35	13 12 50
7	14 42 50	22 58 5	11 41 18	3 13 6	9 2 48	17 20 27	5 55 58	22 7 19	21 51 5	13 49 57	20 42 36	18 8 55	17 0 40	13 13 20
8	14 43 16	23 4 9	11 43 38	2 57 48	9 3 25	17 17 57	5 56 0	22 7 16	21 51 0	13 50 22	20 42 34	18 9 3	17 0 46	13 13 49
9	14 43 32	23 9 12	11 45 58	2 42 30	9 4 2	17 15 29	5 56 2	22 7 12	21 50 55	13 50 46	20 42 33	18 9 10	17 0 51	13 14 19
10	14 43 40	23 13 12	11 48 19	2 27 11	9 4 39	17 13 2	5 56 3	22 7 9	21 50 50	13 51 9	20 42 31	18 9 16	17 0 56	13 14 49
11	14 43 39	23 16 5	11 50 39	2 11 51	9 5 15	17 10 37	5 56 3	22 7 6	21 50 46	13 51 31	20 42 30	18 9 22	17 1 2	13 15 19
12	14 43 29	23 17 51	11 52 59	1 56 31	9 5 51	17 8 13	5 56 3	22 7 2	21 50 41	13 51 52	20 42 29	18 9 27	17 1 8	13 15 49
13	14 43 10	23 18 25	11 55 19	1 41 10	9 6 26	17 5 52	5 56 3	22 6 59	21 50 37	13 52 13	20 42 28	18 9 32	17 1 13	13 16 18
14	14 42 41	23 17 46	11 57 39	1 25 48	9 7 1	17 3 32	5 56 2	22 6 56	21 50 33	13 52 32	20 42 27	18 9 36	17 1 19	13 16 48
15	14 42 3	23 15 51	12 0 0	1 10 27	9 7 35	17 1 14	5 56 0	22 6 52	21 50 29	13 52 51	20 42 26	18 9 40	17 1 25	13 17 18
16	14 41 16	23 12 38	12 2 20	0 55 5	9 8 9	16 58 58	5 55 58	22 6 49	21 50 25	13 53 8	20 42 25	18 9 44	17 1 31	13 17 47
17	14 40 19	23 8 5	12 4 40	0 39 43	9 8 42	16 56 44	5 55 56	22 6 46	21 50 22	13 53 25	20 42 25	18 9 47	17 1 37	13 18 17
18	14 39 14	23 2 10	12 7 0	0 24 21	9 9 15	16 54 32	5 55 53	22 6 43	21 50 18	13 53 41	20 42 24	18 9 49	17 1 44	13 18 46
19	14 38 1	22 54 51	12 9 20	0 8 59	9 9 47	16 52 22	5 55 50	22 6 39	21 50 15	13 53 56	20 42 24	18 9 51	17 1 50	13 19 16
20	14 36 39	22 46 8	12 11 40	0S 6 23	9 10 18	16 50 14	5 55 46	22 6 36	21 50 12	13 54 9	20 42 24	18 9 52	17 1 56	13 19 45
21	14 35 9	22 36 0	12 14 1	0 21 45	9 10 49	16 48 9	5 55 42	22 6 33	21 50 9	13 54 22	20 42 24	18 9 53	17 2 3	13 20 14
22	14 33 32	22 24 27	12 16 21	0 37 7	9 11 20	16 46 5	5 55 37	22 6 29	21 50 6	13 54 34	20 42 24	18 9 53	17 2 10	13 20 43
23	14 31 48	22 11 30	12 18 41	0 52 28	9 11 50	16 44 4	5 55 32	22 6 26	21 50 4	13 54 45	20 42 24	18 9 53	17 2 16	13 21 12
24	14 29 58	21 57 10	12 21 2	1 7 49	9 12 19	16 42 5	5 55 26	22 6 23	21 50 1	13 54 55	20 42 25	18 9 52	17 2 23	13 21 41
25	14 28 2	21 41 29	12 23 22	1 23 9	9 12 48	16 40 8	5 55 20	22 6 20	21 49 59	13 55 4	20 42 25	18 9 51	17 2 30	13 22 10
26	14 26 2	21 24 30	12 25 43	1 38 29	9 13 16	16 38 13	5 55 13	22 6 16	21 49 57	13 55 12	20 42 26	18 9 49	17 2 37	13 22 38
27	14 23 58	21 6 16	12 28 3	1 53 48	9 13 44	16 36 21	5 55 6	22 6 13	21 49 56	13 55 18	20 42 27	18 9 46	17 2 45	13 23 7
28	14 21 52	20 46 53	12 30 24	2 9 7	9 14 11	16 34 32	5 54 59	22 6 10	21 49 54	13 55 24	20 42 28	18 9 43	17 2 52	13 23 35
29	14 19 43	20 26 25	12 32 45	2 24 24	9 14 38	16 32 45	5 54 51	22 6 7	21 49 53	13 55 29	20 42 29	18 9 40	17 2 59	13 24 3
30	14 17 33	20 4 57	12 35 5	2 39 41	9 15 4	16 31 0	5 54 42	22 6 4	21 49 52	13 55 33	20 42 30	18 9 36	17 3 6	13 24 31
31	14 15 23	19S42 38	12 37 26	2S54 56	9 15 29	16N29 18	5 54 33	22N 6 1	21 49 51	13S55 36	20 42 32	18S 9 31	17 3 14	13S24 59

NOVEMBER 2002

DAY	SIDEREAL TIME	☉ SUN LONG	MOT	R.A.	DECL	☽ MOON AT 0 HOURS LONG	12h MOT	2DIF	R.A.	DECL	☽ MOON AT 12 HOURS LONG	12h MOT	2DIF	R.A.	DECL
	h m s	° ' "	' "	h m s	° ' "	° ' "	° ' "	"	h m s	° ' "	° ' "	° ' "	"	h m s	° ' "
1 F	2 40 26	13♎36 39	60 3	14 24 2.5	14S18 1	19♌34 18	7 19 20	163	11 10 28	10N56 51	26♌53 37	7 24 26	141	11 37 29	7N58 39
2 S	2 44 22	14 36 42	60 5	14 27 57.5	14 37 13	4♍18 4	7 28 45	115	12 4 25	4 51 43	11♍46 48	7 32 5	83	12 31 23	1 38 47
3 Su	2 48 19	15 36 46	60 7	14 31 53.3	14 56 11	19 18 53	7 34 18	48	12 58 29	1S37 9	26 53 11	7 35 18	11	13 25 50	4S52 54
4 M	2 52 16	16 36 53	60 9	14 35 50.0	15 14 55	4♎28 29	7 35 3	-26	13 53 33	8 5 6	12♎ 3 32	7 33 33	-63	14 21 42	11 10 21
5 Tu	2 56 12	17 37 2	60 11	14 39 47.4	15 33 23	19 37 4	7 30 50	-98	14 50 22	14 5 10	27 7 55	7 27 2	-128	15 19 36	16 46 13
6 W	3 0 9	18 37 12	60 12	14 43 45.7	15 51 36	4♏34 57	7 22 17	-154	15 49 23	19 10 22	11♏57 14	7 16 45	-175	16 19 41	21 14 52
7 Th	3 4 5	19 37 24	60 14	14 47 44.9	16 9 33	19 13 59	7 10 37	-190	16 50 22	22 57 26	26 24 35	7 4 4	-200	17 21 18	24 16 25
8 F	3 8 2	20 37 38	60 16	14 51 44.8	16 27 14	3♐28 39	6 57 17	-204	17 52 17	25 10 52	10♐25 56	6 50 26	-204	18 23 6	25 40 35
9 S	3 11 58	21 37 53	60 17	14 55 45.6	16 44 39	17 16 22	6 43 41	-200	18 53 32	25 46 1	24 0 2	6 37 8	-192	19 23 24	25 28 18
10 Su	3 15 55	22 38 10	60 18	14 59 47.3	17 1 46	0♑37 10	6 30 55	-181	19 52 31	24 48 59	7♑ 8 5	6 25 5	-168	20 20 46	23 49 59
11 M	3 19 52	23 38 28	60 20	15 3 49.7	17 18 36	13 33 10	6 19 44	-153	20 48 6	22 33 23	19 52 54	6 14 53	-137	21 14 29	21 1 20
12 Tu	3 23 48	24 38 48	60 21	15 7 53.0	17 35 8	26 7 47	6 10 35	-121	21 39 56	19 15 53	2♒18 22	6 6 50	-104	22 4 32	17 19 0
13 W	3 27 45	25 39 9	60 23	15 11 57.1	17 51 21	8♒25 12	6 3 38	-88	22 28 21	15 12 31	14 28 49	6 0 58	-72	22 51 27	12 58 5
14 Th	3 31 41	26 39 31	60 24	15 16 2.0	18 7 16	20 29 48	5 58 50	-56	23 13 59	10 37 12	26 28 38	5 57 13	-42	23 36 2	8 11 15
15 F	3 35 38	27 39 55	60 25	15 20 7.8	18 22 52	2♓25 51	5 56 4	-28	23 57 43	5 41 29	8♓21 57	5 55 22	-15	0 19 9	3 9 7
16 S	3 39 34	28 40 20	60 27	15 24 14.4	18 38 8	14 17 18	5 55 6	-3	0 40 28	0 35 18	20 12 23	5 55 12	8	1 1 45	1N58 50
17 Su	3 43 31	29 40 47	60 28	15 28 21.8	18 53 5	26 7 35	5 55 39	18	1 23 7	4N32 8	2♈ 3 14	5 56 25	27	1 44 42	7 3 23
18 M	3 47 27	0♏41 15	60 30	15 32 30.1	19 7 41	7♈59 39	5 57 29	36	2 6 34	9 31 20	13 57 8	5 58 48	43	2 28 50	11 54 39
19 Tu	3 51 24	1 41 45	60 31	15 36 39.2	19 21 57	19 55 56	6 0 22	50	2 51 35	14 11 56	25 56 18	6 2 9	56	3 14 55	16 21 37
20 W	3 55 20	2 42 16	60 33	15 40 49.1	19 35 52	1♉58 27	6 4 8	62	3 38 52	18 22 8	8♉ 2 35	6 6 18	68	4 3 30	20 11 46
21 Th	3 59 17	3 42 48	60 34	15 44 59.8	19 49 25	14 8 53	6 8 40	74	4 28 51	21 48 49	20 17 34	6 11 13	79	4 54 53	23 11 34
22 F	4 3 14	4 43 22	60 36	15 49 11.3	20 2 37	26 28 46	6 13 57	85	5 21 36	24 18 20	2♊42 43	6 16 52	91	5 48 54	25 7 36
23 S	4 7 10	5 43 58	60 38	15 53 23.7	20 15 27	8♊59 36	6 19 59	97	6 16 43	25 38 4	15 19 35	6 23 18	103	6 44 53	25 48 41
24 Su	4 11 7	6 44 35	60 39	15 57 36.8	20 27 55	21 42 53	6 26 50	109	7 13 18	25 38 46	28 9 43	6 30 34	115	7 41 46	25 8 3
25 M	4 15 3	7 45 14	60 41	16 1 50.7	20 40 0	4♋40 16	6 34 29	121	8 10 10	24 16 37	11♋14 46	6 38 37	126	8 38 23	23 4 59
26 Tu	4 19 0	8 45 55	60 42	16 6 5.4	20 51 43	17 53 22	6 42 55	131	9 6 17	21 34 0	24 36 17	6 47 21	135	9 33 50	19 44 50
27 W	4 22 56	9 46 37	60 44	16 10 20.9	21 3 2	1♌23 38	6 51 53	137	10 0 59	17 38 54	8♌15 32	6 56 28	137	10 27 46	15 17 48
28 Th	4 26 53	10 47 21	60 45	16 14 37.1	21 13 57	15 11 59	7 1 0	134	10 54 13	12 43 19	22 12 59	7 5 26	129	11 20 24	9 57 22
29 F	4 30 50	11 48 6	60 47	16 18 54.0	21 24 28	29 18 25	7 9 38	121	11 46 24	7 2 0	6♍28 3	7 13 30	110	12 12 21	3 59 26
30 S	4 34 46	12♏48 53	60 49	16 23 11.7	21S34 35	13♍41 33	7 16 56	95	12 38 21	0N52 0	20♍58 29	7 19 48	76	13 4 33	2S17 45

LUNAR INGRESSES			PLANET INGRESSES	STATIONS	DATA FOR THE 1st AT 0 HOURS
1 ☽ ♍ 17:03	12 ☽ ♒ 7:30	24 ☽ ♋ 15:24	16 ☿ ♏ 4:07	4 ♅ D 6:28	JULIAN DAY 37559.5
3 ☽ ♎ 16:55	14 ☽ ♓ 19:06	26 ☽ ♌ 21:33	17 ☉ ♏ 7:38	21 ♀ D 7:14	☽ MEAN ☊ 15°♉ 28' 58"
5 ☽ ♏ 16:36	17 ☽ ♈ 7:51	29 ☽ ♍ 1:10	23 ♂ ♎ 11:13		OBLIQUITY 23° 26' 23"
7 ☽ ♐ 18:04	19 ☽ ♉ 20:05				DELTA T 65.7 SECONDS
9 ☽ ♑ 22:52	22 ☽ ♊ 6:47				NUTATION LONGITUDE -17.5"

DAY MO YR	☿ LONG	♀ LONG	♂ LONG	♃ LONG	♄ LONG	♅ LONG	♆ LONG	♇ LONG	☊ LONG	A.S.S.I.	S.S.R.Y.	S.V.P. ♓	☿ MERCURY R.A.	DECL
	° ' "	° ' "	° ' "	° ' "	° ' "	° ' "	° ' "	° ' "	° '	h m s	h m s	° ' "	h m s	° ' "
1 305	5♎18 47	12♎48R50	15♍36 36	21♋34 13	3♊55R40	0♒ 8R16	13♑27 26	21♏16 15	14♉17	18 5 32	30 6 0	5 13 30.1	13 53 51	10S16 21
2 306	6 58 37	12 12 24	16 14 59	21 40 12	3 53 24	0 8 8	13 27 50	21 18 10	14 13	18 10 28	30 6 24	5 13 30.0	14 0 4	10 56 36
3 307	8 38 14	11 36 18	16 53 21	21 46 1	3 51 2	0 8 2	13 28 16	21 20 6	14 09	18 15 24	30 7 0	5 13 30.0	14 6 17	11 36 24
4 308	10 17 34	11 0 47	17 31 44	21 51 41	3 48 34	0 8D 0	13 28 44	21 22 4	14 05	18 20 21	30 7 48	5 13 29.9	14 12 31	12 15 43
5 309	11 56 37	10 26 6	18 10 8	21 57 11	3 46 0	0 8 0	13 29 15	21 24 2	14 02	18 25 19	30 8 45	5 13 29.8	14 18 45	12 54 29
6 310	13 35 20	9 52 27	18 48 32	22 2 31	3 43 21	0 8 4	13 29 47	21 26 1	14 01	18 30 19	30 9 47	5 13 29.7	14 25 0	13 32 38
7 311	15 13 43	9 20 2	19 26 56	22 7 41	3 40 35	0 8 11	13 30 21	21 28 2	14 00	18 35 19	30 10 52	5 13 29.4	14 31 16	14 10 9
8 312	16 51 45	8 49 4	20 5 20	22 12 41	3 37 44	0 8 21	13 30 58	21 30 3	14 00	18 40 21	30 11 53	5 13 29.2	14 37 32	14 46 58
9 313	18 29 25	8 19 44	20 43 44	22 17 31	3 34 47	0 8 34	13 31 36	21 32 6	14 03	18 45 23	30 12 49	5 13 28.9	14 43 49	15 23 4
10 314	20 6 45	7 52 11	21 22 9	22 22 11	3 31 45	0 8 50	13 32 16	21 34 9	14 04	18 50 27	30 13 36	5 13 28.7	14 50 7	15 58 24
11 315	21 43 43	7 26 34	22 0 34	22 26 41	3 28 37	0 9 9	13 32 59	21 36 13	14 05	18 55 31	30 14 13	5 13 28.5	14 56 26	16 32 57
12 316	23 20 21	7 3 1	22 38 59	22 31 0	3 25 24	0 9 31	13 33 43	21 38 19	14 06	19 0 37	30 14 39	5 13 28.3	15 2 45	17 6 40
13 317	24 56 39	6 41 39	23 17 25	22 35 9	3 22 6	0 9 56	13 34 29	21 40 25	14 05	19 5 44	30 14 54	5 13 28.2	15 9 6	17 39 33
14 318	26 32 37	6 22 33	23 55 51	22 39 7	3 18 42	0 10 25	13 35 18	21 42 31	14 04	19 10 52	30 14 58	5 13 28.1	15 15 27	18 11 33
15 319	28 8 18	6 5 48	24 34 17	22 42 54	3 15 14	0 10 56	13 36 8	21 44 39	14 02	19 16 0	30 14 50	5 13 28.0	15 21 50	18 42 39
16 320	29 43 40	5 51 27	25 12 43	22 46 31	3 11 41	0 11 31	13 37 0	21 46 47	13 59	19 21 10	30 14 33	5 13 28.0	15 28 13	19 12 49
17 321	1♏18 46	5 39 33	25 51 10	22 49 57	3 8 3	0 12 8	13 37 54	21 48 56	13 57	19 26 21	30 14 6	5 13 27.9	15 34 38	19 42 2
18 322	2 53 36	5 30 8	26 29 37	22 53 12	3 4 20	0 12 49	13 38 50	21 51 6	13 55	19 31 33	30 13 31	5 13 27.8	15 41 4	20 10 17
19 323	4 28 11	5 23 12	27 8 5	22 56 17	3 0 33	0 13 32	13 39 48	21 53 16	13 53	19 36 46	30 12 48	5 13 27.7	15 47 32	20 37 32
20 324	6 2 33	5 18 45	27 46 33	22 59 10	2 56 42	0 14 19	13 40 48	21 55 27	13 52	19 42 0	30 11 58	5 13 27.6	15 54 1	21 3 46
21 325	7 36 41	5 16D47	28 25 1	23 1 52	2 52 46	0 15 9	13 41 49	21 57 39	13 52	19 47 15	30 11 4	5 13 27.4	16 0 31	21 28 57
22 326	9 10 38	5 17 16	29 3 30	23 4 23	2 48 46	0 16 1	13 42 53	21 59 51	13 52	19 52 31	30 10 5	5 13 27.1	16 7 3	21 53 5
23 327	10 44 24	5 20 10	29 42 0	23 6 43	2 44 42	0 16 57	13 43 58	22 2 4	13 53	19 57 48	30 9 4	5 13 26.9	16 13 36	22 16 8
24 328	12 18 0	5 25 27	0♎20 30	23 8 52	2 40 34	0 17 56	13 45 5	22 4 17	13 53	20 3 6	30 8 3	5 13 26.6	16 20 10	22 38 4
25 329	13 51 26	5 33 5	0 59 0	23 10 49	2 36 22	0 18 57	13 46 14	22 6 31	13 54	20 8 25	30 7 5	5 13 26.4	16 26 46	22 58 52
26 330	15 24 45	5 42 59	1 37 31	23 12 35	2 32 6	0 20 2	13 47 25	22 8 46	13 55	20 13 45	30 6 14	5 13 26.2	16 33 24	23 18 31
27 331	16 57 56	5 55 8	2 16 2	23 14 9	2 27 47	0 21 9	13 48 37	22 11 0	13 55	20 19 6	30 5 33	5 13 26.0	16 40 3	23 36 59
28 332	18 30 59	6 9 27	2 54 34	23 15 31	2 23 25	0 22 20	13 49 52	22 13 15	13 55	20 24 28	30 5 6	5 13 25.8	16 46 43	23 54 16
29 333	20 3 56	6 25 52	3 33 6	23 16 42	2 18 59	0 23 33	13 51 8	22 15 31	13 55	20 29 51	30 4 53	5 13 25.8	16 53 24	24 10 19
30 334	21♏36 47	6♎44 21	4♎11 39	23♋17 41	2♊14 30	0♒24 50	13♑52 26	22♏17 47	13♉55	20 35 14	30 4 56	5 13 25.7	17 0 7	24S25 7

DAY Nov	♀ VENUS R.A.	DECL	♂ MARS R.A.	DECL	♃ JUPITER R.A.	DECL	♄ SATURN R.A.	DECL	♅ URANUS R.A.	DECL	♆ NEPTUNE R.A.	DECL	♇ PLUTO R.A.	DECL
	h m s	° ' "	h m s	° ' "	h m s	° ' "	h m s	° ' "	h m s	° ' "	h m s	° ' "	h m s	° ' "
1	14 13 14	19S19 33	12 39 47	3S10 10	9 15 54	16N27 39	5 54 24	22N 5 58	21 49 50	13S55 38	20 42 33	18S 9 26	17 3 21	13S25 27
2	14 11 7	18 55 50	12 42 8	3 25 23	9 16 18	16 26 3	5 54 14	22 5 55	21 49 49	13 55 39	20 42 35	18 9 21	17 3 29	13 25 55
3	14 9 2	18 31 38	12 44 30	3 40 35	9 16 41	16 24 29	5 54 4	22 5 52	21 49 49	13 55 39	20 42 37	18 9 15	17 3 37	13 26 22
4	14 7 1	18 7 4	12 46 51	3 55 45	9 17 4	16 22 58	5 53 53	22 5 48	21 49 49	13 55 37	20 42 39	18 9 8	17 3 45	13 26 49
5	14 5 4	17 42 18	12 49 12	4 10 54	9 17 26	16 21 30	5 53 42	22 5 45	21 49 49	13 55 35	20 42 41	18 9 1	17 3 53	13 27 16
6	14 3 12	17 17 26	12 51 34	4 26 1	9 17 47	16 20 5	5 53 31	22 5 42	21 49 49	13 55 32	20 42 43	18 8 53	17 4 0	13 27 43
7	14 1 26	16 52 39	12 53 56	4 41 6	9 18 8	16 18 42	5 53 19	22 5 39	21 49 49	13 55 27	20 42 45	18 8 45	17 4 8	13 28 10
8	13 59 47	16 28 3	12 56 17	4 56 9	9 18 28	16 17 23	5 53 7	22 5 36	21 49 50	13 55 22	20 42 48	18 8 36	17 4 17	13 28 36
9	13 58 14	16 3 46	12 58 39	5 11 10	9 18 48	16 16 7	5 52 54	22 5 33	21 49 51	13 55 15	20 42 50	18 8 27	17 4 25	13 29 3
10	13 56 49	15 39 56	13 1 2	5 26 10	9 19 7	16 14 54	5 52 41	22 5 30	21 49 52	13 55 8	20 42 53	18 8 17	17 4 33	13 29 29
11	13 55 32	15 16 40	13 3 24	5 41 6	9 19 25	16 13 44	5 52 27	22 5 26	21 49 53	13 54 59	20 42 56	18 8 7	17 4 41	13 29 55
12	13 54 22	14 54 5	13 5 46	5 56 1	9 19 42	16 12 37	5 52 14	22 5 23	21 49 54	13 54 50	20 42 59	18 7 56	17 4 50	13 30 20
13	13 53 22	14 32 15	13 8 9	6 10 53	9 19 59	16 11 33	5 51 59	22 5 20	21 49 56	13 54 39	20 43 2	18 7 45	17 4 58	13 30 46
14	13 52 30	14 11 16	13 10 31	6 25 43	9 20 15	16 10 32	5 51 45	22 5 17	21 49 58	13 54 28	20 43 5	18 7 33	17 5 6	13 31 11
15	13 51 48	13 51 13	13 12 54	6 40 30	9 20 30	16 9 35	5 51 30	22 5 14	21 50 0	13 54 15	20 43 9	18 7 21	17 5 15	13 31 36
16	13 51 14	13 32 10	13 15 17	6 55 15	9 20 45	16 8 41	5 51 14	22 5 11	21 50 2	13 54 1	20 43 12	18 7 8	17 5 24	13 32 1
17	13 50 50	13 14 10	13 17 40	7 9 57	9 20 59	16 7 50	5 50 59	22 5 8	21 50 4	13 53 47	20 43 16	18 6 55	17 5 32	13 32 25
18	13 50 35	12 57 15	13 20 4	7 24 36	9 21 12	16 7 3	5 50 43	22 5 5	21 50 7	13 53 31	20 43 20	18 6 41	17 5 41	13 32 49
19	13 50 29	12 41 29	13 22 27	7 39 12	9 21 24	16 6 19	5 50 26	22 5 1	21 50 9	13 53 14	20 43 24	18 6 26	17 5 50	13 33 13
20	13 50 32	12 26 52	13 24 51	7 53 45	9 21 36	16 5 38	5 50 10	22 4 58	21 50 12	13 52 57	20 43 28	18 6 11	17 5 58	13 33 37
21	13 50 44	12 13 25	13 27 15	8 8 15	9 21 47	16 5 1	5 49 53	22 4 55	21 50 16	13 52 38	20 43 32	18 5 56	17 6 7	13 34 0
22	13 51 5	12 1 9	13 29 39	8 22 41	9 21 57	16 4 27	5 49 36	22 4 51	21 50 19	13 52 18	20 43 36	18 5 40	17 6 16	13 34 23
23	13 51 34	11 50 4	13 32 3	8 37 5	9 22 7	16 3 56	5 49 18	22 4 48	21 50 23	13 51 57	20 43 41	18 5 24	17 6 25	13 34 46
24	13 52 13	11 40 10	13 34 28	8 51 25	9 22 16	16 3 30	5 49 0	22 4 45	21 50 26	13 51 35	20 43 45	18 5 7	17 6 34	13 35 9
25	13 52 59	11 31 27	13 36 53	9 5 42	9 22 24	16 3 6	5 48 42	22 4 42	21 50 30	13 51 13	20 43 50	18 4 49	17 6 43	13 35 31
26	13 53 54	11 23 52	13 39 18	9 19 55	9 22 31	16 2 46	5 48 24	22 4 38	21 50 34	13 50 49	20 43 55	18 4 32	17 6 52	13 35 53
27	13 54 57	11 17 26	13 41 43	9 34 5	9 22 37	16 2 30	5 48 5	22 4 35	21 50 39	13 50 24	20 44 0	18 4 13	17 7 1	13 36 15
28	13 56 7	11 12 6	13 44 9	9 48 11	9 22 43	16 2 18	5 47 46	22 4 31	21 50 43	13 49 58	20 44 5	18 3 55	17 7 10	13 36 36
29	13 57 25	11 7 51	13 46 34	10 2 13	9 22 48	16 2 9	5 47 27	22 4 28	21 50 48	13 49 32	20 44 10	18 3 36	17 7 19	13 36 57
30	13 58 50	11S 4 39	13 49 0	10S16 11	9 22 52	16N 2 3	5 47 8	22N 4 24	21 50 53	13S49 4	20 44 15	18S 3 16	17 7 28	13S37 18

DECEMBER 2002

DAY	SIDEREAL TIME h m s	☉ SUN LONG ° ' "	MOT ' "	R.A. h m s	DECL ° ' "	☽ MOON AT 0 HOURS LONG ° ' "	12h MOT ° ' "	2DIF "	R.A. h m s	DECL ° ' "	☽ MOON AT 12 HOURS LONG ° ' "	12h MOT ° ' "	2DIF "	R.A. h m s	DECL ° ' "
1 Su	4 38 43	13♏49 41	60 50	16 27 30.1	21S44 18	28♍18 17	7 22 1	55	13 31 3	5S27 7	5♎40 17	7 23 27	31	13 58 0	8S33 13
2 M	4 42 39	14 50 31	60 51	16 31 49.1	21 53 36	13♎ 3 44	7 24 3	4	14 25 30	11 32 58	20 27 47	7 23 45	-23	14 53 39	14 23 11
3 Tu	4 46 36	15 51 22	60 53	16 36 8.8	22 2 28	27 51 32	7 22 32	-50	15 22 29	17 0 39	5♏14 3	7 20 23	-77	15 52 2	19 22 12
4 W	4 50 32	16 52 15	60 54	16 40 29.1	22 10 55	12♏34 27	7 17 23	-102	16 22 16	21 24 52	19 51 49	7 13 34	-125	16 53 3	23 6 4
5 Th	4 54 29	17 53 9	60 55	16 44 50.0	22 18 57	27 5 22	7 9 2	-145	17 24 15	24 23 47	4♐14 24	7 3 54	-161	17 55 39	25 16 39
6 F	4 58 25	18 54 3	60 56	16 49 11.4	22 26 32	11♐18 18	6 58 19	-173	18 27 0	25 44 9	18 16 38	6 52 24	-180	18 58 1	25 46 31
7 S	5 2 22	19 54 59	60 57	16 53 33.4	22 33 41	25 9 2	6 46 18	-184	19 28 30	25 24 47	1♑55 20	6 40 9	-183	19 58 14	24 40 35
8 Su	5 6 19	20 55 55	60 57	16 57 55.9	22 40 24	8♑35 29	6 34 5	-179	20 27 3	23 35 59	15 9 33	6 28 12	-172	20 54 53	22 13 18
9 M	5 10 15	21 56 52	60 58	17 2 18.8	22 46 40	21 37 45	6 22 36	-162	21 21 42	20 34 56	28 0 21	6 17 24	-150	21 47 31	18 43 15
10 Tu	5 14 12	22 57 50	60 59	17 6 42.2	22 52 29	4♒17 44	6 12 38	-135	22 12 23	16 40 27	10♒30 22	6 8 23	-119	22 36 24	14 28 34
11 W	5 18 8	23 58 49	60 59	17 11 6.0	22 57 50	16 38 44	6 4 40	-103	22 59 39	12 9 24	22 43 25	6 1 33	-85	23 22 16	9 44 34
12 Th	5 22 5	24 59 48	61 0	17 15 30.2	23 2 45	28 44 57	5 59 1	-67	23 44 22	7 15 31	4♓43 58	5 57 5	-49	0 6 5	4 43 31
13 F	5 26 1	26 0 48	61 0	17 19 54.7	23 7 12	10♓41 2	5 55 45	-31	0 27 32	2 9 44	16 36 47	5 55 0	-14	0 48 50	0N24 41
14 S	5 29 58	27 1 48	61 1	17 24 19.5	23 11 11	22 31 47	5 54 50	3	1 10 8	2N58 42	28 26 38	5 55 13	19	1 31 33	5 31 13
15 Su	5 33 54	28 2 49	61 1	17 28 44.6	23 14 43	4♈21 51	5 56 7	34	1 53 11	8 1 7	10♈17 58	5 57 30	48	2 15 9	10 27 12
16 M	5 37 51	29 3 50	61 2	17 33 10.0	23 17 47	16 15 28	5 59 20	61	2 37 34	12 48 13	22 14 48	6 1 34	72	3 0 32	15 2 44
17 Tu	5 41 48	0♐ 4 52	61 3	17 37 35.6	23 20 23	28 16 22	6 4 9	82	3 24 7	17 9 14	4♉20 31	6 7 2	90	3 48 25	19 6 4
18 W	5 45 44	1 5 54	61 3	17 42 1.4	23 22 31	10♉22 33	6 10 11	97	4 13 28	20 51 29	16 37 43	6 13 31	102	4 39 18	22 23 38
19 Th	5 49 41	2 6 57	61 4	17 46 27.4	23 24 11	22 51 15	6 17 1	106	5 5 54	23 40 41	29 8 15	6 20 35	108	5 33 13	24 40 50
20 F	5 53 37	3 8 1	61 4	17 50 53.5	23 25 23	5♊28 50	6 24 13	109	6 1 8	25 22 28	11♊53 3	6 27 50	108	6 29 34	25 44 15
21 S	5 57 34	4 9 5	61 5	17 55 19.8	23 26 7	18 20 53	6 31 25	106	6 58 20	25 45 9	24 52 19	6 34 55	103	7 27 15	25 24 39
22 Su	6 1 30	5 10 9	61 6	17 59 46.0	23 26 22	1♋27 13	6 38 19	100	7 56 10	24 42 39	8♋ 5 32	6 41 34	96	8 24 53	23 39 36
23 M	6 5 27	6 11 15	61 6	18 4 12.4	23 26 10	14 47 6	6 44 41	91	8 53 17	22 16 23	21 31 47	6 47 38	86	9 21 15	20 34 17
24 Tu	6 9 23	7 12 21	61 7	18 8 38.7	23 25 29	28 19 25	6 50 26	81	9 48 44	18 34 53	5♌ 9 50	6 53 3	77	10 15 43	16 20 2
25 W	6 13 20	8 13 27	61 7	18 13 5.1	23 24 20	12♌ 2 53	6 55 32	72	10 42 12	13 51 41	18 58 25	6 57 50	67	11 8 17	11 11 54
26 Th	6 17 17	9 14 34	61 8	18 17 31.4	23 22 42	25 56 15	6 59 59	62	11 34 0	8 22 49	2♍56 15	7 1 59	57	11 59 30	5 26 35
27 F	6 21 13	10 15 42	61 9	18 21 57.6	23 20 37	9♍58 13	7 3 48	52	12 24 53	2 25 23	17 2 1	7 5 26	46	12 50 16	0S38 30
28 S	6 25 10	11 16 51	61 9	18 26 23.7	23 18 3	24 7 27	7 6 50	39	13 15 49	3S42 48	1♎14 17	7 8 0	30	13 41 39	6 45 5
29 Su	6 29 6	12 18 0	61 10	18 30 49.6	23 15 2	8♎22 16	7 8 52	21	14 7 55	9 42 51	15 31 8	7 9 23	10	14 34 43	12 33 29
30 M	6 33 3	13 19 9	61 10	18 35 15.4	23 11 32	22 40 31	7 9 32	-2	15 2 9	15 14 13	29 50 3	7 9 14	-16	15 30 17	17 42 18
31 Tu	6 36 59	14♐20 19	61 11	18 39 41.0	23S 7 34	6♏59 16	7 8 26	-31	15 59 10	19S54 55	14♏ 7 43	7 7 8	-48	16 28 46	21S49 24

LUNAR INGRESSES
1 ☽ ♎ 2:46
3 ☽ ♏ 3:29
5 ☽ ♐ 4:52
7 ☽ ♑ 8:35
9 ☽ ♒ 15:47
12 ☽ ♓ 2:30
14 ☽ ♈ 15:09
17 ☽ ♉ 3:25
19 ☽ ♊ 13:38
21 ☽ ♋ 21:22
24 ☽ ♌ 2:57
26 ☽ ♍ 6:58
28 ☽ ♎ 9:55
30 ☽ ♏ 12:17

PLANET INGRESSES
5 ☿ ♐ 10:32
16 ☉ ♐ 22:05
26 ☿ ♑ 22:34
27 ♄ ♉ 18:57

STATIONS
4 ♃ R 12:23

DATA FOR THE 1st AT 0 HOURS
JULIAN DAY 37589.5
☽ MEAN ☊ 13°♉ 53' 35"
OBLIQUITY 23° 26' 23"
DELTA T 65.7 SECONDS
NUTATION LONGITUDE-16.9"

DAY MO YR	☿ LONG ° ' "	♀ LONG ° ' "	♂ LONG ° ' "	♃ LONG ° ' "	♄ LONG ° ' "	♅ LONG ° ' "	♆ LONG ° ' "	♇ LONG ° ' "	☊ LONG ° '	A.S.S.I. h m s	S.S.R.Y. h m s	S.V.P. ♓ ° ' "	☿ MERCURY R.A. h m s	DECL ° ' "
1 335	23♏ 9 32	7♎ 4 47	4♎50 12	23♋18 29	2♊ 9R58	0♒26 9	13♑53 45	22♏20 3	13♉55	20 40 39	30 5 16	5 13 25.6	17 6 51	24S38 39
2 336	24 42 12	7 27 9	5 28 46	23 19 4	2 5 23	0 27 31	13 55 7	22 22 20	13 55	20 46 4	30 5 49	5 13 25.5	17 13 36	24 50 54
3 337	26 14 45	7 51 21	6 7 19	23 19 28	2 0 45	0 28 56	13 56 30	22 24 36	13 55	20 51 30	30 6 35	5 13 25.3	17 20 21	25 1 50
4 338	27 47 12	8 17 19	6 45 53	23 19R40	1 56 5	0 30 24	13 57 54	22 26 53	13 55	20 56 58	30 7 30	5 13 25.0	17 27 7	25 11 26
5 339	29 19 31	8 45 0	7 24 28	23 19 40	1 51 23	0 31 55	13 59 21	22 29 10	13 55	21 2 25	30 8 30	5 13 24.7	17 33 54	25 19 41
6 340	0♐51 43	9 14 20	8 3 2	23 19 28	1 46 39	0 33 29	14 0 49	22 31 28	13 54	21 7 54	30 9 32	5 13 24.4	17 40 41	25 26 33
7 341	2 23 46	9 45 15	8 41 37	23 19 4	1 41 52	0 35 5	14 2 18	22 33 45	13 54	21 13 23	30 10 32	5 13 24.1	17 47 28	25 32 1
8 342	3 55 37	10 17 42	9 20 12	23 18 28	1 37 4	0 36 45	14 3 49	22 36 3	13 53	21 18 53	30 11 27	5 13 23.9	17 54 15	25 36 5
9 343	5 27 16	10 51 37	9 58 47	23 17 40	1 32 14	0 38 27	14 5 22	22 38 20	13 52	21 24 23	30 12 17	5 13 23.7	18 1 1	25 38 43
10 344	6 58 39	11 26 57	10 37 22	23 16 41	1 27 22	0 40 11	14 6 56	22 40 38	13 51	21 29 54	30 12 58	5 13 23.5	18 7 47	25 39 53
11 345	8 29 43	12 3 39	11 15 58	23 15 29	1 22 30	0 41 59	14 8 32	22 42 56	13 51	21 35 25	30 13 31	5 13 23.4	18 14 31	25 39 36
12 346	10 0 24	12 41 39	11 54 33	23 14 6	1 17 36	0 43 49	14 10 10	22 45 13	13 51	21 40 57	30 13 54	5 13 23.3	18 21 13	25 37 51
13 347	11 30 37	13 20 56	12 33 9	23 12 31	1 12 41	0 45 41	14 11 48	22 47 30	13 51	21 46 30	30 14 9	5 13 23.2	18 27 52	25 34 38
14 348	13 0 17	14 1 25	13 11 45	23 10 44	1 7 45	0 47 37	14 13 28	22 49 48	13 52	21 52 2	30 14 13	5 13 23.1	18 34 29	25 29 55
15 349	14 29 18	14 43 4	13 50 21	23 8 46	1 2 49	0 49 34	14 15 10	22 52 5	13 53	21 57 35	30 14 9	5 13 23.0	18 41 2	25 23 44
16 350	15 57 30	15 25 51	14 28 58	23 6 36	0 57 53	0 51 35	14 16 53	22 54 22	13 55	22 3 9	30 13 54	5 13 22.8	18 47 31	25 16 5
17 351	17 24 44	16 9 44	15 7 35	23 4 14	0 52 56	0 53 38	14 18 37	22 56 39	13 56	22 8 42	30 13 30	5 13 22.7	18 53 54	25 6 59
18 352	18 50 50	16 54 39	15 46 12	23 1 41	0 47 59	0 55 43	14 20 23	22 58 55	13 57	22 14 16	30 12 56	5 13 22.5	19 0 11	24 56 26
19 353	20 15 34	17 40 34	16 24 49	22 58 57	0 43 2	0 57 51	14 22 10	23 1 12	13 56	22 19 51	30 12 13	5 13 22.2	19 6 21	24 44 29
20 354	21 38 41	18 27 27	17 3 27	22 56 1	0 38 5	1 0 1	14 23 58	23 3 28	13 55	22 25 25	30 11 22	5 13 21.9	19 12 22	24 31 11
21 355	22 59 53	19 15 16	17 42 5	22 52 54	0 33 9	1 2 14	14 25 48	23 5 43	13 53	22 30 59	30 10 23	5 13 21.7	19 18 13	24 16 34
22 356	24 18 50	20 4 0	18 20 43	22 49 36	0 28 13	1 4 29	14 27 39	23 7 59	13 50	22 36 34	30 9 19	5 13 21.4	19 23 52	24 0 43
23 357	25 35 6	20 53 35	18 59 22	22 46 6	0 23 18	1 6 47	14 29 31	23 10 14	13 46	22 42 9	30 8 14	5 13 21.1	19 29 18	23 43 42
24 358	26 48 16	21 43 59	19 38 0	22 42 26	0 18 24	1 9 7	14 31 24	23 12 28	13 43	22 47 43	30 7 12	5 13 20.9	19 34 29	23 25 39
25 359	27 57 47	22 35 12	20 16 40	22 38 35	0 13 31	1 11 29	14 33 18	23 14 42	13 40	22 53 18	30 6 17	5 13 20.8	19 39 22	23 6 40
26 360	29 3 5	23 27 11	20 55 19	22 34 32	0 8 39	1 13 53	14 35 14	23 16 56	13 38	22 58 52	30 5 33	5 13 20.7	19 43 55	22 46 54
27 361	0♑ 3 28	24 19 54	21 33 59	22 30 20	0 3 48	1 16 19	14 37 11	23 19 9	13 37	23 4 27	30 5 2	5 13 20.6	19 48 5	22 26 32
28 362	0 58 14	25 13 19	22 12 40	22 25 56	29♉58 59	1 18 48	14 39 8	23 21 22	13 38	23 10 1	30 4 47	5 13 20.5	19 51 49	22 5 45
29 363	1 46 33	26 7 25	22 51 20	22 21 22	29 54 12	1 21 19	14 41 7	23 23 34	13 39	23 15 35	30 4 48	5 13 20.3	19 55 4	21 44 48
30 364	2 27 35	27 2 11	23 30 1	22 16 38	29 49 26	1 23 52	14 43 7	23 25 45	13 41	23 21 9	30 5 4	5 13 20.2	19 57 46	21 23 54
31 365	3♑ 0 24	27♎57 34	24♎ 8 42	22♋11 44	29♉44 43	1♒26 27	14♑45 8	23♏27 56	13♉42	23 26 43	30 5 34	5 13 20.0	19 59 52	21S 3 21

DAY Dec	♀ VENUS R.A. h m s	DECL ° ' "	♂ MARS R.A. h m s	DECL ° ' "	♃ JUPITER R.A. h m s	DECL ° ' "	♄ SATURN R.A. h m s	DECL ° ' "	♅ URANUS R.A. h m s	DECL ° ' "	♆ NEPTUNE R.A. h m s	DECL ° ' "	♇ PLUTO R.A. h m s	DECL ° ' "
1	14 0 22	11S 2 28	13 51 27	10S30 5	9 22 56	16N 2 2	5 46 48	22N 4 21	21 50 58	13S48 35	20 44 21	18S 2 56	17 7 37	13S37 39
2	14 2 1	11 1 16	13 53 53	10 43 54	9 22 58	16 2 4	5 46 28	22 4 17	21 51 3	13 48 6	20 44 26	18 2 35	17 7 46	13 37 59
3	14 3 46	11 1 2	13 56 20	10 57 40	9 23 0	16 2 9	5 46 9	22 4 13	21 51 9	13 47 35	20 44 32	18 2 14	17 7 56	13 38 19
4	14 5 38	11 1 42	13 58 47	11 11 21	9 23 1	16 2 18	5 45 48	22 4 10	21 51 14	13 47 4	20 44 38	18 1 53	17 8 5	13 38 38
5	14 7 35	11 3 16	14 1 14	11 24 57	9 23 2	16 2 31	5 45 28	22 4 6	21 51 20	13 46 31	20 44 44	18 1 31	17 8 14	13 38 58
6	14 9 39	11 5 39	14 3 41	11 38 29	9 23 1	16 2 48	5 45 8	22 4 2	21 51 26	13 45 57	20 44 50	18 1 8	17 8 23	13 39 16
7	14 11 48	11 8 51	14 6 9	11 51 56	9 23 0	16 3 8	5 44 47	22 3 58	21 51 32	13 45 23	20 44 56	18 0 45	17 8 33	13 39 35
8	14 14 2	11 12 50	14 8 37	12 5 19	9 22 58	16 3 32	5 44 26	22 3 54	21 51 39	13 44 48	20 45 2	18 0 22	17 8 42	13 39 53
9	14 16 22	11 17 32	14 11 5	12 18 36	9 22 55	16 4 0	5 44 6	22 3 51	21 51 45	13 44 11	20 45 8	17 59 58	17 8 51	13 40 11
10	14 18 47	11 22 56	14 13 34	12 31 48	9 22 51	16 4 31	5 43 45	22 3 47	21 51 52	13 43 34	20 45 15	17 59 34	17 9 0	13 40 29
11	14 21 17	11 29 0	14 16 3	12 44 56	9 22 47	16 5 6	5 43 24	22 3 43	21 51 59	13 42 56	20 45 21	17 59 10	17 9 10	13 40 46
12	14 23 51	11 35 42	14 18 32	12 57 58	9 22 42	16 5 45	5 43 2	22 3 39	21 52 6	13 42 17	20 45 28	17 58 45	17 9 19	13 41 3
13	14 26 30	11 43 0	14 21 1	13 10 54	9 22 36	16 6 27	5 42 41	22 3 35	21 52 13	13 41 37	20 45 34	17 58 20	17 9 28	13 41 20
14	14 29 14	11 50 52	14 23 31	13 23 45	9 22 29	16 7 13	5 42 20	22 3 31	21 52 21	13 40 57	20 45 41	17 57 54	17 9 37	13 41 36
15	14 32 2	11 59 16	14 26 1	13 36 31	9 22 21	16 8 2	5 41 59	22 3 27	21 52 28	13 40 15	20 45 48	17 57 28	17 9 47	13 41 52
16	14 34 54	12 8 10	14 28 31	13 49 11	9 22 13	16 8 55	5 41 37	22 3 23	21 52 36	13 39 33	20 45 55	17 57 1	17 9 56	13 42 7
17	14 37 50	12 17 32	14 31 1	14 1 45	9 22 4	16 9 52	5 41 16	22 3 19	21 52 44	13 38 49	20 46 2	17 56 34	17 10 5	13 42 23
18	14 40 50	12 27 20	14 33 32	14 14 14	9 21 54	16 10 52	5 40 55	22 3 15	21 52 52	13 38 5	20 46 9	17 56 7	17 10 14	13 42 37
19	14 43 54	12 37 33	14 36 3	14 26 36	9 21 44	16 11 55	5 40 33	22 3 11	21 53 0	13 37 20	20 46 17	17 55 39	17 10 23	13 42 52
20	14 47 1	12 48 9	14 38 34	14 38 53	9 21 32	16 13 2	5 40 12	22 3 7	21 53 9	13 36 34	20 46 24	17 55 11	17 10 33	13 43 6
21	14 50 12	12 59 6	14 41 6	14 51 4	9 21 20	16 14 12	5 39 51	22 3 3	21 53 17	13 35 48	20 46 31	17 54 43	17 10 42	13 43 20
22	14 53 27	13 10 22	14 43 38	15 3 8	9 21 8	16 15 25	5 39 30	22 2 59	21 53 26	13 35 0	20 46 39	17 54 14	17 10 51	13 43 33
23	14 56 45	13 21 56	14 46 10	15 15 7	9 20 54	16 16 42	5 39 8	22 2 56	21 53 35	13 34 12	20 46 47	17 53 45	17 11 0	13 43 46
24	15 0 7	13 33 45	14 48 43	15 26 59	9 20 40	16 18 2	5 38 47	22 2 52	21 53 44	13 33 23	20 46 54	17 53 16	17 11 9	13 43 59
25	15 3 32	13 45 49	14 51 16	15 38 44	9 20 25	16 19 25	5 38 26	22 2 48	21 53 53	13 32 34	20 47 2	17 52 47	17 11 18	13 44 11
26	15 7 0	13 58 6	14 53 49	15 50 23	9 20 9	16 20 52	5 38 5	22 2 44	21 54 2	13 31 43	20 47 10	17 52 17	17 11 27	13 44 23
27	15 10 30	14 10 34	14 56 22	16 1 56	9 19 53	16 22 21	5 37 44	22 2 41	21 54 12	13 30 52	20 47 18	17 51 46	17 11 36	13 44 35
28	15 14 4	14 23 11	14 58 56	16 13 21	9 19 35	16 23 54	5 37 23	22 2 37	21 54 21	13 30 0	20 47 26	17 51 16	17 11 45	13 44 46
29	15 17 41	14 35 56	15 1 30	16 24 40	9 19 18	16 25 29	5 37 3	22 2 34	21 54 31	13 29 7	20 47 34	17 50 45	17 11 54	13 44 57
30	15 21 21	14 48 47	15 4 5	16 35 52	9 18 59	16 27 8	5 36 42	22 2 30	21 54 41	13 28 14	20 47 42	17 50 14	17 12 3	13 45 7
31	15 25 4	15S 1 44	15 6 40	16S46 57	9 18 40	16N28 49	5 36 22	22N 2 27	21 54 51	13S27 20	20 47 50	17S49 42	17 12 12	13S45 17

DAY	SIDEREAL TIME h m s	☉ SUN LONG ° ' "	MOT ' "	R.A. h m s	DECL ° ' "	☽ MOON AT 0 HOURS LONG ° ' "	12h MOT ° ' "	2DIF "	R.A. h m s	DECL ° ' "	☽ MOON AT 12 HOURS LONG ° ' "	12h MOT ° ' "	2DIF "	R.A. h m s	DECL ° ' "
1 W	6 40 56	15♐21 29	61 11	18 44 6.3	23S 3 9	21♏14 50	7 5 16	-64	16 58 59	23S23 21	28♏20 7	7 2 51	-81	17 29 42	24S34 44
2 Th	6 44 53	16 22 40	61 11	18 48 31.3	22 58 16	5♐22 58	6 59 53	-97	18 0 43	25 22 8	12♐22 51	6 56 24	-112	18 31 47	25 44 48
3 F	6 48 49	17 23 51	61 11	18 52 56.1	22 52 56	19 19 14	6 52 26	-125	19 2 39	25 42 47	26 11 40	6 48 3	-136	19 33 5	25 16 49
4 S	6 52 46	18 25 1	61 11	18 57 20.4	22 47 8	2♑59 44	6 43 21	-145	20 2 51	24 28 21	9♑43 5	6 38 24	-150	20 31 48	23 19 18
5 Su	6 56 42	19 26 12	61 11	19 1 44.4	22 40 53	16 21 29	6 33 20	-153	20 59 49	21 51 57	22 54 48	6 28 13	-152	21 26 51	20 8 43
6 M	7 0 39	20 27 23	61 10	19 6 7.9	22 34 11	29 23 1	6 23 11	-149	21 52 53	18 12 5	5♒46 12	6 18 19	-142	22 17 59	16 4 21
7 Tu	7 4 35	21 28 33	61 10	19 10 30.9	22 27 2	12♒ 4 31	6 13 43	-133	22 42 13	13 47 44	18 18 13	6 9 28	-121	23 5 41	11 24 11
8 W	7 8 32	22 29 43	61 10	19 14 53.5	22 19 27	24 27 42	6 5 39	-107	23 28 29	8 55 28	0♓33 21	6 2 20	-92	23 50 45	6 23 9
9 Th	7 12 28	23 30 52	61 9	19 19 15.5	22 11 25	6♓35 40	5 59 33	-74	0 12 36	3 48 37	12 35 14	5 57 22	-56	0 34 10	1 13 8
10 F	7 16 25	24 32 1	61 9	19 23 37.0	22 2 57	18 32 35	5 55 48	-37	0 55 35	1N22 11	24 28 23	5 54 53	-18	1 16 58	3N56 14
11 S	7 20 22	25 33 10	61 8	19 27 58.0	21 54 4	0♈23 16	5 54 37	2	1 38 27	6 27 57	6♈17 53	5 55 0	22	2 0 8	8 56 16
12 Su	7 24 18	26 34 18	61 8	19 32 18.3	21 44 44	12 12 53	5 56 3	41	2 22 9	11 20 4	18 8 56	5 57 44	60	2 44 38	13 38 7
13 M	7 28 15	27 35 25	61 7	19 36 38.0	21 35 0	24 6 40	6 0 2	77	3 7 39	15 49 8	0♉ 6 42	6 2 54	94	3 30 28	17 51 39
14 Tu	7 32 11	28 36 32	61 6	19 40 57.1	21 24 50	6♉ 9 37	6 6 18	109	3 55 44	19 44 4	12 15 55	6 10 10	122	4 20 56	21 24 41
15 W	7 36 8	29 37 38	61 6	19 45 15.6	21 14 16	18 26 5	6 14 27	133	4 46 56	22 51 40	24 40 31	6 19 3	142	5 13 46	24 3 11
16 Th	7 40 4	0♑38 44	61 5	19 49 33.3	21 3 17	0♊59 34	6 23 53	147	5 41 21	24 57 21	7♊23 27	6 28 52	150	6 9 37	25 32 30
17 F	7 44 1	1 39 49	61 5	19 53 50.4	20 51 54	13 52 18	6 33 52	149	6 38 25	25 47 10	20 26 10	6 38 49	146	7 7 37	25 40 16
18 S	7 47 57	2 40 53	61 4	19 58 6.8	20 40 7	27 4 59	6 43 35	139	7 37 0	25 11 12	3♋48 34	6 48 3	129	8 6 22	24 19 52
19 Su	7 51 54	3 41 57	61 4	20 2 22.5	20 27 57	10♋36 37	6 52 10	116	8 35 34	23 6 46	17 28 47	6 55 49	102	9 4 26	21 32 57
20 M	7 55 51	4 43 1	61 3	20 6 37.4	20 15 24	24 24 35	6 58 57	86	9 32 51	19 39 54	1♌23 33	7 1 32	69	10 0 45	17 29 32
21 Tu	7 59 47	5 44 3	61 2	20 10 51.7	20 2 28	8♌25 4	7 3 33	52	10 28 7	15 4 1	15 28 37	7 4 59	35	10 54 57	12 25 41
22 W	8 3 44	6 45 6	61 2	20 15 5.1	19 49 9	22 33 36	7 5 53	20	11 21 20	9 37 1	29 39 30	7 6 18	6	11 47 20	6 40 30
23 Th	8 7 40	7 46 8	61 2	20 19 17.8	19 35 29	6♍45 48	7 6 17	-6	12 13 3	3 38 38	13♍52 5	7 5 55	-16	12 38 37	0 33 53
24 F	8 11 37	8 47 9	61 1	20 23 29.8	19 21 26	20 58 0	7 5 14	-24	13 4 9	2S31 18	28 3 14	7 4 20	-30	13 29 47	5S34 31
25 S	8 15 33	9 48 10	61 1	20 27 41.0	19 7 2	5♎ 7 33	7 3 15	-34	13 55 39	8 33 20	12♎10 49	7 2 4	-37	14 21 53	11 25 20
26 Su	8 19 30	10 49 11	61 0	20 31 51.5	18 52 17	19 12 52	7 0 47	-40	14 48 35	14 8 8	26 13 39	6 59 25	-42	15 15 50	16 39 17
27 M	8 23 26	11 50 11	61 0	20 36 1.1	18 37 11	3♏13 4	6 58 0	-44	15 43 43	18 56 23	10♏11 4	6 56 29	-47	16 12 13	20 57 6
28 Tu	8 27 23	12 51 10	60 59	20 40 10.0	18 21 44	17 7 33	6 54 53	-50	16 41 20	22 39 16	24 2 26	6 53 8	-55	17 10 59	24 0 57
29 W	8 31 20	13 52 9	60 58	20 44 18.1	18 5 58	0♐55 34	6 51 14	-60	17 41 3	25 0 35	7♐46 47	6 49 7	-67	18 11 21	25 37 4
30 Th	8 35 16	14 53 7	60 58	20 48 25.4	17 49 52	14 35 54	6 46 46	-74	18 41 40	25 49 55	21 22 40	6 44 10	-82	19 11 48	25 39 14
31 F	8 39 13	15♑54 5	60 57	20 52 31.9	17S33 27	28♐ 6 50	6 41 17	-90	19 41 32	25S 5 46	4♑48 7	6 38 9	-98	20 10 41	24S10 49

LUNAR INGRESSES			PLANET INGRESSES	STATIONS	DATA FOR THE 1st AT 0 HOURS
1 ☽ ♐ 14:50	13 ☽ ♉ 11:47	24 ☽ ♎ 15:18	2 ♀ ♏ 4:11	2 ☿ R 18:20	JULIAN DAY 37620.5
3 ☽ ♑ 18:42	15 ☽ ♊ 22:07	26 ☽ ♏ 18:28	8 ☿ ♐ 23:17	23 ☿ D 1:09	☽ MEAN ☊ 12♉ 15' 1"
6 ☽ ♒ 1:09	18 ☽ ♋ 5:13	28 ☽ ♐ 22:23	9 ♂ ♏ 1:58	30 ♆ R 15:29	OBLIQUITY 23° 26' 23"
8 ☽ ♓ 10:54	20 ☽ ♌ 9:37	31 ☽ ♑ 3:23	15 ☉ ♑ 8:47	31 ♆ D 8:31	DELTA T 65.8 SECONDS
10 ☽ ♈ 23:13	22 ☽ ♍ 12:35		30 ♀ ♐ 21:37		NUTATION LONGITUDE -15.0"

DAY MO YR	☿ LONG ° ' "	♀ LONG ° ' "	♂ LONG ° ' "	♃ LONG ° ' "	♄ LONG ° ' "	♅ LONG ° ' "	♆ LONG ° ' "	♇ LONG ° ' "	☊ LONG ° '	A.S.S.I. h m s	S.S.R.Y. h m s	S.V.P. ♓ ' "	☿ MERCURY R.A. h m s	DECL ° ' "
1 1	3♑24 6	28♎53 33	24♎47 23	22♋ 6R40	29♉40R 2	1♒29 4	14♒47 10	23♏30 6	13♉42	23 32 16	30 6 19	5 13 19.7	20 1 18	20S43 25
2 2	3 37R49	29 50 6	25 26 4	22 1 26	29 35 29	1 31 44	14 49 12	23 32 15	13 40	23 37 49	30 7 5	5 13 19.4	20 2 1	20 24 25
3 3	3 40 45	0♏47 12	26 4 45	21 56 3	29 30 47	1 34 25	14 51 16	23 34 24	13 37	23 43 22	30 8 0	5 13 19.1	20 1 58	20 6 38
4 4	3 32 16	1 44 51	26 43 26	21 50 30	29 26 14	1 37 8	14 53 21	23 36 32	13 32	23 48 54	30 8 57	5 13 18.8	20 1 7	19 50 21
5 5	3 11 59	2 43 0	27 22 7	21 44 49	29 21 43	1 39 53	14 55 26	23 38 39	13 25	23 54 25	30 9 55	5 13 18.6	19 59 27	19 35 49
6 6	2 39 51	3 41 38	28 0 48	21 38 58	29 17 16	1 42 40	14 57 33	23 40 46	13 19	23 59 57	30 10 50	5 13 18.4	19 56 57	19 23 14
7 7	1 56 12	4 40 45	28 39 28	21 32 59	29 12 52	1 45 29	14 59 40	23 42 51	13 13	24 5 27	30 11 41	5 13 18.2	19 53 40	19 12 44
8 8	1 1 53	5 40 19	29 18 9	21 26 51	29 8 31	1 48 20	15 1 47	23 44 56	13 08	24 10 57	30 12 28	5 13 18.1	19 49 39	19 4 24
9 9	29♐58 13	6 40 19	29 56 50	21 20 36	29 4 14	1 51 12	15 3 56	23 46 59	13 04	24 16 26	30 13 9	5 13 18.0	19 45 1	18 58 13
10 10	28 47 2	7 40 45	0♏35 30	21 14 12	29 0 0	1 54 6	15 6 5	23 49 2	13 02	24 21 55	30 13 43	5 13 18.0	19 39 52	18 54 8
11 11	27 30 30	8 41 35	1 14 11	21 7 41	28 55 50	1 57 2	15 8 15	23 51 4	13 02	24 27 22	30 14 10	5 13 17.9	19 34 23	18 52 1
12 12	26 11 6	9 42 49	1 52 51	21 1 3	28 51 45	1 59 59	15 10 26	23 53 4	13 03	24 32 50	30 14 27	5 13 17.7	19 28 44	18 51 42
13 13	24 51 25	10 44 26	2 31 31	20 54 18	28 47 43	2 2 58	15 12 37	23 55 4	13 05	24 38 16	30 14 35	5 13 17.6	19 23 5	18 53 2
14 14	23 33 53	11 46 25	3 10 11	20 47 26	28 43 46	2 5 58	15 14 48	23 57 3	13 06	24 43 41	30 14 32	5 13 17.4	19 17 36	18 55 50
15 15	22 20 46	12 48 46	3 48 52	20 40 27	28 39 52	2 9 0	15 17 1	23 59 0	13 06	24 49 6	30 14 16	5 13 17.2	19 12 27	18 59 54
16 16	21 13 54	13 51 28	4 27 32	20 33 22	28 36 4	2 12 3	15 19 13	24 0 56	13 04	24 54 30	30 13 49	5 13 16.9	19 7 45	19 5 5
17 17	20 14 44	14 54 29	5 6 12	20 26 12	28 32 20	2 15 8	15 21 27	24 2 52	13 00	24 59 53	30 13 9	5 13 16.7	19 3 36	19 11 14
18 18	19 24 14	15 57 51	5 44 52	20 18 56	28 28 40	2 18 14	15 23 40	24 4 46	12 54	25 5 15	30 12 17	5 13 16.4	19 0 5	19 18 11
19 19	18 42 59	17 1 31	6 23 33	20 11 35	28 25 5	2 21 22	15 25 54	24 6 39	12 46	25 10 36	30 11 17	5 13 16.2	18 57 13	19 25 49
20 20	18 11 12	18 5 29	7 2 13	20 4 9	28 21 36	2 24 30	15 28 9	24 8 31	12 37	25 15 57	30 10 11	5 13 16.0	18 55 1	19 33 57
21 21	17 48 49	19 9 45	7 40 53	19 56 38	28 18 11	2 27 40	15 30 24	24 10 21	12 28	25 21 16	30 9 4	5 13 15.8	18 53 29	19 42 29
22 22	17 35 34	20 14 19	8 19 33	19 49 2	28 14 51	2 30 52	15 32 39	24 12 10	12 20	25 26 34	30 7 59	5 13 15.7	18 52 36	19 51 15
23 23	17 31D 0	21 19 9	8 58 14	19 41 23	28 11 37	2 34 4	15 34 54	24 13 58	12 14	25 31 52	30 7 3	5 13 15.6	18 52 20	20 0 8
24 24	17 34 36	22 24 15	9 36 54	19 33 40	28 8 28	2 37 18	15 37 10	24 15 45	12 10	25 37 8	30 6 17	5 13 15.6	18 52 38	20 8 58
25 25	17 45 47	23 29 36	10 15 35	19 25 54	28 5 24	2 40 32	15 39 26	24 17 30	12 09	25 42 24	30 5 45	5 13 15.5	18 53 30	20 17 40
26 26	18 3 59	24 35 12	10 54 15	19 18 5	28 2 25	2 43 48	15 41 42	24 19 14	12 09	25 47 39	30 5 27	5 13 15.4	18 54 51	20 26 5
27 27	18 28 36	25 41 3	11 32 55	19 10 12	27 59 33	2 47 5	15 43 58	24 20 57	12 09	25 52 52	30 5 24	5 13 15.2	18 56 40	20 34 8
28 28	18 59 5	26 47 7	12 11 35	19 2 18	27 56 46	2 50 22	15 46 15	24 22 38	12 10	25 58 5	30 5 34	5 13 15.0	18 58 54	20 41 41
29 29	19 34 54	27 53 24	12 50 14	18 54 22	27 54 5	2 53 41	15 48 32	24 24 17	12 08	26 3 17	30 5 56	5 13 14.7	19 1 31	20 48 40
30 30	20 15 34	28 59 55	13 28 54	18 46 24	27 51 29	2 57 1	15 50R49	24 25 56	12 04	26 8 27	30 6 29	5 13 14.4	19 4 29	20 54 59
31 31	21♐ 0 38	0♐ 6 37	14♏ 7 33	18♋38 25	27♉49 0	3♒ 0 21	15♒53D 0	24♏27 32	11♉57	26 13 37	30 7 9	5 13 14.2	19 7 46	21S 0 33

DAY Jan	♀ VENUS R.A. h m s	DECL ° ' "	♂ MARS R.A. h m s	DECL ° ' "	♃ JUPITER R.A. h m s	DECL ° ' "	♄ SATURN R.A. h m s	DECL ° ' "	♅ URANUS R.A. h m s	DECL ° ' "	♆ NEPTUNE R.A. h m s	DECL ° ' "	♇ PLUTO R.A. h m s	DECL ° ' "
1	15 28 49	15S14 44	15 9 15	16S57 54	9 18 20	16N30 33	5 36 2	22N 2 23	21 55 1	13S26 25	20 47 58	17S49 10	17 12 21	13S45 27
2	15 32 37	15 27 46	15 11 50	17 8 45	9 18 0	16 32 20	5 35 42	22 2 20	21 55 11	13 25 29	20 48 7	17 48 38	17 12 29	13 45 36
3	15 36 27	15 40 48	15 14 26	17 19 28	9 17 38	16 34 10	5 35 22	22 2 17	21 55 21	13 24 33	20 48 15	17 48 6	17 12 38	13 45 45
4	15 40 20	15 53 50	15 17 2	17 30 3	9 17 17	16 36 2	5 35 2	22 2 14	21 55 32	13 23 36	20 48 23	17 47 33	17 12 47	13 45 54
5	15 44 15	16 6 50	15 19 38	17 40 31	9 16 54	16 37 56	5 34 43	22 2 11	21 55 42	13 22 38	20 48 32	17 47 0	17 12 55	13 46 2
6	15 48 13	16 19 47	15 22 15	17 50 52	9 16 31	16 39 54	5 34 24	22 2 9	21 55 53	13 21 40	20 48 40	17 46 27	17 13 4	13 46 10
7	15 52 13	16 32 39	15 24 52	18 1 4	9 16 8	16 41 53	5 34 5	22 2 6	21 56 4	13 20 41	20 48 49	17 45 54	17 13 12	13 46 17
8	15 56 16	16 45 26	15 27 29	18 11 9	9 15 44	16 43 55	5 33 46	22 2 4	21 56 15	13 19 42	20 48 58	17 45 20	17 13 21	13 46 24
9	16 0 20	16 58 6	15 30 6	18 21 6	9 15 19	16 45 58	5 33 27	22 2 2	21 56 26	13 18 42	20 49 6	17 44 47	17 13 29	13 46 31
10	16 4 27	17 10 37	15 32 44	18 30 54	9 14 54	16 48 4	5 33 9	22 2 0	21 56 37	13 17 41	20 49 15	17 44 13	17 13 38	13 46 37
11	16 8 36	17 23 0	15 35 22	18 40 35	9 14 28	16 50 12	5 32 51	22 1 58	21 56 49	13 16 40	20 49 24	17 43 39	17 13 46	13 46 43
12	16 12 48	17 35 12	15 38 0	18 50 7	9 14 2	16 52 21	5 32 33	22 1 56	21 57 0	13 15 39	20 49 33	17 43 4	17 13 54	13 46 49
13	16 17 1	17 47 13	15 40 39	18 59 32	9 13 35	16 54 32	5 32 16	22 1 55	21 57 11	13 14 36	20 49 42	17 42 30	17 14 2	13 46 54
14	16 21 16	17 59 1	15 43 18	19 8 47	9 13 8	16 56 45	5 31 59	22 1 54	21 57 23	13 13 34	20 49 50	17 41 55	17 14 10	13 46 59
15	16 25 34	18 10 36	15 45 57	19 17 55	9 12 40	16 59 0	5 31 42	22 1 53	21 57 35	13 12 30	20 49 59	17 41 20	17 14 18	13 47 3
16	16 29 53	18 21 57	15 48 37	19 26 54	9 12 12	17 1 15	5 31 26	22 1 52	21 57 47	13 11 26	20 50 8	17 40 45	17 14 26	13 47 7
17	16 34 14	18 33 2	15 51 16	19 35 44	9 11 43	17 3 33	5 31 10	22 1 51	21 57 58	13 10 22	20 50 17	17 40 9	17 14 34	13 47 11
18	16 38 37	18 43 50	15 53 56	19 44 26	9 11 15	17 5 51	5 30 54	22 1 51	21 58 10	13 9 17	20 50 26	17 39 34	17 14 42	13 47 14
19	16 43 3	18 54 22	15 56 37	19 53 0	9 10 46	17 8 10	5 30 38	22 1 51	21 58 22	13 8 12	20 50 35	17 38 59	17 14 49	13 47 17
20	16 47 29	19 4 34	15 59 18	20 1 24	9 10 16	17 10 31	5 30 23	22 1 52	21 58 35	13 7 6	20 50 45	17 38 23	17 14 57	13 47 20
21	16 51 58	19 14 28	16 1 58	20 9 40	9 9 46	17 12 52	5 30 9	22 1 52	21 58 47	13 6 0	20 50 54	17 37 47	17 15 4	13 47 22
22	16 56 28	19 24 1	16 4 40	20 17 46	9 9 16	17 15 15	5 29 54	22 1 53	21 58 59	13 4 54	20 51 3	17 37 11	17 15 12	13 47 24
23	17 1 0	19 33 14	16 7 21	20 25 44	9 8 46	17 17 38	5 29 40	22 1 55	21 59 11	13 3 47	20 51 12	17 36 35	17 15 19	13 47 26
24	17 5 34	19 42 4	16 10 3	20 33 32	9 8 15	17 20 1	5 29 27	22 1 56	21 59 24	13 2 40	20 51 21	17 35 59	17 15 26	13 47 27
25	17 10 9	19 50 31	16 12 45	20 41 12	9 7 44	17 22 25	5 29 13	22 1 58	21 59 36	13 1 32	20 51 30	17 35 23	17 15 34	13 47 28
26	17 14 46	19 58 35	16 15 27	20 48 42	9 7 13	17 24 50	5 29 1	22 2 0	21 59 49	13 0 24	20 51 39	17 34 47	17 15 41	13 47 28
27	17 19 25	20 6 14	16 18 10	20 56 3	9 6 41	17 27 14	5 28 48	22 2 2	22 0 1	12 59 16	20 51 49	17 34 10	17 15 48	13 47 29
28	17 24 4	20 13 28	16 20 53	21 3 14	9 6 10	17 29 39	5 28 36	22 2 5	22 0 14	12 58 7	20 51 58	17 33 34	17 15 54	13 47 28
29	17 28 45	20 20 16	16 23 36	21 10 17	9 5 38	17 32 4	5 28 24	22 2 8	22 0 27	12 56 58	20 52 7	17 32 57	17 16 1	13 47 28
30	17 33 28	20 26 38	16 26 19	21 17 9	9 5 6	17 34 29	5 28 13	22 2 11	22 0 40	12 55 48	20 52 16	17 32 21	17 16 8	13 47 27
31	17 38 12	20S32 32	16 29 2	21S23 52	9 4 34	17N36 54	5 28 3	22N 2 15	22 0 53	12S54 39	20 52 25	17S31 35	17 16 15	13S47 26

FEBRUARY 2003

DAY	SIDEREAL TIME h m s	☉ SUN LONG ° ' "	MOT ' "	R.A. h m s	DECL ° ' "	☽ MOON AT 0 HOURS LONG ° ' "	12h MOT ° ' "	2DIF "	R.A. h m s	DECL ° ' "	☽ MOON AT 12 HOURS LONG ° ' "	12h MOT ° ' "	2DIF "	R.A. h m s	DECL ° ' "
1 S	8 43 9	16♑55 1	60 56	20 56 37.6	17S16 43	11♑26 16	6 34 45	-105	20 39 5	22S56 7	18♑ 1 1	6 31 8	-111	21 6 39	21S23 46
2 Su	8 47 6	17 55 57	60 54	21 0 42.4	16 59 41	24 32 10	6 27 21	-115	21 33 20	19 35 58	0♒59 31	6 23 27	-118	21 59 7	17 35 3
3 M	8 51 2	18 56 51	60 53	21 4 46.5	16 42 21	7♒22 57	6 19 29	-118	22 24 3	15 23 17	13 42 27	6 15 34	-116	22 48 11	13 2 48
4 Tu	8 54 59	19 57 44	60 52	21 8 49.7	16 24 44	19 58 0	6 11 44	-112	23 11 37	10 35 37	26 9 44	6 8 6	-105	23 34 26	8 3 33
5 W	8 58 55	20 58 36	60 51	21 12 52.1	16 6 49	2♓17 51	6 4 44	-96	23 56 46	5 28 15	8♓22 35	6 1 43	-84	0 18 42	2 51 12
6 Th	9 2 52	21 59 27	60 49	21 16 53.6	15 48 38	14 24 18	5 59 7	-71	0 40 22	0 13 46	20 23 24	5 56 59	-56	1 1 53	2N22 48
7 F	9 6 49	23 0 16	60 48	21 20 54.4	15 30 10	26 20 23	5 55 24	-39	1 23 23	4N57 22	2♈15 47	5 54 24	-21	1 44 57	7 28 47
8 S	9 10 45	24 1 4	60 46	21 24 54.3	15 11 27	8♈10 10	5 54 2	-1	2 6 44	9 55 57	14 4 12	5 54 19	19	2 28 50	12 17 44
9 Su	9 14 42	25 1 50	60 45	21 28 53.4	14 52 28	19 58 31	5 55 18	40	2 51 21	14 32 58	25 53 48	5 56 58	61	3 14 23	16 40 23
10 M	9 18 38	26 2 35	60 43	21 32 51.7	14 33 14	1♉50 46	5 59 21	82	3 38 3	18 38 38	7♉50 7	6 2 24	102	4 2 25	20 26 12
11 Tu	9 22 35	27 3 18	60 42	21 36 49.2	14 13 46	13 52 31	6 6 9	121	4 27 32	22 1 33	19 58 40	6 10 30	140	4 53 26	23 22 58
12 W	9 26 31	28 3 59	60 40	21 40 46.0	13 54 4	26 9 10	6 15 27	156	5 20 7	24 28 43	2♊24 37	6 20 54	170	5 47 34	25 17 4
13 Th	9 30 28	29 4 39	60 39	21 44 41.9	13 34 7	8♊45 30	6 26 45	180	6 15 42	25 46 24	15 12 16	6 32 55	188	6 44 24	25 55 17
14 F	9 34 24	0♒ 5 18	60 37	21 48 37.1	13 13 58	21 45 11	6 39 16	191	7 13 31	25 42 35	28 24 27	6 45 38	189	7 42 53	25 7 36
15 S	9 38 21	1 5 54	60 35	21 52 31.5	12 53 36	5♋10 5	6 51 53	183	8 12 19	24 10 7	12♋ 1 58	6 57 50	172	8 41 38	22 50 29
16 Su	9 42 18	2 6 30	60 34	21 56 25.2	12 33 1	18 59 49	7 3 20	156	9 10 43	21 9 37	26 3 9	7 8 13	135	9 39 27	19 8 54
17 M	9 46 14	3 7 3	60 32	22 0 18.2	12 12 15	3♌11 22	7 12 21	111	10 7 44	16 50 13	10♌23 43	7 15 37	84	10 35 34	14 15 51
18 Tu	9 50 11	4 7 35	60 31	22 4 10.5	11 51 17	17 39 20	7 17 58	56	11 2 57	11 28 18	24 57 17	7 19 21	27	11 29 55	8 30 18
19 W	9 54 7	5 8 6	60 29	22 8 2.0	11 30 7	2♍16 38	7 19 47	0	11 56 34	5 24 42	9♍36 25	7 19 19	-26	12 23 0	2 14 25
20 Th	9 58 4	6 8 35	60 28	22 11 52.9	11 8 47	16 55 44	7 18 3	-48	12 49 18	0S57 39	24 13 48	7 16 5	-67	13 15 35	4S 8 38
21 F	10 2 0	7 9 3	60 27	22 15 43.1	10 47 16	1♎29 53	7 13 34	-82	13 42 0	7 15 44	8♎43 27	7 10 36	-93	14 8 38	10 16 12
22 S	10 5 57	8 9 30	60 25	22 19 32.8	10 25 35	15 54 2	7 7 20	-101	14 35 37	13 7 25	23 1 22	7 3 53	-105	15 3 0	15 46 49
23 Su	10 9 53	9 9 55	60 24	22 23 21.7	10 3 44	0♏ 5 15	7 0 21	-106	15 30 53	18 12 2	7♏ 5 36	6 56 50	-105	15 59 16	20 20 48
24 M	10 13 50	10 10 19	60 23	22 27 10.1	9 41 44	14 2 26	6 53 23	-102	16 28 9	22 11 5	20 55 49	6 50 2	-99	16 57 28	23 41 9
25 Tu	10 17 47	11 10 42	60 21	22 30 58.0	9 19 35	27 45 50	6 46 49	-95	17 27 8	24 49 35	4♐32 39	6 43 43	-91	17 57 0	25 35 25
26 W	10 21 43	12 11 3	60 20	22 34 45.2	8 57 17	11♐16 22	6 40 45	-88	18 26 55	25 58 9	17 57 7	6 37 53	-85	18 56 40	25 57 50
27 Th	10 25 40	13 11 23	60 18	22 38 31.9	8 34 52	24 34 59	6 35 5	-83	19 26 6	25 35 0	1♑10 5	6 32 20	-82	19 55 1	24 50 42
28 F	10 29 36	14♒11 41	60 17	22 42 18.1	8S12 18	7♑42 25	6 29 36	-82	20 23 17	23S46 21	14♑12 1	6 26 51	-83	20 50 49	22S23 44

LUNAR INGRESSES
2 ☽ ♒ 10:09
4 ☽ ♓ 19:30
7 ☽ ♈ 7:25
9 ☽ ♉ 20:17
12 ☽ ♊ 7:24
14 ☽ ♋ 14:51
16 ☽ ♌ 18:39
18 ☽ ♍ 20:16
20 ☽ ♎ 21:31
22 ☽ ♏ 23:51
25 ☽ ♐ 3:57
27 ☽ ♑ 9:52

PLANET INGRESSES
8 ☿ ♑ 20:45
13 ☉ ♒ 21:54
24 ♂ ♐ 17:14
26 ♀ ♑ 2:00

STATIONS
22 ♄ D 7:42

DATA FOR THE 1st AT 0 HOURS
JULIAN DAY 37651.5
☽ MEAN ☊ 10°♉ 36' 27"
OBLIQUITY 23° 26' 24"
DELTA T 65.9 SECONDS
NUTATION LONGITUDE-13.9"

DAY MO	YR	☿ LONG ° ' "	♀ LONG ° ' "	♂ LONG ° ' "	♃ LONG ° ' "	♄ LONG ° ' "	♅ LONG ° ' "	♆ LONG ° ' "	♇ LONG ° ' "	☊ LONG ° '	A.S.S.I. h m s	S.S.R.Y. h m s	S.V.P. ♓ ° ' "	☿ MERCURY R.A. h m s	☿ MERCURY DECL ° ' "
1	32	21♐49 43	1♐13 31	14♏46 11	18♋30R25	27♉46R37	3♒ 3 42	15♑55 21	24♏29 8	11♉47	26 18 46	30 7 55	5 13 14.0	19 11 20	21S 5 19
2	33	22 42 26	2 20 36	15 24 49	18 22 24	27 44 20	3 7 4	15 57 38	24 30 41	11 35	26 23 53	30 8 45	5 13 13.8	19 15 10	21 9 13
3	34	23 38 27	3 27 52	16 3 27	18 14 24	27 42 9	3 10 27	15 59 55	24 32 13	11 23	26 29 0	30 9 38	5 13 13.7	19 19 14	21 12 12
4	35	24 37 29	4 35 19	16 42 4	18 6 23	27 40 4	3 13 50	16 2 11	24 33 44	11 11	26 34 6	30 10 33	5 13 13.6	19 23 31	21 14 12
5	36	25 39 16	5 42 56	17 20 40	17 58 24	27 38 6	3 17 14	16 4 28	24 35 13	11 00	26 39 10	30 11 26	5 13 13.5	19 28 0	21 15 11
6	37	26 43 35	6 50 42	17 59 16	17 50 25	27 36 14	3 20 38	16 6 44	24 36 40	10 51	26 44 14	30 12 18	5 13 13.5	19 32 39	21 15 7
7	38	27 50 12	7 58 38	18 37 51	17 42 28	27 34 28	3 24 3	16 9 0	24 38 6	10 45	26 49 16	30 13 7	5 13 13.4	19 37 28	21 13 58
8	39	28 58 58	9 6 43	19 16 26	17 34 32	27 32 49	3 27 29	16 11 16	24 39 30	10 42	26 54 17	30 13 51	5 13 13.4	19 42 25	21 11 41
9	40	0♑ 9 43	10 14 57	19 55 0	17 26 39	27 31 17	3 30 55	16 13 31	24 40 52	10 41	26 59 18	30 14 28	5 13 13.3	19 47 31	21 8 17
10	41	1 22 18	11 23 20	20 33 34	17 18 48	27 29 51	3 34 21	16 15 47	24 42 12	10 40	27 4 17	30 14 56	5 13 13.2	19 52 44	21 3 42
11	42	2 36 35	12 31 51	21 12 7	17 11 0	27 28 31	3 37 48	16 18 2	24 43 31	10 41	27 9 16	30 15 13	5 13 13.0	19 58 4	20 57 56
12	43	3 52 29	13 40 30	21 50 39	17 3 15	27 27 18	3 41 14	16 20 16	24 44 48	10 40	27 14 13	30 15 16	5 13 12.8	20 3 29	20 50 59
13	44	5 9 53	14 49 17	22 29 11	16 55 33	27 26 12	3 44 42	16 22 30	24 46 4	10 37	27 19 9	30 15 5	5 13 12.6	20 9 0	20 42 48
14	45	6 28 43	15 58 12	23 7 42	16 47 55	27 25 13	3 48 9	16 24 44	24 47 17	10 31	27 24 5	30 14 40	5 13 12.3	20 14 36	20 33 24
15	46	7 48 54	17 7 14	23 46 13	16 40 22	27 24 20	3 51 36	16 26 58	24 48 29	10 23	27 29 0	30 14 0	5 13 12.1	20 20 17	20 22 45
16	47	9 10 23	18 16 24	24 24 43	16 32 53	27 23 34	3 55 4	16 29 11	24 49 39	10 12	27 33 53	30 13 8	5 13 12.0	20 26 2	20 10 51
17	48	10 33 6	19 25 41	25 3 13	16 25 28	27 22 55	3 58 32	16 31 23	24 50 48	10 00	27 38 46	30 12 7	5 13 11.8	20 31 51	19 57 41
18	49	11 57 1	20 35 5	25 41 42	16 18 9	27 22 22	4 1 59	16 33 35	24 51 54	9 48	27 43 38	30 11 0	5 13 11.7	20 37 44	19 43 15
19	50	13 22 6	21 44 36	26 20 11	16 10 55	27 21 56	4 5 27	16 35 46	24 52 58	9 37	27 48 28	30 9 52	5 13 11.7	20 43 40	19 27 33
20	51	14 48 18	22 54 13	26 58 39	16 3 46	27 21 37	4 8 54	16 37 57	24 54 1	9 28	27 53 19	30 8 48	5 13 11.7	20 49 39	19 10 34
21	52	16 15 35	24 3 57	27 37 6	15 56 44	27 21 24	4 12 22	16 40 7	24 55 2	9 22	27 58 8	30 7 51	5 13 11.7	20 55 41	18 52 19
22	53	17 43 57	25 13 48	28 15 33	15 49 47	27 21D19	4 15 50	16 42 16	24 56 1	9 19	28 2 56	30 7 5	5 13 11.6	21 1 45	18 32 45
23	54	19 13 23	26 23 44	28 54 0	15 42 57	27 21 20	4 19 17	16 44 25	24 56 58	9 18	28 7 44	30 6 30	5 13 11.5	21 7 52	18 11 55
24	55	20 43 51	27 33 47	29 32 25	15 36 14	27 21 28	4 22 44	16 46 33	24 57 53	9 18	28 12 31	30 6 7	5 13 11.3	21 14 2	17 49 47
25	56	22 15 22	28 43 55	0♐10 50	15 29 37	27 21 42	4 26 11	16 48 41	24 58 47	9 17	28 17 17	30 5 56	5 13 11.1	21 20 13	17 26 21
26	57	23 47 54	29 54 8	0 49 14	15 23 8	27 22 4	4 29 37	16 50 47	24 59 38	9 15	28 22 3	30 5 56	5 13 10.8	21 26 27	17 1 38
27	58	25 21 27	1♑ 4 27	1 27 36	15 16 47	27 22 32	4 33 4	16 52 53	25 0 27	9 10	28 26 47	30 6 7	5 13 10.6	21 32 43	16 35 37
28	59	26♑56 2	2♑14 50	2♐ 5 58	15♋10 33	27♉23 7	4♒36 30	16♑54 58	25♏ 1 15	9♉02	28 31 32	30 6 27	5 13 10.4	21 39 0	16S 8 19

DAY Feb	♀ VENUS R.A. h m s	♀ VENUS DECL ° ' "	♂ MARS R.A. h m s	♂ MARS DECL ° ' "	♃ JUPITER R.A. h m s	♃ JUPITER DECL ° ' "	♄ SATURN R.A. h m s	♄ SATURN DECL ° ' "	♅ URANUS R.A. h m s	♅ URANUS DECL ° ' "	♆ NEPTUNE R.A. h m s	♆ NEPTUNE DECL ° ' "	♇ PLUTO R.A. h m s	♇ PLUTO DECL ° ' "
1	17 42 56	20S37 59	16 31 46	21S30 26	9 4 2	17N39 18	5 27 52	22N 2 19	22 1 6	12S53 29	20 52 35	17S31 8	17 16 21	13S47 24
2	17 47 43	20 42 57	16 34 30	21 36 49	9 3 30	17 41 42	5 27 42	22 2 24	22 1 19	12 52 18	20 52 44	17 30 31	17 16 27	13 47 23
3	17 52 30	20 47 25	16 37 14	21 43 3	9 2 58	17 44 6	5 27 33	22 2 29	22 1 32	12 51 8	20 52 53	17 29 55	17 16 34	13 47 20
4	17 57 18	20 51 24	16 39 58	21 49 7	9 2 26	17 46 29	5 27 24	22 2 34	22 1 45	12 49 57	20 53 2	17 29 18	17 16 40	13 47 18
5	18 2 7	20 54 53	16 42 43	21 55 1	9 1 54	17 48 51	5 27 15	22 2 40	22 1 58	12 48 46	20 53 12	17 28 42	17 16 46	13 47 15
6	18 6 57	20 57 51	16 45 28	22 0 45	9 1 22	17 51 12	5 27 7	22 2 46	22 2 11	12 47 35	20 53 21	17 28 5	17 16 52	13 47 12
7	18 11 48	21 0 18	16 48 12	22 6 19	9 0 50	17 53 33	5 27 0	22 2 52	22 2 24	12 46 24	20 53 30	17 27 29	17 16 58	13 47 8
8	18 16 40	21 2 13	16 50 57	22 11 44	9 0 18	17 55 52	5 26 52	22 2 59	22 2 37	12 45 12	20 53 39	17 26 52	17 17 3	13 47 5
9	18 21 33	21 3 37	16 53 43	22 16 58	8 59 46	17 58 11	5 26 46	22 3 6	22 2 50	12 44 1	20 53 48	17 26 15	17 17 9	13 47 0
10	18 26 26	21 4 28	16 56 28	22 22 2	8 59 15	18 0 28	5 26 40	22 3 14	22 3 3	12 42 49	20 53 57	17 25 39	17 17 15	13 46 56
11	18 31 20	21 4 47	16 59 13	22 26 56	8 58 43	18 2 43	5 26 34	22 3 22	22 3 17	12 41 37	20 54 6	17 25 3	17 17 20	13 46 51
12	18 36 14	21 4 32	17 1 59	22 31 39	8 58 12	18 4 58	5 26 29	22 3 31	22 3 30	12 40 25	20 54 15	17 24 26	17 17 25	13 46 46
13	18 41 9	21 3 45	17 4 45	22 36 13	8 57 41	18 7 11	5 26 24	22 3 39	22 3 43	12 39 13	20 54 24	17 23 50	17 17 30	13 46 41
14	18 46 5	21 2 24	17 7 31	22 40 36	8 57 11	18 9 22	5 26 19	22 3 49	22 3 57	12 38 1	20 54 34	17 23 14	17 17 35	13 46 35
15	18 51 1	21 0 29	17 10 17	22 44 50	8 56 40	18 11 32	5 26 16	22 3 58	22 4 10	12 36 48	20 54 43	17 22 38	17 17 40	13 46 30
16	18 55 58	20 58 1	17 13 3	22 48 53	8 56 10	18 13 39	5 26 12	22 4 8	22 4 23	12 35 36	20 54 51	17 22 2	17 17 45	13 46 24
17	19 0 54	20 54 59	17 15 49	22 52 45	8 55 40	18 15 46	5 26 9	22 4 19	22 4 36	12 34 24	20 55 0	17 21 26	17 17 50	13 46 17
18	19 5 51	20 51 22	17 18 36	22 56 28	8 55 10	18 17 50	5 26 7	22 4 30	22 4 50	12 33 12	20 55 9	17 20 50	17 17 54	13 46 11
19	19 10 49	20 47 12	17 21 22	23 0 0	8 54 41	18 19 52	5 26 5	22 4 41	22 5 3	12 31 59	20 55 18	17 20 15	17 17 59	13 46 4
20	19 15 46	20 42 27	17 24 9	23 3 21	8 54 12	18 21 52	5 26 4	22 4 53	22 5 16	12 30 47	20 55 27	17 19 40	17 18 3	13 45 56
21	19 20 44	20 37 7	17 26 55	23 6 33	8 53 44	18 23 51	5 26 3	22 5 5	22 5 30	12 29 35	20 55 36	17 19 4	17 18 7	13 45 49
22	19 25 42	20 31 14	17 29 42	23 9 34	8 53 16	18 25 46	5 26 2	22 5 17	22 5 43	12 28 22	20 55 44	17 18 29	17 18 11	13 45 41
23	19 30 39	20 24 45	17 32 29	23 12 24	8 52 48	18 27 40	5 26 2	22 5 30	22 5 56	12 27 10	20 55 53	17 17 54	17 18 15	13 45 33
24	19 35 37	20 17 43	17 35 16	23 15 5	8 52 21	18 29 32	5 26 3	22 5 43	22 6 9	12 25 58	20 56 2	17 17 19	17 18 19	13 45 25
25	19 40 35	20 10 7	17 38 3	23 17 34	8 51 54	18 31 21	5 26 4	22 5 57	22 6 23	12 24 46	20 56 10	17 16 45	17 18 23	13 45 16
26	19 45 32	20 1 56	17 40 50	23 19 54	8 51 28	18 33 7	5 26 5	22 6 11	22 6 36	12 23 34	20 56 19	17 16 10	17 18 26	13 45 8
27	19 50 30	19 53 11	17 43 37	23 22 3	8 51 2	18 34 52	5 26 7	22 6 26	22 6 49	12 22 22	20 56 27	17 15 36	17 18 30	13 44 59
28	19 55 27	19S43 53	17 46 24	23S24 1	8 50 37	18N36 33	5 26 10	22N 6 40	22 7 2	12S21 10	20 56 36	17S15 2	17 18 33	13S44 50

MARCH 2003

DAY	SIDEREAL TIME h m s	☉ SUN LONG ° ' "	MOT ' "	R.A. h m s	DECL ° ' "	☽ MOON AT 0 HOURS LONG ° ' "	12h MOT ° ' "	2DIF "	R.A. h m s	DECL ° ' "	☽ MOON AT 12 HOURS LONG ° ' "	12h MOT ° ' "	2DIF "	R.A. h m s	DECL ° ' "
1 S	10 33 33	15♒11 58	60 15	22 46 3.7	7S49 38	20♑38 51	6 24 3	-84	21 17 33	20S44 48	27♑ 2 54	6 21 14	-85	21 43 28	18S51 36
2 Su	10 37 29	16 12 13	60 13	22 49 48.8	7 26 50	3♒24 8	6 18 22	-86	22 8 35	16 46 14	9♒42 30	6 15 28	-87	22 32 56	14 30 45
3 M	10 41 26	17 12 26	60 12	22 53 33.4	7 3 56	15 57 58	6 12 34	-87	22 56 36	12 7 8	22 10 32	6 9 41	-85	23 19 39	9 37 13
4 Tu	10 45 22	18 12 38	60 10	22 57 17.5	6 40 56	28 20 13	6 6 52	-83	23 42 12	7 2 46	4♓27 5	6 4 10	-78	0 4 20	4 25 23
5 W	10 49 19	19 12 47	60 8	23 1 1.1	6 17 51	10♓31 15	6 1 39	-72	0 26 10	1 46 35	16 32 54	5 59 21	-65	0 47 48	0N52 15
6 Th	10 53 16	20 12 55	60 6	23 4 44.3	5 54 40	22 32 14	5 57 20	-55	1 9 20	3N29 48	28 29 34	5 55 40	-44	1 30 53	6 4 48
7 F	10 57 12	21 13 1	60 4	23 8 27.1	5 31 24	4♈25 14	5 54 25	-31	1 52 33	8 36 2	10♈19 39	5 53 38	-16	2 14 27	11 2 19
8 S	11 1 9	22 13 5	60 2	23 12 9.4	5 8 4	16 13 17	5 53 22	0	2 36 40	13 22 26	22 6 38	5 53 39	18	2 59 18	15 35 10
9 Su	11 5 5	23 13 6	60 0	23 15 51.4	4 44 40	28 0 18	5 54 34	37	3 22 26	17 39 13	3♉54 52	5 56 7	57	3 46 9	19 33 15
10 M	11 9 2	24 13 6	59 58	23 19 32.9	4 21 12	9♉50 58	5 58 21	77	4 10 31	21 15 52	15 49 19	6 1 15	98	4 35 34	22 45 36
11 Tu	11 12 58	25 13 3	59 55	23 23 14.1	3 57 41	21 50 34	6 4 52	119	5 1 20	24 0 55	27 55 26	6 9 9	139	5 27 48	25 0 17
12 W	11 16 55	26 12 58	59 53	23 26 55.0	3 34 8	4♊ 4 35	6 14 7	158	5 54 56	25 42 13	10♊18 42	6 19 42	176	6 22 40	26 5 17
13 Th	11 20 51	27 12 51	59 51	23 30 35.5	3 10 32	16 38 24	6 25 50	191	6 50 53	26 8 17	23 4 13	6 32 26	204	7 19 29	25 50 15
14 F	11 24 48	28 12 42	59 49	23 34 15.8	2 46 53	29 36 39	6 39 24	212	7 48 19	25 10 34	6♋16 3	6 46 35	216	8 17 13	24 9 0
15 S	11 28 45	29 12 31	59 46	23 37 55.7	2 23 14	13♋ 2 37	6 53 49	215	8 46 5	22 45 47	19 56 27	7 0 57	209	9 14 46	21 1 36
16 Su	11 32 41	0♓12 17	59 44	23 41 35.4	1 59 32	26 57 23	7 7 44	196	9 43 13	18 57 38	4♌ 5 8	7 14 1	177	10 11 20	16 35 27
17 M	11 36 38	1 12 1	59 42	23 45 14.8	1 35 50	11♌19 8	7 19 34	153	10 39 8	13 57 4	18 38 42	7 24 12	123	11 6 38	11 4 48
18 Tu	11 40 34	2 11 43	59 40	23 48 54.1	1 12 8	26 2 54	7 27 47	90	11 33 53	8 1 19	3♍30 41	7 30 13	55	12 0 56	4 49 30
19 W	11 44 31	3 11 23	59 38	23 52 33.1	0 48 25	11♍ 0 54	7 31 25	18	12 27 55	1 32 26	18 32 19	7 31 25	-18	12 54 53	1S46 42
20 Th	11 48 27	4 11 1	59 36	23 56 12.0	0 24 42	26 3 44	7 30 15	-51	13 22 0	5S 4 35	3♎34 0	7 28 2	-81	13 49 20	8 17 58
21 F	11 52 24	5 10 38	59 35	23 59 50.8	0 1 0	11♎ 2 2	7 24 53	-106	14 17 0	11 23 34	18 26 55	7 20 58	-126	14 45 4	14 18 15
22 S	11 56 20	6 10 12	59 33	0 3 29.4	0N22 42	25 47 53	7 16 28	-141	15 13 37	16 59 4	3♏ 4 22	7 11 33	-151	15 42 39	19 23 16
23 Su	12 0 17	7 9 45	59 31	0 7 8.0	0 46 23	10♏15 55	7 6 23	-157	16 12 10	21 28 26	17 22 18	7 1 5	-158	16 42 6	23 12 33
24 M	12 4 13	8 9 16	59 29	0 10 46.4	1 10 2	24 23 23	6 55 49	-157	17 12 20	24 34 3	1♐19 12	6 50 39	-152	17 42 44	25 31 55
25 Tu	12 8 10	9 8 45	59 28	0 14 24.9	1 33 40	8♐ 9 50	6 45 40	-146	18 13 6	26 5 40	14 55 30	6 40 55	-138	18 43 16	26 15 26
26 W	12 12 7	10 8 12	59 26	0 18 3.3	1 57 15	21 36 25	6 36 26	-130	19 13 3	26 1 54	28 12 51	6 32 14	-122	19 42 15	25 26 11
27 Th	12 16 3	11 7 38	59 24	0 21 41.7	2 20 48	4♑45 5	6 28 20	-113	20 10 46	24 29 51	11♑13 24	6 24 41	-105	20 38 29	23 14 41
28 F	12 20 0	12 7 2	59 22	0 25 20.2	2 44 19	17 38 5	6 21 18	-98	21 5 21	21 42 39	23 59 24	6 18 10	-91	21 31 22	19 55 48
29 S	12 23 56	13 6 24	59 20	0 28 58.6	3 7 46	0♒17 34	6 15 14	-85	21 56 33	17 56 9	6♒32 48	6 12 30	-80	22 20 57	15 45 41
30 Su	12 27 53	14 5 44	59 18	0 32 37.1	3 31 9	12 45 18	6 9 56	-75	22 44 38	13 26 16	18 55 13	6 7 31	-70	23 7 43	10 59 42
31 M	12 31 49	15♓ 5 3	59 16	0 36 15.7	3N54 29	25♒ 2 45	6 5 16	-66	23 30 15	8S27 38	1♓ 8 0	6 3 9	-61	23 52 22	5S51 38

LUNAR INGRESSES
1 ☽ ♒ 17:34
4 ☽ ♓ 3:15
6 ☽ ♈ 15:03
9 ☽ ♉ 4:03
11 ☽ ♊ 16:04
14 ☽ ♋ 0:42
16 ☽ ♌ 5:09
18 ☽ ♍ 6:22
20 ☽ ♎ 6:18
22 ☽ ♏ 6:55
24 ☽ ♐ 9:42
26 ☽ ♑ 15:16
28 ☽ ♒ 23:26
31 ☽ ♓ 9:46

PLANET INGRESSES
1 ☿ ♒ 21:57
15 ☉ ♓ 19:04
18 ☿ ♓ 20:14
23 ♀ ♒ 9:38

STATIONS
23 ♇ R 5:14

DATA FOR THE 1st AT 0 HOURS
JULIAN DAY 37679.5
☽ MEAN ☊ 9°♉ 7' 26"
OBLIQUITY 23° 26' 25"
DELTA T 65.9 SECONDS
NUTATION LONGITUDE-14.2"

DAY MO	YR	☿ LONG ° ' "	♀ LONG ° ' "	♂ LONG ° ' "	♃ LONG ° ' "	♄ LONG ° ' "	♅ LONG ° ' "	♆ LONG ° ' "	♇ LONG ° ' "	☊ LONG ° '	A.S.S.I. h m s	S.S.R.Y. h m s	S.V.P. ♓ ° ' "	☿ MERCURY R.A. h m s	DECL ° ' "
1	60	28♑31 39	3♑25 19	2♐44 19	15♋ 4R28	27♉23 49	4♒39 55	16♑57 2	25♏ 2 0	8♉51	28 36 15	30 6 55	5 13 10.3	21 45 20	15S39 42
2	61	0♒ 8 17	4 35 52	3 22 38	14 58 30	27 24 38	4 43 20	16 59 6	25 2 44	8 38	28 40 58	30 7 33	5 13 10.2	21 51 41	15 9 49
3	62	1 45 57	5 46 29	4 0 56	14 52 41	27 25 33	4 46 44	17 1 8	25 3 25	8 24	28 45 40	30 8 16	5 13 10.2	21 58 4	14 38 38
4	63	3 24 41	6 57 11	4 39 13	14 47 1	27 26 35	4 50 8	17 3 9	25 4 5	8 10	28 50 22	30 9 5	5 13 10.1	22 4 28	14 6 10
5	64	5 4 27	8 7 56	5 17 28	14 41 30	27 27 44	4 53 31	17 5 10	25 4 42	7 58	28 55 3	30 9 59	5 13 10.1	22 10 55	13 32 24
6	65	6 45 17	9 18 46	5 55 42	14 36 9	27 29 0	4 56 54	17 7 9	25 5 18	7 48	28 59 43	30 10 55	5 13 10.1	22 17 23	12 57 22
7	66	8 27 12	10 29 39	6 33 55	14 30 56	27 30 22	5 0 16	17 9 8	25 5 51	7 40	29 4 23	30 11 52	5 13 10.1	22 23 53	12 21 3
8	67	10 10 12	11 40 36	7 12 6	14 25 53	27 31 51	5 3 37	17 11 5	25 6 23	7 36	29 9 2	30 12 48	5 13 10.0	22 30 25	11 43 28
9	68	11 54 19	12 51 37	7 50 16	14 21 0	27 33 26	5 6 57	17 13 1	25 6 52	7 34	29 13 41	30 13 39	5 13 10.0	22 36 59	11 4 37
10	69	13 39 32	14 2 41	8 28 24	14 16 17	27 35 8	5 10 17	17 14 57	25 7 20	7 33	29 18 19	30 14 24	5 13 9.8	22 43 35	10 24 30
11	70	15 25 53	15 13 48	9 6 30	14 11 44	27 36 57	5 13 35	17 16 51	25 7 45	7 34	29 22 57	30 14 59	5 13 9.7	22 50 12	9 43 9
12	71	17 13 23	16 24 58	9 44 35	14 7 21	27 38 52	5 16 53	17 18 44	25 8 8	7 33	29 27 35	30 15 21	5 13 9.5	22 56 52	9 0 33
13	72	19 2 2	17 36 12	10 22 39	14 3 8	27 40 54	5 20 10	17 20 35	25 8 30	7 32	29 32 12	30 15 28	5 13 9.3	23 3 34	8 16 44
14	73	20 51 50	18 47 29	11 0 41	13 59 6	27 43 2	5 23 26	17 22 26	25 8 49	7 28	29 36 49	30 15 19	5 13 9.1	23 10 19	7 31 42
15	74	22 42 48	19 58 48	11 38 41	13 55 14	27 45 16	5 26 40	17 24 15	25 9 6	7 21	29 41 25	30 14 55	5 13 8.9	23 17 5	6 45 29
16	75	24 34 56	21 10 11	12 16 40	13 51 33	27 47 37	5 29 54	17 26 3	25 9 22	7 13	29 46 1	30 14 16	5 13 8.8	23 23 54	5 58 7
17	76	26 28 14	22 21 37	12 54 38	13 48 3	27 50 4	5 33 7	17 27 50	25 9 35	7 03	29 50 37	30 13 25	5 13 8.8	23 30 46	5 9 36
18	77	28 22 39	23 33 5	13 32 33	13 44 44	27 52 37	5 36 18	17 29 35	25 9 46	6 52	29 55 12	30 12 26	5 13 8.7	23 37 40	4 19 59
19	78	0♓18 13	24 44 37	14 10 28	13 41 35	27 55 16	5 39 28	17 31 19	25 9 56	6 43	29 59 47	30 11 22	5 13 8.7	23 44 37	3 29 18
20	79	2 14 51	25 56 11	14 48 20	13 38 38	27 58 2	5 42 37	17 33 2	25 10 3	6 35	30 4 22	30 10 18	5 13 8.7	23 51 36	2 37 36
21	80	4 12 32	27 7 49	15 26 11	13 35 51	28 0 53	5 45 45	17 34 43	25 10 8	6 31	30 8 57	30 9 16	5 13 8.7	23 58 38	1 44 56
22	81	6 11 13	28 19 29	16 4 0	13 33 16	28 3 51	5 48 51	17 36 24	25 10 11	6 28	0 4 23	30 8 20	5 13 8.6	0 5 42	0 51 23
23	82	8 10 48	29 31 11	16 41 48	13 30 51	28 6 54	5 51 57	17 38 2	25 10R13	6 28	0 8 58	30 7 32	5 13 8.4	0 12 49	0N 2 59
24	83	10 11 11	0♒42 57	17 19 33	13 28 38	28 10 4	5 55 0	17 39 39	25 10 12	6 28	0 13 32	30 6 53	5 13 8.2	0 19 59	0 58 5
25	84	12 12 15	1 54 45	17 57 17	13 26 36	28 13 19	5 58 3	17 41 15	25 10 9	6 29	0 18 7	30 6 23	5 13 8.0	0 27 10	1 53 48
26	85	14 13 52	3 6 35	18 34 58	13 24 46	28 16 40	6 1 4	17 42 49	25 10 4	6 28	0 22 41	30 6 2	5 13 7.8	0 34 23	2 50 0
27	86	16 15 50	4 18 27	19 12 37	13 23 7	28 20 7	6 4 3	17 44 22	25 9 58	6 26	0 27 15	30 5 52	5 13 7.6	0 41 38	3 46 34
28	87	18 17 58	5 30 22	19 50 13	13 21 39	28 23 40	6 7 1	17 45 54	25 9 49	6 21	0 31 50	30 5 51	5 13 7.5	0 48 53	4 43 21
29	88	20 20 0	6 42 19	20 27 47	13 20 23	28 27 19	6 9 58	17 47 23	25 9 38	6 13	0 36 24	30 6 1	5 13 7.4	0 56 9	5 40 10
30	89	22 21 41	7 54 17	21 5 19	13 19 18	28 31 3	6 12 53	17 48 52	25 9 25	6 04	0 40 59	30 6 20	5 13 7.3	1 3 24	6 36 49
31	90	24♓22 43	9♒ 6 18	21♐42 48	13♋18 24	28♉34 53	6♒15 46	17♑50 18	25♏ 9 11	5♉55	0 45 33	30 6 49	5 13 7.3	1 10 39	7N33 8

DAY Mar	♀ VENUS R.A. h m s	DECL ° ' "	♂ MARS R.A. h m s	DECL ° ' "	♃ JUPITER R.A. h m s	DECL ° ' "	♄ SATURN R.A. h m s	DECL ° ' "	♅ URANUS R.A. h m s	DECL ° ' "	♆ NEPTUNE R.A. h m s	DECL ° ' "	♇ PLUTO R.A. h m s	DECL ° ' "
1	20 0 23	19S34 1	17 49 11	23S25 49	8 50 12	18N38 13	5 26 13	22N 6 56	22 7 15	12S19 58	20 56 44	17S14 28	17 18 36	13S44 40
2	20 5 20	19 23 36	17 51 58	23 27 27	8 49 48	18 39 49	5 26 16	22 7 11	22 7 29	12 18 47	20 56 52	17 13 54	17 18 39	13 44 31
3	20 10 16	19 12 38	17 54 45	23 28 54	8 49 24	18 41 23	5 26 20	22 7 27	22 7 42	12 17 36	20 57 0	17 13 21	17 18 42	13 44 21
4	20 15 12	19 1 7	17 57 32	23 30 11	8 49 1	18 42 55	5 26 25	22 7 44	22 7 55	12 16 25	20 57 9	17 12 48	17 18 45	13 44 11
5	20 20 7	18 49 4	18 0 19	23 31 18	8 48 39	18 44 23	5 26 29	22 8 0	22 8 8	12 15 14	20 57 17	17 12 15	17 18 47	13 44 1
6	20 25 2	18 36 28	18 3 6	23 32 14	8 48 17	18 45 49	5 26 35	22 8 17	22 8 21	12 14 3	20 57 25	17 11 42	17 18 50	13 43 51
7	20 29 56	18 23 21	18 5 52	23 32 59	8 47 56	18 47 12	5 26 41	22 8 35	22 8 34	12 12 53	20 57 33	17 11 10	17 18 52	13 43 40
8	20 34 50	18 9 42	18 8 39	23 33 35	8 47 35	18 48 32	5 26 47	22 8 52	22 8 46	12 11 43	20 57 41	17 10 38	17 18 54	13 43 29
9	20 39 43	17 55 33	18 11 26	23 34 0	8 47 15	18 49 49	5 26 54	22 9 10	22 8 59	12 10 33	20 57 48	17 10 6	17 18 56	13 43 18
10	20 44 36	17 40 52	18 14 12	23 34 15	8 46 56	18 51 3	5 27 1	22 9 29	22 9 12	12 9 23	20 57 56	17 9 35	17 18 58	13 43 7
11	20 49 28	17 25 42	18 16 58	23 34 20	8 46 37	18 52 15	5 27 9	22 9 47	22 9 25	12 8 14	20 58 4	17 9 3	17 19 0	13 42 56
12	20 54 19	17 10 2	18 19 45	23 34 15	8 46 19	18 53 23	5 27 17	22 10 6	22 9 37	12 7 5	20 58 11	17 8 32	17 19 2	13 42 44
13	20 59 10	16 53 52	18 22 31	23 33 59	8 46 2	18 54 28	5 27 26	22 10 26	22 9 50	12 5 57	20 58 19	17 8 2	17 19 3	13 42 33
14	21 4 0	16 37 14	18 25 17	23 33 34	8 45 46	18 55 31	5 27 35	22 10 45	22 10 2	12 4 48	20 58 26	17 7 31	17 19 5	13 42 21
15	21 8 49	16 20 7	18 28 3	23 32 59	8 45 30	18 56 30	5 27 45	22 11 5	22 10 15	12 3 40	20 58 34	17 7 1	17 19 6	13 42 9
16	21 13 37	16 2 33	18 30 49	23 32 13	8 45 15	18 57 27	5 27 55	22 11 25	22 10 27	12 2 33	20 58 41	17 6 32	17 19 7	13 41 57
17	21 18 25	15 44 31	18 33 34	23 31 18	8 45 1	18 58 20	5 28 5	22 11 45	22 10 40	12 1 26	20 58 48	17 6 3	17 19 8	13 41 45
18	21 23 12	15 26 3	18 36 20	23 30 13	8 44 47	18 59 10	5 28 16	22 12 6	22 10 52	12 0 19	20 58 55	17 5 34	17 19 9	13 41 33
19	21 27 59	15 7 8	18 39 5	23 28 58	8 44 34	18 59 58	5 28 28	22 12 27	22 11 4	11 59 13	20 59 2	17 5 5	17 19 9	13 41 21
20	21 32 44	14 47 47	18 41 50	23 27 33	8 44 22	19 0 42	5 28 39	22 12 48	22 11 16	11 58 7	20 59 9	17 4 37	17 19 10	13 41 8
21	21 37 29	14 28 1	18 44 35	23 25 59	8 44 11	19 1 23	5 28 52	22 13 9	22 11 28	11 57 1	20 59 16	17 4 9	17 19 10	13 40 55
22	21 42 14	14 7 51	18 47 20	23 24 15	8 44 0	19 2 1	5 29 4	22 13 31	22 11 40	11 55 56	20 59 22	17 3 42	17 19 11	13 40 43
23	21 46 57	13 47 16	18 50 5	23 22 22	8 43 50	19 2 36	5 29 18	22 13 52	22 11 52	11 54 52	20 59 29	17 3 14	17 19 11	13 40 30
24	21 51 40	13 26 17	18 52 49	23 20 19	8 43 41	19 3 8	5 29 31	22 14 14	22 12 4	11 53 48	20 59 36	17 2 48	17 19 11	13 40 17
25	21 56 22	13 4 56	18 55 33	23 18 6	8 43 33	19 3 37	5 29 45	22 14 36	22 12 15	11 52 44	20 59 42	17 2 21	17 19 11	13 40 4
26	22 1 3	12 43 12	18 58 17	23 15 44	8 43 25	19 4 3	5 30 0	22 14 58	22 12 27	11 51 41	20 59 48	17 1 55	17 19 11	13 39 51
27	22 5 44	12 21 7	19 1 1	23 13 13	8 43 18	19 4 26	5 30 15	22 15 20	22 12 38	11 50 39	20 59 55	17 1 30	17 19 10	13 39 38
28	22 10 23	11 58 41	19 3 44	23 10 33	8 43 12	19 4 46	5 30 30	22 15 43	22 12 50	11 49 37	21 0 1	17 1 5	17 19 10	13 39 25
29	22 15 3	11 35 54	19 6 27	23 7 44	8 43 7	19 5 3	5 30 46	22 16 6	22 13 1	11 48 35	21 0 7	17 0 40	17 19 9	13 39 12
30	22 19 41	11 12 47	19 9 10	23 4 46	8 43 3	19 5 16	5 31 2	22 16 28	22 13 12	11 47 34	21 0 13	17 0 16	17 19 8	13 38 58
31	22 24 19	10S49 21	19 11 52	23S 1 39	8 42 59	19N 5 27	5 31 18	22N16 51	22 13 23	11S46 34	21 0 19	16S59 52	17 19 7	13S38 45

APRIL 2003

DAY	SIDEREAL TIME	☉ SUN LONG	MOT	R.A.	DECL	☽ MOON AT 0 HOURS LONG	12h MOT	2DIF	R.A.	DECL	☽ MOON AT 12 HOURS LONG	12h MOT	2DIF	R.A.	DECL
	h m s	° ' "	' "	h m s	° ' "	° ' "	° ' "		h m s	° ' "	° ' "	° ' "		h m s	° ' "
1 Tu	12 35 46	16♓ 4 19	59 14	0 39 54.3	4N17 44	7♓11 9	6 1 10	-57	0 14 10	3S13 12	13♓12 19	5 59 22	-52	0 35 45	0S33 44
2 W	12 39 42	17 3 33	59 12	0 43 33.1	4 40 54	19 11 41	5 57 44	-46	0 57 13	2N 5 24	25 9 26	5 56 19	-39	1 18 40	4N42 54
3 Th	12 43 39	18 2 46	59 10	0 47 11.9	5 4 0	1♈ 5 45	5 55 7	-32	1 40 13	7 17 29	7♈ 0 52	5 54 12	-23	2 1 57	9 47 51
4 F	12 47 36	19 1 56	59 8	0 50 50.9	5 27 0	12 55 4	5 53 35	-13	2 23 59	12 12 44	18 48 39	5 53 19	-2	2 46 22	14 30 50
5 S	12 51 32	20 1 4	59 6	0 54 30.1	5 49 55	24 41 58	5 53 27	10	3 9 12	16 40 49	0♉35 25	5 54 0	24	3 32 34	18 41 20
6 Su	12 55 29	21 0 10	59 4	0 58 9.4	6 12 43	6♉29 24	5 55 2	39	3 56 29	20 30 59	12 24 26	5 56 35	55	4 21 2	22 8 21
7 M	12 59 25	21 59 14	59 2	1 1 48.9	6 35 25	18 21 1	5 58 41	72	4 46 13	23 31 59	24 19 42	6 1 21	89	5 12 1	24 40 31
8 Tu	13 3 22	22 58 15	58 59	1 5 28.5	6 58 0	0♊21 3	6 4 38	107	5 38 26	25 32 33	6♊25 40	6 8 31	126	6 5 23	26 6 50
9 W	13 7 18	23 57 14	58 57	1 9 8.4	7 20 27	12 34 11	6 13 1	144	6 32 48	26 22 16	18 47 12	6 18 8	162	7 0 34	26 17 56
10 Th	13 11 15	24 56 11	58 55	1 12 48.6	7 42 47	25 5 20	6 23 48	178	7 28 34	25 53 12	1♋29 8	6 30 0	193	7 56 41	25 7 44
11 F	13 15 11	25 55 6	58 52	1 16 28.9	8 5 0	7♋59 9	6 36 39	205	8 24 49	24 1 30	14 35 47	6 43 39	213	8 52 50	22 34 52
12 S	13 19 8	26 53 58	58 50	1 20 9.5	8 27 4	21 19 25	6 50 52	218	9 20 40	20 48 30	28 10 17	6 58 10	217	9 48 17	18 43 25
13 Su	13 23 5	27 52 48	58 48	1 23 50.4	8 48 59	5♌ 8 27	7 5 22	212	10 15 39	16 20 59	12♌13 49	7 12 17	200	10 42 47	13 42 51
14 M	13 27 1	28 51 36	58 46	1 27 31.6	9 10 45	19 26 5	7 18 42	182	11 9 44	10 50 59	26 44 47	7 24 25	159	11 36 33	7 47 40
15 Tu	13 30 58	29 50 21	58 43	1 31 13.1	9 32 22	4♍ 9 13	7 29 16	129	12 3 20	4 35 26	11♍38 29	7 33 3	96	12 30 12	1 17 9
16 W	13 34 54	0♈49 4	58 41	1 34 55.0	9 53 50	19 11 32	7 35 40	59	12 57 14	2S 4 7	26 47 11	7 37 0	21	13 24 35	5S25 2
17 Th	13 38 51	1 47 46	58 39	1 38 37.1	10 15 7	4♎24 11	7 37 3	-18	13 52 20	8 42 7	12♎ 1 14	7 35 50	-54	14 20 36	11 51 46
18 F	13 42 47	2 46 25	58 38	1 42 19.7	10 36 15	19 37 4	7 33 25	-88	14 49 27	14 50 23	27 10 29	7 29 57	-118	15 18 55	17 34 27
19 S	13 46 44	3 45 3	58 36	1 46 2.7	10 57 12	4♏40 26	7 25 33	-143	15 49 2	20 0 42	12♏ 5 58	7 20 24	-163	16 19 43	22 6 13
20 Su	13 50 40	4 43 39	58 34	1 49 46.1	11 17 58	19 26 22	7 14 42	-177	16 50 51	23 48 37	26 41 4	7 8 36	-186	17 22 18	25 6 10
21 M	13 54 37	5 42 13	58 33	1 53 29.9	11 38 33	3♐49 40	7 2 18	-190	17 53 49	25 57 51	10♐51 58	6 55 56	-190	18 25 12	26 23 28
22 Tu	13 58 34	6 40 45	58 31	1 57 14.1	11 58 57	17 47 54	6 49 38	-187	18 56 11	26 23 33	24 37 31	6 43 30	-180	19 26 33	25 59 18
23 W	14 2 30	7 39 16	58 29	2 0 58.8	12 19 9	1♑21 1	6 37 38	-171	19 56 9	25 12 27	7♑58 38	6 32 5	-161	20 24 50	24 5 4
24 Th	14 6 27	8 37 45	58 28	2 4 44.0	12 39 10	14 30 43	6 26 55	-149	20 52 33	22 39 26	20 57 38	6 22 8	-137	21 19 16	20 57 52
25 F	14 10 23	9 36 13	58 26	2 8 29.7	12 58 57	27 19 46	6 17 46	-125	21 45 0	19 2 40	3♒37 32	6 13 50	-112	22 9 50	16 55 57
26 S	14 14 20	10 34 39	58 24	2 12 15.8	13 18 32	9♒51 22	6 10 18	-100	22 33 51	14 39 45	16 1 39	6 7 9	-88	22 57 8	12 15 53
27 Su	14 18 16	11 33 3	58 23	2 16 2.5	13 37 54	22 8 49	6 4 24	-77	23 19 48	9 46 2	28 13 13	6 2 0	-67	23 41 58	7 11 44
28 M	14 22 13	12 31 26	58 21	2 19 49.6	13 57 3	4♓15 13	5 59 57	-57	0 3 45	4 34 26	10♓15 9	5 58 12	-48	0 25 16	1 55 26
29 Tu	14 26 9	13 29 47	58 19	2 23 37.3	14 15 58	16 13 22	5 56 46	-39	0 46 38	0N43 56	22 10 8	5 55 37	-30	1 7 57	3N22 27
30 W	14 30 6	14♈28 6	58 18	2 27 25.5	14N34 38	28♓ 5 45	5 54 44	-22	1 29 20	5N58 52	4♈ 0 29	5 54 8	-14	1 50 53	8N31 55

LUNAR INGRESSES
2 ☽ ♈ 21:47
5 ☽ ♉ 10:48
7 ☽ ♊ 23:18
10 ☽ ♋ 9:14
12 ☽ ♌ 15:10
14 ☽ ♍ 17:17
16 ☽ ♎ 17:04
18 ☽ ♏ 16:31
20 ☽ ♐ 17:33
22 ☽ ♑ 21:35
25 ☽ ♒ 5:04
27 ☽ ♓ 15:32
30 ☽ ♈ 3:52

PLANET INGRESSES
2 ☿ ♈ 20:11
13 ♂ ♑ 9:37
15 ☉ ♈ 3:57
17 ♀ ♓ 8:36
18 ♄ ♊ 6:09

STATIONS
4 ♃ D 3:05
26 ☿ R 12:00

DATA FOR THE 1st AT 0 HOURS
JULIAN DAY 37710.5
☽ MEAN ☊ 7°♉ 28' 52"
OBLIQUITY 23° 26' 25"
DELTA T 65.9 SECONDS
NUTATION LONGITUDE-15.6"

DAY MO YR	☿ LONG	♀ LONG	♂ LONG	♃ LONG	♄ LONG	♅ LONG	♆ LONG	♇ LONG	☊ LONG	A.S.S.I.	S.S.R.Y.	S.V.P. ♓	☿ MERCURY R.A.	DECL
	° ' "	° ' "	° ' "	° ' "	° ' "	° ' "	° ' "	° ' "	° '	h m s	h m s	° ' "	h m s	° ' "
1 91	26♓22 47	10♒18 20	22♐20 14	13♋17R43	28♉38 48	6♒18 38	17♒51 43	25♏ 8R54	5♉46	0 50 8	30 7 26	5 13 7.3	1 17 50	8N28 52
2 92	28 21 30	11 30 24	22 57 37	13 17 12	28 42 49	6 21 27	17 53 6	25 8 36	5 40	0 54 43	30 8 15	5 13 7.3	1 24 59	9 23 48
3 93	0♈18 31	12 42 30	23 34 57	13 16 53	28 46 56	6 24 15	17 54 28	25 8 15	5 29	0 59 18	30 9 9	5 13 7.3	1 32 3	10 17 43
4 94	2 13 27	13 54 37	24 12 13	13 16D46	28 51 7	6 27 2	17 55 48	25 7 53	5 24	1 3 53	30 10 8	5 13 7.2	1 39 2	11 10 23
5 95	4 5 54	15 6 46	24 49 27	13 16 50	28 55 24	6 29 46	17 57 7	25 7 28	5 22	1 8 28	30 11 10	5 13 7.2	1 45 54	12 1 35
6 96	5 55 30	16 18 55	25 26 38	13 17 6	28 59 47	6 32 29	17 58 23	25 7 2	5 21	1 13 4	30 12 12	5 13 7.0	1 52 37	12 51 5
7 97	7 41 52	17 31 7	26 3 45	13 17 33	29 4 14	6 35 10	17 59 38	25 6 34	5 22	1 17 40	30 13 10	5 13 6.9	1 59 10	13 38 41
8 98	9 24 39	18 43 19	26 40 49	13 18 12	29 8 47	6 37 48	18 0 52	25 6 4	5 23	1 22 16	30 14 0	5 13 6.7	2 5 33	14 24 12
9 99	11 3 31	19 55 33	27 17 49	13 19 1	29 13 24	6 40 25	18 2 3	25 5 32	5 25	1 26 52	30 14 39	5 13 6.5	2 11 43	15 7 29
10 100	12 38 9	21 7 48	27 54 46	13 20 3	29 18 7	6 43 0	18 3 13	25 4 59	5 25	1 31 28	30 15 5	5 13 6.3	2 17 39	15 48 23
11 101	14 8 16	22 20 4	28 31 40	13 21 15	29 22 54	6 45 33	18 4 21	25 4 23	5 24	1 36 5	30 15 15	5 13 6.2	2 23 21	16 26 46
12 102	15 33 37	23 32 21	29 8 30	13 22 38	29 27 46	6 48 4	18 5 27	25 3 46	5 22	1 40 42	30 15 10	5 13 6.0	2 28 47	17 2 32
13 103	16 53 59	24 44 39	29 45 16	13 24 13	29 32 43	6 50 33	18 6 31	25 3 7	5 18	1 45 20	30 14 50	5 13 5.9	2 33 55	17 35 37
14 104	18 9 10	25 56 59	0♑21 59	13 25 59	29 37 45	6 52 59	18 7 34	25 2 26	5 13	1 49 58	30 14 17	5 13 5.8	2 38 46	18 5 57
15 105	19 18 59	27 9 19	0 58 38	13 27 55	29 42 51	6 55 24	18 8 35	25 1 44	5 08	1 54 36	30 13 32	5 13 5.8	2 43 17	18 33 28
16 106	20 23 18	28 21 41	1 35 13	13 30 3	29 48 2	6 57 46	18 9 34	25 1 0	5 03	1 59 15	30 12 40	5 13 5.8	2 47 29	18 58 9
17 107	21 21 59	29 34 4	2 11 45	13 32 21	29 53 18	7 0 6	18 10 31	25 0 14	4 59	2 3 54	30 11 43	5 13 5.8	2 51 20	19 19 57
18 108	22 14 56	0♓46 28	2 48 13	13 34 50	29 58 37	7 2 24	18 11 26	24 59 29	4 57	2 8 34	30 10 44	5 13 5.7	2 54 50	19 38 53
19 109	23 2 2	1 58 54	3 24 36	13 37 30	0♊ 4 2	7 4 40	18 12 20	24 58 37	4 56	2 13 14	30 9 46	5 13 5.5	2 57 59	19 54 55
20 110	23 43 15	3 11 20	4 0 56	13 40 20	0 9 30	7 6 54	18 13 11	24 57 46	4 56	2 17 54	30 8 51	5 13 5.3	3 0 45	20 8 2
21 111	24 18 31	4 23 48	4 37 11	13 43 21	0 15 3	7 9 5	18 14 1	24 56 54	4 58	2 22 36	30 8 0	5 13 5.1	3 3 9	20 18 15
22 112	24 47 48	5 36 17	5 13 21	13 46 32	0 20 40	7 11 14	18 14 49	24 56 0	4 59	2 27 17	30 7 16	5 13 4.8	3 5 9	20 25 34
23 113	25 11 6	6 48 47	5 49 27	13 49 53	0 26 21	7 13 20	18 15 35	24 55 4	5 00	2 32 0	30 6 38	5 13 4.6	3 6 47	20 29 59
24 114	25 28 27	8 1 19	6 25 28	13 53 25	0 32 6	7 15 24	18 16 19	24 54 7	5 00	2 36 43	30 6 9	5 13 4.4	3 8 2	20 31 31
25 115	25 39 55	9 13 51	7 1 24	13 57 8	0 37 55	7 17 26	18 17 1	24 53 9	4 59	2 41 26	30 5 49	5 13 4.3	3 8 55	20 30 11
26 116	25 45R34	10 26 24	7 37 14	14 1 0	0 43 48	7 19 26	18 17 41	24 52 8	4 57	2 46 10	30 5 40	5 13 4.2	3 9 25	20 26 1
27 117	25 45 35	11 38 58	8 12 59	14 5 2	0 49 45	7 21 22	18 18 19	24 51 7	4 54	2 50 55	30 5 42	5 13 4.1	3 9 33	20 19 3
28 118	25 40 7	12 51 33	8 48 38	14 9 15	0 55 46	7 23 17	18 18 56	24 50 3	4 50	2 55 40	30 5 56	5 13 4.1	3 9 21	20 9 22
29 119	25 29 27	14 4 9	9 24 11	14 13 37	1 1 50	7 25 9	18 19 30	24 48 59	4 46	3 0 26	30 6 22	5 13 4.1	3 8 48	19 57 3
30 120	25♈13 51	15♓16 45	9♑59 38	14♋18 9	1♊ 7 58	7♒26 58	18♒20 2	24♏47 53	4♉43	3 5 13	30 6 59	5 13 4.0	3 7 57	19N42 12

DAY Apr	♀ VENUS R.A.	DECL	♂ MARS R.A.	DECL	♃ JUPITER R.A.	DECL	♄ SATURN R.A.	DECL	♅ URANUS R.A.	DECL	♆ NEPTUNE R.A.	DECL	♇ PLUTO R.A.	DECL
	h m s	° ' "	h m s	° ' "	h m s	° ' "	h m s	° ' "	h m s	° ' "	h m s	° ' "	h m s	° ' "
1	22 28 56	10S25 37	19 14 35	22S58 23	8 42 56	19N 5 35	5 31 35	22N17 14	22 13 34	11S45 34	21 0 24	16S59 29	17 19 6	13S38 32
2	22 33 32	10 1 35	19 17 16	22 54 58	8 42 54	19 5 39	5 31 52	22 17 37	22 13 45	11 44 35	21 0 30	16 59 6	17 19 5	13 38 18
3	22 38 8	9 37 15	19 19 58	22 51 25	8 42 52	19 5 41	5 32 10	22 18 0	22 13 56	11 43 37	21 0 35	16 58 43	17 19 4	13 38 5
4	22 42 43	9 12 39	19 22 39	22 47 43	8 42 52	19 5 39	5 32 28	22 18 24	22 14 6	11 42 39	21 0 41	16 58 21	17 19 2	13 37 51
5	22 47 17	8 47 47	19 25 20	22 43 54	8 42 52	19 5 34	5 32 47	22 18 47	22 14 17	11 41 42	21 0 46	16 58 0	17 19 1	13 37 38
6	22 51 51	8 22 40	19 28 0	22 39 55	8 42 53	19 5 27	5 33 5	22 19 10	22 14 27	11 40 45	21 0 51	16 57 38	17 18 59	13 37 24
7	22 56 24	7 57 18	19 30 40	22 35 49	8 42 55	19 5 16	5 33 25	22 19 33	22 14 37	11 39 49	21 0 56	16 57 18	17 18 57	13 37 11
8	23 0 57	7 31 43	19 33 20	22 31 35	8 42 58	19 5 2	5 33 44	22 19 57	22 14 48	11 38 54	21 1 1	16 56 58	17 18 55	13 36 57
9	23 5 29	7 5 54	19 35 59	22 27 12	8 43 1	19 4 46	5 34 4	22 20 20	22 14 58	11 38 0	21 1 6	16 56 38	17 18 53	13 36 44
10	23 10 1	6 39 52	19 38 38	22 22 42	8 43 5	19 4 26	5 34 24	22 20 43	22 15 8	11 37 6	21 1 11	16 56 19	17 18 51	13 36 30
11	23 14 32	6 13 39	19 41 16	22 18 5	8 43 10	19 4 3	5 34 45	22 21 6	22 15 17	11 36 13	21 1 15	16 56 0	17 18 49	13 36 17
12	23 19 2	5 47 14	19 43 54	22 13 20	8 43 15	19 3 38	5 35 6	22 21 30	22 15 27	11 35 21	21 1 20	16 55 42	17 18 46	13 36 4
13	23 23 33	5 20 39	19 46 32	22 8 27	8 43 22	19 3 9	5 35 28	22 21 53	22 15 36	11 34 29	21 1 24	16 55 24	17 18 44	13 35 51
14	23 28 3	4 53 53	19 49 9	22 3 28	8 43 29	19 2 38	5 35 49	22 22 16	22 15 46	11 33 39	21 1 28	16 55 7	17 18 41	13 35 37
15	23 32 32	4 26 59	19 51 46	21 58 21	8 43 37	19 2 4	5 36 11	22 22 39	22 15 55	11 32 49	21 1 32	16 54 51	17 18 38	13 35 24
16	23 37 1	3 59 55	19 54 22	21 53 7	8 43 45	19 1 27	5 36 34	22 23 2	22 16 4	11 31 59	21 1 36	16 54 34	17 18 35	13 35 11
17	23 41 30	3 32 44	19 56 58	21 47 46	8 43 55	19 0 47	5 36 56	22 23 25	22 16 13	11 31 11	21 1 40	16 54 19	17 18 32	13 34 58
18	23 45 59	3 5 25	19 59 33	21 42 19	8 44 5	19 0 4	5 37 19	22 23 47	22 16 22	11 30 23	21 1 44	16 54 4	17 18 29	13 34 45
19	23 50 27	2 37 59	20 2 8	21 36 44	8 44 16	18 59 18	5 37 43	22 24 10	22 16 31	11 29 36	21 1 47	16 53 49	17 18 26	13 34 32
20	23 54 55	2 10 27	20 4 43	21 31 4	8 44 27	18 58 29	5 38 6	22 24 32	22 16 39	11 28 50	21 1 51	16 53 35	17 18 22	13 34 19
21	23 59 23	1 42 49	20 7 17	21 25 16	8 44 39	18 57 38	5 38 30	22 24 55	22 16 47	11 28 5	21 1 54	16 53 21	17 18 19	13 34 6
22	0 3 51	1 15 7	20 9 50	21 19 23	8 44 52	18 56 44	5 38 55	22 25 17	22 16 56	11 27 21	21 1 57	16 53 8	17 18 15	13 33 53
23	0 8 19	0 47 20	20 12 23	21 13 24	8 45 6	18 55 47	5 39 19	22 25 39	22 17 4	11 26 37	21 2 0	16 52 56	17 18 12	13 33 40
24	0 12 47	0 19 30	20 14 56	21 7 19	8 45 20	18 54 47	5 39 44	22 26 1	22 17 12	11 25 54	21 2 3	16 52 44	17 18 8	13 33 28
25	0 17 15	0N 8 23	20 17 28	21 1 8	8 45 35	18 53 45	5 40 9	22 26 23	22 17 20	11 25 12	21 2 6	16 52 32	17 18 4	13 33 16
26	0 21 43	0 36 18	20 19 59	20 54 52	8 45 51	18 52 40	5 40 35	22 26 44	22 17 27	11 24 32	21 2 9	16 52 22	17 18 0	13 33 3
27	0 26 11	1 4 15	20 22 30	20 48 31	8 46 7	18 51 32	5 41 0	22 27 5	22 17 35	11 23 52	21 2 11	16 52 11	17 17 56	13 32 51
28	0 30 38	1 32 12	20 25 0	20 42 4	8 46 25	18 50 22	5 41 26	22 27 26	22 17 42	11 23 13	21 2 14	16 52 2	17 17 52	13 32 39
29	0 35 6	2 0 10	20 27 29	20 35 33	8 46 42	18 49 8	5 41 53	22 27 47	22 17 49	11 22 34	21 2 16	16 51 52	17 17 47	13 32 27
30	0 39 35	2N28 7	20 29 58	20S28 56	8 47 1	18N47 52	5 42 19	22N28 8	22 17 56	11S21 57	21 2 18	16S51 44	17 17 43	13S32 15

DAY	SIDEREAL TIME h m s	☉ SUN LONG ° ' "	MOT ' "	R.A. h m s	DECL ° ' "	☽ MOON AT 0 HOURS LONG ° ' "	12h MOT ° ' "	2DIF "	R.A. h m s	DECL ° ' "	☽ MOON AT 12 HOURS LONG ° ' "	12h MOT ° ' "	2DIF "	R.A. h m s	DECL ° ' "
1 Th	14 34 3	15♈26 24	58 16	2 31 14.2	14N53 5	9♈54 36	5 53 47	-6	2 12 42	11N 0 20	15♈48 23	5 53 42	2	2 34 52	13N22 48
2 F	14 37 59	16 24 40	58 14	2 35 3.5	15 11 17	21 42 5	5 53 53	10	2 57 28	15 37 57	27 35 58	5 54 22	19	3 20 35	17 44 22
3 S	14 41 56	17 22 54	58 13	2 38 53.3	15 29 13	3♉30 20	5 55 8	28	3 44 16	19 40 37	9♉25 28	5 56 14	38	4 8 32	21 25 11
4 Su	14 45 52	18 21 7	58 11	2 42 43.7	15 46 54	15 21 42	5 57 39	48	4 33 26	22 56 37	21 19 21	5 59 27	60	4 58 57	24 13 27
5 M	14 49 49	19 19 17	58 9	2 46 34.6	16 4 20	27 18 47	6 1 37	71	5 25 3	25 14 19	3♊20 25	6 4 12	84	5 51 39	25 57 56
6 Tu	14 53 45	20 17 26	58 7	2 50 26.0	16 21 29	9♊24 37	6 7 13	97	6 18 42	26 23 15	15 31 50	6 10 41	111	6 46 4	26 29 23
7 W	14 57 42	21 15 33	58 5	2 54 18.0	16 38 22	21 42 31	6 14 36	124	7 13 38	26 15 47	27 57 6	6 18 58	138	7 41 18	25 42 10
8 Th	15 1 38	22 13 37	58 3	2 58 10.5	16 54 58	4♋16 4	6 23 48	151	8 8 54	24 48 33	10♋39 52	6 29 3	164	8 36 22	23 35 17
9 F	15 5 35	23 11 40	58 1	3 2 3.6	17 11 18	17 8 55	6 34 42	175	9 3 37	22 3 0	23 43 37	6 40 41	184	9 30 36	20 12 35
10 S	15 9 32	24 9 41	57 59	3 5 57.3	17 27 20	0♌24 17	6 46 56	190	9 57 17	18 5 9	7♌11 14	6 53 22	194	10 23 42	15 42 2
11 Su	15 13 28	25 7 41	57 57	3 9 51.4	17 43 4	14 4 35	6 59 50	193	10 49 53	13 4 47	21 4 26	7 6 14	188	11 15 55	10 15 7
12 M	15 17 25	26 5 38	57 55	3 13 46.2	17 58 30	28 10 40	7 12 24	179	11 41 52	7 14 58	5♍23 4	7 18 10	164	12 7 52	4 6 31
13 Tu	15 21 21	27 3 33	57 54	3 17 41.5	18 13 39	12♍41 14	7 23 22	145	12 34 2	0 52 11	20 4 35	7 27 49	120	13 0 29	2S25 21
14 W	15 25 18	28 1 27	57 52	3 21 37.3	18 28 28	27 32 25	7 31 23	92	13 27 21	5S43 7	5♎ 3 48	7 33 56	59	13 54 47	8 57 52
15 Th	15 29 14	28 59 19	57 51	3 25 33.7	18 42 59	12♎37 44	7 35 21	25	14 22 53	12 6 7	20 13 5	7 35 36	-11	14 51 45	15 4 12
16 F	15 33 11	29 57 9	57 49	3 29 30.7	18 57 11	27 48 40	7 34 38	-46	15 21 26	17 48 26	5♏23 19	7 32 31	-80	15 51 56	20 15 8
17 S	15 37 7	0♉54 58	57 48	3 33 28.3	19 11 4	12♏55 50	7 29 19	-111	16 23 11	22 20 57	20 25 8	7 25 7	-138	16 55 3	24 3 1
18 Su	15 41 4	1 52 46	57 47	3 37 26.4	19 24 37	27 50 15	7 20 5	-161	17 27 21	25 19 8	5♐10 20	7 14 22	-179	17 59 48	26 7 58
19 M	15 45 1	2 50 32	57 45	3 41 25.1	19 37 51	12♐24 42	7 8 9	-192	18 32 7	26 29 10	19 32 50	7 1 35	-200	19 4 1	26 23 19
20 Tu	15 48 57	3 48 17	57 44	3 45 24.3	19 50 44	26 34 25	6 54 51	-202	19 35 13	25 51 49	3♑29 16	6 48 5	-201	20 5 32	24 56 45
21 W	15 52 54	4 46 1	57 43	3 49 24.1	20 3 18	10♑17 20	6 41 26	-196	20 34 47	23 40 38	16 58 47	6 35 1	-188	21 2 56	22 6 9
22 Th	15 56 50	5 43 44	57 42	3 53 24.5	20 15 31	23 33 47	6 28 55	-177	21 29 57	20 16 1	0♒ 2 42	6 23 13	-164	21 55 53	18 12 51
23 F	16 0 47	6 41 25	57 41	3 57 25.4	20 27 23	6♒25 55	6 17 58	-150	22 20 49	15 59 2	12 43 53	6 13 13	-135	22 44 50	13 36 43
24 S	16 4 43	7 39 6	57 40	4 1 26.8	20 38 54	18 57 7	6 9 0	-119	23 8 5	11 7 51	25 6 6	6 5 18	-103	23 30 42	8 34 7
25 Su	16 8 40	8 36 46	57 39	4 5 28.8	20 50 4	1♓11 24	6 2 8	-87	23 52 47	5 57 3	7♓13 32	5 59 29	-72	0 14 29	3 18 1
26 M	16 12 36	9 34 24	57 38	4 9 31.3	21 0 53	13 13 1	5 57 21	-57	0 35 56	0 38 16	19 10 22	5 55 43	-42	0 57 15	2N 1 1
27 Tu	16 16 33	10 32 2	57 37	4 13 34.3	21 11 20	25 6 5	5 54 32	-29	1 18 33	4N38 39	1♈ 0 37	5 53 48	-16	1 39 58	7 13 30
28 W	16 20 30	11 29 39	57 36	4 17 37.8	21 21 25	6♈54 25	5 53 29	-4	2 1 35	9 44 22	12 47 54	5 53 33	7	2 23 32	12 10 1
29 Th	16 24 26	12 27 15	57 35	4 21 41.7	21 31 8	18 41 26	5 53 58	18	2 45 53	14 29 10	24 35 24	5 54 43	27	3 8 45	16 40 26
30 F	16 28 23	13 24 49	57 34	4 25 46.2	21 40 28	0♉30 7	5 55 46	36	3 32 10	18 42 23	6♉25 53	5 57 7	44	3 56 12	20 33 29
31 S	16 32 19	14♉22 23	57 33	4 29 51.0	21N49 26	12♉23 0	5 58 43	52	4 20 53	22N12 12	18♉21 43	6 0 35	59	4 46 14	23N36 58

LUNAR INGRESSES
2 ☽ ♉ 16:53
5 ☽ ♊ 5:22
7 ☽ ♋ 15:54
9 ☽ ♌ 23:17
12 ☽ ♍ 3:03
14 ☽ ♎ 3:56
16 ☽ ♏ 3:28
18 ☽ ♐ 3:31
20 ☽ ♑ 5:55
22 ☽ ♒ 11:55
24 ☽ ♓ 21:39
27 ☽ ♈ 9:57
29 ☽ ♉ 22:59

PLANET INGRESSES
12 ♀ ♈ 3:42
16 ☉ ♉ 1:11

STATIONS
16 ♆ R 0:48
20 ☿ D 7:34

DATA FOR THE 1st AT 0 HOURS
JULIAN DAY 37740.5
☽ MEAN ☊ 5°♉ 53' 29"
OBLIQUITY 23° 26' 24"
DELTA T 66.0 SECONDS
NUTATION LONGITUDE -16.2"

DAY MO YR	☿ LONG ° ' "	♀ LONG ° ' "	♂ LONG ° ' "	♃ LONG ° ' "	♄ LONG ° ' "	♅ LONG ° ' "	♆ LONG ° ' "	♇ LONG ° ' "	☊ LONG ° '	A.S.S.I. h m s	S.S.R.Y. h m s	S.V.P. ♓ ° ' "	☿ MERCURY R.A. h m s	DECL ° ' "
1 121	24♈53R43	16♓29 22	10♑34 59	14♋22 51	1♊14 10	7♒28 45	18♑20 33	24♏46R45	4♉41	3 10 0	30 7 46	5 13 3.9	3 6 49	19N24 57
2 122	24 29 26	17 42 0	11 10 13	14 27 43	1 20 25	7 30 29	18 21 1	24 45 37	4 39	3 14 48	30 8 43	5 13 3.8	3 5 26	19 5 30
3 123	24 1 31	18 54 39	11 45 21	14 32 44	1 26 44	7 32 11	18 21 28	24 44 26	4 39	3 19 37	30 9 46	5 13 3.7	3 3 49	18 44 2
4 124	23 30 29	20 7 18	12 20 22	14 37 55	1 33 6	7 33 50	18 21 52	24 43 15	4 39	3 24 27	30 10 52	5 13 3.5	3 2 1	18 20 48
5 125	22 56 55	21 19 57	12 55 16	14 43 15	1 39 32	7 35 26	18 22 15	24 42 2	4 40	3 29 17	30 11 58	5 13 3.3	3 0 4	17 56 4
6 126	22 21 28	22 32 37	13 30 3	14 48 44	1 46 1	7 37 0	18 22 35	24 40 49	4 41	3 34 7	30 12 59	5 13 3.1	2 58 1	17 30 8
7 127	21 44 46	23 45 18	14 4 42	14 54 23	1 52 33	7 38 31	18 22 54	24 39 34	4 42	3 38 59	30 13 55	5 13 2.9	2 55 54	17 3 20
8 128	21 7 28	24 57 59	14 39 14	15 0 10	1 59 8	7 39 59	18 23 10	24 38 17	4 43	3 43 51	30 14 35	5 13 2.7	2 53 46	16 36 0
9 129	20 30 16	26 10 40	15 13 39	15 6 6	2 5 46	7 41 24	18 23 25	24 37 0	4 44	3 48 44	30 15 5	5 13 2.5	2 51 38	16 8 30
10 130	19 53 47	27 23 22	15 47 56	15 12 12	2 12 27	7 42 47	18 23 38	24 35 41	4 44	3 53 37	30 15 21	5 13 2.3	2 49 35	15 41 10
11 131	19 18 40	28 36 4	16 22 5	15 18 26	2 19 11	7 44 7	18 23 48	24 34 22	4 43	3 58 32	30 15 22	5 13 2.2	2 47 36	15 14 23
12 132	18 45 29	29 48 47	16 56 5	15 24 48	2 25 58	7 45 24	18 23 57	24 33 1	4 43	4 3 27	30 15 11	5 13 2.2	2 45 46	14 48 26
13 133	18 14 45	1♈ 1 30	17 29 58	15 31 19	2 32 48	7 46 39	18 24 4	24 31 40	4 42	4 8 22	30 14 47	5 13 2.1	2 44 5	14 23 40
14 134	17 46 58	2 14 14	18 3 42	15 37 58	2 39 40	7 47 51	18 24 8	24 30 17	4 41	4 13 18	30 14 12	5 13 2.0	2 42 35	14 0 20
15 135	17 22 32	3 26 58	18 37 18	15 44 46	2 46 35	7 49 0	18 24 11	24 28 53	4 40	4 18 16	30 13 29	5 13 1.9	2 41 18	13 38 41
16 136	17 1 49	4 39 43	19 10 46	15 51 41	2 53 32	7 50 6	18 24R12	24 27 29	4 40	4 23 13	30 12 40	5 13 1.8	2 40 14	13 18 56
17 137	16 45 4	5 52 29	19 44 4	15 58 45	3 0 32	7 51 9	18 24 11	24 26 4	4 40	4 28 12	30 11 46	5 13 1.5	2 39 26	13 1 16
18 138	16 32 31	7 5 15	20 17 13	16 5 57	3 7 34	7 52 10	18 24 8	24 24 38	4 40	4 33 11	30 10 51	5 13 1.3	2 38 52	12 45 47
19 139	16 24 21	8 18 3	20 50 13	16 13 16	3 14 39	7 53 7	18 24 3	24 23 11	4 40	4 38 11	30 9 55	5 13 1.0	2 38 34	12 32 36
20 140	16 20D39	9 30 50	21 23 3	16 20 43	3 21 46	7 54 2	18 23 56	24 21 43	4 41	4 43 11	30 9 1	5 13 0.7	2 38 33	12 21 46
21 141	16 21 29	10 43 39	21 55 42	16 28 18	3 28 56	7 54 54	18 23 47	24 20 14	4 41	4 48 13	30 8 11	5 13 0.4	2 38 47	12 13 20
22 142	16 26 53	11 56 29	22 28 11	16 36 1	3 36 7	7 55 43	18 23 36	24 18 45	4 41	4 53 15	30 7 27	5 13 0.2	2 39 19	12 7 18
23 143	16 36 50	13 9 19	23 0 29	16 43 50	3 43 21	7 56 30	18 23 23	24 17 15	4 41	4 58 17	30 6 51	5 13 0.1	2 40 6	12 3 40
24 144	16 51 16	14 22 10	23 32 36	16 51 48	3 50 37	7 57 13	18 23 9	24 15 44	4 41	5 3 21	30 6 25	5 13 0.0	2 41 10	12 2 22
25 145	17 10 10	15 35 1	24 4 31	16 59 52	3 57 55	7 57 53	18 22 52	24 14 13	4 41	5 8 25	30 6 10	5 12 59.9	2 42 29	12 3 22
26 146	17 33 24	16 47 54	24 36 14	17 8 4	4 5 14	7 58 31	18 22 34	24 12 41	4 41	5 13 29	30 6 8	5 12 59.9	2 44 5	12 6 36
27 147	18 0 55	18 0 47	25 7 44	17 16 23	4 12 36	7 59 5	18 22 13	24 11 9	4 42	5 18 34	30 6 19	5 12 59.8	2 45 55	12 11 59
28 148	18 32 36	19 13 40	25 39 2	17 24 49	4 20 0	7 59 37	18 21 51	24 9 36	4 42	5 23 40	30 6 43	5 12 59.7	2 48 1	12 19 27
29 149	19 8 20	20 26 34	26 10 6	17 33 22	4 27 25	8 0 6	18 21 27	24 8 3	4 43	5 28 47	30 7 20	5 12 59.6	2 50 22	12 28 54
30 150	19 48 1	21 39 29	26 40 57	17 42 2	4 34 52	8 0 31	18 21 0	24 6 30	4 43	5 33 54	30 8 8	5 12 59.4	2 52 58	12 40 15
31 151	20♈31 32	22♈52 25	27♑11 33	17♋50 48	4♊42 21	8♒ 0 54	18♑20 33	24♏ 4 55	4♉43	5 39 2	30 9 5	5 12 59.2	2 55 48	12N53 23

DAY May	♀ VENUS R.A. h m s	DECL ° ' "	♂ MARS R.A. h m s	DECL ° ' "	♃ JUPITER R.A. h m s	DECL ° ' "	♄ SATURN R.A. h m s	DECL ° ' "	♅ URANUS R.A. h m s	DECL ° ' "	♆ NEPTUNE R.A. h m s	DECL ° ' "	♇ PLUTO R.A. h m s	DECL ° ' "
1	0 44 3	2N56 2	20 32 27	20S22 15	8 47 20	18N46 34	5 42 46	22N28 28	22 18 3	11S21 21	21 2 20	16S51 36	17 17 38	13S32 3
2	0 48 31	3 23 56	20 34 54	20 15 30	8 47 40	18 45 13	5 43 13	22 28 48	22 18 10	11 20 45	21 2 22	16 51 28	17 17 34	13 31 52
3	0 53 0	3 51 47	20 37 22	20 8 41	8 48 0	18 43 49	5 43 40	22 29 8	22 18 16	11 20 11	21 2 24	16 51 21	17 17 29	13 31 40
4	0 57 29	4 19 35	20 39 48	20 1 47	8 48 21	18 42 22	5 44 8	22 29 27	22 18 22	11 19 37	21 2 26	16 51 15	17 17 24	13 31 29
5	1 1 59	4 47 19	20 42 14	19 54 50	8 48 43	18 40 53	5 44 36	22 29 46	22 18 29	11 19 4	21 2 27	16 51 9	17 17 19	13 31 18
6	1 6 28	5 14 58	20 44 39	19 47 49	8 49 5	18 39 21	5 45 4	22 30 5	22 18 35	11 18 33	21 2 29	16 51 4	17 17 14	13 31 7
7	1 10 58	5 42 32	20 47 3	19 40 45	8 49 28	18 37 47	5 45 32	22 30 24	22 18 41	11 18 2	21 2 30	16 50 59	17 17 9	13 30 57
8	1 15 29	6 9 59	20 49 27	19 33 37	8 49 51	18 36 10	5 46 0	22 30 42	22 18 46	11 17 32	21 2 31	16 50 55	17 17 4	13 30 46
9	1 20 0	6 37 20	20 51 50	19 26 27	8 50 15	18 34 30	5 46 29	22 31 0	22 18 52	11 17 4	21 2 32	16 50 51	17 16 59	13 30 36
10	1 24 31	7 4 34	20 54 12	19 19 14	8 50 40	18 32 48	5 46 58	22 31 18	22 18 57	11 16 36	21 2 33	16 50 48	17 16 54	13 30 26
11	1 29 3	7 31 39	20 56 34	19 11 58	8 51 5	18 31 4	5 47 27	22 31 35	22 19 2	11 16 9	21 2 34	16 50 46	17 16 49	13 30 16
12	1 33 36	7 58 36	20 58 55	19 4 39	8 51 31	18 29 17	5 47 57	22 31 52	22 19 7	11 15 43	21 2 34	16 50 44	17 16 43	13 30 6
13	1 38 9	8 25 23	21 1 15	18 57 18	8 51 57	18 27 27	5 48 26	22 32 8	22 19 12	11 15 19	21 2 35	16 50 42	17 16 38	13 29 57
14	1 42 43	8 52 0	21 3 35	18 49 55	8 52 24	18 25 35	5 48 56	22 32 24	22 19 16	11 14 55	21 2 35	16 50 42	17 16 32	13 29 47
15	1 47 17	9 18 26	21 5 53	18 42 31	8 52 52	18 23 41	5 49 26	22 32 40	22 19 21	11 14 32	21 2 35	16 50 41	17 16 27	13 29 38
16	1 51 52	9 44 41	21 8 11	18 35 4	8 53 20	18 21 44	5 49 56	22 32 55	22 19 25	11 14 11	21 2 35	16 50 42	17 16 21	13 29 29
17	1 56 28	10 10 43	21 10 28	18 27 36	8 53 48	18 19 45	5 50 26	22 33 10	22 19 29	11 13 50	21 2 35	16 50 43	17 16 15	13 29 20
18	2 1 5	10 36 33	21 12 45	18 20 6	8 54 18	18 17 43	5 50 57	22 33 25	22 19 33	11 13 30	21 2 35	16 50 44	17 16 9	13 29 12
19	2 5 42	11 2 9	21 15 1	18 12 36	8 54 47	18 15 39	5 51 27	22 33 39	22 19 37	11 13 11	21 2 35	16 50 46	17 16 3	13 29 4
20	2 10 20	11 27 31	21 17 15	18 5 5	8 55 17	18 13 33	5 51 58	22 33 52	22 19 40	11 12 54	21 2 34	16 50 48	17 15 58	13 28 56
21	2 14 59	11 52 38	21 19 29	17 57 33	8 55 48	18 11 25	5 52 29	22 34 6	22 19 44	11 12 37	21 2 34	16 50 51	17 15 52	13 28 48
22	2 19 39	12 17 30	21 21 43	17 50 1	8 56 19	18 9 14	5 53 0	22 34 18	22 19 47	11 12 22	21 2 33	16 50 55	17 15 46	13 28 41
23	2 24 20	12 42 5	21 23 55	17 42 29	8 56 51	18 7 0	5 53 32	22 34 31	22 19 50	11 12 7	21 2 32	16 50 59	17 15 40	13 28 34
24	2 29 2	13 6 23	21 26 6	17 34 57	8 57 23	18 4 45	5 54 3	22 34 43	22 19 53	11 11 54	21 2 31	16 51 4	17 15 34	13 28 27
25	2 33 44	13 30 24	21 28 17	17 27 26	8 57 55	18 2 27	5 54 35	22 34 54	22 19 55	11 11 42	21 2 30	16 51 9	17 15 27	13 28 20
26	2 38 28	13 54 5	21 30 26	17 19 55	8 58 28	18 0 7	5 55 6	22 35 5	22 19 58	11 11 30	21 2 29	16 51 15	17 15 21	13 28 14
27	2 43 13	14 17 28	21 32 35	17 12 26	8 59 2	17 57 44	5 55 38	22 35 16	22 20 0	11 11 20	21 2 28	16 51 22	17 15 15	13 28 7
28	2 47 58	14 40 31	21 34 42	17 4 57	8 59 36	17 55 20	5 56 10	22 35 26	22 20 2	11 11 11	21 2 26	16 51 29	17 15 9	13 28 2
29	2 52 45	15 3 13	21 36 49	16 57 31	9 0 10	17 52 53	5 56 43	22 35 36	22 20 4	11 11 3	21 2 25	16 51 36	17 15 2	13 27 56
30	2 57 33	15 25 33	21 38 54	16 50 6	9 0 45	17 50 24	5 57 15	22 35 45	22 20 6	11 10 55	21 2 23	16 51 44	17 14 56	13 27 50
31	3 2 22	15N47 32	21 40 59	16S42 43	9 1 21	17N47 52	5 57 47	22N35 53	22 20 7	11S10 49	21 2 21	16S51 52	17 14 50	13S27 45

JUNE 2003

DAY	SIDEREAL TIME h m s	☉ SUN LONG ° ' "	MOT ' "	R.A. h m s	DECL ° ' "	☽ MOON AT 0 HOURS LONG ° ' "	12h MOT ° ' "	2DIF "	R.A. h m s	DECL ° ' "	☽ MOON AT 12 HOURS LONG ° ' "	12h MOT ° ' "	2DIF "	R.A. h m s	DECL ° ' "
1 Su	16 36 16	15♉19 55	57 32	4 33 56.3	21N58 1	24♉22 18	6 2 41	66	5 12 11	24N46 18	0♊24 59	6 5 1	73	5 38 43	25N38 47
2 M	16 40 12	16 17 27	57 31	4 38 2.0	22 6 14	6♊30 0	6 7 35	80	6 5 43	26 13 12	12 37 34	6 10 22	87	6 33 5	26 28 36
3 Tu	16 44 9	17 14 57	57 29	4 42 8.1	22 14 3	18 47 56	6 13 22	94	7 0 40	26 24 17	25 1 18	6 16 37	101	7 28 21	25 59 57
4 W	16 48 5	18 12 26	57 28	4 46 14.6	22 21 28	1♋17 55	6 20 5	108	7 55 58	25 15 37	7♋38 0	6 23 48	115	8 23 25	24 11 40
5 Th	16 52 2	19 9 54	57 27	4 50 21.4	22 28 31	14 1 48	6 27 44	122	8 50 35	22 48 49	20 29 32	6 31 54	128	9 17 24	21 8 2
6 F	16 55 59	20 7 21	57 26	4 54 28.5	22 35 9	27 1 26	6 36 17	135	9 43 51	19 10 32	3♌37 43	6 40 52	140	10 9 54	16 57 41
7 S	16 59 55	21 4 46	57 25	4 58 35.9	22 41 24	10♌18 36	6 45 38	144	10 35 37	14 30 59	17 4 13	6 50 30	147	11 1 4	11 52 5
8 Su	17 3 52	22 2 11	57 23	5 2 43.6	22 47 15	23 54 43	6 55 27	149	11 26 18	9 2 43	0♍50 10	7 0 24	147	11 51 28	6 4 42
9 M	17 7 48	22 59 34	57 22	5 6 51.6	22 52 42	7♍50 35	7 5 16	143	12 16 39	3 0 3	14 55 51	7 9 58	136	12 42 1	0S 9 6
10 Tu	17 11 45	23 56 56	57 21	5 10 59.8	22 57 44	22 5 48	7 14 21	126	13 7 42	3S20 24	29 20 10	7 18 21	112	13 33 50	6 31 17
11 W	17 15 41	24 54 17	57 20	5 15 8.2	23 2 22	6♎38 30	7 21 48	94	14 0 35	9 38 54	14♎ 0 18	7 24 35	72	14 28 3	12 40 11
12 Th	17 19 38	25 51 37	57 19	5 19 16.8	23 6 36	21 24 53	7 26 36	48	14 56 22	15 31 47	28 51 29	7 27 45	20	15 25 35	18 10 14
13 F	17 23 34	26 48 56	57 19	5 23 25.6	23 10 26	6♏19 14	7 27 57	-9	15 55 45	20 32 0	13♏47 11	7 27 10	-39	16 26 47	22 33 40
14 S	17 27 31	27 46 15	57 18	5 27 34.5	23 13 50	21 14 21	7 25 22	-68	16 58 36	24 12 12	28 39 43	7 22 36	-97	17 30 59	25 25 6
15 Su	17 31 28	28 43 32	57 17	5 31 43.7	23 16 51	6♐ 2 19	7 18 54	-123	18 3 40	26 10 41	13♐21 13	7 14 23	-146	18 36 20	26 28 17
16 M	17 35 24	29 40 49	57 17	5 35 52.9	23 19 27	20 35 36	7 9 10	-165	19 8 40	26 18 13	27 44 46	7 3 22	-180	19 40 22	25 41 46
17 Tu	17 39 21	0♊38 6	57 16	5 40 2.3	23 21 38	4♑48 8	6 57 10	-190	20 11 12	24 41 1	11♑45 18	6 50 42	-195	20 40 58	23 18 34
18 W	17 43 17	1 35 22	57 16	5 44 11.7	23 23 24	18 35 59	6 44 8	-196	21 9 35	21 37 19	25 20 8	6 37 37	-193	21 37 2	19 40 15
19 Th	17 47 14	2 32 37	57 16	5 48 21.2	23 24 46	1♒57 44	6 31 16	-186	22 3 20	17 30 14	8♒29 1	6 25 13	-176	22 28 36	15 9 55
20 F	17 51 10	3 29 53	57 15	5 52 30.8	23 25 43	14 54 13	6 19 32	-163	22 52 54	12 41 39	21 13 45	6 14 20	-148	23 16 23	10 7 34
21 S	17 55 7	4 27 8	57 15	5 56 40.4	23 26 16	27 28 5	6 9 38	-132	23 39 12	7 29 29	3♓37 43	6 5 31	-115	0 1 27	4 49 1
22 Su	17 59 4	5 24 23	57 15	6 0 50.0	23 26 23	9♓43 14	6 2 0	-96	0 23 19	2 7 33	15 45 15	5 59 6	-78	0 44 54	0N33 39
23 M	18 3 0	6 21 38	57 15	6 4 59.6	23 26 6	21 44 20	5 56 49	-59	1 6 21	3N13 23	27 41 10	5 55 9	-41	1 27 48	5 50 33
24 Tu	18 6 57	7 18 53	57 15	6 9 9.1	23 25 24	3♈36 18	5 54 5	-23	1 49 21	8 24 2	9♈30 23	5 53 36	-6	2 11 9	10 52 44
25 W	18 10 53	8 16 7	57 15	6 13 18.6	23 24 17	15 23 59	5 53 40	10	2 33 17	13 15 28	21 17 39	5 54 15	25	2 55 52	15 30 58
26 Th	18 14 50	9 13 22	57 15	6 17 28.0	23 22 45	27 11 54	5 55 19	39	3 18 58	17 37 55	3♉ 7 13	5 56 50	51	3 42 41	19 34 53
27 F	18 18 46	10 10 36	57 14	6 21 37.3	23 20 49	9♉ 4 3	5 58 45	63	4 7 3	21 20 21	15 2 48	6 1 0	72	4 32 6	22 52 46
28 S	18 22 43	11 7 50	57 14	6 25 46.4	23 18 28	21 3 48	6 3 34	81	4 57 51	24 10 32	27 7 22	6 6 23	87	5 24 13	25 12 7
29 Su	18 26 39	12 5 4	57 14	6 29 55.4	23 15 43	3♊13 44	6 9 24	93	5 51 10	25 56 7	9♊23 8	6 12 34	97	6 18 36	26 21 18
30 M	18 30 36	13♊ 2 18	57 14	6 34 4.1	23N12 33	15♊35 41	6 15 51	100	6 46 21	26N26 44	21♊51 32	6 19 12	101	7 14 17	26N11 51

LUNAR INGRESSES
1 ☽ ♊ 11:11
3 ☽ ♋ 21:32
6 ☽ ♌ 5:25
8 ☽ ♍ 10:33
10 ☽ ♎ 13:06
12 ☽ ♏ 13:50
14 ☽ ♐ 14:10
16 ☽ ♑ 15:49
18 ☽ ♒ 20:26
21 ☽ ♓ 4:55
23 ☽ ♈ 16:41
26 ☽ ♉ 5:41
28 ☽ ♊ 17:40

PLANET INGRESSES
5 ♀ ♉ 20:40
5 ♂ ♒ 15:44
9 ☿ ♉ 6:07
16 ☉ ♊ 8:02
26 ☿ ♊ 22:48
30 ♀ ♊ 11:19

STATIONS
7 ♅ R 7:00

DATA FOR THE 1st AT 0 HOURS
JULIAN DAY 37771.5
☽ MEAN ☊ 4°♉ 14' 55"
OBLIQUITY 23° 26' 24"
DELTA T 66.0 SECONDS
NUTATION LONGITUDE -15.2"

DAY MO YR	☿ LONG ° ' "	♀ LONG ° ' "	♂ LONG ° ' "	♃ LONG ° ' "	♄ LONG ° ' "	♅ LONG ° ' "	♆ LONG ° ' "	♇ LONG ° ' "	☊ LONG ° '	A.S.S.I. h m s	S.S.R.Y. h m s	S.V.P. ♓ ° ' "	☿ MERCURY R.A. h m s	DECL ° ' "
1 152	21♈18 48	24♈ 5 21	27♑41 56	17♋59 41	4♊49 51	8♒ 1 14	18♑20R 3	24♏ 3R20	4♉43	5 44 10	30 10 11	5 12 59.0	2 58 52	13N 8 13
2 153	22 9 42	25 18 18	28 12 3	18 8 41	4 57 22	8 1 31	18 19 32	24 1 45	4 42	5 49 18	30 11 16	5 12 58.7	3 2 9	13 24 40
3 154	23 4 9	26 31 15	28 41 56	18 17 47	5 4 56	8 1 45	18 18 59	24 0 10	4 40	5 54 28	30 12 22	5 12 58.5	3 5 41	13 42 35
4 155	24 2 2	27 44 12	29 11 33	18 26 59	5 12 30	8 1 56	18 18 23	23 58 34	4 38	5 59 37	30 13 24	5 12 58.2	3 9 26	14 1 55
5 156	25 3 18	28 57 11	29 40 54	18 36 18	5 20 6	8 2 4	18 17 46	23 56 59	4 36	6 4 47	30 14 19	5 12 58.0	3 13 24	14 22 32
6 157	26 7 51	0♉10 9	0♒ 9 59	18 45 42	5 27 43	8 2 9	18 17 8	23 55 23	4 35	6 9 58	30 15 5	5 12 57.8	3 17 35	14 44 21
7 158	27 15 38	1 23 9	0 38 47	18 55 13	5 35 21	8 2R11	18 16 27	23 53 47	4 34	6 15 9	30 15 40	5 12 57.6	3 22 0	15 7 14
8 159	28 26 34	2 36 8	1 7 19	19 4 49	5 43 0	8 2 11	18 15 45	23 52 11	4 33	6 20 20	30 16 3	5 12 57.5	3 26 38	15 31 7
9 160	29 40 38	3 49 9	1 35 33	19 14 32	5 50 40	8 2 7	18 15 1	23 50 35	4 34	6 25 31	30 16 13	5 12 57.5	3 31 29	15 55 52
10 161	0♉57 45	5 2 9	2 3 30	19 24 20	5 58 21	8 2 0	18 14 16	23 48 58	4 35	6 30 43	30 16 11	5 12 57.4	3 36 33	16 21 24
11 162	2 17 54	6 15 11	2 31 9	19 34 13	6 6 3	8 1 51	18 13 28	23 47 22	4 36	6 35 55	30 15 57	5 12 57.3	3 41 51	16 47 35
12 163	3 41 3	7 28 13	2 58 29	19 44 12	6 13 46	8 1 39	18 12 40	23 45 46	4 37	6 41 8	30 15 32	5 12 57.1	3 47 22	17 14 18
13 164	5 7 10	8 41 16	3 25 31	19 54 16	6 21 29	8 1 24	18 11 49	23 44 10	4 38	6 46 20	30 14 57	5 12 56.9	3 53 6	17 41 27
14 165	6 36 14	9 54 19	3 52 14	20 4 26	6 29 14	8 1 5	18 10 57	23 42 34	4 37	6 51 33	30 14 12	5 12 56.6	3 59 4	18 8 54
15 166	8 8 13	11 7 23	4 18 36	20 14 41	6 36 58	8 0 45	18 10 3	23 40 58	4 35	6 56 46	30 13 21	5 12 56.3	4 5 16	18 36 32
16 167	9 43 6	12 20 29	4 44 39	20 25 0	6 44 44	8 0 21	18 9 8	23 39 23	4 32	7 1 59	30 12 24	5 12 56.0	4 11 42	19 4 11
17 168	11 20 51	13 33 35	5 10 20	20 35 25	6 52 30	7 59 54	18 8 11	23 37 47	4 29	7 7 12	30 11 25	5 12 55.7	4 18 21	19 31 45
18 169	13 1 28	14 46 42	5 35 40	20 45 55	7 0 17	7 59 25	18 7 13	23 36 12	4 25	7 12 26	30 10 26	5 12 55.4	4 25 15	19 59 3
19 170	14 44 54	15 59 50	6 0 37	20 56 30	7 8 3	7 58 53	18 6 13	23 34 38	4 22	7 17 39	30 9 30	5 12 55.3	4 32 24	20 25 55
20 171	16 31 8	17 12 59	6 25 11	21 7 10	7 15 51	7 58 18	18 5 12	23 33 3	4 19	7 22 53	30 8 40	5 12 55.1	4 39 46	20 52 13
21 172	18 20 5	18 26 9	6 49 21	21 17 54	7 23 38	7 57 40	18 4 9	23 31 29	4 18	7 28 6	30 7 58	5 12 55.0	4 47 23	21 17 44
22 173	20 11 43	19 39 20	7 13 7	21 28 43	7 31 26	7 57 0	18 3 5	23 29 55	4 17	7 33 20	30 7 27	5 12 54.9	4 55 13	21 42 19
23 174	22 5 56	20 52 32	7 36 28	21 39 36	7 39 14	7 56 16	18 1 59	23 28 22	4 18	7 38 34	30 7 7	5 12 54.9	5 3 18	22 5 45
24 175	24 2 38	22 5 46	7 59 23	21 50 34	7 47 3	7 55 30	18 0 52	23 26 49	4 20	7 43 47	30 7 1	5 12 54.8	5 11 36	22 27 50
25 176	26 1 41	23 19 0	8 21 51	22 1 37	7 54 51	7 54 42	17 59 43	23 25 16	4 22	7 49 0	30 7 8	5 12 54.6	5 20 6	22 48 23
26 177	28 2 57	24 32 15	8 43 51	22 12 44	8 2 39	7 53 50	17 58 33	23 23 45	4 23	7 54 14	30 7 29	5 12 54.5	5 28 49	23 7 12
27 178	0♊ 6 15	25 45 31	9 5 24	22 23 55	8 10 27	7 52 56	17 57 22	23 22 13	4 23	7 59 27	30 8 2	5 12 54.3	5 37 43	23 24 4
28 179	2 11 22	26 58 49	9 26 28	22 35 10	8 18 15	7 51 59	17 56 10	23 20 43	4 22	8 4 40	30 8 47	5 12 54.0	5 46 47	23 38 50
29 180	4 18 5	28 12 7	9 47 3	22 46 29	8 26 3	7 51 0	17 54 56	23 19 13	4 18	8 9 53	30 9 40	5 12 53.8	5 56 0	23 51 17
30 181	6♊26 8	29♉25 26	10♒ 7 7	22♋57 52	8♊33 51	7♒49 58	17♑53 41	23♏17 43	4♉14	8 15 5	30 10 39	5 12 53.5	6 5 21	24N 1 17

DAY Jun	♀ VENUS R.A. h m s	DECL ° ' "	♂ MARS R.A. h m s	DECL ° ' "	♃ JUPITER R.A. h m s	DECL ° ' "	♄ SATURN R.A. h m s	DECL ° ' "	♅ URANUS R.A. h m s	DECL ° ' "	♆ NEPTUNE R.A. h m s	DECL ° ' "	♇ PLUTO R.A. h m s	DECL ° ' "
1	3 7 11	16N 9 7	21 43 2	16S35 23	9 1 56	17N45 19	5 58 20	22N36 1	22 20 9	11S10 44	21 2 19	16S52 1	17 14 43	13S27 41
2	3 12 2	16 30 20	21 45 5	16 28 5	9 2 32	17 42 43	5 58 52	22 36 9	22 20 10	11 10 40	21 2 17	16 52 11	17 14 37	13 27 36
3	3 16 54	16 51 8	21 47 6	16 20 50	9 3 9	17 40 5	5 59 25	22 36 16	22 20 11	11 10 38	21 2 15	16 52 21	17 14 31	13 27 32
4	3 21 47	17 11 31	21 49 6	16 13 38	9 3 46	17 37 25	5 59 58	22 36 23	22 20 12	11 10 36	21 2 13	16 52 31	17 14 24	13 27 28
5	3 26 42	17 31 28	21 51 5	16 6 30	9 4 23	17 34 42	6 0 31	22 36 29	22 20 12	11 10 35	21 2 10	16 52 42	17 14 18	13 27 25
6	3 31 37	17 50 59	21 53 3	15 59 26	9 5 1	17 31 58	6 1 4	22 36 35	22 20 13	11 10 35	21 2 8	16 52 54	17 14 11	13 27 21
7	3 36 33	18 10 3	21 55 0	15 52 26	9 5 39	17 29 12	6 1 37	22 36 40	22 20 13	11 10 37	21 2 5	16 53 6	17 14 5	13 27 19
8	3 41 31	18 28 40	21 56 55	15 45 29	9 6 18	17 26 23	6 2 10	22 36 44	22 20 13	11 10 39	21 2 2	16 53 19	17 13 58	13 27 16
9	3 46 29	18 46 48	21 58 50	15 38 38	9 6 57	17 23 33	6 2 43	22 36 49	22 20 13	11 10 43	21 1 59	16 53 32	17 13 52	13 27 14
10	3 51 29	19 4 27	22 0 43	15 31 51	9 7 36	17 20 40	6 3 17	22 36 52	22 20 12	11 10 47	21 1 56	16 53 45	17 13 45	13 27 12
11	3 56 30	19 21 36	22 2 35	15 25 9	9 8 16	17 17 46	6 3 50	22 36 55	22 20 12	11 10 53	21 1 53	16 53 59	17 13 39	13 27 10
12	4 1 32	19 38 15	22 4 25	15 18 32	9 8 56	17 14 49	6 4 23	22 36 58	22 20 11	11 10 59	21 1 50	16 54 14	17 13 32	13 27 9
13	4 6 34	19 54 23	22 6 15	15 12 0	9 9 36	17 11 50	6 4 57	22 36 59	22 20 10	11 11 7	21 1 46	16 54 29	17 13 26	13 27 7
14	4 11 38	20 9 59	22 8 3	15 5 35	9 10 17	17 8 50	6 5 31	22 37 1	22 20 9	11 11 15	21 1 43	16 54 44	17 13 19	13 27 7
15	4 16 44	20 25 4	22 9 49	14 59 15	9 10 58	17 5 47	6 6 4	22 37 2	22 20 8	11 11 25	21 1 39	16 55 0	17 13 13	13 27 6
16	4 21 50	20 39 36	22 11 35	14 53 2	9 11 39	17 2 43	6 6 38	22 37 2	22 20 6	11 11 36	21 1 36	16 55 16	17 13 6	13 27 6
17	4 26 57	20 53 34	22 13 19	14 46 55	9 12 20	16 59 36	6 7 11	22 37 2	22 20 5	11 11 47	21 1 32	16 55 32	17 13 0	13 27 7
18	4 32 5	21 6 59	22 15 1	14 40 56	9 13 2	16 56 28	6 7 45	22 37 1	22 20 3	11 12 0	21 1 28	16 55 50	17 12 53	13 27 7
19	4 37 14	21 19 49	22 16 42	14 35 4	9 13 45	16 53 18	6 8 19	22 37 0	22 20 1	11 12 14	21 1 24	16 56 7	17 12 47	13 27 8
20	4 42 24	21 32 4	22 18 22	14 29 19	9 14 27	16 50 6	6 8 53	22 36 59	22 19 59	11 12 28	21 1 20	16 56 25	17 12 41	13 27 10
21	4 47 35	21 43 44	22 19 59	14 23 43	9 15 10	16 46 52	6 9 26	22 36 56	22 19 57	11 12 44	21 1 16	16 56 44	17 12 34	13 27 11
22	4 52 47	21 54 47	22 21 36	14 18 15	9 15 53	16 43 37	6 10 0	22 36 54	22 19 54	11 13 1	21 1 12	16 57 2	17 12 28	13 27 13
23	4 58 0	22 5 14	22 23 10	14 12 57	9 16 36	16 40 19	6 10 34	22 36 50	22 19 51	11 13 18	21 1 7	16 57 22	17 12 21	13 27 16
24	5 3 13	22 15 4	22 24 43	14 7 47	9 17 20	16 37 0	6 11 8	22 36 46	22 19 48	11 13 37	21 1 3	16 57 41	17 12 15	13 27 18
25	5 8 27	22 24 16	22 26 14	14 2 46	9 18 4	16 33 38	6 11 42	22 36 42	22 19 45	11 13 56	21 0 58	16 58 1	17 12 9	13 27 21
26	5 13 43	22 32 51	22 27 44	13 57 56	9 18 48	16 30 15	6 12 15	22 36 37	22 19 42	11 14 17	21 0 54	16 58 21	17 12 3	13 27 25
27	5 18 58	22 40 47	22 29 12	13 53 15	9 19 32	16 26 51	6 12 49	22 36 32	22 19 39	11 14 38	21 0 49	16 58 42	17 11 56	13 27 28
28	5 24 15	22 48 4	22 30 37	13 48 45	9 20 17	16 23 24	6 13 23	22 36 26	22 19 35	11 15 1	21 0 44	16 59 3	17 11 50	13 27 32
29	5 29 32	22 54 43	22 32 1	13 44 26	9 21 2	16 19 56	6 13 57	22 36 19	22 19 32	11 15 24	21 0 39	16 59 24	17 11 44	13 27 37
30	5 34 50	23N 0 41	22 33 23	13S40 18	9 21 47	16N16 26	6 14 31	22N36 13	22 19 28	11S15 48	21 0 34	16S59 46	17 11 38	13S27 41

DAY	SIDEREAL TIME h m s	☉ SUN LONG ° ' "	SUN MOT ' "	SUN R.A. h m s	SUN DECL ° ' "	☽ MOON AT 0 HOURS LONG ° ' "	12h MOT ° ' "	2DIF "	R.A. h m s	DECL ° ' "	☽ MOON AT 12 HOURS LONG ° ' "	12h MOT ° ' "	2DIF "	R.A. h m s	DECL ° ' "
1 Tu	18 34 33	13♊59 32	57 14	6 38 12.7	23N 8 58	28♊10 44	6 22 36	102	7 42 15	25N36 28	4♋33 21	6 26 0	102	8 10 5	24N40 50
2 W	18 38 29	14 56 45	57 13	6 42 21.0	23 5 0	10♋59 21	6 29 24	101	8 37 39	23 25 34	17 28 44	6 32 45	100	9 4 52	21 51 40
3 Th	18 42 26	15 53 58	57 13	6 46 29.0	23 0 37	24 1 29	6 36 4	99	9 31 39	20 0 26	0♌37 33	6 39 20	98	9 57 59	17 53 22
4 F	18 46 22	16 51 11	57 13	6 50 36.7	22 55 50	7♌16 53	6 42 34	96	10 23 52	15 32 9	13 59 27	6 45 46	95	10 49 21	12 58 34
5 S	18 50 19	17 48 24	57 13	6 54 44.1	22 50 38	20 45 13	6 48 55	94	11 14 30	10 14 30	27 34 8	6 52 2	93	11 39 25	7 21 51
6 Su	18 54 15	18 45 37	57 12	6 58 51.2	22 45 4	4♍26 9	6 55 7	92	12 4 13	4 22 36	11♍21 16	6 58 9	90	12 29 1	1 18 46
7 M	18 58 12	19 42 49	57 12	7 2 57.8	22 39 5	18 19 25	7 1 8	88	12 53 57	1S47 30	25 20 33	7 4 0	84	13 19 11	4S54 0
8 Tu	19 2 8	20 40 1	57 12	7 7 4.1	22 32 43	2♎24 33	7 6 44	79	13 44 51	7 58 19	9♎31 17	7 9 17	72	14 11 6	10 57 54
9 W	19 6 5	21 37 12	57 12	7 11 10.0	22 25 57	16 40 34	7 11 34	63	14 38 2	13 50 1	23 52 9	7 13 31	52	15 5 48	16 31 44
10 Th	19 10 2	22 34 24	57 12	7 15 15.5	22 18 48	1♏ 5 39	7 15 2	38	15 34 27	18 59 58	8♏20 41	7 16 2	21	16 4 1	21 11 37
11 F	19 13 58	23 31 35	57 12	7 19 20.5	22 11 16	15 36 43	7 16 26	2	16 34 29	23 3 38	22 53 9	7 16 11	-19	17 5 43	24 33 13
12 S	19 17 55	24 28 47	57 12	7 23 25.1	22 3 21	0♐ 9 20	7 15 12	-41	17 37 34	25 38 3	7♐24 31	7 13 27	-64	18 9 47	26 16 30
13 Su	19 21 51	25 25 58	57 12	7 27 29.2	21 55 4	14 37 58	7 10 56	-87	18 42 3	26 27 44	21 48 54	7 7 40	-108	19 14 6	26 11 57
14 M	19 25 48	26 23 10	57 12	7 31 32.9	21 46 24	28 56 34	7 3 43	-128	19 45 36	25 30 10	6♑ 0 17	6 59 9	-145	20 16 19	24 24 15
15 Tu	19 29 44	27 20 22	57 13	7 35 36.1	21 37 22	12♑59 26	6 54 4	-158	20 46 5	22 56 40	19 53 30	6 48 36	-168	21 14 46	21 10 13
16 W	19 33 41	28 17 34	57 13	7 39 38.7	21 27 58	26 42 6	6 42 51	-174	21 42 21	19 7 51	3♒24 57	6 36 59	-176	22 8 50	16 52 30
17 Th	19 37 37	29 14 47	57 13	7 43 40.9	21 18 12	10♒ 1 56	6 31 8	-174	22 34 17	14 26 54	16 33 4	6 25 24	-168	22 58 49	11 53 34
18 F	19 41 34	0♋12 1	57 14	7 47 42.6	21 8 4	22 58 28	6 19 55	-159	23 22 33	9 14 46	29 18 24	6 14 48	-147	23 45 35	6 32 27
19 S	19 45 31	1 9 15	57 15	7 51 43.7	20 57 35	5♓33 11	6 10 7	-133	0 8 5	3 48 23	11♓43 18	6 5 56	-117	0 30 11	1 4 4
20 Su	19 49 27	2 6 29	57 16	7 55 44.4	20 46 45	17 49 14	6 2 20	-99	0 52 1	1N39 8	23 51 34	5 59 21	-80	1 13 42	4N20 0
21 M	19 53 24	3 3 45	57 16	7 59 44.5	20 35 33	29 50 54	5 57 0	-60	1 35 23	6 57 22	5♈47 54	5 55 19	-40	1 57 10	9 30 7
22 Tu	19 57 20	4 1 1	57 17	8 3 44.0	20 24 1	11♈43 13	5 54 19	-20	2 19 11	11 57 10	17 37 33	5 53 59	0	2 41 33	14 17 21
23 W	20 1 17	4 58 18	57 18	8 7 43.0	20 12 8	23 31 31	5 54 18	19	3 4 21	16 29 28	29 25 50	5 55 16	38	3 27 42	18 32 15
24 Th	20 5 13	5 55 36	57 19	8 11 41.5	19 59 55	5♉21 5	5 56 49	55	3 51 38	20 24 18	11♉17 54	5 58 57	72	4 16 15	22 4 11
25 F	20 9 10	6 52 54	57 20	8 15 39.3	19 47 21	17 16 51	6 1 36	86	4 41 33	23 30 23	23 18 26	6 4 42	99	5 7 32	24 41 21
26 S	20 13 6	7 50 14	57 21	8 19 36.7	19 34 28	29 23 8	6 8 12	110	5 34 10	25 35 35	5♊31 20	6 12 1	118	6 1 22	26 11 41
27 Su	20 17 3	8 47 34	57 21	8 23 33.4	19 21 16	11♊43 21	6 16 5	125	6 29 3	26 28 28	17 59 26	6 20 19	128	6 57 4	26 25 0
28 M	20 21 0	9 44 55	57 22	8 27 29.5	19 7 44	24 19 45	6 24 38	129	7 25 16	26 0 43	0♋44 23	6 28 56	128	7 53 28	25 15 31
29 Tu	20 24 56	10 42 17	57 23	8 31 25.1	18 53 53	7♋13 19	6 33 9	124	8 21 33	24 9 40	13 46 29	6 37 12	118	8 49 21	22 43 56
30 W	20 28 53	11 39 40	57 24	8 35 20.0	18 39 43	20 23 41	6 41 1	110	9 16 47	20 59 25	27 4 42	6 44 34	101	9 43 47	18 57 37
31 Th	20 32 49	12♋37 3	57 24	8 39 14.3	18N25 15	3♌49 16	6 47 46	91	10 10 19	16N40 14	10♌37 2	6 50 38	81	10 36 24	14N 9 13

LUNAR INGRESSES
1 ☽ ♋ 3:26
3 ☽ ♌ 10:52
5 ☽ ♍ 16:16
7 ☽ ♎ 19:55
9 ☽ ♏ 22:11
11 ☽ ♐ 23:45
14 ☽ ♑ 1:47
16 ☽ ♒ 5:52
18 ☽ ♓ 13:20
21 ☽ ♈ 0:18
23 ☽ ♉ 13:09
26 ☽ ♊ 1:12
28 ☽ ♋ 10:37
30 ☽ ♌ 17:13

PLANET INGRESSES
10 ☿ ♋ 22:59
17 ☉ ♋ 18:58
24 ♀ ♋ 22:45
27 ☿ ♌ 5:25

STATIONS
29 ♂ R 7:38

DATA FOR THE 1st AT 0 HOURS
JULIAN DAY 37801.5
☽ MEAN ☊ 2°♉ 39' 32"
OBLIQUITY 23° 26' 24"
DELTA T 66.1 SECONDS
NUTATION LONGITUDE-13.6"

DAY MO YR	☿ LONG ° ' "	♀ LONG ° ' "	♂ LONG ° ' "	♃ LONG ° ' "	♄ LONG ° ' "	♅ LONG ° ' "	♆ LONG ° ' "	♇ LONG ° ' "	☊ LONG ° '	A.S.S.I. h m s	S.S.R.Y. h m s	S.V.P. ♓ ° ' "	☿ MERCURY R.A. h m s	☿ MERCURY DECL ° ' "
1 182	8♊35 16	0♊38 46	10♒26 41	23♋ 9 20	8♊41 38	7♒48R53	17♑52R25	23♏16R15	4♉08	8 20 18	30 11 43	5 12 53.2	6 14 47	24N 8 43
2 183	10 45 12	1 52 7	10 45 43	23 20 51	8 49 25	7 47 46	17 51 7	23 14 47	4 01	8 25 30	30 12 44	5 12 53.0	6 24 18	24 13 28
3 184	12 55 37	3 5 29	11 4 12	23 32 25	8 57 11	7 46 36	17 49 49	23 13 20	3 54	8 30 41	30 13 43	5 12 52.8	6 33 51	24 15 27
4 185	15 6 15	4 18 52	11 22 10	23 44 4	9 4 57	7 45 24	17 48 29	23 11 53	3 48	8 35 52	30 14 38	5 12 52.6	6 43 25	24 14 39
5 186	17 16 50	5 32 16	11 39 33	23 55 45	9 12 42	7 44 9	17 47 8	23 10 28	3 43	8 41 3	30 15 26	5 12 52.5	6 52 58	24 11 2
6 187	19 27 4	6 45 41	11 56 23	24 7 31	9 20 27	7 42 52	17 45 46	23 9 4	3 40	8 46 14	30 16 6	5 12 52.4	7 2 29	24 4 38
7 188	21 36 42	7 59 6	12 12 38	24 19 19	9 28 10	7 41 33	17 44 24	23 7 40	3 39	8 51 23	30 16 35	5 12 52.4	7 11 56	23 55 30
8 189	23 45 33	9 12 33	12 28 18	24 31 11	9 35 53	7 40 11	17 43 0	23 6 17	3 40	8 56 33	30 16 53	5 12 52.3	7 21 17	23 43 43
9 190	25 53 22	10 26 0	12 43 22	24 43 6	9 43 35	7 38 46	17 41 35	23 4 56	3 41	9 1 42	30 16 58	5 12 52.1	7 30 32	23 29 22
10 191	28 0 0	11 39 28	12 57 50	24 55 5	9 51 16	7 37 20	17 40 9	23 3 35	3 42	9 6 50	30 16 51	5 12 51.9	7 39 38	23 12 35
11 192	0♋ 5 18	12 52 57	13 11 41	25 7 6	9 58 57	7 35 51	17 38 43	23 2 15	3 41	9 11 58	30 16 30	5 12 51.7	7 48 37	22 53 28
12 193	2 9 9	14 6 28	13 24 53	25 19 10	10 6 36	7 34 20	17 37 15	23 0 57	3 39	9 17 5	30 15 56	5 12 51.4	7 57 26	22 32 10
13 194	4 11 26	15 19 59	13 37 28	25 31 17	10 14 14	7 32 47	17 35 47	22 59 39	3 34	9 22 12	30 15 12	5 12 51.1	8 6 4	22 8 51
14 195	6 12 4	16 33 31	13 49 23	25 43 27	10 21 51	7 31 12	17 34 18	22 58 23	3 27	9 27 18	30 14 18	5 12 50.8	8 14 33	21 43 37
15 196	8 11 0	17 47 5	14 0 37	25 55 40	10 29 26	7 29 34	17 32 48	22 57 8	3 19	9 32 24	30 13 18	5 12 50.5	8 22 51	21 16 39
16 197	10 8 12	19 0 40	14 11 11	26 7 55	10 37 1	7 27 55	17 31 17	22 55 54	3 10	9 37 29	30 12 14	5 12 50.4	8 30 58	20 48 4
17 198	12 3 37	20 14 16	14 21 3	26 20 13	10 44 34	7 26 13	17 29 46	22 54 41	3 02	9 42 33	30 11 9	5 12 50.2	8 38 53	20 18 1
18 199	13 57 14	21 27 53	14 30 12	26 32 33	10 52 6	7 24 29	17 28 14	22 53 29	2 54	9 47 36	30 10 7	5 12 50.1	8 46 38	19 46 37
19 200	15 49 3	22 41 32	14 38 38	26 44 56	10 59 36	7 22 44	17 26 41	22 52 19	2 49	9 52 39	30 9 11	5 12 50.0	8 54 12	19 14 2
20 201	17 39 2	23 55 12	14 46 20	26 57 22	11 7 5	7 20 56	17 25 8	22 51 10	2 46	9 57 42	30 8 24	5 12 50.0	9 1 35	18 40 21
21 202	19 27 12	25 8 53	14 53 16	27 9 49	11 14 32	7 19 7	17 23 34	22 50 2	2 45	10 2 43	30 7 47	5 12 49.9	9 8 47	18 5 42
22 203	21 13 34	26 22 36	14 59 28	27 22 19	11 21 58	7 17 15	17 22 0	22 48 56	2 45	10 7 44	30 7 22	5 12 49.8	9 15 48	17 30 11
23 204	22 58 7	27 36 19	15 4 53	27 34 52	11 29 22	7 15 22	17 20 25	22 47 51	2 46	10 12 45	30 7 9	5 12 49.7	9 22 39	16 53 55
24 205	24 40 51	28 50 5	15 9 31	27 47 26	11 36 44	7 13 27	17 18 49	22 46 47	2 46	10 17 44	30 7 10	5 12 49.5	9 29 20	16 17 0
25 206	26 21 48	0♋ 3 51	15 13 22	28 0 3	11 44 4	7 11 31	17 17 14	22 45 45	2 45	10 22 43	30 7 24	5 12 49.3	9 35 50	15 39 31
26 207	28 0 56	1 17 39	15 16 25	28 12 41	11 51 23	7 9 33	17 15 37	22 44 44	2 42	10 27 41	30 7 50	5 12 49.1	9 42 11	15 1 33
27 208	29 38 18	2 31 28	15 18 41	28 25 22	11 58 39	7 7 33	17 14 1	22 43 44	2 36	10 32 39	30 8 25	5 12 48.8	9 48 22	14 23 13
28 209	1♌13 51	3 45 18	15 20 8	28 38 4	12 5 54	7 5 31	17 12 24	22 42 47	2 28	10 37 35	30 9 10	5 12 48.6	9 54 23	13 44 33
29 210	2 47 37	4 59 9	15 20R48	28 50 49	12 13 6	7 3 28	17 10 47	22 41 50	2 18	10 42 31	30 10 0	5 12 48.4	10 0 15	13 5 40
30 211	4 19 35	6 13 2	15 20 39	29 3 35	12 20 17	7 1 24	17 9 9	22 40 55	2 07	10 47 26	30 10 55	5 12 48.2	10 5 58	12 26 37
31 212	5♌49 45	7♋26 55	15♒19 42	29♋16 22	12♊27 25	6♒59 18	17♑ 7 32	22♏40 2	1♉56	10 52 21	30 11 53	5 12 48.0	10 11 32	11N47 28

DAY Jul	♀ VENUS R.A. h m s	♀ VENUS DECL ° ' "	♂ MARS R.A. h m s	♂ MARS DECL ° ' "	♃ JUPITER R.A. h m s	♃ JUPITER DECL ° ' "	♄ SATURN R.A. h m s	♄ SATURN DECL ° ' "	♅ URANUS R.A. h m s	♅ URANUS DECL ° ' "	♆ NEPTUNE R.A. h m s	♆ NEPTUNE DECL ° ' "	♇ PLUTO R.A. h m s	♇ PLUTO DECL ° ' "
1	5 40 8	23N 6 0	22 34 43	13S36 21	9 22 33	16N12 54	6 15 4	22N36 5	22 19 24	11S16 13	21 0 29	17S 0 8	17 11 32	13S27 47
2	5 45 26	23 10 39	22 36 1	13 32 36	9 23 18	16 9 21	6 15 38	22 35 57	22 19 20	11 16 39	21 0 24	17 0 31	17 11 26	13 27 52
3	5 50 45	23 14 38	22 37 17	13 29 3	9 24 4	16 5 46	6 16 12	22 35 49	22 19 15	11 17 6	21 0 19	17 0 53	17 11 20	13 27 58
4	5 56 5	23 17 56	22 38 31	13 25 42	9 24 50	16 2 9	6 16 45	22 35 40	22 19 11	11 17 34	21 0 13	17 1 16	17 11 14	13 28 4
5	6 1 24	23 20 34	22 39 43	13 22 34	9 25 37	15 58 31	6 17 19	22 35 30	22 19 6	11 18 3	21 0 8	17 1 40	17 11 8	13 28 11
6	6 6 44	23 22 30	22 40 52	13 19 38	9 26 23	15 54 51	6 17 53	22 35 20	22 19 1	11 18 32	21 0 3	17 2 4	17 11 3	13 28 18
7	6 12 5	23 23 45	22 41 59	13 16 55	9 27 10	15 51 10	6 18 26	22 35 10	22 18 56	11 19 3	20 59 57	17 2 27	17 10 57	13 28 25
8	6 17 25	23 24 20	22 43 5	13 14 25	9 27 56	15 47 27	6 19 0	22 34 59	22 18 51	11 19 34	20 59 51	17 2 52	17 10 51	13 28 33
9	6 22 45	23 24 12	22 44 7	13 12 9	9 28 44	15 43 42	6 19 33	22 34 48	22 18 46	11 20 6	20 59 46	17 3 16	17 10 46	13 28 41
10	6 28 6	23 23 24	22 45 8	13 10 6	9 29 31	15 39 56	6 20 6	22 34 36	22 18 40	11 20 39	20 59 40	17 3 41	17 10 40	13 28 49
11	6 33 26	23 21 54	22 46 6	13 8 16	9 30 18	15 36 9	6 20 39	22 34 23	22 18 35	11 21 12	20 59 34	17 4 6	17 10 35	13 28 57
12	6 38 46	23 19 43	22 47 2	13 6 41	9 31 6	15 32 20	6 21 13	22 34 10	22 18 29	11 21 47	20 59 29	17 4 31	17 10 29	13 29 6
13	6 44 6	23 16 51	22 47 55	13 5 19	9 31 53	15 28 29	6 21 46	22 33 57	22 18 23	11 22 22	20 59 23	17 4 56	17 10 24	13 29 16
14	6 49 26	23 13 18	22 48 46	13 4 12	9 32 41	15 24 37	6 22 19	22 33 43	22 18 17	11 22 58	20 59 17	17 5 22	17 10 19	13 29 26
15	6 54 46	23 9 3	22 49 34	13 3 20	9 33 29	15 20 44	6 22 52	22 33 29	22 18 11	11 23 34	20 59 11	17 5 48	17 10 14	13 29 36
16	7 0 6	23 4 8	22 50 20	13 2 42	9 34 18	15 16 50	6 23 24	22 33 15	22 18 5	11 24 11	20 59 5	17 6 14	17 10 9	13 29 46
17	7 5 25	22 58 31	22 51 3	13 2 19	9 35 6	15 12 54	6 23 57	22 33 0	22 17 58	11 24 49	20 58 59	17 6 40	17 10 4	13 29 57
18	7 10 43	22 52 14	22 51 43	13 2 12	9 35 54	15 8 56	6 24 30	22 32 44	22 17 52	11 25 28	20 58 52	17 7 6	17 9 59	13 30 8
19	7 16 2	22 45 17	22 52 21	13 2 20	9 36 43	15 4 58	6 25 2	22 32 28	22 17 45	11 26 7	20 58 46	17 7 33	17 9 54	13 30 20
20	7 21 19	22 37 39	22 52 55	13 2 43	9 37 32	15 0 58	6 25 34	22 32 12	22 17 38	11 26 47	20 58 40	17 8 0	17 9 49	13 30 32
21	7 26 37	22 29 21	22 53 27	13 3 22	9 38 20	14 56 57	6 26 7	22 31 55	22 17 31	11 27 28	20 58 34	17 8 26	17 9 44	13 30 44
22	7 31 53	22 20 23	22 53 56	13 4 16	9 39 9	14 52 54	6 26 39	22 31 38	22 17 24	11 28 9	20 58 27	17 8 53	17 9 40	13 30 56
23	7 37 10	22 10 46	22 54 22	13 5 27	9 39 58	14 48 50	6 27 11	22 31 21	22 17 17	11 28 51	20 58 21	17 9 21	17 9 35	13 31 9
24	7 42 25	22 0 30	22 54 45	13 6 53	9 40 48	14 44 45	6 27 43	22 31 3	22 17 10	11 29 34	20 58 15	17 9 48	17 9 31	13 31 22
25	7 47 40	21 49 35	22 55 5	13 8 34	9 41 37	14 40 39	6 28 15	22 30 44	22 17 3	11 30 17	20 58 8	17 10 15	17 9 27	13 31 36
26	7 52 54	21 38 2	22 55 22	13 10 32	9 42 26	14 36 31	6 28 46	22 30 26	22 16 55	11 31 0	20 58 2	17 10 43	17 9 23	13 31 49
27	7 58 7	21 25 51	22 55 36	13 12 44	9 43 16	14 32 22	6 29 18	22 30 7	22 16 48	11 31 44	20 57 55	17 11 10	17 9 18	13 32 4
28	8 3 19	21 13 3	22 55 46	13 15 12	9 44 6	14 28 13	6 29 49	22 29 47	22 16 40	11 32 29	20 57 49	17 11 38	17 9 14	13 32 18
29	8 8 31	20 59 37	22 55 54	13 17 55	9 44 55	14 24 2	6 30 20	22 29 28	22 16 32	11 33 14	20 57 43	17 12 5	17 9 10	13 32 33
30	8 13 41	20 45 35	22 55 58	13 20 53	9 45 45	14 19 50	6 30 51	22 29 8	22 16 24	11 34 0	20 57 36	17 12 33	17 9 7	13 32 48
31	8 18 51	20N30 57	22 56 0	13S24 5	9 46 35	14N15 36	6 31 22	22N28 48	22 16 16	11S34 46	20 57 30	17S13 1	17 9 3	13S33 4

AUGUST 2003

DAY	SIDEREAL TIME h m s	☉ SUN LONG ° ' "	MOT ' "	R.A. h m s	DECL ° ' "	☽ MOON AT 0 HOURS LONG ° ' "	12h MOT ° ' "	2DIF	R.A. h m s	DECL ° ' "	☽ MOON AT 12 HOURS LONG ° ' "	12h MOT ° ' "	2DIF	R.A. h m s	DECL ° ' "
1 F	20 36 46	13♋34 27	57 25	8 43 8.0	18N10 29	17♌27 40	6 53 9	70	11 2 4	11N26 38	24♌20 49	6 55 19	60	11 27 25	8N34 38
2 S	20 40 42	14 31 52	57 25	8 47 1.1	17 55 26	1♍16 8	6 57 10	51	11 52 31	5 35 25	8♍13 18	6 58 44	43	12 17 29	2 31 15
3 Su	20 44 39	15 29 17	57 26	8 50 53.5	17 40 4	15 12 2	7 0 3	36	12 42 27	0S35 37	22 12 4	7 1 9	31	13 7 33	3S42 50
4 M	20 48 35	16 26 43	57 27	8 54 45.4	17 24 26	29 13 14	7 2 5	26	13 32 55	6 48 3	6♎15 19	7 2 53	22	13 58 41	9 48 48
5 Tu	20 52 32	17 24 10	57 27	8 58 36.6	17 8 30	13♎18 12	7 3 33	18	14 24 59	12 42 36	20 21 45	7 4 7	15	14 51 55	15 26 49
6 W	20 56 29	18 21 37	57 28	9 2 27.2	16 52 18	27 25 52	7 4 33	11	15 19 36	17 58 46	4♏30 25	7 4 50	6	15 48 5	20 15 44
7 Th	21 0 25	19 19 5	57 29	9 6 17.1	16 35 50	11♏35 15	7 4 57	0	16 17 23	22 15 2	18 40 12	7 4 49	-8	16 47 26	23 54 5
8 F	21 4 22	20 16 34	57 30	9 10 6.5	16 19 5	25 45 1	7 4 25	-17	17 18 10	25 10 40	2♐49 26	7 3 40	-28	17 49 22	26 2 56
9 S	21 8 18	21 14 3	57 31	9 13 55.3	16 2 5	9♐53 6	7 2 32	-41	18 20 51	26 29 40	16 55 38	7 0 56	-55	18 52 21	26 30 24
10 Su	21 12 15	22 11 34	57 32	9 17 43.4	15 44 50	23 56 34	6 58 52	-70	19 23 35	26 5 25	0♑55 26	6 56 18	-84	19 54 18	25 15 46
11 M	21 16 11	23 9 5	57 32	9 21 31.0	15 27 20	7♑51 44	6 53 14	-99	20 24 19	24 3 12	14 44 58	6 49 42	-112	20 53 27	22 29 57
12 Tu	21 20 8	24 6 37	57 34	9 25 18.0	15 9 35	21 34 40	6 45 44	-124	21 21 36	20 38 35	28 20 24	6 41 25	-134	21 48 46	18 31 50
13 W	21 24 5	25 4 11	57 35	9 29 4.4	14 51 35	5♒ 1 49	6 36 49	-141	22 14 57	16 12 26	11♒38 38	6 32 1	-145	22 40 13	13 43 1
14 Th	21 28 1	26 1 45	57 36	9 32 50.3	14 33 21	18 10 39	6 27 9	-146	23 4 39	11 6 2	24 37 48	6 22 17	-144	23 28 20	8 23 46
15 F	21 31 58	26 59 21	57 37	9 36 35.6	14 14 54	1♓ 0 36	6 17 33	-131	23 51 26	5 38 15	7♓17 38	6 13 3	-131	0 14 1	2 51 17
16 S	21 35 54	27 56 59	57 39	9 40 20.4	13 56 13	13 30 41	6 8 51	-120	0 36 16	0 4 30	19 39 32	6 5 3	-107	0 58 16	2N40 38
17 Su	21 39 51	28 54 37	57 40	9 44 4.7	13 37 18	25 44 35	6 1 44	-92	1 20 9	5N22 47	1♈46 19	5 58 57	-75	1 42 3	8 0 42
18 M	21 43 47	29 52 18	57 42	9 47 48.5	13 18 11	7♈45 15	5 56 45	-57	2 4 4	10 33 12	13 42 0	5 55 10	-37	2 26 19	12 59 7
19 Tu	21 47 44	0♌50 0	57 44	9 51 31.8	12 58 50	19 37 10	5 54 16	-17	2 48 54	15 17 18	25 31 26	5 54 2	3	3 11 55	17 26 31
20 W	21 51 40	1 47 43	57 45	9 55 14.6	12 39 18	1♉25 27	5 54 29	24	3 35 27	19 25 34	7♉19 57	5 55 38	45	3 59 35	21 13 6
21 Th	21 55 37	2 45 28	57 47	9 58 57.0	12 19 33	13 15 35	5 57 28	65	4 24 20	22 47 45	19 13 3	5 59 58	84	4 49 44	24 8 6
22 F	21 59 33	3 43 15	57 49	10 2 38.9	11 59 36	25 13 1	6 3 4	102	5 15 47	25 12 45	1♊16 5	6 6 46	119	5 42 28	26 0 16
23 S	22 3 30	4 41 3	57 50	10 6 20.3	11 39 28	7♊22 51	6 10 59	133	6 9 41	26 29 25	13 33 50	6 15 38	145	6 37 20	26 39 2
24 Su	22 7 27	5 38 53	57 52	10 10 1.4	11 19 9	19 49 28	6 20 39	154	7 5 19	26 28 18	26 10 7	6 25 56	161	7 33 29	25 56 41
25 M	22 11 23	6 36 45	57 54	10 13 42.0	10 58 39	2♋36 3	6 31 21	163	8 1 40	25 4 1	9♋ 7 24	6 36 49	162	8 29 45	23 50 35
26 Tu	22 15 20	7 34 38	57 55	10 17 22.2	10 37 58	15 44 13	6 42 10	158	8 57 36	22 17 4	22 26 23	6 47 19	149	9 25 8	20 24 33
27 W	22 19 16	8 32 33	57 57	10 21 2.0	10 17 7	29 13 42	6 52 7	137	9 52 18	18 14 28	6♌ 5 49	6 56 28	122	10 19 4	15 48 36
28 Th	22 23 13	9 30 30	57 58	10 24 41.4	9 56 7	13♌ 2 17	7 0 17	105	10 45 26	13 8 55	20 2 34	7 3 29	86	11 11 28	10 17 40
29 F	22 27 9	10 28 28	58 0	10 28 20.4	9 34 57	27 6 3	7 6 2	67	11 37 14	7 17 12	4♍12 5	7 7 56	47	12 2 50	4 10 1
30 S	22 31 6	11 26 27	58 1	10 31 59.1	9 13 37	11♍20 1	7 9 11	28	12 28 21	0 58 40	18 29 11	7 9 49	11	12 53 55	2S14 11
31 Su	22 35 2	12♌24 28	58 2	10 35 37.4	8N52 9	25♍39 0	7 9 53	-5	13 19 40	5S25 53	2♎48 53	7 9 29	-18	13 45 42	8S33 41

LUNAR INGRESSES			PLANET INGRESSES	STATIONS	DATA FOR THE 1st AT 0 HOURS
1 ☽ ♍ 21:48	12 ☽ ♒ 14:58	24 ☽ ♋ 19:10	3 ♃ ♌ 9:31	28 ☿ R 13:42	JULIAN DAY 37832.5
4 ☽ ♎ 1:20	14 ☽ ♓ 22:06	27 ☽ ♌ 1:21	18 ☉ ♌ 3:12	29 ♇ D 3:35	☽ MEAN ☊ 1°♉ 0' 58"
6 ☽ ♏ 4:21	17 ☽ ♈ 8:28	29 ☽ ♍ 4:54	18 ♀ ♌ 6:31		OBLIQUITY 23° 26' 25"
8 ☽ ♐ 7:12	19 ☽ ♉ 21:06	31 ☽ ♎ 7:17	22 ☿ ♍ 16:02		DELTA T 66.1 SECONDS
10 ☽ ♑ 10:24	22 ☽ ♊ 9:30				NUTATION LONGITUDE-12.9"

DAY MO YR	☿ LONG ° ' "	♀ LONG ° ' "	♂ LONG ° ' "	♃ LONG ° ' "	♄ LONG ° ' "	♅ LONG ° ' "	♆ LONG ° ' "	♇ LONG ° ' "	☊ LONG ° '	A.S.S.I. h m s	S.S.R.Y. h m s	S.V.P. ♓ ° ' "	☿ MERCURY R.A. h m s	DECL ° ' "
1 213	7♌18 5	8♋40 50	15♒17R57	29♋29 11	12♊34 30	6♒57R10	17♑ 5R54	22♏39R10	1♉45	10 57 14	30 12 48	5 12 47.9	10 16 57	11N 8 18
2 214	8 44 34	9 54 46	15 15 24	29 42 2	12 41 34	6 55 2	17 4 16	22 38 20	1 37	11 2 7	30 13 46	5 12 47.9	10 22 13	10 29 12
3 215	10 9 11	11 8 42	15 12 5	29 54 54	12 48 34	6 52 52	17 2 38	22 37 32	1 32	11 6 59	30 14 37	5 12 47.8	10 27 20	9 50 11
4 216	11 31 55	12 22 40	15 7 59	0♌ 7 47	12 55 33	6 50 41	17 1 0	22 36 45	1 29	11 11 50	30 15 21	5 12 47.8	10 32 19	9 11 22
5 217	12 52 42	13 36 38	15 3 7	0 20 41	13 2 29	6 48 28	16 59 22	22 36 0	1 28	11 16 41	30 15 55	5 12 47.7	10 37 9	8 32 46
6 218	14 11 32	14 50 38	14 57 30	0 33 37	13 9 22	6 46 15	16 57 43	22 35 16	1 28	11 21 31	30 16 18	5 12 47.5	10 41 50	7 54 29
7 219	15 28 20	16 4 39	14 51 8	0 46 33	13 16 12	6 44 0	16 56 5	22 34 35	1 28	11 26 20	30 16 27	5 12 47.3	10 46 22	7 16 33
8 220	16 43 4	17 18 40	14 44 3	0 59 31	13 23 0	6 41 45	16 54 28	22 33 55	1 26	11 31 8	30 16 21	5 12 47.1	10 50 46	6 39 4
9 221	17 55 39	18 32 42	14 36 16	1 12 30	13 29 45	6 39 29	16 52 50	22 33 16	1 22	11 35 55	30 16 1	5 12 46.8	10 55 0	6 2 4
10 222	19 6 2	19 46 46	14 27 47	1 25 29	13 36 27	6 37 12	16 51 12	22 32 40	1 15	11 40 42	30 15 27	5 12 46.5	10 59 6	5 25 38
11 223	20 14 9	21 0 50	14 18 38	1 38 29	13 43 6	6 34 54	16 49 35	22 32 5	1 05	11 45 28	30 14 41	5 12 46.3	11 3 2	4 49 50
12 224	21 19 52	22 14 56	14 8 49	1 51 30	13 49 42	6 32 35	16 47 57	22 31 32	0 54	11 50 13	30 13 45	5 12 46.1	11 6 49	4 14 45
13 225	22 23 8	23 29 2	13 58 22	2 4 32	13 56 15	6 30 15	16 46 21	22 31 0	0 42	11 54 57	30 12 42	5 12 46.0	11 10 27	3 40 26
14 226	23 23 48	24 43 9	13 47 18	2 17 34	14 2 45	6 27 55	16 44 44	22 30 31	0 30	11 59 41	30 11 35	5 12 45.9	11 13 54	3 6 59
15 227	24 21 47	25 57 18	13 35 39	2 30 37	14 9 12	6 25 34	16 43 8	22 30 3	0 19	12 4 24	30 10 27	5 12 45.9	11 17 11	2 34 29
16 228	25 16 55	27 11 28	13 23 27	2 43 41	14 15 35	6 23 13	16 41 32	22 29 37	0 11	12 9 7	30 9 23	5 12 45.9	11 20 17	2 3 1
17 229	26 9 5	28 25 38	13 10 42	2 56 45	14 21 55	6 20 51	16 39 56	22 29 13	0 06	12 13 48	30 8 23	5 12 45.8	11 23 12	1 32 40
18 230	26 58 7	29 39 50	12 57 27	3 9 49	14 28 12	6 18 28	16 38 21	22 28 51	0 02	12 18 30	30 7 31	5 12 45.8	11 25 55	1 3 33
19 231	27 43 50	0♌54 3	12 43 44	3 22 54	14 34 26	6 16 6	16 36 46	22 28 31	0 01	12 23 10	30 6 49	5 12 45.7	11 28 26	0 35 46
20 232	28 26 3	2 8 18	12 29 36	3 35 59	14 40 36	6 13 43	16 35 12	22 28 12	0 01	12 27 50	30 6 17	5 12 45.6	11 30 45	0 9 27
21 233	29 4 35	3 22 33	12 15 3	3 49 4	14 46 42	6 11 19	16 33 39	22 27 55	0 01	12 32 29	30 5 57	5 12 45.4	11 32 50	0S15 18
22 234	29 39 11	4 36 49	12 0 10	4 2 9	14 52 45	6 8 56	16 32 6	22 27 41	0♈00	12 37 8	30 5 49	5 12 45.2	11 34 40	0 38 20
23 235	0♍ 9 39	5 51 6	11 44 59	4 15 14	14 58 44	6 6 32	16 30 34	22 27 28	29 56	12 41 46	30 5 53	5 12 45.0	11 36 16	0 59 30
24 236	0 35 45	7 5 25	11 29 31	4 28 20	15 4 40	6 4 8	16 29 2	22 27 17	29 51	12 46 24	30 6 7	5 12 44.8	11 37 37	1 18 40
25 237	0 57 12	8 19 44	11 13 51	4 41 25	15 10 31	6 1 44	16 27 31	22 27 8	29 42	12 51 1	30 6 32	5 12 44.6	11 38 41	1 35 39
26 238	1 13 46	9 34 4	10 58 0	4 54 30	15 16 19	5 59 20	16 26 1	22 27 1	29 32	12 55 38	30 7 6	5 12 44.4	11 39 28	1 50 17
27 239	1 25 11	10 48 25	10 42 2	5 7 35	15 22 3	5 56 57	16 24 31	22 26 56	29 20	13 0 14	30 7 48	5 12 44.3	11 39 56	2 2 24
28 240	1 31R13	12 2 47	10 26 0	5 20 40	15 27 42	5 54 33	16 23 3	22 26 53	29 08	13 4 50	30 8 38	5 12 44.2	11 40 6	2 11 47
29 241	1 31 37	13 17 10	10 9 57	5 33 44	15 33 18	5 52 10	16 21 35	22 26D51	28 57	13 9 25	30 9 32	5 12 44.2	11 39 57	2 18 15
30 242	1 26 11	14 31 34	9 53 56	5 46 48	15 38 49	5 49 47	16 20 8	22 26 52	28 48	13 14 0	30 10 30	5 12 44.2	11 39 27	2 21 38
31 243	1♍14 43	15♌45 58	9♒38 0	5♌59 51	15♊44 16	5♒47 24	16♑18 42	22♏26 54	28♈42	13 18 34	30 11 27	5 12 44.2	11 38 37	2S21 44

DAY Aug	♀ VENUS R.A. h m s	DECL ° ' "	♂ MARS R.A. h m s	DECL ° ' "	♃ JUPITER R.A. h m s	DECL ° ' "	♄ SATURN R.A. h m s	DECL ° ' "	♅ URANUS R.A. h m s	DECL ° ' "	♆ NEPTUNE R.A. h m s	DECL ° ' "	♇ PLUTO R.A. h m s	DECL ° ' "
1	8 24 0	20N15 44	22 55 58	13S27 32	9 47 25	14N11 22	6 31 53	22N28 27	22 16 8	11S35 32	20 57 23	17S13 29	17 8 59	13S33 20
2	8 29 7	19 59 56	22 55 53	13 31 11	9 48 15	14 7 7	6 32 23	22 28 6	22 16 0	11 36 19	20 57 16	17 13 57	17 8 56	13 33 36
3	8 34 14	19 43 33	22 55 45	13 35 4	9 49 5	14 2 51	6 32 54	22 27 45	22 15 52	11 37 7	20 57 10	17 14 25	17 8 52	13 33 52
4	8 39 20	19 26 36	22 55 34	13 39 9	9 49 55	13 58 34	6 33 24	22 27 24	22 15 44	11 37 55	20 57 3	17 14 53	17 8 49	13 34 9
5	8 44 24	19 9 6	22 55 19	13 43 26	9 50 45	13 54 16	6 33 54	22 27 2	22 15 35	11 38 43	20 56 57	17 15 20	17 8 46	13 34 26
6	8 49 28	18 51 3	22 55 2	13 47 54	9 51 35	13 49 57	6 34 23	22 26 40	22 15 27	11 39 31	20 56 50	17 15 48	17 8 43	13 34 44
7	8 54 31	18 32 29	22 54 42	13 52 33	9 52 26	13 45 37	6 34 53	22 26 18	22 15 18	11 40 20	20 56 44	17 16 16	17 8 40	13 35 1
8	8 59 32	18 13 23	22 54 19	13 57 21	9 53 16	13 41 16	6 35 22	22 25 55	22 15 10	11 41 9	20 56 37	17 16 44	17 8 37	13 35 19
9	9 4 32	17 53 46	22 53 53	14 2 18	9 54 6	13 36 54	6 35 52	22 25 32	22 15 1	11 41 58	20 56 31	17 17 11	17 8 35	13 35 38
10	9 9 32	17 33 39	22 53 24	14 7 24	9 54 57	13 32 32	6 36 21	22 25 10	22 14 52	11 42 48	20 56 24	17 17 39	17 8 32	13 35 56
11	9 14 30	17 13 2	22 52 52	14 12 37	9 55 47	13 28 9	6 36 49	22 24 47	22 14 44	11 43 38	20 56 18	17 18 7	17 8 29	13 36 15
12	9 19 27	16 51 57	22 52 18	14 17 58	9 56 37	13 23 45	6 37 18	22 24 23	22 14 35	11 44 28	20 56 11	17 18 34	17 8 27	13 36 35
13	9 24 23	16 30 24	22 51 41	14 23 24	9 57 28	13 19 20	6 37 46	22 24 0	22 14 26	11 45 18	20 56 5	17 19 2	17 8 25	13 36 54
14	9 29 18	16 8 23	22 51 1	14 28 55	9 58 18	13 14 55	6 38 14	22 23 37	22 14 17	11 46 9	20 55 58	17 19 29	17 8 23	13 37 14
15	9 34 12	15 45 55	22 50 19	14 34 30	9 59 9	13 10 29	6 38 42	22 23 13	22 14 8	11 46 59	20 55 52	17 19 56	17 8 21	13 37 34
16	9 39 5	15 23 1	22 49 34	14 40 9	9 59 59	13 6 2	6 39 10	22 22 49	22 13 59	11 47 50	20 55 45	17 20 24	17 8 19	13 37 54
17	9 43 57	14 59 42	22 48 47	14 45 50	10 0 49	13 1 35	6 39 37	22 22 25	22 13 50	11 48 41	20 55 39	17 20 51	17 8 17	13 38 15
18	9 48 48	14 35 58	22 47 58	14 51 32	10 1 40	12 57 7	6 40 4	22 22 1	22 13 41	11 49 32	20 55 32	17 21 17	17 8 15	13 38 36
19	9 53 37	14 11 49	22 47 7	14 57 14	10 2 30	12 52 38	6 40 31	22 21 37	22 13 32	11 50 23	20 55 26	17 21 44	17 8 14	13 38 57
20	9 58 26	13 47 18	22 46 14	15 2 56	10 3 21	12 48 9	6 40 58	22 21 13	22 13 23	11 51 14	20 55 20	17 22 11	17 8 12	13 39 18
21	10 3 14	13 22 23	22 45 19	15 8 34	10 4 11	12 43 39	6 41 24	22 20 48	22 13 14	11 52 5	20 55 14	17 22 37	17 8 11	13 39 40
22	10 8 1	12 57 7	22 44 22	15 14 11	10 5 2	12 39 9	6 41 50	22 20 24	22 13 5	11 52 56	20 55 7	17 23 3	17 8 10	13 40 1
23	10 12 47	12 31 29	22 43 24	15 19 42	10 5 52	12 34 38	6 42 16	22 20 0	22 12 56	11 53 48	20 55 1	17 23 29	17 8 9	13 40 24
24	10 17 32	12 5 31	22 42 24	15 25 9	10 6 42	12 30 7	6 42 41	22 19 35	22 12 46	11 54 39	20 54 55	17 23 55	17 8 8	13 40 46
25	10 22 16	11 39 13	22 41 23	15 30 28	10 7 33	12 25 35	6 43 7	22 19 11	22 12 37	11 55 30	20 54 49	17 24 21	17 8 8	13 41 9
26	10 26 59	11 12 37	22 40 22	15 35 40	10 8 23	12 21 3	6 43 32	22 18 46	22 12 28	11 56 21	20 54 43	17 24 46	17 8 7	13 41 31
27	10 31 41	10 45 41	22 39 19	15 40 43	10 9 13	12 16 31	6 43 56	22 18 22	22 12 19	11 57 12	20 54 37	17 25 11	17 8 6	13 41 55
28	10 36 23	10 18 28	22 38 16	15 45 36	10 10 3	12 11 58	6 44 21	22 17 58	22 12 10	11 58 3	20 54 31	17 25 36	17 8 6	13 42 18
29	10 41 3	9 50 59	22 37 12	15 50 18	10 10 53	12 7 25	6 44 45	22 17 33	22 12 1	11 58 54	20 54 25	17 26 1	17 8 6	13 42 41
30	10 45 43	9 23 13	22 36 9	15 54 48	10 11 43	12 2 52	6 45 9	22 17 9	22 11 52	11 59 44	20 54 19	17 26 26	17 8 6	13 43 5
31	10 50 22	8N55 12	22 35 5	15S59 4	10 12 33	11N58 18	6 45 32	22N16 45	22 11 43	12S 0 35	20 54 14	17S26 50	17 8 6	13S43 29

SEPTEMBER 2003

DAY	SIDEREAL TIME h m s	☉ SUN LONG ° ' "	MOT ' "	R.A. h m s	DECL ° ' "
1 M	22 38 59	13♌22 31	58 4	10 39 15.3	8N30 33
2 Tu	22 42 56	14 20 34	58 5	10 42 53.0	8 8 48
3 W	22 46 52	15 18 39	58 7	10 46 30.3	7 46 56
4 Th	22 50 49	16 16 46	58 8	10 50 7.4	7 24 56
5 F	22 54 45	17 14 54	58 9	10 53 44.2	7 2 49
6 S	22 58 42	18 13 3	58 11	10 57 20.7	6 40 36
7 Su	23 2 38	19 11 13	58 12	11 0 57.0	6 18 16
8 M	23 6 35	20 9 26	58 14	11 4 33.0	5 55 50
9 Tu	23 10 31	21 7 39	58 16	11 8 8.9	5 33 18
10 W	23 14 28	22 5 55	58 17	11 11 44.6	5 10 40
11 Th	23 18 25	23 4 12	58 19	11 15 20.1	4 47 58
12 F	23 22 21	24 2 31	58 21	11 18 55.5	4 25 10
13 S	23 26 18	25 0 52	58 23	11 22 30.8	4 2 18
14 Su	23 30 14	25 59 15	58 25	11 26 6.1	3 39 21
15 M	23 34 11	26 57 40	58 27	11 29 41.2	3 16 21
16 Tu	23 38 7	27 56 7	58 29	11 33 16.4	2 53 17
17 W	23 42 4	28 54 36	58 31	11 36 51.5	2 30 9
18 Th	23 46 0	29 53 7	58 34	11 40 26.6	2 6 59
19 F	23 49 57	0♍51 40	58 36	11 44 1.8	1 43 45
20 S	23 53 54	1 50 16	58 38	11 47 37.0	1 20 29
21 Su	23 57 50	2 48 54	58 40	11 51 12.2	0 57 12
22 M	0 1 47	3 47 34	58 42	11 54 47.6	0 33 52
23 Tu	0 5 43	4 46 16	58 44	11 58 23.0	0 10 31
24 W	0 9 40	5 45 0	58 46	12 1 58.6	0S12 51
25 Th	0 13 36	6 43 47	58 48	12 5 34.3	0 36 14
26 F	0 17 33	7 42 35	58 50	12 9 10.2	0 59 37
27 S	0 21 29	8 41 26	58 52	12 12 46.2	1 22 59
28 Su	0 25 26	9 40 18	58 54	12 16 22.4	1 46 22
29 M	0 29 23	10 39 12	58 56	12 19 58.9	2 9 44
30 Tu	0 33 19	11♍38 8	58 58	12 23 35.5	2S33 4

DAY	☽ MOON AT 0 HOURS LONG ° ' "	12h MOT ° ' "	2DIF "	R.A. h m s	DECL ° ' "
1	9♎58 23	7 8 42	-29	14 12 10	11S34 52
2	24 14 39	7 6 13	-44	15 6 45	17 6 23
3	8♏25 31	7 3 0	-52	16 4 0	21 38 50
4	22 29 45	6 59 24	-56	17 3 52	24 52 32
5	6♐26 39	6 55 32	-60	18 5 30	26 32 34
6	20 15 39	6 51 18	-67	19 7 19	26 32 11
7	3♑55 55	6 46 30	-77	20 7 31	24 54 48
8	17 26 14	6 40 56	-90	21 4 43	21 52 58
9	0♒45 0	6 34 33	-102	21 58 20	17 44 46
10	13 50 37	6 27 26	-110	22 48 28	12 49 47
11	26 41 45	6 19 55	-114	23 35 44	7 26 29
12	9♓17 47	6 12 26	-109	0 21 0	1 50 59
13	21 39 5	6 5 32	-96	1 5 10	3N42 58
14	3♈47 5	5 59 47	-75	1 49 8	9 3 34
15	15 44 21	5 55 41	-46	2 33 46	14 0 16
16	27 34 26	5 53 41	-12	3 19 47	18 23 1
17	9♉21 41	5 54 6	26	4 7 47	22 1 43
18	21 11 3	5 57 9	66	4 58 7	24 45 59
19	3♊ 7 52	6 2 53	106	5 50 43	26 25 34
20	15 17 28	6 11 11	142	6 45 9	26 51 23
21	27 44 51	6 21 42	171	7 40 35	25 57 9
22	10♋34 10	6 33 50	189	8 36 5	23 40 59
23	23 48 13	6 46 39	191	9 30 49	20 6 17
24	7♌27 49	6 59 0	175	10 24 25	15 21 49
25	21 31 26	7 9 39	140	11 16 56	9 41 9
26	5♍55 3	7 17 28	92	12 8 55	3 21 57
27	20 32 37	7 21 46	36	13 1 9	3S14 40
28	5♎16 53	7 22 21	-17	13 54 34	9 44 52
29	20 0 36	7 19 38	-61	14 50 3	15 43 16
30	4♏37 30	7 14 23	-93	15 48 9	20S44 35

DAY	☽ MOON AT 12 HOURS LONG ° ' "	12h MOT ° ' "	2DIF "	R.A. h m s	DECL ° ' "
1	17♎ 7 4	7 7 34	-37	14 39 9	14S26 41
2	1♏20 51	7 4 40	-48	15 35 2	19 31 17
3	15 28 31	7 1 14	-54	16 33 38	23 26 37
4	29 29 9	6 57 30	-58	17 34 33	25 54 55
5	13♐22 11	6 53 28	-64	18 36 30	26 44 57
6	27 6 57	6 48 59	-72	19 37 43	25 55 0
7	10♑42 25	6 43 49	-83	20 36 33	23 33 23
8	24 7 10	6 37 50	-96	21 31 59	19 55 56
9	7♒19 33	6 31 4	-107	22 23 48	15 21 55
10	20 18 3	6 23 42	-113	23 12 24	10 10 36
11	3♓ 1 39	6 16 8	-112	23 58 34	4 39 21
12	15 30 13	6 8 52	-103	0 43 10	0N56 57
13	27 44 37	6 2 29	-86	1 27 7	6 25 37
14	9♈46 52	5 57 30	-61	2 11 19	11 35 33
15	21 40 2	5 54 24	-30	2 56 33	16 16 31
16	3♉28 7	5 53 34	6	3 43 31	20 18 31
17	15 15 46	5 55 17	46	4 32 39	23 31 18
18	27 8 12	5 59 41	86	5 24 9	25 44 28
19	9♊10 45	6 6 43	125	6 17 45	26 48 10
20	21 28 39	6 16 12	158	7 12 48	26 34 30
21	4♋ 6 33	6 27 37	182	8 8 23	24 59 13
22	17 8 0	6 40 13	192	9 3 35	22 3 1
23	0♌34 52	6 52 58	185	9 57 46	17 52 2
24	14 26 49	7 4 37	160	10 50 47	12 37 30
25	28 41 5	7 13 58	117	11 42 57	6 35 7
26	13♍12 32	7 20 5	64	12 34 57	0 4 23
27	27 54 23	7 22 30	9	13 27 39	6S32 8
28	12♎39 14	7 21 22	-41	14 22 0	12 49 39
29	27 20 14	7 17 16	-79	15 18 46	18 22 35
30	11♏51 53	7 11 6	-103	16 18 13	22S46 35

LUNAR INGRESSES
- 2 ☽ ♏ 9:43
- 4 ☽ ♐ 12:53
- 6 ☽ ♑ 17:04
- 8 ☽ ♒ 22:38
- 11 ☽ ♓ 6:15
- 13 ☽ ♈ 16:28
- 16 ☽ ♉ 4:56
- 18 ☽ ♊ 17:45
- 21 ☽ ♋ 4:16
- 23 ☽ ♌ 10:59
- 25 ☽ ♍ 14:11
- 27 ☽ ♎ 15:24
- 29 ☽ ♏ 16:23

PLANET INGRESSES
- 3 ☿ ♌ 2:05
- 11 ♀ ♍ 11:17
- 18 ☉ ♍ 2:49

STATIONS
- 20 ☿ D 8:53
- 27 ♂ D 7:53

DATA FOR THE 1st AT 0 HOURS
JULIAN DAY 37863.5
☽ MEAN ☊ 29°♈ 22' 24"
OBLIQUITY 23° 26' 25"
DELTA T 66.2 SECONDS
NUTATION LONGITUDE-13.2"

DAY MO YR	☿ LONG ° ' "	♀ LONG ° ' "	♂ LONG ° ' "	♃ LONG ° ' "	♄ LONG ° ' "	♅ LONG ° ' "	♆ LONG ° ' "	♇ LONG ° ' "	☊ LONG ° '	A.S.S.I. h m s	S.S.R.Y. h m s	S.V.P. ♓ ° ' "	☿ MERCURY R.A. h m s	DECL ° ' "
1 244	0♍57R 7	17♌ 0 23	9♒22R13	6♌12 53	15♊49 38	5♒45R 1	16♑17R17	22♏26 59	28♈39	13 23 8	30 12 22	5 12 44.1	11 37 27	2S18 23
2 245	0 33 19	18 14 48	9 6 37	6 25 55	15 54 57	5 42 39	16 15 53	22 27 5	28 38	13 27 41	30 13 9	5 12 44.0	11 35 55	2 11 27
3 246	0 3 23	19 29 14	8 51 14	6 38 56	16 0 11	5 40 18	16 14 30	22 27 14	28 38	13 32 14	30 13 47	5 12 43.9	11 34 3	2 0 49
4 247	29♌27 27	20 43 41	8 36 9	6 51 56	16 5 20	5 37 57	16 13 8	22 27 24	28 38	13 36 47	30 14 12	5 12 43.6	11 31 52	1 46 25
5 248	28 45 51	21 58 8	8 21 22	7 4 55	16 10 25	5 35 37	16 11 47	22 27 37	28 36	13 41 19	30 14 22	5 12 43.4	11 29 23	1 28 16
6 249	27 59 0	23 12 35	8 6 58	7 17 53	16 15 25	5 33 18	16 10 27	22 27 51	28 33	13 45 51	30 14 17	5 12 43.2	11 26 37	1 6 27
7 250	27 7 31	24 27 3	7 52 57	7 30 50	16 20 20	5 30 59	16 9 9	22 28 8	28 27	13 50 23	30 13 57	5 12 43.0	11 23 37	0 41 7
8 251	26 12 14	25 41 31	7 39 23	7 43 45	16 25 11	5 28 41	16 7 51	22 28 26	28 18	13 54 54	30 13 23	5 12 42.8	11 20 26	0 12 34
9 252	25 14 5	26 56 0	7 26 17	7 56 40	16 29 57	5 26 24	16 6 35	22 28 46	28 07	13 59 26	30 12 37	5 12 42.7	11 17 7	0N18 51
10 253	24 14 13	28 10 29	7 13 41	8 9 33	16 34 38	5 24 8	16 5 20	22 29 9	27 56	14 3 57	30 11 42	5 12 42.7	11 13 45	0 52 37
11 254	23 13 54	29 24 59	7 1 37	8 22 25	16 39 14	5 21 53	16 4 6	22 29 33	27 45	14 8 27	30 10 40	5 12 42.6	11 10 24	1 28 12
12 255	22 14 28	0♍39 30	6 50 7	8 35 15	16 43 45	5 19 39	16 2 53	22 29 59	27 35	14 12 58	30 9 34	5 12 42.6	11 7 8	2 4 55
13 256	21 17 20	1 54 1	6 39 12	8 48 4	16 48 12	5 17 26	16 1 42	22 30 27	27 27	14 17 29	30 8 27	5 12 42.6	11 4 3	2 42 4
14 257	20 23 54	3 8 32	6 28 54	9 0 52	16 52 33	5 15 14	16 0 32	22 30 57	27 22	14 21 59	30 7 22	5 12 42.6	11 1 13	3 18 54
15 258	19 35 28	4 23 4	6 19 15	9 13 38	16 56 49	5 13 3	15 59 24	22 31 29	27 20	14 26 29	30 6 21	5 12 42.6	10 58 42	3 54 40
16 259	18 53 18	5 37 36	6 10 15	9 26 22	17 1 0	5 10 54	15 58 17	22 32 3	27 19	14 31 0	30 5 26	5 12 42.5	10 56 36	4 28 39
17 260	18 18 26	6 52 10	6 1 56	9 39 5	17 5 5	5 8 45	15 57 11	22 32 39	27 19	14 35 30	30 4 39	5 12 42.3	10 54 57	5 0 13
18 261	17 51 46	8 6 43	5 54 19	9 51 45	17 9 5	5 6 39	15 56 7	22 33 16	27 20	14 40 0	30 3 59	5 12 42.2	10 53 49	5 28 44
19 262	17 33 59	9 21 17	5 47 26	10 4 24	17 13 0	5 4 33	15 55 4	22 33 56	27 20	14 44 30	30 3 30	5 12 42.0	10 53 13	5 53 44
20 263	17 25D36	10 35 52	5 41 16	10 17 1	17 16 50	5 2 29	15 54 3	22 34 38	27 19	14 49 1	30 3 10	5 12 41.8	10 53 11	6 14 47
21 264	17 26 51	11 50 27	5 35 52	10 29 35	17 20 34	5 0 27	15 53 3	22 35 21	27 16	14 53 31	30 3 2	5 12 41.7	10 53 45	6 31 35
22 265	17 37 52	13 5 3	5 31 14	10 42 8	17 24 12	4 58 26	15 52 5	22 36 7	27 11	14 58 2	30 3 5	5 12 41.5	10 54 53	6 43 55
23 266	17 58 33	14 19 39	5 27 22	10 54 38	17 27 45	4 56 27	15 51 8	22 36 54	27 04	15 2 33	30 3 19	5 12 41.4	10 56 36	6 51 38
24 267	18 28 40	15 34 15	5 24 17	11 7 6	17 31 12	4 54 29	15 50 13	22 37 43	26 56	15 7 3	30 3 46	5 12 41.3	10 58 53	6 54 43
25 268	19 7 50	16 48 52	5 22 0	11 19 32	17 34 33	4 52 33	15 49 19	22 38 34	26 48	15 11 34	30 4 23	5 12 41.2	11 1 41	6 53 10
26 269	19 55 35	18 3 30	5 20 31	11 31 55	17 37 48	4 50 39	15 48 28	22 39 27	26 40	15 16 6	30 5 10	5 12 41.2	11 4 59	6 47 6
27 270	20 51 21	19 18 7	5 19D51	11 44 15	17 40 58	4 48 47	15 47 37	22 40 22	26 34	15 20 37	30 6 5	5 12 41.2	11 8 45	6 36 39
28 271	21 54 31	20 32 45	5 19 59	11 56 33	17 44 1	4 46 56	15 46 49	22 41 19	26 30	15 25 9	30 7 4	5 12 41.2	11 12 56	6 22 2
29 272	23 4 24	21 47 23	5 20 56	12 8 47	17 46 59	4 45 8	15 46 2	22 42 18	26 28	15 29 41	30 8 4	5 12 41.1	11 17 30	6 3 29
30 273	24♌20 20	23♍ 2 1	5♒22 42	12♌20 59	17♊49 50	4♒43 22	15♑45 17	22♏43 18	26♈28	15 34 13	30 9 2	5 12 41.0	11 22 24	5N41 17

DAY Sep	♀ VENUS R.A. h m s	DECL ° ' "	♂ MARS R.A. h m s	DECL ° ' "	♃ JUPITER R.A. h m s	DECL ° ' "	♄ SATURN R.A. h m s	DECL ° ' "	♅ URANUS R.A. h m s	DECL ° ' "	♆ NEPTUNE R.A. h m s	DECL ° ' "	♇ PLUTO R.A. h m s	DECL ° ' "
1	10 55 1	8N26 56	22 34 1	16S 3 6	10 13 23	11N53 44	6 45 55	22N16 21	22 11 33	12S 1 25	20 54 8	17S27 14	17 8 6	13S43 53
2	10 59 39	7 58 26	22 32 58	16 6 53	10 14 13	11 49 10	6 46 18	22 15 57	22 11 24	12 2 15	20 54 2	17 27 38	17 8 6	13 44 17
3	11 4 16	7 29 43	22 31 55	16 10 24	10 15 3	11 44 36	6 46 41	22 15 33	22 11 15	12 3 4	20 53 57	17 28 1	17 8 7	13 44 42
4	11 8 52	7 0 48	22 30 53	16 13 38	10 15 53	11 40 2	6 47 3	22 15 9	22 11 6	12 3 54	20 53 51	17 28 24	17 8 7	13 45 7
5	11 13 28	6 31 41	22 29 53	16 16 35	10 16 42	11 35 28	6 47 25	22 14 45	22 10 57	12 4 43	20 53 46	17 28 47	17 8 8	13 45 32
6	11 18 4	6 2 23	22 28 53	16 19 14	10 17 32	11 30 54	6 47 47	22 14 22	22 10 49	12 5 32	20 53 40	17 29 9	17 8 9	13 45 57
7	11 22 38	5 32 55	22 27 54	16 21 35	10 18 21	11 26 19	6 48 8	22 13 59	22 10 40	12 6 20	20 53 35	17 29 31	17 8 10	13 46 22
8	11 27 13	5 3 18	22 26 57	16 23 37	10 19 11	11 21 45	6 48 29	22 13 36	22 10 31	12 7 8	20 53 30	17 29 53	17 8 11	13 46 47
9	11 31 47	4 33 31	22 26 1	16 25 19	10 20 0	11 17 11	6 48 49	22 13 13	22 10 22	12 7 56	20 53 25	17 30 14	17 8 12	13 47 13
10	11 36 20	4 3 37	22 25 8	16 26 43	10 20 49	11 12 37	6 49 9	22 12 50	22 10 14	12 8 44	20 53 20	17 30 36	17 8 14	13 47 39
11	11 40 54	3 33 35	22 24 16	16 27 47	10 21 38	11 8 3	6 49 29	22 12 28	22 10 5	12 9 31	20 53 15	17 30 56	17 8 15	13 48 5
12	11 45 27	3 3 27	22 23 26	16 28 31	10 22 27	11 3 30	6 49 49	22 12 6	22 9 56	12 10 18	20 53 10	17 31 17	17 8 17	13 48 31
13	11 49 59	2 33 13	22 22 38	16 28 55	10 23 16	10 58 56	6 50 8	22 11 44	22 9 48	12 11 4	20 53 5	17 31 37	17 8 18	13 48 57
14	11 54 32	2 2 53	22 21 52	16 28 59	10 24 5	10 54 23	6 50 27	22 11 22	22 9 39	12 11 50	20 53 1	17 31 57	17 8 20	13 49 23
15	11 59 4	1 32 29	22 21 8	16 28 43	10 24 53	10 49 50	6 50 45	22 11 1	22 9 31	12 12 35	20 52 56	17 32 16	17 8 22	13 49 49
16	12 3 36	1 2 1	22 20 27	16 28 7	10 25 42	10 45 17	6 51 3	22 10 39	22 9 23	12 13 20	20 52 51	17 32 35	17 8 24	13 50 16
17	12 8 8	0 31 30	22 19 49	16 27 10	10 26 30	10 40 44	6 51 21	22 10 19	22 9 15	12 14 4	20 52 47	17 32 53	17 8 27	13 50 42
18	12 12 40	0 0 57	22 19 13	16 25 54	10 27 18	10 36 12	6 51 38	22 9 58	22 9 6	12 14 48	20 52 43	17 33 11	17 8 29	13 51 9
19	12 17 12	0S29 38	22 18 40	16 24 18	10 28 6	10 31 40	6 51 55	22 9 38	22 8 58	12 15 31	20 52 39	17 33 29	17 8 32	13 51 36
20	12 21 44	1 0 13	22 18 9	16 22 21	10 28 54	10 27 8	6 52 11	22 9 18	22 8 50	12 16 13	20 52 34	17 33 46	17 8 34	13 52 3
21	12 26 16	1 30 49	22 17 41	16 20 5	10 29 42	10 22 37	6 52 27	22 8 59	22 8 43	12 16 55	20 52 30	17 34 3	17 8 37	13 52 30
22	12 30 49	2 1 24	22 17 17	16 17 30	10 30 29	10 18 7	6 52 43	22 8 40	22 8 35	12 17 37	20 52 27	17 34 20	17 8 40	13 52 57
23	12 35 21	2 31 58	22 16 55	16 14 35	10 31 17	10 13 37	6 52 58	22 8 22	22 8 27	12 18 18	20 52 23	17 34 36	17 8 43	13 53 24
24	12 39 54	3 2 30	22 16 36	16 11 21	10 32 4	10 9 8	6 53 13	22 8 4	22 8 20	12 18 58	20 52 19	17 34 51	17 8 46	13 53 52
25	12 44 27	3 32 59	22 16 20	16 7 47	10 32 51	10 4 39	6 53 27	22 7 46	22 8 12	12 19 37	20 52 16	17 35 7	17 8 50	13 54 19
26	12 49 0	4 3 24	22 16 7	16 3 55	10 33 38	10 0 11	6 53 41	22 7 29	22 8 5	12 20 16	20 52 12	17 35 21	17 8 53	13 54 47
27	12 53 33	4 33 45	22 15 57	15 59 45	10 34 25	9 55 43	6 53 55	22 7 12	22 7 58	12 20 55	20 52 9	17 35 36	17 8 57	13 55 14
28	12 58 7	5 4 1	22 15 51	15 55 15	10 35 11	9 51 16	6 54 8	22 6 56	22 7 51	12 21 32	20 52 5	17 35 49	17 9 0	13 55 42
29	13 2 41	5 34 11	22 15 47	15 50 28	10 35 58	9 46 51	6 54 21	22 6 40	22 7 44	12 22 9	20 52 2	17 36 3	17 9 4	13 56 9
30	13 7 16	6S 4 15	22 15 47	15S45 23	10 36 44	9N42 25	6 54 33	22N 6 24	22 7 37	12S22 45	20 51 59	17S36 15	17 9 8	13S56 37

OCTOBER 2003

DAY	SIDEREAL TIME h m s	☉ SUN LONG ° ' "	MOT ' "	R.A. h m s	DECL ° ' "	☽ MOON AT 0 HOURS LONG ° ' "	12h MOT ° ' "	2DIF "	R.A. h m s	DECL ° ' "	☽ MOON AT 12 HOURS LONG ° ' "	12h MOT ° ' "	2DIF "	R.A. h m s	DECL ° ' "
1 W	0 37 16	12♍37 6	59 0	12 27 12.4	2S56 23	19♏ 2 59	7 7 32	-110	16 48 50	24S26 12	26♏10 31	7 3 45	-115	17 19 54	25S41 36
2 Th	0 41 12	13 36 6	59 2	12 30 49.6	3 19 40	3♐14 16	6 59 53	-117	17 51 11	26 31 33	10♐14 9	6 55 57	-117	18 22 30	26 55 30
3 F	0 45 9	14 35 7	59 3	12 34 27.0	3 42 54	17 10 6	6 52 3	-116	18 53 36	26 53 36	24 2 9	6 48 12	-114	19 24 14	26 26 41
4 S	0 49 5	15 34 10	59 5	12 38 4.7	4 6 6	0♑50 20	6 44 25	-112	19 54 14	25 36 10	7♑34 46	6 40 44	-109	20 23 25	24 23 56
5 Su	0 53 2	16 33 15	59 7	12 41 42.8	4 29 15	14 15 30	6 37 9	-106	20 51 42	22 52 8	20 52 38	6 33 39	-104	21 19 2	21 3 9
6 M	0 56 58	17 32 21	59 8	12 45 21.2	4 52 21	27 26 17	6 30 14	-101	21 45 26	18 59 21	3♒56 31	6 26 55	-99	22 10 56	16 43 6
7 Tu	1 0 55	18 31 30	59 10	12 48 59.9	5 15 22	10♒23 26	6 23 39	-96	22 35 36	14 16 39	16 47 5	6 20 29	-94	22 59 32	11 42 8
8 W	1 4 52	19 30 40	59 12	12 52 39.0	5 38 20	23 7 34	6 17 22	-92	23 22 50	9 1 34	29 24 56	6 14 21	-89	23 45 37	6 16 48
9 Th	1 8 48	20 29 52	59 14	12 56 18.6	6 1 13	5♓39 17	6 11 25	-86	0 8 0	3 29 34	11♓50 42	6 8 36	-83	0 30 5	0 41 29
10 F	1 12 45	21 29 6	59 16	12 59 58.5	6 24 2	17 59 18	6 5 54	-78	0 52 0	2N 5 52	24 5 12	6 3 22	-73	1 13 51	4N51 2
11 S	1 16 41	22 28 22	59 18	13 3 39.0	6 46 45	0♈ 8 34	6 1 2	-67	1 35 44	7 32 37	6♈ 9 36	5 58 55	-59	1 57 46	10 9 12
12 Su	1 20 38	23 27 40	59 20	13 7 19.8	7 9 23	12 8 32	5 57 5	-51	2 20 2	12 39 26	18 5 37	5 55 33	-41	2 42 37	15 1 59
13 M	1 24 34	24 27 1	59 23	13 11 1.2	7 31 55	24 1 10	5 54 22	-30	3 5 36	17 15 30	29 55 32	5 53 35	-17	3 29 2	19 18 39
14 Tu	1 28 31	25 26 23	59 25	13 14 43.2	7 54 21	5♉49 7	5 53 14	-4	3 53 0	21 10 5	11♉42 20	5 53 21	11	4 17 29	22 48 28
15 W	1 32 27	26 25 48	59 27	13 18 25.6	8 16 41	17 35 41	5 53 59	27	4 42 32	24 12 32	23 29 40	5 55 9	44	5 8 6	25 21 2
16 Th	1 36 24	27 25 15	59 29	13 22 8.6	8 38 53	29 24 48	5 56 53	61	5 34 10	26 12 49	5♊21 41	5 59 13	79	6 0 40	26 46 52
17 F	1 40 20	28 24 44	59 32	13 25 52.2	9 0 59	11♊20 54	6 2 10	97	6 27 31	27 2 21	17 23 4	6 5 43	116	6 54 36	26 58 36
18 S	1 44 17	29 24 16	59 34	13 29 36.4	9 22 57	23 28 47	6 9 52	134	7 21 50	26 35 13	29 38 39	6 14 37	151	7 49 4	25 52 4
19 Su	1 48 14	0♎23 49	59 36	13 33 21.2	9 44 47	5♋53 16	6 19 55	167	8 16 14	24 49 15	12♋13 11	6 25 44	181	8 43 14	23 27 11
20 M	1 52 10	1 23 25	59 38	13 37 6.7	10 6 28	18 38 55	6 31 58	193	9 10 1	21 46 29	25 10 53	6 38 34	201	9 36 33	19 48 2
21 Tu	1 56 7	2 23 4	59 41	13 40 52.8	10 28 1	1♌49 27	6 45 23	206	10 2 49	17 32 56	8♌34 50	6 52 19	207	10 28 51	15 2 31
22 W	2 0 3	3 22 44	59 43	13 44 39.5	10 49 24	15 27 9	6 59 12	203	10 54 41	12 18 21	22 26 20	7 5 51	194	11 20 25	9 22 11
23 Th	2 4 0	4 22 27	59 45	13 48 26.9	11 10 38	29 32 12	7 12 8	180	11 46 8	6 16 4	6♍44 19	7 17 50	160	12 11 56	3 2 16
24 F	2 7 56	5 22 12	59 47	13 52 15.0	11 31 42	14♍ 2 10	7 22 48	136	12 37 57	0S16 39	21 24 58	7 26 54	107	13 4 18	3S37 49
25 S	2 11 53	6 21 59	59 49	13 56 3.9	11 52 36	28 51 51	7 29 58	76	13 31 7	6 58 8	6♎21 50	7 31 57	42	13 58 31	10 14 13
26 Su	2 15 49	7 21 48	59 51	13 59 53.4	12 13 19	13♎53 47	7 32 48	8	14 26 38	13 22 29	21 26 35	7 32 30	-25	14 55 32	16 19 14
27 M	2 19 46	8 21 39	59 53	14 3 43.7	12 33 51	28 59 5	7 31 7	-57	15 25 15	19 0 46	6♏30 12	7 28 42	-86	15 55 48	21 23 33
28 Tu	2 23 43	9 21 32	59 55	14 7 34.7	12 54 10	13♏58 54	7 25 23	-111	16 27 5	23 24 22	21 24 17	7 21 18	-132	16 58 59	25 0 30
29 W	2 27 39	10 21 27	59 57	14 11 26.4	13 14 18	28 45 34	7 16 35	-148	17 31 16	26 10 0	6♐ 2 10	7 11 24	-160	18 3 42	26 51 44
30 Th	2 31 36	11 21 23	59 58	14 15 18.9	13 34 14	13♐13 34	7 5 54	-168	18 35 58	27 5 31	20 19 28	7 0 14	-171	19 7 47	26 52 2
31 F	2 35 32	12♎21 21	60 0	14 19 12.1	13S53 56	27♐19 42	6 54 30	-171	19 38 54	26S12 48	4♑14 11	6 48 49	-168	20 9 8	25S 9 55

LUNAR INGRESSES
1 ☽ ♐ 18:29
3 ☽ ♑ 22:31
6 ☽ ♒ 4:43
8 ☽ ♓ 13:07
10 ☽ ♈ 23:43
13 ☽ ♉ 12:09
16 ☽ ♊ 1:11
18 ☽ ♋ 12:41
20 ☽ ♌ 20:43
23 ☽ ♍ 0:47
25 ☽ ♎ 1:49
27 ☽ ♏ 1:37
29 ☽ ♐ 2:02
31 ☽ ♑ 4:37

PLANET INGRESSES
3 ☿ ♍ 21:14
5 ♀ ♎ 14:24
18 ☉ ♎ 14:24
21 ☿ ♎ 9:06
29 ♀ ♏ 17:11

STATIONS
23 ♆ D 1:55
25 ♄ R 23:43

DATA FOR THE 1st AT 0 HOURS
JULIAN DAY 37893.5
☽ MEAN ☊ 27°♈ 47' 1"
OBLIQUITY 23° 26' 26"
DELTA T 66.2 SECONDS
NUTATION LONGITUDE-13.9"

DAY MO YR	☿ LONG ° ' "	♀ LONG ° ' "	♂ LONG ° ' "	♃ LONG ° ' "	♄ LONG ° ' "	♅ LONG ° ' "	♆ LONG ° ' "	♇ LONG ° ' "	☊ LONG ° '	A.S.S.I. h m s	S.S.R.Y. h m s	S.V.P. ♓ ° ' "	☿ MERCURY R.A. h m s	☿ MERCURY DECL ° ' "
1 274	25♌41 36	24♍16 39	5♒25 17	12♌33 8	17♊52 36	4♒41R37	15♑44R34	22♏44 20	26♈29	15 38 45	30 9 53	5 12 40.8	11 27 35	5N15 42
2 275	27 7 33	25 31 18	5 28 39	12 45 14	17 55 15	4 39 55	15 43 53	22 45 24	26 31	15 43 18	30 10 30	5 12 40.6	11 33 1	4 47 4
3 276	28 37 32	26 45 56	5 32 50	12 57 17	17 57 48	4 38 15	15 43 13	22 46 30	26 31	15 47 51	30 10 56	5 12 40.4	11 38 40	4 15 40
4 277	0♍10 57	28 0 34	5 37 48	13 9 17	18 0 15	4 36 37	15 42 35	22 47 38	26 30	15 52 25	30 11 7	5 12 40.1	11 44 29	3 41 50
5 278	1 47 14	29 15 12	5 43 33	13 21 13	18 2 36	4 35 1	15 41 59	22 48 47	26 27	15 56 59	30 11 4	5 12 40.0	11 50 27	3 5 52
6 279	3 25 51	0♎29 50	5 50 4	13 33 6	18 4 51	4 33 27	15 41 25	22 49 58	26 22	16 1 33	30 10 46	5 12 39.9	11 56 31	2 28 3
7 280	5 6 23	1 44 28	5 57 20	13 44 55	18 6 59	4 31 56	15 40 53	22 51 11	26 16	16 6 8	30 10 16	5 12 39.8	12 2 41	1 48 38
8 281	6 48 24	2 59 6	6 5 21	13 56 41	18 9 1	4 30 27	15 40 22	22 52 26	26 10	16 10 43	30 9 35	5 12 39.8	12 8 55	1 7 54
9 282	8 31 33	4 13 44	6 14 6	14 8 23	18 10 57	4 29 0	15 39 54	22 53 42	26 03	16 15 19	30 8 46	5 12 39.7	12 15 12	0 26 5
10 283	10 15 32	5 28 22	6 23 35	14 20 1	18 12 46	4 27 35	15 39 27	22 55 0	25 58	16 19 55	30 7 50	5 12 39.7	12 21 31	0S16 38
11 284	12 0 4	6 43 0	6 33 46	14 31 36	18 14 29	4 26 13	15 39 2	22 56 19	25 54	16 24 32	30 6 50	5 12 39.7	12 27 51	1 0 2
12 285	13 44 56	7 57 38	6 44 39	14 43 7	18 16 6	4 24 54	15 38 39	22 57 40	25 51	16 29 10	30 5 47	5 12 39.7	12 34 12	1 43 56
13 286	15 29 56	9 12 16	6 56 13	14 54 34	18 17 35	4 23 37	15 38 18	22 59 3	25 50	16 33 48	30 4 45	5 12 39.6	12 40 34	2 28 13
14 287	17 14 56	10 26 54	7 8 27	15 5 57	18 18 59	4 22 22	15 37 59	23 0 28	25 50	16 38 27	30 3 44	5 12 39.5	12 46 55	3 12 42
15 288	18 59 48	11 41 32	7 21 21	15 17 16	18 20 16	4 21 10	15 37 42	23 1 54	25 52	16 43 6	30 2 46	5 12 39.3	12 53 15	3 57 18
16 289	20 44 24	12 56 10	7 34 54	15 28 30	18 21 26	4 20 1	15 37 27	23 3 21	25 54	16 47 46	30 1 52	5 12 39.1	12 59 35	4 41 52
17 290	22 28 41	14 10 48	7 49 5	15 39 41	18 22 30	4 18 54	15 37 14	23 4 50	25 55	16 52 27	30 1 5	5 12 38.9	13 5 54	5 26 21
18 291	24 12 33	15 25 26	8 3 54	15 50 46	18 23 27	4 17 50	15 37 2	23 6 21	25 56	16 57 9	30 0 25	5 12 38.8	13 12 12	6 10 37
19 292	25 55 58	16 40 5	8 19 20	16 1 48	18 24 17	4 16 49	15 36 53	23 7 53	25 56	17 1 51	29 59 55	5 12 38.6	13 18 30	6 54 37
20 293	27 38 54	17 54 44	8 35 22	16 12 45	18 25 1	4 15 50	15 36 46	23 9 27	25 55	17 6 35	29 59 36	5 12 38.4	13 24 46	7 38 17
21 294	29 21 18	19 9 22	8 51 59	16 23 37	18 25 38	4 14 54	15 36 41	23 11 2	25 53	17 11 19	29 59 30	5 12 38.3	13 31 2	8 21 33
22 295	1♎ 3 9	20 24 1	9 9 12	16 34 24	18 26 8	4 14 0	15 36 37	23 12 39	25 50	17 16 4	29 59 38	5 12 38.2	13 37 16	9 4 21
23 296	2 44 27	21 38 40	9 26 59	16 45 6	18 26 32	4 13 10	15 36D36	23 14 17	25 47	17 20 49	30 0 0	5 12 38.2	13 43 30	9 46 40
24 297	4 25 11	22 53 19	9 45 20	16 55 43	18 26 49	4 12 22	15 36 37	23 15 57	25 44	17 25 36	30 0 36	5 12 38.2	13 49 44	10 28 26
25 298	6 5 22	24 7 58	10 4 14	17 6 15	18 26R59	4 11 37	15 36 40	23 17 38	25 42	17 30 23	30 1 24	5 12 38.1	13 55 57	11 9 36
26 299	7 44 59	25 22 37	10 23 40	17 16 42	18 27 2	4 10 55	15 36 45	23 19 20	25 41	17 35 12	30 2 21	5 12 38.1	14 2 9	11 50 10
27 300	9 24 2	26 37 16	10 43 39	17 27 4	18 26 58	4 10 16	15 36 52	23 21 4	25 40	17 40 1	30 3 23	5 12 37.9	14 8 21	12 30 4
28 301	11 2 33	27 51 55	11 4 9	17 37 20	18 26 48	4 9 40	15 37 1	23 22 49	25 41	17 44 51	30 4 25	5 12 37.7	14 14 33	13 9 17
29 302	12 40 31	29 6 33	11 25 9	17 47 30	18 26 31	4 9 7	15 37 12	23 24 35	25 42	17 49 42	30 5 23	5 12 37.5	14 20 44	13 47 48
30 303	14 17 59	0♏21 12	11 46 39	17 57 35	18 26 7	4 8 37	15 37 25	23 26 23	25 43	17 54 34	30 6 14	5 12 37.2	14 26 56	14 25 34
31 304	15♎54 55	1♏35 50	12♒ 8 38	18♌ 7 33	18♊25 36	4♒ 8 9	15♑37 40	23♏28 12	25♈44	17 59 27	30 6 54	5 12 36.9	14 33 8	15S 2 34

DAY Oct	♀ VENUS R.A. h m s	♀ VENUS DECL ° ' "	♂ MARS R.A. h m s	♂ MARS DECL ° ' "	♃ JUPITER R.A. h m s	♃ JUPITER DECL ° ' "	♄ SATURN R.A. h m s	♄ SATURN DECL ° ' "	♅ URANUS R.A. h m s	♅ URANUS DECL ° ' "	♆ NEPTUNE R.A. h m s	♆ NEPTUNE DECL ° ' "	♇ PLUTO R.A. h m s	♇ PLUTO DECL ° ' "
1	13 11 51	6S34 11	22 15 50	15S40 0	10 37 30	9N38 1	6 54 45	22N 6 9	22 7 30	12S23 20	20 51 56	17S36 28	17 9 12	13S57 4
2	13 16 27	7 3 59	22 15 56	15 34 21	10 38 16	9 33 38	6 54 56	22 5 55	22 7 24	12 23 55	20 51 54	17 36 39	17 9 16	13 57 32
3	13 21 3	7 33 38	22 16 5	15 28 24	10 39 1	9 29 15	6 55 7	22 5 41	22 7 17	12 24 28	20 51 51	17 36 51	17 9 21	13 58 0
4	13 25 40	8 3 7	22 16 17	15 22 11	10 39 46	9 24 54	6 55 18	22 5 28	22 7 11	12 25 1	20 51 48	17 37 2	17 9 25	13 58 28
5	13 30 18	8 32 26	22 16 32	15 15 42	10 40 32	9 20 33	6 55 28	22 5 15	22 7 5	12 25 33	20 51 46	17 37 12	17 9 30	13 58 55
6	13 34 56	9 1 33	22 16 50	15 8 58	10 41 16	9 16 14	6 55 38	22 5 3	22 6 59	12 26 5	20 51 44	17 37 22	17 9 34	13 59 23
7	13 39 35	9 30 29	22 17 12	15 1 59	10 42 1	9 11 56	6 55 47	22 4 52	22 6 53	12 26 35	20 51 42	17 37 31	17 9 39	13 59 51
8	13 44 15	9 59 12	22 17 36	14 54 44	10 42 45	9 7 39	6 55 56	22 4 41	22 6 47	12 27 5	20 51 40	17 37 40	17 9 44	14 0 19
9	13 48 55	10 27 41	22 18 2	14 47 16	10 43 30	9 3 23	6 56 4	22 4 30	22 6 42	12 27 34	20 51 38	17 37 49	17 9 49	14 0 46
10	13 53 36	10 55 56	22 18 32	14 39 33	10 44 13	8 59 8	6 56 12	22 4 20	22 6 36	12 28 1	20 51 36	17 37 56	17 9 54	14 1 14
11	13 58 19	11 23 55	22 19 4	14 31 36	10 44 57	8 54 54	6 56 19	22 4 11	22 6 31	12 28 28	20 51 34	17 38 4	17 10 0	14 1 42
12	14 3 2	11 51 39	22 19 39	14 23 26	10 45 41	8 50 42	6 56 26	22 4 3	22 6 26	12 28 55	20 51 33	17 38 10	17 10 5	14 2 9
13	14 7 46	12 19 7	22 20 17	14 15 3	10 46 24	8 46 31	6 56 33	22 3 55	22 6 21	12 29 20	20 51 31	17 38 17	17 10 10	14 2 37
14	14 12 31	12 46 16	22 20 57	14 6 28	10 47 7	8 42 22	6 56 39	22 3 47	22 6 16	12 29 44	20 51 30	17 38 22	17 10 16	14 3 4
15	14 17 17	13 13 8	22 21 40	13 57 40	10 47 49	8 38 13	6 56 44	22 3 40	22 6 11	12 30 8	20 51 29	17 38 28	17 10 22	14 3 32
16	14 22 4	13 39 41	22 22 26	13 48 39	10 48 32	8 34 7	6 56 49	22 3 34	22 6 7	12 30 30	20 51 28	17 38 32	17 10 28	14 3 59
17	14 26 52	14 5 54	22 23 13	13 39 27	10 49 14	8 30 1	6 56 54	22 3 29	22 6 3	12 30 51	20 51 27	17 38 36	17 10 34	14 4 26
18	14 31 41	14 31 47	22 24 4	13 30 4	10 49 55	8 25 57	6 56 58	22 3 24	22 5 58	12 31 12	20 51 26	17 38 40	17 10 40	14 4 54
19	14 36 31	14 57 18	22 24 56	13 20 28	10 50 37	8 21 55	6 57 1	22 3 20	22 5 54	12 31 32	20 51 26	17 38 43	17 10 46	14 5 21
20	14 41 23	15 22 27	22 25 51	13 10 42	10 51 18	8 17 55	6 57 5	22 3 17	22 5 51	12 31 50	20 51 25	17 38 46	17 10 52	14 5 48
21	14 46 15	15 47 14	22 26 48	13 0 45	10 51 59	8 13 56	6 57 7	22 3 14	22 5 47	12 32 8	20 51 25	17 38 48	17 10 58	14 6 15
22	14 51 9	16 11 36	22 27 48	12 50 37	10 52 39	8 9 59	6 57 9	22 3 12	22 5 44	12 32 25	20 51 25	17 38 49	17 11 5	14 6 42
23	14 56 4	16 35 34	22 28 49	12 40 18	10 53 20	8 6 3	6 57 11	22 3 11	22 5 40	12 32 41	20 51 25	17 38 50	17 11 11	14 7 9
24	15 1 0	16 59 7	22 29 53	12 29 50	10 54 0	8 2 10	6 57 12	22 3 10	22 5 37	12 32 55	20 51 25	17 38 50	17 11 18	14 7 36
25	15 5 58	17 22 14	22 30 59	12 19 10	10 54 39	7 58 18	6 57 13	22 3 10	22 5 34	12 33 9	20 51 25	17 38 50	17 11 25	14 8 3
26	15 10 56	17 44 53	22 32 7	12 8 21	10 55 19	7 54 28	6 57 13	22 3 10	22 5 32	12 33 22	20 51 25	17 38 50	17 11 31	14 8 29
27	15 15 56	18 7 5	22 33 17	11 57 22	10 55 57	7 50 40	6 57 13	22 3 12	22 5 29	12 33 33	20 51 26	17 38 48	17 11 38	14 8 55
28	15 20 57	18 28 49	22 34 29	11 46 14	10 56 36	7 46 55	6 57 12	22 3 14	22 5 27	12 33 44	20 51 26	17 38 46	17 11 45	14 9 22
29	15 25 59	18 50 3	22 35 43	11 34 55	10 57 14	7 43 11	6 57 11	22 3 17	22 5 24	12 33 53	20 51 27	17 38 44	17 11 53	14 9 48
30	15 31 3	19 10 47	22 36 59	11 23 28	10 57 52	7 39 29	6 57 9	22 3 20	22 5 23	12 34 2	20 51 28	17 38 41	17 12 0	14 10 14
31	15 36 8	19S31 0	22 38 16	11S11 52	10 58 30	7N35 50	6 57 7	22N 3 24	22 5 21	12S34 9	20 51 29	17S38 37	17 12 7	14S10 40

NOVEMBER 2003

DAY	SIDEREAL TIME h m s	☉ SUN LONG ° ' "	MOT ° ' "	R.A. h m s	DECL ° ' "	☽ MOON AT 0 HOURS LONG ° ' "	12h MOT ° ' "	2DIF "	R.A. h m s	DECL ° ' "	☽ MOON AT 12 HOURS LONG ° ' "	12h MOT ° ' "	2DIF "	R.A. h m s	DECL ° ' "
1 S	2 39 29	13♎21 21	60 1	14 23 6.1	14S13 25	11♑ 2 59	6 43 16	-163	20 38 20	23S45 50	17♑46 15	6 37 56	-156	21 6 27	22S 3 16
2 Su	2 43 25	14 21 22	60 3	14 27 0.8	14 32 40	24 24 11	6 32 52	-147	21 33 28	20 4 53	0♒57 3	6 28 6	-138	21 59 27	17 53 18
3 M	2 47 22	15 21 25	60 4	14 30 56.4	14 51 41	7♒25 10	6 23 40	-128	22 24 28	15 30 55	13 48 50	6 19 34	-118	22 48 37	12 59 58
4 Tu	2 51 18	16 21 29	60 6	14 34 52.7	15 10 27	20 8 23	6 15 48	-108	23 12 3	10 22 29	26 24 11	6 12 22	-98	23 34 52	7 40 15
5 W	2 55 15	17 21 35	60 8	14 38 49.8	15 28 58	2♓36 34	6 9 16	-88	23 57 12	4 54 59	8♓45 50	6 6 29	-79	0 19 11	2 8 12
6 Th	2 59 12	18 21 42	60 9	14 42 47.8	15 47 14	14 52 19	6 4 0	-70	0 40 57	0N38 39	20 56 19	6 1 48	-62	1 2 36	3N24 11
7 F	3 3 8	19 21 51	60 11	14 46 46.6	16 5 15	26 58 7	5 59 52	-54	1 24 16	6 7 2	2♈57 59	5 58 12	-46	1 46 3	8 45 54
8 S	3 7 5	20 22 2	60 13	14 50 46.2	16 22 59	8♈56 11	5 56 48	-38	2 8 4	11 19 26	14 53 0	5 55 39	-31	2 30 22	13 46 16
9 Su	3 11 1	21 22 15	60 15	14 54 46.6	16 40 26	20 48 39	5 54 46	-23	2 53 5	16 5 1	26 43 25	5 54 8	-15	3 16 15	18 14 19
10 M	3 14 58	22 22 29	60 16	14 58 47.9	16 57 37	2♉37 33	5 53 47	-6	3 39 56	20 12 43	8♉31 20	5 53 43	3	4 4 9	21 58 50
11 Tu	3 18 54	23 22 45	60 18	15 2 50.0	17 14 30	14 25 3	5 53 57	12	4 28 56	23 31 14	20 19 0	5 54 31	22	4 54 15	24 48 38
12 W	3 22 51	24 23 3	60 20	15 6 53.0	17 31 6	26 13 30	5 55 26	33	5 20 5	25 49 48	2♊ 8 56	5 56 43	45	5 46 20	26 33 40
13 Th	3 26 47	25 23 23	60 22	15 10 56.8	17 47 24	8♊ 5 39	5 58 24	57	6 12 55	26 59 20	14 4 36	6 0 31	70	6 39 45	27 6 11
14 F	3 30 44	26 23 45	60 24	15 15 1.6	18 3 23	20 4 34	6 3 5	84	7 6 41	26 53 51	26 7 38	6 6 6	98	7 33 37	26 22 17
15 S	3 34 41	27 24 8	60 26	15 19 7.1	18 19 4	2♋13 44	6 9 38	113	8 0 26	25 31 26	8♋23 22	6 13 38	128	8 27 2	24 21 59
16 Su	3 38 37	28 24 34	60 27	15 23 13.6	18 34 25	14 37 0	6 18 8	142	8 53 22	22 54 30	20 55 8	6 23 8	157	9 19 23	21 9 48
17 M	3 42 34	29 25 1	60 29	15 27 20.9	18 49 27	27 18 16	6 28 35	170	9 45 5	19 8 56	3♌46 51	6 34 26	181	10 10 29	16 53 1
18 Tu	3 46 30	0♏25 30	60 31	15 31 29.0	19 4 9	10♌21 17	6 40 40	191	10 35 38	14 23 18	17 1 57	6 47 10	198	11 0 37	11 41 12
19 W	3 50 27	1 26 1	60 33	15 35 38.0	19 18 30	23 49 6	6 53 51	201	11 25 30	8 48 15	0♍42 57	7 0 35	201	11 50 25	5 46 7
20 Th	3 54 23	2 26 34	60 35	15 39 47.8	19 32 31	7♍43 32	7 7 14	196	12 15 30	2 36 45	14 50 46	7 13 38	186	12 40 52	0S37 42
21 F	3 58 20	3 27 9	60 36	15 43 58.5	19 46 10	22 4 23	7 19 36	170	13 6 41	3S54 48	29 23 59	7 24 58	149	13 33 5	7 11 43
22 S	4 2 16	4 27 45	60 38	15 48 10.0	19 59 29	6♎48 58	7 29 34	123	14 0 13	10 25 21	14♎18 32	7 33 12	93	14 28 12	13 32 12
23 Su	4 6 13	5 28 23	60 40	15 52 22.3	20 12 25	21 51 44	7 35 46	59	14 57 10	16 28 31	29 27 29	7 37 8	22	15 27 9	19 10 21
24 M	4 10 10	6 29 2	60 41	15 56 35.5	20 24 59	7♏ 4 37	7 37 15	-15	15 58 10	21 33 43	14♏41 52	7 36 6	-53	16 30 8	23 34 53
25 Tu	4 14 6	7 29 43	60 43	16 0 49.4	20 37 10	22 17 57	7 33 43	-88	17 2 53	25 10 34	29 51 40	7 30 13	-121	17 36 10	26 18 17
26 W	4 18 3	8 30 25	60 44	16 5 4.0	20 48 59	7♐21 53	7 25 41	-149	18 9 39	26 56 32	14♐47 34	7 20 19	-171	18 43 0	27 4 57
27 Th	4 21 59	9 31 9	60 45	16 9 19.4	21 0 24	22 7 52	7 14 15	-189	19 15 51	26 44 22	29 22 8	7 7 43	-201	19 47 54	25 56 35
28 F	4 25 56	10 31 53	60 46	16 13 35.6	21 11 25	6♑29 50	7 0 53	-207	20 18 54	24 44 10	13♑30 44	6 53 56	-208	20 48 43	23 10 7
29 S	4 29 52	11 32 39	60 47	16 17 52.4	21 22 2	20 24 39	6 47 1	-205	21 17 17	21 17 39	27 11 40	6 40 16	-198	21 44 37	19 9 56
30 Su	4 33 49	12♏33 25	60 48	16 22 9.9	21S32 15	3♒51 55	6 33 49	-188	22 10 47	16S49 55	10♒25 44	6 27 44	-175	22 35 53	14S20 18

LUNAR INGRESSES
2 ☽ ♒ 10:15
4 ☽ ♓ 18:57
7 ☽ ♈ 6:03
9 ☽ ♉ 18:40
12 ☽ ♊ 7:39
14 ☽ ♋ 19:38
17 ☽ ♌ 5:01
19 ☽ ♍ 10:46
21 ☽ ♎ 12:58
23 ☽ ♏ 12:51
25 ☽ ♐ 12:13
27 ☽ ♑ 13:03
29 ☽ ♒ 17:01

PLANET INGRESSES
8 ☿ ♏ 22:08
17 ☉ ♏ 13:53
22 ♀ ♐ 20:28
29 ☿ ♐ 1:46

STATIONS
8 ♅ D 12:45

DATA FOR THE 1st AT 0 HOURS
JULIAN DAY 37924.5
☽ MEAN ☊ 26°♈ 8' 27"
OBLIQUITY 23° 26' 26"
DELTA T 66.3 SECONDS
NUTATION LONGITUDE-14.2"

DAY MO YR	☿ LONG ° ' "	♀ LONG ° ' "	♂ LONG ° ' "	♃ LONG ° ' "	♄ LONG ° ' "	♅ LONG ° ' "	♆ LONG ° ' "	♇ LONG ° ' "	☊ LONG ° '	A.S.S.I. h m s	S.S.R.Y. h m s	S.V.P. ♓ ° ' "	☿ MERCURY R.A. h m s	DECL ° ' "
1 305	17♎31 22	2♏50 27	12♒31 5	18♌17 26	18♊24R59	4♒ 7R45	15♑37 58	23♏30 2	25♈45	18 4 21	30 7 21	5 12 36.7	14 39 19	15S38 47
2 306	19 7 21	4 5 5	12 54 0	18 27 13	18 24 15	4 7 24	15 38 17	23 31 53	25 44	18 9 16	30 7 37	5 12 36.5	14 45 32	16 14 11
3 307	20 42 52	5 19 42	13 17 21	18 36 54	18 23 25	4 7 5	15 38 38	23 33 46	25 44	18 14 12	30 7 39	5 12 36.4	14 51 44	16 48 45
4 308	22 17 57	6 34 19	13 41 8	18 46 29	18 22 27	4 6 50	15 39 1	23 35 39	25 43	18 19 9	30 7 29	5 12 36.4	14 57 57	17 22 28
5 309	23 52 35	7 48 55	14 5 20	18 55 57	18 21 24	4 6 38	15 39 27	23 37 34	25 41	18 24 7	30 7 9	5 12 36.3	15 4 11	17 55 18
6 310	25 26 50	9 3 31	14 29 57	19 5 19	18 20 13	4 6 28	15 39 54	23 39 30	25 40	18 29 6	30 6 38	5 12 36.3	15 10 25	18 27 14
7 311	27 0 41	10 18 6	14 54 57	19 14 35	18 18 56	4 6 22	15 40 23	23 41 27	25 39	18 34 6	30 6 0	5 12 36.2	15 16 40	18 58 15
8 312	28 34 9	11 32 42	15 20 20	19 23 44	18 17 33	4 6D19	15 40 55	23 43 25	25 39	18 39 7	30 5 14	5 12 36.1	15 22 56	19 28 20
9 313	0♏ 7 15	12 47 17	15 46 6	19 32 46	18 16 3	4 6 19	15 41 28	23 45 24	25 39	18 44 9	30 4 23	5 12 36.0	15 29 13	19 57 27
10 314	1 40 0	14 1 51	16 12 14	19 41 42	18 14 27	4 6 22	15 42 4	23 47 24	25 39	18 49 12	30 3 28	5 12 35.9	15 35 30	20 25 35
11 315	3 12 25	15 16 26	16 38 42	19 50 31	18 12 44	4 6 27	15 42 41	23 49 25	25 39	18 54 16	30 2 29	5 12 35.7	15 41 49	20 52 44
12 316	4 44 30	16 31 0	17 5 32	19 59 13	18 10 55	4 6 36	15 43 21	23 51 27	25 39	18 59 22	30 1 29	5 12 35.5	15 48 8	21 18 50
13 317	6 16 16	17 45 34	17 32 42	20 7 47	18 8 59	4 6 48	15 44 2	23 53 30	25 39	19 4 28	30 0 28	5 12 35.3	15 54 28	21 43 54
14 318	7 47 43	19 0 7	18 0 11	20 16 15	18 6 58	4 7 3	15 44 45	23 55 33	25 39	19 9 36	29 59 29	5 12 35.0	16 0 49	22 7 54
15 319	9 18 51	20 14 40	18 27 59	20 24 35	18 4 50	4 7 22	15 45 31	23 57 38	25 39	19 14 44	29 58 34	5 12 34.8	16 7 12	22 30 49
16 320	10 49 41	21 29 13	18 56 7	20 32 48	18 2 36	4 7 43	15 46 18	23 59 43	25 39	19 19 54	29 57 47	5 12 34.6	16 13 34	22 52 36
17 321	12 20 11	22 43 46	19 24 53	20 40 53	18 0 16	4 8 7	15 47 7	24 1 50	25 39	19 25 4	29 57 9	5 12 34.4	16 19 58	23 13 16
18 322	13 50 23	23 58 19	19 53 16	20 48 51	17 57 50	4 8 34	15 47 59	24 3 57	25 39	19 30 16	29 56 44	5 12 34.3	16 26 22	23 32 45
19 323	15 20 14	25 12 51	20 22 17	20 56 41	17 55 17	4 9 5	15 48 52	24 6 4	25 39	19 35 29	29 56 33	5 12 34.2	16 32 47	23 51 4
20 324	16 49 45	26 27 23	20 51 35	21 4 23	17 52 39	4 9 38	15 49 47	24 8 13	25 39	19 40 43	29 56 41	5 12 34.2	16 39 12	24 8 11
21 325	18 18 54	27 41 55	21 21 10	21 11 57	17 49 55	4 10 15	15 50 44	24 10 22	25 40	19 45 58	29 57 3	5 12 34.1	16 45 37	24 24 3
22 326	19 47 39	28 56 27	21 51 1	21 19 23	17 47 5	4 10 55	15 51 43	24 12 32	25 41	19 51 14	29 57 40	5 12 34.0	16 52 2	24 38 41
23 327	21 15 59	0♐10 59	22 21 9	21 26 40	17 44 10	4 11 37	15 52 44	24 14 43	25 41	19 56 31	29 58 29	5 12 33.8	16 58 26	24 52 2
24 328	22 43 50	1 25 30	22 51 32	21 33 49	17 41 9	4 12 23	15 53 46	24 16 54	25 41	20 1 49	29 59 27	5 12 33.6	17 4 50	25 4 4
25 329	24 11 10	2 40 0	23 22 11	21 40 50	17 38 2	4 13 12	15 54 51	24 19 5	25 40	20 7 8	30 0 30	5 12 33.3	17 11 13	25 14 48
26 330	25 37 55	3 54 31	23 53 5	21 47 42	17 34 50	4 14 4	15 55 57	24 21 18	25 39	20 12 28	30 1 33	5 12 33.0	17 17 35	25 24 11
27 331	27 4 0	5 9 0	24 24 13	21 54 25	17 31 33	4 14 59	15 57 6	24 23 30	25 37	20 17 49	30 2 32	5 12 32.7	17 23 54	25 32 13
28 332	28 29 21	6 23 29	24 55 36	22 1 0	17 28 11	4 15 57	15 58 16	24 25 44	25 35	20 23 10	30 3 32	5 12 32.4	17 30 12	25 38 52
29 333	29 53 50	7 37 57	25 27 12	22 7 25	17 24 43	4 16 58	15 59 28	24 27 57	25 34	20 28 33	30 4 8	5 12 32.2	17 36 26	25 44 8
30 334	1♐17 21	8♐52 25	25♒59 1	22♌13 42	17♊21 11	4♒18 2	16♑ 0 41	24♏30 11	25♈33	20 33 57	30 4 41	5 12 32.0	17 42 36	25S47 59

DAY Nov	♀ VENUS R.A. h m s	DECL ° ' "	♂ MARS R.A. h m s	DECL ° ' "	♃ JUPITER R.A. h m s	DECL ° ' "	♄ SATURN R.A. h m s	DECL ° ' "	♅ URANUS R.A. h m s	DECL ° ' "	♆ NEPTUNE R.A. h m s	DECL ° ' "	♇ PLUTO R.A. h m s	DECL ° ' "
1	15 41 14	19S50 42	22 39 35	11S 0 7	10 59 7	7N32 12	6 57 5	22N 3 29	22 5 19	12S34 16	20 51 30	17S38 33	17 12 14	14S11 6
2	15 46 21	20 9 51	22 40 56	10 48 13	10 59 43	7 28 37	6 57 2	22 3 35	22 5 18	12 34 21	20 51 32	17 38 28	17 12 22	14 11 31
3	15 51 29	20 28 27	22 42 19	10 36 11	11 0 20	7 25 5	6 56 58	22 3 41	22 5 17	12 34 26	20 51 33	17 38 23	17 12 29	14 11 57
4	15 56 39	20 46 30	22 43 43	10 24 1	11 0 56	7 21 34	6 56 54	22 3 48	22 5 16	12 34 29	20 51 35	17 38 18	17 12 37	14 12 22
5	16 1 50	21 3 57	22 45 9	10 11 43	11 1 31	7 18 6	6 56 49	22 3 56	22 5 15	12 34 31	20 51 36	17 38 11	17 12 45	14 12 47
6	16 7 2	21 20 50	22 46 36	9 59 18	11 2 6	7 14 41	6 56 44	22 4 4	22 5 14	12 34 32	20 51 38	17 38 5	17 12 52	14 13 12
7	16 12 15	21 37 6	22 48 5	9 46 45	11 2 41	7 11 17	6 56 39	22 4 13	22 5 14	12 34 32	20 51 40	17 37 57	17 13 0	14 13 37
8	16 17 29	21 52 46	22 49 35	9 34 5	11 3 16	7 7 57	6 56 33	22 4 23	22 5 13	12 34 31	20 51 42	17 37 49	17 13 8	14 14 1
9	16 22 45	22 7 49	22 51 7	9 21 18	11 3 50	7 4 39	6 56 26	22 4 33	22 5 13	12 34 29	20 51 45	17 37 41	17 13 16	14 14 25
10	16 28 1	22 22 14	22 52 40	9 8 24	11 4 23	7 1 23	6 56 20	22 4 44	22 5 13	12 34 26	20 51 47	17 37 32	17 13 24	14 14 49
11	16 33 18	22 36 0	22 54 14	8 55 23	11 4 56	6 58 10	6 56 12	22 4 56	22 5 14	12 34 22	20 51 50	17 37 22	17 13 32	14 15 13
12	16 38 37	22 49 7	22 55 50	8 42 16	11 5 29	6 55 0	6 56 4	22 5 8	22 5 14	12 34 17	20 51 52	17 37 12	17 13 41	14 15 37
13	16 43 56	23 1 35	22 57 26	8 29 2	11 6 1	6 51 53	6 55 56	22 5 21	22 5 15	12 34 10	20 51 55	17 37 1	17 13 49	14 16 1
14	16 49 17	23 13 23	22 59 4	8 15 42	11 6 33	6 48 48	6 55 47	22 5 35	22 5 16	12 34 3	20 51 58	17 36 50	17 13 57	14 16 24
15	16 54 38	23 24 30	23 0 44	8 2 16	11 7 4	6 45 46	6 55 38	22 5 49	22 5 17	12 33 54	20 52 1	17 36 38	17 14 6	14 16 47
16	17 0 0	23 34 55	23 2 24	7 48 45	11 7 35	6 42 47	6 55 29	22 6 4	22 5 18	12 33 45	20 52 4	17 36 26	17 14 14	14 17 10
17	17 5 23	23 44 39	23 4 5	7 35 7	11 8 5	6 39 51	6 55 19	22 6 19	22 5 20	12 33 34	20 52 8	17 36 13	17 14 23	14 17 33
18	17 10 47	23 53 41	23 5 47	7 21 24	11 8 35	6 36 58	6 55 8	22 6 36	22 5 22	12 33 22	20 52 11	17 36 0	17 14 31	14 17 55
19	17 16 11	24 2 0	23 7 31	7 7 35	11 9 5	6 34 8	6 54 57	22 6 52	22 5 23	12 33 10	20 52 15	17 35 46	17 14 40	14 18 17
20	17 21 36	24 9 36	23 9 15	6 53 41	11 9 34	6 31 21	6 54 46	22 7 10	22 5 26	12 32 56	20 52 19	17 35 31	17 14 48	14 18 39
21	17 27 2	24 16 29	23 11 1	6 39 42	11 10 2	6 28 37	6 54 34	22 7 27	22 5 28	12 32 41	20 52 22	17 35 17	17 14 57	14 19 1
22	17 32 28	24 22 38	23 12 48	6 25 37	11 10 30	6 25 56	6 54 22	22 7 46	22 5 30	12 32 25	20 52 26	17 35 1	17 15 6	14 19 22
23	17 37 55	24 28 4	23 14 35	6 11 28	11 10 57	6 23 19	6 54 10	22 8 5	22 5 33	12 32 8	20 52 30	17 34 45	17 15 15	14 19 43
24	17 43 22	24 32 44	23 16 24	5 57 13	11 11 24	6 20 45	6 53 57	22 8 24	22 5 36	12 31 50	20 52 35	17 34 28	17 15 23	14 20 4
25	17 48 49	24 36 41	23 18 13	5 42 53	11 11 51	6 18 14	6 53 43	22 8 44	22 5 39	12 31 30	20 52 39	17 34 11	17 15 32	14 20 25
26	17 54 17	24 39 52	23 20 3	5 28 29	11 12 16	6 15 47	6 53 30	22 9 4	22 5 42	12 31 10	20 52 44	17 33 54	17 15 41	14 20 45
27	17 59 44	24 42 19	23 21 54	5 13 59	11 12 42	6 13 23	6 53 16	22 9 25	22 5 46	12 30 49	20 52 48	17 33 36	17 15 50	14 21 5
28	18 5 12	24 44 0	23 23 46	4 59 26	11 13 6	6 11 2	6 53 1	22 9 47	22 5 49	12 30 26	20 52 53	17 33 17	17 15 59	14 21 25
29	18 10 40	24 44 57	23 25 39	4 44 48	11 13 31	6 8 45	6 52 46	22 10 9	22 5 53	12 30 3	20 52 58	17 32 58	17 16 8	14 21 45
30	18 16 8	24S45 8	23 27 33	4S30 6	11 13 54	6N 6 32	6 52 31	22N10 31	22 5 57	12S29 38	20 53 3	17S32 39	17 16 17	14S22 4

DECEMBER 2003

DAY	SIDEREAL TIME h m s	☉ SUN LONG ° ' "	MOT ' "	R.A. h m s	DECL ° ' "
1 M	4 37 46	13♏34 13	60 48	16 26 28.0	21S42 4
2 Tu	4 41 42	14 35 1	60 49	16 30 46.8	21 51 27
3 W	4 45 39	15 35 50	60 50	16 35 6.2	22 0 25
4 Th	4 49 35	16 36 40	60 51	16 39 26.2	22 8 58
5 F	4 53 32	17 37 31	60 52	16 43 46.8	22 17 5
6 S	4 57 28	18 38 23	60 53	16 48 7.9	22 24 46
7 Su	5 1 25	19 39 16	60 54	16 52 29.6	22 32 1
8 M	5 5 21	20 40 10	60 55	16 56 51.8	22 38 49
9 Tu	5 9 18	21 41 5	60 56	17 1 14.5	22 45 11
10 W	5 13 15	22 42 1	60 57	17 5 37.6	22 51 7
11 Th	5 17 11	23 42 57	60 58	17 10 1.2	22 56 35
12 F	5 21 8	24 43 55	60 59	17 14 25.2	23 1 36
13 S	5 25 4	25 44 54	61 0	17 18 49.6	23 6 10
14 Su	5 29 1	26 45 53	61 1	17 23 14.3	23 10 16
15 M	5 32 57	27 46 54	61 2	17 27 39.4	23 13 55
16 Tu	5 36 54	28 47 56	61 3	17 32 4.7	23 17 6
17 W	5 40 50	29 48 59	61 4	17 36 30.4	23 19 49
18 Th	5 44 47	0♐50 2	61 5	17 40 56.2	23 22 4
19 F	5 48 44	1 51 7	61 6	17 45 22.3	23 23 52
20 S	5 52 40	2 52 13	61 7	17 49 48.5	23 25 11
21 Su	5 56 37	3 53 19	61 7	17 54 14.9	23 26 1
22 M	6 0 33	4 54 26	61 8	17 58 41.4	23 26 24
23 Tu	6 4 30	5 55 34	61 9	18 3 7.9	23 26 18
24 W	6 8 26	6 56 42	61 9	18 7 34.4	23 25 44
25 Th	6 12 23	7 57 51	61 9	18 12 1.0	23 24 42
26 F	6 16 20	8 59 0	61 9	18 16 27.4	23 23 12
27 S	6 20 16	10 0 9	61 9	18 20 53.7	23 21 13
28 Su	6 24 13	11 1 18	61 9	18 25 19.9	23 18 46
29 M	6 28 9	12 2 27	61 9	18 29 45.9	23 15 51
30 Tu	6 32 6	13 3 36	61 9	18 34 11.7	23 12 28
31 W	6 36 2	14♐ 4 45	61 9	18 38 37.3	23S 8 37

DAY	☽ MOON AT 0 HOURS LONG ° ' "	12h MOT ° ' "	2DIF "	R.A. h m s	DECL ° ' "	☽ MOON AT 12 HOURS LONG ° ' "	12h MOT ° ' "	2DIF "	R.A. h m s	DECL ° ' "
1	16♒53 28	6 22 7	-161	23 0 3	11S43 28	23♒15 35	6 16 59	-146	23 23 26	9S 1 29
2	29 32 34	6 12 23	-130	23 46 10	6 16 12	5♓44 58	6 8 20	-114	0 8 25	3 29 14
3	11♓53 17	6 4 49	-98	0 30 18	0 42 1	17 58 6	6 1 49	-82	0 51 58	2N 4 8
4	23 59 55	5 59 21	-67	1 13 34	4N47 57	29 59 16	5 57 21	-53	1 35 11	7 28 13
5	5♈56 37	5 55 50	-39	1 56 59	10 3 44	11♈52 27	5 54 44	-27	2 19 1	12 33 16
6	17 47 11	5 54 2	-16	2 41 26	14 55 32	23 41 12	5 53 41	-5	3 4 17	17 9 11
7	29 34 53	5 53 41	4	3 27 39	19 12 51	5♉28 34	5 53 58	13	3 51 35	21 5 7
8	11♉22 32	5 54 33	21	4 16 6	22 44 31	17 17 5	5 55 22	28	4 41 12	24 9 38
9	23 12 26	5 56 26	35	5 6 51	25 19 7	29 8 52	5 57 43	42	5 33 0	26 11 44
10	5♊ 6 34	5 59 13	48	5 59 33	26 46 26	11♊ 5 47	6 0 55	55	6 26 24	27 2 25
11	17 6 42	6 2 51	61	6 53 24	26 59 11	23 9 34	6 5 1	68	7 20 24	26 36 33
12	29 14 34	6 7 25	76	7 47 18	25 54 41	5♋21 59	6 10 4	84	8 13 59	24 54 1
13	11♋32 3	6 13 0	92	8 40 19	23 35 19	17 45 2	6 16 13	101	9 6 17	21 59 31
14	24 1 15	6 19 45	111	9 31 50	20 7 45	0♌20 59	6 23 36	121	9 56 59	18 1 17
15	6♌44 35	6 27 47	131	10 21 45	15 41 27	13 12 23	6 32 19	141	10 46 13	13 9 39
16	19 44 42	6 37 11	150	11 10 27	10 27 20	26 21 52	6 42 20	159	11 34 35	7 36 1
17	3♍ 4 13	6 47 46	166	11 58 42	4 37 19	9♍51 58	6 53 24	171	12 22 59	1 32 57
18	16 45 22	6 59 9	173	12 47 32	1S35 11	23 44 32	7 4 57	172	13 12 32	4S45 0
19	0♎49 28	7 10 38	167	13 38 8	7 54 5	8♎ 0 6	7 16 4	157	14 4 30	10 59 47
20	15 16 10	7 21 6	142	14 31 46	13 59 2	22 37 16	7 25 34	122	15 0 4	16 48 28
21	0♏ 2 49	7 29 16	97	15 29 29	19 24 27	7♏32 5	7 32 3	68	16 0 3	21 43 9
22	15 4 8	7 33 47	34	16 31 43	23 40 46	22 37 55	7 34 20	-2	17 4 20	25 13 48
23	0♐12 15	7 33 39	-39	17 37 42	26 19 21	7♐45 54	7 31 44	-76	18 11 27	26 55 25
24	15 17 37	7 28 35	-111	18 45 14	27 1 11	22 46 13	7 24 20	-142	19 18 40	26 37 3
25	0♑10 32	7 19 6	-169	19 51 22	25 44 35	7♑29 38	7 13 3	-191	20 23 5	24 26 20
26	14 42 41	7 6 23	-206	20 53 37	22 45 28	21 49 4	6 59 19	-215	21 22 52	20 45 27
27	28 48 22	6 52 2	-219	21 50 49	18 29 49	5♒40 24	6 44 43	-217	22 17 33	16 1 54
28	12♒25 7	6 37 34	-210	22 43 10	13 24 43	19 2 41	6 30 42	-200	23 7 46	10 40 59
29	25 33 22	6 24 14	-186	23 31 32	7 53 2	1♓57 36	6 18 17	-170	23 54 36	5 2 52
30	8♓15 54	6 12 55	-152	0 17 9	2 12 13	14 28 49	6 8 10	-133	0 39 18	0N37 25
31	20♓36 59	6 4 5	-113	1 1 13	3N24 42	26♓41 4	6 0 39	-93	1 23 1	6N 8 24

LUNAR INGRESSES
2 ☽ ♓ 0:53
4 ☽ ♈ 12:01
7 ☽ ♉ 0:51
9 ☽ ♊ 13:43
12 ☽ ♋ 1:29
14 ☽ ♌ 11:20
16 ☽ ♍ 18:32
18 ☽ ♎ 22:37
20 ☽ ♏ 23:55
22 ☽ ♐ 23:41
24 ☽ ♑ 23:43
27 ☽ ♒ 2:04
29 ☽ ♓ 8:18
31 ☽ ♈ 18:36

PLANET INGRESSES
7 ♂ ♓ 9:05
17 ☉ ♐ 4:20
17 ♀ ♑ 1:23

STATIONS
17 ☿ R 16:02

DATA FOR THE 1st AT 0 HOURS
JULIAN DAY 37954.5
☽ MEAN ☊ 24°♈ 33' 4"
OBLIQUITY 23° 26' 25"
DELTA T 66.3 SECONDS
NUTATION LONGITUDE-13.6"

DAY MO YR	☿ LONG ° ' "	♀ LONG ° ' "	♂ LONG ° ' "	♃ LONG ° ' "	♄ LONG ° ' "	♅ LONG ° ' "	♆ LONG ° ' "	♇ LONG ° ' "	☊ LONG ° '	A.S.S.I. h m s	S.S.R.Y. h m s	S.V.P. ♓ ° ' "	☿ MERCURY R.A. h m s	☿ MERCURY DECL ° ' "
1 335	2♐39 45	10♐ 6 52	26♒31 3	22♌19 49	17♊17R34	4♒19 9	16♑ 1 57	24♏32 26	25♈33	20 39 21	30 5 3	5 12 31.9	17 48 42	25S50 25
2 336	4 0 51	11 21 18	27 3 18	22 25 47	17 13 52	4 20 18	16 3 14	24 34 41	25 33	20 44 46	30 5 17	5 12 31.8	17 54 42	25 51 27
3 337	5 20 28	12 35 42	27 35 45	22 31 36	17 10 5	4 21 31	16 4 33	24 36 56	25 35	20 50 12	30 5 20	5 12 31.7	18 0 35	25 51 3
4 338	6 38 23	13 50 7	28 8 23	22 37 15	17 6 14	4 22 47	16 5 54	24 39 11	25 36	20 55 39	30 5 13	5 12 31.6	18 6 21	25 49 13
5 339	7 54 19	15 4 30	28 41 12	22 42 45	17 2 19	4 24 6	16 7 16	24 41 27	25 38	21 1 6	30 4 57	5 12 31.5	18 11 58	25 46 0
6 340	9 7 58	16 18 52	29 14 12	22 48 6	16 58 19	4 25 27	16 8 40	24 43 43	25 39	21 6 34	30 4 33	5 12 31.4	18 17 24	25 41 23
7 341	10 18 59	17 33 13	29 47 23	22 53 17	16 54 15	4 26 51	16 10 6	24 45 59	25 39	21 12 3	30 4 0	5 12 31.2	18 22 39	25 35 25
8 342	11 26 58	18 47 33	0♓20 44	22 58 17	16 50 8	4 28 19	16 11 33	24 48 15	25 38	21 17 32	30 3 19	5 12 31.0	18 27 39	25 28 7
9 343	12 31 26	20 1 52	0 54 15	23 3 9	16 45 56	4 29 49	16 13 2	24 50 31	25 36	21 23 2	30 2 32	5 12 30.8	18 32 22	25 19 33
10 344	13 31 52	21 16 10	1 27 56	23 7 50	16 41 41	4 31 21	16 14 32	24 52 48	25 32	21 28 33	30 1 37	5 12 30.5	18 36 47	25 9 45
11 345	14 27 41	22 30 27	2 1 46	23 12 21	16 37 23	4 32 57	16 16 4	24 55 4	25 27	21 34 4	30 0 38	5 12 30.2	18 40 51	24 58 48
12 346	15 18 12	23 44 42	2 35 45	23 16 42	16 33 0	4 34 35	16 17 38	24 57 21	25 22	21 39 36	29 59 36	5 12 30.0	18 44 30	24 46 48
13 347	16 2 42	24 58 57	3 9 52	23 20 52	16 28 35	4 36 16	16 19 13	24 59 37	25 16	21 45 8	29 58 33	5 12 29.7	18 47 42	24 33 50
14 348	16 40 23	26 13 11	3 44 9	23 24 52	16 24 6	4 38 0	16 20 49	25 1 54	25 12	21 50 40	29 57 34	5 12 29.5	18 50 23	24 20 1
15 349	17 10 23	27 27 23	4 18 34	23 28 42	16 19 35	4 39 47	16 22 27	25 4 11	25 08	21 56 13	29 56 43	5 12 29.4	18 52 30	24 5 27
16 350	17 31 51	28 41 35	4 53 7	23 32 22	16 15 0	4 41 36	16 24 7	25 6 27	25 06	22 1 47	29 56 2	5 12 29.2	18 53 58	23 50 18
17 351	17 43R52	29 55 45	5 27 48	23 35 50	16 10 23	4 43 28	16 25 48	25 8 43	25 06	22 7 20	29 55 36	5 12 29.1	18 54 44	23 34 42
18 352	17 45 38	1♑ 9 54	6 2 37	23 39 8	16 5 43	4 45 22	16 27 30	25 11 0	25 07	22 12 54	29 55 26	5 12 29.1	18 54 45	23 18 45
19 353	17 36 26	2 24 2	6 37 34	23 42 15	16 1 1	4 47 19	16 29 14	25 13 16	25 08	22 18 29	29 55 33	5 12 28.9	18 53 59	23 2 38
20 354	17 15 45	3 38 9	7 12 39	23 45 11	15 56 17	4 49 19	16 30 59	25 15 31	25 10	22 24 3	29 55 56	5 12 28.8	18 52 22	22 46 28
21 355	16 43 22	4 52 14	7 47 51	23 47 56	15 51 30	4 51 21	16 32 46	25 17 47	25 10	22 29 38	29 56 34	5 12 28.6	18 49 55	22 30 21
22 356	15 59 26	6 6 18	8 23 10	23 50 30	15 46 42	4 53 26	16 34 34	25 20 2	25 08	22 35 13	29 57 23	5 12 28.3	18 46 38	22 14 26
23 357	15 4 36	7 20 21	8 58 37	23 52 53	15 41 52	4 55 33	16 36 23	25 22 17	25 05	22 40 48	29 58 21	5 12 28.0	18 42 36	21 58 47
24 358	14 0 1	8 34 22	9 34 10	23 55 5	15 37 0	4 57 42	16 38 13	25 24 32	24 59	22 46 22	29 59 22	5 12 27.6	18 37 52	21 43 33
25 359	12 47 26	9 48 21	10 9 50	23 57 5	15 32 7	4 59 55	16 40 5	25 26 47	24 53	22 51 57	30 0 24	5 12 27.3	18 32 36	21 28 51
26 360	11 29 1	11 2 19	10 45 37	23 58 54	15 27 13	5 2 9	16 41 58	25 29 0	24 45	22 57 32	30 1 24	5 12 27.0	18 26 56	21 14 51
27 361	10 7 20	12 16 15	11 21 31	24 0 32	15 22 18	5 4 26	16 43 52	25 31 14	24 39	23 3 7	30 2 20	5 12 26.8	18 21 3	21 1 45
28 362	8 45 8	13 30 8	11 57 30	24 1 58	15 17 22	5 6 45	16 45 47	25 33 27	24 33	23 8 41	30 3 9	5 12 26.7	18 15 9	20 49 47
29 363	7 25 7	14 44 0	12 33 35	24 3 13	15 12 25	5 9 7	16 47 43	25 35 39	24 30	23 14 15	30 3 51	5 12 26.5	18 9 27	20 39 12
30 364	6 9 48	15 57 50	13 9 46	24 4 16	15 7 28	5 11 30	16 49 41	25 37 51	24 28	23 19 49	30 4 26	5 12 26.5	18 4 5	20 30 13
31 365	5♐ 1 16	17♑11 37	13♓46 2	24♌ 5 8	15♊ 2 31	5♒13 56	16♑51 39	25♏40 3	24♈28	23 25 23	30 4 53	5 12 26.4	17 59 12	20S23 2

DAY Dec	♀ VENUS R.A. h m s	♀ VENUS DECL ° ' "	♂ MARS R.A. h m s	♂ MARS DECL ° ' "	♃ JUPITER R.A. h m s	♃ JUPITER DECL ° ' "	♄ SATURN R.A. h m s	♄ SATURN DECL ° ' "	♅ URANUS R.A. h m s	♅ URANUS DECL ° ' "	♆ NEPTUNE R.A. h m s	♆ NEPTUNE DECL ° ' "	♇ PLUTO R.A. h m s	♇ PLUTO DECL ° ' "
1	18 21 36	24S44 34	23 29 27	4S15 21	11 14 17	6N 4 22	6 52 16	22N10 54	22 6 2	12S29 13	20 53 8	17S32 19	17 16 26	14S22 23
2	18 27 4	24 43 15	23 31 23	4 0 31	11 14 40	6 2 16	6 52 0	22 11 17	22 6 6	12 28 46	20 53 13	17 31 58	17 16 36	14 22 42
3	18 32 32	24 41 10	23 33 19	3 45 38	11 15 2	6 0 14	6 51 43	22 11 41	22 6 11	12 28 19	20 53 18	17 31 37	17 16 45	14 23 0
4	18 37 59	24 38 20	23 35 15	3 30 42	11 15 23	5 58 15	6 51 27	22 12 5	22 6 15	12 27 50	20 53 24	17 31 16	17 16 54	14 23 18
5	18 43 26	24 34 46	23 37 12	3 15 42	11 15 44	5 56 20	6 51 10	22 12 30	22 6 20	12 27 21	20 53 29	17 30 54	17 17 3	14 23 36
6	18 48 52	24 30 26	23 39 10	3 0 39	11 16 4	5 54 29	6 50 53	22 12 54	22 6 26	12 26 50	20 53 35	17 30 31	17 17 12	14 23 54
7	18 54 18	24 25 22	23 41 9	2 45 34	11 16 24	5 52 42	6 50 36	22 13 19	22 6 31	12 26 19	20 53 41	17 30 8	17 17 21	14 24 11
8	18 59 43	24 19 34	23 43 8	2 30 25	11 16 43	5 50 58	6 50 18	22 13 45	22 6 36	12 25 46	20 53 47	17 29 45	17 17 31	14 24 28
9	19 5 8	24 13 1	23 45 8	2 15 14	11 17 1	5 49 19	6 50 0	22 14 10	22 6 42	12 25 13	20 53 53	17 29 21	17 17 40	14 24 44
10	19 10 32	24 5 44	23 47 9	2 0 1	11 17 19	5 47 43	6 49 42	22 14 36	22 6 48	12 24 38	20 53 59	17 28 57	17 17 49	14 25 0
11	19 15 56	23 57 44	23 49 10	1 44 45	11 17 36	5 46 11	6 49 23	22 15 3	22 6 54	12 24 3	20 54 5	17 28 32	17 17 58	14 25 16
12	19 21 18	23 49 1	23 51 12	1 29 27	11 17 52	5 44 44	6 49 4	22 15 29	22 7 0	12 23 26	20 54 11	17 28 7	17 18 8	14 25 32
13	19 26 40	23 39 35	23 53 14	1 14 6	11 18 8	5 43 20	6 48 45	22 15 56	22 7 7	12 22 49	20 54 18	17 27 42	17 18 17	14 25 48
14	19 32 1	23 29 26	23 55 17	0 58 44	11 18 23	5 42 1	6 48 26	22 16 23	22 7 13	12 22 10	20 54 24	17 27 16	17 18 26	14 26 3
15	19 37 21	23 18 36	23 57 20	0 43 20	11 18 38	5 40 45	6 48 7	22 16 50	22 7 20	12 21 31	20 54 31	17 26 49	17 18 35	14 26 17
16	19 42 39	23 7 4	23 59 24	0 27 55	11 18 52	5 39 34	6 47 47	22 17 18	22 7 27	12 20 51	20 54 38	17 26 23	17 18 45	14 26 32
17	19 47 57	22 54 51	0 1 28	0 12 28	11 19 5	5 38 27	6 47 27	22 17 45	22 7 34	12 20 10	20 54 45	17 25 55	17 18 54	14 26 46
18	19 53 14	22 41 57	0 3 33	0N 3 1	11 19 18	5 37 25	6 47 7	22 18 13	22 7 42	12 19 28	20 54 51	17 25 28	17 19 3	14 27 0
19	19 58 30	22 28 24	0 5 39	0 18 31	11 19 30	5 36 27	6 46 47	22 18 41	22 7 49	12 18 45	20 54 58	17 25 0	17 19 12	14 27 13
20	20 3 44	22 14 11	0 7 45	0 34 3	11 19 41	5 35 32	6 46 26	22 19 8	22 7 57	12 18 1	20 55 5	17 24 32	17 19 22	14 27 26
21	20 8 57	21 59 19	0 9 51	0 49 35	11 19 52	5 34 43	6 46 6	22 19 36	22 8 4	12 17 16	20 55 13	17 24 3	17 19 31	14 27 39
22	20 14 9	21 43 48	0 11 58	1 5 9	11 20 2	5 33 57	6 45 45	22 20 4	22 8 12	12 16 31	20 55 20	17 23 33	17 19 40	14 27 51
23	20 19 20	21 27 40	0 14 6	1 20 44	11 20 11	5 33 17	6 45 24	22 20 33	22 8 20	12 15 44	20 55 27	17 23 4	17 19 49	14 28 3
24	20 24 30	21 10 55	0 16 14	1 36 20	11 20 20	5 32 40	6 45 3	22 21 1	22 8 29	12 14 57	20 55 35	17 22 34	17 19 58	14 28 15
25	20 29 38	20 53 34	0 18 23	1 51 56	11 20 27	5 32 8	6 44 42	22 21 29	22 8 37	12 14 9	20 55 42	17 22 4	17 20 7	14 28 26
26	20 34 44	20 35 37	0 20 32	2 7 33	11 20 35	5 31 40	6 44 21	22 21 57	22 8 46	12 13 20	20 55 50	17 21 33	17 20 16	14 28 37
27	20 39 50	20 17 6	0 22 41	2 23 11	11 20 41	5 31 17	6 44 0	22 22 26	22 8 54	12 12 30	20 55 58	17 21 2	17 20 26	14 28 48
28	20 44 54	19 58 0	0 24 51	2 38 48	11 20 47	5 30 59	6 43 39	22 22 54	22 9 3	12 11 39	20 56 5	17 20 31	17 20 35	14 28 58
29	20 49 56	19 38 20	0 27 1	2 54 26	11 20 52	5 30 45	6 43 18	22 23 22	22 9 12	12 10 48	20 56 13	17 19 59	17 20 44	14 29 8
30	20 54 57	19 18 8	0 29 12	3 10 4	11 20 56	5 30 36	6 42 56	22 23 51	22 9 21	12 9 56	20 56 21	17 19 27	17 20 53	14 29 18
31	20 59 57	18S57 24	0 31 24	3N25 42	11 21 0	5N30 31	6 42 35	22N24 19	22 9 31	12S 9 3	20 56 29	17S18 55	17 21 1	14S29 27

DAY	SIDEREAL TIME h m s	☉ SUN LONG ° ' "	MOT ' "	R.A. h m s	DECL ° ' "	☽ MOON AT 0 HOURS LONG ° ' "	12h MOT ° ' "	2DIF	R.A. h m s	DECL ° ' "	☽ MOON AT 12 HOURS LONG ° ' "	12h MOT ° ' "	2DIF	R.A. h m s	DECL ° ' "
1 Th	6 39 59	15♐ 5 53	61 9	18 43 2.5	23S 4 18	2♈41 43	5 57 53	-73	1 44 51	8N47 23	8♈39 36	5 55 47	-54	2 6 51	11N20 29
2 F	6 43 55	16 7 2	61 9	18 47 27.5	22 59 32	14 35 23	5 54 18	-36	2 29 6	13 46 35	20 29 41	5 53 24	-18	2 51 44	16 4 29
3 S	6 47 52	17 8 11	61 9	18 51 52.1	22 54 18	26 23 5	5 53 4	-2	3 14 48	18 12 57	2♉16 9	5 53 15	12	3 38 25	20 10 41
4 Su	6 51 49	18 9 19	61 8	18 56 16.4	22 48 36	8♉ 9 24	5 53 54	26	4 2 36	21 56 19	14 3 18	5 54 58	37	4 27 23	23 28 27
5 M	6 55 45	19 10 27	61 8	19 0 40.3	22 42 28	19 58 16	5 56 24	48	4 52 46	24 45 42	25 54 40	5 58 9	56	5 18 43	25 46 44
6 Tu	6 59 42	20 11 35	61 8	19 5 3.7	22 35 53	1♊52 48	6 0 9	63	5 45 9	26 30 21	7♊52 58	6 2 23	69	6 11 59	26 55 32
7 W	7 3 38	21 12 43	61 8	19 9 26.7	22 28 50	13 55 20	6 4 46	74	6 39 5	27 1 31	20 0 6	6 7 17	77	7 6 19	26 47 52
8 Th	7 7 35	22 13 51	61 8	19 13 49.3	22 21 22	26 7 22	6 9 53	79	7 33 31	26 14 30	2♋17 15	6 12 33	81	8 0 33	25 21 42
9 F	7 11 31	23 14 59	61 8	19 18 11.3	22 13 27	8♋29 48	6 15 16	82	8 27 19	24 10 6	14 45 5	6 18 1	83	8 53 42	22 40 38
10 S	7 15 28	24 16 6	61 8	19 22 32.9	22 5 6	21 3 6	6 20 48	84	9 19 39	20 54 29	27 23 54	6 23 38	86	9 45 7	18 53 3
11 Su	7 19 24	25 17 13	61 7	19 26 53.8	21 56 18	3♌47 32	6 26 31	88	10 10 9	16 37 50	10♌14 3	6 29 28	90	10 34 46	14 10 25
12 M	7 23 21	26 18 21	61 7	19 31 14.3	21 47 6	16 43 31	6 32 32	94	10 59 1	11 32 27	23 16 3	6 35 42	98	11 23 1	8 45 37
13 Tu	7 27 18	27 19 28	61 7	19 35 34.1	21 37 28	29 51 45	6 39 2	102	11 46 52	5 51 38	6♍30 47	6 42 31	107	12 10 41	2 52 12
14 W	7 31 14	28 20 35	61 7	19 39 53.4	21 27 24	13♍13 18	6 46 11	112	12 34 36	0S10 50	19 59 29	6 50 1	117	12 58 45	3S15 36
15 Th	7 35 11	29 21 42	61 7	19 44 12.0	21 16 56	26 49 30	6 54 0	118	13 23 19	6 20 3	3♎43 31	6 58 6	124	13 48 26	9 21 59
16 F	7 39 7	0♑22 49	61 7	19 48 30.1	21 6 3	10♎41 37	7 2 15	124	14 14 15	12 18 59	17 43 52	7 6 23	122	14 40 55	15 8 21
17 S	7 43 4	1 23 56	61 7	19 52 47.4	20 54 46	24 50 15	7 10 23	116	15 8 33	17 47 10	2♏ 0 38	7 14 8	107	15 37 15	20 12 16
18 Su	7 47 0	2 25 3	61 7	19 57 4.1	20 43 5	9♏14 46	7 17 30	93	16 7 3	22 20 21	16 32 16	7 20 20	75	16 37 55	24 8 4
19 M	7 50 57	3 26 9	61 6	20 1 20.2	20 31 0	23 52 35	7 22 29	52	17 9 45	25 32 18	1♐15 4	7 23 49	26	17 42 21	26 30 21
20 Tu	7 54 53	4 27 15	61 6	20 5 35.5	20 18 32	8♐38 53	7 24 13	-3	18 15 25	27 0 14	16 3 6	7 23 37	-34	18 48 39	27 0 56
21 W	7 58 50	5 28 21	61 5	20 9 50.1	20 5 41	23 26 43	7 21 57	-66	19 21 40	26 32 33	0♑48 41	7 19 15	-96	19 54 7	25 36 14
22 Th	8 2 47	6 29 26	61 5	20 14 3.9	19 52 28	8♑ 7 55	7 15 32	-125	20 25 45	24 14 9	15 23 27	7 10 55	-150	20 56 20	22 29 8
23 F	8 6 43	7 30 30	61 4	20 18 17.0	19 38 52	22 34 22	7 5 32	-171	21 25 46	20 24 28	29 39 54	6 59 32	-187	21 54 0	18 3 39
24 S	8 10 40	8 31 34	61 3	20 22 29.3	19 24 54	6♒39 25	6 53 5	-197	22 21 5	15 30 5	13♒32 31	6 46 24	-202	22 47 5	12 46 58
25 Su	8 14 36	9 32 37	61 2	20 26 40.8	19 10 34	20 18 55	6 39 38	-202	23 12 7	9 57 12	26 58 33	6 32 58	-197	23 36 19	7 3 24
26 M	8 18 33	10 33 38	61 1	20 30 51.5	18 55 54	3♓31 30	6 26 31	-188	23 59 51	4 7 48	9♓58 2	6 20 27	-175	0 22 50	1 12 21
27 Tu	8 22 29	11 34 39	61 0	20 35 1.3	18 40 52	16 18 29	6 14 52	-159	0 45 26	1N41 14	22 33 21	6 9 50	-142	1 7 46	4N31 29
28 W	8 26 26	12 35 38	60 59	20 39 10.4	18 25 31	28 43 10	6 5 25	-122	1 30 0	7 17 3	4♈48 35	6 1 40	-102	1 52 15	9 56 43
29 Th	8 30 22	13 36 37	60 57	20 43 18.6	18 9 49	10♈50 15	5 58 37	-81	2 14 38	12 29 19	16 48 52	5 56 16	-60	2 37 16	14 53 43
30 F	8 34 19	14 37 34	60 56	20 47 26.0	17 53 48	22 45 8	5 54 38	-39	3 0 14	17 8 46	28 39 47	5 53 42	-18	3 23 38	19 13 19
31 S	8 38 16	15♑38 30	60 55	20 51 32.6	17S37 28	4♉33 29	5 53 26	2	3 47 33	21N 6 7	10♉26 55	5 53 49	20	4 12 0	22N45 56

LUNAR INGRESSES			PLANET INGRESSES	STATIONS	DATA FOR THE 1st AT 0 HOURS
3 ☽ ♉ 7:22	15 ☽ ♎ 5:32	25 ☽ ♓ 17:31	10 ♀ ♓ 10:48	3 ♃ R 23:58	JULIAN DAY 37985.5
5 ☽ ♊ 20:14	17 ☽ ♏ 8:39	28 ☽ ♈ 2:31	15 ☉ ♑ 15:02	6 ☿ D 13:45	☽ MEAN ☊ 22°♈ 54' 30"
8 ☽ ♋ 7:33	19 ☽ ♐ 9:58	30 ☽ ♉ 14:43	26 ♂ ♈ 4:45		OBLIQUITY 23° 26' 25"
10 ☽ ♌ 16:54	21 ☽ ♑ 10:41				DELTA T 66.4 SECONDS
13 ☽ ♍ 0:15	23 ☽ ♒ 12:34				NUTATION LONGITUDE -12.1"

DAY MO YR	☿ LONG ° ' "	♀ LONG ° ' "	♂ LONG ° ' "	♃ LONG ° ' "	♄ LONG ° ' "	♅ LONG ° ' "	♆ LONG ° ' "	♇ LONG ° ' "	☊ LONG ° '	A.S.S.I. h m s	S.S.R.Y. h m s	S.V.P. ♓ ° ' "	☿ MERCURY R.A. h m s	DECL ° ' "
1 1	4♐ 1R 8	18♒25 21	14♓22 23	24♌ 5 48	14♊57R33	5♓16 25	16♑53 38	25♏42 13	24♈29	23 30 56	30 5 11	5 12 26.3	17 54 56	20S17 48
2 2	3 10 31	19 39 3	14 58 50	24 6 16	14 52 36	5 18 55	16 55 39	25 44 24	24 31	23 36 29	30 5 20	5 12 26.1	17 51 21	20 14 34
3 3	2 30 4	20 52 43	15 35 21	24 6R33	14 47 39	5 21 27	16 57 40	25 46 33	24 31	23 42 1	30 5 20	5 12 26.0	17 48 29	20 13 22
4 4	1 59 58	22 6 20	16 11 57	24 6 39	14 42 42	5 24 2	16 59 43	25 48 42	24 30	23 47 33	30 5 9	5 12 25.7	17 46 21	20 14 5
5 5	1 40 6	23 19 54	16 48 37	24 6 33	14 37 46	5 26 38	17 1 46	25 50 50	24 26	23 53 5	30 4 49	5 12 25.5	17 44 56	20 16 37
6 6	1 30D 5	24 33 26	17 25 22	24 6 15	14 32 50	5 29 17	17 3 50	25 52 57	24 20	23 58 36	30 4 17	5 12 25.3	17 44 13	20 20 46
7 7	1 29 24	25 46 54	18 2 10	24 5 46	14 27 55	5 31 57	17 5 55	25 55 4	24 12	24 4 6	30 3 36	5 12 25.0	17 44 9	20 26 21
8 8	1 37 24	27 0 20	18 39 3	24 5 5	14 23 2	5 34 40	17 8 1	25 57 10	24 01	24 9 36	30 2 45	5 12 24.7	17 44 43	20 33 9
9 9	1 53 23	28 13 42	19 15 59	24 4 13	14 18 9	5 37 24	17 10 8	25 59 15	23 50	24 15 5	30 1 47	5 12 24.5	17 45 50	20 40 56
10 10	2 16 39	29 27 2	19 53 0	24 3 9	14 13 19	5 40 10	17 12 15	26 1 19	23 38	24 20 34	30 0 44	5 12 24.3	17 47 29	20 49 29
11 11	2 46 33	0♓40 18	20 30 4	24 1 54	14 8 29	5 42 58	17 14 24	26 3 22	23 28	24 26 2	29 59 41	5 12 24.1	17 49 36	20 58 35
12 12	3 22 24	1 53 31	21 7 11	24 0 27	14 3 41	5 45 48	17 16 32	26 5 24	23 19	24 31 29	29 58 42	5 12 24.0	17 52 9	21 8 3
13 13	4 3 38	3 6 41	21 44 22	23 58 48	13 58 56	5 48 39	17 18 42	26 7 26	23 13	24 36 56	29 57 50	5 12 23.9	17 55 5	21 17 41
14 14	4 49 42	4 19 47	22 21 36	23 56 58	13 54 12	5 51 33	17 20 52	26 9 26	23 10	24 42 21	29 57 11	5 12 23.8	17 58 23	21 27 19
15 15	5 40 5	5 32 50	22 58 54	23 54 57	13 49 30	5 54 28	17 23 3	26 11 26	23 09	24 47 46	29 56 46	5 12 23.7	18 1 59	21 36 49
16 16	6 34 21	6 45 50	23 36 14	23 52 44	13 44 51	5 57 24	17 25 15	26 13 24	23 09	24 53 10	29 56 37	5 12 23.6	18 5 53	21 46 2
17 17	7 32 6	7 58 47	24 13 39	23 50 19	13 40 14	6 0 22	17 27 27	26 15 21	23 09	24 58 34	29 56 44	5 12 23.5	18 10 2	21 54 51
18 18	8 32 59	9 11 39	24 51 6	23 47 44	13 35 40	6 3 22	17 29 39	26 17 17	23 08	25 3 56	29 57 5	5 12 23.2	18 14 26	22 3 10
19 19	9 36 40	10 24 28	25 28 36	23 44 57	13 31 9	6 6 23	17 31 52	26 19 13	23 05	25 9 18	29 57 40	5 12 22.9	18 19 2	22 10 52
20 20	10 42 54	11 37 14	26 6 10	23 41 59	13 26 40	6 9 26	17 34 6	26 21 7	22 59	25 14 39	29 58 25	5 12 22.6	18 23 49	22 17 53
21 21	11 51 26	12 49 55	26 43 46	23 38 50	13 22 15	6 12 30	17 36 20	26 22 59	22 50	25 19 59	29 59 18	5 12 22.3	18 28 47	22 24 7
22 22	13 2 7	14 2 32	27 21 26	23 35 29	13 17 54	6 15 36	17 38 34	26 24 51	22 39	25 25 17	30 0 16	5 12 22.0	18 33 54	22 29 32
23 23	14 14 32	15 15 6	27 59 8	23 31 58	13 13 35	6 18 43	17 40 49	26 26 42	22 27	25 30 35	30 1 16	5 12 21.8	18 39 10	22 34 3
24 24	15 28 46	16 27 34	28 36 53	23 28 16	13 9 21	6 21 51	17 43 4	26 28 31	22 15	25 35 52	30 2 17	5 12 21.7	18 44 34	22 37 37
25 25	16 44 35	17 39 58	29 14 40	23 24 24	13 5 10	6 25 1	17 45 20	26 30 18	22 05	25 41 8	30 3 16	5 12 21.6	18 50 4	22 40 12
26 26	18 1 52	18 52 18	29 52 30	23 20 21	13 1 3	6 28 12	17 47 35	26 32 5	21 58	25 46 23	30 4 12	5 12 21.5	18 55 41	22 41 44
27 27	19 20 30	20 4 32	0♈30 22	23 16 8	12 57 0	6 31 24	17 49 51	26 33 50	21 53	25 51 37	30 5 5	5 12 21.4	19 1 24	22 42 12
28 28	20 40 24	21 16 41	1 8 16	23 11 45	12 53 2	6 34 37	17 52 7	26 35 34	21 50	25 56 50	30 5 52	5 12 21.4	19 7 13	22 41 33
29 29	22 1 29	22 28 45	1 46 12	23 7 11	12 49 7	6 37 51	17 54 24	26 37 16	21 50	26 2 2	30 6 32	5 12 21.3	19 13 6	22 39 46
30 30	23 23 41	23 40 50	2 24 10	23 2 26	12 45 16	6 41 6	17 56 40	26 38 58	21 50	26 7 13	30 7 5	5 12 21.1	19 19 3	22 36 50
31 31	24♐46 57	24♓52 37	3♈ 2 10	22♌57 35	12♊41 32	6♓44 22	17♑58 57	26♏40 37	21♈49	26 12 23	30 7 28	5 12 21.0	19 25 5	22S32 42

DAY Jan	♀ VENUS R.A. h m s	DECL ° ' "	♂ MARS R.A. h m s	DECL ° ' "	♃ JUPITER R.A. h m s	DECL ° ' "	♄ SATURN R.A. h m s	DECL ° ' "	♅ URANUS R.A. h m s	DECL ° ' "	♆ NEPTUNE R.A. h m s	DECL ° ' "	♇ PLUTO R.A. h m s	DECL ° ' "
1	21 4 55	18S36 8	0 33 35	3N41 19	11 21 3	5N30 30	6 42 14	22N24 47	22 9 40	12S 8 9	20 56 37	17S18 23	17 21 10	14S29 36
2	21 9 52	18 14 22	0 35 47	3 56 56	11 21 5	5 30 35	6 41 52	22 25 15	22 9 50	12 7 14	20 56 45	17 17 50	17 21 19	14 29 45
3	21 14 47	17 52 6	0 38 0	4 12 32	11 21 6	5 30 43	6 41 31	22 25 43	22 9 59	12 6 19	20 56 53	17 17 17	17 21 28	14 29 53
4	21 19 41	17 29 22	0 40 13	4 28 8	11 21 7	5 30 56	6 41 10	22 26 10	22 10 9	12 5 23	20 57 2	17 16 43	17 21 37	14 30 1
5	21 24 33	17 6 9	0 42 26	4 43 42	11 21 7	5 31 14	6 40 48	22 26 38	22 10 19	12 4 26	20 57 10	17 16 10	17 21 46	14 30 9
6	21 29 24	16 42 29	0 44 40	4 59 16	11 21 7	5 31 36	6 40 27	22 27 6	22 10 29	12 3 29	20 57 18	17 15 36	17 21 54	14 30 16
7	21 34 14	16 18 22	0 46 54	5 14 48	11 21 5	5 32 3	6 40 6	22 27 33	22 10 39	12 2 30	20 57 27	17 15 1	17 22 3	14 30 23
8	21 39 2	15 53 50	0 49 9	5 30 19	11 21 3	5 32 34	6 39 45	22 28 0	22 10 50	12 1 32	20 57 35	17 14 27	17 22 11	14 30 29
9	21 43 48	15 28 52	0 51 24	5 45 48	11 21 1	5 33 10	6 39 24	22 28 27	22 11 0	12 0 32	20 57 44	17 13 52	17 22 20	14 30 36
10	21 48 33	15 3 31	0 53 39	6 1 16	11 20 57	5 33 50	6 39 3	22 28 54	22 11 11	11 59 32	20 57 52	17 13 17	17 22 28	14 30 41
11	21 53 17	14 37 46	0 55 54	6 16 42	11 20 53	5 34 35	6 38 42	22 29 21	22 11 21	11 58 31	20 58 1	17 12 42	17 22 37	14 30 47
12	21 58 0	14 11 38	0 58 11	6 32 7	11 20 48	5 35 24	6 38 22	22 29 47	22 11 32	11 57 30	20 58 9	17 12 7	17 22 45	14 30 52
13	22 2 41	13 45 9	1 0 27	6 47 29	11 20 42	5 36 18	6 38 1	22 30 14	22 11 43	11 56 28	20 58 18	17 11 31	17 22 53	14 30 57
14	22 7 20	13 18 18	1 2 44	7 2 49	11 20 36	5 37 16	6 37 41	22 30 40	22 11 54	11 55 25	20 58 27	17 10 55	17 23 2	14 31 2
15	22 11 59	12 51 7	1 5 1	7 18 8	11 20 29	5 38 19	6 37 20	22 31 5	22 12 5	11 54 22	20 58 36	17 10 19	17 23 10	14 31 6
16	22 16 36	12 23 37	1 7 19	7 33 23	11 20 21	5 39 26	6 37 0	22 31 31	22 12 16	11 53 19	20 58 45	17 9 43	17 23 18	14 31 10
17	22 21 12	11 55 47	1 9 36	7 48 37	11 20 13	5 40 37	6 36 41	22 31 56	22 12 28	11 52 14	20 58 53	17 9 7	17 23 26	14 31 13
18	22 25 46	11 27 40	1 11 55	8 3 48	11 20 4	5 41 52	6 36 21	22 32 21	22 12 39	11 51 9	20 59 2	17 8 30	17 23 34	14 31 16
19	22 30 20	10 59 15	1 14 14	8 18 57	11 19 54	5 43 12	6 36 1	22 32 46	22 12 51	11 50 4	20 59 11	17 7 53	17 23 42	14 31 19
20	22 34 52	10 30 34	1 16 33	8 34 3	11 19 43	5 44 37	6 35 42	22 33 10	22 13 2	11 48 58	20 59 20	17 7 16	17 23 49	14 31 22
21	22 39 23	10 1 38	1 18 52	8 49 6	11 19 32	5 46 5	6 35 23	22 33 35	22 13 14	11 47 51	20 59 29	17 6 39	17 23 57	14 31 24
22	22 43 53	9 32 26	1 21 12	9 4 7	11 19 20	5 47 38	6 35 4	22 33 59	22 13 26	11 46 44	20 59 38	17 6 2	17 24 5	14 31 26
23	22 48 22	9 3 0	1 23 32	9 19 4	11 19 7	5 49 14	6 34 46	22 34 23	22 13 38	11 45 37	20 59 47	17 5 25	17 24 12	14 31 28
24	22 52 50	8 33 22	1 25 53	9 33 58	11 18 54	5 50 55	6 34 27	22 34 46	22 13 50	11 44 29	20 59 56	17 4 48	17 24 20	14 31 29
25	22 57 17	8 3 30	1 28 14	9 48 49	11 18 40	5 52 40	6 34 9	22 35 9	22 14 2	11 43 21	21 0 5	17 4 10	17 24 27	14 31 30
26	23 1 42	7 33 27	1 30 36	10 3 36	11 18 26	5 54 29	6 33 52	22 35 32	22 14 14	11 42 12	21 0 15	17 3 33	17 24 34	14 31 30
27	23 6 7	7 3 13	1 32 58	10 18 20	11 18 10	5 56 22	6 33 34	22 35 55	22 14 26	11 41 3	21 0 24	17 2 55	17 24 41	14 31 31
28	23 10 31	6 32 49	1 35 20	10 33 0	11 17 55	5 58 18	6 33 17	22 36 17	22 14 38	11 39 53	21 0 33	17 2 17	17 24 49	14 31 30
29	23 14 54	6 2 15	1 37 42	10 47 37	11 17 38	6 0 18	6 33 0	22 36 39	22 14 51	11 38 43	21 0 42	17 1 39	17 24 56	14 31 30
30	23 19 15	5 31 33	1 40 5	11 2 9	11 17 21	6 2 22	6 32 44	22 37 1	22 15 3	11 37 33	21 0 51	17 1 1	17 25 2	14 31 29
31	23 23 36	5S 0 43	1 42 28	11N16 37	11 17 3	6N 4 29	6 32 27	22N37 22	22 15 16	11S36 22	21 1 0	17S 0 23	17 25 9	14S31 28

FEBRUARY 2004

DAY	SIDEREAL TIME h m s	☉ SUN LONG ° ' "	☉ MOT ' "	☉ R.A. h m s	☉ DECL ° ' "	☽ MOON AT 0 HOURS LONG ° ' "	12h MOT ° ' "	2DIF "	R.A. h m s	DECL ° ' "
1 Su	8 42 12	16♑39 25	60 54	20 55 38.3	17S20 49	16♉20 44	5 54 48	38	4 37 2	24N11 29
2 M	8 46 9	17 40 19	60 53	20 59 43.3	17 3 51	28 11 52	5 58 23	68	5 28 46	26 14 44
3 Tu	8 50 5	18 41 11	60 51	21 3 47.3	16 46 36	10♊11 7	6 3 43	90	6 22 20	27 6 39
4 W	8 54 2	19 42 2	60 50	21 7 50.6	16 29 3	22 21 42	6 10 16	104	7 16 52	26 40 53
5 Th	8 57 58	20 42 52	60 49	21 11 53.0	16 11 13	4♋45 46	6 17 26	109	8 11 18	24 55 47
6 F	9 1 55	21 43 40	60 48	21 15 54.6	15 53 7	17 24 15	6 24 38	106	9 4 39	21 55 11
7 S	9 5 51	22 44 28	60 46	21 19 55.5	15 34 44	0♌17 0	6 31 26	97	9 56 21	17 47 57
8 Su	9 9 48	23 45 14	60 45	21 23 55.5	15 16 5	13 23 1	6 37 31	85	10 46 22	12 46 33
9 M	9 13 45	24 45 59	60 44	21 27 54.7	14 57 10	26 40 48	6 42 49	74	11 35 5	7 5 31
10 Tu	9 17 41	25 46 43	60 43	21 31 53.1	14 38 1	10♍ 8 49	6 47 27	66	12 23 17	1 0 30
11 W	9 21 38	26 47 26	60 42	21 35 50.8	14 18 37	23 45 51	6 51 40	62	13 11 54	5S12 4
12 Th	9 25 34	27 48 8	60 41	21 39 47.7	13 58 58	7♎31 14	6 55 44	61	14 2 4	11 14 37
13 F	9 29 31	28 48 48	60 40	21 43 43.8	13 39 5	21 24 45	6 59 48	61	14 54 49	16 47 51
14 S	9 33 27	29 49 28	60 39	21 47 39.3	13 18 59	5♏26 22	7 3 47	57	15 51 2	21 30 26
15 Su	9 37 24	0♒50 7	60 38	21 51 34.0	12 58 40	19 35 47	7 7 19	46	16 50 59	24 59 51
16 M	9 41 20	1 50 44	60 37	21 55 28.0	12 38 8	3♐51 51	7 9 48	25	17 54 0	26 55 26
17 Tu	9 45 17	2 51 21	60 35	21 59 21.3	12 17 23	18 12 3	7 10 29	-7	18 58 21	27 3 47
18 W	9 49 14	3 51 56	60 34	22 3 13.9	11 56 27	2♑32 27	7 8 42	-48	20 1 44	25 23 40
19 Th	9 53 10	4 52 29	60 32	22 7 5.8	11 35 19	16 47 54	7 4 5	-90	21 2 11	22 7 6
20 F	9 57 7	5 53 2	60 31	22 10 57.0	11 14 0	0♒52 43	6 56 45	-128	21 58 41	17 35 18
21 S	10 1 3	6 53 32	60 29	22 14 47.6	10 52 31	14 41 39	6 47 12	-155	22 51 13	12 12 45
22 Su	10 5 0	7 54 1	60 27	22 18 37.5	10 30 51	28 10 45	6 36 23	-166	23 40 25	6 22 40
23 M	10 8 56	8 54 29	60 26	22 22 26.7	10 9 2	11♓17 56	6 25 18	-162	0 27 16	0 24 44
24 Tu	10 12 53	9 54 54	60 24	22 26 15.3	9 47 3	24 3 13	6 14 57	-145	1 12 48	5N25 8
25 W	10 16 49	10 55 18	60 22	22 30 3.3	9 24 56	6♈28 30	6 6 11	-116	1 58 2	10 54 6
26 Th	10 20 46	11 55 40	60 20	22 33 50.7	9 2 40	18 37 15	5 59 34	-81	2 43 52	15 51 22
27 F	10 24 43	12 56 0	60 18	22 37 37.5	8 40 16	0♉34 1	5 55 30	-41	3 31 1	20 7 5
28 S	10 28 39	13 56 18	60 16	22 41 23.7	8 17 45	12 24 0	5 54 10	1	4 20 2	23 31 45
29 Su	10 32 36	14♒56 34	60 14	22 45 9.4	7S55 6	24♉12 41	5 55 33	41	5 11 6	25N55 57

DAY	☽ MOON AT 12 HOURS LONG ° ' "	12h MOT ° ' "	2DIF "	R.A. h m s	DECL ° ' "
1 Su	22♉15 32	5 56 20	54	5 2 38	25N21 29
2 M	4♊10 15	6 0 52	80	5 55 22	26 50 5
3 Tu	16 14 50	6 6 53	98	6 49 33	27 3 43
4 W	28 31 58	6 13 48	107	7 44 10	25 58 9
5 Th	11♋ 3 12	6 21 4	108	8 38 9	23 34 28
6 F	23 48 54	6 28 7	102	9 30 43	19 59 11
7 S	6♌48 26	6 34 35	91	10 21 34	15 23 9
8 Su	20 0 32	6 40 16	79	11 10 51	10 0 2
9 M	3♍23 37	6 45 12	69	11 59 12	4 5 0
10 Tu	16 56 16	6 49 36	63	12 47 28	2S 5 55
11 W	0♎37 32	6 53 43	61	13 36 43	8 15 45
12 Th	14 26 58	6 57 46	61	14 28 3	14 6 11
13 F	28 24 33	7 1 49	60	15 22 28	19 16 53
14 S	12♏30 9	7 5 39	53	16 20 34	23 25 41
15 Su	26 43 7	7 8 44	37	17 22 12	26 10 27
16 M	11♐ 1 38	7 10 25	10	18 26 8	27 13 25
17 Tu	25 22 31	7 9 56	-27	19 30 18	26 26 49
18 W	9♑41 9	7 6 45	-69	20 32 25	23 56 16
19 Th	23 51 59	7 0 44	-110	21 30 57	19 59 5
20 F	7♒49 28	6 52 12	-143	22 25 25	14 58 51
21 S	21 28 52	6 41 53	-162	23 16 10	9 19 50
22 Su	4♓47 8	6 30 48	-166	0 4 4	3 23 36
23 M	17 43 14	6 19 59	-155	0 50 8	2N32 4
24 Tu	0♈18 10	6 10 20	-132	1 35 24	8 12 56
25 W	12 34 40	6 2 34	-99	2 20 49	13 27 19
26 Th	24 36 49	5 57 12	-61	3 7 14	18 5 1
27 F	6♉29 31	5 54 29	-20	3 55 17	21 56 24
28 S	18 18 9	5 54 31	21	4 45 19	24 51 58
29 Su	0♊ 8 14	5 57 14	59	5 37 20	26N42 36

LUNAR INGRESSES
2 ☽ ♊ 3:38
4 ☽ ♋ 14:50
6 ☽ ♌ 23:29
9 ☽ ♍ 5:57
11 ☽ ♎ 10:55
13 ☽ ♏ 14:43
15 ☽ ♐ 17:31
17 ☽ ♑ 19:44
19 ☽ ♒ 22:29
22 ☽ ♓ 3:17
24 ☽ ♈ 11:25
26 ☽ ♉ 22:51
29 ☽ ♊ 11:43

PLANET INGRESSES
3 ☿ ♑ 15:51
4 ♀ ♓ 7:01
14 ☉ ♒ 4:10
22 ☿ ♒ 13:35

STATIONS
NONE

DATA FOR THE 1st AT 0 HOURS
JULIAN DAY 38016.5
☽ MEAN ☊ 21°♈ 15' 56"
OBLIQUITY 23° 26' 26"
DELTA T 66.5 SECONDS
NUTATION LONGITUDE-10.8"

DAY MO	YR	☿ LONG ° ' "	♀ LONG ° ' "	♂ LONG ° ' "	♃ LONG ° ' "	♄ LONG ° ' "	♅ LONG ° ' "	♆ LONG ° ' "	♇ LONG ° ' "
1	32	26♐11 13	26♒ 4 24	3♈40 12	22♌52R33	12♊37R52	6♒47 39	18♑ 1 14	26♏42 15
2	33	27 36 26	27 16 5	4 18 15	22 47 22	12 34 16	6 50 57	18 3 31	26 43 52
3	34	29 2 35	28 27 40	4 56 19	22 42 1	12 30 45	6 54 16	18 5 46	26 45 27
4	35	0♑29 38	29 39 9	5 34 25	22 36 32	12 27 19	6 57 36	18 8 3	26 47 1
5	36	1 57 34	0♓50 31	6 12 33	22 30 54	12 23 58	7 0 57	18 10 20	26 48 33
6	37	3 26 21	2 1 47	6 50 41	22 25 7	12 20 43	7 4 18	18 12 36	26 50 4
7	38	4 55 59	3 12 56	7 28 51	22 19 13	12 17 32	7 7 40	18 14 53	26 51 33
8	39	6 26 27	4 23 58	8 7 2	22 13 10	12 14 27	7 11 2	18 17 9	26 53 0
9	40	7 57 45	5 34 53	8 45 14	22 6 59	12 11 28	7 14 26	18 19 25	26 54 26
10	41	9 29 52	6 45 42	9 23 27	22 0 41	12 8 34	7 17 50	18 21 41	26 55 50
11	42	11 2 49	7 56 23	10 1 41	21 54 16	12 5 46	7 21 14	18 23 57	26 57 13
12	43	12 36 35	9 6 56	10 39 56	21 47 43	12 3 3	7 24 39	18 26 12	26 58 34
13	44	14 11 11	10 17 23	11 18 12	21 41 4	12 0 26	7 28 4	18 28 27	26 59 53
14	45	15 46 38	11 27 41	11 56 29	21 34 18	11 57 55	7 31 30	18 30 42	27 1 11
15	46	17 22 55	12 37 52	12 34 47	21 27 25	11 55 30	7 34 56	18 32 56	27 2 26
16	47	19 0 4	13 47 55	13 13 6	21 20 27	11 53 12	7 38 22	18 35 10	27 3 40
17	48	20 38 4	14 57 51	13 51 26	21 13 23	11 50 59	7 41 49	18 37 24	27 4 53
18	49	22 16 57	16 7 37	14 29 47	21 6 14	11 48 52	7 45 16	18 39 37	27 6 3
19	50	23 56 44	17 17 16	15 8 9	20 58 59	11 46 52	7 48 43	18 41 50	27 7 12
20	51	25 37 25	18 26 45	15 46 32	20 51 40	11 44 58	7 52 11	18 44 2	27 8 19
21	52	27 19 1	19 36 6	16 24 56	20 44 16	11 43 10	7 55 38	18 46 14	27 9 24
22	53	29 1 32	20 45 17	17 3 20	20 36 48	11 41 29	7 59 5	18 48 25	27 10 27
23	54	0♒45 1	21 54 19	17 41 45	20 29 16	11 39 55	8 2 32	18 50 35	27 11 28
24	55	2 29 27	23 3 11	18 20 11	20 21 41	11 38 26	8 6 0	18 52 45	27 12 28
25	56	4 14 50	24 11 52	18 58 37	20 14 2	11 37 5	8 9 27	18 54 54	27 13 25
26	57	6 1 13	25 20 23	19 37 4	20 6 21	11 35 50	8 12 54	18 57 3	27 14 21
27	58	7 48 35	26 28 44	20 15 31	19 58 38	11 34 42	8 16 21	18 59 10	27 15 15
28	59	9 36 56	27 36 53	20 53 58	19 50 52	11 33 40	8 19 48	19 1 17	27 16 7
29	60	11♒26 17	28♓44 51	21♈32 25	19♌43 5	11♊32 45	8♒23 14	19♑ 3 24	27♏16 57

DAY MO	YR	☊ LONG ° '	A.S.S.I. h m s	S.S.R.Y. h m s	S.V.P. ♓ ° ' "	☿ MERCURY R.A. h m s	☿ MERCURY DECL ° ' "
1	32	21♈47	26 17 31	30 7 42	5 12 20.8	19 31 10	22S27 22
2	33	21 43	26 22 39	30 7 41	5 12 20.6	19 37 19	22 20 48
3	34	21 35	26 27 46	30 7 29	5 12 20.3	19 43 31	22 13 0
4	35	21 25	26 32 51	30 7 4	5 12 20.1	19 49 46	22 3 56
5	36	21 12	26 37 56	30 6 26	5 12 19.9	19 56 4	21 53 36
6	37	20 59	26 42 59	30 5 37	5 12 19.7	20 2 24	21 41 58
7	38	20 45	26 48 2	30 4 40	5 12 19.6	20 8 46	21 29 3
8	39	20 32	26 53 3	30 3 38	5 12 19.5	20 15 11	21 14 49
9	40	20 21	26 58 4	30 2 37	5 12 19.4	20 21 37	20 59 17
10	41	20 13	27 3 4	30 1 39	5 12 19.4	20 28 5	20 42 25
11	42	20 09	27 8 2	30 0 50	5 12 19.4	20 34 35	20 24 12
12	43	20 07	27 13 0	30 0 12	5 12 19.3	20 41 6	20 4 40
13	44	20 06	27 17 57	29 59 47	5 12 19.2	20 47 39	19 43 47
14	45	20 06	27 22 52	29 59 35	5 12 19.0	20 54 13	19 21 33
15	46	20 05	27 27 47	29 59 38	5 12 18.8	21 0 48	18 57 57
16	47	20 02	27 32 41	29 59 53	5 12 18.5	21 7 25	18 33 0
17	48	19 56	27 37 34	30 0 20	5 12 18.3	21 14 2	18 6 41
18	49	19 47	27 42 27	30 0 56	5 12 18.0	21 20 41	17 39 1
19	50	19 36	27 47 18	30 1 41	5 12 17.8	21 27 21	17 9 58
20	51	19 24	27 52 8	30 2 33	5 12 17.7	21 34 2	16 39 33
21	52	19 12	27 56 58	30 3 29	5 12 17.6	21 40 44	16 7 47
22	53	19 02	28 1 47	30 4 29	5 12 17.6	21 47 28	15 34 38
23	54	18 54	28 6 35	30 5 31	5 12 17.6	21 54 12	15 0 8
24	55	18 48	28 11 22	30 6 33	5 12 17.5	22 0 57	14 24 15
25	56	18 45	28 16 9	30 7 33	5 12 17.5	22 7 43	13 47 2
26	57	18 45	28 20 54	30 8 30	5 12 17.4	22 14 31	13 8 27
27	58	18 45	28 25 39	30 9 21	5 12 17.3	22 21 19	12 28 31
28	59	18 46	28 30 23	30 10 3	5 12 17.2	22 28 9	11 47 16
29	60	18♈45	28 35 7	30 10 35	5 12 17.0	22 35 0	11S 4 41

DAY Feb	♀ VENUS R.A. h m s	♀ VENUS DECL ° ' "	♂ MARS R.A. h m s	♂ MARS DECL ° ' "	♃ JUPITER R.A. h m s	♃ JUPITER DECL ° ' "
1	23 27 57	4S29 46	1 44 52	11N31 1	11 16 45	6N 6 40
2	23 32 16	3 58 42	1 47 16	11 45 20	11 16 26	6 8 54
3	23 36 35	3 27 33	1 49 41	11 59 35	11 16 7	6 11 12
4	23 40 53	2 56 19	1 52 5	12 13 46	11 15 47	6 13 32
5	23 45 10	2 25 1	1 54 30	12 27 51	11 15 26	6 15 56
6	23 49 26	1 53 39	1 56 56	12 41 52	11 15 5	6 18 23
7	23 53 42	1 22 15	1 59 22	12 55 47	11 14 44	6 20 53
8	23 57 57	0 50 49	2 1 48	13 9 38	11 14 22	6 23 26
9	0 2 12	0 19 21	2 4 14	13 23 23	11 13 59	6 26 1
10	0 6 26	0N12 7	2 6 41	13 37 2	11 13 36	6 28 39
11	0 10 40	0 43 35	2 9 8	13 50 37	11 13 13	6 31 20
12	0 14 53	1 15 2	2 11 36	14 4 5	11 12 49	6 34 3
13	0 19 5	1 46 28	2 14 4	14 17 28	11 12 24	6 36 48
14	0 23 18	2 17 51	2 16 32	14 30 46	11 11 59	6 39 36
15	0 27 30	2 49 12	2 19 1	14 43 57	11 11 34	6 42 26
16	0 31 41	3 20 30	2 21 30	14 57 3	11 11 9	6 45 17
17	0 35 53	3 51 43	2 23 59	15 10 2	11 10 43	6 48 11
18	0 40 4	4 22 52	2 26 29	15 22 56	11 10 16	6 51 6
19	0 44 14	4 53 55	2 28 59	15 35 43	11 9 50	6 54 3
20	0 48 25	5 24 52	2 31 30	15 48 24	11 9 23	6 57 2
21	0 52 35	5 55 42	2 34 1	16 0 58	11 8 55	7 0 2
22	0 56 45	6 26 24	2 36 32	16 13 25	11 8 28	7 3 3
23	1 0 55	6 56 58	2 39 3	16 25 46	11 8 0	7 6 5
24	1 5 5	7 27 23	2 41 35	16 38 0	11 7 32	7 9 8
25	1 9 14	7 57 39	2 44 8	16 50 7	11 7 4	7 12 12
26	1 13 24	8 27 44	2 46 41	17 2 7	11 6 36	7 15 16
27	1 17 33	8 57 38	2 49 14	17 14 0	11 6 7	7 18 22
28	1 21 42	9 27 20	2 51 47	17 25 46	11 5 38	7 21 27
29	1 25 51	9N56 50	2 54 21	17N37 24	11 5 10	7N24 32

DAY Feb	♄ SATURN R.A. h m s	♄ SATURN DECL ° ' "	♅ URANUS R.A. h m s	♅ URANUS DECL ° ' "	♆ NEPTUNE R.A. h m s	♆ NEPTUNE DECL ° ' "	♇ PLUTO R.A. h m s	♇ PLUTO DECL ° ' "
1	6 32 12	22N37 43	22 15 28	11S35 11	21 1 9	16S59 45	17 25 16	14S31 27
2	6 31 56	22 38 4	22 15 41	11 33 59	21 1 19	16 59 7	17 25 23	14 31 25
3	6 31 41	22 38 24	22 15 53	11 32 48	21 1 28	16 58 29	17 25 29	14 31 23
4	6 31 26	22 38 44	22 16 6	11 31 36	21 1 37	16 57 51	17 25 36	14 31 21
5	6 31 12	22 39 4	22 16 19	11 30 23	21 1 46	16 57 13	17 25 42	14 31 19
6	6 30 58	22 39 24	22 16 32	11 29 11	21 1 55	16 56 35	17 25 48	14 31 16
7	6 30 44	22 39 43	22 16 44	11 27 58	21 2 4	16 55 57	17 25 54	14 31 13
8	6 30 31	22 40 2	22 16 57	11 26 45	21 2 13	16 55 19	17 26 0	14 31 10
9	6 30 18	22 40 20	22 17 10	11 25 32	21 2 23	16 54 41	17 26 6	14 31 6
10	6 30 5	22 40 38	22 17 23	11 24 18	21 2 32	16 54 3	17 26 12	14 31 3
11	6 29 53	22 40 56	22 17 36	11 23 5	21 2 41	16 53 25	17 26 17	14 30 58
12	6 29 41	22 41 14	22 17 49	11 21 51	21 2 50	16 52 47	17 26 23	14 30 54
13	6 29 30	22 41 31	22 18 2	11 20 37	21 2 59	16 52 9	17 26 28	14 30 49
14	6 29 19	22 41 48	22 18 15	11 19 23	21 3 8	16 51 31	17 26 34	14 30 44
15	6 29 9	22 42 4	22 18 28	11 18 8	21 3 17	16 50 53	17 26 39	14 30 39
16	6 28 59	22 42 20	22 18 41	11 16 54	21 3 26	16 50 15	17 26 44	14 30 34
17	6 28 49	22 42 36	22 18 54	11 15 39	21 3 35	16 49 38	17 26 49	14 30 28
18	6 28 40	22 42 52	22 19 8	11 14 25	21 3 44	16 49 0	17 26 54	14 30 22
19	6 28 32	22 43 7	22 19 21	11 13 10	21 3 53	16 48 23	17 26 59	14 30 16
20	6 28 23	22 43 22	22 19 34	11 11 55	21 4 1	16 47 46	17 27 3	14 30 10
21	6 28 16	22 43 37	22 19 47	11 10 41	21 4 10	16 47 9	17 27 8	14 30 3
22	6 28 8	22 43 51	22 20 0	11 9 27	21 4 19	16 46 32	17 27 12	14 29 56
23	6 28 2	22 44 5	22 20 13	11 8 12	21 4 28	16 45 55	17 27 16	14 29 49
24	6 27 55	22 44 19	22 20 27	11 6 57	21 4 36	16 45 19	17 27 20	14 29 42
25	6 27 49	22 44 32	22 20 40	11 5 42	21 4 45	16 44 42	17 27 24	14 29 34
26	6 27 44	22 44 45	22 20 53	11 4 27	21 4 54	16 44 6	17 27 28	14 29 26
27	6 27 39	22 44 58	22 21 6	11 3 13	21 5 2	16 43 30	17 27 32	14 29 18
28	6 27 35	22 45 10	22 21 19	11 1 58	21 5 11	16 42 54	17 27 35	14 29 10
29	6 27 31	22N45 22	22 21 32	11S 0 44	21 5 19	16S42 18	17 27 39	14S29 2

MARCH 2004

DAY	SIDEREAL TIME h m s	☉ SUN LONG ° ' "	MOT ' "	R.A. h m s	DECL ° ' "
1 M	10 36 32	15♒56 48	60 12	22 48 54.5	7S32 20
2 Tu	10 40 29	16 57 0	60 10	22 52 39.1	7 9 29
3 W	10 44 25	17 57 10	60 8	22 56 23.2	6 46 31
4 Th	10 48 22	18 57 17	60 6	23 0 6.9	6 23 27
5 F	10 52 18	19 57 23	60 4	23 3 50.0	6 0 18
6 S	10 56 15	20 57 27	60 2	23 7 32.7	5 37 5
7 Su	11 0 12	21 57 29	60 0	23 11 15.0	5 13 47
8 M	11 4 8	22 57 29	59 58	23 14 57.0	4 50 25
9 Tu	11 8 5	23 57 27	59 57	23 18 38.5	4 26 59
10 W	11 12 1	24 57 24	59 55	23 22 19.7	4 3 30
11 Th	11 15 58	25 57 19	59 53	23 26 0.6	3 39 57
12 F	11 19 54	26 57 12	59 52	23 29 41.2	3 16 22
13 S	11 23 51	27 57 3	59 50	23 33 21.5	2 52 44
14 Su	11 27 47	28 56 53	59 48	23 37 1.6	2 29 5
15 M	11 31 44	29 56 41	59 47	23 40 41.4	2 5 23
16 Tu	11 35 41	0♓56 28	59 45	23 44 21.0	1 41 41
17 W	11 39 37	1 56 13	59 43	23 48 0.5	1 17 57
18 Th	11 43 34	2 55 56	59 41	23 51 39.7	0 54 13
19 F	11 47 30	3 55 37	59 39	23 55 18.8	0 30 29
20 S	11 51 27	4 55 17	59 37	23 58 57.7	0 6 45
21 Su	11 55 23	5 54 54	59 35	0 2 36.6	0N16 58
22 M	11 59 20	6 54 29	59 33	0 6 15.3	0 40 40
23 Tu	12 3 16	7 54 3	59 31	0 9 53.9	1 4 21
24 W	12 7 13	8 53 34	59 29	0 13 32.4	1 27 59
25 Th	12 11 10	9 53 3	59 27	0 17 10.9	1 51 36
26 F	12 15 6	10 52 29	59 25	0 20 49.3	2 15 10
27 S	12 19 3	11 51 54	59 22	0 24 27.8	2 38 41
28 Su	12 22 59	12 51 16	59 20	0 28 6.2	3 2 9
29 M	12 26 56	13 50 36	59 18	0 31 44.6	3 25 34
30 Tu	12 30 52	14 49 53	59 15	0 35 23.1	3 48 54
31 W	12 34 49	15♓49 9	59 13	0 39 1.6	4N12 9

DAY	☽ MOON AT 0 HOURS LONG ° ' "	12h MOT ° ' "	2DIF "	R.A. h m s	DECL ° ' "	☽ MOON AT 12 HOURS LONG ° ' "	12h MOT ° ' "	2DIF "	R.A. h m s	DECL ° ' "
1 M	6♊ 5 27	5 59 31	77	6 3 59	27N11 1	12♊ 4 58	6 2 22	93	6 30 55	27N20 26
2 Tu	18 7 20	6 5 43	107	6 58 2	27 10 18	24 13 3	6 9 32	120	7 25 14	26 40 21
3 W	0♋22 35	6 13 42	129	7 52 23	25 50 35	6♋36 17	6 18 9	137	8 19 21	24 41 21
4 Th	12 54 26	6 22 48	141	8 46 5	23 13 15	19 17 14	6 27 33	142	9 12 29	21 27 12
5 F	25 44 46	6 32 17	141	9 38 32	19 24 23	2♌17 3	6 36 55	136	10 4 12	17 6 13
6 S	8♌53 59	6 41 22	129	10 29 31	14 34 16	15 35 21	6 45 33	120	10 54 32	11 50 20
7 Su	22 20 53	6 49 22	109	11 19 18	8 56 21	29 10 16	6 52 47	96	11 43 56	5 54 22
8 M	6♍ 3 3	6 55 46	83	12 8 30	2 46 35	12♍58 49	6 58 18	69	12 33 9	0S24 43
9 Tu	19 57 7	7 0 22	56	12 58 0	3S37 6	26 57 29	7 2 0	43	13 23 9	6 48 4
10 W	3♎59 30	7 3 14	31	13 48 45	9 54 57	11♎ 2 43	7 4 5	21	14 14 56	12 55 4
11 Th	18 6 49	7 4 38	12	14 41 46	15 45 36	25 11 27	7 4 54	4	15 9 24	18 23 41
12 F	2♏16 20	7 4 56	-2	15 37 50	20 46 28	9♏21 16	7 4 46	-8	16 7 7	22 51 10
13 S	16 26 1	7 4 25	-13	16 37 11	24 35 7	23 30 27	7 3 55	-17	17 7 58	25 56 1
14 Su	0♐34 22	7 3 16	-22	17 39 16	26 51 58	7♐37 38	7 2 27	-27	18 10 53	27 21 41
15 M	14 40 5	7 1 26	-33	18 42 34	27 24 34	21 41 31	7 0 13	-40	19 14 3	27 0 47
16 Tu	28 41 44	6 58 45	-48	19 45 5	26 11 14	5♑40 29	6 57 1	-57	20 15 27	24 57 29
17 W	12♑37 29	6 54 59	-66	20 44 59	23 21 39	19 32 28	6 52 37	-76	21 13 36	21 26 10
18 Th	26 25 5	6 49 56	-86	21 41 16	19 13 43	3♒15 1	6 46 55	-95	22 8 0	16 47 3
19 F	10♒ 1 55	6 43 35	-104	22 33 50	14 8 55	16 45 31	6 39 59	-112	22 58 53	11 21 55
20 S	23 25 30	6 36 8	-118	23 23 14	8 28 33	0♓ 1 38	6 32 6	-123	23 47 0	5 31 10
21 Su	6♓33 44	6 27 57	-125	0 10 19	2 31 55	13 1 41	6 23 45	-126	0 33 18	0N27 10
22 M	19 25 26	6 19 34	-124	0 56 4	3N24 15	25 45 0	6 15 30	-120	1 18 44	6 17 35
23 Tu	2♈ 0 30	6 11 36	-113	1 41 25	9 5 34	8♈12 6	6 7 57	-105	2 4 14	11 46 40
24 W	14 20 3	6 4 37	-94	2 27 15	14 19 25	20 24 40	6 1 41	-82	2 50 34	16 42 29
25 Th	26 26 21	5 59 11	-68	3 14 16	18 54 29	2♉25 31	5 57 10	-52	3 38 23	20 54 9
26 F	8♉22 42	5 55 42	-36	4 2 57	22 40 14	14 18 24	5 54 48	-18	4 28 1	24 11 33
27 S	20 13 12	5 54 30	0	4 53 32	25 26 58	26 7 42	5 54 49	19	5 19 29	26 25 28
28 Su	2♊ 2 31	5 55 47	38	5 45 49	27 6 9	7♊58 17	5 57 22	57	6 12 27	27 28 17
29 M	13 55 39	5 59 35	76	6 39 16	27 31 19	19 55 14	6 2 25	94	7 6 11	27 14 57
30 Tu	25 57 39	6 5 50	111	7 33 5	26 39 5	2♋ 3 29	6 9 49	127	7 59 52	25 43 55
31 W	8♋13 18	6 14 17	141	8 26 27	24N29 51	14♋27 35	6 19 12	153	8 52 45	22N57 32

LUNAR INGRESSES
2 ☽ ♋ 23:16
5 ☽ ♌ 7:49
7 ☽ ♍ 13:27
9 ☽ ♎ 17:12
11 ☽ ♏ 20:09
13 ☽ ♐ 23:02
16 ☽ ♑ 2:14
18 ☽ ♒ 6:17
20 ☽ ♓ 11:57
22 ☽ ♈ 20:08
25 ☽ ♉ 7:08
27 ☽ ♊ 19:52
30 ☽ ♋ 7:58

PLANET INGRESSES
1 ♀ ♈ 2:37
9 ☿ ♓ 18:06
13 ♂ ♉ 4:45
15 ☉ ♓ 1:20
26 ☿ ♈ 18:11
29 ♀ ♉ 5:45

STATIONS
7 ♄ D 16:52
24 ♇ R 15:10

DATA FOR THE 1st AT 0 HOURS
JULIAN DAY 38045.5
☽ MEAN ☊ 19°♈ 43' 43"
OBLIQUITY 23° 26' 26"
DELTA T 66.5 SECONDS
NUTATION LONGITUDE-10.9"

DAY MO	YR	☿ LONG ° ' "	♀ LONG ° ' "	♂ LONG ° ' "	♃ LONG ° ' "	♄ LONG ° ' "	♅ LONG ° ' "	♆ LONG ° ' "	♇ LONG ° ' "	☊ LONG ° '	A.S.S.I. h m s	S.S.R.Y. h m s	S.V.P. ♓ ° ' "	☿ MERCURY R.A. h m s	DECL ° ' "
1	61	13♒16 38	29♓52 37	22♈10 53	19♌35R16	11♊31R57	8♒26 41	19♑ 5 29	27♏17 44	18♈43	28 39 50	30 10 56	5 12 16.8	22 41 52	10S20 48
2	62	15 7 56	1♈ 0 11	22 49 21	19 27 26	11 31 15	8 30 6	19 7 33	27 18 31	18 38	28 44 32	30 11 1	5 12 16.6	22 48 45	9 35 38
3	63	17 0 13	2 7 32	23 27 49	19 19 36	11 30 40	8 33 32	19 9 37	27 19 15	18 31	28 49 13	30 10 53	5 12 16.4	22 55 40	8 49 13
4	64	18 53 25	3 14 41	24 6 16	19 11 45	11 30 12	8 36 57	19 11 40	27 19 57	18 22	28 53 54	30 10 30	5 12 16.3	23 2 35	8 1 35
5	65	20 47 31	4 21 36	24 44 44	19 3 54	11 29 50	8 40 21	19 13 41	27 20 37	18 12	28 58 35	30 9 53	5 12 16.2	23 9 31	7 12 45
6	66	22 42 27	5 28 18	25 23 12	18 56 3	11 29 35	8 43 45	19 15 42	27 21 15	18 01	29 3 15	30 9 5	5 12 16.1	23 16 29	6 22 48
7	67	24 38 10	6 34 47	26 1 40	18 48 13	11 29D27	8 47 9	19 17 42	27 21 51	17 52	29 7 54	30 8 10	5 12 16.0	23 23 27	5 31 45
8	68	26 34 33	7 41 1	26 40 7	18 40 24	11 29 26	8 50 31	19 19 41	27 22 26	17 44	29 12 33	30 7 10	5 12 16.0	23 30 26	4 39 41
9	69	28 31 31	8 47 1	27 18 34	18 32 36	11 29 31	8 53 53	19 21 39	27 22 58	17 38	29 17 11	30 6 11	5 12 16.0	23 37 25	3 46 42
10	70	0♓28 56	9 52 46	27 57 2	18 24 50	11 29 43	8 57 15	19 23 35	27 23 28	17 35	29 21 49	30 5 15	5 12 16.0	23 44 24	2 52 52
11	71	2 26 37	10 58 16	28 35 29	18 17 6	11 30 2	9 0 36	19 25 31	27 23 57	17 34	29 26 26	30 4 26	5 12 15.9	23 51 23	1 58 19
12	72	4 24 24	12 3 30	29 13 56	18 9 24	11 30 28	9 3 56	19 27 26	27 24 23	17 35	29 31 4	30 3 46	5 12 15.8	23 58 21	1 3 9
13	73	6 22 4	13 8 29	29 52 23	18 1 44	11 31 0	9 7 15	19 29 19	27 24 47	17 36	29 35 40	30 3 16	5 12 15.6	0 5 17	0 7 32
14	74	8 19 20	14 13 11	0♉30 50	17 54 7	11 31 39	9 10 34	19 31 12	27 25 10	17 37	29 40 17	30 2 58	5 12 15.4	0 12 12	0N48 23
15	75	10 15 55	15 17 38	1 9 17	17 46 34	11 32 24	9 13 51	19 33 3	27 25 30	17 36	29 44 53	30 2 50	5 12 15.2	0 19 3	1 44 24
16	76	12 11 29	16 21 47	1 47 43	17 39 3	11 33 17	9 17 8	19 34 53	27 25 48	17 33	29 49 29	30 2 54	5 12 14.9	0 25 50	2 40 19
17	77	14 5 41	17 25 38	2 26 10	17 31 37	11 34 16	9 20 23	19 36 41	27 26 5	17 27	29 54 5	30 3 9	5 12 14.8	0 32 33	3 35 56
18	78	15 58 7	18 29 12	3 4 37	17 24 15	11 35 21	9 23 38	19 38 29	27 26 19	17 21	29 58 40	30 3 33	5 12 14.6	0 39 8	4 30 59
19	79	17 48 22	19 32 28	3 43 4	17 16 57	11 36 34	9 26 52	19 40 15	27 26 31	17 13	30 3 15	30 4 8	5 12 14.6	0 45 37	5 25 14
20	80	19 35 59	20 35 24	4 21 30	17 9 44	11 37 53	9 30 4	19 42 0	27 26 41	17 06	30 7 50	30 4 52	5 12 14.5	0 51 56	6 18 26
21	81	21 20 30	21 38 1	4 59 57	17 2 37	11 39 18	9 33 16	19 43 43	27 26 49	16 59	0 3 17	30 5 43	5 12 14.5	0 58 5	7 10 19
22	82	23 1 30	22 40 18	5 38 23	16 55 34	11 40 50	9 36 26	19 45 25	27 26 56	16 54	0 7 51	30 6 41	5 12 14.5	1 4 2	8 0 37
23	83	24 38 30	23 42 14	6 16 50	16 48 38	11 42 29	9 39 35	19 47 6	27 27 0	16 51	0 12 26	30 7 43	5 12 14.5	1 9 45	8 49 5
24	84	26 11 3	24 43 48	6 55 16	16 41 47	11 44 14	9 42 43	19 48 45	27 27R 2	16 50	0 17 1	30 8 48	5 12 14.5	1 15 14	9 35 29
25	85	27 38 46	25 45 0	7 33 41	16 35 2	11 46 6	9 45 49	19 50 23	27 27 2	16 51	0 21 35	30 9 52	5 12 14.4	1 20 25	10 19 34
26	86	29 1 14	26 45 49	8 12 7	16 28 25	11 48 4	9 48 54	19 52 0	27 27 0	16 52	0 26 10	30 10 53	5 12 14.2	1 25 19	11 1 8
27	87	0♈18 5	27 46 14	8 50 32	16 21 54	11 50 8	9 51 58	19 53 35	27 26 57	16 54	0 30 44	30 11 49	5 12 14.1	1 29 53	11 39 58
28	88	1 28 59	28 46 14	9 28 57	16 15 30	11 52 19	9 55 1	19 55 8	27 26 51	16 55	0 35 18	30 12 36	5 12 13.9	1 34 7	12 15 55
29	89	2 33 40	29 45 49	10 7 21	16 9 13	11 54 36	9 58 1	19 56 40	27 26 43	16 56	0 39 53	30 13 11	5 12 13.7	1 37 58	12 48 49
30	90	3 31 52	0♉44 57	10 45 44	16 3 4	11 57 0	10 1 1	19 58 10	27 26 33	16 55	0 44 27	30 13 33	5 12 13.6	1 41 27	13 18 31
31	91	4♈23 23	1♉43 38	11♉24 8	15♌57 2	11♊59 30	10♒ 3 59	19♑59 39	27♏26 22	16♈53	0 49 2	30 13 41	5 12 13.4	1 44 32	13N44 54

DAY Mar	♀ VENUS R.A. h m s	DECL ° ' "	♂ MARS R.A. h m s	DECL ° ' "	♃ JUPITER R.A. h m s	DECL ° ' "	♄ SATURN R.A. h m s	DECL ° ' "	♅ URANUS R.A. h m s	DECL ° ' "	♆ NEPTUNE R.A. h m s	DECL ° ' "	♇ PLUTO R.A. h m s	DECL ° ' "
1	1 30 0	10N26 6	2 56 55	17N48 54	11 4 41	7N27 38	6 27 27	22N45 33	22 21 45	10S59 29	21 5 27	16S41 43	17 27 42	14S28 53
2	1 34 9	10 55 9	2 59 29	18 0 17	11 4 12	7 30 44	6 27 24	22 45 45	22 21 58	10 58 15	21 5 36	16 41 8	17 27 45	14 28 45
3	1 38 18	11 23 58	3 2 4	18 11 32	11 3 43	7 33 49	6 27 22	22 45 56	22 22 11	10 57 1	21 5 44	16 40 33	17 27 48	14 28 36
4	1 42 27	11 52 31	3 4 39	18 22 39	11 3 13	7 36 55	6 27 20	22 46 7	22 22 24	10 55 47	21 5 52	16 39 58	17 27 51	14 28 27
5	1 46 36	12 20 49	3 7 15	18 33 38	11 2 44	7 39 59	6 27 18	22 46 17	22 22 37	10 54 34	21 6 0	16 39 23	17 27 54	14 28 18
6	1 50 45	12 48 51	3 9 50	18 44 29	11 2 15	7 43 4	6 27 17	22 46 27	22 22 50	10 53 20	21 6 8	16 38 49	17 27 57	14 28 8
7	1 54 53	13 16 35	3 12 27	18 55 12	11 1 46	7 46 7	6 27 17	22 46 37	22 23 3	10 52 7	21 6 16	16 38 15	17 27 59	14 27 59
8	1 59 2	13 44 2	3 15 3	19 5 46	11 1 17	7 49 10	6 27 17	22 46 46	22 23 16	10 50 54	21 6 24	16 37 42	17 28 2	14 27 49
9	2 3 11	14 11 11	3 17 40	19 16 12	11 0 48	7 52 12	6 27 17	22 46 55	22 23 29	10 49 41	21 6 32	16 37 8	17 28 4	14 27 39
10	2 7 19	14 38 0	3 20 17	19 26 30	11 0 19	7 55 13	6 27 18	22 47 4	22 23 41	10 48 28	21 6 40	16 36 35	17 28 6	14 27 29
11	2 11 28	15 4 31	3 22 54	19 36 39	10 59 50	7 58 13	6 27 20	22 47 12	22 23 54	10 47 16	21 6 48	16 36 2	17 28 8	14 27 19
12	2 15 36	15 30 42	3 25 32	19 46 39	10 59 22	8 1 11	6 27 21	22 47 20	22 24 7	10 46 4	21 6 55	16 35 30	17 28 10	14 27 9
13	2 19 45	15 56 32	3 28 10	19 56 31	10 58 53	8 4 8	6 27 24	22 47 28	22 24 19	10 44 52	21 7 3	16 34 57	17 28 11	14 26 58
14	2 23 53	16 22 2	3 30 48	20 6 14	10 58 25	8 7 3	6 27 27	22 47 35	22 24 32	10 43 40	21 7 10	16 34 25	17 28 13	14 26 48
15	2 28 1	16 47 10	3 33 27	20 15 48	10 57 57	8 9 57	6 27 30	22 47 42	22 24 44	10 42 29	21 7 18	16 33 54	17 28 14	14 26 37
16	2 32 9	17 11 56	3 36 6	20 25 13	10 57 29	8 12 49	6 27 34	22 47 49	22 24 57	10 41 18	21 7 25	16 33 22	17 28 16	14 26 26
17	2 36 17	17 36 19	3 38 45	20 34 30	10 57 1	8 15 39	6 27 38	22 47 55	22 25 9	10 40 8	21 7 33	16 32 51	17 28 17	14 26 16
18	2 40 25	18 0 20	3 41 25	20 43 37	10 56 33	8 18 27	6 27 43	22 48 1	22 25 22	10 38 58	21 7 40	16 32 21	17 28 18	14 26 5
19	2 44 33	18 23 56	3 44 5	20 52 35	10 56 6	8 21 13	6 27 48	22 48 7	22 25 34	10 37 48	21 7 47	16 31 51	17 28 19	14 25 54
20	2 48 41	18 47 9	3 46 45	21 1 23	10 55 39	8 23 57	6 27 54	22 48 12	22 25 46	10 36 39	21 7 54	16 31 21	17 28 20	14 25 43
21	2 52 48	19 9 56	3 49 26	21 10 2	10 55 12	8 26 38	6 28 0	22 48 17	22 25 58	10 35 30	21 8 1	16 30 52	17 28 20	14 25 31
22	2 56 55	19 32 19	3 52 7	21 18 32	10 54 46	8 29 17	6 28 7	22 48 21	22 26 10	10 34 21	21 8 7	16 30 23	17 28 21	14 25 20
23	3 1 1	19 54 16	3 54 48	21 26 52	10 54 20	8 31 53	6 28 14	22 48 26	22 26 22	10 33 13	21 8 14	16 29 54	17 28 21	14 25 9
24	3 5 7	20 15 46	3 57 29	21 35 3	10 53 54	8 34 27	6 28 22	22 48 29	22 26 34	10 32 6	21 8 21	16 29 26	17 28 21	14 24 57
25	3 9 13	20 36 50	4 0 11	21 43 4	10 53 29	8 36 58	6 28 30	22 48 33	22 26 46	10 30 59	21 8 27	16 28 58	17 28 21	14 24 46
26	3 13 18	20 57 27	4 2 53	21 50 55	10 53 4	8 39 26	6 28 38	22 48 36	22 26 58	10 29 52	21 8 34	16 28 30	17 28 21	14 24 34
27	3 17 23	21 17 36	4 5 35	21 58 36	10 52 40	8 41 51	6 28 47	22 48 38	22 27 9	10 28 46	21 8 40	16 28 3	17 28 21	14 24 22
28	3 21 27	21 37 17	4 8 18	22 6 7	10 52 16	8 44 13	6 28 57	22 48 41	22 27 21	10 27 40	21 8 46	16 27 36	17 28 21	14 24 11
29	3 25 30	21 56 30	4 11 1	22 13 28	10 51 52	8 46 32	6 29 7	22 48 43	22 27 32	10 26 35	21 8 52	16 27 10	17 28 20	14 23 59
30	3 29 33	22 15 14	4 13 44	22 20 39	10 51 29	8 48 47	6 29 17	22 48 44	22 27 44	10 25 31	21 8 59	16 26 45	17 28 19	14 23 47
31	3 33 34	22N33 29	4 16 27	22N27 40	10 51 6	8N51 0	6 29 28	22N48 45	22 27 55	10S24 27	21 9 4	16S26 19	17 28 19	14S23 36

APRIL 2004

DAY	SIDEREAL TIME h m s	☉ SUN LONG ° ' "	MOT ° '	R.A. h m s	DECL ° ' "	☽ MOON AT 0 HOURS LONG ° ' "	12h MOT ° ' "	2DIF "	R.A. h m s	DECL ° ' "	☽ MOON AT 12 HOURS LONG ° ' "	12h MOT ° ' "	2DIF "	R.A. h m s	DECL ° ' "
1 Th	12 38 45	16♓48 22	59 11	0 42 40.2	4N35 20	20♋46 47	6 24 28	162	9 18 45	21N 7 49	27♋11 15	6 30 0	169	9 44 25	19N 1 47
2 F	12 42 42	17 47 32	59 8	0 46 18.9	4 58 26	3♌41 15	6 35 42	172	10 9 46	16 40 38	10♌16 57	6 41 28	172	10 34 52	14 5 49
3 S	12 46 39	18 46 41	59 6	0 49 57.8	5 21 27	16 58 24	6 47 9	168	10 59 45	11 18 54	23 45 33	6 52 39	160	11 24 30	8 21 39
4 Su	12 50 35	19 45 47	59 4	0 53 36.7	5 44 22	0♍38 12	6 57 51	149	11 49 14	5 16 0	7♍36 3	7 2 37	135	12 14 2	2 4 8
5 M	12 54 32	20 44 51	59 2	0 57 15.8	6 7 10	14 38 40	7 6 51	118	12 39 3	1S11 36	21 45 31	7 10 27	98	13 4 24	4S28 38
6 Tu	12 58 28	21 43 53	59 0	1 0 55.1	6 29 53	28 55 58	7 13 23	77	13 30 13	7 44 10	6♎ 9 21	7 15 35	55	13 56 38	10 55 12
7 W	13 2 25	22 42 53	58 58	1 4 34.6	6 52 28	13♎24 56	7 17 2	32	14 23 44	13 58 34	20 41 58	7 17 44	10	14 51 39	16 50 58
8 Th	13 6 21	23 41 51	58 56	1 8 14.4	7 14 57	27 59 42	7 17 44	-10	15 20 26	19 29 3	5♏17 26	7 17 3	-29	15 50 6	21 49 32
9 F	13 10 18	24 40 47	58 55	1 11 54.4	7 37 18	12♏34 29	7 15 46	-46	16 20 36	23 49 19	19 50 15	7 13 58	-61	16 51 50	25 25 40
10 S	13 14 14	25 39 42	58 53	1 15 34.6	7 59 32	27 4 12	7 11 42	-74	17 23 39	26 36 22	4♐15 54	7 9 3	-84	17 55 47	27 19 56
11 Su	13 18 11	26 38 35	58 51	1 19 15.2	8 21 38	11♐24 57	7 6 6	-92	18 27 58	27 35 40	18 31 3	7 2 56	-98	18 59 56	27 23 45
12 M	13 22 8	27 37 26	58 50	1 22 56.1	8 43 36	25 33 59	6 59 35	-102	19 31 23	26 45 9	2♑33 34	6 56 7	-105	20 2 6	25 41 34
13 Tu	13 26 4	28 36 15	58 48	1 26 37.3	9 5 25	9♑29 40	6 52 34	-107	20 31 55	24 15 13	16 22 15	6 48 59	-108	21 0 44	22 28 38
14 W	13 30 1	29 35 3	58 46	1 30 18.8	9 27 5	23 11 14	6 45 23	-108	21 28 32	20 24 32	29 56 37	6 41 48	-108	21 55 18	18 5 39
15 Th	13 33 57	0♈33 48	58 44	1 34 0.7	9 48 35	6♒38 25	6 38 13	-107	22 21 8	15 34 37	13♒16 37	6 34 40	-106	22 46 7	12 53 57
16 F	13 37 54	1 32 33	58 42	1 37 42.9	10 9 57	19 51 17	6 31 9	-105	23 10 21	10 5 59	26 22 26	6 27 41	-103	23 33 58	7 12 55
17 S	13 41 50	2 31 15	58 41	1 41 25.5	10 31 8	2♓50 7	6 24 16	-101	23 57 6	4 16 46	9♓14 24	6 20 56	-99	0 19 53	1 19 26
18 Su	13 45 47	3 29 56	58 39	1 45 8.5	10 52 8	15 35 19	6 17 40	-96	0 42 26	1N37 18	21 53 0	6 14 31	-93	1 4 52	4N31 46
19 M	13 49 43	4 28 34	58 37	1 48 52.0	11 12 59	28 7 30	6 11 28	-89	1 27 18	7 22 19	4♈18 58	6 8 35	-84	1 49 51	10 7 24
20 Tu	13 53 40	5 27 11	58 35	1 52 35.8	11 33 37	10♈27 33	6 5 52	-78	2 12 37	12 45 30	16 33 25	6 3 21	-72	2 35 40	15 15 6
21 W	13 57 36	6 25 46	58 33	1 56 20.1	11 54 5	22 36 46	6 1 5	-64	2 59 6	17 34 45	28 37 51	5 59 5	-55	3 22 58	19 43 1
22 Th	14 1 33	7 24 19	58 31	2 0 4.8	12 14 21	4♉36 56	5 57 24	-45	3 47 18	21 38 31	10♉34 20	5 56 4	-34	4 12 7	23 19 55
23 F	14 5 30	8 22 50	58 29	2 3 49.9	12 34 24	16 30 24	5 55 7	-22	4 37 24	24 45 58	22 25 31	5 54 35	-9	5 3 8	25 55 33
24 S	14 9 26	9 21 19	58 27	2 7 35.5	12 54 16	28 20 6	5 54 31	5	5 29 16	26 47 42	4♊14 37	5 54 55	20	5 55 41	27 21 38
25 Su	14 13 23	10 19 45	58 25	2 11 21.6	13 13 54	10♊ 9 31	5 55 50	36	6 22 19	27 36 45	16 5 22	5 57 18	52	6 49 2	27 32 46
26 M	14 17 19	11 18 10	58 23	2 15 8.1	13 33 19	22 2 40	5 59 19	69	7 15 44	27 9 35	28 1 59	6 1 54	86	7 42 18	26 27 23
27 Tu	14 21 16	12 16 33	58 21	2 18 55.1	13 52 31	4♋ 3 52	6 5 2	103	8 8 40	25 26 34	10♋ 8 54	6 8 45	120	8 34 44	24 7 43
28 W	14 25 12	13 14 53	58 19	2 22 42.6	14 11 29	16 17 40	6 13 1	136	9 0 28	22 31 37	22 30 41	6 17 48	151	9 25 51	20 39 13
29 Th	14 29 9	14 13 12	58 16	2 26 30.6	14 30 12	28 48 29	6 23 4	164	9 50 54	18 31 31	5♌11 34	6 28 46	176	10 15 39	16 9 41
30 F	14 33 5	15♈11 28	58 14	2 30 19.1	14N48 42	11♌40 19	6 34 48	185	10 40 10	13N34 59	18♌15 8	6 41 7	191	11 4 31	10N48 47

LUNAR INGRESSES
1 ☽ ♌ 17:13
3 ☽ ♍ 22:54
6 ☽ ♎ 1:47
8 ☽ ♏ 3:18
10 ☽ ♐ 4:53
12 ☽ ♑ 7:36
14 ☽ ♒ 12:06
16 ☽ ♓ 18:43
19 ☽ ♈ 3:37
21 ☽ ♉ 14:44
24 ☽ ♊ 3:23
26 ☽ ♋ 15:55
29 ☽ ♌ 2:15

PLANET INGRESSES
14 ☉ ♈ 10:11
20 ☿ ♓ 16:14
29 ♂ ♊ 4:04

STATIONS
6 ☿ R 20:28
30 ☿ D 13:06

DATA FOR THE 1st AT 0 HOURS
JULIAN DAY 38076.5
☽ MEAN ☊ 18°♈ 5' 9"
OBLIQUITY 23° 26' 27"
DELTA T 66.5 SECONDS
NUTATION LONGITUDE-11.8"

DAY MO YR	☿ LONG ° ' "	♀ LONG ° ' "	♂ LONG ° ' "	♃ LONG ° ' "	♄ LONG ° ' "	♅ LONG ° ' "	♆ LONG ° ' "	♇ LONG ° ' "	☊ LONG ° '	A.S.S.I. h m s	S.S.R.Y. h m s	S.V.P. ♓ ° ' "	☿ MERCURY R.A. h m s	DECL ° ' "
1 92	5♈ 8 1	2♉41 51	12♉ 2 30	15♌51R 9	12♊ 2 5	10♒ 6 55	20♑ 1 6	27♏26R 8	16♈50	0 53 37	30 13 31	5 12 13.3	1 47 13	14N 7 51
2 93	5 45 39	3 39 34	12 40 52	15 45 23	12 4 47	10 9 50	20 2 32	27 25 53	16 46	0 58 11	30 13 11	5 12 13.2	1 49 28	14 27 16
3 94	6 16 12	4 36 48	13 19 14	15 39 46	12 7 35	10 12 43	20 3 56	27 25 35	16 41	1 2 46	30 12 36	5 12 13.1	1 51 18	14 43 6
4 95	6 39 38	5 33 30	13 57 35	15 34 18	12 10 29	10 15 35	20 5 19	27 25 16	16 37	1 7 21	30 11 50	5 12 13.1	1 52 43	14 55 15
5 96	6 55 58	6 29 40	14 35 55	15 28 58	12 13 29	10 18 24	20 6 39	27 24 54	16 33	1 11 57	30 10 57	5 12 13.1	1 53 42	15 3 41
6 97	7 5R15	7 25 16	15 14 14	15 23 47	12 16 35	10 21 12	20 7 59	27 24 31	16 31	1 16 32	30 10 0	5 12 13.1	1 54 16	15 8 23
7 98	7 7 39	8 20 18	15 52 33	15 18 45	12 19 47	10 23 59	20 9 16	27 24 6	16 30	1 21 8	30 9 2	5 12 13.0	1 54 25	15 9 20
8 99	7 3 22	9 14 45	16 30 52	15 13 53	12 23 4	10 26 43	20 10 32	27 23 40	16 31	1 25 44	30 8 6	5 12 12.9	1 54 10	15 6 34
9 100	6 52 39	10 8 35	17 9 10	15 9 9	12 26 27	10 29 26	20 11 46	27 23 11	16 32	1 30 20	30 7 14	5 12 12.7	1 53 33	15 0 8
10 101	6 35 54	11 1 47	17 47 27	15 4 35	12 29 56	10 32 7	20 12 59	27 22 40	16 33	1 34 57	30 6 28	5 12 12.5	1 52 35	14 50 7
11 102	6 13 33	11 54 21	18 25 44	15 0 11	12 33 31	10 34 46	20 14 9	27 22 8	16 34	1 39 34	30 5 50	5 12 12.2	1 51 17	14 36 41
12 103	5 46 7	12 46 14	19 4 1	14 55 56	12 37 11	10 37 23	20 15 18	27 21 34	16 35	1 44 12	30 5 20	5 12 12.0	1 49 42	14 20 0
13 104	5 14 11	13 37 25	19 42 17	14 51 52	12 40 57	10 39 58	20 16 25	27 20 58	16 35	1 48 50	30 4 59	5 12 11.8	1 47 52	14 0 17
14 105	4 38 27	14 27 53	20 20 32	14 47 57	12 44 48	10 42 32	20 17 31	27 20 20	16 33	1 53 28	30 4 50	5 12 11.6	1 45 50	13 37 51
15 106	3 59 38	15 17 36	20 58 47	14 44 13	12 48 45	10 45 3	20 18 34	27 19 41	16 32	1 58 7	30 4 52	5 12 11.5	1 43 38	13 13 1
16 107	3 18 31	16 6 33	21 37 2	14 40 39	12 52 47	10 47 32	20 19 36	27 19 0	16 30	2 2 46	30 5 5	5 12 11.5	1 41 20	12 46 9
17 108	2 35 54	16 54 42	22 15 17	14 37 15	12 56 55	10 49 59	20 20 36	27 18 17	16 27	2 7 26	30 5 31	5 12 11.5	1 38 58	12 17 41
18 109	1 52 37	17 42 2	22 53 31	14 34 1	13 1 7	10 52 24	20 21 34	27 17 32	16 26	2 12 6	30 6 7	5 12 11.4	1 36 35	11 48 2
19 110	1 9 28	18 28 29	23 31 44	14 30 59	13 5 26	10 54 47	20 22 30	27 16 45	16 25	2 16 46	30 6 53	5 12 11.4	1 34 15	11 17 40
20 111	0 27 14	19 14 3	24 9 58	14 28 7	13 9 49	10 57 7	20 23 25	27 15 57	16 24	2 21 28	30 7 47	5 12 11.3	1 31 59	10 47 3
21 112	29♓46 38	19 58 40	24 48 10	14 25 26	13 14 17	10 59 26	20 24 17	27 15 8	16 24	2 26 9	30 8 48	5 12 11.3	1 29 50	10 16 36
22 113	29 8 21	20 42 20	25 26 23	14 22 55	13 18 51	11 1 42	20 25 8	27 14 16	16 24	2 30 52	30 9 52	5 12 11.1	1 27 51	9 46 45
23 114	28 32 59	21 24 59	26 4 35	14 20 36	13 23 29	11 3 56	20 25 57	27 13 24	16 25	2 35 35	30 10 57	5 12 10.9	1 26 3	9 17 55
24 115	28 1 2	22 6 35	26 42 46	14 18 27	13 28 13	11 6 7	20 26 44	27 12 29	16 26	2 40 18	30 11 59	5 12 10.8	1 24 28	8 50 25
25 116	27 32 57	22 47 6	27 20 56	14 16 30	13 33 1	11 8 17	20 27 28	27 11 33	16 27	2 45 2	30 12 55	5 12 10.5	1 23 7	8 24 34
26 117	27 9 4	23 26 28	27 59 7	14 14 43	13 37 54	11 10 24	20 28 11	27 10 35	16 27	2 49 47	30 13 42	5 12 10.3	1 22 2	8 0 39
27 118	26 49 39	24 4 40	28 37 16	14 13 8	13 42 52	11 12 28	20 28 52	27 9 36	16 27	2 54 32	30 14 18	5 12 10.1	1 21 13	7 38 52
28 119	26 34 55	24 41 38	29 15 25	14 11 43	13 47 54	11 14 30	20 29 32	27 8 36	16 27	2 59 18	30 14 40	5 12 10.0	1 20 41	7 19 22
29 120	26 24 58	25 17 19	29 53 33	14 10 30	13 53 1	11 16 30	20 30 9	27 7 34	16 27	3 4 4	30 14 49	5 12 9.8	1 20 25	7 2 18
30 121	26♓19D52	25♉51 41	0♊31 41	14♌ 9 28	13♊58 12	11♒18 27	20♑30 44	27♏ 6 30	16♈27	3 8 51	30 14 43	5 12 9.8	1 20 27	6N47 44

DAY Apr	♀ VENUS R.A. h m s	DECL ° ' "	♂ MARS R.A. h m s	DECL ° ' "	♃ JUPITER R.A. h m s	DECL ° ' "	♄ SATURN R.A. h m s	DECL ° ' "	♅ URANUS R.A. h m s	DECL ° ' "	♆ NEPTUNE R.A. h m s	DECL ° ' "	♇ PLUTO R.A. h m s	DECL ° ' "
1	3 37 35	22N51 14	4 19 10	22N34 31	10 50 44	8N53 9	6 29 39	22N48 46	22 28 6	10S23 23	21 9 10	16S25 54	17 28 18	14S23 24
2	3 41 35	23 8 30	4 21 54	22 41 11	10 50 22	8 55 14	6 29 51	22 48 46	22 28 17	10 22 20	21 9 16	16 25 30	17 28 17	14 23 12
3	3 45 33	23 25 15	4 24 38	22 47 41	10 50 1	8 57 16	6 30 3	22 48 46	22 28 28	10 21 18	21 9 22	16 25 6	17 28 16	14 23 0
4	3 49 30	23 41 30	4 27 22	22 54 0	10 49 40	8 59 15	6 30 16	22 48 46	22 28 39	10 20 17	21 9 27	16 24 43	17 28 14	14 22 49
5	3 53 26	23 57 15	4 30 7	23 0 9	10 49 20	9 1 10	6 30 29	22 48 45	22 28 50	10 19 16	21 9 32	16 24 20	17 28 13	14 22 37
6	3 57 21	24 12 28	4 32 51	23 6 7	10 49 1	9 3 1	6 30 42	22 48 43	22 29 0	10 18 16	21 9 38	16 23 57	17 28 12	14 22 25
7	4 1 14	24 27 11	4 35 36	23 11 55	10 48 42	9 4 49	6 30 56	22 48 42	22 29 11	10 17 16	21 9 43	16 23 35	17 28 10	14 22 13
8	4 5 5	24 41 22	4 38 21	23 17 32	10 48 23	9 6 32	6 31 10	22 48 39	22 29 21	10 16 17	21 9 48	16 23 14	17 28 8	14 22 1
9	4 8 54	24 55 3	4 41 6	23 22 58	10 48 5	9 8 12	6 31 25	22 48 37	22 29 32	10 15 18	21 9 53	16 22 53	17 28 6	14 21 49
10	4 12 42	25 8 12	4 43 51	23 28 14	10 47 48	9 9 49	6 31 40	22 48 33	22 29 42	10 14 21	21 9 58	16 22 32	17 28 4	14 21 38
11	4 16 27	25 20 49	4 46 37	23 33 19	10 47 31	9 11 21	6 31 56	22 48 30	22 29 52	10 13 24	21 10 3	16 22 12	17 28 0	14 21 26
12	4 20 11	25 32 55	4 49 22	23 38 13	10 47 15	9 12 49	6 32 12	22 48 26	22 30 2	10 12 27	21 10 7	16 21 52	17 28 0	14 21 14
13	4 23 52	25 44 30	4 52 8	23 42 56	10 47 0	9 14 14	6 32 28	22 48 22	22 30 12	10 11 32	21 10 12	16 21 33	17 27 57	14 21 3
14	4 27 31	25 55 33	4 54 54	23 47 29	10 46 45	9 15 34	6 32 45	22 48 17	22 30 21	10 10 37	21 10 16	16 21 15	17 27 55	14 20 51
15	4 31 7	26 6 5	4 57 40	23 51 50	10 46 31	9 16 51	6 33 2	22 48 11	22 30 31	10 9 43	21 10 20	16 20 57	17 27 52	14 20 40
16	4 34 40	26 16 5	5 0 27	23 56 1	10 46 17	9 18 3	6 33 20	22 48 6	22 30 40	10 8 50	21 10 24	16 20 39	17 27 49	14 20 28
17	4 38 10	26 25 33	5 3 13	24 0 0	10 46 4	9 19 11	6 33 37	22 47 59	22 30 50	10 7 57	21 10 28	16 20 22	17 27 47	14 20 17
18	4 41 38	26 34 31	5 6 0	24 3 48	10 45 52	9 20 15	6 33 56	22 47 53	22 30 59	10 7 5	21 10 32	16 20 6	17 27 44	14 20 6
19	4 45 2	26 42 57	5 8 46	24 7 26	10 45 40	9 21 15	6 34 14	22 47 45	22 31 8	10 6 15	21 10 36	16 19 50	17 27 41	14 19 54
20	4 48 23	26 50 52	5 11 33	24 10 52	10 45 29	9 22 11	6 34 33	22 47 38	22 31 17	10 5 24	21 10 40	16 19 35	17 27 37	14 19 43
21	4 51 40	26 58 15	5 14 20	24 14 7	10 45 19	9 23 3	6 34 53	22 47 29	22 31 25	10 4 35	21 10 43	16 19 20	17 27 34	14 19 32
22	4 54 53	27 5 8	5 17 7	24 17 10	10 45 9	9 23 50	6 35 13	22 47 21	22 31 34	10 3 47	21 10 46	16 19 6	17 27 31	14 19 21
23	4 58 2	27 11 30	5 19 54	24 20 3	10 45 0	9 24 33	6 35 33	22 47 11	22 31 43	10 2 59	21 10 50	16 18 52	17 27 27	14 19 10
24	5 1 7	27 17 21	5 22 42	24 22 44	10 44 52	9 25 12	6 35 53	22 47 2	22 31 51	10 2 12	21 10 53	16 18 39	17 27 23	14 18 59
25	5 4 7	27 22 42	5 25 29	24 25 14	10 44 44	9 25 46	6 36 14	22 46 51	22 31 59	10 1 26	21 10 56	16 18 26	17 27 20	14 18 49
26	5 7 3	27 27 33	5 28 16	24 27 33	10 44 37	9 26 17	6 36 35	22 46 41	22 32 7	10 0 41	21 10 59	16 18 14	17 27 16	14 18 38
27	5 9 54	27 31 52	5 31 4	24 29 41	10 44 31	9 26 43	6 36 57	22 46 29	22 32 15	9 59 57	21 11 2	16 18 3	17 27 12	14 18 28
28	5 12 39	27 35 42	5 33 51	24 31 37	10 44 25	9 27 4	6 37 19	22 46 18	22 32 23	9 59 14	21 11 4	16 17 52	17 27 8	14 18 18
29	5 15 19	27 39 3	5 36 39	24 33 22	10 44 20	9 27 22	6 37 41	22 46 5	22 32 30	9 58 31	21 11 7	16 17 42	17 27 3	14 18 8
30	5 17 53	27N41 53	5 39 26	24N34 55	10 44 16	9N27 35	6 38 3	22N45 53	22 32 38	9S57 50	21 11 9	16S17 32	17 26 59	14S17 58

MAY 2004

DAY	SIDEREAL TIME h m s	☉ SUN LONG ° ' "	MOT ' "	R.A. h m s	DECL ° ' "	☽ MOON AT 0 HOURS LONG ° ' "	12h MOT ° ' "	2DIF "	R.A. h m s	DECL ° ' "	☽ MOON AT 12 HOURS LONG ° ' "	12h MOT ° ' "	2DIF "	R.A. h m s	DECL ° ' "
1 S	14 37 2	16♈ 9 42	58 12	2 34 8.1	15N 6 56	24♌56 14	6 47 34	194	11 28 50	7N52 35	1♍43 48	6 54 3	193	11 53 12	4N48 5
2 Su	14 40 59	17 7 54	58 10	2 37 57.6	15 24 56	8♍37 51	7 0 25	187	12 17 45	1 37 12	15 38 15	7 6 31	177	12 42 37	1S37 58
3 M	14 44 55	18 6 5	58 9	2 41 47.6	15 42 39	22 44 47	7 12 13	162	13 7 58	4S54 56	29 57 0	7 17 21	143	13 33 56	8 10 59
4 Tu	14 48 52	19 4 13	58 7	2 45 38.2	16 0 8	7♎14 21	7 21 46	120	14 0 38	11 23 2	14♎36 7	7 25 20	93	14 28 14	14 27 43
5 W	14 52 48	20 2 20	58 5	2 49 29.4	16 17 20	22 1 27	7 27 58	63	14 56 49	17 21 21	29 29 25	7 29 34	32	15 26 26	20 0 10
6 Th	14 56 45	21 0 25	58 4	2 53 21.1	16 34 16	6♏58 59	7 30 7	1	15 57 5	22 20 21	14♏29 6	7 29 36	-31	16 28 44	24 18 15
7 F	15 0 41	21 58 28	58 2	2 57 13.4	16 50 56	21 58 42	7 28 5	-60	17 1 11	25 50 44	29 26 47	7 25 36	-87	17 34 13	26 55 20
8 S	15 4 38	22 56 30	58 1	3 1 6.3	17 7 19	6♐52 23	7 22 18	-110	18 7 31	27 30 31	14♐14 41	7 18 16	-130	18 40 44	27 35 51
9 Su	15 8 34	23 54 31	57 59	3 4 59.7	17 23 25	21 32 56	7 13 39	-145	19 13 31	27 11 59	28 46 35	7 8 36	-156	19 45 35	26 20 34
10 M	15 12 31	24 52 30	57 58	3 8 53.7	17 39 13	5♑55 11	7 3 16	-163	20 16 40	25 4 0	12♑58 27	6 57 46	-166	20 46 38	23 25 8
11 Tu	15 16 28	25 50 28	57 57	3 12 48.4	17 54 44	19 56 13	6 52 13	-165	21 15 24	21 27 7	26 48 26	6 46 45	-162	21 43 0	19 13 5
12 W	15 20 24	26 48 25	57 56	3 16 43.6	18 9 57	3♒35 11	6 41 25	-157	22 9 28	16 46 1	10♒16 35	6 36 17	-150	22 34 55	14 8 41
13 Th	15 24 21	27 46 20	57 54	3 20 39.4	18 24 52	16 52 53	6 31 26	-141	22 59 29	11 23 37	23 24 19	6 26 53	-132	23 23 17	8 33 5
14 F	15 28 17	28 44 14	57 53	3 24 35.8	18 39 28	29 51 11	6 22 39	-122	23 46 29	5 39 5	6♓13 50	6 18 44	-112	0 9 13	2 43 28
15 S	15 32 14	29 42 7	57 52	3 28 32.7	18 53 46	12♓32 34	6 15 10	-102	0 31 38	0N12 6	18 47 44	6 11 55	-93	0 53 51	3N 6 1
16 Su	15 36 10	0♉39 59	57 50	3 32 30.3	19 7 44	24 59 39	6 8 59	-83	1 16 2	5 56 50	1♈ 8 38	6 6 21	-75	1 38 16	8 43 6
17 M	15 40 7	1 37 49	57 49	3 36 28.4	19 21 23	7♈14 59	6 4 0	-66	2 0 41	11 23 21	13 19 0	6 1 56	-58	2 23 22	13 56 13
18 Tu	15 44 3	2 35 38	57 48	3 40 27.1	19 34 42	19 20 56	6 0 8	-50	2 46 25	16 20 13	25 21 4	5 58 35	-43	3 9 54	18 33 57
19 W	15 48 0	3 33 25	57 46	3 44 26.4	19 47 41	1♉19 38	5 57 17	-35	3 33 52	20 35 58	7♉16 55	5 56 13	-28	3 58 21	22 24 51
20 Th	15 51 57	4 31 12	57 45	3 48 26.2	20 0 20	13 13 8	5 55 25	-20	4 23 20	23 59 14	19 8 34	5 54 53	-12	4 48 49	25 17 52
21 F	15 55 53	5 28 57	57 44	3 52 26.5	20 12 39	25 3 27	5 54 37	-4	5 14 45	26 19 37	0♊58 4	5 54 48	5	5 41 1	27 3 33
22 S	15 59 50	6 26 40	57 42	3 56 27.4	20 24 36	6♊52 42	5 54 59	15	6 7 32	27 28 56	12 47 41	5 55 39	26	6 34 12	27 35 22
23 Su	16 3 46	7 24 22	57 41	4 0 28.8	20 36 13	18 43 20	5 56 41	37	7 0 51	27 22 40	24 40 1	5 58 7	49	7 27 24	26 51 0
24 M	16 7 43	8 22 2	57 39	4 4 30.7	20 47 28	0♋38 8	5 59 57	62	7 53 42	26 0 45	6♋38 5	6 2 14	75	8 19 42	24 52 33
25 Tu	16 11 39	9 19 41	57 38	4 8 33.1	20 58 22	12 40 19	6 4 59	90	8 45 19	23 27 16	18 45 18	6 8 13	105	9 10 31	21 45 50
26 W	16 15 36	10 17 19	57 36	4 12 35.9	21 8 54	24 53 31	6 11 57	120	9 35 19	19 49 20	1♌ 5 28	6 16 12	135	9 59 45	17 38 55
27 Th	16 19 33	11 14 55	57 35	4 16 39.3	21 19 4	7♌21 39	6 20 56	149	10 23 50	15 15 46	13 42 35	6 26 9	163	10 47 40	12 41 8
28 F	16 23 29	12 12 30	57 33	4 20 43.0	21 28 52	20 8 44	6 31 50	176	11 11 22	9 56 18	26 40 34	6 37 54	187	11 35 0	7 2 37
29 S	16 27 26	13 10 3	57 32	4 24 47.2	21 38 18	3♍18 28	6 44 18	196	11 58 44	4 1 37	10♍ 2 46	6 50 57	201	12 22 42	0 54 54
30 Su	16 31 22	14 7 35	57 31	4 28 51.8	21 47 21	16 53 43	6 57 44	203	12 47 1	2S15 39	23 51 27	7 4 29	200	13 11 53	5S27 55
31 M	16 35 19	15♉ 5 5	57 29	4 32 56.9	21N56 1	0♎55 56	7 11 5	193	13 37 27	8S39 25	8♎ 7 1	7 17 19	179	14 3 51	11S47 20

LUNAR INGRESSES
- 1 ☽ ♍ 8:58
- 3 ☽ ♎ 12:05
- 5 ☽ ♏ 12:49
- 7 ☽ ♐ 12:54
- 9 ☽ ♑ 14:03
- 11 ☽ ♒ 17:38
- 14 ☽ ♓ 0:16
- 16 ☽ ♈ 9:46
- 18 ☽ ♉ 21:20
- 21 ☽ ♊ 10:02
- 23 ☽ ♋ 22:44
- 26 ☽ ♌ 9:54
- 28 ☽ ♍ 18:02
- 30 ☽ ♎ 22:26

PLANET INGRESSES
- 9 ♀ ♊ 9:58
- 10 ☿ ♈ 9:24
- 15 ☉ ♉ 7:25
- 26 ♀ ♉ 2:41

STATIONS
- 5 ♃ D 3:08
- 17 ♀ R 22:29
- 17 ♆ R 12:14

DATA FOR THE 1st AT 0 HOURS
- JULIAN DAY 38106.5
- ☽ MEAN ☊ 16°♈ 29' 46"
- OBLIQUITY 23° 26' 26"
- DELTA T 66.6 SECONDS
- NUTATION LONGITUDE -12.4"

DAY MO YR	☿ LONG	♀ LONG	♂ LONG	♃ LONG	♄ LONG	♅ LONG	♆ LONG	♇ LONG	☊ LONG	A.S.S.I. h m s	S.S.R.Y. h m s	S.V.P. ♓ ° ' "	☿ MERCURY R.A. h m s	DECL ° ' "
1 122	26♓19 39	26♉24 40	1♊ 9 47	14♌ 8R37	14♋ 3 28	11♒20 22	20♒31 17	27♏ 5R25	16♈27	3 13 39	30 14 22	5 12 9.7	1 20 45	6N35 44
2 123	26 24 15	26 56 13	1 47 53	14 7 57	14 8 48	11 22 14	20 31 49	27 4 19	16 27	3 18 27	30 13 52	5 12 9.7	1 21 21	6 26 18
3 124	26 33 39	27 26 16	2 25 59	14 7 27	14 14 13	11 24 4	20 32 18	27 3 12	16 27	3 23 16	30 13 11	5 12 9.6	1 22 12	6 19 26
4 125	26 47 43	27 54 47	3 4 4	14 7 9	14 19 42	11 25 51	20 32 46	27 2 3	16 27	3 28 6	30 12 22	5 12 9.5	1 23 20	6 15 7
5 126	27 6 22	28 21 42	3 42 8	14 7D 2	14 25 14	11 27 36	20 33 11	27 0 53	16 27	3 32 56	30 11 28	5 12 9.4	1 24 44	6 13 18
6 127	27 29 28	28 46 58	4 20 11	14 7 6	14 30 51	11 29 18	20 33 35	26 59 41	16 27	3 37 47	30 10 30	5 12 9.2	1 26 23	6 13 55
7 128	27 56 52	29 10 31	4 58 14	14 7 21	14 36 32	11 30 58	20 33 56	26 58 29	16 27	3 42 39	30 9 32	5 12 8.9	1 28 17	6 16 55
8 129	28 28 26	29 32 18	5 36 16	14 7 47	14 42 18	11 32 35	20 34 16	26 57 15	16 26	3 47 32	30 8 34	5 12 8.6	1 30 25	6 22 13
9 130	29 4 2	29 52 16	6 14 18	14 8 23	14 48 7	11 34 9	20 34 34	26 56 0	16 25	3 52 25	30 7 39	5 12 8.4	1 32 47	6 29 43
10 131	29 43 31	0♊10 20	6 52 20	14 9 11	14 53 59	11 35 41	20 34 49	26 54 44	16 25	3 57 19	30 6 50	5 12 8.1	1 35 22	6 39 21
11 132	0♈26 44	0 26 28	7 30 21	14 10 9	14 59 56	11 37 10	20 35 3	26 53 26	16 24	4 2 14	30 6 9	5 12 7.9	1 38 10	6 51 2
12 133	1 13 32	0 40 37	8 8 21	14 11 18	15 5 57	11 38 36	20 35 15	26 52 8	16 24	4 7 9	30 5 37	5 12 7.7	1 41 11	7 4 39
13 134	2 3 49	0 52 42	8 46 21	14 12 38	15 12 1	11 40 0	20 35 25	26 50 48	16 25	4 12 6	30 5 17	5 12 7.6	1 44 24	7 20 9
14 135	2 57 27	1 2 40	9 24 21	14 14 9	15 18 8	11 41 21	20 35 32	26 49 28	16 26	4 17 3	30 5 9	5 12 7.6	1 47 49	7 37 25
15 136	3 54 18	1 10 29	10 2 20	14 15 50	15 24 20	11 42 39	20 35 38	26 48 6	16 27	4 22 0	30 5 14	5 12 7.5	1 51 25	7 56 22
16 137	4 54 15	1 16 5	10 40 19	14 17 42	15 30 35	11 43 54	20 35 42	26 46 44	16 28	4 26 59	30 5 32	5 12 7.5	1 55 12	8 16 56
17 138	5 57 15	1 19R24	11 18 18	14 19 45	15 36 53	11 45 7	20 35R44	26 45 20	16 29	4 31 58	30 6 3	5 12 7.4	1 59 10	8 39 0
18 139	7 3 9	1 20 25	11 56 16	14 21 58	15 43 15	11 46 16	20 35 44	26 43 56	16 29	4 36 58	30 6 45	5 12 7.2	2 3 19	9 2 31
19 140	8 11 54	1 19 5	12 34 14	14 24 22	15 49 40	11 47 23	20 35 42	26 42 31	16 28	4 41 58	30 7 36	5 12 7.1	2 7 38	9 27 23
20 141	9 23 26	1 15 23	13 12 12	14 26 56	15 56 8	11 48 28	20 35 38	26 41 5	16 27	4 47 0	30 8 33	5 12 6.9	2 12 8	9 53 31
21 142	10 37 39	1 9 16	13 50 9	14 29 41	16 2 40	11 49 29	20 35 32	26 39 38	16 24	4 52 2	30 9 35	5 12 6.7	2 16 48	10 20 51
22 143	11 54 32	1 0 43	14 28 6	14 32 36	16 9 14	11 50 27	20 35 24	26 38 10	16 21	4 57 4	30 10 37	5 12 6.4	2 21 39	10 49 18
23 144	13 14 0	0 49 45	15 6 2	14 35 41	16 15 52	11 51 23	20 35 14	26 36 42	16 18	5 2 8	30 11 37	5 12 6.2	2 26 39	11 18 47
24 145	14 36 2	0 36 21	15 43 58	14 38 57	16 22 32	11 52 16	20 35 2	26 35 13	16 15	5 7 12	30 12 32	5 12 5.9	2 31 50	11 49 13
25 146	16 0 34	0 20 34	16 21 53	14 42 22	16 29 16	11 53 5	20 34 48	26 33 43	16 12	5 12 16	30 13 18	5 12 5.7	2 37 12	12 20 31
26 147	17 27 37	0 2 24	16 59 48	14 45 58	16 36 2	11 53 52	20 34 33	26 32 12	16 10	5 17 21	30 13 54	5 12 5.6	2 42 44	12 52 37
27 148	18 57 7	29♉41 56	17 37 43	14 49 43	16 42 51	11 54 36	20 34 16	26 30 41	16 09	5 22 27	30 14 19	5 12 5.4	2 48 27	13 25 25
28 149	20 29 5	29 19 12	18 15 37	14 53 38	16 49 42	11 55 18	20 33 56	26 29 10	16 09	5 27 33	30 14 31	5 12 5.3	2 54 20	13 58 50
29 150	22 3 28	28 54 19	18 53 30	14 57 43	16 56 37	11 55 56	20 33 34	26 27 38	16 10	5 32 40	30 14 31	5 12 5.2	3 0 25	14 32 47
30 151	23 40 18	28 27 22	19 31 23	15 1 58	17 3 33	11 56 31	20 33 11	26 26 5	16 12	5 37 47	30 14 18	5 12 5.2	3 6 40	15 7 9
31 152	25♈19 33	27♉58 29	20♊ 9 46	15♌ 6 22	17♋10 32	11♒57 3	20♒32 46	26♏24 32	16♈13	5 42 55	30 13 54	5 12 5.1	3 13 7	15N41 51

DAY May	♀ VENUS R.A. h m s	DECL ° ' "	♂ MARS R.A. h m s	DECL ° ' "	♃ JUPITER R.A. h m s	DECL ° ' "	♄ SATURN R.A. h m s	DECL ° ' "	♅ URANUS R.A. h m s	DECL ° ' "	♆ NEPTUNE R.A. h m s	DECL ° ' "	♇ PLUTO R.A. h m s	DECL ° ' "
1	5 20 21	27N44 15	5 42 14	24N36 18	10 44 13	9N27 44	6 38 26	22N45 39	22 32 45	9S57 10	21 11 11	16S17 23	17 26 55	14S17 48
2	5 22 43	27 46 7	5 45 1	24 37 28	10 44 10	9 27 49	6 38 49	22 45 25	22 32 52	9 56 30	21 11 13	16 17 15	17 26 50	14 17 38
3	5 24 58	27 47 29	5 47 49	24 38 28	10 44 8	9 27 50	6 39 13	22 45 11	22 32 59	9 55 51	21 11 15	16 17 7	17 26 46	14 17 28
4	5 27 7	27 48 23	5 50 36	24 39 16	10 44 7	9 27 46	6 39 37	22 44 56	22 33 6	9 55 14	21 11 17	16 16 59	17 26 41	14 17 19
5	5 29 8	27 48 48	5 53 24	24 39 53	10 44 6	9 27 38	6 40 1	22 44 40	22 33 13	9 54 37	21 11 19	16 16 52	17 26 36	14 17 10
6	5 31 2	27 48 44	5 56 11	24 40 18	10 44 6	9 27 26	6 40 25	22 44 24	22 33 19	9 54 1	21 11 20	16 16 46	17 26 32	14 17 0
7	5 32 49	27 48 11	5 58 59	24 40 32	10 44 6	9 27 10	6 40 50	22 44 7	22 33 25	9 53 26	21 11 22	16 16 40	17 26 27	14 16 51
8	5 34 27	27 47 10	6 1 46	24 40 35	10 44 8	9 26 50	6 41 15	22 43 50	22 33 32	9 52 52	21 11 23	16 16 35	17 26 22	14 16 43
9	5 35 58	27 45 40	6 4 34	24 40 27	10 44 10	9 26 25	6 41 40	22 43 32	22 33 38	9 52 19	21 11 24	16 16 30	17 26 17	14 16 34
10	5 37 20	27 43 41	6 7 21	24 40 7	10 44 13	9 25 57	6 42 5	22 43 13	22 33 43	9 51 47	21 11 25	16 16 27	17 26 12	14 16 26
11	5 38 33	27 41 13	6 10 8	24 39 36	10 44 16	9 25 24	6 42 31	22 42 54	22 33 49	9 51 16	21 11 26	16 16 23	17 26 6	14 16 18
12	5 39 37	27 38 15	6 12 55	24 38 54	10 44 20	9 24 47	6 42 57	22 42 35	22 33 55	9 50 46	21 11 27	16 16 20	17 26 1	14 16 10
13	5 40 32	27 34 49	6 15 43	24 38 1	10 44 25	9 24 7	6 43 23	22 42 15	22 34 0	9 50 18	21 11 28	16 16 18	17 25 56	14 16 2
14	5 41 18	27 30 52	6 18 30	24 36 56	10 44 30	9 23 22	6 43 50	22 41 54	22 34 5	9 49 50	21 11 28	16 16 17	17 25 50	14 15 54
15	5 41 53	27 26 25	6 21 17	24 35 40	10 44 36	9 22 33	6 44 17	22 41 33	22 34 10	9 49 23	21 11 29	16 16 16	17 25 45	14 15 47
16	5 42 19	27 21 27	6 24 4	24 34 13	10 44 43	9 21 40	6 44 44	22 41 11	22 34 15	9 48 57	21 11 29	16 16 15	17 25 39	14 15 40
17	5 42 35	27 15 58	6 26 50	24 32 35	10 44 50	9 20 43	6 45 11	22 40 48	22 34 19	9 48 32	21 11 29	16 16 15	17 25 33	14 15 32
18	5 42 40	27 9 57	6 29 37	24 30 46	10 44 58	9 19 42	6 45 39	22 40 25	22 34 24	9 48 8	21 11 29	16 16 16	17 25 28	14 15 26
19	5 42 35	27 3 23	6 32 24	24 28 46	10 45 7	9 18 38	6 46 6	22 40 2	22 34 28	9 47 46	21 11 29	16 16 17	17 25 22	14 15 19
20	5 42 20	26 56 15	6 35 10	24 26 34	10 45 16	9 17 29	6 46 34	22 39 37	22 34 32	9 47 24	21 11 29	16 16 19	17 25 16	14 15 13
21	5 41 53	26 48 34	6 37 57	24 24 12	10 45 26	9 16 16	6 47 3	22 39 12	22 34 36	9 47 3	21 11 29	16 16 21	17 25 10	14 15 7
22	5 41 16	26 40 17	6 40 43	24 21 38	10 45 37	9 14 59	6 47 31	22 38 47	22 34 40	9 46 44	21 11 28	16 16 25	17 25 4	14 15 1
23	5 40 29	26 31 25	6 43 29	24 18 54	10 45 48	9 13 39	6 48 0	22 38 21	22 34 44	9 46 25	21 11 28	16 16 28	17 24 58	14 14 55
24	5 39 30	26 21 56	6 46 15	24 15 58	10 46 0	9 12 15	6 48 29	22 37 54	22 34 47	9 46 8	21 11 27	16 16 32	17 24 52	14 14 50
25	5 38 22	26 11 51	6 49 1	24 12 52	10 46 13	9 10 47	6 48 58	22 37 27	22 34 50	9 45 52	21 11 26	16 16 37	17 24 46	14 14 44
26	5 37 3	26 1 7	6 51 46	24 9 35	10 46 26	9 9 15	6 49 27	22 36 59	22 34 53	9 45 36	21 11 25	16 16 42	17 24 40	14 14 40
27	5 35 34	25 49 46	6 54 32	24 6 7	10 46 40	9 7 39	6 49 57	22 36 30	22 34 56	9 45 22	21 11 24	16 16 48	17 24 34	14 14 35
28	5 33 55	25 37 47	6 57 17	24 2 29	10 46 54	9 6 0	6 50 26	22 36 1	22 34 59	9 45 9	21 11 22	16 16 55	17 24 28	14 14 31
29	5 32 7	25 25 10	7 0 2	23 58 39	10 47 9	9 4 17	6 50 56	22 35 31	22 35 1	9 44 57	21 11 21	16 17 2	17 24 22	14 14 27
30	5 30 11	25 11 55	7 2 47	23 54 40	10 47 25	9 2 31	6 51 26	22 35 1	22 35 3	9 44 46	21 11 20	16 17 9	17 24 15	14 14 23
31	5 28 7	24N58 4	7 5 32	23N50 29	10 47 41	9N 0 40	6 51 56	22N34 30	22 35 5	9S44 36	21 11 18	16S17 17	17 24 9	14S14 19

JUNE 2004

DAY	SIDEREAL TIME (h m s)	☉ SUN LONG (° ' ")	SUN MOT (' ")	SUN R.A. (h m s)	SUN DECL (° ' ")	☽ MOON AT 0 HOURS LONG (° ' ")	12h MOT (° ' ")	2DIF (")	R.A. (h m s)	DECL (° ' ")	☽ MOON AT 12 HOURS LONG (° ' ")	12h MOT (° ' ")	2DIF (")	R.A. (h m s)	DECL (° ' ")
1 Tu	16 39 15	16♉ 2 34	57 28	4 37 2.3	22N 4 18	15♎24 20	7 23 2	160	14 31 16	14S48 28	22♎47 22	7 28 1	136	14 59 48	17S39 12
2 W	16 43 12	17 0 2	57 27	4 41 8.1	22 12 12	0♏15 23	7 32 6	107	15 29 31	20 15 40	7♏47 29	7 35 7	73	16 0 28	22 33 48
3 Th	16 47 8	17 57 29	57 26	4 45 14.3	22 19 43	15 22 37	7 36 57	36	16 32 34	24 29 37	22 59 34	7 37 30	-3	17 5 39	25 59 29
4 F	16 51 5	18 54 55	57 25	4 49 20.9	22 26 50	0♐37 3	7 36 45	-42	17 39 27	27 0 29	8♐13 48	7 34 42	-79	18 13 38	27 30 44
5 S	16 55 2	19 52 20	57 25	4 53 27.8	22 33 34	15 48 30	7 31 27	-113	18 47 45	27 29 34	23 19 57	7 27 8	-143	19 21 27	26 57 41
6 Su	16 58 58	20 49 44	57 24	4 57 35.0	22 39 55	0♑47 5	7 21 54	-168	19 54 20	25 56 56	8♑ 8 59	7 15 56	-187	20 26 8	24 30 7
7 M	17 2 55	21 47 8	57 23	5 1 42.5	22 45 51	15 24 55	7 9 27	-199	20 56 42	22 40 36	22 34 22	7 2 39	-206	21 25 58	20 32 2
8 Tu	17 6 51	22 44 31	57 22	5 5 50.4	22 51 24	29 37 1	6 55 42	-208	21 53 55	18 8 0	6♒32 42	6 48 47	-205	22 20 39	15 31 54
9 W	17 10 48	23 41 53	57 22	5 9 58.5	22 56 33	13♒21 29	6 42 2	-198	22 46 17	12 46 48	20 3 31	6 35 36	-188	23 10 57	9 55 26
10 Th	17 14 44	24 39 15	57 21	5 14 6.9	23 1 17	26 39 7	6 29 32	-175	23 34 50	7 0 10	3♓ 8 39	6 23 56	-161	23 58 4	4 3 3
11 F	17 18 41	25 36 36	57 21	5 18 15.6	23 5 37	9♓32 34	6 18 49	-145	0 20 49	1 5 54	15 51 24	6 14 15	-129	0 43 15	1N49 40
12 S	17 22 37	26 33 57	57 20	5 22 24.4	23 9 33	22 5 39	6 10 12	-113	1 5 30	4N42 13	28 15 50	6 6 41	-98	1 27 42	7 30 23
13 Su	17 26 34	27 31 17	57 20	5 26 33.5	23 13 4	4♈22 31	6 3 40	-83	1 49 59	10 12 50	10♈26 11	6 1 9	-69	2 12 27	12 48 18
14 M	17 30 31	28 28 37	57 20	5 30 42.7	23 16 11	16 27 20	5 59 6	-55	2 35 14	15 15 28	22 26 26	5 57 28	-43	2 58 24	17 33 2
15 Tu	17 34 27	29 25 57	57 19	5 34 52.1	23 18 53	28 23 54	5 56 13	-32	3 22 1	19 39 39	4♉20 7	5 55 20	-22	3 46 9	21 33 57
16 W	17 38 24	0♊23 16	57 19	5 39 1.6	23 21 11	10♉15 27	5 54 47	-12	4 10 48	23 14 35	16 10 14	5 54 31	-4	4 35 59	24 40 14
17 Th	17 42 20	1 20 34	57 18	5 43 11.2	23 23 4	22 4 44	5 54 30	4	5 1 39	25 49 41	27 59 15	5 54 45	11	5 27 45	26 41 50
18 F	17 46 17	2 17 52	57 18	5 47 20.8	23 24 31	3♊53 59	5 55 13	17	5 54 10	27 15 50	9♊49 12	5 55 54	24	6 20 47	27 31 2
19 S	17 50 13	3 15 9	57 17	5 51 30.5	23 25 35	15 45 6	5 56 48	30	6 47 29	27 27 8	21 41 53	5 57 54	37	7 14 8	27 4 6
20 Su	17 54 10	4 12 26	57 16	5 55 40.3	23 26 13	27 39 47	5 59 14	44	7 40 35	26 22 15	3♋39 1	6 0 49	51	8 6 44	25 22 10
21 M	17 58 6	5 9 42	57 16	5 59 50.0	23 26 26	9♋39 50	6 2 39	59	8 32 30	24 4 41	15 42 29	6 4 46	68	8 57 49	22 30 51
22 Tu	18 2 3	6 6 58	57 15	6 3 59.6	23 26 15	21 47 15	6 7 12	78	9 22 41	20 41 48	27 54 27	6 9 58	89	9 47 4	18 38 50
23 W	18 6 0	7 4 13	57 15	6 8 9.2	23 25 39	4♌ 4 25	6 13 7	100	10 11 3	16 23 12	10♌17 32	6 16 39	112	10 34 39	13 56 16
24 Th	18 9 56	8 1 28	57 14	6 12 18.7	23 24 38	16 34 11	6 20 37	125	10 58 0	11 19 21	22 54 48	6 25 0	138	11 21 9	8 33 49
25 F	18 13 53	8 58 42	57 13	6 16 28.1	23 23 12	29 19 47	6 29 49	151	11 44 15	5 41 2	5♍49 36	6 35 3	163	12 7 26	2 42 27
26 S	18 17 49	9 55 55	57 13	6 20 37.3	23 21 22	12♍24 40	6 40 41	174	12 30 49	0S20 22	19 5 21	6 46 40	183	12 54 35	3S25 42
27 Su	18 21 46	10 53 8	57 12	6 24 46.3	23 19 6	25 52 1	6 52 55	190	13 18 53	6 31 40	2♎44 56	6 59 20	193	13 43 52	9 36 3
28 M	18 25 42	11 50 20	57 12	6 28 55.2	23 16 27	9♎44 16	7 5 49	193	14 9 43	12 36 21	16 50 5	7 12 11	187	14 36 34	15 29 41
29 Tu	18 29 39	12 47 32	57 12	6 33 3.8	23 13 22	24 2 15	7 18 16	175	15 4 35	18 12 48	1♏20 31	7 23 53	158	15 33 50	20 42 5
30 W	18 33 35	13♊44 43	57 11	6 37 12.3	23N 9 54	8♏44 24	7 28 49	135	16 4 23	22S53 41	16♏13 12	7 32 51	105	16 36 10	24S43 43

LUNAR INGRESSES
1 ☽ ♏ 23:35
3 ☽ ♐ 23:02
5 ☽ ♑ 22:44
8 ☽ ♒ 0:40
10 ☽ ♓ 6:10
12 ☽ ♈ 15:24
15 ☽ ♉ 3:14
17 ☽ ♊ 16:05
20 ☽ ♋ 4:41
22 ☽ ♌ 16:05
25 ☽ ♍ 1:15
27 ☽ ♎ 7:14
29 ☽ ♏ 9:48

PLANET INGRESSES
2 ☿ ♉ 16:54
15 ☉ ♊ 14:16
15 ♂ ♋ 14:46
17 ☿ ♊ 11:01

STATIONS
10 ♅ R 15:48
29 ♀ D 23:16

DATA FOR THE 1st AT 0 HOURS
JULIAN DAY 38137.5
☽ MEAN ☊ 14°♈ 51' 12"
OBLIQUITY 23° 26' 26"
DELTA T 66.6 SECONDS
NUTATION LONGITUDE-11.6"

DAY MO YR	☿ LONG (° ' ")	♀ LONG (° ' ")	♂ LONG (° ' ")	♃ LONG (° ' ")	♄ LONG (° ' ")	♅ LONG (° ' ")	♆ LONG (° ' ")	♇ LONG (° ' ")	☊ LONG (° ')	A.S.S.I. (h m s)	S.S.R.Y. (h m s)	S.V.P. ♓ (° ' ")	☿ MERCURY R.A. (h m s)	☿ MERCURY DECL (° ' ")
1 153	27♈ 1 12	27♉27R49	20♊47 8	15♌10 55	17♊17 34	11♒57 33	20♑32R19	26♏22R59	16♈14	5 48 3	30 13 21	5 12 4.9	3 19 46	16N16 46
2 154	28 45 16	26 55 32	21 24 59	15 15 38	17 24 38	11 58 0	20 31 50	26 21 25	16 13	5 53 12	30 12 34	5 12 4.7	3 26 36	16 51 47
3 155	0♉31 44	26 21 48	22 2 50	15 20 30	17 31 44	11 58 23	20 31 20	26 19 51	16 11	5 58 22	30 11 41	5 12 4.5	3 33 39	17 26 48
4 156	2 20 34	25 46 50	22 40 41	15 25 31	17 38 53	11 58 44	20 30 48	26 18 17	16 07	6 3 31	30 10 42	5 12 4.1	3 40 54	18 1 38
5 157	4 11 46	25 10 52	23 18 32	15 30 42	17 46 3	11 59 2	20 30 13	26 16 42	16 03	6 8 42	30 9 40	5 12 3.8	3 48 21	18 36 11
6 158	6 5 17	24 34 5	23 56 22	15 36 1	17 53 16	11 59 17	20 29 38	26 15 7	15 58	6 13 52	30 8 36	5 12 3.5	3 56 1	19 10 17
7 159	8 1 5	23 56 46	24 34 11	15 41 29	18 0 31	11 59 29	20 29 0	26 13 32	15 54	6 19 3	30 7 34	5 12 3.2	4 3 53	19 43 46
8 160	9 59 5	23 19 7	25 12 1	15 47 6	18 7 48	11 59 38	20 28 21	26 11 57	15 50	6 24 15	30 6 37	5 12 3.0	4 11 58	20 16 28
9 161	11 59 14	22 41 25	25 49 50	15 52 51	18 15 7	11 59 44	20 27 39	26 10 21	15 48	6 29 26	30 5 48	5 12 2.9	4 20 15	20 48 11
10 162	14 1 24	22 3 54	26 27 39	15 58 45	18 22 27	11 59R48	20 26 56	26 8 46	15 48	6 34 38	30 5 9	5 12 2.8	4 28 44	21 18 43
11 163	16 5 29	21 26 48	27 5 28	16 4 48	18 29 50	11 59 48	20 26 12	26 7 10	15 49	6 39 51	30 4 43	5 12 2.7	4 37 25	21 47 54
12 164	18 11 18	20 50 22	27 43 17	16 10 59	18 37 14	11 59 46	20 25 26	26 5 34	15 50	6 45 3	30 4 30	5 12 2.6	4 46 17	22 15 31
13 165	20 18 42	20 14 48	28 21 6	16 17 19	18 44 40	11 59 40	20 24 38	26 3 59	15 51	6 50 16	30 4 30	5 12 2.5	4 55 19	22 41 21
14 166	22 27 28	19 40 20	28 58 55	16 23 47	18 52 7	11 59 32	20 23 48	26 2 23	15 52	6 55 29	30 4 44	5 12 2.4	5 4 30	23 5 13
15 167	24 37 22	19 7 10	29 36 44	16 30 23	18 59 37	11 59 21	20 22 57	26 0 48	15 51	7 0 43	30 5 11	5 12 2.2	5 13 50	23 26 56
16 168	26 48 10	18 35 28	0♋14 32	16 37 8	19 7 7	11 59 6	20 22 4	25 59 12	15 48	7 5 56	30 5 49	5 12 2.0	5 23 16	23 46 19
17 169	28 59 34	18 5 26	0 52 21	16 44 0	19 14 39	11 58 49	20 21 9	25 57 37	15 43	7 11 10	30 6 36	5 12 1.8	5 32 48	24 3 13
18 170	1♊11 20	17 37 11	1 30 9	16 51 0	19 22 13	11 58 29	20 20 13	25 56 2	15 36	7 16 23	30 7 29	5 12 1.5	5 42 24	24 17 31
19 171	3 23 10	17 10 52	2 7 57	16 58 8	19 29 48	11 58 7	20 19 16	25 54 27	15 28	7 21 37	30 8 27	5 12 1.2	5 52 2	24 29 6
20 172	5 34 48	16 46 35	2 45 46	17 5 24	19 37 24	11 57 41	20 18 16	25 52 53	15 19	7 26 51	30 9 26	5 12 1.0	6 1 40	24 37 54
21 173	7 45 57	16 24 27	3 23 34	17 12 48	19 45 1	11 57 13	20 17 16	25 51 18	15 10	7 32 5	30 10 24	5 12 0.7	6 11 18	24 43 52
22 174	9 56 22	16 4 32	4 1 22	17 20 19	19 52 39	11 56 41	20 16 14	25 49 44	15 02	7 37 18	30 11 18	5 12 0.6	6 20 53	24 47 1
23 175	12 5 51	15 46 54	4 39 9	17 27 57	20 0 18	11 56 7	20 15 10	25 48 11	14 55	7 42 32	30 12 6	5 12 0.4	6 30 24	24 47 21
24 176	14 14 9	15 31 36	5 16 57	17 35 43	20 7 58	11 55 30	20 14 5	25 46 38	14 51	7 47 45	30 12 47	5 12 0.3	6 39 49	24 44 56
25 177	16 21 7	15 18 39	5 54 45	17 43 36	20 15 39	11 54 50	20 12 58	25 45 5	14 49	7 52 59	30 13 18	5 12 0.2	6 49 8	24 39 49
26 178	18 26 35	15 8 4	6 32 32	17 51 36	20 23 21	11 54 8	20 11 51	25 43 33	14 48	7 58 12	30 13 39	5 12 0.1	6 58 19	24 32 6
27 179	20 30 24	14 59 53	7 10 19	17 59 43	20 31 4	11 53 23	20 10 41	25 42 1	14 49	8 3 25	30 13 48	5 12 0.0	7 7 21	24 21 54
28 180	22 32 28	14 54 4	7 48 6	18 7 58	20 38 47	11 52 35	20 9 31	25 40 30	14 50	8 8 37	30 13 45	5 11 59.9	7 16 13	24 9 19
29 181	24 32 43	14 50D38	8 25 53	18 16 18	20 46 31	11 51 44	20 8 19	25 39 0	14 49	8 13 50	30 13 28	5 11 59.7	7 24 56	23 54 29
30 182	26♊31 3	14♉49 32	9♋ 3 40	18♌24 46	20♊54 16	11♒50 51	20♑ 7 6	25♏37 30	14♈47	8 19 2	30 13 0	5 11 59.4	7 33 28	23N37 33

DAY Jun	♀ VENUS R.A. (h m s)	♀ VENUS DECL (° ' ")	♂ MARS R.A. (h m s)	♂ MARS DECL (° ' ")	♃ JUPITER R.A. (h m s)	♃ JUPITER DECL (° ' ")	♄ SATURN R.A. (h m s)	♄ SATURN DECL (° ' ")	♅ URANUS R.A. (h m s)	♅ URANUS DECL (° ' ")	♆ NEPTUNE R.A. (h m s)	♆ NEPTUNE DECL (° ' ")	♇ PLUTO R.A. (h m s)	♇ PLUTO DECL (° ' ")
1	5 25 55	24N43 37	7 8 16	23N46 8	10 47 58	8N58 47	6 52 27	22N33 58	22 35 7	9S44 28	21 11 16	16S17 26	17 24 3	14S14 16
2	5 23 37	24 28 36	7 11 0	23 41 36	10 48 15	8 56 50	6 52 57	22 33 26	22 35 9	9 44 20	21 11 14	16 17 35	17 23 56	14 14 12
3	5 21 13	24 13 3	7 13 44	23 36 54	10 48 33	8 54 49	6 53 28	22 32 53	22 35 11	9 44 13	21 11 12	16 17 45	17 23 50	14 14 10
4	5 18 44	23 57 2	7 16 28	23 32 2	10 48 52	8 52 45	6 53 59	22 32 19	22 35 12	9 44 8	21 11 10	16 17 55	17 23 44	14 14 7
5	5 16 12	23 40 34	7 19 12	23 27 0	10 49 11	8 50 37	6 54 30	22 31 45	22 35 13	9 44 3	21 11 8	16 18 6	17 23 37	14 14 5
6	5 13 37	23 23 43	7 21 55	23 21 47	10 49 31	8 48 26	6 55 1	22 31 11	22 35 14	9 44 0	21 11 6	16 18 17	17 23 31	14 14 3
7	5 11 0	23 6 34	7 24 38	23 16 24	10 49 51	8 46 12	6 55 32	22 30 35	22 35 15	9 43 57	21 11 3	16 18 29	17 23 24	14 14 1
8	5 8 22	22 49 10	7 27 21	23 10 51	10 50 12	8 43 54	6 56 4	22 30 0	22 35 16	9 43 56	21 11 1	16 18 41	17 23 18	14 14 0
9	5 5 45	22 31 37	7 30 3	23 5 8	10 50 33	8 41 33	6 56 35	22 29 23	22 35 16	9 43 56	21 10 58	16 18 54	17 23 11	14 13 59
10	5 3 9	22 13 58	7 32 46	22 59 15	10 50 55	8 39 9	6 57 7	22 28 46	22 35 17	9 43 57	21 10 55	16 19 7	17 23 5	14 13 58
11	5 0 36	21 56 20	7 35 28	22 53 12	10 51 17	8 36 42	6 57 39	22 28 8	22 35 17	9 43 59	21 10 52	16 19 21	17 22 58	14 13 57
12	4 58 6	21 38 46	7 38 10	22 46 59	10 51 40	8 34 11	6 58 11	22 27 30	22 35 17	9 44 2	21 10 49	16 19 35	17 22 52	14 13 57
13	4 55 40	21 21 23	7 40 51	22 40 36	10 52 3	8 31 38	6 58 43	22 26 51	22 35 16	9 44 6	21 10 46	16 19 50	17 22 45	14 13 57
14	4 53 20	21 4 15	7 43 33	22 34 3	10 52 27	8 29 1	6 59 15	22 26 12	22 35 16	9 44 11	21 10 43	16 20 5	17 22 39	14 13 57
15	4 51 5	20 47 27	7 46 14	22 27 21	10 52 52	8 26 21	6 59 47	22 25 32	22 35 15	9 44 18	21 10 39	16 20 21	17 22 32	14 13 58
16	4 48 58	20 31 4	7 48 55	22 20 29	10 53 17	8 23 37	7 0 19	22 24 51	22 35 14	9 44 25	21 10 36	16 20 37	17 22 26	14 13 59
17	4 46 57	20 15 10	7 51 35	22 13 28	10 53 42	8 20 51	7 0 52	22 24 10	22 35 13	9 44 33	21 10 32	16 20 54	17 22 19	14 14 0
18	4 45 4	19 59 49	7 54 15	22 6 17	10 54 8	8 18 2	7 1 25	22 23 28	22 35 12	9 44 43	21 10 28	16 21 11	17 22 13	14 14 2
19	4 43 19	19 45 5	7 56 55	21 58 57	10 54 35	8 15 10	7 1 57	22 22 45	22 35 11	9 44 53	21 10 25	16 21 29	17 22 6	14 14 4
20	4 41 43	19 31 1	7 59 35	21 51 27	10 55 1	8 12 14	7 2 30	22 22 2	22 35 9	9 45 5	21 10 21	16 21 47	17 22 0	14 14 6
21	4 40 17	19 17 40	8 2 15	21 43 49	10 55 29	8 9 16	7 3 3	22 21 19	22 35 8	9 45 18	21 10 17	16 22 5	17 21 54	14 14 8
22	4 38 59	19 5 3	8 4 54	21 36 1	10 55 57	8 6 15	7 3 36	22 20 35	22 35 6	9 45 31	21 10 13	16 22 24	17 21 47	14 14 11
23	4 37 51	18 53 14	8 7 33	21 28 4	10 56 25	8 3 11	7 4 9	22 19 50	22 35 4	9 45 46	21 10 8	16 22 44	17 21 41	14 14 14
24	4 36 52	18 42 13	8 10 11	21 19 58	10 56 54	8 0 4	7 4 42	22 19 5	22 35 1	9 46 2	21 10 4	16 23 3	17 21 34	14 14 18
25	4 36 3	18 32 1	8 12 50	21 11 43	10 57 23	7 56 55	7 5 15	22 18 19	22 34 59	9 46 19	21 10 0	16 23 24	17 21 28	14 14 22
26	4 35 24	18 22 40	8 15 28	21 3 20	10 57 53	7 53 43	7 5 48	22 17 33	22 34 56	9 46 36	21 9 55	16 23 44	17 21 22	14 14 26
27	4 34 54	18 14 8	8 18 5	20 54 47	10 58 23	7 50 28	7 6 21	22 16 46	22 34 54	9 46 55	21 9 51	16 24 5	17 21 16	14 14 30
28	4 34 34	18 6 27	8 20 43	20 46 6	10 58 53	7 47 10	7 6 54	22 15 58	22 34 51	9 47 15	21 9 46	16 24 27	17 21 9	14 14 35
29	4 34 24	17 59 36	8 23 20	20 37 17	10 59 24	7 43 50	7 7 28	22 15 10	22 34 47	9 47 35	21 9 41	16 24 48	17 21 3	14 14 40
30	4 34 23	17N53 33	8 25 56	20N28 19	10 59 55	7N40 27	7 8 1	22N14 22	22 34 44	9S47 57	21 9 36	16S25 10	17 20 57	14S14 45

DAY	SIDEREAL TIME h m s	☉ SUN LONG ° ' "	MOT ' "	R.A. h m s	DECL ° ' "
1 Th	18 37 32	14♊41 54	57 11	6 41 20.5	23N 6 1
2 F	18 41 29	15 39 5	57 11	6 45 28.4	23 1 44
3 S	18 45 25	16 36 15	57 11	6 49 36.0	22 57 3
4 Su	18 49 22	17 33 26	57 11	6 53 43.3	22 51 58
5 M	18 53 18	18 30 36	57 11	6 57 50.3	22 46 29
6 Tu	18 57 15	19 27 47	57 11	7 1 57.0	22 40 36
7 W	19 1 11	20 24 58	57 12	7 6 3.3	22 34 20
8 Th	19 5 8	21 22 10	57 12	7 10 9.3	22 27 41
9 F	19 9 5	22 19 22	57 12	7 14 14.9	22 20 38
10 S	19 13 1	23 16 34	57 13	7 18 20.1	22 13 12
11 Su	19 16 58	24 13 47	57 13	7 22 24.9	22 5 23
12 M	19 20 54	25 11 0	57 14	7 26 29.2	21 57 11
13 Tu	19 24 51	26 8 14	57 14	7 30 33.2	21 48 36
14 W	19 28 47	27 5 28	57 15	7 34 36.6	21 39 39
15 Th	19 32 44	28 2 43	57 15	7 38 39.6	21 30 20
16 F	19 36 40	28 59 58	57 16	7 42 42.1	21 20 39
17 S	19 40 37	29 57 14	57 16	7 46 44.0	21 10 36
18 Su	19 44 34	0♋54 29	57 17	7 50 45.5	21 0 12
19 M	19 48 30	1 51 46	57 17	7 54 46.4	20 49 26
20 Tu	19 52 27	2 49 3	57 17	7 58 46.7	20 38 19
21 W	19 56 23	3 46 20	57 18	8 2 46.5	20 26 51
22 Th	20 0 20	4 43 37	57 18	8 6 45.7	20 15 3
23 F	20 4 16	5 40 55	57 18	8 10 44.2	20 2 55
24 S	20 8 13	6 38 13	57 19	8 14 42.2	19 50 26
25 Su	20 12 9	7 35 32	57 19	8 18 39.6	19 37 38
26 M	20 16 6	8 32 51	57 19	8 22 36.4	19 24 30
27 Tu	20 20 3	9 30 10	57 20	8 26 32.5	19 11 3
28 W	20 23 59	10 27 29	57 20	8 30 28.1	18 57 16
29 Th	20 27 56	11 24 50	57 21	8 34 23.0	18 43 12
30 F	20 31 52	12 22 10	57 22	8 38 17.3	18 28 49
31 S	20 35 49	13♋19 32	57 22	8 42 11.0	18N14 8

DAY	☽ MOON AT 0 HOURS LONG ° ' "	12h MOT ° ' "	2DIF "	R.A. h m s	DECL ° ' "
1 Th	23♏46 3	7 35 50	71	17 9 4	26S 8 29
2 F	8♐59 28	7 38 1	-8	18 17 4	27 30 35
3 S	24 14 32	7 34 44	-89	19 25 27	26 47 32
4 Su	9♑20 23	7 26 21	-158	20 31 5	24 7 0
5 M	24 7 20	7 14 5	-204	21 31 59	19 53 4
6 Tu	8♒28 27	6 59 39	-223	22 27 42	14 36 8
7 W	22 20 15	6 44 44	-219	23 18 56	8 44 31
8 Th	5♓42 32	6 30 45	-197	0 6 52	2 40 49
9 F	18 37 42	6 18 39	-164	0 52 48	3N18 0
10 S	1♈ 9 48	6 8 56	-127	1 37 57	8 59 6
11 Su	13 23 46	6 1 47	-88	2 23 22	14 11 53
12 M	25 24 41	5 57 6	-53	3 9 56	18 46 33
13 Tu	7♉17 25	5 54 40	-22	3 58 16	22 33 16
14 W	19 6 15	5 54 7	4	4 48 38	25 22 8
15 Th	0♊54 49	5 55 7	24	5 40 47	27 3 59
16 F	12 45 59	5 57 15	39	6 34 4	27 31 59
17 S	24 41 52	6 0 13	50	7 27 28	26 43 16
18 Su	6♋44 2	6 3 48	58	8 19 56	24 39 56
19 M	18 53 37	6 7 54	65	9 10 47	21 28 35
20 Tu	1♌11 38	6 12 31	74	9 59 42	17 19 2
21 W	13 39 13	6 17 48	86	10 46 55	12 22 38
22 Th	26 17 48	6 24 0	101	11 33 2	6 51 20
23 F	9♍ 9 18	6 31 19	119	12 18 54	0 57 15
24 S	22 16 3	6 39 53	138	13 5 35	5S 6 45
25 Su	5♎40 34	6 49 40	154	13 54 17	11 6 0
26 M	19 25 10	7 0 18	162	14 46 15	16 42 39
27 Tu	3♏31 12	7 11 3	156	15 42 33	21 34 25
28 W	17 58 20	7 20 44	130	16 43 39	25 15 3
29 Th	2♐43 49	7 27 58	82	17 48 55	27 18 0
30 F	17 42 0	7 31 23	17	18 56 16	27 24 5
31 S	2♑44 42	7 30 3	-57	20 2 47	25S29 45

DAY	☽ MOON AT 12 HOURS LONG ° ' "	12h MOT ° ' "	2DIF "	R.A. h m s	DECL ° ' "
1 Th	1♐21 53	7 37 35	33	17 42 48	27S 4 51
2 F	16 37 29	7 37 3	-49	18 51 25	27 24 42
3 S	1♑49 16	7 31 7	-126	19 58 46	25 40 43
4 Su	16 46 44	7 20 36	-184	21 2 11	22 9 50
5 M	1♒21 26	7 7 2	-217	22 0 28	17 20 35
6 Tu	15 28 6	6 52 9	-224	22 53 49	11 43 6
7 W	29 4 59	6 37 33	-210	23 43 14	5 43 0
8 Th	12♓13 17	6 24 25	-182	0 30 1	0N20 4
9 F	24 56 20	6 13 28	-146	1 15 24	6 11 28
10 S	7♈18 44	6 5 2	-107	2 0 33	11 39 39
11 Su	19 25 33	5 59 9	-70	2 46 27	16 34 35
12 M	1♉21 47	5 55 37	-37	3 33 51	20 46 31
13 Tu	13 12 4	5 54 11	-8	4 23 12	24 5 32
14 W	25 0 23	5 54 27	15	5 14 31	26 21 57
15 Th	6♊49 56	5 56 3	32	6 7 21	27 27 30
16 F	18 43 14	5 58 39	45	7 0 49	27 17 12
17 S	0♋42 5	6 1 57	54	7 53 52	25 50 37
18 Su	12 47 50	6 5 47	61	8 45 36	23 12 12
19 M	25 1 31	6 10 8	69	9 35 29	19 30 23
20 Tu	7♌24 9	6 15 4	79	10 23 30	14 55 57
21 W	19 57 1	6 20 47	93	11 10 4	9 40 36
22 Th	2♍41 48	6 27 30	110	11 55 56	3 56 22
23 F	15 40 36	6 35 26	129	12 42 4	2S 4 22
24 S	28 55 56	6 44 39	147	13 29 36	8 8 0
25 Su	12♎30 15	6 54 55	160	14 19 47	13 58 26
26 M	26 25 28	7 5 44	161	15 13 49	19 15 42
27 Tu	10♏42 14	7 16 6	145	16 12 31	23 35 21
28 W	25 19 4	7 24 45	109	17 15 52	26 30 13
29 Th	10♐11 47	7 30 13	51	18 22 30	27 36 19
30 F	25 13 22	7 31 20	-20	19 29 49	26 41 27
31 S	10♑14 46	7 27 33	-93	20 34 53	23S51 19

LUNAR INGRESSES
1 ☽ ♐ 9:51
3 ☽ ♑ 9:07
5 ☽ ♒ 9:44
7 ☽ ♓ 13:39
9 ☽ ♈ 21:45
12 ☽ ♉ 9:15
14 ☽ ♊ 22:09
17 ☽ ♋ 10:36
19 ☽ ♌ 21:41
22 ☽ ♍ 6:57
24 ☽ ♎ 13:55
26 ☽ ♏ 18:04
28 ☽ ♐ 19:35
30 ☽ ♑ 19:37

PLANET INGRESSES
1 ☿ ♋ 19:23
17 ☉ ♋ 1:10
20 ☿ ♌ 23:02

STATIONS
NONE

DATA FOR THE 1st AT 0 HOURS
JULIAN DAY 38167.5
☽ MEAN ☊ 13°♈ 15' 49"
OBLIQUITY 23° 26' 26"
DELTA T 66.7 SECONDS
NUTATION LONGITUDE -9.7"

DAY MO	YR	☿ LONG ° ' "	♀ LONG ° ' "	♂ LONG ° ' "	♃ LONG ° ' "	♄ LONG ° ' "	♅ LONG ° ' "	♆ LONG ° ' "	♇ LONG ° ' "	☊ LONG ° '
1	183	28♊27 27	14♉50 45	9♋41 26	18♌33 20	21♊ 2 1	11♒49R55	20♑ 5R52	25♏36R 1	14♈43
2	184	0♋21 51	14 54 15	10 19 13	18 42 0	21 9 47	11 48 57	20 4 36	25 34 32	14 36
3	185	2 14 14	14 59 59	10 57 0	18 50 47	21 17 33	11 47 56	20 3 20	25 33 5	14 28
4	186	4 4 35	15 7 55	11 34 46	18 59 41	21 25 19	11 46 52	20 2 2	25 31 38	14 19
5	187	5 52 53	15 18 0	12 12 33	19 8 40	21 33 6	11 45 46	20 0 43	25 30 11	14 10
6	188	7 39 8	15 30 9	12 50 20	19 17 46	21 40 52	11 44 38	19 59 23	25 28 46	14 03
7	189	9 23 21	15 44 21	13 28 7	19 26 58	21 48 40	11 43 26	19 58 1	25 27 21	13 57
8	190	11 5 30	16 0 30	14 5 54	19 36 16	21 56 27	11 42 13	19 56 39	25 25 57	13 54
9	191	12 45 36	16 18 34	14 43 41	19 45 39	22 4 13	11 40 57	19 55 16	25 24 35	13 53
10	192	14 23 39	16 38 29	15 21 28	19 55 9	22 12 1	11 39 38	19 53 52	25 23 13	13 53
11	193	15 59 39	17 0 10	15 59 16	20 4 44	22 19 48	11 38 17	19 52 26	25 21 52	13 54
12	194	17 33 34	17 23 34	16 37 4	20 14 25	22 27 35	11 36 54	19 51 0	25 20 32	13 53
13	195	19 5 25	17 48 38	17 14 53	20 24 12	22 35 22	11 35 28	19 49 33	25 19 13	13 51
14	196	20 35 12	18 15 18	17 52 41	20 34 4	22 43 9	11 34 0	19 48 5	25 17 55	13 46
15	197	22 2 51	18 43 30	18 30 30	20 44 1	22 50 55	11 32 30	19 46 36	25 16 38	13 38
16	198	23 28 24	19 13 10	19 8 20	20 54 4	22 58 41	11 30 57	19 45 7	25 15 23	13 28
17	199	24 51 46	19 44 17	19 46 9	21 4 12	23 6 27	11 29 23	19 43 36	25 14 8	13 16
18	200	26 12 58	20 16 45	20 23 59	21 14 26	23 14 12	11 27 46	19 42 5	25 12 55	13 03
19	201	27 31 56	20 50 33	21 1 49	21 24 44	23 21 56	11 26 7	19 40 34	25 11 43	12 50
20	202	28 48 37	21 25 36	21 39 40	21 35 7	23 29 40	11 24 26	19 39 1	25 10 32	12 38
21	203	0♌ 2 58	22 1 53	22 17 31	21 45 36	23 37 23	11 22 43	19 37 28	25 9 22	12 28
22	204	1 14 55	22 39 20	22 55 22	21 56 9	23 45 5	11 20 58	19 35 54	25 8 14	12 21
23	205	2 24 25	23 17 55	23 33 13	22 6 46	23 52 47	11 19 11	19 34 20	25 7 7	12 16
24	206	3 31 22	23 57 35	24 11 5	22 17 29	24 0 27	11 17 22	19 32 45	25 6 2	12 14
25	207	4 35 41	24 38 18	24 48 56	22 28 15	24 8 6	11 15 31	19 31 10	25 4 57	12 14
26	208	5 37 16	25 20 2	25 26 48	22 39 6	24 15 45	11 13 39	19 29 35	25 3 55	12 14
27	209	6 36 1	26 2 44	26 4 41	22 50 2	24 23 22	11 11 45	19 27 59	25 2 53	12 13
28	210	7 31 49	26 46 23	26 42 33	23 1 2	24 30 58	11 9 49	19 26 22	25 1 53	12 10
29	211	8 24 32	27 30 56	27 20 26	23 12 5	24 38 33	11 7 51	19 24 46	25 0 55	12 04
30	212	9 14 3	28 16 21	27 58 19	23 23 13	24 46 7	11 5 52	19 23 9	24 59 58	11 56
31	213	10♌ 0 11	29♉ 2 38	28♋36 13	23♌34 25	24♊53 39	11♒ 3 51	19♑21 31	24♏59 2	11♈46

DAY MO	YR	A.S.S.I. h m s	S.S.R.Y. h m s	S.V.P. ♓ ° ' "	☿ MERCURY R.A. h m s	DECL ° ' "
1	183	8 24 13	30 12 23	5 11 59.1	7 41 48	23N18 38
2	184	8 29 25	30 11 28	5 11 58.8	7 49 57	22 57 53
3	185	8 34 36	30 10 28	5 11 58.5	7 57 55	22 35 27
4	186	8 39 47	30 9 23	5 11 58.2	8 5 40	22 11 26
5	187	8 44 57	30 8 16	5 11 58.0	8 13 14	21 45 58
6	188	8 50 7	30 7 11	5 11 57.8	8 20 37	21 19 13
7	189	8 55 17	30 6 12	5 11 57.7	8 27 47	20 51 15
8	190	9 0 26	30 5 21	5 11 57.6	8 34 46	20 22 13
9	191	9 5 34	30 4 40	5 11 57.5	8 41 33	19 52 14
10	192	9 10 42	30 4 12	5 11 57.4	8 48 9	19 21 23
11	193	9 15 50	30 3 57	5 11 57.3	8 54 33	18 49 47
12	194	9 20 57	30 3 55	5 11 57.1	9 0 46	18 17 32
13	195	9 26 3	30 4 7	5 11 57.0	9 6 48	17 44 44
14	196	9 31 9	30 4 30	5 11 56.7	9 12 39	17 11 28
15	197	9 36 14	30 5 3	5 11 56.5	9 18 19	16 37 50
16	198	9 41 19	30 5 45	5 11 56.2	9 23 48	16 3 54
17	199	9 46 23	30 6 34	5 11 56.0	9 29 6	15 29 46
18	200	9 51 26	30 7 28	5 11 55.8	9 34 14	14 55 31
19	201	9 56 29	30 8 25	5 11 55.6	9 39 10	14 21 14
20	202	10 1 31	30 9 22	5 11 55.4	9 43 56	13 46 59
21	203	10 6 32	30 10 18	5 11 55.3	9 48 31	13 12 52
22	204	10 11 33	30 11 12	5 11 55.2	9 52 55	12 38 58
23	205	10 16 32	30 12 0	5 11 55.2	9 57 8	12 5 20
24	206	10 21 31	30 12 41	5 11 55.1	10 1 9	11 32 6
25	207	10 26 30	30 13 12	5 11 55.0	10 4 59	10 59 18
26	208	10 31 27	30 13 31	5 11 54.9	10 8 38	10 27 4
27	209	10 36 24	30 13 36	5 11 54.7	10 12 5	9 55 27
28	210	10 41 20	30 13 27	5 11 54.4	10 15 19	9 24 35
29	211	10 46 15	30 13 3	5 11 54.1	10 18 21	8 54 31
30	212	10 51 9	30 12 25	5 11 53.8	10 21 10	8 25 24
31	213	10 56 3	30 11 35	5 11 53.6	10 23 46	7N57 18

DAY Jul	♀ VENUS R.A. h m s	DECL ° ' "	♂ MARS R.A. h m s	DECL ° ' "	♃ JUPITER R.A. h m s	DECL ° ' "	♄ SATURN R.A. h m s	DECL ° ' "
1	4 34 32	17N48 19	8 28 33	20N19 12	11 0 27	7N37 2	7 8 34	22N13 33
2	4 34 49	17 43 52	8 31 9	20 9 58	11 0 59	7 33 34	7 9 8	22 12 43
3	4 35 16	17 40 11	8 33 45	20 0 35	11 1 32	7 30 3	7 9 41	22 11 53
4	4 35 51	17 37 14	8 36 20	19 51 4	11 2 5	7 26 30	7 10 14	22 11 3
5	4 36 35	17 35 0	8 38 56	19 41 25	11 2 38	7 22 55	7 10 48	22 10 12
6	4 37 27	17 33 26	8 41 30	19 31 38	11 3 11	7 19 17	7 11 21	22 9 20
7	4 38 28	17 32 31	8 44 5	19 21 43	11 3 45	7 15 37	7 11 55	22 8 28
8	4 39 36	17 32 13	8 46 39	19 11 40	11 4 20	7 11 55	7 12 28	22 7 36
9	4 40 52	17 32 30	8 49 13	19 1 30	11 4 55	7 8 10	7 13 1	22 6 42
10	4 42 16	17 33 19	8 51 47	18 51 11	11 5 30	7 4 23	7 13 35	22 5 50
11	4 43 47	17 34 40	8 54 21	18 40 45	11 6 5	7 0 34	7 14 8	22 4 56
12	4 45 24	17 36 28	8 56 54	18 30 12	11 6 41	6 56 43	7 14 42	22 4 2
13	4 47 9	17 38 43	8 59 27	18 19 31	11 7 17	6 52 49	7 15 15	22 3 7
14	4 49 0	17 41 23	9 1 59	18 8 43	11 7 54	6 48 53	7 15 48	22 2 12
15	4 50 57	17 44 25	9 4 32	17 57 48	11 8 30	6 44 55	7 16 22	22 1 17
16	4 53 1	17 47 48	9 7 4	17 46 45	11 9 7	6 40 55	7 16 55	22 0 21
17	4 55 10	17 51 29	9 9 35	17 35 36	11 9 45	6 36 52	7 17 28	21 59 25
18	4 57 25	17 55 27	9 12 7	17 24 19	11 10 23	6 32 48	7 18 1	21 58 28
19	4 59 46	17 59 39	9 14 38	17 12 56	11 11 1	6 28 42	7 18 34	21 57 31
20	5 2 12	18 4 4	9 17 9	17 1 26	11 11 39	6 24 33	7 19 8	21 56 34
21	5 4 43	18 8 41	9 19 39	16 49 49	11 12 18	6 20 23	7 19 41	21 55 36
22	5 7 18	18 13 26	9 22 10	16 38 6	11 12 57	6 16 11	7 20 14	21 54 38
23	5 9 59	18 18 20	9 24 40	16 26 16	11 13 36	6 11 57	7 20 46	21 53 40
24	5 12 45	18 23 19	9 27 9	16 14 20	11 14 15	6 7 42	7 21 19	21 52 41
25	5 15 35	18 28 23	9 29 39	16 2 17	11 14 55	6 3 24	7 21 52	21 51 43
26	5 18 29	18 33 29	9 32 8	15 50 8	11 15 35	5 59 5	7 22 25	21 50 43
27	5 21 28	18 38 37	9 34 37	15 37 53	11 16 16	5 54 43	7 22 57	21 49 44
28	5 24 30	18 43 45	9 37 6	15 25 32	11 16 56	5 50 21	7 23 30	21 48 44
29	5 27 37	18 48 52	9 39 34	15 13 6	11 17 37	5 45 56	7 24 2	21 47 44
30	5 30 48	18 53 55	9 42 2	15 0 33	11 18 18	5 41 30	7 24 34	21 46 44
31	5 34 2	18N58 54	9 44 30	14N47 54	11 18 59	5N37 2	7 25 7	21N45 44

DAY Jul	♅ URANUS R.A. h m s	DECL ° ' "	♆ NEPTUNE R.A. h m s	DECL ° ' "	♇ PLUTO R.A. h m s	DECL ° ' "
1	22 34 41	9S48 20	21 9 32	16S25 33	17 20 51	14S14 51
2	22 34 37	9 48 43	21 9 27	16 25 55	17 20 45	14 14 57
3	22 34 33	9 49 8	21 9 22	16 26 18	17 20 39	14 15 3
4	22 34 29	9 49 33	21 9 16	16 26 42	17 20 33	14 15 10
5	22 34 25	9 49 59	21 9 11	16 27 6	17 20 27	14 15 17
6	22 34 21	9 50 27	21 9 6	16 27 30	17 20 21	14 15 24
7	22 34 17	9 50 55	21 9 1	16 27 54	17 20 15	14 15 32
8	22 34 12	9 51 24	21 8 55	16 28 19	17 20 10	14 15 40
9	22 34 7	9 51 54	21 8 50	16 28 44	17 20 4	14 15 48
10	22 34 3	9 52 25	21 8 44	16 29 9	17 19 58	14 15 56
11	22 33 58	9 52 56	21 8 38	16 29 35	17 19 53	14 16 5
12	22 33 52	9 53 29	21 8 33	16 30 1	17 19 47	14 16 14
13	22 33 47	9 54 2	21 8 27	16 30 27	17 19 42	14 16 24
14	22 33 42	9 54 36	21 8 21	16 30 53	17 19 37	14 16 34
15	22 33 36	9 55 11	21 8 15	16 31 19	17 19 31	14 16 44
16	22 33 30	9 55 47	21 8 9	16 31 46	17 19 26	14 16 54
17	22 33 24	9 56 24	21 8 3	16 32 13	17 19 21	14 17 5
18	22 33 18	9 57 1	21 7 57	16 32 40	17 19 16	14 17 16
19	22 33 12	9 57 39	21 7 51	16 33 8	17 19 11	14 17 28
20	22 33 6	9 58 18	21 7 45	16 33 35	17 19 6	14 17 39
21	22 32 59	9 58 57	21 7 39	16 34 3	17 19 1	14 17 51
22	22 32 53	9 59 38	21 7 33	16 34 31	17 18 57	14 18 4
23	22 32 46	10 0 19	21 7 26	16 34 59	17 18 52	14 18 16
24	22 32 39	10 1 0	21 7 20	16 35 27	17 18 48	14 18 29
25	22 32 32	10 1 42	21 7 14	16 35 55	17 18 43	14 18 42
26	22 32 25	10 2 25	21 7 7	16 36 24	17 18 39	14 18 56
27	22 32 18	10 3 9	21 7 1	16 36 52	17 18 35	14 19 10
28	22 32 11	10 3 53	21 6 55	16 37 21	17 18 30	14 19 24
29	22 32 4	10 4 37	21 6 48	16 37 49	17 18 26	14 19 38
30	22 31 56	10 5 22	21 6 42	16 38 18	17 18 22	14 19 53
31	22 31 49	10S 6 8	21 6 35	16S38 47	17 18 19	14S20 8

AUGUST 2004

DAY	SIDEREAL TIME h m s	☉ SUN LONG ° ' "	MOT ' "	R.A. h m s	DECL ° ' "
1 Su	20 39 45	14♋16 54	57 23	8 46 4.1	17N59 9
2 M	20 43 42	15 14 17	57 24	8 49 56.6	17 43 52
3 Tu	20 47 38	16 11 41	57 25	8 53 48.4	17 28 19
4 W	20 51 35	17 9 6	57 26	8 57 39.7	17 12 28
5 Th	20 55 32	18 6 32	57 28	9 1 30.4	16 56 20
6 F	20 59 28	19 4 0	57 29	9 5 20.5	16 39 56
7 S	21 3 25	20 1 28	57 30	9 9 10.0	16 23 16
8 Su	21 7 21	20 58 58	57 32	9 12 58.9	16 6 20
9 M	21 11 18	21 56 30	57 33	9 16 47.3	15 49 8
10 Tu	21 15 14	22 54 3	57 34	9 20 35.2	15 31 41
11 W	21 19 11	23 51 37	57 36	9 24 22.4	15 13 59
12 Th	21 23 7	24 49 12	57 37	9 28 9.2	14 56 2
13 F	21 27 4	25 46 49	57 38	9 31 55.3	14 37 51
14 S	21 31 1	26 44 27	57 40	9 35 41.0	14 19 26
15 Su	21 34 57	27 42 7	57 41	9 39 26.1	14 0 47
16 M	21 38 54	28 39 47	57 42	9 43 10.6	13 41 55
17 Tu	21 42 50	29 37 29	57 43	9 46 54.7	13 22 50
18 W	21 46 47	0♌35 13	57 45	9 50 38.2	13 3 32
19 Th	21 50 43	1 32 57	57 46	9 54 21.2	12 44 1
20 F	21 54 40	2 30 43	57 47	9 58 3.7	12 24 19
21 S	21 58 36	3 28 30	57 48	10 1 45.8	12 4 25
22 Su	22 2 33	4 26 18	57 49	10 5 27.3	11 44 19
23 M	22 6 30	5 24 7	57 51	10 9 8.4	11 24 2
24 Tu	22 10 26	6 21 58	57 52	10 12 49.1	11 3 35
25 W	22 14 23	7 19 49	57 53	10 16 29.3	10 42 57
26 Th	22 18 19	8 17 42	57 54	10 20 9.1	10 22 9
27 F	22 22 16	9 15 36	57 56	10 23 48.4	10 1 12
28 S	22 26 12	10 13 31	57 57	10 27 27.4	9 40 5
29 Su	22 30 9	11 11 28	57 58	10 31 6.0	9 18 49
30 M	22 34 5	12 9 26	58 0	10 34 44.3	8 57 24
31 Tu	22 38 2	13♌ 7 26	58 1	10 38 22.2	8N35 50

DAY	☽ MOON AT 0 HOURS LONG ° ' "	12h MOT ° ' "	2DIF "	R.A. h m s	DECL ° ' "
1 Su	17♑42 18	7 23 52	-126	21 5 54	21S49 21
2 M	2♒25 19	7 13 33	-178	22 4 24	16 49 28
3 Tu	16 46 7	7 0 29	-208	22 58 20	11 0 1
4 W	0♓40 1	6 46 16	-213	23 48 34	4 47 54
5 Th	14 5 28	6 32 23	-199	0 36 17	1N25 20
6 F	27 3 48	6 19 59	-171	1 22 41	7 23 16
7 S	9♈38 22	6 9 47	-134	2 8 53	12 53 12
8 Su	21 53 47	6 2 11	-94	2 55 47	17 44 36
9 M	3♉55 21	5 57 15	-54	3 44 7	21 47 48
10 Tu	15 48 21	5 54 53	-18	4 34 14	24 53 35
11 W	27 37 48	5 54 49	14	5 26 6	26 53 18
12 Th	9♊28 9	5 56 42	40	6 19 14	27 40 0
13 F	21 23 4	6 0 5	60	7 12 47	27 9 55
14 S	3♋25 22	6 4 34	73	8 5 45	25 23 31
15 Su	15 37 0	6 9 41	80	8 57 19	22 25 53
16 M	27 59 4	6 15 7	82	9 47 6	18 25 48
17 Tu	10♌32 4	6 20 39	83	10 35 9	13 34 32
18 W	23 16 8	6 26 12	84	11 21 53	8 4 39
19 Th	6♍11 19	6 31 49	86	12 8 4	2 9 32
20 F	19 17 51	6 37 42	91	12 54 38	3S56 48
21 S	2♎36 22	6 44 1	99	13 42 39	9 59 6
22 Su	16 7 45	6 50 51	106	14 33 16	15 40 8
23 M	29 53 3	6 58 7	110	15 27 28	20 39 53
24 Tu	13♏52 57	7 5 25	106	16 25 52	24 35 37
25 W	28 7 14	7 12 3	90	17 28 16	27 3 54
26 Th	12♐34 8	7 17 7	59	18 33 15	27 45 38
27 F	27 10 0	7 19 37	13	19 38 29	26 32 32
28 S	11♑49 17	7 18 46	-40	20 41 35	23 31 2
29 Su	26 25 1	7 14 15	-94	21 40 58	19 0 29
30 M	10♒49 58	7 6 21	-140	22 36 15	13 27 3
31 Tu	24♒57 40	6 55 52	-170	23 27 57	7S17 35

DAY	☽ MOON AT 12 HOURS LONG ° ' "	12h MOT ° ' "	2DIF "	R.A. h m s	DECL ° ' "
1 Su	25♑ 6 10	7 19 9	-155	21 35 45	19S27 27
2 M	9♒38 52	7 7 16	-196	22 31 54	13 59 8
3 Tu	23 46 36	6 53 25	-213	23 23 50	7 55 19
4 W	7♓26 16	6 39 12	-208	0 12 40	1 40 18
5 Th	20 37 52	6 25 57	-186	0 59 35	4N27 4
6 F	3♈23 47	6 14 35	-153	1 45 45	10 12 26
7 S	15 48 9	6 5 39	-114	2 32 12	15 24 20
8 Su	27 55 58	5 59 23	-74	3 19 44	19 52 48
9 M	9♉52 36	5 55 45	-36	4 8 56	23 28 26
10 Tu	21 43 13	5 54 35	-1	4 59 58	26 2 11
11 W	3♊32 37	5 55 32	28	5 52 34	27 26 6
12 Th	15 24 50	5 58 14	51	6 46 1	27 34 38
13 F	27 23 9	6 2 13	67	7 39 24	26 26 2
14 S	9♋29 56	6 7 4	77	8 31 44	24 3 8
15 Su	21 46 41	6 12 23	82	9 22 27	20 33 0
16 M	4♌14 12	6 17 53	83	10 11 19	16 5 48
17 Tu	16 52 43	6 23 25	83	10 58 38	10 53 36
18 W	29 42 20	6 28 59	84	11 44 59	5 9 24
19 Th	12♍43 8	6 34 43	88	12 31 14	0S53 9
20 F	25 55 34	6 40 48	95	13 18 23	6 59 28
21 S	9♎20 23	6 47 22	103	14 7 34	12 53 27
22 Su	22 58 36	6 54 27	109	14 59 52	18 16 32
23 M	6♏51 10	7 1 48	109	15 56 8	22 47 15
24 Tu	20 58 22	7 8 52	100	16 56 38	26 2 4
25 W	5♐19 17	7 14 51	76	18 0 34	27 38 56
26 Th	19 51 16	7 18 45	38	19 6 0	27 23 23
27 F	4♑29 38	7 19 39	-13	20 10 26	25 14 21
28 S	19 8 3	7 16 58	-68	21 11 47	21 25 20
29 Su	3♒39 17	7 10 41	-119	22 9 7	16 19 55
30 M	17 56 19	7 1 22	-157	23 2 30	10 25 14
31 Tu	1♓53 32	6 50 0	-179	23 52 44	4S 6 59

LUNAR INGRESSES
1 ☽ ♒ 20:01
3 ☽ ♓ 22:50
6 ☽ ♈ 5:33
8 ☽ ♉ 16:08
11 ☽ ♊ 4:49
13 ☽ ♋ 17:12
16 ☽ ♌ 3:53
18 ☽ ♍ 12:33
20 ☽ ♎ 19:20
23 ☽ ♏ 0:12
25 ☽ ♐ 3:08
27 ☽ ♑ 4:38
29 ☽ ♒ 5:56
31 ☽ ♓ 8:43

PLANET INGRESSES
1 ♀ ♊ 5:11
2 ♂ ♌ 5:03
17 ☉ ♌ 9:22
31 ♃ ♍ 22:52

STATIONS
10 ☿ R 0:34
30 ♇ D 19:39

DATA FOR THE 1st AT 0 HOURS
JULIAN DAY 38198.5
☽ MEAN ☊ 11°♈ 37' 15"
OBLIQUITY 23° 26' 27"
DELTA T 66.7 SECONDS
NUTATION LONGITUDE -8.6"

DAY MO YR	☿ LONG ° ' "	♀ LONG ° ' "	♂ LONG ° ' "	♃ LONG ° ' "	♄ LONG ° ' "	♅ LONG ° ' "	♆ LONG ° ' "	♇ LONG ° ' "	☊ LONG ° '	A.S.S.I. h m s	S.S.R.Y. h m s	S.V.P. ♓ ° ' "	☿ MERCURY R.A. h m s	☿ MERCURY DECL ° ' "
1 214	10♌42 48	29♉49 43	29♋14 7	23♌45 41	25♊ 1 10	11♒ 1R48	19♑19R54	24♏58R 8	11♈35	11 0 56	30 10 35	5 11 53.3	10 26 8	7N30 22
2 215	11 21 45	0♊37 36	29 52 1	23 57 1	25 8 40	10 59 45	19 18 16	24 57 16	11 25	11 5 48	30 9 31	5 11 53.2	10 28 16	7 4 41
3 216	11 56 49	1 26 15	0♌29 56	24 8 24	25 16 8	10 57 39	19 16 38	24 56 25	11 15	11 10 39	30 8 25	5 11 53.1	10 30 9	6 40 23
4 217	12 27 51	2 15 38	1 7 52	24 19 51	25 23 34	10 55 33	19 15 0	24 55 36	11 08	11 15 29	30 7 21	5 11 53.0	10 31 47	6 17 35
5 218	12 54 38	3 5 44	1 45 48	24 31 22	25 30 59	10 53 24	19 13 22	24 54 48	11 04	11 20 19	30 6 22	5 11 53.0	10 33 9	5 56 27
6 219	13 17 0	3 56 31	2 23 45	24 42 56	25 38 22	10 51 15	19 11 44	24 54 2	11 02	11 25 8	30 5 32	5 11 52.9	10 34 15	5 37 5
7 220	13 34 44	4 47 58	3 1 42	24 54 34	25 45 43	10 49 5	19 10 6	24 53 18	11 01	11 29 57	30 4 52	5 11 52.8	10 35 4	5 19 39
8 221	13 47 40	5 40 3	3 39 40	25 6 15	25 53 3	10 46 53	19 8 28	24 52 35	11 01	11 34 44	30 4 22	5 11 52.7	10 35 35	5 4 19
9 222	13 55 35	6 32 45	4 17 39	25 18 0	26 0 20	10 44 40	19 6 50	24 51 54	11 01	11 39 31	30 4 5	5 11 52.5	10 35 48	4 51 12
10 223	13 58R20	7 26 3	4 55 38	25 29 48	26 7 36	10 42 26	19 5 12	24 51 15	10 59	11 44 18	30 3 59	5 11 52.4	10 35 42	4 40 28
11 224	13 55 47	8 19 55	5 33 38	25 41 39	26 14 50	10 40 11	19 3 34	24 50 37	10 54	11 49 3	30 4 5	5 11 52.2	10 35 18	4 32 17
12 225	13 47 48	9 14 20	6 11 39	25 53 33	26 22 1	10 37 55	19 1 56	24 50 1	10 47	11 53 48	30 4 22	5 11 51.9	10 34 35	4 26 47
13 226	13 34 20	10 9 18	6 49 41	26 5 31	26 29 11	10 35 38	19 0 19	24 49 27	10 38	11 58 32	30 4 48	5 11 51.7	10 33 33	4 24 5
14 227	13 15 23	11 4 46	7 27 43	26 17 31	26 36 18	10 33 20	18 58 42	24 48 54	10 26	12 3 16	30 5 23	5 11 51.5	10 32 11	4 24 20
15 228	12 50 59	12 0 44	8 5 46	26 29 34	26 43 23	10 31 1	18 57 5	24 48 24	10 14	12 7 58	30 6 6	5 11 51.4	10 30 32	4 27 36
16 229	12 21 17	12 57 11	8 43 50	26 41 41	26 50 26	10 28 41	18 55 28	24 47 55	10 01	12 12 40	30 6 55	5 11 51.2	10 28 34	4 33 57
17 230	11 46 33	13 54 6	9 21 54	26 53 49	26 57 26	10 26 21	18 53 52	24 47 28	9 50	12 17 22	30 7 50	5 11 51.2	10 26 20	4 43 25
18 231	11 7 8	14 51 28	9 59 59	27 6 1	27 4 23	10 24 1	18 52 16	24 47 3	9 40	12 22 3	30 8 48	5 11 51.1	10 23 50	4 55 58
19 232	10 23 30	15 49 16	10 38 5	27 18 15	27 11 18	10 21 39	18 50 40	24 46 39	9 33	12 26 43	30 9 49	5 11 51.1	10 21 7	5 11 31
20 233	9 36 16	16 47 30	11 16 12	27 30 32	27 18 11	10 19 17	18 49 5	24 46 18	9 29	12 31 23	30 10 49	5 11 51.0	10 18 13	5 29 56
21 234	8 46 9	17 46 8	11 54 19	27 42 51	27 25 0	10 16 55	18 47 31	24 45 58	9 28	12 36 1	30 11 45	5 11 51.0	10 15 10	5 51 1
22 235	7 53 59	18 45 10	12 32 27	27 55 12	27 31 47	10 14 32	18 45 57	24 45 41	9 28	12 40 40	30 12 35	5 11 50.9	10 12 2	6 14 28
23 236	7 0 45	19 44 35	13 10 36	28 7 35	27 38 31	10 12 9	18 44 24	24 45 25	9 28	12 45 18	30 13 13	5 11 50.8	10 8 53	6 39 58
24 237	6 7 27	20 44 23	13 48 45	28 20 1	27 45 12	10 9 46	18 42 51	24 45 11	9 28	12 49 55	30 13 39	5 11 50.6	10 5 45	7 7 7
25 238	5 15 12	21 44 33	14 26 55	28 32 29	27 51 50	10 7 22	18 41 19	24 44 59	9 26	12 54 31	30 13 49	5 11 50.3	10 2 44	7 35 28
26 239	4 25 5	22 45 4	15 5 6	28 44 59	27 58 25	10 4 59	18 39 48	24 44 48	9 22	12 59 8	30 13 43	5 11 50.1	9 59 52	8 4 33
27 240	3 38 12	23 45 56	15 43 17	28 57 31	28 4 57	10 2 35	18 38 17	24 44 40	9 16	13 3 43	30 13 22	5 11 49.8	9 57 14	8 33 52
28 241	2 55 36	24 47 9	16 21 29	29 10 4	28 11 26	10 0 11	18 36 48	24 44 34	9 08	13 8 18	30 12 46	5 11 49.6	9 54 54	9 2 54
29 242	2 18 17	25 48 42	16 59 42	29 22 40	28 17 52	9 57 47	18 35 19	24 44 29	8 59	13 12 53	30 11 58	5 11 49.5	9 52 54	9 31 10
30 243	1 47 6	26 50 34	17 37 56	29 35 17	28 24 14	9 55 24	18 33 50	24 44D27	8 50	13 17 27	30 11 2	5 11 49.4	9 51 19	9 58 10
31 244	1♌22 48	27♊52 46	18♌16 11	29♌47 56	28♊30 33	9♒53 0	18♑32 23	24♏44 26	8♈42	13 22 1	30 10 0	5 11 49.3	9 50 11	10N23 29

DAY Aug	♀ VENUS R.A. h m s	♀ VENUS DECL ° ' "	♂ MARS R.A. h m s	♂ MARS DECL ° ' "	♃ JUPITER R.A. h m s	♃ JUPITER DECL ° ' "	♄ SATURN R.A. h m s	♄ SATURN DECL ° ' "
1	5 37 20	19N 3 48	9 46 58	14N35 10	11 19 41	5N32 33	7 25 39	21N44 43
2	5 40 42	19 8 35	9 49 25	14 22 21	11 20 23	5 28 2	7 26 11	21 43 42
3	5 44 7	19 13 14	9 51 52	14 9 26	11 21 5	5 23 30	7 26 43	21 42 41
4	5 47 35	19 17 43	9 54 19	13 56 25	11 21 47	5 18 56	7 27 14	21 41 40
5	5 51 6	19 22 2	9 56 45	13 43 19	11 22 29	5 14 21	7 27 46	21 40 39
6	5 54 41	19 26 8	9 59 12	13 30 8	11 23 12	5 9 45	7 28 17	21 39 38
7	5 58 19	19 30 2	10 1 38	13 16 52	11 23 55	5 5 7	7 28 49	21 38 36
8	6 1 59	19 33 42	10 4 4	13 3 30	11 24 38	5 0 27	7 29 20	21 37 35
9	6 5 43	19 37 7	10 6 30	12 50 3	11 25 21	4 55 46	7 29 51	21 36 33
10	6 9 29	19 40 16	10 8 55	12 36 32	11 26 4	4 51 4	7 30 22	21 35 31
11	6 13 17	19 43 9	10 11 21	12 22 56	11 26 48	4 46 21	7 30 53	21 34 29
12	6 17 9	19 45 43	10 13 46	12 9 14	11 27 32	4 41 36	7 31 23	21 33 27
13	6 21 2	19 47 58	10 16 11	11 55 29	11 28 16	4 36 50	7 31 54	21 32 25
14	6 24 58	19 49 55	10 18 36	11 41 38	11 29 0	4 32 3	7 32 24	21 31 23
15	6 28 56	19 51 30	10 21 0	11 27 43	11 29 44	4 27 15	7 32 54	21 30 22
16	6 32 57	19 52 45	10 23 25	11 13 44	11 30 29	4 22 25	7 33 24	21 29 20
17	6 36 59	19 53 38	10 25 49	10 59 41	11 31 14	4 17 35	7 33 54	21 28 18
18	6 41 3	19 54 8	10 28 13	10 45 33	11 31 58	4 12 43	7 34 24	21 27 16
19	6 45 10	19 54 15	10 30 37	10 31 21	11 32 43	4 7 51	7 34 53	21 26 14
20	6 49 18	19 53 58	10 33 0	10 17 5	11 33 29	4 2 57	7 35 22	21 25 13
21	6 53 28	19 53 17	10 35 24	10 2 46	11 34 14	3 58 3	7 35 51	21 24 11
22	6 57 39	19 52 11	10 37 47	9 48 22	11 34 59	3 53 7	7 36 20	21 23 10
23	7 1 52	19 50 40	10 40 11	9 33 55	11 35 45	3 48 11	7 36 49	21 22 8
24	7 6 7	19 48 43	10 42 34	9 19 24	11 36 31	3 43 14	7 37 17	21 21 7
25	7 10 23	19 46 19	10 44 57	9 4 50	11 37 16	3 38 16	7 37 45	21 20 6
26	7 14 40	19 43 28	10 47 19	8 50 12	11 38 2	3 33 17	7 38 13	21 19 6
27	7 18 59	19 40 11	10 49 42	8 35 31	11 38 48	3 28 17	7 38 41	21 18 5
28	7 23 19	19 36 26	10 52 5	8 20 46	11 39 35	3 23 17	7 39 8	21 17 5
29	7 27 40	19 32 12	10 54 27	8 5 59	11 40 21	3 18 16	7 39 36	21 16 5
30	7 32 3	19 27 31	10 56 49	7 51 8	11 41 7	3 13 14	7 40 3	21 15 5
31	7 36 26	19N22 21	10 59 11	7N36 15	11 41 54	3N 8 12	7 40 30	21N14 6

DAY Aug	♅ URANUS R.A. h m s	♅ URANUS DECL ° ' "	♆ NEPTUNE R.A. h m s	♆ NEPTUNE DECL ° ' "	♇ PLUTO R.A. h m s	♇ PLUTO DECL ° ' "
1	22 31 41	10S 6 54	21 6 29	16S39 15	17 18 15	14S20 24
2	22 31 33	10 7 41	21 6 22	16 39 44	17 18 11	14 20 39
3	22 31 25	10 8 28	21 6 16	16 40 13	17 18 8	14 20 55
4	22 31 17	10 9 16	21 6 9	16 40 42	17 18 4	14 21 11
5	22 31 9	10 10 4	21 6 3	16 41 11	17 18 1	14 21 28
6	22 31 1	10 10 53	21 5 56	16 41 40	17 17 58	14 21 44
7	22 30 53	10 11 42	21 5 50	16 42 9	17 17 55	14 22 1
8	22 30 45	10 12 31	21 5 43	16 42 38	17 17 52	14 22 18
9	22 30 36	10 13 21	21 5 37	16 43 7	17 17 49	14 22 36
10	22 30 28	10 14 11	21 5 30	16 43 36	17 17 46	14 22 54
11	22 30 20	10 15 1	21 5 24	16 44 4	17 17 43	14 23 12
12	22 30 11	10 15 52	21 5 17	16 44 33	17 17 41	14 23 30
13	22 30 2	10 16 43	21 5 11	16 45 2	17 17 38	14 23 49
14	22 29 54	10 17 34	21 5 4	16 45 30	17 17 36	14 24 7
15	22 29 45	10 18 25	21 4 58	16 45 59	17 17 34	14 24 26
16	22 29 36	10 19 17	21 4 52	16 46 27	17 17 32	14 24 46
17	22 29 27	10 20 9	21 4 45	16 46 56	17 17 30	14 25 5
18	22 29 19	10 21 1	21 4 39	16 47 24	17 17 28	14 25 25
19	22 29 10	10 21 54	21 4 32	16 47 52	17 17 26	14 25 45
20	22 29 1	10 22 46	21 4 26	16 48 20	17 17 25	14 26 5
21	22 28 52	10 23 39	21 4 20	16 48 47	17 17 23	14 26 26
22	22 28 43	10 24 31	21 4 14	16 49 15	17 17 22	14 26 46
23	22 28 34	10 25 24	21 4 7	16 49 42	17 17 21	14 27 7
24	22 28 25	10 26 17	21 4 1	16 50 9	17 17 20	14 27 28
25	22 28 16	10 27 9	21 3 55	16 50 36	17 17 19	14 27 50
26	22 28 7	10 28 2	21 3 49	16 51 3	17 17 18	14 28 11
27	22 27 58	10 28 55	21 3 43	16 51 29	17 17 17	14 28 33
28	22 27 49	10 29 47	21 3 37	16 51 55	17 17 17	14 28 55
29	22 27 40	10 30 40	21 3 31	16 52 21	17 17 17	14 29 17
30	22 27 30	10 31 33	21 3 25	16 52 47	17 17 16	14 29 39
31	22 27 21	10S32 25	21 3 19	16S53 13	17 17 16	14S30 2

DAY	SIDEREAL TIME h m s	☉ SUN LONG ° ' "	MOT ' "	R.A. h m s	DECL ° ' "	☽ MOON AT 0 HOURS LONG ° ' "	12h MOT ° ' "	2DIF "	R.A. h m s	DECL ° ' "	☽ MOON AT 12 HOURS LONG ° ' "	12h MOT ° ' "	2DIF "	R.A. h m s	DECL ° ' "
1 W	22 41 59	14♌ 5 27	58 3	10 41 59.8	8N14 9	8♓43 31	6 43 56	-183	0 17 0	0S56 3	15♓27 27	6 37 48	-183	0 40 52	2N12 52
2 Th	22 45 55	15 3 31	58 5	10 45 37.1	7 52 19	22 5 15	6 31 46	-178	1 4 30	5N17 42	28 37 1	6 25 56	-170	1 28 1	8 16 32
3 F	22 49 52	16 1 36	58 7	10 49 14.2	7 30 22	5♈ 2 57	6 20 25	-159	1 51 31	11 7 42	11♈23 22	6 15 20	-145	2 15 9	13 49 39
4 S	22 53 48	16 59 43	58 9	10 52 51.0	7 8 17	17 38 42	6 10 43	-130	2 38 59	16 20 58	23 49 25	6 6 40	-113	3 3 6	18 40 20
5 Su	22 57 45	17 57 52	58 11	10 56 27.6	6 46 5	29 56 6	6 3 13	-94	3 27 34	20 46 29	5♉59 18	6 0 23	-75	3 52 27	22 38 15
6 M	23 1 41	18 56 3	58 13	11 0 4.0	6 23 46	11♉59 41	5 58 11	-56	4 17 44	24 14 31	17 57 52	5 56 38	-37	4 43 26	25 34 15
7 Tu	23 5 38	19 54 16	58 15	11 3 40.1	6 1 21	23 54 30	5 55 44	-18	5 9 31	26 36 32	29 50 14	5 55 27	1	5 35 55	27 20 36
8 W	23 9 34	20 52 31	58 17	11 7 16.2	5 38 50	5♊45 40	5 55 47	18	6 2 33	27 45 50	11♊41 27	5 56 41	35	6 29 18	27 51 49
9 Th	23 13 31	21 50 48	58 19	11 10 52.0	5 16 13	17 38 8	5 58 7	51	6 56 5	27 38 23	23 36 15	6 0 3	65	7 22 46	27 5 37
10 F	23 17 28	22 49 7	58 21	11 14 27.7	4 53 31	29 36 18	6 2 25	77	7 49 15	26 13 52	5♋38 43	6 5 11	88	8 15 27	25 3 42
11 S	23 21 24	23 47 28	58 23	11 18 3.3	4 30 44	11♋43 53	6 8 15	96	8 41 17	23 35 55	17 52 8	6 11 36	103	9 6 42	21 51 32
12 Su	23 25 21	24 45 51	58 25	11 21 38.8	4 7 51	24 3 44	6 15 8	108	9 31 42	19 51 42	0♌18 51	6 18 47	111	9 56 16	17 37 43
13 M	23 29 17	25 44 16	58 27	11 25 14.2	3 44 55	6♌37 39	6 22 31	112	10 20 28	15 11 2	13 0 9	6 26 14	111	10 44 21	12 33 9
14 Tu	23 33 14	26 42 43	58 29	11 28 49.6	3 21 54	19 26 23	6 29 54	109	11 7 59	9 45 42	25 56 18	6 33 29	105	11 31 26	6 50 22
15 W	23 37 10	27 41 12	58 31	11 32 24.8	2 58 49	2♍29 47	6 36 55	101	11 54 51	3 48 58	9♍ 6 42	6 40 11	95	12 18 19	0 43 24
16 Th	23 41 7	28 39 42	58 33	11 36 0.1	2 35 42	15 46 53	6 43 16	90	12 41 58	2S24 21	22 30 9	6 46 10	84	13 5 55	5S32 8
17 F	23 45 3	29 38 15	58 34	11 39 35.3	2 12 31	29 16 19	6 48 52	78	13 30 18	8 37 43	6♎ 5 11	6 51 23	73	13 55 15	11 38 41
18 S	23 49 0	0♍36 49	58 36	11 43 10.5	1 49 17	12♎56 34	6 53 43	68	14 20 54	14 32 30	19 50 17	6 55 54	63	14 47 22	17 16 29
19 Su	23 52 56	1 35 25	58 38	11 46 45.8	1 26 1	26 46 10	6 57 55	58	15 14 43	19 47 49	3♏44 5	6 59 48	54	15 43 2	22 3 39
20 M	23 56 53	2 34 3	58 40	11 50 21.0	1 2 44	10♏43 53	7 1 31	50	16 12 18	24 1 5	17 45 24	7 3 6	45	16 42 29	25 37 23
21 Tu	0 0 50	3 32 42	58 41	11 53 56.3	0 39 24	24 48 30	7 4 30	39	17 13 28	26 50 2	1♐52 59	7 5 41	32	17 45 5	27 37 0
22 W	0 4 46	4 31 23	58 43	11 57 31.7	0 16 4	8♐58 40	7 6 39	25	18 17 4	27 56 49	16 5 19	7 7 20	15	18 49 10	27 48 49
23 Th	0 8 43	5 30 6	58 44	12 1 7.2	0S 7 18	23 12 39	7 7 40	5	19 21 4	27 13 7	0♑20 19	7 7 38	-8	19 52 32	26 10 40
24 F	0 12 39	6 28 50	58 46	12 4 42.8	0 30 40	7♑27 57	7 7 10	-21	20 23 18	24 43 8	14 35 7	7 6 14	-35	20 53 15	22 52 46
25 S	0 16 36	7 27 36	58 48	12 8 18.5	0 54 2	21 41 21	7 4 48	-51	21 22 16	20 42 15	28 46 10	7 2 51	-66	21 50 19	18 14 30
26 Su	0 20 32	8 26 24	58 50	12 11 54.3	1 17 24	5♒49 1	7 0 23	-81	22 17 27	15 32 32	12♒49 24	6 57 26	-96	22 43 44	12 39 19
27 M	0 24 29	9 25 13	58 51	12 15 30.4	1 40 45	19 46 50	6 54 0	-109	23 9 15	9 37 48	26 40 50	6 50 10	-120	23 34 7	6 30 44
28 Tu	0 28 25	10 24 5	58 53	12 19 6.6	2 4 6	3♓30 59	6 45 58	-130	23 58 29	3 20 44	10♓16 58	6 41 31	-137	0 22 28	0 10 16
29 W	0 32 22	11 22 58	58 55	12 22 43.1	2 27 26	16 58 28	6 36 52	-141	0 46 11	2N58 25	23 35 20	6 32 7	-142	1 9 47	6N 3 10
30 Th	0 36 19	12♍21 54	58 58	12 26 19.8	2S50 44	0♈ 7 27	6 27 22	-141	1 33 22	9N 2 3	6♈34 50	6 22 42	-137	1 57 3	11N53 12

LUNAR INGRESSES
2 ☽ ♈ 14:34
5 ☽ ♉ 0:08
7 ☽ ♊ 12:20
10 ☽ ♋ 0:47
12 ☽ ♌ 11:24
14 ☽ ♍ 19:27
17 ☽ ♎ 1:17
19 ☽ ♏ 5:34
21 ☽ ♐ 8:49
23 ☽ ♑ 11:26
25 ☽ ♒ 14:05
27 ☽ ♓ 17:49
29 ☽ ♈ 23:46

PLANET INGRESSES
2 ♀ ♋ 0:44
15 ♄ ♋ 9:26
17 ☉ ♍ 8:55
18 ♂ ♍ 7:43
25 ☿ ♍ 18:09
29 ♀ ♌ 5:14

STATIONS
2 ☿ D 13:10

DATA FOR THE 1st AT 0 HOURS
JULIAN DAY 38229.5
☽ MEAN ☊ 9°♈ 58' 41"
OBLIQUITY 23° 26' 27"
DELTA T 66.8 SECONDS
NUTATION LONGITUDE -9.0"

DAY MO YR	☿ LONG ° ' "	♀ LONG ° ' "	♂ LONG ° ' "	♃ LONG ° ' "	♄ LONG ° ' "	♅ LONG ° ' "	♆ LONG ° ' "	♇ LONG ° ' "	☊ LONG ° '	A.S.S.I. h m s	S.S.R.Y. h m s	S.V.P. ♓ ° ' "	☿ MERCURY R.A. h m s	☿ MERCURY DECL ° ' "
1 245	1♌ 6R 2	28♊55 16	18♌54 27	0♍ 0 36	28♊36 49	9♒50R37	18♑30R57	24♏44 27	8♈37	13 26 34	30 8 56	5 11 49.3	9 49 33	10N46 41
2 246	0 57D16	29 58 4	19 32 43	0 13 18	28 43 1	9 48 14	18 29 31	24 44 31	8 33	13 31 7	30 7 57	5 11 49.3	9 49 25	11 7 24
3 247	0 56 52	1♋ 1 11	20 11 1	0 26 2	28 49 10	9 45 51	18 28 6	24 44 36	8 32	13 35 40	30 7 1	5 11 49.3	9 49 49	11 25 21
4 248	1 5 2	2 4 35	20 49 19	0 38 47	28 55 15	9 43 28	18 26 43	24 44 43	8 32	13 40 12	30 6 11	5 11 49.2	9 50 46	11 40 14
5 249	1 21 52	3 8 15	21 27 39	0 51 33	29 1 16	9 41 6	18 25 20	24 44 52	8 33	13 44 45	30 5 30	5 11 49.1	9 52 16	11 51 50
6 250	1 47 21	4 12 12	22 6 0	1 4 21	29 7 14	9 38 45	18 23 59	24 45 3	8 34	13 49 16	30 4 57	5 11 48.9	9 54 19	11 59 58
7 251	2 21 21	5 16 26	22 44 22	1 17 10	29 13 8	9 36 24	18 22 38	24 45 16	8 35	13 53 48	30 4 34	5 11 48.8	9 56 54	12 4 30
8 252	3 3 39	6 20 55	23 22 45	1 30 0	29 18 58	9 34 3	18 21 19	24 45 31	8 33	13 58 19	30 4 21	5 11 48.6	9 59 59	12 5 21
9 253	3 53 56	7 25 39	24 1 9	1 42 51	29 24 44	9 31 43	18 20 1	24 45 48	8 30	14 2 51	30 4 18	5 11 48.4	10 3 34	12 2 27
10 254	4 51 49	8 30 38	24 39 34	1 55 43	29 30 27	9 29 24	18 18 44	24 46 6	8 25	14 7 22	30 4 25	5 11 48.2	10 7 36	11 55 48
11 255	5 56 51	9 35 51	25 18 1	2 8 36	29 36 5	9 27 6	18 17 28	24 46 27	8 18	14 11 53	30 4 42	5 11 48.1	10 12 4	11 45 26
12 256	7 8 33	10 41 19	25 56 28	2 21 30	29 41 39	9 24 48	18 16 13	24 46 50	8 10	14 16 23	30 5 9	5 11 48.0	10 16 56	11 31 25
13 257	8 26 21	11 47 0	26 34 57	2 34 25	29 47 8	9 22 32	18 15 0	24 47 15	8 03	14 20 54	30 5 45	5 11 47.9	10 22 9	11 13 51
14 258	9 49 43	12 52 54	27 13 27	2 47 21	29 52 34	9 20 16	18 13 48	24 47 41	7 55	14 25 24	30 6 31	5 11 47.8	10 27 40	10 52 53
15 259	11 18 2	13 59 2	27 51 57	3 0 17	29 57 55	9 18 1	18 12 37	24 48 10	7 50	14 29 55	30 7 26	5 11 47.8	10 33 27	10 28 41
16 260	12 50 44	15 5 22	28 30 29	3 13 14	0♋ 3 12	9 15 48	18 11 28	24 48 40	7 46	14 34 25	30 8 27	5 11 47.8	10 39 29	10 1 27
17 261	14 27 14	16 11 54	29 9 2	3 26 11	0 8 24	9 13 35	18 10 20	24 49 13	7 44	14 38 56	30 9 32	5 11 47.8	10 45 42	9 31 25
18 262	16 6 59	17 18 39	29 47 36	3 39 9	0 13 31	9 11 24	18 9 13	24 49 47	7 44	14 43 26	30 10 38	5 11 47.8	10 52 5	8 58 48
19 263	17 49 27	18 25 35	0♍26 12	3 52 7	0 18 34	9 9 14	18 8 8	24 50 24	7 45	14 47 56	30 11 40	5 11 47.7	10 58 35	8 23 50
20 264	19 34 9	19 32 43	1 4 48	4 5 5	0 23 33	9 7 6	18 7 5	24 51 2	7 46	14 52 27	30 12 34	5 11 47.5	11 5 10	7 46 47
21 265	21 20 37	20 40 2	1 43 25	4 18 3	0 28 26	9 4 58	18 6 3	24 51 42	7 47	14 56 57	30 13 16	5 11 47.3	11 11 50	7 7 53
22 266	23 8 27	21 47 32	2 22 4	4 31 1	0 33 15	9 2 52	18 5 2	24 52 24	7 47	15 1 28	30 13 44	5 11 47.0	11 18 32	6 27 21
23 267	24 57 17	22 55 13	3 0 43	4 44 0	0 37 59	9 0 48	18 4 3	24 53 8	7 46	15 5 59	30 13 56	5 11 46.8	11 25 16	5 45 27
24 268	26 46 48	24 3 5	3 39 24	4 56 58	0 42 37	8 58 45	18 3 6	24 53 54	7 44	15 10 30	30 13 53	5 11 46.6	11 32 0	5 2 21
25 269	28 36 43	25 11 7	4 18 6	5 9 56	0 47 11	8 56 44	18 2 10	24 54 42	7 40	15 15 1	30 13 34	5 11 46.5	11 38 44	4 18 17
26 270	0♍26 49	26 19 20	4 56 48	5 22 54	0 51 40	8 54 44	18 1 16	24 55 31	7 36	15 19 32	30 13 2	5 11 46.4	11 45 27	3 33 24
27 271	2 16 53	27 27 43	5 35 32	5 35 52	0 56 4	8 52 46	18 0 23	24 56 23	7 31	15 24 3	30 12 19	5 11 46.3	11 52 9	2 47 54
28 272	4 6 45	28 36 17	6 14 18	5 48 49	1 0 23	8 50 50	17 59 32	24 57 16	7 27	15 28 35	30 11 28	5 11 46.3	11 58 48	2 1 54
29 273	5 56 18	29 45 0	6 53 4	6 1 46	1 4 36	8 48 55	17 58 43	24 58 11	7 25	15 33 7	30 10 33	5 11 46.3	12 5 25	1 15 34
30 274	7♍45 23	0♌53 54	7♍31 52	6♍14 42	1♋ 8 44	8♒47 3	17♑57 56	24♏59 8	7♈24	15 37 39	30 9 36	5 11 46.3	12 12 0	0N29 0

DAY Sep	♀ VENUS R.A. h m s	♀ VENUS DECL ° ' "	♂ MARS R.A. h m s	♂ MARS DECL ° ' "	♃ JUPITER R.A. h m s	♃ JUPITER DECL ° ' "	♄ SATURN R.A. h m s	♄ SATURN DECL ° ' "	♅ URANUS R.A. h m s	♅ URANUS DECL ° ' "	♆ NEPTUNE R.A. h m s	♆ NEPTUNE DECL ° ' "	♇ PLUTO R.A. h m s	♇ PLUTO DECL ° ' "
1	7 40 50	19N16 42	11 1 34	7N21 18	11 42 40	3N 3 9	7 40 56	21N13 7	22 27 12	10S33 17	21 3 14	16S53 38	17 17 16	14S30 24
2	7 45 16	19 10 34	11 3 55	7 6 19	11 43 27	2 58 6	7 41 22	21 12 8	22 27 3	10 34 9	21 3 8	16 54 3	17 17 16	14 30 47
3	7 49 42	19 3 56	11 6 17	6 51 16	11 44 14	2 53 2	7 41 48	21 11 10	22 26 54	10 35 1	21 3 2	16 54 28	17 17 16	14 31 10
4	7 54 9	18 56 49	11 8 39	6 36 11	11 45 1	2 47 57	7 42 14	21 10 12	22 26 45	10 35 53	21 2 57	16 54 52	17 17 17	14 31 33
5	7 58 37	18 49 13	11 11 1	6 21 4	11 45 47	2 42 52	7 42 40	21 9 14	22 26 36	10 36 45	21 2 51	16 55 16	17 17 17	14 31 57
6	8 3 6	18 41 6	11 13 23	6 5 53	11 46 34	2 37 46	7 43 5	21 8 17	22 26 27	10 37 36	21 2 46	16 55 40	17 17 18	14 32 20
7	8 7 35	18 32 30	11 15 44	5 50 41	11 47 22	2 32 40	7 43 30	21 7 20	22 26 19	10 38 27	21 2 41	16 56 3	17 17 19	14 32 43
8	8 12 5	18 23 24	11 18 6	5 35 26	11 48 9	2 27 34	7 43 55	21 6 23	22 26 10	10 39 18	21 2 35	16 56 26	17 17 20	14 33 7
9	8 16 35	18 13 48	11 20 27	5 20 8	11 48 56	2 22 27	7 44 19	21 5 27	22 26 1	10 40 9	21 2 30	16 56 49	17 17 21	14 33 31
10	8 21 6	18 3 43	11 22 49	5 4 49	11 49 43	2 17 20	7 44 43	21 4 32	22 25 52	10 40 59	21 2 25	16 57 11	17 17 22	14 33 55
11	8 25 38	17 53 7	11 25 10	4 49 27	11 50 30	2 12 12	7 45 7	21 3 37	22 25 43	10 41 49	21 2 20	16 57 34	17 17 23	14 34 19
12	8 30 9	17 42 2	11 27 32	4 34 3	11 51 18	2 7 5	7 45 31	21 2 42	22 25 35	10 42 38	21 2 15	16 57 55	17 17 25	14 34 44
13	8 34 41	17 30 27	11 29 53	4 18 38	11 52 5	2 1 57	7 45 54	21 1 49	22 25 26	10 43 27	21 2 10	16 58 17	17 17 26	14 35 8
14	8 39 14	17 18 23	11 32 15	4 3 11	11 52 53	1 56 48	7 46 17	21 0 55	22 25 17	10 44 16	21 2 5	16 58 38	17 17 28	14 35 33
15	8 43 46	17 5 50	11 34 36	3 47 42	11 53 40	1 51 40	7 46 39	21 0 3	22 25 9	10 45 5	21 2 1	16 58 58	17 17 30	14 35 57
16	8 48 19	16 52 48	11 36 57	3 32 11	11 54 28	1 46 31	7 47 2	20 59 10	22 25 0	10 45 52	21 1 56	16 59 19	17 17 32	14 36 22
17	8 52 52	16 39 16	11 39 19	3 16 39	11 55 15	1 41 23	7 47 24	20 58 19	22 24 52	10 46 40	21 1 51	16 59 38	17 17 34	14 36 47
18	8 57 24	16 25 16	11 41 40	3 1 5	11 56 3	1 36 14	7 47 45	20 57 28	22 24 44	10 47 27	21 1 47	16 59 58	17 17 36	14 37 12
19	9 1 57	16 10 48	11 44 1	2 45 30	11 56 51	1 31 5	7 48 7	20 56 38	22 24 35	10 48 13	21 1 43	17 0 17	17 17 38	14 37 36
20	9 6 30	15 55 51	11 46 23	2 29 54	11 57 38	1 25 57	7 48 28	20 55 48	22 24 27	10 48 59	21 1 38	17 0 35	17 17 41	14 38 1
21	9 11 4	15 40 27	11 48 44	2 14 16	11 58 26	1 20 48	7 48 48	20 54 59	22 24 19	10 49 44	21 1 34	17 0 53	17 17 43	14 38 27
22	9 15 37	15 24 35	11 51 6	1 58 38	11 59 14	1 15 39	7 49 9	20 54 11	22 24 11	10 50 29	21 1 30	17 1 11	17 17 46	14 38 52
23	9 20 10	15 8 16	11 53 27	1 42 59	12 0 1	1 10 31	7 49 29	20 53 24	22 24 3	10 51 13	21 1 26	17 1 28	17 17 49	14 39 17
24	9 24 42	14 51 30	11 55 49	1 27 19	12 0 49	1 5 22	7 49 48	20 52 37	22 23 56	10 51 57	21 1 23	17 1 45	17 17 52	14 39 42
25	9 29 15	14 34 18	11 58 10	1 11 38	12 1 36	1 0 14	7 50 8	20 51 51	22 23 48	10 52 40	21 1 19	17 2 1	17 17 55	14 40 8
26	9 33 48	14 16 39	12 0 32	0 55 56	12 2 24	0 55 6	7 50 27	20 51 7	22 23 40	10 53 22	21 1 15	17 2 17	17 17 59	14 40 33
27	9 38 21	13 58 35	12 2 53	0 40 14	12 3 12	0 49 58	7 50 45	20 50 22	22 23 33	10 54 4	21 1 12	17 2 32	17 18 2	14 40 59
28	9 42 53	13 40 5	12 5 15	0 24 32	12 3 59	0 44 51	7 51 3	20 49 39	22 23 25	10 54 45	21 1 8	17 2 47	17 18 5	14 41 24
29	9 47 25	13 21 11	12 7 37	0 8 49	12 4 47	0 39 43	7 51 21	20 48 57	22 23 18	10 55 25	21 1 5	17 3 2	17 18 9	14 41 50
30	9 51 58	13N 1 51	12 9 59	0S 6 54	12 5 34	0N34 37	7 51 39	20N48 15	22 23 11	10S56 5	21 1 2	17S 3 16	17 18 13	14S42 15

OCTOBER 2004

DAY	SIDEREAL TIME h m s	☉ SUN LONG ° ' "	☉ MOT ' "	☉ R.A. h m s	☉ DECL ° ' "	☽ MOON AT 0 HOURS LONG ° ' "	12h MOT ° ' "	2DIF "	R.A. h m s	DECL ° ' "	☽ MOON AT 12 HOURS LONG ° ' "	12h MOT ° ' "	2DIF "	R.A. h m s	DECL ° ' "
1 F	0 40 15	13♍20 51	59 0	12 29 56.8	3S14 0	12♈57 32	6 18 13	-131	2 20 55	14N34 55	19♈15 44	6 13 58	-123	2 45 5	17N 5 35
2 S	0 44 12	14 19 51	59 2	12 33 34.1	3 37 15	25 29 42	6 10 2	-112	3 9 35	19 23 44	1♉39 44	6 6 29	-100	3 34 28	21 27 57
3 Su	0 48 8	15 18 53	59 4	12 37 11.7	4 0 27	7♉46 13	6 3 23	-86	3 59 46	23 16 57	13 49 36	6 0 46	-70	4 25 28	24 49 35
4 M	0 52 5	16 17 57	59 7	12 40 49.7	4 23 37	19 50 22	5 58 41	-54	4 51 32	26 4 51	25 49 3	5 57 10	-37	5 17 56	27 1 54
5 Tu	0 56 1	17 17 4	59 9	12 44 28.0	4 46 43	1♊46 13	5 56 13	-19	5 44 34	27 40 4	7♊42 25	5 55 52	-1	6 11 20	27 58 58
6 W	0 59 58	18 16 13	59 11	12 48 6.7	5 9 46	13 38 17	5 56 7	17	6 38 8	27 58 23	19 34 24	5 56 59	35	7 4 51	27 38 22
7 Th	1 3 54	19 15 24	59 14	12 51 45.8	5 32 45	25 31 23	5 58 25	52	7 31 23	26 59 14	1♋29 48	6 0 27	69	7 57 38	26 1 30
8 F	1 7 51	20 14 37	59 16	12 55 25.4	5 55 40	7♋30 15	6 3 1	85	8 23 32	24 45 50	13 33 16	6 6 6	100	8 49 2	23 13 8
9 S	1 11 48	21 13 53	59 18	12 59 5.4	6 18 31	19 39 22	6 9 39	113	9 14 7	21 24 24	25 49 1	6 13 37	124	9 38 47	19 20 43
10 Su	1 15 44	22 13 11	59 20	13 2 45.8	6 41 17	2♌2 38	6 17 57	134	10 3 5	17 3 19	8♌20 35	6 22 33	141	10 27 4	14 33 27
11 M	1 19 41	23 12 31	59 22	13 6 26.8	7 3 57	14 43 8	6 27 22	146	10 50 47	11 52 32	21 10 30	6 32 17	148	11 14 21	9 2 2
12 Tu	1 23 37	24 11 53	59 25	13 10 8.2	7 26 32	27 42 48	6 37 15	148	11 37 51	6 3 32	4♍20 2	6 42 8	144	12 1 25	2 58 46
13 W	1 27 34	25 11 18	59 27	13 13 50.1	7 49 1	11♍2 10	6 46 52	138	12 25 9	0S10 21	17 49 2	6 51 21	130	12 49 11	3S21 44
14 Th	1 31 30	26 10 45	59 29	13 17 32.6	8 11 23	24 40 23	6 55 30	119	13 13 40	6 33 5	1♎35 53	6 59 15	106	13 38 44	9 41 53
15 F	1 35 27	27 10 14	59 31	13 21 15.6	8 33 38	8♎35 8	7 2 33	91	14 4 29	12 45 24	15 37 41	7 5 20	75	14 31 4	15 40 40
16 S	1 39 23	28 9 44	59 33	13 24 59.2	8 55 47	22 43 1	7 7 34	59	14 58 34	18 24 34	29 50 35	7 9 15	42	15 27 2	20 53 52
17 Su	1 43 20	29 9 17	59 35	13 28 43.3	9 17 47	6♏59 50	7 10 23	26	15 56 30	23 5 19	14♏10 13	7 10 59	10	16 26 56	24 55 50
18 M	1 47 17	0♎8 51	59 37	13 32 28.1	9 39 40	21 21 12	7 11 4	-5	16 58 11	26 22 36	28 32 16	7 10 40	-18	17 30 4	27 23 20
19 Tu	1 51 13	1 8 28	59 38	13 36 13.4	10 1 24	5♐42 56	7 9 50	-31	18 2 21	27 56 27	12♐52 46	7 8 37	-42	18 34 43	28 1 12
20 W	1 55 10	2 8 6	59 40	13 39 59.4	10 22 59	20 1 23	7 7 4	-51	19 6 53	27 37 42	27 8 27	7 5 12	-60	19 38 33	26 46 56
21 Th	1 59 6	3 7 45	59 42	13 43 46.0	10 44 24	4♑13 38	7 3 5	-67	20 9 30	25 30 41	11♑16 43	7 0 45	-73	20 39 32	23 51 13
22 F	2 3 3	4 7 27	59 43	13 47 33.2	11 5 40	18 17 28	6 58 13	-78	21 8 35	21 51 13	25 15 41	6 55 32	-83	21 36 37	19 33 32
23 S	2 6 59	5 7 10	59 45	13 51 21.0	11 26 46	2♒11 13	6 52 42	-87	22 3 40	17 1 3	9♒3 55	6 49 44	-90	22 29 48	14 16 34
24 Su	2 10 56	6 6 54	59 46	13 55 9.6	11 47 42	15 53 39	6 46 40	-94	22 55 8	11 22 49	22 40 20	6 43 30	-96	23 19 47	8 22 18
25 M	2 14 52	7 6 41	59 48	13 58 58.8	12 8 26	29 23 50	6 40 14	-99	23 43 53	5 17 26	6♓4 4	6 36 54	-101	0 7 35	2 10 28
26 Tu	2 18 49	8 6 29	59 50	14 2 48.7	12 28 59	12♓40 58	6 33 30	-103	0 31 0	0N56 29	19 14 29	6 30 4	-104	0 54 16	4N 1 23
27 W	2 22 46	9 6 19	59 52	14 6 39.4	12 49 21	25 44 33	6 26 36	-104	1 17 32	7 2 19	2♈11 9	6 23 9	-103	1 40 53	9 57 25
28 Th	2 26 42	10 6 11	59 54	14 10 30.8	13 9 31	8♈34 18	6 19 44	-102	2 4 26	12 44 52	14 54 2	6 16 23	-99	2 28 18	15 22 57
29 F	2 30 39	11 6 5	59 56	14 14 23.0	13 29 28	21 10 24	6 13 8	-95	2 52 31	17 49 59	27 23 32	6 10 2	-90	3 17 9	20 4 21
30 S	2 34 35	12 6 1	59 58	14 18 15.9	13 49 13	3♉33 34	6 7 7	-84	3 42 14	22 4 32	9♉40 40	6 4 26	-76	4 7 47	23 49 9
31 Su	2 38 32	13♎5 59	60 0	14 22 9.6	14S 8 44	15♉45 6	6 2 2	-67	4 33 45	25N16 57	21♉47 7	5 59 57	-57	5 0 5	26N26 52

LUNAR INGRESSES
2 ☽ ♉ 8:45
4 ☽ ♊ 20:26
7 ☽ ♋ 9:00
9 ☽ ♌ 20:05
12 ☽ ♍ 4:10
14 ☽ ♎ 9:14
16 ☽ ♏ 12:16
18 ☽ ♐ 14:27
20 ☽ ♑ 16:50
22 ☽ ♒ 20:12
25 ☽ ♓ 1:05
27 ☽ ♈ 7:55
29 ☽ ♉ 17:04

PLANET INGRESSES
12 ☿ ♎ 18:58
17 ☉ ♎ 20:26
24 ♀ ♍ 17:07

STATIONS
24 ♆ D 11:57

DATA FOR THE 1st AT 0 HOURS
JULIAN DAY 38259.5
☽ MEAN ☊ 8°♈ 23' 18"
OBLIQUITY 23° 26' 27"
DELTA T 66.8 SECONDS
NUTATION LONGITUDE -9.9"

DAY MO	YR	☿ LONG ° ' "	♀ LONG ° ' "	♂ LONG ° ' "	♃ LONG ° ' "	♄ LONG ° ' "	♅ LONG ° ' "	♆ LONG ° ' "	♇ LONG ° ' "	☊ LONG ° '	A.S.S.I. h m s	S.S.R.Y. h m s	S.V.P. ♓ ° ' "	☿ MERCURY R.A. h m s	☿ MERCURY DECL ° ' "
1	275	9♍33 56	2♌2 57	8♍10 41	6♍27 38	1♋12 47	8♒45R12	17♑57R10	25♏0 7	7♈23	15 42 12	30 8 39	5 11 46.2	12 18 32	0S17 42
2	276	11 21 53	3 12 9	8 49 31	6 40 34	1 16 45	8 43 23	17 56 26	25 1 8	7 24	15 46 45	30 7 45	5 11 46.2	12 25 2	1 4 24
3	277	13 9 10	4 21 31	9 28 23	6 53 28	1 20 37	8 41 36	17 55 43	25 2 10	7 26	15 51 18	30 6 54	5 11 46.0	12 31 28	1 51 2
4	278	14 55 44	5 31 2	10 7 17	7 6 22	1 24 23	8 39 50	17 55 3	25 3 14	7 28	15 55 52	30 6 9	5 11 45.9	12 37 53	2 37 31
5	279	16 41 34	6 40 42	10 46 11	7 19 15	1 28 4	8 38 7	17 54 24	25 4 20	7 29	16 0 26	30 5 30	5 11 45.7	12 44 14	3 23 48
6	280	18 26 40	7 50 31	11 25 7	7 32 8	1 31 40	8 36 26	17 53 47	25 5 28	7 30	16 5 1	30 4 58	5 11 45.5	12 50 34	4 9 48
7	281	20 10 59	9 0 29	12 4 5	7 44 59	1 35 10	8 34 48	17 53 12	25 6 38	7 30	16 9 36	30 4 35	5 11 45.3	12 56 51	4 55 28
8	282	21 54 32	10 10 34	12 43 4	7 57 49	1 38 34	8 33 11	17 52 38	25 7 49	7 29	16 14 12	30 4 20	5 11 45.2	13 3 6	5 40 44
9	283	23 37 18	11 20 49	13 22 5	8 10 38	1 41 52	8 31 36	17 52 7	25 9 2	7 27	16 18 49	30 4 16	5 11 45.0	13 9 18	6 25 36
10	284	25 19 19	12 31 11	14 1 7	8 23 26	1 45 4	8 30 4	17 51 37	25 10 16	7 25	16 23 26	30 4 24	5 11 44.9	13 15 29	7 9 59
11	285	27 0 34	13 41 41	14 40 10	8 36 13	1 48 11	8 28 34	17 51 10	25 11 33	7 23	16 28 3	30 4 43	5 11 44.9	13 21 38	7 53 52
12	286	28 41 5	14 52 18	15 19 15	8 48 58	1 51 11	8 27 7	17 50 44	25 12 51	7 21	16 32 41	30 5 16	5 11 44.8	13 27 46	8 37 12
13	287	0♎20 51	16 3 3	15 58 21	9 1 42	1 54 5	8 25 41	17 50 20	25 14 10	7 20	16 37 20	30 6 0	5 11 44.8	13 33 52	9 19 59
14	288	1 59 55	17 13 55	16 37 29	9 14 25	1 56 54	8 24 18	17 49 58	25 15 32	7 19	16 42 0	30 6 56	5 11 44.8	13 39 56	10 2 10
15	289	3 38 16	18 24 54	17 16 38	9 27 5	1 59 36	8 22 58	17 49 38	25 16 55	7 18	16 46 40	30 7 59	5 11 44.8	13 46 0	10 43 43
16	290	5 15 56	19 36 0	17 55 49	9 39 44	2 2 12	8 21 40	17 49 20	25 18 19	7 19	16 51 21	30 9 7	5 11 44.7	13 52 2	11 24 37
17	291	6 52 56	20 47 13	18 35 1	9 52 21	2 4 41	8 20 25	17 49 4	25 19 45	7 19	16 56 2	30 10 16	5 11 44.5	13 58 4	12 4 51
18	292	8 29 16	21 58 32	19 14 14	10 4 57	2 7 5	8 19 12	17 48 50	25 21 13	7 20	17 0 45	30 11 20	5 11 44.3	14 4 5	12 44 23
19	293	10 4 59	23 9 58	19 53 29	10 17 30	2 9 22	8 18 2	17 48 38	25 22 43	7 21	17 5 28	30 12 14	5 11 44.0	14 10 5	13 23 12
20	294	11 40 4	24 21 29	20 32 45	10 30 1	2 11 33	8 16 55	17 48 28	25 24 13	7 21	17 10 12	30 12 57	5 11 43.8	14 16 5	14 1 17
21	295	13 14 32	25 33 7	21 12 3	10 42 30	2 13 37	8 15 50	17 48 20	25 25 46	7 21	17 14 56	30 13 26	5 11 43.5	14 22 5	14 38 37
22	296	14 48 25	26 44 51	21 51 21	10 54 57	2 15 35	8 14 48	17 48 13	25 27 19	7 21	17 19 42	30 13 40	5 11 43.3	14 28 4	15 15 10
23	297	16 21 44	27 56 41	22 30 42	11 7 21	2 17 27	8 13 48	17 48 9	25 28 55	7 21	17 24 28	30 13 40	5 11 43.2	14 34 3	15 50 54
24	298	17 54 28	29 8 37	23 10 3	11 19 43	2 19 12	8 12 52	17 48D 7	25 30 31	7 21	17 29 15	30 13 27	5 11 43.1	14 40 2	16 25 50
25	299	19 26 40	0♍20 39	23 49 26	11 32 3	2 20 51	8 11 58	17 48 7	25 32 9	7 20	17 34 3	30 13 2	5 11 43.1	14 46 0	16 59 55
26	300	20 58 18	1 32 46	24 28 51	11 44 19	2 22 23	8 11 6	17 48 9	25 33 49	7 20	17 38 52	30 12 27	5 11 43.1	14 51 59	17 33 9
27	301	22 29 25	2 44 59	25 8 17	11 56 34	2 23 48	8 10 18	17 48 13	25 35 30	7 21	17 43 42	30 11 46	5 11 43.0	14 57 58	18 5 30
28	302	23 59 59	3 57 17	25 47 44	12 8 45	2 25 7	8 9 33	17 48 19	25 37 12	7 21	17 48 33	30 10 58	5 11 43.0	15 3 57	18 36 57
29	303	25 30 2	5 9 42	26 27 13	12 20 54	2 26 20	8 8 50	17 48 27	25 38 55	7 20	17 53 24	30 10 7	5 11 42.9	15 9 56	19 7 28
30	304	26 59 33	6 22 11	27 6 44	12 33 0	2 27 26	8 8 10	17 48 38	25 40 40	7 20	17 58 17	30 9 14	5 11 42.7	15 15 55	19 37 4
31	305	28♎28 32	7♍34 46	27♍46 16	12♍45 3	2♋28 25	8♒7 33	17♑48 50	25♏42 26	7♈19	18 3 10	30 8 21	5 11 42.5	15 21 54	20S 5 41

DAY Oct	♀ VENUS R.A. h m s	♀ VENUS DECL ° ' "	♂ MARS R.A. h m s	♂ MARS DECL ° ' "	♃ JUPITER R.A. h m s	♃ JUPITER DECL ° ' "	♄ SATURN R.A. h m s	♄ SATURN DECL ° ' "	♅ URANUS R.A. h m s	♅ URANUS DECL ° ' "	♆ NEPTUNE R.A. h m s	♆ NEPTUNE DECL ° ' "	♇ PLUTO R.A. h m s	♇ PLUTO DECL ° ' "
1	9 56 30	12N42 8	12 12 21	0S22 38	12 6 22	0N29 30	7 51 56	20N47 34	22 23 4	10S56 44	21 0 59	17S 3 29	17 18 17	14S42 41
2	10 1 1	12 22 0	12 14 43	0 38 22	12 7 9	0 24 24	7 52 12	20 46 55	22 22 57	10 57 22	21 0 56	17 3 42	17 18 21	14 43 7
3	10 5 33	12 1 30	12 17 5	0 54 5	12 7 57	0 19 18	7 52 29	20 46 16	22 22 50	10 57 59	21 0 53	17 3 54	17 18 25	14 43 32
4	10 10 4	11 40 36	12 19 27	1 9 49	12 8 44	0 14 13	7 52 45	20 45 38	22 22 44	10 58 36	21 0 50	17 4 6	17 18 29	14 43 58
5	10 14 36	11 19 21	12 21 50	1 25 33	12 9 32	0 9 8	7 53 0	20 45 1	22 22 37	10 59 12	21 0 48	17 4 18	17 18 34	14 44 23
6	10 19 7	10 57 44	12 24 12	1 41 17	12 10 19	0 4 4	7 53 15	20 44 25	22 22 31	10 59 47	21 0 45	17 4 29	17 18 38	14 44 49
7	10 23 38	10 35 45	12 26 35	1 57 0	12 11 6	0S 1 0	7 53 30	20 43 50	22 22 24	11 0 21	21 0 43	17 4 39	17 18 43	14 45 14
8	10 28 8	10 13 26	12 28 58	2 12 43	12 11 53	0 6 4	7 53 44	20 43 16	22 22 18	11 0 55	21 0 41	17 4 49	17 18 47	14 45 40
9	10 32 39	9 50 47	12 31 21	2 28 25	12 12 41	0 11 6	7 53 58	20 42 43	22 22 12	11 1 27	21 0 39	17 4 58	17 18 52	14 46 6
10	10 37 9	9 27 49	12 33 44	2 44 7	12 13 28	0 16 8	7 54 12	20 42 11	22 22 6	11 1 59	21 0 37	17 5 7	17 18 57	14 46 31
11	10 41 39	9 4 32	12 36 7	2 59 48	12 14 15	0 21 9	7 54 25	20 41 40	22 22 1	11 2 30	21 0 35	17 5 15	17 19 2	14 46 57
12	10 46 9	8 40 56	12 38 30	3 15 28	12 15 2	0 26 10	7 54 38	20 41 11	22 21 55	11 3 0	21 0 33	17 5 23	17 19 8	14 47 22
13	10 50 38	8 17 3	12 40 54	3 31 8	12 15 48	0 31 10	7 54 50	20 40 42	22 21 50	11 3 30	21 0 32	17 5 30	17 19 13	14 47 48
14	10 55 8	7 52 53	12 43 18	3 46 46	12 16 35	0 36 9	7 55 2	20 40 15	22 21 44	11 3 58	21 0 30	17 5 37	17 19 18	14 48 13
15	10 59 37	7 28 26	12 45 42	4 2 24	12 17 22	0 41 7	7 55 13	20 39 48	22 21 39	11 4 25	21 0 29	17 5 43	17 19 24	14 48 38
16	11 4 6	7 3 44	12 48 6	4 18 0	12 18 8	0 46 4	7 55 24	20 39 23	22 21 34	11 4 52	21 0 28	17 5 49	17 19 30	14 49 3
17	11 8 35	6 38 46	12 50 30	4 33 34	12 18 55	0 51 1	7 55 35	20 38 59	22 21 29	11 5 17	21 0 27	17 5 54	17 19 35	14 49 29
18	11 13 3	6 13 35	12 52 55	4 49 8	12 19 41	0 55 56	7 55 45	20 38 36	22 21 25	11 5 41	21 0 26	17 5 58	17 19 41	14 49 54
19	11 17 32	5 48 9	12 55 19	5 4 39	12 20 27	1 0 51	7 55 55	20 38 15	22 21 20	11 6 5	21 0 25	17 6 2	17 19 47	14 50 19
20	11 22 1	5 22 30	12 57 44	5 20 9	12 21 13	1 5 44	7 56 4	20 37 54	22 21 16	11 6 27	21 0 24	17 6 5	17 19 53	14 50 44
21	11 26 29	4 56 39	13 0 9	5 35 38	12 21 59	1 10 36	7 56 13	20 37 35	22 21 12	11 6 49	21 0 24	17 6 8	17 20 0	14 51 9
22	11 30 57	4 30 35	13 2 35	5 51 4	12 22 45	1 15 28	7 56 21	20 37 17	22 21 8	11 7 9	21 0 23	17 6 10	17 20 6	14 51 33
23	11 35 26	4 4 21	13 5 0	6 6 28	12 23 31	1 20 18	7 56 29	20 37 0	22 21 4	11 7 29	21 0 23	17 6 12	17 20 12	14 51 58
24	11 39 54	3 37 56	13 7 26	6 21 51	12 24 17	1 25 7	7 56 36	20 36 45	22 21 0	11 7 48	21 0 23	17 6 13	17 20 19	14 52 23
25	11 44 22	3 11 21	13 9 52	6 37 11	12 25 2	1 29 54	7 56 43	20 36 31	22 20 57	11 8 5	21 0 23	17 6 13	17 20 25	14 52 47
26	11 48 51	2 44 37	13 12 18	6 52 29	12 25 47	1 34 41	7 56 50	20 36 18	22 20 54	11 8 22	21 0 23	17 6 13	17 20 32	14 53 11
27	11 53 19	2 17 44	13 14 45	7 7 44	12 26 32	1 39 26	7 56 56	20 36 6	22 20 50	11 8 37	21 0 23	17 6 12	17 20 39	14 53 35
28	11 57 48	1 50 43	13 17 12	7 22 57	12 27 17	1 44 10	7 57 1	20 35 56	22 20 48	11 8 52	21 0 24	17 6 11	17 20 46	14 53 59
29	12 2 16	1 23 35	13 19 39	7 38 7	12 28 2	1 48 52	7 57 6	20 35 47	22 20 45	11 9 5	21 0 24	17 6 9	17 20 53	14 54 23
30	12 6 45	0 56 20	13 22 6	7 53 15	12 28 47	1 53 33	7 57 11	20 35 39	22 20 42	11 9 17	21 0 25	17 6 7	17 21 0	14 54 47
31	12 11 14	0N28 59	13 24 34	8S 8 20	12 29 31	1S58 13	7 57 15	20N35 32	22 20 40	11S 9 29	21 0 26	17S 6 4	17 21 7	14S55 11

NOVEMBER 2004

DAY	SIDEREAL TIME h m s	☉ SUN LONG ° ' "	MOT ' "	R.A. h m s	DECL ° ' "	☽ MOON AT 0 HOURS LONG ° ' "	12h MOT ° ' "	2DIF "	R.A. h m s	DECL ° ' "
1 M	2 42 28	14♎ 5 58	60 2	14 26 4.1	14S28 2	27♉47 4	5 58 13	-45	5 26 42	27N18 4
2 Tu	2 46 25	15 6 0	60 4	14 29 59.5	14 47 6	9♊42 12	5 56 3	-19	6 20 22	28 2 21
3 W	2 50 21	16 6 4	60 6	14 33 55.6	15 5 56	21 33 54	5 55 47	12	7 13 47	27 28 37
4 Th	2 54 18	17 6 10	60 8	14 37 52.6	15 24 32	3♋26 8	5 57 41	45	8 6 4	25 39 57
5 F	2 58 15	18 6 19	60 10	14 41 50.4	15 42 52	15 23 17	6 1 52	80	8 56 39	22 42 44
6 S	3 2 11	19 6 29	60 12	14 45 49.1	16 0 56	27 30 0	6 8 24	115	9 45 26	18 45 13
7 Su	3 6 8	20 6 41	60 14	14 49 48.6	16 18 45	9♌50 53	6 17 7	146	10 32 43	13 56 30
8 M	3 10 4	21 6 55	60 16	14 53 49.0	16 36 18	22 30 13	6 27 44	170	11 19 10	8 26 14
9 Tu	3 14 1	22 7 12	60 18	14 57 50.2	16 53 33	5♍31 32	6 39 40	184	12 5 39	2 25 13
10 W	3 17 57	23 7 30	60 20	15 1 52.3	17 10 32	18 57 4	6 52 5	184	12 53 14	3S53 36
11 Th	3 21 54	24 7 50	60 22	15 5 55.2	17 27 13	2♎47 19	7 3 58	167	13 43 5	10 13 38
12 F	3 25 50	25 8 12	60 24	15 9 59.0	17 43 36	17 0 36	7 14 6	133	14 36 23	16 13 22
13 S	3 29 47	26 8 36	60 26	15 14 3.7	17 59 40	1♏32 52	7 21 23	83	15 34 0	21 26 17
14 Su	3 33 44	27 9 1	60 27	15 18 9.2	18 15 26	16 17 57	7 25 1	25	16 36 8	25 22 59
15 M	3 37 40	28 9 28	60 29	15 22 15.6	18 30 53	1♐ 8 17	7 24 41	-34	17 41 44	27 36 55
16 Tu	3 41 37	29 9 56	60 30	15 26 22.8	18 45 59	15 56 3	7 20 40	-84	18 48 30	27 52 25
17 W	3 45 33	0♏10 26	60 31	15 30 30.8	19 0 46	0♑34 14	7 13 46	-119	19 53 35	26 10 36
18 Th	3 49 30	1 10 57	60 32	15 34 39.7	19 15 13	14 57 33	7 5 1	-139	20 54 50	22 47 56
19 F	3 53 26	2 11 29	60 33	15 38 49.3	19 29 18	29 2 52	6 55 28	-144	21 51 26	18 9 5
20 S	3 57 23	3 12 3	60 35	15 42 59.7	19 43 3	12♒49 1	6 45 59	-138	22 43 43	12 39 27
21 Su	4 1 19	4 12 37	60 36	15 47 10.9	19 56 25	26 16 27	6 37 7	-126	23 32 40	6 41 16
22 M	4 5 16	5 13 13	60 37	15 51 23.0	20 9 26	9♓26 36	6 29 11	-111	0 19 28	0 32 56
23 Tu	4 9 13	6 13 50	60 38	15 55 35.7	20 22 5	22 21 23	6 22 16	-97	1 5 20	5N30 10
24 W	4 13 9	7 14 28	60 40	15 59 49.3	20 34 21	5♈ 2 49	6 16 17	-83	1 51 22	11 14 17
25 Th	4 17 6	8 15 7	60 41	16 4 3.6	20 46 14	17 32 42	6 11 7	-72	2 38 26	16 26 20
26 F	4 21 2	9 15 48	60 42	16 8 18.6	20 57 44	29 52 36	6 6 38	-63	3 27 12	20 53 33
27 S	4 24 59	10 16 30	60 43	16 12 34.4	21 8 50	12♉ 3 51	6 2 46	-53	4 17 57	24 23 39
28 Su	4 28 55	11 17 13	60 45	16 16 50.9	21 19 32	24 7 41	5 59 34	-42	5 10 27	26 45 57
29 M	4 32 52	12 17 58	60 46	16 21 8.2	21 29 51	6♊ 5 30	5 57 9	-29	6 4 3	27 52 55
30 Tu	4 36 49	13♏18 44	60 48	16 25 26.1	21S39 45	17♊58 57	5 55 45	-12	6 57 42	27N41 38

DAY	☽ MOON AT 12 HOURS LONG ° ' "	12h MOT ° ' "	2DIF "	R.A. h m s	DECL ° ' "
1 M	3♊45 17	5 56 55	-33	5 53 30	27N49 59
2 Tu	15 38 15	5 55 40	-4	6 47 10	27 55 8
3 W	27 29 41	5 56 27	28	7 40 7	26 43 19
4 Th	9♋23 48	5 59 29	63	8 31 36	24 19 26
5 F	21 25 9	6 4 51	98	9 21 16	20 50 58
6 S	3♌38 24	6 12 30	131	10 9 14	16 26 40
7 Su	16 8 0	6 22 13	159	10 56 0	11 15 55
8 M	28 57 57	6 33 34	179	11 42 20	5 28 50
9 Tu	12♍11 11	6 45 52	186	12 29 13	0S42 54
10 W	25 49 9	6 58 10	178	13 17 48	7 4 41
11 Th	9♎51 17	7 9 19	152	14 9 14	13 17 35
12 F	24 14 42	7 18 10	109	15 4 37	18 57 29
13 S	8♏54 15	7 23 42	54	16 4 32	23 35 58
14 Su	23 42 58	7 25 20	-5	17 8 37	26 44 7
15 M	8♐32 58	7 23 6	-60	18 15 9	27 59 49
16 Tu	23 16 43	7 17 31	-103	19 21 25	27 15 26
17 W	7♑48 0	7 9 34	-131	20 24 47	24 40 25
18 Th	22 2 35	7 0 17	-143	21 23 43	20 36 23
19 F	5♒58 20	6 50 41	-142	22 18 4	15 29 8
20 S	19 35 0	6 41 27	-133	23 8 32	9 42 42
21 Su	2♓53 34	6 33 2	-119	23 56 15	3 37 21
22 M	15 55 47	6 25 36	-104	0 42 27	2N30 10
23 Tu	28 43 39	6 19 10	-90	1 28 16	8 25 25
24 W	11♈19 6	6 13 36	-78	2 14 43	13 55 7
25 Th	23 43 49	6 8 47	-67	3 2 35	18 46 20
26 F	5♉59 14	6 4 37	-58	3 52 20	22 46 28
27 S	18 6 37	6 1 5	-48	4 44 1	25 43 50
28 Su	0♊ 7 15	5 58 15	-36	5 37 11	27 29 9
29 M	12 2 39	5 56 18	-21	6 30 56	27 57 2
30 Tu	23♊54 42	5 55 30	-2	7 24 12	27N 7 9

LUNAR INGRESSES		
1 ☽ ♊ 4:27	12 ☽ ♏ 21:28	23 ☽ ♈ 14:25
3 ☽ ♋ 17:04	14 ☽ ♐ 22:10	26 ☽ ♉ 0:14
6 ☽ ♌ 4:54	16 ☽ ♑ 23:03	28 ☽ ♊ 11:45
8 ☽ ♍ 13:54	19 ☽ ♒ 1:39	
10 ☽ ♎ 19:13	21 ☽ ♓ 6:44	

PLANET INGRESSES
1 ☿ ♏ 0:49
3 ♂ ♎ 9:03
16 ☉ ♏ 19:52
18 ♀ ♎ 8:25
25 ☿ ♐ 7:37

STATIONS
8 ♄ R 6:55
11 ♅ D 19:12
30 ☿ R 12:18

DATA FOR THE 1st AT 0 HOURS
JULIAN DAY 38290.5
☽ MEAN ☊ 6°♈ 44' 44"
OBLIQUITY 23° 26' 27"
DELTA T 66.9 SECONDS
NUTATION LONGITUDE-10.1"

DAY MO YR	☿ LONG ° ' "	♀ LONG ° ' "	♂ LONG ° ' "	♃ LONG ° ' "	♄ LONG ° ' "	♅ LONG ° ' "	♆ LONG ° ' "	♇ LONG ° ' "	☊ LONG ° '	A.S.S.I. h m s	S.S.R.Y. h m s	S.V.P. ♓ ° ' "	☿ MERCURY R.A. h m s	DECL ° ' "
1 306	29♎56 59	8♍47 26	28♍25 50	12♍57 4	2♋29 17	8♒ 6R59	17♑49 4	25♏44 14	7♈19	18 8 5	30 7 29	5 11 42.3	15 27 53	20S33 19
2 307	1♏24 52	10 0 11	29 5 26	13 9 1	2 30 3	8 6 28	17 49 20	25 46 2	7 18	18 13 1	30 6 36	5 11 42.1	15 33 52	20 59 57
3 308	2 52 12	11 13 1	29 45 3	13 20 54	2 30 42	8 6 0	17 49 38	25 47 52	7 17	18 17 57	30 5 49	5 11 41.9	15 39 51	21 25 33
4 309	4 18 56	12 25 56	0♎24 42	13 32 45	2 31 15	8 5 34	17 49 59	25 49 43	7 16	18 22 55	30 5 6	5 11 41.7	15 45 49	21 50 5
5 310	5 45 3	13 38 56	1 4 23	13 44 32	2 31 41	8 5 12	17 50 21	25 51 35	7 15	18 27 54	30 4 32	5 11 41.5	15 51 47	22 13 33
6 311	7 10 31	14 52 0	1 44 6	13 56 16	2 31 59	8 4 53	17 50 45	25 53 29	7 16	18 32 54	30 4 7	5 11 41.4	15 57 45	22 35 54
7 312	8 35 18	16 5 9	2 23 50	14 7 56	2 32 12	8 4 37	17 51 12	25 55 23	7 16	18 37 55	30 3 53	5 11 41.3	16 3 41	22 57 7
8 313	9 59 20	17 18 23	3 3 36	14 19 32	2 32R17	8 4 23	17 51 40	25 57 19	7 17	18 42 57	30 3 54	5 11 41.2	16 9 36	23 17 11
9 314	11 22 34	18 31 40	3 43 23	14 31 5	2 32 15	8 4 13	17 52 11	25 59 15	7 19	18 48 0	30 4 9	5 11 41.2	16 15 30	23 36 4
10 315	12 44 55	19 45 2	4 23 12	14 42 34	2 32 7	8 4 6	17 52 43	26 1 13	7 20	18 53 4	30 4 39	5 11 41.1	16 21 21	23 53 43
11 316	14 6 20	20 58 27	5 3 3	14 53 59	2 31 52	8 4D 2	17 53 18	26 3 12	7 20	18 58 9	30 5 23	5 11 41.0	16 27 10	24 10 9
12 317	15 26 40	22 11 57	5 42 56	15 5 20	2 31 30	8 4 1	17 53 54	26 5 11	7 20	19 3 16	30 6 19	5 11 40.9	16 32 57	24 25 18
13 318	16 45 51	23 25 30	6 22 50	15 16 36	2 31 1	8 4 3	17 54 33	26 7 12	7 19	19 8 23	30 7 23	5 11 40.7	16 38 39	24 39 10
14 319	18 3 43	24 39 6	7 2 46	15 27 49	2 30 26	8 4 8	17 55 13	26 9 14	7 17	19 13 31	30 8 32	5 11 40.5	16 44 18	24 51 43
15 320	19 20 7	25 52 46	7 42 43	15 38 56	2 29 44	8 4 16	17 55 56	26 11 16	7 14	19 18 41	30 9 39	5 11 40.2	16 49 51	25 2 54
16 321	20 34 53	27 6 29	8 22 42	15 50 0	2 28 55	8 4 27	17 56 41	26 13 20	7 11	19 23 51	30 10 42	5 11 39.9	16 55 18	25 12 43
17 322	21 47 47	28 20 16	9 2 43	16 0 59	2 27 59	8 4 42	17 57 27	26 15 24	7 08	19 29 3	30 11 36	5 11 39.6	17 0 38	25 21 9
18 323	22 58 35	29 34 5	9 42 45	16 11 53	2 26 57	8 4 59	17 58 16	26 17 29	7 07	19 34 16	30 12 19	5 11 39.3	17 5 50	25 28 9
19 324	24 7 2	0♎47 58	10 22 48	16 22 42	2 25 48	8 5 20	17 59 6	26 19 35	7 06	19 39 29	30 12 49	5 11 39.1	17 10 52	25 33 42
20 325	25 12 46	2 1 53	11 2 53	16 33 27	2 24 32	8 5 43	17 59 59	26 21 41	7 06	19 44 44	30 13 8	5 11 39.0	17 15 43	25 37 47
21 326	26 15 28	3 15 51	11 43 0	16 44 6	2 23 10	8 6 10	18 0 53	26 23 48	7 07	19 50 0	30 13 15	5 11 38.9	17 20 20	25 40 23
22 327	27 14 42	4 29 52	12 23 8	16 54 40	2 21 42	8 6 40	18 1 49	26 25 56	7 09	19 55 16	30 13 10	5 11 38.9	17 24 43	25 41 28
23 328	28 9 59	5 43 56	13 3 18	17 5 10	2 20 7	8 7 13	18 2 47	26 28 5	7 10	20 0 34	30 12 56	5 11 38.8	17 28 49	25 41 1
24 329	29 0 49	6 58 2	13 43 30	17 15 34	2 18 25	8 7 49	18 3 47	26 30 14	7 11	20 5 52	30 12 32	5 11 38.7	17 32 35	25 39 2
25 330	29 46 36	8 12 11	14 23 43	17 25 52	2 16 37	8 8 28	18 4 49	26 32 24	7 11	20 11 12	30 12 1	5 11 38.6	17 35 59	25 35 29
26 331	0♐26 40	9 26 23	15 3 58	17 36 5	2 14 43	8 9 10	18 5 53	26 34 34	7 09	20 16 32	30 11 22	5 11 38.4	17 38 58	25 30 22
27 332	1 0 20	10 40 37	15 44 14	17 46 13	2 12 43	8 9 55	18 6 59	26 36 45	7 05	20 21 54	30 10 37	5 11 38.2	17 41 28	25 23 39
28 333	1 26 48	11 54 54	16 24 33	17 56 15	2 10 36	8 10 43	18 8 6	26 38 57	6 59	20 27 16	30 9 47	5 11 37.9	17 43 26	25 15 20
29 334	1 45 17	13 9 14	17 4 53	18 6 12	2 8 23	8 11 34	18 9 15	26 41 9	6 53	20 32 39	30 8 53	5 11 37.7	17 44 49	25 5 23
30 335	1♐54R58	14♎23 36	17♎45 15	18♍16 2	2♋ 6 5	8♒12 28	18♑10 27	26♏43 21	6♈46	20 38 3	30 7 57	5 11 37.4	17 45 33	24S53 46

DAY Nov	♀ VENUS R.A. h m s	DECL ° ' "	♂ MARS R.A. h m s	DECL ° ' "	♃ JUPITER R.A. h m s	DECL ° ' "	♄ SATURN R.A. h m s	DECL ° ' "
1	12 15 43	0N 1 33	13 27 2	8S23 22	12 30 16	2S 2 52	7 57 19	20N35 27
2	12 20 12	0S25 58	13 29 30	8 38 21	12 31 0	2 7 29	7 57 22	20 35 23
3	12 24 42	0 53 32	13 31 59	8 53 18	12 31 44	2 12 4	7 57 25	20 35 21
4	12 29 12	1 21 9	13 34 27	9 8 11	12 32 27	2 16 38	7 57 28	20 35 20
5	12 33 42	1 48 49	13 36 57	9 23 0	12 33 11	2 21 10	7 57 29	20 35 20
6	12 38 13	2 16 31	13 39 26	9 37 47	12 33 54	2 25 41	7 57 31	20 35 21
7	12 42 44	2 44 13	13 41 56	9 52 29	12 34 38	2 30 10	7 57 32	20 35 24
8	12 47 15	3 11 56	13 44 26	10 7 8	12 35 20	2 34 38	7 57 32	20 35 28
9	12 51 47	3 39 38	13 46 57	10 21 44	12 36 3	2 39 3	7 57 32	20 35 34
10	12 56 19	4 7 18	13 49 27	10 36 15	12 36 46	2 43 27	7 57 32	20 35 41
11	13 0 52	4 34 57	13 51 59	10 50 43	12 37 28	2 47 49	7 57 31	20 35 49
12	13 5 25	5 2 32	13 54 30	11 5 6	12 38 10	2 52 9	7 57 29	20 35 58
13	13 9 59	5 30 4	13 57 2	11 19 25	12 38 52	2 56 27	7 57 27	20 36 9
14	13 14 33	5 57 32	13 59 34	11 33 40	12 39 33	3 0 44	7 57 25	20 36 21
15	13 19 8	6 24 54	14 2 7	11 47 50	12 40 14	3 4 58	7 57 22	20 36 35
16	13 23 44	6 52 10	14 4 40	12 1 55	12 40 55	3 9 11	7 57 19	20 36 50
17	13 28 20	7 19 20	14 7 13	12 15 56	12 41 36	3 13 21	7 57 15	20 37 6
18	13 32 57	7 46 22	14 9 47	12 29 52	12 42 16	3 17 29	7 57 11	20 37 24
19	13 37 35	8 13 16	14 12 21	12 43 43	12 42 57	3 21 35	7 57 6	20 37 43
20	13 42 14	8 40 0	14 14 55	12 57 28	12 43 36	3 25 39	7 57 1	20 38 3
21	13 46 53	9 6 35	14 17 30	13 11 9	12 44 16	3 29 40	7 56 55	20 38 24
22	13 51 33	9 32 59	14 20 6	13 24 44	12 44 55	3 33 40	7 56 49	20 38 47
23	13 56 14	9 59 12	14 22 41	13 38 13	12 45 34	3 37 37	7 56 43	20 39 11
24	14 0 56	10 25 12	14 25 17	13 51 37	12 46 13	3 41 32	7 56 36	20 39 36
25	14 5 39	10 51 0	14 27 54	14 4 55	12 46 51	3 45 24	7 56 28	20 40 3
26	14 10 23	11 16 34	14 30 31	14 18 8	12 47 29	3 49 14	7 56 20	20 40 31
27	14 15 7	11 41 54	14 33 8	14 31 14	12 48 7	3 53 2	7 56 12	20 41 0
28	14 19 53	12 6 58	14 35 46	14 44 15	12 48 44	3 56 47	7 56 3	20 41 30
29	14 24 40	12 31 46	14 38 24	14 57 9	12 49 21	4 0 30	7 55 54	20 42 1
30	14 29 28	12S56 18	14 41 2	15S 9 57	12 49 58	4S 4 10	7 55 44	20N42 33

DAY Nov	♅ URANUS R.A. h m s	DECL ° ' "	♆ NEPTUNE R.A. h m s	DECL ° ' "	♇ PLUTO R.A. h m s	DECL ° ' "
1	22 20 38	11S 9 39	21 0 27	17S 6 0	17 21 14	14S55 34
2	22 20 36	11 9 48	21 0 28	17 5 56	17 21 22	14 55 58
3	22 20 34	11 9 56	21 0 29	17 5 51	17 21 29	14 56 21
4	22 20 32	11 10 3	21 0 31	17 5 46	17 21 37	14 56 44
5	22 20 31	11 10 9	21 0 32	17 5 40	17 21 44	14 57 7
6	22 20 29	11 10 14	21 0 34	17 5 34	17 21 52	14 57 29
7	22 20 28	11 10 17	21 0 36	17 5 27	17 22 0	14 57 52
8	22 20 27	11 10 20	21 0 37	17 5 19	17 22 7	14 58 14
9	22 20 27	11 10 22	21 0 40	17 5 11	17 22 15	14 58 37
10	22 20 26	11 10 22	21 0 42	17 5 2	17 22 23	14 58 59
11	22 20 26	11 10 21	21 0 44	17 4 53	17 22 31	14 59 20
12	22 20 26	11 10 20	21 0 46	17 4 43	17 22 39	14 59 42
13	22 20 26	11 10 17	21 0 49	17 4 32	17 22 48	15 0 3
14	22 20 26	11 10 13	21 0 52	17 4 21	17 22 56	15 0 24
15	22 20 27	11 10 7	21 0 55	17 4 10	17 23 4	15 0 45
16	22 20 27	11 10 1	21 0 58	17 3 57	17 23 12	15 1 6
17	22 20 28	11 9 54	21 1 1	17 3 45	17 23 21	15 1 27
18	22 20 29	11 9 45	21 1 4	17 3 31	17 23 29	15 1 47
19	22 20 31	11 9 35	21 1 8	17 3 18	17 23 38	15 2 7
20	22 20 32	11 9 25	21 1 11	17 3 3	17 23 47	15 2 27
21	22 20 34	11 9 13	21 1 15	17 2 48	17 23 55	15 2 47
22	22 20 35	11 9 0	21 1 18	17 2 33	17 24 4	15 3 6
23	22 20 38	11 8 46	21 1 22	17 2 17	17 24 13	15 3 25
24	22 20 40	11 8 31	21 1 26	17 2 0	17 24 21	15 3 44
25	22 20 42	11 8 14	21 1 31	17 1 43	17 24 30	15 4 3
26	22 20 45	11 7 57	21 1 35	17 1 25	17 24 39	15 4 21
27	22 20 48	11 7 39	21 1 39	17 1 7	17 24 48	15 4 39
28	22 20 51	11 7 19	21 1 44	17 0 48	17 24 57	15 4 57
29	22 20 54	11 6 58	21 1 48	17 0 29	17 25 6	15 5 14
30	22 20 57	11S 6 36	21 1 53	17S 0 9	17 25 15	15S 5 32

DECEMBER 2004

DAY	SIDEREAL TIME h m s	☉ SUN LONG ° ' "	MOT ' "	R.A. h m s	DECL ° ' "	☽ MOON AT 0 HOURS LONG ° ' "	12h MOT ° ' "	2DIF "	R.A. h m s	DECL ° ' "	☽ MOON AT 12 HOURS LONG ° ' "	12h MOT ° ' "	2DIF "	R.A. h m s	DECL ° ' "
1 W	4 40 45	14♏19 31	60 49	16 29 44.7	21S49 14	29♊50 12	5 55 38	10	7 50 19	26N14 17	5♋45 50	5 56 10	22	8 16 0	25N 3 57
2 Th	4 44 42	15 20 20	60 50	16 34 3.9	21 58 19	11♋42 0	5 57 8	36	8 41 10	23 37 15	17 39 7	5 58 35	51	9 5 49	21 55 22
3 F	4 48 38	16 21 10	60 52	16 38 23.8	22 6 58	23 37 42	6 0 33	67	9 29 57	19 59 29	29 38 16	6 3 5	84	9 53 37	17 50 52
4 S	4 52 35	17 22 1	60 53	16 42 44.2	22 15 11	5♌41 20	6 6 10	102	10 16 51	15 30 43	11♌47 31	6 9 52	120	10 39 46	13 0 15
5 Su	4 56 31	18 22 54	60 54	16 47 5.3	22 22 59	17 57 22	6 14 9	137	11 2 28	10 20 38	24 11 31	6 19 1	155	11 25 2	7 33 5
6 M	5 0 28	19 23 48	60 55	16 51 27.0	22 30 20	0♍30 32	6 24 28	171	11 47 38	4 38 51	6♍54 59	6 30 26	186	12 10 23	1 39 14
7 Tu	5 4 24	20 24 43	60 57	16 55 49.2	22 37 16	13 25 25	6 36 51	199	12 33 26	1S24 17	20 2 16	6 43 40	208	12 56 56	4S30 3
8 W	5 8 21	21 25 40	60 58	17 0 11.9	22 43 45	26 45 56	6 50 44	214	13 21 4	7 36 8	3♎36 40	6 57 55	215	13 45 59	10 40 18
9 Th	5 12 18	22 26 38	60 59	17 4 35.1	22 49 47	10♎34 35	7 5 4	211	14 11 51	13 39 55	17 39 39	7 11 59	201	14 38 49	16 31 58
10 F	5 16 14	23 27 37	61 0	17 8 58.7	22 55 22	24 51 38	7 18 26	184	15 7 1	19 13 1	2♏10 4	7 24 15	161	15 36 31	21 39 18
11 S	5 20 11	24 28 37	61 1	17 13 22.8	23 0 30	9♏34 19	7 29 11	132	16 7 21	23 46 47	17 3 30	7 33 3	98	16 39 26	25 31 30
12 Su	5 24 7	25 29 38	61 2	17 17 47.3	23 5 10	24 36 33	7 35 42	60	17 12 36	26 49 46	2♐12 15	7 37 2	19	17 46 32	27 38 36
13 M	5 28 4	26 30 40	61 3	17 22 12.1	23 9 23	9♐49 16	7 36 59	-22	18 20 54	27 56 4	17 26 15	7 35 34	-62	18 55 14	27 41 30
14 Tu	5 32 0	27 31 42	61 3	17 26 37.3	23 13 9	25 1 48	7 32 51	-99	19 29 8	26 55 38	2♑34 39	7 28 59	-131	20 2 13	25 40 27
15 W	5 35 57	28 32 45	61 4	17 31 2.7	23 16 26	10♑3 38	7 24 8	-157	20 34 13	23 58 55	17 27 47	7 18 31	-177	21 4 58	21 54 38
16 Th	5 39 53	29 33 49	61 4	17 35 28.4	23 19 16	24 46 17	7 12 19	-191	21 34 24	19 31 28	1♒58 37	7 5 47	-198	22 2 33	16 53 13
17 F	5 43 50	0♐34 53	61 4	17 39 54.2	23 21 38	9♒4 24	6 59 6	-200	22 29 30	14 3 31	16 3 29	6 52 26	-197	22 55 27	11 5 38
18 S	5 47 47	1 35 57	61 5	17 44 20.2	23 23 31	22 55 55	6 45 56	-190	23 20 22	8 2 28	29 41 51	6 39 44	-180	23 44 36	4 56 33
19 Su	5 51 43	2 37 2	61 5	17 48 46.4	23 24 57	6♓21 35	6 33 55	-168	0 8 16	1 50 6	12♓55 30	6 28 32	-154	0 31 32	1N14 56
20 M	5 55 40	3 38 7	61 5	17 53 12.6	23 25 54	19 24 2	6 23 39	-139	0 54 32	4N16 48	25 47 41	6 19 15	-124	1 17 27	7 13 54
21 Tu	5 59 36	4 39 12	61 6	17 57 38.9	23 26 23	2♈6 56	6 15 21	-110	1 40 24	10 4 45	8♈22 17	6 11 56	-96	2 3 30	12 47 53
22 W	6 3 33	5 40 18	61 6	18 2 5.3	23 26 23	14 34 12	6 8 58	-83	2 26 53	15 21 54	20 43 10	6 6 25	-71	2 50 38	17 45 22
23 Th	6 7 29	6 41 23	61 6	18 6 31.6	23 25 56	26 49 34	6 4 15	-60	3 14 49	19 56 53	2♉53 49	6 2 26	-50	3 39 29	21 55 1
24 F	6 11 26	7 42 29	61 6	18 10 58.0	23 25 0	8♉56 15	6 0 54	-42	4 4 39	23 38 24	14 57 9	5 59 39	-34	4 30 19	25 5 44
25 S	6 15 22	8 43 35	61 7	18 15 24.3	23 23 36	20 56 48	5 58 37	-28	4 56 25	26 15 50	26 55 25	5 57 47	-22	5 22 53	27 7 42
26 Su	6 19 19	9 44 42	61 7	18 19 50.4	23 21 44	2♊53 12	5 57 8	-17	5 49 37	27 40 35	8♊50 20	5 56 39	-12	6 16 27	27 54 1
27 M	6 23 16	10 45 49	61 7	18 24 16.5	23 19 24	14 46 59	5 56 19	-7	6 43 17	27 47 54	20 43 19	5 56 9	-3	7 9 56	27 22 25
28 Tu	6 27 12	11 46 56	61 8	18 28 42.4	23 16 35	26 39 28	5 56 9	3	7 36 17	26 38 9	2♋35 37	5 56 21	9	8 2 13	25 35 54
29 W	6 31 9	12 48 3	61 8	18 33 8.2	23 13 19	8♋31 57	5 56 45	16	8 27 40	24 16 43	14 28 42	5 57 24	24	8 52 34	22 41 49
30 Th	6 35 5	13 49 11	61 8	18 37 33.7	23 9 35	20 26 6	5 58 21	33	9 16 54	20 52 33	26 24 27	5 59 37	44	9 40 42	18 50 15
31 F	6 39 2	14♐50 19	61 8	18 41 59.0	23S 5 23	2♌24 4	6 1 15	56	10 4 0	16N36 18	8♌25 19	6 3 19	69	10 26 51	14N12 3

LUNAR INGRESSES			PLANET INGRESSES	STATIONS	DATA FOR THE 1st AT 0 HOURS
1 ☽ ♋ 0:20	12 ☽ ♐ 8:31	23 ☽ ♉ 6:16	5 ☿ ♏ 3:21	20 ☿ D 6:30	JULIAN DAY 38320.5
3 ☽ ♌ 12:43	14 ☽ ♑ 7:54	25 ☽ ♊ 18:11	12 ♀ ♏ 13:15		☽ MEAN ☊ 5°♈ 9' 21"
5 ☽ ♍ 23:02	16 ☽ ♒ 8:41	28 ☽ ♋ 6:45	16 ☉ ♐ 10:17		OBLIQUITY 23° 26' 27"
8 ☽ ♎ 5:42	18 ☽ ♓ 12:33	30 ☽ ♌ 19:12	18 ♂ ♏ 1:47		DELTA T 66.9 SECONDS
10 ☽ ♏ 8:27	20 ☽ ♈ 19:58				NUTATION LONGITUDE -9.0"

DAY MO YR	☿ LONG ° ' "	♀ LONG ° ' "	♂ LONG ° ' "	♃ LONG ° ' "	♄ LONG ° ' "	♅ LONG ° ' "	♆ LONG ° ' "	♇ LONG ° ' "	☊ LONG ° '	A.S.S.I. h m s	S.S.R.Y. h m s	S.V.P. ♓ ° ' "	☿ MERCURY R.A. h m s	DECL ° ' "
1 336	1♐55R 4	15♎38 0	18♎25 39	18♍25 47	2♋ 3R40	8♒13 25	18♑11 39	26♏45 34	6♈39	20 43 28	30 7 0	5 11 37.2	17 45 35	24S40 28
2 337	1 44 52	16 52 26	19 6 4	18 35 26	2 1 9	8 14 25	18 12 54	26 47 47	6 33	20 48 54	30 6 3	5 11 36.9	17 44 52	24 25 28
3 338	1 23 48	18 6 55	19 46 32	18 44 58	1 58 32	8 15 28	18 14 11	26 50 1	6 28	20 54 20	30 5 12	5 11 36.8	17 43 21	24 8 43
4 339	0 51 35	19 21 26	20 27 1	18 54 24	1 55 49	8 16 34	18 15 29	26 52 15	6 26	20 59 47	30 4 29	5 11 36.6	17 41 3	23 50 14
5 340	0 8 12	20 36 0	21 7 32	19 3 44	1 53 1	8 17 43	18 16 49	26 54 29	6 25	21 5 15	30 3 56	5 11 36.5	17 37 56	23 30 4
6 341	29♏14 7	21 50 35	21 48 5	19 12 58	1 50 7	8 18 55	18 18 10	26 56 44	6 25	21 10 44	30 3 37	5 11 36.4	17 34 4	23 8 16
7 342	28 10 17	23 5 12	22 28 40	19 22 5	1 47 7	8 20 10	18 19 33	26 58 59	6 27	21 16 13	30 3 33	5 11 36.3	17 29 32	22 45 1
8 343	26 58 12	24 19 51	23 9 17	19 31 5	1 44 2	8 21 28	18 20 58	27 1 14	6 28	21 21 44	30 3 46	5 11 36.2	17 24 25	22 20 37
9 344	25 39 55	25 34 32	23 49 55	19 39 58	1 40 51	8 22 48	18 22 25	27 3 29	6 28	21 27 14	30 4 15	5 11 36.1	17 18 54	21 55 27
10 345	24 17 54	26 49 14	24 30 35	19 48 44	1 37 35	8 24 12	18 23 53	27 5 45	6 27	21 32 45	30 4 57	5 11 35.9	17 13 8	21 30 3
11 346	22 54 53	28 3 58	25 11 17	19 57 24	1 34 13	8 25 39	18 25 23	27 8 0	6 23	21 38 17	30 5 52	5 11 35.6	17 7 20	21 5 3
12 347	21 33 43	29 18 44	25 52 1	20 5 56	1 30 47	8 27 8	18 26 54	27 10 16	6 17	21 43 50	30 6 53	5 11 35.3	17 1 41	20 41 8
13 348	20 17 2	0♏33 31	26 32 46	20 14 21	1 27 16	8 28 40	18 28 27	27 12 31	6 10	21 49 22	30 7 59	5 11 35.0	16 56 22	20 18 58
14 349	19 7 12	1 48 19	27 13 34	20 22 38	1 23 39	8 30 15	18 30 2	27 14 47	6 01	21 54 55	30 9 3	5 11 34.6	16 51 32	19 59 12
15 350	18 6 3	3 3 8	27 54 22	20 30 48	1 19 58	8 31 53	18 31 38	27 17 3	5 53	22 0 29	30 10 3	5 11 34.3	16 47 19	19 42 18
16 351	17 14 53	4 17 59	28 35 13	20 38 50	1 16 12	8 33 33	18 33 16	27 19 19	5 47	22 6 3	30 10 57	5 11 34.1	16 43 48	19 28 36
17 352	16 34 30	5 32 50	29 16 4	20 46 45	1 12 22	8 35 17	18 34 55	27 21 34	5 42	22 11 37	30 11 42	5 11 33.9	16 41 1	19 18 19
18 353	16 5 10	6 47 43	29 56 58	20 54 31	1 8 27	8 37 2	18 36 35	27 23 50	5 40	22 17 11	30 12 18	5 11 33.8	16 39 0	19 11 27
19 354	15 46 49	8 2 36	0♏37 53	21 2 10	1 4 29	8 38 51	18 38 17	27 26 5	5 40	22 22 45	30 12 45	5 11 33.7	16 37 43	19 7 54
20 355	15 39D 2	9 17 30	1 18 50	21 9 41	1 0 26	8 40 42	18 40 0	27 28 20	5 41	22 28 20	30 13 2	5 11 33.6	16 37 10	19 7 29
21 356	15 41 14	10 32 25	1 59 48	21 17 3	0 56 19	8 42 36	18 41 45	27 30 35	5 41	22 33 54	30 13 9	5 11 33.5	16 37 18	19 9 55
22 357	15 52 41	11 47 21	2 40 48	21 24 17	0 52 8	8 44 33	18 43 31	27 32 50	5 41	22 39 29	30 13 7	5 11 33.3	16 38 4	19 14 54
23 358	16 12 36	13 2 18	3 21 50	21 31 23	0 47 54	8 46 32	18 45 18	27 35 4	5 39	22 45 4	30 12 55	5 11 33.1	16 39 25	19 22 5
24 359	16 40 12	14 17 16	4 2 54	21 38 21	0 43 36	8 48 33	18 47 7	27 37 18	5 34	22 50 38	30 12 34	5 11 32.9	16 41 18	19 31 10
25 360	17 14 43	15 32 15	4 43 59	21 45 10	0 39 14	8 50 37	18 48 57	27 39 32	5 26	22 56 13	30 12 3	5 11 32.7	16 43 40	19 41 48
26 361	17 55 25	16 47 14	5 25 6	21 51 51	0 34 50	8 52 44	18 50 48	27 41 46	5 15	23 1 47	30 11 23	5 11 32.4	16 46 28	19 53 41
27 362	18 41 36	18 2 15	6 6 15	21 58 22	0 30 22	8 54 53	18 52 40	27 43 59	5 03	23 7 21	30 10 36	5 11 32.1	16 49 39	20 6 33
28 363	19 32 41	19 17 16	6 47 26	22 4 45	0 25 51	8 57 4	18 54 34	27 46 11	4 49	23 12 55	30 9 41	5 11 31.9	16 53 11	20 20 9
29 364	20 28 5	20 32 18	7 28 39	22 10 59	0 21 17	8 59 18	18 56 28	27 48 24	4 36	23 18 29	30 8 41	5 11 31.6	16 57 2	20 34 13
30 365	21 27 19	21 47 21	8 9 53	22 17 4	0 16 41	9 1 34	18 58 24	27 50 35	4 24	23 24 3	30 7 38	5 11 31.4	17 1 10	20 48 34
31 366	22♏29 56	23♏ 2 24	8♏51 10	22♍23 0	0♋12 2	9♒ 3 52	19♑ 0 21	27♏52 47	4♈14	23 29 36	30 6 37	5 11 31.3	17 5 33	21S 3 1

DAY Dec	♀ VENUS R.A. h m s	DECL ° ' "	♂ MARS R.A. h m s	DECL ° ' "	♃ JUPITER R.A. h m s	DECL ° ' "	♄ SATURN R.A. h m s	DECL ° ' "	♅ URANUS R.A. h m s	DECL ° ' "	♆ NEPTUNE R.A. h m s	DECL ° ' "	♇ PLUTO R.A. h m s	DECL ° ' "
1	14 34 17	13S20 32	14 43 41	15S22 39	12 50 34	4S 7 48	7 55 34	20N43 7	22 21 1	11S 6 14	21 1 58	16S59 49	17 25 24	15S 5 49
2	14 39 6	13 44 27	14 46 21	15 35 14	12 51 10	4 11 23	7 55 24	20 43 42	22 21 5	11 5 50	21 2 3	16 59 28	17 25 33	15 6 6
3	14 43 58	14 8 4	14 49 1	15 47 43	12 51 45	4 14 55	7 55 13	20 44 18	22 21 8	11 5 25	21 2 8	16 59 7	17 25 42	15 6 22
4	14 48 50	14 31 20	14 51 41	16 0 4	12 52 21	4 18 25	7 55 2	20 44 55	22 21 13	11 4 59	21 2 14	16 58 45	17 25 51	15 6 39
5	14 53 43	14 54 15	14 54 22	16 12 19	12 52 55	4 21 52	7 54 50	20 45 33	22 21 17	11 4 32	21 2 19	16 58 23	17 26 0	15 6 55
6	14 58 37	15 16 49	14 57 3	16 24 27	12 53 30	4 25 16	7 54 38	20 46 12	22 21 21	11 4 4	21 2 24	16 58 0	17 26 10	15 7 10
7	15 3 33	15 39 1	14 59 45	16 36 28	12 54 4	4 28 38	7 54 25	20 46 52	22 21 26	11 3 35	21 2 30	16 57 37	17 26 19	15 7 26
8	15 8 30	16 0 49	15 2 27	16 48 21	12 54 37	4 31 56	7 54 12	20 47 33	22 21 31	11 3 4	21 2 36	16 57 14	17 26 28	15 7 41
9	15 13 28	16 22 13	15 5 10	17 0 7	12 55 11	4 35 12	7 53 59	20 48 15	22 21 36	11 2 33	21 2 41	16 56 49	17 26 37	15 7 56
10	15 18 27	16 43 12	15 7 53	17 11 45	12 55 43	4 38 25	7 53 46	20 48 59	22 21 41	11 2 1	21 2 47	16 56 25	17 26 46	15 8 10
11	15 23 27	17 3 46	15 10 37	17 23 16	12 56 16	4 41 35	7 53 32	20 49 43	22 21 47	11 1 27	21 2 53	16 55 59	17 26 56	15 8 25
12	15 28 29	17 23 53	15 13 21	17 34 39	12 56 48	4 44 42	7 53 17	20 50 27	22 21 52	11 0 53	21 3 0	16 55 34	17 27 5	15 8 39
13	15 33 32	17 43 33	15 16 5	17 45 53	12 57 19	4 47 46	7 53 3	20 51 13	22 21 58	11 0 17	21 3 6	16 55 8	17 27 14	15 8 52
14	15 38 35	18 2 45	15 18 50	17 57 0	12 57 50	4 50 46	7 52 47	20 52 0	22 22 4	10 59 41	21 3 12	16 54 41	17 27 23	15 9 6
15	15 43 41	18 21 28	15 21 36	18 7 59	12 58 21	4 53 44	7 52 32	20 52 48	22 22 10	10 59 3	21 3 19	16 54 14	17 27 33	15 9 19
16	15 48 47	18 39 42	15 24 21	18 18 49	12 58 51	4 56 39	7 52 16	20 53 36	22 22 17	10 58 25	21 3 25	16 53 47	17 27 42	15 9 32
17	15 53 54	18 57 26	15 27 8	18 29 30	12 59 20	4 59 30	7 52 0	20 54 25	22 22 23	10 57 46	21 3 32	16 53 19	17 27 51	15 9 44
18	15 59 3	19 14 38	15 29 54	18 40 3	12 59 50	5 2 18	7 51 44	20 55 15	22 22 30	10 57 5	21 3 38	16 52 51	17 28 0	15 9 56
19	16 4 12	19 31 19	15 32 42	18 50 27	13 0 18	5 5 2	7 51 27	20 56 6	22 22 37	10 56 24	21 3 45	16 52 22	17 28 10	15 10 8
20	16 9 23	19 47 28	15 35 29	19 0 43	13 0 46	5 7 44	7 51 10	20 56 57	22 22 44	10 55 42	21 3 52	16 51 53	17 28 19	15 10 20
21	16 14 35	20 3 4	15 38 17	19 10 49	13 1 14	5 10 22	7 50 53	20 57 49	22 22 51	10 54 59	21 3 59	16 51 23	17 28 28	15 10 31
22	16 19 48	20 18 6	15 41 6	19 20 46	13 1 41	5 12 56	7 50 36	20 58 42	22 22 58	10 54 15	21 4 6	16 50 53	17 28 37	15 10 42
23	16 25 2	20 32 34	15 43 55	19 30 34	13 2 8	5 15 28	7 50 18	20 59 35	22 23 6	10 53 29	21 4 13	16 50 23	17 28 46	15 10 52
24	16 30 17	20 46 27	15 46 44	19 40 12	13 2 34	5 17 56	7 50 0	21 0 28	22 23 13	10 52 43	21 4 21	16 49 52	17 28 56	15 11 3
25	16 35 33	20 59 44	15 49 34	19 49 42	13 3 0	5 20 20	7 49 42	21 1 22	22 23 21	10 51 57	21 4 28	16 49 21	17 29 5	15 11 13
26	16 40 50	21 12 25	15 52 25	19 59 1	13 3 25	5 22 41	7 49 23	21 2 17	22 23 29	10 51 9	21 4 36	16 48 50	17 29 14	15 11 22
27	16 46 8	21 24 30	15 55 16	20 8 11	13 3 49	5 24 59	7 49 4	21 3 12	22 23 37	10 50 20	21 4 43	16 48 18	17 29 23	15 11 32
28	16 51 27	21 35 57	15 58 7	20 17 11	13 4 14	5 27 13	7 48 45	21 4 8	22 23 45	10 49 31	21 4 51	16 47 46	17 29 32	15 11 41
29	16 56 46	21 46 47	16 0 59	20 26 2	13 4 37	5 29 23	7 48 26	21 5 4	22 23 54	10 48 40	21 4 58	16 47 14	17 29 41	15 11 49
30	17 2 7	21 56 59	16 3 51	20 34 42	13 5 0	5 31 30	7 48 7	21 6 0	22 24 2	10 47 49	21 5 6	16 46 41	17 29 50	15 11 58
31	17 7 28	22S 6 31	16 6 44	20S43 12	13 5 22	5S33 33	7 47 48	21N 6 57	22 24 11	10S46 57	21 5 14	16S46 8	17 29 59	15S12 6

JANUARY 2005

DAY	SIDEREAL TIME	☉ SUN LONG	☉ MOT	☉ R.A.	☉ DECL
	h m s	° ' "	' "	h m s	° ' "
1 S	6 42 58	15♐51 27	61 9	18 46 24.0	23S 0 44
2 Su	6 46 55	16 52 35	61 9	18 50 48.7	22 55 37
3 M	6 50 51	17 53 44	61 9	18 55 13.1	22 50 2
4 Tu	6 54 48	18 54 53	61 10	18 59 37.1	22 44 0
5 W	6 58 45	19 56 3	61 10	19 4 0.7	22 37 32
6 Th	7 2 41	20 57 13	61 10	19 8 24.0	22 30 36
7 F	7 6 38	21 58 22	61 10	19 12 46.8	22 23 13
8 S	7 10 34	22 59 32	61 10	19 17 9.1	22 15 24
9 Su	7 14 31	24 0 42	61 10	19 21 31.0	22 7 9
10 M	7 18 27	25 1 52	61 10	19 25 52.3	21 58 28
11 Tu	7 22 24	26 3 2	61 10	19 30 13.0	21 49 20
12 W	7 26 21	27 4 11	61 9	19 34 33.2	21 39 48
13 Th	7 30 17	28 5 20	61 8	19 38 52.7	21 29 50
14 F	7 34 14	29 6 29	61 8	19 43 11.6	21 19 27
15 S	7 38 10	0♑ 7 36	61 7	19 47 29.8	21 8 40
16 Su	7 42 7	1 8 43	61 6	19 51 47.3	20 57 28
17 M	7 46 3	2 9 49	61 5	19 56 4.1	20 45 53
18 Tu	7 50 0	3 10 55	61 5	20 0 20.2	20 33 54
19 W	7 53 56	4 11 59	61 4	20 4 35.6	20 21 31
20 Th	7 57 53	5 13 3	61 3	20 8 50.2	20 8 45
21 F	8 1 50	6 14 6	61 2	20 13 4.0	19 55 37
22 S	8 5 46	7 15 8	61 1	20 17 17.1	19 42 7
23 Su	8 9 43	8 16 9	61 0	20 21 29.4	19 28 15
24 M	8 13 39	9 17 9	61 0	20 25 40.9	19 14 1
25 Tu	8 17 36	10 18 8	60 59	20 29 51.6	18 59 26
26 W	8 21 32	11 19 7	60 58	20 34 1.5	18 44 30
27 Th	8 25 29	12 20 5	60 57	20 38 10.7	18 29 14
28 F	8 29 25	13 21 2	60 56	20 42 19.0	18 13 38
29 S	8 33 22	14 21 58	60 55	20 46 26.5	17 57 42
30 Su	8 37 19	15 22 53	60 55	20 50 33.2	17 41 27
31 M	8 41 15	16♑23 48	60 54	20 54 39.1	17S24 53

DAY	☽ MOON AT 0 HOURS LONG	12h MOT	2DIF	R.A.	DECL	☽ MOON AT 12 HOURS LONG	12h MOT	2DIF	R.A.	DECL
	° ' "	° ' "	"	h m s	° ' "	° ' "	° ' "	"	h m s	° ' "
1 S	14♌28 38	6 5 51	83	10 49 21	11N38 47	20♌34 28	6 8 52	99	11 11 37	8N57 49
2 Su	26 43 20	6 12 26	115	11 33 44	6 10 23	2♍55 46	6 16 33	132	11 55 51	3 17 44
3 M	9♍12 20	6 21 15	150	12 18 6	0 21 10	15 33 35	6 26 32	166	12 40 38	2S37 55
4 Tu	22 0 6	6 32 21	182	13 3 35	5S38 0	28 32 28	6 38 41	197	13 27 9	8 37 22
5 W	5♎11 9	6 45 28	208	13 51 28	11 34 3	11♎56 37	6 52 35	216	14 16 43	14 25 44
6 Th	18 49 11	6 59 54	220	14 43 4	17 9 46	25 49 5	7 7 15	218	15 10 38	19 43 4
7 F	2♏56 19	7 14 26	210	15 39 33	22 2 12	10♏10 46	7 21 15	195	16 9 50	24 3 26
8 S	17 32 0	7 27 25	172	16 41 27	25 42 53	24 59 25	7 32 43	142	17 14 16	26 56 50
9 Su	2♐32 8	7 36 55	106	17 48 2	27 42 3	10♐ 9 3	7 39 49	65	18 22 23	27 56 12
10 M	17 48 52	7 41 16	21	18 56 55	27 38 6	25 30 8	7 41 11	-25	19 31 11	26 48 1
11 Tu	3♑11 19	7 39 35	-70	20 4 47	25 27 34	10♑50 53	7 36 31	-112	20 37 24	23 39 32
12 W	18 27 24	7 32 8	-148	21 8 50	21 27 32	25 59 32	7 26 38	-178	21 38 59	18 55 38
13 Th	3♒26 10	7 20 14	-201	22 7 51	16 8 3	10♒46 24	7 13 12	-217	22 35 31	13 8 49
14 F	17 59 36	7 5 46	-225	23 2 6	10 1 38	25 5 23	6 58 11	-227	23 27 44	6 49 52
15 S	2♓ 3 34	6 50 38	-223	23 52 36	3 36 24	8♓54 12	6 43 19	-214	0 16 52	0 23 47
16 Su	15 37 31	6 36 21	-202	0 40 42	2N45 49	22 13 52	6 29 51	-187	1 4 15	5N50 32
17 M	28 43 43	6 23 54	-170	1 27 40	8 48 40	5♈ 7 37	6 18 33	-151	1 51 6	11 38 43
18 Tu	11♈26 10	6 13 49	-133	2 14 40	14 19 18	17 39 59	6 9 42	-114	2 38 28	16 49 6
19 W	23 49 41	6 6 11	-96	3 2 36	19 6 49	29 55 52	6 3 16	-79	3 27 8	21 11 13
20 Th	5♉59 8	6 0 54	-63	3 52 6	23 1 4	12♉ 0 2	5 59 3	-49	4 17 31	24 35 12
21 F	17 59 4	5 57 39	-36	4 43 23	25 52 30	23 56 43	5 56 40	-24	5 9 37	26 52 0
22 S	29 53 23	5 56 4	-13	5 36 8	27 32 55	5♊49 27	5 55 46	-5	6 2 51	27 54 40
23 Su	11♊45 13	5 55 45	3	6 29 38	27 56 58	17 40 59	5 55 58	9	6 56 20	27 39 49
24 M	23 36 57	5 56 23	15	7 22 50	27 3 34	29 33 20	5 56 59	20	7 48 59	26 8 49
25 Tu	5♋30 19	5 57 43	24	8 14 43	24 56 28	11♋28 1	5 58 35	28	8 39 57	23 27 39
26 W	17 26 36	5 59 36	32	9 4 39	21 43 36	23 26 12	6 0 45	37	9 28 47	19 45 43
27 Th	29 26 57	6 2 4	42	9 52 24	17 35 27	5♌29 1	6 3 33	48	10 15 31	15 14 14
28 F	11♌32 34	6 5 16	55	10 38 13	12 43 33	17 37 49	6 7 13	63	11 0 36	10 4 50
29 S	23 45 2	6 9 27	72	11 22 44	7 19 29	29 54 29	6 12 1	83	11 44 44	4 28 55
30 Su	6♍ 6 30	6 14 57	94	12 6 44	1 34 31	12♍21 28	6 18 18	107	12 28 52	1S22 17
31 M	18♍39 46	6 22 4	120	12 51 15	4S20 1	25♍ 1 50	6 26 18	134	13 14 3	7S17 4

LUNAR INGRESSES
2 ☽ ♍ 6:21
4 ☽ ♎ 14:39
6 ☽ ♏ 19:04
8 ☽ ♐ 19:59
10 ☽ ♑ 19:01
12 ☽ ♒ 18:27
14 ☽ ♓ 20:26
17 ☽ ♈ 2:22
19 ☽ ♉ 12:08
22 ☽ ♊ 0:13
24 ☽ ♋ 12:54
27 ☽ ♌ 1:06
29 ☽ ♍ 12:11
31 ☽ ♎ 21:16

PLANET INGRESSES
2 ♄ ♊ 13:13
5 ♀ ♐ 13:28
6 ☿ ♐ 6:46
14 ☉ ♑ 21:01
26 ☿ ♑ 23:06
29 ♀ ♑ 12:16
30 ♂ ♐ 9:45

STATIONS
NONE

DATA FOR THE 1st AT 0 HOURS
JULIAN DAY 38351.5
☽ MEAN ☊ 3°♈ 30' 47"
OBLIQUITY 23° 26' 27"
DELTA T 67.0 SECONDS
NUTATION LONGITUDE -7.5"

DAY MO YR	☿ LONG	♀ LONG	♂ LONG	♃ LONG	♄ LONG	♅ LONG	♆ LONG	♇ LONG	☊ LONG	A.S.S.I.	S.S.R.Y.	S.V.P. ♓	☿ MERCURY R.A.	☿ MERCURY DECL
	° ' "	° ' "	° ' "	° ' "	° ' "	° ' "	° ' "	° ' "	° '	h m s	h m s	° ' "	h m s	° ' "
1 1	23♏35 33	24♏17 28	9♏32 28	22♍28 47	0♋ 7R21	9♒ 6 13	19♑ 2 19	27♏54 57	4♈07	23 35 9	30 5 39	5 11 31.1	17 10 10	21S17 24
2 2	24 43 51	25 32 33	10 13 48	22 34 24	0 2 38	9 8 36	19 4 18	27 57 8	4 03	23 40 42	30 4 51	5 11 31.0	17 15 0	21 31 33
3 3	25 54 30	26 47 39	10 55 10	22 39 52	29♊57 52	9 11 1	19 6 18	27 59 17	4 01	23 46 14	30 4 15	5 11 30.9	17 20 0	21 45 22
4 4	27 7 15	28 2 45	11 36 34	22 45 10	29 53 5	9 13 29	19 8 19	28 1 26	4 01	23 51 46	30 3 53	5 11 30.8	17 25 10	21 58 43
5 5	28 21 53	29 17 52	12 18 0	22 50 19	29 48 15	9 15 58	19 10 21	28 3 34	4 01	23 57 17	30 3 46	5 11 30.7	17 30 30	22 11 30
6 6	29 38 12	0♐33 0	12 59 27	22 55 18	29 43 25	9 18 30	19 12 24	28 5 42	4 00	24 2 48	30 3 56	5 11 30.6	17 35 58	22 23 38
7 7	0♐56 2	1 48 8	13 40 57	23 0 7	29 38 32	9 21 4	19 14 28	28 7 49	3 57	24 8 18	30 4 21	5 11 30.3	17 41 33	22 35 2
8 8	2 15 14	3 3 16	14 22 28	23 4 46	29 33 39	9 23 40	19 16 33	28 9 55	3 52	24 13 47	30 4 59	5 11 30.1	17 47 15	22 45 38
9 9	3 35 40	4 18 25	15 4 1	23 9 14	29 28 44	9 26 18	19 18 38	28 12 0	3 44	24 19 16	30 5 48	5 11 29.7	17 53 4	22 55 22
10 10	4 57 14	5 33 35	15 45 36	23 13 33	29 23 49	9 28 58	19 20 45	28 14 5	3 33	24 24 45	30 6 43	5 11 29.4	17 58 58	23 4 11
11 11	6 19 50	6 48 44	16 27 12	23 17 42	29 18 53	9 31 40	19 22 52	28 16 9	3 21	24 30 12	30 7 43	5 11 29.1	18 4 57	23 12 1
12 12	7 43 23	8 3 54	17 8 50	23 21 39	29 13 56	9 34 23	19 25 0	28 18 11	3 10	24 35 39	30 8 43	5 11 28.8	18 11 2	23 18 51
13 13	9 7 49	9 19 4	17 50 29	23 25 27	29 8 59	9 37 9	19 27 9	28 20 13	3 00	24 41 5	30 9 41	5 11 28.6	18 17 10	23 24 37
14 14	10 33 5	10 34 13	18 32 10	23 29 4	29 4 2	9 39 57	19 29 18	28 22 14	2 53	24 46 30	30 10 36	5 11 28.5	18 23 23	23 29 17
15 15	11 59 7	11 49 23	19 13 53	23 32 30	28 59 5	9 42 46	19 31 28	28 24 14	2 48	24 51 55	30 11 25	5 11 28.4	18 29 39	23 32 49
16 16	13 25 54	13 4 33	19 55 37	23 35 46	28 54 8	9 45 37	19 33 39	28 26 13	2 46	24 57 18	30 12 9	5 11 28.3	18 35 59	23 35 12
17 17	14 53 23	14 19 43	20 37 23	23 38 51	28 49 12	9 48 30	19 35 50	28 28 11	2 46	25 2 41	30 12 45	5 11 28.2	18 42 22	23 36 24
18 18	16 21 32	15 34 52	21 19 11	23 41 45	28 44 16	9 51 24	19 38 2	28 30 8	2 45	25 8 3	30 13 13	5 11 28.1	18 48 48	23 36 23
19 19	17 50 21	16 50 2	22 1 0	23 44 29	28 39 21	9 54 20	19 40 15	28 32 4	2 44	25 13 23	30 13 31	5 11 28.0	18 55 17	23 35 8
20 20	19 19 49	18 5 11	22 42 51	23 47 1	28 34 27	9 57 18	19 42 27	28 33 59	2 41	25 18 43	30 13 39	5 11 27.8	19 1 48	23 32 38
21 21	20 49 55	19 20 21	23 24 43	23 49 23	28 29 34	10 0 17	19 44 41	28 35 53	2 36	25 24 2	30 13 37	5 11 27.6	19 8 22	23 28 52
22 22	22 20 38	20 35 30	24 6 37	23 51 33	28 24 42	10 3 18	19 46 55	28 37 45	2 27	25 29 20	30 13 23	5 11 27.3	19 14 58	23 23 48
23 23	23 51 58	21 50 40	24 48 33	23 53 33	28 19 51	10 6 20	19 49 9	28 39 36	2 15	25 34 37	30 12 58	5 11 27.1	19 21 36	23 17 26
24 24	25 23 55	23 5 49	25 30 30	23 55 21	28 15 2	10 9 24	19 51 23	28 41 26	2 02	25 39 53	30 12 21	5 11 26.8	19 28 15	23 9 44
25 25	26 56 29	24 20 58	26 12 30	23 56 58	28 10 15	10 12 29	19 53 38	28 43 15	1 47	25 45 8	30 11 34	5 11 26.6	19 34 56	23 0 42
26 26	28 29 41	25 36 7	26 54 31	23 58 25	28 5 29	10 15 35	19 55 54	28 45 3	1 32	25 50 22	30 10 37	5 11 26.4	19 41 39	22 50 20
27 27	0♑ 3 31	26 51 17	27 36 34	23 59 39	28 0 46	10 18 43	19 58 9	28 46 49	1 18	25 55 35	30 9 34	5 11 26.3	19 48 23	22 38 35
28 28	1 37 59	28 6 26	28 18 38	24 0 43	27 56 5	10 21 51	20 0 25	28 48 34	1 07	26 0 47	30 8 28	5 11 26.2	19 55 9	22 25 28
29 29	3 13 6	29 21 35	29 0 45	24 1 35	27 51 26	10 25 1	20 2 41	28 50 18	0 59	26 5 58	30 7 23	5 11 26.1	20 1 55	22 10 57
30 30	4 48 52	0♑36 44	29 42 53	24 2 16	27 46 50	10 28 13	20 4 57	28 52 0	0 54	26 11 8	30 6 23	5 11 26.0	20 8 43	21 55 3
31 31	6♑25 19	1♑51 53	0♐25 3	24♍ 2 46	27♊42 16	10♒31 25	20♑ 7 13	28♏53 41	0♈51	26 16 17	30 5 31	5 11 26.0	20 15 32	21S37 45

DAY Jan	♀ VENUS R.A.	♀ DECL	♂ MARS R.A.	♂ DECL	♃ JUPITER R.A.	♃ DECL	♄ SATURN R.A.	♄ DECL	♅ URANUS R.A.	♅ DECL	♆ NEPTUNE R.A.	♆ DECL	♇ PLUTO R.A.	♇ DECL
	h m s	° ' "	h m s	° ' "	h m s	° ' "	h m s	° ' "	h m s	° ' "	h m s	° ' "	h m s	° ' "
1	17 12 51	22S15 25	16 9 37	20S51 32	13 5 44	5S35 32	7 47 28	21N 7 54	22 24 20	10S46 4	21 5 22	16S45 34	17 30 8	15S12 14
2	17 18 13	22 23 38	16 12 30	20 59 42	13 6 5	5 37 28	7 47 8	21 8 51	22 24 29	10 45 11	21 5 30	16 45 1	17 30 17	15 12 21
3	17 23 37	22 31 12	16 15 24	21 7 40	13 6 26	5 39 20	7 46 48	21 9 48	22 24 38	10 44 16	21 5 38	16 44 27	17 30 26	15 12 29
4	17 29 1	22 38 5	16 18 19	21 15 29	13 6 46	5 41 8	7 46 28	21 10 46	22 24 47	10 43 21	21 5 46	16 43 52	17 30 35	15 12 36
5	17 34 26	22 44 17	16 21 14	21 23 6	13 7 6	5 42 52	7 46 8	21 11 44	22 24 57	10 42 25	21 5 54	16 43 17	17 30 43	15 12 42
6	17 39 51	22 49 48	16 24 9	21 30 33	13 7 25	5 44 33	7 45 47	21 12 42	22 25 6	10 41 28	21 6 2	16 42 42	17 30 52	15 12 48
7	17 45 17	22 54 38	16 27 5	21 37 49	13 7 43	5 46 9	7 45 27	21 13 40	22 25 16	10 40 31	21 6 11	16 42 7	17 31 1	15 12 54
8	17 50 43	22 58 46	16 30 1	21 44 53	13 8 1	5 47 42	7 45 6	21 14 38	22 25 26	10 39 32	21 6 19	16 41 31	17 31 9	15 13 0
9	17 56 9	23 2 11	16 32 57	21 51 47	13 8 18	5 49 11	7 44 46	21 15 36	22 25 36	10 38 33	21 6 27	16 40 56	17 31 18	15 13 5
10	18 1 36	23 4 55	16 35 54	21 58 29	13 8 34	5 50 36	7 44 25	21 16 34	22 25 46	10 37 33	21 6 36	16 40 19	17 31 27	15 13 10
11	18 7 3	23 6 56	16 38 52	22 5 0	13 8 50	5 51 56	7 44 4	21 17 32	22 25 56	10 36 33	21 6 44	16 39 43	17 31 35	15 13 15
12	18 12 30	23 8 15	16 41 50	22 11 19	13 9 5	5 53 13	7 43 43	21 18 30	22 26 7	10 35 31	21 6 53	16 39 7	17 31 43	15 13 19
13	18 17 57	23 8 51	16 44 48	22 17 27	13 9 19	5 54 26	7 43 23	21 19 28	22 26 17	10 34 30	21 7 1	16 38 30	17 31 52	15 13 23
14	18 23 24	23 8 45	16 47 46	22 23 23	13 9 33	5 55 34	7 43 2	21 20 26	22 26 28	10 33 27	21 7 10	16 37 53	17 32 0	15 13 27
15	18 28 52	23 7 56	16 50 45	22 29 7	13 9 46	5 56 38	7 42 41	21 21 24	22 26 38	10 32 24	21 7 19	16 37 16	17 32 8	15 13 30
16	18 34 19	23 6 24	16 53 44	22 34 39	13 9 59	5 57 39	7 42 20	21 22 21	22 26 49	10 31 20	21 7 27	16 36 38	17 32 16	15 13 34
17	18 39 45	23 4 10	16 56 44	22 39 59	13 10 11	5 58 35	7 41 59	21 23 19	22 27 0	10 30 16	21 7 36	16 36 1	17 32 24	15 13 36
18	18 45 12	23 1 13	16 59 44	22 45 7	13 10 22	5 59 27	7 41 38	21 24 16	22 27 11	10 29 11	21 7 45	16 35 23	17 32 32	15 13 39
19	18 50 38	22 57 33	17 2 44	22 50 3	13 10 33	6 0 14	7 41 18	21 25 12	22 27 22	10 28 5	21 7 54	16 34 45	17 32 40	15 13 41
20	18 56 5	22 53 12	17 5 44	22 54 47	13 10 42	6 0 58	7 40 57	21 26 9	22 27 33	10 26 59	21 8 3	16 34 7	17 32 48	15 13 43
21	19 1 30	22 48 8	17 8 45	22 59 18	13 10 52	6 1 37	7 40 36	21 27 5	22 27 44	10 25 52	21 8 12	16 33 28	17 32 56	15 13 44
22	19 6 55	22 42 22	17 11 46	23 3 37	13 11 0	6 2 13	7 40 16	21 28 0	22 27 56	10 24 45	21 8 21	16 32 50	17 33 4	15 13 46
23	19 12 20	22 35 54	17 14 48	23 7 44	13 11 8	6 2 44	7 39 55	21 28 55	22 28 7	10 23 37	21 8 29	16 32 11	17 33 11	15 13 47
24	19 17 44	22 28 46	17 17 50	23 11 38	13 11 15	6 3 11	7 39 35	21 29 50	22 28 19	10 22 29	21 8 38	16 31 33	17 33 19	15 13 48
25	19 23 8	22 20 55	17 20 52	23 15 19	13 11 22	6 3 33	7 39 15	21 30 45	22 28 30	10 21 20	21 8 47	16 30 54	17 33 26	15 13 48
26	19 28 31	22 12 25	17 23 54	23 18 48	13 11 27	6 3 51	7 38 55	21 31 39	22 28 42	10 20 11	21 8 56	16 30 15	17 33 34	15 13 48
27	19 33 53	22 3 13	17 26 57	23 22 4	13 11 32	6 4 6	7 38 35	21 32 32	22 28 54	10 19 1	21 9 6	16 29 36	17 33 41	15 13 48
28	19 39 15	21 53 22	17 30 0	23 25 7	13 11 37	6 4 15	7 38 15	21 33 25	22 29 6	10 17 51	21 9 15	16 28 57	17 33 48	15 13 48
29	19 44 35	21 42 50	17 33 3	23 27 58	13 11 40	6 4 21	7 37 55	21 34 17	22 29 18	10 16 40	21 9 24	16 28 18	17 33 55	15 13 47
30	19 49 55	21 31 40	17 36 6	23 30 35	13 11 43	6 4 22	7 37 36	21 35 9	22 29 30	10 15 29	21 9 33	16 27 38	17 34 2	15 13 46
31	19 55 14	21S19 50	17 39 10	23S32 59	13 11 45	6S 4 19	7 37 17	21N36 0	22 29 42	10S14 18	21 9 42	16S26 59	17 34 9	15S13 45

FEBRUARY 2005

DAY	SIDEREAL TIME h m s	☉ SUN LONG ° ' "	MOT ' "	R.A. h m s	DECL ° ' "
1 Tu	8 45 12	17♑24 42	60 53	20 58 44.2	17S 8 0
2 W	8 49 8	18 25 35	60 53	21 2 48.5	16 50 49
3 Th	8 53 5	19 26 27	60 52	21 6 52.0	16 33 20
4 F	8 57 1	20 27 19	60 51	21 10 54.8	16 15 34
5 S	9 0 58	21 28 9	60 50	21 14 56.7	15 57 31
6 Su	9 4 54	22 28 59	60 49	21 18 57.9	15 39 11
7 M	9 8 51	23 29 48	60 48	21 22 58.2	15 20 35
8 Tu	9 12 48	24 30 36	60 47	21 26 57.8	15 1 44
9 W	9 16 44	25 31 22	60 45	21 30 56.6	14 42 37
10 Th	9 20 41	26 32 8	60 44	21 34 54.6	14 23 15
11 F	9 24 37	27 32 52	60 42	21 38 51.8	14 3 39
12 S	9 28 34	28 33 34	60 41	21 42 48.2	13 43 49
13 Su	9 32 30	29 34 15	60 39	21 46 43.8	13 23 45
14 M	9 36 27	0♒34 54	60 38	21 50 38.7	13 3 29
15 Tu	9 40 23	1 35 31	60 36	21 54 32.9	12 43 0
16 W	9 44 20	2 36 7	60 34	21 58 26.3	12 22 18
17 Th	9 48 17	3 36 41	60 32	22 2 18.9	12 1 25
18 F	9 52 13	4 37 13	60 31	22 6 10.9	11 40 20
19 S	9 56 10	5 37 44	60 29	22 10 2.1	11 19 5
20 Su	10 0 6	6 38 12	60 27	22 13 52.7	10 57 38
21 M	10 4 3	7 38 39	60 25	22 17 42.6	10 36 2
22 Tu	10 7 59	8 39 4	60 23	22 21 31.8	10 14 16
23 W	10 11 56	9 39 28	60 22	22 25 20.4	9 52 21
24 Th	10 15 52	10 39 49	60 20	22 29 8.4	9 30 17
25 F	10 19 49	11 40 9	60 18	22 32 55.8	9 8 4
26 S	10 23 46	12 40 28	60 17	22 36 42.6	8 45 43
27 Su	10 27 42	13 40 44	60 15	22 40 28.9	8 23 14
28 M	10 31 39	14♒41 0	60 14	22 44 14.6	8S 0 38

DAY	☽ MOON AT 0 HOURS LONG ° ' "	12h MOT ° ' "	2DIF "	R.A. h m s	DECL ° ' "
1	1♎28 9	6 31 0	148	13 37 24	10S11 43
2	14 35 17	6 41 43	173	14 26 25	15 45 56
3	28 4 40	6 53 53	189	15 19 26	20 44 12
4	11♏58 48	7 6 41	190	16 17 20	24 43 33
5	26 18 27	7 18 54	170	17 20 5	27 17 54
6	11♐ 1 37	7 28 54	124	18 26 23	28 3 25
7	26 3 2	7 35 1	55	19 33 39	26 47 1
8	11♑14 16	7 36 2	-26	20 39 2	23 33 3
9	26 24 46	7 31 35	-105	21 40 33	18 42 28
10	11♒23 50	7 22 17	-168	22 37 38	12 45 29
11	26 2 22	7 9 34	-207	23 30 51	6 13 22
12	10♓14 22	6 55 8	-220	0 21 14	0N26 32
13	23 57 19	6 40 39	-210	1 10 3	6 52 26
14	7♈11 46	6 27 22	-185	1 58 24	12 47 26
15	20 0 36	6 16 7	-151	2 47 14	17 58 21
16	2♉28 5	6 7 17	-113	3 37 16	22 14 16
17	14 39 11	6 1 0	-76	4 28 45	25 25 57
18	26 38 58	5 57 9	-41	5 21 35	27 25 51
19	8♊32 12	5 55 29	-10	6 15 8	28 9 1
20	20 23 3	5 55 40	14	7 8 31	27 34 6
21	2♋15 4	5 57 19	34	8 0 48	25 43 54
22	14 10 57	6 0 4	48	8 51 19	22 45 6
23	26 12 45	6 3 35	57	9 39 46	18 47 10
24	8♌21 54	6 7 39	64	10 26 19	14 1 7
25	20 39 24	6 12 9	71	11 11 26	8 38 43
26	3♍ 6 7	6 17 4	78	11 55 52	2 52 2
27	15 42 54	6 22 32	87	12 40 30	3S 6 25
28	28♍30 57	6 28 42	99	13 26 21	9S 3 16

DAY	☽ MOON AT 12 HOURS LONG ° ' "	12h MOT ° ' "	2DIF "	R.A. h m s	DECL ° ' "
1	7♎59 9	6 36 9	161	14 1 28	13S 2 4
2	21 17 0	6 47 39	182	14 52 21	18 20 54
3	4♏58 32	7 0 16	192	15 47 45	22 52 50
4	19 5 29	7 12 58	183	16 48 9	26 12 59
5	3♐37 21	7 24 17	150	17 52 55	27 55 26
6	18 30 31	7 32 32	92	19 0 5	27 40 38
7	3♑38 3	7 36 13	15	20 6 44	25 23 45
8	18 50 18	7 34 29	-67	21 10 20	21 18 4
9	3♒56 22	7 27 28	-139	22 9 38	15 50 16
10	18 46 7	7 16 15	-191	23 4 40	9 31 59
11	3♓11 55	7 2 27	-216	23 56 19	2 52 54
12	17 9 30	6 47 49	-217	0 45 46	3N42 24
13	0♈37 58	6 33 48	-199	1 34 13	9 54 41
14	13 39 9	6 21 27	-169	2 22 42	15 29 8
15	26 16 42	6 11 23	-132	3 12 5	20 13 48
16	8♉35 22	6 3 50	-94	4 2 49	23 58 39
17	20 40 11	5 58 47	-58	4 55 2	26 35 15
18	2♊36 8	5 56 4	-25	5 48 19	27 57 12
19	14 27 41	5 55 22	3	6 41 54	28 1 14
20	26 18 44	5 56 20	25	7 34 51	26 48 4
21	8♋12 23	5 58 34	41	8 26 19	24 22 33
22	20 11 1	6 1 45	53	9 15 48	20 52 52
23	2♌16 20	6 5 34	61	10 3 15	16 29 25
24	14 29 33	6 9 51	67	10 49 1	11 23 42
25	26 51 33	6 14 33	74	11 33 41	5 47 39
26	9♍23 11	6 19 44	82	12 18 6	0S 6 31
27	22 5 26	6 25 31	92	13 3 13	6 5 56
28	4♎59 38	6 32 5	105	13 50 4	11S56 30

LUNAR INGRESSES
3 ☽ ♏ 3:22
5 ☽ ♐ 6:05
7 ☽ ♑ 6:15
9 ☽ ♒ 5:43
11 ☽ ♓ 6:37
13 ☽ ♈ 10:51
15 ☽ ♉ 19:12
18 ☽ ♊ 6:45
20 ☽ ♋ 19:27
23 ☽ ♌ 7:30
25 ☽ ♍ 18:03
28 ☽ ♎ 2:45

PLANET INGRESSES
13 ☉ ♒ 10:11
13 ☿ ♒ 20:58
22 ♀ ♒ 11:29

STATIONS
2 ♃ R 2:27

DATA FOR THE 1st AT 0 HOURS
JULIAN DAY 38382.5
☽ MEAN ☊ 1°♈ 52' 13"
OBLIQUITY 23° 26' 27"
DELTA T 67.1 SECONDS
NUTATION LONGITUDE -6.5"

DAY MO	YR	☿ LONG ° ' "	♀ LONG ° ' "	♂ LONG ° ' "	♃ LONG ° ' "	♄ LONG ° ' "	♅ LONG ° ' "	♆ LONG ° ' "	♇ LONG ° ' "
1	32	8♑ 2 27	3♑ 7 2	1♐ 7 15	24♍ 3 4	27♊37R45	10♒34 39	20♑ 9 30	28♏55 21
2	33	9 40 16	4 22 11	1 49 29	24 3R11	27 33 17	10 37 53	20 11 47	28 56 59
3	34	11 18 49	5 37 21	2 31 44	24 3 6	27 28 52	10 41 9	20 14 4	28 58 36
4	35	12 58 5	6 52 30	3 14 1	24 2 50	27 24 31	10 44 26	20 16 18	29 0 11
5	36	14 38 6	8 7 38	3 56 20	24 2 22	27 20 12	10 47 43	20 18 36	29 1 45
6	37	16 18 53	9 22 47	4 38 41	24 1 43	27 15 58	10 51 2	20 20 53	29 3 17
7	38	18 0 25	10 37 56	5 21 3	24 0 53	27 11 47	10 54 21	20 23 10	29 4 48
8	39	19 42 45	11 53 4	6 3 26	23 59 50	27 7 39	10 57 41	20 25 26	29 6 17
9	40	21 25 52	13 8 12	6 45 52	23 58 37	27 3 36	11 1 2	20 27 43	29 7 45
10	41	23 9 47	14 23 20	7 28 18	23 57 12	26 59 37	11 4 24	20 29 59	29 9 11
11	42	24 54 31	15 38 27	8 10 46	23 55 35	26 55 42	11 7 46	20 32 15	29 10 35
12	43	26 40 4	16 53 34	8 53 16	23 53 48	26 51 52	11 11 9	20 34 31	29 11 58
13	44	28 26 26	18 8 40	9 35 47	23 51 49	26 48 6	11 14 32	20 36 47	29 13 19
14	45	0♒13 36	19 23 45	10 18 19	23 49 38	26 44 25	11 17 56	20 39 2	29 14 39
15	46	2 1 35	20 38 50	11 0 53	23 47 17	26 40 49	11 21 21	20 41 17	29 15 56
16	47	3 50 20	21 53 55	11 43 28	23 44 45	26 37 17	11 24 46	20 43 31	29 17 12
17	48	5 39 51	23 8 58	12 26 5	23 42 2	26 33 50	11 28 11	20 45 46	29 18 26
18	49	7 30 5	24 24 2	13 8 43	23 39 8	26 30 29	11 31 37	20 47 59	29 19 39
19	50	9 20 59	25 39 4	13 51 22	23 36 3	26 27 13	11 35 2	20 50 13	29 20 50
20	51	11 12 30	26 54 6	14 34 3	23 32 48	26 24 2	11 38 29	20 52 26	29 21 59
21	52	13 4 32	28 9 7	15 16 46	23 29 22	26 20 56	11 41 55	20 54 38	29 23 6
22	53	14 57 0	29 24 8	15 59 30	23 25 45	26 17 55	11 45 22	20 56 50	29 24 11
23	54	16 49 47	0♒39 8	16 42 15	23 21 59	26 15 1	11 48 49	20 59 1	29 25 15
24	55	18 42 43	1 54 8	17 25 2	23 18 2	26 12 12	11 52 16	21 1 12	29 26 16
25	56	20 35 38	3 9 7	18 7 51	23 13 55	26 9 28	11 55 42	21 3 22	29 27 16
26	57	22 28 19	4 24 5	18 50 41	23 9 38	26 6 50	11 59 9	21 5 31	29 28 14
27	58	24 20 31	5 39 3	19 33 33	23 5 12	26 4 18	12 2 36	21 7 40	29 29 10
28	59	26♒11 57	6♒54 1	20♐16 26	23♍ 0 36	26♊ 1 52	12♒ 6 2	21♑ 9 48	29♏30 5

DAY	☊ LONG ° '	A.S.S.I. h m s	S.S.R.Y. h m s	S.V.P. ♓ ° ' "	☿ MERCURY R.A. h m s	DECL ° ' "
1	0♈51	26 21 25	30 4 52	5 11 25.9	20 22 22	21S19 2
2	0 51	26 26 32	30 4 25	5 11 25.8	20 29 12	20 58 54
3	0 51	26 31 38	30 4 13	5 11 25.6	20 36 4	20 37 20
4	0 49	26 36 43	30 4 16	5 11 25.4	20 42 56	20 14 20
5	0 44	26 41 47	30 4 32	5 11 25.2	20 49 48	19 49 53
6	0 38	26 46 50	30 5 0	5 11 24.9	20 56 42	19 24 0
7	0 29	26 51 52	30 5 38	5 11 24.6	21 3 36	18 56 40
8	0 18	26 56 53	30 6 24	5 11 24.3	21 10 30	18 27 54
9	0 08	27 1 53	30 7 15	5 11 24.1	21 17 25	17 57 40
10	29♓59	27 6 52	30 8 9	5 11 24.0	21 24 20	17 25 59
11	29 52	27 11 50	30 9 5	5 11 24.0	21 31 16	16 52 51
12	29 48	27 16 47	30 10 1	5 11 23.9	21 38 12	16 18 17
13	29 46	27 21 43	30 10 54	5 11 23.9	21 45 8	15 42 16
14	29 47	27 26 38	30 11 43	5 11 23.8	21 52 5	15 4 50
15	29 47	27 31 32	30 12 27	5 11 23.7	21 59 1	14 25 58
16	29 48	27 36 25	30 13 2	5 11 23.6	22 5 58	13 45 43
17	29 47	27 41 17	30 13 28	5 11 23.4	22 12 54	13 4 5
18	29 44	27 46 9	30 13 42	5 11 23.2	22 19 50	12 21 6
19	29 39	27 50 59	30 13 45	5 11 23.0	22 26 46	11 36 47
20	29 32	27 55 49	30 13 34	5 11 22.8	22 33 42	10 51 12
21	29 23	28 0 38	30 13 11	5 11 22.6	22 40 36	10 4 24
22	29 13	28 5 26	30 12 34	5 11 22.5	22 47 29	9 16 25
23	29 03	28 10 13	30 11 46	5 11 22.4	22 54 21	8 27 21
24	28 54	28 15 0	30 10 48	5 11 22.3	23 1 11	7 37 17
25	28 46	28 19 45	30 9 43	5 11 22.2	23 7 59	6 46 18
26	28 41	28 24 30	30 8 36	5 11 22.2	23 14 43	5 54 33
27	28 38	28 29 14	30 7 29	5 11 22.2	23 21 23	5 2 10
28	28♓37	28 33 58	30 6 27	5 11 22.2	23 27 59	4S 9 18

DAY Feb	♀ VENUS R.A. h m s	DECL ° ' "	♂ MARS R.A. h m s	DECL ° ' "	♃ JUPITER R.A. h m s	DECL ° ' "
1	20 0 33	21S 7 22	17 42 14	23S35 11	13 11 47	6S 4 12
2	20 5 50	20 54 16	17 45 18	23 37 9	13 11 48	6 4 0
3	20 11 6	20 40 33	17 48 23	23 38 54	13 11 48	6 3 44
4	20 16 21	20 26 12	17 51 27	23 40 26	13 11 47	6 3 24
5	20 21 36	20 11 16	17 54 32	23 41 44	13 11 46	6 2 59
6	20 26 49	19 55 43	17 57 37	23 42 50	13 11 44	6 2 30
7	20 32 1	19 39 36	18 0 42	23 43 42	13 11 41	6 1 57
8	20 37 12	19 22 54	18 3 47	23 44 20	13 11 38	6 1 20
9	20 42 22	19 5 38	18 6 53	23 44 45	13 11 34	6 0 38
10	20 47 31	18 47 48	18 9 58	23 44 57	13 11 29	5 59 52
11	20 52 38	18 29 27	18 13 4	23 44 56	13 11 23	5 59 2
12	20 57 45	18 10 33	18 16 10	23 44 41	13 11 17	5 58 7
13	21 2 50	17 51 8	18 19 15	23 44 12	13 11 10	5 57 9
14	21 7 54	17 31 13	18 22 21	23 43 30	13 11 2	5 56 6
15	21 12 57	17 10 47	18 25 27	23 42 35	13 10 54	5 54 59
16	21 17 58	16 49 53	18 28 33	23 41 26	13 10 45	5 53 48
17	21 22 59	16 28 30	18 31 39	23 40 3	13 10 35	5 52 34
18	21 27 58	16 6 40	18 34 45	23 38 27	13 10 24	5 51 15
19	21 32 56	15 44 22	18 37 52	23 36 38	13 10 13	5 49 52
20	21 37 53	15 21 39	18 40 58	23 34 35	13 10 2	5 48 25
21	21 42 49	14 58 30	18 44 4	23 32 19	13 9 49	5 46 55
22	21 47 43	14 34 56	18 47 10	23 29 50	13 9 36	5 45 20
23	21 52 37	14 10 59	18 50 16	23 27 7	13 9 22	5 43 42
24	21 57 29	13 46 38	18 53 22	23 24 11	13 9 8	5 42 0
25	22 2 20	13 21 55	18 56 28	23 21 1	13 8 53	5 40 15
26	22 7 11	12 56 49	18 59 34	23 17 38	13 8 38	5 38 26
27	22 12 0	12 31 23	19 2 40	23 14 2	13 8 21	5 36 33
28	22 16 48	12S 5 37	19 5 46	23S10 12	13 8 5	5S34 37

DAY Feb	♄ SATURN R.A. h m s	DECL ° ' "	♅ URANUS R.A. h m s	DECL ° ' "	♆ NEPTUNE R.A. h m s	DECL ° ' "	♇ PLUTO R.A. h m s	DECL ° ' "
1	7 36 58	21N36 51	22 29 54	10S13 6	21 9 51	16S26 20	17 34 16	15S13 44
2	7 36 39	21 37 41	22 30 6	10 11 53	21 10 0	16 25 40	17 34 23	15 13 42
3	7 36 20	21 38 30	22 30 19	10 10 41	21 10 9	16 25 1	17 34 30	15 13 40
4	7 36 2	21 39 19	22 30 31	10 9 28	21 10 18	16 24 23	17 34 36	15 13 38
5	7 35 43	21 40 6	22 30 44	10 8 14	21 10 27	16 23 42	17 34 43	15 13 35
6	7 35 26	21 40 54	22 30 56	10 7 0	21 10 36	16 23 2	17 34 49	15 13 32
7	7 35 8	21 41 40	22 31 9	10 5 46	21 10 45	16 22 22	17 34 55	15 13 29
8	7 34 50	21 42 26	22 31 21	10 4 32	21 10 55	16 21 43	17 35 1	15 13 26
9	7 34 33	21 43 11	22 31 34	10 3 17	21 11 4	16 21 3	17 35 7	15 13 23
10	7 34 16	21 43 55	22 31 47	10 2 3	21 11 13	16 20 24	17 35 13	15 13 19
11	7 34 0	21 44 39	22 31 59	10 0 48	21 11 22	16 19 44	17 35 19	15 13 15
12	7 33 44	21 45 21	22 32 12	9 59 32	21 11 31	16 19 5	17 35 25	15 13 11
13	7 33 28	21 46 3	22 32 25	9 58 17	21 11 40	16 18 25	17 35 30	15 13 6
14	7 33 12	21 46 44	22 32 38	9 57 1	21 11 49	16 17 46	17 35 36	15 13 2
15	7 32 57	21 47 24	22 32 50	9 55 45	21 11 58	16 17 7	17 35 41	15 12 57
16	7 32 42	21 48 3	22 33 3	9 54 29	21 12 7	16 16 27	17 35 46	15 12 51
17	7 32 27	21 48 41	22 33 16	9 53 13	21 12 16	16 15 48	17 35 51	15 12 46
18	7 32 13	21 49 19	22 33 29	9 51 57	21 12 25	16 15 9	17 35 56	15 12 40
19	7 31 59	21 49 55	22 33 42	9 50 40	21 12 33	16 14 30	17 36 1	15 12 35
20	7 31 46	21 50 31	22 33 55	9 49 24	21 12 42	16 13 52	17 36 6	15 12 29
21	7 31 33	21 51 6	22 34 8	9 48 7	21 12 51	16 13 13	17 36 11	15 12 23
22	7 31 20	21 51 39	22 34 21	9 46 50	21 13 0	16 12 35	17 36 15	15 12 16
23	7 31 8	21 52 12	22 34 34	9 45 34	21 13 9	16 11 56	17 36 20	15 12 10
24	7 30 56	21 52 44	22 34 47	9 44 17	21 13 17	16 11 18	17 36 24	15 12 3
25	7 30 44	21 53 15	22 35 0	9 43 1	21 13 26	16 10 40	17 36 28	15 11 56
26	7 30 33	21 53 45	22 35 13	9 41 44	21 13 35	16 10 3	17 36 32	15 11 49
27	7 30 22	21 54 14	22 35 26	9 40 27	21 13 43	16 9 25	17 36 36	15 11 42
28	7 30 12	21N54 42	22 35 39	9S39 11	21 13 52	16S 8 48	17 36 40	15S11 34

DAY	SIDEREAL TIME h m s	☉ SUN LONG ° ' "	MOT ' "	R.A. h m s	DECL ° ' "	☽ MOON AT 0 HOURS LONG ° ' "	12h MOT ° ' "	2DIF "	R.A. h m s	DECL ° ' "	☽ MOON AT 12 HOURS LONG ° ' "	12h MOT ° ' "	2DIF "	R.A. h m s	DECL ° ' "
1 Tu	10 35 35	15♒41 13	60 12	22 47 59.8	7S37 55	11♎31 44	6 35 43	112	14 14 29	14S43 32	18♎ 7 26	6 39 34	119	14 39 45	17S22 6
2 W	10 39 32	16 41 25	60 11	22 51 44.5	7 15 4	24 47 0	6 43 39	125	15 5 57	19 49 44	1♏30 39	6 47 55	131	15 33 12	22 3 48
3 Th	10 43 28	17 41 36	60 9	22 55 28.7	6 52 8	8♏18 34	6 52 21	134	16 1 32	24 1 31	15 10 55	6 56 53	136	16 30 58	25 39 59
4 F	10 47 25	18 41 45	60 8	22 59 12.5	6 29 6	22 7 48	7 1 26	135	17 1 26	26 56 25	29 9 14	7 5 54	131	17 32 47	27 48 13
5 S	10 51 21	19 41 52	60 6	23 2 55.9	6 5 58	6♐15 7	7 10 10	123	18 4 48	28 13 16	13♐25 17	7 14 5	111	18 37 15	28 10 2
6 Su	10 55 18	20 41 59	60 5	23 6 38.8	5 42 45	20 39 22	7 17 32	94	19 9 47	27 37 53	27 56 54	7 20 23	74	19 42 7	26 37 3
7 M	10 59 15	21 42 3	60 3	23 10 21.4	5 19 27	5♑17 17	7 22 28	50	20 13 57	25 8 43	12♑39 46	7 23 43	23	20 45 5	23 14 54
8 Tu	11 3 11	22 42 6	60 1	23 14 3.5	4 56 4	20 3 28	7 24 0	-6	21 15 21	20 58 17	27 27 28	7 23 18	-36	21 44 42	18 22 0
9 W	11 7 8	23 42 7	59 59	23 17 45.3	4 32 38	4♒50 47	7 21 36	-66	22 13 6	15 29 30	12♒12 23	7 18 55	-94	22 40 38	12 24 18
10 Th	11 11 4	24 42 6	59 57	23 21 26.7	4 9 8	19 31 18	7 15 20	-120	23 7 21	9 9 56	26 46 38	7 10 57	-142	23 33 24	5 49 47
11 F	11 15 1	25 42 4	59 55	23 25 7.8	3 45 36	3♓57 34	7 5 53	-160	23 58 54	2 27 4	11♓ 3 27	7 0 17	-173	0 23 59	0N55 15
12 S	11 18 57	26 41 59	59 53	23 28 48.6	3 22 0	18 3 44	6 54 19	-182	0 48 48	4N14 25	24 58 3	6 48 8	-186	1 13 29	7 27 56
13 Su	11 22 54	27 41 53	59 51	23 32 29.0	2 58 22	1♈46 12	6 41 53	-186	1 38 9	10 33 32	8♈28 5	6 35 43	-182	2 2 55	13 29 10
14 M	11 26 50	28 41 44	59 49	23 36 9.2	2 34 42	15 3 48	6 29 44	-175	2 27 52	16 12 59	21 33 32	6 24 4	-164	2 53 6	18 43 18
15 Tu	11 30 47	29 41 33	59 47	23 39 49.1	2 11 1	27 57 36	6 18 47	-151	3 18 39	20 58 39	4♉16 23	6 13 58	-137	3 44 33	22 57 41
16 W	11 34 44	0♓41 20	59 45	23 43 28.8	1 47 18	10♉30 21	6 9 40	-121	4 10 49	24 39 14	16 40 1	6 5 56	-103	4 37 23	26 2 20
17 Th	11 38 40	1 41 5	59 43	23 47 8.2	1 23 35	22 45 57	6 2 47	-86	5 4 13	27 6 14	28 48 44	6 0 14	-68	5 31 14	27 50 23
18 F	11 42 37	2 40 47	59 40	23 50 47.5	0 59 52	4♊48 57	5 58 17	-50	5 58 19	28 14 29	10♊47 14	5 56 56	-32	6 25 21	28 18 31
19 S	11 46 33	3 40 28	59 38	23 54 26.5	0 36 8	16 44 9	5 56 9	-15	6 52 13	28 2 42	22 40 18	5 55 57	2	7 18 49	27 27 31
20 Su	11 50 30	4 40 6	59 36	23 58 5.4	0 12 25	28 36 15	5 56 17	17	7 45 2	26 33 42	4♋32 32	5 57 7	32	8 10 49	25 22 6
21 M	11 54 26	5 39 41	59 34	0 1 44.1	0N11 18	10♋29 39	5 58 24	45	8 36 5	23 53 48	16 28 3	6 0 7	57	9 0 50	22 9 55
22 Tu	11 58 23	6 39 15	59 31	0 5 22.7	0 34 59	22 28 10	6 2 13	68	9 25 5	20 11 44	28 30 23	6 4 38	77	9 48 50	18 0 30
23 W	12 2 19	7 38 46	59 29	0 9 1.2	0 58 39	4♌35 1	6 7 20	85	10 12 9	15 37 36	10♌42 21	6 10 16	91	10 35 7	13 4 22
24 Th	12 6 16	8 38 15	59 27	0 12 39.6	1 22 17	16 52 37	6 13 24	96	10 57 47	10 22 13	23 6 1	6 16 39	99	11 20 16	7 32 37
25 F	12 10 13	9 37 42	59 25	0 16 17.9	1 45 53	29 22 40	6 20 0	101	11 42 40	4 37 4	5♍42 40	6 23 24	102	12 5 5	1 37 10
26 S	12 14 9	10 37 7	59 23	0 19 56.2	2 9 27	12♍ 6 4	6 26 49	102	12 27 40	1S25 26	18 32 53	6 30 14	102	12 50 30	4S28 55
27 Su	12 18 6	11 36 30	59 21	0 23 34.5	2 32 58	25 3 6	6 33 36	100	13 13 45	7 31 22	1♎36 42	6 36 54	98	13 37 32	10 30 43
28 M	12 22 2	12 35 51	59 19	0 27 12.8	2 56 25	8♎13 36	6 40 8	96	14 1 58	13 24 42	14 53 45	6 43 18	93	14 27 11	16 10 56
29 Tu	12 25 59	13 35 10	59 17	0 30 51.1	3 19 50	21 37 2	6 46 21	90	14 53 17	18 46 50	28 23 24	6 49 19	87	15 20 21	21 9 41
30 W	12 29 55	14 34 27	59 16	0 34 29.6	3 43 10	5♏12 42	6 52 10	84	15 48 26	23 16 39	12♏ 4 52	6 54 54	80	16 17 31	25 4 56
31 Th	12 33 52	15♓33 42	59 14	0 38 8.1	4N 6 27	18♏59 46	6 57 31	76	16 47 33	26S31 48	25♏57 17	6 59 58	71	17 18 24	27S34 50

LUNAR INGRESSES

2 ☽ ♏ 9:19	12 ☽ ♈ 20:52	25 ☽ ♍ 1:11
4 ☽ ♐ 13:26	15 ☽ ♉ 3:52	27 ☽ ♎ 9:04
6 ☽ ♑ 15:22	17 ☽ ♊ 14:22	29 ☽ ♏ 14:50
8 ☽ ♒ 16:08	20 ☽ ♋ 2:49	31 ☽ ♐ 18:57
10 ☽ ♓ 17:22	22 ☽ ♌ 14:57	

PLANET INGRESSES
2 ☿ ♓ 1:58
13 ♂ ♑ 13:17
15 ☉ ♓ 7:24
18 ♀ ♓ 12:23

STATIONS
20 ☿ R 0:15
22 ♄ D 2:55
27 ♇ R 2:30

DATA FOR THE 1st AT 0 HOURS
JULIAN DAY 38410.5
☽ MEAN ☊ 0°♈ 23' 12"
OBLIQUITY 23° 26' 28"
DELTA T 67.1 SECONDS
NUTATION LONGITUDE -6.5"

DAY MO YR	☿ LONG ° ' "	♀ LONG ° ' "	♂ LONG ° ' "	♃ LONG ° ' "	♄ LONG ° ' "	♅ LONG ° ' "	♆ LONG ° ' "	♇ LONG ° ' "	☊ LONG ° '	A.S.S.I. h m s	S.S.R.Y. h m s	S.V.P. ♓ ° ' "	☿ MERCURY R.A. h m s	DECL ° ' "
1 60	28♒ 2 18	8♒ 8 58	20♐59 21	22♍55R50	25♊59R32	12♒ 9 29	21♑11 55	29♏30 57	28♓37	28 38 41	30 5 33	5 11 22.1	23 34 29	3S16 8
2 61	29 51 10	9 23 54	21 42 17	22 50 55	25 57 18	12 12 56	21 14 2	29 31 48	28 39	28 43 23	30 4 47	5 11 22.0	23 40 51	2 22 54
3 62	1♓38 11	10 38 50	22 25 15	22 45 51	25 55 10	12 16 22	21 16 7	29 32 36	28 40	28 48 5	30 4 14	5 11 21.8	23 47 6	1 29 48
4 63	3 22 52	11 53 45	23 8 15	22 40 37	25 53 8	12 19 48	21 18 12	29 33 23	28 40	28 52 46	30 3 52	5 11 21.6	23 53 11	0 37 6
5 64	5 4 45	13 8 40	23 51 16	22 35 15	25 51 12	12 23 14	21 20 16	29 34 8	28 39	28 57 27	30 3 43	5 11 21.4	23 59 5	0N14 55
6 65	6 43 19	14 23 34	24 34 18	22 29 45	25 49 23	12 26 40	21 22 20	29 34 51	28 36	29 2 7	30 3 47	5 11 21.1	0 4 47	1 5 59
7 66	8 18 1	15 38 28	25 17 21	22 24 6	25 47 40	12 30 5	21 24 22	29 35 32	28 32	29 6 46	30 4 2	5 11 20.9	0 10 13	1 55 46
8 67	9 48 20	16 53 21	26 0 26	22 18 18	25 46 3	12 33 30	21 26 23	29 36 11	28 27	29 11 26	30 4 27	5 11 20.7	0 15 24	2 43 59
9 68	11 13 41	18 8 13	26 43 32	22 12 23	25 44 33	12 36 54	21 28 24	29 36 48	28 21	29 16 4	30 5 2	5 11 20.6	0 20 16	3 30 19
10 69	12 33 33	19 23 5	27 26 39	22 6 20	25 43 9	12 40 18	21 30 23	29 37 22	28 16	29 20 42	30 5 45	5 11 20.6	0 24 48	4 14 26
11 70	13 47 24	20 37 56	28 9 47	22 0 9	25 41 51	12 43 41	21 32 21	29 37 55	28 13	29 25 20	30 6 35	5 11 20.6	0 28 59	4 56 2
12 71	14 54 44	21 52 46	28 52 57	21 53 52	25 40 41	12 47 4	21 34 19	29 38 26	28 11	29 29 57	30 7 29	5 11 20.6	0 32 46	5 34 49
13 72	15 55 7	23 7 35	29 36 7	21 47 27	25 39 37	12 50 26	21 36 15	29 38 55	28 10	29 34 34	30 8 25	5 11 20.6	0 36 9	6 10 31
14 73	16 48 8	24 22 23	0♑19 18	21 40 56	25 38 39	12 53 47	21 38 10	29 39 22	28 11	29 39 11	30 9 21	5 11 20.5	0 39 5	6 42 51
15 74	17 33 27	25 37 10	1 2 30	21 34 18	25 37 48	12 57 8	21 40 4	29 39 47	28 13	29 43 47	30 10 15	5 11 20.4	0 41 34	7 11 35
16 75	18 10 46	26 51 57	1 45 43	21 27 34	25 37 4	13 0 28	21 41 57	29 40 10	28 15	29 48 23	30 11 2	5 11 20.2	0 43 35	7 36 30
17 76	18 39 54	28 6 42	2 28 58	21 20 44	25 36 26	13 3 47	21 43 48	29 40 32	28 16	29 52 59	30 11 42	5 11 20.1	0 45 6	7 57 23
18 77	19 0 43	29 21 26	3 12 13	21 13 49	25 35 55	13 7 5	21 45 39	29 40 51	28 16	29 57 34	30 12 12	5 11 19.9	0 46 9	8 14 5
19 78	19 13 11	0♓36 9	3 55 29	21 6 48	25 35 31	13 10 22	21 47 28	29 41 8	28 15	30 2 10	30 12 30	5 11 19.7	0 46 43	8 26 29
20 79	19 17R22	1 50 51	4 38 46	20 59 43	25 35 14	13 13 39	21 49 16	29 41 23	28 13	30 6 45	30 12 35	5 11 19.5	0 46 47	8 34 27
21 80	19 13 26	3 5 32	5 22 4	20 52 33	25 35 3	13 16 54	21 51 3	29 41 36	28 11	0 2 11	30 12 26	5 11 19.4	0 46 24	8 37 58
22 81	19 1 40	4 20 12	6 5 23	20 45 18	25 34D58	13 20 9	21 52 48	29 41 47	28 07	0 6 45	30 12 3	5 11 19.3	0 45 34	8 37 1
23 82	18 42 29	5 34 51	6 48 43	20 37 59	25 35 1	13 23 22	21 54 32	29 41 56	28 04	0 11 20	30 11 26	5 11 19.2	0 44 19	8 31 39
24 83	18 16 23	6 49 29	7 32 4	20 30 37	25 35 10	13 26 34	21 56 15	29 42 3	28 01	0 15 54	30 10 39	5 11 19.2	0 42 41	8 22 1
25 84	17 44 3	8 4 6	8 15 26	20 23 11	25 35 26	13 29 46	21 57 56	29 42 8	27 58	0 20 29	30 9 42	5 11 19.2	0 40 43	8 8 17
26 85	17 6 15	9 18 42	8 58 49	20 15 42	25 35 48	13 32 56	21 59 36	29 42 11	27 56	0 25 3	30 8 39	5 11 19.2	0 38 28	7 50 43
27 86	16 23 49	10 33 17	9 42 13	20 8 10	25 36 17	13 36 4	22 1 14	29 42R12	27 56	0 29 37	30 7 32	5 11 19.1	0 35 58	7 29 40
28 87	15 37 45	11 47 51	10 25 38	20 0 36	25 36 53	13 39 12	22 2 52	29 42 11	27 56	0 34 11	30 6 26	5 11 19.1	0 33 18	7 5 31
29 88	14 49 2	13 2 24	11 9 4	19 52 59	25 37 35	13 42 18	22 4 27	29 42 9	27 57	0 38 46	30 5 22	5 11 19.0	0 30 31	6 38 45
30 89	13 58 43	14 16 57	11 52 31	19 45 20	25 38 24	13 45 24	22 6 1	29 42 4	27 58	0 43 20	30 4 23	5 11 18.9	0 27 41	6 9 53
31 90	13♓ 7 52	15♓31 28	12♑35 59	19♍37 40	25♊39 19	13♒48 27	22♑ 7 34	29♏41 57	27♓59	0 47 55	30 3 31	5 11 18.7	0 24 51	5N39 26

DAY Mar	♀ VENUS R.A. h m s	DECL ° ' "	♂ MARS R.A. h m s	DECL ° ' "	♃ JUPITER R.A. h m s	DECL ° ' "	♄ SATURN R.A. h m s	DECL ° ' "	♅ URANUS R.A. h m s	DECL ° ' "	♆ NEPTUNE R.A. h m s	DECL ° ' "	♇ PLUTO R.A. h m s	DECL ° ' "
1	22 21 35	11S39 31	19 8 52	23S 6 10	13 7 47	5S32 37	7 30 2	21N55 9	22 35 52	9S37 54	21 14 0	16S 8 10	17 36 43	15S11 27
2	22 26 21	11 13 6	19 11 58	23 1 54	13 7 29	5 30 34	7 29 53	21 55 35	22 36 5	9 36 37	21 14 8	16 7 33	17 36 47	15 11 19
3	22 31 6	10 46 23	19 15 4	22 57 24	13 7 11	5 28 28	7 29 44	21 56 0	22 36 18	9 35 21	21 14 17	16 6 56	17 36 50	15 11 11
4	22 35 51	10 19 22	19 18 9	22 52 42	13 6 52	5 26 19	7 29 35	21 56 24	22 36 31	9 34 4	21 14 25	16 6 20	17 36 53	15 11 3
5	22 40 34	9 52 5	19 21 15	22 47 47	13 6 32	5 24 6	7 29 27	21 56 47	22 36 44	9 32 48	21 14 33	16 5 43	17 36 56	15 10 55
6	22 45 17	9 24 33	19 24 20	22 42 39	13 6 12	5 21 51	7 29 19	21 57 9	22 36 57	9 31 32	21 14 42	16 5 7	17 36 59	15 10 46
7	22 49 58	8 56 45	19 27 25	22 37 17	13 5 51	5 19 32	7 29 12	21 57 30	22 37 10	9 30 16	21 14 50	16 4 31	17 37 2	15 10 38
8	22 54 39	8 28 42	19 30 31	22 31 43	13 5 30	5 17 10	7 29 5	21 57 51	22 37 23	9 29 0	21 14 58	16 3 56	17 37 5	15 10 29
9	22 59 19	8 0 27	19 33 35	22 25 57	13 5 8	5 14 46	7 28 59	21 58 10	22 37 35	9 27 44	21 15 6	16 3 20	17 37 7	15 10 21
10	23 3 59	7 31 58	19 36 40	22 19 57	13 4 46	5 12 18	7 28 53	21 58 28	22 37 48	9 26 28	21 15 14	16 2 45	17 37 10	15 10 12
11	23 8 37	7 3 18	19 39 45	22 13 45	13 4 23	5 9 48	7 28 47	21 58 45	22 38 1	9 25 13	21 15 21	16 2 11	17 37 12	15 10 3
12	23 13 16	6 34 26	19 42 49	22 7 20	13 4 0	5 7 16	7 28 43	21 59 1	22 38 14	9 23 58	21 15 29	16 1 36	17 37 14	15 9 54
13	23 17 53	6 5 24	19 45 53	22 0 43	13 3 37	5 4 41	7 28 38	21 59 16	22 38 26	9 22 43	21 15 37	16 1 2	17 37 16	15 9 44
14	23 22 30	5 36 12	19 48 57	21 53 54	13 3 13	5 2 4	7 28 34	21 59 30	22 38 39	9 21 29	21 15 45	16 0 28	17 37 18	15 9 35
15	23 27 6	5 6 51	19 52 1	21 46 52	13 2 48	4 59 24	7 28 30	21 59 43	22 38 52	9 20 14	21 15 52	15 59 55	17 37 20	15 9 26
16	23 31 42	4 37 21	19 55 5	21 39 38	13 2 23	4 56 43	7 28 27	21 59 55	22 39 4	9 19 0	21 16 0	15 59 22	17 37 21	15 9 16
17	23 36 17	4 7 44	19 58 8	21 32 12	13 1 58	4 53 59	7 28 25	22 0 6	22 39 17	9 17 47	21 16 7	15 58 49	17 37 23	15 9 6
18	23 40 52	3 38 1	20 1 11	21 24 34	13 1 33	4 51 14	7 28 23	22 0 16	22 39 29	9 16 33	21 16 14	15 58 16	17 37 24	15 8 57
19	23 45 26	3 8 11	20 4 14	21 16 44	13 1 7	4 48 27	7 28 21	22 0 25	22 39 42	9 15 20	21 16 22	15 57 44	17 37 25	15 8 47
20	23 50 0	2 38 16	20 7 16	21 8 42	13 0 41	4 45 38	7 28 20	22 0 33	22 39 54	9 14 7	21 16 29	15 57 12	17 37 27	15 8 37
21	23 54 34	2 8 16	20 10 18	21 0 29	13 0 15	4 42 48	7 28 19	22 0 39	22 40 6	9 12 55	21 16 36	15 56 41	17 37 27	15 8 27
22	23 59 8	1 38 13	20 13 20	20 52 4	12 59 48	4 39 57	7 28 19	22 0 45	22 40 18	9 11 43	21 16 43	15 56 10	17 37 28	15 8 18
23	0 3 41	1 8 6	20 16 22	20 43 27	12 59 21	4 37 4	7 28 19	22 0 50	22 40 30	9 10 32	21 16 50	15 55 40	17 37 29	15 8 8
24	0 8 14	0 37 57	20 19 24	20 34 40	12 58 54	4 34 9	7 28 20	22 0 54	22 40 43	9 9 20	21 16 57	15 55 9	17 37 29	15 7 58
25	0 12 47	0 7 46	20 22 25	20 25 40	12 58 26	4 31 14	7 28 21	22 0 57	22 40 55	9 8 10	21 17 3	15 54 40	17 37 30	15 7 48
26	0 17 19	0N22 26	20 25 26	20 16 30	12 57 59	4 28 18	7 28 23	22 0 58	22 41 6	9 7 0	21 17 10	15 54 10	17 37 30	15 7 37
27	0 21 52	0 52 38	20 28 26	20 7 8	12 57 31	4 25 21	7 28 25	22 0 59	22 41 18	9 5 50	21 17 16	15 53 41	17 37 30	15 7 27
28	0 26 25	1 22 50	20 31 27	19 57 36	12 57 3	4 22 23	7 28 27	22 0 59	22 41 30	9 4 40	21 17 23	15 53 13	17 37 30	15 7 17
29	0 30 58	1 53 1	20 34 27	19 47 52	12 56 35	4 19 25	7 28 30	22 0 57	22 41 42	9 3 32	21 17 29	15 52 45	17 37 30	15 7 7
30	0 35 30	2 23 10	20 37 27	19 37 58	12 56 7	4 16 26	7 28 34	22 0 55	22 41 53	9 2 23	21 17 35	15 52 17	17 37 30	15 6 56
31	0 40 3	2N53 17	20 40 26	19S27 53	12 55 38	4S13 27	7 28 38	22N 0 52	22 42 5	9S 1 15	21 17 42	15S51 50	17 37 29	15S 6 46

APRIL 2005

DAY	SIDEREAL TIME h m s	☉ SUN LONG ° ' "	MOT ' "	R.A. h m s	DECL ° ' "	☽ MOON AT 0 HOURS LONG ° ' "	12h MOT ° ' "	2DIF	R.A. h m s	DECL ° ' "	☽ MOON AT 12 HOURS LONG ° ' "	12h MOT ° ' "	2DIF	R.A. h m s	DECL ° ' "
1 F	12 37 48	16♓32 56	59 12	0 41 46.6	4N29 39	2♐57 14	7 2 15	66	17 49 54	28S12 0	9♐59 30	7 4 20	59	18 21 45	28S21 55
2 S	12 41 45	17 32 8	59 10	0 45 25.4	4 52 46	17 3 50	7 6 11	51	18 53 43	28 3 57	24 10 1	7 7 45	42	19 25 30	27 18 14
3 Su	12 45 42	18 31 18	59 9	0 49 4.2	5 15 49	1♑17 45	7 8 59	31	19 56 49	26 5 45	8♑26 44	7 9 50	19	20 27 30	24 28 9
4 M	12 49 38	19 30 26	59 7	0 52 43.3	5 38 46	15 36 34	7 10 17	6	20 57 22	22 27 41	22 46 51	7 10 15	-9	21 26 22	20 7 0
5 Tu	12 53 35	20 29 33	59 5	0 56 22.5	6 1 37	29 57 5	7 9 42	-24	21 54 28	17 28 58	7♒ 6 48	7 8 38	-40	22 21 44	14 36 37
6 W	12 57 31	21 28 37	59 3	1 0 1.9	6 24 22	14♒15 26	7 7 1	-57	22 48 14	11 33 0	21 22 27	7 4 51	-73	23 14 5	8 21 5
7 Th	13 1 28	22 27 40	59 1	1 3 41.5	6 47 1	28 27 18	7 2 9	-88	23 39 24	5 3 48	5♓29 27	6 58 57	-103	0 4 20	1 43 59
8 F	13 5 24	23 26 41	58 59	1 7 21.3	7 9 32	12♓28 24	6 55 18	-115	0 28 59	1N35 42	19 23 42	6 51 15	-126	0 53 32	4N52 39
9 S	13 9 21	24 25 41	58 57	1 11 1.3	7 31 56	26 14 57	6 46 53	-135	1 18 4	8 4 27	3♈ 1 50	6 42 17	-141	1 42 44	11 8 44
10 Su	13 13 17	25 24 38	58 55	1 14 41.7	7 54 13	9♈44 7	6 37 31	-144	2 7 37	14 3 22	16 21 38	6 32 41	-145	2 32 48	16 46 15
11 M	13 17 14	26 23 33	58 53	1 18 22.2	8 16 22	22 54 19	6 27 52	-143	2 58 22	19 15 32	29 22 12	6 23 10	-138	3 24 20	21 29 26
12 Tu	13 21 10	27 22 25	58 51	1 22 3.1	8 38 22	5♉45 22	6 18 40	-131	3 50 42	23 26 27	12♉ 4 1	6 14 25	-122	4 17 27	25 5 15
13 W	13 25 7	28 21 16	58 49	1 25 44.3	9 0 14	18 18 26	6 10 30	-112	4 44 31	26 24 45	24 28 56	6 6 59	-99	5 11 50	27 24 11
14 Th	13 29 4	29 20 5	58 46	1 29 25.8	9 21 56	0♊35 55	6 3 54	-85	5 39 16	28 3 3	6♊39 49	6 1 19	-70	6 6 41	28 21 14
15 F	13 33 0	0♈18 51	58 44	1 33 7.5	9 43 29	12 41 8	5 59 10	-54	6 33 58	28 18 53	18 40 23	5 57 44	-37	7 0 58	27 56 29
16 S	13 36 57	1 17 35	58 42	1 36 49.7	10 4 53	24 38 7	5 56 47	-20	7 27 35	27 14 44	0♋34 54	5 56 26	-2	7 53 43	26 14 35
17 Su	13 40 53	2 16 17	58 40	1 40 32.2	10 26 6	6♋31 20	5 56 39	15	8 19 20	24 57 7	12 27 58	5 57 27	32	8 44 23	23 23 31
18 M	13 44 50	3 14 56	58 37	1 44 15.0	10 47 8	18 25 25	5 58 48	49	9 8 52	21 35 2	24 24 13	6 0 43	65	9 32 49	19 32 55
19 Tu	13 48 46	4 13 34	58 35	1 47 58.2	11 8 0	0♌24 56	6 3 10	80	9 56 16	17 18 26	6♌28 6	6 6 5	94	10 19 19	14 52 52
20 W	13 52 43	5 12 9	58 33	1 51 41.8	11 28 41	12 34 11	6 9 28	107	10 42 3	12 17 27	18 43 39	6 13 14	118	11 4 32	9 33 29
21 Th	13 56 39	6 10 42	58 31	1 55 25.8	11 49 10	24 56 52	6 17 20	127	11 26 55	6 42 17	1♍14 12	6 21 43	131	11 49 17	3 45 16
22 F	14 0 36	7 9 13	58 29	1 59 10.3	12 9 28	7♍35 55	6 26 17	139	12 11 47	0 43 54	14 2 12	6 31 0	142	12 34 32	2S20 11
23 S	14 4 33	8 7 42	58 27	2 2 55.1	12 29 34	20 33 12	6 35 44	141	12 57 40	5S25 8	27 8 56	6 40 26	139	13 21 20	8 28 59
24 Su	14 8 29	9 6 9	58 25	2 6 40.5	12 49 27	3♎49 21	6 44 59	134	13 45 39	11 29 28	10♎34 20	6 49 20	126	14 10 47	14 24 7
25 M	14 12 26	10 4 34	58 23	2 10 26.3	13 9 7	17 23 40	6 53 23	116	14 36 49	17 10 10	24 17 3	6 57 4	104	15 3 51	19 44 42
26 Tu	14 16 22	11 2 57	58 22	2 14 12.6	13 28 35	1♏14 7	7 0 19	91	15 31 58	22 4 34	8♏14 26	7 3 6	76	16 1 10	24 6 37
27 W	14 20 19	12 1 19	58 20	2 17 59.4	13 47 49	15 17 32	7 5 23	60	16 31 23	25 47 15	22 22 55	7 7 8	45	17 2 30	27 5 7
28 Th	14 24 15	12 59 38	58 19	2 21 46.7	14 6 50	29 30 3	7 8 22	29	17 34 19	27 56 24	6♐38 25	7 9 5	14	18 6 35	28 19 55
29 F	14 28 12	13 57 57	58 17	2 25 34.5	14 25 37	13♐47 29	7 9 19	0	18 38 57	28 14 53	20 56 48	7 9 6	-13	19 11 8	27 41 22
30 S	14 32 8	14♈56 13	58 15	2 29 22.9	14N44 10	28♐ 5 54	7 8 28	-24	19 42 51	26S40 23	5♑14 22	7 7 29	-35	20 13 50	25S13 43

LUNAR INGRESSES
2 ☽ ♑ 21:49
5 ☽ ♒ 0:05
7 ☽ ♓ 2:38
9 ☽ ♈ 6:37
11 ☽ ♉ 13:11
13 ☽ ♊ 22:49
16 ☽ ♋ 10:50
18 ☽ ♌ 23:10
21 ☽ ♍ 9:39
23 ☽ ♎ 17:09
25 ☽ ♏ 21:52
28 ☽ ♐ 0:50
30 ☽ ♑ 3:12

PLANET INGRESSES
11 ♀ ♈ 16:04
14 ☉ ♈ 16:18
23 ♂ ♒ 23:25

STATIONS
12 ☿ D 7:47

DATA FOR THE 1st AT 0 HOURS
JULIAN DAY 38441.5
☽ MEAN ☊ 28°♓ 44' 38"
OBLIQUITY 23° 26' 28"
DELTA T 67.1 SECONDS
NUTATION LONGITUDE -6.9"

DAY MO YR	☿ LONG ° ' "	♀ LONG ° ' "	♂ LONG ° ' "	♃ LONG ° ' "	♄ LONG ° ' "	♅ LONG ° ' "	♆ LONG ° ' "	♇ LONG ° ' "	☊ LONG ° '	A.S.S.I. h m s	S.S.R.Y. h m s	S.V.P. ♓ ° ' "	☿ MERCURY R.A. h m s	DECL ° ' "
1 91	12♓17R29	16♓45 59	13♑19 28	19♍29R58	25♊40 21	13♒51 30	22♑ 9 5	29♏41R49	28♓00	0 52 29	30 2 50	5 11 18.4	0 22 5	5N 7 58
2 92	11 28 31	18 0 28	14 2 58	19 22 16	25 41 29	13 54 31	22 10 35	29 41 38	28 00	0 57 4	30 2 15	5 11 18.2	0 19 27	4 36 2
3 93	10 41 52	19 14 57	14 46 28	19 14 32	25 42 44	13 57 30	22 12 3	29 41 26	28 00	1 1 39	30 1 53	5 11 18.0	0 16 58	4 4 10
4 94	9 58 17	20 29 25	15 29 59	19 6 48	25 44 6	14 0 28	22 13 30	29 41 11	27 59	1 6 14	30 1 43	5 11 17.8	0 14 42	3 32 52
5 95	9 18 27	21 43 52	16 13 30	18 59 5	25 45 34	14 3 25	22 14 55	29 40 55	27 58	1 10 50	30 1 46	5 11 17.7	0 12 41	3 2 35
6 96	8 42 54	22 58 18	16 57 3	18 51 21	25 47 8	14 6 20	22 16 18	29 40 37	27 58	1 15 25	30 2 0	5 11 17.6	0 10 56	2 33 43
7 97	8 12 4	24 12 43	17 40 35	18 43 38	25 48 49	14 9 13	22 17 40	29 40 17	27 57	1 20 1	30 2 27	5 11 17.6	0 9 29	2 6 34
8 98	7 46 16	25 27 8	18 24 8	18 35 57	25 50 37	14 12 5	22 19 0	29 39 55	27 57	1 24 37	30 3 3	5 11 17.6	0 8 20	1 41 27
9 99	7 25 42	26 41 31	19 7 41	18 28 16	25 52 31	14 14 55	22 20 18	29 39 31	27 56	1 29 14	30 3 49	5 11 17.5	0 7 30	1 18 33
10 100	7 10 30	27 55 53	19 51 14	18 20 37	25 54 31	14 17 43	22 21 35	29 39 5	27 56	1 33 51	30 4 42	5 11 17.5	0 6 59	0 58 2
11 101	7 0 42	29 10 14	20 34 47	18 13 1	25 56 37	14 20 30	22 22 50	29 38 37	27 57	1 38 28	30 5 38	5 11 17.4	0 6 48	0 40 2
12 102	6 56D18	0♈24 34	21 18 21	18 5 26	25 58 50	14 23 15	22 24 3	29 38 8	27 57	1 43 5	30 6 35	5 11 17.2	0 6 55	0 24 36
13 103	6 57 14	1 38 53	22 1 55	17 57 55	26 1 9	14 25 58	22 25 14	29 37 36	27 57	1 47 43	30 7 29	5 11 17.1	0 7 21	0 11 47
14 104	7 3 21	2 53 10	22 45 28	17 50 26	26 3 34	14 28 39	22 26 24	29 37 3	27 57	1 52 21	30 8 19	5 11 16.9	0 8 6	0 1 35
15 105	7 14 33	4 7 26	23 29 2	17 43 1	26 6 5	14 31 18	22 27 32	29 36 28	27 56	1 57 0	30 9 0	5 11 16.7	0 9 8	0S 6 2
16 106	7 30 39	5 21 42	24 12 36	17 35 39	26 8 43	14 33 55	22 28 38	29 35 52	27 56	2 1 39	30 9 32	5 11 16.5	0 10 27	0 11 4
17 107	7 51 28	6 35 55	24 56 9	17 28 22	26 11 26	14 36 31	22 29 43	29 35 13	27 56	2 6 18	30 9 51	5 11 16.3	0 12 2	0 13 36
18 108	8 16 50	7 50 8	25 39 43	17 21 8	26 14 16	14 39 4	22 30 45	29 34 33	27 56	2 10 58	30 9 58	5 11 16.2	0 13 53	0 13 42
19 109	8 46 32	9 4 19	26 23 17	17 13 59	26 17 11	14 41 35	22 31 46	29 33 51	27 57	2 15 39	30 9 50	5 11 16.1	0 15 58	0 11 25
20 110	9 20 24	10 18 29	27 6 50	17 6 55	26 20 12	14 44 5	22 32 45	29 33 8	27 58	2 20 20	30 9 30	5 11 16.0	0 18 18	0 6 49
21 111	9 58 14	11 32 38	27 50 24	16 59 56	26 23 19	14 46 32	22 33 42	29 32 22	27 59	2 25 1	30 8 57	5 11 15.9	0 20 51	0 0 1
22 112	10 39 52	12 46 46	28 33 57	16 53 2	26 26 32	14 48 57	22 34 37	29 31 36	27 59	2 29 43	30 8 13	5 11 15.9	0 23 36	0N 8 57
23 113	11 25 7	14 0 53	29 17 30	16 46 14	26 29 51	14 51 20	22 35 31	29 30 47	28 00	2 34 26	30 7 20	5 11 15.9	0 26 34	0 19 58
24 114	12 13 51	15 14 58	0♒ 1 3	16 39 31	26 33 15	14 53 41	22 36 22	29 29 57	28 00	2 39 9	30 6 21	5 11 15.8	0 29 44	0 32 59
25 115	13 5 52	16 29 2	0 44 36	16 32 55	26 36 45	14 56 0	22 37 12	29 29 5	27 59	2 43 53	30 5 17	5 11 15.7	0 33 5	0 47 54
26 116	14 1 4	17 43 5	1 28 9	16 26 25	26 40 20	14 58 16	22 38 0	29 28 12	27 58	2 48 37	30 4 10	5 11 15.6	0 36 36	1 4 39
27 117	14 59 17	18 57 7	2 11 42	16 20 1	26 44 1	15 0 30	22 38 46	29 27 17	27 56	2 53 22	30 3 4	5 11 15.4	0 40 17	1 23 9
28 118	16 0 25	20 11 8	2 55 15	16 13 45	26 47 47	15 2 42	22 39 30	29 26 21	27 54	2 58 7	30 2 0	5 11 15.1	0 44 8	1 43 21
29 119	17 4 21	21 25 9	3 38 47	16 7 35	26 51 39	15 4 52	22 40 12	29 25 23	27 53	3 2 54	30 1 0	5 11 14.8	0 48 9	2 5 11
30 120	18♓10 59	22♈39 8	4♒22 19	16♍ 1 32	26♊55 36	15♒ 7 0	22♑40 52	29♏24 24	27♓51	3 7 40	30 0 7	5 11 14.6	0 52 19	2N28 33

DAY Apr	♀ VENUS R.A. h m s	DECL ° ' "	♂ MARS R.A. h m s	DECL ° ' "	♃ JUPITER R.A. h m s	DECL ° ' "	♄ SATURN R.A. h m s	DECL ° ' "	♅ URANUS R.A. h m s	DECL ° ' "	♆ NEPTUNE R.A. h m s	DECL ° ' "	♇ PLUTO R.A. h m s	DECL ° ' "
1	0 44 36	3N23 20	20 43 25	19S17 38	12 55 10	4S10 28	7 28 42	22N 0 47	22 42 16	9S 0 8	21 17 48	15S51 23	17 37 29	15S 6 36
2	0 49 10	3 53 20	20 46 24	19 7 12	12 54 41	4 7 28	7 28 47	22 0 42	22 42 28	8 59 1	21 17 54	15 50 56	17 37 28	15 6 26
3	0 53 43	4 23 15	20 49 23	18 56 36	12 54 13	4 4 29	7 28 53	22 0 36	22 42 39	8 57 55	21 17 59	15 50 30	17 37 27	15 6 15
4	0 58 17	4 53 4	20 52 21	18 45 50	12 53 44	4 1 29	7 28 59	22 0 28	22 42 50	8 56 49	21 18 5	15 50 5	17 37 26	15 6 5
5	1 2 51	5 22 48	20 55 19	18 34 54	12 53 16	3 58 30	7 29 5	22 0 20	22 43 1	8 55 44	21 18 11	15 49 40	17 37 25	15 5 55
6	1 7 26	5 52 24	20 58 17	18 23 49	12 52 47	3 55 32	7 29 12	22 0 11	22 43 12	8 54 39	21 18 16	15 49 16	17 37 24	15 5 45
7	1 12 0	6 21 53	21 1 14	18 12 33	12 52 19	3 52 33	7 29 19	22 0 0	22 43 23	8 53 35	21 18 22	15 48 52	17 37 23	15 5 35
8	1 16 36	6 51 14	21 4 11	18 1 9	12 51 50	3 49 36	7 29 27	21 59 49	22 43 34	8 52 32	21 18 27	15 48 28	17 37 21	15 5 24
9	1 21 12	7 20 25	21 7 7	17 49 35	12 51 22	3 46 39	7 29 35	21 59 36	22 43 45	8 51 29	21 18 32	15 48 5	17 37 20	15 5 14
10	1 25 48	7 49 27	21 10 3	17 37 51	12 50 54	3 43 44	7 29 43	21 59 23	22 43 55	8 50 27	21 18 37	15 47 43	17 37 18	15 5 4
11	1 30 25	8 18 18	21 12 59	17 25 59	12 50 25	3 40 49	7 29 52	21 59 8	22 44 6	8 49 26	21 18 42	15 47 21	17 37 16	15 4 54
12	1 35 2	8 46 58	21 15 55	17 13 58	12 49 57	3 37 56	7 30 2	21 58 53	22 44 16	8 48 25	21 18 47	15 46 59	17 37 14	15 4 44
13	1 39 40	9 15 25	21 18 50	17 1 48	12 49 30	3 35 3	7 30 12	21 58 36	22 44 26	8 47 25	21 18 52	15 46 38	17 37 12	15 4 34
14	1 44 19	9 43 40	21 21 44	16 49 29	12 49 2	3 32 13	7 30 22	21 58 19	22 44 36	8 46 26	21 18 57	15 46 18	17 37 10	15 4 24
15	1 48 58	10 11 42	21 24 39	16 37 2	12 48 34	3 29 24	7 30 33	21 58 0	22 44 46	8 45 27	21 19 1	15 45 58	17 37 7	15 4 14
16	1 53 38	10 39 29	21 27 33	16 24 27	12 48 7	3 26 37	7 30 44	21 57 41	22 44 56	8 44 30	21 19 6	15 45 39	17 37 5	15 4 4
17	1 58 19	11 7 1	21 30 26	16 11 44	12 47 40	3 23 51	7 30 56	21 57 20	22 45 6	8 43 33	21 19 10	15 45 20	17 37 2	15 3 54
18	2 3 1	11 34 17	21 33 20	15 58 53	12 47 13	3 21 8	7 31 8	21 56 59	22 45 16	8 42 36	21 19 14	15 45 2	17 37 0	15 3 45
19	2 7 43	12 1 17	21 36 13	15 45 54	12 46 47	3 18 26	7 31 21	21 56 37	22 45 25	8 41 41	21 19 18	15 44 44	17 36 57	15 3 35
20	2 12 27	12 27 59	21 39 5	15 32 47	12 46 20	3 15 47	7 31 33	21 56 13	22 45 34	8 40 46	21 19 22	15 44 27	17 36 54	15 3 26
21	2 17 11	12 54 23	21 41 57	15 19 33	12 45 55	3 13 9	7 31 47	21 55 49	22 45 44	8 39 52	21 19 26	15 44 10	17 36 51	15 3 17
22	2 21 56	13 20 29	21 44 49	15 6 12	12 45 29	3 10 34	7 32 1	21 55 23	22 45 53	8 38 59	21 19 29	15 43 54	17 36 48	15 3 7
23	2 26 42	13 46 15	21 47 41	14 52 43	12 45 4	3 8 2	7 32 15	21 54 57	22 46 2	8 38 7	21 19 33	15 43 39	17 36 44	15 2 58
24	2 31 29	14 11 41	21 50 32	14 39 7	12 44 39	3 5 32	7 32 29	21 54 30	22 46 11	8 37 15	21 19 36	15 43 24	17 36 41	15 2 49
25	2 36 17	14 36 46	21 53 23	14 25 24	12 44 14	3 3 5	7 32 44	21 54 1	22 46 19	8 36 25	21 19 40	15 43 10	17 36 37	15 2 40
26	2 41 6	15 1 29	21 56 13	14 11 35	12 43 50	3 0 40	7 33 0	21 53 32	22 46 28	8 35 35	21 19 43	15 42 56	17 36 34	15 2 31
27	2 45 56	15 25 50	21 59 3	13 57 38	12 43 26	2 58 19	7 33 15	21 53 2	22 46 36	8 34 46	21 19 46	15 42 43	17 36 30	15 2 22
28	2 50 47	15 49 47	22 1 53	13 43 35	12 43 3	2 56 0	7 33 31	21 52 30	22 46 45	8 33 57	21 19 49	15 42 30	17 36 26	15 2 13
29	2 55 39	16 13 21	22 4 43	13 29 26	12 42 40	2 53 44	7 33 48	21 51 58	22 46 53	8 33 10	21 19 52	15 42 18	17 36 22	15 2 5
30	3 0 32	16N36 31	22 7 32	13S15 11	12 42 17	2S51 31	7 34 5	21N51 25	22 47 1	8S32 24	21 19 54	15S42 7	17 36 18	15S 1 57

MAY 2005

DAY	SIDEREAL TIME h m s	☉ SUN LONG ° ' "	MOT ' "	R.A. h m s	DECL ° ' "
1 Su	14 36 5	15♈54 29	58 14	2 33 11.8	15N 2 28
2 M	14 40 2	16 52 43	58 12	2 37 1.2	15 20 32
3 Tu	14 43 58	17 50 55	58 11	2 40 51.3	15 38 21
4 W	14 47 55	18 49 6	58 9	2 44 41.9	15 55 54
5 Th	14 51 51	19 47 15	58 8	2 48 33.0	16 13 11
6 F	14 55 48	20 45 23	58 6	2 52 24.7	16 30 12
7 S	14 59 44	21 43 30	58 5	2 56 17.0	16 46 57
8 Su	15 3 41	22 41 34	58 3	3 0 9.9	17 3 25
9 M	15 7 37	23 39 38	58 2	3 4 3.4	17 19 35
10 Tu	15 11 34	24 37 39	58 0	3 7 57.4	17 35 29
11 W	15 15 31	25 35 39	57 58	3 11 52.0	17 51 5
12 Th	15 19 27	26 33 37	57 57	3 15 47.2	18 6 22
13 F	15 23 24	27 31 34	57 55	3 19 42.9	18 21 22
14 S	15 27 20	28 29 29	57 53	3 23 39.2	18 36 2
15 Su	15 31 17	29 27 22	57 51	3 27 36.0	18 50 24
16 M	15 35 13	0♉25 13	57 50	3 31 33.4	19 4 27
17 Tu	15 39 10	1 23 2	57 48	3 35 31.3	19 18 10
18 W	15 43 6	2 20 50	57 46	3 39 29.8	19 31 33
19 Th	15 47 3	3 18 36	57 45	3 43 28.8	19 44 37
20 F	15 51 0	4 16 21	57 43	3 47 28.3	19 57 20
21 S	15 54 56	5 14 4	57 42	3 51 28.4	20 9 43
22 Su	15 58 53	6 11 45	57 40	3 55 28.9	20 21 45
23 M	16 2 49	7 9 25	57 39	3 59 30.0	20 33 26
24 Tu	16 6 46	8 7 4	57 38	4 3 31.7	20 44 46
25 W	16 10 42	9 4 41	57 37	4 7 33.8	20 55 44
26 Th	16 14 39	10 2 17	57 35	4 11 36.4	21 6 21
27 F	16 18 36	10 59 52	57 34	4 15 39.5	21 16 37
28 S	16 22 32	11 57 27	57 34	4 19 43.2	21 26 30
29 Su	16 26 29	12 55 0	57 33	4 23 47.2	21 36 1
30 M	16 30 25	13 52 32	57 32	4 27 51.8	21 45 10
31 Tu	16 34 22	14♉50 4	57 31	4 31 56.8	21N53 56

DAY	☽ MOON AT 0 HOURS LONG ° ' "	12h MOT ° ' "	2DIF "	R.A. h m s	DECL ° ' "	☽ MOON AT 12 HOURS LONG ° ' "	12h MOT ° ' "	2DIF "	R.A. h m s	DECL ° ' "
1 Su	12♑21 51	7 6 10	-43	20 43 55	23S23 43	19♑28 1	7 4 35	-51	21 13 3	21S13 6
2 M	26 32 35	7 2 45	-58	21 41 12	18 44 49	3♒35 21	7 0 44	-64	22 8 23	16 1 50
3 Tu	10♒36 4	6 58 31	-69	22 34 44	13 7 3	17 34 35	6 56 9	-73	23 0 20	10 3 18
4 W	24 30 44	6 53 38	-78	23 25 19	6 53 14	1♓24 22	6 50 59	-82	23 49 51	3 39 24
5 Th	8♓15 21	6 48 11	-86	0 14 4	0 24 11	15 3 32	6 45 15	-90	0 38 8	2N50 4
6 F	21 48 47	6 42 12	-94	1 2 9	6N 1 9	28 30 59	6 39 1	-97	1 26 16	9 6 52
7 S	5♈10 1	6 35 44	-100	1 50 37	12 5 7	11♈45 45	6 32 21	-103	2 15 16	14 53 49
8 Su	18 18 5	6 28 53	-105	2 40 20	17 31 0	24 46 58	6 25 22	-106	3 5 52	19 54 42
9 M	1♉12 20	6 21 51	-105	3 31 52	22 3 9	7♉34 10	6 18 21	-104	3 58 21	23 54 41
10 Tu	13 52 31	6 14 56	-101	4 25 16	25 27 53	20 7 27	6 11 39	-96	4 52 32	26 41 33
11 W	26 19 6	6 8 32	-90	5 20 3	27 34 52	2♊27 38	6 5 39	-82	5 47 40	28 7 21
12 Th	8♊33 16	6 3 3	-73	6 15 15	28 18 54	14 36 20	6 0 48	-62	6 42 37	28 9 46
13 F	20 37 7	5 58 56	-49	7 9 39	27 40 35	26 36 4	5 57 31	-36	7 36 13	26 52 15
14 S	2♋33 34	5 56 34	-21	8 2 14	25 45 52	8♋30 7	5 56 8	-5	8 27 39	24 22 44
15 Su	14 26 15	5 56 15	12	8 52 27	22 44 9	20 22 30	5 56 57	30	9 16 38	20 51 29
16 M	26 19 27	5 58 14	48	9 40 15	18 46 4	2♌17 41	6 0 8	66	10 3 22	16 29 13
17 Tu	8♌17 49	6 2 39	84	10 26 3	14 2 9	14 20 28	6 5 45	102	10 48 26	11 26 7
18 W	20 26 13	6 9 27	119	11 10 35	8 42 16	26 35 40	6 13 42	135	11 32 40	5 51 51
19 Th	2♍49 21	6 18 27	149	11 54 47	2 56 5	9♍7 48	6 23 39	162	12 17 5	0S 3 41
20 F	15 31 27	6 29 15	172	12 39 42	3S 5 57	22 0 42	6 35 7	179	13 2 48	6 9 3
21 S	28 35 49	6 41 10	182	13 26 31	9 11 4	5♎16 58	6 47 16	182	13 51 0	12 9 47
22 Su	12♎4 14	6 53 16	177	14 16 25	15 2 41	18 57 30	6 59 4	168	14 42 53	17 46 54
23 M	25 56 33	7 4 28	154	15 10 30	20 19 16	3♏1 1	7 9 20	136	15 39 20	22 36 21
24 Tu	10♏10 21	7 13 32	114	16 9 24	24 34 35	17 23 53	7 16 58	90	16 40 35	26 10 29
25 W	24 40 51	7 19 31	62	17 12 45	27 20 55	2♐0 21	7 21 8	34	17 45 38	28 3 20
26 Th	9♐21 28	7 21 48	6	18 18 53	28 16 4	16 43 16	7 21 32	-21	18 52 8	27 58 33
27 F	24 4 47	7 20 23	-46	19 25 2	27 11 21	1♑25 11	7 18 27	-68	19 57 15	25 56 5
28 S	8♑43 38	7 15 51	-87	20 28 32	24 15 13	15 59 29	7 12 41	-101	20 58 45	22 11 45
29 Su	23 12 9	7 9 6	-112	21 27 50	19 49 3	0♒21 15	7 5 12	-119	21 55 48	17 10 29
30 M	7♒26 27	7 1 8	-123	22 22 44	14 19 21	14 27 36	6 57 0	-124	22 48 45	11 18 45
31 Tu	21♒24 36	6 52 52	-123	23 13 59	8S11 31	28♒17 28	6 48 49	-120	23 38 36	5S 0 16

LUNAR INGRESSES
2 ☽ ♒ 5:53
4 ☽ ♓ 9:33
6 ☽ ♈ 14:40
8 ☽ ♉ 21:44
11 ☽ ♊ 7:11
13 ☽ ♋ 18:50
16 ☽ ♌ 7:24
18 ☽ ♍ 18:35
21 ☽ ♎ 2:32
23 ☽ ♏ 6:54
25 ☽ ♐ 8:43
27 ☽ ♑ 9:41
29 ☽ ♒ 11:24
31 ☽ ♓ 15:00

PLANET INGRESSES
5 ♀ ♉ 23:07
9 ☿ ♈ 0:16
15 ☉ ♉ 13:32
25 ☿ ♉ 23:06
30 ♀ ♊ 9:35

STATIONS
19 ♆ R 23:37

DATA FOR THE 1st AT 0 HOURS
JULIAN DAY 38471.5
☽ MEAN ☊ 27°♓ 9' 15"
OBLIQUITY 23° 26' 28"
DELTA T 67.2 SECONDS
NUTATION LONGITUDE -7.1"

DAY MO YR	☿ LONG ° ' "	♀ LONG ° ' "	♂ LONG ° ' "	♃ LONG ° ' "	♄ LONG ° ' "	♅ LONG ° ' "	♆ LONG ° ' "	♇ LONG ° ' "	☊ LONG ° '	A.S.S.I. h m s	S.S.R.Y. h m s	S.V.P. ♓ ° ' "	☿ MERCURY R.A. h m s	DECL ° ' "
1 121	19♓20 12	23♈53 6	5♒ 5 50	15♍55R37	26♊59 39	15♒ 9 5	22♑41 31	29♏23R23	27♓51	3 12 28	29 59 22	5 11 14.3	0 56 37	2N53 24
2 122	20 31 56	25 7 3	5 49 20	15 49 50	27 3 46	15 11 7	22 42 7	29 22 21	27 51	3 17 16	29 58 50	5 11 14.2	1 1 4	3 19 41
3 123	21 46 7	26 21 0	6 32 50	15 44 10	27 7 59	15 13 8	22 42 41	29 21 17	27 52	3 22 5	29 58 30	5 11 14.1	1 5 40	3 47 19
4 124	23 2 39	27 34 55	7 16 19	15 38 39	27 12 17	15 15 6	22 43 14	29 20 12	27 53	3 26 55	29 58 23	5 11 14.0	1 10 23	4 16 15
5 125	24 21 30	28 48 50	7 59 48	15 33 15	27 16 40	15 17 1	22 43 44	29 19 6	27 54	3 31 45	29 58 31	5 11 13.9	1 15 15	4 46 26
6 126	25 42 36	0♉ 2 43	8 43 15	15 28 0	27 21 8	15 18 54	22 44 13	29 17 58	27 55	3 36 37	29 58 52	5 11 13.9	1 20 15	5 17 48
7 127	27 5 55	1 16 36	9 26 40	15 22 54	27 25 42	15 20 44	22 44 39	29 16 49	27 55	3 41 28	29 59 25	5 11 13.8	1 25 23	5 50 17
8 128	28 31 24	2 30 28	10 10 5	15 17 57	27 30 20	15 22 32	22 45 4	29 15 38	27 54	3 46 21	30 0 9	5 11 13.7	1 30 39	6 23 51
9 129	29 59 1	3 44 18	10 53 28	15 13 9	27 35 3	15 24 18	22 45 26	29 14 27	27 51	3 51 14	30 0 59	5 11 13.5	1 36 3	6 58 25
10 130	1♈28 45	4 58 8	11 36 50	15 8 30	27 39 50	15 26 1	22 45 47	29 13 14	27 48	3 56 8	30 1 54	5 11 13.3	1 41 35	7 33 56
11 131	3 0 35	6 11 56	12 20 10	15 4 1	27 44 43	15 27 41	22 46 6	29 12 0	27 43	4 1 3	30 2 50	5 11 13.1	1 47 15	8 10 22
12 132	4 34 30	7 25 44	13 3 28	14 59 40	27 49 40	15 29 18	22 46 22	29 10 45	27 38	4 5 59	30 3 45	5 11 12.9	1 53 4	8 47 37
13 133	6 10 28	8 39 30	13 46 45	14 55 30	27 54 42	15 30 53	22 46 37	29 9 28	27 34	4 10 55	30 4 35	5 11 12.6	1 59 1	9 25 39
14 134	7 48 31	9 53 15	14 30 0	14 51 29	27 59 48	15 32 26	22 46 50	29 8 11	27 30	4 15 52	30 5 17	5 11 12.4	2 5 7	10 4 24
15 135	9 28 37	11 6 59	15 13 14	14 47 39	28 4 59	15 33 55	22 47 0	29 6 53	27 28	4 20 49	30 5 50	5 11 12.2	2 11 22	10 43 47
16 136	11 10 47	12 20 42	15 56 25	14 43 58	28 10 14	15 35 22	22 47 9	29 5 33	27 26	4 25 47	30 6 13	5 11 12.1	2 17 45	11 23 44
17 137	12 55 0	13 34 23	16 39 35	14 40 27	28 15 34	15 36 46	22 47 16	29 4 12	27 27	4 30 46	30 6 23	5 11 12.0	2 24 19	12 4 11
18 138	14 41 18	14 48 4	17 22 43	14 37 7	28 20 57	15 38 8	22 47 21	29 2 51	27 28	4 35 46	30 6 21	5 11 11.9	2 31 1	12 45 2
19 139	16 29 38	16 1 43	18 5 49	14 33 57	28 26 25	15 39 26	22 47R24	29 1 29	27 29	4 40 46	30 6 8	5 11 11.8	2 37 54	13 26 13
20 140	18 20 3	17 15 21	18 48 53	14 30 57	28 31 57	15 40 42	22 47 24	29 0 5	27 31	4 45 47	30 5 42	5 11 11.7	2 44 57	14 7 36
21 141	20 12 30	18 28 57	19 31 54	14 28 7	28 37 33	15 41 56	22 47 23	28 58 41	27 31	4 50 49	30 5 7	5 11 11.7	2 52 10	14 49 7
22 142	22 7 0	19 42 33	20 14 54	14 25 28	28 43 13	15 43 6	22 47 20	28 57 16	27 30	4 55 51	30 4 21	5 11 11.5	2 59 33	15 30 37
23 143	24 3 30	20 56 7	20 57 52	14 23 0	28 48 57	15 44 14	22 47 15	28 55 50	27 28	5 0 54	30 3 27	5 11 11.4	3 7 8	16 11 59
24 144	26 1 59	22 9 40	21 40 47	14 20 41	28 54 45	15 45 19	22 47 9	28 54 23	27 23	5 5 57	30 2 26	5 11 11.1	3 14 53	16 53 5
25 145	28 2 23	23 23 13	22 23 40	14 18 34	29 0 37	15 46 21	22 47 0	28 52 56	27 17	5 11 2	30 1 20	5 11 10.8	3 22 50	17 33 46
26 146	0♉ 4 38	24 36 44	23 6 31	14 16 37	29 6 32	15 47 20	22 46 49	28 51 28	27 11	5 16 6	30 0 11	5 11 10.5	3 30 57	18 13 51
27 147	2 8 40	25 50 14	23 49 20	14 14 51	29 12 31	15 48 17	22 46 36	28 49 59	27 05	5 21 12	29 59 1	5 11 10.2	3 39 15	18 53 11
28 148	4 14 21	27 3 43	24 32 6	14 13 16	29 18 34	15 49 10	22 46 22	28 48 30	27 00	5 26 18	29 57 55	5 11 9.9	3 47 44	19 31 34
29 149	6 21 34	28 17 12	25 14 49	14 11 51	29 24 40	15 50 1	22 46 5	28 47 0	26 56	5 31 25	29 56 56	5 11 9.7	3 56 23	20 8 49
30 150	8 30 8	29 30 39	25 57 29	14 10 37	29 30 50	15 50 49	22 45 47	28 45 29	26 55	5 36 32	29 56 5	5 11 9.6	4 5 12	20 44 43
31 151	10♉39 53	0♊44 5	26♒40 7	14♍ 9 33	29♊37 3	15♒51 34	22♑45 27	28♏43 58	26♓55	5 41 40	29 55 27	5 11 9.4	4 14 11	21N19 4

DAY May	♀ VENUS R.A. h m s	DECL ° ' "	♂ MARS R.A. h m s	DECL ° ' "	♃ JUPITER R.A. h m s	DECL ° ' "	♄ SATURN R.A. h m s	DECL ° ' "	♅ URANUS R.A. h m s	DECL ° ' "	♆ NEPTUNE R.A. h m s	DECL ° ' "	♇ PLUTO R.A. h m s	DECL ° ' "
1	3 5 26	16N59 15	22 10 20	13S 0 50	12 41 55	2S49 21	7 34 22	21N50 51	22 47 9	8S31 38	21 19 57	15S41 56	17 36 14	15S 1 48
2	3 10 22	17 21 32	22 13 9	12 46 23	12 41 34	2 47 15	7 34 40	21 50 16	22 47 16	8 30 54	21 19 59	15 41 45	17 36 10	15 1 40
3	3 15 18	17 43 24	22 15 57	12 31 50	12 41 13	2 45 12	7 34 58	21 49 40	22 47 24	8 30 10	21 20 2	15 41 36	17 36 6	15 1 32
4	3 20 16	18 4 47	22 18 45	12 17 13	12 40 52	2 43 12	7 35 16	21 49 3	22 47 31	8 29 27	21 20 4	15 41 27	17 36 1	15 1 25
5	3 25 15	18 25 42	22 21 32	12 2 30	12 40 32	2 41 15	7 35 35	21 48 25	22 47 39	8 28 45	21 20 6	15 41 18	17 35 57	15 1 17
6	3 30 14	18 46 8	22 24 19	11 47 41	12 40 12	2 39 23	7 35 54	21 47 47	22 47 46	8 28 5	21 20 8	15 41 10	17 35 52	15 1 9
7	3 35 15	19 6 5	22 27 5	11 32 49	12 39 53	2 37 33	7 36 13	21 47 7	22 47 53	8 27 25	21 20 9	15 41 3	17 35 47	15 1 2
8	3 40 18	19 25 31	22 29 52	11 17 51	12 39 35	2 35 48	7 36 33	21 46 26	22 48 0	8 26 46	21 20 11	15 40 56	17 35 43	15 0 55
9	3 45 21	19 44 26	22 32 38	11 2 49	12 39 17	2 34 6	7 36 53	21 45 44	22 48 6	8 26 8	21 20 13	15 40 50	17 35 38	15 0 48
10	3 50 25	20 2 49	22 35 23	10 47 43	12 38 59	2 32 28	7 37 14	21 45 1	22 48 13	8 25 31	21 20 14	15 40 45	17 35 33	15 0 41
11	3 55 31	20 20 39	22 38 8	10 32 32	12 38 42	2 30 54	7 37 34	21 44 18	22 48 19	8 24 55	21 20 15	15 40 40	17 35 28	15 0 34
12	4 0 37	20 37 57	22 40 53	10 17 18	12 38 26	2 29 23	7 37 55	21 43 33	22 48 25	8 24 20	21 20 16	15 40 36	17 35 23	15 0 27
13	4 5 45	20 54 40	22 43 38	10 2 0	12 38 10	2 27 57	7 38 17	21 42 48	22 48 31	8 23 46	21 20 17	15 40 32	17 35 18	15 0 21
14	4 10 53	21 10 50	22 46 22	9 46 38	12 37 55	2 26 35	7 38 39	21 42 1	22 48 37	8 23 13	21 20 18	15 40 29	17 35 12	15 0 15
15	4 16 3	21 26 24	22 49 6	9 31 14	12 37 41	2 25 17	7 39 1	21 41 14	22 48 43	8 22 41	21 20 19	15 40 26	17 35 7	15 0 9
16	4 21 14	21 41 22	22 51 49	9 15 45	12 37 27	2 24 3	7 39 23	21 40 26	22 48 48	8 22 10	21 20 20	15 40 24	17 35 2	15 0 4
17	4 26 25	21 55 44	22 54 32	9 0 14	12 37 14	2 22 52	7 39 46	21 39 37	22 48 53	8 21 40	21 20 20	15 40 23	17 34 56	14 59 58
18	4 31 38	22 9 29	22 57 15	8 44 40	12 37 1	2 21 47	7 40 9	21 38 47	22 48 59	8 21 11	21 20 20	15 40 23	17 34 51	14 59 53
19	4 36 51	22 22 37	22 59 58	8 29 3	12 36 49	2 20 45	7 40 32	21 37 56	22 49 4	8 20 43	21 20 21	15 40 23	17 34 45	14 59 48
20	4 42 5	22 35 7	23 2 40	8 13 24	12 36 38	2 19 47	7 40 55	21 37 4	22 49 8	8 20 17	21 20 21	15 40 23	17 34 39	14 59 43
21	4 47 21	22 46 59	23 5 22	7 57 42	12 36 27	2 18 54	7 41 19	21 36 11	22 49 13	8 19 51	21 20 21	15 40 24	17 34 33	14 59 38
22	4 52 37	22 58 11	23 8 3	7 41 57	12 36 17	2 18 4	7 41 43	21 35 17	22 49 17	8 19 26	21 20 21	15 40 26	17 34 28	14 59 33
23	4 57 53	23 8 44	23 10 44	7 26 11	12 36 7	2 17 20	7 42 8	21 34 23	22 49 22	8 19 3	21 20 20	15 40 28	17 34 22	14 59 29
24	5 3 11	23 18 38	23 13 25	7 10 22	12 35 58	2 16 39	7 42 32	21 33 27	22 49 26	8 18 40	21 20 20	15 40 31	17 34 16	14 59 25
25	5 8 29	23 27 51	23 16 6	6 54 32	12 35 50	2 16 2	7 42 57	21 32 31	22 49 30	8 18 19	21 20 19	15 40 35	17 34 10	14 59 21
26	5 13 48	23 36 24	23 18 46	6 38 40	12 35 43	2 15 30	7 43 22	21 31 34	22 49 34	8 17 58	21 20 19	15 40 39	17 34 4	14 59 18
27	5 19 7	23 44 15	23 21 26	6 22 46	12 35 36	2 15 2	7 43 48	21 30 36	22 49 37	8 17 39	21 20 18	15 40 43	17 33 58	14 59 14
28	5 24 27	23 51 26	23 24 6	6 6 52	12 35 30	2 14 39	7 44 13	21 29 37	22 49 41	8 17 20	21 20 17	15 40 49	17 33 52	14 59 11
29	5 29 47	23 57 54	23 26 45	5 50 56	12 35 24	2 14 20	7 44 39	21 28 37	22 49 44	8 17 3	21 20 16	15 40 54	17 33 46	14 59 8
30	5 35 8	24 3 41	23 29 24	5 34 59	12 35 19	2 14 4	7 45 5	21 27 36	22 49 47	8 16 47	21 20 15	15 41 1	17 33 40	14 59 6
31	5 40 29	24N 8 46	23 32 3	5S19 1	12 35 15	2S13 54	7 45 32	21N26 35	22 49 50	8S16 32	21 20 13	15S41 8	17 33 33	14S59 3

JUNE 2005

DAY	SIDEREAL TIME h m s	☉ SUN LONG ° ' "	MOT ' "	R.A. h m s	DECL ° ' "	☽ MOON AT 0 HOURS LONG ° ' "	12h MOT ° ' "	2DIF "	R.A. h m s	DECL ° ' "	☽ MOON AT 12 HOURS LONG ° ' "	12h MOT ° ' "	2DIF "	R.A. h m s	DECL ° ' "
1 W	16 38 18	15♉47 35	57 30	4 36 2.2	22N 2 19	5♓ 6 17	6 44 54	-115	0 2 45	1S47 22	11♓51 12	6 41 9	-110	0 26 36	1N24 58
2 Th	16 42 15	16 45 5	57 29	4 40 8.0	22 10 19	18 32 20	6 37 33	-105	0 50 19	4N34 40	25 9 54	6 34 9	-100	1 14 2	7 39 48
3 F	16 46 11	17 42 34	57 29	4 44 14.3	22 17 56	1♈44 2	6 30 54	-95	1 37 53	10 38 28	8♈14 57	6 27 49	-91	2 1 59	13 28 49
4 S	16 50 8	18 40 3	57 28	4 48 20.9	22 25 10	14 42 46	6 24 52	-87	2 26 26	16 9 2	21 7 38	6 22 2	-84	2 51 20	18 37 18
5 Su	16 54 5	19 37 31	57 27	4 52 27.9	22 32 0	27 29 40	6 19 18	-81	3 16 44	20 51 52	3♉48 57	6 16 38	-79	3 42 39	22 51 3
6 M	16 58 1	20 34 58	57 26	4 56 35.3	22 38 27	10♉ 5 35	6 14 3	-76	4 9 4	24 33 18	16 19 39	6 11 33	-74	4 35 56	25 57 13
7 Tu	17 1 58	21 32 24	57 26	5 0 42.9	22 44 30	22 31 11	6 9 7	-72	5 3 9	27 1 40	28 40 18	6 6 47	-68	5 30 38	27 45 51
8 W	17 5 54	22 29 49	57 25	5 4 50.9	22 50 8	4♊47 4	6 4 33	-65	5 58 11	28 9 19	10♊51 37	6 2 28	-60	6 25 40	28 12 1
9 Th	17 9 51	23 27 14	57 24	5 8 59.1	22 55 23	16 54 5	6 0 35	-54	6 52 56	27 54 16	22 54 40	5 58 54	-46	7 19 48	27 16 47
10 F	17 13 47	24 24 37	57 23	5 13 7.5	23 0 13	28 53 33	5 57 29	-38	7 46 11	26 20 35	4♋51 3	5 56 23	-27	8 11 58	25 6 52
11 S	17 17 44	25 21 59	57 22	5 17 16.2	23 4 39	10♋47 26	5 55 39	-16	8 37 7	23 37 2	16 43 5	5 55 20	-3	9 1 36	21 52 32
12 Su	17 21 40	26 19 21	57 21	5 21 25.0	23 8 41	22 38 25	5 55 28	12	9 25 28	19 54 49	28 33 53	5 56 7	27	9 48 44	17 45 19
13 M	17 25 37	27 16 42	57 20	5 25 34.1	23 12 18	4♌30 0	5 57 18	44	10 11 29	15 25 23	10♌27 17	5 59 4	62	10 33 48	12 56 20
14 Tu	17 29 34	28 14 1	57 19	5 29 43.2	23 15 30	16 26 21	6 1 27	81	10 55 48	10 19 22	22 27 48	6 4 27	100	11 17 35	7 35 41
15 W	17 33 30	29 11 20	57 18	5 33 52.5	23 18 18	28 32 15	6 8 6	119	11 39 17	4 46 27	4♍40 21	6 12 23	138	12 1 2	1 52 50
16 Th	17 37 27	0♊ 8 38	57 17	5 38 1.9	23 20 41	10♍52 44	6 17 18	156	12 22 58	1S 3 55	17 10 2	6 22 48	173	12 45 15	4S 2 28
17 F	17 41 23	1 5 55	57 16	5 42 11.3	23 22 40	23 32 50	6 28 50	188	13 8 3	7 1 17	0♎ 1 40	6 35 19	200	13 31 29	9 58 38
18 S	17 45 20	2 3 11	57 16	5 46 20.8	23 24 13	6♎36 59	6 42 10	209	13 55 45	12 52 29	13 19 9	6 49 15	213	14 21 0	15 40 28
19 Su	17 49 16	3 0 26	57 15	5 50 30.4	23 25 22	20 8 24	6 56 24	213	14 47 22	18 19 50	27 4 47	7 3 26	207	15 14 59	20 47 29
20 M	17 53 13	3 57 41	57 14	5 54 39.9	23 26 6	4♏ 8 13	7 10 11	195	15 43 56	22 59 56	11♏18 24	7 16 25	176	16 14 13	24 53 32
21 Tu	17 57 9	4 54 55	57 14	5 58 49.4	23 26 25	18 34 49	7 21 56	152	16 45 46	26 24 34	25 56 45	7 26 32	122	17 18 25	27 29 35
22 W	18 1 6	5 52 8	57 13	6 2 59.0	23 26 20	3♐23 16	7 30 4	88	17 51 53	28 5 43	10♐53 20	7 32 23	50	18 25 48	28 11 3
23 Th	18 5 3	6 49 21	57 13	6 7 8.4	23 25 50	18 25 42	7 33 25	12	18 59 47	27 44 52	25 59 8	7 33 10	-26	19 33 23	26 47 43
24 F	18 8 59	7 46 34	57 13	6 11 17.8	23 24 55	3♑32 18	7 31 41	-62	20 6 17	25 21 24	11♑ 3 59	7 29 2	-94	20 38 12	23 28 45
25 S	18 12 56	8 43 47	57 13	6 15 27.1	23 23 35	18 33 1	7 25 23	-122	21 8 58	21 13 13	25 58 24	7 20 55	-144	21 38 31	18 38 39
26 Su	18 16 52	9 40 59	57 13	6 19 36.3	23 21 51	3♒19 18	7 15 48	-160	22 6 53	15 48 55	10♒35 7	7 10 16	-170	22 34 9	12 47 46
27 M	18 20 49	10 38 11	57 12	6 23 45.4	23 19 42	17 45 22	7 4 28	-175	23 0 26	9 38 38	24 49 50	6 58 35	-176	23 25 54	6 24 40
28 Tu	18 24 45	11 35 24	57 13	6 27 54.3	23 17 9	1♓48 25	6 52 46	-172	23 50 43	3 8 38	8♓41 10	6 47 7	-165	0 15 4	0N 6 57
29 W	18 28 42	12 32 36	57 13	6 32 3.0	23 14 11	15 28 17	6 41 44	-156	0 39 5	3N19 55	22 10 1	6 36 41	-146	1 2 57	6 28 13
30 Th	18 32 38	13♊29 49	57 13	6 36 11.6	23N10 48	28♓46 42	6 32 0	-135	1 26 48	9N30 1	5♈18 42	6 27 42	-123	1 50 47	12N23 35

LUNAR INGRESSES			PLANET INGRESSES		STATIONS	DATA FOR THE 1st AT 0 HOURS
2 ☽ ♈ 20:49	15 ☽ ♍ 2:52	25 ☽ ♒ 18:34	3 ♄ ♋ 14:43	24 ☿ ♋ 18:02	5 ♃ D 7:22	JULIAN DAY 38502.5
5 ☽ ♉ 4:45	17 ☽ ♎ 11:57	27 ☽ ♓ 20:53	4 ♂ ♓ 16:59		14 ♅ R 22:39	☽ MEAN ☊ 25°♓ 30' 41"
7 ☽ ♊ 14:36	19 ☽ ♏ 16:59	30 ☽ ♈ 2:14	8 ☿ ♊ 20:13			OBLIQUITY 23° 26' 27"
10 ☽ ♋ 2:14	21 ☽ ♐ 18:33		15 ☉ ♊ 20:23			DELTA T 67.2 SECONDS
12 ☽ ♌ 14:54	23 ☽ ♑ 18:23		23 ♀ ♋ 23:32			NUTATION LONGITUDE -6.5"

DAY MO YR	☿ LONG ° ' "	♀ LONG ° ' "	♂ LONG ° ' "	♃ LONG ° ' "	♄ LONG ° ' "	♅ LONG ° ' "	♆ LONG ° ' "	♇ LONG ° ' "	☊ LONG ° '	A.S.S.I. h m s	S.S.R.Y. h m s	S.V.P. ♓ ° ' "	☿ MERCURY R.A. h m s	DECL ° ' "
1 152	12♉50 35	1♊57 31	27♒22 41	14♍ 8R41	29♊43 20	15♒52 16	22♑45R 5	28♏42R26	26♓56	5 46 48	29 55 3	5 11 9.4	4 23 17	21N51 40
2 153	15 2 1	3 10 56	28 5 12	14 7 59	29 49 40	15 52 55	22 44 41	28 40 54	26 57	5 51 57	29 54 54	5 11 9.3	4 32 31	22 22 18
3 154	17 13 56	4 24 20	28 47 39	14 7 29	29 56 3	15 53 32	22 44 15	28 39 21	26 57	5 57 6	29 55 0	5 11 9.2	4 41 50	22 50 49
4 155	19 26 3	5 37 43	29 30 3	14 7 9	0♋ 2 30	15 54 5	22 43 47	28 37 48	26 55	6 2 16	29 55 20	5 11 9.1	4 51 15	23 17 2
5 156	21 38 6	6 51 5	0♓12 23	14 7D 0	0 8 59	15 54 36	22 43 18	28 36 15	26 51	6 7 26	29 55 51	5 11 8.9	5 0 43	23 40 46
6 157	23 49 49	8 4 26	0 54 39	14 7 2	0 15 32	15 55 3	22 42 46	28 34 41	26 45	6 12 37	29 56 33	5 11 8.7	5 10 13	24 1 56
7 158	26 0 54	9 17 46	1 36 51	14 7 14	0 22 8	15 55 28	22 42 13	28 33 7	26 37	6 17 48	29 57 22	5 11 8.4	5 19 43	24 20 25
8 159	28 11 8	10 31 5	2 18 59	14 7 38	0 28 47	15 55 50	22 41 38	28 31 33	26 27	6 23 0	29 58 16	5 11 8.1	5 29 12	24 36 9
9 160	0♊20 15	11 44 23	3 1 2	14 8 12	0 35 28	15 56 8	22 41 1	28 29 58	26 17	6 28 12	29 59 11	5 11 7.9	5 38 38	24 49 6
10 161	2 28 2	12 57 40	3 43 1	14 8 58	0 42 13	15 56 24	22 40 23	28 28 24	26 06	6 33 24	30 0 5	5 11 7.6	5 48 0	24 59 14
11 162	4 34 17	14 10 56	4 24 55	14 9 54	0 49 0	15 56 37	22 39 42	28 26 49	25 57	6 38 36	30 0 56	5 11 7.4	5 57 17	25 6 36
12 163	6 38 51	15 24 10	5 6 45	14 11 1	0 55 50	15 56 47	22 39 0	28 25 14	25 50	6 43 49	30 1 42	5 11 7.2	6 6 28	25 11 14
13 164	8 41 33	16 37 24	5 48 29	14 12 18	1 2 42	15 56 54	22 38 16	28 23 39	25 45	6 49 2	30 2 20	5 11 7.1	6 15 30	25 13 12
14 165	10 42 19	17 50 36	6 30 9	14 13 46	1 9 37	15 56R58	22 37 31	28 22 4	25 42	6 54 15	30 2 49	5 11 6.9	6 24 24	25 12 34
15 166	12 41 0	19 3 47	7 11 44	14 15 25	1 16 35	15 56 59	22 36 44	28 20 28	25 42	6 59 28	30 3 9	5 11 6.8	6 33 8	25 9 28
16 167	14 37 32	20 16 56	7 53 14	14 17 14	1 23 34	15 56 58	22 35 55	28 18 53	25 42	7 4 41	30 3 18	5 11 6.8	6 41 42	25 3 58
17 168	16 31 53	21 30 5	8 34 39	14 19 14	1 30 37	15 56 53	22 35 5	28 17 18	25 42	7 9 55	30 3 16	5 11 6.7	6 50 6	24 56 13
18 169	18 23 58	22 43 11	9 15 58	14 21 24	1 37 41	15 56 46	22 34 12	28 15 43	25 42	7 15 8	30 3 3	5 11 6.6	6 58 17	24 46 19
19 170	20 13 47	23 56 17	9 57 12	14 23 44	1 44 47	15 56 35	22 33 19	28 14 9	25 40	7 20 21	30 2 38	5 11 6.4	7 6 18	24 34 25
20 171	22 1 16	25 9 21	10 38 21	14 26 15	1 51 56	15 56 22	22 32 24	28 12 34	25 35	7 25 35	30 2 1	5 11 6.2	7 14 6	24 20 38
21 172	23 46 26	26 22 24	11 19 24	14 28 56	1 59 7	15 56 6	22 31 27	28 11 0	25 28	7 30 49	30 1 13	5 11 5.9	7 21 42	24 5 6
22 173	25 29 16	27 35 26	12 0 21	14 31 47	2 6 20	15 55 47	22 30 29	28 9 26	25 19	7 36 2	30 0 15	5 11 5.5	7 29 5	23 47 56
23 174	27 9 44	28 48 26	12 41 13	14 34 48	2 13 35	15 55 25	22 29 29	28 7 52	25 09	7 41 15	29 59 10	5 11 5.2	7 36 17	23 29 16
24 175	28 47 50	0♋ 1 25	13 21 59	14 37 59	2 20 51	15 55 1	22 28 28	28 6 19	24 59	7 46 29	29 58 0	5 11 4.9	7 43 15	23 9 13
25 176	0♋23 34	1 14 23	14 2 39	14 41 20	2 28 10	15 54 33	22 27 25	28 4 45	24 51	7 51 42	29 56 49	5 11 4.6	7 50 1	22 47 55
26 177	1 56 55	2 27 19	14 43 12	14 44 50	2 35 30	15 54 3	22 26 21	28 3 13	24 44	7 56 55	29 55 42	5 11 4.4	7 56 34	22 25 28
27 178	3 27 52	3 40 14	15 23 39	14 48 31	2 42 52	15 53 30	22 25 15	28 1 40	24 40	8 2 8	29 54 42	5 11 4.3	8 2 54	22 2 0
28 179	4 56 24	4 53 8	16 3 59	14 52 21	2 50 16	15 52 54	22 24 8	28 0 8	24 39	8 7 21	29 53 53	5 11 4.2	8 9 2	21 37 37
29 180	6 22 30	6 6 1	16 44 13	14 56 21	2 57 41	15 52 16	22 23 0	27 58 37	24 39	8 12 33	29 53 16	5 11 4.1	8 14 56	21 12 25
30 181	7♋46 8	7♋18 53	17♓24 19	15♍ 0 30	3♋ 5 8	15♒51 34	22♑21 50	27♏57 6	24♓39	8 17 45	29 52 54	5 11 4.0	8 20 38	20N46 30

DAY Jun	♀ VENUS R.A. h m s	DECL ° ' "	♂ MARS R.A. h m s	DECL ° ' "	♃ JUPITER R.A. h m s	DECL ° ' "	♄ SATURN R.A. h m s	DECL ° ' "	♅ URANUS R.A. h m s	DECL ° ' "	♆ NEPTUNE R.A. h m s	DECL ° ' "	♇ PLUTO R.A. h m s	DECL ° ' "
1	5 45 51	24N13 8	23 34 41	5S 3 3	12 35 11	2S13 47	7 45 58	21N25 32	22 49 52	8S16 19	21 20 12	15S41 15	17 33 27	14S59 1
2	5 51 12	24 16 48	23 37 19	4 47 5	12 35 8	2 13 45	7 46 25	21 24 29	22 49 55	8 16 6	21 20 10	15 41 24	17 33 21	14 58 59
3	5 56 34	24 19 44	23 39 57	4 31 7	12 35 6	2 13 47	7 46 52	21 23 25	22 49 57	8 15 54	21 20 9	15 41 32	17 33 15	14 58 57
4	6 1 57	24 21 58	23 42 35	4 15 8	12 35 4	2 13 54	7 47 20	21 22 20	22 49 59	8 15 44	21 20 7	15 41 41	17 33 8	14 58 56
5	6 7 19	24 23 29	23 45 12	3 59 10	12 35 3	2 14 4	7 47 47	21 21 14	22 50 1	8 15 34	21 20 5	15 41 51	17 33 2	14 58 55
6	6 12 41	24 24 17	23 47 49	3 43 12	12 35 3	2 14 19	7 48 15	21 20 8	22 50 3	8 15 26	21 20 3	15 42 2	17 32 55	14 58 54
7	6 18 3	24 24 21	23 50 25	3 27 16	12 35 3	2 14 39	7 48 43	21 19 0	22 50 5	8 15 19	21 20 1	15 42 12	17 32 49	14 58 53
8	6 23 25	24 23 42	23 53 1	3 11 19	12 35 5	2 15 3	7 49 11	21 17 52	22 50 6	8 15 12	21 19 59	15 42 24	17 32 43	14 58 53
9	6 28 47	24 22 20	23 55 37	2 55 24	12 35 6	2 15 31	7 49 39	21 16 43	22 50 7	8 15 7	21 19 56	15 42 36	17 32 36	14 58 53
10	6 34 9	24 20 15	23 58 13	2 39 30	12 35 9	2 16 3	7 50 8	21 15 33	22 50 9	8 15 3	21 19 54	15 42 48	17 32 30	14 58 53
11	6 39 30	24 17 27	0 0 48	2 23 38	12 35 12	2 16 40	7 50 36	21 14 22	22 50 9	8 15 1	21 19 51	15 43 1	17 32 23	14 58 53
12	6 44 51	24 13 57	0 3 23	2 7 47	12 35 15	2 17 20	7 51 5	21 13 11	22 50 10	8 14 59	21 19 48	15 43 15	17 32 17	14 58 54
13	6 50 12	24 9 43	0 5 57	1 51 57	12 35 20	2 18 5	7 51 34	21 11 59	22 50 11	8 14 59	21 19 45	15 43 29	17 32 10	14 58 55
14	6 55 32	24 4 47	0 8 31	1 36 10	12 35 25	2 18 54	7 52 4	21 10 46	22 50 11	8 14 59	21 19 42	15 43 44	17 32 4	14 58 56
15	7 0 52	23 59 8	0 11 5	1 20 24	12 35 30	2 19 48	7 52 33	21 9 32	22 50 11	8 15 1	21 19 39	15 43 59	17 31 57	14 58 58
16	7 6 11	23 52 48	0 13 39	1 4 41	12 35 37	2 20 45	7 53 3	21 8 18	22 50 11	8 15 4	21 19 36	15 44 15	17 31 51	14 58 59
17	7 11 29	23 45 45	0 16 12	0 49 0	12 35 44	2 21 46	7 53 32	21 7 2	22 50 11	8 15 8	21 19 33	15 44 31	17 31 44	14 59 1
18	7 16 47	23 38 1	0 18 45	0 33 21	12 35 51	2 22 52	7 54 2	21 5 46	22 50 10	8 15 12	21 19 29	15 44 48	17 31 38	14 59 4
19	7 22 3	23 29 36	0 21 17	0 17 44	12 35 59	2 24 1	7 54 32	21 4 30	22 50 10	8 15 18	21 19 26	15 45 5	17 31 31	14 59 6
20	7 27 20	23 20 30	0 23 50	0 2 11	12 36 8	2 25 15	7 55 2	21 3 12	22 50 9	8 15 26	21 19 22	15 45 22	17 31 25	14 59 9
21	7 32 35	23 10 44	0 26 22	0N13 20	12 36 18	2 26 32	7 55 32	21 1 54	22 50 8	8 15 34	21 19 19	15 45 40	17 31 18	14 59 12
22	7 37 49	23 0 17	0 28 53	0 28 48	12 36 28	2 27 54	7 56 3	21 0 35	22 50 7	8 15 43	21 19 15	15 45 59	17 31 12	14 59 16
23	7 43 2	22 49 12	0 31 24	0 44 13	12 36 39	2 29 19	7 56 33	20 59 15	22 50 6	8 15 53	21 19 11	15 46 18	17 31 6	14 59 19
24	7 48 15	22 37 27	0 33 55	0 59 35	12 36 50	2 30 48	7 57 4	20 57 55	22 50 4	8 16 4	21 19 7	15 46 37	17 30 59	14 59 23
25	7 53 26	22 25 3	0 36 26	1 14 53	12 37 2	2 32 21	7 57 35	20 56 34	22 50 3	8 16 17	21 19 3	15 46 57	17 30 53	14 59 28
26	7 58 36	22 12 1	0 38 56	1 30 8	12 37 14	2 33 58	7 58 6	20 55 13	22 50 1	8 16 30	21 18 59	15 47 17	17 30 46	14 59 32
27	8 3 45	21 58 22	0 41 26	1 45 18	12 37 27	2 35 39	7 58 37	20 53 50	22 49 59	8 16 45	21 18 54	15 47 38	17 30 40	14 59 37
28	8 8 53	21 44 5	0 43 56	2 0 25	12 37 41	2 37 23	7 59 8	20 52 28	22 49 57	8 17 1	21 18 50	15 47 59	17 30 34	14 59 42
29	8 14 0	21 29 12	0 46 25	2 15 28	12 37 56	2 39 11	7 59 39	20 51 4	22 49 54	8 17 17	21 18 45	15 48 20	17 30 28	14 59 48
30	8 19 6	21N13 43	0 48 54	2N30 26	12 38 10	2S41 2	8 0 10	20N49 40	22 49 52	8S17 35	21 18 41	15S48 42	17 30 21	14S59 53

JULY 2005

DAY	SIDEREAL TIME h m s	☉ SUN LONG ° ' "	MOT ' "	R.A. h m s	DECL ° ' "	☽ MOON AT 0 HOURS LONG ° ' "	12h MOT ° ' "	2DIF	R.A. h m s	DECL ° ' "	☽ MOON AT 12 HOURS LONG ° ' "	12h MOT ° ' "	2DIF	R.A. h m s	DECL ° ' "
1 F	18 36 35	14♊27 2	57 13	6 40 19.9	23N 7 2	11♈46 24	6 23 47	-112	2 15 0	15N 7 16	18♈10 10	6 20 14	-101	2 39 35	17N39 27
2 S	18 40 32	15 24 14	57 13	6 44 28.1	23 2 50	24 30 24	6 17 2	-91	3 4 34	19 58 32	0♉47 26	6 14 9	-82	3 30 2	22 3 1
3 Su	18 44 28	16 21 27	57 13	6 48 35.9	22 58 15	7♉ 1 36	6 11 34	-74	3 55 59	23 51 25	13 13 9	6 9 13	-67	4 22 24	25 22 24
4 M	18 48 25	17 18 41	57 13	6 52 43.5	22 53 16	19 22 22	6 7 6	-61	4 49 14	26 34 47	25 29 28	6 5 10	-56	5 16 23	27 27 38
5 Tu	18 52 21	18 15 54	57 14	6 56 50.8	22 47 52	1♊34 37	6 3 24	-51	5 43 42	28 0 18	7♊38 1	6 1 47	-46	6 11 5	28 12 29
6 W	18 56 18	19 13 7	57 14	7 0 57.7	22 42 5	13 39 47	6 0 18	-42	6 38 20	28 4 15	19 40 5	5 58 58	-38	7 5 19	27 36 2
7 Th	19 0 14	20 10 20	57 14	7 5 4.3	22 35 54	25 39 3	5 57 48	-33	7 31 54	26 48 37	1♋36 51	5 56 47	-27	7 57 57	25 43 5
8 F	19 4 11	21 7 34	57 14	7 9 10.5	22 29 20	7♋33 37	5 55 58	-21	8 23 24	24 20 43	13 29 35	5 55 22	-14	8 48 12	22 42 56
9 S	19 8 8	22 4 47	57 14	7 13 16.3	22 22 22	19 24 58	5 55 3	-5	9 12 21	20 51 15	25 20 0	5 55 1	5	9 35 53	18 47 12
10 Su	19 12 4	23 2 1	57 14	7 17 21.7	22 15 2	1♌15 1	5 55 21	16	9 58 49	16 32 14	7♌10 22	5 56 4	28	10 21 15	14 7 48
11 M	19 16 1	23 59 14	57 14	7 21 26.7	22 7 18	13 6 26	5 57 14	42	10 43 16	11 35 16	19 3 41	5 58 54	58	11 4 57	8 55 54
12 Tu	19 19 57	24 56 28	57 14	7 25 31.1	21 59 11	25 2 35	6 1 5	74	11 26 27	6 10 58	1♍ 3 40	6 3 51	92	11 47 51	3 21 40
13 W	19 23 54	25 53 41	57 14	7 29 35.1	21 50 42	7♍ 7 31	6 7 13	110	12 9 18	0 29 11	13 14 43	6 11 11	129	12 30 57	2S25 15
14 Th	19 27 50	26 50 54	57 14	7 33 38.6	21 41 50	19 25 55	6 15 48	148	12 52 56	5S20 18	25 41 43	6 21 2	166	13 15 24	8 14 32
15 F	19 31 47	27 48 8	57 14	7 37 41.6	21 32 36	2♎ 2 45	6 26 52	183	13 38 31	11 6 20	8♎29 16	6 33 14	198	14 2 26	13 53 48
16 S	19 35 43	28 45 21	57 14	7 41 44.1	21 23 0	15 2 51	6 40 5	211	14 27 19	16 34 46	21 42 56	6 47 18	220	14 53 19	19 6 46
17 Su	19 39 40	29 42 35	57 14	7 45 46.1	21 13 3	28 30 14	6 54 46	225	15 20 33	21 26 53	5♏25 0	7 2 17	224	15 49 7	23 31 55
18 M	19 43 37	0♋39 49	57 14	7 49 47.5	21 2 44	12♏27 17	7 9 41	217	16 19 2	25 18 25	19 36 58	7 16 45	203	16 50 16	26 42 48
19 Tu	19 47 33	1 37 3	57 15	7 53 48.4	20 52 3	26 53 42	7 23 13	182	17 22 38	27 41 40	4♐16 56	7 28 53	155	17 55 55	28 12 3
20 W	19 51 30	2 34 17	57 15	7 57 48.7	20 41 2	11♐45 49	7 33 32	121	18 29 46	28 11 50	19 19 21	7 36 56	82	19 3 47	27 40 0
21 Th	19 55 26	3 31 31	57 15	8 1 48.4	20 29 40	26 56 17	7 38 59	40	19 37 34	26 36 49	4♑35 16	7 39 36	-3	20 10 45	25 3 49
22 F	19 59 23	4 28 46	57 16	8 5 47.6	20 17 57	12♑14 51	7 38 45	-46	20 43 2	23 3 41	19 53 37	7 36 32	-86	21 14 14	20 39 52
23 S	20 3 19	5 26 2	57 16	8 9 46.2	20 5 54	27 30 8	7 33 1	-121	21 44 18	17 56 21	5♒ 3 10	7 28 26	-151	22 13 12	14 57 17
24 Su	20 7 16	6 23 18	57 17	8 13 44.2	19 53 31	12♒31 35	7 22 56	-175	22 41 2	11 46 45	19 54 31	7 16 47	-191	23 7 54	8 28 34
25 M	20 11 12	7 20 35	57 18	8 17 41.7	19 40 48	27 11 18	7 10 11	-202	23 33 58	5 6 18	4♓21 29	7 3 21	-206	23 59 23	1 43 5
26 Tu	20 15 9	8 17 53	57 19	8 21 38.5	19 27 45	11♓24 49	6 56 28	-205	0 24 19	1N38 18	18 21 17	6 49 43	-199	0 48 57	4N55 23
27 W	20 19 6	9 15 12	57 20	8 25 34.8	19 14 23	25 11 0	6 43 12	-190	1 13 24	8 5 59	1♈54 12	6 37 3	-178	1 37 51	11 8 8
28 Th	20 23 2	10 12 32	57 21	8 29 30.5	19 0 42	8♈31 15	6 31 19	-165	2 2 24	14 0 6	15 2 34	6 26 3	-151	2 27 10	16 40 14
29 F	20 26 59	11 9 53	57 22	8 33 25.7	18 46 41	21 28 36	6 21 16	-136	2 52 15	19 7 1	27 49 53	6 17 0	-121	3 17 43	21 19 2
30 S	20 30 55	12 7 15	57 23	8 37 20.2	18 32 23	4♉ 6 52	6 13 13	-106	3 43 35	23 14 57	10♉20 6	6 9 55	-93	4 9 53	24 53 31
31 Su	20 34 52	13♋ 4 38	57 24	8 41 14.2	18N17 46	16♉30 0	6 7 3	-80	4 36 32	26N13 41	22♉37 3	6 4 35	-68	5 3 31	27N14 34

LUNAR INGRESSES
2 ☽ ♉ 10:29
4 ☽ ♊ 20:53
7 ☽ ♋ 8:45
9 ☽ ♌ 21:28
12 ☽ ♍ 9:53
14 ☽ ♎ 20:09
17 ☽ ♏ 2:37
19 ☽ ♐ 5:04
21 ☽ ♑ 4:48
23 ☽ ♒ 3:58
25 ☽ ♓ 4:41
27 ☽ ♈ 8:35
29 ☽ ♉ 16:08

PLANET INGRESSES
17 ☉ ♋ 7:18
18 ♀ ♌ 17:47
19 ♂ ♈ 14:04

STATIONS
23 ☿ R 3:01

DATA FOR THE 1st AT 0 HOURS
JULIAN DAY 38532.5
☽ MEAN ☊ 23° ♓ 55' 18"
OBLIQUITY 23° 26' 27"
DELTA T 67.3 SECONDS
NUTATION LONGITUDE -5.0"

DAY MO YR	☿ LONG ° ' "	♀ LONG ° ' "	♂ LONG ° ' "	♃ LONG ° ' "	♄ LONG ° ' "	♅ LONG ° ' "	♆ LONG ° ' "	♇ LONG ° ' "	☊ LONG ° '	A.S.S.I. h m s	S.S.R.Y. h m s	S.V.P. ♓ ° ' "	☿ MERCURY R.A. h m s	DECL ° ' "
1 182	9♋ 7 16	8♌31 44	18♓ 4 17	15♍ 4 49	3♋12 37	15♒50R50	22♑20R39	27♏55R36	24♓38	8 22 57	29 52 48	5 11 3.9	8 26 8	20N20 0
2 183	10 25 52	9 44 33	18 44 8	15 9 18	3 20 7	15 50 4	22 19 26	27 54 6	24 35	8 28 9	29 52 53	5 11 3.7	8 31 24	19 52 59
3 184	11 41 52	10 57 21	19 23 51	15 13 55	3 27 38	15 49 14	22 18 13	27 52 37	24 29	8 33 21	29 53 12	5 11 3.5	8 36 27	19 25 34
4 185	12 55 15	12 10 8	20 3 26	15 18 43	3 35 10	15 48 22	22 16 58	27 51 8	24 21	8 38 32	29 53 43	5 11 3.3	8 41 18	18 57 51
5 186	14 5 55	13 22 54	20 42 52	15 23 39	3 42 44	15 47 27	22 15 42	27 49 40	24 13	8 43 42	29 54 23	5 11 3.0	8 45 55	18 29 56
6 187	15 13 49	14 35 38	21 22 10	15 28 45	3 50 19	15 46 29	22 14 24	27 48 13	23 57	8 48 53	29 55 11	5 11 2.7	8 50 19	18 1 54
7 188	16 18 52	15 48 21	22 1 19	15 33 59	3 57 55	15 45 29	22 13 6	27 46 47	23 43	8 54 2	29 56 3	5 11 2.5	8 54 30	17 33 51
8 189	17 20 59	17 1 2	22 40 19	15 39 23	4 5 33	15 44 26	22 11 46	27 45 21	23 30	8 59 12	29 56 58	5 11 2.3	8 58 27	17 5 53
9 190	18 20 5	18 13 42	23 19 9	15 44 55	4 13 11	15 43 21	22 10 25	27 43 57	23 17	9 4 20	29 57 53	5 11 2.1	9 2 11	16 38 6
10 191	19 16 3	19 26 21	23 57 50	15 50 37	4 20 50	15 42 13	22 9 4	27 42 33	23 07	9 9 29	29 58 48	5 11 1.9	9 5 40	16 10 37
11 192	20 8 46	20 38 57	24 36 21	15 56 27	4 28 30	15 41 2	22 7 41	27 41 10	23 00	9 14 37	29 59 39	5 11 1.8	9 8 55	15 43 30
12 193	20 58 8	21 51 32	25 14 43	16 2 25	4 36 10	15 39 50	22 6 17	27 39 48	22 56	9 19 44	30 0 27	5 11 1.7	9 11 55	15 16 53
13 194	21 44 0	23 4 6	25 52 54	16 8 32	4 43 52	15 38 34	22 4 52	27 38 27	22 53	9 24 50	30 1 8	5 11 1.6	9 14 41	14 50 51
14 195	22 26 15	24 16 37	26 30 55	16 14 48	4 51 34	15 37 16	22 3 26	27 37 6	22 53	9 29 56	30 1 41	5 11 1.6	9 17 11	14 25 31
15 196	23 4 43	25 29 7	27 8 46	16 21 12	4 59 16	15 35 56	22 2 0	27 35 47	22 53	9 35 1	30 2 5	5 11 1.5	9 19 25	14 1 1
16 197	23 39 17	26 41 34	27 46 26	16 27 44	5 6 59	15 34 34	22 0 32	27 34 29	22 52	9 40 6	30 2 17	5 11 1.3	9 21 23	13 37 26
17 198	24 9 47	27 54 0	28 23 55	16 34 24	5 14 43	15 33 9	21 59 4	27 33 12	22 50	9 45 10	30 2 16	5 11 1.1	9 23 5	13 14 54
18 199	24 36 3	29 6 24	29 1 13	16 41 12	5 22 27	15 31 41	21 57 35	27 31 57	22 45	9 50 13	30 2 1	5 11 0.9	9 24 30	12 53 32
19 200	24 57 58	0♍18 46	29 38 20	16 48 8	5 30 11	15 30 12	21 56 5	27 30 42	22 38	9 55 16	30 1 32	5 11 0.6	9 25 38	12 33 27
20 201	25 15 21	1 31 6	0♈15 16	16 55 12	5 37 56	15 28 40	21 54 34	27 29 28	22 29	10 0 18	30 0 50	5 11 0.3	9 26 28	12 14 47
21 202	25 28 6	2 43 23	0 52 0	17 2 23	5 45 40	15 27 7	21 53 3	27 28 16	22 19	10 5 19	29 59 56	5 10 60.0	9 26 59	11 57 40
22 203	25 36 3	3 55 39	1 28 33	17 9 43	5 53 25	15 25 31	21 51 31	27 27 5	22 08	10 10 20	29 58 53	5 10 59.7	9 27 13	11 42 13
23 204	25 39R 9	5 7 53	2 4 53	17 17 9	6 1 11	15 23 53	21 49 58	27 25 55	21 59	10 15 19	29 57 46	5 10 59.5	9 27 8	11 28 33
24 205	25 37 17	6 20 4	2 41 1	17 24 43	6 8 54	15 22 13	21 48 25	27 24 46	21 52	10 20 18	29 56 39	5 10 59.4	9 26 44	11 16 47
25 206	25 30 25	7 32 14	3 16 56	17 32 25	6 16 40	15 20 30	21 46 51	27 23 39	21 48	10 25 17	29 55 36	5 10 59.3	9 26 1	11 7 3
26 207	25 18 35	8 44 21	3 52 38	17 40 13	6 24 25	15 18 46	21 45 17	27 22 33	21 46	10 30 14	29 54 41	5 10 59.2	9 25 1	10 59 26
27 208	25 1 48	9 56 27	4 28 6	17 48 9	6 32 10	15 17 0	21 43 42	27 21 28	21 46	10 35 11	29 53 57	5 10 59.2	9 23 42	10 54 3
28 209	24 40 12	11 8 31	5 3 21	17 56 12	6 39 55	15 15 12	21 42 6	27 20 25	21 46	10 40 7	29 53 25	5 10 59.1	9 22 5	10 50 56
29 210	24 13 58	12 20 32	5 38 21	18 4 23	6 47 39	15 13 22	21 40 30	27 19 23	21 46	10 45 3	29 53 6	5 10 58.9	9 20 12	10 50 10
30 211	23 43 22	13 32 32	6 13 7	18 12 40	6 55 23	15 11 30	21 38 54	27 18 22	21 44	10 49 57	29 53 1	5 10 58.7	9 18 4	10 51 46
31 212	23♋ 8 46	14♌44 30	6♈47 37	18♍21 4	7♋ 3 7	15♒ 9 36	21♑37 18	27♏17 23	21♓39	10 54 51	29 53 7	5 10 58.5	9 15 42	10N55 44

DAY Jul	♀ VENUS R.A. h m s	DECL ° ' "	♂ MARS R.A. h m s	DECL ° ' "	♃ JUPITER R.A. h m s	DECL ° ' "	♄ SATURN R.A. h m s	DECL ° ' "	♅ URANUS R.A. h m s	DECL ° ' "	♆ NEPTUNE R.A. h m s	DECL ° ' "	♇ PLUTO R.A. h m s	DECL ° ' "
1	8 24 10	20N57 38	0 51 22	2N45 20	12 38 26	2S42 58	8 0 42	20N48 15	22 49 49	8S17 54	21 18 36	15S49 5	17 30 15	14S59 59
2	8 29 14	20 40 58	0 53 50	3 0 9	12 38 42	2 44 57	8 1 13	20 46 49	22 49 46	8 18 13	21 18 31	15 49 27	17 30 9	15 0 6
3	8 34 16	20 23 44	0 56 18	3 14 54	12 38 59	2 46 59	8 1 45	20 45 23	22 49 43	8 18 34	21 18 27	15 49 50	17 30 3	15 0 12
4	8 39 16	20 5 57	0 58 45	3 29 33	12 39 16	2 49 5	8 2 17	20 43 56	22 49 40	8 18 56	21 18 22	15 50 14	17 29 57	15 0 19
5	8 44 16	19 47 36	1 1 12	3 44 7	12 39 34	2 51 15	8 2 48	20 42 29	22 49 37	8 19 18	21 18 17	15 50 38	17 29 51	15 0 26
6	8 49 14	19 28 43	1 3 38	3 58 36	12 39 52	2 53 28	8 3 20	20 41 1	22 49 33	8 19 42	21 18 12	15 51 2	17 29 45	15 0 33
7	8 54 11	19 9 19	1 6 4	4 12 59	12 40 11	2 55 45	8 3 52	20 39 32	22 49 30	8 20 7	21 18 6	15 51 26	17 29 39	15 0 41
8	8 59 7	18 49 23	1 8 29	4 27 16	12 40 31	2 58 5	8 4 24	20 38 3	22 49 26	8 20 32	21 18 1	15 51 51	17 29 33	15 0 49
9	9 4 1	18 28 57	1 10 54	4 41 28	12 40 51	3 0 28	8 4 56	20 36 34	22 49 22	8 20 59	21 17 56	15 52 16	17 29 27	15 0 58
10	9 8 54	18 8 2	1 13 19	4 55 34	12 41 11	3 2 55	8 5 28	20 35 4	22 49 18	8 21 27	21 17 50	15 52 42	17 29 21	15 1 6
11	9 13 46	17 46 38	1 15 43	5 9 34	12 41 33	3 5 25	8 6 0	20 33 33	22 49 13	8 21 55	21 17 45	15 53 8	17 29 16	15 1 15
12	9 18 36	17 24 46	1 18 6	5 23 27	12 41 54	3 7 58	8 6 33	20 32 2	22 49 9	8 22 25	21 17 40	15 53 34	17 29 10	15 1 24
13	9 23 25	17 2 26	1 20 29	5 37 15	12 42 16	3 10 34	8 7 5	20 30 30	22 49 4	8 22 55	21 17 34	15 54 0	17 29 5	15 1 34
14	9 28 12	16 39 39	1 22 52	5 50 56	12 42 39	3 13 14	8 7 37	20 28 58	22 48 59	8 23 26	21 17 28	15 54 27	17 28 59	15 1 44
15	9 32 59	16 16 26	1 25 13	6 4 30	12 43 2	3 15 56	8 8 9	20 27 25	22 48 54	8 23 58	21 17 23	15 54 54	17 28 54	15 1 54
16	9 37 44	15 52 49	1 27 35	6 17 58	12 43 26	3 18 42	8 8 41	20 25 52	22 48 49	8 24 31	21 17 17	15 55 21	17 28 48	15 2 4
17	9 42 28	15 28 46	1 29 56	6 31 19	12 43 50	3 21 31	8 9 14	20 24 19	22 48 44	8 25 5	21 17 11	15 55 48	17 28 43	15 2 14
18	9 47 10	15 4 20	1 32 16	6 44 34	12 44 15	3 24 22	8 9 46	20 22 45	22 48 39	8 25 40	21 17 5	15 56 16	17 28 38	15 2 25
19	9 51 51	14 39 30	1 34 36	6 57 42	12 44 40	3 27 17	8 10 18	20 21 10	22 48 33	8 26 15	21 16 59	15 56 43	17 28 33	15 2 36
20	9 56 31	14 14 19	1 36 55	7 10 43	12 45 6	3 30 15	8 10 51	20 19 36	22 48 27	8 26 51	21 16 53	15 57 11	17 28 28	15 2 48
21	10 1 10	13 48 45	1 39 13	7 23 37	12 45 32	3 33 15	8 11 23	20 18 0	22 48 22	8 27 28	21 16 47	15 57 39	17 28 23	15 2 59
22	10 5 48	13 22 51	1 41 31	7 36 24	12 45 59	3 36 18	8 11 56	20 16 25	22 48 16	8 28 6	21 16 41	15 58 8	17 28 18	15 3 11
23	10 10 24	12 56 37	1 43 49	7 49 3	12 46 26	3 39 24	8 12 28	20 14 49	22 48 10	8 28 45	21 16 35	15 58 36	17 28 13	15 3 24
24	10 14 59	12 30 3	1 46 5	8 1 35	12 46 54	3 42 33	8 13 0	20 13 14	22 48 3	8 29 24	21 16 29	15 59 5	17 28 8	15 3 36
25	10 19 33	12 3 10	1 48 21	8 14 0	12 47 22	3 45 44	8 13 33	20 11 36	22 47 57	8 30 4	21 16 23	15 59 34	17 28 3	15 3 49
26	10 24 6	11 35 59	1 50 37	8 26 17	12 47 50	3 48 58	8 14 5	20 9 59	22 47 51	8 30 45	21 16 17	16 0 3	17 27 59	15 4 2
27	10 28 38	11 8 30	1 52 51	8 38 26	12 48 19	3 52 14	8 14 37	20 8 22	22 47 44	8 31 26	21 16 10	16 0 32	17 27 54	15 4 15
28	10 33 9	10 40 45	1 55 5	8 50 28	12 48 49	3 55 33	8 15 9	20 6 45	22 47 37	8 32 9	21 16 4	16 1 2	17 27 50	15 4 29
29	10 37 39	10 12 44	1 57 18	9 2 21	12 49 19	3 58 55	8 15 42	20 5 7	22 47 31	8 32 52	21 15 58	16 1 31	17 27 46	15 4 43
30	10 42 8	9 44 27	1 59 31	9 14 6	12 49 49	4 2 19	8 16 14	20 3 29	22 47 24	8 33 35	21 15 51	16 2 1	17 27 42	15 4 57
31	10 46 36	9N15 56	2 1 42	9N25 43	12 50 20	4S 5 46	8 16 46	20N 1 50	22 47 17	8S34 19	21 15 45	16S 2 30	17 27 37	15S 5 11

AUGUST 2005

DAY	SIDEREAL TIME h m s	☉ SUN LONG ° ' "	MOT ' "	R.A. h m s	DECL ° ' "
1 M	20 38 48	14♋ 2 3	57 25	8 45 7.6	18N 2 50
2 Tu	20 42 45	14 59 28	57 26	8 49 0.3	17 47 37
3 W	20 46 41	15 56 54	57 27	8 52 52.5	17 32 7
4 Th	20 50 38	16 54 21	57 28	8 56 44.1	17 16 20
5 F	20 54 35	17 51 49	57 29	9 0 35.1	17 0 15
6 S	20 58 31	18 49 19	57 30	9 4 25.5	16 43 55
7 Su	21 2 28	19 46 49	57 31	9 8 15.2	16 27 18
8 M	21 6 24	20 44 20	57 32	9 12 4.4	16 10 25
9 Tu	21 10 21	21 41 52	57 33	9 15 53.0	15 53 16
10 W	21 14 17	22 39 25	57 34	9 19 41.0	15 35 52
11 Th	21 18 14	23 36 58	57 35	9 23 28.3	15 18 14
12 F	21 22 10	24 34 33	57 36	9 27 15.2	15 0 20
13 S	21 26 7	25 32 9	57 37	9 31 1.4	14 42 13
14 Su	21 30 4	26 29 45	57 38	9 34 47.1	14 23 51
15 M	21 34 0	27 27 23	57 39	9 38 32.2	14 5 16
16 Tu	21 37 57	28 25 1	57 40	9 42 16.7	13 46 28
17 W	21 41 53	29 22 40	57 41	9 46 0.8	13 27 26
18 Th	21 45 50	0♌20 21	57 42	9 49 44.3	13 8 12
19 F	21 49 46	1 18 3	57 43	9 53 27.3	12 48 46
20 S	21 53 43	2 15 46	57 44	9 57 9.7	12 29 7
21 Su	21 57 39	3 13 30	57 46	10 0 51.8	12 9 17
22 M	22 1 36	4 11 16	57 47	10 4 33.3	11 49 15
23 Tu	22 5 33	5 9 3	57 49	10 8 14.4	11 29 1
24 W	22 9 29	6 6 52	57 51	10 11 55.1	11 8 37
25 Th	22 13 26	7 4 43	57 53	10 15 35.4	10 48 2
26 F	22 17 22	8 2 36	57 55	10 19 15.3	10 27 17
27 S	22 21 19	9 0 30	57 56	10 22 54.8	10 6 22
28 Su	22 25 15	9 58 26	57 58	10 26 33.9	9 45 17
29 M	22 29 12	10 56 24	58 0	10 30 12.7	9 24 2
30 Tu	22 33 8	11 54 24	58 2	10 33 51.2	9 2 38
31 W	22 37 5	12♌52 26	58 4	10 37 29.4	8N41 6

DAY	☽ MOON AT 0 HOURS LONG ° ' "	12h MOT ° ' "	2DIF "	R.A. h m s	DECL ° ' "
1 M	28♉41 38	6 2 30	-57	5 30 42	27N55 28
2 Tu	10♊44 54	5 59 19	-39	6 25 12	28 16 17
3 W	22 42 20	5 57 11	-25	7 18 53	27 17 3
4 Th	4♋35 58	5 55 56	-13	8 10 48	25 3 42
5 F	16 27 30	5 55 27	-2	9 0 19	21 45 55
6 S	28 18 25	5 55 45	11	9 47 21	17 35 23
7 Su	10♌10 24	5 56 58	27	10 32 14	12 44 5
8 M	22 5 21	5 59 21	46	11 15 36	7 23 30
9 Tu	4♍ 5 46	6 3 11	70	11 58 17	1 44 25
10 W	16 14 41	6 8 46	99	12 41 15	4S 2 44
11 Th	28 35 46	6 16 22	130	13 25 33	9 46 59
12 F	11♎13 6	6 26 5	161	14 12 22	15 15 42
13 S	24 10 53	6 37 48	189	15 2 50	20 13 7
14 Su	7♏32 57	6 51 3	206	15 57 54	24 19 25
15 M	21 22 1	7 4 59	207	16 57 55	27 10 56
16 Tu	5♐38 48	7 18 15	185	18 2 6	28 23 30
17 W	20 21 11	7 29 13	138	19 8 28	27 39 27
18 Th	5♑23 44	7 36 16	69	20 14 15	24 55 15
19 F	20 37 54	7 38 11	-12	21 17 11	20 24 20
20 S	5♒53 11	7 34 41	-91	22 16 15	14 32 55
21 Su	20 58 56	7 26 22	-154	23 11 35	7 52 36
22 M	5♓46 6	7 14 34	-194	0 4 7	0 54 0
23 Tu	20 8 33	7 0 56	-210	0 55 1	5N56 20
24 W	4♈ 3 23	6 46 57	-205	1 45 28	12 16 54
25 Th	17 30 34	6 33 51	-185	2 36 26	17 50 31
26 F	0♉32 18	6 22 23	-157	3 28 33	22 23 34
27 S	13 12 6	6 12 59	-125	4 22 3	25 45 20
28 Su	25 34 10	6 5 44	-93	5 16 37	27 48 12
29 M	7♊42 49	6 0 35	-63	6 11 29	28 28 31
30 Tu	19 42 8	5 57 20	-36	7 5 35	27 47 14
31 W	1♋35 46	5 55 42	-14	7 57 58	25N49 51

DAY	☽ MOON AT 12 HOURS LONG ° ' "	12h MOT ° ' "	2DIF "	R.A. h m s	DECL ° ' "
1 M	4♊44 8	6 0 45	-48	5 57 59	28N16 4
2 Tu	16 44 12	5 58 8	-32	6 52 13	27 56 24
3 W	28 39 31	5 56 28	-19	7 45 7	26 19 6
4 Th	10♋31 54	5 55 36	-7	8 35 52	23 32 9
5 F	22 22 56	5 55 29	4	9 24 8	19 46 29
6 S	4♌14 10	5 56 14	18	10 10 2	15 14 5
7 Su	16 7 21	5 58 0	36	10 54 4	10 6 46
8 M	28 4 42	6 1 4	58	11 36 58	4 35 37
9 Tu	10♍ 8 57	6 5 44	84	12 19 40	1S 8 49
10 W	22 23 28	6 12 19	114	13 3 10	6 55 58
11 Th	4♎52 8	6 20 58	146	13 48 35	12 34 11
12 F	17 39 11	6 31 42	176	14 37 5	17 49 27
13 S	0♏48 41	6 44 17	199	15 29 45	22 24 4
14 Su	14 24 0	6 58 1	209	16 27 18	25 56 5
15 M	28 27 0	7 11 48	199	17 29 35	28 0 56
16 Tu	12♐57 4	7 24 8	165	18 35 11	28 16 40
17 W	27 50 25	7 33 19	106	19 41 35	26 31 54
18 Th	12♑59 59	7 37 54	29	20 46 10	22 51 42
19 F	28 16 5	7 37 6	-53	21 47 13	17 36 45
20 S	13♒27 52	7 31 4	-125	22 44 20	11 16 53
21 Su	28 25 18	7 20 48	-177	23 38 8	4 23 49
22 M	13♓ 0 41	7 7 53	-205	0 29 42	2N33 39
23 Tu	27 9 29	6 53 54	-210	1 20 14	9 11 30
24 W	10♈50 20	6 40 14	-197	2 10 50	15 10 30
25 Th	24 4 26	6 27 53	-172	3 2 19	20 15 22
26 F	6♉54 42	6 17 25	-141	3 55 8	24 13 55
27 S	19 25 5	6 9 5	-109	4 49 15	26 56 57
28 Su	1♊39 54	6 2 55	-77	5 44 5	28 18 44
29 M	13 43 24	5 58 44	-49	6 38 41	28 17 50
30 Tu	25 39 27	5 56 19	-24	7 32 2	26 57 33
31 W	7♋31 28	5 55 25	-4	8 23 19	24N25 20

LUNAR INGRESSES
1 ☽ ♊ 2:35
3 ☽ ♋ 14:42
6 ☽ ♌ 3:26
8 ☽ ♍ 15:50
11 ☽ ♎ 2:42
13 ☽ ♏ 10:32
15 ☽ ♐ 14:36
17 ☽ ♑ 15:26
19 ☽ ♒ 14:43
21 ☽ ♓ 14:34
23 ☽ ♈ 16:55
25 ☽ ♉ 23:00
28 ☽ ♊ 8:43
30 ☽ ♋ 20:46

PLANET INGRESSES
12 ♀ ♍ 18:27
17 ☉ ♌ 15:32

STATIONS
16 ☿ D 3:52

DATA FOR THE 1st AT 0 HOURS
JULIAN DAY 38563.5
☽ MEAN ☊ 22°♓ 16' 44"
OBLIQUITY 23° 26' 27"
DELTA T 67.3 SECONDS
NUTATION LONGITUDE -3.6"

DAY MO YR	☿ LONG ° ' "	♀ LONG ° ' "	♂ LONG ° ' "	♃ LONG ° ' "	♄ LONG ° ' "	♅ LONG ° ' "	♆ LONG ° ' "	♇ LONG ° ' "	☊ LONG ° '	A.S.S.I. h m s	S.S.R.Y. h m s	S.V.P. ♓ ° ' "	☿ MERCURY R.A. h m s	DECL ° ' "
1 213	22♋30R35	15♌56 26	7♈21 52	18♍29 34	7♋10 51	15♒ 7R41	21♑35R41	27♏16R25	21♓32	10 59 45	29 53 27	5 10 58.3	9 13 7	11N 2 2
2 214	21 49 22	17 8 19	7 55 51	18 38 12	7 18 34	15 5 44	21 34 3	27 15 29	21 23	11 4 37	29 53 53	5 10 58.1	9 10 23	11 10 36
3 215	21 5 43	18 20 10	8 29 34	18 46 56	7 26 16	15 3 45	21 32 26	27 14 34	21 12	11 9 29	29 54 30	5 10 57.8	9 7 31	11 21 20
4 216	20 20 22	19 32 0	9 3 0	18 55 47	7 33 58	15 1 45	21 30 48	27 13 41	21 00	11 14 20	29 55 15	5 10 57.6	9 4 34	11 34 5
5 217	19 34 4	20 43 47	9 36 8	19 4 44	7 41 39	14 59 43	21 29 10	27 12 49	20 48	11 19 10	29 56 5	5 10 57.4	9 1 35	11 48 40
6 218	18 47 39	21 55 31	10 9 0	19 13 47	7 49 19	14 57 39	21 27 32	27 11 59	20 37	11 23 59	29 57 0	5 10 57.3	8 58 38	12 4 53
7 219	18 1 58	23 7 13	10 41 33	19 22 57	7 56 58	14 55 34	21 25 54	27 11 11	20 28	11 28 48	29 57 58	5 10 57.2	8 55 44	12 22 29
8 220	17 17 53	24 18 53	11 13 48	19 32 13	8 4 37	14 53 28	21 24 16	27 10 24	20 22	11 33 36	29 58 58	5 10 57.2	8 52 59	12 41 12
9 221	16 36 16	25 30 30	11 45 44	19 41 35	8 12 14	14 51 20	21 22 38	27 9 39	20 19	11 38 23	29 59 58	5 10 57.1	8 50 25	13 0 45
10 222	15 57 58	26 42 4	12 17 21	19 51 2	8 19 50	14 49 11	21 20 59	27 8 55	20 17	11 43 9	30 0 57	5 10 57.1	8 48 5	13 20 51
11 223	15 23 45	27 53 36	12 48 39	20 0 36	8 27 26	14 47 1	21 19 21	27 8 13	20 17	11 47 55	30 1 52	5 10 57.0	8 46 3	13 41 12
12 224	14 54 20	29 5 5	13 19 37	20 10 16	8 35 0	14 44 49	21 17 43	27 7 33	20 18	11 52 40	30 2 39	5 10 56.9	8 44 20	14 1 30
13 225	14 30 21	0♍16 31	13 50 15	20 20 1	8 42 33	14 42 37	21 16 5	27 6 55	20 19	11 57 24	30 3 15	5 10 56.8	8 43 0	14 21 28
14 226	14 12 23	1 27 54	14 20 32	20 29 52	8 50 4	14 40 23	21 14 27	27 6 18	20 18	12 2 8	30 3 39	5 10 56.6	8 42 5	14 40 49
15 227	14 0 52	2 39 14	14 50 28	20 39 48	8 57 35	14 38 8	21 12 50	27 5 43	20 16	12 6 51	30 3 48	5 10 56.4	8 41 36	14 59 17
16 228	13 56D11	3 50 31	15 20 3	20 49 49	9 5 3	14 35 52	21 11 12	27 5 10	20 11	12 11 33	30 3 40	5 10 56.1	8 41 35	15 16 36
17 229	13 58 38	5 1 45	15 49 16	20 59 56	9 12 31	14 33 36	21 9 35	27 4 38	20 05	12 16 14	30 3 17	5 10 55.8	8 42 4	15 32 32
18 230	14 8 25	6 12 55	16 18 6	21 10 8	9 19 56	14 31 18	21 7 59	27 4 9	19 58	12 20 55	30 2 40	5 10 55.6	8 43 2	15 46 51
19 231	14 25 39	7 24 2	16 46 35	21 20 25	9 27 20	14 29 0	21 6 22	27 3 41	19 51	12 25 35	30 1 51	5 10 55.4	8 44 30	15 59 20
20 232	14 50 23	8 35 6	17 14 40	21 30 48	9 34 43	14 26 41	21 4 46	27 3 14	19 45	12 30 15	30 0 54	5 10 55.3	8 46 28	16 9 48
21 233	15 22 37	9 46 6	17 42 21	21 41 15	9 42 4	14 24 21	21 3 11	27 2 50	19 40	12 34 54	29 59 53	5 10 55.2	8 48 57	16 18 3
22 234	16 2 16	10 57 4	18 9 38	21 51 47	9 49 23	14 22 0	21 1 35	27 2 27	19 37	12 39 32	29 58 53	5 10 55.2	8 51 55	16 23 53
23 235	16 49 12	12 7 58	18 36 30	22 2 24	9 56 40	14 19 39	21 0 1	27 2 7	19 36	12 44 10	29 57 58	5 10 55.1	8 55 23	16 27 11
24 236	17 43 14	13 18 48	19 2 56	22 13 5	10 3 55	14 17 18	20 58 27	27 1 48	19 37	12 48 47	29 57 9	5 10 55.1	8 59 18	16 27 47
25 237	18 44 8	14 29 35	19 28 56	22 23 52	10 11 8	14 14 56	20 56 53	27 1 31	19 38	12 53 24	29 56 30	5 10 55.0	9 3 40	16 25 33
26 238	19 51 37	15 40 19	19 54 29	22 34 43	10 18 20	14 12 33	20 55 20	27 1 15	19 39	12 58 0	29 56 1	5 10 54.9	9 8 28	16 20 24
27 239	21 5 20	16 51 0	20 19 34	22 45 38	10 25 29	14 10 10	20 53 47	27 1 2	19 40	13 2 36	29 55 43	5 10 54.7	9 13 39	16 12 16
28 240	22 24 55	18 1 37	20 44 11	22 56 38	10 32 36	14 7 47	20 52 16	27 0 51	19 38	13 7 11	29 55 36	5 10 54.5	9 19 11	16 1 4
29 241	23 49 59	19 12 11	21 8 18	23 7 42	10 39 41	14 5 23	20 50 45	27 0 41	19 35	13 11 46	29 55 39	5 10 54.3	9 25 4	15 46 48
30 242	25 20 3	20 22 42	21 31 56	23 18 51	10 46 43	14 3 0	20 49 14	27 0 34	19 31	13 16 21	29 55 51	5 10 54.1	9 31 14	15 29 29
31 243	26♋54 41	21♍33 9	21♈55 2	23♍30 4	10♋53 43	14♒ 0 36	20♑47 45	27♏ 0 28	19♓25	13 20 55	29 56 14	5 10 53.9	9 37 40	15N 9 10

DAY Aug	♀ VENUS R.A. h m s	DECL ° ' "	♂ MARS R.A. h m s	DECL ° ' "	♃ JUPITER R.A. h m s	DECL ° ' "	♄ SATURN R.A. h m s	DECL ° ' "	♅ URANUS R.A. h m s	DECL ° ' "	♆ NEPTUNE R.A. h m s	DECL ° ' "	♇ PLUTO R.A. h m s	DECL ° ' "
1	10 51 3	8N47 11	2 3 53	9N37 12	12 50 51	4S 9 15	8 17 18	20N 0 12	22 47 9	8S35 4	21 15 39	16S 3 0	17 27 33	15S 5 26
2	10 55 29	8 18 12	2 6 3	9 48 32	12 51 22	4 12 46	8 17 50	19 58 33	22 47 2	8 35 49	21 15 32	16 3 30	17 27 30	15 5 40
3	10 59 54	7 49 1	2 8 12	9 59 43	12 51 54	4 16 20	8 18 22	19 56 54	22 46 55	8 36 35	21 15 26	16 4 0	17 27 26	15 5 56
4	11 4 19	7 19 38	2 10 20	10 10 46	12 52 27	4 19 56	8 18 54	19 55 15	22 46 47	8 37 22	21 15 19	16 4 30	17 27 22	15 6 11
5	11 8 42	6 50 4	2 12 27	10 21 40	12 53 0	4 23 35	8 19 26	19 53 35	22 46 40	8 38 9	21 15 13	16 5 0	17 27 18	15 6 27
6	11 13 5	6 20 20	2 14 33	10 32 25	12 53 33	4 27 16	8 19 58	19 51 56	22 46 32	8 38 57	21 15 6	16 5 30	17 27 15	15 6 42
7	11 17 27	5 50 26	2 16 38	10 43 1	12 54 6	4 30 58	8 20 30	19 50 16	22 46 24	8 39 45	21 15 0	16 6 0	17 27 12	15 6 59
8	11 21 49	5 20 23	2 18 42	10 53 29	12 54 40	4 34 43	8 21 2	19 48 37	22 46 17	8 40 34	21 14 53	16 6 30	17 27 8	15 7 15
9	11 26 10	4 50 11	2 20 45	11 3 47	12 55 15	4 38 30	8 21 33	19 46 57	22 46 9	8 41 23	21 14 47	16 7 0	17 27 5	15 7 32
10	11 30 30	4 19 52	2 22 47	11 13 57	12 55 50	4 42 19	8 22 5	19 45 17	22 46 1	8 42 13	21 14 41	16 7 30	17 27 2	15 7 48
11	11 34 50	3 49 26	2 24 48	11 23 57	12 56 25	4 46 11	8 22 36	19 43 37	22 45 52	8 43 3	21 14 34	16 8 0	17 26 59	15 8 5
12	11 39 9	3 18 54	2 26 48	11 33 49	12 57 0	4 50 4	8 23 8	19 41 57	22 45 44	8 43 53	21 14 28	16 8 30	17 26 56	15 8 23
13	11 43 28	2 48 16	2 28 46	11 43 31	12 57 36	4 53 59	8 23 39	19 40 17	22 45 36	8 44 44	21 14 21	16 8 59	17 26 54	15 8 40
14	11 47 46	2 17 33	2 30 44	11 53 4	12 58 12	4 57 56	8 24 10	19 38 37	22 45 28	8 45 35	21 14 15	16 9 29	17 26 51	15 8 58
15	11 52 4	1 46 46	2 32 40	12 2 28	12 58 49	5 1 54	8 24 41	19 36 57	22 45 19	8 46 26	21 14 8	16 9 59	17 26 49	15 9 16
16	11 56 21	1 15 56	2 34 34	12 11 43	12 59 26	5 5 55	8 25 12	19 35 17	22 45 11	8 47 18	21 14 2	16 10 28	17 26 46	15 9 34
17	12 0 38	0 45 3	2 36 28	12 20 50	13 0 3	5 9 57	8 25 43	19 33 37	22 45 2	8 48 10	21 13 55	16 10 58	17 26 44	15 9 52
18	12 4 55	0 14 7	2 38 20	12 29 47	13 0 41	5 14 1	8 26 14	19 31 57	22 44 54	8 49 3	21 13 49	16 11 27	17 26 42	15 10 11
19	12 9 11	0S16 49	2 40 11	12 38 34	13 1 19	5 18 7	8 26 44	19 30 17	22 44 45	8 49 55	21 13 43	16 11 56	17 26 40	15 10 30
20	12 13 27	0 47 47	2 42 0	12 47 13	13 1 57	5 22 14	8 27 15	19 28 38	22 44 36	8 50 48	21 13 36	16 12 26	17 26 38	15 10 49
21	12 17 43	1 18 45	2 43 48	12 55 42	13 2 35	5 26 23	8 27 45	19 26 59	22 44 28	8 51 41	21 13 30	16 12 55	17 26 36	15 11 8
22	12 21 59	1 49 42	2 45 35	13 4 3	13 3 14	5 30 34	8 28 16	19 25 19	22 44 19	8 52 35	21 13 24	16 13 24	17 26 35	15 11 27
23	12 26 15	2 20 38	2 47 20	13 12 13	13 3 53	5 34 46	8 28 46	19 23 40	22 44 10	8 53 28	21 13 17	16 13 52	17 26 33	15 11 47
24	12 30 30	2 51 32	2 49 3	13 20 15	13 4 33	5 38 59	8 29 16	19 22 1	22 44 1	8 54 22	21 13 11	16 14 21	17 26 32	15 12 6
25	12 34 46	3 22 24	2 50 45	13 28 7	13 5 13	5 43 14	8 29 45	19 20 22	22 43 52	8 55 15	21 13 5	16 14 49	17 26 31	15 12 26
26	12 39 1	3 53 13	2 52 25	13 35 49	13 5 53	5 47 30	8 30 15	19 18 44	22 43 44	8 56 9	21 12 59	16 15 17	17 26 30	15 12 46
27	12 43 17	4 23 59	2 54 4	13 43 22	13 6 33	5 51 48	8 30 45	19 17 6	22 43 35	8 57 3	21 12 53	16 15 45	17 26 29	15 13 6
28	12 47 32	4 54 40	2 55 40	13 50 45	13 7 14	5 56 7	8 31 14	19 15 28	22 43 26	8 57 57	21 12 47	16 16 13	17 26 28	15 13 27
29	12 51 48	5 25 16	2 57 15	13 57 59	13 7 55	6 0 28	8 31 43	19 13 50	22 43 17	8 58 51	21 12 41	16 16 40	17 26 27	15 13 47
30	12 56 4	5 55 47	2 58 48	14 5 3	13 8 36	6 4 50	8 32 12	19 12 12	22 43 8	8 59 45	21 12 35	16 17 8	17 26 26	15 14 8
31	13 0 20	6S26 11	3 0 19	14N11 58	13 9 18	6S 9 13	8 32 41	19N10 35	22 42 59	9S 0 39	21 12 29	16S17 35	17 26 26	15S14 29

SEPTEMBER 2005

DAY	SIDEREAL TIME h m s	☉ SUN LONG ° ' "	MOT ' "	R.A. h m s	DECL ° ' "	☽ MOON AT 0 HOURS LONG ° ' "	12h MOT ° ' "	2DIF "	R.A. h m s	DECL ° ' "	☽ MOON AT 12 HOURS LONG ° ' "	12h MOT ° ' "	2DIF "	R.A. h m s	DECL ° ' "
1 Th	22 41 2	13♌50 29	58 5	10 41 7.2	8N19 25	13♋26 53	5 55 26	5	8 48 3	22N45 23	19♋22 18	5 55 44	13	9 12 10	20N51 23
2 F	22 44 58	14 48 34	58 7	10 44 44.7	7 57 36	25 18 2	5 56 17	20	9 35 41	18 44 50	1♌14 19	5 57 4	27	9 58 39	16 27 11
3 S	22 48 55	15 46 41	58 9	10 48 22.0	7 35 40	7♌11 24	5 58 5	33	10 21 8	13 59 54	13 9 29	5 59 18	40	10 43 12	11 24 24
4 Su	22 52 51	16 44 50	58 10	10 51 59.0	7 13 36	19 8 47	6 0 44	46	11 4 57	8 42 7	25 9 31	6 2 23	53	11 26 29	5 54 26
5 M	22 56 48	17 43 0	58 12	10 55 35.7	6 51 25	1♍11 54	6 4 15	59	11 47 55	3 2 45	7♍16 9	6 6 21	67	12 9 21	0 8 29
6 Tu	23 0 44	18 41 12	58 14	10 59 12.2	6 29 7	13 22 30	6 8 42	75	12 30 54	2S46 58	19 31 12	6 11 19	83	12 52 43	5S42 6
7 W	23 4 41	19 39 26	58 15	11 2 48.5	6 6 43	25 42 31	6 14 13	92	13 14 54	8 35 21	1♎56 44	6 17 26	101	13 37 35	11 25 4
8 Th	23 8 37	20 37 41	58 17	11 6 24.6	5 44 13	8♎14 11	6 20 59	111	14 0 55	14 9 27	14 35 9	6 24 51	121	14 25 1	16 46 31
9 F	23 12 34	21 35 58	58 18	11 10 0.5	5 21 37	21 0 1	6 29 4	131	14 50 0	19 14 10	27 29 5	6 33 36	141	15 15 58	21 30 2
10 S	23 16 31	22 34 16	58 20	11 13 36.2	4 58 56	4♏ 2 41	6 38 27	149	15 43 0	23 31 37	10♏41 8	6 43 34	157	16 11 8	25 16 15
11 Su	23 20 27	23 32 36	58 22	11 17 11.8	4 36 10	17 24 42	6 48 54	162	16 40 22	26 41 15	24 13 37	6 54 23	165	17 10 35	27 43 57
12 M	23 24 24	24 30 58	58 23	11 20 47.3	4 13 19	1♐ 7 59	6 59 54	164	17 41 40	28 21 56	8♐ 7 53	7 5 20	160	18 13 23	28 33 15
13 Tu	23 28 20	25 29 20	58 25	11 24 22.6	3 50 24	15 13 13	7 10 35	152	18 45 28	28 16 32	22 23 48	7 15 29	139	19 17 39	27 31 13
14 W	23 32 17	26 27 45	58 26	11 27 57.8	3 27 25	29 39 16	7 19 52	122	19 49 36	26 17 39	6♑59 9	7 23 37	100	20 21 6	24 36 58
15 Th	23 36 13	27 26 11	58 28	11 31 33.0	3 4 22	14♑22 45	7 26 33	74	20 51 57	22 31 10	21 49 18	7 28 34	45	21 22 1	20 2 52
16 F	23 40 10	28 24 39	58 29	11 35 8.1	2 41 16	29 17 52	7 29 34	14	21 51 15	17 15 10	6♒47 26	7 29 30	-18	22 19 40	14 11 28
17 S	23 44 6	29 23 8	58 31	11 38 43.2	2 18 7	14♒16 57	7 28 21	-51	22 47 20	10 55 21	21 45 17	7 26 7	-82	23 14 21	7 30 26
18 Su	23 48 3	0♍21 39	58 33	11 42 18.2	1 54 56	29 11 24	7 22 53	-110	23 40 49	4 0 18	6♓34 18	7 18 46	-135	0 6 53	0 28 23
19 M	23 52 0	1 20 13	58 35	11 45 53.3	1 31 42	13♓53 3	7 13 51	-156	0 32 42	3N 2 3	21 6 54	7 8 20	-173	0 58 23	6N27 55
20 Tu	23 55 56	2 18 48	58 37	11 49 28.4	1 8 26	28 15 14	7 2 20	-184	1 24 5	9 46 22	5♈17 35	6 56 2	-191	1 49 55	12 54 48
21 W	23 59 53	3 17 25	58 39	11 53 3.6	0 45 8	12♈13 37	6 49 36	-193	2 15 58	15 50 50	19 3 13	6 43 9	-192	2 42 19	18 32 21
22 Th	0 3 49	4 16 4	58 42	11 56 38.9	0 21 48	25 46 21	6 36 49	-186	3 9 1	20 57 26	2♉23 10	6 30 44	-178	3 36 4	23 4 28
23 F	0 7 46	5 14 46	58 44	12 0 14.3	0S 1 33	8♉53 54	6 24 58	-166	4 3 28	24 52 6	15 18 52	6 19 38	-153	4 31 9	26 19 15
24 S	0 11 42	6 13 30	58 46	12 3 49.9	0 24 55	21 38 30	6 14 45	-139	4 59 2	27 25 12	27 53 15	6 10 24	-123	5 27 0	28 9 32
25 Su	0 15 39	7 12 16	58 49	12 7 25.6	0 48 17	4♊ 3 39	6 6 35	-106	5 54 55	28 32 11	10♊10 13	6 3 20	-89	6 22 38	28 33 27
26 M	0 19 35	8 11 4	58 51	12 11 1.5	1 11 39	16 13 33	6 0 38	-72	6 50 1	28 13 56	22 14 11	5 58 31	-55	7 16 57	27 34 31
27 Tu	0 23 32	9 9 55	58 53	12 14 37.6	1 35 2	28 12 42	5 56 57	-39	7 43 20	26 36 17	4♋ 9 39	5 55 55	-23	8 9 6	25 20 30
28 W	0 27 29	10 8 47	58 55	12 18 13.9	1 58 24	10♋ 5 34	5 55 24	-8	8 34 13	23 48 32	16 0 59	5 55 23	6	8 58 41	22 1 48
29 Th	0 31 25	11 7 42	58 57	12 21 50.4	2 21 45	21 56 21	5 55 48	19	9 22 31	20 1 43	27 52 9	5 56 39	31	9 45 46	17 49 42
30 F	0 35 22	12♍ 6 40	58 59	12 25 27.2	2S45 4	3♌48 47	5 57 52	42	10 8 30	15N27 10	9♌46 40	5 59 27	52	10 30 49	12N55 28

LUNAR INGRESSES
2 ☽ ♌ 9:30
4 ☽ ♍ 21:37
7 ☽ ♎ 8:16
9 ☽ ♏ 16:37
11 ☽ ♐ 22:03
14 ☽ ♑ 0:34
16 ☽ ♒ 1:08
18 ☽ ♓ 1:19
20 ☽ ♈ 2:58
22 ☽ ♉ 7:39
24 ☽ ♊ 16:06
27 ☽ ♋ 3:36
29 ☽ ♌ 16:18

PLANET INGRESSES
1 ☿ ♌ 20:23
7 ♀ ♎ 5:19
17 ☉ ♍ 15:07
17 ☿ ♍ 20:33

STATIONS
2 ♇ D 10:53

DATA FOR THE 1st AT 0 HOURS
JULIAN DAY 38594.5
☽ MEAN ☊ 20♓ 38' 10"
OBLIQUITY 23° 26' 28"
DELTA T 67.4 SECONDS
NUTATION LONGITUDE -3.6"

DAY MO YR	☿ LONG ° ' "	♀ LONG ° ' "	♂ LONG ° ' "	♃ LONG ° ' "	♄ LONG ° ' "	♅ LONG ° ' "	♆ LONG ° ' "	♇ LONG ° ' "	☊ LONG ° '	A.S.S.I. h m s	S.S.R.Y. h m s	S.V.P. ♓ ° ' "	☿ MERCURY R.A. h m s	DECL ° ' "
1 244	28♋33 23	22♍43 32	22♈17 38	23♍41 20	11♋ 0 41	13♒58R12	20♒46R16	27♏ 0R24	19♓18	13 25 28	29 56 44	5 10 53.8	9 44 19	14N45 55
2 245	0♌15 39	23 53 51	22 39 41	23 52 42	11 7 36	13 55 48	20 44 48	27 0D22	19 12	13 30 2	29 57 25	5 10 53.6	9 51 9	14 19 52
3 246	2 1 1	25 4 7	23 1 11	24 4 6	11 14 29	13 53 24	20 43 21	27 0 22	19 06	13 34 35	29 58 12	5 10 53.6	9 58 8	13 51 7
4 247	3 48 59	26 14 19	23 22 8	24 15 35	11 21 19	13 51 0	20 41 55	27 0 24	19 02	13 39 7	29 59 7	5 10 53.5	10 5 14	13 19 52
5 248	5 39 6	27 24 27	23 42 30	24 27 8	11 28 6	13 48 36	20 40 30	27 0 28	18 59	13 43 39	30 0 9	5 10 53.5	10 12 25	12 46 16
6 249	7 30 55	28 34 31	24 2 18	24 38 44	11 34 50	13 46 13	20 39 5	27 0 34	18 57	13 48 11	30 1 15	5 10 53.5	10 19 39	12 10 32
7 250	9 24 3	29 44 30	24 21 30	24 50 24	11 41 32	13 43 50	20 37 42	27 0 42	18 57	13 52 43	30 2 24	5 10 53.5	10 26 56	11 32 51
8 251	11 18 7	0♎54 26	24 40 5	25 2 8	11 48 10	13 41 27	20 36 20	27 0 51	18 58	13 57 15	30 3 33	5 10 53.4	10 34 12	10 53 24
9 252	13 12 48	2 4 16	24 58 3	25 13 55	11 54 46	13 39 5	20 34 59	27 1 3	19 00	14 1 46	30 4 38	5 10 53.4	10 41 28	10 12 26
10 253	15 7 48	3 14 3	25 15 24	25 25 45	12 1 18	13 36 43	20 33 39	27 1 17	19 01	14 6 17	30 5 35	5 10 53.2	10 48 41	9 30 5
11 254	17 2 52	4 23 44	25 32 7	25 37 39	12 7 48	13 34 22	20 32 20	27 1 32	19 02	14 10 48	30 6 20	5 10 53.0	10 55 53	8 46 35
12 255	18 57 48	5 33 21	25 48 10	25 49 36	12 14 14	13 32 1	20 31 3	27 1 50	19 02	14 15 18	30 6 50	5 10 52.8	11 3 1	8 2 5
13 256	20 52 23	6 42 52	26 3 33	26 1 36	12 20 36	13 29 41	20 29 46	27 2 9	19 01	14 19 49	30 7 4	5 10 52.6	11 10 6	7 16 46
14 257	22 46 29	7 52 18	26 18 17	26 13 39	12 26 56	13 27 22	20 28 31	27 2 31	18 59	14 24 19	30 7 2	5 10 52.3	11 17 6	6 30 46
15 258	24 39 59	9 1 39	26 32 19	26 25 45	12 33 12	13 25 3	20 27 17	27 2 54	18 57	14 28 50	30 6 44	5 10 52.1	11 24 2	5 44 13
16 259	26 32 46	10 10 54	26 45 39	26 37 53	12 39 25	13 22 46	20 26 5	27 3 19	18 54	14 33 20	30 6 12	5 10 52.0	11 30 54	4 57 16
17 260	28 24 46	11 20 4	26 58 17	26 50 5	12 45 34	13 20 29	20 24 53	27 3 46	18 51	14 37 50	30 5 29	5 10 52.0	11 37 42	4 10 0
18 261	0♍15 54	12 29 8	27 10 11	27 2 19	12 51 39	13 18 13	20 23 43	27 4 16	18 50	14 42 20	30 4 40	5 10 51.9	11 44 25	3 22 33
19 262	2 6 9	13 38 7	27 21 21	27 14 36	12 57 41	13 15 58	20 22 35	27 4 47	18 49	14 46 51	30 3 47	5 10 51.9	11 51 3	2 35 0
20 263	3 55 27	14 46 59	27 31 46	27 26 55	13 3 39	13 13 44	20 21 28	27 5 19	18 49	14 51 21	30 2 54	5 10 51.9	11 57 38	1 47 25
21 264	5 43 49	15 55 46	27 41 25	27 39 17	13 9 34	13 11 31	20 20 22	27 5 54	18 50	14 55 51	30 2 5	5 10 51.9	12 4 8	0 59 54
22 265	7 31 12	17 4 27	27 50 18	27 51 42	13 15 25	13 9 20	20 19 17	27 6 31	18 51	15 0 22	30 1 20	5 10 51.8	12 10 33	0 12 30
23 266	9 17 38	18 13 1	27 58 22	28 4 9	13 21 11	13 7 9	20 18 15	27 7 10	18 52	15 4 52	30 0 42	5 10 51.6	12 16 55	0S34 43
24 267	11 3 5	19 21 30	28 5 38	28 16 38	13 26 54	13 5 0	20 17 13	27 7 50	18 53	15 9 23	30 0 15	5 10 51.4	12 23 14	1 21 42
25 268	12 47 34	20 29 52	28 12 5	28 29 10	13 32 33	13 2 53	20 16 13	27 8 33	18 53	15 13 54	29 59 49	5 10 51.2	12 29 29	2 8 24
26 269	14 31 6	21 38 8	28 17 41	28 41 44	13 38 7	13 0 46	20 15 15	27 9 17	18 53	15 18 25	29 59 34	5 10 51.0	12 35 40	2 54 46
27 270	16 13 41	22 46 18	28 22 27	28 54 20	13 43 38	12 58 41	20 14 18	27 10 3	18 53	15 22 57	29 59 29	5 10 50.9	12 41 48	3 40 45
28 271	17 55 20	23 54 20	28 26 21	29 6 58	13 49 4	12 56 38	20 13 23	27 10 51	18 52	15 27 29	29 59 33	5 10 50.7	12 47 53	4 26 20
29 272	19 36 4	25 2 16	28 29 23	29 19 38	13 54 26	12 54 36	20 12 30	27 11 41	18 51	15 32 1	29 59 46	5 10 50.6	12 53 56	5 11 29
30 273	21♍15 55	26♎10 5	28♈31 32	29♍32 19	13♋59 44	12♒52 35	20♒11 38	27♏12 33	18♓50	15 36 33	30 0 9	5 10 50.5	12 59 56	5S56 9

DAY Sep	♀ VENUS R.A. h m s	DECL ° ' "	♂ MARS R.A. h m s	DECL ° ' "	♃ JUPITER R.A. h m s	DECL ° ' "	♄ SATURN R.A. h m s	DECL ° ' "	♅ URANUS R.A. h m s	DECL ° ' "	♆ NEPTUNE R.A. h m s	DECL ° ' "	♇ PLUTO R.A. h m s	DECL ° ' "
1	13 4 37	6S56 28	3 1 47	14N18 42	13 9 59	6S13 37	8 33 10	19N 8 59	22 42 50	9S 1 33	21 12 23	16S18 1	17 26 26	15S14 50
2	13 8 53	7 26 38	3 3 14	14 25 17	13 10 41	6 18 3	8 33 38	19 7 22	22 42 41	9 2 27	21 12 17	16 18 28	17 26 25	15 15 11
3	13 13 10	7 56 39	3 4 39	14 31 43	13 11 24	6 22 29	8 34 7	19 5 46	22 42 32	9 3 21	21 12 11	16 18 54	17 26 25	15 15 33
4	13 17 27	8 26 32	3 6 2	14 37 59	13 12 6	6 26 57	8 34 35	19 4 11	22 42 23	9 4 15	21 12 6	16 19 20	17 26 25	15 15 54
5	13 21 45	8 56 15	3 7 22	14 44 5	13 12 49	6 31 26	8 35 3	19 2 36	22 42 14	9 5 9	21 12 0	16 19 46	17 26 26	15 16 16
6	13 26 2	9 25 47	3 8 40	14 50 1	13 13 32	6 35 55	8 35 30	19 1 1	22 42 5	9 6 3	21 11 54	16 20 12	17 26 26	15 16 38
7	13 30 21	9 55 8	3 9 56	14 55 48	13 14 16	6 40 26	8 35 58	18 59 27	22 41 56	9 6 56	21 11 49	16 20 37	17 26 26	15 17 0
8	13 34 40	10 24 18	3 11 9	15 1 26	13 14 59	6 44 58	8 36 25	18 57 54	22 41 47	9 7 49	21 11 43	16 21 1	17 26 27	15 17 22
9	13 38 59	10 53 15	3 12 20	15 6 54	13 15 43	6 49 30	8 36 52	18 56 21	22 41 38	9 8 42	21 11 38	16 21 26	17 26 28	15 17 44
10	13 43 18	11 22 0	3 13 28	15 12 12	13 16 27	6 54 4	8 37 19	18 54 48	22 41 29	9 9 35	21 11 33	16 21 50	17 26 28	15 18 6
11	13 47 39	11 50 30	3 14 34	15 17 21	13 17 11	6 58 38	8 37 46	18 53 17	22 41 20	9 10 28	21 11 28	16 22 13	17 26 29	15 18 28
12	13 51 59	12 18 46	3 15 38	15 22 21	13 17 56	7 3 13	8 38 12	18 51 45	22 41 11	9 11 20	21 11 22	16 22 37	17 26 31	15 18 51
13	13 56 20	12 46 47	3 16 38	15 27 12	13 18 40	7 7 49	8 38 39	18 50 15	22 41 3	9 12 12	21 11 17	16 23 0	17 26 32	15 19 13
14	14 0 42	13 14 32	3 17 36	15 31 53	13 19 25	7 12 26	8 39 5	18 48 45	22 40 54	9 13 3	21 11 12	16 23 22	17 26 33	15 19 36
15	14 5 5	13 42 0	3 18 31	15 36 26	13 20 10	7 17 3	8 39 30	18 47 16	22 40 45	9 13 54	21 11 8	16 23 45	17 26 35	15 19 59
16	14 9 28	14 9 11	3 19 24	15 40 49	13 20 56	7 21 41	8 39 56	18 45 47	22 40 37	9 14 45	21 11 3	16 24 6	17 26 36	15 20 22
17	14 13 51	14 36 4	3 20 13	15 45 2	13 21 41	7 26 19	8 40 21	18 44 20	22 40 28	9 15 36	21 10 58	16 24 28	17 26 38	15 20 45
18	14 18 16	15 2 39	3 21 0	15 49 7	13 22 27	7 30 58	8 40 46	18 42 53	22 40 20	9 16 26	21 10 53	16 24 49	17 26 40	15 21 8
19	14 22 40	15 28 54	3 21 44	15 53 2	13 23 13	7 35 37	8 41 11	18 41 26	22 40 11	9 17 16	21 10 49	16 25 10	17 26 42	15 21 31
20	14 27 6	15 54 50	3 22 24	15 56 48	13 23 59	7 40 17	8 41 35	18 40 1	22 40 3	9 18 5	21 10 44	16 25 30	17 26 44	15 21 54
21	14 31 32	16 20 25	3 23 2	16 0 24	13 24 45	7 44 57	8 42 0	18 38 36	22 39 54	9 18 54	21 10 40	16 25 50	17 26 47	15 22 17
22	14 35 59	16 45 39	3 23 36	16 3 51	13 25 31	7 49 38	8 42 24	18 37 13	22 39 46	9 19 42	21 10 36	16 26 9	17 26 49	15 22 40
23	14 40 27	17 10 31	3 24 8	16 7 9	13 26 18	7 54 20	8 42 47	18 35 50	22 39 38	9 20 30	21 10 32	16 26 28	17 26 52	15 23 3
24	14 44 55	17 35 1	3 24 35	16 10 17	13 27 5	7 59 1	8 43 11	18 34 27	22 39 30	9 21 17	21 10 28	16 26 46	17 26 54	15 23 27
25	14 49 25	17 59 7	3 25 0	16 13 16	13 27 51	8 3 43	8 43 34	18 33 6	22 39 22	9 22 4	21 10 24	16 27 4	17 26 57	15 23 50
26	14 53 55	18 22 51	3 25 21	16 16 4	13 28 39	8 8 26	8 43 57	18 31 46	22 39 14	9 22 50	21 10 20	16 27 22	17 27 0	15 24 14
27	14 58 25	18 46 9	3 25 39	16 18 44	13 29 26	8 13 9	8 44 19	18 30 27	22 39 6	9 23 36	21 10 16	16 27 39	17 27 3	15 24 37
28	15 2 57	19 9 3	3 25 53	16 21 13	13 30 13	8 17 52	8 44 42	18 29 9	22 38 58	9 24 21	21 10 12	16 27 55	17 27 6	15 25 1
29	15 7 29	19 31 31	3 26 3	16 23 33	13 31 1	8 22 35	8 45 4	18 27 51	22 38 51	9 25 5	21 10 9	16 28 11	17 27 10	15 25 24
30	15 12 2	19S53 33	3 26 10	16N25 43	13 31 48	8S27 18	8 45 25	18N26 35	22 38 43	9S25 49	21 10 5	16S28 27	17 27 13	15S25 48

OCTOBER 2005

DAY	SIDEREAL TIME h m s	☉ SUN LONG ° ' "	MOT ' "	R.A. h m s	DECL ° ' "	☽ MOON AT 0 HOURS LONG ° ' "	12h MOT ° ' "	2DIF	R.A. h m s	DECL ° ' "	☽ MOON AT 12 HOURS LONG ° ' "	12h MOT ° ' "	2DIF	R.A. h m s	DECL ° ' "
1 S	0 39 18	13♍ 5 39	59 2	12 29 4.3	3S 8 22	15♌46 7	6 1 20	61	10 52 46	10N15 58	21♌47 27	6 3 30	68	11 14 29	7N30 0
2 Su	0 43 15	14 4 41	59 4	12 32 41.6	3 31 39	27 50 57	6 5 54	75	11 36 4	4 38 56	3♍56 51	6 8 31	81	11 57 38	1 44 10
3 M	0 47 11	15 3 44	59 6	12 36 19.3	3 54 53	10♍ 5 22	6 11 18	86	12 19 18	1S12 51	16 16 39	6 14 14	90	12 41 10	4S10 36
4 Tu	0 51 8	16 2 50	59 8	12 39 57.3	4 18 4	22 30 53	6 17 17	93	13 3 23	7 7 26	28 48 10	6 20 26	96	13 26 4	10 1 38
5 W	0 55 4	17 1 58	59 10	12 43 35.6	4 41 12	5♎ 8 36	6 23 41	98	13 49 21	12 51 17	11♎32 18	6 27 0	100	14 13 20	15 34 20
6 Th	0 59 1	18 1 8	59 12	12 47 14.3	5 4 16	17 59 18	6 30 23	102	14 38 8	18 8 35	24 29 41	6 33 49	104	15 3 52	20 31 39
7 F	1 2 57	19 0 19	59 14	12 50 53.4	5 27 17	1♏ 3 30	6 37 18	105	15 30 34	22 41 1	7♏40 48	6 40 49	106	15 58 17	24 34 6
8 S	1 6 54	19 59 33	59 15	12 54 32.9	5 50 14	14 21 36	6 44 21	106	16 26 59	26 8 17	21 5 57	6 47 53	106	16 56 38	27 21 6
9 Su	1 10 51	20 58 48	59 17	12 58 12.8	6 13 5	27 53 50	6 51 25	105	17 27 3	28 10 18	4♐45 15	6 54 54	104	17 58 4	28 34 4
10 M	1 14 47	21 58 5	59 19	13 1 53.1	6 35 52	11♐40 9	6 58 19	101	18 29 26	28 31 10	18 38 28	7 1 37	96	19 0 53	28 1 2
11 Tu	1 18 44	22 57 24	59 21	13 5 33.9	6 58 34	25 40 4	7 4 44	90	19 32 10	27 3 50	2♑44 49	7 7 38	82	20 3 2	25 40 29
12 W	1 22 40	23 56 44	59 22	13 9 15.1	7 21 9	9♑52 26	7 10 14	72	20 33 19	23 52 34	17 2 40	7 12 27	60	21 2 52	21 42 9
13 Th	1 26 37	24 56 7	59 24	13 12 56.8	7 43 39	24 15 7	7 14 15	46	21 31 40	19 11 46	1♒29 22	7 15 31	30	21 59 41	16 24 11
14 F	1 30 33	25 55 31	59 26	13 16 39.0	8 6 2	8♒44 53	7 16 13	11	22 27 0	13 22 21	16 1 5	7 16 16	-8	22 53 41	10 9 18
15 S	1 34 30	26 54 56	59 28	13 20 21.7	8 28 17	23 17 22	7 15 39	-29	23 19 51	6 48 7	0♓33 1	7 14 21	-50	23 45 39	3 21 52
16 Su	1 38 26	27 54 24	59 30	13 24 5.0	8 50 26	7♓47 21	7 12 20	-71	0 11 11	0N 6 25	14 59 41	7 9 38	-91	0 36 38	3N33 43
17 M	1 42 23	28 53 53	59 32	13 27 48.9	9 12 27	22 9 18	7 6 17	-109	1 2 7	6 57 8	29 15 35	7 2 21	-126	1 27 45	10 13 50
18 Tu	1 46 20	29 53 25	59 34	13 31 33.3	9 34 21	6♈17 56	6 57 54	-140	1 53 39	13 21 5	13♈15 50	6 53 2	-151	2 19 55	16 16 18
19 W	1 50 16	0♎52 59	59 36	13 35 18.3	9 56 6	20 8 52	6 47 52	-158	2 46 36	18 57 5	26 56 44	6 42 29	-163	3 13 45	21 21 14
20 Th	1 54 13	1 52 34	59 38	13 39 4.0	10 17 42	3♉39 13	6 37 1	-164	3 41 21	23 26 51	10♉16 14	6 31 33	-162	4 9 20	25 12 19
21 F	1 58 9	2 52 12	59 40	13 42 50.4	10 39 9	16 47 47	6 26 13	-157	4 37 39	26 36 23	23 14 0	6 21 5	-149	5 6 8	27 38 14
22 S	2 2 6	3 51 52	59 43	13 46 37.4	11 0 27	29 35 5	6 16 16	-139	5 34 40	28 17 29	5♊51 21	6 11 50	-127	6 3 4	28 34 14
23 Su	2 6 2	4 51 35	59 45	13 50 25.0	11 21 36	12♊ 3 11	6 7 50	-112	6 31 10	28 28 56	18 11 0	6 4 20	-97	6 58 49	28 2 29
24 M	2 9 59	5 51 19	59 47	13 54 13.4	11 42 34	24 15 20	6 1 22	-80	7 25 55	27 16 1	0♋16 41	5 58 58	-63	7 52 20	26 10 55
25 Tu	2 13 56	6 51 6	59 49	13 58 2.5	12 3 21	6♋15 40	5 57 11	-45	8 18 3	24 48 40	12 12 50	5 55 59	-27	8 43 2	23 10 48
26 W	2 17 52	7 50 55	59 51	14 1 52.4	12 23 58	18 8 49	5 55 24	-8	9 7 18	21 18 51	24 4 14	5 55 25	10	9 30 55	19 14 19
27 Th	2 21 49	8 50 46	59 53	14 5 43.0	12 44 23	29 59 39	5 56 2	27	9 53 56	16 58 37	5♌55 41	5 57 13	44	10 16 27	14 33 5
28 F	2 25 45	9 50 39	59 56	14 9 34.3	13 4 37	11♌52 54	5 58 57	59	10 38 33	11 59 2	17 51 51	6 1 11	74	11 0 20	9 17 42
29 S	2 29 42	10 50 35	59 58	14 13 26.4	13 24 38	23 53 3	6 3 54	87	11 21 57	6 30 20	29 56 56	6 7 1	99	11 43 29	3 38 10
30 Su	2 33 38	11 50 33	60 0	14 17 19.3	13 44 27	6♍ 3 57	6 10 30	109	12 5 6	0 42 31	12♍14 27	6 14 17	117	12 26 53	2S15 13
31 M	2 37 35	12♎50 32	60 2	14 21 13.0	14S 4 3	18♍28 45	6 18 19	123	12 48 59	5S13 32	24♍47 4	6 22 30	127	13 11 33	8S10 46

LUNAR INGRESSES
2 ☽ ♍ 4:14
4 ☽ ♎ 14:16
6 ☽ ♏ 22:04
9 ☽ ♐ 3:41
11 ☽ ♑ 7:21
13 ☽ ♒ 9:32
15 ☽ ♓ 11:05
17 ☽ ♈ 13:15
19 ☽ ♉ 17:27
22 ☽ ♊ 0:47
24 ☽ ♋ 11:27
27 ☽ ♌ 0:01
29 ☽ ♍ 12:06
31 ☽ ♎ 21:50

PLANET INGRESSES
2 ♃ ♎ 4:07
3 ♀ ♏ 9:41
5 ☿ ♎ 9:32
18 ☉ ♎ 2:39
26 ☿ ♏ 4:06
31 ♀ ♐ 4:47

STATIONS
1 ♂ R 22:05
26 ♆ D 23:25

DATA FOR THE 1st AT 0 HOURS
JULIAN DAY 38624.5
☽ MEAN ☊ 19°♓ 2' 47"
OBLIQUITY 23° 26' 28"
DELTA T 67.4 SECONDS
NUTATION LONGITUDE -4.6"

DAY MO YR	☿ LONG ° ' "	♀ LONG ° ' "	♂ LONG ° ' "	♃ LONG ° ' "	♄ LONG ° ' "	♅ LONG ° ' "	♆ LONG ° ' "	♇ LONG ° ' "	☊ LONG ° '	A.S.S.I. h m s	S.S.R.Y. h m s	S.V.P. ♓ ° ' "	☿ MERCURY R.A. h m s	DECL ° ' "
1 274	22♍54 52	27♎17 47	28♈32R48	29♍45 3	14♋ 4 57	12♒50R37	20♑10R48	27♏13 27	18♓49	15 41 6	30 0 41	5 10 50.5	13 5 53	6S40 19
2 275	24 32 58	28 25 22	28 33 11	29 57 48	14 10 5	12 48 40	20 9 59	27 14 22	18 48	15 45 39	30 1 27	5 10 50.5	13 11 48	7 23 57
3 276	26 10 13	29 32 49	28 32 39	0♎10 36	14 15 9	12 46 44	20 9 12	27 15 20	18 48	15 50 12	30 2 22	5 10 50.5	13 17 41	8 7 2
4 277	27 46 37	0♏40 8	28 31 14	0 23 24	14 20 8	12 44 51	20 8 27	27 16 19	18 48	15 54 46	30 3 26	5 10 50.5	13 23 32	8 49 33
5 278	29 22 13	1 47 19	28 28 55	0 36 14	14 25 3	12 42 59	20 7 44	27 17 20	18 48	15 59 20	30 4 37	5 10 50.4	13 29 22	9 31 27
6 279	0♎57 1	2 54 21	28 25 41	0 49 6	14 29 52	12 41 10	20 7 3	27 18 23	18 48	16 3 55	30 5 52	5 10 50.4	13 35 9	10 12 44
7 280	2 31 1	4 1 15	28 21 33	1 1 59	14 34 37	12 39 22	20 6 23	27 19 27	18 48	16 8 30	30 7 6	5 10 50.2	13 40 56	10 53 22
8 281	4 4 15	5 8 0	28 16 32	1 14 53	14 39 17	12 37 36	20 5 45	27 20 33	18 48	16 13 6	30 8 15	5 10 50.0	13 46 40	11 33 20
9 282	5 36 43	6 14 36	28 10 37	1 27 48	14 43 51	12 35 52	20 5 9	27 21 42	18 48	16 17 42	30 9 15	5 10 49.8	13 52 24	12 12 36
10 283	7 8 25	7 21 2	28 3 49	1 40 45	14 48 21	12 34 11	20 4 35	27 22 51	18 48	16 22 19	30 10 3	5 10 49.6	13 58 6	12 51 11
11 284	8 39 22	8 27 17	27 56 9	1 53 42	14 52 46	12 32 31	20 4 3	27 24 3	18 48	16 26 57	30 10 35	5 10 49.4	14 3 47	13 29 1
12 285	10 9 34	9 33 23	27 47 36	2 6 40	14 57 5	12 30 54	20 3 32	27 25 16	18 48	16 31 35	30 10 52	5 10 49.2	14 9 26	14 6 7
13 286	11 39 1	10 39 18	27 38 13	2 19 40	15 1 19	12 29 19	20 3 4	27 26 31	18 48	16 36 13	30 10 52	5 10 49.0	14 15 5	14 42 27
14 287	13 7 43	11 45 1	27 27 59	2 32 39	15 5 28	12 27 46	20 2 37	27 27 47	18 49	16 40 52	30 10 39	5 10 48.9	14 20 43	15 17 59
15 288	14 35 39	12 50 33	27 16 56	2 45 40	15 9 32	12 26 16	20 2 12	27 29 6	18 50	16 45 32	30 10 13	5 10 48.9	14 26 19	15 52 42
16 289	16 2 50	13 55 53	27 5 4	2 58 41	15 13 30	12 24 48	20 1 50	27 30 25	18 50	16 50 13	30 9 38	5 10 48.8	14 31 55	16 26 35
17 290	17 29 14	15 1 1	26 52 25	3 11 43	15 17 22	12 23 22	20 1 29	27 31 47	18 50	16 54 54	30 8 56	5 10 48.8	14 37 29	16 59 36
18 291	18 54 50	16 5 56	26 38 59	3 24 45	15 21 10	12 21 58	20 1 10	27 33 10	18 50	16 59 36	30 8 11	5 10 48.8	14 43 3	17 31 45
19 292	20 19 37	17 10 38	26 24 48	3 37 48	15 24 51	12 20 38	20 0 53	27 34 34	18 49	17 4 19	30 7 23	5 10 48.7	14 48 35	18 3 0
20 293	21 43 33	18 15 7	26 9 54	3 50 51	15 28 27	12 19 19	20 0 38	27 36 1	18 47	17 9 2	30 6 36	5 10 48.5	14 54 5	18 33 18
21 294	23 6 36	19 19 22	25 54 17	4 3 54	15 31 58	12 18 3	20 0 25	27 37 28	18 45	17 13 46	30 5 51	5 10 48.3	14 59 34	19 2 40
22 295	24 28 44	20 23 23	25 38 0	4 16 58	15 35 22	12 16 50	20 0 13	27 38 58	18 43	17 18 32	30 5 9	5 10 48.1	15 5 2	19 31 2
23 296	25 49 53	21 27 10	25 21 5	4 30 2	15 38 41	12 15 39	20 0 4	27 40 28	18 41	17 23 18	30 4 31	5 10 47.9	15 10 27	19 58 23
24 297	27 10 0	22 30 42	25 3 32	4 43 5	15 41 54	12 14 30	19 59 57	27 42 1	18 40	17 28 5	30 3 58	5 10 47.7	15 15 50	20 24 42
25 298	28 29 1	23 33 59	24 45 26	4 56 9	15 45 1	12 13 25	19 59 52	27 43 34	18 40	17 32 52	30 3 33	5 10 47.5	15 21 10	20 49 56
26 299	29 46 51	24 36 59	24 26 47	5 9 13	15 48 3	12 12 22	19 59D49	27 45 9	18 40	17 37 41	30 3 15	5 10 47.4	15 26 28	21 14 4
27 300	1♏ 3 23	25 39 44	24 7 39	5 22 17	15 50 58	12 11 21	19 59 48	27 46 46	18 41	17 42 31	30 3 7	5 10 47.2	15 31 42	21 37 3
28 301	2 18 32	26 42 11	23 48 4	5 35 21	15 53 47	12 10 24	19 59 49	27 48 24	18 43	17 47 22	30 3 9	5 10 47.2	15 36 52	21 58 51
29 302	3 32 10	27 44 21	23 28 4	5 48 24	15 56 30	12 9 29	19 59 52	27 50 3	18 44	17 52 13	30 3 24	5 10 47.1	15 41 57	22 19 26
30 303	4 44 7	28 46 14	23 7 43	6 1 27	15 59 6	12 8 37	19 59 57	27 51 44	18 46	17 57 6	30 3 51	5 10 47.1	15 46 58	22 38 45
31 304	5♏54 14	29♏47 47	22♈47 4	6♎14 29	16♋ 1 37	12♒ 7 48	20♑ 0 4	27♏53 26	18♓46	18 1 59	30 4 32	5 10 47.0	15 51 51	22S56 45

DAY Oct	♀ VENUS R.A. h m s	DECL ° ' "	♂ MARS R.A. h m s	DECL ° ' "	♃ JUPITER R.A. h m s	DECL ° ' "	♄ SATURN R.A. h m s	DECL ° ' "	♅ URANUS R.A. h m s	DECL ° ' "	♆ NEPTUNE R.A. h m s	DECL ° ' "	♇ PLUTO R.A. h m s	DECL ° ' "
1	15 16 35	20S15 8	3 26 14	16N27 43	13 32 36	8S32 2	8 45 47	18N25 20	22 38 36	9S26 32	21 10 2	16S28 42	17 27 17	15S26 11
2	15 21 9	20 36 15	3 26 13	16 29 34	13 33 24	8 36 45	8 46 8	18 24 6	22 38 28	9 27 14	21 9 59	16 28 57	17 27 21	15 26 35
3	15 25 44	20 56 55	3 26 9	16 31 14	13 34 12	8 41 29	8 46 28	18 22 53	22 38 21	9 27 56	21 9 56	16 29 11	17 27 24	15 26 59
4	15 30 20	21 17 5	3 26 2	16 32 45	13 35 0	8 46 12	8 46 49	18 21 42	22 38 14	9 28 37	21 9 53	16 29 24	17 27 28	15 27 22
5	15 34 56	21 36 46	3 25 50	16 34 6	13 35 49	8 50 56	8 47 9	18 20 31	22 38 7	9 29 17	21 9 50	16 29 37	17 27 32	15 27 46
6	15 39 33	21 55 58	3 25 35	16 35 17	13 36 37	8 55 40	8 47 29	18 19 22	22 38 0	9 29 57	21 9 47	16 29 50	17 27 37	15 28 9
7	15 44 11	22 14 39	3 25 16	16 36 18	13 37 25	9 0 23	8 47 48	18 18 13	22 37 53	9 30 35	21 9 45	16 30 2	17 27 41	15 28 32
8	15 48 49	22 32 48	3 24 54	16 37 10	13 38 14	9 5 7	8 48 7	18 17 6	22 37 46	9 31 13	21 9 42	16 30 13	17 27 45	15 28 56
9	15 53 28	22 50 26	3 24 27	16 37 52	13 39 3	9 9 50	8 48 26	18 16 1	22 37 40	9 31 50	21 9 40	16 30 24	17 27 50	15 29 19
10	15 58 7	23 7 32	3 23 57	16 38 24	13 39 52	9 14 33	8 48 44	18 14 56	22 37 33	9 32 27	21 9 37	16 30 34	17 27 55	15 29 43
11	16 2 46	23 24 5	3 23 24	16 38 46	13 40 41	9 19 16	8 49 2	18 13 53	22 37 27	9 33 2	21 9 35	16 30 44	17 28 0	15 30 6
12	16 7 26	23 40 6	3 22 47	16 38 59	13 41 30	9 23 59	8 49 20	18 12 51	22 37 21	9 33 37	21 9 33	16 30 53	17 28 5	15 30 30
13	16 12 6	23 55 32	3 22 6	16 39 3	13 42 19	9 28 41	8 49 37	18 11 51	22 37 15	9 34 11	21 9 31	16 31 2	17 28 10	15 30 53
14	16 16 47	24 10 24	3 21 22	16 38 56	13 43 8	9 33 23	8 49 54	18 10 52	22 37 9	9 34 43	21 9 30	16 31 10	17 28 15	15 31 16
15	16 21 27	24 24 42	3 20 35	16 38 41	13 43 57	9 38 5	8 50 11	18 9 54	22 37 3	9 35 15	21 9 28	16 31 18	17 28 20	15 31 39
16	16 26 8	24 38 25	3 19 44	16 38 15	13 44 46	9 42 46	8 50 27	18 8 58	22 36 58	9 35 47	21 9 27	16 31 25	17 28 26	15 32 2
17	16 30 49	24 51 32	3 18 50	16 37 40	13 45 36	9 47 27	8 50 43	18 8 3	22 36 52	9 36 17	21 9 25	16 31 31	17 28 31	15 32 25
18	16 35 30	25 4 4	3 17 53	16 36 56	13 46 25	9 52 8	8 50 59	18 7 10	22 36 47	9 36 46	21 9 24	16 31 37	17 28 37	15 32 48
19	16 40 11	25 15 59	3 16 53	16 36 2	13 47 15	9 56 48	8 51 14	18 6 18	22 36 42	9 37 14	21 9 23	16 31 43	17 28 42	15 33 11
20	16 44 52	25 27 19	3 15 50	16 34 59	13 48 4	10 1 27	8 51 29	18 5 27	22 36 37	9 37 42	21 9 22	16 31 47	17 28 48	15 33 34
21	16 49 33	25 38 2	3 14 43	16 33 47	13 48 54	10 6 6	8 51 43	18 4 38	22 36 32	9 38 8	21 9 21	16 31 51	17 28 54	15 33 57
22	16 54 13	25 48 9	3 13 35	16 32 26	13 49 43	10 10 45	8 51 57	18 3 51	22 36 28	9 38 34	21 9 20	16 31 55	17 29 0	15 34 19
23	16 58 53	25 57 38	3 12 23	16 30 56	13 50 33	10 15 23	8 52 11	18 3 5	22 36 23	9 38 58	21 9 20	16 31 58	17 29 6	15 34 42
24	17 3 33	26 6 30	3 11 9	16 29 17	13 51 23	10 20 0	8 52 24	18 2 20	22 36 19	9 39 21	21 9 19	16 32 0	17 29 12	15 35 4
25	17 8 12	26 14 46	3 9 53	16 27 30	13 52 12	10 24 37	8 52 37	18 1 38	22 36 15	9 39 44	21 9 19	16 32 2	17 29 19	15 35 27
26	17 12 51	26 22 23	3 8 34	16 25 35	13 53 2	10 29 13	8 52 49	18 0 57	22 36 11	9 40 5	21 9 19	16 32 3	17 29 25	15 35 49
27	17 17 29	26 29 24	3 7 14	16 23 33	13 53 52	10 33 49	8 53 1	18 0 17	22 36 7	9 40 26	21 9 19	16 32 4	17 29 32	15 36 11
28	17 22 7	26 35 46	3 5 52	16 21 23	13 54 42	10 38 23	8 53 12	17 59 39	22 36 3	9 40 45	21 9 19	16 32 4	17 29 39	15 36 33
29	17 26 44	26 41 31	3 4 28	16 19 6	13 55 31	10 42 57	8 53 24	17 59 3	22 36 0	9 41 4	21 9 19	16 32 3	17 29 45	15 36 55
30	17 31 19	26 46 39	3 3 2	16 16 42	13 56 21	10 47 30	8 53 34	17 58 29	22 35 56	9 41 21	21 9 19	16 32 2	17 29 52	15 37 16
31	17 35 54	26S51 9	3 1 36	16N14 13	13 57 11	10S52 3	8 53 45	17N57 56	22 35 53	9S41 37	21 9 20	16S32 0	17 29 59	15S37 38

NOVEMBER 2005

DAY	SIDEREAL TIME h m s	☉ SUN LONG ° ' "	MOT ' "	R.A. h m s	DECL ° ' "	☽ MOON AT 0 HOURS LONG ° ' "	12h MOT ° ' "	2DIF "	R.A. h m s	DECL ° ' "	☽ MOON AT 12 HOURS LONG ° ' "	12h MOT ° ' "	2DIF "	R.A. h m s	DECL ° ' "
1 Tu	2 41 31	13♎50 34	60 4	14 25 7.4	14S23 25	1♎ 9 33	6 26 46	128	13 34 41	11S 5 4	7♎36 20	6 31 4	128	13 58 32	13S54 21
2 W	2 45 28	14 50 38	60 6	14 29 2.7	14 42 34	14 7 23	6 35 17	125	14 23 14	16 36 21	20 42 40	6 39 23	120	14 48 51	19 8 33
3 Th	2 49 24	15 50 43	60 8	14 32 58.8	15 1 28	27 22 3	6 43 16	113	15 15 30	21 28 15	4♏ 5 19	6 46 55	105	15 43 12	23 32 38
4 F	2 53 21	16 50 51	60 9	14 36 55.7	15 20 7	10♏52 13	6 50 15	95	16 11 57	25 18 49	17 42 28	6 53 15	85	16 41 40	26 44 2
5 S	2 57 18	17 51 0	60 11	14 40 53.4	15 38 31	24 35 42	6 55 53	74	17 12 15	27 45 46	1♐31 35	6 58 9	63	17 43 27	28 22 1
6 Su	3 1 14	18 51 10	60 13	14 44 51.9	15 56 40	8♐29 44	7 0 4	52	18 15 2	28 31 21	15 29 48	7 1 37	42	18 46 43	28 13 10
7 M	3 5 11	19 51 23	60 14	14 48 51.3	16 14 33	22 31 24	7 2 50	32	19 18 11	27 27 39	29 34 14	7 3 44	23	19 49 12	26 15 46
8 Tu	3 9 7	20 51 36	60 15	14 52 51.4	16 32 9	6♑37 58	7 4 22	15	20 19 34	24 39 13	13♑42 20	7 4 45	8	20 49 7	22 40 9
9 W	3 13 4	21 51 52	60 17	14 56 52.4	16 49 29	20 47 5	7 4 55	1	21 17 49	20 21 8	27 52 0	7 4 51	-5	21 45 39	17 44 54
10 Th	3 17 0	22 52 8	60 18	15 0 54.3	17 6 31	4♒56 51	7 4 35	-11	22 12 40	14 54 14	12♒ 1 26	7 4 7	-17	22 38 59	11 51 57
11 F	3 20 57	23 52 26	60 19	15 4 56.9	17 23 15	19 5 34	7 3 27	-24	23 4 41	8 40 48	26 9 1	7 2 32	-31	23 29 56	5 23 29
12 S	3 24 53	24 52 46	60 21	15 9 0.4	17 39 42	3♓11 33	7 1 22	-39	23 54 53	2 2 37	10♓12 55	6 59 56	-48	0 19 40	1N19 13
13 Su	3 28 50	25 53 7	60 22	15 13 4.7	17 55 50	17 12 51	6 58 11	-57	0 44 26	4N39 29	24 11 2	6 56 7	-67	1 9 21	7 55 37
14 M	3 32 47	26 53 29	60 24	15 17 9.8	18 11 39	1♈ 7 9	6 53 42	-78	1 34 31	11 5 8	8♈ 0 51	6 50 56	-88	2 0 3	14 5 32
15 Tu	3 36 43	27 53 53	60 26	15 21 15.8	18 27 10	14 51 47	6 47 50	-98	2 26 4	16 54 22	21 39 37	6 44 23	-108	2 52 37	19 29 14
16 W	3 40 40	28 54 18	60 27	15 25 22.6	18 42 20	28 24 0	6 40 39	-116	3 19 43	21 47 53	5♉ 4 39	6 36 40	-122	3 47 21	23 48 16
17 Th	3 44 36	29 54 45	60 29	15 29 30.2	18 57 11	11♉41 20	6 32 30	-127	4 15 29	25 28 37	18 13 50	6 28 13	-129	4 44 0	26 47 31
18 F	3 48 33	0♏55 14	60 31	15 33 38.7	19 11 42	24 42 2	6 23 52	-130	5 12 44	27 43 59	1♊ 5 54	6 19 34	-127	5 41 32	28 17 34
19 S	3 52 29	1 55 44	60 32	15 37 48.1	19 25 52	7♊25 28	6 15 23	-123	6 10 11	28 28 19	13 40 51	6 11 24	-115	6 38 30	28 16 45
20 Su	3 56 26	2 56 16	60 34	15 41 58.2	19 39 42	19 52 15	6 7 41	-106	7 6 20	27 43 51	25 59 56	6 4 20	-94	7 33 31	26 50 57
21 M	4 0 23	3 56 50	60 36	15 46 9.2	19 53 10	2♋ 4 16	6 1 24	-81	7 59 59	25 39 35	8♋ 5 41	5 58 57	-65	8 25 39	24 11 27
22 Tu	4 4 19	4 57 25	60 37	15 50 21.1	20 6 16	14 4 38	5 57 2	-49	8 50 33	22 28 15	20 1 40	5 55 42	-31	9 14 40	20 31 40
23 W	4 8 16	5 58 2	60 39	15 54 33.7	20 19 1	25 57 22	5 54 59	-12	9 38 6	18 23 18	1♌52 20	5 54 54	7	10 0 54	16 4 37
24 Th	4 12 12	6 58 41	60 40	15 58 47.1	20 31 23	7♌47 14	5 55 28	27	10 23 10	13 37 1	13 42 42	5 56 42	47	10 45 1	11 1 46
25 F	4 16 9	7 59 21	60 42	16 3 1.3	20 43 22	19 39 24	5 58 37	67	11 6 34	8 20 3	25 38 1	6 1 10	86	11 27 58	5 33 3
26 S	4 20 5	9 0 3	60 44	16 7 16.3	20 54 58	1♍39 11	6 4 21	104	11 49 18	2 41 53	7♍43 32	6 8 8	121	12 10 45	0S12 16
27 Su	4 24 2	10 0 47	60 45	16 11 32.0	21 6 11	13 51 39	6 12 27	137	12 32 26	3S 8 7	20 4 6	6 17 14	150	12 54 30	6 4 18
28 M	4 27 58	11 1 32	60 47	16 15 48.5	21 17 0	26 21 20	6 22 26	160	13 17 5	8 59 15	2♎43 46	6 27 56	168	13 40 21	11 51 11
29 Tu	4 31 55	12 2 19	60 48	16 20 5.7	21 27 25	9♎11 42	6 33 38	172	14 4 26	14 38 2	15 45 20	6 39 23	172	14 29 28	17 17 28
30 W	4 35 52	13♏ 3 7	60 50	16 24 23.6	21S37 25	22♎24 43	6 45 6	168	14 55 34	19S46 50	29♎ 9 49	6 50 36	160	15 22 49	22S 3 13

LUNAR INGRESSES
3 ☽ ♏ 4:43
5 ☽ ♐ 9:22
7 ☽ ♑ 12:44
9 ☽ ♒ 15:37
11 ☽ ♓ 18:33
13 ☽ ♈ 22:04
16 ☽ ♉ 2:52
18 ☽ ♊ 9:56
20 ☽ ♋ 19:54
23 ☽ ♌ 8:12
25 ☽ ♍ 20:43
28 ☽ ♎ 6:53
30 ☽ ♏ 13:28

PLANET INGRESSES
17 ☉ ♏ 2:05

STATIONS
14 ☿ R 5:43
16 ♅ D 0:09
22 ♄ R 9:02

DATA FOR THE 1st AT 0 HOURS
JULIAN DAY 38655.5
☽ MEAN ☊ 17°♓ 24' 13"
OBLIQUITY 23° 26' 28"
DELTA T 67.5 SECONDS
NUTATION LONGITUDE -5.2"

DAY MO YR	☿ LONG ° ' "	♀ LONG ° ' "	♂ LONG ° ' "	♃ LONG ° ' "	♄ LONG ° ' "	♅ LONG ° ' "	♆ LONG ° ' "	♇ LONG ° ' "	☊ LONG ° '	A.S.S.I. h m s	S.S.R.Y. h m s	S.V.P. ♓ ° ' "	☿ MERCURY R.A. h m s	DECL ° ' "
1 305	7♏ 2 18	0♐49 1	22♈26R10	6♎27 31	16♋ 4 1	12♒ 7R 1	20♑ 0 13	27♏55 10	18♓46	18 6 54	30 5 25	5 10 47.0	15 56 38	23S13 24
2 306	8 8 7	1 49 54	22 5 3	6 40 32	16 6 19	12 6 18	20 0 25	27 56 54	18 44	18 11 49	30 6 28	5 10 46.9	16 1 17	23 28 38
3 307	9 11 25	2 50 27	21 43 48	6 53 33	16 8 31	12 5 37	20 0 38	27 58 40	18 41	18 16 46	30 7 39	5 10 46.8	16 5 47	23 42 25
4 308	10 11 55	3 50 38	21 22 28	7 6 33	16 10 36	12 4 59	20 0 53	28 0 28	18 38	18 21 44	30 8 54	5 10 46.6	16 10 5	23 54 41
5 309	11 9 16	4 50 27	21 1 5	7 19 31	16 12 34	12 4 24	20 1 11	28 2 16	18 32	18 26 42	30 10 7	5 10 46.3	16 14 12	24 5 21
6 310	12 3 8	5 49 51	20 39 43	7 32 29	16 14 27	12 3 53	20 1 30	28 4 6	18 27	18 31 42	30 11 14	5 10 46.0	16 18 4	24 14 22
7 311	12 53 3	6 48 51	20 18 26	7 45 26	16 16 12	12 3 24	20 1 51	28 5 57	18 24	18 36 43	30 12 11	5 10 45.8	16 21 41	24 21 39
8 312	13 38 35	7 47 26	19 57 16	7 58 22	16 17 52	12 2 58	20 2 15	28 7 49	18 21	18 41 44	30 12 57	5 10 45.5	16 24 59	24 27 7
9 313	14 19 12	8 45 33	19 36 18	8 11 16	16 19 24	12 2 35	20 2 41	28 9 42	18 20	18 46 47	30 13 29	5 10 45.3	16 27 57	24 30 40
10 314	14 54 19	9 43 13	19 15 32	8 24 9	16 20 50	12 2 15	20 3 8	28 11 36	18 21	18 51 51	30 13 47	5 10 45.2	16 30 33	24 32 11
11 315	15 23 19	10 40 23	18 55 4	8 37 0	16 22 9	12 1 58	20 3 38	28 13 31	18 22	18 56 56	30 13 51	5 10 45.1	16 32 42	24 31 35
12 316	15 45 31	11 37 3	18 34 55	8 49 50	16 23 22	12 1 44	20 4 10	28 15 28	18 24	19 2 2	30 13 43	5 10 45.0	16 34 22	24 28 42
13 317	16 0 13	12 33 12	18 15 8	9 2 39	16 24 28	12 1 33	20 4 43	28 17 25	18 25	19 7 9	30 13 24	5 10 45.0	16 35 31	24 23 24
14 318	16 6R42	13 28 48	17 55 45	9 15 26	16 25 28	12 1 26	20 5 19	28 19 23	18 24	19 12 17	30 12 56	5 10 44.9	16 36 5	24 15 32
15 319	16 4 17	14 23 49	17 36 49	9 28 11	16 26 21	12 1 21	20 5 57	28 21 22	18 21	19 17 26	30 12 21	5 10 44.8	16 36 1	24 4 57
16 320	15 52 19	15 18 16	17 18 22	9 40 54	16 27 7	12 1D19	20 6 36	28 23 23	18 17	19 22 36	30 11 40	5 10 44.6	16 35 16	23 51 28
17 321	15 30 17	16 12 5	17 0 27	9 53 36	16 27 46	12 1 20	20 7 18	28 25 24	18 10	19 27 47	30 10 54	5 10 44.4	16 33 50	23 34 57
18 322	14 57 51	17 5 17	16 43 4	10 6 15	16 28 19	12 1 25	20 8 2	28 27 26	18 2	19 32 59	30 10 5	5 10 44.1	16 31 40	23 15 17
19 323	14 15 1	17 57 49	16 26 17	10 18 53	16 28 45	12 1 32	20 8 47	28 29 29	17 54	19 38 12	30 9 15	5 10 43.8	16 28 46	22 52 25
20 324	13 22 4	18 49 40	16 10 6	10 31 29	16 29 5	12 1 43	20 9 35	28 31 32	17 47	19 43 27	30 8 24	5 10 43.6	16 25 12	22 26 22
21 325	12 19 47	19 40 48	15 54 34	10 44 2	16 29 17	12 1 56	20 10 24	28 33 37	17 40	19 48 42	30 7 35	5 10 43.3	16 21 0	21 57 21
22 326	11 9 27	20 31 12	15 39 42	10 56 33	16 29R23	12 2 13	20 11 16	28 35 42	17 36	19 53 58	30 6 50	5 10 43.1	16 16 16	21 25 40
23 327	9 52 51	21 20 50	15 25 32	11 9 2	16 29 22	12 2 32	20 12 9	28 37 48	17 33	19 59 16	30 6 11	5 10 43.0	16 11 9	20 51 53
24 328	8 32 14	22 9 40	15 12 4	11 21 28	16 29 14	12 2 55	20 13 5	28 39 54	17 33	20 4 34	30 5 40	5 10 42.9	16 5 47	20 16 44
25 329	7 10 11	22 57 40	14 59 21	11 33 52	16 28 59	12 3 21	20 14 2	28 42 2	17 33	20 9 54	30 5 19	5 10 42.8	16 0 21	19 41 6
26 330	5 49 26	23 44 48	14 47 23	11 46 14	16 28 38	12 3 50	20 15 1	28 44 10	17 34	20 15 14	30 5 11	5 10 42.7	15 55 2	19 6 2
27 331	4 32 43	24 31 3	14 36 11	11 58 32	16 28 10	12 4 22	20 16 2	28 46 18	17 35	20 20 35	30 5 17	5 10 42.6	15 50 1	18 32 34
28 332	3 22 28	25 16 21	14 25 46	12 10 48	16 27 35	12 4 57	20 17 5	28 48 27	17 35	20 25 57	30 5 38	5 10 42.5	15 45 27	18 1 42
29 333	2 20 44	26 0 41	14 16 9	12 23 1	16 26 53	12 5 35	20 18 10	28 50 38	17 33	20 31 21	30 6 13	5 10 42.4	15 41 27	17 34 15
30 334	1♏29 2	26♐44 0	14♈ 7 21	12♎35 11	16♋26 5	12♒ 6 16	20♑19 17	28♏52 48	17♓28	20 36 45	30 7 1	5 10 42.2	15 38 8	17S10 53

DAY Nov	♀ VENUS R.A. h m s	DECL ° ' "	♂ MARS R.A. h m s	DECL ° ' "	♃ JUPITER R.A. h m s	DECL ° ' "	♄ SATURN R.A. h m s	DECL ° ' "	♅ URANUS R.A. h m s	DECL ° ' "	♆ NEPTUNE R.A. h m s	DECL ° ' "	♇ PLUTO R.A. h m s	DECL ° ' "
1	17 40 28	26S55 1	3 0 8	16N11 38	13 58 1	10S56 34	8 53 55	17N57 25	22 35 50	9S41 53	21 9 20	16S31 58	17 30 6	15S37 59
2	17 45 0	26 58 16	2 58 40	16 8 59	13 58 50	11 1 5	8 54 4	17 56 55	22 35 47	9 42 7	21 9 21	16 31 55	17 30 13	15 38 21
3	17 49 31	27 0 54	2 57 11	16 6 16	13 59 40	11 5 34	8 54 13	17 56 28	22 35 45	9 42 20	21 9 22	16 31 51	17 30 21	15 38 42
4	17 54 1	27 2 54	2 55 42	16 3 30	14 0 30	11 10 3	8 54 22	17 56 2	22 35 42	9 42 31	21 9 23	16 31 47	17 30 28	15 39 3
5	17 58 29	27 4 18	2 54 12	16 0 41	14 1 20	11 14 31	8 54 30	17 55 38	22 35 40	9 42 42	21 9 24	16 31 42	17 30 35	15 39 23
6	18 2 55	27 5 5	2 52 43	15 57 50	14 2 9	11 18 57	8 54 38	17 55 15	22 35 38	9 42 52	21 9 26	16 31 37	17 30 43	15 39 44
7	18 7 20	27 5 16	2 51 14	15 54 57	14 2 59	11 23 23	8 54 45	17 54 55	22 35 36	9 43 0	21 9 27	16 31 31	17 30 50	15 40 5
8	18 11 42	27 4 51	2 49 46	15 52 5	14 3 49	11 27 48	8 54 52	17 54 36	22 35 35	9 43 8	21 9 29	16 31 24	17 30 58	15 40 25
9	18 16 3	27 3 50	2 48 18	15 49 13	14 4 38	11 32 11	8 54 58	17 54 19	22 35 33	9 43 14	21 9 30	16 31 17	17 31 6	15 40 45
10	18 20 21	27 2 14	2 46 52	15 46 21	14 5 28	11 36 34	8 55 4	17 54 4	22 35 32	9 43 19	21 9 32	16 31 9	17 31 14	15 41 5
11	18 24 37	27 0 4	2 45 26	15 43 32	14 6 17	11 40 55	8 55 10	17 53 51	22 35 31	9 43 24	21 9 34	16 31 1	17 31 21	15 41 25
12	18 28 51	26 57 18	2 44 2	15 40 45	14 7 6	11 45 15	8 55 15	17 53 40	22 35 30	9 43 27	21 9 36	16 30 52	17 31 29	15 41 45
13	18 33 2	26 54 0	2 42 39	15 38 0	14 7 56	11 49 33	8 55 19	17 53 30	22 35 29	9 43 28	21 9 39	16 30 42	17 31 37	15 42 4
14	18 37 10	26 50 7	2 41 18	15 35 20	14 8 45	11 53 51	8 55 24	17 53 23	22 35 29	9 43 29	21 9 41	16 30 32	17 31 45	15 42 23
15	18 41 15	26 45 43	2 39 59	15 32 44	14 9 34	11 58 7	8 55 27	17 53 17	22 35 28	9 43 29	21 9 43	16 30 21	17 31 54	15 42 42
16	18 45 18	26 40 46	2 38 42	15 30 12	14 10 23	12 2 22	8 55 31	17 53 13	22 35 28	9 43 27	21 9 46	16 30 10	17 32 2	15 43 1
17	18 49 17	26 35 18	2 37 27	15 27 47	14 11 12	12 6 35	8 55 34	17 53 11	22 35 28	9 43 24	21 9 49	16 29 58	17 32 10	15 43 19
18	18 53 13	26 29 19	2 36 15	15 25 27	14 12 1	12 10 48	8 55 36	17 53 11	22 35 28	9 43 20	21 9 52	16 29 45	17 32 18	15 43 38
19	18 57 5	26 22 51	2 35 5	15 23 15	14 12 50	12 14 59	8 55 38	17 53 12	22 35 29	9 43 15	21 9 55	16 29 32	17 32 27	15 43 56
20	19 0 54	26 15 53	2 33 57	15 21 9	14 13 38	12 19 8	8 55 39	17 53 16	22 35 29	9 43 9	21 9 58	16 29 19	17 32 35	15 44 14
21	19 4 40	26 8 27	2 32 52	15 19 12	14 14 27	12 23 16	8 55 40	17 53 21	22 35 30	9 43 2	21 10 1	16 29 4	17 32 44	15 44 32
22	19 8 21	26 0 34	2 31 49	15 17 22	14 15 15	12 27 23	8 55 41	17 53 28	22 35 31	9 42 53	21 10 5	16 28 50	17 32 52	15 44 49
23	19 11 59	25 52 13	2 30 50	15 15 42	14 16 4	12 31 28	8 55 41	17 53 38	22 35 32	9 42 44	21 10 8	16 28 34	17 33 1	15 45 7
24	19 15 32	25 43 27	2 29 53	15 14 11	14 16 52	12 35 32	8 55 41	17 53 49	22 35 34	9 42 33	21 10 12	16 28 18	17 33 10	15 45 24
25	19 19 1	25 34 16	2 28 59	15 12 50	14 17 40	12 39 34	8 55 40	17 54 2	22 35 35	9 42 21	21 10 16	16 28 2	17 33 18	15 45 41
26	19 22 26	25 24 40	2 28 9	15 11 38	14 18 28	12 43 35	8 55 39	17 54 16	22 35 37	9 42 8	21 10 20	16 27 45	17 33 27	15 45 57
27	19 25 46	25 14 41	2 27 21	15 10 38	14 19 15	12 47 34	8 55 37	17 54 33	22 35 39	9 41 54	21 10 24	16 27 27	17 33 36	15 46 14
28	19 29 1	25 4 20	2 26 37	15 9 48	14 20 3	12 51 32	8 55 35	17 54 52	22 35 41	9 41 39	21 10 28	16 27 9	17 33 45	15 46 30
29	19 32 11	24 53 38	2 25 56	15 9 10	14 20 50	12 55 28	8 55 32	17 55 12	22 35 44	9 41 23	21 10 32	16 26 50	17 33 54	15 46 46
30	19 35 17	24S42 35	2 25 18	15N 8 43	14 21 38	12S59 22	8 55 29	17N55 34	22 35 46	9S41 5	21 10 37	16S26 31	17 34 2	15S47 1

DECEMBER 2005

DAY	SIDEREAL TIME h m s	☉ SUN LONG ° ' "	SUN MOT ' "	SUN R.A. h m s	SUN DECL ° ' "	☽ MOON AT 0 HOURS LONG ° ' "	12h MOT ° ' "	2DIF "	R.A. h m s	DECL ° ' "	☽ MOON AT 12 HOURS LONG ° ' "	12h MOT ° ' "	2DIF "	R.A. h m s	DECL ° ' "
1 Th	4 39 48	14♏ 3 56	60 51	16 28 42.2	21S47 1	6♏ 0 25	6 55 46	148	15 51 16	24S 3 30	12♏56 11	7 0 28	132	16 20 53	25S44 28
2 F	4 43 45	15 4 47	60 52	16 33 1.4	21 56 12	19 56 38	7 4 34	113	16 51 35	27 3 2	27 1 12	7 8 0	91	17 23 9	27 56 25
3 S	4 47 41	16 5 38	60 53	16 37 21.3	22 4 57	4♐ 9 12	7 10 40	68	17 55 21	28 22 29	11♐19 51	7 12 32	44	18 27 52	28 19 53
4 Su	4 51 38	17 6 31	60 54	16 41 41.8	22 13 17	18 32 23	7 13 37	21	19 0 20	27 48 18	25 46 0	7 13 55	-1	19 32 26	26 48 22
5 M	4 55 34	18 7 25	60 55	16 46 2.8	22 21 11	2♑59 54	7 13 31	-22	20 3 53	25 21 43	10♑13 25	7 12 29	-39	20 34 29	23 30 41
6 Tu	4 59 31	19 8 19	60 55	16 50 24.4	22 28 39	17 25 53	7 10 55	-53	21 4 6	21 18 7	24 36 48	7 8 56	-64	21 32 42	18 47 10
7 W	5 3 27	20 9 15	60 56	16 54 46.5	22 35 40	1♒45 44	7 6 37	-72	22 0 19	16 1 0	8♒52 21	7 4 6	-78	22 27 2	13 2 47
8 Th	5 7 24	21 10 11	60 57	16 59 9.1	22 42 15	15 56 27	7 1 27	-80	22 52 58	9 55 29	22 57 54	6 58 45	-81	23 18 16	6 41 56
9 F	5 11 21	22 11 7	60 57	17 3 32.1	22 48 23	29 56 39	6 56 3	-81	23 43 5	3 24 45	6♓52 42	6 53 22	-79	0 7 36	0 6 22
10 S	5 15 17	23 12 4	60 58	17 7 55.5	22 54 5	13♓46 4	6 50 45	-78	0 31 57	3N10 51	20 36 49	6 48 12	-76	0 56 18	6N24 41
11 Su	5 19 14	24 13 2	60 59	17 12 19.4	22 59 19	27 25 1	6 45 41	-75	1 20 48	9 32 57	4♈10 41	6 43 11	-75	1 45 35	12 33 29
12 M	5 23 10	25 14 1	60 59	17 16 43.6	23 4 5	10♈53 52	6 40 40	-76	2 10 47	15 24 8	17 34 32	6 38 8	-77	2 36 28	18 2 46
13 Tu	5 27 7	26 15 0	61 0	17 21 8.1	23 8 25	24 12 40	6 35 32	-80	3 2 42	20 27 18	0♉48 12	6 32 50	-83	3 29 32	22 35 41
14 W	5 31 3	27 15 59	61 1	17 25 33.0	23 12 16	7♉21 2	6 30 2	-86	3 56 56	24 26 1	13 51 3	6 27 7	-89	4 24 51	25 56 37
15 Th	5 35 0	28 17 0	61 1	17 29 58.2	23 15 40	20 18 9	6 24 5	-92	4 53 10	27 6 9	26 42 14	6 20 57	-95	5 21 45	27 53 38
16 F	5 38 56	29 18 1	61 2	17 34 23.6	23 18 37	3♊ 3 11	6 17 46	-96	5 50 23	28 18 36	9♊20 58	6 14 33	-96	6 18 54	28 21 2
17 S	5 42 53	0♐19 3	61 3	17 38 49.3	23 21 5	15 35 31	6 11 22	-95	6 47 5	28 1 30	21 46 53	6 8 15	-91	7 14 46	27 20 57
18 Su	5 46 50	1 20 5	61 3	17 43 15.1	23 23 5	27 55 8	6 5 17	-86	7 41 49	26 20 45	4♋ 0 25	6 2 32	-79	8 8 8	25 2 29
19 M	5 50 46	2 21 8	61 4	17 47 41.1	23 24 38	10♋ 2 57	6 0 3	-69	8 33 39	23 27 56	16 3 0	5 57 54	-58	8 58 22	21 38 53
20 Tu	5 54 43	3 22 12	61 5	17 52 7.3	23 25 42	22 0 54	5 56 10	-45	9 22 18	19 37 7	27 57 4	5 54 54	-30	9 45 31	17 24 20
21 W	5 58 39	4 23 17	61 6	17 56 33.6	23 26 18	3♌51 57	5 54 9	-14	10 8 6	15 2 6	9♌46 6	5 53 59	4	10 30 9	12 31 51
22 Th	6 2 36	5 24 22	61 6	18 0 59.9	23 26 26	15 40 5	5 54 25	23	10 51 46	9 54 57	21 34 30	5 55 31	43	11 13 4	7 12 37
23 F	6 6 32	6 25 28	61 7	18 5 26.3	23 26 6	27 30 1	5 57 18	64	11 34 11	4 25 59	3♍27 19	5 59 46	85	11 55 16	1 36 11
24 S	6 10 29	7 26 35	61 8	18 9 52.7	23 25 17	9♍27 5	6 2 57	106	12 16 27	1S15 39	15 30 2	6 6 50	126	12 37 52	4S 8 23
25 Su	6 14 25	8 27 43	61 8	18 14 19.1	23 24 0	21 36 51	6 11 23	146	12 59 40	7 0 44	27 48 14	6 16 34	164	13 22 0	9 51 17
26 M	6 18 22	9 28 51	61 9	18 18 45.4	23 22 15	4♎ 4 48	6 22 20	180	13 45 2	12 38 24	10♎27 8	6 28 36	194	14 8 55	15 20 13
27 Tu	6 22 19	10 30 0	61 9	18 23 11.7	23 20 2	16 55 43	6 35 15	204	14 33 48	17 54 32	23 30 58	6 42 10	209	14 59 48	20 18 51
28 W	6 26 15	11 31 9	61 10	18 27 37.8	23 17 20	0♏13 8	6 49 11	210	15 27 2	22 30 17	7♏ 2 19	6 56 8	205	15 55 33	24 25 43
29 Th	6 30 12	12 32 19	61 10	18 32 3.8	23 14 11	13 58 27	7 2 50	194	16 25 21	26 1 50	21 1 18	7 9 5	178	16 56 20	27 15 20
30 F	6 34 8	13 33 29	61 11	18 36 29.5	23 10 33	28 10 22	7 14 40	155	17 28 21	28 3 10	5♐25 3	7 19 26	128	18 1 5	28 22 51
31 S	6 38 5	14♐34 39	61 11	18 40 55.0	23S 6 28	12♐44 28	7 23 12	97	18 34 14	28S12 49	20♐ 7 41	7 25 53	63	19 7 24	27S32 30

LUNAR INGRESSES
2 ☽ ♐ 17:01
4 ☽ ♑ 19:01
6 ☽ ♒ 21:02
9 ☽ ♓ 0:06
11 ☽ ♈ 4:35
13 ☽ ♉ 10:32
15 ☽ ♊ 18:13
18 ☽ ♋ 4:06
20 ☽ ♌ 16:09
23 ☽ ♍ 5:03
25 ☽ ♎ 16:13
27 ☽ ♏ 23:37
30 ☽ ♐ 3:02

PLANET INGRESSES
3 ☿ ♎ 9:09
4 ♀ ♑ 21:34
5 ☿ ♏ 1:58
16 ☉ ♐ 16:31
30 ♇ ♐ 4:52
31 ☿ ♐ 10:35

STATIONS
4 ☿ D 2:25
10 ♂ D 4:05
24 ♀ R 9:38

DATA FOR THE 1st AT 0 HOURS
JULIAN DAY 38685.5
☽ MEAN ☊ 15°♓ 48' 50"
OBLIQUITY 23° 26' 27"
DELTA T 67.5 SECONDS
NUTATION LONGITUDE -3.9"

DAY MO YR	☿ LONG ° ' "	♀ LONG ° ' "	♂ LONG ° ' "	♃ LONG ° ' "	♄ LONG ° ' "	♅ LONG ° ' "	♆ LONG ° ' "	♇ LONG ° ' "	☊ LONG ° '	A.S.S.I. h m s	S.S.R.Y. h m s	S.V.P. ♓ ° ' "	☿ MERCURY R.A. h m s	☿ MERCURY DECL ° ' "
1 335	0♏48R21	27♐26 15	13♈59R22	12♎47 18	16♋25R10	12♒ 7 1	20♑20 25	28♏54 59	17♓21	20 42 9	30 8 3	5 10 42.0	15 35 32	16S52 1
2 336	0 19 10	28 7 25	13 52 12	12 59 21	16 24 8	12 7 48	20 21 36	28 57 10	17 12	20 47 35	30 9 5	5 10 41.7	15 33 41	16 37 50
3 337	0 1 30	28 47 25	13 45 52	13 11 22	16 23 0	12 8 39	20 22 48	28 59 22	17 02	20 53 2	30 10 13	5 10 41.4	15 32 35	16 28 19
4 338	29♎55D 1	29 26 13	13 40 22	13 23 19	16 21 44	12 9 32	20 24 2	29 1 34	16 52	20 58 29	30 11 19	5 10 41.1	15 32 12	16 23 17
5 339	29 59 8	0♑ 3 45	13 35 42	13 35 12	16 20 23	12 10 29	20 25 18	29 3 47	16 43	21 3 57	30 12 20	5 10 40.8	15 32 31	16 22 29
6 340	0♏13 7	0 40 0	13 31 53	13 47 2	16 18 55	12 11 28	20 26 35	29 6 0	16 37	21 9 25	30 13 13	5 10 40.5	15 33 28	16 25 30
7 341	0 36 8	1 14 52	13 28 53	13 58 48	16 17 20	12 12 31	20 27 55	29 8 13	16 33	21 14 55	30 13 56	5 10 40.3	15 35 0	16 31 57
8 342	1 7 19	1 48 18	13 26 42	14 10 31	16 15 39	12 13 36	20 29 16	29 10 27	16 31	21 20 25	30 14 28	5 10 40.2	15 37 4	16 41 25
9 343	1 45 49	2 20 16	13 25 21	14 22 9	16 13 51	12 14 45	20 30 38	29 12 40	16 31	21 25 55	30 14 48	5 10 40.1	15 39 37	16 53 27
10 344	2 30 48	2 50 40	13 24D49	14 33 44	16 11 57	12 15 56	20 32 2	29 14 54	16 32	21 31 26	30 14 57	5 10 40.0	15 42 36	17 7 39
11 345	3 21 32	3 19 28	13 25 5	14 45 14	16 9 57	12 17 10	20 33 28	29 17 8	16 31	21 36 58	30 14 56	5 10 39.9	15 45 59	17 23 40
12 346	4 17 20	3 46 35	13 26 8	14 56 41	16 7 51	12 18 28	20 34 56	29 19 23	16 29	21 42 29	30 14 44	5 10 39.8	15 49 42	17 41 8
13 347	5 17 32	4 11 58	13 27 58	15 8 3	16 5 38	12 19 48	20 36 25	29 21 37	16 24	21 48 2	30 14 22	5 10 39.6	15 53 44	17 59 45
14 348	6 21 37	4 35 33	13 30 34	15 19 21	16 3 20	12 21 11	20 37 56	29 23 52	16 16	21 53 35	30 13 51	5 10 39.3	15 58 2	18 19 13
15 349	7 29 4	4 57 16	13 33 56	15 30 34	16 0 55	12 22 36	20 39 28	29 26 6	16 05	21 59 8	30 13 11	5 10 39.1	16 2 35	18 39 18
16 350	8 39 29	5 17 3	13 38 2	15 41 43	15 58 25	12 24 5	20 41 2	29 28 21	15 52	22 4 41	30 12 24	5 10 38.8	16 7 21	18 59 47
17 351	9 52 27	5 34 50	13 42 52	15 52 48	15 55 49	12 25 37	20 42 38	29 30 36	15 38	22 10 15	30 11 31	5 10 38.5	16 12 19	19 20 27
18 352	11 7 40	5 50 34	13 48 25	16 3 48	15 53 7	12 27 11	20 44 15	29 32 50	15 25	22 15 49	30 10 33	5 10 38.2	16 17 27	19 41 8
19 353	12 24 50	6 4 10	13 54 41	16 14 43	15 50 19	12 28 48	20 45 53	29 35 5	15 13	22 21 23	30 9 33	5 10 38.0	16 22 45	20 1 41
20 354	13 43 42	6 15 36	14 1 39	16 25 33	15 47 25	12 30 28	20 47 33	29 37 19	15 04	22 26 58	30 8 33	5 10 37.8	16 28 12	20 21 58
21 355	15 4 5	6 24 47	14 9 18	16 36 18	15 44 26	12 32 10	20 49 14	29 39 34	14 57	22 32 32	30 7 36	5 10 37.6	16 33 46	20 41 52
22 356	16 25 46	6 31 42	14 17 37	16 46 59	15 41 22	12 33 55	20 50 57	29 41 48	14 54	22 38 7	30 6 44	5 10 37.5	16 39 27	21 1 16
23 357	17 48 38	6 36 15	14 26 35	16 57 34	15 38 12	12 35 43	20 52 41	29 44 2	14 52	22 43 41	30 6 2	5 10 37.4	16 45 15	21 20 5
24 358	19 12 30	6 38R26	14 36 12	17 8 4	15 34 57	12 37 33	20 54 26	29 46 16	14 52	22 49 16	30 5 31	5 10 37.3	16 51 9	21 38 14
25 359	20 37 18	6 38 12	14 46 28	17 18 28	15 31 36	12 39 27	20 56 13	29 48 30	14 52	22 54 51	30 5 14	5 10 37.2	16 57 8	21 55 38
26 360	22 2 54	6 35 30	14 57 21	17 28 47	15 28 11	12 41 22	20 58 1	29 50 43	14 51	23 0 25	30 5 11	5 10 37.1	17 3 12	22 12 14
27 361	23 29 15	6 30 19	15 8 51	17 39 1	15 24 40	12 43 21	20 59 50	29 52 56	14 47	23 6 0	30 5 24	5 10 36.9	17 9 21	22 27 58
28 362	24 56 16	6 22 39	15 20 56	17 49 8	15 21 5	12 45 22	21 1 41	29 55 9	14 42	23 11 34	30 5 52	5 10 36.7	17 15 34	22 42 47
29 363	26 23 53	6 12 30	15 33 38	17 59 10	15 17 25	12 47 25	21 3 33	29 57 21	14 33	23 17 8	30 6 31	5 10 36.4	17 21 50	22 56 37
30 364	27 52 3	5 59 52	15 46 54	18 9 6	15 13 40	12 49 31	21 5 26	29 59 33	14 22	23 22 42	30 7 21	5 10 36.1	17 28 11	23 9 27
31 365	29♏20 45	5♑44 47	16♈ 0 44	18♎18 56	15♋ 9 51	12♒51 39	21♑ 7 20	0♐ 1 45	14♓10	23 28 16	30 8 17	5 10 35.8	17 34 35	23S21 14

DAY Dec	♀ VENUS R.A. h m s	♀ VENUS DECL ° ' "	♂ MARS R.A. h m s	♂ MARS DECL ° ' "	♃ JUPITER R.A. h m s	♃ JUPITER DECL ° ' "	♄ SATURN R.A. h m s	♄ SATURN DECL ° ' "	♅ URANUS R.A. h m s	♅ URANUS DECL ° ' "	♆ NEPTUNE R.A. h m s	♆ NEPTUNE DECL ° ' "	♇ PLUTO R.A. h m s	♇ PLUTO DECL ° ' "
1	19 38 17	24S31 13	2 24 43	15N 8 28	14 22 25	13S 3 14	8 55 26	17N55 58	22 35 49	9S40 46	21 10 42	16S26 11	17 34 11	15S47 16
2	19 41 11	24 19 33	2 24 12	15 8 26	14 23 12	13 7 5	8 55 22	17 56 24	22 35 52	9 40 26	21 10 46	16 25 50	17 34 20	15 47 32
3	19 44 0	24 7 36	2 23 44	15 8 35	14 23 59	13 10 54	8 55 17	17 56 52	22 35 55	9 40 5	21 10 51	16 25 29	17 34 29	15 47 46
4	19 46 43	23 55 23	2 23 19	15 8 57	14 24 45	13 14 41	8 55 12	17 57 21	22 35 58	9 39 43	21 10 56	16 25 8	17 34 39	15 48 1
5	19 49 19	23 42 56	2 22 58	15 9 32	14 25 32	13 18 27	8 55 7	17 57 53	22 36 2	9 39 20	21 11 1	16 24 46	17 34 48	15 48 16
6	19 51 50	23 30 14	2 22 40	15 10 19	14 26 18	13 22 11	8 55 1	17 58 26	22 36 5	9 38 56	21 11 6	16 24 23	17 34 57	15 48 30
7	19 54 14	23 17 21	2 22 26	15 11 19	14 27 4	13 25 52	8 54 55	17 59 1	22 36 9	9 38 30	21 11 12	16 24 0	17 35 6	15 48 44
8	19 56 31	23 4 16	2 22 15	15 12 31	14 27 49	13 29 32	8 54 49	17 59 38	22 36 13	9 38 4	21 11 17	16 23 37	17 35 15	15 48 57
9	19 58 41	22 51 1	2 22 7	15 13 56	14 28 35	13 33 10	8 54 41	18 0 16	22 36 18	9 37 36	21 11 22	16 23 13	17 35 24	15 49 10
10	20 0 43	22 37 38	2 22 2	15 15 34	14 29 20	13 36 46	8 54 34	18 0 56	22 36 22	9 37 8	21 11 28	16 22 48	17 35 33	15 49 23
11	20 2 39	22 24 7	2 22 0	15 17 23	14 30 5	13 40 20	8 54 26	18 1 38	22 36 27	9 36 38	21 11 34	16 22 23	17 35 43	15 49 36
12	20 4 26	22 10 30	2 22 2	15 19 25	14 30 50	13 43 52	8 54 18	18 2 22	22 36 31	9 36 7	21 11 40	16 21 58	17 35 52	15 49 49
13	20 6 5	21 56 49	2 22 7	15 21 39	14 31 35	13 47 23	8 54 9	18 3 7	22 36 36	9 35 35	21 11 46	16 21 31	17 36 1	15 50 1
14	20 7 37	21 43 4	2 22 15	15 24 4	14 32 19	13 50 51	8 54 0	18 3 53	22 36 42	9 35 2	21 11 52	16 21 5	17 36 10	15 50 13
15	20 8 59	21 29 17	2 22 26	15 26 41	14 33 3	13 54 17	8 53 50	18 4 42	22 36 47	9 34 28	21 11 58	16 20 38	17 36 19	15 50 24
16	20 10 13	21 15 29	2 22 40	15 29 30	14 33 47	13 57 41	8 53 40	18 5 32	22 36 52	9 33 53	21 12 4	16 20 10	17 36 29	15 50 36
17	20 11 19	21 1 41	2 22 57	15 32 30	14 34 30	14 1 3	8 53 30	18 6 23	22 36 58	9 33 17	21 12 10	16 19 43	17 36 38	15 50 47
18	20 12 14	20 47 55	2 23 17	15 35 40	14 35 13	14 4 23	8 53 19	18 7 16	22 37 4	9 32 39	21 12 17	16 19 14	17 36 47	15 50 58
19	20 13 1	20 34 12	2 23 40	15 39 2	14 35 56	14 7 41	8 53 8	18 8 10	22 37 10	9 32 1	21 12 23	16 18 45	17 36 56	15 51 8
20	20 13 38	20 20 33	2 24 5	15 42 33	14 36 39	14 10 57	8 52 57	18 9 6	22 37 16	9 31 22	21 12 30	16 18 16	17 37 6	15 51 19
21	20 14 5	20 6 59	2 24 34	15 46 16	14 37 21	14 14 11	8 52 45	18 10 4	22 37 23	9 30 42	21 12 37	16 17 47	17 37 15	15 51 29
22	20 14 22	19 53 32	2 25 5	15 50 8	14 38 3	14 17 22	8 52 32	18 11 3	22 37 29	9 30 1	21 12 44	16 17 17	17 37 24	15 51 38
23	20 14 30	19 40 13	2 25 38	15 54 10	14 38 45	14 20 32	8 52 20	18 12 3	22 37 36	9 29 19	21 12 50	16 16 46	17 37 33	15 51 48
24	20 14 26	19 27 3	2 26 15	15 58 21	14 39 27	14 23 39	8 52 7	18 13 4	22 37 43	9 28 36	21 12 57	16 16 15	17 37 43	15 51 57
25	20 14 13	19 14 3	2 26 54	16 2 42	14 40 8	14 26 44	8 51 53	18 14 7	22 37 50	9 27 52	21 13 5	16 15 44	17 37 52	15 52 6
26	20 13 49	19 1 13	2 27 35	16 7 13	14 40 48	14 29 46	8 51 40	18 15 11	22 37 57	9 27 7	21 13 12	16 15 12	17 38 1	15 52 14
27	20 13 15	18 48 37	2 28 19	16 11 52	14 41 29	14 32 47	8 51 26	18 16 16	22 38 4	9 26 21	21 13 19	16 14 40	17 38 10	15 52 23
28	20 12 30	18 36 14	2 29 6	16 16 39	14 42 9	14 35 45	8 51 11	18 17 23	22 38 12	9 25 34	21 13 26	16 14 8	17 38 19	15 52 30
29	20 11 35	18 24 5	2 29 55	16 21 36	14 42 48	14 38 41	8 50 57	18 18 31	22 38 20	9 24 46	21 13 34	16 13 35	17 38 28	15 52 38
30	20 10 29	18 12 12	2 30 46	16 26 40	14 43 28	14 41 34	8 50 42	18 19 39	22 38 28	9 23 57	21 13 41	16 13 1	17 38 37	15 52 45
31	20 9 13	18S 0 35	2 31 39	16N31 52	14 44 7	14S44 25	8 50 26	18N20 49	22 38 36	9S23 7	21 13 49	16S12 28	17 38 46	15S52 53

JANUARY 2006

DAY	SIDEREAL TIME h m s	☉ SUN LONG ° ' "	MOT ' "	R.A. h m s	DECL ° ' "	☽ MOON AT 0 HOURS LONG ° ' "	12h MOT ° ' "	2DIF "	R.A. h m s	DECL ° ' "	☽ MOON AT 12 HOURS LONG ° ' "	12h MOT ° ' "	2DIF "	R.A. h m s	DECL ° ' "
1 Su	6 42 1	15♐35 49	61 11	18 45 20.3	23S 1 55	27♐33 34	7 27 24	28	19 40 14	26S22 32	5♑ 0 58	7 27 45	-6	20 12 23	24S44 41
2 M	6 45 58	16 37 0	61 11	18 49 45.2	22 56 54	12♑28 43	7 26 58	-39	20 43 40	22 41 35	19 55 41	7 25 10	-68	21 13 54	21 16 30
3 Tu	6 49 55	17 38 10	61 10	18 54 9.8	22 51 26	27 20 51	7 22 27	-93	21 43 4	17 33 6	4♒43 17	7 18 59	-113	22 11 11	14 35 6
4 W	6 53 51	18 39 20	61 10	18 58 34.0	22 45 30	12♒ 2 16	7 14 56	-127	22 38 21	11 26 9	19 17 12	7 10 30	-137	23 4 40	8 9 40
5 Th	6 57 48	19 40 30	61 10	19 2 57.8	22 39 8	26 27 42	7 5 48	-142	23 30 19	4 48 50	3♓33 30	7 1 0	-144	23 55 27	1 26 34
6 F	7 1 44	20 41 40	61 9	19 7 21.1	22 32 18	10♓34 30	6 56 14	-142	0 20 14	1N54 33	17 30 43	6 51 34	-137	0 44 50	5N12 6
7 S	7 5 41	21 42 49	61 9	19 11 44.0	22 25 2	24 22 17	6 47 6	-131	1 9 24	8 23 53	1♈ 9 23	6 42 51	-123	1 34 5	11 27 49
8 Su	7 9 37	22 43 58	61 8	19 16 6.3	22 17 19	7♈52 14	6 38 52	-116	1 59 1	14 21 57	14 31 6	6 35 9	-108	2 24 19	17 4 21
9 M	7 13 34	23 45 6	61 8	19 20 28.1	22 9 10	21 6 14	6 31 41	-100	2 50 4	19 33 11	27 37 55	6 28 27	-94	3 16 20	21 46 42
10 Tu	7 17 30	24 46 14	61 8	19 24 49.4	22 0 35	4♉ 6 22	6 25 26	-88	3 43 7	23 43 10	10♉31 48	6 22 35	-83	4 10 24	25 21 4
11 W	7 21 27	25 47 21	61 7	19 29 10.1	21 51 34	16 54 23	6 19 53	-79	4 38 8	26 39 1	23 14 16	6 17 18	-76	5 6 12	27 35 59
12 Th	7 25 24	26 48 28	61 7	19 33 30.2	21 42 8	29 31 33	6 14 48	-74	5 34 26	28 11 15	5♊46 21	6 12 22	-72	6 2 42	28 24 31
13 F	7 29 20	27 49 34	61 6	19 37 49.7	21 32 17	11♊58 44	6 10 0	-70	6 30 48	28 15 57	18 8 44	6 7 42	-68	6 58 33	27 46 9
14 S	7 33 17	28 50 40	61 6	19 42 8.6	21 22 1	24 16 26	6 5 28	-66	7 25 47	26 56 7	0♋21 54	6 3 18	-63	7 52 24	25 47 12
15 Su	7 37 13	29 51 46	61 5	19 46 26.8	21 11 20	6♋25 12	6 1 16	-59	8 18 18	24 20 57	12 26 27	5 59 22	-54	8 43 27	22 39 7
16 M	7 41 10	0♑52 51	61 5	19 50 44.4	21 0 15	18 25 49	5 57 39	-48	9 7 49	20 43 27	24 23 28	5 56 10	-40	9 31 27	18 35 45
17 Tu	7 45 6	1 53 55	61 4	19 55 1.3	20 48 45	0♌19 38	5 54 59	-31	9 54 24	16 17 42	6♌14 37	5 54 7	-20	10 16 44	13 50 56
18 W	7 49 3	2 55 0	61 4	19 59 17.5	20 36 52	12 8 44	5 53 39	-8	10 38 34	11 16 57	18 2 23	5 53 37	7	10 59 59	8 37 9
19 Th	7 52 59	3 56 4	61 4	20 3 32.9	20 24 36	23 56 0	5 54 5	22	11 21 7	5 52 50	29 50 5	5 55 5	39	11 42 4	3 5 15
20 F	7 56 56	4 57 7	61 3	20 7 47.7	20 11 56	5♍45 9	5 56 40	57	12 2 58	0 15 33	11♍41 50	5 58 53	76	12 23 57	2S35 5
21 S	8 0 53	5 58 10	61 3	20 12 1.7	19 58 54	17 40 43	6 1 44	96	12 45 10	5S25 30	23 42 27	6 5 16	116	13 6 45	8 14 25
22 Su	8 4 49	6 59 13	61 2	20 16 15.0	19 45 29	29 47 43	6 9 29	136	13 28 51	11 0 29	5♎57 12	6 14 21	156	13 51 37	13 42 11
23 M	8 8 46	8 0 16	61 2	20 20 27.6	19 31 42	12♎11 33	6 19 53	175	14 15 11	16 17 47	18 31 25	6 26 0	192	14 39 42	18 45 18
24 Tu	8 12 42	9 1 17	61 2	20 24 39.4	19 17 33	24 57 25	6 32 39	206	15 5 18	21 2 27	1♏30 4	6 39 44	217	15 32 6	23 6 39
25 W	8 16 39	10 2 19	61 1	20 28 50.5	19 3 3	8♏ 9 48	6 47 8	224	16 0 9	24 55 1	14 56 55	6 54 41	226	16 29 28	26 24 32
26 Th	8 20 35	11 3 20	61 1	20 33 0.7	18 48 12	21 51 36	7 2 12	222	17 0 0	27 32 2	28 53 47	7 9 29	212	17 31 35	28 14 34
27 F	8 24 32	12 4 20	61 0	20 37 10.2	18 33 0	6♐ 3 16	7 16 19	195	18 3 59	28 29 36	13♐19 35	7 22 28	171	18 36 54	28 15 18
28 S	8 28 29	13 5 20	60 59	20 41 18.9	18 17 28	20 42 3	7 27 44	142	19 9 59	27 30 48	28 9 48	7 31 55	107	19 42 53	26 16 20
29 Su	8 32 25	14 6 19	60 58	20 45 26.8	18 1 36	5♑41 43	7 34 52	69	20 15 16	24 33 15	13♑16 35	7 36 30	28	20 46 53	22 23 57
30 M	8 36 22	15 7 17	60 57	20 49 33.9	17 45 24	20 53 5	7 36 46	-12	21 17 37	19 51 32	28 29 51	7 35 42	-51	21 47 21	16 59 44
31 Tu	8 40 18	16♑ 8 14	60 56	20 53 40.1	17S28 54	6♒ 5 32	7 33 23	-86	22 16 7	13S52 27	13♒38 55	7 29 57	-117	22 43 59	10S33 43

LUNAR INGRESSES
1 ☽ ♑ 3:56
3 ☽ ♒ 4:18
5 ☽ ♓ 5:58
7 ☽ ♈ 9:57
9 ☽ ♉ 16:23
12 ☽ ♊ 0:54
14 ☽ ♋ 11:17
16 ☽ ♌ 23:20
19 ☽ ♍ 12:20
22 ☽ ♎ 0:24
24 ☽ ♏ 9:16
26 ☽ ♐ 13:52
28 ☽ ♑ 14:56
30 ☽ ♒ 14:22

PLANET INGRESSES
12 ♀ ♐ 2:49
15 ☉ ♑ 3:14
19 ☿ ♑ 17:18

STATIONS
NONE

DATA FOR THE 1st AT 0 HOURS
JULIAN DAY 38716.5
☽ MEAN ☊ 14°♓ 10' 16"
OBLIQUITY 23° 26' 27"
DELTA T 67.6 SECONDS
NUTATION LONGITUDE -1.8"

DAY MO	YR	☿ LONG ° ' "	♀ LONG ° ' "	♂ LONG ° ' "	♃ LONG ° ' "	♄ LONG ° ' "	♅ LONG ° ' "	♆ LONG ° ' "	♇ LONG ° ' "	☊ LONG ° '	A.S.S.I. h m s	S.S.R.Y. h m s	S.V.P. ♓ ° ' "	☿ MERCURY R.A. h m s	DECL ° ' "
1	1	0♐49 57	5♑27R16	16♈15 7	18♎28 40	15♋ 5R57	12♒53 50	21♑ 9 16	0♐ 3 56	13♓57	23 33 49	30 9 17	5 10 35.5	17 41 3	23S31 56
2	2	2 19 35	5 7 23	16 30 3	18 38 18	15 1 59	12 56 4	21 11 12	0 6 7	13 46	23 39 22	30 10 14	5 10 35.2	17 47 33	23 41 31
3	3	3 49 41	4 45 13	16 45 31	18 47 49	14 57 57	12 58 19	21 13 10	0 8 17	13 38	23 44 54	30 11 8	5 10 35.0	17 54 6	23 49 56
4	4	5 20 12	4 20 50	17 1 30	18 57 13	14 53 51	13 0 37	21 15 8	0 10 26	13 33	23 50 26	30 11 58	5 10 34.8	18 0 42	23 57 10
5	5	6 51 8	3 54 22	17 18 0	19 6 31	14 49 41	13 2 57	21 17 8	0 12 35	13 30	23 55 58	30 12 41	5 10 34.7	18 7 20	24 3 13
6	6	8 22 29	3 25 56	17 34 59	19 15 43	14 45 27	13 5 20	21 19 9	0 14 43	13 29	24 1 29	30 13 15	5 10 34.6	18 14 1	24 8 1
7	7	9 54 14	2 55 43	17 52 27	19 24 47	14 41 10	13 7 45	21 21 10	0 16 51	13 29	24 6 59	30 13 41	5 10 34.5	18 20 44	24 11 34
8	8	11 26 24	2 23 51	18 10 23	19 33 45	14 36 50	13 10 12	21 23 13	0 18 58	13 29	24 12 28	30 13 57	5 10 34.4	18 27 29	24 13 50
9	9	12 58 59	1 50 34	18 28 46	19 42 36	14 32 26	13 12 41	21 25 17	0 21 4	13 26	24 17 57	30 14 3	5 10 34.2	18 34 16	24 14 49
10	10	14 31 59	1 16 4	18 47 36	19 51 20	14 27 59	13 15 12	21 27 21	0 23 10	13 21	24 23 26	30 13 57	5 10 34.0	18 41 5	24 14 28
11	11	16 5 24	0 40 34	19 6 51	19 59 56	14 23 30	13 17 45	21 29 26	0 25 14	13 12	24 28 53	30 13 40	5 10 33.7	18 47 55	24 12 48
12	12	17 39 16	0 4 20	19 26 32	20 8 25	14 18 57	13 20 21	21 31 32	0 27 18	13 01	24 34 20	30 13 13	5 10 33.5	18 54 47	24 9 46
13	13	19 13 34	29♐27 36	19 46 37	20 16 47	14 14 22	13 22 58	21 33 39	0 29 21	12 48	24 39 46	30 12 34	5 10 33.2	19 1 40	24 5 22
14	14	20 48 20	28 50 39	20 7 6	20 25 2	14 9 45	13 25 37	21 35 47	0 31 24	12 34	24 45 11	30 11 46	5 10 32.9	19 8 35	23 59 35
15	15	22 23 34	28 13 44	20 27 58	20 33 9	14 5 5	13 28 18	21 37 55	0 33 25	12 20	24 50 36	30 10 50	5 10 32.7	19 15 31	23 52 25
16	16	23 59 18	27 37 7	20 49 13	20 41 8	14 0 23	13 31 2	21 40 4	0 35 25	12 08	24 55 59	30 9 47	5 10 32.5	19 22 28	23 43 49
17	17	25 35 31	27 1 3	21 10 49	20 49 0	13 55 39	13 33 47	21 42 14	0 37 25	11 58	25 1 22	30 8 41	5 10 32.3	19 29 26	23 33 48
18	18	27 12 15	26 25 47	21 32 47	20 56 43	13 50 53	13 36 33	21 44 24	0 39 24	11 51	25 6 44	30 7 34	5 10 32.2	19 36 25	23 22 20
19	19	28 49 32	25 51 35	21 55 6	21 4 19	13 46 5	13 39 22	21 46 35	0 41 21	11 47	25 12 5	30 6 29	5 10 32.1	19 43 25	23 9 25
20	20	0♑27 21	25 18 38	22 17 45	21 11 46	13 41 16	13 42 12	21 48 47	0 43 18	11 45	25 17 25	30 5 30	5 10 32.1	19 50 26	22 55 2
21	21	2 5 43	24 47 11	22 40 45	21 19 6	13 36 25	13 45 5	21 50 59	0 45 13	11 45	25 22 44	30 4 41	5 10 32.0	19 57 27	22 39 11
22	22	3 44 40	24 17 24	23 4 3	21 26 17	13 31 33	13 47 58	21 53 12	0 47 8	11 46	25 28 2	30 4 4	5 10 31.9	20 4 28	22 21 51
23	23	5 24 13	23 49 27	23 27 41	21 33 20	13 26 40	13 50 54	21 55 25	0 49 1	11 46	25 33 19	30 3 40	5 10 31.8	20 11 31	22 3 1
24	24	7 4 22	23 23 30	23 51 38	21 40 14	13 21 47	13 53 51	21 57 39	0 50 53	11 45	25 38 36	30 3 31	5 10 31.6	20 18 33	21 42 41
25	25	8 45 7	22 59 41	24 15 52	21 47 0	13 16 52	13 56 50	21 59 53	0 52 44	11 41	25 43 51	30 3 36	5 10 31.4	20 25 36	21 20 50
26	26	10 26 30	22 38 5	24 40 25	21 53 36	13 11 57	13 59 50	22 2 7	0 54 34	11 35	25 49 6	30 3 55	5 10 31.2	20 32 39	20 57 29
27	27	12 8 30	22 18 47	25 5 15	22 0 4	13 7 2	14 2 51	22 4 22	0 56 23	11 27	25 54 19	30 4 25	5 10 30.9	20 39 42	20 32 37
28	28	13 51 8	22 1 53	25 30 22	22 6 23	13 2 6	14 5 55	22 6 37	0 58 10	11 18	25 59 32	30 5 5	5 10 30.6	20 46 44	20 6 13
29	29	15 34 24	21 47 24	25 55 46	22 12 33	12 57 10	14 8 59	22 8 53	0 59 57	11 09	26 4 43	30 5 52	5 10 30.3	20 53 47	19 38 19
30	30	17 18 18	21 35 23	26 21 26	22 18 34	12 52 15	14 12 5	22 11 9	1 1 42	11 00	26 9 53	30 6 42	5 10 30.1	21 0 49	19 8 54
31	31	19♑ 2 48	21♐25 50	26♈47 22	22♎24 25	12♋47 20	14♒15 12	22♑13 25	1♐ 3 25	10♓54	26 15 3	30 7 37	5 10 29.9	21 7 51	18S37 58

DAY Jan	♀ VENUS R.A. h m s	DECL ° ' "	♂ MARS R.A. h m s	DECL ° ' "	♃ JUPITER R.A. h m s	DECL ° ' "	♄ SATURN R.A. h m s	DECL ° ' "	♅ URANUS R.A. h m s	DECL ° ' "	♆ NEPTUNE R.A. h m s	DECL ° ' "	♇ PLUTO R.A. h m s	DECL ° ' "
1	20 7 48	17S49 16	2 32 35	16N37 13	14 44 45	14S47 14	8 50 11	18N22 0	22 38 44	9S22 16	21 13 57	16S11 54	17 38 55	15S52 59
2	20 6 13	17 38 16	2 33 33	16 42 40	14 45 23	14 50 0	8 49 55	18 23 12	22 38 52	9 21 25	21 14 4	16 11 19	17 39 4	15 53 6
3	20 4 28	17 27 35	2 34 34	16 48 15	14 46 1	14 52 44	8 49 38	18 24 25	22 39 1	9 20 32	21 14 12	16 10 45	17 39 13	15 53 12
4	20 2 35	17 17 16	2 35 36	16 53 56	14 46 38	14 55 26	8 49 22	18 25 39	22 39 9	9 19 39	21 14 20	16 10 10	17 39 22	15 53 18
5	20 0 33	17 7 17	2 36 41	16 59 44	14 47 15	14 58 4	8 49 5	18 26 54	22 39 18	9 18 45	21 14 28	16 9 34	17 39 31	15 53 24
6	19 58 24	16 57 42	2 37 48	17 5 39	14 47 52	15 0 41	8 48 48	18 28 10	22 39 27	9 17 50	21 14 36	16 8 59	17 39 40	15 53 30
7	19 56 8	16 48 29	2 38 56	17 11 39	14 48 28	15 3 15	8 48 31	18 29 26	22 39 36	9 16 54	21 14 44	16 8 23	17 39 49	15 53 35
8	19 53 46	16 39 41	2 40 7	17 17 45	14 49 4	15 5 46	8 48 13	18 30 43	22 39 45	9 15 58	21 14 52	16 7 47	17 39 57	15 53 39
9	19 51 18	16 31 18	2 41 20	17 23 56	14 49 39	15 8 15	8 47 56	18 32 1	22 39 54	9 15 0	21 15 0	16 7 10	17 40 6	15 53 44
10	19 48 46	16 23 21	2 42 34	17 30 12	14 50 13	15 10 41	8 47 38	18 33 20	22 40 4	9 14 2	21 15 9	16 6 33	17 40 15	15 53 48
11	19 46 10	16 15 50	2 43 50	17 36 32	14 50 48	15 13 5	8 47 20	18 34 39	22 40 13	9 13 3	21 15 17	16 5 56	17 40 23	15 53 52
12	19 43 32	16 8 46	2 45 8	17 42 57	14 51 22	15 15 26	8 47 1	18 35 58	22 40 23	9 12 4	21 15 25	16 5 19	17 40 32	15 53 56
13	19 40 53	16 2 10	2 46 28	17 49 27	14 51 55	15 17 45	8 46 43	18 37 18	22 40 33	9 11 3	21 15 34	16 4 41	17 40 40	15 53 59
14	19 38 13	15 56 2	2 47 50	17 56 0	14 52 28	15 20 1	8 46 24	18 38 39	22 40 43	9 10 2	21 15 42	16 4 3	17 40 49	15 54 2
15	19 35 34	15 50 22	2 49 13	18 2 36	14 53 0	15 22 15	8 46 5	18 40 0	22 40 53	9 9 0	21 15 51	16 3 25	17 40 57	15 54 5
16	19 32 57	15 45 12	2 50 38	18 9 16	14 53 32	15 24 26	8 45 46	18 41 22	22 41 3	9 7 58	21 15 59	16 2 47	17 41 5	15 54 8
17	19 30 23	15 40 30	2 52 4	18 15 59	14 54 3	15 26 34	8 45 27	18 42 43	22 41 13	9 6 55	21 16 8	16 2 9	17 41 14	15 54 10
18	19 27 53	15 36 18	2 53 33	18 22 44	14 54 34	15 28 40	8 45 8	18 44 5	22 41 24	9 5 51	21 16 17	16 1 30	17 41 22	15 54 12
19	19 25 28	15 32 35	2 55 2	18 29 33	14 55 5	15 30 43	8 44 49	18 45 28	22 41 34	9 4 46	21 16 25	16 0 51	17 41 30	15 54 14
20	19 23 9	15 29 20	2 56 33	18 36 23	14 55 35	15 32 43	8 44 29	18 46 50	22 41 45	9 3 41	21 16 34	16 0 12	17 41 38	15 54 16
21	19 20 56	15 26 35	2 58 6	18 43 15	14 56 4	15 34 40	8 44 9	18 48 13	22 41 56	9 2 35	21 16 43	15 59 33	17 41 46	15 54 17
22	19 18 51	15 24 18	2 59 40	18 50 10	14 56 33	15 36 35	8 43 50	18 49 36	22 42 7	9 1 29	21 16 52	15 58 53	17 41 54	15 54 18
23	19 16 54	15 22 28	3 1 15	18 57 6	14 57 1	15 38 27	8 43 30	18 50 59	22 42 18	9 0 22	21 17 0	15 58 14	17 42 1	15 54 19
24	19 15 5	15 21 5	3 2 52	19 4 3	14 57 29	15 40 16	8 43 10	18 52 21	22 42 29	8 59 14	21 17 9	15 57 34	17 42 9	15 54 19
25	19 13 26	15 20 9	3 4 30	19 11 1	14 57 56	15 42 3	8 42 50	18 53 44	22 42 40	8 58 6	21 17 18	15 56 54	17 42 17	15 54 19
26	19 11 56	15 19 38	3 6 10	19 18 1	14 58 22	15 43 47	8 42 30	18 55 7	22 42 51	8 56 57	21 17 27	15 56 14	17 42 24	15 54 19
27	19 10 36	15 19 31	3 7 51	19 25 1	14 58 48	15 45 28	8 42 10	18 56 29	22 43 2	8 55 47	21 17 36	15 55 33	17 42 32	15 54 19
28	19 9 26	15 19 47	3 9 33	19 32 2	14 59 14	15 47 6	8 41 50	18 57 52	22 43 14	8 54 37	21 17 45	15 54 53	17 42 39	15 54 18
29	19 8 27	15 20 25	3 11 17	19 39 3	14 59 38	15 48 42	8 41 30	18 59 14	22 43 25	8 53 27	21 17 54	15 54 13	17 42 47	15 54 17
30	19 7 37	15 21 23	3 13 2	19 46 4	15 0 3	15 50 14	8 41 10	19 0 36	22 43 37	8 52 16	21 18 3	15 53 32	17 42 54	15 54 16
31	19 6 58	15S22 40	3 14 48	19N53 6	15 0 26	15S51 44	8 40 50	19N 1 58	22 43 49	8S51 5	21 18 12	15S52 51	17 43 1	15S54 15

FEBRUARY 2006

DAY	SIDEREAL TIME h m s	☉ SUN LONG ° ' "	MOT ' "	R.A. h m s	DECL ° ' "
1 W	8 44 15	17♑ 9 10	60 55	20 57 45.6	17S12 5
2 Th	8 48 11	18 10 5	60 53	21 1 50.1	16 54 58
3 F	8 52 8	19 10 58	60 52	21 5 53.9	16 37 33
4 S	8 56 4	20 11 50	60 51	21 9 56.8	16 19 50
5 Su	9 0 1	21 12 40	60 49	21 13 58.9	16 1 51
6 M	9 3 58	22 13 30	60 48	21 18 0.2	15 43 35
7 Tu	9 7 54	23 14 17	60 46	21 22 0.6	15 25 4
8 W	9 11 51	24 15 3	60 45	21 26 0.3	15 6 16
9 Th	9 15 47	25 15 48	60 43	21 29 59.1	14 47 14
10 F	9 19 44	26 16 31	60 42	21 33 57.1	14 27 56
11 S	9 23 40	27 17 13	60 40	21 37 54.4	14 8 25
12 Su	9 27 37	28 17 53	60 39	21 41 50.8	13 48 39
13 M	9 31 33	29 18 32	60 38	21 45 46.5	13 28 40
14 Tu	9 35 30	0♒19 10	60 36	21 49 41.5	13 8 27
15 W	9 39 27	1 19 46	60 35	21 53 35.7	12 48 2
16 Th	9 43 23	2 20 21	60 33	21 57 29.2	12 27 24
17 F	9 47 20	3 20 54	60 32	22 1 21.9	12 6 34
18 S	9 51 16	4 21 26	60 31	22 5 14.0	11 45 33
19 Su	9 55 13	5 21 57	60 30	22 9 5.4	11 24 20
20 M	9 59 9	6 22 26	60 28	22 12 56.2	11 2 56
21 Tu	10 3 6	7 22 54	60 27	22 16 46.3	10 41 22
22 W	10 7 2	8 23 21	60 26	22 20 35.8	10 19 38
23 Th	10 10 59	9 23 47	60 24	22 24 24.7	9 57 45
24 F	10 14 56	10 24 11	60 23	22 28 12.9	9 35 42
25 S	10 18 52	11 24 34	60 22	22 32 0.6	9 13 30
26 Su	10 22 49	12 24 55	60 20	22 35 47.7	8 51 9
27 M	10 26 45	13 25 15	60 18	22 39 34.3	8 28 41
28 Tu	10 30 42	14♒25 33	60 16	22 43 20.3	8S 6 6

DAY	☽ MOON AT 0 HOURS LONG ° ' "	12h MOT ° ' "	2DIF "	R.A. h m s	DECL ° ' "
1	21♒ 8 52	7 25 35	-142	23 11 3	7S 7 24
2	5♓54 56	7 14 49	-175	0 3 25	0 6 24
3	20 18 33	7 2 38	-186	0 54 25	6N44 44
4	4♈17 37	6 50 21	-179	1 45 18	13 4 44
5	17 52 27	6 38 55	-162	2 37 2	18 36 12
6	1♉ 5 4	6 28 52	-139	3 30 17	23 4 34
7	13 58 22	6 20 23	-115	4 25 9	26 17 58
8	26 35 28	6 13 26	-94	5 21 10	28 7 57
9	8♊59 24	6 7 51	-75	6 17 18	28 30 54
10	21 12 45	6 3 25	-59	7 12 17	27 29 7
11	3♋17 44	5 59 56	-46	8 5 4	25 10 22
12	15 16 9	5 57 16	-34	8 55 3	21 46 19
13	27 9 38	5 55 23	-22	9 42 11	17 30 14
14	8♌59 46	5 54 21	-8	10 26 51	12 35 20
15	20 48 20	5 54 21	9	11 9 45	7 13 53
16	2♍37 29	5 55 37	30	11 51 41	1 36 59
17	14 29 55	5 58 26	56	12 33 36	4S 4 58
18	26 28 53	6 3 6	85	13 16 29	9 41 40
19	8♎38 11	6 9 51	118	14 1 23	15 1 55
20	21 2 4	6 18 48	151	14 49 21	19 52 32
21	3♏44 57	6 29 54	181	15 41 17	23 57 19
22	16 50 59	6 42 47	203	16 37 42	26 56 51
23	0♐23 28	6 56 46	212	17 38 19	28 30 6
24	14 24 3	7 10 42	201	18 41 48	28 18 46
25	28 51 56	7 23 8	166	19 46 1	26 13 33
26	13♑43 21	7 32 28	109	20 48 47	22 18 37
27	28 51 21	7 37 23	36	21 48 44	16 51 30
28	14♒ 6 38	7 37 8	-42	22 45 36	10S18 57

DAY	☽ MOON AT 12 HOURS LONG ° ' "	12h MOT ° ' "	2DIF "	R.A. h m s	DECL ° ' "
1	28♒34 28	7 20 28	-162	23 37 29	3S37 10
2	13♓ 9 45	7 8 49	-183	0 29 0	3N21 50
3	27 21 11	6 56 26	-184	1 19 48	9 59 47
4	11♈ 7 58	6 44 29	-171	2 11 0	15 57 30
5	24 31 22	6 33 42	-151	3 3 27	20 59 5
6	7♉33 56	6 24 26	-127	3 57 32	24 51 16
7	20 18 45	6 16 44	-104	4 53 5	27 23 44
8	2♊48 55	6 10 29	-84	5 49 18	28 30 18
9	15 7 15	6 5 30	-67	6 45 1	28 10 14
10	27 16 10	6 1 34	-52	7 39 0	26 28 42
11	9♋17 40	5 58 30	-40	8 30 25	23 35 42
12	21 13 25	5 56 13	-28	9 18 57	19 43 56
13	3♌ 5 1	5 54 45	-15	10 4 47	15 6 51
14	14 54 7	5 54 13	0	10 48 28	9 57 13
15	26 42 41	5 54 49	19	11 30 47	4 26 42
16	8♍33 6	5 56 49	42	12 12 35	1S13 59
17	20 28 21	6 0 31	70	12 54 52	6 54 38
18	2♎31 59	6 6 12	101	13 38 37	12 24 37
19	14 48 1	6 14 3	134	14 24 55	17 31 52
20	27 20 51	6 24 5	166	15 14 46	22 1 48
21	10♏14 50	6 36 9	193	16 8 55	25 36 34
22	23 33 46	6 49 42	210	17 7 32	27 55 32
23	7♐20 14	7 3 49	209	18 9 49	28 38 22
24	21 34 45	7 17 12	186	19 13 58	27 30 29
25	6♑15 4	7 28 17	140	20 17 42	24 28 59
26	21 15 49	7 35 32	74	21 19 9	19 45 4
27	6♒28 43	7 37 55	-4	22 17 32	13 41 32
28	21♒43 47	7 35 6	-79	23 13 3	6S47 38

LUNAR INGRESSES
1 ☽ ♓ 14:19
3 ☽ ♈ 16:33
5 ☽ ♉ 22:00
8 ☽ ♊ 6:34
10 ☽ ♋ 17:26
13 ☽ ♌ 5:45
15 ☽ ♍ 18:41
18 ☽ ♎ 6:59
20 ☽ ♏ 17:00
22 ☽ ♐ 23:19
25 ☽ ♑ 1:51
27 ☽ ♒ 1:48

PLANET INGRESSES
6 ☿ ♒ 4:15
7 ♂ ♉ 3:40
13 ☉ ♒ 16:25
25 ☿ ♓ 16:18
26 ♀ ♑ 8:36

STATIONS
3 ♀ D 9:20

DATA FOR THE 1st AT 0 HOURS
JULIAN DAY 38747.5
☽ MEAN ☊ 12°♓ 31' 42"
OBLIQUITY 23° 26' 28"
DELTA T 67.7 SECONDS
NUTATION LONGITUDE -0.8"

DAY MO	YR	☿ LONG ° ' "	♀ LONG ° ' "	♂ LONG ° ' "	♃ LONG ° ' "	♄ LONG ° ' "	♅ LONG ° ' "	♆ LONG ° ' "	♇ LONG ° ' "	☊ LONG ° '	A.S.S.I. h m s	S.S.R.Y. h m s	S.V.P. ♓ ° ' "	☿ MERCURY R.A. h m s	☿ MERCURY DECL ° ' "
1	32	20♑47 54	21♐18R45	27♈13 33	22♎30 7	12♋42R25	14♒18 21	22♑15 41	1♐ 5 7	10♓49	26 20 11	30 8 30	5 10 29.8	21 14 52	18S 5 31
2	33	22 33 33	21 14 9	27 40 0	22 35 39	12 37 31	14 21 31	22 17 57	1 6 48	10 48	26 25 18	30 9 23	5 10 29.8	21 21 52	17 31 36
3	34	24 19 45	21 12D 0	28 6 42	22 41 2	12 32 38	14 24 41	22 20 14	1 8 28	10 48	26 30 25	30 10 11	5 10 29.7	21 28 51	16 56 12
4	35	26 6 25	21 12 16	28 33 37	22 46 15	12 27 46	14 27 53	22 22 31	1 10 6	10 49	26 35 30	30 10 53	5 10 29.6	21 35 49	16 19 22
5	36	27 53 31	21 14 55	29 0 47	22 51 19	12 22 56	14 31 7	22 24 48	1 11 42	10 50	26 40 34	30 11 28	5 10 29.5	21 42 46	15 41 6
6	37	29 40 58	21 19 55	29 28 9	22 56 13	12 18 6	14 34 21	22 27 5	1 13 17	10 50	26 45 37	30 11 53	5 10 29.3	21 49 40	15 1 28
7	38	1♒28 39	21 27 13	29 55 45	23 0 56	12 13 19	14 37 36	22 29 20	1 14 51	10 47	26 50 39	30 12 7	5 10 29.1	21 56 32	14 20 29
8	39	3 16 28	21 36 47	0♉23 34	23 5 30	12 8 33	14 40 52	22 31 37	1 16 23	10 43	26 55 40	30 12 10	5 10 28.9	22 3 21	13 38 13
9	40	5 4 17	21 48 32	0 51 35	23 9 54	12 3 49	14 44 9	22 33 54	1 17 54	10 36	27 0 40	30 12 0	5 10 28.7	22 10 8	12 54 46
10	41	6 51 55	22 2 26	1 19 47	23 14 8	11 59 7	14 47 27	22 36 10	1 19 23	10 29	27 5 39	30 11 38	5 10 28.4	22 16 50	12 10 10
11	42	8 39 10	22 18 24	1 48 11	23 18 11	11 54 27	14 50 46	22 38 27	1 20 51	10 20	27 10 37	30 11 3	5 10 28.2	22 23 27	11 24 34
12	43	10 25 47	22 36 24	2 16 47	23 22 4	11 49 49	14 54 6	22 40 43	1 22 17	10 12	27 15 35	30 10 18	5 10 28.1	22 30 0	10 38 3
13	44	12 11 30	22 56 21	2 45 33	23 25 47	11 45 14	14 57 26	22 42 59	1 23 41	10 04	27 20 31	30 9 23	5 10 28.0	22 36 26	9 50 46
14	45	13 55 59	23 18 12	3 14 31	23 29 19	11 40 42	15 0 47	22 45 15	1 25 4	9 58	27 25 26	30 8 21	5 10 27.9	22 42 44	9 2 54
15	46	15 38 52	23 41 53	3 43 38	23 32 41	11 36 12	15 4 9	22 47 31	1 26 25	9 54	27 30 20	30 7 15	5 10 27.8	22 48 54	8 14 37
16	47	17 19 44	24 7 19	4 12 56	23 35 53	11 31 46	15 7 31	22 49 46	1 27 45	9 52	27 35 13	30 6 8	5 10 27.8	22 54 54	7 26 8
17	48	18 58 6	24 34 28	4 42 23	23 38 54	11 27 22	15 10 54	22 52 1	1 29 3	9 52	27 40 6	30 5 3	5 10 27.8	23 0 42	6 37 43
18	49	20 33 28	25 3 15	5 12 1	23 41 44	11 23 2	15 14 17	22 54 16	1 30 19	9 53	27 44 57	30 4 4	5 10 27.7	23 6 17	5 49 37
19	50	22 5 15	25 33 37	5 41 47	23 44 23	11 18 44	15 17 41	22 56 30	1 31 33	9 55	27 49 48	30 3 14	5 10 27.7	23 11 37	5 2 8
20	51	23 32 52	26 5 30	6 11 44	23 46 51	11 14 31	15 21 6	22 58 44	1 32 46	9 57	27 54 38	30 2 34	5 10 27.5	23 16 40	4 15 36
21	52	24 55 41	26 38 50	6 41 49	23 49 9	11 10 21	15 24 31	23 0 58	1 33 57	9 57	27 59 27	30 2 6	5 10 27.4	23 21 23	3 30 22
22	53	26 13 2	27 13 35	7 12 3	23 51 15	11 6 15	15 27 56	23 3 11	1 35 6	9 57	28 4 15	30 1 50	5 10 27.2	23 25 46	2 46 48
23	54	27 24 15	27 49 40	7 42 26	23 53 11	11 2 12	15 31 21	23 5 24	1 36 14	9 56	28 9 3	30 1 48	5 10 27.0	23 29 45	2 5 16
24	55	28 28 43	28 27 3	8 12 57	23 54 55	10 58 14	15 34 47	23 7 36	1 37 20	9 53	28 13 50	30 1 58	5 10 26.7	23 33 18	1 26 9
25	56	29 25 47	29 5 40	8 43 37	23 56 28	10 54 20	15 38 14	23 9 47	1 38 24	9 49	28 18 36	30 2 20	5 10 26.5	23 36 24	0 49 51
26	57	0♓14 52	29 45 28	9 14 26	23 57 50	10 50 30	15 41 40	23 11 58	1 39 26	9 45	28 23 21	30 2 53	5 10 26.3	23 39 1	0 16 44
27	58	0 55 27	0♑26 24	9 45 22	23 59 1	10 46 44	15 45 7	23 14 9	1 40 26	9 41	28 28 6	30 3 34	5 10 26.1	23 41 7	0N12 50
28	59	1♓27 7	1♑ 8 26	10♉16 26	24♎ 0 0	10♋43 4	15♒48 33	23♑16 19	1♐41 25	9♓38	28 32 50	30 4 23	5 10 26.0	23 42 40	0N38 31

DAY Feb	♀ VENUS R.A. h m s	♀ VENUS DECL ° ' "	♂ MARS R.A. h m s	♂ MARS DECL ° ' "	♃ JUPITER R.A. h m s	♃ JUPITER DECL ° ' "	♄ SATURN R.A. h m s	♄ SATURN DECL ° ' "
1	19 6 30	15S24 15	3 16 35	20N 0 7	15 0 49	15S53 10	8 40 30	19N 3 19
2	19 6 11	15 26 5	3 18 24	20 7 7	15 1 11	15 54 34	8 40 10	19 4 40
3	19 6 4	15 28 10	3 20 14	20 14 6	15 1 33	15 55 55	8 39 51	19 6 0
4	19 6 6	15 30 28	3 22 4	20 21 5	15 1 54	15 57 13	8 39 31	19 7 20
5	19 6 18	15 32 56	3 23 56	20 28 2	15 2 14	15 58 28	8 39 11	19 8 40
6	19 6 40	15 35 34	3 25 50	20 34 58	15 2 34	15 59 40	8 38 51	19 9 58
7	19 7 12	15 38 19	3 27 44	20 41 52	15 2 53	16 0 50	8 38 32	19 11 17
8	19 7 53	15 41 10	3 29 39	20 48 44	15 3 12	16 1 56	8 38 12	19 12 34
9	19 8 43	15 44 5	3 31 35	20 55 34	15 3 30	16 3 0	8 37 53	19 13 51
10	19 9 42	15 47 2	3 33 32	21 2 22	15 3 47	16 4 0	8 37 34	19 15 7
11	19 10 50	15 50 0	3 35 31	21 9 7	15 4 3	16 4 58	8 37 15	19 16 22
12	19 12 7	15 52 57	3 37 30	21 15 50	15 4 19	16 5 53	8 36 56	19 17 37
13	19 13 31	15 55 51	3 39 30	21 22 29	15 4 34	16 6 44	8 36 37	19 18 50
14	19 15 4	15 58 41	3 41 31	21 29 6	15 4 48	16 7 33	8 36 19	19 20 3
15	19 16 44	16 1 26	3 43 33	21 35 39	15 5 2	16 8 19	8 36 0	19 21 15
16	19 18 32	16 4 2	3 45 36	21 42 9	15 5 15	16 9 1	8 35 42	19 22 26
17	19 20 27	16 6 30	3 47 40	21 48 36	15 5 27	16 9 41	8 35 24	19 23 36
18	19 22 28	16 8 48	3 49 44	21 54 58	15 5 39	16 10 18	8 35 7	19 24 45
19	19 24 37	16 10 54	3 51 50	22 1 17	15 5 50	16 10 52	8 34 49	19 25 53
20	19 26 52	16 12 47	3 53 56	22 7 32	15 6 0	16 11 22	8 34 32	19 27 0
21	19 29 12	16 14 26	3 56 3	22 13 42	15 6 9	16 11 50	8 34 15	19 28 6
22	19 31 39	16 15 50	3 58 11	22 19 49	15 6 18	16 12 15	8 33 58	19 29 10
23	19 34 12	16 16 58	4 0 20	22 25 50	15 6 26	16 12 36	8 33 41	19 30 14
24	19 36 49	16 17 48	4 2 29	22 31 48	15 6 33	16 12 55	8 33 25	19 31 16
25	19 39 32	16 18 20	4 4 40	22 37 40	15 6 39	16 13 10	8 33 9	19 32 17
26	19 42 20	16 18 33	4 6 51	22 43 28	15 6 45	16 13 23	8 32 54	19 33 17
27	19 45 13	16 18 25	4 9 3	22 49 10	15 6 50	16 13 32	8 32 38	19 34 16
28	19 48 10	16S17 57	4 11 15	22N54 48	15 6 54	16S13 38	8 32 23	19N35 13

DAY Feb	♅ URANUS R.A. h m s	♅ URANUS DECL ° ' "	♆ NEPTUNE R.A. h m s	♆ NEPTUNE DECL ° ' "	♇ PLUTO R.A. h m s	♇ PLUTO DECL ° ' "
1	22 44 0	8S49 53	21 18 21	15S52 11	17 43 8	15S54 14
2	22 44 12	8 48 41	21 18 30	15 51 30	17 43 15	15 54 12
3	22 44 24	8 47 28	21 18 39	15 50 49	17 43 22	15 54 10
4	22 44 36	8 46 15	21 18 48	15 50 8	17 43 29	15 54 8
5	22 44 48	8 45 1	21 18 57	15 49 27	17 43 35	15 54 5
6	22 45 0	8 43 47	21 19 6	15 48 47	17 43 42	15 54 2
7	22 45 13	8 42 33	21 19 15	15 48 6	17 43 48	15 53 59
8	22 45 25	8 41 18	21 19 24	15 47 25	17 43 55	15 53 56
9	22 45 37	8 40 3	21 19 33	15 46 44	17 44 1	15 53 53
10	22 45 49	8 38 48	21 19 42	15 46 3	17 44 7	15 53 49
11	22 46 2	8 37 32	21 19 51	15 45 22	17 44 13	15 53 46
12	22 46 14	8 36 16	21 20 0	15 44 41	17 44 19	15 53 42
13	22 46 27	8 35 0	21 20 9	15 44 0	17 44 25	15 53 38
14	22 46 39	8 33 43	21 20 18	15 43 19	17 44 31	15 53 33
15	22 46 52	8 32 27	21 20 27	15 42 38	17 44 36	15 53 29
16	22 47 5	8 31 10	21 20 36	15 41 58	17 44 42	15 53 24
17	22 47 17	8 29 53	21 20 45	15 41 17	17 44 47	15 53 19
18	22 47 30	8 28 35	21 20 54	15 40 37	17 44 52	15 53 14
19	22 47 43	8 27 18	21 21 3	15 39 56	17 44 57	15 53 9
20	22 47 55	8 26 0	21 21 12	15 39 16	17 45 2	15 53 3
21	22 48 8	8 24 42	21 21 21	15 38 35	17 45 7	15 52 58
22	22 48 21	8 23 24	21 21 30	15 37 55	17 45 12	15 52 52
23	22 48 34	8 22 6	21 21 38	15 37 15	17 45 17	15 52 46
24	22 48 47	8 20 48	21 21 47	15 36 35	17 45 21	15 52 40
25	22 48 59	8 19 29	21 21 56	15 35 56	17 45 26	15 52 33
26	22 49 12	8 18 11	21 22 4	15 35 16	17 45 30	15 52 27
27	22 49 25	8 16 53	21 22 13	15 34 37	17 45 34	15 52 21
28	22 49 38	8S15 34	21 22 22	15S33 58	17 45 38	15S52 14

MARCH 2006

DAY	SIDEREAL TIME h m s	☉ SUN LONG ° ' "	MOT ' "	R.A. h m s	DECL ° ' "	☽ MOON AT 0 HOURS LONG ° ' "	12h MOT ° ' "	2DIF "	R.A. h m s	DECL ° ' "	☽ MOON AT 12 HOURS LONG ° ' "	12h MOT ° ' "	2DIF "	R.A. h m s	DECL ° ' "
1 W	10 34 38	15♒25 50	60 15	22 47 5.8	7S43 23	29♒18 53	7 31 53	-112	23 39 59	3S11 26	6♓50 45	7 27 38	-141	0 6 32	0N25 57
2 Th	10 38 35	16 26 4	60 13	22 50 50.7	7 20 33	14♓18 23	7 22 30	-164	0 32 53	4N 1 0	21 40 53	7 16 41	-182	0 59 8	7 30 26
3 F	10 42 31	17 26 17	60 11	22 54 35.2	6 57 37	28 57 34	7 10 22	-194	1 25 27	10 51 15	6♈ 7 55	7 3 44	-201	1 51 56	14 0 42
4 S	10 46 28	18 26 28	60 9	22 58 19.1	6 34 36	13♈11 39	6 56 57	-203	2 18 41	16 56 19	20 8 36	6 50 12	-201	2 45 46	19 35 53
5 Su	10 50 24	19 26 36	60 7	23 2 2.6	6 11 29	26 58 48	6 43 35	-195	3 13 13	21 57 29	3♉42 23	6 37 13	-186	3 41 3	23 59 29
6 M	10 54 21	20 26 43	60 5	23 5 45.6	5 48 17	10♉19 36	6 31 12	-174	4 9 14	25 40 34	16 50 49	6 25 36	-161	4 37 39	26 59 44
7 Tu	10 58 18	21 26 47	60 2	23 9 28.2	5 25 0	23 16 24	6 20 27	-147	5 6 13	27 56 22	29 36 51	6 15 46	-133	5 34 47	28 30 16
8 W	11 2 14	22 26 49	60 0	23 13 10.4	5 1 39	5♊52 37	6 11 35	-118	6 3 12	28 41 36	12♊ 4 12	6 7 54	-103	6 31 17	28 30 54
9 Th	11 6 11	23 26 50	59 58	23 16 52.2	4 38 14	18 12 7	6 4 43	-89	6 58 55	27 59 6	24 16 49	6 2 0	-75	7 25 57	27 7 22
10 F	11 10 7	24 26 47	59 56	23 20 33.6	4 14 46	0♋18 49	5 59 44	-61	7 52 20	25 57 6	6♋18 33	5 57 54	-49	8 17 58	24 29 52
11 S	11 14 4	25 26 43	59 54	23 24 14.7	3 51 15	12 16 26	5 56 28	-37	8 42 52	22 47 16	18 12 54	5 55 25	-26	9 7 2	20 50 56
12 Su	11 18 0	26 26 37	59 52	23 27 55.4	3 27 41	24 8 18	5 54 42	-16	9 30 30	18 42 31	0♌ 3 1	5 54 20	-7	9 53 20	16 23 35
13 M	11 21 57	27 26 29	59 50	23 31 35.8	3 4 5	5♌57 20	5 54 16	2	10 15 36	13 55 39	11 51 36	5 54 28	11	10 37 25	11 20 12
14 Tu	11 25 53	28 26 18	59 48	23 35 15.9	2 40 27	17 46 4	5 54 58	18	10 58 51	8 38 37	23 41 2	5 55 42	26	11 20 1	5 52 18
15 W	11 29 50	29 26 6	59 46	23 38 55.8	2 16 47	29 36 44	5 56 42	34	11 41 1	3 2 5	5♍33 27	5 57 57	41	12 1 59	0 10 48
16 Th	11 33 47	0♓25 52	59 44	23 42 35.4	1 53 5	11♍31 24	5 59 28	49	12 23 1	2S41 42	17 30 52	6 1 14	57	12 44 14	5S33 34
17 F	11 37 43	1 25 35	59 42	23 46 14.8	1 29 23	23 32 6	6 3 16	65	13 5 46	8 23 20	29 35 22	6 5 36	74	13 27 43	11 9 32
18 S	11 41 40	2 25 17	59 40	23 49 54.0	1 5 40	5♎40 58	6 8 13	83	13 50 13	13 50 33	11♎49 10	6 11 9	93	14 13 22	16 24 40
19 Su	11 45 36	3 24 57	59 38	23 53 33.0	0 41 57	18 0 19	6 14 24	103	14 37 18	18 50 2	24 14 44	6 18 0	113	15 2 6	21 4 37
20 M	11 49 33	4 24 35	59 37	23 57 11.9	0 18 14	0♏32 44	6 21 57	123	15 27 51	23 6 18	6♏54 41	6 26 14	133	15 54 34	24 52 48
21 Tu	11 53 29	5 24 12	59 35	0 0 50.7	0N 5 29	13 20 54	6 30 50	143	16 22 18	26 21 48	19 51 44	6 35 46	152	16 50 59	27 30 58
22 W	11 57 26	6 23 47	59 33	0 4 29.3	0 29 11	26 27 30	6 40 58	159	17 20 31	28 18 4	3♐ 8 28	6 46 24	165	17 50 46	28 41 12
23 Th	12 1 22	7 23 20	59 32	0 8 7.9	0 52 52	9♐54 51	6 51 59	169	18 21 31	28 38 50	16 46 50	6 57 39	169	18 52 33	28 9 57
24 F	12 5 19	8 22 51	59 30	0 11 46.4	1 16 31	23 44 29	7 3 17	167	19 23 36	27 14 15	0♑47 45	7 8 46	160	19 54 26	25 52 4
25 S	12 9 16	9 22 21	59 28	0 15 24.9	1 40 9	7♑56 31	7 13 58	150	20 24 52	24 4 29	15 10 29	7 18 44	135	20 54 46	21 53 11
26 Su	12 13 12	10 21 48	59 26	0 19 3.4	2 3 44	22 29 13	7 22 56	115	21 24 2	19 20 23	29 52 10	7 26 25	92	21 52 40	16 28 45
27 M	12 17 9	11 21 14	59 24	0 22 41.8	2 27 17	7♒18 35	7 29 3	65	22 20 40	13 51 45	14♒47 38	7 30 44	35	22 48 7	10 1 9
28 Tu	12 21 5	12 20 39	59 22	0 26 20.3	2 50 47	22 18 21	7 31 22	3	23 15 7	6 31 48	29 49 43	7 30 54	-30	23 41 48	2 56 42
29 W	12 25 2	13 20 1	59 20	0 29 58.8	3 14 13	7♓20 37	7 29 22	-62	0 8 17	0N40 37	14♓49 59	7 26 45	-93	0 34 44	4N16 41
30 Th	12 28 58	14 19 21	59 18	0 33 37.4	3 37 36	22 16 44	7 23 10	-121	1 1 16	7 48 3	29 39 54	7 18 41	-145	1 28 0	11 11 24
31 F	12 32 55	15♓18 39	59 16	0 37 16.0	4N 0 55	6♈58 35	7 13 28	-166	1 55 4	14N23 36	14♈12 3	7 7 39	-181	2 22 31	17N21 44

LUNAR INGRESSES
1 ☽ ♓ 1:05
3 ☽ ♈ 1:44
5 ☽ ♉ 5:22
7 ☽ ♊ 12:44
9 ☽ ♋ 23:22
12 ☽ ♌ 11:54
15 ☽ ♍ 0:47
17 ☽ ♎ 12:49
19 ☽ ♏ 22:58
22 ☽ ♐ 6:23
24 ☽ ♑ 10:39
26 ☽ ♒ 12:13
28 ☽ ♓ 12:16
30 ☽ ♈ 12:33

PLANET INGRESSES
8 ☿ ♒ 4:25
15 ☉ ♓ 13:37

STATIONS
2 ☿ R 20:30
4 ♃ R 18:03
25 ☿ D 13:43
29 ♇ R 12:41

DATA FOR THE 1st AT 0 HOURS
JULIAN DAY 38775.5
☽ MEAN ☊ 11°♓ 2' 40"
OBLIQUITY 23° 26' 28"
DELTA T 67.7 SECONDS
NUTATION LONGITUDE -0.9"

DAY MO	YR	☿ LONG ° ' "	♀ LONG ° ' "	♂ LONG ° ' "	♃ LONG ° ' "	♄ LONG ° ' "	♅ LONG ° ' "	♆ LONG ° ' "	♇ LONG ° ' "	☊ LONG ° '	A.S.S.I. h m s	S.S.R.Y. h m s	S.V.P. ♓ ° ' "	☿ MERCURY R.A. h m s	DECL ° ' "
1	60	1♓49 30	1♑51 29	10♉47 39	24♎ 0 49	10♋39R27	15♒52 0	23♒18 28	1♐42 21	9♓37	28 37 33	30 5 16	5 10 26.0	23 43 40	1N 0 0
2	61	2 2R25	2 35 33	11 18 58	24 1 25	10 35 56	15 55 26	23 20 36	1 43 16	9 36	28 42 16	30 6 15	5 10 26.0	23 44 7	1 17 2
3	62	2 5 48	3 20 34	11 50 25	24 1 51	10 32 29	15 58 53	23 22 44	1 44 9	9 37	28 46 58	30 7 14	5 10 26.0	23 44 0	1 29 25
4	63	1 59 43	4 6 30	12 22 0	24 2R 5	10 29 8	16 2 19	23 24 51	1 45 0	9 39	28 51 39	30 8 10	5 10 25.9	23 43 21	1 36 58
5	64	1 44 26	4 53 19	12 53 41	24 2 7	10 25 51	16 5 46	23 26 57	1 45 49	9 40	28 56 20	30 9 2	5 10 25.8	23 42 10	1 39 38
6	65	1 20 25	5 40 59	13 25 28	24 1 59	10 22 40	16 9 12	23 29 2	1 46 36	9 41	29 1 0	30 9 46	5 10 25.6	23 40 29	1 37 26
7	66	0 48 17	6 29 27	13 57 23	24 1 39	10 19 34	16 12 38	23 31 7	1 47 21	9 41	29 5 40	30 10 20	5 10 25.4	23 38 21	1 30 27
8	67	0 8 52	7 18 43	14 29 23	24 1 8	10 16 34	16 16 4	23 33 10	1 48 4	9 41	29 10 19	30 10 43	5 10 25.2	23 35 50	1 18 53
9	68	29♒23 8	8 8 45	15 1 30	24 0 25	10 13 39	16 19 30	23 35 13	1 48 46	9 39	29 14 57	30 10 54	5 10 25.0	23 32 58	1 3 2
10	69	28 32 16	8 59 29	15 33 43	23 59 32	10 10 49	16 22 55	23 37 15	1 49 25	9 37	29 19 36	30 10 51	5 10 24.8	23 29 51	0 43 19
11	70	27 37 29	9 50 57	16 6 1	23 58 27	10 8 5	16 26 20	23 39 15	1 50 3	9 35	29 24 13	30 10 35	5 10 24.7	23 26 33	0 20 12
12	71	26 40 8	10 43 4	16 38 25	23 57 11	10 5 27	16 29 44	23 41 15	1 50 38	9 33	29 28 51	30 10 7	5 10 24.6	23 23 8	0S 5 46
13	72	25 41 33	11 35 51	17 10 54	23 55 44	10 2 55	16 33 8	23 43 14	1 51 12	9 31	29 33 28	30 9 27	5 10 24.5	23 19 42	0 33 58
14	73	24 43 3	12 29 15	17 43 29	23 54 5	10 0 28	16 36 32	23 45 12	1 51 43	9 30	29 38 4	30 8 38	5 10 24.5	23 16 19	1 3 46
15	74	23 45 54	13 23 16	18 16 8	23 52 16	9 58 7	16 39 55	23 47 8	1 52 13	9 29	29 42 40	30 7 41	5 10 24.5	23 13 3	1 34 32
16	75	22 51 13	14 17 51	18 48 53	23 50 16	9 55 52	16 43 17	23 49 4	1 52 41	9 29	29 47 16	30 6 40	5 10 24.5	23 9 59	2 5 38
17	76	22 0 0	15 13 0	19 21 43	23 48 4	9 53 44	16 46 39	23 50 58	1 53 6	9 29	29 51 52	30 5 38	5 10 24.5	23 7 8	2 36 32
18	77	21 13 5	16 8 42	19 54 37	23 45 42	9 51 41	16 50 0	23 52 52	1 53 30	9 30	29 56 27	30 4 37	5 10 24.4	23 4 36	3 6 41
19	78	20 31 8	17 4 55	20 27 37	23 43 9	9 49 44	16 53 20	23 54 44	1 53 52	9 30	30 1 2	30 3 39	5 10 24.4	23 2 22	3 35 39
20	79	19 54 40	18 1 39	21 0 41	23 40 25	9 47 53	16 56 40	23 56 35	1 54 12	9 31	30 5 37	30 2 48	5 10 24.2	23 0 30	4 3 3
21	80	19 24 0	18 58 51	21 33 49	23 37 31	9 46 9	16 59 59	23 58 25	1 54 30	9 31	0 1 4	30 2 5	5 10 24.1	22 58 59	4 28 36
22	81	18 59 23	19 56 31	22 7 2	23 34 25	9 44 31	17 3 17	24 0 13	1 54 46	9 32	0 5 38	30 1 31	5 10 23.9	22 57 51	4 52 3
23	82	18 40 54	20 54 38	22 40 20	23 31 10	9 42 59	17 6 34	24 2 1	1 55 0	9 32	0 10 13	30 1 9	5 10 23.7	22 57 6	5 13 13
24	83	18 28 32	21 53 11	23 13 42	23 27 43	9 41 34	17 9 51	24 3 47	1 55 11	9 32	0 14 48	30 0 58	5 10 23.4	22 56 44	5 32 0
25	84	18 22D13	22 52 9	23 47 8	23 24 7	9 40 14	17 13 6	24 5 31	1 55 21	9 32	0 19 22	30 1 0	5 10 23.2	22 56 44	5 48 19
26	85	18 21 47	23 51 31	24 20 39	23 20 20	9 39 2	17 16 21	24 7 15	1 55 29	9 32	0 23 56	30 1 15	5 10 23.1	22 57 5	6 2 9
27	86	18 27 4	24 51 16	24 54 14	23 16 23	9 37 55	17 19 34	24 8 57	1 55 35	9 32	0 28 31	30 1 42	5 10 23.0	22 57 47	6 13 28
28	87	18 37 50	25 51 23	25 27 53	23 12 16	9 36 56	17 22 46	24 10 38	1 55 39	9 32	0 33 5	30 2 21	5 10 23.0	22 58 48	6 22 18
29	88	18 53 51	26 51 51	26 1 36	23 7 59	9 36 2	17 25 58	24 12 17	1 55R41	9 32	0 37 40	30 3 10	5 10 22.9	23 0 9	6 28 42
30	89	19 14 53	27 52 39	26 35 28	23 3 33	9 35 16	17 29 8	24 13 53	1 55 42	9 32	0 42 14	30 4 7	5 10 22.9	23 1 47	6 32 42
31	90	19♒40 39	28♑53 47	27♉ 9 14	22♎58 57	9♋34 36	17♒32 17	24♒15 31	1♐55 40	9♓32	0 46 49	30 5 10	5 10 22.9	23 3 43	6S34 21

DAY Mar	♀ VENUS R.A. h m s	DECL ° ' "	♂ MARS R.A. h m s	DECL ° ' "	♃ JUPITER R.A. h m s	DECL ° ' "	♄ SATURN R.A. h m s	DECL ° ' "	♅ URANUS R.A. h m s	DECL ° ' "	♆ NEPTUNE R.A. h m s	DECL ° ' "	♇ PLUTO R.A. h m s	DECL ° ' "
1	19 51 11	16S17 7	4 13 29	23N 0 20	15 6 57	16S13 42	8 32 8	19N36 10	22 49 51	8S14 16	21 22 30	15S33 19	17 45 42	15S52 7
2	19 54 16	16 15 55	4 15 43	23 5 46	15 7 0	16 13 42	8 31 54	19 37 4	22 50 4	8 12 58	21 22 39	15 32 40	17 45 46	15 52 0
3	19 57 26	16 14 20	4 17 58	23 11 7	15 7 2	16 13 39	8 31 40	19 37 58	22 50 17	8 11 39	21 22 47	15 32 1	17 45 50	15 51 53
4	20 0 39	16 12 21	4 20 13	23 16 22	15 7 3	16 13 33	8 31 26	19 38 50	22 50 30	8 10 21	21 22 55	15 31 23	17 45 53	15 51 46
5	20 3 55	16 9 58	4 22 29	23 21 31	15 7 3	16 13 24	8 31 12	19 39 40	22 50 42	8 9 2	21 23 4	15 30 45	17 45 56	15 51 38
6	20 7 15	16 7 11	4 24 46	23 26 34	15 7 3	16 13 12	8 30 59	19 40 30	22 50 55	8 7 44	21 23 12	15 30 7	17 46 0	15 51 31
7	20 10 38	16 3 58	4 27 3	23 31 31	15 7 2	16 12 57	8 30 47	19 41 17	22 51 8	8 6 26	21 23 20	15 29 29	17 46 3	15 51 23
8	20 14 5	16 0 20	4 29 21	23 36 21	15 7 0	16 12 39	8 30 34	19 42 4	22 51 21	8 5 8	21 23 28	15 28 52	17 46 6	15 51 15
9	20 17 34	15 56 15	4 31 40	23 41 5	15 6 57	16 12 18	8 30 22	19 42 49	22 51 34	8 3 50	21 23 36	15 28 15	17 46 9	15 51 8
10	20 21 6	15 51 44	4 33 59	23 45 42	15 6 54	16 11 54	8 30 11	19 43 32	22 51 47	8 2 32	21 23 45	15 27 38	17 46 11	15 51 0
11	20 24 40	15 46 47	4 36 19	23 50 13	15 6 50	16 11 27	8 30 0	19 44 14	22 51 59	8 1 14	21 23 52	15 27 1	17 46 14	15 50 52
12	20 28 18	15 41 22	4 38 39	23 54 37	15 6 45	16 10 57	8 29 49	19 44 55	22 52 12	7 59 57	21 24 0	15 26 25	17 46 17	15 50 44
13	20 31 57	15 35 30	4 41 0	23 58 54	15 6 39	16 10 24	8 29 38	19 45 34	22 52 25	7 58 39	21 24 8	15 25 49	17 46 19	15 50 36
14	20 35 39	15 29 10	4 43 22	24 3 3	15 6 33	16 9 48	8 29 28	19 46 11	22 52 38	7 57 22	21 24 16	15 25 13	17 46 21	15 50 27
15	20 39 23	15 22 23	4 45 44	24 7 6	15 6 26	16 9 10	8 29 19	19 46 47	22 52 50	7 56 5	21 24 24	15 24 38	17 46 23	15 50 19
16	20 43 9	15 15 7	4 48 6	24 11 1	15 6 18	16 8 28	8 29 9	19 47 22	22 53 3	7 54 49	21 24 31	15 24 3	17 46 25	15 50 11
17	20 46 57	15 7 23	4 50 29	24 14 49	15 6 9	16 7 43	8 29 1	19 47 54	22 53 15	7 53 32	21 24 39	15 23 28	17 46 27	15 50 2
18	20 50 46	14 59 11	4 52 52	24 18 29	15 6 0	16 6 56	8 28 52	19 48 26	22 53 28	7 52 16	21 24 46	15 22 54	17 46 28	15 49 54
19	20 54 38	14 50 31	4 55 16	24 22 2	15 5 50	16 6 5	8 28 44	19 48 55	22 53 40	7 51 0	21 24 54	15 22 20	17 46 30	15 49 45
20	20 58 31	14 41 22	4 57 41	24 25 27	15 5 39	16 5 12	8 28 37	19 49 24	22 53 53	7 49 45	21 25 1	15 21 46	17 46 31	15 49 37
21	21 2 26	14 31 45	5 0 6	24 28 45	15 5 28	16 4 16	8 28 29	19 49 50	22 54 5	7 48 29	21 25 8	15 21 13	17 46 33	15 49 28
22	21 6 23	14 21 39	5 2 31	24 31 54	15 5 16	16 3 17	8 28 23	19 50 15	22 54 18	7 47 14	21 25 15	15 20 40	17 46 34	15 49 19
23	21 10 19	14 11 6	5 4 57	24 34 56	15 5 3	16 2 16	8 28 16	19 50 39	22 54 30	7 46 0	21 25 23	15 20 7	17 46 35	15 49 10
24	21 14 18	14 0 5	5 7 23	24 37 50	15 4 49	16 1 11	8 28 11	19 51 1	22 54 42	7 44 45	21 25 30	15 19 35	17 46 36	15 49 2
25	21 18 17	13 48 35	5 9 49	24 40 36	15 4 35	16 0 4	8 28 5	19 51 21	22 54 54	7 43 31	21 25 37	15 19 4	17 46 36	15 48 53
26	21 22 18	13 36 39	5 12 16	24 43 13	15 4 20	15 58 54	8 28 0	19 51 40	22 55 6	7 42 18	21 25 43	15 18 32	17 46 37	15 48 44
27	21 26 20	13 24 14	5 14 44	24 45 43	15 4 4	15 57 42	8 27 56	19 51 57	22 55 18	7 41 5	21 25 50	15 18 1	17 46 37	15 48 35
28	21 30 23	13 11 23	5 17 12	24 48 4	15 3 48	15 56 27	8 27 52	19 52 13	22 55 30	7 39 52	21 25 57	15 17 31	17 46 38	15 48 27
29	21 34 26	12 58 5	5 19 40	24 50 16	15 3 31	15 55 9	8 27 48	19 52 27	22 55 42	7 38 40	21 26 3	15 17 1	17 46 38	15 48 18
30	21 38 30	12 44 21	5 22 9	24 52 21	15 3 13	15 53 48	8 27 45	19 52 39	22 55 54	7 37 28	21 26 10	15 16 31	17 46 38	15 48 9
31	21 42 35	12S30 10	5 24 38	24N54 16	15 2 55	15S52 25	8 27 42	19N52 50	22 56 6	7S36 16	21 26 16	15S16 2	17 46 38	15S48 0

APRIL 2006

DAY	SIDEREAL TIME h m s	☉ SUN LONG ° ' "	MOT ° '	R.A. h m s	DECL ° '	☽ MOON AT 0 HOURS LONG ° ' "	12h MOT ° ' "	2DIF	R.A. h m s	DECL ° ' "	☽ MOON AT 12 HOURS LONG ° ' "	12h MOT ° ' "	2DIF	R.A. h m s	DECL ° ' "
1 S	12 36 51	16♓17 55	59 14	0 40 54.6	4N24 9	21♈19 42	7 1 23	-192	2 50 26	20N 3 7	28♈21 5	6 54 51	-198	3 18 48	22N25 25
2 Su	12 40 48	17 17 9	59 12	0 44 33.4	4 47 18	5♉15 56	6 48 12	-199	3 47 36	24 26 41	12♉ 4 8	6 41 35	-196	4 16 45	26 5 23
3 M	12 44 45	18 16 21	59 9	0 48 12.3	5 10 22	18 45 43	6 35 7	-190	4 46 6	27 20 27	25 20 49	6 28 55	-180	5 15 31	28 11 23
4 Tu	12 48 41	19 15 30	59 7	0 51 51.3	5 33 21	1♊49 44	6 23 5	-168	5 44 49	28 38 12	8♊12 50	6 17 42	-154	6 13 49	28 41 22
5 W	12 52 38	20 14 37	59 5	0 55 30.5	5 56 13	14 30 31	6 12 48	-139	6 42 19	28 21 53	20 43 20	6 8 27	-122	7 10 11	27 41 2
6 Th	12 56 34	21 13 41	59 2	0 59 9.8	6 19 0	26 51 47	6 4 40	-105	7 37 19	26 40 22	2♋56 26	6 1 27	-88	8 3 39	25 21 39
7 F	13 0 31	22 12 44	59 0	1 2 49.3	6 41 39	8♋57 53	5 58 50	-70	8 29 9	23 46 37	14 56 43	5 56 46	-53	8 53 49	21 57 4
8 S	13 4 27	23 11 44	58 58	1 6 29.0	7 4 12	20 53 29	5 55 17	-37	9 17 43	19 54 43	26 48 46	5 54 20	-21	9 40 54	17 41 11
9 Su	13 8 24	24 10 42	58 56	1 10 8.9	7 26 37	2♌43 6	5 53 54	-6	10 3 28	15 18 0	8♌37 1	5 53 57	8	10 25 30	12 46 37
10 M	13 12 20	25 9 37	58 53	1 13 49.0	7 48 55	14 30 58	5 54 28	22	10 47 6	10 8 23	20 25 26	5 55 24	34	11 8 23	7 24 36
11 Tu	13 16 17	26 8 30	58 51	1 17 29.4	8 11 4	26 20 50	5 56 42	44	11 29 29	4 36 34	2♍17 32	5 58 21	54	11 50 29	1 45 32
12 W	13 20 14	27 7 22	58 49	1 21 10.1	8 33 6	8♍15 53	6 0 19	63	12 11 32	1S 7 12	14 16 12	6 2 33	71	12 32 45	4S 0 17
13 Th	13 24 10	28 6 11	58 47	1 24 51.0	8 54 58	20 18 45	6 5 1	77	12 54 14	6 52 20	26 23 47	6 7 42	83	13 16 7	9 41 47
14 F	13 28 7	29 4 58	58 45	1 28 32.3	9 16 42	2♎31 28	6 10 32	88	13 38 32	12 27 2	8♎42 0	6 13 32	92	14 1 34	15 6 17
15 S	13 32 3	0♈ 3 43	58 43	1 32 13.9	9 38 17	14 55 32	6 16 38	95	14 25 21	17 37 38	21 12 10	6 19 51	98	14 49 58	19 58 59
16 Su	13 36 0	1 2 26	58 42	1 35 55.9	9 59 42	27 32 2	6 23 10	100	15 15 29	22 8 8	3♏55 11	6 26 32	102	15 41 58	24 2 46
17 M	13 39 56	2 1 8	58 40	1 39 38.2	10 20 57	10♏21 43	6 29 59	104	16 9 24	25 40 31	16 51 43	6 33 30	106	16 37 44	26 59 6
18 Tu	13 43 53	2 59 47	58 38	1 43 20.9	10 42 2	23 25 12	6 37 4	108	17 6 53	27 56 21	0♐ 2 16	6 40 41	109	17 36 43	28 30 24
19 W	13 47 49	3 58 25	58 37	1 47 4.1	11 2 57	6♐42 57	6 44 21	110	18 7 0	28 39 48	13 27 17	6 48 2	111	18 37 32	28 23 41
20 Th	13 51 46	4 57 2	58 35	1 50 47.6	11 23 40	20 15 19	6 51 45	111	19 8 5	27 41 44	27 7 5	6 55 28	111	19 38 24	26 34 18
21 F	13 55 43	5 55 36	58 33	1 54 31.6	11 44 13	4♑ 2 32	6 59 7	109	20 8 19	25 2 22	11♑ 1 39	7 2 42	105	20 37 45	23 7 24
22 S	13 59 39	6 54 9	58 32	1 58 16.1	12 4 34	18 4 22	7 6 9	100	21 6 25	20 51 19	25 10 30	7 9 23	93	21 34 29	18 16 22
23 Su	14 3 36	7 52 41	58 30	2 2 0.9	12 24 44	2♒19 53	7 12 19	83	22 1 56	15 25 1	9♒32 12	7 14 54	70	22 28 50	12 19 54
24 M	14 7 32	8 51 10	58 28	2 5 46.3	12 44 41	16 47 6	7 17 1	55	22 55 15	9 3 49	24 4 8	7 18 36	38	23 21 20	5 39 37
25 Tu	14 11 29	9 49 39	58 27	2 9 32.2	13 4 26	1♓22 43	7 19 32	17	23 47 13	2 10 16	8♓42 15	7 19 45	-5	0 13 3	1N21 14
26 W	14 15 25	10 48 5	58 25	2 13 18.5	13 23 58	16 2 0	7 19 12	-29	0 38 58	4N51 46	23 21 12	7 17 51	-53	1 5 7	8 18 14
27 Th	14 19 22	11 46 30	58 23	2 17 5.4	13 43 16	0♈39 3	7 15 41	-77	1 31 38	11 37 27	7♈54 43	7 12 43	-100	1 58 36	14 46 19
28 F	14 23 18	12 44 53	58 21	2 20 52.7	14 2 22	15 7 26	7 8 59	-122	2 26 8	17 41 47	22 16 25	7 4 36	-141	2 54 15	20 20 56
29 S	14 27 15	13 43 14	58 20	2 24 40.6	14 21 13	29 21 1	6 59 37	-156	3 22 58	22 41 9	6♉20 38	6 54 11	-168	3 52 14	24 40 6
30 Su	14 31 12	14♈41 34	58 18	2 28 29.0	14N39 50	13♉14 49	6 48 26	-176	4 21 55	26N15 58	20♉ 3 15	6 42 28	-180	4 51 53	27N27 27

LUNAR INGRESSES
1 ☽ ♉ 14:51
3 ☽ ♊ 20:36
6 ☽ ♋ 6:11
8 ☽ ♌ 18:28
11 ☽ ♍ 7:23
13 ☽ ♎ 19:04
16 ☽ ♏ 4:39
18 ☽ ♐ 11:56
20 ☽ ♑ 17:00
22 ☽ ♒ 20:06
24 ☽ ♓ 21:44
26 ☽ ♈ 22:56
29 ☽ ♉ 1:07

PLANET INGRESSES
1 ♀ ♒ 1:52
5 ♂ ♊ 0:26
12 ☿ ♓ 6:45
14 ☉ ♈ 22:29
28 ♀ ♓ 20:09

STATIONS
5 ♄ D 12:55

DATA FOR THE 1st AT 0 HOURS
JULIAN DAY 38806.5
☽ MEAN ☊ 9°♓ 24' 6"
OBLIQUITY 23° 26' 28"
DELTA T 67.7 SECONDS
NUTATION LONGITUDE -1.6"

DAY MO	YR	☿ LONG ° ' "	♀ LONG ° ' "	♂ LONG ° ' "	♃ LONG ° ' "	♄ LONG ° ' "	♅ LONG ° ' "	♆ LONG ° ' "	♇ LONG ° ' "	☊ LONG ° '	A.S.S.I. h m s	S.S.R.Y. h m s	S.V.P. ♓ ° ' "	☿ MERCURY R.A. h m s	DECL ° ' "
1	91	20♒10 56	29♑55 13	27♉43 9	22♎54R11	9♋34R 2	17♒35 24	24♑17 6	1♐55R36	9♓31	0 51 24	30 6 16	5 10 22.8	23 5 54	6S33 44
2	92	20 45 28	0♒56 58	28 17 7	22 49 17	9 33 35	17 38 31	24 18 39	1 55 30	9 30	0 55 59	30 7 18	5 10 22.6	23 8 20	6 30 55
3	93	21 24 2	1 59 0	28 51 9	22 44 14	9 33 15	17 41 36	24 20 11	1 55 22	9 29	1 0 34	30 8 16	5 10 22.4	23 11 0	6 25 58
4	94	22 6 26	3 1 20	29 25 15	22 39 1	9 33 1	17 44 40	24 21 42	1 55 12	9 28	1 5 9	30 9 7	5 10 22.2	23 13 53	6 18 57
5	95	22 52 25	4 3 55	29 59 23	22 33 41	9 32D54	17 47 42	24 23 10	1 55 1	9 28	1 9 44	30 9 47	5 10 22.0	23 16 59	6 9 56
6	96	23 41 49	5 6 47	0♊33 35	22 28 12	9 32 54	17 50 43	24 24 38	1 54 47	9 28	1 14 20	30 10 17	5 10 21.8	23 20 16	5 58 59
7	97	24 34 28	6 9 54	1 7 50	22 22 34	9 33 0	17 53 43	24 26 3	1 54 32	9 28	1 18 56	30 10 33	5 10 21.7	23 23 44	5 46 10
8	98	25 30 10	7 13 17	1 42 8	22 16 49	9 33 13	17 56 41	24 27 27	1 54 15	9 29	1 23 32	30 10 37	5 10 21.5	23 27 22	5 31 33
9	99	26 28 48	8 16 54	2 16 29	22 10 57	9 33 32	17 59 37	24 28 50	1 53 55	9 31	1 28 8	30 10 28	5 10 21.5	23 31 10	5 15 12
10	100	27 30 12	9 20 45	2 50 53	22 4 56	9 33 58	18 2 32	24 30 11	1 53 34	9 32	1 32 44	30 10 6	5 10 21.4	23 35 7	4 57 9
11	101	28 34 15	10 24 49	3 25 19	21 58 49	9 34 30	18 5 26	24 31 30	1 53 11	9 33	1 37 21	30 9 34	5 10 21.4	23 39 13	4 37 29
12	102	29 40 50	11 29 8	3 59 48	21 52 34	9 35 9	18 8 17	24 32 47	1 52 47	9 34	1 41 59	30 8 52	5 10 21.4	23 43 27	4 16 14
13	103	0♓49 51	12 33 39	4 34 20	21 46 13	9 35 55	18 11 8	24 34 3	1 52 20	9 33	1 46 36	30 8 3	5 10 21.4	23 47 49	3 53 27
14	104	2 1 12	13 38 23	5 8 55	21 39 45	9 36 46	18 13 56	24 35 17	1 51 52	9 32	1 51 14	30 7 9	5 10 21.3	23 52 18	3 29 12
15	105	3 14 47	14 43 19	5 43 32	21 33 11	9 37 45	18 16 43	24 36 29	1 51 21	9 30	1 55 53	30 6 12	5 10 21.2	23 56 55	3 3 31
16	106	4 30 33	15 48 27	6 18 11	21 26 31	9 38 50	18 19 28	24 37 40	1 50 49	9 27	2 0 31	30 5 14	5 10 21.1	0 1 38	2 36 26
17	107	5 48 25	16 53 47	6 52 53	21 19 45	9 40 1	18 22 11	24 38 49	1 50 16	9 23	2 5 11	30 4 16	5 10 21.0	0 6 28	2 8 1
18	108	7 8 19	17 59 18	7 27 38	21 12 54	9 41 19	18 24 52	24 39 56	1 49 40	9 20	2 9 51	30 3 22	5 10 20.7	0 11 25	1 38 17
19	109	8 30 13	19 5 0	8 2 25	21 5 58	9 42 43	18 27 32	24 41 1	1 49 3	9 17	2 14 31	30 2 33	5 10 20.5	0 16 28	1 7 18
20	110	9 54 4	20 10 53	8 37 14	20 58 56	9 44 13	18 30 9	24 42 5	1 48 24	9 15	2 19 12	30 1 52	5 10 20.3	0 21 37	0 35 5
21	111	11 19 49	21 16 56	9 12 6	20 51 50	9 45 50	18 32 45	24 43 7	1 47 43	9 14	2 23 53	30 1 20	5 10 20.0	0 26 53	0 1 41
22	112	12 47 27	22 23 9	9 47 0	20 44 39	9 47 33	18 35 19	24 44 7	1 47 1	9 14	2 28 35	30 1 1	5 10 19.9	0 32 14	0N32 52
23	113	14 16 55	23 29 32	10 21 57	20 37 24	9 49 22	18 37 51	24 45 5	1 46 17	9 16	2 33 18	30 0 56	5 10 19.7	0 37 42	1 8 32
24	114	15 48 13	24 36 3	10 56 56	20 30 5	9 51 18	18 40 20	24 46 1	1 45 31	9 17	2 38 1	30 1 5	5 10 19.7	0 43 16	1 45 15
25	115	17 21 19	25 42 44	11 31 58	20 22 43	9 53 19	18 42 48	24 46 56	1 44 44	9 18	2 42 45	30 1 29	5 10 19.6	0 48 57	2 23 1
26	116	18 56 13	26 49 33	12 7 1	20 15 17	9 55 28	18 45 14	24 47 48	1 43 55	9 18	2 47 29	30 2 7	5 10 19.6	0 54 43	3 1 46
27	117	20 32 54	27 56 30	12 42 8	20 7 49	9 57 42	18 47 37	24 48 39	1 43 4	9 17	2 52 14	30 2 56	5 10 19.5	1 0 36	3 41 29
28	118	22 11 22	29 3 36	13 17 16	20 0 18	10 0 2	18 49 59	24 49 28	1 42 12	9 14	2 57 0	30 3 55	5 10 19.4	1 6 36	4 22 6
29	119	23 51 37	0♓10 49	13 52 27	19 52 45	10 2 29	18 52 18	24 50 15	1 41 18	9 09	3 1 46	30 5 0	5 10 19.3	1 12 42	5 3 35
30	120	25♓33 38	1♓18 9	14♊27 40	19♎45 10	10♋ 5 1	18♒54 35	24♑51 0	1♐40 23	9♓04	3 6 33	30 6 6	5 10 19.0	1 18 55	5N45 54

DAY Apr	♀ VENUS R.A. h m s	DECL ° ' "	♂ MARS R.A. h m s	DECL ° ' "	♃ JUPITER R.A. h m s	DECL ° ' "	♄ SATURN R.A. h m s	DECL ° ' "	♅ URANUS R.A. h m s	DECL ° ' "	♆ NEPTUNE R.A. h m s	DECL ° ' "	♇ PLUTO R.A. h m s	DECL ° ' "
1	21 46 41	12S15 34	5 27 7	24N56 3	15 2 36	15S51 0	8 27 40	19N52 59	22 56 18	7S35 6	21 26 22	15S15 33	17 46 37	15S47 51
2	21 50 47	12 0 32	5 29 37	24 57 41	15 2 17	15 49 32	8 27 38	19 53 6	22 56 29	7 33 55	21 26 28	15 15 5	17 46 37	15 47 42
3	21 54 54	11 45 6	5 32 6	24 59 11	15 1 57	15 48 2	8 27 37	19 53 12	22 56 41	7 32 45	21 26 34	15 14 37	17 46 36	15 47 33
4	21 59 1	11 29 14	5 34 37	25 0 31	15 1 36	15 46 29	8 27 36	19 53 16	22 56 52	7 31 36	21 26 40	15 14 10	17 46 36	15 47 24
5	22 3 9	11 12 59	5 37 7	25 1 43	15 1 15	15 44 54	8 27 35	19 53 19	22 57 4	7 30 27	21 26 46	15 13 43	17 46 35	15 47 16
6	22 7 17	10 56 19	5 39 38	25 2 46	15 0 53	15 43 17	8 27 35	19 53 20	22 57 15	7 29 19	21 26 52	15 13 16	17 46 34	15 47 7
7	22 11 25	10 39 16	5 42 9	25 3 40	15 0 31	15 41 38	8 27 36	19 53 19	22 57 26	7 28 11	21 26 58	15 12 50	17 46 33	15 46 58
8	22 15 34	10 21 50	5 44 41	25 4 25	15 0 8	15 39 57	8 27 37	19 53 17	22 57 37	7 27 4	21 27 3	15 12 25	17 46 32	15 46 49
9	22 19 43	10 4 2	5 47 12	25 5 1	14 59 45	15 38 13	8 27 38	19 53 13	22 57 48	7 25 57	21 27 9	15 12 0	17 46 31	15 46 41
10	22 23 53	9 45 51	5 49 44	25 5 27	14 59 21	15 36 28	8 27 40	19 53 8	22 57 59	7 24 51	21 27 14	15 11 36	17 46 29	15 46 32
11	22 28 3	9 27 18	5 52 16	25 5 45	14 58 57	15 34 40	8 27 42	19 53 1	22 58 10	7 23 46	21 27 19	15 11 12	17 46 28	15 46 24
12	22 32 13	9 8 24	5 54 49	25 5 53	14 58 32	15 32 51	8 27 45	19 52 52	22 58 21	7 22 41	21 27 24	15 10 49	17 46 26	15 46 15
13	22 36 23	8 49 10	5 57 21	25 5 52	14 58 7	15 31 0	8 27 48	19 52 42	22 58 31	7 21 37	21 27 29	15 10 26	17 46 24	15 46 7
14	22 40 33	8 29 35	5 59 54	25 5 42	14 57 41	15 29 7	8 27 51	19 52 30	22 58 42	7 20 34	21 27 34	15 10 4	17 46 22	15 45 58
15	22 44 44	8 9 40	6 2 26	25 5 22	14 57 15	15 27 12	8 27 55	19 52 17	22 58 52	7 19 31	21 27 39	15 9 42	17 46 20	15 45 50
16	22 48 55	7 49 26	6 4 59	25 4 53	14 56 48	15 25 16	8 28 0	19 52 2	22 59 2	7 18 29	21 27 44	15 9 21	17 46 18	15 45 42
17	22 53 6	7 28 53	6 7 33	25 4 15	14 56 22	15 23 18	8 28 5	19 51 45	22 59 13	7 17 28	21 27 48	15 9 0	17 46 16	15 45 34
18	22 57 17	7 8 1	6 10 6	25 3 27	14 55 54	15 21 19	8 28 10	19 51 27	22 59 23	7 16 27	21 27 53	15 8 40	17 46 13	15 45 25
19	23 1 28	6 46 53	6 12 39	25 2 30	14 55 27	15 19 18	8 28 16	19 51 8	22 59 33	7 15 28	21 27 57	15 8 20	17 46 11	15 45 17
20	23 5 40	6 25 27	6 15 13	25 1 24	14 54 59	15 17 16	8 28 22	19 50 47	22 59 42	7 14 28	21 28 1	15 8 1	17 46 8	15 45 10
21	23 9 51	6 3 44	6 17 47	25 0 8	14 54 31	15 15 13	8 28 29	19 50 24	22 59 52	7 13 30	21 28 5	15 7 42	17 46 5	15 45 2
22	23 14 3	5 41 46	6 20 21	24 58 42	14 54 2	15 13 8	8 28 36	19 50 0	23 0 2	7 12 32	21 28 9	15 7 25	17 46 3	15 44 54
23	23 18 15	5 19 32	6 22 55	24 57 8	14 53 34	15 11 2	8 28 44	19 49 34	23 0 11	7 11 35	21 28 13	15 7 7	17 46 0	15 44 47
24	23 22 27	4 57 4	6 25 29	24 55 23	14 53 5	15 8 56	8 28 52	19 49 7	23 0 21	7 10 39	21 28 17	15 6 50	17 45 56	15 44 39
25	23 26 39	4 34 22	6 28 3	24 53 29	14 52 35	15 6 48	8 29 0	19 48 38	23 0 30	7 9 44	21 28 20	15 6 34	17 45 53	15 44 32
26	23 30 51	4 11 26	6 30 37	24 51 26	14 52 6	15 4 39	8 29 9	19 48 8	23 0 39	7 8 50	21 28 24	15 6 19	17 45 50	15 44 24
27	23 35 3	3 48 18	6 33 12	24 49 13	14 51 36	15 2 30	8 29 18	19 47 36	23 0 48	7 7 56	21 28 27	15 6 4	17 45 46	15 44 17
28	23 39 16	3 24 57	6 35 46	24 46 50	14 51 7	15 0 19	8 29 28	19 47 3	23 0 57	7 7 3	21 28 30	15 5 49	17 45 43	15 44 10
29	23 43 28	3 1 25	6 38 21	24 44 18	14 50 37	14 58 9	8 29 38	19 46 28	23 1 5	7 6 11	21 28 34	15 5 35	17 45 39	15 44 3
30	23 47 41	2S37 42	6 40 55	24N41 36	14 50 7	14S55 58	8 29 48	19N45 52	23 1 14	7S 5 20	21 28 36	15S 5 22	17 45 35	15S43 56

DAY	SIDEREAL TIME h m s	☉ SUN LONG ° ' "	MOT ' "	R.A. h m s	DECL ° ' "
1 M	14 35 8	15♈39 51	58 16	2 32 17.9	14N58 12
2 Tu	14 39 5	16 38 7	58 14	2 36 7.3	15 16 20
3 W	14 43 1	17 36 20	58 12	2 39 57.2	15 34 12
4 Th	14 46 58	18 34 32	58 10	2 43 47.7	15 51 49
5 F	14 50 54	19 32 41	58 8	2 47 38.7	16 9 9
6 S	14 54 51	20 30 49	58 6	2 51 30.3	16 26 14
7 Su	14 58 47	21 28 54	58 4	2 55 22.4	16 43 2
8 M	15 2 44	22 26 58	58 2	2 59 15.0	16 59 33
9 Tu	15 6 41	23 25 0	58 0	3 3 8.2	17 15 48
10 W	15 10 37	24 23 0	57 58	3 7 2.0	17 31 44
11 Th	15 14 34	25 20 58	57 57	3 10 56.3	17 47 23
12 F	15 18 30	26 18 55	57 55	3 14 51.2	18 2 45
13 S	15 22 27	27 16 49	57 54	3 18 46.7	18 17 48
14 Su	15 26 23	28 14 43	57 52	3 22 42.7	18 32 32
15 M	15 30 20	29 12 35	57 51	3 26 39.3	18 46 58
16 Tu	15 34 16	0♉10 25	57 49	3 30 36.5	19 1 5
17 W	15 38 13	1 8 14	57 48	3 34 34.2	19 14 53
18 Th	15 42 10	2 6 2	57 47	3 38 32.5	19 28 21
19 F	15 46 6	3 3 49	57 46	3 42 31.4	19 41 30
20 S	15 50 3	4 1 35	57 45	3 46 30.9	19 54 18
21 Su	15 53 59	4 59 20	57 44	3 50 30.9	20 6 47
22 M	15 57 56	5 57 3	57 43	3 54 31.5	20 18 54
23 Tu	16 1 52	6 54 46	57 42	3 58 32.6	20 30 41
24 W	16 5 49	7 52 27	57 41	4 2 34.3	20 42 7
25 Th	16 9 45	8 50 8	57 40	4 6 36.5	20 53 11
26 F	16 13 42	9 47 47	57 38	4 10 39.2	21 3 54
27 S	16 17 39	10 45 25	57 37	4 14 42.4	21 14 15
28 Su	16 21 35	11 43 2	57 36	4 18 46.1	21 24 14
29 M	16 25 32	12 40 38	57 35	4 22 50.2	21 33 51
30 Tu	16 29 28	13 38 13	57 34	4 26 54.8	21 43 5
31 W	16 33 25	14♉35 46	57 32	4 30 59.8	21N51 56

DAY	☽ MOON AT 0 HOURS LONG ° ' "	12h MOT ° ' "	2DIF "	R.A. h m s	DECL ° ' "
1	26♉45 43	6 36 28	-179	5 21 56	28N13 54
2	9♊52 41	6 24 46	-168	6 21 21	28 32 13
3	22 36 46	6 14 15	-145	7 18 32	27 17 44
4	5♋ 0 40	6 5 35	-113	8 12 22	24 43 53
5	17 8 20	5 59 13	-77	9 2 34	21 6 32
6	29 4 32	5 55 23	-38	9 49 27	16 40 52
7	10♌54 20	5 54 6	0	10 33 46	11 39 57
8	22 42 51	5 55 18	35	11 16 25	6 14 47
9	4♍34 55	5 58 44	66	11 58 27	0 35 7
10	16 34 49	6 4 3	92	12 40 51	5S 9 25
11	28 46 10	6 10 49	109	13 24 43	10 48 7
12	11♎11 35	6 18 31	119	14 11 1	16 8 5
13	23 52 37	6 26 33	120	15 0 42	20 53 28
14	6♏49 43	6 34 25	114	15 54 19	24 45 31
15	20 2 14	6 41 37	101	16 51 51	27 24 3
16	3♐28 42	6 47 51	86	17 52 19	28 31 3
17	17 7 7	6 53 2	70	18 53 59	27 55 30
18	0♑55 23	6 57 12	56	19 54 48	25 37 0
19	14 51 33	7 0 33	45	20 53 13	21 45 43
20	28 54 4	7 3 14	36	21 48 38	16 39 0
21	13♒ 1 40	7 5 21	27	22 41 22	10 37 16
22	27 13 10	7 6 46	15	23 32 17	4 1 35
23	11♓27 4	7 7 13	-3	0 22 34	2N47 6
24	25 41 13	7 6 15	-27	1 13 25	9 27 36
25	9♈52 34	7 3 28	-57	2 5 58	15 38 2
26	23 57 20	6 58 35	-89	3 1 0	20 56 4
27	7♉51 15	6 51 36	-119	3 58 42	25 0 31
28	21 30 16	6 42 53	-140	4 58 24	27 34 30
29	4♊51 14	6 33 5	-151	5 58 34	28 29 17
30	17 52 20	6 23 1	-148	6 57 20	27 46 29
31	0♋33 30	6 13 32	-133	7 53 9	25N36 57

DAY	☽ MOON AT 12 HOURS LONG ° ' "	12h MOT ° ' "	2DIF "	R.A. h m s	DECL ° ' "
1	3♊22 11	6 30 31	-175	5 51 49	28N35 17
2	16 17 27	6 19 19	-158	6 50 18	28 5 50
3	28 51 1	6 9 39	-130	7 45 54	26 9 45
4	11♋ 6 15	6 2 6	-95	8 37 55	23 2 9
5	23 7 34	5 56 59	-58	9 26 23	18 58 52
6	4♌59 55	5 54 26	-19	10 11 53	14 14 5
7	16 48 27	5 54 24	18	10 55 14	8 59 46
8	28 38 9	5 56 45	51	11 37 27	3 26 10
9	10♍33 39	6 1 11	80	12 19 32	2S17 10
10	22 38 53	6 7 17	102	13 2 32	8 0 14
11	4♎56 59	6 14 35	115	13 47 30	13 31 21
12	17 30 5	6 22 32	121	14 35 24	18 36 12
13	0♏19 10	6 30 32	118	15 27 0	22 57 25
14	13 24 7	6 38 7	108	16 22 38	26 15 12
15	26 43 50	6 44 52	94	17 21 49	28 9 54
16	10♐16 33	6 50 34	78	18 23 8	28 26 23
17	24 0 9	6 55 14	63	19 24 37	26 58 42
18	7♑52 35	6 58 58	50	20 24 22	23 51 59
19	21 52 6	7 1 58	40	21 21 18	19 20 33
20	5♒57 18	7 4 22	32	22 15 18	13 43 41
21	20 7 1	7 6 9	21	23 6 59	7 22 22
22	4♓19 56	7 7 8	7	23 57 26	0 37 34
23	18 34 17	7 6 56	-14	0 47 50	6N 9 43
24	2♈47 28	7 5 7	-42	1 39 25	12 37 58
25	16 56 3	7 1 18	-73	2 33 9	18 24 59
26	0♉55 55	6 55 20	-105	3 29 32	23 8 41
27	14 42 51	6 47 26	-131	4 28 23	26 29 36
28	28 13 10	6 38 4	-147	5 28 32	28 14 27
29	11♊24 19	6 28 2	-151	6 28 14	28 19 35
30	24 15 21	6 18 9	-142	7 25 41	26 51 37
31	6♋47 1	6 9 15	-122	8 19 41	24N 4 37

LUNAR INGRESSES
1 ☽ ♊ 5:51
3 ☽ ♋ 14:14
6 ☽ ♌ 1:52
8 ☽ ♍ 14:45
11 ☽ ♎ 2:24
13 ☽ ♏ 11:24
15 ☽ ♐ 17:50
17 ☽ ♑ 22:24
20 ☽ ♒ 1:52
22 ☽ ♓ 4:42
24 ☽ ♈ 7:17
26 ☽ ♉ 10:24
28 ☽ ♊ 15:12
30 ☽ ♋ 22:56

PLANET INGRESSES
2 ☿ ♈ 12:47
15 ☉ ♉ 19:41
17 ☿ ♉ 12:06
25 ♀ ♈ 2:03
26 ♂ ♋ 4:21
31 ☿ ♊ 16:46

STATIONS
22 ♆ R 13:07

DATA FOR THE 1st AT 0 HOURS
JULIAN DAY 38836.5
☽ MEAN ☊ 7°♓ 48' 43"
OBLIQUITY 23° 26' 28"
DELTA T 67.8 SECONDS
NUTATION LONGITUDE -1.6"

DAY MO YR	☿ LONG ° ' "	♀ LONG ° ' "	♂ LONG ° ' "	♃ LONG ° ' "	♄ LONG ° ' "	♅ LONG ° ' "	♆ LONG ° ' "	♇ LONG ° ' "	☊ LONG ° '	A.S.S.I. h m s	S.S.R.Y. h m s	S.V.P. ♓ ° ' "	☿ MERCURY R.A. h m s	DECL ° ' "
1 121	27♓17 27	2♓25 36	15♊ 2 55	19♎37R33	10♋ 7 40	18♒56 50	24♑51 43	1♐39R26	8♓58	3 11 20	30 7 13	5 10 18.8	1 25 15	6N28 59
2 122	29 3 2	3 33 11	15 38 12	19 29 56	10 10 24	18 59 2	24 52 24	1 38 27	8 52	3 16 9	30 8 12	5 10 18.5	1 31 42	7 12 47
3 123	0♈50 26	4 40 52	16 13 31	19 22 17	10 13 15	19 1 12	24 53 3	1 37 28	8 48	3 20 57	30 9 5	5 10 18.3	1 38 17	7 57 15
4 124	2 39 38	5 48 39	16 48 52	19 14 38	10 16 11	19 3 20	24 53 40	1 36 26	8 46	3 25 47	30 9 49	5 10 18.1	1 44 59	8 42 19
5 125	4 30 37	6 56 33	17 24 15	19 6 58	10 19 13	19 5 26	24 54 16	1 35 24	8 44	3 30 37	30 10 22	5 10 17.9	1 51 50	9 27 55
6 126	6 23 26	8 4 34	17 59 39	18 59 19	10 22 21	19 7 29	24 54 49	1 34 20	8 45	3 35 28	30 10 43	5 10 17.8	1 58 49	10 13 59
7 127	8 18 2	9 12 40	18 35 5	18 51 40	10 25 34	19 9 29	24 55 20	1 33 14	8 46	3 40 20	30 10 53	5 10 17.7	2 5 56	11 0 25
8 128	10 14 25	10 20 53	19 10 33	18 44 2	10 28 54	19 11 28	24 55 50	1 32 8	8 48	3 45 12	30 10 51	5 10 17.7	2 13 12	11 47 8
9 129	12 12 34	11 29 11	19 46 3	18 36 25	10 32 18	19 13 24	24 56 17	1 31 0	8 49	3 50 5	30 10 37	5 10 17.6	2 20 37	12 34 2
10 130	14 12 28	12 37 35	20 21 34	18 28 49	10 35 49	19 15 17	24 56 43	1 29 51	8 48	3 54 59	30 10 13	5 10 17.6	2 28 11	13 20 59
11 131	16 14 4	13 46 5	20 57 7	18 21 15	10 39 24	19 17 8	24 57 6	1 28 40	8 46	3 59 53	30 9 39	5 10 17.5	2 35 55	14 7 53
12 132	18 17 17	14 54 40	21 32 41	18 13 43	10 43 5	19 18 56	24 57 28	1 27 28	8 42	4 4 48	30 8 58	5 10 17.4	2 43 48	14 54 35
13 133	20 22 3	16 3 21	22 8 17	18 6 13	10 46 52	19 20 42	24 57 48	1 26 15	8 36	4 9 44	30 8 9	5 10 17.2	2 51 50	15 40 56
14 134	22 28 17	17 12 7	22 43 55	17 58 46	10 50 44	19 22 26	24 58 5	1 25 1	8 28	4 14 41	30 7 14	5 10 17.0	3 0 1	16 26 46
15 135	24 35 50	18 20 59	23 19 34	17 51 22	10 54 41	19 24 7	24 58 21	1 23 46	8 20	4 19 38	30 6 15	5 10 16.8	3 8 21	17 11 54
16 136	26 44 34	19 29 56	23 55 14	17 44 0	10 58 43	19 25 45	24 58 35	1 22 30	8 11	4 24 36	30 5 14	5 10 16.5	3 16 51	17 56 9
17 137	28 54 17	20 38 58	24 30 57	17 36 42	11 2 50	19 27 20	24 58 47	1 21 13	8 04	4 29 35	30 4 14	5 10 16.2	3 25 28	18 39 18
18 138	1♉ 4 49	21 48 5	25 6 40	17 29 28	11 7 3	19 28 54	24 58 57	1 19 54	7 58	4 34 34	30 3 17	5 10 16.0	3 34 13	19 21 11
19 139	3 15 55	22 57 16	25 42 26	17 22 18	11 11 20	19 30 24	24 59 5	1 18 35	7 54	4 39 34	30 2 28	5 10 15.7	3 43 5	20 1 34
20 140	5 27 20	24 6 33	26 18 13	17 15 12	11 15 43	19 31 52	24 59 11	1 17 14	7 53	4 44 35	30 1 49	5 10 15.6	3 52 2	20 40 16
21 141	7 38 49	25 15 54	26 54 1	17 8 11	11 20 10	19 33 17	24 59 15	1 15 53	7 53	4 49 36	30 1 23	5 10 15.5	4 1 5	21 17 3
22 142	9 50 5	26 25 20	27 29 52	17 1 14	11 24 42	19 34 39	24 59R17	1 14 30	7 54	4 54 39	30 1 13	5 10 15.4	4 10 11	21 51 46
23 143	12 0 52	27 34 50	28 5 44	16 54 23	11 29 20	19 35 59	24 59 17	1 13 7	7 54	4 59 42	30 1 19	5 10 15.3	4 19 19	22 24 15
24 144	14 10 53	28 44 24	28 41 37	16 47 37	11 34 2	19 37 16	24 59 15	1 11 43	7 53	5 4 45	30 1 40	5 10 15.2	4 28 29	22 54 20
25 145	16 19 51	29 54 2	29 17 32	16 40 57	11 38 48	19 38 30	24 59 11	1 10 18	7 49	5 9 50	30 2 16	5 10 15.1	4 37 38	23 21 55
26 146	18 27 31	1♈ 3 44	29 53 29	16 34 22	11 43 40	19 39 41	24 59 5	1 8 52	7 43	5 14 54	30 3 3	5 10 14.9	4 46 46	23 46 53
27 147	20 33 39	2 13 30	0♋29 28	16 27 54	11 48 36	19 40 50	24 58 57	1 7 26	7 35	5 20 0	30 4 0	5 10 14.7	4 55 50	24 9 12
28 148	22 38 2	3 23 20	1 5 28	16 21 32	11 53 36	19 41 55	24 58 47	1 5 58	7 24	5 25 6	30 5 2	5 10 14.4	5 4 50	24 28 49
29 149	24 40 28	4 33 13	1 41 29	16 15 18	11 58 41	19 42 58	24 58 36	1 4 30	7 14	5 30 13	30 6 6	5 10 14.1	5 13 44	24 45 43
30 150	26 40 49	5 43 9	2 17 32	16 9 10	12 3 51	19 43 58	24 58 22	1 3 2	7 03	5 35 20	30 7 9	5 10 13.9	5 22 31	24 59 56
31 151	28♉38 54	6♈53 9	2♋53 37	16♎ 3 9	12♋ 9 5	19♒44 56	24♑58 7	1♐ 1 33	6♓54	5 40 28	30 8 8	5 10 13.6	5 31 10	25N11 29

DAY May	♀ VENUS R.A. h m s	DECL ° ' "	♂ MARS R.A. h m s	DECL ° ' "	♃ JUPITER R.A. h m s	DECL ° ' "	♄ SATURN R.A. h m s	DECL ° ' "	♅ URANUS R.A. h m s	DECL ° ' "	♆ NEPTUNE R.A. h m s	DECL ° ' "	♇ PLUTO R.A. h m s	DECL ° ' "
1	23 51 54	2S13 49	6 43 30	24N38 45	14 49 36	14S53 46	8 29 59	19N45 14	23 1 22	7S 4 30	21 28 39	15S 5 10	17 45 31	15S43 50
2	23 56 7	1 49 47	6 46 4	24 35 44	14 49 6	14 51 34	8 30 11	19 44 34	23 1 31	7 3 41	21 28 42	15 4 57	17 45 27	15 43 43
3	0 0 20	1 25 35	6 48 39	24 32 34	14 48 36	14 49 22	8 30 22	19 43 54	23 1 39	7 2 52	21 28 45	15 4 46	17 45 23	15 43 37
4	0 4 33	1 1 15	6 51 14	24 29 14	14 48 6	14 47 10	8 30 34	19 43 11	23 1 47	7 2 5	21 28 47	15 4 35	17 45 19	15 43 30
5	0 8 47	0 36 47	6 53 48	24 25 45	14 47 35	14 44 58	8 30 47	19 42 28	23 1 54	7 1 18	21 28 50	15 4 25	17 45 15	15 43 24
6	0 13 1	0 12 13	6 56 23	24 22 6	14 47 5	14 42 46	8 31 0	19 41 43	23 2 2	7 0 32	21 28 52	15 4 16	17 45 11	15 43 19
7	0 17 15	0N12 28	6 58 58	24 18 18	14 46 35	14 40 34	8 31 13	19 40 56	23 2 10	6 59 48	21 28 54	15 4 7	17 45 6	15 43 13
8	0 21 29	0 37 15	7 1 32	24 14 20	14 46 5	14 38 23	8 31 27	19 40 8	23 2 17	6 59 4	21 28 56	15 3 58	17 45 2	15 43 7
9	0 25 44	1 2 8	7 4 7	24 10 12	14 45 34	14 36 11	8 31 41	19 39 19	23 2 24	6 58 21	21 28 58	15 3 51	17 44 57	15 43 2
10	0 29 59	1 27 5	7 6 41	24 5 56	14 45 4	14 34 1	8 31 55	19 38 28	23 2 31	6 57 39	21 28 59	15 3 44	17 44 52	15 42 57
11	0 34 14	1 52 6	7 9 16	24 1 30	14 44 34	14 31 50	8 32 10	19 37 36	23 2 38	6 56 58	21 29 1	15 3 37	17 44 47	15 42 51
12	0 38 29	2 17 10	7 11 50	23 56 54	14 44 5	14 29 41	8 32 25	19 36 42	23 2 45	6 56 18	21 29 2	15 3 31	17 44 42	15 42 46
13	0 42 45	2 42 17	7 14 25	23 52 9	14 43 35	14 27 32	8 32 41	19 35 47	23 2 52	6 55 39	21 29 4	15 3 26	17 44 37	15 42 42
14	0 47 1	3 7 27	7 16 59	23 47 15	14 43 5	14 25 24	8 32 57	19 34 51	23 2 58	6 55 1	21 29 5	15 3 21	17 44 32	15 42 37
15	0 51 18	3 32 38	7 19 33	23 42 12	14 42 36	14 23 17	8 33 13	19 33 53	23 3 5	6 54 24	21 29 6	15 3 17	17 44 27	15 42 32
16	0 55 35	3 57 49	7 22 7	23 36 59	14 42 7	14 21 11	8 33 30	19 32 54	23 3 11	6 53 48	21 29 7	15 3 14	17 44 22	15 42 28
17	0 59 53	4 23 1	7 24 41	23 31 37	14 41 38	14 19 6	8 33 47	19 31 53	23 3 17	6 53 13	21 29 8	15 3 11	17 44 17	15 42 24
18	1 4 11	4 48 13	7 27 15	23 26 6	14 41 10	14 17 2	8 34 4	19 30 52	23 3 23	6 52 39	21 29 8	15 3 9	17 44 11	15 42 20
19	1 8 30	5 13 23	7 29 49	23 20 26	14 40 41	14 14 59	8 34 22	19 29 48	23 3 28	6 52 6	21 29 9	15 3 7	17 44 6	15 42 17
20	1 12 49	5 38 32	7 32 23	23 14 37	14 40 13	14 12 58	8 34 40	19 28 44	23 3 34	6 51 34	21 29 9	15 3 6	17 44 0	15 42 13
21	1 17 9	6 3 38	7 34 56	23 8 38	14 39 45	14 10 58	8 34 58	19 27 39	23 3 39	6 51 4	21 29 10	15 3 6	17 43 55	15 42 10
22	1 21 30	6 28 41	7 37 30	23 2 31	14 39 18	14 9 0	8 35 17	19 26 32	23 3 44	6 50 34	21 29 10	15 3 6	17 43 49	15 42 7
23	1 25 51	6 53 40	7 40 3	22 56 14	14 38 51	14 7 3	8 35 36	19 25 23	23 3 49	6 50 5	21 29 10	15 3 7	17 43 43	15 42 4
24	1 30 12	7 18 35	7 42 36	22 49 49	14 38 24	14 5 8	8 35 55	19 24 14	23 3 54	6 49 37	21 29 10	15 3 9	17 43 38	15 42 1
25	1 34 35	7 43 24	7 45 10	22 43 14	14 37 58	14 3 15	8 36 15	19 23 3	23 3 59	6 49 11	21 29 9	15 3 11	17 43 32	15 41 59
26	1 38 58	8 8 7	7 47 43	22 36 30	14 37 32	14 1 24	8 36 35	19 21 51	23 4 3	6 48 45	21 29 9	15 3 14	17 43 26	15 41 57
27	1 43 21	8 32 44	7 50 15	22 29 38	14 37 6	13 59 35	8 36 55	19 20 37	23 4 8	6 48 21	21 29 9	15 3 17	17 43 20	15 41 55
28	1 47 46	8 57 13	7 52 48	22 22 37	14 36 41	13 57 48	8 37 16	19 19 22	23 4 12	6 47 57	21 29 8	15 3 21	17 43 14	15 41 53
29	1 52 11	9 21 35	7 55 21	22 15 27	14 36 16	13 56 3	8 37 36	19 18 6	23 4 16	6 47 35	21 29 7	15 3 26	17 43 8	15 41 51
30	1 56 37	9 45 47	7 57 53	22 8 8	14 35 52	13 54 20	8 37 58	19 16 49	23 4 19	6 47 14	21 29 7	15 3 31	17 43 2	15 41 50
31	2 1 4	10N 9 50	8 0 26	22N 0 41	14 35 28	13S52 40	8 38 19	19N15 31	23 4 23	6S46 54	21 29 6	15S 3 36	17 42 56	15S41 49

JUNE 2006

DAY	SIDEREAL TIME h m s	☉ SUN LONG ° ' "	MOT ' "	R.A. h m s	DECL ° ' "	☽ MOON AT 0 HOURS LONG ° ' "	12h MOT ° ' "	2DIF	R.A. h m s	DECL ° ' "	☽ MOON AT 12 HOURS LONG ° ' "	12h MOT ° ' "	2DIF	R.A. h m s	DECL ° ' "
1 Th	16 37 21	15♉33 18	57 31	4 35 5.2	22N 0 25	12♋56 16	6 5 24	-108	8 45 15	22N16 47	19♋ 1 40	6 2 2	-93	9 9 54	20N15 34
2 F	16 41 18	16 30 49	57 30	4 39 11.0	22 8 30	25 3 41	5 59 13	-75	9 33 40	18 2 56	1♌ 2 54	5 57 0	-57	9 56 41	15 40 42
3 S	16 45 14	17 28 19	57 28	4 43 17.2	22 16 13	6♌59 54	5 55 25	-37	10 19 1	13 10 29	12 55 19	5 54 30	-17	10 40 49	10 33 46
4 Su	16 49 11	18 25 47	57 27	4 47 23.7	22 23 32	18 49 49	5 54 16	3	11 2 12	7 51 52	24 44 5	5 54 42	23	11 23 18	5 6 0
5 M	16 53 8	19 23 14	57 26	4 51 30.5	22 30 27	0♍38 47	5 55 49	43	11 44 14	2 17 19	6♍34 36	5 57 36	63	12 5 11	0S33 4
6 Tu	16 57 4	20 20 40	57 25	4 55 37.7	22 36 59	12 32 13	6 0 1	81	12 26 14	3S24 0	18 32 14	6 3 2	99	12 47 34	6 14 17
7 W	17 1 1	21 18 4	57 24	4 59 45.1	22 43 7	24 35 16	6 6 36	114	13 9 18	9 2 38	0♎41 52	6 10 40	128	13 31 34	11 47 34
8 Th	17 4 57	22 15 28	57 23	5 3 52.8	22 48 50	6♎52 31	6 15 8	139	13 54 32	14 27 28	13 7 39	6 19 56	148	14 18 18	17 0 26
9 F	17 8 54	23 12 50	57 22	5 8 0.8	22 54 10	19 27 36	6 24 59	153	14 43 0	19 24 24	25 52 35	6 30 10	156	15 8 43	21 36 58
10 S	17 12 50	24 10 12	57 21	5 12 9.1	22 59 6	2♏22 44	6 35 21	154	15 35 32	23 35 36	8♏58 6	6 40 27	150	16 3 28	25 17 33
11 Su	17 16 47	25 7 32	57 20	5 16 17.5	23 3 37	15 38 33	6 45 21	142	16 32 27	26 40 6	22 23 54	6 49 55	131	17 2 23	27 40 37
12 M	17 20 43	26 4 52	57 19	5 20 26.2	23 7 45	29 13 49	6 54 4	117	17 33 7	28 16 49	6♐ 7 53	6 57 44	101	18 4 21	28 26 58
13 Tu	17 24 40	27 2 11	57 19	5 24 35.1	23 11 27	13♐ 5 36	7 0 50	84	18 35 51	28 10 2	20 6 26	7 3 20	66	19 7 17	28 25 49
14 W	17 28 37	27 59 29	57 18	5 28 44.1	23 14 46	27 9 45	7 5 14	48	19 38 22	26 15 2	4♑15 0	7 6 34	31	20 8 53	24 39 7
15 Th	17 32 33	28 56 47	57 18	5 32 53.3	23 17 40	11♑21 33	7 7 20	16	20 38 39	22 40 12	18 28 54	7 7 37	2	21 7 35	20 20 51
16 F	17 36 30	29 54 5	57 17	5 37 2.6	23 20 9	25 36 31	7 7 28	-10	21 35 39	17 43 54	2♒43 59	7 6 58	-19	22 2 53	14 52 19
17 S	17 40 26	0♊51 22	57 17	5 41 12.0	23 22 13	9♒50 57	7 6 11	-27	22 29 23	11 49 3	16 57 9	7 5 12	-32	22 55 15	8 36 59
18 Su	17 44 23	1 48 39	57 17	5 45 21.6	23 23 53	24 2 20	7 4 2	-36	23 20 38	5 18 53	1♓ 6 22	7 2 46	-40	23 45 41	1 57 25
19 M	17 48 19	2 45 55	57 16	5 49 31.2	23 25 8	8♓ 9 8	7 1 24	-42	0 10 33	1N24 52	15 10 32	6 59 58	-44	0 35 25	4N45 30
20 Tu	17 52 16	3 43 12	57 16	5 53 40.8	23 25 58	22 10 30	6 58 27	-47	1 0 26	8 2 0	29 8 57	6 56 50	-50	1 25 44	11 11 57
21 W	17 56 13	4 40 28	57 16	5 57 50.5	23 26 24	6♈ 5 47	6 55 5	-55	1 51 28	14 12 56	13♈ 0 52	6 53 11	-60	2 17 45	17 2 29
22 Th	18 0 9	5 37 44	57 16	6 2 0.2	23 26 24	19 54 3	6 51 6	-66	2 44 39	19 38 8	26 45 9	6 48 47	-73	3 12 13	21 57 31
23 F	18 4 6	6 34 59	57 16	6 6 9.8	23 26 0	3♉33 56	6 46 14	-81	3 40 28	23 58 20	10♉20 10	6 43 24	-89	4 9 19	25 38 31
24 S	18 8 2	7 32 15	57 16	6 10 19.4	23 25 11	17 3 34	6 40 18	-97	4 38 40	26 56 21	23 43 52	6 36 57	-104	5 8 21	27 50 32
25 Su	18 11 59	8 29 30	57 15	6 14 29.0	23 23 57	0♊20 49	6 33 22	-110	5 38 10	28 20 22	6♊54 12	6 29 36	-115	6 7 51	28 25 46
26 M	18 15 55	9 26 45	57 15	6 18 38.4	23 22 18	13 23 47	6 25 41	-119	6 37 13	28 7 16	19 49 28	6 21 41	-120	7 6 0	27 25 59
27 Tu	18 19 52	10 24 0	57 14	6 22 47.6	23 20 15	26 11 9	6 17 42	-119	7 34 5	26 23 31	2♋28 51	6 13 46	-115	8 1 18	25 1 47
28 W	18 23 48	11 21 14	57 14	6 26 56.7	23 17 47	8♋42 37	6 10 0	-110	8 27 36	23 22 55	14 52 37	6 6 28	-102	8 52 58	21 29 4
29 Th	18 27 45	12 18 28	57 14	6 31 5.6	23 14 54	20 59 5	6 3 14	-91	9 17 26	19 22 24	27 2 19	6 0 23	-79	9 41 3	17 4 54
30 F	18 31 42	13♊15 42	57 13	6 35 14.3	23N11 37	3♌ 2 41	5 57 58	-65	10 3 55	14N38 27	9♌ 0 40	5 56 4	-49	10 26 7	12N 4 44

LUNAR INGRESSES
2 ☽ ♌ 9:54
4 ☽ ♍ 22:41
7 ☽ ♎ 10:38
9 ☽ ♏ 19:38
12 ☽ ♐ 1:21
14 ☽ ♑ 4:49
16 ☽ ♒ 7:24
18 ☽ ♓ 10:07
20 ☽ ♈ 13:28
22 ☽ ♉ 17:43
24 ☽ ♊ 23:22
27 ☽ ♋ 7:15
29 ☽ ♌ 17:54

PLANET INGRESSES
16 ☉ ♊ 2:29
19 ♀ ♉ 15:53
21 ☿ ♋ 10:11

STATIONS
19 ♅ R 7:41

DATA FOR THE 1st AT 0 HOURS
JULIAN DAY 38867.5
☽ MEAN ☊ 6°♓ 10' 9"
OBLIQUITY 23° 26' 27"
DELTA T 67.8 SECONDS
NUTATION LONGITUDE -0.7"

DAY MO YR	☿ LONG ° ' "	♀ LONG ° ' "	♂ LONG ° ' "	♃ LONG ° ' "	♄ LONG ° ' "	♅ LONG ° ' "	♆ LONG ° ' "	♇ LONG ° ' "	☊ LONG ° '	A.S.S.I. h m s	S.S.R.Y. h m s	S.V.P. ♓ ° ' "	☿ MERCURY R.A. h m s	DECL ° ' "
1 152	0♊34 38	8♈ 3 12	3♋29 43	15♎57R16	12♋14 23	19♒45 50	24♑57R49	1♐ 0R 3	6♓48	5 45 36	30 9 1	5 10 13.4	5 39 41	25N20 28
2 153	2 27 55	9 13 19	4 5 50	15 51 30	12 19 45	19 46 42	24 57 30	0 58 32	6 43	5 50 45	30 9 46	5 10 13.2	5 48 1	25 26 55
3 154	4 18 40	10 23 28	4 41 59	15 45 53	12 25 12	19 47 30	24 57 9	0 57 1	6 41	5 55 54	30 10 22	5 10 13.1	5 56 12	25 30 56
4 155	6 6 49	11 33 41	5 18 9	15 40 23	12 30 42	19 48 16	24 56 46	0 55 30	6 41	6 1 4	30 10 49	5 10 13.0	6 4 11	25 32 38
5 156	7 52 20	12 43 57	5 54 20	15 35 2	12 36 17	19 48 59	24 56 21	0 53 58	6 41	6 6 14	30 11 5	5 10 12.9	6 11 58	25 32 6
6 157	9 35 10	13 54 16	6 30 33	15 29 49	12 41 55	19 49 39	24 55 54	0 52 26	6 41	6 11 25	30 11 11	5 10 12.8	6 19 34	25 29 28
7 158	11 15 17	15 4 38	7 6 47	15 24 45	12 47 37	19 50 16	24 55 25	0 50 53	6 39	6 16 36	30 11 6	5 10 12.7	6 26 56	25 24 50
8 159	12 52 41	16 15 3	7 43 2	15 19 49	12 53 24	19 50 50	24 54 55	0 49 20	6 36	6 21 47	30 10 51	5 10 12.6	6 34 6	25 18 19
9 160	14 27 18	17 25 31	8 19 18	15 15 2	12 59 14	19 51 21	24 54 22	0 47 47	6 30	6 26 58	30 10 25	5 10 12.4	6 41 3	25 10 3
10 161	15 59 9	18 36 2	8 55 36	15 10 25	13 5 7	19 51 50	24 53 48	0 46 13	6 22	6 32 10	30 9 49	5 10 12.2	6 47 46	25 0 8
11 162	17 28 12	19 46 36	9 31 55	15 5 56	13 11 4	19 52 15	24 53 13	0 44 40	6 11	6 37 22	30 9 2	5 10 12.0	6 54 16	24 48 42
12 163	18 54 24	20 57 13	10 8 15	15 1 37	13 17 5	19 52 38	24 52 35	0 43 6	6 00	6 42 35	30 8 7	5 10 11.7	7 0 31	24 35 52
13 164	20 17 45	22 7 54	10 44 36	14 57 28	13 23 9	19 52 58	24 51 56	0 41 32	5 48	6 47 47	30 7 5	5 10 11.4	7 6 33	24 21 45
14 165	21 38 12	23 18 37	11 20 59	14 53 28	13 29 17	19 53 15	24 51 15	0 39 57	5 38	6 53 0	30 5 59	5 10 11.1	7 12 20	24 6 27
15 166	22 55 42	24 29 23	11 57 23	14 49 37	13 35 28	19 53 29	24 50 32	0 38 23	5 29	6 58 13	30 4 53	5 10 10.8	7 17 53	23 50 6
16 167	24 10 14	25 40 13	12 33 49	14 45 56	13 41 43	19 53 40	24 49 47	0 36 48	5 24	7 3 27	30 3 50	5 10 10.6	7 23 11	23 32 47
17 168	25 21 44	26 51 5	13 10 15	14 42 26	13 48 1	19 53 48	24 49 1	0 35 14	5 21	7 8 40	30 2 56	5 10 10.4	7 28 14	23 14 37
18 169	26 30 8	28 2 1	13 46 43	14 39 5	13 54 21	19 53 53	24 48 13	0 33 39	5 20	7 13 54	30 2 13	5 10 10.3	7 33 2	22 55 43
19 170	27 35 24	29 12 59	14 23 13	14 35 54	14 0 46	19 53R55	24 47 24	0 32 5	5 20	7 19 7	30 1 45	5 10 10.2	7 37 35	22 36 11
20 171	28 37 25	0♉24 1	14 59 44	14 32 53	14 7 13	19 53 55	24 46 33	0 30 30	5 19	7 24 21	30 1 33	5 10 10.2	7 41 53	22 16 8
21 172	29 36 7	1 35 5	15 36 17	14 30 3	14 13 43	19 53 51	24 45 40	0 28 56	5 17	7 29 34	30 1 37	5 10 10.0	7 45 55	21 55 38
22 173	0♋31 26	2 46 12	16 12 51	14 27 23	14 20 16	19 53 45	24 44 46	0 27 22	5 13	7 34 48	30 1 56	5 10 9.9	7 49 40	21 34 50
23 174	1 23 14	3 57 22	16 49 26	14 24 54	14 26 53	19 53 36	24 43 50	0 25 48	5 05	7 40 2	30 2 28	5 10 9.6	7 53 10	21 13 49
24 175	2 11 27	5 8 34	17 26 3	14 22 35	14 33 32	19 53 23	24 42 52	0 24 14	4 55	7 45 15	30 3 11	5 10 9.4	7 56 23	20 52 41
25 176	2 55 58	6 19 49	18 2 42	14 20 27	14 40 14	19 53 8	24 41 53	0 22 41	4 43	7 50 29	30 4 3	5 10 9.1	7 59 19	20 31 32
26 177	3 36 39	7 31 6	18 39 22	14 18 29	14 46 58	19 52 50	24 40 53	0 21 7	4 31	7 55 42	30 4 59	5 10 8.8	8 1 58	20 10 29
27 178	4 13 24	8 42 26	19 16 3	14 16 43	14 53 46	19 52 29	24 39 51	0 19 35	4 18	8 0 55	30 5 58	5 10 8.5	8 4 19	19 49 38
28 179	4 46 6	9 53 48	19 52 46	14 15 7	15 0 36	19 52 6	24 38 47	0 18 2	4 07	8 6 8	30 6 57	5 10 8.3	8 6 22	19 29 5
29 180	5 14 38	11 5 13	20 29 30	14 13 42	15 7 28	19 51 39	24 37 42	0 16 30	3 59	8 11 21	30 7 54	5 10 8.1	8 8 8	19 8 57
30 181	5♋38 52	12♉16 40	21♋ 6 16	14♎12 27	15♋14 23	19♒51 10	24♑36 36	0♐14 58	3♓53	8 16 34	30 8 47	5 10 7.9	8 9 35	18N49 19

DAY Jun	♀ VENUS R.A. h m s	DECL ° ' "	♂ MARS R.A. h m s	DECL ° ' "	♃ JUPITER R.A. h m s	DECL ° ' "	♄ SATURN R.A. h m s	DECL ° ' "	♅ URANUS R.A. h m s	DECL ° ' "	♆ NEPTUNE R.A. h m s	DECL ° ' "	♇ PLUTO R.A. h m s	DECL ° ' "
1	2 5 32	10N33 43	8 2 58	21N53 5	14 35 5	13S51 2	8 38 41	19N14 11	23 4 26	6S46 35	21 29 4	15S 3 43	17 42 50	15S41 48
2	2 10 0	10 57 25	8 5 30	21 45 20	14 34 42	13 49 26	8 39 3	19 12 51	23 4 30	6 46 17	21 29 3	15 3 50	17 42 44	15 41 47
3	2 14 29	11 20 56	8 8 2	21 37 28	14 34 20	13 47 53	8 39 25	19 11 29	23 4 33	6 46 1	21 29 2	15 3 58	17 42 37	15 41 47
4	2 19 0	11 44 15	8 10 33	21 29 26	14 33 58	13 46 22	8 39 48	19 10 6	23 4 36	6 45 45	21 29 0	15 4 6	17 42 31	15 41 47
5	2 23 31	12 7 20	8 13 5	21 21 17	14 33 37	13 44 54	8 40 11	19 8 41	23 4 38	6 45 31	21 28 59	15 4 15	17 42 25	15 41 47
6	2 28 3	12 30 13	8 15 36	21 12 59	14 33 16	13 43 29	8 40 34	19 7 16	23 4 41	6 45 17	21 28 57	15 4 24	17 42 18	15 41 47
7	2 32 36	12 52 51	8 18 7	21 4 32	14 32 56	13 42 7	8 40 57	19 5 49	23 4 43	6 45 5	21 28 55	15 4 34	17 42 12	15 41 47
8	2 37 10	13 15 14	8 20 38	20 55 58	14 32 37	13 40 47	8 41 21	19 4 22	23 4 46	6 44 54	21 28 53	15 4 44	17 42 6	15 41 48
9	2 41 45	13 37 21	8 23 9	20 47 15	14 32 18	13 39 30	8 41 45	19 2 53	23 4 48	6 44 44	21 28 51	15 4 55	17 41 59	15 41 49
10	2 46 21	13 59 13	8 25 39	20 38 25	14 31 59	13 38 16	8 42 9	19 1 23	23 4 49	6 44 35	21 28 49	15 5 7	17 41 53	15 41 50
11	2 50 58	14 20 48	8 28 10	20 29 26	14 31 41	13 37 5	8 42 33	18 59 52	23 4 51	6 44 27	21 28 47	15 5 19	17 41 47	15 41 51
12	2 55 36	14 42 5	8 30 40	20 20 20	14 31 24	13 35 57	8 42 58	18 58 20	23 4 53	6 44 20	21 28 44	15 5 32	17 41 40	15 41 53
13	3 0 15	15 3 4	8 33 10	20 11 6	14 31 8	13 34 53	8 43 23	18 56 47	23 4 54	6 44 15	21 28 42	15 5 45	17 41 34	15 41 55
14	3 4 55	15 23 43	8 35 39	20 1 43	14 30 52	13 33 51	8 43 48	18 55 13	23 4 55	6 44 10	21 28 39	15 5 59	17 41 27	15 41 57
15	3 9 37	15 44 4	8 38 9	19 52 14	14 30 37	13 32 52	8 44 13	18 53 37	23 4 56	6 44 7	21 28 36	15 6 13	17 41 21	15 42 0
16	3 14 19	16 4 4	8 40 38	19 42 36	14 30 22	13 31 56	8 44 39	18 52 1	23 4 57	6 44 5	21 28 33	15 6 28	17 41 14	15 42 2
17	3 19 3	16 23 43	8 43 7	19 32 51	14 30 8	13 31 4	8 45 4	18 50 24	23 4 57	6 44 4	21 28 30	15 6 43	17 41 8	15 42 5
18	3 23 48	16 43 0	8 45 36	19 22 59	14 29 55	13 30 15	8 45 30	18 48 46	23 4 58	6 44 4	21 28 27	15 6 59	17 41 1	15 42 8
19	3 28 33	17 1 55	8 48 5	19 12 59	14 29 42	13 29 29	8 45 56	18 47 7	23 4 58	6 44 5	21 28 24	15 7 16	17 40 55	15 42 12
20	3 33 20	17 20 26	8 50 33	19 2 51	14 29 30	13 28 46	8 46 23	18 45 26	23 4 58	6 44 8	21 28 21	15 7 33	17 40 48	15 42 15
21	3 38 9	17 38 34	8 53 2	18 52 36	14 29 19	13 28 7	8 46 49	18 43 45	23 4 58	6 44 11	21 28 17	15 7 50	17 40 42	15 42 19
22	3 42 58	17 56 17	8 55 30	18 42 14	14 29 8	13 27 30	8 47 16	18 42 3	23 4 57	6 44 16	21 28 14	15 8 8	17 40 35	15 42 23
23	3 47 48	18 13 35	8 57 58	18 31 44	14 28 58	13 26 58	8 47 43	18 40 20	23 4 57	6 44 21	21 28 10	15 8 27	17 40 29	15 42 28
24	3 52 40	18 30 28	9 0 26	18 21 8	14 28 48	13 26 29	8 48 10	18 38 35	23 4 56	6 44 28	21 28 6	15 8 45	17 40 22	15 42 32
25	3 57 32	18 46 53	9 2 53	18 10 24	14 28 40	13 26 3	8 48 37	18 36 50	23 4 55	6 44 36	21 28 3	15 9 5	17 40 16	15 42 37
26	4 2 26	19 2 52	9 5 21	17 59 33	14 28 32	13 25 40	8 49 5	18 35 4	23 4 54	6 44 45	21 27 59	15 9 25	17 40 10	15 42 43
27	4 7 21	19 18 22	9 7 48	17 48 35	14 28 24	13 25 21	8 49 32	18 33 17	23 4 53	6 44 55	21 27 55	15 9 45	17 40 3	15 42 48
28	4 12 17	19 33 25	9 10 15	17 37 31	14 28 18	13 25 6	8 50 0	18 31 29	23 4 52	6 45 6	21 27 50	15 10 6	17 39 57	15 42 54
29	4 17 14	19 47 58	9 12 41	17 26 19	14 28 12	13 24 55	8 50 28	18 29 41	23 4 50	6 45 18	21 27 46	15 10 27	17 39 51	15 43 0
30	4 22 12	20N 2 1	9 15 8	17N15 1	14 28 7	13S24 46	8 50 56	18N27 51	23 4 48	6S45 32	21 27 42	15S10 48	17 39 44	15S43 6

DAY	SIDEREAL TIME h m s	☉ SUN LONG ° ' "	MOT ' "	R.A. h m s	DECL ° ' "	☽ MOON AT 0 HOURS LONG ° ' "	12h MOT ° ' "	2DIF "	R.A. h m s	DECL ° ' "	☽ MOON AT 12 HOURS LONG ° ' "	12h MOT ° ' "	2DIF "	R.A. h m s	DECL ° ' "
1 S	18 35 38	14♊12 55	57 13	6 39 22.8	23N 7 56	14♌56 44	5 54 43	-31	10 47 48	9N25 16	20♌51 27	5 53 58	-13	11 9 5	6N41 26
2 Su	18 39 35	15 10 8	57 13	6 43 30.9	23 3 50	26 45 25	5 53 51	6	11 30 5	3 54 30	2♍39 16	5 54 24	27	11 50 56	1 5 36
3 M	18 43 31	16 7 20	57 12	6 47 38.8	22 59 20	8♍33 40	5 55 37	47	12 11 47	1S44 6	14 29 17	5 57 32	68	12 32 46	4S33 31
4 Tu	18 47 28	17 4 32	57 12	6 51 46.4	22 54 26	20 26 49	6 0 8	88	12 54 1	7 21 28	26 26 57	6 3 24	108	13 15 41	10 6 43
5 W	18 51 24	18 1 44	57 12	6 55 53.6	22 49 9	2♎30 21	6 7 18	126	13 37 54	12 47 54	8♎37 39	6 11 48	143	14 0 50	15 23 26
6 Th	18 55 21	18 58 56	57 12	7 0 0.5	22 43 27	14 49 27	6 16 51	158	14 24 35	17 51 34	21 6 18	6 22 21	171	14 49 18	20 10 16
7 F	18 59 17	19 56 7	57 11	7 4 7.0	22 37 22	27 28 39	6 28 13	180	15 15 5	22 17 14	3♏56 52	6 34 20	186	15 41 59	24 9 59
8 S	19 3 14	20 53 18	57 11	7 8 13.2	22 30 53	10♏31 12	6 40 35	187	16 10 3	25 45 45	17 11 47	6 46 49	184	16 39 14	27 1 48
9 Su	19 7 11	21 50 29	57 11	7 12 18.9	22 24 1	23 58 36	6 52 53	177	17 9 26	27 55 23	0♐51 30	6 58 38	165	17 40 28	28 24 8
10 M	19 11 7	22 47 40	57 11	7 16 24.2	22 16 46	7♐50 7	7 3 54	149	18 12 5	28 26 8	14 54 1	7 8 33	129	18 43 59	28 0 17
11 Tu	19 15 4	23 44 52	57 12	7 20 29.1	22 9 8	22 2 34	7 12 28	105	19 15 51	27 6 20	29 15 2	7 15 34	80	19 47 23	25 44 58
12 W	19 19 0	24 42 3	57 12	7 24 33.6	22 1 7	6♑30 36	7 17 48	53	20 18 21	23 57 48	13♑48 24	7 19 8	27	20 48 33	21 47 9
13 Th	19 22 57	25 39 14	57 12	7 28 37.6	21 52 43	21 7 31	7 19 35	1	21 17 55	19 15 53	28 27 6	7 19 13	-22	21 46 23	16 27 14
14 F	19 26 53	26 36 26	57 13	7 32 41.1	21 43 57	5♒46 19	7 18 6	-43	22 14 0	13 24 32	13♒ 4 25	7 16 21	-61	22 40 52	10 11 10
15 S	19 30 50	27 33 39	57 13	7 36 44.2	21 34 49	20 20 47	7 14 4	-75	23 7 6	6 50 24	27 34 51	7 11 22	-86	23 32 50	3 25 22
16 Su	19 34 46	28 30 52	57 14	7 40 46.7	21 25 19	4♓46 13	7 8 22	-93	23 58 14	0N 1 0	11♓54 35	7 5 9	-98	0 23 27	3N25 56
17 M	19 38 43	29 28 5	57 14	7 44 48.8	21 15 27	18 59 44	7 1 49	-101	0 48 39	6 46 49	26 1 32	6 58 25	-102	1 13 59	10 1 10
18 Tu	19 42 40	0♋25 20	57 15	7 48 50.4	21 5 13	2♈59 57	6 55 1	-101	1 39 35	13 6 35	9♈54 59	6 51 39	-100	2 5 35	16 0 46
19 W	19 46 36	1 22 35	57 16	7 52 51.5	20 54 37	16 46 38	6 48 20	-99	2 32 5	18 41 30	23 34 58	6 45 4	-97	2 59 8	21 6 36
20 Th	19 50 33	2 19 51	57 17	7 56 52.0	20 43 41	0♉20 2	6 41 52	-96	3 26 47	23 14 1	7♉ 1 54	6 38 41	-95	3 55 0	25 1 53
21 F	19 54 29	3 17 7	57 18	8 0 52.0	20 32 23	13 40 34	6 35 32	-94	4 23 43	26 28 32	20 16 7	6 32 24	-94	4 52 50	27 32 41
22 S	19 58 26	4 14 24	57 18	8 4 51.5	20 20 45	26 48 31	6 29 16	-94	5 22 10	28 13 25	3♊17 47	6 26 7	-95	5 51 31	28 30 24
23 Su	20 2 22	5 11 42	57 19	8 8 50.4	20 8 46	9♊43 53	6 22 58	-95	6 20 41	28 23 46	16 6 51	6 19 48	-95	6 49 27	27 54 15
24 M	20 6 19	6 9 1	57 20	8 12 48.8	19 56 27	22 26 39	6 16 39	-94	7 17 38	27 3 3	28 43 19	6 13 32	-93	7 45 6	25 51 44
25 Tu	20 10 16	7 6 20	57 20	8 16 46.5	19 43 47	4♋56 51	6 10 29	-90	8 11 45	24 22 10	11♋ 7 20	6 7 32	-86	8 37 32	22 36 22
26 W	20 14 12	8 3 40	57 21	8 20 43.7	19 30 49	17 14 52	6 4 43	-82	9 2 26	20 36 25	23 19 35	6 2 6	-75	9 26 30	18 24 22
27 Th	20 18 9	9 1 1	57 21	8 24 40.2	19 17 30	29 21 40	5 59 43	-67	9 49 47	16 2 9	5♌21 23	5 57 37	-58	10 12 22	13 31 37
28 F	20 22 5	9 58 22	57 22	8 28 36.2	19 3 53	11♌19 0	5 55 52	-47	10 34 21	10 54 27	17 14 52	5 54 31	-34	10 55 51	8 12 11
29 S	20 26 2	10 55 44	57 22	8 32 31.5	18 49 57	23 9 23	5 53 36	-20	11 17 0	5 26 14	29 2 59	5 53 10	-5	11 37 53	2 37 56
30 Su	20 29 58	11 53 6	57 23	8 36 26.2	18 35 42	4♍56 9	5 53 17	12	11 58 39	0S11 31	10♍49 26	5 53 57	29	12 19 26	3S 0 57
31 M	20 33 55	12♋50 29	57 24	8 40 20.3	18N21 9	16♍43 24	5 55 14	48	12 40 22	5S49 10	22♍38 38	5 57 8	67	13 1 34	8S35 1

LUNAR INGRESSES
2 ☽ ♍ 6:36
4 ☽ ♎ 19:03
7 ☽ ♏ 4:42
9 ☽ ♐ 10:31
11 ☽ ♑ 13:15
13 ☽ ♒ 14:32
15 ☽ ♓ 16:02
17 ☽ ♈ 18:50
19 ☽ ♉ 23:24
22 ☽ ♊ 5:53
24 ☽ ♋ 14:27
27 ☽ ♌ 1:16
29 ☽ ♍ 13:56

PLANET INGRESSES
10 ♇ ♏ 3:39
14 ♀ ♊ 19:36
14 ♂ ♌ 10:52
17 ☉ ♋ 13:23
19 ☿ ♊ 8:56

STATIONS
4 ☿ R 19:34
6 ♃ D 7:20
29 ☿ D 0:41

DATA FOR THE 1st AT 0 HOURS
JULIAN DAY 38897.5
☽ MEAN ☊ 4°♓ 34' 46"
OBLIQUITY 23° 26' 27"
DELTA T 67.9 SECONDS
NUTATION LONGITUDE 0.7"

DAY MO	YR	☿ LONG ° ' "	♀ LONG ° ' "	♂ LONG ° ' "	♃ LONG ° ' "	♄ LONG ° ' "	♅ LONG ° ' "	♆ LONG ° ' "	♇ LONG ° ' "	☊ LONG ° '	A.S.S.I. h m s	S.S.R.Y. h m s	S.V.P. ♓ ° ' "	☿ MERCURY R.A. h m s	DECL ° ' "
1	182	5♋58 43	13♉28 9	21♋43 3	14♎11R24	15♋21 20	19♒50R38	24♑35R28	0♐13R27	3♓50	8 21 46	30 9 34	5 10 7.8	8 10 43	18N30 20
2	183	6 14 5	14 39 41	22 19 51	14 10 32	15 28 20	19 50 2	24 34 19	0 11 56	3 48	8 26 57	30 10 17	5 10 7.7	8 11 32	18 12 4
3	184	6 24 52	15 51 15	22 56 41	14 9 50	15 35 22	19 49 25	24 33 8	0 10 26	3 48	8 32 9	30 10 52	5 10 7.6	8 12 2	17 54 38
4	185	6 31R 1	17 2 51	23 33 32	14 9 19	15 42 26	19 48 44	24 31 57	0 8 56	3 48	8 37 20	30 11 17	5 10 7.5	8 12 13	17 38 8
5	186	6 32 29	18 14 30	24 10 24	14 8 59	15 49 32	19 48 1	24 30 44	0 7 27	3 48	8 42 30	30 11 34	5 10 7.4	8 12 5	17 22 41
6	187	6 29 17	19 26 11	24 47 17	14 8D51	15 56 40	19 47 15	24 29 29	0 5 59	3 45	8 47 41	30 11 39	5 10 7.3	8 11 38	17 8 22
7	188	6 21 26	20 37 55	25 24 12	14 8 52	16 3 50	19 46 26	24 28 14	0 4 31	3 40	8 52 50	30 11 32	5 10 7.1	8 10 53	16 55 17
8	189	6 9 1	21 49 41	26 1 8	14 9 5	16 11 2	19 45 35	24 26 57	0 3 4	3 33	8 58 0	30 11 12	5 10 6.9	8 9 49	16 43 31
9	190	5 52 11	23 1 29	26 38 6	14 9 29	16 18 16	19 44 41	24 25 39	0 1 38	3 23	9 3 8	30 10 40	5 10 6.6	8 8 28	16 33 10
10	191	5 31 5	24 13 20	27 15 4	14 10 3	16 25 32	19 43 44	24 24 20	0 0 13	3 13	9 8 17	30 9 54	5 10 6.3	8 6 50	16 24 16
11	192	5 6 1	25 25 14	27 52 4	14 10 48	16 32 49	19 42 45	24 23 0	29♏58 48	3 02	9 13 24	30 8 58	5 10 6.0	8 4 57	16 16 54
12	193	4 37 16	26 37 10	28 29 6	14 11 44	16 40 9	19 41 43	24 21 39	29 57 24	2 53	9 18 31	30 7 53	5 10 5.7	8 2 50	16 11 6
13	194	4 5 15	27 49 8	29 6 8	14 12 51	16 47 30	19 40 39	24 20 17	29 56 1	2 46	9 23 38	30 6 45	5 10 5.5	8 0 30	16 6 54
14	195	3 30 25	29 1 10	29 43 12	14 14 8	16 54 52	19 39 32	24 18 54	29 54 39	2 41	9 28 44	30 5 36	5 10 5.3	7 58 1	16 4 19
15	196	2 53 17	0♊13 14	0♌20 18	14 15 35	17 2 16	19 38 22	24 17 30	29 53 18	2 38	9 33 49	30 4 33	5 10 5.2	7 55 23	16 3 21
16	197	2 14 28	1 25 20	0 57 25	14 17 14	17 9 41	19 37 10	24 16 4	29 51 58	2 38	9 38 54	30 3 39	5 10 5.1	7 52 39	16 3 59
17	198	1 34 35	2 37 29	1 34 34	14 19 2	17 17 8	19 35 56	24 14 38	29 50 39	2 38	9 43 58	30 2 58	5 10 5.1	7 49 53	16 6 10
18	199	0 54 19	3 49 41	2 11 44	14 21 2	17 24 37	19 34 39	24 13 11	29 49 20	2 38	9 49 2	30 2 30	5 10 5.0	7 47 5	16 9 50
19	200	0 14 21	5 1 56	2 48 56	14 23 12	17 32 6	19 33 20	24 11 43	29 48 3	2 37	9 54 4	30 2 18	5 10 4.8	7 44 21	16 14 56
20	201	29♊35 24	6 14 13	3 26 10	14 25 32	17 39 37	19 31 58	24 10 15	29 46 47	2 34	9 59 7	30 2 20	5 10 4.6	7 41 41	16 21 23
21	202	28 58 10	7 26 33	4 3 25	14 28 3	17 47 9	19 30 34	24 8 45	29 45 32	2 29	10 4 8	30 2 36	5 10 4.4	7 39 10	16 29 4
22	203	28 23 19	8 38 56	4 40 42	14 30 44	17 54 42	19 29 8	24 7 15	29 44 18	2 21	10 9 9	30 3 3	5 10 4.1	7 36 49	16 37 52
23	204	27 51 31	9 51 20	5 18 0	14 33 35	18 2 16	19 27 39	24 5 44	29 43 5	2 12	10 14 9	30 3 39	5 10 3.8	7 34 42	16 47 41
24	205	27 23 21	11 3 48	5 55 20	14 36 37	18 9 51	19 26 8	24 4 12	29 41 54	2 02	10 19 9	30 4 23	5 10 3.6	7 32 50	16 58 23
25	206	26 59 21	12 16 18	6 32 42	14 39 49	18 17 28	19 24 35	24 2 39	29 40 43	1 52	10 24 7	30 5 13	5 10 3.4	7 31 16	17 9 48
26	207	26 40 1	13 28 50	7 10 5	14 43 11	18 25 4	19 23 0	24 1 6	29 39 34	1 44	10 29 5	30 6 7	5 10 3.2	7 30 3	17 21 48
27	208	26 25 46	14 41 24	7 47 30	14 46 43	18 32 42	19 21 22	23 59 33	29 38 27	1 37	10 34 3	30 7 3	5 10 3.0	7 29 10	17 34 15
28	209	26 16 56	15 54 1	8 24 56	14 50 25	18 40 21	19 19 43	23 57 58	29 37 20	1 32	10 38 59	30 7 59	5 10 2.9	7 28 41	17 46 59
29	210	26 13D50	17 6 40	9 2 24	14 54 17	18 48 0	19 18 1	23 56 24	29 36 15	1 30	10 43 55	30 8 56	5 10 2.8	7 28 36	17 59 50
30	211	26 16 40	18 19 22	9 39 54	14 58 19	18 55 39	19 16 17	23 54 48	29 35 11	1 30	10 48 50	30 9 50	5 10 2.8	7 28 56	18 12 39
31	212	26♊25 38	19♊32 5	10♌17 25	15♎ 2 31	19♋ 3 19	19♒14 32	23♑53 13	29♏34 8	1♓31	10 53 44	30 10 40	5 10 2.7	7 29 43	18N25 16

DAY Jul	♀ VENUS R.A. h m s	DECL ° ' "	♂ MARS R.A. h m s	DECL ° ' "	♃ JUPITER R.A. h m s	DECL ° ' "	♄ SATURN R.A. h m s	DECL ° ' "	♅ URANUS R.A. h m s	DECL ° ' "	♆ NEPTUNE R.A. h m s	DECL ° ' "	♇ PLUTO R.A. h m s	DECL ° ' "
1	4 27 11	20N15 34	9 17 34	17N 3 37	14 28 2	13S24 41	8 51 25	18N26 1	23 4 46	6S45 46	21 27 38	15S11 11	17 39 38	15S43 13
2	4 32 11	20 28 37	9 20 1	16 52 5	14 27 59	13 24 39	8 51 53	18 24 10	23 4 44	6 46 2	21 27 33	15 11 33	17 39 32	15 43 19
3	4 37 12	20 41 8	9 22 27	16 40 28	14 27 56	13 24 41	8 52 22	18 22 18	23 4 42	6 46 18	21 27 28	15 11 56	17 39 26	15 43 26
4	4 42 15	20 53 7	9 24 52	16 28 44	14 27 53	13 24 46	8 52 50	18 20 25	23 4 40	6 46 36	21 27 24	15 12 19	17 39 19	15 43 34
5	4 47 18	21 4 33	9 27 18	16 16 53	14 27 52	13 24 55	8 53 19	18 18 31	23 4 37	6 46 55	21 27 19	15 12 43	17 39 13	15 43 41
6	4 52 22	21 15 26	9 29 43	16 4 57	14 27 51	13 25 8	8 53 48	18 16 37	23 4 34	6 47 14	21 27 14	15 13 7	17 39 7	15 43 49
7	4 57 27	21 25 46	9 32 8	15 52 54	14 27 50	13 25 23	8 54 17	18 14 42	23 4 31	6 47 35	21 27 9	15 13 31	17 39 1	15 43 57
8	5 2 32	21 35 32	9 34 33	15 40 45	14 27 51	13 25 43	8 54 47	18 12 46	23 4 28	6 47 57	21 27 4	15 13 56	17 38 55	15 44 5
9	5 7 39	21 44 43	9 36 58	15 28 31	14 27 52	13 26 5	8 55 16	18 10 49	23 4 25	6 48 19	21 26 59	15 14 21	17 38 49	15 44 13
10	5 12 47	21 53 19	9 39 23	15 16 10	14 27 54	13 26 32	8 55 45	18 8 52	23 4 21	6 48 43	21 26 54	15 14 47	17 38 43	15 44 22
11	5 17 55	22 1 20	9 41 47	15 3 43	14 27 57	13 27 1	8 56 15	18 6 54	23 4 18	6 49 8	21 26 49	15 15 12	17 38 38	15 44 31
12	5 23 4	22 8 45	9 44 11	14 51 11	14 28 0	13 27 34	8 56 45	18 4 55	23 4 14	6 49 33	21 26 43	15 15 39	17 38 32	15 44 41
13	5 28 14	22 15 34	9 46 35	14 38 34	14 28 4	13 28 11	8 57 14	18 2 56	23 4 10	6 50 0	21 26 38	15 16 5	17 38 26	15 44 50
14	5 33 24	22 21 47	9 48 59	14 25 50	14 28 9	13 28 50	8 57 44	18 0 56	23 4 6	6 50 28	21 26 33	15 16 32	17 38 20	15 45 0
15	5 38 35	22 27 22	9 51 23	14 13 1	14 28 14	13 29 33	8 58 14	17 58 55	23 4 2	6 50 56	21 26 27	15 16 59	17 38 15	15 45 10
16	5 43 47	22 32 20	9 53 46	14 0 7	14 28 20	13 30 19	8 58 44	17 56 54	23 3 57	6 51 26	21 26 22	15 17 26	17 38 9	15 45 20
17	5 48 59	22 36 40	9 56 10	13 47 7	14 28 27	13 31 9	8 59 14	17 54 52	23 3 53	6 51 56	21 26 16	15 17 54	17 38 4	15 45 31
18	5 54 12	22 40 23	9 58 33	13 34 2	14 28 34	13 32 2	8 59 45	17 52 50	23 3 48	6 52 28	21 26 10	15 18 22	17 37 58	15 45 41
19	5 59 25	22 43 27	10 0 56	13 20 51	14 28 42	13 32 58	9 0 15	17 50 47	23 3 43	6 53 0	21 26 5	15 18 50	17 37 53	15 45 52
20	6 4 38	22 45 52	10 3 19	13 7 36	14 28 51	13 33 57	9 0 45	17 48 43	23 3 38	6 53 33	21 25 59	15 19 18	17 37 48	15 46 4
21	6 9 52	22 47 39	10 5 42	12 54 15	14 29 1	13 35 0	9 1 16	17 46 39	23 3 33	6 54 7	21 25 53	15 19 47	17 37 43	15 46 15
22	6 15 6	22 48 48	10 8 4	12 40 49	14 29 11	13 36 6	9 1 46	17 44 34	23 3 28	6 54 42	21 25 47	15 20 16	17 37 38	15 46 27
23	6 20 21	22 49 17	10 10 27	12 27 18	14 29 22	13 37 15	9 2 17	17 42 28	23 3 22	6 55 18	21 25 41	15 20 45	17 37 33	15 46 39
24	6 25 36	22 49 7	10 12 49	12 13 42	14 29 33	13 38 27	9 2 47	17 40 23	23 3 17	6 55 54	21 25 35	15 21 14	17 37 28	15 46 51
25	6 30 50	22 48 18	10 15 12	12 0 2	14 29 45	13 39 43	9 3 18	17 38 16	23 3 11	6 56 32	21 25 29	15 21 43	17 37 23	15 47 4
26	6 36 5	22 46 49	10 17 34	11 46 16	14 29 58	13 41 1	9 3 49	17 36 10	23 3 5	6 57 10	21 25 23	15 22 13	17 37 18	15 47 16
27	6 41 20	22 44 41	10 19 56	11 32 26	14 30 12	13 42 23	9 4 20	17 34 3	23 2 59	6 57 49	21 25 17	15 22 43	17 37 13	15 47 29
28	6 46 35	22 41 54	10 22 17	11 18 32	14 30 26	13 43 48	9 4 50	17 31 55	23 2 53	6 58 29	21 25 11	15 23 13	17 37 9	15 47 42
29	6 51 50	22 38 28	10 24 39	11 4 33	14 30 40	13 45 15	9 5 21	17 29 47	23 2 47	6 59 9	21 25 4	15 23 43	17 37 4	15 47 56
30	6 57 4	22 34 22	10 27 1	10 50 30	14 30 56	13 46 46	9 5 52	17 27 39	23 2 41	6 59 51	21 24 58	15 24 13	17 37 0	15 48 10
31	7 2 19	22N29 37	10 29 22	10N36 23	14 31 12	13S48 19	9 6 23	17N25 30	23 2 34	7S 0 33	21 24 52	15S24 44	17 36 55	15S48 23

AUGUST 2006

DAY	SIDEREAL TIME h m s	☉ SUN LONG ° ' "	MOT ' "	R.A. h m s	DECL ° ' "
1 Tu	20 37 51	13♋47 52	57 24	8 44 13.8	18N 6 18
2 W	20 41 48	14 45 16	57 25	8 48 6.6	17 51 9
3 Th	20 45 44	15 42 41	57 25	8 51 58.8	17 35 43
4 F	20 49 41	16 40 6	57 26	8 55 50.4	17 20 0
5 S	20 53 38	17 37 32	57 27	8 59 41.4	17 4 0
6 Su	20 57 34	18 34 59	57 28	9 3 31.8	16 47 44
7 M	21 1 31	19 32 26	57 29	9 7 21.5	16 31 11
8 Tu	21 5 27	20 29 54	57 29	9 11 10.7	16 14 23
9 W	21 9 24	21 27 23	57 30	9 14 59.2	15 57 19
10 Th	21 13 20	22 24 54	57 31	9 18 47.2	15 40 0
11 F	21 17 17	23 22 25	57 33	9 22 34.6	15 22 25
12 S	21 21 14	24 19 57	57 34	9 26 21.4	15 4 36
13 Su	21 25 10	25 17 31	57 35	9 30 7.7	14 46 33
14 M	21 29 7	26 15 7	57 37	9 33 53.4	14 28 15
15 Tu	21 33 3	27 12 44	57 39	9 37 38.7	14 9 44
16 W	21 37 0	28 10 22	57 40	9 41 23.4	13 50 58
17 Th	21 40 56	29 8 2	57 42	9 45 7.6	13 32 0
18 F	21 44 53	0♌ 5 43	57 43	9 48 51.3	13 12 48
19 S	21 48 49	1 3 27	57 45	9 52 34.5	12 53 24
20 Su	21 52 46	2 1 11	57 46	9 56 17.2	12 33 47
21 M	21 56 43	2 58 57	57 48	9 59 59.5	12 13 59
22 Tu	22 0 39	3 56 45	57 49	10 3 41.3	11 53 59
23 W	22 4 36	4 54 34	57 51	10 7 22.7	11 33 47
24 Th	22 8 32	5 52 25	57 52	10 11 3.6	11 13 24
25 F	22 12 29	6 50 17	57 54	10 14 44.0	10 52 51
26 S	22 16 25	7 48 11	57 55	10 18 24.1	10 32 8
27 Su	22 20 22	8 46 6	57 56	10 22 3.7	10 11 14
28 M	22 24 18	9 44 2	57 58	10 25 43.0	9 50 11
29 Tu	22 28 15	10 42 0	57 59	10 29 21.9	9 28 58
30 W	22 32 11	11 39 59	58 1	10 33 0.4	9 7 37
31 Th	22 36 8	12♌37 59	58 2	10 36 38.5	8N46 7

DAY	☽ MOON AT 0 HOURS LONG ° ' "	12h MOT ° ' "	2DIF "	R.A. h m s	DECL ° ' "	☽ MOON AT 12 HOURS LONG ° ' "	12h MOT ° ' "	2DIF "	R.A. h m s	DECL ° ' "
1 Tu	28♍35 46	5 59 41	86	13 23 11	11S17 15	4♎35 27	6 2 53	106	13 45 20	13S54 29
2 W	10♎38 20	6 6 43	125	14 8 10	16 25 15	16 45 3	6 11 12	143	14 31 49	18 47 52
3 Th	22 56 14	6 16 16	160	14 56 23	21 0 25	29 12 30	6 21 52	176	15 21 59	23 0 48
4 F	5♏34 22	6 27 58	189	15 48 41	24 46 39	12♏ 2 20	6 34 27	199	16 16 30	26 15 27
5 S	18 36 47	6 41 13	205	16 45 25	27 24 36	25 18 0	6 48 7	207	17 15 20	28 11 32
6 Su	2♐ 6 6	6 55 0	204	17 46 6	28 33 56	9♐ 1 6	7 1 44	196	18 17 28	28 29 56
7 M	16 2 50	7 8 6	183	18 49 10	27 58 17	23 10 55	7 13 56	165	19 20 56	26 58 35
8 Tu	0♑24 51	7 19 4	141	19 52 27	25 31 18	7♑43 55	7 23 21	114	20 23 29	23 37 50
9 W	15 7 16	7 26 40	84	20 53 53	21 20 18	22 33 57	7 28 56	51	21 23 31	18 41 30
10 Th	0♒ 2 52	7 30 5	18	21 52 23	15 44 39	7♒32 57	7 30 8	-14	22 20 28	12 33 17
11 F	15 3 5	7 29 9	-44	22 47 53	9 11 1	22 32 14	7 27 11	-72	23 14 44	5 41 28
12 S	29 59 25	7 24 21	-96	23 41 8	2 8 10	7♓23 46	7 20 48	-116	0 7 15	1N25 29
13 Su	14♓44 33	7 16 39	-131	0 33 14	4N56 20	22 1 12	7 12 4	-142	0 59 13	8 21 20
14 M	29 13 16	7 7 10	-149	1 25 22	11 37 44	6♈20 26	7 2 6	-153	1 51 47	14 42 54
15 Tu	13♈22 32	6 56 57	-154	2 18 35	17 34 25	20 19 29	6 51 50	-152	2 45 50	20 10 1
16 W	27 11 19	6 46 49	-148	3 13 35	22 27 40	3♉58 9	6 41 58	-143	3 41 49	24 25 33
17 Th	10♉40 7	6 37 18	-136	4 10 30	26 2 6	17 17 25	6 32 52	-130	4 39 31	27 16 7
18 F	23 50 16	6 28 40	-122	5 8 44	28 6 48	0♊18 57	6 24 43	-115	5 37 59	28 33 46
19 S	6♊43 39	6 21 1	-108	6 7 5	28 37 10	13 4 40	6 17 33	-100	6 35 50	28 17 36
20 Su	19 22 13	6 14 19	-94	7 4 3	27 36 7	25 36 32	6 11 18	-87	7 31 37	26 34 6
21 M	1♋47 49	6 8 30	-81	7 58 24	25 13 16	7♋56 20	6 5 55	-74	8 24 22	23 35 26
22 Tu	14 2 15	6 3 32	-68	8 49 30	21 42 34	20 5 47	6 1 22	-62	9 13 49	19 36 37
23 W	26 7 9	5 59 25	-55	9 37 20	17 19 28	2♌ 6 34	5 57 41	-48	10 0 10	14 52 57
24 Th	8♌ 4 15	5 56 12	-41	10 22 23	12 18 47	14 0 27	5 54 58	-33	10 44 5	9 38 36
25 F	19 55 24	5 54 1	-24	11 5 22	6 53 52	25 49 25	5 53 23	-14	11 26 21	4 6 2
26 S	1♍42 48	5 53 5	-3	11 47 9	1 16 24	7♍35 53	5 53 9	8	12 7 54	1S33 43
27 Su	13 29 2	5 53 37	21	12 28 41	4S23 6	19 22 39	5 54 32	34	12 49 40	7 10 29
28 M	25 17 11	5 55 54	49	13 10 56	9 54 36	1♎13 5	5 57 46	64	13 32 37	12 34 8
29 Tu	7♎10 51	6 0 9	80	13 54 51	15 7 40	13 11 0	6 3 4	96	14 17 45	17 33 42
30 W	19 14 5	6 6 33	113	14 41 25	19 50 33	25 20 38	6 10 35	129	15 5 58	21 56 24
31 Th	1♏31 13	6 15 10	146	15 31 28	23S49 16	7♏46 23	6 20 18	161	15 57 57	25S27 2

LUNAR INGRESSES
1 ☽ ♎ 2:49
3 ☽ ♏ 13:30
5 ☽ ♐ 20:19
7 ☽ ♑ 23:19
9 ☽ ♒ 23:55
12 ☽ ♓ 0:01
14 ☽ ♈ 1:18
16 ☽ ♉ 4:57
18 ☽ ♊ 11:25
20 ☽ ♋ 20:30
23 ☽ ♌ 7:46
25 ☽ ♍ 20:30
28 ☽ ♎ 9:32
30 ☽ ♏ 21:04

PLANET INGRESSES
6 ☿ ♋ 13:05
8 ♀ ♋ 14:41
17 ☉ ♌ 21:37
25 ☿ ♌ 5:19
31 ♂ ♍ 3:29

STATIONS
NONE

DATA FOR THE 1st AT 0 HOURS
JULIAN DAY 38928.5
☽ MEAN ☊ 2°♓ 56' 12"
OBLIQUITY 23° 26' 27"
DELTA T 67.9 SECONDS
NUTATION LONGITUDE 1.6"

DAY MO YR	☿ LONG ° ' "	♀ LONG ° ' "	♂ LONG ° ' "	♃ LONG ° ' "	♄ LONG ° ' "	♅ LONG ° ' "	♆ LONG ° ' "	♇ LONG ° ' "	☊ LONG ° '	A.S.S.I. h m s	S.S.R.Y. h m s	S.V.P. ♓ ° ' "	☿ MERCURY R.A. h m s	DECL ° ' "
1 213	26♊40 50	20♊44 51	10♌54 58	15♎ 6 52	19♋11 0	19♒12R44	23♑51R37	29♏33R 7	1♓32	10 58 37	30 11 25	5 10 2.7	7 30 55	18N37 31
2 214	27 2 21	21 57 40	11 32 32	15 11 23	19 18 41	19 10 55	23 50 0	29 32 8	1 33	11 3 29	30 12 2	5 10 2.6	7 32 35	18 49 13
3 215	27 30 14	23 10 30	12 10 8	15 16 3	19 26 22	19 9 3	23 48 23	29 31 10	1 33	11 8 21	30 12 29	5 10 2.4	7 34 42	19 0 13
4 216	28 4 28	24 23 23	12 47 45	15 20 53	19 34 4	19 7 10	23 46 46	29 30 13	1 31	11 13 12	30 12 43	5 10 2.2	7 37 15	19 10 19
5 217	28 45 2	25 36 19	13 25 24	15 25 53	19 41 46	19 5 15	23 45 9	29 29 18	1 27	11 18 2	30 12 43	5 10 2.0	7 40 16	19 19 21
6 218	29 31 52	26 49 16	14 3 4	15 31 1	19 49 27	19 3 19	23 43 31	29 28 24	1 22	11 22 52	30 12 28	5 10 1.8	7 43 43	19 27 8
7 219	0♋24 54	28 2 16	14 40 46	15 36 19	19 57 9	19 1 21	23 41 54	29 27 32	1 16	11 27 40	30 11 57	5 10 1.5	7 47 37	19 33 28
8 220	1 24 0	29 15 18	15 18 29	15 41 45	20 4 51	18 59 21	23 40 16	29 26 41	1 10	11 32 28	30 11 12	5 10 1.2	7 51 56	19 38 12
9 221	2 29 1	0♋28 23	15 56 15	15 47 21	20 12 33	18 57 20	23 38 38	29 25 52	1 04	11 37 15	30 10 16	5 10 1.0	7 56 39	19 41 8
10 222	3 39 49	1 41 30	16 34 1	15 53 6	20 20 15	18 55 17	23 37 0	29 25 4	1 00	11 42 2	30 9 12	5 10 0.8	8 1 47	19 42 6
11 223	4 56 11	2 54 40	17 11 49	15 58 59	20 27 56	18 53 12	23 35 21	29 24 18	0 57	11 46 48	30 8 5	5 10 0.7	8 7 17	19 40 55
12 224	6 17 53	4 7 52	17 49 40	16 5 1	20 35 38	18 51 7	23 33 43	29 23 34	0 56	11 51 33	30 7 0	5 10 0.7	8 13 10	19 37 27
13 225	7 44 40	5 21 7	18 27 31	16 11 11	20 43 19	18 48 59	23 32 5	29 22 51	0 57	11 56 17	30 6 0	5 10 0.6	8 19 22	19 31 33
14 226	9 16 14	6 34 24	19 5 25	16 17 30	20 51 0	18 46 51	23 30 27	29 22 10	0 58	12 1 0	30 5 10	5 10 0.6	8 25 53	19 23 7
15 227	10 52 17	7 47 44	19 43 20	16 23 58	20 58 40	18 44 41	23 28 49	29 21 31	1 00	12 5 43	30 4 31	5 10 0.5	8 32 40	19 12 2
16 228	12 32 27	9 1 6	20 21 18	16 30 34	21 6 20	18 42 30	23 27 11	29 20 53	1 00	12 10 26	30 4 5	5 10 0.3	8 39 43	18 58 15
17 229	14 16 21	10 14 31	20 59 17	16 37 18	21 14 0	18 40 18	23 25 33	29 20 17	1 00	12 15 7	30 3 50	5 10 0.1	8 46 59	18 41 43
18 230	16 3 36	11 27 59	21 37 18	16 44 11	21 21 39	18 38 4	23 23 56	29 19 43	0 58	12 19 48	30 3 48	5 9 59.9	8 54 26	18 22 28
19 231	17 53 47	12 41 28	22 15 21	16 51 12	21 29 17	18 35 50	23 22 18	29 19 11	0 54	12 24 29	30 3 57	5 9 59.7	9 2 2	18 0 30
20 232	19 46 28	13 55 1	22 53 26	16 58 21	21 36 55	18 33 34	23 20 41	29 18 40	0 50	12 29 9	30 4 15	5 9 59.5	9 9 46	17 35 53
21 233	21 41 15	15 8 35	23 31 33	17 5 38	21 44 32	18 31 18	23 19 5	29 18 11	0 45	12 33 48	30 4 43	5 9 59.3	9 17 34	17 8 44
22 234	23 37 43	16 22 12	24 9 42	17 13 2	21 52 8	18 29 1	23 17 28	29 17 44	0 41	12 38 27	30 5 19	5 9 59.1	9 25 25	16 39 9
23 235	25 35 30	17 35 51	24 47 52	17 20 35	21 59 43	18 26 42	23 15 52	29 17 18	0 37	12 43 5	30 6 1	5 9 59.0	9 33 19	16 7 16
24 236	27 34 13	18 49 33	25 26 5	17 28 15	22 7 17	18 24 23	23 14 17	29 16 55	0 34	12 47 42	30 6 50	5 9 58.9	9 41 12	15 33 16
25 237	29 33 31	20 3 16	26 4 20	17 36 3	22 14 50	18 22 3	23 12 42	29 16 33	0 33	12 52 19	30 7 43	5 9 58.9	9 49 3	14 57 18
26 238	1♌33 8	21 17 2	26 42 36	17 43 59	22 22 22	18 19 43	23 11 7	29 16 13	0 32	12 56 56	30 8 41	5 9 58.8	9 56 53	14 19 33
27 239	3 32 47	22 30 50	27 20 54	17 52 2	22 29 52	18 17 22	23 9 33	29 15 55	0 33	13 1 32	30 9 41	5 9 58.8	10 4 38	13 40 12
28 240	5 32 13	23 44 40	27 59 14	18 0 12	22 37 22	18 15 0	23 8 0	29 15 39	0 34	13 6 7	30 10 42	5 9 58.8	10 12 19	12 59 24
29 241	7 31 14	24 58 31	28 37 36	18 8 30	22 44 50	18 12 38	23 6 27	29 15 24	0 35	13 10 42	30 11 40	5 9 58.7	10 19 56	12 17 20
30 242	9 29 41	26 12 25	29 16 0	18 16 55	22 52 17	18 10 16	23 4 55	29 15 12	0 37	13 15 17	30 12 34	5 9 58.6	10 27 26	11 34 11
31 243	11♌27 24	27♋26 21	29♌54 26	18♎25 26	22♋59 42	18♒ 7 53	23♑ 3 23	29♏15 1	0♓38	13 19 51	30 13 19	5 9 58.5	10 34 51	10N50 4

DAY Aug	♀ VENUS R.A. h m s	DECL ° ' "	♂ MARS R.A. h m s	DECL ° ' "	♃ JUPITER R.A. h m s	DECL ° ' "	♄ SATURN R.A. h m s	DECL ° ' "	♅ URANUS R.A. h m s	DECL ° ' "	♆ NEPTUNE R.A. h m s	DECL ° ' "	♇ PLUTO R.A. h m s	DECL ° ' "
1	7 7 33	22N24 13	10 31 44	10N22 11	14 31 29	13S49 56	9 6 54	17N23 21	23 2 27	7S 1 16	21 24 46	15S25 14	17 36 51	15S48 37
2	7 12 47	22 18 10	10 34 5	10 7 56	14 31 46	13 51 35	9 7 25	17 21 11	23 2 21	7 1 59	21 24 39	15 25 45	17 36 47	15 48 52
3	7 18 1	22 11 28	10 36 26	9 53 36	14 32 4	13 53 17	9 7 56	17 19 1	23 2 14	7 2 43	21 24 33	15 26 16	17 36 43	15 49 6
4	7 23 14	22 4 8	10 38 47	9 39 12	14 32 23	13 55 2	9 8 27	17 16 51	23 2 7	7 3 28	21 24 27	15 26 46	17 36 39	15 49 21
5	7 28 27	21 56 9	10 41 8	9 24 45	14 32 42	13 56 50	9 8 58	17 14 41	23 2 0	7 4 13	21 24 20	15 27 17	17 36 35	15 49 36
6	7 33 40	21 47 32	10 43 29	9 10 14	14 33 2	13 58 40	9 9 29	17 12 30	23 1 53	7 4 59	21 24 14	15 27 48	17 36 32	15 49 51
7	7 38 52	21 38 17	10 45 50	8 55 39	14 33 22	14 0 33	9 9 59	17 10 20	23 1 45	7 5 46	21 24 7	15 28 19	17 36 28	15 50 6
8	7 44 3	21 28 24	10 48 11	8 41 1	14 33 43	14 2 29	9 10 30	17 8 9	23 1 38	7 6 33	21 24 1	15 28 50	17 36 24	15 50 22
9	7 49 14	21 17 54	10 50 31	8 26 19	14 34 5	14 4 27	9 11 1	17 5 57	23 1 31	7 7 21	21 23 55	15 29 21	17 36 21	15 50 38
10	7 54 24	21 6 47	10 52 52	8 11 33	14 34 27	14 6 28	9 11 32	17 3 46	23 1 23	7 8 9	21 23 48	15 29 51	17 36 18	15 50 54
11	7 59 34	20 55 4	10 55 12	7 56 45	14 34 50	14 8 31	9 12 3	17 1 34	23 1 15	7 8 58	21 23 42	15 30 22	17 36 15	15 51 10
12	8 4 43	20 42 44	10 57 33	7 41 53	14 35 13	14 10 37	9 12 34	16 59 23	23 1 8	7 9 47	21 23 35	15 30 53	17 36 11	15 51 26
13	8 9 51	20 29 47	10 59 53	7 26 58	14 35 37	14 12 45	9 13 5	16 57 11	23 1 0	7 10 37	21 23 29	15 31 24	17 36 8	15 51 43
14	8 14 59	20 16 16	11 2 14	7 12 0	14 36 2	14 14 55	9 13 35	16 54 59	23 0 52	7 11 28	21 23 22	15 31 55	17 36 6	15 52 0
15	8 20 6	20 2 9	11 4 34	6 56 58	14 36 27	14 17 8	9 14 6	16 52 47	23 0 44	7 12 18	21 23 16	15 32 26	17 36 3	15 52 16
16	8 25 12	19 47 28	11 6 54	6 41 54	14 36 52	14 19 23	9 14 37	16 50 35	23 0 36	7 13 10	21 23 10	15 32 57	17 36 0	15 52 34
17	8 30 17	19 32 12	11 9 15	6 26 47	14 37 18	14 21 41	9 15 8	16 48 22	23 0 27	7 14 1	21 23 3	15 33 27	17 35 58	15 52 51
18	8 35 21	19 16 23	11 11 35	6 11 36	14 37 45	14 24 0	9 15 38	16 46 10	23 0 19	7 14 53	21 22 57	15 33 58	17 35 55	15 53 8
19	8 40 25	19 0 0	11 13 55	5 56 23	14 38 12	14 26 22	9 16 9	16 43 58	23 0 11	7 15 45	21 22 50	15 34 29	17 35 53	15 53 26
20	8 45 27	18 43 5	11 16 16	5 41 8	14 38 40	14 28 47	9 16 39	16 41 45	23 0 3	7 16 38	21 22 44	15 34 59	17 35 51	15 53 44
21	8 50 29	18 25 37	11 18 36	5 25 50	14 39 9	14 31 13	9 17 10	16 39 33	22 59 54	7 17 31	21 22 38	15 35 29	17 35 49	15 54 2
22	8 55 30	18 7 38	11 20 56	5 10 29	14 39 38	14 33 41	9 17 40	16 37 21	22 59 46	7 18 24	21 22 31	15 35 59	17 35 47	15 54 20
23	9 0 30	17 49 8	11 23 16	4 55 6	14 40 7	14 36 12	9 18 10	16 35 9	22 59 37	7 19 18	21 22 25	15 36 30	17 35 45	15 54 38
24	9 5 29	17 30 8	11 25 37	4 39 40	14 40 37	14 38 44	9 18 41	16 32 57	22 59 28	7 20 12	21 22 19	15 36 59	17 35 43	15 54 57
25	9 10 27	17 10 38	11 27 57	4 24 13	14 41 7	14 41 19	9 19 11	16 30 45	22 59 20	7 21 6	21 22 13	15 37 29	17 35 42	15 55 16
26	9 15 24	16 50 39	11 30 18	4 8 43	14 41 38	14 43 55	9 19 41	16 28 34	22 59 11	7 22 1	21 22 6	15 37 59	17 35 41	15 55 34
27	9 20 20	16 30 11	11 32 38	3 53 12	14 42 10	14 46 33	9 20 11	16 26 22	22 59 2	7 22 55	21 22 0	15 38 28	17 35 39	15 55 53
28	9 25 15	16 9 15	11 34 58	3 37 38	14 42 42	14 49 13	9 20 41	16 24 11	22 58 54	7 23 50	21 21 54	15 38 57	17 35 38	15 56 12
29	9 30 9	15 47 52	11 37 19	3 22 3	14 43 14	14 51 55	9 21 10	16 22 0	22 58 45	7 24 45	21 21 48	15 39 26	17 35 37	15 56 32
30	9 35 3	15 26 2	11 39 39	3 6 25	14 43 47	14 54 38	9 21 40	16 19 49	22 58 36	7 25 40	21 21 42	15 39 55	17 35 36	15 56 51
31	9 39 55	15N 3 46	11 42 0	2N50 46	14 44 21	14S57 24	9 22 10	16N17 39	22 58 27	7S26 35	21 21 36	15S40 24	17 35 35	15S57 10

SEPTEMBER 2006

DAY	SIDEREAL TIME h m s	☉ SUN LONG ° ' "	MOT ' "	R.A. h m s	DECL ° ' "	☽ MOON AT 0 HOURS LONG ° ' "	12h MOT ° ' "	2DIF	R.A. h m s	DECL ° ' "	☽ MOON AT 12 HOURS LONG ° ' "	12h MOT ° ' "	2DIF	R.A. h m s	DECL ° ' "
1 F	22 40 5	13♌36 1	58 3	10 40 16.4	8N24 28	14♏ 6 41	6 25 55	175	16 25 28	26S47 25	20♏32 36	6 31 59	188	16 53 57	27S48 9
2 S	22 44 1	14 34 4	58 5	10 43 53.9	8 2 42	27 4 35	6 38 26	198	17 23 19	28 27 3	3♐43 1	6 45 10	205	17 53 25	28 42 8
3 Su	22 47 58	15 32 9	58 6	10 47 31.1	7 40 48	10♐28 11	6 52 4	208	18 24 3	28 31 48	17 20 15	6 59 1	206	18 55 0	27 55 1
4 M	22 51 54	16 30 15	58 8	10 51 8.0	7 18 47	24 19 16	7 5 50	200	19 26 0	26 51 23	1♑25 6	7 12 22	189	19 56 49	25 21 13
5 Tu	22 55 51	17 28 22	58 9	10 54 44.7	6 56 38	8♑37 28	7 18 26	172	20 27 16	23 25 37	15 55 54	7 23 51	150	20 57 13	21 6 21
6 W	22 59 47	18 26 31	58 10	10 58 21.1	6 34 23	23 19 44	7 28 26	123	21 26 33	18 25 46	0♒48 11	7 32 4	93	21 55 16	15 26 43
7 Th	23 3 44	19 24 41	58 12	11 1 57.2	6 12 2	8♒20 15	7 34 37	59	22 23 23	12 12 26	15 54 51	7 35 59	23	22 50 59	8 46 22
8 F	23 7 41	20 22 53	58 14	11 5 33.2	5 49 35	23 30 50	7 36 8	-13	23 18 10	5 12 9	1♓ 6 58	7 35 5	-49	23 45 3	1 33 29
9 S	23 11 37	21 21 7	58 16	11 9 9.0	5 27 2	8♓42 4	7 32 54	-82	0 11 46	2N 5 58	16 14 58	7 29 39	-111	0 38 29	5N42 36
10 Su	23 15 34	22 19 23	58 18	11 12 44.6	5 4 23	23 44 36	7 25 28	-137	1 5 20	9 12 56	1♈10 5	7 20 31	-158	1 32 25	12 33 42
11 M	23 19 30	23 17 40	58 20	11 16 20.1	4 41 39	8♈30 36	7 14 57	-174	1 59 51	15 41 48	15 45 33	7 8 56	-185	2 27 44	18 34 25
12 Tu	23 23 27	24 16 0	58 22	11 19 55.5	4 18 50	22 54 29	7 2 38	-191	2 56 5	21 8 58	29 57 7	6 56 13	-193	3 24 54	23 23 16
13 W	23 27 23	25 14 22	58 24	11 23 30.9	3 55 56	6♉53 20	6 49 48	-191	3 54 9	25 15 29	13♉43 8	6 43 31	-185	4 23 44	26 44 13
14 Th	23 31 20	26 12 46	58 26	11 27 6.1	3 32 58	20 26 38	6 37 27	-177	4 53 30	27 48 34	27 4 6	6 31 42	-167	5 23 17	28 28 10
15 F	23 35 16	27 11 12	58 29	11 30 41.3	3 9 56	3♊35 47	6 26 18	-156	5 52 52	28 43 11	10♊ 2 16	6 21 18	-143	6 22 6	28 34 17
16 S	23 39 13	28 9 40	58 31	11 34 16.5	2 46 50	16 23 23	6 16 44	-130	6 50 46	28 2 37	22 40 8	6 12 37	-117	7 18 44	27 9 39
17 Su	23 43 10	29 8 11	58 33	11 37 51.7	2 23 41	28 52 44	6 8 56	-104	7 45 54	25 57 7	5♋ 1 41	6 5 42	-91	8 12 12	24 26 56
18 M	23 47 6	0♍ 6 43	58 35	11 41 26.8	2 0 30	11♋ 7 22	6 2 53	-78	8 37 38	22 41 1	17 10 15	6 0 29	-66	9 2 12	20 41 19
19 Tu	23 51 3	1 5 18	58 37	11 45 2.0	1 37 15	23 10 44	5 58 27	-55	9 25 59	18 29 42	29 9 11	5 56 48	-44	9 49 1	16 7 58
20 W	23 54 59	2 3 55	58 39	11 48 37.3	1 13 58	5♌ 6 0	5 55 30	-34	10 11 24	13 37 47	11♌ 1 30	5 54 32	-25	10 33 15	11 0 43
21 Th	23 58 56	3 2 34	58 41	11 52 12.6	0 50 40	16 56 2	5 53 52	-15	10 54 40	8 18 16	22 49 54	5 53 30	-7	11 15 45	5 31 50
22 F	0 2 52	4 1 15	58 43	11 55 47.9	0 27 19	28 43 25	5 53 26	2	11 36 37	2 42 47	4♍36 50	5 53 38	10	11 57 23	0S 7 34
23 S	0 6 49	4 59 57	58 45	11 59 23.4	0 3 58	10♍30 28	5 54 6	19	12 18 9	2S57 56	16 24 34	5 54 52	27	12 39 4	5 47 0
24 Su	0 10 45	5 58 42	58 47	12 2 59.0	0S19 24	22 19 26	5 55 54	36	13 0 13	8 33 27	28 15 20	5 57 14	45	13 21 44	11 15 53
25 M	0 14 42	6 57 29	58 49	12 6 34.7	0 42 47	4♎12 35	5 58 53	54	13 43 42	13 52 53	10♎11 28	6 0 51	64	14 6 15	16 12 53
26 Tu	0 18 38	7 56 17	58 50	12 10 10.6	1 6 10	16 12 19	6 3 10	75	14 29 29	18 44 17	22 15 29	6 5 50	86	14 53 28	20 55 20
27 W	0 22 35	8 55 8	58 52	12 13 46.6	1 29 33	28 21 18	6 8 52	97	15 18 18	22 54 11	4♏30 11	6 12 18	109	15 44 0	24 38 52
28 Th	0 26 32	9 54 0	58 54	12 17 22.9	1 52 55	10♏42 29	6 16 8	121	16 10 37	26 7 25	16 58 37	6 20 23	133	16 38 5	27 17 48
29 F	0 30 28	10 52 54	58 56	12 20 59.3	2 16 15	23 18 59	6 25 1	145	17 6 22	28 8 5	29 44 0	6 30 3	156	17 35 21	28 36 32
30 S	0 34 25	11♍51 50	58 58	12 24 36.0	2S39 35	6♐14 3	6 35 26	166	18 4 51	28S41 39	12♐49 29	6 41 9	175	18 34 43	28S22 22

LUNAR INGRESSES
2 ☽ ♐ 5:18
4 ☽ ♑ 9:37
6 ☽ ♒ 10:43
8 ☽ ♓ 10:14
10 ☽ ♈ 10:06
12 ☽ ♉ 12:05
14 ☽ ♊ 17:22
17 ☽ ♋ 2:11
19 ☽ ♌ 13:42
22 ☽ ♍ 2:36
24 ☽ ♎ 15:31
27 ☽ ♏ 3:13
29 ☽ ♐ 12:30

PLANET INGRESSES
2 ♀ ♌ 1:51
9 ☿ ♍ 22:09
17 ☉ ♍ 21:15
26 ♀ ♍ 6:34
28 ☿ ♎ 13:35

STATIONS
4 ♇ D 23:23

DATA FOR THE 1st AT 0 HOURS
JULIAN DAY 38959.5
☽ MEAN ☊ 1°♓ 17' 38"
OBLIQUITY 23° 26' 28"
DELTA T 68.0 SECONDS
NUTATION LONGITUDE 1.9"

DAY MO YR	☿ LONG ° ' "	♀ LONG ° ' "	♂ LONG ° ' "	♃ LONG ° ' "	♄ LONG ° ' "	♅ LONG ° ' "	♆ LONG ° ' "	♇ LONG ° ' "	☊ LONG ° '	A.S.S.I. h m s	S.S.R.Y. h m s	S.V.P. ♓ ° ' "	☿ MERCURY R.A. h m s	DECL ° ' "
1 244	13♌24 16	28♋40 19	0♍32 54	18♎34 5	23♋ 7 6	18♒ 5R29	23♑ 1R52	29♏14R53	0♓38	13 24 24	30 13 54	5 9 58.3	10 42 10	10N 5 10
2 245	15 20 12	29 54 18	1 11 23	18 42 51	23 14 28	18 3 6	23 0 22	29 14 46	0 38	13 28 58	30 14 11	5 9 58.1	10 49 22	9 19 35
3 246	17 15 7	1♌ 8 20	1 49 54	18 51 43	23 21 49	18 0 42	22 58 53	29 14 41	0 37	13 33 31	30 14 14	5 9 57.9	10 56 28	8 33 27
4 247	19 8 58	2 22 24	2 28 27	19 0 42	23 29 7	17 58 18	22 57 25	29 14D38	0 35	13 38 3	30 14 0	5 9 57.7	11 3 28	7 46 53
5 248	21 1 43	3 36 29	3 7 2	19 9 48	23 36 24	17 55 55	22 55 58	29 14 37	0 34	13 42 35	30 13 30	5 9 57.5	11 10 22	7 0 0
6 249	22 53 20	4 50 36	3 45 39	19 18 59	23 43 40	17 53 31	22 54 31	29 14 38	0 32	13 47 7	30 12 47	5 9 57.3	11 17 9	6 12 52
7 250	24 43 47	6 4 45	4 24 18	19 28 18	23 50 53	17 51 7	22 53 5	29 14 40	0 31	13 51 39	30 11 53	5 9 57.2	11 23 51	5 25 36
8 251	26 33 4	7 18 56	5 2 59	19 37 42	23 58 4	17 48 43	22 51 41	29 14 45	0 31	13 56 10	30 10 52	5 9 57.2	11 30 27	4 38 15
9 252	28 21 12	8 33 9	5 41 42	19 47 13	24 5 13	17 46 19	22 50 17	29 14 52	0 31	14 0 41	30 9 48	5 9 57.2	11 36 57	3 50 53
10 253	0♍ 8 10	9 47 24	6 20 26	19 56 50	24 12 21	17 43 56	22 48 54	29 15 0	0 31	14 5 12	30 8 47	5 9 57.1	11 43 22	3 3 35
11 254	1 53 59	11 1 41	6 59 13	20 6 33	24 19 26	17 41 33	22 47 33	29 15 10	0 32	14 9 43	30 7 51	5 9 57.1	11 49 42	2 16 24
12 255	3 38 40	12 16 0	7 38 2	20 16 21	24 26 29	17 39 10	22 46 12	29 15 23	0 32	14 14 13	30 7 2	5 9 57.0	11 55 57	1 29 23
13 256	5 22 13	13 30 21	8 16 54	20 26 16	24 33 29	17 36 48	22 44 53	29 15 37	0 33	14 18 44	30 6 22	5 9 56.8	12 2 7	0 42 35
14 257	7 4 39	14 44 44	8 55 47	20 36 17	24 40 28	17 34 26	22 43 35	29 15 53	0 33	14 23 14	30 5 51	5 9 56.6	12 8 13	0S 3 58
15 258	8 46 0	15 59 9	9 34 43	20 46 23	24 47 24	17 32 4	22 42 17	29 16 11	0 33	14 27 45	30 5 29	5 9 56.4	12 14 15	0 50 12
16 259	10 26 16	17 13 36	10 13 41	20 56 35	24 54 17	17 29 43	22 41 2	29 16 31	0 33	14 32 15	30 5 17	5 9 56.2	12 20 13	1 36 7
17 260	12 5 28	18 28 4	10 52 41	21 6 52	25 1 8	17 27 23	22 39 47	29 16 53	0 33	14 36 45	30 5 14	5 9 56.0	12 26 6	2 21 40
18 261	13 43 38	19 42 35	11 31 43	21 17 15	25 7 56	17 25 3	22 38 33	29 17 17	0 33	14 41 16	30 5 21	5 9 55.9	12 31 56	3 6 48
19 262	15 20 46	20 57 7	12 10 48	21 27 44	25 14 42	17 22 44	22 37 21	29 17 43	0 32	14 45 46	30 5 37	5 9 55.8	12 37 43	3 51 31
20 263	16 56 53	22 11 40	12 49 55	21 38 17	25 21 25	17 20 26	22 36 11	29 18 10	0 33	14 50 17	30 6 3	5 9 55.7	12 43 27	4 35 46
21 264	18 32 0	23 26 15	13 29 4	21 48 56	25 28 6	17 18 9	22 35 1	29 18 40	0 33	14 54 47	30 6 37	5 9 55.7	12 49 7	5 19 32
22 265	20 6 8	24 40 52	14 8 15	21 59 40	25 34 42	17 15 52	22 33 53	29 19 12	0 33	14 59 18	30 7 20	5 9 55.6	12 54 44	6 2 47
23 266	21 39 16	25 55 31	14 47 29	22 10 29	25 41 16	17 13 37	22 32 47	29 19 45	0 33	15 3 48	30 8 11	5 9 55.6	13 0 19	6 45 30
24 267	23 11 27	27 10 10	15 26 45	22 21 23	25 47 47	17 11 23	22 31 42	29 20 21	0 32	15 8 19	30 9 8	5 9 55.6	13 5 51	7 27 39
25 268	24 42 39	28 24 51	16 6 3	22 32 22	25 54 15	17 9 9	22 30 38	29 20 58	0 32	15 12 50	30 10 11	5 9 55.6	13 11 20	8 9 13
26 269	26 12 53	29 39 34	16 45 23	22 43 26	26 0 40	17 6 57	22 29 36	29 21 37	0 31	15 17 21	30 11 15	5 9 55.5	13 16 46	8 50 10
27 270	27 42 9	0♍54 18	17 24 45	22 54 34	26 7 1	17 4 46	22 28 35	29 22 18	0 30	15 21 53	30 12 18	5 9 55.4	13 22 10	9 30 30
28 271	29 10 27	2 9 2	18 4 10	23 5 47	26 13 20	17 2 37	22 27 36	29 23 1	0 29	15 26 25	30 13 15	5 9 55.3	13 27 32	10 10 10
29 272	0♎37 45	3 23 49	18 43 36	23 17 5	26 19 34	17 0 29	22 26 39	29 23 46	0 28	15 30 56	30 14 3	5 9 55.1	13 32 51	10 49 9
30 273	2♎ 4 5	4♍38 36	19♍23 5	23♎28 26	26♋25 46	16♒58 22	22♑25 43	29♏24 33	0♓27	15 35 29	30 14 37	5 9 54.9	13 38 8	11S27 26

DAY Sep	♀ VENUS R.A. h m s	DECL ° ' "	♂ MARS R.A. h m s	DECL ° ' "	♃ JUPITER R.A. h m s	DECL ° ' "	♄ SATURN R.A. h m s	DECL ° ' "	♅ URANUS R.A. h m s	DECL ° ' "	♆ NEPTUNE R.A. h m s	DECL ° ' "	♇ PLUTO R.A. h m s	DECL ° ' "
1	9 44 46	14N41 5	11 44 21	2N35 6	14 44 55	15S 0 11	9 22 39	16N15 28	22 58 18	7S27 30	21 21 30	15S40 52	17 35 35	15S57 30
2	9 49 37	14 18 0	11 46 41	2 19 24	14 45 29	15 2 59	9 23 9	16 13 18	22 58 9	7 28 25	21 21 24	15 41 20	17 35 34	15 57 50
3	9 54 26	13 54 30	11 49 2	2 3 41	14 46 4	15 5 49	9 23 38	16 11 9	22 58 0	7 29 20	21 21 18	15 41 48	17 35 34	15 58 10
4	9 59 15	13 30 37	11 51 23	1 47 57	14 46 39	15 8 41	9 24 7	16 8 59	22 57 51	7 30 15	21 21 12	15 42 15	17 35 34	15 58 30
5	10 4 3	13 6 22	11 53 44	1 32 11	14 47 15	15 11 34	9 24 36	16 6 51	22 57 43	7 31 10	21 21 7	15 42 42	17 35 33	15 58 50
6	10 8 50	12 41 45	11 56 5	1 16 24	14 47 51	15 14 29	9 25 5	16 4 42	22 57 34	7 32 5	21 21 1	15 43 9	17 35 33	15 59 10
7	10 13 36	12 16 46	11 58 26	1 0 37	14 48 28	15 17 24	9 25 33	16 2 34	22 57 25	7 33 0	21 20 55	15 43 36	17 35 34	15 59 30
8	10 18 21	11 51 27	12 0 47	0 44 48	14 49 5	15 20 22	9 26 2	16 0 27	22 57 16	7 33 55	21 20 50	15 44 2	17 35 34	15 59 51
9	10 23 5	11 25 48	12 3 9	0 28 59	14 49 42	15 23 20	9 26 30	15 58 20	22 57 7	7 34 50	21 20 44	15 44 28	17 35 34	16 0 11
10	10 27 49	10 59 50	12 5 30	0 13 9	14 50 20	15 26 20	9 26 59	15 56 14	22 56 58	7 35 45	21 20 39	15 44 54	17 35 35	16 0 32
11	10 32 32	10 33 33	12 7 52	0S 2 42	14 50 58	15 29 21	9 27 27	15 54 8	22 56 49	7 36 39	21 20 33	15 45 19	17 35 35	16 0 53
12	10 37 14	10 6 58	12 10 13	0 18 34	14 51 37	15 32 23	9 27 55	15 52 2	22 56 40	7 37 33	21 20 28	15 45 44	17 35 36	16 1 13
13	10 41 55	9 40 6	12 12 35	0 34 26	14 52 16	15 35 26	9 28 23	15 49 57	22 56 31	7 38 28	21 20 23	15 46 9	17 35 37	16 1 34
14	10 46 36	9 12 58	12 14 57	0 50 19	14 52 56	15 38 31	9 28 50	15 47 53	22 56 22	7 39 21	21 20 18	15 46 33	17 35 38	16 1 55
15	10 51 16	8 45 33	12 17 20	1 6 11	14 53 36	15 41 37	9 29 18	15 45 49	22 56 14	7 40 15	21 20 13	15 46 57	17 35 39	16 2 16
16	10 55 56	8 17 54	12 19 42	1 22 5	14 54 16	15 44 43	9 29 45	15 43 46	22 56 5	7 41 8	21 20 8	15 47 20	17 35 41	16 2 37
17	11 0 35	7 50 1	12 22 4	1 37 58	14 54 57	15 47 51	9 30 13	15 41 44	22 55 56	7 42 2	21 20 3	15 47 43	17 35 42	16 2 58
18	11 5 13	7 21 54	12 24 27	1 53 51	14 55 38	15 51 0	9 30 40	15 39 42	22 55 48	7 42 54	21 19 58	15 48 6	17 35 44	16 3 20
19	11 9 51	6 53 34	12 26 50	2 9 45	14 56 20	15 54 9	9 31 6	15 37 41	22 55 39	7 43 47	21 19 53	15 48 28	17 35 45	16 3 41
20	11 14 28	6 25 2	12 29 13	2 25 38	14 57 2	15 57 20	9 31 33	15 35 41	22 55 30	7 44 39	21 19 49	15 48 50	17 35 47	16 4 2
21	11 19 5	5 56 19	12 31 36	2 41 31	14 57 44	16 0 31	9 31 59	15 33 42	22 55 22	7 45 31	21 19 44	15 49 12	17 35 49	16 4 24
22	11 23 42	5 27 25	12 34 0	2 57 23	14 58 27	16 3 43	9 32 26	15 31 44	22 55 13	7 46 22	21 19 40	15 49 33	17 35 51	16 4 45
23	11 28 18	4 58 22	12 36 24	3 13 15	14 59 10	16 6 56	9 32 52	15 29 46	22 55 5	7 47 13	21 19 35	15 49 54	17 35 54	16 5 7
24	11 32 53	4 29 9	12 38 48	3 29 6	14 59 53	16 10 10	9 33 18	15 27 49	22 54 56	7 48 4	21 19 31	15 50 14	17 35 56	16 5 28
25	11 37 29	3 59 48	12 41 12	3 44 57	15 0 37	16 13 24	9 33 43	15 25 53	22 54 48	7 48 54	21 19 27	15 50 33	17 35 59	16 5 49
26	11 42 4	3 30 19	12 43 36	4 0 47	15 1 21	16 16 39	9 34 9	15 23 58	22 54 40	7 49 43	21 19 23	15 50 53	17 36 1	16 6 11
27	11 46 39	3 0 43	12 46 1	4 16 36	15 2 5	16 19 54	9 34 34	15 22 4	22 54 32	7 50 32	21 19 19	15 51 11	17 36 4	16 6 32
28	11 51 13	2 31 1	12 48 26	4 32 24	15 2 50	16 23 10	9 34 59	15 20 11	22 54 24	7 51 21	21 19 15	15 51 29	17 36 7	16 6 54
29	11 55 48	2 1 14	12 50 51	4 48 11	15 3 35	16 26 27	9 35 23	15 18 18	22 54 16	7 52 9	21 19 11	15 51 47	17 36 10	16 7 15
30	12 0 22	1N31 21	12 53 16	5S 3 56	15 4 20	16S29 44	9 35 48	15N16 27	22 54 8	7S52 56	21 19 7	15S52 4	17 36 13	16S 7 37

OCTOBER 2006

DAY	SIDEREAL TIME h m s	☉ SUN LONG ° ' "	SUN MOT ' "	SUN R.A. h m s	SUN DECL ° ' "
1 Su	0 38 21	12♍50 47	58 59	12 28 12.9	3S 2 53
2 M	0 42 18	13 49 46	59 1	12 31 50.1	3 26 9
3 Tu	0 46 14	14 48 47	59 3	12 35 27.6	3 49 22
4 W	0 50 11	15 47 50	59 4	12 39 5.3	4 12 33
5 Th	0 54 7	16 46 54	59 6	12 42 43.4	4 35 40
6 F	0 58 4	17 46 0	59 8	12 46 21.9	4 58 44
7 S	1 2 1	18 45 9	59 10	12 50 0.7	5 21 45
8 Su	1 5 57	19 44 19	59 12	12 53 39.9	5 44 41
9 M	1 9 54	20 43 31	59 15	12 57 19.5	6 7 33
10 Tu	1 13 50	21 42 46	59 17	13 0 59.6	6 30 20
11 W	1 17 47	22 42 3	59 19	13 4 40.2	6 53 2
12 Th	1 21 43	23 41 22	59 22	13 8 21.2	7 15 39
13 F	1 25 40	24 40 43	59 24	13 12 2.8	7 38 9
14 S	1 29 36	25 40 7	59 26	13 15 44.9	8 0 34
15 Su	1 33 33	26 39 33	59 29	13 19 27.6	8 22 52
16 M	1 37 30	27 39 1	59 31	13 23 10.8	8 45 4
17 Tu	1 41 26	28 38 32	59 33	13 26 54.6	9 7 7
18 W	1 45 23	29 38 5	59 35	13 30 39.0	9 29 4
19 Th	1 49 19	0♎37 40	59 37	13 34 24.0	9 50 52
20 F	1 53 16	1 37 17	59 39	13 38 9.6	10 12 31
21 S	1 57 12	2 36 57	59 42	13 41 55.9	10 34 1
22 Su	2 1 9	3 36 38	59 44	13 45 42.9	10 55 23
23 M	2 5 5	4 36 22	59 46	13 49 30.5	11 16 34
24 Tu	2 9 2	5 36 7	59 47	13 53 18.8	11 37 35
25 W	2 12 59	6 35 55	59 49	13 57 7.8	11 58 26
26 Th	2 16 55	7 35 44	59 51	14 0 57.5	12 19 5
27 F	2 20 52	8 35 35	59 53	14 4 48.0	12 39 33
28 S	2 24 48	9 35 27	59 55	14 8 39.1	12 59 49
29 Su	2 28 45	10 35 22	59 56	14 12 31.0	13 19 53
30 M	2 32 41	11 35 18	59 58	14 16 23.6	13 39 45
31 Tu	2 36 38	12♎35 15	59 59	14 20 17.0	13S59 23

DAY	☽ MOON AT 0 HOURS LONG ° ' "	12h MOT ° ' "	2DIF "	R.A. h m s	DECL ° ' "	☽ MOON AT 12 HOURS LONG ° ' "	12h MOT ° ' "	2DIF "	R.A. h m s	DECL ° ' "
1 Su	19♐30 38	6 47 7	182	19 4 42	27S38 7	26♐17 44	6 53 16	186	19 34 39	26S28 48
2 M	3♑11 0	6 59 29	186	20 4 22	24 54 59	10♑10 29	7 5 41	183	20 33 42	22 57 41
3 Tu	17 16 10	7 11 42	176	21 2 35	20 38 29	24 27 51	7 17 23	163	21 30 58	17 59 21
4 W	1♒45 14	7 22 35	146	21 58 51	15 2 40	9♒ 7 49	7 27 7	124	22 26 18	11 51 6
5 Th	16 34 57	7 30 51	97	22 53 23	8 27 38	24 5 47	7 33 36	66	23 20 14	4 55 27
6 F	1♓39 23	7 35 16	33	23 46 57	1 17 55	9♓14 40	7 35 46	-3	0 13 42	2N21 28
7 S	16 50 26	7 35 3	-40	0 40 36	5N59 3	24 25 29	7 33 8	-75	1 7 49	9 31 11
8 Su	1♈58 37	7 30 3	-108	1 35 26	12 54 14	9♈28 41	7 25 55	-138	2 3 34	16 4 41
9 M	16 54 35	7 20 51	-164	2 32 16	18 59 11	24 15 26	7 15 1	-184	3 1 34	21 34 41
10 Tu	1♉30 27	7 8 36	-199	3 31 25	23 48 31	8♉39 2	7 1 47	-208	4 1 45	25 38 33
11 W	15 40 49	6 54 45	-212	4 32 23	27 3 12	22 35 33	6 47 40	-211	5 3 8	28 1 38
12 Th	29 23 13	6 40 42	-205	5 33 47	28 33 39	6♊ 3 55	6 33 59	-196	6 4 5	28 39 47
13 F	12♊37 54	6 27 37	-184	6 33 50	28 21 11	19 5 30	6 21 41	-170	7 2 50	27 39 27
14 S	25 27 11	6 16 16	-154	7 30 57	26 36 33	1♋43 27	6 11 24	-137	7 58 6	25 14 36
15 Su	7♋54 50	6 7 7	-120	8 24 17	23 35 48	14 1 57	6 3 25	-102	8 49 29	21 42 18
16 M	20 5 22	6 0 19	-84	9 13 47	19 36 9	26 5 41	5 57 49	-67	9 37 14	17 19 14
17 Tu	2♌ 3 30	5 55 52	-50	9 59 58	14 53 17	7♌59 22	5 54 27	-35	10 22 4	12 19 55
18 W	13 53 49	5 53 33	-20	10 43 39	9 40 34	19 47 22	5 53 8	-6	11 4 52	6 56 36
19 Th	25 40 30	5 53 9	6	11 25 48	4 9 20	1♍33 39	5 53 34	18	11 46 36	1 20 0
20 F	7♍27 13	5 54 20	28	12 7 22	1S30 9	13 21 33	5 55 26	37	12 28 15	4S19 52
21 S	19 16 59	5 56 49	45	12 49 20	7 7 50	25 13 48	5 58 27	52	13 10 45	9 52 42
22 Su	1♎12 15	6 0 18	59	13 32 36	12 32 59	7♎12 33	6 2 22	64	13 55 0	15 7 7
23 M	13 14 55	6 4 36	69	14 18 3	17 33 27	19 19 30	6 6 59	74	14 41 51	19 50 10
24 Tu	25 26 30	6 9 32	79	15 6 26	21 55 22	1♏36 2	6 12 14	83	15 31 52	23 47 5
25 W	7♏48 15	6 15 4	88	15 58 10	25 23 17	14 3 20	6 18 5	93	16 25 17	26 41 59
26 Th	20 21 24	6 21 15	98	16 53 10	27 41 17	26 42 39	6 24 36	103	17 21 42	28 19 30
27 F	3♐ 7 15	6 28 9	109	17 50 44	28 35 17	9♐35 23	6 31 53	116	18 20 4	28 27 39
28 S	16 7 17	6 35 51	122	18 49 30	27 56 7	22 43 8	6 40 1	128	19 18 52	27 0 40
29 Su	29 23 9	6 44 24	134	19 47 59	25 41 49	6♑ 7 33	6 48 57	139	20 16 42	24 0 32
30 M	12♑56 30	6 53 40	143	20 44 56	21 58 10	19 50 10	6 58 28	144	21 12 40	19 36 24
31 Tu	26♑48 37	7 3 17	143	21 39 52	16S57 9	3♒51 54	7 8 1	140	22 6 37	14S 2 35

LUNAR INGRESSES
1 ☽ ♑ 18:29
3 ☽ ♒ 21:08
5 ☽ ♓ 21:23
7 ☽ ♈ 20:51
9 ☽ ♉ 21:30
12 ☽ ♊ 1:06
14 ☽ ♋ 8:41
16 ☽ ♌ 19:51
19 ☽ ♍ 8:49
21 ☽ ♎ 21:35
24 ☽ ♏ 8:53
26 ☽ ♐ 18:10
29 ☽ ♑ 1:06
31 ☽ ♒ 5:26

PLANET INGRESSES
16 ♂ ♎ 0:03
18 ☉ ♎ 8:50
20 ♀ ♎ 7:02
26 ☿ ♏ 21:01
29 ♇ ♐ 3:34
30 ☿ ♎ 12:08
31 ♃ ♏ 19:04

STATIONS
28 ☿ R 19:17
29 ♆ D 7:57

DATA FOR THE 1st AT 0 HOURS
JULIAN DAY 38989.5
☽ MEAN ☊ 29°♒ 42' 15"
OBLIQUITY 23° 26' 28"
DELTA T 68.0 SECONDS
NUTATION LONGITUDE 1.3"

DAY MO	YR	☿ LONG ° ' "	♀ LONG ° ' "	♂ LONG ° ' "	♃ LONG ° ' "	♄ LONG ° ' "	♅ LONG ° ' "	♆ LONG ° ' "	♇ LONG ° ' "	☊ LONG ° '
1	274	3♎29 24	5♍53 24	20♍ 2 36	23♎39 52	26♋31 53	16♒56R16	22♑24R49	29♏25 22	0♓27
2	275	4 53 41	7 8 14	20 42 9	23 51 23	26 37 57	16 54 13	22 23 56	29 26 12	0 28
3	276	6 16 55	8 23 4	21 21 45	24 2 57	26 43 58	16 52 10	22 23 5	29 27 4	0 29
4	277	7 39 4	9 37 56	22 1 22	24 14 36	26 49 55	16 50 9	22 22 16	29 27 59	0 30
5	278	9 0 6	10 52 48	22 41 2	24 26 18	26 55 48	16 48 10	22 21 28	29 28 54	0 31
6	279	10 19 57	12 7 42	23 20 44	24 38 4	27 1 37	16 46 13	22 20 42	29 29 52	0 31
7	280	11 38 36	13 22 36	24 0 28	24 49 54	27 7 22	16 44 17	22 19 58	29 30 52	0 31
8	281	12 55 57	14 37 32	24 40 15	25 1 48	27 13 3	16 42 23	22 19 16	29 31 53	0 29
9	282	14 11 57	15 52 28	25 20 4	25 13 45	27 18 40	16 40 31	22 18 35	29 32 56	0 27
10	283	15 26 31	17 7 26	25 59 55	25 25 46	27 24 13	16 38 41	22 17 57	29 34 1	0 24
11	284	16 39 33	18 22 25	26 39 49	25 37 51	27 29 42	16 36 53	22 17 20	29 35 7	0 21
12	285	17 50 56	19 37 25	27 19 45	25 49 59	27 35 7	16 35 6	22 16 45	29 36 15	0 18
13	286	19 0 33	20 52 26	27 59 44	26 2 10	27 40 27	16 33 22	22 16 11	29 37 25	0 17
14	287	20 8 16	22 7 28	28 39 45	26 14 25	27 45 44	16 31 40	22 15 40	29 38 37	0 16
15	288	21 13 55	23 22 31	29 19 49	26 26 42	27 50 55	16 30 0	22 15 10	29 39 50	0 17
16	289	22 17 17	24 37 35	29 59 55	26 39 3	27 56 2	16 28 22	22 14 43	29 41 6	0 18
17	290	23 18 12	25 52 40	0♎40 4	26 51 28	28 1 5	16 26 46	22 14 17	29 42 22	0 20
18	291	24 16 24	27 7 46	1 20 16	27 3 55	28 6 3	16 25 12	22 13 53	29 43 41	0 21
19	292	25 11 38	28 22 53	2 0 29	27 16 25	28 10 56	16 23 41	22 13 31	29 45 0	0 22
20	293	26 3 34	29 38 0	2 40 46	27 28 57	28 15 44	16 22 12	22 13 11	29 46 22	0 22
21	294	26 51 54	0♎53 8	3 21 5	27 41 33	28 20 27	16 20 45	22 12 53	29 47 45	0 21
22	295	27 36 14	2 8 17	4 1 26	27 54 11	28 25 6	16 19 21	22 12 37	29 49 10	0 17
23	296	28 16 9	3 23 27	4 41 50	28 6 52	28 29 39	16 18 0	22 12 23	29 50 36	0 12
24	297	28 51 11	4 38 37	5 22 15	28 19 35	28 34 8	16 16 40	22 12 11	29 52 4	0 06
25	298	29 20 51	5 53 48	6 2 44	28 32 21	28 38 31	16 15 24	22 12 1	29 53 34	29♒59
26	299	29 44 35	7 8 59	6 43 15	28 45 9	28 42 49	16 14 9	22 11 53	29 55 4	29 53
27	300	0♏ 1 49	8 24 11	7 23 49	28 57 59	28 47 2	16 12 58	22 11 47	29 56 37	29 47
28	301	0 11R57	9 39 23	8 4 25	29 10 51	28 51 9	16 11 49	22 11 43	29 58 11	29 43
29	302	0 14 23	10 54 35	8 45 3	29 23 46	28 55 11	16 10 43	22 11D41	29 59 46	29 41
30	303	0 8 31	12 9 48	9 25 44	29 36 42	28 59 8	16 9 39	22 11 42	0♐ 1 22	29 40
31	304	29♎53 51	13♎25 1	10♎ 6 27	29♎49 40	29♋ 2 59	16♒ 8 38	22♑11 44	0♐ 3 0	29♒41

DAY	A.S.S.I. h m s	S.S.R.Y. h m s	S.V.P. ♓ ° ' "	☿ MERCURY R.A. h m s	☿ MERCURY DECL ° ' "
1	15 40 1	30 14 57	5 9 54.7	13 43 22	12S 5 0
2	15 44 34	30 15 0	5 9 54.5	13 48 34	12 41 47
3	15 49 7	30 14 47	5 9 54.3	13 53 44	13 17 48
4	15 53 41	30 14 19	5 9 54.2	13 58 50	13 53 1
5	15 58 15	30 13 38	5 9 54.1	14 3 54	14 27 23
6	16 2 49	30 12 48	5 9 54.1	14 8 55	15 0 52
7	16 7 24	30 11 52	5 9 54.1	14 13 53	15 33 28
8	16 12 0	30 10 54	5 9 54.1	14 18 48	16 5 7
9	16 16 36	30 9 55	5 9 54.0	14 23 38	16 35 48
10	16 21 12	30 9 0	5 9 53.9	14 28 25	17 5 28
11	16 25 49	30 8 8	5 9 53.7	14 33 8	17 34 5
12	16 30 27	30 7 22	5 9 53.4	14 37 45	18 1 36
13	16 35 5	30 6 42	5 9 53.2	14 42 17	18 27 58
14	16 39 44	30 6 9	5 9 53.0	14 46 43	18 53 8
15	16 44 24	30 5 45	5 9 52.8	14 51 2	19 17 2
16	16 49 4	30 5 29	5 9 52.7	14 55 14	19 39 36
17	16 53 46	30 5 23	5 9 52.6	14 59 17	20 0 47
18	16 58 28	30 5 28	5 9 52.5	15 3 11	20 20 29
19	17 3 10	30 5 43	5 9 52.5	15 6 53	20 38 37
20	17 7 54	30 6 10	5 9 52.5	15 10 24	20 55 5
21	17 12 38	30 6 48	5 9 52.5	15 13 41	21 9 47
22	17 17 23	30 7 36	5 9 52.4	15 16 43	21 22 36
23	17 22 9	30 8 33	5 9 52.3	15 19 28	21 33 24
24	17 26 56	30 9 36	5 9 52.2	15 21 54	21 42 1
25	17 31 44	30 10 41	5 9 52.1	15 23 59	21 48 19
26	17 36 32	30 11 43	5 9 51.9	15 25 40	21 52 5
27	17 41 22	30 12 39	5 9 51.6	15 26 56	21 53 7
28	17 46 12	30 13 26	5 9 51.4	15 27 43	21 51 13
29	17 51 4	30 13 59	5 9 51.2	15 27 59	21 46 9
30	17 55 56	30 14 18	5 9 51.0	15 27 42	21 37 39
31	18 0 49	30 14 23	5 9 50.8	15 26 51	21S25 31

DAY Oct	♀ VENUS R.A. h m s	♀ VENUS DECL ° ' "	♂ MARS R.A. h m s	♂ MARS DECL ° ' "	♃ JUPITER R.A. h m s	♃ JUPITER DECL ° ' "	♄ SATURN R.A. h m s	♄ SATURN DECL ° ' "
1	12 4 56	1N 1 25	12 55 42	5S19 41	15 5 6	16S33 2	9 36 12	15N14 37
2	12 9 30	0 31 26	12 58 8	5 35 23	15 5 52	16 36 20	9 36 36	15 12 48
3	12 14 4	0 1 24	13 0 34	5 51 5	15 6 38	16 39 38	9 37 0	15 11 1
4	12 18 39	0S28 40	13 3 0	6 6 44	15 7 25	16 42 57	9 37 24	15 9 14
5	12 23 13	0 58 44	13 5 27	6 22 22	15 8 12	16 46 16	9 37 47	15 7 29
6	12 27 47	1 28 49	13 7 54	6 37 57	15 8 59	16 49 35	9 38 10	15 5 44
7	12 32 22	1 58 54	13 10 21	6 53 31	15 9 46	16 52 54	9 38 33	15 4 1
8	12 36 56	2 28 57	13 12 49	7 9 3	15 10 34	16 56 13	9 38 55	15 2 20
9	12 41 31	2 58 59	13 15 17	7 24 32	15 11 22	16 59 33	9 39 17	15 0 39
10	12 46 6	3 28 58	13 17 45	7 39 59	15 12 11	17 2 53	9 39 39	14 59 0
11	12 50 42	3 58 54	13 20 13	7 55 24	15 12 59	17 6 13	9 40 1	14 57 21
12	12 55 18	4 28 46	13 22 42	8 10 47	15 13 48	17 9 33	9 40 22	14 55 45
13	12 59 54	4 58 33	13 25 12	8 26 6	15 14 37	17 12 53	9 40 43	14 54 9
14	13 4 31	5 28 15	13 27 41	8 41 24	15 15 26	17 16 13	9 41 4	14 52 35
15	13 9 8	5 57 50	13 30 11	8 56 38	15 16 16	17 19 33	9 41 25	14 51 3
16	13 13 46	6 27 18	13 32 42	9 11 49	15 17 6	17 22 53	9 41 45	14 49 32
17	13 18 24	6 56 38	13 35 12	9 26 57	15 17 56	17 26 13	9 42 5	14 48 2
18	13 23 3	7 25 49	13 37 44	9 42 2	15 18 46	17 29 32	9 42 25	14 46 34
19	13 27 43	7 54 51	13 40 15	9 57 4	15 19 37	17 32 52	9 42 44	14 45 7
20	13 32 23	8 23 43	13 42 47	10 12 2	15 20 28	17 36 11	9 43 3	14 43 42
21	13 37 4	8 52 24	13 45 19	10 26 56	15 21 19	17 39 30	9 43 22	14 42 19
22	13 41 46	9 20 53	13 47 52	10 41 47	15 22 10	17 42 49	9 43 40	14 40 57
23	13 46 28	9 49 9	13 50 25	10 56 34	15 23 1	17 46 7	9 43 58	14 39 37
24	13 51 11	10 17 12	13 52 59	11 11 16	15 23 53	17 49 25	9 44 16	14 38 18
25	13 55 56	10 45 1	13 55 33	11 25 55	15 24 45	17 52 43	9 44 33	14 37 1
26	14 0 41	11 12 34	13 58 7	11 40 30	15 25 37	17 56 0	9 44 50	14 35 46
27	14 5 27	11 39 52	14 0 42	11 55 0	15 26 29	17 59 17	9 45 7	14 34 33
28	14 10 14	12 6 53	14 3 17	12 9 26	15 27 21	18 2 33	9 45 23	14 33 21
29	14 15 1	12 33 37	14 5 53	12 23 47	15 28 14	18 5 49	9 45 39	14 32 11
30	14 19 50	13 0 3	14 8 29	12 38 3	15 29 6	18 9 4	9 45 55	14 31 3
31	14 24 40	13S26 9	14 11 5	12S52 14	15 29 59	18S12 19	9 46 10	14N29 57

DAY Oct	♅ URANUS R.A. h m s	♅ URANUS DECL ° ' "	♆ NEPTUNE R.A. h m s	♆ NEPTUNE DECL ° ' "	♇ PLUTO R.A. h m s	♇ PLUTO DECL ° ' "
1	22 54 0	7S53 43	21 19 4	15S52 21	17 36 16	16S 7 59
2	22 53 52	7 54 29	21 19 0	15 52 37	17 36 20	16 8 20
3	22 53 45	7 55 14	21 18 57	15 52 53	17 36 23	16 8 42
4	22 53 37	7 55 59	21 18 54	15 53 8	17 36 27	16 9 3
5	22 53 30	7 56 43	21 18 50	15 53 23	17 36 31	16 9 25
6	22 53 22	7 57 27	21 18 47	15 53 37	17 36 35	16 9 46
7	22 53 15	7 58 10	21 18 45	15 53 51	17 36 39	16 10 8
8	22 53 8	7 58 52	21 18 42	15 54 4	17 36 43	16 10 29
9	22 53 1	7 59 33	21 18 39	15 54 16	17 36 47	16 10 51
10	22 52 54	8 0 14	21 18 37	15 54 28	17 36 52	16 11 12
11	22 52 47	8 0 53	21 18 34	15 54 40	17 36 56	16 11 33
12	22 52 41	8 1 32	21 18 32	15 54 51	17 37 1	16 11 54
13	22 52 34	8 2 10	21 18 30	15 55 1	17 37 6	16 12 16
14	22 52 28	8 2 48	21 18 28	15 55 11	17 37 11	16 12 37
15	22 52 21	8 3 24	21 18 26	15 55 20	17 37 16	16 12 58
16	22 52 15	8 4 0	21 18 24	15 55 28	17 37 21	16 13 19
17	22 52 9	8 4 35	21 18 22	15 55 36	17 37 26	16 13 40
18	22 52 3	8 5 9	21 18 21	15 55 44	17 37 31	16 14 1
19	22 51 58	8 5 42	21 18 19	15 55 51	17 37 37	16 14 22
20	22 51 52	8 6 14	21 18 18	15 55 57	17 37 42	16 14 42
21	22 51 47	8 6 45	21 18 17	15 56 3	17 37 48	16 15 3
22	22 51 41	8 7 16	21 18 16	15 56 8	17 37 54	16 15 23
23	22 51 36	8 7 45	21 18 15	15 56 12	17 38 0	16 15 44
24	22 51 31	8 8 13	21 18 14	15 56 16	17 38 6	16 16 4
25	22 51 26	8 8 40	21 18 13	15 56 19	17 38 12	16 16 24
26	22 51 22	8 9 7	21 18 13	15 56 22	17 38 18	16 16 44
27	22 51 17	8 9 32	21 18 12	15 56 23	17 38 24	16 17 4
28	22 51 13	8 9 56	21 18 12	15 56 25	17 38 31	16 17 24
29	22 51 9	8 10 19	21 18 12	15 56 25	17 38 37	16 17 44
30	22 51 5	8 10 42	21 18 12	15 56 26	17 38 44	16 18 4
31	22 51 1	8S11 3	21 18 12	15S56 25	17 38 51	16S18 23

NOVEMBER 2006

DAY	SIDEREAL TIME h m s	☉ SUN LONG ° ' "	MOT ' "	R.A. h m s	DECL ° ' "	☽ MOON AT 0 HOURS LONG ° ' "	12h MOT ° ' "	2DIF "	R.A. h m s	DECL ° ' "	☽ MOON AT 12 HOURS LONG ° ' "	12h MOT ° ' "	2DIF "	R.A. h m s	DECL ° ' "
1 W	2 40 34	13♎35 14	60 1	14 24 11.2	14S18 48	10♒59 55	7 12 35	132	22 32 59	10S55 1	18♒12 31	7 16 51	121	22 59 5	7S36 57
2 Th	2 44 31	14 35 15	60 2	14 28 6.1	14 37 58	25 29 21	7 20 39	105	23 25 3	4 11 3	2♓50 0	7 23 52	85	23 51 0	0 40 8
3 F	2 48 28	15 35 17	60 4	14 32 1.8	14 56 55	10♓13 52	7 26 20	61	0 17 6	2N52 47	17 40 12	7 27 56	33	0 43 31	6N24 29
4 S	2 52 24	16 35 21	60 6	14 35 58.3	15 15 37	25 8 7	7 28 32	2	1 10 22	9 51 37	2♈36 40	7 28 5	-30	1 37 47	13 10 41
5 Su	2 56 21	17 35 27	60 8	14 39 55.6	15 34 4	10♈ 4 45	7 26 32	-63	2 5 53	16 18 9	17 31 17	7 23 54	-95	2 34 44	19 10 30
6 M	3 0 17	18 35 35	60 10	14 43 53.8	15 52 15	24 55 11	7 20 13	-125	3 4 20	21 44 19	2♉15 24	7 15 35	-151	3 34 39	23 56 34
7 Tu	3 4 14	19 35 44	60 12	14 47 52.7	16 10 11	9♉30 59	7 10 9	-173	4 5 34	25 44 40	16 41 8	7 4 4	-190	4 36 54	27 6 38
8 W	3 8 10	20 35 55	60 13	14 51 52.6	16 27 50	23 45 12	6 57 31	-201	5 8 24	28 1 21	0♊42 44	6 50 41	-207	5 39 49	28 28 30
9 Th	3 12 7	21 36 9	60 15	14 55 53.3	16 45 14	7♊33 24	6 43 44	-208	6 10 51	28 28 38	14 17 7	6 36 50	-204	6 41 14	28 3 3
10 F	3 16 3	22 36 24	60 17	14 59 54.8	17 2 20	20 53 57	6 30 9	-195	7 10 47	27 13 40	27 24 7	6 23 49	-183	7 39 19	26 2 47
11 S	3 20 0	23 36 41	60 19	15 3 57.2	17 19 9	3♋47 56	6 17 56	-169	8 6 47	24 32 52	10♋ 5 51	6 12 34	-152	8 33 10	22 46 27
12 Su	3 23 57	24 37 0	60 21	15 8 0.5	17 35 40	16 18 25	6 7 48	-133	8 58 28	20 45 57	22 26 14	6 3 41	-113	9 22 47	18 33 36
13 M	3 27 53	25 37 21	60 23	15 12 4.6	17 51 53	28 29 55	6 0 15	-93	9 46 13	16 11 26	4♌30 9	5 57 29	-73	10 8 53	13 41 15
14 Tu	3 31 50	26 37 44	60 25	15 16 9.6	18 7 48	10♌27 38	5 55 24	-52	10 30 54	11 4 38	16 23 2	5 54 0	-32	10 52 24	8 23 4
15 W	3 35 46	27 38 9	60 27	15 20 15.5	18 23 24	22 17 2	5 53 14	-13	11 13 32	5 37 48	28 10 16	5 53 6	5	11 34 25	2 50 4
16 Th	3 39 43	28 38 36	60 29	15 24 22.2	18 38 40	4♍ 3 22	5 53 33	22	11 55 12	0 1 1	9♍56 55	5 54 32	37	12 16 0	2S48 11
17 F	3 43 39	29 39 5	60 30	15 28 29.8	18 53 36	15 51 27	5 56 1	47	12 36 58	5S36 23	21 47 27	5 57 55	63	12 58 12	8 22 20
18 S	3 47 36	0♏39 35	60 32	15 32 38.2	19 8 13	27 45 23	6 0 13	73	13 19 51	11 4 41	3♎45 35	6 2 49	82	13 42 1	13 41 58
19 Su	3 51 32	1 40 7	60 34	15 36 47.5	19 22 29	9♎48 24	6 5 40	89	14 4 49	16 12 34	15 54 4	6 8 43	93	14 28 22	18 34 44
20 M	3 55 29	2 40 41	60 36	15 40 57.6	19 36 24	22 2 47	6 11 53	96	14 52 44	20 46 32	28 14 40	6 15 8	98	15 17 58	22 45 53
21 Tu	3 59 26	3 41 16	60 37	15 45 8.5	19 49 57	4♏29 48	6 18 24	98	15 44 7	24 30 40	10♏48 12	6 21 38	96	16 11 10	25 58 40
22 W	4 3 22	4 41 53	60 38	15 49 20.3	20 3 9	17 9 50	6 24 49	94	16 39 3	27 7 49	23 34 39	6 27 55	91	17 7 39	27 56 10
23 Th	4 7 19	5 42 31	60 40	15 53 32.8	20 15 59	0♐ 2 33	6 30 55	89	17 36 48	28 22 10	6♐33 28	6 33 49	86	18 6 19	28 24 39
24 F	4 11 15	6 43 11	60 41	15 57 46.1	20 28 27	13 7 17	6 36 38	83	18 35 58	28 3 2	19 43 55	6 39 22	81	19 5 33	27 17 16
25 S	4 15 12	7 43 52	60 42	16 2 0.2	20 40 32	26 23 17	6 42 4	80	19 34 50	26 7 56	3♑ 5 21	6 44 44	80	20 3 40	24 36 6
26 Su	4 19 8	8 44 34	60 43	16 6 15.1	20 52 13	9♑50 4	6 47 24	81	20 31 56	22 43 16	16 37 28	6 50 7	82	20 59 35	20 31 16
27 M	4 23 5	9 45 17	60 44	16 10 30.6	21 3 31	23 27 35	6 52 52	83	21 26 36	18 5 32	0♒20 26	6 55 39	85	21 53 1	15 18 4
28 Tu	4 27 1	10 46 1	60 45	16 14 46.9	21 14 26	7♒16 6	6 58 30	85	22 18 56	12 21 19	14 14 36	7 1 21	85	22 44 27	9 14 10
29 W	4 30 58	11 46 46	60 46	16 19 3.8	21 24 56	21 15 57	7 4 11	83	23 9 41	5 58 59	28 20 8	7 6 55	79	23 34 48	2 38 9
30 Th	4 34 55	12♏47 31	60 47	16 23 21.4	21S35 2	5♓27 2	7 9 28	73	23 59 56	0N45 51	12♓36 31	7 11 45	63	0 25 15	4N10 25

LUNAR INGRESSES
2 ☽ ♓ 7:23
4 ☽ ♈ 7:49
6 ☽ ♉ 8:18
8 ☽ ♊ 10:46
10 ☽ ♋ 16:51
13 ☽ ♌ 2:59
15 ☽ ♍ 15:44
18 ☽ ♎ 4:30
20 ☽ ♏ 15:23
22 ☽ ♐ 23:55
25 ☽ ♑ 6:29
27 ☽ ♒ 11:24
29 ☽ ♓ 14:49

PLANET INGRESSES
13 ♀ ♏ 5:19
17 ☉ ♏ 8:18
20 ♄ ♌ 6:39
28 ♂ ♏ 20:34

STATIONS
18 ☿ D 0:26
20 ♅ D 6:10

DATA FOR THE 1st AT 0 HOURS
JULIAN DAY 39020.5
☽ MEAN ☊ 28♒ 3' 41"
OBLIQUITY 23° 26' 27"
DELTA T 68.1 SECONDS
NUTATION LONGITUDE 0.7"

DAY MO	YR	☿ LONG ° ' "	♀ LONG ° ' "	♂ LONG ° ' "	♃ LONG ° ' "	♄ LONG ° ' "	♅ LONG ° ' "	♆ LONG ° ' "	♇ LONG ° ' "	☊ LONG ° '	A.S.S.I. h m s	S.S.R.Y. h m s	S.V.P. ♓ ° ' "	☿ MERCURY R.A. h m s	DECL ° ' "
1	305	29♎29R57	14♎40 14	10♎47 13	0♏ 2 40	29♋ 6 44	16♒ 7R40	22♑11 48	0♐ 4 40	29♒42	18 5 43	30 14 11	5 9 50.7	15 25 22	21S 9 29
2	306	28 56 35	15 55 28	11 28 1	0 15 42	29 10 24	16 6 45	22 11 54	0 6 20	29 43	18 10 38	30 13 50	5 9 50.7	15 23 17	20 49 25
3	307	28 13 43	17 10 42	12 8 51	0 28 45	29 13 59	16 5 52	22 12 2	0 8 2	29 43	18 15 34	30 13 15	5 9 50.6	15 20 35	20 25 12
4	308	27 21 38	18 25 56	12 49 44	0 41 50	29 17 27	16 5 2	22 12 13	0 9 46	29 40	18 20 32	30 12 32	5 9 50.6	15 17 18	19 56 50
5	309	26 21 1	19 41 10	13 30 40	0 54 57	29 20 50	16 4 15	22 12 25	0 11 30	29 36	18 25 30	30 11 41	5 9 50.5	15 13 28	19 24 29
6	310	25 12 58	20 56 25	14 11 37	1 8 4	29 24 7	16 3 31	22 12 40	0 13 16	29 29	18 30 29	30 10 47	5 9 50.3	15 9 11	18 48 31
7	311	23 59 2	22 11 40	14 52 38	1 21 14	29 27 19	16 2 50	22 12 56	0 15 3	29 21	18 35 29	30 9 50	5 9 50.1	15 4 34	18 9 32
8	312	22 41 11	23 26 55	15 33 41	1 34 24	29 30 24	16 2 11	22 13 14	0 16 51	29 12	18 40 31	30 8 52	5 9 49.8	14 59 44	17 28 18
9	313	21 21 44	24 42 11	16 14 47	1 47 36	29 33 24	16 1 36	22 13 35	0 18 41	29 05	18 45 33	30 7 55	5 9 49.6	14 54 50	16 45 53
10	314	20 3 14	25 57 28	16 55 55	2 0 49	29 36 17	16 1 3	22 13 58	0 20 31	28 58	18 50 36	30 7 1	5 9 49.3	14 50 1	16 3 24
11	315	18 48 12	27 12 44	17 37 7	2 14 3	29 39 5	16 0 33	22 14 22	0 22 23	28 54	18 55 41	30 6 10	5 9 49.1	14 45 28	15 22 7
12	316	17 39 4	28 28 1	18 18 20	2 27 18	29 41 46	16 0 7	22 14 49	0 24 16	28 52	19 0 47	30 5 26	5 9 48.9	14 41 19	14 43 15
13	317	16 37 56	29 43 19	18 59 37	2 40 34	29 44 21	15 59 43	22 15 17	0 26 9	28 51	19 5 53	30 4 49	5 9 48.7	14 37 40	14 7 52
14	318	15 46 27	0♏58 36	19 40 56	2 53 51	29 46 50	15 59 22	22 15 48	0 28 4	28 52	19 11 1	30 4 21	5 9 48.6	14 34 39	13 36 52
15	319	15 5 49	2 13 55	20 22 18	3 7 8	29 49 13	15 59 4	22 16 21	0 30 0	28 53	19 16 10	30 4 4	5 9 48.5	14 32 18	13 10 54
16	320	14 36 41	3 29 13	21 3 42	3 20 27	29 51 29	15 58 50	22 16 56	0 31 57	28 53	19 21 20	30 3 59	5 9 48.5	14 30 40	12 50 21
17	321	14 19 17	4 44 32	21 45 10	3 33 46	29 53 39	15 58 38	22 17 32	0 33 55	28 51	19 26 31	30 4 7	5 9 48.4	14 29 46	12 35 21
18	322	14 13D26	5 59 51	22 26 40	3 47 5	29 55 43	15 58 29	22 18 11	0 35 54	28 47	19 31 43	30 4 28	5 9 48.3	14 29 33	12 25 51
19	323	14 18 41	7 15 10	23 8 12	4 0 25	29 57 40	15 58 24	22 18 52	0 37 54	28 40	19 36 56	30 5 1	5 9 48.2	14 30 2	12 21 37
20	324	14 34 19	8 30 30	23 49 47	4 13 46	29 59 31	15 58D21	22 19 35	0 39 55	28 31	19 42 10	30 5 46	5 9 48.1	14 31 8	12 22 18
21	325	14 59 33	9 45 50	24 31 25	4 27 7	0♌ 1 15	15 58 22	22 20 19	0 41 56	28 20	19 47 26	30 6 40	5 9 47.9	14 32 50	12 27 29
22	326	15 33 30	11 1 10	25 13 6	4 40 27	0 2 52	15 58 25	22 21 6	0 43 59	28 07	19 52 42	30 7 40	5 9 47.7	14 35 4	12 36 41
23	327	16 15 15	12 16 30	25 54 49	4 53 48	0 4 23	15 58 32	22 21 55	0 46 2	27 55	19 57 59	30 8 41	5 9 47.4	14 37 47	12 49 25
24	328	17 3 56	13 31 50	26 36 34	5 7 9	0 5 48	15 58 42	22 22 46	0 48 6	27 44	20 3 18	30 9 40	5 9 47.1	14 40 56	13 5 14
25	329	17 58 44	14 47 10	27 18 22	5 20 30	0 7 6	15 58 55	22 23 38	0 50 11	27 35	20 8 37	30 10 33	5 9 46.8	14 44 28	13 23 40
26	330	18 58 52	16 2 30	28 0 13	5 33 51	0 8 17	15 59 11	22 24 33	0 52 16	27 29	20 13 57	30 11 17	5 9 46.6	14 48 20	13 44 18
27	331	20 3 39	17 17 49	28 42 6	5 47 11	0 9 21	15 59 30	22 25 30	0 54 22	27 26	20 19 18	30 11 51	5 9 46.4	14 52 31	14 6 44
28	332	21 12 26	18 33 9	29 24 2	6 0 32	0 10 19	15 59 52	22 26 28	0 56 29	27 25	20 24 40	30 12 12	5 9 46.2	14 56 57	14 30 39
29	333	22 24 42	19 48 29	0♏ 6 0	6 13 51	0 11 10	16 0 18	22 27 29	0 58 37	27 25	20 30 3	30 12 21	5 9 46.1	15 1 38	14 55 43
30	334	23♎39 55	21♏ 3 48	0♏48 0	6♏27 11	0♌11 55	16♒ 0 46	22♑28 31	1♐ 0 45	27♒25	20 35 26	30 12 18	5 9 46.1	15 6 32	15S21 39

DAY Nov	♀ VENUS R.A. h m s	DECL ° ' "	♂ MARS R.A. h m s	DECL ° ' "	♃ JUPITER R.A. h m s	DECL ° ' "	♄ SATURN R.A. h m s	DECL ° ' "	♅ URANUS R.A. h m s	DECL ° ' "	♆ NEPTUNE R.A. h m s	DECL ° ' "	♇ PLUTO R.A. h m s	DECL ° ' "
1	14 29 31	13S51 56	14 13 42	13S 6 20	15 30 52	18S15 33	9 46 25	14N28 53	22 50 57	8S11 23	21 18 13	15S56 24	17 38 58	16S18 42
2	14 34 23	14 17 22	14 16 20	13 20 21	15 31 46	18 18 47	9 46 40	14 27 50	22 50 54	8 11 42	21 18 13	15 56 22	17 39 4	16 19 2
3	14 39 16	14 42 27	14 18 58	13 34 17	15 32 39	18 22 0	9 46 54	14 26 50	22 50 50	8 12 0	21 18 13	15 56 20	17 39 11	16 19 21
4	14 44 11	15 7 9	14 21 36	13 48 7	15 33 32	18 25 12	9 47 8	14 25 51	22 50 47	8 12 17	21 18 14	15 56 17	17 39 19	16 19 39
5	14 49 6	15 31 29	14 24 15	14 1 51	15 34 26	18 28 23	9 47 21	14 24 54	22 50 44	8 12 33	21 18 15	15 56 13	17 39 26	16 19 58
6	14 54 3	15 55 24	14 26 54	14 15 30	15 35 20	18 31 34	9 47 34	14 23 59	22 50 41	8 12 47	21 18 16	15 56 9	17 39 33	16 20 17
7	14 59 0	16 18 55	14 29 34	14 29 3	15 36 14	18 34 44	9 47 47	14 23 6	22 50 39	8 13 1	21 18 17	15 56 4	17 39 40	16 20 35
8	15 3 59	16 42 1	14 32 15	14 42 30	15 37 8	18 37 53	9 47 59	14 22 15	22 50 36	8 13 13	21 18 18	15 55 59	17 39 48	16 20 53
9	15 9 0	17 4 40	14 34 55	14 55 51	15 38 2	18 41 1	9 48 11	14 21 26	22 50 34	8 13 24	21 18 20	15 55 53	17 39 55	16 21 11
10	15 14 1	17 26 53	14 37 37	15 9 6	15 38 56	18 44 9	9 48 22	14 20 39	22 50 32	8 13 35	21 18 21	15 55 46	17 40 3	16 21 29
11	15 19 4	17 48 38	14 40 19	15 22 14	15 39 50	18 47 16	9 48 34	14 19 55	22 50 30	8 13 44	21 18 23	15 55 39	17 40 11	16 21 47
12	15 24 7	18 9 54	14 43 1	15 35 16	15 40 45	18 50 22	9 48 44	14 19 12	22 50 28	8 13 52	21 18 25	15 55 31	17 40 18	16 22 5
13	15 29 13	18 30 42	14 45 44	15 48 11	15 41 39	18 53 27	9 48 55	14 18 31	22 50 27	8 13 58	21 18 27	15 55 22	17 40 26	16 22 22
14	15 34 19	18 50 59	14 48 27	16 0 59	15 42 34	18 56 31	9 49 5	14 17 52	22 50 26	8 14 4	21 18 29	15 55 13	17 40 34	16 22 39
15	15 39 26	19 10 45	14 51 11	16 13 41	15 43 29	18 59 34	9 49 14	14 17 16	22 50 24	8 14 9	21 18 31	15 55 3	17 40 42	16 22 56
16	15 44 35	19 29 59	14 53 56	16 26 15	15 44 23	19 2 36	9 49 23	14 16 42	22 50 23	8 14 12	21 18 33	15 54 53	17 40 50	16 23 13
17	15 49 45	19 48 42	14 56 41	16 38 42	15 45 18	19 5 37	9 49 32	14 16 9	22 50 23	8 14 14	21 18 35	15 54 42	17 40 58	16 23 30
18	15 54 57	20 6 51	14 59 26	16 51 2	15 46 13	19 8 37	9 49 40	14 15 39	22 50 22	8 14 15	21 18 38	15 54 30	17 41 6	16 23 46
19	16 0 9	20 24 26	15 2 12	17 3 14	15 47 8	19 11 36	9 49 48	14 15 11	22 50 22	8 14 15	21 18 41	15 54 18	17 41 15	16 24 3
20	16 5 23	20 41 27	15 4 59	17 15 18	15 48 4	19 14 34	9 49 56	14 14 46	22 50 21	8 14 14	21 18 44	15 54 5	17 41 23	16 24 19
21	16 10 37	20 57 52	15 7 46	17 27 15	15 48 59	19 17 31	9 50 3	14 14 22	22 50 21	8 14 11	21 18 47	15 53 52	17 41 31	16 24 34
22	16 15 53	21 13 42	15 10 34	17 39 3	15 49 54	19 20 26	9 50 10	14 14 1	22 50 22	8 14 8	21 18 50	15 53 38	17 41 40	16 24 50
23	16 21 10	21 28 55	15 13 22	17 50 44	15 50 49	19 23 21	9 50 16	14 13 42	22 50 22	8 14 3	21 18 53	15 53 23	17 41 48	16 25 5
24	16 26 29	21 43 30	15 16 11	18 2 16	15 51 44	19 26 15	9 50 21	14 13 25	22 50 23	8 13 57	21 18 56	15 53 8	17 41 57	16 25 20
25	16 31 48	21 57 28	15 19 0	18 13 40	15 52 40	19 29 7	9 50 27	14 13 10	22 50 23	8 13 49	21 19 0	15 52 52	17 42 5	16 25 35
26	16 37 8	22 10 47	15 21 50	18 24 55	15 53 35	19 31 59	9 50 32	14 12 58	22 50 24	8 13 41	21 19 3	15 52 35	17 42 14	16 25 50
27	16 42 29	22 23 27	15 24 40	18 36 1	15 54 30	19 34 49	9 50 36	14 12 48	22 50 25	8 13 32	21 19 7	15 52 18	17 42 23	16 26 5
28	16 47 51	22 35 28	15 27 31	18 46 58	15 55 26	19 37 37	9 50 40	14 12 40	22 50 27	8 13 21	21 19 11	15 52 1	17 42 31	16 26 19
29	16 53 14	22 46 48	15 30 23	18 57 46	15 56 21	19 40 25	9 50 44	14 12 35	22 50 28	8 13 9	21 19 15	15 51 43	17 42 40	16 26 33
30	16 58 38	22S57 27	15 33 15	19S 8 25	15 57 17	19S43 11	9 50 47	14N12 32	22 50 30	8S12 56	21 19 19	15S51 24	17 42 49	16S26 47

DECEMBER 2006

DAY	SIDEREAL TIME h m s	☉ SUN LONG ° ' "	☉ MOT ' "	☉ R.A. h m s	☉ DECL ° ' "	☽ MOON AT 0 HOURS LONG ° ' "	12h MOT ° ' "	2DIF "	R.A. h m s	DECL ° ' "	☽ MOON AT 12 HOURS LONG ° ' "	12h MOT ° ' "	2DIF "	R.A. h m s	DECL ° ' "
1 F	4 38 51	13♏48 18	60 48	16 27 39.7	21S44 43	19♓48 16	7 13 39	50	0 50 55	7N32 52	27♓ 1 55	7 15 4	33	1 17 4	10N50 17
2 S	4 42 48	14 49 6	60 49	16 31 58.6	21 53 59	4♈16 59	7 15 52	13	1 43 52	13 59 40	11♈32 51	7 15 58	-9	2 11 24	16 57 51
3 Su	4 46 44	15 49 55	60 50	16 36 18.1	22 2 50	18 48 48	7 15 16	-33	2 39 46	19 41 34	26 4 4	7 13 45	-58	3 8 59	22 7 39
4 M	4 50 41	16 50 45	60 51	16 40 38.3	22 11 16	3♉17 49	7 11 22	-84	3 39 2	24 13 2	10♉29 11	7 8 10	-108	4 9 48	25 55 1
5 Tu	4 54 37	17 51 35	60 52	16 44 59.0	22 19 16	17 37 21	7 4 11	-130	4 41 5	27 11 28	24 41 32	6 59 31	-149	5 12 40	28 0 56
6 W	4 58 34	18 52 27	60 53	16 49 20.2	22 26 50	1♊41 2	6 54 16	-164	5 44 15	28 22 52	8♊35 18	6 48 36	-175	6 15 31	28 17 36
7 Th	5 2 31	19 53 20	60 54	16 53 42.1	22 33 58	15 23 54	6 42 38	-181	6 46 11	27 46 17	22 6 32	6 36 33	-182	7 16 2	26 50 49
8 F	5 6 27	20 54 14	60 56	16 58 4.4	22 40 39	28 43 4	6 30 28	-180	7 44 52	25 33 33	5♋13 33	6 24 33	-173	8 12 37	23 57 6
9 S	5 10 24	21 55 10	60 57	17 2 27.2	22 46 54	11♋38 6	6 18 55	-163	8 39 14	22 4 10	17 57 1	6 13 41	-150	9 4 45	19 57 23
10 Su	5 14 20	22 56 6	60 58	17 6 50.5	22 52 42	24 10 41	6 8 55	-134	9 29 15	17 39 10	0♌19 36	6 4 43	-117	9 52 49	15 11 44
11 M	5 18 17	23 57 4	60 59	17 11 14.3	22 58 3	6♌24 19	6 1 9	-97	10 15 34	12 37 1	12 25 28	5 58 14	-77	10 37 40	9 56 45
12 Tu	5 22 13	24 58 3	61 0	17 15 38.4	23 2 57	18 23 41	5 56 0	-56	10 59 13	7 12 24	24 19 42	5 54 29	-35	11 20 24	4 25 20
13 W	5 26 10	25 59 2	61 1	17 20 3.0	23 7 23	0♍14 11	5 53 41	-14	11 41 19	1 36 44	6♍ 7 52	5 53 35	7	12 2 8	1S12 15
14 Th	5 30 6	27 0 3	61 2	17 24 27.8	23 11 22	12 1 27	5 54 10	27	12 22 59	4S 0 32	17 55 37	5 55 25	47	12 44 0	6 47 1
15 F	5 34 3	28 1 5	61 3	17 28 53.1	23 14 53	23 51 2	5 57 17	65	13 5 19	9 30 31	29 48 18	5 59 43	81	13 27 5	12 9 46
16 S	5 38 0	29 2 8	61 4	17 33 18.6	23 17 57	5♎48 1	6 2 40	95	13 49 25	14 43 24	11♎50 41	6 6 4	108	14 12 25	17 9 50
17 Su	5 41 56	0♐ 3 12	61 5	17 37 44.3	23 20 32	17 56 44	6 9 51	118	14 36 14	19 27 19	24 6 35	6 13 55	125	15 0 56	21 33 54
18 M	5 45 53	1 4 17	61 6	17 42 10.3	23 22 39	0♏20 29	6 18 11	130	15 26 35	23 27 29	6♏38 40	6 22 34	132	15 53 13	25 5 49
19 Tu	5 49 49	2 5 22	61 6	17 46 36.5	23 24 19	13 1 14	6 26 57	131	16 20 49	26 26 36	19 28 11	6 31 16	127	16 49 17	27 27 35
20 W	5 53 46	3 6 29	61 7	17 51 2.8	23 25 30	25 59 27	6 35 26	121	17 18 31	28 6 45	2♐34 53	6 39 21	113	17 48 19	28 22 26
21 Th	5 57 42	4 7 35	61 8	17 55 29.2	23 26 12	9♐14 14	6 42 58	103	18 18 26	28 13 30	15 57 12	6 46 15	93	18 48 39	27 39 28
22 F	6 1 39	5 8 43	61 8	17 59 55.7	23 26 27	22 43 26	6 49 9	81	19 18 42	26 40 32	29 32 35	6 51 40	70	19 48 22	25 17 33
23 S	6 5 35	6 9 50	61 8	18 4 22.2	23 26 13	6♑24 14	6 53 48	59	20 17 28	23 32 2	13♑18 3	6 55 36	49	20 45 55	21 25 55
24 Su	6 9 32	7 10 58	61 8	18 8 48.7	23 25 31	20 13 38	6 57 5	41	21 13 38	19 1 29	27 10 44	6 58 19	34	21 40 39	16 21 14
25 M	6 13 29	8 12 6	61 8	18 13 15.2	23 24 21	4♒ 9 3	6 59 20	28	22 7 0	13 27 45	11♒ 8 22	7 0 10	24	22 32 46	10 23 39
26 Tu	6 17 25	9 13 15	61 8	18 17 41.6	23 22 42	18 8 32	7 0 54	20	22 58 6	7 11 28	25 9 26	7 1 32	18	23 23 7	3 53 45
27 W	6 21 22	10 14 23	61 8	18 22 7.8	23 20 36	2♓10 58	7 2 5	16	23 47 58	0 32 58	9♓13 3	7 2 34	13	0 12 49	2N48 25
28 Th	6 25 18	11 15 31	61 8	18 26 33.9	23 18 1	16 15 37	7 2 58	10	0 37 50	6N 7 58	23 18 36	7 3 16	6	1 3 10	9 23 9
29 F	6 29 15	12 16 40	61 8	18 30 59.8	23 14 58	0♈21 51	7 3 23	1	1 28 58	12 31 25	7♈25 14	7 3 18	-7	1 55 22	15 30 8
30 S	6 33 11	13 17 48	61 8	18 35 25.4	23 11 27	14 28 32	7 2 56	-16	2 22 28	18 16 34	21 31 28	7 2 13	-27	2 50 23	20 47 57
31 Su	6 37 8	14♐18 56	61 8	18 39 50.9	23S 7 28	28♈33 41	7 1 7	-40	3 19 6	23N 1 31	5♉34 48	6 59 34	-54	3 48 37	24N54 39

LUNAR INGRESSES
1 ☽ ♈ 16:55
3 ☽ ♉ 18:31
5 ☽ ♊ 21:06
8 ☽ ♋ 2:21
10 ☽ ♌ 11:22
12 ☽ ♍ 23:31
15 ☽ ♎ 12:23
17 ☽ ♏ 23:21
20 ☽ ♐ 7:19
22 ☽ ♑ 12:48
24 ☽ ♒ 16:52
26 ☽ ♓ 20:16
28 ☽ ♈ 23:23
31 ☽ ♉ 2:27

PLANET INGRESSES
4 ☿ ♏ 16:13
7 ♀ ♐ 2:52
16 ☉ ♐ 22:45
21 ♄ ♋ 23:32
24 ☿ ♐ 13:34
31 ♀ ♑ 0:41

STATIONS
6 ♄ R 4:08

DATA FOR THE 1st AT 0 HOURS
JULIAN DAY 39050.5
☽ MEAN ☊ 26°♒ 28' 18"
OBLIQUITY 23° 26' 27"
DELTA T 68.1 SECONDS
NUTATION LONGITUDE 1.5"

DAY MO YR	☿ LONG ° ' "	♀ LONG ° ' "	♂ LONG ° ' "	♃ LONG ° ' "	♄ LONG ° ' "	♅ LONG ° ' "	♆ LONG ° ' "	♇ LONG ° ' "	☊ LONG ° '	A.S.S.I. h m s	S.S.R.Y. h m s	S.V.P. ♓ ° ' "	☿ MERCURY R.A. h m s	☿ MERCURY DECL ° ' "
1 335	24♎57 42	22♏19 8	1♏30 3	6♏40 29	0♌12 32	16♒ 1 18	22♑29 35	1♐ 2 53	27♒23	20 40 51	30 12 3	5 9 46.0	15 11 36	15S48 12
2 336	26 17 40	23 34 27	2 12 9	6 53 47	0 13 3	16 1 52	22 30 41	1 5 2	27 19	20 46 16	30 11 36	5 9 45.8	15 16 50	16 15 10
3 337	27 39 29	24 49 46	2 54 17	7 7 5	0 13 28	16 2 30	22 31 49	1 7 12	27 12	20 51 42	30 11 0	5 9 45.7	15 22 13	16 42 21
4 338	29 2 53	26 5 5	3 36 28	7 20 21	0 13 45	16 3 10	22 32 58	1 9 22	27 02	20 57 9	30 10 16	5 9 45.4	15 27 43	17 9 35
5 339	0♏27 38	27 20 23	4 18 41	7 33 37	0 13 56	16 3 54	22 34 10	1 11 33	26 50	21 2 37	30 9 25	5 9 45.2	15 33 21	17 36 43
6 340	1 53 32	28 35 42	5 0 57	7 46 52	0 14R 0	16 4 41	22 35 23	1 13 44	26 38	21 8 5	30 8 28	5 9 44.8	15 39 5	18 3 38
7 341	3 20 25	29 51 1	5 43 16	8 0 5	0 13 58	16 5 30	22 36 38	1 15 55	26 26	21 13 34	30 7 27	5 9 44.5	15 44 55	18 30 11
8 342	4 48 9	1♐ 6 19	6 25 37	8 13 18	0 13 49	16 6 23	22 37 54	1 18 7	26 15	21 19 3	30 6 24	5 9 44.3	15 50 50	18 56 18
9 343	6 16 35	2 21 38	7 8 2	8 26 30	0 13 33	16 7 19	22 39 13	1 20 19	26 07	21 24 34	30 5 22	5 9 44.0	15 56 49	19 21 53
10 344	7 45 37	3 36 56	7 50 28	8 39 40	0 13 10	16 8 18	22 40 33	1 22 31	26 02	21 30 4	30 4 22	5 9 43.8	16 2 54	19 46 51
11 345	9 15 11	4 52 15	8 32 58	8 52 49	0 12 40	16 9 19	22 41 55	1 24 44	26 00	21 35 36	30 3 28	5 9 43.7	16 9 2	20 11 7
12 346	10 45 12	6 7 33	9 15 30	9 5 57	0 12 4	16 10 24	22 43 18	1 26 57	25 59	21 41 8	30 2 41	5 9 43.5	16 15 14	20 34 38
13 347	12 15 36	7 22 52	9 58 5	9 19 3	0 11 21	16 11 32	22 44 44	1 29 10	25 59	21 46 40	30 2 4	5 9 43.5	16 21 30	20 57 21
14 348	13 46 21	8 38 10	10 40 43	9 32 7	0 10 32	16 12 42	22 46 11	1 31 23	25 58	21 52 13	30 1 39	5 9 43.4	16 27 49	21 19 12
15 349	15 17 25	9 53 29	11 23 23	9 45 10	0 9 36	16 13 56	22 47 39	1 33 37	25 56	21 57 46	30 1 28	5 9 43.3	16 34 11	21 40 8
16 350	16 48 44	11 8 47	12 6 6	9 58 12	0 8 33	16 15 13	22 49 9	1 35 50	25 52	22 3 20	30 1 30	5 9 43.1	16 40 36	22 0 7
17 351	18 20 19	12 24 6	12 48 52	10 11 11	0 7 23	16 16 32	22 50 41	1 38 4	25 44	22 8 53	30 1 45	5 9 43.0	16 47 4	22 19 7
18 352	19 52 7	13 39 24	13 31 41	10 24 9	0 6 7	16 17 54	22 52 14	1 40 17	25 34	22 14 28	30 2 14	5 9 42.8	16 53 35	22 37 5
19 353	21 24 9	14 54 42	14 14 32	10 37 4	0 4 45	16 19 19	22 53 49	1 42 31	25 22	22 20 2	30 2 54	5 9 42.5	17 0 9	22 53 59
20 354	22 56 23	16 10 0	14 57 25	10 49 57	0 3 16	16 20 48	22 55 25	1 44 45	25 08	22 25 37	30 3 43	5 9 42.2	17 6 45	23 9 48
21 355	24 28 49	17 25 18	15 40 21	11 2 49	0 1 40	16 22 18	22 57 3	1 46 59	24 55	22 31 11	30 4 37	5 9 41.9	17 13 24	23 24 29
22 356	26 1 27	18 40 35	16 23 20	11 15 37	29♋59 58	16 23 52	22 58 42	1 49 12	24 42	22 36 46	30 5 33	5 9 41.6	17 20 4	23 38 1
23 357	27 34 17	19 55 52	17 6 21	11 28 24	29 58 10	16 25 29	23 0 23	1 51 26	24 32	22 42 21	30 6 28	5 9 41.3	17 26 47	23 50 22
24 358	29 7 20	21 11 9	17 49 25	11 41 8	29 56 15	16 27 8	23 2 5	1 53 39	24 26	22 47 56	30 7 19	5 9 41.1	17 33 33	24 1 30
25 359	0♐40 35	22 26 25	18 32 31	11 53 49	29 54 14	16 28 50	23 3 49	1 55 53	24 22	22 53 31	30 8 3	5 9 40.9	17 40 20	24 11 25
26 360	2 14 4	23 41 41	19 15 40	12 6 28	29 52 7	16 30 35	23 5 34	1 58 6	24 20	22 59 5	30 8 40	5 9 40.8	17 47 9	24 20 5
27 361	3 47 46	24 56 56	19 58 51	12 19 4	29 49 54	16 32 22	23 7 20	2 0 18	24 20	23 4 40	30 9 8	5 9 40.7	17 54 0	24 27 28
28 362	5 21 43	26 12 11	20 42 4	12 31 37	29 47 34	16 34 12	23 9 8	2 2 31	24 20	23 10 14	30 9 25	5 9 40.6	18 0 53	24 33 34
29 363	6 55 55	27 27 24	21 25 20	12 44 7	29 45 9	16 36 5	23 10 57	2 4 43	24 19	23 15 48	30 9 31	5 9 40.5	18 7 47	24 38 20
30 364	8 30 23	28 42 38	22 8 38	12 56 34	29 42 38	16 38 0	23 12 47	2 6 55	24 16	23 21 22	30 9 26	5 9 40.3	18 14 44	24 41 46
31 365	10♐ 5 9	29♐57 50	22♏51 59	13♏ 8 58	29♋40 1	16♒39 58	23♑14 38	2♐ 9 6	24♒09	23 26 55	30 9 10	5 9 40.1	18 21 41	24S43 50

DAY Dec	♀ VENUS R.A. h m s	♀ VENUS DECL ° ' "	♂ MARS R.A. h m s	♂ MARS DECL ° ' "	♃ JUPITER R.A. h m s	♃ JUPITER DECL ° ' "	♄ SATURN R.A. h m s	♄ SATURN DECL ° ' "	♅ URANUS R.A. h m s	♅ URANUS DECL ° ' "	♆ NEPTUNE R.A. h m s	♆ NEPTUNE DECL ° ' "	♇ PLUTO R.A. h m s	♇ PLUTO DECL ° ' "
1	17 4 3	23S 7 25	15 36 7	19S18 55	15 58 12	19S45 55	9 50 50	14N12 31	22 50 32	8S12 42	21 19 23	15S51 5	17 42 58	16S27 1
2	17 9 28	23 16 42	15 39 0	19 29 15	15 59 7	19 48 39	9 50 52	14 12 32	22 50 34	8 12 26	21 19 28	15 50 45	17 43 7	16 27 14
3	17 14 55	23 25 16	15 41 54	19 39 25	16 0 3	19 51 21	9 50 54	14 12 36	22 50 36	8 12 10	21 19 32	15 50 24	17 43 16	16 27 27
4	17 20 21	23 33 8	15 44 48	19 49 26	16 0 58	19 54 2	9 50 55	14 12 42	22 50 39	8 11 52	21 19 37	15 50 3	17 43 25	16 27 40
5	17 25 49	23 40 17	15 47 43	19 59 17	16 1 53	19 56 41	9 50 56	14 12 50	22 50 41	8 11 33	21 19 42	15 49 42	17 43 34	16 27 53
6	17 31 17	23 46 43	15 50 38	20 8 58	16 2 48	19 59 19	9 50 57	14 13 0	22 50 44	8 11 13	21 19 46	15 49 19	17 43 43	16 28 5
7	17 36 45	23 52 25	15 53 34	20 18 29	16 3 44	20 1 56	9 50 57	14 13 12	22 50 47	8 10 52	21 19 51	15 48 57	17 43 52	16 28 17
8	17 42 14	23 57 24	15 56 30	20 27 49	16 4 39	20 4 32	9 50 57	14 13 27	22 50 51	8 10 29	21 19 57	15 48 34	17 44 1	16 28 29
9	17 47 44	24 1 38	15 59 27	20 36 59	16 5 34	20 7 6	9 50 56	14 13 44	22 50 54	8 10 6	21 20 2	15 48 10	17 44 10	16 28 41
10	17 53 13	24 5 8	16 2 25	20 45 58	16 6 29	20 9 38	9 50 55	14 14 4	22 50 58	8 9 41	21 20 7	15 47 46	17 44 19	16 28 52
11	17 58 43	24 7 53	16 5 23	20 54 47	16 7 24	20 12 9	9 50 53	14 14 25	22 51 1	8 9 16	21 20 12	15 47 21	17 44 28	16 29 3
12	18 4 14	24 9 54	16 8 21	21 3 24	16 8 19	20 14 39	9 50 51	14 14 49	22 51 5	8 8 49	21 20 18	15 46 56	17 44 37	16 29 14
13	18 9 44	24 11 10	16 11 20	21 11 51	16 9 14	20 17 7	9 50 49	14 15 15	22 51 10	8 8 21	21 20 24	15 46 30	17 44 47	16 29 25
14	18 15 14	24 11 41	16 14 20	21 20 6	16 10 9	20 19 34	9 50 46	14 15 44	22 51 14	8 7 52	21 20 29	15 46 4	17 44 56	16 29 36
15	18 20 44	24 11 27	16 17 20	21 28 10	16 11 3	20 21 59	9 50 42	14 16 14	22 51 18	8 7 22	21 20 35	15 45 37	17 45 5	16 29 46
16	18 26 15	24 10 28	16 20 20	21 36 3	16 11 58	20 24 23	9 50 39	14 16 47	22 51 23	8 6 51	21 20 41	15 45 9	17 45 14	16 29 56
17	18 31 45	24 8 44	16 23 21	21 43 44	16 12 52	20 26 45	9 50 34	14 17 22	22 51 28	8 6 18	21 20 47	15 44 42	17 45 23	16 30 5
18	18 37 15	24 6 16	16 26 23	21 51 13	16 13 47	20 29 6	9 50 30	14 17 59	22 51 33	8 5 45	21 20 53	15 44 13	17 45 33	16 30 14
19	18 42 45	24 3 2	16 29 25	21 58 30	16 14 41	20 31 25	9 50 25	14 18 38	22 51 38	8 5 10	21 21 0	15 43 44	17 45 42	16 30 24
20	18 48 14	23 59 4	16 32 28	22 5 36	16 15 35	20 33 43	9 50 19	14 19 20	22 51 44	8 4 35	21 21 6	15 43 15	17 45 51	16 30 32
21	18 53 43	23 54 21	16 35 31	22 12 29	16 16 30	20 35 59	9 50 13	14 20 3	22 51 49	8 3 58	21 21 13	15 42 45	17 46 0	16 30 41
22	18 59 11	23 48 54	16 38 34	22 19 10	16 17 23	20 38 14	9 50 7	14 20 49	22 51 55	8 3 20	21 21 19	15 42 15	17 46 10	16 30 49
23	19 4 39	23 42 43	16 41 38	22 25 38	16 18 17	20 40 27	9 50 0	14 21 37	22 52 1	8 2 41	21 21 26	15 41 45	17 46 19	16 30 58
24	19 10 7	23 35 48	16 44 43	22 31 54	16 19 11	20 42 39	9 49 53	14 22 27	22 52 7	8 2 1	21 21 33	15 41 14	17 46 28	16 31 5
25	19 15 33	23 28 9	16 47 48	22 37 58	16 20 4	20 44 49	9 49 46	14 23 19	22 52 14	8 1 20	21 21 39	15 40 42	17 46 37	16 31 13
26	19 21 0	23 19 48	16 50 53	22 43 48	16 20 58	20 46 57	9 49 38	14 24 12	22 52 20	8 0 39	21 21 46	15 40 10	17 46 46	16 31 20
27	19 26 25	23 10 43	16 53 59	22 49 26	16 21 51	20 49 4	9 49 29	14 25 8	22 52 27	7 59 56	21 21 53	15 39 38	17 46 56	16 31 27
28	19 31 49	23 0 57	16 57 5	22 54 50	16 22 44	20 51 9	9 49 21	14 26 6	22 52 34	7 59 12	21 22 0	15 39 5	17 47 5	16 31 34
29	19 37 13	22 50 28	17 0 12	23 0 2	16 23 37	20 53 12	9 49 11	14 27 6	22 52 41	7 58 27	21 22 8	15 38 32	17 47 14	16 31 41
30	19 42 35	22 39 17	17 3 19	23 5 0	16 24 29	20 55 14	9 49 2	14 28 7	22 52 48	7 57 41	21 22 15	15 37 58	17 47 23	16 31 47
31	19 47 57	22S27 26	17 6 26	23S 9 45	16 25 22	20S57 14	9 48 52	14N29 11	22 52 55	7S56 54	21 22 22	15S37 24	17 47 32	16S31 53

JANUARY 2007

DAY	SIDEREAL TIME h m s	☉ SUN LONG ° ' "	MOT ' "	R.A. h m s	DECL ° ' "
1 M	6 41 4	15♐20 4	61 8	18 44 16.0	23S 3 2
2 Tu	6 45 1	16 21 12	61 8	18 48 40.8	22 58 8
3 W	6 48 58	17 22 20	61 8	18 53 5.3	22 52 47
4 Th	6 52 54	18 23 27	61 8	18 57 29.5	22 46 58
5 F	6 56 51	19 24 35	61 8	19 1 53.2	22 40 43
6 S	7 0 47	20 25 43	61 8	19 6 16.5	22 34 0
7 Su	7 4 44	21 26 51	61 8	19 10 39.4	22 26 51
8 M	7 8 40	22 27 59	61 8	19 15 1.9	22 19 15
9 Tu	7 12 37	23 29 7	61 8	19 19 23.8	22 11 13
10 W	7 16 34	24 30 16	61 8	19 23 45.2	22 2 44
11 Th	7 20 30	25 31 24	61 8	19 28 6.1	21 53 50
12 F	7 24 27	26 32 32	61 8	19 32 26.4	21 44 30
13 S	7 28 23	27 33 40	61 8	19 36 46.2	21 34 45
14 Su	7 32 20	28 34 48	61 8	19 41 5.4	21 24 34
15 M	7 36 16	29 35 56	61 8	19 45 23.9	21 13 59
16 Tu	7 40 13	0♑37 4	61 8	19 49 41.8	21 2 59
17 W	7 44 9	1 38 11	61 7	19 53 59.0	20 51 35
18 Th	7 48 6	2 39 18	61 7	19 58 15.6	20 39 47
19 F	7 52 3	3 40 25	61 6	20 2 31.4	20 27 36
20 S	7 55 59	4 41 31	61 6	20 6 46.6	20 15 1
21 Su	7 59 56	5 42 36	61 5	20 11 0.9	20 2 3
22 M	8 3 52	6 43 41	61 4	20 15 14.5	19 48 43
23 Tu	8 7 49	7 44 45	61 3	20 19 27.3	19 35 1
24 W	8 11 45	8 45 47	61 2	20 23 39.4	19 20 57
25 Th	8 15 42	9 46 49	61 1	20 27 50.6	19 6 32
26 F	8 19 38	10 47 50	61 0	20 32 1.0	18 51 45
27 S	8 23 35	11 48 49	60 59	20 36 10.6	18 36 39
28 Su	8 27 32	12 49 48	60 57	20 40 19.4	18 21 11
29 M	8 31 28	13 50 45	60 56	20 44 27.3	18 5 25
30 Tu	8 35 25	14 51 41	60 55	20 48 34.5	17 49 18
31 W	8 39 21	15♑52 36	60 54	20 52 40.8	17S32 53

DAY	☽ MOON AT 0 HOURS LONG ° ' "	12h MOT ° ' "	2DIF "	R.A. h m s	DECL ° ' "
1	12♉34 21	6 57 31	-69	4 18 49	26N25 2
2	26 26 51	6 51 57	-98	5 20 34	28 10 29
3	10♊ 7 15	6 44 31	-123	6 22 26	28 10 40
4	23 32 0	6 35 41	-139	7 22 15	26 30 29
5	6♋38 39	6 26 9	-144	8 18 26	23 25 7
6	19 26 9	6 16 43	-136	9 10 26	19 14 42
7	1♌55 10	6 8 11	-117	9 58 31	14 19 21
8	14 7 51	6 1 15	-89	10 43 29	8 56 22
9	26 7 38	5 56 25	-54	11 26 22	3 19 32
10	7♍58 58	5 54 5	-15	12 8 15	2S20 11
11	19 46 58	5 54 26	26	12 50 14	7 53 27
12	1♎37 1	5 57 31	66	13 33 24	13 11 10
13	13 34 34	6 3 12	103	14 18 48	18 3 8
14	25 44 42	6 11 12	134	15 7 22	22 16 49
15	8♏11 48	6 20 58	156	15 59 45	25 36 52
16	20 59 5	6 31 49	166	16 56 0	27 45 45
17	4♐ 8 14	6 42 49	161	17 55 22	28 26 34
18	17 39 6	6 52 59	141	18 56 15	27 27 40
19	1♑29 34	7 1 27	110	19 56 41	24 47 8
20	15 35 49	7 7 32	71	20 55 5	20 34 15
21	29 52 54	7 10 57	32	21 50 45	15 7 7
22	14♒15 33	7 11 51	-3	22 43 50	8 48 31
23	28 38 52	7 10 38	-31	23 35 9	2 2 24
24	12♓58 54	7 7 53	-50	0 25 48	4N48 10
25	27 12 53	7 4 7	-61	1 17 2	11 21 22
26	11♈19 0	6 59 46	-69	2 9 56	17 16 24
27	25 16 12	6 55 1	-74	3 5 19	22 13 9
28	9♉ 3 43	6 49 54	-80	4 3 25	25 52 51
29	22 40 48	6 44 22	-86	5 3 34	28 0 16
30	6♊ 6 36	6 38 21	-94	6 4 18	28 27 13
31	19♊20 7	6 31 51	-101	7 3 45	27N15 10

DAY	☽ MOON AT 12 HOURS LONG ° ' "	12h MOT ° ' "	2DIF "	R.A. h m s	DECL ° ' "
1	19♉31 53	6 54 59	-84	4 49 33	27N30 44
2	3♊18 49	6 48 27	-111	5 51 38	28 23 42
3	16 51 46	6 40 14	-133	6 52 43	27 32 21
4	0♋ 7 41	6 30 57	-143	7 50 51	25 7 15
5	13 4 48	6 21 22	-141	8 44 57	21 26 44
6	25 42 53	6 12 18	-128	9 34 55	16 51 29
7	8♌ 3 22	6 4 29	-104	10 21 19	11 40 23
8	20 9 5	5 58 33	-72	11 5 7	6 8 57
9	2♍ 4 3	5 54 55	-35	11 47 22	0 29 26
10	13 53 3	5 53 55	5	12 29 10	5S 8 11
11	25 41 23	5 55 38	46	13 11 37	10 34 51
12	7♎34 32	6 0 3	85	13 55 46	15 41 5
13	19 37 46	6 6 56	120	14 42 39	20 15 39
14	1♏55 54	6 15 54	147	15 33 4	24 4 37
15	14 32 46	6 26 19	163	16 27 25	26 51 19
16	27 30 53	6 37 21	165	17 25 22	28 18 5
17	10♐51 3	6 48 4	153	18 25 44	28 9 58
18	24 32 5	6 57 29	127	19 26 38	26 19 47
19	8♑31 1	7 4 49	91	20 26 12	22 51 16
20	22 43 20	7 9 34	51	21 23 16	17 58 36
21	7♒ 3 52	7 11 42	13	22 17 34	12 2 45
22	21 27 24	7 11 28	-18	23 9 39	5 27 26
23	5♓49 30	7 9 25	-41	0 0 29	1N23 43
24	20 6 47	7 6 6	-56	0 51 16	8 8 15
25	4♈17 0	7 2 0	-65	1 43 12	14 24 56
26	18 18 46	6 57 26	-71	2 37 17	19 53 17
27	2♉11 13	6 52 30	-77	3 34 3	24 13 42
28	15 53 37	6 47 12	-83	4 33 18	27 8 49
29	29 25 11	6 41 26	-90	5 33 59	28 26 27
30	12♊44 57	6 35 10	-98	6 34 18	28 3 5
31	25♊51 57	6 28 26	-103	7 32 28	26N 5 8

LUNAR INGRESSES
2 ☽ ♊ 6:12
4 ☽ ♋ 11:46
6 ☽ ♌ 20:16
9 ☽ ♍ 7:49
11 ☽ ♎ 20:44
14 ☽ ♏ 8:16
16 ☽ ♐ 16:31
18 ☽ ♑ 21:26
21 ☽ ♒ 0:12
23 ☽ ♓ 2:16
25 ☽ ♈ 4:43
27 ☽ ♉ 8:12
29 ☽ ♊ 13:02
31 ☽ ♋ 19:39

PLANET INGRESSES
9 ♂ ♐ 19:46
12 ☿ ♑ 7:19
15 ☉ ♑ 9:27
24 ♀ ♒ 0:14
30 ☿ ♒ 1:43

STATIONS
NONE

DATA FOR THE 1st AT 0 HOURS
JULIAN DAY 39081.5
☽ MEAN ☊ 24°♒ 49' 44"
OBLIQUITY 23° 26' 26"
DELTA T 68.2 SECONDS
NUTATION LONGITUDE 3.7"

DAY MO YR	☿ LONG ° ' "	♀ LONG ° ' "	♂ LONG ° ' "	♃ LONG ° ' "	♄ LONG ° ' "	♅ LONG ° ' "	♆ LONG ° ' "	♇ LONG ° ' "	☊ LONG ° '
1 1	11♐40 12	1♑13 2	23♏35 22	13♏21 19	29♋37R19	16♒41 58	23♑16 31	2♐11 17	24♒00
2 2	13 15 34	2 28 14	24 18 48	13 33 36	29 34 30	16 44 1	23 18 25	2 13 28	23 49
3 3	14 51 15	3 43 24	25 2 16	13 45 50	29 31 37	16 46 6	23 20 19	2 15 38	23 38
4 4	16 27 18	4 58 34	25 45 46	13 58 1	29 28 37	16 48 14	23 22 15	2 17 48	23 26
5 5	18 3 42	6 13 43	26 29 20	14 10 8	29 25 33	16 50 24	23 24 13	2 19 57	23 16
6 6	19 40 28	7 28 52	27 12 55	14 22 12	29 22 23	16 52 37	23 26 11	2 22 6	23 09
7 7	21 17 38	8 44 0	27 56 34	14 34 12	29 19 8	16 54 52	23 28 10	2 24 14	23 04
8 8	22 55 11	9 59 7	28 40 15	14 46 8	29 15 48	16 57 9	23 30 10	2 26 22	23 02
9 9	24 33 10	11 14 14	29 23 58	14 58 1	29 12 23	16 59 29	23 32 11	2 28 29	23 01
10 10	26 11 34	12 29 20	0♐ 7 44	15 9 49	29 8 52	17 1 51	23 34 14	2 30 35	23 02
11 11	27 50 23	13 44 25	0 51 33	15 21 33	29 5 18	17 4 15	23 36 17	2 32 41	23 03
12 12	29 29 39	14 59 29	1 35 24	15 33 13	29 1 38	17 6 41	23 38 21	2 34 46	23 03
13 13	1♑ 9 20	16 14 33	2 19 17	15 44 49	28 57 54	17 9 10	23 40 26	2 36 50	23 01
14 14	2 49 28	17 29 36	3 3 13	15 56 21	28 54 5	17 11 40	23 42 32	2 38 53	22 57
15 15	4 30 0	18 44 39	3 47 12	16 7 48	28 50 12	17 14 13	23 44 38	2 40 56	22 51
16 16	6 10 58	19 59 40	4 31 13	16 19 11	28 46 15	17 16 48	23 46 46	2 42 58	22 43
17 17	7 52 19	21 14 41	5 15 16	16 30 29	28 42 14	17 19 25	23 48 54	2 44 59	22 34
18 18	9 34 2	22 29 40	5 59 22	16 41 42	28 38 9	17 22 4	23 51 3	2 46 59	22 25
19 19	11 16 4	23 44 39	6 43 30	16 52 50	28 34 0	17 24 44	23 53 12	2 48 58	22 17
20 20	12 58 23	24 59 37	7 27 40	17 3 53	28 29 47	17 27 27	23 55 22	2 50 56	22 10
21 21	14 40 54	26 14 33	8 11 53	17 14 51	28 25 31	17 30 12	23 57 33	2 52 53	22 06
22 22	16 23 34	27 29 29	8 56 8	17 25 44	28 21 12	17 32 58	23 59 45	2 54 49	22 04
23 23	18 6 16	28 44 23	9 40 25	17 36 32	28 16 49	17 35 47	24 1 57	2 56 44	22 03
24 24	19 48 54	29 59 15	10 24 44	17 47 14	28 12 23	17 38 37	24 4 9	2 58 38	22 05
25 25	21 31 19	1♒14 6	11 9 5	17 57 50	28 7 55	17 41 28	24 6 22	3 0 31	22 06
26 26	23 13 20	2 28 56	11 53 28	18 8 22	28 3 24	17 44 22	24 8 36	3 2 23	22 06
27 27	24 54 47	3 43 44	12 37 54	18 18 47	27 58 50	17 47 17	24 10 50	3 4 14	22 06
28 28	26 35 24	4 58 31	13 22 21	18 29 6	27 54 14	17 50 13	24 13 4	3 6 3	22 03
29 29	28 14 56	6 13 15	14 6 51	18 39 20	27 49 35	17 53 12	24 15 19	3 7 51	21 58
30 30	29 53 2	7 27 58	14 51 23	18 49 28	27 44 55	17 56 11	24 17 34	3 9 38	21 53
31 31	1♒29 20	8♒42 40	15♐35 56	18♏59 30	27♋40 12	17♒59 12	24♑19 49	3♐11 24	21♒46

DAY	A.S.S.I. h m s	S.S.R.Y. h m s	S.V.P. ♓ ° ' "	☿ MERCURY R.A. h m s	DECL ° ' "
1	23 32 28	30 8 45	5 9 39.8	18 28 40	24S44 32
2	23 38 1	30 8 3	5 9 39.5	18 35 41	24 43 50
3	23 43 33	30 7 15	5 9 39.2	18 42 42	24 41 44
4	23 49 5	30 6 18	5 9 38.9	18 49 45	24 38 12
5	23 54 37	30 5 16	5 9 38.7	18 56 49	24 33 13
6	24 0 7	30 4 10	5 9 38.5	19 3 53	24 26 46
7	24 5 38	30 3 3	5 9 38.3	19 10 58	24 18 51
8	24 11 7	30 1 59	5 9 38.2	19 18 4	24 9 26
9	24 16 36	30 0 59	5 9 38.1	19 25 11	23 58 31
10	24 22 5	30 0 8	5 9 38.0	19 32 18	23 46 5
11	24 27 33	29 59 26	5 9 37.9	19 39 25	23 32 8
12	24 33 0	29 58 56	5 9 37.8	19 46 32	23 16 38
13	24 38 26	29 58 40	5 9 37.7	19 53 39	22 59 35
14	24 43 52	29 58 37	5 9 37.5	20 0 46	22 41 0
15	24 49 17	29 58 48	5 9 37.3	20 7 52	22 20 51
16	24 54 41	29 59 11	5 9 37.0	20 14 57	21 59 9
17	25 0 4	29 59 45	5 9 36.7	20 22 2	21 35 53
18	25 5 26	30 0 27	5 9 36.4	20 29 6	21 11 4
19	25 10 47	30 1 16	5 9 36.2	20 36 8	20 44 43
20	25 16 8	30 2 8	5 9 35.9	20 43 8	20 16 50
21	25 21 28	30 3 1	5 9 35.7	20 50 6	19 47 27
22	25 26 46	30 3 54	5 9 35.6	20 57 1	19 16 35
23	25 32 4	30 4 43	5 9 35.5	21 3 54	18 44 16
24	25 37 20	30 5 28	5 9 35.5	21 10 43	18 10 32
25	25 42 36	30 6 5	5 9 35.4	21 17 27	17 35 27
26	25 47 51	30 6 34	5 9 35.3	21 24 7	16 59 6
27	25 53 4	30 6 52	5 9 35.1	21 30 41	16 21 32
28	25 58 17	30 6 57	5 9 34.9	21 37 9	15 42 52
29	26 3 28	30 6 50	5 9 34.6	21 43 29	15 3 13
30	26 8 39	30 6 30	5 9 34.3	21 49 40	14 22 43
31	26 13 48	30 5 58	5 9 34.1	21 55 41	13S41 33

DAY Jan	♀ VENUS R.A. h m s	DECL ° ' "	♂ MARS R.A. h m s	DECL ° ' "	♃ JUPITER R.A. h m s	DECL ° ' "
1	19 53 18	22S14 54	17 9 34	23S14 16	16 26 14	20S59 13
2	19 58 37	22 1 42	17 12 42	23 18 34	16 27 6	21 1 10
3	20 3 56	21 47 51	17 15 51	23 22 39	16 27 58	21 3 6
4	20 9 13	21 33 21	17 19 0	23 26 29	16 28 49	21 5 0
5	20 14 30	21 18 12	17 22 9	23 30 6	16 29 41	21 6 52
6	20 19 45	21 2 26	17 25 19	23 33 29	16 30 32	21 8 43
7	20 24 59	20 46 2	17 28 29	23 36 38	16 31 23	21 10 32
8	20 30 11	20 29 3	17 31 39	23 39 33	16 32 13	21 12 19
9	20 35 23	20 11 27	17 34 49	23 42 14	16 33 4	21 14 5
10	20 40 33	19 53 16	17 38 0	23 44 41	16 33 54	21 15 49
11	20 45 42	19 34 31	17 41 12	23 46 53	16 34 44	21 17 32
12	20 50 49	19 15 12	17 44 23	23 48 51	16 35 33	21 19 13
13	20 55 56	18 55 20	17 47 35	23 50 34	16 36 22	21 20 53
14	21 1 1	18 34 56	17 50 47	23 52 3	16 37 11	21 22 30
15	21 6 4	18 14 0	17 53 59	23 53 17	16 38 0	21 24 7
16	21 11 7	17 52 33	17 57 12	23 54 17	16 38 49	21 25 41
17	21 16 8	17 30 36	18 0 25	23 55 2	16 39 37	21 27 14
18	21 21 8	17 8 9	18 3 38	23 55 32	16 40 25	21 28 46
19	21 26 6	16 45 14	18 6 51	23 55 48	16 41 12	21 30 15
20	21 31 3	16 21 52	18 10 4	23 55 48	16 41 59	21 31 44
21	21 35 59	15 58 2	18 13 18	23 55 34	16 42 46	21 33 10
22	21 40 53	15 33 46	18 16 31	23 55 5	16 43 32	21 34 36
23	21 45 47	15 9 5	18 19 45	23 54 21	16 44 18	21 35 59
24	21 50 39	14 44 0	18 22 59	23 53 22	16 45 4	21 37 21
25	21 55 29	14 18 30	18 26 13	23 52 8	16 45 49	21 38 41
26	22 0 19	13 52 38	18 29 27	23 50 40	16 46 34	21 40 0
27	22 5 7	13 26 23	18 32 41	23 48 56	16 47 19	21 41 17
28	22 9 54	12 59 47	18 35 55	23 46 57	16 48 3	21 42 33
29	22 14 40	12 32 50	18 39 10	23 44 43	16 48 47	21 43 47
30	22 19 25	12 5 34	18 42 24	23 42 15	16 49 30	21 45 0
31	22 24 8	11S37 58	18 45 38	23S39 31	16 50 13	21S46 11

DAY Jan	♄ SATURN R.A. h m s	DECL ° ' "	♅ URANUS R.A. h m s	DECL ° ' "	♆ NEPTUNE R.A. h m s	DECL ° ' "	♇ PLUTO R.A. h m s	DECL ° ' "
1	9 48 42	14N30 16	22 53 2	7S56 6	21 22 30	15S36 50	17 47 41	16S31 58
2	9 48 31	14 31 23	22 53 10	7 55 18	21 22 37	15 36 15	17 47 50	16 32 4
3	9 48 20	14 32 31	22 53 18	7 54 28	21 22 45	15 35 40	17 47 59	16 32 9
4	9 48 9	14 33 42	22 53 26	7 53 37	21 22 52	15 35 5	17 48 8	16 32 14
5	9 47 57	14 34 54	22 53 34	7 52 46	21 23 0	15 34 29	17 48 17	16 32 19
6	9 47 45	14 36 8	22 53 42	7 51 53	21 23 8	15 33 53	17 48 26	16 32 23
7	9 47 33	14 37 23	22 53 50	7 51 0	21 23 16	15 33 17	17 48 35	16 32 27
8	9 47 20	14 38 40	22 53 59	7 50 6	21 23 24	15 32 40	17 48 44	16 32 31
9	9 47 7	14 39 58	22 54 8	7 49 11	21 23 32	15 32 3	17 48 52	16 32 35
10	9 46 53	14 41 18	22 54 16	7 48 15	21 23 40	15 31 26	17 49 1	16 32 39
11	9 46 40	14 42 40	22 54 25	7 47 19	21 23 48	15 30 48	17 49 10	16 32 42
12	9 46 26	14 44 2	22 54 34	7 46 21	21 23 56	15 30 10	17 49 18	16 32 45
13	9 46 11	14 45 27	22 54 44	7 45 23	21 24 4	15 29 32	17 49 27	16 32 47
14	9 45 57	14 46 52	22 54 53	7 44 24	21 24 13	15 28 53	17 49 36	16 32 50
15	9 45 42	14 48 19	22 55 2	7 43 24	21 24 21	15 28 14	17 49 44	16 32 52
16	9 45 27	14 49 46	22 55 12	7 42 23	21 24 29	15 27 35	17 49 52	16 32 54
17	9 45 11	14 51 15	22 55 22	7 41 21	21 24 38	15 26 56	17 50 1	16 32 55
18	9 44 55	14 52 46	22 55 31	7 40 19	21 24 46	15 26 16	17 50 9	16 32 57
19	9 44 39	14 54 17	22 55 41	7 39 16	21 24 55	15 25 36	17 50 17	16 32 58
20	9 44 23	14 55 49	22 55 52	7 38 12	21 25 4	15 24 56	17 50 26	16 32 59
21	9 44 7	14 57 22	22 56 2	7 37 8	21 25 12	15 24 16	17 50 34	16 33 0
22	9 43 50	14 58 57	22 56 12	7 36 3	21 25 21	15 23 36	17 50 42	16 33 0
23	9 43 33	15 0 32	22 56 22	7 34 57	21 25 30	15 22 55	17 50 50	16 33 0
24	9 43 16	15 2 7	22 56 33	7 33 51	21 25 38	15 22 15	17 50 57	16 33 0
25	9 42 59	15 3 44	22 56 44	7 32 44	21 25 47	15 21 34	17 51 5	16 33 0
26	9 42 41	15 5 21	22 56 54	7 31 36	21 25 56	15 20 53	17 51 13	16 33 0
27	9 42 24	15 6 59	22 57 5	7 30 28	21 26 5	15 20 11	17 51 21	16 32 59
28	9 42 6	15 8 37	22 57 16	7 29 19	21 26 13	15 19 30	17 51 28	16 32 58
29	9 41 48	15 10 16	22 57 27	7 28 9	21 26 22	15 18 48	17 51 36	16 32 57
30	9 41 30	15 11 55	22 57 38	7 26 59	21 26 31	15 18 7	17 51 43	16 32 55
31	9 41 12	15N13 34	22 57 50	7S25 48	21 26 40	15S17 25	17 51 50	16S32 54

FEBRUARY 2007

DAY	SIDEREAL TIME h m s	☉ SUN LONG ° ' "	SUN MOT ' "	SUN R.A. h m s	SUN DECL ° ' "	☽ MOON AT 0 HOURS LONG ° ' "	12h MOT ° ' "	2DIF "	R.A. h m s	DECL ° ' "	☽ MOON AT 12 HOURS LONG ° ' "	12h MOT ° ' "	2DIF "	R.A. h m s	DECL ° ' "
1 Th	8 43 18	16♑53 29	60 53	20 56 46.2	17S16 10	2♋20 23	6 24 57	-105	8 0 18	24N35 2	8♋45 20	6 21 26	-106	8 27 12	22N47 9
2 F	8 47 14	17 54 22	60 52	21 0 50.9	16 59 8	15 6 46	6 17 54	-105	8 53 8	20 43 52	21 24 40	6 14 26	-103	9 18 8	18 27 36
3 S	8 51 11	18 55 14	60 51	21 4 54.7	16 41 48	27 39 6	6 11 4	-99	9 42 15	16 0 38	3♌50 10	6 7 50	-93	10 5 33	13 25 10
4 Su	8 55 7	19 56 4	60 50	21 8 57.7	16 24 10	9♌58 0	6 4 50	-86	10 28 10	10 43 9	16 2 49	6 2 5	-78	10 50 13	7 56 27
5 M	8 59 4	20 56 54	60 49	21 12 59.9	16 6 16	22 4 54	5 59 39	-67	11 11 47	5 6 42	28 4 33	5 57 36	-55	11 33 2	2 15 25
6 Tu	9 3 1	21 57 42	60 48	21 17 1.3	15 48 5	4♍2 9	5 55 58	-42	11 54 4	0S36 2	9♍58 7	5 54 48	-27	12 15 1	3S26 22
7 W	9 6 57	22 58 30	60 47	21 21 1.9	15 29 37	15 52 55	5 54 8	-12	12 36 0	6 14 22	21 47 3	5 54 2	5	12 57 10	8 58 49
8 Th	9 10 54	23 59 16	60 46	21 25 1.7	15 10 54	27 41 5	5 54 29	23	13 18 37	11 38 32	3♎35 34	5 55 33	41	13 40 30	14 12 17
9 F	9 14 50	25 0 2	60 45	21 29 0.8	14 51 55	9♎31 7	5 57 14	60	14 2 54	16 38 44	15 28 21	5 59 32	79	14 25 58	18 56 27
10 S	9 18 47	26 0 46	60 44	21 32 59.1	14 32 41	21 27 53	6 2 28	97	14 49 46	21 3 53	27 30 21	6 6 0	115	15 14 25	22 59 20
11 Su	9 22 43	27 1 29	60 43	21 36 56.6	14 13 12	3♏36 21	6 10 9	132	15 39 58	24 40 57	9♏46 30	6 14 50	148	16 6 26	26 6 47
12 M	9 26 40	28 2 12	60 42	21 40 53.3	13 53 29	16 1 20	6 20 2	162	16 33 50	27 14 46	22 21 22	6 25 40	174	17 2 5	28 2 55
13 Tu	9 30 36	29 2 53	60 40	21 44 49.4	13 33 33	28 47 1	6 31 39	183	17 31 5	28 29 20	5♐18 41	6 37 54	189	18 0 41	28 32 23
14 W	9 34 33	0♒3 33	60 39	21 48 44.7	13 13 22	11♐56 34	6 44 17	191	18 30 41	28 10 52	18 40 51	6 50 39	189	19 0 52	27 24 5
15 Th	9 38 30	1 4 12	60 38	21 52 39.2	12 52 59	25 31 30	6 56 54	183	19 31 1	26 11 59	2♑28 24	7 2 51	172	20 0 54	24 35 8
16 F	9 42 26	2 4 50	60 37	21 56 33.0	12 32 23	9♑31 15	7 8 22	157	20 30 24	22 34 48	16 39 37	7 13 18	137	20 59 22	20 12 48
17 S	9 46 23	3 5 26	60 35	22 0 26.2	12 11 35	23 52 54	7 17 31	114	21 27 46	17 31 26	1♒10 26	7 20 56	89	21 55 36	14 33 26
18 Su	9 50 19	4 6 1	60 33	22 4 18.6	11 50 35	8♒31 21	7 23 26	61	22 22 53	11 21 46	15 54 47	7 25 0	32	22 49 43	7 59 37
19 M	9 54 16	5 6 35	60 32	22 8 10.3	11 29 24	23 19 46	7 25 36	4	23 16 12	4 30 18	0♓45 22	7 25 16	-23	23 42 28	0 57 8
20 Tu	9 58 12	6 7 6	60 30	22 12 1.3	11 8 2	8♓10 38	7 24 2	-49	0 8 38	2N36 33	15 34 40	7 22 0	-72	0 34 52	6N 7 31
21 W	10 2 9	7 7 36	60 28	22 15 51.7	10 46 30	22 56 41	7 19 16	-91	1 1 18	9 32 33	0♈15 56	7 15 55	-108	1 28 4	12 48 36
22 Th	10 6 5	8 8 5	60 26	22 19 41.3	10 24 48	7♈31 51	7 12 5	-120	1 55 17	15 52 43	14 43 56	7 7 53	-130	2 23 1	18 42 6
23 F	10 10 2	9 8 31	60 25	22 23 30.4	10 2 56	21 51 49	7 3 26	-136	2 51 20	21 14 11	28 55 16	6 58 50	-139	3 20 15	23 26 34
24 S	10 13 59	10 8 55	60 23	22 27 18.8	9 40 55	5♉54 5	6 54 10	-140	3 49 42	25 17 12	12♉48 16	6 49 31	-138	4 19 37	26 44 23
25 Su	10 17 55	11 9 18	60 21	22 31 6.5	9 18 45	19 37 46	6 44 56	-135	4 49 51	27 46 55	26 22 43	6 40 29	-131	5 20 12	28 24 7
26 M	10 21 52	12 9 38	60 19	22 34 53.7	8 56 28	3♊3 12	6 36 11	-126	5 50 27	28 35 54	9♊39 23	6 32 5	-120	6 20 23	28 22 46
27 Tu	10 25 48	13 9 57	60 17	22 38 40.3	8 34 2	16 11 28	6 28 10	-114	6 49 47	27 45 47	22 39 37	6 24 27	-108	7 18 29	26 46 27
28 W	10 29 45	14♒10 13	60 15	22 42 26.3	8S11 29	29♊4 4	6 20 56	-102	7 46 22	25N26 39	5♋25 0	6 17 38	-96	8 13 21	23N48 29

LUNAR INGRESSES
3 ☽ ♌ 4:33
5 ☽ ♍ 15:52
8 ☽ ♎ 4:42
10 ☽ ♏ 16:55
13 ☽ ♐ 2:15
15 ☽ ♑ 7:45
17 ☽ ♒ 10:04
19 ☽ ♓ 10:47
21 ☽ ♈ 11:34
23 ☽ ♉ 13:51
25 ☽ ♊ 18:30
28 ☽ ♋ 1:45

PLANET INGRESSES
13 ☉ ♒ 22:36
17 ♀ ♓ 4:01
19 ♂ ♑ 5:39

STATIONS
14 ☿ R 4:39

DATA FOR THE 1st AT 0 HOURS
JULIAN DAY 39112.5
☽ MEAN ☊ 23°♒ 11' 10"
OBLIQUITY 23° 26' 27"
DELTA T 68.3 SECONDS
NUTATION LONGITUDE 5.2"

DAY MO	YR	☿ LONG ° ' "	♀ LONG ° ' "	♂ LONG ° ' "	♃ LONG ° ' "	♄ LONG ° ' "	♅ LONG ° ' "	♆ LONG ° ' "	♇ LONG ° ' "	☊ LONG ° '	A.S.S.I. h m s	S.S.R.Y. h m s	S.V.P. ♓ ° ' "	☿ MERCURY R.A. h m s	☿ MERCURY DECL ° ' "
1	32	3♒3 25	9♒57 19	16♐20 32	19♏9 25	27♋35R28	18♒2 15	24♑22 5	3♐13 9	21♒40	26 18 57	30 5 15	5 9 33.8	22 1 30	12S59 54
2	33	4 34 48	11 11 57	17 5 11	19 19 14	27 30 42	18 5 19	24 24 21	3 14 52	21 35	26 24 4	30 4 22	5 9 33.6	22 7 6	12 17 59
3	34	6 2 56	12 26 33	17 49 51	19 28 58	27 25 55	18 8 24	24 26 37	3 16 34	21 31	26 29 10	30 3 22	5 9 33.5	22 12 26	11 36 5
4	35	7 27 14	13 41 7	18 34 34	19 38 34	27 21 7	18 11 31	24 28 53	3 18 15	21 28	26 34 16	30 2 18	5 9 33.4	22 17 30	10 54 27
5	36	8 47 1	14 55 39	19 19 18	19 48 4	27 16 17	18 14 39	24 31 10	3 19 54	21 28	26 39 20	30 1 12	5 9 33.3	22 22 13	10 13 26
6	37	10 1 37	16 10 10	20 4 5	19 57 28	27 11 26	18 17 48	24 33 26	3 21 32	21 28	26 44 23	30 0 8	5 9 33.3	22 26 35	9 33 23
7	38	11 10 16	17 24 38	20 48 54	20 6 44	27 6 35	18 20 58	24 35 43	3 23 8	21 30	26 49 25	29 59 8	5 9 33.2	22 30 32	8 54 41
8	39	12 12 12	18 39 5	21 33 45	20 15 54	27 1 42	18 24 10	24 38 0	3 24 44	21 32	26 54 27	29 58 16	5 9 33.2	22 34 2	8 17 44
9	40	13 6 40	19 53 29	22 18 39	20 24 57	26 56 50	18 27 23	24 40 15	3 26 17	21 33	26 59 27	29 57 33	5 9 33.1	22 37 3	7 42 58
10	41	13 52 55	21 7 52	23 3 34	20 33 53	26 51 56	18 30 36	24 42 32	3 27 49	21 34	27 4 26	29 57 1	5 9 33.0	22 39 32	7 10 50
11	42	14 30 15	22 22 13	23 48 32	20 42 42	26 47 3	18 33 51	24 44 49	3 29 20	21 34	27 9 25	29 56 41	5 9 32.8	22 41 27	6 41 44
12	43	14 58 2	23 36 32	24 33 31	20 51 23	26 42 10	18 37 7	24 47 6	3 30 49	21 33	27 14 22	29 56 33	5 9 32.6	22 42 46	6 16 8
13	44	15 15 46	24 50 49	25 18 33	20 59 57	26 37 17	18 40 23	24 49 23	3 32 17	21 31	27 19 19	29 56 38	5 9 32.4	22 43 27	5 54 25
14	45	15 23R 5	26 5 4	26 3 36	21 8 24	26 32 24	18 43 41	24 51 39	3 33 43	21 28	27 24 14	29 56 55	5 9 32.1	22 43 30	5 36 55
15	46	15 19 50	27 19 16	26 48 42	21 16 43	26 27 32	18 46 59	24 53 55	3 35 8	21 25	27 29 9	29 57 22	5 9 31.9	22 42 55	5 23 56
16	47	15 6 4	28 33 27	27 33 49	21 24 54	26 22 40	18 50 19	24 56 11	3 36 30	21 22	27 34 3	29 58 0	5 9 31.7	22 41 42	5 15 42
17	48	14 42 4	29 47 35	28 18 58	21 32 58	26 17 50	18 53 39	24 58 27	3 37 52	21 20	27 38 56	29 58 45	5 9 31.5	22 39 53	5 12 18
18	49	14 8 26	1♓1 41	29 4 9	21 40 53	26 13 0	18 56 59	25 0 43	3 39 11	21 18	27 43 48	29 59 37	5 9 31.4	22 37 30	5 13 45
19	50	13 25 59	2 15 44	29 49 22	21 48 41	26 8 12	19 0 21	25 2 58	3 40 29	21 18	27 48 39	30 0 34	5 9 31.4	22 34 36	5 19 57
20	51	12 35 52	3 29 45	0♑34 36	21 56 20	26 3 24	19 3 43	25 5 13	3 41 46	21 19	27 53 29	30 1 32	5 9 31.4	22 31 17	5 30 39
21	52	11 39 23	4 43 43	1 19 52	22 3 51	25 58 39	19 7 6	25 7 28	3 43 0	21 19	27 58 19	30 2 31	5 9 31.3	22 27 37	5 45 30
22	53	10 38 5	5 57 39	2 5 9	22 11 13	25 53 55	19 10 29	25 9 42	3 44 13	21 21	28 3 7	30 3 26	5 9 31.3	22 23 42	6 3 59
23	54	9 33 36	7 11 31	2 50 28	22 18 27	25 49 13	19 13 53	25 11 56	3 45 24	21 21	28 7 55	30 4 15	5 9 31.1	22 19 38	6 25 35
24	55	8 27 38	8 25 21	3 35 48	22 25 33	25 44 33	19 17 17	25 14 9	3 46 34	21 22	28 12 42	30 4 55	5 9 31.0	22 15 31	6 49 38
25	56	7 21 52	9 39 8	4 21 10	22 32 30	25 39 56	19 20 41	25 16 22	3 47 41	21 22	28 17 28	30 5 24	5 9 30.7	22 11 28	7 15 30
26	57	6 17 49	10 52 51	5 6 34	22 39 18	25 35 20	19 24 6	25 18 34	3 48 47	21 21	28 22 13	30 5 40	5 9 30.5	22 7 33	7 42 31
27	58	5 16 54	12 6 32	5 51 59	22 45 57	25 30 48	19 27 32	25 20 46	3 49 51	21 20	28 26 58	30 5 42	5 9 30.3	22 3 53	8 10 2
28	59	4♒20 18	13♓20 9	6♑37 25	22♏52 28	25♋26 18	19♒30 57	25♑22 57	3♐50 54	21♒19	28 31 42	30 5 31	5 9 30.1	22 0 30	8S37 30

DAY Feb	♀ VENUS R.A. h m s	♀ VENUS DECL ° ' "	♂ MARS R.A. h m s	♂ MARS DECL ° ' "	♃ JUPITER R.A. h m s	♃ JUPITER DECL ° ' "	♄ SATURN R.A. h m s	♄ SATURN DECL ° ' "	♅ URANUS R.A. h m s	♅ URANUS DECL ° ' "	♆ NEPTUNE R.A. h m s	♆ NEPTUNE DECL ° ' "	♇ PLUTO R.A. h m s	♇ PLUTO DECL ° ' "
1	22 28 51	11S10 5	18 48 53	23S36 33	16 50 55	21S47 21	9 40 53	15N15 14	22 58 1	7S24 37	21 26 49	15S16 43	17 51 58	16S32 52
2	22 33 32	10 41 54	18 52 7	23 33 20	16 51 37	21 48 29	9 40 35	15 16 55	22 58 12	7 23 26	21 26 58	15 16 1	17 52 5	16 32 50
3	22 38 12	10 13 26	18 55 21	23 29 51	16 52 19	21 49 36	9 40 16	15 18 35	22 58 24	7 22 13	21 27 7	15 15 19	17 52 12	16 32 48
4	22 42 52	9 44 43	18 58 35	23 26 8	16 53 0	21 50 41	9 39 57	15 20 16	22 58 35	7 21 1	21 27 16	15 14 37	17 52 19	16 32 46
5	22 47 30	9 15 44	19 1 50	23 22 10	16 53 41	21 51 45	9 39 39	15 21 56	22 58 47	7 19 48	21 27 25	15 13 55	17 52 26	16 32 43
6	22 52 8	8 46 31	19 5 4	23 17 58	16 54 21	21 52 48	9 39 20	15 23 37	22 58 59	7 18 34	21 27 34	15 13 13	17 52 32	16 32 41
7	22 56 44	8 17 4	19 8 18	23 13 30	16 55 1	21 53 49	9 39 1	15 25 18	22 59 11	7 17 20	21 27 43	15 12 31	17 52 39	16 32 38
8	23 1 20	7 47 25	19 11 32	23 8 47	16 55 40	21 54 48	9 38 42	15 26 59	22 59 22	7 16 6	21 27 52	15 11 49	17 52 46	16 32 35
9	23 5 55	7 17 33	19 14 46	23 3 50	16 56 19	21 55 47	9 38 23	15 28 40	22 59 34	7 14 51	21 28 1	15 11 7	17 52 52	16 32 31
10	23 10 29	6 47 30	19 18 0	22 58 38	16 56 57	21 56 43	9 38 4	15 30 20	22 59 46	7 13 36	21 28 10	15 10 24	17 52 59	16 32 28
11	23 15 3	6 17 17	19 21 14	22 53 12	16 57 35	21 57 39	9 37 45	15 32 0	22 59 58	7 12 20	21 28 19	15 9 42	17 53 5	16 32 24
12	23 19 36	5 46 53	19 24 28	22 47 31	16 58 12	21 58 33	9 37 26	15 33 40	23 0 11	7 11 4	21 28 28	15 8 59	17 53 11	16 32 20
13	23 24 8	5 16 21	19 27 41	22 41 35	16 58 49	21 59 25	9 37 7	15 35 20	23 0 23	7 9 48	21 28 37	15 8 17	17 53 17	16 32 16
14	23 28 39	4 45 40	19 30 55	22 35 25	16 59 25	22 0 17	9 36 48	15 36 59	23 0 35	7 8 31	21 28 46	15 7 35	17 53 23	16 32 12
15	23 33 10	4 14 51	19 34 8	22 29 1	17 0 1	22 1 7	9 36 29	15 38 38	23 0 47	7 7 14	21 28 55	15 6 53	17 53 29	16 32 8
16	23 37 41	3 43 56	19 37 21	22 22 22	17 0 36	22 1 55	9 36 10	15 40 17	23 1 0	7 5 56	21 29 4	15 6 10	17 53 35	16 32 3
17	23 42 10	3 12 55	19 40 34	22 15 30	17 1 11	22 2 43	9 35 51	15 41 55	23 1 12	7 4 39	21 29 13	15 5 28	17 53 40	16 31 59
18	23 46 40	2 41 48	19 43 47	22 8 23	17 1 45	22 3 29	9 35 32	15 43 32	23 1 24	7 3 21	21 29 22	15 4 46	17 53 46	16 31 54
19	23 51 9	2 10 37	19 47 0	22 1 2	17 2 18	22 4 13	9 35 13	15 45 9	23 1 37	7 2 3	21 29 30	15 4 4	17 53 51	16 31 49
20	23 55 37	1 39 22	19 50 12	21 53 27	17 2 51	22 4 57	9 34 54	15 46 45	23 1 49	7 0 45	21 29 39	15 3 22	17 53 56	16 31 44
21	0 0 6	1 8 4	19 53 24	21 45 38	17 3 23	22 5 39	9 34 36	15 48 20	23 2 2	6 59 26	21 29 48	15 2 41	17 54 2	16 31 38
22	0 4 34	0 36 44	19 56 36	21 37 36	17 3 55	22 6 20	9 34 17	15 49 54	23 2 15	6 58 7	21 29 57	15 1 59	17 54 7	16 31 33
23	0 9 1	0 5 23	19 59 48	21 29 20	17 4 26	22 6 59	9 33 59	15 51 28	23 2 27	6 56 48	21 30 6	15 1 17	17 54 12	16 31 27
24	0 13 29	0N26 0	20 2 59	21 20 51	17 4 57	22 7 38	9 33 40	15 53 0	23 2 40	6 55 29	21 30 15	15 0 36	17 54 16	16 31 22
25	0 17 56	0 57 22	20 6 10	21 12 8	17 5 27	22 8 15	9 33 22	15 54 32	23 2 53	6 54 10	21 30 23	14 59 55	17 54 21	16 31 16
26	0 22 23	1 28 43	20 9 21	21 3 12	17 5 56	22 8 51	9 33 4	15 56 2	23 3 5	6 52 51	21 30 32	14 59 13	17 54 26	16 31 10
27	0 26 50	2 0 3	20 12 31	20 54 2	17 6 25	22 9 26	9 32 46	15 57 32	23 3 18	6 51 31	21 30 41	14 58 32	17 54 30	16 31 4
28	0 31 17	2N31 21	20 15 42	20S44 40	17 6 53	22S10 0	9 32 29	15N59 0	23 3 31	6S50 12	21 30 49	14S57 52	17 54 34	16S30 58

DAY	SIDEREAL TIME h m s	☉ SUN LONG ° ' "	MOT ' "	R.A. h m s	DECL ° ' "
1 Th	10 33 41	15♒10 28	60 13	22 46 11.8	7S48 49
2 F	10 37 38	16 10 40	60 11	22 49 56.7	7 26 2
3 S	10 41 34	17 10 51	60 9	22 53 41.1	7 3 9
4 Su	10 45 31	18 11 0	60 7	22 57 25.1	6 40 10
5 M	10 49 28	19 11 7	60 5	23 1 8.6	6 17 5
6 Tu	10 53 24	20 11 12	60 4	23 4 51.6	5 53 55
7 W	10 57 21	21 11 16	60 2	23 8 34.2	5 30 40
8 Th	11 1 17	22 11 18	60 0	23 12 16.4	5 7 21
9 F	11 5 14	23 11 18	59 59	23 15 58.3	4 43 57
10 S	11 9 10	24 11 16	59 57	23 19 39.8	4 20 30
11 Su	11 13 7	25 11 13	59 55	23 23 20.9	3 56 59
12 M	11 17 3	26 11 8	59 54	23 27 1.8	3 33 26
13 Tu	11 21 0	27 11 2	59 52	23 30 42.4	3 9 49
14 W	11 24 57	28 10 54	59 50	23 34 22.7	2 46 11
15 Th	11 28 53	29 10 44	59 49	23 38 2.7	2 22 30
16 F	11 32 50	0♓10 32	59 47	23 41 42.5	1 58 48
17 S	11 36 46	1 10 19	59 45	23 45 22.1	1 35 4
18 Su	11 40 43	2 10 4	59 43	23 49 1.5	1 11 20
19 M	11 44 39	3 9 47	59 41	23 52 40.7	0 47 36
20 Tu	11 48 36	4 9 28	59 39	23 56 19.8	0 23 52
21 W	11 52 32	5 9 7	59 37	23 59 58.7	0 0 8
22 Th	11 56 29	6 8 44	59 35	0 3 37.5	0N23 35
23 F	12 0 26	7 8 18	59 33	0 7 16.1	0 47 17
24 S	12 4 22	8 7 51	59 30	0 10 54.7	1 10 57
25 Su	12 8 19	9 7 21	59 28	0 14 33.2	1 34 35
26 M	12 12 15	10 6 48	59 26	0 18 11.7	1 58 10
27 Tu	12 16 12	11 6 14	59 23	0 21 50.1	2 21 43
28 W	12 20 8	12 5 37	59 21	0 25 28.4	2 45 13
29 Th	12 24 5	13 4 57	59 19	0 29 6.8	3 8 39
30 F	12 28 1	14 4 16	59 16	0 32 45.2	3 32 2
31 S	12 31 58	15♓ 3 32	59 14	0 36 23.7	3N55 21

DAY	☽ MOON AT 0 HOURS LONG ° ' "	12h MOT ° ' "	2DIF "	R.A. h m s	DECL ° ' "	☽ MOON AT 12 HOURS LONG ° ' "	12h MOT ° ' "	2DIF "	R.A. h m s	DECL ° ' "
1 Th	11♋42 39	6 14 32	-90	8 39 24	21N54 8	17♋57 11	6 11 38	-84	9 4 32	19N45 50
2 F	24 8 48	6 8 55	-78	9 28 49	17 25 45	0♌17 44	6 6 25	-72	9 52 18	14 55 57
3 S	6♌24 8	6 4 6	-66	10 15 5	12 18 23	12 28 14	6 1 59	-60	10 37 17	9 34 52
4 Su	18 30 13	6 0 6	-53	10 59 0	6 47 4	24 30 18	5 58 26	-46	11 20 22	3 56 35
5 M	0♍28 44	5 57 1	-38	11 41 29	1 4 53	6♍25 45	5 55 52	-30	12 2 27	1S46 38
6 Tu	12 21 37	5 55 1	-21	12 23 26	4S36 39	18 16 38	5 54 29	-11	12 44 30	7 23 51
7 W	24 11 7	5 54 18	0	13 5 47	10 6 56	0♎ 5 25	5 54 30	12	13 27 25	12 44 36
8 Th	5♎59 55	5 55 7	25	13 49 28	15 15 31	11 55 2	5 56 10	39	14 12 3	17 38 16
9 F	17 51 12	5 57 41	53	14 35 17	19 51 24	23 48 53	5 59 42	68	14 59 13	21 53 21
10 S	29 48 35	6 2 14	84	15 23 56	23 42 28	5♏50 49	6 5 18	100	15 49 28	25 17 2
11 Su	11♏56 7	6 8 54	116	16 15 49	26 35 17	18 5 1	6 13 3	132	16 42 57	27 35 26
12 M	24 18 4	6 17 44	148	17 10 49	28 15 50	0♐35 48	6 22 55	162	17 39 18	28 34 55
13 Tu	6♐58 42	6 28 34	176	18 8 15	28 31 26	13 27 16	6 34 37	187	18 37 31	28 4 27
14 W	20 1 53	6 41 1	195	19 6 53	27 13 28	26 42 55	6 47 39	201	19 36 12	25 58 30
15 Th	3♑30 34	6 54 25	203	20 5 19	24 20 2	10♑24 59	7 1 10	200	20 34 6	22 19 4
16 F	17 26 8	7 7 44	192	21 2 29	19 57 5	24 33 53	7 13 59	180	21 30 26	17 15 59
17 S	1♒47 52	7 19 43	162	21 57 57	14 18 2	9♒ 7 35	7 24 46	139	22 25 6	11 5 51
18 Su	16 32 21	7 28 58	111	22 51 58	7 42 20	24 1 18	7 32 10	79	23 18 40	4 10 37
19 M	1♓33 28	7 34 15	45	23 45 17	0 34 3	9♓ 7 43	7 35 9	9	0 12 0	3N 3 52
20 Tu	16 42 52	7 34 51	-27	0 38 56	6N39 33	24 17 43	7 33 21	-62	1 6 12	10 9 22
21 W	1♈51 4	7 30 42	-94	1 33 57	13 29 42	9♈21 46	7 27 3	-123	2 2 16	16 37 1
22 Th	16 48 49	7 22 30	-147	2 31 12	19 28 0	24 11 19	7 17 14	-166	3 0 46	21 59 34
23 F	1♉28 32	7 11 25	-180	3 30 56	24 9 3	8♉39 57	7 5 13	-189	4 1 37	25 54 17
24 S	15 45 10	6 58 50	-193	4 32 37	27 13 39	22 44 0	6 52 23	-192	5 3 46	28 6 17
25 Su	29 36 23	6 46 2	-188	5 34 49	28 31 59	6♊22 25	6 39 53	-180	6 5 31	28 31 19
26 M	13♊ 2 17	6 34 1	-170	6 35 38	28 5 26	19 36 18	6 28 31	-159	7 4 59	27 16 2
27 Tu	26 4 49	6 23 25	-146	7 33 26	26 5 10	2♋28 14	6 18 46	-133	8 0 54	24 35 6
28 W	8♋47 0	6 14 34	-119	8 27 21	22 48 9	15 1 35	6 10 50	-106	8 52 49	20 46 38
29 Th	21 12 24	6 7 32	-92	9 17 21	18 32 43	27 19 57	6 4 41	-80	9 41 2	16 8 30
30 F	3♌24 37	6 2 14	-68	10 3 58	13 35 52	9♌26 51	6 0 10	-56	10 26 16	10 56 34
31 S	15♌27 1	5 58 29	-46	10 48 3	8N12 14	21♌25 30	5 57 7	-36	11 9 26	5N24 22

LUNAR INGRESSES
2 ☽ ♌ 11:25
4 ☽ ♍ 23:02
7 ☽ ♎ 11:49
10 ☽ ♏ 0:23
12 ☽ ♐ 10:52
14 ☽ ♑ 17:50
16 ☽ ♒ 21:02
18 ☽ ♓ 21:31
20 ☽ ♈ 21:03
22 ☽ ♉ 21:33
25 ☽ ♊ 0:42
27 ☽ ♋ 7:21
29 ☽ ♌ 17:15

PLANET INGRESSES
13 ♀ ♈ 15:49
15 ☉ ♓ 19:46
30 ♂ ♒ 15:25

STATIONS
8 ☿ D 4:46
31 ♇ R 22:46

DATA FOR THE 1st AT 0 HOURS
JULIAN DAY 39140.5
☽ MEAN ☊ 21°♒ 42' 9"
OBLIQUITY 23° 26' 27"
DELTA T 68.3 SECONDS
NUTATION LONGITUDE 5.1"

DAY MO YR	☿ LONG ° ' "	♀ LONG ° ' "	♂ LONG ° ' "	♃ LONG ° ' "	♄ LONG ° ' "	♅ LONG ° ' "	♆ LONG ° ' "
1 60	3♒28R59	14♓33 43	7♑22 53	22♏58 50	25♋21R50	19♒34 23	25♑25 8
2 61	2 43 41	15 47 13	8 8 22	23 5 2	25 17 26	19 37 49	25 27 18
3 62	2 4 53	17 0 40	8 53 53	23 11 5	25 13 4	19 41 15	25 29 27
4 63	1 32 56	18 14 4	9 39 26	23 16 59	25 8 46	19 44 41	25 31 36
5 64	1 7 56	19 27 25	10 25 0	23 22 44	25 4 31	19 48 7	25 33 44
6 65	0 49 55	20 40 42	11 10 35	23 28 20	25 0 20	19 51 33	25 35 51
7 66	0 38 45	21 53 55	11 56 12	23 33 45	24 56 12	19 54 59	25 37 58
8 67	0 34D14	23 7 5	12 41 50	23 39 2	24 52 8	19 58 26	25 40 3
9 68	0 36 7	24 20 12	13 27 30	23 44 8	24 48 7	20 1 52	25 42 8
10 69	0 44 7	25 33 15	14 13 11	23 49 5	24 44 11	20 5 18	25 44 12
11 70	0 57 55	26 46 14	14 58 54	23 53 52	24 40 19	20 8 44	25 46 15
12 71	1 17 11	27 59 10	15 44 38	23 58 29	24 36 31	20 12 9	25 48 17
13 72	1 41 35	29 12 2	16 30 23	24 2 56	24 32 47	20 15 35	25 50 19
14 73	2 10 50	0♈24 50	17 16 9	24 7 12	24 29 8	20 19 0	25 52 19
15 74	2 44 36	1 37 35	18 1 57	24 11 18	24 25 33	20 22 25	25 54 18
16 75	3 22 35	2 50 16	18 47 45	24 15 14	24 22 3	20 25 49	25 56 17
17 76	4 4 33	4 2 53	19 33 35	24 19 0	24 18 37	20 29 13	25 58 14
18 77	4 50 13	5 15 26	20 19 26	24 22 35	24 15 17	20 32 36	26 0 10
19 78	5 39 22	6 27 55	21 5 17	24 25 59	24 12 1	20 35 59	26 2 5
20 79	6 31 46	7 40 20	21 51 9	24 29 13	24 8 51	20 39 22	26 3 59
21 80	7 27 14	8 52 41	22 37 2	24 32 16	24 5 46	20 42 43	26 5 52
22 81	8 25 35	10 4 57	23 22 56	24 35 8	24 2 46	20 46 4	26 7 44
23 82	9 26 38	11 17 9	24 8 51	24 37 49	23 59 52	20 49 25	26 9 34
24 83	10 30 15	12 29 16	24 54 46	24 40 20	23 57 3	20 52 44	26 11 23
25 84	11 36 19	13 41 18	25 40 41	24 42 39	23 54 19	20 56 3	26 13 11
26 85	12 44 41	14 53 16	26 26 37	24 44 48	23 51 42	20 59 21	26 14 58
27 86	13 55 15	16 5 8	27 12 34	24 46 45	23 49 9	21 2 38	26 16 43
28 87	15 7 56	17 16 56	27 58 31	24 48 32	23 46 43	21 5 55	26 18 27
29 88	16 22 38	18 28 38	28 44 29	24 50 7	23 44 23	21 9 10	26 20 10
30 89	17 39 16	19 40 15	29 30 28	24 51 32	23 42 8	21 12 24	26 21 51
31 90	18♒57 47	20♈51 47	0♒16 26	24♏52 45	23♋39 59	21♒15 37	26♑23 31

DAY MO YR	♇ LONG ° ' "	☊ LONG ° '	A.S.S.I. h m s	S.S.R.Y. h m s	S.V.P. ♓ ° ' "	☿ MERCURY R.A. h m s	☿ MERCURY DECL ° ' "
1 60	3♐51 54	21♒18	28 36 25	30 5 5	5 9 29.9	21 57 29	9S 4 22
2 61	3 52 53	21 18	28 41 8	30 4 31	5 9 29.8	21 54 52	9 30 15
3 62	3 53 50	21 17	28 45 50	30 3 45	5 9 29.7	21 52 41	9 54 46
4 63	3 54 45	21 17	28 50 31	30 2 52	5 9 29.7	21 50 57	10 17 38
5 64	3 55 38	21 17	28 55 12	30 1 54	5 9 29.7	21 49 39	10 38 40
6 65	3 56 29	21 17	28 59 52	30 0 54	5 9 29.7	21 48 49	10 57 42
7 66	3 57 19	21 17	29 4 32	29 59 55	5 9 29.7	21 48 25	11 14 38
8 67	3 58 6	21 17	29 9 11	29 58 59	5 9 29.6	21 48 27	11 29 26
9 68	3 58 52	21 17	29 13 50	29 58 9	5 9 29.5	21 48 54	11 42 2
10 69	3 59 36	21 17	29 18 28	29 57 25	5 9 29.4	21 49 43	11 52 29
11 70	4 0 18	21 17	29 23 6	29 56 51	5 9 29.3	21 50 55	12 0 46
12 71	4 0 58	21 16	29 27 43	29 56 27	5 9 29.1	21 52 28	12 6 55
13 72	4 1 36	21 17	29 32 20	29 56 14	5 9 28.9	21 54 20	12 10 59
14 73	4 2 12	21 17	29 36 57	29 56 12	5 9 28.7	21 56 31	12 13 1
15 74	4 2 46	21 18	29 41 34	29 56 23	5 9 28.5	21 58 58	12 13 3
16 75	4 3 19	21 18	29 46 10	29 56 46	5 9 28.3	22 1 41	12 11 9
17 76	4 3 49	21 19	29 50 46	29 57 21	5 9 28.2	22 4 38	12 7 21
18 77	4 4 17	21 20	29 55 21	29 58 7	5 9 28.2	22 7 49	12 1 43
19 78	4 4 44	21 19	29 59 57	29 59 2	5 9 28.2	22 11 12	11 54 17
20 79	4 5 8	21 19	30 4 32	30 0 5	5 9 28.2	22 14 47	11 45 7
21 80	4 5 30	21 17	30 9 7	30 1 13	5 9 28.1	22 18 32	11 34 15
22 81	4 5 51	21 15	0 4 33	30 2 21	5 9 28.0	22 22 28	11 21 43
23 82	4 6 9	21 14	0 9 8	30 3 27	5 9 27.9	22 26 33	11 7 35
24 83	4 6 26	21 12	0 13 43	30 4 26	5 9 27.7	22 30 46	10 51 52
25 84	4 6 40	21 11	0 18 17	30 5 15	5 9 27.5	22 35 7	10 34 37
26 85	4 6 53	21 11	0 22 52	30 5 52	5 9 27.2	22 39 36	10 15 52
27 86	4 7 4	21 11	0 27 26	30 6 16	5 9 27.0	22 44 12	9 55 39
28 87	4 7 12	21 13	0 32 0	30 6 27	5 9 26.9	22 48 55	9 33 59
29 88	4 7 19	21 14	0 36 35	30 6 25	5 9 26.8	22 53 44	9 10 56
30 89	4 7 24	21 16	0 41 9	30 6 10	5 9 26.7	22 58 38	8 46 30
31 90	4♐ 7R27	21♒17	0 45 43	30 5 44	5 9 26.7	23 3 39	8S20 42

DAY Mar	♀ VENUS R.A. h m s	♀ VENUS DECL ° ' "	♂ MARS R.A. h m s	♂ MARS DECL ° ' "	♃ JUPITER R.A. h m s	♃ JUPITER DECL ° ' "	♄ SATURN R.A. h m s	♄ SATURN DECL ° ' "
1	0 35 44	3N 2 36	20 18 52	20S35 5	17 7 20	22S10 32	9 32 11	16N 0 28
2	0 40 11	3 33 47	20 22 1	20 25 17	17 7 47	22 11 4	9 31 54	16 1 54
3	0 44 38	4 4 54	20 25 11	20 15 16	17 8 13	22 11 34	9 31 37	16 3 19
4	0 49 5	4 35 55	20 28 20	20 5 2	17 8 38	22 12 4	9 31 20	16 4 42
5	0 53 32	5 6 51	20 31 29	19 54 37	17 9 3	22 12 32	9 31 3	16 6 5
6	0 57 59	5 37 40	20 34 37	19 43 58	17 9 27	22 12 59	9 30 47	16 7 26
7	1 2 27	6 8 22	20 37 45	19 33 8	17 9 50	22 13 25	9 30 30	16 8 46
8	1 6 54	6 38 56	20 40 53	19 22 5	17 10 13	22 13 50	9 30 14	16 10 4
9	1 11 23	7 9 22	20 44 1	19 10 51	17 10 35	22 14 14	9 29 58	16 11 21
10	1 15 51	7 39 38	20 47 8	18 59 24	17 10 57	22 14 37	9 29 43	16 12 36
11	1 20 20	8 9 44	20 50 15	18 47 46	17 11 17	22 14 58	9 29 28	16 13 50
12	1 24 49	8 39 39	20 53 21	18 35 57	17 11 37	22 15 19	9 29 13	16 15 2
13	1 29 19	9 9 22	20 56 28	18 23 56	17 11 56	22 15 39	9 28 58	16 16 13
14	1 33 49	9 38 54	20 59 34	18 11 44	17 12 15	22 15 58	9 28 43	16 17 22
15	1 38 19	10 8 12	21 2 39	17 59 21	17 12 32	22 16 16	9 28 29	16 18 30
16	1 42 51	10 37 17	21 5 44	17 46 47	17 12 49	22 16 33	9 28 16	16 19 36
17	1 47 22	11 6 8	21 8 49	17 34 2	17 13 6	22 16 49	9 28 2	16 20 40
18	1 51 55	11 34 43	21 11 53	17 21 7	17 13 21	22 17 4	9 27 49	16 21 43
19	1 56 28	12 3 2	21 14 57	17 8 2	17 13 36	22 17 18	9 27 36	16 22 44
20	2 1 1	12 31 5	21 18 1	16 54 46	17 13 50	22 17 31	9 27 23	16 23 43
21	2 5 36	12 58 50	21 21 4	16 41 20	17 14 3	22 17 43	9 27 11	16 24 40
22	2 10 11	13 26 17	21 24 7	16 27 45	17 14 15	22 17 55	9 26 59	16 25 35
23	2 14 46	13 53 26	21 27 10	16 14 0	17 14 27	22 18 5	9 26 48	16 26 29
24	2 19 23	14 20 14	21 30 12	16 0 5	17 14 38	22 18 14	9 26 36	16 27 20
25	2 24 0	14 46 43	21 33 14	15 46 1	17 14 48	22 18 23	9 26 26	16 28 10
26	2 28 38	15 12 50	21 36 15	15 31 48	17 14 57	22 18 31	9 26 15	16 28 58
27	2 33 17	15 38 36	21 39 16	15 17 26	17 15 5	22 18 38	9 26 5	16 29 44
28	2 37 56	16 3 59	21 42 17	15 2 55	17 15 13	22 18 44	9 25 55	16 30 28
29	2 42 37	16 28 59	21 45 17	14 48 16	17 15 20	22 18 50	9 25 46	16 31 10
30	2 47 18	16 53 35	21 48 17	14 33 28	17 15 26	22 18 54	9 25 37	16 31 50
31	2 52 0	17N17 46	21 51 17	14S18 32	17 15 31	22S18 58	9 25 29	16N32 29

DAY Mar	♅ URANUS R.A. h m s	♅ URANUS DECL ° ' "	♆ NEPTUNE R.A. h m s	♆ NEPTUNE DECL ° ' "	♇ PLUTO R.A. h m s	♇ PLUTO DECL ° ' "
1	23 3 43	6S48 52	21 30 58	14S57 11	17 54 39	16S30 51
2	23 3 56	6 47 32	21 31 6	14 56 30	17 54 43	16 30 45
3	23 4 9	6 46 13	21 31 15	14 55 50	17 54 47	16 30 39
4	23 4 22	6 44 53	21 31 23	14 55 10	17 54 50	16 30 32
5	23 4 35	6 43 33	21 31 32	14 54 31	17 54 54	16 30 26
6	23 4 47	6 42 14	21 31 40	14 53 51	17 54 58	16 30 19
7	23 5 0	6 40 54	21 31 48	14 53 12	17 55 1	16 30 12
8	23 5 13	6 39 34	21 31 57	14 52 32	17 55 4	16 30 5
9	23 5 26	6 38 14	21 32 5	14 51 54	17 55 8	16 29 58
10	23 5 38	6 36 55	21 32 13	14 51 15	17 55 11	16 29 51
11	23 5 51	6 35 35	21 32 21	14 50 36	17 55 13	16 29 44
12	23 6 4	6 34 16	21 32 29	14 49 58	17 55 16	16 29 37
13	23 6 17	6 32 56	21 32 37	14 49 21	17 55 19	16 29 29
14	23 6 29	6 31 37	21 32 45	14 48 43	17 55 21	16 29 22
15	23 6 42	6 30 18	21 32 53	14 48 6	17 55 24	16 29 15
16	23 6 55	6 28 59	21 33 0	14 47 29	17 55 26	16 29 7
17	23 7 7	6 27 41	21 33 8	14 46 52	17 55 28	16 29 0
18	23 7 20	6 26 22	21 33 16	14 46 16	17 55 30	16 28 53
19	23 7 32	6 25 4	21 33 23	14 45 40	17 55 32	16 28 45
20	23 7 45	6 23 46	21 33 31	14 45 5	17 55 34	16 28 37
21	23 7 57	6 22 28	21 33 38	14 44 30	17 55 35	16 28 30
22	23 8 10	6 21 11	21 33 45	14 43 55	17 55 37	16 28 22
23	23 8 22	6 19 53	21 33 53	14 43 20	17 55 38	16 28 14
24	23 8 35	6 18 36	21 34 0	14 42 46	17 55 39	16 28 7
25	23 8 47	6 17 20	21 34 7	14 42 13	17 55 40	16 27 59
26	23 8 59	6 16 3	21 34 14	14 41 39	17 55 41	16 27 51
27	23 9 11	6 14 47	21 34 21	14 41 6	17 55 42	16 27 44
28	23 9 24	6 13 32	21 34 28	14 40 34	17 55 42	16 27 36
29	23 9 36	6 12 17	21 34 34	14 40 2	17 55 43	16 27 29
30	23 9 48	6 11 2	21 34 41	14 39 31	17 55 43	16 27 21
31	23 10 0	6S 9 48	21 34 48	14S39 0	17 55 43	16S27 14

APRIL 2007

DAY	SIDEREAL TIME h m s	☉ SUN LONG ° ' "	MOT ' "	R.A. h m s	DECL ° ' "	☽ MOON AT 0 HOURS LONG ° ' "	12h MOT ° ' "	2DIF "	R.A. h m s	DECL ° ' "	☽ MOON AT 12 HOURS LONG ° ' "	12h MOT ° ' "	2DIF "	R.A. h m s	DECL ° ' "
1 Su	12 35 54	16♓ 2 46	59 12	0 40 2.2	4N18 35	27♌22 37	5 56 4	-27	11 30 32	2N34 24	3♍18 42	5 55 19	-19	11 51 29	0S16 18
2 M	12 39 51	17 1 58	59 10	0 43 40.8	4 41 44	9♍14 1	5 54 50	-11	12 12 23	3S 6 26	15 8 50	5 54 36	-3	12 33 22	5 54 39
3 Tu	12 43 48	18 1 8	59 8	0 47 19.5	5 4 48	21 3 26	5 54 37	4	12 54 32	8 39 40	26 58 4	5 54 53	11	13 15 59	11 20 7
4 W	12 47 44	19 0 16	59 6	0 50 58.4	5 27 47	2♎52 56	5 55 23	19	13 37 50	13 54 37	8♎48 19	5 56 8	26	14 0 11	16 21 42
5 Th	12 51 41	19 59 22	59 4	0 54 37.4	5 50 40	14 44 27	5 57 9	35	14 23 7	18 39 54	20 41 36	5 58 26	43	14 46 41	20 47 36
6 F	12 55 37	20 58 26	59 2	0 58 16.6	6 13 28	26 40 2	6 0 2	52	15 10 59	22 43 11	2♏40 4	6 1 56	62	15 36 1	24 24 58
7 S	12 59 34	21 57 28	59 0	1 1 56.0	6 36 8	8♏42 0	6 4 11	73	16 1 49	25 51 16	14 46 11	6 6 49	85	16 28 20	27 0 26
8 Su	13 3 30	22 56 28	58 59	1 5 35.6	6 58 43	20 53 0	6 9 50	97	16 55 30	27 50 54	27 2 50	6 13 16	110	17 23 15	28 21 17
9 M	13 7 27	23 55 26	58 57	1 9 15.4	7 21 10	3♐16 5	6 17 8	123	17 51 26	28 30 26	9♐33 14	6 21 27	136	18 19 54	28 17 32
10 Tu	13 11 23	24 54 23	58 55	1 12 55.6	7 43 30	15 54 41	6 26 13	149	18 48 30	27 42 4	22 20 54	6 31 24	162	19 17 4	26 44 0
11 W	13 15 20	25 53 18	58 53	1 16 36.0	8 5 42	28 52 18	6 37 0	173	19 45 27	25 23 36	5♑29 18	6 42 57	183	20 13 34	23 41 37
12 Th	13 19 17	26 52 11	58 52	1 20 16.7	8 27 46	12♑12 15	6 49 12	190	20 41 19	21 39 4	19 1 27	6 55 39	195	21 8 41	19 17 20
13 F	13 23 13	27 51 3	58 50	1 23 57.7	8 49 42	25 57 6	7 2 11	195	21 35 40	16 38 5	2♒59 17	7 8 41	191	22 2 18	13 43 14
14 S	13 27 10	28 49 52	58 48	1 27 39.0	9 11 29	10♒ 7 58	7 14 57	182	22 28 41	10 34 57	17 22 55	7 20 50	168	22 54 55	7 15 38
15 Su	13 31 6	29 48 41	58 46	1 31 20.7	9 33 7	24 43 45	7 26 8	147	23 21 6	3 47 59	2♓ 9 53	7 30 39	121	23 47 23	0 14 55
16 M	13 35 3	0♈47 27	58 44	1 35 2.7	9 54 35	9♓40 32	7 34 12	90	0 13 55	3N20 23	17 14 44	7 36 38	54	0 40 50	6N54 28
17 Tu	13 38 59	1 46 11	58 43	1 38 45.1	10 15 54	24 51 22	7 37 48	15	1 8 17	10 23 40	2♈29 11	7 37 40	-25	1 36 22	13 44 13
18 W	13 42 56	2 44 54	58 41	1 42 27.9	10 37 3	10♈ 6 50	7 36 10	-64	2 5 13	16 52 14	17 43 0	7 33 22	-102	2 34 51	19 43 54
19 Th	13 46 52	3 43 34	58 39	1 46 11.0	10 58 0	25 16 22	7 29 22	-136	3 5 18	22 15 37	2♉45 45	7 24 19	-165	3 36 28	24 24 10
20 F	13 50 49	4 42 13	58 37	1 49 54.6	11 18 48	10♉10 4	7 18 23	-188	4 8 13	26 6 57	17 28 27	7 11 47	-205	4 40 20	27 22 5
21 S	13 54 46	5 40 49	58 34	1 53 38.6	11 39 23	24 40 14	7 4 44	-215	5 12 33	28 8 36	1♊44 58	6 57 27	-220	5 44 33	28 26 29
22 Su	13 58 42	6 39 23	58 32	1 57 22.9	11 59 47	8♊42 25	6 50 6	-218	6 16 4	28 16 36	15 32 30	6 42 53	-213	6 46 49	27 40 37
23 M	14 2 39	7 37 55	58 30	2 1 7.8	12 20 0	22 15 23	6 35 56	-203	7 16 37	26 40 44	28 51 19	6 29 22	-190	7 45 20	25 19 33
24 Tu	14 6 35	8 36 25	58 28	2 4 53.0	12 40 0	5♋20 41	6 23 17	-174	8 12 53	23 39 45	11♋43 58	6 17 45	-157	8 39 19	21 44 2
25 W	14 10 32	9 34 53	58 26	2 8 38.7	12 59 47	18 1 42	6 12 47	-140	9 4 39	19 34 54	24 14 29	6 8 26	-121	9 28 59	17 14 43
26 Th	14 14 28	10 33 18	58 23	2 12 24.8	13 19 21	0♌22 56	6 4 42	-103	9 52 26	14 45 34	6♌27 38	6 1 35	-85	10 15 7	12 9 19
27 F	14 18 25	11 31 42	58 21	2 16 11.4	13 38 42	12 29 13	5 59 2	-68	10 37 10	9 27 40	18 28 15	5 57 3	-52	10 58 44	6 42 6
28 S	14 22 21	12 30 3	58 19	2 19 58.5	13 57 50	24 25 17	5 55 35	-37	11 19 56	3 54 1	0♍20 52	5 54 36	-23	11 40 54	1 4 43
29 Su	14 26 18	13 28 22	58 17	2 23 46.1	14 16 43	6♍15 28	5 54 4	-10	12 1 47	1S44 35	12 9 33	5 53 56	1	12 22 40	4S32 39
30 M	14 30 15	14♈26 40	58 16	2 27 34.2	14N35 23	18♍ 3 29	5 54 10	12	12 43 43	7S18 15	23♍57 39	5 54 42	20	13 5 0	10S 0 6

LUNAR INGRESSES
1 ☽ ♍ 5:18
3 ☽ ♎ 18:09
6 ☽ ♏ 6:40
8 ☽ ♐ 17:43
11 ☽ ♑ 2:04
13 ☽ ♒ 6:56
15 ☽ ♓ 8:31
17 ☽ ♈ 8:05
19 ☽ ♉ 7:34
21 ☽ ♊ 9:01
23 ☽ ♋ 14:06
25 ☽ ♌ 23:15
28 ☽ ♍ 11:18

PLANET INGRESSES
7 ☿ ♓ 16:48
7 ♀ ♉ 16:59
15 ☉ ♈ 4:37
24 ☿ ♈ 17:55

STATIONS
6 ♃ R 1:23
19 ♄ D 21:25

DATA FOR THE 1st AT 0 HOURS
JULIAN DAY 39171.5
☽ MEAN ☊ 20°♒ 3' 35"
OBLIQUITY 23° 26' 27"
DELTA T 68.3 SECONDS
NUTATION LONGITUDE 3.9"

DAY MO YR	☿ LONG ° ' "	♀ LONG ° ' "	♂ LONG ° ' "	♃ LONG ° ' "	♄ LONG ° ' "	♅ LONG ° ' "	♆ LONG ° ' "	♇ LONG ° ' "	☊ LONG ° '	A.S.S.I. h m s	S.S.R.Y. h m s	S.V.P. ♓ ° ' "	☿ MERCURY R.A. h m s	DECL ° ' "
1 91	20♒18 7	22♈ 3 13	1♒ 2 26	24♏53 47	23♋37R56	21♒18 50	26♑25 9	4♐ 7R27	21♒17	0 50 18	30 5 6	5 9 26.6	23 8 45	7S53 36
2 92	21 40 13	23 14 34	1 48 25	24 54 38	23 35 59	21 22 1	26 26 46	4 7 26	21 15	0 54 53	30 4 25	5 9 26.6	23 13 56	7 25 11
3 93	23 4 2	24 25 49	2 34 26	24 55 18	23 34 9	21 25 11	26 28 22	4 7 23	21 13	0 59 27	30 3 37	5 9 26.6	23 19 12	6 55 30
4 94	24 29 32	25 36 59	3 20 26	24 55 47	23 32 24	21 28 20	26 29 56	4 7 18	21 09	1 4 2	30 2 45	5 9 26.6	23 24 32	6 24 35
5 95	25 56 41	26 48 3	4 6 27	24 56 4	23 30 45	21 31 27	26 31 29	4 7 12	21 04	1 8 38	30 1 52	5 9 26.5	23 29 58	5 52 26
6 96	27 25 27	27 59 1	4 52 29	24 56R10	23 29 13	21 34 34	26 33 0	4 7 3	20 59	1 13 13	30 1 1	5 9 26.4	23 35 28	5 19 4
7 97	28 55 48	29 9 53	5 38 31	24 56 5	23 27 47	21 37 39	26 34 29	4 6 52	20 53	1 17 49	30 0 11	5 9 26.3	23 41 3	4 44 33
8 98	0♓27 45	0♉20 40	6 24 33	24 55 49	23 26 27	21 40 43	26 35 57	4 6 40	20 49	1 22 24	29 59 27	5 9 26.1	23 46 43	4 8 51
9 99	2 1 15	1 31 21	7 10 35	24 55 21	23 25 13	21 43 46	26 37 24	4 6 25	20 45	1 27 1	29 58 48	5 9 25.9	23 52 27	3 32 2
10 100	3 36 19	2 41 56	7 56 38	24 54 42	23 24 6	21 46 47	26 38 49	4 6 9	20 44	1 31 37	29 58 18	5 9 25.7	23 58 16	2 54 7
11 101	5 12 56	3 52 24	8 42 41	24 53 52	23 23 5	21 49 46	26 40 12	4 5 51	20 43	1 36 14	29 57 58	5 9 25.5	0 4 10	2 15 6
12 102	6 51 6	5 2 47	9 28 44	24 52 51	23 22 10	21 52 45	26 41 34	4 5 31	20 44	1 40 51	29 57 50	5 9 25.3	0 10 8	1 35 2
13 103	8 30 49	6 13 3	10 14 46	24 51 38	23 21 22	21 55 42	26 42 54	4 5 9	20 45	1 45 29	29 57 56	5 9 25.2	0 16 11	0 53 56
14 104	10 12 5	7 23 14	11 0 49	24 50 14	23 20 41	21 58 37	26 44 12	4 4 45	20 47	1 50 7	29 58 17	5 9 25.1	0 22 19	0 11 50
15 105	11 54 54	8 33 17	11 46 52	24 48 39	23 20 5	22 1 31	26 45 29	4 4 19	20 47	1 54 46	29 58 52	5 9 25.1	0 28 33	0N31 15
16 106	13 39 18	9 43 15	12 32 54	24 46 52	23 19 36	22 4 23	26 46 44	4 3 52	20 46	1 59 25	29 59 40	5 9 25.0	0 34 51	1 15 17
17 107	15 25 15	10 53 5	13 18 56	24 44 55	23 19 14	22 7 13	26 47 57	4 3 23	20 42	2 4 4	30 0 41	5 9 25.0	0 41 15	2 0 14
18 108	17 12 48	12 2 49	14 4 58	24 42 46	23 18 58	22 10 2	26 49 9	4 2 52	20 37	2 8 44	30 1 50	5 9 24.9	0 47 44	2 46 2
19 109	19 1 56	13 12 26	14 50 59	24 40 27	23 18D49	22 12 49	26 50 19	4 2 19	20 31	2 13 24	30 3 4	5 9 24.8	0 54 20	3 32 41
20 110	20 52 39	14 21 56	15 37 0	24 37 56	23 18 46	22 15 34	26 51 27	4 1 44	20 25	2 18 5	30 4 18	5 9 24.6	1 1 1	4 20 8
21 111	22 44 59	15 31 18	16 23 0	24 35 15	23 18 50	22 18 18	26 52 33	4 1 8	20 18	2 22 46	30 5 29	5 9 24.3	1 7 49	5 8 19
22 112	24 38 55	16 40 33	17 8 59	24 32 23	23 19 0	22 20 59	26 53 37	4 0 30	20 13	2 27 28	30 6 34	5 9 24.1	1 14 43	5 57 10
23 113	26 34 26	17 49 40	17 54 58	24 29 21	23 19 17	22 23 39	26 54 40	3 59 50	20 10	2 32 11	30 7 28	5 9 23.8	1 21 44	6 46 39
24 114	28 31 33	18 58 39	18 40 56	24 26 8	23 19 40	22 26 17	26 55 41	3 59 9	20 09	2 36 54	30 8 11	5 9 23.6	1 28 51	7 36 40
25 115	0♈30 13	20 7 29	19 26 53	24 22 45	23 20 10	22 28 53	26 56 40	3 58 26	20 09	2 41 37	30 8 41	5 9 23.5	1 36 6	8 27 10
26 116	2 30 26	21 16 12	20 12 50	24 19 11	23 20 46	22 31 27	26 57 37	3 57 41	20 11	2 46 21	30 8 59	5 9 23.3	1 43 28	9 18 2
27 117	4 32 9	22 24 45	20 58 45	24 15 28	23 21 28	22 33 59	26 58 32	3 56 54	20 12	2 51 6	30 9 6	5 9 23.3	1 50 58	10 9 10
28 118	6 35 18	23 33 10	21 44 40	24 11 34	23 22 17	22 36 29	26 59 26	3 56 6	20 12	2 55 52	30 9 0	5 9 23.2	1 58 35	11 0 28
29 119	8 39 49	24 41 26	22 30 34	24 7 31	23 23 13	22 38 57	27 0 17	3 55 17	20 10	3 0 37	30 8 44	5 9 23.2	2 6 19	11 51 48
30 120	10♈45 36	25♉49 33	23♒16 27	24♏ 3 17	23♋24 14	22♒41 23	27♑ 1 7	3♐54 26	20♒07	3 5 24	30 8 19	5 9 23.2	2 14 11	12N43 0

DAY Apr	♀ VENUS R.A. h m s	DECL ° ' "	♂ MARS R.A. h m s	DECL ° ' "	♃ JUPITER R.A. h m s	DECL ° ' "	♄ SATURN R.A. h m s	DECL ° ' "	♅ URANUS R.A. h m s	DECL ° ' "	♆ NEPTUNE R.A. h m s	DECL ° ' "	♇ PLUTO R.A. h m s	DECL ° ' "
1	2 56 43	17N41 32	21 54 16	14S 3 28	17 15 36	22S19 1	9 25 21	16N33 5	23 10 12	6S 8 34	21 34 54	14S38 29	17 55 43	16S27 6
2	3 1 27	18 4 52	21 57 15	13 48 16	17 15 39	22 19 3	9 25 13	16 33 39	23 10 23	6 7 20	21 35 0	14 37 59	17 55 43	16 26 59
3	3 6 11	18 27 46	22 0 14	13 32 56	17 15 42	22 19 4	9 25 5	16 34 11	23 10 35	6 6 7	21 35 7	14 37 29	17 55 43	16 26 51
4	3 10 57	18 50 12	22 3 12	13 17 29	17 15 44	22 19 4	9 24 58	16 34 42	23 10 47	6 4 55	21 35 13	14 37 0	17 55 43	16 26 43
5	3 15 43	19 12 11	22 6 10	13 1 54	17 15 46	22 19 4	9 24 52	16 35 10	23 10 59	6 3 43	21 35 19	14 36 31	17 55 42	16 26 36
6	3 20 30	19 33 40	22 9 7	12 46 11	17 15 46	22 19 2	9 24 46	16 35 36	23 11 10	6 2 31	21 35 25	14 36 3	17 55 42	16 26 29
7	3 25 18	19 54 41	22 12 4	12 30 22	17 15 46	22 19 0	9 24 40	16 36 1	23 11 22	6 1 20	21 35 31	14 35 35	17 55 41	16 26 21
8	3 30 7	20 15 12	22 15 1	12 14 26	17 15 45	22 18 57	9 24 35	16 36 23	23 11 33	6 0 9	21 35 36	14 35 7	17 55 40	16 26 14
9	3 34 56	20 35 12	22 17 58	11 58 23	17 15 43	22 18 54	9 24 30	16 36 43	23 11 44	5 58 59	21 35 42	14 34 40	17 55 39	16 26 7
10	3 39 47	20 54 42	22 20 54	11 42 13	17 15 40	22 18 49	9 24 25	16 37 1	23 11 55	5 57 50	21 35 48	14 34 14	17 55 38	16 25 59
11	3 44 38	21 13 40	22 23 50	11 25 57	17 15 36	22 18 44	9 24 21	16 37 18	23 12 7	5 56 41	21 35 53	14 33 48	17 55 37	16 25 52
12	3 49 30	21 32 5	22 26 45	11 9 35	17 15 32	22 18 38	9 24 18	16 37 32	23 12 18	5 55 32	21 35 59	14 33 23	17 55 35	16 25 45
13	3 54 23	21 49 58	22 29 40	10 53 8	17 15 27	22 18 31	9 24 14	16 37 44	23 12 29	5 54 25	21 36 4	14 32 58	17 55 34	16 25 38
14	3 59 16	22 7 18	22 32 35	10 36 34	17 15 21	22 18 24	9 24 11	16 37 54	23 12 39	5 53 17	21 36 9	14 32 34	17 55 32	16 25 31
15	4 4 10	22 24 3	22 35 30	10 19 55	17 15 14	22 18 15	9 24 9	16 38 2	23 12 50	5 52 11	21 36 14	14 32 10	17 55 31	16 25 25
16	4 9 5	22 40 14	22 38 24	10 3 10	17 15 6	22 18 6	9 24 7	16 38 8	23 13 1	5 51 5	21 36 19	14 31 47	17 55 29	16 25 18
17	4 14 1	22 55 50	22 41 18	9 46 21	17 14 58	22 17 56	9 24 6	16 38 12	23 13 11	5 50 0	21 36 24	14 31 24	17 55 27	16 25 11
18	4 18 57	23 10 51	22 44 12	9 29 26	17 14 49	22 17 45	9 24 4	16 38 14	23 13 22	5 48 55	21 36 28	14 31 2	17 55 25	16 25 5
19	4 23 54	23 25 16	22 47 5	9 12 27	17 14 39	22 17 33	9 24 4	16 38 14	23 13 32	5 47 52	21 36 33	14 30 41	17 55 22	16 24 58
20	4 28 51	23 39 4	22 49 58	8 55 23	17 14 28	22 17 21	9 24 3	16 38 11	23 13 42	5 46 48	21 36 37	14 30 20	17 55 20	16 24 52
21	4 33 49	23 52 15	22 52 51	8 38 15	17 14 16	22 17 8	9 24 4	16 38 7	23 13 53	5 45 46	21 36 42	14 29 59	17 55 17	16 24 45
22	4 38 47	24 4 50	22 55 43	8 21 3	17 14 4	22 16 54	9 24 4	16 38 1	23 14 3	5 44 44	21 36 46	14 29 39	17 55 15	16 24 39
23	4 43 46	24 16 46	22 58 36	8 3 47	17 13 51	22 16 39	9 24 5	16 37 52	23 14 13	5 43 43	21 36 50	14 29 20	17 55 12	16 24 33
24	4 48 44	24 28 5	23 1 27	7 46 27	17 13 37	22 16 24	9 24 7	16 37 42	23 14 22	5 42 43	21 36 54	14 29 2	17 55 9	16 24 27
25	4 53 44	24 38 45	23 4 19	7 29 3	17 13 22	22 16 7	9 24 9	16 37 29	23 14 32	5 41 43	21 36 58	14 28 44	17 55 6	16 24 21
26	4 58 43	24 48 47	23 7 10	7 11 36	17 13 7	22 15 50	9 24 11	16 37 15	23 14 42	5 40 45	21 37 2	14 28 26	17 55 3	16 24 16
27	5 3 42	24 58 9	23 10 1	6 54 6	17 12 51	22 15 33	9 24 14	16 36 58	23 14 51	5 39 47	21 37 5	14 28 9	17 55 0	16 24 10
28	5 8 42	25 6 53	23 12 52	6 36 33	17 12 34	22 15 14	9 24 17	16 36 40	23 15 0	5 38 50	21 37 9	14 27 53	17 54 57	16 24 4
29	5 13 41	25 14 57	23 15 43	6 18 57	17 12 17	22 14 54	9 24 21	16 36 19	23 15 9	5 37 54	21 37 12	14 27 38	17 54 53	16 23 59
30	5 18 41	25N22 22	23 18 33	6S 1 18	17 11 59	22S14 34	9 24 25	16N35 57	23 15 19	5S36 58	21 37 16	14S27 23	17 54 50	16S23 54

DAY	SIDEREAL TIME h m s	☉ SUN LONG ° ' "	MOT ' "	R.A. h m s	DECL ° ' "	☽ MOON AT 0 HOURS LONG ° ' "	12h MOT ° ' "	2DIF "	R.A. h m s	DECL ° ' "	☽ MOON AT 12 HOURS LONG ° ' "	12h MOT ° ' "	2DIF "	R.A. h m s	DECL ° ' "
1 Tu	14 34 11	15♈24 55	58 14	2 31 22.8	14N53 48	29♍52 21	5 55 32	28	13 26 40	12S36 52	5♎47 53	5 56 35	35	13 48 48	15S 7 8
2 W	14 38 8	16 23 9	58 12	2 35 12.0	15 11 58	11♎44 28	5 57 52	41	14 11 30	17 29 23	17 42 20	5 59 20	46	14 34 51	19 42 1
3 Th	14 42 4	17 21 21	58 10	2 39 1.7	15 29 53	23 41 40	6 0 58	51	14 58 54	21 43 23	29 42 37	6 2 45	56	15 23 42	23 31 42
4 F	14 46 1	18 19 31	58 9	2 42 51.9	15 47 33	5♏45 22	6 4 42	61	15 49 15	25 5 14	11♏50 4	6 6 48	66	16 15 32	26 22 16
5 S	14 49 57	19 17 39	58 7	2 46 42.7	16 4 57	17 56 52	6 9 4	71	16 42 29	27 21 10	24 5 56	6 11 32	77	17 10 1	28 0 30
6 Su	14 53 54	20 15 46	58 6	2 50 34.0	16 22 5	0♐17 28	6 14 12	83	17 37 58	28 19 5	6♐31 40	6 17 6	91	18 6 12	28 16 6
7 M	14 57 50	21 13 52	58 4	2 54 26.0	16 38 57	12 48 45	6 20 15	99	18 34 33	27 51 7	19 9 1	6 23 42	108	19 2 50	27 4 4
8 Tu	15 1 47	22 11 55	58 3	2 58 18.5	16 55 33	25 32 42	6 27 27	117	19 30 55	25 55 22	2♑ 0 10	6 31 32	127	19 58 40	24 25 45
9 W	15 5 44	23 9 58	58 1	3 2 11.6	17 11 52	8♑31 41	6 35 57	137	20 26 1	22 36 16	15 7 38	6 40 41	147	20 52 54	20 28 17
10 Th	15 9 40	24 7 59	58 0	3 6 5.2	17 27 53	21 48 19	6 45 43	155	21 19 21	18 3 19	28 34 2	6 51 1	162	21 45 23	15 23 4
11 F	15 13 37	25 5 59	57 59	3 9 59.5	17 43 37	5♒25 3	6 56 32	167	22 11 4	12 29 22	12♒21 35	7 2 8	168	22 36 31	9 24 12
12 S	15 17 33	26 3 58	57 57	3 13 54.3	17 59 4	19 23 43	7 7 44	166	23 1 52	6 9 41	26 31 27	7 13 12	159	23 27 13	2 48 6
13 Su	15 21 30	27 1 55	57 56	3 17 49.8	18 14 12	3♓44 39	7 18 20	147	23 52 45	0N38 3	11♓ 2 59	7 23 0	130	0 18 36	4N 6 1
14 M	15 25 26	27 59 51	57 55	3 21 45.8	18 29 2	18 25 59	7 26 59	107	0 44 56	7 32 48	25 52 58	7 30 7	78	1 11 55	10 55 9
15 Tu	15 29 23	28 57 46	57 54	3 25 42.5	18 43 33	3♈23 4	7 32 13	46	1 39 40	14 9 32	10♈55 17	7 33 10	10	2 8 18	17 12 13
16 W	15 33 19	29 55 39	57 52	3 29 39.7	18 57 45	18 28 27	7 32 53	-28	2 37 53	19 59 23	26 1 20	7 31 19	-66	3 8 25	22 27 17
17 Th	15 37 16	0♉53 31	57 51	3 33 37.4	19 11 38	3♉32 39	7 28 30	-102	3 39 51	24 32 22	11♉ 1 9	7 24 31	-135	4 12 0	26 11 40
18 F	15 41 13	1 51 22	57 49	3 37 35.8	19 25 12	18 25 40	7 19 30	-164	4 44 39	27 22 54	25 45 10	7 13 37	-186	5 17 29	28 4 47
19 S	15 45 9	2 49 11	57 48	3 41 34.7	19 38 25	2♊58 47	7 7 4	-203	5 50 9	28 17 4	10♊ 5 51	7 0 4	-214	6 22 19	28 0 37
20 Su	15 49 6	3 46 59	57 46	3 45 34.1	19 51 19	17 5 56	6 52 50	-218	6 53 42	27 17 11	23 58 45	6 45 32	-217	7 24 3	26 9 13
21 M	15 53 2	4 44 44	57 44	3 49 34.1	20 3 52	0♋44 17	6 38 22	-211	7 53 13	24 39 37	7♋22 39	6 31 29	-200	8 21 9	22 51 25
22 Tu	15 56 59	5 42 29	57 43	3 53 34.6	20 16 4	13 54 8	6 25 1	-187	8 47 52	20 47 37	20 19 9	6 19 3	-170	9 13 24	18 31 3
23 W	16 0 55	6 40 11	57 41	3 57 35.6	20 27 56	26 38 12	6 13 40	-152	9 37 53	16 4 15	2♌51 52	6 8 55	-133	10 1 25	13 29 28
24 Th	16 4 52	7 37 53	57 40	4 1 37.1	20 39 26	9♌ 0 47	6 4 50	-113	10 24 10	10 48 42	15 5 37	6 1 25	-92	10 46 16	8 3 38
25 F	16 8 49	8 35 32	57 38	4 5 39.1	20 50 35	21 7 1	5 58 40	-72	11 7 51	5 15 47	27 5 42	5 56 36	-53	11 29 5	2 26 31
26 S	16 12 45	9 33 10	57 37	4 9 41.5	21 1 22	3♍ 2 17	5 55 9	-34	11 50 6	0S22 58	8♍57 26	5 54 18	-17	12 11 3	3S11 28
27 Su	16 16 42	10 30 47	57 35	4 13 44.5	21 11 48	14 51 45	5 54 2	-1	12 32 2	5 57 51	20 45 46	5 54 16	14	12 53 13	8 40 58
28 M	16 20 38	11 28 22	57 34	4 17 47.9	21 21 52	26 40 2	5 54 58	27	13 14 41	11 19 36	2♎35 0	5 56 6	39	13 36 35	13 52 28
29 Tu	16 24 35	12 25 56	57 33	4 21 51.7	21 31 33	8♎31 6	5 57 35	49	13 59 1	16 18 9	14 28 41	5 59 23	58	14 22 4	18 35 8
30 W	16 28 31	13 23 28	57 31	4 25 56.0	21 40 52	20 28 3	6 1 25	64	14 45 49	20 41 49	26 29 29	6 3 40	70	15 10 20	22 36 27
31 Th	16 32 28	14♉20 59	57 30	4 30 0.8	21N49 49	2♏33 9	6 6 4	74	15 35 39	24S17 14	8♏39 13	6 8 35	77	16 1 45	25S42 18

LUNAR INGRESSES
1 ☽ ♎ 0:16
3 ☽ ♏ 12:35
5 ☽ ♐ 23:26
8 ☽ ♑ 8:17
10 ☽ ♒ 14:31
12 ☽ ♓ 17:48
14 ☽ ♈ 18:36
16 ☽ ♉ 18:20
18 ☽ ♊ 19:02
20 ☽ ♋ 22:41
23 ☽ ♌ 6:28
25 ☽ ♍ 17:51
28 ☽ ♎ 6:46
30 ☽ ♏ 18:57

PLANET INGRESSES
3 ♀ ♊ 16:44
8 ☿ ♉ 22:48
8 ♂ ♓ 19:27
16 ☉ ♉ 1:48
25 ☿ ♊ 4:44
31 ♀ ♋ 14:03

STATIONS
25 ♆ R 1:09

DATA FOR THE 1st AT 0 HOURS
JULIAN DAY 39201.5
☽ MEAN ☊ 18°♒ 28' 12"
OBLIQUITY 23° 26' 27"
DELTA T 68.4 SECONDS
NUTATION LONGITUDE 3.5"

DAY MO YR	☿ LONG ° ' "	♀ LONG ° ' "	♂ LONG ° ' "	♃ LONG ° ' "	♄ LONG ° ' "	♅ LONG ° ' "	♆ LONG ° ' "	♇ LONG ° ' "	☊ LONG ° '	A.S.S.I. h m s	S.S.R.Y. h m s	S.V.P. ♓ ° ' "	☿ MERCURY R.A. h m s	DECL ° ' "
1 121	12♈52 31	26♉57 30	24♒ 2 19	23♏58R55	23♋25 22	22♒43 47	27♑ 1 55	3♐53R33	20♒00	3 10 11	30 7 46	5 9 23.1	2 22 10	13N33 57
2 122	15 0 27	28 5 18	24 48 10	23 54 22	23 26 37	22 46 8	27 2 41	3 52 39	19 52	3 14 59	30 7 7	5 9 23.0	2 30 16	14 24 27
3 123	17 9 12	29 12 56	25 34 1	23 49 41	23 27 57	22 48 28	27 3 25	3 51 43	19 42	3 19 48	30 6 22	5 9 22.9	2 38 29	15 14 19
4 124	19 18 35	0♊20 24	26 19 50	23 44 50	23 29 24	22 50 45	27 4 7	3 50 46	19 31	3 24 37	30 5 34	5 9 22.7	2 46 49	16 3 22
5 125	21 28 22	1 27 42	27 5 38	23 39 51	23 30 57	22 53 1	27 4 47	3 49 47	19 20	3 29 27	30 4 43	5 9 22.5	2 55 14	16 51 25
6 126	23 38 19	2 34 50	27 51 25	23 34 42	23 32 37	22 55 14	27 5 26	3 48 47	19 10	3 34 18	30 3 51	5 9 22.3	3 3 43	17 38 13
7 127	25 48 9	3 41 48	28 37 12	23 29 25	23 34 22	22 57 24	27 6 2	3 47 46	19 02	3 39 9	30 3 1	5 9 22.0	3 12 17	18 23 36
8 128	27 57 37	4 48 34	29 22 57	23 24 0	23 36 14	22 59 33	27 6 36	3 46 43	18 57	3 44 1	30 2 16	5 9 21.8	3 20 53	19 7 20
9 129	0♉ 6 23	5 55 10	0♓ 8 40	23 18 26	23 38 12	23 1 39	27 7 9	3 45 39	18 54	3 48 54	30 1 38	5 9 21.6	3 29 32	19 49 15
10 130	2 14 11	7 1 35	0 54 23	23 12 44	23 40 16	23 3 43	27 7 40	3 44 33	18 53	3 53 47	30 1 11	5 9 21.4	3 38 11	20 29 10
11 131	4 20 44	8 7 49	1 40 4	23 6 54	23 42 26	23 5 44	27 8 8	3 43 26	18 53	3 58 42	30 0 57	5 9 21.3	3 46 49	21 6 55
12 132	6 25 44	9 13 51	2 25 43	23 0 57	23 44 42	23 7 43	27 8 35	3 42 18	18 53	4 3 37	30 1 0	5 9 21.2	3 55 26	21 42 22
13 133	8 28 57	10 19 42	3 11 22	22 54 52	23 47 4	23 9 40	27 9 0	3 41 8	18 52	4 8 33	30 1 18	5 9 21.2	4 3 59	22 15 24
14 134	10 30 6	11 25 21	3 56 58	22 48 40	23 49 32	23 11 34	27 9 22	3 39 58	18 50	4 13 29	30 1 53	5 9 21.1	4 12 28	22 45 57
15 135	12 29 1	12 30 47	4 42 33	22 42 21	23 52 6	23 13 26	27 9 43	3 38 46	18 44	4 18 26	30 2 43	5 9 21.0	4 20 51	23 13 56
16 136	14 25 28	13 36 1	5 28 5	22 35 55	23 54 45	23 15 15	27 10 2	3 37 33	18 36	4 23 24	30 3 44	5 9 20.8	4 29 7	23 39 20
17 137	16 19 18	14 41 2	6 13 36	22 29 23	23 57 31	23 17 2	27 10 19	3 36 18	18 26	4 28 23	30 4 54	5 9 20.6	4 37 15	24 2 9
18 138	18 10 23	15 45 49	6 59 5	22 22 45	24 0 23	23 18 46	27 10 33	3 35 3	18 16	4 33 23	30 6 8	5 9 20.4	4 45 14	24 22 24
19 139	19 58 35	16 50 23	7 44 32	22 16 1	24 3 20	23 20 27	27 10 46	3 33 46	18 06	4 38 23	30 7 22	5 9 20.1	4 53 4	24 40 7
20 140	21 43 48	17 54 43	8 29 56	22 9 11	24 6 23	23 22 6	27 10 57	3 32 29	17 57	4 43 24	30 8 33	5 9 19.8	5 0 42	24 55 20
21 141	23 25 58	18 58 48	9 15 19	22 2 16	24 9 32	23 23 42	27 11 6	3 31 10	17 51	4 48 25	30 9 36	5 9 19.5	5 8 10	25 8 8
22 142	25 5 0	20 2 37	10 0 39	21 55 16	24 12 46	23 25 16	27 11 13	3 29 51	17 47	4 53 27	30 10 31	5 9 19.3	5 15 25	25 18 36
23 143	26 40 50	21 6 11	10 45 56	21 48 11	24 16 6	23 26 47	27 11 18	3 28 30	17 45	4 58 30	30 11 16	5 9 19.1	5 22 27	25 26 49
24 144	28 13 26	22 9 29	11 31 11	21 41 2	24 19 31	23 28 16	27 11 21	3 27 9	17 45	5 3 33	30 11 51	5 9 19.0	5 29 17	25 32 52
25 145	29 42 46	23 12 31	12 16 24	21 33 49	24 23 2	23 29 41	27 11R22	3 25 47	17 45	5 8 37	30 12 15	5 9 18.9	5 35 52	25 36 52
26 146	1♊ 8 46	24 15 15	13 1 35	21 26 32	24 26 38	23 31 4	27 11 21	3 24 23	17 44	5 13 42	30 12 29	5 9 18.8	5 42 13	25 38 53
27 147	2 31 24	25 17 42	13 46 43	21 19 11	24 30 19	23 32 25	27 11 18	3 22 59	17 42	5 18 47	30 12 31	5 9 18.8	5 48 20	25 39 3
28 148	3 50 37	26 19 50	14 31 48	21 11 47	24 34 6	23 33 42	27 11 13	3 21 34	17 37	5 23 53	30 12 24	5 9 18.7	5 54 11	25 37 28
29 149	5 6 23	27 21 40	15 16 51	21 4 21	24 37 58	23 34 57	27 11 6	3 20 9	17 29	5 28 59	30 12 8	5 9 18.6	5 59 47	25 34 14
30 150	6 18 39	28 23 11	16 1 52	20 56 52	24 41 55	23 36 9	27 10 58	3 18 43	17 19	5 34 6	30 11 42	5 9 18.4	6 5 7	25 29 27
31 151	7♊27 22	29♊24 21	16♓46 50	20♏49 20	24♋45 57	23♒37 18	27♑10 47	3♐17 16	17♒07	5 39 14	30 11 8	5 9 18.2	6 10 11	25N23 14

DAY May	♀ VENUS R.A. h m s	DECL ° ' "	♂ MARS R.A. h m s	DECL ° ' "	♃ JUPITER R.A. h m s	DECL ° ' "	♄ SATURN R.A. h m s	DECL ° ' "	♅ URANUS R.A. h m s	DECL ° ' "	♆ NEPTUNE R.A. h m s	DECL ° ' "	♇ PLUTO R.A. h m s	DECL ° ' "
1	5 23 40	25N29 7	23 21 23	5S43 36	17 11 40	22S14 13	9 24 29	16N35 32	23 15 27	5S36 4	21 37 19	14S27 8	17 54 46	16S23 49
2	5 28 40	25 35 12	23 24 13	5 25 53	17 11 20	22 13 51	9 24 34	16 35 6	23 15 36	5 35 10	21 37 22	14 26 54	17 54 42	16 23 44
3	5 33 39	25 40 37	23 27 3	5 8 7	17 11 0	22 13 28	9 24 39	16 34 37	23 15 45	5 34 17	21 37 25	14 26 41	17 54 39	16 23 39
4	5 38 37	25 45 23	23 29 52	4 50 19	17 10 39	22 13 5	9 24 45	16 34 7	23 15 53	5 33 25	21 37 27	14 26 29	17 54 35	16 23 34
5	5 43 36	25 49 28	23 32 42	4 32 29	17 10 18	22 12 41	9 24 51	16 33 35	23 16 2	5 32 34	21 37 30	14 26 17	17 54 31	16 23 30
6	5 48 34	25 52 53	23 35 31	4 14 37	17 9 56	22 12 16	9 24 57	16 33 0	23 16 10	5 31 43	21 37 33	14 26 5	17 54 27	16 23 25
7	5 53 31	25 55 39	23 38 20	3 56 44	17 9 33	22 11 50	9 25 4	16 32 24	23 16 18	5 30 54	21 37 35	14 25 54	17 54 22	16 23 21
8	5 58 28	25 57 45	23 41 8	3 38 49	17 9 9	22 11 23	9 25 12	16 31 46	23 16 26	5 30 5	21 37 37	14 25 44	17 54 18	16 23 17
9	6 3 24	25 59 10	23 43 57	3 20 54	17 8 46	22 10 56	9 25 19	16 31 6	23 16 34	5 29 18	21 37 40	14 25 35	17 54 14	16 23 13
10	6 8 19	25 59 57	23 46 45	3 2 57	17 8 21	22 10 28	9 25 27	16 30 24	23 16 42	5 28 31	21 37 42	14 25 26	17 54 9	16 23 9
11	6 13 14	26 0 3	23 49 34	2 45 0	17 7 56	22 9 59	9 25 36	16 29 41	23 16 49	5 27 45	21 37 43	14 25 18	17 54 4	16 23 6
12	6 18 7	25 59 31	23 52 22	2 27 3	17 7 30	22 9 29	9 25 45	16 28 55	23 16 57	5 27 0	21 37 45	14 25 10	17 54 0	16 23 2
13	6 23 0	25 58 19	23 55 9	2 9 5	17 7 4	22 8 59	9 25 54	16 28 8	23 17 4	5 26 17	21 37 47	14 25 3	17 53 55	16 22 59
14	6 27 51	25 56 28	23 57 57	1 51 7	17 6 37	22 8 28	9 26 4	16 27 18	23 17 11	5 25 34	21 37 48	14 24 57	17 53 50	16 22 56
15	6 32 42	25 53 59	0 0 45	1 33 9	17 6 10	22 7 55	9 26 14	16 26 27	23 17 18	5 24 52	21 37 50	14 24 51	17 53 45	16 22 53
16	6 37 31	25 50 51	0 3 32	1 15 11	17 5 43	22 7 23	9 26 24	16 25 34	23 17 25	5 24 11	21 37 51	14 24 46	17 53 40	16 22 50
17	6 42 20	25 47 5	0 6 19	0 57 14	17 5 15	22 6 49	9 26 35	16 24 39	23 17 31	5 23 31	21 37 52	14 24 42	17 53 35	16 22 48
18	6 47 6	25 42 42	0 9 7	0 39 17	17 4 46	22 6 15	9 26 47	16 23 42	23 17 38	5 22 52	21 37 53	14 24 38	17 53 30	16 22 45
19	6 51 52	25 37 41	0 11 54	0 21 21	17 4 17	22 5 40	9 26 58	16 22 43	23 17 44	5 22 14	21 37 54	14 24 35	17 53 25	16 22 43
20	6 56 36	25 32 4	0 14 40	0 3 26	17 3 48	22 5 5	9 27 10	16 21 43	23 17 50	5 21 37	21 37 55	14 24 32	17 53 19	16 22 41
21	7 1 18	25 25 50	0 17 27	0N14 27	17 3 18	22 4 28	9 27 23	16 20 41	23 17 56	5 21 2	21 37 55	14 24 30	17 53 14	16 22 39
22	7 5 59	25 19 0	0 20 14	0 32 19	17 2 48	22 3 52	9 27 35	16 19 37	23 18 2	5 20 27	21 37 56	14 24 29	17 53 8	16 22 38
23	7 10 37	25 11 35	0 23 0	0 50 10	17 2 17	22 3 14	9 27 49	16 18 31	23 18 8	5 19 53	21 37 56	14 24 29	17 53 3	16 22 36
24	7 15 15	25 3 35	0 25 47	1 7 59	17 1 47	22 2 36	9 28 2	16 17 24	23 18 13	5 19 20	21 37 56	14 24 29	17 52 57	16 22 35
25	7 19 50	24 55 1	0 28 33	1 25 46	17 1 16	22 1 58	9 28 16	16 16 15	23 18 19	5 18 49	21 37 57	14 24 30	17 52 52	16 22 34
26	7 24 23	24 45 54	0 31 19	1 43 30	17 0 44	22 1 18	9 28 30	16 15 4	23 18 24	5 18 18	21 37 57	14 24 31	17 52 46	16 22 33
27	7 28 54	24 36 13	0 34 5	2 1 13	17 0 13	22 0 38	9 28 45	16 13 51	23 18 29	5 17 49	21 37 56	14 24 33	17 52 40	16 22 33
28	7 33 24	24 26 0	0 36 51	2 18 54	16 59 41	21 59 58	9 28 59	16 12 37	23 18 34	5 17 21	21 37 56	14 24 36	17 52 34	16 22 32
29	7 37 51	24 15 15	0 39 37	2 36 31	16 59 9	21 59 17	9 29 15	16 11 21	23 18 38	5 16 53	21 37 56	14 24 39	17 52 28	16 22 32
30	7 42 15	24 3 59	0 42 23	2 54 7	16 58 37	21 58 36	9 29 30	16 10 4	23 18 43	5 16 27	21 37 55	14 24 43	17 52 22	16 22 32
31	7 46 38	23N52 13	0 45 9	3N11 39	16 58 5	21S57 54	9 29 46	16N 8 45	23 18 47	5S16 2	21 37 55	14S24 47	17 52 16	16S22 32

JUNE 2007

DAY	SIDEREAL TIME h m s	☉ SUN LONG ° ' "	MOT ' "	R.A. h m s	DECL ° ' "
1 F	16 36 24	15♉18 29	57 29	4 34 5.9	21N58 23
2 S	16 40 21	16 15 59	57 28	4 38 11.5	22 6 33
3 Su	16 44 18	17 13 27	57 27	4 42 17.5	22 14 21
4 M	16 48 14	18 10 54	57 27	4 46 23.8	22 21 46
5 Tu	16 52 11	19 8 20	57 26	4 50 30.5	22 28 47
6 W	16 56 7	20 5 46	57 25	4 54 37.5	22 35 25
7 Th	17 0 4	21 3 11	57 24	4 58 44.9	22 41 39
8 F	17 4 0	22 0 35	57 24	5 2 52.6	22 47 29
9 S	17 7 57	22 57 59	57 23	5 7 0.6	22 52 55
10 Su	17 11 53	23 55 22	57 23	5 11 8.9	22 57 57
11 M	17 15 50	24 52 45	57 22	5 15 17.4	23 2 35
12 Tu	17 19 47	25 50 7	57 22	5 19 26.2	23 6 48
13 W	17 23 43	26 47 29	57 21	5 23 35.2	23 10 37
14 Th	17 27 40	27 44 50	57 21	5 27 44.4	23 14 1
15 F	17 31 36	28 42 10	57 20	5 31 53.7	23 17 1
16 S	17 35 33	29 39 30	57 20	5 36 3.2	23 19 36
17 Su	17 39 29	0♊36 50	57 19	5 40 12.8	23 21 46
18 M	17 43 26	1 34 8	57 18	5 44 22.4	23 23 32
19 Tu	17 47 22	2 31 26	57 17	5 48 32.1	23 24 52
20 W	17 51 19	3 28 43	57 16	5 52 41.8	23 25 48
21 Th	17 55 16	4 25 59	57 16	5 56 51.5	23 26 19
22 F	17 59 12	5 23 15	57 15	6 1 1.1	23 26 25
23 S	18 3 9	6 20 30	57 14	6 5 10.7	23 26 7
24 Su	18 7 5	7 17 44	57 14	6 9 20.2	23 25 23
25 M	18 11 2	8 14 57	57 13	6 13 29.6	23 24 15
26 Tu	18 14 58	9 12 10	57 13	6 17 38.9	23 22 42
27 W	18 18 55	10 9 23	57 12	6 21 48.0	23 20 45
28 Th	18 22 51	11 6 35	57 12	6 25 57.0	23 18 23
29 F	18 26 48	12 3 46	57 12	6 30 5.8	23 15 36
30 S	18 30 45	13♊ 0 58	57 11	6 34 14.3	23N12 26

DAY	☽ MOON AT 0 HOURS LONG ° ' "	12h MOT ° ' "	2DIF "	R.A. h m s	DECL ° ' "
1 F	14♏47 48	6 11 11	79	16 28 35	26S49 54
2 S	27 12 49	6 16 30	81	17 24 5	28 6 22
3 Su	9♐48 31	6 21 56	82	18 21 1	27 57 1
4 M	22 35 10	6 27 31	86	19 17 53	26 18 43
5 Tu	5♑33 5	6 33 24	92	20 13 26	23 15 46
6 W	18 43 0	6 39 48	101	21 6 55	18 58 25
7 Th	2♒ 6 2	6 46 51	111	21 58 21	13 40 36
8 F	15 43 30	6 54 33	119	22 48 19	7 37 55
9 S	29 36 36	7 2 37	121	23 37 46	1 6 59
10 Su	13♓45 50	7 10 28	111	0 27 55	5N34 14
11 M	28 10 19	7 17 9	85	1 20 3	12 5 13
12 Tu	12♈47 11	7 21 34	43	2 15 21	18 2 6
13 W	27 31 21	7 22 42	-12	3 14 32	22 57 59
14 Th	12♉15 50	7 19 52	-73	4 17 26	26 25 58
15 F	26 52 39	7 13 6	-128	5 22 35	28 5 21
16 S	11♊14 11	7 3 4	-169	6 27 26	27 48 43
17 Su	25 14 25	6 50 55	-191	7 29 26	25 44 39
18 M	8♋49 47	6 37 59	-192	8 26 58	22 13 36
19 Tu	21 59 25	6 25 33	-177	9 19 39	17 40 11
20 W	4♌44 48	6 14 36	-149	10 8 5	12 27 3
21 Th	17 9 17	6 5 47	-113	10 53 18	6 52 23
22 F	29 17 23	5 59 31	-74	11 36 28	1 9 59
23 S	11♍14 18	5 55 55	-34	12 18 45	4S29 23
24 Su	23 5 19	5 54 56	4	13 1 17	9 56 25
25 M	4♎55 36	5 56 20	37	13 45 6	15 1 54
26 Tu	16 49 46	5 59 49	65	14 31 7	19 35 25
27 W	28 51 46	6 4 55	86	15 20 2	23 24 41
28 Th	11♏ 4 37	6 11 10	99	16 12 13	26 15 39
29 F	23 30 20	6 18 2	105	17 7 23	27 53 54
30 S	6♐ 9 53	6 25 1	103	18 4 34	28S 7 28

DAY	☽ MOON AT 12 HOURS LONG ° ' "	12h MOT ° ' "	2DIF "	R.A. h m s	DECL ° ' "
1 F	20♏58 59	6 13 50	80	16 56 4	27S38 24
2 S	3♐29 19	6 19 13	81	17 52 28	28 12 47
3 Su	16 10 28	6 24 42	84	18 49 33	27 18 53
4 M	29 2 41	6 30 25	88	19 45 53	24 57 18
5 Tu	12♑ 6 29	6 36 31	96	20 40 27	21 15 34
6 W	25 22 48	6 43 14	106	21 32 52	16 26 7
7 Th	8♒52 53	6 50 37	115	22 23 28	10 43 51
8 F	22 38 2	6 58 34	121	23 13 2	4 24 54
9 S	6♓39 13	7 6 37	118	0 2 40	2N13 33
10 Su	20 56 18	7 14 1	100	0 53 39	8 52 25
11 M	5♈27 28	7 19 43	66	1 47 15	15 9 33
12 Tu	20 8 45	7 22 36	17	2 44 26	20 39 24
13 W	4♉54 3	7 21 48	-42	3 45 35	24 54 29
14 Th	19 35 42	7 16 57	-101	4 49 52	27 30 4
15 F	4♊ 5 46	7 8 26	-151	5 55 13	28 11 22
16 S	18 17 15	6 57 10	-182	6 58 56	26 59 1
17 Su	2♋ 5 20	6 44 28	-194	7 58 49	24 8 28
18 M	15 27 47	6 31 38	-187	8 53 53	20 3 11
19 Tu	28 24 58	6 19 50	-164	9 44 20	15 7 20
20 W	10♌59 23	6 9 53	-132	10 31 1	9 41 28
21 Th	23 15 4	6 2 20	-94	11 15 3	4 1 25
22 F	5♍16 55	5 57 23	-54	11 57 39	1S40 41
23 S	17 10 13	5 55 6	-15	12 39 56	7 15 0
24 Su	29 0 15	5 55 21	21	13 22 58	12 32 28
25 M	10♎51 56	5 57 50	52	14 7 47	17 23 22
26 Tu	22 49 35	6 2 11	77	14 55 11	21 36 26
27 W	4♏56 41	6 7 56	94	15 45 43	24 58 22
28 Th	17 15 47	6 14 33	103	16 39 28	27 14 43
29 F	29 48 21	6 21 32	105	17 35 48	28 11 50
30 S	12♐34 54	6 28 26	101	18 33 28	27S40 16

LUNAR INGRESSES
2 ☽ ♐ 5:20
4 ☽ ♑ 13:46
6 ☽ ♒ 20:16
9 ☽ ♓ 0:40
11 ☽ ♈ 3:01
13 ☽ ♉ 4:02
15 ☽ ♊ 5:11
17 ☽ ♋ 8:19
19 ☽ ♌ 14:59
22 ☽ ♍ 1:25
24 ☽ ♎ 14:01
27 ☽ ♏ 2:15
29 ☽ ♐ 12:22

PLANET INGRESSES
16 ☉ ♊ 8:35
17 ♂ ♈ 19:46

STATIONS
15 ☿ R 23:41
23 ♅ R 14:44

DATA FOR THE 1st AT 0 HOURS
JULIAN DAY 39232.5
☽ MEAN ☊ 16°♒ 49' 38"
OBLIQUITY 23° 26' 26"
DELTA T 68.4 SECONDS
NUTATION LONGITUDE 4.7"

DAY MO YR	☿ LONG ° ' "	♀ LONG ° ' "	♂ LONG ° ' "	♃ LONG ° ' "	♄ LONG ° ' "	♅ LONG ° ' "	♆ LONG ° ' "	♇ LONG ° ' "	☊ LONG ° '	A.S.S.I. h m s	S.S.R.Y. h m s	S.V.P. ♓ ° ' "	☿ MERCURY R.A. h m s	☿ MERCURY DECL ° ' "
1 152	8♊32 28	0♋25 12	17♓31 45	20♏41R47	24♋50 5	23♒38 25	27♑10R34	3♐15R48	16♒53	5 44 22	30 10 28	5 9 18.0	6 14 58	25N15 39
2 153	9 33 54	1 25 42	18 16 38	20 34 12	24 54 17	23 39 29	27 10 20	3 14 20	16 40	5 49 30	30 9 35	5 9 17.7	6 19 29	25 6 51
3 154	10 31 34	2 25 50	19 1 28	20 26 35	24 58 34	23 40 30	27 10 4	3 12 51	16 28	5 54 39	30 8 40	5 9 17.5	6 23 42	24 56 54
4 155	11 25 26	3 25 36	19 46 15	20 18 57	25 2 56	23 41 28	27 9 46	3 11 21	16 18	5 59 49	30 7 41	5 9 17.2	6 27 37	24 45 54
5 156	12 15 24	4 24 59	20 31 0	20 11 19	25 7 23	23 42 23	27 9 25	3 9 51	16 11	6 4 59	30 6 42	5 9 16.9	6 31 15	24 33 57
6 157	13 1 23	5 23 59	21 15 41	20 3 40	25 11 55	23 43 16	27 9 3	3 8 21	16 06	6 10 9	30 5 48	5 9 16.7	6 34 34	24 21 9
7 158	13 43 18	6 22 35	22 0 20	19 56 1	25 16 31	23 44 5	27 8 40	3 6 50	16 05	6 15 20	30 5 3	5 9 16.6	6 37 34	24 7 35
8 159	14 21 4	7 20 46	22 44 56	19 48 22	25 21 12	23 44 52	27 8 14	3 5 18	16 04	6 20 31	30 4 29	5 9 16.4	6 40 16	23 53 21
9 160	14 54 36	8 18 32	23 29 29	19 40 44	25 25 58	23 45 36	27 7 46	3 3 46	16 04	6 25 43	30 4 11	5 9 16.3	6 42 38	23 38 31
10 161	15 23 50	9 15 51	24 13 58	19 33 6	25 30 48	23 46 17	27 7 17	3 2 14	16 03	6 30 55	30 4 9	5 9 16.3	6 44 41	23 23 13
11 162	15 48 40	10 12 44	24 58 24	19 25 30	25 35 43	23 46 55	27 6 46	3 0 41	16 00	6 36 7	30 4 24	5 9 16.2	6 46 24	23 7 30
12 163	16 9 2	11 9 9	25 42 47	19 17 55	25 40 42	23 47 31	27 6 13	2 59 8	15 55	6 41 19	30 4 56	5 9 16.0	6 47 47	22 51 28
13 164	16 24 54	12 5 5	26 27 6	19 10 21	25 45 46	23 48 3	27 5 38	2 57 35	15 47	6 46 32	30 5 41	5 9 15.8	6 48 50	22 35 13
14 165	16 36 13	13 0 31	27 11 22	19 2 50	25 50 54	23 48 32	27 5 1	2 56 2	15 36	6 51 45	30 6 37	5 9 15.5	6 49 33	22 18 49
15 166	16 42R58	13 55 27	27 55 34	18 55 21	25 56 6	23 48 59	27 4 23	2 54 28	15 25	6 56 59	30 7 41	5 9 15.2	6 49 57	22 2 22
16 167	16 45 10	14 49 50	28 39 42	18 47 56	26 1 23	23 49 23	27 3 43	2 52 54	15 15	7 2 12	30 8 47	5 9 14.9	6 50 0	21 45 58
17 168	16 42 52	15 43 41	29 23 46	18 40 33	26 6 44	23 49 43	27 3 1	2 51 20	15 06	7 7 26	30 9 54	5 9 14.6	6 49 44	21 29 41
18 169	16 36 8	16 36 57	0♈ 7 46	18 33 13	26 12 9	23 50 1	27 2 17	2 49 46	14 59	7 12 39	30 10 58	5 9 14.3	6 49 9	21 13 37
19 170	16 25 5	17 29 37	0 51 42	18 25 58	26 17 38	23 50 16	27 1 32	2 48 12	14 54	7 17 53	30 11 57	5 9 14.1	6 48 16	20 57 51
20 171	16 9 55	18 21 41	1 35 33	18 18 46	26 23 11	23 50 28	27 0 45	2 46 38	14 52	7 23 7	30 12 50	5 9 14.0	6 47 6	20 42 29
21 172	15 50 51	19 13 5	2 19 21	18 11 39	26 28 48	23 50 37	26 59 56	2 45 4	14 52	7 28 20	30 13 36	5 9 13.8	6 45 39	20 27 36
22 173	15 28 9	20 3 50	3 3 5	18 4 36	26 34 28	23 50 43	26 59 6	2 43 30	14 52	7 33 34	30 14 13	5 9 13.8	6 43 57	20 13 18
23 174	15 2 11	20 53 53	3 46 44	17 57 38	26 40 13	23 50R46	26 58 14	2 41 57	14 52	7 38 47	30 14 42	5 9 13.7	6 42 2	19 59 40
24 175	14 33 20	21 43 13	4 30 19	17 50 46	26 46 1	23 50 46	26 57 20	2 40 23	14 51	7 44 1	30 15 1	5 9 13.6	6 39 55	19 46 47
25 176	14 2 3	22 31 48	5 13 49	17 43 59	26 51 52	23 50 43	26 56 25	2 38 49	14 48	7 49 14	30 15 10	5 9 13.5	6 37 39	19 34 46
26 177	13 28 50	23 19 37	5 57 15	17 37 18	26 57 48	23 50 38	26 55 28	2 37 16	14 42	7 54 27	30 15 10	5 9 13.3	6 35 15	19 23 41
27 178	12 54 14	24 6 38	6 40 37	17 30 42	27 3 47	23 50 29	26 54 30	2 35 43	14 34	7 59 40	30 14 58	5 9 13.1	6 32 46	19 13 36
28 179	12 18 49	24 52 48	7 23 55	17 24 13	27 9 49	23 50 18	26 53 31	2 34 10	14 24	8 4 53	30 14 34	5 9 12.9	6 30 14	19 4 38
29 180	11 43 12	25 38 7	8 7 7	17 17 50	27 15 54	23 50 4	26 52 29	2 32 38	14 14	8 10 6	30 14 0	5 9 12.6	6 27 42	18 56 51
30 181	11♊ 7 59	26♋22 31	8♈50 16	17♏11 34	27♋22 3	23♒49 47	26♑51 27	2♐31 6	14♒03	8 15 18	30 13 13	5 9 12.4	6 25 12	18N50 17

DAY Jun	♀ VENUS R.A. h m s	♀ VENUS DECL ° ' "	♂ MARS R.A. h m s	♂ MARS DECL ° ' "	♃ JUPITER R.A. h m s	♃ JUPITER DECL ° ' "	♄ SATURN R.A. h m s	♄ SATURN DECL ° ' "	♅ URANUS R.A. h m s	♅ URANUS DECL ° ' "	♆ NEPTUNE R.A. h m s	♆ NEPTUNE DECL ° ' "	♇ PLUTO R.A. h m s	♇ PLUTO DECL ° ' "
1	7 50 58	23N39 57	0 47 54	3N29 9	16 57 32	21S57 12	9 30 2	16N 7 24	23 18 51	5S15 38	21 37 54	14S24 52	17 52 10	16S22 32
2	7 55 16	23 27 12	0 50 40	3 46 35	16 57 0	21 56 29	9 30 19	16 6 1	23 18 55	5 15 15	21 37 53	14 24 58	17 52 4	16 22 33
3	7 59 32	23 13 59	0 53 26	4 3 58	16 56 27	21 55 46	9 30 36	16 4 37	23 18 59	5 14 53	21 37 52	14 25 4	17 51 58	16 22 34
4	8 3 44	23 0 18	0 56 11	4 21 18	16 55 54	21 55 2	9 30 53	16 3 12	23 19 3	5 14 32	21 37 51	14 25 11	17 51 52	16 22 35
5	8 7 55	22 46 11	0 58 57	4 38 34	16 55 22	21 54 19	9 31 11	16 1 45	23 19 6	5 14 13	21 37 49	14 25 19	17 51 46	16 22 36
6	8 12 3	22 31 38	1 1 42	4 55 47	16 54 49	21 53 35	9 31 28	16 0 16	23 19 10	5 13 54	21 37 48	14 25 27	17 51 40	16 22 38
7	8 16 8	22 16 39	1 4 28	5 12 55	16 54 16	21 52 51	9 31 47	15 58 46	23 19 13	5 13 37	21 37 47	14 25 36	17 51 33	16 22 39
8	8 20 10	22 1 16	1 7 13	5 29 59	16 53 43	21 52 6	9 32 5	15 57 15	23 19 16	5 13 20	21 37 45	14 25 45	17 51 27	16 22 41
9	8 24 9	21 45 30	1 9 59	5 46 59	16 53 10	21 51 21	9 32 24	15 55 42	23 19 19	5 13 5	21 37 43	14 25 55	17 51 21	16 22 43
10	8 28 6	21 29 20	1 12 44	6 3 55	16 52 38	21 50 36	9 32 43	15 54 7	23 19 21	5 12 51	21 37 41	14 26 6	17 51 14	16 22 46
11	8 32 0	21 12 49	1 15 30	6 20 45	16 52 5	21 49 51	9 33 2	15 52 31	23 19 24	5 12 38	21 37 39	14 26 17	17 51 8	16 22 48
12	8 35 51	20 55 56	1 18 15	6 37 31	16 51 33	21 49 6	9 33 22	15 50 53	23 19 26	5 12 27	21 37 37	14 26 28	17 51 2	16 22 51
13	8 39 39	20 38 43	1 21 0	6 54 13	16 51 0	21 48 21	9 33 42	15 49 14	23 19 28	5 12 16	21 37 35	14 26 41	17 50 55	16 22 54
14	8 43 24	20 21 10	1 23 46	7 10 48	16 50 28	21 47 36	9 34 2	15 47 34	23 19 30	5 12 6	21 37 33	14 26 53	17 50 49	16 22 57
15	8 47 6	20 3 19	1 26 31	7 27 19	16 49 56	21 46 51	9 34 22	15 45 52	23 19 32	5 11 58	21 37 30	14 27 7	17 50 42	16 23 0
16	8 50 44	19 45 10	1 29 16	7 43 44	16 49 24	21 46 6	9 34 43	15 44 8	23 19 33	5 11 51	21 37 27	14 27 21	17 50 36	16 23 4
17	8 54 20	19 26 44	1 32 1	8 0 3	16 48 52	21 45 22	9 35 4	15 42 24	23 19 34	5 11 45	21 37 25	14 27 35	17 50 29	16 23 8
18	8 57 52	19 8 3	1 34 47	8 16 17	16 48 21	21 44 37	9 35 25	15 40 38	23 19 36	5 11 40	21 37 22	14 27 50	17 50 23	16 23 12
19	9 1 20	18 49 7	1 37 32	8 32 25	16 47 50	21 43 53	9 35 47	15 38 50	23 19 37	5 11 36	21 37 19	14 28 6	17 50 16	16 23 16
20	9 4 45	18 29 56	1 40 17	8 48 26	16 47 19	21 43 9	9 36 9	15 37 1	23 19 37	5 11 34	21 37 16	14 28 22	17 50 10	16 23 21
21	9 8 7	18 10 33	1 43 2	9 4 22	16 46 49	21 42 25	9 36 31	15 35 11	23 19 38	5 11 32	21 37 13	14 28 39	17 50 3	16 23 26
22	9 11 25	17 50 58	1 45 47	9 20 11	16 46 19	21 41 42	9 36 53	15 33 20	23 19 38	5 11 32	21 37 10	14 28 56	17 49 57	16 23 31
23	9 14 39	17 31 13	1 48 32	9 35 53	16 45 49	21 40 59	9 37 15	15 31 27	23 19 39	5 11 33	21 37 6	14 29 14	17 49 50	16 23 36
24	9 17 49	17 11 17	1 51 17	9 51 29	16 45 19	21 40 17	9 37 38	15 29 34	23 19 39	5 11 35	21 37 3	14 29 33	17 49 44	16 23 42
25	9 20 56	16 51 13	1 54 3	10 6 58	16 44 50	21 39 35	9 38 1	15 27 39	23 19 39	5 11 38	21 36 59	14 29 51	17 49 38	16 23 47
26	9 23 58	16 31 1	1 56 48	10 22 21	16 44 22	21 38 53	9 38 24	15 25 42	23 19 38	5 11 42	21 36 56	14 30 11	17 49 31	16 23 53
27	9 26 57	16 10 42	1 59 33	10 37 36	16 43 53	21 38 12	9 38 48	15 23 45	23 19 38	5 11 47	21 36 52	14 30 30	17 49 25	16 23 59
28	9 29 51	15 50 18	2 2 18	10 52 45	16 43 26	21 37 32	9 39 12	15 21 46	23 19 37	5 11 54	21 36 48	14 30 50	17 49 18	16 24 6
29	9 32 41	15 29 49	2 5 3	11 7 46	16 42 58	21 36 52	9 39 35	15 19 46	23 19 37	5 12 1	21 36 44	14 31 11	17 49 12	16 24 12
30	9 35 27	15N 9 16	2 7 48	11N22 40	16 42 32	21S36 14	9 40 0	15N17 45	23 19 36	5S12 10	21 36 40	14S31 32	17 49 6	16S24 19

JULY 2007

DAY	SIDEREAL TIME h m s	☉ SUN LONG ° ' "	SUN MOT ' "	SUN R.A. h m s	SUN DECL ° ' "	☽ MOON AT 0 HOURS LONG ° ' "	12h MOT ° ' "	2DIF "	R.A. h m s	DECL ° ' "	☽ MOON AT 12 HOURS LONG ° ' "	12h MOT ° ' "	2DIF "	R.A. h m s	DECL ° ' "
1 Su	18 34 41	13♊58 9	57 11	6 38 22.7	23N 8 50	19♐ 3 19	6 31 44	97	19 2 19	26S50 12	25♐35 3	6 34 55	93	19 30 54	25S37 46
2 M	18 38 38	14 55 20	57 11	6 42 30.8	23 4 51	2♑ 9 58	6 37 57	89	19 59 6	24 3 58	8♑47 55	6 40 50	85	20 26 46	22 10 13
3 Tu	18 42 34	15 52 31	57 11	6 46 38.7	23 0 27	15 28 45	6 43 35	81	20 53 52	19 58 17	22 12 20	6 46 12	77	21 20 23	17 30 9
4 W	18 46 31	16 49 42	57 11	6 50 46.2	22 55 39	28 58 33	6 48 43	74	21 46 20	14 47 58	5♒47 16	6 51 8	72	22 11 47	11 53 58
5 Th	18 50 27	17 46 53	57 11	6 54 53.5	22 50 28	12♒38 24	6 53 29	70	22 36 51	8 50 25	19 31 53	6 55 47	68	23 1 38	5 39 36
6 F	18 54 24	18 44 4	57 12	6 59 0.5	22 44 52	26 27 40	6 58 1	66	23 26 16	2 23 49	3♓25 40	7 0 11	64	23 50 54	0N54 36
7 S	18 58 21	19 41 16	57 12	7 3 7.1	22 38 53	10♓25 52	7 2 17	61	0 15 42	4N13 19	17 28 9	7 4 16	57	0 40 49	7 29 52
8 Su	19 2 17	20 38 28	57 13	7 7 13.4	22 32 30	24 32 25	7 6 6	51	1 6 24	10 41 43	1♈38 31	7 7 42	44	1 32 36	13 46 11
9 M	19 6 14	21 35 41	57 13	7 11 19.3	22 25 43	8♈46 13	7 9 1	34	1 59 34	16 40 28	15 55 14	7 9 58	22	2 27 23	19 21 36
10 Tu	19 10 10	22 32 53	57 14	7 15 24.8	22 18 34	23 5 12	7 10 29	8	2 56 8	21 46 34	0♉15 41	7 10 29	-9	3 25 48	23 52 21
11 W	19 14 7	23 30 7	57 14	7 19 30.0	22 11 1	7♉26 9	7 9 54	-27	3 56 21	25 36 6	14 36 3	7 8 41	-46	4 27 39	26 55 18
12 Th	19 18 3	24 27 20	57 14	7 23 34.7	22 3 5	21 44 44	7 6 50	-65	4 59 27	27 47 57	28 51 34	7 4 20	-85	5 31 31	28 12 52
13 F	19 22 0	25 24 34	57 15	7 27 39.0	21 54 46	5♊55 54	7 1 12	-103	6 3 31	28 9 41	12♊57 6	6 57 29	-119	6 35 8	27 38 59
14 S	19 25 56	26 21 49	57 15	7 31 42.8	21 46 5	19 54 35	6 53 16	-133	7 6 6	26 42 16	26 47 51	6 48 38	-144	7 36 9	25 21 40
15 Su	19 29 53	27 19 3	57 15	7 35 46.2	21 37 2	3♋36 29	6 43 41	-152	8 5 10	23 39 52	10♋20 10	6 38 32	-156	8 33 3	21 39 48
16 M	19 33 50	28 16 18	57 15	7 39 49.0	21 27 36	16 58 42	6 33 17	-157	8 59 48	19 24 28	23 31 59	6 28 4	-155	9 25 28	16 56 47
17 Tu	19 37 46	29 13 34	57 16	7 43 51.4	21 17 49	0♌ 0 3	6 22 59	-149	9 50 8	14 19 27	6♌23 2	6 18 7	-141	10 13 54	11 34 57
18 W	19 41 43	0♋10 49	57 16	7 47 53.1	21 7 39	12 41 8	6 13 34	-130	10 36 55	8 45 28	18 54 43	6 9 26	-117	10 59 18	5 52 56
19 Th	19 45 39	1 8 5	57 16	7 51 54.4	20 57 9	25 4 8	6 5 45	-103	11 21 13	2 59 4	1♍ 9 53	6 2 35	-87	11 42 46	0 5 22
20 F	19 49 36	2 5 20	57 16	7 55 55.1	20 46 17	7♍12 27	5 59 58	-69	12 4 8	2S46 48	13 12 25	5 57 57	-51	12 25 26	5S36 13
21 S	19 53 32	3 2 37	57 16	7 59 55.2	20 35 4	19 10 23	5 56 33	-33	12 46 48	8 21 42	25 6 56	5 55 46	-14	13 8 22	11 2 4
22 Su	19 57 29	3 59 53	57 17	8 3 54.7	20 23 31	1♎ 2 42	5 55 37	5	13 30 15	13 36 11	6♎58 19	5 56 6	23	13 52 34	16 2 48
23 M	20 1 25	4 57 9	57 17	8 7 53.6	20 11 37	12 54 25	5 57 11	41	14 15 26	18 20 37	18 51 36	5 58 51	58	14 38 57	20 28 13
24 Tu	20 5 22	5 54 26	57 17	8 11 52.0	19 59 23	24 50 26	6 1 4	74	15 3 12	22 24 4	0♏51 30	6 3 48	89	15 28 14	24 6 32
25 W	20 9 19	6 51 43	57 18	8 15 49.8	19 46 49	6♏55 17	6 6 59	102	15 54 4	25 33 54	13 2 16	6 10 36	113	16 20 43	26 44 22
26 Th	20 13 15	7 49 1	57 18	8 19 46.9	19 33 55	19 12 52	6 14 32	123	16 48 6	27 36 12	25 27 24	6 18 46	130	17 16 8	28 7 50
27 F	20 17 12	8 46 19	57 19	8 23 43.4	19 20 42	1♐46 10	6 23 11	134	17 44 41	28 17 53	8♐ 9 20	6 27 42	136	18 13 34	28 5 21
28 S	20 21 8	9 43 38	57 19	8 27 39.4	19 7 10	14 37 3	6 32 16	136	18 42 36	27 29 40	21 9 19	6 36 47	133	19 11 35	26 30 48
29 Su	20 25 5	10 40 57	57 20	8 31 34.7	18 53 19	27 46 5	6 41 10	128	19 40 21	25 9 15	4♑27 15	6 45 20	121	20 8 43	23 26 1
30 M	20 29 1	11 38 16	57 21	8 35 29.4	18 39 10	11♑12 35	6 49 15	112	20 36 37	21 22 35	18 1 50	6 52 50	102	21 3 57	19 0 47
31 Tu	20 32 58	12♋35 37	57 22	8 39 23.5	18N24 42	24♑54 40	6 56 3	91	21 30 45	16S22 47	1♒50 43	6 58 53	79	21 57 1	13S30 56

LUNAR INGRESSES
1 ☽ ♑ 20:04
4 ☽ ♒ 1:49
6 ☽ ♓ 6:06
8 ☽ ♈ 9:14
10 ☽ ♉ 11:34
12 ☽ ♊ 13:56
14 ☽ ♋ 17:38
16 ☽ ♌ 24:00
19 ☽ ♍ 9:42
21 ☽ ♎ 21:53
24 ☽ ♏ 10:18
26 ☽ ♐ 20:39
29 ☽ ♑ 4:01
31 ☽ ♒ 8:49

PLANET INGRESSES
5 ♀ ♌ 6:16
17 ☉ ♋ 19:28
23 ♄ ♌ 11:27
30 ♂ ♉ 10:40

STATIONS
10 ☿ D 2:16
27 ♀ R 17:29

DATA FOR THE 1st AT 0 HOURS
JULIAN DAY 39262.5
☽ MEAN ☊ 15°♒ 14' 15"
OBLIQUITY 23° 26' 26"
DELTA T 68.5 SECONDS
NUTATION LONGITUDE 6.5"

DAY MO YR	☿ LONG ° ' "	♀ LONG ° ' "	♂ LONG ° ' "	♃ LONG ° ' "	♄ LONG ° ' "	♅ LONG ° ' "	♆ LONG ° ' "	♇ LONG ° ' "	☊ LONG ° '	A.S.S.I. h m s	S.S.R.Y. h m s	S.V.P. ♓ ° ' "	☿ MERCURY R.A. h m s	☿ MERCURY DECL ° ' "
1 182	10♊33R47	27♋ 6 0	9♈33 20	17♏ 5R25	27♋28 16	23♒49R27	26♑50R23	2♐29R34	13♒53	8 20 30	30 12 19	5 9 12.1	6 22 47	18N45 1
2 183	10 1 12	27 48 31	10 16 19	16 59 23	27 34 31	23 49 5	26 49 17	2 28 3	13 45	8 25 42	30 11 14	5 9 11.8	6 20 29	18 41 4
3 184	9 30 47	28 30 1	10 59 13	16 53 28	27 40 50	23 48 39	26 48 10	2 26 32	13 40	8 30 53	30 10 6	5 9 11.6	6 18 21	18 38 29
4 185	9 3 4	29 10 30	11 42 3	16 47 41	27 47 11	23 48 11	26 47 2	2 25 1	13 37	8 36 4	30 9 0	5 9 11.4	6 16 24	18 37 15
5 186	8 38 34	29 49 53	12 24 48	16 42 2	27 53 36	23 47 40	26 45 52	2 23 31	13 36	8 41 15	30 7 58	5 9 11.3	6 14 41	18 37 24
6 187	8 17 43	0♌28 10	13 7 28	16 36 30	28 0 4	23 47 6	26 44 41	2 22 2	13 36	8 46 25	30 7 6	5 9 11.2	6 13 13	18 38 54
7 188	8 0 53	1 5 17	13 50 3	16 31 7	28 6 35	23 46 29	26 43 29	2 20 33	13 37	8 51 35	30 6 28	5 9 11.1	6 12 3	18 41 43
8 189	7 48 24	1 41 13	14 32 33	16 25 52	28 13 8	23 45 50	26 42 15	2 19 5	13 37	8 56 44	30 6 5	5 9 11.0	6 11 10	18 45 49
9 190	7 40 34	2 15 53	15 14 58	16 20 45	28 19 44	23 45 7	26 41 1	2 17 37	13 36	9 1 53	30 5 58	5 9 10.9	6 10 38	18 51 7
10 191	7 37D36	2 49 17	15 57 17	16 15 47	28 26 24	23 44 22	26 39 45	2 16 10	13 33	9 7 2	30 6 7	5 9 10.7	6 10 26	18 57 34
11 192	7 39 40	3 21 20	16 39 31	16 10 59	28 33 5	23 43 35	26 38 27	2 14 44	13 27	9 12 10	30 6 31	5 9 10.4	6 10 35	19 5 3
12 193	7 46 54	3 52 0	17 21 39	16 6 19	28 39 50	23 42 44	26 37 9	2 13 19	13 21	9 17 17	30 7 6	5 9 10.2	6 11 6	19 13 30
13 194	7 59 23	4 21 13	18 3 42	16 1 48	28 46 37	23 41 51	26 35 49	2 11 54	13 13	9 22 24	30 7 51	5 9 9.8	6 12 0	19 22 48
14 195	8 17 13	4 48 56	18 45 38	15 57 27	28 53 27	23 40 56	26 34 29	2 10 30	13 06	9 27 31	30 8 42	5 9 9.5	6 13 16	19 32 49
15 196	8 40 24	5 15 7	19 27 29	15 53 16	29 0 19	23 39 57	26 33 7	2 9 7	12 59	9 32 36	30 9 38	5 9 9.3	6 14 56	19 43 26
16 197	9 8 57	5 39 40	20 9 13	15 49 14	29 7 13	23 38 56	26 31 44	2 7 45	12 55	9 37 41	30 10 34	5 9 9.1	6 16 58	19 54 31
17 198	9 42 51	6 2 33	20 50 51	15 45 23	29 14 10	23 37 52	26 30 20	2 6 24	12 52	9 42 46	30 11 31	5 9 8.9	6 19 24	20 5 55
18 199	10 22 6	6 23 42	21 32 23	15 41 41	29 21 9	23 36 46	26 28 56	2 5 3	12 51	9 47 50	30 12 25	5 9 8.8	6 22 13	20 17 29
19 200	11 6 38	6 43 3	22 13 49	15 38 9	29 28 10	23 35 38	26 27 30	2 3 44	12 52	9 52 53	30 13 16	5 9 8.7	6 25 25	20 29 3
20 201	11 56 25	7 0 33	22 55 8	15 34 48	29 35 13	23 34 26	26 26 3	2 2 25	12 53	9 57 55	30 14 2	5 9 8.6	6 29 0	20 40 28
21 202	12 51 24	7 16 7	23 36 20	15 31 37	29 42 18	23 33 13	26 24 36	2 1 8	12 55	10 2 57	30 14 43	5 9 8.6	6 32 58	20 51 34
22 203	13 51 30	7 29 43	24 17 26	15 28 37	29 49 25	23 31 56	26 23 7	1 59 52	12 55	10 7 58	30 15 17	5 9 8.5	6 37 18	21 2 9
23 204	14 56 39	7 41 15	24 58 26	15 25 47	29 56 35	23 30 38	26 21 38	1 58 37	12 55	10 12 58	30 15 41	5 9 8.4	6 42 1	21 12 2
24 205	16 6 47	7 50 42	25 39 18	15 23 7	0♌ 3 46	23 29 17	26 20 8	1 57 22	12 53	10 17 57	30 15 56	5 9 8.2	6 47 6	21 21 3
25 206	17 21 46	7 58 0	26 20 4	15 20 39	0 10 58	23 27 54	26 18 38	1 56 10	12 50	10 22 56	30 15 59	5 9 8.0	6 52 32	21 29 0
26 207	18 41 32	8 3 4	27 0 43	15 18 21	0 18 13	23 26 28	26 17 6	1 54 58	12 45	10 27 54	30 15 49	5 9 7.8	6 58 19	21 35 41
27 208	20 5 56	8 5R54	27 41 16	15 16 14	0 25 29	23 25 0	26 15 34	1 53 47	12 40	10 32 51	30 15 25	5 9 7.5	7 4 27	21 40 54
28 209	21 34 49	8 6 25	28 21 41	15 14 17	0 32 47	23 23 30	26 14 2	1 52 38	12 35	10 37 48	30 14 47	5 9 7.3	7 10 54	21 44 28
29 210	23 8 2	8 4 37	29 1 59	15 12 32	0 40 6	23 21 58	26 12 28	1 51 30	12 30	10 42 43	30 13 56	5 9 7.0	7 17 40	21 46 12
30 211	24 45 23	8 0 26	29 42 11	15 10 57	0 47 27	23 20 23	26 10 54	1 50 23	12 26	10 47 38	30 12 53	5 9 6.8	7 24 43	21 45 54
31 212	26♊26 39	7♌53 53	0♉22 15	15♏ 9 33	0♌54 49	23♒18 47	26♑ 9 20	1♐49 17	12♒23	10 52 32	30 11 44	5 9 6.6	7 32 2	21N43 26

DAY Jul	♀ VENUS R.A. h m s	♀ VENUS DECL ° ' "	♂ MARS R.A. h m s	♂ MARS DECL ° ' "	♃ JUPITER R.A. h m s	♃ JUPITER DECL ° ' "	♄ SATURN R.A. h m s	♄ SATURN DECL ° ' "	♅ URANUS R.A. h m s	♅ URANUS DECL ° ' "	♆ NEPTUNE R.A. h m s	♆ NEPTUNE DECL ° ' "	♇ PLUTO R.A. h m s	♇ PLUTO DECL ° ' "
1	9 38 8	14N48 42	2 10 33	11N37 27	16 42 5	21S35 35	9 40 24	15N15 43	23 19 34	5S12 20	21 36 36	14S31 54	17 48 59	16S24 26
2	9 40 44	14 28 6	2 13 18	11 52 6	16 41 39	21 34 58	9 40 48	15 13 39	23 19 33	5 12 30	21 36 32	14 32 16	17 48 53	16 24 33
3	9 43 16	14 7 31	2 16 3	12 6 38	16 41 14	21 34 22	9 41 13	15 11 35	23 19 32	5 12 42	21 36 27	14 32 38	17 48 47	16 24 41
4	9 45 43	13 46 56	2 18 48	12 21 2	16 40 49	21 33 46	9 41 38	15 9 29	23 19 30	5 12 55	21 36 23	14 33 1	17 48 41	16 24 49
5	9 48 6	13 26 24	2 21 33	12 35 17	16 40 25	21 33 11	9 42 3	15 7 23	23 19 28	5 13 10	21 36 18	14 33 25	17 48 34	16 24 57
6	9 50 23	13 5 55	2 24 18	12 49 25	16 40 2	21 32 38	9 42 28	15 5 15	23 19 26	5 13 25	21 36 14	14 33 49	17 48 28	16 25 5
7	9 52 34	12 45 32	2 27 3	13 3 25	16 39 38	21 32 5	9 42 54	15 3 7	23 19 24	5 13 41	21 36 9	14 34 13	17 48 22	16 25 13
8	9 54 41	12 25 14	2 29 48	13 17 16	16 39 16	21 31 33	9 43 19	15 0 57	23 19 21	5 13 58	21 36 4	14 34 37	17 48 16	16 25 22
9	9 56 42	12 5 3	2 32 33	13 30 59	16 38 54	21 31 2	9 43 45	14 58 46	23 19 19	5 14 17	21 36 0	14 35 2	17 48 10	16 25 31
10	9 58 37	11 45 1	2 35 18	13 44 34	16 38 33	21 30 32	9 44 11	14 56 35	23 19 16	5 14 36	21 35 55	14 35 28	17 48 4	16 25 40
11	10 0 27	11 25 9	2 38 3	13 58 0	16 38 12	21 30 4	9 44 37	14 54 22	23 19 13	5 14 57	21 35 50	14 35 53	17 47 58	16 25 49
12	10 2 11	11 5 28	2 40 48	14 11 17	16 37 52	21 29 37	9 45 4	14 52 8	23 19 10	5 15 18	21 35 45	14 36 19	17 47 52	16 25 59
13	10 3 48	10 46 0	2 43 33	14 24 25	16 37 33	21 29 11	9 45 30	14 49 54	23 19 7	5 15 41	21 35 39	14 36 46	17 47 46	16 26 8
14	10 5 20	10 26 47	2 46 18	14 37 24	16 37 15	21 28 46	9 45 57	14 47 38	23 19 4	5 16 5	21 35 34	14 37 12	17 47 40	16 26 18
15	10 6 45	10 7 50	2 49 2	14 50 15	16 36 57	21 28 22	9 46 24	14 45 22	23 19 0	5 16 29	21 35 29	14 37 40	17 47 35	16 26 29
16	10 8 3	9 49 11	2 51 47	15 2 56	16 36 39	21 28 0	9 46 51	14 43 4	23 18 57	5 16 55	21 35 23	14 38 7	17 47 29	16 26 39
17	10 9 14	9 30 51	2 54 31	15 15 28	16 36 23	21 27 39	9 47 18	14 40 46	23 18 53	5 17 22	21 35 18	14 38 35	17 47 23	16 26 50
18	10 10 18	9 12 53	2 57 16	15 27 50	16 36 7	21 27 20	9 47 45	14 38 27	23 18 49	5 17 49	21 35 13	14 39 3	17 47 18	16 27 1
19	10 11 15	8 55 18	3 0 0	15 40 3	16 35 52	21 27 2	9 48 13	14 36 7	23 18 44	5 18 18	21 35 7	14 39 31	17 47 12	16 27 12
20	10 12 4	8 38 8	3 2 44	15 52 7	16 35 37	21 26 45	9 48 40	14 33 47	23 18 40	5 18 48	21 35 1	14 40 0	17 47 7	16 27 23
21	10 12 46	8 21 26	3 5 29	16 4 1	16 35 24	21 26 30	9 49 8	14 31 25	23 18 36	5 19 18	21 34 56	14 40 29	17 47 2	16 27 35
22	10 13 20	8 5 13	3 8 13	16 15 46	16 35 11	21 26 16	9 49 35	14 29 3	23 18 31	5 19 50	21 34 50	14 40 58	17 46 56	16 27 46
23	10 13 45	7 49 31	3 10 56	16 27 21	16 34 59	21 26 3	9 50 3	14 26 40	23 18 26	5 20 22	21 34 44	14 41 27	17 46 51	16 27 58
24	10 14 3	7 34 22	3 13 40	16 38 46	16 34 47	21 25 52	9 50 31	14 24 17	23 18 21	5 20 55	21 34 38	14 41 57	17 46 46	16 28 10
25	10 14 12	7 19 49	3 16 24	16 50 2	16 34 37	21 25 43	9 50 59	14 21 52	23 18 16	5 21 30	21 34 32	14 42 27	17 46 41	16 28 22
26	10 14 12	7 5 53	3 19 7	17 1 8	16 34 27	21 25 35	9 51 27	14 19 27	23 18 11	5 22 5	21 34 26	14 42 57	17 46 36	16 28 35
27	10 14 4	6 52 37	3 21 51	17 12 4	16 34 18	21 25 29	9 51 56	14 17 2	23 18 6	5 22 40	21 34 20	14 43 27	17 46 31	16 28 48
28	10 13 47	6 40 3	3 24 34	17 22 50	16 34 9	21 25 24	9 52 24	14 14 35	23 18 0	5 23 17	21 34 14	14 43 57	17 46 26	16 29 1
29	10 13 21	6 28 14	3 27 17	17 33 27	16 34 2	21 25 21	9 52 53	14 12 9	23 17 55	5 23 55	21 34 8	14 44 28	17 46 22	16 29 14
30	10 12 46	6 17 10	3 30 0	17 43 53	16 33 55	21 25 20	9 53 21	14 9 41	23 17 49	5 24 33	21 34 2	14 44 59	17 46 17	16 29 27
31	10 12 2	6N 6 55	3 32 43	17N54 10	16 33 49	21S25 20	9 53 50	14N 7 13	23 17 43	5S25 12	21 33 56	14S45 30	17 46 12	16S29 41

AUGUST 2007

DAY	SIDEREAL TIME (h m s)	☉ SUN LONG (° ' ")	☉ SUN MOT (' ")	☉ SUN R.A. (h m s)	☉ SUN DECL (° ' ")
1 W	20 36 54	13♋32 58	57 22	8 43 17.0	18N 9 56
2 Th	20 40 51	14 30 21	57 23	8 47 9.9	17 54 52
3 F	20 44 48	15 27 44	57 25	8 51 2.2	17 39 31
4 S	20 48 44	16 25 9	57 26	8 54 53.9	17 23 52
5 Su	20 52 41	17 22 35	57 27	8 58 45.1	17 7 56
6 M	20 56 37	18 20 2	57 29	9 2 35.6	16 51 44
7 Tu	21 0 34	19 17 30	57 30	9 6 25.6	16 35 15
8 W	21 4 30	20 15 0	57 31	9 10 15.0	16 18 30
9 Th	21 8 27	21 12 30	57 33	9 14 3.8	16 1 29
10 F	21 12 23	22 10 3	57 34	9 17 52.1	15 44 13
11 S	21 16 20	23 7 36	57 35	9 21 39.8	15 26 41
12 Su	21 20 17	24 5 11	57 36	9 25 26.9	15 8 55
13 M	21 24 13	25 2 47	57 37	9 29 13.5	14 50 54
14 Tu	21 28 10	26 0 24	57 38	9 32 59.5	14 32 38
15 W	21 32 6	26 58 2	57 39	9 36 44.9	14 14 9
16 Th	21 36 3	27 55 42	57 40	9 40 29.8	13 55 27
17 F	21 39 59	28 53 22	57 42	9 44 14.2	13 36 31
18 S	21 43 56	29 51 4	57 43	9 47 58.0	13 17 22
19 Su	21 47 52	0♌48 46	57 44	9 51 41.3	12 58 1
20 M	21 51 49	1 46 30	57 45	9 55 24.1	12 38 27
21 Tu	21 55 46	2 44 15	57 46	9 59 6.4	12 18 42
22 W	21 59 42	3 42 1	57 47	10 2 48.3	11 58 45
23 Th	22 3 39	4 39 48	57 48	10 6 29.6	11 38 37
24 F	22 7 35	5 37 36	57 50	10 10 10.5	11 18 18
25 S	22 11 32	6 35 25	57 51	10 13 51.0	10 57 48
26 Su	22 15 28	7 33 16	57 52	10 17 31.0	10 37 8
27 M	22 19 25	8 31 8	57 54	10 21 10.6	10 16 18
28 Tu	22 23 21	9 29 2	57 55	10 24 49.8	9 55 18
29 W	22 27 18	10 26 57	57 57	10 28 28.6	9 34 9
30 Th	22 31 15	11 24 53	57 58	10 32 7.1	9 12 51
31 F	22 35 11	12♌22 52	58 0	10 35 45.2	8N51 24

DAY	☽ MOON AT 0 HOURS LONG (° ' ")	12h MOT (° ' ")	2DIF (")	R.A. (h m s)	DECL (° ' ")
1	8♒49 37	7 1 18	66	22 22 49	10S27 43
2	22 54 14	7 4 55	42	23 13 27	3 57 31
3	7♓ 5 16	7 6 57	20	0 3 37	2N46 50
4	21 19 39	7 7 35	0	0 54 29	9 24 9
5	5♈34 40	7 6 59	-18	1 47 10	15 32 52
6	19 47 54	7 5 15	-34	2 42 38	20 50 58
7	3♉57 9	7 2 28	-50	3 41 17	24 56 39
8	18 0 16	6 58 35	-66	4 42 40	27 30 39
9	1♊55 5	6 53 37	-83	5 45 21	28 20 18
10	15 39 25	6 47 35	-98	6 47 16	27 23 36
11	29 11 13	6 40 39	-110	7 46 27	24 50 7
12	12♋28 46	6 33 2	-117	8 41 46	20 57 51
13	25 30 51	6 25 6	-119	9 33 3	16 8 7
14	8♌17 6	6 17 18	-113	10 20 49	10 41 30
15	20 48 0	6 10 5	-101	11 5 56	4 55 49
16	3♍ 4 56	6 3 56	-82	11 49 25	0S54 16
17	15 10 15	5 59 14	-57	12 32 17	6 36 39
18	27 7 3	5 56 22	-28	13 15 33	12 0 47
19	8♎59 7	5 55 35	5	14 0 7	16 56 46
20	20 50 42	5 57 3	40	14 46 48	21 14 15
21	2♏46 24	6 0 51	74	15 36 14	24 41 50
22	14 50 51	6 6 55	107	16 28 38	27 7 4
23	27 8 32	6 15 4	136	17 23 44	28 17 29
24	9♐43 25	6 24 55	157	18 20 40	28 2 43
25	22 38 39	6 35 54	169	19 18 9	26 17 14
26	5♑56 7	6 47 14	168	20 14 56	23 2 22
27	19 36 7	6 58 4	153	21 10 10	18 26 42
28	3♒37 9	7 7 26	125	22 3 37	12 45 2
29	17 55 52	7 14 29	85	22 55 42	6 16 34
30	2♓27 19	7 18 39	39	23 47 12	0N36 33
31	17♓ 5 33	7 19 41	-8	0 39 9	7N30 23

DAY	☽ MOON AT 12 HOURS LONG (° ' ")	12h MOT (° ' ")	2DIF (")	R.A. (h m s)	DECL (° ' ")
1	15♒50 55	7 3 19	54	22 48 15	7S15 43
2	29 59 9	7 6 7	31	23 38 31	0 35 47
3	14♓12 13	7 7 26	9	0 28 53	6N 7 43
4	28 27 14	7 7 26	-9	1 20 32	12 33 27
5	12♈41 39	7 6 15	-26	2 14 31	18 19 38
6	26 53 9	7 4 0	-42	3 11 34	23 4 10
7	10♉59 36	7 0 40	-58	4 11 42	26 26 7
8	24 58 51	6 56 14	-75	5 13 59	28 8 55
9	8♊48 42	6 50 44	-90	6 16 32	28 4 54
10	22 27 1	6 44 13	-104	7 17 17	26 17 58
11	5♋51 52	6 36 54	-114	8 14 37	23 2 31
12	19 1 47	6 29 4	-119	9 7 54	18 38 49
13	1♌55 57	6 21 9	-117	9 57 20	13 28 14
14	14 34 24	6 13 35	-108	10 43 39	7 50 3
15	26 58 5	6 6 51	-92	11 27 49	2 0 31
16	9♍ 8 52	6 1 23	-70	12 10 52	3S47 6
17	21 9 29	5 57 33	-43	12 53 49	9 21 37
18	3♎ 3 25	5 55 42	-12	13 37 37	14 32 56
19	14 54 41	5 56 1	22	14 23 9	19 11 1
20	26 47 45	5 58 39	57	15 11 9	23 5 2
21	8♏47 15	6 3 37	91	16 2 4	26 3 3
22	20 57 47	6 10 46	122	16 55 53	27 52 22
23	3♐23 37	6 19 49	148	17 52 2	28 21 15
24	16 8 21	6 30 19	165	18 49 25	27 21 25
25	29 14 32	6 41 34	170	19 46 42	24 50 36
26	12♑43 21	6 52 46	162	20 42 46	20 53 50
27	26 34 11	7 2 59	140	21 37 6	15 43 0
28	10♒44 35	7 11 17	106	22 29 47	9 35 19
29	25 10 22	7 16 58	62	23 21 27	2 51 37
30	9♓45 59	7 19 34	15	0 13 3	4N 4 55
31	24♓25 14	7 19 3	-29	1 5 39	10N49 51

LUNAR INGRESSES
2 ☽ ♓ 12:01
4 ☽ ♈ 14:36
6 ☽ ♉ 17:17
8 ☽ ♊ 20:41
11 ☽ ♋ 1:27
13 ☽ ♌ 8:22
15 ☽ ♍ 17:56
18 ☽ ♎ 5:49
20 ☽ ♏ 18:26
23 ☽ ♐ 5:30
25 ☽ ♑ 13:22
27 ☽ ♒ 17:51
29 ☽ ♓ 19:58
31 ☽ ♈ 21:09

PLANET INGRESSES
2 ☿ ♋ 0:01
16 ☿ ♌ 22:35
18 ☉ ♌ 3:43
18 ♀ ♋ 3:40

STATIONS
7 ♃ D 2:06

DATA FOR THE 1st AT 0 HOURS
JULIAN DAY 39293.5
☽ MEAN ☊ 13°♒ 35' 41"
OBLIQUITY 23° 26' 26"
DELTA T 68.5 SECONDS
NUTATION LONGITUDE 7.4"

DAY MO YR	☿ LONG (° ' ")	♀ LONG (° ' ")	♂ LONG (° ' ")	♃ LONG (° ' ")	♄ LONG (° ' ")	♅ LONG (° ' ")
1 213	28♊11 34	7♌44R56	1♉ 2 12	15♏ 8R20	1♌ 2 12	23♒17R 8
2 214	29 59 53	7 33 36	1 42 2	15 7 18	1 9 37	23 15 27
3 215	1♋51 18	7 19 54	2 21 44	15 6 28	1 17 3	23 13 44
4 216	3 45 27	7 3 51	3 1 19	15 5 48	1 24 30	23 11 59
5 217	5 42 2	6 45 30	3 40 46	15 5 19	1 31 59	23 10 12
6 218	7 40 40	6 24 54	4 20 5	15 5 1	1 39 28	23 8 24
7 219	9 41 0	6 2 8	4 59 16	15 4D54	1 46 59	23 6 33
8 220	11 42 39	5 37 17	5 38 18	15 4 59	1 54 31	23 4 41
9 221	13 45 18	5 10 28	6 17 13	15 5 14	2 2 3	23 2 46
10 222	15 48 35	4 41 47	6 55 59	15 5 41	2 9 36	23 0 50
11 223	17 52 13	4 11 24	7 34 36	15 6 18	2 17 10	22 58 53
12 224	19 55 53	3 39 27	8 13 4	15 7 7	2 24 45	22 56 53
13 225	21 59 21	3 6 7	8 51 23	15 8 7	2 32 21	22 54 52
14 226	24 2 23	2 31 35	9 29 32	15 9 18	2 39 57	22 52 50
15 227	26 4 48	1 56 3	10 7 32	15 10 40	2 47 33	22 50 45
16 228	28 6 24	1 19 45	10 45 23	15 12 13	2 55 10	22 48 40
17 229	0♌ 7 5	0 42 53	11 23 4	15 13 57	3 2 47	22 46 33
18 230	2 6 44	0 5 41	12 0 35	15 15 52	3 10 25	22 44 25
19 231	4 5 14	29♋28 24	12 37 57	15 17 58	3 18 3	22 42 15
20 232	6 2 31	28 51 17	13 15 8	15 20 14	3 25 41	22 40 4
21 233	7 58 34	28 14 32	13 52 9	15 22 42	3 33 19	22 37 52
22 234	9 53 18	27 38 25	14 29 0	15 25 20	3 40 57	22 35 39
23 235	11 46 43	27 3 9	15 5 40	15 28 8	3 48 35	22 33 25
24 236	13 38 48	26 28 57	15 42 10	15 31 8	3 56 13	22 31 10
25 237	15 29 31	25 56 1	16 18 29	15 34 17	4 3 50	22 28 54
26 238	17 18 54	25 24 34	16 54 38	15 37 38	4 11 28	22 26 37
27 239	19 6 57	24 54 44	17 30 35	15 41 8	4 19 5	22 24 19
28 240	20 53 39	24 26 43	18 6 22	15 44 49	4 26 42	22 22 0
29 241	22 39 2	24 0 39	18 41 57	15 48 40	4 34 19	22 19 41
30 242	24 23 7	23 36 38	19 17 21	15 52 41	4 41 55	22 17 20
31 243	26♌ 5 54	23♋14 48	19♉52 33	15♏56 52	4♌49 31	22♒15 0

DAY MO YR	♆ LONG (° ' ")	♇ LONG (° ' ")	☊ LONG (° ')	A.S.S.I. (h m s)	S.S.R.Y. (h m s)	S.V.P. ♓ (° ' ")	☿ MERCURY R.A. (h m s)	☿ MERCURY DECL (° ' ")
1 213	26♑ 7R45	1♐48R13	12♒22	10 57 26	30 10 29	5 9 6.5	7 39 37	21N38 38
2 214	26 6 10	1 47 10	12 22	11 2 18	30 9 20	5 9 6.4	7 47 24	21 31 24
3 215	26 4 34	1 46 9	12 24	11 7 10	30 8 16	5 9 6.4	7 55 24	21 21 36
4 216	26 2 58	1 45 8	12 25	11 12 1	30 7 22	5 9 6.3	8 3 33	21 9 10
5 217	26 1 21	1 44 10	12 26	11 16 52	30 6 41	5 9 6.2	8 11 50	20 54 6
6 218	25 59 44	1 43 12	12 27	11 21 41	30 6 14	5 9 6.1	8 20 13	20 36 22
7 219	25 58 7	1 42 16	12 26	11 26 30	30 6 1	5 9 5.9	8 28 40	20 16 0
8 220	25 56 29	1 41 22	12 24	11 31 18	30 6 1	5 9 5.7	8 37 10	19 53 4
9 221	25 54 51	1 40 29	12 22	11 36 6	30 6 14	5 9 5.4	8 45 40	19 27 39
10 222	25 53 13	1 39 38	12 19	11 40 53	30 6 37	5 9 5.1	8 54 9	18 59 52
11 223	25 51 35	1 38 48	12 16	11 45 39	30 7 9	5 9 4.9	9 2 36	18 29 52
12 224	25 49 57	1 38 0	12 14	11 50 24	30 7 48	5 9 4.7	9 10 59	17 57 46
13 225	25 48 19	1 37 13	12 12	11 55 9	30 8 33	5 9 4.5	9 19 17	17 23 44
14 226	25 46 40	1 36 28	12 12	11 59 53	30 9 22	5 9 4.4	9 27 30	16 47 56
15 227	25 45 2	1 35 45	12 12	12 4 36	30 10 13	5 9 4.4	9 35 36	16 10 32
16 228	25 43 24	1 35 3	12 13	12 9 18	30 11 6	5 9 4.4	9 43 35	15 31 41
17 229	25 41 46	1 34 23	12 14	12 14 0	30 11 58	5 9 4.3	9 51 26	14 51 33
18 230	25 40 8	1 33 44	12 15	12 18 42	30 12 49	5 9 4.3	9 59 10	14 10 17
19 231	25 38 30	1 33 7	12 16	12 23 22	30 13 35	5 9 4.2	10 6 46	13 28 2
20 232	25 36 52	1 32 32	12 17	12 28 2	30 14 16	5 9 4.1	10 14 14	12 44 55
21 233	25 35 15	1 31 59	12 17	12 32 41	30 14 47	5 9 4.0	10 21 34	12 1 4
22 234	25 33 37	1 31 28	12 17	12 37 20	30 15 7	5 9 3.8	10 28 46	11 16 36
23 235	25 32 0	1 30 58	12 16	12 41 58	30 15 13	5 9 3.6	10 35 50	10 31 37
24 236	25 30 24	1 30 30	12 15	12 46 36	30 15 5	5 9 3.3	10 42 46	9 46 14
25 237	25 28 48	1 30 4	12 15	12 51 13	30 14 41	5 9 3.1	10 49 36	9 0 32
26 238	25 27 12	1 29 39	12 14	12 55 49	30 14 1	5 9 2.9	10 56 17	8 14 35
27 239	25 25 37	1 29 17	12 14	13 0 25	30 13 9	5 9 2.8	11 2 52	7 28 28
28 240	25 24 2	1 28 56	12 14	13 5 0	30 12 6	5 9 2.7	11 9 21	6 42 16
29 241	25 22 28	1 28 37	12 13	13 9 35	30 10 57	5 9 2.6	11 15 42	5 56 2
30 242	25 20 54	1 28 19	12 14	13 14 10	30 9 46	5 9 2.6	11 21 58	5 9 50
31 243	25♑19 21	1♐28 4	12♒14	13 18 44	30 8 38	5 9 2.6	11 28 7	4N23 42

DAY Aug	♀ VENUS R.A. (h m s)	♀ VENUS DECL (° ' ")	♂ MARS R.A. (h m s)	♂ MARS DECL (° ' ")	♃ JUPITER R.A. (h m s)	♃ JUPITER DECL (° ' ")
1	10 11 9	5N57 29	3 35 25	18N 4 16	16 33 44	21S25 21
2	10 10 8	5 48 56	3 38 8	18 14 12	16 33 39	21 25 24
3	10 8 58	5 41 16	3 40 50	18 23 59	16 33 35	21 25 29
4	10 7 39	5 34 31	3 43 32	18 33 35	16 33 32	21 25 35
5	10 6 11	5 28 43	3 46 13	18 43 1	16 33 30	21 25 43
6	10 4 36	5 23 52	3 48 55	18 52 17	16 33 29	21 25 52
7	10 2 53	5 19 59	3 51 36	19 1 22	16 33 28	21 26 4
8	10 1 3	5 17 6	3 54 17	19 10 17	16 33 28	21 26 16
9	9 59 6	5 15 13	3 56 58	19 19 2	16 33 29	21 26 31
10	9 57 3	5 14 19	3 59 38	19 27 37	16 33 31	21 26 47
11	9 54 54	5 14 25	4 2 18	19 36 1	16 33 34	21 27 4
12	9 52 40	5 15 29	4 4 57	19 44 16	16 33 37	21 27 23
13	9 50 22	5 17 32	4 7 37	19 52 19	16 33 41	21 27 44
14	9 48 0	5 20 32	4 10 16	20 0 13	16 33 46	21 28 7
15	9 45 36	5 24 26	4 12 54	20 7 56	16 33 52	21 28 30
16	9 43 9	5 29 14	4 15 32	20 15 29	16 33 58	21 28 56
17	9 40 42	5 34 52	4 18 10	20 22 52	16 34 6	21 29 23
18	9 38 14	5 41 17	4 20 47	20 30 5	16 34 14	21 29 51
19	9 35 47	5 48 27	4 23 24	20 37 8	16 34 22	21 30 21
20	9 33 21	5 56 18	4 26 0	20 44 0	16 34 32	21 30 53
21	9 30 58	6 4 46	4 28 36	20 50 43	16 34 42	21 31 26
22	9 28 39	6 13 47	4 31 11	20 57 16	16 34 53	21 32 0
23	9 26 24	6 23 18	4 33 46	21 3 39	16 35 5	21 32 36
24	9 24 13	6 33 14	4 36 20	21 9 52	16 35 18	21 33 13
25	9 22 9	6 43 31	4 38 54	21 15 55	16 35 31	21 33 52
26	9 20 11	6 54 4	4 41 27	21 21 49	16 35 45	21 34 32
27	9 18 20	7 4 50	4 44 0	21 27 34	16 36 0	21 35 13
28	9 16 36	7 15 44	4 46 32	21 33 8	16 36 16	21 35 56
29	9 15 1	7 26 43	4 49 3	21 38 34	16 36 32	21 36 40
30	9 13 35	7 37 42	4 51 34	21 43 49	16 36 49	21 37 25
31	9 12 17	7N48 38	4 54 4	21N48 56	16 37 7	21S38 12

DAY Aug	♄ SATURN R.A. (h m s)	♄ SATURN DECL (° ' ")	♅ URANUS R.A. (h m s)	♅ URANUS DECL (° ' ")	♆ NEPTUNE R.A. (h m s)	♆ NEPTUNE DECL (° ' ")	♇ PLUTO R.A. (h m s)	♇ PLUTO DECL (° ' ")
1	9 54 19	14N 4 45	23 17 37	5S25 52	21 33 50	14S46 1	17 46 8	16S29 54
2	9 54 47	14 2 15	23 17 31	5 26 33	21 33 44	14 46 32	17 46 4	16 30 8
3	9 55 16	13 59 46	23 17 24	5 27 15	21 33 38	14 47 3	17 45 59	16 30 22
4	9 55 45	13 57 16	23 17 18	5 27 57	21 33 31	14 47 35	17 45 55	16 30 36
5	9 56 14	13 54 45	23 17 11	5 28 40	21 33 25	14 48 6	17 45 51	16 30 51
6	9 56 43	13 52 14	23 17 5	5 29 24	21 33 19	14 48 38	17 45 47	16 31 5
7	9 57 12	13 49 42	23 16 58	5 30 8	21 33 12	14 49 10	17 45 43	16 31 20
8	9 57 42	13 47 10	23 16 51	5 30 53	21 33 6	14 49 41	17 45 39	16 31 35
9	9 58 11	13 44 38	23 16 44	5 31 39	21 33 0	14 50 13	17 45 36	16 31 50
10	9 58 40	13 42 5	23 16 37	5 32 26	21 32 53	14 50 45	17 45 32	16 32 5
11	9 59 10	13 39 31	23 16 30	5 33 13	21 32 47	14 51 17	17 45 29	16 32 21
12	9 59 39	13 36 58	23 16 22	5 34 0	21 32 41	14 51 49	17 45 25	16 32 37
13	10 0 8	13 34 24	23 16 15	5 34 49	21 32 34	14 52 21	17 45 22	16 32 53
14	10 0 38	13 31 50	23 16 8	5 35 38	21 32 28	14 52 53	17 45 19	16 33 9
15	10 1 7	13 29 15	23 16 0	5 36 27	21 32 21	14 53 25	17 45 16	16 33 25
16	10 1 37	13 26 41	23 15 52	5 37 17	21 32 15	14 53 57	17 45 13	16 33 41
17	10 2 6	13 24 6	23 15 44	5 38 7	21 32 8	14 54 28	17 45 10	16 33 57
18	10 2 36	13 21 31	23 15 37	5 38 58	21 32 2	14 55 0	17 45 8	16 34 14
19	10 3 5	13 18 56	23 15 29	5 39 50	21 31 56	14 55 32	17 45 5	16 34 31
20	10 3 35	13 16 20	23 15 21	5 40 42	21 31 49	14 56 3	17 45 3	16 34 47
21	10 4 4	13 13 45	23 15 12	5 41 34	21 31 43	14 56 35	17 45 0	16 35 4
22	10 4 34	13 11 9	23 15 4	5 42 26	21 31 37	14 57 6	17 44 58	16 35 22
23	10 5 3	13 8 33	23 14 56	5 43 19	21 31 30	14 57 37	17 44 56	16 35 39
24	10 5 33	13 5 58	23 14 48	5 44 13	21 31 24	14 58 8	17 44 54	16 35 56
25	10 6 2	13 3 22	23 14 39	5 45 6	21 31 18	14 58 39	17 44 52	16 36 14
26	10 6 32	13 0 46	23 14 31	5 46 0	21 31 12	14 59 10	17 44 51	16 36 31
27	10 7 1	12 58 10	23 14 22	5 46 55	21 31 5	14 59 41	17 44 49	16 36 49
28	10 7 30	12 55 34	23 14 14	5 47 49	21 30 59	15 0 11	17 44 48	16 37 7
29	10 8 0	12 52 59	23 14 5	5 48 44	21 30 53	15 0 42	17 44 46	16 37 25
30	10 8 29	12 50 23	23 13 57	5 49 39	21 30 47	15 1 12	17 44 45	16 37 43
31	10 8 58	12N47 48	23 13 48	5S50 34	21 30 41	15S 1 42	17 44 44	16S38 2

SEPTEMBER 2007

DAY	SIDEREAL TIME h m s	☉ SUN LONG ° ' "	MOT ' "	R.A. h m s	DECL ° ' "	☽ MOON AT 0 HOURS LONG ° ' "	12h MOT ° ' "	2DIF "	R.A. h m s	DECL ° ' "	☽ MOON AT 12 HOURS LONG ° ' "	12h MOT ° ' "	2DIF "	R.A. h m s	DECL ° ' "
1 S	22 39 8	13♌20 52	58 2	10 39 23.0	8N29 48	1♈44 17	7 17 43	-49	1 32 40	14N 0 12	9♈ 2 0	7 15 45	-67	2 0 17	16N58 20
2 Su	22 43 4	14 18 54	58 4	10 43 0.6	8 8 4	16 17 45	7 13 15	-82	2 28 36	19 41 14	23 31 0	7 10 16	-95	2 57 39	22 6 4
3 M	22 47 1	15 16 58	58 6	10 46 37.8	7 46 12	0♉41 16	7 6 56	-104	3 27 24	24 10 11	7♉48 12	7 3 19	-112	3 57 47	25 51 16
4 Tu	22 50 57	16 15 4	58 8	10 50 14.8	7 24 12	14 51 31	6 59 30	-116	4 28 41	27 7 28	21 51 0	6 55 34	-119	4 59 52	27 57 31
5 W	22 54 54	17 13 11	58 10	10 53 51.6	7 2 5	28 46 34	6 51 34	-120	5 31 7	28 20 48	5♊38 8	6 47 34	-119	6 2 12	28 17 25
6 Th	22 58 50	18 11 21	58 12	10 57 28.2	6 39 51	12♊25 42	6 43 37	-118	6 32 50	27 48 10	19 9 18	6 39 44	-115	7 2 49	26 54 29
7 F	23 2 47	19 9 33	58 14	11 1 4.5	6 17 30	25 49 2	6 35 56	-112	7 31 58	25 38 16	2♋24 58	6 32 15	-109	8 0 11	24 1 46
8 S	23 6 44	20 7 47	58 16	11 4 40.7	5 55 3	8♋57 13	6 28 41	-105	8 27 25	22 7 28	15 25 54	6 25 15	-101	8 53 40	19 57 51
9 Su	23 10 40	21 6 3	58 18	11 8 16.7	5 32 30	21 51 9	6 21 57	-97	9 18 57	17 35 24	28 13 6	6 18 46	-93	9 43 22	15 2 31
10 M	23 14 37	22 4 21	58 20	11 11 52.5	5 9 52	4♌31 52	6 15 43	-89	10 7 1	12 21 24	10♌47 35	6 12 49	-85	10 29 59	9 34 9
11 Tu	23 18 33	23 2 40	58 21	11 15 28.1	4 47 8	17 0 24	6 10 4	-80	10 52 24	6 42 42	23♌10 29	6 7 29	-75	11 14 23	3 48 49
12 W	23 22 30	24 1 2	58 23	11 19 3.7	4 24 19	29 17 57	6 5 4	-69	11 36 4	0 54 9	5♍23 1	6 2 51	-63	11 57 33	1S59 45
13 Th	23 26 26	24 59 25	58 25	11 22 39.1	4 1 26	11♍25 52	6 0 51	-56	12 18 59	4S51 25	17 26 43	5 59 6	-48	12 40 27	7 39 29
14 F	23 30 23	25 57 50	58 27	11 26 14.5	3 38 28	23 25 49	5 57 38	-39	13 2 4	10 22 35	29 23 28	5 56 29	-30	13 23 57	12 59 23
15 S	23 34 19	26 56 17	58 29	11 29 49.7	3 15 26	5♎19 56	5 55 40	-19	13 46 12	15 28 34	11♎15 36	5 55 13	-7	14 8 55	17 48 48
16 Su	23 38 16	27 54 45	58 30	11 33 25.0	2 52 21	17 10 49	5 55 12	6	14 32 9	19 58 41	23 6 1	5 55 37	20	14 55 59	21 56 51
17 M	23 42 13	28 53 15	58 32	11 37 0.1	2 29 13	29 1 39	5 56 32	35	15 20 28	23 41 50	4♏58 10	5 57 56	50	15 45 37	25 12 10
18 Tu	23 46 9	29 51 47	58 34	11 40 35.3	2 6 2	10♏56 6	5 59 52	66	16 11 27	26 26 26	16 55 58	6 2 22	83	16 37 54	27 23 12
19 W	23 50 6	0♍50 21	58 35	11 44 10.4	1 42 48	22 58 20	6 5 24	100	17 4 56	28 1 11	29 3 44	6 9 1	117	17 32 26	28 19 13
20 Th	23 54 2	1 48 56	58 37	11 47 45.6	1 19 33	5♐12 45	6 13 12	133	18 0 17	28 16 23	11♐25 57	6 17 55	149	18 28 21	27 52 2
21 F	23 57 59	2 47 33	58 39	11 51 20.8	0 56 15	17 43 52	6 23 8	164	18 56 29	27 5 51	24 7 0	6 28 50	177	19 24 34	25 57 52
22 S	0 1 55	3 46 11	58 40	11 54 56.1	0 32 56	0♑35 50	6 34 55	187	19 52 27	24 28 30	7♑10 45	6 41 19	195	20 20 5	22 38 29
23 Su	0 5 52	4 44 51	58 42	11 58 31.4	0 9 36	13 52 4	6 47 55	199	20 47 22	20 28 56	20 39 59	6 54 37	200	21 14 18	18 1 16
24 M	0 9 48	5 43 33	58 44	12 2 6.8	0S13 45	27 34 36	7 1 14	195	21 40 55	15 17 12	4♒35 50	7 7 39	186	22 7 14	12 18 42
25 Tu	0 13 45	6 42 17	58 46	12 5 42.4	0 37 6	11♒43 28	7 13 39	172	22 33 21	9 8 3	18 57 8	7 19 5	152	22 59 21	5 47 44
26 W	0 17 42	7 41 2	58 47	12 9 18.1	1 0 28	26 16 13	7 23 47	127	23 25 21	2 20 32	3♓40 0	7 27 35	98	23 51 30	1N10 34
27 Th	0 21 38	8 39 50	58 49	12 12 53.9	1 23 49	11♓ 7 35	7 30 21	66	0 17 55	4N42 21	18 37 57	7 32 0	32	0 44 44	8 11 25
28 F	0 25 35	9 38 39	58 52	12 16 30.0	1 47 10	26 9 56	7 32 28	-4	1 12 6	11 34 14	3♈42 24	7 31 45	-38	1 40 7	14 47 9
29 S	0 29 31	10 37 31	58 54	12 20 6.2	2 10 31	11♈14 9	7 29 54	-71	2 8 52	17 46 34	18 44 4	7 27 0	-101	2 38 23	20 28 56
30 Su	0 33 28	11♍36 25	58 56	12 23 42.8	2S33 50	26♈11 4	7 23 11	-126	3 8 41	22N51 0	3♉34 15	7 18 37	-146	3 39 41	24N49 52

LUNAR INGRESSES

2 ☽ ♉ 22:51
5 ☽ ♊ 2:08
7 ☽ ♋ 7:36
9 ☽ ♌ 15:23
12 ☽ ♍ 1:23
14 ☽ ♎ 13:14
17 ☽ ♏ 1:58
19 ☽ ♐ 13:50
21 ☽ ♑ 22:54
24 ☽ ♒ 4:10
26 ☽ ♓ 6:04
28 ☽ ♈ 6:06
30 ☽ ♉ 6:11

PLANET INGRESSES

2 ☿ ♍ 7:48
18 ☉ ♍ 3:22
18 ♂ ♊ 9:15
23 ☿ ♎ 3:58

STATIONS

7 ♇ D 14:56
8 ♀ D 16:15

DATA FOR THE 1st AT 0 HOURS

JULIAN DAY 39324.5
☽ MEAN ☊ 11°♒ 57' 7"
OBLIQUITY 23° 26' 27"
DELTA T 68.6 SECONDS
NUTATION LONGITUDE 7.2"

DAY MO YR	☿ LONG ° ' "	♀ LONG ° ' "	♂ LONG ° ' "	♃ LONG ° ' "	♄ LONG ° ' "	♅ LONG ° ' "	♆ LONG ° ' "	♇ LONG ° ' "	☊ LONG ° '	A.S.S.I. h m s	S.S.R.Y. h m s	S.V.P. ♓ ° ' "	☿ MERCURY R.A. h m s	DECL ° ' "
1 244	27♌47 24	22♋55R14	20♉27 34	16♏ 1 13	4♌57 6	22♒12R38	25♑17R48	1♐27R50	12♒13	13 23 17	30 7 37	5 9 2.5	11 34 11	3N37 43
2 245	29 27 39	22 37 59	21 2 22	16 5 44	5 4 41	22 10 16	25 16 17	1 27 39	12 13	13 27 51	30 6 44	5 9 2.4	11 40 9	2 51 54
3 246	1♍ 6 39	22 23 7	21 36 58	16 10 25	5 12 15	22 7 54	25 14 45	1 27 29	12 13	13 32 24	30 6 2	5 9 2.3	11 46 2	2 6 18
4 247	2 44 26	22 10 39	22 11 22	16 15 15	5 19 48	22 5 31	25 13 15	1 27 21	12 13	13 36 56	30 5 32	5 9 2.1	11 51 50	1 20 57
5 248	4 20 59	22 0 37	22 45 33	16 20 16	5 27 20	22 3 8	25 11 45	1 27 15	12 13	13 41 29	30 5 13	5 9 1.8	11 57 33	0 35 55
6 249	5 56 20	21 53 0	23 19 30	16 25 26	5 34 52	22 0 44	25 10 16	1 27 11	12 13	13 46 1	30 5 5	5 9 1.6	12 3 11	0S 8 48
7 250	7 30 28	21 47 48	23 53 14	16 30 45	5 42 22	21 58 21	25 8 48	1 27D 8	12 13	13 50 33	30 5 8	5 9 1.4	12 8 45	0 53 9
8 251	9 3 26	21 45D 1	24 26 45	16 36 15	5 49 52	21 55 57	25 7 21	1 27 8	12 14	13 55 4	30 5 21	5 9 1.2	12 14 14	1 37 6
9 252	10 35 12	21 44 36	25 0 1	16 41 53	5 57 20	21 53 33	25 5 55	1 27 9	12 15	13 59 35	30 5 44	5 9 1.1	12 19 39	2 20 36
10 253	12 5 46	21 46 31	25 33 3	16 47 41	6 4 48	21 51 8	25 4 30	1 27 13	12 16	14 4 7	30 6 15	5 9 1.0	12 24 59	3 3 40
11 254	13 35 10	21 50 43	26 5 50	16 53 38	6 12 14	21 48 44	25 3 5	1 27 18	12 16	14 8 38	30 6 54	5 9 1.0	12 30 16	3 46 13
12 255	15 3 21	21 57 11	26 38 22	16 59 45	6 19 38	21 46 20	25 1 42	1 27 25	12 15	14 13 8	30 7 40	5 9 1.0	12 35 28	4 28 16
13 256	16 30 20	22 5 50	27 10 40	17 6 0	6 27 2	21 43 56	25 0 20	1 27 35	12 14	14 17 39	30 8 32	5 9 1.0	12 40 37	5 9 45
14 257	17 56 6	22 16 38	27 42 41	17 12 25	6 34 24	21 41 33	24 58 59	1 27 46	12 12	14 22 10	30 9 28	5 9 1.0	12 45 41	5 50 39
15 258	19 20 37	22 29 32	28 14 27	17 18 58	6 41 44	21 39 9	24 57 39	1 27 59	12 10	14 26 40	30 10 26	5 9 0.9	12 50 42	6 30 57
16 259	20 43 53	22 44 28	28 45 57	17 25 41	6 49 3	21 36 46	24 56 20	1 28 14	12 08	14 31 10	30 11 24	5 9 0.8	12 55 39	7 10 36
17 260	22 5 51	23 1 21	29 17 11	17 32 32	6 56 21	21 34 23	24 55 2	1 28 31	12 06	14 35 41	30 12 19	5 9 0.7	13 0 31	7 49 34
18 261	23 26 30	23 20 10	29 48 8	17 39 31	7 3 36	21 32 1	24 53 45	1 28 50	12 04	14 40 11	30 13 7	5 9 0.6	13 5 20	8 27 50
19 262	24 45 47	23 40 51	0♊18 48	17 46 40	7 10 50	21 29 39	24 52 30	1 29 10	12 03	14 44 41	30 13 46	5 9 0.4	13 10 4	9 5 22
20 263	26 3 38	24 3 19	0 49 12	17 53 56	7 18 2	21 27 18	24 51 16	1 29 33	12 03	14 49 12	30 14 12	5 9 0.2	13 14 44	9 42 7
21 264	27 20 1	24 27 31	1 19 18	18 1 21	7 25 12	21 24 57	24 50 3	1 29 58	12 03	14 53 42	30 14 23	5 9 0.0	13 19 20	10 18 2
22 265	28 34 51	24 53 25	1 49 6	18 8 54	7 32 20	21 22 38	24 48 52	1 30 24	12 05	14 58 12	30 14 19	5 8 59.9	13 23 51	10 53 6
23 266	29 48 5	25 20 57	2 18 36	18 16 35	7 39 26	21 20 18	24 47 42	1 30 53	12 06	15 2 43	30 13 58	5 8 59.7	13 28 16	11 27 16
24 267	0♎59 36	25 50 3	2 47 49	18 24 24	7 46 30	21 18 0	24 46 33	1 31 23	12 08	15 7 14	30 13 23	5 8 59.6	13 32 37	12 0 29
25 268	2 9 19	26 20 40	3 16 42	18 32 21	7 53 32	21 15 43	24 45 26	1 31 55	12 08	15 11 44	30 12 36	5 8 59.5	13 36 51	12 32 42
26 269	3 17 8	26 52 46	3 45 17	18 40 26	8 0 31	21 13 26	24 44 20	1 32 29	12 07	15 16 15	30 11 40	5 8 59.5	13 41 0	13 3 52
27 270	4 22 54	27 26 17	4 13 32	18 48 39	8 7 28	21 11 10	24 43 16	1 33 5	12 06	15 20 47	30 10 39	5 8 59.5	13 45 2	13 33 55
28 271	5 26 29	28 1 10	4 41 28	18 56 59	8 14 23	21 8 56	24 42 13	1 33 43	12 03	15 25 18	30 9 36	5 8 59.5	13 48 56	14 2 47
29 272	6 27 44	28 37 23	5 9 4	19 5 26	8 21 16	21 6 42	24 41 12	1 34 23	11 59	15 29 50	30 8 35	5 8 59.4	13 52 43	14 30 25
30 273	7♎26 28	29♋14 53	5♊36 20	19♏14 2	8♌28 6	21♒ 4 30	24♑40 12	1♐35 4	11♒55	15 34 22	30 7 39	5 8 59.3	13 56 22	14S56 42

DAY Sep	♀ VENUS R.A. h m s	DECL ° ' "	♂ MARS R.A. h m s	DECL ° ' "	♃ JUPITER R.A. h m s	DECL ° ' "	♄ SATURN R.A. h m s	DECL ° ' "	♅ URANUS R.A. h m s	DECL ° ' "	♆ NEPTUNE R.A. h m s	DECL ° ' "	♇ PLUTO R.A. h m s	DECL ° ' "
1	9 11 9	7N59 27	4 56 33	21N53 53	16 37 25	21S38 59	10 9 28	12N45 12	23 13 39	5S51 30	21 30 35	15S 2 12	17 44 43	16S38 20
2	9 10 10	8 10 7	4 59 2	21 58 42	16 37 44	21 39 48	10 9 57	12 42 37	23 13 31	5 52 25	21 30 29	15 2 41	17 44 42	16 38 38
3	9 9 21	8 20 33	5 1 30	22 3 21	16 38 4	21 40 38	10 10 26	12 40 2	23 13 22	5 53 21	21 30 23	15 3 10	17 44 41	16 38 57
4	9 8 41	8 30 44	5 3 57	22 7 51	16 38 25	21 41 29	10 10 55	12 37 27	23 13 13	5 54 17	21 30 17	15 3 39	17 44 41	16 39 15
5	9 8 11	8 40 37	5 6 24	22 12 13	16 38 46	21 42 22	10 11 24	12 34 52	23 13 4	5 55 13	21 30 11	15 4 8	17 44 40	16 39 34
6	9 7 51	8 50 10	5 8 50	22 16 26	16 39 8	21 43 15	10 11 53	12 32 17	23 12 55	5 56 8	21 30 5	15 4 36	17 44 40	16 39 53
7	9 7 41	8 59 21	5 11 14	22 20 30	16 39 30	21 44 10	10 12 22	12 29 43	23 12 46	5 57 4	21 29 59	15 5 4	17 44 40	16 40 12
8	9 7 40	9 8 8	5 13 38	22 24 26	16 39 54	21 45 6	10 12 51	12 27 9	23 12 38	5 58 0	21 29 54	15 5 32	17 44 40	16 40 31
9	9 7 49	9 16 30	5 16 2	22 28 13	16 40 18	21 46 2	10 13 20	12 24 35	23 12 29	5 58 57	21 29 48	15 6 0	17 44 40	16 40 50
10	9 8 6	9 24 24	5 18 24	22 31 53	16 40 42	21 47 0	10 13 48	12 22 2	23 12 20	5 59 53	21 29 43	15 6 27	17 44 40	16 41 9
11	9 8 33	9 31 51	5 20 45	22 35 24	16 41 8	21 47 58	10 14 17	12 19 29	23 12 11	6 0 49	21 29 37	15 6 54	17 44 40	16 41 28
12	9 9 9	9 38 48	5 23 5	22 38 47	16 41 34	21 48 58	10 14 45	12 16 57	23 12 2	6 1 45	21 29 32	15 7 21	17 44 41	16 41 47
13	9 9 54	9 45 15	5 25 25	22 42 3	16 42 0	21 49 58	10 15 14	12 14 25	23 11 53	6 2 40	21 29 26	15 7 47	17 44 41	16 42 7
14	9 10 47	9 51 11	5 27 43	22 45 11	16 42 28	21 50 59	10 15 42	12 11 53	23 11 44	6 3 36	21 29 21	15 8 13	17 44 42	16 42 26
15	9 11 48	9 56 35	5 30 0	22 48 12	16 42 56	21 52 1	10 16 10	12 9 22	23 11 35	6 4 32	21 29 16	15 8 38	17 44 43	16 42 45
16	9 12 58	10 1 26	5 32 17	22 51 5	16 43 24	21 53 4	10 16 38	12 6 51	23 11 27	6 5 27	21 29 11	15 9 4	17 44 44	16 43 5
17	9 14 15	10 5 44	5 34 32	22 53 52	16 43 53	21 54 7	10 17 6	12 4 21	23 11 18	6 6 22	21 29 5	15 9 28	17 44 45	16 43 24
18	9 15 39	10 9 29	5 36 46	22 56 32	16 44 23	21 55 12	10 17 34	12 1 52	23 11 9	6 7 17	21 29 0	15 9 53	17 44 47	16 43 44
19	9 17 11	10 12 39	5 38 59	22 59 5	16 44 54	21 56 17	10 18 2	11 59 23	23 11 0	6 8 12	21 28 56	15 10 17	17 44 48	16 44 3
20	9 18 50	10 15 15	5 41 11	23 1 31	16 45 25	21 57 22	10 18 30	11 56 54	23 10 51	6 9 6	21 28 51	15 10 40	17 44 49	16 44 23
21	9 20 36	10 17 16	5 43 21	23 3 52	16 45 56	21 58 28	10 18 57	11 54 27	23 10 43	6 10 0	21 28 46	15 11 3	17 44 51	16 44 42
22	9 22 28	10 18 43	5 45 31	23 6 6	16 46 28	21 59 35	10 19 25	11 52 0	23 10 34	6 10 54	21 28 41	15 11 26	17 44 53	16 45 2
23	9 24 26	10 19 33	5 47 39	23 8 14	16 47 1	22 0 42	10 19 52	11 49 34	23 10 25	6 11 47	21 28 37	15 11 48	17 44 55	16 45 22
24	9 26 31	10 19 48	5 49 46	23 10 17	16 47 35	22 1 50	10 20 19	11 47 8	23 10 17	6 12 40	21 28 32	15 12 10	17 44 57	16 45 41
25	9 28 41	10 19 28	5 51 51	23 12 14	16 48 9	22 2 59	10 20 46	11 44 43	23 10 8	6 13 33	21 28 28	15 12 31	17 44 59	16 46 1
26	9 30 57	10 18 32	5 53 56	23 14 6	16 48 43	22 4 7	10 21 13	11 42 19	23 10 0	6 14 25	21 28 24	15 12 52	17 45 1	16 46 21
27	9 33 18	10 17 0	5 55 59	23 15 53	16 49 18	22 5 16	10 21 40	11 39 56	23 9 52	6 15 17	21 28 19	15 13 13	17 45 4	16 46 40
28	9 35 45	10 14 52	5 58 0	23 17 35	16 49 54	22 6 26	10 22 6	11 37 34	23 9 43	6 16 9	21 28 15	15 13 33	17 45 7	16 47 0
29	9 38 16	10 12 7	6 0 0	23 19 12	16 50 30	22 7 36	10 22 32	11 35 12	23 9 35	6 17 0	21 28 11	15 13 52	17 45 9	16 47 20
30	9 40 52	10N 8 48	6 1 59	23N20 44	16 51 7	22S 8 46	10 22 59	11N32 51	23 9 27	6S17 50	21 28 7	15S14 11	17 45 12	16S47 39

OCTOBER 2007

DAY	SIDEREAL TIME h m s	☉ SUN LONG ° ' "	MOT ' "	R.A. h m s	DECL ° ' "	☽ MOON AT 0 HOURS LONG ° ' "	12h MOT ° ' "	2DIF "	R.A. h m s	DECL ° ' "	☽ MOON AT 12 HOURS LONG ° ' "	12h MOT ° ' "	2DIF "	R.A. h m s	DECL ° ' "
1 M	0 37 24	12♍35 21	58 59	12 27 19.6	2S57 8	10♉52 52	7 13 26	-162	4 11 15	26N23 11	18♉ 6 18	7 7 50	-172	4 43 9	27N29 17
2 Tu	0 41 21	13 34 19	59 1	12 30 56.6	3 20 24	25 14 7	7 1 58	-177	5 15 9	28 7 21	2♊16 6	6 56 1	-178	5 46 57	28 17 23
3 W	0 45 17	14 33 20	59 3	12 34 34.0	3 43 38	9♊12 7	6 50 6	-175	6 18 18	28 0 11	16 2 13	6 44 20	-169	6 48 57	27 17 20
4 Th	0 49 14	15 32 23	59 6	12 38 11.8	4 6 50	22 46 33	6 38 49	-161	7 18 41	26 10 53	29 25 22	6 33 36	-151	7 47 25	24 43 17
5 F	0 53 11	16 31 28	59 8	12 41 49.9	4 29 59	5♋58 59	6 28 45	-140	8 15 4	22 57 6	12♋27 44	6 24 17	-128	8 41 39	20 54 58
6 S	0 57 7	17 30 36	59 10	12 45 28.3	4 53 5	18 52 0	6 20 12	-116	9 7 12	18 39 26	25 12 12	6 16 31	-105	9 31 49	16 12 50
7 Su	1 1 4	18 29 45	59 12	12 49 7.2	5 16 7	1♌28 44	6 13 13	-94	9 55 35	13 37 24	7♌41 57	6 10 17	-83	10 18 37	10 55 8
8 M	1 5 0	19 28 58	59 14	12 52 46.4	5 39 6	13 52 13	6 7 41	-73	10 41 4	8 7 53	19 59 54	6 5 23	-65	11 3 3	5 17 20
9 Tu	1 8 57	20 28 12	59 17	12 56 26.1	6 2 0	26 5 17	6 3 22	-56	11 24 41	2 25 5	2♍ 8 39	6 1 37	-49	11 46 7	0S27 23
10 W	1 12 53	21 27 29	59 19	13 0 6.2	6 24 49	8♍10 16	6 0 6	-42	12 7 26	3S18 40	14 10 23	5 58 48	-36	12 28 46	6 7 21
11 Th	1 16 50	22 26 47	59 21	13 3 46.8	6 47 34	20 9 11	5 57 43	-30	12 50 15	8 52 6	26 6 53	5 56 49	-24	13 11 57	11 31 32
12 F	1 20 46	23 26 8	59 23	13 7 27.9	7 10 12	2♎ 3 42	5 56 7	-18	13 33 59	14 4 16	7♎59 49	5 55 37	-11	13 56 27	16 28 56
13 S	1 24 43	24 25 31	59 25	13 11 9.4	7 32 45	13 55 26	5 55 21	-5	14 19 24	18 44 4	19 50 47	5 55 19	3	14 42 56	20 48 13
14 Su	1 28 39	25 24 55	59 27	13 14 51.5	7 55 12	25 46 7	5 55 33	11	15 7 3	22 39 56	1♏41 40	5 56 5	21	15 31 48	24 17 44
15 M	1 32 36	26 24 22	59 29	13 18 34.1	8 17 32	7♏37 45	5 56 57	31	15 57 11	25 40 12	13 34 42	5 58 11	43	16 23 9	26 45 57
16 Tu	1 36 33	27 23 50	59 31	13 22 17.2	8 39 45	19 32 52	5 59 49	56	16 49 39	27 33 46	25 32 41	6 1 54	70	17 16 35	28 2 33
17 W	1 40 29	28 23 21	59 32	13 26 0.9	9 1 51	1♐34 35	6 4 27	84	17 43 50	28 11 30	7♐39 2	6 7 31	100	18 11 18	27 59 59
18 Th	1 44 26	29 22 53	59 34	13 29 45.1	9 23 49	13 46 32	6 11 7	116	18 38 49	27 27 46	19 57 40	6 15 16	133	19 6 17	26 34 50
19 F	1 48 22	0♎22 27	59 35	13 33 30.0	9 45 38	26 12 56	6 19 59	150	19 33 34	25 21 30	2♑32 55	6 25 15	166	20 0 35	23 48 24
20 S	1 52 19	1 22 2	59 37	13 37 15.4	10 7 19	8♑58 10	6 31 2	181	20 27 18	21 56 20	15 29 12	6 37 18	194	20 53 41	19 46 25
21 Su	1 56 15	2 21 40	59 39	13 41 1.4	10 28 51	22 6 30	6 43 59	205	21 19 44	17 19 54	28 50 29	6 50 59	213	21 45 31	14 38 15
22 M	2 0 12	3 21 19	59 41	13 44 48.1	10 50 14	5♒41 27	6 58 10	216	22 11 6	11 43 8	12♒39 37	7 5 23	214	22 36 34	8 36 25
23 Tu	2 4 8	4 20 59	59 42	13 48 35.4	11 11 26	19 44 59	7 12 27	207	23 2 3	5 20 12	26 57 26	7 19 10	193	23 27 40	1 56 51
24 W	2 8 5	5 20 42	59 44	13 52 23.4	11 32 29	4♓16 36	7 25 18	172	23 53 34	1N30 58	11♓41 54	7 30 39	145	0 19 54	5N 0 18
25 Th	2 12 2	6 20 26	59 46	13 56 12.1	11 53 21	19 12 32	7 34 58	112	0 46 48	8 27 51	26 47 31	7 38 5	73	1 14 25	11 50 1
26 F	2 15 58	7 20 12	59 48	14 0 1.5	12 14 2	4♈25 36	7 39 51	32	1 42 53	15 2 57	12♈ 5 27	7 40 11	-12	2 12 16	18 2 39
27 S	2 19 55	8 20 1	59 50	14 3 51.6	12 34 32	19 45 38	7 39 4	-55	2 42 37	20 45 5	27 24 42	7 36 31	-96	3 13 54	23 6 25
28 Su	2 23 51	9 19 51	59 53	14 7 42.4	12 54 50	5♉ 1 12	7 32 41	-132	3 46 0	25 3 12	12♉33 53	7 27 43	-163	4 18 44	26 32 39
29 M	2 27 48	10 19 43	59 55	14 11 34.0	13 14 57	20 1 36	7 21 49	-187	4 51 49	27 32 53	27 23 24	7 15 13	-205	5 24 56	28 3 5
30 Tu	2 31 44	11 19 38	59 57	14 15 26.4	13 34 51	4♊38 38	7 8 10	-215	5 57 43	28 3 32	11♊46 48	7 0 53	-219	6 29 52	27 35 30
31 W	2 35 41	12♎19 34	59 59	14 19 19.6	13S54 33	18♊47 40	6 53 33	-218	7 1 5	26N41 7	25♊41 14	6 46 22	-211	7 31 13	25N23 6

LUNAR INGRESSES
2 ☽ ♊ 8:07
4 ☽ ♋ 13:03
6 ☽ ♌ 21:10
9 ☽ ♍ 7:45
11 ☽ ♎ 19:50
14 ☽ ♏ 8:34
16 ☽ ♐ 20:52
19 ☽ ♑ 7:11
21 ☽ ♒ 14:03
23 ☽ ♓ 17:01
25 ☽ ♈ 17:03
27 ☽ ♉ 16:04
29 ☽ ♊ 16:18
31 ☽ ♋ 19:37

PLANET INGRESSES
1 ♀ ♌ 3:53
18 ☉ ♎ 14:58
29 ☿ ♍ 0:03

STATIONS
12 ☿ R 4:01
31 ♆ D 20:08

DATA FOR THE 1st AT 0 HOURS
JULIAN DAY 39354.5
☽ MEAN ☊ 10°♒ 21' 44"
OBLIQUITY 23° 26' 26"
DELTA T 68.6 SECONDS
NUTATION LONGITUDE 6.7"

DAY MO YR	☿ LONG ° ' "	♀ LONG ° ' "	♂ LONG ° ' "	♃ LONG ° ' "	♄ LONG ° ' "	♅ LONG ° ' "	♆ LONG ° ' "	♇ LONG ° ' "	☊ LONG ° '	A.S.S.I. h m s	S.S.R.Y. h m s	S.V.P. ♓ ° ' "	☿ MERCURY R.A. h m s	☿ DECL ° ' "
1 274	8♎22 28	29♋53 36	6♊ 3 15	19♏22 44	8♌34 53	21♒ 2R19	24♑39R13	1♐35 48	11♒51	15 38 54	30 6 51	5 8 59.1	13 59 51	15S21 35
2 275	9 15 32	0♌33 31	6 29 48	19 31 34	8 41 38	21 0 9	24 38 17	1 36 33	11 48	15 43 27	30 6 6	5 8 58.9	14 3 9	15 44 57
3 276	10 5 23	1 14 35	6 55 59	19 40 31	8 48 21	20 58 0	24 37 22	1 37 20	11 47	15 48 0	30 5 32	5 8 58.6	14 6 17	16 6 41
4 277	10 51 46	1 56 44	7 21 48	19 49 35	8 55 0	20 55 53	24 36 28	1 38 9	11 47	15 52 34	30 5 7	5 8 58.4	14 9 12	16 26 42
5 278	11 34 21	2 39 57	7 47 13	19 58 46	9 1 37	20 53 47	24 35 36	1 39 0	11 48	15 57 8	30 4 52	5 8 58.2	14 11 54	16 44 50
6 279	12 12 49	3 24 10	8 12 15	20 8 4	9 8 11	20 51 42	24 34 46	1 39 53	11 50	16 1 42	30 4 47	5 8 58.1	14 14 20	17 0 58
7 280	12 46 46	4 9 23	8 36 53	20 17 29	9 14 41	20 49 39	24 33 58	1 40 47	11 51	16 6 17	30 4 52	5 8 58.0	14 16 30	17 14 54
8 281	13 15 47	4 55 32	9 1 6	20 27 1	9 21 9	20 47 38	24 33 11	1 41 43	11 52	16 10 52	30 5 8	5 8 58.0	14 18 21	17 26 29
9 282	13 39 28	5 42 35	9 24 53	20 36 39	9 27 34	20 45 38	24 32 26	1 42 42	11 51	16 15 28	30 5 35	5 8 58.0	14 19 53	17 35 30
10 283	13 57 20	6 30 31	9 48 15	20 46 24	9 33 55	20 43 40	24 31 42	1 43 41	11 48	16 20 5	30 6 12	5 8 58.0	14 21 3	17 41 45
11 284	14 8 54	7 19 16	10 11 10	20 56 15	9 40 14	20 41 43	24 31 1	1 44 43	11 42	16 24 42	30 6 59	5 8 57.9	14 21 50	17 44 58
12 285	14 13R41	8 8 51	10 33 39	21 6 13	9 46 29	20 39 49	24 30 21	1 45 46	11 36	16 29 20	30 7 53	5 8 57.9	14 22 11	17 44 56
13 286	14 11 11	8 59 12	10 55 40	21 16 17	9 52 40	20 37 56	24 29 43	1 46 52	11 28	16 33 58	30 8 54	5 8 57.8	14 22 5	17 41 22
14 287	14 0 59	9 50 18	11 17 13	21 26 28	9 58 48	20 36 5	24 29 7	1 47 59	11 19	16 38 37	30 9 58	5 8 57.7	14 21 31	17 34 0
15 288	13 42 41	10 42 8	11 38 17	21 36 44	10 4 53	20 34 16	24 28 33	1 49 7	11 11	16 43 17	30 11 3	5 8 57.6	14 20 26	17 22 36
16 289	13 15 59	11 34 40	11 58 52	21 47 7	10 10 53	20 32 29	24 28 1	1 50 18	11 03	16 47 57	30 12 4	5 8 57.4	14 18 51	17 6 55
17 290	12 40 47	12 27 52	12 18 58	21 57 35	10 16 51	20 30 44	24 27 30	1 51 30	10 58	16 52 38	30 12 58	5 8 57.2	14 16 44	16 46 48
18 291	11 57 8	13 21 43	12 38 33	22 8 9	10 22 44	20 29 2	24 27 2	1 52 43	10 54	16 57 20	30 13 42	5 8 57.0	14 14 8	16 22 8
19 292	11 5 24	14 16 12	12 57 37	22 18 49	10 28 34	20 27 21	24 26 35	1 53 59	10 53	17 2 2	30 14 12	5 8 56.8	14 11 2	15 52 57
20 293	10 6 12	15 11 18	13 16 9	22 29 35	10 34 19	20 25 42	24 26 11	1 55 16	10 53	17 6 46	30 14 29	5 8 56.6	14 7 31	15 19 26
21 294	9 0 33	16 7 0	13 34 10	22 40 25	10 40 1	20 24 6	24 25 48	1 56 34	10 54	17 11 30	30 14 31	5 8 56.5	14 3 39	14 41 56
22 295	7 49 49	17 3 15	13 51 38	22 51 22	10 45 39	20 22 32	24 25 27	1 57 54	10 55	17 16 14	30 14 18	5 8 56.4	13 59 30	14 1 1
23 296	6 35 44	18 0 4	14 8 33	23 2 23	10 51 12	20 21 0	24 25 8	1 59 16	10 55	17 21 0	30 13 52	5 8 56.4	13 55 11	13 17 30
24 297	5 20 19	18 57 26	14 24 54	23 13 30	10 56 42	20 19 31	24 24 51	2 0 39	10 53	17 25 46	30 13 15	5 8 56.3	13 50 50	12 32 22
25 298	4 5 46	19 55 19	14 40 40	23 24 42	11 2 7	20 18 3	24 24 36	2 2 4	10 48	17 30 34	30 12 29	5 8 56.3	13 46 34	11 46 46
26 299	2 54 24	20 53 42	14 55 51	23 35 59	11 7 28	20 16 39	24 24 23	2 3 31	10 41	17 35 22	30 11 37	5 8 56.2	13 42 32	11 1 55
27 300	1 48 23	21 52 35	15 10 27	23 47 21	11 12 45	20 15 16	24 24 13	2 4 59	10 33	17 40 11	30 10 43	5 8 56.1	13 38 52	10 19 4
28 301	0 49 43	22 51 57	15 24 25	23 58 47	11 17 57	20 13 57	24 24 4	2 6 28	10 24	17 45 1	30 9 48	5 8 55.9	13 35 39	9 39 23
29 302	0 0 4	23 51 47	15 37 46	24 10 19	11 23 5	20 12 39	24 23 57	2 7 59	10 15	17 49 52	30 8 54	5 8 55.7	13 32 59	9 3 51
30 303	29♍20 42	24 52 4	15 50 29	24 21 55	11 28 8	20 11 24	24 23 52	2 9 31	10 08	17 54 44	30 8 3	5 8 55.4	13 30 57	8 33 15
31 304	28♍52 26	25♌52 47	16♊ 2 32	24♏33 36	11♌33 7	20♒10 24	24♑23D49	2♐11 5	10♒03	17 59 37	30 7 17	5 8 55.1	13 29 34	8S 8 10

DAY Oct	♀ VENUS R.A. h m s	♀ DECL ° ' "	♂ MARS R.A. h m s	♂ DECL ° ' "	♃ JUPITER R.A. h m s	♃ DECL ° ' "	♄ SATURN R.A. h m s	♄ DECL ° ' "	♅ URANUS R.A. h m s	♅ DECL ° ' "	♆ NEPTUNE R.A. h m s	♆ DECL ° ' "	♇ PLUTO R.A. h m s	♇ DECL ° ' "
1	9 43 33	10N 4 52	6 3 56	23N22 13	16 51 44	22S 9 56	10 23 25	11N30 31	23 9 19	6S18 40	21 28 3	15S14 29	17 45 15	16S47 59
2	9 46 18	10 0 21	6 5 52	23 23 37	16 52 22	22 11 7	10 23 51	11 28 12	23 9 11	6 19 29	21 28 0	15 14 47	17 45 18	16 48 19
3	9 49 7	9 55 14	6 7 46	23 24 58	16 53 0	22 12 18	10 24 16	11 25 54	23 9 3	6 20 18	21 27 56	15 15 5	17 45 21	16 48 38
4	9 52 1	9 49 33	6 9 39	23 26 15	16 53 39	22 13 29	10 24 42	11 23 37	23 8 55	6 21 6	21 27 53	15 15 22	17 45 25	16 48 58
5	9 54 58	9 43 17	6 11 30	23 27 29	16 54 19	22 14 40	10 25 7	11 21 21	23 8 47	6 21 54	21 27 49	15 15 38	17 45 28	16 49 17
6	9 57 58	9 36 26	6 13 19	23 28 41	16 54 58	22 15 51	10 25 32	11 19 6	23 8 39	6 22 41	21 27 46	15 15 54	17 45 32	16 49 37
7	10 1 2	9 29 1	6 15 7	23 29 49	16 55 39	22 17 3	10 25 57	11 16 53	23 8 32	6 23 28	21 27 43	15 16 9	17 45 36	16 49 57
8	10 4 10	9 21 3	6 16 53	23 30 55	16 56 20	22 18 14	10 26 22	11 14 40	23 8 24	6 24 14	21 27 40	15 16 24	17 45 40	16 50 16
9	10 7 20	9 12 32	6 18 37	23 31 58	16 57 1	22 19 26	10 26 47	11 12 28	23 8 17	6 24 59	21 27 37	15 16 38	17 45 44	16 50 36
10	10 10 34	9 3 27	6 20 19	23 33 0	16 57 43	22 20 37	10 27 11	11 10 18	23 8 9	6 25 44	21 27 34	15 16 52	17 45 48	16 50 55
11	10 13 50	8 53 51	6 21 59	23 34 0	16 58 25	22 21 48	10 27 35	11 8 9	23 8 2	6 26 27	21 27 31	15 17 5	17 45 52	16 51 14
12	10 17 9	8 43 42	6 23 37	23 34 59	16 59 8	22 23 0	10 27 59	11 6 1	23 7 55	6 27 11	21 27 29	15 17 18	17 45 56	16 51 33
13	10 20 31	8 33 2	6 25 14	23 35 57	16 59 51	22 24 11	10 28 23	11 3 54	23 7 48	6 27 53	21 27 26	15 17 30	17 46 1	16 51 53
14	10 23 55	8 21 50	6 26 48	23 36 54	17 0 35	22 25 22	10 28 46	11 1 48	23 7 41	6 28 34	21 27 24	15 17 41	17 46 5	16 52 12
15	10 27 21	8 10 8	6 28 20	23 37 50	17 1 19	22 26 32	10 29 10	10 59 44	23 7 34	6 29 15	21 27 22	15 17 52	17 46 10	16 52 31
16	10 30 50	7 57 56	6 29 51	23 38 46	17 2 4	22 27 43	10 29 33	10 57 41	23 7 28	6 29 55	21 27 19	15 18 2	17 46 15	16 52 50
17	10 34 21	7 45 14	6 31 19	23 39 42	17 2 49	22 28 53	10 29 56	10 55 40	23 7 21	6 30 34	21 27 18	15 18 11	17 46 20	16 53 8
18	10 37 53	7 32 3	6 32 45	23 40 39	17 3 34	22 30 3	10 30 18	10 53 40	23 7 15	6 31 12	21 27 16	15 18 20	17 46 25	16 53 27
19	10 41 28	7 18 23	6 34 8	23 41 36	17 4 20	22 31 13	10 30 41	10 51 41	23 7 8	6 31 50	21 27 14	15 18 29	17 46 30	16 53 46
20	10 45 5	7 4 16	6 35 30	23 42 34	17 5 7	22 32 22	10 31 3	10 49 44	23 7 2	6 32 26	21 27 12	15 18 37	17 46 35	16 54 5
21	10 48 43	6 49 40	6 36 49	23 43 33	17 5 53	22 33 31	10 31 24	10 47 48	23 6 56	6 33 2	21 27 11	15 18 44	17 46 41	16 54 23
22	10 52 23	6 34 38	6 38 6	23 44 34	17 6 41	22 34 40	10 31 46	10 45 54	23 6 50	6 33 36	21 27 9	15 18 50	17 46 46	16 54 42
23	10 56 5	6 19 9	6 39 20	23 45 36	17 7 28	22 35 48	10 32 7	10 44 1	23 6 45	6 34 10	21 27 8	15 18 56	17 46 52	16 55 0
24	10 59 48	6 3 14	6 40 32	23 46 40	17 8 16	22 36 56	10 32 28	10 42 10	23 6 39	6 34 43	21 27 7	15 19 2	17 46 58	16 55 18
25	11 3 33	5 46 53	6 41 41	23 47 47	17 9 4	22 38 3	10 32 49	10 40 21	23 6 34	6 35 15	21 27 6	15 19 6	17 47 4	16 55 36
26	11 7 19	5 30 7	6 42 48	23 48 55	17 9 53	22 39 9	10 33 10	10 38 33	23 6 28	6 35 46	21 27 5	15 19 10	17 47 10	16 55 54
27	11 11 7	5 12 57	6 43 53	23 50 7	17 10 42	22 40 15	10 33 30	10 36 46	23 6 23	6 36 16	21 27 5	15 19 14	17 47 16	16 56 12
28	11 14 56	4 55 23	6 44 55	23 51 21	17 11 31	22 41 21	10 33 50	10 35 1	23 6 18	6 36 45	21 27 4	15 19 17	17 47 22	16 56 30
29	11 18 46	4 37 26	6 45 54	23 52 39	17 12 21	22 42 25	10 34 10	10 33 18	23 6 13	6 37 13	21 27 4	15 19 19	17 47 28	16 56 47
30	11 22 38	4 19 6	6 46 50	23 54 0	17 13 11	22 43 29	10 34 29	10 31 37	23 6 9	6 37 40	21 27 3	15 19 20	17 47 35	16 57 5
31	11 26 31	4N 0 24	6 47 43	23N55 25	17 14 2	22S44 33	10 34 48	10N29 57	23 6 4	6S38 6	21 27 3	15S19 21	17 47 41	16S57 22

NOVEMBER 2007

DAY	SIDEREAL TIME h m s	☉ SUN LONG ° ' "	MOT ' "	R.A. h m s	DECL ° ' "
1 Th	2 39 37	13♎19 33	60 1	14 23 13.5	14S14 1
2 F	2 43 34	14 19 34	60 3	14 27 8.3	14 33 15
3 S	2 47 31	15 19 37	60 5	14 31 3.9	14 52 16
4 Su	2 51 27	16 19 43	60 7	14 35 0.3	15 11 2
5 M	2 55 24	17 19 50	60 10	14 38 57.6	15 29 34
6 Tu	2 59 20	18 19 59	60 12	14 42 55.7	15 47 50
7 W	3 3 17	19 20 11	60 13	14 46 54.6	16 5 51
8 Th	3 7 13	20 20 24	60 15	14 50 54.4	16 23 35
9 F	3 11 10	21 20 40	60 17	14 54 55.0	16 41 3
10 S	3 15 6	22 20 57	60 19	14 58 56.5	16 58 14
11 Su	3 19 3	23 21 15	60 21	15 2 58.8	17 15 8
12 M	3 23 0	24 21 36	60 22	15 7 2.0	17 31 44
13 Tu	3 26 56	25 21 58	60 24	15 11 6.0	17 48 1
14 W	3 30 53	26 22 22	60 25	15 15 10.9	18 4 1
15 Th	3 34 49	27 22 47	60 27	15 19 16.6	18 19 41
16 F	3 38 46	28 23 13	60 28	15 23 23.2	18 35 2
17 S	3 42 42	29 23 41	60 29	15 27 30.5	18 50 3
18 Su	3 46 39	0♏24 11	60 31	15 31 38.7	19 4 44
19 M	3 50 35	1 24 41	60 32	15 35 47.7	19 19 4
20 Tu	3 54 32	2 25 13	60 33	15 39 57.5	19 33 3
21 W	3 58 29	3 25 46	60 34	15 44 8.1	19 46 42
22 Th	4 2 25	4 26 20	60 36	15 48 19.5	19 59 58
23 F	4 6 22	5 26 55	60 37	15 52 31.7	20 12 53
24 S	4 10 18	6 27 32	60 38	15 56 44.6	20 25 25
25 Su	4 14 15	7 28 10	60 40	16 0 58.4	20 37 35
26 M	4 18 11	8 28 50	60 41	16 5 12.9	20 49 22
27 Tu	4 22 8	9 29 31	60 43	16 9 28.1	21 0 46
28 W	4 26 5	10 30 13	60 44	16 13 44.1	21 11 46
29 Th	4 30 1	11 30 57	60 46	16 18 0.9	21 22 22
30 F	4 33 58	12♏31 43	60 47	16 22 18.3	21S32 34

DAY	☽ MOON AT 0 HOURS LONG ° ' "	12h MOT ° ' "	2DIF "	R.A. h m s	DECL ° ' "
1	2♋27 36	6 39 29	-201	8 0 8	23N44 26
2	15 40 3	6 26 59	-172	8 54 18	19 37 19
3	28 28 33	6 16 37	-138	9 44 1	14 42 21
4	10♌57 29	6 8 35	-104	10 30 17	9 18 14
5	23 11 28	6 2 45	-72	11 14 12	3 39 39
6	5♍14 48	5 58 52	-45	11 56 55	2S 1 26
7	17 11 14	5 56 37	-24	12 39 28	7 34 33
8	29 3 49	5 55 36	-8	13 22 47	12 49 31
9	10♎54 53	5 55 32	5	14 7 43	17 35 40
10	22 46 13	5 56 13	15	14 54 51	21 41 27
11	4♏39 13	5 57 31	25	15 44 30	24 54 45
12	16 35 9	5 59 31	36	16 36 33	27 3 47
13	28 35 29	6 2 22	51	17 30 23	27 58 46
14	10♐42 2	6 6 21	70	18 25 0	27 33 49
15	22 57 14	6 11 47	94	19 19 16	25 48 10
16	5♑24 9	6 18 58	123	20 12 19	22 46 1
17	18 6 25	6 28 8	153	21 3 46	18 35 21
18	1♒ 8 2	6 39 17	181	21 53 48	13 26 36
19	14 32 50	6 52 5	200	22 43 3	7 31 48
20	28 23 47	7 5 46	205	23 32 27	1 4 55
21	12♓42 7	7 19 4	188	0 23 13	5N37 3
22	27 26 15	7 30 19	143	1 16 39	12 12 32
23	12♈31 8	7 37 40	73	2 13 53	18 14 31
24	27 48 14	7 39 43	-13	3 15 34	23 11 34
25	13♉ 6 28	7 35 53	-99	4 21 12	26 32 37
26	28 14 15	7 26 43	-170	5 28 48	27 55 37
27	13♊ 1 33	7 13 42	-214	6 35 23	27 15 43
28	27 21 33	6 58 41	-230	7 38 15	24 46 35
29	11♋11 14	6 43 29	-221	8 35 59	20 53 15
30	24♋30 59	6 29 29	-195	9 28 34	16N 2 45

DAY	☽ MOON AT 12 HOURS LONG ° ' "	12h MOT ° ' "	2DIF "	R.A. h m s	DECL ° ' "
1	9♋ 7 4	6 32 59	-187	8 27 49	21N48 11
2	22 7 2	6 21 31	-155	9 19 40	17 14 32
3	4♌45 11	6 12 19	-121	10 7 31	12 2 56
4	17 6 4	6 5 24	-87	10 52 28	6 29 57
5	29 14 13	6 0 35	-58	11 35 39	0 48 45
6	11♍13 40	5 57 34	-34	12 18 9	4S49 37
7	23 7 51	5 55 58	-15	13 0 59	10 14 57
8	4♎59 25	5 55 28	-1	13 45 0	15 16 53
9	16 50 25	5 55 48	10	14 30 58	19 44 21
10	28 42 25	5 56 47	20	15 19 21	23 25 25
11	10♏36 44	5 58 26	30	16 10 15	26 7 59
12	22 34 40	6 0 49	43	17 3 18	27 41 0
13	4♐37 51	6 4 12	60	17 57 40	27 56 27
14	16 48 23	6 8 51	81	18 52 14	26 50 56
15	29 9 1	6 15 8	108	19 45 59	24 26 13
16	11♑43 7	6 23 18	138	20 38 15	20 48 38
17	24 34 34	6 33 29	167	21 28 56	16 7 31
18	7♒47 19	6 45 31	192	22 18 28	10 34 8
19	21 24 54	6 58 53	205	23 7 39	4 21 24
20	5♓29 33	7 12 34	200	23 57 35	2N15 24
21	20 1 11	7 25 4	169	0 49 31	8 57 10
22	4♈56 33	7 34 35	110	1 44 44	15 19 37
23	20 8 48	7 39 25	31	2 44 10	20 53 12
24	5♉27 57	7 38 32	-57	3 47 58	25 5 47
25	20 42 21	7 31 54	-137	4 54 56	27 29 38
26	5♊40 58	7 20 35	-195	6 2 25	27 50 34
27	20 15 14	7 6 19	-225	7 7 25	26 13 24
28	4♋20 14	6 51 0	-228	8 7 47	22 58 42
29	17 54 43	6 36 16	-210	9 2 53	18 33 34
30	1♌ 0 28	6 23 15	-178	9 53 11	13N23 32

LUNAR INGRESSES
3 ☽ ♌ 2:54
5 ☽ ♍ 13:31
8 ☽ ♎ 1:54
10 ☽ ♏ 14:37
13 ☽ ♐ 2:48
15 ☽ ♑ 13:38
17 ☽ ♒ 21:56
20 ☽ ♓ 2:44
22 ☽ ♈ 4:07
24 ☽ ♉ 3:26
26 ☽ ♊ 2:50
28 ☽ ♋ 4:31
30 ☽ ♌ 10:07

PLANET INGRESSES
4 ♀ ♍ 0:06
6 ☿ ♎ 2:26
17 ☉ ♏ 14:25
26 ♃ ♐ 0:31
28 ☿ ♏ 5:30

STATIONS
1 ☿ D 23:00
15 ♂ R 8:26
24 ♅ D 10:16

DATA FOR THE 1st AT 0 HOURS
JULIAN DAY 39385.5
☽ MEAN ☊ 8°♒ 43' 10"
OBLIQUITY 23° 26' 26"
DELTA T 68.7 SECONDS
NUTATION LONGITUDE 6.5"

DAY MO	YR	☿ LONG ° ' "	♀ LONG ° ' "	♂ LONG ° ' "	♃ LONG ° ' "	♄ LONG ° ' "	♅ LONG ° ' "	♆ LONG ° ' "
1	305	28♍35D40	26♌53 55	16♊13 56	24♏45 21	11♌38 1	20♒ 9R 2	24♑23 48
2	306	28 30 27	27 55 28	16 24 38	24 57 11	11 42 51	20 7 55	24 23 49
3	307	28 36 28	28 57 25	16 34 39	25 9 5	11 47 35	20 6 51	24 23 52
4	308	28 53 12	29 59 44	16 43 57	25 21 4	11 52 15	20 5 49	24 23 57
5	309	29 19 56	1♍ 2 26	16 52 32	25 33 6	11 56 50	20 4 50	24 24 5
6	310	29 55 51	2 5 29	17 0 22	25 45 13	12 1 19	20 3 54	24 24 14
7	311	0♎40 5	3 8 52	17 7 28	25 57 24	12 5 44	20 3 0	24 24 25
8	312	1 31 44	4 12 36	17 13 48	26 9 39	12 10 4	20 2 10	24 24 39
9	313	2 29 57	5 16 39	17 19 21	26 21 58	12 14 18	20 1 22	24 24 54
10	314	3 33 54	6 21 1	17 24 7	26 34 21	12 18 27	20 0 37	24 25 12
11	315	4 42 49	7 25 41	17 28 6	26 46 47	12 22 31	19 59 55	24 25 31
12	316	5 56 3	8 30 39	17 31 17	26 59 17	12 26 29	19 59 16	24 25 53
13	317	7 12 56	9 35 53	17 33 38	27 11 51	12 30 22	19 58 40	24 26 17
14	318	8 32 57	10 41 24	17 35 11	27 24 28	12 34 9	19 58 6	24 26 43
15	319	9 55 35	11 47 12	17 35R53	27 37 8	12 37 51	19 57 36	24 27 10
16	320	11 20 26	12 53 14	17 35 45	27 49 51	12 41 27	19 57 9	24 27 40
17	321	12 47 7	13 59 32	17 34 47	28 2 38	12 44 57	19 56 44	24 28 12
18	322	14 15 20	15 6 5	17 32 58	28 15 27	12 48 22	19 56 23	24 28 46
19	323	15 44 48	16 12 51	17 30 17	28 28 20	12 51 41	19 56 5	24 29 22
20	324	17 15 19	17 19 52	17 26 46	28 41 15	12 54 54	19 55 50	24 30 0
21	325	18 46 39	18 27 6	17 22 22	28 54 14	12 58 1	19 55 37	24 30 40
22	326	20 18 39	19 34 34	17 17 8	29 7 14	13 1 2	19 55 28	24 31 22
23	327	21 51 11	20 42 15	17 11 1	29 20 18	13 3 58	19 55 22	24 32 6
24	328	23 24 8	21 50 8	17 4 3	29 33 24	13 6 47	19 55D19	24 32 52
25	329	24 57 25	22 58 14	16 56 13	29 46 32	13 9 30	19 55 19	24 33 40
26	330	26 30 56	24 6 32	16 47 32	29 59 43	13 12 8	19 55 22	24 34 30
27	331	28 4 39	25 15 2	16 37 58	0♐12 56	13 14 39	19 55 28	24 35 21
28	332	29 38 29	26 23 43	16 27 34	0 26 12	13 17 3	19 55 37	24 36 15
29	333	1♏12 24	27 32 36	16 16 19	0 39 30	13 19 22	19 55 49	24 37 11
30	334	2♏46 23	28♍41 39	16♊ 4 13	0♐52 49	13♌21 34	19♒56 4	24♑38 8

DAY MO	♇ LONG ° ' "	☊ LONG ° '	A.S.S.I. h m s	S.S.R.Y. h m s	S.V.P. ♓ ° ' "	☿ MERCURY R.A. h m s	DECL ° ' "
1	2♐12 40	10♒01	18 4 31	30 6 37	5 8 54.9	13 28 52	7S48 53
2	2 14 17	10 00	18 9 26	30 6 5	5 8 54.7	13 28 51	7 35 31
3	2 15 54	10 01	18 14 22	30 5 43	5 8 54.6	13 29 29	7 27 58
4	2 17 34	10 01	18 19 19	30 5 31	5 8 54.5	13 30 45	7 25 59
5	2 19 14	10 00	18 24 17	30 5 30	5 8 54.4	13 32 35	7 29 13
6	2 20 56	9 57	18 29 16	30 5 42	5 8 54.4	13 34 58	7 37 14
7	2 22 39	9 51	18 34 16	30 6 6	5 8 54.3	13 37 50	7 49 36
8	2 24 24	9 43	18 39 17	30 6 41	5 8 54.3	13 41 8	8 5 48
9	2 26 10	9 31	18 44 20	30 7 28	5 8 54.2	13 44 50	8 25 23
10	2 27 56	9 18	18 49 23	30 8 23	5 8 54.0	13 48 52	8 47 52
11	2 29 45	9 04	18 54 28	30 9 26	5 8 53.9	13 53 12	9 12 51
12	2 31 34	8 50	18 59 33	30 10 32	5 8 53.7	13 57 48	9 39 54
13	2 33 24	8 37	19 4 40	30 11 38	5 8 53.4	14 2 37	10 8 41
14	2 35 16	8 27	19 9 47	30 12 41	5 8 53.2	14 7 38	10 38 51
15	2 37 8	8 20	19 14 56	30 13 37	5 8 53.0	14 12 50	11 10 7
16	2 39 2	8 15	19 20 6	30 14 24	5 8 52.7	14 18 11	11 42 12
17	2 40 57	8 13	19 25 17	30 14 59	5 8 52.6	14 23 40	12 14 54
18	2 42 52	8 13	19 30 28	30 15 22	5 8 52.4	14 29 15	12 47 59
19	2 44 49	8 13	19 35 41	30 15 32	5 8 52.3	14 34 57	13 21 18
20	2 46 47	8 12	19 40 55	30 15 29	5 8 52.2	14 40 44	13 54 40
21	2 48 45	8 09	19 46 10	30 15 14	5 8 52.2	14 46 35	14 27 57
22	2 50 44	8 03	19 51 26	30 14 47	5 8 52.1	14 52 31	15 1 2
23	2 52 45	7 54	19 56 43	30 14 12	5 8 51.9	14 58 31	15 33 49
24	2 54 46	7 44	20 2 0	30 13 29	5 8 51.7	15 4 34	16 6 11
25	2 56 48	7 32	20 7 19	30 12 40	5 8 51.5	15 10 41	16 38 4
26	2 58 50	7 21	20 12 39	30 11 47	5 8 51.1	15 16 50	17 9 24
27	3 0 54	7 11	20 18 0	30 10 52	5 8 50.8	15 23 3	17 40 5
28	3 2 58	7 04	20 23 21	30 9 57	5 8 50.5	15 29 17	18 10 6
29	3 5 3	7 00	20 28 44	30 9 6	5 8 50.3	15 35 35	18 39 21
30	3♐ 7 8	6♒58	20 34 7	30 8 19	5 8 50.1	15 41 55	19S 7 50

DAY Nov	♀ VENUS R.A. h m s	DECL ° ' "	♂ MARS R.A. h m s	DECL ° ' "	♃ JUPITER R.A. h m s	DECL ° ' "
1	11 30 24	3N41 22	6 48 34	23N56 55	17 14 52	22S45 36
2	11 34 20	3 21 58	6 49 21	23 58 28	17 15 44	22 46 38
3	11 38 16	3 2 15	6 50 6	24 0 6	17 16 35	22 47 39
4	11 42 13	2 42 13	6 50 48	24 1 49	17 17 27	22 48 40
5	11 46 11	2 21 53	6 51 26	24 3 36	17 18 19	22 49 40
6	11 50 10	2 1 15	6 52 1	24 5 29	17 19 11	22 50 39
7	11 54 11	1 40 20	6 52 33	24 7 27	17 20 4	22 51 37
8	11 58 12	1 19 9	6 53 2	24 9 31	17 20 57	22 52 34
9	12 2 14	0 57 43	6 53 27	24 11 40	17 21 50	22 53 30
10	12 6 17	0 36 2	6 53 49	24 13 56	17 22 44	22 54 25
11	12 10 21	0 14 7	6 54 8	24 16 17	17 23 38	22 55 20
12	12 14 26	0S 8 1	6 54 23	24 18 44	17 24 32	22 56 13
13	12 18 31	0 30 21	6 54 34	24 21 17	17 25 27	22 57 6
14	12 22 38	0 52 53	6 54 42	24 23 57	17 26 21	22 57 57
15	12 26 45	1 15 35	6 54 46	24 26 43	17 27 16	22 58 47
16	12 30 53	1 38 28	6 54 47	24 29 35	17 28 11	22 59 37
17	12 35 2	2 1 30	6 54 44	24 32 32	17 29 7	23 0 25
18	12 39 12	2 24 41	6 54 37	24 35 36	17 30 2	23 1 12
19	12 43 23	2 48 0	6 54 27	24 38 46	17 30 58	23 1 58
20	12 47 35	3 11 26	6 54 13	24 42 2	17 31 54	23 2 43
21	12 51 47	3 34 58	6 53 55	24 45 23	17 32 51	23 3 27
22	12 56 0	3 58 36	6 53 33	24 48 50	17 33 47	23 4 9
23	13 0 15	4 22 19	6 53 7	24 52 21	17 34 44	23 4 51
24	13 4 30	4 46 6	6 52 38	24 55 58	17 35 41	23 5 31
25	13 8 46	5 9 57	6 52 5	24 59 40	17 36 38	23 6 10
26	13 13 3	5 33 50	6 51 28	25 3 25	17 37 35	23 6 47
27	13 17 21	5 57 46	6 50 47	25 7 15	17 38 33	23 7 24
28	13 21 40	6 21 42	6 50 2	25 11 9	17 39 30	23 7 59
29	13 26 0	6 45 39	6 49 14	25 15 6	17 40 28	23 8 33
30	13 30 21	7S 9 35	6 48 22	25N19 6	17 41 26	23S 9 6

DAY Nov	♄ SATURN R.A. h m s	DECL ° ' "	♅ URANUS R.A. h m s	DECL ° ' "	♆ NEPTUNE R.A. h m s	DECL ° ' "	♇ PLUTO R.A. h m s	DECL ° ' "
1	10 35 7	10N28 19	23 6 0	6S38 31	21 27 3	15S19 21	17 47 48	16S57 40
2	10 35 26	10 26 43	23 5 56	6 38 55	21 27 3	15 19 21	17 47 54	16 57 57
3	10 35 44	10 25 9	23 5 52	6 39 18	21 27 3	15 19 20	17 48 1	16 58 14
4	10 36 2	10 23 37	23 5 48	6 39 40	21 27 4	15 19 19	17 48 8	16 58 31
5	10 36 19	10 22 6	23 5 44	6 40 1	21 27 4	15 19 16	17 48 15	16 58 47
6	10 36 37	10 20 38	23 5 41	6 40 21	21 27 5	15 19 14	17 48 22	16 59 4
7	10 36 54	10 19 11	23 5 37	6 40 39	21 27 6	15 19 10	17 48 29	16 59 20
8	10 37 10	10 17 46	23 5 34	6 40 57	21 27 6	15 19 6	17 48 36	16 59 37
9	10 37 27	10 16 24	23 5 31	6 41 13	21 27 7	15 19 1	17 48 44	16 59 53
10	10 37 42	10 15 3	23 5 28	6 41 28	21 27 9	15 18 56	17 48 51	17 0 8
11	10 37 58	10 13 44	23 5 26	6 41 42	21 27 10	15 18 49	17 48 58	17 0 24
12	10 38 13	10 12 28	23 5 23	6 41 55	21 27 11	15 18 43	17 49 6	17 0 40
13	10 38 28	10 11 13	23 5 21	6 42 7	21 27 13	15 18 35	17 49 14	17 0 55
14	10 38 43	10 10 0	23 5 19	6 42 18	21 27 15	15 18 27	17 49 21	17 1 10
15	10 38 57	10 8 50	23 5 17	6 42 27	21 27 16	15 18 18	17 49 29	17 1 25
16	10 39 11	10 7 42	23 5 15	6 42 36	21 27 18	15 18 9	17 49 37	17 1 40
17	10 39 25	10 6 36	23 5 13	6 42 43	21 27 21	15 17 59	17 49 45	17 1 55
18	10 39 38	10 5 32	23 5 12	6 42 49	21 27 23	15 17 48	17 49 53	17 2 9
19	10 39 51	10 4 31	23 5 11	6 42 54	21 27 25	15 17 37	17 50 1	17 2 23
20	10 40 3	10 3 31	23 5 10	6 42 57	21 27 28	15 17 25	17 50 9	17 2 37
21	10 40 15	10 2 34	23 5 9	6 43 0	21 27 30	15 17 13	17 50 17	17 2 51
22	10 40 27	10 1 40	23 5 8	6 43 1	21 27 33	15 17 0	17 50 26	17 3 5
23	10 40 39	10 0 47	23 5 8	6 43 1	21 27 36	15 16 46	17 50 34	17 3 18
24	10 40 50	9 59 57	23 5 8	6 43 0	21 27 39	15 16 32	17 50 42	17 3 32
25	10 41 0	9 59 9	23 5 8	6 42 58	21 27 42	15 16 17	17 50 51	17 3 44
26	10 41 10	9 58 23	23 5 8	6 42 54	21 27 45	15 16 1	17 50 59	17 3 57
27	10 41 20	9 57 39	23 5 8	6 42 50	21 27 49	15 15 45	17 51 8	17 4 10
28	10 41 30	9 56 58	23 5 9	6 42 44	21 27 52	15 15 28	17 51 16	17 4 22
29	10 41 39	9 56 20	23 5 9	6 42 37	21 27 56	15 15 10	17 51 25	17 4 35
30	10 41 48	9N55 43	23 5 10	6S42 28	21 28 0	15S14 52	17 51 34	17S 4 47

DECEMBER 2007

DAY	SIDEREAL TIME h m s	☉ SUN LONG ° ' "	MOT ' "	R.A. h m s	DECL ° ' "	☽ MOON AT 0 HOURS LONG ° ' "	12h MOT ° ' "	2DIF "	R.A. h m s	DECL ° ' "	☽ MOON AT 12 HOURS LONG ° ' "	12h MOT ° ' "	2DIF "	R.A. h m s	DECL ° ' "
1 S	4 37 54	13♏32 30	60 49	16 26 36.5	21S42 22	7♌23 43	6 17 36	-160	10 16 52	10N38 18	13♌41 19	6 12 35	-140	10 39 47	7N49 6
2 Su	4 41 51	14 33 19	60 50	16 30 55.3	21 51 45	19 53 54	6 8 14	-121	11 2 5	4 57 41	26 2 8	6 4 33	-101	11 23 55	2 5 37
3 M	4 45 47	15 34 9	60 52	16 35 14.8	22 0 42	2♍ 6 41	6 1 31	-82	11 45 27	0S45 45	8♍ 8 11	5 59 5	-64	12 6 49	3S35 11
4 Tu	4 49 44	16 35 0	60 53	16 39 34.9	22 9 15	14 7 17	5 57 16	-47	12 28 9	6 21 29	20 4 33	5 55 59	-31	12 49 35	9 3 30
5 W	4 53 40	17 35 53	60 54	16 43 55.6	22 17 21	26 0 31	5 55 12	-17	13 11 15	11 40 3	1♎55 43	5 54 52	-4	13 33 15	14 9 56
6 Th	4 57 37	18 36 47	60 56	16 48 16.9	22 25 2	7♎50 35	5 54 56	7	13 55 42	16 31 52	13 45 32	5 55 21	17	14 18 40	18 44 30
7 F	5 1 34	19 37 43	60 57	16 52 38.8	22 32 16	19 40 53	5 56 4	25	14 42 14	20 46 22	25 36 58	5 57 2	32	15 6 28	22 35 59
8 S	5 5 30	20 38 39	60 58	16 57 1.2	22 39 4	1♏34 0	5 58 12	38	15 31 21	24 11 47	7♏32 12	5 59 33	42	15 56 54	25 32 15
9 Su	5 9 27	21 39 37	60 59	17 1 24.1	22 45 26	13 31 45	6 1 2	46	16 23 4	26 35 53	19 32 46	6 2 37	49	16 49 46	27 21 24
10 M	5 13 23	22 40 35	61 0	17 5 47.4	22 51 20	25 35 24	6 4 20	53	17 16 53	27 47 40	1♐39 43	6 6 8	56	17 44 16	27 53 53
11 Tu	5 17 20	23 41 35	61 1	17 10 11.3	22 56 48	7♐45 51	6 8 2	59	18 11 47	27 39 36	13 53 53	6 10 4	63	18 39 16	27 4 46
12 W	5 21 16	24 42 35	61 1	17 14 35.5	23 1 48	20 3 57	6 12 15	68	19 6 32	26 9 41	26 16 11	6 14 35	74	19 33 30	24 55 5
13 Th	5 25 13	25 43 36	61 1	17 19 0.0	23 6 21	2♑30 46	6 17 9	80	20 0 3	23 21 55	8♑47 55	6 19 56	88	20 26 7	21 31 27
14 F	5 29 9	26 44 38	61 2	17 23 24.9	23 10 26	15 7 51	6 23 1	97	20 51 42	19 25 5	21 30 51	6 26 23	106	21 16 48	17 4 22
15 S	5 33 6	27 45 40	61 3	17 27 50.1	23 14 4	27 57 15	6 30 6	117	21 41 28	14 30 53	4♒27 21	6 34 10	127	22 5 48	11 46 18
16 Su	5 37 3	28 46 43	61 3	17 32 15.5	23 17 14	11♒ 1 31	6 38 35	138	22 29 53	8 52 17	17 40 6	6 43 20	147	22 53 51	5 50 33
17 M	5 40 59	29 47 46	61 4	17 36 41.2	23 19 56	24 23 26	6 48 23	155	23 17 49	2 42 54	1♓11 50	6 53 41	161	23 41 57	0N28 48
18 Tu	5 44 56	0♐48 50	61 4	17 41 7.1	23 22 9	8♓ 5 30	6 59 7	164	0 6 24	3N42 30	15 4 37	7 4 36	163	0 31 20	6 55 58
19 W	5 48 52	1 49 54	61 4	17 45 33.1	23 23 55	22 9 13	7 9 58	157	0 56 55	10 6 44	29 19 11	7 15 5	147	1 23 19	13 12 1
20 Th	5 52 49	2 50 58	61 5	17 49 59.2	23 25 13	6♈34 16	7 19 46	131	1 50 40	16 8 45	13♈54 2	7 23 49	109	2 19 5	18 53 32
21 F	5 56 45	3 52 3	61 5	17 54 25.5	23 26 2	21 17 51	7 27 3	83	2 48 40	21 22 47	28 44 54	7 29 20	52	3 19 24	23 32 43
22 S	6 0 42	4 53 7	61 5	17 58 51.8	23 26 24	6♉14 13	7 30 30	17	3 51 14	25 19 44	13♉44 43	7 30 29	-19	4 23 59	26 40 33
23 Su	6 4 38	5 54 13	61 6	18 3 18.1	23 26 17	21 15 12	7 29 13	-56	4 57 23	27 32 37	28 44 25	7 26 46	-91	5 31 5	27 54 19
24 M	6 8 35	6 55 18	61 6	18 7 44.5	23 25 42	6♊11 10	7 23 9	-123	6 4 41	27 45 15	13♊34 20	7 18 32	-151	6 37 48	27 6 16
25 Tu	6 12 32	7 56 24	61 7	18 12 10.8	23 24 38	20 52 52	7 13 4	-174	7 10 6	25 59 19	28 5 56	7 6 55	-191	7 41 19	24 27 14
26 W	6 16 28	8 57 30	61 7	18 16 37.1	23 23 7	5♋12 50	7 0 18	-203	8 11 17	22 33 23	12♋13 8	6 53 24	-208	8 39 57	20 21 23
27 Th	6 20 25	9 58 37	61 8	18 21 3.2	23 21 7	19 6 32	6 46 25	-208	9 7 20	17 54 48	25 52 58	6 39 31	-204	9 33 30	15 16 57
28 F	6 24 21	10 59 45	61 8	18 25 29.3	23 18 40	2♌32 28	6 32 51	-195	9 58 35	12 30 53	9♌ 5 19	6 26 32	-183	10 22 42	9 39 13
29 S	6 28 18	12 0 53	61 8	18 29 55.2	23 15 44	15 31 50	6 20 40	-168	10 46 2	6 44 17	21 52 30	6 15 20	-151	11 8 44	3 48 1
30 Su	6 32 14	13 2 1	61 9	18 34 21.0	23 12 20	28 7 50	6 10 36	-133	11 30 56	0 52 7	4♍18 26	6 6 29	-114	11 52 49	2S 1 57
31 M	6 36 11	14♐ 3 10	61 9	18 38 46.5	23S 8 28	10♍24 55	6 3 1	-94	12 14 31	4S52 53	16♍27 56	6 0 12	-75	12 36 10	7S39 28

LUNAR INGRESSES
2 ☽ ♍ 19:49
5 ☽ ♎ 8:05
7 ☽ ♏ 20:51
10 ☽ ♐ 8:43
12 ☽ ♑ 19:11
15 ☽ ♒ 3:47
17 ☽ ♓ 9:54
19 ☽ ♈ 13:08
21 ☽ ♉ 14:00
23 ☽ ♊ 14:02
25 ☽ ♋ 15:11
27 ☽ ♌ 19:24
30 ☽ ♍ 3:37

PLANET INGRESSES
1 ♀ ♎ 3:09
17 ☉ ♐ 4:48
17 ☿ ♐ 8:35
26 ♀ ♏ 11:45

STATIONS
19 ♄ R 14:11

DATA FOR THE 1st AT 0 HOURS
JULIAN DAY 39415.5
☽ MEAN ☊ 7°♒ 7' 47"
OBLIQUITY 23° 26' 25"
DELTA T 68.7 SECONDS
NUTATION LONGITUDE 7.2"

DAY MO YR	☿ LONG ° ' "	♀ LONG ° ' "	♂ LONG ° ' "	♃ LONG ° ' "	♄ LONG ° ' "	♅ LONG ° ' "	♆ LONG ° ' "	♇ LONG ° ' "	☊ LONG ° '	A.S.S.I. h m s	S.S.R.Y. h m s	S.V.P. ♓ ° ' "	☿ MERCURY R.A. h m s	☿ MERCURY DECL ° ' "
1 335	4♏20 24	29♍50 53	15♊51R17	1♐ 6 11	13♌23 41	19♒56 23	24♑39 8	3♐ 9 14	6♒57	20 39 31	30 7 39	5 8 49.9	15 48 17	19S35 28
2 336	5 54 25	1♎ 0 17	15 37 33	1 19 35	13 25 40	19 56 44	24 40 9	3 11 21	6 57	20 44 57	30 7 11	5 8 49.8	15 54 41	20 2 13
3 337	7 28 27	2 9 51	15 23 0	1 33 0	13 27 33	19 57 9	24 41 12	3 13 29	6 56	20 50 23	30 6 53	5 8 49.7	16 1 8	20 28 3
4 338	9 2 28	3 19 35	15 7 39	1 46 28	13 29 20	19 57 36	24 42 17	3 15 36	6 54	20 55 49	30 6 47	5 8 49.7	16 7 37	20 52 57
5 339	10 36 29	4 29 27	14 51 34	1 59 57	13 31 1	19 58 7	24 43 24	3 17 45	6 48	21 1 17	30 6 53	5 8 49.6	16 14 8	21 16 51
6 340	12 10 30	5 39 29	14 34 43	2 13 28	13 32 34	19 58 41	24 44 33	3 19 54	6 39	21 6 45	30 7 13	5 8 49.4	16 20 41	21 39 45
7 341	13 44 30	6 49 39	14 17 10	2 27 0	13 34 2	19 59 18	24 45 44	3 22 3	6 28	21 12 14	30 7 45	5 8 49.3	16 27 16	22 1 35
8 342	15 18 30	7 59 58	13 58 55	2 40 34	13 35 22	19 59 58	24 46 56	3 24 13	6 14	21 17 44	30 8 28	5 8 49.1	16 33 53	22 22 22
9 343	16 52 30	9 10 24	13 40 1	2 54 9	13 36 36	20 0 41	24 48 10	3 26 24	6 00	21 23 14	30 9 20	5 8 48.8	16 40 32	22 42 2
10 344	18 26 32	10 20 58	13 20 29	3 7 46	13 37 44	20 1 27	24 49 27	3 28 34	5 46	21 28 45	30 10 20	5 8 48.6	16 47 13	23 0 35
11 345	20 0 35	11 31 40	13 0 23	3 21 24	13 38 45	20 2 16	24 50 44	3 30 45	5 33	21 34 17	30 11 23	5 8 48.3	16 53 56	23 17 59
12 346	21 34 40	12 42 28	12 39 43	3 35 2	13 39 39	20 3 8	24 52 4	3 32 57	5 23	21 39 48	30 12 26	5 8 48.0	17 0 41	23 34 12
13 347	23 8 48	13 53 24	12 18 33	3 48 42	13 40 26	20 4 3	24 53 25	3 35 8	5 15	21 45 21	30 13 27	5 8 47.8	17 7 28	23 49 14
14 348	24 43 1	15 4 27	11 56 55	4 2 23	13 41 7	20 5 2	24 54 48	3 37 20	5 11	21 50 54	30 14 23	5 8 47.6	17 14 16	24 3 2
15 349	26 17 18	16 15 36	11 34 52	4 16 4	13 41 41	20 6 3	24 56 13	3 39 32	5 09	21 56 27	30 15 12	5 8 47.4	17 21 7	24 15 35
16 350	27 51 41	17 26 51	11 12 26	4 29 47	13 42 8	20 7 7	24 57 39	3 41 44	5 09	22 2 0	30 15 53	5 8 47.2	17 27 59	24 26 53
17 351	29 26 10	18 38 12	10 49 40	4 43 30	13 42 28	20 8 14	24 59 7	3 43 57	5 09	22 7 34	30 16 23	5 8 47.1	17 34 52	24 36 53
18 352	1♐ 0 47	19 49 40	10 26 38	4 57 13	13 42 42	20 9 24	25 0 36	3 46 9	5 09	22 13 8	30 16 42	5 8 47.0	17 41 48	24 45 34
19 353	2 35 32	21 1 13	10 3 21	5 10 57	13 42R49	20 10 38	25 2 7	3 48 22	5 07	22 18 42	30 16 49	5 8 46.9	17 48 44	24 52 55
20 354	4 10 27	22 12 52	9 39 54	5 24 42	13 42 50	20 11 54	25 3 40	3 50 35	5 03	22 24 17	30 16 44	5 8 46.8	17 55 43	24 58 55
21 355	5 45 32	23 24 36	9 16 18	5 38 26	13 42 44	20 13 14	25 5 14	3 52 47	4 57	22 29 51	30 16 27	5 8 46.6	18 2 42	25 3 33
22 356	7 20 47	24 36 26	8 52 38	5 52 12	13 42 31	20 14 34	25 6 50	3 55 0	4 48	22 35 26	30 15 59	5 8 46.3	18 9 43	25 6 47
23 357	8 56 14	25 48 22	8 28 55	6 5 57	13 42 11	20 15 59	25 8 27	3 57 13	4 38	22 41 0	30 15 21	5 8 46.0	18 16 45	25 8 36
24 358	10 31 54	27 0 22	8 5 12	6 19 41	13 41 45	20 17 26	25 10 6	3 59 25	4 29	22 46 35	30 14 34	5 8 45.7	18 23 48	25 9 0
25 359	12 7 46	28 12 28	7 41 33	6 33 27	13 41 12	20 18 57	25 11 46	4 1 38	4 21	22 52 10	30 13 40	5 8 45.3	18 30 51	25 7 56
26 360	13 43 52	29 24 39	7 18 0	6 47 12	13 40 33	20 20 30	25 13 27	4 3 50	4 15	22 57 44	30 12 43	5 8 45.0	18 37 56	25 5 26
27 361	15 20 11	0♏36 55	6 54 37	7 0 58	13 39 47	20 22 6	25 15 10	4 6 2	4 12	23 3 19	30 11 43	5 8 44.8	18 45 1	25 1 25
28 362	16 56 44	1 49 15	6 31 25	7 14 43	13 38 54	20 23 44	25 16 55	4 8 14	4 11	23 8 53	30 10 46	5 8 44.6	18 52 6	24 55 54
29 363	18 33 31	3 1 40	6 8 27	7 28 28	13 37 55	20 25 26	25 18 40	4 10 26	4 11	23 14 27	30 9 54	5 8 44.5	18 59 11	24 48 53
30 364	20 10 31	4 14 10	5 45 47	7 42 12	13 36 50	20 27 10	25 20 27	4 12 38	4 12	23 20 1	30 9 9	5 8 44.4	19 6 17	24 40 20
31 365	21♐47 44	5♏26 44	5♊23 27	7♐55 56	13♌35 37	20♒28 56	25♑22 16	4♐14 49	4♒13	23 25 34	30 8 33	5 8 44.3	19 13 22	24S30 15

DAY Dec	♀ VENUS R.A. h m s	♀ VENUS DECL ° ' "	♂ MARS R.A. h m s	♂ MARS DECL ° ' "	♃ JUPITER R.A. h m s	♃ JUPITER DECL ° ' "	♄ SATURN R.A. h m s	♄ SATURN DECL ° ' "	♅ URANUS R.A. h m s	♅ URANUS DECL ° ' "	♆ NEPTUNE R.A. h m s	♆ NEPTUNE DECL ° ' "	♇ PLUTO R.A. h m s	♇ PLUTO DECL ° ' "
1	13 34 43	7S33 30	6 47 26	25N23 8	17 42 24	23S 9 37	10 41 56	9N55 10	23 5 11	6S42 19	21 28 4	15S14 34	17 51 43	17S 4 59
2	13 39 6	7 57 22	6 46 26	25 27 12	17 43 22	23 10 7	10 42 4	9 54 38	23 5 13	6 42 8	21 28 8	15 14 15	17 51 51	17 5 10
3	13 43 30	8 21 12	6 45 23	25 31 17	17 44 21	23 10 36	10 42 11	9 54 9	23 5 14	6 41 57	21 28 12	15 13 55	17 52 0	17 5 21
4	13 47 55	8 44 57	6 44 16	25 35 23	17 45 19	23 11 3	10 42 18	9 53 43	23 5 16	6 41 44	21 28 16	15 13 34	17 52 9	17 5 33
5	13 52 21	9 8 38	6 43 6	25 39 30	17 46 18	23 11 29	10 42 25	9 53 19	23 5 18	6 41 30	21 28 21	15 13 14	17 52 18	17 5 43
6	13 56 48	9 32 13	6 41 53	25 43 36	17 47 17	23 11 53	10 42 31	9 52 57	23 5 20	6 41 14	21 28 25	15 12 52	17 52 27	17 5 54
7	14 1 16	9 55 42	6 40 36	25 47 41	17 48 16	23 12 16	10 42 37	9 52 38	23 5 22	6 40 58	21 28 30	15 12 30	17 52 36	17 6 4
8	14 5 45	10 19 4	6 39 16	25 51 44	17 49 15	23 12 37	10 42 43	9 52 22	23 5 24	6 40 40	21 28 35	15 12 7	17 52 45	17 6 15
9	14 10 16	10 42 17	6 37 53	25 55 45	17 50 14	23 12 59	10 42 48	9 52 8	23 5 27	6 40 21	21 28 39	15 11 44	17 52 54	17 6 25
10	14 14 47	11 5 22	6 36 27	25 59 43	17 51 13	23 13 18	10 42 52	9 51 56	23 5 30	6 40 1	21 28 44	15 11 20	17 53 3	17 6 34
11	14 19 20	11 28 17	6 34 59	26 3 37	17 52 12	23 13 35	10 42 56	9 51 47	23 5 33	6 39 39	21 28 50	15 10 55	17 53 12	17 6 44
12	14 23 53	11 51 1	6 33 28	26 7 27	17 53 12	23 13 51	10 43 0	9 51 40	23 5 36	6 39 17	21 28 55	15 10 31	17 53 21	17 6 53
13	14 28 28	12 13 34	6 31 54	26 11 12	17 54 11	23 14 6	10 43 4	9 51 36	23 5 39	6 38 53	21 29 0	15 10 5	17 53 30	17 7 2
14	14 33 4	12 35 55	6 30 19	26 14 52	17 55 11	23 14 20	10 43 6	9 51 35	23 5 43	6 38 29	21 29 6	15 9 39	17 53 40	17 7 11
15	14 37 41	12 58 3	6 28 41	26 18 25	17 56 11	23 14 31	10 43 9	9 51 36	23 5 47	6 38 3	21 29 11	15 9 12	17 53 49	17 7 20
16	14 42 19	13 19 57	6 27 2	26 21 51	17 57 10	23 14 42	10 43 11	9 51 40	23 5 51	6 37 35	21 29 17	15 8 45	17 53 58	17 7 28
17	14 46 59	13 41 36	6 25 21	26 25 10	17 58 10	23 14 51	10 43 13	9 51 46	23 5 55	6 37 7	21 29 23	15 8 18	17 54 7	17 7 36
18	14 51 40	14 3 0	6 23 39	26 28 21	17 59 10	23 14 59	10 43 14	9 51 55	23 5 59	6 36 38	21 29 29	15 7 50	17 54 16	17 7 44
19	14 56 21	14 24 8	6 21 55	26 31 24	18 0 9	23 15 5	10 43 15	9 52 6	23 6 3	6 36 7	21 29 34	15 7 21	17 54 25	17 7 52
20	15 1 4	14 44 59	6 20 11	26 34 18	18 1 9	23 15 9	10 43 15	9 52 19	23 6 8	6 35 36	21 29 41	15 6 52	17 54 35	17 7 59
21	15 5 49	15 5 31	6 18 26	26 37 3	18 2 9	23 15 12	10 43 15	9 52 36	23 6 13	6 35 3	21 29 47	15 6 23	17 54 44	17 8 6
22	15 10 34	15 25 46	6 16 40	26 39 39	18 3 9	23 15 14	10 43 15	9 52 54	23 6 18	6 34 29	21 29 53	15 5 52	17 54 53	17 8 13
23	15 15 21	15 45 40	6 14 55	26 42 5	18 4 9	23 15 13	10 43 14	9 53 15	23 6 23	6 33 54	21 29 59	15 5 22	17 55 2	17 8 19
24	15 20 9	16 5 15	6 13 9	26 44 21	18 5 9	23 15 13	10 43 13	9 53 39	23 6 28	6 33 18	21 30 6	15 4 51	17 55 11	17 8 26
25	15 24 59	16 24 29	6 11 23	26 46 27	18 6 9	23 15 11	10 43 11	9 54 5	23 6 34	6 32 41	21 30 13	15 4 19	17 55 21	17 8 32
26	15 29 49	16 43 21	6 9 38	26 48 23	18 7 9	23 15 7	10 43 9	9 54 33	23 6 40	6 32 3	21 30 19	15 3 47	17 55 30	17 8 38
27	15 34 41	17 1 50	6 7 54	26 50 9	18 8 9	23 15 1	10 43 7	9 55 4	23 6 46	6 31 24	21 30 26	15 3 15	17 55 39	17 8 44
28	15 39 34	17 19 56	6 6 10	26 51 44	18 9 8	23 14 55	10 43 4	9 55 37	23 6 52	6 30 43	21 30 33	15 2 42	17 55 48	17 8 49
29	15 44 28	17 37 38	6 4 27	26 53 10	18 10 8	23 14 46	10 43 0	9 56 13	23 6 58	6 30 2	21 30 40	15 2 9	17 55 57	17 8 55
30	15 49 24	17 54 55	6 2 46	26 54 26	18 11 8	23 14 37	10 42 57	9 56 51	23 7 4	6 29 20	21 30 47	15 1 35	17 56 7	17 9 0
31	15 54 21	18S11 46	6 1 6	26N55 31	18 12 8	23S14 25	10 42 52	9N57 32	23 7 11	6S28 36	21 30 54	15S 1 1	17 56 16	17S 9 4

DAY	SIDEREAL TIME h m s	☉ SUN LONG ° ' "	MOT ' "	R.A. h m s	DECL ° ' "	☽ MOON AT 0 HOURS LONG ° ' "	12h MOT ° ' "	2DIF "	R.A. h m s	DECL ° ' "	☽ MOON AT 12 HOURS LONG ° ' "	12h MOT ° ' "	2DIF "	R.A. h m s	DECL ° ' "
1 Tu	6 40 8	15♐ 4 19	61 10	18 43 11.8	23S 4 9	22♍28 9	5 58 2	-56	12 57 55	10S20 35	28♍26 11	5 56 30	-37	13 19 53	12S55 6
2 W	6 44 4	16 5 29	61 10	18 47 36.8	22 59 21	4♎22 41	5 55 34	-20	13 42 11	15 21 51	10♎18 14	5 55 12	-3	14 4 54	17 39 38
3 Th	6 48 1	17 6 39	61 10	18 52 1.5	22 54 7	16 13 26	5 55 21	12	14 28 10	19 47 11	22 8 47	5 56 1	26	14 52 1	21 43 9
4 F	6 51 57	18 7 49	61 11	18 56 25.9	22 48 24	28 4 47	5 57 6	39	15 16 32	23 26 6	4♏ 1 53	5 58 35	49	15 41 42	24 54 33
5 S	6 55 54	19 9 0	61 11	19 0 49.9	22 42 15	10♏ 0 28	6 0 23	59	16 7 33	26 7 2	16 0 51	6 2 29	66	16 34 0	27 2 8
6 Su	6 59 50	20 10 10	61 11	19 5 13.6	22 35 38	22 3 20	6 4 48	72	17 0 58	27 38 34	28 8 8	6 7 19	77	17 28 21	27 55 15
7 M	7 3 47	21 11 21	61 11	19 9 36.7	22 28 35	4♐15 27	6 9 57	81	17 56 0	27 51 26	10♐25 24	6 12 41	83	18 23 44	27 26 43
8 Tu	7 7 43	22 12 31	61 11	19 13 59.5	22 21 5	16 38 5	6 15 29	84	18 51 25	26 41 6	22 53 34	6 18 19	85	19 18 52	25 35 0
9 W	7 11 40	23 13 42	61 11	19 18 21.7	22 13 8	29 11 53	6 21 10	86	19 45 59	24 9 16	5♑33 4	6 24 2	86	20 12 39	22 25 1
10 Th	7 15 37	24 14 52	61 10	19 22 43.4	22 4 45	11♑57 5	6 26 54	86	20 38 49	20 23 42	18 23 59	6 29 46	87	21 4 29	18 6 57
11 F	7 19 33	25 16 2	61 10	19 27 4.6	21 55 57	24 53 45	6 32 40	87	21 29 38	15 36 33	1♒26 25	6 35 36	89	21 54 22	12 54 23
12 S	7 23 30	26 17 12	61 9	19 31 25.1	21 46 43	8♒ 2 1	6 38 35	90	22 18 43	10 2 21	14 40 35	6 41 37	92	22 42 49	7 2 25
13 Su	7 27 26	27 18 21	61 9	19 35 45.1	21 37 3	21 22 13	6 44 44	95	23 6 47	3 56 33	28 6 57	6 47 56	97	23 30 43	0 46 44
14 M	7 31 23	28 19 29	61 8	19 40 4.4	21 26 58	4♓54 53	6 51 11	98	23 54 48	2N24 58	11♓46 4	6 54 30	99	0 19 10	5N36 25
15 Tu	7 35 19	29 20 37	61 7	19 44 23.1	21 16 29	18 40 34	6 57 48	99	0 43 59	8 45 21	25 38 22	7 1 5	97	1 9 23	11 49 24
16 W	7 39 16	0♑21 44	61 6	19 48 41.1	21 5 34	2♈39 27	7 4 15	92	1 35 31	14 45 59	9♈43 42	7 7 14	85	2 2 32	17 32 17
17 Th	7 43 12	1 22 51	61 6	19 52 58.4	20 54 16	16 50 57	7 9 57	76	2 30 32	20 5 23	24 0 54	7 12 18	63	2 59 34	22 22 8
18 F	7 47 9	2 23 56	61 5	19 57 15.0	20 42 34	1♉13 11	7 14 10	47	3 29 39	24 19 24	8♉27 21	7 15 27	29	4 0 43	25 54 8
19 S	7 51 6	3 25 1	61 4	20 1 30.9	20 30 29	15 42 48	7 16 6	8	4 32 37	27 3 37	22 58 54	7 16 1	-14	5 5 6	27 45 42
20 Su	7 55 2	4 26 5	61 3	20 5 46.0	20 18 0	0♊14 54	7 15 10	-38	5 37 53	27 59 1	7♊30 4	7 13 31	-61	6 10 37	27 43 12
21 M	7 58 59	5 27 8	61 3	20 10 0.4	20 5 8	14 43 34	7 11 5	-84	6 42 58	26 58 53	21 54 40	7 7 55	-105	7 14 37	25 47 43
22 Tu	8 2 55	6 28 10	61 2	20 14 14.0	19 51 54	29 2 35	7 4 5	-124	7 45 20	24 12 6	6♋ 6 39	6 59 39	-140	8 14 58	22 15 1
23 W	8 6 52	7 29 12	61 1	20 18 26.9	19 38 18	13♋ 6 18	6 54 45	-153	8 43 27	19 59 46	20 1 3	6 49 29	-161	9 10 47	17 29 41
24 Th	8 10 48	8 30 13	61 0	20 22 39.0	19 24 20	26 50 32	6 43 59	-166	9 37 2	14 48 2	3♌34 31	6 38 23	-168	10 2 16	11 57 52
25 F	8 14 45	9 31 13	61 0	20 26 50.3	19 10 1	10♌12 55	6 32 48	-166	10 26 38	9 1 55	16 45 42	6 27 20	-160	10 50 15	6 2 40
26 S	8 18 41	10 32 13	60 59	20 31 0.8	18 55 20	23 13 3	6 22 6	-152	11 13 17	3 2 15	29 35 9	6 17 11	-141	11 35 51	0 2 34
27 Su	8 22 38	11 33 12	60 59	20 35 10.5	18 40 19	5♍52 20	6 12 40	-129	11 58 7	2S54 43	12♍ 5 0	6 8 37	-114	12 20 13	5S48 8
28 M	8 26 35	12 34 10	60 58	20 39 19.5	18 24 57	18 13 37	6 5 4	-98	12 42 16	8 36 21	24 18 41	6 2 5	-81	13 4 24	11 18 7
29 Tu	8 30 31	13 35 8	60 57	20 43 27.7	18 9 15	0♎20 46	5 59 40	-63	13 26 45	13 52 13	6♎20 26	5 57 51	-45	13 49 25	16 17 31
30 W	8 34 28	14 36 5	60 57	20 47 35.0	17 53 13	12 18 16	5 56 38	-27	14 12 29	18 32 48	18 14 55	5 56 2	-9	14 36 4	20 36 50
31 Th	8 38 24	15♑37 2	60 56	20 51 41.6	17S36 52	24♎10 57	5 56 2	9	15 0 12	22S28 21	0♏ 6 59	5 56 37	26	15 24 56	24S 6 2

LUNAR INGRESSES
1 ☽ ♎ 15:09
4 ☽ ♏ 3:53
6 ☽ ♐ 15:40
9 ☽ ♑ 1:31
11 ☽ ♒ 9:22
13 ☽ ♓ 15:20
15 ☽ ♈ 19:28
17 ☽ ♉ 21:58
19 ☽ ♊ 23:35
22 ☽ ♋ 1:37
24 ☽ ♌ 5:36
26 ☽ ♍ 12:47
28 ☽ ♎ 23:19
31 ☽ ♏ 11:46

PLANET INGRESSES
5 ☿ ♑ 0:57
15 ☉ ♑ 15:28
20 ♀ ♐ 3:29
20 ♂ ♉ 0:48

STATIONS
28 ☿ R 20:32
30 ♂ D 22:34

DATA FOR THE 1st AT 0 HOURS
JULIAN DAY 39446.5
☽ MEAN ☊ 5♑ 29' 13"
OBLIQUITY 23° 26' 25"
DELTA T 68.8 SECONDS
NUTATION LONGITUDE 8.8"

DAY MO YR	☿ LONG ° ' "	♀ LONG ° ' "	♂ LONG ° ' "	♃ LONG ° ' "	♄ LONG ° ' "	♅ LONG ° ' "	♆ LONG ° ' "	♇ LONG ° ' "	☊ LONG ° '	A.S.S.I. h m s	S.S.R.Y. h m s	S.V.P. ♓ ° ' "	☿ MERCURY R.A. h m s	☿ DECL ° ' "
1 1	23♐25 9	6♏39 22	5♊ 1R29	8♐ 9 40	13♌34R19	20♒30 46	25♑24 5	4♐17 0	4♑13	23 31 8	30 8 9	5 8 44.2	19 20 26	24S18 37
2 2	25 2 44	7 52 4	4 39 56	8 23 23	13 32 54	20 32 38	25 25 56	4 19 11	4 11	23 36 41	30 7 56	5 8 44.1	19 27 30	24 5 26
3 3	26 40 27	9 4 50	4 18 51	8 37 6	13 31 22	20 34 32	25 27 48	4 21 21	4 07	23 42 13	30 7 57	5 8 43.9	19 34 33	23 50 42
4 4	28 18 17	10 17 40	3 58 16	8 50 47	13 29 44	20 36 30	25 29 41	4 23 31	4 00	23 47 45	30 8 10	5 8 43.8	19 41 34	23 34 24
5 5	29 56 9	11 30 33	3 38 13	9 4 28	13 28 0	20 38 29	25 31 36	4 25 41	3 53	23 53 17	30 8 35	5 8 43.5	19 48 33	23 16 33
6 6	1♑34 0	12 43 29	3 18 44	9 18 9	13 26 9	20 40 32	25 33 32	4 27 50	3 44	23 58 48	30 9 11	5 8 43.3	19 55 30	22 57 10
7 7	3 11 45	13 56 29	2 59 52	9 31 48	13 24 12	20 42 37	25 35 28	4 29 58	3 35	24 4 19	30 9 56	5 8 43.0	20 2 24	22 36 15
8 8	4 49 19	15 9 32	2 41 38	9 45 26	13 22 9	20 44 44	25 37 26	4 32 6	3 28	24 9 49	30 10 48	5 8 42.7	20 9 15	22 13 50
9 9	6 26 34	16 22 38	2 24 3	9 59 3	13 20 0	20 46 54	25 39 25	4 34 14	3 21	24 15 18	30 11 44	5 8 42.5	20 16 1	21 49 56
10 10	8 3 21	17 35 46	2 7 10	10 12 38	13 17 45	20 49 6	25 41 25	4 36 21	3 17	24 20 47	30 12 42	5 8 42.2	20 22 43	21 24 35
11 11	9 39 31	18 48 57	1 51 0	10 26 12	13 15 24	20 51 20	25 43 26	4 38 27	3 15	24 26 15	30 13 40	5 8 42.1	20 29 20	20 57 52
12 12	11 14 52	20 2 11	1 35 33	10 39 45	13 12 57	20 53 37	25 45 28	4 40 33	3 15	24 31 43	30 14 37	5 8 41.9	20 35 50	20 29 49
13 13	12 49 9	21 15 27	1 20 52	10 53 16	13 10 24	20 55 57	25 47 31	4 42 38	3 16	24 37 9	30 15 29	5 8 41.8	20 42 12	20 0 31
14 14	14 22 5	22 28 45	1 6 58	11 6 46	13 7 45	20 58 18	25 49 34	4 44 42	3 17	24 42 35	30 16 15	5 8 41.7	20 48 26	19 30 3
15 15	15 53 22	23 42 6	0 53 50	11 20 14	13 5 1	21 0 42	25 51 39	4 46 45	3 19	24 48 0	30 16 54	5 8 41.6	20 54 30	18 58 34
16 16	17 22 36	24 55 29	0 41 30	11 33 40	13 2 11	21 3 8	25 53 44	4 48 48	3 19	24 53 24	30 17 22	5 8 41.5	21 0 23	18 26 11
17 17	18 49 22	26 8 54	0 29 59	11 47 4	12 59 16	21 5 36	25 55 51	4 50 50	3 18	24 58 48	30 17 38	5 8 41.4	21 6 3	17 53 3
18 18	20 13 10	27 22 21	0 19 15	12 0 26	12 56 16	21 8 6	25 57 58	4 52 51	3 16	25 4 10	30 17 41	5 8 41.2	21 11 27	17 19 23
19 19	21 33 27	28 35 50	0 9 21	12 13 46	12 53 10	21 10 38	26 0 6	4 54 51	3 12	25 9 31	30 17 31	5 8 40.9	21 16 35	16 45 24
20 20	22 49 35	29 49 21	0 0 16	12 27 4	12 49 59	21 13 13	26 2 14	4 56 51	3 08	25 14 52	30 17 7	5 8 40.6	21 21 23	16 11 22
21 21	24 0 53	1♐ 2 54	29♉51 59	12 40 20	12 46 43	21 15 49	26 4 24	4 58 49	3 03	25 20 11	30 16 31	5 8 40.3	21 25 49	15 37 33
22 22	25 6 35	2 16 29	29 44 31	12 53 33	12 43 22	21 18 27	26 6 33	5 0 47	3 00	25 25 30	30 15 45	5 8 40.0	21 29 50	15 4 18
23 23	26 5 54	3 30 6	29 37 52	13 6 45	12 39 56	21 21 8	26 8 44	5 2 43	2 57	25 30 48	30 14 50	5 8 39.7	21 33 24	14 31 59
24 24	26 57 59	4 43 44	29 32 2	13 19 53	12 36 26	21 23 50	26 10 55	5 4 39	2 56	25 36 5	30 13 50	5 8 39.6	21 36 28	14 0 58
25 25	27 41 59	5 57 25	29 26 59	13 33 0	12 32 51	21 26 34	26 13 7	5 6 33	2 56	25 41 20	30 12 48	5 8 39.5	21 38 58	13 31 42
26 26	28 17 3	7 11 8	29 22 45	13 46 3	12 29 11	21 29 20	26 15 19	5 8 27	2 57	25 46 35	30 11 48	5 8 39.4	21 40 52	13 4 36
27 27	28 42 23	8 24 52	29 19 18	13 59 5	12 25 27	21 32 7	26 17 32	5 10 19	2 59	25 51 49	30 10 51	5 8 39.3	21 42 8	12 40 7
28 28	28 57R19	9 38 38	29 16 38	14 12 3	12 21 38	21 34 57	26 19 45	5 12 11	3 00	25 57 2	30 10 2	5 8 39.2	21 42 42	12 18 40
29 29	29 1 18	10 52 26	29 14 46	14 24 58	12 17 46	21 37 48	26 21 59	5 14 1	3 02	26 2 13	30 9 21	5 8 39.2	21 42 33	12 0 38
30 30	28 53 59	12 6 15	29 13D39	14 37 51	12 13 49	21 40 41	26 24 13	5 15 50	3 02	26 7 24	30 8 50	5 8 39.1	21 41 41	11 46 23
31 31	28♑35 19	13♐20 6	29♉13 19	14♐50 41	12♌ 9 48	21♒43 35	26♑26 28	5♐17 38	3♑02	26 12 34	30 8 31	5 8 38.9	21 40 6	11S36 11

DAY Jan	♀ VENUS R.A. h m s	♀ DECL ° ' "	♂ MARS R.A. h m s	♂ DECL ° ' "	♃ JUPITER R.A. h m s	♃ DECL ° ' "	♄ SATURN R.A. h m s	♄ DECL ° ' "	♅ URANUS R.A. h m s	♅ DECL ° ' "	♆ NEPTUNE R.A. h m s	♆ DECL ° ' "	♇ PLUTO R.A. h m s	♇ DECL ° ' "
1	15 59 19	18S28 10	5 59 28	26N56 28	18 13 8	23S14 13	10 42 48	9N58 15	23 7 18	6S27 52	21 31 1	15S 0 27	17 56 25	17S 9 9
2	16 4 18	18 44 8	5 57 51	26 57 14	18 14 7	23 13 59	10 42 43	9 59 0	23 7 24	6 27 7	21 31 8	14 59 52	17 56 34	17 9 13
3	16 9 19	18 59 37	5 56 17	26 57 52	18 15 7	23 13 43	10 42 38	9 59 48	23 7 31	6 26 20	21 31 16	14 59 17	17 56 43	17 9 17
4	16 14 20	19 14 38	5 54 44	26 58 21	18 16 7	23 13 26	10 42 32	10 0 38	23 7 39	6 25 33	21 31 23	14 58 41	17 56 52	17 9 21
5	16 19 23	19 29 9	5 53 15	26 58 41	18 17 6	23 13 8	10 42 26	10 1 30	23 7 46	6 24 44	21 31 31	14 58 5	17 57 1	17 9 24
6	16 24 27	19 43 10	5 51 47	26 58 54	18 18 6	23 12 48	10 42 19	10 2 25	23 7 54	6 23 55	21 31 38	14 57 28	17 57 10	17 9 28
7	16 29 32	19 56 41	5 50 23	26 58 59	18 19 5	23 12 27	10 42 12	10 3 22	23 8 1	6 23 5	21 31 46	14 56 51	17 57 19	17 9 31
8	16 34 38	20 9 40	5 49 1	26 58 57	18 20 4	23 12 4	10 42 5	10 4 21	23 8 9	6 22 13	21 31 54	14 56 14	17 57 28	17 9 34
9	16 39 45	20 22 7	5 47 42	26 58 48	18 21 4	23 11 41	10 41 57	10 5 22	23 8 17	6 21 21	21 32 1	14 55 37	17 57 37	17 9 36
10	16 44 53	20 34 1	5 46 27	26 58 32	18 22 3	23 11 15	10 41 49	10 6 26	23 8 25	6 20 28	21 32 9	14 54 59	17 57 45	17 9 39
11	16 50 2	20 45 22	5 45 14	26 58 11	18 23 2	23 10 49	10 41 40	10 7 31	23 8 33	6 19 34	21 32 17	14 54 21	17 57 54	17 9 41
12	16 55 12	20 56 10	5 44 5	26 57 45	18 24 1	23 10 21	10 41 32	10 8 39	23 8 42	6 18 39	21 32 25	14 53 42	17 58 3	17 9 43
13	17 0 23	21 6 22	5 42 59	26 57 14	18 25 0	23 9 52	10 41 22	10 9 49	23 8 50	6 17 43	21 32 33	14 53 3	17 58 12	17 9 45
14	17 5 35	21 16 0	5 41 57	26 56 38	18 25 58	23 9 21	10 41 13	10 11 0	23 8 59	6 16 47	21 32 41	14 52 24	17 58 20	17 9 46
15	17 10 48	21 25 3	5 40 58	26 55 58	18 26 57	23 8 49	10 41 3	10 12 14	23 9 8	6 15 49	21 32 50	14 51 45	17 58 29	17 9 48
16	17 16 1	21 33 29	5 40 3	26 55 14	18 27 55	23 8 16	10 40 52	10 13 30	23 9 17	6 14 51	21 32 58	14 51 5	17 58 37	17 9 48
17	17 21 16	21 41 19	5 39 12	26 54 27	18 28 53	23 7 42	10 40 42	10 14 47	23 9 26	6 13 52	21 33 6	14 50 25	17 58 46	17 9 49
18	17 26 30	21 48 33	5 38 24	26 53 38	18 29 52	23 7 6	10 40 31	10 16 7	23 9 35	6 12 52	21 33 14	14 49 45	17 58 54	17 9 50
19	17 31 46	21 55 9	5 37 40	26 52 46	18 30 50	23 6 29	10 40 19	10 17 28	23 9 45	6 11 51	21 33 23	14 49 5	17 59 2	17 9 50
20	17 37 2	22 1 7	5 36 59	26 51 52	18 31 47	23 5 51	10 40 8	10 18 51	23 9 54	6 10 49	21 33 31	14 48 24	17 59 11	17 9 51
21	17 42 19	22 6 28	5 36 22	26 50 57	18 32 45	23 5 12	10 39 56	10 20 15	23 10 4	6 9 47	21 33 40	14 47 43	17 59 19	17 9 51
22	17 47 36	22 11 10	5 35 49	26 50 0	18 33 42	23 4 32	10 39 44	10 21 42	23 10 14	6 8 44	21 33 48	14 47 2	17 59 27	17 9 51
23	17 52 54	22 15 14	5 35 20	26 49 2	18 34 40	23 3 50	10 39 31	10 23 9	23 10 24	6 7 40	21 33 57	14 46 20	17 59 35	17 9 50
24	17 58 12	22 18 39	5 34 54	26 48 4	18 35 37	23 3 7	10 39 18	10 24 39	23 10 34	6 6 35	21 34 5	14 45 39	17 59 43	17 9 50
25	18 3 31	22 21 25	5 34 31	26 47 5	18 36 34	23 2 24	10 39 5	10 26 10	23 10 44	6 5 30	21 34 14	14 44 57	17 59 51	17 9 49
26	18 8 50	22 23 31	5 34 12	26 46 6	18 37 30	23 1 39	10 38 51	10 27 43	23 10 54	6 4 24	21 34 23	14 44 15	17 59 59	17 9 48
27	18 14 9	22 24 58	5 33 57	26 45 6	18 38 27	23 0 53	10 38 37	10 29 17	23 11 4	6 3 18	21 34 31	14 43 33	18 0 7	17 9 47
28	18 19 28	22 25 45	5 33 46	26 44 7	18 39 23	23 0 5	10 38 23	10 30 53	23 11 15	6 2 11	21 34 40	14 42 51	18 0 15	17 9 45
29	18 24 48	22 25 52	5 33 37	26 43 8	18 40 19	22 59 17	10 38 9	10 32 29	23 11 25	6 1 3	21 34 49	14 42 8	18 0 22	17 9 44
30	18 30 8	22 25 20	5 33 33	26 42 9	18 41 15	22 58 28	10 37 54	10 34 8	23 11 36	5 59 54	21 34 57	14 41 26	18 0 30	17 9 42
31	18 35 27	22S24 7	5 33 31	26N41 12	18 42 11	22S57 38	10 37 40	10N35 47	23 11 47	5S58 45	21 35 6	14S40 43	18 0 37	17S 9 40

FEBRUARY 2008

DAY	SIDEREAL TIME h m s	☉ SUN LONG ° ' "	MOT ' "	R.A. h m s	DECL ° ' "	☽ MOON AT 0 HOURS LONG ° ' "	12h MOT ° ' "	2DIF "	R.A. h m s	DECL ° ' "	☽ MOON AT 12 HOURS LONG ° ' "	12h MOT ° ' "	2DIF "	R.A. h m s	DECL ° ' "
1 F	8 42 21	16♑37 58	60 55	20 55 47.4	17S20 12	6♏ 3 35	5 57 45	42	15 50 18	25S28 33	12♏ 1 20	5 59 24	57	16 16 17	26S34 33
2 S	8 46 17	17 38 53	60 54	20 59 52.4	17 3 14	18 0 44	6 1 34	71	16 42 49	27 22 45	24 2 17	6 4 9	84	17 9 51	27 52 1
3 Su	8 50 14	18 39 47	60 54	21 3 56.6	16 45 57	0♐ 6 26	6 7 9	95	17 37 15	28 1 23	6♐13 36	6 10 30	104	18 4 53	27 50 10
4 M	8 54 10	19 40 40	60 53	21 7 59.9	16 28 23	12 24 5	6 14 7	112	18 32 37	27 18 1	18 38 12	6 17 57	117	19 0 17	26 24 56
5 Tu	8 58 7	20 41 32	60 52	21 12 2.5	16 10 32	24 56 9	6 21 57	121	19 27 45	25 11 18	1♑18 6	6 26 2	123	19 54 54	23 37 54
6 W	9 2 4	21 42 24	60 50	21 16 4.3	15 52 23	7♑44 7	6 30 8	122	20 21 40	21 45 50	14 14 15	6 34 11	117	20 48 0	19 36 31
7 Th	9 6 0	22 43 14	60 49	21 20 5.2	15 33 59	20 48 26	6 38 8	116	21 13 52	17 11 37	27 26 34	6 41 56	111	21 39 18	14 32 59
8 F	9 9 57	23 44 3	60 48	21 24 5.4	15 15 18	4♒ 8 30	6 45 32	104	22 4 21	11 42 37	10♒54 2	6 48 53	96	22 29 6	8 42 38
9 S	9 13 53	24 44 51	60 46	21 28 4.8	14 56 22	17 42 55	6 51 58	88	22 53 39	5 35 14	24 34 53	6 54 45	79	23 18 6	2 22 42
10 Su	9 17 50	25 45 37	60 45	21 32 3.3	14 37 11	1♓29 38	6 57 13	69	23 42 34	0N52 37	8♓26 51	6 59 23	60	0 7 13	4N 8 20
11 M	9 21 46	26 46 22	60 43	21 36 1.1	14 17 45	15 26 14	7 1 13	51	0 32 11	7 21 59	22 27 27	7 2 45	41	0 57 35	10 30 59
12 Tu	9 25 43	27 47 5	60 42	21 39 58.0	13 58 5	29 30 12	7 3 59	32	1 23 34	13 32 45	6♈34 11	7 4 55	24	1 50 15	16 24 31
13 W	9 29 39	28 47 47	60 40	21 43 54.2	13 38 12	13♈39 5	7 5 33	15	2 17 44	19 3 30	20 44 38	7 5 54	6	2 46 6	21 26 53
14 Th	9 33 36	29 48 27	60 38	21 47 49.6	13 18 5	27 50 32	7 5 59	-2	3 15 21	23 31 51	4♉56 31	7 5 46	-11	3 45 28	25 15 43
15 F	9 37 33	0♒49 5	60 37	21 51 44.3	12 57 45	12♉ 2 17	7 5 16	-19	4 16 20	26 36 3	19 7 33	7 4 29	-28	4 47 47	27 30 53
16 S	9 41 29	1 49 41	60 35	21 55 38.2	12 37 12	26 12 1	7 3 23	-38	5 19 36	27 58 50	3♊15 24	7 1 58	-47	5 51 29	27 59 13
17 Su	9 45 26	2 50 16	60 33	21 59 31.4	12 16 28	10♊17 22	7 0 14	-57	6 23 10	27 32 14	17 17 36	6 58 11	-66	6 54 22	26 38 51
18 M	9 49 22	3 50 49	60 31	22 3 23.8	11 55 32	24 15 47	6 55 49	-76	7 24 51	25 20 44	1♋11 36	6 53 7	-85	7 54 28	23 40 11
19 Tu	9 53 19	4 51 20	60 30	22 7 15.6	11 34 24	8♋ 4 43	6 50 7	-94	8 23 6	21 39 51	14 54 49	6 46 50	-102	8 50 42	19 22 37
20 W	9 57 15	5 51 50	60 28	22 11 6.6	11 13 6	21 41 39	6 43 18	-109	9 17 19	16 51 24	28 24 57	6 39 33	-115	9 42 59	14 9 5
21 Th	10 1 12	6 52 18	60 26	22 14 57.0	10 51 37	5♌ 4 30	6 35 38	-119	10 7 48	11 18 25	11♌40 8	6 31 37	-122	10 31 54	8 21 57
22 F	10 5 8	7 52 44	60 25	22 18 46.7	10 29 59	18 11 45	6 27 32	-122	10 55 22	5 22 2	24 39 16	6 23 27	-121	11 18 22	2 20 48
23 S	10 9 5	8 53 9	60 23	22 22 35.7	10 8 10	1♍ 2 43	6 19 27	-118	11 41 0	0S39 47	7♍22 10	6 15 35	-113	12 3 24	3S37 57
24 Su	10 13 2	9 53 32	60 22	22 26 24.2	9 46 12	13 37 45	6 11 54	-106	12 25 42	6 32 6	19 49 39	6 8 30	-97	12 48 2	9 20 44
25 M	10 16 58	10 53 54	60 20	22 30 12.0	9 24 5	25 58 9	6 5 24	-87	13 10 28	12 2 26	2♎ 3 33	6 2 41	-75	13 33 9	14 35 53
26 Tu	10 20 55	11 54 14	60 19	22 33 59.3	9 1 50	8♎ 6 14	6 0 24	-62	13 56 9	16 59 47	14 6 38	5 58 34	-47	14 19 34	19 12 51
27 W	10 24 51	12 54 33	60 17	22 37 46.0	8 39 26	20 5 12	5 57 15	-32	14 43 27	21 13 50	26 2 28	5 56 28	-15	15 7 52	23 1 29
28 Th	10 28 48	13 54 51	60 16	22 41 32.2	8 16 55	1♏58 56	5 56 15	2	15 32 50	24 34 31	7♏55 11	5 56 37	20	15 58 21	25 51 44
29 F	10 32 44	14♒55 6	60 15	22 45 17.8	7S54 16	13♏51 48	5 57 34	38	16 24 24	26S51 57	19♏49 22	5 59 7	55	16 50 55	27S34 5

LUNAR INGRESSES
2 ☽ ♐ 23:47
5 ☽ ♑ 9:33
7 ☽ ♒ 16:36
9 ☽ ♓ 21:25
12 ☽ ♈ 0:51
14 ☽ ♉ 3:39
16 ☽ ♊ 6:27
18 ☽ ♋ 9:56
20 ☽ ♌ 14:51
22 ☽ ♍ 22:02
25 ☽ ♎ 7:56
27 ☽ ♏ 20:00

PLANET INGRESSES
11 ♂ ♊ 7:29
13 ♀ ♑ 12:24
14 ☉ ♒ 4:34

STATIONS
19 ☿ D 2:58

DATA FOR THE 1st AT 0 HOURS
JULIAN DAY 39477.5
☽ MEAN ☊ 3°♒ 50' 39"
OBLIQUITY 23° 26' 25"
DELTA T 68.9 SECONDS
NUTATION LONGITUDE 10.1"

DAY MO	YR	☿ LONG ° ' "	♀ LONG ° ' "	♂ LONG ° ' "	♃ LONG ° ' "	♄ LONG ° ' "	♅ LONG ° ' "	♆ LONG ° ' "	♇ LONG ° ' "	☊ LONG ° '	A.S.S.I. h m s	S.S.R.Y. h m s	S.V.P. ♓ ° ' "	☿ MERCURY R.A. h m s	DECL ° ' "
1	32	28♑ 5R33	14♐33 58	29♉13 44	15♐ 3 27	12♌ 5R44	21♒46 32	26♑28 43	5♐19 25	3♒01	26 17 43	30 8 25	5 8 38.7	21 37 50	11S30 11
2	33	27 25 16	15 47 51	29 14 54	15 16 11	12 1 36	21 49 29	26 30 58	5 21 11	2 59	26 22 50	30 8 27	5 8 38.5	21 34 54	11 28 28
3	34	26 35 27	17 1 46	29 16 49	15 28 51	11 57 24	21 52 29	26 33 13	5 22 55	2 57	26 27 57	30 8 43	5 8 38.3	21 31 23	11 30 57
4	35	25 37 26	18 15 42	29 19 27	15 41 28	11 53 9	21 55 29	26 35 29	5 24 38	2 55	26 33 3	30 9 8	5 8 38.1	21 27 22	11 37 25
5	36	24 32 52	19 29 39	29 22 49	15 54 1	11 48 51	21 58 32	26 37 45	5 26 20	2 53	26 38 8	30 9 43	5 8 37.8	21 22 59	11 47 32
6	37	23 23 38	20 43 37	29 26 54	16 6 31	11 44 29	22 1 35	26 40 2	5 28 0	2 51	26 43 12	30 10 25	5 8 37.6	21 18 20	12 0 52
7	38	22 11 46	21 57 36	29 31 40	16 18 57	11 40 5	22 4 40	26 42 18	5 29 39	2 51	26 48 14	30 11 14	5 8 37.5	21 13 33	12 16 54
8	39	20 59 18	23 11 36	29 37 8	16 31 19	11 35 38	22 7 47	26 44 35	5 31 17	2 50	26 53 16	30 12 9	5 8 37.3	21 8 46	12 35 2
9	40	19 48 13	24 25 36	29 43 16	16 43 37	11 31 8	22 10 54	26 46 52	5 32 53	2 51	26 58 17	30 13 6	5 8 37.3	21 4 6	12 54 42
10	41	18 40 18	25 39 38	29 50 5	16 55 51	11 26 35	22 14 3	26 49 9	5 34 28	2 51	27 3 16	30 14 5	5 8 37.2	20 59 41	13 15 18
11	42	17 37 4	26 53 39	29 57 32	17 8 2	11 22 0	22 17 13	26 51 25	5 36 2	2 52	27 8 15	30 15 3	5 8 37.2	20 55 36	13 36 19
12	43	16 39 45	28 7 42	0♊ 5 38	17 20 8	11 17 24	22 20 24	26 53 41	5 37 34	2 52	27 13 13	30 15 56	5 8 37.1	20 51 55	13 57 18
13	44	15 49 16	29 21 45	0 14 22	17 32 10	11 12 45	22 23 37	26 55 58	5 39 4	2 53	27 18 10	30 16 42	5 8 37.0	20 48 43	14 17 51
14	45	15 6 13	0♑35 48	0 23 43	17 44 7	11 8 4	22 26 50	26 58 15	5 40 33	2 53	27 23 5	30 17 17	5 8 36.9	20 46 2	14 37 37
15	46	14 30 58	1 49 52	0 33 39	17 56 0	11 3 22	22 30 4	27 0 32	5 42 1	2 53	27 28 0	30 17 40	5 8 36.6	20 43 52	14 56 22
16	47	14 3 38	3 3 56	0 44 11	18 7 49	10 58 38	22 33 20	27 2 48	5 43 27	2 53	27 32 54	30 17 49	5 8 36.4	20 42 14	15 13 54
17	48	13 44 9	4 18 1	0 55 17	18 19 33	10 53 53	22 36 36	27 5 4	5 44 51	2 53	27 37 47	30 17 43	5 8 36.1	20 41 9	15 30 5
18	49	13 32 21	5 32 6	1 6 57	18 31 12	10 49 6	22 39 53	27 7 21	5 46 14	2 53	27 42 39	30 17 23	5 8 35.9	20 40 34	15 44 48
19	50	13 27D54	6 46 12	1 19 9	18 42 46	10 44 19	22 43 11	27 9 36	5 47 35	2 53	27 47 30	30 16 49	5 8 35.7	20 40 30	15 57 59
20	51	13 30 29	8 0 18	1 31 53	18 54 16	10 39 31	22 46 30	27 11 52	5 48 55	2 53	27 52 20	30 16 4	5 8 35.5	20 40 54	16 9 35
21	52	13 39 40	9 14 24	1 45 8	19 5 41	10 34 42	22 49 50	27 14 8	5 50 13	2 53	27 57 10	30 15 11	5 8 35.4	20 41 44	16 19 35
22	53	13 55 4	10 28 32	1 58 54	19 17 1	10 29 52	22 53 10	27 16 23	5 51 29	2 53	28 1 58	30 14 12	5 8 35.4	20 43 0	16 27 58
23	54	14 16 15	11 42 39	2 13 9	19 28 15	10 25 2	22 56 31	27 18 37	5 52 43	2 52	28 6 46	30 13 10	5 8 35.4	20 44 39	16 34 43
24	55	14 42 49	12 56 47	2 27 54	19 39 25	10 20 12	22 59 53	27 20 52	5 53 56	2 52	28 11 33	30 12 10	5 8 35.3	20 46 40	16 39 52
25	56	15 14 23	14 10 56	2 43 6	19 50 29	10 15 22	23 3 15	27 23 6	5 55 8	2 51	28 16 19	30 11 12	5 8 35.3	20 49 1	16 43 25
26	57	15 50 34	15 25 5	2 58 47	20 1 28	10 10 32	23 6 38	27 25 19	5 56 17	2 49	28 21 5	30 10 19	5 8 35.2	20 51 40	16 45 23
27	58	16 31 3	16 39 15	3 14 54	20 12 21	10 5 42	23 10 1	27 27 32	5 57 25	2 48	28 25 50	30 9 34	5 8 35.2	20 54 36	16 45 46
28	59	17 15 28	17 53 25	3 31 29	20 23 9	10 0 52	23 13 25	27 29 45	5 58 31	2 47	28 30 34	30 8 57	5 8 35.0	20 57 48	16 44 36
29	60	18♑ 3 35	19♑ 7 35	3♊48 29	20♐33 51	9♌56 3	23♒16 49	27♑31 57	5♐59 36	2♒47	28 35 17	30 8 30	5 8 34.9	21 1 14	16S41 54

DAY Feb	♀ VENUS R.A. h m s	DECL ° ' "	♂ MARS R.A. h m s	DECL ° ' "	♃ JUPITER R.A. h m s	DECL ° ' "	♄ SATURN R.A. h m s	DECL ° ' "	♅ URANUS R.A. h m s	DECL ° ' "	♆ NEPTUNE R.A. h m s	DECL ° ' "	♇ PLUTO R.A. h m s	DECL ° ' "
1	18 40 47	22S22 14	5 33 33	26N40 14	18 43 6	22S56 46	10 37 24	10N37 28	23 11 57	5S57 35	21 35 15	14S40 0	18 0 45	17S 9 38
2	18 46 7	22 19 41	5 33 39	26 39 18	18 44 1	22 55 54	10 37 9	10 39 9	23 12 8	5 56 25	21 35 24	14 39 17	18 0 52	17 9 36
3	18 51 26	22 16 28	5 33 48	26 38 22	18 44 56	22 55 1	10 36 54	10 40 52	23 12 19	5 55 13	21 35 33	14 38 34	18 0 59	17 9 33
4	18 56 45	22 12 35	5 34 0	26 37 27	18 45 51	22 54 7	10 36 38	10 42 36	23 12 31	5 54 2	21 35 42	14 37 51	18 1 7	17 9 31
5	19 2 5	22 8 2	5 34 15	26 36 33	18 46 45	22 53 12	10 36 22	10 44 21	23 12 42	5 52 50	21 35 51	14 37 8	18 1 14	17 9 28
6	19 7 23	22 2 50	5 34 33	26 35 41	18 47 39	22 52 16	10 36 6	10 46 7	23 12 53	5 51 37	21 36 0	14 36 24	18 1 21	17 9 25
7	19 12 42	21 56 58	5 34 55	26 34 48	18 48 33	22 51 19	10 35 49	10 47 53	23 13 4	5 50 24	21 36 9	14 35 41	18 1 28	17 9 22
8	19 18 0	21 50 27	5 35 19	26 33 57	18 49 27	22 50 22	10 35 33	10 49 41	23 13 16	5 49 10	21 36 17	14 34 57	18 1 34	17 9 19
9	19 23 17	21 43 16	5 35 47	26 33 7	18 50 20	22 49 24	10 35 16	10 51 29	23 13 27	5 47 56	21 36 26	14 34 14	18 1 41	17 9 15
10	19 28 34	21 35 27	5 36 18	26 32 17	18 51 13	22 48 25	10 34 59	10 53 18	23 13 39	5 46 42	21 36 35	14 33 30	18 1 48	17 9 12
11	19 33 51	21 26 59	5 36 51	26 31 28	18 52 5	22 47 25	10 34 42	10 55 7	23 13 51	5 45 27	21 36 44	14 32 48	18 1 54	17 9 8
12	19 39 7	21 17 53	5 37 27	26 30 40	18 52 58	22 46 25	10 34 24	10 56 57	23 14 3	5 44 11	21 36 53	14 32 4	18 2 0	17 9 4
13	19 44 22	21 8 8	5 38 6	26 29 52	18 53 50	22 45 23	10 34 7	10 58 48	23 14 14	5 42 55	21 37 2	14 31 20	18 2 7	17 9 0
14	19 49 37	20 57 47	5 38 48	26 29 4	18 54 41	22 44 22	10 33 50	11 0 39	23 14 26	5 41 39	21 37 11	14 30 36	18 2 13	17 8 55
15	19 54 50	20 46 48	5 39 33	26 28 17	18 55 33	22 43 19	10 33 32	11 2 30	23 14 38	5 40 22	21 37 20	14 29 53	18 2 19	17 8 51
16	20 0 3	20 35 12	5 40 20	26 27 30	18 56 24	22 42 16	10 33 14	11 4 21	23 14 50	5 39 5	21 37 29	14 29 9	18 2 25	17 8 47
17	20 5 16	20 23 0	5 41 10	26 26 44	18 57 15	22 41 13	10 32 56	11 6 13	23 15 2	5 37 48	21 37 38	14 28 26	18 2 31	17 8 42
18	20 10 27	20 10 12	5 42 2	26 25 57	18 58 5	22 40 9	10 32 39	11 8 4	23 15 15	5 36 30	21 37 47	14 27 42	18 2 37	17 8 37
19	20 15 38	19 56 48	5 42 56	26 25 10	18 58 55	22 39 4	10 32 21	11 9 56	23 15 27	5 35 12	21 37 56	14 26 59	18 2 42	17 8 33
20	20 20 47	19 42 49	5 43 53	26 24 23	18 59 44	22 38 0	10 32 3	11 11 48	23 15 39	5 33 54	21 38 4	14 26 15	18 2 48	17 8 28
21	20 25 56	19 28 16	5 44 53	26 23 35	19 0 34	22 36 54	10 31 44	11 13 40	23 15 51	5 32 35	21 38 13	14 25 32	18 2 53	17 8 23
22	20 31 4	19 13 9	5 45 54	26 22 47	19 1 22	22 35 48	10 31 26	11 15 32	23 16 4	5 31 16	21 38 22	14 24 49	18 2 58	17 8 18
23	20 36 11	18 57 28	5 46 58	26 21 58	19 2 11	22 34 42	10 31 8	11 17 24	23 16 16	5 29 57	21 38 31	14 24 6	18 3 4	17 8 12
24	20 41 17	18 41 15	5 48 4	26 21 9	19 2 59	22 33 36	10 30 50	11 19 15	23 16 29	5 28 38	21 38 40	14 23 23	18 3 9	17 8 7
25	20 46 22	18 24 28	5 49 11	26 20 18	19 3 47	22 32 29	10 30 32	11 21 6	23 16 41	5 27 18	21 38 48	14 22 41	18 3 14	17 8 2
26	20 51 26	18 7 11	5 50 21	26 19 26	19 4 34	22 31 22	10 30 14	11 22 57	23 16 53	5 25 59	21 38 57	14 21 58	18 3 18	17 7 56
27	20 56 28	17 49 21	5 51 33	26 18 33	19 5 21	22 30 15	10 29 55	11 24 48	23 17 6	5 24 39	21 39 6	14 21 15	18 3 23	17 7 51
28	21 1 30	17 31 2	5 52 47	26 17 38	19 6 8	22 29 7	10 29 37	11 26 38	23 17 19	5 23 19	21 39 14	14 20 33	18 3 28	17 7 45
29	21 6 31	17S12 12	5 54 3	26N16 42	19 6 54	22S27 59	10 29 19	11N28 27	23 17 31	5S21 58	21 39 23	14S19 51	18 3 32	17S 7 39

DAY	SIDEREAL TIME h m s	☉ SUN LONG ° ' "	SUN MOT ' "	SUN R.A. h m s	SUN DECL ° ' "	☽ MOON AT 0 HOURS LONG ° ' "	12h MOT ° ' "	2DIF "	R.A. h m s	DECL ° ' "	☽ MOON AT 12 HOURS LONG ° ' "	12h MOT ° ' "	2DIF "	R.A. h m s	DECL ° ' "
1 S	10 36 41	15♒55 21	60 13	22 49 3.0	7S31 30	25♏48 29	6 1 15	73	17 17 50	27S57 12	1♐49 44	6 3 58	90	17 45 2	28S 0 33
2 Su	10 40 37	16 55 34	60 12	22 52 47.6	7 8 38	7♐53 42	6 7 14	106	18 12 24	27 43 39	14 0 56	6 11 1	121	18 39 49	27 6 15
3 M	10 44 34	17 55 45	60 10	22 56 31.8	6 45 39	20 11 56	6 15 17	134	19 7 9	26 8 27	26 27 13	6 19 57	145	19 34 17	24 50 37
4 Tu	10 48 31	18 55 55	60 8	23 0 15.5	6 22 34	2♑47 10	6 24 58	155	20 1 9	23 13 26	9♑12 8	6 30 16	161	20 27 41	21 17 54
5 W	10 52 27	19 56 3	60 7	23 3 58.8	5 59 24	15 42 24	6 35 43	165	20 53 51	19 5 13	22 18 7	6 41 15	165	21 19 39	16 36 53
6 Th	10 56 24	20 56 9	60 5	23 7 41.7	5 36 10	28 59 22	6 46 44	162	21 45 9	13 54 35	5♒46 6	6 52 3	155	22 10 22	11 0 11
7 F	11 0 20	21 56 14	60 3	23 11 24.1	5 12 50	12♒38 10	6 57 6	145	22 35 24	7 55 46	19 35 16	7 1 44	131	23 0 21	4 43 35
8 S	11 4 17	22 56 17	60 1	23 15 6.2	4 49 27	26 36 59	7 5 51	115	23 25 20	1 26 2	3♓42 50	7 9 22	95	23 50 28	1N54 18
9 Su	11 8 13	23 56 18	59 59	23 18 47.9	4 25 59	10♓52 13	7 12 12	74	0 15 53	5N14 41	18 4 25	7 14 18	51	0 41 43	8 32 14
10 M	11 12 10	24 56 17	59 57	23 22 29.2	4 2 29	25 18 42	7 15 37	28	1 8 6	11 43 57	2♈34 19	7 16 11	6	1 35 8	14 46 45
11 Tu	11 16 6	25 56 13	59 55	23 26 10.2	3 38 55	9♈50 30	7 16 0	-16	2 2 55	17 37 28	17 6 30	7 15 8	-35	2 31 31	20 12 59
12 W	11 20 3	26 56 8	59 53	23 29 50.9	3 15 19	24 21 38	7 13 39	-53	3 0 58	22 30 14	1♉35 16	7 11 37	-67	3 31 12	24 26 25
13 Th	11 24 0	27 56 1	59 50	23 33 31.3	2 51 41	8♉46 54	7 9 10	-79	4 2 8	25 59 1	15 56 3	7 6 21	-88	4 33 36	27 6 6
14 F	11 27 56	28 55 51	59 48	23 37 11.4	2 28 1	23 2 24	7 3 17	-95	5 5 23	27 46 17	0♊ 5 40	7 0 2	-99	5 37 12	27 58 59
15 S	11 31 53	29 55 39	59 46	23 40 51.2	2 4 19	7♊ 5 42	6 56 41	-101	6 8 48	27 44 25	14 2 23	6 53 18	-102	6 39 55	27 3 31
16 Su	11 35 49	0♓55 25	59 44	23 44 30.7	1 40 37	20 55 41	6 49 55	-101	7 10 19	25 57 56	27 45 35	6 46 33	-100	7 39 51	24 29 46
17 M	11 39 46	1 55 8	59 41	23 48 10.1	1 16 54	4♋32 8	6 43 16	-98	8 8 25	22 41 29	11♋15 24	6 40 2	-96	8 35 59	20 35 43
18 Tu	11 43 42	2 54 49	59 39	23 51 49.2	0 53 11	17 55 26	6 36 52	-94	9 2 34	18 15 11	24 32 18	6 33 46	-92	9 28 13	15 42 29
19 W	11 47 39	3 54 28	59 37	23 55 28.2	0 29 28	1♌ 6 4	6 30 44	-91	9 53 2	13 0 9	7♌36 48	6 27 44	-89	10 17 7	10 10 33
20 Th	11 51 35	4 54 5	59 35	23 59 6.9	0 5 45	14 4 32	6 24 47	-88	10 40 35	7 15 54	20 29 19	6 21 52	-87	11 3 34	4 18 16
21 F	11 55 32	5 53 39	59 33	0 2 45.6	0N17 57	26 51 10	6 18 59	-86	11 26 11	1 19 34	3♍10 9	6 16 9	-84	11 48 33	1S38 24
22 S	11 59 29	6 53 12	59 31	0 6 24.1	0 41 37	9♍26 18	6 13 22	-82	12 10 49	4S33 56	15 39 41	6 10 41	-79	12 33 4	7 25 26
23 Su	12 3 25	7 52 43	59 29	0 10 2.6	1 5 17	21 50 21	6 8 5	-76	12 55 26	10 11 22	27 58 27	6 5 38	-71	13 17 59	12 50 14
24 M	12 7 22	8 52 11	59 27	0 13 41.0	1 28 54	4♎ 4 5	6 3 22	-65	13 40 51	15 20 36	10♎ 7 27	6 1 19	-58	14 4 5	17 41 4
25 Tu	12 11 18	9 51 38	59 25	0 17 19.3	1 52 30	16 8 45	5 59 31	-49	14 27 45	19 50 15	22 8 16	5 58 2	-39	14 51 55	21 46 46
26 W	12 15 15	10 51 3	59 23	0 20 57.7	2 16 3	28 6 19	5 56 55	-28	15 16 36	23 29 21	4♏ 3 14	5 56 12	-15	15 41 47	24 56 43
27 Th	12 19 11	11 50 26	59 21	0 24 36.0	2 39 33	9♏59 26	5 55 56	-1	16 7 28	26 7 43	15 55 22	5 56 10	15	16 33 36	27 1 17
28 F	12 23 8	12 49 47	59 20	0 28 14.4	3 3 1	21 51 31	5 56 55	31	17 0 7	27 36 31	27 48 27	5 58 14	48	17 26 54	27 52 44
29 S	12 27 4	13 49 6	59 18	0 31 52.8	3 26 25	3♐46 41	6 0 9	66	17 53 51	27 49 24	9♐46 49	6 2 40	85	18 20 51	27 26 19
30 Su	12 31 1	14 48 24	59 16	0 35 31.3	3 49 45	15 49 29	6 5 48	103	18 47 49	26 43 29	21 55 17	6 9 34	122	19 14 36	25 41 10
31 M	12 34 58	15♓47 40	59 14	0 39 9.9	4N13 0	28♐ 4 51	6 13 55	140	19 41 10	24S19 52	4♑18 46	6 18 52	156	20 7 25	22S40 19

LUNAR INGRESSES
1 ☽ ♐ 8:22
3 ☽ ♑ 18:44
6 ☽ ♒ 1:48
8 ☽ ♓ 5:44
10 ☽ ♈ 7:45
12 ☽ ♉ 9:22
14 ☽ ♊ 11:50
16 ☽ ♋ 15:57
18 ☽ ♌ 21:59
21 ☽ ♍ 5:58
23 ☽ ♎ 15:59
26 ☽ ♏ 3:49
28 ☽ ♐ 16:25
31 ☽ ♑ 3:43

PLANET INGRESSES
8 ♀ ♒ 19:03
11 ☿ ♒ 1:51
15 ☉ ♓ 1:45
30 ☿ ♓ 20:19

STATIONS
NONE

DATA FOR THE 1st AT 0 HOURS
JULIAN DAY 39506.5
☽ MEAN ☊ 2°♒ 18' 26"
OBLIQUITY 23° 26' 26"
DELTA T 68.9 SECONDS
NUTATION LONGITUDE 10.2"

DAY MO	YR	☿ LONG ° ' "	♀ LONG ° ' "	♂ LONG ° ' "	♃ LONG ° ' "	♄ LONG ° ' "	♅ LONG ° ' "	♆ LONG ° ' "	♇ LONG ° ' "	☊ LONG ° '	A.S.S.I. h m s	S.S.R.Y. h m s	S.V.P. ♓ ° ' "	☿ MERCURY R.A. h m s	☿ MERCURY DECL ° ' "
1	61	18♑55 5	20♑21 46	4♊ 5 55	20♐44 27	9♌51R15	23♒20 13	27♑34 8	6♐ 0 38	2♒47	28 40 0	30 8 14	5 8 34.7	21 4 53	16S37 40
2	62	19 49 46	21 35 57	4 23 45	20 54 58	9 46 27	23 23 38	27 36 19	6 1 39	2 48	28 44 43	30 8 6	5 8 34.5	21 8 44	16 31 57
3	63	20 47 23	22 50 8	4 42 0	21 5 22	9 41 41	23 27 4	27 38 30	6 2 38	2 49	28 49 24	30 8 9	5 8 34.3	21 12 47	16 24 44
4	64	21 47 44	24 4 20	5 0 39	21 15 41	9 36 56	23 30 29	27 40 40	6 3 35	2 51	28 54 5	30 8 24	5 8 34.1	21 16 59	16 16 4
5	65	22 50 39	25 18 31	5 19 41	21 25 53	9 32 12	23 33 55	27 42 49	6 4 31	2 52	28 58 46	30 8 49	5 8 34.0	21 21 21	16 5 56
6	66	23 55 59	26 32 43	5 39 6	21 35 59	9 27 30	23 37 21	27 44 57	6 5 24	2 53	29 3 26	30 9 24	5 8 33.9	21 25 51	15 54 23
7	67	25 3 34	27 46 55	5 58 54	21 45 58	9 22 49	23 40 47	27 47 5	6 6 16	2 52	29 8 5	30 10 9	5 8 33.8	21 30 29	15 41 25
8	68	26 13 17	29 1 7	6 19 3	21 55 51	9 18 10	23 44 13	27 49 12	6 7 6	2 51	29 12 44	30 11 3	5 8 33.8	21 35 14	15 27 3
9	69	27 25 1	0♒15 18	6 39 34	22 5 37	9 13 33	23 47 39	27 51 18	6 7 54	2 49	29 17 23	30 12 3	5 8 33.8	21 40 6	15 11 18
10	70	28 38 40	1 29 30	7 0 25	22 15 16	9 8 59	23 51 5	27 53 23	6 8 40	2 46	29 22 1	30 13 6	5 8 33.8	21 45 4	14 54 10
11	71	29 54 8	2 43 41	7 21 37	22 24 49	9 4 27	23 54 31	27 55 27	6 9 24	2 43	29 26 39	30 14 10	5 8 33.7	21 50 8	14 35 42
12	72	1♒11 20	3 57 52	7 43 9	22 34 15	8 59 57	23 57 57	27 57 31	6 10 6	2 40	29 31 16	30 15 9	5 8 33.6	21 55 18	14 15 53
13	73	2 30 13	5 12 3	8 5 0	22 43 33	8 55 30	24 1 23	27 59 33	6 10 46	2 37	29 35 53	30 16 1	5 8 33.4	22 0 32	13 54 44
14	74	3 50 42	6 26 14	8 27 10	22 52 45	8 51 6	24 4 49	28 1 35	6 11 25	2 36	29 40 29	30 16 42	5 8 33.2	22 5 51	13 32 17
15	75	5 12 44	7 40 24	8 49 38	23 1 49	8 46 44	24 8 14	28 3 36	6 12 1	2 36	29 45 5	30 17 9	5 8 33.0	22 11 14	13 8 31
16	76	6 36 18	8 54 34	9 12 25	23 10 46	8 42 26	24 11 40	28 5 36	6 12 36	2 37	29 49 41	30 17 21	5 8 32.7	22 16 42	12 43 29
17	77	8 1 19	10 8 43	9 35 28	23 19 36	8 38 11	24 15 4	28 7 34	6 13 9	2 39	29 54 17	30 17 18	5 8 32.5	22 22 14	12 17 9
18	78	9 27 47	11 22 53	9 58 49	23 28 18	8 33 59	24 18 29	28 9 32	6 13 39	2 40	29 58 52	30 17 1	5 8 32.4	22 27 49	11 49 34
19	79	10 55 40	12 37 2	10 22 25	23 36 52	8 29 51	24 21 53	28 11 29	6 14 8	2 41	30 3 27	30 16 31	5 8 32.3	22 33 28	11 20 44
20	80	12 24 56	13 51 11	10 46 18	23 45 19	8 25 46	24 25 17	28 13 24	6 14 35	2 41	30 8 2	30 15 51	5 8 32.3	22 39 11	10 50 40
21	81	13 55 34	15 5 19	11 10 27	23 53 38	8 21 45	24 28 40	28 15 19	6 15 0	2 38	0 3 28	30 15 3	5 8 32.3	22 44 57	10 19 21
22	82	15 27 34	16 19 28	11 34 50	24 1 49	8 17 48	24 32 2	28 17 12	6 15 23	2 34	0 8 3	30 14 8	5 8 32.3	22 50 46	9 46 50
23	83	17 0 54	17 33 36	11 59 29	24 9 53	8 13 55	24 35 25	28 19 4	6 15 44	2 29	0 12 37	30 13 11	5 8 32.3	22 56 39	9 13 6
24	84	18 35 35	18 47 44	12 24 22	24 17 48	8 10 6	24 38 46	28 20 55	6 16 3	2 22	0 17 11	30 12 12	5 8 32.2	23 2 35	8 38 11
25	85	20 11 37	20 1 52	12 49 29	24 25 35	8 6 21	24 42 7	28 22 45	6 16 20	2 16	0 21 46	30 11 15	5 8 32.2	23 8 34	8 2 5
26	86	21 48 58	21 16 0	13 14 51	24 33 14	8 2 40	24 45 27	28 24 33	6 16 36	2 09	0 26 20	30 10 21	5 8 32.1	23 14 37	7 24 49
27	87	23 27 41	22 30 8	13 40 25	24 40 45	7 59 3	24 48 47	28 26 20	6 16 49	2 03	0 30 54	30 9 31	5 8 31.9	23 20 43	6 46 23
28	88	25 7 44	23 44 15	14 6 14	24 48 7	7 55 31	24 52 5	28 28 6	6 17 0	1 59	0 35 29	30 8 47	5 8 31.7	23 26 53	6 6 49
29	89	26 49 8	24 58 22	14 32 15	24 55 21	7 52 4	24 55 23	28 29 51	6 17 10	1 57	0 40 3	30 8 10	5 8 31.6	23 33 6	5 26 8
30	90	28 31 54	26 12 30	14 58 29	25 2 26	7 48 41	24 58 41	28 31 35	6 17 17	1 56	0 44 38	30 7 41	5 8 31.4	23 39 23	4 44 20
31	91	0♓16 3	27♒26 37	15♊24 56	25♐ 9 22	7♌45 23	25♒ 1 57	28♑33 17	6♐17 23	1♒57	0 49 12	30 7 23	5 8 31.2	23 45 43	4S 1 27

DAY Mar	♀ VENUS R.A. h m s	♀ VENUS DECL ° ' "	♂ MARS R.A. h m s	♂ MARS DECL ° ' "	♃ JUPITER R.A. h m s	♃ JUPITER DECL ° ' "	♄ SATURN R.A. h m s	♄ SATURN DECL ° ' "	♅ URANUS R.A. h m s	♅ URANUS DECL ° ' "	♆ NEPTUNE R.A. h m s	♆ NEPTUNE DECL ° ' "	♇ PLUTO R.A. h m s	♇ PLUTO DECL ° ' "
1	21 11 31	16S52 53	5 55 21	26N15 44	19 7 39	22S26 52	10 29 1	11N30 16	23 17 44	5S20 38	21 39 32	14S19 9	18 3 37	17S 7 33
2	21 16 30	16 33 5	5 56 40	26 14 44	19 8 24	22 25 44	10 28 43	11 32 5	23 17 56	5 19 17	21 39 40	14 18 27	18 3 41	17 7 27
3	21 21 27	16 12 49	5 58 2	26 13 42	19 9 9	22 24 36	10 28 25	11 33 52	23 18 9	5 17 57	21 39 49	14 17 45	18 3 45	17 7 21
4	21 26 24	15 52 5	5 59 25	26 12 37	19 9 54	22 23 28	10 28 7	11 35 39	23 18 22	5 16 36	21 39 57	14 17 3	18 3 49	17 7 15
5	21 31 20	15 30 55	6 0 50	26 11 31	19 10 37	22 22 20	10 27 49	11 37 26	23 18 34	5 15 15	21 40 6	14 16 22	18 3 53	17 7 9
6	21 36 14	15 9 19	6 2 16	26 10 21	19 11 21	22 21 12	10 27 31	11 39 11	23 18 47	5 13 54	21 40 14	14 15 41	18 3 56	17 7 2
7	21 41 8	14 47 18	6 3 44	26 9 9	19 12 4	22 20 4	10 27 13	11 40 55	23 19 0	5 12 34	21 40 22	14 15 0	18 4 0	17 6 56
8	21 46 0	14 24 52	6 5 14	26 7 54	19 12 46	22 18 56	10 26 56	11 42 39	23 19 12	5 11 13	21 40 31	14 14 20	18 4 3	17 6 50
9	21 50 52	14 2 3	6 6 45	26 6 36	19 13 28	22 17 49	10 26 38	11 44 22	23 19 25	5 9 52	21 40 39	14 13 39	18 4 7	17 6 43
10	21 55 42	13 38 50	6 8 18	26 5 15	19 14 10	22 16 41	10 26 21	11 46 3	23 19 38	5 8 31	21 40 47	14 12 59	18 4 10	17 6 37
11	22 0 31	13 15 14	6 9 52	26 3 51	19 14 51	22 15 34	10 26 4	11 47 43	23 19 51	5 7 10	21 40 55	14 12 19	18 4 13	17 6 30
12	22 5 20	12 51 17	6 11 28	26 2 22	19 15 31	22 14 27	10 25 47	11 49 22	23 20 3	5 5 50	21 41 3	14 11 40	18 4 16	17 6 24
13	22 10 7	12 26 59	6 13 5	26 0 51	19 16 11	22 13 20	10 25 30	11 51 0	23 20 16	5 4 29	21 41 11	14 11 1	18 4 19	17 6 17
14	22 14 53	12 2 21	6 14 43	25 59 15	19 16 51	22 12 14	10 25 13	11 52 36	23 20 29	5 3 8	21 41 19	14 10 22	18 4 21	17 6 11
15	22 19 39	11 37 23	6 16 23	25 57 35	19 17 29	22 11 8	10 24 56	11 54 11	23 20 41	5 1 48	21 41 27	14 9 43	18 4 24	17 6 4
16	22 24 23	11 12 6	6 18 4	25 55 52	19 18 8	22 10 3	10 24 40	11 55 45	23 20 54	5 0 27	21 41 35	14 9 5	18 4 26	17 5 58
17	22 29 7	10 46 31	6 19 46	25 54 4	19 18 46	22 8 58	10 24 24	11 57 17	23 21 7	4 59 7	21 41 43	14 8 26	18 4 29	17 5 51
18	22 33 50	10 20 38	6 21 30	25 52 12	19 19 23	22 7 54	10 24 8	11 58 48	23 21 19	4 57 47	21 41 50	14 7 49	18 4 31	17 5 44
19	22 38 32	9 54 29	6 23 14	25 50 16	19 20 0	22 6 50	10 23 52	12 0 18	23 21 32	4 56 27	21 41 58	14 7 12	18 4 33	17 5 38
20	22 43 13	9 28 3	6 25 0	25 48 15	19 20 36	22 5 47	10 23 36	12 1 46	23 21 44	4 55 8	21 42 5	14 6 35	18 4 35	17 5 31
21	22 47 53	9 1 22	6 26 47	25 46 9	19 21 12	22 4 44	10 23 21	12 3 12	23 21 57	4 53 48	21 42 13	14 5 58	18 4 36	17 5 25
22	22 52 33	8 34 27	6 28 35	25 43 58	19 21 47	22 3 42	10 23 6	12 4 36	23 22 9	4 52 29	21 42 20	14 5 22	18 4 38	17 5 18
23	22 57 12	8 7 17	6 30 24	25 41 43	19 22 21	22 2 41	10 22 51	12 5 59	23 22 22	4 51 10	21 42 27	14 4 46	18 4 39	17 5 11
24	23 1 50	7 39 55	6 32 13	25 39 22	19 22 55	22 1 40	10 22 37	12 7 21	23 22 34	4 49 52	21 42 35	14 4 10	18 4 41	17 5 5
25	23 6 27	7 12 19	6 34 4	25 36 56	19 23 28	22 0 40	10 22 22	12 8 40	23 22 46	4 48 33	21 42 42	14 3 35	18 4 42	17 4 58
26	23 11 4	6 44 32	6 35 56	25 34 25	19 24 1	21 59 41	10 22 8	12 9 58	23 22 59	4 47 15	21 42 49	14 3 1	18 4 43	17 4 51
27	23 15 41	6 16 33	6 37 49	25 31 49	19 24 33	21 58 42	10 21 54	12 11 14	23 23 11	4 45 57	21 42 56	14 2 26	18 4 44	17 4 45
28	23 20 16	5 48 24	6 39 43	25 29 7	19 25 5	21 57 45	10 21 41	12 12 28	23 23 23	4 44 39	21 43 3	14 1 52	18 4 45	17 4 38
29	23 24 52	5 20 5	6 41 37	25 26 20	19 25 36	21 56 48	10 21 28	12 13 40	23 23 36	4 43 22	21 43 10	14 1 19	18 4 45	17 4 32
30	23 29 26	4 51 37	6 43 33	25 23 27	19 26 6	21 55 52	10 21 15	12 14 50	23 23 48	4 42 5	21 43 16	14 0 46	18 4 46	17 4 25
31	23 34 1	4S23 1	6 45 29	25N20 28	19 26 36	21S54 58	10 21 2	12N15 59	23 24 0	4S40 49	21 43 23	14S 0 13	18 4 46	17S 4 19

APRIL 2008

DAY	SIDEREAL TIME h m s	☉ SUN LONG ° ' "	MOT ' "	R.A. h m s	DECL ° ' "
1 Tu	12 38 54	16♓46 54	59 12	0 42 48.5	4N36 12
2 W	12 42 51	17 46 6	59 10	0 46 27.3	4 59 18
3 Th	12 46 47	18 45 16	59 9	0 50 6.3	5 22 20
4 F	12 50 44	19 44 25	59 7	0 53 45.4	5 45 15
5 S	12 54 40	20 43 32	59 5	0 57 24.7	6 8 5
6 Su	12 58 37	21 42 36	59 3	1 1 4.2	6 30 48
7 M	13 2 33	22 41 39	59 1	1 4 43.8	6 53 25
8 Tu	13 6 30	23 40 40	58 59	1 8 23.8	7 15 54
9 W	13 10 26	24 39 38	58 58	1 12 3.9	7 38 16
10 Th	13 14 23	25 38 35	58 54	1 15 44.3	8 0 31
11 F	13 18 20	26 37 29	58 52	1 19 24.9	8 22 37
12 S	13 22 16	27 36 20	58 50	1 23 5.9	8 44 34
13 Su	13 26 13	28 35 10	58 47	1 26 47.1	9 6 23
14 M	13 30 9	29 33 57	58 45	1 30 28.6	9 28 2
15 Tu	13 34 6	0♈32 41	58 43	1 34 10.4	9 49 32
16 W	13 38 2	1 31 24	58 40	1 37 52.6	10 10 52
17 Th	13 41 59	2 30 4	58 38	1 41 35.1	10 32 2
18 F	13 45 55	3 28 43	58 36	1 45 18.0	10 53 1
19 S	13 49 52	4 27 19	58 34	1 49 1.3	11 13 50
20 Su	13 53 49	5 25 53	58 32	1 52 45.0	11 34 27
21 M	13 57 45	6 24 25	58 30	1 56 29.1	11 54 53
22 Tu	14 1 42	7 22 55	58 29	2 0 13.7	12 15 7
23 W	14 5 38	8 21 24	58 27	2 3 58.7	12 35 9
24 Th	14 9 35	9 19 51	58 25	2 7 44.2	12 54 59
25 F	14 13 31	10 18 16	58 24	2 11 30.2	13 14 37
26 S	14 17 28	11 16 39	58 22	2 15 16.6	13 34 1
27 Su	14 21 24	12 15 1	58 20	2 19 3.6	13 53 12
28 M	14 25 21	13 13 21	58 19	2 22 51.1	14 12 9
29 Tu	14 29 18	14 11 40	58 17	2 26 39.1	14 30 53
30 W	14 33 14	15♈ 9 57	58 16	2 30 27.7	14N49 22

DAY	☽ MOON AT 0 HOURS LONG ° ' "	12h MOT ° ' "	2DIF "	R.A. h m s	DECL ° ' "	☽ MOON AT 12 HOURS LONG ° ' "	12h MOT ° ' "	2DIF "	R.A. h m s	DECL ° ' "
1 Tu	10♑37 38	6 24 20	171	20 33 21	20S43 26	17♑ 1 58	6 30 17	184	20 58 58	18S30 19
2 W	23 32 15	6 36 37	194	21 24 18	16 2 14	0♒ 8 52	6 43 13	200	21 49 23	13 20 37
3 Th	6♒52 5	6 49 58	203	22 14 18	10 27 5	13 42 3	6 56 43	200	22 39 10	7 23 27
4 F	20 38 46	7 3 18	192	23 4 4	4 11 41	27 42 4	7 9 31	178	23 29 8	0 54 4
5 S	4♓51 34	7 15 11	159	23 54 31	2N26 53	12♓ 6 45	7 20 7	135	0 20 21	5N48 25
6 Su	19 26 53	7 24 10	106	0 46 45	9 7 29	26 51 3	7 27 11	73	1 13 51	12 20 45
7 M	4♈18 14	7 29 4	39	1 41 47	15 24 43	11♈47 18	7 29 46	3	2 10 37	18 15 43
8 Tu	19 17 4	7 29 18	-31	2 40 24	20 50 7	26 46 22	7 27 42	-63	3 11 6	23 4 23
9 W	4♉14 4	7 25 5	-92	3 42 37	24 55 19	11♉39 9	7 21 35	-116	4 14 48	26 20 15
10 Th	19 0 43	7 17 21	-135	4 47 24	27 17 19	26 18 4	7 12 34	-149	5 20 8	27 45 31
11 F	3♊30 38	7 7 25	-158	5 52 39	27 44 50	10♊38 3	7 2 4	-162	6 24 40	27 16 11
12 S	17 40 6	6 56 38	-162	6 55 55	26 21 19	24 36 45	6 51 17	-158	7 26 13	25 2 34
13 Su	1♋28 2	6 46 6	-152	7 55 26	23 22 40	8♋14 8	6 41 10	-144	8 23 32	21 24 30
14 M	14 55 17	6 36 31	-134	8 50 31	19 10 56	21 31 48	6 32 12	-124	9 16 27	16 44 44
15 Tu	28 4 0	6 28 13	-114	9 41 27	14 8 27	4♌32 12	6 24 34	-104	10 5 37	11 24 26
16 W	10♌56 47	6 21 15	-95	10 29 6	8 34 50	17 18 2	6 18 14	-87	10 52 2	5 41 36
17 Th	23 36 16	6 15 29	-79	11 14 32	2 46 33	29 51 45	6 12 58	-72	11 36 45	0S 8 40
18 F	6♍ 4 43	6 10 40	-66	11 58 48	3S 2 28	12♍15 24	6 8 33	-61	12 20 50	5 53 20
19 S	18 23 57	6 6 36	-57	12 42 56	8 39 48	24 30 33	6 4 47	-53	13 5 14	11 20 25
20 Su	0♎35 20	6 3 6	-49	13 27 48	13 53 43	6♎38 26	6 1 32	-45	13 50 44	16 18 18
21 M	12 39 58	6 0 7	-40	14 14 7	18 32 40	18 40 5	5 58 51	-36	14 37 59	20 35 25
22 Tu	24 38 56	5 57 45	-30	15 2 22	22 25 8	0♏36 41	5 56 51	-23	15 27 17	24 0 27
23 W	6♏33 32	5 56 11	-16	15 52 42	25 20 5	12 29 45	5 55 48	-7	16 18 35	26 22 53
24 Th	18 25 31	5 55 45	4	16 44 51	27 7 53	24 21 16	5 56 3	15	17 11 24	27 34 19
25 F	0♐17 18	5 56 46	29	17 38 8	27 41 40	6♐14 5	5 57 57	43	18 4 55	27 29 41
26 S	12 12 2	5 59 39	59	18 31 38	26 58 23	18 11 40	6 1 53	76	18 58 11	26 8 3
27 Su	24 13 33	6 4 42	94	19 24 28	24 59 14	0♑18 15	6 8 7	112	19 50 25	23 32 38
28 M	6♑26 22	6 12 10	131	20 16 1	21 49 9	12 38 32	6 16 51	149	20 41 15	19 49 47
29 Tu	18 55 23	6 22 8	167	21 6 8	17 35 41	25 17 31	6 28 1	184	21 30 44	15 8 2
30 W	1♒45 32	6 34 25	199	21 55 7	12S28 9	8♒19 56	6 41 16	211	22 19 23	9S37 27

LUNAR INGRESSES			PLANET INGRESSES	STATIONS	DATA FOR THE 1st AT 0 HOURS
2 ☽ ♒ 11:44	12 ☽ ♋ 21:25	24 ☽ ♐ 23:25	2 ♀ ♓ 1:40	2 ♇ R 9:25	JULIAN DAY 39537.5
4 ☽ ♓ 15:52	15 ☽ ♌ 3:34	27 ☽ ♑ 11:24	14 ☉ ♈ 10:39		☽ MEAN ☊ 0°♒ 39' 52"
6 ☽ ♈ 17:05	17 ☽ ♍ 12:16	29 ☽ ♒ 20:45	15 ☿ ♈ 10:30		OBLIQUITY 23° 26' 26"
8 ☽ ♉ 17:11	19 ☽ ♎ 22:50		26 ♀ ♈ 9:25		DELTA T 68.9 SECONDS
10 ☽ ♊ 18:08	22 ☽ ♏ 10:46		29 ☿ ♉ 23:26		NUTATION LONGITUDE 9.3"
			30 ♂ ♋ 2:18		

DAY MO YR	☿ LONG	♀ LONG	♂ LONG	♃ LONG	♄ LONG	♅ LONG	♆ LONG	♇ LONG	☊ LONG	A.S.S.I. h m s	S.S.R.Y. h m s	S.V.P. ♓ ° ' "	☿ MERCURY R.A. h m s	DECL ° ' "
1 92	2♓ 1 34	28♒40 43	15♊51 35	25♐16 9	7♌42R10	25♒ 5 12	28♑34 57	6♐17 26	1♒58	0 53 47	30 7 14	5 8 31.0	23 52 7	3S17 30
2 93	3 48 29	29 54 50	16 18 27	25 22 48	7 39 2	25 8 27	28 36 36	6 17R28	1 59	0 58 22	30 7 20	5 8 30.9	23 58 36	2 32 29
3 94	5 36 48	1♓ 8 56	16 45 30	25 29 17	7 35 59	25 11 40	28 38 14	6 17 28	2 00	1 2 57	30 7 38	5 8 30.9	0 5 8	1 46 28
4 95	7 26 33	2 23 2	17 12 45	25 35 37	7 33 1	25 14 53	28 39 51	6 17 25	1 58	1 7 32	30 8 10	5 8 30.8	0 11 45	0 59 26
5 96	9 17 42	3 37 7	17 40 11	25 41 48	7 30 9	25 18 4	28 41 26	6 17 21	1 54	1 12 8	30 8 54	5 8 30.8	0 18 26	0 11 27
6 97	11 10 17	4 51 13	18 7 49	25 47 49	7 27 21	25 21 14	28 42 59	6 17 15	1 48	1 16 43	30 9 49	5 8 30.8	0 25 12	0N37 28
7 98	13 4 18	6 5 17	18 35 37	25 53 41	7 24 40	25 24 23	28 44 31	6 17 7	1 41	1 21 19	30 10 52	5 8 30.8	0 32 2	1 27 16
8 99	14 59 44	7 19 21	19 3 37	25 59 23	7 22 3	25 27 31	28 46 1	6 16 57	1 33	1 25 56	30 11 59	5 8 30.7	0 38 58	2 17 54
9 100	16 56 34	8 33 25	19 31 46	26 4 56	7 19 33	25 30 38	28 47 30	6 16 46	1 25	1 30 32	30 13 6	5 8 30.5	0 45 58	3 9 19
10 101	18 54 48	9 47 28	20 0 7	26 10 19	7 17 8	25 33 43	28 48 57	6 16 32	1 19	1 35 9	30 14 8	5 8 30.3	0 53 4	4 1 28
11 102	20 54 23	11 1 30	20 28 37	26 15 32	7 14 48	25 36 47	28 50 23	6 16 16	1 14	1 39 46	30 15 1	5 8 30.0	1 0 16	4 54 16
12 103	22 55 18	12 15 32	20 57 17	26 20 35	7 12 35	25 39 50	28 51 47	6 15 59	1 12	1 44 24	30 15 43	5 8 29.8	1 7 33	5 47 37
13 104	24 57 27	13 29 33	21 26 6	26 25 28	7 10 27	25 42 51	28 53 10	6 15 40	1 12	1 49 2	30 16 11	5 8 29.5	1 14 55	6 41 27
14 105	27 0 48	14 43 34	21 55 5	26 30 11	7 8 26	25 45 51	28 54 30	6 15 19	1 12	1 53 40	30 16 25	5 8 29.4	1 22 23	7 35 39
15 106	29 5 13	15 57 34	22 24 12	26 34 45	7 6 30	25 48 49	28 55 50	6 14 56	1 13	1 58 19	30 16 25	5 8 29.3	1 29 56	8 30 5
16 107	1♈10 36	17 11 33	22 53 28	26 39 7	7 4 40	25 51 46	28 57 7	6 14 31	1 13	2 2 58	30 16 13	5 8 29.2	1 37 35	9 24 38
17 108	3 16 49	18 25 32	23 22 53	26 43 20	7 2 56	25 54 42	28 58 23	6 14 4	1 10	2 7 38	30 15 49	5 8 29.2	1 45 19	10 19 8
18 109	5 23 40	19 39 30	23 52 26	26 47 22	7 1 14	25 57 35	28 59 37	6 13 36	1 05	2 12 18	30 15 15	5 8 29.2	1 53 7	11 13 26
19 110	7 30 57	20 53 28	24 22 8	26 51 14	6 59 47	26 0 28	29 0 49	6 13 6	0 58	2 16 58	30 14 33	5 8 29.1	2 1 0	12 7 20
20 111	9 38 28	22 7 25	24 51 57	26 54 56	6 58 21	26 3 18	29 2 0	6 12 34	0 48	2 21 39	30 13 44	5 8 29.1	2 8 57	13 0 40
21 112	11 45 57	23 21 22	25 21 54	26 58 27	6 57 2	26 6 7	29 3 9	6 12 0	0 36	2 26 21	30 12 51	5 8 29.0	2 16 57	13 53 12
22 113	13 53 7	24 35 18	25 51 59	27 1 47	6 55 48	26 8 54	29 4 16	6 11 25	0 23	2 31 3	30 11 55	5 8 28.9	2 24 59	14 44 46
23 114	15 59 40	25 49 14	26 22 12	27 4 57	6 54 41	26 11 40	29 5 21	6 10 48	0 11	2 35 46	30 10 57	5 8 28.7	2 33 2	15 35 7
24 115	18 5 19	27 3 10	26 52 31	27 7 56	6 53 40	26 14 24	29 6 25	6 10 9	0 00	2 40 29	30 9 59	5 8 28.5	2 41 6	16 24 5
25 116	20 9 44	28 17 5	27 22 59	27 10 44	6 52 46	26 17 6	29 7 27	6 9 29	29♑52	2 45 13	30 9 2	5 8 28.3	2 49 8	17 11 26
26 117	22 12 37	29 31 0	27 53 33	27 13 21	6 51 57	26 19 46	29 8 27	6 8 47	29 45	2 49 57	30 8 9	5 8 28.1	2 57 9	17 56 59
27 118	24 13 37	0♈44 55	28 24 15	27 15 48	6 51 15	26 22 24	29 9 25	6 8 3	29 42	2 54 42	30 7 20	5 8 27.9	3 5 7	18 40 34
28 119	26 12 29	1 58 49	28 55 3	27 18 3	6 50 39	26 24 59	29 10 21	6 7 18	29 40	2 59 28	30 6 40	5 8 27.7	3 12 59	19 22 3
29 120	28 8 54	3 12 43	29 25 59	27 20 7	6 50 10	26 27 35	29 11 16	6 6 31	29 40	3 4 15	30 6 10	5 8 27.6	3 20 47	20 1 17
30 121	0♉ 2 39	4♈26 37	29♊57 1	27♐22 0	6♌49 47	26♒30 8	29♑12 8	6♐ 5 42	29♑40	3 9 2	30 5 53	5 8 27.5	3 28 27	20N38 10

DAY Apr	♀ VENUS R.A. h m s	DECL ° ' "	♂ MARS R.A. h m s	DECL ° ' "	♃ JUPITER R.A. h m s	DECL ° ' "	♄ SATURN R.A. h m s	DECL ° ' "	♅ URANUS R.A. h m s	DECL ° ' "	♆ NEPTUNE R.A. h m s	DECL ° ' "	♇ PLUTO R.A. h m s	DECL ° ' "
1	23 38 35	3S54 17	6 47 26	25N17 24	19 27 5	21S54 4	10 20 50	12N17 5	23 24 12	4S39 32	21 43 30	13S59 41	18 4 47	17S 4 13
2	23 43 8	3 25 26	6 49 24	25 14 13	19 27 33	21 53 11	10 20 38	12 18 10	23 24 24	4 38 17	21 43 36	13 59 9	18 4 47	17 4 6
3	23 47 41	2 56 29	6 51 23	25 10 57	19 28 1	21 52 20	10 20 26	12 19 12	23 24 36	4 37 1	21 43 42	13 58 38	18 4 47	17 4 0
4	23 52 14	2 27 27	6 53 23	25 7 34	19 28 28	21 51 29	10 20 14	12 20 12	23 24 48	4 35 46	21 43 49	13 58 7	18 4 47	17 3 54
5	23 56 47	1 58 20	6 55 23	25 4 5	19 28 54	21 50 40	10 20 3	12 21 11	23 24 59	4 34 32	21 43 55	13 57 37	18 4 46	17 3 48
6	0 1 19	1 29 9	6 57 24	25 0 29	19 29 20	21 49 52	10 19 53	12 22 7	23 25 11	4 33 18	21 44 1	13 57 7	18 4 46	17 3 42
7	0 5 51	0 59 54	6 59 25	24 56 48	19 29 45	21 49 5	10 19 42	12 23 1	23 25 23	4 32 4	21 44 7	13 56 38	18 4 45	17 3 36
8	0 10 23	0 30 37	7 1 28	24 52 59	19 30 9	21 48 19	10 19 32	12 23 53	23 25 34	4 30 51	21 44 13	13 56 9	18 4 45	17 3 30
9	0 14 55	0 1 18	7 3 30	24 49 5	19 30 33	21 47 35	10 19 22	12 24 43	23 25 46	4 29 39	21 44 19	13 55 41	18 4 44	17 3 24
10	0 19 27	0N28 3	7 5 34	24 45 3	19 30 56	21 46 52	10 19 13	12 25 30	23 25 57	4 28 26	21 44 24	13 55 13	18 4 43	17 3 18
11	0 23 59	0 57 24	7 7 38	24 40 55	19 31 18	21 46 10	10 19 4	12 26 15	23 26 9	4 27 15	21 44 30	13 54 46	18 4 42	17 3 12
12	0 28 31	1 26 44	7 9 43	24 36 40	19 31 40	21 45 30	10 18 56	12 26 58	23 26 20	4 26 4	21 44 35	13 54 19	18 4 41	17 3 7
13	0 33 3	1 56 4	7 11 48	24 32 19	19 32 1	21 44 52	10 18 47	12 27 39	23 26 31	4 24 53	21 44 41	13 53 53	18 4 39	17 3 1
14	0 37 35	2 25 22	7 13 54	24 27 51	19 32 21	21 44 14	10 18 39	12 28 18	23 26 42	4 23 44	21 44 46	13 53 27	18 4 38	17 2 56
15	0 42 7	2 54 37	7 16 0	24 23 16	19 32 40	21 43 39	10 18 32	12 28 54	23 26 53	4 22 34	21 44 51	13 53 2	18 4 36	17 2 50
16	0 46 39	3 23 50	7 18 7	24 18 34	19 32 59	21 43 4	10 18 25	12 29 28	23 27 4	4 21 26	21 44 56	13 52 38	18 4 35	17 2 45
17	0 51 11	3 52 59	7 20 15	24 13 45	19 33 17	21 42 31	10 18 18	12 30 0	23 27 15	4 20 18	21 45 1	13 52 14	18 4 33	17 2 40
18	0 55 44	4 22 4	7 22 22	24 8 49	19 33 34	21 42 0	10 18 12	12 30 30	23 27 26	4 19 11	21 45 6	13 51 50	18 4 31	17 2 35
19	1 0 17	4 51 3	7 24 30	24 3 46	19 33 51	21 41 31	10 18 6	12 30 57	23 27 36	4 18 4	21 45 11	13 51 28	18 4 29	17 2 30
20	1 4 50	5 19 57	7 26 39	23 58 36	19 34 7	21 41 2	10 18 0	12 31 22	23 27 47	4 16 58	21 45 15	13 51 5	18 4 26	17 2 25
21	1 9 24	5 48 44	7 28 48	23 53 20	19 34 22	21 40 36	10 17 55	12 31 44	23 27 57	4 15 52	21 45 20	13 50 44	18 4 24	17 2 20
22	1 13 58	6 17 24	7 30 57	23 47 56	19 34 36	21 40 11	10 17 50	12 32 5	23 28 8	4 14 48	21 45 24	13 50 22	18 4 22	17 2 16
23	1 18 33	6 45 57	7 33 7	23 42 24	19 34 50	21 39 48	10 17 46	12 32 23	23 28 18	4 13 44	21 45 29	13 50 2	18 4 19	17 2 11
24	1 23 8	7 14 21	7 35 17	23 36 46	19 35 2	21 39 26	10 17 42	12 32 39	23 28 28	4 12 40	21 45 33	13 49 42	18 4 16	17 2 7
25	1 27 43	7 42 35	7 37 28	23 31 1	19 35 14	21 39 7	10 17 38	12 32 52	23 28 38	4 11 38	21 45 37	13 49 22	18 4 14	17 2 2
26	1 32 19	8 10 40	7 39 39	23 25 8	19 35 26	21 38 49	10 17 35	12 33 3	23 28 48	4 10 36	21 45 41	13 49 4	18 4 11	17 1 58
27	1 36 56	8 38 34	7 41 50	23 19 9	19 35 36	21 38 32	10 17 32	12 33 12	23 28 57	4 9 35	21 45 45	13 48 46	18 4 8	17 1 54
28	1 41 33	9 6 17	7 44 1	23 13 2	19 35 46	21 38 18	10 17 29	12 33 18	23 29 7	4 8 34	21 45 48	13 48 28	18 4 5	17 1 50
29	1 46 11	9 33 47	7 46 13	23 6 48	19 35 55	21 38 5	10 17 27	12 33 22	23 29 17	4 7 35	21 45 52	13 48 11	18 4 1	17 1 47
30	1 50 50	10N 1 5	7 48 25	23N 0 26	19 36 3	21S37 54	10 17 26	12N33 24	23 29 26	4S 6 36	21 45 55	13S47 55	18 3 58	17S 1 43

MAY 2008

DAY	SIDEREAL TIME h m s	☉ SUN LONG ° ' "	MOT ' "	R.A. h m s	DECL ° ' "	☽ MOON AT 0 HOURS LONG ° ' "	12h MOT ° ' "	2DIF	R.A. h m s	DECL ° ' "	☽ MOON AT 12 HOURS LONG ° ' "	12h MOT ° ' "	2DIF	R.A. h m s	DECL ° ' "
1 Th	14 37 11	16♈ 8 13	58 14	2 34 16.8	15N 7 36	15♒ 1 12	6 48 27	219	22 43 39	6S37 27	21♒49 39	6 55 50	222	23 8 2	3S29 54
2 F	14 41 7	17 6 27	58 13	2 38 6.5	15 25 36	28 45 28	7 3 14	220	23 32 40	0 16 42	5♓48 43	7 10 29	211	23 57 43	2N59 55
3 S	14 45 4	18 4 39	58 11	2 41 56.7	15 43 20	12♓59 12	7 17 20	196	0 23 20	6N17 28	20 16 31	7 23 34	174	0 49 39	9 33 3
4 Su	14 49 0	19 2 51	58 10	2 45 47.5	16 0 49	27 40 5	7 28 56	145	1 16 50	12 43 29	5♈ 9 1	7 33 15	111	1 45 0	15 45 9
5 M	14 52 57	20 1 0	58 8	2 49 38.9	16 18 2	12♈42 16	7 36 19	72	2 14 15	18 34 13	20 18 35	7 38 1	30	2 44 37	21 6 41
6 Tu	14 56 53	20 59 8	58 6	2 53 30.8	16 34 58	27 56 36	7 38 17	-13	3 16 5	23 18 34	5♉34 53	7 37 8	-55	3 48 31	25 6 11
7 W	15 0 50	21 57 14	58 5	2 57 23.3	16 51 38	13♉12 1	7 34 37	-94	4 21 43	26 26 26	20 46 38	7 30 53	-127	4 55 23	27 17 8
8 Th	15 4 47	22 55 19	58 3	3 1 16.3	17 8 1	28 17 31	7 26 7	-155	5 29 9	27 37 10	5♊43 38	7 20 32	-177	6 2 38	27 26 43
9 F	15 8 43	23 53 21	58 1	3 5 10.0	17 24 7	13♊ 4 10	7 14 20	-192	6 35 29	26 47 2	20 18 30	7 7 45	-200	7 7 24	25 40 23
10 S	15 12 40	24 51 22	57 59	3 9 4.1	17 39 55	27 26 14	7 1 0	-202	7 38 11	24 9 43	4♋27 15	6 54 16	-200	8 7 43	22 18 20
11 Su	15 16 36	25 49 21	57 57	3 12 58.9	17 55 25	11♋21 31	6 47 41	-193	8 35 58	20 9 35	18 9 12	6 41 24	-183	9 3 0	17 46 45
12 M	15 20 33	26 47 18	57 55	3 16 54.1	18 10 37	24 50 36	6 35 30	-171	9 28 53	15 12 51	1♌26 6	6 30 2	-157	9 53 46	12 30 35
13 Tu	15 24 29	27 45 13	57 53	3 20 49.9	18 25 31	7♌56 7	6 25 2	-142	10 17 48	9 42 22	14 21 9	6 20 33	-127	10 41 6	6 50 18
14 W	15 28 26	28 43 6	57 52	3 24 46.3	18 40 6	20 41 42	6 16 33	-113	11 3 51	3 56 15	26 58 14	6 13 1	-99	11 26 12	1 1 53
15 Th	15 32 22	29 40 58	57 50	3 28 43.2	18 54 22	3♍11 16	6 9 57	-86	11 48 16	1S51 16	9♍21 13	6 7 19	-74	12 10 13	4S41 50
16 F	15 36 19	0♉38 48	57 48	3 32 40.7	19 8 19	15 28 32	6 5 3	-63	12 32 11	7 28 27	21 33 34	6 3 7	-53	12 54 15	10 9 46
17 S	15 40 16	1 36 36	57 47	3 36 38.7	19 21 56	27 36 41	6 1 30	-45	13 16 33	12 44 31	3♎38 11	6 0 8	-37	13 39 12	15 11 19
18 Su	15 44 12	2 34 23	57 45	3 40 37.3	19 35 14	9♎38 19	5 59 1	-31	14 2 15	17 28 49	15 37 20	5 58 6	-25	14 25 47	19 35 38
19 M	15 48 9	3 32 8	57 44	3 44 36.4	19 48 11	21 35 25	5 57 21	-20	14 49 50	21 30 20	27 32 47	5 56 48	-14	15 14 26	23 11 31
20 Tu	15 52 5	4 29 51	57 43	3 48 36.1	20 0 49	3♏29 34	5 56 24	-9	15 39 35	24 37 50	9♏25 58	5 56 10	-4	16 5 15	25 48 2
21 W	15 56 2	5 27 34	57 41	3 52 36.3	20 13 6	15 22 8	5 56 7	2	16 31 20	26 40 57	21 18 45	5 56 16	8	16 57 47	27 15 43
22 Th	15 59 58	6 25 15	57 40	3 56 37.0	20 25 2	27 14 30	5 56 39	15	17 24 27	27 31 39	3♐11 9	5 57 17	24	17 51 13	27 28 23
23 F	16 3 55	7 22 55	57 39	4 0 38.3	20 36 37	9♐ 8 25	5 58 13	33	18 17 56	27 5 22	15 6 38	5 59 30	44	18 44 30	26 24 19
24 S	16 7 52	8 20 33	57 38	4 4 40.1	20 47 52	21 6 8	6 1 9	56	19 10 48	25 24 18	27 7 17	6 3 14	69	19 36 44	24 6 33
25 Su	16 11 48	9 18 11	57 37	4 8 42.4	20 58 44	3♑10 30	6 5 46	84	20 2 16	22 32 4	9♑16 16	6 8 49	100	20 27 22	20 41 55
26 M	16 15 45	10 15 48	57 36	4 12 45.2	21 9 16	15 25 6	6 12 24	116	20 52 2	18 37 19	21 37 30	6 16 33	133	21 16 20	16 19 31
27 Tu	16 19 41	11 13 23	57 35	4 16 48.5	21 19 25	27 54 3	6 21 15	150	21 40 18	13 49 50	4♒15 18	6 26 31	166	22 4 2	11 9 34
28 W	16 23 38	12 10 58	57 34	4 20 52.3	21 29 12	10♒41 49	6 32 19	181	22 27 38	8 20 8	17 14 8	6 38 36	195	22 51 14	5 22 58
29 Th	16 27 34	13 8 32	57 33	4 24 56.5	21 38 37	23 52 43	6 45 17	205	23 14 58	2 19 38	0♓38 0	6 52 17	212	23 38 59	0N48 8
30 F	16 31 31	14 6 5	57 32	4 29 1.2	21 47 40	7♓30 17	6 59 27	215	0 3 25	3N58 25	14 29 44	7 6 37	212	0 28 27	7 9 0
31 S	16 35 27	15♉ 3 37	57 32	4 33 6.4	21N56 19	21♓36 22	7 13 36	203	0 54 15	10N17 22	28♓49 58	7 20 10	187	1 20 57	13N20 37

LUNAR INGRESSES
2 ☽ ♓ 2:08
4 ☽ ♈ 3:45
6 ☽ ♉ 3:14
8 ☽ ♊ 2:45
10 ☽ ♋ 4:22
12 ☽ ♌ 9:22
14 ☽ ♍ 17:50
17 ☽ ♎ 4:45
19 ☽ ♏ 16:57
22 ☽ ♐ 5:34
24 ☽ ♑ 17:43
27 ☽ ♒ 3:59
29 ☽ ♓ 10:53
31 ☽ ♈ 13:55

PLANET INGRESSES
15 ☉ ♉ 7:54
20 ♀ ♉ 18:31

STATIONS
3 ♄ D 3:08
9 ♃ R 12:12
26 ☿ R 15:49
26 ♆ R 16:15

DATA FOR THE 1st AT 0 HOURS
JULIAN DAY 39567.5
☽ MEAN ☊ 29°♑ 4' 29"
OBLIQUITY 23° 26' 25"
DELTA T 69.0 SECONDS
NUTATION LONGITUDE 8.7"

DAY MO YR	☿ LONG ° ' "	♀ LONG ° ' "	♂ LONG ° ' "	♃ LONG ° ' "	♄ LONG ° ' "	♅ LONG ° ' "	♆ LONG ° ' "	♇ LONG ° ' "	☊ LONG ° '	A.S.S.I. h m s	S.S.R.Y. h m s	S.V.P. ♓ ° ' "	☿ MERCURY R.A. h m s	DECL ° ' "
1 122	1♉53 27	5♈40 31	0♋28 10	27♐23 42	6♍49R30	26♒32 38	29♒12 59	6♐ 4R52	29♑39	3 13 50	30 5 49	5 8 27.4	3 35 59	21N12 38
2 123	3 41 9	6 54 24	0 59 26	27 25 13	6 49 19	26 35 7	29 13 48	6 4 0	29 37	3 18 38	30 6 5	5 8 27.4	3 43 22	21 44 37
3 124	5 25 32	8 8 17	1 30 48	27 26 33	6 49D15	26 37 33	29 14 35	6 3 7	29 32	3 23 28	30 6 34	5 8 27.3	3 50 35	22 14 7
4 125	7 6 27	9 22 9	2 2 17	27 27 41	6 49 18	26 39 58	29 15 20	6 2 12	29 24	3 28 18	30 7 18	5 8 27.3	3 57 36	22 41 5
5 126	8 43 47	10 36 1	2 33 52	27 28 38	6 49 26	26 42 20	29 16 3	6 1 16	29 14	3 33 8	30 8 13	5 8 27.1	4 4 26	23 5 34
6 127	10 17 25	11 49 53	3 5 33	27 29 23	6 49 41	26 44 40	29 16 44	6 0 18	29 03	3 38 0	30 9 16	5 8 27.0	4 11 2	23 27 34
7 128	11 47 14	13 3 44	3 37 21	27 29 57	6 50 3	26 46 58	29 17 24	5 59 19	28 52	3 42 52	30 10 23	5 8 26.7	4 17 25	23 47 9
8 129	13 13 9	14 17 35	4 9 14	27 30 20	6 50 31	26 49 14	29 18 1	5 58 19	28 43	3 47 44	30 11 29	5 8 26.4	4 23 33	24 4 21
9 130	14 35 7	15 31 26	4 41 14	27 30R31	6 51 5	26 51 28	29 18 37	5 57 17	28 37	3 52 38	30 12 29	5 8 26.1	4 29 26	24 19 14
10 131	15 53 1	16 45 15	5 13 19	27 30 31	6 51 46	26 53 39	29 19 10	5 56 13	28 32	3 57 32	30 13 21	5 8 25.8	4 35 4	24 31 52
11 132	17 6 50	17 59 4	5 45 30	27 30 19	6 52 33	26 55 48	29 19 42	5 55 9	28 31	4 2 27	30 14 1	5 8 25.6	4 40 25	24 42 18
12 133	18 16 28	19 12 53	6 17 46	27 29 56	6 53 26	26 57 54	29 20 11	5 54 3	28 30	4 7 23	30 14 30	5 8 25.5	4 45 29	24 50 38
13 134	19 21 51	20 26 41	6 50 8	27 29 22	6 54 26	26 59 59	29 20 39	5 52 55	28 30	4 12 19	30 14 47	5 8 25.3	4 50 16	24 56 56
14 135	20 22 57	21 40 29	7 22 35	27 28 36	6 55 32	27 2 1	29 21 4	5 51 47	28 29	4 17 16	30 14 51	5 8 25.3	4 54 45	25 1 16
15 136	21 19 42	22 54 16	7 55 7	27 27 40	6 56 44	27 4 0	29 21 28	5 50 37	28 26	4 22 14	30 14 45	5 8 25.3	4 58 56	25 3 43
16 137	22 12 1	24 8 3	8 27 43	27 26 32	6 58 2	27 5 57	29 21 50	5 49 26	28 20	4 27 12	30 14 29	5 8 25.2	5 2 47	25 4 21
17 138	22 59 50	25 21 49	9 0 25	27 25 12	6 59 26	27 7 52	29 22 10	5 48 14	28 12	4 32 11	30 14 3	5 8 25.1	5 6 20	25 3 15
18 139	23 43 6	26 35 35	9 33 12	27 23 42	7 0 57	27 9 44	29 22 27	5 47 1	28 01	4 37 11	30 13 28	5 8 25.0	5 9 33	25 0 28
19 140	24 21 46	27 49 20	10 6 4	27 22 0	7 2 34	27 11 34	29 22 43	5 45 47	27 48	4 42 11	30 12 46	5 8 24.8	5 12 25	24 56 5
20 141	24 55 45	29 3 6	10 39 0	27 20 8	7 4 16	27 13 21	29 22 57	5 44 31	27 34	4 47 12	30 11 57	5 8 24.6	5 14 58	24 50 10
21 142	25 25 1	0♊16 51	11 12 1	27 18 4	7 6 5	27 15 6	29 23 9	5 43 15	27 20	4 52 14	30 11 2	5 8 24.4	5 17 10	24 42 46
22 143	25 49 31	1 30 36	11 45 6	27 15 49	7 8 0	27 16 48	29 23 19	5 41 57	27 08	4 57 16	30 10 2	5 8 24.2	5 19 1	24 33 59
23 144	26 9 15	2 44 20	12 18 16	27 13 24	7 10 1	27 18 28	29 23 27	5 40 39	26 58	5 2 20	30 8 58	5 8 24.0	5 20 30	24 23 50
24 145	26 24 10	3 58 5	12 51 30	27 10 47	7 12 8	27 20 5	29 23 33	5 39 19	26 50	5 7 23	30 7 54	5 8 23.7	5 21 40	24 12 26
25 146	26 34 19	5 11 49	13 24 49	27 8 0	7 14 21	27 21 40	29 23 37	5 37 59	26 46	5 12 28	30 6 51	5 8 23.5	5 22 28	23 59 49
26 147	26 39R43	6 25 33	13 58 13	27 5 2	7 16 39	27 23 12	29 23R40	5 36 37	26 44	5 17 33	30 5 52	5 8 23.3	5 22 55	23 46 4
27 148	26 40 27	7 39 18	14 31 41	27 1 53	7 19 4	27 24 41	29 23 40	5 35 15	26 44	5 22 38	30 5 3	5 8 23.1	5 23 3	23 31 16
28 149	26 36 38	8 53 2	15 5 13	26 58 34	7 21 34	27 26 8	29 23 38	5 33 52	26 44	5 27 45	30 4 26	5 8 23.0	5 22 50	23 15 29
29 150	26 28 24	10 6 46	15 38 50	26 55 4	7 24 10	27 27 32	29 23 34	5 32 28	26 43	5 32 52	30 4 3	5 8 22.9	5 22 19	22 58 49
30 151	26 15 57	11 20 30	16 12 31	26 51 23	7 26 52	27 28 53	29 23 29	5 31 3	26 41	5 37 59	30 3 57	5 8 22.9	5 21 46	22 41 23
31 152	25♉59 32	12♊34 14	16♋46 16	26♐47 33	7♍29 39	27♒30 11	29♒23 21	5♐29 38	26♑37	5 43 7	30 4 9	5 8 22.8	5 20 24	22N23 16

DAY May	♀ VENUS R.A. h m s	DECL ° ' "	♂ MARS R.A. h m s	DECL ° ' "	♃ JUPITER R.A. h m s	DECL ° ' "	♄ SATURN R.A. h m s	DECL ° ' "	♅ URANUS R.A. h m s	DECL ° ' "	♆ NEPTUNE R.A. h m s	DECL ° ' "	♇ PLUTO R.A. h m s	DECL ° ' "
1	1 55 30	10N28 9	7 50 37	22N53 57	19 36 10	21S37 45	10 17 25	12N33 24	23 29 35	4S 5 38	21 45 59	13S47 39	18 3 55	17S 1 40
2	2 0 10	10 54 58	7 52 50	22 47 21	19 36 17	21 37 38	10 17 24	12 33 21	23 29 45	4 4 41	21 46 2	13 47 24	18 3 51	17 1 36
3	2 4 51	11 21 33	7 55 3	22 40 38	19 36 22	21 37 33	10 17 23	12 33 16	23 29 54	4 3 45	21 46 5	13 47 10	18 3 47	17 1 33
4	2 9 33	11 47 52	7 57 16	22 33 47	19 36 27	21 37 30	10 17 23	12 33 8	23 30 3	4 2 49	21 46 8	13 46 56	18 3 43	17 1 30
5	2 14 15	12 13 54	7 59 29	22 26 48	19 36 31	21 37 28	10 17 24	12 32 58	23 30 11	4 1 55	21 46 11	13 46 43	18 3 40	17 1 27
6	2 18 59	12 39 39	8 1 43	22 19 43	19 36 35	21 37 28	10 17 24	12 32 46	23 30 20	4 1 1	21 46 13	13 46 30	18 3 36	17 1 25
7	2 23 43	13 5 6	8 3 57	22 12 30	19 36 37	21 37 29	10 17 26	12 32 32	23 30 29	4 0 8	21 46 16	13 46 18	18 3 31	17 1 22
8	2 28 29	13 30 14	8 6 11	22 5 9	19 36 39	21 37 35	10 17 27	12 32 15	23 30 37	3 59 16	21 46 18	13 46 7	18 3 27	17 1 19
9	2 33 15	13 55 3	8 8 25	21 57 42	19 36 40	21 37 41	10 17 29	12 31 55	23 30 45	3 58 25	21 46 21	13 45 56	18 3 23	17 1 17
10	2 38 3	14 19 31	8 10 40	21 50 7	19 36 40	21 37 49	10 17 32	12 31 34	23 30 53	3 57 34	21 46 23	13 45 46	18 3 19	17 1 15
11	2 42 51	14 43 39	8 12 54	21 42 24	19 36 39	21 37 58	10 17 35	12 31 10	23 31 1	3 56 45	21 46 25	13 45 37	18 3 14	17 1 13
12	2 47 40	15 7 24	8 15 9	21 34 35	19 36 38	21 38 10	10 17 38	12 30 44	23 31 9	3 55 57	21 46 27	13 45 28	18 3 10	17 1 12
13	2 52 31	15 30 48	8 17 24	21 26 38	19 36 35	21 38 24	10 17 41	12 30 16	23 31 17	3 55 9	21 46 29	13 45 20	18 3 5	17 1 10
14	2 57 22	15 53 48	8 19 39	21 18 34	19 36 32	21 38 40	10 17 45	12 29 45	23 31 24	3 54 23	21 46 30	13 45 13	18 3 0	17 1 9
15	3 2 15	16 16 24	8 21 54	21 10 23	19 36 28	21 38 57	10 17 50	12 29 13	23 31 32	3 53 37	21 46 32	13 45 6	18 2 55	17 1 8
16	3 7 8	16 38 36	8 24 9	21 2 5	19 36 24	21 39 16	10 17 55	12 28 38	23 31 39	3 52 53	21 46 33	13 45 0	18 2 51	17 1 7
17	3 12 3	17 0 22	8 26 24	20 53 40	19 36 18	21 39 37	10 18 0	12 28 0	23 31 46	3 52 9	21 46 35	13 44 55	18 2 46	17 1 6
18	3 16 58	17 21 43	8 28 40	20 45 7	19 36 12	21 40 0	10 18 5	12 27 21	23 31 53	3 51 27	21 46 36	13 44 50	18 2 40	17 1 5
19	3 21 55	17 42 36	8 30 55	20 36 28	19 36 5	21 40 25	10 18 11	12 26 39	23 32 0	3 50 45	21 46 37	13 44 46	18 2 35	17 1 4
20	3 26 53	18 3 2	8 33 11	20 27 41	19 35 57	21 40 51	10 18 18	12 25 55	23 32 6	3 50 5	21 46 38	13 44 42	18 2 30	17 1 4
21	3 31 52	18 23 1	8 35 26	20 18 47	19 35 48	21 41 20	10 18 25	12 25 9	23 32 13	3 49 25	21 46 39	13 44 40	18 2 25	17 1 4
22	3 36 53	18 42 30	8 37 42	20 9 47	19 35 39	21 41 50	10 18 32	12 24 21	23 32 19	3 48 46	21 46 40	13 44 37	18 2 19	17 1 4
23	3 41 54	19 1 30	8 39 58	20 0 39	19 35 29	21 42 22	10 18 39	12 23 31	23 32 26	3 48 9	21 46 40	13 44 36	18 2 14	17 1 4
24	3 46 56	19 20 0	8 42 14	19 51 24	19 35 18	21 42 55	10 18 47	12 22 39	23 32 32	3 47 32	21 46 41	13 44 35	18 2 9	17 1 4
25	3 52 0	19 37 59	8 44 30	19 42 3	19 35 6	21 43 31	10 18 55	12 21 44	23 32 37	3 46 57	21 46 41	13 44 35	18 2 3	17 1 5
26	3 57 5	19 55 26	8 46 46	19 32 35	19 34 53	21 44 8	10 19 4	12 20 47	23 32 43	3 46 22	21 46 41	13 44 35	18 1 57	17 1 6
27	4 2 10	20 12 22	8 49 2	19 22 59	19 34 40	21 44 47	10 19 13	12 19 49	23 32 49	3 45 49	21 46 41	13 44 36	18 1 52	17 1 7
28	4 7 17	20 28 44	8 51 18	19 13 17	19 34 26	21 45 27	10 19 23	12 18 48	23 32 54	3 45 17	21 46 41	13 44 38	18 1 46	17 1 8
29	4 12 25	20 44 33	8 53 34	19 3 28	19 34 11	21 46 9	10 19 32	12 17 45	23 32 59	3 44 45	21 46 41	13 44 41	18 1 40	17 1 9
30	4 17 34	20 59 48	8 55 50	18 53 33	19 33 56	21 46 53	10 19 42	12 16 40	23 33 4	3 44 15	21 46 40	13 44 44	18 1 34	17 1 11
31	4 22 44	21N14 28	8 58 6	18N43 30	19 33 40	21S47 38	10 19 53	12N15 33	23 33 9	3S43 46	21 46 40	13S44 47	18 1 28	17S 1 12

JUNE 2008

DAY	SIDEREAL TIME h m s	☉ SUN LONG ° ' "	SUN MOT ' "	SUN R.A. h m s	SUN DECL ° ' "	☽ MOON AT 0 HOURS LONG ° ' "	12h MOT ° ' "	2DIF "	R.A. h m s	DECL ° ' "	☽ MOON AT 12 HOURS LONG ° ' "	12h MOT ° ' "	2DIF "	R.A. h m s	DECL ° ' "
1 Su	16 39 24	16♉ 1 8	57 31	4 37 12.0	22N 4 36	6♈10 8	7 26 6	165	1 48 44	16N15 27	13♈36 14	7 31 9	136	2 17 40	18N58 16
2 M	16 43 21	16 58 39	57 30	4 41 18.0	22 12 30	21 7 23	7 35 8	101	2 47 51	21 25 8	28 42 31	7 37 52	61	3 19 16	23 32 2
3 Tu	16 47 17	17 56 9	57 29	4 45 24.4	22 20 0	6♉20 23	7 39 13	19	3 51 48	25 15 5	13♉59 35	7 39 7	-24	4 25 15	26 30 53
4 W	16 51 14	18 53 38	57 28	4 49 31.2	22 27 7	21 38 42	7 37 36	-66	4 59 19	27 16 51	29 16 18	7 34 43	-105	5 33 36	27 31 33
5 Th	16 55 10	19 51 5	57 27	4 53 38.3	22 33 50	6♊51 0	7 30 36	-139	6 7 41	27 14 49	14♊21 36	7 25 27	-167	6 41 10	26 27 52
6 F	16 59 7	20 48 32	57 26	4 57 45.8	22 40 10	21 47 3	7 19 28	-189	7 13 44	25 13 0	29 6 31	7 12 52	-203	7 45 8	23 33 23
7 S	17 3 3	21 45 58	57 25	5 1 53.5	22 46 6	6♋19 23	7 5 54	-212	8 15 14	21 32 38	13♋25 17	6 58 45	-214	8 44 0	19 14 30
8 Su	17 7 0	22 43 23	57 24	5 6 1.5	22 51 37	20 24 2	6 51 37	-211	9 11 29	16 42 38	27 15 39	6 44 40	-204	9 37 45	14 0 23
9 M	17 10 56	23 40 46	57 23	5 10 9.7	22 56 45	4♌ 0 18	6 38 0	-194	10 2 59	11 10 46	10♌38 19	6 31 45	-180	10 27 17	8 16 23
10 Tu	17 14 53	24 38 9	57 21	5 14 18.2	23 1 28	17 10 4	6 25 59	-165	10 50 51	5 19 30	23 36 2	6 20 43	-149	11 13 50	2 22 5
11 W	17 18 50	25 35 30	57 20	5 18 26.9	23 5 47	29 56 46	6 16 1	-133	11 36 23	0S34 13	6♍12 47	6 11 52	-116	11 58 40	3S27 51
12 Th	17 22 46	26 32 50	57 19	5 22 35.7	23 9 41	12♍24 39	6 8 16	-100	12 20 49	6 17 30	18 32 55	6 5 13	-84	12 42 58	9 1 52
13 F	17 26 43	27 30 10	57 19	5 26 44.7	23 13 11	24 38 7	6 2 39	-69	13 5 15	11 39 45	0♎40 47	6 0 35	-56	13 27 46	14 9 56
14 S	17 30 39	28 27 28	57 18	5 30 53.8	23 16 17	6♎41 22	5 58 57	-43	13 50 38	16 31 10	12 40 18	5 57 43	-32	14 13 55	18 42 11
15 Su	17 34 36	29 24 46	57 17	5 35 3.1	23 18 58	18 38 1	5 56 50	-21	14 37 42	20 41 41	24 34 51	5 56 17	-12	15 2 0	22 28 21
16 M	17 38 32	0♊22 3	57 16	5 39 12.4	23 21 14	0♏31 8	5 56 2	-4	15 26 52	24 0 51	6♏27 10	5 56 2	4	15 52 16	25 17 53
17 Tu	17 42 29	1 19 19	57 16	5 43 21.8	23 23 5	12 23 12	5 56 16	10	16 18 10	26 18 16	18 19 28	5 56 43	16	16 44 28	27 0 57
18 W	17 46 25	2 16 34	57 15	5 47 31.3	23 24 32	24 16 11	5 57 22	22	17 11 5	27 25 5	0♐13 33	5 58 12	28	17 37 54	27 30 6
19 Th	17 50 22	3 13 49	57 15	5 51 40.8	23 25 34	6♐11 44	5 59 13	34	18 4 45	27 15 46	12 10 57	6 0 27	40	18 31 30	26 42 9
20 F	17 54 19	4 11 3	57 14	5 55 50.4	23 26 11	18 11 23	6 1 53	47	18 58 2	25 49 38	24 13 16	6 3 33	54	19 24 14	24 38 56
21 S	17 58 15	5 8 17	57 14	5 59 59.9	23 26 24	0♑16 49	6 5 28	62	19 50 2	23 10 59	6♑22 17	6 7 41	71	20 15 22	21 26 58
22 Su	18 2 12	6 5 31	57 14	6 4 9.4	23 26 12	12 29 58	6 10 12	81	20 40 13	19 28 9	18 40 10	6 13 4	91	21 4 37	17 15 56
23 M	18 6 8	7 2 45	57 13	6 8 18.9	23 25 35	24 53 13	6 16 17	103	21 28 36	14 51 45	1♒ 9 30	6 19 54	115	21 52 15	12 17 3
24 Tu	18 10 5	7 59 58	57 13	6 12 28.3	23 24 33	7♒29 25	6 23 56	127	22 15 38	9 33 20	13 53 21	6 28 22	139	22 38 53	6 42 4
25 W	18 14 1	8 57 11	57 13	6 16 37.6	23 23 6	20 21 43	6 33 12	151	23 2 6	3 44 48	26 54 55	6 38 25	161	23 25 26	0 43 7
26 Th	18 17 58	9 54 24	57 13	6 20 46.8	23 21 15	3♓33 20	6 43 58	170	23 49 1	2N21 16	10♓17 18	6 49 46	177	0 13 1	5N26 31
27 F	18 21 54	10 51 37	57 13	6 24 55.9	23 18 59	17 7 4	6 55 45	180	0 37 36	8 30 34	24 2 48	7 1 47	180	1 2 54	11 31 7
28 S	18 25 51	11 48 50	57 13	6 29 4.8	23 16 19	1♈ 4 35	7 7 44	175	1 29 6	14 25 35	8♈12 19	7 13 26	165	1 56 20	17 11 1
29 Su	18 29 48	12 46 3	57 14	6 33 13.6	23 13 14	15 25 45	7 18 43	150	2 24 43	19 44 10	22 44 28	7 23 24	129	2 54 19	22 1 32
30 M	18 33 44	13♊43 17	57 14	6 37 22.1	23N 9 44	0♉ 7 52	7 27 18	103	3 25 9	23N59 28	7♉35 10	7 30 16	73	3 57 8	25N34 20

LUNAR INGRESSES
2 ☽ ♉ 14:02
4 ☽ ♊ 13:09
6 ☽ ♋ 13:29
8 ☽ ♌ 16:51
11 ☽ ♍ 0:06
13 ☽ ♎ 10:39
15 ☽ ♏ 22:57
18 ☽ ♐ 11:33
20 ☽ ♑ 23:27
23 ☽ ♒ 9:48
25 ☽ ♓ 17:36
27 ☽ ♈ 22:10
29 ☽ ♉ 23:47

PLANET INGRESSES
14 ♀ ♊ 4:26
15 ☉ ♊ 14:46
22 ♂ ♌ 23:39

STATIONS
19 ☿ D 14:32
27 ♅ R 0:02

DATA FOR THE 1st AT 0 HOURS
JULIAN DAY 39598.5
☽ MEAN ☊ 27°♑ 25' 55"
OBLIQUITY 23° 26' 24"
DELTA T 69.0 SECONDS
NUTATION LONGITUDE 9.6"

DAY MO YR	☿ LONG ° ' "	♀ LONG ° ' "	♂ LONG ° ' "	♃ LONG ° ' "	♄ LONG ° ' "	♅ LONG ° ' "	♆ LONG ° ' "	♇ LONG ° ' "	☊ LONG ° '	A.S.S.I. h m s	S.S.R.Y. h m s	S.V.P. ♓ ° ' "	☿ MERCURY R.A. h m s	☿ MERCURY DECL ° ' "
1 153	25♉39R27	13♉47 59	17♋20 5	26♐43R32	7♌32 33	27♒31 27	29♑23R11	5♐28R12	26♑31	5 48 16	30 4 39	5 8 22.7	5 19 3	22N 4 36
2 154	25 16 2	15 1 43	17 53 59	26 39 21	7 35 32	27 32 40	29 23 0	5 26 45	26 22	5 53 25	30 5 19	5 8 22.5	5 17 28	21 45 32
3 155	24 49 42	16 15 27	18 27 58	26 35 1	7 38 36	27 33 50	29 22 47	5 25 17	26 12	5 58 34	30 6 12	5 8 22.2	5 15 40	21 26 12
4 156	24 20 52	17 29 11	19 2 0	26 30 30	7 41 46	27 34 58	29 22 31	5 23 49	26 03	6 3 44	30 7 12	5 8 21.9	5 13 43	21 6 45
5 157	23 50 4	18 42 55	19 36 6	26 25 50	7 45 2	27 36 3	29 22 14	5 22 20	25 54	6 8 55	30 8 15	5 8 21.6	5 11 37	20 47 23
6 158	23 17 47	19 56 39	20 10 17	26 21 1	7 48 23	27 37 4	29 21 55	5 20 51	25 48	6 14 6	30 9 15	5 8 21.2	5 9 26	20 28 17
7 159	22 44 34	21 10 22	20 44 31	26 16 2	7 51 50	27 38 3	29 21 34	5 19 21	25 44	6 19 17	30 10 11	5 8 21.0	5 7 11	20 9 36
8 160	22 11 1	22 24 6	21 18 50	26 10 55	7 55 22	27 39 0	29 21 11	5 17 50	25 43	6 24 28	30 11 0	5 8 20.7	5 4 55	19 51 33
9 161	21 37 42	23 37 47	21 53 12	26 5 38	7 58 59	27 39 53	29 20 46	5 16 20	25 43	6 29 40	30 11 41	5 8 20.6	5 2 40	19 34 19
10 162	21 5 10	24 51 33	22 27 38	26 0 13	8 2 41	27 40 43	29 20 20	5 14 48	25 44	6 34 52	30 12 12	5 8 20.5	5 0 28	19 18 5
11 163	20 34 0	26 5 16	23 2 7	25 54 40	8 6 29	27 41 31	29 19 51	5 13 17	25 44	6 40 5	30 12 33	5 8 20.4	4 58 23	19 3 0
12 164	20 4 42	27 18 59	23 36 40	25 48 59	8 10 22	27 42 16	29 19 21	5 11 45	25 42	6 45 18	30 12 45	5 8 20.3	4 56 25	18 49 15
13 165	19 37 47	28 32 41	24 11 17	25 43 9	8 14 19	27 42 58	29 18 49	5 10 13	25 39	6 50 30	30 12 47	5 8 20.2	4 54 36	18 36 57
14 166	19 13 42	29 46 24	24 45 57	25 37 12	8 18 22	27 43 36	29 18 15	5 8 40	25 33	6 55 43	30 12 39	5 8 20.1	4 52 59	18 26 14
15 167	18 52 50	1♊ 0 6	25 20 40	25 31 7	8 22 30	27 44 13	29 17 39	5 7 8	25 25	7 0 56	30 12 21	5 8 19.9	4 51 36	18 17 11
16 168	18 35 33	2 13 48	25 55 27	25 24 55	8 26 43	27 44 46	29 17 2	5 5 35	25 16	7 6 10	30 11 53	5 8 19.8	4 50 26	18 9 52
17 169	18 22 9	3 27 31	26 30 18	25 18 37	8 31 0	27 45 16	29 16 22	5 4 2	25 06	7 11 23	30 11 16	5 8 19.5	4 49 32	18 4 21
18 170	18 12 52	4 41 13	27 5 12	25 12 11	8 35 22	27 45 44	29 15 42	5 2 28	24 56	7 16 37	30 10 29	5 8 19.3	4 48 55	18 0 39
19 171	18 7D55	5 54 55	27 40 9	25 5 39	8 39 49	27 46 8	29 14 59	5 0 55	24 47	7 21 50	30 9 33	5 8 19.0	4 48 35	17 58 47
20 172	18 7 26	7 8 37	28 15 9	24 59 0	8 44 21	27 46 30	29 14 15	4 59 22	24 40	7 27 4	30 8 30	5 8 18.7	4 48 33	17 58 42
21 173	18 11 33	8 22 20	28 50 13	24 52 15	8 48 57	27 46 49	29 13 29	4 57 48	24 35	7 32 17	30 7 20	5 8 18.5	4 48 50	18 0 24
22 174	18 20 19	9 36 2	29 25 20	24 45 25	8 53 38	27 47 5	29 12 41	4 56 15	24 32	7 37 31	30 6 8	5 8 18.3	4 49 25	18 3 48
23 175	18 33 47	10 49 45	0♌ 0 31	24 38 29	8 58 24	27 47 18	29 11 52	4 54 42	24 31	7 42 44	30 4 58	5 8 18.1	4 50 19	18 8 52
24 176	18 51 58	12 3 28	0 35 45	24 31 28	9 3 14	27 47 28	29 11 1	4 53 8	24 32	7 47 57	30 3 53	5 8 18.0	4 51 33	18 15 29
25 177	19 14 51	13 17 11	1 11 2	24 24 22	9 8 8	27 47 35	29 10 8	4 51 35	24 33	7 53 11	30 2 59	5 8 17.9	4 53 6	18 23 34
26 178	19 42 26	14 30 55	1 46 23	24 17 11	9 13 6	27 47 39	29 9 14	4 50 2	24 34	7 58 24	30 2 17	5 8 17.8	4 54 58	18 33 2
27 179	20 14 40	15 44 38	2 21 47	24 9 55	9 18 9	27 47R41	29 8 18	4 48 29	24 34	8 3 37	30 1 52	5 8 17.7	4 57 10	18 43 45
28 180	20 51 30	16 58 22	2 57 14	24 2 36	9 23 17	~~27 47 39~~	29 7 21	4 46 56	24 33	8 8 49	30 1 44	5 8 17.6	4 59 40	18 55 37
29 181	21 32 52	18 12 6	3 32 45	23 55 12	9 28 28	27 47 35	29 6 22	4 45 24	24 30	8 14 2	30 1 52	5 8 17.4	5 2 30	19 8 30
30 182	22♉18 44	19♊25 51	4♌ 8 19	23♐47 46	9♌33 44	27♒47 27	29♑ 5 21	4♐43 52	24♑25	8 19 14	30 2 16	5 8 17.2	5 5 40	19N22 16

DAY Jun	♀ VENUS R.A. h m s	♀ VENUS DECL ° ' "	♂ MARS R.A. h m s	♂ MARS DECL ° ' "	♃ JUPITER R.A. h m s	♃ JUPITER DECL ° ' "	♄ SATURN R.A. h m s	♄ SATURN DECL ° ' "	♅ URANUS R.A. h m s	♅ URANUS DECL ° ' "	♆ NEPTUNE R.A. h m s	♆ NEPTUNE DECL ° ' "	♇ PLUTO R.A. h m s	♇ PLUTO DECL ° ' "
1	4 27 55	21N28 33	9 0 22	18N33 21	19 33 23	21S48 25	10 20 4	12N14 24	23 33 14	3S43 18	21 46 39	13S44 52	18 1 22	17S 1 14
2	4 33 7	21 42 2	9 2 39	18 23 5	19 33 5	21 49 13	10 20 15	12 13 13	23 33 18	3 42 51	21 46 39	13 44 57	18 1 16	17 1 16
3	4 38 20	21 54 55	9 4 55	18 12 42	19 32 47	21 50 3	10 20 27	12 12 0	23 33 23	3 42 25	21 46 38	13 45 2	18 1 10	17 1 19
4	4 43 34	22 7 11	9 7 11	18 2 13	19 32 27	21 50 54	10 20 39	12 10 45	23 33 27	3 42 0	21 46 37	13 45 8	18 1 4	17 1 21
5	4 48 49	22 18 49	9 9 27	17 51 37	19 32 8	21 51 46	10 20 51	12 9 28	23 33 31	3 41 37	21 46 36	13 45 15	18 0 58	17 1 24
6	4 54 5	22 29 49	9 11 44	17 40 54	19 31 47	21 52 40	10 21 3	12 8 9	23 33 35	3 41 14	21 46 35	13 45 23	18 0 52	17 1 27
7	4 59 21	22 40 11	9 14 0	17 30 6	19 31 26	21 53 35	10 21 16	12 6 48	23 33 39	3 40 53	21 46 33	13 45 31	18 0 46	17 1 30
8	5 4 38	22 49 53	9 16 16	17 19 10	19 31 5	21 54 31	10 21 30	12 5 25	23 33 42	3 40 33	21 46 32	13 45 40	18 0 39	17 1 33
9	5 9 56	22 58 59	9 18 33	17 8 9	19 30 42	21 55 29	10 21 43	12 4 1	23 33 46	3 40 14	21 46 30	13 45 49	18 0 33	17 1 37
10	5 15 15	23 7 21	9 20 49	16 57 1	19 30 19	21 56 28	10 21 57	12 2 34	23 33 49	3 39 56	21 46 29	13 45 59	18 0 27	17 1 41
11	5 20 34	23 15 4	9 23 5	16 45 47	19 29 56	21 57 28	10 22 12	12 1 6	23 33 52	3 39 39	21 46 27	13 46 10	18 0 21	17 1 44
12	5 25 54	23 22 7	9 25 22	16 34 27	19 29 31	21 58 28	10 22 26	11 59 36	23 33 54	3 39 23	21 46 25	13 46 21	18 0 14	17 1 49
13	5 31 14	23 28 29	9 27 38	16 23 1	19 29 7	21 59 30	10 22 41	11 58 3	23 33 57	3 39 9	21 46 23	13 46 33	18 0 8	17 1 53
14	5 36 35	23 34 10	9 29 54	16 11 29	19 28 41	22 0 33	10 22 57	11 56 30	23 34 0	3 38 55	21 46 21	13 46 45	18 0 1	17 1 57
15	5 41 56	23 39 10	9 32 10	15 59 51	19 28 16	22 1 36	10 23 12	11 54 54	23 34 2	3 38 43	21 46 18	13 46 58	17 59 55	17 2 2
16	5 47 17	23 43 28	9 34 27	15 48 7	19 27 49	22 2 41	10 23 28	11 53 17	23 34 4	3 38 32	21 46 16	13 47 12	17 59 49	17 2 7
17	5 52 39	23 47 4	9 36 43	15 36 17	19 27 22	22 3 46	10 23 44	11 51 38	23 34 6	3 38 22	21 46 14	13 47 26	17 59 42	17 2 12
18	5 58 1	23 49 58	9 38 59	15 24 22	19 26 55	22 4 52	10 24 1	11 49 57	23 34 8	3 38 13	21 46 11	13 47 40	17 59 36	17 2 17
19	6 3 24	23 52 10	9 41 15	15 12 21	19 26 27	22 5 58	10 24 18	11 48 14	23 34 9	3 38 5	21 46 8	13 47 56	17 59 29	17 2 23
20	6 8 46	23 53 39	9 43 31	15 0 14	19 25 59	22 7 5	10 24 35	11 46 30	23 34 11	3 37 59	21 46 5	13 48 11	17 59 23	17 2 29
21	6 14 9	23 54 26	9 45 47	14 48 1	19 25 30	22 8 13	10 24 52	11 44 44	23 34 12	3 37 53	21 46 3	13 48 28	17 59 16	17 2 35
22	6 19 32	23 54 31	9 48 3	14 35 43	19 25 1	22 9 21	10 25 10	11 42 57	23 34 13	3 37 49	21 45 59	13 48 45	17 59 10	17 2 41
23	6 24 54	23 53 53	9 50 19	14 23 19	19 24 32	22 10 30	10 25 28	11 41 8	23 34 14	3 37 46	21 45 56	13 49 2	17 59 3	17 2 47
24	6 30 17	23 52 33	9 52 35	14 10 50	19 24 2	22 11 39	10 25 46	11 39 17	23 34 14	3 37 44	21 45 53	13 49 20	17 58 57	17 2 54
25	6 35 39	23 50 30	9 54 51	13 58 16	19 23 32	22 12 49	10 26 4	11 37 25	23 34 15	3 37 43	21 45 50	13 49 39	17 58 51	17 3 1
26	6 41 2	23 47 44	9 57 7	13 45 36	19 23 1	22 13 59	10 26 23	11 35 31	23 34 15	3 37 43	21 45 46	13 49 58	17 58 44	17 3 8
27	6 46 24	23 44 16	9 59 23	13 32 51	19 22 30	22 15 9	10 26 42	11 33 36	23 34 15	3 37 45	21 45 43	13 50 17	17 58 38	17 3 15
28	6 51 45	23 40 6	10 1 39	13 20 0	19 21 59	22 16 19	10 27 2	11 31 39	23 34 15	3 37 48	21 45 39	13 50 37	17 58 31	17 3 22
29	6 57 7	23 35 13	10 3 55	13 7 5	19 21 27	22 17 29	10 27 21	11 29 40	23 34 15	3 37 51	21 45 35	13 50 58	17 58 25	17 3 30
30	7 2 27	23N29 39	10 6 11	12N54 4	19 20 55	22S18 40	10 27 41	11N27 40	23 34 15	3S37 56	21 45 31	13S51 19	17 58 18	17S 3 37

JULY 2008

DAY	SIDEREAL TIME h m s	☉ SUN LONG ° ' "	MOT ' "	R.A. h m s	DECL ° ' "	☽ MOON AT 0 HOURS LONG ° ' "	12h MOT ° ' "	2DIF	R.A. h m s	DECL ° ' "	☽ MOON AT 12 HOURS LONG ° ' "	12h MOT ° ' "	2DIF	R.A. h m s	DECL ° ' "
1 Tu	18 37 41	14♊40 30	57 14	6 41 30.5	23N 5 50	15♉ 5 25	7 32 9	39	4 30 4	26N42 54	22♉37 34	7 32 51	3	5 3 42	27N22 34
2 W	18 41 37	15 37 44	57 14	6 45 38.6	23 1 32	0♊10 25	7 32 21	-33	5 37 40	27 31 43	7♊42 45	7 30 38	-69	6 11 33	27 9 56
3 Th	18 45 34	16 34 57	57 14	6 49 46.4	22 56 50	15 13 23	7 27 46	-102	6 44 59	26 18 5	22 41 9	7 23 51	-131	7 17 37	24 58 10
4 F	18 49 30	17 32 11	57 14	6 53 53.9	22 51 43	0♋ 4 59	7 19 1	-156	7 49 11	23 13 8	7♋24 0	7 13 27	-175	8 19 33	21 6 29
5 S	18 53 27	18 29 24	57 13	6 58 1.1	22 46 13	14 37 27	7 7 20	-189	8 48 40	18 42 1	21 44 48	7 0 50	-198	9 16 31	16 3 30
6 Su	18 57 24	19 26 37	57 13	7 2 7.9	22 40 19	28 45 38	6 54 9	-201	9 43 12	13 14 31	5♌39 47	6 47 26	-200	10 8 51	10 18 19
7 M	19 1 20	20 23 50	57 13	7 6 14.4	22 34 1	12♌27 12	6 40 49	-195	10 33 37	7 17 44	19 8 1	6 34 27	-186	10 57 37	4 15 19
8 Tu	19 5 17	21 21 3	57 13	7 10 20.4	22 27 20	25 42 29	6 28 26	-174	11 21 2	1 13 12	2♍10 54	6 22 49	-161	11 44 2	1S46 46
9 W	19 9 13	22 18 16	57 13	7 14 26.0	22 20 16	8♍33 44	6 17 42	-146	12 6 45	4S42 56	14 51 26	6 13 7	-130	12 29 19	7 33 52
10 Th	19 13 10	23 15 28	57 13	7 18 31.2	22 12 49	21 4 32	6 9 4	-113	12 51 53	10 18 17	27 13 36	6 5 35	-96	13 14 35	12 54 55
11 F	19 17 6	24 12 41	57 13	7 22 36.0	22 4 58	3♎19 11	6 2 40	-79	13 37 30	15 22 36	9♎21 51	6 0 18	-63	14 0 45	17 40 8
12 S	19 21 3	25 9 53	57 13	7 26 40.3	21 56 46	15 22 9	5 58 28	-47	14 24 24	19 46 21	21 20 38	5 57 10	-32	14 48 32	21 40 1
13 Su	19 24 59	26 7 6	57 13	7 30 44.0	21 48 10	27 17 47	5 56 20	-18	15 13 10	23 19 57	3♏14 7	5 55 58	-5	15 38 19	24 44 53
14 M	19 28 56	27 4 18	57 13	7 34 47.4	21 39 12	9♏10 4	5 56 0	7	16 3 59	25 53 42	15 6 5	5 56 26	18	16 30 6	26 45 17
15 Tu	19 32 53	28 1 31	57 13	7 38 50.2	21 29 53	21 2 30	5 57 13	28	16 56 35	27 18 44	26 59 43	5 58 19	37	17 23 20	27 33 18
16 W	19 36 49	28 58 43	57 13	7 42 52.4	21 20 11	2♐58 2	5 59 41	45	17 50 14	27 28 32	8♐57 43	6 1 19	52	18 17 9	27 4 16
17 Th	19 40 46	29 55 56	57 14	7 46 54.2	21 10 8	14 59 2	6 3 10	59	18 43 56	26 20 41	21 2 12	6 5 14	65	19 10 28	25 18 16
18 F	19 44 42	0♋53 10	57 14	7 50 55.4	20 59 43	27 7 26	6 7 29	70	19 36 40	23 57 46	3♑14 55	6 9 53	75	20 2 26	22 20 15
19 S	19 48 39	1 50 23	57 14	7 54 56.1	20 48 57	9♑24 48	6 12 28	80	20 27 44	20 26 57	15 37 16	6 15 12	84	20 52 35	18 19 17
20 Su	19 52 35	2 47 38	57 15	7 58 56.3	20 37 50	21 52 28	6 18 5	89	21 16 58	15 58 45	28 10 33	6 21 8	94	21 40 58	13 26 56
21 M	19 56 32	3 44 52	57 16	8 2 55.8	20 26 22	4♒31 40	6 24 20	99	22 4 37	10 45 28	10♒56 0	6 27 42	103	22 28 2	7 56 2
22 Tu	20 0 28	4 42 8	57 16	8 6 54.9	20 14 34	17 23 42	6 31 14	108	22 51 19	5 0 17	23 54 55	6 34 55	113	23 14 35	1 59 58
23 W	20 4 25	5 39 24	57 17	8 10 53.3	20 2 25	0♓29 51	6 38 46	118	23 37 58	1N 3 9	7♓ 8 37	6 42 46	121	0 1 36	4N 7 14
24 Th	20 8 22	6 36 41	57 18	8 14 51.2	19 49 56	13 51 23	6 46 52	124	0 25 37	7 10 18	20 38 15	6 51 4	126	0 50 12	10 10 15
25 F	20 12 18	7 33 59	57 19	8 18 48.5	19 37 7	27 29 19	6 55 17	126	1 15 28	13 4 47	4♈24 36	6 59 28	124	1 41 34	15 51 26
26 S	20 16 15	8 31 18	57 20	8 22 45.3	19 23 59	11♈24 4	7 3 33	120	2 8 37	18 27 26	18 27 37	7 7 26	112	2 36 44	20 49 52
27 Su	20 20 11	9 28 38	57 21	8 26 41.5	19 10 31	25 35 3	7 11 2	102	3 5 57	22 55 38	2♉46 5	7 14 14	88	3 36 16	24 41 34
28 M	20 24 8	10 25 59	57 22	8 30 37.1	18 56 44	10♉ 0 19	7 16 56	72	4 7 36	26 4 37	17 17 15	7 19 2	52	4 39 47	27 2 5
29 Tu	20 28 4	11 23 20	57 23	8 34 32.1	18 42 38	24 36 16	7 20 26	31	5 12 34	27 31 48	1♊56 42	7 21 4	7	5 45 38	27 32 29
30 W	20 32 1	12 20 43	57 24	8 38 26.5	18 28 14	9♊17 46	7 20 53	-18	6 18 39	27 3 49	16 38 39	7 19 51	-44	6 51 16	26 6 32
31 Th	20 35 57	13♋18 7	57 25	8 42 20.3	18N13 31	23♊58 29	7 17 58	-69	7 23 11	24N42 25	1♋16 27	7 15 16	-92	7 54 12	22N53 59

LUNAR INGRESSES
1 ☽ ♊ 23:43
3 ☽ ♋ 23:52
6 ☽ ♌ 2:08
8 ☽ ♍ 7:56
10 ☽ ♎ 17:27
13 ☽ ♏ 5:28
15 ☽ ♐ 18:03
18 ☽ ♑ 5:39
20 ☽ ♒ 15:27
22 ☽ ♓ 23:06
25 ☽ ♈ 4:22
27 ☽ ♉ 7:23
29 ☽ ♊ 8:49
31 ☽ ♋ 9:54

PLANET INGRESSES
7 ☿ ♊ 6:01
8 ♀ ♋ 14:22
17 ☉ ♋ 1:42
24 ☿ ♋ 1:28

STATIONS
NONE

DATA FOR THE 1st AT 0 HOURS
JULIAN DAY 39628.5
☽ MEAN ☊ 25°♑ 50' 32"
OBLIQUITY 23° 26' 24"
DELTA T 69.1 SECONDS
NUTATION LONGITUDE 11.4"

DAY MO YR	☿ LONG ° ' "	♀ LONG ° ' "	♂ LONG ° ' "	♃ LONG ° ' "	♄ LONG ° ' "	♅ LONG ° ' "	♆ LONG ° ' "	♇ LONG ° ' "	☊ LONG ° '	A.S.S.I. h m s	S.S.R.Y. h m s	S.V.P. ♓ ° ' "	☿ MERCURY R.A. h m s	☿ MERCURY DECL ° ' "
1 183	23♉ 9 1	20♊39 35	4♌43 56	23♐40R15	9♌39 4	27♒47R17	29♑ 4R19	4♐42R20	24♑19	8 24 26	30 2 57	5 8 16.9	5 9 8	19N36 48
2 184	24 3 40	21 53 20	5 19 37	23 32 43	9 44 27	27 47 4	29 3 16	4 40 48	24 14	8 29 38	30 3 39	5 8 16.6	5 12 55	19 51 56
3 185	25 2 38	23 7 5	5 55 22	23 25 7	9 49 55	27 46 48	29 2 11	4 39 17	24 09	8 34 49	30 4 32	5 8 16.2	5 17 2	20 7 33
4 186	26 5 51	24 20 51	6 31 9	23 17 30	9 55 27	27 46 29	29 1 5	4 37 46	24 05	8 40 0	30 5 27	5 8 15.9	5 21 27	20 23 28
5 187	27 13 15	25 34 36	7 7 0	23 9 50	10 1 2	27 46 7	28 59 57	4 36 16	24 03	8 45 11	30 6 21	5 8 15.7	5 26 10	20 39 34
6 188	28 24 48	26 48 21	7 42 54	23 2 9	10 6 42	27 45 43	28 58 48	4 34 46	24 03	8 50 21	30 7 13	5 8 15.5	5 31 13	20 55 39
7 189	29 40 25	28 2 7	8 18 51	22 54 27	10 12 25	27 45 15	28 57 38	4 33 17	24 04	8 55 30	30 8 1	5 8 15.4	5 36 34	21 11 34
8 190	1♊ 0 5	29 15 52	8 54 52	22 46 44	10 18 12	27 44 45	28 56 26	4 31 49	24 06	9 0 39	30 8 43	5 8 15.3	5 42 14	21 27 8
9 191	2 23 42	0♋29 37	9 30 55	22 39 1	10 24 2	27 44 12	28 55 13	4 30 20	24 07	9 5 48	30 9 18	5 8 15.2	5 48 12	21 42 11
10 192	3 51 14	1 43 23	10 7 1	22 31 18	10 29 56	27 43 36	28 53 59	4 28 53	24 08	9 10 56	30 9 46	5 8 15.1	5 54 28	21 56 32
11 193	5 22 35	2 57 8	10 43 11	22 23 34	10 35 53	27 42 57	28 52 44	4 27 26	24 07	9 16 4	30 10 5	5 8 15.0	6 1 2	22 9 58
12 194	6 57 42	4 10 53	11 19 23	22 15 52	10 41 54	27 42 16	28 51 27	4 26 0	24 06	9 21 10	30 10 16	5 8 14.9	6 7 53	22 22 18
13 195	8 36 27	5 24 38	11 55 38	22 8 10	10 47 58	27 41 32	28 50 9	4 24 35	24 03	9 26 17	30 10 16	5 8 14.7	6 15 2	22 33 20
14 196	10 18 44	6 38 23	12 31 56	22 0 29	10 54 5	27 40 45	28 48 50	4 23 10	23 59	9 31 22	30 10 5	5 8 14.5	6 22 27	22 42 52
15 197	12 4 24	7 52 8	13 8 18	21 52 50	11 0 15	27 39 55	28 47 30	4 21 46	23 55	9 36 28	30 9 42	5 8 14.3	6 30 7	22 50 43
16 198	13 53 18	9 5 53	13 44 42	21 45 13	11 6 29	27 39 3	28 46 9	4 20 24	23 50	9 41 32	30 9 7	5 8 14.0	6 38 2	22 56 41
17 199	15 45 14	10 19 38	14 21 9	21 37 38	11 12 46	27 38 8	28 44 47	4 19 1	23 47	9 46 36	30 8 20	5 8 13.8	6 46 11	23 0 35
18 200	17 39 59	11 33 23	14 57 39	21 30 6	11 19 5	27 37 11	28 43 24	4 17 40	23 44	9 51 39	30 7 21	5 8 13.5	6 54 32	23 2 15
19 201	19 37 18	12 47 8	15 34 12	21 22 36	11 25 28	27 36 11	28 42 0	4 16 20	23 42	9 56 41	30 6 14	5 8 13.3	7 3 5	23 1 32
20 202	21 36 55	14 0 53	16 10 47	21 15 9	11 31 54	27 35 8	28 40 35	4 15 0	23 41	10 1 43	30 5 0	5 8 13.2	7 11 46	22 58 19
21 203	23 38 32	15 14 38	16 47 26	21 7 46	11 38 22	27 34 3	28 39 8	4 13 42	23 42	10 6 44	30 3 43	5 8 13.0	7 20 36	22 52 31
22 204	25 41 51	16 28 23	17 24 8	21 0 26	11 44 53	27 32 55	28 37 42	4 12 25	23 43	10 11 44	30 2 29	5 8 12.9	7 29 31	22 44 2
23 205	27 46 33	17 42 8	18 0 53	20 53 10	11 51 27	27 31 45	28 36 14	4 11 8	23 44	10 16 44	30 1 22	5 8 12.9	7 38 31	22 32 52
24 206	29 52 17	18 55 54	18 37 41	20 45 58	11 58 4	27 30 32	28 34 45	4 9 53	23 45	10 21 43	30 0 26	5 8 12.8	7 47 32	22 19 0
25 207	1♋58 45	20 9 39	19 14 31	20 38 51	12 4 43	27 29 17	28 33 15	4 8 38	23 46	10 26 41	29 59 43	5 8 12.7	7 56 35	22 2 28
26 208	4 5 38	21 23 25	19 51 25	20 31 49	12 11 25	27 27 59	28 31 45	4 7 25	23 46	10 31 38	29 59 15	5 8 12.6	8 5 36	21 43 20
27 209	6 12 39	22 37 10	20 28 22	20 24 52	12 18 10	27 26 39	28 30 14	4 6 13	23 46	10 36 35	29 59 3	5 8 12.4	8 14 35	21 21 41
28 210	8 19 30	23 50 56	21 5 23	20 18 1	12 24 56	27 25 17	28 28 42	4 5 2	23 45	10 41 31	29 59 6	5 8 12.2	8 23 29	20 57 38
29 211	10 25 58	25 4 42	21 42 26	20 11 15	12 31 46	27 23 52	28 27 10	4 3 52	23 43	10 46 26	29 59 23	5 8 11.9	8 32 18	20 31 19
30 212	12 31 49	26 18 28	22 19 32	20 4 35	12 38 37	27 22 25	28 25 37	4 2 44	23 42	10 51 21	29 59 51	5 8 11.6	8 41 1	20 2 52
31 213	14♋36 52	27♋32 14	22♌56 42	19♐58 1	12♌45 31	27♒20 56	28♑24 3	4♐ 1 37	23♑41	10 56 14	30 0 27	5 8 11.3	8 49 37	19N32 25

DAY Jul	♀ VENUS R.A. h m s	♀ VENUS DECL ° ' "	♂ MARS R.A. h m s	♂ MARS DECL ° ' "	♃ JUPITER R.A. h m s	♃ JUPITER DECL ° ' "	♄ SATURN R.A. h m s	♄ SATURN DECL ° ' "	♅ URANUS R.A. h m s	♅ URANUS DECL ° ' "	♆ NEPTUNE R.A. h m s	♆ NEPTUNE DECL ° ' "	♇ PLUTO R.A. h m s	♇ PLUTO DECL ° ' "
1	7 7 48	23N23 23	10 8 27	12N40 58	19 20 23	22S19 50	10 28 1	11N25 39	23 34 14	3S38 2	21 45 27	13S51 40	17 58 12	17S 3 45
2	7 13 8	23 16 25	10 10 43	12 27 47	19 19 51	22 21 0	10 28 22	11 23 36	23 34 14	3 38 9	21 45 23	13 52 2	17 58 6	17 3 54
3	7 18 27	23 8 46	10 12 59	12 14 30	19 19 19	22 22 11	10 28 42	11 21 31	23 34 13	3 38 17	21 45 19	13 52 25	17 57 59	17 4 2
4	7 23 46	23 0 26	10 15 14	12 1 10	19 18 46	22 23 21	10 29 3	11 19 25	23 34 12	3 38 27	21 45 15	13 52 48	17 57 53	17 4 11
5	7 29 4	22 51 26	10 17 30	11 47 44	19 18 13	22 24 31	10 29 24	11 17 18	23 34 10	3 38 37	21 45 11	13 53 11	17 57 47	17 4 19
6	7 34 21	22 41 45	10 19 46	11 34 14	19 17 41	22 25 41	10 29 46	11 15 10	23 34 9	3 38 49	21 45 6	13 53 35	17 57 41	17 4 28
7	7 39 38	22 31 24	10 22 2	11 20 39	19 17 8	22 26 50	10 30 7	11 13 0	23 34 7	3 39 2	21 45 2	13 53 59	17 57 35	17 4 38
8	7 44 53	22 20 24	10 24 18	11 6 59	19 16 35	22 27 59	10 30 29	11 10 48	23 34 5	3 39 16	21 44 57	13 54 24	17 57 28	17 4 47
9	7 50 8	22 8 45	10 26 34	10 53 15	19 16 2	22 29 8	10 30 51	11 8 36	23 34 4	3 39 31	21 44 52	13 54 49	17 57 22	17 4 57
10	7 55 22	21 56 27	10 28 50	10 39 27	19 15 28	22 30 16	10 31 13	11 6 22	23 34 1	3 39 47	21 44 47	13 55 15	17 57 16	17 5 6
11	8 0 35	21 43 31	10 31 5	10 25 34	19 14 55	22 31 24	10 31 36	11 4 7	23 33 59	3 40 4	21 44 43	13 55 41	17 57 10	17 5 16
12	8 5 47	21 29 58	10 33 21	10 11 37	19 14 22	22 32 31	10 31 58	11 1 51	23 33 57	3 40 22	21 44 38	13 56 7	17 57 4	17 5 26
13	8 10 58	21 15 47	10 35 37	9 57 36	19 13 49	22 33 38	10 32 21	10 59 33	23 33 54	3 40 42	21 44 33	13 56 34	17 56 58	17 5 37
14	8 16 8	21 1 0	10 37 53	9 43 30	19 13 17	22 34 44	10 32 44	10 57 14	23 33 51	3 41 2	21 44 28	13 57 1	17 56 53	17 5 47
15	8 21 16	20 45 37	10 40 9	9 29 21	19 12 44	22 35 49	10 33 8	10 54 55	23 33 48	3 41 23	21 44 22	13 57 28	17 56 47	17 5 58
16	8 26 24	20 29 38	10 42 25	9 15 8	19 12 11	22 36 54	10 33 31	10 52 34	23 33 45	3 41 46	21 44 17	13 57 56	17 56 41	17 6 9
17	8 31 31	20 13 5	10 44 41	9 0 51	19 11 39	22 37 57	10 33 55	10 50 11	23 33 42	3 42 9	21 44 12	13 58 24	17 56 35	17 6 20
18	8 36 36	19 55 57	10 46 56	8 46 30	19 11 6	22 39 1	10 34 19	10 47 48	23 33 38	3 42 33	21 44 7	13 58 52	17 56 30	17 6 31
19	8 41 40	19 38 16	10 49 12	8 32 5	19 10 34	22 40 3	10 34 43	10 45 24	23 33 35	3 42 59	21 44 1	13 59 21	17 56 24	17 6 42
20	8 46 44	19 20 1	10 51 28	8 17 37	19 10 2	22 41 4	10 35 7	10 42 58	23 33 31	3 43 25	21 43 56	13 59 50	17 56 19	17 6 54
21	8 51 46	19 1 14	10 53 44	8 3 5	19 9 30	22 42 5	10 35 31	10 40 32	23 33 27	3 43 53	21 43 50	14 0 19	17 56 13	17 7 6
22	8 56 46	18 41 56	10 56 0	7 48 30	19 8 59	22 43 5	10 35 56	10 38 4	23 33 23	3 44 21	21 43 44	14 0 48	17 56 8	17 7 18
23	9 1 46	18 22 6	10 58 16	7 33 51	19 8 28	22 44 4	10 36 21	10 35 36	23 33 19	3 44 51	21 43 39	14 1 18	17 56 3	17 7 30
24	9 6 44	18 1 45	11 0 32	7 19 9	19 7 57	22 45 2	10 36 46	10 33 7	23 33 14	3 45 21	21 43 33	14 1 48	17 55 57	17 7 42
25	9 11 42	17 40 55	11 2 49	7 4 23	19 7 26	22 45 58	10 37 11	10 30 36	23 33 10	3 45 53	21 43 27	14 2 19	17 55 52	17 7 55
26	9 16 38	17 19 36	11 5 5	6 49 34	19 6 56	22 46 54	10 37 36	10 28 5	23 33 5	3 46 25	21 43 21	14 2 49	17 55 47	17 8 7
27	9 21 33	16 57 48	11 7 21	6 34 41	19 6 26	22 47 49	10 38 1	10 25 32	23 33 0	3 46 58	21 43 16	14 3 20	17 55 42	17 8 20
28	9 26 26	16 35 32	11 9 37	6 19 46	19 5 56	22 48 43	10 38 27	10 22 59	23 32 55	3 47 32	21 43 10	14 3 51	17 55 37	17 8 33
29	9 31 19	16 12 49	11 11 54	6 4 47	19 5 27	22 49 36	10 38 53	10 20 25	23 32 50	3 48 7	21 43 4	14 4 22	17 55 32	17 8 46
30	9 36 10	15 49 40	11 14 10	5 49 46	19 4 59	22 50 28	10 39 18	10 17 50	23 32 45	3 48 43	21 42 58	14 4 53	17 55 28	17 8 59
31	9 41 1	15N26 5	11 16 27	5N34 41	19 4 30	22S51 18	10 39 44	10N15 14	23 32 39	3S49 20	21 42 52	14S 5 25	17 55 23	17S 9 13

AUGUST 2008

DAY	SIDEREAL TIME h m s	☉ SUN LONG ° ' "	MOT ' "	R.A. h m s	DECL ° ' "	☽ MOON AT 0 HOURS LONG ° ' "	12h MOT ° ' "	2DIF "	R.A. h m s	DECL ° ' "	☽ MOON AT 12 HOURS LONG ° ' "	12h MOT ° ' "	2DIF "	R.A. h m s	DECL ° ' "
1 F	20 39 54	14♋15 32	57 26	8 46 13.6	17N58 31	8♋31 43	7 11 49	-114	8 24 9	20N44 24	15♋43 33	7 7 42	-132	8 53 0	18N17 7
2 S	20 43 51	15 12 58	57 27	8 50 6.2	17 43 13	22 51 14	7 3 0	-148	9 20 44	15 35 39	29 54 14	6 57 50	-160	9 47 26	12 43 27
3 Su	20 47 47	16 10 24	57 27	8 53 58.2	17 27 38	6♌52 4	6 52 21	-168	10 13 13	9 43 46	13♌44 25	6 46 40	-172	10 38 10	6 39 33
4 M	20 51 44	17 7 51	57 28	8 57 49.6	17 11 45	20 31 5	6 40 53	-173	11 2 28	3 33 27	27 11 58	6 35 9	-170	11 26 14	0 27 48
5 Tu	20 55 40	18 5 19	57 29	9 1 40.3	16 55 36	3♍47 7	6 29 33	-164	11 49 37	2S35 20	10♍16 40	6 24 12	-156	12 12 46	5S34 8
6 W	20 59 37	19 2 48	57 30	9 5 30.5	16 39 11	16 40 52	6 19 10	-145	12 35 47	8 26 59	23 0 2	6 14 32	-132	12 58 50	11 12 25
7 Th	21 3 33	20 0 18	57 30	9 9 20.0	16 22 30	29 14 33	6 10 21	-118	13 22 0	13 49 5	5♎24 54	6 6 40	-103	13 45 23	16 15 44
8 F	21 7 30	20 57 48	57 31	9 13 9.0	16 5 33	11♎31 33	6 3 30	-86	14 9 5	18 31 9	17 35 4	6 0 54	-70	14 33 11	20 34 9
9 S	21 11 26	21 55 19	57 32	9 16 57.3	15 48 20	23 35 58	5 58 52	-52	14 57 43	22 23 35	29 34 50	5 57 24	-35	15 22 42	23 58 18
10 Su	21 15 23	22 52 52	57 33	9 20 45.1	15 30 53	5♏32 14	5 56 30	-19	15 48 10	25 17 14	11♏28 45	5 56 10	-2	16 14 4	26 19 20
11 M	21 19 20	23 50 24	57 34	9 24 32.2	15 13 11	17 24 54	5 56 22	14	16 40 21	27 3 42	23 21 16	5 57 5	29	17 6 57	27 29 34
12 Tu	21 23 16	24 47 58	57 35	9 28 18.8	14 55 14	29 18 21	5 58 17	43	17 33 45	27 36 22	5♐16 38	5 59 57	56	18 0 38	27 23 47
13 W	21 27 13	25 45 33	57 36	9 32 4.8	14 37 3	11♐16 34	6 2 1	68	18 27 30	26 51 45	17 18 35	6 4 28	79	18 54 12	26 0 32
14 Th	21 31 9	26 43 9	57 37	9 35 50.3	14 18 38	23 23 3	6 7 15	88	19 20 39	24 50 37	29 30 19	6 10 19	96	19 46 46	23 22 49
15 F	21 35 6	27 40 45	57 38	9 39 35.2	14 0 0	5♑40 38	6 13 38	102	20 12 30	21 38 8	11♑54 16	6 17 8	107	20 37 48	19 37 48
16 S	21 39 2	28 38 23	57 39	9 43 19.5	13 41 8	18 11 23	6 20 45	110	21 2 41	17 23 12	24 32 9	6 24 28	112	21 27 11	14 55 52
17 Su	21 42 59	29 36 3	57 41	9 47 3.4	13 22 3	0♒56 37	6 28 14	113	21 51 20	12 17 26	7♒24 50	6 31 58	112	22 15 13	9 29 37
18 M	21 46 55	0♌33 43	57 42	9 50 46.7	13 2 46	13 56 49	6 35 40	110	22 38 56	6 34 13	20 32 29	6 39 17	106	23 2 34	3 33 6
19 Tu	21 50 52	1 31 25	57 43	9 54 29.5	12 43 16	27 11 46	6 42 46	102	23 26 14	0 28 13	3♓54 32	6 46 6	98	23 50 4	2N38 25
20 W	21 54 49	2 29 8	57 45	9 58 11.9	12 23 34	10♓40 38	6 49 16	92	0 14 12	5N44 39	17 29 54	6 52 14	86	0 38 46	8 48 15
21 Th	21 58 45	3 26 53	57 47	10 1 53.8	12 3 41	24 22 8	6 55 0	80	1 3 53	11 46 53	1♈17 8	6 57 32	73	1 29 42	14 38 3
22 F	22 2 42	4 24 40	57 48	10 5 35.2	11 43 35	8♈14 40	6 59 51	66	1 56 19	17 19 7	15 14 31	7 1 55	58	2 23 49	19 47 20
23 S	22 6 38	5 22 28	57 50	10 9 16.2	11 23 19	22 16 26	7 3 44	51	2 52 16	21 59 53	29 20 10	7 5 18	43	3 21 41	23 53 56
24 Su	22 10 35	6 20 18	57 52	10 12 56.8	11 2 51	6♉25 28	7 6 35	34	3 52 1	25 26 45	13♉32 2	7 7 34	25	4 23 8	26 35 52
25 M	22 14 31	7 18 10	57 54	10 16 37.0	10 42 13	20 39 36	7 8 15	15	4 54 52	27 19 17	27 47 51	7 8 36	5	5 26 57	27 35 36
26 Tu	22 18 28	8 16 3	57 56	10 20 16.8	10 21 25	4♊56 27	7 8 35	-6	5 59 7	27 24 9	12♊ 5 1	7 8 11	-18	6 31 5	26 45 12
27 W	22 22 24	9 13 58	57 57	10 23 56.3	10 0 26	19 13 12	7 7 22	-31	7 2 34	25 39 45	26 20 34	7 6 8	-44	7 33 21	24 9 39
28 Th	22 26 21	10 11 56	57 59	10 27 35.4	9 39 18	3♋26 41	7 4 27	-57	8 3 16	22 17 15	10♋31 8	7 2 19	-71	8 32 13	20 5 22
29 F	22 30 18	11 9 54	58 1	10 31 14.1	9 18 1	17 33 27	6 59 45	-84	9 0 13	17 37 2	24 33 12	6 56 44	-96	9 27 15	14 55 21
30 S	22 34 14	12 7 55	58 2	10 34 52.5	8 56 35	1♌29 56	6 53 20	-108	9 53 24	12 3 22	8♌23 16	6 49 33	-118	10 18 47	9 4 2
31 Su	22 38 11	13♌ 5 57	58 4	10 38 30.5	8N35 0	15♌12 49	6 45 28	-126	10 43 30	6N 0 5	21♌58 17	6 41 8	-133	11 7 40	2N54 3

LUNAR INGRESSES
2 ☽ ♌ 12:10
4 ☽ ♍ 17:05
7 ☽ ♎ 1:28
9 ☽ ♏ 12:51
12 ☽ ♐ 1:24
14 ☽ ♑ 12:58
16 ☽ ♒ 22:14
19 ☽ ♓ 5:01
21 ☽ ♈ 9:47
23 ☽ ♉ 13:08
25 ☽ ♊ 15:42
27 ☽ ♋ 18:10
29 ☽ ♌ 21:24

PLANET INGRESSES
2 ♀ ♌ 0:04
7 ☿ ♌ 16:58
11 ♂ ♍ 7:08
17 ☉ ♌ 9:58
25 ☿ ♍ 12:27
26 ♀ ♍ 10:15

STATIONS
NONE

DATA FOR THE 1st AT 0 HOURS
JULIAN DAY 39659.5
☽ MEAN ☊ 24°♑ 11' 58"
OBLIQUITY 23° 26' 24"
DELTA T 69.1 SECONDS
NUTATION LONGITUDE 12.6"

DAY MO YR	☿ LONG ° ' "	♀ LONG ° ' "	♂ LONG ° ' "	♃ LONG ° ' "	♄ LONG ° ' "	♅ LONG ° ' "	♆ LONG ° ' "	♇ LONG ° ' "	☊ LONG ° '	A.S.S.I. h m s	S.S.R.Y. h m s	S.V.P. ♓ ° ' "	☿ MERCURY R.A. h m s	☿ MERCURY DECL ° ' "
1 214	16♋40 56	28♋46 0	23♌33 55	19♐51R34	12♌52 28	27♒19R24	28♑22R29	4♐ 0R31	23♑40	11 1 7	30 1 10	5 8 11.1	8 58 4	19N 0 9
2 215	18 43 54	29 59 46	24 11 10	19 45 14	12 59 26	27 17 50	28 20 54	3 59 26	23 40	11 6 0	30 1 57	5 8 10.9	9 6 23	18 26 12
3 216	20 45 38	1♌13 32	24 48 29	19 39 2	13 6 26	27 16 14	28 19 19	3 58 22	23 40	11 10 51	30 2 47	5 8 10.8	9 14 33	17 50 45
4 217	22 46 3	2 27 18	25 25 51	19 32 56	13 13 29	27 14 36	28 17 43	3 57 20	23 40	11 15 42	30 3 36	5 8 10.7	9 22 34	17 13 55
5 218	24 45 6	3 41 4	26 3 16	19 26 58	13 20 33	27 12 55	28 16 7	3 56 20	23 41	11 20 32	30 4 25	5 8 10.7	9 30 25	16 35 51
6 219	26 42 42	4 54 49	26 40 44	19 21 8	13 27 39	27 11 13	28 14 30	3 55 21	23 42	11 25 21	30 5 11	5 8 10.6	9 38 7	15 56 42
7 220	28 38 50	6 8 34	27 18 14	19 15 26	13 34 47	27 9 28	28 12 54	3 54 23	23 42	11 30 9	30 5 52	5 8 10.5	9 45 39	15 16 36
8 221	0♌33 27	7 22 19	27 55 48	19 9 53	13 41 57	27 7 42	28 11 16	3 53 26	23 42	11 34 57	30 6 28	5 8 10.5	9 53 3	14 35 39
9 222	2 26 34	8 36 3	28 33 25	19 4 28	13 49 8	27 5 54	28 9 39	3 52 32	23 42	11 39 44	30 6 56	5 8 10.3	10 0 17	13 53 58
10 223	4 18 9	9 49 47	29 11 4	18 59 12	13 56 21	27 4 4	28 8 1	3 51 38	23 42	11 44 30	30 7 14	5 8 10.2	10 7 22	13 11 41
11 224	6 8 13	11 3 31	29 48 46	18 54 5	14 3 36	27 2 12	28 6 23	3 50 46	23 42	11 49 15	30 7 21	5 8 10.0	10 14 18	12 28 52
12 225	7 56 46	12 17 14	0♍26 32	18 49 6	14 10 52	27 0 18	28 4 45	3 49 56	23 42	11 54 0	30 7 15	5 8 9.7	10 21 5	11 45 37
13 226	9 43 47	13 30 57	1 4 20	18 44 17	14 18 10	26 58 23	28 3 7	3 49 7	23 42	11 58 44	30 6 56	5 8 9.5	10 27 45	11 2 1
14 227	11 29 19	14 44 39	1 42 11	18 39 38	14 25 28	26 56 25	28 1 29	3 48 20	23 43	12 3 27	30 6 22	5 8 9.3	10 34 16	10 18 10
15 228	13 13 21	15 58 21	2 20 4	18 35 8	14 32 49	26 54 27	27 59 51	3 47 34	23 43	12 8 10	30 5 35	5 8 9.1	10 40 39	9 34 6
16 229	14 55 54	17 12 2	2 58 1	18 30 48	14 40 10	26 52 26	27 58 12	3 46 50	23 43	12 12 52	30 4 36	5 8 9.0	10 46 55	8 49 55
17 230	16 36 59	18 25 43	3 36 1	18 26 38	14 47 33	26 50 24	27 56 34	3 46 8	23 43	12 17 33	30 3 27	5 8 8.9	10 53 3	8 5 39
18 231	18 16 37	19 39 23	4 14 3	18 22 37	14 54 56	26 48 21	27 54 56	3 45 27	23 43	12 22 13	30 2 13	5 8 8.8	10 59 5	7 21 24
19 232	19 54 49	20 53 3	4 52 9	18 18 47	15 2 21	26 46 16	27 53 18	3 44 48	23 42	12 26 53	30 0 58	5 8 8.8	11 4 59	6 37 10
20 233	21 31 35	22 6 43	5 30 17	18 15 7	15 9 47	26 44 9	27 51 40	3 44 10	23 41	12 31 33	29 59 46	5 8 8.8	11 10 47	5 53 3
21 234	23 6 55	23 20 22	6 8 29	18 11 37	15 17 14	26 42 1	27 50 2	3 43 35	23 40	12 36 12	29 58 41	5 8 8.7	11 16 28	5 9 5
22 235	24 40 49	24 34 1	6 46 43	18 8 18	15 24 41	26 39 52	27 48 24	3 43 0	23 39	12 40 50	29 57 46	5 8 8.6	11 22 3	4 25 18
23 236	26 13 19	25 47 40	7 25 1	18 5 10	15 32 10	26 37 42	27 46 47	3 42 28	23 38	12 45 27	29 57 2	5 8 8.5	11 27 31	3 41 45
24 237	27 44 24	27 1 18	8 3 22	18 2 12	15 39 39	26 35 30	27 45 10	3 41 57	23 38	12 50 5	29 56 32	5 8 8.3	11 32 54	2 58 29
25 238	29 14 4	28 14 56	8 41 46	17 59 25	15 47 9	26 33 17	27 43 33	3 41 28	23 38	12 54 41	29 56 15	5 8 8.1	11 38 11	2 15 33
26 239	0♍42 18	29 28 34	9 20 13	17 56 49	15 54 40	26 31 3	27 41 57	3 41 1	23 39	12 59 17	29 56 11	5 8 7.8	11 43 22	1 32 58
27 240	2 9 5	0♍42 11	9 58 43	17 54 24	16 2 12	26 28 49	27 40 20	3 40 36	23 40	13 3 53	29 56 19	5 8 7.6	11 48 27	0 50 47
28 241	3 34 25	1 55 48	10 37 17	17 52 10	16 9 44	26 26 33	27 38 45	3 40 12	23 41	13 8 28	29 56 38	5 8 7.4	11 53 27	0 9 2
29 242	4 58 16	3 9 25	11 15 53	17 50 7	16 17 16	26 24 16	27 37 10	3 39 50	23 42	13 13 3	29 57 6	5 8 7.2	11 58 21	0S32 14
30 243	6 20 37	4 23 1	11 54 33	17 48 15	16 24 49	26 21 58	27 35 35	3 39 30	23 42	13 17 37	29 57 43	5 8 7.1	12 3 10	1 12 58
31 244	7♍41 25	5♍36 37	12♍33 16	17♐46 35	16♌32 22	26♒19 39	27♑34 1	3♐39 12	23♑41	13 22 11	29 58 26	5 8 7.1	12 7 52	1S53 8

DAY Aug	♀ VENUS R.A. h m s	♀ VENUS DECL ° ' "	♂ MARS R.A. h m s	♂ MARS DECL ° ' "	♃ JUPITER R.A. h m s	♃ JUPITER DECL ° ' "	♄ SATURN R.A. h m s	♄ SATURN DECL ° ' "	♅ URANUS R.A. h m s	♅ URANUS DECL ° ' "	♆ NEPTUNE R.A. h m s	♆ NEPTUNE DECL ° ' "	♇ PLUTO R.A. h m s	♇ PLUTO DECL ° ' "
1	9 45 50	15N 2 5	11 18 43	5N19 34	19 4 3	22S52 8	10 40 11	10N12 37	23 32 34	3S49 57	21 42 46	14S 5 57	17 55 18	17S 9 26
2	9 50 38	14 37 41	11 21 0	5 4 24	19 3 35	22 52 56	10 40 37	10 9 59	23 32 28	3 50 36	21 42 39	14 6 29	17 55 14	17 9 40
3	9 55 25	14 12 53	11 23 17	4 49 11	19 3 9	22 53 44	10 41 3	10 7 21	23 32 22	3 51 15	21 42 33	14 7 1	17 55 10	17 9 54
4	10 0 10	13 47 43	11 25 34	4 33 56	19 2 42	22 54 30	10 41 30	10 4 42	23 32 16	3 51 56	21 42 27	14 7 33	17 55 5	17 10 8
5	10 4 55	13 22 11	11 27 51	4 18 38	19 2 17	22 55 15	10 41 56	10 2 3	23 32 10	3 52 37	21 42 21	14 8 5	17 55 1	17 10 23
6	10 9 39	12 56 18	11 30 8	4 3 18	19 1 52	22 55 59	10 42 23	9 59 22	23 32 4	3 53 18	21 42 15	14 8 38	17 54 57	17 10 37
7	10 14 21	12 30 4	11 32 25	3 47 55	19 1 27	22 56 42	10 42 50	9 56 41	23 31 57	3 54 1	21 42 8	14 9 10	17 54 53	17 10 51
8	10 19 3	12 3 30	11 34 42	3 32 31	19 1 3	22 57 23	10 43 17	9 53 59	23 31 51	3 54 44	21 42 2	14 9 43	17 54 49	17 11 6
9	10 23 43	11 36 37	11 37 0	3 17 4	19 0 40	22 58 3	10 43 44	9 51 17	23 31 44	3 55 28	21 41 56	14 10 15	17 54 45	17 11 21
10	10 28 23	11 9 27	11 39 17	3 1 35	19 0 17	22 58 42	10 44 11	9 48 34	23 31 38	3 56 13	21 41 49	14 10 48	17 54 41	17 11 36
11	10 33 1	10 41 58	11 41 35	2 46 5	18 59 55	22 59 20	10 44 38	9 45 51	23 31 31	3 56 58	21 41 43	14 11 21	17 54 38	17 11 51
12	10 37 39	10 14 13	11 43 53	2 30 32	18 59 34	22 59 57	10 45 6	9 43 7	23 31 24	3 57 44	21 41 37	14 11 53	17 54 34	17 12 6
13	10 42 16	9 46 11	11 46 11	2 14 58	18 59 13	23 0 32	10 45 33	9 40 22	23 31 17	3 58 31	21 41 30	14 12 26	17 54 31	17 12 21
14	10 46 52	9 17 54	11 48 29	1 59 22	18 58 53	23 1 7	10 46 1	9 37 37	23 31 10	3 59 18	21 41 24	14 12 59	17 54 28	17 12 37
15	10 51 27	8 49 23	11 50 47	1 43 45	18 58 33	23 1 40	10 46 28	9 34 51	23 31 2	4 0 6	21 41 18	14 13 32	17 54 25	17 12 52
16	10 56 1	8 20 38	11 53 5	1 28 6	18 58 15	23 2 12	10 46 56	9 32 5	23 30 55	4 0 54	21 41 11	14 14 4	17 54 21	17 13 8
17	11 0 35	7 51 39	11 55 24	1 12 26	18 57 57	23 2 42	10 47 23	9 29 19	23 30 48	4 1 43	21 41 5	14 14 37	17 54 19	17 13 24
18	11 5 8	7 22 28	11 57 43	0 56 44	18 57 39	23 3 12	10 47 51	9 26 32	23 30 40	4 2 33	21 40 59	14 15 10	17 54 16	17 13 40
19	11 9 40	6 53 5	12 0 1	0 41 1	18 57 23	23 3 40	10 48 19	9 23 45	23 30 32	4 3 23	21 40 52	14 15 42	17 54 13	17 13 56
20	11 14 12	6 23 31	12 2 20	0 25 17	18 57 7	23 4 7	10 48 47	9 20 57	23 30 25	4 4 14	21 40 46	14 16 15	17 54 10	17 14 12
21	11 18 43	5 53 47	12 4 40	0 9 32	18 56 52	23 4 33	10 49 15	9 18 9	23 30 17	4 5 5	21 40 40	14 16 48	17 54 8	17 14 28
22	11 23 13	5 23 53	12 6 59	0S 6 14	18 56 38	23 4 58	10 49 43	9 15 21	23 30 9	4 5 57	21 40 33	14 17 20	17 54 5	17 14 45
23	11 27 43	4 53 49	12 9 19	0 22 2	18 56 24	23 5 22	10 50 11	9 12 32	23 30 1	4 6 49	21 40 27	14 17 52	17 54 3	17 15 1
24	11 32 13	4 23 38	12 11 38	0 37 50	18 56 11	23 5 44	10 50 39	9 9 43	23 29 53	4 7 42	21 40 21	14 18 24	17 54 1	17 15 18
25	11 36 42	3 53 19	12 13 58	0 53 38	18 55 59	23 6 5	10 51 7	9 6 54	23 29 45	4 8 35	21 40 14	14 18 56	17 53 59	17 15 34
26	11 41 11	3 22 53	12 16 19	1 9 28	18 55 48	23 6 25	10 51 36	9 4 5	23 29 37	4 9 28	21 40 8	14 19 28	17 53 57	17 15 51
27	11 45 39	2 52 20	12 18 39	1 25 18	18 55 38	23 6 44	10 52 4	9 1 15	23 29 28	4 10 22	21 40 2	14 20 0	17 53 55	17 16 8
28	11 50 7	2 21 43	12 21 0	1 41 9	18 55 28	23 7 2	10 52 32	8 58 25	23 29 20	4 11 16	21 39 56	14 20 32	17 53 54	17 16 25
29	11 54 35	1 51 0	12 23 21	1 57 0	18 55 19	23 7 19	10 53 0	8 55 35	23 29 12	4 12 11	21 39 50	14 21 3	17 53 52	17 16 42
30	11 59 3	1 20 14	12 25 42	2 12 51	18 55 11	23 7 34	10 53 29	8 52 45	23 29 3	4 13 5	21 39 43	14 21 34	17 53 51	17 16 59
31	12 3 30	0N49 24	12 28 3	2S28 43	18 55 4	23S 7 49	10 53 57	8N49 55	23 28 55	4S14 1	21 39 37	14S22 5	17 53 50	17S17 16

SEPTEMBER 2008

DAY	SIDEREAL TIME	☉ SUN LONG	☉ MOT	☉ R.A.	☉ DECL	☽ MOON AT 0 HOURS LONG	12h MOT	2DIF	R.A.	DECL	☽ MOON AT 12 HOURS LONG	12h MOT	2DIF	R.A.	DECL
	h m s	° ' "	' "	h m s	° ' "	° ' "	° ' "	"	h m s	° ' "	° ' "	° ' "	"	h m s	° ' "
1 M	22 42 7	14♌ 4 1	58 5	10 42 8.3	8N13 17	28♌39 25	6 36 38	-137	11 31 27	0S11 43	5♍16 3	6 32 1	-139	11 54 56	3S15 5
2 Tu	22 46 4	15 2 6	58 7	10 45 45.7	7 51 26	11♍48 4	6 27 23	-138	12 18 16	6 14 7	18 15 28	6 22 50	-135	12 41 33	9 7 3
3 W	22 50 0	16 0 13	58 8	10 49 22.9	7 29 27	24 38 17	6 18 24	-129	13 4 55	11 52 15	0♎56 42	6 14 13	-121	13 28 28	14 28 12
4 Th	22 53 57	16 58 22	58 10	10 52 59.7	7 7 22	7♎10 54	6 10 19	-112	13 52 15	16 53 30	13 21 13	6 6 46	-100	14 16 22	19 6 50
5 F	22 57 53	17 56 32	58 12	10 56 36.4	6 45 9	19 27 59	6 3 40	-86	14 40 52	21 6 56	25 31 39	6 1 1	-71	15 5 46	22 52 39
6 S	23 1 50	18 54 43	58 13	11 0 12.8	6 22 50	1♏32 40	5 58 54	-55	15 31 6	24 22 51	7♏31 34	5 57 20	-38	15 56 50	25 36 32
7 Su	23 5 47	19 52 56	58 15	11 3 48.9	6 0 25	13 28 53	5 56 20	-21	16 22 56	26 32 49	19 25 13	5 55 56	-3	16 49 20	27 10 57
8 M	23 9 43	20 51 11	58 16	11 7 24.9	5 37 54	25 21 9	5 56 9	16	17 15 57	27 30 23	1♐17 18	5 56 59	34	17 42 42	27 30 45
9 Tu	23 13 40	21 49 26	58 18	11 11 0.7	5 15 17	7♐14 17	5 58 24	52	18 9 26	27 11 54	13 12 41	6 0 25	69	18 36 5	26 33 58
10 W	23 17 36	22 47 44	58 19	11 14 36.3	4 52 35	19 13 6	6 3 0	86	19 2 32	25 37 16	25 16 7	6 6 7	101	19 28 43	24 22 23
11 Th	23 21 33	23 46 3	58 21	11 18 11.8	4 29 49	1♑22 14	6 9 44	115	19 54 35	22 50 6	7♑31 58	6 13 47	127	20 20 4	21 1 22
12 F	23 25 29	24 44 24	58 22	11 21 47.1	4 6 57	13 45 44	6 18 12	137	20 45 11	18 57 18	20 3 56	6 22 54	145	21 9 58	16 39 11
13 S	23 29 26	25 42 46	58 24	11 25 22.3	3 44 2	26 26 50	6 27 50	150	21 34 25	14 8 25	2♒54 40	6 32 54	152	21 58 38	11 26 31
14 Su	23 33 22	26 41 10	58 26	11 28 57.5	3 21 2	9♒27 34	6 37 58	151	22 22 41	8 35 9	16 5 32	6 42 58	147	22 46 39	5 36 5
15 M	23 37 19	27 39 36	58 28	11 32 32.6	2 57 59	22 48 29	6 47 46	140	23 10 40	2 31 16	29 36 15	6 52 17	130	23 34 50	0N37 13
16 Tu	23 41 16	28 38 3	58 30	11 36 7.6	2 34 53	6♓28 32	6 56 24	117	23 59 16	3N47 10	13♓24 56	7 0 4	102	0 24 7	6 56 10
17 W	23 45 12	29 36 33	58 32	11 39 42.7	2 11 43	20 25 0	7 3 11	85	0 49 29	10 1 37	27 28 12	7 5 43	67	1 15 30	13 0 50
18 Th	23 49 9	0♍35 4	58 34	11 43 17.7	1 48 31	4♈33 55	7 7 39	49	1 42 17	15 50 55	11♈41 33	7 8 57	30	2 9 54	18 28 53
19 F	23 53 5	1 33 38	58 36	11 46 52.8	1 25 16	18 50 31	7 9 40	13	2 38 25	20 51 45	26 0 11	7 9 49	-3	3 7 50	22 56 31
20 S	23 57 2	2 32 14	58 38	11 50 28.0	1 2 0	3♉10 0	7 9 29	-17	3 38 6	24 40 24	10♉19 29	7 8 41	-29	4 9 7	26 0 55
21 Su	0 0 58	3 30 52	58 41	11 54 3.2	0 38 41	17 28 10	7 7 31	-39	4 40 41	26 56 4	24 35 41	7 6 4	-48	5 12 35	27 24 29
22 M	0 4 55	4 29 32	58 43	11 57 38.5	0 15 21	1♊41 44	7 4 21	-54	5 44 32	27 25 36	8♊46 6	7 2 28	-59	6 16 17	26 59 34
23 Tu	0 8 51	5 28 14	58 45	12 1 14.0	0S 8 1	15 48 34	7 0 27	-62	6 47 33	26 7 24	22 49 2	6 58 20	-65	7 18 8	24 50 44
24 W	0 12 48	6 26 59	58 47	12 4 49.6	0 31 23	29 47 21	6 56 8	-67	7 47 53	23 11 45	6♋43 29	6 53 51	-69	8 16 42	21 12 57
25 Th	0 16 45	7 25 46	58 49	12 8 25.4	0 54 46	13♋37 20	6 51 30	-72	8 44 34	18 57 5	20 28 51	6 49 4	-74	9 11 31	16 26 55
26 F	0 20 41	8 24 36	58 52	12 12 1.4	1 18 8	27 17 55	6 46 33	-78	9 37 35	13 45 13	4♌ 4 28	6 43 54	-81	10 2 54	10 54 38
27 S	0 24 38	9 23 27	58 54	12 15 37.5	1 41 31	10♌48 22	6 41 8	-85	10 27 32	7 57 42	17 29 29	6 38 13	-90	10 51 39	4 56 49
28 Su	0 28 34	10 22 21	58 56	12 19 13.9	2 4 52	24 7 42	6 35 9	-94	11 15 21	1 54 11	0♍42 52	6 31 58	-98	11 38 47	1S 8 2
29 M	0 32 31	11 21 17	58 58	12 22 50.5	2 28 13	7♍14 49	6 28 38	-101	12 2 2	4S 7 54	13 43 27	6 25 13	-104	12 25 15	7 3 30
30 Tu	0 36 27	12♍20 14	59 0	12 26 27.3	2S51 32	20♍ 8 40	6 21 43	-105	12 48 32	9S53 4	26♍30 23	6 18 13	-105	13 11 58	12S34 55

LUNAR INGRESSES
1 ☽ ♍ 2:26
3 ☽ ♎ 10:12
5 ☽ ♏ 20:55
8 ☽ ♐ 9:24
10 ☽ ♑ 21:19
13 ☽ ♒ 6:37
15 ☽ ♓ 12:42
17 ☽ ♈ 16:17
19 ☽ ♉ 18:42
21 ☽ ♊ 21:08
24 ☽ ♋ 0:22
26 ☽ ♌ 4:46
28 ☽ ♍ 10:42
30 ☽ ♎ 18:38

PLANET INGRESSES
17 ☉ ♍ 9:37
19 ♀ ♎ 22:07
26 ♂ ♎ 13:16

STATIONS
8 ♃ D 4:17
9 ♇ D 3:15
24 ☿ R 7:18

DATA FOR THE 1st AT 0 HOURS
JULIAN DAY 39690.5
☽ MEAN ☊ 22°♑ 33' 24"
OBLIQUITY 23° 26' 25"
DELTA T 69.2 SECONDS
NUTATION LONGITUDE 12.1"

DAY MO YR	☿ LONG	♀ LONG	♂ LONG	♃ LONG	♄ LONG	♅ LONG	♆ LONG	♇ LONG	☊ LONG	A.S.S.I.	S.S.R.Y.	S.V.P. ♓	☿ MERCURY R.A.	☿ MERCURY DECL
	° ' "	° ' "	° ' "	° ' "	° ' "	° ' "	° ' "	° ' "	° '	h m s	h m s	° ' "	h m s	° ' "
1 245	9♍ 0 39	6♍50 12	13♍12 2	17♐45R 6	16♌39 55	26♒17R19	27♑32R27	3♐38R56	23♑39	13 26 45	29 59 12	5 8 7.0	12 12 29	2S32 43
2 246	10 18 15	8 3 47	13 50 52	17 43 49	16 47 29	26 14 59	27 30 54	3 38 41	23 36	13 31 18	30 0 6	5 8 7.0	12 17 0	3 11 38
3 247	11 34 11	9 17 21	14 29 44	17 42 43	16 55 3	26 12 38	27 29 22	3 38 29	23 32	13 35 51	30 0 59	5 8 7.0	12 21 25	3 49 52
4 248	12 48 21	10 30 54	15 8 39	17 41 49	17 2 36	26 10 17	27 27 50	3 38 18	23 29	13 40 23	30 1 52	5 8 7.0	12 25 45	4 27 21
5 249	14 0 44	11 44 26	15 47 37	17 41 6	17 10 10	26 7 55	27 26 19	3 38 9	23 26	13 44 56	30 2 42	5 8 6.9	12 29 57	5 4 3
6 250	15 11 12	12 57 58	16 26 39	17 40 35	17 17 43	26 5 32	27 24 49	3 38 2	23 23	13 49 27	30 3 26	5 8 6.7	12 34 3	5 39 54
7 251	16 19 42	14 11 29	17 5 43	17 40 15	17 25 17	26 3 9	27 23 20	3 37 57	23 22	13 53 59	30 4 3	5 8 6.6	12 38 3	6 14 52
8 252	17 26 6	15 24 59	17 44 51	17 40D 7	17 32 50	26 0 46	27 21 51	3 37 53	23 22	13 58 30	30 4 30	5 8 6.4	12 41 55	6 48 52
9 253	18 30 18	16 38 28	18 24 1	17 40 11	17 40 23	25 58 23	27 20 24	3 37D52	23 23	14 3 2	30 4 44	5 8 6.2	12 45 39	7 21 50
10 254	19 32 11	17 51 56	19 3 14	17 40 26	17 47 56	25 55 59	27 18 57	3 37 52	23 25	14 7 32	30 4 44	5 8 6.0	12 49 16	7 53 42
11 255	20 31 35	19 5 24	19 42 31	17 40 52	17 55 28	25 53 35	27 17 31	3 37 55	23 26	14 12 3	30 4 29	5 8 5.9	12 52 44	8 24 24
12 256	21 28 21	20 18 50	20 21 50	17 41 30	18 3 0	25 51 11	27 16 7	3 37 59	23 28	14 16 34	30 4 0	5 8 5.7	12 56 3	8 53 51
13 257	22 22 17	21 32 15	21 1 13	17 42 20	18 10 32	25 48 47	27 14 43	3 38 5	23 28	14 21 4	30 3 17	5 8 5.7	12 59 12	9 21 56
14 258	23 13 13	22 45 40	21 40 38	17 43 21	18 18 2	25 46 23	27 13 20	3 38 13	23 27	14 25 34	30 2 23	5 8 5.6	13 2 10	9 48 35
15 259	24 0 56	23 59 3	22 20 6	17 44 33	18 25 32	25 43 59	27 11 58	3 38 23	23 24	14 30 5	30 1 21	5 8 5.6	13 4 58	10 13 39
16 260	24 45 10	25 12 26	22 59 38	17 45 57	18 33 2	25 41 35	27 10 38	3 38 35	23 20	14 34 35	30 0 14	5 8 5.6	13 7 33	10 37 3
17 261	25 25 40	26 25 47	23 39 13	17 47 32	18 40 30	25 39 11	27 9 18	3 38 49	23 15	14 39 5	29 59 6	5 8 5.6	13 9 55	10 58 37
18 262	26 2 9	27 39 8	24 18 50	17 49 19	18 47 58	25 36 47	27 8 0	3 39 5	23 09	14 43 35	29 58 1	5 8 5.5	13 12 2	11 18 14
19 263	26 34 18	28 52 28	24 58 31	17 51 17	18 55 25	25 34 24	27 6 43	3 39 22	23 03	14 48 5	29 57 1	5 8 5.4	13 13 55	11 35 43
20 264	27 1 48	0♎ 5 47	25 38 16	17 53 25	19 2 51	25 32 1	27 5 27	3 39 42	22 59	14 52 36	29 56 9	5 8 5.3	13 15 30	11 50 54
21 265	27 24 18	1 19 5	26 18 3	17 55 46	19 10 16	25 29 39	27 4 12	3 40 3	22 56	14 57 6	29 55 26	5 8 5.1	13 16 48	12 3 34
22 266	27 41 24	2 32 22	26 57 54	17 58 17	19 17 40	25 27 17	27 2 58	3 40 26	22 55	15 1 37	29 54 54	5 8 4.8	13 17 47	12 13 33
23 267	27 52 45	3 45 39	27 37 48	18 0 59	19 25 3	25 24 55	27 1 46	3 40 52	22 55	15 6 7	29 54 33	5 8 4.6	13 18 26	12 20 35
24 268	27 57R56	4 58 55	28 17 45	18 3 53	19 32 24	25 22 34	27 0 35	3 41 19	22 56	15 10 38	29 54 23	5 8 4.4	13 18 42	12 24 27
25 269	27 56 37	6 12 10	28 57 46	18 6 57	19 39 44	25 20 14	26 59 26	3 41 48	22 58	15 15 9	29 54 25	5 8 4.2	13 18 36	12 24 54
26 270	27 48 25	7 25 24	29 37 50	18 10 13	19 47 3	25 17 54	26 58 18	3 42 19	22 58	15 19 41	29 54 38	5 8 4.1	13 18 5	12 21 41
27 271	27 33 3	8 38 38	0♎17 57	18 13 40	19 54 21	25 15 36	26 57 11	3 42 51	22 56	15 24 12	29 55 2	5 8 4.1	13 17 9	12 14 34
28 272	27 10 17	9 51 50	0 58 8	18 17 17	20 1 37	25 13 17	26 56 6	3 43 26	22 53	15 28 44	29 55 36	5 8 4.1	13 15 47	12 3 19
29 273	26 40 1	11 5 2	1 38 22	18 21 5	20 8 52	25 11 0	26 55 2	3 44 3	22 47	15 33 16	29 56 20	5 8 4.1	13 14 0	11 47 47
30 274	26♍ 2 14	12♎18 13	2♎18 39	18♐25 4	20♌16 4	25♒ 8 44	26♑54 0	3♐44 41	22♑39	15 37 49	29 57 12	5 8 4.1	13 11 47	11S27 48

DAY Sep	♀ VENUS R.A.	♀ VENUS DECL	♂ MARS R.A.	♂ MARS DECL	♃ JUPITER R.A.	♃ JUPITER DECL	♄ SATURN R.A.	♄ SATURN DECL	♅ URANUS R.A.	♅ URANUS DECL	♆ NEPTUNE R.A.	♆ NEPTUNE DECL	♇ PLUTO R.A.	♇ PLUTO DECL
	h m s	° ' "	h m s	° ' "	h m s	° ' "	h m s	° ' "	h m s	° ' "	h m s	° ' "	h m s	° ' "
1	12 7 57	0N18 32	12 30 25	2S44 34	18 54 58	23S 8 2	10 54 25	8N47 4	23 28 46	4S14 56	21 39 31	14S22 36	17 53 48	17S17 33
2	12 12 24	0S12 23	12 32 47	3 0 26	18 54 52	23 8 14	10 54 54	8 44 14	23 28 37	4 15 52	21 39 25	14 23 7	17 53 47	17 17 51
3	12 16 51	0 43 18	12 35 9	3 16 17	18 54 47	23 8 24	10 55 22	8 41 24	23 28 29	4 16 48	21 39 19	14 23 37	17 53 47	17 18 8
4	12 21 18	1 14 13	12 37 31	3 32 8	18 54 43	23 8 34	10 55 50	8 38 34	23 28 20	4 17 44	21 39 13	14 24 8	17 53 46	17 18 26
5	12 25 45	1 45 9	12 39 54	3 47 59	18 54 40	23 8 42	10 56 19	8 35 43	23 28 11	4 18 40	21 39 7	14 24 38	17 53 45	17 18 43
6	12 30 13	2 16 3	12 42 17	4 3 49	18 54 38	23 8 50	10 56 47	8 32 53	23 28 3	4 19 36	21 39 1	14 25 7	17 53 45	17 19 1
7	12 34 40	2 46 55	12 44 41	4 19 38	18 54 37	23 8 56	10 57 15	8 30 3	23 27 54	4 20 32	21 38 56	14 25 36	17 53 44	17 19 18
8	12 39 7	3 17 45	12 47 4	4 35 27	18 54 36	23 9 1	10 57 44	8 27 12	23 27 45	4 21 29	21 38 50	14 26 5	17 53 44	17 19 36
9	12 43 35	3 48 32	12 49 28	4 51 15	18 54 37	23 9 5	10 58 12	8 24 23	23 27 36	4 22 26	21 38 44	14 26 34	17 53 44	17 19 53
10	12 48 3	4 19 15	12 51 52	5 7 2	18 54 38	23 9 7	10 58 40	8 21 33	23 27 28	4 23 22	21 38 39	14 27 3	17 53 44	17 20 11
11	12 52 31	4 49 53	12 54 17	5 22 48	18 54 40	23 9 9	10 59 8	8 18 43	23 27 19	4 24 19	21 38 33	14 27 31	17 53 44	17 20 29
12	12 56 59	5 20 26	12 56 42	5 38 33	18 54 42	23 9 10	10 59 37	8 15 54	23 27 10	4 25 15	21 38 28	14 27 58	17 53 45	17 20 47
13	13 1 28	5 50 53	12 59 7	5 54 17	18 54 46	23 9 9	11 0 5	8 13 5	23 27 1	4 26 12	21 38 22	14 28 26	17 53 45	17 21 5
14	13 5 57	6 21 12	13 1 32	6 9 59	18 54 51	23 9 7	11 0 33	8 10 16	23 26 52	4 27 9	21 38 17	14 28 53	17 53 45	17 21 23
15	13 10 26	6 51 25	13 3 58	6 25 40	18 54 56	23 9 4	11 1 1	8 7 27	23 26 43	4 28 5	21 38 11	14 29 20	17 53 46	17 21 41
16	13 14 56	7 21 29	13 6 24	6 41 19	18 55 2	23 9 0	11 1 29	8 4 39	23 26 34	4 29 2	21 38 6	14 29 46	17 53 47	17 21 59
17	13 19 27	7 51 24	13 8 51	6 56 57	18 55 9	23 8 55	11 1 57	8 1 51	23 26 26	4 29 58	21 38 1	14 30 12	17 53 48	17 22 16
18	13 23 58	8 21 9	13 11 18	7 12 33	18 55 16	23 8 48	11 2 25	7 59 3	23 26 17	4 30 54	21 37 56	14 30 38	17 53 49	17 22 34
19	13 28 29	8 50 44	13 13 45	7 28 7	18 55 25	23 8 41	11 2 53	7 56 16	23 26 8	4 31 50	21 37 51	14 31 3	17 53 50	17 22 52
20	13 33 2	9 20 8	13 16 12	7 43 39	18 55 34	23 8 32	11 3 21	7 53 29	23 25 59	4 32 46	21 37 46	14 31 28	17 53 52	17 23 10
21	13 37 35	9 49 21	13 18 40	7 59 8	18 55 44	23 8 22	11 3 49	7 50 43	23 25 50	4 33 41	21 37 41	14 31 52	17 53 53	17 23 28
22	13 42 8	10 18 20	13 21 9	8 14 36	18 55 55	23 8 11	11 4 16	7 47 57	23 25 42	4 34 37	21 37 36	14 32 16	17 53 55	17 23 46
23	13 46 43	10 47 7	13 23 38	8 30 2	18 56 7	23 7 59	11 4 44	7 45 11	23 25 33	4 35 32	21 37 32	14 32 39	17 53 56	17 24 4
24	13 51 18	11 15 39	13 26 7	8 45 25	18 56 20	23 7 46	11 5 12	7 42 26	23 25 24	4 36 27	21 37 27	14 33 2	17 53 58	17 24 22
25	13 55 54	11 43 57	13 28 36	9 0 45	18 56 33	23 7 32	11 5 39	7 39 42	23 25 16	4 37 21	21 37 23	14 33 25	17 54 0	17 24 40
26	14 0 31	12 11 59	13 31 7	9 16 3	18 56 47	23 7 16	11 6 6	7 36 58	23 25 7	4 38 16	21 37 18	14 33 47	17 54 2	17 24 58
27	14 5 9	12 39 45	13 33 37	9 31 18	18 57 2	23 7 0	11 6 34	7 34 15	23 24 58	4 39 10	21 37 14	14 34 9	17 54 5	17 25 16
28	14 9 47	13 7 13	13 36 8	9 46 30	18 57 18	23 6 42	11 7 1	7 31 32	23 24 50	4 40 3	21 37 10	14 34 30	17 54 7	17 25 34
29	14 14 27	13 34 24	13 38 39	10 1 39	18 57 34	23 6 22	11 7 28	7 28 51	23 24 42	4 40 56	21 37 5	14 34 51	17 54 10	17 25 52
30	14 19 8	14S 1 16	13 41 11	10S16 44	18 57 52	23S 6 2	11 7 55	7N26 9	23 24 33	4S41 49	21 37 1	14S35 11	17 54 12	17S26 10

OCTOBER 2008

DAY	SIDEREAL TIME h m s	☉ SUN LONG ° ' "	MOT ' "	R.A. h m s	DECL ° ' "	☽ MOON AT 0 HOURS LONG ° ' "	12h MOT ° ' "	2DIF "	R.A. h m s	DECL ° ' "	☽ MOON AT 12 HOURS LONG ° ' "	12h MOT ° ' "	2DIF "	R.A. h m s	DECL ° ' "
1 W	0 40 24	13♍19 14	59 2	12 30 4.5	3S14 50	2♎48 36	6 14 44	-103	13 35 40	15S 7 27	9♎ 3 20	6 11 21	-99	13 59 40	17S29 8
2 Th	0 44 20	14 18 16	59 4	12 33 41.9	3 38 5	15 14 40	6 8 6	-94	14 24 3	19 38 31	21 22 47	6 5 5	-86	14 48 50	21 34 15
3 F	0 48 17	15 17 19	59 6	12 37 19.6	4 1 18	27 27 51	6 2 21	-77	15 14 2	23 15 4	3♏30 12	5 59 57	-66	15 39 38	24 39 51
4 S	0 52 13	16 16 25	59 7	12 40 57.6	4 24 28	9♏30 9	5 57 57	-53	16 5 35	25 47 38	15 28 6	5 56 26	-38	16 31 51	26 37 36
5 Su	0 56 10	17 15 32	59 9	12 44 36.0	4 47 34	21 24 32	5 55 25	-22	16 58 20	27 9 8	27 19 57	5 54 58	-5	17 24 55	27 21 54
6 M	1 0 7	18 14 41	59 11	12 48 14.8	5 10 37	3♐14 54	5 55 6	14	17 51 32	27 15 43	9♐10 0	5 55 52	33	18 18 3	26 50 42
7 Tu	1 4 3	19 13 52	59 13	12 51 53.9	5 33 36	15 5 52	5 57 17	52	18 44 23	26 7 9	21 3 8	5 59 22	72	19 10 26	25 5 36
8 W	1 8 0	20 13 5	59 15	12 55 33.4	5 56 31	27 2 30	6 2 7	92	19 36 11	23 46 44	3♑ 4 37	6 5 31	112	20 1 33	22 11 23
9 Th	1 11 56	21 12 19	59 16	12 59 13.4	6 19 20	9♑10 7	6 9 33	130	20 26 34	20 20 30	15 19 40	6 14 12	147	20 51 14	18 15 8
10 F	1 15 53	22 11 35	59 18	13 2 53.7	6 42 5	21 33 52	6 19 23	163	21 15 35	15 56 27	27 53 15	6 25 3	176	21 39 41	13 25 39
11 S	1 19 49	23 10 53	59 20	13 6 34.5	7 4 44	4♒18 18	6 31 6	186	22 3 38	10 44 6	10♒49 24	6 37 26	192	22 27 30	7 53 12
12 Su	1 23 46	24 10 13	59 22	13 10 15.8	7 27 17	17 26 50	6 43 54	194	22 51 24	4 54 35	24 10 44	6 50 22	191	23 15 27	1 50 1
13 M	1 27 42	25 9 35	59 24	13 13 57.6	7 49 45	1♓ 1 5	6 56 40	184	23 39 48	1N18 32	7♓57 45	7 2 37	171	0 4 33	4N28 49
14 Tu	1 31 39	26 8 59	59 26	13 17 39.9	8 12 5	15 0 22	7 8 4	153	0 29 52	7 38 23	22 8 26	7 12 51	131	0 55 51	10 44 26
15 W	1 35 36	27 8 24	59 28	13 21 22.7	8 34 19	29 21 16	7 16 48	105	1 22 38	13 43 59	6♈38 5	7 19 50	76	1 50 20	16 33 44
16 Th	1 39 32	28 7 52	59 30	13 25 6.1	8 56 26	13♈57 55	7 21 53	46	2 19 1	19 10 17	21 19 47	7 22 53	15	2 48 42	21 30 9
17 F	1 43 29	29 7 22	59 32	13 28 50.1	9 18 25	28 42 40	7 22 52	-15	3 19 21	23 29 57	6♉ 5 32	7 21 54	-42	3 50 51	25 6 38
18 S	1 47 25	0♎ 6 54	59 34	13 32 34.7	9 40 16	13♉27 25	7 20 4	-66	4 23 1	26 17 37	20 47 29	7 17 29	-86	4 55 37	27 1 6
19 Su	1 51 22	1 6 28	59 37	13 36 19.9	10 1 59	28 4 58	7 14 19	-102	5 28 20	27 16 9	5♊19 16	7 10 41	-113	6 0 50	27 2 47
20 M	1 55 18	2 6 4	59 39	13 40 5.8	10 23 33	12♊29 57	7 6 45	-121	6 32 51	26 22 0	19 36 43	7 2 39	-124	7 4 7	25 15 33
21 Tu	1 59 15	3 5 43	59 41	13 43 52.3	10 44 58	26 39 22	6 58 30	-124	7 34 28	23 45 49	3♋37 51	6 54 22	-122	8 3 46	21 55 31
22 W	2 3 11	4 5 24	59 44	13 47 39.5	11 6 14	10♋32 13	6 50 21	-118	8 31 59	19 47 36	17 22 35	6 46 30	-113	8 59 11	17 24 57
23 Th	2 7 8	5 5 7	59 46	13 51 27.4	11 27 19	24 9 5	6 42 50	-107	9 25 23	14 50 23	0♌51 55	6 39 22	-101	9 50 44	12 6 31
24 F	2 11 5	6 4 53	59 48	13 55 16.1	11 48 15	7♌31 18	6 36 6	-95	10 15 20	9 15 49	14 7 24	6 33 0	-91	10 39 20	6 20 31
25 S	2 15 1	7 4 41	59 50	13 59 5.4	12 9 0	20 40 24	6 30 4	-86	11 2 51	3 22 42	27 10 28	6 27 15	-83	11 26 2	0 24 17
26 Su	2 18 58	8 4 31	59 52	14 2 55.5	12 29 33	3♍37 43	6 24 31	-81	11 49 1	2S32 53	10♍ 2 14	6 21 51	-79	12 11 55	5S27 6
27 M	2 22 54	9 4 23	59 54	14 6 46.3	12 49 56	16 24 5	6 19 14	-78	12 34 52	8 16 40	22 43 19	6 16 38	-78	12 57 58	10 59 58
28 Tu	2 26 51	10 4 18	59 56	14 10 37.8	13 10 6	28 59 58	6 14 4	-77	13 21 18	13 35 24	5♎14 2	6 11 30	-76	13 44 58	16 1 25
29 W	2 30 47	11 4 14	59 58	14 14 30.2	13 30 4	11♎25 32	6 8 59	-75	14 9 2	18 16 28	17 34 31	6 6 31	-73	14 33 30	20 19 5
30 Th	2 34 44	12 4 12	60 0	14 18 23.3	13 49 49	23 41 1	6 4 8	-70	14 58 26	22 7 50	29 45 9	6 1 52	-65	15 23 49	23 41 27
31 F	2 38 40	13♎ 4 12	60 2	14 22 17.1	14S 9 21	5♏47 1	5 59 47	-59	15 49 35	24S58 44	11♏46 48	5 57 56	-52	16 15 42	25S58 43

LUNAR INGRESSES
3 ☽ ♏ 5:02
5 ☽ ♐ 17:25
8 ☽ ♑ 5:54
10 ☽ ♒ 15:58
12 ☽ ♓ 22:14
15 ☽ ♈ 1:04
17 ☽ ♉ 2:06
19 ☽ ♊ 3:10
21 ☽ ♋ 5:44
23 ☽ ♌ 10:27
25 ☽ ♍ 17:15
28 ☽ ♎ 1:55
30 ☽ ♏ 12:30

PLANET INGRESSES
14 ♀ ♏ 12:58
17 ☉ ♎ 21:13

STATIONS
15 ☿ D 20:07

DATA FOR THE 1st AT 0 HOURS
JULIAN DAY 39720.5
☽ MEAN ☊ 20°♑ 58' 1"
OBLIQUITY 23° 26' 24"
DELTA T 69.2 SECONDS
NUTATION LONGITUDE 11.1"

DAY MO YR	☿ LONG ° ' "	♀ LONG ° ' "	♂ LONG ° ' "	♃ LONG ° ' "	♄ LONG ° ' "	♅ LONG ° ' "	♆ LONG ° ' "	♇ LONG ° ' "	☊ LONG ° '	A.S.S.I. h m s	S.S.R.Y. h m s	S.V.P. ♓ ° ' "	☿ MERCURY R.A. h m s	DECL ° ' "
1 275	25♍17R11	13♎31 23	2♎58 59	18♐29 14	20♌23 16	25♒ 6R29	26♑52R59	3♐45 21	22♑30	15 42 21	29 58 8	5 8 4.0	13 9 9	11S 3 21
2 276	24 25 17	14 44 31	3 39 23	18 33 35	20 30 25	25 4 15	26 52 0	3 46 3	22 20	15 46 55	29 59 10	5 8 4.0	13 6 10	10 34 32
3 277	23 27 14	15 57 39	4 19 49	18 38 5	20 37 32	25 2 2	26 51 2	3 46 48	22 11	15 51 28	30 0 11	5 8 3.9	13 2 50	10 1 31
4 278	22 24 1	17 10 46	5 0 19	18 42 47	20 44 38	24 59 50	26 50 6	3 47 33	22 03	15 56 2	30 1 10	5 8 3.7	12 59 15	9 24 43
5 279	21 16 53	18 23 51	5 40 52	18 47 39	20 51 42	24 57 40	26 49 12	3 48 21	21 57	16 0 36	30 2 4	5 8 3.5	12 55 28	8 44 40
6 280	20 7 22	19 36 55	6 21 29	18 52 41	20 58 43	24 55 31	26 48 19	3 49 11	21 54	16 5 11	30 2 50	5 8 3.4	12 51 36	8 2 6
7 281	18 57 12	20 49 58	7 2 8	18 57 53	21 5 42	24 53 23	26 47 28	3 50 2	21 52	16 9 46	30 3 25	5 8 3.2	12 47 44	7 17 55
8 282	17 48 16	22 2 59	7 42 51	19 3 15	21 12 40	24 51 16	26 46 39	3 50 56	21 53	16 14 22	30 3 48	5 8 3.0	12 43 59	6 33 8
9 283	16 42 32	23 15 59	8 23 36	19 8 47	21 19 34	24 49 11	26 45 52	3 51 51	21 53	16 18 59	30 3 56	5 8 2.9	12 40 28	5 48 50
10 284	15 41 52	24 28 58	9 4 25	19 14 30	21 26 27	24 47 8	26 45 6	3 52 47	21 54	16 23 35	30 3 50	5 8 2.8	12 37 16	5 6 8
11 285	14 48 1	25 41 55	9 45 17	19 20 21	21 33 17	24 45 6	26 44 22	3 53 46	21 53	16 28 13	30 3 30	5 8 2.7	12 34 29	4 26 5
12 286	14 2 27	26 54 50	10 26 12	19 26 23	21 40 5	24 43 6	26 43 39	3 54 46	21 50	16 32 51	30 2 58	5 8 2.6	12 32 13	3 49 38
13 287	13 26 24	28 7 44	11 7 11	19 32 34	21 46 50	24 41 7	26 42 59	3 55 48	21 45	16 37 29	30 2 15	5 8 2.6	12 30 31	3 17 34
14 288	13 0 42	29 20 37	11 48 12	19 38 55	21 53 33	24 39 11	26 42 20	3 56 52	21 37	16 42 9	30 1 25	5 8 2.6	12 29 26	2 50 31
15 289	12 45D53	0♏33 28	12 29 17	19 45 25	22 0 13	24 37 16	26 41 43	3 57 57	21 28	16 46 49	30 0 30	5 8 2.6	12 28 58	2 28 53
16 290	12 42 9	1 46 17	13 10 24	19 52 4	22 6 50	24 35 22	26 41 8	3 59 5	21 17	16 51 29	29 59 33	5 8 2.5	12 29 9	2 12 56
17 291	12 49 22	2 59 5	13 51 36	19 58 53	22 13 24	24 33 31	26 40 35	4 0 14	21 07	16 56 11	29 58 36	5 8 2.3	12 29 58	2 2 42
18 292	13 7 14	4 11 52	14 32 50	20 5 50	22 19 56	24 31 41	26 40 3	4 1 24	20 59	17 0 53	29 57 42	5 8 2.1	12 31 24	1 58 7
19 293	13 35 12	5 24 37	15 14 8	20 12 57	22 26 25	24 29 54	26 39 34	4 2 36	20 52	17 5 36	29 56 53	5 8 1.9	12 33 24	1 58 59
20 294	14 12 35	6 37 20	15 55 29	20 20 13	22 32 50	24 28 8	26 39 6	4 3 50	20 49	17 10 20	29 56 10	5 8 1.6	12 35 57	2 5 0
21 295	14 58 37	7 50 2	16 36 54	20 27 37	22 39 13	24 26 25	26 38 41	4 5 6	20 47	17 15 4	29 55 36	5 8 1.4	12 38 59	2 15 48
22 296	15 52 30	9 2 43	17 18 22	20 35 10	22 45 33	24 24 43	26 38 17	4 6 23	20 47	17 19 50	29 55 11	5 8 1.2	12 42 27	2 30 58
23 297	16 53 23	10 15 22	17 59 53	20 42 52	22 51 49	24 23 4	26 37 55	4 7 42	20 47	17 24 36	29 54 58	5 8 1.1	12 46 19	2 50 5
24 298	18 0 27	11 28 0	18 41 28	20 50 43	22 58 2	24 21 27	26 37 35	4 9 2	20 46	17 29 23	29 54 56	5 8 1.0	12 50 32	3 12 43
25 299	19 12 55	12 40 36	19 23 6	20 58 42	23 4 12	24 19 52	26 37 17	4 10 24	20 43	17 34 11	29 55 7	5 8 0.9	12 55 4	3 38 26
26 300	20 30 3	13 53 11	20 4 48	21 6 49	23 10 19	24 18 20	26 37 1	4 11 47	20 37	17 39 0	29 55 31	5 8 0.9	12 59 51	4 6 50
27 301	21 51 11	15 5 44	20 46 32	21 15 5	23 16 21	24 16 49	26 36 47	4 13 12	20 28	17 43 50	29 56 7	5 8 0.9	13 4 52	4 37 31
28 302	23 15 41	16 18 16	21 28 21	21 23 29	23 22 21	24 15 21	26 36 35	4 14 39	20 16	17 48 41	29 56 53	5 8 0.8	13 10 5	5 10 8
29 303	24 43 2	17 30 45	22 10 12	21 32 1	23 28 16	24 13 56	26 36 25	4 16 7	20 02	17 53 33	29 57 49	5 8 0.7	13 15 28	5 44 21
30 304	26 12 43	18 43 13	22 52 7	21 40 42	23 34 8	24 12 33	26 36 17	4 17 37	19 48	17 58 26	29 58 51	5 8 0.6	13 20 59	6 19 52
31 305	27♍44 21	19♏55 39	23♎34 5	21♐49 30	23♌39 57	24♒11 12	26♑36 11	4♐19 8	19♑34	18 3 20	29 59 58	5 8 0.5	13 26 37	6S56 26

DAY Oct	♀ VENUS R.A. h m s	DECL ° ' "	♂ MARS R.A. h m s	DECL ° ' "	♃ JUPITER R.A. h m s	DECL ° ' "	♄ SATURN R.A. h m s	DECL ° ' "	♅ URANUS R.A. h m s	DECL ° ' "	♆ NEPTUNE R.A. h m s	DECL ° ' "	♇ PLUTO R.A. h m s	DECL ° ' "
1	14 23 49	14S27 49	13 43 43	10S31 46	18 58 10	23S 5 40	11 8 22	7N23 29	23 24 25	4S42 41	21 36 57	14S35 31	17 54 15	17S26 28
2	14 28 32	14 54 1	13 46 16	10 46 45	18 58 29	23 5 18	11 8 49	7 20 49	23 24 17	4 43 33	21 36 53	14 35 50	17 54 18	17 26 45
3	14 33 16	15 19 52	13 48 49	11 1 40	18 58 48	23 4 53	11 9 15	7 18 10	23 24 8	4 44 24	21 36 50	14 36 9	17 54 21	17 27 3
4	14 38 1	15 45 22	13 51 23	11 16 32	18 59 8	23 4 28	11 9 42	7 15 32	23 24 0	4 45 15	21 36 46	14 36 27	17 54 24	17 27 21
5	14 42 46	16 10 29	13 53 57	11 31 19	18 59 29	23 4 2	11 10 8	7 12 54	23 23 52	4 46 5	21 36 43	14 36 44	17 54 28	17 27 38
6	14 47 33	16 35 13	13 56 32	11 46 2	18 59 51	23 3 34	11 10 35	7 10 18	23 23 44	4 46 55	21 36 39	14 37 1	17 54 31	17 27 56
7	14 52 21	16 59 33	13 59 7	12 0 42	19 0 14	23 3 5	11 11 1	7 7 42	23 23 36	4 47 44	21 36 36	14 37 18	17 54 35	17 28 14
8	14 57 11	17 23 28	14 1 42	12 15 16	19 0 37	23 2 34	11 11 27	7 5 8	23 23 29	4 48 33	21 36 33	14 37 34	17 54 38	17 28 31
9	15 2 1	17 46 57	14 4 18	12 29 47	19 1 1	23 2 3	11 11 53	7 2 34	23 23 21	4 49 21	21 36 30	14 37 49	17 54 42	17 28 49
10	15 6 52	18 10 0	14 6 55	12 44 12	19 1 26	23 1 30	11 12 18	7 0 1	23 23 13	4 50 8	21 36 27	14 38 4	17 54 46	17 29 6
11	15 11 45	18 32 36	14 9 32	12 58 33	19 1 51	23 0 56	11 12 44	6 57 30	23 23 6	4 50 54	21 36 24	14 38 18	17 54 50	17 29 23
12	15 16 39	18 54 44	14 12 9	13 12 49	19 2 17	23 0 20	11 13 10	6 54 59	23 22 58	4 51 40	21 36 21	14 38 32	17 54 54	17 29 41
13	15 21 34	19 16 24	14 14 47	13 27 0	19 2 44	22 59 44	11 13 35	6 52 29	23 22 51	4 52 26	21 36 18	14 38 45	17 54 59	17 29 58
14	15 26 30	19 37 34	14 17 26	13 41 6	19 3 11	22 59 5	11 14 0	6 50 1	23 22 44	4 53 10	21 36 16	14 38 57	17 55 3	17 30 15
15	15 31 27	19 58 14	14 20 5	13 55 6	19 3 39	22 58 26	11 14 25	6 47 34	23 22 37	4 53 54	21 36 13	14 39 9	17 55 8	17 30 32
16	15 36 25	20 18 23	14 22 45	14 9 1	19 4 8	22 57 45	11 14 50	6 45 7	23 22 30	4 54 37	21 36 11	14 39 20	17 55 12	17 30 49
17	15 41 25	20 38 0	14 25 25	14 22 51	19 4 38	22 57 3	11 15 14	6 42 42	23 22 23	4 55 19	21 36 9	14 39 31	17 55 17	17 31 5
18	15 46 25	20 57 6	14 28 5	14 36 35	19 5 8	22 56 19	11 15 39	6 40 18	23 22 16	4 56 1	21 36 7	14 39 41	17 55 22	17 31 22
19	15 51 27	21 15 38	14 30 47	14 50 13	19 5 38	22 55 35	11 16 3	6 37 55	23 22 9	4 56 41	21 36 5	14 39 50	17 55 27	17 31 39
20	15 56 30	21 33 38	14 33 28	15 3 45	19 6 10	22 54 48	11 16 27	6 35 34	23 22 3	4 57 21	21 36 3	14 39 59	17 55 32	17 31 55
21	16 1 34	21 51 2	14 36 11	15 17 10	19 6 42	22 54 1	11 16 51	6 33 13	23 21 56	4 58 0	21 36 2	14 40 7	17 55 37	17 32 12
22	16 6 40	22 7 52	14 38 54	15 30 30	19 7 14	22 53 12	11 17 15	6 30 54	23 21 50	4 58 38	21 36 0	14 40 15	17 55 43	17 32 28
23	16 11 46	22 24 7	14 41 37	15 43 43	19 7 48	22 52 21	11 17 38	6 28 37	23 21 44	4 59 16	21 35 59	14 40 22	17 55 48	17 32 44
24	16 16 53	22 39 45	14 44 21	15 56 50	19 8 22	22 51 29	11 18 2	6 26 20	23 21 38	4 59 52	21 35 57	14 40 28	17 55 54	17 33 0
25	16 22 2	22 54 46	14 47 6	16 9 49	19 8 56	22 50 36	11 18 25	6 24 5	23 21 32	5 0 28	21 35 56	14 40 34	17 56 0	17 33 16
26	16 27 11	23 9 10	14 49 51	16 22 42	19 9 31	22 49 41	11 18 48	6 21 52	23 21 26	5 1 2	21 35 55	14 40 39	17 56 5	17 33 32
27	16 32 21	23 22 56	14 52 37	16 35 28	19 10 7	22 48 45	11 19 10	6 19 40	23 21 21	5 1 36	21 35 54	14 40 44	17 56 11	17 33 48
28	16 37 32	23 36 3	14 55 24	16 48 6	19 10 43	22 47 47	11 19 33	6 17 30	23 21 15	5 2 9	21 35 53	14 40 47	17 56 17	17 34 4
29	16 42 44	23 48 31	14 58 11	17 0 37	19 11 20	22 46 48	11 19 55	6 15 21	23 21 10	5 2 40	21 35 53	14 40 50	17 56 23	17 34 19
30	16 47 57	24 0 19	15 0 58	17 13 0	19 11 57	22 45 47	11 20 17	6 13 13	23 21 5	5 3 11	21 35 52	14 40 53	17 56 30	17 34 34
31	16 53 11	24S11 27	15 3 46	17S25 16	19 12 35	22S44 45	11 20 39	6N11 7	23 21 0	5S 3 41	21 35 52	14S40 55	17 56 36	17S34 49

DAY	SIDEREAL TIME h m s	☉ SUN LONG ° ' "	MOT ' "	R.A. h m s	DECL ° ' "	☽ MOON AT 0 HOURS LONG ° ' "	12h MOT ° ' "	2DIF	R.A. h m s	DECL ° ' "	☽ MOON AT 12 HOURS LONG ° ' "	12h MOT ° ' "	2DIF	R.A. h m s	DECL ° ' "
1 S	2 42 37	14♎ 4 14	60 4	14 26 11.8	14S28 39	17♏44 44	5 56 21	-42	16 42 5	26S40 40	23♏41 5	5 55 7	-31	17 8 37	27S 4 2
2 Su	2 46 34	15 4 17	60 5	14 30 7.3	14 47 43	29 36 12	5 54 16	-19	17 35 11	27 8 38	5♐30 28	5 53 53	-4	18 1 41	26 54 28
3 M	2 50 30	16 4 23	60 7	14 34 3.5	15 6 33	11♐24 21	5 53 59	12	18 27 59	26 21 52	17 18 20	5 54 39	29	18 53 59	25 31 22
4 Tu	2 54 27	17 4 29	60 9	14 38 0.6	15 25 8	23 12 59	5 55 55	47	19 19 39	24 23 41	29 8 54	5 57 49	67	19 44 54	22 59 43
5 W	2 58 23	18 4 38	60 10	14 41 58.5	15 43 27	5♑ 6 42	6 0 22	87	20 9 44	21 20 25	11♑ 7 4	6 3 37	108	20 34 10	19 26 52
6 Th	3 2 20	19 4 48	60 12	14 45 57.1	16 1 31	17 10 41	6 7 33	128	20 58 13	17 20 8	23 18 15	6 12 11	149	21 21 57	15 1 21
7 F	3 6 16	20 4 59	60 13	14 49 56.6	16 19 19	29 30 26	6 17 28	168	21 45 27	12 31 39	5♒47 54	6 23 23	186	22 8 48	9 52 14
8 S	3 10 13	21 5 12	60 15	14 53 56.9	16 36 50	12♒11 17	6 29 51	201	22 32 7	7 4 22	18 41 8	6 36 46	213	22 55 32	4 9 24
9 Su	3 14 9	22 5 27	60 16	14 57 58.1	16 54 4	25 17 54	6 44 2	221	23 19 9	1 8 53	2♓ 1 55	6 51 29	224	23 43 9	1N55 30
10 M	3 18 6	23 5 43	60 18	15 2 0.0	17 11 1	8♓53 25	6 58 58	221	0 7 39	5N 1 45	15 52 22	7 6 15	213	0 32 49	8 7 36
11 Tu	3 22 3	24 6 1	60 19	15 6 2.8	17 27 41	22 58 37	7 13 8	197	0 58 48	11 10 26	0♈11 45	7 19 23	175	1 25 44	14 7 15
12 W	3 25 59	25 6 20	60 21	15 10 6.5	17 44 2	7♈31 8	7 24 48	147	1 53 44	16 54 42	14 55 56	7 29 11	113	2 22 53	19 29 7
13 Th	3 29 56	26 6 40	60 23	15 14 11.0	18 0 5	22 25 6	7 32 22	76	2 53 13	21 46 42	29 57 28	7 34 15	36	3 24 42	23 43 36
14 F	3 33 52	27 7 3	60 24	15 18 16.3	18 15 49	7♉31 42	7 34 47	-4	3 57 10	25 16 16	15♉ 6 30	7 34 1	-42	4 30 25	26 21 43
15 S	3 37 49	28 7 27	60 26	15 22 22.5	18 31 15	22 40 30	7 31 59	-77	5 4 7	26 57 53	0♊12 29	7 28 51	-108	5 37 55	27 3 46
16 Su	3 41 45	29 7 52	60 28	15 26 29.5	18 46 20	7♊41 20	7 24 47	-133	6 11 25	26 39 36	15 6 7	7 19 57	-153	6 44 17	25 46 48
17 M	3 45 42	0♏ 8 20	60 30	15 30 37.4	19 1 6	22 26 4	7 14 35	-166	7 16 14	24 27 41	29 40 39	7 8 52	-174	7 47 3	22 45 17
18 Tu	3 49 38	1 8 49	60 31	15 34 46.2	19 15 32	6♋49 32	7 3 0	-177	8 16 40	20 42 57	13♋52 31	6 57 6	-175	8 45 4	18 24 9
19 W	3 53 35	2 9 21	60 33	15 38 55.8	19 29 37	20 49 37	6 51 20	-170	9 12 17	15 52 11	27 40 57	6 45 47	-162	9 38 26	13 10 9
20 Th	3 57 32	3 9 54	60 35	15 43 6.2	19 43 20	4♌26 44	6 40 33	-152	10 3 40	10 20 49	11♌ 7 17	6 35 38	-141	10 28 6	7 26 42
21 F	4 1 28	4 10 29	60 37	15 47 17.5	19 56 43	17 42 55	6 31 7	-130	10 51 54	4 29 57	24 14 2	6 26 58	-119	11 15 13	1 32 33
22 S	4 5 25	5 11 5	60 38	15 51 29.5	20 9 43	0♍41 0	6 23 11	-108	11 38 12	1S23 44	7♍ 4 11	6 19 45	-98	12 1 0	4S17 18
23 Su	4 9 21	6 11 44	60 40	15 55 42.4	20 22 22	13 23 56	6 16 39	-89	12 23 45	7 6 38	19 40 35	6 13 50	-81	12 46 34	9 50 16
24 M	4 13 18	7 12 24	60 42	15 59 56.1	20 34 38	25 54 24	6 11 16	-73	13 9 34	12 26 46	2♎ 5 41	6 8 56	-67	13 32 51	14 54 43
25 Tu	4 17 14	8 13 5	60 43	16 4 10.6	20 46 31	8♎14 36	6 6 47	-62	13 56 29	17 12 42	14 21 23	6 4 48	-57	14 20 33	19 19 19
26 W	4 21 11	9 13 48	60 45	16 8 25.8	20 58 1	20 26 11	6 2 58	-53	14 45 5	21 13 9	26 29 9	6 1 16	-49	15 10 5	22 52 52
27 Th	4 25 7	10 14 33	60 46	16 12 41.8	21 9 7	2♏30 25	5 59 42	-45	15 35 33	24 17 11	8♏30 7	5 58 16	-41	16 1 25	25 24 59
28 F	4 29 4	11 15 19	60 47	16 16 58.5	21 19 49	14 28 23	5 56 59	-36	16 27 38	26 15 18	20 25 22	5 55 53	-30	16 54 5	26 47 26
29 S	4 33 1	12 16 6	60 49	16 21 15.9	21 30 7	26 21 14	5 54 59	-23	17 20 38	27 0 58	2♐16 13	5 54 19	-16	17 47 11	26 55 44
30 Su	4 36 57	13♏16 54	60 50	16 25 34.0	21S40 1	8♐10 32	5 53 56	-7	18 13 35	26S31 56	14♐ 4 28	5 53 52	4	18 39 44	25S50 2

LUNAR INGRESSES
2 ☽ ♐ 0:48
4 ☽ ♑ 13:43
7 ☽ ♒ 0:57
9 ☽ ♓ 8:24
11 ☽ ♈ 11:40
13 ☽ ♉ 12:04
15 ☽ ♊ 11:40
17 ☽ ♋ 12:32
19 ☽ ♌ 16:06
21 ☽ ♍ 22:43
24 ☽ ♎ 7:56
26 ☽ ♏ 19:00
29 ☽ ♐ 7:24

PLANET INGRESSES
1 ☿ ♎ 10:50
8 ♀ ♐ 8:44
9 ♂ ♏ 3:16
16 ☉ ♏ 20:42
20 ☿ ♏ 1:34

STATIONS
2 ♆ D 6:40
27 ♅ D 16:09

DATA FOR THE 1st AT 0 HOURS
JULIAN DAY 39751.5
☽ MEAN ☊ 19°♑ 19' 27"
OBLIQUITY 23° 26' 24"
DELTA T 69.3 SECONDS
NUTATION LONGITUDE 10.9"

DAY MO	YR	☿ LONG ° ' "	♀ LONG ° ' "	♂ LONG ° ' "	♃ LONG ° ' "	♄ LONG ° ' "	♅ LONG ° ' "	♆ LONG ° ' "	♇ LONG ° ' "	☊ LONG ° '	A.S.S.I. h m s	S.S.R.Y. h m s	S.V.P. ♓ ° ' "	☿ MERCURY R.A. h m s	DECL ° ' "
1	306	29♍17 32	21♏ 8 3	24♎16 7	21♐58 26	23♌45 41	24♒ 9R54	26♑36R 8	4♐20 40	19♑22	18 8 15	30 1 7	5 8 0.3	13 32 21	7S33 47
2	307	0♎51 57	22 20 25	24 58 12	22 7 29	23 51 21	24 8 39	26 36D 6	4 22 14	19 12	18 13 11	30 2 12	5 8 0.0	13 38 11	8 11 43
3	308	2 27 21	23 32 45	25 40 20	22 16 41	23 56 58	24 7 26	26 36 6	4 23 49	19 06	18 18 7	30 3 13	5 7 59.8	13 44 4	8 50 3
4	309	4 3 31	24 45 2	26 22 31	22 25 59	24 2 30	24 6 15	26 36 8	4 25 26	19 02	18 23 5	30 4 7	5 7 59.6	13 50 2	9 28 37
5	310	5 40 13	25 57 17	27 4 45	22 35 26	24 7 58	24 5 8	26 36 13	4 27 4	19 00	18 28 4	30 4 50	5 7 59.4	13 56 2	10 7 15
6	311	7 17 19	27 9 30	27 47 2	22 44 59	24 13 22	24 4 3	26 36 19	4 28 43	19 00	18 33 4	30 5 22	5 7 59.3	14 2 5	10 45 51
7	312	8 54 40	28 21 40	28 29 23	22 54 39	24 18 42	24 3 0	26 36 28	4 30 24	19 00	18 38 5	30 5 41	5 7 59.2	14 8 10	11 24 17
8	313	10 32 10	29 33 47	29 11 47	23 4 27	24 23 57	24 2 1	26 36 38	4 32 5	18 59	18 43 7	30 5 46	5 7 59.1	14 14 17	12 2 27
9	314	12 9 44	0♐45 51	29 54 14	23 14 21	24 29 8	24 1 4	26 36 51	4 33 48	18 55	18 48 10	30 5 40	5 7 59.0	14 20 26	12 40 16
10	315	13 47 16	1 57 52	0♏36 44	23 24 23	24 34 15	24 0 10	26 37 5	4 35 33	18 50	18 53 14	30 5 22	5 7 59.0	14 26 37	13 17 39
11	316	15 24 44	3 9 51	1 19 17	23 34 31	24 39 16	23 59 19	26 37 22	4 37 18	18 41	18 58 19	30 4 53	5 7 58.9	14 32 49	13 54 33
12	317	17 2 5	4 21 46	2 1 53	23 44 45	24 44 14	23 58 30	26 37 40	4 39 5	18 31	19 3 25	30 4 16	5 7 58.8	14 39 2	14 30 52
13	318	18 39 16	5 33 38	2 44 33	23 55 6	24 49 7	23 57 45	26 38 1	4 40 53	18 19	19 8 32	30 3 32	5 7 58.6	14 45 17	15 6 35
14	319	20 16 16	6 45 27	3 27 16	24 5 34	24 53 55	23 57 2	26 38 24	4 42 42	18 08	19 13 40	30 2 44	5 7 58.4	14 51 34	15 41 38
15	320	21 53 3	7 57 12	4 10 2	24 16 8	24 58 38	23 56 22	26 38 49	4 44 32	17 58	19 18 50	30 1 54	5 7 58.1	14 57 51	16 15 58
16	321	23 29 38	9 8 55	4 52 51	24 26 48	25 3 17	23 55 45	26 39 16	4 46 23	17 50	19 24 0	30 1 3	5 7 57.8	15 4 10	16 49 34
17	322	25 6 0	10 20 33	5 35 44	24 37 34	25 7 51	23 55 11	26 39 44	4 48 15	17 46	19 29 11	30 0 14	5 7 57.5	15 10 30	17 22 21
18	323	26 42 8	11 32 9	6 18 40	24 48 26	25 12 19	23 54 40	26 40 15	4 50 9	17 44	19 34 24	29 59 29	5 7 57.3	15 16 52	17 54 20
19	324	28 18 3	12 43 41	7 1 39	24 59 25	25 16 43	23 54 12	26 40 48	4 52 3	17 43	19 39 37	29 58 52	5 7 57.1	15 23 15	18 25 27
20	325	29 53 45	13 55 9	7 44 42	25 10 29	25 21 2	23 53 47	26 41 23	4 53 58	17 44	19 44 52	29 58 25	5 7 56.9	15 29 40	18 55 40
21	326	1♏29 13	15 6 34	8 27 48	25 21 39	25 25 15	23 53 25	26 42 0	4 55 54	17 43	19 50 8	29 58 9	5 7 56.8	15 36 6	19 24 59
22	327	3 4 30	16 17 55	9 10 57	25 32 54	25 29 23	23 53 6	26 42 39	4 57 52	17 40	19 55 24	29 58 6	5 7 56.8	15 42 33	19 53 21
23	328	4 39 35	17 29 13	9 54 10	25 44 16	25 33 26	23 52 50	26 43 20	4 59 50	17 35	20 0 42	29 58 16	5 7 56.7	15 49 2	20 20 45
24	329	6 14 30	18 40 26	10 37 26	25 55 43	25 37 24	23 52 37	26 44 3	5 1 49	17 27	20 6 1	29 58 39	5 7 56.6	15 55 32	20 47 8
25	330	7 49 14	19 51 35	11 20 45	26 7 15	25 41 16	23 52 27	26 44 48	5 3 49	17 16	20 11 21	29 59 14	5 7 56.5	16 2 4	21 12 31
26	331	9 23 50	21 2 41	12 4 7	26 18 53	25 45 3	23 52 20	26 45 35	5 5 49	17 03	20 16 41	30 0 1	5 7 56.3	16 8 38	21 36 50
27	332	10 58 17	22 13 41	12 47 33	26 30 36	25 48 44	23 52D16	26 46 24	5 7 51	16 50	20 22 3	30 0 57	5 7 56.1	16 15 13	22 0 6
28	333	12 32 36	23 24 37	13 31 2	26 42 24	25 52 20	23 52 15	26 47 15	5 9 53	16 37	20 27 25	30 2 0	5 7 55.9	16 21 50	22 22 15
29	334	14 6 49	24 35 29	14 14 34	26 54 17	25 55 50	23 52 17	26 48 8	5 11 56	16 25	20 32 49	30 3 8	5 7 55.7	16 28 29	22 43 18
30	335	15♏40 57	25♐46 15	14♏58 9	27♐ 6 15	25♌59 14	23♒52 23	26♑49 3	5♐14 0	16♑16	20 38 13	30 4 18	5 7 55.4	16 35 9	23S 3 12

DAY Nov	♀ VENUS R.A. h m s	DECL ° ' "	♂ MARS R.A. h m s	DECL ° ' "	♃ JUPITER R.A. h m s	DECL ° ' "	♄ SATURN R.A. h m s	DECL ° ' "	♅ URANUS R.A. h m s	DECL ° ' "	♆ NEPTUNE R.A. h m s	DECL ° ' "	♇ PLUTO R.A. h m s	DECL ° ' "
1	16 58 26	24S21 54	15 6 35	17S37 23	19 13 13	22S43 41	11 21 0	6N 9 3	23 20 55	5S 4 9	21 35 52	14S40 56	17 56 42	17S35 4
2	17 3 41	24 31 40	15 9 25	17 49 23	19 13 52	22 42 35	11 21 22	6 7 0	23 20 50	5 4 37	21 35 52	14 40 56	17 56 49	17 35 19
3	17 8 56	24 40 45	15 12 15	18 1 14	19 14 32	22 41 29	11 21 43	6 4 59	23 20 46	5 5 4	21 35 52	14 40 56	17 56 56	17 35 34
4	17 14 13	24 49 8	15 15 5	18 12 57	19 15 12	22 40 20	11 22 3	6 3 0	23 20 41	5 5 29	21 35 52	14 40 55	17 57 2	17 35 49
5	17 19 29	24 56 48	15 17 56	18 24 32	19 15 53	22 39 10	11 22 24	6 1 2	23 20 37	5 5 54	21 35 52	14 40 53	17 57 9	17 36 3
6	17 24 47	25 3 46	15 20 48	18 35 57	19 16 34	22 37 58	11 22 44	5 59 6	23 20 33	5 6 17	21 35 52	14 40 51	17 57 16	17 36 18
7	17 30 4	25 10 0	15 23 41	18 47 14	19 17 15	22 36 45	11 23 4	5 57 12	23 20 29	5 6 40	21 35 53	14 40 48	17 57 23	17 36 32
8	17 35 22	25 15 32	15 26 34	18 58 22	19 17 57	22 35 31	11 23 24	5 55 20	23 20 25	5 7 1	21 35 54	14 40 45	17 57 30	17 36 46
9	17 40 40	25 20 20	15 29 27	19 9 20	19 18 40	22 34 14	11 23 44	5 53 30	23 20 22	5 7 21	21 35 54	14 40 41	17 57 37	17 37 0
10	17 45 59	25 24 24	15 32 21	19 20 9	19 19 23	22 32 56	11 24 3	5 51 41	23 20 19	5 7 40	21 35 55	14 40 36	17 57 45	17 37 13
11	17 51 17	25 27 45	15 35 16	19 30 48	19 20 7	22 31 37	11 24 22	5 49 54	23 20 15	5 7 58	21 35 57	14 40 31	17 57 52	17 37 27
12	17 56 35	25 30 21	15 38 11	19 41 18	19 20 51	22 30 15	11 24 40	5 48 9	23 20 12	5 8 15	21 35 58	14 40 24	17 57 59	17 37 40
13	18 1 54	25 32 14	15 41 7	19 51 38	19 21 35	22 28 53	11 24 59	5 46 26	23 20 9	5 8 31	21 35 59	14 40 18	17 58 7	17 37 53
14	18 7 12	25 33 22	15 44 4	20 1 48	19 22 20	22 27 28	11 25 17	5 44 45	23 20 7	5 8 45	21 36 1	14 40 10	17 58 14	17 38 6
15	18 12 30	25 33 47	15 47 1	20 11 48	19 23 5	22 26 2	11 25 35	5 43 6	23 20 4	5 8 59	21 36 2	14 40 2	17 58 22	17 38 19
16	18 17 48	25 33 27	15 49 59	20 21 37	19 23 51	22 24 34	11 25 52	5 41 29	23 20 2	5 9 11	21 36 4	14 39 53	17 58 30	17 38 32
17	18 23 5	25 32 23	15 52 57	20 31 17	19 24 37	22 23 5	11 26 10	5 39 54	23 20 0	5 9 22	21 36 6	14 39 44	17 58 38	17 38 44
18	18 28 22	25 30 35	15 55 56	20 40 45	19 25 24	22 21 34	11 26 26	5 38 21	23 19 58	5 9 32	21 36 8	14 39 33	17 58 46	17 38 56
19	18 33 39	25 28 3	15 58 56	20 50 3	19 26 11	22 20 1	11 26 43	5 36 50	23 19 56	5 9 41	21 36 10	14 39 23	17 58 54	17 39 8
20	18 38 55	25 24 48	16 1 56	20 59 9	19 26 59	22 18 27	11 26 59	5 35 21	23 19 54	5 9 48	21 36 12	14 39 11	17 59 2	17 39 20
21	18 44 10	25 20 48	16 4 57	21 8 5	19 27 46	22 16 51	11 27 15	5 33 54	23 19 54	5 9 55	21 36 15	14 38 59	17 59 10	17 39 32
22	18 49 25	25 16 5	16 7 58	21 16 49	19 28 34	22 15 14	11 27 31	5 32 29	23 19 52	5 10 0	21 36 17	14 38 47	17 59 18	17 39 44
23	18 54 39	25 10 39	16 11 0	21 25 22	19 29 23	22 13 33	11 27 46	5 31 7	23 19 51	5 10 4	21 36 20	14 38 33	17 59 26	17 39 55
24	18 59 53	25 4 30	16 14 3	21 33 43	19 30 12	22 11 52	11 28 1	5 29 47	23 19 50	5 10 7	21 36 23	14 38 20	17 59 34	17 40 6
25	19 5 5	24 57 39	16 17 6	21 41 53	19 31 1	22 10 9	11 28 16	5 28 28	23 19 49	5 10 9	21 36 26	14 38 5	17 59 43	17 40 17
26	19 10 16	24 50 5	16 20 9	21 49 50	19 31 50	22 8 24	11 28 30	5 27 13	23 19 49	5 10 9	21 36 29	14 37 50	17 59 51	17 40 28
27	19 15 27	24 41 49	16 23 13	21 57 36	19 32 40	22 6 38	11 28 44	5 25 59	23 19 48	5 10 8	21 36 32	14 37 34	18 0 0	17 40 38
28	19 20 36	24 32 51	16 26 18	22 5 9	19 33 31	22 4 50	11 28 58	5 24 48	23 19 48	5 10 6	21 36 36	14 37 17	18 0 8	17 40 48
29	19 25 45	24 23 12	16 29 24	22 12 30	19 34 22	22 3 0	11 29 11	5 23 39	23 19 48	5 10 3	21 36 39	14 37 0	18 0 17	17 40 58
30	19 30 52	24S12 53	16 32 29	22S19 38	19 35 13	22S 1 8	11 29 24	5N22 32	23 19 49	5S 9 58	21 36 42	14S36 42	18 0 25	17S41 8

DECEMBER 2008

DAY	SIDEREAL TIME (h m s)	☉ SUN LONG (° ' ")	SUN MOT (' ")	SUN R.A. (h m s)	SUN DECL (° ' ")	☽ MOON AT 0 HOURS LONG (° ' ")	12h MOT (° ' ")	2DIF	R.A. (h m s)	DECL (° ' ")	☽ MOON AT 12 HOURS LONG (° ' ")	12h MOT (° ' ")	2DIF	R.A. (h m s)	DECL (° ' ")
1 M	4 40 54	14♏17 43	60 51	16 29 52.8	21S49 30	19♐58 20	5 54 11	16	19 5 32	24S50 44	25♐52 31	5 54 55	29	19 30 53	23S34 57
2 Tu	4 44 50	15 18 34	60 52	16 34 12.2	21 58 33	1♑47 25	5 56 7	44	19 55 47	22 3 45	7♑43 32	5 57 49	60	20 20 12	20 18 17
3 W	4 48 47	16 19 25	60 52	16 38 32.2	22 7 11	13 41 20	6 0 5	77	20 44 10	18 19 46	19 41 25	6 2 56	95	21 7 42	16 9 25
4 Th	4 52 43	17 20 18	60 53	16 42 52.7	22 15 24	25 44 21	6 6 24	114	21 30 54	13 48 27	1♒50 45	6 10 30	133	21 53 49	11 18 3
5 F	4 56 40	18 21 11	60 54	16 47 13.9	22 23 11	8♒ 1 15	6 15 15	152	22 16 34	8 39 26	14 16 30	6 20 37	170	22 39 16	5 53 50
6 S	5 0 37	19 22 5	60 55	16 51 35.5	22 30 31	20 37 7	6 26 35	187	23 2 3	3 2 30	27 3 42	6 33 6	202	23 25 3	0 6 48
7 Su	5 4 33	20 22 59	60 55	16 55 57.7	22 37 25	3♓36 49	6 40 5	215	23 48 25	2N51 46	10♓16 54	6 47 26	223	0 12 18	5N51 28
8 M	5 8 30	21 23 55	60 56	17 0 20.3	22 43 53	17 4 19	6 54 59	227	0 36 51	8 50 21	23 59 18	7 2 35	226	1 2 15	11 46 7
9 Tu	5 12 26	22 24 51	60 57	17 4 43.4	22 49 54	1♈ 1 53	7 10 2	218	1 28 38	14 36 6	8♈11 55	7 17 7	203	1 56 10	17 17 17
10 W	5 16 23	23 25 48	60 58	17 9 6.9	22 55 28	15 29 2	7 23 36	182	2 24 57	19 46 11	22 52 38	7 29 15	154	2 55 1	21 59 6
11 Th	5 20 19	24 26 45	60 59	17 13 30.8	23 0 34	0♉21 52	7 33 52	120	3 26 22	23 52 8	7♉55 44	7 37 15	81	3 58 54	25 21 30
12 F	5 24 16	25 27 43	60 59	17 17 55.1	23 5 14	15 32 59	7 39 17	40	4 32 23	26 23 49	23 12 16	7 39 55	-3	5 6 31	26 56 33
13 S	5 28 12	26 28 42	61 0	17 22 19.7	23 9 26	0♊52 10	7 39 6	-45	5 40 54	26 58 13	8♊31 17	7 36 56	-84	6 15 8	26 28 42
14 Su	5 32 9	27 29 42	61 1	17 26 44.7	23 13 10	16 8 13	7 33 32	-119	6 48 47	25 29 12	23 41 45	7 29 2	-148	7 21 34	24 2 5
15 M	5 36 6	28 30 43	61 2	17 31 9.9	23 16 27	1♋10 47	7 23 40	-171	7 53 12	22 10 35	8♋34 26	7 17 37	-188	8 23 36	19 58 26
16 Tu	5 40 2	29 31 44	61 3	17 35 35.4	23 19 16	15 52 3	7 11 7	-199	8 52 42	17 29 34	23 3 11	7 4 21	-204	9 20 34	14 47 46
17 W	5 43 59	0♐32 47	61 4	17 40 1.2	23 21 37	0♌ 7 32	6 57 31	-204	9 47 18	11 56 34	7♌ 5 3	6 50 46	-199	10 13 1	8 59 8
18 Th	5 47 55	1 33 50	61 4	17 44 27.1	23 23 30	13 55 49	6 44 13	-192	10 37 54	5 58 16	20 40 2	6 38 0	-181	11 2 6	2 56 22
19 F	5 51 52	2 34 55	61 5	17 48 53.2	23 24 55	27 18 2	6 32 9	-169	11 25 46	0S 4 30	3♍50 11	6 26 45	-155	11 49 5	3S 2 31
20 S	5 55 48	3 36 0	61 6	17 53 19.5	23 25 52	10♍16 55	6 21 48	-141	12 12 10	5 56 4	16 38 43	6 17 21	-126	12 35 10	8 43 43
21 Su	5 59 45	4 37 6	61 7	17 57 45.9	23 26 20	22 56 4	6 13 23	-112	12 58 14	11 24 7	29 9 27	6 9 52	-98	13 21 27	13 55 57
22 M	6 3 41	5 38 13	61 8	18 2 12.3	23 26 20	5♎19 19	6 6 49	-85	13 44 56	16 18 0	11♎26 8	6 4 11	-73	14 8 46	18 28 59
23 Tu	6 7 38	6 39 20	61 8	18 6 38.8	23 25 52	17 30 18	6 1 56	-62	14 33 0	20 27 41	23 32 14	6 0 2	-50	14 57 41	22 12 50
24 W	6 11 35	7 40 28	61 9	18 11 5.3	23 24 56	29 32 16	5 58 29	-42	15 22 49	23 43 16	5♏30 45	5 57 13	-34	15 48 23	24 57 51
25 Th	6 15 31	8 41 37	61 9	18 15 31.8	23 23 31	11♏27 58	5 56 14	-26	16 14 21	25 55 35	17 24 11	5 55 29	-19	16 40 36	26 35 38
26 F	6 19 28	9 42 46	61 10	18 19 58.1	23 21 38	23 19 40	5 54 59	-12	17 7 4	26 57 23	29 14 39	5 54 41	-5	17 33 37	27 0 31
27 S	6 23 24	10 43 56	61 10	18 24 24.4	23 19 17	5♐ 9 20	5 54 37	1	18 0 7	26 44 58	11♐ 3 57	5 54 46	8	18 26 26	26 11 1
28 Su	6 27 21	11 45 6	61 10	18 28 50.5	23 16 27	16 58 42	5 55 8	15	18 52 28	25 19 13	22 53 50	5 55 45	22	19 18 7	24 10 22
29 M	6 31 17	12 46 16	61 10	18 33 16.5	23 13 10	28 49 35	5 56 38	31	19 43 19	22 45 30	4♑46 13	5 57 47	39	20 8 1	21 5 48
30 Tu	6 35 14	13 47 26	61 10	18 37 42.2	23 9 25	10♑44 0	5 59 15	49	20 32 14	19 12 32	16 43 15	6 1 4	60	20 55 58	17 7 3
31 W	6 39 10	14♐48 36	61 10	18 42 7.6	23S 5 12	22♑44 19	6 3 16	72	21 19 16	14S50 43	28♑47 35	6 5 51	84	21 42 12	12S24 53

LUNAR INGRESSES			PLANET INGRESSES		STATIONS	DATA FOR THE 1st AT 0 HOURS
1 ☽ ♑ 20:22	12 ☽ ♊ 22:38	24 ☽ ♏ 0:56	3 ♀ ♑ 14:18	28 ☿ ♑ 15:08	31 ♄ R 18:09	JULIAN DAY 39781.5
4 ☽ ♒ 8:23	14 ☽ ♋ 22:06	26 ☽ ♐ 13:32	9 ☿ ♐ 3:33	29 ♀ ♒ 20:06		☽ MEAN ☊ 17°♑ 44' 4"
6 ☽ ♓ 17:24	16 ☽ ♌ 23:47	29 ☽ ♑ 2:22	13 ♃ ♑ 21:14			OBLIQUITY 23° 26' 23"
8 ☽ ♈ 22:15	19 ☽ ♍ 4:56	31 ☽ ♒ 14:23	16 ☉ ♐ 11:07			DELTA T 69.3 SECONDS
10 ☽ ♉ 23:25	21 ☽ ♎ 13:38		20 ♂ ♐ 10:36			NUTATION LONGITUDE 11.9"

DAY MO YR	☿ LONG (° ' ")	♀ LONG	♂ LONG	♃ LONG	♄ LONG	♅ LONG	♆ LONG	♇ LONG	☊ LONG	A.S.S.I. (h m s)	S.S.R.Y. (h m s)	S.V.P. ♓ (° ' ")	☿ MERCURY R.A. (h m s)	☿ DECL (° ' ")
1 336	17♏14 59	26♐56 56	15♏41 47	27♐18 18	26♌ 2 33	23♒52 31	26♑50 0	5♐16 4	16♑10	20 43 38	30 5 28	5 7 55.2	16 41 51	23S21 57
2 337	18 48 58	28 7 32	16 25 28	27 30 26	26 5 45	23 52 43	26 50 58	5 18 9	16 06	20 49 4	30 6 31	5 7 54.9	16 48 34	23 39 30
3 338	20 22 54	29 18 2	17 9 13	27 42 38	26 8 52	23 52 58	26 51 59	5 20 15	16 05	20 54 31	30 7 29	5 7 54.7	16 55 19	23 55 50
4 339	21 56 48	0♑28 26	17 53 0	27 54 55	26 11 53	23 53 16	26 53 2	5 22 21	16 06	20 59 58	30 8 19	5 7 54.6	17 2 6	24 10 57
5 340	23 30 41	1 38 44	18 36 50	28 7 16	26 14 48	23 53 36	26 54 6	5 24 28	16 06	21 5 26	30 9 0	5 7 54.4	17 8 54	24 24 49
6 341	25 4 32	2 48 56	19 20 43	28 19 41	26 17 37	23 54 0	26 55 12	5 26 35	16 07	21 10 55	30 9 30	5 7 54.3	17 15 43	24 37 24
7 342	26 38 24	3 59 1	20 4 39	28 32 11	26 20 20	23 54 28	26 56 20	5 28 43	16 06	21 16 24	30 9 48	5 7 54.2	17 22 34	24 48 41
8 343	28 12 15	5 8 59	20 48 38	28 44 45	26 22 57	23 54 58	26 57 30	5 30 51	16 03	21 21 54	30 9 55	5 7 54.2	17 29 26	24 58 38
9 344	29 46 8	6 18 50	21 32 40	28 57 23	26 25 27	23 55 31	26 58 42	5 33 0	15 58	21 27 25	30 9 50	5 7 54.0	17 36 19	25 7 15
10 345	1♐20 1	7 28 34	22 16 45	29 10 5	26 27 52	23 56 7	26 59 55	5 35 9	15 51	21 32 56	30 9 34	5 7 53.9	17 43 13	25 14 31
11 346	2 53 56	8 38 10	23 0 53	29 22 50	26 30 10	23 56 47	27 1 11	5 37 18	15 42	21 38 27	30 9 7	5 7 53.6	17 50 7	25 20 23
12 347	4 27 51	9 47 37	23 45 4	29 35 40	26 32 22	23 57 29	27 2 28	5 39 28	15 34	21 43 59	30 8 30	5 7 53.3	17 57 3	25 24 51
13 348	6 1 47	10 56 57	24 29 18	29 48 33	26 34 28	23 58 15	27 3 46	5 41 38	15 27	21 49 32	30 7 46	5 7 53.0	18 3 59	25 27 54
14 349	7 35 44	12 6 9	25 13 34	0♑ 1 30	26 36 28	23 59 3	27 5 7	5 43 49	15 22	21 55 5	30 6 57	5 7 52.7	18 10 55	25 29 30
15 350	9 9 39	13 15 11	25 57 54	0 14 30	26 38 21	23 59 55	27 6 29	5 45 59	15 19	22 0 38	30 6 5	5 7 52.3	18 17 51	25 29 39
16 351	10 43 32	14 24 5	26 42 17	0 27 34	26 40 8	24 0 49	27 7 53	5 48 10	15 18	22 6 11	30 5 13	5 7 52.1	18 24 47	25 28 20
17 352	12 17 22	15 32 50	27 26 43	0 40 41	26 41 49	24 1 47	27 9 18	5 50 21	15 19	22 11 45	30 4 26	5 7 51.9	18 31 42	25 25 31
18 353	13 51 5	16 41 26	28 11 12	0 53 51	26 43 23	24 2 47	27 10 45	5 52 33	15 20	22 17 19	30 3 45	5 7 51.8	18 38 36	25 21 12
19 354	15 24 40	17 49 53	28 55 44	1 7 4	26 44 51	24 3 51	27 12 14	5 54 44	15 21	22 22 54	30 3 15	5 7 51.7	18 45 29	25 15 23
20 355	16 58 3	18 58 9	29 40 19	1 20 21	26 46 12	24 4 57	27 13 44	5 56 56	15 21	22 28 28	30 2 55	5 7 51.6	18 52 20	25 8 3
21 356	18 31 10	20 6 16	0♐24 56	1 33 41	26 47 26	24 6 7	27 15 16	5 59 7	15 19	22 34 3	30 2 48	5 7 51.5	18 59 9	24 59 12
22 357	20 3 55	21 14 12	1 9 37	1 47 3	26 48 34	24 7 19	27 16 50	6 1 19	15 16	22 39 38	30 2 54	5 7 51.3	19 5 56	24 48 50
23 358	21 36 12	22 21 58	1 54 21	2 0 29	26 49 36	24 8 35	27 18 25	6 3 31	15 10	22 45 13	30 3 13	5 7 51.2	19 12 38	24 36 58
24 359	23 7 55	23 29 32	2 39 8	2 13 57	26 50 31	24 9 53	27 20 1	6 5 42	15 03	22 50 47	30 3 44	5 7 51.0	19 19 17	24 23 37
25 360	24 38 54	24 36 55	3 23 57	2 27 28	26 51 19	24 11 14	27 21 39	6 7 54	14 56	22 56 22	30 4 25	5 7 50.7	19 25 51	24 8 47
26 361	26 8 59	25 44 7	4 8 50	2 41 2	26 52 0	24 12 38	27 23 19	6 10 6	14 49	23 1 57	30 5 16	5 7 50.5	19 32 19	23 52 32
27 362	27 37 57	26 51 6	4 53 45	2 54 38	26 52 35	24 14 5	27 25 0	6 12 17	14 43	23 7 31	30 6 14	5 7 50.2	19 38 40	23 34 52
28 363	29 5 35	27 57 52	5 38 42	3 8 17	26 53 4	24 15 35	27 26 42	6 14 28	14 38	23 13 6	30 7 16	5 7 50.0	19 44 53	23 15 52
29 364	0♑31 35	29 4 25	6 23 43	3 21 58	26 53 25	24 17 8	27 28 26	6 16 40	14 35	23 18 40	30 8 22	5 7 49.7	19 50 57	22 55 36
30 365	1 55 37	0♒10 45	7 8 46	3 35 41	26 53 40	24 18 43	27 30 11	6 18 51	14 34	23 24 14	30 9 27	5 7 49.5	19 56 50	22 34 8
31 366	3♑17 20	1♒16 50	7♐53 52	3♑49 26	26♌53R48	24♒20 21	27♑31 58	6♐21 1	14♑34	23 29 47	30 10 31	5 7 49.3	20 2 30	22S11 36

DAY Dec	♀ VENUS R.A. (h m s)	VENUS DECL (° ' ")	♂ MARS R.A.	MARS DECL	♃ JUPITER R.A.	JUPITER DECL	♄ SATURN R.A.	SATURN DECL	♅ URANUS R.A.	URANUS DECL	♆ NEPTUNE R.A.	NEPTUNE DECL	♇ PLUTO R.A.	PLUTO DECL
1	19 35 57	24S 1 54	16 35 36	22S26 34	19 36 4	21S59 15	11 29 37	5N21 28	23 19 49	5S 9 53	21 36 46	14S36 24	18 0 34	17S41 18
2	19 41 2	23 50 15	16 38 43	22 33 17	19 36 56	21 57 20	11 29 49	5 20 26	23 19 50	5 9 46	21 36 50	14 36 4	18 0 43	17 41 28
3	19 46 5	23 37 57	16 41 50	22 39 47	19 37 48	21 55 23	11 30 1	5 19 26	23 19 51	5 9 38	21 36 54	14 35 45	18 0 52	17 41 37
4	19 51 7	23 25 0	16 44 58	22 46 4	19 38 40	21 53 24	11 30 13	5 18 29	23 19 52	5 9 28	21 36 58	14 35 25	18 1 0	17 41 46
5	19 56 7	23 11 26	16 48 7	22 52 8	19 39 32	21 51 24	11 30 24	5 17 34	23 19 53	5 9 18	21 37 2	14 35 4	18 1 9	17 41 55
6	20 1 5	22 57 14	16 51 16	22 57 59	19 40 25	21 49 22	11 30 35	5 16 42	23 19 54	5 9 6	21 37 7	14 34 42	18 1 18	17 42 3
7	20 6 2	22 42 25	16 54 25	23 3 35	19 41 18	21 47 19	11 30 45	5 15 52	23 19 56	5 8 53	21 37 11	14 34 20	18 1 27	17 42 12
8	20 10 58	22 27 1	16 57 35	23 8 58	19 42 12	21 45 13	11 30 55	5 15 5	23 19 58	5 8 39	21 37 16	14 33 58	18 1 36	17 42 20
9	20 15 52	22 11 1	17 0 45	23 14 8	19 43 5	21 43 6	11 31 5	5 14 20	23 20 0	5 8 24	21 37 20	14 33 34	18 1 45	17 42 28
10	20 20 44	21 54 27	17 3 56	23 19 3	19 43 59	21 40 57	11 31 14	5 13 37	23 20 2	5 8 7	21 37 25	14 33 11	18 1 54	17 42 36
11	20 25 34	21 37 19	17 7 7	23 23 45	19 44 53	21 38 46	11 31 23	5 12 57	23 20 4	5 7 49	21 37 30	14 32 46	18 2 3	17 42 43
12	20 30 22	21 19 37	17 10 19	23 28 12	19 45 48	21 36 34	11 31 32	5 12 20	23 20 7	5 7 30	21 37 35	14 32 21	18 2 12	17 42 51
13	20 35 9	21 1 23	17 13 31	23 32 26	19 46 42	21 34 20	11 31 40	5 11 45	23 20 10	5 7 10	21 37 40	14 31 55	18 2 21	17 42 58
14	20 39 54	20 42 38	17 16 43	23 36 25	19 47 37	21 32 4	11 31 48	5 11 12	23 20 13	5 6 49	21 37 45	14 31 29	18 2 30	17 43 5
15	20 44 37	20 23 22	17 19 56	23 40 9	19 48 32	21 29 47	11 31 55	5 10 42	23 20 16	5 6 26	21 37 51	14 31 3	18 2 39	17 43 11
16	20 49 18	20 3 35	17 23 9	23 43 39	19 49 28	21 27 28	11 32 2	5 10 15	23 20 19	5 6 3	21 37 56	14 30 36	18 2 48	17 43 18
17	20 53 58	19 43 19	17 26 23	23 46 55	19 50 23	21 25 7	11 32 9	5 9 50	23 20 23	5 5 38	21 38 2	14 30 8	18 2 58	17 43 24
18	20 58 35	19 22 34	17 29 37	23 49 56	19 51 19	21 22 45	11 32 15	5 9 28	23 20 26	5 5 12	21 38 8	14 29 40	18 3 7	17 43 30
19	21 3 11	19 1 21	17 32 52	23 52 42	19 52 15	21 20 20	11 32 21	5 9 9	23 20 30	5 4 45	21 38 13	14 29 11	18 3 16	17 43 36
20	21 7 44	18 39 41	17 36 6	23 55 13	19 53 11	21 17 55	11 32 26	5 8 52	23 20 34	5 4 17	21 38 19	14 28 42	18 3 25	17 43 42
21	21 12 16	18 17 34	17 39 21	23 57 29	19 54 7	21 15 27	11 32 31	5 8 37	23 20 38	5 3 47	21 38 25	14 28 12	18 3 34	17 43 47
22	21 16 46	17 55 2	17 42 37	23 59 30	19 55 3	21 12 58	11 32 36	5 8 25	23 20 43	5 3 16	21 38 31	14 27 42	18 3 43	17 43 52
23	21 21 14	17 32 5	17 45 53	24 1 15	19 56 0	21 10 27	11 32 40	5 8 16	23 20 47	5 2 45	21 38 38	14 27 11	18 3 53	17 43 57
24	21 25 39	17 8 43	17 49 9	24 2 46	19 56 57	21 7 54	11 32 44	5 8 10	23 20 52	5 2 12	21 38 44	14 26 39	18 4 2	17 44 2
25	21 30 3	16 44 59	17 52 25	24 4 1	19 57 54	21 5 20	11 32 47	5 8 6	23 20 57	5 1 38	21 38 50	14 26 8	18 4 11	17 44 6
26	21 34 25	16 20 52	17 55 41	24 5 1	19 58 51	21 2 44	11 32 50	5 8 5	23 21 2	5 1 3	21 38 57	14 25 35	18 4 20	17 44 10
27	21 38 45	15 56 24	17 58 58	24 5 45	19 59 48	21 0 6	11 32 53	5 8 6	23 21 8	5 0 26	21 39 3	14 25 2	18 4 29	17 44 14
28	21 43 3	15 31 35	18 2 15	24 6 14	20 0 45	20 57 27	11 32 55	5 8 10	23 21 13	4 59 49	21 39 10	14 24 29	18 4 38	17 44 18
29	21 47 18	15 6 26	18 5 33	24 6 27	20 1 43	20 54 46	11 32 57	5 8 16	23 21 19	4 59 10	21 39 17	14 23 55	18 4 48	17 44 22
30	21 51 32	14 40 58	18 8 50	24 6 25	20 2 40	20 52 4	11 32 58	5 8 26	23 21 24	4 58 31	21 39 24	14 23 21	18 4 57	17 44 25
31	21 55 44	14S15 12	18 12 8	24S 6 7	20 3 38	20S49 20	11 32 59	5N 8 38	23 21 30	4S57 50	21 39 31	14S22 47	18 5 6	17S44 29

DAY	SIDEREAL TIME	☉ SUN LONG	SUN MOT	SUN R.A.	SUN DECL	☽ MOON AT 0 HOURS LONG	12h MOT	2DIF	R.A.	DECL	☽ MOON AT 12 HOURS LONG	12h MOT	2DIF	R.A.	DECL
	h m s	° ' "	' "	h m s	° ' "	° ' "	° ' "	"	h m s	° ' "	° ' "	° ' "	"	h m s	° ' "
1 Th	6 43 7	15♐49 46	61 10	18 46 32.7	23S 0 31	4♒53 26	6 8 53	98	22 4 51	9S50 54	11♒ 2 19	6 12 22	112	22 27 18	7S10 5
2 F	6 47 4	16 50 57	61 10	18 50 57.5	22 55 22	17 14 41	6 16 19	126	22 49 42	4 23 46	23 31 0	6 20 45	140	23 12 8	1 33 17
3 S	6 51 0	17 52 7	61 10	18 55 22.0	22 49 47	29 51 45	6 25 40	154	23 34 45	1N19 58	6♓17 24	6 31 1	167	23 57 41	4N14 30
4 Su	6 54 57	18 53 16	61 9	18 59 46.0	22 43 44	12♓48 25	6 36 48	179	0 21 6	7 8 40	19 25 13	6 42 56	188	0 45 9	10 0 42
5 M	6 58 53	19 54 26	61 9	19 4 9.6	22 37 14	26 8 9	6 49 21	195	1 9 58	12 48 30	2♈57 30	6 55 55	198	1 35 44	15 29 46
6 Tu	7 2 50	20 55 35	61 9	19 8 32.8	22 30 17	9♈53 25	7 2 32	197	2 2 34	18 1 47	16 55 57	7 9 2	190	2 30 35	20 21 36
7 W	7 6 46	21 56 43	61 8	19 12 55.5	22 22 54	24 4 59	7 15 14	179	2 59 52	22 25 55	1♉20 12	7 20 58	162	3 30 24	24 11 16
8 Th	7 10 43	22 57 51	61 8	19 17 17.7	22 15 4	8♉41 10	7 26 1	139	4 2 8	25 34 10	16 7 11	7 30 14	111	4 34 53	26 31 26
9 F	7 14 40	23 58 59	61 8	19 21 39.4	22 6 48	23 37 25	7 33 27	79	5 8 23	27 0 24	1♊10 52	7 35 31	44	5 42 18	26 59 21
10 S	7 18 36	25 0 6	61 7	19 26 0.5	21 58 7	8♊46 22	7 36 22	6	6 16 15	26 27 42	16 22 44	7 35 57	-31	6 49 51	25 26 6
11 Su	7 22 33	26 1 14	61 7	19 30 21.0	21 48 59	23 58 40	7 34 16	-68	7 22 45	23 56 24	1♋32 57	7 31 25	-102	7 54 42	22 1 28
12 M	7 26 29	27 2 20	61 7	19 34 41.0	21 39 26	9♋ 4 21	7 27 28	-132	8 25 33	19 44 50	16 31 50	7 22 36	-158	8 55 13	17 10 22
13 Tu	7 30 26	28 3 27	61 6	19 39 0.3	21 29 28	23 54 25	7 16 57	-178	9 23 43	14 22 4	1♌11 22	7 10 43	-193	9 51 7	11 23 45
14 W	7 34 22	29 4 33	61 6	19 43 19.0	21 19 6	8♌22 6	7 4 5	-202	10 17 33	8 18 56	15 26 11	6 57 14	-206	10 43 9	5 10 48
15 Th	7 38 19	0♑ 5 39	61 6	19 47 37.1	21 8 18	22 23 25	6 50 19	-206	11 8 3	2 2 8	29 13 44	6 43 30	-201	11 32 26	1S 4 39
16 F	7 42 15	1 6 45	61 6	19 51 54.5	20 57 6	5♍57 15	6 36 54	-193	11 56 26	4S 7 27	12♍34 9	6 30 37	-182	12 20 11	7 4 27
17 S	7 46 12	2 7 51	61 6	19 56 11.3	20 45 30	19 4 46	6 24 45	-169	12 43 50	9 54 3	25 29 30	6 19 20	-155	13 7 31	12 34 50
18 Su	7 50 9	3 8 56	61 5	20 0 27.4	20 33 31	1♎48 50	6 14 26	-139	13 31 19	15 5 31	8♎ 3 16	6 10 4	-123	13 55 20	17 24 50
19 M	7 54 5	4 10 1	61 5	20 4 42.7	20 21 7	14 13 20	6 6 15	-106	14 19 40	19 31 40	20 19 35	6 3 0	-90	14 44 20	21 24 53
20 Tu	7 58 2	5 11 6	61 5	20 8 57.4	20 8 21	26 22 35	6 0 17	-74	15 9 24	23 3 26	2♏22 52	5 58 6	-58	15 34 50	24 26 17
21 W	8 1 58	6 12 10	61 4	20 13 11.4	19 55 12	8♏20 57	5 56 25	-43	16 0 38	25 32 32	14 17 22	5 55 13	-29	16 26 45	26 21 24
22 Th	8 5 55	7 13 14	61 4	20 17 24.6	19 41 41	20 12 35	5 54 29	-16	16 53 5	26 52 14	26 7 4	5 54 9	-4	17 19 34	27 4 38
23 F	8 9 51	8 14 18	61 3	20 21 37.0	19 27 47	2♐ 1 13	5 54 13	7	17 46 4	26 58 24	7♐55 25	5 54 38	18	18 12 29	26 33 37
24 S	8 13 48	9 15 21	61 3	20 25 48.7	19 13 32	13 50 3	5 55 23	27	18 38 41	25 50 39	19 45 26	5 56 26	35	19 4 35	24 50 6
25 Su	8 17 44	10 16 23	61 2	20 29 59.6	18 58 56	25 41 52	5 57 44	43	19 30 6	23 32 49	1♑39 36	5 59 18	50	19 55 10	21 59 50
26 M	8 21 41	11 17 25	61 1	20 34 9.7	18 43 58	7♑38 54	6 1 6	57	20 19 47	20 12 20	13 39 59	6 3 6	63	20 43 56	18 11 39
27 Tu	8 25 38	12 18 25	61 0	20 38 19.0	18 28 41	19 43 5	6 5 18	69	21 7 37	15 59 9	25 48 23	6 7 43	75	21 30 55	13 36 17
28 W	8 29 34	13 19 25	60 59	20 42 27.4	18 13 3	1♒56 6	6 10 19	81	21 53 53	11 4 30	8♒ 6 25	6 13 7	87	22 16 35	8 25 17
29 Th	8 33 31	14 20 24	60 58	20 46 35.1	17 57 6	14 19 31	6 16 6	93	22 39 8	5 40 6	20 35 37	6 19 18	99	23 1 38	2 50 27
30 F	8 37 27	15 21 22	60 57	20 50 41.9	17 40 49	26 54 56	6 22 43	106	23 24 11	0N 2 7	3♓17 39	6 26 21	112	23 46 55	2N56 3
31 S	8 41 24	16♑22 18	60 55	20 54 47.9	17S24 13	9♓43 59	6 30 11	118	0 9 57	5N49 43	16♓14 10	6 34 14	124	0 33 27	8N41 20

LUNAR INGRESSES
3 ☽ ♓ 0:16
5 ☽ ♈ 6:49
7 ☽ ♉ 9:48
9 ☽ ♊ 10:08
11 ☽ ♋ 9:32
13 ☽ ♌ 10:02
15 ☽ ♍ 13:22
17 ☽ ♎ 20:32
20 ☽ ♏ 7:14
22 ☽ ♐ 19:54
25 ☽ ♑ 8:40
27 ☽ ♒ 20:13
30 ☽ ♓ 5:49

PLANET INGRESSES
14 ☉ ♑ 21:47
25 ☿ ♐ 15:56
28 ♀ ♓ 5:53
29 ♂ ♑ 0:29

STATIONS
11 ☿ R 16:45

DATA FOR THE 1st AT 0 HOURS
JULIAN DAY 39812.5
☽ MEAN ☊ 16°♑ 5' 30"
OBLIQUITY 23° 26' 23"
DELTA T 69.4 SECONDS
NUTATION LONGITUDE 13.4"

DAY MO	YR	☿ LONG	♀ LONG	♂ LONG	♃ LONG	♄ LONG	♅ LONG	♆ LONG	♇ LONG	☊ LONG	A.S.S.I.	S.S.R.Y.	S.V.P. ♓	☿ MERCURY R.A.	☿ MERCURY DECL
		° ' "	° ' "	° ' "	° ' "	° ' "	° ' "	° ' "	° ' "	° '	h m s	h m s	° ' "	h m s	° ' "
1	1	4♑36 16	2♒22 41	8♐39 0	4♑ 3 14	26♌53R50	24♒22 2	27♑33 46	6♐23 12	14♑35	23 35 20	30 11 31	5 7 49.2	20 7 57	21S48 5
2	2	5 51 56	3 28 17	9 24 11	4 17 3	26 53 45	24 23 46	27 35 35	6 25 22	14 37	23 40 53	30 12 27	5 7 49.1	20 13 7	21 23 46
3	3	7 3 46	4 33 36	10 9 25	4 30 54	26 53 33	24 25 32	27 37 25	6 27 32	14 39	23 46 25	30 13 16	5 7 49.0	20 17 59	20 58 49
4	4	8 11 7	5 38 39	10 54 40	4 44 47	26 53 15	24 27 21	27 39 17	6 29 41	14 40	23 51 57	30 13 55	5 7 48.9	20 22 29	20 33 25
5	5	9 13 16	6 43 25	11 39 59	4 58 42	26 52 50	24 29 13	27 41 10	6 31 50	14 40	23 57 28	30 14 24	5 7 48.8	20 26 36	20 7 51
6	6	10 9 27	7 47 53	12 25 20	5 12 38	26 52 18	24 31 7	27 43 4	6 33 59	14 39	24 2 59	30 14 41	5 7 48.6	20 30 15	19 42 20
7	7	10 58 50	8 52 3	13 10 43	5 26 36	26 51 40	24 33 4	27 44 59	6 36 7	14 36	24 8 29	30 14 44	5 7 48.4	20 33 24	19 17 12
8	8	11 40 30	9 55 54	13 56 8	5 40 35	26 50 56	24 35 3	27 46 55	6 38 15	14 34	24 13 58	30 14 35	5 7 48.2	20 36 0	18 52 45
9	9	12 13 35	10 59 25	14 41 36	5 54 35	26 50 5	24 37 5	27 48 52	6 40 22	14 31	24 19 27	30 14 12	5 7 47.8	20 37 58	18 29 22
10	10	12 37 10	12 2 35	15 27 6	6 8 37	26 49 7	24 39 9	27 50 51	6 42 28	14 28	24 24 55	30 13 38	5 7 47.5	20 39 17	18 7 24
11	11	12 50R25	13 5 24	16 12 39	6 22 40	26 48 3	24 41 16	27 52 50	6 44 35	14 26	24 30 22	30 12 53	5 7 47.2	20 39 52	17 47 12
12	12	12 52 39	14 7 52	16 58 14	6 36 44	26 46 53	24 43 25	27 54 51	6 46 40	14 25	24 35 49	30 12 1	5 7 46.9	20 39 42	17 29 10
13	13	12 43 19	15 9 56	17 43 52	6 50 49	26 45 36	24 45 37	27 56 52	6 48 45	14 25	24 41 15	30 11 5	5 7 46.7	20 38 44	17 13 35
14	14	12 22 12	16 11 38	18 29 32	7 4 55	26 44 13	24 47 51	27 58 55	6 50 49	14 26	24 46 40	30 10 10	5 7 46.6	20 36 59	17 0 45
15	15	11 49 23	17 12 56	19 15 14	7 19 2	26 42 44	24 50 7	28 0 58	6 52 52	14 27	24 52 4	30 9 18	5 7 46.5	20 34 26	16 50 51
16	16	11 5 23	18 13 49	20 0 59	7 33 10	26 41 8	24 52 25	28 3 2	6 54 55	14 29	24 57 27	30 8 33	5 7 46.4	20 31 10	16 44 1
17	17	10 11 9	19 14 16	20 46 46	7 47 19	26 39 26	24 54 46	28 5 7	6 56 57	14 30	25 2 50	30 7 57	5 7 46.3	20 27 13	16 40 15
18	18	9 8 7	20 14 17	21 32 35	8 1 28	26 37 38	24 57 9	28 7 13	6 58 59	14 30	25 8 12	30 7 31	5 7 46.2	20 22 41	16 39 28
19	19	7 58 6	21 13 51	22 18 27	8 15 38	26 35 43	24 59 35	28 9 20	7 0 59	14 30	25 13 32	30 7 17	5 7 46.1	20 17 43	16 41 27
20	20	6 43 16	22 12 57	23 4 21	8 29 49	26 33 43	25 2 2	28 11 27	7 2 59	14 29	25 18 52	30 7 15	5 7 45.9	20 12 27	16 45 58
21	21	5 25 58	23 11 34	23 50 18	8 44 0	26 31 37	25 4 32	28 13 36	7 4 58	14 28	25 24 11	30 7 24	5 7 45.7	20 7 3	16 52 38
22	22	4 8 36	24 9 41	24 36 16	8 58 11	26 29 24	25 7 4	28 15 45	7 6 56	14 27	25 29 30	30 7 44	5 7 45.5	20 1 41	17 1 7
23	23	2 53 25	25 7 16	25 22 17	9 12 23	26 27 6	25 9 38	28 17 54	7 8 53	14 26	25 34 47	30 8 15	5 7 45.2	19 56 29	17 11 1
24	24	1 42 29	26 4 19	26 8 20	9 26 35	26 24 42	25 12 14	28 20 5	7 10 49	14 25	25 40 3	30 8 54	5 7 45.0	19 51 36	17 22 0
25	25	0 37 29	27 0 48	26 54 25	9 40 46	26 22 12	25 14 52	28 22 16	7 12 44	14 25	25 45 18	30 9 40	5 7 44.8	19 47 8	17 33 44
26	26	29♐39 42	27 56 43	27 40 32	9 54 59	26 19 36	25 17 31	28 24 27	7 14 38	14 24	25 50 32	30 10 32	5 7 44.6	19 43 11	17 45 55
27	27	28 50 3	28 52 1	28 26 40	10 9 11	26 16 55	25 20 13	28 26 39	7 16 31	14 24	25 55 45	30 11 29	5 7 44.4	19 39 49	17 58 19
28	28	28 9 4	29 46 41	29 12 51	10 23 23	26 14 8	25 22 57	28 28 52	7 18 23	14 24	26 0 58	30 12 29	5 7 44.3	19 37 3	18 10 42
29	29	27 36 59	0♓40 42	29 59 4	10 37 34	26 11 16	25 25 43	28 31 5	7 20 14	14 25	26 6 9	30 13 31	5 7 44.2	19 34 55	18 22 55
30	30	27 13 46	1 34 3	0♑45 18	10 51 45	26 8 19	25 28 30	28 33 19	7 22 4	14 24	26 11 19	30 14 32	5 7 44.1	19 33 24	18 34 48
31	31	26♐59 11	2♓26 41	1♑31 34	11♑ 5 56	26♌ 5 16	25♒31 19	28♑35 33	7♐23 53	14♑24	26 16 28	30 15 32	5 7 44.1	19 32 29	18S46 13

DAY Jan	♀ VENUS R.A.	♀ VENUS DECL	♂ MARS R.A.	♂ MARS DECL	♃ JUPITER R.A.	♃ JUPITER DECL	♄ SATURN R.A.	♄ SATURN DECL	♅ URANUS R.A.	♅ URANUS DECL	♆ NEPTUNE R.A.	♆ NEPTUNE DECL	♇ PLUTO R.A.	♇ PLUTO DECL
	h m s	° ' "	h m s	° ' "	h m s	° ' "	h m s	° ' "	h m s	° ' "	h m s	° ' "	h m s	° ' "
1	21 59 54	13S49 8	18 15 25	24S 5 33	20 4 36	20S46 34	11 33 0	5N 8 52	23 21 37	4S57 8	21 39 38	14S22 12	18 5 15	17S44 32
2	22 4 1	13 22 49	18 18 43	24 4 44	20 5 34	20 43 47	11 33 0	5 9 9	23 21 43	4 56 26	21 39 45	14 21 36	18 5 24	17 44 34
3	22 8 7	12 56 13	18 22 1	24 3 39	20 6 32	20 40 59	11 33 0	5 9 29	23 21 49	4 55 42	21 39 52	14 21 1	18 5 33	17 44 37
4	22 12 10	12 29 23	18 25 20	24 2 18	20 7 30	20 38 9	11 32 59	5 9 51	23 21 56	4 54 57	21 39 59	14 20 24	18 5 42	17 44 39
5	22 16 12	12 2 19	18 28 38	24 0 41	20 8 28	20 35 17	11 32 58	5 10 16	23 22 3	4 54 11	21 40 7	14 19 48	18 5 51	17 44 41
6	22 20 11	11 35 2	18 31 56	23 58 49	20 9 26	20 32 24	11 32 56	5 10 44	23 22 10	4 53 25	21 40 14	14 19 11	18 6 0	17 44 43
7	22 24 8	11 7 33	18 35 15	23 56 41	20 10 25	20 29 29	11 32 54	5 11 14	23 22 17	4 52 37	21 40 22	14 18 33	18 6 9	17 44 45
8	22 28 4	10 39 53	18 38 33	23 54 17	20 11 23	20 26 33	11 32 52	5 11 46	23 22 24	4 51 48	21 40 29	14 17 55	18 6 18	17 44 47
9	22 31 57	10 12 2	18 41 52	23 51 37	20 12 21	20 23 36	11 32 49	5 12 21	23 22 32	4 50 58	21 40 37	14 17 17	18 6 27	17 44 48
10	22 35 47	9 44 2	18 45 10	23 48 41	20 13 20	20 20 37	11 32 46	5 12 58	23 22 39	4 50 7	21 40 44	14 16 39	18 6 36	17 44 49
11	22 39 36	9 15 52	18 48 29	23 45 30	20 14 18	20 17 37	11 32 43	5 13 38	23 22 47	4 49 16	21 40 52	14 16 0	18 6 45	17 44 50
12	22 43 23	8 47 35	18 51 48	23 42 3	20 15 17	20 14 35	11 32 39	5 14 21	23 22 55	4 48 23	21 41 0	14 15 21	18 6 53	17 44 51
13	22 47 7	8 19 11	18 55 6	23 38 20	20 16 16	20 11 32	11 32 35	5 15 6	23 23 3	4 47 29	21 41 8	14 14 41	18 7 2	17 44 51
14	22 50 49	7 50 41	18 58 25	23 34 22	20 17 14	20 8 28	11 32 30	5 15 53	23 23 11	4 46 35	21 41 16	14 14 1	18 7 11	17 44 52
15	22 54 29	7 22 5	19 1 43	23 30 8	20 18 13	20 5 22	11 32 25	5 16 43	23 23 20	4 45 40	21 41 24	14 13 21	18 7 19	17 44 52
16	22 58 7	6 53 24	19 5 2	23 25 38	20 19 12	20 2 15	11 32 20	5 17 35	23 23 28	4 44 43	21 41 32	14 12 41	18 7 28	17 44 52
17	23 1 43	6 24 39	19 8 20	23 20 52	20 20 10	19 59 6	11 32 14	5 18 29	23 23 37	4 43 46	21 41 40	14 12 0	18 7 36	17 44 52
18	23 5 16	5 55 51	19 11 39	23 15 51	20 21 9	19 55 57	11 32 7	5 19 26	23 23 46	4 42 48	21 41 48	14 11 19	18 7 45	17 44 51
19	23 8 47	5 27 0	19 14 57	23 10 35	20 22 8	19 52 46	11 32 1	5 20 25	23 23 54	4 41 50	21 41 57	14 10 38	18 7 53	17 44 50
20	23 12 16	4 58 8	19 18 15	23 5 2	20 23 7	19 49 33	11 31 54	5 21 27	23 24 4	4 40 50	21 42 5	14 9 56	18 8 2	17 44 50
21	23 15 42	4 29 16	19 21 33	22 59 15	20 24 5	19 46 20	11 31 46	5 22 30	23 24 13	4 39 49	21 42 13	14 9 15	18 8 10	17 44 49
22	23 19 6	4 0 23	19 24 51	22 53 12	20 25 4	19 43 5	11 31 39	5 23 36	23 24 22	4 38 48	21 42 22	14 8 33	18 8 18	17 44 47
23	23 22 28	3 31 31	19 28 9	22 46 53	20 26 3	19 39 49	11 31 31	5 24 44	23 24 31	4 37 46	21 42 30	14 7 50	18 8 26	17 44 46
24	23 25 47	3 2 42	19 31 27	22 40 20	20 27 2	19 36 33	11 31 22	5 25 55	23 24 41	4 36 43	21 42 39	14 7 8	18 8 34	17 44 45
25	23 29 4	2 33 55	19 34 44	22 33 31	20 28 0	19 33 14	11 31 13	5 27 7	23 24 51	4 35 39	21 42 47	14 6 25	18 8 42	17 44 43
26	23 32 18	2 5 11	19 38 2	22 26 27	20 28 59	19 29 55	11 31 4	5 28 22	23 25 0	4 34 35	21 42 56	14 5 42	18 8 50	17 44 41
27	23 35 29	1 36 33	19 41 19	22 19 9	20 29 57	19 26 34	11 30 55	5 29 38	23 25 10	4 33 30	21 43 4	14 4 59	18 8 58	17 44 39
28	23 38 38	1 7 59	19 44 36	22 11 35	20 30 56	19 23 13	11 30 45	5 30 57	23 25 20	4 32 24	21 43 13	14 4 16	18 9 6	17 44 37
29	23 41 45	0 39 33	19 47 52	22 3 47	20 31 54	19 19 50	11 30 35	5 32 17	23 25 31	4 31 17	21 43 22	14 3 32	18 9 14	17 44 35
30	23 44 48	0 11 13	19 51 9	21 55 44	20 32 53	19 16 27	11 30 24	5 33 40	23 25 41	4 30 10	21 43 30	14 2 49	18 9 21	17 44 32
31	23 47 49	0N16 58	19 54 25	21S47 27	20 33 51	19S13 2	11 30 13	5N35 5	23 25 51	4S29 2	21 43 39	14S 2 5	18 9 29	17S44 30

FEBRUARY 2009

DAY	SIDEREAL TIME h m s	☉ SUN LONG ° ' "	MOT ' "	R.A. h m s	DECL ° ' "	☽ MOON AT 0 HOURS LONG ° ' "	12h MOT ° ' "	2DIF	R.A. h m s	DECL ° ' "	☽ MOON AT 12 HOURS LONG ° ' "	12h MOT ° ' "	2DIF	R.A. h m s	DECL ° ' "
1 Su	8 45 20	17♑23 14	60 54	20 58 53.1	17S 7 19	22♓48 24	6 38 29	130	0 57 32	11N29 3	29♓26 53	6 42 55	135	1 22 20	14N10 47
2 M	8 49 17	18 24 8	60 53	21 2 57.5	16 50 7	6♈ 9 48	6 47 29	139	1 47 59	16 44 17	12♈57 16	6 52 9	141	2 14 36	19 7 6
3 Tu	8 53 13	19 25 0	60 51	21 7 1.0	16 32 38	19 49 25	6 56 52	141	2 42 16	21 16 32	26 46 18	7 1 33	139	3 11 3	23 9 45
4 W	8 57 10	20 25 52	60 50	21 11 3.6	16 14 51	3♉47 51	7 6 7	134	3 40 55	24 43 51	10♉53 57	7 10 28	125	4 11 48	25 55 56
5 Th	9 1 7	21 26 41	60 49	21 15 5.5	15 56 48	18 4 25	7 14 28	114	4 43 33	26 43 25	25 18 53	7 18 2	98	5 15 58	27 4 12
6 F	9 5 3	22 27 30	60 47	21 19 6.5	15 38 28	2♊36 55	7 21 2	80	5 48 45	26 56 51	9♊57 57	7 23 21	58	6 21 34	26 20 54
7 S	9 9 0	23 28 17	60 46	21 23 6.7	15 19 52	17 21 19	7 24 54	33	6 54 8	25 16 48	24 46 12	7 25 34	6	7 26 9	23 46 1
8 Su	9 12 56	24 29 2	60 44	21 27 6.1	15 1 1	2♋11 46	7 25 19	-22	7 57 24	21 50 52	9♋37 6	7 24 8	-50	8 27 45	19 34 18
9 M	9 16 53	25 29 46	60 43	21 31 4.7	14 41 54	17 1 13	7 21 59	-78	8 57 8	16 59 41	24 23 12	7 18 56	-104	9 25 32	14 10 38
10 Tu	9 20 49	26 30 29	60 41	21 35 2.5	14 22 33	1♌42 8	7 15 2	-128	9 53 2	11 10 44	8♌57 10	7 10 24	-148	10 19 41	8 3 28
11 W	9 24 46	27 31 10	60 40	21 38 59.6	14 2 58	16 7 35	7 5 9	-165	10 45 38	4 52 7	23 12 44	6 59 24	-177	11 11 0	1 39 40
12 Th	9 28 42	28 31 50	60 39	21 42 55.8	13 43 8	0♍12 8	6 53 19	-186	11 35 55	1S31 10	7♍ 5 27	6 47 2	-189	12 0 30	4S38 0
13 F	9 32 39	29 32 29	60 38	21 46 51.3	13 23 5	13 52 29	6 40 42	-189	12 24 55	7 38 40	20 33 11	6 34 26	-185	12 49 16	10 31 17
14 S	9 36 36	0♒33 7	60 37	21 50 46.1	13 2 49	27 7 37	6 28 22	-177	13 13 38	13 14 10	3♎35 59	6 22 37	-167	13 38 9	15 45 48
15 Su	9 40 32	1 33 44	60 36	21 54 40.2	12 42 20	9♎58 36	6 17 15	-154	14 2 53	18 4 52	16 15 51	6 12 21	-139	14 27 52	20 10 7
16 M	9 44 29	2 34 19	60 34	21 58 33.5	12 21 38	22 28 12	6 7 59	-123	14 53 10	22 0 26	28 36 11	6 4 10	-105	15 18 47	23 34 51
17 Tu	9 48 25	3 34 53	60 33	22 2 26.2	12 0 44	4♏40 21	6 0 57	-87	15 44 42	24 52 28	10♏41 18	5 58 21	-69	16 10 54	25 52 34
18 W	9 52 22	4 35 26	60 32	22 6 18.2	11 39 39	16 39 39	5 56 22	-50	16 37 17	26 34 34	22 36 1	5 54 59	-32	17 3 48	26 58 6
19 Th	9 56 18	5 35 58	60 31	22 10 9.5	11 18 23	28 31 0	5 54 13	-14	17 30 21	27 2 57	4♐25 13	5 54 2	3	17 56 50	26 49 11
20 F	10 0 15	6 36 28	60 29	22 14 0.2	10 56 56	10♐19 15	5 54 24	19	18 23 9	26 17 4	16 13 38	5 55 17	34	18 49 12	25 27 4
21 S	10 4 11	7 36 57	60 28	22 17 50.2	10 35 18	22 8 55	5 56 40	48	19 14 54	24 19 53	28 5 35	5 58 29	61	19 40 14	22 56 23
22 Su	10 8 8	8 37 25	60 26	22 21 39.5	10 13 31	4♑ 4 4	6 0 43	72	20 5 8	21 17 35	10♑ 4 47	6 3 17	82	20 29 36	19 24 38
23 M	10 12 5	9 37 51	60 25	22 25 28.3	9 51 34	16 8 4	6 6 10	90	20 53 40	17 18 46	22 14 14	6 9 17	97	21 17 20	15 1 19
24 Tu	10 16 1	10 38 16	60 23	22 29 16.4	9 29 29	28 23 31	6 12 36	102	21 40 41	12 33 41	4♒36 7	6 16 4	105	22 3 46	9 57 18
25 W	10 19 58	11 38 39	60 21	22 33 4.0	9 7 14	10♒52 11	6 19 36	107	22 26 41	7 13 40	17 11 47	6 23 12	108	22 49 31	4 24 22
26 Th	10 23 54	12 39 0	60 20	22 36 51.0	8 44 52	23 34 59	6 26 47	107	23 12 22	1 31 2	0♓ 1 45	6 30 19	105	23 35 21	1N24 39
27 F	10 27 51	13 39 19	60 18	22 40 37.4	8 22 21	6♓32 4	6 33 47	103	23 58 35	4N20 53	13 5 51	6 37 9	99	0 22 11	7 15 46
28 S	10 31 47	14♒39 37	60 16	22 44 23.2	7S59 44	19♓43 1	6 40 24	96	0 46 16	10N 7 16	26♓23 25	6 43 32	92	1 10 58	12N53 16

LUNAR INGRESSES
1 ☽ ♈ 12:59
3 ☽ ♉ 17:32
5 ☽ ♊ 19:43
7 ☽ ♋ 20:27
9 ☽ ♌ 21:12
11 ☽ ♍ 23:39
14 ☽ ♎ 5:18
16 ☽ ♏ 14:45
19 ☽ ♐ 3:01
21 ☽ ♑ 15:50
24 ☽ ♒ 3:07
26 ☽ ♓ 11:57
28 ☽ ♈ 18:27

PLANET INGRESSES
8 ☿ ♑ 23:12
13 ☉ ♒ 10:53

STATIONS
1 ☿ D 7:12

DATA FOR THE 1st AT 0 HOURS
JULIAN DAY 39843.5
☽ MEAN ☊ 14°♑ 26' 56"
OBLIQUITY 23° 26' 23"
DELTA T 69.5 SECONDS
NUTATION LONGITUDE 14.3"

DAY MO YR	☿ LONG ° ' "	♀ LONG ° ' "	♂ LONG ° ' "	♃ LONG ° ' "	♄ LONG ° ' "	♅ LONG ° ' "	♆ LONG ° ' "	♇ LONG ° ' "	☊ LONG ° '	A.S.S.I. h m s	S.S.R.Y. h m s	S.V.P. ♓ ° ' "	☿ MERCURY R.A. h m s	DECL ° ' "
1 32	26♐52D52	3♓18 35	2♑17 52	11♑20 6	26♌ 2R 8	25♒34 10	28♑37 47	7♐25 40	14♑24	26 21 36	30 16 26	5 7 44.0	19 32 10	18S57 4
2 33	26 54 22	4 9 43	3 4 11	11 34 16	25 58 55	25 37 2	28 40 2	7 27 26	14 24	26 26 43	30 17 11	5 7 43.9	19 32 23	19 7 15
3 34	27 3 12	5 0 3	3 50 32	11 48 25	25 55 37	25 39 57	28 42 17	7 29 12	14 24	26 31 49	30 17 46	5 7 43.8	19 33 7	19 16 42
4 35	27 18 49	5 49 33	4 36 55	12 2 33	25 52 15	25 42 52	28 44 33	7 30 55	14 24	26 36 54	30 18 8	5 7 43.6	19 34 20	19 25 20
5 36	27 40 44	6 38 11	5 23 19	12 16 41	25 48 47	25 45 50	28 46 48	7 32 38	14 24	26 41 58	30 18 15	5 7 43.3	19 35 59	19 33 4
6 37	28 8 24	7 25 55	6 9 44	12 30 47	25 45 16	25 48 49	28 49 4	7 34 19	14 25	26 47 1	30 18 6	5 7 43.1	19 38 3	19 39 53
7 38	28 41 23	8 12 43	6 56 12	12 44 53	25 41 39	25 51 49	28 51 21	7 35 59	14 26	26 52 2	30 17 43	5 7 42.8	19 40 30	19 45 42
8 39	29 19 13	8 58 33	7 42 40	12 58 57	25 37 59	25 54 51	28 53 37	7 37 38	14 26	26 57 3	30 17 6	5 7 42.5	19 43 16	19 50 30
9 40	0♑ 1 29	9 43 22	8 29 10	13 13 1	25 34 14	25 57 54	28 55 53	7 39 16	14 26	27 2 3	30 16 19	5 7 42.3	19 46 22	19 54 13
10 41	0 47 49	10 27 7	9 15 42	13 27 3	25 30 25	26 0 58	28 58 10	7 40 52	14 26	27 7 3	30 15 23	5 7 42.2	19 49 44	19 56 50
11 42	1 37 53	11 9 48	10 2 15	13 41 4	25 26 32	26 4 4	29 0 27	7 42 26	14 25	27 11 59	30 14 24	5 7 42.1	19 53 22	19 58 20
12 43	2 31 21	11 51 20	10 48 50	13 55 3	25 22 35	26 7 11	29 2 44	7 43 59	14 23	27 16 56	30 13 24	5 7 42.1	19 57 14	19 58 39
13 44	3 27 57	12 31 42	11 35 26	14 9 1	25 18 35	26 10 20	29 4 59	7 45 31	14 21	27 21 52	30 12 28	5 7 42.1	20 1 19	19 57 48
14 45	4 27 25	13 10 52	12 22 4	14 22 58	25 14 30	26 13 29	29 7 16	7 47 1	14 19	27 26 47	30 11 37	5 7 42.0	20 5 36	19 55 45
15 46	5 29 33	13 48 45	13 8 43	14 36 53	25 10 23	26 16 40	29 9 33	7 48 30	14 17	27 31 41	30 10 54	5 7 41.9	20 10 3	19 52 29
16 47	6 34 9	14 25 19	13 55 23	14 50 47	25 6 11	26 19 52	29 11 50	7 49 58	14 16	27 36 34	30 10 20	5 7 41.8	20 14 41	19 47 58
17 48	7 41 1	15 0 32	14 42 5	15 4 39	25 1 57	26 23 5	29 14 6	7 51 24	14 16	27 41 27	30 9 55	5 7 41.7	20 19 27	19 42 14
18 49	8 50 1	15 34 20	15 28 48	15 18 29	24 57 40	26 26 19	29 16 23	7 52 48	14 16	27 46 18	30 9 40	5 7 41.5	20 24 21	19 35 14
19 50	10 0 59	16 6 41	16 15 32	15 32 17	24 53 19	26 29 34	29 18 39	7 54 11	14 17	27 51 9	30 9 35	5 7 41.3	20 29 22	19 26 58
20 51	11 13 48	16 37 29	17 2 18	15 46 3	24 48 56	26 32 50	29 20 55	7 55 32	14 19	27 55 58	30 9 40	5 7 41.1	20 34 30	19 17 27
21 52	12 28 23	17 6 43	17 49 4	15 59 47	24 44 30	26 36 7	29 23 11	7 56 51	14 21	28 0 47	30 9 55	5 7 40.9	20 39 45	19 6 39
22 53	13 44 36	17 34 19	18 35 52	16 13 29	24 40 1	26 39 24	29 25 27	7 58 9	14 22	28 5 36	30 10 18	5 7 40.7	20 45 5	18 54 35
23 54	15 2 23	18 0 13	19 22 41	16 27 9	24 35 31	26 42 43	29 27 42	7 59 26	14 22	28 10 23	30 10 51	5 7 40.6	20 50 30	18 41 14
24 55	16 21 39	18 24 21	20 9 31	16 40 47	24 30 58	26 46 2	29 29 57	8 0 40	14 22	28 15 10	30 11 32	5 7 40.5	20 56 1	18 26 36
25 56	17 42 21	18 46 39	20 56 21	16 54 22	24 26 22	26 49 22	29 32 12	8 1 54	14 19	28 19 56	30 12 20	5 7 40.5	21 1 35	18 10 41
26 57	19 4 24	19 7 4	21 43 13	17 7 55	24 21 45	26 52 43	29 34 26	8 3 5	14 16	28 24 41	30 13 14	5 7 40.4	21 7 14	17 53 29
27 58	20 27 47	19 25 31	22 30 5	17 21 25	24 17 7	26 56 5	29 36 40	8 4 14	14 11	28 29 25	30 14 14	5 7 40.4	21 12 56	17 35 1
28 59	21♑52 27	19♓41 57	23♑16 58	17♑34 52	24♌12 26	26♒59 27	29♑38 53	8♐ 5 22	14♑06	28 34 9	30 15 16	5 7 40.4	21 18 42	17S15 16

DAY Feb	♀ VENUS R.A. h m s	DECL ° ' "	♂ MARS R.A. h m s	DECL ° ' "	♃ JUPITER R.A. h m s	DECL ° ' "	♄ SATURN R.A. h m s	DECL ° ' "	♅ URANUS R.A. h m s	DECL ° ' "	♆ NEPTUNE R.A. h m s	DECL ° ' "	♇ PLUTO R.A. h m s	DECL ° ' "
1	23 50 46	0N45 0	19 57 41	21S38 55	20 34 49	19S 9 37	11 30 2	5N36 31	23 26 2	4S27 53	21 43 48	14S 1 21	18 9 36	17S44 27
2	23 53 41	1 12 51	20 0 56	21 30 9	20 35 47	19 6 11	11 29 50	5 37 59	23 26 12	4 26 44	21 43 57	14 0 37	18 9 44	17 44 24
3	23 56 32	1 40 31	20 4 12	21 21 8	20 36 46	19 2 43	11 29 39	5 39 29	23 26 23	4 25 34	21 44 5	13 59 53	18 9 51	17 44 21
4	23 59 20	2 7 59	20 7 27	21 11 54	20 37 44	18 59 15	11 29 27	5 41 0	23 26 34	4 24 24	21 44 14	13 59 9	18 9 58	17 44 18
5	0 2 5	2 35 13	20 10 42	21 2 25	20 38 41	18 55 46	11 29 14	5 42 33	23 26 45	4 23 13	21 44 23	13 58 24	18 10 6	17 44 14
6	0 4 46	3 2 13	20 13 56	20 52 43	20 39 39	18 52 17	11 29 1	5 44 8	23 26 56	4 22 1	21 44 32	13 57 40	18 10 13	17 44 11
7	0 7 24	3 28 56	20 17 10	20 42 47	20 40 37	18 48 46	11 28 48	5 45 44	23 27 7	4 20 49	21 44 41	13 56 55	18 10 20	17 44 7
8	0 9 58	3 55 23	20 20 24	20 32 37	20 41 35	18 45 15	11 28 35	5 47 22	23 27 18	4 19 36	21 44 50	13 56 11	18 10 27	17 44 4
9	0 12 29	4 21 32	20 23 37	20 22 14	20 42 32	18 41 43	11 28 22	5 49 1	23 27 29	4 18 23	21 44 58	13 55 26	18 10 33	17 44 0
10	0 14 55	4 47 22	20 26 51	20 11 38	20 43 29	18 38 11	11 28 8	5 50 42	23 27 40	4 17 9	21 45 7	13 54 42	18 10 40	17 43 56
11	0 17 17	5 12 51	20 30 4	20 0 49	20 44 27	18 34 37	11 27 54	5 52 24	23 27 52	4 15 55	21 45 16	13 53 57	18 10 47	17 43 52
12	0 19 35	5 37 59	20 33 16	19 49 46	20 45 24	18 31 3	11 27 40	5 54 7	23 28 3	4 14 40	21 45 25	13 53 12	18 10 53	17 43 48
13	0 21 48	6 2 45	20 36 28	19 38 31	20 46 21	18 27 29	11 27 25	5 55 52	23 28 15	4 13 25	21 45 34	13 52 28	18 11 0	17 43 43
14	0 23 57	6 27 6	20 39 40	19 27 3	20 47 17	18 23 54	11 27 10	5 57 37	23 28 26	4 12 9	21 45 43	13 51 43	18 11 6	17 43 39
15	0 26 2	6 51 2	20 42 51	19 15 22	20 48 14	18 20 18	11 26 55	5 59 24	23 28 38	4 10 53	21 45 52	13 50 58	18 11 12	17 43 34
16	0 28 1	7 14 31	20 46 3	19 3 29	20 49 11	18 16 42	11 26 40	6 1 12	23 28 50	4 9 36	21 46 1	13 50 13	18 11 18	17 43 30
17	0 29 55	7 37 32	20 49 13	18 51 23	20 50 7	18 13 5	11 26 25	6 3 1	23 29 2	4 8 19	21 46 9	13 49 29	18 11 24	17 43 25
18	0 31 44	8 0 3	20 52 24	18 39 5	20 51 3	18 9 28	11 26 9	6 4 51	23 29 14	4 7 2	21 46 18	13 48 44	18 11 30	17 43 20
19	0 33 28	8 22 3	20 55 34	18 26 36	20 51 59	18 5 50	11 25 53	6 6 42	23 29 26	4 5 44	21 46 27	13 47 59	18 11 36	17 43 15
20	0 35 6	8 43 30	20 58 43	18 13 54	20 52 55	18 2 12	11 25 37	6 8 33	23 29 38	4 4 26	21 46 36	13 47 15	18 11 41	17 43 10
21	0 36 38	9 4 22	21 1 53	18 1 1	20 53 51	17 58 34	11 25 21	6 10 26	23 29 50	4 3 7	21 46 45	13 46 30	18 11 47	17 43 5
22	0 38 4	9 24 37	21 5 1	17 47 57	20 54 47	17 54 55	11 25 5	6 12 19	23 30 2	4 1 49	21 46 54	13 45 46	18 11 52	17 43 0
23	0 39 24	9 44 13	21 8 10	17 34 41	20 55 42	17 51 16	11 24 48	6 14 13	23 30 14	4 0 30	21 47 2	13 45 1	18 11 58	17 42 55
24	0 40 37	10 3 9	21 11 18	17 21 14	20 56 37	17 47 37	11 24 32	6 16 7	23 30 26	3 59 10	21 47 11	13 44 17	18 12 3	17 42 50
25	0 41 44	10 21 22	21 14 26	17 7 36	20 57 32	17 43 58	11 24 15	6 18 2	23 30 38	3 57 51	21 47 20	13 43 33	18 12 8	17 42 44
26	0 42 43	10 38 49	21 17 33	16 53 48	20 58 27	17 40 18	11 23 58	6 19 58	23 30 51	3 56 31	21 47 29	13 42 49	18 12 13	17 42 39
27	0 43 36	10 55 29	21 20 40	16 39 49	20 59 21	17 36 39	11 23 41	6 21 53	23 31 3	3 55 11	21 47 37	13 42 5	18 12 17	17 42 33
28	0 44 21	11N11 19	21 23 46	16S25 40	21 0 16	17S32 59	11 23 24	6N23 50	23 31 15	3S53 51	21 47 46	13S41 21	18 12 22	17S42 28

DAY	SIDEREAL TIME h m s	☉ SUN LONG ° ' "	☉ MOT ' "	☉ R.A. h m s	☉ DECL ° ' "	☽ MOON AT 0 HOURS LONG ° ' "	12h MOT ° ' "	2DIF "	R.A. h m s	DECL ° ' "	☽ MOON AT 12 HOURS LONG ° ' "	12h MOT ° ' "	2DIF "	R.A. h m s	DECL ° ' "
1 Su	10 35 44	15♒39 53	60 14	22 48 8.5	7S36 59	3♈ 6 57	6 46 32	88	1 36 24	15N31 29	9♈53 29	6 49 24	84	2 2 38	17N59 29
2 M	10 39 40	16 40 7	60 12	22 51 53.3	7 14 8	16 42 52	6 52 8	80	2 29 47	20 14 45	23 35 0	6 54 45	77	2 57 52	22 14 40
3 Tu	10 43 37	17 40 18	60 10	22 55 37.6	6 51 11	0♉29 45	6 57 15	73	3 26 54	23 56 37	7♉27 0	6 59 38	69	3 56 49	25 18 4
4 W	10 47 34	18 40 28	60 8	22 59 21.4	6 28 8	14 26 38	7 1 52	65	4 27 30	26 16 44	21 28 30	7 3 59	61	4 58 48	26 50 43
5 Th	10 51 30	19 40 35	60 6	23 3 4.8	6 5 0	28 32 28	7 5 55	55	5 30 29	26 58 40	5♊38 23	7 7 38	48	6 2 17	26 39 56
6 F	10 55 27	20 40 41	60 3	23 6 47.7	5 41 47	12♊46 1	7 9 7	40	6 33 57	25 54 36	19 55 8	7 10 17	30	7 5 15	24 43 31
7 S	10 59 23	21 40 44	60 1	23 10 30.1	5 18 30	27 5 25	7 11 6	18	7 35 58	23 8 17	4♋16 31	7 11 29	4	8 5 57	21 11 2
8 Su	11 3 20	22 40 45	59 59	23 14 12.1	4 55 8	11♋28 0	7 11 23	-11	8 35 8	18 54 22	18 39 23	7 10 44	-28	9 3 28	16 21 10
9 M	11 7 16	23 40 44	59 57	23 17 53.8	4 31 43	25 50 8	7 9 30	-46	9 31 1	13 34 28	2♌59 38	7 7 39	-65	9 57 48	10 37 22
10 Tu	11 11 13	24 40 41	59 55	23 21 35.1	4 8 15	10♌ 7 17	7 5 11	-84	10 23 57	7 32 53	17 12 28	7 2 5	-101	10 49 33	4 23 59
11 W	11 15 9	25 40 35	59 53	23 25 16.0	3 44 43	24 14 33	6 58 25	-118	11 14 44	1 13 27	1♍12 58	6 54 14	-132	11 39 36	1S56 5
12 Th	11 19 6	26 40 28	59 51	23 28 56.6	3 21 9	8♍ 7 12	6 49 36	-144	12 4 18	5S 2 9	14 56 48	6 44 37	-153	12 28 56	8 2 29
13 F	11 23 3	27 40 19	59 49	23 32 36.9	2 57 32	21 41 25	6 39 24	-159	12 53 36	10 54 58	28 20 49	6 34 2	-161	13 18 23	13 37 43
14 S	11 26 59	28 40 9	59 48	23 36 17.0	2 33 53	4♎54 51	6 28 40	-160	13 43 23	16 8 57	11♎23 31	6 23 24	-155	14 8 38	18 27 6
15 Su	11 30 56	29 39 56	59 46	23 39 56.8	2 10 12	17 46 55	6 18 20	-147	14 34 11	20 30 45	24 5 16	6 13 35	-137	15 0 3	22 18 40
16 M	11 34 52	0♓39 42	59 44	23 43 36.4	1 46 30	0♏18 50	6 9 12	-124	15 26 12	23 49 46	6♏28 2	6 5 18	-109	15 52 37	25 3 13
17 Tu	11 38 49	1 39 26	59 42	23 47 15.7	1 22 48	12 33 20	6 1 55	-93	16 19 14	25 58 21	18 35 14	5 59 7	-75	16 45 58	26 34 45
18 W	11 42 45	2 39 8	59 41	23 50 55.0	0 59 4	24 34 21	5 56 55	-56	17 12 43	26 52 13	0♐31 16	5 55 23	-36	17 39 23	26 50 48
19 Th	11 46 42	3 38 48	59 39	23 54 34.0	0 35 20	6♐26 39	5 54 30	-16	18 5 53	26 30 47	12 21 9	5 54 17	4	18 32 6	25 52 38
20 F	11 50 38	4 38 27	59 37	23 58 12.9	0 11 37	18 15 26	5 54 44	23	18 58 0	24 57 2	24 10 10	5 55 51	43	19 23 29	23 44 49
21 S	11 54 35	5 38 4	59 35	0 1 51.7	0N12 6	0♑ 6 1	5 57 35	61	19 48 34	22 16 53	6♑ 3 36	5 59 55	78	20 13 12	20 34 19
22 Su	11 58 32	6 37 39	59 33	0 5 30.4	0 35 48	12 3 31	6 2 48	94	20 37 25	18 38 12	18 6 19	6 6 12	109	21 1 15	16 29 41
23 M	12 2 28	7 37 13	59 32	0 9 9.0	0 59 29	24 12 31	6 10 2	121	21 24 46	14 10 0	0♒22 34	6 14 15	131	21 48 1	11 40 26
24 Tu	12 6 25	8 36 44	59 30	0 12 47.6	1 23 8	6♒36 49	6 18 45	138	22 11 5	9 2 17	12 55 34	6 23 27	143	22 34 5	6 16 58
25 W	12 10 21	9 36 14	59 28	0 16 26.1	1 46 45	19 19 1	6 28 15	144	22 57 5	3 26 0	25 47 16	6 33 3	143	23 20 14	0 30 59
26 Th	12 14 18	10 35 42	59 26	0 20 4.6	2 10 20	2♓20 19	6 37 46	138	23 43 37	2N26 17	8♓58 5	6 42 17	131	0 7 22	5N23 54
27 F	12 18 14	11 35 7	59 24	0 23 43.0	2 33 52	15 40 22	6 46 30	121	0 31 37	8 19 47	22 26 52	6 50 21	109	0 56 27	11 11 39
28 S	12 22 11	12 34 31	59 22	0 27 21.5	2 57 21	29 17 13	6 53 47	96	1 22 1	13 57 2	6♈11 0	6 56 44	81	1 48 23	16 33 20
29 Su	12 26 7	13 33 53	59 19	0 31 0.0	3 20 46	13♈ 7 45	6 59 12	66	2 15 37	18 57 46	20 6 56	7 1 9	51	2 43 48	21 7 32
30 M	12 30 4	14 33 12	59 17	0 34 38.6	3 44 8	27 8 5	7 2 37	37	3 12 53	22 59 50	4♉10 43	7 3 39	25	3 42 50	24 31 58
31 Tu	12 34 0	15♓32 29	59 15	0 38 17.2	4N 7 25	11♉14 21	7 4 16	13	4 13 32	25N41 35	18♉18 37	7 4 32	4	4 44 48	26N26 46

LUNAR INGRESSES
2 ☽ ♉ 23:08
5 ☽ ♊ 2:28
7 ☽ ♋ 4:52
9 ☽ ♌ 6:59
11 ☽ ♍ 9:54
13 ☽ ♎ 15:00
15 ☽ ♏ 23:24
18 ☽ ♐ 10:57
20 ☽ ♑ 23:48
23 ☽ ♒ 11:16
25 ☽ ♓ 19:44
28 ☽ ♈ 1:15
30 ☽ ♉ 4:53

PLANET INGRESSES
5 ☿ ♒ 12:06
8 ♂ ♒ 14:09
9 ♆ ♒ 17:25
15 ☉ ♓ 8:03
23 ☿ ♓ 3:27

STATIONS
6 ♀ R 17:18

DATA FOR THE 1st AT 0 HOURS
JULIAN DAY 39871.5
☽ MEAN ☊ 12°♑ 57' 55"
OBLIQUITY 23° 26' 23"
DELTA T 69.5 SECONDS
NUTATION LONGITUDE 14.1"

DAY MO	YR	☿ LONG ° ' "	♀ LONG ° ' "	♂ LONG ° ' "	♃ LONG ° ' "	♄ LONG ° ' "	♅ LONG ° ' "	♆ LONG ° ' "	♇ LONG ° ' "	☊ LONG ° '	A.S.S.I. h m s	S.S.R.Y. h m s	S.V.P. ♓ ° ' "	☿ MERCURY R.A. h m s	☿ MERCURY DECL ° ' "
1	60	23♑18 21	19♓56 18	24♑ 3 51	17♑48 16	24♌ 7R45	27♒ 2 49	29♑41 6	8♐ 6 28	14♑01	28 38 52	30 16 18	5 7 40.3	21 24 31	16S54 14
2	61	24 45 28	20 8 29	24 50 45	18 1 38	24 3 2	27 6 12	29 43 18	8 7 33	13 57	28 43 34	30 17 14	5 7 40.3	21 30 23	16 31 55
3	62	26 13 46	20 18 27	25 37 40	18 14 57	23 58 18	27 9 36	29 45 30	8 8 36	13 54	28 48 16	30 18 2	5 7 40.1	21 36 18	16 8 20
4	63	27 43 14	20 26 9	26 24 35	18 28 13	23 53 33	27 13 0	29 47 41	8 9 36	13 53	28 52 57	30 18 38	5 7 39.9	21 42 16	15 43 28
5	64	29 13 52	20 31 30	27 11 30	18 41 25	23 48 47	27 16 24	29 49 52	8 10 36	13 53	28 57 38	30 19 0	5 7 39.7	21 48 17	15 17 20
6	65	0♒45 38	20 34R29	27 58 26	18 54 35	23 44 1	27 19 49	29 52 2	8 11 33	13 54	29 2 18	30 19 6	5 7 39.4	21 54 20	14 49 57
7	66	2 18 33	20 35 1	28 45 23	19 7 41	23 39 14	27 23 14	29 54 11	8 12 28	13 56	29 6 57	30 18 55	5 7 39.2	22 0 25	14 21 17
8	67	3 52 36	20 33 5	29 32 19	19 20 44	23 34 27	27 26 39	29 56 20	8 13 22	13 57	29 11 36	30 18 30	5 7 39.0	22 6 33	13 51 22
9	68	5 27 46	20 28 39	0♒19 16	19 33 43	23 29 40	27 30 5	29 58 28	8 14 14	13 56	29 16 15	30 17 51	5 7 38.9	22 12 43	13 20 12
10	69	7 4 5	20 21 42	1 6 14	19 46 39	23 24 53	27 33 30	0♒ 0 35	8 15 4	13 54	29 20 53	30 17 2	5 7 38.9	22 18 55	12 47 47
11	70	8 41 33	20 12 14	1 53 11	19 59 31	23 20 7	27 36 56	0 2 41	8 15 52	13 49	29 25 30	30 16 5	5 7 38.9	22 25 9	12 14 7
12	71	10 20 9	20 0 15	2 40 9	20 12 20	23 15 20	27 40 22	0 4 47	8 16 38	13 43	29 30 8	30 15 5	5 7 38.9	22 31 26	11 39 13
13	72	11 59 55	19 45 46	3 27 8	20 25 5	23 10 34	27 43 48	0 6 52	8 17 23	13 35	29 34 44	30 14 3	5 7 38.8	22 37 45	11 3 4
14	73	13 40 52	19 28 50	4 14 6	20 37 47	23 5 49	27 47 13	0 8 55	8 18 5	13 27	29 39 21	30 13 3	5 7 38.8	22 44 7	10 25 42
15	74	15 22 59	19 9 30	5 1 5	20 50 24	23 1 5	27 50 39	0 10 58	8 18 46	13 20	29 43 57	30 12 7	5 7 38.7	22 50 30	9 47 6
16	75	17 6 17	18 47 49	5 48 4	21 2 58	22 56 21	27 54 5	0 13 1	8 19 25	13 14	29 48 33	30 11 16	5 7 38.6	22 56 57	9 7 18
17	76	18 50 48	18 23 54	6 35 3	21 15 27	22 51 39	27 57 31	0 15 2	8 20 2	13 10	29 53 8	30 10 31	5 7 38.4	23 3 25	8 26 17
18	77	20 36 32	17 57 51	7 22 3	21 27 52	22 46 57	28 0 56	0 17 2	8 20 37	13 08	29 57 44	30 9 54	5 7 38.3	23 9 57	7 44 6
19	78	22 23 29	17 29 47	8 9 2	21 40 14	22 42 18	28 4 21	0 19 1	8 21 10	13 08	30 2 19	30 9 24	5 7 38.1	23 16 31	7 0 43
20	79	24 11 41	16 59 50	8 56 2	21 52 31	22 37 39	28 7 47	0 21 0	8 21 41	13 08	30 6 54	30 9 4	5 7 37.9	23 23 8	6 16 11
21	80	26 1 9	16 28 12	9 43 1	22 4 43	22 33 3	28 11 11	0 22 57	8 22 11	13 10	0 2 20	30 8 53	5 7 37.8	23 29 48	5 30 31
22	81	27 51 51	15 55 1	10 30 1	22 16 51	22 28 28	28 14 36	0 24 53	8 22 38	13 10	0 6 55	30 8 51	5 7 37.7	23 36 31	4 43 43
23	82	29 43 50	15 20 32	11 17 0	22 28 54	22 23 56	28 18 0	0 26 48	8 23 4	13 10	0 11 30	30 9 1	5 7 37.6	23 43 17	3 55 49
24	83	1♓37 4	14 44 55	12 3 59	22 40 53	22 19 25	28 21 24	0 28 42	8 23 27	13 07	0 16 4	30 9 22	5 7 37.5	23 50 6	3 6 52
25	84	3 31 34	14 8 25	12 50 57	22 52 47	22 14 57	28 24 47	0 30 35	8 23 49	13 02	0 20 39	30 9 54	5 7 37.5	23 56 59	2 16 52
26	85	5 27 18	13 31 15	13 37 56	23 4 36	22 10 31	28 28 10	0 32 26	8 24 8	12 54	0 25 13	30 10 37	5 7 37.5	0 3 55	1 25 54
27	86	7 24 15	12 53 41	14 24 54	23 16 20	22 6 8	28 31 32	0 34 17	8 24 26	12 45	0 29 48	30 11 29	5 7 37.5	0 10 54	0 33 58
28	87	9 22 23	12 15 57	15 11 51	23 27 59	22 1 48	28 34 53	0 36 6	8 24 42	12 34	0 34 22	30 12 29	5 7 37.5	0 17 58	0N18 50
29	88	11 21 39	11 38 18	15 58 48	23 39 33	21 57 31	28 38 14	0 37 54	8 24 56	12 24	0 38 57	30 13 32	5 7 37.4	0 25 5	1 12 27
30	89	13 22 0	11 0 59	16 45 44	23 51 1	21 53 16	28 41 35	0 39 40	8 25 8	12 16	0 43 31	30 14 35	5 7 37.3	0 32 15	2 6 48
31	90	15♓23 20	10♓24 14	17♒32 39	24♑ 2 24	21♌49 5	28♒44 54	0♒41 26	8♐25 18	12♑09	0 48 6	30 15 32	5 7 37.1	0 39 29	3N 1 49

DAY Mar	♀ VENUS R.A. h m s	♀ VENUS DECL ° ' "	♂ MARS R.A. h m s	♂ MARS DECL ° ' "	♃ JUPITER R.A. h m s	♃ JUPITER DECL ° ' "	♄ SATURN R.A. h m s	♄ SATURN DECL ° ' "	♅ URANUS R.A. h m s	♅ URANUS DECL ° ' "	♆ NEPTUNE R.A. h m s	♆ NEPTUNE DECL ° ' "	♇ PLUTO R.A. h m s	♇ PLUTO DECL ° ' "
1	0 44 58	11N26 16	21 26 52	16S11 21	21 1 10	17S29 19	11 23 7	6N25 46	23 31 28	3S52 30	21 47 55	13S40 38	18 12 27	17S42 22
2	0 45 27	11 40 18	21 29 58	15 56 52	21 2 4	17 25 39	11 22 50	6 27 42	23 31 40	3 51 9	21 48 3	13 39 54	18 12 32	17 42 17
3	0 45 49	11 53 22	21 33 3	15 42 13	21 2 57	17 21 59	11 22 32	6 29 39	23 31 53	3 49 49	21 48 12	13 39 11	18 12 36	17 42 11
4	0 46 1	12 5 25	21 36 8	15 27 24	21 3 51	17 18 20	11 22 15	6 31 36	23 32 5	3 48 27	21 48 20	13 38 28	18 12 40	17 42 5
5	0 46 6	12 16 23	21 39 12	15 12 26	21 4 44	17 14 40	11 21 57	6 33 32	23 32 18	3 47 6	21 48 29	13 37 45	18 12 44	17 41 59
6	0 46 2	12 26 15	21 42 17	14 57 19	21 5 37	17 11 1	11 21 40	6 35 29	23 32 31	3 45 45	21 48 37	13 37 3	18 12 48	17 41 54
7	0 45 49	12 34 58	21 45 20	14 42 3	21 6 30	17 7 21	11 21 22	6 37 25	23 32 43	3 44 24	21 48 45	13 36 20	18 12 52	17 41 48
8	0 45 27	12 42 27	21 48 23	14 26 38	21 7 22	17 3 42	11 21 5	6 39 21	23 32 56	3 43 2	21 48 54	13 35 38	18 12 56	17 41 42
9	0 44 57	12 48 41	21 51 26	14 11 5	21 8 14	17 0 4	11 20 47	6 41 17	23 33 8	3 41 41	21 49 2	13 34 56	18 13 0	17 41 36
10	0 44 18	12 53 36	21 54 29	13 55 23	21 9 6	16 56 25	11 20 30	6 43 13	23 33 21	3 40 19	21 49 10	13 34 14	18 13 3	17 41 30
11	0 43 29	12 57 11	21 57 31	13 39 33	21 9 58	16 52 47	11 20 12	6 45 8	23 33 34	3 38 58	21 49 19	13 33 33	18 13 6	17 41 25
12	0 42 32	12 59 22	22 0 32	13 23 35	21 10 49	16 49 9	11 19 54	6 47 3	23 33 46	3 37 37	21 49 27	13 32 52	18 13 10	17 41 19
13	0 41 27	13 0 7	22 3 34	13 7 29	21 11 40	16 45 32	11 19 37	6 48 58	23 33 59	3 36 16	21 49 35	13 32 11	18 13 13	17 41 13
14	0 40 13	12 59 25	22 6 35	12 51 16	21 12 31	16 41 55	11 19 19	6 50 51	23 34 11	3 34 54	21 49 43	13 31 30	18 13 16	17 41 7
15	0 38 52	12 57 14	22 9 35	12 34 54	21 13 21	16 38 18	11 19 2	6 52 45	23 34 24	3 33 32	21 49 51	13 30 50	18 13 18	17 41 1
16	0 37 22	12 53 33	22 12 35	12 18 26	21 14 12	16 34 42	11 18 44	6 54 37	23 34 37	3 32 11	21 49 59	13 30 10	18 13 21	17 40 55
17	0 35 46	12 48 21	22 15 35	12 1 50	21 15 2	16 31 7	11 18 27	6 56 29	23 34 49	3 30 49	21 50 7	13 29 30	18 13 24	17 40 49
18	0 34 2	12 41 38	22 18 35	11 45 7	21 15 51	16 27 32	11 18 10	6 58 20	23 35 2	3 29 28	21 50 14	13 28 50	18 13 26	17 40 43
19	0 32 13	12 33 25	22 21 34	11 28 18	21 16 41	16 23 58	11 17 52	7 0 10	23 35 15	3 28 7	21 50 22	13 28 11	18 13 28	17 40 37
20	0 30 18	12 23 43	22 24 33	11 11 22	21 17 30	16 20 24	11 17 35	7 1 59	23 35 27	3 26 46	21 50 30	13 27 32	18 13 31	17 40 31
21	0 28 18	12 12 33	22 27 31	10 54 20	21 18 18	16 16 51	11 17 18	7 3 47	23 35 40	3 25 25	21 50 37	13 26 54	18 13 33	17 40 26
22	0 26 14	11 59 57	22 30 29	10 37 12	21 19 7	16 13 19	11 17 1	7 5 34	23 35 52	3 24 4	21 50 45	13 26 16	18 13 35	17 40 20
23	0 24 7	11 46 1	22 33 27	10 19 58	21 19 55	16 9 48	11 16 44	7 7 21	23 36 5	3 22 44	21 50 52	13 25 38	18 13 36	17 40 14
24	0 21 57	11 30 46	22 36 25	10 2 38	21 20 42	16 6 18	11 16 28	7 9 6	23 36 17	3 21 23	21 51 0	13 25 1	18 13 38	17 40 8
25	0 19 45	11 14 18	22 39 22	9 45 13	21 21 30	16 2 48	11 16 11	7 10 49	23 36 30	3 20 3	21 51 7	13 24 24	18 13 40	17 40 3
26	0 17 33	10 56 42	22 42 18	9 27 43	21 22 17	15 59 20	11 15 55	7 12 32	23 36 42	3 18 43	21 51 14	13 23 47	18 13 41	17 39 57
27	0 15 21	10 38 5	22 45 15	9 10 7	21 23 3	15 55 52	11 15 38	7 14 13	23 36 55	3 17 23	21 51 21	13 23 11	18 13 42	17 39 52
28	0 13 10	10 18 32	22 48 11	8 52 27	21 23 50	15 52 26	11 15 22	7 15 53	23 37 7	3 16 4	21 51 28	13 22 36	18 13 43	17 39 46
29	0 11 1	9 58 12	22 51 7	8 34 42	21 24 36	15 49 0	11 15 6	7 17 31	23 37 19	3 14 45	21 51 35	13 22 0	18 13 44	17 39 40
30	0 8 55	9 37 10	22 54 2	8 16 53	21 25 21	15 45 36	11 14 50	7 19 8	23 37 32	3 13 26	21 51 42	13 21 25	18 13 45	17 39 35
31	0 6 52	9N15 36	22 56 58	7S58 59	21 26 6	15S42 13	11 14 35	7N20 44	23 37 44	3S12 7	21 51 49	13S20 51	18 13 46	17S39 30

APRIL 2009

DAY	SIDEREAL TIME h m s	☉ SUN LONG	MOT	R.A. h m s	DECL	☽ MOON AT 0 HOURS LONG	12h MOT	2DIF	R.A. h m s	DECL	☽ MOON AT 12 HOURS LONG	12h MOT	2DIF	R.A. h m s	DECL
1 W	12 37 57	16♓31 44	59 13	0 41 55.9	4N30 37	25♉23 9	7 4 32	-4	5 16 24	26N46 10	2♊27 41	7 4 17	-10	5 48 5	26N39 11
2 Th	12 41 54	17 30 56	59 10	0 45 34.6	4 53 45	9♊31 58	7 3 52	-15	6 19 36	26 5 58	16 35 49	7 3 18	-19	6 50 43	25 7 23
3 F	12 45 50	18 30 6	59 8	0 49 13.5	5 16 47	23 39 8	7 2 38	-22	7 21 13	23 44 58	0♋41 46	7 1 51	-25	7 50 58	22 0 45
4 S	12 49 47	19 29 14	59 6	0 52 52.5	5 39 43	7♋43 37	7 0 59	-28	8 19 53	19 57 10	14 44 36	6 59 59	-32	8 47 58	17 36 48
5 Su	12 53 43	20 28 20	59 3	0 56 31.7	6 2 33	21 44 34	6 58 50	-37	9 15 13	15 2 23	28 43 24	6 57 30	-43	9 41 43	12 16 39
6 M	12 57 40	21 27 23	59 1	1 0 11.0	6 25 17	5♌40 54	6 55 57	-51	10 7 34	9 22 17	12♌36 51	6 54 8	-59	10 32 52	6 21 51
7 Tu	13 1 36	22 26 23	58 59	1 3 50.5	6 47 54	19 30 59	6 52 1	-68	10 57 44	3 17 54	26 23 0	6 49 34	-78	11 22 18	0 12 47
8 W	13 5 33	23 25 22	58 57	1 7 30.2	7 10 24	3♍12 34	6 46 47	-89	11 46 42	2S51 9	9♍59 21	6 43 40	-98	12 11 2	5S51 42
9 Th	13 9 29	24 24 19	58 54	1 11 10.1	7 32 47	16 43 0	6 40 13	-108	12 35 25	8 46 45	23 23 14	6 36 29	-115	12 59 57	11 34 15
10 F	13 13 26	25 23 13	58 53	1 14 50.3	7 55 2	29 59 43	6 32 32	-122	13 24 44	14 12 17	6♎32 15	6 28 23	-126	13 49 48	16 39 1
11 S	13 17 23	26 22 5	58 51	1 18 30.7	8 17 9	13♎ 0 38	6 24 9	-127	14 15 13	18 52 44	19 24 47	6 19 54	-127	14 41 0	20 51 54
12 Su	13 21 19	27 20 56	58 49	1 22 11.5	8 39 8	25 44 40	6 15 43	-123	15 7 9	22 35 8	2♏ 0 23	6 11 41	-117	15 33 36	24 1 15
13 M	13 25 16	28 19 45	58 47	1 25 52.5	9 0 59	8♏12 5	6 7 55	-109	16 0 20	25 9 19	14 19 59	6 4 27	-98	16 27 14	25 58 40
14 Tu	13 29 12	29 18 32	58 45	1 29 33.9	9 22 40	20 24 26	6 1 24	-85	16 54 11	26 28 57	26 25 50	5 58 49	-70	17 21 7	26 40 4
15 W	13 33 9	0♈17 17	58 44	1 33 15.6	9 44 13	2♐24 38	5 56 45	-53	17 47 52	26 32 13	8♐21 23	5 55 16	-35	18 14 22	26 5 52
16 Th	13 37 5	1 16 0	58 42	1 36 57.7	10 5 35	14 16 39	5 54 24	-16	18 40 31	25 21 41	20 11 3	5 54 12	4	19 6 14	24 20 33
17 F	13 41 2	2 14 42	58 40	1 40 40.2	10 26 48	26 5 15	5 54 40	24	19 31 30	23 3 27	1♑59 55	5 55 50	45	19 56 16	21 31 25
18 S	13 44 58	3 13 22	58 38	1 44 23.1	10 47 51	7♑55 45	5 57 41	66	20 20 35	19 45 36	13 53 26	6 0 13	86	20 44 27	17 47 8
19 Su	13 48 55	4 12 0	58 37	1 48 6.4	11 8 43	19 53 39	6 3 25	106	21 7 56	15 37 7	25 57 4	6 7 16	124	21 31 7	13 16 45
20 M	13 52 52	5 10 36	58 35	1 51 50.1	11 29 24	2♒ 4 20	6 11 41	140	21 54 4	10 47 10	8♒16 0	6 16 37	155	22 16 53	8 9 33
21 Tu	13 56 48	6 9 11	58 33	1 55 34.3	11 49 53	14 32 37	6 21 59	166	22 39 41	5 25 12	20 54 36	6 27 42	175	23 2 35	2 35 27
22 W	14 0 45	7 7 44	58 32	1 59 18.8	12 10 11	27 22 18	6 33 38	179	23 25 43	0N18 14	3♓55 56	6 39 40	180	23 49 11	3N14 9
23 Th	14 4 41	8 6 16	58 30	2 3 3.9	12 30 18	10♓35 36	6 45 39	177	0 13 8	6 10 29	17 21 14	6 51 26	168	0 37 41	9 5 7
24 F	14 8 38	9 4 46	58 28	2 6 49.4	12 50 11	24 12 40	6 56 52	156	1 2 59	11 55 41	1♈ 9 32	7 1 49	139	1 29 8	14 39 32
25 S	14 12 34	10 3 14	58 26	2 10 35.4	13 9 52	8♈11 22	7 6 10	119	1 56 15	17 13 49	15 17 31	7 9 46	96	2 24 22	19 35 25
26 Su	14 16 31	11 1 40	58 24	2 14 21.9	13 29 20	22 27 18	7 12 35	72	2 53 32	21 41 9	29 39 53	7 14 34	47	3 23 42	23 27 51
27 M	14 20 27	12 0 4	58 22	2 18 8.9	13 48 35	6♉54 27	7 15 42	22	3 54 46	24 52 36	14♉10 9	7 16 2	-1	4 26 34	25 52 51
28 Tu	14 24 24	12 58 26	58 21	2 21 56.4	14 7 36	21 26 11	7 15 37	-23	4 58 50	26 26 45	28 41 47	7 14 31	-41	5 31 17	26 33 16
29 W	14 28 21	13 56 46	58 18	2 25 44.4	14 26 23	5♊56 19	7 12 53	-56	6 3 37	26 12 17	13♊ 9 12	7 10 48	-68	6 35 33	25 24 34
30 Th	14 32 17	14♈55 5	58 16	2 29 32.9	14N44 56	20♊19 59	7 8 22	-76	7 6 49	24N11 43	27♊28 21	7 5 42	-82	7 37 16	22N35 59

LUNAR INGRESSES
1 ☽ ♊ 7:50
3 ☽ ♋ 10:49
5 ☽ ♌ 14:12
7 ☽ ♍ 18:21
10 ☽ ♎ 0:01
12 ☽ ♏ 8:08
14 ☽ ♐ 19:09
17 ☽ ♑ 7:57
19 ☽ ♒ 19:57
22 ☽ ♓ 4:50
24 ☽ ♈ 10:00
26 ☽ ♉ 12:33
28 ☽ ♊ 14:09
30 ☽ ♋ 16:16

PLANET INGRESSES
7 ☿ ♈ 2:11
14 ☉ ♈ 16:56
15 ♂ ♓ 23:18
24 ☿ ♉ 19:00
24 ♅ ♓ 4:19

STATIONS
4 ♇ R 17:36
17 ♀ D 19:25

DATA FOR THE 1st AT 0 HOURS
JULIAN DAY 39902.5
☽ MEAN ☊ 11°♑ 19' 21"
OBLIQUITY 23° 26' 23"
DELTA T 69.5 SECONDS
NUTATION LONGITUDE 13.5"

DAY MO	YR	☿ LONG	♀ LONG	♂ LONG	♃ LONG	♄ LONG	♅ LONG	♆ LONG	♇ LONG	☊ LONG	A.S.S.I. h m s	S.S.R.Y. h m s	S.V.P. ♓	☿ MERCURY R.A. h m s	DECL
1	91	17♓25 34	9♓48R18	18♒19 34	24♑13 42	21♌44R58	28♒48 13	0♒43 10	8♐25 26	12♑05	0 52 41	30 16 21	5 7 36.9	0 46 47	3N57 22
2	92	19 28 34	9 13 24	19 6 28	24 24 54	21 40 53	28 51 31	0 44 52	8 25 32	12 03	0 57 16	30 16 54	5 7 36.6	0 54 8	4 53 21
3	93	21 32 10	8 39 45	19 53 21	24 36 0	21 36 53	28 54 48	0 46 34	8 25 36	12 03	1 1 51	30 17 15	5 7 36.4	1 1 31	5 49 37
4	94	23 36 13	8 7 33	20 40 13	24 47 1	21 32 56	28 58 4	0 48 13	8 25R38	12 03	1 6 26	30 17 19	5 7 36.2	1 8 58	6 46 2
5	95	25 40 30	7 37 0	21 27 4	24 57 56	21 29 3	29 1 20	0 49 52	8 25 38	12 03	1 11 1	30 17 9	5 7 36.1	1 16 26	7 42 26
6	96	27 44 46	7 8 15	22 13 54	25 8 45	21 25 13	29 4 34	0 51 29	8 25 37	12 01	1 15 37	30 16 45	5 7 36.0	1 23 56	8 38 38
7	97	29 48 46	6 41 27	23 0 44	25 19 28	21 21 28	29 7 48	0 53 4	8 25 33	11 56	1 20 12	30 16 8	5 7 36.0	1 31 27	9 34 26
8	98	1♈52 13	6 16 45	23 47 32	25 30 5	21 17 47	29 11 0	0 54 39	8 25 28	11 49	1 24 48	30 15 23	5 7 36.0	1 38 58	10 29 38
9	99	3 54 46	5 54 14	24 34 19	25 40 36	21 14 10	29 14 11	0 56 11	8 25 21	11 38	1 29 25	30 14 30	5 7 36.0	1 46 27	11 24 0
10	100	5 56 5	5 34 0	25 21 6	25 51 0	21 10 38	29 17 22	0 57 42	8 25 12	11 27	1 34 1	30 13 33	5 7 35.9	1 53 55	12 17 21
11	101	7 55 51	5 16 8	26 7 51	26 1 19	21 7 10	29 20 31	0 59 12	8 25 1	11 14	1 38 38	30 12 33	5 7 35.8	2 1 20	13 9 27
12	102	9 53 42	5 0 41	26 54 36	26 11 30	21 3 46	29 23 39	1 0 40	8 24 48	11 02	1 43 16	30 11 33	5 7 35.7	2 8 40	14 0 5
13	103	11 49 15	4 47 41	27 41 19	26 21 36	21 0 27	29 26 45	1 2 6	8 24 33	10 52	1 47 53	30 10 33	5 7 35.6	2 15 55	14 49 2
14	104	13 42 12	4 37 8	28 28 1	26 31 35	20 57 13	29 29 51	1 3 31	8 24 17	10 44	1 52 32	30 9 36	5 7 35.4	2 23 2	15 36 8
15	105	15 32 11	4 29 4	29 14 42	26 41 27	20 54 4	29 32 55	1 4 55	8 23 58	10 38	1 57 10	30 8 43	5 7 35.2	2 30 2	16 21 13
16	106	17 18 54	4 23 28	0♓ 1 22	26 51 12	20 50 59	29 35 58	1 6 16	8 23 38	10 35	2 1 49	30 7 54	5 7 35.0	2 36 52	17 4 7
17	107	19 2 3	4 20D19	0 48 1	27 0 51	20 48 0	29 39 0	1 7 36	8 23 16	10 34	2 6 29	30 7 13	5 7 34.8	2 43 32	17 44 43
18	108	20 41 25	4 19 34	1 34 39	27 10 22	20 45 5	29 42 0	1 8 55	8 22 52	10 34	2 11 9	30 6 39	5 7 34.7	2 49 59	18 22 54
19	109	22 16 43	4 21 12	2 21 15	27 19 47	20 42 16	29 44 58	1 10 11	8 22 26	10 34	2 15 49	30 6 16	5 7 34.6	2 56 14	18 58 37
20	110	23 47 46	4 25 10	3 7 50	27 29 4	20 39 32	29 47 56	1 11 26	8 21 59	10 33	2 20 30	30 6 5	5 7 34.5	3 2 14	19 31 47
21	111	25 14 24	4 31 25	3 54 23	27 38 14	20 36 53	29 50 51	1 12 40	8 21 30	10 30	2 25 12	30 6 6	5 7 34.4	3 8 0	20 2 21
22	112	26 36 26	4 39 53	4 40 55	27 47 16	20 34 20	29 53 46	1 13 51	8 20 59	10 23	2 29 54	30 6 22	5 7 34.4	3 13 29	20 30 20
23	113	27 53 44	4 50 32	5 27 25	27 56 11	20 31 52	29 56 38	1 15 1	8 20 26	10 14	2 34 37	30 6 52	5 7 34.4	3 18 42	20 55 41
24	114	29 6 10	5 3 16	6 13 54	28 4 58	20 29 29	29 59 29	1 16 9	8 19 52	10 03	2 39 20	30 7 36	5 7 34.3	3 23 37	21 18 26
25	115	0♉13 39	5 18 3	7 0 20	28 13 38	20 27 13	0♓ 2 19	1 17 16	8 19 15	9 51	2 44 4	30 8 30	5 7 34.3	3 28 14	21 38 35
26	116	1 16 5	5 34 49	7 46 46	28 22 10	20 25 1	0 5 6	1 18 20	8 18 37	9 39	2 48 49	30 9 32	5 7 34.1	3 32 32	21 56 8
27	117	2 13 22	5 53 29	8 33 9	28 30 33	20 22 56	0 7 52	1 19 23	8 17 58	9 29	2 53 34	30 10 38	5 7 33.9	3 36 31	22 11 9
28	118	3 5 25	6 13 59	9 19 30	28 38 49	20 20 57	0 10 37	1 20 24	8 17 17	9 21	2 58 20	30 11 41	5 7 33.7	3 40 9	22 23 37
29	119	3 52 12	6 36 17	10 5 49	28 46 56	20 19 3	0 13 19	1 21 23	8 16 34	9 15	3 3 6	30 12 39	5 7 33.4	3 43 27	22 33 34
30	120	4♉33 37	7♓ 0 17	10♓52 6	28♑54 56	20♌17 15	0♓16 0	1♒22 20	8♐15 49	9♑12	3 7 53	30 13 26	5 7 33.1	3 46 23	22N41 3

DAY Apr	♀ VENUS R.A. h m s	DECL	♂ MARS R.A. h m s	DECL	♃ JUPITER R.A. h m s	DECL	♄ SATURN R.A. h m s	DECL	♅ URANUS R.A. h m s	DECL	♆ NEPTUNE R.A. h m s	DECL	♇ PLUTO R.A. h m s	DECL
1	0 4 53	8N53 37	22 59 53	7S41 2	21 26 51	15S38 51	11 14 19	7N22 17	23 37 56	3S10 49	21 51 56	13S20 17	18 13 46	17S39 24
2	0 3 0	8 31 21	23 2 47	7 23 0	21 27 36	15 35 31	11 14 4	7 23 50	23 38 8	3 9 31	21 52 3	13 19 43	18 13 47	17 39 19
3	0 1 12	8 8 56	23 5 42	7 4 55	21 28 20	15 32 12	11 13 49	7 25 20	23 38 20	3 8 13	21 52 9	13 19 10	18 13 47	17 39 14
4	23 59 31	7 46 30	23 8 36	6 46 47	21 29 3	15 28 54	11 13 34	7 26 49	23 38 32	3 6 56	21 52 16	13 18 37	18 13 47	17 39 9
5	23 57 57	7 24 10	23 11 30	6 28 35	21 29 47	15 25 37	11 13 20	7 28 16	23 38 44	3 5 39	21 52 22	13 18 5	18 13 47	17 39 4
6	23 56 30	7 2 5	23 14 23	6 10 21	21 30 29	15 22 23	11 13 6	7 29 41	23 38 56	3 4 23	21 52 28	13 17 33	18 13 47	17 38 59
7	23 55 12	6 40 21	23 17 17	5 52 3	21 31 12	15 19 9	11 12 52	7 31 5	23 39 8	3 3 7	21 52 35	13 17 2	18 13 47	17 38 54
8	23 54 1	6 19 4	23 20 10	5 33 43	21 31 54	15 15 57	11 12 38	7 32 27	23 39 20	3 1 51	21 52 41	13 16 32	18 13 46	17 38 49
9	23 52 59	5 58 20	23 23 2	5 15 21	21 32 35	15 12 47	11 12 24	7 33 46	23 39 32	3 0 36	21 52 47	13 16 2	18 13 46	17 38 45
10	23 52 6	5 38 16	23 25 55	4 56 56	21 33 16	15 9 38	11 12 11	7 35 4	23 39 43	2 59 21	21 52 53	13 15 32	18 13 45	17 38 40
11	23 51 22	5 18 55	23 28 48	4 38 29	21 33 57	15 6 31	11 11 58	7 36 20	23 39 55	2 58 7	21 52 58	13 15 3	18 13 44	17 38 36
12	23 50 48	5 0 22	23 31 40	4 20 0	21 34 37	15 3 26	11 11 45	7 37 34	23 40 7	2 56 54	21 53 4	13 14 34	18 13 44	17 38 31
13	23 50 22	4 42 41	23 34 32	4 1 29	21 35 17	15 0 22	11 11 33	7 38 46	23 40 18	2 55 40	21 53 10	13 14 6	18 13 43	17 38 27
14	23 50 5	4 25 55	23 37 24	3 42 56	21 35 57	14 57 20	11 11 21	7 39 56	23 40 30	2 54 28	21 53 15	13 13 38	18 13 41	17 38 23
15	23 49 58	4 10 6	23 40 15	3 24 23	21 36 36	14 54 20	11 11 9	7 41 4	23 40 41	2 53 15	21 53 21	13 13 11	18 13 40	17 38 18
16	23 49 59	3 55 17	23 43 7	3 5 48	21 37 14	14 51 22	11 10 57	7 42 9	23 40 52	2 52 4	21 53 26	13 12 45	18 13 39	17 38 14
17	23 50 9	3 41 28	23 45 58	2 47 12	21 37 52	14 48 26	11 10 46	7 43 13	23 41 3	2 50 53	21 53 31	13 12 19	18 13 37	17 38 11
18	23 50 28	3 28 41	23 48 49	2 28 35	21 38 30	14 45 31	11 10 35	7 44 14	23 41 14	2 49 42	21 53 36	13 11 53	18 13 36	17 38 7
19	23 50 56	3 16 57	23 51 40	2 9 58	21 39 7	14 42 39	11 10 24	7 45 13	23 41 25	2 48 32	21 53 41	13 11 28	18 13 34	17 38 3
20	23 51 32	3 6 16	23 54 31	1 51 20	21 39 43	14 39 49	11 10 14	7 46 10	23 41 36	2 47 23	21 53 46	13 11 4	18 13 32	17 38 0
21	23 52 16	2 56 38	23 57 22	1 32 42	21 40 19	14 37 1	11 10 4	7 47 5	23 41 47	2 46 14	21 53 51	13 10 41	18 13 30	17 37 57
22	23 53 8	2 48 3	0 0 12	1 14 4	21 40 55	14 34 15	11 9 54	7 47 58	23 41 58	2 45 6	21 53 55	13 10 18	18 13 28	17 37 53
23	23 54 7	2 40 30	0 3 3	0 55 27	21 41 30	14 31 32	11 9 45	7 48 48	23 42 8	2 43 59	21 54 0	13 9 55	18 13 25	17 37 50
24	23 55 14	2 33 59	0 5 53	0 36 49	21 42 5	14 28 51	11 9 36	7 49 36	23 42 19	2 42 52	21 54 4	13 9 33	18 13 23	17 37 47
25	23 56 28	2 28 29	0 8 43	0 18 13	21 42 39	14 26 12	11 9 27	7 50 21	23 42 29	2 41 46	21 54 9	13 9 12	18 13 20	17 37 44
26	23 57 49	2 23 59	0 11 33	0N 0 23	21 43 12	14 23 35	11 9 19	7 51 5	23 42 40	2 40 41	21 54 13	13 8 51	18 13 18	17 37 41
27	23 59 16	2 20 28	0 14 23	0 18 58	21 43 45	14 21 1	11 9 11	7 51 45	23 42 50	2 39 36	21 54 17	13 8 31	18 13 15	17 37 39
28	0 0 50	2 17 54	0 17 13	0 37 32	21 44 18	14 18 29	11 9 3	7 52 24	23 43 0	2 38 32	21 54 21	13 8 12	18 13 12	17 37 36
29	0 2 30	2 16 17	0 20 3	0 56 4	21 44 50	14 16 0	11 8 56	7 53 0	23 43 10	2 37 29	21 54 25	13 7 53	18 13 9	17 37 34
30	0 4 16	2N15 35	0 22 53	1N14 35	21 45 21	14S13 34	11 8 49	7N53 33	23 43 20	2S36 26	21 54 29	13S 7 34	18 13 6	17S37 32

DAY	SIDEREAL TIME h m s	☉ SUN LONG ° ' "	MOT ' "	R.A. h m s	DECL ° ' "	☽ MOON AT 0 HOURS LONG ° ' "	12h MOT ° ' "	2DIF	R.A. h m s	DECL ° ' "	☽ MOON AT 12 HOURS LONG ° ' "	12h MOT ° ' "	2DIF	R.A. h m s	DECL ° ' "
1 F	14 36 14	15♈53 21	58 14	2 33 21.9	15N 3 13	4♋34 3	7 2 54	-85	8 6 46	20N39 59	11♋36 58	7 0 2	-86	8 35 17	18N26 37
2 S	14 40 10	16 51 35	58 12	2 37 11.4	15 21 16	18 37 0	6 57 9	-86	9 2 51	15 58 46	25 34 9	6 54 18	-85	9 29 31	13 19 17
3 Su	14 44 7	17 49 47	58 10	2 41 1.4	15 39 4	2♌28 26	6 51 28	-84	9 55 24	10 30 54	9♌19 55	6 48 42	-83	10 20 38	7 36 9
4 M	14 48 3	18 47 57	58 8	2 44 52.0	15 56 35	16 8 37	6 45 58	-82	10 45 19	4 37 25	22 54 35	6 43 15	-82	11 9 37	1 36 54
5 Tu	14 52 0	19 46 5	58 6	2 48 43.1	16 13 51	29 37 49	6 40 31	-82	11 33 40	1S23 16	6♍18 21	6 37 46	-83	11 57 35	4S21 8
6 W	14 55 56	20 44 11	58 4	2 52 34.7	16 30 51	12♍56 7	6 34 57	-85	12 21 30	7 14 47	19 31 4	6 32 4	-88	12 45 33	10 2 20
7 Th	14 59 53	21 42 15	58 2	2 56 26.9	16 47 34	26 3 8	6 29 6	-90	13 9 48	12 42 1	2♎32 14	6 26 3	-93	13 34 22	15 12 4
8 F	15 3 50	22 40 17	58 1	3 0 19.7	17 4 0	8♎58 17	6 22 54	-95	13 59 17	17 30 46	15 21 11	6 19 43	-96	14 24 37	19 36 28
9 S	15 7 46	23 38 18	57 59	3 4 13.0	17 20 10	21 40 54	6 16 29	-97	14 50 22	21 27 40	27 57 23	6 13 16	-96	15 16 31	23 2 58
10 Su	15 11 43	24 36 17	57 58	3 8 6.9	17 36 2	4♏10 38	6 10 6	-93	15 43 1	24 21 10	10♏20 44	6 7 3	-89	16 9 48	25 21 19
11 M	15 15 39	25 34 15	57 56	3 12 1.3	17 51 36	16 27 47	6 4 10	-83	16 36 45	26 2 45	22 31 58	6 1 31	-75	17 3 45	26 25 6
12 Tu	15 19 36	26 32 11	57 55	3 15 56.4	18 6 52	28 33 29	5 59 10	-66	17 30 41	26 28 21	4♐32 38	5 57 9	-54	17 57 25	26 12 47
13 W	15 23 32	27 30 5	57 54	3 19 52.0	18 21 51	10♐29 47	5 55 33	-41	18 23 49	25 38 58	16 25 20	5 54 26	-26	18 49 49	24 47 44
14 Th	15 27 29	28 27 59	57 52	3 23 48.2	18 36 30	22 19 46	5 53 49	-10	19 15 21	23 40 5	28 13 35	5 53 46	8	19 40 21	22 17 8
15 F	15 31 25	29 25 51	57 51	3 27 45.0	18 50 51	4♑ 7 21	5 54 19	26	20 4 49	20 49 16	10♑ 1 40	5 55 31	46	20 28 47	18 50 11
16 S	15 35 22	0♉23 41	57 50	3 31 42.4	19 4 53	15 57 10	5 57 21	66	20 52 17	16 48 36	21 54 32	5 59 53	86	21 15 23	14 36 34
17 Su	15 39 19	1 21 31	57 48	3 35 40.3	19 18 36	27 54 25	6 3 5	106	21 38 9	12 15 13	3♒57 29	6 6 57	126	22 0 42	9 45 41
18 M	15 43 15	2 19 19	57 47	3 39 38.8	19 31 59	10♒ 4 26	6 11 28	145	22 23 8	7 9 7	16 15 54	6 16 35	162	22 45 33	4 26 40
19 Tu	15 47 12	3 17 7	57 46	3 43 37.9	19 45 2	22 32 29	6 22 15	177	23 8 6	1 39 34	28 54 44	6 28 24	190	23 30 54	1N10 52
20 W	15 51 8	4 14 53	57 45	3 47 37.6	19 57 45	5♓23 8	6 34 54	199	23 54 6	4N 3 8	11♓58 2	6 41 40	204	0 17 50	6 55 32
21 Th	15 55 5	5 12 38	57 44	3 51 37.8	20 10 7	18 39 42	6 48 32	205	0 42 15	9 46 10	25 28 14	6 55 20	200	1 7 30	12 32 46
22 F	15 59 1	6 10 22	57 43	3 55 38.6	20 22 9	2♈23 33	7 1 53	191	1 33 42	15 12 46	9♈25 27	7 8 2	175	2 0 59	17 43 17
23 S	16 2 58	7 8 4	57 42	3 59 39.9	20 33 50	16 33 28	7 13 35	155	2 29 25	20 1 8	23 47 3	7 18 21	130	2 59 2	22 2 55
24 Su	16 6 54	8 5 46	57 41	4 3 41.8	20 45 9	1♉ 5 24	7 22 14	101	3 29 47	23 45 11	8♉27 38	7 25 6	70	4 1 34	25 4 41
25 M	16 10 51	9 3 26	57 39	4 7 44.1	20 56 8	15 52 43	7 26 53	37	4 34 10	25 58 34	23 19 36	7 27 35	5	5 7 19	26 24 46
26 Tu	16 14 48	10 1 5	57 38	4 11 47.0	21 6 44	0♊47 11	7 27 13	-26	5 40 39	26 22 6	8♊14 24	7 25 52	-54	6 13 50	25 50 34
27 W	16 18 44	10 58 43	57 37	4 15 50.3	21 16 59	15 40 15	7 23 37	-79	6 46 31	24 51 14	23 3 52	7 20 38	-99	7 18 27	23 26 7
28 Th	16 22 41	11 56 19	57 35	4 19 54.1	21 26 51	0♋24 30	7 17 1	-115	7 49 24	21 37 58	7♋41 31	7 12 57	-127	8 19 17	19 29 58
29 F	16 26 37	12 53 54	57 34	4 23 58.3	21 36 22	14 54 27	7 8 33	-135	8 48 5	17 5 30	22 3 0	7 3 58	-139	9 15 49	14 27 55
30 S	16 30 34	13 51 28	57 32	4 28 3.0	21 45 29	29 6 58	6 59 17	-140	9 42 34	11 40 25	6♌ 6 15	6 54 38	-139	10 8 29	8 45 54
31 Su	16 34 30	14♉49 0	57 31	4 32 8.0	21N54 14	13♌ 0 53	6 50 3	-135	10 33 40	5N47 5	19♌50 56	6 45 37	-131	10 58 18	2N46 20

LUNAR INGRESSES
- 2 ☽ ♌ 19:41
- 5 ☽ ♍ 0:40
- 7 ☽ ♎ 7:18
- 9 ☽ ♏ 15:56
- 12 ☽ ♐ 2:53
- 14 ☽ ♑ 15:37
- 17 ☽ ♒ 4:10
- 19 ☽ ♓ 14:02
- 21 ☽ ♈ 19:52
- 23 ☽ ♉ 22:13
- 25 ☽ ♊ 22:44
- 27 ☽ ♋ 23:20
- 30 ☽ ♌ 1:31

PLANET INGRESSES
- 8 ♃ ♒ 22:38
- 15 ☉ ♉ 14:10
- 23 ☿ ♈ 9:11
- 25 ♂ ♈ 1:37
- 31 ♀ ♈ 22:39

STATIONS
- 7 ☿ R 5:01
- 17 ♄ D 2:07
- 29 ♆ R 4:31
- 31 ☿ D 1:23

DATA FOR THE 1st AT 0 HOURS
- JULIAN DAY 39932.5
- ☽ MEAN ☊ 9♑ 43' 58"
- OBLIQUITY 23° 26' 22"
- DELTA T 69.6 SECONDS
- NUTATION LONGITUDE 13.2"

DAY MO	YR	☿ LONG ° ' "	♀ LONG ° ' "	♂ LONG ° ' "	♃ LONG ° ' "	♄ LONG ° ' "	♅ LONG ° ' "	♆ LONG ° ' "	♇ LONG ° ' "	☊ LONG ° '	A.S.S.I. h m s	S.S.R.Y. h m s	S.V.P. ♓ ° ' "	☿ MERCURY R.A. h m s	DECL ° ' "
1	121	5♉ 9 38	7♓25 56	11♓38 21	29♑ 2 46	20♌15R33	0♓18 38	1♒23 16	8♐15R 3	9♑12	3 12 41	30 14 2	5 7 32.9	3 48 58	22N46 5
2	122	5 40 14	7 53 12	12 24 34	29 10 29	20 13 58	0 21 15	1 24 9	8 14 15	9 12	3 17 29	30 14 24	5 7 32.7	3 51 11	22 48 42
3	123	6 5 23	8 21 59	13 10 45	29 18 3	20 12 28	0 23 50	1 25 1	8 13 26	9 11	3 22 18	30 14 32	5 7 32.6	3 53 3	22 48 55
4	124	6 25 5	8 52 16	13 56 54	29 25 28	20 11 4	0 26 23	1 25 51	8 12 35	9 09	3 27 8	30 14 28	5 7 32.6	3 54 32	22 46 47
5	125	6 39 22	9 23 59	14 43 0	29 32 45	20 9 46	0 28 54	1 26 38	8 11 43	9 04	3 31 58	30 14 11	5 7 32.5	3 55 39	22 42 19
6	126	6 48 18	9 57 4	15 29 4	29 39 52	20 8 34	0 31 23	1 27 24	8 10 49	8 56	3 36 49	30 13 44	5 7 32.5	3 56 25	22 35 36
7	127	6 51R57	10 31 29	16 15 6	29 46 51	20 7 29	0 33 50	1 28 9	8 9 54	8 46	3 41 41	30 13 8	5 7 32.4	3 56 49	22 26 38
8	128	6 50 29	11 7 11	17 1 6	29 53 42	20 6 29	0 36 15	1 28 51	8 8 57	8 34	3 46 33	30 12 24	5 7 32.3	3 56 53	22 15 32
9	129	6 44 4	11 44 6	17 47 4	0♒ 0 23	20 5 36	0 38 37	1 29 31	8 7 59	8 22	3 51 26	30 11 34	5 7 32.2	3 56 36	22 2 20
10	130	6 32 54	12 22 13	18 32 59	0 6 55	20 4 49	0 40 58	1 30 10	8 6 59	8 10	3 56 20	30 10 40	5 7 32.0	3 56 1	21 47 10
11	131	6 17 18	13 1 28	19 18 52	0 13 17	20 4 8	0 43 16	1 30 46	8 5 58	7 59	4 1 15	30 9 42	5 7 31.8	3 55 8	21 30 7
12	132	5 57 35	13 41 49	20 4 43	0 19 31	20 3 33	0 45 33	1 31 21	8 4 56	7 51	4 6 10	30 8 41	5 7 31.6	3 53 58	21 11 21
13	133	5 34 8	14 23 13	20 50 31	0 25 35	20 3 4	0 47 47	1 31 53	8 3 52	7 45	4 11 6	30 7 41	5 7 31.3	3 52 34	20 51 1
14	134	5 7 24	15 5 37	21 36 18	0 31 30	20 2 42	0 49 59	1 32 24	8 2 47	7 41	4 16 3	30 6 41	5 7 31.1	3 50 57	20 29 18
15	135	4 37 53	15 49 0	22 22 1	0 37 14	20 2 26	0 52 9	1 32 53	8 1 41	7 40	4 21 0	30 5 45	5 7 30.9	3 49 10	20 6 26
16	136	4 6 7	16 33 19	23 7 43	0 42 50	20 2 16	0 54 16	1 33 19	8 0 34	7 40	4 25 59	30 4 55	5 7 30.7	3 47 14	19 42 39
17	137	3 32 40	17 18 32	23 53 22	0 48 15	20 2D12	0 56 21	1 33 44	7 59 25	7 41	4 30 58	30 4 14	5 7 30.6	3 45 12	19 18 13
18	138	2 58 9	18 4 36	24 38 58	0 53 31	20 2 14	0 58 24	1 34 7	7 58 15	7 41	4 35 57	30 3 45	5 7 30.5	3 43 6	18 53 24
19	139	2 23 10	18 51 30	25 24 32	0 58 36	20 2 23	1 0 24	1 34 28	7 57 4	7 39	4 40 58	30 3 29	5 7 30.4	3 40 58	18 28 30
20	140	1 48 20	19 39 12	26 10 3	1 3 32	20 2 38	1 2 22	1 34 47	7 55 51	7 35	4 45 59	30 3 29	5 7 30.4	3 38 52	18 3 49
21	141	1 14 15	20 27 39	26 55 31	1 8 17	20 2 59	1 4 18	1 35 4	7 54 38	7 29	4 51 1	30 3 46	5 7 30.3	3 36 49	17 39 38
22	142	0 41 29	21 16 51	27 40 57	1 12 52	20 3 27	1 6 11	1 35 19	7 53 23	7 21	4 56 3	30 4 18	5 7 30.2	3 34 51	17 16 14
23	143	0 10 36	22 6 44	28 26 20	1 17 17	20 4 0	1 8 1	1 35 32	7 52 8	7 12	5 1 6	30 5 4	5 7 30.1	3 33 1	16 53 53
24	144	29♈42 6	22 57 18	29 11 40	1 21 31	20 4 40	1 9 49	1 35 43	7 50 51	7 02	5 6 10	30 6 1	5 7 29.9	3 31 20	16 32 51
25	145	29 16 24	23 48 30	29 56 57	1 25 34	20 5 27	1 11 35	1 35 52	7 49 33	6 54	5 11 15	30 7 5	5 7 29.6	3 29 50	16 13 20
26	146	28 53 55	24 40 20	0♈42 11	1 29 27	20 6 19	1 13 18	1 35 59	7 48 15	6 48	5 16 20	30 8 11	5 7 29.3	3 28 33	15 55 32
27	147	28 35 0	25 32 46	1 27 22	1 33 9	20 7 18	1 14 59	1 36 4	7 46 55	6 44	5 21 25	30 9 14	5 7 29.0	3 27 28	15 39 37
28	148	28 19 54	26 25 46	2 12 30	1 36 41	20 8 23	1 16 36	1 36 7	7 45 34	6 42	5 26 32	30 10 12	5 7 28.7	3 26 39	15 25 43
29	149	28 8 51	27 19 19	2 57 34	1 40 1	20 9 34	1 18 12	1 36R 9	7 44 13	6 42	5 31 38	30 11 1	5 7 28.4	3 26 4	15 13 55
30	150	28 2 2	28 13 24	3 42 36	1 43 11	20 10 51	1 19 44	1 36 8	7 42 50	6 43	5 36 46	30 11 39	5 7 28.3	3 25 45	15 4 17
31	151	27♈59D34	29♓ 8 0	4♈27 34	1♒46 9	20♌12 14	1♓21 14	1♒36 5	7♐41 27	6♑44	5 41 54	30 12 7	5 7 28.2	3 25 42	14N56 53

DAY May	♀ VENUS R.A. h m s	DECL ° ' "	♂ MARS R.A. h m s	DECL ° ' "	♃ JUPITER R.A. h m s	DECL ° ' "	♄ SATURN R.A. h m s	DECL ° ' "	♅ URANUS R.A. h m s	DECL ° ' "	♆ NEPTUNE R.A. h m s	DECL ° ' "	♇ PLUTO R.A. h m s	DECL ° ' "
1	0 6 8	2N15 47	0 25 42	1N33 4	21 45 52	14S11 10	11 8 42	7N54 4	23 43 30	2S35 24	21 54 32	13S 7 17	18 13 3	17S37 30
2	0 8 5	2 16 51	0 28 32	1 51 31	21 46 22	14 8 49	11 8 36	7 54 33	23 43 39	2 34 23	21 54 36	13 7 0	18 13 0	17 37 28
3	0 10 7	2 18 47	0 31 21	2 9 56	21 46 52	14 6 30	11 8 30	7 54 59	23 43 49	2 33 23	21 54 39	13 6 44	18 12 56	17 37 26
4	0 12 15	2 21 32	0 34 11	2 28 18	21 47 21	14 4 14	11 8 25	7 55 23	23 43 58	2 32 24	21 54 42	13 6 28	18 12 53	17 37 25
5	0 14 27	2 25 5	0 37 0	2 46 39	21 47 50	14 2 1	11 8 20	7 55 45	23 44 7	2 31 25	21 54 45	13 6 13	18 12 49	17 37 24
6	0 16 43	2 29 25	0 39 49	3 4 56	21 48 18	13 59 51	11 8 15	7 56 4	23 44 17	2 30 28	21 54 48	13 5 59	18 12 45	17 37 22
7	0 19 5	2 34 31	0 42 39	3 23 11	21 48 45	13 57 44	11 8 11	7 56 20	23 44 26	2 29 31	21 54 51	13 5 45	18 12 41	17 37 21
8	0 21 30	2 40 21	0 45 28	3 41 23	21 49 12	13 55 39	11 8 7	7 56 34	23 44 35	2 28 35	21 54 54	13 5 32	18 12 38	17 37 20
9	0 24 0	2 46 54	0 48 17	3 59 32	21 49 38	13 53 38	11 8 3	7 56 46	23 44 43	2 27 40	21 54 57	13 5 19	18 12 33	17 37 19
10	0 26 34	2 54 8	0 51 6	4 17 38	21 50 4	13 51 39	11 8 0	7 56 55	23 44 52	2 26 45	21 54 59	13 5 8	18 12 29	17 37 19
11	0 29 11	3 2 2	0 53 56	4 35 40	21 50 29	13 49 44	11 7 58	7 57 1	23 45 1	2 25 52	21 55 2	13 4 56	18 12 25	17 37 18
12	0 31 53	3 10 34	0 56 45	4 53 39	21 50 54	13 47 51	11 7 55	7 57 6	23 45 9	2 24 59	21 55 4	13 4 46	18 12 21	17 37 18
13	0 34 37	3 19 43	0 59 34	5 11 34	21 51 17	13 46 2	11 7 53	7 57 7	23 45 17	2 24 7	21 55 6	13 4 36	18 12 16	17 37 18
14	0 37 25	3 29 27	1 2 24	5 29 25	21 51 41	13 44 15	11 7 51	7 57 7	23 45 25	2 23 16	21 55 8	13 4 27	18 12 12	17 37 18
15	0 40 17	3 39 46	1 5 13	5 47 12	21 52 3	13 42 32	11 7 50	7 57 3	23 45 33	2 22 26	21 55 10	13 4 18	18 12 7	17 37 18
16	0 43 11	3 50 38	1 8 2	6 4 55	21 52 25	13 40 52	11 7 49	7 56 58	23 45 41	2 21 37	21 55 12	13 4 11	18 12 3	17 37 19
17	0 46 9	4 2 0	1 10 52	6 22 33	21 52 47	13 39 16	11 7 49	7 56 50	23 45 49	2 20 49	21 55 13	13 4 3	18 11 58	17 37 19
18	0 49 9	4 13 53	1 13 41	6 40 7	21 53 7	13 37 43	11 7 49	7 56 39	23 45 57	2 20 2	21 55 15	13 3 57	18 11 53	17 37 20
19	0 52 13	4 26 15	1 16 30	6 57 36	21 53 27	13 36 13	11 7 49	7 56 26	23 46 4	2 19 16	21 55 16	13 3 51	18 11 48	17 37 21
20	0 55 19	4 39 3	1 19 20	7 15 0	21 53 47	13 34 46	11 7 50	7 56 11	23 46 11	2 18 31	21 55 17	13 3 46	18 11 43	17 37 22
21	0 58 27	4 52 18	1 22 10	7 32 19	21 54 6	13 33 23	11 7 51	7 55 53	23 46 18	2 17 47	21 55 19	13 3 42	18 11 38	17 37 23
22	1 1 38	5 5 58	1 24 59	7 49 33	21 54 24	13 32 4	11 7 52	7 55 32	23 46 25	2 17 3	21 55 20	13 3 38	18 11 32	17 37 25
23	1 4 52	5 20 1	1 27 49	8 6 41	21 54 41	13 30 48	11 7 54	7 55 9	23 46 32	2 16 21	21 55 20	13 3 35	18 11 27	17 37 26
24	1 8 7	5 34 26	1 30 39	8 23 44	21 54 58	13 29 35	11 7 56	7 54 44	23 46 39	2 15 40	21 55 21	13 3 32	18 11 22	17 37 28
25	1 11 25	5 49 12	1 33 29	8 40 40	21 55 14	13 28 27	11 7 59	7 54 16	23 46 45	2 15 0	21 55 22	13 3 30	18 11 17	17 37 30
26	1 14 46	6 4 19	1 36 19	8 57 31	21 55 29	13 27 21	11 8 2	7 53 46	23 46 52	2 14 20	21 55 22	13 3 29	18 11 11	17 37 32
27	1 18 8	6 19 43	1 39 9	9 14 16	21 55 44	13 26 20	11 8 5	7 53 13	23 46 58	2 13 42	21 55 23	13 3 29	18 11 6	17 37 35
28	1 21 33	6 35 26	1 41 59	9 30 54	21 55 58	13 25 22	11 8 9	7 52 38	23 47 4	2 13 5	21 55 23	13 3 29	18 11 0	17 37 37
29	1 24 59	6 51 25	1 44 49	9 47 26	21 56 11	13 24 28	11 8 13	7 52 1	23 47 10	2 12 29	21 55 23	13 3 30	18 10 55	17 37 40
30	1 28 27	7 7 39	1 47 39	10 3 52	21 56 24	13 23 38	11 8 18	7 51 21	23 47 16	2 11 54	21 55 23	13 3 31	18 10 49	17 37 43
31	1 31 58	7N24 8	1 50 29	10N20 10	21 56 36	13S22 51	11 8 22	7N50 39	23 47 21	2S11 20	21 55 23	13S 3 34	18 10 43	17S37 46

JUNE 2009

DAY	SIDEREAL TIME h m s	☉ SUN LONG ° ' "	MOT ' "	R.A. h m s	DECL ° ' "	☽ MOON AT 0 HOURS LONG ° ' "	12h MOT ° ' "	2DIF "	R.A. h m s	DECL ° ' "	☽ MOON AT 12 HOURS LONG ° ' "	12h MOT ° ' "	2DIF "	R.A. h m s	DECL ° ' "
1 M	16 38 27	15♉46 31	57 29	4 36 13.4	22N 2 36	26♌36 33	6 41 21	-125	11 22 31	0S14 10	3♍17 54	6 37 16	-119	11 46 28	3S12 26
2 Tu	16 42 23	16 44 0	57 28	4 40 19.3	22 10 35	9♍55 10	6 33 24	-113	12 10 18	6 6 41	16 28 33	6 29 43	-108	12 34 7	8 55 10
3 W	16 46 20	17 41 28	57 27	4 44 25.4	22 18 11	22 58 16	6 26 13	-102	12 58 4	11 36 17	29 24 29	6 22 54	-97	13 22 15	14 8 26
4 Th	16 50 17	18 38 55	57 26	4 48 32.0	22 25 23	5♎47 23	6 19 45	-92	13 46 43	16 30 6	12♎ 7 9	6 16 45	-88	14 11 34	18 39 46
5 F	16 54 13	19 36 21	57 25	4 52 38.8	22 32 12	18 23 53	6 13 53	-84	14 36 50	20 36 0	24 37 46	6 11 8	-80	15 2 31	22 17 25
6 S	16 58 10	20 33 46	57 24	4 56 46.0	22 38 37	0♏48 54	6 8 32	-76	15 28 36	23 42 46	6♏57 26	6 6 4	-72	15 55 2	24 50 59
7 Su	17 2 6	21 31 10	57 23	5 0 53.5	22 44 38	13 3 29	6 3 44	-67	16 21 43	25 41 12	19 7 13	6 1 34	-62	16 48 34	26 12 49
8 M	17 6 3	22 28 32	57 22	5 5 1.3	22 50 16	25 8 47	5 59 36	-56	17 15 27	26 25 33	1♐ 8 23	5 57 50	-49	17 42 14	26 19 26
9 Tu	17 9 59	23 25 54	57 21	5 9 9.3	22 55 29	7♐ 6 14	5 56 20	-41	18 8 48	25 54 50	13 2 33	5 55 6	-32	18 35 1	25 12 24
10 W	17 13 56	24 23 16	57 21	5 13 17.6	23 0 18	18 57 39	5 54 11	-22	19 0 47	24 13 1	24 51 50	5 53 39	-10	19 26 4	22 57 47
11 Th	17 17 53	25 20 36	57 20	5 17 26.2	23 4 43	0♑45 29	5 53 30	2	19 50 48	21 27 55	6♑38 59	5 53 48	16	20 15 0	19 44 42
12 F	17 21 49	26 17 56	57 20	5 21 34.9	23 8 44	12 32 47	5 54 35	31	20 38 39	17 49 28	18 27 21	5 55 53	47	21 1 50	15 43 29
13 S	17 25 46	27 15 16	57 19	5 25 43.9	23 12 20	24 23 14	5 57 43	64	21 24 37	13 28 3	0♒20 57	6 0 8	81	21 47 3	11 4 23
14 Su	17 29 42	28 12 34	57 19	5 29 53.0	23 15 32	6♒21 5	6 3 9	99	22 9 14	8 33 40	12 24 14	6 6 46	118	22 31 18	5 57 3
15 M	17 33 39	29 9 53	57 18	5 34 2.2	23 18 19	18 31 0	6 10 59	136	22 53 21	3 15 43	24 42 0	6 15 48	153	23 15 31	0 30 50
16 Tu	17 37 35	0♊ 7 11	57 18	5 38 11.6	23 20 41	0♓57 48	6 21 11	169	23 37 56	2N16 19	7♓18 59	6 27 4	183	0 0 45	5N 4 23
17 W	17 41 32	1 4 29	57 18	5 42 21.2	23 22 39	13 46 3	6 33 24	196	0 24 5	7 51 49	20 19 27	6 40 6	205	0 48 7	10 36 51
18 Th	17 45 28	2 1 46	57 17	5 46 30.8	23 24 12	26 59 33	6 47 3	210	1 12 59	13 17 28	3♈46 36	6 54 6	211	1 38 49	15 51 18
19 F	17 49 25	2 59 4	57 17	5 50 40.4	23 25 20	10♈40 42	7 1 6	207	2 5 45	18 15 42	17 41 49	7 7 53	197	2 33 54	20 27 39
20 S	17 53 22	3 56 21	57 17	5 54 50.2	23 26 3	24 49 42	7 14 16	182	3 3 17	22 23 53	2♉ 3 58	7 20 3	162	3 33 54	24 1 0
21 Su	17 57 18	4 53 38	57 17	5 58 59.9	23 26 21	9♉24 1	7 25 3	136	4 5 38	25 15 38	16 49 3	7 29 7	106	4 38 20	26 4 47
22 M	18 1 15	5 50 54	57 16	6 3 9.6	23 26 14	24 18 10	7 32 7	73	5 11 41	26 26 4	1♊50 16	7 33 57	37	5 45 21	26 18 3
23 Tu	18 5 11	6 48 10	57 16	6 7 19.3	23 25 43	9♊24 13	7 34 36	1	6 18 59	25 40 27	16 58 49	7 34 2	-34	6 52 12	24 34 8
24 W	18 9 8	7 45 26	57 16	6 11 28.9	23 24 47	24 32 51	7 32 21	-67	7 24 43	23 1 6	2♋ 5 11	7 29 36	-96	7 56 17	21 4 13
25 Th	18 13 4	8 42 41	57 15	6 15 38.4	23 23 26	9♋34 47	7 25 56	-122	8 26 47	18 46 56	17 0 42	7 21 29	-143	8 56 11	16 12 56
26 F	18 17 1	9 39 56	57 14	6 19 47.7	23 21 40	24 22 11	7 16 25	-159	9 24 29	13 26 0	1♌38 36	7 10 55	-170	9 51 48	10 29 42
27 S	18 20 57	10 37 10	57 14	6 23 56.9	23 19 30	8♌49 31	7 5 7	-176	10 18 13	7 27 21	15 54 38	6 59 10	-179	10 43 54	4 21 56
28 Su	18 24 54	11 34 24	57 13	6 28 5.9	23 16 55	22 53 47	6 53 12	-178	11 8 59	1 16 6	29 46 59	6 47 19	-174	11 33 38	1S47 48
29 M	18 28 51	12 31 37	57 13	6 32 14.7	23 13 56	6♍34 18	6 41 37	-167	11 57 59	4S47 42	13♍15 54	6 36 9	-159	12 22 11	7 41 47
30 Tu	18 32 47	13♊28 50	57 12	6 36 23.3	23N10 32	19♍52 3	6 31 0	-150	12 46 21	10S28 20	26♍23 3	6 26 11	-139	13 10 37	13S 5 50

LUNAR INGRESSES
1 ☽ ♍ 6:04
3 ☽ ♎ 13:07
5 ☽ ♏ 22:25
8 ☽ ♐ 9:43
10 ☽ ♑ 22:27
13 ☽ ♒ 11:18
15 ☽ ♓ 22:10
18 ☽ ♈ 5:21
20 ☽ ♉ 8:35
22 ☽ ♊ 9:05
24 ☽ ♋ 8:40
26 ☽ ♌ 9:17
28 ☽ ♍ 12:23
30 ☽ ♎ 18:43

PLANET INGRESSES
7 ☿ ♉ 9:56
15 ☉ ♊ 20:59
30 ♀ ♉ 14:53

STATIONS
15 ♃ R 7:51

DATA FOR THE 1st AT 0 HOURS
JULIAN DAY 39963.5
☽ MEAN ☊ 8°♒ 5' 24"
OBLIQUITY 23° 26' 22"
DELTA T 69.6 SECONDS
NUTATION LONGITUDE 13.6"

DAY MO YR	☿ LONG	♀ LONG	♂ LONG	♃ LONG	♄ LONG	♅ LONG	♆ LONG	♇ LONG	☊ LONG	A.S.S.I. h m s	S.S.R.Y. h m s	S.V.P. ♓ ° ' "	☿ MERCURY R.A. h m s	DECL ° ' "
1 152	28♈ 1 33	0♈ 3 6	5♈12 28	1♒48 57	20♌13 44	1♓22 42	1♒36R 0	7♑40R 3	6♒43	5 47 2	30 12 23	5 7 28.1	3 25 56	14N51 41
2 153	28 7 59	0 58 40	5 57 20	1 51 34	20 15 19	1 24 6	1 35 54	7 38 39	6 41	5 52 11	30 12 29	5 7 28.0	3 26 27	14 48 43
3 154	28 18 56	1 54 43	6 42 8	1 53 59	20 17 0	1 25 28	1 35 45	7 37 13	6 36	5 57 20	30 12 24	5 7 27.9	3 27 14	14 47 56
4 155	28 34 20	2 51 13	7 26 53	1 56 14	20 18 48	1 26 48	1 35 35	7 35 47	6 30	6 2 30	30 12 9	5 7 27.8	3 28 19	14 49 17
5 156	28 54 11	3 48 9	8 11 35	1 58 17	20 20 41	1 28 4	1 35 22	7 34 21	6 22	6 7 40	30 11 45	5 7 27.6	3 29 39	14 52 43
6 157	29 18 24	4 45 31	8 56 13	2 0 10	20 22 40	1 29 18	1 35 8	7 32 53	6 14	6 12 51	30 11 12	5 7 27.5	3 31 17	14 58 10
7 158	29 46 56	5 43 17	9 40 48	2 1 51	20 24 45	1 30 29	1 34 52	7 31 25	6 06	6 18 2	30 10 31	5 7 27.2	3 33 11	15 5 31
8 159	0♉19 43	6 41 27	10 25 20	2 3 20	20 26 56	1 31 37	1 34 34	7 29 57	5 59	6 23 13	30 9 42	5 7 27.0	3 35 21	15 14 43
9 160	0 56 38	7 40 1	11 9 48	2 4 39	20 29 13	1 32 43	1 34 14	7 28 28	5 54	6 28 24	30 8 46	5 7 26.7	3 37 47	15 25 39
10 161	1 37 38	8 38 56	11 54 13	2 5 45	20 31 35	1 33 46	1 33 52	7 26 58	5 50	6 33 36	30 7 46	5 7 26.5	3 40 30	15 38 13
11 162	2 22 36	9 38 14	12 38 35	2 6 41	20 34 4	1 34 46	1 33 28	7 25 28	5 49	6 38 49	30 6 43	5 7 26.2	3 43 27	15 52 19
12 163	3 11 29	10 37 52	13 22 53	2 7 25	20 36 38	1 35 43	1 33 3	7 23 58	5 49	6 44 1	30 5 39	5 7 26.0	3 46 41	16 7 50
13 164	4 4 10	11 37 51	14 7 8	2 7 58	20 39 17	1 36 37	1 32 35	7 22 27	5 50	6 49 14	30 4 39	5 7 25.9	3 50 10	16 24 39
14 165	5 0 35	12 38 10	14 51 20	2 8 19	20 42 2	1 37 29	1 32 6	7 20 56	5 51	6 54 27	30 3 45	5 7 25.8	3 53 54	16 42 40
15 166	6 0 41	13 38 47	15 35 28	2 8R28	20 44 53	1 38 18	1 31 35	7 19 24	5 53	6 59 40	30 3 1	5 7 25.7	3 57 53	17 1 46
16 167	7 4 22	14 39 43	16 19 32	2 8 26	20 47 49	1 39 3	1 31 2	7 17 52	5 53	7 4 53	30 2 30	5 7 25.6	4 2 8	17 21 49
17 168	8 11 35	15 40 57	17 3 33	2 8 12	20 50 51	1 39 46	1 30 28	7 16 20	5 53	7 10 7	30 2 15	5 7 25.5	4 6 38	17 42 43
18 169	9 22 17	16 42 29	17 47 31	2 7 47	20 53 58	1 40 26	1 29 51	7 14 48	5 50	7 15 20	30 2 16	5 7 25.4	4 11 23	18 4 20
19 170	10 36 25	17 44 17	18 31 24	2 7 10	20 57 11	1 41 4	1 29 13	7 13 15	5 47	7 20 34	30 2 35	5 7 25.2	4 16 23	18 26 32
20 171	11 53 57	18 46 21	19 15 14	2 6 22	21 0 29	1 41 38	1 28 33	7 11 43	5 43	7 25 48	30 3 8	5 7 25.0	4 21 38	18 49 12
21 172	13 14 49	19 48 41	19 59 0	2 5 21	21 3 52	1 42 9	1 27 51	7 10 10	5 38	7 31 2	30 3 55	5 7 24.8	4 27 8	19 12 11
22 173	14 39 0	20 51 15	20 42 42	2 4 10	21 7 21	1 42 38	1 27 8	7 8 37	5 34	7 36 15	30 4 52	5 7 24.5	4 32 54	19 35 21
23 174	16 6 28	21 54 5	21 26 20	2 2 46	21 10 55	1 43 3	1 26 23	7 7 4	5 31	7 41 29	30 5 54	5 7 24.1	4 38 55	19 58 33
24 175	17 37 10	22 57 8	22 9 54	2 1 12	21 14 34	1 43 26	1 25 36	7 5 31	5 29	7 46 43	30 6 58	5 7 23.8	4 45 12	20 21 39
25 176	19 11 5	24 0 25	22 53 24	1 59 25	21 18 19	1 43 46	1 24 47	7 3 58	5 29	7 51 56	30 8 1	5 7 23.5	4 51 44	20 44 27
26 177	20 48 9	25 3 55	23 36 50	1 57 28	21 22 8	1 44 3	1 23 57	7 2 25	5 30	7 57 9	30 8 59	5 7 23.3	4 58 31	21 6 49
27 178	22 28 22	26 7 38	24 20 12	1 55 19	21 26 3	1 44 16	1 23 5	7 0 52	5 31	8 2 22	30 9 51	5 7 23.2	5 5 34	21 28 34
28 179	24 11 38	27 11 33	25 3 29	1 52 58	21 30 2	1 44 27	1 22 12	6 59 20	5 33	8 7 35	30 10 36	5 7 23.1	5 12 52	21 49 30
29 180	25 57 55	28 15 41	25 46 43	1 50 27	21 34 7	1 44 35	1 21 17	6 57 47	5 33	8 12 48	30 11 12	5 7 23.0	5 20 26	22 9 27
30 181	27♉47 7	29♈20 1	26♈29 52	1♒47 44	21♌38 16	1♓44 41	1♒20 20	6♑56 15	5♒33	8 18 0	30 11 39	5 7 22.9	5 28 14	22N28 12

DAY Jun	♀ VENUS R.A. h m s	DECL ° ' "	♂ MARS R.A. h m s	DECL ° ' "	♃ JUPITER R.A. h m s	DECL ° ' "	♄ SATURN R.A. h m s	DECL ° ' "	♅ URANUS R.A. h m s	DECL ° ' "	♆ NEPTUNE R.A. h m s	DECL ° ' "	♇ PLUTO R.A. h m s	DECL ° ' "
1	1 35 30	7N40 50	1 53 20	10N36 22	21 56 47	13S22 8	11 8 28	7N49 55	23 47 27	2S10 47	21 55 23	13S 3 36	18 10 37	17S37 49
2	1 39 4	7 57 45	1 56 10	10 52 27	21 56 57	13 21 29	11 8 33	7 49 8	23 47 32	2 10 16	21 55 22	13 3 40	18 10 31	17 37 53
3	1 42 40	8 14 51	1 59 1	11 8 24	21 57 7	13 20 54	11 8 39	7 48 19	23 47 37	2 9 45	21 55 22	13 3 44	18 10 25	17 37 56
4	1 46 18	8 32 7	2 1 51	11 24 14	21 57 16	13 20 22	11 8 46	7 47 28	23 47 42	2 9 15	21 55 21	13 3 49	18 10 19	17 38 0
5	1 49 57	8 49 33	2 4 42	11 39 57	21 57 24	13 19 55	11 8 53	7 46 34	23 47 47	2 8 47	21 55 20	13 3 55	18 10 13	17 38 4
6	1 53 38	9 7 7	2 7 33	11 55 33	21 57 32	13 19 31	11 9 0	7 45 38	23 47 51	2 8 19	21 55 20	13 4 1	18 10 7	17 38 8
7	1 57 21	9 24 49	2 10 24	12 11 0	21 57 39	13 19 11	11 9 7	7 44 40	23 47 56	2 7 53	21 55 19	13 4 7	18 10 1	17 38 13
8	2 1 6	9 42 38	2 13 15	12 26 20	21 57 45	13 18 55	11 9 15	7 43 39	23 48 0	2 7 28	21 55 17	13 4 15	18 9 55	17 38 17
9	2 4 52	10 0 32	2 16 7	12 41 32	21 57 51	13 18 43	11 9 23	7 42 37	23 48 4	2 7 3	21 55 16	13 4 23	18 9 49	17 38 22
10	2 8 40	10 18 31	2 18 58	12 56 36	21 57 55	13 18 35	11 9 32	7 41 32	23 48 8	2 6 40	21 55 15	13 4 31	18 9 43	17 38 27
11	2 12 30	10 36 33	2 21 50	13 11 32	21 57 59	13 18 31	11 9 41	7 40 25	23 48 12	2 6 18	21 55 13	13 4 41	18 9 36	17 38 32
12	2 16 21	10 54 38	2 24 41	13 26 20	21 58 2	13 18 30	11 9 50	7 39 16	23 48 15	2 5 58	21 55 12	13 4 51	18 9 30	17 38 37
13	2 20 14	11 12 45	2 27 33	13 40 59	21 58 5	13 18 34	11 10 0	7 38 5	23 48 19	2 5 38	21 55 10	13 5 1	18 9 24	17 38 43
14	2 24 8	11 30 53	2 30 25	13 55 29	21 58 7	13 18 42	11 10 10	7 36 51	23 48 22	2 5 19	21 55 8	13 5 13	18 9 18	17 38 49
15	2 28 5	11 49 1	2 33 17	14 9 51	21 58 8	13 18 54	11 10 20	7 35 36	23 48 25	2 5 2	21 55 6	13 5 24	18 9 11	17 38 55
16	2 32 2	12 7 8	2 36 9	14 24 4	21 58 8	13 19 9	11 10 31	7 34 18	23 48 28	2 4 46	21 55 4	13 5 37	18 9 5	17 39 1
17	2 36 1	12 25 13	2 39 2	14 38 8	21 58 7	13 19 29	11 10 42	7 32 58	23 48 30	2 4 31	21 55 2	13 5 50	18 8 58	17 39 7
18	2 40 2	12 43 15	2 41 54	14 52 2	21 58 6	13 19 52	11 10 53	7 31 36	23 48 33	2 4 17	21 55 0	13 6 4	18 8 52	17 39 13
19	2 44 5	13 1 14	2 44 47	15 5 48	21 58 4	13 20 20	11 11 5	7 30 12	23 48 35	2 4 4	21 54 57	13 6 18	18 8 46	17 39 20
20	2 48 8	13 19 7	2 47 39	15 19 24	21 58 1	13 20 52	11 11 17	7 28 46	23 48 37	2 3 52	21 54 55	13 6 32	18 8 39	17 39 27
21	2 52 14	13 36 56	2 50 32	15 32 50	21 57 58	13 21 27	11 11 29	7 27 18	23 48 39	2 3 42	21 54 52	13 6 48	18 8 33	17 39 33
22	2 56 21	13 54 38	2 53 25	15 46 7	21 57 54	13 22 7	11 11 42	7 25 48	23 48 41	2 3 32	21 54 49	13 7 4	18 8 26	17 39 41
23	3 0 29	14 12 13	2 56 18	15 59 15	21 57 49	13 22 50	11 11 55	7 24 16	23 48 43	2 3 24	21 54 46	13 7 20	18 8 20	17 39 48
24	3 4 39	14 29 40	2 59 12	16 12 12	21 57 43	13 23 37	11 12 8	7 22 42	23 48 44	2 3 17	21 54 44	13 7 37	18 8 13	17 39 56
25	3 8 50	14 46 58	3 2 5	16 25 0	21 57 37	13 24 29	11 12 22	7 21 6	23 48 46	2 3 11	21 54 40	13 7 55	18 8 7	17 40 3
26	3 13 3	15 4 6	3 4 58	16 37 37	21 57 29	13 25 24	11 12 36	7 19 28	23 48 47	2 3 6	21 54 37	13 8 13	18 8 0	17 40 11
27	3 17 18	15 21 4	3 7 52	16 50 4	21 57 21	13 26 23	11 12 50	7 17 48	23 48 48	2 3 3	21 54 34	13 8 32	18 7 54	17 40 19
28	3 21 33	15 37 50	3 10 45	17 2 21	21 57 13	13 27 25	11 13 5	7 16 7	23 48 48	2 3 0	21 54 31	13 8 51	18 7 48	17 40 28
29	3 25 50	15 54 25	3 13 39	17 14 28	21 57 3	13 28 32	11 13 19	7 14 23	23 48 49	2 2 59	21 54 27	13 9 11	18 7 41	17 40 36
30	3 30 9	16N10 46	3 16 33	17N26 24	21 56 53	13S29 42	11 13 35	7N12 38	23 48 49	2S 2 59	21 54 23	13S 9 32	18 7 35	17S40 45

JULY 2009

DAY	SIDEREAL TIME (h m s)	☉ SUN LONG (° ' ")	MOT (' ")	R.A. (h m s)	DECL (° ' ")
1 W	18 36 44	14♊26 2	57 12	6 40 31.6	23N 6 44
2 Th	18 40 40	15 23 14	57 12	6 44 39.6	23 2 32
3 F	18 44 37	16 20 25	57 12	6 48 47.4	22 57 55
4 S	18 48 33	17 17 37	57 11	6 52 54.8	22 52 55
5 Su	18 52 30	18 14 48	57 11	6 57 1.9	22 47 31
6 M	18 56 26	19 11 59	57 11	7 1 8.7	22 41 43
7 Tu	19 0 23	20 9 10	57 11	7 5 15.0	22 35 31
8 W	19 4 20	21 6 21	57 11	7 9 21.1	22 28 56
9 Th	19 8 16	22 3 32	57 12	7 13 26.7	22 21 58
10 F	19 12 13	23 0 43	57 12	7 17 31.9	22 14 37
11 S	19 16 9	23 57 55	57 12	7 21 36.7	22 6 53
12 Su	19 20 6	24 55 7	57 13	7 25 41.1	21 58 45
13 M	19 24 2	25 52 19	57 13	7 29 45.0	21 50 16
14 Tu	19 27 59	26 49 32	57 14	7 33 48.4	21 41 23
15 W	19 31 55	27 46 46	57 14	7 37 51.4	21 32 9
16 Th	19 35 52	28 44 0	57 15	7 41 53.9	21 22 32
17 F	19 39 49	29 41 15	57 16	7 45 55.9	21 12 34
18 S	19 43 45	0♋38 30	57 16	7 49 57.4	21 2 13
19 Su	19 47 42	1 35 46	57 17	7 53 58.4	20 51 32
20 M	19 51 38	2 33 3	57 18	7 57 58.9	20 40 29
21 Tu	19 55 35	3 30 20	57 18	8 1 58.8	20 29 5
22 W	19 59 31	4 27 38	57 19	8 5 58.2	20 17 21
23 Th	20 3 28	5 24 57	57 19	8 9 56.9	20 5 16
24 F	20 7 25	6 22 16	57 20	8 13 55.1	19 52 51
25 S	20 11 21	7 19 36	57 20	8 17 52.7	19 40 7
26 Su	20 15 18	8 16 56	57 20	8 21 49.7	19 27 2
27 M	20 19 14	9 14 16	57 21	8 25 46.0	19 13 39
28 Tu	20 23 11	10 11 37	57 21	8 29 41.8	18 59 56
29 W	20 27 7	11 8 58	57 22	8 33 36.9	18 45 55
30 Th	20 31 4	12 6 20	57 22	8 37 31.4	18 31 36
31 F	20 35 0	13♋ 3 42	57 23	8 41 25.3	18N16 58

DAY	☽ MOON AT 0 HOURS LONG (° ' ")	12h MOT (° ' ")	2DIF (")	R.A. (h m s)	DECL (° ' ")
1	2♎49 14	6 21 43	-128	13 35 4	15S32 51
2	15 28 34	6 13 53	-107	14 24 51	19 49 56
3	27 52 57	6 7 29	-86	15 16 4	23 9 28
4	10♏ 5 14	6 2 26	-66	16 8 38	25 22 47
5	22 8 2	5 58 36	-49	17 1 59	26 23 50
6	4♐ 3 45	5 55 55	-32	17 55 17	26 10 26
7	15 54 39	5 54 19	-16	18 47 33	24 45 0
8	27 42 52	5 53 49	1	19 38 5	22 14 5
9	9♑30 42	5 54 31	20	20 26 30	18 47 4
10	21 20 33	5 56 32	41	21 12 54	14 34 37
11	3♒15 10	6 0 3	65	21 57 43	9 47 31
12	15 17 38	6 5 14	91	22 41 37	4 36 3
13	27 31 23	6 12 15	119	23 25 29	0N49 49
14	10♓ 0 5	6 21 8	147	0 10 17	6 19 48
15	22 47 27	6 31 46	171	0 57 7	11 42 16
16	5♈56 53	6 43 51	189	1 47 6	16 42 51
17	19 30 59	6 56 45	195	2 41 14	21 3 16
18	3♉30 57	7 9 32	184	3 40 4	24 21 8
19	17 55 58	7 20 58	154	4 43 16	26 12 16
20	2♊42 42	7 29 45	105	5 49 16	26 16 38
21	17 45 12	7 34 41	41	6 55 34	24 26 9
22	2♋55 21	7 35 3	-30	7 59 44	20 49 14
23	18 3 53	7 30 46	-97	9 0 15	15 48 24
24	3♌ 1 40	7 22 24	-150	9 56 53	9 53 4
25	17 41 5	7 11 4	-185	10 50 14	3 32 33
26	1♍56 50	6 58 5	-200	11 41 19	2S47 56
27	15 46 18	6 44 45	-196	12 31 15	8 48 14
28	29 9 20	6 32 7	-180	13 21 1	14 12 41
29	12♎ 7 45	6 20 54	-155	14 11 24	18 48 49
30	24 44 37	6 11 33	-125	15 2 51	22 26 32
31	7♏ 3 48	6 4 14	-94	15 55 25	24S57 45

DAY	☽ MOON AT 12 HOURS LONG (° ' ")	12h MOT (° ' ")	2DIF (")	R.A. (h m s)	DECL (° ' ")
1	9♎10 57	6 17 37	-117	13 59 48	17S47 59
2	21 42 27	6 10 31	-96	14 50 17	21 37 29
3	4♏ 0 26	6 4 48	-76	15 42 12	24 24 51
4	16 7 40	6 0 22	-57	16 35 15	26 2 35
5	28 6 38	5 57 7	-40	17 28 42	26 26 24
6	9♐59 40	5 54 59	-24	18 21 36	25 36 24
7	21 48 57	5 53 55	-7	19 13 4	23 37 11
8	3♑36 41	5 54 0	10	20 2 33	20 36 56
9	15 25 12	5 55 21	30	20 49 56	16 45 50
10	27 17 5	5 58 5	53	21 35 28	12 14 45
11	9♒15 13	6 2 25	78	22 19 44	7 14 12
12	21 22 52	6 8 31	105	23 3 30	1 54 18
13	3♓43 38	6 16 27	133	23 47 42	3N34 59
14	16 21 13	6 26 14	160	0 33 22	9 2 48
15	29 19 13	6 37 40	181	1 21 39	14 16 21
16	12♈40 44	6 50 15	193	2 13 36	18 59 24
17	26 27 44	7 3 13	192	3 10 3	22 51 32
18	10♉40 28	7 15 30	172	4 11 11	25 28 59
19	25 16 56	7 25 46	132	5 16 3	26 28 40
20	10♊12 27	7 32 46	74	6 22 33	25 35 37
21	25 19 53	7 35 28	6	7 28 2	22 49 51
22	10♋30 25	7 33 28	-64	8 30 29	18 27 32
23	25 34 39	7 27 2	-126	9 29 2	12 55 39
24	10♌24 4	7 17 1	-170	10 23 54	6 44 16
25	24 52 9	7 4 42	-195	11 15 59	0 20 56
26	8♍54 55	6 51 23	-200	12 6 21	5S51 41
27	22 31 3	6 38 17	-190	12 56 6	11 35 47
28	5♎41 27	6 26 18	-168	13 46 6	16 37 28
29	18 28 39	6 15 59	-140	14 36 59	20 45 32
30	0♏56 10	6 7 38	-110	15 29 0	23 50 52
31	13♏ 8 3	6 1 21	-79	16 22 0	25S46 33

LUNAR INGRESSES
3 ☽ ♏ 4:08
5 ☽ ♐ 15:48
8 ☽ ♑ 4:39
10 ☽ ♒ 17:28
13 ☽ ♓ 4:48
15 ☽ ♈ 13:14
17 ☽ ♉ 18:02
19 ☽ ♊ 19:38
21 ☽ ♋ 19:23
23 ☽ ♌ 19:07
25 ☽ ♍ 20:41
28 ☽ ♎ 1:32
30 ☽ ♏ 10:11

PLANET INGRESSES
1 ☿ ♊ 4:24
4 ♂ ♉ 21:27
15 ☿ ♋ 12:52
17 ☉ ♋ 7:52
22 ♃ ♑ 19:59
27 ♀ ♊ 14:15
30 ☿ ♌ 22:34

STATIONS
1 ♅ R 7:38

DATA FOR THE 1st AT 0 HOURS
JULIAN DAY 39993.5
☽ MEAN ☊ 6°♑ 30' 1"
OBLIQUITY 23° 26' 21"
DELTA T 69.7 SECONDS
NUTATION LONGITUDE 14.9"

DAY MO	YR	☿ LONG (° ' ")	♀ LONG (° ' ")	♂ LONG (° ' ")	♃ LONG (° ' ")	♄ LONG (° ' ")	♅ LONG (° ' ")
1	182	29♉39 9	0♉24 32	27♈12 57	1♒44R51	21♌42 30	1♓44R43
2	183	1♊33 52	1 29 15	27 55 57	1 41 46	21 46 49	1 44 42
3	184	3 31 7	2 34 9	28 38 53	1 38 31	21 51 13	1 44 39
4	185	5 30 45	3 39 14	29 21 46	1 35 5	21 55 41	1 44 32
5	186	7 32 33	4 44 30	0♉ 4 33	1 31 29	22 0 14	1 44 23
6	187	9 36 17	5 49 56	0 47 17	1 27 42	22 4 51	1 44 11
7	188	11 41 42	6 55 33	1 29 56	1 23 45	22 9 33	1 43 56
8	189	13 48 32	8 1 20	2 12 32	1 19 37	22 14 19	1 43 38
9	190	15 56 28	9 7 17	2 55 2	1 15 19	22 19 10	1 43 17
10	191	18 5 15	10 13 24	3 37 29	1 10 52	22 24 5	1 42 54
11	192	20 14 33	11 19 41	4 19 51	1 6 14	22 29 4	1 42 27
12	193	22 24 5	12 26 7	5 2 9	1 1 27	22 34 7	1 41 58
13	194	24 33 34	13 32 42	5 44 22	0 56 30	22 39 15	1 41 26
14	195	26 42 44	14 39 27	6 26 32	0 51 24	22 44 26	1 40 51
15	196	28 51 21	15 46 20	7 8 36	0 46 9	22 49 42	1 40 14
16	197	0♋59 11	16 53 22	7 50 36	0 40 44	22 55 1	1 39 33
17	198	3 6 4	18 0 33	8 32 32	0 35 11	23 0 25	1 38 50
18	199	5 11 48	19 7 51	9 14 23	0 29 29	23 5 53	1 38 4
19	200	7 16 16	20 15 18	9 56 9	0 23 38	23 11 24	1 37 16
20	201	9 19 21	21 22 53	10 37 51	0 17 40	23 16 59	1 36 24
21	202	11 20 57	22 30 35	11 19 27	0 11 33	23 22 38	1 35 31
22	203	13 21 0	23 38 25	12 0 59	0 5 19	23 28 20	1 34 34
23	204	15 19 26	24 46 22	12 42 25	29♑58 57	23 34 7	1 33 35
24	205	17 16 13	25 54 27	13 23 47	29 52 28	23 39 56	1 32 33
25	206	19 11 20	27 2 38	14 5 3	29 45 52	23 45 49	1 31 28
26	207	21 4 45	28 10 56	14 46 14	29 39 9	23 51 46	1 30 21
27	208	22 56 27	29 19 20	15 27 20	29 32 20	23 57 46	1 29 12
28	209	24 46 28	0♊27 52	16 8 21	29 25 25	24 3 49	1 27 59
29	210	26 34 45	1 36 29	16 49 17	29 18 24	24 9 55	1 26 45
30	211	28 21 21	2 45 14	17 30 7	29 11 18	24 16 5	1 25 28
31	212	0♌ 6 15	3♊54 5	18♉10 52	29♑ 4 6	24♌22 17	1♓24 8

DAY MO	YR	♆ LONG (° ' ")	♇ LONG (° ' ")	☊ LONG (° ')	A.S.S.I. (h m s)	S.S.R.Y. (h m s)	S.V.P. ♓ (° ' ")	☿ MERCURY R.A. (h m s)	DECL (° ' ")
1	182	1♒19R22	6♐54R43	5♑32	8 23 12	30 11 58	5 7 22.8	5 36 16	22N45 34
2	183	1 18 22	6 53 11	5 31	8 28 24	30 12 5	5 7 22.7	5 44 32	23 1 21
3	184	1 17 21	6 51 40	5 28	8 33 35	30 12 2	5 7 22.5	5 53 1	23 15 22
4	185	1 16 19	6 50 9	5 25	8 38 46	30 11 48	5 7 22.2	6 1 42	23 27 23
5	186	1 15 15	6 48 38	5 23	8 43 56	30 11 24	5 7 22.0	6 10 34	23 37 16
6	187	1 14 9	6 47 7	5 20	8 49 6	30 10 49	5 7 21.8	6 19 35	23 44 49
7	188	1 13 2	6 45 38	5 19	8 54 16	30 10 4	5 7 21.5	6 28 45	23 49 54
8	189	1 11 54	6 44 8	5 18	8 59 25	30 9 10	5 7 21.3	6 38 1	23 52 24
9	190	1 10 45	6 42 39	5 18	9 4 34	30 8 10	5 7 21.1	6 47 22	23 52 13
10	191	1 9 34	6 41 11	5 18	9 9 42	30 7 5	5 7 20.9	6 56 47	23 49 18
11	192	1 8 22	6 39 43	5 19	9 14 49	30 5 59	5 7 20.8	7 6 12	23 43 37
12	193	1 7 8	6 38 16	5 20	9 19 56	30 4 57	5 7 20.7	7 15 37	23 35 10
13	194	1 5 53	6 36 49	5 21	9 25 3	30 4 2	5 7 20.6	7 25 1	23 23 59
14	195	1 4 37	6 35 23	5 22	9 30 8	30 3 19	5 7 20.5	7 34 20	23 10 8
15	196	1 3 20	6 33 58	5 22	9 35 14	30 2 48	5 7 20.4	7 43 35	22 53 42
16	197	1 2 2	6 32 33	5 22	9 40 18	30 2 34	5 7 20.3	7 52 44	22 34 48
17	198	1 0 42	6 31 9	5 22	9 45 22	30 2 35	5 7 20.2	8 1 45	22 13 32
18	199	0 59 22	6 29 46	5 21	9 50 26	30 2 52	5 7 19.9	8 10 38	21 50 4
19	200	0 58 0	6 28 24	5 21	9 55 29	30 3 23	5 7 19.7	8 19 22	21 24 31
20	201	0 56 37	6 27 3	5 21	10 0 31	30 4 6	5 7 19.4	8 27 56	20 57 3
21	202	0 55 14	6 25 42	5 20	10 5 32	30 4 57	5 7 19.1	8 36 21	20 27 48
22	203	0 53 49	6 24 23	5 20	10 10 33	30 5 55	5 7 18.8	8 44 35	19 56 56
23	204	0 52 23	6 23 4	5 20	10 15 33	30 6 55	5 7 18.6	8 52 39	19 24 35
24	205	0 50 57	6 21 47	5 20	10 20 32	30 7 56	5 7 18.4	9 0 32	18 50 54
25	206	0 49 29	6 20 30	5 20	10 25 31	30 8 56	5 7 18.3	9 8 14	18 15 59
26	207	0 48 1	6 19 14	5 20	10 30 28	30 9 52	5 7 18.3	9 15 47	17 40 0
27	208	0 46 31	6 18 0	5 20	10 35 25	30 10 44	5 7 18.2	9 23 8	17 3 3
28	209	0 45 1	6 16 47	5 19	10 40 21	30 11 29	5 7 18.1	9 30 20	16 25 15
29	210	0 43 31	6 15 34	5 19	10 45 17	30 12 6	5 7 18.0	9 37 22	15 46 43
30	211	0 41 59	6 14 23	5 19	10 50 11	30 12 34	5 7 17.9	9 44 13	15 7 32
31	212	0♒40 27	6♐13 13	5♑20	10 55 5	30 12 51	5 7 17.7	9 50 55	14N27 48

DAY Jul	♀ VENUS R.A. (h m s)	DECL (° ' ")	♂ MARS R.A. (h m s)	DECL (° ' ")	♃ JUPITER R.A. (h m s)	DECL (° ' ")
1	3 34 29	16N26 54	3 19 27	17N38 9	21 56 42	13S30 56
2	3 38 51	16 42 47	3 22 21	17 49 44	21 56 31	13 32 13
3	3 43 14	16 58 25	3 25 15	18 1 9	21 56 19	13 33 34
4	3 47 38	17 13 47	3 28 9	18 12 22	21 56 6	13 34 59
5	3 52 4	17 28 53	3 31 3	18 23 25	21 55 52	13 36 27
6	3 56 31	17 43 41	3 33 57	18 34 17	21 55 38	13 37 59
7	4 1 0	17 58 10	3 36 52	18 44 58	21 55 23	13 39 33
8	4 5 30	18 12 21	3 39 46	18 55 28	21 55 7	13 41 12
9	4 10 2	18 26 12	3 42 41	19 5 46	21 54 51	13 42 53
10	4 14 34	18 39 43	3 45 35	19 15 54	21 54 34	13 44 38
11	4 19 9	18 52 52	3 48 30	19 25 50	21 54 17	13 46 26
12	4 23 44	19 5 40	3 51 25	19 35 35	21 53 59	13 48 17
13	4 28 21	19 18 4	3 54 19	19 45 9	21 53 40	13 50 11
14	4 33 0	19 30 6	3 57 14	19 54 31	21 53 20	13 52 8
15	4 37 39	19 41 43	4 0 9	20 3 41	21 53 0	13 54 8
16	4 42 20	19 52 56	4 3 4	20 12 40	21 52 40	13 56 11
17	4 47 2	20 3 43	4 5 59	20 21 28	21 52 18	13 58 16
18	4 51 45	20 14 4	4 8 54	20 30 3	21 51 57	14 0 24
19	4 56 30	20 23 59	4 11 48	20 38 27	21 51 34	14 2 35
20	5 1 16	20 33 26	4 14 43	20 46 40	21 51 11	14 4 48
21	5 6 3	20 42 26	4 17 38	20 54 40	21 50 48	14 7 3
22	5 10 50	20 50 57	4 20 33	21 2 29	21 50 24	14 9 21
23	5 15 39	20 59 0	4 23 28	21 10 5	21 50 0	14 11 41
24	5 20 29	21 6 32	4 26 22	21 17 30	21 49 35	14 14 4
25	5 25 20	21 13 35	4 29 17	21 24 43	21 49 9	14 16 28
26	5 30 12	21 20 8	4 32 11	21 31 44	21 48 43	14 18 54
27	5 35 5	21 26 9	4 35 6	21 38 33	21 48 17	14 21 22
28	5 39 59	21 31 39	4 38 0	21 45 10	21 47 51	14 23 51
29	5 44 53	21 36 37	4 40 54	21 51 35	21 47 24	14 26 22
30	5 49 49	21 41 2	4 43 48	21 57 48	21 46 56	14 28 54
31	5 54 45	21N44 56	4 46 42	22N 3 49	21 46 28	14S31 28

DAY Jul	♄ SATURN R.A. (h m s)	DECL (° ' ")	♅ URANUS R.A. (h m s)	DECL (° ' ")	♆ NEPTUNE R.A. (h m s)	DECL (° ' ")	♇ PLUTO R.A. (h m s)	DECL (° ' ")
1	11 13 50	7N10 51	23 48 50	2S 3 0	21 54 20	13S 9 53	18 7 28	17S40 53
2	11 14 6	7 9 2	23 48 50	2 3 2	21 54 16	13 10 14	18 7 22	17 41 2
3	11 14 22	7 7 11	23 48 49	2 3 6	21 54 12	13 10 36	18 7 16	17 41 11
4	11 14 38	7 5 19	23 48 49	2 3 10	21 54 8	13 10 58	18 7 9	17 41 21
5	11 14 55	7 3 25	23 48 49	2 3 16	21 54 4	13 11 21	18 7 3	17 41 30
6	11 15 12	7 1 29	23 48 48	2 3 23	21 54 0	13 11 44	18 6 57	17 41 40
7	11 15 29	6 59 31	23 48 47	2 3 30	21 53 56	13 12 8	18 6 51	17 41 49
8	11 15 47	6 57 32	23 48 46	2 3 39	21 53 51	13 12 32	18 6 44	17 41 59
9	11 16 4	6 55 32	23 48 45	2 3 49	21 53 47	13 12 57	18 6 38	17 42 10
10	11 16 22	6 53 29	23 48 44	2 4 1	21 53 42	13 13 22	18 6 32	17 42 20
11	11 16 41	6 51 25	23 48 42	2 4 13	21 53 38	13 13 47	18 6 26	17 42 30
12	11 16 59	6 49 20	23 48 40	2 4 27	21 53 33	13 14 13	18 6 20	17 42 41
13	11 17 18	6 47 13	23 48 38	2 4 41	21 53 28	13 14 40	18 6 14	17 42 52
14	11 17 37	6 45 4	23 48 36	2 4 57	21 53 23	13 15 7	18 6 8	17 43 3
15	11 17 56	6 42 54	23 48 34	2 5 14	21 53 18	13 15 34	18 6 2	17 43 14
16	11 18 16	6 40 43	23 48 32	2 5 31	21 53 13	13 16 1	18 5 56	17 43 25
17	11 18 36	6 38 30	23 48 29	2 5 50	21 53 8	13 16 29	18 5 50	17 43 36
18	11 18 56	6 36 15	23 48 26	2 6 10	21 53 3	13 16 57	18 5 44	17 43 48
19	11 19 16	6 33 59	23 48 23	2 6 31	21 52 58	13 17 26	18 5 39	17 44 0
20	11 19 37	6 31 42	23 48 20	2 6 53	21 52 53	13 17 55	18 5 33	17 44 11
21	11 19 57	6 29 23	23 48 17	2 7 17	21 52 47	13 18 24	18 5 28	17 44 24
22	11 20 18	6 27 3	23 48 14	2 7 41	21 52 42	13 18 54	18 5 22	17 44 36
23	11 20 40	6 24 41	23 48 10	2 8 6	21 52 36	13 19 24	18 5 17	17 44 48
24	11 21 1	6 22 19	23 48 6	2 8 32	21 52 31	13 19 54	18 5 11	17 45 1
25	11 21 23	6 19 55	23 48 3	2 9 0	21 52 25	13 20 24	18 5 6	17 45 13
26	11 21 44	6 17 30	23 47 58	2 9 28	21 52 19	13 20 55	18 5 1	17 45 26
27	11 22 6	6 15 3	23 47 54	2 9 57	21 52 14	13 21 26	18 4 55	17 45 39
28	11 22 29	6 12 36	23 47 50	2 10 27	21 52 8	13 21 57	18 4 50	17 45 52
29	11 22 51	6 10 7	23 47 45	2 10 59	21 52 2	13 22 29	18 4 45	17 46 5
30	11 23 14	6 7 37	23 47 41	2 11 31	21 51 56	13 23 0	18 4 40	17 46 18
31	11 23 37	6N 5 6	23 47 36	2S12 4	21 51 50	13S23 32	18 4 36	17S46 31

AUGUST 2009

DAY	SIDEREAL TIME h m s	☉ SUN LONG ° ' "	MOT ' "	R.A. h m s	DECL ° ' "	☽ MOON AT 0 HOURS LONG ° ' "	12h MOT ° ' "	2DIF	R.A. h m s	DECL ° ' "	☽ MOON AT 12 HOURS LONG ° ' "	12h MOT ° ' "	2DIF	R.A. h m s	DECL ° ' "
1 S	20 38 57	14♋ 1 5	57 24	8 45 18.5	18N 2 2	19♏ 9 24	5 58 58	-64	16 48 43	26S16 53	25♏ 8 22	5 57 4	-50	17 15 25	26S28 34
2 Su	20 42 54	14 58 28	57 24	8 49 11.1	17 46 49	1♐ 5 25	5 55 37	-37	17 42 1	26 21 41	7♐ 1 2	5 54 35	-24	18 8 25	25 56 34
3 M	20 46 50	15 55 53	57 25	8 53 3.2	17 31 19	12 55 37	5 53 59	-13	18 34 31	25 13 48	18 49 36	5 53 45	-2	19 0 13	24 14 9
4 Tu	20 50 47	16 53 18	57 26	8 56 54.6	17 15 31	24 43 20	5 53 52	8	19 25 28	22 58 39	0♑37 12	5 54 19	18	19 50 13	21 28 24
5 W	20 54 43	17 50 43	57 27	9 0 45.3	16 59 27	6♑31 30	5 55 4	27	20 14 28	19 44 39	12 26 34	5 56 6	35	20 38 12	17 48 43
6 Th	20 58 40	18 48 10	57 28	9 4 35.5	16 43 7	18 22 40	5 57 25	43	21 1 29	15 41 56	24 20 5	5 58 59	51	21 24 20	13 25 40
7 F	21 2 36	19 45 38	57 29	9 8 25.1	16 26 30	0♒19 3	6 0 48	58	21 46 51	11 1 17	6♒19 51	6 2 51	65	22 9 4	8 30 8
8 S	21 6 33	20 43 7	57 30	9 12 14.1	16 9 37	12 22 42	6 5 9	73	22 31 7	5 53 33	18 27 51	6 7 41	80	22 53 4	3 12 54
9 Su	21 10 29	21 40 36	57 31	9 16 2.5	15 52 29	24 35 32	6 10 28	87	23 15 2	0 29 32	0♓46 0	6 13 31	95	23 37 8	2N15 12
10 M	21 14 26	22 38 8	57 32	9 19 50.4	15 35 5	6♓59 31	6 16 49	103	23 59 28	4N59 51	13 16 20	6 20 23	111	0 22 11	7 42 54
11 Tu	21 18 22	23 35 40	57 34	9 23 37.6	15 17 27	19 36 43	6 24 13	119	0 45 24	10 22 47	26 0 56	6 28 20	127	1 9 13	12 57 44
12 W	21 22 19	24 33 14	57 35	9 27 24.4	14 59 33	2♈29 15	6 32 42	135	1 33 47	15 25 53	9♈ 1 58	6 37 19	142	1 59 13	17 45 7
13 Th	21 26 16	25 30 49	57 37	9 31 10.5	14 41 26	15 39 17	6 42 10	148	2 25 35	19 53 12	22 21 27	6 47 13	153	2 52 59	21 47 39
14 F	21 30 12	26 28 26	57 38	9 34 56.2	14 23 3	29 8 40	6 52 24	156	3 21 26	23 25 55	6♉ 1 4	6 57 39	157	3 50 55	24 45 19
15 S	21 34 9	27 26 4	57 40	9 38 41.3	14 4 28	12♉58 42	7 2 53	155	4 21 21	25 43 19	20 1 35	7 8 0	150	4 52 36	26 17 36
16 Su	21 38 5	28 23 44	57 42	9 42 26.0	13 45 38	27 9 35	7 12 54	142	5 24 28	26 26 17	4♊22 29	7 17 27	129	5 56 41	26 8 7
17 M	21 42 2	29 21 25	57 43	9 46 10.1	13 26 36	11♊39 56	7 21 30	112	6 28 58	25 22 41	19 1 26	7 24 55	91	7 1 4	24 10 25
18 Tu	21 45 58	0♌19 8	57 45	9 49 53.7	13 7 20	26 26 20	7 27 34	66	7 32 43	22 32 38	3♋53 54	7 29 20	38	8 3 44	20 31 27
19 W	21 49 55	1 16 52	57 46	9 53 36.9	12 47 52	11♋23 14	7 30 8	8	8 34 0	18 9 35	18 53 22	7 29 52	-24	9 3 28	15 30 15
20 Th	21 53 52	2 14 38	57 47	9 57 19.5	12 28 12	26 23 14	7 28 32	-56	9 32 7	12 36 55	3♌51 46	7 26 7	-87	10 0 0	9 33 7
21 F	21 57 48	3 12 25	57 49	10 1 1.7	12 8 20	11♌17 53	7 22 42	-117	10 27 13	6 22 25	18 40 35	7 18 21	-142	10 53 51	3 8 10
22 S	22 1 45	4 10 14	57 50	10 4 43.4	11 48 16	25 58 56	7 13 12	-164	11 20 2	0S 6 25	3♍12 8	7 7 24	-181	11 45 54	3S18 25
23 Su	22 5 41	5 8 3	57 51	10 8 24.6	11 28 2	10♍19 32	7 1 7	-194	12 11 33	6 25 11	17 20 39	6 54 30	-201	12 37 7	9 24 19
24 M	22 9 38	6 5 54	57 52	10 12 5.4	11 7 36	24 15 8	6 47 44	-203	13 2 41	12 13 41	1♎ 2 52	6 40 59	-200	13 28 21	14 51 24
25 Tu	22 13 34	7 3 47	57 54	10 15 45.7	10 47 0	7♎43 51	6 34 22	-194	13 54 10	17 15 50	14 18 13	6 28 2	-184	14 20 13	19 25 31
26 W	22 17 31	8 1 40	57 55	10 19 25.6	10 26 14	20 46 15	6 22 5	-172	14 46 30	21 19 13	27 8 20	6 16 36	-157	15 13 1	22 55 54
27 Th	22 21 27	8 59 35	57 56	10 23 5.2	10 5 18	3♏24 55	6 11 38	-140	15 39 44	24 14 8	9♏36 33	6 7 15	-123	16 6 36	25 15 5
28 F	22 25 24	9 57 31	57 58	10 26 44.3	9 44 13	15 43 48	6 3 28	-104	16 33 33	25 56 36	21 47 16	6 0 18	-85	17 0 29	26 19 7
29 S	22 29 20	10 55 28	57 59	10 30 23.0	9 22 58	27 47 34	5 57 46	-67	17 27 19	26 22 45	3♐45 20	5 55 51	-49	17 53 56	26 7 49
30 Su	22 33 17	11 53 27	58 0	10 34 1.4	9 1 35	9♐41 10	5 54 32	-31	18 20 14	25 34 53	15 35 42	5 53 48	-14	18 46 10	24 44 42
31 M	22 37 14	12♌51 27	58 2	10 37 39.4	8N40 3	21♐29 30	5 53 36	2	19 11 40	23S38 11	27♐23 6	5 53 56	17	19 36 40	22S16 23

LUNAR INGRESSES
1 ☽ ♐ 21:48
4 ☽ ♑ 10:44
6 ☽ ♒ 23:22
9 ☽ ♓ 10:31
11 ☽ ♈ 19:24
14 ☽ ♉ 1:30
16 ☽ ♊ 4:44
18 ☽ ♋ 5:44
20 ☽ ♌ 5:48
22 ☽ ♍ 6:40
24 ☽ ♎ 10:08
26 ☽ ♏ 17:27
29 ☽ ♐ 4:26
31 ☽ ♑ 17:19

PLANET INGRESSES
17 ☉ ♌ 16:03
17 ♂ ♊ 18:28
20 ☿ ♍ 18:42
22 ♀ ♋ 8:41
25 ♆ ♑ 1:17

STATIONS
NONE

DATA FOR THE 1st AT 0 HOURS
JULIAN DAY 40024.5
☽ MEAN ☊ 4°♑ 51' 27"
OBLIQUITY 23° 26' 21"
DELTA T 69.7 SECONDS
NUTATION LONGITUDE 16.1"

DAY MO YR	☿ LONG ° ' "	♀ LONG ° ' "	♂ LONG ° ' "	♃ LONG ° ' "	♄ LONG ° ' "	♅ LONG ° ' "	♆ LONG ° ' "	♇ LONG ° ' "	☊ LONG ° '	A.S.S.I. h m s	S.S.R.Y. h m s	S.V.P. ♓ ° ' "	☿ MERCURY R.A. h m s	DECL ° ' "
1 213	1♌49 27	5♊ 3 2	18♉51 32	28♑56R50	24♌28 33	1♓22R47	0♒38R54	6♐12R 5	5♑21	10 59 58	30 12 58	5 7 17.4	9 57 28	13N47 36
2 214	3 30 59	6 12 6	19 32 7	28 49 29	24 34 51	1 21 23	0 37 21	6 10 57	5 22	11 4 51	30 12 50	5 7 17.2	10 3 52	13 7 2
3 215	5 10 51	7 21 16	20 12 36	28 42 4	24 41 13	1 19 56	0 35 47	6 9 51	5 23	11 9 42	30 12 31	5 7 17.0	10 10 6	12 26 10
4 216	6 49 3	8 30 32	20 53 0	28 34 35	24 47 37	1 18 28	0 34 13	6 8 46	5 23	11 14 33	30 11 59	5 7 16.8	10 16 12	11 45 4
5 217	8 25 35	9 39 54	21 33 18	28 27 2	24 54 4	1 16 57	0 32 38	6 7 42	5 23	11 19 23	30 11 16	5 7 16.6	10 22 9	11 3 50
6 218	10 0 28	10 49 23	22 13 32	28 19 26	25 0 34	1 15 23	0 31 2	6 6 40	5 23	11 24 12	30 10 22	5 7 16.5	10 27 58	10 22 29
7 219	11 33 42	11 58 58	22 53 40	28 11 47	25 7 6	1 13 48	0 29 26	6 5 39	5 22	11 29 0	30 9 21	5 7 16.4	10 33 39	9 41 7
8 220	13 5 16	13 8 39	23 33 42	28 4 5	25 13 41	1 12 11	0 27 50	6 4 40	5 20	11 33 48	30 8 16	5 7 16.3	10 39 12	8 59 48
9 221	14 35 10	14 18 26	24 13 39	27 56 21	25 20 19	1 10 31	0 26 13	6 3 41	5 18	11 38 35	30 7 10	5 7 16.2	10 44 36	8 18 33
10 222	16 3 23	15 28 19	24 53 31	27 48 35	25 26 59	1 8 49	0 24 36	6 2 44	5 15	11 43 21	30 6 8	5 7 16.2	10 49 54	7 37 28
11 223	17 29 55	16 38 18	25 33 17	27 40 47	25 33 41	1 7 6	0 22 59	6 1 49	5 13	11 48 7	30 5 14	5 7 16.2	10 55 3	6 56 35
12 224	18 54 44	17 48 23	26 12 58	27 32 58	25 40 26	1 5 20	0 21 21	6 0 55	5 11	11 52 52	30 4 29	5 7 16.1	11 0 5	6 15 57
13 225	20 17 48	18 58 34	26 52 33	27 25 8	25 47 13	1 3 33	0 19 44	6 0 3	5 10	11 57 36	30 3 58	5 7 16.0	11 4 59	5 35 38
14 226	21 39 7	20 8 50	27 32 2	27 17 17	25 54 2	1 1 43	0 18 6	5 59 12	5 10	12 2 19	30 3 40	5 7 15.8	11 9 46	4 55 41
15 227	22 58 37	21 19 12	28 11 26	27 9 25	26 0 54	0 59 52	0 16 27	5 58 22	5 10	12 7 2	30 3 36	5 7 15.6	11 14 25	4 16 9
16 228	24 16 16	22 29 40	28 50 44	27 1 34	26 7 48	0 57 58	0 14 49	5 57 34	5 11	12 11 44	30 3 46	5 7 15.4	11 18 57	3 37 5
17 229	25 32 1	23 40 13	29 29 55	26 53 42	26 14 44	0 56 3	0 13 11	5 56 48	5 13	12 16 26	30 4 9	5 7 15.1	11 23 21	2 58 32
18 230	26 45 49	24 50 52	0♊ 9 1	26 45 52	26 21 42	0 54 7	0 11 32	5 56 3	5 14	12 21 7	30 4 43	5 7 14.8	11 27 38	2 20 35
19 231	27 57 35	26 1 36	0 48 0	26 38 3	26 28 42	0 52 8	0 9 54	5 55 20	5 14	12 25 47	30 5 27	5 7 14.6	11 31 46	1 43 17
20 232	29 7 15	27 12 25	1 26 54	26 30 15	26 35 43	0 50 8	0 8 15	5 54 39	5 13	12 30 27	30 6 18	5 7 14.5	11 35 47	1 6 40
21 233	0♍14 44	28 23 19	2 5 40	26 22 28	26 42 47	0 48 6	0 6 37	5 53 59	5 10	12 35 6	30 7 14	5 7 14.4	11 39 39	0 30 50
22 234	1 19 55	29 34 18	2 44 21	26 14 44	26 49 52	0 46 3	0 4 59	5 53 21	5 06	12 39 45	30 8 13	5 7 14.4	11 43 22	0S 4 9
23 235	2 22 43	0♋45 22	3 22 55	26 7 3	26 56 59	0 43 58	0 3 21	5 52 44	5 02	12 44 23	30 9 14	5 7 14.4	11 46 57	0 38 14
24 236	3 23 0	1 56 30	4 1 22	25 59 24	27 4 8	0 41 52	0 1 43	5 52 9	4 58	12 49 0	30 10 14	5 7 14.3	11 50 22	1 11 19
25 237	4 20 38	3 7 44	4 39 42	25 51 49	27 11 18	0 39 44	0 0 5	5 51 36	4 54	12 53 37	30 11 11	5 7 14.3	11 53 38	1 43 21
26 238	5 15 28	4 19 2	5 17 56	25 44 17	27 18 30	0 37 35	29♑58 28	5 51 5	4 51	12 58 13	30 12 2	5 7 14.1	11 56 43	2 14 12
27 239	6 7 20	5 30 25	5 56 3	25 36 49	27 25 43	0 35 25	29 56 51	5 50 35	4 50	13 2 49	30 12 46	5 7 14.0	11 59 38	2 43 48
28 240	6 56 4	6 41 52	6 34 4	25 29 26	27 32 58	0 33 14	29 55 14	5 50 7	4 50	13 7 24	30 13 19	5 7 13.8	12 2 21	3 12 2
29 241	7 41 29	7 53 24	7 11 57	25 22 6	27 40 14	0 31 1	29 53 38	5 49 41	4 51	13 11 59	30 13 42	5 7 13.6	12 4 53	3 38 48
30 242	8 23 20	9 5 0	7 49 44	25 14 52	27 47 31	0 28 47	29 52 2	5 49 17	4 53	13 16 33	30 13 52	5 7 13.4	12 7 12	4 3 57
31 243	9♍ 1 26	10♋16 42	8♊27 24	25♑ 7 43	27♌54 49	0♓26 33	29♑50 26	5♐48 54	4♑54	13 21 7	30 13 48	5 7 13.3	12 9 17	4S27 23

DAY Aug	♀ VENUS R.A. h m s	DECL ° ' "	♂ MARS R.A. h m s	DECL ° ' "	♃ JUPITER R.A. h m s	DECL ° ' "	♄ SATURN R.A. h m s	DECL ° ' "	♅ URANUS R.A. h m s	DECL ° ' "	♆ NEPTUNE R.A. h m s	DECL ° ' "	♇ PLUTO R.A. h m s	DECL ° ' "
1	5 59 42	21N48 16	4 49 36	22N 9 39	21 46 0	14S34 2	11 24 0	6N 2 34	23 47 31	2S12 38	21 51 44	13S24 4	18 4 31	17S46 45
2	6 4 39	21 51 2	4 52 30	22 15 16	21 45 32	14 36 38	11 24 23	6 0 1	23 47 26	2 13 13	21 51 38	13 24 37	18 4 26	17 46 59
3	6 9 37	21 53 15	4 55 23	22 20 42	21 45 3	14 39 15	11 24 46	5 57 26	23 47 21	2 13 48	21 51 32	13 25 9	18 4 22	17 47 12
4	6 14 36	21 54 54	4 58 16	22 25 55	21 44 34	14 41 53	11 25 10	5 54 51	23 47 15	2 14 25	21 51 26	13 25 42	18 4 17	17 47 26
5	6 19 35	21 55 59	5 1 10	22 30 57	21 44 5	14 44 31	11 25 34	5 52 15	23 47 10	2 15 3	21 51 20	13 26 14	18 4 13	17 47 40
6	6 24 35	21 56 29	5 4 3	22 35 47	21 43 36	14 47 10	11 25 57	5 49 38	23 47 4	2 15 41	21 51 14	13 26 47	18 4 8	17 47 54
7	6 29 36	21 56 24	5 6 55	22 40 25	21 43 6	14 49 50	11 26 21	5 46 59	23 46 58	2 16 20	21 51 8	13 27 20	18 4 4	17 48 9
8	6 34 36	21 55 44	5 9 48	22 44 51	21 42 36	14 52 30	11 26 46	5 44 20	23 46 52	2 17 0	21 51 2	13 27 54	18 4 0	17 48 23
9	6 39 37	21 54 29	5 12 41	22 49 5	21 42 6	14 55 10	11 27 10	5 41 40	23 46 46	2 17 41	21 50 56	13 28 27	18 3 56	17 48 37
10	6 44 39	21 52 39	5 15 33	22 53 8	21 41 36	14 57 50	11 27 35	5 38 59	23 46 40	2 18 23	21 50 49	13 29 0	18 3 52	17 48 52
11	6 49 40	21 50 13	5 18 25	22 56 59	21 41 5	15 0 31	11 27 59	5 36 18	23 46 34	2 19 5	21 50 43	13 29 34	18 3 48	17 49 7
12	6 54 42	21 47 11	5 21 16	23 0 38	21 40 35	15 3 11	11 28 24	5 33 35	23 46 27	2 19 48	21 50 37	13 30 7	18 3 44	17 49 21
13	6 59 45	21 43 33	5 24 8	23 4 5	21 40 5	15 5 52	11 28 49	5 30 52	23 46 21	2 20 32	21 50 30	13 30 41	18 3 41	17 49 36
14	7 4 47	21 39 20	5 26 59	23 7 21	21 39 34	15 8 32	11 29 14	5 28 7	23 46 14	2 21 17	21 50 24	13 31 14	18 3 37	17 49 51
15	7 9 49	21 34 30	5 29 50	23 10 26	21 39 3	15 11 11	11 29 39	5 25 22	23 46 7	2 22 2	21 50 18	13 31 48	18 3 34	17 50 6
16	7 14 52	21 29 5	5 32 41	23 13 18	21 38 33	15 13 50	11 30 5	5 22 36	23 46 1	2 22 48	21 50 11	13 32 21	18 3 30	17 50 21
17	7 19 54	21 23 4	5 35 31	23 16 0	21 38 2	15 16 29	11 30 30	5 19 50	23 45 54	2 23 35	21 50 5	13 32 55	18 3 27	17 50 36
18	7 24 56	21 16 28	5 38 21	23 18 30	21 37 31	15 19 7	11 30 56	5 17 3	23 45 46	2 24 22	21 49 59	13 33 28	18 3 24	17 50 52
19	7 29 59	21 9 15	5 41 10	23 20 49	21 37 1	15 21 44	11 31 22	5 14 15	23 45 39	2 25 10	21 49 53	13 34 2	18 3 21	17 51 7
20	7 35 1	21 1 28	5 44 0	23 22 56	21 36 30	15 24 20	11 31 48	5 11 26	23 45 32	2 25 59	21 49 46	13 34 36	18 3 18	17 51 23
21	7 40 3	20 53 5	5 46 48	23 24 52	21 36 0	15 26 55	11 32 14	5 8 37	23 45 25	2 26 48	21 49 40	13 35 9	18 3 15	17 51 38
22	7 45 4	20 44 6	5 49 37	23 26 37	21 35 30	15 29 28	11 32 40	5 5 47	23 45 17	2 27 38	21 49 34	13 35 43	18 3 13	17 51 54
23	7 50 6	20 34 33	5 52 25	23 28 12	21 35 0	15 32 0	11 33 6	5 2 57	23 45 9	2 28 29	21 49 27	13 36 16	18 3 10	17 52 9
24	7 55 7	20 24 25	5 55 13	23 29 35	21 34 30	15 34 31	11 33 32	5 0 6	23 45 2	2 29 20	21 49 21	13 36 49	18 3 8	17 52 25
25	8 0 7	20 13 42	5 58 0	23 30 47	21 34 0	15 37 0	11 33 59	4 57 15	23 44 54	2 30 11	21 49 15	13 37 23	18 3 6	17 52 41
26	8 5 8	20 2 25	6 0 47	23 31 49	21 33 30	15 39 28	11 34 25	4 54 23	23 44 46	2 31 3	21 49 8	13 37 56	18 3 3	17 52 57
27	8 10 7	19 50 34	6 3 33	23 32 40	21 33 1	15 41 54	11 34 52	4 51 31	23 44 38	2 31 55	21 49 2	13 38 29	18 3 1	17 53 13
28	8 15 7	19 38 10	6 6 19	23 33 21	21 32 32	15 44 18	11 35 18	4 48 38	23 44 30	2 32 48	21 48 56	13 39 1	18 2 59	17 53 29
29	8 20 6	19 25 11	6 9 4	23 33 51	21 32 3	15 46 40	11 35 45	4 45 45	23 44 22	2 33 41	21 48 50	13 39 34	18 2 58	17 53 45
30	8 25 4	19 11 40	6 11 49	23 34 10	21 31 35	15 49 0	11 36 12	4 42 51	23 44 14	2 34 35	21 48 43	13 40 6	18 2 56	17 54 1
31	8 30 2	18N57 36	6 14 34	23N34 20	21 31 7	15S51 17	11 36 39	4N39 57	23 44 6	2S35 29	21 48 37	13S40 39	18 2 54	17S54 17

SEPTEMBER 2009

DAY	SIDEREAL TIME h m s	☉ SUN LONG ° ' "	MOT ' "	R.A. h m s	DECL ° ' "
1 Tu	22 41 10	13♌49 28	58 3	10 41 17.1	8N18 23
2 W	22 45 7	14 47 31	58 4	10 44 54.5	7 56 35
3 Th	22 49 3	15 45 36	58 6	10 48 31.6	7 34 39
4 F	22 53 0	16 43 42	58 8	10 52 8.4	7 12 36
5 S	22 56 56	17 41 49	58 9	10 55 45.0	6 50 26
6 Su	23 0 53	18 39 59	58 11	10 59 21.3	6 28 10
7 M	23 4 49	19 38 10	58 13	11 2 57.4	6 5 47
8 Tu	23 8 46	20 36 23	58 15	11 6 33.4	5 43 17
9 W	23 12 43	21 34 38	58 17	11 10 9.2	5 20 42
10 Th	23 16 39	22 32 55	58 19	11 13 44.8	4 58 2
11 F	23 20 36	23 31 14	58 21	11 17 20.3	4 35 16
12 S	23 24 32	24 29 35	58 23	11 20 55.7	4 12 25
13 Su	23 28 29	25 27 58	58 26	11 24 31.1	3 49 30
14 M	23 32 25	26 26 23	58 28	11 28 6.4	3 26 30
15 Tu	23 36 22	27 24 51	58 30	11 31 41.6	3 3 27
16 W	23 40 18	28 23 21	58 32	11 35 16.8	2 40 20
17 Th	23 44 15	29 21 52	58 34	11 38 52.0	2 17 10
18 F	23 48 12	0♍20 26	58 36	11 42 27.3	1 53 57
19 S	23 52 8	1 19 2	58 38	11 46 2.5	1 30 42
20 Su	23 56 5	2 17 40	58 40	11 49 37.8	1 7 24
21 M	0 0 1	3 16 19	58 41	11 53 13.1	0 44 5
22 Tu	0 3 58	4 15 0	58 43	11 56 48.5	0 20 45
23 W	0 7 54	5 13 43	58 45	12 0 24.0	0S 2 36
24 Th	0 11 51	6 12 28	58 47	12 3 59.6	0 25 58
25 F	0 15 47	7 11 15	58 48	12 7 35.3	0 49 21
26 S	0 19 44	8 10 3	58 50	12 11 11.2	1 12 43
27 Su	0 23 41	9 8 53	58 52	12 14 47.3	1 36 5
28 M	0 27 37	10 7 45	58 54	12 18 23.5	1 59 26
29 Tu	0 31 34	11 6 38	58 55	12 21 60.0	2 22 46
30 W	0 35 30	12♍ 5 33	58 57	12 25 36.7	2S46 4

DAY	☽ MOON AT 0 HOURS LONG ° ' "	12h MOT ° ' "	2DIF "	R.A. h m s	DECL ° ' "
1	3♑17 1	5 54 43	30	20 1 11	20S40 27
2	15 7 42	5 57 34	54	20 48 47	16 51 0
3	27 4 47	6 1 46	71	21 34 43	12 20 0
4	9♒10 48	6 6 57	83	22 19 31	7 17 57
5	21 27 33	6 12 46	90	23 3 53	1 55 41
6	3♓56 9	6 18 56	94	23 48 36	3N35 22
7	16 37 11	6 25 16	95	0 34 33	9 2 44
8	29 30 53	6 31 38	96	1 22 37	14 12 26
9	12♈37 22	6 38 5	98	2 13 37	18 48 34
10	25 56 49	6 44 41	100	3 8 7	22 33 19
11	9♉29 32	6 51 27	103	4 6 11	25 7 58
12	23 15 53	6 58 22	104	5 7 7	26 15 30
13	7♊16 4	7 5 12	99	6 9 32	25 44 30
14	21 29 41	7 11 27	86	7 11 38	23 32 51
15	5♋55 18	7 16 27	61	8 11 54	19 49 1
16	20 29 58	7 19 20	23	9 9 36	14 50 14
17	5♌ 9 1	7 19 17	-26	10 4 43	8 59 0
18	19 46 18	7 15 49	-78	10 57 49	2 39 53
19	4♍14 53	7 8 54	-127	11 49 45	3S42 55
20	18 28 7	6 59 6	-164	12 41 24	9 47 2
21	2♎20 36	6 47 22	-184	13 33 30	15 12 54
22	15 49 7	6 34 54	-186	14 26 32	19 44 17
23	28 52 47	6 22 53	-171	15 20 34	23 8 50
24	11♏33 1	6 12 16	-145	16 15 16	25 18 36
25	23 53 0	6 3 45	-109	17 9 55	26 10 22
26	5♐57 9	5 57 45	-70	18 3 42	25 45 36
27	17 50 41	5 54 28	-29	18 55 52	24 9 43
28	29 39 0	5 53 54	11	19 46 1	21 30 44
29	11♑27 28	5 55 52	47	20 34 6	17 57 57
30	23♑21 2	6 0 4	77	21 20 26	13S41 2

DAY	☽ MOON AT 12 HOURS LONG ° ' "	12h MOT ° ' "	2DIF "	R.A. h m s	DECL ° ' "
1	9♑11 45	5 55 57	43	20 25 13	18S51 34
2	21 5 16	5 59 31	63	21 11 55	14 40 3
3	3♒ 6 33	6 4 15	78	21 57 13	9 52 12
4	15 17 45	6 9 48	87	22 41 43	4 38 39
5	27 40 19	6 15 50	93	23 26 9	0N49 30
6	10♓15 5	6 22 5	95	0 11 22	6 20 21
7	23 2 26	6 28 27	96	0 58 16	11 40 44
8	6♈ 2 31	6 34 51	97	1 47 43	16 35 46
9	19 15 28	6 41 22	99	2 40 25	20 48 32
10	2♉41 30	6 48 2	102	3 36 44	24 0 33
11	16 20 59	6 54 54	104	4 36 22	25 53 31
12	0♊14 15	7 1 49	102	5 38 15	26 12 42
13	14 21 15	7 8 26	94	6 40 44	24 50 58
14	28 41 9	7 14 10	75	7 42 4	21 51 33
15	13♋11 46	7 18 13	43	8 41 6	17 27 40
16	27 49 18	7 19 43	-1	9 37 27	11 59 39
17	12♌28 18	7 18 0	-52	10 31 28	5 51 23
18	27 2 7	7 12 46	-104	11 23 52	0S32 31
19	11♍23 48	7 4 19	-147	12 15 33	6 48 36
20	25 27 12	6 53 24	-176	13 7 22	12 35 51
21	9♎ 7 58	6 41 9	-187	13 59 54	17 36 16
22	22 24 1	6 28 46	-180	14 53 27	21 35 31
23	5♏15 40	6 17 21	-159	15 47 52	24 23 23
24	17 45 17	6 7 43	-128	16 42 39	25 54 15
25	29 56 45	6 0 25	-90	17 36 58	26 7 17
26	11♐54 55	5 55 46	-49	18 30 1	25 6 5
27	23 45 9	5 53 51	-9	19 21 12	22 57 33
28	5♑32 54	5 54 35	29	20 10 18	19 50 28
29	17 23 20	5 57 42	63	20 57 28	15 54 24
30	29♑21 6	6 2 52	90	21 43 6	11S19 2

LUNAR INGRESSES
3 ☽ ♒ 5:49
5 ☽ ♓ 16:28
8 ☽ ♈ 0:54
10 ☽ ♉ 7:13
12 ☽ ♊ 11:36
14 ☽ ♋ 14:11
16 ☽ ♌ 15:34
18 ☽ ♍ 16:55
20 ☽ ♎ 19:54
23 ☽ ♏ 2:06
25 ☽ ♐ 12:07
28 ☽ ♑ 0:43
30 ☽ ♒ 13:17

PLANET INGRESSES
11 ♅ ♒ 9:17
16 ♀ ♌ 8:37
16 ♄ ♍ 20:46
17 ☉ ♍ 15:38
23 ☿ ♌ 2:44

STATIONS
7 ☿ R 4:46
11 ♇ D 16:58
29 ☿ D 13:15

DATA FOR THE 1st AT 0 HOURS
JULIAN DAY 40055.5
☽ MEAN ☊ 3°♑ 12' 53"
OBLIQUITY 23° 26' 22"
DELTA T 69.8 SECONDS
NUTATION LONGITUDE 16.0"

DAY MO YR	☿ LONG ° ' "	♀ LONG ° ' "	♂ LONG ° ' "	♃ LONG ° ' "	♄ LONG ° ' "	♅ LONG ° ' "
1 244	9♍35 31	11♋28 27	9♊ 4 57	25♑ 0R40	28♌ 2 8	0♓24R17
2 245	10 5 20	12 40 18	9 42 23	24 53 42	28 9 29	0 22 0
3 246	10 30 36	13 52 12	10 19 42	24 46 50	28 16 50	0 19 42
4 247	10 51 1	15 4 12	10 56 54	24 40 5	28 24 12	0 17 24
5 248	11 6 19	16 16 16	11 33 59	24 33 26	28 31 36	0 15 5
6 249	11 16 11	17 28 24	12 10 57	24 26 54	28 39 0	0 12 45
7 250	11 20R20	18 40 37	12 47 47	24 20 29	28 46 24	0 10 24
8 251	11 18 29	19 52 54	13 24 30	24 14 11	28 53 50	0 8 3
9 252	11 10 24	21 5 16	14 1 6	24 8 1	29 1 16	0 5 41
10 253	10 55 52	22 17 42	14 37 34	24 1 59	29 8 42	0 3 18
11 254	10 34 45	23 30 13	15 13 54	23 56 5	29 16 10	0 0 55
12 255	10 6 59	24 42 48	15 50 7	23 50 19	29 23 37	29♒58 32
13 256	9 32 40	25 55 27	16 26 11	23 44 42	29 31 5	29 56 9
14 257	8 52 0	27 8 10	17 2 8	23 39 14	29 38 34	29 53 45
15 258	8 5 20	28 20 58	17 37 57	23 33 55	29 46 2	29 51 21
16 259	7 13 15	29 33 49	18 13 37	23 28 45	29 53 31	29 48 56
17 260	6 16 31	0♌46 44	18 49 8	23 23 44	0♍ 1 0	29 46 32
18 261	5 16 7	1 59 43	19 24 31	23 18 53	0 8 29	29 44 7
19 262	4 13 14	3 12 46	19 59 45	23 14 12	0 15 58	29 41 43
20 263	3 9 14	4 25 53	20 34 50	23 9 42	0 23 27	29 39 19
21 264	2 5 36	5 39 3	21 9 46	23 5 21	0 30 56	29 36 55
22 265	1 3 55	6 52 16	21 44 32	23 1 11	0 38 25	29 34 31
23 266	0 5 46	8 5 33	22 19 9	22 57 12	0 45 53	29 32 7
24 267	29♌12 41	9 18 53	22 53 37	22 53 23	0 53 21	29 29 44
25 268	28 26 3	10 32 17	23 27 55	22 49 46	1 0 49	29 27 21
26 269	27 47 8	11 45 43	24 2 4	22 46 19	1 8 16	29 24 59
27 270	27 16 54	12 59 13	24 36 3	22 43 3	1 15 42	29 22 37
28 271	26 56 8	14 12 46	25 9 51	22 39 59	1 23 8	29 20 16
29 272	26 45D22	15 26 23	25 43 30	22 37 6	1 30 33	29 17 55
30 273	26♌44 50	16♌40 2	26♊16 59	22♑34 24	1♍37 58	29♒15 35

DAY MO	♆ LONG ° ' "	♇ LONG ° ' "	☊ LONG ° '	A.S.S.I. h m s	S.S.R.Y. h m s	S.V.P. ♓ ° ' "	☿ MERCURY R.A. h m s	DECL ° ' "
1	29♑48R51	5♐48R33	4♑55	13 25 41	30 13 30	5 7 13.1	12 11 9	4S48 57
2	29 47 17	5 48 14	4 54	13 30 14	30 13 0	5 7 13.0	12 12 45	5 8 28
3	29 45 43	5 47 57	4 52	13 34 47	30 12 17	5 7 12.9	12 14 5	5 25 48
4	29 44 10	5 47 42	4 48	13 39 19	30 11 24	5 7 12.9	12 15 8	5 40 45
5	29 42 37	5 47 28	4 42	13 43 51	30 10 24	5 7 12.8	12 15 54	5 53 8
6	29 41 5	5 47 16	4 34	13 48 23	30 9 20	5 7 12.8	12 16 20	6 2 45
7	29 39 34	5 47 6	4 26	13 52 54	30 8 16	5 7 12.8	12 16 27	6 9 23
8	29 38 3	5 46 58	4 19	13 57 26	30 7 14	5 7 12.8	12 16 13	6 12 50
9	29 36 34	5 46 52	4 12	14 1 57	30 6 19	5 7 12.7	12 15 37	6 12 53
10	29 35 5	5 46 48	4 07	14 6 28	30 5 32	5 7 12.6	12 14 40	6 9 20
11	29 33 36	5 46D45	4 04	14 10 58	30 4 56	5 7 12.4	12 13 20	6 2 0
12	29 32 9	5 46 45	4 03	14 15 29	30 4 31	5 7 12.2	12 11 39	5 50 44
13	29 30 43	5 46 46	4 04	14 20 0	30 4 18	5 7 12.0	12 9 35	5 35 26
14	29 29 17	5 46 49	4 04	14 24 30	30 4 18	5 7 11.8	12 7 11	5 16 4
15	29 27 53	5 46 54	4 05	14 29 1	30 4 30	5 7 11.6	12 4 28	4 52 40
16	29 26 29	5 47 1	4 04	14 33 31	30 4 53	5 7 11.5	12 1 29	4 25 23
17	29 25 7	5 47 10	4 00	14 38 1	30 5 28	5 7 11.4	11 58 15	3 54 29
18	29 23 46	5 47 21	3 55	14 42 32	30 6 12	5 7 11.4	11 54 51	3 20 21
19	29 22 25	5 47 33	3 47	14 47 2	30 7 5	5 7 11.4	11 51 21	2 43 30
20	29 21 6	5 47 48	3 37	14 51 33	30 8 3	5 7 11.4	11 47 50	2 4 36
21	29 19 48	5 48 4	3 27	14 56 3	30 9 5	5 7 11.3	11 44 22	1 24 23
22	29 18 32	5 48 23	3 18	15 0 34	30 10 7	5 7 11.2	11 41 4	0 43 42
23	29 17 16	5 48 43	3 11	15 5 4	30 11 6	5 7 11.1	11 38 1	0 3 25
24	29 16 2	5 49 5	3 06	15 9 35	30 12 1	5 7 11.0	11 35 17	0N35 35
25	29 14 49	5 49 29	3 03	15 14 6	30 12 48	5 7 10.8	11 32 57	1 12 27
26	29 13 38	5 49 55	3 02	15 18 38	30 13 25	5 7 10.6	11 31 6	1 46 24
27	29 12 27	5 50 23	3 02	15 23 9	30 13 50	5 7 10.4	11 29 47	2 16 45
28	29 11 19	5 50 53	3 03	15 27 41	30 14 3	5 7 10.3	11 29 1	2 42 57
29	29 10 11	5 51 25	3 02	15 32 13	30 14 1	5 7 10.2	11 28 52	3 4 34
30	29♑ 9 5	5♐51 58	3♑00	15 36 45	30 13 46	5 7 10.1	11 29 18	3N21 17

DAY Sep	♀ VENUS R.A. h m s	DECL ° ' "	♂ MARS R.A. h m s	DECL ° ' "	♃ JUPITER R.A. h m s	DECL ° ' "	♄ SATURN R.A. h m s	DECL ° ' "
1	8 34 59	18N43 0	6 17 18	23N34 19	21 30 39	15S53 33	11 37 6	4N37 3
2	8 39 56	18 27 52	6 20 1	23 34 9	21 30 11	15 55 46	11 37 33	4 34 9
3	8 44 52	18 12 12	6 22 44	23 33 48	21 29 44	15 57 57	11 38 0	4 31 14
4	8 49 47	17 56 1	6 25 26	23 33 18	21 29 18	16 0 6	11 38 27	4 28 19
5	8 54 42	17 39 20	6 28 8	23 32 38	21 28 51	16 2 12	11 38 54	4 25 24
6	8 59 36	17 22 8	6 30 50	23 31 49	21 28 26	16 4 15	11 39 22	4 22 29
7	9 4 30	17 4 26	6 33 30	23 30 50	21 28 0	16 6 16	11 39 49	4 19 33
8	9 9 22	16 46 15	6 36 10	23 29 41	21 27 35	16 8 14	11 40 16	4 16 37
9	9 14 14	16 27 35	6 38 50	23 28 24	21 27 11	16 10 9	11 40 44	4 13 41
10	9 19 6	16 8 27	6 41 29	23 26 57	21 26 47	16 12 2	11 41 11	4 10 45
11	9 23 56	15 48 51	6 44 7	23 25 21	21 26 24	16 13 51	11 41 38	4 7 49
12	9 28 46	15 28 48	6 46 45	23 23 37	21 26 1	16 15 38	11 42 6	4 4 53
13	9 33 36	15 8 18	6 49 22	23 21 44	21 25 39	16 17 21	11 42 33	4 1 57
14	9 38 24	14 47 22	6 51 59	23 19 43	21 25 17	16 19 1	11 43 1	3 59 0
15	9 43 12	14 26 1	6 54 34	23 17 33	21 24 56	16 20 38	11 43 29	3 56 4
16	9 47 59	14 4 14	6 57 9	23 15 15	21 24 35	16 22 12	11 43 56	3 53 8
17	9 52 46	13 42 4	6 59 44	23 12 50	21 24 15	16 23 43	11 44 24	3 50 12
18	9 57 31	13 19 30	7 2 17	23 10 16	21 23 56	16 25 11	11 44 51	3 47 16
19	10 2 16	12 56 33	7 4 50	23 7 35	21 23 37	16 26 35	11 45 19	3 44 20
20	10 7 1	12 33 14	7 7 22	23 4 46	21 23 20	16 27 55	11 45 47	3 41 24
21	10 11 44	12 9 33	7 9 54	23 1 50	21 23 2	16 29 12	11 46 14	3 38 29
22	10 16 27	11 45 31	7 12 24	22 58 47	21 22 46	16 30 26	11 46 42	3 35 33
23	10 21 9	11 21 8	7 14 54	22 55 37	21 22 30	16 31 36	11 47 9	3 32 38
24	10 25 51	10 56 26	7 17 23	22 52 20	21 22 15	16 32 43	11 47 37	3 29 43
25	10 30 32	10 31 25	7 19 52	22 48 56	21 22 0	16 33 45	11 48 4	3 26 49
26	10 35 12	10 6 5	7 22 19	22 45 26	21 21 46	16 34 45	11 48 32	3 23 55
27	10 39 52	9 40 28	7 24 46	22 41 50	21 21 33	16 35 40	11 48 59	3 21 1
28	10 44 31	9 14 33	7 27 11	22 38 8	21 21 21	16 36 33	11 49 27	3 18 8
29	10 49 10	8 48 22	7 29 36	22 34 20	21 21 9	16 37 21	11 49 54	3 15 15
30	10 53 48	8N21 56	7 32 1	22N30 26	21 20 59	16S38 6	11 50 21	3N12 22

DAY Sep	♅ URANUS R.A. h m s	DECL ° ' "	♆ NEPTUNE R.A. h m s	DECL ° ' "	♇ PLUTO R.A. h m s	DECL ° ' "
1	23 43 57	2S36 23	21 48 31	13S41 11	18 2 53	17S54 33
2	23 43 49	2 37 18	21 48 25	13 41 43	18 2 52	17 54 50
3	23 43 41	2 38 13	21 48 19	13 42 15	18 2 50	17 55 6
4	23 43 32	2 39 9	21 48 13	13 42 46	18 2 49	17 55 22
5	23 43 24	2 40 4	21 48 7	13 43 17	18 2 48	17 55 39
6	23 43 15	2 41 0	21 48 1	13 43 48	18 2 48	17 55 55
7	23 43 6	2 41 56	21 47 55	13 44 19	18 2 47	17 56 11
8	23 42 58	2 42 53	21 47 49	13 44 50	18 2 46	17 56 28
9	23 42 49	2 43 49	21 47 44	13 45 20	18 2 46	17 56 44
10	23 42 40	2 44 46	21 47 38	13 45 50	18 2 46	17 57 1
11	23 42 32	2 45 42	21 47 32	13 46 19	18 2 46	17 57 17
12	23 42 23	2 46 39	21 47 26	13 46 49	18 2 46	17 57 33
13	23 42 14	2 47 36	21 47 21	13 47 18	18 2 46	17 57 50
14	23 42 5	2 48 33	21 47 15	13 47 46	18 2 46	17 58 7
15	23 41 56	2 49 30	21 47 10	13 48 15	18 2 46	17 58 23
16	23 41 48	2 50 28	21 47 5	13 48 43	18 2 47	17 58 40
17	23 41 39	2 51 25	21 46 59	13 49 10	18 2 47	17 58 56
18	23 41 30	2 52 22	21 46 54	13 49 38	18 2 48	17 59 13
19	23 41 21	2 53 19	21 46 49	13 50 4	18 2 49	17 59 29
20	23 41 12	2 54 16	21 46 44	13 50 31	18 2 50	17 59 46
21	23 41 3	2 55 13	21 46 39	13 50 57	18 2 51	18 0 2
22	23 40 55	2 56 9	21 46 34	13 51 22	18 2 52	18 0 19
23	23 40 46	2 57 6	21 46 29	13 51 48	18 2 54	18 0 35
24	23 40 37	2 58 2	21 46 24	13 52 12	18 2 55	18 0 51
25	23 40 28	2 58 58	21 46 19	13 52 37	18 2 57	18 1 8
26	23 40 19	2 59 54	21 46 15	13 53 0	18 2 59	18 1 24
27	23 40 11	3 0 50	21 46 10	13 53 24	18 3 1	18 1 40
28	23 40 2	3 1 45	21 46 6	13 53 46	18 3 3	18 1 57
29	23 39 54	3 2 40	21 46 1	13 54 9	18 3 5	18 2 13
30	23 39 45	3S 3 35	21 45 57	13S54 31	18 3 8	18S 2 29

OCTOBER 2009

DAY	SIDEREAL TIME	☉ SUN LONG	MOT	R.A.	DECL	☽ MOON AT 0 HOURS LONG	12h MOT	2DIF	R.A.	DECL	☽ MOON AT 12 HOURS LONG	12h MOT	2DIF	R.A.	DECL
	h m s	° ' "	' "	h m s	° ' "	° ' "	° ' "		h m s	° ' "	° ' "	° ' "		h m s	° ' "
1 Th	0 39 27	13♍ 4 30	58 59	12 29 13.6	3S 9 21	5♒23 58	6 6 4	101	22 5 33	8S49 39	11♒30 2	6 9 34	109	22 27 52	6S14 7
2 F	0 43 23	14 3 29	59 1	12 32 50.8	3 32 36	17 39 36	6 13 19	115	22 50 10	3 33 44	23 52 55	6 17 14	119	23 12 32	0 49 54
3 S	0 47 20	15 2 30	59 3	12 36 28.3	3 55 48	0♓10 9	6 21 13	120	23 35 5	1N55 56	6♓31 22	6 25 13	119	23 57 57	4N42 12
4 Su	0 51 16	16 1 33	59 5	12 40 6.1	4 18 58	12 56 35	6 29 9	116	0 21 12	7 27 10	19 25 44	6 32 56	111	0 45 0	10 9 0
5 M	0 55 13	17 0 37	59 7	12 43 44.3	4 42 4	25 58 40	6 36 32	104	1 9 24	12 45 39	2♈35 12	6 39 54	97	1 34 32	15 14 58
6 Tu	0 59 9	17 59 44	59 9	12 47 22.8	5 5 7	9♈15 5	6 42 59	89	2 0 28	17 34 38	15 58 5	6 45 48	80	2 27 15	19 42 12
7 W	1 3 6	18 58 53	59 11	12 51 1.7	5 28 6	22 43 53	6 48 21	72	2 54 56	21 35 12	29 32 14	6 50 37	65	3 23 29	23 11 11
8 Th	1 7 3	19 58 4	59 14	12 54 41.1	5 51 2	6♉22 51	6 52 40	58	3 52 50	24 27 49	13♉15 31	6 54 30	53	4 22 52	25 23 2
9 F	1 10 59	20 57 17	59 16	12 58 20.9	6 13 53	20 10 1	6 56 10	48	4 53 26	25 55 10	27 6 11	6 57 42	45	5 24 20	26 3 4
10 S	1 14 56	21 56 33	59 18	13 2 1.1	6 36 39	4♊ 3 53	6 59 9	42	5 55 19	25 46 11	11♊ 3 2	7 0 31	40	6 26 11	25 4 38
11 Su	1 18 52	22 55 51	59 21	13 5 41.9	6 59 19	18 3 32	7 1 49	38	6 56 44	23 59 10	25 5 21	7 3 3	36	7 26 47	22 31 7
12 M	1 22 49	23 55 12	59 23	13 9 23.1	7 21 55	2♋ 8 24	7 4 12	33	7 56 14	20 42 16	9♋12 37	7 5 14	28	8 25 0	18 34 48
13 Tu	1 26 45	24 54 34	59 25	13 13 4.9	7 44 24	16 17 50	7 6 5	22	8 53 4	16 11 6	23 23 55	7 6 41	14	9 20 29	13 33 43
14 W	1 30 42	25 53 59	59 27	13 16 47.1	8 6 47	0♌30 36	7 6 59	3	9 47 18	10 45 16	7♌37 35	7 6 54	-10	10 13 36	7 48 26
15 Th	1 34 39	26 53 27	59 30	13 20 30.0	8 29 4	14 44 29	7 6 20	-25	10 39 31	4 45 50	21 50 49	7 5 16	-41	11 5 8	1 40 6
16 F	1 38 35	27 52 56	59 32	13 24 13.4	8 51 13	28 56 5	7 3 36	-59	11 30 35	1S26 10	5♍59 41	7 1 21	-77	11 55 59	4S30 27
17 S	1 42 32	28 52 28	59 34	13 27 57.4	9 13 15	13♍ 1 2	6 58 29	-95	12 21 27	7 30 16	19 59 31	6 55 2	-111	12 47 4	10 23 13
18 Su	1 46 28	29 52 2	59 36	13 31 42.0	9 35 9	26 54 33	6 51 3	-126	13 12 55	13 6 58	3♎45 36	6 46 37	-139	13 39 5	15 39 21
19 M	1 50 25	0♎51 38	59 38	13 35 27.2	9 56 54	10♎32 13	6 41 48	-148	14 5 35	17 58 18	17 14 1	6 36 44	-154	14 32 27	20 2 1
20 Tu	1 54 21	1 51 16	59 40	13 39 13.0	10 18 31	23 50 44	6 31 31	-157	14 59 38	21 48 54	0♏22 15	6 26 16	-156	15 27 6	23 17 38
21 W	1 58 18	2 50 56	59 42	13 42 59.5	10 39 58	6♏48 31	6 21 7	-151	15 54 45	24 27 14	13 9 37	6 16 10	-144	16 22 30	25 17 7
22 Th	2 2 14	3 50 37	59 44	13 46 46.6	11 1 16	19 25 47	6 11 32	-133	16 50 13	25 47 1	25 37 19	6 7 17	-120	17 17 46	25 57 5
23 F	2 6 11	4 50 21	59 45	13 50 34.4	11 22 25	1♐44 36	6 3 32	-105	17 45 1	25 47 45	7♐48 8	6 0 19	-87	18 11 52	25 19 47
24 S	2 10 7	5 50 6	59 47	13 54 22.9	11 43 22	13 48 27	5 57 43	-69	18 38 14	24 34 10	19 46 10	5 55 44	-49	19 4 3	23 32 4
25 Su	2 14 4	6 49 53	59 49	13 58 12.0	12 4 9	25 41 54	5 54 27	-28	19 29 17	22 14 41	1♑36 21	5 53 51	-7	19 53 55	20 43 21
26 M	2 18 1	7 49 41	59 50	14 2 1.9	12 24 45	7♑30 12	5 53 57	14	20 18 0	18 59 19	13 24 9	5 54 45	34	20 41 33	17 3 52
27 Tu	2 21 57	8 49 31	59 52	14 5 52.4	12 45 9	19 18 54	5 56 14	55	21 4 39	14 58 12	25 15 8	5 58 24	74	21 27 22	12 43 30
28 W	2 25 54	9 49 23	59 54	14 9 43.7	13 5 21	1♒13 32	6 1 10	92	21 49 48	10 20 55	7♒14 42	6 4 32	109	22 12 3	7 51 34
29 Th	2 29 50	10 49 17	59 55	14 13 35.7	13 25 21	13 19 14	6 8 25	123	22 34 12	5 16 35	19 27 39	6 12 45	136	22 56 24	2 37 10
30 F	2 33 47	11 49 12	59 57	14 17 28.5	13 45 8	25 40 24	6 17 27	145	23 18 44	0N 5 27	1♓57 52	6 22 26	152	23 41 21	2N49 52
31 S	2 37 43	12♎49 9	59 59	14 21 22.0	14S 4 43	8♓20 17	6 27 34	155	0 4 21	5N34 37	14♓47 52	6 32 46	155	0 27 52	8N17 58

LUNAR INGRESSES			PLANET INGRESSES	STATIONS	DATA FOR THE 1st AT 0 HOURS
2 ☽ ♓ 23:41	13 ☽ ♌ 23:08	25 ☽ ♑ 8:44	5 ☿ ♍ 21:30	13 ♃ D 4:36	JULIAN DAY 40085.5
5 ☽ ♈ 7:19	16 ☽ ♍ 1:48	27 ☽ ♒ 21:33	6 ♂ ♋ 19:12		☽ MEAN ☊ 1♑ 37' 30"
7 ☽ ♉ 12:49	18 ☽ ♎ 5:24	30 ☽ ♓ 8:16	10 ♀ ♍ 19:36		OBLIQUITY 23° 26' 22"
9 ☽ ♊ 17:00	20 ☽ ♏ 11:19		18 ☉ ♎ 3:13		DELTA T 69.8 SECONDS
11 ☽ ♋ 20:22	22 ☽ ♐ 20:34		25 ☿ ♎ 9:18		NUTATION LONGITUDE 14.7"

DAY MO YR	☿ LONG	♀ LONG	♂ LONG	♃ LONG	♄ LONG	♅ LONG	♆ LONG	♇ LONG	☊ LONG	A.S.S.I.	S.S.R.Y.	S.V.P. ♓	☿ MERCURY R.A.	DECL
	° ' "	° ' "	° ' "	° ' "	° ' "	° ' "	° ' "	° ' "		h m s	h m s	° ' "	h m s	° ' "
1 274	26♌54 34	17♌53 45	26♊50 18	22♑31R54	1♎45 21	29♓13R16	29♑ 8R 1	5♑52 34	2♑56	15 41 17	30 13 16	5 7 10.0	11 30 20	3N32 57
2 275	27 14 26	19 7 30	27 14 24	22 29 36	1 52 44	29 10 58	29 6 58	5 53 11	2 49	15 45 50	30 12 39	5 7 10.0	11 31 58	3 39 29
3 276	27 44 4	20 21 19	27 56 23	22 27 29	2 0 6	29 8 40	29 5 56	5 53 50	2 39	15 50 24	30 11 50	5 7 10.0	11 34 10	3 40 56
4 277	28 22 58	21 35 11	28 29 10	22 25 33	2 7 27	29 6 24	29 4 57	5 54 31	2 28	15 54 57	30 10 54	5 7 10.0	11 36 54	3 37 25
5 278	29 10 34	22 49 5	29 1 46	22 23 50	2 14 46	29 4 8	29 3 58	5 55 14	2 15	15 59 31	30 9 55	5 7 10.0	11 40 7	3 29 8
6 279	0♍ 6 10	24 3 3	29 34 12	22 22 18	2 22 5	29 1 54	29 3 1	5 55 58	2 03	16 4 6	30 8 53	5 7 9.9	11 43 48	3 16 22
7 280	1 9 4	25 17 4	0♋ 6 26	22 20 58	2 29 22	28 59 41	29 2 6	5 56 45	1 52	16 8 41	30 7 53	5 7 9.8	11 47 53	2 59 23
8 281	2 18 31	26 31 8	0 38 29	22 19 49	2 36 38	28 57 28	29 1 13	5 57 33	1 44	16 13 17	30 6 57	5 7 9.7	11 52 20	2 38 33
9 282	3 33 46	27 45 15	1 10 20	22 18 53	2 43 53	28 55 17	29 0 21	5 58 23	1 38	16 17 53	30 6 6	5 7 9.5	11 57 6	2 14 11
10 283	4 54 5	28 59 24	1 41 59	22 18 9	2 51 7	28 53 8	28 59 30	5 59 15	1 35	16 22 29	30 5 23	5 7 9.2	12 2 8	1 46 40
11 284	6 18 48	0♍13 37	2 13 27	22 17 36	2 58 19	28 50 59	28 58 42	6 0 9	1 34	16 27 7	30 4 49	5 7 9.0	12 7 25	1 16 20
12 285	7 47 16	1 27 52	2 44 42	22 17 16	3 5 29	28 48 52	28 57 55	6 1 4	1 34	16 31 45	30 4 27	5 7 8.8	12 12 53	0 43 33
13 286	9 18 53	2 42 10	3 15 45	22 17D 7	3 12 38	28 46 47	28 57 10	6 2 1	1 34	16 36 23	30 4 16	5 7 8.7	12 18 32	0 8 39
14 287	10 53 7	3 56 30	3 46 34	22 17 11	3 19 46	28 44 43	28 56 27	6 3 0	1 32	16 41 3	30 4 19	5 7 8.6	12 24 19	0S28 5
15 288	12 29 28	5 10 54	4 17 11	22 17 27	3 26 51	28 42 40	28 55 45	6 4 1	1 27	16 45 42	30 4 35	5 7 8.5	12 30 13	1 6 20
16 289	14 7 33	6 25 19	4 47 34	22 17 55	3 33 55	28 40 39	28 55 5	6 5 3	1 19	16 50 23	30 5 4	5 7 8.5	12 36 11	1 45 50
17 290	15 46 58	7 39 47	5 17 44	22 18 34	3 40 57	28 38 40	28 54 27	6 6 8	1 09	16 55 5	30 5 44	5 7 8.5	12 42 15	2 26 22
18 291	17 27 24	8 54 17	5 47 39	22 19 26	3 47 57	28 36 42	28 53 51	6 7 13	0 56	16 59 47	30 6 34	5 7 8.4	12 48 21	3 7 42
19 292	19 8 35	10 8 50	6 17 20	22 20 30	3 54 55	28 34 47	28 53 17	6 8 21	0 43	17 4 30	30 7 32	5 7 8.4	12 54 30	3 49 37
20 293	20 50 16	11 23 24	6 46 47	22 21 46	4 1 51	28 32 53	28 52 45	6 9 30	0 31	17 9 13	30 8 33	5 7 8.3	13 0 41	4 31 59
21 294	22 32 17	12 38 1	7 15 59	22 23 14	4 8 45	28 31 1	28 52 14	6 10 41	0 21	17 13 58	30 9 36	5 7 8.1	13 6 53	5 14 36
22 295	24 14 26	13 52 39	7 44 56	22 24 54	4 15 36	28 29 10	28 51 46	6 11 54	0 13	17 18 43	30 10 37	5 7 7.9	13 13 6	5 57 22
23 296	25 56 37	15 7 20	8 13 38	22 26 46	4 22 25	28 27 22	28 51 19	6 13 8	0 08	17 23 29	30 11 34	5 7 7.7	13 19 20	6 40 8
24 297	27 38 41	16 22 2	8 42 4	22 28 50	4 29 12	28 25 36	28 50 55	6 14 24	0 05	17 28 16	30 12 23	5 7 7.5	13 25 34	7 22 49
25 298	29 20 35	17 36 46	9 10 15	22 31 6	4 35 56	28 23 52	28 50 32	6 15 42	0 04	17 33 4	30 13 2	5 7 7.3	13 31 48	8 5 18
26 299	1♎ 2 13	18 51 31	9 38 9	22 33 34	4 42 38	28 22 10	28 50 11	6 17 1	0 04	17 37 53	30 13 31	5 7 7.2	13 38 3	8 47 30
27 300	2 43 32	20 6 19	10 5 47	22 36 13	4 49 17	28 20 30	28 49 52	6 18 22	0 04	17 42 43	30 13 47	5 7 7.0	13 44 17	9 29 22
28 301	4 24 29	21 21 8	10 33 9	22 39 4	4 55 53	28 18 53	28 49 36	6 19 44	0 02	17 47 33	30 13 51	5 7 7.0	13 50 32	10 10 48
29 302	6 5 3	22 35 58	11 0 13	22 42 6	5 2 27	28 17 17	28 49 21	6 21 7	29♐58	17 52 25	30 13 42	5 7 6.9	13 56 46	10 51 46
30 303	7 45 12	23 50 51	11 27 1	22 45 20	5 8 59	28 15 44	28 49 8	6 22 33	29 52	17 57 17	30 13 21	5 7 6.9	14 3 1	11 32 11
31 304	9♎24 55	25♍ 5 44	11♋53 31	22♑48 45	5♎15 26	28♓14 13	28♑48 57	6♑23 59	29♐42	18 2 11	30 12 50	5 7 6.8	14 9 15	12S12 3

DAY	♀ VENUS R.A.	DECL	♂ MARS R.A.	DECL	♃ JUPITER R.A.	DECL	♄ SATURN R.A.	DECL	♅ URANUS R.A.	DECL	♆ NEPTUNE R.A.	DECL	♇ PLUTO R.A.	DECL
Oct	h m s	° ' "	h m s	° ' "	h m s	° ' "	h m s	° ' "	h m s	° ' "	h m s	° ' "	h m s	° ' "
1	10 58 26	7N55 14	7 34 24	22N26 26	21 20 49	16S38 47	11 50 49	3N 9 30	23 39 36	3S 4 30	21 45 53	13S54 52	18 3 10	18S 2 45
2	11 3 3	7 28 18	7 36 46	22 22 22	21 20 39	16 39 24	11 51 16	3 6 38	23 39 28	3 5 24	21 45 49	13 55 13	18 3 13	18 3 1
3	11 7 39	7 1 8	7 39 8	22 18 12	21 20 31	16 39 58	11 51 43	3 3 47	23 39 19	3 6 17	21 45 45	13 55 33	18 3 15	18 3 17
4	11 12 16	6 33 45	7 41 28	22 13 57	21 20 23	16 40 28	11 52 10	3 0 57	23 39 11	3 7 11	21 45 41	13 55 53	18 3 18	18 3 33
5	11 16 52	6 6 10	7 43 48	22 9 37	21 20 16	16 40 54	11 52 37	2 58 7	23 39 3	3 8 3	21 45 37	13 56 13	18 3 21	18 3 49
6	11 21 27	5 38 23	7 46 7	22 5 12	21 20 9	16 41 17	11 53 4	2 55 18	23 38 54	3 8 56	21 45 34	13 56 31	18 3 24	18 4 5
7	11 26 3	5 10 24	7 48 25	22 0 43	21 20 4	16 41 36	11 53 31	2 52 29	23 38 46	3 9 48	21 45 30	13 56 50	18 3 28	18 4 21
8	11 30 38	4 42 16	7 50 42	21 56 10	21 20 0	16 41 51	11 53 58	2 49 41	23 38 38	3 10 39	21 45 26	13 57 7	18 3 31	18 4 36
9	11 35 12	4 13 58	7 52 58	21 51 33	21 19 56	16 42 2	11 54 25	2 46 53	23 38 30	3 11 30	21 45 23	13 57 24	18 3 35	18 4 52
10	11 39 47	3 45 31	7 55 13	21 46 52	21 19 53	16 42 10	11 54 52	2 44 6	23 38 22	3 12 20	21 45 20	13 57 41	18 3 38	18 5 7
11	11 44 21	3 16 55	7 57 27	21 42 8	21 19 51	16 42 14	11 55 18	2 41 20	23 38 14	3 13 10	21 45 17	13 57 57	18 3 42	18 5 23
12	11 48 55	2 48 13	7 59 40	21 37 20	21 19 49	16 42 14	11 55 45	2 38 35	23 38 6	3 13 59	21 45 14	13 58 12	18 3 46	18 5 38
13	11 53 30	2 19 23	8 1 52	21 32 29	21 19 48	16 42 11	11 56 11	2 35 50	23 37 59	3 14 47	21 45 11	13 58 27	18 3 50	18 5 53
14	11 58 4	1 50 28	8 4 3	21 27 35	21 19 49	16 42 4	11 56 37	2 33 6	23 37 51	3 15 35	21 45 8	13 58 41	18 3 54	18 6 9
15	12 2 38	1 21 27	8 6 13	21 22 39	21 19 49	16 41 53	11 57 4	2 30 23	23 37 44	3 16 23	21 45 5	13 58 55	18 3 58	18 6 24
16	12 7 12	0 52 21	8 8 21	21 17 40	21 19 51	16 41 38	11 57 30	2 27 41	23 37 36	3 17 9	21 45 3	13 59 8	18 4 3	18 6 39
17	12 11 46	0 23 12	8 10 29	21 12 40	21 19 54	16 41 20	11 57 56	2 25 0	23 37 29	3 17 55	21 45 0	13 59 20	18 4 7	18 6 54
18	12 16 20	0S 6 0	8 12 36	21 7 37	21 19 57	16 40 57	11 58 22	2 22 20	23 37 22	3 18 40	21 44 58	13 59 32	18 4 12	18 7 8
19	12 20 54	0 35 14	8 14 41	21 2 33	21 20 1	16 40 31	11 58 47	2 19 41	23 37 14	3 19 25	21 44 56	13 59 43	18 4 17	18 7 23
20	12 25 28	1 4 30	8 16 46	20 57 27	21 20 6	16 40 2	11 59 13	2 17 3	23 37 7	3 20 9	21 44 54	13 59 54	18 4 21	18 7 38
21	12 30 3	1 33 47	8 18 49	20 52 20	21 20 12	16 39 28	11 59 39	2 14 25	23 37 0	3 20 51	21 44 52	14 0 4	18 4 26	18 7 52
22	12 34 37	2 3 4	8 20 51	20 47 12	21 20 18	16 38 51	12 0 4	2 11 49	23 36 54	3 21 33	21 44 50	14 0 13	18 4 31	18 8 6
23	12 39 12	2 32 20	8 22 52	20 42 4	21 20 25	16 38 10	12 0 29	2 9 14	23 36 47	3 22 15	21 44 48	14 0 21	18 4 37	18 8 21
24	12 43 47	3 1 35	8 24 52	20 36 55	21 20 34	16 37 26	12 0 54	2 6 40	23 36 40	3 22 55	21 44 47	14 0 29	18 4 42	18 8 35
25	12 48 23	3 30 47	8 26 50	20 31 45	21 20 42	16 36 38	12 1 19	2 4 7	23 36 34	3 23 35	21 44 45	14 0 37	18 4 47	18 8 49
26	12 52 59	3 59 57	8 28 48	20 26 36	21 20 52	16 35 46	12 1 44	2 1 35	23 36 28	3 24 13	21 44 44	14 0 43	18 4 53	18 9 3
27	12 57 35	4 29 3	8 30 44	20 21 27	21 21 2	16 34 50	12 2 9	1 59 5	23 36 22	3 24 51	21 44 42	14 0 49	18 4 59	18 9 16
28	13 2 12	4 58 5	8 32 38	20 16 19	21 21 14	16 33 51	12 2 33	1 56 36	23 36 16	3 25 28	21 44 41	14 0 55	18 5 4	18 9 30
29	13 6 49	5 27 1	8 34 32	20 11 11	21 21 26	16 32 49	12 2 58	1 54 7	23 36 10	3 26 4	21 44 40	14 0 59	18 5 10	18 9 43
30	13 11 26	5 55 51	8 36 24	20 6 4	21 21 38	16 31 43	12 3 22	1 51 41	23 36 4	3 26 39	21 44 40	14 1 3	18 5 16	18 9 57
31	13 16 4	6S24 35	8 38 15	20N 0 58	21 21 52	16S30 33	12 3 46	1N49 15	23 35 58	3S27 14	21 44 39	14S 1 7	18 5 22	18S10 10

NOVEMBER 2009

DAY	SIDEREAL TIME h m s	☉ SUN LONG ° ' "	MOT ' "	R.A. h m s	DECL ° ' "	☽ MOON AT 0 HOURS LONG ° ' "	12h MOT ° ' "	2DIF "	R.A. h m s	DECL ° ' "
1 Su	2 41 40	13♎49 8	60 1	14 25 16.3	14S24 3	21♓20 38	6 37 55	151	0 52 1	10N58 3
2 M	2 45 36	14 49 8	60 2	14 29 11.4	14 43 10	4♈41 25	6 47 33	134	1 42 40	15 59 38
3 Tu	2 49 33	15 49 11	60 4	14 33 7.3	15 2 2	18 20 47	6 55 39	106	2 37 0	20 19 49
4 W	2 53 30	16 49 15	60 6	14 37 4.0	15 20 40	2♉15 21	7 1 38	72	3 35 12	23 36 49
5 Th	2 57 26	17 49 21	60 8	14 41 1.5	15 39 3	16 20 44	7 5 18	38	4 36 36	25 29 58
6 F	3 1 23	18 49 29	60 10	14 44 59.9	15 57 10	0♊32 19	7 6 48	9	5 39 41	25 44 55
7 S	3 5 19	19 49 39	60 12	14 48 59.1	16 15 1	14 46 0	7 6 35	-13	6 42 23	24 18 11
8 Su	3 9 16	20 49 51	60 14	14 52 59.2	16 32 37	28 58 35	7 5 12	-27	7 42 55	21 18 9
9 M	3 13 12	21 50 5	60 16	14 57 0.1	16 49 56	13♋ 8 2	7 3 8	-34	8 40 21	17 1 53
10 Tu	3 17 9	22 50 21	60 18	15 1 1.9	17 6 57	27 13 6	7 0 39	-40	9 34 38	11 50 16
11 W	3 21 5	23 50 40	60 20	15 5 4.6	17 23 41	11♌13 3	6 57 49	-46	10 26 24	6 4 21
12 Th	3 25 2	24 51 0	60 22	15 9 8.2	17 40 8	25 7 5	6 54 29	-55	11 16 36	0 3 47
13 F	3 28 59	25 51 22	60 24	15 13 12.6	17 56 16	8♍54 6	6 50 22	-69	12 6 16	5S53 15
14 S	3 32 55	26 51 46	60 26	15 17 17.8	18 12 5	22 32 25	6 45 15	-85	12 56 24	11 29 34
15 Su	3 36 52	27 52 12	60 28	15 21 24.0	18 27 35	5♎59 57	6 39 3	-101	13 47 43	16 28 40
16 M	3 40 48	28 52 40	60 29	15 25 31.0	18 42 46	19 14 33	6 31 51	-114	14 40 40	20 35 4
17 Tu	3 44 45	29 53 9	60 31	15 29 38.8	18 57 37	2♏14 21	6 23 59	-120	15 35 9	23 35 30
18 W	3 48 41	0♏53 40	60 33	15 33 47.5	19 12 7	14 58 17	6 15 57	-118	16 30 34	25 20 34
19 Th	3 52 38	1 54 12	60 34	15 37 57.0	19 26 17	27 26 18	6 8 22	-107	17 25 54	25 46 30
20 F	3 56 35	2 54 46	60 35	15 42 7.3	19 40 6	9♐39 36	6 1 50	-87	18 20 2	24 55 38
21 S	4 0 31	3 55 21	60 37	15 46 18.4	19 53 33	21 40 34	5 56 54	-59	19 12 6	22 55 24
22 Su	4 4 28	4 55 57	60 38	15 50 30.3	20 6 39	3♑32 39	5 54 2	-25	20 1 41	19 56 13
23 M	4 8 24	5 56 35	60 39	15 54 43.0	20 19 22	15 20 9	5 53 34	13	20 48 53	16 9 13
24 Tu	4 12 21	6 57 14	60 40	15 58 56.4	20 31 43	27 8 3	5 55 44	53	21 34 9	11 44 57
25 W	4 16 17	7 57 53	60 41	16 3 10.6	20 43 41	9♒ 1 37	6 0 36	93	22 18 13	6 52 52
26 Th	4 20 14	8 58 34	60 42	16 7 25.6	20 55 16	21 6 15	6 8 4	130	23 1 58	1 41 45
27 F	4 24 10	9 59 16	60 43	16 11 41.2	21 6 27	3♓27 0	6 17 50	161	23 46 23	3N39 28
28 S	4 28 7	11 0 0	60 44	16 15 57.6	21 17 15	16 8 14	6 29 19	181	0 32 31	9 0 18
29 Su	4 32 3	12 0 44	60 45	16 20 14.6	21 27 38	29 13 0	6 41 43	187	1 21 27	14 7 30
30 M	4 36 0	13♏ 1 29	60 46	16 24 32.3	21S37 37	12♈42 39	6 53 58	176	2 14 9	18N43 42

DAY	☽ MOON AT 12 HOURS LONG ° ' "	12h MOT ° ' "	2DIF "	R.A. h m s	DECL ° ' "
1 Su	27♓58 33	6 42 52	145	1 16 55	13N32 43
2 M	11♈28 57	6 51 50	122	2 9 21	18 16 14
3 Tu	25 16 26	6 58 56	90	3 5 38	22 7 35
4 W	9♉16 59	7 3 45	55	4 5 35	24 44 59
5 Th	23 26 2	7 6 18	23	5 8 3	25 50 14
6 F	7♊39 8	7 6 53	-3	6 11 12	25 14 0
7 S	21 52 35	7 6 1	-21	7 13 0	22 58 55
8 Su	6♋ 3 48	7 4 14	-31	8 12 3	19 18 17
9 M	20 11 10	7 1 56	-37	9 7 52	14 31 39
10 Tu	4♌13 45	6 59 17	-43	10 0 47	9 0 20
11 W	18 10 52	6 56 14	-50	10 51 38	3 4 44
12 Th	2♍ 1 34	6 52 32	-62	11 41 26	2S56 16
13 F	15 44 28	6 47 57	-77	12 31 13	8 45 3
14 S	29 17 40	6 42 17	-93	13 21 52	14 4 46
15 Su	12♎39 0	6 35 33	-108	14 13 59	18 39 21
16 M	25 46 24	6 27 58	-118	15 7 44	22 14 14
17 Tu	8♏38 20	6 19 57	-120	16 2 48	24 37 50
18 W	21 14 14	6 12 4	-114	16 58 19	25 43 25
19 Th	3♐34 40	6 4 56	-98	17 53 11	25 30 18
20 F	15 41 26	5 59 8	-74	18 46 22	24 3 35
21 S	27 37 28	5 55 11	-43	19 37 12	21 32 28
22 Su	9♑26 40	5 53 29	-7	20 25 34	18 8 0
23 M	21 13 44	5 54 19	33	21 11 43	14 1 8
24 Tu	3♒ 3 47	5 57 50	73	21 56 17	9 21 50
25 W	15 2 13	6 4 2	112	22 40 5	4 19 9
26 Th	27 14 19	6 12 41	146	23 24 2	0N58 12
27 F	9♓44 50	6 23 24	172	0 9 10	6 20 41
28 S	22 37 33	6 35 28	186	0 56 34	11 36 35
29 Su	5♈54 43	6 47 56	184	1 47 17	16 30 44
30 M	19♈36 37	6 59 40	164	2 42 7	20N43 37

LUNAR INGRESSES
1 ☽ ♈ 15:38
3 ☽ ♉ 20:08
5 ☽ ♊ 23:05
8 ☽ ♋ 1:44
10 ☽ ♌ 4:45
12 ☽ ♍ 8:28
14 ☽ ♎ 13:16
16 ☽ ♏ 19:50
19 ☽ ♐ 5:00
21 ☽ ♑ 16:49
24 ☽ ♒ 5:48
26 ☽ ♓ 17:21
29 ☽ ♈ 1:25

PLANET INGRESSES
3 ♀ ♎ 22:13
12 ☿ ♏ 18:07
17 ☉ ♏ 2:43
27 ♀ ♏ 20:21

STATIONS
4 ♆ D 18:11

DATA FOR THE 1st AT 0 HOURS
JULIAN DAY 40116.5
☽ MEAN ☊ 29°♐ 58' 56"
OBLIQUITY 23° 26' 21"
DELTA T 69.9 SECONDS
NUTATION LONGITUDE 13.9"

DAY MO YR	☿ LONG ° ' "	♀ LONG ° ' "	♂ LONG ° ' "	♃ LONG ° ' "	♄ LONG ° ' "	♅ LONG ° ' "	♆ LONG ° ' "	♇ LONG ° ' "	☊ LONG ° '	A.S.S.I. h m s	S.S.R.Y. h m s	S.V.P. ♓ ° ' "	☿ MERCURY R.A. h m s	DECL ° ' "
1 305	11♎ 4 11	26♍20 40	12♋19 43	22♑52 22	5♍21 51	28♒12R45	28♑48R48	6♐25 27	29♐31	18 7 5	30 12 9	5 7 6.8	14 15 30	12S51 17
2 306	12 43 1	27 35 36	12 45 38	22 56 10	5 28 13	28 11 19	28 48 41	6 26 57	29 19	18 12 0	30 11 21	5 7 6.7	14 21 44	13 29 52
3 307	14 21 24	28 50 35	13 11 13	23 0 9	5 34 32	28 9 55	28 48 36	6 28 28	29 07	18 16 57	30 10 27	5 7 6.6	14 27 59	14 7 45
4 308	15 59 22	0♎ 5 35	13 36 30	23 4 19	5 40 48	28 8 34	28 48D34	6 30 1	28 56	18 21 54	30 9 29	5 7 6.4	14 34 15	14 44 55
5 309	17 36 53	1 20 36	14 1 28	23 8 40	5 47 1	28 7 15	28 48 33	6 31 34	28 47	18 26 53	30 8 29	5 7 6.2	14 40 31	15 21 20
6 310	19 14 0	2 35 39	14 26 6	23 13 12	5 53 11	28 5 59	28 48 34	6 33 10	28 42	18 31 52	30 7 30	5 7 5.9	14 46 47	15 56 58
7 311	20 50 41	3 50 43	14 50 24	23 17 55	5 59 17	28 4 45	28 48 37	6 34 46	28 39	18 36 53	30 6 34	5 7 5.6	14 53 4	16 31 47
8 312	22 27 0	5 5 49	15 14 22	23 22 49	6 5 20	28 3 34	28 48 43	6 36 24	28 38	18 41 54	30 5 44	5 7 5.4	14 59 22	17 5 46
9 313	24 2 55	6 20 56	15 37 59	23 27 53	6 11 20	28 2 26	28 48 50	6 38 3	28 38	18 46 57	30 5 3	5 7 5.2	15 5 40	17 38 54
10 314	25 38 29	7 36 5	16 1 14	23 33 8	6 17 15	28 1 20	28 49 0	6 39 44	28 39	18 52 1	30 4 32	5 7 5.0	15 11 59	18 11 8
11 315	27 13 43	8 51 15	16 24 6	23 38 34	6 23 8	28 0 17	28 49 11	6 41 25	28 37	18 57 6	30 4 15	5 7 5.0	15 18 19	18 42 28
12 316	28 48 36	10 6 26	16 46 37	23 44 10	6 28 57	27 59 17	28 49 25	6 43 8	28 34	19 2 12	30 4 11	5 7 4.9	15 24 40	19 12 52
13 317	0♏23 11	11 21 39	17 8 44	23 49 56	6 34 41	27 58 19	28 49 40	6 44 53	28 27	19 7 19	30 4 22	5 7 4.8	15 31 3	19 42 19
14 318	1 57 27	12 36 52	17 30 27	23 55 53	6 40 23	27 57 24	28 49 58	6 46 38	28 19	19 12 27	30 4 46	5 7 4.8	15 37 26	20 10 48
15 319	3 31 27	13 52 7	17 51 46	24 2 0	6 46 0	27 56 32	28 50 18	6 48 25	28 08	19 17 36	30 5 22	5 7 4.7	15 43 51	20 38 17
16 320	5 5 11	15 7 23	18 12 41	24 8 17	6 51 33	27 55 43	28 50 39	6 50 12	27 57	19 22 46	30 6 9	5 7 4.5	15 50 16	21 4 44
17 321	6 38 39	16 22 39	18 33 10	24 14 44	6 57 2	27 54 57	28 51 3	6 52 1	27 47	19 27 58	30 7 3	5 7 4.3	15 56 43	21 30 9
18 322	8 11 53	17 37 57	18 53 13	24 21 21	7 2 27	27 54 13	28 51 29	6 53 51	27 38	19 33 10	30 8 2	5 7 4.1	16 3 12	21 54 31
19 323	9 44 54	18 53 15	19 12 50	24 28 8	7 7 48	27 53 33	28 51 57	6 55 42	27 31	19 38 24	30 9 2	5 7 3.9	16 9 41	22 17 47
20 324	11 17 41	20 8 34	19 32 0	24 35 5	7 13 5	27 52 55	28 52 27	6 57 34	27 27	19 43 38	30 10 2	5 7 3.6	16 16 12	22 39 57
21 325	12 50 15	21 23 54	19 50 43	24 42 11	7 18 17	27 52 20	28 52 59	6 59 27	27 25	19 48 54	30 10 58	5 7 3.4	16 22 44	23 1 0
22 326	14 22 38	22 39 14	20 8 57	24 49 27	7 23 25	27 51 49	28 53 33	7 1 21	27 25	19 54 10	30 11 48	5 7 3.2	16 29 17	23 20 53
23 327	15 54 48	23 54 35	20 26 44	24 56 52	7 28 28	27 51 20	28 54 10	7 3 16	27 26	19 59 27	30 12 30	5 7 3.0	16 35 51	23 39 35
24 328	17 26 47	25 9 56	20 44 1	25 4 26	7 33 27	27 50 54	28 54 48	7 5 12	27 28	20 4 46	30 13 2	5 7 2.9	16 42 26	23 57 6
25 329	18 58 35	26 25 18	21 0 49	25 12 10	7 38 21	27 50 32	28 55 28	7 7 9	27 28	20 10 5	30 13 25	5 7 2.8	16 49 2	24 13 23
26 330	20 30 10	27 40 40	21 17 6	25 20 2	7 43 11	27 50 12	28 56 10	7 9 7	27 27	20 15 26	30 13 36	5 7 2.7	16 55 39	24 28 26
27 331	22 1 34	28 56 3	21 32 53	25 28 4	7 47 56	27 49 55	28 56 54	7 11 6	27 24	20 20 47	30 13 36	5 7 2.6	17 2 17	24 42 13
28 332	23 32 44	0♏11 27	21 48 8	25 36 14	7 52 36	27 49 42	28 57 40	7 13 5	27 19	20 26 9	30 13 25	5 7 2.5	17 8 55	24 54 42
29 333	25 3 41	1 26 50	22 2 52	25 44 33	7 57 11	27 49 31	28 58 29	7 15 5	27 13	20 31 32	30 13 3	5 7 2.4	17 15 34	25 5 53
30 334	26♏34 22	2♏42 15	22♋17 3	25♑53 0	8♍ 1 42	27♒49 24	28♑59 19	7♐17 6	27♐05	20 36 56	30 12 30	5 7 2.3	17 22 12	25S15 44

DAY Nov	♀ VENUS R.A. h m s	DECL ° ' "	♂ MARS R.A. h m s	DECL ° ' "	♃ JUPITER R.A. h m s	DECL ° ' "	♄ SATURN R.A. h m s	DECL ° ' "
1	13 20 43	6S53 12	8 40 5	19N55 54	21 22 6	16S29 20	12 4 10	1N46 51
2	13 25 23	7 21 40	8 41 53	19 50 52	21 22 21	16 28 3	12 4 33	1 44 28
3	13 30 3	7 49 59	8 43 40	19 45 51	21 22 36	16 26 43	12 4 57	1 42 7
4	13 34 43	8 18 9	8 45 25	19 40 53	21 22 53	16 25 19	12 5 20	1 39 47
5	13 39 25	8 46 8	8 47 10	19 35 57	21 23 10	16 23 52	12 5 43	1 37 28
6	13 44 7	9 13 56	8 48 52	19 31 4	21 23 28	16 22 22	12 6 6	1 35 11
7	13 48 50	9 41 32	8 50 34	19 26 14	21 23 46	16 20 48	12 6 29	1 32 55
8	13 53 34	10 8 55	8 52 13	19 21 27	21 24 6	16 19 10	12 6 51	1 30 40
9	13 58 19	10 36 4	8 53 52	19 16 45	21 24 26	16 17 29	12 7 13	1 28 27
10	14 3 5	11 2 59	8 55 29	19 12 6	21 24 46	16 15 45	12 7 36	1 26 16
11	14 7 51	11 29 39	8 57 4	19 7 32	21 25 8	16 13 58	12 7 57	1 24 7
12	14 12 39	11 56 3	8 58 37	19 3 2	21 25 30	16 12 7	12 8 19	1 21 59
13	14 17 27	12 22 9	9 0 9	18 58 37	21 25 52	16 10 13	12 8 40	1 19 52
14	14 22 17	12 47 59	9 1 40	18 54 18	21 26 16	16 8 15	12 9 2	1 17 48
15	14 27 7	13 13 29	9 3 8	18 50 4	21 26 40	16 6 14	12 9 23	1 15 45
16	14 31 59	13 38 41	9 4 35	18 45 56	21 27 4	16 4 10	12 9 43	1 13 43
17	14 36 52	14 3 32	9 6 1	18 41 54	21 27 30	16 2 3	12 10 4	1 11 44
18	14 41 46	14 28 2	9 7 24	18 37 59	21 27 56	15 59 52	12 10 24	1 9 46
19	14 46 41	14 52 11	9 8 46	18 34 10	21 28 23	15 57 38	12 10 44	1 7 50
20	14 51 37	15 15 57	9 10 5	18 30 29	21 28 50	15 55 21	12 11 4	1 5 56
21	14 56 34	15 39 20	9 11 23	18 26 55	21 29 18	15 53 1	12 11 23	1 4 4
22	15 1 32	16 2 18	9 12 39	18 23 29	21 29 46	15 50 38	12 11 42	1 2 13
23	15 6 32	16 24 52	9 13 53	18 20 11	21 30 15	15 48 11	12 12 1	1 0 25
24	15 11 33	16 47 0	9 15 5	18 17 1	21 30 45	15 45 42	12 12 20	0 58 39
25	15 16 35	17 8 41	9 16 15	18 14 0	21 31 15	15 43 9	12 12 38	0 56 54
26	15 21 38	17 29 55	9 17 24	18 11 8	21 31 46	15 40 33	12 12 56	0 55 12
27	15 26 42	17 50 41	9 18 30	18 8 25	21 32 18	15 37 55	12 13 14	0 53 31
28	15 31 47	18 10 59	9 19 33	18 5 51	21 32 50	15 35 13	12 13 32	0 51 53
29	15 36 54	18 30 46	9 20 35	18 3 27	21 33 22	15 32 28	12 13 49	0 50 16
30	15 42 2	18S50 3	9 21 35	18N 1 13	21 33 56	15S29 41	12 14 6	0N48 42

DAY Nov	♅ URANUS R.A. h m s	DECL ° ' "	♆ NEPTUNE R.A. h m s	DECL ° ' "	♇ PLUTO R.A. h m s	DECL ° ' "
1	23 35 53	3S27 47	21 44 38	14S 1 10	18 5 28	18S10 23
2	23 35 47	3 28 19	21 44 38	14 1 12	18 5 35	18 10 36
3	23 35 42	3 28 50	21 44 38	14 1 13	18 5 41	18 10 49
4	23 35 37	3 29 20	21 44 37	14 1 13	18 5 48	18 11 1
5	23 35 32	3 29 50	21 44 37	14 1 13	18 5 54	18 11 13
6	23 35 28	3 30 18	21 44 37	14 1 13	18 6 1	18 11 26
7	23 35 23	3 30 45	21 44 38	14 1 11	18 6 8	18 11 38
8	23 35 19	3 31 11	21 44 38	14 1 9	18 6 14	18 11 50
9	23 35 15	3 31 36	21 44 39	14 1 7	18 6 21	18 12 2
10	23 35 10	3 32 0	21 44 39	14 1 3	18 6 28	18 12 14
11	23 35 7	3 32 23	21 44 40	14 0 59	18 6 36	18 12 25
12	23 35 3	3 32 45	21 44 41	14 0 55	18 6 43	18 12 36
13	23 34 59	3 33 6	21 44 42	14 0 49	18 6 50	18 12 48
14	23 34 56	3 33 25	21 44 43	14 0 43	18 6 57	18 12 59
15	23 34 53	3 33 44	21 44 44	14 0 36	18 7 5	18 13 9
16	23 34 49	3 34 1	21 44 46	14 0 29	18 7 13	18 13 20
17	23 34 47	3 34 17	21 44 47	14 0 21	18 7 20	18 13 30
18	23 34 44	3 34 32	21 44 49	14 0 12	18 7 28	18 13 40
19	23 34 41	3 34 46	21 44 51	14 0 2	18 7 36	18 13 51
20	23 34 39	3 34 59	21 44 53	13 59 52	18 7 44	18 14 0
21	23 34 37	3 35 10	21 44 55	13 59 41	18 7 51	18 14 10
22	23 34 35	3 35 20	21 44 57	13 59 29	18 7 59	18 14 20
23	23 34 33	3 35 29	21 44 59	13 59 17	18 8 8	18 14 29
24	23 34 31	3 35 37	21 45 2	13 59 4	18 8 16	18 14 38
25	23 34 30	3 35 44	21 45 4	13 58 51	18 8 24	18 14 47
26	23 34 29	3 35 50	21 45 7	13 58 37	18 8 32	18 14 56
27	23 34 28	3 35 54	21 45 10	13 58 22	18 8 40	18 15 5
28	23 34 27	3 35 57	21 45 13	13 58 6	18 8 49	18 15 13
29	23 34 26	3 35 59	21 45 16	13 57 50	18 8 57	18 15 21
30	23 34 25	3S36 0	21 45 19	13S57 33	18 9 6	18S15 29

DECEMBER 2009

DAY	SIDEREAL TIME (h m s)	☉ SUN LONG (° ′ ″)	SUN MOT (′ ″)	SUN R.A. (h m s)	SUN DECL (° ′ ″)	☽ MOON AT 0 HOURS LONG (° ′ ″)	12h MOT (° ′ ″)	2DIF (″)	R.A. (h m s)	DECL (° ′ ″)	☽ MOON AT 12 HOURS LONG (° ′ ″)	12h MOT (° ′ ″)	2DIF (″)	R.A. (h m s)	DECL (° ′ ″)
1 Tu	4 39 57	14♏ 2 15	60 48	16 28 50.7	21S47 12	26♈36 17	7 4 54	148	3 11 12	22N27 27	3♉41 10	7 9 31	128	3 41 21	23N52 15
2 W	4 43 53	15 3 3	60 49	16 33 9.8	21 56 21	10♉50 42	7 13 26	105	4 12 26	24 55 9	18 4 7	7 16 32	80	4 44 16	25 33 47
3 Th	4 47 50	16 3 51	60 50	16 37 29.4	22 5 5	25 20 38	7 18 46	54	5 16 35	25 46 21	2♊39 25	7 20 8	28	5 49 6	25 31 55
4 F	4 51 46	17 4 41	60 51	16 41 49.7	22 13 24	9♊59 32	7 20 38	3	6 21 29	24 50 32	17 20 10	7 20 19	-21	6 53 28	23 43 10
5 S	4 55 43	18 5 32	60 52	16 46 10.6	22 21 17	24 40 29	7 19 14	-42	7 24 47	22 11 40	1♋59 43	7 17 30	-61	7 55 17	20 18 30
6 Su	4 59 39	19 6 24	60 54	16 50 32.0	22 28 44	9♋17 13	7 15 12	-76	8 24 51	18 6 36	16 32 26	7 12 27	-88	8 53 30	15 39 6
7 M	5 3 36	20 7 17	60 55	16 54 53.9	22 35 45	23 44 53	7 9 20	-97	9 21 14	12 59 9	0♌54 13	7 5 58	-104	9 48 9	10 9 48
8 Tu	5 7 33	21 8 12	60 56	16 59 16.4	22 42 19	8♌ 0 11	7 2 26	-108	10 14 21	7 13 57	15 2 37	6 58 47	-110	10 39 58	4 14 16
9 W	5 11 29	22 9 8	60 57	17 3 39.4	22 48 26	22 1 24	6 55 6	-111	11 5 9	1 13 13	28 56 29	6 51 25	-110	11 30 2	1S46 58
10 Th	5 15 26	23 10 6	60 59	17 8 2.9	22 54 7	5♍47 54	6 47 46	-109	11 54 44	4S44 9	12♍35 40	6 44 10	-107	12 19 25	7 36 22
11 F	5 19 22	24 11 4	61 0	17 12 26.7	22 59 20	19 19 49	6 40 37	-105	12 44 12	10 21 47	26 0 26	6 37 9	-103	13 9 11	12 58 33
12 S	5 23 19	25 12 4	61 1	17 16 51.1	23 4 6	2♎37 35	6 33 44	-101	13 34 27	15 24 57	9♎11 19	6 30 23	-100	14 0 5	17 39 18
13 Su	5 27 15	26 13 4	61 2	17 21 15.7	23 8 25	15 41 41	6 27 5	-98	14 26 6	19 39 59	22 8 46	6 23 50	-97	14 52 32	21 25 28
14 M	5 31 12	27 14 6	61 3	17 25 40.8	23 12 16	28 32 36	6 20 38	-95	15 19 21	22 54 25	4♏53 14	6 17 30	-93	15 46 30	24 5 39
15 Tu	5 35 8	28 15 9	61 4	17 30 6.1	23 15 40	11♏10 45	6 14 27	-91	16 13 53	24 58 16	17 25 11	6 11 28	-88	16 41 23	25 31 40
16 W	5 39 5	29 16 12	61 4	17 34 31.7	23 18 35	23 36 39	6 8 36	-84	17 8 53	25 45 38	29 45 15	6 5 52	-80	17 36 13	25 40 16
17 Th	5 43 2	0♐17 17	61 5	17 38 57.5	23 21 3	5♐51 6	6 3 18	-74	18 3 15	25 16 6	11♐54 24	6 0 56	-67	18 29 52	24 33 55
18 F	5 46 58	1 18 21	61 6	17 43 23.6	23 23 2	17 55 20	5 58 48	-59	18 55 59	23 34 49	23 54 8	5 56 58	-50	19 21 30	22 20 4
19 S	5 50 55	2 19 27	61 6	17 47 49.7	23 24 33	29 51 6	5 55 27	-40	19 46 24	20 51 6	5♑46 32	5 54 18	-28	20 10 40	19 9 22
20 Su	5 54 51	3 20 33	61 6	17 52 16.0	23 25 37	11♑40 50	5 53 33	-16	20 34 20	17 16 19	17 34 23	5 53 15	-2	20 57 27	15 13 25
21 M	5 58 48	4 21 39	61 7	17 56 42.4	23 26 12	23 27 38	5 53 27	14	21 20 4	13 2 0	29 21 5	5 54 10	30	21 42 16	10 43 23
22 Tu	6 2 44	5 22 45	61 7	18 1 8.9	23 26 18	5♒15 15	5 55 26	47	22 4 10	8 18 46	11♒10 41	5 57 17	64	22 25 50	5 49 17
23 W	6 6 41	6 23 52	61 7	18 5 35.3	23 25 57	17 7 58	5 59 43	82	22 47 25	3 16 4	23 7 41	6 2 46	101	23 9 1	0 40 11
24 Th	6 10 37	7 24 59	61 7	18 10 1.7	23 25 7	29 10 27	6 6 26	119	23 30 45	1N57 15	5♓16 53	6 10 41	136	23 52 45	4N35 5
25 F	6 14 34	8 26 6	61 7	18 14 28.0	23 23 49	11♓27 34	6 15 31	153	0 15 10	7 12 4	17 43 6	6 20 54	169	0 38 7	9 46 48
26 S	6 18 31	9 27 13	61 7	18 18 54.3	23 22 3	24 4 0	6 26 46	182	1 1 46	12 17 43	0♈30 45	6 33 2	193	1 26 13	14 43 0
27 Su	6 22 27	10 28 21	61 7	18 23 20.4	23 19 49	7♈ 3 47	6 39 37	201	1 51 37	17 0 35	13 43 24	6 46 25	205	2 18 4	19 8 7
28 M	6 26 24	11 29 28	61 8	18 27 46.4	23 17 6	20 29 49	6 53 17	205	2 45 39	21 2 57	27 23 6	7 0 4	200	3 14 24	22 42 14
29 Tu	6 30 20	12 30 35	61 8	18 32 12.1	23 13 56	4♉23 10	7 6 37	190	3 44 18	24 3 2	11♉29 48	7 12 45	175	4 15 15	25 2 25
30 W	6 34 17	13 31 42	61 8	18 36 37.7	23 10 18	18 42 32	7 18 18	155	4 47 6	25 37 47	26 0 51	7 23 7	131	5 19 34	25 47 2
31 Th	6 38 13	14♐32 50	61 8	18 41 3.0	23S 6 12	3♊23 57	7 27 2	102	5 52 24	25N28 53	10♊50 58	7 29 56	71	6 25 15	24N43 0

LUNAR INGRESSES
1 ☽ ♉ 5:46
3 ☽ ♊ 7:39
5 ☽ ♋ 8:44
7 ☽ ♌ 10:29
9 ☽ ♍ 13:51
11 ☽ ♎ 19:14
14 ☽ ♏ 2:45
16 ☽ ♐ 12:29
19 ☽ ♑ 0:18
21 ☽ ♒ 13:19
24 ☽ ♓ 1:38
26 ☽ ♈ 11:03
28 ☽ ♉ 16:30
30 ☽ ♊ 18:29

PLANET INGRESSES
2 ☿ ♐ 6:42
16 ☉ ♐ 17:13
21 ♀ ♐ 16:45
24 ♃ ♒ 12:08

STATIONS
1 ♅ D 20:28
20 ♂ R 13:27
26 ☿ R 14:39

DATA FOR THE 1st AT 0 HOURS
JULIAN DAY 40146.5
☽ MEAN ☊ 28°♐ 23′ 33″
OBLIQUITY 23° 26′ 20″
DELTA T 69.9 SECONDS
NUTATION LONGITUDE 14.8″

DAY MO	YR	☿ LONG (° ′ ″)	♀ LONG (° ′ ″)	♂ LONG (° ′ ″)	♃ LONG (° ′ ″)	♄ LONG (° ′ ″)	♅ LONG (° ′ ″)	♆ LONG (° ′ ″)	♇ LONG (° ′ ″)	☊ LONG (° ′)	A.S.S.I. (h m s)	S.S.R.Y. (h m s)	S.V.P. ♓ (° ′ ″)	☿ MERCURY R.A. (h m s)	☿ MERCURY DECL (° ′ ″)
1	335	28♏ 4 47	3♏57 39	22♋30 41	26♑ 1 36	8♍ 6 7	27♒49D19	29♑ 0 11	7♐19 8	26♐58	20 42 20	30 11 51	5 7 2.1	17 28 50	25S24 14
2	336	29 34 53	5 13 4	22 43 45	26 10 20	8 10 28	27 49 18	29 1 5	7 21 10	26 51	20 47 46	30 10 58	5 7 1.8	17 35 28	25 31 21
3	337	1♐ 4 38	6 28 30	22 56 15	26 19 13	8 14 43	27 49 20	29 2 1	7 23 13	26 46	20 53 12	30 10 1	5 7 1.5	17 42 5	25 37 5
4	338	2 33 58	7 43 56	23 8 10	26 28 13	8 18 54	27 49 25	29 2 58	7 25 17	26 43	20 58 39	30 8 59	5 7 1.2	17 48 41	25 41 25
5	339	4 2 50	8 59 22	23 19 29	26 37 22	8 22 59	27 49 32	29 3 58	7 27 21	26 42	21 4 7	30 7 56	5 7 0.9	17 55 15	25 44 20
6	340	5 31 9	10 14 49	23 30 11	26 46 38	8 26 59	27 49 43	29 5 0	7 29 26	26 42	21 9 35	30 6 54	5 7 0.7	18 1 47	25 45 48
7	341	6 58 50	11 30 17	23 40 15	26 56 2	8 30 54	27 49 57	29 6 3	7 31 32	26 43	21 15 4	30 5 58	5 7 0.5	18 8 16	25 45 50
8	342	8 25 45	12 45 45	23 49 41	27 5 34	8 34 43	27 50 14	29 7 8	7 33 38	26 45	21 20 34	30 5 11	5 7 0.3	18 14 42	25 44 25
9	343	9 51 48	14 1 13	23 58 28	27 15 14	8 38 27	27 50 35	29 8 16	7 35 44	26 46	21 26 4	30 4 35	5 7 0.2	18 21 3	25 41 33
10	344	11 16 48	15 16 42	24 6 35	27 25 1	8 42 6	27 50 58	29 9 25	7 37 51	26 45	21 31 35	30 4 12	5 7 0.1	18 27 20	25 37 15
11	345	12 40 36	16 32 12	24 14 2	27 34 55	8 45 38	27 51 24	29 10 36	7 39 59	26 42	21 37 7	30 4 3	5 7 0.0	18 33 30	25 31 30
12	346	14 2 58	17 47 41	24 20 47	27 44 57	8 49 6	27 51 54	29 11 48	7 42 7	26 39	21 42 39	30 4 8	5 6 59.9	18 39 34	25 24 20
13	347	15 23 39	19 3 11	24 26 50	27 55 7	8 52 27	27 52 26	29 13 3	7 44 15	26 34	21 48 11	30 4 27	5 6 59.8	18 45 29	25 15 47
14	348	16 42 23	20 18 42	24 32 10	28 5 23	8 55 43	27 53 2	29 14 19	7 46 24	26 29	21 53 44	30 4 57	5 6 59.5	18 51 14	25 5 52
15	349	17 58 49	21 34 12	24 36 46	28 15 46	8 58 54	27 53 41	29 15 37	7 48 33	26 24	21 59 18	30 5 37	5 6 59.3	18 56 48	24 54 39
16	350	19 12 34	22 49 43	24 40 38	28 26 16	9 1 58	27 54 22	29 16 57	7 50 42	26 19	22 4 51	30 6 25	5 6 59.0	19 2 9	24 42 10
17	351	20 23 12	24 5 14	24 43 46	28 36 53	9 4 56	27 55 7	29 18 18	7 52 52	26 16	22 10 25	30 7 18	5 6 58.8	19 7 15	24 28 32
18	352	21 30 12	25 20 45	24 46 8	28 47 37	9 7 49	27 55 55	29 19 41	7 55 2	26 15	22 16 0	30 8 13	5 6 58.5	19 12 3	24 13 49
19	353	22 33 0	26 36 16	24 47 44	28 58 27	9 10 35	27 56 46	29 21 6	7 57 12	26 15	22 21 34	30 9 9	5 6 58.3	19 16 32	23 58 8
20	354	23 30 57	27 51 48	24 48R33	29 9 24	9 13 16	27 57 40	29 22 33	7 59 22	26 15	22 27 9	30 10 3	5 6 58.1	19 20 37	23 41 37
21	355	24 23 20	29 7 19	24 48 36	29 20 27	9 15 50	27 58 37	29 24 1	8 1 33	26 17	22 32 43	30 10 53	5 6 57.9	19 24 18	23 24 25
22	356	25 9 23	0♐22 50	24 47 51	29 31 37	9 18 19	27 59 37	29 25 30	8 3 43	26 19	22 38 18	30 11 38	5 6 57.8	19 27 29	23 6 42
23	357	25 48 14	1 38 21	24 46 19	29 42 52	9 20 41	28 0 41	29 27 2	8 5 54	26 20	22 43 53	30 12 17	5 6 57.6	19 30 8	22 48 41
24	358	26 18 59	2 53 52	24 43 58	29 54 13	9 22 57	28 1 47	29 28 35	8 8 5	26 21	22 49 27	30 12 47	5 6 57.5	19 32 10	22 30 33
25	359	26 40 45	4 9 22	24 40 50	0♒ 5 41	9 25 7	28 2 56	29 30 9	8 10 15	26 22	22 55 2	30 13 9	5 6 57.5	19 33 33	22 12 33
26	360	26 52R38	5 24 53	24 36 52	0 17 14	9 27 10	28 4 8	29 31 45	8 12 26	26 21	23 0 37	30 13 19	5 6 57.4	19 34 13	21 54 54
27	361	26 53 49	6 40 23	24 32 6	0 28 53	9 29 7	28 5 23	29 33 23	8 14 36	26 19	23 6 11	30 13 19	5 6 57.2	19 34 6	21 37 51
28	362	26 43 41	7 55 53	24 26 31	0 40 37	9 30 59	28 6 40	29 35 1	8 16 47	26 18	23 11 45	30 13 6	5 6 57.0	19 33 11	21 21 37
29	363	26 21 46	9 11 23	24 20 6	0 52 26	9 32 43	28 8 1	29 36 42	8 18 57	26 16	23 17 19	30 12 41	5 6 56.8	19 31 26	21 6 25
30	364	25 48 1	10 26 53	24 12 53	1 4 22	9 34 22	28 9 25	29 38 24	8 21 8	26 14	23 22 53	30 12 3	5 6 56.5	19 28 50	20 52 23
31	365	25♐ 2 44	11♐42 23	24♋ 4 51	1♒16 22	9♍35 54	28♒10 51	29♑40 7	8♐23 18	26♐13	23 28 26	30 11 15	5 6 56.2	19 25 26	20S39 42

DAY Dec	♀ VENUS R.A. (h m s)	♀ VENUS DECL (° ′ ″)	♂ MARS R.A. (h m s)	♂ MARS DECL (° ′ ″)	♃ JUPITER R.A. (h m s)	♃ JUPITER DECL (° ′ ″)	♄ SATURN R.A. (h m s)	♄ SATURN DECL (° ′ ″)	♅ URANUS R.A. (h m s)	♅ URANUS DECL (° ′ ″)	♆ NEPTUNE R.A. (h m s)	♆ NEPTUNE DECL (° ′ ″)	♇ PLUTO R.A. (h m s)	♇ PLUTO DECL (° ′ ″)
1	15 47 11	19S 8 50	9 22 32	17N59 9	21 34 29	15S26 50	12 14 22	0N47 10	23 34 25	3S35 59	21 45 23	13S57 16	18 9 14	18S15 37
2	15 52 21	19 27 4	9 23 27	17 57 17	21 35 4	15 23 56	12 14 39	0 45 39	23 34 25	3 35 57	21 45 26	13 56 58	18 9 23	18 15 45
3	15 57 33	19 44 46	9 24 20	17 55 35	21 35 38	15 21 0	12 14 55	0 44 11	23 34 25	3 35 54	21 45 30	13 56 39	18 9 31	18 15 52
4	16 2 45	20 1 55	9 25 11	17 54 4	21 36 14	15 18 1	12 15 10	0 42 45	23 34 25	3 35 50	21 45 34	13 56 19	18 9 40	18 15 59
5	16 7 59	20 18 30	9 25 59	17 52 45	21 36 49	15 14 59	12 15 26	0 41 21	23 34 26	3 35 44	21 45 38	13 55 59	18 9 49	18 16 6
6	16 13 14	20 34 30	9 26 45	17 51 38	21 37 26	15 11 54	12 15 41	0 40 0	23 34 26	3 35 38	21 45 42	13 55 39	18 9 58	18 16 13
7	16 18 30	20 49 55	9 27 28	17 50 44	21 38 2	15 8 47	12 15 56	0 38 40	23 34 27	3 35 30	21 45 46	13 55 17	18 10 6	18 16 20
8	16 23 47	21 4 44	9 28 9	17 50 2	21 38 40	15 5 36	12 16 10	0 37 23	23 34 28	3 35 21	21 45 50	13 54 56	18 10 15	18 16 26
9	16 29 5	21 18 56	9 28 47	17 49 33	21 39 17	15 2 23	12 16 24	0 36 9	23 34 29	3 35 11	21 45 54	13 54 33	18 10 24	18 16 32
10	16 34 25	21 32 31	9 29 23	17 49 17	21 39 56	14 59 7	12 16 38	0 34 56	23 34 31	3 34 59	21 45 59	13 54 10	18 10 33	18 16 38
11	16 39 45	21 45 28	9 29 56	17 49 14	21 40 34	14 55 49	12 16 51	0 33 46	23 34 32	3 34 46	21 46 3	13 53 46	18 10 42	18 16 44
12	16 45 6	21 57 47	9 30 26	17 49 26	21 41 13	14 52 27	12 17 4	0 32 38	23 34 34	3 34 32	21 46 8	13 53 22	18 10 51	18 16 50
13	16 50 28	22 9 27	9 30 53	17 49 52	21 41 53	14 49 3	12 17 17	0 31 32	23 34 36	3 34 17	21 46 13	13 52 57	18 11 0	18 16 55
14	16 55 51	22 20 27	9 31 18	17 50 31	21 42 33	14 45 37	12 17 30	0 30 29	23 34 38	3 34 1	21 46 18	13 52 32	18 11 9	18 17 0
15	17 1 15	22 30 47	9 31 39	17 51 26	21 43 13	14 42 7	12 17 42	0 29 28	23 34 40	3 33 43	21 46 23	13 52 6	18 11 18	18 17 5
16	17 6 40	22 40 27	9 31 58	17 52 35	21 43 54	14 38 35	12 17 53	0 28 30	23 34 43	3 33 24	21 46 28	13 51 39	18 11 27	18 17 10
17	17 12 5	22 49 26	9 32 14	17 53 58	21 44 36	14 35 1	12 18 5	0 27 34	23 34 46	3 33 4	21 46 33	13 51 12	18 11 36	18 17 15
18	17 17 31	22 57 43	9 32 27	17 55 37	21 45 17	14 31 24	12 18 16	0 26 40	23 34 49	3 32 43	21 46 39	13 50 44	18 11 45	18 17 19
19	17 22 58	23 5 19	9 32 36	17 57 31	21 46 0	14 27 44	12 18 26	0 25 49	23 34 52	3 32 20	21 46 44	13 50 15	18 11 54	18 17 23
20	17 28 25	23 12 12	9 32 43	17 59 40	21 46 42	14 24 2	12 18 37	0 25 1	23 34 55	3 31 57	21 46 50	13 49 47	18 12 3	18 17 27
21	17 33 53	23 18 23	9 32 47	18 2 5	21 47 25	14 20 17	12 18 47	0 24 14	23 34 58	3 31 32	21 46 56	13 49 17	18 12 13	18 17 31
22	17 39 21	23 23 51	9 32 47	18 4 44	21 48 8	14 16 30	12 18 56	0 23 31	23 35 2	3 31 6	21 47 1	13 48 47	18 12 22	18 17 35
23	17 44 50	23 28 36	9 32 45	18 7 39	21 48 52	14 12 41	12 19 5	0 22 50	23 35 6	3 30 39	21 47 7	13 48 17	18 12 31	18 17 38
24	17 50 19	23 32 37	9 32 39	18 10 49	21 49 36	14 8 49	12 19 14	0 22 11	23 35 10	3 30 10	21 47 13	13 47 46	18 12 40	18 17 41
25	17 55 49	23 35 55	9 32 30	18 14 15	21 50 21	14 4 55	12 19 22	0 21 35	23 35 14	3 29 41	21 47 19	13 47 14	18 12 49	18 17 44
26	18 1 18	23 38 30	9 32 17	18 17 55	21 51 5	14 0 59	12 19 30	0 21 1	23 35 18	3 29 10	21 47 26	13 46 42	18 12 58	18 17 47
27	18 6 48	23 40 20	9 32 2	18 21 51	21 51 51	13 57 0	12 19 38	0 20 30	23 35 23	3 28 38	21 47 32	13 46 10	18 13 7	18 17 49
28	18 12 18	23 41 26	9 31 43	18 26 1	21 52 36	13 52 59	12 19 45	0 20 2	23 35 28	3 28 5	21 47 38	13 45 37	18 13 17	18 17 52
29	18 17 48	23 41 49	9 31 21	18 30 26	21 53 22	13 48 56	12 19 52	0 19 36	23 35 32	3 27 31	21 47 45	13 45 3	18 13 26	18 17 54
30	18 23 18	23 41 27	9 30 55	18 35 6	21 54 8	13 44 50	12 19 59	0 19 12	23 35 38	3 26 56	21 47 52	13 44 29	18 13 35	18 17 56
31	18 28 48	23S40 21	9 30 26	18N40 0	21 54 54	13S40 43	12 20 5	0N18 51	23 35 43	3S26 19	21 47 58	13S43 54	18 13 44	18S17 58

DAY	SIDEREAL TIME h m s	☉ SUN LONG ° ' "	MOT ' "	R.A. h m s	DECL ° ' "
1 F	6 42 10	15♐33 57	61 8	18 45 28.0	23S 1 38
2 S	6 46 7	16 35 5	61 8	18 49 52.7	22 56 37
3 Su	6 50 3	17 36 13	61 8	18 54 17.1	22 51 9
4 M	6 54 0	18 37 20	61 8	18 58 41.1	22 45 13
5 Tu	6 57 56	19 38 29	61 8	19 3 4.8	22 38 50
6 W	7 1 53	20 39 37	61 9	19 7 28.0	22 32 0
7 Th	7 5 49	21 40 45	61 9	19 11 50.8	22 24 44
8 F	7 9 46	22 41 54	61 9	19 16 13.1	22 17 0
9 S	7 13 42	23 43 3	61 9	19 20 35.0	22 8 51
10 Su	7 17 39	24 44 12	61 9	19 24 56.3	22 0 15
11 M	7 21 36	25 45 21	61 9	19 29 17.1	21 51 13
12 Tu	7 25 32	26 46 30	61 9	19 33 37.4	21 41 46
13 W	7 29 29	27 47 39	61 9	19 37 57.0	21 31 54
14 Th	7 33 25	28 48 47	61 8	19 42 16.1	21 21 36
15 F	7 37 22	29 49 55	61 8	19 46 34.4	21 10 54
16 S	7 41 18	0♑51 3	61 7	19 50 52.2	20 59 48
17 Su	7 45 15	1 52 10	61 7	19 55 9.2	20 48 17
18 M	7 49 11	2 53 17	61 6	19 59 25.5	20 36 23
19 Tu	7 53 8	3 54 23	61 5	20 3 41.1	20 24 5
20 W	7 57 5	4 55 28	61 5	20 7 56.0	20 11 24
21 Th	8 1 1	5 56 33	61 4	20 12 10.1	19 58 21
22 F	8 4 58	6 57 37	61 3	20 16 23.4	19 44 55
23 S	8 8 54	7 58 39	61 2	20 20 36.0	19 31 7
24 Su	8 12 51	8 59 41	61 1	20 24 47.7	19 16 58
25 M	8 16 47	10 0 41	61 0	20 28 58.7	19 2 27
26 Tu	8 20 44	11 1 41	60 59	20 33 8.8	18 47 35
27 W	8 24 40	12 2 39	60 58	20 37 18.2	18 32 24
28 Th	8 28 37	13 3 37	60 57	20 41 26.7	18 16 52
29 F	8 32 34	14 4 33	60 55	20 45 34.4	18 1 0
30 S	8 36 30	15 5 28	60 54	20 49 41.2	17 44 49
31 Su	8 40 27	16♑ 6 22	60 53	20 53 47.3	17S28 19

DAY	☽ MOON AT 0 HOURS LONG ° ' "	12h MOT ° ' "	2DIF "	R.A. h m s	DECL ° ' "
1 F	18♊20 54	7 31 46	38	6 57 49	23N30 5
2 S	3♋25 8	7 32 2	-29	8 1 4	19 50 48
3 Su	18 27 42	7 28 2	-89	9 0 53	14 53 9
4 M	3♌20 21	7 20 29	-134	9 57 4	9 5 1
5 Tu	17 56 32	7 10 30	-161	10 50 18	2 53 45
6 W	2♍12 0	6 59 17	-172	11 41 36	3S17 2
7 Th	16 4 49	6 47 52	-168	12 32 3	9 8 6
8 F	29 35 1	6 37 2	-155	13 22 38	14 23 49
9 S	12♎44 3	6 27 17	-136	14 14 5	18 51 6
10 Su	25 34 14	6 18 52	-116	15 6 45	22 18 49
11 M	8♏ 8 16	6 11 49	-96	16 0 34	24 38 4
12 Tu	20 28 52	6 6 5	-77	16 54 57	25 43 6
13 W	2♐38 36	6 1 32	-60	17 49 3	25 32 27
14 Th	14 39 48	5 58 4	-44	18 41 53	24 9 29
15 F	26 34 34	5 55 37	-29	19 32 45	21 41 46
16 S	8♑24 56	5 54 10	-14	20 21 19	18 19 39
17 Su	20 12 55	5 53 47	3	21 7 39	14 14 35
18 M	2♒ 0 44	5 54 36	22	21 52 10	9 37 49
19 Tu	13 50 50	5 56 48	45	22 35 31	4 39 50
20 W	25 46 8	6 0 37	70	23 18 29	0N29 38
21 Th	7♓49 57	6 6 14	99	0 1 58	5 41 10
22 F	20 5 57	6 13 49	129	0 46 56	10 44 52
23 S	2♈38 7	6 23 23	158	1 34 23	15 29 14
24 Su	15 30 23	6 34 49	183	2 25 16	19 40 5
25 M	28 46 19	6 47 42	200	3 20 17	22 59 54
26 Tu	12♉28 28	7 1 18	204	4 19 34	25 8 32
27 W	26 37 48	7 14 31	188	5 22 19	25 46 21
28 Th	11♊12 53	7 26 0	151	6 26 51	24 39 53
29 F	26 9 32	7 34 17	93	7 31 0	21 47 46
30 S	11♋20 37	7 38 7	20	8 33 0	17 22 39
31 Su	26♋36 51	7 36 49	-58	9 32 0	11N48 16

DAY	☽ MOON AT 12 HOURS LONG ° ' "	12h MOT ° ' "	2DIF "	R.A. h m s	DECL ° ' "
1 F	25♊52 40	7 32 28	4	7 29 49	21N51 51
2 S	10♋57 10	7 30 32	-60	8 31 26	17 30 5
3 Su	25 55 43	7 24 38	-113	9 29 24	12 3 37
4 M	10♌40 50	7 15 43	-150	10 24 0	6 0 42
5 Tu	25 7 2	7 4 58	-168	11 16 7	0S13 0
6 W	9♍11 17	6 53 32	-171	12 6 52	6 16 5
7 Th	22 52 41	6 42 20	-162	12 57 16	11 51 15
8 F	6♎12 3	6 32 0	-146	13 48 13	16 44 15
9 S	19 11 20	6 22 54	-126	14 40 15	20 43 1
10 Su	1♏53 6	6 15 10	-106	15 33 32	23 37 27
11 M	14 20 5	6 8 47	-86	16 27 44	25 20 4
12 Tu	26 34 57	6 3 40	-68	17 22 6	25 47 8
13 W	8♐40 8	5 59 40	-52	18 15 41	24 59 37
14 Th	20 37 51	5 56 43	-37	19 7 36	23 3 7
15 F	2♑30 11	5 54 46	-22	19 57 20	20 6 48
16 S	14 19 6	5 53 50	-6	20 44 44	16 21 46
17 Su	26 6 42	5 54 2	12	21 30 6	11 59 29
18 M	7♒55 20	5 55 31	33	22 13 56	7 10 51
19 Tu	19 47 39	5 58 30	57	22 56 59	2 5 57
20 W	1♓46 45	6 3 11	84	23 40 6	3N 5 44
21 Th	13 56 11	6 9 46	114	0 24 12	8 14 40
22 F	26 19 46	6 18 21	144	1 10 17	13 10 17
23 S	9♈ 1 30	6 28 53	171	1 59 21	17 39 51
24 Su	22 5 12	6 41 7	193	2 52 14	21 27 35
25 M	5♉34 1	6 54 28	204	3 49 25	24 14 25
26 Tu	19 29 46	7 8 2	198	4 50 36	25 39 51
27 W	3♊52 19	7 20 35	172	5 54 30	25 26 34
28 Th	18 38 54	7 30 38	124	6 59 6	23 26 33
29 F	3♋43 49	7 36 49	57	8 2 21	19 45 33
30 S	18 58 44	7 38 7	-19	9 2 54	14 42 22
31 Su	4♌13 40	7 34 16	-94	10 0 23	8N44 3

LUNAR INGRESSES
1 ☽ ♋ 18:34
3 ☽ ♌ 18:35
5 ☽ ♍ 20:15
8 ☽ ♎ 0:45
10 ☽ ♏ 8:24
12 ☽ ♐ 18:45
15 ☽ ♑ 6:56
17 ☽ ♒ 19:55
20 ☽ ♓ 8:27
22 ☽ ♈ 19:00
25 ☽ ♉ 2:11
27 ☽ ♊ 5:36
29 ☽ ♋ 6:06
31 ☽ ♌ 5:20

PLANET INGRESSES
10 ♆ ♒ 18:34
14 ♀ ♑ 12:59
15 ☉ ♑ 3:57

STATIONS
13 ♄ R 15:57
15 ☿ D 16:53

DATA FOR THE 1st AT 0 HOURS
JULIAN DAY 40177.5
☽ MEAN ☊ 26°♐ 44' 59"
OBLIQUITY 23° 26' 20"
DELTA T 70.0 SECONDS
NUTATION LONGITUDE 16.7"

DAY MO	YR	☿ LONG ° ' "	♀ LONG ° ' "	♂ LONG ° ' "	♃ LONG ° ' "	♄ LONG ° ' "	♅ LONG ° ' "	♆ LONG ° ' "	♇ LONG ° ' "	☊ LONG ° '
1	1	24♐ 6R44	12♐57 52	23♋55R59	1♒28 27	9♍37 19	28♒12 20	29♑41 51	8♐25 28	26♐12
2	2	23 1 22	14 13 22	23 46 19	1 40 38	9 38 39	28 13 52	29 43 37	8 27 37	26 12
3	3	21 48 29	15 28 51	23 35 50	1 52 53	9 39 51	28 15 27	29 45 24	8 29 47	26 12
4	4	20 30 20	16 44 20	23 24 32	2 5 13	9 40 58	28 17 5	29 47 13	8 31 56	26 13
5	5	19 9 31	17 59 50	23 12 26	2 17 38	9 41 58	28 18 45	29 49 3	8 34 5	26 14
6	6	17 48 40	19 15 19	22 59 32	2 30 8	9 42 51	28 20 28	29 50 54	8 36 13	26 14
7	7	16 30 21	20 30 48	22 45 50	2 42 43	9 43 38	28 22 13	29 52 46	8 38 21	26 15
8	8	15 16 54	21 46 17	22 31 23	2 55 21	9 44 18	28 24 2	29 54 39	8 40 29	26 15
9	9	14 10 11	23 1 46	22 16 9	3 8 5	9 44 52	28 25 53	29 56 34	8 42 37	26 14
10	10	13 11 41	24 17 15	22 0 11	3 20 53	9 45 19	28 27 46	29 58 30	8 44 44	26 14
11	11	12 22 20	25 32 44	21 43 30	3 33 45	9 45 40	28 29 43	0♒ 0 27	8 46 50	26 14
12	12	11 42 43	26 48 13	21 26 6	3 46 41	9 45 54	28 31 41	0 2 25	8 48 56	26 14
13	13	11 12 57	28 3 42	21 8 1	3 59 41	9 46R 1	28 33 43	0 4 24	8 51 1	26 14
14	14	10 52 56	29 19 10	20 49 18	4 12 45	9 46 2	28 35 47	0 6 24	8 53 6	26 14
15	15	10 42D17	0♑34 38	20 29 57	4 25 53	9 45 56	28 37 53	0 8 25	8 55 10	26 14
16	16	10 40 31	1 50 6	20 10 0	4 39 5	9 45 44	28 40 2	0 10 27	8 57 14	26 14
17	17	10 47 3	3 5 33	19 49 30	4 52 21	9 45 25	28 42 13	0 12 30	8 59 16	26 14
18	18	11 1 15	4 21 0	19 28 28	5 5 40	9 45 0	28 44 27	0 14 34	9 1 18	26 13
19	19	11 22 29	5 36 26	19 6 58	5 19 2	9 44 28	28 46 43	0 16 39	9 3 20	26 12
20	20	11 50 7	6 51 52	18 45 0	5 32 28	9 43 49	28 49 1	0 18 44	9 5 20	26 11
21	21	12 23 35	8 7 18	18 22 39	5 45 57	9 43 4	28 51 21	0 20 51	9 7 20	26 10
22	22	13 2 20	9 22 42	17 59 55	5 59 29	9 42 13	28 53 44	0 22 58	9 9 19	26 09
23	23	13 45 50	10 38 7	17 36 52	6 13 5	9 41 15	28 56 9	0 25 6	9 11 17	26 08
24	24	14 33 39	11 53 30	17 13 33	6 26 43	9 40 11	28 58 36	0 27 14	9 13 15	26 08
25	25	15 25 21	13 8 53	16 50 0	6 40 24	9 39 0	29 1 6	0 29 24	9 15 11	26 09
26	26	16 20 35	14 24 15	16 26 16	6 54 8	9 37 44	29 3 37	0 31 34	9 17 6	26 10
27	27	17 19 0	15 39 36	16 2 23	7 7 54	9 36 21	29 6 10	0 33 45	9 19 1	26 11
28	28	18 20 18	16 54 57	15 38 25	7 21 44	9 34 52	29 8 46	0 35 56	9 20 54	26 12
29	29	19 24 14	18 10 17	15 14 24	7 35 35	9 33 16	29 11 23	0 38 8	9 22 47	26 12
30	30	20 30 34	19 25 36	14 50 23	7 49 29	9 31 35	29 14 3	0 40 20	9 24 38	26 12
31	31	21♐39 6	20♑40 55	14♋26 24	8♒ 3 26	9♍29 47	29♒16 44	0♒42 33	9♐26 28	26♐10

DAY MO	YR	A.S.S.I. h m s	S.S.R.Y. h m s	S.V.P. ♓ ° ' "	☿ MERCURY R.A. h m s	DECL ° ' "
1	1	23 33 59	30 10 18	5 6 55.9	19 21 18	20S28 25
2	2	23 39 31	30 9 13	5 6 55.6	19 16 31	20 18 35
3	3	23 45 4	30 8 6	5 6 55.3	19 11 13	20 10 14
4	4	23 50 35	30 7 1	5 6 55.2	19 5 35	20 3 22
5	5	23 56 6	30 6 1	5 6 55.0	18 59 47	19 57 57
6	6	24 1 37	30 5 10	5 6 55.0	18 54 0	19 53 59
7	7	24 7 7	30 4 31	5 6 54.9	18 48 25	19 51 27
8	8	24 12 37	30 4 4	5 6 54.8	18 43 12	19 50 19
9	9	24 18 6	30 3 50	5 6 54.6	18 38 28	19 50 36
10	10	24 23 34	30 3 49	5 6 54.4	18 34 19	19 52 13
11	11	24 29 2	30 4 0	5 6 54.2	18 30 50	19 55 7
12	12	24 34 29	30 4 22	5 6 54.0	18 28 2	19 59 13
13	13	24 39 55	30 4 53	5 6 53.7	18 25 57	20 4 23
14	14	24 45 21	30 5 32	5 6 53.5	18 24 33	20 10 29
15	15	24 50 45	30 6 16	5 6 53.2	18 23 49	20 17 22
16	16	24 56 9	30 7 5	5 6 53.0	18 23 42	20 24 53
17	17	25 1 32	30 7 56	5 6 52.9	18 24 12	20 32 50
18	18	25 6 54	30 8 49	5 6 52.7	18 25 14	20 41 5
19	19	25 12 15	30 9 41	5 6 52.6	18 26 46	20 49 28
20	20	25 17 35	30 10 31	5 6 52.6	18 28 46	20 57 50
21	21	25 22 54	30 11 17	5 6 52.5	18 31 12	21 6 2
22	22	25 28 13	30 11 57	5 6 52.4	18 34 0	21 13 58
23	23	25 33 30	30 12 28	5 6 52.3	18 37 9	21 21 29
24	24	25 38 46	30 12 49	5 6 52.2	18 40 37	21 28 30
25	25	25 44 2	30 12 57	5 6 52.0	18 44 22	21 34 56
26	26	25 49 16	30 12 51	5 6 51.8	18 48 22	21 40 40
27	27	25 54 29	30 12 31	5 6 51.5	18 52 37	21 45 39
28	28	25 59 41	30 11 56	5 6 51.2	18 57 3	21 49 48
29	29	26 4 53	30 11 8	5 6 50.9	19 1 42	21 53 4
30	30	26 10 3	30 10 9	5 6 50.7	19 6 31	21 55 24
31	31	26 15 12	30 9 4	5 6 50.5	19 11 29	21S56 44

DAY Jan	♀ VENUS R.A. h m s	DECL ° ' "	♂ MARS R.A. h m s	DECL ° ' "	♃ JUPITER R.A. h m s	DECL ° ' "
1	18 34 18	23S38 31	9 29 54	18N45 8	21 55 41	13S36 33
2	18 39 47	23 35 57	9 29 19	18 50 30	21 56 28	13 32 21
3	18 45 16	23 32 40	9 28 40	18 56 5	21 57 15	13 28 7
4	18 50 45	23 28 38	9 27 58	19 1 54	21 58 3	13 23 51
5	18 56 14	23 23 53	9 27 13	19 7 55	21 58 51	13 19 33
6	19 1 42	23 18 24	9 26 24	19 14 8	21 59 39	13 15 12
7	19 7 10	23 12 12	9 25 32	19 20 33	22 0 28	13 10 50
8	19 12 37	23 5 17	9 24 37	19 27 10	22 1 16	13 6 26
9	19 18 3	22 57 39	9 23 38	19 33 56	22 2 5	13 2 0
10	19 23 29	22 49 19	9 22 37	19 40 53	22 2 54	12 57 31
11	19 28 54	22 40 17	9 21 32	19 47 58	22 3 44	12 53 1
12	19 34 19	22 30 33	9 20 25	19 55 12	22 4 34	12 48 29
13	19 39 42	22 20 8	9 19 14	20 2 33	22 5 24	12 43 55
14	19 45 5	22 9 2	9 18 1	20 10 0	22 6 14	12 39 19
15	19 50 27	21 57 16	9 16 45	20 17 33	22 7 4	12 34 42
16	19 55 48	21 44 50	9 15 26	20 25 11	22 7 55	12 30 2
17	20 1 7	21 31 44	9 14 5	20 32 52	22 8 46	12 25 21
18	20 6 26	21 18 0	9 12 41	20 40 36	22 9 37	12 20 39
19	20 11 44	21 3 38	9 11 16	20 48 21	22 10 28	12 15 54
20	20 17 1	20 48 38	9 9 48	20 56 6	22 11 19	12 11 8
21	20 22 16	20 33 1	9 8 18	21 3 51	22 12 11	12 6 21
22	20 27 30	20 16 48	9 6 46	21 11 34	22 13 2	12 1 31
23	20 32 44	19 59 59	9 5 13	21 19 14	22 13 54	11 56 41
24	20 37 56	19 42 35	9 3 39	21 26 50	22 14 46	11 51 48
25	20 43 6	19 24 37	9 2 3	21 34 22	22 15 39	11 46 55
26	20 48 16	19 6 5	9 0 27	21 41 48	22 16 31	11 41 59
27	20 53 24	18 47 0	8 58 49	21 49 7	22 17 24	11 37 3
28	20 58 31	18 27 22	8 57 11	21 56 18	22 18 16	11 32 5
29	21 3 37	18 7 13	8 55 32	22 3 21	22 19 9	11 27 5
30	21 8 42	17 46 33	8 53 53	22 10 14	22 20 2	11 22 5
31	21 13 45	17S25 23	8 52 14	22N16 58	22 20 55	11S17 3

DAY Jan	♄ SATURN R.A. h m s	DECL ° ' "	♅ URANUS R.A. h m s	DECL ° ' "	♆ NEPTUNE R.A. h m s	DECL ° ' "	♇ PLUTO R.A. h m s	DECL ° ' "
1	12 20 10	0N18 33	23 35 48	3S25 42	21 48 5	13S43 20	18 13 53	18S17 59
2	12 20 16	0 18 17	23 35 54	3 25 3	21 48 12	13 42 44	18 14 2	18 18 1
3	12 20 21	0 18 4	23 36 0	3 24 24	21 48 19	13 42 8	18 14 11	18 18 2
4	12 20 25	0 17 54	23 36 6	3 23 43	21 48 26	13 41 32	18 14 20	18 18 3
5	12 20 29	0 17 46	23 36 12	3 23 1	21 48 33	13 40 56	18 14 29	18 18 4
6	12 20 33	0 17 40	23 36 18	3 22 18	21 48 40	13 40 19	18 14 38	18 18 5
7	12 20 36	0 17 37	23 36 24	3 21 34	21 48 47	13 39 41	18 14 47	18 18 5
8	12 20 39	0 17 37	23 36 31	3 20 50	21 48 55	13 39 3	18 14 56	18 18 6
9	12 20 42	0 17 40	23 36 38	3 20 4	21 49 2	13 38 25	18 15 5	18 18 6
10	12 20 44	0 17 45	23 36 45	3 19 17	21 49 10	13 37 46	18 15 14	18 18 5
11	12 20 46	0 17 52	23 36 52	3 18 29	21 49 17	13 37 7	18 15 23	18 18 5
12	12 20 47	0 18 2	23 36 59	3 17 39	21 49 25	13 36 28	18 15 32	18 18 5
13	12 20 48	0 18 15	23 37 6	3 16 49	21 49 33	13 35 48	18 15 41	18 18 4
14	12 20 48	0 18 30	23 37 14	3 15 58	21 49 40	13 35 8	18 15 49	18 18 3
15	12 20 49	0 18 48	23 37 22	3 15 6	21 49 48	13 34 27	18 15 58	18 18 3
16	12 20 48	0 19 9	23 37 29	3 14 14	21 49 56	13 33 46	18 16 7	18 18 2
17	12 20 48	0 19 32	23 37 37	3 13 20	21 50 4	13 33 5	18 16 15	18 18 0
18	12 20 47	0 19 58	23 37 46	3 12 25	21 50 12	13 32 24	18 16 24	18 17 59
19	12 20 45	0 20 26	23 37 54	3 11 29	21 50 20	13 31 42	18 16 32	18 17 57
20	12 20 43	0 20 56	23 38 2	3 10 33	21 50 28	13 31 0	18 16 41	18 17 56
21	12 20 41	0 21 30	23 38 11	3 9 35	21 50 36	13 30 18	18 16 49	18 17 54
22	12 20 38	0 22 5	23 38 20	3 8 37	21 50 45	13 29 36	18 16 57	18 17 52
23	12 20 35	0 22 43	23 38 28	3 7 38	21 50 53	13 28 53	18 17 6	18 17 50
24	12 20 32	0 23 24	23 38 37	3 6 38	21 51 1	13 28 10	18 17 14	18 17 47
25	12 20 28	0 24 7	23 38 47	3 5 37	21 51 10	13 27 26	18 17 22	18 17 45
26	12 20 23	0 24 52	23 38 56	3 4 35	21 51 18	13 26 43	18 17 30	18 17 42
27	12 20 19	0 25 40	23 39 5	3 3 33	21 51 27	13 25 59	18 17 38	18 17 39
28	12 20 14	0 26 30	23 39 15	3 2 30	21 51 35	13 25 15	18 17 46	18 17 37
29	12 20 8	0 27 22	23 39 24	3 1 26	21 51 44	13 24 31	18 17 54	18 17 34
30	12 20 3	0 28 17	23 39 34	3 0 21	21 51 52	13 23 47	18 18 2	18 17 31
31	12 19 56	0N29 14	23 39 44	2S59 15	21 52 1	13S23 2	18 18 10	18S17 27

FEBRUARY 2010

DAY	SIDEREAL TIME h m s	☉ SUN LONG ° ' "	SUN MOT ' "	SUN R.A. h m s	SUN DECL ° ' "	☽ MOON AT 0 HOURS LONG ° ' "	12h MOT ° ' "	2DIF "	R.A. h m s	DECL ° ' "	☽ MOON AT 12 HOURS LONG ° ' "	12h MOT ° ' "	2DIF "	R.A. h m s	DECL ° ' "
1 M	8 44 23	17♑ 7 16	60 52	20 57 52.5	17S11 30	11♌47 56	7 30 33	-127	10 28 6	5N33 24	19♌18 29	7 25 48	-155	10 55 16	2N19 47
2 Tu	8 48 20	18 8 8	60 52	21 1 56.9	16 54 24	26 44 16	7 20 11	-178	11 22 0	0S53 29	4♍ 4 28	7 13 55	-195	11 48 25	4S 3 25
3 W	8 52 16	19 9 0	60 51	21 6 0.5	16 36 59	11♍18 22	7 7 10	-206	12 14 38	7 7 21	18 25 33	7 0 10	-212	12 40 47	10 2 50
4 Th	8 56 13	20 9 50	60 50	21 10 3.4	16 19 17	25 25 42	6 53 3	-212	13 6 56	12 47 47	2♎18 46	6 46 2	-208	13 33 12	15 20 20
5 F	9 0 9	21 10 40	60 49	21 14 5.4	16 1 17	9♎ 4 47	6 39 13	-200	13 59 37	17 38 50	15 44 0	6 32 43	-189	14 26 14	19 41 52
6 S	9 4 6	22 11 29	60 48	21 18 6.6	15 43 2	22 16 43	6 26 39	-175	14 53 5	21 28 17	28 43 21	6 21 3	-160	15 20 7	22 57 4
7 Su	9 8 3	23 12 18	60 47	21 22 7.1	15 24 29	5♏ 4 24	6 15 58	-144	15 47 19	24 7 29	11♏20 22	6 11 27	-127	16 14 36	24 59 2
8 M	9 11 59	24 13 5	60 46	21 26 6.8	15 5 41	17 31 49	6 7 29	-111	16 41 54	25 31 27	23 39 17	6 4 4	-94	17 9 6	25 44 47
9 Tu	9 15 56	25 13 51	60 45	21 30 5.7	14 46 38	29 43 21	6 1 11	-79	17 36 5	25 39 17	5♐44 31	5 58 49	-64	18 2 47	25 15 31
10 W	9 19 52	26 14 36	60 44	21 34 3.8	14 27 19	11♐43 20	5 56 56	-50	18 29 4	24 34 14	17 40 16	5 55 30	-37	18 54 54	23 36 24
11 Th	9 23 49	27 15 20	60 43	21 38 1.2	14 7 46	23 35 46	5 54 29	-25	19 20 12	22 23 9	29 30 15	5 53 51	-14	19 44 57	20 55 43
12 F	9 27 45	28 16 3	60 42	21 41 57.8	13 47 59	5♑24 6	5 53 34	-4	20 9 9	19 15 26	11♑17 41	5 53 36	5	20 32 49	17 23 37
13 S	9 31 42	29 16 45	60 40	21 45 53.7	13 27 59	17 11 17	5 53 55	13	20 55 58	15 21 40	23 5 12	5 54 29	21	21 18 40	13 10 56
14 Su	9 35 38	0♒17 25	60 39	21 49 48.8	13 7 45	28 59 41	5 55 18	27	21 40 58	10 52 45	4♒54 58	5 56 19	34	22 2 58	8 28 27
15 M	9 39 35	1 18 4	60 37	21 53 43.1	12 47 18	10♒51 17	5 57 33	40	22 24 43	5 59 20	16 48 51	5 59 0	46	22 46 20	3 26 40
16 Tu	9 43 32	2 18 41	60 36	21 57 36.7	12 26 39	22 47 50	6 0 38	53	23 7 55	0 51 43	28 48 29	6 2 30	59	23 29 32	1N44 15
17 W	9 47 28	3 19 17	60 34	22 1 29.7	12 5 48	4♓50 59	6 4 36	67	23 51 19	4N19 56	10♓55 35	6 6 57	74	0 13 22	6 54 1
18 Th	9 51 25	4 19 51	60 33	22 5 21.9	11 44 45	17 2 32	6 9 34	83	0 35 47	9 25 8	23 12 5	6 12 28	92	0 58 42	11 51 48
19 F	9 55 21	5 20 24	60 31	22 9 13.4	11 23 31	29 24 33	6 15 42	102	1 22 11	14 12 29	5♈40 15	6 19 16	112	1 46 22	16 25 29
20 S	9 59 18	6 20 55	60 29	22 13 4.2	11 2 7	11♈59 31	6 23 11	123	2 11 20	18 29 1	18 22 42	6 27 29	134	2 37 8	20 21 7
21 Su	10 3 14	7 21 23	60 27	22 16 54.3	10 40 32	24 50 11	6 32 9	146	3 3 52	21 59 43	1♉22 20	6 37 11	156	3 31 31	23 22 40
22 M	10 7 11	8 21 50	60 25	22 20 43.8	10 18 48	7♉59 31	6 42 33	166	4 0 4	24 27 49	14 42 4	6 48 13	173	4 29 28	25 13 2
23 Tu	10 11 7	9 22 16	60 23	22 24 32.6	9 56 54	21 30 17	6 54 7	179	4 59 35	25 36 26	28 24 24	7 0 9	181	5 30 16	25 36 26
24 W	10 15 4	10 22 39	60 21	22 28 20.8	9 34 51	5♊24 33	7 6 13	180	6 1 18	25 11 59	12♊30 46	7 12 10	174	6 32 30	24 22 34
25 Th	10 19 1	11 23 0	60 20	22 32 8.4	9 12 40	19 42 56	7 17 51	164	7 3 39	23 8 24	27 0 46	7 23 4	147	7 34 32	21 30 22
26 F	10 22 57	12 23 19	60 18	22 35 55.4	8 50 21	4♋23 50	7 27 40	125	8 5 1	19 30 5	11♋51 30	7 31 25	98	8 35 0	17 9 44
27 S	10 26 54	13 23 37	60 16	22 39 41.8	8 27 53	19 22 55	7 34 11	66	9 4 25	14 32 0	26 57 6	7 35 49	30	9 33 16	11 39 57
28 Su	10 30 50	14♒23 52	60 14	22 43 27.6	8S 5 19	4♌32 55	7 36 10	-9	10 1 36	8N36 55	12♌ 9 5	7 35 14	-48	10 29 27	5N26 21

LUNAR INGRESSES
2 ☽ ♍ 5:19
4 ☽ ♎ 7:57
6 ☽ ♏ 14:24
9 ☽ ♐ 0:33
11 ☽ ♑ 13:00
14 ☽ ♒ 2:02
16 ☽ ♓ 14:22
19 ☽ ♈ 1:08
21 ☽ ♉ 9:30
23 ☽ ♊ 14:45
25 ☽ ♋ 16:52
27 ☽ ♌ 16:49

PLANET INGRESSES
6 ☿ ♑ 15:43
7 ♀ ♒ 10:16
13 ☉ ♒ 17:07
14 ♅ ♓ 20:18
26 ☿ ♒ 13:02

STATIONS
NONE

DATA FOR THE 1st AT 0 HOURS
JULIAN DAY 40208.5
☽ MEAN ☊ 25°♐ 6' 25"
OBLIQUITY 23° 26' 20"
DELTA T 70.1 SECONDS
NUTATION LONGITUDE 17.5"

DAY MO	YR	☿ LONG ° ' "	♀ LONG ° ' "	♂ LONG ° ' "	♃ LONG ° ' "	♄ LONG ° ' "	♅ LONG ° ' "	♆ LONG ° ' "	♇ LONG ° ' "	☊ LONG ° '	A.S.S.I. h m s	S.S.R.Y. h m s	S.V.P. ♓ ° ' "	☿ MERCURY R.A. h m s	☿ MERCURY DECL ° ' "
1	32	22♐49 39	21♑56 13	14♋ 2R30	8♒17 24	9♍27R54	29♒19 27	0♒44 46	9♐28 18	26♐08	26 20 20	30 7 55	5 6 50.4	19 16 36	21S57 3
2	33	24 2 4	23 11 31	13 38 45	8 31 25	9 25 54	29 22 12	0 47 0	9 30 6	26 05	26 25 27	30 6 50	5 6 50.4	19 21 51	21 56 17
3	34	25 16 12	24 26 47	13 15 9	8 45 28	9 23 49	29 24 59	0 49 14	9 31 53	26 02	26 30 33	30 5 50	5 6 50.3	19 27 12	21 54 26
4	35	26 31 56	25 42 4	12 51 47	8 59 34	9 21 38	29 27 48	0 51 29	9 33 39	25 59	26 35 38	30 4 57	5 6 50.3	19 32 41	21 51 26
5	36	27 49 9	26 57 19	12 28 41	9 13 41	9 19 21	29 30 38	0 53 44	9 35 23	25 57	26 40 42	30 4 15	5 6 50.2	19 38 15	21 47 18
6	37	29 7 47	28 12 34	12 5 52	9 27 50	9 16 58	29 33 30	0 55 59	9 37 7	25 57	26 45 45	30 3 43	5 6 50.0	19 43 55	21 41 59
7	38	0♑27 43	29 27 49	11 43 25	9 42 1	9 14 30	29 36 24	0 58 15	9 38 49	25 57	26 50 47	30 3 23	5 6 49.8	19 49 39	21 35 28
8	39	1 48 55	0♒43 2	11 21 20	9 56 13	9 11 56	29 39 19	1 0 31	9 40 30	25 59	26 55 48	30 3 14	5 6 49.6	19 55 28	21 27 44
9	40	3 11 18	1 58 16	10 59 42	10 10 28	9 9 16	29 42 16	1 2 47	9 42 10	26 01	27 0 49	30 3 15	5 6 49.4	20 1 21	21 18 46
10	41	4 34 49	3 13 28	10 38 31	10 24 44	9 6 32	29 45 15	1 5 3	9 43 48	26 02	27 5 48	30 3 26	5 6 49.2	20 7 18	21 8 34
11	42	5 59 25	4 28 40	10 17 50	10 39 1	9 3 41	29 48 15	1 7 20	9 45 26	26 03	27 10 46	30 3 46	5 6 49.0	20 13 19	20 57 7
12	43	7 25 5	5 43 50	9 57 41	10 53 20	9 0 46	29 51 16	1 9 36	9 47 1	26 03	27 15 43	30 4 14	5 6 48.8	20 19 22	20 44 24
13	44	8 51 46	6 59 0	9 38 7	11 7 40	8 57 45	29 54 19	1 11 53	9 48 36	26 01	27 20 40	30 4 50	5 6 48.7	20 25 29	20 30 24
14	45	10 19 27	8 14 9	9 19 8	11 22 2	8 54 39	29 57 23	1 14 10	9 50 9	25 57	27 25 35	30 5 32	5 6 48.6	20 31 38	20 15 7
15	46	11 48 7	9 29 17	9 0 47	11 36 24	8 51 29	0♓ 0 29	1 16 26	9 51 40	25 51	27 30 29	30 6 19	5 6 48.6	20 37 50	19 58 34
16	47	13 17 44	10 44 24	8 43 6	11 50 48	8 48 13	0 3 36	1 18 43	9 53 10	25 44	27 35 23	30 7 11	5 6 48.5	20 44 4	19 40 42
17	48	14 48 18	11 59 30	8 26 5	12 5 13	8 44 53	0 6 44	1 21 0	9 54 39	25 37	27 40 16	30 8 6	5 6 48.5	20 50 20	19 21 33
18	49	16 19 49	13 14 35	8 9 46	12 19 38	8 41 28	0 9 53	1 23 17	9 56 6	25 30	27 45 7	30 9 2	5 6 48.5	20 56 38	19 1 5
19	50	17 52 16	14 29 39	7 54 10	12 34 4	8 37 58	0 13 4	1 25 33	9 57 31	25 24	27 49 58	30 9 56	5 6 48.4	21 2 58	18 39 18
20	51	19 25 39	15 44 42	7 39 18	12 48 31	8 34 24	0 16 15	1 27 50	9 58 56	25 19	27 54 48	30 10 45	5 6 48.3	21 9 20	18 16 14
21	52	20 59 58	16 59 43	7 25 11	13 2 59	8 30 46	0 19 28	1 30 6	10 0 18	25 17	27 59 37	30 11 25	5 6 48.2	21 15 43	17 51 50
22	53	22 35 13	18 14 43	7 11 50	13 17 27	8 27 4	0 22 42	1 32 22	10 1 39	25 16	28 4 26	30 11 53	5 6 48.0	21 22 8	17 26 7
23	54	24 11 25	19 29 42	6 59 16	13 31 55	8 23 17	0 25 56	1 34 38	10 2 58	25 16	28 9 13	30 12 6	5 6 47.8	21 28 35	16 59 6
24	55	25 48 34	20 44 39	6 47 28	13 46 24	8 19 27	0 29 12	1 36 54	10 4 16	25 18	28 14 0	30 12 4	5 6 47.6	21 35 3	16 30 45
25	56	27 26 41	21 59 35	6 36 27	14 0 54	8 15 33	0 32 29	1 39 9	10 5 32	25 19	28 18 46	30 11 46	5 6 47.4	21 41 33	16 1 5
26	57	29 5 46	23 14 30	6 26 14	14 15 23	8 11 35	0 35 46	1 41 24	10 6 47	25 18	28 23 31	30 11 13	5 6 47.2	21 48 4	15 30 6
27	58	0♒45 50	24 29 23	6 16 48	14 29 53	8 7 34	0 39 4	1 43 39	10 8 0	25 16	28 28 15	30 10 26	5 6 47.0	21 54 36	14 57 48
28	59	2♒26 55	25♒44 14	6♋ 8 9	14♒44 22	8♍ 3 29	0♓42 23	1♒45 53	10♐ 9 11	25♐12	28 32 59	30 9 30	5 6 46.9	22 1 10	14S24 12

DAY Feb	♀ VENUS R.A. h m s	♀ VENUS DECL ° ' "	♂ MARS R.A. h m s	♂ MARS DECL ° ' "	♃ JUPITER R.A. h m s	♃ JUPITER DECL ° ' "	♄ SATURN R.A. h m s	♄ SATURN DECL ° ' "	♅ URANUS R.A. h m s	♅ URANUS DECL ° ' "	♆ NEPTUNE R.A. h m s	♆ NEPTUNE DECL ° ' "	♇ PLUTO R.A. h m s	♇ PLUTO DECL ° ' "
1	21 18 47	17S 3 43	8 50 35	22N23 31	22 21 48	11S12 0	12 19 50	0N30 13	23 39 54	2S58 9	21 52 9	13S22 18	18 18 17	18S17 24
2	21 23 48	16 41 35	8 48 56	22 29 52	22 22 41	11 6 55	12 19 43	0 31 15	23 40 4	2 57 2	21 52 18	13 21 33	18 18 25	18 17 21
3	21 28 47	16 18 58	8 47 18	22 36 2	22 23 35	11 1 50	12 19 36	0 32 19	23 40 14	2 55 55	21 52 27	13 20 48	18 18 32	18 17 17
4	21 33 45	15 55 55	8 45 40	22 41 58	22 24 28	10 56 43	12 19 28	0 33 25	23 40 24	2 54 47	21 52 35	13 20 3	18 18 40	18 17 13
5	21 38 42	15 32 24	8 44 3	22 47 42	22 25 22	10 51 35	12 19 20	0 34 33	23 40 35	2 53 38	21 52 44	13 19 18	18 18 47	18 17 9
6	21 43 38	15 8 28	8 42 28	22 53 11	22 26 16	10 46 26	12 19 12	0 35 43	23 40 45	2 52 28	21 52 53	13 18 32	18 18 54	18 17 5
7	21 48 33	14 44 7	8 40 53	22 58 27	22 27 9	10 41 15	12 19 3	0 36 55	23 40 56	2 51 18	21 53 2	13 17 47	18 19 1	18 17 1
8	21 53 26	14 19 22	8 39 20	23 3 28	22 28 3	10 36 4	12 18 54	0 38 10	23 41 7	2 50 7	21 53 10	13 17 1	18 19 8	18 16 57
9	21 58 19	13 54 13	8 37 48	23 8 14	22 28 57	10 30 52	12 18 45	0 39 26	23 41 17	2 48 56	21 53 19	13 16 16	18 19 15	18 16 53
10	22 3 10	13 28 42	8 36 19	23 12 45	22 29 51	10 25 38	12 18 35	0 40 44	23 41 28	2 47 44	21 53 28	13 15 30	18 19 22	18 16 49
11	22 8 0	13 2 49	8 34 51	23 17 0	22 30 45	10 20 24	12 18 25	0 42 5	23 41 39	2 46 31	21 53 37	13 14 44	18 19 29	18 16 44
12	22 12 49	12 36 35	8 33 25	23 21 0	22 31 39	10 15 9	12 18 15	0 43 27	23 41 50	2 45 18	21 53 46	13 13 58	18 19 36	18 16 40
13	22 17 37	12 10 0	8 32 1	23 24 44	22 32 34	10 9 53	12 18 4	0 44 51	23 42 2	2 44 4	21 53 54	13 13 12	18 19 42	18 16 35
14	22 22 23	11 43 6	8 30 40	23 28 12	22 33 28	10 4 36	12 17 53	0 46 17	23 42 13	2 42 50	21 54 3	13 12 27	18 19 49	18 16 31
15	22 27 9	11 15 53	8 29 21	23 31 24	22 34 22	9 59 18	12 17 42	0 47 44	23 42 24	2 41 35	21 54 12	13 11 42	18 19 55	18 16 26
16	22 31 54	10 48 23	8 28 5	23 34 20	22 35 16	9 53 59	12 17 30	0 49 14	23 42 36	2 40 20	21 54 21	13 10 55	18 20 2	18 16 21
17	22 36 38	10 20 35	8 26 52	23 37 1	22 36 11	9 48 40	12 17 18	0 50 45	23 42 47	2 39 4	21 54 30	13 10 9	18 20 8	18 16 16
18	22 41 21	9 52 31	8 25 41	23 39 26	22 37 5	9 43 20	12 17 6	0 52 18	23 42 59	2 37 48	21 54 39	13 9 23	18 20 14	18 16 11
19	22 46 3	9 24 11	8 24 34	23 41 35	22 38 0	9 37 59	12 16 54	0 53 52	23 43 10	2 36 32	21 54 47	13 8 37	18 20 20	18 16 6
20	22 50 44	8 55 37	8 23 29	23 43 29	22 38 54	9 32 38	12 16 41	0 55 28	23 43 22	2 35 15	21 54 56	13 7 52	18 20 26	18 16 1
21	22 55 24	8 26 48	8 22 27	23 45 8	22 39 48	9 27 16	12 16 28	0 57 5	23 43 34	2 33 57	21 55 5	13 7 6	18 20 32	18 15 56
22	23 0 3	7 57 47	8 21 29	23 46 32	22 40 43	9 21 53	12 16 15	0 58 44	23 43 46	2 32 39	21 55 14	13 6 20	18 20 37	18 15 51
23	23 4 42	7 28 32	8 20 34	23 47 42	22 41 37	9 16 30	12 16 1	1 0 24	23 43 58	2 31 21	21 55 23	13 5 34	18 20 43	18 15 45
24	23 9 20	6 59 6	8 19 42	23 48 37	22 42 32	9 11 6	12 15 47	1 2 5	23 44 10	2 30 3	21 55 31	13 4 49	18 20 48	18 15 40
25	23 13 57	6 29 30	8 18 53	23 49 18	22 43 26	9 5 42	12 15 33	1 3 48	23 44 22	2 28 44	21 55 40	13 4 3	18 20 54	18 15 35
26	23 18 33	5 59 43	8 18 8	23 49 45	22 44 21	9 0 18	12 15 19	1 5 31	23 44 34	2 27 25	21 55 49	13 3 18	18 20 59	18 15 30
27	23 23 9	5 29 46	8 17 26	23 50 0	22 45 15	8 54 53	12 15 5	1 7 16	23 44 46	2 26 5	21 55 57	13 2 33	18 21 4	18 15 24
28	23 27 44	4S59 41	8 16 48	23N50 1	22 46 10	8S49 28	12 14 50	1N 9 2	23 44 58	2S24 46	21 56 6	13S 1 48	18 21 9	18S15 19

DAY	SIDEREAL TIME h m s	☉ SUN LONG ° ' "	SUN MOT ' "	SUN R.A. h m s	SUN DECL ° ' "	☽ MOON AT 0 HOURS LONG ° ' "	12h MOT ° ' "	2DIF "	R.A. h m s	DECL ° ' "	☽ MOON AT 12 HOURS LONG ° ' "	12h MOT ° ' "	2DIF "	R.A. h m s	DECL ° ' "
1 M	10 34 47	15♒24 6	60 12	22 47 12.9	7S42 37	19♌44 19	7 32 58	-86	10 56 55	2N11 42	27♌17 17	7 29 28	-122	11 24 6	1S 3 37
2 Tu	10 38 43	16 24 18	60 10	22 50 57.7	7 19 49	4♍46 45	7 24 49	-154	11 51 7	4S16 19	12♍11 34	7 19 12	-180	12 18 4	7 23 22
3 W	10 42 40	17 24 28	60 9	22 54 42.0	6 56 54	19 30 46	7 12 48	-201	12 45 1	10 21 55	26 43 34	7 5 50	-215	13 12 4	13 9 25
4 Th	10 46 36	18 24 37	60 7	22 58 25.8	6 33 53	3♎49 24	6 58 30	-222	13 39 17	15 43 37	10♎47 53	6 51 1	-224	14 6 40	18 2 35
5 F	10 50 33	19 24 44	60 6	23 2 9.2	6 10 47	17 38 54	6 43 35	-220	14 34 16	20 4 40	24 22 29	6 36 21	-212	15 2 2	21 48 35
6 S	10 54 30	20 24 50	60 4	23 5 52.2	5 47 35	0♏58 50	6 29 28	-199	15 29 56	23 13 22	7♏28 19	6 23 3	-184	15 57 53	24 18 23
7 Su	10 58 26	21 24 54	60 3	23 9 34.7	5 24 18	13 51 22	6 17 11	-167	16 25 48	25 3 23	20 8 33	6 11 55	-148	16 53 35	25 28 23
8 M	11 2 23	22 24 56	60 1	23 13 16.9	5 0 57	26 20 28	6 7 18	-129	17 21 6	25 33 45	2♐27 46	6 3 21	-108	17 48 17	25 20 7
9 Tu	11 6 19	23 24 57	59 59	23 16 58.7	4 37 32	8♐31 6	6 0 4	-88	18 15 0	24 48 20	14 31 11	5 57 27	-69	18 41 13	23 59 27
10 W	11 10 16	24 24 56	59 58	23 20 40.2	4 14 3	20 28 38	5 55 28	-50	19 6 52	22 54 39	26 24 6	5 54 6	-32	19 31 56	21 35 10
11 Th	11 14 12	25 24 53	59 56	23 24 21.4	3 50 31	2♑18 12	5 53 18	-16	19 56 24	20 2 19	8♑11 30	5 53 3	-1	20 20 19	18 17 26
12 F	11 18 9	26 24 49	59 54	23 28 2.2	3 26 56	14 4 33	5 53 16	13	20 43 42	16 21 48	19 57 49	5 53 55	25	21 6 37	14 16 44
13 S	11 22 5	27 24 43	59 52	23 31 42.7	3 3 19	25 51 44	5 54 58	36	21 29 7	12 3 29	1♒46 41	5 56 20	45	21 51 18	9 43 19
14 Su	11 26 2	28 24 36	59 50	23 35 23.0	2 39 40	7♒43 1	5 57 59	53	22 13 14	7 17 27	13 41 0	5 59 52	59	22 35 1	4 47 10
15 M	11 29 59	29 24 26	59 48	23 39 3.0	2 15 58	19 40 53	6 1 57	65	22 56 43	2 13 41	25 42 50	6 4 11	69	23 18 28	0N21 43
16 Tu	11 33 55	0♓24 14	59 46	23 42 42.8	1 52 16	1♓47 0	6 6 31	72	23 40 21	2N57 43	7♓53 31	6 8 57	74	0 2 28	5 32 55
17 W	11 37 52	1 24 1	59 44	23 46 22.4	1 28 33	14 2 28	6 11 27	76	0 24 55	8 5 54	20 13 56	6 14 2	78	0 47 48	10 35 6
18 Th	11 41 48	2 23 45	59 42	23 50 1.7	1 4 49	26 27 57	6 16 40	80	1 11 13	12 58 55	2♈44 37	6 19 22	83	1 35 14	15 15 38
19 F	11 45 45	3 23 28	59 40	23 53 40.9	0 41 5	9♈3 59	6 22 10	86	1 59 58	17 23 24	15 26 9	6 25 5	89	2 25 26	19 20 20
20 S	11 49 41	4 23 8	59 38	23 57 19.9	0 17 21	21 51 14	6 28 8	94	2 51 42	21 4 26	28 19 23	6 31 21	99	3 18 47	22 33 42
21 Su	11 53 38	5 22 46	59 36	0 0 58.8	0N 6 22	4♉50 44	6 34 46	105	3 46 39	23 46 10	11♉25 30	6 38 23	112	4 15 15	24 39 58
22 M	11 57 34	6 22 22	59 34	0 4 37.5	0 30 4	18 3 52	6 42 14	119	4 44 28	25 13 26	24 46 6	6 46 18	125	5 14 10	25 25 13
23 Tu	12 1 31	7 21 55	59 31	0 8 16.1	0 53 45	1♊32 23	6 50 34	131	5 44 12	25 14 21	8♊22 58	6 55 1	135	6 14 24	24 40 20
24 W	12 5 27	8 21 26	59 29	0 11 54.6	1 17 24	15 17 59	6 59 35	138	6 44 33	23 43 12	22 17 34	7 4 12	137	7 14 31	22 23 32
25 Th	12 9 24	9 20 55	59 27	0 15 33.1	1 41 1	29 21 45	7 8 44	134	7 44 11	20 42 25	6♋30 30	7 13 6	126	8 13 25	18 41 24
26 F	12 13 21	10 20 21	59 24	0 19 11.5	2 4 36	13♋43 36	7 17 7	113	8 42 12	16 22 26	21 0 43	7 20 40	96	9 10 31	13 47 50
27 S	12 17 17	11 19 45	59 22	0 22 49.8	2 28 7	28 21 22	7 23 33	75	9 38 24	11 0 10	5♌44 55	7 25 38	48	10 5 54	8 2 11
28 Su	12 21 14	12 19 7	59 20	0 26 28.2	2 51 36	13♌10 33	7 26 47	19	10 33 5	4 56 49	20 37 20	7 26 53	-14	11 0 3	1 47 5
29 M	12 25 10	13 18 27	59 18	0 30 6.5	3 15 1	28 4 13	7 25 52	-47	11 26 55	1S23 56	5♍30 5	7 23 44	-80	11 53 47	4S33 11
30 Tu	12 29 7	14 17 44	59 15	0 33 44.9	3 38 22	12♍53 50	7 20 31	-112	12 20 44	7 37 38	20 14 21	7 16 17	-140	12 47 52	10 34 21
31 W	12 33 3	15♓17 0	59 14	0 37 23.4	4N 1 40	27♍30 37	7 11 10	-164	13 15 14	13S20 36	4♎41 47	7 5 19	-184	13 42 53	15S53 50

LUNAR INGRESSES
1 ☽ ♍ 16:20
3 ☽ ♎ 17:31
5 ☽ ♏ 22:12
8 ☽ ♐ 7:09
10 ☽ ♑ 19:19
13 ☽ ♒ 8:24
15 ☽ ♓ 20:29
18 ☽ ♈ 6:46
20 ☽ ♉ 15:06
22 ☽ ♊ 21:17
25 ☽ ♋ 1:05
27 ☽ ♌ 2:40
29 ☽ ♍ 3:07
31 ☽ ♎ 4:08

PLANET INGRESSES
3 ♀ ♓ 10:03
15 ☉ ♓ 14:16
15 ☿ ♓ 2:03
27 ♀ ♈ 14:09
30 ☿ ♈ 11:07

STATIONS
10 ♂ D 17:10

DATA FOR THE 1st AT 0 HOURS
JULIAN DAY 40236.5
☽ MEAN ☊ 23°♐ 37' 23"
OBLIQUITY 23° 26' 20"
DELTA T 70.1 SECONDS
NUTATION LONGITUDE 17.1"

DAY MO	YR	☿ LONG ° ' "	♀ LONG ° ' "	♂ LONG ° ' "	♃ LONG ° ' "	♄ LONG ° ' "	♅ LONG ° ' "	♆ LONG ° ' "	♇ LONG ° ' "	☊ LONG ° '	A.S.S.I. h m s	S.S.R.Y. h m s	S.V.P. ♓ ° ' "	☿ MERCURY R.A. h m s	☿ MERCURY DECL ° ' "
1	60	4♒ 9 0	26♒59 5	6♋ 0R18	14♒58 52	7♍59R21	0♓45 43	1♒48 7	10♐10 21	25♐05	28 37 42	30 8 24	5 6 46.9	22 7 45	13S49 16
2	61	5 52 7	28 13 54	5 53 14	15 13 21	7 55 10	0 49 3	1 50 21	10 11 29	24 57	28 42 24	30 7 21	5 6 46.9	22 14 22	13 13 1
3	62	7 36 16	29 28 41	5 46 57	15 27 51	7 50 56	0 52 24	1 52 34	10 12 35	24 49	28 47 6	30 6 17	5 6 46.9	22 21 1	12 35 28
4	63	9 21 29	0♓43 28	5 41 28	15 42 20	7 46 39	0 55 46	1 54 46	10 13 39	24 41	28 51 47	30 5 17	5 6 46.8	22 27 41	11 56 37
5	64	11 7 47	1 58 13	5 36 44	15 56 49	7 42 20	0 59 8	1 56 58	10 14 42	24 35	28 56 28	30 4 23	5 6 46.7	22 34 22	11 16 29
6	65	12 55 9	3 12 56	5 32 48	16 11 18	7 37 57	1 2 31	1 59 10	10 15 43	24 31	29 1 8	30 3 37	5 6 46.6	22 41 5	10 35 3
7	66	14 43 36	4 27 39	5 29 37	16 25 46	7 33 32	1 5 54	2 1 21	10 16 42	24 29	29 5 48	30 3 0	5 6 46.4	22 47 50	9 52 20
8	67	16 33 9	5 42 20	5 27 12	16 40 14	7 29 5	1 9 18	2 3 31	10 17 40	24 28	29 10 27	30 2 31	5 6 46.2	22 54 37	9 8 22
9	68	18 23 48	6 56 59	5 25 33	16 54 42	7 24 36	1 12 42	2 5 41	10 18 35	24 29	29 15 6	30 2 12	5 6 46.0	23 1 26	8 23 10
10	69	20 15 33	8 11 37	5 24D38	17 9 9	7 20 4	1 16 7	2 7 50	10 19 29	24 30	29 19 44	30 2 2	5 6 45.9	23 8 16	7 36 44
11	70	22 8 23	9 26 14	5 24 29	17 23 35	7 15 31	1 19 31	2 9 58	10 20 21	24 30	29 24 22	30 2 1	5 6 45.7	23 15 9	6 49 7
12	71	24 2 16	10 40 50	5 25 3	17 38 0	7 10 56	1 22 56	2 12 6	10 21 12	24 28	29 28 59	30 2 10	5 6 45.6	23 22 3	6 0 20
13	72	25 57 12	11 55 24	5 26 21	17 52 25	7 6 19	1 26 22	2 14 12	10 22 0	24 23	29 33 36	30 2 29	5 6 45.5	23 29 0	5 10 25
14	73	27 53 7	13 9 56	5 28 23	18 6 48	7 1 41	1 29 47	2 16 18	10 22 47	24 16	29 38 13	30 2 56	5 6 45.5	23 35 58	4 19 26
15	74	29 50 0	14 24 27	5 31 6	18 21 11	6 57 2	1 33 13	2 18 24	10 23 31	24 06	29 42 49	30 3 34	5 6 45.5	23 42 58	3 27 26
16	75	1♓47 45	15 38 56	5 34 32	18 35 32	6 52 21	1 36 39	2 20 28	10 24 14	23 54	29 47 26	30 4 20	5 6 45.5	23 50 0	2 34 28
17	76	3 46 17	16 53 24	5 38 39	18 49 52	6 47 40	1 40 5	2 22 32	10 24 55	23 41	29 52 1	30 5 13	5 6 45.5	23 57 4	1 40 37
18	77	5 45 30	18 7 50	5 43 27	19 4 11	6 42 58	1 43 30	2 24 34	10 25 34	23 28	29 56 37	30 6 13	5 6 45.5	0 4 9	0 45 59
19	78	7 45 16	19 22 14	5 48 55	19 18 29	6 38 15	1 46 56	2 26 36	10 26 11	23 17	30 1 12	30 7 14	5 6 45.4	0 11 15	0N 9 21
20	79	9 45 26	20 36 36	5 55 2	19 32 45	6 33 31	1 50 22	2 28 37	10 26 47	23 08	30 5 47	30 8 14	5 6 45.3	0 18 22	1 5 14
21	80	11 45 46	21 50 57	6 1 48	19 46 59	6 28 48	1 53 47	2 30 36	10 27 20	23 02	0 1 14	30 9 9	5 6 45.2	0 25 29	2 1 34
22	81	13 46 6	23 5 15	6 9 12	20 1 12	6 24 4	1 57 13	2 32 35	10 27 52	22 58	0 5 49	30 9 54	5 6 45.0	0 32 36	2 58 9
23	82	15 46 8	24 19 32	6 17 13	20 15 24	6 19 20	2 0 38	2 34 33	10 28 21	22 57	0 10 23	30 10 26	5 6 44.8	0 39 42	3 54 51
24	83	17 45 36	25 33 46	6 25 50	20 29 33	6 14 37	2 4 3	2 36 29	10 28 49	22 57	0 14 58	30 10 43	5 6 44.6	0 46 46	4 51 28
25	84	19 44 11	26 47 59	6 35 3	20 43 41	6 9 54	2 7 28	2 38 25	10 29 15	22 57	0 19 32	30 10 43	5 6 44.4	0 53 48	5 47 47
26	85	21 41 32	28 2 9	6 44 51	20 57 46	6 5 11	2 10 52	2 40 19	10 29 39	22 56	0 24 7	30 10 28	5 6 44.2	1 0 46	6 43 34
27	86	23 37 16	29 16 17	6 55 13	21 11 50	6 0 29	2 14 16	2 42 12	10 30 1	22 52	0 28 41	30 9 59	5 6 44.2	1 7 39	7 38 38
28	87	25 30 59	0♈30 24	7 6 8	21 25 52	5 55 48	2 17 40	2 44 4	10 30 21	22 46	0 33 15	30 9 17	5 6 44.1	1 14 26	8 32 42
29	88	27 22 18	1 44 28	7 17 36	21 39 51	5 51 7	2 21 3	2 45 55	10 30 39	22 37	0 37 50	30 8 25	5 6 44.1	1 21 6	9 25 33
30	89	29 10 47	2 58 30	7 29 36	21 53 49	5 46 28	2 24 25	2 47 45	10 30 55	22 26	0 42 24	30 7 28	5 6 44.1	1 27 37	10 16 56
31	90	0♈56 2	4♈12 30	7♋42 7	22♒ 7 44	5♍41 50	2♓27 47	2♒49 33	10♐31 9	22♐14	0 46 58	30 6 28	5 6 44.1	1 33 57	11N 6 37

DAY Mar	♀ VENUS R.A. h m s	♀ VENUS DECL ° ' "	♂ MARS R.A. h m s	♂ MARS DECL ° ' "	♃ JUPITER R.A. h m s	♃ JUPITER DECL ° ' "	♄ SATURN R.A. h m s	♄ SATURN DECL ° ' "	♅ URANUS R.A. h m s	♅ URANUS DECL ° ' "	♆ NEPTUNE R.A. h m s	♆ NEPTUNE DECL ° ' "	♇ PLUTO R.A. h m s	♇ PLUTO DECL ° ' "
1	23 32 19	4S29 28	8 16 12	23N49 50	22 47 4	8S44 3	12 14 35	1N10 49	23 45 10	2S23 26	21 56 15	13S 1 3	18 21 14	18S15 14
2	23 36 53	3 59 7	8 15 40	23 49 26	22 47 58	8 38 37	12 14 20	1 12 37	23 45 23	2 22 5	21 56 23	13 0 18	18 21 18	18 15 8
3	23 41 27	3 28 41	8 15 11	23 48 50	22 48 53	8 33 10	12 14 5	1 14 26	23 45 35	2 20 45	21 56 32	12 59 34	18 21 23	18 15 3
4	23 46 1	2 58 8	8 14 46	23 48 3	22 49 47	8 27 44	12 13 49	1 16 16	23 45 47	2 19 24	21 56 41	12 58 49	18 21 28	18 14 57
5	23 50 34	2 27 30	8 14 24	23 47 4	22 50 41	8 22 17	12 13 33	1 18 7	23 46 0	2 18 4	21 56 49	12 58 5	18 21 32	18 14 52
6	23 55 6	1 56 48	8 14 5	23 45 54	22 51 36	8 16 50	12 13 18	1 19 59	23 46 12	2 16 43	21 56 58	12 57 20	18 21 36	18 14 46
7	23 59 39	1 26 2	8 13 50	23 44 33	22 52 30	8 11 23	12 13 2	1 21 51	23 46 24	2 15 21	21 57 6	12 56 36	18 21 40	18 14 41
8	0 4 11	0 55 13	8 13 37	23 43 1	22 53 24	8 5 56	12 12 45	1 23 44	23 46 37	2 14 0	21 57 14	12 55 53	18 21 44	18 14 35
9	0 8 43	0 24 22	8 13 28	23 41 19	22 54 18	8 0 29	12 12 29	1 25 37	23 46 49	2 12 38	21 57 23	12 55 9	18 21 48	18 14 30
10	0 13 15	0N 6 30	8 13 23	23 39 27	22 55 12	7 55 1	12 12 13	1 27 31	23 47 2	2 11 17	21 57 31	12 54 26	18 21 52	18 14 24
11	0 17 46	0 37 23	8 13 20	23 37 25	22 56 6	7 49 34	12 11 56	1 29 25	23 47 14	2 9 55	21 57 39	12 53 43	18 21 56	18 14 19
12	0 22 18	1 8 15	8 13 20	23 35 13	22 57 0	7 44 7	12 11 40	1 31 20	23 47 27	2 8 33	21 57 48	12 53 0	18 21 59	18 14 13
13	0 26 49	1 39 7	8 13 24	23 32 51	22 57 54	7 38 40	12 11 23	1 33 15	23 47 40	2 7 11	21 57 56	12 52 17	18 22 3	18 14 8
14	0 31 21	2 9 57	8 13 30	23 30 20	22 58 47	7 33 13	12 11 6	1 35 11	23 47 52	2 5 49	21 58 4	12 51 35	18 22 6	18 14 3
15	0 35 53	2 40 45	8 13 40	23 27 40	22 59 41	7 27 46	12 10 49	1 37 6	23 48 5	2 4 27	21 58 12	12 50 53	18 22 9	18 13 57
16	0 40 25	3 11 30	8 13 52	23 24 51	23 0 35	7 22 19	12 10 32	1 39 2	23 48 17	2 3 5	21 58 20	12 50 11	18 22 12	18 13 52
17	0 44 56	3 42 11	8 14 8	23 21 53	23 1 28	7 16 52	12 10 15	1 40 58	23 48 30	2 1 44	21 58 28	12 49 30	18 22 15	18 13 47
18	0 49 28	4 12 47	8 14 26	23 18 47	23 2 22	7 11 26	12 9 58	1 42 54	23 48 42	2 0 22	21 58 36	12 48 49	18 22 17	18 13 41
19	0 54 1	4 43 19	8 14 47	23 15 32	23 3 15	7 6 0	12 9 41	1 44 50	23 48 55	1 59 0	21 58 44	12 48 8	18 22 20	18 13 36
20	0 58 33	5 13 44	8 15 11	23 12 8	23 4 8	7 0 35	12 9 23	1 46 46	23 49 8	1 57 38	21 58 51	12 47 27	18 22 23	18 13 31
21	1 3 6	5 44 2	8 15 38	23 8 36	23 5 1	6 55 9	12 9 6	1 48 41	23 49 20	1 56 16	21 58 59	12 46 47	18 22 25	18 13 26
22	1 7 39	6 14 13	8 16 7	23 4 56	23 5 54	6 49 44	12 8 49	1 50 36	23 49 33	1 54 54	21 59 7	12 46 7	18 22 27	18 13 21
23	1 12 13	6 44 15	8 16 39	23 1 9	23 6 47	6 44 20	12 8 32	1 52 31	23 49 45	1 53 33	21 59 14	12 45 28	18 22 29	18 13 16
24	1 16 47	7 14 8	8 17 14	22 57 13	23 7 40	6 38 56	12 8 14	1 54 25	23 49 58	1 52 11	21 59 22	12 44 49	18 22 31	18 13 11
25	1 21 21	7 43 52	8 17 51	22 53 10	23 8 32	6 33 33	12 7 57	1 56 19	23 50 11	1 50 50	21 59 29	12 44 10	18 22 33	18 13 6
26	1 25 56	8 13 25	8 18 30	22 49 0	23 9 25	6 28 10	12 7 40	1 58 13	23 50 23	1 49 29	21 59 37	12 43 32	18 22 35	18 13 1
27	1 30 32	8 42 47	8 19 12	22 44 42	23 10 17	6 22 48	12 7 23	2 0 6	23 50 36	1 48 8	21 59 44	12 42 54	18 22 36	18 12 56
28	1 35 8	9 11 56	8 19 56	22 40 16	23 11 9	6 17 26	12 7 5	2 1 58	23 50 48	1 46 47	21 59 51	12 42 16	18 22 37	18 12 52
29	1 39 44	9 40 53	8 20 42	22 35 44	23 12 1	6 12 5	12 6 48	2 3 50	23 51 0	1 45 27	21 59 58	12 41 39	18 22 39	18 12 47
30	1 44 22	10 9 37	8 21 31	22 31 4	23 12 53	6 6 45	12 6 31	2 5 41	23 51 13	1 44 6	22 0 5	12 41 3	18 22 40	18 12 42
31	1 48 59	10N38 6	8 22 21	22N26 17	23 13 45	6S 1 26	12 6 14	2N 7 31	23 51 25	1S42 46	22 0 12	12S40 26	18 22 41	18S12 38

APRIL 2010

DAY	SIDEREAL TIME h m s	☉ SUN LONG ° ' "	MOT ' "	R.A. h m s	DECL ° ' "	☽ MOON AT 0 HOURS LONG ° ' "	12h MOT ° ' "	2DIF "	R.A. h m s	DECL ° ' "	☽ MOON AT 12 HOURS LONG ° ' "	12h MOT ° ' "	2DIF "	R.A. h m s	DECL ° ' "
1 Th	12 37 0	16♓16 13	59 12	0 41 1.9	4N24 52	11♎47 6	6 58 55	-197	14 10 50	18S11 45	18♎46 1	6 52 11	-205	14 39 5	20S12 26
2 F	12 40 56	17 15 25	59 10	0 44 40.6	4 48 1	25 38 12	6 45 16	-207	15 7 34	21 54 17	2♏23 28	6 38 22	-204	15 36 12	23 16 9
3 S	12 44 53	18 14 35	59 8	0 48 19.3	5 11 4	9♏ 1 51	6 31 39	-197	16 4 52	24 17 18	15 33 30	6 25 14	-186	16 33 28	24 57 29
4 Su	12 48 50	19 13 43	59 6	0 51 58.3	5 34 1	21 58 44	6 19 15	-172	17 1 51	25 16 50	28 17 59	6 13 48	-155	17 29 52	25 15 55
5 M	12 52 46	20 12 49	59 5	0 55 37.4	5 56 53	4♐31 47	6 8 56	-136	17 57 26	24 55 37	10♐40 43	6 4 43	-116	18 24 26	24 17 2
6 Tu	12 56 43	21 11 53	59 3	0 59 16.7	6 19 39	16 45 26	6 1 11	-96	18 50 48	23 21 31	22 46 37	5 58 20	-75	19 16 31	22 10 26
7 W	13 0 39	22 10 56	59 1	1 2 56.2	6 42 19	28 44 56	5 56 11	-54	19 41 33	20 45 15	4♑41 7	5 54 43	-34	20 5 56	19 7 24
8 Th	13 4 36	23 9 57	58 59	1 6 36.0	7 4 52	10♑35 50	5 53 55	-14	20 29 43	17 18 17	16 29 46	5 53 46	4	20 52 56	15 19 15
9 F	13 8 32	24 8 56	58 57	1 10 16.0	7 27 17	22 23 31	5 54 13	22	21 15 42	13 11 33	28 17 44	5 55 13	38	21 38 3	10 56 24
10 S	13 12 29	25 7 53	58 56	1 13 56.2	7 49 35	4♒12 57	5 56 43	52	22 0 7	8 35 0	10♒ 9 40	5 58 40	64	22 21 59	6 8 30
11 Su	13 16 25	26 6 49	58 54	1 17 36.8	8 11 46	16 8 20	6 1 1	75	22 43 45	3 38 2	22 9 21	6 3 41	84	23 5 31	1 4 47
12 M	13 20 22	27 5 42	58 52	1 21 17.6	8 33 48	28 13 2	6 6 36	91	23 27 23	1N30 2	4♓19 38	6 9 43	95	23 49 29	4N 5 7
13 Tu	13 24 19	28 4 34	58 50	1 24 58.7	8 55 41	10♓29 21	6 12 57	98	0 11 54	6 39 5	16 42 18	6 16 15	99	0 34 45	9 10 24
14 W	13 28 15	29 3 24	58 48	1 28 40.2	9 17 25	22 58 34	6 19 34	99	0 58 7	11 37 28	29 18 8	6 22 51	97	1 22 6	13 58 30
15 Th	13 32 12	0♈ 2 12	58 46	1 32 22.0	9 39 1	5♈40 58	6 26 2	94	1 46 48	16 11 37	12♈ 7 1	6 29 8	91	2 12 15	18 14 46
16 F	13 36 8	1 0 58	58 44	1 36 4.1	10 0 26	18 36 9	6 32 7	88	2 38 30	20 5 51	25 8 16	6 34 59	84	3 5 34	21 42 45
17 S	13 40 5	1 59 41	58 42	1 39 46.6	10 21 42	1♉43 15	6 37 45	81	3 33 26	23 3 20	8♉21 0	6 40 25	79	4 2 0	24 5 40
18 Su	13 44 1	2 58 23	58 40	1 43 29.5	10 42 47	15 1 25	6 43 1	77	4 31 11	24 47 59	21 44 25	6 45 34	77	5 0 51	25 8 55
19 M	13 47 58	3 57 3	58 38	1 47 12.8	11 3 42	28 29 59	6 48 7	77	5 30 47	25 7 31	5♊18 7	6 50 41	77	6 0 50	24 43 21
20 Tu	13 51 54	4 55 40	58 35	1 50 56.4	11 24 25	12♊ 8 48	6 53 17	78	6 30 48	23 56 32	19 2 5	6 55 54	79	7 0 31	22 47 42
21 W	13 55 51	5 54 15	58 33	1 54 40.5	11 44 57	25 57 59	6 58 34	80	7 29 51	21 17 57	2♋56 32	7 1 13	79	7 58 43	19 28 52
22 Th	13 59 48	6 52 48	58 31	1 58 25.0	12 5 18	9♋57 45	7 3 49	76	8 27 3	17 22 15	17 1 34	7 6 18	72	8 54 51	15 0 13
23 F	14 3 44	7 51 19	58 29	2 2 9.8	12 25 26	24 7 52	7 8 37	65	9 22 10	12 25 1	1♌16 28	7 10 38	55	9 49 2	9 39 2
24 S	14 7 41	8 49 48	58 26	2 5 55.2	12 45 22	8♌27 6	7 12 16	42	10 15 34	6 44 45	15 39 23	7 13 26	26	10 41 50	3 44 40
25 Su	14 11 37	9 48 14	58 24	2 9 40.9	13 5 6	22 52 48	7 14 0	7	11 7 59	0 41 22	0♍ 6 48	7 13 53	-14	11 34 7	2S22 31
26 M	14 15 34	10 46 38	58 22	2 13 27.2	13 24 36	7♍20 41	7 13 2	-37	12 0 20	5S24 21	14 33 44	7 11 25	-61	12 26 46	8 21 28
27 Tu	14 19 30	11 45 1	58 21	2 17 13.9	13 43 53	21 45 9	7 9 0	-84	12 53 28	11 11 13	28 54 8	7 5 49	-106	13 20 33	13 51 1
28 W	14 23 27	12 43 21	58 19	2 21 1.1	14 2 57	5♎59 58	7 1 56	-126	13 48 1	16 18 21	13♎ 1 54	6 57 26	-143	14 15 55	18 30 55
29 Th	14 27 23	13 41 40	58 17	2 24 48.8	14 21 47	19 59 20	6 52 25	-156	14 44 13	20 26 38	26 51 45	6 47 2	-166	15 12 51	22 3 45
30 F	14 31 20	14♈39 56	58 15	2 28 37.0	14N40 22	3♏38 46	6 41 23	-171	15 41 43	23S20 55	10♏20 9	6 35 38	-172	16 10 42	24S17 15

LUNAR INGRESSES
2 ☽ ♏ 7:44
4 ☽ ♐ 15:16
7 ☽ ♑ 2:31
9 ☽ ♒ 15:28
12 ☽ ♓ 3:31
14 ☽ ♈ 13:19
16 ☽ ♉ 20:52
19 ☽ ♊ 2:39
21 ☽ ♋ 6:57
23 ☽ ♌ 9:52
25 ☽ ♍ 11:49
27 ☽ ♎ 13:51
29 ☽ ♏ 17:32

PLANET INGRESSES
14 ☉ ♈ 23:06
21 ♀ ♉ 0:28

STATIONS
7 ♇ R 2:35
18 ☿ R 4:07

DATA FOR THE 1st AT 0 HOURS
JULIAN DAY 40267.5
☽ MEAN ☊ 21°♐ 58' 49"
OBLIQUITY 23° 26' 20"
DELTA T 70.1 SECONDS
NUTATION LONGITUDE 16.0"

DAY MO YR	☿ LONG ° ' "	♀ LONG ° ' "	♂ LONG ° ' "	♃ LONG ° ' "	♄ LONG ° ' "	♅ LONG ° ' "	♆ LONG ° ' "	♇ LONG ° ' "	☊ LONG ° '	A.S.S.I. h m s	S.S.R.Y. h m s	S.V.P. ♓ ° ' "	☿ MERCURY R.A. h m s	DECL ° ' "
1 91	2♈37 39	5♈26 28	7♋55 8	22♒21 37	5♍37R13	2♓31 9	2♒51 21	10♑31 22	22♐03	0 51 33	30 5 27	5 6 44.0	1 40 6	11N54 24
2 92	4 15 14	6 40 24	8 8 39	22 35 27	5 32 38	2 34 30	2 53 7	10 31 32	21 53	0 56 8	30 4 28	5 6 43.9	1 46 2	12 40 5
3 93	5 48 26	7 54 18	8 22 39	22 49 16	5 28 5	2 37 50	2 54 51	10 31 41	21 46	1 0 43	30 3 33	5 6 43.7	1 51 44	13 23 27
4 94	7 16 56	9 8 9	8 37 7	23 3 1	5 23 33	2 41 10	2 56 35	10 31 48	21 42	1 5 18	30 2 43	5 6 43.5	1 57 10	14 4 21
5 95	8 40 24	10 21 59	8 52 4	23 16 44	5 19 3	2 44 28	2 58 17	10 31 53	21 40	1 9 53	30 1 59	5 6 43.4	2 2 19	14 42 39
6 96	9 58 34	11 35 47	9 7 28	23 30 25	5 14 36	2 47 47	2 59 57	10 31 56	21 39	1 14 28	30 1 22	5 6 43.2	2 7 9	15 18 13
7 97	11 11 13	12 49 33	9 23 19	23 44 2	5 10 10	2 51 4	3 1 36	10 31R57	21 39	1 19 4	30 0 52	5 6 43.0	2 11 41	15 50 56
8 98	12 18 6	14 3 18	9 39 37	23 57 37	5 5 47	2 54 20	3 3 14	10 31 56	21 38	1 23 40	30 0 31	5 6 42.9	2 15 52	16 20 43
9 99	13 19 3	15 17 0	9 56 20	24 11 9	5 1 26	2 57 36	3 4 51	10 31 53	21 36	1 28 17	30 0 21	5 6 42.8	2 19 42	16 47 29
10 100	14 13 55	16 30 39	10 13 29	24 24 38	4 57 8	3 0 51	3 6 26	10 31 48	21 31	1 32 53	30 0 21	5 6 42.7	2 23 11	17 11 11
11 101	15 2 35	17 44 17	10 31 3	24 38 4	4 52 53	3 4 4	3 7 59	10 31 42	21 23	1 37 31	30 0 33	5 6 42.7	2 26 17	17 31 46
12 102	15 44 55	18 57 53	10 49 1	24 51 26	4 48 40	3 7 17	3 9 31	10 31 33	21 13	1 42 8	30 0 56	5 6 42.7	2 28 59	17 49 11
13 103	16 20 51	20 11 27	11 7 23	25 4 46	4 44 31	3 10 29	3 11 1	10 31 23	21 01	1 46 46	30 1 32	5 6 42.7	2 31 18	18 3 23
14 104	16 50 22	21 24 59	11 26 8	25 18 2	4 40 25	3 13 39	3 12 30	10 31 11	20 47	1 51 24	30 2 20	5 6 42.7	2 33 14	18 14 22
15 105	17 13 27	22 38 28	11 45 17	25 31 14	4 36 22	3 16 49	3 13 57	10 30 57	20 34	1 56 3	30 3 17	5 6 42.6	2 34 45	18 22 6
16 106	17 30 6	23 51 55	12 4 47	25 44 23	4 32 23	3 19 57	3 15 23	10 30 41	20 22	2 0 42	30 4 20	5 6 42.5	2 35 53	18 26 34
17 107	17 40 26	25 5 20	12 24 40	25 57 29	4 28 27	3 23 4	3 16 47	10 30 23	20 12	2 5 21	30 5 26	5 6 42.4	2 36 37	18 27 47
18 108	17 44R31	26 18 42	12 44 54	26 10 31	4 24 35	3 26 10	3 18 10	10 30 3	20 05	2 10 1	30 6 30	5 6 42.2	2 36 58	18 25 46
19 109	17 42 34	27 32 2	13 5 29	26 23 28	4 20 46	3 29 14	3 19 31	10 29 42	20 01	2 14 42	30 7 28	5 6 41.9	2 36 56	18 20 33
20 110	17 34 46	28 45 20	13 26 25	26 36 23	4 17 2	3 32 17	3 20 50	10 29 19	20 00	2 19 23	30 8 15	5 6 41.7	2 36 33	18 12 12
21 111	17 21 27	29 58 35	13 47 40	26 49 13	4 13 22	3 35 19	3 22 7	10 28 54	20 00	2 24 4	30 8 50	5 6 41.5	2 35 50	18 0 47
22 112	17 2 56	1♉11 48	14 9 15	27 1 59	4 9 45	3 38 20	3 23 23	10 28 27	20 00	2 28 46	30 9 10	5 6 41.3	2 34 48	17 46 27
23 113	16 39 41	2 24 57	14 31 9	27 14 41	4 6 14	3 41 18	3 24 37	10 27 59	19 59	2 33 29	30 9 15	5 6 41.2	2 33 29	17 29 21
24 114	16 12 9	3 38 4	14 53 21	27 27 18	4 2 46	3 44 16	3 25 50	10 27 28	19 56	2 38 12	30 9 6	5 6 41.1	2 31 55	17 9 41
25 115	15 40 56	4 51 9	15 15 52	27 39 52	3 59 23	3 47 12	3 27 0	10 26 56	19 50	2 42 56	30 8 43	5 6 41.1	2 30 8	16 47 40
26 116	15 6 38	6 4 11	15 38 40	27 52 21	3 56 4	3 50 6	3 28 9	10 26 23	19 42	2 47 40	30 8 10	5 6 41.1	2 28 10	16 23 36
27 117	14 29 55	7 17 10	16 1 45	28 4 46	3 52 50	3 52 59	3 29 16	10 25 47	19 33	2 52 25	30 7 28	5 6 41.0	2 26 5	15 57 48
28 118	13 51 29	8 30 6	16 25 8	28 17 6	3 49 41	3 55 51	3 30 22	10 25 10	19 22	2 57 10	30 6 39	5 6 40.9	2 23 55	15 30 36
29 119	13 12 3	9 42 59	16 48 46	28 29 22	3 46 36	3 58 40	3 31 25	10 24 32	19 12	3 1 56	30 5 46	5 6 40.8	2 21 42	15 2 23
30 120	12♈32 22	10♉55 50	17♋12 41	28♒41 33	3♍43 37	4♓ 1 28	3♒32 27	10♑23 51	19♐03	3 6 43	30 4 50	5 6 40.6	2 19 30	14N33 33

DAY Apr	♀ VENUS R.A. h m s	DECL ° ' "	♂ MARS R.A. h m s	DECL ° ' "	♃ JUPITER R.A. h m s	DECL ° ' "	♄ SATURN R.A. h m s	DECL ° ' "	♅ URANUS R.A. h m s	DECL ° ' "	♆ NEPTUNE R.A. h m s	DECL ° ' "	♇ PLUTO R.A. h m s	DECL ° ' "
1	1 53 38	11N 6 21	8 23 14	22N21 24	23 14 36	5S56 7	12 5 57	2N 9 21	23 51 38	1S41 27	22 0 19	12S39 50	18 22 42	18S12 34
2	1 58 17	11 34 20	8 24 9	22 16 23	23 15 28	5 50 49	12 5 41	2 11 9	23 51 50	1 40 7	22 0 26	12 39 15	18 22 43	18 12 29
3	2 2 57	12 2 2	8 25 6	22 11 15	23 16 19	5 45 32	12 5 24	2 12 57	23 52 2	1 38 48	22 0 33	12 38 40	18 22 43	18 12 25
4	2 7 38	12 29 28	8 26 5	22 6 1	23 17 10	5 40 15	12 5 7	2 14 43	23 52 14	1 37 29	22 0 40	12 38 5	18 22 44	18 12 21
5	2 12 20	12 56 35	8 27 5	22 0 39	23 18 1	5 35 0	12 4 51	2 16 29	23 52 27	1 36 10	22 0 46	12 37 31	18 22 44	18 12 17
6	2 17 3	13 23 24	8 28 8	21 55 11	23 18 52	5 29 45	12 4 34	2 18 13	23 52 39	1 34 52	22 0 53	12 36 58	18 22 44	18 12 13
7	2 21 46	13 49 54	8 29 12	21 49 36	23 19 42	5 24 32	12 4 18	2 19 56	23 52 51	1 33 34	22 0 59	12 36 25	18 22 44	18 12 9
8	2 26 31	14 16 3	8 30 18	21 43 54	23 20 33	5 19 19	12 4 2	2 21 38	23 53 3	1 32 16	22 1 5	12 35 52	18 22 44	18 12 5
9	2 31 16	14 41 52	8 31 26	21 38 6	23 21 23	5 14 8	12 3 46	2 23 19	23 53 15	1 30 59	22 1 12	12 35 20	18 22 44	18 12 2
10	2 36 3	15 7 19	8 32 36	21 32 10	23 22 13	5 8 57	12 3 30	2 24 58	23 53 27	1 29 42	22 1 18	12 34 48	18 22 44	18 11 58
11	2 40 50	15 32 24	8 33 47	21 26 8	23 23 3	5 3 48	12 3 14	2 26 36	23 53 39	1 28 25	22 1 24	12 34 17	18 22 43	18 11 55
12	2 45 38	15 57 5	8 35 0	21 19 59	23 23 52	4 58 40	12 2 59	2 28 13	23 53 50	1 27 9	22 1 30	12 33 47	18 22 43	18 11 52
13	2 50 28	16 21 23	8 36 14	21 13 43	23 24 42	4 53 33	12 2 43	2 29 48	23 54 2	1 25 54	22 1 35	12 33 17	18 22 42	18 11 49
14	2 55 18	16 45 16	8 37 30	21 7 21	23 25 31	4 48 28	12 2 28	2 31 21	23 54 14	1 24 39	22 1 41	12 32 47	18 22 41	18 11 46
15	3 0 10	17 8 43	8 38 48	21 0 51	23 26 20	4 43 23	12 2 13	2 32 53	23 54 25	1 23 24	22 1 47	12 32 18	18 22 40	18 11 43
16	3 5 2	17 31 45	8 40 7	20 54 15	23 27 9	4 38 20	12 1 58	2 34 23	23 54 37	1 22 10	22 1 52	12 31 50	18 22 39	18 11 40
17	3 9 56	17 54 19	8 41 27	20 47 32	23 27 57	4 33 19	12 1 44	2 35 52	23 54 48	1 20 56	22 1 58	12 31 22	18 22 38	18 11 37
18	3 14 50	18 16 26	8 42 49	20 40 42	23 28 45	4 28 18	12 1 29	2 37 19	23 55 0	1 19 43	22 2 3	12 30 54	18 22 36	18 11 35
19	3 19 46	18 38 5	8 44 12	20 33 46	23 29 34	4 23 20	12 1 15	2 38 44	23 55 11	1 18 31	22 2 8	12 30 28	18 22 35	18 11 32
20	3 24 43	18 59 15	8 45 36	20 26 43	23 30 21	4 18 22	12 1 1	2 40 7	23 55 22	1 17 18	22 2 13	12 30 1	18 22 33	18 11 30
21	3 29 41	19 19 55	8 47 2	20 19 33	23 31 9	4 13 27	12 0 48	2 41 28	23 55 34	1 16 7	22 2 19	12 29 36	18 22 31	18 11 28
22	3 34 39	19 40 5	8 48 28	20 12 17	23 31 56	4 8 33	12 0 34	2 42 48	23 55 45	1 14 56	22 2 23	12 29 11	18 22 29	18 11 26
23	3 39 39	19 59 44	8 49 56	20 4 55	23 32 43	4 3 40	12 0 21	2 44 5	23 55 56	1 13 46	22 2 28	12 28 47	18 22 27	18 11 24
24	3 44 40	20 18 50	8 51 26	19 57 25	23 33 30	3 58 49	12 0 8	2 45 21	23 56 7	1 12 36	22 2 33	12 28 23	18 22 25	18 11 22
25	3 49 42	20 37 25	8 52 56	19 49 50	23 34 16	3 54 0	11 59 56	2 46 34	23 56 17	1 11 27	22 2 37	12 28 0	18 22 23	18 11 21
26	3 54 45	20 55 26	8 54 27	19 42 7	23 35 3	3 49 13	11 59 43	2 47 46	23 56 28	1 10 19	22 2 42	12 27 37	18 22 21	18 11 20
27	3 59 49	21 12 54	8 56 0	19 34 19	23 35 49	3 44 27	11 59 31	2 48 56	23 56 39	1 9 11	22 2 46	12 27 15	18 22 18	18 11 18
28	4 4 54	21 29 47	8 57 33	19 26 23	23 36 34	3 39 43	11 59 19	2 50 3	23 56 49	1 8 4	22 2 50	12 26 54	18 22 16	18 11 17
29	4 10 0	21 46 5	8 59 8	19 18 22	23 37 20	3 35 1	11 59 8	2 51 9	23 57 0	1 6 57	22 2 55	12 26 33	18 22 13	18 11 16
30	4 15 7	22N 1 48	9 0 43	19N10 14	23 38 5	3S30 21	11 58 57	2N52 12	23 57 10	1S 5 52	22 2 59	12S26 13	18 22 10	18S11 15

MAY 2010

DAY	SIDEREAL TIME h m s	☉ SUN LONG ° ' "	MOT ' "	R.A. h m s	DECL ° ' "
1 S	14 35 17	15♈38 11	58 14	2 32 25.8	14N58 43
2 Su	14 39 13	16 36 25	58 12	2 36 15.1	15 16 50
3 M	14 43 10	17 34 37	58 11	2 40 4.9	15 34 41
4 Tu	14 47 6	18 32 47	58 9	2 43 55.4	15 52 17
5 W	14 51 3	19 30 56	58 8	2 47 46.4	16 9 37
6 Th	14 54 59	20 29 3	58 6	2 51 37.9	16 26 41
7 F	14 58 56	21 27 9	58 5	2 55 30.1	16 43 29
8 S	15 2 52	22 25 14	58 3	2 59 22.8	17 0 0
9 Su	15 6 49	23 23 17	58 2	3 3 16.1	17 16 14
10 M	15 10 46	24 21 19	58 0	3 7 10.0	17 32 11
11 Tu	15 14 42	25 19 19	57 59	3 11 4.5	17 47 50
12 W	15 18 39	26 17 18	57 58	3 14 59.6	18 3 11
13 Th	15 22 35	27 15 16	57 56	3 18 55.2	18 18 14
14 F	15 26 32	28 13 12	57 55	3 22 51.4	18 32 59
15 S	15 30 28	29 11 6	57 53	3 26 48.3	18 47 25
16 Su	15 34 25	0♉ 8 59	57 52	3 30 45.6	19 1 31
17 M	15 38 21	1 6 51	57 50	3 34 43.6	19 15 19
18 Tu	15 42 18	2 4 41	57 48	3 38 42.0	19 28 46
19 W	15 46 15	3 2 29	57 47	3 42 41.1	19 41 54
20 Th	15 50 11	4 0 15	57 45	3 46 40.6	19 54 42
21 F	15 54 8	4 58 0	57 43	3 50 40.7	20 7 9
22 S	15 58 4	5 55 43	57 42	3 54 41.2	20 19 15
23 Su	16 2 1	6 53 25	57 40	3 58 42.3	20 31 1
24 M	16 5 57	7 51 5	57 38	4 2 43.9	20 42 25
25 Tu	16 9 54	8 48 43	57 37	4 6 45.9	20 53 28
26 W	16 13 50	9 46 20	57 36	4 10 48.5	21 4 9
27 Th	16 17 47	10 43 55	57 35	4 14 51.5	21 14 29
28 F	16 21 44	11 41 30	57 33	4 18 55.0	21 24 27
29 S	16 25 40	12 39 3	57 32	4 22 59.0	21 34 2
30 Su	16 29 37	13 36 35	57 31	4 27 3.4	21 43 15
31 M	16 33 33	14♉34 6	57 30	4 31 8.3	21N52 5

DAY	☽ MOON AT 0 HOURS LONG ° ' "	12h MOT ° ' "	2DIF "	R.A. h m s	DECL ° ' "	☽ MOON AT 12 HOURS LONG ° ' "	12h MOT ° ' "	2DIF "	R.A. h m s	DECL ° ' "
1	16♏55 47	6 29 54	-170	16 39 38	24S52 20	23♏25 42	6 24 20	-163	17 8 21	25S 6 17
2	29 50 1	6 19 1	-154	17 36 43	24 59 39	6♐ 9 3	6 14 5	-142	18 4 34	24 33 24
3	12♐23 7	6 9 35	-127	18 31 49	23 48 46	18 32 43	6 5 37	-111	18 58 23	22 47 13
4	24 38 19	6 2 13	-93	19 24 13	21 30 22	0♑40 32	5 59 26	-74	19 49 20	19 59 48
5	6♑39 58	5 57 18	-54	20 13 44	18 17 7	12 37 16	5 55 49	-34	20 37 28	16 23 49
6	18 33 6	5 55 1	-14	21 0 38	14 21 19	24 28 6	5 54 52	5	21 23 18	12 10 57
7	0♒22 58	5 55 22	24	21 45 34	9 53 56	6♒18 20	5 56 29	43	22 7 31	7 31 26
8	12 14 49	5 58 12	60	22 29 17	5 4 33	18 13 2	6 0 28	76	22 50 59	2 34 22
9	24 13 30	6 3 14	90	23 12 42	0 1 58	0♓16 44	6 6 27	102	23 34 35	2N31 29
10	6♓23 11	6 10 2	112	23 56 44	5N 4 46	12 33 14	6 13 56	120	0 19 16	7 36 35
11	18 47 9	6 18 3	126	0 42 18	10 5 27	25 5 12	6 22 18	129	1 5 57	12 29 43
12	1♈27 30	6 26 38	129	1 30 19	14 47 36	7♈54 8	6 30 56	127	1 55 28	16 57 5
13	14 25 3	6 35 8	123	2 21 29	18 56 1	21 0 11	6 39 9	117	2 48 24	20 42 8
14	27 39 20	6 42 57	110	3 16 13	22 13 4	4♉22 17	6 46 28	101	3 44 52	23 26 33
15	11♉ 8 45	6 49 40	91	4 14 16	24 20 29	17 58 25	6 52 32	81	4 44 16	24 53 4
16	24 50 57	6 55 4	71	5 14 40	25 2 58	1♊46 1	6 57 15	61	5 45 16	24 49 28
17	8♊43 16	6 59 7	52	6 15 50	24 12 27	15 42 24	7 0 42	43	6 46 10	23 12 27
18	22 43 6	7 2 0	36	7 16 5	21 50 40	29 45 6	7 3 4	29	7 45 27	20 8 43
19	6♋48 10	7 3 55	22	8 14 11	18 8 40	13♋52 5	7 4 34	16	8 42 16	15 52 47
20	20 56 39	7 5 1	11	9 9 44	13 23 30	28 1 40	7 5 17	5	9 36 36	10 43 20
21	5♌ 6 56	7 5 20	-2	10 2 59	7 54 44	12♌12 16	7 5 10	-9	10 28 59	5 0 10
22	19 17 26	7 4 44	-17	10 54 43	2 2 2	26 22 10	7 4 1	-26	11 20 19	0S57 17
23	3♍26 11	7 2 59	-36	11 45 53	3S55 27	10♍29 10	7 1 36	-47	12 11 34	6 50 9
24	17 30 47	6 59 50	-59	12 37 28	9 39 6	24 30 37	6 57 41	-71	13 3 41	12 19 59
25	1♎28 18	6 55 7	-83	13 30 18	14 50 34	8♎23 25	6 52 9	-94	13 57 21	17 8 38
26	15 15 34	6 48 49	-105	14 24 51	19 12 7	22 4 23	6 45 9	-114	14 52 49	20 59 5
27	28 49 32	6 41 12	-122	15 21 9	22 27 54	5♏30 44	6 37 1	-128	15 49 47	23 37 13
28	12♏ 7 44	6 32 41	-131	16 18 34	24 26 8	18 40 25	6 28 16	-132	16 47 22	24 54 12
29	25 8 40	6 23 51	-131	17 15 59	25 1 27	1♐32 31	6 19 31	-128	17 44 17	24 48 22
30	7♐52 2	6 15 21	-122	18 12 6	24 15 53	14 7 23	6 11 25	-113	18 39 19	23 25 14
31	20♐18 47	6 7 47	-103	19 5 52	22S17 56	26♐26 35	6 4 32	-91	19 31 41	20S55 35

LUNAR INGRESSES
2 ☽ ♐ 0:19
4 ☽ ♑ 10:39
6 ☽ ♒ 23:13
9 ☽ ♓ 11:27
11 ☽ ♈ 21:16
14 ☽ ♉ 4:12
16 ☽ ♊ 8:56
18 ☽ ♋ 12:25
20 ☽ ♌ 15:20
22 ☽ ♍ 18:10
24 ☽ ♎ 21:27
27 ☽ ♏ 2:06
29 ☽ ♐ 9:06
31 ☽ ♑ 19:01

PLANET INGRESSES
6 ♃ ♓ 14:29
15 ☉ ♉ 20:16
15 ♀ ♊ 18:53
28 ♂ ♌ 5:20

STATIONS
11 ☿ D 22:28
30 ♄ D 18:10
31 ♆ R 18:49

DATA FOR THE 1st AT 0 HOURS
JULIAN DAY 40297.5
☽ MEAN ☊ 20°♐ 23' 26"
OBLIQUITY 23° 26' 19"
DELTA T 70.2 SECONDS
NUTATION LONGITUDE 15.6"

DAY MO	YR	☿ LONG ° ' "	♀ LONG ° ' "	♂ LONG ° ' "	♃ LONG ° ' "	♄ LONG ° ' "	♅ LONG ° ' "
1	121	11♈53R 7	12♉ 8 39	17♋36 51	28♒53 40	3♍40R42	4♓ 4 15
2	122	11 15 0	13 21 24	18 1 17	29 5 41	3 37 52	4 6 59
3	123	10 38 40	14 34 7	18 25 58	29 17 38	3 35 7	4 9 42
4	124	10 4 41	15 46 48	18 50 54	29 29 30	3 32 28	4 12 23
5	125	9 33 36	16 59 25	19 16 5	29 41 17	3 29 53	4 15 2
6	126	9 5 52	18 12 1	19 41 30	29 52 59	3 27 24	4 17 40
7	127	8 41 51	19 24 33	20 7 9	0♓ 4 35	3 25 1	4 20 15
8	128	8 21 52	20 37 3	20 33 2	0 16 7	3 22 42	4 22 49
9	129	8 6 10	21 49 30	20 59 9	0 27 32	3 20 30	4 25 20
10	130	7 54 56	23 1 55	21 25 29	0 38 53	3 18 22	4 27 50
11	131	7 48D16	24 14 16	21 52 2	0 50 7	3 16 21	4 30 18
12	132	7 46 14	25 26 35	22 18 49	1 1 16	3 14 25	4 32 43
13	133	7 48 51	26 38 51	22 45 48	1 12 19	3 12 35	4 35 7
14	134	7 56 7	27 51 5	23 13 0	1 23 16	3 10 50	4 37 28
15	135	8 7 58	29 3 15	23 40 24	1 34 8	3 9 12	4 39 47
16	136	8 24 20	0♊15 22	24 8 0	1 44 53	3 7 39	4 42 4
17	137	8 45 8	1 27 27	24 35 47	1 55 31	3 6 13	4 44 19
18	138	9 10 14	2 39 28	25 3 47	2 6 4	3 4 52	4 46 32
19	139	9 39 33	3 51 25	25 31 58	2 16 30	3 3 37	4 48 42
20	140	10 12 56	5 3 20	26 0 19	2 26 49	3 2 28	4 50 50
21	141	10 50 17	6 15 11	26 28 52	2 37 2	3 1 26	4 52 56
22	142	11 31 28	7 26 58	26 57 35	2 47 8	3 0 29	4 54 59
23	143	12 16 23	8 38 42	27 26 29	2 57 8	2 59 38	4 57 0
24	144	13 4 54	9 50 23	27 55 32	3 7 1	2 58 54	4 58 58
25	145	13 56 54	11 1 59	28 24 46	3 16 46	2 58 15	5 0 55
26	146	14 52 18	12 13 32	28 54 9	3 26 25	2 57 43	5 2 48
27	147	15 51 0	13 25 1	29 23 41	3 35 57	2 57 17	5 4 40
28	148	16 52 55	14 36 27	29 53 23	3 45 21	2 56 57	5 6 28
29	149	17 57 57	15 47 49	0♌23 14	3 54 38	2 56 43	5 8 15
30	150	19 6 2	16 59 6	0 53 15	4 3 48	2 56D35	5 9 59
31	151	20♈17 7	18♊10 21	1♌23 24	4♓12 51	2♍56 33	5♓11 40

DAY	♆ LONG ° ' "	♇ LONG ° ' "	☊ LONG ° '	A.S.S.I. h m s	S.S.R.Y. h m s	S.V.P. ♓ ° ' "	☿ MERCURY R.A. h m s	DECL ° ' "
1	3♒33 27	10♐23R 9	18♐57	3 11 30	30 3 55	5 6 40.4	2 17 20	14N 4 30
2	3 34 26	10 22 26	18 53	3 16 18	30 2 57	5 6 40.2	2 15 15	13 35 37
3	3 35 22	10 21 40	18 51	3 21 7	30 2 3	5 6 40.0	2 13 18	13 7 18
4	3 36 17	10 20 54	18 51	3 25 57	30 1 12	5 6 39.8	2 11 29	12 39 53
5	3 37 9	10 20 5	18 52	3 30 47	30 0 27	5 6 39.6	2 9 52	12 13 43
6	3 38 0	10 19 15	18 52	3 35 38	29 59 49	5 6 39.5	2 8 28	11 49 6
7	3 38 49	10 18 24	18 52	3 40 29	29 59 21	5 6 39.4	2 7 17	11 26 16
8	3 39 36	10 17 31	18 50	3 45 22	29 59 3	5 6 39.3	2 6 21	11 5 26
9	3 40 21	10 16 37	18 45	3 50 15	29 58 59	5 6 39.2	2 5 41	10 46 47
10	3 41 5	10 15 41	18 39	3 55 9	29 59 8	5 6 39.2	2 5 16	10 30 26
11	3 41 46	10 14 43	18 31	4 0 3	29 59 32	5 6 39.1	2 5 8	10 16 29
12	3 42 26	10 13 45	18 22	4 4 59	30 0 9	5 6 39.1	2 5 16	10 5 0
13	3 43 3	10 12 45	18 13	4 9 55	30 1 0	5 6 38.9	2 5 40	9 56 0
14	3 43 39	10 11 43	18 04	4 14 52	30 2 0	5 6 38.8	2 6 21	9 49 28
15	3 44 12	10 10 40	17 58	4 19 49	30 3 6	5 6 38.5	2 7 18	9 45 25
16	3 44 44	10 9 36	17 53	4 24 47	30 4 14	5 6 38.3	2 8 31	9 43 47
17	3 45 14	10 8 31	17 51	4 29 46	30 5 20	5 6 38.0	2 10 0	9 44 32
18	3 45 41	10 7 24	17 51	4 34 46	30 6 19	5 6 37.8	2 11 43	9 47 35
19	3 46 7	10 6 16	17 52	4 39 46	30 7 8	5 6 37.5	2 13 42	9 52 51
20	3 46 31	10 5 7	17 53	4 44 47	30 7 46	5 6 37.4	2 15 55	10 0 17
21	3 46 53	10 3 56	17 54	4 49 49	30 8 12	5 6 37.2	2 18 22	10 9 46
22	3 47 13	10 2 45	17 53	4 54 51	30 8 25	5 6 37.1	2 21 2	10 21 14
23	3 47 31	10 1 32	17 50	4 59 54	30 8 26	5 6 37.1	2 23 56	10 34 34
24	3 47 47	10 0 19	17 46	5 4 57	30 8 15	5 6 37.0	2 27 4	10 49 42
25	3 48 1	9 59 4	17 41	5 10 1	30 7 53	5 6 36.9	2 30 24	11 6 32
26	3 48 13	9 57 48	17 35	5 15 6	30 7 23	5 6 36.8	2 33 57	11 24 57
27	3 48 23	9 56 31	17 29	5 20 12	30 6 44	5 6 36.6	2 37 42	11 44 53
28	3 48 31	9 55 13	17 24	5 25 17	30 5 58	5 6 36.3	2 41 39	12 6 14
29	3 48 37	9 53 55	17 20	5 30 24	30 5 7	5 6 36.1	2 45 48	12 28 53
30	3 48 42	9 52 35	17 19	5 35 31	30 4 12	5 6 35.8	2 50 10	12 52 47
31	3♒48R44	9♐51 14	17♐18	5 40 39	30 3 15	5 6 35.6	2 54 43	13N17 48

DAY May	♀ VENUS R.A. h m s	DECL ° ' "	♂ MARS R.A. h m s	DECL ° ' "	♃ JUPITER R.A. h m s	DECL ° ' "
1	4 20 15	22N16 54	9 2 19	19N 1 59	23 38 50	3S25 42
2	4 25 23	22 31 24	9 3 57	18 53 38	23 39 34	3 21 6
3	4 30 33	22 45 17	9 5 35	18 45 11	23 40 18	3 16 31
4	4 35 43	22 58 32	9 7 14	18 36 37	23 41 2	3 11 58
5	4 40 54	23 11 9	9 8 54	18 27 57	23 41 46	3 7 28
6	4 46 6	23 23 8	9 10 34	18 19 11	23 42 29	3 2 59
7	4 51 19	23 34 27	9 12 16	18 10 18	23 43 12	2 58 33
8	4 56 32	23 45 6	9 13 58	18 1 19	23 43 55	2 54 9
9	5 1 46	23 55 5	9 15 41	17 52 13	23 44 37	2 49 47
10	5 7 1	24 4 24	9 17 25	17 43 1	23 45 19	2 45 27
11	5 12 16	24 13 2	9 19 9	17 33 42	23 46 1	2 41 10
12	5 17 31	24 20 59	9 20 54	17 24 17	23 46 42	2 36 55
13	5 22 47	24 28 14	9 22 40	17 14 46	23 47 23	2 32 42
14	5 28 4	24 34 48	9 24 27	17 5 8	23 48 4	2 28 32
15	5 33 20	24 40 39	9 26 14	16 55 24	23 48 44	2 24 24
16	5 38 37	24 45 49	9 28 2	16 45 34	23 49 24	2 20 19
17	5 43 54	24 50 16	9 29 50	16 35 37	23 50 3	2 16 17
18	5 49 11	24 54 1	9 31 40	16 25 34	23 50 42	2 12 16
19	5 54 28	24 57 2	9 33 29	16 15 25	23 51 21	2 8 19
20	5 59 45	24 59 22	9 35 19	16 5 10	23 51 59	2 4 24
21	6 5 3	25 0 58	9 37 10	15 54 49	23 52 37	2 0 32
22	6 10 19	25 1 51	9 39 2	15 44 22	23 53 14	1 56 43
23	6 15 36	25 2 2	9 40 53	15 33 49	23 53 51	1 52 57
24	6 20 52	25 1 30	9 42 46	15 23 10	23 54 28	1 49 13
25	6 26 8	25 0 15	9 44 38	15 12 26	23 55 4	1 45 32
26	6 31 24	24 58 18	9 46 32	15 1 35	23 55 40	1 41 54
27	6 36 39	24 55 38	9 48 25	14 50 39	23 56 15	1 38 19
28	6 41 54	24 52 16	9 50 19	14 39 37	23 56 50	1 34 47
29	6 47 8	24 48 11	9 52 14	14 28 29	23 57 25	1 31 18
30	6 52 21	24 43 25	9 54 9	14 17 15	23 57 59	1 27 52
31	6 57 33	24N37 57	9 56 4	14N 5 56	23 58 32	1S24 29

DAY May	♄ SATURN R.A. h m s	DECL ° ' "	♅ URANUS R.A. h m s	DECL ° ' "	♆ NEPTUNE R.A. h m s	DECL ° ' "	♇ PLUTO R.A. h m s	DECL ° ' "
1	11 58 46	2N53 13	23 57 20	1S 4 47	22 3 2	12S25 53	18 22 7	18S11 15
2	11 58 35	2 54 12	23 57 30	1 3 42	22 3 6	12 25 34	18 22 4	18 11 14
3	11 58 25	2 55 9	23 57 40	1 2 39	22 3 10	12 25 16	18 22 1	18 11 14
4	11 58 15	2 56 3	23 57 50	1 1 36	22 3 13	12 24 58	18 21 58	18 11 14
5	11 58 5	2 56 55	23 58 0	1 0 33	22 3 17	12 24 41	18 21 54	18 11 14
6	11 57 56	2 57 45	23 58 10	0 59 32	22 3 20	12 24 25	18 21 51	18 11 14
7	11 57 47	2 58 33	23 58 19	0 58 31	22 3 23	12 24 10	18 21 47	18 11 14
8	11 57 38	2 59 18	23 58 29	0 57 32	22 3 26	12 23 55	18 21 44	18 11 15
9	11 57 30	3 0 1	23 58 38	0 56 33	22 3 29	12 23 40	18 21 40	18 11 15
10	11 57 21	3 0 42	23 58 47	0 55 34	22 3 32	12 23 27	18 21 36	18 11 16
11	11 57 14	3 1 20	23 58 56	0 54 37	22 3 35	12 23 14	18 21 32	18 11 17
12	11 57 6	3 1 56	23 59 5	0 53 41	22 3 37	12 23 1	18 21 28	18 11 18
13	11 56 59	3 2 30	23 59 14	0 52 45	22 3 40	12 22 50	18 21 24	18 11 19
14	11 56 53	3 3 1	23 59 23	0 51 50	22 3 42	12 22 39	18 21 19	18 11 21
15	11 56 46	3 3 29	23 59 31	0 50 56	22 3 44	12 22 28	18 21 15	18 11 23
16	11 56 40	3 3 55	23 59 40	0 50 3	22 3 46	12 22 19	18 21 11	18 11 24
17	11 56 35	3 4 19	23 59 48	0 49 11	22 3 48	12 22 10	18 21 6	18 11 26
18	11 56 30	3 4 40	23 59 56	0 48 19	22 3 50	12 22 1	18 21 1	18 11 29
19	11 56 25	3 4 59	0 0 4	0 47 29	22 3 52	12 21 54	18 20 57	18 11 31
20	11 56 20	3 5 15	0 0 12	0 46 40	22 3 54	12 21 47	18 20 52	18 11 34
21	11 56 16	3 5 28	0 0 20	0 45 51	22 3 55	12 21 41	18 20 47	18 11 36
22	11 56 12	3 5 40	0 0 27	0 45 4	22 3 56	12 21 35	18 20 42	18 11 39
23	11 56 9	3 5 48	0 0 35	0 44 17	22 3 57	12 21 30	18 20 37	18 11 42
24	11 56 6	3 5 55	0 0 42	0 43 32	22 3 59	12 21 26	18 20 32	18 11 45
25	11 56 3	3 5 58	0 0 49	0 42 47	22 3 59	12 21 23	18 20 27	18 11 49
26	11 56 1	3 6 0	0 0 56	0 42 4	22 4 0	12 21 20	18 20 21	18 11 52
27	11 55 59	3 5 58	0 1 3	0 41 21	22 4 1	12 21 18	18 20 16	18 11 56
28	11 55 57	3 5 55	0 1 10	0 40 39	22 4 2	12 21 16	18 20 10	18 12 0
29	11 55 56	3 5 48	0 1 17	0 39 58	22 4 2	12 21 16	18 20 5	18 12 4
30	11 55 55	3 5 40	0 1 23	0 39 19	22 4 2	12 21 16	18 19 59	18 12 8
31	11 55 55	3N 5 28	0 1 29	0S38 40	22 4 3	12S21 16	18 19 54	18S12 13

JUNE 2010

DAY	SIDEREAL TIME h m s	☉ SUN LONG ° ' "	SUN MOT ' "	SUN R.A. h m s	SUN DECL ° ' "	☽ MOON AT 0 HOURS LONG ° ' "	12h MOT ° ' "	2DIF "	R.A. h m s	DECL ° ' "	☽ MOON AT 12 HOURS LONG ° ' "	12h MOT ° ' "	2DIF "	R.A. h m s	DECL ° ' "
1 Tu	16 37 30	15♉31 36	57 30	4 35 13.6	22N 0 33	2♑31 6	6 1 42	-78	19 56 45	19S19 54	8♑32 49	5 59 21	-63	20 21 7	17S32 32
2 W	16 41 26	16 29 6	57 29	4 39 19.3	22 8 38	14 32 9	5 57 31	-47	20 44 49	15 35 5	20 29 40	5 56 14	-30	21 7 55	13 29 3
3 Th	16 45 23	17 26 34	57 28	4 43 25.4	22 16 19	26 25 54	5 55 32	-12	21 30 30	11 15 51	2♒21 25	5 55 25	6	21 52 40	8 56 44
4 F	16 49 19	18 24 2	57 27	4 47 31.8	22 23 38	8♒16 51	5 55 56	24	22 14 32	6 32 55	14 12 46	5 57 3	43	22 36 11	4 5 29
5 S	16 53 16	19 21 29	57 26	4 51 38.7	22 30 32	20 9 49	5 58 46	61	22 57 46	1 35 32	26 8 35	6 1 5	78	23 19 23	0N55 52
6 Su	16 57 13	20 18 55	57 26	4 55 45.9	22 37 4	2♓ 9 40	6 3 58	95	23 41 9	3N27 40	8♓13 38	6 7 24	110	0 3 12	5 58 42
7 M	17 1 9	21 16 21	57 25	4 59 53.4	22 43 11	14 21 2	6 11 18	124	0 25 39	8 27 43	20 32 20	6 15 39	136	0 48 39	10 53 22
8 Tu	17 5 6	22 13 46	57 25	5 4 1.3	22 48 54	26 47 59	6 20 22	146	1 12 17	13 14 5	3♈ 8 21	6 25 23	153	1 36 40	15 28 7
9 W	17 9 2	23 11 11	57 24	5 8 9.4	22 54 13	9♈33 44	6 30 36	158	2 1 55	17 33 33	16 4 20	6 35 55	160	2 28 6	19 28 12
10 Th	17 12 59	24 8 35	57 23	5 12 17.8	22 59 8	22 40 15	6 41 15	158	2 55 15	21 9 46	29 21 30	6 46 29	154	3 23 23	22 35 49
11 F	17 16 55	25 5 58	57 23	5 16 26.5	23 3 39	6♉ 7 59	6 51 31	146	3 52 27	23 43 56	12♉59 29	6 56 14	136	4 22 21	24 31 50
12 S	17 20 52	26 3 20	57 22	5 20 35.4	23 7 46	19 55 43	7 0 33	122	4 52 54	24 57 35	26 56 16	7 4 22	107	5 23 56	24 59 44
13 Su	17 24 48	27 0 42	57 21	5 24 44.4	23 11 27	4♊ 0 38	7 7 39	89	5 55 10	24 37 27	11♊ 8 17	7 10 19	71	6 26 22	23 50 43
14 M	17 28 45	27 58 3	57 21	5 28 53.7	23 14 45	18 18 36	7 12 22	51	6 57 19	22 40 12	25 30 57	7 13 45	32	7 27 47	21 7 21
15 Tu	17 32 42	28 55 23	57 20	5 33 3.0	23 17 38	2♋44 42	7 14 31	13	7 57 40	19 14 9	9♋59 13	7 14 39	-4	8 26 50	17 3 4
16 W	17 36 38	29 52 43	57 19	5 37 12.5	23 20 6	17 13 51	7 14 13	-21	8 55 17	14 36 49	24 28 4	7 13 15	-36	9 23 1	11 58 14
17 Th	17 40 35	0♊50 2	57 18	5 41 22.0	23 22 9	1♌41 20	7 11 50	-49	9 50 8	9 10 11	8♌53 9	7 9 59	-61	10 16 41	6 15 29
18 F	17 44 31	1 47 19	57 17	5 45 31.6	23 23 48	16 3 9	7 7 47	-70	10 42 48	3 16 47	23 10 56	7 5 18	-78	11 8 37	0 16 39
19 S	17 48 28	2 44 36	57 16	5 49 41.3	23 25 1	0♍16 14	7 2 34	-85	11 34 14	2S42 32	7♍18 47	6 59 37	-90	11 59 48	5S38 26
20 Su	17 52 24	3 41 52	57 15	5 53 50.9	23 25 51	14 18 24	6 56 32	-95	12 25 26	8 28 53	21 14 56	6 53 18	-98	12 51 15	11 11 46
21 M	17 56 21	4 39 7	57 15	5 58 0.5	23 26 15	28 8 14	6 49 59	-101	13 17 20	13 45 4	4♎58 14	6 46 36	-103	13 43 46	16 6 48
22 Tu	18 0 17	5 36 22	57 14	6 2 10.1	23 26 14	11♎44 49	6 43 9	-104	14 10 36	18 15 8	18 27 57	6 39 39	-105	14 37 51	20 8 18
23 W	18 4 14	6 33 36	57 14	6 6 19.6	23 25 49	25 7 36	6 36 8	-106	15 5 30	21 44 43	1♏43 45	6 32 37	-106	15 33 29	23 3 0
24 Th	18 8 11	7 30 49	57 13	6 10 29.0	23 24 59	8♏16 21	6 29 6	-105	16 1 43	24 2 6	14 45 27	6 25 37	-104	16 30 6	24 41 18
25 F	18 12 7	8 28 2	57 13	6 14 38.3	23 23 44	21 11 4	6 22 10	-102	16 58 27	25 0 15	27 33 14	6 18 48	-100	17 26 39	24 59 4
26 S	18 16 4	9 25 14	57 12	6 18 47.6	23 22 5	3♐52 1	6 15 31	-96	17 54 32	24 38 16	10♐ 7 32	6 12 22	-92	18 21 58	23 58 45
27 Su	18 20 0	10 22 26	57 12	6 22 56.6	23 20 1	16 19 53	6 9 22	-87	18 48 50	23 1 42	22 29 15	6 6 34	-81	19 15 4	21 48 33
28 M	18 23 57	11 19 38	57 12	6 27 5.5	23 17 32	28 35 49	6 3 59	-73	19 40 36	20 20 54	4♑39 48	6 1 40	-65	20 5 27	18 40 25
29 Tu	18 27 53	12 16 50	57 12	6 31 14.3	23 14 39	10♑41 28	5 59 40	-55	20 29 37	16 48 43	16 41 8	5 57 59	-45	20 53 9	14 47 27
30 W	18 31 50	13♊14 2	57 12	6 35 22.8	23N11 22	22♑39 7	5 56 42	-33	21 16 6	12S38 8	28♑35 49	5 55 49	-20	21 38 34	10S22 13

LUNAR INGRESSES
3 ☽ ♒ 7:14
5 ☽ ♓ 19:42
8 ☽ ♈ 6:05
10 ☽ ♉ 13:09
12 ☽ ♊ 17:12
14 ☽ ♋ 19:27
16 ☽ ♌ 21:11
18 ☽ ♍ 23:32
21 ☽ ♎ 3:16
23 ☽ ♏ 8:51
25 ☽ ♐ 16:38
28 ☽ ♑ 2:46
30 ☽ ♒ 14:50

PLANET INGRESSES
7 ☿ ♉ 1:29
10 ♀ ♋ 0:18
16 ☉ ♊ 3:03
23 ☿ ♊ 1:55

STATIONS
NONE

DATA FOR THE 1st AT 0 HOURS
JULIAN DAY 40328.5
☽ MEAN ☊ 18°♐ 44' 52"
OBLIQUITY 23° 26' 18"
DELTA T 70.2 SECONDS
NUTATION LONGITUDE 16.3"

DAY MO YR	☿ LONG ° ' "	♀ LONG ° ' "	♂ LONG ° ' "	♃ LONG ° ' "	♄ LONG ° ' "	♅ LONG ° ' "	♆ LONG ° ' "	♇ LONG ° ' "	☊ LONG ° '	A.S.S.I. h m s	S.S.R.Y. h m s	S.V.P. ♓ ° ' "	☿ MERCURY R.A. h m s	☿ MERCURY DECL ° ' "
1 152	21♈31 8	19♊21 31	1♌53 42	4♓21 45	2♍56 37	5♓13 19	3♒48R44	9♐49R53	17♐19	5 45 47	30 2 17	5 6 35.4	2 59 28	13N43 52
2 153	22 48 1	20 32 37	2 24 9	4 30 33	2 56 48	5 14 55	3 48 43	9 48 31	17 21	5 50 55	30 1 22	5 6 35.2	3 4 26	14 10 53
3 154	24 7 44	21 43 40	2 54 44	4 39 12	2 57 4	5 16 29	3 48 39	9 47 8	17 22	5 56 5	30 0 32	5 6 35.0	3 9 35	14 38 44
4 155	25 30 15	22 54 38	3 25 28	4 47 43	2 57 27	5 18 0	3 48 34	9 45 44	17 24	6 1 14	29 59 50	5 6 34.9	3 14 56	15 7 20
5 156	26 55 33	24 5 33	3 56 20	4 56 7	2 57 56	5 19 28	3 48 26	9 44 19	17 24	6 6 24	29 59 17	5 6 34.8	3 20 29	15 36 35
6 157	28 23 34	25 16 24	4 27 21	5 4 22	2 58 31	5 20 54	3 48 17	9 42 54	17 23	6 11 35	29 58 57	5 6 34.8	3 26 15	16 6 23
7 158	29 54 19	26 27 10	4 58 30	5 12 30	2 59 12	5 22 17	3 48 5	9 41 28	17 22	6 16 46	29 58 52	5 6 34.7	3 32 13	16 36 36
8 159	1♉27 46	27 37 53	5 29 47	5 20 29	2 59 59	5 23 37	3 47 52	9 40 1	17 19	6 21 57	29 59 2	5 6 34.6	3 38 24	17 7 9
9 160	3 3 54	28 48 32	6 1 12	5 28 19	3 0 52	5 24 55	3 47 37	9 38 34	17 15	6 27 9	29 59 27	5 6 34.5	3 44 47	17 37 55
10 161	4 42 42	29 59 6	6 32 45	5 36 1	3 1 51	5 26 9	3 47 20	9 37 6	17 12	6 32 21	30 0 8	5 6 34.3	3 51 24	18 8 44
11 162	6 24 10	1♋ 9 36	7 4 26	5 43 34	3 2 57	5 27 21	3 47 1	9 35 38	17 09	6 37 34	30 1 0	5 6 34.0	3 58 13	18 39 30
12 163	8 8 15	2 20 2	7 36 15	5 50 59	3 4 8	5 28 31	3 46 40	9 34 9	17 06	6 42 46	30 2 1	5 6 33.8	4 5 16	19 10 4
13 164	9 54 57	3 30 23	8 8 11	5 58 14	3 5 26	5 29 37	3 46 17	9 32 39	17 05	6 47 59	30 3 8	5 6 33.5	4 12 32	19 40 17
14 165	11 44 13	4 40 40	8 40 15	6 5 21	3 6 49	5 30 41	3 45 53	9 31 10	17 04	6 53 12	30 4 16	5 6 33.2	4 20 2	20 9 59
15 166	13 36 0	5 50 51	9 12 27	6 12 19	3 8 19	5 31 42	3 45 26	9 29 39	17 05	6 58 26	30 5 23	5 6 32.9	4 27 45	20 38 59
16 167	15 30 16	7 0 58	9 44 46	6 19 7	3 9 55	5 32 40	3 44 58	9 28 9	17 06	7 3 39	30 6 24	5 6 32.7	4 35 41	21 7 8
17 168	17 26 54	8 11 0	10 17 11	6 25 46	3 11 36	5 33 35	3 44 28	9 26 38	17 07	7 8 53	30 7 17	5 6 32.5	4 43 51	21 34 14
18 169	19 25 50	9 20 57	10 49 44	6 32 16	3 13 24	5 34 28	3 43 56	9 25 7	17 08	7 14 6	30 8 2	5 6 32.4	4 52 13	22 0 5
19 170	21 26 56	10 30 49	11 22 24	6 38 36	3 15 17	5 35 17	3 43 22	9 23 35	17 08	7 19 20	30 8 36	5 6 32.3	5 0 48	22 24 29
20 171	23 30 3	11 40 35	11 55 11	6 44 47	3 17 16	5 36 4	3 42 47	9 22 3	17 08	7 24 33	30 9 0	5 6 32.3	5 9 34	22 47 15
21 172	25 35 2	12 50 15	12 28 4	6 50 48	3 19 21	5 36 48	3 42 9	9 20 31	17 07	7 29 47	30 9 13	5 6 32.1	5 18 32	23 8 10
22 173	27 41 39	13 59 50	13 1 3	6 56 40	3 21 32	5 37 29	3 41 30	9 18 59	17 06	7 35 1	30 9 15	5 6 32.0	5 27 39	23 27 2
23 174	29 49 42	15 9 18	13 34 10	7 2 21	3 23 48	5 38 7	3 40 49	9 17 27	17 05	7 40 14	30 9 6	5 6 31.8	5 36 55	23 43 42
24 175	1♊58 56	16 18 41	14 7 22	7 7 53	3 26 10	5 38 42	3 40 7	9 15 55	17 04	7 45 27	30 8 47	5 6 31.6	5 46 19	23 57 58
25 176	4 9 5	17 27 58	14 40 41	7 13 15	3 28 38	5 39 14	3 39 23	9 14 23	17 03	7 50 41	30 8 17	5 6 31.3	5 55 48	24 9 43
26 177	6 19 53	18 37 9	15 14 6	7 18 27	3 31 11	5 39 44	3 38 37	9 12 50	17 02	7 55 54	30 7 38	5 6 31.1	6 5 22	24 18 50
27 178	8 31 2	19 46 13	15 47 37	7 23 29	3 33 50	5 40 10	3 37 49	9 11 18	17 02	8 1 7	30 6 51	5 6 30.8	6 14 58	24 25 12
28 179	10 42 16	20 55 11	16 21 14	7 28 21	3 36 35	5 40 34	3 37 0	9 9 46	17 02	8 6 19	30 5 58	5 6 30.6	6 24 36	24 28 47
29 180	12 53 18	22 4 3	16 54 57	7 33 3	3 39 25	5 40 55	3 36 9	9 8 13	17 02	8 11 32	30 5 1	5 6 30.4	6 34 13	24 29 32
30 181	15♊ 3 53	23♋12 48	17♌28 46	7♓37 34	3♍42 20	5♓41 13	3♒35 16	9♐ 6 41	17♐03	8 16 44	30 4 2	5 6 30.2	6 43 47	24N27 29

DAY Jun	♀ VENUS R.A. h m s	♀ VENUS DECL ° ' "	♂ MARS R.A. h m s	♂ MARS DECL ° ' "	♃ JUPITER R.A. h m s	♃ JUPITER DECL ° ' "	♄ SATURN R.A. h m s	♄ SATURN DECL ° ' "	♅ URANUS R.A. h m s	♅ URANUS DECL ° ' "	♆ NEPTUNE R.A. h m s	♆ NEPTUNE DECL ° ' "	♇ PLUTO R.A. h m s	♇ PLUTO DECL ° ' "
1	7 2 45	24N31 48	9 58 0	13N54 31	23 59 5	1S21 9	11 55 55	3N 5 15	0 1 35	0S38 3	22 4 3	12S21 17	18 19 48	18S12 17
2	7 7 56	24 24 58	9 59 56	13 43 1	23 59 38	1 17 53	11 55 55	3 4 59	0 1 41	0 37 26	22 4 3	12 21 19	18 19 42	18 12 22
3	7 13 6	24 17 27	10 1 53	13 31 25	0 0 10	1 14 39	11 55 56	3 4 40	0 1 47	0 36 50	22 4 2	12 21 22	18 19 37	18 12 27
4	7 18 15	24 9 15	10 3 50	13 19 44	0 0 42	1 11 29	11 55 57	3 4 19	0 1 53	0 36 16	22 4 2	12 21 25	18 19 31	18 12 32
5	7 23 23	24 0 24	10 5 47	13 7 57	0 1 13	1 8 22	11 55 58	3 3 56	0 1 58	0 35 43	22 4 2	12 21 29	18 19 25	18 12 38
6	7 28 31	23 50 53	10 7 45	12 56 4	0 1 44	1 5 18	11 56 0	3 3 30	0 2 3	0 35 10	22 4 1	12 21 34	18 19 19	18 12 43
7	7 33 36	23 40 43	10 9 43	12 44 6	0 2 14	1 2 18	11 56 2	3 3 1	0 2 9	0 34 39	22 4 0	12 21 39	18 19 13	18 12 49
8	7 38 41	23 29 54	10 11 41	12 32 3	0 2 44	0 59 22	11 56 5	3 2 30	0 2 14	0 34 9	22 4 0	12 21 45	18 19 7	18 12 55
9	7 43 45	23 18 26	10 13 40	12 19 54	0 3 13	0 56 28	11 56 8	3 1 57	0 2 18	0 33 40	22 3 59	12 21 52	18 19 1	18 13 1
10	7 48 47	23 6 21	10 15 39	12 7 40	0 3 41	0 53 39	11 56 11	3 1 22	0 2 23	0 33 12	22 3 58	12 21 59	18 18 55	18 13 7
11	7 53 49	22 53 39	10 17 38	11 55 21	0 4 10	0 50 52	11 56 15	3 0 43	0 2 27	0 32 45	22 3 56	12 22 7	18 18 49	18 13 13
12	7 58 48	22 40 20	10 19 38	11 42 57	0 4 37	0 48 10	11 56 19	3 0 3	0 2 32	0 32 19	22 3 55	12 22 16	18 18 42	18 13 20
13	8 3 47	22 26 25	10 21 38	11 30 27	0 5 4	0 45 31	11 56 23	2 59 20	0 2 36	0 31 55	22 3 54	12 22 25	18 18 36	18 13 27
14	8 8 44	22 11 55	10 23 39	11 17 52	0 5 31	0 42 55	11 56 28	2 58 34	0 2 40	0 31 31	22 3 52	12 22 35	18 18 30	18 13 34
15	8 13 40	21 56 49	10 25 39	11 5 12	0 5 57	0 40 24	11 56 33	2 57 47	0 2 44	0 31 9	22 3 51	12 22 46	18 18 24	18 13 41
16	8 18 34	21 41 10	10 27 41	10 52 28	0 6 22	0 37 56	11 56 38	2 56 57	0 2 47	0 30 47	22 3 49	12 22 57	18 18 17	18 13 48
17	8 23 27	21 24 56	10 29 42	10 39 38	0 6 47	0 35 32	11 56 44	2 56 4	0 2 51	0 30 27	22 3 47	12 23 9	18 18 11	18 13 55
18	8 28 18	21 8 10	10 31 43	10 26 44	0 7 11	0 33 12	11 56 51	2 55 10	0 2 54	0 30 8	22 3 45	12 23 21	18 18 5	18 14 3
19	8 33 8	20 50 51	10 33 45	10 13 44	0 7 35	0 30 56	11 56 57	2 54 13	0 2 57	0 29 51	22 3 43	12 23 34	18 17 58	18 14 11
20	8 37 56	20 33 1	10 35 48	10 0 41	0 7 58	0 28 43	11 57 4	2 53 13	0 3 0	0 29 34	22 3 41	12 23 48	18 17 52	18 14 19
21	8 42 43	20 14 40	10 37 50	9 47 32	0 8 21	0 26 35	11 57 11	2 52 12	0 3 3	0 29 19	22 3 38	12 24 2	18 17 46	18 14 27
22	8 47 28	19 55 48	10 39 53	9 34 19	0 8 43	0 24 30	11 57 19	2 51 8	0 3 5	0 29 4	22 3 36	12 24 17	18 17 39	18 14 35
23	8 52 12	19 36 27	10 41 56	9 21 2	0 9 4	0 22 30	11 57 27	2 50 2	0 3 8	0 28 51	22 3 33	12 24 33	18 17 33	18 14 43
24	8 56 53	19 16 37	10 43 59	9 7 40	0 9 25	0 20 33	11 57 35	2 48 54	0 3 10	0 28 39	22 3 31	12 24 49	18 17 26	18 14 52
25	9 1 34	18 56 19	10 46 3	8 54 14	0 9 45	0 18 40	11 57 44	2 47 43	0 3 12	0 28 28	22 3 28	12 25 5	18 17 20	18 15 0
26	9 6 12	18 35 33	10 48 6	8 40 43	0 10 4	0 16 52	11 57 53	2 46 31	0 3 14	0 28 18	22 3 25	12 25 23	18 17 13	18 15 9
27	9 10 49	18 14 20	10 50 10	8 27 9	0 10 23	0 15 7	11 58 3	2 45 16	0 3 16	0 28 9	22 3 22	12 25 40	18 17 7	18 15 18
28	9 15 25	17 52 42	10 52 15	8 13 30	0 10 42	0 13 27	11 58 12	2 43 59	0 3 17	0 28 2	22 3 19	12 25 59	18 17 1	18 15 28
29	9 19 59	17 30 38	10 54 19	7 59 47	0 10 59	0 11 51	11 58 23	2 42 40	0 3 18	0 27 55	22 3 16	12 26 18	18 16 54	18 15 37
30	9 24 31	17N 8 9	10 56 24	7N46 0	0 11 16	0S10 19	11 58 33	2N41 19	0 3 20	0S27 50	22 3 12	12S26 37	18 16 48	18S15 46

DAY	SIDEREAL TIME h m s	☉ SUN LONG ° ' "	MOT ' "	R.A. h m s	DECL ° ' "
1 Th	18 35 47	14♊11 13	57 12	6 39 31.1	23N 7 40
2 F	18 39 43	15 8 25	57 12	6 43 39.2	23 3 33
3 S	18 43 40	16 5 37	57 12	6 47 47.0	22 59 3
4 Su	18 47 36	17 2 49	57 12	6 51 54.5	22 54 8
5 M	18 51 33	18 0 1	57 13	6 56 1.8	22 48 50
6 Tu	18 55 29	18 57 13	57 13	7 0 8.7	22 43 7
7 W	18 59 26	19 54 26	57 13	7 4 15.3	22 37 1
8 Th	19 3 22	20 51 39	57 14	7 8 21.6	22 30 32
9 F	19 7 19	21 48 52	57 14	7 12 27.5	22 23 38
10 S	19 11 16	22 46 6	57 14	7 16 33.0	22 16 22
11 Su	19 15 12	23 43 20	57 14	7 20 38.0	22 8 43
12 M	19 19 9	24 40 34	57 15	7 24 42.7	22 0 40
13 Tu	19 23 5	25 37 49	57 15	7 28 46.8	21 52 15
14 W	19 27 2	26 35 3	57 15	7 32 50.5	21 43 28
15 Th	19 30 58	27 32 18	57 15	7 36 53.7	21 34 19
16 F	19 34 55	28 29 33	57 15	7 40 56.4	21 24 47
17 S	19 38 51	29 26 47	57 15	7 44 58.5	21 14 54
18 Su	19 42 48	0♋24 2	57 15	7 49 0.1	21 4 39
19 M	19 46 45	1 21 17	57 15	7 53 1.2	20 54 2
20 Tu	19 50 41	2 18 33	57 16	7 57 1.7	20 43 5
21 W	19 54 38	3 15 48	57 16	8 1 1.6	20 31 47
22 Th	19 58 34	4 13 4	57 16	8 5 0.9	20 20 8
23 F	20 2 31	5 10 20	57 17	8 8 59.6	20 8 9
24 S	20 6 27	6 7 36	57 17	8 12 57.8	19 55 50
25 Su	20 10 24	7 4 53	57 18	8 16 55.4	19 43 11
26 M	20 14 20	8 2 10	57 18	8 20 52.3	19 30 12
27 Tu	20 18 17	8 59 28	57 19	8 24 48.7	19 16 54
28 W	20 22 14	9 56 47	57 20	8 28 44.5	19 3 17
29 Th	20 26 10	10 54 7	57 21	8 32 39.6	18 49 20
30 F	20 30 7	11 51 27	57 22	8 36 34.2	18 35 6
31 S	20 34 3	12♋48 49	57 23	8 40 28.2	18N20 33

DAY	☽ MOON AT 0 HOURS LONG ° ' "	12h MOT ° ' "	2DIF "	R.A. h m s	DECL ° ' "	☽ MOON AT 12 HOURS LONG ° ' "	12h MOT ° ' "	2DIF "	R.A. h m s	DECL ° ' "
1 Th	4♒31 37	5 55 22	-6	22 0 38	8S 1 0	10♒27 0	5 55 24	9	22 22 23	5S35 46
2 F	16 22 24	5 55 57	24	22 43 57	3 7 39	22 18 21	5 57 1	40	23 5 25	0 37 46
3 S	28 15 21	5 58 37	57	23 26 55	1N52 47	4♓13 59	6 0 47	73	23 48 34	4N22 56
4 Su	10♓14 46	6 3 31	90	0 10 29	6 51 34	16 18 17	6 6 48	107	0 32 48	9 17 28
5 M	22 25 5	6 10 38	123	0 55 37	11 39 22	28 35 43	6 15 0	138	1 19 4	13 55 48
6 Tu	4♈50 43	6 19 51	152	1 43 16	16 5 9	11♈10 33	6 25 8	164	2 8 18	18 5 38
7 W	17 35 41	6 30 47	174	2 34 16	19 55 12	24 6 28	6 36 44	182	3 1 13	21 31 42
8 Th	0♉43 12	6 42 53	186	3 29 10	22 52 48	7♉26 5	6 49 8	187	3 58 5	23 56 8
9 F	14 15 13	6 55 19	183	4 27 53	24 39 26	21 10 32	7 1 21	176	4 58 25	25 0 39
10 S	28 11 53	7 7 3	164	5 29 30	24 58 13	5♊18 55	7 12 17	148	6 0 55	24 31 7
11 Su	12♊31 12	7 16 55	128	6 32 23	23 39 6	19 48 7	7 20 48	104	7 3 41	22 22 43
12 M	27 8 55	7 23 51	77	7 34 36	20 43 16	4♋32 46	7 25 58	49	8 4 59	18 42 47
13 Tu	11♋58 44	7 27 6	19	8 34 43	16 23 49	19 25 50	7 27 14	-11	9 3 46	13 49 19
14 W	26 53 4	7 26 23	-39	9 32 9	11 2 25	4♌19 27	7 24 37	-66	9 59 53	8 6 22
15 Th	11♌44 3	7 21 59	-90	10 27 5	5 4 21	19 6 3	7 18 38	-110	10 53 51	1 59 25
16 F	26 24 41	7 14 39	-126	11 20 16	1S 5 33	3♍39 20	7 10 12	-139	11 46 30	4S 7 51
17 S	10♍49 32	7 5 24	-148	12 12 38	7 5 0	17 54 56	7 0 22	-153	12 38 48	9 54 41
18 Su	24 55 17	6 55 13	-154	13 5 6	12 34 48	1♎50 31	6 50 5	-153	13 31 36	15 3 22
19 M	8♎40 35	6 45 1	-149	13 58 22	17 18 37	15 25 37	6 40 7	-144	14 25 27	19 18 54
20 Tu	22 5 44	6 35 25	-137	14 52 51	21 2 45	28 41 9	6 30 58	-130	15 20 31	22 28 58
21 W	5♏12 7	6 26 47	-121	15 48 25	23 36 33	11♏38 54	6 22 53	-113	16 16 28	24 24 46
22 Th	18 1 46	6 19 16	-104	16 44 31	24 53 16	24 21 2	6 15 56	-96	17 12 29	25 2 2
23 F	0♐36 57	6 12 52	-88	17 40 12	24 51 21	6♐49 49	6 10 4	-80	18 7 34	24 21 55
24 S	12 59 53	6 7 32	-73	18 34 28	23 34 40	19 7 25	6 5 14	-65	19 0 48	22 30 49
25 Su	25 12 39	6 3 11	-58	19 26 31	21 11 45	1♑15 50	6 1 21	-52	19 51 37	19 38 59
26 M	7♑17 11	5 59 44	-45	20 16 3	17 54 4	13 16 55	5 58 22	-38	20 39 52	15 58 35
27 Tu	19 15 17	5 57 14	-30	21 3 7	13 54 5	25 12 30	5 56 20	-23	21 25 51	11 42 3
28 W	1♒ 8 50	5 55 42	-15	21 48 9	9 23 55	7♒ 4 33	5 55 22	-6	22 10 5	7 1 1
29 Th	12 59 54	5 55 20	4	22 31 45	4 34 37	18 55 14	5 55 37	14	22 53 15	2 5 58
30 F	24 50 51	5 56 17	26	23 14 41	0N23 48	0♓47 9	5 57 20	38	23 36 10	2N53 32
31 S	6♓44 29	5 58 49	51	23 57 47	5N22 4	12♓43 18	6 0 45	65	0 19 41	7N48 17

LUNAR INGRESSES			PLANET INGRESSES	STATIONS	DATA FOR THE 1st AT 0 HOURS
3 ☽ ♓ 3:30	14 ☽ ♌ 5:01	25 ☽ ♑ 9:29	5 ♀ ♌ 22:57	5 ♅ R 16:50	JULIAN DAY 40358.5
5 ☽ ♈ 14:43	16 ☽ ♍ 5:56	27 ☽ ♒ 21:41	7 ☿ ♋ 2:27	23 ♃ R 12:04	☽ MEAN ☊ 17°♐ 9' 29"
7 ☽ ♉ 22:42	18 ☽ ♎ 8:48	30 ☽ ♓ 10:25	17 ☉ ♋ 13:55		OBLIQUITY 23° 26' 18"
10 ☽ ♊ 3:03	20 ☽ ♏ 14:25		21 ♂ ♍ 12:38		DELTA T 70.3 SECONDS
12 ☽ ♋ 4:38	22 ☽ ♐ 22:49		24 ☿ ♌ 6:55		NUTATION LONGITUDE 17.3"

DAY MO YR	☿ LONG ° ' "	♀ LONG ° ' "	♂ LONG ° ' "	♃ LONG ° ' "	♄ LONG ° ' "	♅ LONG ° ' "	♆ LONG ° ' "	♇ LONG ° ' "	☊ LONG ° '	A.S.S.I. h m s	S.S.R.Y. h m s	S.V.P. ° ♓ ' "	☿ MERCURY R.A. h m s	DECL ° ' "
1 182	17♊13 45	24♋21 27	18♌ 2 42	7♓41 54	3♍45 21	5♓41 28	3♒34R22	9♐ 5R 9	17♐03	8 21 56	30 3 4	5 6 30.1	6 53 18	24N22 38
2 183	19 22 42	25 29 59	18 36 43	7 46 4	3 48 27	5 41 40	3 33 27	9 3 37	17 03	8 27 8	30 2 13	5 6 30.0	7 2 43	24 15 5
3 184	21 30 32	26 38 24	19 10 50	7 50 4	3 51 38	5 41 49	3 32 30	9 2 6	17 04	8 32 19	30 1 29	5 6 29.9	7 12 2	24 4 53
4 185	23 37 5	27 46 42	19 45 3	7 53 52	3 54 55	5 41 55	3 31 31	9 0 34	17 04	8 37 30	30 0 56	5 6 29.8	7 21 13	23 52 9
5 186	25 42 11	28 54 54	20 19 21	7 57 30	3 58 17	5 41R59	3 30 30	8 59 3	17 04	8 42 41	30 0 37	5 6 29.7	7 30 15	23 36 59
6 187	27 45 44	0♌ 2 58	20 53 46	8 0 57	4 1 44	5 41 59	3 29 29	8 57 32	17 04	8 47 51	30 0 32	5 6 29.6	7 39 9	23 19 32
7 188	29 47 37	1 10 55	21 28 17	8 4 12	4 5 17	5 41 57	3 28 25	8 56 2	17 04	8 53 1	30 0 43	5 6 29.4	7 47 52	22 59 57
8 189	1♋47 47	2 18 44	22 2 53	8 7 17	4 8 54	5 41 51	3 27 21	8 54 32	17 04	8 58 10	30 1 9	5 6 29.2	7 56 25	22 38 20
9 190	3 46 9	3 26 27	22 37 35	8 10 11	4 12 37	5 41 43	3 26 15	8 53 2	17 05	9 3 19	30 1 49	5 6 29.0	8 4 46	22 14 51
10 191	5 42 40	4 34 1	23 12 23	8 12 53	4 16 25	5 41 32	3 25 7	8 51 33	17 05	9 8 28	30 2 40	5 6 28.7	8 12 57	21 49 38
11 192	7 37 20	5 41 28	23 47 16	8 15 24	4 20 17	5 41 18	3 23 58	8 50 4	17 05	9 13 35	30 3 40	5 6 28.4	8 20 57	21 22 49
12 193	9 30 7	6 48 46	24 22 15	8 17 43	4 24 15	5 41 1	3 22 48	8 48 36	17 05	9 18 43	30 4 45	5 6 28.1	8 28 45	20 54 33
13 194	11 20 59	7 55 57	24 57 20	8 19 51	4 28 17	5 40 41	3 21 36	8 47 8	17 05	9 23 50	30 5 53	5 6 27.9	8 36 21	20 24 57
14 195	13 9 57	9 2 58	25 32 30	8 21 48	4 32 25	5 40 19	3 20 23	8 45 41	17 04	9 28 56	30 7 0	5 6 27.7	8 43 47	19 54 10
15 196	14 57 0	10 9 51	26 7 45	8 23 32	4 36 37	5 39 53	3 19 9	8 44 14	17 03	9 34 1	30 8 4	5 6 27.6	8 51 1	19 22 17
16 197	16 42 8	11 16 35	26 43 6	8 25 6	4 40 54	5 39 25	3 17 54	8 42 48	17 01	9 39 6	30 9 4	5 6 27.5	8 58 4	18 49 26
17 198	18 25 21	12 23 9	27 18 32	8 26 27	4 45 16	5 38 53	3 16 37	8 41 23	17 01	9 44 10	30 9 57	5 6 27.5	9 4 56	18 15 44
18 199	20 6 40	13 29 34	27 54 4	8 27 37	4 49 42	5 38 19	3 15 19	8 39 59	17 00	9 49 14	30 10 42	5 6 27.4	9 11 37	17 41 17
19 200	21 46 5	14 35 48	28 29 40	8 28 36	4 54 13	5 37 43	3 14 0	8 38 35	17 00	9 54 17	30 11 17	5 6 27.3	9 18 7	17 6 11
20 201	23 23 35	15 41 53	29 5 21	8 29 22	4 58 48	5 37 3	3 12 40	8 37 12	17 01	9 59 19	30 11 42	5 6 27.1	9 24 27	16 30 30
21 202	24 59 11	16 47 47	29 41 8	8 29 57	5 3 27	5 36 21	3 11 19	8 35 50	17 02	10 4 20	30 11 55	5 6 26.9	9 30 37	15 54 22
22 203	26 32 51	17 53 30	0♍16 59	8 30 20	5 8 11	5 35 36	3 9 57	8 34 29	17 03	10 9 21	30 11 56	5 6 26.6	9 36 36	15 17 50
23 204	28 4 37	18 59 1	0 52 55	8 30R32	5 13 0	5 34 48	3 8 34	8 33 9	17 04	10 14 21	30 11 45	5 6 26.4	9 42 25	14 41 1
24 205	29 34 27	20 4 22	1 28 57	8 30 32	5 17 52	5 33 58	3 7 10	8 31 49	17 05	10 19 20	30 11 22	5 6 26.2	9 48 5	14 3 58
25 206	1♌ 2 20	21 9 31	2 5 3	8 30 20	5 22 49	5 33 5	3 5 44	8 30 31	17 05	10 24 19	30 10 48	5 6 25.9	9 53 34	13 26 46
26 207	2 28 15	22 14 28	2 41 13	8 29 56	5 27 50	5 32 9	3 4 18	8 29 13	17 04	10 29 16	30 10 4	5 6 25.8	9 58 54	12 49 30
27 208	3 52 11	23 19 12	3 17 29	8 29 21	5 32 55	5 31 11	3 2 51	8 27 56	17 01	10 34 13	30 9 13	5 6 25.6	10 4 5	12 12 14
28 209	5 14 5	24 23 44	3 53 49	8 28 33	5 38 4	5 30 10	3 1 23	8 26 41	16 58	10 39 9	30 8 17	5 6 25.5	10 9 5	11 35 2
29 210	6 33 56	25 28 4	4 30 15	8 27 34	5 43 17	5 29 6	2 59 55	8 25 26	16 54	10 44 5	30 7 18	5 6 25.4	10 13 56	10 57 59
30 211	7 51 41	26 32 10	5 6 45	8 26 23	5 48 34	5 28 0	2 58 25	8 24 13	16 50	10 49 0	30 6 22	5 6 25.4	10 18 38	10 21 8
31 212	9♌ 7 17	27♌36 3	5♍43 19	8♓25 1	5♍53 55	5♓26 51	2♒56 55	8♐23 0	16♐46	10 53 54	30 5 30	5 6 25.3	10 23 9	9N44 35

DAY Jul	♀ VENUS R.A. h m s	DECL ° ' "	♂ MARS R.A. h m s	DECL ° ' "	♃ JUPITER R.A. h m s	DECL ° ' "	♄ SATURN R.A. h m s	DECL ° ' "	♅ URANUS R.A. h m s	DECL ° ' "	♆ NEPTUNE R.A. h m s	DECL ° ' "	♇ PLUTO R.A. h m s	DECL ° ' "
1	9 29 1	16N45 16	10 58 29	7N32 9	0 11 33	0S 8 51	11 58 44	2N39 56	0 3 21	0S27 46	22 3 9	12S26 57	18 16 41	18S15 56
2	9 33 30	16 21 59	11 0 34	7 18 15	0 11 49	0 7 28	11 58 55	2 38 31	0 3 21	0 27 43	22 3 5	12 27 18	18 16 35	18 16 6
3	9 37 58	15 58 20	11 2 40	7 4 16	0 12 4	0 6 9	11 59 6	2 37 3	0 3 22	0 27 41	22 3 2	12 27 39	18 16 29	18 16 16
4	9 42 23	15 34 20	11 4 45	6 50 13	0 12 18	0 4 54	11 59 18	2 35 34	0 3 22	0 27 41	22 2 58	12 28 1	18 16 22	18 16 26
5	9 46 48	15 9 57	11 6 51	6 36 7	0 12 32	0 3 44	11 59 30	2 34 3	0 3 23	0 27 41	22 2 54	12 28 23	18 16 16	18 16 36
6	9 51 10	14 45 15	11 8 58	6 21 57	0 12 45	0 2 38	11 59 42	2 32 29	0 3 23	0 27 43	22 2 50	12 28 45	18 16 10	18 16 47
7	9 55 31	14 20 12	11 11 4	6 7 43	0 12 57	0 1 37	11 59 55	2 30 54	0 3 23	0 27 46	22 2 46	12 29 9	18 16 3	18 16 57
8	9 59 51	13 54 50	11 13 11	5 53 26	0 13 9	0 0 40	12 0 8	2 29 17	0 3 22	0 27 50	22 2 42	12 29 32	18 15 57	18 17 8
9	10 4 9	13 29 10	11 15 18	5 39 5	0 13 20	0N 0 13	12 0 21	2 27 38	0 3 22	0 27 55	22 2 38	12 29 56	18 15 51	18 17 19
10	10 8 25	13 3 12	11 17 26	5 24 40	0 13 31	0 1 1	12 0 35	2 25 56	0 3 21	0 28 1	22 2 34	12 30 21	18 15 44	18 17 29
11	10 12 40	12 36 56	11 19 33	5 10 12	0 13 40	0 1 45	12 0 49	2 24 13	0 3 21	0 28 9	22 2 29	12 30 46	18 15 38	18 17 41
12	10 16 54	12 10 25	11 21 41	4 55 41	0 13 50	0 2 23	12 1 3	2 22 28	0 3 20	0 28 17	22 2 25	12 31 11	18 15 32	18 17 52
13	10 21 6	11 43 38	11 23 49	4 41 7	0 13 58	0 2 58	12 1 18	2 20 42	0 3 19	0 28 27	22 2 20	12 31 37	18 15 26	18 18 3
14	10 25 17	11 16 36	11 25 58	4 26 29	0 14 5	0 3 27	12 1 33	2 18 53	0 3 17	0 28 38	22 2 16	12 32 4	18 15 20	18 18 15
15	10 29 26	10 49 20	11 28 6	4 11 49	0 14 12	0 3 52	12 1 48	2 17 3	0 3 16	0 28 50	22 2 11	12 32 30	18 15 14	18 18 27
16	10 33 33	10 21 51	11 30 15	3 57 5	0 14 19	0 4 13	12 2 3	2 15 11	0 3 14	0 29 3	22 2 6	12 32 58	18 15 8	18 18 38
17	10 37 40	9 54 8	11 32 24	3 42 19	0 14 24	0 4 29	12 2 19	2 13 17	0 3 12	0 29 17	22 2 1	12 33 25	18 15 2	18 18 50
18	10 41 45	9 26 14	11 34 34	3 27 30	0 14 29	0 4 40	12 2 35	2 11 21	0 3 10	0 29 32	22 1 56	12 33 53	18 14 56	18 19 2
19	10 45 48	8 58 9	11 36 43	3 12 38	0 14 33	0 4 47	12 2 51	2 9 24	0 3 8	0 29 49	22 1 51	12 34 22	18 14 50	18 19 14
20	10 49 50	8 29 52	11 38 53	2 57 44	0 14 36	0 4 48	12 3 8	2 7 25	0 3 6	0 30 6	22 1 46	12 34 51	18 14 45	18 19 26
21	10 53 51	8 1 26	11 41 4	2 42 47	0 14 39	0 4 46	12 3 25	2 5 24	0 3 3	0 30 25	22 1 41	12 35 20	18 14 39	18 19 39
22	10 57 50	7 32 51	11 43 14	2 27 48	0 14 41	0 4 39	12 3 42	2 3 22	0 3 0	0 30 44	22 1 36	12 35 49	18 14 33	18 19 51
23	11 1 48	7 4 7	11 45 25	2 12 47	0 14 42	0 4 27	12 3 59	2 1 18	0 2 58	0 31 5	22 1 31	12 36 19	18 14 28	18 20 4
24	11 5 45	6 35 15	11 47 36	1 57 43	0 14 42	0 4 10	12 4 17	1 59 13	0 2 55	0 31 27	22 1 25	12 36 49	18 14 22	18 20 17
25	11 9 40	6 6 15	11 49 47	1 42 37	0 14 42	0 3 49	12 4 35	1 57 6	0 2 51	0 31 50	22 1 20	12 37 19	18 14 17	18 20 29
26	11 13 34	5 37 9	11 51 59	1 27 29	0 14 41	0 3 23	12 4 53	1 54 57	0 2 48	0 32 13	22 1 14	12 37 50	18 14 11	18 20 42
27	11 17 27	5 7 57	11 54 10	1 12 19	0 14 39	0 2 53	12 5 11	1 52 47	0 2 44	0 32 38	22 1 9	12 38 21	18 14 6	18 20 55
28	11 21 19	4 38 40	11 56 23	0 57 7	0 14 37	0 2 18	12 5 30	1 50 36	0 2 41	0 33 4	22 1 3	12 38 52	18 14 1	18 21 9
29	11 25 9	4 9 18	11 58 35	0 41 53	0 14 34	0 1 38	12 5 49	1 48 23	0 2 37	0 33 31	22 0 57	12 39 24	18 13 56	18 21 22
30	11 28 58	3 39 51	12 0 48	0 26 38	0 14 30	0 0 54	12 6 8	1 46 9	0 2 33	0 33 59	22 0 52	12 39 56	18 13 50	18 21 35
31	11 32 46	3N10 21	12 3 1	0N11 20	0 14 25	0N 0 5	12 6 27	1N43 53	0 2 29	0S34 28	22 0 46	12S40 28	18 13 45	18S21 49

AUGUST 2010

DAY	SIDEREAL TIME h m s	☉ SUN LONG ° ' "	SUN MOT ' "	SUN R.A. h m s	SUN DECL ° ' "	☽ MOON AT 0 HOURS LONG ° ' "	12h MOT ° ' "	2DIF "	R.A. h m s	DECL ° ' "	☽ MOON AT 12 HOURS LONG ° ' "	12h MOT ° ' "	2DIF "	R.A. h m s	DECL ° ' "
1 Su	20 38 0	13♋46 11	57 24	8 44 21.6	18N 5 41	18♓44 3	6 3 9	80	0 41 56	10N10 57	24♓47 12	6 6 4	95	1 4 40	12N28 47
2 M	20 41 56	14 43 35	57 25	8 48 14.3	17 50 32	0♈53 16	6 9 29	111	1 28 0	14 40 24	7♈ 2 46	6 13 27	126	1 52 1	16 44 16
3 Tu	20 45 53	15 41 0	57 26	8 52 6.5	17 35 6	13 16 12	6 17 55	142	2 16 49	18 38 43	19 34 7	6 22 55	157	2 42 28	20 21 55
4 W	20 49 49	16 38 26	57 27	8 55 58.2	17 19 22	25 57 2	6 28 23	171	3 9 2	21 51 55	2♉25 25	6 34 18	183	3 36 32	23 6 38
5 Th	20 53 46	17 35 53	57 29	8 59 49.2	17 3 21	8♉59 44	6 40 36	193	4 4 56	24 3 59	15 40 20	6 47 11	200	4 34 10	24 41 54
6 F	20 57 43	18 33 21	57 30	9 3 39.7	16 47 4	22 27 31	6 53 57	204	5 4 8	24 58 32	29 21 28	7 0 47	203	5 34 39	24 52 22
7 S	21 1 39	19 30 51	57 31	9 7 29.5	16 30 30	6♊22 15	7 7 29	197	6 5 33	24 22 21	13♊29 44	7 13 55	186	6 36 36	23 28 5
8 Su	21 5 36	20 28 22	57 32	9 11 18.8	16 13 40	20 43 39	7 19 53	169	7 7 37	22 9 50	28 3 33	7 25 12	146	7 38 23	20 28 35
9 M	21 9 32	21 25 54	57 33	9 15 7.6	15 56 35	5♋28 44	7 29 39	118	8 8 46	18 26 3	12♋58 24	7 33 6	86	8 38 39	16 4 30
10 Tu	21 13 29	22 23 27	57 34	9 18 55.7	15 39 14	20 31 29	7 35 23	50	9 8 1	13 26 43	28 6 52	7 36 24	11	9 36 49	10 35 48
11 W	21 17 25	23 21 1	57 35	9 22 43.2	15 21 38	5♌43 16	7 36 8	-27	10 5 7	7 35 5	13♌19 24	7 34 34	-65	10 32 58	4 27 58
12 Th	21 21 22	24 18 37	57 36	9 26 30.2	15 3 48	20 53 58	7 31 48	-100	11 0 28	1 17 50	28 25 46	7 27 55	-131	11 27 42	1S52 4
13 F	21 25 18	25 16 13	57 37	9 30 16.6	14 45 43	5♍53 41	7 23 5	-156	11 54 47	4S58 38	13♍16 45	7 17 29	-176	12 21 49	7 58 59
14 S	21 29 15	26 13 50	57 38	9 34 2.5	14 27 24	20 34 14	7 11 19	-190	12 48 53	10 50 29	27 45 33	7 4 47	-199	13 16 4	13 30 45
15 Su	21 33 12	27 11 29	57 39	9 37 47.8	14 8 52	4♎50 21	6 58 5	-201	13 43 26	15 57 40	11♎48 26	6 51 22	-199	14 11 1	18 9 23
16 M	21 37 8	28 9 8	57 40	9 41 32.5	13 50 6	18 39 48	6 44 48	-193	14 38 50	20 4 21	25 24 36	6 38 29	-184	15 6 50	21 41 16
17 Tu	21 41 5	29 6 48	57 41	9 45 16.7	13 31 7	2♏ 3 5	6 32 32	-172	15 35 0	22 59 11	8♏35 37	6 27 0	-159	16 3 14	23 57 26
18 W	21 45 1	0♌ 4 29	57 42	9 49 0.4	13 11 55	15 2 36	6 21 56	-145	16 31 26	24 35 42	21 24 32	6 17 21	-130	16 59 31	24 54 2
19 Th	21 48 58	1 2 11	57 44	9 52 43.5	12 52 31	27 41 53	6 13 17	-115	17 27 20	24 52 45	3♐55 10	6 9 43	-100	17 54 47	24 32 32
20 F	21 52 54	1 59 55	57 45	9 56 26.1	12 32 54	10♐ 4 53	6 6 37	-86	18 21 46	23 54 17	16 11 31	6 3 59	-73	18 48 13	22 59 8
21 S	21 56 51	2 57 39	57 46	10 0 8.3	12 13 6	22 15 30	6 1 47	-60	19 14 5	21 48 23	28 17 17	5 59 58	-49	19 39 19	20 23 25
22 Su	22 0 47	3 55 25	57 47	10 3 49.9	11 53 6	4♑17 15	5 58 31	-39	20 3 55	18 45 44	10♑15 45	5 57 23	-30	20 27 55	16 56 46
23 M	22 4 44	4 53 12	57 48	10 7 31.1	11 32 56	16 13 8	5 56 32	-21	20 51 22	14 58 1	22 9 40	5 55 58	-14	21 14 17	12 50 56
24 Tu	22 8 41	5 51 0	57 50	10 11 11.9	11 12 34	28 5 38	5 55 38	-7	21 36 46	10 36 53	4♒ 1 16	5 55 31	0	21 58 52	8 17 15
25 W	22 12 37	6 48 50	57 51	10 14 52.2	10 52 1	9♒56 46	5 55 36	6	22 20 41	5 53 19	15 52 22	5 55 54	12	22 42 18	3 26 22
26 Th	22 16 34	7 46 41	57 53	10 18 32.1	10 31 19	21 48 16	5 56 24	18	23 3 49	0 57 37	27 44 40	5 57 7	25	23 25 19	1N31 43
27 F	22 20 30	8 44 34	57 54	10 22 11.6	10 10 26	3♓41 47	5 58 3	32	23 46 54	4N 0 25	9♓39 50	5 59 15	40	0 8 40	6 27 16
28 S	22 24 27	9 42 28	57 56	10 25 50.7	9 49 23	15 39 5	6 0 42	49	0 30 42	8 51 2	21 39 47	6 2 29	58	0 53 8	11 10 25
29 Su	22 28 23	10 40 24	57 58	10 29 29.5	9 28 11	27 42 16	6 4 35	69	1 16 1	13 24 4	3♈46 51	6 7 4	81	1 39 28	15 30 35
30 M	22 32 20	11 38 22	58 0	10 33 7.9	9 6 50	9♈53 55	6 9 57	93	2 3 34	17 28 25	16 3 52	6 13 17	107	2 28 22	19 15 58
31 Tu	22 36 16	12♌36 22	58 2	10 36 46.0	8N45 20	22♈17 9	6 17 4	121	2 53 57	20N51 34	28♈34 13	6 21 20	135	3 20 19	22N13 25

LUNAR INGRESSES
1 ☽ ♈ 22:16
4 ☽ ♉ 7:32
6 ☽ ♊ 13:06
8 ☽ ♋ 15:09
10 ☽ ♌ 14:59
12 ☽ ♍ 14:31
14 ☽ ♎ 15:47
16 ☽ ♏ 20:16
19 ☽ ♐ 4:26
21 ☽ ♑ 15:25
24 ☽ ♒ 3:51
26 ☽ ♓ 16:33
29 ☽ ♈ 4:33
31 ☽ ♉ 14:43

PLANET INGRESSES
2 ♀ ♍ 6:24
17 ☉ ♌ 22:08

STATIONS
20 ☿ R 20:00

DATA FOR THE 1st AT 0 HOURS
JULIAN DAY 40389.5
☽ MEAN ☊ 15°♐ 30' 55"
OBLIQUITY 23° 26' 18"
DELTA T 70.3 SECONDS
NUTATION LONGITUDE 17.8"

DAY MO YR	☿ LONG ° ' "	♀ LONG ° ' "	♂ LONG ° ' "	♃ LONG ° ' "	♄ LONG ° ' "	♅ LONG ° ' "	♆ LONG ° ' "	♇ LONG ° ' "	☊ LONG ° '	A.S.S.I. h m s	S.S.R.Y. h m s	S.V.P. ♓ ° ' "	☿ MERCURY R.A. h m s	☿ MERCURY DECL ° ' "
1 213	10♌20 40	28♌39 43	6♍19 59	8♓23R27	5♍59 20	5♓25R40	2♒55R24	8♐21R49	16♐43	10 58 47	30 4 46	5 6 25.2	10 27 32	9N 8 23
2 214	11 31 47	29 43 8	6 56 44	8 21 41	6 4 48	5 24 27	2 53 52	8 20 39	16 41	11 3 39	30 4 14	5 6 25.2	10 31 44	8 32 37
3 215	12 40 33	0♍46 19	7 33 33	8 19 43	6 10 20	5 23 10	2 52 19	8 19 30	16 40	11 8 31	30 3 54	5 6 25.1	10 35 46	7 57 20
4 216	13 46 53	1 49 16	8 10 27	8 17 33	6 15 56	5 21 52	2 50 46	8 18 22	16 41	11 13 22	30 3 48	5 6 24.9	10 39 39	7 22 38
5 217	14 50 42	2 51 57	8 47 26	8 15 12	6 21 36	5 20 31	2 49 13	8 17 15	16 42	11 18 12	30 3 57	5 6 24.7	10 43 21	6 48 36
6 218	15 51 54	3 54 23	9 24 30	8 12 40	6 27 19	5 19 8	2 47 38	8 16 10	16 43	11 23 2	30 4 19	5 6 24.5	10 46 52	6 15 17
7 219	16 50 21	4 56 34	10 1 38	8 9 56	6 33 6	5 17 42	2 46 4	8 15 6	16 45	11 27 51	30 4 53	5 6 24.2	10 50 12	5 42 48
8 220	17 45 57	5 58 28	10 38 52	8 7 0	6 38 56	5 16 14	2 44 28	8 14 3	16 45	11 32 39	30 5 39	5 6 24.0	10 53 22	5 11 13
9 221	18 38 33	7 0 5	11 16 10	8 3 53	6 44 49	5 14 44	2 42 52	8 13 2	16 44	11 37 26	30 6 34	5 6 23.7	10 56 19	4 40 39
10 222	19 28 0	8 1 25	11 53 33	8 0 35	6 50 46	5 13 11	2 41 16	8 12 2	16 41	11 42 13	30 7 36	5 6 23.6	10 59 5	4 11 12
11 223	20 14 8	9 2 27	12 31 1	7 57 6	6 56 46	5 11 36	2 39 39	8 11 3	16 37	11 46 58	30 8 42	5 6 23.5	11 1 38	3 42 57
12 224	20 56 47	10 3 11	13 8 33	7 53 25	7 2 49	5 9 59	2 38 2	8 10 6	16 31	11 51 44	30 9 50	5 6 23.4	11 3 58	3 16 3
13 225	21 35 46	11 3 35	13 46 10	7 49 34	7 8 56	5 8 20	2 36 25	8 9 10	16 26	11 56 28	30 10 59	5 6 23.4	11 6 4	2 50 35
14 226	22 10 53	12 3 40	14 23 52	7 45 32	7 15 5	5 6 39	2 34 47	8 8 16	16 21	12 1 12	30 12 4	5 6 23.3	11 7 57	2 26 42
15 227	22 41 55	13 3 24	15 1 38	7 41 19	7 21 18	5 4 56	2 33 10	8 7 23	16 17	12 5 55	30 13 5	5 6 23.3	11 9 34	2 4 32
16 228	23 8 38	14 2 47	15 39 29	7 36 56	7 27 33	5 3 10	2 31 32	8 6 32	16 15	12 10 37	30 13 58	5 6 23.1	11 10 55	1 44 15
17 229	23 30 50	15 1 48	16 17 24	7 32 23	7 33 51	5 1 23	2 29 53	8 5 42	16 15	12 15 19	30 14 41	5 6 23.0	11 12 1	1 25 58
18 230	23 48 17	16 0 25	16 55 23	7 27 39	7 40 13	4 59 34	2 28 15	8 4 53	16 16	12 20 0	30 15 13	5 6 22.8	11 12 49	1 9 52
19 231	24 0 45	16 58 39	17 33 27	7 22 46	7 46 36	4 57 43	2 26 37	8 4 7	16 17	12 24 40	30 15 33	5 6 22.6	11 13 20	0 56 6
20 232	24 8R 0	17 56 29	18 11 35	7 17 43	7 53 3	4 55 50	2 24 58	8 3 21	16 18	12 29 20	30 15 39	5 6 22.4	11 13 32	0 44 52
21 233	24 9 50	18 53 53	18 49 48	7 12 30	7 59 32	4 53 56	2 23 20	8 2 38	16 18	12 33 59	30 15 32	5 6 22.2	11 13 26	0 36 19
22 234	24 6 4	19 50 51	19 28 4	7 7 8	8 6 4	4 51 59	2 21 41	8 1 56	16 16	12 38 37	30 15 12	5 6 22.0	11 13 0	0 30 39
23 235	23 56 33	20 47 22	20 6 25	7 1 36	8 12 38	4 50 1	2 20 3	8 1 15	16 12	12 43 15	30 14 41	5 6 21.9	11 12 14	0 28 0
24 236	23 41 12	21 43 25	20 44 51	6 55 56	8 19 15	4 48 2	2 18 25	8 0 37	16 06	12 47 53	30 13 59	5 6 21.8	11 11 9	0 28 32
25 237	23 19 58	22 38 59	21 23 20	6 50 7	8 25 54	4 46 0	2 16 47	7 59 59	15 58	12 52 29	30 13 9	5 6 21.8	11 9 43	0 32 23
26 238	22 52 53	23 34 3	22 1 54	6 44 9	8 32 35	4 43 58	2 15 9	7 59 24	15 49	12 57 6	30 12 14	5 6 21.7	11 7 58	0 39 40
27 239	22 20 7	24 28 37	22 40 33	6 38 3	8 39 19	4 41 53	2 13 31	7 58 50	15 39	13 1 42	30 11 17	5 6 21.7	11 5 55	0 50 25
28 240	21 41 55	25 22 38	23 19 15	6 31 48	8 46 4	4 39 47	2 11 53	7 58 18	15 29	13 6 17	30 10 21	5 6 21.7	11 3 33	1 4 40
29 241	20 58 41	26 16 7	23 58 2	6 25 26	8 52 52	4 37 40	2 10 16	7 57 48	15 20	13 10 52	30 9 29	5 6 21.7	11 0 56	1 22 22
30 242	20 10 57	27 9 1	24 36 54	6 18 56	8 59 42	4 35 32	2 8 39	7 57 19	15 14	13 15 26	30 8 44	5 6 21.6	10 58 5	1 43 24
31 243	19♌19 25	28♍ 1 20	25♍15 50	6♓12 19	9♍ 6 35	4♓33 22	2♒ 7 2	7♐56 52	15♐10	13 20 0	30 8 8	5 6 21.5	10 55 2	2N 7 33

DAY Aug	♀ VENUS R.A. h m s	♀ VENUS DECL ° ' "	♂ MARS R.A. h m s	♂ MARS DECL ° ' "	♃ JUPITER R.A. h m s	♃ JUPITER DECL ° ' "	♄ SATURN R.A. h m s	♄ SATURN DECL ° ' "	♅ URANUS R.A. h m s	♅ URANUS DECL ° ' "	♆ NEPTUNE R.A. h m s	♆ NEPTUNE DECL ° ' "	♇ PLUTO R.A. h m s	♇ PLUTO DECL ° ' "
1	11 36 32	2N40 48	12 5 14	0S 3 59	0 14 20	0S 0 48	12 6 47	1N41 36	0 2 25	0S34 58	22 0 40	12S41 0	18 13 40	18S22 2
2	11 40 18	2 11 13	12 7 27	0 19 19	0 14 14	0 1 46	12 7 7	1 39 17	0 2 20	0 35 29	22 0 34	12 41 33	18 13 36	18 22 16
3	11 44 2	1 41 36	12 9 41	0 34 41	0 14 7	0 2 49	12 7 27	1 36 58	0 2 15	0 36 0	22 0 28	12 42 6	18 13 31	18 22 30
4	11 47 45	1 11 58	12 11 56	0 50 4	0 14 0	0 3 56	12 7 47	1 34 36	0 2 11	0 36 33	22 0 22	12 42 39	18 13 26	18 22 43
5	11 51 27	0 42 19	12 14 10	1 5 29	0 13 52	0 5 8	12 8 8	1 32 14	0 2 6	0 37 7	22 0 16	12 43 12	18 13 21	18 22 57
6	11 55 8	0 12 40	12 16 25	1 20 55	0 13 43	0 6 24	12 8 28	1 29 50	0 2 1	0 37 41	22 0 10	12 43 45	18 13 17	18 23 11
7	11 58 48	0S16 58	12 18 40	1 36 22	0 13 33	0 7 44	12 8 49	1 27 25	0 1 56	0 38 17	22 0 4	12 44 18	18 13 12	18 23 25
8	12 2 26	0 46 35	12 20 56	1 51 50	0 13 23	0 9 9	12 9 11	1 24 59	0 1 50	0 38 53	21 59 58	12 44 52	18 13 8	18 23 39
9	12 6 4	1 16 9	12 23 12	2 7 19	0 13 12	0 10 38	12 9 32	1 22 31	0 1 45	0 39 30	21 59 52	12 45 26	18 13 4	18 23 54
10	12 9 40	1 45 42	12 25 28	2 22 49	0 13 0	0 12 12	12 9 54	1 20 2	0 1 39	0 40 9	21 59 46	12 46 0	18 13 0	18 24 8
11	12 13 15	2 15 11	12 27 44	2 38 20	0 12 48	0 13 50	12 10 16	1 17 33	0 1 33	0 40 48	21 59 40	12 46 34	18 12 56	18 24 22
12	12 16 49	2 44 36	12 30 1	2 53 51	0 12 35	0 15 32	12 10 38	1 15 2	0 1 28	0 41 28	21 59 34	12 47 8	18 12 52	18 24 37
13	12 20 22	3 13 57	12 32 19	3 9 23	0 12 21	0 17 19	12 11 0	1 12 30	0 1 22	0 42 8	21 59 27	12 47 42	18 12 48	18 24 51
14	12 23 53	3 43 12	12 34 36	3 24 55	0 12 7	0 19 9	12 11 22	1 9 57	0 1 15	0 42 50	21 59 21	12 48 16	18 12 44	18 25 6
15	12 27 24	4 12 22	12 36 54	3 40 27	0 11 52	0 21 4	12 11 45	1 7 23	0 1 9	0 43 32	21 59 15	12 48 51	18 12 40	18 25 21
16	12 30 53	4 41 26	12 39 13	3 55 59	0 11 36	0 23 2	12 12 8	1 4 48	0 1 3	0 44 15	21 59 9	12 49 25	18 12 37	18 25 35
17	12 34 21	5 10 22	12 41 31	4 11 32	0 11 20	0 25 4	12 12 31	1 2 11	0 0 56	0 44 59	21 59 2	12 49 59	18 12 33	18 25 50
18	12 37 47	5 39 10	12 43 50	4 27 4	0 11 3	0 27 10	12 12 54	0 59 34	0 0 50	0 45 43	21 58 56	12 50 34	18 12 30	18 26 5
19	12 41 13	6 7 50	12 46 10	4 42 37	0 10 45	0 29 20	12 13 17	0 56 56	0 0 43	0 46 29	21 58 50	12 51 8	18 12 27	18 26 20
20	12 44 37	6 36 22	12 48 30	4 58 8	0 10 27	0 31 33	12 13 41	0 54 17	0 0 36	0 47 14	21 58 44	12 51 43	18 12 23	18 26 35
21	12 47 59	7 4 43	12 50 50	5 13 40	0 10 8	0 33 50	12 14 4	0 51 38	0 0 29	0 48 1	21 58 37	12 52 17	18 12 20	18 26 50
22	12 51 21	7 32 54	12 53 11	5 29 11	0 9 49	0 36 11	12 14 28	0 48 57	0 0 22	0 48 48	21 58 31	12 52 51	18 12 18	18 27 5
23	12 54 41	8 0 55	12 55 32	5 44 41	0 9 29	0 38 34	12 14 52	0 46 16	0 0 15	0 49 36	21 58 25	12 53 26	18 12 15	18 27 20
24	12 57 59	8 28 44	12 57 53	6 0 11	0 9 9	0 41 2	12 15 16	0 43 33	0 0 7	0 50 25	21 58 18	12 54 0	18 12 12	18 27 35
25	13 1 16	8 56 20	13 0 15	6 15 40	0 8 48	0 43 32	12 15 40	0 40 50	0 0 0	0 51 14	21 58 12	12 54 34	18 12 10	18 27 50
26	13 4 31	9 23 45	13 2 37	6 31 8	0 8 26	0 46 6	12 16 5	0 38 7	23 59 53	0 52 4	21 58 6	12 55 8	18 12 7	18 28 5
27	13 7 45	9 50 55	13 5 0	6 46 35	0 8 4	0 48 42	12 16 29	0 35 22	23 59 45	0 52 54	21 58 0	12 55 42	18 12 5	18 28 20
28	13 10 57	10 17 52	13 7 23	7 2 0	0 7 42	0 51 22	12 16 54	0 32 37	23 59 37	0 53 45	21 57 53	12 56 16	18 12 2	18 28 36
29	13 14 7	10 44 34	13 9 46	7 17 25	0 7 18	0 54 5	12 17 19	0 29 51	23 59 30	0 54 36	21 57 47	12 56 50	18 12 0	18 28 51
30	13 17 16	11 11 2	13 12 10	7 32 48	0 6 55	0 56 50	12 17 44	0 27 5	23 59 22	0 55 28	21 57 41	12 57 24	18 11 58	18 29 6
31	13 20 23	11S37 13	13 14 35	7S48 9	0 6 31	0S59 38	12 18 9	0N24 18	23 59 14	0S56 20	21 57 35	12S57 57	18 11 57	18S29 21

SEPTEMBER 2010

DAY	SIDEREAL TIME h m s	☉ SUN LONG ° ' "	MOT ' "	R.A. h m s	DECL ° ' "	☽ MOON AT 0 HOURS LONG ° ' "	12h MOT ° ' "	2DIF	R.A. h m s	DECL ° ' "	☽ MOON AT 12 HOURS LONG ° ' "	12h MOT ° ' "	2DIF	R.A. h m s	DECL ° ' "
1 W	22 40 13	13♌34 24	58 4	10 40 23.8	8N23 42	4♉55 33	6 26 5	150	3 47 28	23N19 45	11♉21 38	6 31 19	164	4 15 24	24N 8 47
2 Th	22 44 10	14 32 27	58 6	10 44 1.3	8 1 55	17 52 57	6 37 0	177	4 44 1	24 38 51	24 29 57	6 43 6	188	5 13 14	24 48 29
3 F	22 48 6	15 30 32	58 8	10 47 38.6	7 40 0	1♊13 3	6 49 32	197	5 42 54	24 36 30	8♊ 2 35	6 56 13	202	6 12 52	24 2 8
4 S	22 52 3	16 28 40	58 10	10 51 15.6	7 17 58	14 58 48	7 3 1	203	6 42 58	23 5 4	22 1 49	7 9 46	199	7 13 4	21 45 32
5 Su	22 55 59	17 26 49	58 11	10 54 52.3	6 55 49	29 11 34	7 16 17	189	7 43 0	20 4 21	6♋27 52	7 22 23	173	8 12 39	18 2 52
6 M	22 59 56	18 25 0	58 13	10 58 28.9	6 33 33	13♋50 15	7 27 50	151	8 41 59	15 42 56	21 18 5	7 32 26	122	9 10 56	13 6 54
7 Tu	23 3 52	19 23 14	58 15	11 2 5.2	6 11 10	28 50 30	7 35 57	87	9 39 31	10 17 29	6♌26 27	7 38 13	48	10 7 47	7 17 39
8 W	23 7 49	20 21 29	58 17	11 5 41.3	5 48 41	14♌ 4 40	7 39 8	6	10 35 46	4 10 38	21 43 49	7 38 37	-37	11 3 33	0 59 46
9 Th	23 11 45	21 19 46	58 19	11 9 17.3	5 26 7	29 22 26	7 36 41	-79	11 31 15	2S11 33	6♍59 7	7 33 23	-117	11 58 55	5S20 0
10 F	23 15 42	22 18 4	58 20	11 12 53.1	5 3 27	14♍32 30	7 28 52	-151	12 26 40	8 22 22	22 1 22	7 23 18	-179	12 54 34	11 15 38
11 S	23 19 39	23 16 24	58 22	11 16 28.8	4 40 41	29 24 40	7 16 54	-201	13 22 39	13 56 59	6♎41 34	7 9 55	-215	13 50 59	16 23 58
12 Su	23 23 35	24 14 46	58 24	11 20 4.3	4 17 52	13♎51 29	7 2 34	-223	14 19 33	18 34 26	20 54 3	6 55 4	-224	14 48 19	20 26 40
13 M	23 27 32	25 13 10	58 25	11 23 39.7	3 54 57	27 49 7	6 47 37	-220	15 17 14	21 58 5	4♏36 44	6 40 24	-211	15 46 13	23 11 28
14 Tu	23 31 28	26 11 35	58 27	11 27 15.0	3 31 59	11♏17 8	6 33 32	-199	16 15 9	24 2 43	17 50 39	6 27 8	-184	16 43 54	24 33 0
15 W	23 35 25	27 10 1	58 28	11 30 50.2	3 8 57	24 17 47	6 21 16	-167	17 12 22	24 42 43	0♐39 3	6 16 0	-149	17 40 25	24 32 36
16 Th	23 39 21	28 8 30	58 30	11 34 25.4	2 45 51	6♐55 3	6 11 22	-130	18 7 56	24 3 39	13 6 25	6 7 21	-111	18 34 52	23 17 6
17 F	23 43 18	29 6 59	58 32	11 38 0.5	2 22 43	19 13 46	6 3 58	-93	19 1 8	22 14 21	25 17 44	6 1 11	-75	19 26 44	20 56 52
18 S	23 47 14	0♍ 5 31	58 33	11 41 35.6	1 59 32	1♑18 54	5 58 58	-58	19 51 40	19 26 8	7♑17 52	5 57 18	-43	20 15 57	17 43 39
19 Su	23 51 11	1 4 4	58 35	11 45 10.7	1 36 18	13 15 10	5 56 7	-29	20 39 37	15 50 51	19 11 17	5 55 24	-16	21 2 44	13 49 10
20 M	23 55 8	2 2 39	58 37	11 48 45.9	1 13 2	25 6 41	5 55 4	-4	21 25 24	11 39 55	1♒ 1 45	5 55 6	5	21 47 39	9 24 25
21 Tu	23 59 4	3 1 15	58 38	11 52 21.0	0 49 45	6♒56 50	5 55 26	14	22 9 36	7 3 54	12 52 16	5 56 2	21	22 31 20	4 39 37
22 W	0 3 1	3 59 54	58 40	11 55 56.3	0 26 26	18 48 18	5 56 51	28	22 52 57	2 12 45	24 45 9	5 57 52	33	23 14 31	0N15 29
23 Th	0 6 57	4 58 34	58 42	11 59 31.6	0 3 6	0♓43 1	5 59 3	38	23 36 9	2N43 52	6♓41 4	6 0 22	42	23 57 56	5 11 10
24 F	0 10 54	5 57 16	58 44	12 3 7.0	0S20 15	12 42 26	6 1 50	46	0 19 59	7 36 5	18 44 15	6 3 25	50	0 42 21	9 57 18
25 S	0 14 50	6 56 0	58 46	12 6 42.6	0 43 37	24 47 40	6 5 9	54	1 5 9	12 13 24	0♈52 49	6 7 2	59	1 28 27	14 22 55
26 Su	0 18 47	7 54 47	58 48	12 10 18.4	1 6 58	6♈59 51	6 9 5	65	1 52 20	16 24 20	13 8 56	6 11 21	71	2 16 50	18 16 2
27 M	0 22 43	8 53 35	58 51	12 13 54.3	1 30 20	19 20 17	6 13 51	79	2 42 2	19 56 23	25 34 8	6 16 37	88	3 7 55	21 23 43
28 Tu	0 26 40	9 52 26	58 53	12 17 30.4	1 53 41	1♉50 46	6 19 42	98	3 34 29	22 36 22	8♉10 28	6 23 8	108	4 1 44	23 32 45
29 W	0 30 36	10 51 18	58 55	12 21 6.8	2 17 1	14 33 36	6 26 55	119	4 29 34	24 11 22	21 0 30	6 31 5	131	4 57 55	24 30 57
30 Th	0 34 33	11♍50 14	58 58	12 24 43.5	2S40 21	27♉31 36	6 35 39	143	5 26 40	24N30 29	4♊ 7 15	6 40 36	154	5 55 41	24N 9 16

LUNAR INGRESSES
2 ☽ ♊ 21:50
5 ☽ ♋ 1:20
7 ☽ ♌ 1:50
9 ☽ ♍ 0:59
11 ☽ ♎ 0:58
13 ☽ ♏ 3:50
15 ☽ ♐ 10:46
17 ☽ ♑ 21:22
20 ☽ ♒ 9:55
22 ☽ ♓ 22:34
25 ☽ ♈ 10:16
27 ☽ ♉ 20:29
30 ☽ ♊ 4:31

PLANET INGRESSES
2 ♀ ♎ 7:31
7 ♂ ♎ 5:50
17 ☉ ♍ 21:44
30 ☿ ♍ 17:38

STATIONS
12 ☿ D 23:10
14 ♇ D 4:37

DATA FOR THE 1st AT 0 HOURS
JULIAN DAY 40420.5
☽ MEAN ☊ 13°♐ 52' 21"
OBLIQUITY 23° 26' 18"
DELTA T 70.4 SECONDS
NUTATION LONGITUDE 17.7"

DAY MO YR	☿ LONG ° ' "	♀ LONG ° ' "	♂ LONG ° ' "	♃ LONG ° ' "	♄ LONG ° ' "	♅ LONG ° ' "	♆ LONG ° ' "	♇ LONG ° ' "	☊ LONG	A.S.S.I. h m s	S.S.R.Y. h m s	S.V.P. ♓ ° ' "	☿ MERCURY R.A. h m s	DECL ° ' "
1 244	18♌24R55	28♍53 3	25♍54 50	6♓ 5R34	9♍13 29	4♓31R11	2♒ 5R26	7♐56R27	15♐07	13 24 34	30 7 45	5 6 21.3	10 51 52	2N34 31
2 245	17 28 27	29 44 7	26 33 54	5 58 42	9 20 25	4 28 58	2 3 50	7 56 3	15 07	13 29 7	30 7 30	5 6 21.2	10 48 36	3 3 57
3 246	16 31 6	0♎34 33	27 13 3	5 51 44	9 27 23	4 26 45	2 2 15	7 55 42	15 08	13 33 40	30 7 30	5 6 21.0	10 45 20	3 35 22
4 247	15 34 5	1 24 18	27 52 17	5 44 40	9 34 23	4 24 30	2 0 40	7 55 22	15 08	13 38 13	30 7 42	5 6 20.7	10 42 7	4 8 16
5 248	14 38 38	2 13 22	28 31 35	5 37 29	9 41 24	4 22 14	1 59 6	7 55 4	15 07	13 42 45	30 8 7	5 6 20.5	10 39 3	4 42 1
6 249	13 46 3	3 1 41	29 10 57	5 30 13	9 48 27	4 19 58	1 57 32	7 54 47	15 05	13 47 17	30 8 44	5 6 20.4	10 36 11	5 16 2
7 250	12 57 32	3 49 16	29 50 24	5 22 51	9 55 32	4 17 40	1 55 59	7 54 33	14 59	13 51 49	30 9 31	5 6 20.3	10 33 35	5 49 39
8 251	12 14 17	4 36 3	0♎29 56	5 15 24	10 2 39	4 15 21	1 54 26	7 54 20	14 51	13 56 20	30 10 27	5 6 20.2	10 31 20	6 22 15
9 252	11 37 19	5 22 2	1 9 31	5 7 52	10 9 47	4 13 2	1 52 54	7 54 9	14 42	14 0 52	30 11 30	5 6 20.2	10 29 29	6 53 14
10 253	11 7 34	6 7 9	1 49 11	5 0 16	10 16 56	4 10 42	1 51 23	7 54 0	14 32	14 5 23	30 12 38	5 6 20.2	10 28 6	7 22 0
11 254	10 45 47	6 51 23	2 28 56	4 52 36	10 24 7	4 8 21	1 49 53	7 53 53	14 23	14 9 54	30 13 47	5 6 20.2	10 27 13	7 48 5
12 255	10 32D34	7 34 42	3 8 44	4 44 52	10 31 19	4 6 0	1 48 23	7 53 48	14 15	14 14 24	30 14 55	5 6 20.1	10 26 53	8 11 3
13 256	10 28 18	8 17 3	3 48 37	4 37 4	10 38 32	4 3 38	1 46 55	7 53 45	14 10	14 18 55	30 15 58	5 6 20.0	10 27 5	8 30 31
14 257	10 33 15	8 58 24	4 28 34	4 29 14	10 45 46	4 1 15	1 45 27	7 53D43	14 07	14 23 26	30 16 53	5 6 19.8	10 27 51	8 46 11
15 258	10 47 30	9 38 42	5 8 35	4 21 22	10 53 2	3 58 52	1 44 0	7 53 43	14 06	14 27 56	30 17 38	5 6 19.6	10 29 12	8 57 52
16 259	11 10 59	10 17 54	5 48 40	4 13 27	11 0 18	3 56 29	1 42 34	7 53 46	14 07	14 32 26	30 18 11	5 6 19.5	10 31 6	9 5 23
17 260	11 43 30	10 55 59	6 28 50	4 5 30	11 7 35	3 54 5	1 41 9	7 53 50	14 07	14 36 57	30 18 31	5 6 19.3	10 33 33	9 8 40
18 261	12 24 45	11 32 52	7 9 3	3 57 31	11 14 54	3 51 41	1 39 45	7 53 56	14 05	14 41 27	30 18 38	5 6 19.1	10 36 32	9 7 41
19 262	13 14 18	12 8 31	7 49 21	3 49 32	11 22 13	3 49 17	1 38 22	7 54 4	14 02	14 45 57	30 18 32	5 6 19.0	10 40 0	9 2 28
20 263	14 11 42	12 42 54	8 29 42	3 41 31	11 29 33	3 46 52	1 37 0	7 54 14	13 56	14 50 27	30 18 13	5 6 19.0	10 43 55	8 53 6
21 264	15 16 22	13 15 57	9 10 8	3 33 31	11 36 53	3 44 28	1 35 39	7 54 25	13 47	14 54 58	30 17 42	5 6 18.9	10 48 15	8 39 43
22 265	16 27 42	13 47 36	9 50 38	3 25 30	11 44 14	3 42 3	1 34 20	7 54 39	13 36	14 59 28	30 17 1	5 6 18.9	10 52 59	8 22 29
23 266	17 45 4	14 17 50	10 31 12	3 17 29	11 51 36	3 39 39	1 33 1	7 54 54	13 22	15 3 59	30 16 12	5 6 18.9	10 58 2	8 1 37
24 267	19 7 51	14 46 34	11 11 50	3 9 29	11 58 58	3 37 14	1 31 44	7 55 12	13 08	15 8 29	30 15 17	5 6 18.9	11 3 23	7 37 21
25 268	20 35 22	15 13 45	11 52 32	3 1 30	12 6 21	3 34 50	1 30 28	7 55 31	12 55	15 13 0	30 14 20	5 6 18.9	11 9 0	7 9 57
26 269	22 7 2	15 39 21	12 33 18	2 53 32	12 13 44	3 32 26	1 29 13	7 55 52	12 42	15 17 31	30 13 22	5 6 18.8	11 14 49	6 39 40
27 270	23 42 13	16 3 16	13 14 8	2 45 36	12 21 7	3 30 2	1 27 59	7 56 15	12 32	15 22 2	30 12 27	5 6 18.8	11 20 49	6 6 47
28 271	25 20 23	16 25 28	13 55 3	2 37 41	12 28 31	3 27 39	1 26 47	7 56 39	12 25	15 26 34	30 11 36	5 6 18.6	11 26 57	5 31 36
29 272	27 1 0	16 45 54	14 36 1	2 29 50	12 35 55	3 25 16	1 25 36	7 57 6	12 21	15 31 6	30 10 51	5 6 18.5	11 33 13	4 54 22
30 273	28♌43 35	17♎ 4 29	15♎17 4	2♓22 0	12♍43 19	3♓22 53	1♒24 26	7♐57 35	12♐20	15 35 38	30 10 15	5 6 18.3	11 39 33	4N15 22

DAY Sep	♀ VENUS R.A. h m s	DECL ° ' "	♂ MARS R.A. h m s	DECL ° ' "	♃ JUPITER R.A. h m s	DECL ° ' "	♄ SATURN R.A. h m s	DECL ° ' "	♅ URANUS R.A. h m s	DECL ° ' "	♆ NEPTUNE R.A. h m s	DECL ° ' "	♇ PLUTO R.A. h m s	DECL ° ' "
1	13 23 28	12S 3 8	13 17 0	8S 3 29	0 6 6	1S 2 28	12 18 34	0N21 30	23 59 6	0S57 13	21 57 28	12S58 30	18 11 55	18S29 36
2	13 26 31	12 28 45	13 19 25	8 18 48	0 5 42	1 5 21	12 19 0	0 18 41	23 58 58	0 58 6	21 57 22	12 59 3	18 11 53	18 29 52
3	13 29 31	12 54 6	13 21 51	8 34 4	0 5 16	1 8 16	12 19 25	0 15 52	23 58 50	0 59 0	21 57 16	12 59 36	18 11 52	18 30 7
4	13 32 30	13 19 7	13 24 17	8 49 19	0 4 51	1 11 14	12 19 51	0 13 3	23 58 41	0 59 54	21 57 10	13 0 9	18 11 50	18 30 22
5	13 35 27	13 43 50	13 26 44	9 4 32	0 4 24	1 14 13	12 20 16	0 10 13	23 58 33	1 0 48	21 57 4	13 0 42	18 11 49	18 30 38
6	13 38 21	14 8 12	13 29 11	9 19 42	0 3 58	1 17 14	12 20 42	0 7 22	23 58 25	1 1 43	21 56 58	13 1 14	18 11 48	18 30 53
7	13 41 13	14 32 14	13 31 39	9 34 50	0 3 31	1 20 18	12 21 8	0 4 31	23 58 16	1 2 38	21 56 52	13 1 46	18 11 47	18 31 9
8	13 44 2	14 55 55	13 34 7	9 49 56	0 3 4	1 23 23	12 21 34	0 1 40	23 58 8	1 3 34	21 56 46	13 2 18	18 11 46	18 31 24
9	13 46 48	15 19 14	13 36 36	10 4 59	0 2 37	1 26 29	12 22 0	0S 1 12	23 57 59	1 4 30	21 56 40	13 2 50	18 11 45	18 31 39
10	13 49 32	15 42 10	13 39 5	10 19 59	0 2 9	1 29 37	12 22 26	0 4 4	23 57 51	1 5 26	21 56 34	13 3 21	18 11 45	18 31 55
11	13 52 13	16 4 42	13 41 35	10 34 57	0 1 41	1 32 46	12 22 52	0 6 56	23 57 42	1 6 22	21 56 29	13 3 52	18 11 44	18 32 10
12	13 54 50	16 26 49	13 44 5	10 49 51	0 1 13	1 35 56	12 23 19	0 9 49	23 57 34	1 7 19	21 56 23	13 4 23	18 11 44	18 32 25
13	13 57 25	16 48 31	13 46 36	11 4 42	0 0 44	1 39 7	12 23 46	0 12 42	23 57 25	1 8 15	21 56 17	13 4 54	18 11 44	18 32 41
14	13 59 56	17 9 46	13 49 7	11 19 30	0 0 16	1 42 18	12 24 12	0 15 36	23 57 16	1 9 12	21 56 12	13 5 24	18 11 44	18 32 56
15	14 2 23	17 30 34	13 51 39	11 34 14	23 59 47	1 45 31	12 24 39	0 18 29	23 57 8	1 10 9	21 56 6	13 5 53	18 11 44	18 33 11
16	14 4 47	17 50 54	13 54 12	11 48 55	23 59 18	1 48 44	12 25 5	0 21 23	23 56 59	1 11 6	21 56 0	13 6 23	18 11 44	18 33 26
17	14 7 6	18 10 44	13 56 45	12 3 32	23 58 49	1 51 57	12 25 32	0 24 17	23 56 50	1 12 3	21 55 55	13 6 52	18 11 44	18 33 42
18	14 9 21	18 30 4	13 59 18	12 18 5	23 58 20	1 55 10	12 25 59	0 27 11	23 56 41	1 13 0	21 55 50	13 7 21	18 11 45	18 33 57
19	14 11 32	18 48 52	14 1 52	12 32 34	23 57 51	1 58 23	12 26 26	0 30 5	23 56 32	1 13 58	21 55 44	13 7 49	18 11 45	18 34 12
20	14 13 38	19 7 8	14 4 27	12 46 59	23 57 21	2 1 37	12 26 53	0 32 59	23 56 24	1 14 55	21 55 39	13 8 17	18 11 46	18 34 27
21	14 15 40	19 24 49	14 7 2	13 1 20	23 56 52	2 4 50	12 27 20	0 35 54	23 56 15	1 15 52	21 55 34	13 8 45	18 11 47	18 34 42
22	14 17 36	19 41 56	14 9 38	13 15 36	23 56 23	2 8 3	12 27 47	0 38 48	23 56 6	1 16 50	21 55 29	13 9 12	18 11 48	18 34 57
23	14 19 27	19 58 27	14 12 14	13 29 47	23 55 53	2 11 15	12 28 14	0 41 43	23 55 57	1 17 47	21 55 24	13 9 39	18 11 49	18 35 12
24	14 21 12	20 14 20	14 14 51	13 43 54	23 55 24	2 14 26	12 28 41	0 44 37	23 55 48	1 18 44	21 55 19	13 10 5	18 11 50	18 35 27
25	14 22 52	20 29 34	14 17 28	13 57 55	23 54 54	2 17 37	12 29 8	0 47 31	23 55 39	1 19 41	21 55 14	13 10 31	18 11 52	18 35 42
26	14 24 26	20 44 7	14 20 6	14 11 52	23 54 25	2 20 47	12 29 35	0 50 26	23 55 31	1 20 38	21 55 9	13 10 57	18 11 53	18 35 57
27	14 25 53	20 57 58	14 22 45	14 25 44	23 53 56	2 23 56	12 30 2	0 53 20	23 55 22	1 21 35	21 55 4	13 11 22	18 11 55	18 36 12
28	14 27 14	21 11 6	14 25 24	14 39 30	23 53 27	2 27 3	12 30 29	0 56 14	23 55 13	1 22 32	21 55 0	13 11 46	18 11 56	18 36 26
29	14 28 28	21 23 28	14 28 4	14 53 11	23 52 58	2 30 9	12 30 57	0 59 8	23 55 4	1 23 28	21 54 55	13 12 10	18 11 58	18 36 41
30	14 29 35	21S35 3	14 30 44	15S 6 46	23 52 29	2S33 14	12 31 24	1S 2 2	23 54 55	1S24 24	21 54 51	13S12 34	18 12 0	18S36 55

OCTOBER 2010

DAY	SIDEREAL TIME h m s	☉ SUN LONG ° ' "	MOT ' "	R.A. h m s	DECL ° ' "	☽ MOON AT 0 HOURS LONG ° ' "	12h MOT ° ' "	2DIF	R.A. h m s	DECL ° ' "	☽ MOON AT 12 HOURS LONG ° ' "	12h MOT ° ' "	2DIF	R.A. h m s	DECL ° ' "
1 F	0 38 30	12♍49 11	59 0	12 28 20.4	3S 3 39	10♊47 51	6 45 54	163	6 24 50	23N26 59	17♊33 45	6 51 29	171	6 53 58	22N23 43
2 S	0 42 26	13 48 11	59 2	12 31 57.6	3 26 55	24 25 14	6 57 18	176	7 22 59	20 59 58	1♋22 32	7 3 13	177	7 51 48	19 16 39
3 Su	0 46 23	14 47 13	59 4	12 35 35.1	3 50 8	8♋25 44	7 9 5	173	8 20 21	17 15 5	15 34 50	7 14 46	165	8 48 36	14 56 54
4 M	0 50 19	15 46 17	59 7	12 39 13.0	4 13 19	22 49 36	7 20 4	150	9 16 34	12 24 7	0♌ 9 39	7 24 46	130	9 44 17	9 38 58
5 Tu	0 54 16	16 45 24	59 9	12 42 51.2	4 36 28	7♌34 26	7 28 42	103	10 11 48	6 43 59	15 3 8	7 31 39	71	10 39 11	3 41 55
6 W	0 58 12	17 44 32	59 11	12 46 29.8	4 59 33	22 34 47	7 33 28	36	11 6 33	0 35 42	0♍ 8 14	7 34 1	-3	11 33 59	2S31 37
7 Th	1 2 9	18 43 43	59 13	12 50 8.8	5 22 34	7♍42 16	7 33 16	-43	12 1 34	5S36 50	15 15 31	7 31 10	-81	12 29 24	8 36 47
8 F	1 6 5	19 42 57	59 15	12 53 48.2	5 45 31	22 46 42	7 27 50	-118	12 57 32	11 28 18	0♎14 31	7 23 20	-149	13 26 1	14 8 23
9 S	1 10 2	20 42 12	59 17	12 57 28.0	6 8 24	7♎37 51	7 17 52	-176	13 54 53	16 34 13	14 55 43	7 11 36	-196	14 24 6	18 43 20
10 Su	1 13 59	21 41 29	59 19	13 1 8.3	6 31 11	22 7 19	7 4 47	-210	14 53 36	20 33 38	29 12 6	6 57 37	-217	15 23 19	22 3 32
11 M	1 17 55	22 40 48	59 21	13 4 49.0	6 53 54	6♏ 9 43	6 50 18	-219	15 53 6	23 11 58	13♏ 0 1	6 43 2	-215	16 22 49	23 58 24
12 Tu	1 21 52	23 40 9	59 23	13 8 30.2	7 16 31	19 43 3	6 36 0	-206	16 52 17	24 22 56	26 19 3	6 29 19	-194	17 21 22	24 26 5
13 W	1 25 48	24 39 31	59 25	13 12 11.9	7 39 1	2♐48 21	6 23 6	-178	17 49 55	24 8 51	9♐11 27	6 17 26	-161	18 17 50	23 32 33
14 Th	1 29 45	25 38 56	59 26	13 15 54.0	8 1 26	15 28 52	6 12 22	-142	18 45 1	22 38 43	21 41 14	6 7 58	-122	19 11 26	21 29 0
15 F	1 33 41	26 38 22	59 28	13 19 36.7	8 23 43	27 49 12	6 4 13	-102	19 37 5	20 5 7	3♑53 25	6 1 8	-82	20 1 58	18 28 44
16 S	1 37 38	27 37 49	59 30	13 23 19.9	8 45 54	9♑54 33	5 58 43	-63	20 26 9	16 41 26	15 53 16	5 56 56	-44	20 49 41	14 44 43
17 Su	1 41 34	28 37 19	59 31	13 27 3.7	9 7 56	21 50 12	5 55 46	-27	21 12 40	12 40 1	27 45 58	5 55 9	-10	21 35 10	10 28 37
18 M	1 45 31	29 36 50	59 33	13 30 48.0	9 29 51	3♒41 7	5 55 4	4	21 57 18	8 11 46	9♒36 10	5 55 27	18	22 19 9	5 50 38
19 Tu	1 49 28	0♎36 24	59 35	13 34 32.9	9 51 38	15 31 37	5 56 15	30	22 40 49	3 26 20	21 27 53	5 57 26	40	23 2 25	1 0 1
20 W	1 53 24	1 35 59	59 37	13 38 18.5	10 13 16	27 25 19	5 58 56	49	23 24 3	1N27 13	3♓24 14	6 0 41	56	23 45 49	3N54 10
21 Th	1 57 21	2 35 36	59 39	13 42 4.6	10 34 45	9♓24 55	6 2 38	61	0 7 48	6 19 37	15 27 33	6 4 46	66	0 30 7	8 42 17
22 F	2 1 17	3 35 14	59 41	13 45 51.4	10 56 4	21 32 19	6 7 1	69	0 52 52	11 0 46	27 39 21	6 9 21	71	1 16 6	13 13 36
23 S	2 5 14	4 34 55	59 43	13 49 38.9	11 17 14	3♈48 42	6 11 46	73	1 39 55	15 19 11	10♈ 0 27	6 14 12	74	2 4 23	17 15 51
24 Su	2 9 10	5 34 38	59 45	13 53 27.0	11 38 13	16 14 40	6 16 42	75	2 29 31	19 1 52	22 31 21	6 19 13	77	2 55 21	20 35 28
25 M	2 13 7	6 34 22	59 47	13 57 15.9	11 59 3	28 50 35	6 21 48	78	3 21 53	21 54 54	5♉12 22	6 24 27	81	3 49 4	22 58 29
26 Tu	2 17 3	7 34 9	59 49	14 1 5.5	12 19 41	11♉36 49	6 27 11	84	4 16 50	23 44 40	18 4 0	6 30 2	88	4 45 5	24 12 11
27 W	2 21 0	8 33 58	59 51	14 4 55.8	12 40 8	24 34 2	6 33 2	92	5 13 42	24 20 0	1♊ 7 3	6 36 12	98	5 42 32	24 7 29
28 Th	2 24 57	9 33 49	59 53	14 8 46.9	13 0 23	7♊43 15	6 39 33	104	6 11 25	23 34 25	14 22 48	6 43 6	109	6 40 15	22 40 58
29 F	2 28 53	10 33 42	59 56	14 12 38.7	13 20 26	21 5 54	6 46 51	115	7 8 53	21 27 44	27 52 45	6 50 46	120	7 37 13	19 55 40
30 S	2 32 50	11 33 38	59 58	14 16 31.3	13 40 17	4♋43 31	6 54 50	123	8 5 14	18 6 2	11♋38 21	6 58 58	124	8 32 52	16 0 23
31 Su	2 36 46	12♎33 35	60 0	14 20 24.7	13S59 55	18♋37 20	7 3 7	123	9 0 9	13N40 27	25♋40 27	7 7 10	118	9 27 6	11N 8 11

LUNAR INGRESSES			PLANET INGRESSES	STATIONS	DATA FOR THE 1st AT 0 HOURS
2 ☽ ♋ 9:38	12 ☽ ♐ 18:47	25 ☽ ♉ 2:11	17 ☿ ♎ 20:00	8 ♀ R 7:06	JULIAN DAY 40450.5
4 ☽ ♌ 11:44	15 ☽ ♑ 4:18	27 ☽ ♊ 9:58	18 ☉ ♎ 9:20		☽ MEAN ☊ 12°♐ 16' 58"
6 ☽ ♍ 11:47	17 ☽ ♒ 16:32	29 ☽ ♋ 15:44	20 ♃ ♒ 17:18		OBLIQUITY 23° 26' 18"
8 ☽ ♎ 11:37	20 ☽ ♓ 5:11	31 ☽ ♌ 19:18	21 ♂ ♏ 2:50		DELTA T 70.4 SECONDS
10 ☽ ♏ 13:22	22 ☽ ♈ 16:35				NUTATION LONGITUDE 16.7"

DAY MO YR	☿ LONG ° ' "	♀ LONG ° ' "	♂ LONG ° ' "	♃ LONG ° ' "	♄ LONG ° ' "	♅ LONG ° ' "	♆ LONG ° ' "	♇ LONG ° ' "	☊ LONG ° '	A.S.S.I. h m s	S.S.R.Y. h m s	S.V.P. ♓ ° ' "	☿ MERCURY R.A. h m s	DECL ° ' "
1 274	0♍27 45	17♎21 11	15♎58 11	2♓14R14	12♍50 43	3♓20R31	1♒23R18	7♑58 5	12♐19	15 40 11	30 9 49	5 6 18.1	11 45 58	3N34 51
2 275	2 13 4	17 35 55	16 39 23	2 6 32	12 58 7	3 18 9	1 22 11	7 58 37	12 19	15 44 43	30 9 34	5 6 17.9	11 52 25	2 53 3
3 276	3 59 16	17 48 39	17 20 38	1 58 53	13 5 32	3 15 48	1 21 6	7 59 12	12 18	15 49 17	30 9 33	5 6 17.8	11 58 54	2 10 11
4 277	5 46 1	17 59 18	18 1 58	1 51 18	13 12 56	3 13 28	1 20 2	7 59 48	12 15	15 53 51	30 9 45	5 6 17.6	12 5 23	1 26 27
5 278	7 33 6	18 7 50	18 43 22	1 43 48	13 20 20	3 11 8	1 19 0	8 0 26	12 08	15 58 25	30 10 10	5 6 17.6	12 11 53	0 42 2
6 279	9 20 19	18 14 12	19 24 50	1 36 22	13 27 43	3 8 49	1 17 59	8 1 5	12 00	16 2 59	30 10 48	5 6 17.6	12 18 22	0S 2 54
7 280	11 7 29	18 18 19	20 6 23	1 29 2	13 35 7	3 6 31	1 16 59	8 1 47	11 49	16 7 34	30 11 36	5 6 17.6	12 24 51	0 48 11
8 281	12 54 27	18 20R10	20 48 0	1 21 47	13 42 30	3 4 14	1 16 2	8 2 30	11 38	16 12 10	30 12 33	5 6 17.5	12 31 18	1 33 42
9 282	14 41 6	18 19 41	21 29 40	1 14 39	13 49 52	3 1 58	1 15 6	8 3 16	11 27	16 16 46	30 13 36	5 6 17.5	12 37 44	2 19 20
10 283	16 27 22	18 16 50	22 11 25	1 7 36	13 57 14	2 59 43	1 14 11	8 4 3	11 18	16 21 23	30 14 42	5 6 17.4	12 44 8	3 4 59
11 284	18 13 9	18 11 37	22 53 14	1 0 40	14 4 36	2 57 29	1 13 18	8 4 52	11 11	16 26 0	30 15 46	5 6 17.2	12 50 31	3 50 32
12 285	19 58 23	18 3 58	23 35 7	0 53 51	14 11 57	2 55 16	1 12 27	8 5 42	11 07	16 30 38	30 16 45	5 6 17.0	12 56 53	4 35 55
13 286	21 43 3	17 53 54	24 17 4	0 47 9	14 19 17	2 53 5	1 11 38	8 6 35	11 06	16 35 17	30 17 36	5 6 16.8	13 3 12	5 21 3
14 287	23 27 6	17 41 26	24 59 5	0 40 35	14 26 36	2 50 54	1 10 50	8 7 29	11 05	16 39 56	30 18 18	5 6 16.6	13 9 30	6 5 52
15 288	25 10 31	17 26 33	25 41 10	0 34 8	14 33 54	2 48 45	1 10 4	8 8 25	11 05	16 44 36	30 18 49	5 6 16.5	13 15 47	6 50 19
16 289	26 53 17	17 9 18	26 23 18	0 27 50	14 41 11	2 46 38	1 9 20	8 9 23	11 05	16 49 16	30 19 7	5 6 16.3	13 22 2	7 34 21
17 290	28 35 23	16 49 45	27 5 31	0 21 39	14 48 28	2 44 32	1 8 38	8 10 23	11 02	16 53 57	30 19 13	5 6 16.2	13 28 16	8 17 54
18 291	0♎16 51	16 27 56	27 47 47	0 15 38	14 55 43	2 42 27	1 7 57	8 11 24	10 57	16 58 39	30 19 6	5 6 16.2	13 34 28	9 0 57
19 292	1 57 39	16 3 58	28 30 8	0 9 44	15 2 57	2 40 24	1 7 18	8 12 27	10 50	17 3 22	30 18 47	5 6 16.1	13 40 40	9 43 27
20 293	3 37 48	15 37 56	29 12 32	0 4 0	15 10 10	2 38 23	1 6 41	8 13 31	10 40	17 8 5	30 18 17	5 6 16.1	13 46 50	10 25 22
21 294	5 17 19	15 10 0	29 55 0	29♒58 26	15 17 21	2 36 23	1 6 6	8 14 38	10 28	17 12 49	30 17 38	5 6 16.1	13 53 0	11 6 40
22 295	6 56 12	14 40 16	0♏37 31	29 53 0	15 24 32	2 34 25	1 5 33	8 15 46	10 15	17 17 34	30 16 50	5 6 16.1	13 59 9	11 47 19
23 296	8 34 29	14 8 55	1 20 7	29 47 44	15 31 40	2 32 29	1 5 2	8 16 55	10 03	17 22 20	30 15 56	5 6 16.0	14 5 17	12 27 18
24 297	10 12 10	13 36 9	2 2 47	29 42 39	15 38 48	2 30 34	1 4 32	8 18 7	9 52	17 27 6	30 14 58	5 6 15.9	14 11 25	13 6 35
25 298	11 49 16	13 2 10	2 45 30	29 37 45	15 45 54	2 28 42	1 4 5	8 19 20	9 43	17 31 54	30 13 57	5 6 15.8	14 17 32	13 45 8
26 299	13 25 49	12 27 10	3 28 17	29 32 57	15 52 58	2 26 51	1 3 39	8 20 34	9 37	17 36 42	30 12 55	5 6 15.6	14 23 40	14 22 57
27 300	15 1 49	11 51 23	4 11 9	29 28 22	16 0 1	2 25 2	1 3 15	8 21 50	9 33	17 41 32	30 11 55	5 6 15.4	14 29 47	15 0 0
28 301	16 37 17	11 15 5	4 54 4	29 23 57	16 7 1	2 23 15	1 2 53	8 23 8	9 32	17 46 22	30 10 59	5 6 15.2	14 35 55	15 36 16
29 302	18 12 15	10 38 29	5 37 3	29 19 43	16 14 1	2 21 31	1 2 33	8 24 27	9 32	17 51 13	30 10 10	5 6 15.0	14 42 2	16 11 42
30 303	19 46 44	10 1 51	6 20 6	29 15 40	16 20 58	2 19 48	1 2 16	8 25 48	9 33	17 56 5	30 9 30	5 6 14.8	14 48 10	16 46 19
31 304	21♎20 43	9♎25 27	7♏ 3 13	29♒11 48	16♍27 53	2♓18 7	1♒ 2 0	8♑27 11	9♐33	18 0 59	30 9 2	5 6 14.6	14 54 18	17S20 5

DAY Oct	♀ VENUS R.A. h m s	DECL ° ' "	♂ MARS R.A. h m s	DECL ° ' "	♃ JUPITER R.A. h m s	DECL ° ' "	♄ SATURN R.A. h m s	DECL ° ' "	♅ URANUS R.A. h m s	DECL ° ' "	♆ NEPTUNE R.A. h m s	DECL ° ' "	♇ PLUTO R.A. h m s	DECL ° ' "
1	14 30 35	21S45 49	14 33 25	15S20 15	23 52 1	2S36 17	12 31 51	1S 4 56	23 54 47	1S25 20	21 54 46	13S12 57	18 12 3	18S37 10
2	14 31 27	21 55 44	14 36 7	15 33 38	23 51 32	2 39 18	12 32 18	1 7 49	23 54 38	1 26 16	21 54 42	13 13 20	18 12 5	18 37 24
3	14 32 12	22 4 45	14 38 49	15 46 56	23 51 4	2 42 17	12 32 46	1 10 43	23 54 29	1 27 11	21 54 38	13 13 42	18 12 7	18 37 39
4	14 32 48	22 12 52	14 41 32	16 0 7	23 50 36	2 45 15	12 33 13	1 13 36	23 54 21	1 28 7	21 54 34	13 14 3	18 12 10	18 37 53
5	14 33 17	22 20 0	14 44 16	16 13 11	23 50 9	2 48 10	12 33 40	1 16 29	23 54 12	1 29 1	21 54 30	13 14 24	18 12 13	18 38 7
6	14 33 37	22 26 9	14 47 0	16 26 9	23 49 41	2 51 3	12 34 7	1 19 21	23 54 4	1 29 56	21 54 26	13 14 45	18 12 15	18 38 22
7	14 33 48	22 31 15	14 49 45	16 39 0	23 49 14	2 53 53	12 34 35	1 22 13	23 53 55	1 30 50	21 54 22	13 15 5	18 12 18	18 38 36
8	14 33 50	22 35 16	14 52 30	16 51 44	23 48 47	2 56 41	12 35 2	1 25 5	23 53 47	1 31 44	21 54 18	13 15 25	18 12 21	18 38 50
9	14 33 44	22 38 9	14 55 17	17 4 21	23 48 21	2 59 26	12 35 29	1 27 56	23 53 39	1 32 37	21 54 14	13 15 43	18 12 25	18 39 3
10	14 33 29	22 39 53	14 58 3	17 16 51	23 47 55	3 2 8	12 35 56	1 30 47	23 53 30	1 33 30	21 54 11	13 16 2	18 12 28	18 39 17
11	14 33 4	22 40 23	15 0 51	17 29 13	23 47 29	3 4 47	12 36 23	1 33 38	23 53 22	1 34 22	21 54 8	13 16 19	18 12 31	18 39 31
12	14 32 31	22 39 39	15 3 39	17 41 28	23 47 4	3 7 22	12 36 50	1 36 28	23 53 14	1 35 14	21 54 4	13 16 36	18 12 35	18 39 44
13	14 31 48	22 37 37	15 6 28	17 53 35	23 46 39	3 9 55	12 37 17	1 39 17	23 53 6	1 36 5	21 54 1	13 16 53	18 12 39	18 39 58
14	14 30 57	22 34 15	15 9 17	18 5 34	23 46 15	3 12 24	12 37 44	1 42 6	23 52 58	1 36 56	21 53 58	13 17 9	18 12 43	18 40 11
15	14 29 56	22 29 31	15 12 7	18 17 24	23 45 51	3 14 50	12 38 11	1 44 54	23 52 50	1 37 46	21 53 55	13 17 24	18 12 46	18 40 24
16	14 28 47	22 23 24	15 14 58	18 29 6	23 45 28	3 17 13	12 38 38	1 47 42	23 52 42	1 38 35	21 53 52	13 17 39	18 12 51	18 40 37
17	14 27 29	22 15 52	15 17 49	18 40 40	23 45 5	3 19 31	12 39 5	1 50 29	23 52 34	1 39 24	21 53 50	13 17 53	18 12 55	18 40 51
18	14 26 4	22 6 55	15 20 41	18 52 5	23 44 42	3 21 46	12 39 32	1 53 16	23 52 27	1 40 12	21 53 47	13 18 7	18 12 59	18 41 4
19	14 24 31	21 56 31	15 23 34	19 3 21	23 44 20	3 23 58	12 39 59	1 56 1	23 52 19	1 41 0	21 53 44	13 18 20	18 13 4	18 41 17
20	14 22 50	21 44 42	15 26 27	19 14 28	23 43 59	3 26 5	12 40 25	1 58 46	23 52 12	1 41 47	21 53 42	13 18 32	18 13 8	18 41 29
21	14 21 4	21 31 28	15 29 21	19 25 26	23 43 38	3 28 9	12 40 52	2 1 31	23 52 4	1 42 33	21 53 40	13 18 43	18 13 13	18 41 42
22	14 19 11	21 16 50	15 32 15	19 36 15	23 43 18	3 30 8	12 41 19	2 4 14	23 51 57	1 43 19	21 53 38	13 18 54	18 13 18	18 41 54
23	14 17 14	21 0 50	15 35 11	19 46 54	23 42 58	3 32 3	12 41 45	2 6 57	23 51 50	1 44 4	21 53 36	13 19 5	18 13 22	18 42 7
24	14 15 13	20 43 33	15 38 7	19 57 23	23 42 39	3 33 54	12 42 11	2 9 39	23 51 43	1 44 48	21 53 34	13 19 14	18 13 28	18 42 19
25	14 13 8	20 25 2	15 41 3	20 7 42	23 42 21	3 35 41	12 42 38	2 12 20	23 51 36	1 45 31	21 53 32	13 19 23	18 13 33	18 42 31
26	14 11 0	20 5 21	15 44 0	20 17 52	23 42 3	3 37 24	12 43 4	2 15 1	23 51 29	1 46 14	21 53 30	13 19 32	18 13 38	18 42 43
27	14 8 51	19 44 36	15 46 58	20 27 51	23 41 46	3 39 2	12 43 30	2 17 40	23 51 22	1 46 55	21 53 29	13 19 39	18 13 43	18 42 54
28	14 6 41	19 22 54	15 49 57	20 37 39	23 41 29	3 40 35	12 43 56	2 20 19	23 51 16	1 47 36	21 53 27	13 19 46	18 13 49	18 43 6
29	14 4 32	19 0 21	15 52 56	20 47 18	23 41 14	3 42 5	12 44 22	2 22 56	23 51 9	1 48 16	21 53 26	13 19 53	18 13 54	18 43 18
30	14 2 24	18 37 4	15 55 56	20 56 45	23 40 58	3 43 29	12 44 48	2 25 33	23 51 3	1 48 56	21 53 25	13 19 59	18 14 0	18 43 29
31	14 0 19	18S13 12	15 58 56	21S 6 2	23 40 44	3S44 49	12 45 13	2S28 9	23 50 57	1S49 34	21 53 24	13S20 4	18 14 6	18S43 40

NOVEMBER 2010

DAY	SIDEREAL TIME h m s	☉ SUN LONG ° ' "	MOT ' "	R.A. h m s	DECL ° ' "	☽ MOON AT 0 HOURS LONG ° ' "	12h MOT ' "	2DIF "	R.A. h m s	DECL ° ' "	☽ MOON AT 12 HOURS LONG ° ' "	12h MOT ' "	2DIF "	R.A. h m s	DECL ° ' "
1 M	2 40 43	13♎33 35	60 2	14 24 18.9	14S19 19	2♌47 36	7 10 59	110	9 53 49	8N25 41	9♌58 35	7 14 28	97	10 20 21	5N35 9
2 Tu	2 44 39	14 33 37	60 4	14 28 13.9	14 38 30	17 13 4	7 17 27	80	10 46 49	2 38 57	24 30 31	7 19 49	59	11 13 20	0S20 26
3 W	2 48 36	15 33 41	60 6	14 32 9.8	14 57 27	1♍50 20	7 21 25	35	11 39 59	3S20 23	9♍11 45	7 22 9	8	12 6 53	6 18 10
4 Th	2 52 32	16 33 47	60 8	14 36 6.5	15 16 9	16 33 53	7 21 55	-22	12 34 9	9 10 58	23 55 49	7 20 43	-51	13 1 50	11 55 54
5 F	2 56 29	17 33 56	60 10	14 40 4.0	15 34 36	1♎16 31	7 18 30	-81	13 30 1	14 30 7	8♎35 1	7 15 20	-108	13 58 41	16 50 50
6 S	3 0 25	18 34 6	60 12	14 44 2.3	15 52 47	15 50 22	7 11 19	-132	14 27 52	18 55 29	23 1 40	7 6 31	-153	14 57 28	20 41 47
7 Su	3 4 22	19 34 18	60 14	14 48 1.5	16 10 43	0♏ 8 11	7 1 7	-169	15 27 24	22 7 54	7♏ 9 18	6 55 15	-180	15 57 30	23 12 29
8 M	3 8 19	20 34 32	60 16	14 52 1.5	16 28 23	14 4 33	6 49 6	-187	16 27 37	23 54 51	20 53 39	6 42 48	-189	16 57 33	24 14 51
9 Tu	3 12 15	21 34 47	60 17	14 56 2.4	16 45 45	27 36 26	6 36 31	-186	17 27 6	24 13 0	4♐12 58	6 30 24	-179	17 56 7	23 50 19
10 W	3 16 12	22 35 4	60 19	15 0 4.1	17 2 51	10♐43 21	6 24 33	-170	18 24 27	23 8 11	17 7 55	6 19 6	-157	18 52 0	22 8 20
11 Th	3 20 8	23 35 22	60 20	15 4 6.6	17 19 40	23 27 0	6 14 6	-142	19 18 44	20 52 38	29 41 6	6 9 38	-125	19 44 36	19 22 57
12 F	3 24 5	24 35 42	60 21	15 8 9.9	17 36 10	5♑50 43	6 5 45	-107	20 9 40	17 41 10	11♑56 28	6 2 28	-89	20 33 58	15 49 3
13 S	3 28 1	25 36 4	60 23	15 12 14.1	17 52 22	17 58 56	5 59 50	-69	20 57 34	13 48 12	23 58 46	5 57 51	-50	21 20 33	11 40 9
14 Su	3 31 58	26 36 26	60 24	15 16 19.1	18 8 16	29 56 37	5 56 30	-31	21 43 3	9 26 13	5♒53 6	5 55 46	-13	22 5 9	7 7 40
15 M	3 35 55	27 36 50	60 26	15 20 24.9	18 23 50	11♒48 52	5 55 39	5	22 26 57	4 45 38	17 44 31	5 56 6	22	22 48 36	2 21 12
16 Tu	3 39 51	28 37 16	60 27	15 24 31.6	18 39 5	23 40 37	5 57 6	37	23 10 11	0N 4 35	29 37 43	5 58 36	52	23 31 49	2N30 39
17 W	3 43 48	29 37 43	60 28	15 28 39.1	18 54 0	5♓36 19	6 0 33	64	23 53 37	4 55 55	11♓36 52	6 2 53	75	0 15 41	7 19 13
18 Th	3 47 44	0♏38 11	60 30	15 32 47.4	19 8 35	17 39 45	6 5 35	85	0 38 9	9 39 20	23 45 20	6 8 33	92	1 1 6	11 54 54
19 F	3 51 41	1 38 40	60 31	15 36 56.5	19 22 49	29 53 52	6 11 44	98	1 24 37	14 4 26	6♈ 5 36	6 15 5	102	1 48 48	16 6 18
20 S	3 55 37	2 39 11	60 33	15 41 6.5	19 36 43	12♈20 42	6 18 32	104	2 13 42	17 58 46	18 39 14	6 22 2	105	2 39 22	19 40 0
21 Su	3 59 34	3 39 44	60 34	15 45 17.2	19 50 15	25 1 16	6 25 32	104	3 5 48	21 8 4	1♉26 48	6 28 59	102	3 32 59	22 21 5
22 M	4 3 30	4 40 18	60 36	15 49 28.8	20 3 25	7♉55 47	6 32 21	99	4 0 53	23 17 14	14 28 8	6 35 36	96	4 29 22	23 54 55
23 Tu	4 7 27	5 40 53	60 37	15 53 41.1	20 16 14	21 3 43	6 38 43	92	4 58 19	24 12 48	27 42 26	6 41 42	87	5 27 34	24 9 59
24 W	4 11 24	6 41 30	60 39	15 57 54.3	20 28 40	4♊24 8	6 44 32	83	5 56 56	23 46 1	11♊ 8 40	6 47 14	79	6 26 16	23 0 59
25 Th	4 15 20	7 42 8	60 40	16 2 8.2	20 40 44	17 55 53	6 49 48	75	6 55 23	21 55 27	24 45 41	6 52 14	71	7 24 10	20 30 26
26 F	4 19 17	8 42 48	60 42	16 6 22.9	20 52 25	1♋37 54	6 54 33	68	7 52 31	18 47 23	8♋32 28	6 56 46	65	8 20 24	16 47 59
27 S	4 23 13	9 43 30	60 43	16 10 38.4	21 3 42	15 29 13	6 58 52	61	8 47 47	14 34 13	22 28 5	7 0 50	57	9 14 42	12 8 8
28 Su	4 27 10	10 44 13	60 45	16 14 54.6	21 14 36	29 28 55	7 2 40	52	9 41 12	9 31 53	6♌31 35	7 4 19	47	10 7 24	6 47 41
29 M	4 31 6	11 44 57	60 46	16 19 11.5	21 25 5	13♌35 53	7 5 46	40	10 33 22	3 57 45	20 41 39	7 6 57	31	10 59 13	1 4 21
30 Tu	4 35 3	12♏45 44	60 48	16 23 29.2	21S35 10	27♌48 37	7 7 51	21	11 25 5	1S50 15	4♍56 27	7 8 22	9	11 51 4	4S43 43

LUNAR INGRESSES
2 ☽ ♍ 21:00
4 ☽ ♎ 21:55
6 ☽ ♏ 23:46
9 ☽ ♐ 4:19
11 ☽ ♑ 12:37
14 ☽ ♒ 0:07
16 ☽ ♓ 12:45
19 ☽ ♈ 0:12
21 ☽ ♉ 9:18
23 ☽ ♊ 16:07
25 ☽ ♋ 21:09
28 ☽ ♌ 0:53
30 ☽ ♍ 3:41

PLANET INGRESSES
5 ☿ ♏ 14:41
17 ☉ ♏ 8:51
26 ☿ ♐ 15:16

STATIONS
7 ♆ D 6:05
18 ♀ D 21:19
18 ♃ D 16:54

DATA FOR THE 1st AT 0 HOURS
JULIAN DAY 40481.5
☽ MEAN ☊ 10°♐ 38' 24"
OBLIQUITY 23° 26' 17"
DELTA T 70.5 SECONDS
NUTATION LONGITUDE 15.8"

DAY MO	YR	☿ LONG ° ' "	♀ LONG ° ' "	♂ LONG ° ' "	♃ LONG ° ' "	♄ LONG ° ' "	♅ LONG ° ' "	♆ LONG ° ' "	♇ LONG ° ' "	☊ LONG ° '	A.S.S.I. h m s	S.S.R.Y. h m s	S.V.P. ♓ ' "	☿ MERCURY R.A. h m s	DECL ° ' "
1	305	22♎54 16	8♎49R30	7♏46 24	29♒ 8R 7	16♍34 47	2♓16R29	1♒ 1R46	8♐28 35	9♐32	18 5 53	30 8 46	5 6 14.5	15 0 26	17S52 59
2	306	24 27 21	8 14 16	8 29 39	29 4 37	16 41 38	2 14 53	1 1 34	8 30 0	9 28	18 10 48	30 8 48	5 6 14.5	15 6 25	18 24 59
3	307	26 0 0	7 39 57	9 12 57	29 1 19	16 48 27	2 13 19	1 1 24	8 31 27	9 22	18 15 45	30 9 3	5 6 14.4	15 12 45	18 56 4
4	308	27 32 14	7 6 48	9 56 20	28 58 13	16 55 14	2 11 47	1 1 16	8 32 55	9 14	18 20 42	30 9 32	5 6 14.4	15 18 55	19 26 13
5	309	29 4 2	6 35 0	10 39 47	28 55 18	17 1 59	2 10 18	1 1 10	8 34 25	9 05	18 25 40	30 10 13	5 6 14.3	15 25 5	19 55 25
6	310	0♏35 26	6 4 45	11 23 17	28 52 35	17 8 41	2 8 51	1 1 6	8 35 56	8 57	18 30 40	30 11 4	5 6 14.2	15 31 17	20 23 38
7	311	2 6 26	5 36 13	12 6 51	28 50 4	17 15 21	2 7 26	1 1D 4	8 37 29	8 50	18 35 40	30 12 0	5 6 14.0	15 37 28	20 50 52
8	312	3 37 2	5 9 33	12 50 29	28 47 46	17 21 58	2 6 4	1 1 5	8 39 3	8 45	18 40 42	30 13 0	5 6 13.8	15 43 41	21 17 4
9	313	5 7 13	4 44 52	13 34 11	28 45 39	17 28 33	2 4 45	1 1 7	8 40 38	8 43	18 45 44	30 13 58	5 6 13.6	15 49 54	21 42 13
10	314	6 36 59	4 22 19	14 17 56	28 43 45	17 35 5	2 3 28	1 1 12	8 42 15	8 42	18 50 48	30 14 52	5 6 13.3	15 56 7	22 6 19
11	315	8 6 21	4 1 59	15 1 45	28 42 3	17 41 34	2 2 14	1 1 18	8 43 53	8 43	18 55 53	30 15 40	5 6 13.1	16 2 21	22 29 19
12	316	9 35 16	3 43 57	15 45 38	28 40 33	17 48 0	2 1 2	1 1 27	8 45 32	8 44	19 0 58	30 16 20	5 6 12.9	16 8 35	22 51 12
13	317	11 3 45	3 28 17	16 29 34	28 39 16	17 54 24	1 59 53	1 1 37	8 47 13	8 46	19 6 5	30 16 50	5 6 12.8	16 14 49	23 11 58
14	318	12 31 46	3 15 2	17 13 33	28 38 11	18 0 44	1 58 46	1 1 50	8 48 54	8 46	19 11 13	30 17 10	5 6 12.6	16 21 4	23 31 33
15	319	13 59 16	3 4 13	17 57 37	28 37 19	18 7 2	1 57 43	1 2 5	8 50 37	8 45	19 16 22	30 17 19	5 6 12.6	16 27 17	23 49 58
16	320	15 26 15	2 55 52	18 41 43	28 36 39	18 13 16	1 56 42	1 2 21	8 52 21	8 42	19 21 32	30 17 17	5 6 12.5	16 33 31	24 7 10
17	321	16 52 40	2 50 0	19 25 53	28 36 11	18 19 28	1 55 44	1 2 40	8 54 7	8 37	19 26 43	30 17 4	5 6 12.4	16 39 44	24 23 8
18	322	18 18 26	2 46D36	20 10 6	28 35D56	18 25 36	1 54 48	1 3 1	8 55 53	8 31	19 31 55	30 16 41	5 6 12.4	16 45 55	24 37 51
19	323	19 43 32	2 45 39	20 54 23	28 35 54	18 31 41	1 53 55	1 3 24	8 57 41	8 24	19 37 8	30 16 8	5 6 12.3	16 52 5	24 51 18
20	324	21 7 52	2 47 8	21 38 43	28 36 3	18 37 42	1 53 6	1 3 49	8 59 29	8 17	19 42 22	30 15 26	5 6 12.2	16 58 13	25 3 26
21	325	22 31 21	2 51 1	22 23 7	28 36 26	18 43 40	1 52 19	1 4 16	9 1 19	8 11	19 47 37	30 14 36	5 6 12.0	17 4 19	25 14 15
22	326	23 53 53	2 57 15	23 7 34	28 37 0	18 49 35	1 51 35	1 4 45	9 3 10	8 06	19 52 53	30 13 40	5 6 11.8	17 10 21	25 23 43
23	327	25 15 20	3 5 47	23 52 5	28 37 47	18 55 26	1 50 54	1 5 16	9 5 1	8 03	19 58 10	30 12 37	5 6 11.6	17 16 20	25 31 50
24	328	26 35 35	3 16 35	24 36 38	28 38 46	19 1 13	1 50 15	1 5 49	9 6 54	8 02	20 3 28	30 11 32	5 6 11.3	17 22 15	25 38 34
25	329	27 54 27	3 29 36	25 21 16	28 39 58	19 6 57	1 49 40	1 6 24	9 8 48	8 02	20 8 47	30 10 25	5 6 11.0	17 28 4	25 43 54
26	330	29 11 45	3 44 45	26 5 56	28 41 22	19 12 37	1 49 7	1 7 2	9 10 43	8 04	20 14 7	30 9 21	5 6 10.8	17 33 46	25 47 50
27	331	0♐27 16	4 2 0	26 50 41	28 42 58	19 18 13	1 48 38	1 7 41	9 12 38	8 05	20 19 28	30 8 24	5 6 10.6	17 39 21	25 50 21
28	332	1 40 44	4 21 16	27 35 28	28 44 46	19 23 46	1 48 12	1 8 22	9 14 35	8 07	20 24 50	30 7 36	5 6 10.4	17 44 48	25 51 27
29	333	2 51 51	4 42 29	28 20 19	28 46 47	19 29 14	1 47 48	1 9 5	9 16 32	8 07	20 30 12	30 7 1	5 6 10.3	17 50 3	25 51 8
30	334	4♐ 0 18	5♎ 5 36	29♏ 5 14	28♒48 59	19♍34 39	1♓47 28	1♒ 9 50	9♐18 30	8♐06	20 35 36	30 6 40	5 6 10.2	17 55 8	25S49 24

DAY Nov	♀ VENUS R.A. h m s	DECL ° ' "	♂ MARS R.A. h m s	DECL ° ' "	♃ JUPITER R.A. h m s	DECL ° ' "	♄ SATURN R.A. h m s	DECL ° ' "	♅ URANUS R.A. h m s	DECL ° ' "	♆ NEPTUNE R.A. h m s	DECL ° ' "	♇ PLUTO R.A. h m s	DECL ° ' "
1	13 58 16	17S48 52	16 1 57	21S15 7	23 40 30	3S46 5	12 45 39	2S30 44	23 50 51	1S50 11	21 53 23	13S20 8	18 14 12	18S43 52
2	13 56 17	17 24 14	16 4 59	21 24 1	23 40 17	3 47 16	12 46 4	2 33 17	23 50 45	1 50 48	21 53 22	13 20 12	18 14 18	18 44 2
3	13 54 23	16 59 25	16 8 1	21 32 44	23 40 4	3 48 22	12 46 30	2 35 50	23 50 39	1 51 24	21 53 22	13 20 15	18 14 24	18 44 13
4	13 52 35	16 34 34	16 11 4	21 41 15	23 39 52	3 49 23	12 46 55	2 38 21	23 50 33	1 51 58	21 53 21	13 20 17	18 14 30	18 44 24
5	13 50 52	16 9 50	16 14 8	21 49 35	23 39 41	3 50 19	12 47 20	2 40 52	23 50 28	1 52 32	21 53 21	13 20 19	18 14 36	18 44 34
6	13 49 17	15 45 20	16 17 12	21 57 42	23 39 31	3 51 10	12 47 45	2 43 21	23 50 23	1 53 5	21 53 20	13 20 20	18 14 43	18 44 45
7	13 47 48	15 21 12	16 20 17	22 5 37	23 39 21	3 51 57	12 48 10	2 45 49	23 50 17	1 53 36	21 53 20	13 20 20	18 14 49	18 44 55
8	13 46 28	14 57 34	16 23 23	22 13 21	23 39 12	3 52 38	12 48 34	2 48 16	23 50 12	1 54 7	21 53 20	13 20 19	18 14 56	18 45 5
9	13 45 15	14 34 31	16 26 29	22 20 51	23 39 4	3 53 15	12 48 59	2 50 42	23 50 7	1 54 37	21 53 20	13 20 18	18 15 3	18 45 14
10	13 44 11	14 12 11	16 29 35	22 28 9	23 38 57	3 53 46	12 49 23	2 53 6	23 50 3	1 55 5	21 53 21	13 20 16	18 15 10	18 45 24
11	13 43 15	13 50 38	16 32 43	22 35 15	23 38 50	3 54 13	12 49 47	2 55 29	23 49 58	1 55 33	21 53 21	13 20 13	18 15 17	18 45 34
12	13 42 29	13 29 58	16 35 50	22 42 7	23 38 44	3 54 35	12 50 11	2 57 51	23 49 54	1 55 59	21 53 22	13 20 10	18 15 24	18 45 43
13	13 41 51	13 10 15	16 38 59	22 48 46	23 38 39	3 54 51	12 50 35	3 0 11	23 49 49	1 56 25	21 53 22	13 20 6	18 15 31	18 45 52
14	13 41 22	12 51 32	16 42 8	22 55 13	23 38 35	3 55 3	12 50 59	3 2 30	23 49 45	1 56 49	21 53 23	13 20 1	18 15 38	18 46 1
15	13 41 3	12 33 53	16 45 17	23 1 25	23 38 31	3 55 9	12 51 22	3 4 48	23 49 41	1 57 12	21 53 24	13 19 56	18 15 45	18 46 10
16	13 40 52	12 17 20	16 48 27	23 7 25	23 38 28	3 55 11	12 51 46	3 7 4	23 49 38	1 57 35	21 53 25	13 19 50	18 15 52	18 46 19
17	13 40 51	12 1 54	16 51 38	23 13 10	23 38 26	3 55 8	12 52 9	3 9 19	23 49 34	1 57 56	21 53 26	13 19 43	18 16 0	18 46 27
18	13 40 59	11 47 39	16 54 49	23 18 42	23 38 25	3 55 0	12 52 32	3 11 32	23 49 30	1 58 16	21 53 28	13 19 36	18 16 7	18 46 36
19	13 41 15	11 34 33	16 58 0	23 24 0	23 38 24	3 54 46	12 52 54	3 13 44	23 49 27	1 58 34	21 53 29	13 19 28	18 16 15	18 46 44
20	13 41 40	11 22 39	17 1 12	23 29 3	23 38 25	3 54 27	12 53 17	3 15 54	23 49 24	1 58 52	21 53 31	13 19 19	18 16 23	18 46 52
21	13 42 14	11 11 55	17 4 25	23 33 53	23 38 26	3 54 4	12 53 39	3 18 3	23 49 21	1 59 9	21 53 33	13 19 9	18 16 30	18 46 59
22	13 42 56	11 2 21	17 7 38	23 38 28	23 38 27	3 53 36	12 54 1	3 20 10	23 49 18	1 59 24	21 53 35	13 18 59	18 16 38	18 47 7
23	13 43 47	10 53 57	17 10 51	23 42 49	23 38 30	3 53 3	12 54 23	3 22 16	23 49 16	1 59 38	21 53 37	13 18 48	18 16 46	18 47 14
24	13 44 45	10 46 43	17 14 5	23 46 55	23 38 33	3 52 24	12 54 45	3 24 20	23 49 13	1 59 51	21 53 39	13 18 36	18 16 54	18 47 21
25	13 45 51	10 40 35	17 17 20	23 50 47	23 38 37	3 51 41	12 55 6	3 26 23	23 49 11	2 0 3	21 53 41	13 18 24	18 17 2	18 47 28
26	13 47 5	10 35 34	17 20 35	23 54 24	23 38 42	3 50 53	12 55 27	3 28 24	23 49 9	2 0 14	21 53 43	13 18 11	18 17 10	18 47 35
27	13 48 26	10 31 38	17 23 50	23 57 45	23 38 47	3 50 0	12 55 48	3 30 23	23 49 7	2 0 23	21 53 46	13 17 57	18 17 18	18 47 42
28	13 49 54	10 28 45	17 27 5	24 0 52	23 38 53	3 49 3	12 56 9	3 32 20	23 49 6	2 0 31	21 53 49	13 17 43	18 17 26	18 47 49
29	13 51 29	10 26 52	17 30 21	24 3 44	23 39 0	3 48 1	12 56 30	3 34 16	23 49 4	2 0 38	21 53 51	13 17 28	18 17 35	18 47 55
30	13 53 11	10S25 58	17 33 38	24S 6 20	23 39 8	3S46 53	12 56 50	3S36 10	23 49 3	2S 0 44	21 53 54	13S17 12	18 17 43	18S48 1

DECEMBER 2010

DAY	SIDEREAL TIME h m s	☉ SUN LONG ° ' "	MOT ' "	R.A. h m s	DECL ° ' "	☽ MOON AT 0 HOURS LONG ° ' "	12h MOT ° ' "	2DIF "	R.A. h m s	DECL ° ' "	☽ MOON AT 12 HOURS LONG ° ' "	12h MOT ° ' "	2DIF "	R.A. h m s	DECL ° ' "
1 W	4 38 59	13♏46 32	60 49	16 27 47.5	21S44 51	12♍ 4 49	7 8 29	-4	12 17 19	7S33 43	19♍13 18	7 8 7	-18	12 43 54	10S17 49
2 Th	4 42 56	14 47 21	60 51	16 32 6.5	21 54 7	26 21 25	7 7 15	-34	13 10 56	12 53 33	3♎28 40	7 5 51	-50	13 38 28	15 18 29
3 F	4 46 53	15 48 12	60 52	16 36 26.2	22 2 57	10♎34 30	7 3 53	-67	14 6 33	17 30 11	17 38 23	7 1 23	-83	14 35 10	19 26 19
4 S	4 50 49	16 49 4	60 54	16 40 46.5	22 11 22	24 39 46	6 58 22	-98	15 4 16	21 4 48	1♏38 8	6 54 51	-112	15 33 47	22 23 52
5 Su	4 54 46	17 49 57	60 55	16 45 7.4	22 19 22	8♏32 59	6 50 55	-123	16 3 34	23 22 7	15 23 53	6 46 37	-133	16 33 26	23 58 45
6 M	4 58 42	18 50 51	60 56	16 49 28.9	22 26 55	22 10 30	6 42 3	-140	17 3 13	24 13 29	28 52 33	6 37 18	-144	17 32 42	24 6 39
7 Tu	5 2 39	19 51 47	60 57	16 53 50.9	22 34 2	5♐29 51	6 32 28	-145	18 1 43	23 39 6	12♐ 2 18	6 27 37	-144	18 30 7	22 52 9
8 W	5 6 35	20 52 43	60 57	16 58 13.4	22 40 42	18 29 55	6 22 53	-140	18 57 47	21 47 29	24 52 48	6 18 19	-133	19 24 39	20 26 57
9 Th	5 10 32	21 53 41	60 58	17 2 36.4	22 46 56	1♑11 7	6 14 1	-124	19 50 40	18 52 31	7♑25 8	6 10 3	-113	20 15 53	17 6 8
10 F	5 14 28	22 54 39	60 59	17 6 59.8	22 52 43	13 35 11	6 6 29	-100	20 40 18	15 9 42	19 41 40	6 3 23	-86	21 4 1	13 4 56
11 S	5 18 25	23 55 37	60 59	17 11 23.6	22 58 3	25 45 3	6 0 46	-70	21 27 7	10 53 29	1♒45 49	5 58 42	-54	21 49 40	8 36 46
12 Su	5 22 22	24 56 37	61 0	17 15 47.9	23 2 56	7♒44 31	5 57 12	-36	22 11 49	6 16 8	13 41 43	5 56 17	-19	22 33 39	3 52 45
13 M	5 26 18	25 57 37	61 1	17 20 12.4	23 7 21	19 37 59	5 55 58	-1	22 55 17	1 27 45	25 33 57	5 56 15	18	23 16 51	0N57 49
14 Tu	5 30 15	26 58 37	61 1	17 24 37.3	23 11 19	1♓30 11	5 57 8	35	23 38 27	3N22 57	7♓27 19	5 58 36	53	0 0 13	5 46 35
15 W	5 34 11	27 59 38	61 2	17 29 2.4	23 14 49	13 25 55	6 0 38	69	0 22 15	8 7 38	19 26 33	6 3 13	85	0 44 40	10 25 2
16 Th	5 38 8	29 0 40	61 2	17 33 27.8	23 17 51	25 29 46	6 6 18	99	1 7 35	12 37 26	1♈36 4	6 9 50	112	1 31 6	14 43 27
17 F	5 42 4	0♐ 1 42	61 3	17 37 53.4	23 20 25	7♈45 54	6 13 46	123	1 55 18	16 41 34	13 59 40	6 18 3	132	2 20 16	18 30 5
18 S	5 46 1	1 2 44	61 3	17 42 19.2	23 22 31	20 17 43	6 22 36	139	2 46 4	20 7 11	26 40 19	6 27 20	144	3 12 42	21 30 54
19 Su	5 49 57	2 3 47	61 4	17 46 45.2	23 24 10	3♉ 7 39	6 32 11	146	3 40 9	22 39 18	9♉39 49	6 37 2	145	4 8 23	23 30 27
20 M	5 53 54	3 4 50	61 4	17 51 11.3	23 25 20	16 16 51	6 41 50	141	4 37 18	24 2 36	22 58 41	6 46 27	135	5 6 45	24 14 17
21 Tu	5 57 51	4 5 54	61 5	17 55 37.5	23 26 2	29 45 8	6 50 50	127	5 36 33	24 4 28	6♊35 58	6 54 53	116	6 6 32	23 32 38
22 W	6 1 47	5 6 58	61 5	18 0 3.8	23 26 16	13♊30 51	6 58 33	103	6 36 29	22 38 52	20 29 23	7 1 45	88	7 6 13	21 23 50
23 Th	6 5 44	6 8 3	61 6	18 4 30.1	23 26 1	27 31 8	7 4 26	73	7 35 36	19 48 46	4♋35 34	7 6 37	57	8 4 31	17 55 23
24 F	6 9 40	7 9 8	61 6	18 8 56.4	23 25 19	11♋42 10	7 8 14	41	8 32 53	15 45 47	18 50 25	7 9 19	25	9 0 43	13 22 17
25 S	6 13 37	8 10 14	61 7	18 13 22.7	23 24 8	25 59 44	7 9 53	9	9 28 1	10 47 23	3♌ 9 37	7 9 57	-5	9 54 51	8 3 38
26 Su	6 17 33	9 11 21	61 7	18 17 48.9	23 22 29	10♌19 33	7 9 33	-18	10 21 18	5 13 35	17 29 6	7 8 44	-30	10 47 27	2 19 44
27 M	6 21 30	10 12 28	61 8	18 22 15.1	23 20 22	24 37 50	7 7 34	-40	11 13 26	0S35 28	1♍45 24	7 6 4	-49	11 39 22	3S29 39
28 Tu	6 25 26	11 13 36	61 9	18 26 41.1	23 17 46	8♍51 28	7 4 17	-57	12 5 21	6 20 31	15 55 45	7 2 16	-63	12 31 31	9 5 48
29 W	6 29 23	12 14 44	61 9	18 31 7.0	23 14 43	22 58 1	7 0 4	-69	12 57 57	11 43 19	29 58 4	6 57 41	-74	13 24 45	14 10 53
30 Th	6 33 20	13 15 53	61 10	18 35 32.7	23 11 11	6♎55 45	6 55 9	-78	13 51 59	16 26 26	13♎50 54	6 52 29	-82	14 19 41	18 27 55
31 F	6 37 16	14♐17 3	61 10	18 39 58.2	23S 7 12	20♎43 23	6 49 42	-85	14 47 50	20S13 28	27♎33 5	6 46 48	-88	15 16 24	21S41 24

LUNAR INGRESSES
2 ☽ ♎ 6:08
4 ☽ ♏ 9:11
6 ☽ ♐ 14:02
8 ☽ ♑ 21:44
11 ☽ ♒ 8:28
13 ☽ ♓ 20:58
16 ☽ ♈ 8:52
18 ☽ ♉ 18:12
21 ☽ ♊ 0:26
23 ☽ ♋ 4:13
25 ☽ ♌ 6:43
27 ☽ ♍ 9:02
29 ☽ ♎ 12:03
31 ☽ ♏ 16:19

PLANET INGRESSES
1 ♂ ♐ 5:14
16 ☉ ♐ 23:20
17 ♃ ♓ 14:28
22 ☿ ♏ 9:50

STATIONS
6 ♅ D 1:51
10 ☿ R 12:05
30 ☿ D 7:22

DATA FOR THE 1st AT 0 HOURS
JULIAN DAY 40511.5
☽ MEAN ☊ 9°♐ 3' 1"
OBLIQUITY 23° 26' 17"
DELTA T 70.5 SECONDS
NUTATION LONGITUDE 16.2"

DAY MO YR	☿ LONG ° ' "	♀ LONG ° ' "	♂ LONG ° ' "	♃ LONG ° ' "	♄ LONG ° ' "	♅ LONG ° ' "	♆ LONG ° ' "	♇ LONG ° ' "	☊ LONG ° '	A.S.S.I. h m s	S.S.R.Y. h m s	S.V.P. ♓ ° ' "	☿ MERCURY R.A. h m s	☿ MERCURY DECL ° ' "
1 335	5♐ 5 39	5♎30 32	29♏50 11	28♒51 24	19♍39 59	1♓47R10	1♒10 37	9♐20 29	8♐04	20 41 1	30 6 35	5 6 10.2	17 59 58	25S46 16
2 336	6 7 30	5 57 14	0♐35 12	28 54 1	19 45 15	1 46 56	1 11 27	9 22 29	8 01	20 46 26	30 6 45	5 6 10.1	18 4 32	25 41 45
3 337	7 5 19	6 25 38	1 20 17	28 56 50	19 50 27	1 46 44	1 12 18	9 24 29	7 58	20 51 52	30 7 10	5 6 9.9	18 8 48	25 35 53
4 338	7 58 32	6 55 40	2 5 25	28 59 51	19 55 35	1 46 36	1 13 11	9 26 30	7 55	20 57 19	30 7 46	5 6 9.7	18 12 43	25 28 41
5 339	8 46 30	7 27 16	2 50 36	29 3 4	20 0 38	1 46 31	1 14 6	9 28 32	7 52	21 2 47	30 8 31	5 6 9.5	18 16 15	25 20 12
6 340	9 28 31	8 0 22	3 35 50	29 6 28	20 5 37	1 46D29	1 15 3	9 30 35	7 51	21 8 16	30 9 23	5 6 9.2	18 19 19	25 10 28
7 341	10 3 48	8 34 55	4 21 7	29 10 5	20 10 31	1 46 30	1 16 2	9 32 38	7 50	21 13 45	30 10 18	5 6 8.9	18 21 53	24 59 34
8 342	10 31 33	9 10 52	5 6 28	29 13 53	20 15 21	1 46 34	1 17 2	9 34 42	7 50	21 19 15	30 11 13	5 6 8.7	18 23 54	24 47 33
9 343	10 50 54	9 48 9	5 51 51	29 17 53	20 20 6	1 46 41	1 18 5	9 36 46	7 51	21 24 45	30 12 5	5 6 8.4	18 25 17	24 34 28
10 344	11 0R59	10 26 43	6 37 17	29 22 4	20 24 46	1 46 52	1 19 10	9 38 51	7 53	21 30 16	30 12 54	5 6 8.2	18 25 58	24 20 25
11 345	11 0 59	11 6 32	7 22 47	29 26 27	20 29 21	1 47 5	1 20 16	9 40 57	7 54	21 35 48	30 13 37	5 6 8.1	18 25 55	24 5 26
12 346	10 50 13	11 47 32	8 8 19	29 31 1	20 33 52	1 47 22	1 21 25	9 43 3	7 55	21 41 19	30 14 12	5 6 8.0	18 25 5	23 49 36
13 347	10 28 8	12 29 41	8 53 54	29 35 46	20 38 17	1 47 41	1 22 35	9 45 9	7 56	21 46 52	30 14 40	5 6 7.8	18 23 25	23 32 59
14 348	9 54 31	13 12 56	9 39 31	29 40 42	20 42 38	1 48 4	1 23 47	9 47 16	7 56	21 52 25	30 14 59	5 6 7.8	18 20 56	23 15 40
15 349	9 9 30	13 57 15	10 25 12	29 45 49	20 46 54	1 48 30	1 25 0	9 49 23	7 55	21 57 58	30 15 8	5 6 7.7	18 17 37	22 57 42
16 350	8 13 41	14 42 35	11 10 55	29 51 8	20 51 4	1 48 59	1 26 16	9 51 31	7 54	22 3 31	30 15 8	5 6 7.6	18 13 33	22 39 14
17 351	7 8 13	15 28 54	11 56 41	29 56 37	20 55 10	1 49 31	1 27 33	9 53 39	7 53	22 9 5	30 14 57	5 6 7.4	18 8 48	22 20 23
18 352	5 54 47	16 16 10	12 42 29	0♓ 2 16	20 59 10	1 50 6	1 28 52	9 55 47	7 52	22 14 39	30 14 35	5 6 7.3	18 3 30	22 1 24
19 353	4 35 36	17 4 21	13 28 20	0 8 6	21 3 5	1 50 44	1 30 13	9 57 55	7 51	22 20 13	30 14 3	5 6 7.0	17 57 49	21 42 32
20 354	3 13 15	17 53 24	14 14 14	0 14 7	21 6 55	1 51 26	1 31 35	10 0 4	7 51	22 25 47	30 13 19	5 6 6.8	17 51 55	21 24 9
21 355	1 50 31	18 43 18	15 0 11	0 20 18	21 10 40	1 52 10	1 32 59	10 2 13	7 51	22 31 22	30 12 26	5 6 6.5	17 46 2	21 6 40
22 356	0 30 10	19 34 1	15 46 10	0 26 39	21 14 19	1 52 57	1 34 25	10 4 22	7 51	22 36 56	30 11 25	5 6 6.2	17 40 20	20 50 31
23 357	29♏14 45	20 25 32	16 32 11	0 33 10	21 17 52	1 53 48	1 35 52	10 6 31	7 51	22 42 31	30 10 18	5 6 5.9	17 35 0	20 36 7
24 358	28 6 27	21 17 47	17 18 16	0 39 52	21 21 21	1 54 41	1 37 21	10 8 41	7 51	22 48 6	30 9 10	5 6 5.7	17 30 11	20 23 49
25 359	27 6 54	22 10 47	18 4 22	0 46 43	21 24 43	1 55 38	1 38 52	10 10 50	7 51	22 53 40	30 8 4	5 6 5.5	17 25 59	20 13 55
26 360	26 17 14	23 4 28	18 50 32	0 53 44	21 28 0	1 56 37	1 40 24	10 13 0	7 51	22 59 14	30 7 5	5 6 5.4	17 22 29	20 6 34
27 361	25 38 6	23 58 50	19 36 44	1 0 54	21 31 12	1 57 39	1 41 58	10 15 9	7 51	23 4 49	30 6 16	5 6 5.3	17 19 44	20 1 49
28 362	25 9 40	24 53 51	20 22 58	1 8 15	21 34 17	1 58 45	1 43 33	10 17 19	7 50	23 10 23	30 5 39	5 6 5.2	17 17 43	19 59 38
29 363	24 51 46	25 49 30	21 9 15	1 15 44	21 37 17	1 59 53	1 45 10	10 19 28	7 51	23 15 57	30 5 18	5 6 5.1	17 16 27	19 59 53
30 364	24 44D 0	26 45 44	21 55 35	1 23 24	21 40 11	2 1 4	1 46 48	10 21 38	7 51	23 21 31	30 5 11	5 6 4.9	17 15 53	20 2 21
31 365	24♏45 46	27♎42 32	22♐41 57	1♓31 12	21♍43 0	2♓ 2 19	1♒48 27	10♐23 47	7♐51	23 27 4	30 5 19	5 6 4.8	17 15 59	20S 6 49

DAY Dec	♀ VENUS R.A. h m s	♀ VENUS DECL ° ' "	♂ MARS R.A. h m s	♂ MARS DECL ° ' "	♃ JUPITER R.A. h m s	♃ JUPITER DECL ° ' "	♄ SATURN R.A. h m s	♄ SATURN DECL ° ' "	♅ URANUS R.A. h m s	♅ URANUS DECL ° ' "	♆ NEPTUNE R.A. h m s	♆ NEPTUNE DECL ° ' "	♇ PLUTO R.A. h m s	♇ PLUTO DECL ° ' "
1	13 54 59	10S26 2	17 36 55	24S 8 41	23 39 17	3S45 41	12 57 10	3S38 2	23 49 2	2S 0 49	21 53 57	13S16 56	18 17 51	18S48 7
2	13 56 54	10 27 0	17 40 12	24 10 47	23 39 26	3 44 25	12 57 30	3 39 53	23 49 1	2 0 52	21 54 0	13 16 39	18 18 0	18 48 13
3	13 58 54	10 28 51	17 43 29	24 12 37	23 39 36	3 43 3	12 57 49	3 41 41	23 49 0	2 0 55	21 54 4	13 16 21	18 18 8	18 48 18
4	14 1 0	10 31 32	17 46 47	24 14 11	23 39 46	3 41 37	12 58 9	3 43 28	23 49 0	2 0 56	21 54 7	13 16 3	18 18 17	18 48 23
5	14 3 12	10 35 2	17 50 5	24 15 30	23 39 58	3 40 6	12 58 28	3 45 13	23 48 59	2 0 55	21 54 11	13 15 44	18 18 25	18 48 29
6	14 5 29	10 39 18	17 53 24	24 16 32	23 40 10	3 38 30	12 58 47	3 46 56	23 48 59	2 0 54	21 54 14	13 15 24	18 18 34	18 48 33
7	14 7 51	10 44 18	17 56 42	24 17 20	23 40 23	3 36 49	12 59 5	3 48 37	23 48 59	2 0 51	21 54 18	13 15 3	18 18 43	18 48 38
8	14 10 18	10 50 0	18 0 1	24 17 51	23 40 36	3 35 5	12 59 23	3 50 16	23 48 59	2 0 47	21 54 22	13 14 42	18 18 51	18 48 43
9	14 12 50	10 56 22	18 3 21	24 18 6	23 40 51	3 33 15	12 59 41	3 51 53	23 49 0	2 0 42	21 54 26	13 14 21	18 19 0	18 48 47
10	14 15 26	11 3 22	18 6 40	24 18 5	23 41 6	3 31 21	12 59 59	3 53 28	23 49 0	2 0 35	21 54 30	13 13 59	18 19 9	18 48 51
11	14 18 7	11 10 58	18 10 0	24 17 48	23 41 21	3 29 22	13 0 16	3 55 1	23 49 1	2 0 28	21 54 35	13 13 36	18 19 18	18 48 56
12	14 20 52	11 19 8	18 13 19	24 17 16	23 41 38	3 27 20	13 0 33	3 56 33	23 49 2	2 0 19	21 54 39	13 13 12	18 19 27	18 48 59
13	14 23 42	11 27 51	18 16 39	24 16 26	23 41 55	3 25 12	13 0 50	3 58 2	23 49 3	2 0 9	21 54 44	13 12 48	18 19 36	18 49 3
14	14 26 35	11 37 3	18 20 0	24 15 21	23 42 13	3 23 1	13 1 6	3 59 29	23 49 4	1 59 57	21 54 48	13 12 23	18 19 44	18 49 6
15	14 29 33	11 46 44	18 23 20	24 14 0	23 42 31	3 20 45	13 1 23	4 0 53	23 49 6	1 59 45	21 54 53	13 11 58	18 19 53	18 49 10
16	14 32 34	11 56 52	18 26 40	24 12 24	23 42 50	3 18 25	13 1 38	4 2 16	23 49 8	1 59 31	21 54 58	13 11 32	18 20 2	18 49 13
17	14 35 39	12 7 24	18 30 1	24 10 28	23 43 10	3 16 0	13 1 54	4 3 37	23 49 10	1 59 16	21 55 3	13 11 5	18 20 11	18 49 16
18	14 38 48	12 18 19	18 33 21	24 8 18	23 43 30	3 13 32	13 2 9	4 4 55	23 49 12	1 59 0	21 55 8	13 10 38	18 20 20	18 49 18
19	14 42 0	12 29 36	18 36 42	24 5 51	23 43 51	3 10 59	13 2 24	4 6 12	23 49 14	1 58 42	21 55 13	13 10 11	18 20 29	18 49 21
20	14 45 15	12 41 13	18 40 3	24 3 9	23 44 13	3 8 22	13 2 39	4 7 26	23 49 16	1 58 23	21 55 18	13 9 42	18 20 39	18 49 23
21	14 48 34	12 53 8	18 43 23	24 0 10	23 44 36	3 5 41	13 2 53	4 8 38	23 49 19	1 58 3	21 55 24	13 9 13	18 20 48	18 49 25
22	14 51 56	13 5 19	18 46 44	23 56 55	23 44 58	3 2 56	13 3 7	4 9 48	23 49 22	1 57 42	21 55 29	13 8 44	18 20 57	18 49 27
23	14 55 21	13 17 44	18 50 5	23 53 23	23 45 22	3 0 8	13 3 20	4 10 56	23 49 25	1 57 20	21 55 35	13 8 14	18 21 6	18 49 29
24	14 58 50	13 30 24	18 53 26	23 49 36	23 45 46	2 57 15	13 3 34	4 12 1	23 49 28	1 56 56	21 55 41	13 7 43	18 21 15	18 49 30
25	15 2 21	13 43 14	18 56 47	23 45 32	23 46 11	2 54 19	13 3 46	4 13 5	23 49 32	1 56 32	21 55 47	13 7 12	18 21 24	18 49 32
26	15 5 56	13 56 15	19 0 7	23 41 12	23 46 37	2 51 18	13 3 59	4 14 6	23 49 35	1 56 6	21 55 52	13 6 41	18 21 33	18 49 33
27	15 9 33	14 9 25	19 3 28	23 36 36	23 47 3	2 48 14	13 4 11	4 15 4	23 49 39	1 55 39	21 55 59	13 6 9	18 21 42	18 49 34
28	15 13 13	14 22 41	19 6 49	23 31 43	23 47 29	2 45 7	13 4 23	4 16 1	23 49 43	1 55 11	21 56 5	13 5 36	18 21 51	18 49 35
29	15 16 56	14 36 3	19 10 9	23 26 35	23 47 56	2 41 55	13 4 35	4 16 55	23 49 47	1 54 41	21 56 11	13 5 3	18 22 1	18 49 36
30	15 20 41	14 49 29	19 13 30	23 21 10	23 48 24	2 38 40	13 4 46	4 17 46	23 49 51	1 54 11	21 56 17	13 4 29	18 22 10	18 49 36
31	15 24 29	15S 2 59	19 16 50	23S15 30	23 48 52	2S35 21	13 4 57	4S18 36	23 49 56	1S53 39	21 56 24	13S 3 55	18 22 19	18S49 37

JANUARY 2011

DAY	SIDEREAL TIME h m s	☉ SUN LONG	MOT	R.A. h m s	DECL	☽ MOON AT 0 HOURS LONG	12h MOT	2DIF	R.A. h m s	DECL	☽ MOON AT 12 HOURS LONG	12h MOT	2DIF	R.A. h m s	DECL
1 S	6 41 13	15♐18 13	61 10	18 44 23.5	23S 2 44	4♏19 53	6 43 48	-92	15 45 20	22S50 17	11♏ 3 41	6 40 42	-94	16 14 29	23S39 4
2 Su	6 45 9	16 19 23	61 11	18 48 48.5	22 57 49	17 44 22	6 37 30	-97	16 43 42	24 7 6	24 21 53	6 34 14	-99	17 12 51	24 14 13
3 M	6 49 6	17 20 33	61 11	18 53 13.1	22 52 27	0♐56 6	6 30 53	-101	17 41 45	24 0 44	7♐26 59	6 27 30	-102	18 10 14	23 27 25
4 Tu	6 53 2	18 21 44	61 11	18 57 37.4	22 46 37	13 54 28	6 24 5	-102	18 38 11	22 35 28	20 18 33	6 20 40	-102	19 5 28	21 26 24
5 W	6 56 59	19 22 54	61 11	19 2 1.3	22 40 20	26 39 13	6 17 18	-100	19 32 2	20 1 54	2♑56 31	6 14 1	-97	19 57 50	18 23 51
6 Th	7 0 56	20 24 5	61 10	19 6 24.8	22 33 36	9♑10 31	6 10 51	-92	20 22 54	16 34 8	15 21 22	6 7 51	-86	20 47 14	14 34 35
7 F	7 4 52	21 25 15	61 10	19 10 47.9	22 26 26	21 29 13	6 5 5	-79	21 10 54	12 26 58	27 34 17	6 2 35	-70	21 33 59	10 12 57
8 S	7 8 49	22 26 25	61 10	19 15 10.4	22 18 49	3♒36 52	6 0 23	-60	21 56 34	7 54 3	9♒37 15	5 58 34	-48	22 18 45	5 31 39
9 Su	7 12 45	23 27 35	61 9	19 19 32.4	22 10 45	15 35 49	5 57 10	-35	22 40 37	3 7 4	21 32 59	5 56 12	-21	23 2 17	0 41 28
10 M	7 16 42	24 28 44	61 9	19 23 53.9	22 2 16	27 29 11	5 55 44	-6	23 23 52	1N44 2	3♓24 56	5 55 48	10	23 45 28	4N 8 22
11 Tu	7 20 38	25 29 53	61 8	19 28 14.8	21 53 21	9♓20 44	5 56 25	27	0 7 12	6 30 30	15 17 9	5 57 37	45	0 29 10	8 49 21
12 W	7 24 35	26 31 1	61 8	19 32 35.1	21 44 0	21 14 46	5 59 24	63	0 51 30	11 3 49	27 14 10	6 1 48	81	1 14 17	13 12 44
13 Th	7 28 31	27 32 9	61 7	19 36 54.8	21 34 14	3♈15 58	6 4 47	99	1 37 38	15 14 48	9♈20 45	6 8 22	116	2 1 38	17 8 37
14 F	7 32 28	28 33 16	61 7	19 41 13.9	21 24 3	15 29 6	6 12 30	132	2 26 22	18 52 39	21 41 36	6 17 11	148	2 51 54	20 25 13
15 S	7 36 25	29 34 22	61 6	19 45 32.3	21 13 27	27 58 47	6 22 21	161	3 18 15	21 44 33	4♉21 8	6 27 55	172	3 45 27	22 48 47
16 Su	7 40 21	0♑35 28	61 5	19 49 50.1	21 2 27	10♉49 3	6 33 50	181	4 13 26	23 36 6	17 22 52	6 39 58	186	4 42 9	24 4 44
17 M	7 44 18	1 36 33	61 5	19 54 7.1	20 51 3	24 2 50	6 46 14	188	5 11 28	24 13 10	0♊49 4	6 52 29	185	5 41 15	24 0 12
18 Tu	7 48 14	2 37 38	61 4	19 58 23.5	20 39 15	7♊41 33	6 58 34	178	6 11 18	23 25 7	14 40 7	7 4 21	166	6 41 27	22 27 47
19 W	7 52 11	3 38 42	61 3	20 2 39.1	20 27 3	21 44 27	7 9 39	150	7 11 30	21 8 37	28 54 6	7 14 21	129	7 41 19	19 28 41
20 Th	7 56 7	4 39 45	61 3	20 6 54.0	20 14 29	6♋ 8 26	7 18 17	105	8 10 46	17 29 37	13♋26 43	7 21 21	78	8 39 47	15 13 32
21 F	8 0 4	5 40 47	61 2	20 11 8.1	20 1 31	20 48 4	7 23 28	48	9 8 19	12 42 55	28 11 32	7 24 35	18	9 36 22	10 0 31
22 S	8 4 0	6 41 49	61 2	20 15 21.5	19 48 12	5♌36 7	7 24 41	-12	10 3 59	7 9 13	13♌ 0 48	7 23 49	-40	10 31 14	4 12 0
23 Su	8 7 57	7 42 51	61 1	20 19 34.2	19 34 30	20 24 37	7 22 2	-66	10 58 13	1 11 48	27 46 39	7 19 26	-88	11 25 0	1S48 33
24 M	8 11 54	8 43 52	61 1	20 23 46.1	19 20 26	5♍ 6 5	7 16 9	-107	11 51 43	4S46 17	12♍22 14	7 12 19	-121	12 18 27	7 38 48
25 Tu	8 15 50	9 44 52	61 0	20 27 57.2	19 6 0	19 34 33	7 8 5	-131	12 45 18	10 23 40	26 42 38	7 3 34	-138	13 12 22	12 58 35
26 W	8 19 47	10 45 52	61 0	20 32 7.5	18 51 14	3♎46 12	6 58 54	-140	13 39 42	15 21 26	10♎45 6	6 54 13	-140	14 7 20	17 30 16
27 Th	8 23 43	11 46 52	60 59	20 36 17.1	18 36 6	17 39 19	6 49 35	-137	14 35 19	19 23 20	24 28 54	6 45 5	-132	15 3 36	20 59 8
28 F	8 27 40	12 47 51	60 59	20 40 25.9	18 20 39	1♏13 58	6 40 46	-126	15 32 8	22 16 25	7♏54 44	6 36 40	-119	16 0 52	23 14 14
29 S	8 31 36	13 48 49	60 58	20 44 33.9	18 4 51	14 31 24	6 32 49	-112	16 29 39	23 52 0	21 4 14	6 29 13	-104	16 58 23	24 9 30
30 Su	8 35 33	14 49 47	60 57	20 48 41.2	17 48 44	27 33 27	6 25 51	-97	17 26 56	24 6 55	3♐59 18	6 22 43	-91	17 55 9	23 44 49
31 M	8 39 29	15♑50 44	60 56	20 52 47.6	17S32 18	10♐22 1	6 19 48	-85	18 22 54	23S 4 6	16♐41 49	6 17 3	-80	18 49 55	22S 5 59

LUNAR INGRESSES
2 ☽ ♐ 22:17
5 ☽ ♑ 6:22
7 ☽ ♒ 16:49
10 ☽ ♓ 5:05
12 ☽ ♈ 17:31
15 ☽ ♉ 3:49
17 ☽ ♊ 10:34
19 ☽ ♋ 13:50
21 ☽ ♌ 14:56
23 ☽ ♍ 15:38
25 ☽ ♎ 17:35
27 ☽ ♏ 21:48
30 ☽ ♐ 4:33

PLANET INGRESSES
2 ♀ ♏ 9:09
8 ☿ ♐ 17:47
9 ♂ ♑ 9:48
15 ☉ ♑ 10:04
30 ♀ ♐ 17:27
31 ☿ ♑ 14:28

STATIONS
26 ♄ R 6:11

DATA FOR THE 1st AT 0 HOURS
JULIAN DAY 40542.5
☽ MEAN ☊ 7°♐ 24' 27"
OBLIQUITY 23° 26' 16"
DELTA T 70.6 SECONDS
NUTATION LONGITUDE 17.9"

DAY MO	YR	☿ LONG	♀ LONG	♂ LONG	♃ LONG	♄ LONG	♅ LONG	♆ LONG	♇ LONG	☊ LONG	A.S.S.I. h m s	S.S.R.Y. h m s	S.V.P. ♓	☿ MERCURY R.A. h m s	DECL
1	1	24♏56 21	28♎39 54	23♐28 21	1♓39 10	21♍45 42	2♓ 3 36	1♒50 9	10♐25 57	7♐52	23 32 38	30 5 42	5 6 4.5	17 16 42	20S13 1
2	2	25 15 3	29 37 47	24 14 48	1 47 17	21 48 18	2 4 56	1 51 51	10 28 6	7 53	23 38 11	30 6 11	5 6 4.3	17 18 0	20 20 41
3	3	25 41 7	0♏36 11	25 1 17	1 55 32	21 50 48	2 6 19	1 53 35	10 30 15	7 53	23 43 43	30 6 51	5 6 4.0	17 19 49	20 29 33
4	4	26 13 48	1 35 4	25 47 48	2 3 57	21 53 13	2 7 45	1 55 21	10 32 24	7 53	23 49 15	30 7 38	5 6 3.7	17 22 6	20 39 21
5	5	26 52 28	2 34 25	26 34 21	2 12 31	21 55 31	2 9 13	1 57 7	10 34 33	7 53	23 54 47	30 8 29	5 6 3.5	17 24 48	20 49 52
6	6	27 36 28	3 34 13	27 20 57	2 21 13	21 57 43	2 10 45	1 58 55	10 36 41	7 51	24 0 18	30 9 22	5 6 3.2	17 27 54	21 0 51
7	7	28 25 14	4 34 27	28 7 34	2 30 3	21 59 48	2 12 19	2 0 45	10 38 49	7 50	24 5 48	30 10 16	5 6 3.1	17 31 21	21 12 7
8	8	29 18 15	5 35 6	28 54 14	2 39 2	22 1 48	2 13 56	2 2 35	10 40 57	7 47	24 11 18	30 11 8	5 6 2.9	17 35 6	21 23 29
9	9	0♐15 3	6 36 9	29 40 55	2 48 9	22 3 41	2 15 36	2 4 27	10 43 4	7 45	24 16 47	30 11 57	5 6 2.8	17 39 9	21 34 47
10	10	1 15 15	7 37 35	0♑27 38	2 57 24	22 5 28	2 17 19	2 6 20	10 45 11	7 43	24 22 16	30 12 43	5 6 2.8	17 43 26	21 45 52
11	11	2 18 27	8 39 24	1 14 23	3 6 48	22 7 9	2 19 4	2 8 14	10 47 17	7 41	24 27 44	30 13 22	5 6 2.7	17 47 57	21 56 37
12	12	3 24 22	9 41 35	2 1 10	3 16 19	22 8 43	2 20 52	2 10 9	10 49 23	7 40	24 33 11	30 13 55	5 6 2.6	17 52 41	22 6 54
13	13	4 32 43	10 44 7	2 47 58	3 25 58	22 10 12	2 22 43	2 12 6	10 51 29	7 40	24 38 37	30 14 19	5 6 2.5	17 57 36	22 16 37
14	14	5 43 14	11 46 59	3 34 48	3 35 44	22 11 33	2 24 36	2 14 3	10 53 34	7 41	24 44 2	30 14 33	5 6 2.3	18 2 41	22 25 42
15	15	6 55 42	12 50 10	4 21 40	3 45 38	22 12 49	2 26 32	2 16 2	10 55 38	7 42	24 49 27	30 14 36	5 6 2.1	18 7 55	22 34 3
16	16	8 9 58	13 53 41	5 8 33	3 55 39	22 13 58	2 28 30	2 18 2	10 57 42	7 44	24 54 51	30 14 25	5 6 1.9	18 13 17	22 41 35
17	17	9 25 51	14 57 30	5 55 28	4 5 48	22 15 0	2 30 31	2 20 2	10 59 45	7 45	25 0 14	30 14 1	5 6 1.7	18 18 48	22 48 16
18	18	10 43 12	16 1 37	6 42 24	4 16 4	22 15 57	2 32 35	2 22 4	11 1 48	7 46	25 5 36	30 13 24	5 6 1.4	18 24 24	22 54 1
19	19	12 1 54	17 6 1	7 29 22	4 26 26	22 16 47	2 34 40	2 24 6	11 3 50	7 45	25 10 57	30 12 35	5 6 1.1	18 30 8	22 58 48
20	20	13 21 52	18 10 42	8 16 21	4 36 56	22 17 30	2 36 49	2 26 10	11 5 51	7 43	25 16 17	30 11 36	5 6 0.9	18 35 57	23 2 34
21	21	14 42 59	19 15 40	9 3 22	4 47 32	22 18 7	2 38 59	2 28 14	11 7 52	7 40	25 21 37	30 10 31	5 6 0.7	18 41 51	23 5 17
22	22	16 5 11	20 20 53	9 50 24	4 58 15	22 18 38	2 41 12	2 30 19	11 9 51	7 36	25 26 55	30 9 25	5 6 0.6	18 47 50	23 6 53
23	23	17 28 24	21 26 22	10 37 28	5 9 5	22 19 2	2 43 28	2 32 25	11 11 50	7 31	25 32 12	30 8 21	5 6 0.5	18 53 54	23 7 23
24	24	18 52 34	22 32 5	11 24 33	5 20 1	22 19 19	2 45 45	2 34 32	11 13 49	7 27	25 37 29	30 7 24	5 6 0.4	19 0 1	23 6 43
25	25	20 17 39	23 38 3	12 11 39	5 31 4	22 19 31	2 48 5	2 36 40	11 15 46	7 24	25 42 44	30 6 38	5 6 0.4	19 6 12	23 4 51
26	26	21 43 37	24 44 14	12 58 47	5 42 12	22 19R35	2 50 28	2 38 48	11 17 43	7 23	25 47 59	30 6 3	5 6 0.3	19 12 27	23 1 48
27	27	23 10 24	25 50 39	13 45 56	5 53 27	22 19 34	2 52 52	2 40 57	11 19 38	7 23	25 53 12	30 5 41	5 6 0.1	19 18 45	22 57 31
28	28	24 38 0	26 57 17	14 33 6	6 4 49	22 19 26	2 55 19	2 43 7	11 21 33	7 24	25 58 25	30 5 33	5 5 59.9	19 25 6	22 51 59
29	29	26 6 23	28 4 7	15 20 18	6 16 16	22 19 11	2 57 48	2 45 17	11 23 27	7 25	26 3 37	30 5 36	5 5 59.7	19 31 29	22 45 11
30	30	27 35 32	29 11 9	16 7 31	6 27 49	22 18 50	3 0 18	2 47 28	11 25 20	7 27	26 8 47	30 5 52	5 5 59.5	19 37 55	22 37 7
31	31	29♐ 5 26	0♐18 22	16♑54 44	6♓39 27	22♍18 22	3♓ 2 51	2♒49 40	11♐27 12	7♐27	26 13 57	30 6 17	5 5 59.2	19 44 23	22S27 45

DAY Jan	♀ VENUS R.A. h m s	DECL	♂ MARS R.A. h m s	DECL	♃ JUPITER R.A. h m s	DECL	♄ SATURN R.A. h m s	DECL	♅ URANUS R.A. h m s	DECL	♆ NEPTUNE R.A. h m s	DECL	♇ PLUTO R.A. h m s	DECL
1	15 28 20	15S16 29	19 20 11	23S 9 33	23 49 21	2S31 59	13 5 7	4S19 23	23 50 0	1S53 6	21 56 30	13S 3 20	18 22 28	18S49 37
2	15 32 13	15 30 0	19 23 31	23 3 21	23 49 51	2 28 33	13 5 17	4 20 7	23 50 5	1 52 32	21 56 37	13 2 45	18 22 37	18 49 37
3	15 36 8	15 43 29	19 26 51	22 56 53	23 50 21	2 25 4	13 5 27	4 20 50	23 50 10	1 51 57	21 56 43	13 2 9	18 22 46	18 49 36
4	15 40 6	15 56 57	19 30 11	22 50 10	23 50 51	2 21 31	13 5 36	4 21 30	23 50 16	1 51 20	21 56 50	13 1 33	18 22 55	18 49 36
5	15 44 6	16 10 20	19 33 30	22 43 10	23 51 22	2 17 55	13 5 45	4 22 7	23 50 21	1 50 43	21 56 57	13 0 56	18 23 4	18 49 36
6	15 48 9	16 23 39	19 36 50	22 35 56	23 51 54	2 14 15	13 5 54	4 22 42	23 50 26	1 50 4	21 57 4	13 0 19	18 23 13	18 49 35
7	15 52 14	16 36 51	19 40 9	22 28 26	23 52 26	2 10 33	13 6 2	4 23 15	23 50 32	1 49 25	21 57 11	12 59 42	18 23 22	18 49 34
8	15 56 20	16 49 56	19 43 28	22 20 40	23 52 59	2 6 47	13 6 10	4 23 45	23 50 38	1 48 44	21 57 18	12 59 4	18 23 31	18 49 33
9	16 0 30	17 2 53	19 46 47	22 12 40	23 53 32	2 2 58	13 6 17	4 24 13	23 50 44	1 48 2	21 57 25	12 58 26	18 23 40	18 49 32
10	16 4 41	17 15 40	19 50 6	22 4 24	23 54 6	1 59 5	13 6 24	4 24 38	23 50 50	1 47 19	21 57 33	12 57 47	18 23 49	18 49 31
11	16 8 54	17 28 17	19 53 24	21 55 53	23 54 40	1 55 10	13 6 31	4 25 1	23 50 57	1 46 35	21 57 40	12 57 8	18 23 58	18 49 29
12	16 13 9	17 40 42	19 56 42	21 47 8	23 55 14	1 51 12	13 6 37	4 25 21	23 51 3	1 45 50	21 57 47	12 56 29	18 24 7	18 49 28
13	16 17 26	17 52 54	20 0 0	21 38 8	23 55 50	1 47 11	13 6 43	4 25 39	23 51 10	1 45 4	21 57 55	12 55 49	18 24 16	18 49 26
14	16 21 45	18 4 52	20 3 17	21 28 53	23 56 25	1 43 6	13 6 49	4 25 55	23 51 17	1 44 17	21 58 3	12 55 8	18 24 24	18 49 24
15	16 26 6	18 16 36	20 6 34	21 19 23	23 57 1	1 38 59	13 6 54	4 26 8	23 51 24	1 43 29	21 58 10	12 54 28	18 24 33	18 49 22
16	16 30 29	18 28 4	20 9 51	21 9 40	23 57 38	1 34 49	13 6 58	4 26 19	23 51 31	1 42 40	21 58 18	12 53 47	18 24 42	18 49 20
17	16 34 54	18 39 15	20 13 7	20 59 42	23 58 15	1 30 37	13 7 3	4 26 27	23 51 39	1 41 50	21 58 26	12 53 5	18 24 51	18 49 17
18	16 39 21	18 50 9	20 16 24	20 49 30	23 58 52	1 26 21	13 7 7	4 26 33	23 51 46	1 40 59	21 58 33	12 52 24	18 24 59	18 49 15
19	16 43 49	19 0 44	20 19 39	20 39 4	23 59 30	1 22 3	13 7 10	4 26 36	23 51 54	1 40 7	21 58 41	12 51 42	18 25 8	18 49 12
20	16 48 19	19 10 59	20 22 55	20 28 24	0 0 8	1 17 43	13 7 13	4 26 37	23 52 2	1 39 14	21 58 49	12 50 59	18 25 16	18 49 9
21	16 52 51	19 20 54	20 26 10	20 17 31	0 0 47	1 13 20	13 7 16	4 26 35	23 52 9	1 38 20	21 58 57	12 50 17	18 25 25	18 49 7
22	16 57 24	19 30 28	20 29 25	20 6 24	0 1 26	1 8 54	13 7 18	4 26 31	23 52 18	1 37 26	21 59 5	12 49 34	18 25 33	18 49 4
23	17 1 59	19 39 39	20 32 39	19 55 4	0 2 5	1 4 26	13 7 20	4 26 25	23 52 26	1 36 30	21 59 13	12 48 51	18 25 42	18 49 1
24	17 6 36	19 48 27	20 35 53	19 43 30	0 2 45	0 59 55	13 7 22	4 26 16	23 52 34	1 35 34	21 59 22	12 48 8	18 25 50	18 48 57
25	17 11 14	19 56 52	20 39 7	19 31 44	0 3 25	0 55 22	13 7 23	4 26 4	23 52 43	1 34 36	21 59 30	12 47 24	18 25 58	18 48 54
26	17 15 54	20 4 52	20 42 20	19 19 44	0 4 6	0 50 47	13 7 24	4 25 51	23 52 51	1 33 38	21 59 38	12 46 40	18 26 6	18 48 51
27	17 20 35	20 12 26	20 45 33	19 7 32	0 4 47	0 46 9	13 7 24	4 25 34	23 53 0	1 32 39	21 59 46	12 45 56	18 26 14	18 48 47
28	17 25 17	20 19 34	20 48 46	18 55 7	0 5 28	0 41 29	13 7 24	4 25 16	23 53 9	1 31 39	21 59 55	12 45 11	18 26 22	18 48 43
29	17 30 1	20 26 16	20 51 58	18 42 30	0 6 10	0 36 47	13 7 23	4 24 55	23 53 18	1 30 38	22 0 3	12 44 26	18 26 30	18 48 39
30	17 34 46	20 32 30	20 55 10	18 29 40	0 6 52	0 32 2	13 7 23	4 24 31	23 53 27	1 29 36	22 0 11	12 43 41	18 26 38	18 48 35
31	17 39 32	20S38 16	20 58 21	18S16 39	0 7 35	0S27 15	13 7 21	4S24 5	23 53 37	1S28 33	22 0 20	12S42 56	18 26 46	18S48 31

FEBRUARY 2011

DAY	SIDEREAL TIME h m s	☉ SUN LONG ° ' "	SUN MOT ' "	SUN R.A. h m s	SUN DECL ° ' "	☽ MOON AT 0 HOURS LONG ° ' "	12h MOT ° ' "	2DIF	R.A. h m s	DECL ° ' "	☽ MOON AT 12 HOURS LONG ° ' "	12h MOT ° ' "	2DIF	R.A. h m s	DECL ° ' "
1 Tu	8 43 26	16♑51 41	60 56	20 56 53.2	17S15 33	22♐58 52	6 14 29	-75	19 16 43	20S51 54	29♐13 20	6 12 3	-71	19 42 38	19S23 26
2 W	8 47 23	17 52 36	60 54	21 0 58.0	16 58 29	5♑25 23	6 9 45	-67	20 7 53	17 42 16	11♑35 8	6 7 35	-63	20 32 28	15 50 6
3 Th	8 51 19	18 53 30	60 53	21 5 2.0	16 41 8	17 42 43	6 5 31	-60	20 56 26	13 48 40	23 48 14	6 3 36	-56	21 19 49	11 39 35
4 F	8 55 16	19 54 23	60 52	21 9 5.1	16 23 29	29 51 49	6 1 48	-51	21 42 41	9 24 26	5♒53 37	6 0 10	-46	22 5 8	7 4 42
5 S	8 59 12	20 55 16	60 51	21 13 7.5	16 5 33	11♒53 47	5 58 43	-40	22 27 14	4 41 47	17 52 30	5 57 28	-33	22 49 4	2 17 1
6 Su	9 3 9	21 56 6	60 50	21 17 9.0	15 47 21	23 49 58	5 56 29	-25	23 10 46	0N 8 23	29 46 27	5 55 47	-16	23 32 23	2N33 12
7 M	9 7 5	22 56 56	60 48	21 21 9.7	15 28 53	5♓42 14	5 55 26	-5	23 54 3	4 56 19	11♓37 40	5 55 28	7	0 15 51	7 16 36
8 Tu	9 11 2	23 57 44	60 47	21 25 9.6	15 10 8	17 33 8	5 55 55	21	0 37 52	9 32 57	23 29 2	5 56 51	36	1 0 13	11 44 12
9 W	9 14 58	24 58 31	60 45	21 29 8.7	14 51 9	29 25 53	5 58 17	51	1 22 59	13 49 12	5♈24 10	6 0 17	68	1 46 16	15 46 41
10 Th	9 18 55	25 59 16	60 44	21 33 7.0	14 31 54	11♈24 27	6 2 51	86	2 10 8	17 35 21	17 27 18	6 6 2	105	2 34 39	19 13 48
11 F	9 22 52	27 0 0	60 42	21 37 4.5	14 12 25	23 33 20	6 9 50	123	2 59 52	20 40 33	29 43 10	6 14 15	142	3 25 49	21 54 2
12 S	9 26 48	28 0 42	60 41	21 41 1.3	13 52 42	5♉57 25	6 19 18	160	3 52 31	22 52 40	12♉16 42	6 24 55	177	4 19 56	23 34 51
13 Su	9 30 45	29 1 22	60 39	21 44 57.2	13 32 45	18 41 37	6 31 4	192	4 48 0	23 59 6	25 12 41	6 37 41	204	5 16 39	24 4 4
14 M	9 34 41	0♒ 2 1	60 37	21 48 52.4	13 12 35	1♊50 22	6 44 39	213	5 45 45	23 48 38	8♊35 1	6 51 52	218	6 15 10	23 12 6
15 Tu	9 38 38	1 2 38	60 36	21 52 46.8	12 52 12	15 26 53	6 59 10	218	6 44 45	22 14 8	22 26 4	7 6 23	212	7 14 23	20 54 57
16 W	9 42 34	2 3 13	60 34	21 56 40.5	12 31 37	29 32 26	7 13 17	199	7 43 54	19 15 15	6♋45 43	7 19 40	181	8 13 14	17 16 17
17 Th	9 46 31	3 3 47	60 32	22 0 33.4	12 10 50	14♋ 5 23	7 25 20	156	8 42 17	14 59 49	21 30 43	7 30 2	124	9 11 3	12 28 4
18 F	9 50 27	4 4 19	60 31	22 4 25.7	11 49 51	29 0 45	7 33 37	88	9 39 29	9 43 36	6♌34 22	7 35 56	49	10 7 39	6 49 17
19 S	9 54 24	5 4 50	60 29	22 8 17.2	11 28 41	14♌10 18	7 36 53	8	10 35 36	3 48 13	21 47 11	7 36 27	-33	11 3 22	0 43 36
20 Su	9 58 21	6 5 19	60 28	22 12 8.0	11 7 20	29 23 38	7 34 39	-72	11 31 5	2S21 20	6♍58 17	7 31 37	-107	11 58 48	5S23 23
21 M	10 2 17	7 5 47	60 26	22 15 58.2	10 45 48	14♍29 55	7 27 29	-138	12 26 36	8 19 31	21 57 24	7 22 27	-162	12 54 33	11 6 47
22 Tu	10 6 14	8 6 13	60 25	22 19 47.8	10 24 7	29 19 51	7 16 43	-179	13 22 44	13 42 33	6♎36 34	7 10 30	-190	13 51 9	16 4 23
23 W	10 10 10	9 6 38	60 24	22 23 36.7	10 2 15	13♎47 4	7 4 1	-196	14 19 50	18 10 33	20 51 5	6 57 27	-196	14 48 45	19 58 18
24 Th	10 14 7	10 7 2	60 23	22 27 25.1	9 40 14	27 48 32	6 50 58	-191	15 17 50	21 27 15	4♏39 30	6 44 42	-183	15 47 1	22 36 8
25 F	10 18 3	11 7 24	60 21	22 31 12.8	9 18 5	11♏24 12	6 38 46	-172	16 16 11	23 24 24	18 2 58	6 33 13	-160	16 45 14	23 51 55
26 S	10 22 0	12 7 45	60 20	22 35 0.0	8 55 47	24 36 11	6 28 7	-146	17 14 0	23 58 58	1♐ 4 18	6 23 29	-132	17 42 24	23 46 13
27 Su	10 25 56	13 8 5	60 18	22 38 46.7	8 33 20	7♐27 47	6 19 20	-117	18 10 18	23 14 38	13 47 7	6 15 40	-104	18 37 37	22 25 26
28 M	10 29 53	14♒ 8 23	60 17	22 42 32.8	8S10 47	20♐ 2 47	6 12 25	-91	19 4 17	21S20 0	26♐15 12	6 9 36	-79	19 30 17	19S59 54

LUNAR INGRESSES
1 ☽ ♑ 13:30
4 ☽ ♒ 0:16
6 ☽ ♓ 12:27
9 ☽ ♈ 1:09
11 ☽ ♉ 12:33
13 ☽ ♊ 20:41
16 ☽ ♋ 0:46
18 ☽ ♌ 1:34
20 ☽ ♍ 0:57
22 ☽ ♎ 1:06
24 ☽ ♏ 3:49
26 ☽ ♐ 10:00
28 ☽ ♑ 19:17

PLANET INGRESSES
13 ☉ ♒ 23:12
16 ♂ ♒ 14:10
19 ☿ ♒ 0:10
25 ♀ ♑ 18:46

STATIONS
NONE

DATA FOR THE 1st AT 0 HOURS
JULIAN DAY 40573.5
☽ MEAN ☊ 5° ♐ 45' 53"
OBLIQUITY 23° 26' 16"
DELTA T 70.7 SECONDS
NUTATION LONGITUDE 18.9"

MO	YR	☿ LONG ° ' "	♀ LONG ° ' "	♂ LONG ° ' "	♃ LONG ° ' "	♄ LONG ° ' "	♅ LONG ° ' "	♆ LONG ° ' "	♇ LONG ° ' "	☊ LONG ° '	A.S.S.I. h m s	S.S.R.Y. h m s	S.V.P. ♓ ° ' "	☿ MERCURY R.A. h m s	☿ MERCURY DECL ° ' "
1	32	0♑36 5	1♐25 47	17♑41 59	6♓51 12	22♍17R48	3♓ 5 27	2♒51 52	11♐29 3	7♐26	26 19 5	30 6 51	5 5 59.0	19 50 53	22S17 4
2	33	2 7 28	2 33 21	18 29 15	7 3 2	22 17 8	3 8 4	2 54 5	11 30 53	7 22	26 24 13	30 7 32	5 5 58.8	19 57 25	22 5 5
3	34	3 39 36	3 41 6	19 16 32	7 14 58	22 16 21	3 10 43	2 56 18	11 32 41	7 17	26 29 19	30 8 20	5 5 58.7	20 3 59	21 51 46
4	35	5 12 27	4 49 1	20 3 49	7 26 58	22 15 28	3 13 24	2 58 32	11 34 29	7 12	26 34 25	30 9 11	5 5 58.6	20 10 34	21 37 6
5	36	6 46 3	5 57 5	20 51 8	7 39 5	22 14 28	3 16 7	3 0 46	11 36 16	7 01	26 39 29	30 10 6	5 5 58.5	20 17 11	21 21 5
6	37	8 20 23	7 5 18	21 38 27	7 51 16	22 13 23	3 18 51	3 3 0	11 38 1	6 52	26 44 33	30 11 3	5 5 58.4	20 23 49	21 3 43
7	38	9 55 29	8 13 39	22 25 46	8 3 32	22 12 11	3 21 38	3 5 15	11 39 45	6 43	26 49 35	30 12 1	5 5 58.4	20 30 28	20 45 0
8	39	11 31 19	9 22 9	23 13 6	8 15 53	22 10 52	3 24 26	3 7 30	11 41 28	6 36	26 54 37	30 12 57	5 5 58.4	20 37 9	20 24 53
9	40	13 7 56	10 30 48	24 0 27	8 28 19	22 9 28	3 27 16	3 9 46	11 43 10	6 30	26 59 37	30 13 49	5 5 58.3	20 43 51	20 3 25
10	41	14 45 20	11 39 34	24 47 48	8 40 50	22 7 57	3 30 8	3 12 2	11 44 50	6 27	27 4 36	30 14 35	5 5 58.2	20 50 33	19 40 33
11	42	16 23 31	12 48 28	25 35 10	8 53 25	22 6 21	3 33 2	3 14 18	11 46 30	6 25	27 9 35	30 15 13	5 5 58.1	20 57 17	19 16 18
12	43	18 2 31	13 57 30	26 22 32	9 6 5	22 4 38	3 35 57	3 16 34	11 48 8	6 26	27 14 32	30 15 39	5 5 57.9	21 4 1	18 50 40
13	44	19 42 20	15 6 38	27 9 54	9 18 49	22 2 50	3 38 53	3 18 50	11 49 44	6 27	27 19 29	30 15 52	5 5 57.7	21 10 47	18 23 38
14	45	21 22 59	16 15 54	27 57 16	9 31 37	22 0 55	3 41 51	3 21 7	11 51 20	6 28	27 24 24	30 15 49	5 5 57.5	21 17 33	17 55 12
15	46	23 4 29	17 25 17	28 44 39	9 44 29	21 58 55	3 44 51	3 23 24	11 52 53	6 27	27 29 19	30 15 32	5 5 57.3	21 24 20	17 25 22
16	47	24 46 51	18 34 47	29 32 2	9 57 26	21 56 49	3 47 52	3 25 40	11 54 26	6 25	27 34 12	30 14 59	5 5 57.1	21 31 8	16 54 8
17	48	26 30 5	19 44 23	0♒19 25	10 10 26	21 54 38	3 50 55	3 27 57	11 55 57	6 20	27 39 5	30 14 14	5 5 56.9	21 37 57	16 21 30
18	49	28 14 14	20 54 5	1 6 48	10 23 30	21 52 20	3 53 58	3 30 13	11 57 27	6 13	27 43 57	30 13 19	5 5 56.8	21 44 46	15 47 28
19	50	29 59 16	22 3 54	1 54 11	10 36 38	21 49 58	3 57 4	3 32 30	11 58 55	6 05	27 48 48	30 12 18	5 5 56.7	21 51 36	15 12 3
20	51	1♒45 13	23 13 49	2 41 34	10 49 50	21 47 29	4 0 10	3 34 47	12 0 22	5 55	27 53 38	30 11 16	5 5 56.7	21 58 27	14 35 13
21	52	3 32 5	24 23 51	3 28 57	11 3 5	21 44 56	4 3 18	3 37 3	12 1 47	5 46	27 58 27	30 10 17	5 5 56.7	22 5 19	13 57 1
22	53	5 19 53	25 33 58	4 16 21	11 16 24	21 42 17	4 6 27	3 39 20	12 3 11	5 39	28 3 15	30 9 24	5 5 56.6	22 12 11	13 17 25
23	54	7 8 36	26 44 10	5 3 44	11 29 46	21 39 32	4 9 37	3 41 36	12 4 33	5 34	28 8 3	30 8 39	5 5 56.5	22 19 4	12 36 28
24	55	8 58 14	27 54 29	5 51 8	11 43 12	21 36 43	4 12 48	3 43 52	12 5 54	5 31	28 12 50	30 8 5	5 5 56.4	22 25 58	11 54 10
25	56	10 48 46	29 4 52	6 38 31	11 56 41	21 33 48	4 16 0	3 46 8	12 7 14	5 31	28 17 36	30 7 40	5 5 56.2	22 32 53	11 10 32
26	57	12 40 10	0♑15 21	7 25 55	12 10 13	21 30 48	4 19 14	3 48 24	12 8 31	5 31	28 22 21	30 7 27	5 5 56.0	22 39 48	10 25 36
27	58	14 32 25	1 25 55	8 13 18	12 23 48	21 27 43	4 22 28	3 50 40	12 9 47	5 31	28 27 6	30 7 24	5 5 55.8	22 46 44	9 39 23
28	59	16♒25 27	2♑36 33	9♒ 0 41	12♓37 27	21♍24 34	4♓25 43	3♒52 55	12♐11 2	5♐30	28 31 50	30 7 31	5 5 55.6	22 53 40	8S51 56

DAY Feb	♀ VENUS R.A. h m s	♀ VENUS DECL ° ' "	♂ MARS R.A. h m s	♂ MARS DECL ° ' "	♃ JUPITER R.A. h m s	♃ JUPITER DECL ° ' "	♄ SATURN R.A. h m s	♄ SATURN DECL ° ' "	♅ URANUS R.A. h m s	♅ URANUS DECL ° ' "	♆ NEPTUNE R.A. h m s	♆ NEPTUNE DECL ° ' "	♇ PLUTO R.A. h m s	♇ PLUTO DECL ° ' "
1	17 44 19	20S43 33	21 1 32	18S 3 25	0 8 18	0S22 27	13 7 20	4S23 37	23 53 46	1S27 30	22 0 28	12S42 11	18 26 54	18S48 27
2	17 49 8	20 48 22	21 4 42	17 50 0	0 9 1	0 17 36	13 7 18	4 23 6	23 53 56	1 26 26	22 0 37	12 41 25	18 27 2	18 48 23
3	17 53 57	20 52 40	21 7 53	17 36 24	0 9 44	0 12 43	13 7 15	4 22 33	23 54 5	1 25 21	22 0 46	12 40 40	18 27 9	18 48 19
4	17 58 47	20 56 28	21 11 2	17 22 36	0 10 28	0 7 48	13 7 12	4 21 58	23 54 15	1 24 16	22 0 54	12 39 54	18 27 17	18 48 15
5	18 3 39	20 59 45	21 14 11	17 8 37	0 11 12	0 2 52	13 7 9	4 21 20	23 54 25	1 23 9	22 1 3	12 39 8	18 27 25	18 48 10
6	18 8 31	21 2 31	21 17 20	16 54 28	0 11 57	0N 2 7	13 7 5	4 20 40	23 54 35	1 22 2	22 1 11	12 38 22	18 27 32	18 48 6
7	18 13 24	21 4 45	21 20 29	16 40 8	0 12 42	0 7 7	13 7 1	4 19 58	23 54 45	1 20 55	22 1 20	12 37 36	18 27 39	18 48 1
8	18 18 18	21 6 27	21 23 37	16 25 37	0 13 27	0 12 9	13 6 57	4 19 13	23 54 56	1 19 46	22 1 29	12 36 49	18 27 46	18 47 56
9	18 23 12	21 7 37	21 26 44	16 10 56	0 14 12	0 17 13	13 6 52	4 18 27	23 55 6	1 18 37	22 1 37	12 36 3	18 27 54	18 47 52
10	18 28 7	21 8 14	21 29 51	15 56 4	0 14 58	0 22 18	13 6 47	4 17 38	23 55 16	1 17 28	22 1 46	12 35 16	18 28 1	18 47 47
11	18 33 3	21 8 18	21 32 58	15 41 3	0 15 44	0 27 26	13 6 41	4 16 46	23 55 27	1 16 17	22 1 55	12 34 30	18 28 8	18 47 42
12	18 37 59	21 7 48	21 36 4	15 25 53	0 16 30	0 32 34	13 6 35	4 15 53	23 55 38	1 15 6	22 2 4	12 33 43	18 28 14	18 47 37
13	18 42 56	21 6 45	21 39 10	15 10 32	0 17 17	0 37 44	13 6 29	4 14 58	23 55 49	1 13 55	22 2 12	12 32 56	18 28 21	18 47 32
14	18 47 53	21 5 8	21 42 16	14 55 3	0 18 4	0 42 56	13 6 23	4 14 0	23 55 59	1 12 42	22 2 21	12 32 9	18 28 28	18 47 27
15	18 52 51	21 2 57	21 45 21	14 39 24	0 18 51	0 48 9	13 6 16	4 13 0	23 56 10	1 11 30	22 2 30	12 31 22	18 28 35	18 47 22
16	18 57 49	21 0 21	21 48 25	14 23 37	0 19 38	0 53 24	13 6 8	4 11 59	23 56 21	1 10 16	22 2 39	12 30 36	18 28 41	18 47 17
17	19 2 47	20 56 53	21 51 29	14 7 41	0 20 26	0 58 40	13 6 0	4 10 55	23 56 33	1 9 3	22 2 48	12 29 49	18 28 47	18 47 12
18	19 7 45	20 52 59	21 54 33	13 51 36	0 21 13	1 3 57	13 5 52	4 9 49	23 56 44	1 7 48	22 2 56	12 29 2	18 28 54	18 47 6
19	19 12 44	20 48 30	21 57 36	13 35 24	0 22 1	1 9 15	13 5 44	4 8 42	23 56 55	1 6 34	22 3 5	12 28 15	18 29 0	18 47 1
20	19 17 43	20 43 27	22 0 39	13 19 3	0 22 50	1 14 35	13 5 35	4 7 32	23 57 6	1 5 18	22 3 14	12 27 28	18 29 6	18 46 56
21	19 22 41	20 37 49	22 3 42	13 2 34	0 23 38	1 19 55	13 5 26	4 6 20	23 57 18	1 4 3	22 3 23	12 26 41	18 29 12	18 46 51
22	19 27 40	20 31 37	22 6 44	12 45 57	0 24 27	1 25 17	13 5 16	4 5 7	23 57 29	1 2 47	22 3 31	12 25 54	18 29 18	18 46 45
23	19 32 39	20 24 50	22 9 46	12 29 13	0 25 16	1 30 40	13 5 7	4 3 52	23 57 41	1 1 30	22 3 40	12 25 8	18 29 24	18 46 40
24	19 37 38	20 17 28	22 12 47	12 12 22	0 26 5	1 36 5	13 4 57	4 2 34	23 57 53	1 0 13	22 3 49	12 24 21	18 29 29	18 46 34
25	19 42 36	20 9 32	22 15 48	11 55 23	0 26 55	1 41 30	13 4 46	4 1 16	23 58 4	0 58 55	22 3 58	12 23 34	18 29 35	18 46 29
26	19 47 35	20 1 2	22 18 48	11 38 18	0 27 44	1 46 56	13 4 35	3 59 55	23 58 16	0 57 37	22 4 6	12 22 48	18 29 40	18 46 24
27	19 52 33	19 51 58	22 21 49	11 21 5	0 28 34	1 52 24	13 4 24	3 58 33	23 58 28	0 56 19	22 4 15	12 22 1	18 29 46	18 46 18
28	19 57 31	19S42 21	22 24 48	11S 3 47	0 29 24	1N57 52	13 4 13	3S57 9	23 58 40	0S55 1	22 4 24	12S21 15	18 29 51	18S46 13

DAY	SIDEREAL TIME h m s	☉ SUN LONG ° ' "	MOT ' "	R.A. h m s	DECL ° ' "	☽ MOON AT 0 HOURS LONG ° ' "	12h MOT ° ' "	2DIF "	R.A. h m s	DECL ° ' "	☽ MOON AT 12 HOURS LONG ° ' "	12h MOT ° ' "	2DIF "	R.A. h m s	DECL ° ' "
1 Tu	10 33 50	15♒ 8 40	60 15	22 46 18.3	7S48 5	2♑24 48	6 7 9	-68	19 55 37	18S26 41	8♑31 57	6 5 3	-59	20 20 17	16S41 59
2 W	10 37 46	16 8 55	60 13	22 50 3.4	7 25 17	14 37 0	6 3 14	-50	20 44 19	14 47 22	20 40 14	6 1 41	-43	21 7 47	12 44 23
3 Th	10 41 43	17 9 8	60 12	22 53 48.0	7 2 23	26 41 55	6 0 21	-37	21 30 45	10 34 31	2♒42 17	5 59 13	-32	21 53 18	8 19 10
4 F	10 45 39	18 9 20	60 10	22 57 32.1	6 39 23	8♒41 30	5 58 15	-27	22 15 29	5 59 45	14 39 45	5 57 27	-22	22 37 25	3 37 32
5 S	10 49 36	19 9 30	60 8	23 1 15.7	6 16 17	20 37 12	5 56 47	-17	22 59 11	1 13 49	26 33 59	5 56 17	-13	23 20 51	1N10 11
6 Su	10 53 32	20 9 38	60 6	23 4 58.9	5 53 5	2♓30 16	5 55 56	-7	23 42 32	3N33 17	8♓26 12	5 55 47	-2	0 4 18	5 54 15
7 M	10 57 29	21 9 44	60 4	23 8 41.7	5 29 49	14 21 59	5 55 50	5	0 26 14	8 11 55	20 17 50	5 56 8	13	0 48 26	10 25 6
8 Tu	11 1 25	22 9 48	60 2	23 12 24.1	5 6 29	26 13 58	5 56 43	23	1 10 59	12 32 33	2♈10 41	5 57 38	33	1 33 57	14 33 4
9 W	11 5 22	23 9 51	60 0	23 16 6.0	4 43 5	8♈ 8 20	5 58 56	45	1 57 24	16 25 19	14 7 15	6 0 38	58	2 21 23	18 8 2
10 Th	11 9 18	24 9 51	59 58	23 19 47.6	4 19 37	20 7 54	6 2 49	73	2 45 57	19 39 50	26 10 43	6 5 31	89	3 11 8	20 59 20
11 F	11 13 15	25 9 49	59 56	23 23 28.9	3 56 6	2♉16 14	6 8 45	106	3 36 57	22 5 12	8♉24 59	6 12 34	123	4 3 22	22 56 2
12 S	11 17 12	26 9 45	59 54	23 27 9.8	3 32 32	14 37 32	6 16 59	141	4 30 21	23 30 35	20 54 31	6 21 59	159	4 57 51	23 47 39
13 Su	11 21 8	27 9 39	59 52	23 30 50.3	3 8 56	27 16 30	6 27 35	176	5 25 47	23 46 16	3♊44 6	6 33 45	192	5 54 3	23 25 40
14 M	11 25 5	28 9 30	59 49	23 34 30.6	2 45 17	10♊17 50	6 40 24	206	6 22 33	22 45 21	16 58 14	6 47 27	216	6 51 11	21 45 10
15 Tu	11 29 1	29 9 19	59 47	23 38 10.6	2 21 37	23 45 41	6 54 48	222	7 19 50	20 25 22	0♋40 30	7 2 17	224	7 48 25	18 46 31
16 W	11 32 58	0♓ 9 6	59 45	23 41 50.3	1 57 56	7♋42 47	7 9 43	219	8 16 54	16 49 39	14 52 30	7 16 54	208	8 45 13	14 36 8
17 Th	11 36 54	1 8 51	59 43	23 45 29.8	1 34 14	22 9 24	7 23 34	189	9 13 22	12 7 45	29 32 58	7 29 29	163	9 41 24	9 26 38
18 F	11 40 51	2 8 34	59 40	23 49 9.1	1 10 31	7♌ 2 27	7 34 26	130	10 9 19	6 35 15	14♌36 53	7 38 10	92	10 37 11	3 36 22
19 S	11 44 47	3 8 14	59 38	23 52 48.2	0 46 48	22 15 3	7 40 32	49	11 5 5	0 32 58	29 55 35	7 41 25	3	11 33 6	2S31 43
20 Su	11 48 44	4 7 52	59 36	23 56 27.1	0 23 5	7♍37 0	7 40 46	-42	12 1 17	5S34 25	15♍17 46	7 38 38	-85	12 29 44	8 31 45
21 M	11 52 41	5 7 29	59 35	0 0 5.8	0N 0 37	22 56 23	7 35 6	-124	12 58 30	11 20 27	0♎31 29	7 30 21	-158	13 27 36	13 57 23
22 Tu	11 56 37	6 7 3	59 33	0 3 44.5	0 24 19	8♎ 1 50	7 24 36	-184	13 57 4	16 19 43	15 26 26	7 18 4	-204	14 26 50	18 24 55
23 W	12 0 34	7 6 36	59 31	0 7 23.0	0 48 0	22 44 30	7 11 1	-216	14 56 53	20 10 57	29 55 32	7 3 40	-221	15 27 4	21 36 17
24 Th	12 4 30	8 6 7	59 29	0 11 1.5	1 11 39	6♏59 12	6 56 15	-221	15 57 17	22 39 55	13♏55 27	6 48 57	-215	16 27 22	23 21 30
25 F	12 8 27	9 5 36	59 28	0 14 40.0	1 35 17	20 44 23	6 41 54	-205	16 57 10	23 41 10	27 26 17	6 35 15	-193	17 26 32	23 39 35
26 S	12 12 23	10 5 3	59 26	0 18 18.4	1 58 52	4♐ 1 32	6 29 4	-177	17 55 20	23 17 50	10♐30 36	6 23 25	-161	18 23 27	22 37 19
27 Su	12 16 20	11 4 29	59 24	0 21 56.8	2 22 25	16 54 1	6 18 21	-143	18 50 50	21 39 38	23 12 22	6 13 52	-126	19 17 27	20 26 29
28 M	12 20 16	12 3 53	59 22	0 25 35.2	2 45 55	29 26 14	6 9 58	-109	19 43 16	18 59 38	5♑36 11	6 6 37	-92	20 8 21	17 20 48
29 Tu	12 24 13	13 3 15	59 20	0 29 13.7	3 9 22	11♑42 49	6 3 49	-77	20 32 42	15 31 38	17 46 38	6 1 31	-62	20 56 25	13 33 43
30 W	12 28 10	14 2 35	59 19	0 32 52.2	3 32 45	23 48 9	5 59 40	-49	21 19 34	11 28 31	29 47 49	5 58 14	-37	21 42 14	9 17 25
31 Th	12 32 6	15♓ 1 54	59 17	0 36 30.8	3N56 4	5♒46 4	5 57 11	-27	22 4 31	7S 1 43	11♒43 14	5 56 26	-18	22 26 30	4S42 40

LUNAR INGRESSES
3 ☽ ♒ 6:35
5 ☽ ♓ 18:56
8 ☽ ♈ 7:36
10 ☽ ♉ 19:32
13 ☽ ♊ 5:05
15 ☽ ♋ 10:50
17 ☽ ♌ 12:43
19 ☽ ♍ 12:07
21 ☽ ♎ 11:10
23 ☽ ♏ 12:08
25 ☽ ♐ 16:39
28 ☽ ♑ 1:05
30 ☽ ♒ 12:24

PLANET INGRESSES
7 ☿ ♓ 1:49
15 ☉ ♓ 20:21
23 ♀ ♒ 0:53
26 ♂ ♓ 16:15

STATIONS
30 ☿ R 20:49

DATA FOR THE 1st AT 0 HOURS
JULIAN DAY 40601.5
☽ MEAN ☊ 4°♐ 16' 52"
OBLIQUITY 23° 26' 17"
DELTA T 70.7 SECONDS
NUTATION LONGITUDE 18.4"

DAY MO	YR	☿ LONG ° ' "	♀ LONG ° ' "	♂ LONG ° ' "	♃ LONG ° ' "	♄ LONG ° ' "	♅ LONG ° ' "	♆ LONG ° ' "	♇ LONG ° ' "	☊ LONG ° '	A.S.S.I. h m s	S.S.R.Y. h m s	S.V.P. ♓ ° ' "	☿ MERCURY R.A. h m s	DECL ° ' "
1	60	18♒19 13	3♑47 16	9♒48 4	12♓51 8	21♍21R20	4♓29 0	3♒55 10	12♐12 15	5♐27	28 36 33	30 7 47	5 5 55.5	23 0 36	8S 3 18
2	61	20 13 38	4 58 4	10 35 26	13 4 52	21 18 1	4 32 17	3 57 25	12 13 26	5 21	28 41 16	30 8 14	5 5 55.4	23 7 32	7 13 32
3	62	22 8 37	6 8 55	11 22 48	13 18 39	21 14 37	4 35 35	3 59 39	12 14 35	5 12	28 45 58	30 8 49	5 5 55.3	23 14 28	6 22 42
4	63	24 4 2	7 19 50	12 10 10	13 32 28	21 11 9	4 38 54	4 1 52	12 15 43	5 00	28 50 40	30 9 31	5 5 55.3	23 21 24	5 30 53
5	64	25 59 44	8 30 49	12 57 31	13 46 21	21 7 37	4 42 13	4 4 6	12 16 49	4 47	28 55 21	30 10 21	5 5 55.2	23 28 19	4 38 12
6	65	27 55 32	9 41 52	13 44 51	14 0 15	21 4 0	4 45 34	4 6 19	12 17 54	4 32	29 0 1	30 11 18	5 5 55.2	23 35 12	3 44 43
7	66	29 51 15	10 52 59	14 32 11	14 14 12	21 0 20	4 48 55	4 8 31	12 18 57	4 18	29 4 41	30 12 19	5 5 55.2	23 42 3	2 50 36
8	67	1♓46 38	12 4 8	15 19 30	14 28 12	20 56 35	4 52 16	4 10 43	12 19 57	4 06	29 9 21	30 13 23	5 5 55.2	23 48 52	1 55 59
9	68	3 41 23	13 15 21	16 6 48	14 42 13	20 52 46	4 55 38	4 12 54	12 20 57	3 56	29 13 59	30 14 28	5 5 55.2	23 55 37	1 1 2
10	69	5 35 12	14 26 38	16 54 5	14 56 17	20 48 54	4 59 1	4 15 4	12 21 54	3 49	29 18 38	30 15 30	5 5 55.1	0 2 18	0 5 57
11	70	7 27 44	15 37 57	17 41 22	15 10 22	20 44 59	5 2 24	4 17 14	12 22 50	3 44	29 23 16	30 16 26	5 5 55.0	0 8 53	0N49 4
12	71	9 18 34	16 49 19	18 28 37	15 24 30	20 40 59	5 5 48	4 19 24	12 23 44	3 43	29 27 53	30 17 12	5 5 54.8	0 15 22	1 43 47
13	72	11 7 18	18 0 44	19 15 52	15 38 39	20 36 57	5 9 12	4 21 32	12 24 36	3 42	29 32 30	30 17 45	5 5 54.6	0 21 42	2 37 57
14	73	12 53 29	19 12 12	20 3 5	15 52 50	20 32 51	5 12 36	4 23 40	12 25 26	3 42	29 37 7	30 18 3	5 5 54.4	0 27 53	3 31 19
15	74	14 36 37	20 23 42	20 50 18	16 7 3	20 28 43	5 16 1	4 25 47	12 26 15	3 41	29 41 44	30 18 6	5 5 54.3	0 33 53	4 23 35
16	75	16 16 14	21 35 16	21 37 29	16 21 18	20 24 31	5 19 26	4 27 54	12 27 1	3 38	29 46 20	30 17 52	5 5 54.1	0 39 41	5 14 30
17	76	17 51 49	22 46 52	22 24 39	16 35 34	20 20 17	5 22 51	4 29 59	12 27 46	3 33	29 50 55	30 17 24	5 5 54.0	0 45 14	6 3 46
18	77	19 22 54	23 58 30	23 11 47	16 49 51	20 16 0	5 26 16	4 32 4	12 28 29	3 24	29 55 31	30 16 43	5 5 53.9	0 50 31	6 51 7
19	78	20 48 59	25 10 11	23 58 55	17 4 9	20 11 40	5 29 41	4 34 8	12 29 10	3 14	30 0 6	30 15 53	5 5 53.9	0 55 31	7 36 17
20	79	22 9 38	26 21 55	24 46 1	17 18 29	20 7 18	5 33 7	4 36 11	12 29 49	3 02	30 4 41	30 14 58	5 5 53.9	1 0 12	8 18 59
21	80	23 24 25	27 33 42	25 33 6	17 32 51	20 2 54	5 36 33	4 38 13	12 30 27	2 51	0 0 7	30 14 1	5 5 53.9	1 4 32	8 59 0
22	81	24 32 57	28 45 31	26 20 10	17 47 13	19 58 28	5 39 58	4 40 14	12 31 2	2 42	0 4 42	30 13 6	5 5 53.9	1 8 31	9 36 6
23	82	25 34 52	29 57 22	27 7 13	18 1 36	19 54 0	5 43 23	4 42 14	12 31 36	2 35	0 9 17	30 12 15	5 5 53.7	1 12 6	10 10 5
24	83	26 29 53	1♒ 9 16	27 54 14	18 16 1	19 49 30	5 46 49	4 44 13	12 32 8	2 31	0 13 51	30 11 30	5 5 53.6	1 15 16	10 40 44
25	84	27 17 45	2 21 12	28 41 14	18 30 26	19 44 58	5 50 15	4 46 11	12 32 38	2 29	0 18 26	30 10 51	5 5 53.4	1 18 1	11 7 54
26	85	27 58 14	3 33 11	29 28 13	18 44 53	19 40 25	5 53 40	4 48 8	12 33 6	2 29	0 23 0	30 10 21	5 5 53.2	1 20 21	11 31 26
27	86	28 31 13	4 45 11	0♓15 11	18 59 20	19 35 51	5 57 5	4 50 5	12 33 32	2 29	0 27 34	30 9 59	5 5 53.0	1 22 13	11 51 12
28	87	28 56 35	5 57 14	1 2 6	19 13 48	19 31 15	6 0 30	4 52 0	12 33 57	2 28	0 32 9	30 9 46	5 5 52.9	1 23 39	12 7 5
29	88	29 14 20	7 9 19	1 49 1	19 28 16	19 26 38	6 3 55	4 53 53	12 34 19	2 25	0 36 43	30 9 43	5 5 52.8	1 24 37	12 18 59
30	89	29 24R30	8 21 25	2 35 54	19 42 46	19 22 0	6 7 19	4 55 46	12 34 40	2 19	0 41 18	30 9 50	5 5 52.7	1 25 9	12 26 52
31	90	29♓27 12	9♒33 34	3♓22 45	19♓57 15	19♍17 21	6♓10 43	4♒57 38	12♐34 58	2♐11	0 45 52	30 10 8	5 5 52.6	1 25 15	12N30 40

DAY Mar	♀ VENUS R.A. h m s	DECL ° ' "	♂ MARS R.A. h m s	DECL ° ' "	♃ JUPITER R.A. h m s	DECL ° ' "	♄ SATURN R.A. h m s	DECL ° ' "	♅ URANUS R.A. h m s	DECL ° ' "	♆ NEPTUNE R.A. h m s	DECL ° ' "	♇ PLUTO R.A. h m s	DECL ° ' "
1	20 2 28	19S32 9	22 27 48	10S46 22	0 30 14	2N 3 21	13 4 1	3S55 43	23 58 52	0S53 42	22 4 32	12S20 28	18 29 56	18S46 8
2	20 7 26	19 21 24	22 30 47	10 28 51	0 31 5	2 8 51	13 3 49	3 54 16	23 59 4	0 52 22	22 4 41	12 19 42	18 30 1	18 46 2
3	20 12 22	19 10 7	22 33 46	10 11 14	0 31 55	2 14 22	13 3 37	3 52 48	23 59 16	0 51 3	22 4 50	12 18 56	18 30 6	18 45 57
4	20 17 19	18 58 16	22 36 44	9 53 32	0 32 46	2 19 53	13 3 25	3 51 17	23 59 28	0 49 43	22 4 58	12 18 10	18 30 11	18 45 51
5	20 22 15	18 45 53	22 39 42	9 35 45	0 33 37	2 25 25	13 3 12	3 49 46	23 59 41	0 48 23	22 5 7	12 17 25	18 30 15	18 45 46
6	20 27 10	18 32 59	22 42 40	9 17 52	0 34 28	2 30 58	13 2 59	3 48 13	23 59 53	0 47 3	22 5 15	12 16 39	18 30 20	18 45 41
7	20 32 5	18 19 32	22 45 37	8 59 54	0 35 19	2 36 31	13 2 45	3 46 38	0 0 5	0 45 42	22 5 24	12 15 54	18 30 24	18 45 36
8	20 36 59	18 5 34	22 48 34	8 41 52	0 36 10	2 42 5	13 2 32	3 45 3	0 0 17	0 44 21	22 5 32	12 15 9	18 30 28	18 45 30
9	20 41 53	17 51 5	22 51 31	8 23 45	0 37 2	2 47 40	13 2 18	3 43 26	0 0 30	0 43 0	22 5 41	12 14 24	18 30 33	18 45 25
10	20 46 46	17 36 6	22 54 28	8 5 33	0 37 54	2 53 15	13 2 4	3 41 48	0 0 42	0 41 39	22 5 49	12 13 39	18 30 37	18 45 20
11	20 51 38	17 20 37	22 57 24	7 47 18	0 38 45	2 58 51	13 1 50	3 40 9	0 0 55	0 40 18	22 5 57	12 12 54	18 30 41	18 45 15
12	20 56 30	17 4 38	23 0 19	7 28 59	0 39 37	3 4 27	13 1 35	3 38 29	0 1 7	0 38 56	22 6 6	12 12 10	18 30 44	18 45 9
13	21 1 21	16 48 10	23 3 15	7 10 36	0 40 29	3 10 3	13 1 20	3 36 48	0 1 19	0 37 35	22 6 14	12 11 26	18 30 48	18 45 4
14	21 6 11	16 31 13	23 6 10	6 52 9	0 41 22	3 15 40	13 1 6	3 35 6	0 1 32	0 36 13	22 6 22	12 10 42	18 30 51	18 44 59
15	21 11 1	16 13 48	23 9 5	6 33 39	0 42 14	3 21 17	13 0 51	3 33 23	0 1 44	0 34 51	22 6 30	12 9 58	18 30 55	18 44 54
16	21 15 50	15 55 56	23 12 0	6 15 6	0 43 6	3 26 54	13 0 35	3 31 39	0 1 57	0 33 29	22 6 38	12 9 15	18 30 58	18 44 50
17	21 20 38	15 37 37	23 14 54	5 56 31	0 43 59	3 32 32	13 0 20	3 29 54	0 2 10	0 32 7	22 6 46	12 8 32	18 31 1	18 44 45
18	21 25 25	15 18 51	23 17 48	5 37 52	0 44 52	3 38 10	13 0 4	3 28 9	0 2 22	0 30 45	22 6 54	12 7 49	18 31 4	18 44 40
19	21 30 12	14 59 38	23 20 42	5 19 11	0 45 44	3 43 47	12 59 48	3 26 23	0 2 35	0 29 23	22 7 2	12 7 7	18 31 7	18 44 35
20	21 34 57	14 40 1	23 23 35	5 0 28	0 46 37	3 49 25	12 59 32	3 24 36	0 2 47	0 28 1	22 7 10	12 6 25	18 31 10	18 44 31
21	21 39 43	14 19 58	23 26 29	4 41 43	0 47 30	3 55 3	12 59 16	3 22 48	0 3 0	0 26 40	22 7 18	12 5 43	18 31 13	18 44 26
22	21 44 27	13 59 30	23 29 22	4 22 55	0 48 23	4 0 41	12 59 0	3 21 0	0 3 12	0 25 18	22 7 26	12 5 2	18 31 15	18 44 21
23	21 49 10	13 38 39	23 32 15	4 4 6	0 49 16	4 6 20	12 58 44	3 19 12	0 3 25	0 23 56	22 7 33	12 4 20	18 31 17	18 44 17
24	21 53 53	13 17 25	23 35 8	3 45 16	0 50 9	4 11 58	12 58 27	3 17 23	0 3 38	0 22 34	22 7 41	12 3 40	18 31 20	18 44 13
25	21 58 35	12 55 48	23 38 0	3 26 23	0 51 3	4 17 36	12 58 11	3 15 34	0 3 50	0 21 12	22 7 49	12 2 59	18 31 22	18 44 8
26	22 3 17	12 33 48	23 40 52	3 7 30	0 51 56	4 23 14	12 57 54	3 13 45	0 4 3	0 19 50	22 7 56	12 2 19	18 31 24	18 44 4
27	22 7 57	12 11 28	23 43 45	2 48 36	0 52 49	4 28 52	12 57 37	3 11 55	0 4 15	0 18 28	22 8 4	12 1 39	18 31 26	18 44 0
28	22 12 37	11 48 47	23 46 37	2 29 41	0 53 43	4 34 30	12 57 20	3 10 5	0 4 28	0 17 7	22 8 11	12 1 0	18 31 27	18 43 56
29	22 17 16	11 25 45	23 49 28	2 10 45	0 54 36	4 40 8	12 57 3	3 8 15	0 4 40	0 15 45	22 8 18	12 0 21	18 31 29	18 43 52
30	22 21 55	11 2 24	23 52 20	1 51 49	0 55 30	4 45 46	12 56 46	3 6 25	0 4 53	0 14 24	22 8 26	11 59 43	18 31 30	18 43 48
31	22 26 33	10S38 44	23 55 11	1S32 53	0 56 23	4N51 23	12 56 29	3S 4 35	0 5 5	0S13 3	22 8 33	11S59 4	18 31 32	18S43 45

APRIL 2011

DAY	SIDEREAL TIME h m s	☉ SUN LONG ° ' "	MOT ' "	R.A. h m s	DECL ° ' "	☽ MOON AT 0 HOURS LONG ° ' "	12h MOT ° ' "	2DIF "	R.A. h m s	DECL ° ' "	☽ MOON AT 12 HOURS LONG ° ' "	12h MOT ° ' "	2DIF "	R.A. h m s	DECL ° ' "
1 F	12 36 3	16♓ 1 10	59 15	0 40 9.5	4N19 19	17♒39 41	5 55 59	-10	22 48 17	2S21 29	23♒35 40	5 55 46	-3	23 9 57	0N 0 42
2 S	12 39 59	17 0 25	59 13	0 43 48.3	4 42 30	29 31 26	5 55 47	3	23 31 37	2N22 42	5♓27 13	5 55 58	8	23 53 20	4 43 22
3 Su	12 43 56	17 59 38	59 11	0 47 27.2	5 5 35	11♓23 11	5 56 20	13	0 15 14	7 1 30	17 19 32	5 56 52	18	0 37 22	9 15 55
4 M	12 47 52	18 58 48	59 9	0 51 6.2	5 28 34	23 16 24	5 57 34	23	0 59 50	11 25 21	29 13 58	5 58 25	29	1 22 41	13 28 31
5 Tu	12 51 49	19 57 57	59 7	0 54 45.4	5 51 28	5♈12 23	5 59 28	35	1 46 0	15 24 6	11♈11 51	6 0 44	41	2 9 49	17 10 44
6 W	12 55 45	20 57 3	59 4	0 58 24.8	6 14 16	17 12 35	6 2 14	49	2 34 11	18 47 2	23 14 50	6 4 1	58	2 59 6	20 11 36
7 Th	12 59 42	21 56 8	59 2	1 2 4.3	6 36 57	29 18 50	6 6 6	68	3 24 36	21 23 6	5♉24 57	6 8 33	79	3 50 38	22 20 13
8 F	13 3 39	22 55 10	59 0	1 5 44.1	6 59 32	11♉33 29	6 11 23	92	4 17 10	23 1 46	17 44 52	6 14 39	105	4 44 9	23 26 40
9 S	13 7 35	23 54 10	58 58	1 9 24.1	7 21 59	23 59 31	6 18 22	119	5 11 29	23 34 4	0♊17 53	6 22 34	133	5 39 5	23 23 20
10 Su	13 11 32	24 53 8	58 56	1 13 4.3	7 44 19	6♊40 27	6 27 15	148	6 6 51	22 54 4	13 7 42	6 32 25	162	6 34 41	22 6 12
11 M	13 15 28	25 52 3	58 53	1 16 44.7	8 6 30	19 40 7	6 38 2	174	7 2 30	20 59 54	26 18 9	6 44 3	185	7 30 14	19 35 42
12 Tu	13 19 25	26 50 56	58 51	1 20 25.4	8 28 34	3♋ 2 12	6 50 23	193	7 57 51	17 54 21	9♋52 35	6 56 57	198	8 25 17	15 56 54
13 W	13 23 21	27 49 47	58 49	1 24 6.4	8 50 29	16 49 31	7 3 35	198	8 52 34	13 44 41	23 53 7	7 10 9	193	9 19 43	11 19 14
14 Th	13 27 18	28 48 35	58 46	1 27 47.7	9 12 15	1♌ 3 16	7 16 27	182	9 46 47	8 42 23	8♌19 42	7 22 16	164	10 13 51	5 56 13
15 F	13 31 14	29 47 22	58 44	1 31 29.3	9 33 51	15 41 58	7 27 23	140	10 40 58	3 3 1	23 9 21	7 31 36	110	11 8 14	0 5 22
16 S	13 35 11	0♈46 6	58 42	1 35 11.2	9 55 18	0♍40 57	7 34 44	75	11 35 45	2S53 56	8♍15 41	7 36 37	37	12 3 36	5S51 54
17 Su	13 39 8	1 44 47	58 40	1 38 53.5	10 16 35	15 52 18	7 37 10	-4	12 31 52	8 45 21	23 29 28	7 36 20	-45	13 0 38	11 31 3
18 M	13 43 4	2 43 27	58 38	1 42 36.1	10 37 42	1♎ 5 48	7 34 9	-85	13 29 55	14 5 45	8♎39 57	7 30 42	-121	13 59 43	16 26 21
19 Tu	13 47 1	3 42 5	58 36	1 46 19.1	10 58 39	16 10 39	7 26 7	-152	14 30 0	18 30 0	23 36 45	7 20 35	-177	15 0 40	20 14 17
20 W	13 50 57	4 40 41	58 34	1 50 2.5	11 19 24	0♏57 20	7 14 18	-196	15 31 37	21 37 17	8♏11 38	7 7 31	-209	16 2 39	22 37 46
21 Th	13 54 54	5 39 15	58 33	1 53 46.4	11 39 59	15 19 9	7 0 24	-215	16 33 35	23 15 9	22 19 33	6 53 11	-216	17 4 13	23 29 34
22 F	13 58 50	6 37 48	58 31	1 57 30.7	12 0 22	29 12 44	6 46 2	-211	17 34 21	23 21 49	5♐58 47	6 39 6	-203	18 3 50	22 53 11
23 S	14 2 47	7 36 19	58 29	2 1 15.4	12 20 34	12♐37 53	6 32 31	-191	18 32 32	22 5 20	19 10 23	6 26 22	-177	19 0 23	21 0 13
24 Su	14 6 43	8 34 48	58 28	2 5 0.6	12 40 33	25 36 45	6 20 43	-161	19 27 20	19 39 50	1♑57 28	6 15 38	-144	19 53 23	18 6 12
25 M	14 10 40	9 33 15	58 26	2 8 46.3	13 0 20	8♑13 6	6 11 9	-126	20 18 36	16 21 17	14 24 15	6 7 15	-108	20 43 2	14 26 52
26 Tu	14 14 37	10 31 41	58 24	2 12 32.5	13 19 54	20 31 30	6 3 57	-90	21 6 46	12 24 39	26 35 27	6 1 14	-73	21 29 53	10 16 9
27 W	14 18 33	11 30 6	58 23	2 16 19.2	13 39 15	2♒36 41	5 59 5	-57	21 52 30	8 2 44	8♒35 46	5 57 28	-41	22 14 43	5 45 40
28 Th	14 22 30	12 28 29	58 21	2 20 6.4	13 58 22	14 33 14	5 56 21	-27	22 36 39	3 26 8	20 29 35	5 55 41	-14	22 58 24	1 5 16
29 F	14 26 26	13 26 50	58 20	2 23 54.2	14 17 16	26 25 16	5 55 26	-2	23 20 4	1N15 52	2♓20 43	5 55 34	9	23 41 45	3N36 10
30 S	14 30 23	14♈25 9	58 18	2 27 42.4	14N35 56	8♓16 17	5 56 2	18	0 3 34	5N54 34	14♓12 19	5 56 48	27	0 25 36	8N 9 56

LUNAR INGRESSES
2 ☽ ♓ 0:58
4 ☽ ♈ 13:33
7 ☽ ♉ 1:21
9 ☽ ♊ 11:26
11 ☽ ♋ 18:37
13 ☽ ♌ 22:15
15 ☽ ♍ 22:55
17 ☽ ♎ 22:16
19 ☽ ♏ 22:26
22 ☽ ♐ 1:23
24 ☽ ♑ 8:17
26 ☽ ♒ 18:47
29 ☽ ♓ 7:15

PLANET INGRESSES
15 ☉ ♈ 5:10
16 ♀ ♓ 22:55

STATIONS
9 ☿ R 8:52
23 ☿ D 10:05

DATA FOR THE 1st AT 0 HOURS
JULIAN DAY 40632.5
☽ MEAN ☊ 2° ♐ 38' 18"
OBLIQUITY 23° 26' 16"
DELTA T 70.7 SECONDS
NUTATION LONGITUDE 16.8"

DAY MO YR	☿ LONG ° ' "	♀ LONG ° ' "	♂ LONG ° ' "	♃ LONG ° ' "	♄ LONG ° ' "	♅ LONG ° ' "	♆ LONG ° ' "	♇ LONG ° ' "	☊ LONG ° '	A.S.S.I. h m s	S.S.R.Y. h m s	S.V.P. ♓ ° ' "	☿ MERCURY R.A. h m s	DECL ° ' "
1 91	29♓22R38	10♒45 44	4♓ 9 35	20♓11 46	19♍12R42	6♓14 7	4♒59 28	12♑35 15	2♐00	0 50 27	30 10 33	5 5 52.6	1 24 55	12N30 24
2 92	29 11 7	11 57 55	4 56 23	20 26 16	19 8 2	6 17 30	5 1 17	12 35 30	1 46	0 55 2	30 11 13	5 5 52.6	1 24 12	12 26 7
3 93	28 53 2	13 10 9	5 43 9	20 40 47	19 3 22	6 20 53	5 3 5	12 35 42	1 33	0 59 37	30 12 1	5 5 52.6	1 23 5	12 17 52
4 94	28 28 51	14 22 23	6 29 54	20 55 18	18 58 41	6 24 15	5 4 52	12 35 53	1 19	1 4 12	30 12 58	5 5 52.6	1 21 39	12 5 49
5 95	27 59 9	15 34 39	7 16 36	21 9 49	18 54 1	6 27 37	5 6 37	12 36 2	1 7	1 8 48	30 14 2	5 5 52.6	1 19 54	11 50 9
6 96	27 24 37	16 46 56	8 3 17	21 24 20	18 49 21	6 30 58	5 8 21	12 36 10	0 57	1 13 23	30 15 10	5 5 52.5	1 17 53	11 31 7
7 97	26 45 59	17 59 15	8 49 55	21 38 51	18 44 41	6 34 18	5 10 4	12 36 15	0 50	1 17 59	30 16 19	5 5 52.4	1 15 40	11 9 2
8 98	26 4 5	19 11 34	9 36 32	21 53 22	18 40 1	6 37 38	5 11 45	12 36 18	0 46	1 22 35	30 17 26	5 5 52.2	1 13 17	10 44 14
9 99	25 19 46	20 23 55	10 23 6	22 7 52	18 35 23	6 40 57	5 13 25	12 36R20	0 44	1 27 12	30 18 25	5 5 52.0	1 10 48	10 17 10
10 100	24 33 57	21 36 17	11 9 39	22 22 23	18 30 45	6 44 15	5 15 3	12 36 19	0 44	1 31 48	30 19 14	5 5 51.9	1 8 15	9 48 16
11 101	23 47 32	22 48 40	11 56 9	22 36 53	18 26 8	6 47 33	5 16 40	12 36 17	0 45	1 36 25	30 19 50	5 5 51.7	1 5 42	9 18 1
12 102	23 1 24	24 1 4	12 42 36	22 51 22	18 21 32	6 50 49	5 18 16	12 36 13	0 44	1 41 2	30 20 11	5 5 51.5	1 3 12	8 46 56
13 103	22 16 24	25 13 28	13 29 2	23 5 51	18 16 57	6 54 5	5 19 50	12 36 7	0 43	1 45 40	30 20 14	5 5 51.4	1 0 48	8 15 30
14 104	21 33 20	26 25 54	14 15 25	23 20 20	18 12 24	6 57 20	5 21 22	12 35 59	0 39	1 50 18	30 20 6	5 5 51.3	0 58 32	7 44 12
15 105	20 52 54	27 38 21	15 1 46	23 34 48	18 7 52	7 0 34	5 22 53	12 35 49	0 33	1 54 56	30 19 43	5 5 51.2	0 56 27	7 13 29
16 106	20 15 43	28 50 48	15 48 5	23 49 15	18 3 22	7 3 46	5 24 23	12 35 37	0 25	1 59 35	30 19 8	5 5 51.2	0 54 35	6 43 47
17 107	19 42 20	0♓ 3 17	16 34 21	24 3 41	17 58 53	7 6 58	5 25 51	12 35 24	0 16	2 4 14	30 18 24	5 5 51.2	0 52 57	6 15 28
18 108	19 13 9	1 15 47	17 20 35	24 18 6	17 54 27	7 10 9	5 27 17	12 35 9	0 08	2 8 54	30 17 35	5 5 51.2	0 51 35	5 48 51
19 109	18 48 33	2 28 18	18 6 47	24 32 31	17 50 2	7 13 18	5 28 42	12 34 51	0 00	2 13 34	30 16 42	5 5 51.1	0 50 29	5 24 13
20 110	18 28 45	3 40 49	18 52 56	24 46 54	17 45 40	7 16 27	5 30 6	12 34 33	29♏55	2 18 15	30 15 49	5 5 50.9	0 49 41	5 1 47
21 111	18 13 55	4 53 22	19 39 3	25 1 17	17 41 20	7 19 34	5 31 27	12 34 12	29 52	2 22 56	30 14 56	5 5 50.7	0 49 10	4 41 42
22 112	18 4 9	6 5 57	20 25 8	25 15 38	17 37 2	7 22 40	5 32 47	12 33 50	29 51	2 27 38	30 14 7	5 5 50.5	0 48 57	4 24 7
23 113	17 59D28	7 18 32	21 11 10	25 29 59	17 32 47	7 25 45	5 34 6	12 33 25	29 52	2 32 20	30 13 21	5 5 50.2	0 49 2	4 9 5
24 114	17 59 52	8 31 8	21 57 10	25 44 18	17 28 35	7 28 48	5 35 22	12 32 59	29 53	2 37 3	30 12 42	5 5 50.1	0 49 25	3 56 39
25 115	18 5 16	9 43 45	22 43 8	25 58 36	17 24 26	7 31 50	5 36 37	12 32 32	29 53	2 41 47	30 12 9	5 5 49.9	0 50 5	3 46 50
26 116	18 15 35	10 56 23	23 29 3	26 12 52	17 20 19	7 34 51	5 37 51	12 32 2	29 53	2 46 31	30 11 46	5 5 49.8	0 51 2	3 39 38
27 117	18 30 40	12 9 2	24 14 56	26 27 7	17 16 15	7 37 51	5 39 2	12 31 31	29 50	2 51 16	30 11 32	5 5 49.7	0 52 16	3 35 0
28 118	18 50 23	13 21 41	25 0 46	26 41 21	17 12 15	7 40 48	5 40 12	12 30 58	29 46	2 56 1	30 11 29	5 5 49.7	0 53 45	3 32 53
29 119	19 14 35	14 34 22	25 46 34	26 55 33	17 8 18	7 43 45	5 41 21	12 30 24	29 40	3 0 48	30 11 38	5 5 49.6	0 55 29	3 33 13
30 120	19♓43 6	15♓47 3	26♓32 19	27♓ 9 43	17♍ 4 24	7♓46 40	5♒42 27	12♑29 47	29♏32	3 5 34	30 12 0	5 5 49.6	0 57 29	3N35 57

DAY Apr	♀ VENUS R.A. h m s	DECL ° ' "	♂ MARS R.A. h m s	DECL ° ' "	♃ JUPITER R.A. h m s	DECL ° ' "	♄ SATURN R.A. h m s	DECL ° ' "	♅ URANUS R.A. h m s	DECL ° ' "	♆ NEPTUNE R.A. h m s	DECL ° ' "	♇ PLUTO R.A. h m s	DECL ° ' "
1	22 31 10	10S14 47	23 58 3	1S13 57	0 57 17	4N57 0	12 56 12	3S 2 45	0 5 18	0S11 42	22 8 40	11S58 27	18 31 33	18S43 41
2	22 35 46	9 50 31	0 0 54	0 55 1	0 58 11	5 2 37	12 55 55	3 0 55	0 5 30	0 10 21	22 8 47	11 57 50	18 31 34	18 43 38
3	22 40 22	9 25 59	0 3 45	0 36 6	0 59 5	5 8 13	12 55 38	2 59 5	0 5 43	0 9 1	22 8 54	11 57 13	18 31 35	18 43 34
4	22 44 57	9 1 10	0 6 36	0 17 11	0 59 58	5 13 49	12 55 21	2 57 15	0 5 55	0 7 41	22 9 0	11 56 37	18 31 35	18 43 31
5	22 49 31	8 36 6	0 9 27	0N 1 43	1 0 52	5 19 24	12 55 3	2 55 26	0 6 7	0 6 21	22 9 7	11 56 1	18 31 36	18 43 28
6	22 54 5	8 10 47	0 12 18	0 20 36	1 1 46	5 24 59	12 54 46	2 53 37	0 6 20	0 5 1	22 9 14	11 55 25	18 31 36	18 43 25
7	22 58 39	7 45 14	0 15 8	0 39 28	1 2 40	5 30 34	12 54 29	2 51 48	0 6 32	0 3 42	22 9 20	11 54 50	18 31 37	18 43 22
8	23 3 11	7 19 28	0 17 59	0 58 18	1 3 34	5 36 8	12 54 12	2 50 0	0 6 44	0 2 23	22 9 27	11 54 16	18 31 37	18 43 19
9	23 7 44	6 53 28	0 20 49	1 17 7	1 4 28	5 41 41	12 53 55	2 48 13	0 6 56	0 1 4	22 9 33	11 53 42	18 31 37	18 43 16
10	23 12 15	6 27 16	0 23 40	1 35 54	1 5 22	5 47 14	12 53 38	2 46 26	0 7 9	0N 0 15	22 9 40	11 53 8	18 31 37	18 43 14
11	23 16 46	6 0 53	0 26 30	1 54 39	1 6 15	5 52 47	12 53 21	2 44 40	0 7 21	0 1 33	22 9 46	11 52 35	18 31 37	18 43 12
12	23 21 17	5 34 18	0 29 20	2 13 22	1 7 9	5 58 18	12 53 4	2 42 54	0 7 33	0 2 51	22 9 52	11 52 3	18 31 37	18 43 9
13	23 25 48	5 7 34	0 32 10	2 32 3	1 8 3	6 3 49	12 52 47	2 41 10	0 7 45	0 4 8	22 9 58	11 51 31	18 31 36	18 43 7
14	23 30 18	4 40 40	0 35 0	2 50 41	1 8 57	6 9 19	12 52 30	2 39 26	0 7 57	0 5 25	22 10 4	11 51 0	18 31 36	18 43 5
15	23 34 47	4 13 36	0 37 50	3 9 17	1 9 51	6 14 48	12 52 13	2 37 43	0 8 8	0 6 41	22 10 10	11 50 29	18 31 35	18 43 4
16	23 39 17	3 46 25	0 40 40	3 27 49	1 10 45	6 20 17	12 51 56	2 36 1	0 8 20	0 7 57	22 10 16	11 49 59	18 31 34	18 43 2
17	23 43 46	3 19 6	0 43 30	3 46 19	1 11 38	6 25 45	12 51 40	2 34 19	0 8 32	0 9 13	22 10 21	11 49 29	18 31 33	18 43 0
18	23 48 14	2 51 39	0 46 20	4 4 45	1 12 32	6 31 12	12 51 23	2 32 39	0 8 44	0 10 28	22 10 27	11 49 0	18 31 32	18 42 59
19	23 52 43	2 24 6	0 49 10	4 23 9	1 13 26	6 36 38	12 51 7	2 31 0	0 8 55	0 11 43	22 10 32	11 48 31	18 31 31	18 42 58
20	23 57 11	1 56 28	0 52 0	4 41 28	1 14 20	6 42 3	12 50 51	2 29 22	0 9 7	0 12 57	22 10 38	11 48 3	18 31 30	18 42 56
21	0 1 40	1 28 44	0 54 50	4 59 44	1 15 13	6 47 27	12 50 35	2 27 45	0 9 18	0 14 11	22 10 43	11 47 35	18 31 28	18 42 55
22	0 6 8	1 0 56	0 57 40	5 17 57	1 16 7	6 52 50	12 50 19	2 26 10	0 9 30	0 15 24	22 10 48	11 47 8	18 31 27	18 42 55
23	0 10 36	0 33 4	1 0 30	5 36 5	1 17 0	6 58 13	12 50 3	2 24 36	0 9 41	0 16 37	22 10 53	11 46 42	18 31 25	18 42 54
24	0 15 4	0 5 9	1 3 20	5 54 9	1 17 54	7 3 34	12 49 47	2 23 3	0 9 52	0 17 49	22 10 58	11 46 16	18 31 23	18 42 54
25	0 19 32	0N22 49	1 6 11	6 12 9	1 18 47	7 8 55	12 49 32	2 21 31	0 10 4	0 19 1	22 11 3	11 45 51	18 31 21	18 42 53
26	0 24 0	0 50 48	1 9 1	6 30 5	1 19 41	7 14 14	12 49 17	2 20 1	0 10 15	0 20 12	22 11 8	11 45 26	18 31 19	18 42 53
27	0 28 28	1 18 48	1 11 51	6 47 55	1 20 34	7 19 32	12 49 2	2 18 32	0 10 26	0 21 22	22 11 12	11 45 2	18 31 17	18 42 53
28	0 32 56	1 46 49	1 14 41	7 5 41	1 21 27	7 24 49	12 48 47	2 17 5	0 10 37	0 22 32	22 11 17	11 44 39	18 31 15	18 42 53
29	0 37 24	2 14 49	1 17 32	7 23 22	1 22 21	7 30 5	12 48 32	2 15 39	0 10 47	0 23 41	22 11 21	11 44 16	18 31 13	18 42 54
30	0 41 53	2N42 49	1 20 22	7N40 58	1 23 14	7N35 19	12 48 17	2S14 15	0 10 58	0N24 50	22 11 25	11S43 54	18 31 10	18S42 54

MAY 2011

DAY	SIDEREAL TIME h m s	☉ SUN LONG ° ' "	MOT ' "	R.A. h m s	DECL ° ' "	☽ MOON AT 0 HOURS LONG ° ' "	12h MOT ° ' "	2DIF "	R.A. h m s	DECL ° ' "	☽ MOON AT 12 HOURS LONG ° ' "	12h MOT ° ' "	2DIF "	R.A. h m s	DECL ° ' "
1 Su	14 34 19	15♈23 27	58 16	2 31 31.2	14N54 21	20♓ 9 7	5 57 49	34	0 47 56	10N21 4	26♓ 6 56	5 59 4	41	1 10 38	12N26 44
2 M	14 38 16	16 21 44	58 15	2 35 20.6	15 12 31	2♈ 6 0	6 0 32	46	1 33 49	14 25 37	8♈ 6 32	6 2 10	51	1 57 30	16 16 22
3 Tu	14 42 12	17 19 58	58 13	2 39 10.4	15 30 26	14 8 41	6 3 57	56	2 21 45	17 57 31	20 12 39	6 5 55	61	2 46 35	19 27 37
4 W	14 46 9	18 18 11	58 11	2 43 0.9	15 48 6	26 18 34	6 8 2	66	3 12 0	20 45 13	2♉26 35	6 10 18	71	3 38 0	21 48 55
5 Th	14 50 5	19 16 22	58 9	2 46 51.9	16 5 30	8♉36 53	6 12 45	76	4 4 31	22 37 24	14 49 39	6 15 23	82	4 31 29	23 9 31
6 F	14 54 2	20 14 31	58 8	2 50 43.4	16 22 39	21 5 2	6 18 14	89	4 58 49	23 24 20	27 23 16	6 21 18	96	5 26 24	23 21 10
7 S	14 57 59	21 12 39	58 6	2 54 35.5	16 39 30	3♊44 34	6 24 37	103	5 54 7	22 59 39	10♊ 9 11	6 28 11	111	6 21 52	22 19 45
8 Su	15 1 55	22 10 44	58 4	2 58 28.1	16 56 5	16 37 22	6 32 1	119	6 49 32	21 21 43	23 9 23	6 36 8	127	7 17 3	20 6 9
9 M	15 5 52	23 8 48	58 2	3 2 21.3	17 12 23	29 45 31	6 40 29	134	7 44 20	18 33 54	6♋26 0	6 45 5	141	8 11 22	16 46 4
10 Tu	15 9 48	24 6 50	58 0	3 6 15.1	17 28 24	13♋11 5	6 49 52	145	8 38 9	14 43 57	20 0 57	6 54 46	148	9 4 41	12 29 0
11 W	15 13 45	25 4 50	57 58	3 10 9.4	17 44 7	26 55 42	6 59 42	147	9 31 2	10 2 53	3♌55 24	7 4 35	144	9 57 15	7 27 22
12 Th	15 17 41	26 2 48	57 56	3 14 4.2	17 59 32	11♌ 0 0	7 9 18	137	10 23 27	4 44 21	18 9 18	7 13 42	125	10 49 43	1 55 55
13 F	15 21 38	27 0 44	57 54	3 17 59.6	18 14 39	25 23 0	7 17 39	109	11 16 9	0S55 42	2♍40 39	7 21 0	90	11 42 52	3S48 4
14 S	15 25 34	27 58 38	57 53	3 21 55.6	18 29 27	10♍ 1 39	7 23 37	66	12 9 58	6 38 38	17 25 16	7 25 23	38	12 37 33	9 24 36
15 Su	15 29 31	28 56 31	57 51	3 25 52.1	18 43 57	24 50 39	7 26 12	9	13 5 42	12 3 6	2♎16 51	7 26 1	-21	13 34 28	14 31 11
16 M	15 33 28	29 54 22	57 49	3 29 49.1	18 58 8	9♎42 52	7 24 48	-52	14 3 52	16 45 53	17 7 40	7 22 34	-81	14 33 53	18 44 24
17 Tu	15 37 24	0♉52 11	57 48	3 33 46.7	19 11 59	24 30 14	7 19 23	-108	15 4 26	20 24 13	1♏49 37	7 15 20	-132	15 35 22	21 43 15
18 W	15 41 21	1 49 59	57 47	3 37 44.9	19 25 31	9♏ 4 57	7 10 33	-153	16 6 33	22 39 59	16 15 30	7 5 10	-168	16 37 44	23 13 35
19 Th	15 45 17	2 47 45	57 45	3 41 43.6	19 38 43	23 20 40	6 59 20	-179	17 8 43	23 23 59	0♐20 1	6 53 13	-186	17 39 16	23 11 47
20 F	15 49 14	3 45 30	57 44	3 45 42.9	19 51 36	7♐13 13	6 46 57	-188	18 9 12	22 38 13	14 0 11	6 40 42	-186	18 38 22	21 45 1
21 S	15 53 10	4 43 14	57 43	3 49 42.8	20 4 8	20 40 52	6 34 34	-180	19 6 40	20 34 11	27 15 26	6 28 40	-172	19 34 2	19 7 56
22 Su	15 57 7	5 40 57	57 42	3 53 43.2	20 16 19	3♑44 6	6 23 7	-160	20 0 28	17 28 28	10♑ 7 13	6 17 59	-147	20 26 1	15 37 57
23 M	16 1 4	6 38 38	57 41	3 57 44.1	20 28 10	16 25 12	6 13 19	-132	20 50 43	13 38 20	22 38 31	6 9 10	-116	21 14 41	11 31 29
24 Tu	16 5 0	7 36 19	57 40	4 1 45.6	20 39 40	28 47 41	6 5 35	-99	21 38 0	9 19 2	4♒53 16	6 2 33	-82	22 0 46	7 2 27
25 W	16 8 57	8 33 59	57 39	4 5 47.6	20 50 48	10♒55 49	6 0 6	-65	22 23 7	4 43 2	16 55 55	5 58 14	-48	22 45 10	2 22 0
26 Th	16 12 53	9 31 37	57 38	4 9 50.1	21 1 35	22 54 9	5 56 56	-31	23 7 0	0 0 28	28 51 5	5 56 11	-15	23 28 46	2N20 32
27 F	16 16 50	10 29 15	57 37	4 13 53.1	21 12 0	4♓47 15	5 55 57	1	23 50 33	4N39 59	10♓43 12	5 56 13	15	0 12 28	6 56 49
28 S	16 20 46	11 26 51	57 36	4 17 56.7	21 22 3	16 39 26	5 56 58	29	0 34 37	9 9 59	22 36 24	5 58 8	41	0 57 6	11 18 21
29 Su	16 24 43	12 24 27	57 35	4 22 0.7	21 31 44	28 34 32	5 59 42	52	1 20 0	13 20 43	4♈34 14	6 1 37	62	1 43 25	15 15 48
30 M	16 28 39	13 22 2	57 34	4 26 5.1	21 41 2	10♈35 51	6 3 51	71	2 7 23	17 2 14	16 39 43	6 6 22	79	2 31 57	18 38 34
31 Tu	16 32 36	14♉19 35	57 33	4 30 10.1	21N49 58	22♈46 4	6 9 5	85	2 57 10	20N 3 19	28♈55 10	6 12 1	90	3 23 0	21N14 58

LUNAR INGRESSES
1 ☽ ♈ 19:48
4 ☽ ♉ 7:14
6 ☽ ♊ 16:57
9 ☽ ♋ 0:26
11 ☽ ♌ 5:17
13 ☽ ♍ 7:36
15 ☽ ♎ 8:19
17 ☽ ♏ 9:00
19 ☽ ♐ 11:25
21 ☽ ♑ 17:04
24 ☽ ♒ 2:22
26 ☽ ♓ 14:19
29 ☽ ♈ 2:51
31 ☽ ♉ 14:06

PLANET INGRESSES
4 ♂ ♈ 13:15
11 ☿ ♈ 21:44
11 ♀ ♈ 17:24
12 ♃ ♈ 4:59
16 ☉ ♉ 2:20
31 ☿ ♉ 5:45

STATIONS
NONE

DATA FOR THE 1st AT 0 HOURS
JULIAN DAY 40662.5
☽ MEAN ☊ 1°♐ 2' 55"
OBLIQUITY 23° 26' 16"
DELTA T 70.8 SECONDS
NUTATION LONGITUDE 15.9"

DAY MO YR	☿ LONG ° ' "	♀ LONG ° ' "	♂ LONG ° ' "	♃ LONG ° ' "	♄ LONG ° ' "	♅ LONG ° ' "	♆ LONG ° ' "	♇ LONG ° ' "	☊ LONG ° '	A.S.S.I. h m s	S.S.R.Y. h m s	S.V.P. ♓ ° ' "	☿ MERCURY R.A. h m s	☿ DECL ° ' "
1 121	20♓15 47	16♓59 45	27♓18 1	27♓23 52	17♍ 0R34	7♓49 33	5♒43 31	12♐29R 9	29♏24	3 10 22	30 12 33	5 5 49.5	0 59 42	3N41 0
2 122	20 52 27	18 12 28	28 3 41	27 37 59	16 56 48	7 52 25	5 44 34	12 28 30	29 15	3 15 10	30 13 19	5 5 49.5	1 2 9	3 48 16
3 123	21 32 57	19 25 11	28 49 18	27 52 4	16 53 6	7 55 15	5 45 35	12 27 48	29 08	3 19 59	30 14 14	5 5 49.4	1 4 49	3 57 41
4 124	22 17 7	20 37 54	29 34 52	28 6 7	16 49 27	7 58 4	5 46 34	12 27 5	29 02	3 24 48	30 15 18	5 5 49.2	1 7 41	4 9 10
5 125	23 4 49	21 50 39	0♈20 23	28 20 8	16 45 52	8 0 51	5 47 32	12 26 21	28 58	3 29 38	30 16 26	5 5 49.1	1 10 46	4 22 38
6 126	23 55 54	23 3 23	1 5 51	28 34 6	16 42 22	8 3 36	5 48 27	12 25 35	28 56	3 34 29	30 17 35	5 5 48.9	1 14 2	4 37 59
7 127	24 50 14	24 16 8	1 51 17	28 48 3	16 38 56	8 6 19	5 49 21	12 24 47	28 56	3 39 21	30 18 41	5 5 48.7	1 17 29	4 55 9
8 128	25 47 41	25 28 54	2 36 39	29 1 57	16 35 34	8 9 1	5 50 13	12 23 58	28 57	3 44 13	30 19 40	5 5 48.4	1 21 7	5 14 2
9 129	26 48 9	26 41 40	3 21 59	29 15 49	16 32 17	8 11 41	5 51 3	12 23 7	28 59	3 49 6	30 20 28	5 5 48.2	1 24 55	5 34 34
10 130	27 51 31	27 54 26	4 7 15	29 29 38	16 29 4	8 14 19	5 51 51	12 22 15	29 00	3 54 0	30 21 5	5 5 48.1	1 28 53	5 56 41
11 131	28 57 43	29 7 12	4 52 28	29 43 25	16 25 56	8 16 55	5 52 37	12 21 22	29 00	3 58 54	30 21 27	5 5 47.9	1 33 2	6 20 17
12 132	0♈ 6 37	0♈19 59	5 37 39	29 57 9	16 22 52	8 19 29	5 53 21	12 20 26	28 59	4 3 49	30 21 36	5 5 47.8	1 37 20	6 45 19
13 133	1 18 10	1 32 47	6 22 46	0♈10 51	16 19 53	8 22 1	5 54 3	12 19 30	28 57	4 8 45	30 21 32	5 5 47.8	1 41 47	7 11 42
14 134	2 32 18	2 45 35	7 7 50	0 24 30	16 16 59	8 24 31	5 54 43	12 18 32	28 54	4 13 41	30 21 14	5 5 47.7	1 46 24	7 39 21
15 135	3 48 57	3 58 23	7 52 51	0 38 6	16 14 10	8 26 59	5 55 22	12 17 33	28 50	4 18 39	30 20 46	5 5 47.7	1 51 11	8 8 13
16 136	5 8 3	5 11 11	8 37 48	0 51 39	16 11 27	8 29 25	5 55 58	12 16 32	28 45	4 23 36	30 20 8	5 5 47.5	1 56 6	8 38 14
17 137	6 29 35	6 24 1	9 22 43	1 5 9	16 8 48	8 31 49	5 56 33	12 15 30	28 42	4 28 35	30 19 23	5 5 47.4	2 1 11	9 9 18
18 138	7 53 29	7 36 51	10 7 35	1 18 36	16 6 14	8 34 11	5 57 6	12 14 27	28 40	4 33 34	30 18 33	5 5 47.1	2 6 26	9 41 23
19 139	9 19 45	8 49 41	10 52 24	1 32 0	16 3 45	8 36 31	5 57 37	12 13 22	28 38	4 38 34	30 17 38	5 5 46.9	2 11 49	10 14 24
20 140	10 48 20	10 2 32	11 37 9	1 45 22	16 1 22	8 38 48	5 58 5	12 12 16	28 39	4 43 35	30 16 42	5 5 46.6	2 17 22	10 48 17
21 141	12 19 12	11 15 24	12 21 52	1 58 40	15 59 4	8 41 4	5 58 32	12 11 9	28 40	4 48 36	30 15 46	5 5 46.4	2 23 5	11 22 56
22 142	13 52 23	12 28 17	13 6 31	2 11 54	15 56 51	8 43 17	5 58 57	12 10 1	28 41	4 53 38	30 14 52	5 5 46.2	2 28 57	11 58 19
23 143	15 27 49	13 41 10	13 51 8	2 25 6	15 54 44	8 45 28	5 59 20	12 8 52	28 43	4 58 41	30 14 3	5 5 46.0	2 35 0	12 34 19
24 144	17 5 32	14 54 4	14 35 41	2 38 14	15 52 42	8 47 37	5 59 41	12 7 41	28 44	5 3 44	30 13 20	5 5 45.9	2 41 12	13 10 53
25 145	18 45 31	16 6 59	15 20 12	2 51 18	15 50 45	8 49 43	6 0 0	12 6 29	28 44	5 8 48	30 12 47	5 5 45.8	2 47 35	13 47 54
26 146	20 27 45	17 19 54	16 4 39	3 4 19	15 48 55	8 51 48	6 0 17	12 5 16	28 43	5 13 53	30 12 24	5 5 45.7	2 54 9	14 25 17
27 147	22 12 14	18 32 50	16 49 3	3 17 17	15 47 10	8 53 49	6 0 33	12 4 2	28 42	5 18 58	30 12 13	5 5 45.6	3 0 53	15 2 57
28 148	23 58 58	19 45 47	17 33 24	3 30 10	15 45 30	8 55 49	6 0 46	12 2 47	28 40	5 24 4	30 12 15	5 5 45.6	3 7 48	15 40 46
29 149	25 47 56	20 58 44	18 17 41	3 43 0	15 43 56	8 57 46	6 0 57	12 1 31	28 37	5 29 11	30 12 31	5 5 45.5	3 14 55	16 18 37
30 150	27 39 8	22 11 42	19 1 56	3 55 46	15 42 28	8 59 41	6 1 6	12 0 14	28 35	5 34 18	30 13 0	5 5 45.3	3 22 13	16 56 25
31 151	29♈32 32	23♈24 41	19♈46 7	4♈ 8 28	15♍41 6	9♓ 1 33	6♒ 1 13	11♐58 56	28♏33	5 39 25	30 13 42	5 5 45.2	3 29 43	17N33 59

DAY May	♀ VENUS R.A. h m s	♀ DECL ° ' "	♂ MARS R.A. h m s	♂ DECL ° ' "	♃ JUPITER R.A. h m s	♃ DECL ° ' "	♄ SATURN R.A. h m s	♄ DECL ° ' "	♅ URANUS R.A. h m s	♅ DECL ° ' "	♆ NEPTUNE R.A. h m s	♆ DECL ° ' "	♇ PLUTO R.A. h m s	♇ DECL ° ' "
1	0 46 21	3N10 46	1 23 12	7N58 28	1 24 7	7N40 33	12 48 3	2S12 52	0 11 9	0N25 58	22 11 29	11S43 33	18 31 7	18S42 55
2	0 50 50	3 38 42	1 26 3	8 15 53	1 25 0	7 45 45	12 47 49	2 11 31	0 11 19	0 27 5	22 11 33	11 43 12	18 31 4	18 42 55
3	0 55 19	4 6 34	1 28 54	8 33 12	1 25 53	7 50 56	12 47 35	2 10 12	0 11 30	0 28 12	22 11 37	11 42 52	18 31 1	18 42 56
4	0 59 49	4 34 23	1 31 44	8 50 25	1 26 45	7 56 5	12 47 22	2 8 55	0 11 40	0 29 18	22 11 41	11 42 33	18 30 58	18 42 58
5	1 4 19	5 2 7	1 34 35	9 7 32	1 27 38	8 1 13	12 47 8	2 7 39	0 11 50	0 30 23	22 11 45	11 42 14	18 30 55	18 42 59
6	1 8 49	5 29 46	1 37 26	9 24 33	1 28 31	8 6 20	12 46 55	2 6 26	0 12 1	0 31 27	22 11 48	11 41 55	18 30 52	18 43 0
7	1 13 19	5 57 19	1 40 17	9 41 28	1 29 23	8 11 26	12 46 42	2 5 14	0 12 11	0 32 31	22 11 52	11 41 38	18 30 49	18 43 2
8	1 17 50	6 24 46	1 43 8	9 58 16	1 30 15	8 16 30	12 46 30	2 4 4	0 12 20	0 33 34	22 11 55	11 41 21	18 30 45	18 43 4
9	1 22 22	6 52 6	1 45 59	10 14 57	1 31 8	8 21 32	12 46 17	2 2 56	0 12 30	0 34 37	22 11 59	11 41 5	18 30 42	18 43 6
10	1 26 54	7 19 18	1 48 51	10 31 32	1 32 0	8 26 33	12 46 5	2 1 50	0 12 40	0 35 38	22 12 2	11 40 49	18 30 38	18 43 8
11	1 31 26	7 46 21	1 51 42	10 48 0	1 32 52	8 31 33	12 45 53	2 0 46	0 12 50	0 36 39	22 12 5	11 40 34	18 30 34	18 43 10
12	1 35 59	8 13 15	1 54 34	11 4 20	1 33 43	8 36 31	12 45 42	1 59 44	0 12 59	0 37 39	22 12 7	11 40 20	18 30 30	18 43 13
13	1 40 33	8 39 59	1 57 25	11 20 34	1 34 35	8 41 27	12 45 31	1 58 44	0 13 8	0 38 38	22 12 10	11 40 7	18 30 27	18 43 16
14	1 45 7	9 6 33	2 0 17	11 36 39	1 35 27	8 46 22	12 45 20	1 57 46	0 13 18	0 39 36	22 12 13	11 39 54	18 30 22	18 43 19
15	1 49 42	9 32 56	2 3 9	11 52 38	1 36 18	8 51 15	12 45 9	1 56 51	0 13 27	0 40 34	22 12 15	11 39 42	18 30 18	18 43 22
16	1 54 18	9 59 6	2 6 1	12 8 29	1 37 9	8 56 7	12 44 59	1 55 57	0 13 36	0 41 31	22 12 18	11 39 30	18 30 14	18 43 25
17	1 58 54	10 25 4	2 8 54	12 24 12	1 38 0	9 0 56	12 44 49	1 55 5	0 13 45	0 42 26	22 12 20	11 39 20	18 30 10	18 43 28
18	2 3 32	10 50 49	2 11 46	12 39 47	1 38 51	9 5 45	12 44 39	1 54 16	0 13 53	0 43 21	22 12 22	11 39 9	18 30 5	18 43 32
19	2 8 9	11 16 20	2 14 39	12 55 14	1 39 42	9 10 31	12 44 29	1 53 29	0 14 2	0 44 16	22 12 24	11 39 0	18 30 1	18 43 35
20	2 12 48	11 41 36	2 17 31	13 10 33	1 40 33	9 15 16	12 44 20	1 52 44	0 14 11	0 45 9	22 12 26	11 38 51	18 29 56	18 43 39
21	2 17 28	12 6 36	2 20 24	13 25 43	1 41 23	9 19 59	12 44 12	1 52 2	0 14 19	0 46 1	22 12 28	11 38 43	18 29 52	18 43 43
22	2 22 9	12 31 21	2 23 17	13 40 45	1 42 13	9 24 40	12 44 3	1 51 21	0 14 27	0 46 53	22 12 29	11 38 36	18 29 47	18 43 48
23	2 26 50	12 55 49	2 26 10	13 55 39	1 43 3	9 29 20	12 43 55	1 50 43	0 14 35	0 47 44	22 12 31	11 38 29	18 29 42	18 43 52
24	2 31 33	13 19 59	2 29 4	14 10 23	1 43 53	9 33 57	12 43 47	1 50 7	0 14 43	0 48 33	22 12 32	11 38 23	18 29 37	18 43 57
25	2 36 16	13 43 51	2 31 57	14 24 59	1 44 43	9 38 33	12 43 40	1 49 34	0 14 51	0 49 22	22 12 34	11 38 18	18 29 32	18 44 1
26	2 41 0	14 7 24	2 34 51	14 39 26	1 45 32	9 43 7	12 43 33	1 49 2	0 14 58	0 50 10	22 12 35	11 38 13	18 29 27	18 44 6
27	2 45 46	14 30 37	2 37 45	14 53 44	1 46 21	9 47 39	12 43 26	1 48 33	0 15 6	0 50 57	22 12 36	11 38 10	18 29 21	18 44 12
28	2 50 32	14 53 30	2 40 39	15 7 52	1 47 10	9 52 9	12 43 19	1 48 7	0 15 13	0 51 43	22 12 37	11 38 7	18 29 16	18 44 17
29	2 55 20	15 16 2	2 43 33	15 21 51	1 47 59	9 56 37	12 43 13	1 47 43	0 15 20	0 52 27	22 12 37	11 38 4	18 29 11	18 44 22
30	3 0 8	15 38 12	2 46 28	15 35 41	1 48 48	10 1 3	12 43 8	1 47 21	0 15 28	0 53 11	22 12 38	11 38 2	18 29 6	18 44 28
31	3 4 58	15N59 59	2 49 22	15N49 21	1 49 36	10N 5 27	12 43 2	1S47 1	0 15 34	0N53 54	22 12 38	11S38 1	18 29 0	18S44 34

JUNE 2011

DAY	SIDEREAL TIME	☉ SUN LONG	MOT	R.A.	DECL	☽ MOON AT 0 HOURS LONG	12h MOT	2DIF	R.A.	DECL	☽ MOON AT 12 HOURS LONG	12h MOT	2DIF	R.A.	DECL
	h m s	° ' "	' "	h m s	° ' "	° ' "	° ' "		h m s	° ' "	° ' "	° ' "		h m s	° ' "
1 W	16 36 33	15♉17 8	57 32	4 34 15.4	21N58 31	5♉ 7 10	6 15 5	94	3 49 28	22N12 2	11♉22 16	6 18 17	97	4 16 28	22N53 10
2 Th	16 40 29	16 14 40	57 31	4 38 21.2	22 6 42	17 40 32	6 21 34	99	4 43 55	23 17 12	24 2 6	6 24 54	101	5 11 44	23 23 12
3 F	16 44 26	17 12 10	57 30	4 42 27.3	22 14 29	0♊27 0	6 28 17	102	5 39 47	23 10 34	6♊55 18	6 31 41	102	6 7 55	22 39 2
4 S	16 48 22	18 9 40	57 29	4 46 33.8	22 21 52	13 26 58	6 35 5	102	6 36 0	21 48 47	20 2 4	6 38 29	101	7 3 56	20 40 19
5 Su	16 52 19	19 7 8	57 28	4 50 40.7	22 28 52	26 40 32	6 41 50	100	7 31 37	19 14 31	3♋22 22	6 45 10	99	7 58 59	17 32 36
6 M	16 56 15	20 4 36	57 26	4 54 47.9	22 35 29	10♋ 7 32	6 48 27	97	8 26 0	15 35 58	16 56 0	6 51 40	95	8 52 41	13 26 15
7 Tu	17 0 12	21 2 2	57 25	4 58 55.4	22 41 42	23 47 40	6 54 48	92	9 19 2	11 5 13	0♌42 28	6 57 49	89	9 45 8	8 34 43
8 W	17 4 8	21 59 27	57 24	5 3 3.1	22 47 31	7♌40 17	7 0 42	84	10 11 3	5 56 43	14 40 59	7 3 24	78	10 36 52	3 13 13
9 Th	17 8 5	22 56 51	57 23	5 7 11.1	22 52 56	21 44 23	7 5 52	70	11 2 42	0 26 17	28 50 16	7 8 4	61	11 28 40	2S21 54
10 F	17 12 2	23 54 13	57 22	5 11 19.4	22 57 56	5♍58 20	7 9 56	50	11 54 52	5S 9 7	13♍ 8 16	7 11 24	38	12 21 25	7 53 1
11 S	17 15 58	24 51 35	57 21	5 15 27.8	23 2 33	20 19 40	7 12 26	23	12 48 25	10 31 11	27 32 6	7 12 58	8	13 15 57	13 1 6
12 Su	17 19 55	25 48 55	57 20	5 19 36.5	23 6 45	4♎45 4	7 12 58	-9	13 44 6	15 20 12	11♎58 2	7 12 22	-27	14 12 52	17 25 55
13 M	17 23 51	26 46 15	57 19	5 23 45.3	23 10 33	19 10 24	7 11 11	-45	14 42 15	19 15 48	26 21 35	7 9 23	-63	15 12 11	20 47 35
14 Tu	17 27 48	27 43 33	57 18	5 27 54.3	23 13 56	3♏30 57	7 6 59	-80	15 42 35	21 59 20	10♏37 57	7 4 2	-97	16 13 15	22 49 38
15 W	17 31 44	28 40 51	57 17	5 32 3.5	23 16 55	17 41 58	7 0 32	-112	16 44 2	23 17 36	24 42 30	6 56 35	-124	17 14 41	23 23 0
16 Th	17 35 41	29 38 8	57 17	5 36 12.7	23 19 29	1♐39 5	6 52 15	-135	17 45 1	23 6 16	8♐31 20	6 47 35	-143	18 14 50	22 28 29
17 F	17 39 37	0♊35 25	57 16	5 40 22.1	23 21 38	15 18 55	6 42 43	-148	18 43 58	21 31 10	22 1 38	6 37 43	-151	19 12 18	20 16 16
18 S	17 43 34	1 32 41	57 16	5 44 31.5	23 23 23	28 39 20	6 32 41	-150	19 39 46	18 45 54	5♑12 1	6 27 42	-147	20 6 21	17 2 17
19 Su	17 47 31	2 29 56	57 15	5 48 41.0	23 24 43	11♑39 43	6 22 53	-141	20 32 5	15 7 38	18 2 36	6 18 17	-133	20 56 59	13 4 2
20 M	17 51 27	3 27 11	57 15	5 52 50.6	23 25 38	24 20 52	6 13 59	-123	21 21 9	10 53 25	0♒34 51	6 10 3	-112	21 44 40	8 37 32
21 Tu	17 55 24	4 24 26	57 15	5 57 0.2	23 26 8	6♒44 53	6 6 32	-98	22 7 38	6 17 58	12 51 25	6 3 30	-84	22 30 10	3 56 9
22 W	17 59 20	5 21 41	57 15	6 1 9.7	23 26 14	18 54 55	6 0 58	-68	22 52 23	1 33 20	24 55 53	5 58 58	-51	23 14 23	0N49 19
23 Th	18 3 17	6 18 55	57 14	6 5 19.3	23 25 55	0♓54 51	5 57 32	-34	23 36 17	3N10 43	6♓52 24	5 56 41	-17	23 58 12	5 29 49
24 F	18 7 13	7 16 10	57 14	6 9 28.8	23 25 10	12 49 4	5 56 24	0	0 20 14	7 45 37	18 45 28	5 56 42	17	0 42 30	9 57 5
25 S	18 11 10	8 13 24	57 14	6 13 38.2	23 24 1	24 42 10	5 57 34	34	1 5 5	12 3 7	0♈39 43	5 58 58	50	1 28 5	14 2 37
26 Su	18 15 6	9 10 38	57 14	6 17 47.6	23 22 28	6♈38 42	6 0 55	66	1 51 36	15 54 19	12 39 37	6 3 22	80	2 15 40	17 36 56
27 M	18 19 3	10 7 52	57 14	6 21 56.8	23 20 29	18 42 58	6 6 16	93	2 40 23	19 9 5	24 49 14	6 9 34	105	3 5 44	20 29 18
28 Tu	18 23 0	11 5 6	57 14	6 26 5.9	23 18 6	0♉58 48	6 13 15	115	3 31 45	21 36 5	7♉12 3	6 17 14	123	3 58 25	22 27 58
29 W	18 26 56	12 2 20	57 14	6 30 14.8	23 15 19	13 29 17	6 21 27	129	4 25 40	23 3 34	19 50 45	6 25 51	133	4 53 25	23 21 40
30 Th	18 30 53	12♊59 33	57 14	6 34 23.6	23N12 7	26♉16 35	6 30 20	135	5 21 33	23N21 16	2♊46 56	6 34 50	134	5 49 57	23N 1 45

LUNAR INGRESSES
2 ☽ ♊ 23:10
5 ☽ ♋ 5:58
7 ☽ ♌ 10:47
9 ☽ ♍ 13:58
11 ☽ ♎ 16:06
13 ☽ ♏ 18:06
15 ☽ ♐ 21:08
18 ☽ ♑ 2:27
20 ☽ ♒ 10:53
22 ☽ ♓ 22:10
25 ☽ ♈ 10:40
27 ☽ ♉ 22:06
30 ☽ ♊ 6:53

PLANET INGRESSES
5 ♀ ♉ 9:57
14 ☿ ♊ 11:07
14 ♂ ♉ 0:45
16 ☉ ♊ 9:10
29 ☿ ♋ 7:03
30 ♀ ♊ 0:21

STATIONS
3 ♆ R 7:29
13 ♄ D 3:52

DATA FOR THE 1st AT 0 HOURS
JULIAN DAY 40693.5
☽ MEAN ☊ 29°♏ 24' 21"
OBLIQUITY 23° 26' 15"
DELTA T 70.8 SECONDS
NUTATION LONGITUDE 16.5"

DAY MO YR	☿ LONG	♀ LONG	♂ LONG	♃ LONG	♄ LONG	♅ LONG	♆ LONG	♇ LONG	☊ LONG	A.S.S.I.	S.S.R.Y.	S.V.P.	☿ MERCURY R.A.	DECL
	° ' "	° ' "	° ' "	° ' "	° ' "	° ' "	° ' "	° ' "	° '	h m s	h m s	♓ ° ' "	h m s	° ' "
1 152	1♉28 6	24♈37 40	20♈30 15	4♈21 5	15♍39R50	9♓ 3 23	6♒ 1 19	11♑57R37	28♏31	5 44 34	30 14 36	5 5 45.0	3 37 25	18N11 11
2 153	3 25 47	25 50 40	21 14 19	4 33 39	15 38 40	9 5 10	6 1 22	11 56 18	28 30	5 49 43	30 15 34	5 5 44.8	3 45 18	18 47 53
3 154	5 25 32	27 3 40	21 58 20	4 46 8	15 37 35	9 6 55	6 1R23	11 54 57	28 30	5 54 52	30 16 38	5 5 44.5	3 53 24	19 23 53
4 155	7 27 16	28 16 41	22 42 17	4 58 33	15 36 37	9 8 37	6 1 23	11 53 35	28 31	6 0 1	30 17 43	5 5 44.2	4 1 41	19 59 2
5 156	9 30 53	29 29 42	23 26 11	5 10 53	15 35 45	9 10 17	6 1 20	11 52 13	28 31	6 5 12	30 18 45	5 5 44.0	4 10 10	20 33 7
6 157	11 36 15	0♉42 44	24 10 2	5 23 9	15 34 58	9 11 54	6 1 15	11 50 50	28 32	6 10 22	30 19 41	5 5 43.8	4 18 50	21 5 57
7 158	13 43 12	1 55 46	24 53 49	5 35 21	15 34 18	9 13 28	6 1 9	11 49 26	28 33	6 15 33	30 20 29	5 5 43.6	4 27 40	21 37 20
8 159	15 51 35	3 8 49	25 37 32	5 47 27	15 33 43	9 15 0	6 1 1	11 48 1	28 33	6 20 44	30 21 6	5 5 43.5	4 36 40	22 7 4
9 160	18 1 12	4 21 52	26 21 12	5 59 29	15 33 15	9 16 29	6 0 50	11 46 36	28 33	6 25 56	30 21 32	5 5 43.4	4 45 50	22 34 57
10 161	20 11 47	5 34 56	27 4 48	6 11 26	15 32 52	9 17 55	6 0 38	11 45 10	28 33	6 31 8	30 21 46	5 5 43.3	4 55 7	23 0 47
11 162	22 23 8	6 48 0	27 48 21	6 23 17	15 32 36	9 19 19	6 0 24	11 43 43	28 33	6 36 20	30 21 48	5 5 43.2	5 4 31	23 24 23
12 163	24 34 58	8 1 5	28 31 50	6 35 4	15 32 26	9 20 40	6 0 8	11 42 16	28 33	6 41 32	30 21 37	5 5 43.1	5 14 1	23 45 35
13 164	26 47 0	9 14 10	29 15 16	6 46 46	15 32D22	9 21 59	5 59 50	11 40 49	28 32	6 46 45	30 21 14	5 5 42.9	5 23 34	24 4 16
14 165	28 58 59	10 27 16	29 58 38	6 58 23	15 32 24	9 23 14	5 59 30	11 39 21	28 32	6 51 58	30 20 41	5 5 42.7	5 33 10	24 20 17
15 166	1♊10 37	11 40 23	0♉41 56	7 9 54	15 32 31	9 24 27	5 59 8	11 37 52	28 32	6 57 11	30 19 58	5 5 42.4	5 42 46	24 33 34
16 167	3 21 40	12 53 30	1 25 12	7 21 20	15 32 45	9 25 38	5 58 44	11 36 23	28 32	7 2 24	30 19 7	5 5 42.2	5 52 22	24 44 4
17 168	5 31 51	14 6 39	2 8 23	7 32 41	15 33 5	9 26 45	5 58 19	11 34 53	28 32	7 7 37	30 18 9	5 5 41.9	6 1 55	24 51 44
18 169	7 40 58	15 19 48	2 51 31	7 43 56	15 33 31	9 27 50	5 57 52	11 33 24	28 32	7 12 51	30 17 7	5 5 41.6	6 11 25	24 56 35
19 170	9 48 49	16 32 58	3 34 36	7 55 6	15 34 3	9 28 52	5 57 23	11 31 53	28 32	7 18 4	30 16 4	5 5 41.4	6 20 49	24 58 39
20 171	11 55 11	17 46 9	4 17 37	8 6 9	15 34 41	9 29 51	5 56 52	11 30 23	28 31	7 23 18	30 15 2	5 5 41.3	6 30 7	24 57 59
21 172	13 59 57	18 59 21	5 0 35	8 17 8	15 35 25	9 30 47	5 56 19	11 28 52	28 31	7 28 31	30 14 4	5 5 41.2	6 39 17	24 54 40
22 173	16 2 58	20 12 34	5 43 30	8 28 0	15 36 15	9 31 41	5 55 44	11 27 21	28 30	7 33 45	30 13 13	5 5 41.1	6 48 19	24 48 48
23 174	18 4 7	21 25 48	6 26 20	8 38 46	15 37 11	9 32 31	5 55 8	11 25 50	28 30	7 38 58	30 12 31	5 5 41.0	6 57 11	24 40 28
24 175	20 3 20	22 39 4	7 9 8	8 49 27	15 38 12	9 33 19	5 54 30	11 24 18	28 30	7 44 12	30 12 0	5 5 40.9	7 5 53	24 29 49
25 176	22 0 33	23 52 20	7 51 52	9 0 1	15 39 20	9 34 4	5 53 50	11 22 46	28 30	7 49 25	30 11 41	5 5 40.8	7 14 25	24 16 57
26 177	23 55 42	25 5 37	8 34 32	9 10 29	15 40 34	9 34 46	5 53 9	11 21 15	28 31	7 54 38	30 11 37	5 5 40.7	7 22 45	24 2 1
27 178	25 48 45	26 18 55	9 17 9	9 20 50	15 41 54	9 35 25	5 52 25	11 19 43	28 32	7 59 52	30 11 47	5 5 40.5	7 30 54	23 45 9
28 179	27 39 41	27 32 14	9 59 42	9 31 5	15 43 19	9 36 2	5 51 40	11 18 11	28 33	8 5 4	30 12 10	5 5 40.3	7 38 51	23 26 29
29 180	29 28 29	28 45 34	10 42 12	9 41 14	15 44 51	9 36 35	5 50 54	11 16 39	28 34	8 10 17	30 12 45	5 5 40.1	7 46 36	23 6 8
30 181	1♋15 7	29♉58 55	11♉24 38	9♈51 16	15♍46 28	9♓37 6	5♒50 5	11♑15 7	28♏34	8 15 30	30 13 31	5 5 39.8	7 54 9	22N44 14

DAY	♀ VENUS R.A.	DECL	♂ MARS R.A.	DECL	♃ JUPITER R.A.	DECL	♄ SATURN R.A.	DECL	♅ URANUS R.A.	DECL	♆ NEPTUNE R.A.	DECL	♇ PLUTO R.A.	DECL
Jun	h m s	° ' "	h m s	° ' "	h m s	° ' "	h m s	° ' "	h m s	° ' "	h m s	° ' "	h m s	° ' "
1	3 9 48	16N21 24	2 52 17	16N 2 51	1 50 24	10N 9 49	12 42 57	1S46 44	0 15 41	0N54 36	22 12 39	11S38 1	18 28 55	18S44 40
2	3 14 40	16 42 24	2 55 12	16 16 11	1 51 12	10 14 9	12 42 52	1 46 30	0 15 48	0 55 17	22 12 39	11 38 1	18 28 49	18 44 46
3	3 19 33	17 2 59	2 58 7	16 29 21	1 52 0	10 18 27	12 42 48	1 46 17	0 15 54	0 55 57	22 12 39	11 38 2	18 28 44	18 44 52
4	3 24 27	17 23 10	3 1 3	16 42 21	1 52 47	10 22 42	12 42 44	1 46 8	0 16 1	0 56 36	22 12 39	11 38 4	18 28 38	18 44 59
5	3 29 22	17 42 54	3 3 58	16 55 11	1 53 35	10 26 56	12 42 41	1 46 0	0 16 7	0 57 14	22 12 39	11 38 6	18 28 32	18 45 5
6	3 34 18	18 2 11	3 6 54	17 7 50	1 54 22	10 31 7	12 42 37	1 45 55	0 16 13	0 57 51	22 12 39	11 38 10	18 28 26	18 45 12
7	3 39 15	18 21 1	3 9 50	17 20 19	1 55 8	10 35 17	12 42 35	1 45 53	0 16 19	0 58 27	22 12 39	11 38 13	18 28 20	18 45 19
8	3 44 13	18 39 23	3 12 46	17 32 38	1 55 55	10 39 23	12 42 32	1 45 53	0 16 24	0 59 2	22 12 38	11 38 18	18 28 15	18 45 27
9	3 49 12	18 57 16	3 15 42	17 44 45	1 56 41	10 43 28	12 42 30	1 45 55	0 16 30	0 59 35	22 12 37	11 38 23	18 28 9	18 45 34
10	3 54 13	19 14 40	3 18 38	17 56 42	1 57 26	10 47 30	12 42 28	1 46 0	0 16 35	1 0 8	22 12 37	11 38 29	18 28 3	18 45 41
11	3 59 14	19 31 34	3 21 34	18 8 28	1 58 12	10 51 30	12 42 27	1 46 7	0 16 40	1 0 39	22 12 36	11 38 36	18 27 57	18 45 49
12	4 4 17	19 47 56	3 24 31	18 20 3	1 58 57	10 55 28	12 42 26	1 46 16	0 16 45	1 1 10	22 12 35	11 38 43	18 27 50	18 45 57
13	4 9 21	20 3 48	3 27 27	18 31 27	1 59 42	10 59 24	12 42 25	1 46 28	0 16 50	1 1 39	22 12 34	11 38 51	18 27 44	18 46 5
14	4 14 25	20 19 8	3 30 24	18 42 40	2 0 27	11 3 17	12 42 25	1 46 42	0 16 55	1 2 7	22 12 33	11 38 59	18 27 38	18 46 13
15	4 19 31	20 33 55	3 33 21	18 53 42	2 1 11	11 7 8	12 42 25	1 46 59	0 16 59	1 2 35	22 12 31	11 39 8	18 27 32	18 46 21
16	4 24 38	20 48 9	3 36 19	19 4 32	2 1 55	11 10 56	12 42 26	1 47 18	0 17 4	1 3 1	22 12 30	11 39 18	18 27 26	18 46 30
17	4 29 46	21 1 49	3 39 16	19 15 11	2 2 38	11 14 42	12 42 26	1 47 40	0 17 8	1 3 26	22 12 29	11 39 28	18 27 19	18 46 38
18	4 34 55	21 14 55	3 42 13	19 25 39	2 3 22	11 18 26	12 42 28	1 48 4	0 17 12	1 3 50	22 12 27	11 39 40	18 27 13	18 46 47
19	4 40 4	21 27 27	3 45 11	19 35 55	2 4 5	11 22 7	12 42 29	1 48 30	0 17 16	1 4 13	22 12 25	11 39 51	18 27 7	18 46 56
20	4 45 15	21 39 22	3 48 9	19 45 59	2 4 47	11 25 46	12 42 31	1 48 59	0 17 20	1 4 34	22 12 23	11 40 4	18 27 0	18 47 5
21	4 50 27	21 50 42	3 51 6	19 55 52	2 5 30	11 29 22	12 42 34	1 49 29	0 17 23	1 4 55	22 12 21	11 40 17	18 26 54	18 47 14
22	4 55 39	22 1 26	3 54 4	20 5 33	2 6 12	11 32 55	12 42 36	1 50 3	0 17 26	1 5 14	22 12 19	11 40 31	18 26 48	18 47 24
23	5 0 53	22 11 32	3 57 3	20 15 2	2 6 53	11 36 26	12 42 39	1 50 38	0 17 30	1 5 32	22 12 16	11 40 45	18 26 42	18 47 33
24	5 6 7	22 21 1	4 0 1	20 24 19	2 7 34	11 39 55	12 42 43	1 51 16	0 17 33	1 5 50	22 12 14	11 41 0	18 26 35	18 47 43
25	5 11 22	22 29 53	4 2 59	20 33 24	2 8 15	11 43 21	12 42 46	1 51 56	0 17 35	1 6 6	22 12 12	11 41 15	18 26 29	18 47 52
26	5 16 37	22 38 6	4 5 57	20 42 17	2 8 56	11 46 44	12 42 51	1 52 39	0 17 38	1 6 20	22 12 9	11 41 32	18 26 22	18 48 2
27	5 21 53	22 45 40	4 8 56	20 50 57	2 9 36	11 50 5	12 42 55	1 53 24	0 17 41	1 6 34	22 12 6	11 41 48	18 26 16	18 48 12
28	5 27 10	22 52 36	4 11 55	20 59 26	2 10 15	11 53 23	12 43 0	1 54 11	0 17 43	1 6 47	22 12 3	11 42 6	18 26 10	18 48 23
29	5 32 28	22 58 52	4 14 53	21 7 42	2 10 55	11 56 38	12 43 5	1 55 0	0 17 45	1 6 58	22 12 1	11 42 24	18 26 3	18 48 33
30	5 37 46	23N 4 28	4 17 52	21N15 47	2 11 34	11N59 51	12 43 11	1S55 52	0 17 47	1N 7 8	22 11 57	11S42 42	18 25 57	18S48 43

JULY 2011

DAY	SIDEREAL TIME h m s	☉ SUN LONG ° ' "	MOT ' "	R.A. h m s	DECL ° ' "
1 F	18 34 49	13♊56 47	57 14	6 38 32.1	23N 8 30
2 S	18 38 46	14 54 1	57 14	6 42 40.4	23 4 29
3 Su	18 42 42	15 51 14	57 13	6 46 48.4	23 0 4
4 M	18 46 39	16 48 27	57 13	6 50 56.1	22 55 15
5 Tu	18 50 35	17 45 40	57 13	6 55 3.5	22 50 2
6 W	18 54 32	18 42 53	57 13	6 59 10.5	22 44 25
7 Th	18 58 29	19 40 6	57 12	7 3 17.2	22 38 25
8 F	19 2 25	20 37 18	57 12	7 7 23.5	22 32 1
9 S	19 6 22	21 34 30	57 12	7 11 29.3	22 25 14
10 Su	19 10 18	22 31 42	57 12	7 15 34.8	22 18 3
11 M	19 14 15	23 28 53	57 12	7 19 39.8	22 10 30
12 Tu	19 18 11	24 26 5	57 12	7 23 44.4	22 2 34
13 W	19 22 8	25 23 17	57 12	7 27 48.4	21 54 15
14 Th	19 26 5	26 20 28	57 12	7 31 52.1	21 45 33
15 F	19 30 1	27 17 40	57 12	7 35 55.2	21 36 30
16 S	19 33 58	28 14 52	57 13	7 39 57.8	21 27 4
17 Su	19 37 54	29 12 5	57 13	7 43 59.9	21 17 16
18 M	19 41 51	0♋ 9 18	57 14	7 48 1.5	21 7 7
19 Tu	19 45 47	1 6 32	57 14	7 52 2.6	20 56 36
20 W	19 49 44	2 3 46	57 15	7 56 3.1	20 45 45
21 Th	19 53 40	3 1 1	57 16	8 0 3.1	20 34 31
22 F	19 57 37	3 58 16	57 16	8 4 2.6	20 22 58
23 S	20 1 33	4 55 32	57 17	8 8 1.5	20 11 3
24 Su	20 5 30	5 52 50	57 18	8 11 59.9	19 58 48
25 M	20 9 27	6 50 8	57 19	8 15 57.6	19 46 14
26 Tu	20 13 23	7 47 27	57 20	8 19 54.9	19 33 19
27 W	20 17 20	8 44 46	57 21	8 23 51.5	19 20 5
28 Th	20 21 16	9 42 7	57 22	8 27 47.6	19 6 32
29 F	20 25 13	10 39 29	57 23	8 31 43.0	18 52 39
30 S	20 29 9	11 36 51	57 23	8 35 37.9	18 38 28
31 Su	20 33 6	12♋34 14	57 24	8 39 32.1	18N23 59

DAY	☽ MOON AT 0 HOURS LONG ° ' "	12h MOT ° ' "	2DIF "	R.A. h m s	DECL ° ' "	☽ MOON AT 12 HOURS LONG ° ' "	12h MOT ° ' "	2DIF "	R.A. h m s	DECL ° ' "
1 F	9♊21 46	6 39 17	131	6 18 28	22N22 50	16♊ 1 3	6 43 35	126	6 46 57	21N24 42
2 S	22 44 38	6 47 41	119	7 15 18	20 7 56	29 32 19	6 51 30	110	7 43 24	18 33 33
3 Su	6♋23 49	6 54 59	99	8 11 11	16 42 55	13♋18 49	6 58 5	87	8 38 35	14 37 43
4 M	20 16 54	7 0 46	74	9 5 38	12 19 50	27 17 41	7 3 1	60	9 32 21	9 51 21
5 Tu	4♌20 41	7 4 48	47	9 58 45	7 14 26	11♌25 29	7 6 8	34	10 24 57	4 31 19
6 W	18 31 38	7 7 3	21	10 51 1	1 44 17	25 38 40	7 7 32	9	11 17 2	1S 4 23
7 Th	2♍46 12	7 7 38	-2	11 43 9	3S52 22	9♍53 51	7 7 24	-12	12 9 26	6 37 24
8 F	17 1 14	7 6 49	-21	12 36 1	9 17 10	24 8 3	7 5 58	-30	13 2 58	11 49 22
9 S	1♎14 1	7 4 50	-37	13 30 22	14 11 42	8♎18 51	7 3 28	-45	13 58 17	16 21 55
10 Su	15 22 19	7 1 52	-51	14 26 43	18 17 50	22 24 11	7 0 3	-58	14 55 41	19 57 24
11 M	29 24 14	6 58 1	-64	15 25 5	21 18 48	6♏22 15	6 55 46	-71	15 54 52	22 20 33
12 Tu	13♏18 1	6 53 19	-77	16 24 52	23 1 30	20 11 19	6 50 38	-83	16 54 56	23 21 5
13 W	27 1 58	6 47 45	-90	17 24 52	23 19 12	3♐49 43	6 44 40	-96	17 54 30	22 56 19
14 Th	10♐34 23	6 41 23	-101	18 23 41	22 13 24	17 15 46	6 37 55	-106	18 52 15	21 11 52
15 F	23 53 41	6 34 19	-110	19 20 7	19 53 28	0♑28 0	6 30 36	-113	19 47 12	18 20 7
16 S	6♑58 35	6 26 48	-114	20 13 31	16 33 54	13 25 23	6 22 59	-114	20 39 3	14 36 54
17 Su	19 48 22	6 19 12	-112	21 3 51	12 31 8	26 7 34	6 15 31	-108	21 27 58	10 18 30
18 M	2♒23 5	6 11 58	-103	21 51 30	8 0 47	8♒35 3	6 8 39	-96	22 14 32	5 39 37
19 Tu	14 43 42	6 5 36	-87	22 37 10	3 16 29	20 49 18	6 2 53	-76	22 59 29	0 52 44
20 W	26 52 10	6 0 33	-63	23 21 37	1N30 24	2♓52 43	5 58 40	-49	23 43 39	3N51 45
21 Th	8♓51 23	5 57 15	-34	0 5 41	6 10 14	14 48 38	5 56 23	-18	0 27 50	8 24 48
22 F	20 45 1	5 56 3	-1	0 50 12	10 34 25	26 41 4	5 56 19	17	1 12 51	12 38 0
23 S	2♈37 24	5 57 11	35	1 35 54	14 34 27	8♈34 35	5 58 41	54	1 59 26	16 22 38
24 Su	14 33 16	6 0 47	72	2 23 30	18 1 19	20 34 2	6 3 30	90	2 48 9	19 29 13
25 M	26 37 32	6 6 48	108	3 13 26	20 44 58	2♉44 20	6 10 40	124	3 39 21	21 47 12
26 Tu	8♉55 0	6 15 4	139	4 5 54	22 34 33	15 10 4	6 19 56	152	4 33 2	23 5 41
27 W	21 29 59	6 25 11	162	5 0 41	23 19 25	27 55 10	6 30 45	170	5 28 45	23 14 47
28 Th	4♊25 54	6 36 31	174	5 57 8	22 51 5	11♊ 2 25	6 42 22	175	6 25 41	22 7 58
29 F	17 44 47	6 48 12	172	6 54 17	21 5 28	24 32 59	6 53 50	165	7 22 50	19 44 6
30 S	1♋26 49	6 59 10	153	7 51 12	18 4 47	8♋25 59	7 4 2	137	8 19 20	16 8 49
31 Su	15♋30 1	7 8 20	118	8 47 11	13N57 54	22♋38 21	7 11 55	96	9 14 44	11N34 2

LUNAR INGRESSES
2 ☽ ♋ 12:49
4 ☽ ♌ 16:37
6 ☽ ♍ 19:20
8 ☽ ♎ 21:55
11 ☽ ♏ 1:01
13 ☽ ♐ 5:14
15 ☽ ♑ 11:09
17 ☽ ♒ 19:25
20 ☽ ♓ 6:15
22 ☽ ♈ 18:42
25 ☽ ♉ 6:38
27 ☽ ♊ 15:51
29 ☽ ♋ 21:30

PLANET INGRESSES
17 ☉ ♋ 20:06
21 ☿ ♌ 5:15
24 ♀ ♋ 11:40
26 ♂ ♊ 20:09

STATIONS
10 ♅ R 0:36

DATA FOR THE 1st AT 0 HOURS
JULIAN DAY 40723.5
☽ MEAN ☊ 27°♏ 48' 58"
OBLIQUITY 23° 26' 14"
DELTA T 70.9 SECONDS
NUTATION LONGITUDE 17.8"

DAY MO YR	☿ LONG ° ' "	♀ LONG ° ' "	♂ LONG ° ' "	♃ LONG ° ' "	♄ LONG ° ' "	♅ LONG ° ' "	♆ LONG ° ' "	♇ LONG ° ' "	☊ LONG ° '	A.S.S.I. h m s	S.S.R.Y. h m s	S.V.P. ♓ ° ' "	☿ MERCURY R.A. h m s	DECL ° ' "
1 182	2♋59 36	1♊12 17	12♉ 7 0	10♈ 1 11	15♍48 12	9♓37 33	5♒49R15	11♐13R35	28♏34	8 20 42	30 14 25	5 5 39.6	8 1 30	22N20 55
2 183	4 41 54	2 25 41	12 49 19	10 10 59	15 50 1	9 37 58	5 48 23	11 12 3	28 33	8 25 54	30 15 21	5 5 39.3	8 8 39	21 56 19
3 184	6 22 2	3 39 5	13 31 34	10 20 40	15 51 56	9 38 20	5 47 30	11 10 32	28 31	8 31 5	30 16 19	5 5 39.1	8 15 36	21 30 33
4 185	7 59 59	4 52 29	14 13 45	10 30 14	15 53 56	9 38 39	5 46 35	11 9 0	28 29	8 36 17	30 17 17	5 5 38.9	8 22 21	21 3 43
5 186	9 35 45	6 5 55	14 55 52	10 39 41	15 56 3	9 38 55	5 45 39	11 7 29	28 26	8 41 28	30 18 11	5 5 38.8	8 28 53	20 35 56
6 187	11 9 19	7 19 22	15 37 55	10 49 0	15 58 15	9 39 8	5 44 41	11 5 58	28 24	8 46 38	30 18 58	5 5 38.7	8 35 14	20 7 19
7 188	12 40 40	8 32 49	16 19 55	10 58 12	16 0 33	9 39 18	5 43 41	11 4 27	28 23	8 51 48	30 19 38	5 5 38.6	8 41 23	19 37 58
8 189	14 9 48	9 46 17	17 1 50	11 7 17	16 2 56	9 39 25	5 42 40	11 2 57	28 22	8 56 57	30 20 8	5 5 38.5	8 47 20	19 7 59
9 190	15 36 40	10 59 47	17 43 42	11 16 14	16 5 25	9 39 29	5 41 37	11 1 26	28 22	9 2 6	30 20 27	5 5 38.4	8 53 5	18 37 28
10 191	17 1 17	12 13 17	18 25 30	11 25 3	16 8 0	9 39R30	5 40 33	10 59 57	28 23	9 7 14	30 20 34	5 5 38.2	8 58 39	18 6 30
11 192	18 23 35	13 26 48	19 7 14	11 33 45	16 10 40	9 39 29	5 39 28	10 58 27	28 24	9 12 22	30 20 28	5 5 38.0	9 4 0	17 35 12
12 193	19 43 32	14 40 19	19 48 55	11 42 18	16 13 26	9 39 24	5 38 21	10 56 58	28 26	9 17 30	30 20 9	5 5 37.8	9 9 10	17 3 38
13 194	21 1 7	15 53 52	20 30 31	11 50 44	16 16 17	9 39 17	5 37 13	10 55 30	28 26	9 22 36	30 19 38	5 5 37.5	9 14 9	16 31 55
14 195	22 16 15	17 7 26	21 12 4	11 59 2	16 19 13	9 39 7	5 36 3	10 54 2	28 26	9 27 42	30 18 55	5 5 37.3	9 18 55	16 0 6
15 196	23 28 53	18 21 1	21 53 33	12 7 11	16 22 14	9 38 54	5 34 52	10 52 35	28 24	9 32 48	30 18 2	5 5 37.0	9 23 30	15 28 19
16 197	24 38 58	19 34 37	22 34 58	12 15 13	16 25 21	9 38 38	5 33 40	10 51 8	28 21	9 37 53	30 17 1	5 5 36.8	9 27 53	14 56 37
17 198	25 46 26	20 48 15	23 16 20	12 23 6	16 28 34	9 38 19	5 32 27	10 49 42	28 16	9 42 57	30 15 55	5 5 36.7	9 32 3	14 25 7
18 199	26 51 10	22 1 53	23 57 38	12 30 51	16 31 51	9 37 57	5 31 12	10 48 16	28 11	9 48 0	30 14 47	5 5 36.5	9 36 2	13 53 53
19 200	27 53 6	23 15 33	24 38 52	12 38 27	16 35 13	9 37 33	5 29 56	10 46 51	28 06	9 53 3	30 13 40	5 5 36.4	9 39 48	13 23 2
20 201	28 52 8	24 29 14	25 20 3	12 45 54	16 38 41	9 37 6	5 28 39	10 45 27	28 01	9 58 5	30 12 36	5 5 36.4	9 43 21	12 52 38
21 202	29 48 10	25 42 56	26 1 9	12 53 13	16 42 14	9 36 36	5 27 21	10 44 3	27 57	10 3 7	30 11 39	5 5 36.3	9 46 41	12 22 47
22 203	0♌41 4	26 56 39	26 42 13	13 0 23	16 45 51	9 36 3	5 26 1	10 42 40	27 54	10 8 8	30 10 51	5 5 36.2	9 49 49	11 53 36
23 204	1 30 42	28 10 24	27 23 12	13 7 24	16 49 34	9 35 27	5 24 41	10 41 18	27 53	10 13 8	30 10 14	5 5 36.1	9 52 42	11 25 10
24 205	2 16 57	29 24 10	28 4 8	13 14 16	16 53 22	9 34 48	5 23 19	10 39 57	27 54	10 18 7	30 9 50	5 5 36.0	9 55 22	10 57 35
25 206	2 59 40	0♋37 57	28 45 0	13 20 58	16 57 14	9 34 7	5 21 56	10 38 37	27 55	10 23 6	30 9 39	5 5 35.9	9 57 48	10 30 59
26 207	3 38 41	1 51 45	29 25 48	13 27 31	17 1 12	9 33 23	5 20 33	10 37 17	27 56	10 28 4	30 9 42	5 5 35.7	9 59 59	10 5 27
27 208	4 13 51	3 5 35	0♊ 6 32	13 33 55	17 5 14	9 32 36	5 19 8	10 35 59	27 58	10 33 1	30 9 57	5 5 35.5	10 1 54	9 41 8
28 209	4 44 59	4 19 26	0 47 12	13 40 10	17 9 21	9 31 47	5 17 42	10 34 41	27 58	10 37 58	30 10 24	5 5 35.2	10 3 34	9 18 8
29 210	5 11 55	5 33 18	1 27 49	13 46 14	17 13 33	9 30 55	5 16 15	10 33 24	27 56	10 42 54	30 11 2	5 5 35.0	10 4 58	8 56 36
30 211	5 34 29	6 47 11	2 8 21	13 52 9	17 17 50	9 30 0	5 14 48	10 32 8	27 52	10 47 49	30 11 47	5 5 34.8	10 6 6	8 36 38
31 212	5♌52 30	8♋ 1 6	2♊48 50	13♈57 54	17♍22 11	9♓29 2	5♒13 19	10♐30 54	27♏47	10 52 43	30 12 38	5 5 34.6	10 6 56	8N18 24

DAY Jul	♀ VENUS R.A. h m s	DECL ° ' "	♂ MARS R.A. h m s	DECL ° ' "	♃ JUPITER R.A. h m s	DECL ° ' "	♄ SATURN R.A. h m s	DECL ° ' "	♅ URANUS R.A. h m s	DECL ° ' "	♆ NEPTUNE R.A. h m s	DECL ° ' "	♇ PLUTO R.A. h m s	DECL ° ' "
1	5 43 5	23N 9 25	4 20 51	21N23 38	2 12 12	12N 3 1	12 43 17	1S56 46	0 17 49	1N 7 18	22 11 54	11S43 1	18 25 50	18S48 54
2	5 48 24	23 13 41	4 23 50	21 31 18	2 12 50	12 6 8	12 43 23	1 57 42	0 17 50	1 7 26	22 11 51	11 43 21	18 25 44	18 49 5
3	5 53 43	23 17 17	4 26 49	21 38 45	2 13 28	12 9 12	12 43 30	1 58 41	0 17 52	1 7 32	22 11 48	11 43 41	18 25 38	18 49 16
4	5 59 3	23 20 12	4 29 48	21 45 59	2 14 5	12 12 14	12 43 37	1 59 42	0 17 53	1 7 38	22 11 44	11 44 2	18 25 31	18 49 27
5	6 4 23	23 22 26	4 32 47	21 53 1	2 14 41	12 15 12	12 43 44	2 0 44	0 17 54	1 7 43	22 11 41	11 44 23	18 25 25	18 49 38
6	6 9 43	23 23 59	4 35 46	21 59 51	2 15 18	12 18 8	12 43 52	2 1 49	0 17 55	1 7 46	22 11 37	11 44 45	18 25 18	18 49 49
7	6 15 3	23 24 51	4 38 45	22 6 27	2 15 54	12 21 1	12 44 0	2 2 57	0 17 55	1 7 48	22 11 33	11 45 8	18 25 12	18 50 1
8	6 20 24	23 25 2	4 41 44	22 12 52	2 16 29	12 23 51	12 44 8	2 4 6	0 17 56	1 7 49	22 11 30	11 45 31	18 25 6	18 50 12
9	6 25 44	23 24 32	4 44 43	22 19 3	2 17 4	12 26 38	12 44 17	2 5 17	0 17 56	1 7 49	22 11 26	11 45 54	18 24 59	18 50 24
10	6 31 5	23 23 20	4 47 42	22 25 2	2 17 38	12 29 22	12 44 26	2 6 31	0 17 56	1 7 47	22 11 22	11 46 18	18 24 53	18 50 35
11	6 36 25	23 21 27	4 50 41	22 30 48	2 18 12	12 32 3	12 44 36	2 7 46	0 17 56	1 7 45	22 11 17	11 46 42	18 24 47	18 50 47
12	6 41 45	23 18 52	4 53 39	22 36 22	2 18 45	12 34 42	12 44 46	2 9 4	0 17 56	1 7 42	22 11 13	11 47 7	18 24 41	18 50 59
13	6 47 6	23 15 36	4 56 38	22 41 43	2 19 18	12 37 17	12 44 56	2 10 24	0 17 56	1 7 37	22 11 9	11 47 32	18 24 35	18 51 11
14	6 52 25	23 11 39	4 59 37	22 46 51	2 19 51	12 39 50	12 45 6	2 11 45	0 17 55	1 7 31	22 11 5	11 47 58	18 24 29	18 51 23
15	6 57 45	23 7 1	5 2 36	22 51 46	2 20 22	12 42 19	12 45 17	2 13 9	0 17 54	1 7 24	22 11 0	11 48 25	18 24 22	18 51 35
16	7 3 4	23 1 42	5 5 35	22 56 29	2 20 54	12 44 45	12 45 28	2 14 34	0 17 54	1 7 16	22 10 56	11 48 51	18 24 16	18 51 48
17	7 8 23	22 55 43	5 8 33	23 0 59	2 21 25	12 47 9	12 45 40	2 16 2	0 17 52	1 7 7	22 10 51	11 49 18	18 24 10	18 52 0
18	7 13 42	22 49 2	5 11 32	23 5 17	2 21 55	12 49 29	12 45 51	2 17 32	0 17 51	1 6 57	22 10 46	11 49 46	18 24 4	18 52 13
19	7 19 0	22 41 41	5 14 31	23 9 21	2 22 25	12 51 46	12 46 3	2 19 3	0 17 50	1 6 45	22 10 41	11 50 14	18 23 58	18 52 26
20	7 24 18	22 33 40	5 17 29	23 13 13	2 22 54	12 54 0	12 46 16	2 20 36	0 17 48	1 6 33	22 10 36	11 50 43	18 23 53	18 52 38
21	7 29 35	22 25 0	5 20 27	23 16 52	2 23 23	12 56 11	12 46 29	2 22 11	0 17 46	1 6 19	22 10 32	11 51 11	18 23 47	18 52 51
22	7 34 51	22 15 39	5 23 26	23 20 19	2 23 51	12 58 19	12 46 42	2 23 48	0 17 44	1 6 4	22 10 26	11 51 41	18 23 41	18 53 4
23	7 40 7	22 5 39	5 26 24	23 23 33	2 24 18	13 0 23	12 46 55	2 25 27	0 17 42	1 5 48	22 10 21	11 52 10	18 23 35	18 53 17
24	7 45 22	21 55 1	5 29 22	23 26 34	2 24 45	13 2 24	12 47 9	2 27 8	0 17 40	1 5 31	22 10 16	11 52 40	18 23 30	18 53 30
25	7 50 36	21 43 44	5 32 19	23 29 23	2 25 11	13 4 22	12 47 23	2 28 50	0 17 38	1 5 13	22 10 11	11 53 10	18 23 24	18 53 43
26	7 55 50	21 31 48	5 35 17	23 31 59	2 25 37	13 6 17	12 47 37	2 30 34	0 17 35	1 4 54	22 10 6	11 53 41	18 23 18	18 53 57
27	8 1 2	21 19 15	5 38 15	23 34 22	2 26 2	13 8 9	12 47 51	2 32 20	0 17 32	1 4 34	22 10 0	11 54 12	18 23 13	18 54 10
28	8 6 14	21 6 5	5 41 12	23 36 33	2 26 27	13 9 57	12 48 6	2 34 8	0 17 29	1 4 13	22 9 55	11 54 43	18 23 8	18 54 23
29	8 11 25	20 52 18	5 44 9	23 38 32	2 26 51	13 11 42	12 48 21	2 35 58	0 17 26	1 3 50	22 9 49	11 55 15	18 23 2	18 54 37
30	8 16 35	20 37 55	5 47 6	23 40 18	2 27 14	13 13 24	12 48 37	2 37 49	0 17 23	1 3 27	22 9 44	11 55 46	18 22 57	18 54 51
31	8 21 44	20N22 56	5 50 3	23N41 51	2 27 37	13N15 2	12 48 53	2S39 42	0 17 19	1N 3 2	22 9 38	11S56 19	18 22 52	18S55 4

AUGUST 2011

DAY	SIDEREAL TIME	☉ SUN LONG	MOT	R.A.	DECL	☽ MOON AT 0 HOURS LONG	12h MOT	2DIF	R.A.	DECL	☽ MOON AT 12 HOURS LONG	12h MOT	2DIF	R.A.	DECL
	h m s	° ' "	' "	h m s	° ' "	° ' "	' "		h m s	° ' "	° ' "	' "		h m s	° ' "
1 M	20 37 3	13♋31 38	57 25	8 43 25.8	18N 9 12	29♋50 16	7 14 44	72	9 42 1	8N59 28	7♌ 5 0	7 16 43	46	10 9 3	6N16 36
2 Tu	20 40 59	14 29 3	57 26	8 47 18.8	17 54 7	14♌21 43	7 17 49	21	10 35 54	3 27 59	21 39 32	7 18 5	-4	11 2 39	0 36 13
3 W	20 44 56	15 26 29	57 26	8 51 11.2	17 38 44	28 57 37	7 17 33	-27	11 29 22	2S16 5	6♍15 10	7 16 16	-48	11 56 11	5S 6 18
4 Th	20 48 52	16 23 55	57 27	8 55 3.0	17 23 4	13♍31 26	7 14 21	-65	12 23 9	7 51 51	20 45 47	7 11 54	-80	12 50 22	10 30 15
5 F	20 52 49	17 21 22	57 28	8 58 54.2	17 7 8	27 57 41	7 9 2	-90	13 17 54	12 59 6	5♎ 6 43	7 5 53	-98	13 45 49	15 16 6
6 S	20 56 45	18 18 49	57 28	9 2 44.7	16 50 55	12♎12 36	7 2 31	-103	14 14 7	17 19 8	19 15 6	6 59 2	-105	14 42 49	19 6 16
7 Su	21 0 42	19 16 17	57 29	9 6 34.7	16 34 26	26 14 8	6 55 32	-105	15 11 53	20 35 48	3♏ 9 41	6 52 4	-103	15 41 14	21 46 22
8 M	21 4 38	20 13 46	57 30	9 10 24.0	16 17 40	10♏ 1 44	6 48 39	-101	16 10 46	22 36 57	16 50 23	6 45 20	-98	16 40 22	23 6 55
9 Tu	21 8 35	21 11 15	57 31	9 14 12.7	16 0 40	23 35 43	6 42 7	-95	17 9 53	23 16 8	0♐17 50	6 39 0	-92	17 39 9	23 4 52
10 W	21 12 32	22 8 46	57 31	9 18 0.8	15 43 23	6♐56 50	6 35 59	-90	18 8 2	22 33 51	13 32 49	6 33 1	-88	18 36 25	21 44 10
11 Th	21 16 28	23 6 17	57 32	9 21 48.3	15 25 52	20 5 50	6 30 8	-86	19 4 12	20 37 15	26 35 57	6 27 16	-86	19 31 18	19 14 44
12 F	21 20 25	24 3 49	57 33	9 25 35.3	15 8 6	3♑ 3 13	6 24 25	-85	19 57 43	17 38 24	9♑27 38	6 21 35	-85	20 23 25	15 50 9
13 S	21 24 21	25 1 23	57 35	9 29 21.7	14 50 6	15 49 13	6 18 46	-85	20 48 26	13 51 49	22 7 59	6 15 57	-84	21 12 49	11 45 16
14 Su	21 28 18	25 58 57	57 36	9 33 7.5	14 31 52	28 23 56	6 13 10	-83	21 36 38	9 32 17	4♒37 6	6 10 26	-81	21 59 56	7 14 30
15 M	21 32 14	26 56 33	57 37	9 36 52.7	14 13 23	10♒47 32	6 7 48	-78	22 22 49	4 53 49	16 55 20	6 5 16	-73	22 45 22	2 30 47
16 Tu	21 36 11	27 54 10	57 38	9 40 37.5	13 54 41	23 0 36	6 2 54	-68	23 7 41	0 7 41	29 3 30	6 0 46	-60	23 29 51	2N14 30
17 W	21 40 7	28 51 48	57 40	9 44 21.7	13 35 46	5♓ 4 16	5 58 53	-52	23 51 57	4N34 34	11♓ 3 9	5 57 19	-41	0 14 6	6 51 22
18 Th	21 44 4	29 49 28	57 41	9 48 5.4	13 16 38	17 0 28	5 56 9	-29	0 36 21	9 3 46	22 56 37	5 55 23	-15	0 58 49	11 10 41
19 F	21 48 0	0♌47 9	57 43	9 51 48.6	12 57 17	28 52 0	5 55 7	0	1 21 35	13 11 2	4♈47 7	5 55 22	16	1 44 42	15 3 42
20 S	21 51 57	1 44 51	57 44	9 55 31.3	12 37 43	10♈42 28	5 56 11	33	2 8 15	16 47 34	16 38 39	5 57 35	52	2 32 17	18 21 28
21 Su	21 55 54	2 42 36	57 46	9 59 13.6	12 17 58	22 36 14	5 59 38	71	2 56 51	19 44 14	28 35 53	6 2 20	91	3 21 59	20 54 39
22 M	21 59 50	3 40 22	57 48	10 2 55.4	11 58 1	4♉38 13	6 5 42	111	3 47 40	21 51 29	10♉43 54	6 9 42	130	4 13 55	22 33 33
23 Tu	22 3 47	4 38 10	57 50	10 6 36.7	11 37 52	16 53 36	6 14 22	149	4 40 41	22 59 44	23 7 58	6 19 37	166	5 7 54	23 9 1
24 W	22 7 43	5 35 59	57 51	10 10 17.7	11 17 32	29 27 35	6 25 26	181	5 35 31	23 0 32	5♊53 1	6 31 43	194	6 3 26	22 33 39
25 Th	22 11 40	6 33 50	57 53	10 13 58.2	10 57 1	12♊24 44	6 38 23	204	6 31 32	21 48 3	19 3 7	6 45 18	209	6 59 45	20 43 41
26 F	22 15 36	7 31 43	57 55	10 17 38.3	10 36 20	25 48 25	6 52 20	210	7 27 59	19 20 53	2♋40 45	6 59 17	205	7 56 9	17 40 24
27 S	22 19 33	8 29 37	57 56	10 21 18.1	10 15 29	9♋40 1	7 5 58	194	8 24 11	15 43 18	16 46 0	7 12 13	177	8 52 5	13 31 3
28 Su	22 23 29	9 27 34	57 58	10 24 57.4	9 54 28	23 58 12	7 17 47	155	9 19 49	11 5 30	1♌15 59	7 22 31	127	9 47 24	8 28 45
29 M	22 27 26	10 25 31	57 59	10 28 36.4	9 33 18	8♌38 30	7 26 15	95	10 14 53	5 43 13	16 4 45	7 28 50	60	10 42 19	2 51 33
30 Tu	22 31 23	11 23 31	58 1	10 32 15.0	9 11 58	23 33 35	7 30 13	23	11 9 45	0S 3 27	1♍ 3 48	7 30 23	-13	11 37 17	2S58 52
31 W	22 35 19	12♌21 32	58 2	10 35 53.3	8N50 30	8♍34 11	7 29 21	-47	12 4 59	5S51 45	16♍ 3 33	7 27 14	-78	12 32 54	8S39 8

LUNAR INGRESSES
1 ☽ ♌ 0:16 — 3 ☽ ♍ 1:43 — 5 ☽ ♎ 3:25 — 7 ☽ ♏ 6:31 — 9 ☽ ♐ 11:28
11 ☽ ♑ 18:19 — 14 ☽ ♒ 3:05 — 16 ☽ ♓ 13:53 — 19 ☽ ♈ 2:18 — 21 ☽ ♉ 14:48
24 ☽ ♊ 1:01 — 26 ☽ ♋ 7:21 — 28 ☽ ♌ 9:56 — 30 ☽ ♍ 10:18

PLANET INGRESSES
15 ☿ ♋ 17:49
17 ♀ ♌ 19:25
18 ☉ ♌ 4:23

STATIONS
3 ☿ R 3:51
26 ☿ D 22:04
30 ♃ R 9:18

DATA FOR THE 1st AT 0 HOURS
JULIAN DAY 40754.5
☽ MEAN ☊ 26°♏ 10' 24"
OBLIQUITY 23° 26' 15"
DELTA T 70.9 SECONDS
NUTATION LONGITUDE 18.3"

DAY MO YR	☿ LONG	♀ LONG	♂ LONG	♃ LONG	♄ LONG	♅ LONG	♆ LONG	♇ LONG	☊ LONG	A.S.S.I.	S.S.R.Y.	S.V.P. ♓	☿ MERCURY R.A.	DECL
	° ' "	° ' "	° ' "	° ' "	° ' "	° ' "	° ' "	° ' "	° '	h m s	h m s	° ' "	h m s	° ' "
1 213	6♌ 5 47	9♋15 1	3♊29 14	14♈ 3 29	17♍26 37	9♓28R 2	5♓11R50	10♑29R40	27♏40	10 57 37	30 13 31	5 5 34.4	10 7 28	8N 2 1
2 214	6 14 12	10 28 58	4 9 35	14 8 54	17 31 7	9 26 59	5 10 20	10 28 27	27 33	11 2 29	30 14 29	5 5 34.4	10 7 43	7 47 39
3 215	6 17R35	11 42 55	4 49 51	14 14 9	17 35 42	9 25 54	5 8 49	10 27 16	27 26	11 7 21	30 15 24	5 5 34.3	10 7 39	7 35 25
4 216	6 15 49	12 56 54	5 30 3	14 19 13	17 40 21	9 24 46	5 7 18	10 26 6	27 21	11 12 13	30 16 15	5 5 34.3	10 7 16	7 25 28
5 217	6 8 49	14 10 53	6 10 11	14 24 7	17 45 4	9 23 35	5 5 45	10 24 57	27 17	11 17 3	30 17 0	5 5 34.2	10 6 35	7 17 56
6 218	5 56 33	15 24 53	6 50 15	14 28 51	17 49 52	9 22 22	5 4 13	10 23 49	27 16	11 21 53	30 17 36	5 5 34.1	10 5 34	7 12 57
7 219	5 39 1	16 38 55	7 30 15	14 33 24	17 54 44	9 21 7	5 2 39	10 22 42	27 16	11 26 42	30 18 0	5 5 33.9	10 4 15	7 10 35
8 220	5 16 17	17 52 57	8 10 10	14 37 46	17 59 40	9 19 49	5 1 5	10 21 36	27 17	11 31 30	30 18 12	5 5 33.7	10 2 39	7 10 57
9 221	4 48 32	19 7 0	8 50 2	14 41 58	18 4 40	9 18 28	4 59 30	10 20 32	27 17	11 36 17	30 18 10	5 5 33.5	10 0 44	7 14 6
10 222	4 15 59	20 21 4	9 29 49	14 45 59	18 9 44	9 17 6	4 57 55	10 19 29	27 17	11 41 4	30 17 55	5 5 33.3	9 58 36	7 20 4
11 223	3 39 0	21 35 9	10 9 33	14 49 50	18 14 53	9 15 41	4 56 20	10 18 28	27 15	11 45 49	30 17 25	5 5 33.1	9 56 9	7 28 50
12 224	2 58 2	22 49 14	10 49 12	14 53 29	18 20 5	9 14 13	4 54 44	10 17 28	27 10	11 50 35	30 16 44	5 5 32.9	9 53 30	7 40 21
13 225	2 13 39	24 3 21	11 28 47	14 56 58	18 25 21	9 12 44	4 53 7	10 16 29	27 03	11 55 19	30 15 52	5 5 32.7	9 50 41	7 54 29
14 226	1 26 30	25 17 29	12 8 18	15 0 15	18 30 40	9 11 12	4 51 30	10 15 31	26 54	12 0 3	30 14 52	5 5 32.6	9 47 43	8 11 7
15 227	0 37 22	26 31 37	12 47 46	15 3 22	18 36 4	9 9 38	4 49 53	10 14 35	26 43	12 4 46	30 13 46	5 5 32.6	9 44 40	8 30 0
16 228	29♋47 7	27 45 47	13 27 9	15 6 17	18 41 31	9 8 1	4 48 16	10 13 40	26 32	12 9 28	30 12 38	5 5 32.5	9 41 35	8 50 53
17 229	28 56 40	28 59 58	14 6 28	15 9 0	18 47 2	9 6 23	4 46 38	10 12 47	26 21	12 14 10	30 11 30	5 5 32.5	9 38 31	9 13 27
18 230	28 7 2	0♌14 10	14 45 43	15 11 33	18 52 37	9 4 42	4 45 0	10 11 55	26 12	12 18 51	30 10 25	5 5 32.5	9 35 33	9 37 22
19 231	27 19 11	1 28 22	15 24 54	15 13 54	18 58 15	9 3 0	4 43 22	10 11 5	26 05	12 23 31	30 9 27	5 5 32.4	9 32 42	10 2 14
20 232	26 34 7	2 42 36	16 4 1	15 16 3	19 3 56	9 1 15	4 41 44	10 10 16	26 01	12 28 11	30 8 36	5 5 32.3	9 30 4	10 27 40
21 233	25 52 48	3 56 51	16 43 3	15 18 1	19 9 41	8 59 29	4 40 5	10 9 29	25 59	12 32 50	30 7 55	5 5 32.2	9 27 42	10 53 14
22 234	25 16 7	5 11 7	17 22 1	15 19 48	19 15 30	8 57 40	4 38 27	10 8 43	25 58	12 37 29	30 7 26	5 5 32.1	9 25 39	11 18 33
23 235	24 44 54	6 25 24	18 0 56	15 21 22	19 21 22	8 55 50	4 36 48	10 7 59	25 59	12 42 7	30 7 9	5 5 31.9	9 23 58	11 43 11
24 236	24 19 52	7 39 42	18 39 47	15 22 45	19 27 17	8 53 57	4 35 9	10 7 16	25 59	12 46 45	30 7 4	5 5 31.7	9 22 42	12 6 46
25 237	24 1 37	8 54 1	19 18 33	15 23 54	19 33 15	8 52 3	4 33 31	10 6 35	25 58	12 51 22	30 7 12	5 5 31.5	9 21 53	12 28 57
26 238	23 50D39	10 8 20	19 57 14	15 24 54	19 39 16	8 50 7	4 31 52	10 5 56	25 54	12 55 58	30 7 32	5 5 31.3	9 21 33	12 49 23
27 239	23 47 21	11 22 41	20 35 52	15 25 41	19 45 21	8 48 9	4 30 14	10 5 18	25 49	13 0 34	30 8 2	5 5 31.2	9 21 43	13 7 47
28 240	23 52 0	12 37 3	21 14 24	15 26 16	19 51 28	8 46 10	4 28 36	10 4 42	25 41	13 5 10	30 8 42	5 5 31.1	9 22 24	13 23 52
29 241	24 4 45	13 51 25	21 52 53	15 26 39	19 57 39	8 44 9	4 26 58	10 4 7	25 30	13 9 45	30 9 31	5 5 31.0	9 23 37	13 37 23
30 242	24 25 40	15 5 48	22 30 58	15 26R50	20 3 53	8 42 6	4 25 20	10 3 34	25 20	13 14 20	30 10 26	5 5 31.0	9 25 22	13 48 8
31 243	24♋54 44	16♌20 12	23♊ 9 35	15♈26 48	20♍10 9	8♓40 2	4♓23 42	10♑ 3 3	25♏09	13 18 54	30 11 24	5 5 31.0	9 27 39	13N55 56

DAY	♀ VENUS R.A.	DECL	♂ MARS R.A.	DECL	♃ JUPITER R.A.	DECL	♄ SATURN R.A.	DECL	♅ URANUS R.A.	DECL	♆ NEPTUNE R.A.	DECL	♇ PLUTO R.A.	DECL
Aug	h m s	° ' "	h m s	° ' "	h m s	° ' "	h m s	° ' "	h m s	° ' "	h m s	° ' "	h m s	° ' "
1	8 26 53	20N 7 22	5 52 59	23N43 13	2 27 59	13N16 37	12 49 9	2S41 36	0 17 16	1N 2 37	22 9 33	11S56 51	18 22 47	18S55 18
2	8 32 0	19 51 14	5 55 55	23 44 22	2 28 20	13 18 8	12 49 25	2 43 32	0 17 12	1 2 10	22 9 27	11 57 24	18 22 42	18 55 32
3	8 37 6	19 34 31	5 58 51	23 45 18	2 28 41	13 19 37	12 49 42	2 45 30	0 17 8	1 1 43	22 9 21	11 57 57	18 22 37	18 55 46
4	8 42 11	19 17 15	6 1 47	23 46 3	2 29 1	13 21 1	12 49 58	2 47 29	0 17 4	1 1 14	22 9 15	11 58 30	18 22 32	18 56 0
5	8 47 15	18 59 26	6 4 42	23 46 35	2 29 20	13 22 22	12 50 15	2 49 29	0 16 59	1 0 45	22 9 9	11 59 3	18 22 27	18 56 14
6	8 52 18	18 41 4	6 7 38	23 46 56	2 29 39	13 23 40	12 50 33	2 51 31	0 16 55	1 0 14	22 9 4	11 59 37	18 22 22	18 56 28
7	8 57 20	18 22 11	6 10 32	23 47 4	2 29 57	13 24 54	12 50 51	2 53 35	0 16 50	0 59 43	22 8 58	12 0 11	18 22 17	18 56 42
8	9 2 21	18 2 47	6 13 27	23 47 0	2 30 15	13 26 5	12 51 8	2 55 40	0 16 46	0 59 11	22 8 52	12 0 45	18 22 13	18 56 56
9	9 7 21	17 42 53	6 16 21	23 46 45	2 30 31	13 27 13	12 51 27	2 57 47	0 16 41	0 58 37	22 8 46	12 1 19	18 22 8	18 57 10
10	9 12 19	17 22 28	6 19 15	23 46 18	2 30 47	13 28 17	12 51 45	2 59 55	0 16 36	0 58 3	22 8 40	12 1 53	18 22 4	18 57 24
11	9 17 17	17 1 35	6 22 9	23 45 39	2 31 2	13 29 17	12 52 4	3 2 4	0 16 31	0 57 28	22 8 34	12 2 27	18 22 0	18 57 38
12	9 22 14	16 40 13	6 25 2	23 44 48	2 31 17	13 30 14	12 52 23	3 4 15	0 16 25	0 56 52	22 8 27	12 3 2	18 21 56	18 57 53
13	9 27 9	16 18 24	6 27 55	23 43 46	2 31 31	13 31 7	12 52 42	3 6 27	0 16 20	0 56 15	22 8 21	12 3 37	18 21 52	18 58 7
14	9 32 3	15 56 7	6 30 48	23 42 32	2 31 44	13 31 57	12 53 1	3 8 40	0 16 14	0 55 38	22 8 15	12 4 11	18 21 48	18 58 21
15	9 36 57	15 33 24	6 33 40	23 41 7	2 31 56	13 32 43	12 53 21	3 10 55	0 16 9	0 54 59	22 8 9	12 4 46	18 21 44	18 58 36
16	9 41 49	15 10 15	6 36 32	23 39 31	2 32 8	13 33 26	12 53 41	3 13 10	0 16 3	0 54 20	22 8 3	12 5 21	18 21 40	18 58 50
17	9 46 40	14 46 41	6 39 23	23 37 43	2 32 19	13 34 5	12 54 1	3 15 27	0 15 57	0 53 39	22 7 57	12 5 56	18 21 36	18 59 5
18	9 51 30	14 22 42	6 42 15	23 35 44	2 32 29	13 34 40	12 54 21	3 17 46	0 15 51	0 52 58	22 7 50	12 6 31	18 21 32	18 59 19
19	9 56 19	13 58 20	6 45 5	23 33 34	2 32 39	13 35 12	12 54 42	3 20 5	0 15 45	0 52 16	22 7 44	12 7 7	18 21 29	18 59 34
20	10 1 8	13 33 35	6 47 56	23 31 13	2 32 47	13 35 40	12 55 3	3 22 26	0 15 38	0 51 34	22 7 38	12 7 42	18 21 26	18 59 48
21	10 5 55	13 8 28	6 50 46	23 28 41	2 32 55	13 36 5	12 55 24	3 24 47	0 15 32	0 50 50	22 7 32	12 8 17	18 21 22	19 0 3
22	10 10 41	12 42 59	6 53 35	23 25 58	2 33 3	13 36 26	12 55 45	3 27 10	0 15 25	0 50 6	22 7 25	12 8 52	18 21 19	19 0 17
23	10 15 26	12 17 9	6 56 25	23 23 5	2 33 9	13 36 43	12 56 6	3 29 34	0 15 18	0 49 21	22 7 19	12 9 27	18 21 16	19 0 32
24	10 20 11	11 50 59	6 59 13	23 20 1	2 33 15	13 36 57	12 56 28	3 31 59	0 15 12	0 48 36	22 7 13	12 10 2	18 21 13	19 0 46
25	10 24 54	11 24 30	7 2 2	23 16 47	2 33 20	13 37 7	12 56 50	3 34 25	0 15 5	0 47 49	22 7 7	12 10 37	18 21 10	19 1 1
26	10 29 37	10 57 42	7 4 49	23 13 22	2 33 24	13 37 13	12 57 12	3 36 52	0 14 58	0 47 2	22 7 0	12 11 12	18 21 8	19 1 16
27	10 34 18	10 30 36	7 7 37	23 9 47	2 33 27	13 37 15	12 57 34	3 39 21	0 14 50	0 46 15	22 6 54	12 11 47	18 21 5	19 1 30
28	10 38 59	10 3 13	7 10 24	23 6 2	2 33 30	13 37 14	12 57 56	3 41 50	0 14 43	0 45 27	22 6 48	12 12 22	18 21 2	19 1 45
29	10 43 40	9 35 34	7 13 10	23 2 7	2 33 31	13 37 9	12 58 19	3 44 20	0 14 36	0 44 38	22 6 42	12 12 57	18 21 0	19 1 59
30	10 48 19	9 7 39	7 15 56	22 58 2	2 33 32	13 37 0	12 58 42	3 46 50	0 14 28	0 43 48	22 6 35	12 13 32	18 20 58	19 2 14
31	10 52 58	8N39 29	7 18 41	22N53 47	2 33 33	13N36 48	12 59 5	3S49 22	0 14 21	0N42 58	22 6 29	12S14 6	18 20 56	19S 2 29

SEPTEMBER 2011

DAY	SIDEREAL TIME	⊙ SUN LONG	MOT	R.A.	DECL	☽ MOON AT 0 HOURS LONG	12h MOT	2DIF	R.A.	DECL	☽ MOON AT 12 HOURS LONG	12h MOT	2DIF	R.A.	DECL
	h m s	° ' "	' "	h m s	° ' "	° ' "	° ' "	"	h m s	° ' "	° ' "	° ' "	"	h m s	° ' "
1 Th	22 39 16	13♍19 34	58 4	10 39 31.3	8N28 53	23♍30 47	7 24 9	-105	13 1 7	11S18 9	0♎54 55	7 20 15	-126	13 29 40	13S46 3
2 F	22 43 12	14 17 38	58 5	10 43 8.9	8 7 8	8♎15 10	7 15 44	-142	13 58 34	16 0 20	15 30 54	7 10 46	-153	14 27 49	17 58 46
3 S	22 47 9	15 15 43	58 7	10 46 46.2	7 45 16	22 41 40	7 5 32	-159	14 57 22	19 39 26	29 47 13	7 0 12	-160	15 27 7	21 0 49
4 Su	22 51 5	16 13 49	58 8	10 50 23.3	7 23 16	6♏47 24	6 54 53	-157	15 57 0	22 1 52	13♏42 17	6 49 42	-152	16 26 53	22 41 59
5 M	22 55 2	17 11 57	58 10	10 54 0.0	7 1 9	20 31 59	6 44 44	-145	16 56 36	23 1 3	27 16 44	6 40 3	-136	17 26 2	22 59 25
6 Tu	22 58 58	18 10 7	58 11	10 57 36.5	6 38 55	3♐56 46	6 35 40	-127	17 55 2	22 37 50	10♐32 26	6 31 37	-117	18 23 30	21 57 26
7 W	23 2 55	19 8 17	58 12	11 1 12.8	6 16 35	17 4 3	6 27 53	-107	18 51 20	20 59 37	23 31 55	6 24 27	-99	19 18 29	19 45 56
8 Th	23 6 52	20 6 30	58 14	11 4 48.9	5 54 9	29 56 22	6 21 18	-91	19 44 56	18 18 7	6♑17 40	6 18 25	-83	20 10 40	16 37 55
9 F	23 10 48	21 4 44	58 15	11 8 24.7	5 31 37	12♑36 5	6 15 45	-77	20 35 44	14 47 5	18 51 50	6 13 16	-72	21 0 10	12 47 19
10 S	23 14 45	22 2 59	58 17	11 12 0.4	5 8 59	25 5 6	6 10 57	-68	21 24 1	10 40 17	1♒16 3	6 8 46	-64	21 47 23	8 27 34
11 Su	23 18 41	23 1 16	58 19	11 15 35.9	4 46 16	7♒24 49	6 6 42	-60	22 10 19	6 10 41	13 31 31	6 4 45	-57	22 32 55	3 51 4
12 M	23 22 38	23 59 35	58 21	11 19 11.3	4 23 29	19 36 16	6 2 54	-54	22 55 17	1 30 5	25 39 10	6 1 10	-50	23 17 28	0N50 57
13 Tu	23 26 34	24 57 55	58 22	11 22 46.6	4 0 36	1♓40 20	5 59 34	-46	23 39 35	3N10 48	7♓39 54	5 58 8	-40	0 1 43	5 28 14
14 W	23 30 31	25 56 18	58 24	11 26 21.8	3 37 40	13 38 2	5 56 53	-34	0 23 55	7 42 4	19 34 55	5 55 51	-27	0 46 18	9 51 8
15 Th	23 34 27	26 54 42	58 26	11 29 56.9	3 14 39	25 30 46	5 55 6	-18	1 8 55	11 54 16	1♈25 51	5 54 39	-8	1 31 50	13 50 21
16 F	23 38 24	27 53 9	58 29	11 33 32.0	2 51 35	7♈20 30	5 54 35	4	1 55 7	15 38 13	13 15 5	5 54 55	17	2 18 48	17 16 45
17 S	23 42 21	28 51 37	58 31	11 37 7.1	2 28 28	19 10 0	5 55 44	32	2 42 56	18 44 47	25 5 45	5 57 4	48	3 7 32	20 1 12
18 Su	23 46 17	29 50 8	58 33	11 40 42.1	2 5 17	1♉ 2 48	5 58 57	65	3 32 37	21 4 54	7♉ 1 45	6 1 25	84	3 58 10	21 54 50
19 M	23 50 14	0♎48 40	58 35	11 44 17.2	1 42 4	13 3 10	6 4 31	103	4 24 10	22 30 0	19 7 41	6 8 16	122	4 50 33	22 49 30
20 Tu	23 54 10	1 47 15	58 37	11 47 52.4	1 18 48	25 15 57	6 12 41	142	5 17 18	22 52 36	1♊28 38	6 17 44	161	5 44 20	22 38 40
21 W	23 58 7	2 45 52	58 39	11 51 27.6	0 55 31	7♊46 22	6 23 25	179	6 11 35	22 7 19	14 9 47	6 29 41	195	6 38 57	21 18 22
22 Th	0 2 3	3 44 32	58 42	11 55 2.9	0 32 11	20 39 28	6 36 27	209	7 6 24	20 11 53	27 15 54	6 43 37	219	7 33 52	18 48 13
23 F	0 6 0	4 43 13	58 44	11 58 38.3	0 8 51	3♋59 31	6 51 5	225	8 1 18	17 7 58	10♋50 36	6 58 39	226	8 28 41	15 12 3
24 S	0 9 56	5 41 57	58 46	12 2 13.9	0S14 31	17 49 15	7 6 9	221	8 56 0	13 1 39	24 55 23	7 13 21	208	9 23 17	10 38 18
25 Su	0 13 53	6 40 43	58 48	12 5 49.6	0 37 53	2♌ 8 44	7 20 3	189	9 50 34	8 3 47	9♌28 47	7 25 59	164	10 17 53	5 20 14
26 M	0 17 50	7 39 31	58 50	12 9 25.4	1 1 16	16 54 46	7 30 57	131	10 45 19	2 30 3	24 25 43	7 34 45	94	11 12 56	0S24 6
27 Tu	0 21 46	8 38 22	58 52	12 13 1.4	1 24 38	2♍ 0 27	7 37 14	53	11 40 48	3S19 19	9♍37 41	7 38 18	11	12 9 0	6 12 31
28 W	0 25 43	9 37 14	58 54	12 16 37.7	1 48 0	17 15 59	7 37 58	-31	12 37 35	9 0 28	24 53 57	7 36 14	-71	13 6 37	11 39 59
29 Th	0 29 39	10 36 8	58 56	12 20 14.1	2 11 21	2♎30 11	7 33 14	-107	13 36 6	14 7 56	10♎ 3 25	7 29 8	-137	14 6 2	16 21 23
30 F	0 33 36	11♎35 4	58 58	12 23 50.8	2S34 41	17♎32 33	7 24 6	-161	14 36 21	18S17 44	24♎56 39	7 18 23	-179	15 7 0	19S54 49

LUNAR INGRESSES
1 ☽ ♎ 10:31
3 ☽ ♏ 12:22
5 ☽ ♐ 16:53
8 ☽ ♑ 0:07
10 ☽ ♒ 9:32
12 ☽ ♓ 20:40
15 ☽ ♈ 9:06
17 ☽ ♉ 21:54
20 ☽ ♊ 9:10
22 ☽ ♋ 16:54
24 ☽ ♌ 20:27
26 ☽ ♍ 20:50
28 ☽ ♎ 20:03
30 ☽ ♏ 20:17

PLANET INGRESSES
5 ☿ ♌ 14:44
10 ♂ ♋ 20:13
11 ♀ ♍ 0:17
18 ⊙ ♎ 4:03
23 ☿ ♍ 2:51

STATIONS
16 ♇ D 18:25

DATA FOR THE 1st AT 0 HOURS
JULIAN DAY 40785.5
☽ MEAN ☊ 24°♏ 31' 50"
OBLIQUITY 23° 26' 15"
DELTA T 71.0 SECONDS
NUTATION LONGITUDE 17.6"

DAY MO YR	☿ LONG	♀ LONG	♂ LONG	♃ LONG	♄ LONG	♅ LONG	♆ LONG	♇ LONG	☊ LONG	A.S.S.I.	S.S.R.Y.	S.V.P. ♓	☿ MERCURY R.A.	DECL
	° ' "	° ' "	° ' "	° ' "	° ' "	° ' "	° ' "	° ' "	° '	h m s	h m s	° ' "	h m s	° ' "
1 244	25♋31 50	17♌34 37	23♊47 50	15♈26R35	20♍16 28	8♓37R56	4♒22R 5	10♐ 2R34	25♏01	13 23 28	30 12 23	5 5 30.9	9 30 26	14N 0 38
2 245	26 16 46	18 49 2	24 26 0	15 26 9	20 22 50	8 35 49	4 20 28	10 2 6	24 54	13 28 1	30 13 20	5 5 30.9	9 33 44	14 2 6
3 246	27 9 19	20 3 28	25 4 5	15 25 32	20 29 15	8 33 41	4 18 51	10 1 41	24 51	13 32 34	30 14 11	5 5 30.8	9 37 30	14 0 14
4 247	28 9 7	21 17 54	25 42 5	15 24 42	20 35 42	8 31 31	4 17 15	10 1 16	24 49	13 37 7	30 14 52	5 5 30.6	9 41 43	13 54 59
5 248	29 15 50	22 32 20	26 20 1	15 23 40	20 42 11	8 29 20	4 15 39	10 0 54	24 49	13 41 39	30 15 22	5 5 30.4	9 46 22	13 46 20
6 249	0♌29 0	23 46 47	26 57 51	15 22 27	20 48 43	8 27 8	4 14 4	10 0 34	24 49	13 46 11	30 15 38	5 5 30.2	9 51 24	13 34 16
7 250	1 48 9	25 1 15	27 35 38	15 21 1	20 55 18	8 24 54	4 12 29	10 0 15	24 48	13 50 43	30 15 41	5 5 30.0	9 56 47	13 18 49
8 251	3 12 48	26 15 43	28 13 19	15 19 24	21 1 55	8 22 40	4 10 55	9 59 58	24 44	13 55 14	30 15 29	5 5 29.9	10 2 29	13 0 6
9 252	4 42 25	27 30 11	28 50 56	15 17 34	21 8 34	8 20 24	4 9 22	9 59 43	24 38	13 59 46	30 15 5	5 5 29.8	10 8 28	12 38 11
10 253	6 16 26	28 44 39	29 28 27	15 15 33	21 15 15	8 18 7	4 7 49	9 59 29	24 28	14 4 17	30 14 28	5 5 29.7	10 14 41	12 13 13
11 254	7 54 21	29 59 9	0♋ 5 55	15 13 20	21 21 58	8 15 50	4 6 17	9 59 18	24 17	14 8 47	30 13 41	5 5 29.6	10 21 6	11 45 23
12 255	9 35 36	1♍13 38	0 43 17	15 10 55	21 28 44	8 13 32	4 4 45	9 59 8	24 03	14 13 18	30 12 46	5 5 29.6	10 27 41	11 14 52
13 256	11 19 40	2 28 8	1 20 34	15 8 19	21 35 31	8 11 12	4 3 15	9 59 0	23 49	14 17 48	30 11 45	5 5 29.6	10 34 24	10 41 51
14 257	13 6 5	3 42 39	1 57 47	15 5 31	21 42 21	8 8 52	4 1 45	9 58 54	23 36	14 22 19	30 10 41	5 5 29.6	10 41 12	10 6 34
15 258	14 54 23	4 57 9	2 34 55	15 2 31	21 49 12	8 6 32	4 0 15	9 58 50	23 24	14 26 49	30 9 37	5 5 29.6	10 48 5	9 29 15
16 259	16 44 9	6 11 41	3 11 58	14 59 20	21 56 6	8 4 10	3 58 47	9 58D47	23 14	14 31 19	30 8 35	5 5 29.6	10 55 0	8 50 6
17 260	18 34 59	7 26 13	3 48 56	14 55 57	22 3 1	8 1 48	3 57 20	9 58 47	23 08	14 35 49	30 7 36	5 5 29.5	11 1 57	8 9 21
18 261	20 26 35	8 40 45	4 25 49	14 52 23	22 9 58	7 59 26	3 55 53	9 58 48	23 04	14 40 20	30 6 44	5 5 29.4	11 8 54	7 27 12
19 262	22 18 37	9 55 18	5 2 38	14 48 38	22 16 56	7 57 3	3 54 27	9 58 51	23 02	14 44 50	30 6 0	5 5 29.2	11 15 50	6 43 52
20 263	24 10 52	11 9 51	5 39 21	14 44 42	22 23 56	7 54 39	3 53 3	9 58 56	23 02	14 49 20	30 5 25	5 5 29.1	11 22 45	5 59 32
21 264	26 3 5	12 24 25	6 15 59	14 40 35	22 30 58	7 52 15	3 51 39	9 59 3	23 02	14 53 51	30 5 0	5 5 28.9	11 29 38	5 14 22
22 265	27 55 6	13 38 59	6 52 32	14 36 16	22 38 1	7 49 51	3 50 16	9 59 12	23 01	14 58 21	30 4 48	5 5 28.7	11 36 28	4 28 32
23 266	29 46 45	14 53 34	7 28 59	14 31 47	22 45 6	7 47 26	3 48 55	9 59 22	22 58	15 2 52	30 4 48	5 5 28.6	11 43 15	3 42 10
24 267	1♍37 56	16 8 9	8 5 21	14 27 8	22 52 12	7 45 2	3 47 34	9 59 35	22 53	15 7 22	30 5 1	5 5 28.5	11 49 59	2 55 26
25 268	3 28 31	17 22 44	8 41 38	14 22 17	22 59 20	7 42 37	3 46 15	9 59 49	22 45	15 11 53	30 5 27	5 5 28.4	11 56 40	2 8 26
26 269	5 18 26	18 37 20	9 17 49	14 17 17	23 6 28	7 40 12	3 44 57	10 0 5	22 35	15 16 25	30 6 5	5 5 28.4	12 3 17	1 21 16
27 270	7 7 37	19 51 56	9 53 54	14 12 6	23 13 38	7 37 47	3 43 40	10 0 24	22 25	15 20 56	30 6 53	5 5 28.4	12 9 51	0 34 2
28 271	8 56 2	21 6 33	10 29 54	14 6 46	23 20 49	7 35 22	3 42 24	10 0 44	22 14	15 25 28	30 7 50	5 5 28.4	12 16 22	0S13 10
29 272	10 43 38	22 21 9	11 5 48	14 1 15	23 28 1	7 32 58	3 41 10	10 1 5	22 05	15 30 0	30 8 52	5 5 28.3	12 22 49	1 0 15
30 273	12♍30 23	23♍35 46	11♋41 36	13♈55 36	23♍35 14	7♓30 33	3♒39 57	10♐ 1 29	21♏59	15 34 32	30 9 56	5 5 28.3	12 29 14	1S47 11

DAY	♀ VENUS R.A.	DECL	♂ MARS R.A.	DECL	♃ JUPITER R.A.	DECL	♄ SATURN R.A.	DECL	♅ URANUS R.A.	DECL	♆ NEPTUNE R.A.	DECL	♇ PLUTO R.A.	DECL
Sep	h m s	° ' "	h m s	° ' "	h m s	° ' "	h m s	° ' "	h m s	° ' "	h m s	° ' "	h m s	° ' "
1	10 57 36	8N11 5	7 21 26	22N49 23	2 33 32	13N36 32	12 59 28	3S51 55	0 14 13	0N42 7	22 6 23	12S14 41	18 20 54	19S 2 43
2	11 2 13	7 42 27	7 24 11	22 44 49	2 33 31	13 36 12	12 59 51	3 54 28	0 14 5	0 41 16	22 6 17	12 15 15	18 20 52	19 2 58
3	11 6 50	7 13 37	7 26 55	22 40 6	2 33 28	13 35 49	13 0 15	3 57 2	0 13 57	0 40 24	22 6 11	12 15 49	18 20 50	19 3 12
4	11 11 26	6 44 34	7 29 38	22 35 14	2 33 25	13 35 22	13 0 39	3 59 37	0 13 49	0 39 32	22 6 4	12 16 23	18 20 48	19 3 27
5	11 16 1	6 15 21	7 32 21	22 30 12	2 33 22	13 34 51	13 1 3	4 2 13	0 13 42	0 38 40	22 5 58	12 16 57	18 20 47	19 3 41
6	11 20 36	5 45 56	7 35 3	22 25 2	2 33 17	13 34 16	13 1 27	4 4 49	0 13 33	0 37 47	22 5 52	12 17 31	18 20 45	19 3 56
7	11 25 11	5 16 22	7 37 45	22 19 43	2 33 12	13 33 38	13 1 51	4 7 27	0 13 25	0 36 53	22 5 46	12 18 4	18 20 44	19 4 10
8	11 29 45	4 46 39	7 40 26	22 14 14	2 33 6	13 32 57	13 2 15	4 10 4	0 13 17	0 35 59	22 5 40	12 18 37	18 20 43	19 4 24
9	11 34 19	4 16 48	7 43 7	22 8 38	2 32 59	13 32 12	13 2 40	4 12 43	0 13 9	0 35 5	22 5 34	12 19 10	18 20 42	19 4 39
10	11 38 52	3 46 49	7 45 47	22 2 53	2 32 51	13 31 23	13 3 4	4 15 22	0 13 0	0 34 10	22 5 28	12 19 43	18 20 41	19 4 53
11	11 43 25	3 16 43	7 48 27	21 56 59	2 32 43	13 30 30	13 3 29	4 18 1	0 12 52	0 33 15	22 5 22	12 20 15	18 20 40	19 5 8
12	11 47 58	2 46 31	7 51 6	21 50 57	2 32 34	13 29 34	13 3 54	4 20 42	0 12 44	0 32 20	22 5 17	12 20 47	18 20 40	19 5 22
13	11 52 30	2 16 13	7 53 44	21 44 47	2 32 24	13 28 35	13 4 19	4 23 22	0 12 35	0 31 24	22 5 11	12 21 19	18 20 39	19 5 36
14	11 57 2	1 45 51	7 56 22	21 38 29	2 32 13	13 27 32	13 4 44	4 26 3	0 12 27	0 30 28	22 5 5	12 21 51	18 20 39	19 5 50
15	12 1 34	1 15 24	7 58 59	21 32 3	2 32 2	13 26 25	13 5 9	4 28 45	0 12 18	0 29 32	22 4 59	12 22 22	18 20 38	19 6 4
16	12 6 6	0 44 54	8 1 36	21 25 29	2 31 49	13 25 15	13 5 35	4 31 27	0 12 9	0 28 36	22 4 54	12 22 53	18 20 38	19 6 19
17	12 10 38	0 14 22	8 4 12	21 18 48	2 31 36	13 24 2	13 6 0	4 34 10	0 12 1	0 27 39	22 4 48	12 23 24	18 20 38	19 6 33
18	12 15 10	0S16 13	8 6 48	21 11 59	2 31 23	13 22 45	13 6 26	4 36 53	0 11 52	0 26 43	22 4 43	12 23 54	18 20 38	19 6 47
19	12 19 42	0 46 49	8 9 23	21 5 3	2 31 8	13 21 25	13 6 52	4 39 36	0 11 43	0 25 46	22 4 37	12 24 24	18 20 39	19 7 0
20	12 24 14	1 17 25	8 11 57	20 58 0	2 30 53	13 20 1	13 7 17	4 42 20	0 11 34	0 24 49	22 4 32	12 24 53	18 20 39	19 7 14
21	12 28 46	1 48 1	8 14 31	20 50 50	2 30 37	13 18 34	13 7 43	4 45 4	0 11 26	0 23 52	22 4 26	12 25 22	18 20 40	19 7 28
22	12 33 18	2 18 35	8 17 5	20 43 33	2 30 21	13 17 4	13 8 10	4 47 49	0 11 17	0 22 54	22 4 21	12 25 51	18 20 40	19 7 42
23	12 37 51	2 49 9	8 19 37	20 36 9	2 30 3	13 15 30	13 8 36	4 50 33	0 11 8	0 21 57	22 4 16	12 26 20	18 20 41	19 7 56
24	12 42 23	3 19 39	8 22 9	20 28 39	2 29 45	13 13 54	13 9 2	4 53 18	0 10 59	0 21 0	22 4 12	12 26 48	18 20 42	19 8 9
25	12 46 56	3 50 6	8 24 41	20 21 2	2 29 27	13 12 14	13 9 28	4 56 3	0 10 50	0 20 2	22 4 6	12 27 15	18 20 43	19 8 23
26	12 51 29	4 20 30	8 27 11	20 13 20	2 29 7	13 10 31	13 9 55	4 58 49	0 10 41	0 19 5	22 4 1	12 27 42	18 20 44	19 8 36
27	12 56 3	4 50 48	8 29 42	20 5 31	2 28 47	13 8 45	13 10 21	5 1 34	0 10 33	0 18 8	22 3 56	12 28 9	18 20 46	19 8 50
28	13 0 37	5 21 1	8 32 11	19 57 36	2 28 27	13 6 56	13 10 48	5 4 20	0 10 24	0 17 10	22 3 51	12 28 35	18 20 47	19 9 3
29	13 5 11	5 51 8	8 34 40	19 49 35	2 28 6	13 5 4	13 11 14	5 7 6	0 10 15	0 16 13	22 3 46	12 29 1	18 20 49	19 9 16
30	13 9 46	6S21 8	8 37 8	19N41 29	2 27 44	13N 3 9	13 11 41	5S 9 52	0 10 6	0N15 16	22 3 41	12S29 26	18 20 50	19S 9 29

OCTOBER 2011

DAY	SIDEREAL TIME h m s	☉ SUN LONG ° ' "	MOT ' "	R.A. h m s	DECL ° ' "	☽ MOON AT 0 HOURS LONG ° ' "	12h MOT ° ' "	2DIF "	R.A. h m s	DECL ° ' "	☽ MOON AT 12 HOURS LONG ° ' "	12h MOT ° ' "	2DIF "	R.A. h m s	DECL ° ' "
1 S	0 37 32	12♍34 2	59 0	12 27 27.7	2S58 0	2♏15 1	7 12 10	-191	15 37 49	21S11 2	9♏27 11	7 5 40	-196	16 8 40	22S 5 21
2 Su	0 41 29	13 33 2	59 2	12 31 4.9	3 21 16	16 32 52	6 59 6	-196	16 39 23	22 37 23	23 31 57	6 52 35	-192	17 9 47	22 47 23
3 M	0 45 25	14 32 4	59 3	12 34 42.4	3 44 30	0♐24 32	6 46 17	-185	17 39 43	22 36 6	7♐10 49	6 40 16	-174	18 9 1	22 4 48
4 Tu	0 49 22	15 31 7	59 5	12 38 20.1	4 7 41	13 51 5	6 34 39	-162	18 37 36	21 15 0	20 25 44	6 29 27	-149	19 5 24	20 8 30
5 W	0 53 18	16 30 12	59 7	12 41 58.2	4 30 50	26 55 10	6 24 42	-136	19 32 23	18 47 10	3♑19 52	6 20 24	-122	19 58 33	17 12 54
6 Th	0 57 15	17 29 19	59 9	12 45 36.7	4 53 55	9♑40 16	6 16 34	-109	20 23 57	15 27 34	15 56 50	6 13 9	-96	20 48 38	13 32 56
7 F	1 1 12	18 28 27	59 10	12 49 15.4	5 16 56	22 9 59	6 10 9	-84	21 12 40	11 30 39	28 20 9	6 7 31	-74	21 36 8	9 22 17
8 S	1 5 8	19 27 37	59 12	12 52 54.6	5 39 53	4♒27 40	6 5 14	-64	21 59 8	7 9 18	10♒32 54	6 3 15	-56	22 21 46	4 53 2
9 Su	1 9 5	20 26 50	59 14	12 56 34.2	6 2 46	16 36 9	6 1 32	-48	22 44 7	2 34 48	22 37 40	6 0 3	-41	23 6 16	0 15 50
10 M	1 13 1	21 26 4	59 16	13 0 14.1	6 25 34	28 37 43	5 58 47	-35	23 28 20	2N 2 41	4♓36 30	5 57 43	-29	23 50 23	4N19 33
11 Tu	1 16 58	22 25 20	59 18	13 3 54.6	6 48 17	10♓34 13	5 56 50	-24	0 12 30	6 33 37	16 31 3	5 56 8	-18	0 34 47	8 43 43
12 W	1 20 54	23 24 38	59 20	13 7 35.5	7 10 54	22 27 11	5 55 36	-13	0 57 18	10 48 40	28 22 47	5 55 16	-7	1 20 5	12 47 18
13 Th	1 24 51	24 23 58	59 22	13 11 16.9	7 33 26	4♈18 3	5 55 9	0	1 43 14	14 38 24	10♈13 13	5 55 16	7	2 6 46	16 20 48
14 F	1 28 47	25 23 20	59 24	13 14 58.8	7 55 51	16 8 29	5 55 39	16	2 30 43	17 53 18	22 4 8	5 56 20	25	2 55 7	19 14 43
15 S	1 32 44	26 22 44	59 27	13 18 41.3	8 18 10	28 0 28	5 57 21	36	3 19 57	20 23 57	3♉57 49	5 58 45	48	3 45 13	21 19 57
16 Su	1 36 41	27 22 11	59 29	13 22 24.3	8 40 22	9♉56 33	6 0 34	61	4 10 52	22 1 45	15 57 7	6 2 50	76	4 36 53	22 28 30
17 M	1 40 37	28 21 39	59 31	13 26 7.9	9 2 26	21 59 57	6 5 36	91	5 3 10	22 39 32	28 5 33	6 8 54	107	5 29 40	22 34 21
18 Tu	1 44 34	29 21 10	59 33	13 29 52.1	9 24 24	4♊14 27	6 12 45	124	5 56 20	22 12 38	10♊27 12	6 17 9	141	6 23 4	21 34 16
19 W	1 48 30	0♎20 43	59 36	13 33 36.9	9 46 13	16 44 21	6 22 7	157	6 49 48	20 39 23	23 6 28	6 27 38	173	7 16 31	19 28 16
20 Th	1 52 27	1 20 19	59 38	13 37 22.3	10 7 53	29 34 5	6 33 39	187	7 43 9	18 1 28	6♋ 7 44	6 40 6	199	8 9 42	16 19 42
21 F	1 56 23	2 19 57	59 40	13 41 8.4	10 29 25	12♋47 50	6 46 9	208	8 36 9	14 23 52	19 34 45	6 53 59	213	9 2 34	12 15 5
22 S	2 0 20	3 19 37	59 42	13 44 55.2	10 50 48	26 28 44	7 1 9	214	9 28 57	9 54 41	3♌29 53	7 8 14	208	9 55 23	7 24 11
23 Su	2 4 16	4 19 19	59 45	13 48 42.6	11 12 0	10♌38 7	7 15 2	197	10 21 56	4 45 21	17 53 9	7 21 22	179	10 48 42	2 0 13
24 M	2 8 13	5 19 4	59 47	13 52 30.7	11 33 3	25 14 31	7 26 59	155	11 15 45	0S48 55	2♍41 30	7 31 41	125	11 43 12	3S39 29
25 Tu	2 12 10	6 18 51	59 49	13 56 19.6	11 53 56	10♍13 11	7 35 17	89	12 11 7	6 28 41	17 48 28	7 37 38	50	12 39 36	9 13 27
26 W	2 16 6	7 18 40	59 51	14 0 9.1	12 14 37	25 26 6	7 38 38	9	13 8 41	11 50 34	3♎ 4 45	7 38 16	-32	13 38 25	14 16 46
27 Th	2 20 3	8 18 31	59 53	14 3 59.5	12 35 8	10♎43 0	7 36 31	-71	14 8 46	16 28 51	18 19 31	7 33 30	-107	14 39 41	18 23 51
28 F	2 23 59	9 18 24	59 55	14 7 50.5	12 55 26	25 53 2	7 29 21	-139	15 11 4	19 59 13	3♏22 23	7 24 14	-165	15 42 44	21 12 57
29 S	2 27 56	10 18 18	59 57	14 11 42.3	13 15 33	10♏46 37	7 18 21	-185	16 14 30	22 3 46	18 4 58	7 11 55	-198	16 46 10	22 31 7
30 Su	2 31 52	11 18 15	59 58	14 15 34.8	13 35 27	25 16 53	7 5 8	-206	17 17 28	22 35 16	2♐22 1	6 58 10	-208	17 48 14	22 17 8
31 M	2 35 49	12♎18 13	60 0	14 19 28.1	13S55 8	9♐20 11	6 51 14	-206	18 18 16	21S38 15	16♐11 25	6 44 26	-200	18 47 28	20S40 31

LUNAR INGRESSES			PLANET INGRESSES	STATIONS	DATA FOR THE 1st AT 0 HOURS
2 ☽ ♐ 23:17	15 ☽ ♉ 4:01	26 ☽ ♎ 7:10	5 ♀ ♎ 3:35	NONE	JULIAN DAY 40815.5
5 ☽ ♑ 5:45	17 ☽ ♊ 15:44	28 ☽ ♏ 6:35	10 ☿ ♎ 7:02		☽ MEAN ☊ 22°♏ 56' 27"
7 ☽ ♒ 15:15	20 ☽ ♋ 0:48	30 ☽ ♐ 7:58	18 ☉ ♏ 15:39		OBLIQUITY 23° 26' 14"
10 ☽ ♓ 2:45	22 ☽ ♌ 6:03		29 ♀ ♏ 6:37		DELTA T 71.0 SECONDS
12 ☽ ♈ 15:17	24 ☽ ♍ 7:41		30 ☿ ♏ 0:49		NUTATION LONGITUDE 16.5"

DAY MO YR	☿ LONG ° ' "	♀ LONG ° ' "	♂ LONG ° ' "	♃ LONG ° ' "	♄ LONG ° ' "	♅ LONG ° ' "	♆ LONG ° ' "	♇ LONG ° ' "	☊ LONG ° '	A.S.S.I. h m s	S.S.R.Y. h m s	S.V.P. ° ♓ "	☿ MERCURY R.A. h m s	DECL ° ' "
1 274	14♍16 17	24♍50 23	12♋17 18	13♈49R47	23♎42 28	7♓28R 9	3♒38R45	10♐ 1 55	21♏55	15 39 4	30 10 58	5 5 28.1	12 35 35	2S33 52
2 275	16 1 20	26 5 0	12 52 54	13 43 49	23 49 43	7 25 45	3 37 35	10 2 23	21 54	15 43 37	30 11 51	5 5 27.9	12 41 53	3 20 16
3 276	17 45 31	27 19 37	13 28 23	13 37 42	23 56 58	7 23 21	3 36 26	10 2 52	21 54	15 48 11	30 12 35	5 5 27.7	12 48 8	4 6 19
4 277	19 28 50	28 34 14	14 3 47	13 31 27	24 4 15	7 20 58	3 35 18	10 3 23	21 54	15 52 44	30 13 9	5 5 27.5	12 54 21	4 51 59
5 278	21 11 18	29 48 50	14 39 5	13 25 3	24 11 31	7 18 35	3 34 12	10 3 57	21 54	15 57 18	30 13 29	5 5 27.4	13 0 31	5 37 14
6 279	22 52 56	1♎ 3 27	15 14 16	13 18 32	24 18 49	7 16 13	3 33 7	10 4 32	21 52	16 1 53	30 13 36	5 5 27.2	13 6 38	6 22 0
7 280	24 33 44	2 18 4	15 49 21	13 11 52	24 26 7	7 13 52	3 32 4	10 5 8	21 47	16 6 27	30 13 30	5 5 27.2	13 12 44	7 6 17
8 281	26 13 43	3 32 40	16 24 20	13 5 6	24 33 25	7 11 31	3 31 3	10 5 47	21 39	16 11 3	30 13 12	5 5 27.1	13 18 48	7 50 2
9 282	27 52 55	4 47 17	16 59 12	12 58 12	24 40 43	7 9 11	3 30 2	10 6 28	21 30	16 15 39	30 12 43	5 5 27.1	13 24 50	8 33 14
10 283	29 31 20	6 1 53	17 33 59	12 51 11	24 48 2	7 6 52	3 29 4	10 7 10	21 19	16 20 15	30 12 4	5 5 27.1	13 30 50	9 15 51
11 284	1♎ 8 59	7 16 29	18 8 38	12 44 4	24 55 22	7 4 33	3 28 7	10 7 54	21 07	16 24 52	30 11 17	5 5 27.1	13 36 49	9 57 52
12 285	2 45 54	8 31 6	18 43 12	12 36 51	25 2 41	7 2 16	3 27 12	10 8 40	20 56	16 29 29	30 10 24	5 5 27.1	13 42 46	10 39 14
13 286	4 22 5	9 45 42	19 17 38	12 29 31	25 10 0	6 59 59	3 26 18	10 9 28	20 46	16 34 8	30 9 27	5 5 27.0	13 48 42	11 19 58
14 287	5 57 34	11 0 18	19 51 58	12 22 6	25 17 20	6 57 44	3 25 26	10 10 17	20 39	16 38 46	30 8 28	5 5 26.9	13 54 37	12 0 1
15 288	7 32 21	12 14 54	20 26 11	12 14 35	25 24 39	6 55 30	3 24 36	10 11 8	20 33	16 43 26	30 7 27	5 5 26.8	14 0 32	12 39 23
16 289	9 6 28	13 29 30	21 0 18	12 7 0	25 31 59	6 53 16	3 23 47	10 12 2	20 31	16 48 6	30 6 29	5 5 26.7	14 6 25	13 18 1
17 290	10 39 55	14 44 7	21 34 18	11 59 19	25 39 18	6 51 4	3 23 0	10 12 56	20 30	16 52 47	30 5 33	5 5 26.5	14 12 18	13 55 56
18 291	12 12 44	15 58 43	22 8 10	11 51 34	25 46 38	6 48 53	3 22 15	10 13 53	20 31	16 57 29	30 4 43	5 5 26.4	14 18 10	14 33 45
19 292	13 44 54	17 13 19	22 41 56	11 43 45	25 53 57	6 46 44	3 21 32	10 14 51	20 32	17 2 11	30 4 0	5 5 26.2	14 24 1	15 9 28
20 293	15 16 26	18 27 56	23 15 34	11 35 53	26 1 15	6 44 36	3 20 50	10 15 51	20 33	17 6 54	30 3 27	5 5 26.0	14 29 52	15 45 3
21 294	16 47 20	19 42 32	23 49 5	11 27 57	26 8 34	6 42 29	3 20 10	10 16 53	20 32	17 11 38	30 3 6	5 5 25.9	14 35 43	16 19 49
22 295	18 17 38	20 57 9	24 22 28	11 19 57	26 15 52	6 40 24	3 19 32	10 17 56	20 30	17 16 23	30 2 59	5 5 25.8	14 41 33	16 53 45
23 296	19 47 19	22 11 45	24 55 43	11 11 56	26 23 9	6 38 20	3 18 56	10 19 1	20 26	17 21 9	30 3 7	5 5 25.7	14 47 23	17 26 50
24 297	21 16 22	23 26 22	25 28 51	11 3 52	26 30 26	6 36 18	3 18 22	10 20 8	20 20	17 25 56	30 3 30	5 5 25.7	14 53 13	17 59 2
25 298	22 44 48	24 40 59	26 1 51	10 55 46	26 37 42	6 34 17	3 17 49	10 21 17	20 13	17 30 43	30 4 6	5 5 25.7	14 59 2	18 30 20
26 299	24 12 36	25 55 36	26 34 42	10 47 38	26 44 57	6 32 18	3 17 19	10 22 27	20 06	17 35 32	30 4 54	5 5 25.6	15 4 51	19 0 42
27 300	25 39 45	27 10 12	27 7 25	10 39 29	26 52 12	6 30 21	3 16 50	10 23 39	20 00	17 40 21	30 5 51	5 5 25.5	15 10 39	19 30 8
28 301	27 6 15	28 24 49	27 40 0	10 31 20	26 59 26	6 28 26	3 16 23	10 24 52	19 56	17 45 11	30 6 54	5 5 25.4	15 16 27	19 58 36
29 302	28 32 3	29 39 26	28 12 26	10 23 11	27 6 38	6 26 32	3 15 59	10 26 7	19 54	17 50 2	30 7 58	5 5 25.2	15 22 14	20 26 5
30 303	29 57 8	0♏54 2	28 44 43	10 15 1	27 13 50	6 24 41	3 15 36	10 27 24	19 54	17 54 55	30 8 59	5 5 25.0	15 28 1	20 52 32
31 304	1♏21 27	2♏ 8 38	29♋16 51	10♈ 6 52	27♎21 1	6♓22 51	3♒15 15	10♐28 42	19♏55	17 59 48	30 9 54	5 5 24.7	15 33 46	21S17 57

DAY Oct	♀ VENUS R.A. h m s	DECL ° ' "	♂ MARS R.A. h m s	DECL ° ' "	♃ JUPITER R.A. h m s	DECL ° ' "	♄ SATURN R.A. h m s	DECL ° ' "	♅ URANUS R.A. h m s	DECL ° ' "	♆ NEPTUNE R.A. h m s	DECL ° ' "	♇ PLUTO R.A. h m s	DECL ° ' "
1	13 14 22	6S51 0	8 39 36	19N33 18	2 27 21	13N 1 12	13 12 8	5S12 38	0 9 57	0N14 19	22 3 37	12S29 51	18 20 52	19S 9 42
2	13 18 58	7 20 43	8 42 3	19 25 1	2 26 58	12 59 11	13 12 35	5 15 24	0 9 48	0 13 22	22 3 32	12 30 15	18 20 54	19 9 55
3	13 23 34	7 50 17	8 44 29	19 16 39	2 26 35	12 57 9	13 13 2	5 18 10	0 9 40	0 12 26	22 3 28	12 30 39	18 20 56	19 10 8
4	13 28 11	8 19 41	8 46 55	19 8 12	2 26 10	12 55 3	13 13 29	5 20 56	0 9 31	0 11 30	22 3 24	12 31 3	18 20 59	19 10 21
5	13 32 49	8 48 54	8 49 20	18 59 40	2 25 46	12 52 56	13 13 56	5 23 42	0 9 22	0 10 33	22 3 19	12 31 25	18 21 1	19 10 33
6	13 37 28	9 17 55	8 51 44	18 51 3	2 25 20	12 50 45	13 14 23	5 26 28	0 9 13	0 9 38	22 3 15	12 31 48	18 21 3	19 10 46
7	13 42 7	9 46 44	8 54 8	18 42 22	2 24 55	12 48 33	13 14 50	5 29 14	0 9 5	0 8 42	22 3 11	12 32 9	18 21 6	19 10 59
8	13 46 47	10 15 20	8 56 31	18 33 36	2 24 28	12 46 18	13 15 17	5 32 0	0 8 56	0 7 47	22 3 7	12 32 30	18 21 9	19 11 11
9	13 51 28	10 43 41	8 58 53	18 24 47	2 24 2	12 44 1	13 15 45	5 34 45	0 8 48	0 6 52	22 3 3	12 32 51	18 21 12	19 11 23
10	13 56 9	11 11 48	9 1 15	18 15 53	2 23 35	12 41 42	13 16 12	5 37 31	0 8 39	0 5 57	22 3 0	12 33 11	18 21 15	19 11 35
11	14 0 52	11 39 40	9 3 36	18 6 54	2 23 7	12 39 21	13 16 39	5 40 16	0 8 30	0 5 3	22 2 56	12 33 31	18 21 18	19 11 47
12	14 5 35	12 7 15	9 5 56	17 57 53	2 22 39	12 36 58	13 17 6	5 43 1	0 8 22	0 4 9	22 2 52	12 33 50	18 21 22	19 11 59
13	14 10 20	12 34 33	9 8 15	17 48 47	2 22 11	12 34 33	13 17 34	5 45 45	0 8 14	0 3 16	22 2 49	12 34 8	18 21 25	19 12 11
14	14 15 5	13 1 34	9 10 34	17 39 38	2 21 42	12 32 7	13 18 1	5 48 30	0 8 5	0 2 23	22 2 46	12 34 26	18 21 28	19 12 23
15	14 19 52	13 28 16	9 12 53	17 30 25	2 21 13	12 29 39	13 18 28	5 51 14	0 7 57	0 1 30	22 2 42	12 34 43	18 21 32	19 12 34
16	14 24 39	13 54 38	9 15 10	17 21 9	2 20 44	12 27 10	13 18 55	5 53 58	0 7 49	0 0 38	22 2 39	12 34 59	18 21 35	19 12 46
17	14 29 28	14 20 40	9 17 27	17 11 50	2 20 14	12 24 39	13 19 23	5 56 42	0 7 41	0S 0 13	22 2 36	12 35 15	18 21 39	19 12 57
18	14 34 17	14 46 22	9 19 44	17 2 29	2 19 44	12 22 7	13 19 50	5 59 25	0 7 33	0 1 4	22 2 33	12 35 30	18 21 43	19 13 8
19	14 39 8	15 11 41	9 21 59	16 53 4	2 19 14	12 19 34	13 20 17	6 2 8	0 7 25	0 1 54	22 2 31	12 35 45	18 21 48	19 13 19
20	14 44 0	15 36 38	9 24 14	16 43 37	2 18 43	12 16 59	13 20 45	6 4 50	0 7 17	0 2 44	22 2 28	12 35 59	18 21 52	19 13 30
21	14 48 53	16 1 12	9 26 28	16 34 8	2 18 13	12 14 24	13 21 12	6 7 32	0 7 9	0 3 33	22 2 25	12 36 13	18 21 56	19 13 41
22	14 53 47	16 25 21	9 28 42	16 24 36	2 17 42	12 11 48	13 21 39	6 10 14	0 7 2	0 4 22	22 2 23	12 36 26	18 22 1	19 13 52
23	14 58 43	16 49 6	9 30 55	16 15 2	2 17 11	12 9 11	13 22 7	6 12 55	0 6 54	0 5 10	22 2 21	12 36 38	18 22 5	19 14 2
24	15 3 40	17 12 24	9 33 7	16 5 27	2 16 40	12 6 34	13 22 34	6 15 35	0 6 46	0 5 57	22 2 18	12 36 49	18 22 10	19 14 13
25	15 8 37	17 35 17	9 35 18	15 55 50	2 16 8	12 3 56	13 23 1	6 18 15	0 6 39	0 6 44	22 2 16	12 37 0	18 22 15	19 14 23
26	15 13 37	17 57 41	9 37 29	15 46 11	2 15 37	12 1 18	13 23 28	6 20 54	0 6 32	0 7 30	22 2 14	12 37 10	18 22 20	19 14 33
27	15 18 37	18 19 38	9 39 39	15 36 31	2 15 5	11 58 39	13 23 55	6 23 33	0 6 25	0 8 15	22 2 13	12 37 20	18 22 25	19 14 43
28	15 23 39	18 41 6	9 41 48	15 26 50	2 14 34	11 56 1	13 24 22	6 26 11	0 6 17	0 8 59	22 2 11	12 37 28	18 22 30	19 14 53
29	15 28 41	19 2 4	9 43 56	15 17 7	2 14 2	11 53 23	13 24 49	6 28 49	0 6 10	0 9 43	22 2 9	12 37 36	18 22 36	19 15 2
30	15 33 46	19 22 31	9 46 4	15 7 24	2 13 31	11 50 44	13 25 16	6 31 26	0 6 4	0 10 26	22 2 8	12 37 44	18 22 41	19 15 12
31	15 38 51	19S42 28	9 48 11	14N57 41	2 12 59	11N48 7	13 25 43	6S34 2	0 5 57	0S11 8	22 2 7	12S37 51	18 22 47	19S15 21

NOVEMBER 2011

DAY	SIDEREAL TIME h m s	☉ SUN LONG ° ' "	MOT ' "	R.A. h m s	DECL ° ' "
1 Tu	2 39 45	13♎18 13	60 2	14 23 22.2	14S14 36
2 W	2 43 42	14 18 14	60 3	14 27 17.0	14 33 50
3 Th	2 47 39	15 18 17	60 5	14 31 12.6	14 52 49
4 F	2 51 35	16 18 22	60 6	14 35 9.0	15 11 35
5 S	2 55 32	17 18 28	60 8	14 39 6.2	15 30 5
6 Su	2 59 28	18 18 36	60 9	14 43 4.2	15 48 20
7 M	3 3 25	19 18 45	60 11	14 47 3.1	16 6 19
8 Tu	3 7 21	20 18 56	60 13	14 51 2.7	16 24 2
9 W	3 11 18	21 19 9	60 14	14 55 3.2	16 41 28
10 Th	3 15 14	22 19 23	60 16	14 59 4.5	16 58 38
11 F	3 19 11	23 19 39	60 18	15 3 6.7	17 15 30
12 S	3 23 8	24 19 57	60 20	15 7 9.7	17 32 4
13 Su	3 27 4	25 20 17	60 22	15 11 13.6	17 48 21
14 M	3 31 1	26 20 38	60 23	15 15 18.3	18 4 19
15 Tu	3 34 57	27 21 1	60 25	15 19 23.9	18 19 58
16 W	3 38 54	28 21 26	60 27	15 23 30.3	18 35 18
17 Th	3 42 50	29 21 53	60 29	15 27 37.7	18 50 18
18 F	3 46 47	0♏22 21	60 31	15 31 45.8	19 4 58
19 S	3 50 43	1 22 52	60 32	15 35 54.8	19 19 18
20 Su	3 54 40	2 23 24	60 34	15 40 4.7	19 33 17
21 M	3 58 37	3 23 58	60 36	15 44 15.4	19 46 55
22 Tu	4 2 33	4 24 34	60 38	15 48 26.9	20 0 11
23 W	4 6 30	5 25 12	60 39	15 52 39.2	20 13 5
24 Th	4 10 26	6 25 51	60 41	15 56 52.4	20 25 37
25 F	4 14 23	7 26 32	60 42	16 1 6.3	20 37 47
26 S	4 18 19	8 27 14	60 44	16 5 21.0	20 49 33
27 Su	4 22 16	9 27 58	60 45	16 9 36.5	21 0 56
28 M	4 26 12	10 28 42	60 46	16 13 52.7	21 11 56
29 Tu	4 30 9	11 29 28	60 47	16 18 9.5	21 22 31
30 W	4 34 6	12♏30 15	60 48	16 22 27.1	21S32 43

DAY	☽ MOON AT 0 HOURS LONG ° ' "	12h MOT ° ' "	2DIF "	R.A. h m s	DECL ° ' "
1	22♐55 51	6 37 55	-190	19 15 44	19S26 3
2	6♑ 5 32	6 26 4	-164	20 9 29	16 15 53
3	18 52 26	6 16 8	-133	20 59 45	12 24 41
4	1♒20 31	6 8 17	-102	21 47 13	8 7 11
5	13 33 57	6 2 30	-72	22 32 41	3 35 28
6	25 36 45	5 58 34	-46	23 17 2	1N 0 22
7	7♓32 33	5 56 16	-24	0 1 6	5 31 21
8	19 24 28	5 55 20	-5	0 45 37	9 48 48
9	1♈15 8	5 55 33	11	1 31 14	13 43 48
10	13 6 43	5 56 44	25	2 18 26	17 6 55
11	25 1 7	5 58 49	38	3 7 27	19 48 23
12	7♉ 0 6	6 1 46	51	3 58 17	21 38 50
13	19 5 28	6 5 42	67	4 50 34	22 30 20
14	1♊19 15	6 10 45	85	5 43 42	22 17 41
15	13 43 44	6 17 5	105	6 37 0	20 59 19
16	26 21 34	6 24 48	127	7 29 53	18 37 28
17	9♋15 35	6 33 57	147	8 22 2	15 17 47
18	22 28 32	6 44 21	163	9 13 31	11 8 32
19	6♌ 2 47	6 55 34	171	10 4 42	6 20 5
20	19 59 36	7 6 51	164	10 56 16	1 4 55
21	4♍18 40	7 17 11	141	11 49 1	4S21 52
22	18 57 26	7 25 18	99	12 43 50	9 41 50
23	3♎50 54	7 30 3	41	13 41 23	14 33 8
24	18 51 51	7 30 38	-25	14 41 53	18 31 53
25	3♏51 43	7 26 46	-89	15 44 51	21 15 45
26	18 41 46	7 18 55	-143	16 48 51	22 29 24
27	3♐14 27	7 8 2	-179	17 52 1	22 9 3
28	17 24 18	6 55 22	-196	18 52 34	20 23 2
29	1♑ 8 26	6 42 13	-195	19 49 26	17 27 59
30	14♑26 27	6 29 40	-179	20 42 25	13S43 17

DAY	☽ MOON AT 12 HOURS LONG ° ' "	12h MOT ° ' "	2DIF "	R.A. h m s	DECL ° ' "
1	29♐33 46	6 31 46	-178	19 43 4	17S57 7
2	12♑31 36	6 20 50	-149	20 35 1	14 24 25
3	25 8 34	6 11 57	-118	21 23 47	10 18 24
4	7♒28 48	6 5 9	-87	22 10 9	5 52 26
5	19 36 26	6 0 19	-59	22 54 57	1 17 29
6	1♓35 19	5 57 14	-34	23 39 3	3N17 0
7	13 28 49	5 55 39	-14	0 23 15	7 42 19
8	25 19 49	5 55 19	3	1 8 15	11 49 41
9	7♈10 41	5 56 2	18	1 54 37	15 29 57
10	19 3 27	5 57 40	31	2 42 42	18 33 28
11	0♉59 55	6 0 11	44	3 32 40	20 50 32
12	13 1 52	6 3 36	59	4 24 17	22 12 21
13	25 11 10	6 8 5	76	5 17 5	22 32 13
14	7♊30 0	6 13 45	95	6 10 23	21 46 40
15	20 0 49	6 20 46	116	7 3 32	19 56 2
16	2♋46 23	6 29 12	137	7 56 4	17 4 23
17	15 49 32	6 39 1	156	8 47 51	13 18 45
18	29 12 53	6 49 54	168	9 39 7	8 48 29
19	12♌58 20	7 1 16	169	10 30 23	3 44 58
20	27 6 27	7 12 13	155	11 22 26	1S38 5
21	11♍35 51	7 21 35	122	12 16 7	7 3 59
22	26 22 44	7 28 10	71	13 12 14	12 12 32
23	11♎20 57	7 30 54	9	14 11 17	16 40 34
24	26 22 28	7 29 14	-58	15 13 8	20 4 22
25	11♏18 29	7 23 17	-118	16 16 50	22 4 24
26	26 0 41	7 13 46	-163	17 20 40	22 30 43
27	10♐22 28	7 1 50	-190	18 22 42	21 25 50
28	24 19 40	6 48 47	-197	19 21 29	19 2 56
29	7♑50 39	6 35 48	-188	20 16 24	15 40 39
30	20♑56 7	6 23 53	-167	21 7 35	11S38 2

LUNAR INGRESSES
1 ☽ ♑ 12:48
3 ☽ ♒ 21:24
6 ☽ ♓ 8:48
8 ☽ ♈ 21:28
11 ☽ ♉ 10:00
13 ☽ ♊ 21:25
16 ☽ ♋ 6:50
18 ☽ ♌ 13:23
20 ☽ ♍ 16:50
22 ☽ ♎ 17:49
24 ☽ ♏ 17:48
26 ☽ ♐ 18:36
28 ☽ ♑ 21:59

PLANET INGRESSES
1 ♂ ♌ 8:24
17 ☉ ♏ 15:08
22 ♀ ♐ 10:12
23 ♄ ♎ 5:55

STATIONS
9 ♆ D 18:55
24 ☿ R 7:20

DATA FOR THE 1st AT 0 HOURS
JULIAN DAY 40846.5
☽ MEAN ☊ 21°♏ 17' 53"
OBLIQUITY 23° 26' 14"
DELTA T 71.1 SECONDS
NUTATION LONGITUDE 15.8"

DAY MO YR	☿ LONG ° ' "	♀ LONG ° ' "	♂ LONG ° ' "	♃ LONG ° ' "	♄ LONG ° ' "
1 305	2♏44 59	3♏23 14	29♋48 50	9♈58R44	27♍28 10
2 306	4 7 39	4 37 49	0♌20 41	9 50 37	27 35 18
3 307	5 29 25	5 52 25	0 52 21	9 42 32	27 42 25
4 308	6 50 12	7 6 59	1 23 53	9 34 29	27 49 31
5 309	8 9 54	8 21 34	1 55 15	9 26 29	27 56 35
6 310	9 28 26	9 36 7	2 26 27	9 18 31	28 3 37
7 311	10 45 41	10 50 41	2 57 30	9 10 36	28 10 38
8 312	12 1 31	12 5 14	3 28 23	9 2 45	28 17 37
9 313	13 15 47	13 19 47	3 59 6	8 54 58	28 24 35
10 314	14 28 17	14 34 19	4 29 38	8 47 15	28 31 31
11 315	15 38 50	15 48 51	5 0 0	8 39 36	28 38 25
12 316	16 47 12	17 3 23	5 30 12	8 32 3	28 45 17
13 317	17 53 7	18 17 54	6 0 13	8 24 34	28 52 7
14 318	18 56 15	19 32 25	6 30 3	8 17 11	28 58 55
15 319	19 56 16	20 46 55	6 59 43	8 9 54	29 5 41
16 320	20 52 46	22 1 26	7 29 10	8 2 43	29 12 25
17 321	21 45 18	23 15 55	7 58 27	7 55 39	29 19 6
18 322	22 33 21	24 30 25	8 27 31	7 48 42	29 25 46
19 323	23 16 22	25 44 55	8 56 23	7 41 51	29 32 23
20 324	23 53 43	26 59 24	9 25 3	7 35 8	29 38 57
21 325	24 24 43	28 13 53	9 53 30	7 28 33	29 45 29
22 326	24 48 39	29 28 21	10 21 45	7 22 5	29 51 58
23 327	25 4 44	0♐42 49	10 49 46	7 15 46	29 58 25
24 328	25 12R11	1 57 17	11 17 33	7 9 36	0♎ 4 49
25 329	25 10 17	3 11 45	11 45 7	7 3 35	0 11 10
26 330	24 58 20	4 26 12	12 12 26	6 57 42	0 17 28
27 331	24 35 48	5 40 39	12 39 31	6 51 59	0 23 44
28 332	24 2 24	6 55 5	13 6 21	6 46 26	0 29 56
29 333	23 18 8	8 9 30	13 32 56	6 41 3	0 36 5
30 334	22♏23 27	9♐23 55	13♌59 16	6♈35 50	0♎42 11

DAY MO YR	♅ LONG ° ' "	♆ LONG ° ' "	♇ LONG ° ' "	☊ LONG ° '	A.S.S.I. h m s	S.S.R.Y. h m s	S.V.P. ♓ ° ' "	☿ MERCURY R.A. h m s	DECL ° ' "
1 305	6♓21R 4	3♒14R56	10♐30 1	19♏57	18 4 42	30 10 40	5 5 24.5	15 39 30	21S42 17
2 306	6 19 18	3 14 40	10 31 23	19 58	18 9 37	30 11 15	5 5 24.3	15 45 12	22 5 31
3 307	6 17 35	3 14 25	10 32 45	19 58	18 14 33	30 11 39	5 5 24.2	15 50 53	22 27 38
4 308	6 15 54	3 14 12	10 34 10	19 57	18 19 30	30 11 52	5 5 24.1	15 56 31	22 48 36
5 309	6 14 15	3 14 1	10 35 35	19 54	18 24 28	30 11 54	5 5 24.0	16 2 7	23 8 22
6 310	6 12 38	3 13 52	10 37 2	19 50	18 29 27	30 11 44	5 5 24.0	16 7 39	23 26 55
7 311	6 11 3	3 13 45	10 38 31	19 45	18 34 27	30 11 24	5 5 24.0	16 13 8	23 44 13
8 312	6 9 31	3 13 41	10 40 1	19 39	18 39 28	30 10 55	5 5 23.9	16 18 32	24 0 15
9 313	6 8 1	3 13D38	10 41 32	19 34	18 44 30	30 10 17	5 5 23.8	16 23 51	24 14 57
10 314	6 6 34	3 13 37	10 43 5	19 30	18 49 33	30 9 32	5 5 23.7	16 29 3	24 28 19
11 315	6 5 9	3 13 39	10 44 39	19 26	18 54 37	30 8 41	5 5 23.6	16 34 9	24 40 18
12 316	6 3 46	3 13 42	10 46 14	19 24	18 59 43	30 7 45	5 5 23.4	16 39 6	24 50 51
13 317	6 2 26	3 13 47	10 47 51	19 24	19 4 49	30 6 45	5 5 23.2	16 43 54	24 59 57
14 318	6 1 8	3 13 55	10 49 29	19 24	19 9 57	30 5 43	5 5 23.0	16 48 30	25 7 33
15 319	5 59 53	3 14 4	10 51 8	19 25	19 15 5	30 4 42	5 5 22.8	16 52 54	25 13 37
16 320	5 58 41	3 14 16	10 52 49	19 27	19 20 15	30 3 44	5 5 22.6	16 57 3	25 18 5
17 321	5 57 31	3 14 30	10 54 30	19 28	19 25 25	30 2 53	5 5 22.4	17 0 55	25 20 57
18 322	5 56 23	3 14 45	10 56 13	19 29	19 30 37	30 2 13	5 5 22.3	17 4 28	25 22 8
19 323	5 55 19	3 15 3	10 57 57	19 29	19 35 50	30 1 45	5 5 22.1	17 7 39	25 21 35
20 324	5 54 17	3 15 23	10 59 42	19 29	19 41 4	30 1 32	5 5 22.1	17 10 26	25 19 15
21 325	5 53 18	3 15 45	11 1 29	19 27	19 46 19	30 1 35	5 5 22.0	17 12 45	25 15 4
22 326	5 52 22	3 16 9	11 3 16	19 25	19 51 35	30 1 54	5 5 21.9	17 14 33	25 8 58
23 327	5 51 28	3 16 35	11 5 5	19 24	19 56 52	30 2 27	5 5 21.8	17 15 47	25 0 52
24 328	5 50 37	3 17 3	11 6 54	19 22	20 2 10	30 3 13	5 5 21.7	17 16 24	24 50 41
25 329	5 49 50	3 17 33	11 8 45	19 21	20 7 29	30 4 7	5 5 21.4	17 16 19	24 38 19
26 330	5 49 5	3 18 5	11 10 36	19 21	20 12 49	30 5 7	5 5 21.2	17 15 32	24 23 42
27 331	5 48 23	3 18 39	11 12 29	19 21	20 18 10	30 6 8	5 5 20.9	17 13 58	24 6 44
28 332	5 47 44	3 19 16	11 14 22	19 22	20 23 32	30 7 6	5 5 20.6	17 11 39	23 47 23
29 333	5 47 8	3 19 54	11 16 17	19 22	20 28 55	30 8 0	5 5 20.4	17 8 33	23 25 38
30 334	5♓46 35	3♒20 34	11♐18 12	19♏23	20 34 18	30 8 46	5 5 20.2	17 4 44	23S 1 34

DAY Nov	♀ VENUS R.A. h m s	DECL ° ' "	♂ MARS R.A. h m s	DECL ° ' "	♃ JUPITER R.A. h m s	DECL ° ' "
1	15 43 57	20S 1 52	9 50 17	14N47 56	2 12 28	11N45 29
2	15 49 5	20 20 44	9 52 22	14 38 12	2 11 56	11 42 52
3	15 54 14	20 39 2	9 54 27	14 28 27	2 11 25	11 40 16
4	15 59 24	20 56 46	9 56 31	14 18 42	2 10 54	11 37 41
5	16 4 36	21 13 55	9 58 34	14 8 58	2 10 23	11 35 7
6	16 9 48	21 30 28	10 0 36	13 59 13	2 9 52	11 32 34
7	16 15 2	21 46 26	10 2 38	13 49 29	2 9 22	11 30 2
8	16 20 16	22 1 46	10 4 38	13 39 45	2 8 51	11 27 31
9	16 25 32	22 16 29	10 6 38	13 30 3	2 8 21	11 25 2
10	16 30 49	22 30 33	10 8 37	13 20 21	2 7 51	11 22 34
11	16 36 7	22 43 59	10 10 36	13 10 40	2 7 22	11 20 8
12	16 41 26	22 56 46	10 12 33	13 1 0	2 6 53	11 17 44
13	16 46 46	23 8 52	10 14 30	12 51 22	2 6 24	11 15 22
14	16 52 6	23 20 18	10 16 26	12 41 45	2 5 55	11 13 1
15	16 57 28	23 31 3	10 18 21	12 32 11	2 5 27	11 10 43
16	17 2 50	23 41 7	10 20 15	12 22 38	2 4 59	11 8 28
17	17 8 13	23 50 29	10 22 9	12 13 7	2 4 32	11 6 14
18	17 13 37	23 59 8	10 24 1	12 3 39	2 4 5	11 4 3
19	17 19 2	24 7 4	10 25 53	11 54 13	2 3 39	11 1 55
20	17 24 27	24 14 17	10 27 43	11 44 50	2 3 13	10 59 49
21	17 29 53	24 20 47	10 29 33	11 35 30	2 2 47	10 57 46
22	17 35 19	24 26 33	10 31 22	11 26 13	2 2 22	10 55 46
23	17 40 46	24 31 34	10 33 10	11 17 0	2 1 58	10 53 49
24	17 46 13	24 35 52	10 34 57	11 7 50	2 1 34	10 51 55
25	17 51 40	24 39 24	10 36 43	10 58 44	2 1 10	10 50 4
26	17 57 8	24 42 12	10 38 28	10 49 42	2 0 48	10 48 17
27	18 2 35	24 44 14	10 40 12	10 40 44	2 0 25	10 46 33
28	18 8 3	24 45 32	10 41 56	10 31 51	2 0 4	10 44 52
29	18 13 31	24 46 5	10 43 38	10 23 2	1 59 43	10 43 16
30	18 18 59	24S45 52	10 45 19	10N14 18	1 59 23	10N41 42

DAY Nov	♄ SATURN R.A. h m s	DECL ° ' "	♅ URANUS R.A. h m s	DECL ° ' "	♆ NEPTUNE R.A. h m s	DECL ° ' "	♇ PLUTO R.A. h m s	DECL ° ' "
1	13 26 10	6S36 37	0 5 50	0S11 49	22 2 5	12S37 57	18 22 52	19S15 30
2	13 26 37	6 39 12	0 5 44	0 12 29	22 2 4	12 38 2	18 22 58	19 15 39
3	13 27 4	6 41 46	0 5 37	0 13 9	22 2 3	12 38 7	18 23 4	19 15 48
4	13 27 30	6 44 19	0 5 31	0 13 47	22 2 2	12 38 11	18 23 10	19 15 57
5	13 27 57	6 46 51	0 5 25	0 14 25	22 2 2	12 38 14	18 23 16	19 16 5
6	13 28 23	6 49 22	0 5 19	0 15 2	22 2 1	12 38 16	18 23 22	19 16 14
7	13 28 50	6 51 53	0 5 13	0 15 38	22 2 1	12 38 18	18 23 28	19 16 22
8	13 29 16	6 54 22	0 5 8	0 16 13	22 2 0	12 38 19	18 23 35	19 16 30
9	13 29 42	6 56 51	0 5 2	0 16 47	22 2 0	12 38 20	18 23 41	19 16 38
10	13 30 8	6 59 19	0 4 57	0 17 20	22 2 0	12 38 20	18 23 48	19 16 46
11	13 30 34	7 1 45	0 4 51	0 17 52	22 2 0	12 38 19	18 23 54	19 16 53
12	13 31 0	7 4 11	0 4 46	0 18 23	22 2 1	12 38 17	18 24 1	19 17 1
13	13 31 26	7 6 36	0 4 41	0 18 53	22 2 1	12 38 14	18 24 8	19 17 8
14	13 31 52	7 9 0	0 4 37	0 19 21	22 2 1	12 38 11	18 24 15	19 17 15
15	13 32 17	7 11 22	0 4 32	0 19 49	22 2 2	12 38 7	18 24 22	19 17 22
16	13 32 42	7 13 44	0 4 28	0 20 16	22 2 3	12 38 3	18 24 29	19 17 29
17	13 33 8	7 16 4	0 4 23	0 20 42	22 2 4	12 37 58	18 24 36	19 17 35
18	13 33 33	7 18 24	0 4 19	0 21 7	22 2 5	12 37 52	18 24 44	19 17 42
19	13 33 58	7 20 42	0 4 15	0 21 30	22 2 6	12 37 45	18 24 51	19 17 48
20	13 34 23	7 22 59	0 4 11	0 21 53	22 2 7	12 37 38	18 24 58	19 17 54
21	13 34 47	7 25 15	0 4 8	0 22 14	22 2 8	12 37 29	18 25 6	19 18 0
22	13 35 12	7 27 29	0 4 4	0 22 35	22 2 10	12 37 21	18 25 13	19 18 5
23	13 35 36	7 29 42	0 4 1	0 22 54	22 2 12	12 37 11	18 25 21	19 18 11
24	13 36 1	7 31 54	0 3 58	0 23 12	22 2 13	12 37 1	18 25 29	19 18 16
25	13 36 25	7 34 5	0 3 55	0 23 29	22 2 15	12 36 50	18 25 37	19 18 21
26	13 36 49	7 36 15	0 3 52	0 23 44	22 2 17	12 36 38	18 25 45	19 18 26
27	13 37 12	7 38 23	0 3 49	0 23 59	22 2 20	12 36 26	18 25 53	19 18 31
28	13 37 36	7 40 29	0 3 47	0 24 12	22 2 22	12 36 12	18 26 1	19 18 35
29	13 37 59	7 42 35	0 3 45	0 24 24	22 2 24	12 35 59	18 26 9	19 18 40
30	13 38 22	7S44 38	0 3 42	0S24 35	22 2 27	12S35 44	18 26 17	19S18 44

DECEMBER 2011

DAY	SIDEREAL TIME h m s	☉ SUN LONG ° ' "	MOT ' "	R.A. h m s	DECL ° ' "	☽ MOON AT 0 HOURS LONG ° ' "	12h MOT ° ' "	2DIF	R.A. h m s	DECL ° ' "	☽ MOON AT 12 HOURS LONG ° ' "	12h MOT ° ' "	2DIF	R.A. h m s	DECL ° ' "
1 Th	4 38 2	13♏31 3	60 49	16 26 45.3	21S42 29	27♑20 0	6 18 32	-153	21 31 58	9S26 52	3♒38 33	6 13 41	-138	21 55 42	7S11 31
2 F	4 41 59	14 31 52	60 50	16 31 4.1	21 51 51	9♒52 14	6 9 22	-121	22 18 53	4 53 31	16 1 36	6 5 36	-104	22 41 38	2 34 14
3 S	4 45 55	15 32 41	60 51	16 35 23.6	22 0 47	22 7 13	6 2 25	-87	23 4 3	0 14 54	28 9 38	5 59 48	-70	23 26 17	2N 3 23
4 Su	4 49 52	16 33 32	60 51	16 39 43.7	22 9 19	4♓ 9 26	5 57 46	-53	23 48 25	4N19 33	10♓ 7 12	5 56 10	-37	0 10 35	6 32 36
5 M	4 53 48	17 34 23	60 52	16 44 4.3	22 17 24	16 3 28	5 55 19	-21	0 32 50	8 41 32	21 58 48	5 54 53	-6	0 55 19	10 45 19
6 Tu	4 57 45	18 35 15	60 53	16 48 25.5	22 25 3	27 53 40	5 54 55	8	1 18 5	12 42 55	3♈48 35	5 55 24	21	1 41 12	14 33 14
7 W	5 1 41	19 36 8	60 54	16 52 47.2	22 32 17	9♈43 58	5 56 17	32	2 4 46	16 15 7	15 40 16	5 57 33	43	2 28 47	17 47 22
8 Th	5 5 38	20 37 2	60 55	16 57 9.4	22 39 4	21 37 49	5 59 10	53	2 53 19	19 8 48	27 36 58	6 1 4	61	3 18 21	20 18 10
9 F	5 9 35	21 37 57	60 56	17 1 32.1	22 45 24	3♉38 2	6 3 14	68	3 43 52	21 14 19	9♉41 16	6 5 38	75	4 9 50	21 56 8
10 S	5 13 31	22 38 53	60 57	17 5 55.3	22 51 17	15 46 53	6 8 13	80	4 36 12	22 22 39	21 55 7	6 10 59	85	5 2 52	22 33 7
11 Su	5 17 28	23 39 49	60 58	17 10 18.8	22 56 44	28 6 5	6 13 53	89	5 29 45	22 27 0	4♊19 58	6 16 54	92	5 56 44	22 4 0
12 M	5 21 24	24 40 47	60 59	17 14 42.8	23 1 43	10♊36 52	6 20 1	95	6 23 44	21 24 11	16 56 53	6 23 13	97	6 50 38	20 27 52
13 Tu	5 25 21	25 41 45	61 0	17 19 7.2	23 6 15	23 20 6	6 26 30	99	7 17 22	19 15 39	29 46 35	6 29 50	101	7 43 53	17 48 24
14 W	5 29 17	26 42 44	61 0	17 23 31.9	23 10 20	6♋16 25	6 33 14	103	8 10 8	16 7 11	12♋49 39	6 36 40	104	8 36 6	14 13 15
15 Th	5 33 14	27 43 45	61 1	17 27 57.0	23 13 57	19 26 19	6 40 10	105	9 1 50	12 7 59	26 6 29	6 43 42	106	9 27 20	9 52 53
16 F	5 37 10	28 44 46	61 2	17 32 22.3	23 17 6	2♌50 11	6 47 15	107	9 52 42	7 29 31	9♌37 26	6 50 49	107	10 17 59	4 59 32
17 S	5 41 7	29 45 48	61 3	17 36 47.9	23 19 47	16 28 15	6 54 22	106	10 43 17	2 24 39	23 22 37	6 57 52	104	11 8 42	0S13 19
18 Su	5 45 4	0♐46 51	61 4	17 41 13.7	23 22 1	0♍20 30	7 1 17	100	11 34 21	2S52 29	7♍21 47	7 4 33	95	12 0 20	5 30 48
19 M	5 49 0	1 47 56	61 5	17 45 39.7	23 23 46	14 26 19	7 7 37	88	12 26 46	8 6 7	21 33 56	7 10 24	78	12 53 45	10 36 9
20 Tu	5 52 57	2 49 1	61 6	17 50 5.9	23 25 3	28 44 20	7 12 50	67	13 21 23	12 58 28	5♎57 10	7 14 50	52	13 49 42	15 10 30
21 W	5 56 53	3 50 7	61 7	17 54 32.3	23 25 51	13♎12 0	7 16 20	36	14 18 46	17 9 39	20 28 19	7 17 14	17	14 48 32	18 53 21
22 Th	6 0 50	4 51 13	61 8	17 58 58.7	23 26 12	27 45 33	7 17 28	-3	15 18 58	20 19 12	5♏ 3 1	7 17 1	-25	15 49 56	21 25 5
23 F	6 4 46	5 52 21	61 8	18 3 25.2	23 26 4	12♏20 2	7 15 49	-47	16 21 16	22 9 22	19 35 50	7 13 51	-70	16 52 47	22 31 1
24 S	6 8 43	6 53 29	61 9	18 7 51.7	23 25 28	26 49 41	7 11 10	-91	17 24 13	22 29 43	4♐ 0 51	7 7 46	-111	17 55 22	22 5 51
25 Su	6 12 40	7 54 37	61 9	18 12 18.2	23 24 24	11♐ 8 37	7 3 44	-129	18 26 0	21 20 33	18 12 21	6 59 9	-145	18 55 57	20 15 29
26 M	6 16 36	8 55 46	61 9	18 16 44.7	23 22 51	25 11 29	6 54 6	-157	19 25 4	18 52 46	2♑ 5 35	6 48 42	-165	19 53 19	17 14 47
27 Tu	6 20 33	9 56 55	61 9	18 21 11.0	23 20 50	8♑54 17	6 43 5	-170	20 20 38	15 23 59	15 37 22	6 37 22	-171	20 47 4	13 22 50
28 W	6 24 29	10 58 5	61 9	18 25 37.2	23 18 21	22 14 44	6 31 41	-169	21 12 39	11 13 38	28 46 25	6 26 7	-163	21 37 28	8 58 32
29 Th	6 28 26	11 59 14	61 9	18 30 3.2	23 15 25	5♒12 32	6 20 47	-155	22 1 37	6 39 26	11♒33 19	6 15 48	-144	22 25 11	4 18 5
30 F	6 32 22	13 0 23	61 9	18 34 29.0	23 12 0	17 49 7	6 11 13	-130	22 48 18	1 55 58	24 0 20	6 7 7	-115	23 11 5	0N25 33
31 S	6 36 19	14♐ 1 33	61 9	18 38 54.5	23S 8 7	0♓ 7 26	6 3 32	-99	23 33 37	2N45 17	6♓10 59	6 0 32	-81	23 56 1	5N 2 7

LUNAR INGRESSES		PLANET INGRESSES	STATIONS	DATA FOR THE 1st AT 0 HOURS
1 ☽ ♒ 5:03	13 ☽ ♋ 12:25	16 ♀ ♑ 15:30	10 ♅ D 7:06	JULIAN DAY 40876.5
3 ☽ ♓ 15:40	15 ☽ ♌ 18:57	17 ☉ ♐ 5:35	14 ♆ D 1:44	☽ MEAN ☊ 19°♏ 42' 30"
6 ☽ ♈ 4:16	17 ☽ ♍ 23:25		25 ♃ D 22:09	OBLIQUITY 23° 26' 13"
8 ☽ ♉ 16:46	20 ☽ ♎ 2:06			DELTA T 71.1 SECONDS
11 ☽ ♊ 3:40	22 ☽ ♏ 3:41			NUTATION LONGITUDE 16.0"
	24 ☽ ♐ 5:17			
	26 ☽ ♑ 8:21			
	28 ☽ ♒ 14:17			
	30 ☽ ♓ 23:45			

DAY MO YR	☿ LONG ° ' "	♀ LONG ° ' "	♂ LONG ° ' "	♃ LONG ° ' "	♄ LONG ° ' "	♅ LONG ° ' "	♆ LONG ° ' "	♇ LONG ° ' "	☊ LONG ° '	A.S.S.I. h m s	S.S.R.Y. h m s	S.V.P. ♓ ° ' "	☿ MERCURY R.A. h m s	DECL ° ' "
1 335	21♏19R15	10♐38 18	14♌25 21	6♈30R47	0♎48 13	5♓46R 5	3♒21 17	11♐20 8	19♏24	20 39 43	30 9 24	5 5 20.0	17 0 15	22S35 23
2 336	20 7 0	11 52 41	14 51 10	6 25 55	0 54 12	5 45 38	3 22 1	11 22 5	19 24	20 45 8	30 9 55	5 5 19.9	16 55 14	22 7 24
3 337	18 48 42	13 7 3	15 16 42	6 21 13	1 0 8	5 45 14	3 22 47	11 24 3	19 24	20 50 34	30 10 15	5 5 19.8	16 49 49	21 38 7
4 338	17 26 47	14 21 24	15 41 58	6 16 43	1 6 0	5 44 52	3 23 36	11 26 2	19 24	20 56 0	30 10 26	5 5 19.8	16 44 10	21 8 11
5 339	16 3 58	15 35 44	16 6 58	6 12 23	1 11 49	5 44 34	3 24 26	11 28 1	19 23	21 1 28	30 10 27	5 5 19.7	16 38 30	20 38 22
6 340	14 43 4	16 50 3	16 31 41	6 8 15	1 17 34	5 44 20	3 25 18	11 30 1	19 23	21 6 56	30 10 18	5 5 19.6	16 32 59	20 9 32
7 341	13 26 46	18 4 20	16 56 6	6 4 17	1 23 16	5 44 8	3 26 12	11 32 2	19 23	21 12 25	30 10 0	5 5 19.4	16 27 48	19 42 31
8 342	12 17 25	19 18 37	17 20 14	6 0 32	1 28 54	5 43 59	3 27 8	11 34 3	19 23	21 17 54	30 9 32	5 5 19.3	16 23 7	19 18 6
9 343	11 16 56	20 32 53	17 44 4	5 56 58	1 34 28	5 43 53	3 28 6	11 36 5	19 23	21 23 24	30 8 55	5 5 19.1	16 19 3	18 56 55
10 344	10 26 38	21 47 7	18 7 35	5 53 35	1 39 58	5 43D50	3 29 6	11 38 8	19 24	21 28 55	30 8 9	5 5 18.9	16 15 40	18 39 24
11 345	9 47 21	23 1 20	18 30 48	5 50 24	1 45 24	5 43 51	3 30 8	11 40 11	19 23	21 34 26	30 7 15	5 5 18.6	16 13 2	18 25 49
12 346	9 19 22	24 15 32	18 53 42	5 47 25	1 50 47	5 43 54	3 31 12	11 42 14	19 23	21 39 58	30 6 14	5 5 18.3	16 11 10	18 16 15
13 347	9 2 37	25 29 43	19 16 16	5 44 38	1 56 5	5 44 1	3 32 17	11 44 19	19 23	21 45 30	30 5 9	5 5 18.1	16 10 3	18 10 35
14 348	8 56D40	26 43 52	19 38 31	5 42 4	2 1 19	5 44 10	3 33 25	11 46 23	19 22	21 51 2	30 4 3	5 5 17.9	16 9 39	18 8 38
15 349	9 0 54	27 58 1	20 0 24	5 39 41	2 6 29	5 44 23	3 34 34	11 48 29	19 21	21 56 35	30 3 0	5 5 17.7	16 9 56	18 10 5
16 350	9 14 35	29 12 8	20 21 57	5 37 30	2 11 35	5 44 39	3 35 45	11 50 34	19 20	22 2 9	30 2 4	5 5 17.6	16 10 51	18 14 36
17 351	9 36 53	0♑26 13	20 43 9	5 35 32	2 16 36	5 44 58	3 36 58	11 52 40	19 19	22 7 43	30 1 19	5 5 17.4	16 12 21	18 21 48
18 352	10 6 58	1 40 18	21 3 59	5 33 46	2 21 34	5 45 20	3 38 12	11 54 47	19 19	22 13 16	30 0 48	5 5 17.3	16 14 22	18 31 20
19 353	10 44 3	2 54 21	21 24 26	5 32 12	2 26 26	5 45 45	3 39 29	11 56 54	19 19	22 18 51	30 0 32	5 5 17.3	16 16 52	18 42 48
20 354	11 27 21	4 8 23	21 44 30	5 30 51	2 31 15	5 46 13	3 40 47	11 59 1	19 20	22 24 25	30 0 32	5 5 17.1	16 19 48	18 55 53
21 355	12 16 10	5 22 23	22 4 11	5 29 42	2 35 58	5 46 44	3 42 7	12 1 8	19 21	22 30 0	30 0 47	5 5 17.0	16 23 7	19 10 15
22 356	13 9 51	6 36 22	22 23 27	5 28 46	2 40 37	5 47 19	3 43 29	12 3 16	19 22	22 35 34	30 1 17	5 5 16.8	16 26 47	19 25 36
23 357	14 7 50	7 50 20	22 42 19	5 28 3	2 45 11	5 47 56	3 44 52	12 5 24	19 23	22 41 9	30 1 58	5 5 16.5	16 30 45	19 41 42
24 358	15 9 35	9 4 16	23 0 46	5 27 32	2 49 41	5 48 37	3 46 17	12 7 32	19 23	22 46 44	30 2 47	5 5 16.2	16 35 0	19 58 17
25 359	16 14 40	10 18 10	23 18 46	5 27D14	2 54 5	5 49 21	3 47 44	12 9 40	19 22	22 52 19	30 3 42	5 5 15.9	16 39 30	20 15 9
26 360	17 22 40	11 32 2	23 36 20	5 27 8	2 58 25	5 50 7	3 49 12	12 11 49	19 19	22 57 54	30 4 38	5 5 15.6	16 44 13	20 32 6
27 361	18 33 13	12 45 53	23 53 28	5 27 15	3 2 40	5 50 57	3 50 42	12 13 57	19 17	23 3 28	30 5 35	5 5 15.4	16 49 8	20 49 0
28 362	19 46 3	13 59 42	24 10 8	5 27 35	3 6 49	5 51 50	3 52 13	12 16 6	19 13	23 9 3	30 6 29	5 5 15.2	16 54 13	21 5 41
29 363	21 0 53	15 13 28	24 26 20	5 28 7	3 10 54	5 52 46	3 53 46	12 18 14	19 10	23 14 37	30 7 19	5 5 15.1	16 59 29	21 22 2
30 364	22 17 29	16 27 12	24 41 54	5 28 52	3 14 53	5 53 45	3 55 21	12 20 23	19 07	23 20 11	30 8 4	5 5 15.0	17 4 57	21 37 55
31 365	23♏35 39	17♑40 54	24♌57 18	5♈29 49	3♎18 47	5♓54 47	3♒56 57	12♐22 31	19♏05	23 25 44	30 8 43	5 5 14.9	17 10 25	21S53 15

DAY Dec	♀ VENUS R.A. h m s	DECL ° ' "	♂ MARS R.A. h m s	DECL ° ' "	♃ JUPITER R.A. h m s	DECL ° ' "	♄ SATURN R.A. h m s	DECL ° ' "	♅ URANUS R.A. h m s	DECL ° ' "	♆ NEPTUNE R.A. h m s	DECL ° ' "	♇ PLUTO R.A. h m s	DECL ° ' "
1	18 24 27	24S44 54	10 46 59	10N 5 38	1 59 3	10N40 12	13 38 45	7S46 41	0 3 41	0S24 45	22 2 30	12S35 29	18 26 25	19S18 48
2	18 29 54	24 43 11	10 48 38	9 57 4	1 58 44	10 38 47	13 39 8	7 48 42	0 3 39	0 24 53	22 2 32	12 35 13	18 26 33	19 18 52
3	18 35 21	24 40 43	10 50 16	9 48 35	1 58 26	10 37 24	13 39 31	7 50 41	0 3 37	0 25 1	22 2 35	12 34 57	18 26 42	19 18 55
4	18 40 48	24 37 30	10 51 52	9 40 12	1 58 8	10 36 6	13 39 53	7 52 39	0 3 36	0 25 7	22 2 39	12 34 39	18 26 50	19 18 59
5	18 46 15	24 33 31	10 53 28	9 31 54	1 57 51	10 34 52	13 40 15	7 54 35	0 3 35	0 25 12	22 2 42	12 34 21	18 26 59	19 19 2
6	18 51 41	24 28 49	10 55 3	9 23 42	1 57 35	10 33 41	13 40 37	7 56 30	0 3 34	0 25 16	22 2 45	12 34 3	18 27 7	19 19 5
7	18 57 6	24 23 21	10 56 36	9 15 36	1 57 20	10 32 35	13 40 59	7 58 23	0 3 33	0 25 18	22 2 49	12 33 43	18 27 16	19 19 8
8	19 2 31	24 17 10	10 58 9	9 7 37	1 57 5	10 31 33	13 41 20	8 0 15	0 3 32	0 25 19	22 2 52	12 33 24	18 27 24	19 19 11
9	19 7 55	24 10 14	10 59 40	8 59 43	1 56 51	10 30 35	13 41 41	8 2 5	0 3 32	0 25 19	22 2 56	12 33 3	18 27 33	19 19 13
10	19 13 19	24 2 35	11 1 10	8 51 57	1 56 38	10 29 41	13 42 2	8 3 54	0 3 32	0 25 18	22 3 0	12 32 42	18 27 41	19 19 16
11	19 18 42	23 54 13	11 2 39	8 44 17	1 56 25	10 28 51	13 42 23	8 5 40	0 3 32	0 25 16	22 3 4	12 32 20	18 27 50	19 19 18
12	19 24 4	23 45 7	11 4 6	8 36 44	1 56 13	10 28 5	13 42 44	8 7 26	0 3 32	0 25 12	22 3 8	12 31 57	18 27 59	19 19 20
13	19 29 25	23 35 19	11 5 32	8 29 19	1 56 2	10 27 24	13 43 4	8 9 9	0 3 32	0 25 7	22 3 12	12 31 34	18 28 8	19 19 22
14	19 34 45	23 24 49	11 6 58	8 22 2	1 55 52	10 26 47	13 43 24	8 10 51	0 3 33	0 25 1	22 3 16	12 31 10	18 28 17	19 19 24
15	19 40 4	23 13 37	11 8 21	8 14 52	1 55 43	10 26 14	13 43 44	8 12 31	0 3 34	0 24 53	22 3 21	12 30 45	18 28 25	19 19 26
16	19 45 22	23 1 43	11 9 44	8 7 50	1 55 34	10 25 46	13 44 3	8 14 9	0 3 34	0 24 45	22 3 25	12 30 20	18 28 34	19 19 27
17	19 50 39	22 49 9	11 11 5	8 0 57	1 55 26	10 25 22	13 44 23	8 15 46	0 3 36	0 24 35	22 3 30	12 29 55	18 28 43	19 19 28
18	19 55 55	22 35 55	11 12 25	7 54 12	1 55 19	10 25 2	13 44 42	8 17 21	0 3 37	0 24 24	22 3 35	12 29 28	18 28 52	19 19 29
19	20 1 10	22 22 1	11 13 43	7 47 36	1 55 12	10 24 46	13 45 0	8 18 54	0 3 38	0 24 12	22 3 40	12 29 1	18 29 1	19 19 29
20	20 6 23	22 7 28	11 15 0	7 41 9	1 55 7	10 24 35	13 45 19	8 20 25	0 3 40	0 23 58	22 3 45	12 28 34	18 29 10	19 19 30
21	20 11 35	21 52 16	11 16 15	7 34 52	1 55 2	10 24 29	13 45 37	8 21 54	0 3 42	0 23 43	22 3 50	12 28 6	18 29 19	19 19 30
22	20 16 46	21 36 26	11 17 29	7 28 44	1 54 58	10 24 27	13 45 55	8 23 21	0 3 44	0 23 27	22 3 55	12 27 37	18 29 28	19 19 31
23	20 21 56	21 19 59	11 18 42	7 22 46	1 54 55	10 24 29	13 46 12	8 24 47	0 3 46	0 23 10	22 4 0	12 27 7	18 29 37	19 19 31
24	20 27 5	21 2 55	11 19 52	7 16 58	1 54 52	10 24 36	13 46 30	8 26 11	0 3 49	0 22 52	22 4 6	12 26 37	18 29 46	19 19 31
25	20 32 12	20 45 15	11 21 2	7 11 21	1 54 51	10 24 47	13 46 47	8 27 33	0 3 51	0 22 32	22 4 11	12 26 7	18 29 55	19 19 30
26	20 37 18	20 27 0	11 22 9	7 5 54	1 54 50	10 25 3	13 47 3	8 28 52	0 3 54	0 22 11	22 4 17	12 25 36	18 30 4	19 19 30
27	20 42 22	20 8 11	11 23 15	7 0 39	1 54 50	10 25 23	13 47 20	8 30 10	0 3 57	0 21 49	22 4 23	12 25 4	18 30 13	19 19 29
28	20 47 25	19 48 48	11 24 19	6 55 34	1 54 51	10 25 48	13 47 36	8 31 26	0 4 0	0 21 26	22 4 29	12 24 32	18 30 23	19 19 29
29	20 52 26	19 28 52	11 25 22	6 50 40	1 54 52	10 26 16	13 47 51	8 32 40	0 4 4	0 21 1	22 4 35	12 23 59	18 30 32	19 19 28
30	20 57 27	19 8 23	11 26 22	6 45 59	1 54 55	10 26 50	13 48 7	8 33 52	0 4 7	0 20 35	22 4 41	12 23 26	18 30 41	19 19 27
31	21 2 25	18S47 23	11 27 21	6N41 29	1 54 58	10N27 27	13 48 22	8S35 2	0 4 11	0S20 8	22 4 47	12S22 52	18 30 50	19S19 26

JANUARY 2012

DAY	SIDEREAL TIME h m s	☉ SUN LONG ° ' "	MOT ' "	R.A. h m s	DECL ° ' "
1 Su	6 40 15	15♐ 2 42	61 9	18 43 19.8	23S 3 47
2 M	6 44 12	16 3 51	61 9	18 47 44.8	22 58 59
3 Tu	6 48 9	17 5 0	61 9	18 52 9.4	22 53 43
4 W	6 52 5	18 6 8	61 9	18 56 33.6	22 48 0
5 Th	6 56 2	19 7 17	61 8	19 0 57.5	22 41 50
6 F	6 59 58	20 8 25	61 8	19 5 20.9	22 35 14
7 S	7 3 55	21 9 33	61 8	19 9 43.9	22 28 10
8 Su	7 7 51	22 10 41	61 8	19 14 6.4	22 20 40
9 M	7 11 48	23 11 48	61 7	19 18 28.4	22 12 43
10 Tu	7 15 44	24 12 55	61 7	19 22 49.9	22 4 21
11 W	7 19 41	25 14 3	61 7	19 27 10.8	21 55 32
12 Th	7 23 38	26 15 9	61 7	19 31 31.2	21 46 18
13 F	7 27 34	27 16 16	61 7	19 35 51.0	21 36 38
14 S	7 31 31	28 17 23	61 7	19 40 10.1	21 26 33
15 Su	7 35 27	29 18 29	61 7	19 44 28.7	21 16 4
16 M	7 39 24	0♑19 36	61 6	19 48 46.6	21 5 9
17 Tu	7 43 20	1 20 42	61 6	19 53 3.9	20 53 51
18 W	7 47 17	2 21 48	61 6	19 57 20.5	20 42 8
19 Th	7 51 13	3 22 54	61 6	20 1 36.5	20 30 1
20 F	7 55 10	4 24 0	61 6	20 5 51.7	20 17 32
21 S	7 59 7	5 25 5	61 5	20 10 6.2	20 4 39
22 Su	8 3 3	6 26 10	61 4	20 14 20.0	19 51 24
23 M	8 7 0	7 27 14	61 4	20 18 33.0	19 37 47
24 Tu	8 10 56	8 28 18	61 3	20 22 45.2	19 23 47
25 W	8 14 53	9 29 21	61 2	20 26 56.7	19 9 27
26 Th	8 18 49	10 30 22	61 1	20 31 7.3	18 54 45
27 F	8 22 46	11 31 23	61 0	20 35 17.2	18 39 42
28 S	8 26 42	12 32 23	60 59	20 39 26.2	18 24 20
29 Su	8 30 39	13 33 22	60 58	20 43 34.4	18 8 37
30 M	8 34 36	14 34 19	60 57	20 47 41.8	17 52 35
31 Tu	8 38 32	15♑35 16	60 55	20 51 48.3	17S36 14

DAY	☽ MOON AT 0 HOURS LONG ° ' "	12h MOT ° ' "	2DIF "	R.A. h m s	DECL ° ' "
1	12♓11 31	5 58 9	-63	0 18 25	7N15 2
2	24 6 2	5 55 14	-25	1 3 32	11 25 9
3	5♈55 58	5 54 49	12	1 49 41	15 7 47
4	17 46 19	5 56 49	47	2 37 27	18 14 39
5	29 41 47	6 1 0	77	3 27 11	20 36 50
6	11♉46 35	6 7 0	101	4 18 53	22 5 19
7	24 4 9	6 14 23	118	5 12 14	22 32 5
8	6♊36 58	6 22 36	126	6 6 35	21 51 42
9	19 26 24	6 31 2	125	7 1 8	20 2 56
10	2♋32 35	6 39 7	115	7 55 10	17 9 32
11	15 54 32	6 46 18	99	8 48 14	13 19 57
12	29 30 18	6 52 17	79	9 40 18	8 46 15
13	13♌17 19	6 56 53	59	10 31 42	3 42 50
14	27 12 53	7 0 10	41	11 23 1	1S34 36
15	11♍14 26	7 2 21	26	12 15 0	6 49 34
16	25 19 53	7 3 39	14	13 8 24	11 44 56
17	9♎27 35	7 4 16	4	14 3 52	16 3 0
18	23 36 9	7 4 11	-7	15 1 40	19 26 10
19	7♏44 11	7 3 17	-21	16 1 32	21 38 37
20	21 49 53	7 1 16	-40	17 2 32	22 29 9
21	5♐50 55	6 57 51	-63	18 3 17	21 54 10
22	19 44 16	6 52 47	-89	19 2 23	19 58 51
23	3♑26 41	6 46 4	-112	19 58 49	16 55 57
24	16 54 55	6 37 58	-129	20 52 11	13 2 24
25	0♒ 6 27	6 29 0	-137	21 42 38	8 35 58
26	12 59 50	6 19 50	-135	22 30 43	3 52 53
27	25 35 4	6 11 12	-121	23 17 8	0N53 6
28	7♓53 36	6 3 50	-98	0 2 40	5 30 43
29	19 58 15	5 58 19	-66	0 48 3	9 50 34
30	1♈52 58	5 55 5	-30	1 34 1	13 44 24
31	13♈42 28	5 54 26	11	2 21 8	17N 4 19

DAY	☽ MOON AT 12 HOURS LONG ° ' "	12h MOT ° ' "	2DIF "	R.A. h m s	DECL ° ' "
1	18♓ 9 40	5 56 22	-44	0 40 53	9N23 2
2	0♈ 1 15	5 54 43	-6	1 26 26	13 20 25
3	11 50 47	5 55 32	30	2 13 21	16 46 14
4	23 43 8	5 58 39	63	3 2 4	19 31 53
5	5♉42 47	6 3 48	90	3 52 48	21 28 20
6	17 53 36	6 10 34	111	4 45 23	22 26 50
7	0♊18 32	6 18 26	123	5 39 20	22 20 28
8	12 59 34	6 26 50	127	6 33 53	21 5 45
9	25 57 26	6 35 9	121	7 28 15	18 43 53
10	9♋11 42	6 42 51	108	8 21 50	15 21 5
11	22 40 50	6 49 28	90	9 14 23	11 7 45
12	6♌22 34	6 54 45	69	10 6 3	6 17 18
13	20 14 12	6 58 41	49	10 57 20	1 4 51
14	4♍13 3	7 1 23	33	11 48 52	4S13 27
15	18 16 47	7 3 6	20	12 41 28	9 20 48
16	2♎23 33	7 4 3	9	13 35 51	13 59 45
17	16 31 51	7 4 19	-1	14 32 29	17 52 30
18	0♏40 20	7 3 51	-14	15 31 23	20 42 4
19	14 47 28	7 2 26	-30	16 31 58	22 14 33
20	28 51 10	6 59 45	-51	17 33 2	22 22 14
21	12♐48 45	6 55 31	-76	18 33 7	21 5 54
22	26 37 3	6 49 37	-101	19 30 58	18 34 51
23	10♑12 45	6 42 10	-121	20 25 53	15 4 23
24	23 32 53	6 33 33	-135	21 17 45	10 52 13
25	6♒35 27	6 24 23	-138	22 6 56	6 15 35
26	19 19 40	6 15 24	-129	22 54 5	1 29 30
27	1♓46 16	6 7 20	-111	23 39 58	3N13 34
28	13 57 26	6 0 49	-83	0 25 20	7 43 24
29	25 56 34	5 56 24	-48	1 10 55	11 51 14
30	7♈48 3	5 54 26	-10	1 57 24	15 29 5
31	19♈36 55	5 55 8	31	2 45 17	18N29 6

LUNAR INGRESSES
- 2 ☽ ♈ 11:57
- 5 ☽ ♉ 0:36
- 7 ☽ ♊ 11:24
- 9 ☽ ♋ 19:23
- 12 ☽ ♌ 0:52
- 14 ☽ ♍ 4:47
- 16 ☽ ♎ 7:56
- 18 ☽ ♏ 10:51
- 20 ☽ ♐ 13:58
- 22 ☽ ♑ 17:56
- 24 ☽ ♒ 23:48
- 27 ☽ ♓ 8:33
- 29 ☽ ♈ 20:11

PLANET INGRESSES
- 4 ☿ ♐ 16:54
- 10 ♀ ♒ 1:33
- 15 ☉ ♑ 16:18
- 24 ☿ ♑ 14:42

STATIONS
- 24 ♂ R 0:55

DATA FOR THE 1st AT 0 HOURS
- JULIAN DAY 40907.5
- ☽ MEAN ☊ 18°♏ 3' 56"
- OBLIQUITY 23° 26' 13"
- DELTA T 71.2 SECONDS
- NUTATION LONGITUDE 17.0"

DAY MO YR	☿ LONG ° ' "	♀ LONG ° ' "	♂ LONG ° ' "	♃ LONG ° ' "	♄ LONG ° ' "	♅ LONG ° ' "	♆ LONG ° ' "	♇ LONG ° ' "	☊ LONG ° '	A.S.S.I. h m s	S.S.R.Y. h m s	S.V.P. ♓ ° ' "	☿ MERCURY R.A. h m s	☿ MERCURY DECL ° ' "
1 1	24♏55 14	18♑54 33	25♌12 3	5♈30 59	3♎22 36	5♓55 52	3♒58 35	12♐24 40	19♏04	23 31 18	30 9 14	5 5 14.8	17 16 4	22S 7 56
2 2	26 16 4	20 8 10	25 26 17	5 32 21	3 26 20	5 57 0	4 0 14	12 26 48	19 04	23 36 51	30 9 37	5 5 14.7	17 21 50	22 21 54
3 3	27 38 1	21 21 43	25 40 1	5 33 56	3 29 58	5 58 11	4 1 55	12 28 57	19 05	23 42 23	30 9 52	5 5 14.6	17 27 42	22 35 4
4 4	29 1 0	22 35 15	25 53 14	5 35 43	3 33 31	5 59 25	4 3 37	12 31 5	19 07	23 47 55	30 9 56	5 5 14.4	17 33 39	22 47 23
5 5	0♐24 54	23 48 43	26 5 55	5 37 42	3 36 58	6 0 41	4 5 20	12 33 13	19 09	23 53 27	30 9 50	5 5 14.2	17 39 42	22 58 47
6 6	1 49 39	25 2 8	26 18 3	5 39 54	3 40 20	6 2 1	4 7 5	12 35 20	19 10	23 58 58	30 9 32	5 5 14.0	17 45 49	23 9 13
7 7	3 15 11	26 15 30	26 29 38	5 42 17	3 43 37	6 3 23	4 8 51	12 37 28	19 11	24 4 28	30 9 3	5 5 13.8	17 52 1	23 18 39
8 8	4 41 27	27 28 49	26 40 39	5 44 53	3 46 47	6 4 49	4 10 38	12 39 35	19 09	24 9 58	30 8 22	5 5 13.5	17 58 16	23 27 2
9 9	6 8 24	28 42 5	26 51 6	5 47 41	3 49 53	6 6 17	4 12 27	12 41 42	19 06	24 15 27	30 7 31	5 5 13.3	18 4 36	23 34 19
10 10	7 36 0	29 55 18	27 0 58	5 50 40	3 52 52	6 7 48	4 14 17	12 43 49	19 01	24 20 55	30 6 31	5 5 13.1	18 10 59	23 40 30
11 11	9 4 12	1♒ 8 27	27 10 14	5 53 51	3 55 46	6 9 22	4 16 8	12 45 55	18 55	24 26 23	30 5 26	5 5 12.9	18 17 25	23 45 31
12 12	10 33 0	2 21 33	27 18 53	5 57 14	3 58 34	6 10 58	4 18 0	12 48 1	18 49	24 31 50	30 4 20	5 5 12.7	18 23 54	23 49 22
13 13	12 2 21	3 34 35	27 26 55	6 0 48	4 1 16	6 12 37	4 19 54	12 50 7	18 43	24 37 17	30 3 17	5 5 12.6	18 30 25	23 52 0
14 14	13 32 17	4 47 34	27 34 19	6 4 34	4 3 52	6 14 19	4 21 49	12 52 12	18 38	24 42 42	30 2 21	5 5 12.5	18 37 0	23 53 24
15 15	15 2 44	6 0 29	27 41 4	6 8 32	4 6 23	6 16 4	4 23 44	12 54 17	18 34	24 48 7	30 1 36	5 5 12.4	18 43 36	23 53 33
16 16	16 33 45	7 13 20	27 47 10	6 12 41	4 8 47	6 17 51	4 25 41	12 56 21	18 33	24 53 31	30 1 5	5 5 12.4	18 50 15	23 52 25
17 17	18 5 17	8 26 8	27 52 35	6 17 1	4 11 6	6 19 41	4 27 39	12 58 24	18 33	24 58 54	30 0 49	5 5 12.2	18 56 56	23 50 0
18 18	19 37 21	9 38 52	27 57 19	6 21 32	4 13 18	6 21 34	4 29 39	13 0 27	18 34	25 4 17	30 0 47	5 5 12.0	19 3 39	23 46 16
19 19	21 9 58	10 51 32	28 1 22	6 26 15	4 15 25	6 23 29	4 31 39	13 2 30	18 35	25 9 38	30 0 59	5 5 11.8	19 10 24	23 41 12
20 20	22 43 7	12 4 8	28 4 42	6 31 9	4 17 25	6 25 27	4 33 40	13 4 32	18 36	25 14 59	30 1 24	5 5 11.6	19 17 11	23 34 48
21 21	24 16 49	13 16 40	28 7 19	6 36 13	4 19 19	6 27 28	4 35 42	13 6 33	18 34	25 20 19	30 1 59	5 5 11.3	19 23 58	23 27 2
22 22	25 51 4	14 29 8	28 9 12	6 41 29	4 21 7	6 29 30	4 37 45	13 8 34	18 31	25 25 38	30 2 43	5 5 11.0	19 30 48	23 17 53
23 23	27 25 53	15 41 31	28 10 21	6 46 55	4 22 49	6 31 36	4 39 49	13 10 33	18 25	25 30 56	30 3 33	5 5 10.8	19 37 38	23 7 22
24 24	29 1 16	16 53 50	28 10R45	6 52 32	4 24 24	6 33 44	4 41 54	13 12 33	18 16	25 36 12	30 4 27	5 5 10.7	19 44 30	22 55 26
25 25	0♑37 15	18 6 4	28 10 24	6 58 20	4 25 53	6 35 54	4 44 0	13 14 31	18 07	25 41 28	30 5 23	5 5 10.5	19 51 22	22 42 6
26 26	2 13 49	19 18 13	28 9 17	7 4 18	4 27 16	6 38 7	4 46 6	13 16 28	17 57	25 46 43	30 6 21	5 5 10.4	19 58 16	22 27 21
27 27	3 51 0	20 30 18	28 7 24	7 10 26	4 28 33	6 40 22	4 48 14	13 18 25	17 48	25 51 57	30 7 17	5 5 10.4	20 5 10	22 11 10
28 28	5 28 49	21 42 16	28 4 45	7 16 45	4 29 43	6 42 39	4 50 22	13 20 21	17 40	25 57 10	30 8 11	5 5 10.3	20 12 6	21 53 33
29 29	7 7 16	22 54 10	28 1 20	7 23 13	4 30 47	6 44 59	4 52 31	13 22 16	17 35	26 2 22	30 9 2	5 5 10.2	20 19 1	21 34 29
30 30	8 46 23	24 5 57	27 57 7	7 29 52	4 31 44	6 47 21	4 54 40	13 24 10	17 32	26 7 33	30 9 47	5 5 10.2	20 25 58	21 13 58
31 31	10♑26 10	25♒17 39	27♌52 7	7♈36 40	4♎32 35	6♓49 45	4♒56 50	13♐26 3	17♏31	26 12 42	30 10 24	5 5 10.1	20 32 55	20S51 59

DAY Jan	♀ VENUS R.A. h m s	♀ VENUS DECL ° ' "	♂ MARS R.A. h m s	♂ MARS DECL ° ' "	♃ JUPITER R.A. h m s	♃ JUPITER DECL ° ' "	♄ SATURN R.A. h m s	♄ SATURN DECL ° ' "	♅ URANUS R.A. h m s	♅ URANUS DECL ° ' "	♆ NEPTUNE R.A. h m s	♆ NEPTUNE DECL ° ' "	♇ PLUTO R.A. h m s	♇ PLUTO DECL ° ' "
1	21 7 22	18S25 52	11 28 19	6N37 11	1 55 2	10N28 9	13 48 37	8S36 10	0 4 15	0S19 40	22 4 53	12S22 18	18 30 59	19S19 24
2	21 12 18	18 3 51	11 29 14	6 33 5	1 55 7	10 28 55	13 48 51	8 37 16	0 4 19	0 19 11	22 4 59	12 21 43	18 31 8	19 19 23
3	21 17 12	17 41 21	11 30 7	6 29 12	1 55 12	10 29 46	13 49 5	8 38 20	0 4 23	0 18 41	22 5 6	12 21 8	18 31 17	19 19 21
4	21 22 5	17 18 22	11 30 59	6 25 31	1 55 19	10 30 41	13 49 19	8 39 21	0 4 28	0 18 9	22 5 12	12 20 32	18 31 26	19 19 19
5	21 26 56	16 54 55	11 31 48	6 22 4	1 55 26	10 31 40	13 49 32	8 40 21	0 4 32	0 17 37	22 5 19	12 19 56	18 31 35	19 19 18
6	21 31 46	16 31 2	11 32 36	6 18 49	1 55 34	10 32 43	13 49 46	8 41 19	0 4 37	0 17 3	22 5 26	12 19 19	18 31 44	19 19 15
7	21 36 34	16 6 42	11 33 21	6 15 48	1 55 43	10 33 50	13 49 58	8 42 14	0 4 42	0 16 28	22 5 32	12 18 42	18 31 53	19 19 13
8	21 41 21	15 41 58	11 34 5	6 13 1	1 55 52	10 35 2	13 50 11	8 43 8	0 4 47	0 15 51	22 5 39	12 18 4	18 32 2	19 19 11
9	21 46 7	15 16 48	11 34 46	6 10 28	1 56 2	10 36 17	13 50 23	8 43 59	0 4 53	0 15 14	22 5 46	12 17 26	18 32 11	19 19 8
10	21 50 51	14 51 15	11 35 25	6 8 9	1 56 13	10 37 37	13 50 34	8 44 48	0 4 58	0 14 36	22 5 53	12 16 47	18 32 20	19 19 6
11	21 55 34	14 25 19	11 36 2	6 6 5	1 56 25	10 39 1	13 50 46	8 45 36	0 5 4	0 13 56	22 6 0	12 16 8	18 32 29	19 19 3
12	22 0 15	13 59 0	11 36 37	6 4 15	1 56 38	10 40 28	13 50 57	8 46 21	0 5 10	0 13 16	22 6 8	12 15 29	18 32 38	19 19 0
13	22 4 55	13 32 21	11 37 9	6 2 41	1 56 51	10 42 0	13 51 7	8 47 3	0 5 16	0 12 34	22 6 15	12 14 49	18 32 47	19 18 57
14	22 9 34	13 5 20	11 37 39	6 1 21	1 57 5	10 43 35	13 51 18	8 47 44	0 5 22	0 11 52	22 6 22	12 14 9	18 32 56	19 18 54
15	22 14 11	12 38 0	11 38 7	6 0 18	1 57 19	10 45 15	13 51 27	8 48 22	0 5 28	0 11 8	22 6 30	12 13 28	18 33 4	19 18 51
16	22 18 47	12 10 20	11 38 32	5 59 30	1 57 35	10 46 58	13 51 37	8 48 59	0 5 35	0 10 23	22 6 37	12 12 47	18 33 13	19 18 47
17	22 23 22	11 42 22	11 38 55	5 58 58	1 57 51	10 48 44	13 51 46	8 49 33	0 5 41	0 9 38	22 6 45	12 12 6	18 33 22	19 18 44
18	22 27 55	11 14 7	11 39 15	5 58 43	1 58 8	10 50 35	13 51 55	8 50 5	0 5 48	0 8 51	22 6 52	12 11 24	18 33 30	19 18 40
19	22 32 28	10 45 34	11 39 33	5 58 44	1 58 25	10 52 30	13 52 3	8 50 34	0 5 55	0 8 3	22 7 0	12 10 42	18 33 39	19 18 36
20	22 36 59	10 16 46	11 39 48	5 59 2	1 58 44	10 54 28	13 52 11	8 51 2	0 6 2	0 7 14	22 7 8	12 9 59	18 33 48	19 18 32
21	22 41 29	9 47 42	11 40 0	5 59 37	1 59 3	10 56 29	13 52 19	8 51 27	0 6 10	0 6 24	22 7 16	12 9 16	18 33 56	19 18 28
22	22 45 58	9 18 24	11 40 10	6 0 29	1 59 23	10 58 35	13 52 26	8 51 50	0 6 17	0 5 33	22 7 23	12 8 33	18 34 5	19 18 24
23	22 50 26	8 48 52	11 40 17	6 1 38	1 59 43	11 0 43	13 52 33	8 52 11	0 6 25	0 4 42	22 7 31	12 7 50	18 34 13	19 18 20
24	22 54 52	8 19 8	11 40 22	6 3 5	2 0 4	11 2 56	13 52 39	8 52 30	0 6 33	0 3 49	22 7 39	12 7 6	18 34 22	19 18 16
25	22 59 18	7 49 11	11 40 23	6 4 49	2 0 26	11 5 11	13 52 45	8 52 46	0 6 41	0 2 55	22 7 47	12 6 22	18 34 30	19 18 12
26	23 3 43	7 19 3	11 40 22	6 6 50	2 0 48	11 7 30	13 52 51	8 53 0	0 6 49	0 2 0	22 7 55	12 5 38	18 34 38	19 18 7
27	23 8 6	6 48 45	11 40 18	6 9 8	2 1 11	11 9 53	13 52 56	8 53 12	0 6 57	0 1 5	22 8 4	12 4 53	18 34 47	19 18 3
28	23 12 29	6 18 17	11 40 10	6 11 45	2 1 35	11 12 18	13 53 1	8 53 21	0 7 5	0 0 9	22 8 12	12 4 8	18 34 55	19 17 58
29	23 16 51	5 47 40	11 40 1	6 14 38	2 2 0	11 14 47	13 53 5	8 53 29	0 7 14	0N 0 49	22 8 20	12 3 23	18 35 3	19 17 53
30	23 21 12	5 16 55	11 39 48	6 17 49	2 2 25	11 17 19	13 53 9	8 53 34	0 7 22	0 1 47	22 8 28	12 2 38	18 35 11	19 17 49
31	23 25 32	4S46 2	11 39 32	6N21 18	2 2 50	11N19 54	13 53 13	8S53 37	0 7 31	0N 2 46	22 8 37	12S 1 52	18 35 19	19S17 44

FEBRUARY 2012

DAY	SIDEREAL TIME h m s	☉ SUN LONG ° ' "	MOT ' "	R.A. h m s	DECL ° ' "	☽ MOON AT 0 HOURS LONG ° ' "	12h MOT ° ' "	2DIF "	R.A. h m s	DECL ° ' "	☽ MOON AT 12 HOURS LONG ° ' "	12h MOT ° ' "	2DIF "	R.A. h m s	DECL ° ' "
1 W	8 42 29	16♑36 11	60 54	20 55 54.1	17S19 34	25♈32 2	5 56 30	51	3 9 52	19N42 25	1♉28 32	5 58 33	71	3 34 54	20N43 16
2 Th	8 46 25	17 37 5	60 53	20 59 58.9	17 2 35	7♉27 5	6 1 15	90	4 0 24	21 30 38	13 28 21	6 4 35	109	4 26 20	22 3 34
3 F	8 50 22	18 37 57	60 51	21 4 3.0	16 45 19	19 32 56	6 8 30	125	4 52 39	22 21 13	25 41 25	6 12 55	140	5 19 20	22 22 50
4 S	8 54 18	19 38 49	60 50	21 8 6.2	16 27 45	1♊54 20	6 17 48	152	5 46 16	22 7 52	8♊12 8	6 23 2	161	6 13 24	21 35 57
5 Su	8 58 15	20 39 39	60 49	21 12 8.6	16 9 55	14 35 10	6 28 32	167	6 40 38	20 46 59	21 3 42	6 34 10	169	7 7 54	19 41 12
6 M	9 2 11	21 40 27	60 48	21 16 10.2	15 51 47	27 37 52	6 39 50	168	7 35 7	18 19 3	4♋17 41	6 45 22	163	8 2 14	16 41 22
7 Tu	9 6 8	22 41 15	60 46	21 20 11.0	15 33 23	11♋ 3 3	6 50 40	153	8 29 12	14 49 15	17 53 43	6 55 35	140	8 56 0	12 44 4
8 W	9 10 5	23 42 1	60 45	21 24 10.9	15 14 44	24 49 18	6 59 59	123	9 22 38	10 27 28	1♌49 17	7 3 47	104	9 49 8	8 1 17
9 Th	9 14 1	24 42 46	60 44	21 28 10.1	14 55 49	8♌53 5	7 6 55	82	10 15 33	5 27 34	15 59 59	7 9 17	60	10 41 55	2 48 30
10 F	9 17 58	25 43 29	60 43	21 32 8.4	14 36 38	23 9 16	7 10 55	38	11 8 18	0 6 22	0♍20 11	7 11 48	16	11 34 48	2S36 26
11 S	9 21 54	26 44 12	60 41	21 36 6.0	14 17 13	7♍31 59	7 11 59	-4	12 1 28	5S17 30	14 43 58	7 11 32	-22	12 28 25	7 54 22
12 Su	9 25 51	27 44 53	60 40	21 40 2.9	13 57 34	21 55 30	7 10 33	-36	12 55 41	10 24 37	29 6 3	7 9 6	-48	13 23 20	12 45 52
13 M	9 29 47	28 45 33	60 39	21 43 58.9	13 37 40	6♎15 9	7 7 19	-57	13 51 25	14 55 50	13♎22 28	7 5 17	-63	14 19 58	16 52 19
14 Tu	9 33 44	29 46 13	60 38	21 47 54.3	13 17 33	20 27 45	7 3 6	-67	14 48 56	18 33 20	27 30 51	7 0 49	-69	15 18 19	19 57 9
15 W	9 37 40	0♒46 51	60 37	21 51 48.9	12 57 13	4♏31 40	6 58 29	-70	15 48 0	21 2 18	11♏30 9	6 56 11	-69	16 17 55	21 47 42
16 Th	9 41 37	1 47 28	60 36	21 55 42.9	12 36 40	18 26 19	6 53 53	-68	16 47 54	22 12 41	25 20 12	6 51 37	-68	17 17 50	22 17 4
17 F	9 45 34	2 48 4	60 35	21 59 36.1	12 15 55	2♐11 49	6 49 21	-68	17 47 32	22 1 5	9♐ 1 10	6 47 5	-69	18 16 54	21 25 27
18 S	9 49 30	3 48 38	60 34	22 3 28.6	11 54 58	15 48 15	6 44 46	-70	18 45 46	20 31 16	22 33 1	6 42 23	-73	19 14 5	19 19 59
19 Su	9 53 27	4 49 12	60 32	22 7 20.5	11 33 50	29 15 24	6 39 53	-77	19 41 44	17 53 17	5♑55 18	6 37 16	-81	20 8 44	16 13 1
20 M	9 57 23	5 49 44	60 31	22 11 11.7	11 12 31	12♑32 33	6 34 28	-86	20 35 3	14 21 8	19 7 2	6 31 31	-91	21 0 43	12 19 38
21 Tu	10 1 20	6 50 14	60 29	22 15 2.2	10 51 1	25 38 33	6 28 25	-96	21 25 46	10 10 26	2♒ 6 57	6 25 9	-99	21 50 16	7 55 27
22 W	10 5 16	7 50 44	60 27	22 18 52.0	10 29 21	8♒32 6	6 21 47	-102	22 14 17	5 36 29	14 53 53	6 18 20	-104	22 37 54	3 15 14
23 Th	10 9 13	8 51 11	60 26	22 22 41.3	10 7 31	21 12 13	6 14 52	-103	23 1 11	0 53 17	27 27 5	6 11 27	-101	23 24 15	1N27 53
24 F	10 13 9	9 51 37	60 24	22 26 29.9	9 45 32	3♓38 32	6 8 8	-97	23 47 9	3N46 52	9♓46 39	6 4 59	-90	0 9 58	6 2 23
25 S	10 17 6	10 52 1	60 22	22 30 17.8	9 23 24	15 51 39	6 2 6	-82	0 32 49	8 13 14	21 53 45	5 59 32	-71	0 55 44	10 18 15
26 Su	10 21 3	11 52 23	60 20	22 34 5.2	9 1 8	27 53 17	5 57 21	-59	1 18 48	12 16 22	3♈50 38	5 55 38	-44	1 42 5	14 6 33
27 M	10 24 59	12 52 43	60 18	22 37 52.0	8 38 44	9♈46 16	5 54 25	-28	2 5 38	15 47 46	15 40 42	5 53 47	-10	2 29 30	17 19 5
28 Tu	10 28 56	13 53 2	60 17	22 41 38.2	8 16 12	21 34 28	5 53 44	9	2 53 42	18 39 31	27 28 13	5 54 21	28	3 18 17	19 48 10
29 W	10 32 52	14♒53 18	60 15	22 45 23.9	7S53 33	3♉22 33	5 55 38	49	3 43 15	20N44 9	9♉18 12	5 57 37	70	4 8 34	21N26 36

LUNAR INGRESSES			PLANET INGRESSES	STATIONS	DATA FOR THE 1st AT 0 HOURS
1 ☽ ♉ 9:02	12 ☽ ♎ 13:30	23 ☽ ♓ 16:56	3 ♀ ♓ 22:51	7 ♄ R 14:04	JULIAN DAY 40938.5
3 ☽ ♊ 20:20	14 ☽ ♏ 16:15	26 ☽ ♈ 4:15	11 ☿ ♒ 6:28		☽ MEAN ☊ 16°♏ 25' 22"
6 ☽ ♋ 4:17	16 ☽ ♐ 20:09	28 ☽ ♉ 17:09	14 ☉ ♒ 5:27		OBLIQUITY 23° 26' 13"
8 ☽ ♌ 8:53	19 ☽ ♑ 1:20		27 ☿ ♓ 23:49		DELTA T 71.3 SECONDS
10 ☽ ♍ 11:26	21 ☽ ♒ 8:04		29 ♀ ♈ 20:47		NUTATION LONGITUDE 17.8"

DAY MO	YR	☿ LONG ° ' "	♀ LONG ° ' "	♂ LONG ° ' "	♃ LONG ° ' "	♄ LONG ° ' "	♅ LONG ° ' "	♆ LONG ° ' "	♇ LONG ° ' "	☊ LONG ° '	A.S.S.I. h m s	S.S.R.Y. h m s	S.V.P. ♓ ° ' "	☿ MERCURY R.A. h m s	DECL ° ' "
1	32	12♑ 6 38	26♒29 15	27♌46R21	7♈43 38	4♎33 20	6♓52 11	4♒59 1	13♐27 55	17♏31	26 17 51	30 10 54	5 5 9.9	20 39 52	20S28 32
2	33	13 47 47	27 40 44	27 39 47	7 50 46	4 33 59	6 54 40	5 1 12	13 29 47	17 32	26 22 59	30 11 10	5 5 9.7	20 46 50	20 3 37
3	34	15 29 40	28 52 8	27 32 25	7 58 3	4 34 31	6 57 10	5 3 24	13 31 37	17 32	26 28 5	30 11 16	5 5 9.5	20 53 48	19 37 13
4	35	17 12 16	0♓ 3 24	27 24 17	8 5 29	4 34 57	6 59 43	5 5 37	13 33 26	17 31	26 33 11	30 11 8	5 5 9.3	21 0 47	19 9 20
5	36	18 55 35	1 14 34	27 15 21	8 13 4	4 35 16	7 2 18	5 7 50	13 35 14	17 28	26 38 15	30 10 45	5 5 9.1	21 7 45	18 39 59
6	37	20 39 38	2 25 37	27 5 39	8 20 49	4 35 29	7 4 54	5 10 3	13 37 1	17 22	26 43 19	30 10 10	5 5 8.9	21 14 44	18 9 9
7	38	22 24 26	3 36 33	26 55 9	8 28 42	4 35R36	7 7 33	5 12 17	13 38 47	17 13	26 48 21	30 9 23	5 5 8.8	21 21 43	17 36 51
8	39	24 9 58	4 47 22	26 43 53	8 36 44	4 35 37	7 10 13	5 14 31	13 40 32	17 03	26 53 23	30 8 26	5 5 8.6	21 28 41	17 3 4
9	40	25 56 13	5 58 3	26 31 51	8 44 55	4 35 31	7 12 56	5 16 46	13 42 15	16 52	26 58 23	30 7 25	5 5 8.6	21 35 40	16 27 49
10	41	27 43 11	7 8 36	26 19 4	8 53 15	4 35 18	7 15 40	5 19 1	13 43 58	16 41	27 3 23	30 6 23	5 5 8.5	21 42 38	15 51 7
11	42	29 30 51	8 19 3	26 5 31	9 1 43	4 35 0	7 18 26	5 21 16	13 45 39	16 31	27 8 21	30 5 24	5 5 8.5	21 49 36	15 13 0
12	43	1♒19 10	9 29 21	25 51 13	9 10 19	4 34 35	7 21 14	5 23 31	13 47 19	16 24	27 13 19	30 4 32	5 5 8.4	21 56 33	14 33 27
13	44	3 8 6	10 39 31	25 36 12	9 19 4	4 34 4	7 24 3	5 25 47	13 48 58	16 20	27 18 16	30 3 50	5 5 8.3	22 3 30	13 52 31
14	45	4 57 36	11 49 33	25 20 27	9 27 56	4 33 26	7 26 55	5 28 3	13 50 35	16 18	27 23 11	30 3 20	5 5 8.2	22 10 26	13 10 13
15	46	6 47 34	12 59 28	25 4 1	9 36 57	4 32 43	7 29 48	5 30 20	13 52 12	16 18	27 28 6	30 3 3	5 5 8.1	22 17 20	12 26 37
16	47	8 37 57	14 9 13	24 46 53	9 46 6	4 31 53	7 32 42	5 32 36	13 53 47	16 18	27 33 0	30 2 58	5 5 7.8	22 24 13	11 41 44
17	48	10 28 36	15 18 51	24 29 6	9 55 22	4 30 57	7 35 39	5 34 53	13 55 20	16 17	27 37 53	30 3 5	5 5 7.6	22 31 4	10 55 40
18	49	12 19 24	16 28 19	24 10 41	10 4 46	4 29 54	7 38 36	5 37 10	13 56 52	16 14	27 42 45	30 3 24	5 5 7.4	22 37 52	10 8 28
19	50	14 10 11	17 37 39	23 51 39	10 14 18	4 28 46	7 41 36	5 39 26	13 58 23	16 08	27 47 36	30 3 53	5 5 7.2	22 44 38	9 20 14
20	51	16 0 45	18 46 49	23 32 2	10 23 57	4 27 31	7 44 37	5 41 43	13 59 53	15 59	27 52 27	30 4 31	5 5 7.1	22 51 20	8 31 4
21	52	17 50 52	19 55 50	23 11 52	10 33 44	4 26 10	7 47 39	5 43 59	14 1 21	15 48	27 57 16	30 5 16	5 5 7.0	22 57 58	7 41 7
22	53	19 40 15	21 4 41	22 51 11	10 43 38	4 24 43	7 50 42	5 46 16	14 2 47	15 34	28 2 5	30 6 8	5 5 6.9	23 4 31	6 50 29
23	54	21 28 36	22 13 22	22 30 1	10 53 39	4 23 10	7 53 47	5 48 33	14 4 12	15 20	28 6 53	30 7 5	5 5 6.9	23 10 58	5 59 23
24	55	23 15 33	23 21 53	22 8 25	11 3 47	4 21 31	7 56 54	5 50 50	14 5 36	15 07	28 11 40	30 8 7	5 5 6.9	23 17 17	5 7 59
25	56	25 0 43	24 30 13	21 46 24	11 14 2	4 19 47	8 0 1	5 53 6	14 6 58	14 55	28 16 27	30 9 10	5 5 6.9	23 23 28	4 16 31
26	57	26 43 38	25 38 22	21 24 1	11 24 24	4 17 56	8 3 10	5 55 22	14 8 18	14 46	28 21 12	30 10 13	5 5 6.8	23 29 28	3 25 13
27	58	28 23 49	26 46 20	21 1 19	11 34 52	4 16 0	8 6 20	5 57 38	14 9 37	14 40	28 25 57	30 11 15	5 5 6.8	23 35 18	2 34 21
28	59	0♓ 0 45	27 54 6	20 38 20	11 45 27	4 13 57	8 9 31	5 59 54	14 10 55	14 36	28 30 42	30 12 11	5 5 6.7	23 40 54	1 44 12
29	60	1♓33 51	29♓ 1 40	20♌15 7	11♈56 8	4♎11 50	8♓12 43	6♒ 2 10	14♐12 10	14♏35	28 35 25	30 13 1	5 5 6.6	23 46 15	0S55 5

DAY Feb	♀ VENUS R.A. h m s	DECL ° ' "	♂ MARS R.A. h m s	DECL ° ' "	♃ JUPITER R.A. h m s	DECL ° ' "	♄ SATURN R.A. h m s	DECL ° ' "	♅ URANUS R.A. h m s	DECL ° ' "	♆ NEPTUNE R.A. h m s	DECL ° ' "	♇ PLUTO R.A. h m s	DECL ° ' "
1	23 29 51	4S15 2	11 39 13	6N25 3	2 3 17	11N22 32	13 53 16	8S53 37	0 7 40	0N 3 46	22 8 45	12S 1 6	18 35 27	19S17 39
2	23 34 10	3 43 57	11 38 51	6 29 6	2 3 44	11 25 13	13 53 19	8 53 36	0 7 49	0 4 47	22 8 53	12 0 20	18 35 35	19 17 34
3	23 38 27	3 12 46	11 38 27	6 33 26	2 4 11	11 27 57	13 53 21	8 53 32	0 7 58	0 5 48	22 9 2	11 59 34	18 35 42	19 17 29
4	23 42 44	2 41 31	11 37 59	6 38 2	2 4 39	11 30 44	13 53 23	8 53 26	0 8 8	0 6 50	22 9 10	11 58 48	18 35 50	19 17 23
5	23 47 0	2 10 12	11 37 29	6 42 56	2 5 8	11 33 34	13 53 25	8 53 18	0 8 17	0 7 54	22 9 19	11 58 1	18 35 58	19 17 18
6	23 51 16	1 38 50	11 36 55	6 48 5	2 5 38	11 36 27	13 53 26	8 53 8	0 8 27	0 8 57	22 9 27	11 57 14	18 36 5	19 17 13
7	23 55 31	1 7 25	11 36 19	6 53 31	2 6 7	11 39 22	13 53 27	8 52 55	0 8 36	0 10 2	22 9 36	11 56 28	18 36 13	19 17 8
8	23 59 45	0 35 59	11 35 39	6 59 13	2 6 38	11 42 20	13 53 27	8 52 41	0 8 46	0 11 7	22 9 44	11 55 41	18 36 20	19 17 3
9	0 3 59	0 4 32	11 34 57	7 5 11	2 7 9	11 45 20	13 53 27	8 52 24	0 8 56	0 12 14	22 9 53	11 54 54	18 36 27	19 16 57
10	0 8 12	0N26 55	11 34 12	7 11 23	2 7 41	11 48 23	13 53 27	8 52 5	0 9 6	0 13 20	22 10 2	11 54 6	18 36 35	19 16 52
11	0 12 24	0 58 21	11 33 24	7 17 51	2 8 13	11 51 29	13 53 26	8 51 43	0 9 16	0 14 28	22 10 10	11 53 19	18 36 42	19 16 46
12	0 16 36	1 29 47	11 32 33	7 24 33	2 8 46	11 54 36	13 53 25	8 51 20	0 9 26	0 15 36	22 10 19	11 52 31	18 36 49	19 16 41
13	0 20 48	2 1 11	11 31 39	7 31 29	2 9 19	11 57 47	13 53 23	8 50 54	0 9 37	0 16 45	22 10 28	11 51 44	18 36 56	19 16 35
14	0 24 59	2 32 32	11 30 42	7 38 38	2 9 53	12 0 59	13 53 21	8 50 27	0 9 47	0 17 54	22 10 36	11 50 56	18 37 3	19 16 30
15	0 29 10	3 3 50	11 29 43	7 46 0	2 10 27	12 4 14	13 53 19	8 49 57	0 9 58	0 19 4	22 10 45	11 50 8	18 37 9	19 16 24
16	0 33 20	3 35 5	11 28 41	7 53 33	2 11 2	12 7 31	13 53 16	8 49 25	0 10 8	0 20 15	22 10 54	11 49 21	18 37 16	19 16 19
17	0 37 31	4 6 15	11 27 37	8 1 18	2 11 38	12 10 51	13 53 13	8 48 51	0 10 19	0 21 26	22 11 2	11 48 33	18 37 23	19 16 13
18	0 41 40	4 37 19	11 26 30	8 9 14	2 12 14	12 14 12	13 53 10	8 48 15	0 10 30	0 22 38	22 11 11	11 47 45	18 37 29	19 16 7
19	0 45 50	5 8 18	11 25 20	8 17 19	2 12 50	12 17 36	13 53 6	8 47 37	0 10 41	0 23 51	22 11 20	11 46 57	18 37 36	19 16 2
20	0 49 59	5 39 10	11 24 8	8 25 33	2 13 27	12 21 2	13 53 1	8 46 57	0 10 52	0 25 4	22 11 29	11 46 10	18 37 42	19 15 56
21	0 54 8	6 9 55	11 22 54	8 33 55	2 14 5	12 24 29	13 52 56	8 46 15	0 11 3	0 26 18	22 11 37	11 45 21	18 37 48	19 15 51
22	0 58 17	6 40 32	11 21 38	8 42 24	2 14 43	12 27 59	13 52 51	8 45 30	0 11 14	0 27 32	22 11 46	11 44 33	18 37 54	19 15 45
23	1 2 26	7 11 0	11 20 20	8 50 59	2 15 21	12 31 30	13 52 46	8 44 44	0 11 25	0 28 46	22 11 55	11 43 46	18 38 0	19 15 39
24	1 6 34	7 41 19	11 19 0	8 59 38	2 16 0	12 35 4	13 52 40	8 43 56	0 11 37	0 30 1	22 12 4	11 42 58	18 38 6	19 15 34
25	1 10 43	8 11 28	11 17 39	9 8 21	2 16 39	12 38 38	13 52 34	8 43 6	0 11 48	0 31 17	22 12 12	11 42 10	18 38 12	19 15 28
26	1 14 51	8 41 27	11 16 16	9 17 6	2 17 19	12 42 15	13 52 27	8 42 14	0 12 0	0 32 33	22 12 21	11 41 22	18 38 17	19 15 23
27	1 18 59	9 11 14	11 14 51	9 25 53	2 17 59	12 45 53	13 52 20	8 41 20	0 12 11	0 33 49	22 12 30	11 40 35	18 38 23	19 15 17
28	1 23 7	9 40 48	11 13 25	9 34 41	2 18 40	12 49 33	13 52 13	8 40 24	0 12 23	0 35 6	22 12 38	11 39 47	18 38 28	19 15 12
29	1 27 15	10N10 11	11 11 58	9N43 27	2 19 21	12N53 15	13 52 5	8S39 26	0 12 35	0N36 24	22 12 47	11S39 0	18 38 34	19S15 6

DAY	SIDEREAL TIME h m s	☉ SUN LONG ° ' "	MOT ' "	R.A. h m s	DECL ° ' "	☽ MOON AT 0 HOURS LONG ° ' "	12h MOT ° ' "	2DIF "	R.A. h m s	DECL ° ' "	☽ MOON AT 12 HOURS LONG ° ' "	12h MOT ° ' "	2DIF "	R.A. h m s	DECL ° ' "
1 Th	10 36 49	15♒53 32	60 13	22 49 9.0	7S30 48	15♉15 49	6 0 18	91	4 34 15	21N54 46	21♉16 7	6 3 42	112	5 0 15	22N 7 58
2 F	10 40 45	16 53 45	60 10	22 52 53.7	7 7 56	27 19 49	6 7 46	132	5 26 31	22 5 38	3♊27 35	6 12 29	151	5 53 0	21 47 19
3 S	10 44 42	17 53 55	60 8	22 56 37.8	6 44 57	9♊40 4	6 17 49	168	6 19 39	21 12 47	15 57 53	6 23 40	182	6 46 25	20 21 58
4 Su	10 48 38	18 54 3	60 6	23 0 21.4	6 21 54	22 21 33	6 29 58	194	7 13 13	19 15 0	28 51 30	6 36 35	201	7 40 2	17 52 17
5 M	10 52 35	19 54 10	60 4	23 4 4.6	5 58 45	5♋28 5	6 43 23	204	8 6 50	16 14 27	12♋11 27	6 50 12	203	8 33 35	14 22 24
6 Tu	10 56 32	20 54 14	60 2	23 7 47.3	5 35 31	19 1 40	6 56 53	196	9 0 17	12 17 16	25 58 33	7 3 15	183	9 26 58	10 0 29
7 W	11 0 28	21 54 16	60 0	23 11 29.6	5 12 13	3♌ 1 48	7 9 5	165	9 53 39	7 33 44	10♌10 53	7 14 14	142	10 20 22	4 58 58
8 Th	11 4 25	22 54 16	59 58	23 15 11.5	4 48 50	17 25 7	7 18 32	114	10 47 12	2 18 21	24 43 39	7 21 52	84	11 14 12	0S25 44
9 F	11 8 21	23 54 14	59 56	23 18 53.0	4 25 24	2♍ 5 31	7 24 9	52	11 41 27	3S10 41	9♍29 40	7 25 20	19	12 8 59	5 53 48
10 S	11 12 18	24 54 10	59 55	23 22 34.2	4 1 55	16 54 59	7 25 26	-12	12 36 54	8 32 16	24 20 25	7 24 31	-41	13 5 13	11 3 17
11 Su	11 16 14	25 54 5	59 53	23 26 15.1	3 38 22	1♎44 57	7 22 42	-67	13 33 59	13 24 3	9♎ 7 38	7 20 5	-88	14 3 11	15 31 58
12 M	11 20 11	26 53 58	59 51	23 29 55.6	3 14 47	16 27 43	7 16 49	-105	14 32 50	17 24 38	23 44 32	7 13 4	-118	15 2 50	18 59 57
13 Tu	11 24 7	27 53 49	59 50	23 33 35.9	2 51 9	0♏57 35	7 8 58	-126	15 33 7	20 16 16	8♏ 6 33	7 4 41	-130	16 3 33	21 12 22
14 W	11 28 4	28 53 39	59 48	23 37 16.0	2 27 30	15 11 14	7 0 18	-131	16 34 0	21 47 33	22 11 32	6 55 57	-129	17 4 18	22 1 38
15 Th	11 32 0	29 53 26	59 46	23 40 55.8	2 3 48	29 7 29	6 51 42	-125	17 34 18	21 55 0	5♐59 11	6 47 36	-120	18 3 52	21 28 26
16 F	11 35 57	0♓53 13	59 45	23 44 35.4	1 40 6	12♐46 47	6 43 40	-115	18 32 53	20 43 7	19 30 27	6 39 57	-109	19 1 16	19 40 34
17 S	11 39 54	1 52 57	59 43	23 48 14.8	1 16 22	26 10 24	6 36 26	-103	19 28 57	18 22 26	2♑46 49	6 33 5	-98	19 55 55	16 50 33
18 Su	11 43 50	2 52 40	59 41	23 51 54.0	0 52 39	9♑19 54	6 29 55	-93	20 22 11	15 6 46	15 49 49	6 26 53	-89	20 47 47	13 12 55
19 M	11 47 47	3 52 21	59 39	23 55 33.1	0 28 55	22 16 41	6 23 57	-86	21 12 45	11 10 48	28 40 39	6 21 7	-84	21 37 9	9 2 10
20 Tu	11 51 43	4 52 0	59 37	23 59 12.0	0 5 11	5♒ 1 46	6 18 22	-82	22 1 5	6 48 41	11♒20 8	6 15 40	-80	22 24 37	4 31 55
21 W	11 55 40	5 51 38	59 35	0 2 50.8	0N18 32	17 35 48	6 13 0	-79	22 47 50	2 13 23	23 48 48	6 10 24	-77	23 10 49	0N 5 29
22 Th	11 59 36	6 51 13	59 33	0 6 29.6	0 42 13	29 59 11	6 7 51	-75	23 33 40	2N23 20	6♓ 7 3	6 5 24	-72	23 56 26	4 38 49
23 F	12 3 33	7 50 47	59 31	0 10 8.2	1 5 54	12♓12 26	6 3 2	-68	0 19 12	6 50 43	18 15 29	6 0 50	-63	0 42 3	8 57 46
24 S	12 7 29	8 50 18	59 29	0 13 46.8	1 29 32	24 16 19	5 58 49	-57	1 5 2	10 58 50	0♈15 8	5 57 2	-49	1 28 14	12 52 45
25 Su	12 11 26	9 49 47	59 27	0 17 25.3	1 53 8	6♈12 10	5 55 32	-40	1 51 39	14 38 27	12 7 41	5 54 22	-29	2 15 22	16 14 51
26 M	12 15 23	10 49 15	59 25	0 21 3.8	2 16 42	18 2 3	5 53 35	-17	2 39 23	17 40 58	23 55 38	5 53 14	-3	3 3 44	18 55 50
27 Tu	12 19 19	11 48 40	59 23	0 24 42.2	2 40 13	29 48 52	5 53 23	12	3 28 24	19 58 35	5♉42 15	5 54 3	29	3 53 23	20 48 22
28 W	12 23 16	12 48 2	59 21	0 28 20.7	3 3 40	11♉36 18	5 55 18	47	4 18 39	21 24 31	17 31 36	5 57 10	65	4 44 11	21 46 22
29 Th	12 27 12	13 47 23	59 18	0 31 59.2	3 27 4	23 28 46	5 59 40	85	5 9 55	21 53 28	29 28 25	6 2 49	105	5 35 50	21 45 25
30 F	12 31 9	14 46 41	59 16	0 35 37.8	3 50 24	5♊31 14	6 6 38	125	6 1 52	21 22 3	11♊37 52	6 11 7	144	6 27 59	20 43 16
31 S	12 35 5	15♓45 57	59 14	0 39 16.4	4N13 39	17♊48 59	6 16 14	163	6 54 7	19N49 11	24♊ 5 13	6 21 58	180	7 20 15	18N40 3

LUNAR INGRESSES
2 ☽ ♊ 5:15
4 ☽ ♋ 14:05
6 ☽ ♌ 18:52
8 ☽ ♍ 20:36
10 ☽ ♎ 21:10
12 ☽ ♏ 22:24
15 ☽ ♐ 1:31
17 ☽ ♑ 6:56
19 ☽ ♒ 14:29
22 ☽ ♓ 0:02
24 ☽ ♈ 11:30
27 ☽ ♉ 0:23
29 ☽ ♊ 13:03
31 ☽ ♋ 23:09

PLANET INGRESSES
15 ☉ ♓ 2:38
29 ♀ ♉ 6:37
30 ☿ ♒ 16:46

STATIONS
12 ☿ R 7:50

DATA FOR THE 1st AT 0 HOURS
JULIAN DAY 40967.5
☽ MEAN ☊ 14°♏ 53' 9"
OBLIQUITY 23° 26' 13"
DELTA T 71.3 SECONDS
NUTATION LONGITUDE 17.2"

DAY MO	YR	☿ LONG ° ' "	♀ LONG ° ' "	♂ LONG ° ' "	♃ LONG ° ' "	♄ LONG ° ' "	♅ LONG ° ' "	♆ LONG ° ' "	♇ LONG ° ' "	☊ LONG ° '	A.S.S.I. h m s	S.S.R.Y. h m s	S.V.P. ♓ ° ' "	☿ MERCURY R.A. h m s	DECL ° ' "
1	61	3♓ 2 34	0♈ 9 2	19♌51R42	12♈ 6 56	4♎ 9R36	8♓15 56	6♒ 4 25	14♐13 25	14♏35	28 40 8	30 13 41	5 5 6.4	23 51 19	0S 7 21
2	62	4 26 17	1 16 11	19 28 8	12 17 50	4 7 18	8 19 10	6 6 40	14 14 37	14 34	28 44 50	30 14 9	5 5 6.3	23 56 4	0N38 42
3	63	5 44 25	2 23 6	19 4 28	12 28 49	4 4 53	8 22 25	6 8 55	14 15 48	14 33	28 49 32	30 14 22	5 5 6.1	0 0 28	1 22 42
4	64	6 56 23	3 29 49	18 40 45	12 39 55	4 2 24	8 25 41	6 11 9	14 16 58	14 30	28 54 13	30 14 21	5 5 5.9	0 4 30	2 4 19
5	65	8 1 37	4 36 17	18 17 0	12 51 6	3 59 49	8 28 58	6 13 23	14 18 5	14 24	28 58 53	30 14 4	5 5 5.8	0 8 7	2 43 12
6	66	8 59 35	5 42 31	17 53 17	13 2 24	3 57 9	8 32 16	6 15 37	14 19 11	14 15	29 3 33	30 13 34	5 5 5.7	0 11 17	3 19 2
7	67	9 49 51	6 48 31	17 29 39	13 13 46	3 54 24	8 35 35	6 17 50	14 20 15	14 04	29 8 12	30 12 52	5 5 5.6	0 14 0	3 51 29
8	68	10 31 58	7 54 15	17 6 8	13 25 14	3 51 34	8 38 54	6 20 2	14 21 18	13 52	29 12 51	30 12 1	5 5 5.6	0 16 14	4 20 17
9	69	11 5 38	8 59 44	16 42 46	13 36 48	3 48 39	8 42 14	6 22 14	14 22 19	13 41	29 17 29	30 11 5	5 5 5.6	0 17 58	4 45 8
10	70	11 30 36	10 4 57	16 19 36	13 48 27	3 45 39	8 45 34	6 24 25	14 23 18	13 30	29 22 7	30 10 8	5 5 5.6	0 19 11	5 5 50
11	71	11 46 43	11 9 54	15 56 41	14 0 11	3 42 34	8 48 56	6 26 36	14 24 16	13 23	29 26 45	30 9 14	5 5 5.5	0 19 54	5 22 9
12	72	11 53R59	12 14 35	15 34 2	14 12 0	3 39 24	8 52 17	6 28 46	14 25 11	13 18	29 31 22	30 8 26	5 5 5.5	0 20 5	5 33 56
13	73	11 52 29	13 18 58	15 11 43	14 23 54	3 36 10	8 55 40	6 30 56	14 26 5	13 16	29 35 58	30 7 45	5 5 5.3	0 19 46	5 41 6
14	74	11 42 27	14 23 5	14 49 45	14 35 53	3 32 52	8 59 3	6 33 5	14 26 57	13 15	29 40 35	30 7 13	5 5 5.2	0 18 58	5 43 34
15	75	11 24 15	15 26 53	14 28 11	14 47 57	3 29 29	9 2 26	6 35 13	14 27 48	13 15	29 45 11	30 6 52	5 5 5.0	0 17 42	5 41 21
16	76	10 58 25	16 30 24	14 7 3	15 0 6	3 26 2	9 5 50	6 37 21	14 28 36	13 15	29 49 47	30 6 41	5 5 4.8	0 16 1	5 34 34
17	77	10 25 37	17 33 35	13 46 23	15 12 19	3 22 30	9 9 14	6 39 27	14 29 23	13 12	29 54 23	30 6 40	5 5 4.6	0 13 57	5 23 21
18	78	9 46 40	18 36 28	13 26 14	15 24 37	3 18 55	9 12 39	6 41 33	14 30 8	13 08	29 58 58	30 6 50	5 5 4.5	0 11 34	5 7 58
19	79	9 2 29	19 39 1	13 6 37	15 36 59	3 15 15	9 16 4	6 43 38	14 30 51	13 00	30 3 33	30 7 10	5 5 4.4	0 8 54	4 48 44
20	80	8 14 6	20 41 13	12 47 34	15 49 26	3 11 32	9 19 29	6 45 43	14 31 33	12 50	30 8 8	30 7 41	5 5 4.4	0 6 2	4 26 5
21	81	7 22 39	21 43 5	12 29 7	16 1 57	3 7 45	9 22 54	6 47 46	14 32 12	12 38	0 3 35	30 8 21	5 5 4.3	0 3 2	4 0 29
22	82	6 29 18	22 44 35	12 11 18	16 14 32	3 3 54	9 26 20	6 49 49	14 32 50	12 25	0 8 9	30 9 11	5 5 4.3	23 59 58	3 32 27
23	83	5 35 10	23 45 43	11 54 7	16 27 11	2 59 59	9 29 45	6 51 50	14 33 26	12 13	0 12 44	30 10 7	5 5 4.3	23 56 54	3 2 36
24	84	4 41 26	24 46 27	11 37 37	16 39 54	2 56 2	9 33 11	6 53 51	14 33 59	12 03	0 17 19	30 11 10	5 5 4.3	23 53 54	2 31 30
25	85	3 49 8	25 46 48	11 21 49	16 52 41	2 52 1	9 36 36	6 55 51	14 34 32	11 55	0 21 53	30 12 18	5 5 4.3	23 51 1	1 59 44
26	86	2 59 14	26 46 44	11 6 44	17 5 32	2 47 57	9 40 2	6 57 49	14 35 2	11 49	0 26 28	30 13 27	5 5 4.2	23 48 19	1 27 54
27	87	2 12 35	27 46 15	10 52 23	17 18 26	2 43 50	9 43 27	6 59 47	14 35 30	11 46	0 31 2	30 14 35	5 5 4.1	23 45 50	0 56 29
28	88	1 29 56	28 45 19	10 38 46	17 31 24	2 39 40	9 46 53	7 1 44	14 35 56	11 45	0 35 37	30 15 39	5 5 4.0	23 43 37	0 25 59
29	89	0 51 51	29 43 55	10 25 55	17 44 25	2 35 28	9 50 18	7 3 39	14 36 21	11 46	0 40 11	30 16 35	5 5 3.8	23 41 42	0S 3 11
30	90	0 18 47	0♉42 4	10 13 49	17 57 30	2 31 13	9 53 44	7 5 33	14 36 43	11 47	0 44 46	30 17 20	5 5 3.7	23 40 5	0 30 40
31	91	29♒51 3	1♉39 43	10♌ 2 30	18♈10 38	2♎26 56	9♓57 9	7♒ 7 27	14♐37 4	11♏47	0 49 20	30 17 53	5 5 3.5	23 38 49	0S56 10

DAY Mar	♀ VENUS R.A. h m s	DECL ° ' "	♂ MARS R.A. h m s	DECL ° ' "	♃ JUPITER R.A. h m s	DECL ° ' "	♄ SATURN R.A. h m s	DECL ° ' "	♅ URANUS R.A. h m s	DECL ° ' "	♆ NEPTUNE R.A. h m s	DECL ° ' "	♇ PLUTO R.A. h m s	DECL ° ' "
1	1 31 22	10N39 19	11 10 30	9N52 12	2 20 3	12N56 58	13 51 57	8S38 27	0 12 47	0N37 41	22 12 56	11S38 12	18 38 39	19S15 1
2	1 35 30	11 8 14	11 9 2	10 0 54	2 20 45	13 0 42	13 51 48	8 37 25	0 12 58	0 38 59	22 13 4	11 37 25	18 38 44	19 14 55
3	1 39 37	11 36 54	11 7 32	10 9 32	2 21 27	13 4 28	13 51 40	8 36 23	0 13 10	0 40 18	22 13 13	11 36 38	18 38 49	19 14 50
4	1 43 45	12 5 19	11 6 3	10 18 5	2 22 10	13 8 15	13 51 31	8 35 18	0 13 22	0 41 37	22 13 21	11 35 51	18 38 54	19 14 44
5	1 47 52	12 33 28	11 4 33	10 26 31	2 22 53	13 12 3	13 51 21	8 34 12	0 13 34	0 42 56	22 13 30	11 35 4	18 38 59	19 14 39
6	1 51 59	13 1 21	11 3 3	10 34 51	2 23 37	13 15 53	13 51 11	8 33 4	0 13 46	0 44 15	22 13 38	11 34 17	18 39 3	19 14 34
7	1 56 6	13 28 56	11 1 32	10 43 3	2 24 21	13 19 44	13 51 1	8 31 54	0 13 59	0 45 34	22 13 47	11 33 31	18 39 8	19 14 29
8	2 0 13	13 56 13	11 0 3	10 51 6	2 25 5	13 23 35	13 50 51	8 30 43	0 14 11	0 46 54	22 13 55	11 32 45	18 39 12	19 14 24
9	2 4 20	14 23 12	10 58 33	10 58 59	2 25 50	13 27 28	13 50 40	8 29 30	0 14 23	0 48 14	22 14 4	11 31 58	18 39 17	19 14 19
10	2 8 27	14 49 52	10 57 4	11 6 41	2 26 35	13 31 22	13 50 29	8 28 16	0 14 35	0 49 35	22 14 12	11 31 13	18 39 21	19 14 14
11	2 12 33	15 16 13	10 55 36	11 14 12	2 27 21	13 35 17	13 50 18	8 27 0	0 14 48	0 50 55	22 14 20	11 30 27	18 39 25	19 14 9
12	2 16 40	15 42 13	10 54 9	11 21 30	2 28 7	13 39 13	13 50 6	8 25 42	0 15 0	0 52 16	22 14 29	11 29 41	18 39 29	19 14 4
13	2 20 46	16 7 53	10 52 42	11 28 35	2 28 53	13 43 10	13 49 54	8 24 24	0 15 12	0 53 37	22 14 37	11 28 56	18 39 32	19 13 59
14	2 24 52	16 33 12	10 51 17	11 35 27	2 29 40	13 47 8	13 49 42	8 23 4	0 15 25	0 54 58	22 14 45	11 28 11	18 39 36	19 13 54
15	2 28 58	16 58 9	10 49 53	11 42 4	2 30 27	13 51 6	13 49 29	8 21 42	0 15 37	0 56 19	22 14 53	11 27 26	18 39 40	19 13 50
16	2 33 4	17 22 43	10 48 31	11 48 26	2 31 14	13 55 5	13 49 16	8 20 20	0 15 50	0 57 41	22 15 2	11 26 41	18 39 43	19 13 45
17	2 37 10	17 46 55	10 47 10	11 54 32	2 32 1	13 59 5	13 49 3	8 18 56	0 16 2	0 59 2	22 15 10	11 25 57	18 39 46	19 13 41
18	2 41 15	18 10 44	10 45 51	12 0 21	2 32 49	14 3 6	13 48 50	8 17 30	0 16 15	1 0 24	22 15 18	11 25 13	18 39 50	19 13 36
19	2 45 20	18 34 8	10 44 34	12 5 54	2 33 38	14 7 8	13 48 37	8 16 4	0 16 27	1 1 45	22 15 26	11 24 30	18 39 53	19 13 32
20	2 49 25	18 57 9	10 43 18	12 11 10	2 34 26	14 11 9	13 48 23	8 14 36	0 16 40	1 3 7	22 15 34	11 23 46	18 39 55	19 13 28
21	2 53 29	19 19 44	10 42 5	12 16 8	2 35 15	14 15 12	13 48 9	8 13 8	0 16 52	1 4 29	22 15 42	11 23 3	18 39 58	19 13 24
22	2 57 33	19 41 54	10 40 55	12 20 48	2 36 4	14 19 15	13 47 54	8 11 38	0 17 5	1 5 51	22 15 49	11 22 20	18 40 1	19 13 20
23	3 1 37	20 3 38	10 39 46	12 25 10	2 36 54	14 23 18	13 47 40	8 10 7	0 17 17	1 7 13	22 15 57	11 21 38	18 40 3	19 13 16
24	3 5 40	20 24 56	10 38 40	12 29 13	2 37 43	14 27 22	13 47 25	8 8 35	0 17 30	1 8 34	22 16 5	11 20 56	18 40 6	19 13 12
25	3 9 42	20 45 47	10 37 37	12 32 57	2 38 34	14 31 26	13 47 10	8 7 3	0 17 43	1 9 56	22 16 12	11 20 14	18 40 8	19 13 8
26	3 13 44	21 6 11	10 36 36	12 36 23	2 39 24	14 35 31	13 46 55	8 5 29	0 17 55	1 11 18	22 16 20	11 19 33	18 40 10	19 13 5
27	3 17 45	21 26 7	10 35 38	12 39 29	2 40 15	14 39 36	13 46 40	8 3 55	0 18 8	1 12 39	22 16 27	11 18 52	18 40 12	19 13 1
28	3 21 45	21 45 35	10 34 42	12 42 17	2 41 5	14 43 41	13 46 24	8 2 20	0 18 20	1 14 1	22 16 35	11 18 11	18 40 14	19 12 58
29	3 25 45	22 4 35	10 33 50	12 44 45	2 41 57	14 47 46	13 46 8	8 0 44	0 18 33	1 15 23	22 16 42	11 17 31	18 40 16	19 12 55
30	3 29 43	22 23 6	10 33 0	12 46 55	2 42 48	14 51 51	13 45 52	7 59 8	0 18 45	1 16 44	22 16 50	11 16 51	18 40 17	19 12 52
31	3 33 41	22N41 8	10 32 13	12N48 46	2 43 40	14N55 57	13 45 36	7S57 31	0 18 58	1N18 6	22 16 57	11S16 12	18 40 19	19S12 49

APRIL 2012

DAY	SIDEREAL TIME h m s	☉ SUN LONG ° ' "	SUN MOT ' "	SUN R.A. h m s	SUN DECL ° ' "	☽ MOON AT 0 HOURS LONG ° ' "	12h MOT ° ' "	2DIF "	R.A. h m s	DECL ° ' "	☽ MOON AT 12 HOURS LONG ° ' "	12h MOT ° ' "	2DIF "	R.A. h m s	DECL ° ' "
1 Su	12 39 2	16♓45 10	59 11	0 42 55.0	4N36 50	0♋27 11	6 28 14	195	7 46 22	17N16 17	6♋55 25	6 34 57	207	8 12 28	15N38 31
2 M	12 42 58	17 44 22	59 9	0 46 33.8	4 59 56	13 30 22	6 42 2	216	8 38 33	13 47 31	20 12 24	6 49 20	220	9 4 38	11 44 15
3 Tu	12 46 55	18 43 31	59 7	0 50 12.7	5 22 56	27 1 43	6 56 40	218	9 30 46	9 29 54	3♌58 24	7 3 53	212	9 57 0	7 5 54
4 W	12 50 52	19 42 37	59 4	0 53 51.7	5 45 50	11♌ 2 17	7 10 47	199	10 23 24	4 33 52	18 13 4	7 17 8	180	10 50 2	1 55 45
5 Th	12 54 48	20 41 42	59 2	0 57 30.8	6 8 39	25 30 12	7 22 45	155	11 16 59	0S46 16	2♍52 57	7 27 27	125	11 44 20	3S29 45
6 F	12 58 45	21 40 44	59 0	1 1 10.2	6 31 21	10♍20 24	7 31 4	91	12 12 10	6 11 59	17 51 28	7 33 29	54	12 40 31	8 50 3
7 S	13 2 41	22 39 44	58 58	1 4 49.7	6 53 56	25 24 57	7 34 39	16	13 9 28	11 20 54	2♎59 37	7 34 33	-21	13 39 0	13 41 27
8 Su	13 6 38	23 38 42	58 56	1 8 29.5	7 16 24	10♎34 10	7 33 15	-56	14 9 8	15 48 41	18 7 25	7 30 49	-88	14 39 49	17 39 47
9 M	13 10 34	24 37 38	58 55	1 12 9.5	7 38 45	25 38 13	7 27 24	-115	15 10 55	19 12 19	3♏ 5 37	7 23 9	-137	15 42 20	20 24 23
10 Tu	13 14 31	25 36 33	58 53	1 15 49.8	8 0 58	10♏28 46	7 18 15	-154	16 13 52	21 14 41	17 47 1	7 12 54	-165	16 45 20	21 42 35
11 W	13 18 27	26 35 25	58 51	1 19 30.3	8 23 4	24 59 55	7 7 14	-172	17 16 31	21 48 10	2♐ 7 8	7 1 25	-175	17 47 15	21 32 11
12 Th	13 22 24	27 34 16	58 49	1 23 11.2	8 45 1	9♐ 8 33	6 55 36	-173	18 17 22	20 55 52	16 4 9	6 49 52	-169	18 46 44	20 0 54
13 F	13 26 21	28 33 5	58 48	1 26 52.4	9 6 49	22 54 0	6 44 20	-162	19 15 18	18 49 13	29 38 20	6 39 2	-154	19 43 0	17 22 51
14 S	13 30 17	29 31 53	58 46	1 30 34.0	9 28 28	6♑17 22	6 34 3	-145	20 9 52	15 43 56	12♑51 26	6 29 23	-135	20 35 55	13 54 27
15 Su	13 34 14	0♈30 39	58 44	1 34 15.9	9 49 58	19 20 49	6 25 4	-125	21 1 13	11 56 21	25 45 53	6 21 5	-115	21 25 52	9 51 27
16 M	13 38 10	1 29 23	58 42	1 37 58.2	10 11 19	2♒ 6 58	6 17 26	-105	21 49 56	7 41 24	8♒24 24	6 14 6	-96	22 13 31	5 27 45
17 Tu	13 42 7	2 28 5	58 41	1 41 40.8	10 32 29	14 38 30	6 11 4	-87	22 36 42	3 11 56	20 49 33	6 8 18	-79	22 59 37	0 55 18
18 W	13 46 3	3 26 46	58 39	1 45 23.9	10 53 29	26 57 51	6 5 48	-71	23 22 20	1N20 53	3♓ 3 39	6 3 33	-64	23 44 57	3N35 23
19 Th	13 50 0	4 25 25	58 37	1 49 7.4	11 14 18	9♓ 7 12	6 1 31	-58	0 7 33	5 47 1	15 8 44	5 59 43	-51	0 30 13	7 54 39
20 F	13 53 56	5 24 2	58 35	1 52 51.3	11 34 55	21 8 27	5 58 7	-45	0 53 1	9 57 6	27 6 34	5 56 44	-38	1 16 1	11 53 15
21 S	13 57 53	6 22 37	58 33	1 56 35.6	11 55 22	3♈ 3 18	5 55 35	-31	1 39 16	13 41 59	8♈58 53	5 54 40	-24	2 2 48	15 22 11
22 Su	14 1 49	7 21 10	58 31	2 0 20.3	12 15 37	14 53 33	5 53 59	-16	2 26 39	16 52 48	20 47 32	5 53 35	-7	2 50 50	18 12 47
23 M	14 5 46	8 19 41	58 30	2 4 5.6	12 35 39	26 41 7	5 53 29	2	3 15 21	19 21 10	2♉34 37	5 53 43	12	3 40 12	20 17 4
24 Tu	14 9 43	9 18 11	58 28	2 7 51.2	12 55 29	8♉28 20	5 54 19	24	4 5 19	20 59 43	14 22 39	5 55 18	36	4 30 41	21 28 26
25 W	14 13 39	10 16 38	58 26	2 11 37.4	13 15 6	20 17 57	5 56 44	50	4 56 14	21 42 44	26 14 40	5 58 37	64	5 21 56	21 42 16
26 Th	14 17 36	11 15 3	58 23	2 15 24.0	13 34 31	2♊13 17	6 0 59	79	5 47 42	21 26 51	8♊14 16	6 3 53	95	6 13 30	20 56 28
27 F	14 21 32	12 13 27	58 21	2 19 11.1	13 53 41	14 18 8	6 7 19	111	6 39 16	20 11 17	20 25 27	6 11 18	128	7 4 57	19 11 36
28 S	14 25 29	13 11 48	58 19	2 22 58.7	14 12 38	26 36 44	6 15 49	144	7 30 33	17 57 53	2♋52 34	6 20 54	160	7 56 4	16 30 44
29 Su	14 29 25	14 10 7	58 17	2 26 46.8	14 31 21	9♋13 27	6 26 29	174	8 21 28	14 50 52	15 39 56	6 32 31	187	8 46 49	12 59 6
30 M	14 33 22	15♈ 8 24	58 15	2 30 35.4	14N49 49	22♋12 27	6 38 58	198	9 12 9	10N56 25	28♋51 25	6 45 43	205	9 37 30	8N43 55

LUNAR INGRESSES
3 ☽ ♌ 5:09
5 ☽ ♍ 7:20
7 ☽ ♎ 7:16
9 ☽ ♏ 7:01
11 ☽ ♐ 8:25
13 ☽ ♑ 12:39
15 ☽ ♒ 19:59
18 ☽ ♓ 5:58
20 ☽ ♈ 17:50
23 ☽ ♉ 6:45
25 ☽ ♊ 19:33
28 ☽ ♋ 6:31
30 ☽ ♌ 14:03

PLANET INGRESSES
9 ☿ ♓ 9:08
14 ☉ ♈ 11:29

STATIONS
4 ☿ D 10:12
10 ♇ R 16:25
14 ♂ D 3:54

DATA FOR THE 1st AT 0 HOURS
JULIAN DAY 40998.5
☽ MEAN ☊ 13°♏ 14' 36"
OBLIQUITY 23° 26' 13"
DELTA T 71.3 SECONDS
NUTATION LONGITUDE 15.9"

DAY MO	YR	☿ LONG ° ' "	♀ LONG ° ' "	♂ LONG ° ' "	♃ LONG ° ' "	♄ LONG ° ' "	♅ LONG ° ' "	♆ LONG ° ' "	♇ LONG ° ' "	☊ LONG ° '	A.S.S.I. h m s	S.S.R.Y. h m s	S.V.P. ♓ ° ' "	☿ MERCURY R.A. h m s	☿ MERCURY DECL ° ' "
1	92	29♒28R53	2♉36 52	9♌51R58	18♈23 49	2♎22R36	10♓ 0 33	7♒ 9 19	14♐37 23	11♏46	0 53 55	30 18 10	5 5 3.4	23 37 52	1S19 29
2	93	29 12 24	3 33 29	9 42 13	18 37 3	2 18 14	10 3 58	7 11 9	14 37 40	11 43	0 58 30	30 18 13	5 5 3.3	23 37 17	1 40 27
3	94	29 1 36	4 29 34	9 33 15	18 50 20	2 13 50	10 7 22	7 12 59	14 37 55	11 38	1 3 5	30 18 1	5 5 3.2	23 37 1	1 58 55
4	95	28 56D27	5 25 5	9 25 5	19 3 40	2 9 25	10 10 45	7 14 47	14 38 8	11 31	1 7 40	30 17 35	5 5 3.2	23 37 7	2 14 51
5	96	28 56 51	6 20 1	9 17 41	19 17 3	2 4 58	10 14 8	7 16 35	14 38 20	11 23	1 12 15	30 16 58	5 5 3.1	23 37 31	2 28 11
6	97	29 2 40	7 14 21	9 11 5	19 30 29	2 0 29	10 17 31	7 18 20	14 38 29	11 15	1 16 51	30 16 12	5 5 3.1	23 38 15	2 38 56
7	98	29 13 44	8 8 3	9 5 16	19 43 57	1 55 59	10 20 53	7 20 5	14 38 37	11 08	1 21 27	30 15 22	5 5 3.1	23 39 18	2 47 6
8	99	29 29 50	9 1 7	9 0 13	19 57 28	1 51 27	10 24 15	7 21 48	14 38 42	11 03	1 26 3	30 14 29	5 5 3.0	23 40 38	2 52 44
9	100	29 50 47	9 53 31	8 55 56	20 11 1	1 46 54	10 27 36	7 23 30	14 38 46	11 00	1 30 39	30 13 37	5 5 2.9	23 42 14	2 55 53
10	101	0♓16 22	10 45 14	8 52 26	20 24 37	1 42 21	10 30 57	7 25 11	14 38R48	10 59	1 35 16	30 12 47	5 5 2.7	23 44 7	2 56 37
11	102	0 46 23	11 36 14	8 49 41	20 38 15	1 37 46	10 34 16	7 26 50	14 38 48	11 00	1 39 53	30 12 3	5 5 2.5	23 46 15	2 54 59
12	103	1 20 35	12 26 30	8 47 42	20 51 55	1 33 11	10 37 35	7 28 28	14 38 47	11 01	1 44 31	30 11 24	5 5 2.3	23 48 38	2 51 4
13	104	1 58 48	13 16 1	8 46 28	21 5 38	1 28 35	10 40 54	7 30 4	14 38 43	11 02	1 49 9	30 10 54	5 5 2.1	23 51 14	2 44 57
14	105	2 40 50	14 4 45	8 45D58	21 19 23	1 23 59	10 44 12	7 31 39	14 38 38	11 02	1 53 47	30 10 32	5 5 2.0	23 54 3	2 36 43
15	106	3 26 28	14 52 40	8 46 13	21 33 10	1 19 22	10 47 28	7 33 12	14 38 30	11 00	1 58 26	30 10 21	5 5 1.9	23 57 4	2 26 25
16	107	4 15 33	15 39 45	8 47 12	21 46 59	1 14 45	10 50 44	7 34 44	14 38 21	10 57	2 3 5	30 10 20	5 5 1.8	0 0 17	2 14 9
17	108	5 7 54	16 25 57	8 48 54	22 0 49	1 10 8	10 53 59	7 36 14	14 38 10	10 52	2 7 45	30 10 31	5 5 1.8	0 3 41	1 59 58
18	109	6 3 23	17 11 14	8 51 19	22 14 42	1 5 31	10 57 13	7 37 43	14 37 57	10 45	2 12 25	30 10 53	5 5 1.7	0 7 15	1 43 58
19	110	7 1 50	17 55 35	8 54 26	22 28 37	1 0 55	11 0 27	7 39 11	14 37 43	10 39	2 17 6	30 11 27	5 5 1.7	0 10 59	1 26 12
20	111	8 3 7	18 38 58	8 58 16	22 42 33	0 56 19	11 3 39	7 40 36	14 37 26	10 32	2 21 47	30 12 11	5 5 1.7	0 14 52	1 6 44
21	112	9 7 8	19 21 19	9 2 46	22 56 30	0 51 44	11 6 50	7 42 0	14 37 8	10 27	2 26 29	30 13 5	5 5 1.6	0 18 54	0 45 39
22	113	10 13 46	20 2 37	9 7 58	23 10 30	0 47 9	11 10 0	7 43 23	14 36 48	10 22	2 31 11	30 14 6	5 5 1.6	0 23 5	0 22 59
23	114	11 22 55	20 42 49	9 13 49	23 24 30	0 42 36	11 13 9	7 44 44	14 36 26	10 20	2 35 54	30 15 13	5 5 1.4	0 27 24	0N 1 11
24	115	12 34 29	21 21 53	9 20 21	23 38 32	0 38 3	11 16 16	7 46 3	14 36 2	10 19	2 40 38	30 16 22	5 5 1.3	0 31 51	0 26 48
25	116	13 48 24	21 59 45	9 27 30	23 52 36	0 33 32	11 19 23	7 47 21	14 35 37	10 19	2 45 22	30 17 31	5 5 1.1	0 36 26	0 53 49
26	117	15 4 35	22 36 23	9 35 19	24 6 40	0 29 2	11 22 28	7 48 36	14 35 10	10 21	2 50 7	30 18 35	5 5 1.0	0 41 9	1 22 11
27	118	16 22 59	23 11 44	9 43 44	24 20 46	0 24 33	11 25 32	7 49 51	14 34 41	10 22	2 54 52	30 19 31	5 5 0.8	0 45 59	1 51 50
28	119	17 43 31	23 45 44	9 52 47	24 34 52	0 20 6	11 28 34	7 51 3	14 34 10	10 24	2 59 38	30 20 17	5 5 0.6	0 50 56	2 22 44
29	120	19 6 10	24 18 21	10 2 25	24 49 0	0 15 41	11 31 35	7 52 14	14 33 38	10 25	3 4 24	30 20 50	5 5 0.4	0 56 1	2 54 50
30	121	20♓30 52	24♉49 31	10♌12 39	25♈ 3 8	0♎11 18	11♓34 35	7♒53 23	14♐33 4	10♏25	3 9 12	30 21 10	5 5 0.3	1 1 13	3N28 4

DAY Apr	♀ VENUS R.A. h m s	♀ VENUS DECL ° ' "	♂ MARS R.A. h m s	♂ MARS DECL ° ' "	♃ JUPITER R.A. h m s	♃ JUPITER DECL ° ' "	♄ SATURN R.A. h m s	♄ SATURN DECL ° ' "	♅ URANUS R.A. h m s	♅ URANUS DECL ° ' "	♆ NEPTUNE R.A. h m s	♆ NEPTUNE DECL ° ' "	♇ PLUTO R.A. h m s	♇ PLUTO DECL ° ' "
1	3 37 37	22N58 41	10 31 29	12N50 18	2 44 32	15N 0 2	13 45 20	7S55 54	0 19 11	1N19 27	22 17 4	11S15 33	18 40 20	19S12 46
2	3 41 32	23 15 44	10 30 48	12 51 32	2 45 24	15 4 8	13 45 4	7 54 16	0 19 23	1 20 48	22 17 11	11 14 54	18 40 21	19 12 44
3	3 45 26	23 32 17	10 30 10	12 52 27	2 46 16	15 8 14	13 44 47	7 52 37	0 19 36	1 22 9	22 17 18	11 14 16	18 40 22	19 12 41
4	3 49 18	23 48 20	10 29 35	12 53 4	2 47 9	15 12 19	13 44 31	7 50 59	0 19 48	1 23 29	22 17 25	11 13 39	18 40 23	19 12 39
5	3 53 9	24 3 52	10 29 3	12 53 24	2 48 1	15 16 25	13 44 14	7 49 19	0 20 0	1 24 50	22 17 32	11 13 2	18 40 24	19 12 37
6	3 56 58	24 18 54	10 28 34	12 53 25	2 48 54	15 20 30	13 43 57	7 47 40	0 20 13	1 26 10	22 17 38	11 12 25	18 40 25	19 12 35
7	4 0 45	24 33 25	10 28 8	12 53 9	2 49 48	15 24 35	13 43 41	7 46 0	0 20 25	1 27 30	22 17 45	11 11 49	18 40 25	19 12 33
8	4 4 31	24 47 24	10 27 45	12 52 36	2 50 41	15 28 40	13 43 24	7 44 20	0 20 38	1 28 49	22 17 52	11 11 13	18 40 26	19 12 31
9	4 8 14	25 0 53	10 27 25	12 51 46	2 51 35	15 32 45	13 43 7	7 42 40	0 20 50	1 30 9	22 17 58	11 10 38	18 40 26	19 12 29
10	4 11 55	25 13 51	10 27 7	12 50 39	2 52 29	15 36 49	13 42 49	7 41 0	0 21 2	1 31 28	22 18 5	11 10 3	18 40 26	19 12 27
11	4 15 34	25 26 17	10 26 53	12 49 16	2 53 23	15 40 54	13 42 32	7 39 20	0 21 14	1 32 47	22 18 11	11 9 28	18 40 26	19 12 26
12	4 19 10	25 38 11	10 26 42	12 47 36	2 54 17	15 44 58	13 42 15	7 37 40	0 21 27	1 34 6	22 18 17	11 8 55	18 40 26	19 12 25
13	4 22 44	25 49 35	10 26 33	12 45 41	2 55 11	15 49 1	13 41 58	7 35 59	0 21 39	1 35 24	22 18 23	11 8 21	18 40 26	19 12 24
14	4 26 15	26 0 27	10 26 27	12 43 29	2 56 6	15 53 5	13 41 41	7 34 19	0 21 51	1 36 42	22 18 29	11 7 48	18 40 25	19 12 23
15	4 29 44	26 10 47	10 26 25	12 41 3	2 57 1	15 57 7	13 41 23	7 32 40	0 22 3	1 37 59	22 18 35	11 7 16	18 40 25	19 12 22
16	4 33 9	26 20 36	10 26 25	12 38 20	2 57 56	16 1 10	13 41 6	7 31 0	0 22 15	1 39 16	22 18 41	11 6 45	18 40 24	19 12 22
17	4 36 31	26 29 54	10 26 27	12 35 23	2 58 51	16 5 12	13 40 49	7 29 20	0 22 27	1 40 33	22 18 47	11 6 14	18 40 23	19 12 21
18	4 39 49	26 38 40	10 26 33	12 32 11	2 59 46	16 9 13	13 40 31	7 27 41	0 22 39	1 41 50	22 18 53	11 5 43	18 40 22	19 12 21
19	4 43 4	26 46 55	10 26 41	12 28 44	3 0 42	16 13 14	13 40 14	7 26 3	0 22 51	1 43 5	22 18 58	11 5 13	18 40 21	19 12 21
20	4 46 15	26 54 38	10 26 52	12 25 2	3 1 37	16 17 14	13 39 57	7 24 24	0 23 3	1 44 21	22 19 4	11 4 44	18 40 20	19 12 21
21	4 49 22	27 1 51	10 27 5	12 21 7	3 2 33	16 21 14	13 39 39	7 22 47	0 23 14	1 45 36	22 19 9	11 4 15	18 40 19	19 12 21
22	4 52 24	27 8 33	10 27 22	12 16 57	3 3 29	16 25 12	13 39 22	7 21 9	0 23 26	1 46 51	22 19 14	11 3 47	18 40 18	19 12 22
23	4 55 23	27 14 43	10 27 40	12 12 34	3 4 25	16 29 11	13 39 5	7 19 33	0 23 38	1 48 5	22 19 20	11 3 19	18 40 16	19 12 22
24	4 58 16	27 20 23	10 28 1	12 7 58	3 5 21	16 33 8	13 38 48	7 17 57	0 23 49	1 49 18	22 19 25	11 2 52	18 40 14	19 12 23
25	5 1 5	27 25 33	10 28 25	12 3 8	3 6 18	16 37 5	13 38 31	7 16 22	0 24 0	1 50 31	22 19 30	11 2 25	18 40 13	19 12 24
26	5 3 48	27 30 12	10 28 51	11 58 6	3 7 14	16 41 1	13 38 14	7 14 47	0 24 12	1 51 44	22 19 35	11 1 59	18 40 11	19 12 25
27	5 6 26	27 34 20	10 29 20	11 52 50	3 8 11	16 44 57	13 37 57	7 13 13	0 24 23	1 52 56	22 19 39	11 1 34	18 40 9	19 12 26
28	5 8 58	27 37 59	10 29 51	11 47 23	3 9 7	16 48 51	13 37 40	7 11 41	0 24 34	1 54 8	22 19 44	11 1 10	18 40 7	19 12 28
29	5 11 24	27 41 7	10 30 24	11 41 43	3 10 4	16 52 45	13 37 23	7 10 9	0 24 46	1 55 18	22 19 48	11 0 46	18 40 4	19 12 30
30	5 13 44	27N43 45	10 30 59	11N35 51	3 11 1	16N56 37	13 37 7	7S 8 38	0 24 57	1N56 29	22 19 53	11S 0 22	18 40 2	19S12 32

DAY	SIDEREAL TIME h m s	☉ SUN LONG ° ' "	MOT ' "	R.A. h m s	DECL ° ' "	☽ MOON AT 0 HOURS LONG ° ' "	12h MOT ° ' "	2DIF "	R.A. h m s	DECL ° ' "	☽ MOON AT 12 HOURS LONG ° ' "	12h MOT ° ' "	2DIF "	R.A. h m s	DECL ° ' "
1 Tu	14 37 18	16♈ 6 39	58 13	2 34 24.5	15N 8 3	5♌37 8	6 52 40	209	10 2 58	6N22 51	12♌29 48	6 59 40	209	10 28 38	3N54 39
2 W	14 41 15	17 4 52	58 11	2 38 14.1	15 26 1	19 29 28	7 6 34	203	10 54 34	1 20 58	26 36 2	7 13 12	192	11 20 53	1S16 20
3 Th	14 45 12	18 3 3	58 9	2 42 4.2	15 43 44	3♍49 14	7 19 21	175	11 47 41	3S55 7	11♍ 8 35	7 24 51	152	12 15 4	6 32 57
4 F	14 49 8	19 1 12	58 7	2 45 54.9	16 1 12	18 33 26	7 29 31	125	12 43 6	9 7 10	26 2 57	7 33 10	93	13 11 52	11 34 50
5 S	14 53 5	19 59 19	58 5	2 49 46.1	16 18 23	3♎36 7	7 35 42	58	13 41 23	13 52 52	11♎11 49	7 37 1	21	14 11 41	15 58 7
6 Su	14 57 1	20 57 25	58 4	2 53 37.9	16 35 18	18 48 50	7 37 5	-17	14 42 41	17 47 34	26 25 55	7 35 53	-53	15 14 18	19 18 25
7 M	15 0 58	21 55 28	58 2	2 57 30.2	16 51 57	4♏ 1 48	7 33 31	-87	15 46 22	20 28 23	11♏35 19	7 30 3	-118	16 18 41	21 15 50
8 Tu	15 4 54	22 53 30	58 1	3 1 23.1	17 8 19	19 5 22	7 25 39	-144	16 51 1	21 39 52	26 31 1	7 20 28	-165	17 23 7	21 40 28
9 W	15 8 51	23 51 31	57 59	3 5 16.6	17 24 23	3♐51 29	7 14 40	-181	17 54 45	21 18 23	11♐ 6 8	7 8 25	-191	18 25 42	20 35 4
10 Th	15 12 47	24 49 30	57 58	3 9 10.7	17 40 11	18 14 33	7 1 55	-197	18 55 50	19 32 28	25 16 28	6 55 18	-198	19 25 2	18 12 52
11 F	15 16 44	25 47 28	57 57	3 13 5.4	17 55 40	2♑11 46	6 48 44	-195	19 53 17	16 38 41	9♑ 0 30	6 42 18	-189	20 20 35	14 52 20
12 S	15 20 41	26 45 24	57 55	3 17 0.6	18 10 52	15 42 48	6 36 8	-180	20 46 58	12 56 9	22 18 56	6 30 18	-169	21 12 31	10 52 17
13 Su	15 24 37	27 43 20	57 54	3 20 56.5	18 25 45	28 49 14	6 24 51	-157	21 37 19	8 42 41	5♒14 5	6 19 50	-144	22 1 29	6 29 6
14 M	15 28 34	28 41 14	57 53	3 24 52.9	18 40 20	11♒33 55	6 15 16	-130	22 25 7	4 13 7	17 49 11	6 11 10	-116	22 48 20	1 56 9
15 Tu	15 32 30	29 39 7	57 52	3 28 49.9	18 54 36	24 0 21	6 7 33	-102	23 11 14	0N20 32	0♓ 7 54	6 4 23	-88	23 33 56	2N35 44
16 W	15 36 27	0♉36 58	57 50	3 32 47.5	19 8 32	6♓12 17	6 1 40	-75	23 56 32	4 48 20	12 13 57	5 59 24	-62	0 19 8	6 57 15
17 Th	15 40 23	1 34 48	57 49	3 36 45.7	19 22 10	18 13 21	5 57 32	-50	0 41 48	9 1 27	24 10 53	5 56 3	-39	1 4 37	10 59 53
18 F	15 44 20	2 32 38	57 48	3 40 44.5	19 35 27	0♈ 6 55	5 54 56	-28	1 27 40	12 51 28	6♈ 1 52	5 54 10	-18	1 51 0	14 35 12
19 S	15 48 16	3 30 25	57 47	3 44 43.8	19 48 24	11 56 2	5 53 44	-9	2 14 38	16 9 59	17 49 45	5 53 36	0	2 38 38	17 34 47
20 Su	15 52 13	4 28 12	57 45	3 48 43.7	20 1 2	23 43 21	5 53 46	9	3 2 59	18 48 36	29 37 7	5 54 12	18	3 27 42	19 50 27
21 M	15 56 10	5 25 57	57 44	3 52 44.1	20 13 18	5♉31 19	5 54 56	26	3 52 44	20 39 28	11♉26 15	5 55 56	34	4 18 3	21 14 52
22 Tu	16 0 6	6 23 41	57 43	3 56 45.0	20 25 14	17 22 11	5 57 13	43	4 43 36	21 36 3	23 19 25	5 58 47	51	5 9 20	21 42 33
23 W	16 4 3	7 21 23	57 41	4 0 46.5	20 36 49	29 18 12	6 0 39	60	5 35 9	21 34 7	5♊18 51	6 2 49	70	6 1 0	21 10 40
24 Th	16 7 59	8 19 5	57 40	4 4 48.5	20 48 3	11♊21 40	6 5 18	80	6 26 48	20 32 21	17 26 58	6 8 7	90	6 52 30	19 39 30
25 F	16 11 56	9 16 44	57 38	4 8 50.9	20 58 55	23 35 5	6 11 17	100	7 18 3	18 32 38	29 46 27	6 14 48	111	7 43 27	17 12 24
26 S	16 15 52	10 14 23	57 37	4 12 53.9	21 9 25	6♋ 1 10	6 18 41	122	8 8 39	15 39 36	12♋19 51	6 22 56	133	8 33 42	13 55 8
27 Su	16 19 49	11 11 59	57 36	4 16 57.3	21 19 34	18 42 46	6 27 31	143	8 58 37	12 0 1	25 10 17	6 32 28	153	9 23 26	9 55 19
28 M	16 23 45	12 9 35	57 34	4 21 1.1	21 29 20	1♌42 45	6 37 42	161	9 48 14	7 42 14	8♌20 27	6 43 13	168	10 13 5	5 22 1
29 Tu	16 27 42	13 7 9	57 33	4 25 5.4	21 38 44	15 3 39	6 48 55	173	10 38 5	2 56 4	21 52 34	6 54 45	175	11 3 20	0 25 55
30 W	16 31 39	14 4 41	57 31	4 29 10.1	21 47 45	28 47 19	7 0 36	174	11 28 57	2S 6 45	5♍47 55	7 6 22	170	11 55 1	4S40 3
31 Th	16 35 35	15♉ 2 12	57 30	4 33 15.2	21N56 24	12♍54 17	7 11 55	161	12 21 39	7S11 51	20♍ 6 12	7 17 6	148	12 48 58	9S39 50

LUNAR INGRESSES
2 ☽ ♍ 17:40
4 ☽ ♎ 18:17
6 ☽ ♏ 17:38
8 ☽ ♐ 17:41
10 ☽ ♑ 20:10
13 ☽ ♒ 2:12
15 ☽ ♓ 11:44
17 ☽ ♈ 23:46
20 ☽ ♉ 12:47
23 ☽ ♊ 1:24
25 ☽ ♋ 12:26
27 ☽ ♌ 20:52
30 ☽ ♍ 2:05

PLANET INGRESSES
2 ♄ ♍ 14:49
6 ☿ ♈ 4:41
15 ☉ ♉ 8:40
20 ♃ ♉ 21:40
22 ☿ ♉ 2:23

STATIONS
15 ♀ R 14:34

DATA FOR THE 1st AT 0 HOURS
JULIAN DAY 41028.5
☽ MEAN ☊ 11°♏ 39' 12"
OBLIQUITY 23° 26' 12"
DELTA T 71.4 SECONDS
NUTATION LONGITUDE 14.8"

DAY MO	YR	☿ LONG ° ' "	♀ LONG ° ' "	♂ LONG ° ' "	♃ LONG ° ' "	♄ LONG ° ' "	♅ LONG ° ' "	♆ LONG ° ' "	♇ LONG ° ' "	☊ LONG ° '	A.S.S.I. h m s	S.S.R.Y. h m s	S.V.P. ♓ ° ' "	☿ MERCURY R.A. h m s	DECL ° ' "
1	122	21♓57 37	25♉19 11	10♌23 27	25♈17 17	0♎ 6R57	11♓37 33	7♒54 30	14♐32R28	10♏23	3 13 59	30 21 13	5 5 0.2	1 6 31	4N 2 24
2	123	23 26 21	25 47 17	10 34 49	25 31 27	0 2 38	11 40 30	7 55 35	14 31 51	10 21	3 18 48	30 21 6	5 5 0.2	1 11 58	4 37 48
3	124	24 57 4	26 13 46	10 46 45	25 45 37	29♍58 21	11 43 25	7 56 39	14 31 12	10 19	3 23 37	30 20 44	5 5 0.2	1 17 31	5 14 11
4	125	26 29 44	26 38 35	10 59 13	25 59 48	29 54 7	11 46 19	7 57 41	14 30 31	10 16	3 28 27	30 20 11	5 5 0.1	1 23 11	5 51 31
5	126	28 4 22	27 1 39	11 12 12	26 14 0	29 49 56	11 49 11	7 58 41	14 29 49	10 13	3 33 17	30 19 29	5 5 0.0	1 29 0	6 29 46
6	127	29 40 56	27 22 55	11 25 43	26 28 11	29 45 47	11 52 2	7 59 39	14 29 6	10 11	3 38 9	30 18 41	5 4 59.9	1 34 55	7 8 52
7	128	1♈19 27	27 42 20	11 39 44	26 42 24	29 41 41	11 54 51	8 0 35	14 28 20	10 10	3 43 0	30 17 48	5 4 59.7	1 40 59	7 48 46
8	129	2 59 54	27 59 50	11 54 14	26 56 36	29 37 38	11 57 38	8 1 30	14 27 34	10 11	3 47 53	30 16 53	5 4 59.5	1 47 10	8 29 24
9	130	4 42 17	28 15 21	12 9 14	27 10 49	29 33 37	12 0 24	8 2 23	14 26 45	10 11	3 52 46	30 15 57	5 4 59.2	1 53 30	9 10 43
10	131	6 26 37	28 28 51	12 24 42	27 25 3	29 29 40	12 3 8	8 3 14	14 25 55	10 12	3 57 40	30 15 4	5 4 58.9	1 59 58	9 52 39
11	132	8 12 54	28 40 16	12 40 39	27 39 16	29 25 47	12 5 50	8 4 3	14 25 4	10 14	4 2 35	30 14 16	5 4 58.7	2 6 34	10 35 8
12	133	10 1 8	28 49 33	12 57 2	27 53 29	29 21 56	12 8 30	8 4 50	14 24 11	10 14	4 7 31	30 13 34	5 4 58.6	2 13 20	11 18 5
13	134	11 51 19	28 56 39	13 13 53	28 7 43	29 18 9	12 11 9	8 5 35	14 23 17	10 15	4 12 27	30 13 0	5 4 58.5	2 20 14	12 1 25
14	135	13 43 26	29 1 30	13 31 11	28 21 56	29 14 26	12 13 46	8 6 19	14 22 21	10 14	4 17 24	30 12 37	5 4 58.4	2 27 18	12 45 3
15	136	15 37 30	29 4R 4	13 48 54	28 36 9	29 10 46	12 16 20	8 7 0	14 21 24	10 13	4 22 22	30 12 25	5 4 58.3	2 34 32	13 28 53
16	137	17 33 29	29 4 19	14 7 3	28 50 22	29 7 10	12 18 53	8 7 40	14 20 26	10 12	4 27 20	30 12 26	5 4 58.3	2 41 55	14 12 48
17	138	19 31 22	29 2 12	14 25 38	29 4 35	29 3 38	12 21 24	8 8 17	14 19 26	10 11	4 32 20	30 12 39	5 4 58.2	2 49 29	14 56 41
18	139	21 31 7	28 57 43	14 44 37	29 18 48	29 0 10	12 23 53	8 8 53	14 18 25	10 10	4 37 20	30 13 4	5 4 58.1	2 57 13	15 40 24
19	140	23 32 39	28 50 48	15 4 0	29 33 0	28 56 46	12 26 20	8 9 27	14 17 22	10 09	4 42 20	30 13 41	5 4 58.0	3 5 7	16 23 48
20	141	25 35 56	28 41 29	15 23 47	29 47 12	28 53 27	12 28 45	8 9 58	14 16 18	10 08	4 47 22	30 14 29	5 4 57.9	3 13 12	17 6 45
21	142	27 40 52	28 29 45	15 43 57	0♉ 1 23	28 50 12	12 31 7	8 10 28	14 15 13	10 08	4 52 24	30 15 25	5 4 57.7	3 21 26	17 49 3
22	143	29 47 20	28 15 36	16 4 30	0 15 33	28 47 1	12 33 28	8 10 56	14 14 7	10 08	4 57 26	30 16 26	5 4 57.5	3 29 51	18 30 32
23	144	1♉55 11	27 59 4	16 25 26	0 29 43	28 43 55	12 35 46	8 11 22	14 12 59	10 08	5 2 30	30 17 31	5 4 57.3	3 38 26	19 11 0
24	145	4 4 16	27 40 12	16 46 43	0 43 52	28 40 53	12 38 3	8 11 46	14 11 51	10 09	5 7 34	30 18 35	5 4 57.1	3 47 10	19 50 17
25	146	6 14 24	27 19 3	17 8 22	0 58 0	28 37 56	12 40 17	8 12 8	14 10 41	10 09	5 12 38	30 19 35	5 4 56.9	3 56 2	20 28 8
26	147	8 25 22	26 55 40	17 30 22	1 12 7	28 35 4	12 42 28	8 12 28	14 9 30	10 09	5 17 44	30 20 28	5 4 56.7	4 5 2	21 4 23
27	148	10 36 55	26 30 10	17 52 43	1 26 14	28 32 17	12 44 38	8 12 46	14 8 17	10 09	5 22 50	30 21 12	5 4 56.5	4 14 9	21 38 48
28	149	12 48 48	26 2 40	18 15 23	1 40 19	28 29 35	12 46 46	8 13 2	14 7 4	10 09	5 27 56	30 21 44	5 4 56.4	4 23 22	22 11 13
29	150	15 0 46	25 33 16	18 38 24	1 54 22	28 26 57	12 48 50	8 13 16	14 5 50	10 09	5 33 3	30 22 5	5 4 56.3	4 32 40	22 41 27
30	151	17 12 31	25 2 7	19 1 43	2 8 25	28 24 25	12 50 53	8 13 28	14 4 35	10 09	5 38 10	30 22 13	5 4 56.2	4 42 1	23 9 19
31	152	19♉23 47	24♉29 24	19♌25 22	2♉22 26	28♍21 58	12♓52 53	8♒13 39	14♐ 3 18	10♏09	5 43 18	30 22 7	5 4 56.1	4 51 23	23N34 42

DAY May	♀ VENUS R.A. h m s	DECL ° ' "	♂ MARS R.A. h m s	DECL ° ' "	♃ JUPITER R.A. h m s	DECL ° ' "	♄ SATURN R.A. h m s	DECL ° ' "	♅ URANUS R.A. h m s	DECL ° ' "	♆ NEPTUNE R.A. h m s	DECL ° ' "	♇ PLUTO R.A. h m s	DECL ° ' "
1	5 15 57	27N45 53	10 31 37	11N29 48	3 11 58	17N 0 29	13 36 50	7S 7 8	0 25 8	1N57 38	22 19 57	11S 0 0	18 39 59	19S12 34
2	5 18 4	27 47 31	10 32 17	11 23 33	3 12 55	17 4 20	13 36 34	7 5 39	0 25 18	1 58 47	22 20 1	10 59 38	18 39 57	19 12 36
3	5 20 3	27 48 40	10 32 59	11 17 7	3 13 52	17 8 10	13 36 18	7 4 11	0 25 29	1 59 56	22 20 5	10 59 16	18 39 54	19 12 38
4	5 21 55	27 49 18	10 33 43	11 10 29	3 14 49	17 11 59	13 36 2	7 2 44	0 25 40	2 1 4	22 20 9	10 58 55	18 39 51	19 12 41
5	5 23 39	27 49 26	10 34 29	11 3 42	3 15 46	17 15 46	13 35 46	7 1 19	0 25 50	2 2 11	22 20 13	10 58 35	18 39 48	19 12 43
6	5 25 15	27 49 4	10 35 16	10 56 43	3 16 44	17 19 33	13 35 30	6 59 54	0 26 1	2 3 17	22 20 17	10 58 16	18 39 45	19 12 46
7	5 26 43	27 48 12	10 36 6	10 49 34	3 17 41	17 23 19	13 35 15	6 58 31	0 26 11	2 4 23	22 20 21	10 57 57	18 39 42	19 12 49
8	5 28 3	27 46 49	10 36 58	10 42 15	3 18 39	17 27 4	13 34 59	6 57 10	0 26 22	2 5 28	22 20 24	10 57 39	18 39 39	19 12 53
9	5 29 13	27 44 55	10 37 51	10 34 46	3 19 36	17 30 47	13 34 44	6 55 49	0 26 32	2 6 33	22 20 27	10 57 21	18 39 35	19 12 56
10	5 30 15	27 42 30	10 38 47	10 27 7	3 20 34	17 34 30	13 34 29	6 54 30	0 26 42	2 7 37	22 20 31	10 57 4	18 39 32	19 13 0
11	5 31 7	27 39 33	10 39 44	10 19 18	3 21 31	17 38 11	13 34 14	6 53 13	0 26 52	2 8 40	22 20 34	10 56 48	18 39 28	19 13 3
12	5 31 49	27 36 4	10 40 43	10 11 20	3 22 29	17 41 51	13 34 0	6 51 57	0 27 2	2 9 42	22 20 37	10 56 33	18 39 25	19 13 7
13	5 32 22	27 32 2	10 41 43	10 3 12	3 23 27	17 45 30	13 33 46	6 50 42	0 27 11	2 10 43	22 20 40	10 56 18	18 39 21	19 13 12
14	5 32 45	27 27 27	10 42 45	9 54 55	3 24 25	17 49 8	13 33 31	6 49 29	0 27 21	2 11 44	22 20 43	10 56 4	18 39 17	19 13 16
15	5 32 58	27 22 17	10 43 49	9 46 29	3 25 22	17 52 45	13 33 17	6 48 17	0 27 31	2 12 44	22 20 45	10 55 51	18 39 13	19 13 21
16	5 33 0	27 16 33	10 44 54	9 37 53	3 26 20	17 56 20	13 33 4	6 47 7	0 27 40	2 13 43	22 20 48	10 55 38	18 39 9	19 13 25
17	5 32 52	27 10 14	10 46 1	9 29 9	3 27 18	17 59 54	13 32 50	6 45 59	0 27 49	2 14 42	22 20 50	10 55 26	18 39 5	19 13 30
18	5 32 33	27 3 17	10 47 10	9 20 15	3 28 16	18 3 27	13 32 37	6 44 52	0 27 58	2 15 39	22 20 53	10 55 15	18 39 0	19 13 35
19	5 32 4	26 55 44	10 48 19	9 11 13	3 29 14	18 6 59	13 32 24	6 43 47	0 28 8	2 16 36	22 20 55	10 55 4	18 38 56	19 13 40
20	5 31 24	26 47 32	10 49 31	9 2 3	3 30 12	18 10 29	13 32 11	6 42 44	0 28 16	2 17 32	22 20 57	10 54 54	18 38 51	19 13 46
21	5 30 33	26 38 42	10 50 44	8 52 44	3 31 10	18 13 57	13 31 59	6 41 43	0 28 25	2 18 27	22 20 59	10 54 45	18 38 47	19 13 51
22	5 29 32	26 29 12	10 51 58	8 43 16	3 32 8	18 17 25	13 31 47	6 40 43	0 28 34	2 19 21	22 21 1	10 54 37	18 38 42	19 13 57
23	5 28 21	26 19 2	10 53 13	8 33 41	3 33 5	18 20 51	13 31 35	6 39 46	0 28 42	2 20 15	22 21 2	10 54 29	18 38 38	19 14 3
24	5 27 0	26 8 11	10 54 30	8 23 57	3 34 3	18 24 16	13 31 23	6 38 50	0 28 51	2 21 7	22 21 4	10 54 22	18 38 33	19 14 9
25	5 25 28	25 56 39	10 55 48	8 14 6	3 35 1	18 27 39	13 31 12	6 37 56	0 28 59	2 21 59	22 21 6	10 54 16	18 38 28	19 14 16
26	5 23 48	25 44 27	10 57 8	8 4 6	3 35 59	18 31 1	13 31 1	6 37 4	0 29 7	2 22 49	22 21 7	10 54 10	18 38 23	19 14 22
27	5 21 58	25 31 33	10 58 29	7 53 59	3 36 57	18 34 21	13 30 50	6 36 14	0 29 15	2 23 39	22 21 8	10 54 5	18 38 18	19 14 29
28	5 20 0	25 17 59	10 59 51	7 43 45	3 37 55	18 37 40	13 30 40	6 35 26	0 29 23	2 24 28	22 21 9	10 54 1	18 38 13	19 14 36
29	5 17 55	25 3 45	11 1 14	7 33 23	3 38 52	18 40 57	13 30 30	6 34 40	0 29 31	2 25 16	22 21 10	10 53 58	18 38 7	19 14 43
30	5 15 42	24 48 54	11 2 38	7 22 54	3 39 50	18 44 13	13 30 20	6 33 56	0 29 38	2 26 3	22 21 10	10 53 55	18 38 2	19 14 50
31	5 13 23	24N33 26	11 4 4	7N12 18	3 40 48	18N47 27	13 30 10	6S33 14	0 29 46	2N26 48	22 21 11	10S53 53	18 37 57	19S14 57

JUNE 2012

DAY	SIDEREAL TIME h m s	☉ SUN LONG ° ' "	MOT ' "	R.A. h m s	DECL ° ' "	☽ MOON AT 0 HOURS LONG ° ' "	12h MOT ° ' "	2DIF "	R.A. h m s	DECL ° ' "	☽ MOON AT 12 HOURS LONG ° ' "	12h MOT ° ' "	2DIF "	R.A. h m s	DECL ° ' "
1 F	16 39 32	15♉59 42	57 29	4 37 20.7	22N 4 40	27♍23 18	7 21 47	131	13 17 2	12S 1 23	4♎45 5	7 25 48	109	13 45 55	14S13 44
2 S	16 43 28	16 57 11	57 27	4 41 26.6	22 12 32	12♎10 54	7 29 2	83	14 15 38	16 13 59	19 39 55	7 31 20	54	14 46 11	17 59 13
3 Su	16 47 25	17 54 38	57 26	4 45 32.8	22 20 2	27 11 15	7 32 37	22	15 17 28	19 26 40	4♏43 52	7 32 48	-11	15 49 21	20 33 53
4 M	16 51 21	18 52 4	57 25	4 49 39.4	22 27 7	12♏16 40	7 31 53	-44	16 21 40	21 18 59	19 48 33	7 29 51	-77	16 54 8	21 40 47
5 Tu	16 55 18	19 49 29	57 25	4 53 46.4	22 33 50	27 18 24	7 26 46	-107	17 26 32	21 38 54	4♐45 10	7 22 44	-134	17 58 35	21 13 50
6 W	16 59 14	20 46 54	57 24	4 57 53.6	22 40 9	12♐ 7 54	7 17 50	-157	18 30 4	20 26 51	19 25 44	7 12 15	-176	19 0 47	19 19 51
7 Th	17 3 11	21 44 17	57 23	5 2 1.2	22 46 3	26 37 59	7 6 8	-189	19 30 37	17 55 11	3♑44 7	6 59 39	-198	19 59 30	16 15 27
8 F	17 7 8	22 41 40	57 22	5 6 9.1	22 51 34	10♑43 46	6 52 57	-202	20 27 24	14 23 16	17 36 42	6 46 11	-201	20 54 22	12 21 14
9 S	17 11 4	23 39 2	57 22	5 10 17.2	22 56 41	24 22 54	6 39 32	-197	21 20 26	10 11 46	1♒ 2 25	6 33 4	-189	21 45 43	7 57 2
10 Su	17 15 1	24 36 24	57 21	5 14 25.6	23 1 24	7♒35 29	6 26 56	-178	22 10 19	5 38 59	14 2 26	6 21 12	-165	22 34 20	3 19 21
11 M	17 18 57	25 33 45	57 21	5 18 34.2	23 5 42	20 23 38	6 15 57	-150	22 57 53	0 59 38	26 39 35	6 11 12	-134	23 21 5	1N18 49
12 Tu	17 22 54	26 31 6	57 20	5 22 43.1	23 9 36	2♓50 47	6 7 1	-117	23 44 3	3N34 48	8♓57 47	6 3 23	-100	0 6 52	5 47 13
13 W	17 26 50	27 28 26	57 20	5 26 52.1	23 13 5	15 1 11	6 0 21	-83	0 29 40	7 55 3	21 1 31	5 57 52	-66	0 52 31	9 57 17
14 Th	17 30 47	28 25 46	57 19	5 31 1.4	23 16 10	26 59 24	5 55 58	-49	1 15 30	11 52 58	2♈55 22	5 54 36	-33	1 38 43	13 41 7
15 F	17 34 43	29 23 5	57 19	5 35 10.7	23 18 50	8♈49 58	5 53 46	-18	2 2 11	15 20 48	14 43 44	5 53 21	-4	2 25 50	16 51 0
16 S	17 38 40	0♊20 24	57 19	5 39 20.2	23 21 5	20 37 8	5 53 32	10	2 50 8	18 10 46	26 30 40	5 54 4	22	3 14 38	19 19 8
17 Su	17 42 37	1 17 42	57 18	5 43 29.8	23 22 56	2♉24 44	5 55 0	33	3 39 31	20 15 12	8♉19 45	5 56 18	44	4 4 43	20 58 5
18 M	17 46 33	2 15 1	57 18	5 47 39.5	23 24 21	14 16 3	5 57 55	53	4 30 14	21 27 5	20 13 57	5 59 49	61	4 55 58	21 41 34
19 Tu	17 50 30	3 12 18	57 17	5 51 49.2	23 25 23	26 13 46	6 1 59	68	5 21 53	21 41 7	2♊15 45	6 4 22	75	5 47 54	21 25 31
20 W	17 54 26	4 9 35	57 17	5 55 59.0	23 25 59	8♊20 7	6 6 57	80	6 13 55	20 54 44	14 27 4	6 9 43	85	6 39 54	20 8 59
21 Th	17 58 23	5 6 52	57 16	6 0 8.7	23 26 10	20 36 47	6 12 38	90	7 5 45	19 8 43	26 49 25	6 15 42	94	7 31 26	17 54 32
22 F	18 2 19	6 4 8	57 16	6 4 18.4	23 25 57	3♋ 5 6	6 18 53	98	7 56 55	16 27 17	9♋23 59	6 22 12	101	8 22 11	14 47 54
23 S	18 6 16	7 1 24	57 15	6 8 28.0	23 25 19	15 46 12	6 25 38	105	8 47 15	12 57 29	22 11 50	6 29 11	108	9 12 8	10 57 13
24 Su	18 10 13	7 58 39	57 15	6 12 37.5	23 24 16	28 41 1	6 32 51	112	9 36 53	8 48 24	5♌13 52	6 36 38	115	10 1 34	6 32 22
25 M	18 14 9	8 55 53	57 14	6 16 46.9	23 22 48	11♌50 30	6 40 31	118	10 26 15	4 10 32	18 31 1	6 44 30	121	10 51 2	1 44 24
26 Tu	18 18 6	9 53 7	57 13	6 20 56.1	23 20 56	25 15 31	6 48 34	123	11 16 0	0S44 26	2♍ 4 4	6 52 41	124	11 41 15	3S14 18
27 W	18 22 2	10 50 20	57 13	6 25 5.2	23 18 39	8♍56 45	6 56 49	124	12 6 55	5 43 22	15 53 34	7 0 56	122	12 33 4	8 9 40
28 Th	18 25 59	11 47 33	57 12	6 29 14.1	23 15 58	22 54 29	7 4 57	118	12 59 50	10 31 5	29 59 26	7 8 49	112	13 27 18	12 45 20
29 F	18 29 55	12 44 45	57 12	6 33 22.8	23 12 52	7♎ 8 15	7 12 25	103	13 55 30	14 49 58	14♎20 40	7 15 41	91	14 24 30	16 42 30
30 S	18 33 52	13♊41 57	57 12	6 37 31.2	23N 9 22	21♎36 21	7 18 30	76	14 54 16	18S20 21	28♎54 50	7 20 45	58	15 24 47	19S41 7

LUNAR INGRESSES
1 ☽ ♎ 4:16
3 ☽ ♏ 4:29
5 ☽ ♐ 4:20
7 ☽ ♑ 5:40
9 ☽ ♒ 10:07
11 ☽ ♓ 18:28
14 ☽ ♈ 6:05
16 ☽ ♉ 19:06
19 ☽ ♊ 7:30
21 ☽ ♋ 18:06
24 ☽ ♌ 2:25
26 ☽ ♍ 8:22
28 ☽ ♎ 12:01
30 ☽ ♏ 13:47

PLANET INGRESSES
4 ☿ ♊ 23:14
15 ☉ ♊ 15:27
22 ☿ ♋ 4:18
23 ♂ ♍ 13:44

STATIONS
4 ♆ R 21:05
25 ♄ D 8:01
27 ♀ D 15:08

DATA FOR THE 1st AT 0 HOURS
JULIAN DAY 41059.5
☽ MEAN ☊ 10°♏ 0' 38"
OBLIQUITY 23° 26' 11"
DELTA T 71.4 SECONDS
NUTATION LONGITUDE 15.0"

DAY MO YR	☿ LONG ° ' "	♀ LONG ° ' "	♂ LONG ° ' "	♃ LONG ° ' "	♄ LONG ° ' "	♅ LONG ° ' "	♆ LONG ° ' "	♇ LONG ° ' "	☊ LONG ° '	A.S.S.I. h m s	S.S.R.Y. h m s	S.V.P. ♓ ° ' "	☿ MERCURY R.A. h m s	☿ MERCURY DECL ° ' "
1 153	21♉34 19	23♉55R18	19♌49 18	2♉36 26	28♍19R36	12♓54 51	8♒13 47	14♐ 2R 1	10♏09	5 48 27	30 21 50	5 4 56.0	5 0 46	23N57 29
2 154	23 43 49	23 20 1	20 13 33	2 50 25	28 17 19	12 56 46	8 13 53	14 0 43	10 10	5 53 35	30 21 20	5 4 55.9	5 10 8	24 17 35
3 155	25 52 5	22 43 45	20 38 5	3 4 22	28 15 8	12 58 39	8 13 57	13 59 24	10 10	5 58 45	30 20 39	5 4 55.7	5 19 27	24 34 57
4 156	27 58 53	22 6 45	21 2 55	3 18 17	28 13 2	13 0 30	8 14R 0	13 58 4	10 11	6 3 55	30 19 50	5 4 55.4	5 28 42	24 49 33
5 157	0♊ 4 0	21 29 16	21 28 1	3 32 11	28 11 1	13 2 18	8 14 0	13 56 43	10 10	6 9 5	30 18 54	5 4 55.2	5 37 52	25 1 24
6 158	2 7 18	20 51 32	21 53 23	3 46 4	28 9 6	13 4 3	8 13 59	13 55 22	10 09	6 14 16	30 17 53	5 4 54.9	5 46 55	25 10 30
7 159	4 8 36	20 13 47	22 19 2	3 59 54	28 7 16	13 5 46	8 13 55	13 54 0	10 08	6 19 27	30 16 50	5 4 54.6	5 55 51	25 16 56
8 160	6 7 49	19 36 18	22 44 57	4 13 43	28 5 32	13 7 27	8 13 50	13 52 37	10 07	6 24 38	30 15 48	5 4 54.4	6 4 38	25 20 45
9 161	8 4 49	18 59 19	23 11 8	4 27 30	28 3 53	13 9 5	8 13 43	13 51 13	10 05	6 29 50	30 14 49	5 4 54.2	6 13 16	25 22 3
10 162	9 59 33	18 23 3	23 37 34	4 41 16	28 2 20	13 10 40	8 13 33	13 49 48	10 04	6 35 2	30 13 57	5 4 54.1	6 21 44	25 20 56
11 163	11 51 56	17 47 45	24 4 15	4 54 59	28 0 53	13 12 13	8 13 22	13 48 23	10 03	6 40 14	30 13 13	5 4 54.0	6 30 1	25 17 29
12 164	13 41 56	17 13 37	24 31 12	5 8 40	27 59 31	13 13 43	8 13 9	13 46 57	10 04	6 45 27	30 12 40	5 4 53.9	6 38 6	25 11 50
13 165	15 29 31	16 40 51	24 58 23	5 22 19	27 58 15	13 15 11	8 12 54	13 45 31	10 04	6 50 40	30 12 19	5 4 53.9	6 46 0	25 4 7
14 166	17 14 38	16 9 38	25 25 49	5 35 56	27 57 5	13 16 36	8 12 37	13 44 4	10 05	6 55 53	30 12 11	5 4 53.8	6 53 42	24 54 26
15 167	18 57 17	15 40 8	25 53 29	5 49 31	27 56 0	13 17 58	8 12 18	13 42 36	10 07	7 1 6	30 12 15	5 4 53.6	7 1 11	24 42 55
16 168	20 37 26	15 12 29	26 21 23	6 3 3	27 55 1	13 19 17	8 11 58	13 41 8	10 08	7 6 20	30 12 33	5 4 53.5	7 8 27	24 29 42
17 169	22 15 4	14 46 49	26 49 32	6 16 33	27 54 9	13 20 34	8 11 35	13 39 40	10 09	7 11 33	30 13 3	5 4 53.3	7 15 31	24 14 53
18 170	23 50 12	14 23 15	27 17 54	6 30 0	27 53 22	13 21 48	8 11 11	13 38 11	10 10	7 16 47	30 13 43	5 4 53.1	7 22 22	23 58 37
19 171	25 22 47	14 1 51	27 46 30	6 43 25	27 52 41	13 23 0	8 10 44	13 36 42	10 09	7 22 1	30 14 31	5 4 52.8	7 29 0	23 41 0
20 172	26 52 48	13 42 43	28 15 18	6 56 47	27 52 6	13 24 8	8 10 16	13 35 12	10 07	7 27 14	30 15 26	5 4 52.6	7 35 24	23 22 10
21 173	28 20 14	13 25 53	28 44 20	7 10 7	27 51 37	13 25 14	8 9 46	13 33 42	10 03	7 32 28	30 16 24	5 4 52.4	7 41 35	23 2 13
22 174	29 45 4	13 11 24	29 13 35	7 23 23	27 51 14	13 26 17	8 9 14	13 32 12	9 59	7 37 42	30 17 22	5 4 52.2	7 47 33	22 41 17
23 175	1♋ 7 15	12 59 17	29 43 3	7 36 37	27 50 57	13 27 17	8 8 40	13 30 41	9 55	7 42 55	30 18 18	5 4 52.0	7 53 17	22 19 27
24 176	2 26 46	12 49 33	0♍12 43	7 49 47	27 50 46	13 28 14	8 8 5	13 29 10	9 51	7 48 9	30 19 9	5 4 51.8	7 58 48	21 56 51
25 177	3 43 33	12 42 12	0 42 35	8 2 55	27 50D41	13 29 9	8 7 28	13 27 39	9 48	7 53 22	30 19 54	5 4 51.7	8 4 5	21 33 34
26 178	4 57 34	12 37 13	1 12 39	8 15 59	27 50 41	13 30 0	8 6 49	13 26 8	9 46	7 58 35	30 20 29	5 4 51.6	8 9 8	21 9 43
27 179	6 8 45	12 34D35	1 42 55	8 29 1	27 50 48	13 30 49	8 6 8	13 24 37	9 45	8 3 48	30 20 54	5 4 51.6	8 13 57	20 45 25
28 180	7 17 1	12 34 17	2 13 22	8 41 58	27 51 1	13 31 35	8 5 25	13 23 6	9 45	8 9 1	30 21 7	5 4 51.5	8 18 32	20 20 45
29 181	8 22 20	12 36 16	2 44 0	8 54 53	27 51 20	13 32 18	8 4 41	13 21 34	9 47	8 14 13	30 21 7	5 4 51.3	8 22 53	19 55 49
30 182	9♋24 35	12♉40 31	3♍14 50	9♉ 7 44	27♍51 45	13♓32 58	8♒ 3 55	13♐20 3	9♏48	8 19 25	30 20 54	5 4 51.2	8 26 59	19N30 44

DAY Jun	♀ VENUS R.A. h m s	♀ VENUS DECL ° ' "	♂ MARS R.A. h m s	♂ MARS DECL ° ' "	♃ JUPITER R.A. h m s	♃ JUPITER DECL ° ' "	♄ SATURN R.A. h m s	♄ SATURN DECL ° ' "	♅ URANUS R.A. h m s	♅ URANUS DECL ° ' "	♆ NEPTUNE R.A. h m s	♆ NEPTUNE DECL ° ' "	♇ PLUTO R.A. h m s	♇ PLUTO DECL ° ' "
1	5 10 58	24N17 24	11 5 30	7N 1 35	3 41 45	18N50 40	13 30 1	6S32 34	0 29 53	2N27 33	22 21 12	10S53 52	18 37 51	19S15 5
2	5 8 29	24 0 51	11 6 58	6 50 46	3 42 43	18 53 51	13 29 52	6 31 56	0 30 0	2 28 17	22 21 12	10 53 51	18 37 46	19 15 12
3	5 5 57	23 43 49	11 8 26	6 39 49	3 43 40	18 57 1	13 29 44	6 31 21	0 30 7	2 29 1	22 21 13	10 53 51	18 37 40	19 15 20
4	5 3 22	23 26 24	11 9 56	6 28 46	3 44 38	19 0 9	13 29 36	6 30 47	0 30 14	2 29 43	22 21 13	10 53 52	18 37 35	19 15 28
5	5 0 46	23 8 38	11 11 27	6 17 37	3 45 35	19 3 15	13 29 28	6 30 15	0 30 21	2 30 24	22 21 13	10 53 53	18 37 29	19 15 36
6	4 58 9	22 50 37	11 12 59	6 6 21	3 46 32	19 6 20	13 29 20	6 29 46	0 30 27	2 31 4	22 21 13	10 53 55	18 37 24	19 15 45
7	4 55 33	22 32 25	11 14 31	5 54 59	3 47 29	19 9 24	13 29 13	6 29 19	0 30 34	2 31 43	22 21 13	10 53 58	18 37 18	19 15 53
8	4 52 59	22 14 7	11 16 5	5 43 30	3 48 27	19 12 25	13 29 6	6 28 54	0 30 40	2 32 21	22 21 12	10 54 2	18 37 12	19 16 2
9	4 50 27	21 55 50	11 17 39	5 31 56	3 49 24	19 15 25	13 29 0	6 28 31	0 30 46	2 32 58	22 21 12	10 54 6	18 37 6	19 16 11
10	4 48 0	21 37 38	11 19 15	5 20 16	3 50 20	19 18 24	13 28 54	6 28 10	0 30 52	2 33 34	22 21 12	10 54 11	18 37 0	19 16 19
11	4 45 36	21 19 37	11 20 51	5 8 29	3 51 17	19 21 21	13 28 48	6 27 52	0 30 58	2 34 9	22 21 11	10 54 17	18 36 54	19 16 29
12	4 43 19	21 1 52	11 22 28	4 56 37	3 52 14	19 24 16	13 28 42	6 27 35	0 31 3	2 34 43	22 21 10	10 54 23	18 36 48	19 16 38
13	4 41 7	20 44 28	11 24 7	4 44 39	3 53 11	19 27 9	13 28 37	6 27 21	0 31 9	2 35 16	22 21 9	10 54 30	18 36 42	19 16 47
14	4 39 2	20 27 30	11 25 46	4 32 36	3 54 7	19 30 1	13 28 33	6 27 9	0 31 14	2 35 48	22 21 8	10 54 38	18 36 36	19 16 57
15	4 37 5	20 11 3	11 27 26	4 20 26	3 55 3	19 32 51	13 28 28	6 26 59	0 31 19	2 36 19	22 21 7	10 54 46	18 36 30	19 17 6
16	4 35 16	19 55 11	11 29 6	4 8 12	3 56 0	19 35 40	13 28 24	6 26 52	0 31 24	2 36 48	22 21 6	10 54 55	18 36 24	19 17 16
17	4 33 35	19 39 57	11 30 48	3 55 51	3 56 56	19 38 27	13 28 21	6 26 47	0 31 29	2 37 17	22 21 5	10 55 5	18 36 18	19 17 26
18	4 32 4	19 25 25	11 32 30	3 43 26	3 57 52	19 41 12	13 28 17	6 26 44	0 31 33	2 37 44	22 21 3	10 55 15	18 36 11	19 17 36
19	4 30 41	19 11 38	11 34 13	3 30 55	3 58 48	19 43 55	13 28 14	6 26 43	0 31 38	2 38 11	22 21 1	10 55 26	18 36 5	19 17 47
20	4 29 28	18 58 38	11 35 57	3 18 19	3 59 43	19 46 37	13 28 12	6 26 45	0 31 42	2 38 36	22 21 0	10 55 38	18 35 59	19 17 57
21	4 28 24	18 46 27	11 37 42	3 5 38	4 0 39	19 49 17	13 28 10	6 26 48	0 31 46	2 39 0	22 20 58	10 55 50	18 35 53	19 18 7
22	4 27 29	18 35 6	11 39 28	2 52 53	4 1 34	19 51 55	13 28 8	6 26 54	0 31 50	2 39 23	22 20 56	10 56 3	18 35 46	19 18 18
23	4 26 45	18 24 36	11 41 14	2 40 2	4 2 29	19 54 31	13 28 6	6 27 3	0 31 54	2 39 45	22 20 54	10 56 17	18 35 40	19 18 29
24	4 26 10	18 14 58	11 43 1	2 27 7	4 3 24	19 57 6	13 28 5	6 27 13	0 31 57	2 40 6	22 20 52	10 56 32	18 35 34	19 18 40
25	4 25 44	18 6 11	11 44 49	2 14 7	4 4 19	19 59 39	13 28 5	6 27 26	0 32 1	2 40 26	22 20 49	10 56 47	18 35 27	19 18 51
26	4 25 29	17 58 17	11 46 37	2 1 3	4 5 14	20 2 10	13 28 4	6 27 41	0 32 4	2 40 44	22 20 47	10 57 2	18 35 21	19 19 2
27	4 25 22	17 51 14	11 48 27	1 47 55	4 6 8	20 4 39	13 28 4	6 27 58	0 32 7	2 41 2	22 20 44	10 57 19	18 35 14	19 19 13
28	4 25 25	17 45 1	11 50 16	1 34 42	4 7 2	20 7 7	13 28 5	6 28 18	0 32 10	2 41 18	22 20 42	10 57 35	18 35 8	19 19 25
29	4 25 37	17 39 39	11 52 7	1 21 25	4 7 56	20 9 33	13 28 6	6 28 39	0 32 13	2 41 33	22 20 39	10 57 53	18 35 2	19 19 36
30	4 25 58	17N35 4	11 53 58	1N 8 4	4 8 50	20N11 57	13 28 7	6S29 3	0 32 15	2N41 47	22 20 36	10S58 11	18 34 55	19S19 48

DAY	SIDEREAL TIME h m s	☉ SUN LONG ° ' "	MOT ' "	R.A. h m s	DECL ° ' "	☽ MOON AT 0 HOURS LONG ° ' "	12h MOT ° ' "	2DIF "	R.A. h m s	DECL ° ' "	☽ MOON AT 12 HOURS LONG ° ' "	12h MOT ° ' "	2DIF "	R.A. h m s	DECL ° ' "
1 Su	18 37 48	14♊39 9	57 11	6 41 39.4	23N 5 27	6♏15 35	7 22 20	36	15 55 55	20S42 35	13♏37 55	7 23 10	12	16 27 31	21S22 59
2 M	18 41 45	15 36 20	57 11	6 45 47.3	23 1 9	21 1 5	7 23 10	-13	16 59 23	21 41 6	28 24 15	7 22 17	-40	17 31 17	21 36 25
3 Tu	18 45 42	16 33 30	57 11	6 49 54.9	22 56 26	5♐46 31	7 20 29	-67	18 2 59	21 9 9	13♐ 7 0	7 17 47	-94	18 34 15	20 20 16
4 W	18 49 38	17 30 41	57 11	6 54 2.2	22 51 19	20 24 47	7 14 14	-118	19 4 55	19 11 25	27 39 1	7 9 54	-140	19 34 50	17 44 40
5 Th	18 53 35	18 27 52	57 11	6 58 9.2	22 45 49	4♑48 55	7 4 54	-158	20 3 54	16 2 30	11♑53 48	6 59 21	-173	20 32 5	14 7 30
6 F	18 57 31	19 25 3	57 11	7 2 15.8	22 39 54	18 53 9	6 53 23	-183	20 59 24	12 2 17	25 46 32	6 47 10	-188	21 25 53	9 49 24
7 S	19 1 28	20 22 14	57 11	7 6 22.1	22 33 37	2♒33 41	6 40 50	-189	21 51 36	7 31 9	9♒14 31	6 34 32	-186	22 16 38	5 9 41
8 Su	19 5 24	21 19 25	57 12	7 10 28.0	22 26 55	15 49 3	6 28 25	-180	22 41 6	2 46 54	22 17 28	6 22 34	-170	23 5 6	0 24 28
9 M	19 9 21	22 16 36	57 12	7 14 33.5	22 19 51	28 40 2	6 17 6	-157	23 28 44	1N56 7	4♓57 7	6 12 6	-142	23 52 6	4N13 34
10 Tu	19 13 17	23 13 48	57 12	7 18 38.7	22 12 23	11♓ 9 13	6 7 38	-125	0 15 18	6 26 40	17 16 51	6 3 45	-107	0 38 27	8 34 24
11 W	19 17 14	24 11 1	57 13	7 22 43.4	22 4 32	23 20 35	6 0 29	-88	1 1 37	10 35 43	29 21 4	5 57 51	-69	1 24 54	12 29 43
12 Th	19 21 11	25 8 14	57 14	7 26 47.7	21 56 18	5♈18 55	5 55 52	-50	1 48 22	14 15 28	11♈14 47	5 54 32	-30	2 12 3	15 52 3
13 F	19 25 7	26 5 27	57 14	7 30 51.5	21 47 42	17 9 19	5 53 51	-12	2 36 3	17 18 36	23 3 10	5 53 46	7	3 0 21	18 34 13
14 S	19 29 4	27 2 41	57 15	7 34 54.9	21 38 43	28 56 56	5 54 17	24	3 24 59	19 38 3	4♉51 14	5 55 22	40	3 49 58	20 29 15
15 Su	19 33 0	27 59 55	57 15	7 38 57.8	21 29 22	10♉46 35	5 56 57	55	4 15 17	21 7 3	16 43 33	5 59 1	68	4 40 52	21 30 48
16 M	19 36 57	28 57 10	57 16	7 43 0.2	21 19 40	22 42 34	6 1 30	80	5 6 42	21 39 54	28 44 4	6 4 21	90	5 32 43	21 33 58
17 Tu	19 40 53	29 54 26	57 16	7 47 2.1	21 9 35	4♊48 25	6 7 30	98	5 58 50	21 12 48	10♊55 54	6 10 53	104	6 24 59	20 36 21
18 W	19 44 50	0♋51 42	57 17	7 51 3.5	20 59 9	17 6 47	6 14 27	108	6 51 7	19 44 52	23 21 13	6 18 7	111	7 17 9	18 38 46
19 Th	19 48 46	1 48 58	57 17	7 55 4.4	20 48 22	29 39 29	6 21 50	111	7 43 2	17 18 43	6♋ 1 10	6 25 33	110	8 8 45	15 45 33
20 F	19 52 43	2 46 15	57 17	7 59 4.7	20 37 13	12♋26 43	6 29 12	108	8 34 17	14 0 21	18 55 55	6 32 45	104	8 59 38	12 4 17
21 S	19 56 40	3 43 32	57 18	8 3 4.4	20 25 44	25 28 40	6 36 10	100	9 24 49	9 58 43	2♌ 4 49	6 39 25	95	9 49 53	7 45 5
22 Su	20 0 36	4 40 50	57 18	8 7 3.6	20 13 54	8♌44 14	6 42 29	90	10 14 52	5 24 56	15 26 43	6 45 23	84	10 39 51	2 59 54
23 M	20 4 33	5 38 8	57 19	8 11 2.1	20 1 44	22 12 6	6 48 7	80	11 4 55	0 31 41	29 0 13	6 50 42	75	11 30 8	1S57 57
24 Tu	20 8 29	6 35 27	57 19	8 15 0.1	19 49 15	5♍50 55	6 53 8	71	11 55 37	4S27 8	12♍44 2	6 55 26	68	12 21 26	6 53 56
25 W	20 12 26	7 32 46	57 19	8 18 57.4	19 36 25	19 39 29	6 57 39	65	12 47 41	9 16 23	26 37 8	6 59 46	62	13 14 27	11 32 22
26 Th	20 16 22	8 30 5	57 20	8 22 54.2	19 23 16	3♎36 54	7 1 48	59	13 41 48	13 39 44	10♎38 42	7 3 43	56	14 9 48	15 36 18
27 F	20 20 19	9 27 24	57 20	8 26 50.3	19 9 48	17 42 25	7 5 32	52	14 38 27	17 19 53	24 47 56	7 7 10	46	15 7 44	18 48 20
28 S	20 24 15	10 24 44	57 21	8 30 45.8	18 56 0	1♏55 6	7 8 37	39	15 37 37	19 59 39	9♏ 3 43	7 9 47	30	16 8 0	20 52 8
29 Su	20 28 12	11 22 5	57 21	8 34 40.7	18 41 55	16 13 29	7 10 36	19	16 38 46	21 24 24	23 24 5	7 11 1	5	17 9 43	21 35 33
30 M	20 32 9	12 19 26	57 22	8 38 35.0	18 27 31	0♐35 6	7 10 56	-11	17 40 42	21 25 17	7♐46 2	7 10 18	-28	18 11 30	20 53 51
31 Tu	20 36 5	13♋16 47	57 22	8 42 28.6	18N12 48	14♐56 19	7 9 3	-47	18 41 57	20S 2 7	22♐ 5 22	7 7 9	-67	19 11 53	18S51 29

LUNAR INGRESSES
2 ☽ ♐ 14:36
4 ☽ ♑ 15:55
6 ☽ ♒ 19:27
9 ☽ ♓ 2:32
11 ☽ ♈ 13:18
14 ☽ ♉ 2:08
16 ☽ ♊ 14:31
19 ☽ ♋ 0:39
21 ☽ ♌ 8:14
23 ☽ ♍ 13:45
25 ☽ ♎ 17:48
27 ☽ ♏ 20:46
29 ☽ ♐ 23:01

PLANET INGRESSES
17 ☉ ♋ 2:20

STATIONS
13 ♅ R 9:50
15 ☿ R 2:17

DATA FOR THE 1st AT 0 HOURS
JULIAN DAY 41089.5
☽ MEAN ☊ 8°♏ 25' 15"
OBLIQUITY 23° 26' 11"
DELTA T 71.5 SECONDS
NUTATION LONGITUDE 16.2"

DAY MO YR	☿ LONG ° ' "	♀ LONG ° ' "	♂ LONG ° ' "	♃ LONG ° ' "	♄ LONG ° ' "	♅ LONG ° ' "	♆ LONG ° ' "	♇ LONG ° ' "	☊ LONG ° '	A.S.S.I. h m s	S.S.R.Y. h m s	S.V.P. ° ♓ ' "	☿ MERCURY R.A. h m s	DECL ° ' "
1 183	10♋23 42	12♉46 58	3♍45 50	9♉20 32	27♍52 16	13♓33 35	8♒ 3R 8	13♐18R32	9♏49	8 24 37	30 20 31	5 4 50.9	8 30 51	19N 5 36
2 184	11 19 35	12 55 35	4 17 1	9 33 16	27 52 52	13 34 9	8 2 19	13 17 0	9 48	8 29 49	30 19 49	5 4 50.7	8 34 28	18 40 30
3 185	12 12 7	13 6 19	4 48 23	9 45 56	27 53 35	13 34 41	8 1 28	13 15 29	9 46	8 35 0	30 19 0	5 4 50.4	8 37 50	18 15 33
4 186	13 1 12	13 19 6	5 19 55	9 58 33	27 54 24	13 35 10	8 0 35	13 13 58	9 43	8 40 11	30 18 1	5 4 50.1	8 40 56	17 50 52
5 187	13 46 43	13 33 54	5 51 36	10 11 6	27 55 18	13 35 35	7 59 41	13 12 27	9 37	8 45 21	30 16 56	5 4 49.9	8 43 46	17 26 32
6 188	14 28 32	13 50 39	6 23 28	10 23 35	27 56 18	13 35 58	7 58 46	13 10 56	9 31	8 50 31	30 15 48	5 4 49.7	8 46 21	17 2 41
7 189	15 6 32	14 9 17	6 55 30	10 36 0	27 57 25	13 36 18	7 57 49	13 9 26	9 25	8 55 40	30 14 41	5 4 49.5	8 48 39	16 39 23
8 190	15 40 34	14 29 44	7 27 42	10 48 21	27 58 37	13 36 35	7 56 50	13 7 55	9 20	9 0 49	30 13 37	5 4 49.4	8 50 40	16 16 47
9 191	16 10 32	14 51 58	8 0 4	11 0 38	27 59 54	13 36 49	7 55 50	13 6 25	9 15	9 5 58	30 12 39	5 4 49.4	8 52 24	15 54 58
10 192	16 36 16	15 15 54	8 32 35	11 12 51	28 1 18	13 37 1	7 54 48	13 4 55	9 13	9 11 5	30 11 50	5 4 49.3	8 53 50	15 34 4
11 193	16 57 39	15 41 28	9 5 16	11 25 0	28 2 48	13 37 9	7 53 45	13 3 26	9 12	9 16 13	30 11 11	5 4 49.2	8 54 59	15 14 11
12 194	17 14 33	16 8 38	9 38 7	11 37 4	28 4 23	13 37 14	7 52 40	13 1 57	9 13	9 21 20	30 10 44	5 4 49.1	8 55 49	14 55 27
13 195	17 26 52	16 37 19	10 11 6	11 49 4	28 6 4	13 37R17	7 51 34	13 0 28	9 14	9 26 26	30 10 30	5 4 48.9	8 56 21	14 37 58
14 196	17 34 29	17 7 29	10 44 16	12 1 0	28 7 51	13 37 16	7 50 27	12 59 0	9 15	9 31 32	30 10 29	5 4 48.8	8 56 35	14 21 51
15 197	17 37R21	17 39 3	11 17 34	12 12 51	28 9 43	13 37 13	7 49 18	12 57 32	9 16	9 36 37	30 10 40	5 4 48.6	8 56 30	14 7 14
16 198	17 35 23	18 11 59	11 51 2	12 24 37	28 11 42	13 37 7	7 48 7	12 56 5	9 14	9 41 42	30 11 3	5 4 48.4	8 56 6	13 54 12
17 199	17 28 36	18 46 13	12 24 39	12 36 18	28 13 46	13 36 58	7 46 56	12 54 38	9 11	9 46 46	30 11 36	5 4 48.2	8 55 24	13 42 53
18 200	17 17 1	19 21 42	12 58 25	12 47 55	28 15 55	13 36 46	7 45 43	12 53 12	9 06	9 51 49	30 12 17	5 4 47.9	8 54 23	13 33 21
19 201	17 0 43	19 58 24	13 32 19	12 59 26	28 18 11	13 36 31	7 44 29	12 51 47	8 59	9 56 51	30 13 5	5 4 47.7	8 53 4	13 25 41
20 202	16 39 50	20 36 16	14 6 23	13 10 52	28 20 32	13 36 13	7 43 13	12 50 22	8 50	10 1 52	30 13 58	5 4 47.6	8 51 29	13 19 59
21 203	16 14 35	21 15 14	14 40 35	13 22 14	28 22 58	13 35 52	7 41 57	12 48 58	8 41	10 6 55	30 14 54	5 4 47.4	8 49 37	13 16 17
22 204	15 45 14	21 55 17	15 14 56	13 33 29	28 25 30	13 35 28	7 40 39	12 47 34	8 32	10 11 55	30 15 49	5 4 47.3	8 47 30	13 14 37
23 205	15 12 10	22 36 22	15 49 25	13 44 40	28 28 8	13 35 2	7 39 20	12 46 12	8 24	10 16 55	30 16 43	5 4 47.2	8 45 10	13 15 1
24 206	14 35 47	23 18 26	16 24 2	13 55 45	28 30 51	13 34 33	7 38 0	12 44 50	8 18	10 21 54	30 17 32	5 4 47.2	8 42 39	13 17 26
25 207	13 56 39	24 1 28	16 58 48	14 6 44	28 33 39	13 34 0	7 36 38	12 43 29	8 14	10 26 52	30 18 13	5 4 47.1	8 39 57	13 21 51
26 208	13 15 19	24 45 25	17 33 41	14 17 38	28 36 33	13 33 25	7 35 16	12 42 8	8 13	10 31 49	30 18 45	5 4 47.0	8 37 9	13 28 12
27 209	12 32 28	25 30 15	18 8 43	14 28 26	28 39 32	13 32 48	7 33 53	12 40 49	8 13	10 36 46	30 19 5	5 4 46.9	8 34 16	13 36 23
28 210	11 48 50	26 15 57	18 43 52	14 39 8	28 42 36	13 32 7	7 32 28	12 39 30	8 14	10 41 42	30 19 11	5 4 46.7	8 31 22	13 46 17
29 211	11 5 10	27 2 29	19 19 9	14 49 44	28 45 46	13 31 24	7 31 3	12 38 13	8 14	10 46 37	30 19 2	5 4 46.5	8 28 29	13 57 44
30 212	10 22 15	27 49 49	19 54 34	15 0 14	28 49 0	13 30 16	7 29 37	12 36 56	8 12	10 51 31	30 18 40	5 4 46.2	8 25 41	14 10 34
31 213	9♋40 54	28♉37 55	20♍30 6	15♉10 38	28♍52 20	13♓29 49	7♒28 10	12♐35 41	8♏07	10 56 25	30 18 3	5 4 46.0	8 23 0	14N24 36

DAY Jul	♀ VENUS R.A. h m s	DECL ° ' "	♂ MARS R.A. h m s	DECL ° ' "	♃ JUPITER R.A. h m s	DECL ° ' "	♄ SATURN R.A. h m s	DECL ° ' "	♅ URANUS R.A. h m s	DECL ° ' "	♆ NEPTUNE R.A. h m s	DECL ° ' "	♇ PLUTO R.A. h m s	DECL ° ' "
1	4 26 28	17N31 16	11 55 50	0N54 40	4 9 44	20N14 19	13 28 8	6S29 30	0 32 17	2N42 0	22 20 33	10S58 29	18 34 49	19S20 0
2	4 27 7	17 28 14	11 57 43	0 41 11	4 10 37	20 16 39	13 28 10	6 29 58	0 32 20	2 42 12	22 20 30	10 58 49	18 34 42	19 20 11
3	4 27 54	17 25 56	11 59 36	0 27 39	4 11 30	20 18 58	13 28 12	6 30 29	0 32 22	2 42 23	22 20 27	10 59 8	18 34 36	19 20 23
4	4 28 49	17 24 19	12 1 30	0 14 4	4 12 23	20 21 15	13 28 15	6 31 1	0 32 23	2 42 32	22 20 24	10 59 29	18 34 30	19 20 35
5	4 29 52	17 23 23	12 3 25	0 0 25	4 13 16	20 23 30	13 28 18	6 31 36	0 32 25	2 42 41	22 20 20	10 59 50	18 34 23	19 20 48
6	4 31 3	17 23 4	12 5 20	0S13 18	4 14 8	20 25 44	13 28 22	6 32 13	0 32 27	2 42 48	22 20 17	11 0 11	18 34 17	19 21 0
7	4 32 22	17 23 22	12 7 16	0 27 3	4 15 0	20 27 55	13 28 25	6 32 52	0 32 28	2 42 54	22 20 13	11 0 33	18 34 11	19 21 12
8	4 33 48	17 24 13	12 9 12	0 40 52	4 15 52	20 30 5	13 28 29	6 33 34	0 32 29	2 42 59	22 20 10	11 0 56	18 34 4	19 21 25
9	4 35 21	17 25 36	12 11 9	0 54 44	4 16 44	20 32 13	13 28 34	6 34 17	0 32 30	2 43 3	22 20 6	11 1 19	18 33 58	19 21 37
10	4 37 1	17 27 30	12 13 7	1 8 39	4 17 35	20 34 20	13 28 39	6 35 3	0 32 31	2 43 6	22 20 2	11 1 42	18 33 52	19 21 50
11	4 38 47	17 29 50	12 15 5	1 22 37	4 18 27	20 36 24	13 28 44	6 35 50	0 32 31	2 43 7	22 19 58	11 2 7	18 33 46	19 22 3
12	4 40 40	17 32 37	12 17 4	1 36 38	4 19 17	20 38 27	13 28 49	6 36 40	0 32 32	2 43 7	22 19 54	11 2 31	18 33 39	19 22 16
13	4 42 40	17 35 47	12 19 4	1 50 41	4 20 8	20 40 28	13 28 55	6 37 32	0 32 32	2 43 7	22 19 50	11 2 56	18 33 33	19 22 29
14	4 44 45	17 39 19	12 21 4	2 4 48	4 20 58	20 42 27	13 29 2	6 38 26	0 32 32	2 43 5	22 19 46	11 3 22	18 33 27	19 22 42
15	4 46 56	17 43 10	12 23 5	2 18 56	4 21 48	20 44 24	13 29 8	6 39 22	0 32 32	2 43 2	22 19 41	11 3 48	18 33 21	19 22 55
16	4 49 13	17 47 19	12 25 6	2 33 8	4 22 38	20 46 20	13 29 15	6 40 20	0 32 31	2 42 58	22 19 37	11 4 15	18 33 15	19 23 8
17	4 51 35	17 51 44	12 27 8	2 47 21	4 23 27	20 48 14	13 29 23	6 41 20	0 32 31	2 42 52	22 19 32	11 4 42	18 33 9	19 23 21
18	4 54 3	17 56 23	12 29 11	3 1 37	4 24 16	20 50 6	13 29 30	6 42 22	0 32 30	2 42 46	22 19 28	11 5 9	18 33 3	19 23 34
19	4 56 35	18 1 14	12 31 14	3 15 55	4 25 5	20 51 56	13 29 38	6 43 27	0 32 29	2 42 38	22 19 23	11 5 37	18 32 57	19 23 48
20	4 59 13	18 6 15	12 33 18	3 30 15	4 25 53	20 53 45	13 29 47	6 44 33	0 32 28	2 42 30	22 19 18	11 6 6	18 32 51	19 24 1
21	5 1 55	18 11 26	12 35 22	3 44 37	4 26 41	20 55 32	13 29 56	6 45 41	0 32 27	2 42 20	22 19 14	11 6 34	18 32 45	19 24 15
22	5 4 42	18 16 43	12 37 27	3 59 0	4 27 29	20 57 17	13 30 5	6 46 51	0 32 26	2 42 9	22 19 9	11 7 4	18 32 39	19 24 28
23	5 7 33	18 22 5	12 39 33	4 13 25	4 28 16	20 59 0	13 30 14	6 48 3	0 32 24	2 41 57	22 19 4	11 7 33	18 32 33	19 24 42
24	5 10 28	18 27 32	12 41 39	4 27 52	4 29 3	21 0 42	13 30 24	6 49 17	0 32 22	2 41 43	22 18 59	11 8 3	18 32 28	19 24 56
25	5 13 28	18 33 0	12 43 46	4 42 20	4 29 50	21 2 21	13 30 34	6 50 33	0 32 20	2 41 29	22 18 54	11 8 34	18 32 22	19 25 9
26	5 16 32	18 38 30	12 45 54	4 56 49	4 30 36	21 3 59	13 30 45	6 51 50	0 32 18	2 41 14	22 18 48	11 9 5	18 32 16	19 25 23
27	5 19 39	18 43 58	12 48 2	5 11 20	4 31 22	21 5 36	13 30 55	6 53 10	0 32 16	2 40 57	22 18 43	11 9 36	18 32 10	19 25 37
28	5 22 51	18 49 25	12 50 11	5 25 51	4 32 7	21 7 10	13 31 7	6 54 31	0 32 14	2 40 39	22 18 38	11 10 7	18 32 5	19 25 51
29	5 26 6	18 54 48	12 52 20	5 40 24	4 32 52	21 8 43	13 31 18	6 55 54	0 32 11	2 40 21	22 18 32	11 10 39	18 32 0	19 26 5
30	5 29 24	19 0 7	12 54 30	5 54 57	4 33 37	21 10 14	13 31 30	6 57 19	0 32 8	2 40 1	22 18 27	11 11 11	18 31 54	19 26 19
31	5 32 47	19N 5 19	12 56 40	6S 9 31	4 34 21	21N11 44	13 31 42	6S58 46	0 32 5	2N39 41	22 18 22	11S11 43	18 31 49	19S26 33

AUGUST 2012

DAY	SIDEREAL TIME h m s	☉ SUN LONG ° ' "	MOT ' "	R.A. h m s	DECL ° ' "	☽ MOON AT 0 HOURS LONG ° ' "	12h MOT ° ' "	2DIF	R.A. h m s	DECL ° ' "	☽ MOON AT 12 HOURS LONG ° ' "	12h MOT ° ' "	2DIF	R.A. h m s	DECL ° ' "
1 W	20 40 2	14♋14 9	57 23	8 46 21.7	17N57 48	29♐12 30	7 4 35	-86	19 41 12	17S23 45	6♑17 5	7 1 23	-105	20 9 49	15S41 5
2 Th	20 43 58	15 11 32	57 24	8 50 14.1	17 42 31	13♑18 28	6 57 34	-122	20 37 42	13 45 48	20 16 2	6 53 13	-137	21 4 50	11 40 19
3 F	20 47 55	16 8 56	57 25	8 54 5.9	17 26 56	27 9 16	6 48 25	-149	21 31 15	9 27 1	3♒57 41	6 43 17	-158	21 57 1	7 8 12
4 S	20 51 51	17 6 21	57 26	8 57 57.1	17 11 4	10♒40 58	6 37 54	-163	22 22 13	4 45 59	17 18 52	6 32 25	-164	22 46 53	2 22 21
5 Su	20 55 48	18 3 47	57 27	9 1 47.7	16 54 56	23 51 17	6 26 58	-162	23 11 9	0N 0 55	0♓18 15	6 21 38	-156	23 35 6	2N22 12
6 M	20 59 44	19 1 14	57 28	9 5 37.7	16 38 31	6♓39 53	6 16 34	-147	23 58 48	4 40 4	12 56 27	6 11 50	-135	0 22 22	6 53 14
7 Tu	21 3 41	19 58 42	57 30	9 9 27.1	16 21 49	19 8 17	6 7 32	-121	0 45 51	9 0 32	25 15 49	6 3 45	-105	1 9 22	11 0 52
8 W	21 7 38	20 56 11	57 31	9 13 16.0	16 4 52	1♈19 34	6 0 32	-87	1 32 58	12 53 16	7♈20 6	5 57 56	-68	1 56 43	14 36 49
9 Th	21 11 34	21 53 42	57 32	9 17 4.3	15 47 40	13 18 2	5 55 58	-49	2 20 40	16 10 37	19 14 0	5 54 41	-28	2 44 51	17 33 50
10 F	21 15 31	22 51 14	57 34	9 20 52.0	15 30 12	25 8 41	5 54 6	-8	3 9 18	18 45 41	1♉ 2 47	5 54 11	13	3 34 3	19 45 23
11 S	21 19 27	23 48 48	57 35	9 24 39.2	15 12 29	6♉56 58	5 54 57	33	3 59 5	20 32 13	12 51 55	5 56 22	52	4 24 23	21 5 33
12 Su	21 23 24	24 46 23	57 36	9 28 25.8	14 54 31	18 48 17	5 58 26	70	4 49 56	21 24 47	24 46 43	6 1 4	87	5 15 42	21 29 28
13 M	21 27 20	25 43 59	57 38	9 32 11.9	14 36 19	0♊47 47	6 4 16	103	5 41 37	21 19 16	6♊52 3	6 7 55	116	6 7 39	20 54 1
14 Tu	21 31 17	26 41 37	57 39	9 35 57.5	14 17 53	12 59 58	6 12 0	127	6 33 44	20 13 42	19 11 58	6 16 24	136	6 59 49	19 18 29
15 W	21 35 13	27 39 16	57 41	9 39 42.5	13 59 14	25 28 21	6 21 2	141	7 25 51	18 8 47	1♋49 23	6 25 49	144	7 51 49	16 45 11
16 Th	21 39 10	28 36 56	57 42	9 43 27.0	13 40 21	8♋15 12	6 30 37	143	8 17 40	15 8 28	14 45 49	6 35 22	140	8 43 24	13 19 39
17 F	21 43 7	29 34 38	57 44	9 47 11.0	13 21 15	21 21 11	6 39 57	134	9 9 1	11 19 55	28 1 8	6 44 16	125	9 34 34	9 10 36
18 S	21 47 3	0♌32 22	57 45	9 50 54.5	13 1 56	4♌45 25	6 48 15	113	10 0 4	6 53 16	11♌33 40	6 51 49	100	10 25 33	4 29 33
19 Su	21 51 0	1 30 6	57 46	9 54 37.5	12 42 25	18 25 29	6 54 56	86	10 51 6	2 1 18	25 20 26	6 57 34	72	11 16 47	0S29 36
20 M	21 54 56	2 27 52	57 47	9 58 19.9	12 22 42	2♍18 0	6 59 43	57	11 42 39	3S 1 7	9♍17 42	7 1 23	44	12 8 48	5 31 7
21 Tu	21 58 53	3 25 39	57 48	10 2 1.9	12 2 48	16 19 5	7 2 37	31	12 35 18	7 57 28	23 21 42	7 3 27	20	13 2 13	10 17 55
22 W	22 2 49	4 23 27	57 49	10 5 43.5	11 42 42	0♎25 9	7 3 57	11	13 29 36	12 30 15	7♎29 6	7 4 11	3	13 57 30	14 32 15
23 Th	22 6 46	5 21 16	57 51	10 9 24.5	11 22 24	14 33 17	7 4 11	-2	14 25 55	16 21 47	21 37 28	7 4 1	-7	14 54 52	17 56 49
24 F	22 10 42	6 19 7	57 52	10 13 5.2	11 1 57	28 41 29	7 3 43	-11	15 24 17	19 15 31	5♏45 12	7 3 18	-14	15 54 6	20 16 17
25 S	22 14 39	7 16 59	57 53	10 16 45.4	10 41 19	12♏48 30	7 2 47	-17	16 24 14	20 57 54	19 51 17	7 2 9	-21	16 54 31	21 19 32
26 Su	22 18 36	8 14 52	57 54	10 20 25.1	10 20 30	26 53 26	7 1 24	-25	17 24 50	21 20 48	3♐54 50	7 0 29	-30	17 55 1	21 1 50
27 M	22 22 32	9 12 46	57 56	10 24 4.5	9 59 33	10♐55 19	6 59 22	-37	18 24 55	20 23 11	17 54 41	6 58 0	-45	18 54 24	19 25 55
28 Tu	22 26 29	10 10 41	57 57	10 27 43.4	9 38 25	24 52 42	6 56 21	-55	19 23 22	18 11 26	1♑49 3	6 54 22	-65	19 51 44	16 41 27
29 W	22 30 25	11 8 38	57 58	10 31 22.0	9 17 9	8♑43 25	6 52 2	-76	20 19 29	14 57 53	15 35 27	6 49 18	-87	20 46 36	13 2 48
30 Th	22 34 22	12 6 36	58 0	10 35 0.2	8 55 44	22 24 45	6 46 13	-98	21 13 5	10 58 18	29 10 58	6 42 46	-108	21 38 58	8 46 30
31 F	22 38 18	13♌ 4 35	58 1	10 38 38.1	8N34 10	5♒53 43	6 38 59	-117	22 4 20	6S29 27	12♒32 43	6 34 57	-124	22 29 15	4S 9 6

LUNAR INGRESSES
1 ☽ ♑ 1:20
3 ☽ ♒ 5:00
5 ☽ ♓ 11:26
7 ☽ ♈ 21:22
10 ☽ ♉ 9:52
12 ☽ ♊ 22:25
15 ☽ ♋ 8:34
17 ☽ ♌ 15:32
19 ☽ ♍ 20:03
21 ☽ ♎ 23:17
24 ☽ ♏ 2:13
26 ☽ ♐ 5:19
28 ☽ ♑ 8:51
30 ☽ ♒ 13:27

PLANET INGRESSES
1 ♀ ♊ 16:08
15 ♂ ♎ 14:25
16 ♄ ♎ 17:19
17 ☉ ♌ 10:33
29 ☿ ♌ 10:59

STATIONS
8 ☿ D 5:41

DATA FOR THE 1st AT 0 HOURS
JULIAN DAY 41120.5
☽ MEAN ☊ 6°♏ 46' 41"
OBLIQUITY 23° 26' 11"
DELTA T 71.5 SECONDS
NUTATION LONGITUDE 16.8"

DAY MO YR	☿ LONG ° ' "	♀ LONG ° ' "	♂ LONG ° ' "	♃ LONG ° ' "	♄ LONG ° ' "	♅ LONG ° ' "	♆ LONG ° ' "	♇ LONG ° ' "	☊ LONG ° '	A.S.S.I. h m s	S.S.R.Y. h m s	S.V.P. ♓ ° ' "	☿ MERCURY R.A. h m s	DECL ° ' "
1 214	9♋ 1R53	29♉26 46	21♍ 5 46	15♉20 56	28♍55 45	13♓28R58	7♒26R42	12♐34R26	8♏01	11 1 18	30 17 14	5 4 45.7	8 20 29	14N39 37
2 215	8 25 58	0♊16 20	21 41 32	15 31 8	28 59 15	13 28 4	7 25 13	12 33 12	7 52	11 6 10	30 16 16	5 4 45.6	8 18 13	14 55 24
3 216	7 53 52	1 6 36	22 17 27	15 41 14	29 2 50	13 27 7	7 23 43	12 32 0	7 41	11 11 1	30 15 12	5 4 45.4	8 16 12	15 11 45
4 217	7 26 12	1 57 33	22 53 28	15 51 13	29 6 30	13 26 8	7 22 13	12 30 48	7 30	11 15 51	30 14 4	5 4 45.4	8 14 31	15 28 25
5 218	7 3 35	2 49 10	23 29 36	16 1 5	29 10 15	13 25 6	7 20 42	12 29 38	7 20	11 20 41	30 12 56	5 4 45.3	8 13 10	15 45 11
6 219	6 46 30	3 41 24	24 5 52	16 10 51	29 14 4	13 24 2	7 19 10	12 28 29	7 11	11 25 30	30 11 51	5 4 45.3	8 12 13	16 1 49
7 220	6 35 22	4 34 15	24 42 15	16 20 30	29 17 59	13 22 54	7 17 37	12 27 21	7 05	11 30 18	30 10 52	5 4 45.2	8 11 41	16 18 7
8 221	6 30D33	5 27 41	25 18 45	16 30 2	29 21 58	13 21 45	7 16 4	12 26 14	7 02	11 35 6	30 10 1	5 4 45.2	8 11 35	16 33 52
9 222	6 32 19	6 21 42	25 55 22	16 39 28	29 26 2	13 20 33	7 14 30	12 25 8	7 00	11 39 53	30 9 20	5 4 45.1	8 11 56	16 48 50
10 223	6 40 51	7 16 15	26 32 6	16 48 46	29 30 10	13 19 18	7 12 56	12 24 3	7 00	11 44 39	30 8 49	5 4 44.9	8 12 46	17 2 50
11 224	6 56 19	8 11 20	27 8 57	16 57 57	29 34 24	13 18 1	7 11 21	12 23 0	7 00	11 49 24	30 8 30	5 4 44.8	8 14 4	17 15 41
12 225	7 18 46	9 6 57	27 45 56	17 7 1	29 38 42	13 16 41	7 9 46	12 21 58	6 59	11 54 9	30 8 23	5 4 44.6	8 15 51	17 27 9
13 226	7 48 14	10 3 3	28 23 7	17 15 57	29 43 4	13 15 19	7 8 10	12 20 58	6 57	11 58 53	30 8 27	5 4 44.4	8 18 8	17 37 5
14 227	8 24 42	10 59 37	29 0 13	17 24 46	29 47 31	13 13 55	7 6 33	12 19 59	6 53	12 3 36	30 8 43	5 4 44.2	8 20 53	17 45 16
15 228	9 8 5	11 56 40	29 37 32	17 33 27	29 52 1	13 12 28	7 4 56	12 19 1	6 46	12 8 19	30 9 9	5 4 44.1	8 24 7	17 51 33
16 229	9 58 16	12 54 9	0♎14 58	17 42 1	29 56 38	13 10 59	7 3 19	12 18 4	6 36	12 13 1	30 9 45	5 4 43.9	8 27 48	17 55 44
17 230	10 55 5	13 52 5	0 52 31	17 50 26	0♎ 1 19	13 9 27	7 1 42	12 17 9	6 25	12 17 42	30 10 29	5 4 43.8	8 31 56	17 57 41
18 231	11 58 21	14 50 25	1 30 10	17 58 44	0 6 3	13 7 54	7 0 4	12 16 15	6 12	12 22 23	30 11 20	5 4 43.7	8 36 30	17 57 13
19 232	13 7 51	15 49 10	2 7 57	18 6 54	0 10 52	13 6 18	6 58 26	12 15 23	6 00	12 27 3	30 12 17	5 4 43.7	8 41 29	17 54 13
20 233	14 23 16	16 48 18	2 45 50	18 14 55	0 15 45	13 4 40	6 56 48	12 14 32	5 50	12 31 43	30 13 16	5 4 43.7	8 46 51	17 48 34
21 234	15 44 20	17 47 50	3 23 49	18 22 48	0 20 42	13 3 0	6 55 9	12 13 43	5 42	12 36 22	30 14 15	5 4 43.6	8 52 34	17 40 9
22 235	17 10 41	18 47 43	4 1 55	18 30 33	0 25 43	13 1 18	6 53 31	12 12 55	5 36	12 41 0	30 15 10	5 4 43.6	8 58 38	17 28 54
23 236	18 41 55	19 47 58	4 40 7	18 38 9	0 30 48	12 59 33	6 51 52	12 12 9	5 34	12 45 38	30 15 59	5 4 43.5	9 4 59	17 14 47
24 237	20 17 40	20 48 34	5 18 26	18 45 36	0 35 57	12 57 47	6 50 13	12 11 25	5 33	12 50 15	30 16 41	5 4 43.3	9 11 36	16 57 47
25 238	21 57 28	21 49 30	5 56 50	18 52 55	0 41 10	12 55 59	6 48 34	12 10 42	5 33	12 54 52	30 17 4	5 4 43.2	9 18 27	16 37 54
26 239	23 40 54	22 50 47	6 35 21	19 0 5	0 46 27	12 54 9	6 46 56	12 10 0	5 32	12 59 28	30 17 15	5 4 43.0	9 25 30	16 15 13
27 240	25 27 29	23 52 23	7 13 58	19 7 6	0 51 47	12 52 17	6 45 17	12 9 20	5 30	13 4 3	30 17 12	5 4 42.8	9 32 42	15 49 48
28 241	27 16 46	24 54 18	7 52 41	19 13 58	0 57 11	12 50 23	6 43 39	12 8 42	5 25	13 8 38	30 16 53	5 4 42.6	9 40 2	15 21 46
29 242	29 8 19	25 56 31	8 31 30	19 20 41	1 2 39	12 48 27	6 42 0	12 8 6	5 17	13 13 13	30 16 21	5 4 42.4	9 47 27	14 51 15
30 243	1♌ 1 41	26 59 3	9 10 25	19 27 15	1 8 10	12 46 30	6 40 22	12 7 31	5 06	13 17 47	30 15 37	5 4 42.3	9 54 56	14 18 25
31 244	2♌56 29	28♊ 1 53	9♎49 26	19♉33 39	1♎13 45	12♓44 31	6♒38 44	12♐ 6 58	4♏54	13 22 21	30 14 44	5 4 42.3	10 2 27	13N43 26

DAY Aug	♀ VENUS R.A. h m s	DECL ° ' "	♂ MARS R.A. h m s	DECL ° ' "	♃ JUPITER R.A. h m s	DECL ° ' "	♄ SATURN R.A. h m s	DECL ° ' "	♅ URANUS R.A. h m s	DECL ° ' "	♆ NEPTUNE R.A. h m s	DECL ° ' "	♇ PLUTO R.A. h m s	DECL ° ' "
1	5 36 12	19N10 24	12 58 51	6S24 5	4 35 5	21N13 12	13 31 54	7S 0 14	0 32 2	2N39 19	22 18 16	11S12 16	18 31 44	19S26 47
2	5 39 41	19 15 20	13 1 3	6 38 40	4 35 48	21 14 38	13 32 7	7 1 44	0 31 59	2 38 56	22 18 10	11 12 49	18 31 39	19 27 1
3	5 43 13	19 20 7	13 3 15	6 53 14	4 36 31	21 16 2	13 32 20	7 3 16	0 31 56	2 38 32	22 18 5	11 13 22	18 31 34	19 27 15
4	5 46 48	19 24 42	13 5 28	7 7 49	4 37 13	21 17 25	13 32 34	7 4 50	0 31 52	2 38 7	22 17 59	11 13 55	18 31 29	19 27 29
5	5 50 26	19 29 5	13 7 41	7 22 24	4 37 55	21 18 46	13 32 47	7 6 25	0 31 48	2 37 41	22 17 53	11 14 29	18 31 24	19 27 43
6	5 54 7	19 33 15	13 9 55	7 36 59	4 38 37	21 20 6	13 33 1	7 8 2	0 31 44	2 37 14	22 17 48	11 15 3	18 31 19	19 27 58
7	5 57 51	19 37 11	13 12 10	7 51 34	4 39 18	21 21 24	13 33 16	7 9 40	0 31 40	2 36 46	22 17 42	11 15 37	18 31 14	19 28 12
8	6 1 37	19 40 52	13 14 25	8 6 9	4 39 59	21 22 40	13 33 30	7 11 20	0 31 36	2 36 18	22 17 36	11 16 11	18 31 10	19 28 26
9	6 5 26	19 44 16	13 16 41	8 20 43	4 40 39	21 23 54	13 33 45	7 13 2	0 31 32	2 35 48	22 17 30	11 16 46	18 31 5	19 28 40
10	6 9 18	19 47 23	13 18 57	8 35 16	4 41 18	21 25 7	13 34 0	7 14 45	0 31 27	2 35 17	22 17 24	11 17 21	18 31 1	19 28 54
11	6 13 12	19 50 12	13 21 14	8 49 49	4 41 58	21 26 19	13 34 16	7 16 29	0 31 22	2 34 45	22 17 18	11 17 56	18 30 56	19 29 9
12	6 17 8	19 52 42	13 23 32	9 4 21	4 42 36	21 27 29	13 34 32	7 18 16	0 31 18	2 34 12	22 17 12	11 18 31	18 30 52	19 29 23
13	6 21 7	19 54 52	13 25 50	9 18 53	4 43 14	21 28 37	13 34 48	7 20 3	0 31 13	2 33 39	22 17 6	11 19 6	18 30 48	19 29 37
14	6 25 8	19 56 42	13 28 9	9 33 23	4 43 52	21 29 43	13 35 4	7 21 53	0 31 8	2 33 4	22 17 0	11 19 41	18 30 44	19 29 52
15	6 29 11	19 58 11	13 30 29	9 47 52	4 44 29	21 30 48	13 35 21	7 23 43	0 31 2	2 32 29	22 16 54	11 20 16	18 30 39	19 30 6
16	6 33 16	19 59 18	13 32 49	10 2 20	4 45 5	21 31 51	13 35 38	7 25 35	0 30 57	2 31 52	22 16 48	11 20 52	18 30 36	19 30 20
17	6 37 23	20 0 2	13 35 10	10 16 46	4 45 41	21 32 54	13 35 55	7 27 29	0 30 52	2 31 15	22 16 41	11 21 28	18 30 32	19 30 35
18	6 41 31	20 0 22	13 37 32	10 31 10	4 46 17	21 33 54	13 36 13	7 29 24	0 30 46	2 30 37	22 16 35	11 22 3	18 30 28	19 30 49
19	6 45 42	20 0 19	13 39 54	10 45 33	4 46 52	21 34 53	13 36 30	7 31 20	0 30 40	2 29 58	22 16 29	11 22 39	18 30 24	19 31 3
20	6 49 54	19 59 51	13 42 17	10 59 54	4 47 26	21 35 50	13 36 49	7 33 17	0 30 34	2 29 18	22 16 23	11 23 15	18 30 21	19 31 18
21	6 54 7	19 58 58	13 44 40	11 14 13	4 48 0	21 36 46	13 37 7	7 35 16	0 30 28	2 28 38	22 16 17	11 23 51	18 30 17	19 31 32
22	6 58 23	19 57 40	13 47 4	11 28 30	4 48 33	21 37 40	13 37 25	7 37 16	0 30 22	2 27 56	22 16 11	11 24 27	18 30 14	19 31 46
23	7 2 39	19 55 55	13 49 29	11 42 44	4 49 5	21 38 33	13 37 44	7 39 17	0 30 15	2 27 14	22 16 4	11 25 3	18 30 11	19 32 0
24	7 6 57	19 53 44	13 51 54	11 56 56	4 49 37	21 39 24	13 38 3	7 41 20	0 30 9	2 26 31	22 15 58	11 25 39	18 30 8	19 32 14
25	7 11 17	19 51 6	13 54 21	12 11 5	4 50 8	21 40 14	13 38 23	7 43 24	0 30 2	2 25 47	22 15 52	11 26 14	18 30 5	19 32 28
26	7 15 38	19 48 1	13 56 47	12 25 11	4 50 39	21 41 3	13 38 42	7 45 28	0 29 55	2 25 3	22 15 45	11 26 50	18 30 2	19 32 43
27	7 20 0	19 44 27	13 59 15	12 39 14	4 51 9	21 41 49	13 39 2	7 47 35	0 29 48	2 24 18	22 15 39	11 27 26	18 29 59	19 32 57
28	7 24 23	19 40 26	14 1 43	12 53 14	4 51 39	21 42 35	13 39 22	7 49 42	0 29 41	2 23 32	22 15 33	11 28 1	18 29 57	19 33 11
29	7 28 47	19 35 56	14 4 12	13 7 11	4 52 7	21 43 19	13 39 42	7 51 50	0 29 34	2 22 46	22 15 27	11 28 37	18 29 54	19 33 25
30	7 33 12	19 30 57	14 6 41	13 21 5	4 52 35	21 44 2	13 40 3	7 53 59	0 29 27	2 21 58	22 15 20	11 29 13	18 29 52	19 33 39
31	7 37 38	19N25 29	14 9 11	13S34 54	4 53 3	21N44 43	13 40 24	7S56 10	0 29 20	2N21 11	22 15 14	11S29 48	18 29 49	19S33 53

SEPTEMBER 2012

DAY	SIDEREAL TIME h m s	☉ SUN LONG ° ' "	MOT ' "	R.A. h m s	DECL ° ' "	☽ MOON AT 0 HOURS LONG ° ' "	12h MOT ° ' "	2DIF "	R.A. h m s	DECL ° ' "	☽ MOON AT 12 HOURS LONG ° ' "	12h MOT ° ' "	2DIF "	R.A. h m s	DECL ° ' "
1 S	22 42 15	14♌ 2 37	58 3	10 42 15.7	8N12 28	19♒ 7 40	6 30 42	-129	22 53 45	1S47 20	25♒38 22	6 26 20	-132	23 17 57	0N34 7
2 Su	22 46 11	15 0 39	58 5	10 45 52.9	7 50 38	2♓ 4 42	6 21 55	-132	23 41 54	2N53 38	8♓26 37	6 17 34	-129	0 5 43	5 9 44
3 M	22 50 8	15 58 44	58 6	10 49 29.9	7 28 40	14 44 11	6 13 21	-123	0 29 25	7 21 4	20 57 31	6 9 21	-115	0 53 7	9 26 20
4 Tu	22 54 4	16 56 50	58 8	10 53 6.7	7 6 35	27 6 52	6 5 40	-105	1 16 52	11 24 25	3♈12 32	6 2 22	-92	1 40 42	13 14 13
5 W	22 58 1	17 54 59	58 10	10 56 43.2	6 44 23	9♈14 55	5 59 32	-77	2 4 41	14 54 46	15 14 27	5 57 13	-61	2 28 51	16 25 10
6 Th	23 1 58	18 53 9	58 12	11 0 19.5	6 22 5	21 11 40	5 55 28	-43	2 53 14	17 44 34	27 7 8	5 54 20	-24	3 17 50	18 52 14
7 F	23 5 54	19 51 21	58 14	11 3 55.6	5 59 40	3♉ 1 27	5 53 50	-5	3 42 40	19 47 27	8♉55 17	5 54 1	16	4 7 42	20 29 37
8 S	23 9 51	20 49 35	58 16	11 7 31.6	5 37 9	14 49 19	5 54 53	36	4 32 57	20 58 14	20 44 12	5 56 26	57	4 58 23	21 12 50
9 Su	23 13 47	21 47 52	58 18	11 11 7.4	5 14 32	26 40 38	5 58 41	77	5 23 57	21 13 7	2♊39 18	6 1 35	97	5 49 38	20 58 52
10 M	23 17 44	22 46 10	58 21	11 14 43.0	4 51 49	8♊40 53	6 5 7	115	6 15 22	20 30 1	14 46 0	6 9 15	132	6 41 8	19 46 37
11 Tu	23 21 40	23 44 30	58 23	11 18 18.6	4 29 2	20 55 16	6 13 55	147	7 6 54	18 48 53	27 9 11	6 19 3	159	7 32 39	17 37 11
12 W	23 25 37	24 42 53	58 25	11 21 54.0	4 6 10	3♋28 13	6 24 32	169	7 58 21	16 12 2	9♋52 45	6 30 18	175	8 24 0	14 34 7
13 Th	23 29 33	25 41 17	58 27	11 25 29.4	3 43 14	16 23 3	6 36 11	177	8 49 37	12 44 19	22 59 14	6 42 6	175	9 15 13	10 43 40
14 F	23 33 30	26 39 44	58 29	11 29 4.7	3 20 13	29 41 20	6 47 53	169	9 40 50	8 33 25	6♌29 13	6 53 24	159	10 6 31	6 15 0
15 S	23 37 27	27 38 12	58 30	11 32 39.9	2 57 9	13♌22 37	6 58 30	145	10 32 19	3 50 2	20 21 7	7 3 5	128	10 58 18	1 20 21
16 Su	23 41 23	28 36 42	58 32	11 36 15.2	2 34 1	27 24 12	7 7 1	107	11 24 31	1S12 2	4♍31 13	7 10 14	85	11 51 3	3S44 56
17 M	23 45 20	29 35 15	58 34	11 39 50.4	2 10 51	11♍41 27	7 12 41	62	12 17 59	6 15 59	18 54 8	7 14 21	38	12 45 20	8 42 45
18 Tu	23 49 16	0♍33 49	58 36	11 43 25.6	1 47 38	26 8 29	7 15 14	16	13 13 11	11 2 41	3♎23 44	7 15 24	-5	13 41 33	13 13 16
19 W	23 53 13	1 32 25	58 38	11 47 0.8	1 24 22	10♎39 8	7 14 53	-24	14 10 26	15 12 2	17 54 1	7 13 48	-40	14 39 49	16 56 39
20 Th	23 57 9	2 31 3	58 40	11 50 36.1	1 1 5	25 7 49	7 12 14	-53	15 9 39	18 25 3	2♏20 3	7 10 16	-63	15 39 51	19 35 29
21 F	0 1 6	3 29 42	58 41	11 54 11.4	0 37 46	9♏30 18	7 8 0	-71	16 10 17	20 26 38	16 38 18	7 5 31	-77	16 40 49	20 57 38
22 S	0 5 2	4 28 23	58 43	11 57 46.8	0 14 26	23 43 48	7 2 53	-80	17 11 19	21 8 7	0♐46 41	7 0 10	-82	17 41 36	20 58 17
23 Su	0 8 59	5 27 6	58 45	12 1 22.3	0S 8 55	7♐46 51	6 57 24	-83	18 11 32	20 28 46	14 44 15	6 54 36	-84	18 40 59	19 40 38
24 M	0 12 56	6 25 50	58 46	12 4 57.9	0 32 17	21 38 52	6 51 48	-85	19 9 53	18 35 18	28 30 39	6 48 58	-85	19 38 8	17 14 23
25 Tu	0 16 52	7 24 36	58 48	12 8 33.6	0 55 38	5♑19 38	6 46 7	-86	20 5 45	15 39 44	12♑ 5 45	6 43 14	-87	20 32 42	13 53 14
26 W	0 20 49	8 23 24	58 50	12 12 9.5	1 19 0	18 48 59	6 40 18	-89	20 59 0	11 56 50	25 29 16	6 37 17	-91	21 24 44	9 52 25
27 Th	0 24 45	9 22 14	58 51	12 15 45.5	1 42 21	2♒ 6 33	6 34 12	-94	21 49 56	7 41 51	8♒40 45	6 31 2	-96	22 14 41	5 26 58
28 F	0 28 42	10 21 5	58 53	12 19 21.8	2 5 42	15 11 47	6 27 47	-98	22 39 3	3 9 27	21 39 34	6 24 28	-100	23 3 7	0 50 58
29 S	0 32 38	11 19 58	58 55	12 22 58.2	2 29 1	28 4 2	6 21 7	-101	23 26 58	1N26 55	4♓25 8	6 17 44	-101	23 50 41	3N42 43
30 Su	0 36 35	12♍18 53	58 57	12 26 35.0	2S52 19	10♓42 52	6 14 23	-100	0 14 19	5N55 2	16♓57 15	6 11 6	-97	0 37 57	8N 2 30

LUNAR INGRESSES
1 ☽ ♓ 20:07
4 ☽ ♈ 5:40
6 ☽ ♉ 17:51
9 ☽ ♊ 6:41
11 ☽ ♋ 17:26
14 ☽ ♌ 0:33
16 ☽ ♍ 4:23
18 ☽ ♎ 6:23
20 ☽ ♏ 8:06
22 ☽ ♐ 10:40
24 ☽ ♑ 14:37
26 ☽ ♒ 20:10
29 ☽ ♓ 3:38

PLANET INGRESSES
1 ♀ ♋ 20:49
14 ☿ ♍ 3:38
17 ☉ ♍ 10:09
28 ♀ ♌ 21:40
29 ♂ ♏ 21:44

STATIONS
18 ♇ D 5:08

DATA FOR THE 1st AT 0 HOURS
JULIAN DAY 41151.5
☽ MEAN ☊ 5°♏ 8' 8"
OBLIQUITY 23° 26' 11"
DELTA T 71.6 SECONDS
NUTATION LONGITUDE 15.8"

DAY MO YR	☿ LONG ° ' "	♀ LONG ° ' "	♂ LONG ° ' "	♃ LONG ° ' "	♄ LONG ° ' "	♅ LONG ° ' "	♆ LONG ° ' "	♇ LONG ° ' "	☊ LONG ° '	A.S.S.I. h m s	S.S.R.Y. h m s	S.V.P. ♓ ° ' "	☿ MERCURY R.A. h m s	DECL ° ' "
1 245	4♌52 19	29♊ 5 0	10♎28 32	19♉39 55	1♎19 24	12♓42R30	6♒37R 6	12♐ 6R26	4♏42	13 26 54	30 13 42	5 4 42.2	10 9 59	13N 6 29
2 246	6 48 52	0♋ 8 25	11 7 44	19 46 0	1 25 5	12 40 28	6 35 29	12 5 56	4 30	13 31 27	30 12 41	5 4 42.2	10 17 29	12 27 45
3 247	8 45 49	1 12 6	11 47 3	19 51 57	1 30 50	12 38 24	6 33 52	12 5 28	4 20	13 36 0	30 11 38	5 4 42.2	10 24 58	11 47 26
4 248	10 42 53	2 16 4	12 26 27	19 57 43	1 36 39	12 36 19	6 32 15	12 5 1	4 13	13 40 32	30 10 37	5 4 42.2	10 32 24	11 5 43
5 249	12 39 50	3 20 17	13 5 57	20 3 20	1 42 30	12 34 12	6 30 38	12 4 36	4 08	13 45 4	30 9 40	5 4 42.1	10 39 47	10 22 46
6 250	14 36 29	4 24 46	13 45 32	20 8 46	1 48 25	12 32 4	6 29 2	12 4 13	4 05	13 49 36	30 8 49	5 4 42.0	10 47 6	9 38 46
7 251	16 32 38	5 29 30	14 25 14	20 14 3	1 54 23	12 29 54	6 27 27	12 3 52	4 05	13 54 7	30 8 6	5 4 41.9	10 54 20	8 53 53
8 252	18 28 11	6 34 29	15 5 1	20 19 10	2 0 24	12 27 43	6 25 52	12 3 33	4 05	13 58 39	30 7 32	5 4 41.8	11 1 29	8 8 14
9 253	20 22 59	7 39 43	15 44 54	20 24 6	2 6 28	12 25 31	6 24 17	12 3 15	4 05	14 3 10	30 7 8	5 4 41.7	11 8 33	7 21 59
10 254	22 16 58	8 45 11	16 24 53	20 28 52	2 12 36	12 23 18	6 22 43	12 2 59	4 04	14 7 41	30 6 54	5 4 41.5	11 15 32	6 35 15
11 255	24 10 3	9 50 52	17 4 58	20 33 27	2 18 46	12 21 3	6 21 10	12 2 45	4 00	14 12 12	30 6 52	5 4 41.4	11 22 25	5 48 10
12 256	26 2 10	10 56 47	17 45 9	20 37 52	2 24 58	12 18 48	6 19 37	12 2 32	3 55	14 16 42	30 7 2	5 4 41.2	11 29 14	5 0 48
13 257	27 53 17	12 2 55	18 25 25	20 42 6	2 31 14	12 16 31	6 18 5	12 2 22	3 47	14 21 13	30 7 22	5 4 41.1	11 35 57	4 13 16
14 258	29 43 24	13 9 16	19 5 47	20 46 10	2 37 33	12 14 13	6 16 33	12 2 13	3 37	14 25 43	30 7 55	5 4 41.1	11 42 35	3 25 40
15 259	1♍32 27	14 15 49	19 46 15	20 50 2	2 43 54	12 11 55	6 15 3	12 2 6	3 26	14 30 14	30 8 38	5 4 41.0	11 49 9	2 38 3
16 260	3 20 27	15 22 34	20 26 48	20 53 44	2 50 17	12 9 35	6 13 33	12 2 1	3 16	14 34 44	30 9 31	5 4 41.0	11 55 37	1 50 30
17 261	5 7 24	16 29 31	21 7 27	20 57 14	2 56 44	12 7 15	6 12 4	12 1 58	3 07	14 39 15	30 10 31	5 4 41.0	12 2 1	1 3 4
18 262	6 53 18	17 36 39	21 48 12	21 0 33	3 3 13	12 4 54	6 10 36	12 1D56	3 00	14 43 45	30 11 36	5 4 41.0	12 8 21	0 15 50
19 263	8 38 9	18 43 58	22 29 2	21 3 41	3 9 44	12 2 33	6 9 9	12 1 57	2 55	14 48 15	30 12 42	5 4 40.9	12 14 37	0S31 10
20 264	10 21 58	19 51 29	23 9 57	21 6 38	3 16 17	12 0 10	6 7 42	12 1 59	2 53	14 52 46	30 13 44	5 4 40.8	12 20 48	1 17 54
21 265	12 4 45	20 59 10	23 50 58	21 9 23	3 22 53	11 57 47	6 6 17	12 2 3	2 53	14 57 16	30 14 39	5 4 40.7	12 26 56	2 4 18
22 266	13 46 32	22 7 1	24 32 4	21 11 57	3 29 31	11 55 24	6 4 53	12 2 9	2 54	15 1 47	30 15 23	5 4 40.5	12 33 0	2 50 21
23 267	15 27 20	23 15 3	25 13 16	21 14 19	3 36 11	11 53 0	6 3 30	12 2 17	2 54	15 6 18	30 15 54	5 4 40.3	12 39 1	3 36 0
24 268	17 7 8	24 23 15	25 54 32	21 16 30	3 42 54	11 50 36	6 2 8	12 2 27	2 53	15 10 49	30 16 11	5 4 40.1	12 44 59	4 21 13
25 269	18 45 59	25 31 38	26 35 54	21 18 29	3 49 38	11 48 12	6 0 46	12 2 39	2 50	15 15 20	30 16 14	5 4 40.0	12 50 54	5 5 59
26 270	20 23 54	26 40 10	27 17 20	21 20 16	3 56 24	11 45 47	5 59 27	12 2 53	2 44	15 19 51	30 16 2	5 4 39.9	12 56 46	5 50 15
27 271	22 0 53	27 48 51	27 58 52	21 21 52	4 3 12	11 43 22	5 58 8	12 3 8	2 37	15 24 22	30 15 38	5 4 39.8	13 2 35	6 34 0
28 272	23 36 58	28 57 43	28 40 29	21 23 16	4 10 2	11 40 57	5 56 50	12 3 25	2 28	15 28 54	30 15 2	5 4 39.8	13 8 22	7 17 14
29 273	25 12 9	0♌ 6 44	29 22 10	21 24 28	4 16 53	11 38 32	5 55 34	12 3 44	2 19	15 33 26	30 14 19	5 4 39.8	13 14 7	7 59 53
30 274	26♍46 27	1♌15 54	0♏ 3 57	21♉25 29	4♎23 47	11♓36 7	5♒54 19	12♐ 4 5	2♏10	15 37 58	30 13 29	5 4 39.8	13 19 49	8S41 58

DAY Sep	♀ VENUS R.A. h m s	DECL ° ' "	♂ MARS R.A. h m s	DECL ° ' "	♃ JUPITER R.A. h m s	DECL ° ' "	♄ SATURN R.A. h m s	DECL ° ' "	♅ URANUS R.A. h m s	DECL ° ' "	♆ NEPTUNE R.A. h m s	DECL ° ' "	♇ PLUTO R.A. h m s	DECL ° ' "
1	7 42 5	19N19 32	14 11 42	13S48 40	4 53 30	21N45 23	13 40 45	7S58 21	0 29 13	2N20 22	22 15 8	11S30 23	18 29 47	19S34 7
2	7 46 33	19 13 6	14 14 13	14 2 22	4 53 56	21 46 2	13 41 6	8 0 33	0 29 5	2 19 33	22 15 2	11 30 59	18 29 45	19 34 21
3	7 51 2	19 6 9	14 16 45	14 16 0	4 54 21	21 46 39	13 41 27	8 2 47	0 28 58	2 18 43	22 14 56	11 31 34	18 29 43	19 34 35
4	7 55 31	18 58 43	14 19 18	14 29 33	4 54 46	21 47 14	13 41 49	8 5 1	0 28 50	2 17 53	22 14 49	11 32 9	18 29 41	19 34 48
5	8 0 1	18 50 48	14 21 52	14 43 3	4 55 10	21 47 49	13 42 11	8 7 16	0 28 42	2 17 3	22 14 43	11 32 43	18 29 40	19 35 2
6	8 4 32	18 42 22	14 24 26	14 56 27	4 55 33	21 48 22	13 42 33	8 9 32	0 28 34	2 16 11	22 14 37	11 33 18	18 29 38	19 35 16
7	8 9 3	18 33 26	14 27 1	15 9 47	4 55 56	21 48 53	13 42 55	8 11 49	0 28 26	2 15 20	22 14 31	11 33 52	18 29 37	19 35 29
8	8 13 35	18 24 0	14 29 36	15 23 3	4 56 18	21 49 24	13 43 18	8 14 7	0 28 18	2 14 27	22 14 25	11 34 26	18 29 35	19 35 43
9	8 18 7	18 14 4	14 32 12	15 36 13	4 56 39	21 49 53	13 43 40	8 16 25	0 28 10	2 13 35	22 14 19	11 35 0	18 29 34	19 35 56
10	8 22 40	18 3 38	14 34 50	15 49 18	4 56 59	21 50 21	13 44 3	8 18 45	0 28 2	2 12 42	22 14 13	11 35 34	18 29 33	19 36 10
11	8 27 13	17 52 42	14 37 27	16 2 17	4 57 19	21 50 47	13 44 26	8 21 5	0 27 54	2 11 48	22 14 7	11 36 7	18 29 32	19 36 23
12	8 31 46	17 41 17	14 40 6	16 15 12	4 57 38	21 51 13	13 44 50	8 23 26	0 27 46	2 10 54	22 14 1	11 36 41	18 29 31	19 36 37
13	8 36 20	17 29 22	14 42 45	16 28 0	4 57 56	21 51 37	13 45 13	8 25 48	0 27 37	2 10 0	22 13 56	11 37 14	18 29 31	19 36 50
14	8 40 54	17 16 58	14 45 25	16 40 43	4 58 14	21 51 59	13 45 37	8 28 10	0 27 29	2 9 5	22 13 50	11 37 46	18 29 30	19 37 3
15	8 45 28	17 4 4	14 48 5	16 53 19	4 58 30	21 52 21	13 46 0	8 30 33	0 27 20	2 8 10	22 13 44	11 38 19	18 29 30	19 37 16
16	8 50 2	16 50 41	14 50 47	17 5 49	4 58 46	21 52 41	13 46 24	8 32 57	0 27 12	2 7 15	22 13 38	11 38 51	18 29 29	19 37 29
17	8 54 36	16 36 50	14 53 29	17 18 13	4 59 1	21 53 0	13 46 49	8 35 22	0 27 3	2 6 19	22 13 33	11 39 22	18 29 29	19 37 42
18	8 59 10	16 22 29	14 56 12	17 30 30	4 59 15	21 53 17	13 47 13	8 37 47	0 26 55	2 5 23	22 13 27	11 39 54	18 29 29	19 37 55
19	9 3 44	16 7 41	14 58 55	17 42 41	4 59 29	21 53 34	13 47 37	8 40 12	0 26 46	2 4 27	22 13 21	11 40 25	18 29 29	19 38 8
20	9 8 19	15 52 24	15 1 40	17 54 44	4 59 42	21 53 49	13 48 2	8 42 38	0 26 37	2 3 31	22 13 16	11 40 56	18 29 29	19 38 20
21	9 12 53	15 36 40	15 4 25	18 6 40	4 59 53	21 54 3	13 48 27	8 45 5	0 26 29	2 2 34	22 13 11	11 41 26	18 29 30	19 38 33
22	9 17 27	15 20 28	15 7 11	18 18 29	5 0 4	21 54 16	13 48 52	8 47 32	0 26 20	2 1 37	22 13 5	11 41 56	18 29 30	19 38 45
23	9 22 1	15 3 50	15 9 57	18 30 11	5 0 15	21 54 27	13 49 17	8 49 59	0 26 11	2 0 41	22 13 0	11 42 25	18 29 31	19 38 58
24	9 26 35	14 46 44	15 12 44	18 41 45	5 0 24	21 54 38	13 49 42	8 52 27	0 26 2	1 59 44	22 12 55	11 42 54	18 29 32	19 39 10
25	9 31 9	14 29 12	15 15 32	18 53 10	5 0 33	21 54 47	13 50 7	8 54 56	0 25 53	1 58 47	22 12 50	11 43 23	18 29 32	19 39 22
26	9 35 42	14 11 14	15 18 21	19 4 28	5 0 40	21 54 55	13 50 33	8 57 25	0 25 45	1 57 50	22 12 45	11 43 51	18 29 33	19 39 35
27	9 40 16	13 52 51	15 21 10	19 15 38	5 0 47	21 55 2	13 50 58	8 59 54	0 25 36	1 56 53	22 12 39	11 44 19	18 29 35	19 39 47
28	9 44 49	13 34 2	15 24 0	19 26 39	5 0 53	21 55 8	13 51 24	9 2 23	0 25 27	1 55 56	22 12 35	11 44 46	18 29 36	19 39 59
29	9 49 22	13 14 49	15 26 51	19 37 31	5 0 58	21 55 12	13 51 50	9 4 53	0 25 18	1 54 58	22 12 30	11 45 13	18 29 37	19 40 10
30	9 53 55	12N55 11	15 29 43	19S48 15	5 1 3	21N55 15	13 52 16	9S 7 23	0 25 9	1N54 1	22 12 25	11S45 40	18 29 39	19S40 22

OCTOBER 2012

DAY	SIDEREAL TIME h m s	☉ SUN LONG ° ' "	SUN MOT ' "	SUN R.A. h m s	SUN DECL ° ' "	☽ MOON AT 0 HOURS LONG ° ' "	12h MOT ° ' "	2DIF "	R.A. h m s	DECL ° ' "	☽ MOON AT 12 HOURS LONG ° ' "	12h MOT ° ' "	2DIF "	R.A. h m s	DECL ° ' "
1 M	0 40 31	13♍17 51	58 59	12 30 11.9	3S15 35	23♓ 8 21	6 7 56	-93	1 1 38	10N 3 52	29♓16 17	6 4 56	-87	1 25 26	11N57 56
2 Tu	0 44 28	14 16 50	59 1	12 33 49.2	3 38 49	5♈21 12	6 2 9	-79	1 49 22	13 43 36	11♈23 22	5 59 40	-70	2 13 29	15 19 49
3 W	0 48 24	15 15 51	59 4	12 37 26.8	4 2 1	17 23 2	5 57 31	-59	2 37 48	16 45 37	23 20 32	5 55 45	-46	3 2 19	18 0 11
4 Th	0 52 21	16 14 55	59 6	12 41 4.7	4 25 10	29 16 17	5 54 26	-32	3 27 3	19 2 43	5♉10 43	5 53 36	-17	3 51 58	19 52 35
5 F	0 56 18	17 14 1	59 8	12 44 43.0	4 48 15	11♉ 4 20	5 53 19	0	4 17 3	20 29 14	16 57 38	5 53 35	17	4 42 16	20 52 15
6 S	1 0 14	18 13 9	59 10	12 48 21.7	5 11 18	22 51 13	5 54 28	36	5 7 35	21 1 21	28 45 41	5 55 58	55	5 32 58	20 56 21
7 Su	1 4 11	19 12 19	59 13	12 52 0.8	5 34 16	4♊41 40	5 58 7	74	5 58 22	20 37 13	10♊39 47	6 0 55	94	6 23 45	20 4 2
8 M	1 8 7	20 11 32	59 15	12 55 40.4	5 57 10	16 40 42	6 4 23	113	6 49 6	19 16 59	22 45 5	6 8 28	132	7 14 24	18 16 24
9 Tu	1 12 4	21 10 47	59 17	12 59 20.3	6 20 0	28 53 32	6 13 9	149	7 39 37	17 2 41	5♋ 6 41	6 18 24	165	8 4 47	15 36 24
10 W	1 16 0	22 10 4	59 20	13 3 0.8	6 42 45	11♋25 5	6 24 9	179	8 29 55	13 58 12	17 49 14	6 30 19	190	8 55 1	12 8 51
11 Th	1 19 57	23 9 23	59 22	13 6 41.7	7 5 25	24 19 33	6 36 47	197	9 20 10	10 9 15	0♌56 20	6 43 27	201	9 45 23	8 0 28
12 F	1 23 53	24 8 45	59 24	13 10 23.1	7 27 58	7♌39 47	6 50 10	200	10 10 46	5 43 44	14 29 57	6 56 47	194	10 36 21	3 20 29
13 S	1 27 50	25 8 9	59 26	13 14 5.1	7 50 26	21 26 44	7 3 8	184	11 2 14	0 52 22	28 29 52	7 9 2	168	11 28 30	1S38 44
14 Su	1 31 47	26 7 36	59 29	13 17 47.5	8 12 47	5♍38 54	7 14 21	148	11 55 14	4S10 43	12♍53 15	7 18 54	124	12 22 29	6 41 12
15 M	1 35 43	27 7 4	59 31	13 21 30.6	8 35 2	20 12 9	7 22 35	96	12 50 20	9 7 35	27 34 44	7 25 18	66	13 18 50	11 27 10
16 Tu	1 39 40	28 6 35	59 33	13 25 14.2	8 57 9	5♎ 0 2	7 27 0	35	13 47 59	13 37 5	12♎27 3	7 27 40	5	14 17 48	15 34 32
17 W	1 43 36	29 6 7	59 35	13 28 58.4	9 19 8	19 54 42	7 27 19	-25	14 48 12	17 16 51	27 22 1	7 26 0	-52	15 19 7	18 41 39
18 Th	1 47 33	0♎ 5 42	59 37	13 32 43.2	9 40 59	4♏48 1	7 23 50	-76	15 50 24	19 47 1	12♏11 51	7 20 56	-97	16 21 54	20 31 32
19 F	1 51 29	1 5 18	59 38	13 36 28.5	10 2 42	19 32 47	7 17 23	-113	16 53 24	20 54 30	26 50 10	7 13 22	-126	17 24 43	20 55 48
20 S	1 55 26	2 4 56	59 40	13 40 14.5	10 24 16	4♐ 3 32	7 8 59	-135	17 55 39	20 36 3	11♐12 31	7 4 21	-141	18 26 3	19 56 20
21 Su	1 59 22	3 4 36	59 42	13 44 1.2	10 45 41	18 16 52	6 59 36	-143	18 55 47	18 58 13	25 16 28	6 54 49	-143	19 24 46	17 43 35
22 M	2 3 19	4 4 18	59 43	13 47 48.4	11 6 56	2♑11 17	6 50 3	-141	19 52 57	16 14 28	9♑ 1 20	6 45 24	-137	20 20 21	14 32 58
23 Tu	2 7 16	5 4 1	59 45	13 51 36.3	11 28 1	15 46 44	6 40 53	-133	20 46 59	12 41 8	22 27 38	6 36 33	-127	21 12 55	10 40 59
24 W	2 11 12	6 3 46	59 47	13 55 24.9	11 48 55	29 4 11	6 32 25	-121	21 38 13	8 34 24	5♒36 36	6 28 29	-115	22 2 58	6 23 9
25 Th	2 15 9	7 3 32	59 48	13 59 14.2	12 9 39	12♒ 5 5	6 24 45	-109	22 27 16	4 8 53	18 29 50	6 21 14	-103	22 51 12	1 53 8
26 F	2 19 5	8 3 21	59 50	14 3 4.2	12 30 11	24 51 3	6 17 54	-97	23 14 52	0N22 38	1♓ 8 57	6 14 46	-91	23 38 21	2N37 3
27 S	2 23 2	9 3 11	59 52	14 6 54.9	12 50 32	7♓23 43	6 11 49	-86	0 1 45	4 48 49	13 35 32	6 9 4	-80	0 25 7	6 56 40
28 Su	2 26 58	10 3 2	59 54	14 10 46.3	13 10 41	19 44 36	6 6 29	-75	0 48 33	8 59 22	25 51 5	6 4 5	-69	1 12 6	10 55 45
29 M	2 30 55	11 2 56	59 56	14 14 38.5	13 30 37	1♈55 10	6 1 53	-63	1 35 49	12 44 40	7♈57 3	5 59 54	-57	1 59 44	14 25 2
30 Tu	2 34 51	12 2 52	59 58	14 18 31.5	13 50 21	13 56 57	5 58 7	-50	2 23 52	15 55 48	19 55 4	5 56 35	-42	2 48 15	17 16 1
31 W	2 38 48	13♎ 2 49	60 0	14 22 25.2	14S 9 51	25♈51 40	5 55 19	-34	3 12 52	18N24 47	1♉46 59	5 54 21	-24	3 37 41	19N21 21

LUNAR INGRESSES
1 ☽ ♈ 13:26
4 ☽ ♉ 1:29
6 ☽ ♊ 14:31
9 ☽ ♋ 2:09
11 ☽ ♌ 10:18
13 ☽ ♍ 14:32
15 ☽ ♎ 15:55
17 ☽ ♏ 16:15
19 ☽ ♐ 17:15
21 ☽ ♑ 20:11
24 ☽ ♒ 1:42
26 ☽ ♓ 9:48
28 ☽ ♈ 20:12
31 ☽ ♉ 8:23

PLANET INGRESSES
2 ☿ ♎ 1:58
17 ☉ ♎ 21:42
24 ☿ ♏ 4:14
24 ♀ ♍ 8:03

STATIONS
4 ♃ R 13:19

DATA FOR THE 1st AT 0 HOURS
JULIAN DAY 41181.5
☽ MEAN ☊ 3°♏ 32' 44"
OBLIQUITY 23° 26' 11"
DELTA T 71.6 SECONDS
NUTATION LONGITUDE 14.2"

DAY MO	YR	☿ LONG ° ' "	♀ LONG ° ' "	♂ LONG ° ' "	♃ LONG ° ' "	♄ LONG ° ' "	♅ LONG ° ' "	♆ LONG ° ' "	♇ LONG ° ' "	☊ LONG ° '	A.S.S.I. h m s	S.S.R.Y. h m s	S.V.P. ♓ ° ' "	☿ MERCURY R.A. h m s	☿ MERCURY DECL ° ' "
1	275	28♍19 53	2♌25 14	0♏45 49	21♉26 17	4♎30 42	11♓33R42	5♒53R 5	12♐ 4 28	2♏02	15 42 31	30 12 33	5 4 39.8	13 25 30	9S23 26
2	276	29 52 28	3 34 42	1 27 45	21 26 54	4 37 38	11 31 17	5 51 53	12 4 53	1 57	15 47 4	30 11 38	5 4 39.8	13 31 8	10 4 17
3	277	1♎24 11	4 44 20	2 9 47	21 27 19	4 44 37	11 28 52	5 50 41	12 5 19	1 53	15 51 37	30 10 43	5 4 39.7	13 36 45	10 44 29
4	278	2 55 5	5 54 6	2 51 53	21 27R31	4 51 36	11 26 28	5 49 32	12 5 48	1 52	15 56 11	30 9 49	5 4 39.6	13 42 20	11 24 0
5	279	4 25 8	7 4 1	3 34 5	21 27 32	4 58 37	11 24 3	5 48 23	12 6 18	1 53	16 0 45	30 8 58	5 4 39.5	13 47 53	12 2 50
6	280	5 54 21	8 14 4	4 16 21	21 27 20	5 5 39	11 21 39	5 47 16	12 6 50	1 54	16 5 20	30 8 13	5 4 39.3	13 53 24	12 40 57
7	281	7 22 43	9 24 16	4 58 42	21 26 56	5 12 43	11 19 16	5 46 11	12 7 24	1 55	16 9 55	30 7 35	5 4 39.2	13 58 54	13 18 21
8	282	8 50 14	10 34 36	5 41 9	21 26 21	5 19 48	11 16 53	5 45 7	12 8 0	1 56	16 14 31	30 7 5	5 4 39.0	14 4 23	13 54 58
9	283	10 16 55	11 45 3	6 23 40	21 25 33	5 26 54	11 14 30	5 44 4	12 8 37	1 56	16 19 7	30 6 45	5 4 38.9	14 9 49	14 30 50
10	284	11 42 42	12 55 39	7 6 16	21 24 33	5 34 1	11 12 8	5 43 3	12 9 17	1 54	16 23 44	30 6 36	5 4 38.8	14 15 14	15 5 52
11	285	13 7 37	14 6 22	7 48 57	21 23 20	5 41 10	11 9 47	5 42 4	12 9 58	1 51	16 28 22	30 6 40	5 4 38.7	14 20 38	15 40 6
12	286	14 31 36	15 17 12	8 31 43	21 21 56	5 48 19	11 7 26	5 41 6	12 10 41	1 46	16 33 0	30 6 58	5 4 38.6	14 26 0	16 13 28
13	287	15 54 39	16 28 10	9 14 34	21 20 19	5 55 29	11 5 6	5 40 9	12 11 26	1 40	16 37 39	30 7 29	5 4 38.6	14 31 19	16 45 57
14	288	17 16 43	17 39 14	9 57 29	21 18 31	6 2 40	11 2 47	5 39 15	12 12 12	1 34	16 42 18	30 8 14	5 4 38.6	14 36 37	17 17 32
15	289	18 37 45	18 50 26	10 40 30	21 16 30	6 9 52	11 0 29	5 38 22	12 13 1	1 29	16 46 59	30 9 10	5 4 38.6	14 41 53	17 48 11
16	290	19 57 42	20 1 44	11 23 35	21 14 17	6 17 4	10 58 12	5 37 30	12 13 51	1 26	16 51 40	30 10 15	5 4 38.5	14 47 6	18 17 52
17	291	21 16 31	21 13 8	12 6 45	21 11 52	6 24 17	10 55 55	5 36 41	12 14 43	1 24	16 56 21	30 11 24	5 4 38.4	14 52 16	18 46 33
18	292	22 34 6	22 24 39	12 49 59	21 9 15	6 31 31	10 53 40	5 35 53	12 15 37	1 23	17 1 4	30 12 34	5 4 38.3	14 57 24	19 14 12
19	293	23 50 23	23 36 16	13 33 18	21 6 27	6 38 45	10 51 26	5 35 7	12 16 32	1 24	17 5 47	30 13 40	5 4 38.1	15 2 28	19 40 47
20	294	25 5 16	24 47 59	14 16 42	21 3 27	6 45 59	10 49 14	5 34 23	12 17 30	1 25	17 10 31	30 14 39	5 4 37.9	15 7 28	20 6 16
21	295	26 18 38	25 59 47	15 0 10	21 0 15	6 53 14	10 47 2	5 33 40	12 18 29	1 27	17 15 15	30 15 27	5 4 37.6	15 12 23	20 30 35
22	296	27 30 22	27 11 42	15 43 42	20 56 52	7 0 30	10 44 52	5 32 59	12 19 29	1 27	17 20 1	30 16 3	5 4 37.5	15 17 14	20 53 43
23	297	28 40 17	28 23 42	16 27 19	20 53 17	7 7 45	10 42 43	5 32 21	12 20 32	1 27	17 24 47	30 16 26	5 4 37.3	15 21 59	21 15 37
24	298	29 48 15	29 35 48	17 11 0	20 49 31	7 15 0	10 40 36	5 31 44	12 21 36	1 25	17 29 34	30 16 35	5 4 37.3	15 26 37	21 36 13
25	299	0♏54 3	0♍47 59	17 54 45	20 45 34	7 22 16	10 38 30	5 31 8	12 22 42	1 23	17 34 23	30 16 33	5 4 37.2	15 31 8	21 55 28
26	300	1 57 29	2 0 15	18 38 34	20 41 26	7 29 31	10 36 26	5 30 35	12 23 49	1 19	17 39 11	30 16 19	5 4 37.2	15 35 31	22 13 18
27	301	2 58 16	3 12 37	19 22 28	20 37 7	7 36 47	10 34 23	5 30 4	12 24 58	1 15	17 44 1	30 15 55	5 4 37.1	15 39 44	22 29 40
28	302	3 56 9	4 25 5	20 6 25	20 32 37	7 44 2	10 32 22	5 29 34	12 26 9	1 12	17 48 52	30 15 23	5 4 37.1	15 43 46	22 44 29
29	303	4 50 48	5 37 37	20 50 27	20 27 57	7 51 17	10 30 22	5 29 6	12 27 21	1 09	17 53 44	30 14 44	5 4 37.1	15 47 36	22 57 40
30	304	5 41 52	6 50 15	21 34 33	20 23 6	7 58 32	10 28 25	5 28 41	12 28 35	1 07	17 58 36	30 14 0	5 4 37.0	15 51 12	23 9 9
31	305	6♏28 55	8♍ 2 58	22♏18 42	20♉18 5	8♎ 5 47	10♓26 29	5♒28 17	12♐29 50	1♏06	18 3 30	30 13 11	5 4 36.9	15 54 33	23S18 48

DAY Oct	♀ VENUS R.A. h m s	♀ VENUS DECL ° ' "	♂ MARS R.A. h m s	♂ MARS DECL ° ' "	♃ JUPITER R.A. h m s	♃ JUPITER DECL ° ' "	♄ SATURN R.A. h m s	♄ SATURN DECL ° ' "	♅ URANUS R.A. h m s	♅ URANUS DECL ° ' "	♆ NEPTUNE R.A. h m s	♆ NEPTUNE DECL ° ' "	♇ PLUTO R.A. h m s	♇ PLUTO DECL ° ' "
1	9 58 27	12N35 9	15 32 35	19S58 49	5 1 6	21N55 17	13 52 42	9S 9 53	0 25 0	1N53 4	22 12 20	11S46 6	18 29 40	19S40 34
2	10 3 0	12 14 44	15 35 28	20 9 14	5 1 9	21 55 18	13 53 8	9 12 24	0 24 51	1 52 7	22 12 16	11 46 31	18 29 42	19 40 45
3	10 7 32	11 53 56	15 38 22	20 19 30	5 1 11	21 55 18	13 53 35	9 14 55	0 24 42	1 51 10	22 12 11	11 46 57	18 29 44	19 40 56
4	10 12 4	11 32 45	15 41 16	20 29 37	5 1 12	21 55 17	13 54 1	9 17 26	0 24 33	1 50 13	22 12 7	11 47 21	18 29 46	19 41 8
5	10 16 36	11 11 12	15 44 12	20 39 34	5 1 12	21 55 14	13 54 28	9 19 57	0 24 25	1 49 17	22 12 2	11 47 45	18 29 48	19 41 19
6	10 21 7	10 49 19	15 47 7	20 49 20	5 1 11	21 55 11	13 54 54	9 22 28	0 24 16	1 48 20	22 11 58	11 48 8	18 29 51	19 41 30
7	10 25 39	10 27 4	15 50 4	20 58 57	5 1 9	21 55 6	13 55 21	9 25 0	0 24 7	1 47 24	22 11 54	11 48 31	18 29 53	19 41 40
8	10 30 10	10 4 29	15 53 1	21 8 24	5 1 7	21 55 0	13 55 48	9 27 31	0 23 58	1 46 28	22 11 50	11 48 54	18 29 56	19 41 51
9	10 34 41	9 41 34	15 55 59	21 17 40	5 1 3	21 54 53	13 56 15	9 30 3	0 23 49	1 45 32	22 11 46	11 49 16	18 29 58	19 42 2
10	10 39 11	9 18 20	15 58 58	21 26 45	5 0 59	21 54 45	13 56 42	9 32 34	0 23 41	1 44 37	22 11 42	11 49 37	18 30 1	19 42 12
11	10 43 42	8 54 48	16 1 58	21 35 40	5 0 54	21 54 35	13 57 9	9 35 6	0 23 32	1 43 42	22 11 38	11 49 58	18 30 4	19 42 23
12	10 48 12	8 30 58	16 4 58	21 44 23	5 0 48	21 54 25	13 57 36	9 37 38	0 23 23	1 42 47	22 11 34	11 50 18	18 30 7	19 42 33
13	10 52 42	8 6 51	16 7 59	21 52 55	5 0 41	21 54 13	13 58 3	9 40 10	0 23 15	1 41 52	22 11 31	11 50 37	18 30 11	19 42 43
14	10 57 12	7 42 27	16 11 0	22 1 16	5 0 33	21 54 0	13 58 30	9 42 41	0 23 6	1 40 58	22 11 27	11 50 56	18 30 14	19 42 53
15	11 1 41	7 17 47	16 14 3	22 9 26	5 0 25	21 53 46	13 58 58	9 45 13	0 22 58	1 40 4	22 11 24	11 51 15	18 30 17	19 43 3
16	11 6 11	6 52 51	16 17 6	22 17 23	5 0 15	21 53 31	13 59 25	9 47 44	0 22 49	1 39 11	22 11 21	11 51 32	18 30 21	19 43 13
17	11 10 40	6 27 41	16 20 9	22 25 9	5 0 5	21 53 15	13 59 52	9 50 15	0 22 41	1 38 18	22 11 17	11 51 49	18 30 25	19 43 22
18	11 15 9	6 2 17	16 23 14	22 32 43	4 59 54	21 52 57	14 0 20	9 52 46	0 22 33	1 37 25	22 11 14	11 52 6	18 30 29	19 43 31
19	11 19 38	5 36 39	16 26 19	22 40 4	4 59 42	21 52 39	14 0 48	9 55 17	0 22 25	1 36 33	22 11 12	11 52 22	18 30 32	19 43 41
20	11 24 7	5 10 49	16 29 24	22 47 13	4 59 29	21 52 19	14 1 15	9 57 48	0 22 16	1 35 42	22 11 9	11 52 37	18 30 37	19 43 50
21	11 28 36	4 44 46	16 32 30	22 54 10	4 59 15	21 51 58	14 1 43	10 0 19	0 22 8	1 34 51	22 11 6	11 52 51	18 30 41	19 43 59
22	11 33 5	4 18 32	16 35 37	23 0 53	4 59 0	21 51 36	14 2 10	10 2 49	0 22 0	1 34 0	22 11 3	11 53 5	18 30 45	19 44 7
23	11 37 34	3 52 7	16 38 45	23 7 24	4 58 45	21 51 13	14 2 38	10 5 19	0 21 52	1 33 11	22 11 1	11 53 19	18 30 50	19 44 16
24	11 42 2	3 25 32	16 41 53	23 13 42	4 58 29	21 50 49	14 3 6	10 7 49	0 21 45	1 32 21	22 10 59	11 53 31	18 30 54	19 44 25
25	11 46 31	2 58 48	16 45 1	23 19 46	4 58 12	21 50 23	14 3 33	10 10 18	0 21 37	1 31 33	22 10 56	11 53 43	18 30 59	19 44 33
26	11 51 0	2 31 54	16 48 11	23 25 37	4 57 54	21 49 57	14 4 1	10 12 47	0 21 29	1 30 45	22 10 54	11 53 54	18 31 4	19 44 41
27	11 55 28	2 4 53	16 51 20	23 31 14	4 57 36	21 49 29	14 4 29	10 15 16	0 21 22	1 29 57	22 10 52	11 54 5	18 31 9	19 44 49
28	11 59 57	1 37 44	16 54 31	23 36 38	4 57 17	21 49 0	14 4 56	10 17 44	0 21 14	1 29 11	22 10 50	11 54 15	18 31 14	19 44 57
29	12 4 26	1 10 27	16 57 42	23 41 47	4 56 57	21 48 30	14 5 24	10 20 12	0 21 7	1 28 25	22 10 48	11 54 24	18 31 19	19 45 5
30	12 8 55	0 43 5	17 0 53	23 46 43	4 56 36	21 47 59	14 5 52	10 22 39	0 21 0	1 27 40	22 10 47	11 54 33	18 31 24	19 45 12
31	12 13 24	0N15 38	17 4 5	23S51 24	4 56 14	21N47 27	14 6 20	10S25 6	0 20 52	1N26 55	22 10 45	11S54 40	18 31 29	19S45 20

NOVEMBER 2012

DAY	SIDEREAL TIME	☉ SUN LONG	MOT	R.A.	DECL	☽ MOON AT 0 HOURS LONG	12h MOT	2DIF	R.A.	DECL	☽ MOON AT 12 HOURS LONG	12h MOT	2DIF	R.A.	DECL
	h m s	° ' "	' "	h m s	° ' "	° ' "	° ' "	"	h m s	° ' "	° ' "	° ' "	"	h m s	° ' "
1 Th	2 42 45	14♎ 2 49	60 2	14 26 19.7	14S29 8	7♉41 19	5 53 42	-14	4 2 42	20N 5 3	13♉35 1	5 53 24	-3	4 27 51	20N35 22
2 F	2 46 41	15 2 50	60 4	14 30 15.1	14 48 11	19 28 24	5 53 29	9	4 53 7	20 51 58	25 21 53	5 53 59	22	5 18 25	20 54 37
3 S	2 50 38	16 2 54	60 6	14 34 11.2	15 7 0	1♊15 52	5 54 57	36	5 43 43	20 43 17	7♊10 49	5 56 23	51	6 8 57	20 18 5
4 Su	2 54 34	17 2 59	60 8	14 38 8.2	15 25 34	13 7 12	5 58 20	67	6 34 7	19 39 15	19 5 32	6 0 49	83	6 59 9	18 47 8
5 M	2 58 31	18 3 7	60 10	14 42 6.0	15 43 53	25 6 22	6 3 52	100	7 24 2	17 42 14	1♋10 13	6 7 28	116	7 48 48	16 25 8
6 Tu	3 2 27	19 3 16	60 12	14 46 4.7	16 1 56	7♋17 41	6 11 37	133	8 13 25	14 56 27	13 29 18	6 16 20	149	8 37 57	13 16 56
7 W	3 6 24	20 3 28	60 14	14 50 4.2	16 19 43	19 45 38	6 21 35	165	9 2 26	11 27 22	26 7 14	6 27 19	179	9 26 54	9 28 39
8 Th	3 10 20	21 3 42	60 16	14 54 4.6	16 37 14	2♌34 33	6 33 30	190	9 51 27	7 21 44	9♌ 8 3	6 40 1	200	10 16 9	5 7 44
9 F	3 14 17	22 3 57	60 18	14 58 5.9	16 54 28	15 48 4	6 46 48	205	10 41 5	2 47 52	22 34 52	6 53 43	207	11 6 21	0 23 33
10 S	3 18 14	23 4 15	60 20	15 2 8.0	17 11 25	29 28 35	7 0 37	205	11 32 3	2S 3 35	6♍29 12	7 7 22	197	11 58 17	4S31 43
11 Su	3 22 10	24 4 35	60 22	15 6 10.9	17 28 4	13♍36 34	7 13 46	184	12 25 9	6 58 41	20 50 20	7 19 39	166	12 52 43	9 22 6
12 M	3 26 7	25 4 56	60 24	15 10 14.8	17 44 25	28 10 0	7 24 51	143	13 21 5	11 39 20	5♎34 50	7 29 11	115	13 50 16	13 47 32
13 Tu	3 30 3	26 5 20	60 25	15 14 19.5	18 0 28	13♎ 4 1	7 32 30	83	14 20 17	15 43 45	20 36 31	7 34 43	48	14 51 5	17 25 3
14 W	3 34 0	27 5 45	60 27	15 18 25.0	18 16 12	28 11 14	7 35 44	12	15 22 35	18 48 43	5♏46 57	7 35 32	-24	15 54 36	19 52 25
15 Th	3 37 56	28 6 12	60 29	15 22 31.5	18 31 37	13♏22 29	7 34 9	-59	16 26 58	20 34 24	20 56 38	7 31 38	-91	16 59 26	20 53 40
16 F	3 41 53	29 6 41	60 30	15 26 38.7	18 46 42	28 28 15	7 28 5	-120	17 31 45	20 50 0	5♐56 20	7 23 39	-144	18 3 41	20 24 2
17 S	3 45 49	0♏ 7 10	60 31	15 30 46.8	19 1 27	13♐19 59	7 18 30	-163	18 35 1	19 37 4	20 38 29	7 12 47	-177	19 5 35	18 31 0
18 Su	3 49 46	1 7 42	60 33	15 34 55.7	19 15 52	27 51 16	7 6 41	-187	19 35 18	17 8 5	4♑57 56	7 0 21	-191	20 4 6	15 30 47
19 M	3 53 43	2 8 14	60 34	15 39 5.4	19 29 56	11♑58 17	6 53 56	-191	20 31 58	13 41 34	18 52 13	6 47 36	-188	20 58 58	11 42 51
20 Tu	3 57 39	3 8 48	60 35	15 43 15.9	19 43 39	25 39 49	6 41 25	-181	21 25 9	9 36 53	2♒21 14	6 35 30	-172	21 50 36	7 25 43
21 W	4 1 36	4 9 23	60 36	15 47 27.2	19 57 0	8♒56 43	6 29 55	-162	22 15 26	5 11 13	15 26 38	6 24 43	-150	22 39 44	2 55 3
22 Th	4 5 32	5 9 59	60 37	15 51 39.2	20 10 0	21 51 21	6 19 56	-137	23 3 38	0 38 42	28 11 17	6 15 35	-124	23 27 14	1N36 28
23 F	4 9 29	6 10 36	60 38	15 55 52.1	20 22 37	4♓26 53	6 11 41	-110	23 50 38	3N49 11	10♓38 34	6 8 14	-97	0 13 55	5 58 16
24 S	4 13 25	7 11 14	60 40	16 0 5.7	20 34 52	16 46 47	6 5 12	-85	0 37 11	8 2 38	22 51 59	6 2 34	-73	1 0 31	10 1 12
25 Su	4 17 22	8 11 54	60 41	16 4 20.0	20 46 43	28 54 33	6 0 21	-61	1 23 59	11 52 54	4♈54 54	5 58 29	-51	1 47 38	13 36 43
26 M	4 21 18	9 12 35	60 42	16 8 35.1	20 58 12	10♈53 23	5 56 58	-41	2 11 30	15 11 40	16 50 21	5 55 47	-31	2 35 37	16 36 46
27 Tu	4 25 15	10 13 17	60 43	16 12 50.9	21 9 17	22 46 8	5 54 54	-22	3 0 0	17 51 6	28 41 1	5 54 18	-14	3 24 39	18 53 49
28 W	4 29 12	11 14 0	60 45	16 17 7.5	21 19 58	4♉35 19	5 53 59	-6	3 49 32	19 44 10	10♉29 18	5 53 55	2	4 14 38	20 21 30
29 Th	4 33 8	12 14 44	60 46	16 21 24.7	21 30 15	16 23 13	5 54 7	10	4 39 52	20 45 19	22 17 21	5 54 35	18	5 5 12	20 55 16
30 F	4 37 5	13♏15 30	60 47	16 25 42.6	21S40 7	28♉11 56	5 55 19	26	5 30 35	20N51 13	4♊ 7 14	5 56 18	34	5 55 56	20N33 10

LUNAR INGRESSES
2 ☽ ♊ 21:26
5 ☽ ♋ 9:42
7 ☽ ♌ 19:14
10 ☽ ♍ 0:54
12 ☽ ♎ 2:59
14 ☽ ♏ 2:52
16 ☽ ♐ 2:27
18 ☽ ♑ 3:36
20 ☽ ♒ 7:45
22 ☽ ♓ 15:28
25 ☽ ♈ 2:10
27 ☽ ♉ 14:40
30 ☽ ♊ 3:39

PLANET INGRESSES
10 ♂ ♐ 8:32
16 ☉ ♏ 21:09
17 ♀ ♎ 22:37
18 ☿ ♎ 5:53

STATIONS
6 ☿ R 23:05
11 ♆ D 7:53
26 ☿ D 22:49

DATA FOR THE 1st AT 0 HOURS
JULIAN DAY 41212.5
☽ MEAN ☊ 1°♏ 54' 10"
OBLIQUITY 23° 26' 10"
DELTA T 71.7 SECONDS
NUTATION LONGITUDE 13.2"

DAY MO	YR	☿ LONG	♀ LONG	♂ LONG	♃ LONG	♄ LONG	♅ LONG	♆ LONG	♇ LONG	☊ LONG	A.S.S.I.	S.S.R.Y.	S.V.P. ♓	☿ MERCURY R.A.	DECL
		° ' "	° ' "	° ' "	° ' "	° ' "	° ' "	° ' "	° ' "	° '	h m s	h m s	° ' "	h m s	° ' "
1	306	7♏11 32	9♍15 46	23♏ 2 56	20♉12R54	8♎13 1	10♓24R35	5♒27R55	12♐31 7	1♏06	18 8 25	30 12 20	5 4 36.7	15 57 35	23S26 32
2	307	7 49 11	10 28 38	23 47 14	20 7 33	8 20 15	10 22 43	5 27 35	12 32 25	1 07	18 13 20	30 11 27	5 4 36.5	16 0 17	23 32 14
3	308	8 21 21	11 41 36	24 31 36	20 2 2	8 27 28	10 20 52	5 27 17	12 33 45	1 08	18 18 17	30 10 35	5 4 36.4	16 2 37	23 35 45
4	309	8 47 25	12 54 38	25 16 2	19 56 22	8 34 41	10 19 4	5 27 2	12 35 7	1 10	18 23 15	30 9 46	5 4 36.2	16 4 32	23 36 56
5	310	9 6 46	14 7 45	26 0 32	19 50 32	8 41 53	10 17 18	5 26 48	12 36 30	1 11	18 28 14	30 9 1	5 4 36.0	16 5 59	23 35 36
6	311	9 18R43	15 20 56	26 45 6	19 44 33	8 49 4	10 15 34	5 26 36	12 37 54	1 12	18 33 13	30 8 24	5 4 35.8	16 6 56	23 31 36
7	312	9 22 38	16 34 12	27 29 44	19 38 26	8 56 15	10 13 52	5 26 26	12 39 20	1 12	18 38 14	30 7 57	5 4 35.7	16 7 19	23 24 44
8	313	9 17 51	17 47 32	28 14 26	19 32 9	9 3 25	10 12 12	5 26 18	12 40 47	1 12	18 43 16	30 7 42	5 4 35.6	16 7 6	23 14 47
9	314	9 3 47	19 0 56	28 59 12	19 25 44	9 10 34	10 10 34	5 26 12	12 42 16	1 11	18 48 19	30 7 41	5 4 35.6	16 6 15	23 1 33
10	315	8 39 59	20 14 24	29 44 2	19 19 11	9 17 42	10 8 58	5 26 8	12 43 46	1 10	18 53 24	30 7 56	5 4 35.5	16 4 44	22 44 51
11	316	8 6 10	21 27 56	0♐28 56	19 12 30	9 24 49	10 7 25	5 26D 7	12 45 18	1 09	18 58 29	30 8 27	5 4 35.4	16 2 32	22 24 34
12	317	7 22 20	22 41 31	1 13 53	19 5 41	9 31 55	10 5 54	5 26 7	12 46 51	1 09	19 3 35	30 9 11	5 4 35.4	15 59 39	22 0 36
13	318	6 28 49	23 55 11	1 58 55	18 58 45	9 39 0	10 4 26	5 26 9	12 48 25	1 08	19 8 43	30 10 8	5 4 35.3	15 56 9	21 32 59
14	319	5 26 23	25 8 53	2 44 0	18 51 42	9 46 3	10 3 0	5 26 14	12 50 0	1 08	19 13 51	30 11 13	5 4 35.1	15 52 3	21 1 56
15	320	4 16 17	26 22 39	3 29 9	18 44 32	9 53 5	10 1 37	5 26 20	12 51 37	1 08	19 19 1	30 12 23	5 4 34.8	15 47 28	20 27 49
16	321	3 0 14	27 36 28	4 14 21	18 37 16	10 0 6	10 0 16	5 26 29	12 53 15	1 08	19 24 11	30 13 33	5 4 34.6	15 42 31	19 51 12
17	322	1 40 24	28 50 21	4 59 38	18 29 54	10 7 5	9 58 57	5 26 39	12 54 55	1 08	19 29 23	30 14 39	5 4 34.3	15 37 21	19 12 54
18	323	0 19 18	0♎ 4 16	5 44 57	18 22 26	10 14 3	9 57 41	5 26 52	12 56 35	1 08	19 34 36	30 15 38	5 4 34.1	15 32 8	18 33 55
19	324	28♎59 36	1 18 14	6 30 20	18 14 52	10 20 58	9 56 28	5 27 7	12 58 17	1 08	19 39 50	30 16 27	5 4 33.9	15 27 3	17 55 21
20	325	27 43 58	2 32 14	7 15 46	18 7 14	10 27 53	9 55 18	5 27 24	13 0 0	1 08	19 45 4	30 17 7	5 4 33.7	15 22 15	17 18 20
21	326	26 34 47	3 46 18	8 1 16	17 59 31	10 34 45	9 54 10	5 27 43	13 1 44	1 08	19 50 20	30 17 36	5 4 33.6	15 17 54	16 44 0
22	327	25 34 8	5 0 24	8 46 49	17 51 44	10 41 36	9 53 5	5 28 4	13 3 29	1 08	19 55 37	30 17 54	5 4 33.6	15 14 7	16 13 16
23	328	24 43 32	6 14 32	9 32 24	17 43 52	10 48 24	9 52 2	5 28 27	13 5 15	1 09	20 0 54	30 18 1	5 4 33.5	15 10 59	15 46 52
24	329	24 4 0	7 28 44	10 18 3	17 35 58	10 55 11	9 51 2	5 28 52	13 7 3	1 09	20 6 13	30 17 58	5 4 33.4	15 8 33	15 25 18
25	330	23 36 4	8 42 57	11 3 45	17 27 59	11 1 56	9 50 6	5 29 19	13 8 51	1 10	20 11 32	30 17 45	5 4 33.3	15 6 52	15 8 50
26	331	23 19D46	9 57 14	11 49 30	17 19 58	11 8 38	9 49 11	5 29 48	13 10 40	1 11	20 16 53	30 17 24	5 4 33.2	15 5 56	14 57 27
27	332	23 14 48	11 11 32	12 35 18	17 11 55	11 15 18	9 48 20	5 30 20	13 12 31	1 11	20 22 14	30 16 54	5 4 33.1	15 5 42	14 51 2
28	333	23 20 36	12 25 53	13 21 10	17 3 49	11 21 57	9 47 32	5 30 53	13 14 22	1 11	20 27 37	30 16 16	5 4 32.9	15 6 9	14 49 17
29	334	23 36 26	13 40 17	14 7 4	16 55 42	11 28 32	9 46 46	5 31 28	13 16 14	1 11	20 33 0	30 15 32	5 4 32.7	15 7 14	14 51 49
30	335	24♎ 1 28	14♎54 43	14♐53 0	16♉47 33	11♎35 6	9♓46 4	5♒32 5	13♐18 8	1♏10	20 38 24	30 14 42	5 4 32.5	15 8 54	14S58 12

DAY Nov	♀ VENUS R.A.	DECL	♂ MARS R.A.	DECL	♃ JUPITER R.A.	DECL	♄ SATURN R.A.	DECL	♅ URANUS R.A.	DECL	♆ NEPTUNE R.A.	DECL	♇ PLUTO R.A.	DECL
	h m s	° ' "	h m s	° ' "	h m s	° ' "	h m s	° ' "	h m s	° ' "	h m s	° ' "	h m s	° ' "
1	12 17 54	0S11 55	17 7 18	23S55 52	4 55 52	21N46 54	14 6 47	10S27 32	0 20 45	1N26 11	22 10 44	11S54 47	18 31 35	19S45 27
2	12 22 24	0 39 32	17 10 31	24 0 4	4 55 29	21 46 19	14 7 15	10 29 58	0 20 39	1 25 28	22 10 43	11 54 54	18 31 40	19 45 34
3	12 26 54	1 7 12	17 13 44	24 4 2	4 55 6	21 45 44	14 7 43	10 32 24	0 20 32	1 24 46	22 10 42	11 55 0	18 31 46	19 45 41
4	12 31 24	1 34 54	17 16 58	24 7 46	4 54 41	21 45 7	14 8 10	10 34 49	0 20 25	1 24 5	22 10 40	11 55 5	18 31 52	19 45 47
5	12 35 55	2 2 39	17 20 13	24 11 15	4 54 17	21 44 29	14 8 38	10 37 13	0 20 19	1 23 25	22 10 40	11 55 9	18 31 58	19 45 54
6	12 40 26	2 30 24	17 23 28	24 14 28	4 53 51	21 43 51	14 9 5	10 39 37	0 20 12	1 22 45	22 10 39	11 55 12	18 32 4	19 46 0
7	12 44 57	2 58 10	17 26 43	24 17 27	4 53 25	21 43 11	14 9 33	10 42 0	0 20 6	1 22 6	22 10 38	11 55 15	18 32 10	19 46 7
8	12 49 29	3 25 56	17 29 59	24 20 10	4 52 58	21 42 30	14 10 1	10 44 22	0 20 0	1 21 28	22 10 38	11 55 17	18 32 16	19 46 13
9	12 54 1	3 53 41	17 33 15	24 22 38	4 52 30	21 41 48	14 10 28	10 46 44	0 19 54	1 20 51	22 10 37	11 55 19	18 32 23	19 46 19
10	12 58 34	4 21 23	17 36 32	24 24 51	4 52 2	21 41 5	14 10 55	10 49 5	0 19 48	1 20 15	22 10 37	11 55 20	18 32 29	19 46 24
11	13 3 7	4 49 4	17 39 49	24 26 48	4 51 34	21 40 21	14 11 23	10 51 25	0 19 42	1 19 40	22 10 37	11 55 20	18 32 36	19 46 30
12	13 7 41	5 16 40	17 43 6	24 28 30	4 51 5	21 39 36	14 11 50	10 53 45	0 19 36	1 19 6	22 10 37	11 55 19	18 32 42	19 46 35
13	13 12 15	5 44 13	17 46 24	24 29 56	4 50 35	21 38 50	14 12 17	10 56 4	0 19 31	1 18 32	22 10 37	11 55 17	18 32 49	19 46 40
14	13 16 50	6 11 41	17 49 42	24 31 6	4 50 5	21 38 3	14 12 44	10 58 22	0 19 26	1 18 0	22 10 37	11 55 15	18 32 56	19 46 45
15	13 21 26	6 39 3	17 53 0	24 32 0	4 49 34	21 37 15	14 13 12	11 0 39	0 19 21	1 17 29	22 10 38	11 55 12	18 33 3	19 46 50
16	13 26 2	7 6 19	17 56 19	24 32 38	4 49 3	21 36 26	14 13 39	11 2 56	0 19 16	1 16 59	22 10 38	11 55 8	18 33 9	19 46 55
17	13 30 39	7 33 28	17 59 38	24 33 1	4 48 32	21 35 36	14 14 6	11 5 11	0 19 11	1 16 30	22 10 39	11 55 4	18 33 17	19 46 59
18	13 35 17	8 0 28	18 2 58	24 33 7	4 48 0	21 34 46	14 14 32	11 7 26	0 19 6	1 16 2	22 10 40	11 54 59	18 33 24	19 47 3
19	13 39 55	8 27 20	18 6 17	24 32 57	4 47 28	21 33 55	14 14 59	11 9 40	0 19 2	1 15 35	22 10 41	11 54 53	18 33 31	19 47 7
20	13 44 34	8 54 2	18 9 37	24 32 31	4 46 55	21 33 2	14 15 26	11 11 53	0 18 57	1 15 9	22 10 42	11 54 46	18 33 38	19 47 11
21	13 49 14	9 20 34	18 12 57	24 31 49	4 46 22	21 32 9	14 15 52	11 14 5	0 18 53	1 14 44	22 10 43	11 54 39	18 33 46	19 47 15
22	13 53 55	9 46 55	18 16 17	24 30 50	4 45 49	21 31 16	14 16 19	11 16 16	0 18 49	1 14 20	22 10 44	11 54 31	18 33 53	19 47 19
23	13 58 37	10 13 4	18 19 37	24 29 35	4 45 15	21 30 21	14 16 45	11 18 26	0 18 45	1 13 57	22 10 46	11 54 22	18 34 1	19 47 22
24	14 3 19	10 39 1	18 22 58	24 28 4	4 44 41	21 29 26	14 17 11	11 20 35	0 18 41	1 13 35	22 10 47	11 54 12	18 34 8	19 47 25
25	14 8 3	11 4 44	18 26 18	24 26 17	4 44 7	21 28 30	14 17 37	11 22 43	0 18 38	1 13 15	22 10 49	11 54 2	18 34 16	19 47 28
26	14 12 47	11 30 13	18 29 39	24 24 13	4 43 33	21 27 34	14 18 3	11 24 50	0 18 34	1 12 55	22 10 51	11 53 51	18 34 24	19 47 31
27	14 17 32	11 55 27	18 33 0	24 21 52	4 42 59	21 26 37	14 18 29	11 26 56	0 18 31	1 12 37	22 10 53	11 53 39	18 34 32	19 47 34
28	14 22 19	12 20 25	18 36 21	24 19 16	4 42 24	21 25 40	14 18 55	11 29 1	0 18 28	1 12 20	22 10 55	11 53 27	18 34 40	19 47 36
29	14 27 6	12 45 6	18 39 42	24 16 23	4 41 50	21 24 42	14 19 20	11 31 5	0 18 25	1 12 4	22 10 57	11 53 14	18 34 48	19 47 39
30	14 31 55	13S 9 31	18 43 3	24S13 13	4 41 15	21N23 44	14 19 46	11S33 7	0 18 23	1N11 50	22 11 0	11S53 0	18 34 56	19S47 41

DECEMBER 2012

DAY	SIDEREAL TIME h m s	☉ SUN LONG ° ' "	☉ MOT ' "	☉ R.A. h m s	☉ DECL ° ' "	☽ MOON AT 0 HOURS LONG ° ' "	12h MOT ° ' "	2DIF "	R.A. h m s	DECL ° ' "	☽ MOON AT 12 HOURS LONG ° ' "	12h MOT ° ' "	2DIF "	R.A. h m s	DECL ° ' "
1 S	4 41 1	14♏16 17	60 49	16 30 1.2	21S49 35	10♊ 3 32	5 57 35	43	6 21 11	20N 1 19	16♊ 1 7	5 59 10	52	6 46 18	19N16 0
2 Su	4 44 58	15 17 5	60 50	16 34 20.4	21 58 37	22 0 18	6 1 5	62	7 11 15	18 17 46	28 1 22	6 3 20	73	7 36 0	17 7 13
3 M	4 48 54	16 17 55	60 51	16 38 40.3	22 7 15	4♋ 4 42	6 5 56	84	8 0 33	15 45 5	10♋10 38	6 8 56	96	8 24 54	14 12 11
4 Tu	4 52 51	17 18 46	60 52	16 43 0.8	22 15 26	16 19 34	6 12 21	108	8 49 6	12 29 24	22 31 55	6 16 10	121	9 13 10	10 37 38
5 W	4 56 47	18 19 38	60 54	16 47 21.9	22 23 12	28 48 5	6 20 25	134	9 37 10	8 37 54	5♌ 8 30	6 25 5	146	10 1 10	6 31 12
6 Th	5 0 44	19 20 32	60 55	16 51 43.5	22 30 32	11♌33 35	6 30 10	158	10 25 16	4 18 39	18 3 46	6 35 39	169	10 49 34	2 1 25
7 F	5 4 41	20 21 27	60 56	16 56 5.7	22 37 25	24 39 24	6 41 28	179	11 14 8	0S19 12	1♍20 52	6 47 34	186	11 39 5	2S41 44
8 S	5 8 37	21 22 23	60 58	17 0 28.4	22 43 52	8♍ 8 26	6 53 52	191	12 4 33	5 4 36	15 2 18	7 0 16	192	12 30 37	7 25 58
9 Su	5 12 34	22 23 20	60 59	17 4 51.5	22 49 52	22 2 35	7 6 39	188	12 57 24	9 43 45	29 9 13	7 12 50	181	13 24 59	11 55 39
10 M	5 16 30	23 24 19	61 0	17 9 15.2	22 55 25	6♎22 3	7 18 41	168	13 53 26	13 59 9	13♎40 44	7 24 1	149	14 22 48	15 51 31
11 Tu	5 20 27	24 25 19	61 1	17 13 39.3	23 0 31	21 4 46	7 28 39	126	14 53 3	17 29 59	28 33 25	7 32 25	97	15 24 8	18 51 47
12 W	5 24 23	25 26 19	61 2	17 18 3.7	23 5 9	6♏ 5 49	7 35 8	64	15 55 57	19 54 26	13♏40 58	7 36 42	28	16 28 17	20 35 52
13 Th	5 28 20	26 27 21	61 3	17 22 28.6	23 9 20	21 17 40	7 37 2	-10	17 0 56	20 54 40	28 54 42	7 36 4	-48	17 33 38	20 50 12
14 F	5 32 16	27 28 24	61 4	17 26 53.7	23 13 4	6♐30 45	7 33 50	-85	18 6 8	20 22 43	14♐ 4 35	7 30 24	-119	18 38 9	19 33 17
15 S	5 36 13	28 29 27	61 4	17 31 19.2	23 16 19	21 34 58	7 25 52	-150	19 9 31	18 23 39	29 0 50	7 20 25	-175	19 40 4	16 56 10
16 Su	5 40 10	29 30 31	61 5	17 35 44.9	23 19 7	6♑21 15	7 14 13	-194	20 9 43	15 13 27	13♑35 27	7 7 27	-208	20 38 25	13 18 18
17 M	5 44 6	0♐31 35	61 5	17 40 10.7	23 21 27	20 42 55	7 0 21	-215	21 6 12	11 13 26	27 43 16	6 53 6	-217	21 33 6	9 1 26
18 Tu	5 48 3	1 32 40	61 5	17 44 36.8	23 23 19	4♒36 21	6 45 52	-214	21 59 13	6 44 41	11♒22 13	6 38 48	-207	22 24 38	4 25 18
19 W	5 51 59	2 33 45	61 5	17 49 3.0	23 24 43	18 1 1	6 32 3	-196	22 49 28	2 5 9	24 33 5	6 25 44	-183	23 13 49	0N14 8
20 Th	5 55 56	3 34 51	61 6	17 53 29.2	23 25 38	0♓58 48	6 19 53	-167	23 37 48	2N31 6	7♓18 41	6 14 36	-150	0 1 31	4 44 30
21 F	5 59 52	4 35 56	61 6	17 57 55.6	23 26 6	13 33 18	6 9 54	-132	0 25 4	6 53 10	19 43 12	6 5 49	-113	0 48 34	8 56 4
22 S	6 3 49	5 37 2	61 6	18 2 21.9	23 26 5	25 49 1	6 2 21	-95	1 12 4	10 52 13	1♈51 22	5 59 28	-77	1 35 39	12 40 41
23 Su	6 7 45	6 38 8	61 6	18 6 48.3	23 25 36	7♈50 50	5 57 11	-60	1 59 24	14 20 34	13 48 1	5 55 28	-44	2 23 21	15 51 1
24 M	6 11 42	7 39 14	61 7	18 11 14.6	23 24 38	19 43 28	5 54 16	-29	2 47 31	17 11 10	25 37 44	5 53 33	-15	3 11 57	18 20 13
25 Tu	6 15 39	8 40 21	61 7	18 15 40.9	23 23 13	1♉31 17	5 53 17	-2	3 36 37	19 17 23	7♉24 34	5 53 27	10	4 1 32	20 2 1
26 W	6 19 35	9 41 27	61 7	18 20 7.1	23 21 19	13 18 0	5 53 58	20	4 26 40	20 33 31	19 11 58	5 54 48	30	4 51 57	20 51 25
27 Th	6 23 32	10 42 34	61 7	18 24 33.1	23 18 57	25 6 46	5 55 56	38	5 17 20	20 55 25	1♊ 2 42	5 57 19	45	5 42 47	20 45 20
28 F	6 27 28	11 43 41	61 7	18 28 59.0	23 16 8	7♊ 0 0	5 58 54	51	6 8 12	20 21 13	12 58 54	6 0 41	56	6 33 33	19 43 18
29 S	6 31 25	12 44 49	61 8	18 33 24.7	23 12 50	18 59 36	6 2 39	61	6 58 46	18 51 57	25 2 14	6 4 45	65	7 23 49	17 47 44
30 Su	6 35 21	13 45 56	61 8	18 37 50.2	23 9 4	1♋ 6 59	6 7 0	70	7 48 39	16 31 23	7♋13 59	6 9 23	74	8 13 17	15 3 43
31 M	6 39 18	14♐47 4	61 8	18 42 15.5	23S 4 50	13♋23 22	6 11 55	78	8 37 42	13N25 42	19♋35 17	6 14 36	83	9 1 55	11N38 19

LUNAR INGRESSES
2 ☽ ♋ 15:56
5 ☽ ♌ 2:17
7 ☽ ♍ 9:36
9 ☽ ♎ 13:25
11 ☽ ♏ 14:18
13 ☽ ♐ 13:43
15 ☽ ♑ 13:36
17 ☽ ♒ 15:57
19 ☽ ♓ 22:10
22 ☽ ♈ 8:18
24 ☽ ♉ 20:54
27 ☽ ♊ 9:53
29 ☽ ♋ 21:48

PLANET INGRESSES
6 ☿ ♏ 22:46
12 ♀ ♏ 3:03
16 ☉ ♐ 11:35
19 ♂ ♑ 13:00
28 ☿ ♐ 6:34

STATIONS
13 ♅ D 12:03

DATA FOR THE 1st AT 0 HOURS
JULIAN DAY 41242.5
☽ MEAN ☊ 0°♏ 18' 47"
OBLIQUITY 23° 26' 10"
DELTA T 71.7 SECONDS
NUTATION LONGITUDE 13.6"

DAY MO YR	☿ LONG ° ' "	♀ LONG ° ' "	♂ LONG ° ' "	♃ LONG ° ' "	♄ LONG ° ' "	♅ LONG ° ' "	♆ LONG ° ' "	♇ LONG ° ' "	☊ LONG ° '	A.S.S.I. h m s	S.S.R.Y. h m s	S.V.P. ♓ ° ' "	☿ MERCURY R.A. h m s	☿ MERCURY DECL ° ' "
1 336	24♎34 47	16♎ 9 11	15♐39 0	16♉39R22	11♎41 37	9♓45R24	5♒32 45	13♐20 2	1♏08	20 43 49	30 13 48	5 4 32.2	15 11 6	15S 8 0
2 337	25 15 33	17 23 41	16 25 3	16 31 12	11 48 5	9 44 47	5 33 26	13 21 56	1 06	20 49 14	30 12 51	5 4 32.0	15 13 47	15 20 44
3 338	26 2 54	18 38 13	17 11 9	16 23 1	11 54 31	9 44 13	5 34 10	13 23 52	1 04	20 54 41	30 11 54	5 4 31.8	15 16 53	15 36 0
4 339	26 56 3	19 52 48	17 57 17	16 14 49	12 0 55	9 43 42	5 34 55	13 25 49	1 01	21 0 8	30 11 2	5 4 31.6	15 20 22	15 53 22
5 340	27 54 18	21 7 24	18 43 28	16 6 39	12 7 15	9 43 14	5 35 42	13 27 46	1 00	21 5 36	30 10 17	5 4 31.5	15 24 12	16 12 27
6 341	28 56 59	22 22 2	19 29 42	15 58 29	12 13 33	9 42 50	5 36 31	13 29 44	0 59	21 11 5	30 9 42	5 4 31.4	15 28 19	16 32 56
7 342	0♏ 3 32	23 36 43	20 15 59	15 50 20	12 19 48	9 42 28	5 37 23	13 31 43	0 58	21 16 34	30 9 21	5 4 31.3	15 32 43	16 54 30
8 343	1 13 26	24 51 25	21 2 18	15 42 13	12 26 0	9 42 9	5 38 16	13 33 43	0 59	21 22 4	30 9 15	5 4 31.2	15 37 21	17 16 52
9 344	2 26 14	26 6 9	21 48 41	15 34 7	12 32 9	9 41 53	5 39 11	13 35 43	1 00	21 27 35	30 9 25	5 4 31.1	15 42 12	17 39 48
10 345	3 41 32	27 20 55	22 35 6	15 26 4	12 38 15	9 41 40	5 40 8	13 37 44	1 02	21 33 6	30 9 51	5 4 31.0	15 47 14	18 3 4
11 346	4 59 1	28 35 42	23 21 33	15 18 4	12 44 18	9 41 31	5 41 7	13 39 45	1 03	21 38 38	30 10 31	5 4 30.8	15 52 26	18 26 30
12 347	6 18 22	29 50 31	24 8 3	15 10 6	12 50 18	9 41 24	5 42 8	13 41 47	1 03	21 44 10	30 11 23	5 4 30.6	15 57 48	18 49 55
13 348	7 39 20	1♏ 5 21	24 54 36	15 2 12	12 56 14	9 41D21	5 43 11	13 43 50	1 02	21 49 43	30 12 23	5 4 30.3	16 3 17	19 13 12
14 349	9 1 43	2 20 12	25 41 11	14 54 22	13 2 7	9 41 20	5 44 16	13 45 53	1 00	21 55 16	30 13 27	5 4 30.0	16 8 54	19 36 11
15 350	10 25 19	3 35 4	26 27 48	14 46 37	13 7 56	9 41 23	5 45 22	13 47 57	0 56	22 0 50	30 14 32	5 4 29.7	16 14 38	19 58 46
16 351	11 49 58	4 49 58	27 14 28	14 38 56	13 13 42	9 41 29	5 46 31	13 50 1	0 52	22 6 23	30 15 34	5 4 29.4	16 20 28	20 20 51
17 352	13 15 32	6 4 52	28 1 10	14 31 19	13 19 25	9 41 38	5 47 41	13 52 6	0 47	22 11 57	30 16 31	5 4 29.3	16 26 23	20 42 20
18 353	14 41 55	7 19 48	28 47 53	14 23 49	13 25 4	9 41 50	5 48 53	13 54 11	0 44	22 17 32	30 17 21	5 4 29.1	16 32 23	21 3 10
19 354	16 9 0	8 34 44	29 34 39	14 16 23	13 30 39	9 42 6	5 50 7	13 56 16	0 41	22 23 6	30 18 4	5 4 29.0	16 38 28	21 23 15
20 355	17 36 43	9 49 41	0♑21 27	14 9 4	13 36 10	9 42 24	5 51 23	13 58 22	0 40	22 28 41	30 18 38	5 4 28.9	16 44 38	21 42 32
21 356	19 5 0	11 4 39	1 8 17	14 1 51	13 41 37	9 42 46	5 52 40	14 0 28	0 41	22 34 15	30 19 3	5 4 28.8	16 50 51	22 0 58
22 357	20 33 47	12 19 38	1 55 8	13 54 45	13 47 0	9 43 10	5 54 0	14 2 34	0 42	22 39 50	30 19 19	5 4 28.7	16 57 9	22 18 29
23 358	22 3 1	13 34 38	2 42 1	13 47 46	13 52 20	9 43 38	5 55 21	14 4 41	0 44	22 45 24	30 19 25	5 4 28.6	17 3 29	22 35 2
24 359	23 32 41	14 49 38	3 28 56	13 40 54	13 57 35	9 44 9	5 56 43	14 6 48	0 45	22 50 59	30 19 22	5 4 28.4	17 9 54	22 50 36
25 360	25 2 44	16 4 39	4 15 53	13 34 10	14 2 47	9 44 43	5 58 7	14 8 55	0 46	22 56 34	30 19 8	5 4 28.2	17 16 21	23 5 7
26 361	26 33 9	17 19 41	5 2 51	13 27 33	14 7 54	9 45 20	5 59 33	14 11 2	0 45	23 2 8	30 18 43	5 4 28.0	17 22 51	23 18 34
27 362	28 3 56	18 34 43	5 49 51	13 21 4	14 12 57	9 46 0	6 1 1	14 13 9	0 42	23 7 42	30 18 9	5 4 27.8	17 29 25	23 30 54
28 363	29 35 2	19 49 46	6 36 52	13 14 44	14 17 55	9 46 43	6 2 30	14 15 16	0 37	23 13 16	30 17 25	5 4 27.5	17 36 1	23 42 6
29 364	1♐ 6 29	21 4 50	7 23 55	13 8 32	14 22 50	9 47 29	6 4 1	14 17 24	0 30	23 18 50	30 16 33	5 4 27.3	17 42 39	23 52 8
30 365	2 38 15	22 19 55	8 10 59	13 2 29	14 27 40	9 48 18	6 5 33	14 19 31	0 22	23 24 24	30 15 34	5 4 27.1	17 49 20	24 0 59
31 366	4♐10 20	23♏35 0	8♑58 5	12♉56 35	14♎32 25	9♓49 10	6♒ 7 7	14♐21 39	0♏13	23 29 57	30 14 31	5 4 26.9	17 56 3	24S 8 36

DAY Dec	♀ VENUS R.A. h m s	♀ VENUS DECL ° ' "	♂ MARS R.A. h m s	♂ MARS DECL ° ' "	♃ JUPITER R.A. h m s	♃ JUPITER DECL ° ' "	♄ SATURN R.A. h m s	♄ SATURN DECL ° ' "	♅ URANUS R.A. h m s	♅ URANUS DECL ° ' "	♆ NEPTUNE R.A. h m s	♆ NEPTUNE DECL ° ' "	♇ PLUTO R.A. h m s	♇ PLUTO DECL ° ' "
1	14 36 44	13S33 37	18 46 24	24S 9 47	4 40 40	21N22 45	14 20 11	11S35 9	0 18 20	1N11 36	22 11 2	11S52 45	18 35 4	19S47 43
2	14 41 35	13 57 24	18 49 45	24 6 5	4 40 5	21 21 46	14 20 36	11 37 9	0 18 18	1 11 24	22 11 5	11 52 30	18 35 12	19 47 45
3	14 46 27	14 20 52	18 53 7	24 2 6	4 39 30	21 20 47	14 21 1	11 39 9	0 18 16	1 11 12	22 11 8	11 52 14	18 35 20	19 47 46
4	14 51 20	14 43 59	18 56 28	23 57 51	4 38 55	21 19 48	14 21 26	11 41 7	0 18 14	1 11 2	22 11 10	11 51 57	18 35 28	19 47 48
5	14 56 14	15 6 44	18 59 49	23 53 19	4 38 21	21 18 48	14 21 51	11 43 4	0 18 12	1 10 53	22 11 13	11 51 40	18 35 37	19 47 49
6	15 1 9	15 29 8	19 3 10	23 48 32	4 37 46	21 17 48	14 22 15	11 44 59	0 18 11	1 10 46	22 11 17	11 51 22	18 35 45	19 47 50
7	15 6 5	15 51 8	19 6 31	23 43 27	4 37 11	21 16 48	14 22 40	11 46 54	0 18 9	1 10 39	22 11 20	11 51 3	18 35 53	19 47 51
8	15 11 3	16 12 45	19 9 52	23 38 7	4 36 36	21 15 48	14 23 4	11 48 47	0 18 8	1 10 34	22 11 23	11 50 44	18 36 2	19 47 52
9	15 16 2	16 33 57	19 13 13	23 32 31	4 36 2	21 14 48	14 23 28	11 50 39	0 18 7	1 10 30	22 11 27	11 50 24	18 36 10	19 47 52
10	15 21 2	16 54 44	19 16 33	23 26 38	4 35 28	21 13 49	14 23 51	11 52 29	0 18 6	1 10 27	22 11 30	11 50 3	18 36 19	19 47 53
11	15 26 3	17 15 5	19 19 54	23 20 29	4 34 54	21 12 49	14 24 15	11 54 18	0 18 5	1 10 26	22 11 34	11 49 41	18 36 28	19 47 53
12	15 31 5	17 34 59	19 23 15	23 14 4	4 34 20	21 11 50	14 24 38	11 56 6	0 18 5	1 10 25	22 11 38	11 49 19	18 36 36	19 47 53
13	15 36 9	17 54 25	19 26 35	23 7 24	4 33 46	21 10 50	14 25 2	11 57 53	0 18 5	1 10 26	22 11 42	11 48 56	18 36 45	19 47 53
14	15 41 13	18 13 23	19 29 55	23 0 27	4 33 13	21 9 52	14 25 24	11 59 38	0 18 5	1 10 29	22 11 46	11 48 33	18 36 54	19 47 53
15	15 46 19	18 31 52	19 33 15	22 53 15	4 32 40	21 8 53	14 25 47	12 1 22	0 18 5	1 10 32	22 11 50	11 48 8	18 37 3	19 47 52
16	15 51 26	18 49 51	19 36 35	22 45 47	4 32 7	21 7 55	14 26 10	12 3 4	0 18 5	1 10 37	22 11 55	11 47 43	18 37 11	19 47 52
17	15 56 34	19 7 19	19 39 55	22 38 4	4 31 35	21 6 58	14 26 32	12 4 45	0 18 6	1 10 43	22 11 59	11 47 18	18 37 20	19 47 51
18	16 1 44	19 24 16	19 43 14	22 30 5	4 31 3	21 6 1	14 26 54	12 6 24	0 18 6	1 10 50	22 12 4	11 46 52	18 37 29	19 47 50
19	16 6 54	19 40 41	19 46 34	22 21 51	4 30 31	21 5 5	14 27 16	12 8 2	0 18 7	1 10 58	22 12 9	11 46 25	18 37 38	19 47 49
20	16 12 6	19 56 33	19 49 52	22 13 22	4 30 0	21 4 9	14 27 38	12 9 39	0 18 8	1 11 8	22 12 13	11 45 58	18 37 47	19 47 48
21	16 17 18	20 11 52	19 53 11	22 4 37	4 29 29	21 3 15	14 27 59	12 11 13	0 18 10	1 11 18	22 12 18	11 45 30	18 37 56	19 47 46
22	16 22 32	20 26 37	19 56 29	21 55 38	4 28 59	21 2 21	14 28 20	12 12 47	0 18 11	1 11 30	22 12 23	11 45 1	18 38 5	19 47 45
23	16 27 47	20 40 47	19 59 47	21 46 24	4 28 30	21 1 28	14 28 41	12 14 19	0 18 13	1 11 44	22 12 28	11 44 32	18 38 14	19 47 43
24	16 33 2	20 54 22	20 3 5	21 36 55	4 28 0	21 0 35	14 29 2	12 15 49	0 18 14	1 11 58	22 12 34	11 44 2	18 38 23	19 47 41
25	16 38 19	21 7 21	20 6 23	21 27 11	4 27 32	20 59 44	14 29 22	12 17 18	0 18 16	1 12 14	22 12 39	11 43 32	18 38 32	19 47 39
26	16 43 37	21 19 43	20 9 40	21 17 13	4 27 4	20 58 54	14 29 42	12 18 45	0 18 19	1 12 31	22 12 45	11 43 1	18 38 41	19 47 37
27	16 48 55	21 31 28	20 12 57	21 7 1	4 26 36	20 58 5	14 30 2	12 20 11	0 18 21	1 12 49	22 12 50	11 42 29	18 38 50	19 47 34
28	16 54 15	21 42 36	20 16 13	20 56 35	4 26 9	20 57 18	14 30 21	12 21 35	0 18 24	1 13 8	22 12 56	11 41 57	18 38 59	19 47 32
29	16 59 35	21 53 6	20 19 29	20 45 54	4 25 43	20 56 31	14 30 41	12 22 58	0 18 26	1 13 29	22 13 2	11 41 25	18 39 8	19 47 29
30	17 4 56	22 2 57	20 22 45	20 35 0	4 25 17	20 55 46	14 31 0	12 24 18	0 18 29	1 13 51	22 13 7	11 40 51	18 39 17	19 47 26
31	17 10 18	22S12 8	20 26 0	20S23 52	4 24 52	20N55 2	14 31 19	12S25 38	0 18 33	1N14 14	22 13 13	11S40 18	18 39 26	19S47 24

JANUARY 2013

DAY	SIDEREAL TIME h m s	☉ SUN LONG ° ' "	MOT ' "	R.A. h m s	DECL ° ' "	☽ MOON AT 0 HOURS LONG ° ' "	12h MOT ° ' "	2DIF "	R.A. h m s	DECL ° ' "	☽ MOON AT 12 HOURS LONG ° ' "	12h MOT ° ' "	2DIF "	R.A. h m s	DECL ° ' "
1 Tu	6 43 15	15♐48 12	61 8	18 46 40.4	23S 0 9	25♋49 53	6 17 28	89	9 26 0	9N42 41	2♌ 7 20	6 20 31	95	9 49 58	7N39 55
2 W	6 47 11	16 49 20	61 9	18 51 5.1	22 55 0	8♌27 51	6 23 46	101	10 13 53	5 31 13	14 51 37	6 27 15	108	10 37 51	3 17 49
3 Th	6 51 8	17 50 29	61 9	18 55 29.4	22 49 24	21 18 52	6 31 0	116	11 1 56	1 0 59	27 49 52	6 35 0	124	11 26 13	1S17 54
4 F	6 55 4	18 51 37	61 9	18 59 53.4	22 43 21	4♍24 52	6 39 16	132	11 50 50	3S37 24	11♍ 4 7	6 43 47	139	12 15 51	5 55 57
5 S	6 59 1	19 52 46	61 9	19 4 16.9	22 36 50	17 47 54	6 48 33	146	12 41 24	8 11 52	24 36 27	6 53 30	151	13 7 34	10 23 19
6 Su	7 2 57	20 53 56	61 10	19 8 40.1	22 29 53	1♎29 58	6 58 36	154	13 34 25	12 28 15	8♎28 33	7 3 44	153	14 2 4	14 24 32
7 M	7 6 54	21 55 5	61 10	19 13 2.8	22 22 28	15 32 18	7 8 50	150	14 30 32	16 9 51	22 41 8	7 13 44	142	14 59 50	17 41 49
8 Tu	7 10 50	22 56 15	61 10	19 17 25.1	22 14 38	29 54 52	7 18 19	130	15 29 57	18 58 4	7♏13 10	7 22 24	113	16 0 48	19 56 22
9 W	7 14 47	23 57 24	61 10	19 21 46.9	22 6 21	14♏35 34	7 25 49	90	16 32 14	20 34 49	22 1 23	7 28 26	64	17 4 6	20 51 56
10 Th	7 18 44	24 58 34	61 10	19 26 8.1	21 57 38	29 29 49	7 30 4	33	17 36 9	20 46 54	6♐59 52	7 30 37	-1	18 8 12	20 19 35
11 F	7 22 40	25 59 44	61 10	19 30 28.8	21 48 29	14♐30 29	7 30 0	-36	18 39 59	19 30 36	22 0 28	7 28 11	-72	19 11 18	18 21 20
12 S	7 26 37	27 0 53	61 9	19 34 48.9	21 38 55	29 28 40	7 25 13	-106	19 42 0	16 53 42	6♑53 53	7 21 9	-137	20 11 58	15 10 7
13 Su	7 30 33	28 2 2	61 9	19 39 8.4	21 28 55	14♑15 1	7 16 6	-163	20 41 7	13 13 15	21 31 7	7 10 15	-185	21 9 27	11 5 52
14 M	7 34 30	29 3 11	61 8	19 43 27.3	21 18 31	28 41 22	7 3 46	-201	21 36 59	8 50 43	5♒45 8	6 56 51	-211	22 3 46	6 30 22
15 Tu	7 38 26	0♑ 4 19	61 7	19 47 45.5	21 7 43	12♒41 59	6 49 43	-215	22 29 53	4 7 12	19 31 42	6 42 32	-213	22 55 24	1 43 22
16 W	7 42 23	1 5 26	61 7	19 52 3.0	20 56 30	26 14 14	6 35 29	-207	23 20 25	0N39 15	2♓49 43	6 28 43	-197	23 45 2	2N58 59
17 Th	7 46 19	2 6 33	61 6	19 56 19.8	20 44 53	9♓18 26	6 22 21	-183	0 9 22	5 14 25	15 40 47	6 16 30	-167	0 33 29	7 24 15
18 F	7 50 16	3 7 38	61 5	20 0 35.9	20 32 52	21 57 17	6 11 14	-148	0 57 29	9 27 25	28 8 32	6 6 37	-129	1 21 27	11 22 54
19 S	7 54 13	4 8 43	61 4	20 4 51.2	20 20 29	4♈15 9	6 2 40	-108	1 45 26	13 9 47	10♈17 49	5 59 25	-87	2 9 30	14 47 16
20 Su	7 58 9	5 9 47	61 3	20 9 5.8	20 7 42	16 17 13	5 56 51	-66	2 33 43	16 14 34	22 14 4	5 54 59	-46	2 58 6	17 30 57
21 M	8 2 6	6 10 51	61 2	20 13 19.6	19 54 33	28 9 3	5 53 46	-27	3 22 40	18 35 44	4♉ 2 49	5 53 12	-8	3 47 26	19 28 19
22 Tu	8 6 2	7 11 53	61 2	20 17 32.7	19 41 1	9♉56 1	5 53 14	9	4 12 24	20 8 8	15 49 15	5 53 49	25	4 37 32	20 34 42
23 W	8 9 59	8 12 54	61 1	20 21 44.9	19 27 8	21 43 4	5 54 55	40	5 2 49	20 47 39	27 37 59	5 56 28	52	5 28 11	20 46 45
24 Th	8 13 55	9 13 55	61 0	20 25 56.4	19 12 53	3♊34 27	5 58 24	63	5 53 36	20 31 52	9♊32 51	6 0 41	72	6 19 1	20 3 3
25 F	8 17 52	10 14 54	60 59	20 30 7.1	18 58 17	15 33 32	6 3 13	80	6 44 23	19 20 30	21 36 45	6 5 59	85	7 9 40	18 24 36
26 S	8 21 48	11 15 53	60 58	20 34 17.0	18 43 20	27 42 44	6 8 53	89	7 34 48	17 15 54	3♋51 37	6 11 53	91	7 59 47	15 55 5
27 Su	8 25 45	12 16 51	60 57	20 38 26.1	18 28 3	10♋ 3 30	6 14 56	91	8 24 35	14 22 59	16 18 26	6 17 58	91	8 49 14	12 40 35
28 M	8 29 42	13 17 47	60 56	20 42 34.3	18 12 26	22 36 24	6 20 59	90	9 13 44	10 48 58	28 57 23	6 23 57	88	9 38 6	8 49 20
29 Tu	8 33 38	14 18 43	60 55	20 46 41.8	17 56 29	5♌21 20	6 26 51	86	10 2 23	6 42 56	11♌48 11	6 29 40	84	10 26 39	4 31 7
30 W	8 37 35	15 19 39	60 54	20 50 48.4	17 40 13	18 17 51	6 32 26	83	10 50 58	2 15 18	24 50 17	6 35 10	82	11 15 23	0S 3 2
31 Th	8 41 31	16♑20 33	60 54	20 54 54.2	17S23 37	1♍25 28	6 37 54	82	11 39 59	2S22 21	8♍ 3 21	6 40 38	83	12 4 52	4S41 1

LUNAR INGRESSES			PLANET INGRESSES	STATIONS	DATA FOR THE 1st AT 0 HOURS
1 ☽ ♌ 7:58	12 ☽ ♑ 0:51	23 ☽ ♊ 16:47	5 ♀ ♐ 3:00	30 ♃ D 11:38	JULIAN DAY 41273.5
3 ☽ ♍ 15:58	14 ☽ ♒ 2:13	26 ☽ ♋ 4:29	14 ☉ ♑ 22:18		☽ MEAN ☊ 28°♎ 40' 13"
5 ☽ ♎ 21:24	16 ☽ ♓ 6:50	28 ☽ ♌ 13:58	16 ☿ ♑ 6:11		OBLIQUITY 23° 26' 9"
8 ☽ ♏ 0:08	18 ☽ ♈ 15:38	30 ☽ ♍ 21:25	26 ♂ ♒ 15:53		DELTA T 71.8 SECONDS
10 ☽ ♐ 0:48	21 ☽ ♉ 3:46		29 ♀ ♑ 1:37		NUTATION LONGITUDE 14.7"

DAY MO	YR	☿ LONG ° ' "	♀ LONG ° ' "	♂ LONG ° ' "	♃ LONG ° ' "	♄ LONG ° ' "	♅ LONG ° ' "	♆ LONG ° ' "	♇ LONG ° ' "	☊ LONG ° '	A.S.S.I. h m s	S.S.R.Y. h m s	S.V.P. ♓ ° ' "	☿ MERCURY R.A. h m s	DECL ° ' "
1	1	5♐42 45	24♏50 6	9♑45 12	12♉50R50	14♎37 6	9♓50 6	6♒ 8 42	14♐23 46	0♏05	23 35 30	30 13 26	5 4 26.8	18 2 48	24S14 58
2	2	7 15 30	26 5 13	10 32 21	12 45 15	14 41 42	9 51 4	6 10 19	14 25 54	29♎58	23 41 2	30 12 27	5 4 26.6	18 9 35	24 20 5
3	3	8 48 35	27 20 20	11 19 31	12 39 50	14 46 14	9 52 5	6 11 58	14 28 1	29 52	23 46 34	30 11 34	5 4 26.5	18 16 24	24 23 54
4	4	10 22 1	28 35 28	12 6 42	12 34 34	14 50 41	9 53 9	6 13 38	14 30 8	29 49	23 52 6	30 10 53	5 4 26.5	18 23 15	24 26 25
5	5	11 55 48	29 50 37	12 53 55	12 29 28	14 55 3	9 54 17	6 15 19	14 32 16	29 48	23 57 37	30 10 25	5 4 26.4	18 30 8	24 27 36
6	6	13 29 57	1♐ 5 46	13 41 9	12 24 33	14 59 21	9 55 27	6 17 2	14 34 23	29 48	24 3 8	30 10 12	5 4 26.2	18 37 2	24 27 26
7	7	15 4 29	2 20 56	14 28 24	12 19 48	15 3 33	9 56 40	6 18 46	14 36 29	29 49	24 8 38	30 10 15	5 4 26.1	18 43 58	24 25 53
8	8	16 39 24	3 36 6	15 15 40	12 15 14	15 7 41	9 57 56	6 20 31	14 38 36	29 50	24 14 7	30 10 33	5 4 25.9	18 50 55	24 22 58
9	9	18 14 43	4 51 16	16 2 58	12 10 51	15 11 43	9 59 15	6 22 18	14 40 43	29 49	24 19 36	30 11 4	5 4 25.6	18 57 54	24 18 39
10	10	19 50 28	6 6 27	16 50 16	12 6 39	15 15 41	10 0 37	6 24 6	14 42 49	29 46	24 25 4	30 11 45	5 4 25.4	19 4 54	24 12 55
11	11	21 26 39	7 21 39	17 37 36	12 2 38	15 19 33	10 2 2	6 25 56	14 44 55	29 40	24 30 32	30 12 35	5 4 25.1	19 11 54	24 5 46
12	12	23 3 16	8 36 50	18 24 56	11 58 49	15 23 20	10 3 30	6 27 46	14 47 0	29 32	24 35 59	30 13 29	5 4 24.8	19 18 56	23 57 9
13	13	24 40 21	9 52 2	19 12 18	11 55 11	15 27 2	10 5 0	6 29 38	14 49 5	29 22	24 41 25	30 14 26	5 4 24.6	19 25 58	23 47 5
14	14	26 17 54	11 7 13	19 59 40	11 51 44	15 30 38	10 6 33	6 31 31	14 51 10	29 12	24 46 50	30 15 22	5 4 24.4	19 33 2	23 35 33
15	15	27 55 57	12 22 25	20 47 3	11 48 29	15 34 9	10 8 10	6 33 26	14 53 14	29 03	24 52 14	30 16 16	5 4 24.3	19 40 5	23 22 32
16	16	29 34 30	13 37 36	21 34 26	11 45 27	15 37 35	10 9 48	6 35 21	14 55 18	28 56	24 57 38	30 17 7	5 4 24.3	19 47 10	23 8 2
17	17	1♑13 33	14 52 48	22 21 50	11 42 36	15 40 55	10 11 30	6 37 18	14 57 21	28 51	25 3 1	30 17 53	5 4 24.2	19 54 14	22 52 1
18	18	2 53 8	16 7 59	23 9 14	11 39 57	15 44 10	10 13 14	6 39 15	14 59 24	28 48	25 8 22	30 18 32	5 4 24.1	20 1 19	22 34 29
19	19	4 33 15	17 23 10	23 56 39	11 37 30	15 47 19	10 15 1	6 41 14	15 1 26	28 47	25 13 43	30 19 3	5 4 24.0	20 8 24	22 15 26
20	20	6 13 55	18 38 22	24 44 4	11 35 15	15 50 22	10 16 51	6 43 14	15 3 28	28 48	25 19 3	30 19 26	5 4 23.9	20 15 29	21 54 52
21	21	7 55 6	19 53 33	25 31 29	11 33 13	15 53 20	10 18 43	6 45 15	15 5 29	28 48	25 24 22	30 19 39	5 4 23.7	20 22 34	21 32 45
22	22	9 36 51	21 8 44	26 18 54	11 31 23	15 56 12	10 20 38	6 47 16	15 7 29	28 48	25 29 40	30 19 41	5 4 23.5	20 29 39	21 9 7
23	23	11 19 8	22 23 54	27 6 20	11 29 45	15 58 59	10 22 36	6 49 19	15 9 29	28 45	25 34 57	30 19 32	5 4 23.3	20 36 43	20 43 56
24	24	13 1 56	23 39 5	27 53 46	11 28 19	16 1 39	10 24 36	6 51 22	15 11 28	28 40	25 40 13	30 19 10	5 4 23.1	20 43 47	20 17 14
25	25	14 45 15	24 54 16	28 41 11	11 27 5	16 4 14	10 26 38	6 53 27	15 13 26	28 32	25 45 28	30 18 36	5 4 22.9	20 50 50	19 48 59
26	26	16 29 4	26 9 26	29 28 37	11 26 4	16 6 43	10 28 43	6 55 32	15 15 23	28 21	25 50 41	30 17 50	5 4 22.7	20 57 52	19 19 14
27	27	18 13 20	27 24 36	0♒16 3	11 25 15	16 9 7	10 30 50	6 57 38	15 17 20	28 08	25 55 54	30 16 54	5 4 22.6	21 4 53	18 47 57
28	28	19 58 1	28 39 47	1 3 28	11 24 38	16 11 24	10 33 0	6 59 45	15 19 16	27 54	26 1 6	30 15 50	5 4 22.4	21 11 52	18 15 11
29	29	21 43 3	29 54 57	1 50 54	11 24 14	16 13 35	10 35 12	7 1 53	15 21 11	27 41	26 6 17	30 14 41	5 4 22.3	21 18 49	17 40 57
30	30	23 28 22	1♑10 7	2 38 19	11 24D 2	16 15 41	10 37 27	7 4 1	15 23 5	27 29	26 11 27	30 13 32	5 4 22.3	21 25 45	17 5 17
31	31	25♑13 54	2♑25 17	3♒25 45	11♉24 2	16♎17 40	10♓39 44	7♒ 6 10	15♐24 59	27♎20	26 16 36	30 12 26	5 4 22.2	21 32 38	16S28 12

DAY Jan	♀ VENUS R.A. h m s	DECL ° ' "	♂ MARS R.A. h m s	DECL ° ' "	♃ JUPITER R.A. h m s	DECL ° ' "	♄ SATURN R.A. h m s	DECL ° ' "	♅ URANUS R.A. h m s	DECL ° ' "	♆ NEPTUNE R.A. h m s	DECL ° ' "	♇ PLUTO R.A. h m s	DECL ° ' "
1	17 15 41	22S20 41	20 29 15	20S12 30	4 24 28	20N54 19	14 31 37	12S26 55	0 18 36	1N14 38	22 13 20	11S39 43	18 39 35	19S47 21
2	17 21 4	22 28 33	20 32 30	20 0 55	4 24 4	20 53 38	14 31 55	12 28 11	0 18 39	1 15 3	22 13 26	11 39 9	18 39 44	19 47 17
3	17 26 28	22 35 45	20 35 44	19 49 6	4 23 41	20 52 58	14 32 13	12 29 25	0 18 43	1 15 30	22 13 32	11 38 33	18 39 53	19 47 14
4	17 31 53	22 42 16	20 38 58	19 37 5	4 23 18	20 52 20	14 32 31	12 30 38	0 18 47	1 15 57	22 13 38	11 37 57	18 40 2	19 47 11
5	17 37 18	22 48 6	20 42 12	19 24 50	4 22 57	20 51 43	14 32 48	12 31 49	0 18 51	1 16 26	22 13 45	11 37 21	18 40 11	19 47 7
6	17 42 44	22 53 15	20 45 25	19 12 23	4 22 36	20 51 8	14 33 5	12 32 58	0 18 55	1 16 56	22 13 51	11 36 44	18 40 20	19 47 4
7	17 48 10	22 57 42	20 48 37	18 59 43	4 22 16	20 50 35	14 33 21	12 34 5	0 19 0	1 17 27	22 13 58	11 36 7	18 40 29	19 47 0
8	17 53 36	23 1 27	20 51 50	18 46 51	4 21 56	20 50 3	14 33 38	12 35 11	0 19 4	1 18 0	22 14 5	11 35 29	18 40 38	19 46 56
9	17 59 3	23 4 29	20 55 1	18 33 46	4 21 38	20 49 33	14 33 54	12 36 15	0 19 9	1 18 33	22 14 11	11 34 51	18 40 47	19 46 52
10	18 4 30	23 6 50	20 58 13	18 20 30	4 21 20	20 49 5	14 34 9	12 37 17	0 19 14	1 19 8	22 14 18	11 34 12	18 40 56	19 46 48
11	18 9 57	23 8 28	21 1 24	18 7 1	4 21 3	20 48 39	14 34 25	12 38 17	0 19 19	1 19 44	22 14 25	11 33 32	18 41 5	19 46 43
12	18 15 24	23 9 24	21 4 35	17 53 21	4 20 46	20 48 14	14 34 40	12 39 16	0 19 25	1 20 21	22 14 32	11 32 53	18 41 14	19 46 39
13	18 20 52	23 9 37	21 7 45	17 39 30	4 20 31	20 47 51	14 34 54	12 40 13	0 19 30	1 20 59	22 14 39	11 32 13	18 41 23	19 46 34
14	18 26 19	23 9 7	21 10 55	17 25 27	4 20 16	20 47 31	14 35 9	12 41 8	0 19 36	1 21 38	22 14 47	11 31 32	18 41 31	19 46 30
15	18 31 46	23 7 54	21 14 4	17 11 13	4 20 2	20 47 12	14 35 23	12 42 1	0 19 42	1 22 18	22 14 54	11 30 51	18 41 40	19 46 25
16	18 37 13	23 5 59	21 17 13	16 56 48	4 19 49	20 46 55	14 35 36	12 42 52	0 19 48	1 22 59	22 15 1	11 30 10	18 41 49	19 46 20
17	18 42 40	23 3 22	21 20 21	16 42 13	4 19 37	20 46 40	14 35 50	12 43 41	0 19 54	1 23 42	22 15 9	11 29 28	18 41 58	19 46 16
18	18 48 7	23 0 1	21 23 29	16 27 27	4 19 26	20 46 27	14 36 3	12 44 29	0 20 0	1 24 25	22 15 16	11 28 46	18 42 6	19 46 11
19	18 53 33	22 55 59	21 26 37	16 12 32	4 19 15	20 46 16	14 36 15	12 45 14	0 20 7	1 25 9	22 15 24	11 28 4	18 42 15	19 46 6
20	18 58 59	22 51 14	21 29 44	15 57 26	4 19 6	20 46 7	14 36 27	12 45 58	0 20 13	1 25 55	22 15 31	11 27 21	18 42 24	19 46 0
21	19 4 25	22 45 46	21 32 50	15 42 10	4 18 57	20 46 0	14 36 39	12 46 40	0 20 20	1 26 41	22 15 39	11 26 38	18 42 32	19 45 55
22	19 9 50	22 39 38	21 35 57	15 26 44	4 18 49	20 45 55	14 36 51	12 47 20	0 20 27	1 27 29	22 15 47	11 25 54	18 42 41	19 45 50
23	19 15 14	22 32 47	21 39 2	15 11 10	4 18 42	20 45 52	14 37 2	12 47 59	0 20 34	1 28 17	22 15 55	11 25 10	18 42 49	19 45 44
24	19 20 38	22 25 15	21 42 8	14 55 26	4 18 36	20 45 51	14 37 13	12 48 35	0 20 41	1 29 7	22 16 2	11 24 26	18 42 58	19 45 39
25	19 26 2	22 17 2	21 45 12	14 39 33	4 18 31	20 45 53	14 37 23	12 49 10	0 20 49	1 29 57	22 16 10	11 23 41	18 43 6	19 45 33
26	19 31 25	22 8 9	21 48 17	14 23 31	4 18 26	20 45 56	14 37 33	12 49 42	0 20 57	1 30 49	22 16 18	11 22 57	18 43 14	19 45 28
27	19 36 47	21 58 35	21 51 21	14 7 20	4 18 22	20 46 2	14 37 43	12 50 13	0 21 4	1 31 41	22 16 26	11 22 11	18 43 23	19 45 22
28	19 42 8	21 48 21	21 54 24	13 51 2	4 18 20	20 46 9	14 37 52	12 50 42	0 21 12	1 32 34	22 16 34	11 21 26	18 43 31	19 45 17
29	19 47 28	21 37 27	21 57 28	13 34 35	4 18 18	20 46 19	14 38 1	12 51 9	0 21 20	1 33 29	22 16 42	11 20 41	18 43 39	19 45 11
30	19 52 48	21 25 54	22 0 30	13 18 0	4 18 17	20 46 31	14 38 9	12 51 34	0 21 28	1 34 24	22 16 51	11 19 55	18 43 47	19 45 5
31	19 58 6	21S13 43	22 3 33	13S 1 17	4 18 17	20N46 45	14 38 17	12S51 57	0 21 37	1N35 20	22 16 59	11S19 9	18 43 55	19S44 59

FEBRUARY 2013

DAY	SIDEREAL TIME h m s	☉ SUN LONG	MOT	R.A. h m s	DECL	☽ MOON AT 0 HOURS LONG	12h MOT	2DIF	R.A. h m s	DECL	☽ MOON AT 12 HOURS LONG	12h MOT	2DIF	R.A. h m s	DECL
1 F	8 45 28	17♒21 26	60 53	20 58 59.3	17S 6 44	14♍43 59	6 43 25	85	12 30 7	6S57 22	21♍27 23	6 46 16	87	12 55 48	9S 9 38
2 S	8 49 24	18 22 19	60 52	21 3 3.5	16 49 32	28 13 39	6 49 13	90	13 22 0	11 15 58	5♎ 2 51	6 52 16	93	13 48 48	13 14 28
3 Su	8 53 21	19 23 11	60 51	21 7 6.9	16 32 2	11♎55 7	6 55 24	96	14 16 14	15 3 8	18 50 31	6 58 38	97	14 44 20	16 39 58
4 M	8 57 17	20 24 2	60 50	21 11 9.6	16 14 15	25 49 9	7 1 53	97	15 13 7	18 3 0	2♏51 2	7 5 6	95	15 42 32	19 10 18
5 Tu	9 1 14	21 24 52	60 50	21 15 11.4	15 56 11	9♏56 8	7 8 13	90	16 12 31	20 0 9	17 4 21	7 11 6	82	16 42 58	20 31 5
6 W	9 5 11	22 25 42	60 49	21 19 12.5	15 37 50	24 15 27	7 13 40	70	17 13 45	20 42 3	1♐29 7	7 15 46	54	17 44 42	20 32 28
7 Th	9 9 7	23 26 30	60 48	21 23 12.8	15 19 13	8♐44 53	7 17 18	35	18 15 37	20 2 15	16 2 11	7 18 7	12	18 46 22	19 11 59
8 F	9 13 4	24 27 18	60 47	21 27 12.3	15 0 21	23 20 17	7 18 7	-13	19 16 46	18 2 42	0♑38 25	7 17 16	-40	19 46 42	16 36 2
9 S	9 17 0	25 28 4	60 45	21 31 11.0	14 41 14	7♑55 40	7 15 29	-67	20 16 5	14 53 56	15 11 9	7 12 47	-94	20 44 49	12 58 41
10 Su	9 20 57	26 28 49	60 44	21 35 9.0	14 21 51	22 23 56	7 9 13	-119	21 12 56	10 52 43	29 33 9	7 4 50	-141	21 40 24	8 38 34
11 M	9 24 53	27 29 33	60 43	21 39 6.2	14 2 15	6♒37 59	6 59 47	-160	22 7 15	6 18 42	13♒37 46	6 54 12	-174	22 33 34	3 55 29
12 Tu	9 28 50	28 30 16	60 41	21 43 2.5	13 42 24	20 31 58	6 48 12	-183	22 59 24	1 31 8	27 20 10	6 42 0	-187	23 24 49	0N52 18
13 W	9 32 46	29 30 57	60 40	21 46 58.2	13 22 20	4♓ 2 10	6 35 43	-187	23 49 54	3N12 59	10♓37 52	6 29 31	-183	0 14 44	5 29 17
14 Th	9 36 43	0♓31 36	60 38	21 50 53.1	13 2 3	17 7 23	6 23 32	-174	0 39 22	7 39 45	23 30 55	6 17 54	-162	1 3 54	9 43 6
15 F	9 40 40	1 32 14	60 36	21 54 47.2	12 41 33	29 48 50	6 12 43	-148	1 28 22	11 38 13	6♈ 1 33	6 8 4	-131	1 52 51	13 24 6
16 S	9 44 36	2 32 50	60 35	21 58 40.6	12 20 51	12♈ 9 38	6 4 1	-112	2 17 23	14 59 54	18 13 39	6 0 37	-92	2 41 59	16 24 51
17 Su	9 48 33	3 33 25	60 33	22 2 33.2	11 59 58	24 14 15	5 57 53	-71	3 6 42	17 38 15	0♉12 8	5 55 51	-50	3 31 32	18 39 34
18 M	9 52 29	4 33 58	60 31	22 6 25.2	11 38 52	6♉ 7 59	5 54 31	-29	3 56 30	19 28 14	12 2 30	5 53 54	-9	4 21 35	20 3 53
19 Tu	9 56 26	5 34 28	60 29	22 10 16.4	11 17 36	17 56 24	5 53 57	12	4 46 45	20 26 10	23 50 21	5 54 40	31	5 12 0	20 34 50
20 W	10 0 22	6 34 57	60 27	22 14 7.0	10 56 10	29 45 2	5 56 1	49	5 37 18	20 29 47	5♊41 3	5 57 56	66	6 2 36	20 10 59
21 Th	10 4 19	7 35 25	60 26	22 17 56.9	10 34 33	11♊38 59	6 0 23	80	6 27 53	19 38 33	17 39 22	6 3 18	93	6 53 7	18 52 42
22 F	10 8 15	8 35 50	60 24	22 21 46.1	10 12 47	23 42 40	6 6 37	104	7 18 16	17 53 48	29 49 17	6 10 15	113	7 43 20	16 42 21
23 S	10 12 12	9 36 14	60 22	22 25 34.7	9 50 51	5♋59 32	6 14 8	119	8 8 17	15 18 58	12♋13 40	6 18 11	122	8 33 7	13 44 27
24 Su	10 16 9	10 36 35	60 20	22 29 22.7	9 28 46	18 31 51	6 22 18	123	8 57 53	11 59 40	24 54 9	6 26 24	122	9 22 34	10 5 39
25 M	10 20 5	11 36 55	60 18	22 33 10.0	9 6 33	1♌20 51	6 30 25	118	9 47 12	8 3 35	7♌50 58	6 34 17	113	10 11 59	5 54 45
26 Tu	10 24 2	12 37 14	60 17	22 36 56.8	8 44 12	14 25 15	6 37 56	105	10 36 35	3 40 32	21 3 11	6 41 19	97	11 1 24	1 22 30
27 W	10 27 58	13 37 30	60 15	22 40 43.0	8 21 43	27 44 30	6 44 25	88	11 26 25	0S57 44	4♍28 55	6 47 12	79	11 51 41	3S18 23
28 Th	10 31 55	14♓37 45	60 13	22 44 28.7	7S59 6	11♍16 7	6 49 41	70	12 17 16	5S37 39	18♍ 5 47	6 51 52	62	12 43 14	7S53 34

LUNAR INGRESSES
2 ☽ ♎ 3:08
4 ☽ ♏ 7:09
6 ☽ ♐ 9:32
8 ☽ ♑ 10:57
10 ☽ ♒ 12:45
12 ☽ ♓ 16:45
15 ☽ ♈ 0:21
17 ☽ ♉ 11:36
20 ☽ ♊ 0:30
22 ☽ ♋ 12:21
24 ☽ ♌ 21:31
27 ☽ ♍ 4:02

PLANET INGRESSES
2 ☿ ♒ 17:03
13 ☉ ♓ 11:30
22 ♀ ♒ 0:41

STATIONS
18 ♄ R 17:03
23 ☿ R 9:42

DATA FOR THE 1st AT 0 HOURS
JULIAN DAY 41304.5
☽ MEAN ☊ 27°♎ 1' 40"
OBLIQUITY 23° 26' 10"
DELTA T 71.9 SECONDS
NUTATION LONGITUDE 15.0"

DAY MO	YR	☿ LONG	♀ LONG	♂ LONG	♃ LONG	♄ LONG	♅ LONG	♆ LONG	♇ LONG	☊ LONG	A.S.S.I. h m s	S.S.R.Y. h m s	S.V.P. ♓	☿ MERCURY R.A. h m s	DECL
1	32	26♑59 31	3♑40 27	4♒13 10	11♉24 14	16♎19 34	10♓42 3	7♒ 8 20	15♐26 51	27♎14	26 21 44	30 11 27	5 4 22.2	21 39 28	15S49 46
2	33	28 45 5	4 55 37	5 0 35	11 24 39	16 21 21	10 44 24	7 10 30	15 28 43	27 10	26 26 51	30 10 40	5 4 22.1	21 46 14	15 10 2
3	34	0♒30 28	6 10 47	5 48 0	11 25 16	16 23 2	10 46 48	7 12 41	15 30 33	27 09	26 31 56	30 10 5	5 4 22.0	21 52 56	14 29 5
4	35	2 15 27	7 25 56	6 35 25	11 26 5	16 24 37	10 49 14	7 14 53	15 32 23	27 09	26 37 1	30 9 43	5 4 21.8	21 59 34	13 46 59
5	36	3 59 49	8 41 6	7 22 49	11 27 6	16 26 6	10 51 42	7 17 5	15 34 11	27 08	26 42 5	30 9 36	5 4 21.6	22 6 6	13 3 52
6	37	5 43 17	9 56 16	8 10 13	11 28 19	16 27 29	10 54 12	7 19 18	15 35 59	27 06	26 47 8	30 9 42	5 4 21.4	22 12 31	12 19 50
7	38	7 25 35	11 11 25	8 57 37	11 29 45	16 28 44	10 56 44	7 21 31	15 37 45	27 02	26 52 10	30 10 0	5 4 21.2	22 18 49	11 35 2
8	39	9 6 19	12 26 34	9 45 0	11 31 22	16 29 56	10 59 18	7 23 45	15 39 31	26 55	26 57 11	30 10 29	5 4 21.0	22 24 58	10 49 39
9	40	10 45 6	13 41 43	10 32 23	11 33 12	16 31 0	11 1 55	7 25 59	15 41 15	26 44	27 2 11	30 11 5	5 4 20.8	22 30 56	10 3 53
10	41	12 21 28	14 56 52	11 19 45	11 35 13	16 31 58	11 4 33	7 28 14	15 42 58	26 32	27 7 10	30 11 49	5 4 20.6	22 36 43	9 17 57
11	42	13 54 54	16 12 0	12 7 7	11 37 27	16 32 49	11 7 13	7 30 28	15 44 40	26 20	27 12 8	30 12 37	5 4 20.6	22 42 16	8 32 7
12	43	15 24 50	17 27 8	12 54 27	11 39 52	16 33 35	11 9 55	7 32 44	15 46 21	26 08	27 17 5	30 13 28	5 4 20.5	22 47 33	7 46 41
13	44	16 50 40	18 42 15	13 41 47	11 42 29	16 34 13	11 12 39	7 34 59	15 48 0	25 57	27 22 1	30 14 20	5 4 20.5	22 52 34	7 1 56
14	45	18 11 43	19 57 21	14 29 7	11 45 18	16 34 46	11 15 25	7 37 15	15 49 39	25 50	27 26 56	30 15 11	5 4 20.4	22 57 14	6 18 15
15	46	19 27 19	21 12 27	15 16 25	11 48 18	16 35 12	11 18 13	7 39 31	15 51 16	25 45	27 31 50	30 16 0	5 4 20.4	23 1 33	5 35 59
16	47	20 36 46	22 27 33	16 3 42	11 51 30	16 35 32	11 21 2	7 41 47	15 52 51	25 43	27 36 43	30 16 43	5 4 20.3	23 5 27	4 55 31
17	48	21 39 21	23 42 38	16 50 58	11 54 54	16 35 46	11 23 53	7 44 4	15 54 26	25 43	27 41 35	30 17 20	5 4 20.2	23 8 55	4 17 17
18	49	22 34 22	24 57 42	17 38 13	11 58 28	16 35R53	11 26 46	7 46 20	15 55 59	25 43	27 46 27	30 17 49	5 4 20.1	23 11 54	3 41 41
19	50	23 21 11	26 12 45	18 25 26	12 2 14	16 35 54	11 29 40	7 48 37	15 57 31	25 42	27 51 17	30 18 7	5 4 19.9	23 14 23	3 9 8
20	51	23 59 11	27 27 48	19 12 39	12 6 11	16 35 49	11 32 36	7 50 53	15 59 1	25 40	27 56 7	30 18 13	5 4 19.8	23 16 18	2 40 1
21	52	24 27 53	28 42 51	19 59 50	12 10 19	16 35 38	11 35 34	7 53 10	16 0 30	25 35	28 0 56	30 18 6	5 4 19.6	23 17 40	2 14 44
22	53	24 46 54	29 57 52	20 47 0	12 14 38	16 35 21	11 38 33	7 55 26	16 1 57	25 28	28 5 44	30 17 46	5 4 19.4	23 18 27	1 53 36
23	54	24 55R58	1♒12 53	21 34 9	12 19 8	16 34 57	11 41 33	7 57 43	16 3 23	25 18	28 10 31	30 17 11	5 4 19.3	23 18 38	1 36 56
24	55	24 55 1	2 27 53	22 21 16	12 23 48	16 34 27	11 44 35	8 0 0	16 4 48	25 06	28 15 17	30 16 24	5 4 19.2	23 18 13	1 24 59
25	56	24 44 8	3 42 53	23 8 21	12 28 39	16 33 51	11 47 38	8 2 16	16 6 11	24 53	28 20 3	30 15 27	5 4 19.1	23 17 14	1 17 53
26	57	24 23 40	4 57 52	23 55 26	12 33 40	16 33 9	11 50 43	8 4 33	16 7 33	24 41	28 24 48	30 14 21	5 4 19.1	23 15 42	1 15 44
27	58	23 54 8	6 12 50	24 42 29	12 38 52	16 32 20	11 53 49	8 6 49	16 8 53	24 29	28 29 32	30 13 11	5 4 19.1	23 13 38	1 18 30
28	59	23♒16 18	7♒27 48	25♒29 30	12♉44 14	16♎31 26	11♓56 56	8♒ 9 5	16♐10 12	24♎20	28 34 16	30 12 0	5 4 19.1	23 11 7	1S26 5

DAY Feb	♀ VENUS R.A. h m s	DECL	♂ MARS R.A. h m s	DECL	♃ JUPITER R.A. h m s	DECL	♄ SATURN R.A. h m s	DECL	♅ URANUS R.A. h m s	DECL	♆ NEPTUNE R.A. h m s	DECL	♇ PLUTO R.A. h m s	DECL
1	20 3 24	21S 0 54	22 6 34	12S44 27	4 18 17	20N47 0	14 38 25	12S52 18	0 21 45	1N36 16	22 17 7	11S18 22	18 44 3	19S44 53
2	20 8 41	20 47 26	22 9 36	12 27 29	4 18 19	20 47 18	14 38 32	12 52 37	0 21 54	1 37 14	22 17 15	11 17 36	18 44 11	19 44 47
3	20 13 57	20 33 22	22 12 37	12 10 24	4 18 21	20 47 38	14 38 39	12 52 55	0 22 3	1 38 13	22 17 24	11 16 49	18 44 19	19 44 41
4	20 19 11	20 18 41	22 15 38	11 53 12	4 18 25	20 48 0	14 38 45	12 53 10	0 22 11	1 39 12	22 17 32	11 16 2	18 44 26	19 44 35
5	20 24 25	20 3 23	22 18 38	11 35 54	4 18 29	20 48 24	14 38 52	12 53 24	0 22 21	1 40 13	22 17 40	11 15 14	18 44 34	19 44 29
6	20 29 38	19 47 31	22 21 38	11 18 28	4 18 34	20 48 50	14 38 57	12 53 35	0 22 30	1 41 14	22 17 49	11 14 27	18 44 42	19 44 23
7	20 34 49	19 31 3	22 24 37	11 0 57	4 18 40	20 49 19	14 39 3	12 53 45	0 22 39	1 42 16	22 17 57	11 13 39	18 44 49	19 44 17
8	20 40 0	19 14 2	22 27 37	10 43 19	4 18 46	20 49 49	14 39 7	12 53 53	0 22 48	1 43 18	22 18 6	11 12 52	18 44 57	19 44 11
9	20 45 9	18 56 27	22 30 35	10 25 36	4 18 54	20 50 21	14 39 12	12 53 59	0 22 58	1 44 22	22 18 14	11 12 4	18 45 4	19 44 5
10	20 50 17	18 38 19	22 33 34	10 7 46	4 19 2	20 50 55	14 39 16	12 54 2	0 23 8	1 45 26	22 18 23	11 11 16	18 45 11	19 43 59
11	20 55 24	18 19 38	22 36 32	9 49 52	4 19 12	20 51 31	14 39 20	12 54 4	0 23 17	1 46 31	22 18 32	11 10 27	18 45 19	19 43 53
12	21 0 30	18 0 27	22 39 29	9 31 52	4 19 22	20 52 9	14 39 23	12 54 4	0 23 27	1 47 37	22 18 40	11 9 39	18 45 26	19 43 47
13	21 5 35	17 40 44	22 42 27	9 13 47	4 19 32	20 52 48	14 39 26	12 54 3	0 23 37	1 48 43	22 18 49	11 8 51	18 45 33	19 43 40
14	21 10 38	17 20 31	22 45 24	8 55 38	4 19 44	20 53 30	14 39 28	12 53 59	0 23 47	1 49 50	22 18 57	11 8 2	18 45 40	19 43 34
15	21 15 41	16 59 49	22 48 20	8 37 24	4 19 57	20 54 13	14 39 30	12 53 55	0 23 58	1 50 58	22 19 6	11 7 14	18 45 47	19 43 28
16	21 20 42	16 38 38	22 51 17	8 19 5	4 20 10	20 54 59	14 39 32	12 53 45	0 24 8	1 52 6	22 19 15	11 6 25	18 45 53	19 43 22
17	21 25 42	16 16 59	22 54 13	8 0 42	4 20 24	20 55 45	14 39 33	12 53 36	0 24 18	1 53 15	22 19 23	11 5 37	18 46 0	19 43 16
18	21 30 40	15 54 53	22 57 8	7 42 16	4 20 39	20 56 34	14 39 34	12 53 24	0 24 29	1 54 25	22 19 32	11 4 48	18 46 7	19 43 10
19	21 35 38	15 32 20	23 0 4	7 23 46	4 20 55	20 57 25	14 39 34	12 53 11	0 24 40	1 55 35	22 19 41	11 3 59	18 46 13	19 43 4
20	21 40 34	15 9 23	23 2 59	7 5 12	4 21 12	20 58 17	14 39 34	12 52 56	0 24 50	1 56 46	22 19 49	11 3 10	18 46 20	19 42 58
21	21 45 29	14 45 58	23 5 53	6 46 35	4 21 29	20 59 11	14 39 34	12 52 39	0 25 1	1 57 58	22 19 58	11 2 22	18 46 26	19 42 51
22	21 50 23	14 22 6	23 8 48	6 27 54	4 21 47	21 0 6	14 39 33	12 52 20	0 25 12	1 59 10	22 20 7	11 1 33	18 46 32	19 42 46
23	21 55 16	13 57 58	23 11 42	6 9 11	4 22 6	21 1 3	14 39 32	12 52 0	0 25 23	2 0 22	22 20 15	11 0 44	18 46 38	19 42 40
24	22 0 8	13 33 24	23 14 36	5 50 25	4 22 25	21 2 2	14 39 30	12 51 37	0 25 34	2 1 36	22 20 24	10 59 55	18 46 44	19 42 34
25	22 4 59	13 8 28	23 17 29	5 31 37	4 22 46	21 3 2	14 39 28	12 51 13	0 25 45	2 2 49	22 20 33	10 59 7	18 46 50	19 42 28
26	22 9 48	12 43 10	23 20 23	5 12 46	4 23 7	21 4 4	14 39 26	12 50 47	0 25 57	2 4 3	22 20 41	10 58 18	18 46 56	19 42 22
27	22 14 37	12 17 31	23 23 16	4 53 53	4 23 29	21 5 7	14 39 23	12 50 19	0 26 8	2 5 18	22 20 50	10 57 30	18 47 1	19 42 16
28	22 19 25	11S51 33	23 26 8	4S34 59	4 23 51	21N 6 11	14 39 19	12S49 50	0 26 20	2N 6 33	22 20 59	10S56 41	18 47 7	19S42 11

DAY	SIDEREAL TIME h m s	☉ SUN LONG ° ' "	MOT ' "	R.A. h m s	DECL ° ' "	☽ MOON AT 0 HOURS LONG ° ' "	12h MOT ° ' "	2DIF "	R.A. h m s	DECL ° ' "	☽ MOON AT 12 HOURS LONG ° ' "	12h MOT ° ' "	2DIF "	R.A. h m s	DECL ° ' "
1 F	10 35 51	15♒37 58	60 12	22 48 13.8	7S36 23	24♍57 40	6 53 48	54	13 9 39	10S 4 10	1♎51 28	6 55 30	48	13 36 34	12S 7 25
2 S	10 39 48	16 38 10	60 10	22 51 58.5	7 13 32	8♎46 58	6 57 1	43	14 4 0	14 1 16	15 43 59	6 58 23	39	14 32 0	15 43 42
3 Su	10 43 44	17 38 20	60 9	22 55 42.7	6 50 36	22 42 22	6 59 38	36	15 0 32	17 12 49	29 42 0	7 0 47	33	15 29 35	18 26 50
4 M	10 47 41	18 38 29	60 7	22 59 26.4	6 27 33	6♏42 46	7 1 51	31	15 59 4	19 24 11	13♏44 37	7 2 50	28	16 28 55	20 3 34
5 Tu	10 51 37	19 38 36	60 6	23 3 9.7	6 4 25	20 47 27	7 3 43	25	16 59 1	20 24 3	27 51 10	7 4 28	20	17 29 13	20 25 9
6 W	10 55 34	20 38 42	60 4	23 6 52.6	5 41 12	4♐55 38	7 5 3	14	17 59 23	20 6 44	12♐ 0 41	7 5 23	6	18 29 23	19 29 13
7 Th	10 59 31	21 38 46	60 3	23 10 35.1	5 17 54	19 6 4	7 5 25	-4	18 59 6	18 33 23	26 11 29	7 5 6	-16	19 28 25	17 20 26
8 F	11 3 27	22 38 48	60 1	23 14 17.2	4 54 32	3♑16 35	7 4 21	-30	19 57 16	15 51 54	10♑20 56	7 3 6	-45	20 25 36	14 9 35
9 S	11 7 24	23 38 49	59 59	23 17 59.0	4 31 6	17 24 2	7 1 21	-61	20 53 24	12 15 27	24 25 23	6 59 3	-77	21 20 39	10 11 37
10 Su	11 11 20	24 38 48	59 57	23 21 40.4	4 7 36	1♒24 25	6 56 12	-93	21 47 24	8 0 13	8♒20 37	6 52 50	-108	22 13 42	5 43 24
11 M	11 15 17	25 38 46	59 56	23 25 21.5	3 44 4	15 13 27	6 49 0	-121	22 39 34	3 23 17	22 2 27	6 44 46	-132	23 5 6	1 1 53
12 Tu	11 19 13	26 38 41	59 54	23 29 2.3	3 20 28	28 47 13	6 40 12	-140	23 30 22	1N18 52	5♓27 25	6 35 24	-146	23 55 24	3N37 9
13 W	11 23 10	27 38 35	59 52	23 32 42.7	2 56 51	12♓ 2 49	6 30 29	-148	0 20 17	5 51 19	18 33 18	6 25 33	-147	0 45 4	7 59 49
14 Th	11 27 6	28 38 26	59 50	23 36 22.9	2 33 11	24 58 50	6 20 41	-143	1 9 49	10 1 15	1♈19 32	6 16 1	-136	1 34 35	11 54 23
15 F	11 31 3	29 38 16	59 47	23 40 2.9	2 9 30	7♈35 33	6 11 38	-126	1 59 22	13 38 6	13 47 11	6 7 37	-114	2 24 14	15 11 26
16 S	11 35 0	0♓38 3	59 45	23 43 42.6	1 45 48	19 54 48	6 4 2	-100	2 49 10	16 33 32	25 58 51	6 0 57	-84	3 14 12	17 43 44
17 Su	11 38 56	1 37 48	59 43	23 47 22.0	1 22 5	1♉59 48	5 58 26	-67	3 39 18	18 41 25	7♉58 14	5 56 30	-48	4 4 29	19 26 9
18 M	11 42 53	2 37 31	59 41	23 51 1.3	0 58 21	13 54 44	5 55 12	-29	4 29 43	19 57 35	19 49 56	5 54 33	-10	4 54 58	20 15 32
19 Tu	11 46 49	3 37 12	59 39	23 54 40.4	0 34 38	25 44 29	5 54 34	10	5 20 13	20 19 54	1♊39 2	5 55 14	30	5 45 27	20 10 40
20 W	11 50 46	4 36 50	59 36	23 58 19.3	0 10 55	7♊34 17	5 56 34	50	6 10 36	19 47 58	13 30 51	5 58 33	68	6 35 41	19 12 2
21 Th	11 54 42	5 36 26	59 34	0 1 58.0	0N12 47	19 29 23	6 1 8	86	7 0 40	18 23 10	25 30 31	6 4 17	103	7 25 33	17 21 48
22 F	11 58 39	6 36 0	59 32	0 5 36.6	0 36 28	1♋34 48	6 7 58	117	7 50 20	16 8 25	7♋42 46	6 12 7	130	8 15 1	14 43 38
23 S	12 2 35	7 35 32	59 29	0 9 15.2	1 0 8	13 54 53	6 16 39	141	8 39 37	13 8 8	20 11 33	6 21 30	149	9 4 11	11 22 43
24 Su	12 6 32	8 35 1	59 27	0 12 53.6	1 23 46	26 33 3	6 26 34	154	9 28 45	9 28 19	2♌59 38	6 31 45	156	9 53 21	7 25 58
25 M	12 10 29	9 34 28	59 25	0 16 32.0	1 47 22	9♌31 23	6 36 57	154	10 18 4	5 16 50	16 8 20	6 42 3	150	10 42 57	3 2 16
26 Tu	12 14 25	10 33 53	59 23	0 20 10.3	2 10 55	22 50 22	6 46 56	142	11 8 3	0 43 45	29 37 18	6 51 31	132	11 33 28	1S37 4
27 W	12 18 22	11 33 16	59 21	0 23 48.6	2 34 26	6♍28 50	6 55 43	119	11 59 15	3S58 20	13♍24 33	6 59 27	104	12 25 28	6 18 3
28 Th	12 22 18	12 32 37	59 19	0 27 26.9	2 57 53	20 23 59	7 2 39	88	12 52 11	8 34 5	27 26 38	7 5 17	71	13 19 27	10 44 12
29 F	12 26 15	13 31 56	59 17	0 31 5.2	3 21 17	4♎31 56	7 7 22	53	13 47 17	12 46 4	11♎39 17	7 8 51	37	14 15 42	14 37 23
30 S	12 30 11	14 31 13	59 15	0 34 43.6	3 44 38	18 48 8	7 9 48	21	14 44 42	16 15 53	25 57 56	7 10 14	6	15 14 13	17 39 32
31 Su	12 34 8	15♓30 28	59 13	0 38 22.1	4N 7 54	3♏ 8 10	7 10 12	-7	15 44 10	18S46 30	10♏18 22	7 9 45	-19	16 14 27	19S35 20

LUNAR INGRESSES			PLANET INGRESSES	STATIONS	DATA FOR THE 1st AT 0 HOURS
1 ☽ ♎ 8:46	12 ☽ ♓ 2:10	24 ☽ ♌ 6:27	5 ♂ ♓ 18:18	17 ☿ D 20:04	JULIAN DAY 41332.5
3 ☽ ♏ 12:31	14 ☽ ♈ 9:29	26 ☽ ♍ 12:40	15 ☉ ♓ 8:43		☽ MEAN ☊ 25°♎ 32' 38"
5 ☽ ♐ 15:39	16 ☽ ♉ 20:00	28 ☽ ♎ 16:20	18 ♀ ♓ 1:30		OBLIQUITY 23° 26' 10"
7 ☽ ♑ 18:27	19 ☽ ♊ 8:39	30 ☽ ♏ 18:45			DELTA T 71.9 SECONDS
9 ☽ ♒ 21:35	21 ☽ ♋ 20:53				NUTATION LONGITUDE 14.2"

DAY MO	YR	☿ LONG ° ' "	♀ LONG ° ' "	♂ LONG ° ' "	♃ LONG ° ' "	♄ LONG ° ' "	♅ LONG ° ' "	♆ LONG ° ' "	♇ LONG ° ' "	☊ LONG ° '	A.S.S.I. h m s	S.S.R.Y. h m s	S.V.P. ° ♓ ' "	☿ MERCURY R.A. h m s	DECL ° ' "
1	60	22♒31R 8	8♒42 45	26♒16 30	12♉49 46	16♎30R25	12♓ 0 4	8♒11 21	16♐11 29	24♎14	28 38 59	30 10 52	5 4 19.0	23 8 12	1S38 13
2	61	21 39 49	9 57 42	27 3 28	12 55 28	16 29 19	12 3 14	8 13 37	16 12 44	24 11	28 43 41	30 9 52	5 4 19.0	23 4 57	1 54 33
3	62	20 43 40	11 12 38	27 50 25	13 1 20	16 28 6	12 6 24	8 15 52	16 13 58	24 10	28 48 22	30 9 0	5 4 18.9	23 1 27	2 14 39
4	63	19 44 7	12 27 33	28 37 21	13 7 21	16 26 48	12 9 36	8 18 7	16 15 11	24 10	28 53 4	30 8 18	5 4 18.7	22 57 49	2 37 58
5	64	18 42 40	13 42 28	29 24 15	13 13 33	16 25 23	12 12 49	8 20 22	16 16 22	24 11	28 57 44	30 7 48	5 4 18.6	22 54 6	3 3 53
6	65	17 40 47	14 57 23	0♓11 7	13 19 54	16 23 53	12 16 3	8 22 37	16 17 31	24 10	29 2 24	30 7 30	5 4 18.4	22 50 24	3 31 45
7	66	16 39 53	16 12 17	0 57 58	13 26 25	16 22 17	12 19 18	8 24 51	16 18 38	24 07	29 7 4	30 7 24	5 4 18.2	22 46 49	4 0 56
8	67	15 41 16	17 27 10	1 44 47	13 33 5	16 20 35	12 22 34	8 27 4	16 19 44	24 01	29 11 43	30 7 30	5 4 18.0	22 43 24	4 30 46
9	68	14 46 4	18 42 3	2 31 34	13 39 54	16 18 47	12 25 50	8 29 18	16 20 49	23 54	29 16 21	30 7 47	5 4 17.9	22 40 14	5 0 40
10	69	13 55 14	19 56 54	3 18 20	13 46 53	16 16 54	12 29 8	8 31 30	16 21 51	23 44	29 21 0	30 8 14	5 4 17.8	22 37 22	5 30 5
11	70	13 9 33	21 11 46	4 5 3	13 54 1	16 14 54	12 32 26	8 33 43	16 22 52	23 34	29 25 37	30 8 49	5 4 17.8	22 34 50	5 58 31
12	71	12 29 35	22 26 36	4 51 45	14 1 18	16 12 49	12 35 46	8 35 54	16 23 51	23 24	29 30 15	30 9 32	5 4 17.8	22 32 40	6 25 36
13	72	11 55 45	23 41 25	5 38 25	14 8 43	16 10 39	12 39 5	8 38 5	16 24 48	23 16	29 34 53	30 10 20	5 4 17.8	22 30 55	6 51 0
14	73	11 28 15	24 56 14	6 25 3	14 16 18	16 8 23	12 42 26	8 40 16	16 25 44	23 10	29 39 28	30 11 12	5 4 17.8	22 29 33	7 14 28
15	74	11 7 13	26 11 2	7 11 39	14 24 1	16 6 2	12 45 47	8 42 26	16 26 38	23 06	29 44 5	30 12 6	5 4 17.8	22 28 36	7 35 48
16	75	10 52 38	27 25 48	7 58 12	14 31 52	16 3 35	12 49 9	8 44 35	16 27 30	23 05	29 48 41	30 12 58	5 4 17.7	22 28 3	7 54 53
17	76	10 44D24	28 40 34	8 44 44	14 39 52	16 1 4	12 52 31	8 46 44	16 28 20	23 05	29 53 16	30 13 47	5 4 17.6	22 27 54	8 11 38
18	77	10 42 22	29 55 18	9 31 13	14 48 0	15 58 27	12 55 54	8 48 51	16 29 9	23 06	29 57 52	30 14 30	5 4 17.5	22 28 8	8 26 1
19	78	10 46 17	1♓10 2	10 17 40	14 56 17	15 55 45	12 59 18	8 50 59	16 29 56	23 07	30 2 27	30 15 4	5 4 17.3	22 28 44	8 37 59
20	79	10 55 56	2 24 45	11 4 5	15 4 41	15 52 58	13 2 41	8 53 5	16 30 41	23 08	30 7 2	30 15 27	5 4 17.2	22 29 41	8 47 36
21	80	11 11 3	3 39 26	11 50 27	15 13 13	15 50 6	13 6 6	8 55 10	16 31 24	23 06	0 2 28	30 15 38	5 4 17.0	22 30 59	8 54 51
22	81	11 31 20	4 54 6	12 36 47	15 21 53	15 47 10	13 9 30	8 57 15	16 32 5	23 03	0 7 3	30 15 35	5 4 16.9	22 32 35	8 59 48
23	82	11 56 31	6 8 46	13 23 5	15 30 40	15 44 8	13 12 55	8 59 19	16 32 45	22 58	0 11 37	30 15 17	5 4 16.8	22 34 29	9 2 30
24	83	12 26 19	7 23 24	14 9 20	15 39 35	15 41 2	13 16 20	9 1 21	16 33 22	22 52	0 16 12	30 14 46	5 4 16.8	22 36 40	9 3 0
25	84	13 0 30	8 38 1	14 55 32	15 48 38	15 37 52	13 19 45	9 3 23	16 33 58	22 44	0 20 46	30 14 2	5 4 16.7	22 39 6	9 1 22
26	85	13 38 47	9 52 37	15 41 43	15 57 47	15 34 37	13 23 10	9 5 24	16 34 32	22 37	0 25 21	30 13 8	5 4 16.7	22 41 48	8 57 40
27	86	14 20 57	11 7 12	16 27 50	16 7 4	15 31 18	13 26 36	9 7 24	16 35 4	22 30	0 29 55	30 12 6	5 4 16.7	22 44 42	8 51 57
28	87	15 6 46	12 21 46	17 13 56	16 16 28	15 27 55	13 30 1	9 9 24	16 35 35	22 25	0 34 29	30 10 59	5 4 16.7	22 47 50	8 44 17
29	88	15 56 1	13 36 19	17 59 58	16 25 58	15 24 27	13 33 26	9 11 22	16 36 3	22 22	0 39 3	30 9 51	5 4 16.7	22 51 9	8 34 44
30	89	16 48 31	14 50 51	18 45 59	16 35 36	15 20 56	13 36 52	9 13 19	16 36 30	22 21	0 43 38	30 8 45	5 4 16.6	22 54 40	8 23 21
31	90	17♒44 5	16♓ 5 22	19♓31 57	16♉45 20	15♎17 20	13♓40 17	9♒15 15	16♐36 55	22♎21	0 48 12	30 7 43	5 4 16.5	22 58 21	8S10 11

DAY Mar	♀ VENUS R.A. h m s	DECL ° ' "	♂ MARS R.A. h m s	DECL ° ' "	♃ JUPITER R.A. h m s	DECL ° ' "	♄ SATURN R.A. h m s	DECL ° ' "	♅ URANUS R.A. h m s	DECL ° ' "	♆ NEPTUNE R.A. h m s	DECL ° ' "	♇ PLUTO R.A. h m s	DECL ° ' "
1	22 24 11	11S25 15	23 29 1	4S16 2	4 24 14	21N 7 17	14 39 16	12S49 18	0 26 31	2N 7 48	22 21 7	10S55 53	18 47 12	19S42 5
2	22 28 57	10 58 39	23 31 53	3 57 4	4 24 38	21 8 24	14 39 12	12 48 45	0 26 43	2 9 4	22 21 16	10 55 4	18 47 18	19 41 59
3	22 33 42	10 31 46	23 34 45	3 38 4	4 25 3	21 9 32	14 39 7	12 48 10	0 26 54	2 10 20	22 21 24	10 54 16	18 47 23	19 41 54
4	22 38 25	10 4 35	23 37 37	3 19 4	4 25 29	21 10 42	14 39 2	12 47 33	0 27 6	2 11 37	22 21 33	10 53 28	18 47 28	19 41 48
5	22 43 8	9 37 8	23 40 29	3 0 2	4 25 55	21 11 53	14 38 57	12 46 55	0 27 18	2 12 54	22 21 42	10 52 40	18 47 33	19 41 43
6	22 47 50	9 9 26	23 43 21	2 41 0	4 26 21	21 13 5	14 38 52	12 46 15	0 27 30	2 14 12	22 21 50	10 51 52	18 47 38	19 41 37
7	22 52 32	8 41 29	23 46 12	2 21 56	4 26 49	21 14 18	14 38 46	12 45 33	0 27 42	2 15 30	22 21 59	10 51 4	18 47 43	19 41 32
8	22 57 12	8 13 19	23 49 3	2 2 53	4 27 17	21 15 32	14 38 39	12 44 50	0 27 54	2 16 48	22 22 7	10 50 16	18 47 47	19 41 27
9	23 1 52	7 44 55	23 51 54	1 43 49	4 27 46	21 16 48	14 38 33	12 44 5	0 28 6	2 18 7	22 22 16	10 49 29	18 47 52	19 41 22
10	23 6 31	7 16 19	23 54 45	1 24 46	4 28 15	21 18 4	14 38 26	12 43 19	0 28 18	2 19 25	22 22 24	10 48 42	18 47 56	19 41 17
11	23 11 9	6 47 31	23 57 36	1 5 42	4 28 45	21 19 22	14 38 18	12 42 30	0 28 30	2 20 45	22 22 32	10 47 55	18 48 0	19 41 12
12	23 15 47	6 18 32	0 0 26	0 46 39	4 29 16	21 20 40	14 38 10	12 41 40	0 28 42	2 22 4	22 22 41	10 47 8	18 48 5	19 41 8
13	23 20 24	5 49 24	0 3 17	0 27 37	4 29 48	21 21 59	14 38 2	12 40 49	0 28 54	2 23 23	22 22 49	10 46 21	18 48 9	19 41 3
14	23 25 1	5 20 6	0 6 7	0 8 35	4 30 20	21 23 19	14 37 53	12 39 56	0 29 7	2 24 43	22 22 57	10 45 35	18 48 13	19 40 58
15	23 29 37	4 50 39	0 8 57	0N10 26	4 30 52	21 24 40	14 37 44	12 39 2	0 29 19	2 26 3	22 23 6	10 44 49	18 48 16	19 40 54
16	23 34 12	4 21 5	0 11 47	0 29 25	4 31 26	21 26 2	14 37 35	12 38 6	0 29 31	2 27 24	22 23 14	10 44 3	18 48 20	19 40 49
17	23 38 47	3 51 23	0 14 37	0 48 23	4 31 59	21 27 25	14 37 26	12 37 9	0 29 44	2 28 44	22 23 22	10 43 17	18 48 24	19 40 45
18	23 43 22	3 21 35	0 17 27	1 7 20	4 32 34	21 28 48	14 37 16	12 36 10	0 29 56	2 30 5	22 23 30	10 42 32	18 48 27	19 40 41
19	23 47 56	2 51 41	0 20 17	1 26 15	4 33 9	21 30 12	14 37 5	12 35 10	0 30 9	2 31 25	22 23 38	10 41 46	18 48 30	19 40 37
20	23 52 30	2 21 42	0 23 6	1 45 7	4 33 45	21 31 36	14 36 55	12 34 8	0 30 21	2 32 46	22 23 46	10 41 2	18 48 34	19 40 33
21	23 57 4	1 51 39	0 25 56	2 3 58	4 34 21	21 33 1	14 36 44	12 33 5	0 30 34	2 34 7	22 23 54	10 40 17	18 48 37	19 40 29
22	0 1 37	1 21 33	0 28 45	2 22 47	4 34 58	21 34 27	14 36 33	12 32 1	0 30 46	2 35 28	22 24 2	10 39 33	18 48 39	19 40 26
23	0 6 10	0 51 24	0 31 35	2 41 33	4 35 35	21 35 53	14 36 21	12 30 56	0 30 59	2 36 49	22 24 10	10 38 49	18 48 42	19 40 22
24	0 10 43	0 21 12	0 34 24	3 0 16	4 36 13	21 37 20	14 36 9	12 29 49	0 31 11	2 38 11	22 24 18	10 38 5	18 48 45	19 40 19
25	0 15 16	0N 9 0	0 37 14	3 18 57	4 36 51	21 38 47	14 35 57	12 28 42	0 31 24	2 39 32	22 24 25	10 37 22	18 48 47	19 40 16
26	0 19 49	0 39 13	0 40 3	3 37 35	4 37 30	21 40 14	14 35 45	12 27 33	0 31 36	2 40 53	22 24 33	10 36 39	18 48 50	19 40 12
27	0 24 21	1 9 27	0 42 52	3 56 9	4 38 10	21 41 42	14 35 32	12 26 22	0 31 49	2 42 14	22 24 41	10 35 57	18 48 52	19 40 9
28	0 28 54	1 39 39	0 45 41	4 14 40	4 38 50	21 43 10	14 35 19	12 25 11	0 32 2	2 43 35	22 24 48	10 35 14	18 48 54	19 40 7
29	0 33 27	2 9 50	0 48 31	4 33 8	4 39 30	21 44 38	14 35 6	12 23 59	0 32 14	2 44 56	22 24 56	10 34 33	18 48 56	19 40 4
30	0 38 0	2 39 59	0 51 20	4 51 32	4 40 11	21 46 7	14 34 52	12 22 45	0 32 27	2 46 17	22 25 3	10 33 51	18 48 58	19 40 1
31	0 42 33	3N10 4	0 54 9	5N 9 53	4 40 52	21N47 36	14 34 38	12S21 31	0 32 39	2N47 39	22 25 11	10S33 10	18 49 0	19S39 59

APRIL 2013

DAY	SIDEREAL TIME h m s	☉ SUN LONG ° ' "	MOT ' "	R.A. h m s	DECL ° ' "	☽ MOON AT 0 HOURS LONG ° ' "	12h MOT ° ' "	2DIF "	R.A. h m s	DECL ° ' "	☽ MOON AT 12 HOURS LONG ° ' "	12h MOT ° ' "	2DIF "	R.A. h m s	DECL ° ' "
1 M	12 38 4	16♓29 41	59 12	0 42 0.7	4N31 6	17♏28 7	7 8 56	-29	16 44 55	20S 5 0	24♏37 3	7 7 49	-38	17 15 27	20S14 58
2 Tu	12 42 1	17 28 52	59 10	0 45 39.4	4 54 12	1♐44 52	7 6 25	-45	17 45 52	20 5 12	8♐51 17	7 4 48	-51	18 16 2	19 36 8
3 W	12 45 58	18 28 2	59 8	0 49 18.3	5 17 14	15 56 5	7 3 0	-57	18 45 49	18 48 41	22 59 5	7 1 0	-62	19 15 7	17 44 5
4 Th	12 49 54	19 27 10	59 6	0 52 57.3	5 40 11	0♑ 0 5	6 58 51	-67	19 43 52	16 23 55	6♑58 56	6 56 32	-72	20 12 1	14 49 55
5 F	12 53 51	20 26 17	59 5	0 56 36.5	6 3 1	13 55 28	6 54 4	-76	20 39 35	13 3 58	20 49 32	6 51 26	-81	21 6 34	11 8 0
6 S	12 57 47	21 25 21	59 3	1 0 15.9	6 25 45	27 40 58	6 48 39	-86	21 33 1	9 3 59	4♒29 38	6 45 42	-91	21 58 59	6 53 50
7 Su	13 1 44	22 24 24	59 1	1 3 55.6	6 48 23	11♒15 19	6 42 35	-96	22 24 32	4 39 27	17 57 54	6 39 18	-100	22 49 44	2 22 38
8 M	13 5 40	23 23 25	58 59	1 7 35.4	7 10 53	24 37 12	6 35 54	-104	23 14 41	0 5 9	1♓13 6	6 32 22	-107	23 39 25	2N11 19
9 Tu	13 9 37	24 22 24	58 57	1 11 15.5	7 33 17	7♓45 28	6 28 45	-109	0 4 3	4N25 9	14 14 14	6 25 5	-110	0 28 36	6 34 50
10 W	13 13 33	25 21 21	58 55	1 14 55.9	7 55 33	20 39 18	6 21 24	-110	0 53 10	8 38 54	27 0 42	6 17 45	-108	1 17 46	10 36 0
11 Th	13 17 30	26 20 16	58 53	1 18 36.5	8 17 40	3♈18 27	6 14 11	-105	1 42 28	12 24 54	9♈32 38	6 10 45	-100	2 7 16	14 4 26
12 F	13 21 26	27 19 9	58 51	1 22 17.4	8 39 40	15 43 23	6 7 32	-93	2 32 11	15 33 34	21 50 55	6 4 33	-85	2 57 14	16 51 25
13 S	13 25 23	28 18 0	58 49	1 25 58.6	9 1 30	27 55 27	6 1 52	-75	3 22 24	17 57 13	3♉57 19	5 59 32	-64	3 47 39	18 50 21
14 Su	13 29 20	29 16 49	58 47	1 29 40.2	9 23 12	9♉56 51	5 57 36	-51	4 12 58	19 30 22	15 54 27	5 56 7	-37	4 38 18	19 56 58
15 M	13 33 16	0♈15 36	58 45	1 33 22.0	9 44 44	21 50 34	5 55 7	-22	5 3 37	20 9 59	27 45 41	5 54 38	-6	5 28 53	20 9 25
16 Tu	13 37 13	1 14 20	58 43	1 37 4.2	10 6 7	3♊40 19	5 54 42	11	5 54 4	19 55 24	9♊35 2	5 55 21	28	6 19 6	19 28 10
17 W	13 41 9	2 13 3	58 40	1 40 46.8	10 27 19	15 30 23	5 56 35	46	6 44 0	18 48 4	21 26 58	5 58 25	64	7 8 44	17 55 33
18 Th	13 45 6	3 11 43	58 38	1 44 29.7	10 48 21	27 25 23	6 0 52	82	7 33 18	16 51 7	3♋26 14	6 3 54	100	7 57 44	15 35 23
19 F	13 49 2	4 10 21	58 36	1 48 13.0	11 9 12	9♋30 8	6 7 30	117	8 22 1	14 8 58	15 37 38	6 11 40	132	8 46 13	12 32 34
20 S	13 52 59	5 8 56	58 34	1 51 56.7	11 29 52	21 49 18	6 16 20	147	9 10 22	10 46 58	28 5 38	6 21 28	159	9 34 31	8 52 59
21 Su	13 56 55	6 7 30	58 31	1 55 40.7	11 50 21	4♌27 6	6 26 58	170	9 58 45	6 51 34	10♌54 4	6 32 47	177	10 23 8	4 43 45
22 M	14 0 52	7 6 1	58 29	1 59 25.2	12 10 38	17 26 51	6 38 47	182	10 47 44	2 30 43	24 5 38	6 44 53	182	11 12 39	0 13 47
23 Tu	14 4 49	8 4 31	58 27	2 3 10.2	12 30 43	0♍50 32	6 50 57	180	11 37 57	2S 5 31	7♍41 29	6 56 51	173	12 3 45	4S25 27
24 W	14 8 45	9 2 58	58 25	2 6 55.6	12 50 35	14 38 21	7 2 28	162	12 30 6	6 44 4	21 40 48	7 7 38	147	12 57 5	8 59 13
25 Th	14 12 42	10 1 23	58 23	2 10 41.4	13 10 15	28 48 26	7 12 14	128	13 24 46	11 8 32	6♎ 0 40	7 16 10	107	13 53 10	13 9 31
26 F	14 16 38	10 59 46	58 22	2 14 27.7	13 29 42	13♎16 50	7 19 20	82	14 22 18	14 59 36	20 36 9	7 21 40	57	14 52 7	16 36 15
27 S	14 20 35	11 58 8	58 20	2 18 14.6	13 48 55	27 57 49	7 23 7	30	15 22 34	17 57 6	5♏20 56	7 23 41	4	15 53 32	19 0 5
28 Su	14 24 31	12 56 28	58 18	2 22 1.9	14 7 55	12♏44 37	7 23 23	-21	16 24 51	19 43 34	20 8 0	7 22 15	-45	16 56 20	20 6 30
29 M	14 28 28	13 54 46	58 17	2 25 49.8	14 26 41	27 30 15	7 20 22	-67	17 27 48	20 8 27	4♐50 37	7 17 49	-85	17 59 2	19 49 40
30 Tu	14 32 24	14♈53 2	58 15	2 29 38.2	14N45 13	12♐ 8 26	7 14 41	-101	18 29 53	19S10 57	19♐23 6	7 11 5	-113	19 0 10	18S13 40

LUNAR INGRESSES
1 ☽ ♐ 21:03
3 ☽ ♑ 24:00
6 ☽ ♒ 4:04
8 ☽ ♓ 9:47
10 ☽ ♈ 17:41
13 ☽ ♉ 4:07
15 ☽ ♊ 16:33
18 ☽ ♋ 5:09
20 ☽ ♌ 15:37
22 ☽ ♍ 22:31
25 ☽ ♎ 2:00
27 ☽ ♏ 3:19
29 ☽ ♐ 4:04

PLANET INGRESSES
10 ☿ ♓ 12:14
11 ♀ ♈ 5:09
13 ♂ ♈ 18:11
14 ☉ ♈ 17:38
29 ☿ ♈ 0:18

STATIONS
12 ♇ R 19:36

DATA FOR THE 1st AT 0 HOURS
JULIAN DAY 41363.5
☽ MEAN ☊ 23° ♎ 54' 4"
OBLIQUITY 23° 26' 10"
DELTA T 71.9 SECONDS
NUTATION LONGITUDE 12.9"

DAY MO YR	☿ LONG ° ' "	♀ LONG ° ' "	♂ LONG ° ' "	♃ LONG ° ' "	♄ LONG ° ' "	♅ LONG ° ' "	♆ LONG ° ' "	♇ LONG ° ' "	☊ LONG	A.S.S.I. h m s	S.S.R.Y. h m s	S.V.P. ♓ ° ' "	☿ MERCURY R.A. h m s	DECL ° ' "
1 91	18♒42 34	17♓19 52	20♓17 52	16♉55 11	15♎13R41	13♓43 43	9♒17 9	16♐37 17	22♎22	0 52 47	30 6 48	5 4 16.3	23 2 12	7S55 18
2 92	19 43 48	18 34 21	21 3 45	17 5 8	15 9 58	13 47 8	9 19 3	16 37 39	22 24	0 57 22	30 6 0	5 4 16.1	23 6 12	7 38 46
3 93	20 47 39	19 48 50	21 49 36	17 15 12	15 6 12	13 50 33	9 20 56	16 37 58	22 24	1 1 57	30 5 22	5 4 15.9	23 10 20	7 20 36
4 94	21 54 0	21 3 17	22 35 24	17 25 22	15 2 22	13 53 58	9 22 47	16 38 15	22 24	1 6 32	30 4 55	5 4 15.7	23 14 37	7 0 51
5 95	23 2 44	22 17 44	23 21 9	17 35 38	14 58 28	13 57 23	9 24 38	16 38 31	22 22	1 11 7	30 4 39	5 4 15.6	23 19 1	6 39 35
6 96	24 13 44	23 32 10	24 6 52	17 46 1	14 54 32	14 0 48	9 26 27	16 38 44	22 19	1 15 43	30 4 36	5 4 15.5	23 23 33	6 16 51
7 97	25 26 55	24 46 35	24 52 33	17 56 29	14 50 32	14 4 12	9 28 14	16 38 56	22 15	1 20 19	30 4 44	5 4 15.5	23 28 11	5 52 39
8 98	26 42 13	26 0 58	25 38 10	18 7 4	14 46 29	14 7 36	9 30 1	16 39 6	22 10	1 24 55	30 5 5	5 4 15.5	23 32 56	5 27 4
9 99	27 59 33	27 15 21	26 23 46	18 17 44	14 42 23	14 10 59	9 31 46	16 39 14	22 05	1 29 32	30 5 36	5 4 15.5	23 37 47	5 0 7
10 100	29 18 50	28 29 43	27 9 18	18 28 30	14 38 15	14 14 22	9 33 30	16 39 20	22 02	1 34 8	30 6 16	5 4 15.5	23 42 45	4 31 50
11 101	0♓40 2	29 44 4	27 54 48	18 39 22	14 34 4	14 17 45	9 35 13	16 39 24	21 59	1 38 46	30 7 4	5 4 15.4	23 47 48	4 2 15
12 102	2 3 6	0♈58 23	28 40 15	18 50 19	14 29 51	14 21 7	9 36 54	16 39R26	21 58	1 43 23	30 7 57	5 4 15.4	23 52 57	3 31 25
13 103	3 27 59	2 12 42	29 25 39	19 1 21	14 25 35	14 24 28	9 38 34	16 39 27	21 58	1 48 1	30 8 53	5 4 15.3	23 58 11	2 59 21
14 104	4 54 38	3 26 59	0♈11 0	19 12 29	14 21 17	14 27 49	9 40 12	16 39 25	21 59	1 52 39	30 9 50	5 4 15.1	0 3 32	2 26 6
15 105	6 23 3	4 41 15	0 56 18	19 23 42	14 16 57	14 31 9	9 41 49	16 39 22	22 00	1 57 18	30 10 43	5 4 15.0	0 8 57	1 51 40
16 106	7 53 11	5 55 30	1 41 33	19 35 0	14 12 35	14 34 28	9 43 25	16 39 17	22 02	2 1 57	30 11 31	5 4 14.8	0 14 28	1 16 7
17 107	9 25 1	7 9 44	2 26 46	19 46 23	14 8 11	14 37 47	9 44 59	16 39 10	22 03	2 6 37	30 12 10	5 4 14.7	0 20 5	0 39 27
18 108	10 58 33	8 23 56	3 11 55	19 57 51	14 3 46	14 41 5	9 46 32	16 39 1	22 04	2 11 17	30 12 38	5 4 14.5	0 25 47	0 1 44
19 109	12 33 46	9 38 8	3 57 1	20 9 24	13 59 20	14 44 22	9 48 3	16 38 51	22 04	2 15 57	30 12 54	5 4 14.4	0 31 34	0N37 3
20 110	14 10 40	10 52 18	4 42 4	20 21 1	13 54 52	14 47 38	9 49 32	16 38 38	22 03	2 20 38	30 12 56	5 4 14.3	0 37 27	1 16 49
21 111	15 49 14	12 6 26	5 27 4	20 32 43	13 50 23	14 50 53	9 51 0	16 38 24	22 02	2 25 20	30 12 45	5 4 14.2	0 43 26	1 57 34
22 112	17 29 29	13 20 34	6 12 1	20 44 29	13 45 52	14 54 7	9 52 26	16 38 8	22 00	2 30 2	30 12 20	5 4 14.2	0 49 31	2 39 15
23 113	19 11 24	14 34 40	6 56 55	20 56 19	13 41 21	14 57 21	9 53 51	16 37 51	21 58	2 34 45	30 11 43	5 4 14.2	0 55 42	3 21 51
24 114	20 55 0	15 48 45	7 41 46	21 8 14	13 36 50	15 0 33	9 55 15	16 37 31	21 56	2 39 28	30 10 56	5 4 14.1	1 1 59	4 5 18
25 115	22 40 18	17 2 48	8 26 34	21 20 13	13 32 17	15 3 44	9 56 36	16 37 10	21 55	2 44 12	30 10 1	5 4 14.1	1 8 22	4 49 34
26 116	24 27 18	18 16 51	9 11 19	21 32 16	13 27 44	15 6 54	9 57 56	16 36 47	21 55	2 48 56	30 9 0	5 4 14.0	1 14 52	5 34 37
27 117	26 16 0	19 30 52	9 56 1	21 44 23	13 23 11	15 10 3	9 59 15	16 36 22	21 55	2 53 41	30 7 56	5 4 13.8	1 21 29	6 20 23
28 118	28 6 26	20 44 52	10 40 40	21 56 34	13 18 38	15 13 11	10 0 31	16 35 56	21 55	2 58 26	30 6 51	5 4 13.6	1 28 13	7 6 49
29 119	29 58 34	21 58 52	11 25 15	22 8 49	13 14 4	15 16 18	10 1 46	16 35 27	21 56	3 3 13	30 5 48	5 4 13.4	1 35 4	7 53 51
30 120	1♈52 26	23♈12 50	12♈ 9 48	22♉21 7	13♎ 9 31	15♓19 24	10♒ 3 0	16♐34 58	21♎56	3 8 0	30 4 49	5 4 13.2	1 42 3	8N41 26

DAY Apr	♀ VENUS R.A. h m s	DECL ° ' "	♂ MARS R.A. h m s	DECL ° ' "	♃ JUPITER R.A. h m s	DECL ° ' "	♄ SATURN R.A. h m s	DECL ° ' "	♅ URANUS R.A. h m s	DECL ° ' "	♆ NEPTUNE R.A. h m s	DECL ° ' "	♇ PLUTO R.A. h m s	DECL ° ' "
1	0 47 6	3N40 6	0 56 58	5N28 9	4 41 34	21N49 4	14 34 24	12S20 15	0 32 52	2N49 0	22 25 18	10S32 29	18 49 1	19S39 57
2	0 51 39	4 10 4	0 59 48	5 46 21	4 42 17	21 50 33	14 34 10	12 18 59	0 33 5	2 50 21	22 25 25	10 31 49	18 49 3	19 39 55
3	0 56 13	4 39 57	1 2 37	6 4 30	4 43 0	21 52 3	14 33 56	12 17 42	0 33 17	2 51 42	22 25 32	10 31 9	18 49 4	19 39 53
4	1 0 47	5 9 44	1 5 26	6 22 33	4 43 43	21 53 32	14 33 41	12 16 24	0 33 30	2 53 3	22 25 39	10 30 30	18 49 6	19 39 51
5	1 5 21	5 39 24	1 8 16	6 40 32	4 44 27	21 55 1	14 33 26	12 15 5	0 33 42	2 54 23	22 25 46	10 29 51	18 49 7	19 39 49
6	1 9 56	6 8 57	1 11 5	6 58 27	4 45 11	21 56 30	14 33 11	12 13 45	0 33 55	2 55 44	22 25 53	10 29 13	18 49 8	19 39 48
7	1 14 31	6 38 22	1 13 55	7 16 16	4 45 56	21 57 59	14 32 55	12 12 24	0 34 7	2 57 4	22 26 0	10 28 35	18 49 8	19 39 47
8	1 19 7	7 7 39	1 16 44	7 34 0	4 46 41	21 59 28	14 32 40	12 11 3	0 34 20	2 58 24	22 26 7	10 27 57	18 49 9	19 39 46
9	1 23 43	7 36 46	1 19 34	7 51 39	4 47 27	22 0 57	14 32 24	12 9 41	0 34 32	2 59 44	22 26 14	10 27 20	18 49 10	19 39 45
10	1 28 19	8 5 42	1 22 24	8 9 12	4 48 13	22 2 25	14 32 8	12 8 18	0 34 45	3 1 4	22 26 20	10 26 43	18 49 10	19 39 44
11	1 32 57	8 34 28	1 25 14	8 26 40	4 48 59	22 3 54	14 31 52	12 6 55	0 34 57	3 2 23	22 26 27	10 26 7	18 49 10	19 39 43
12	1 37 34	9 3 1	1 28 4	8 44 2	4 49 46	22 5 22	14 31 35	12 5 31	0 35 10	3 3 43	22 26 33	10 25 32	18 49 11	19 39 43
13	1 42 13	9 31 23	1 30 54	9 1 18	4 50 33	22 6 49	14 31 19	12 4 7	0 35 22	3 5 2	22 26 39	10 24 57	18 49 11	19 39 43
14	1 46 52	9 59 31	1 33 44	9 18 28	4 51 21	22 8 17	14 31 2	12 2 43	0 35 35	3 6 20	22 26 46	10 24 22	18 49 11	19 39 43
15	1 51 32	10 27 25	1 36 34	9 35 32	4 52 9	22 9 44	14 30 46	12 1 17	0 35 47	3 7 39	22 26 52	10 23 48	18 49 10	19 39 43
16	1 56 12	10 55 5	1 39 24	9 52 29	4 52 57	22 11 11	14 30 29	11 59 52	0 35 59	3 8 57	22 26 58	10 23 15	18 49 10	19 39 43
17	2 0 54	11 22 29	1 42 15	10 9 20	4 53 46	22 12 37	14 30 12	11 58 26	0 36 11	3 10 15	22 27 4	10 22 42	18 49 10	19 39 43
18	2 5 36	11 49 37	1 45 5	10 26 4	4 54 35	22 14 3	14 29 55	11 57 0	0 36 23	3 11 32	22 27 10	10 22 9	18 49 9	19 39 44
19	2 10 19	12 16 28	1 47 56	10 42 41	4 55 25	22 15 29	14 29 38	11 55 34	0 36 36	3 12 49	22 27 16	10 21 37	18 49 8	19 39 45
20	2 15 2	12 43 1	1 50 47	10 59 11	4 56 15	22 16 54	14 29 20	11 54 8	0 36 48	3 14 6	22 27 21	10 21 6	18 49 7	19 39 46
21	2 19 47	13 9 16	1 53 37	11 15 35	4 57 5	22 18 18	14 29 3	11 52 41	0 37 0	3 15 22	22 27 27	10 20 35	18 49 6	19 39 47
22	2 24 33	13 35 11	1 56 28	11 31 50	4 57 56	22 19 42	14 28 46	11 51 14	0 37 12	3 16 38	22 27 32	10 20 5	18 49 5	19 39 49
23	2 29 19	14 0 47	1 59 20	11 47 59	4 58 46	22 21 6	14 28 28	11 49 48	0 37 23	3 17 53	22 27 38	10 19 36	18 49 4	19 39 50
24	2 34 7	14 26 2	2 2 11	12 3 59	4 59 38	22 22 28	14 28 11	11 48 21	0 37 35	3 19 8	22 27 43	10 19 7	18 49 3	19 39 52
25	2 38 55	14 50 56	2 5 2	12 19 52	5 0 29	22 23 50	14 27 53	11 46 54	0 37 47	3 20 23	22 27 48	10 18 39	18 49 1	19 39 54
26	2 43 45	15 15 27	2 7 54	12 35 38	5 1 21	22 25 12	14 27 36	11 45 28	0 37 59	3 21 37	22 27 53	10 18 11	18 48 59	19 39 56
27	2 48 35	15 39 36	2 10 46	12 51 15	5 2 13	22 26 32	14 27 18	11 44 1	0 38 10	3 22 50	22 27 58	10 17 44	18 48 58	19 39 59
28	2 53 27	16 3 21	2 13 38	13 6 44	5 3 5	22 27 52	14 27 0	11 42 35	0 38 22	3 24 4	22 28 3	10 17 17	18 48 56	19 40 1
29	2 58 20	16 26 42	2 16 30	13 22 5	5 3 58	22 29 11	14 26 43	11 41 9	0 38 34	3 25 16	22 28 8	10 16 51	18 48 54	19 40 4
30	3 3 13	16N49 38	2 19 22	13N37 18	5 4 51	22N30 29	14 26 25	11S39 43	0 38 45	3N26 29	22 28 13	10S16 26	18 48 52	19S40 7

DAY	SIDEREAL TIME h m s	☉ SUN LONG ° ' "	MOT ' "	R.A. h m s	DECL ° ' "
1 W	14 36 21	15♈51 17	58 14	2 33 27.1	15N 3 30
2 Th	14 40 18	16 49 31	58 12	2 37 16.6	15 21 32
3 F	14 44 14	17 47 43	58 11	2 41 6.7	15 39 19
4 S	14 48 11	18 45 54	58 9	2 44 57.3	15 56 51
5 Su	14 52 7	19 44 3	58 8	2 48 48.5	16 14 7
6 M	14 56 4	20 42 11	58 6	2 52 40.2	16 31 6
7 Tu	15 0 0	21 40 17	58 5	2 56 32.6	16 47 50
8 W	15 3 57	22 38 22	58 3	3 0 25.5	17 4 16
9 Th	15 7 53	23 36 26	58 2	3 4 19.0	17 20 25
10 F	15 11 50	24 34 27	58 0	3 8 13.1	17 36 17
11 S	15 15 47	25 32 27	57 59	3 12 7.8	17 51 51
12 Su	15 19 43	26 30 26	57 57	3 16 3.0	18 7 8
13 M	15 23 40	27 28 23	57 55	3 19 58.8	18 22 5
14 Tu	15 27 36	28 26 18	57 54	3 23 55.2	18 36 45
15 W	15 31 33	29 24 12	57 52	3 27 52.1	18 51 5
16 Th	15 35 29	0♉22 4	57 50	3 31 49.6	19 5 7
17 F	15 39 26	1 19 54	57 49	3 35 47.6	19 18 48
18 S	15 43 22	2 17 42	57 47	3 39 46.1	19 32 11
19 Su	15 47 19	3 15 29	57 45	3 43 45.2	19 45 13
20 M	15 51 16	4 13 14	57 44	3 47 44.8	19 57 55
21 Tu	15 55 12	5 10 58	57 42	3 51 44.9	20 10 16
22 W	15 59 9	6 8 40	57 41	3 55 45.6	20 22 17
23 Th	16 3 5	7 6 20	57 39	3 59 46.8	20 33 57
24 F	16 7 2	8 3 59	57 38	4 3 48.4	20 45 15
25 S	16 10 58	9 1 37	57 37	4 7 50.6	20 56 13
26 Su	16 14 55	9 59 13	57 35	4 11 53.3	21 6 48
27 M	16 18 51	10 56 48	57 34	4 15 56.4	21 17 2
28 Tu	16 22 48	11 54 23	57 33	4 20 0.1	21 26 54
29 W	16 26 45	12 51 56	57 33	4 24 4.2	21 36 23
30 Th	16 30 41	13 49 28	57 32	4 28 8.7	21 45 30
31 F	16 34 38	14♉47 0	57 31	4 32 13.7	21N54 14

DAY	☽ MOON AT 0 HOURS LONG ° ' "	12h MOT ° ' "	2DIF "	R.A. h m s	DECL ° ' "
1 W	26♐34 11	7 7 7	-123	19 29 48	16S59 33
2 Th	10♑44 11	6 58 30	-133	20 26 54	13 48 52
3 F	24 36 41	6 49 32	-134	21 21 7	9 55 51
4 S	8♒11 19	6 40 45	-128	22 12 52	5 36 56
5 Su	21 28 36	6 32 29	-119	23 2 49	1 6 57
6 M	4♓29 40	6 24 53	-108	23 51 40	3N21 7
7 Tu	17 15 54	6 18 2	-97	0 40 7	7 35 43
8 W	29 48 49	6 11 56	-86	1 28 42	11 26 26
9 Th	12♈ 9 55	6 6 36	-74	2 17 48	14 43 50
10 F	24 20 46	6 2 6	-61	3 7 33	17 19 41
11 S	6♉23 2	5 58 30	-46	3 57 54	19 7 28
12 Su	18 18 37	5 55 58	-29	4 48 34	20 2 51
13 M	0♊ 9 43	5 54 41	-9	5 39 8	20 4 7
14 Tu	11 58 58	5 54 53	16	6 29 13	19 12 8
15 W	23 49 28	5 56 49	43	7 18 32	17 30 2
16 Th	5♋44 46	6 0 40	73	8 7 0	15 2 31
17 F	17 48 49	6 6 37	105	8 54 45	11 55 16
18 S	0♌ 5 51	6 14 44	137	9 42 10	8 14 38
19 Su	12 40 8	6 24 53	166	10 29 46	4 7 39
20 M	25 35 38	6 36 46	188	11 18 16	0S17 27
21 Tu	8♍55 35	6 49 48	199	12 8 25	4 50 28
22 W	22 41 52	7 3 5	195	13 1 1	9 18 10
23 Th	6♎54 24	7 15 26	171	13 56 44	13 23 46
24 F	21 30 40	7 25 31	127	14 55 52	16 47 17
25 S	6♏25 29	7 32 3	66	15 58 4	19 8 0
26 Su	21 31 14	7 34 9	-4	17 2 15	20 9 10
27 M	6♐38 49	7 31 33	-72	18 6 41	19 43 2
28 Tu	21 38 59	7 24 42	-129	19 9 34	17 53 37
29 W	6♑23 41	7 14 39	-168	20 9 38	14 54 54
30 Th	20 47 9	7 2 42	-186	21 6 22	11 6 1
31 F	4♒46 18	6 50 11	-186	22 0 0	6S46 33

DAY	☽ MOON AT 12 HOURS LONG ° ' "	12h MOT ° ' "	2DIF "	R.A. h m s	DECL ° ' "
1 W	3♑41 17	7 2 53	-129	19 58 43	15S30 34
2 Th	17 42 40	6 54 1	-134	20 54 21	11 56 35
3 F	1♒26 14	6 45 6	-132	21 47 16	7 48 39
4 S	14 52 4	6 36 32	-124	22 38 1	3 22 29
5 Su	28 1 5	6 28 35	-114	23 27 20	1N 8 4
6 M	10♓54 33	6 21 21	-103	0 15 54	5 30 47
7 Tu	23 33 56	6 14 53	-91	1 4 22	9 34 41
8 W	6♈ 0 45	6 9 10	-80	1 53 10	13 9 51
9 Th	18 16 31	6 4 15	-68	2 42 35	16 7 24
10 F	0♉22 52	6 0 11	-54	3 32 40	18 19 55
11 S	12 21 32	5 57 5	-38	4 23 13	19 41 53
12 Su	24 14 34	5 55 9	-19	5 13 53	20 10 15
13 M	6♊ 4 24	5 54 35	3	6 4 15	19 44 38
14 Tu	17 53 52	5 55 37	29	6 53 59	18 27 5
15 W	29 46 17	5 58 29	58	7 42 52	16 21 37
16 Th	11♋45 26	6 3 23	89	8 30 57	13 33 28
17 F	23 55 26	6 10 25	122	9 18 29	10 8 42
18 S	6♌20 34	6 19 34	152	10 5 54	6 13 58
19 Su	19 5 1	6 30 38	178	10 53 52	1 56 47
20 M	2♍12 24	6 43 11	196	11 43 5	2S33 43
21 Tu	15 45 23	6 56 29	199	12 34 22	7 5 57
22 W	29 44 57	7 9 27	185	13 28 27	11 24 56
23 Th	14♎ 9 50	7 20 51	151	14 25 52	15 12 6
24 F	28 56 11	7 29 18	98	15 26 38	18 6 42
25 S	13♏57 32	7 33 42	32	16 30 1	19 49 16
26 Su	29 5 23	7 33 26	-39	17 34 34	20 7 2
27 M	14♐10 22	7 28 37	-103	18 38 25	18 58 2
28 Tu	29 3 41	7 20 0	-151	19 40 0	16 31 47
29 W	13♑38 19	7 8 49	-179	20 38 25	13 5 28
30 Th	27 49 51	6 56 27	-188	21 33 32	8 58 57
31 F	11♒36 29	6 44 4	-180	22 25 50	4S30 52

LUNAR INGRESSES

1 ☽ ♑ 5:46
3 ☽ ♒ 9:28
5 ☽ ♓ 15:40
8 ☽ ♈ 0:22
10 ☽ ♉ 11:14
12 ☽ ♊ 23:40
15 ☽ ♋ 12:28
17 ☽ ♌ 23:49
20 ☽ ♍ 8:01
22 ☽ ♎ 12:25
24 ☽ ♏ 13:43
26 ☽ ♐ 13:27
28 ☽ ♑ 13:32
30 ☽ ♒ 15:44

PLANET INGRESSES

5 ♀ ♉ 12:12
13 ☿ ♉ 12:53
15 ☉ ♉ 14:51
24 ♂ ♉ 9:08
28 ☿ ♊ 7:09
29 ♀ ♊ 22:46

STATIONS

NONE

DATA FOR THE 1st AT 0 HOURS

JULIAN DAY 41393.5
☽ MEAN ☊ 22°♎ 18' 41"
OBLIQUITY 23° 26' 9"
DELTA T 72.0 SECONDS
NUTATION LONGITUDE 12.0"

DAY MO	YR	☿ LONG ° ' "	♀ LONG ° ' "	♂ LONG ° ' "	♃ LONG ° ' "	♄ LONG ° ' "	♅ LONG ° ' "	♆ LONG ° ' "	♇ LONG ° ' "	☊ LONG ° '
1	121	3♈48 0	24♈26 47	12♈54 18	22♉33 29	13♎ 4R58	15♓22 28	10♒ 4 11	16♐34R26	21♎57
2	122	5 45 16	25 40 44	13 38 45	22 45 55	13 0 25	15 25 31	10 5 21	16 33 53	21 57
3	123	7 44 14	26 54 39	14 23 10	22 58 24	12 55 52	15 28 32	10 6 29	16 33 18	21 57
4	124	9 44 50	28 8 33	15 7 31	23 10 57	12 51 20	15 31 33	10 7 36	16 32 41	21 57
5	125	11 47 1	29 22 27	15 51 49	23 23 33	12 46 49	15 34 32	10 8 40	16 32 3	21 57
6	126	13 50 45	0♉36 19	16 36 4	23 36 13	12 42 19	15 37 29	10 9 43	16 31 23	21 56
7	127	15 55 55	1 50 11	17 20 16	23 48 55	12 37 50	15 40 25	10 10 44	16 30 42	21 56
8	128	18 2 26	3 4 2	18 4 25	24 1 41	12 33 22	15 43 19	10 11 44	16 29 59	21 56
9	129	20 10 10	4 17 51	18 48 31	24 14 30	12 28 56	15 46 12	10 12 41	16 29 14	21 56
10	130	22 18 57	5 31 40	19 32 34	24 27 21	12 24 31	15 49 4	10 13 37	16 28 28	21 56
11	131	24 28 37	6 45 27	20 16 33	24 40 16	12 20 7	15 51 53	10 14 30	16 27 40	21 56
12	132	26 38 58	7 59 14	21 0 30	24 53 13	12 15 45	15 54 41	10 15 22	16 26 51	21 56
13	133	28 49 43	9 12 59	21 44 23	25 6 13	12 11 26	15 57 27	10 16 12	16 26 0	21 55
14	134	1♉ 0 41	10 26 43	22 28 13	25 19 16	12 7 8	16 0 12	10 17 0	16 25 8	21 55
15	135	3 11 33	11 40 26	23 12 0	25 32 21	12 2 53	16 2 55	10 17 46	16 24 15	21 54
16	136	5 22 4	12 54 8	23 55 43	25 45 28	11 58 40	16 5 36	10 18 31	16 23 20	21 53
17	137	7 31 56	14 7 49	24 39 24	25 58 38	11 54 29	16 8 15	10 19 13	16 22 23	21 52
18	138	9 40 52	15 21 28	25 23 0	26 11 50	11 50 21	16 10 52	10 19 53	16 21 25	21 52
19	139	11 48 36	16 35 6	26 6 34	26 25 4	11 46 15	16 13 27	10 20 32	16 20 26	21 52
20	140	13 54 53	17 48 43	26 50 4	26 38 20	11 42 13	16 16 1	10 21 9	16 19 26	21 52
21	141	15 59 26	19 2 19	27 33 31	26 51 39	11 38 13	16 18 32	10 21 43	16 18 24	21 53
22	142	18 2 5	20 15 53	28 16 55	27 4 59	11 34 17	16 21 2	10 22 16	16 17 21	21 55
23	143	20 2 36	21 29 26	29 0 16	27 18 21	11 30 23	16 23 29	10 22 47	16 16 16	21 55
24	144	22 0 50	22 42 58	29 43 33	27 31 44	11 26 33	16 25 55	10 23 16	16 15 11	21 56
25	145	23 56 38	23 56 29	0♉26 47	27 45 10	11 22 46	16 28 18	10 23 43	16 14 4	21 55
26	146	25 49 54	25 9 59	1 9 58	27 58 37	11 19 3	16 30 39	10 24 8	16 12 56	21 54
27	147	27 40 31	26 23 27	1 53 5	28 12 6	11 15 23	16 32 58	10 24 31	16 11 47	21 52
28	148	29 28 24	27 36 55	2 36 10	28 25 36	11 11 47	16 35 15	10 24 52	16 10 37	21 50
29	149	1♊13 31	28 50 21	3 19 11	28 39 8	11 8 15	16 37 30	10 25 11	16 9 26	21 47
30	150	2 55 47	0♊ 3 47	4 2 10	28 52 41	11 4 46	16 39 43	10 25 28	16 8 13	21 45
31	151	4♊35 10	1♊17 11	4♉45 5	29♉ 6 15	11♎ 1 22	16♓41 53	10♒25 43	16♐ 7 0	21♎44

DAY MO	YR	A.S.S.I. h m s	S.S.R.Y. h m s	S.V.P. ♓ ° ' "	☿ MERCURY R.A. h m s	☿ MERCURY DECL ° ' "
1	121	3 12 47	30 3 55	5 4 13.0	1 49 9	9N29 29
2	122	3 17 36	30 3 11	5 4 12.8	1 56 24	10 17 53
3	123	3 22 25	30 2 37	5 4 12.7	2 3 47	11 6 35
4	124	3 27 14	30 2 15	5 4 12.6	2 11 18	11 55 26
5	125	3 32 5	30 2 6	5 4 12.6	2 18 58	12 44 21
6	126	3 36 56	30 2 9	5 4 12.5	2 26 47	13 33 11
7	127	3 41 48	30 2 26	5 4 12.5	2 34 44	14 21 46
8	128	3 46 41	30 2 54	5 4 12.4	2 42 49	15 9 59
9	129	3 51 34	30 3 33	5 4 12.3	2 51 3	15 57 38
10	130	3 56 28	30 4 21	5 4 12.2	2 59 25	16 44 32
11	131	4 1 23	30 5 15	5 4 12.0	3 7 55	17 30 30
12	132	4 6 18	30 6 13	5 4 11.9	3 16 31	18 15 19
13	133	4 11 15	30 7 11	5 4 11.7	3 25 13	18 58 47
14	134	4 16 12	30 8 7	5 4 11.5	3 34 1	19 40 42
15	135	4 21 9	30 8 58	5 4 11.3	3 42 53	20 20 52
16	136	4 26 8	30 9 42	5 4 11.1	3 51 48	20 59 5
17	137	4 31 7	30 10 15	5 4 11.0	4 0 46	21 35 11
18	138	4 36 6	30 10 37	5 4 10.9	4 9 43	22 9 0
19	139	4 41 7	30 10 47	5 4 10.8	4 18 40	22 40 25
20	140	4 46 8	30 10 45	5 4 10.7	4 27 35	23 9 20
21	141	4 51 9	30 10 29	5 4 10.6	4 36 27	23 35 40
22	142	4 56 12	30 10 2	5 4 10.6	4 45 13	23 59 21
23	143	5 1 15	30 9 23	5 4 10.5	4 53 54	24 20 24
24	144	5 6 18	30 8 35	5 4 10.3	5 2 28	24 38 47
25	145	5 11 23	30 7 40	5 4 10.1	5 10 54	24 54 32
26	146	5 16 28	30 6 38	5 4 9.8	5 19 10	25 7 43
27	147	5 21 33	30 5 33	5 4 9.6	5 27 17	25 18 23
28	148	5 26 39	30 4 28	5 4 9.3	5 35 13	25 26 36
29	149	5 31 46	30 3 25	5 4 9.1	5 42 58	25 32 28
30	150	5 36 53	30 2 27	5 4 8.9	5 50 31	25 36 5
31	151	5 42 1	30 1 39	5 4 8.8	5 57 52	25N37 34

DAY May	♀ VENUS R.A. h m s	♀ VENUS DECL ° ' "	♂ MARS R.A. h m s	♂ MARS DECL ° ' "	♃ JUPITER R.A. h m s	♃ JUPITER DECL ° ' "	♄ SATURN R.A. h m s	♄ SATURN DECL ° ' "
1	3 8 8	17N12 8	2 22 14	13N52 22	5 5 44	22N31 47	14 26 7	11S38 17
2	3 13 4	17 34 11	2 25 7	14 7 17	5 6 38	22 33 4	14 25 50	11 36 52
3	3 18 1	17 55 48	2 28 0	14 22 4	5 7 32	22 34 20	14 25 32	11 35 27
4	3 22 59	18 16 56	2 30 53	14 36 42	5 8 26	22 35 35	14 25 15	11 34 3
5	3 27 59	18 37 35	2 33 46	14 51 10	5 9 20	22 36 49	14 24 57	11 32 39
6	3 32 59	18 57 45	2 36 40	15 5 30	5 10 15	22 38 2	14 24 40	11 31 16
7	3 38 1	19 17 25	2 39 33	15 19 40	5 11 10	22 39 14	14 24 22	11 29 53
8	3 43 4	19 36 34	2 42 27	15 33 41	5 12 5	22 40 25	14 24 5	11 28 31
9	3 48 7	19 55 12	2 45 21	15 47 32	5 13 0	22 41 35	14 23 48	11 27 9
10	3 53 12	20 13 17	2 48 15	16 1 14	5 13 56	22 42 44	14 23 31	11 25 48
11	3 58 18	20 30 50	2 51 9	16 14 46	5 14 51	22 43 52	14 23 14	11 24 28
12	4 3 25	20 47 49	2 54 4	16 28 8	5 15 47	22 44 59	14 22 57	11 23 9
13	4 8 34	21 4 13	2 56 59	16 41 20	5 16 44	22 46 5	14 22 40	11 21 51
14	4 13 43	21 20 4	2 59 53	16 54 22	5 17 40	22 47 10	14 22 23	11 20 33
15	4 18 53	21 35 18	3 2 49	17 7 14	5 18 37	22 48 13	14 22 7	11 19 17
16	4 24 4	21 49 57	3 5 44	17 19 55	5 19 33	22 49 16	14 21 50	11 18 1
17	4 29 16	22 3 59	3 8 39	17 32 26	5 20 30	22 50 18	14 21 34	11 16 46
18	4 34 29	22 17 24	3 11 35	17 44 46	5 21 28	22 51 18	14 21 18	11 15 33
19	4 39 43	22 30 11	3 14 31	17 56 55	5 22 25	22 52 17	14 21 2	11 14 20
20	4 44 58	22 42 20	3 17 27	18 8 54	5 23 22	22 53 15	14 20 46	11 13 9
21	4 50 13	22 53 51	3 20 23	18 20 42	5 24 20	22 54 11	14 20 31	11 11 59
22	4 55 30	23 4 42	3 23 19	18 32 19	5 25 18	22 55 7	14 20 15	11 10 50
23	5 0 47	23 14 54	3 26 16	18 43 44	5 26 16	22 56 1	14 20 0	11 9 42
24	5 6 5	23 24 25	3 29 12	18 54 59	5 27 14	22 56 54	14 19 45	11 8 35
25	5 11 23	23 33 16	3 32 9	19 6 2	5 28 12	22 57 45	14 19 30	11 7 30
26	5 16 42	23 41 26	3 35 6	19 16 54	5 29 10	22 58 35	14 19 16	11 6 26
27	5 22 2	23 48 55	3 38 3	19 27 35	5 30 9	22 59 24	14 19 2	11 5 24
28	5 27 22	23 55 43	3 41 1	19 38 4	5 31 7	23 0 12	14 18 48	11 4 23
29	5 32 42	24 1 49	3 43 58	19 48 22	5 32 6	23 0 58	14 18 34	11 3 23
30	5 38 3	24 7 12	3 46 56	19 58 28	5 33 5	23 1 43	14 18 20	11 2 25
31	5 43 25	24N11 53	3 49 54	20N 8 22	5 34 4	23N 2 27	14 18 7	11S 1 28

DAY May	♅ URANUS R.A. h m s	♅ URANUS DECL ° ' "	♆ NEPTUNE R.A. h m s	♆ NEPTUNE DECL ° ' "	♇ PLUTO R.A. h m s	♇ PLUTO DECL ° ' "
1	0 38 56	3N27 40	22 28 17	10S16 1	18 48 50	19S40 10
2	0 39 8	3 28 51	22 28 22	10 15 37	18 48 47	19 40 13
3	0 39 19	3 30 2	22 28 26	10 15 14	18 48 45	19 40 17
4	0 39 30	3 31 12	22 28 30	10 14 51	18 48 42	19 40 20
5	0 39 41	3 32 21	22 28 34	10 14 29	18 48 40	19 40 24
6	0 39 52	3 33 30	22 28 38	10 14 8	18 48 37	19 40 28
7	0 40 3	3 34 38	22 28 42	10 13 47	18 48 34	19 40 33
8	0 40 13	3 35 45	22 28 46	10 13 27	18 48 31	19 40 37
9	0 40 24	3 36 52	22 28 50	10 13 7	18 48 28	19 40 42
10	0 40 35	3 37 58	22 28 53	10 12 49	18 48 25	19 40 46
11	0 40 45	3 39 4	22 28 57	10 12 31	18 48 21	19 40 51
12	0 40 55	3 40 9	22 29 0	10 12 13	18 48 18	19 40 57
13	0 41 6	3 41 13	22 29 3	10 11 57	18 48 14	19 41 2
14	0 41 16	3 42 16	22 29 6	10 11 41	18 48 11	19 41 8
15	0 41 26	3 43 19	22 29 9	10 11 25	18 48 7	19 41 14
16	0 41 36	3 44 21	22 29 12	10 11 11	18 48 3	19 41 20
17	0 41 46	3 45 22	22 29 15	10 10 57	18 47 59	19 41 26
18	0 41 55	3 46 23	22 29 18	10 10 44	18 47 55	19 41 32
19	0 42 5	3 47 22	22 29 20	10 10 32	18 47 51	19 41 39
20	0 42 14	3 48 21	22 29 22	10 10 20	18 47 46	19 41 45
21	0 42 24	3 49 19	22 29 25	10 10 9	18 47 42	19 41 52
22	0 42 33	3 50 17	22 29 27	10 9 59	18 47 38	19 41 59
23	0 42 42	3 51 13	22 29 29	10 9 49	18 47 33	19 42 7
24	0 42 51	3 52 9	22 29 31	10 9 40	18 47 29	19 42 14
25	0 43 0	3 53 4	22 29 32	10 9 32	18 47 24	19 42 22
26	0 43 9	3 53 58	22 29 34	10 9 24	18 47 19	19 42 29
27	0 43 17	3 54 51	22 29 36	10 9 18	18 47 14	19 42 37
28	0 43 26	3 55 43	22 29 37	10 9 12	18 47 9	19 42 45
29	0 43 34	3 56 35	22 29 38	10 9 6	18 47 4	19 42 54
30	0 43 42	3 57 25	22 29 39	10 9 2	18 46 59	19 43 2
31	0 43 50	3N58 15	22 29 40	10S 8 58	18 46 54	19S43 11

JUNE 2013

DAY	SIDEREAL TIME h m s	☉ SUN LONG ° ' "	MOT ' "	R.A. h m s	DECL ° ' "	☽ MOON AT 0 HOURS LONG ° ' "	12h MOT ° ' "	2DIF	R.A. h m s	DECL ° ' "	☽ MOON AT 12 HOURS LONG ° ' "	12h MOT ° ' "	2DIF	R.A. h m s	DECL ° ' "
1 S	16 38 34	15♉44 31	57 30	4 36 19.2	22N 2 36	18♒20 33	6 38 10	-172	22 51 8	2S13 48	24♒58 43	6 32 34	-162	23 16 1	0N 2 59
2 Su	16 42 31	16 42 1	57 29	4 40 25.1	22 10 34	1♓31 17	6 27 21	-151	23 40 33	2N17 56	7♓58 38	6 22 32	-138	0 4 53	4 29 40
3 M	16 46 27	17 39 30	57 29	4 44 31.3	22 18 9	14 21 10	6 18 8	-125	0 29 4	6 36 54	20 39 18	6 14 10	-112	0 53 11	8 38 29
4 Tu	16 50 24	18 36 58	57 28	4 48 38.0	22 25 21	26 53 28	6 10 38	-100	1 17 20	10 33 16	3♈ 4 6	6 7 32	-87	1 41 33	12 20 12
5 W	16 54 20	19 34 26	57 27	4 52 45.0	22 32 9	9♈11 38	6 4 49	-76	2 5 54	13 58 18	15 16 26	6 2 29	-65	2 30 24	15 26 39
6 Th	16 58 17	20 31 53	57 26	4 56 52.3	22 38 34	21 18 55	6 0 30	-55	2 55 4	16 44 20	27 19 24	5 58 50	-45	3 19 55	17 50 36
7 F	17 2 14	21 29 19	57 26	5 1 0.0	22 44 35	3♉18 15	5 57 29	-36	3 44 56	18 44 45	9♉15 44	5 56 25	-28	4 10 4	19 26 13
8 S	17 6 10	22 26 45	57 25	5 5 8.0	22 50 12	15 12 9	5 55 37	-20	4 35 18	19 54 34	21 7 46	5 55 4	-13	5 0 35	20 9 31
9 Su	17 10 7	23 24 10	57 24	5 9 16.2	22 55 24	27 2 50	5 54 46	-5	5 25 51	20 10 59	2♊57 36	5 54 42	2	5 51 2	19 58 59
10 M	17 14 3	24 21 33	57 23	5 13 24.7	23 0 13	8♊52 19	5 54 53	9	6 16 7	19 33 47	14 47 12	5 55 20	17	6 41 0	18 55 44
11 Tu	17 18 0	25 18 56	57 22	5 17 33.4	23 4 37	20 42 32	5 56 2	25	7 5 42	18 5 22	26 38 34	5 57 1	34	7 30 9	17 3 18
12 W	17 21 56	26 16 18	57 21	5 21 42.3	23 8 37	2♋35 35	5 58 19	44	7 54 23	15 50 15	8♋33 54	5 59 57	54	8 18 22	14 27 1
13 Th	17 25 53	27 13 40	57 20	5 25 51.4	23 12 12	14 33 51	6 1 57	66	8 42 8	12 54 25	20 35 48	6 4 20	78	9 5 43	11 13 22
14 F	17 29 49	28 11 0	57 20	5 30 0.6	23 15 23	26 40 8	6 7 8	91	9 29 11	9 24 44	2♌47 15	6 10 22	104	9 52 34	7 29 27
15 S	17 33 46	29 8 19	57 19	5 34 10.0	23 18 9	8♌57 37	6 14 4	118	10 15 58	5 28 30	15 11 41	6 18 14	132	10 39 27	3 22 51
16 Su	17 37 43	0♊ 5 38	57 18	5 38 19.4	23 20 31	21 29 56	6 22 54	147	11 3 6	1 13 35	27 52 49	6 28 1	160	11 27 2	0S58 9
17 M	17 41 39	1 2 56	57 17	5 42 28.9	23 22 28	4♍20 50	6 33 35	173	11 51 20	3S11 7	10♍54 25	6 39 33	184	12 16 6	5 23 55
18 Tu	17 45 36	2 0 13	57 16	5 46 38.4	23 24 0	17 33 58	6 45 52	193	12 41 28	7 34 58	24 19 50	6 52 27	199	13 7 30	9 42 31
19 W	17 49 32	2 57 29	57 15	5 50 48.0	23 25 7	1♎12 17	6 59 10	202	13 34 19	11 44 35	8♎11 27	7 5 54	200	14 1 59	13 38 59
20 Th	17 53 29	3 54 44	57 15	5 54 57.6	23 25 50	15 17 21	7 12 30	193	14 30 32	15 23 20	22 29 51	7 18 45	180	15 0 0	16 55 10
21 F	17 57 25	4 51 58	57 14	5 59 7.1	23 26 7	29 48 36	7 24 29	161	15 30 20	18 11 57	7♏13 4	7 29 29	136	16 1 59	19 11 19
22 S	18 1 22	5 49 12	57 14	6 3 16.7	23 26 0	14♏42 33	7 33 34	106	16 33 14	19 51 9	22 16 7	7 36 33	71	17 5 27	20 9 53
23 Su	18 5 18	6 46 25	57 13	6 7 26.1	23 25 29	29 52 40	7 38 17	32	17 37 55	20 6 33	7♐30 56	7 38 41	-8	18 10 23	19 40 59
24 M	18 9 15	7 43 38	57 13	6 11 35.5	23 24 32	15♐ 9 37	7 37 43	-49	18 42 35	18 53 46	22 47 20	7 35 24	-88	19 14 19	17 46 18
25 Tu	18 13 12	8 40 51	57 13	6 15 44.8	23 23 11	0♑22 44	7 31 49	-124	19 45 26	16 20 34	7♑54 33	7 27 7	-155	20 15 47	14 39 0
26 W	18 17 8	9 38 3	57 12	6 19 54.0	23 21 25	15 21 40	7 21 29	-180	20 45 19	12 44 18	22 43 9	7 15 6	-199	21 14 1	10 39 15
27 Th	18 21 5	10 35 16	57 12	6 24 3.0	23 19 14	29 58 15	7 8 12	-212	21 41 55	8 26 35	7♒ 6 26	7 0 59	-218	22 9 3	6 8 52
28 F	18 25 1	11 32 28	57 12	6 28 11.9	23 16 39	14♒ 7 25	6 53 40	-218	22 35 32	3 48 27	21 1 5	6 46 26	-214	23 1 25	1 27 27
29 S	18 28 58	12 29 40	57 13	6 32 20.6	23 13 39	27 47 30	6 39 25	-205	23 26 49	0N52 17	4♓26 55	6 32 45	-193	23 51 50	3N 9 6
30 Su	18 32 54	13♊26 53	57 13	6 36 29.2	23N10 15	10♓59 40	6 26 33	-179	0 16 34	5N21 33	17♓26 13	6 20 51	-162	0 41 5	7N28 22

LUNAR INGRESSES
1 ☽ ♓ 21:12
4 ☽ ♈ 6:02
6 ☽ ♉ 17:22
9 ☽ ♊ 6:00
11 ☽ ♋ 18:47
14 ☽ ♌ 6:33
16 ☽ ♍ 15:57
18 ☽ ♎ 21:55
21 ☽ ♏ 0:19
23 ☽ ♐ 0:12
24 ☽ ♑ 23:24
27 ☽ ♒ 0:03
29 ☽ ♓ 3:57

PLANET INGRESSES
3 ♃ ♊ 22:41
15 ☉ ♊ 21:38
23 ♀ ♋ 12:57

STATIONS
7 ♆ R 8:26
26 ☿ R 13:09

DATA FOR THE 1st AT 0 HOURS
JULIAN DAY 41424.5
☽ MEAN ☊ 20° ♎ 40' 7"
OBLIQUITY 23° 26' 8"
DELTA T 72.0 SECONDS
NUTATION LONGITUDE 11.9"

DAY MO YR	☿ LONG ° ' "	♀ LONG ° ' "	♂ LONG ° ' "	♃ LONG ° ' "	♄ LONG ° ' "	♅ LONG ° ' "	♆ LONG ° ' "	♇ LONG ° ' "	☊ LONG ° '	A.S.S.I. h m s	S.S.R.Y. h m s	S.V.P. ♓ ° ' "	☿ MERCURY R.A. h m s	DECL ° ' "
1 152	6♊11 39	2♊30 35	5♉27 58	29♉19 51	10♎58R 1	16♓44 2	10♒25 57	16♐ 5R46	21♎43	5 47 9	30 0 59	5 4 8.7	6 4 59	25N36 59
2 153	7 45 10	3 43 58	6 10 47	29 33 28	10 54 45	16 46 7	10 26 8	16 4 30	21 44	5 52 18	30 0 35	5 4 8.6	6 11 54	25 34 29
3 154	9 15 43	4 57 20	6 53 33	29 47 6	10 51 33	16 48 11	10 26 17	16 3 14	21 45	5 57 28	30 0 22	5 4 8.5	6 18 34	25 30 10
4 155	10 43 16	6 10 40	7 36 16	0♊ 0 45	10 48 25	16 50 12	10 26 25	16 1 56	21 47	6 2 37	30 0 23	5 4 8.4	6 25 1	25 24 9
5 156	12 7 46	7 24 0	8 18 56	0 14 25	10 45 21	16 52 11	10 26 30	16 0 38	21 48	6 7 48	30 0 37	5 4 8.3	6 31 14	25 16 32
6 157	13 29 11	8 37 19	9 1 33	0 28 6	10 42 23	16 54 7	10 26 34	15 59 19	21 49	6 12 59	30 1 4	5 4 8.2	6 37 12	25 7 26
7 158	14 47 30	9 50 37	9 44 7	0 41 48	10 39 28	16 56 1	10 26R35	15 57 59	21 48	6 18 10	30 1 41	5 4 8.0	6 42 55	24 56 59
8 159	16 2 40	11 3 54	10 26 37	0 55 31	10 36 39	16 57 53	10 26 35	15 56 38	21 46	6 23 21	30 2 27	5 4 7.8	6 48 23	24 45 16
9 160	17 14 37	12 17 10	11 9 4	1 9 15	10 33 54	16 59 42	10 26 32	15 55 16	21 43	6 28 33	30 3 20	5 4 7.6	6 53 36	24 32 25
10 161	18 23 18	13 30 24	11 51 29	1 22 59	10 31 15	17 1 29	10 26 28	15 53 54	21 38	6 33 45	30 4 17	5 4 7.3	6 58 33	24 18 32
11 162	19 28 39	14 43 38	12 33 49	1 36 43	10 28 40	17 3 13	10 26 21	15 52 30	21 32	6 38 58	30 5 15	5 4 7.1	7 3 14	24 3 42
12 163	20 30 36	15 56 50	13 16 7	1 50 28	10 26 10	17 4 54	10 26 13	15 51 7	21 26	6 44 10	30 6 12	5 4 6.9	7 7 39	23 48 4
13 164	21 29 5	17 10 2	13 58 22	2 4 14	10 23 45	17 6 33	10 26 3	15 49 42	21 20	6 49 23	30 7 6	5 4 6.8	7 11 48	23 31 41
14 165	22 24 0	18 23 12	14 40 33	2 17 59	10 21 26	17 8 9	10 25 51	15 48 17	21 15	6 54 37	30 7 54	5 4 6.6	7 15 40	23 14 42
15 166	23 15 16	19 36 20	15 22 41	2 31 45	10 19 11	17 9 43	10 25 37	15 46 51	21 12	6 59 50	30 8 34	5 4 6.5	7 19 15	22 57 12
16 167	24 2 48	20 49 28	16 4 45	2 45 32	10 17 2	17 11 14	10 25 21	15 45 25	21 10	7 5 3	30 9 4	5 4 6.4	7 22 32	22 39 17
17 168	24 46 29	22 2 33	16 46 47	2 59 18	10 14 58	17 12 43	10 25 3	15 43 58	21 09	7 10 17	30 9 24	5 4 6.3	7 25 32	22 21 3
18 169	25 26 13	23 15 38	17 28 45	3 13 4	10 13 0	17 14 8	10 24 43	15 42 31	21 10	7 15 30	30 9 31	5 4 6.2	7 28 13	22 2 37
19 170	26 1 53	24 28 41	18 10 40	3 26 51	10 11 7	17 15 31	10 24 21	15 41 3	21 12	7 20 44	30 9 26	5 4 6.1	7 30 37	21 44 3
20 171	26 33 24	25 41 43	18 52 32	3 40 35	10 9 19	17 16 52	10 23 58	15 39 35	21 13	7 25 57	30 9 8	5 4 6.0	7 32 41	21 25 29
21 172	27 0 40	26 54 43	19 34 20	3 54 22	10 7 37	17 18 10	10 23 32	15 38 6	21 12	7 31 11	30 8 37	5 4 5.8	7 34 27	21 7 0
22 173	27 23 35	28 7 42	20 16 5	4 8 7	10 6 0	17 19 25	10 23 5	15 36 37	21 10	7 36 24	30 7 55	5 4 5.5	7 35 54	20 48 42
23 174	27 42 3	29 20 39	20 57 48	4 21 53	10 4 29	17 20 37	10 22 36	15 35 8	21 07	7 41 38	30 7 2	5 4 5.2	7 37 1	20 30 42
24 175	27 56 1	0♋33 35	21 39 27	4 35 38	10 3 4	17 21 46	10 22 5	15 33 38	21 01	7 46 51	30 6 2	5 4 5.0	7 37 49	20 13 4
25 176	28 5 25	1 46 30	22 21 3	4 49 22	10 1 44	17 22 53	10 21 33	15 32 8	20 54	7 52 4	30 4 56	5 4 4.7	7 38 18	19 55 55
26 177	28 10R14	2 59 23	23 2 36	5 3 7	10 0 29	17 23 57	10 20 58	15 30 38	20 47	7 57 17	30 3 49	5 4 4.5	7 38 26	19 39 20
27 178	28 10 27	4 12 15	23 44 6	5 16 50	9 59 21	17 24 58	10 20 22	15 29 8	20 41	8 2 30	30 2 45	5 4 4.3	7 38 16	19 23 26
28 179	28 6 6	5 25 5	24 25 33	5 30 33	9 58 18	17 25 57	10 19 44	15 27 37	20 36	8 7 43	30 1 46	5 4 4.2	7 37 47	19 8 17
29 180	27 57 16	6 37 55	25 6 57	5 44 16	9 57 21	17 26 52	10 19 4	15 26 7	20 33	8 12 55	30 0 55	5 4 4.1	7 36 59	18 53 59
30 181	27♊44 4	7♋50 43	25♉48 18	5♊57 58	9♎56 29	17♓27 45	10♒18 23	15♐24 36	20♎32	8 18 8	30 0 16	5 4 4.1	7 35 53	18N40 37

DAY Jun	♀ VENUS R.A. h m s	DECL ° ' "	♂ MARS R.A. h m s	DECL ° ' "	♃ JUPITER R.A. h m s	DECL ° ' "	♄ SATURN R.A. h m s	DECL ° ' "	♅ URANUS R.A. h m s	DECL ° ' "	♆ NEPTUNE R.A. h m s	DECL ° ' "	♇ PLUTO R.A. h m s	DECL ° ' "
1	5 48 46	24N15 52	3 52 52	20N18 4	5 35 3	23N 3 9	14 17 54	11S 0 33	0 43 58	3N59 4	22 29 41	10S 8 55	18 46 49	19S43 20
2	5 54 8	24 19 8	3 55 50	20 27 35	5 36 2	23 3 50	14 17 41	10 59 39	0 44 6	3 59 51	22 29 42	10 8 52	18 46 44	19 43 29
3	5 59 30	24 21 41	3 58 49	20 36 53	5 37 1	23 4 30	14 17 28	10 58 47	0 44 14	4 0 38	22 29 43	10 8 51	18 46 38	19 43 38
4	6 4 52	24 23 31	4 1 47	20 45 59	5 38 1	23 5 8	14 17 16	10 57 56	0 44 21	4 1 24	22 29 43	10 8 50	18 46 33	19 43 47
5	6 10 14	24 24 38	4 4 46	20 54 54	5 39 0	23 5 44	14 17 4	10 57 8	0 44 29	4 2 9	22 29 44	10 8 50	18 46 27	19 43 57
6	6 15 36	24 25 2	4 7 44	21 3 36	5 39 59	23 6 20	14 16 52	10 56 20	0 44 36	4 2 53	22 29 44	10 8 50	18 46 22	19 44 6
7	6 20 59	24 24 42	4 10 43	21 12 5	5 40 59	23 6 53	14 16 41	10 55 35	0 44 43	4 3 36	22 29 44	10 8 51	18 46 16	19 44 16
8	6 26 20	24 23 40	4 13 42	21 20 23	5 41 59	23 7 26	14 16 30	10 54 51	0 44 50	4 4 18	22 29 44	10 8 53	18 46 11	19 44 26
9	6 31 42	24 21 54	4 16 41	21 28 28	5 42 58	23 7 57	14 16 19	10 54 9	0 44 57	4 5 0	22 29 44	10 8 56	18 46 5	19 44 36
10	6 37 4	24 19 25	4 19 41	21 36 21	5 43 58	23 8 26	14 16 8	10 53 28	0 45 3	4 5 40	22 29 44	10 8 59	18 45 59	19 44 46
11	6 42 25	24 16 14	4 22 40	21 44 1	5 44 58	23 8 55	14 15 58	10 52 50	0 45 10	4 6 19	22 29 43	10 9 3	18 45 53	19 44 56
12	6 47 45	24 12 19	4 25 39	21 51 29	5 45 57	23 9 21	14 15 48	10 52 13	0 45 16	4 6 57	22 29 43	10 9 8	18 45 47	19 45 7
13	6 53 6	24 7 42	4 28 39	21 58 44	5 46 57	23 9 47	14 15 39	10 51 38	0 45 22	4 7 34	22 29 42	10 9 13	18 45 41	19 45 18
14	6 58 25	24 2 23	4 31 38	22 5 47	5 47 57	23 10 11	14 15 30	10 51 5	0 45 28	4 8 10	22 29 42	10 9 20	18 45 35	19 45 29
15	7 3 45	23 56 21	4 34 38	22 12 36	5 48 57	23 10 33	14 15 21	10 50 34	0 45 34	4 8 45	22 29 41	10 9 26	18 45 29	19 45 39
16	7 9 3	23 49 38	4 37 37	22 19 14	5 49 57	23 10 54	14 15 12	10 50 4	0 45 40	4 9 19	22 29 40	10 9 34	18 45 23	19 45 51
17	7 14 21	23 42 13	4 40 37	22 25 38	5 50 57	23 11 14	14 15 4	10 49 37	0 45 45	4 9 52	22 29 39	10 9 42	18 45 17	19 46 2
18	7 19 38	23 34 7	4 43 37	22 31 50	5 51 57	23 11 32	14 14 56	10 49 11	0 45 51	4 10 24	22 29 38	10 9 51	18 45 11	19 46 13
19	7 24 54	23 25 19	4 46 37	22 37 48	5 52 57	23 11 48	14 14 48	10 48 47	0 45 56	4 10 55	22 29 36	10 10 1	18 45 5	19 46 25
20	7 30 10	23 15 51	4 49 36	22 43 34	5 53 57	23 12 2	14 14 41	10 48 25	0 46 1	4 11 24	22 29 35	10 10 11	18 44 59	19 46 36
21	7 35 24	23 5 43	4 52 36	22 49 7	5 54 56	23 12 17	14 14 34	10 48 5	0 46 5	4 11 53	22 29 33	10 10 22	18 44 53	19 46 48
22	7 40 38	22 54 55	4 55 36	22 54 28	5 55 56	23 12 29	14 14 28	10 47 47	0 46 10	4 12 21	22 29 32	10 10 34	18 44 46	19 47 0
23	7 45 51	22 43 28	4 58 36	22 59 35	5 56 56	23 12 40	14 14 22	10 47 31	0 46 15	4 12 47	22 29 30	10 10 46	18 44 40	19 47 11
24	7 51 2	22 31 22	5 1 36	23 4 30	5 57 56	23 12 49	14 14 16	10 47 17	0 46 19	4 13 13	22 29 28	10 10 59	18 44 34	19 47 24
25	7 56 13	22 18 37	5 4 35	23 9 11	5 58 56	23 12 57	14 14 10	10 47 5	0 46 23	4 13 37	22 29 26	10 11 13	18 44 28	19 47 36
26	8 1 22	22 5 15	5 7 35	23 13 40	5 59 56	23 13 3	14 14 5	10 46 55	0 46 27	4 14 1	22 29 24	10 11 27	18 44 21	19 47 48
27	8 6 31	21 51 15	5 10 35	23 17 55	6 0 56	23 13 8	14 14 1	10 46 47	0 46 31	4 14 23	22 29 22	10 11 42	18 44 15	19 48 0
28	8 11 38	21 36 39	5 13 35	23 21 58	6 1 55	23 13 12	14 13 56	10 46 40	0 46 35	4 14 44	22 29 19	10 11 57	18 44 9	19 48 13
29	8 16 44	21 21 26	5 16 34	23 25 48	6 2 55	23 13 14	14 13 52	10 46 36	0 46 38	4 15 4	22 29 17	10 12 14	18 44 2	19 48 26
30	8 21 49	21N 5 37	5 19 34	23N29 25	6 3 55	23N13 15	14 13 49	10S46 34	0 46 41	4N15 23	22 29 14	10S12 31	18 43 56	19S48 38

JULY 2013

DAY	SIDEREAL TIME (h m s)	☉ SUN LONG (° ' ")	MOT (' ")	R.A. (h m s)	DECL (° ' ")
1 M	18 36 51	14♊24 5	57 13	6 40 37.5	23N 6 26
2 Tu	18 40 47	15 21 18	57 13	6 44 45.5	23 2 13
3 W	18 44 44	16 18 31	57 13	6 48 53.4	22 57 36
4 Th	18 48 41	17 15 44	57 13	6 53 0.9	22 52 34
5 F	18 52 37	18 12 57	57 14	6 57 8.1	22 47 9
6 S	18 56 34	19 10 10	57 14	7 1 15.0	22 41 20
7 Su	19 0 30	20 7 24	57 14	7 5 21.6	22 35 8
8 M	19 4 27	21 4 38	57 14	7 9 27.8	22 28 32
9 Tu	19 8 23	22 1 51	57 14	7 13 33.6	22 21 33
10 W	19 12 20	22 59 5	57 14	7 17 38.9	22 14 10
11 Th	19 16 16	23 56 19	57 14	7 21 43.9	22 6 25
12 F	19 20 13	24 53 33	57 14	7 25 48.4	21 58 17
13 S	19 24 10	25 50 47	57 14	7 29 52.4	21 49 46
14 Su	19 28 6	26 48 1	57 14	7 33 55.9	21 40 53
15 M	19 32 3	27 45 15	57 14	7 37 58.9	21 31 38
16 Tu	19 35 59	28 42 29	57 14	7 42 1.4	21 22 1
17 W	19 39 56	29 39 43	57 14	7 46 3.3	21 12 2
18 Th	19 43 52	0♋36 58	57 15	7 50 4.7	21 1 41
19 F	19 47 49	1 34 12	57 15	7 54 5.6	20 51 0
20 S	19 51 45	2 31 27	57 15	7 58 5.9	20 39 57
21 Su	19 55 42	3 28 42	57 16	8 2 5.6	20 28 34
22 M	19 59 39	4 25 57	57 16	8 6 4.7	20 16 49
23 Tu	20 3 35	5 23 13	57 16	8 10 3.3	20 4 45
24 W	20 7 32	6 20 29	57 17	8 14 1.2	19 52 21
25 Th	20 11 28	7 17 46	57 18	8 17 58.6	19 39 36
26 F	20 15 25	8 15 4	57 19	8 21 55.4	19 26 32
27 S	20 19 21	9 12 22	57 20	8 25 51.7	19 13 9
28 Su	20 23 18	10 9 42	57 21	8 29 47.3	18 59 26
29 M	20 27 14	11 7 3	57 22	8 33 42.4	18 45 25
30 Tu	20 31 11	12 4 24	57 23	8 37 36.8	18 31 5
31 W	20 35 8	13♋ 1 47	57 24	8 41 30.7	18N16 26

DAY	☽ MOON AT 0 HOURS LONG (° ' ")	12h MOT (° ' ")	2DIF (")	R.A. (h m s)	DECL (° ' ")
1	23♓47 4	6 15 43	-145	1 5 30	9N28 25
2	6♈13 57	6 7 14	-110	1 54 17	13 4 11
3	18 25 2	6 1 4	-76	2 43 21	16 1 37
4	0♉24 55	5 57 4	-46	3 32 55	18 14 40
5	12 17 45	5 54 55	-20	4 23 0	19 38 32
6	24 7 7	5 54 19	1	5 13 22	20 10 2
7	5♊55 55	5 54 56	17	6 3 40	19 48 6
8	17 46 28	5 56 30	30	6 53 31	18 34 7
9	29 40 33	5 58 51	40	7 42 36	16 31 44
10	11♋39 40	6 1 54	51	8 30 47	13 46 36
11	23 45 16	6 5 42	64	9 18 8	10 25 41
12	5♌58 55	6 10 26	79	10 4 57	6 36 48
13	18 22 33	6 16 18	98	10 51 41	2 28 22
14	0♍58 35	6 23 32	120	11 38 59	1S50 38
15	13 49 50	6 32 19	143	12 27 33	6 10 16
16	26 59 26	6 42 38	165	13 18 10	10 19 0
17	10♎30 23	6 54 14	180	14 11 32	14 3 11
18	24 24 55	7 6 27	182	15 8 7	17 6 50
19	8♏43 49	7 18 12	165	16 7 58	19 12 44
20	23 25 28	7 28 2	124	17 10 26	20 5 4
21	8♐25 14	7 34 24	61	18 14 12	19 33 51
22	23 35 28	7 35 58	-16	19 17 39	17 38 48
23	8♑46 11	7 32 12	-95	20 19 17	14 30 24
24	23 46 46	7 23 29	-162	21 18 17	10 27 15
25	8♒27 53	7 11 3	-205	22 14 26	5 51 15
26	22 42 53	6 56 35	-222	23 8 5	1 3 31
27	6♓28 36	6 41 48	-216	23 59 50	3N38 8
28	19 45 6	6 28 2	-193	0 50 20	7 59 44
29	2♈35 0	6 16 15	-159	1 40 12	11 50 45
30	15 2 30	6 6 56	-120	2 29 56	15 3 15
31	27♈12 42	6 0 16	-80	3 19 48	17N31 15

DAY	☽ MOON AT 12 HOURS LONG (° ' ")	12h MOT (° ' ")	2DIF (")	R.A. (h m s)	DECL (° ' ")
1	0♈ 2 47	6 11 10	-127	1 29 53	11N20 40
2	12 21 11	6 3 52	-92	2 18 46	14 38 5
3	24 26 6	5 58 49	-60	3 8 4	17 14 1
4	6♉21 58	5 55 47	-32	3 57 54	19 2 59
5	18 12 40	5 54 27	-9	4 48 10	20 0 57
6	0♊ 1 26	5 54 29	9	5 38 33	20 5 43
7	11 50 51	5 55 37	24	6 28 40	19 17 26
8	23 42 58	5 57 35	35	7 18 10	17 38 40
9	5♋39 23	6 0 17	46	8 6 48	15 14 6
10	17 41 34	6 3 42	57	8 54 33	12 10 8
11	29 50 58	6 7 57	71	9 41 35	8 34 13
12	12♌ 9 21	6 13 12	88	10 28 17	4 34 29
13	24 38 51	6 19 44	109	11 15 13	0 19 36
14	7♍22 7	6 27 44	132	12 3 4	4S 1 3
15	20 22 9	6 37 17	155	12 52 33	8 16 47
16	3♎42 5	6 48 18	174	13 44 28	12 15 6
17	17 24 36	7 0 19	183	14 39 24	15 41 9
18	1♏31 22	7 12 28	176	15 37 39	18 18 4
19	16 2 1	7 23 27	148	16 38 56	19 48 54
20	0♐53 30	7 31 45	95	17 42 15	20 0 11
21	15 59 38	7 35 50	24	18 46 4	18 46 23
22	1♑11 26	7 34 45	-57	19 48 46	16 12 45
23	16 18 23	7 28 24	-131	20 49 8	12 34 19
24	1♒10 15	7 17 38	-187	21 46 42	8 11 59
25	15 38 55	7 3 57	-217	22 41 32	3 27 39
26	29 39 28	6 49 8	-222	23 34 10	1N19 2
27	13♓10 23	6 34 43	-206	0 25 12	5 52 10
28	26 13 8	6 21 51	-177	1 15 19	9 59 37
29	8♈51 14	6 11 16	-140	2 5 4	13 32 13
30	21 9 26	6 3 16	-100	2 54 50	16 23 7
31	3♉12 58	5 57 55	-61	3 44 50	18N27 7

LUNAR INGRESSES
1 ☽ ♈ 11:55
3 ☽ ♉ 23:10
6 ☽ ♊ 11:57
9 ☽ ♋ 0:39
11 ☽ ♌ 12:18
13 ☽ ♍ 22:09
16 ☽ ♎ 5:24
18 ☽ ♏ 9:26
20 ☽ ♐ 10:34
22 ☽ ♑ 10:07
24 ☽ ♒ 10:05
26 ☽ ♓ 12:36
28 ☽ ♈ 19:06
31 ☽ ♉ 5:34

PLANET INGRESSES
6 ♂ ♊ 2:42
17 ☉ ♋ 8:30
18 ♀ ♌ 7:40

STATIONS
8 ♄ D 5:13
17 ♅ R 17:21
20 ☿ D 18:23

DATA FOR THE 1st AT 0 HOURS
JULIAN DAY 41454.5
☽ MEAN ☊ 19°♎ 4' 44"
OBLIQUITY 23° 26' 8"
DELTA T 72.1 SECONDS
NUTATION LONGITUDE 12.6"

DAY MO	YR	☿ LONG (° ' ")	♀ LONG (° ' ")	♂ LONG (° ' ")	♃ LONG (° ' ")	♄ LONG (° ' ")	♅ LONG (° ' ")
1	182	27♊26R40	9♋ 3 29	26♉29 37	6♊11 39	9♎55R44	17♓28 35
2	183	27 5 18	10 16 15	27 10 52	6 25 19	9 55 4	17 29 22
3	184	26 40 14	11 28 59	27 52 4	6 38 58	9 54 30	17 30 6
4	185	26 11 49	12 41 42	28 33 13	6 52 37	9 54 2	17 30 48
5	186	25 40 29	13 54 23	29 14 20	7 6 14	9 53 40	17 31 26
6	187	25 6 41	15 7 3	29 55 23	7 19 50	9 53 23	17 32 2
7	188	24 30 58	16 19 42	0♊36 24	7 33 25	9 53 13	17 32 34
8	189	23 53 53	17 32 19	1 17 21	7 46 59	9 53D 8	17 33 4
9	190	23 16 3	18 44 54	1 58 15	8 0 31	9 53 10	17 33 31
10	191	22 38 7	19 57 28	2 39 6	8 14 2	9 53 17	17 33 55
11	192	22 0 43	21 10 1	3 19 54	8 27 32	9 53 31	17 34 15
12	193	21 24 32	22 22 31	4 0 39	8 41 0	9 53 50	17 34 33
13	194	20 50 11	23 35 0	4 41 21	8 54 26	9 54 15	17 34 49
14	195	20 18 18	24 47 27	5 22 0	9 7 50	9 54 46	17 35 1
15	196	19 49 27	25 59 52	6 2 36	9 21 13	9 55 23	17 35 10
16	197	19 24 10	27 12 15	6 43 8	9 34 33	9 56 6	17 35 16
17	198	19 2 55	28 24 36	7 23 38	9 47 52	9 56 55	17 35R20
18	199	18 46 8	29 36 55	8 4 4	10 1 9	9 57 50	17 35 20
19	200	18 34 10	0♌49 12	8 44 27	10 14 24	9 58 51	17 35 18
20	201	18 27D20	2 1 27	9 24 48	10 27 36	9 59 57	17 35 12
21	202	18 25 52	3 13 39	10 5 5	10 40 46	10 1 9	17 35 4
22	203	18 29 59	4 25 50	10 45 19	10 53 54	10 2 27	17 34 53
23	204	18 39 48	5 37 58	11 25 31	11 7 0	10 3 51	17 34 39
24	205	18 55 27	6 50 4	12 5 39	11 20 3	10 5 21	17 34 22
25	206	19 16 58	8 2 7	12 45 45	11 33 4	10 6 56	17 34 3
26	207	19 44 25	9 14 9	13 25 48	11 46 2	10 8 37	17 33 40
27	208	20 17 48	10 26 8	14 5 48	11 58 58	10 10 23	17 33 15
28	209	20 57 4	11 38 5	14 45 45	12 11 51	10 12 16	17 32 46
29	210	21 42 12	12 50 0	15 25 40	12 24 41	10 14 14	17 32 15
30	211	22 33 8	14 1 53	16 5 32	12 37 29	10 16 17	17 31 41
31	212	23♊29 48	15♌13 44	16♊45 21	12♊50 13	10♎18 26	17♓31 5

DAY MO	♆ LONG (° ' ")	♇ LONG (° ' ")	☊ LONG (° ')	A.S.S.I. (h m s)	S.S.R.Y. (h m s)	S.V.P. ♓ (° ' ")	☿ MERCURY R.A. (h m s)	☿ MERCURY DECL (° ' ")
1	10♒17R39	15♐23R 5	20♎32	8 23 19	29 59 49	5 4 4.0	7 34 30	18N28 16
2	10 16 54	15 21 34	20 33	8 28 31	29 59 34	5 4 3.9	7 32 52	18 17 1
3	10 16 8	15 20 3	20 34	8 33 42	29 59 33	5 4 3.7	7 30 58	18 6 54
4	10 15 19	15 18 32	20 33	8 38 53	29 59 44	5 4 3.5	7 28 52	17 58 1
5	10 14 29	15 17 2	20 31	8 44 4	30 0 7	5 4 3.3	7 26 34	17 50 24
6	10 13 38	15 15 31	20 26	8 49 14	30 0 41	5 4 3.1	7 24 7	17 44 6
7	10 12 45	15 14 0	20 19	8 54 24	30 1 24	5 4 2.9	7 21 33	17 39 9
8	10 11 50	15 12 30	20 09	8 59 33	30 2 13	5 4 2.7	7 18 54	17 35 33
9	10 10 53	15 11 0	19 58	9 4 42	30 3 8	5 4 2.5	7 16 14	17 33 20
10	10 9 55	15 9 30	19 47	9 9 50	30 4 5	5 4 2.3	7 13 33	17 32 29
11	10 8 56	15 8 0	19 35	9 14 58	30 5 3	5 4 2.2	7 10 56	17 33 0
12	10 7 55	15 6 31	19 26	9 20 5	30 6 0	5 4 2.1	7 8 25	17 34 50
13	10 6 52	15 5 1	19 18	9 25 12	30 6 53	5 4 2.0	7 6 1	17 37 56
14	10 5 48	15 3 33	19 13	9 30 18	30 7 41	5 4 1.9	7 3 49	17 42 17
15	10 4 43	15 2 4	19 10	9 35 23	30 8 21	5 4 1.8	7 1 50	17 47 47
16	10 3 36	15 0 37	19 09	9 40 28	30 8 50	5 4 1.7	7 0 7	17 54 23
17	10 2 27	14 59 9	19 09	9 45 32	30 9 8	5 4 1.6	6 58 41	18 1 58
18	10 1 18	14 57 42	19 09	9 50 35	30 9 12	5 4 1.5	6 57 33	18 10 28
19	10 0 7	14 56 16	19 08	9 55 38	30 9 1	5 4 1.3	6 56 47	18 19 45
20	9 58 55	14 54 50	19 05	10 0 39	30 8 36	5 4 1.0	6 56 22	18 29 43
21	9 57 41	14 53 25	18 59	10 5 41	30 7 58	5 4 0.7	6 56 20	18 40 15
22	9 56 26	14 52 1	18 50	10 10 41	30 7 7	5 4 0.5	6 56 42	18 51 12
23	9 55 11	14 50 37	18 40	10 15 41	30 6 8	5 4 0.3	6 57 29	19 2 27
24	9 53 53	14 49 14	18 30	10 20 40	30 5 4	5 4 0.1	6 58 40	19 13 50
25	9 52 35	14 47 51	18 20	10 25 38	30 3 58	5 4 0.0	7 0 16	19 25 13
26	9 51 15	14 46 29	18 12	10 30 36	30 2 55	5 3 59.9	7 2 18	19 36 26
27	9 49 55	14 45 8	18 06	10 35 32	30 1 57	5 3 59.9	7 4 46	19 47 18
28	9 48 33	14 43 48	18 03	10 40 28	30 1 8	5 3 59.8	7 7 39	19 57 41
29	9 47 10	14 42 29	18 02	10 45 24	30 0 28	5 3 59.7	7 10 57	20 7 23
30	9 45 47	14 41 10	18 02	10 50 18	30 0 0	5 3 59.6	7 14 41	20 16 14
31	9♒44 22	14♐39 53	18♎01	10 55 12	29 59 43	5 3 59.5	7 18 49	20N24 3

DAY Jul	♀ VENUS R.A. (h m s)	♀ VENUS DECL (° ' ")	♂ MARS R.A. (h m s)	♂ MARS DECL (° ' ")	♃ JUPITER R.A. (h m s)	♃ JUPITER DECL (° ' ")
1	8 26 52	20N49 14	5 22 34	23N32 49	6 4 54	23N13 14
2	8 31 55	20 32 15	5 25 33	23 36 0	6 5 54	23 13 12
3	8 36 56	20 14 43	5 28 33	23 38 58	6 6 53	23 13 8
4	8 41 56	19 56 38	5 31 32	23 41 43	6 7 52	23 13 3
5	8 46 54	19 38 0	5 34 31	23 44 15	6 8 52	23 12 56
6	8 51 52	19 18 50	5 37 31	23 46 34	6 9 51	23 12 48
7	8 56 47	18 59 9	5 40 30	23 48 41	6 10 50	23 12 39
8	9 1 42	18 38 58	5 43 28	23 50 34	6 11 49	23 12 28
9	9 6 35	18 18 16	5 46 27	23 52 15	6 12 48	23 12 16
10	9 11 27	17 57 5	5 49 26	23 53 43	6 13 47	23 12 3
11	9 16 18	17 35 26	5 52 24	23 54 58	6 14 46	23 11 48
12	9 21 8	17 13 19	5 55 23	23 56 1	6 15 44	23 11 32
13	9 25 56	16 50 45	5 58 21	23 56 51	6 16 43	23 11 15
14	9 30 42	16 27 45	6 1 19	23 57 28	6 17 41	23 10 56
15	9 35 28	16 4 19	6 4 16	23 57 53	6 18 39	23 10 36
16	9 40 12	15 40 29	6 7 14	23 58 5	6 19 37	23 10 15
17	9 44 55	15 16 14	6 10 11	23 58 5	6 20 35	23 9 52
18	9 49 36	14 51 36	6 13 8	23 57 52	6 21 33	23 9 28
19	9 54 16	14 26 35	6 16 5	23 57 27	6 22 31	23 9 3
20	9 58 55	14 1 12	6 19 2	23 56 49	6 23 28	23 8 37
21	10 3 33	13 35 28	6 21 58	23 55 59	6 24 25	23 8 9
22	10 8 10	13 9 23	6 24 54	23 54 57	6 25 22	23 7 41
23	10 12 45	12 42 59	6 27 50	23 53 43	6 26 19	23 7 11
24	10 17 20	12 16 15	6 30 45	23 52 17	6 27 16	23 6 40
25	10 21 53	11 49 13	6 33 40	23 50 39	6 28 13	23 6 7
26	10 26 25	11 21 53	6 36 35	23 48 48	6 29 9	23 5 34
27	10 30 56	10 54 17	6 39 30	23 46 46	6 30 5	23 4 59
28	10 35 26	10 26 24	6 42 24	23 44 32	6 31 1	23 4 23
29	10 39 55	9 58 15	6 45 18	23 42 6	6 31 57	23 3 47
30	10 44 23	9 29 51	6 48 12	23 39 29	6 32 52	23 3 9
31	10 48 50	9N 1 13	6 51 6	23N36 40	6 33 48	23N 2 30

DAY Jul	♄ SATURN R.A. (h m s)	♄ SATURN DECL (° ' ")	♅ URANUS R.A. (h m s)	♅ URANUS DECL (° ' ")	♆ NEPTUNE R.A. (h m s)	♆ NEPTUNE DECL (° ' ")	♇ PLUTO R.A. (h m s)	♇ PLUTO DECL (° ' ")
1	14 13 45	10S46 33	0 46 44	4N15 41	22 29 12	10S12 48	18 43 50	19S48 51
2	14 13 43	10 46 35	0 46 47	4 15 57	22 29 9	10 13 6	18 43 43	19 49 4
3	14 13 40	10 46 39	0 46 50	4 16 13	22 29 6	10 13 25	18 43 37	19 49 17
4	14 13 38	10 46 44	0 46 53	4 16 27	22 29 3	10 13 44	18 43 30	19 49 30
5	14 13 36	10 46 52	0 46 55	4 16 41	22 29 0	10 14 4	18 43 24	19 49 43
6	14 13 35	10 47 2	0 46 57	4 16 53	22 28 57	10 14 24	18 43 18	19 49 56
7	14 13 34	10 47 14	0 47 0	4 17 4	22 28 53	10 14 45	18 43 11	19 50 10
8	14 13 33	10 47 27	0 47 1	4 17 14	22 28 50	10 15 7	18 43 5	19 50 23
9	14 13 33	10 47 43	0 47 3	4 17 23	22 28 46	10 15 29	18 42 59	19 50 37
10	14 13 33	10 48 1	0 47 5	4 17 30	22 28 43	10 15 52	18 42 52	19 50 50
11	14 13 33	10 48 21	0 47 6	4 17 37	22 28 39	10 16 15	18 42 46	19 51 4
12	14 13 34	10 48 42	0 47 7	4 17 42	22 28 35	10 16 39	18 42 40	19 51 18
13	14 13 36	10 49 6	0 47 8	4 17 46	22 28 31	10 17 4	18 42 34	19 51 31
14	14 13 37	10 49 32	0 47 9	4 17 49	22 28 27	10 17 29	18 42 27	19 51 45
15	14 13 39	10 49 59	0 47 10	4 17 51	22 28 23	10 17 54	18 42 21	19 51 59
16	14 13 42	10 50 29	0 47 10	4 17 52	22 28 19	10 18 20	18 42 15	19 52 13
17	14 13 44	10 51 0	0 47 10	4 17 51	22 28 15	10 18 46	18 42 9	19 52 27
18	14 13 48	10 51 34	0 47 10	4 17 50	22 28 11	10 19 13	18 42 3	19 52 41
19	14 13 51	10 52 9	0 47 10	4 17 47	22 28 6	10 19 40	18 41 57	19 52 55
20	14 13 55	10 52 46	0 47 10	4 17 44	22 28 2	10 20 8	18 41 51	19 53 9
21	14 13 59	10 53 26	0 47 10	4 17 39	22 27 57	10 20 36	18 41 45	19 53 23
22	14 14 4	10 54 7	0 47 9	4 17 33	22 27 52	10 21 5	18 41 39	19 53 37
23	14 14 9	10 54 50	0 47 8	4 17 26	22 27 48	10 21 34	18 41 33	19 53 52
24	14 14 14	10 55 35	0 47 7	4 17 18	22 27 43	10 22 4	18 41 27	19 54 6
25	14 14 20	10 56 21	0 47 6	4 17 9	22 27 38	10 22 34	18 41 22	19 54 20
26	14 14 26	10 57 10	0 47 5	4 16 58	22 27 33	10 23 4	18 41 16	19 54 35
27	14 14 33	10 58 0	0 47 3	4 16 47	22 27 28	10 23 35	18 41 10	19 54 49
28	14 14 39	10 58 52	0 47 1	4 16 34	22 27 23	10 24 6	18 41 5	19 55 4
29	14 14 47	10 59 46	0 47 0	4 16 20	22 27 18	10 24 37	18 40 59	19 55 18
30	14 14 54	11 0 42	0 46 58	4 16 6	22 27 12	10 25 9	18 40 53	19 55 32
31	14 15 2	11S 1 40	0 46 55	4N15 50	22 27 7	10S25 41	18 40 48	19S55 47

AUGUST 2013

DAY	SIDEREAL TIME h m s	☉ SUN LONG ° ' "	MOT ' "	R.A. h m s	DECL ° ' "
1 Th	20 39 4	13♋59 11	57 25	8 45 24.0	18N 1 30
2 F	20 43 1	14 56 36	57 26	8 49 16.7	17 46 16
3 S	20 46 57	15 54 2	57 27	8 53 8.8	17 30 45
4 Su	20 50 54	16 51 29	57 28	8 57 0.3	17 14 56
5 M	20 54 50	17 48 57	57 29	9 0 51.3	16 58 51
6 Tu	20 58 47	18 46 26	57 30	9 4 41.6	16 42 29
7 W	21 2 43	19 43 57	57 31	9 8 31.3	16 25 51
8 Th	21 6 40	20 41 28	57 32	9 12 20.5	16 8 58
9 F	21 10 37	21 39 0	57 33	9 16 9.0	15 51 48
10 S	21 14 33	22 36 33	57 34	9 19 57.0	15 34 24
11 Su	21 18 30	23 34 7	57 35	9 23 44.4	15 16 45
12 M	21 22 26	24 31 43	57 36	9 27 31.1	14 58 51
13 Tu	21 26 23	25 29 18	57 37	9 31 17.4	14 40 42
14 W	21 30 19	26 26 55	57 38	9 35 3.0	14 22 20
15 Th	21 34 16	27 24 33	57 39	9 38 48.1	14 3 44
16 F	21 38 12	28 22 12	57 40	9 42 32.7	13 44 55
17 S	21 42 9	29 19 52	57 41	9 46 16.7	13 25 53
18 Su	21 46 6	0♌17 32	57 42	9 50 0.1	13 6 39
19 M	21 50 2	1 15 14	57 43	9 53 43.1	12 47 11
20 Tu	21 53 59	2 12 57	57 44	9 57 25.6	12 27 32
21 W	21 57 55	3 10 42	57 46	10 1 7.5	12 7 41
22 Th	22 1 52	4 8 27	57 47	10 4 49.0	11 47 38
23 F	22 5 48	5 6 14	57 49	10 8 30.1	11 27 25
24 S	22 9 45	6 4 3	57 50	10 12 10.7	11 7 0
25 Su	22 13 41	7 1 53	57 52	10 15 50.9	10 46 25
26 M	22 17 38	7 59 45	57 54	10 19 30.7	10 25 39
27 Tu	22 21 35	8 57 39	57 56	10 23 10.2	10 4 43
28 W	22 25 31	9 55 35	57 58	10 26 49.3	9 43 38
29 Th	22 29 28	10 53 32	57 59	10 30 28.0	9 22 23
30 F	22 33 24	11 51 32	58 1	10 34 6.4	9 0 59
31 S	22 37 21	12♌49 33	58 3	10 37 44.5	8N39 27

DAY	☽ MOON AT 0 HOURS LONG ° ' "	12h MOT ° ' "	2DIF "	R.A. h m s	DECL ° ' "
1 Th	9♉10 53	5 56 10	-43	4 9 57	19N10 19
2 F	21 2 4	5 54 24	-11	5 0 16	19 57 33
3 S	2♊50 45	5 54 37	16	5 50 34	19 51 44
4 Su	14 40 43	5 56 25	37	6 40 33	18 53 36
5 M	26 34 56	5 59 24	51	7 29 56	17 5 53
6 Tu	8♋35 33	6 3 11	61	8 18 35	14 33 17
7 W	20 44 1	6 7 29	67	9 6 30	11 22 9
8 Th	3♌ 1 15	6 12 7	72	9 53 50	7 40 10
9 F	15 27 56	6 17 5	77	10 40 59	3 36 2
10 S	28 4 42	6 22 27	85	11 28 24	0S40 40
11 Su	10♍52 31	6 28 27	96	12 16 41	4 59 31
12 M	23 52 42	6 35 16	110	13 6 28	9 9 2
13 Tu	7♎ 7 1	6 43 6	125	13 58 22	12 56 29
14 W	20 37 30	6 51 52	137	14 52 50	16 7 50
15 Th	4♏25 53	7 1 16	142	15 50 4	18 28 23
16 F	18 33 8	7 10 35	134	16 49 46	19 44 9
17 S	2♐58 36	7 18 47	108	17 51 8	19 44 40
18 Su	17 39 27	7 24 36	62	18 52 59	18 25 54
19 M	2♑30 17	7 26 51	2	19 54 3	15 52 17
20 Tu	17 23 29	7 24 46	-65	20 53 24	12 16 20
21 W	2♒10 18	7 18 19	-126	21 50 36	7 56 18
22 Th	16 42 16	7 8 12	-172	22 45 41	3 12 37
23 F	0♓52 37	6 55 41	-198	23 39 0	1N34 59
24 S	14 37 17	6 42 13	-201	0 31 3	6 9 25
25 Su	27 55 3	6 29 9	-187	1 22 17	10 17 3
26 M	10♈47 18	6 17 32	-159	2 13 9	13 47 35
27 Tu	23 17 19	6 8 3	-124	3 3 53	16 33 39
28 W	5♉29 37	6 1 6	-84	3 54 37	18 30 19
29 Th	17 29 21	5 56 48	-45	4 45 19	19 34 44
30 F	29 21 48	5 55 5	-8	5 35 48	19 45 56
31 S	11♊11 59	5 55 42	25	6 25 54	19N 4 40

DAY	☽ MOON AT 12 HOURS LONG ° ' "	12h MOT ° ' "	2DIF "	R.A. h m s	DECL ° ' "
1 Th	15♉ 7 3	5 55 1	-27	4 35 6	19N40 32
2 F	26 56 28	5 54 17	3	5 25 27	20 1 17
3 S	8♊45 23	5 55 21	27	6 15 37	19 29 5
4 Su	20 37 9	5 57 47	45	7 5 20	18 5 41
5 M	2♋34 20	6 1 13	57	7 54 22	15 54 50
6 Tu	14 38 44	6 5 17	64	8 42 37	13 2 5
7 W	26 51 30	6 9 46	70	9 30 13	9 34 30
8 Th	9♌13 23	6 14 33	74	10 17 25	5 40 18
9 F	21 45 0	6 19 42	81	11 4 37	1 28 38
10 S	4♍27 9	6 25 21	90	11 52 24	2S50 31
11 Su	17 20 57	6 31 44	102	12 41 21	7 6 13
12 M	0♎27 58	6 39 4	117	13 32 7	11 6 22
13 Tu	13 50 7	6 47 23	132	14 25 15	14 37 35
14 W	27 29 22	6 56 31	141	15 21 7	17 25 23
15 Th	11♏27 9	7 5 59	140	16 19 39	19 15 8
16 F	25 43 43	7 14 54	123	17 20 19	19 54 15
17 S	10♐17 23	7 22 4	87	18 22 5	19 15 8
18 Su	25 4 3	7 26 14	34	19 23 41	17 17 50
19 M	9♑57 7	7 26 22	-31	20 23 58	14 11 3
20 Tu	24 48 15	7 22 3	-97	21 22 17	10 10 34
21 W	9♒28 37	7 13 39	-152	22 18 24	5 36 8
22 Th	23 50 28	7 2 9	-188	23 12 32	0 48 10
23 F	7♓48 18	6 48 59	-202	0 5 9	3N54 47
24 S	21 19 30	6 35 34	-196	0 56 44	8 17 19
25 Su	4♈24 12	6 23 6	-174	1 47 45	12 7 29
26 M	17 4 50	6 12 29	-142	2 38 31	15 16 32
27 Tu	29 25 22	6 4 15	-104	3 29 15	17 38 22
28 W	11♉30 44	5 58 38	-64	4 19 59	19 9 9
29 Th	23 26 10	5 55 38	-26	5 10 36	19 46 59
30 F	5♊16 52	5 55 7	9	6 0 55	19 31 45
31 S	17♊ 7 41	5 56 47	39	6 50 44	18N25 2

LUNAR INGRESSES
2 ☽ ♊ 18:13
5 ☽ ♋ 6:51
7 ☽ ♌ 18:08
10 ☽ ♍ 3:38
12 ☽ ♎ 11:09
14 ☽ ♏ 16:21
16 ☽ ♐ 19:05
18 ☽ ♑ 19:58
20 ☽ ♒ 20:27
22 ☽ ♓ 22:30
25 ☽ ♈ 3:50
27 ☽ ♉ 13:08
30 ☽ ♊ 1:17

PLANET INGRESSES
5 ☿ ♋ 7:00
12 ♀ ♍ 9:09
17 ☉ ♌ 16:42
20 ♂ ♋ 5:15
21 ☿ ♌ 9:57

STATIONS
NONE

DATA FOR THE 1st AT 0 HOURS
JULIAN DAY 41485.5
☽ MEAN ☊ 17°♎ 26' 10"
OBLIQUITY 23° 26' 8"
DELTA T 72.1 SECONDS
NUTATION LONGITUDE 13.1"

DAY MO YR	☿ LONG ° ' "	♀ LONG ° ' "	♂ LONG ° ' "	♃ LONG ° ' "	♄ LONG ° ' "	♅ LONG ° ' "	♆ LONG ° ' "	♇ LONG ° ' "	☊ LONG ° '	A.S.S.I. h m s	S.S.R.Y. h m s	S.V.P. ♓ ° ' "	☿ MERCURY R.A. h m s	DECL ° ' "
1 213	24♊32 5	16♌25 33	17♊25 7	13♊ 2 55	10♎20 41	17♓30R25	9♒42R56	14♐38R36	18♎00	11 0 5	29 59 40	5 3 59.3	7 23 21	20N30 39
2 214	25 39 52	17 37 19	18 4 50	13 15 33	10 23 1	17 29 43	9 41 29	14 37 21	17 57	11 4 58	29 59 46	5 3 59.1	7 28 17	20 35 49
3 215	26 53 1	18 49 3	18 44 31	13 28 9	10 25 27	17 28 58	9 40 2	14 36 6	17 51	11 9 49	30 0 4	5 3 58.9	7 33 36	20 39 24
4 216	28 11 23	20 0 45	19 24 8	13 40 41	10 27 58	17 28 10	9 38 33	14 34 52	17 42	11 14 40	30 0 32	5 3 58.8	7 39 16	20 41 12
5 217	29 34 47	21 12 24	20 3 43	13 53 10	10 30 35	17 27 20	9 37 4	14 33 39	17 31	11 19 30	30 1 9	5 3 58.6	7 45 18	20 41 2
6 218	1♋ 3 0	22 24 1	20 43 15	14 5 35	10 33 17	17 26 26	9 35 33	14 32 28	17 18	11 24 20	30 1 55	5 3 58.4	7 51 40	20 38 45
7 219	2 35 48	23 35 35	21 22 44	14 17 57	10 36 4	17 25 30	9 34 3	14 31 17	17 04	11 29 8	30 2 46	5 3 58.3	7 58 20	20 34 12
8 220	4 12 55	24 47 7	22 2 10	14 30 15	10 38 57	17 24 32	9 32 31	14 30 8	16 51	11 33 56	30 3 43	5 3 58.2	8 5 17	20 27 13
9 221	5 54 2	25 58 36	22 41 33	14 42 30	10 41 56	17 23 30	9 30 58	14 29 0	16 39	11 38 43	30 4 43	5 3 58.2	8 12 30	20 17 44
10 222	7 38 52	27 10 3	23 20 53	14 54 40	10 44 59	17 22 27	9 29 25	14 27 53	16 30	11 43 30	30 5 45	5 3 58.1	8 19 57	20 5 37
11 223	9 27 1	28 21 27	24 0 10	15 6 47	10 48 8	17 21 20	9 27 52	14 26 47	16 23	11 48 15	30 6 45	5 3 58.1	8 27 35	19 50 52
12 224	11 18 10	29 32 47	24 39 24	15 18 50	10 51 21	17 20 11	9 26 17	14 25 42	16 19	11 53 0	30 7 42	5 3 58.0	8 35 23	19 33 25
13 225	13 11 53	0♍44 5	25 18 35	15 30 49	10 54 40	17 18 59	9 24 43	14 24 39	16 18	11 57 44	30 8 30	5 3 58.0	8 43 19	19 13 18
14 226	15 7 48	1 55 20	25 57 44	15 42 44	10 58 5	17 17 45	9 23 7	14 23 37	16 18	12 2 28	30 9 9	5 3 57.9	8 51 21	18 50 33
15 227	17 5 31	3 6 31	26 36 49	15 54 34	11 1 34	17 16 29	9 21 31	14 22 36	16 18	12 7 11	30 9 34	5 3 57.7	8 59 28	18 25 15
16 228	19 4 40	4 17 40	27 15 51	16 6 21	11 5 8	17 15 10	9 19 55	14 21 37	16 16	12 11 53	30 9 45	5 3 57.5	9 7 36	17 57 30
17 229	21 4 52	5 28 44	27 54 50	16 18 2	11 8 47	17 13 48	9 18 18	14 20 39	16 13	12 16 34	30 9 40	5 3 57.3	9 15 45	17 27 25
18 230	23 5 47	6 39 46	28 33 46	16 29 40	11 12 31	17 12 24	9 16 41	14 19 42	16 07	12 21 15	30 9 19	5 3 57.1	9 23 53	16 55 9
19 231	25 7 6	7 50 44	29 12 40	16 41 13	11 16 19	17 10 58	9 15 4	14 18 47	15 59	12 25 55	30 8 45	5 3 56.9	9 31 59	16 20 51
20 232	27 8 32	9 1 38	29 51 30	16 52 41	11 20 13	17 9 30	9 13 26	14 17 53	15 49	12 30 35	30 7 58	5 3 56.7	9 40 2	15 44 42
21 233	29 9 49	10 12 29	0♋30 18	17 4 5	11 24 11	17 7 59	9 11 48	14 17 1	15 38	12 35 13	30 7 3	5 3 56.6	9 48 0	15 6 51
22 234	1♌10 44	11 23 17	1 9 3	17 15 24	11 28 14	17 6 26	9 10 10	14 16 10	15 28	12 39 52	30 6 3	5 3 56.6	9 55 53	14 27 29
23 235	3 11 7	12 34 0	1 47 45	17 26 38	11 32 21	17 4 51	9 8 32	14 15 20	15 20	12 44 29	30 5 2	5 3 56.6	10 3 40	13 46 46
24 236	5 10 46	13 44 41	2 26 24	17 37 47	11 36 33	17 3 13	9 6 53	14 14 32	15 14	12 49 7	30 4 2	5 3 56.6	10 11 20	13 4 50
25 237	7 9 35	14 55 17	3 5 1	17 48 51	11 40 50	17 1 34	9 5 15	14 13 46	15 11	12 53 43	30 3 8	5 3 56.5	10 18 54	12 21 52
26 238	9 7 26	16 5 50	3 43 35	17 59 50	11 45 11	16 59 52	9 3 36	14 13 1	15 10	12 58 19	30 2 20	5 3 56.5	10 26 21	11 38 0
27 239	11 4 15	17 16 20	4 22 6	18 10 44	11 49 37	16 58 9	9 1 57	14 12 17	15 10	13 2 55	30 1 40	5 3 56.4	10 33 42	10 53 23
28 240	12 59 58	18 26 45	5 0 34	18 21 33	11 54 7	16 56 23	9 0 18	14 11 35	15 10	13 7 30	30 1 10	5 3 56.2	10 40 55	10 8 7
29 241	14 54 31	19 37 7	5 39 0	18 32 16	11 58 41	16 54 35	8 58 40	14 10 55	15 10	13 12 5	30 0 50	5 3 56.1	10 48 1	9 22 19
30 242	16 47 52	20 47 26	6 17 23	18 42 54	12 3 20	16 52 45	8 57 1	14 10 16	15 08	13 16 40	30 0 40	5 3 55.9	10 55 0	8 36 7
31 243	18♌40 1	21♍57 40	6♋55 42	18♊53 26	12♎ 8 3	16♓50 54	8♒55 22	14♐ 9 39	15♎05	13 21 14	30 0 41	5 3 55.8	11 1 53	7N49 35

DAY Aug	♀ VENUS R.A. h m s	DECL ° ' "	♂ MARS R.A. h m s	DECL ° ' "	♃ JUPITER R.A. h m s	DECL ° ' "
1	10 53 16	8N32 22	6 53 59	23N33 39	6 34 43	23N 1 50
2	10 57 41	8 3 17	6 56 52	23 30 27	6 35 38	23 1 8
3	11 2 6	7 34 1	6 59 44	23 27 4	6 36 32	23 0 26
4	11 6 29	7 4 33	7 2 36	23 23 29	6 37 27	22 59 43
5	11 10 52	6 34 54	7 5 28	23 19 44	6 38 21	22 59 0
6	11 15 14	6 5 6	7 8 19	23 15 47	6 39 15	22 58 15
7	11 19 36	5 35 8	7 11 10	23 11 39	6 40 8	22 57 29
8	11 23 56	5 5 1	7 14 0	23 7 21	6 41 2	22 56 42
9	11 28 17	4 34 47	7 16 51	23 2 52	6 41 55	22 55 55
10	11 32 36	4 4 25	7 19 40	22 58 12	6 42 48	22 55 7
11	11 36 55	3 33 57	7 22 30	22 53 21	6 43 40	22 54 18
12	11 41 14	3 3 22	7 25 19	22 48 21	6 44 32	22 53 28
13	11 45 32	2 32 43	7 28 7	22 43 9	6 45 24	22 52 37
14	11 49 49	2 1 59	7 30 55	22 37 48	6 46 16	22 51 46
15	11 54 6	1 31 11	7 33 43	22 32 16	6 47 7	22 50 54
16	11 58 23	1 0 20	7 36 30	22 26 35	6 47 58	22 50 1
17	12 2 39	0 29 27	7 39 17	22 20 43	6 48 49	22 49 8
18	12 6 55	0S 1 28	7 42 3	22 14 42	6 49 39	22 48 14
19	12 11 11	0 32 25	7 44 49	22 8 31	6 50 29	22 47 19
20	12 15 26	1 3 22	7 47 34	22 2 10	6 51 19	22 46 24
21	12 19 42	1 34 18	7 50 19	21 55 40	6 52 8	22 45 28
22	12 23 57	2 5 14	7 53 4	21 49 0	6 52 57	22 44 32
23	12 28 12	2 36 9	7 55 48	21 42 11	6 53 45	22 43 35
24	12 32 27	3 7 1	7 58 32	21 35 13	6 54 33	22 42 38
25	12 36 42	3 37 51	8 1 15	21 28 6	6 55 21	22 41 41
26	12 40 57	4 8 37	8 3 57	21 20 50	6 56 9	22 40 43
27	12 45 11	4 39 19	8 6 40	21 13 25	6 56 56	22 39 44
28	12 49 26	5 9 57	8 9 22	21 5 51	6 57 42	22 38 46
29	12 53 42	5 40 29	8 12 3	20 58 9	6 58 29	22 37 47
30	12 57 57	6 10 55	8 14 44	20 50 18	6 59 15	22 36 47
31	13 2 12	6S41 15	8 17 24	20N42 19	7 0 0	22N35 48

DAY Aug	♄ SATURN R.A. h m s	DECL ° ' "	♅ URANUS R.A. h m s	DECL ° ' "	♆ NEPTUNE R.A. h m s	DECL ° ' "	♇ PLUTO R.A. h m s	DECL ° ' "
1	14 15 10	11S 2 39	0 46 53	4N15 33	22 27 2	10S26 14	18 40 43	19S56 1
2	14 15 19	11 3 40	0 46 50	4 15 15	22 26 56	10 26 46	18 40 37	19 56 16
3	14 15 28	11 4 43	0 46 48	4 14 56	22 26 51	10 27 20	18 40 32	19 56 30
4	14 15 37	11 5 48	0 46 45	4 14 36	22 26 45	10 27 53	18 40 27	19 56 44
5	14 15 47	11 6 54	0 46 42	4 14 15	22 26 40	10 28 27	18 40 22	19 56 59
6	14 15 57	11 8 2	0 46 39	4 13 52	22 26 34	10 29 1	18 40 17	19 57 13
7	14 16 8	11 9 12	0 46 35	4 13 29	22 26 28	10 29 35	18 40 12	19 57 28
8	14 16 18	11 10 23	0 46 32	4 13 5	22 26 23	10 30 9	18 40 7	19 57 42
9	14 16 29	11 11 36	0 46 28	4 12 39	22 26 17	10 30 44	18 40 2	19 57 57
10	14 16 41	11 12 50	0 46 24	4 12 13	22 26 11	10 31 19	18 39 58	19 58 11
11	14 16 53	11 14 6	0 46 20	4 11 46	22 26 5	10 31 54	18 39 53	19 58 26
12	14 17 5	11 15 24	0 46 16	4 11 18	22 25 59	10 32 29	18 39 49	19 58 40
13	14 17 17	11 16 43	0 46 11	4 10 48	22 25 53	10 33 5	18 39 44	19 58 54
14	14 17 30	11 18 4	0 46 7	4 10 18	22 25 47	10 33 40	18 39 40	19 59 9
15	14 17 43	11 19 26	0 46 2	4 9 47	22 25 41	10 34 16	18 39 36	19 59 23
16	14 17 56	11 20 50	0 45 57	4 9 15	22 25 35	10 34 52	18 39 32	19 59 37
17	14 18 10	11 22 16	0 45 52	4 8 42	22 25 29	10 35 28	18 39 27	19 59 51
18	14 18 24	11 23 42	0 45 47	4 8 8	22 25 23	10 36 4	18 39 24	20 0 6
19	14 18 39	11 25 11	0 45 42	4 7 33	22 25 17	10 36 40	18 39 20	20 0 20
20	14 18 53	11 26 40	0 45 37	4 6 58	22 25 11	10 37 17	18 39 16	20 0 34
21	14 19 8	11 28 11	0 45 31	4 6 21	22 25 5	10 37 53	18 39 12	20 0 48
22	14 19 24	11 29 43	0 45 25	4 5 44	22 24 58	10 38 29	18 39 9	20 1 2
23	14 19 39	11 31 17	0 45 20	4 5 5	22 24 52	10 39 6	18 39 5	20 1 16
24	14 19 55	11 32 52	0 45 14	4 4 26	22 24 46	10 39 42	18 39 2	20 1 30
25	14 20 11	11 34 28	0 45 8	4 3 46	22 24 40	10 40 19	18 38 59	20 1 44
26	14 20 28	11 36 6	0 45 1	4 3 6	22 24 34	10 40 55	18 38 56	20 1 58
27	14 20 45	11 37 44	0 44 55	4 2 24	22 24 27	10 41 32	18 38 53	20 2 12
28	14 21 2	11 39 24	0 44 49	4 1 42	22 24 21	10 42 8	18 38 50	20 2 25
29	14 21 19	11 41 6	0 44 42	4 0 59	22 24 15	10 42 45	18 38 47	20 2 39
30	14 21 37	11 42 48	0 44 35	4 0 15	22 24 9	10 43 21	18 38 44	20 2 52
31	14 21 55	11S44 32	0 44 28	3N59 31	22 24 2	10S43 57	18 38 42	20S 3 6

DAY	SIDEREAL TIME (h m s)	☉ SUN LONG (° ' ")	☉ MOT (' ")	☉ R.A. (h m s)	☉ DECL (° ' ")	☽ MOON AT 0 HOURS LONG (° ' ")	12h MOT (° ' ")	2DIF (")	R.A. (h m s)	DECL (° ' ")	☽ MOON AT 12 HOURS LONG (° ' ")	12h MOT (° ' ")	2DIF (")	R.A. (h m s)	DECL (° ' ")
1 Su	22 41 17	13♌47 36	58 5	10 41 22.3	8N17 46	23♊ 4 27	5 58 19	52	7 15 25	17N33 19	29♊ 2 47	6 0 15	63	7 39 56	16N30 1
2 M	22 45 14	14 45 41	58 7	10 44 59.8	7 55 57	5♋ 3 2	6 2 32	73	8 4 17	15 15 48	11♋ 5 34	6 5 6	80	8 28 28	13 51 22
3 Tu	22 49 10	15 43 47	58 8	10 48 37.0	7 34 0	17 10 39	6 7 52	86	8 52 31	12 17 30	23 18 32	6 10 49	90	9 16 27	10 35 7
4 W	22 53 7	16 41 56	58 10	10 52 13.9	7 11 56	29 29 21	6 13 52	93	9 40 18	8 45 10	5♌43 13	6 16 59	94	10 4 8	6 48 42
5 Th	22 57 4	17 40 6	58 12	10 55 50.7	6 49 45	12♌ 0 13	6 20 7	94	10 27 58	4 46 52	18 20 20	6 23 14	93	10 51 53	2 40 52
6 F	23 1 0	18 38 18	58 14	10 59 27.2	6 27 28	24 43 33	6 26 18	91	11 15 55	0 32 2	1♍ 9 51	6 29 18	89	11 40 10	1S38 15
7 S	23 4 57	19 36 31	58 15	11 3 3.4	6 5 4	7♍39 9	6 32 14	87	12 4 40	3S48 30	14 11 23	6 35 7	86	12 29 31	5 57 9
8 Su	23 8 53	20 34 47	58 17	11 6 39.5	5 42 34	20 46 30	6 37 57	84	12 54 45	8 2 32	27 24 27	6 40 44	83	13 20 26	10 2 58
9 M	23 12 50	21 33 4	58 19	11 10 15.4	5 19 58	4♎ 5 11	6 43 30	83	13 46 38	11 56 40	10♎48 41	6 46 16	83	14 13 23	13 41 50
10 Tu	23 16 46	22 31 22	58 20	11 13 51.2	4 57 17	17 34 56	6 49 3	84	14 40 42	15 16 40	24 23 59	6 51 51	84	15 8 36	16 39 24
11 W	23 20 43	23 29 42	58 22	11 17 26.7	4 34 31	1♏15 50	6 54 40	85	15 37 3	17 48 20	8♏10 30	6 57 29	84	16 6 0	18 41 57
12 Th	23 24 39	24 28 4	58 23	11 21 2.2	4 11 41	15 7 59	7 0 17	83	16 35 23	19 18 56	22 8 16	7 3 1	80	17 5 7	19 38 12
13 F	23 28 36	25 26 27	58 25	11 24 37.5	3 48 46	29 11 18	7 5 37	75	17 35 5	19 39 6	6♐16 55	7 8 1	68	18 5 9	19 21 17
14 S	23 32 33	26 24 51	58 26	11 28 12.8	3 25 47	13♐24 56	7 10 8	58	18 35 11	18 44 53	20 35 4	7 11 52	45	19 5 4	17 50 27
15 Su	23 36 29	27 23 18	58 28	11 31 47.9	3 2 44	27 46 56	7 13 7	29	19 34 42	16 38 55	5♑ 0 3	7 13 48	11	20 4 1	15 11 38
16 M	23 40 26	28 21 45	58 30	11 35 23.0	2 39 38	12♑13 51	7 13 51	-9	20 32 55	13 30 15	19 27 42	7 13 12	-31	21 1 24	11 36 41
17 Tu	23 44 22	29 20 15	58 31	11 38 58.1	2 16 29	26 40 54	7 11 48	-53	21 29 26	9 33 0	3♒52 42	7 9 39	-75	21 57 3	7 21 25
18 W	23 48 19	0♍18 46	58 33	11 42 33.2	1 53 18	11♒ 2 21	7 6 46	-96	22 24 17	5 4 13	18 9 7	7 3 13	-116	22 51 9	2 43 40
19 Th	23 52 15	1 17 19	58 35	11 46 8.2	1 30 4	25 12 20	6 59 3	-133	23 17 43	0 21 59	2♓11 23	6 54 23	-146	23 44 2	1N58 42
20 F	23 56 12	2 15 54	58 37	11 49 43.3	1 6 48	9♓ 5 46	6 49 19	-156	0 10 10	4N16 23	15 55 5	6 43 58	-163	0 36 9	6 29 11
21 S	0 0 8	3 14 31	58 39	11 53 18.5	0 43 30	22 39 3	6 38 28	-165	1 2 2	8 35 25	29 17 31	6 32 56	-164	1 27 52	10 33 33
22 Su	0 4 5	4 13 9	58 41	11 56 53.8	0 20 11	5♈50 27	6 27 30	-160	1 53 39	12 22 17	12♈17 57	6 22 16	-153	2 19 26	14 0 29
23 M	0 8 1	5 11 50	58 43	12 0 29.1	0S 3 10	18 40 14	6 17 20	-143	2 45 13	15 27 11	24 57 33	6 12 46	-130	3 10 59	16 41 38
24 Tu	0 11 58	6 10 33	58 45	12 4 4.6	0 26 31	1♉10 19	6 8 39	-116	3 36 44	17 43 16	7♉18 58	6 5 3	-100	4 2 27	18 31 40
25 W	0 15 55	7 9 19	58 48	12 7 40.3	0 49 53	13 24 1	6 2 0	-83	4 28 6	19 6 37	19 26 1	5 59 32	-65	4 53 40	19 28 1
26 Th	0 19 51	8 8 6	58 50	12 11 16.1	1 13 15	25 25 32	5 57 40	-46	5 19 7	19 35 55	1♊23 13	5 56 26	-28	5 44 26	19 30 29
27 F	0 23 48	9 6 56	58 52	12 14 52.2	1 36 37	7♊19 39	5 55 50	-9	6 9 33	19 12 1	13 15 28	5 55 50	9	6 34 30	18 40 51
28 S	0 27 44	10 5 48	58 54	12 18 28.5	1 59 58	19 11 18	5 56 27	27	6 59 15	17 57 29	25 7 45	5 57 39	44	7 23 47	17 2 24
29 Su	0 31 41	11 4 43	58 57	12 22 5.0	2 23 18	1♋ 5 24	5 59 24	60	7 48 8	15 56 12	7♋ 4 48	6 1 40	75	8 12 18	14 39 32
30 M	0 35 37	12♍ 3 39	58 59	12 25 41.7	2S46 37	13♋ 6 27	6 4 24	88	8 36 19	13N13 6	19♋10 51	6 7 33	100	9 0 13	11N37 38

LUNAR INGRESSES
1 ☽ ♋ 13:55
4 ☽ ♌ 0:59
6 ☽ ♍ 9:50
8 ☽ ♎ 16:40
10 ☽ ♏ 21:48
13 ☽ ♐ 1:23
15 ☽ ♑ 3:41
17 ☽ ♒ 5:32
19 ☽ ♓ 8:13
21 ☽ ♈ 13:17
23 ☽ ♉ 21:44
26 ☽ ♊ 9:12
28 ☽ ♋ 21:49

PLANET INGRESSES
6 ☿ ♍ 7:38
6 ♀ ♎ 21:25
17 ☉ ♍ 16:18
25 ☿ ♎ 16:28

STATIONS
20 ♇ D 15:30

DATA FOR THE 1st AT 0 HOURS
JULIAN DAY 41516.5
☽ MEAN ☊ 15°♎ 47' 36"
OBLIQUITY 23° 26' 8"
DELTA T 72.2 SECONDS
NUTATION LONGITUDE 12.3"

DAY MO	YR	☿ LONG (° ' ")	♀ LONG (° ' ")	♂ LONG (° ' ")	♃ LONG (° ' ")	♄ LONG (° ' ")	♅ LONG (° ' ")	♆ LONG (° ' ")	♇ LONG (° ' ")	☊ LONG (° ')	A.S.S.I. (h m s)	S.S.R.Y. (h m s)	S.V.P. ♓ (° ' ")	☿ MERCURY R.A. (h m s)	☿ MERCURY DECL (° ' ")
1	244	20♌30 55	23♍ 7 51	7♋34 0	19♊ 3 52	12♎12 50	16♓49R 0	8♒53R44	14♐ 9R 4	14♎58	13 25 47	30 0 52	5 3 55.6	11 8 38	7N 2 50
2	245	22 20 35	24 17 58	8 12 14	19 14 13	12 17 41	16 47 5	8 52 5	14 8 30	14 50	13 30 20	30 1 14	5 3 55.5	11 15 18	6 15 55
3	246	24 9 1	25 28 0	8 50 25	19 24 27	12 22 37	16 45 8	8 50 27	14 7 58	14 40	13 34 53	30 1 46	5 3 55.4	11 21 51	5 28 56
4	247	25 56 13	26 37 59	9 28 33	19 34 36	12 27 36	16 43 9	8 48 49	14 7 27	14 29	13 39 26	30 2 27	5 3 55.4	11 28 19	4 41 56
5	248	27 42 11	27 47 54	10 6 39	19 44 38	12 32 40	16 41 8	8 47 12	14 6 58	14 19	13 43 58	30 3 17	5 3 55.3	11 34 40	3 54 58
6	249	29 26 56	28 57 44	10 44 41	19 54 34	12 37 47	16 39 6	8 45 35	14 6 31	14 10	13 48 30	30 4 15	5 3 55.3	11 40 56	3 8 7
7	250	1♍10 29	0♎ 7 30	11 22 41	20 4 24	12 42 59	16 37 2	8 43 58	14 6 6	14 02	13 53 2	30 5 19	5 3 55.3	11 47 7	2 21 26
8	251	2 52 51	1 17 11	12 0 37	20 14 7	12 48 14	16 34 57	8 42 21	14 5 42	13 58	13 57 33	30 6 26	5 3 55.3	11 53 13	1 34 56
9	252	4 34 3	2 26 47	12 38 30	20 23 44	12 53 33	16 32 50	8 40 45	14 5 20	13 55	14 2 5	30 7 33	5 3 55.3	11 59 14	0 48 41
10	253	6 14 6	3 36 19	13 16 20	20 33 14	12 58 55	16 30 42	8 39 10	14 5 0	13 55	14 6 36	30 8 37	5 3 55.2	12 5 11	0 2 43
11	254	7 53 0	4 45 46	13 54 7	20 42 37	13 4 22	16 28 33	8 37 35	14 4 42	13 56	14 11 7	30 9 33	5 3 55.1	12 11 3	0S42 55
12	255	9 30 47	5 55 7	14 31 51	20 51 53	13 9 52	16 26 22	8 36 0	14 4 26	13 57	14 15 37	30 10 17	5 3 54.9	12 16 51	1 28 12
13	256	11 7 27	7 4 24	15 9 32	21 1 2	13 15 25	16 24 10	8 34 27	14 4 11	13 57	14 20 8	30 10 48	5 3 54.7	12 22 34	2 13 6
14	257	12 43 1	8 13 34	15 47 9	21 10 5	13 21 2	16 21 56	8 32 54	14 3 58	13 56	14 24 38	30 11 4	5 3 54.6	12 28 14	2 57 35
15	258	14 17 30	9 22 39	16 24 44	21 19 0	13 26 42	16 19 42	8 31 21	14 3 47	13 52	14 29 9	30 11 4	5 3 54.4	12 33 51	3 41 37
16	259	15 50 54	10 31 39	17 2 15	21 27 47	13 32 26	16 17 26	8 29 49	14 3 37	13 47	14 33 39	30 10 48	5 3 54.3	12 39 23	4 25 11
17	260	17 23 14	11 40 32	17 39 44	21 36 28	13 38 13	16 15 10	8 28 18	14 3 30	13 41	14 38 9	30 10 19	5 3 54.2	12 44 53	5 8 14
18	261	18 54 30	12 49 19	18 17 9	21 45 1	13 44 3	16 12 52	8 26 48	14 3 24	13 34	14 42 39	30 9 40	5 3 54.1	12 50 18	5 50 46
19	262	20 24 42	13 58 0	18 54 31	21 53 26	13 49 56	16 10 34	8 25 19	14 3 20	13 27	14 47 9	30 8 52	5 3 54.1	12 55 41	6 32 44
20	263	21 53 50	15 6 35	19 31 50	22 1 44	13 55 52	16 8 14	8 23 50	14 3D18	13 22	14 51 40	30 7 59	5 3 54.1	13 1 1	7 14 8
21	264	23 21 54	16 15 3	20 9 6	22 9 54	14 1 51	16 5 54	8 22 22	14 3 18	13 18	14 56 10	30 7 5	5 3 54.1	13 6 17	7 54 55
22	265	24 48 54	17 23 25	20 46 20	22 17 56	14 7 53	16 3 33	8 20 55	14 3 19	13 16	15 0 40	30 6 11	5 3 54.1	13 11 31	8 35 5
23	266	26 14 48	18 31 40	21 23 30	22 25 50	14 13 59	16 1 11	8 19 30	14 3 23	13 16	15 5 11	30 5 20	5 3 54.0	13 16 41	9 14 35
24	267	27 39 36	19 39 49	22 0 37	22 33 36	14 20 7	15 58 49	8 18 5	14 3 28	13 17	15 9 42	30 4 33	5 3 53.9	13 21 48	9 53 24
25	268	29 3 17	20 47 51	22 37 41	22 41 14	14 26 18	15 56 26	8 16 41	14 3 35	13 19	15 14 13	30 3 52	5 3 53.8	13 26 53	10 31 31
26	269	0♎25 48	21 55 46	23 14 42	22 48 44	14 32 31	15 54 3	8 15 18	14 3 44	13 21	15 18 44	30 3 18	5 3 53.7	13 31 54	11 8 53
27	270	1 47 8	23 3 33	23 51 40	22 56 5	14 38 48	15 51 39	8 13 56	14 3 55	13 21	15 23 15	30 2 53	5 3 53.5	13 36 52	11 45 30
28	271	3 7 15	24 11 14	24 28 35	23 3 17	14 45 7	15 49 14	8 12 36	14 4 7	13 21	15 27 47	30 2 36	5 3 53.4	13 41 46	12 21 18
29	272	4 26 5	25 18 47	25 5 26	23 10 21	14 51 28	15 46 50	8 11 16	14 4 22	13 19	15 32 19	30 2 29	5 3 53.3	13 46 37	12 56 17
30	273	5♎43 36	26♎26 13	25♋42 14	23♊17 16	14♎57 52	15♓44 25	8♒ 9 58	14♐ 4 38	13♎16	15 36 51	30 2 32	5 3 53.2	13 51 24	13S30 23

DAY Sep	♀ VENUS R.A. (h m s)	♀ VENUS DECL (° ' ")	♂ MARS R.A. (h m s)	♂ MARS DECL (° ' ")	♃ JUPITER R.A. (h m s)	♃ JUPITER DECL (° ' ")	♄ SATURN R.A. (h m s)	♄ SATURN DECL (° ' ")	♅ URANUS R.A. (h m s)	♅ URANUS DECL (° ' ")	♆ NEPTUNE R.A. (h m s)	♆ NEPTUNE DECL (° ' ")	♇ PLUTO R.A. (h m s)	♇ PLUTO DECL (° ' ")
1	13 6 28	7S11 28	8 20 4	20N34 12	7 0 45	22N34 48	14 22 13	11S46 16	0 44 21	3N58 45	22 23 56	10S44 34	18 38 39	20S 3 19
2	13 10 44	7 41 32	8 22 44	20 25 56	7 1 30	22 33 49	14 22 31	11 48 2	0 44 14	3 58 0	22 23 50	10 45 10	18 38 37	20 3 33
3	13 15 0	8 11 28	8 25 22	20 17 33	7 2 14	22 32 49	14 22 50	11 49 49	0 44 7	3 57 13	22 23 44	10 45 46	18 38 35	20 3 46
4	13 19 17	8 41 15	8 28 1	20 9 2	7 2 58	22 31 49	14 23 9	11 51 38	0 44 0	3 56 26	22 23 38	10 46 22	18 38 33	20 3 59
5	13 23 34	9 10 51	8 30 39	20 0 23	7 3 41	22 30 49	14 23 28	11 53 27	0 43 53	3 55 38	22 23 32	10 46 58	18 38 31	20 4 13
6	13 27 51	9 40 17	8 33 16	19 51 37	7 4 24	22 29 49	14 23 48	11 55 17	0 43 45	3 54 50	22 23 25	10 47 33	18 38 29	20 4 26
7	13 32 9	10 9 32	8 35 53	19 42 43	7 5 6	22 28 49	14 24 8	11 57 8	0 43 37	3 54 0	22 23 19	10 48 9	18 38 27	20 4 39
8	13 36 27	10 38 34	8 38 30	19 33 42	7 5 48	22 27 49	14 24 28	11 59 0	0 43 30	3 53 11	22 23 13	10 48 44	18 38 25	20 4 52
9	13 40 45	11 7 24	8 41 6	19 24 33	7 6 29	22 26 49	14 24 48	12 0 53	0 43 22	3 52 21	22 23 7	10 49 19	18 38 24	20 5 4
10	13 45 4	11 36 1	8 43 41	19 15 18	7 7 10	22 25 49	14 25 9	12 2 47	0 43 14	3 51 30	22 23 1	10 49 54	18 38 23	20 5 17
11	13 49 24	12 4 23	8 46 16	19 5 55	7 7 51	22 24 49	14 25 30	12 4 42	0 43 6	3 50 39	22 22 55	10 50 29	18 38 21	20 5 30
12	13 53 44	12 32 31	8 48 51	18 56 26	7 8 30	22 23 50	14 25 51	12 6 38	0 42 58	3 49 47	22 22 49	10 51 3	18 38 20	20 5 42
13	13 58 4	13 0 24	8 51 25	18 46 50	7 9 10	22 22 51	14 26 12	12 8 35	0 42 50	3 48 55	22 22 43	10 51 37	18 38 19	20 5 55
14	14 2 26	13 28 0	8 53 58	18 37 7	7 9 49	22 21 52	14 26 34	12 10 33	0 42 42	3 48 3	22 22 37	10 52 11	18 38 18	20 6 7
15	14 6 47	13 55 20	8 56 31	18 27 18	7 10 27	22 20 53	14 26 55	12 12 31	0 42 34	3 47 10	22 22 32	10 52 45	18 38 18	20 6 19
16	14 11 10	14 22 22	8 59 4	18 17 23	7 11 5	22 19 55	14 27 17	12 14 30	0 42 25	3 46 16	22 22 26	10 53 18	18 38 17	20 6 31
17	14 15 33	14 49 7	9 1 36	18 7 21	7 11 42	22 18 57	14 27 40	12 16 30	0 42 17	3 45 23	22 22 20	10 53 51	18 38 17	20 6 43
18	14 19 56	15 15 32	9 4 7	17 57 13	7 12 19	22 18 0	14 28 2	12 18 31	0 42 8	3 44 28	22 22 14	10 54 24	18 38 16	20 6 55
19	14 24 20	15 41 38	9 6 39	17 47 0	7 12 55	22 17 3	14 28 25	12 20 32	0 42 0	3 43 34	22 22 9	10 54 56	18 38 16	20 7 7
20	14 28 45	16 7 24	9 9 9	17 36 40	7 13 31	22 16 6	14 28 47	12 22 34	0 41 51	3 42 39	22 22 3	10 55 28	18 38 16	20 7 19
21	14 33 11	16 32 49	9 11 39	17 26 14	7 14 6	22 15 10	14 29 10	12 24 37	0 41 43	3 41 44	22 21 57	10 56 0	18 38 16	20 7 30
22	14 37 37	16 57 53	9 14 9	17 15 43	7 14 40	22 14 14	14 29 34	12 26 40	0 41 34	3 40 49	22 21 52	10 56 31	18 38 16	20 7 42
23	14 42 3	17 22 34	9 16 38	17 5 7	7 15 14	22 13 20	14 29 57	12 28 44	0 41 25	3 39 53	22 21 47	10 57 2	18 38 16	20 7 53
24	14 46 31	17 46 54	9 19 7	16 54 25	7 15 48	22 12 25	14 30 21	12 30 49	0 41 17	3 38 57	22 21 41	10 57 33	18 38 17	20 8 4
25	14 50 59	18 10 49	9 21 35	16 43 37	7 16 20	22 11 32	14 30 45	12 32 54	0 41 8	3 38 1	22 21 36	10 58 3	18 38 17	20 8 16
26	14 55 28	18 34 21	9 24 2	16 32 45	7 16 52	22 10 39	14 31 9	12 35 0	0 40 59	3 37 5	22 21 31	10 58 33	18 38 18	20 8 26
27	14 59 58	18 57 29	9 26 30	16 21 47	7 17 24	22 9 46	14 31 33	12 37 6	0 40 50	3 36 9	22 21 25	10 59 3	18 38 19	20 8 37
28	15 4 28	19 20 11	9 28 56	16 10 45	7 17 55	22 8 55	14 31 57	12 39 13	0 40 41	3 35 12	22 21 20	10 59 32	18 38 20	20 8 48
29	15 8 59	19 42 27	9 31 23	15 59 37	7 18 25	22 8 5	14 32 22	12 41 20	0 40 33	3 34 16	22 21 15	11 0 0	18 38 21	20 8 59
30	15 13 31	20S 4 17	9 33 49	15N48 26	7 18 55	22N 7 15	14 32 47	12S43 28	0 40 24	3N33 19	22 21 10	11S 0 28	18 38 22	20S 9 9

OCTOBER 2013

DAY	SIDEREAL TIME h m s	☉ SUN LONG ° ' "	MOT ' "	R.A. h m s	DECL ° ' "	☽ MOON AT 0 HOURS LONG ° ' "	12h MOT ° ' "	2DIF	R.A. h m s	DECL ° ' "	☽ MOON AT 12 HOURS LONG ° ' "	12h MOT ° ' "	2DIF	R.A. h m s	DECL ° ' "
1 Tu	0 39 34	13♍ 2 38	59 1	12 29 18.8	3S 9 54	25♋18 24	6 11 3	110	9 24 3	9N53 57	1♌29 27	6 14 51	117	9 47 51	8N 2 58
2 W	0 43 30	14 1 39	59 3	12 32 56.1	3 33 10	7♌44 18	6 18 52	123	10 11 42	6 5 38	14 3 10	6 23 3	126	10 35 38	4 3 2
3 Th	0 47 27	15 0 42	59 5	12 36 33.8	3 56 23	20 26 13	6 27 17	127	10 59 43	1 56 21	26 53 30	6 31 32	126	11 24 2	0S13 8
4 F	0 51 24	15 59 48	59 7	12 40 11.8	4 19 33	3♍25 2	6 35 43	123	11 48 39	2S23 58	10♍ 0 44	6 39 45	118	12 13 38	4 34 36
5 S	0 55 20	16 58 55	59 10	12 43 50.1	4 42 40	16 40 29	6 43 36	112	12 39 3	6 43 19	23 24 5	6 47 12	104	13 4 58	8 48 19
6 Su	0 59 17	17 58 5	59 12	12 47 28.9	5 5 44	0♎11 17	6 50 31	95	13 31 24	10 47 40	7♎ 1 49	6 53 32	85	13 58 25	12 39 23
7 M	1 3 13	18 57 16	59 14	12 51 8.0	5 28 43	13 55 20	6 56 13	75	14 26 1	14 21 54	20 51 33	6 58 33	65	14 54 12	15 51 52
8 Tu	1 7 10	19 56 30	59 15	12 54 47.5	5 51 39	27 50 6	7 0 34	55	15 22 55	17 8 49	4♏50 40	7 2 15	46	15 52 8	18 10 34
9 W	1 11 6	20 55 45	59 17	12 58 27.4	6 14 30	11♏52 55	7 3 37	36	16 21 44	18 55 42	18 56 31	7 4 40	27	16 51 37	19 23 10
10 Th	1 15 3	21 55 2	59 19	13 2 7.7	6 37 16	26 1 11	7 5 26	19	17 21 40	19 32 14	3♐ 6 38	7 5 56	11	17 51 44	19 22 40
11 F	1 18 59	22 54 21	59 21	13 5 48.5	6 59 56	10♐12 34	7 6 9	3	18 21 41	18 54 39	17 18 43	7 6 7	-5	18 51 25	18 8 46
12 S	1 22 56	23 53 41	59 22	13 9 29.8	7 22 31	24 24 49	7 5 48	-14	19 20 49	17 6 2	1♑30 37	7 5 12	-22	19 49 48	15 47 44
13 Su	1 26 53	24 53 4	59 24	13 13 11.6	7 45 0	8♑35 49	7 4 19	-31	20 18 20	14 15 25	15 40 8	7 3 8	-40	20 46 23	12 30 50
14 M	1 30 49	25 52 28	59 26	13 16 53.8	8 7 22	22 43 16	7 1 39	-50	21 13 58	10 35 51	29 44 54	6 59 50	-59	21 41 7	8 32 24
15 Tu	1 34 46	26 51 53	59 28	13 20 36.6	8 29 38	6♒44 44	6 57 41	-69	22 7 52	6 22 27	13♒42 25	6 55 13	-79	22 34 16	4 8 0
16 W	1 38 42	27 51 21	59 29	13 24 19.9	8 51 46	20 37 38	6 52 25	-88	23 0 24	1 51 0	27 30 3	6 49 19	-97	23 26 18	0N26 38
17 Th	1 42 39	28 50 50	59 31	13 28 3.7	9 13 46	4♓19 22	6 45 56	-105	23 52 3	2N43 1	11♓ 5 18	6 42 19	-112	0 17 43	4 56 21
18 F	1 46 35	29 50 21	59 33	13 31 48.2	9 35 39	17 47 37	6 38 29	-117	0 43 20	7 4 57	24 26 6	6 34 30	-121	1 8 58	9 7 10
19 S	1 50 32	0♎49 55	59 35	13 35 33.2	9 57 23	1♈ 0 36	6 30 25	-123	1 34 38	11 1 31	7♈31 1	6 26 18	-123	2 0 22	12 46 39
20 Su	1 54 28	1 49 30	59 37	13 39 18.9	10 18 58	13 57 19	6 22 13	-121	2 26 10	14 21 23	20 19 32	6 18 13	-118	2 52 2	15 44 39
21 M	1 58 25	2 49 7	59 40	13 43 5.2	10 40 25	26 37 45	6 14 22	-112	3 17 57	16 55 39	2♉52 6	6 10 44	-105	3 43 53	17 53 41
22 Tu	2 2 21	3 48 47	59 42	13 46 52.2	11 1 42	9♉ 2 51	6 7 24	-95	4 9 48	18 38 20	15 10 14	6 4 23	-85	4 35 39	19 9 20
23 W	2 6 18	4 48 28	59 44	13 50 39.9	11 22 49	21 14 37	6 1 45	-72	5 1 24	19 26 36	27 16 22	5 59 34	-59	5 27 0	19 30 15
24 Th	2 10 15	5 48 12	59 46	13 54 28.3	11 43 46	3♊15 56	5 57 51	-44	5 52 24	19 20 32	9♊13 47	5 56 38	-28	6 17 34	18 57 49
25 F	2 14 11	6 47 58	59 48	13 58 17.4	12 4 32	15 10 25	5 55 58	-12	6 42 29	18 22 37	21 6 23	5 55 52	6	7 7 9	17 35 28
26 S	2 18 8	7 47 46	59 51	14 2 7.2	12 25 7	27 2 15	5 56 20	23	7 31 33	16 37 2	2♋58 36	5 57 24	41	7 55 43	15 27 59
27 Su	2 22 4	8 47 37	59 53	14 5 57.8	12 45 31	8♋56 0	5 59 3	58	8 19 39	14 9 0	14 55 3	6 1 18	76	8 43 24	12 40 51
28 M	2 26 1	9 47 29	59 55	14 9 49.1	13 5 43	20 56 21	6 4 6	92	9 7 0	11 4 15	27 0 27	6 7 27	108	9 30 32	9 20 0
29 Tu	2 29 57	10 47 24	59 57	14 13 41.2	13 25 43	3♌ 7 54	6 11 19	123	9 54 3	7 28 57	9♌19 12	6 15 38	136	10 17 37	5 31 57
30 W	2 33 54	11 47 21	59 59	14 17 34.1	13 45 30	15 34 51	6 20 22	147	10 41 19	3 29 59	21 55 13	6 25 26	156	11 5 14	1 24 6
31 Th	2 37 50	12♎47 20	60 1	14 21 27.8	14S 5 5	28♌20 39	6 30 46	162	11 29 27	0S44 30	4♍51 25	6 36 15	166	11 54 3	2S54 29

LUNAR INGRESSES
1 ☽ ♌ 9:07
3 ☽ ♍ 17:44
5 ☽ ♎ 23:40
8 ☽ ♏ 3:43
10 ☽ ♐ 6:44
12 ☽ ♑ 9:27
14 ☽ ♒ 12:26
16 ☽ ♓ 16:23
18 ☽ ♈ 22:09
21 ☽ ♉ 6:28
23 ☽ ♊ 17:27
26 ☽ ♋ 5:59
28 ☽ ♌ 17:53
31 ☽ ♍ 3:04

PLANET INGRESSES
3 ♀ ♏ 4:24
7 ♂ ♌ 1:08
18 ☉ ♎ 3:53
31 ♀ ♐ 5:56

STATIONS
21 ☿ R 10:30

DATA FOR THE 1st AT 0 HOURS
JULIAN DAY 41546.5
☽ MEAN ☊ 14♎ 12' 13"
OBLIQUITY 23° 26' 8"
DELTA T 72.2 SECONDS
NUTATION LONGITUDE 10.6"

DAY MO	YR	☿ LONG ° ' "	♀ LONG ° ' "	♂ LONG ° ' "	♃ LONG ° ' "	♄ LONG ° ' "	♅ LONG ° ' "	♆ LONG ° ' "	♇ LONG ° ' "	☊ LONG ° '	A.S.S.I. h m s	S.S.R.Y. h m s	S.V.P. ♓ ° ' "	☿ MERCURY R.A. h m s	DECL ° ' "
1	274	6♎59 43	27♎33 31	26♋18 59	23♊24 2	15♎ 4 19	15♓41R59	8♒ 8R40	14♐ 4 56	13♎12	15 41 24	30 2 45	5 3 53.1	13 56 8	14S 3 35
2	275	8 14 22	28 40 41	26 55 41	23 30 39	15 10 48	15 39 34	8 7 25	14 5 16	13 07	15 45 57	30 3 14	5 3 53.1	14 0 47	14 35 51
3	276	9 27 28	29 47 43	27 32 19	23 37 7	15 17 19	15 37 8	8 6 10	14 5 38	13 02	15 50 30	30 3 53	5 3 53.0	14 5 22	15 7 8
4	277	10 38 55	0♏54 36	28 8 54	23 43 26	15 23 53	15 34 43	8 4 57	14 6 2	12 58	15 55 4	30 4 42	5 3 53.0	14 9 51	15 37 22
5	278	11 48 36	2 1 21	28 45 25	23 49 35	15 30 29	15 32 17	8 3 45	14 6 28	12 54	15 59 39	30 5 42	5 3 53.0	14 14 15	16 6 32
6	279	12 56 23	3 7 57	29 21 53	23 55 34	15 37 7	15 29 51	8 2 34	14 6 55	12 53	16 4 13	30 6 50	5 3 53.0	14 18 34	16 34 33
7	280	14 2 9	4 14 23	29 58 17	24 1 25	15 43 47	15 27 26	8 1 25	14 7 25	12 52	16 8 49	30 8 2	5 3 52.9	14 22 45	17 1 23
8	281	15 5 42	5 20 40	0♌34 38	24 7 5	15 50 29	15 25 1	8 0 17	14 7 56	12 53	16 13 25	30 9 14	5 3 52.8	14 26 50	17 26 56
9	282	16 6 51	6 26 47	1 10 55	24 12 35	15 57 13	15 22 36	7 59 11	14 8 29	12 54	16 18 1	30 10 22	5 3 52.7	14 30 46	17 51 10
10	283	17 5 25	7 32 43	1 47 8	24 17 56	16 3 59	15 20 12	7 58 6	14 9 4	12 55	16 22 38	30 11 22	5 3 52.5	14 34 33	18 13 59
11	284	18 1 8	8 38 29	2 23 17	24 23 6	16 10 47	15 17 48	7 57 2	14 9 41	12 56	16 27 15	30 12 10	5 3 52.3	14 38 11	18 35 19
12	285	18 53 44	9 44 4	2 59 23	24 28 7	16 17 36	15 15 24	7 56 1	14 10 19	12 57	16 31 53	30 12 45	5 3 52.1	14 41 37	18 55 2
13	286	19 42 57	10 49 27	3 35 25	24 32 57	16 24 27	15 13 1	7 55 0	14 10 59	12 56	16 36 32	30 13 5	5 3 52.0	14 44 51	19 13 2
14	287	20 28 25	11 54 38	4 11 22	24 37 37	16 31 20	15 10 38	7 54 2	14 11 42	12 55	16 41 11	30 13 10	5 3 51.9	14 47 52	19 29 14
15	288	21 9 48	12 59 36	4 47 17	24 42 6	16 38 14	15 8 17	7 53 5	14 12 25	12 53	16 45 51	30 13 2	5 3 51.8	14 50 37	19 43 27
16	289	21 46 40	14 4 22	5 23 7	24 46 26	16 45 10	15 5 55	7 52 9	14 13 11	12 51	16 50 31	30 12 42	5 3 51.8	14 53 4	19 55 34
17	290	22 18 35	15 8 54	5 58 54	24 50 34	16 52 7	15 3 35	7 51 15	14 13 59	12 49	16 55 13	30 12 11	5 3 51.8	14 55 14	20 5 23
18	291	22 45 4	16 13 13	6 34 37	24 54 32	16 59 5	15 1 16	7 50 23	14 14 48	12 48	16 59 55	30 11 33	5 3 51.8	14 57 2	20 12 46
19	292	23 5 38	17 17 17	7 10 16	24 58 19	17 6 5	14 58 57	7 49 33	14 15 39	12 47	17 4 37	30 10 49	5 3 51.7	14 58 27	20 17 28
20	293	23 19 43	18 21 7	7 45 51	25 1 56	17 13 6	14 56 39	7 48 44	14 16 31	12 46	17 9 21	30 10 2	5 3 51.7	14 59 27	20 19 16
21	294	23 26R46	19 24 43	8 21 22	25 5 21	17 20 8	14 54 23	7 47 57	14 17 26	12 47	17 14 5	30 9 13	5 3 51.6	15 0 0	20 17 57
22	295	23 26 16	20 28 2	8 56 50	25 8 36	17 27 11	14 52 7	7 47 12	14 18 22	12 47	17 18 50	30 8 24	5 3 51.4	15 0 4	20 13 16
23	296	23 17 39	21 31 6	9 32 14	25 11 40	17 34 16	14 49 52	7 46 28	14 19 20	12 48	17 23 36	30 7 37	5 3 51.3	14 59 36	20 4 56
24	297	23 0 30	22 33 54	10 7 33	25 14 32	17 41 21	14 47 39	7 45 47	14 20 19	12 49	17 28 23	30 6 53	5 3 51.1	14 58 36	19 52 43
25	298	22 34 28	23 36 24	10 42 49	25 17 13	17 48 27	14 45 27	7 45 7	14 21 21	12 50	17 33 11	30 6 13	5 3 51.0	14 57 1	19 36 23
26	299	21 59 21	24 38 38	11 18 0	25 19 43	17 55 34	14 43 16	7 44 29	14 22 24	12 50	17 38 0	30 5 39	5 3 50.8	14 54 52	19 15 46
27	300	21 15 13	25 40 33	11 53 7	25 22 1	18 2 42	14 41 6	7 43 52	14 23 28	12 50	17 42 50	30 5 14	5 3 50.7	14 52 9	18 50 47
28	301	20 22 24	26 42 10	12 28 10	25 24 8	18 9 51	14 38 58	7 43 18	14 24 34	12 50	17 47 40	30 4 58	5 3 50.6	14 48 54	18 21 27
29	302	19 21 35	27 43 27	13 3 9	25 26 3	18 17 0	14 36 52	7 42 46	14 25 42	12 50	17 52 32	30 4 54	5 3 50.5	14 45 10	17 47 57
30	303	18 13 53	28 44 29	13 38 2	25 27 47	18 24 10	14 34 47	7 42 15	14 26 52	12 50	17 57 24	30 5 3	5 3 50.4	14 41 1	17 10 40
31	304	17♎ 0 47	29♏45 3	14♌12 53	25♊29 19	18♎31 20	14♓32 43	7♒41 46	14♐28 3	12♎50	18 2 18	30 5 25	5 3 50.4	14 36 35	16S30 12

DAY Oct	♀ VENUS R.A. h m s	DECL ° ' "	♂ MARS R.A. h m s	DECL ° ' "	♃ JUPITER R.A. h m s	DECL ° ' "	♄ SATURN R.A. h m s	DECL ° ' "	♅ URANUS R.A. h m s	DECL ° ' "	♆ NEPTUNE R.A. h m s	DECL ° ' "	♇ PLUTO R.A. h m s	DECL ° ' "
1	15 18 3	20S25 40	9 36 14	15N37 9	7 19 24	22N 6 26	14 33 11	12S45 36	0 40 15	3N32 23	22 21 5	11S 0 56	18 38 24	20S 9 20
2	15 22 36	20 46 35	9 38 39	15 25 49	7 19 52	22 5 38	14 33 37	12 47 45	0 40 6	3 31 26	22 21 1	11 1 23	18 38 25	20 9 30
3	15 27 10	21 7 2	9 41 3	15 14 24	7 20 20	22 4 52	14 34 2	12 49 54	0 39 57	3 30 29	22 20 56	11 1 50	18 38 27	20 9 40
4	15 31 44	21 27 0	9 43 27	15 2 55	7 20 47	22 4 6	14 34 27	12 52 3	0 39 48	3 29 32	22 20 51	11 2 16	18 38 28	20 9 50
5	15 36 19	21 46 28	9 45 50	14 51 22	7 21 13	22 3 21	14 34 53	12 54 13	0 39 39	3 28 35	22 20 47	11 2 42	18 38 30	20 10 0
6	15 40 55	22 5 27	9 48 13	14 39 45	7 21 39	22 2 37	14 35 19	12 56 23	0 39 30	3 27 39	22 20 42	11 3 7	18 38 32	20 10 9
7	15 45 31	22 23 55	9 50 36	14 28 4	7 22 4	22 1 55	14 35 44	12 58 33	0 39 21	3 26 42	22 20 38	11 3 32	18 38 34	20 10 19
8	15 50 7	22 41 52	9 52 58	14 16 20	7 22 28	22 1 13	14 36 10	13 0 44	0 39 12	3 25 46	22 20 34	11 3 56	18 38 37	20 10 28
9	15 54 44	22 59 17	9 55 19	14 4 32	7 22 52	22 0 33	14 36 37	13 2 55	0 39 3	3 24 49	22 20 29	11 4 19	18 38 39	20 10 37
10	15 59 22	23 16 11	9 57 40	13 52 41	7 23 15	21 59 54	14 37 3	13 5 6	0 38 54	3 23 53	22 20 25	11 4 42	18 38 42	20 10 46
11	16 3 59	23 32 31	10 0 1	13 40 47	7 23 37	21 59 16	14 37 29	13 7 17	0 38 45	3 22 58	22 20 21	11 5 5	18 38 44	20 10 55
12	16 8 37	23 48 19	10 2 21	13 28 50	7 23 58	21 58 40	14 37 56	13 9 29	0 38 37	3 22 2	22 20 17	11 5 26	18 38 47	20 11 4
13	16 13 16	24 3 33	10 4 41	13 16 49	7 24 19	21 58 5	14 38 22	13 11 40	0 38 28	3 21 6	22 20 13	11 5 48	18 38 50	20 11 13
14	16 17 54	24 18 13	10 7 0	13 4 46	7 24 39	21 57 31	14 38 49	13 13 52	0 38 19	3 20 11	22 20 10	11 6 8	18 38 53	20 11 21
15	16 22 33	24 32 19	10 9 19	12 52 40	7 24 58	21 56 59	14 39 16	13 16 4	0 38 10	3 19 16	22 20 6	11 6 29	18 38 56	20 11 29
16	16 27 12	24 45 50	10 11 37	12 40 31	7 25 17	21 56 28	14 39 43	13 18 16	0 38 2	3 18 22	22 20 3	11 6 48	18 38 59	20 11 38
17	16 31 50	24 58 46	10 13 55	12 28 20	7 25 35	21 55 58	14 40 10	13 20 28	0 37 53	3 17 27	22 19 59	11 7 7	18 39 3	20 11 46
18	16 36 29	25 11 6	10 16 12	12 16 6	7 25 52	21 55 30	14 40 37	13 22 40	0 37 44	3 16 33	22 19 56	11 7 25	18 39 6	20 11 53
19	16 41 7	25 22 51	10 18 29	12 3 50	7 26 8	21 55 4	14 41 5	13 24 52	0 37 36	3 15 40	22 19 53	11 7 43	18 39 10	20 12 1
20	16 45 46	25 34 0	10 20 46	11 51 31	7 26 23	21 54 39	14 41 32	13 27 4	0 37 27	3 14 47	22 19 50	11 8 0	18 39 14	20 12 8
21	16 50 24	25 44 32	10 23 2	11 39 10	7 26 38	21 54 15	14 42 0	13 29 16	0 37 19	3 13 54	22 19 47	11 8 16	18 39 18	20 12 16
22	16 55 2	25 54 28	10 25 17	11 26 48	7 26 52	21 53 53	14 42 27	13 31 28	0 37 11	3 13 2	22 19 44	11 8 32	18 39 22	20 12 23
23	16 59 39	26 3 47	10 27 33	11 14 23	7 27 5	21 53 33	14 42 55	13 33 39	0 37 2	3 12 10	22 19 41	11 8 47	18 39 26	20 12 30
24	17 4 16	26 12 29	10 29 47	11 1 57	7 27 17	21 53 14	14 43 22	13 35 51	0 36 54	3 11 19	22 19 38	11 9 1	18 39 30	20 12 37
25	17 8 52	26 20 34	10 32 2	10 49 29	7 27 29	21 52 57	14 43 50	13 38 3	0 36 46	3 10 28	22 19 36	11 9 15	18 39 35	20 12 43
26	17 13 28	26 28 2	10 34 16	10 37 0	7 27 40	21 52 42	14 44 18	13 40 14	0 36 38	3 9 38	22 19 33	11 9 28	18 39 39	20 12 50
27	17 18 2	26 34 53	10 36 29	10 24 29	7 27 50	21 52 28	14 44 46	13 42 26	0 36 30	3 8 48	22 19 31	11 9 41	18 39 44	20 12 56
28	17 22 36	26 41 7	10 38 42	10 11 57	7 27 59	21 52 16	14 45 14	13 44 37	0 36 22	3 7 59	22 19 29	11 9 52	18 39 49	20 13 3
29	17 27 9	26 46 43	10 40 55	9 59 23	7 28 7	21 52 6	14 45 42	13 46 48	0 36 14	3 7 10	22 19 27	11 10 3	18 39 53	20 13 9
30	17 31 41	26 51 43	10 43 7	9 46 49	7 28 14	21 51 58	14 46 10	13 48 59	0 36 7	3 6 22	22 19 25	11 10 14	18 39 58	20 13 14
31	17 36 12	26S56 5	10 45 19	9N34 14	7 28 21	21N51 51	14 46 38	13S51 9	0 35 59	3N 5 35	22 19 23	11S10 24	18 40 3	20S13 20

NOVEMBER 2013

DAY	SIDEREAL TIME h m s	☉ SUN LONG ° ' "	MOT ' "	R.A. h m s	DECL ° ' "	☽ MOON AT 0 HOURS LONG ° ' "	12h MOT ° ' "	2DIF	R.A. h m s	DECL ° ' "	☽ MOON AT 12 HOURS LONG ° ' "	12h MOT ° ' "	2DIF	R.A. h m s	DECL ° ' "
1 F	2 41 47	13♎47 21	60 3	14 25 22.3	14S24 25	11♍27 41	6 41 49	166	12 19 7	5S 4 21	18♍ 9 29	6 47 19	163	12 44 43	7S12 25
2 S	2 45 44	14 47 24	60 5	14 29 17.6	14 43 32	24 56 48	6 52 39	156	13 10 56	9 16 51	1♎49 27	6 57 43	146	13 37 49	11 15 35
3 Su	2 49 40	15 47 30	60 7	14 33 13.7	15 2 25	8♎47 10	7 2 23	133	14 5 25	13 6 28	15 49 33	7 6 33	116	14 33 43	14 47 16
4 M	2 53 37	16 47 37	60 9	14 37 10.6	15 21 3	22 56 6	7 10 8	97	15 2 43	16 15 43	0♏ 6 14	7 13 3	76	15 32 21	17 29 44
5 Tu	2 57 33	17 47 46	60 11	14 41 8.4	15 39 25	7♏19 17	7 15 14	54	16 2 32	18 27 22	14 34 31	7 16 40	32	16 33 8	19 7 4
6 W	3 1 30	18 47 56	60 12	14 45 6.9	15 57 33	21 51 11	7 17 21	9	17 3 59	19 27 45	29 8 32	7 17 17	-12	17 34 56	19 28 49
7 Th	3 5 26	19 48 9	60 14	14 49 6.3	16 15 24	6♐25 48	7 16 31	-33	18 5 46	19 10 17	13♐42 19	7 15 7	-51	18 36 21	18 32 41
8 F	3 9 23	20 48 22	60 15	14 53 6.5	16 32 59	20 57 26	7 13 9	-66	19 6 32	17 37 5	28 10 35	7 10 42	-79	19 36 13	16 24 55
9 S	3 13 19	21 48 38	60 17	14 57 7.6	16 50 17	5♑21 16	7 7 51	-90	20 5 18	14 57 56	12♑29 7	7 4 42	-98	20 33 47	13 18 5
10 Su	3 17 16	22 48 54	60 18	15 1 9.4	17 7 18	19 33 49	7 1 19	-104	21 1 39	11 27 23	26 35 8	6 57 48	-107	21 28 55	9 27 55
11 M	3 21 13	23 49 12	60 20	15 5 12.1	17 24 1	3♒32 55	6 54 11	-109	21 55 39	7 21 40	10♒27 6	6 50 32	-109	22 21 56	5 10 37
12 Tu	3 25 9	24 49 32	60 21	15 9 15.6	17 40 27	17 17 38	6 46 54	-108	22 47 48	2 56 37	24 4 32	6 43 18	-107	23 13 23	0 41 28
13 W	3 29 6	25 49 53	60 22	15 13 20.0	17 56 34	0♓47 51	6 39 46	-105	23 38 43	1N33 9	7♓27 37	6 36 19	-103	0 3 55	3N45 36
14 Th	3 33 2	26 50 15	60 24	15 17 25.2	18 12 22	14 3 56	6 32 56	-100	0 29 3	5 54 21	20 36 52	6 29 38	-98	0 54 11	7 57 54
15 F	3 36 59	27 50 39	60 25	15 21 31.2	18 27 51	27 6 30	6 26 25	-95	1 19 21	9 54 52	3♈32 55	6 23 17	-93	1 44 38	11 43 55
16 S	3 40 55	28 51 4	60 27	15 25 38.0	18 43 1	9♈56 12	6 20 15	-90	2 10 1	13 23 48	16 16 27	6 17 17	-87	2 35 32	14 53 25
17 Su	3 44 52	29 51 31	60 28	15 29 45.7	18 57 50	22 33 43	6 14 25	-84	3 1 11	16 11 46	28 48 8	6 11 39	-81	3 26 57	17 17 58
18 M	3 48 48	0♏51 59	60 30	15 33 54.2	19 12 20	4♉59 47	6 9 1	-77	3 52 47	18 11 23	11♉ 8 48	6 6 31	-72	4 18 38	18 51 29
19 Tu	3 52 45	1 52 29	60 32	15 38 3.5	19 26 28	17 15 19	6 4 12	-67	4 44 29	19 17 59	23 19 31	6 2 4	-60	5 10 14	19 30 47
20 W	3 56 42	2 53 1	60 33	15 42 13.7	19 40 16	29 21 35	6 0 10	-53	5 35 51	19 29 59	5♊21 45	5 58 33	-44	6 1 16	19 15 50
21 Th	4 0 38	3 53 34	60 35	15 46 24.7	19 53 43	11♊20 17	5 57 14	-34	6 26 26	18 48 47	17 17 31	5 56 16	-23	6 51 21	18 9 23
22 F	4 4 35	4 54 9	60 37	15 50 36.5	20 6 47	23 13 46	5 55 41	-11	7 15 57	17 18 17	29 9 27	5 55 32	3	7 40 15	16 16 13
23 S	4 8 31	5 54 45	60 38	15 54 49.1	20 19 30	5♋ 4 59	5 55 51	17	8 4 15	15 3 58	11♋ 0 50	5 56 40	33	8 27 59	13 42 19
24 Su	4 12 28	6 55 23	60 40	15 59 2.5	20 31 50	16 57 30	5 58 1	49	8 51 29	12 12 5	22 55 31	5 59 56	66	9 14 48	10 34 5
25 M	4 16 24	7 56 3	60 41	16 3 16.7	20 43 47	28 55 27	6 2 25	83	9 38 0	8 49 9	4♌57 52	6 5 30	101	10 1 8	6 58 7
26 Tu	4 20 21	8 56 44	60 43	16 7 31.7	20 55 22	11♌ 3 21	6 9 10	119	10 24 18	5 1 50	17 12 31	6 13 25	136	10 47 34	3 1 12
27 W	4 24 17	9 57 27	60 45	16 11 47.4	21 6 33	23 25 56	6 18 14	152	11 11 2	0 57 11	29 44 10	6 23 35	167	11 34 48	1S 9 9
28 Th	4 28 14	10 58 11	60 46	16 16 3.9	21 17 20	6♍ 7 45	6 29 24	180	11 58 58	3S16 38	12♍37 9	6 35 37	191	12 23 37	5 23 56
29 F	4 32 11	11 58 58	60 48	16 20 21.1	21 27 43	19 12 45	6 42 8	198	12 48 51	7 29 32	25 54 53	6 48 50	202	13 14 46	9 31 44
30 S	4 36 7	12♏59 45	60 49	16 24 39.0	21S37 41	2♎43 43	6 55 36	201	13 41 27	11S28 36	9♎39 18	7 2 15	195	14 8 56	13S18 2

LUNAR INGRESSES
- 2 ☽ ♎ 8:50
- 4 ☽ ♏ 11:50
- 6 ☽ ♐ 13:25
- 8 ☽ ♑ 15:03
- 10 ☽ ♒ 17:52
- 12 ☽ ♓ 22:34
- 15 ☽ ♈ 5:23
- 17 ☽ ♉ 14:19
- 20 ☽ ♊ 1:17
- 22 ☽ ♋ 13:42
- 25 ☽ ♌ 2:09
- 27 ☽ ♍ 12:30
- 29 ☽ ♎ 19:13

PLANET INGRESSES
- 17 ☉ ♏ 3:22
- 28 ♂ ♍ 5:32

STATIONS
- 7 ♃ R 5:04
- 10 ☿ D 21:13
- 13 ♆ D 18:43

DATA FOR THE 1st AT 0 HOURS
- JULIAN DAY 41577.5
- ☽ MEAN ☊ 12° 33' 39"
- OBLIQUITY 23° 26' 8"
- DELTA T 72.3 SECONDS
- NUTATION LONGITUDE 9.1"

DAY MO YR	☿ LONG ° ' "	♀ LONG ° ' "	♂ LONG ° ' "	♃ LONG ° ' "	♄ LONG ° ' "	♅ LONG ° ' "	♆ LONG ° ' "	♇ LONG ° ' "	☊ LONG ° '	A.S.S.I. h m s	S.S.R.Y. h m s	S.V.P. ♓ ° ' "	☿ MERCURY R.A. h m s	DECL ° ' "
1 305	15♎44R13	0♐45 19	14♌47 38	25♊30 39	18♎38 31	14♓30R41	7♒41R20	14♐29 16	12♎50	18 7 13	30 6 1	5 3 50.4	14 31 58	15S47 25
2 306	14 26 23	1 45 13	15 22 19	25 31 47	18 45 42	14 28 41	7 40 55	14 30 30	12 50	18 12 8	30 6 51	5 3 50.3	14 27 18	15 3 18
3 307	13 9 42	2 44 44	15 56 54	25 32 43	18 52 54	14 26 42	7 40 32	14 31 46	12 50	18 17 5	30 7 52	5 3 50.2	14 22 46	14 19 5
4 308	11 56 35	3 43 52	16 31 25	25 33 27	19 0 6	14 24 45	7 40 11	14 33 3	12 50	18 22 2	30 9 1	5 3 50.1	14 18 28	13 36 1
5 309	10 49 21	4 42 35	17 5 51	25 34 0	19 7 18	14 22 50	7 39 52	14 34 22	12 50	18 27 1	30 10 15	5 3 49.9	14 14 34	12 55 19
6 310	9 50 3	5 40 52	17 40 12	25 34 20	19 14 30	14 20 57	7 39 35	14 35 43	12 49	18 32 1	30 11 28	5 3 49.7	14 11 10	12 18 7
7 311	9 0 18	6 38 42	18 14 28	25 34R28	19 21 42	14 19 6	7 39 20	14 37 5	12 48	18 37 2	30 12 36	5 3 49.5	14 8 22	11 45 20
8 312	8 21 16	7 36 4	18 48 38	25 34 25	19 28 54	14 17 17	7 39 8	14 38 28	12 48	18 42 3	30 13 36	5 3 49.3	14 6 13	11 17 40
9 313	7 53 40	8 32 57	19 22 44	25 34 9	19 36 6	14 15 30	7 38 57	14 39 53	12 47	18 47 6	30 14 26	5 3 49.1	14 4 46	10 55 34
10 314	7 37D45	9 29 19	19 56 44	25 33 41	19 43 18	14 13 46	7 38 48	14 41 19	12 46	18 52 10	30 15 4	5 3 48.9	14 4 1	10 39 13
11 315	7 33 23	10 25 10	20 30 38	25 33 2	19 50 29	14 12 3	7 38 41	14 42 47	12 47	18 57 16	30 15 28	5 3 48.8	14 3 58	10 28 36
12 316	7 40 9	11 20 27	21 4 28	25 32 10	19 57 40	14 10 22	7 38 37	14 44 16	12 47	19 2 21	30 15 40	5 3 48.7	14 4 35	10 23 31
13 317	7 57 24	12 15 9	21 38 11	25 31 6	20 4 51	14 8 44	7 38D34	14 45 46	12 48	19 7 28	30 15 41	5 3 48.7	14 5 49	10 23 38
14 318	8 24 21	13 9 16	22 11 50	25 29 50	20 12 1	14 7 8	7 38 33	14 47 18	12 49	19 12 36	30 15 30	5 3 48.6	14 7 38	10 28 33
15 319	9 0 8	14 2 45	22 45 23	25 28 23	20 19 11	14 5 34	7 38 35	14 48 51	12 51	19 17 45	30 15 9	5 3 48.6	14 9 59	10 37 49
16 320	9 43 51	14 55 35	23 18 50	25 26 43	20 26 20	14 4 3	7 38 38	14 50 25	12 51	19 22 55	30 14 41	5 3 48.5	14 12 49	10 50 55
17 321	10 34 36	15 47 45	23 52 12	25 24 52	20 33 29	14 2 34	7 38 44	14 52 1	12 51	19 28 6	30 14 5	5 3 48.3	14 16 4	11 7 24
18 322	11 31 34	16 39 13	24 25 28	25 22 49	20 40 37	14 1 7	7 38 51	14 53 38	12 50	19 33 19	30 13 23	5 3 48.2	14 19 43	11 26 47
19 323	12 33 57	17 29 57	24 58 38	25 20 34	20 47 44	13 59 43	7 39 1	14 55 16	12 47	19 38 32	30 12 37	5 3 48.0	14 23 41	11 48 37
20 324	13 41 2	18 19 55	25 31 43	25 18 7	20 54 50	13 58 21	7 39 13	14 56 55	12 44	19 43 46	30 11 48	5 3 47.8	14 27 58	12 12 31
21 325	14 52 10	19 9 7	26 4 41	25 15 29	21 1 55	13 57 2	7 39 26	14 58 36	12 41	19 49 1	30 10 57	5 3 47.6	14 32 30	12 38 6
22 326	16 6 47	19 57 29	26 37 34	25 12 39	21 9 0	13 55 45	7 39 42	15 0 18	12 37	19 54 18	30 10 7	5 3 47.4	14 37 15	13 5 2
23 327	17 24 23	20 45 0	27 10 20	25 9 38	21 16 3	13 54 31	7 40 0	15 2 0	12 34	19 59 35	30 9 19	5 3 47.2	14 42 13	13 33 1
24 328	18 44 30	21 31 38	27 43 0	25 6 25	21 23 5	13 53 20	7 40 20	15 3 44	12 31	20 4 54	30 8 36	5 3 47.0	14 47 22	14 1 48
25 329	20 6 46	22 17 21	28 15 34	25 3 0	21 30 6	13 52 11	7 40 42	15 5 29	12 30	20 10 13	30 8 1	5 3 46.9	14 52 39	14 31 9
26 330	21 30 51	23 2 6	28 48 1	24 59 24	21 37 6	13 51 5	7 41 6	15 7 16	12 29	20 15 33	30 7 36	5 3 46.8	14 58 6	15 0 51
27 331	22 56 27	23 45 52	29 20 21	24 55 37	21 44 5	13 50 2	7 41 32	15 9 4	12 30	20 20 55	30 7 24	5 3 46.7	15 3 39	15 30 43
28 332	24 23 21	24 28 35	29 52 35	24 51 39	21 51 2	13 49 1	7 42 0	15 10 51	12 31	20 26 17	30 7 26	5 3 46.7	15 9 19	16 0 35
29 333	25 51 18	25 10 14	0♍24 41	24 47 30	21 57 58	13 48 3	7 42 31	15 12 40	12 33	20 31 40	30 7 44	5 3 46.6	15 15 5	16 30 20
30 334	27♎20 9	25♐50 45	0♍56 41	24♊43 10	22♎ 4 52	13♓47 8	7♒43 3	15♐14 30	12♎34	20 37 4	30 8 16	5 3 46.5	15 20 56	16S59 50

DAY Nov	♀ VENUS R.A. h m s	DECL ° ' "	♂ MARS R.A. h m s	DECL ° ' "	♃ JUPITER R.A. h m s	DECL ° ' "	♄ SATURN R.A. h m s	DECL ° ' "	♅ URANUS R.A. h m s	DECL ° ' "	♆ NEPTUNE R.A. h m s	DECL ° ' "	♇ PLUTO R.A. h m s	DECL ° ' "
1	17 40 41	26S59 50	10 47 30	9N21 38	7 28 27	21N51 46	14 47 6	13S53 20	0 35 51	3N 4 48	22 19 21	11S10 32	18 40 9	20S13 26
2	17 45 10	27 2 58	10 49 41	9 9 1	7 28 32	21 51 43	14 47 35	13 55 29	0 35 44	3 4 2	22 19 20	11 10 41	18 40 14	20 13 31
3	17 49 36	27 5 29	10 51 51	8 56 24	7 28 36	21 51 42	14 48 3	13 57 39	0 35 37	3 3 17	22 19 18	11 10 48	18 40 19	20 13 36
4	17 54 1	27 7 24	10 54 1	8 43 47	7 28 39	21 51 42	14 48 31	13 59 48	0 35 30	3 2 33	22 19 17	11 10 55	18 40 25	20 13 41
5	17 58 25	27 8 43	10 56 11	8 31 9	7 28 41	21 51 45	14 49 0	14 1 57	0 35 22	3 1 49	22 19 16	11 11 1	18 40 31	20 13 46
6	18 2 46	27 9 26	10 58 20	8 18 31	7 28 43	21 51 49	14 49 28	14 4 6	0 35 15	3 1 6	22 19 15	11 11 6	18 40 36	20 13 50
7	18 7 6	27 9 33	11 0 29	8 5 53	7 28 44	21 51 55	14 49 56	14 6 14	0 35 9	3 0 24	22 19 14	11 11 11	18 40 42	20 13 54
8	18 11 23	27 9 6	11 2 37	7 53 15	7 28 43	21 52 3	14 50 25	14 8 22	0 35 2	2 59 43	22 19 13	11 11 15	18 40 48	20 13 59
9	18 15 38	27 8 3	11 4 45	7 40 37	7 28 42	21 52 13	14 50 53	14 10 29	0 34 55	2 59 2	22 19 12	11 11 18	18 40 54	20 14 3
10	18 19 51	27 6 26	11 6 52	7 28 0	7 28 41	21 52 25	14 51 21	14 12 36	0 34 49	2 58 23	22 19 12	11 11 20	18 41 0	20 14 7
11	18 24 1	27 4 15	11 8 59	7 15 22	7 28 38	21 52 38	14 51 50	14 14 43	0 34 42	2 57 44	22 19 11	11 11 22	18 41 7	20 14 10
12	18 28 8	27 1 31	11 11 5	7 2 46	7 28 34	21 52 54	14 52 18	14 16 48	0 34 36	2 57 6	22 19 11	11 11 23	18 41 13	20 14 14
13	18 32 13	26 58 13	11 13 12	6 50 10	7 28 30	21 53 11	14 52 46	14 18 54	0 34 30	2 56 29	22 19 11	11 11 23	18 41 20	20 14 17
14	18 36 15	26 54 24	11 15 17	6 37 35	7 28 24	21 53 30	14 53 15	14 20 59	0 34 24	2 55 53	22 19 11	11 11 23	18 41 26	20 14 20
15	18 40 13	26 50 3	11 17 22	6 25 0	7 28 18	21 53 51	14 53 43	14 23 3	0 34 18	2 55 18	22 19 11	11 11 21	18 41 33	20 14 23
16	18 44 9	26 45 11	11 19 27	6 12 26	7 28 11	21 54 13	14 54 11	14 25 6	0 34 13	2 54 44	22 19 11	11 11 19	18 41 39	20 14 26
17	18 48 1	26 39 48	11 21 31	5 59 54	7 28 4	21 54 38	14 54 40	14 27 9	0 34 7	2 54 10	22 19 11	11 11 16	18 41 46	20 14 29
18	18 51 49	26 33 56	11 23 35	5 47 22	7 27 55	21 55 4	14 55 8	14 29 12	0 34 2	2 53 38	22 19 12	11 11 13	18 41 53	20 14 31
19	18 55 34	26 27 34	11 25 39	5 34 52	7 27 45	21 55 32	14 55 36	14 31 14	0 33 57	2 53 7	22 19 12	11 11 9	18 42 0	20 14 33
20	18 59 14	26 20 45	11 27 42	5 22 23	7 27 35	21 56 2	14 56 4	14 33 15	0 33 52	2 52 37	22 19 13	11 11 4	18 42 7	20 14 36
21	19 2 51	26 13 28	11 29 44	5 9 55	7 27 24	21 56 33	14 56 32	14 35 15	0 33 47	2 52 7	22 19 14	11 10 58	18 42 14	20 14 37
22	19 6 24	26 5 45	11 31 47	4 57 29	7 27 12	21 57 6	14 57 0	14 37 15	0 33 42	2 51 39	22 19 15	11 10 51	18 42 21	20 14 39
23	19 9 52	25 57 35	11 33 48	4 45 4	7 26 59	21 57 41	14 57 28	14 39 14	0 33 37	2 51 12	22 19 16	11 10 44	18 42 29	20 14 41
24	19 13 16	25 49 1	11 35 50	4 32 42	7 26 46	21 58 18	14 57 56	14 41 13	0 33 33	2 50 46	22 19 17	11 10 36	18 42 36	20 14 42
25	19 16 35	25 40 3	11 37 50	4 20 21	7 26 31	21 58 56	14 58 24	14 43 10	0 33 29	2 50 21	22 19 19	11 10 27	18 42 44	20 14 43
26	19 19 50	25 30 42	11 39 51	4 8 3	7 26 16	21 59 36	14 58 52	14 45 7	0 33 25	2 49 57	22 19 20	11 10 18	18 42 52	20 14 44
27	19 22 59	25 20 59	11 41 51	3 55 46	7 26 0	22 0 17	14 59 19	14 47 3	0 33 21	2 49 34	22 19 22	11 10 8	18 42 59	20 14 45
28	19 26 3	25 10 54	11 43 50	3 43 32	7 25 43	22 1 0	14 59 47	14 48 59	0 33 17	2 49 12	22 19 24	11 9 57	18 43 7	20 14 46
29	19 29 2	25 0 30	11 45 49	3 31 20	7 25 25	22 1 44	15 0 15	14 50 53	0 33 13	2 48 51	22 19 25	11 9 45	18 43 15	20 14 46
30	19 31 55	24S49 46	11 47 48	3N19 11	7 25 7	22N 2 30	15 0 42	14S52 47	0 33 10	2N48 32	22 19 28	11S 9 33	18 43 23	20S14 47

DECEMBER 2013

DAY	SIDEREAL TIME h m s	☉ SUN LONG ° ' "	MOT ' "	R.A. h m s	DECL ° ' "	☽ MOON AT 0 HOURS LONG ° ' "	12h MOT ° ' "	2DIF	R.A. h m s	DECL ° ' "	☽ MOON AT 12 HOURS LONG ° ' "	12h MOT ° ' "	2DIF	R.A. h m s	DECL ° ' "
1 Su	4 40 4	14♏ 0 34	60 51	16 28 57.6	21S47 15	16♎41 33	7 8 37	184	14 37 16	14S57 45	23♎50 10	7 14 31	168	15 6 26	16S25 25
2 M	4 44 0	15 1 24	60 52	16 33 16.8	21 56 24	1♏ 4 41	7 19 47	146	15 36 25	17 38 39	8♏24 28	7 24 14	119	16 7 6	18 35 17
3 Tu	4 47 57	16 2 16	60 53	16 37 36.7	22 5 7	15 48 42	7 27 43	88	16 38 21	19 13 26	23 16 25	7 30 6	54	17 10 1	19 31 41
4 W	4 51 53	17 3 9	60 54	16 41 57.2	22 13 25	0♐46 31	7 31 20	19	17 41 51	19 29 15	8♐17 51	7 31 21	-17	18 13 39	19 6 0
5 Th	4 55 50	18 4 3	60 55	16 46 18.3	22 21 18	15 49 12	7 30 12	-51	18 45 13	18 22 31	23 19 23	7 27 56	-83	19 16 22	17 20 1
6 F	4 59 46	19 4 57	60 56	16 50 39.9	22 28 44	0♑47 19	7 24 41	-110	19 46 55	16 0 15	8♑12 1	7 20 36	-133	20 16 49	14 25 21
7 S	5 3 43	20 5 53	60 56	16 55 2.0	22 35 44	15 32 36	7 15 50	-151	20 45 59	12 37 40	22 48 26	7 10 33	-163	21 14 26	10 39 38
8 Su	5 7 40	21 6 49	60 57	16 59 24.6	22 42 17	29 58 59	7 4 58	-170	21 42 10	8 33 41	7♒ 3 57	6 59 13	-173	22 9 14	6 22 8
9 M	5 11 36	22 7 46	60 58	17 3 47.6	22 48 24	14♒ 3 10	6 53 27	-171	22 35 45	4 7 7	20 56 38	6 47 48	-166	23 1 46	1 50 37
10 Tu	5 15 33	23 8 43	60 58	17 8 11.1	22 54 4	27 44 26	6 42 22	-159	23 27 23	0N25 32	4♓26 47	6 37 12	-150	23 52 42	2N39 42
11 W	5 19 29	24 9 41	60 59	17 12 35.0	22 59 16	11♓ 4 0	6 32 23	-139	0 17 48	4 50 21	17 36 23	6 27 56	-128	0 42 47	6 56 8
12 Th	5 23 26	25 10 40	60 59	17 16 59.2	23 4 2	24 4 18	6 23 51	-117	1 7 42	8 55 44	0♈28 10	6 20 10	-105	1 32 38	10 47 58
13 F	5 27 22	26 11 39	61 0	17 21 23.8	23 8 19	6♈48 19	6 16 50	-95	1 57 38	12 31 44	13 5 9	6 13 51	-85	2 22 45	14 5 58
14 S	5 31 19	27 12 39	61 1	17 25 48.7	23 12 10	19 19 0	6 11 10	-76	2 47 58	15 29 45	25 30 10	6 8 47	-68	3 13 20	16 42 13
15 Su	5 35 15	28 13 40	61 1	17 30 13.8	23 15 32	1♉38 57	6 6 40	-60	3 38 49	17 42 38	7♉45 37	6 4 46	-54	4 4 23	18 30 25
16 M	5 39 12	29 14 41	61 2	17 34 39.3	23 18 27	13 50 22	6 3 4	-48	4 30 1	19 5 5	19 53 26	6 1 33	-43	4 55 39	19 26 22
17 Tu	5 43 9	0♐15 42	61 3	17 39 4.9	23 20 54	25 54 59	6 0 12	-38	5 21 14	19 34 11	1♊55 11	5 59 1	-33	5 46 42	19 28 35
18 W	5 47 5	1 16 45	61 3	17 43 30.7	23 22 53	7♊54 11	5 57 59	-28	6 12 0	19 9 50	13 52 10	5 57 7	-23	6 37 5	18 38 21
19 Th	5 51 2	2 17 48	61 4	17 47 56.8	23 24 23	19 49 17	5 56 27	-17	7 1 54	17 54 42	25 45 44	5 55 59	-10	7 26 26	16 59 34
20 F	5 54 58	3 18 51	61 4	17 52 22.9	23 25 26	1♋41 43	5 55 45	-3	7 50 40	15 53 44	7♋37 28	5 55 48	6	8 14 35	14 38 0
21 S	5 58 55	4 19 56	61 5	17 56 49.1	23 26 0	13 33 16	5 56 9	16	8 38 14	13 13 17	19 29 25	5 56 51	27	9 1 36	11 40 28
22 Su	6 2 51	5 21 1	61 6	18 1 15.4	23 26 6	25 26 17	5 57 57	40	9 24 46	10 0 27	1♌24 14	5 59 30	53	9 47 46	8 14 9
23 M	6 6 48	6 22 6	61 6	18 5 41.8	23 25 44	7♌23 44	6 1 31	68	10 10 40	6 22 28	13 25 15	6 4 4	85	10 33 32	4 26 20
24 Tu	6 10 45	7 23 13	61 7	18 10 8.1	23 24 54	19 29 19	6 7 10	102	10 56 28	2 26 39	25 36 28	6 10 50	119	11 19 33	0 24 24
25 W	6 14 41	8 24 20	61 8	18 14 34.5	23 23 35	1♍47 16	6 15 7	137	11 42 52	1S39 25	8♍ 2 25	6 19 59	155	12 6 31	3S43 43
26 Th	6 18 38	9 25 27	61 8	18 19 0.7	23 21 48	14 22 24	6 25 27	172	12 30 37	5 47 16	20 47 51	6 31 27	188	12 55 15	7 48 46
27 F	6 22 34	10 26 36	61 9	18 23 26.9	23 19 33	27 19 18	6 37 58	202	13 20 31	9 46 43	3♎57 16	6 44 54	212	13 46 31	11 39 25
28 S	6 26 31	11 27 44	61 10	18 27 53.0	23 16 50	10♎42 9	6 52 8	220	14 13 20	13 25 2	17 34 17	6 59 32	222	14 41 0	15 1 30
29 Su	6 30 27	12 28 54	61 10	18 32 18.9	23 13 39	24 33 49	7 6 55	219	15 9 34	16 26 39	1♏40 44	7 14 6	209	15 39 1	17 38 14
30 M	6 34 24	13 30 4	61 10	18 36 44.6	23 9 59	8♏54 50	7 20 50	192	16 9 18	18 34 2	16 15 40	7 26 55	169	16 40 18	19 12 2
31 Tu	6 38 20	14♐31 14	61 11	18 41 10.1	23S 5 52	23♏42 35	7 32 5	138	17 11 53	19S30 34	1♐14 40	7 36 7	102	17 43 50	19S28 27

LUNAR INGRESSES
1 ☽ ♏ 22:13
3 ☽ ♐ 22:46
5 ☽ ♑ 22:44
8 ☽ ♒ 0:02
10 ☽ ♓ 4:02
12 ☽ ♈ 11:07
14 ☽ ♉ 20:46
17 ☽ ♊ 8:10
19 ☽ ♋ 20:34
22 ☽ ♌ 9:11
24 ☽ ♍ 20:32
27 ☽ ♎ 4:52
29 ☽ ♏ 9:11
31 ☽ ♐ 10:01

PLANET INGRESSES
1 ☿ ♏ 18:42
7 ♀ ♑ 0:59
16 ☉ ♐ 17:49
21 ☿ ♐ 5:00

STATIONS
17 ♅ D 17:40
21 ♀ R 21:54

DATA FOR THE 1st AT 0 HOURS
JULIAN DAY 41607.5
☽ MEAN ☊ 10° ♎ 58' 16"
OBLIQUITY 23° 26' 7"
DELTA T 72.3 SECONDS
NUTATION LONGITUDE 9.3"

DAY MO	YR	☿ LONG ° ' "	♀ LONG ° ' "	♂ LONG ° ' "	♃ LONG ° ' "	♄ LONG ° ' "	♅ LONG ° ' "	♆ LONG ° ' "	♇ LONG ° ' "	☊ LONG ° '	A.S.S.I. h m s	S.S.R.Y. h m s	S.V.P. ♓ ° ' "	☿ MERCURY R.A. h m s	DECL ° ' "
1	335	28♎49 45	26♐30 7	1♍28 33	24♊38R39	22♎11 44	13♓46R16	7♒43 37	15♐16 22	12♎35	20 42 29	30 9 4	5 3 46.3	15 26 52	17S28 58
2	336	0♏19 58	27 8 15	2 0 17	24 33 58	22 18 35	13 45 27	7 44 14	15 18 14	12 33	20 47 54	30 10 0	5 3 46.1	15 32 52	17 57 39
3	337	1 50 42	27 45 7	2 31 54	24 29 6	22 25 24	13 44 40	7 44 52	15 20 7	12 30	20 53 21	30 11 6	5 3 45.9	15 38 57	18 25 47
4	338	3 21 51	28 20 39	3 3 24	24 24 4	22 32 12	13 43 57	7 45 32	15 22 1	12 26	20 58 48	30 12 15	5 3 45.6	15 45 5	18 53 18
5	339	4 53 21	28 54 49	3 34 45	24 18 52	22 38 57	13 43 17	7 46 15	15 23 55	12 21	21 4 16	30 13 24	5 3 45.3	15 51 16	19 20 9
6	340	6 25 9	29 27 32	4 5 58	24 13 30	22 45 40	13 42 39	7 47 0	15 25 51	12 15	21 9 45	30 14 29	5 3 45.1	15 57 31	19 46 15
7	341	7 57 11	29 58 46	4 37 3	24 7 59	22 52 22	13 42 5	7 47 46	15 27 47	12 10	21 15 14	30 15 27	5 3 44.9	16 3 49	20 11 32
8	342	9 29 25	0♑28 25	5 7 59	24 2 18	22 59 1	13 41 33	7 48 34	15 29 44	12 06	21 20 44	30 16 17	5 3 44.7	16 10 10	20 35 59
9	343	11 1 49	0 56 26	5 38 47	23 56 29	23 5 38	13 41 4	7 49 25	15 31 42	12 05	21 26 15	30 16 56	5 3 44.6	16 16 33	20 59 32
10	344	12 34 22	1 22 45	6 9 27	23 50 30	23 12 12	13 40 39	7 50 17	15 33 40	12 04	21 31 46	30 17 26	5 3 44.5	16 22 59	21 22 10
11	345	14 7 3	1 47 19	6 39 57	23 44 23	23 18 45	13 40 17	7 51 12	15 35 39	12 05	21 37 17	30 17 44	5 3 44.4	16 29 28	21 43 49
12	346	15 39 51	2 10 3	7 10 19	23 38 7	23 25 15	13 39 57	7 52 8	15 37 39	12 07	21 42 49	30 17 52	5 3 44.3	16 36 0	22 4 27
13	347	17 12 46	2 30 53	7 40 32	23 31 43	23 31 42	13 39 41	7 53 6	15 39 40	12 08	21 48 21	30 17 50	5 3 44.2	16 42 33	22 24 3
14	348	18 45 48	2 49 45	8 10 36	23 25 11	23 38 7	13 39 28	7 54 6	15 41 41	12 08	21 53 54	30 17 37	5 3 44.0	16 49 9	22 42 34
15	349	20 18 56	3 6 36	8 40 31	23 18 32	23 44 29	13 39 17	7 55 8	15 43 42	12 06	21 59 27	30 17 15	5 3 43.8	16 55 47	23 0 0
16	350	21 52 11	3 21 21	9 10 16	23 11 46	23 50 49	13 39 10	7 56 12	15 45 44	12 01	22 5 1	30 16 44	5 3 43.6	17 2 28	23 16 18
17	351	23 25 34	3 33 57	9 39 52	23 4 52	23 57 6	13 39D 6	7 57 18	15 47 47	11 55	22 10 35	30 16 5	5 3 43.4	17 9 10	23 31 26
18	352	24 59 3	3 44 20	10 9 18	22 57 51	24 3 20	13 39 5	7 58 26	15 49 50	11 46	22 16 9	30 15 18	5 3 43.2	17 15 55	23 45 23
19	353	26 32 42	3 52 26	10 38 34	22 50 44	24 9 32	13 39 7	7 59 35	15 51 53	11 36	22 21 43	30 14 25	5 3 43.0	17 22 42	23 58 9
20	354	28 6 29	3 58 13	11 7 40	22 43 31	24 15 40	13 39 13	8 0 46	15 53 57	11 25	22 27 17	30 13 28	5 3 42.7	17 29 30	24 9 40
21	355	29 40 26	4 1R38	11 36 36	22 36 12	24 21 46	13 39 21	8 1 59	15 56 1	11 15	22 32 52	30 12 30	5 3 42.6	17 36 21	24 19 56
22	356	1♐14 33	4 2 38	12 5 21	22 28 47	24 27 48	13 39 32	8 3 14	15 58 6	11 06	22 38 26	30 11 32	5 3 42.4	17 43 13	24 28 56
23	357	2 48 51	4 1 12	12 33 56	22 21 17	24 33 47	13 39 47	8 4 31	16 0 11	11 00	22 44 1	30 10 39	5 3 42.3	17 50 7	24 36 37
24	358	4 23 22	3 57 17	13 2 19	22 13 42	24 39 43	13 40 4	8 5 49	16 2 16	10 55	22 49 36	30 9 54	5 3 42.2	17 57 2	24 43 0
25	359	5 58 6	3 50 52	13 30 32	22 6 3	24 45 36	13 40 25	8 7 9	16 4 21	10 53	22 55 10	30 9 20	5 3 42.1	18 4 0	24 48 2
26	360	7 33 4	3 41 58	13 58 32	21 58 19	24 51 26	13 40 49	8 8 31	16 6 27	10 53	23 0 45	30 9 0	5 3 42.0	18 10 58	24 51 43
27	361	9 8 17	3 30 35	14 26 21	21 50 31	24 57 12	13 41 16	8 9 54	16 8 33	10 54	23 6 19	30 8 54	5 3 41.9	18 17 58	24 54 1
28	362	10 43 45	3 16 44	14 53 58	21 42 39	25 2 54	13 41 46	8 11 20	16 10 39	10 55	23 11 53	30 9 4	5 3 41.7	18 25 0	24 54 55
29	363	12 19 31	3 0 27	15 21 22	21 34 44	25 8 33	13 42 19	8 12 46	16 12 45	10 54	23 17 27	30 9 28	5 3 41.6	18 32 2	24 54 24
30	364	13 55 33	2 41 47	15 48 22	21 26 46	25 14 6	13 42 56	8 14 15	16 14 52	10 51	23 23 1	30 10 6	5 3 41.3	18 39 6	24 52 27
31	365	15♐31 55	2♑20 49	16♍15 33	21♊18 46	25♎19 41	13♓43 35	8♒15 45	16♐16 58	10♎45	23 28 35	30 10 55	5 3 41.1	18 46 11	24S49 3

DAY Dec	♀ VENUS R.A. h m s	DECL ° ' "	♂ MARS R.A. h m s	DECL ° ' "	♃ JUPITER R.A. h m s	DECL ° ' "	♄ SATURN R.A. h m s	DECL ° ' "	♅ URANUS R.A. h m s	DECL ° ' "	♆ NEPTUNE R.A. h m s	DECL ° ' "	♇ PLUTO R.A. h m s	DECL ° ' "
1	19 34 43	24S38 44	11 49 46	3N 7 5	7 24 48	22N 3 18	15 1 9	14S54 40	0 33 7	2N48 13	22 19 30	11S 9 20	18 43 30	20S14 47
2	19 37 24	24 27 25	11 51 43	2 55 1	7 24 28	22 4 6	15 1 37	14 56 32	0 33 4	2 47 56	22 19 32	11 9 6	18 43 38	20 14 47
3	19 40 0	24 15 50	11 53 41	2 43 0	7 24 7	22 4 56	15 2 4	14 58 23	0 33 1	2 47 40	22 19 34	11 8 51	18 43 47	20 14 46
4	19 42 29	24 4 1	11 55 37	2 31 2	7 23 46	22 5 48	15 2 31	15 0 13	0 32 58	2 47 25	22 19 37	11 8 36	18 43 55	20 14 46
5	19 44 51	23 51 58	11 57 33	2 19 8	7 23 24	22 6 41	15 2 58	15 2 2	0 32 55	2 47 11	22 19 40	11 8 19	18 44 3	20 14 45
6	19 47 7	23 39 43	11 59 29	2 7 16	7 23 1	22 7 35	15 3 25	15 3 51	0 32 53	2 46 58	22 19 42	11 8 3	18 44 11	20 14 45
7	19 49 15	23 27 17	12 1 24	1 55 28	7 22 37	22 8 30	15 3 51	15 5 38	0 32 51	2 46 47	22 19 45	11 7 45	18 44 19	20 14 44
8	19 51 16	23 14 41	12 3 18	1 43 44	7 22 13	22 9 26	15 4 18	15 7 24	0 32 49	2 46 37	22 19 49	11 7 27	18 44 28	20 14 43
9	19 53 10	23 1 56	12 5 12	1 32 3	7 21 48	22 10 23	15 4 44	15 9 10	0 32 47	2 46 28	22 19 52	11 7 8	18 44 36	20 14 42
10	19 54 55	22 49 4	12 7 6	1 20 25	7 21 23	22 11 21	15 5 11	15 10 54	0 32 46	2 46 20	22 19 55	11 6 48	18 44 44	20 14 40
11	19 56 33	22 36 5	12 8 59	1 8 52	7 20 57	22 12 21	15 5 37	15 12 37	0 32 44	2 46 13	22 19 58	11 6 28	18 44 53	20 14 39
12	19 58 2	22 23 2	12 10 51	0 57 22	7 20 30	22 13 21	15 6 3	15 14 20	0 32 43	2 46 8	22 20 2	11 6 7	18 45 1	20 14 37
13	19 59 22	22 9 54	12 12 43	0 45 56	7 20 3	22 14 22	15 6 29	15 16 1	0 32 42	2 46 4	22 20 6	11 5 45	18 45 10	20 14 35
14	20 0 34	21 56 44	12 14 34	0 34 34	7 19 35	22 15 24	15 6 54	15 17 41	0 32 41	2 46 0	22 20 9	11 5 23	18 45 19	20 14 33
15	20 1 36	21 43 32	12 16 25	0 23 17	7 19 6	22 16 26	15 7 20	15 19 20	0 32 40	2 45 59	22 20 13	11 5 0	18 45 27	20 14 31
16	20 2 29	21 30 20	12 18 15	0 12 4	7 18 38	22 17 29	15 7 45	15 20 58	0 32 40	2 45 58	22 20 17	11 4 36	18 45 36	20 14 28
17	20 3 13	21 17 9	12 20 5	0 0 55	7 18 8	22 18 33	15 8 10	15 22 35	0 32 40	2 45 59	22 20 22	11 4 12	18 45 45	20 14 26
18	20 3 47	21 3 59	12 21 54	0S10 10	7 17 38	22 19 37	15 8 35	15 24 11	0 32 39	2 46 1	22 20 26	11 3 46	18 45 53	20 14 23
19	20 4 10	20 50 53	12 23 42	0 21 10	7 17 8	22 20 42	15 9 0	15 25 46	0 32 39	2 46 4	22 20 30	11 3 21	18 46 2	20 14 20
20	20 4 24	20 37 51	12 25 30	0 32 5	7 16 37	22 21 48	15 9 25	15 27 20	0 32 40	2 46 8	22 20 35	11 2 54	18 46 11	20 14 17
21	20 4 27	20 24 54	12 27 18	0 42 55	7 16 6	22 22 53	15 9 49	15 28 52	0 32 40	2 46 14	22 20 39	11 2 27	18 46 20	20 14 14
22	20 4 20	20 12 3	12 29 4	0 53 41	7 15 34	22 23 59	15 10 14	15 30 23	0 32 41	2 46 20	22 20 44	11 2 0	18 46 29	20 14 11
23	20 4 3	19 59 20	12 30 50	1 4 21	7 15 2	22 25 6	15 10 38	15 31 53	0 32 42	2 46 28	22 20 49	11 1 31	18 46 38	20 14 8
24	20 3 34	19 46 44	12 32 36	1 14 56	7 14 29	22 26 13	15 11 2	15 33 22	0 32 43	2 46 38	22 20 54	11 1 3	18 46 47	20 14 4
25	20 2 56	19 34 19	12 34 20	1 25 26	7 13 57	22 27 19	15 11 25	15 34 50	0 32 44	2 46 48	22 20 59	11 0 33	18 46 55	20 14 0
26	20 2 6	19 22 3	12 36 4	1 35 50	7 13 23	22 28 26	15 11 49	15 36 16	0 32 45	2 47 0	22 21 4	11 0 3	18 47 4	20 13 57
27	20 1 7	19 9 59	12 37 48	1 46 9	7 12 50	22 29 33	15 12 12	15 37 42	0 32 47	2 47 12	22 21 9	10 59 32	18 47 13	20 13 53
28	19 59 56	18 58 6	12 39 30	1 56 22	7 12 16	22 30 40	15 12 35	15 39 6	0 32 49	2 47 27	22 21 15	10 59 1	18 47 22	20 13 48
29	19 58 36	18 46 27	12 41 12	2 6 29	7 11 42	22 31 47	15 12 58	15 40 28	0 32 51	2 47 42	22 21 20	10 58 29	18 47 31	20 13 44
30	19 57 6	18 35 2	12 42 53	2 16 30	7 11 8	22 32 54	15 13 20	15 41 50	0 32 53	2 47 58	22 21 26	10 57 56	18 47 40	20 13 40
31	19 55 27	18S23 52	12 44 34	2S26 25	7 10 34	22N34 0	15 13 42	15S43 10	0 32 55	2N48 16	22 21 32	10S57 23	18 47 49	20S13 35

JANUARY 2014

DAY	SIDEREAL TIME h m s	☉ SUN LONG ° ' "	MOT ' "	R.A. h m s	DECL ° ' "	☽ MOON AT 0 HOURS LONG ° ' "	12h MOT ° ' "	2DIF "	R.A. h m s	DECL ° ' "	☽ MOON AT 12 HOURS LONG ° ' "	12h MOT ° ' "	2DIF "	R.A. h m s	DECL ° ' "
1 W	6 42 17	15♐32 24	61 11	18 45 35.3	23S 1 17	8♐50 47	7 38 52	61	18 15 59	19S 5 10	16♐29 39	7 40 11	17	18 48 3	18S20 57
2 Th	6 46 14	16 33 35	61 11	18 50 0.2	22 56 15	24 9 49	7 40 1	-27	19 19 52	17 16 44	1♑49 50	7 38 22	-70	19 51 15	15 54 8
3 F	6 50 10	17 34 45	61 11	18 54 24.8	22 50 45	9♑28 11	7 35 19	-110	20 22 1	14 15 19	17 3 30	7 31 2	-145	20 52 8	12 22 47
4 S	6 54 7	18 35 56	61 10	18 58 49.0	22 44 49	24 34 32	7 25 41	-173	21 21 31	10 19 17	2♒ 0 13	7 19 30	-194	21 50 10	8 7 35
5 Su	6 58 3	19 37 6	61 10	19 3 12.8	22 38 25	9♒19 43	7 12 45	-208	22 18 9	5 50 22	16 32 28	7 5 38	-215	22 45 29	3 30 10
6 M	7 2 0	20 38 16	61 10	19 7 36.1	22 31 34	23 38 6	6 58 23	-217	23 12 16	1 9 15	0♓36 29	6 51 11	-212	23 38 34	1N10 17
7 Tu	7 5 56	21 39 26	61 9	19 11 58.9	22 24 16	7♓27 40	6 44 13	-204	0 4 29	3N26 38	14 11 53	6 37 36	-192	0 30 7	5 38 12
8 W	7 9 53	22 40 35	61 9	19 16 21.3	22 16 32	20 49 29	6 31 26	-178	0 55 31	7 43 34	27 20 55	6 25 46	-162	1 20 47	9 41 32
9 Th	7 13 49	23 41 44	61 8	19 20 43.1	22 8 22	3♈46 40	6 20 39	-145	1 45 58	11 30 58	10♈ 7 19	6 16 6	-128	2 11 9	13 10 56
10 F	7 17 46	24 42 52	61 8	19 25 4.4	21 59 46	16 23 26	6 12 8	-111	2 36 20	14 40 34	22 35 33	6 8 42	-95	3 1 35	15 59 8
11 S	7 21 43	25 44 0	61 7	19 29 25.1	21 50 44	28 44 15	6 5 47	-80	3 26 53	17 5 58	4♉50 2	6 3 22	-66	3 52 15	18 0 31
12 Su	7 25 39	26 45 7	61 7	19 33 45.2	21 41 17	10♉53 24	6 1 23	-53	4 17 40	18 42 22	16 54 47	5 59 48	-42	4 43 5	19 11 13
13 M	7 29 36	27 46 13	61 6	19 38 4.6	21 31 24	22 54 34	5 58 34	-32	5 8 30	19 26 52	28 53 8	5 57 38	-24	5 33 51	19 29 19
14 Tu	7 33 32	28 47 20	61 6	19 42 23.5	21 21 6	4♊50 47	5 56 59	-16	5 59 6	19 18 40	10♊47 45	5 56 33	-10	6 24 11	18 55 11
15 W	7 37 29	29 48 25	61 5	19 46 41.7	21 10 24	16 44 18	5 56 18	-5	6 49 5	18 19 18	22 40 36	5 56 14	0	7 13 45	17 31 32
16 Th	7 41 25	0♑49 31	61 5	19 50 59.2	20 59 18	28 36 49	5 56 19	5	7 38 10	16 32 33	4♋33 8	5 56 33	9	8 2 18	15 23 7
17 F	7 45 22	1 50 35	61 4	19 55 16.0	20 47 47	10♋29 41	5 56 56	14	8 26 10	14 4 4	16 26 37	5 57 28	19	8 49 47	12 36 18
18 S	7 49 18	2 51 39	61 4	19 59 32.2	20 35 53	22 24 5	5 58 12	25	9 13 10	11 0 45	28 22 17	5 59 7	31	9 36 20	9 18 23
19 Su	7 53 15	3 52 43	61 3	20 3 47.6	20 23 35	4♌21 25	6 0 18	39	9 59 20	7 30 12	10♌21 42	6 1 45	48	10 22 15	5 37 10
20 M	7 57 12	4 53 47	61 3	20 8 2.3	20 10 54	16 23 27	6 3 31	59	10 45 7	3 40 18	22 26 57	6 5 39	70	11 8 1	1 40 38
21 Tu	8 1 8	5 54 50	61 3	20 12 16.3	19 57 51	28 32 37	6 8 12	83	11 31 1	0S20 48	4♍40 49	6 11 12	97	11 54 13	2S22 55
22 W	8 5 5	6 55 52	61 2	20 16 29.5	19 44 25	10♍52 1	6 14 42	113	12 17 41	4 24 37	17 6 43	6 18 43	129	12 41 31	6 24 41
23 Th	8 9 1	7 56 54	61 2	20 20 42.0	19 30 36	23 25 26	6 23 16	145	13 5 49	8 21 51	29 48 42	6 28 22	161	13 30 39	10 14 44
24 F	8 12 58	8 57 56	61 1	20 24 53.7	19 16 27	6♎17 4	6 33 59	176	13 56 8	12 1 50	12♎51 3	6 40 5	189	14 22 18	13 41 32
25 S	8 16 54	9 58 57	61 1	20 29 4.7	19 1 55	19 31 7	6 46 36	201	14 49 14	15 12 5	26 17 43	6 53 27	208	15 16 58	16 31 37
26 Su	8 20 51	10 59 57	61 0	20 33 14.9	18 47 3	3♏11 10	7 0 29	212	15 45 31	17 38 13	10♏11 39	7 7 34	210	16 14 50	18 29 59
27 M	8 24 47	12 0 58	61 0	20 37 24.3	18 31 50	17 19 13	7 14 29	202	16 44 53	19 5 8	24 33 42	7 21 2	187	17 15 33	19 22 5
28 Tu	8 28 44	13 1 57	60 59	20 41 32.9	18 16 17	1♐54 43	7 26 57	165	17 46 41	19 19 38	9♐21 41	7 32 2	136	18 18 8	18 57 5
29 W	8 32 41	14 2 56	60 58	20 45 40.8	18 0 24	16 53 42	7 36 2	101	18 49 43	18 14 18	24 29 44	7 38 46	61	19 21 14	17 11 48
30 Th	8 36 37	15 3 54	60 57	20 49 47.8	17 44 12	2♑ 8 30	7 40 5	17	19 52 31	15 50 45	9♑48 35	7 39 54	-28	20 23 26	14 12 56
31 F	8 40 34	16♑ 4 51	60 56	20 53 54.0	17S27 40	17♑28 28	7 38 14	-72	20 53 51	12S20 33	25♑ 6 42	7 35 7	-113	21 23 44	10S16 14

LUNAR INGRESSES
2 ☽ ♑ 9:08
4 ☽ ♒ 8:45
6 ☽ ♓ 10:57
8 ☽ ♈ 16:56
11 ☽ ♉ 2:29
13 ☽ ♊ 14:14
16 ☽ ♋ 2:48
18 ☽ ♌ 15:16
21 ☽ ♍ 2:51
23 ☽ ♎ 12:21
25 ☽ ♏ 18:29
27 ☽ ♐ 20:54
29 ☽ ♑ 20:39
31 ☽ ♒ 19:43

PLANET INGRESSES
5 ♀ ♐ 3:28
8 ☿ ♑ 20:38
15 ☉ ♑ 4:33
27 ☿ ♒ 9:30

STATIONS
31 ♀ D 20:50

DATA FOR THE 1st AT 0 HOURS
JULIAN DAY 41638.5
☽ MEAN ☊ 9°♎ 19' 42"
OBLIQUITY 23° 26' 7"
DELTA T 72.4 SECONDS
NUTATION LONGITUDE 10.7"

DAY MO	YR	☿ LONG ° ' "	♀ LONG ° ' "	♂ LONG ° ' "	♃ LONG ° ' "	♄ LONG ° ' "	♅ LONG ° ' "	♆ LONG ° ' "	♇ LONG ° ' "	☊ LONG ° '	A.S.S.I. h m s	S.S.R.Y. h m s	S.V.P. ° ♓ ' "	☿ MERCURY R.A. h m s	DECL ° ' "
1	1	17♐ 8 35	1♑57R36	16♍42 18	21♊10R44	25♎25 9	13♓44 17	8♒17 17	16♐19 5	10♎37	23 34 8	30 11 53	5 3 40.8	18 53 16	24S44 11
2	2	18 45 34	1 32 16	17 8 50	21 2 39	25 30 33	13 45 3	8 18 50	16 21 11	10 27	23 39 41	30 12 52	5 3 40.5	19 0 22	24 37 50
3	3	20 22 54	1 4 55	17 35 8	20 54 34	25 35 53	13 45 52	8 20 25	16 23 18	10 16	23 45 13	30 13 53	5 3 40.3	19 7 29	24 29 59
4	4	22 0 33	0 35 42	18 1 11	20 46 27	25 41 9	13 46 43	8 22 1	16 25 24	10 07	23 50 45	30 14 52	5 3 40.1	19 14 36	24 20 37
5	5	23 38 34	0 4 47	18 27 0	20 38 20	25 46 21	13 47 38	8 23 39	16 27 31	9 59	23 56 17	30 15 47	5 3 39.9	19 21 43	24 9 44
6	6	25 16 55	29♐32 20	18 52 35	20 30 13	25 51 29	13 48 36	8 25 18	16 29 37	9 53	24 1 47	30 16 36	5 3 39.8	19 28 50	23 57 19
7	7	26 55 36	28 58 33	19 17 54	20 22 5	25 56 33	13 49 37	8 26 59	16 31 44	9 50	24 7 18	30 17 18	5 3 39.8	19 35 57	23 43 22
8	8	28 34 38	28 23 40	19 42 58	20 13 59	26 1 33	13 50 41	8 28 41	16 33 50	9 50	24 12 47	30 17 51	5 3 39.7	19 43 4	23 27 51
9	9	0♑13 58	27 47 55	20 7 47	20 5 53	26 6 28	13 51 48	8 30 25	16 35 55	9 50	24 18 16	30 18 16	5 3 39.6	19 50 10	23 10 47
10	10	1 53 37	27 11 31	20 32 20	19 57 49	26 11 19	13 52 57	8 32 9	16 38 1	9 50	24 23 44	30 18 30	5 3 39.4	19 57 15	22 51 10
11	11	3 33 32	26 34 44	20 56 37	19 49 46	26 16 6	13 54 10	8 33 56	16 40 6	9 48	24 29 12	30 18 33	5 3 39.2	20 4 19	22 31 59
12	12	5 13 42	25 57 51	21 20 37	19 41 46	26 20 48	13 55 26	8 35 43	16 42 12	9 44	24 34 39	30 18 26	5 3 39.1	20 11 21	22 10 15
13	13	6 54 3	25 21 6	21 44 20	19 33 47	26 25 26	13 56 44	8 37 32	16 44 16	9 37	24 40 5	30 18 8	5 3 38.8	20 18 22	21 46 58
14	14	8 34 32	24 44 46	22 7 47	19 25 52	26 29 59	13 58 6	8 39 22	16 46 21	9 27	24 45 30	30 17 38	5 3 38.6	20 25 21	21 22 9
15	15	10 15 5	24 9 5	22 30 56	19 18 0	26 34 27	13 59 30	8 41 14	16 48 25	9 15	24 50 54	30 16 59	5 3 38.4	20 32 17	20 55 50
16	16	11 55 36	23 34 18	22 53 47	19 10 11	26 38 51	14 0 57	8 43 6	16 50 29	9 01	24 56 18	30 16 9	5 3 38.2	20 39 10	20 28 1
17	17	13 35 59	23 0 40	23 16 21	19 2 25	26 43 10	14 2 27	8 45 0	16 52 32	8 45	25 1 40	30 15 12	5 3 38.1	20 45 59	19 58 45
18	18	15 16 7	22 28 24	23 38 35	18 54 44	26 47 24	14 4 0	8 46 55	16 54 35	8 31	25 7 2	30 14 9	5 3 37.9	20 52 44	19 28 4
19	19	16 55 49	21 57 41	24 0 31	18 47 8	26 51 34	14 5 35	8 48 51	16 56 37	8 18	25 12 23	30 13 4	5 3 37.8	20 59 24	18 56 2
20	20	18 34 54	21 28 44	24 22 7	18 39 36	26 55 38	14 7 14	8 50 48	16 58 39	8 07	25 17 43	30 11 59	5 3 37.7	21 5 59	18 22 43
21	21	20 13 8	21 1 41	24 43 23	18 32 9	26 59 38	14 8 55	8 52 46	17 0 40	8 00	25 23 2	30 10 58	5 3 37.6	21 12 27	17 48 13
22	22	21 50 17	20 36 42	25 4 18	18 24 47	27 3 32	14 10 38	8 54 45	17 2 41	7 56	25 28 20	30 10 5	5 3 37.6	21 18 47	17 12 36
23	23	23 26 2	20 13 53	25 24 53	18 17 31	27 7 22	14 12 25	8 56 45	17 4 41	7 54	25 33 38	30 9 24	5 3 37.5	21 24 58	16 36 1
24	24	25 0 0	19 53 21	25 45 6	18 10 22	27 11 6	14 14 14	8 58 47	17 6 41	7 54	25 38 54	30 8 55	5 3 37.4	21 30 59	15 58 36
25	25	26 31 48	19 35 11	26 4 58	18 3 18	27 14 45	14 16 6	9 0 49	17 8 40	7 54	25 44 9	30 8 40	5 3 37.3	21 36 48	15 20 32
26	26	28 0 58	19 19 26	26 24 26	17 56 21	27 18 19	14 18 0	9 2 52	17 10 38	7 52	25 49 23	30 8 40	5 3 37.1	21 42 23	14 42 1
27	27	29 26 57	19 6 9	26 43 32	17 49 31	27 21 48	14 19 57	9 4 56	17 12 35	7 49	25 54 37	30 8 55	5 3 36.9	21 47 43	14 3 17
28	28	0♒49 10	18 55 21	27 2 14	17 42 49	27 25 11	14 21 56	9 7 1	17 14 32	7 43	25 59 49	30 9 22	5 3 36.6	21 52 46	13 24 36
29	29	2 6 58	18 47 3	27 20 32	17 36 13	27 28 29	14 23 58	9 9 7	17 16 28	7 34	26 5 1	30 9 59	5 3 36.4	21 57 29	12 46 17
30	30	3 19 39	18 41 14	27 38 25	17 29 46	27 31 41	14 26 3	9 11 13	17 18 24	7 23	26 10 11	30 10 45	5 3 36.2	22 1 49	12 8 38
31	31	4♒26 26	18♐37D54	27♍55 52	17♊23 27	27♎34 48	14♓28 10	9♒13 21	17♐20 18	7♎11	26 15 20	30 11 36	5 3 36.0	22 5 45	11S32 4

DAY Jan	♀ VENUS R.A. h m s	DECL ° ' "	♂ MARS R.A. h m s	DECL ° ' "	♃ JUPITER R.A. h m s	DECL ° ' "	♄ SATURN R.A. h m s	DECL ° ' "	♅ URANUS R.A. h m s	DECL ° ' "	♆ NEPTUNE R.A. h m s	DECL ° ' "	♇ PLUTO R.A. h m s	DECL ° ' "
1	19 53 39	18S12 57	12 46 13	2S36 14	7 9 59	22N35 7	15 14 4	15S44 29	0 32 58	2N48 35	22 21 37	10S56 49	18 47 58	20S13 30
2	19 51 42	18 2 20	12 47 52	2 45 56	7 9 25	22 36 13	15 14 26	15 45 47	0 33 1	2 48 56	22 21 43	10 56 15	18 48 7	20 13 26
3	19 49 37	17 52 0	12 49 30	2 55 32	7 8 50	22 37 19	15 14 48	15 47 3	0 33 4	2 49 17	22 21 49	10 55 40	18 48 16	20 13 21
4	19 47 24	17 41 59	12 51 7	3 5 2	7 8 15	22 38 24	15 15 9	15 48 18	0 33 7	2 49 40	22 21 55	10 55 5	18 48 25	20 13 16
5	19 45 5	17 32 18	12 52 44	3 14 24	7 7 40	22 39 29	15 15 30	15 49 32	0 33 10	2 50 3	22 22 2	10 54 29	18 48 34	20 13 11
6	19 42 40	17 22 57	12 54 19	3 23 40	7 7 5	22 40 34	15 15 51	15 50 44	0 33 13	2 50 28	22 22 8	10 53 53	18 48 43	20 13 6
7	19 40 11	17 13 58	12 55 54	3 32 49	7 6 31	22 41 38	15 16 11	15 51 55	0 33 17	2 50 54	22 22 14	10 53 16	18 48 52	20 13 1
8	19 37 37	17 5 21	12 57 28	3 41 51	7 5 56	22 42 41	15 16 32	15 53 4	0 33 21	2 51 22	22 22 21	10 52 39	18 49 1	20 12 55
9	19 35 0	16 57 8	12 59 0	3 50 46	7 5 21	22 43 44	15 16 52	15 54 12	0 33 25	2 51 50	22 22 27	10 52 1	18 49 10	20 12 50
10	19 32 21	16 49 18	13 0 32	3 59 34	7 4 46	22 44 46	15 17 11	15 55 19	0 33 29	2 52 20	22 22 34	10 51 22	18 49 19	20 12 44
11	19 29 42	16 41 54	13 2 3	4 8 14	7 4 12	22 45 47	15 17 30	15 56 24	0 33 34	2 52 51	22 22 41	10 50 43	18 49 28	20 12 39
12	19 27 2	16 34 56	13 3 33	4 16 47	7 3 37	22 46 48	15 17 50	15 57 28	0 33 38	2 53 23	22 22 47	10 50 4	18 49 37	20 12 33
13	19 24 24	16 28 25	13 5 2	4 25 12	7 3 3	22 47 48	15 18 8	15 58 31	0 33 43	2 53 56	22 22 54	10 49 24	18 49 46	20 12 27
14	19 21 48	16 22 20	13 6 30	4 33 30	7 2 29	22 48 47	15 18 27	15 59 32	0 33 48	2 54 30	22 23 1	10 48 44	18 49 55	20 12 21
15	19 19 15	16 16 44	13 7 57	4 41 40	7 1 55	22 49 45	15 18 45	16 0 32	0 33 53	2 55 5	22 23 8	10 48 3	18 50 3	20 12 15
16	19 16 47	16 11 36	13 9 23	4 49 42	7 1 21	22 50 43	15 19 3	16 1 30	0 33 58	2 55 42	22 23 16	10 47 22	18 50 12	20 12 9
17	19 14 24	16 6 57	13 10 48	4 57 36	7 0 48	22 51 39	15 19 20	16 2 27	0 34 4	2 56 19	22 23 23	10 46 41	18 50 21	20 12 3
18	19 12 7	16 2 47	13 12 11	5 5 22	7 0 15	22 52 35	15 19 38	16 3 22	0 34 10	2 56 58	22 23 30	10 45 59	18 50 30	20 11 56
19	19 9 57	15 59 5	13 13 34	5 13 0	6 59 42	22 53 29	15 19 54	16 4 16	0 34 15	2 57 37	22 23 37	10 45 16	18 50 38	20 11 50
20	19 7 55	15 55 53	13 14 55	5 20 29	6 59 9	22 54 23	15 20 11	16 5 9	0 34 21	2 58 18	22 23 45	10 44 34	18 50 47	20 11 44
21	19 6 1	15 53 9	13 16 15	5 27 50	6 58 37	22 55 16	15 20 27	16 6 0	0 34 27	2 59 0	22 23 52	10 43 51	18 50 56	20 11 37
22	19 4 16	15 50 54	13 17 34	5 35 3	6 58 6	22 56 8	15 20 43	16 6 49	0 34 34	2 59 42	22 24 0	10 43 7	18 51 4	20 11 31
23	19 2 41	15 49 6	13 18 52	5 42 4	6 57 34	22 56 59	15 20 58	16 7 37	0 34 40	3 0 26	22 24 7	10 42 23	18 51 13	20 11 24
24	19 1 15	15 47 45	13 20 8	5 48 58	6 57 3	22 57 48	15 21 14	16 8 24	0 34 47	3 1 11	22 24 15	10 41 39	18 51 21	20 11 18
25	18 59 59	15 46 50	13 21 23	5 55 43	6 56 33	22 58 37	15 21 29	16 9 9	0 34 54	3 1 57	22 24 23	10 40 54	18 51 30	20 11 11
26	18 58 54	15 46 21	13 22 37	6 2 19	6 56 3	22 59 25	15 21 44	16 9 53	0 35 1	3 2 44	22 24 31	10 40 10	18 51 38	20 11 4
27	18 57 58	15 46 15	13 23 49	6 8 45	6 55 33	23 0 11	15 21 58	16 10 35	0 35 8	3 3 32	22 24 38	10 39 24	18 51 46	20 10 57
28	18 57 14	15 46 31	13 25 0	6 15 1	6 55 4	23 0 56	15 22 12	16 11 15	0 35 15	3 4 21	22 24 46	10 38 39	18 51 55	20 10 51
29	18 56 40	15 47 9	13 26 10	6 21 8	6 54 36	23 1 41	15 22 25	16 11 55	0 35 23	3 5 11	22 24 54	10 37 53	18 52 3	20 10 44
30	18 56 16	15 48 7	13 27 18	6 27 5	6 54 8	23 2 24	15 22 38	16 12 32	0 35 30	3 6 2	22 25 2	10 37 7	18 52 11	20 10 37
31	18 56 3	15S49 22	13 28 24	6S32 51	6 53 41	23N 3 6	15 22 51	16S13 8	0 35 38	3N 6 53	22 25 10	10S36 20	18 52 19	20S10 30

FEBRUARY 2014

DAY	SIDEREAL TIME h m s	☉ SUN LONG ° ' "	MOT ' "	R.A. h m s	DECL ° ' "	☽ MOON AT 0 HOURS LONG ° ' "	12h MOT ° ' "	2DIF "	R.A. h m s	DECL ° ' "	☽ MOON AT 12 HOURS LONG ° ' "	12h MOT ° ' "	2DIF "	R.A. h m s	DECL ° ' "
1 S	8 44 30	17♑ 5 47	60 55	20 57 59.4	17S10 51	2♒41 49	7 30 43	-149	21 53 2	8S 2 43	10♒12 33	7 25 13	-178	22 21 44	5S42 52
2 Su	8 48 27	18 6 43	60 54	21 2 4.0	16 53 43	17 37 46	7 18 50	-201	22 49 54	3 19 26	24 56 36	7 11 49	-217	23 17 33	0 55 3
3 M	8 52 23	19 7 36	60 53	21 6 7.7	16 36 17	2♓ 8 24	7 4 23	-225	23 44 44	1N27 54	9♓12 48	6 56 48	-227	0 11 33	3N47 17
4 Tu	8 56 20	20 8 29	60 51	21 10 10.7	16 18 34	16 9 36	6 49 15	-223	0 38 2	6 1 13	22 58 51	6 41 55	-215	1 4 16	8 8 5
5 W	9 0 16	21 9 20	60 50	21 14 12.8	16 0 34	29 40 46	6 34 56	-202	1 30 18	10 6 30	6♈15 43	6 28 25	-187	1 56 12	11 55 19
6 Th	9 4 13	22 10 10	60 48	21 18 14.0	15 42 18	12♈44 8	6 22 27	-170	2 21 59	13 33 35	19 6 35	6 17 5	-152	2 47 43	15 0 30
7 F	9 8 10	23 10 58	60 47	21 22 14.5	15 23 45	25 23 40	6 12 20	-133	3 13 23	16 15 26	1♉36 0	6 8 14	-114	3 39 1	17 17 55
8 S	9 12 6	24 11 45	60 45	21 26 14.1	15 4 57	7♉44 14	6 4 46	-95	4 4 37	18 7 33	13 49 0	6 1 54	-77	4 30 9	18 44 7
9 Su	9 16 3	25 12 30	60 44	21 30 12.9	14 45 54	19 50 54	5 59 37	-60	4 55 38	19 7 30	25 50 31	5 57 53	-45	5 21 0	19 17 43
10 M	9 19 59	26 13 14	60 42	21 34 10.9	14 26 36	1♊48 24	5 56 39	-30	5 46 15	19 14 51	7♊45 3	5 55 52	-17	6 11 21	18 59 10
11 Tu	9 23 56	27 13 56	60 41	21 38 8.2	14 7 4	13 40 55	5 55 30	-6	6 36 16	18 31 1	19 36 25	5 55 30	4	7 0 59	17 50 49
12 W	9 27 52	28 14 36	60 39	21 42 4.6	13 47 17	25 31 55	5 55 47	13	7 25 28	16 59 8	1♋27 42	5 56 21	20	7 49 44	15 56 38
13 Th	9 31 49	29 15 16	60 38	21 46 0.3	13 27 17	7♋24 4	5 57 9	27	8 13 45	14 44 0	13 21 13	5 58 8	32	8 37 33	13 22 4
14 F	9 35 45	0♒15 53	60 36	21 49 55.2	13 7 4	19 19 20	5 59 17	37	9 1 8	11 51 41	25 18 37	6 0 34	41	9 24 32	10 13 46
15 S	9 39 42	1 16 30	60 35	21 53 49.4	12 46 38	1♌19 11	6 2 0	45	9 47 47	8 29 16	7♌21 11	6 3 33	48	10 10 55	6 39 12
16 Su	9 43 39	2 17 4	60 33	21 57 42.8	12 25 59	13 24 43	6 5 13	53	10 34 0	4 44 37	19 29 57	6 7 3	57	10 57 5	2 46 35
17 M	9 47 35	3 17 38	60 32	22 1 35.6	12 5 9	25 37 0	6 9 3	63	11 20 13	0 46 14	1♍46 3	6 11 15	69	11 43 29	1S15 18
18 Tu	9 51 32	4 18 10	60 31	22 5 27.6	11 44 7	7♍57 18	6 13 40	76	12 6 56	3S16 49	14 10 57	6 16 20	85	12 30 39	5 17 4
19 W	9 55 28	5 18 40	60 29	22 9 19.0	11 22 54	20 27 18	6 19 18	94	12 54 43	7 14 45	26 46 36	6 22 36	104	13 19 11	9 8 33
20 Th	9 59 25	6 19 9	60 28	22 13 9.7	11 1 30	3♎ 9 12	6 26 15	115	13 44 8	10 57 2	9♎35 27	6 30 15	126	14 9 37	12 38 44
21 F	10 3 21	7 19 37	60 27	22 16 59.7	10 39 55	16 5 42	6 34 38	137	14 35 42	14 12 6	22 40 20	6 39 23	147	15 2 24	15 35 34
22 S	10 7 18	8 20 4	60 25	22 20 49.2	10 18 11	29 19 42	6 44 27	156	15 29 46	16 47 32	6♏ 4 9	6 49 48	164	15 57 46	17 46 25
23 Su	10 11 14	9 20 29	60 24	22 24 38.0	9 56 17	12♏53 58	6 55 22	168	16 26 24	18 30 41	19 49 19	7 1 1	169	16 55 35	18 58 56
24 M	10 15 11	10 20 53	60 23	22 28 26.2	9 34 14	26 50 21	7 6 39	166	17 25 16	19 10 1	3♐57 0	7 12 7	158	17 55 19	19 3 3
25 Tu	10 19 8	11 21 16	60 21	22 32 13.9	9 12 2	11♐ 9 7	7 17 13	145	18 25 38	18 37 32	18 26 19	7 21 47	126	18 56 5	17 53 22
26 W	10 23 4	12 21 37	60 20	22 36 1.0	8 49 41	25 48 6	7 25 38	102	19 26 31	16 51 0	3♑13 45	7 28 36	73	19 56 50	15 31 20
27 Th	10 27 1	13 21 57	60 18	22 39 47.5	8 27 13	10♑42 21	7 30 32	40	20 26 56	13 55 45	18 12 53	7 31 18	5	20 56 43	12 6 4
28 F	10 30 57	14♒22 15	60 17	22 43 33.5	8S 4 37	25♑44 10	7 30 51	-32	21 26 8	10S 4 26	3♒15 2	7 29 11	-68	21 55 10	7S53 16

LUNAR INGRESSES
2 ☽ ♓ 20:25
5 ☽ ♈ 0:35
7 ☽ ♉ 8:54
9 ☽ ♊ 20:22
12 ☽ ♋ 9:03
14 ☽ ♌ 21:22
17 ☽ ♍ 8:34
19 ☽ ♎ 18:05
22 ☽ ♏ 1:12
24 ☽ ♐ 5:21
26 ☽ ♑ 6:48
28 ☽ ♒ 6:48

PLANET INGRESSES
8 ♂ ♎ 1:17
13 ☉ ♒ 17:43
17 ☿ ♑ 17:10
27 ♀ ♑ 11:26

STATIONS
6 ☿ R 21:44
28 ☿ D 14:01

DATA FOR THE 1st AT 0 HOURS
JULIAN DAY 41669.5
☽ MEAN ☊ 7°♎ 41' 8"
OBLIQUITY 23° 26' 7"
DELTA T 72.5 SECONDS
NUTATION LONGITUDE 11.0"

DAY MO YR	☿ LONG ° ' "	♀ LONG ° ' "	♂ LONG ° ' "	♃ LONG ° ' "	♄ LONG ° ' "	♅ LONG ° ' "	♆ LONG ° ' "	♇ LONG ° ' "	☊ LONG ° '	A.S.S.I. h m s	S.S.R.Y. h m s	S.V.P. ♓ ° ' "	☿ MERCURY R.A. h m s	DECL ° ' "
1 32	5♒26 32	18♐37 0	28♍12 54	17♊17R16	27♎37 49	14♓30 19	9♒15 29	17♐22 12	7♎00	26 20 29	30 12 29	5 3 35.9	22 9 13	10S56 57
2 33	6 19 8	18 38 31	28 29 29	17 11 13	27 40 45	14 32 31	9 17 38	17 24 4	6 51	26 25 36	30 13 26	5 3 35.8	22 12 11	10 23 43
3 34	7 3 27	18 42 24	28 45 38	17 5 20	27 43 35	14 34 46	9 19 47	17 25 56	6 44	26 30 42	30 14 20	5 3 35.7	22 14 36	9 52 50
4 35	7 38 42	18 48 37	29 1 18	16 59 35	27 46 19	14 37 2	9 21 58	17 27 47	6 41	26 35 47	30 15 11	5 3 35.7	22 16 25	9 24 42
5 36	8 4 12	18 57 6	29 16 31	16 54 0	27 48 57	14 39 21	9 24 8	17 29 37	6 39	26 40 51	30 15 56	5 3 35.6	22 17 37	8 59 48
6 37	8 19R22	19 7 48	29 31 15	16 48 35	27 51 30	14 41 42	9 26 20	17 31 26	6 39	26 45 55	30 16 35	5 3 35.5	22 18 10	8 38 32
7 38	8 23 48	19 20 39	29 45 31	16 43 19	27 53 57	14 44 5	9 28 32	17 33 13	6 39	26 50 57	30 17 6	5 3 35.4	22 18 2	8 21 16
8 39	8 17 16	19 35 37	29 59 16	16 38 13	27 56 18	14 46 31	9 30 44	17 35 0	6 38	26 55 58	30 17 26	5 3 35.2	22 17 14	8 8 19
9 40	7 59 50	19 52 37	0♎12 32	16 33 17	27 58 33	14 48 59	9 32 57	17 36 46	6 35	27 0 58	30 17 36	5 3 35.1	22 15 46	7 59 55
10 41	7 31 49	20 11 36	0 25 17	16 28 32	28 0 43	14 51 28	9 35 11	17 38 31	6 30	27 5 57	30 17 34	5 3 34.9	22 13 39	7 56 11
11 42	6 53 50	20 32 30	0 37 30	16 23 57	28 2 46	14 54 0	9 37 24	17 40 14	6 22	27 10 55	30 17 20	5 3 34.7	22 10 56	7 57 8
12 43	6 6 52	20 55 15	0 49 12	16 19 32	28 4 44	14 56 34	9 39 39	17 41 57	6 11	27 15 52	30 16 53	5 3 34.6	22 7 42	8 2 39
13 44	5 12 9	21 19 48	1 0 21	16 15 18	28 6 35	14 59 10	9 41 53	17 43 38	5 59	27 20 48	30 16 14	5 3 34.4	22 4 2	8 12 29
14 45	4 11 12	21 46 5	1 10 56	16 11 14	28 8 21	15 1 48	9 44 8	17 45 18	5 45	27 25 43	30 15 25	5 3 34.3	22 0 0	8 26 15
15 46	3 5 43	22 14 2	1 20 58	16 7 22	28 10 1	15 4 28	9 46 24	17 46 57	5 33	27 30 37	30 14 27	5 3 34.3	21 55 44	8 43 27
16 47	1 57 33	22 43 35	1 30 25	16 3 41	28 11 34	15 7 10	9 48 39	17 48 35	5 21	27 35 31	30 13 23	5 3 34.2	21 51 20	9 3 31
17 48	0 48 32	23 14 42	1 39 17	16 0 10	28 13 2	15 9 53	9 50 55	17 50 11	5 12	27 40 23	30 12 15	5 3 34.2	21 46 56	9 25 49
18 49	29♑40 27	23 47 18	1 47 32	15 56 51	28 14 23	15 12 38	9 53 11	17 51 46	5 06	27 45 15	30 11 8	5 3 34.2	21 42 38	9 49 42
19 50	28 34 56	24 21 20	1 55 11	15 53 43	28 15 39	15 15 26	9 55 27	17 53 20	5 03	27 50 6	30 10 4	5 3 34.1	21 38 32	10 14 31
20 51	27 33 25	24 56 44	2 2 13	15 50 47	28 16 48	15 18 15	9 57 44	17 54 53	5 02	27 54 55	30 9 8	5 3 34.1	21 34 43	10 39 42
21 52	26 37 5	25 33 29	2 8 36	15 48 2	28 17 51	15 21 5	10 0 0	17 56 24	5 02	27 59 44	30 8 21	5 3 34.0	21 31 16	11 4 42
22 53	25 46 49	26 11 29	2 14 20	15 45 28	28 18 48	15 23 58	10 2 17	17 57 54	5 03	28 4 32	30 7 46	5 3 33.9	21 28 13	11 29 3
23 54	25 3 17	26 50 43	2 19 25	15 43 6	28 19 39	15 26 52	10 4 34	17 59 23	5 03	28 9 20	30 7 24	5 3 33.7	21 25 38	11 52 23
24 55	24 26 53	27 31 7	2 23 49	15 40 56	28 20 24	15 29 47	10 6 50	18 0 50	5 02	28 14 7	30 7 15	5 3 33.5	21 23 31	12 14 24
25 56	23 57 50	28 12 38	2 27 33	15 38 57	28 21 2	15 32 44	10 9 7	18 2 16	4 58	28 18 53	30 7 19	5 3 33.3	21 21 53	12 34 52
26 57	23 36 9	28 55 14	2 30 34	15 37 10	28 21 35	15 35 43	10 11 23	18 3 40	4 53	28 23 38	30 7 35	5 3 33.2	21 20 44	12 53 37
27 58	23 21 44	29 38 52	2 32 53	15 35 35	28 22 1	15 38 43	10 13 40	18 5 3	4 45	28 28 22	30 8 3	5 3 33.0	21 20 5	13 10 32
28 59	23♑14D23	0♑23 29	2♎34 28	15♊34 12	28♎22 20	15♓41 45	10♒15 57	18♐ 6 24	4♎37	28 33 6	30 8 40	5 3 32.9	21 19 53	13S25 33

DAY Feb	♀ VENUS R.A. h m s	DECL ° ' "	♂ MARS R.A. h m s	DECL ° ' "	♃ JUPITER R.A. h m s	DECL ° ' "	♄ SATURN R.A. h m s	DECL ° ' "	♅ URANUS R.A. h m s	DECL ° ' "	♆ NEPTUNE R.A. h m s	DECL ° ' "	♇ PLUTO R.A. h m s	DECL ° ' "
1	18 56 0	15S50 55	13 29 29	6S38 28	6 53 14	23N 3 47	15 23 3	16S13 43	0 35 46	3N 7 46	22 25 18	10S35 34	18 52 27	20S10 23
2	18 56 7	15 52 42	13 30 32	6 43 54	6 52 48	23 4 27	15 23 15	16 14 16	0 35 54	3 8 40	22 25 27	10 34 47	18 52 35	20 10 16
3	18 56 24	15 54 43	13 31 33	6 49 10	6 52 22	23 5 6	15 23 27	16 14 47	0 36 2	3 9 34	22 25 35	10 34 0	18 52 43	20 10 10
4	18 56 50	15 56 55	13 32 33	6 54 15	6 51 58	23 5 43	15 23 38	16 15 17	0 36 10	3 10 30	22 25 43	10 33 12	18 52 51	20 10 3
5	18 57 26	15 59 17	13 33 31	6 59 10	6 51 34	23 6 20	15 23 49	16 15 45	0 36 19	3 11 26	22 25 51	10 32 25	18 52 59	20 9 56
6	18 58 12	16 1 47	13 34 27	7 3 53	6 51 10	23 6 55	15 23 59	16 16 12	0 36 28	3 12 23	22 26 0	10 31 37	18 53 6	20 9 49
7	18 59 6	16 4 23	13 35 22	7 8 26	6 50 47	23 7 29	15 24 10	16 16 37	0 36 36	3 13 21	22 26 8	10 30 49	18 53 14	20 9 42
8	19 0 10	16 7 4	13 36 14	7 12 48	6 50 25	23 8 2	15 24 19	16 17 1	0 36 45	3 14 20	22 26 16	10 30 1	18 53 22	20 9 35
9	19 1 22	16 9 47	13 37 5	7 16 59	6 50 4	23 8 34	15 24 29	16 17 23	0 36 54	3 15 20	22 26 25	10 29 12	18 53 29	20 9 28
10	19 2 42	16 12 31	13 37 54	7 20 58	6 49 43	23 9 4	15 24 38	16 17 44	0 37 3	3 16 20	22 26 33	10 28 24	18 53 37	20 9 21
11	19 4 10	16 15 15	13 38 41	7 24 46	6 49 24	23 9 34	15 24 46	16 18 3	0 37 13	3 17 21	22 26 42	10 27 35	18 53 44	20 9 14
12	19 5 46	16 17 57	13 39 26	7 28 22	6 49 5	23 10 3	15 24 54	16 18 20	0 37 22	3 18 23	22 26 50	10 26 46	18 53 51	20 9 7
13	19 7 30	16 20 35	13 40 9	7 31 47	6 48 46	23 10 30	15 25 2	16 18 36	0 37 32	3 19 26	22 26 59	10 25 57	18 53 58	20 9 0
14	19 9 21	16 23 7	13 40 49	7 35 0	6 48 29	23 10 56	15 25 9	16 18 51	0 37 41	3 20 30	22 27 7	10 25 8	18 54 6	20 8 53
15	19 11 19	16 25 32	13 41 28	7 38 0	6 48 12	23 11 22	15 25 16	16 19 4	0 37 51	3 21 34	22 27 16	10 24 19	18 54 13	20 8 47
16	19 13 24	16 27 49	13 42 5	7 40 49	6 47 56	23 11 46	15 25 23	16 19 15	0 38 1	3 22 39	22 27 24	10 23 30	18 54 19	20 8 40
17	19 15 35	16 29 57	13 42 39	7 43 25	6 47 41	23 12 9	15 25 29	16 19 25	0 38 11	3 23 45	22 27 33	10 22 41	18 54 26	20 8 33
18	19 17 53	16 31 53	13 43 11	7 45 48	6 47 26	23 12 31	15 25 34	16 19 33	0 38 21	3 24 51	22 27 41	10 21 51	18 54 33	20 8 26
19	19 20 16	16 33 36	13 43 40	7 47 59	6 47 13	23 12 52	15 25 40	16 19 40	0 38 31	3 25 58	22 27 50	10 21 2	18 54 40	20 8 20
20	19 22 46	16 35 7	13 44 8	7 49 57	6 47 0	23 13 12	15 25 45	16 19 45	0 38 42	3 27 6	22 27 59	10 20 12	18 54 46	20 8 13
21	19 25 21	16 36 22	13 44 33	7 51 42	6 46 48	23 13 31	15 25 49	16 19 49	0 38 52	3 28 14	22 28 7	10 19 23	18 54 53	20 8 7
22	19 28 1	16 37 21	13 44 55	7 53 14	6 46 37	23 13 49	15 25 53	16 19 51	0 39 3	3 29 23	22 28 16	10 18 33	18 54 59	20 8 0
23	19 30 47	16 38 4	13 45 15	7 54 33	6 46 27	23 14 5	15 25 57	16 19 52	0 39 13	3 30 32	22 28 25	10 17 44	18 55 5	20 7 54
24	19 33 37	16 38 28	13 45 32	7 55 38	6 46 18	23 14 21	15 26 0	16 19 51	0 39 24	3 31 43	22 28 33	10 16 55	18 55 12	20 7 47
25	19 36 32	16 38 34	13 45 47	7 56 29	6 46 9	23 14 36	15 26 3	16 19 48	0 39 35	3 32 53	22 28 42	10 16 5	18 55 18	20 7 41
26	19 39 32	16 38 20	13 45 59	7 57 7	6 46 1	23 14 49	15 26 5	16 19 44	0 39 46	3 34 5	22 28 50	10 15 15	18 55 24	20 7 35
27	19 42 35	16 37 45	13 46 9	7 57 31	6 45 55	23 15 2	15 26 7	16 19 39	0 39 57	3 35 16	22 28 59	10 14 25	18 55 29	20 7 28
28	19 45 43	16S36 49	13 46 15	7S57 41	6 45 49	23N15 14	15 26 9	16S19 32	0 40 8	3N36 29	22 29 8	10S13 36	18 55 35	20S 7 22

DAY	SIDEREAL TIME h m s	☉ SUN LONG ° ' "	MOT ' "	R.A. h m s	DECL ° ' "	☽ MOON AT 0 HOURS LONG ° ' "	12h MOT ° ' "	2DIF "	R.A. h m s	DECL ° ' "	☽ MOON AT 12 HOURS LONG ° ' "	12h MOT ° ' "	2DIF "	R.A. h m s	DECL ° ' "
1 S	10 34 54	15♒22 31	60 15	22 47 19.0	7S41 54	10♒44 13	7 26 20	-102	22 23 49	5S35 8	18♒10 33	7 22 24	-132	22 52 5	3S12 41
2 Su	10 38 50	16 22 46	60 13	22 51 3.9	7 19 5	25 32 57	7 17 31	-158	23 19 59	0 48 30	2♓50 28	7 11 51	-179	23 47 35	1N34 53
3 M	10 42 47	17 22 59	60 11	22 54 48.4	6 56 9	10♓ 2 19	7 5 36	-194	0 14 55	3N55 10	17 7 54	6 58 57	-203	0 42 2	6 10 12
4 Tu	10 46 43	18 23 10	60 9	22 58 32.3	6 33 8	24 6 51	6 52 5	-206	1 8 57	8 18 6	0♈58 56	6 45 12	-205	1 35 42	10 17 15
5 W	10 50 40	19 23 19	60 7	23 2 15.8	6 10 1	7♈44 9	6 38 27	-199	2 2 21	12 6 16	14 22 36	6 31 57	-189	2 28 53	13 44 3
6 Th	10 54 36	20 23 26	60 5	23 5 58.9	5 46 49	20 54 33	6 25 50	-177	2 55 19	15 9 41	27 20 23	6 20 11	-162	3 21 39	16 22 31
7 F	10 58 33	21 23 31	60 3	23 9 41.5	5 23 32	3♉40 34	6 15 4	-145	3 47 53	17 22 6	9♉55 38	6 10 31	-127	4 13 59	18 8 9
8 S	11 2 30	22 23 34	60 1	23 13 23.7	5 0 11	16 6 10	6 6 35	-109	4 39 56	18 40 35	22 12 45	6 3 16	-90	5 5 44	18 59 25
9 Su	11 6 26	23 23 35	59 59	23 17 5.5	4 36 46	28 16 0	6 0 34	-72	5 31 19	19 4 51	4♊16 34	5 58 28	-54	5 56 42	18 57 9
10 M	11 10 23	24 23 33	59 56	23 20 47.0	4 13 18	10♊15 2	5 56 58	-37	6 21 50	18 36 45	16 12 1	5 56 2	-20	6 46 44	18 4 5
11 Tu	11 14 19	25 23 30	59 54	23 24 28.1	3 49 47	22 8 3	5 55 38	-5	7 11 22	17 19 44	28 3 41	5 55 43	9	7 35 45	16 24 19
12 W	11 18 16	26 23 24	59 52	23 28 8.8	3 26 13	3♋59 24	5 56 16	22	7 59 52	15 18 29	9♋55 40	5 57 13	34	8 23 46	14 2 58
13 Th	11 22 12	27 23 16	59 50	23 31 49.2	3 2 36	15 52 53	5 58 32	44	8 47 27	12 38 32	21 51 25	6 0 9	53	9 10 58	11 6 0
14 F	11 26 9	28 23 6	59 48	23 35 29.4	2 38 58	27 51 34	6 2 3	60	9 34 20	9 26 14	3♌53 37	6 4 11	67	9 57 36	7 40 8
15 S	11 30 5	29 22 53	59 46	23 39 9.2	2 15 18	9♌57 48	6 6 30	72	10 20 50	5 48 40	16 4 18	6 8 58	76	10 44 5	3 52 53
16 Su	11 34 2	0♓22 39	59 44	23 42 48.8	1 51 37	22 13 16	6 11 34	79	11 7 24	1 53 51	28 24 50	6 14 15	82	11 30 51	0S 7 17
17 M	11 37 59	1 22 23	59 42	23 46 28.2	1 27 54	4♍39 5	6 17 1	84	11 54 29	2S 9 17	10♍56 7	6 19 52	86	12 18 23	4 10 50
18 Tu	11 41 55	2 22 5	59 40	23 50 7.4	1 4 12	17 15 59	6 22 46	88	12 42 36	6 10 35	23 38 44	6 25 44	90	13 7 12	8 7 6
19 W	11 45 52	3 21 45	59 38	23 53 46.4	0 40 29	0♎ 4 28	6 28 45	92	13 32 14	9 58 51	6♎33 13	6 31 51	94	13 57 45	11 44 19
20 Th	11 49 48	4 21 23	59 36	23 57 25.3	0 16 46	13 5 4	6 35 2	97	14 23 47	13 21 53	19 40 7	6 38 19	99	14 50 22	14 49 58
21 F	11 53 45	5 20 59	59 35	0 1 4.1	0N 6 57	26 18 25	6 41 40	102	15 17 29	16 7 0	3♏ 0 5	6 45 7	105	15 45 9	17 11 28
22 S	11 57 41	6 20 33	59 33	0 4 42.7	0 30 38	9♏45 12	6 48 39	107	16 13 19	18 1 58	16 33 51	6 52 14	108	16 41 56	18 37 16
23 Su	12 1 38	7 20 6	59 31	0 8 21.3	0 54 19	23 26 4	6 55 50	108	17 10 55	18 56 20	0♐21 54	6 59 24	106	17 40 12	18 58 26
24 M	12 5 34	8 19 37	59 29	0 11 59.8	1 17 58	7♐21 18	7 2 53	102	18 9 40	18 43 7	14 24 11	7 6 12	96	18 39 13	18 10 20
25 Tu	12 9 31	9 19 6	59 28	0 15 38.3	1 41 35	21 30 23	7 9 16	87	19 8 44	17 20 20	28 39 39	7 11 59	75	19 38 9	16 13 48
26 W	12 13 28	10 18 34	59 26	0 19 16.7	2 5 10	5♑51 38	7 14 16	60	20 7 22	14 51 44	13♑ 5 54	7 16 0	43	20 36 21	13 15 28
27 Th	12 17 24	11 18 0	59 24	0 22 55.2	2 28 42	20 21 54	7 17 7	23	21 5 3	11 26 38	27 39 1	7 17 31	1	21 33 28	9 27 6
28 F	12 21 21	12 17 24	59 22	0 26 33.7	2 52 11	4♒56 31	7 17 9	-23	22 1 35	7 18 55	12♒13 41	7 16 0	-46	22 29 25	5 4 16
29 S	12 25 17	13 16 46	59 20	0 30 12.2	3 15 37	19 29 41	7 14 4	-70	22 57 2	2 45 26	26 43 45	7 11 21	-92	23 24 26	0 24 43
30 Su	12 29 14	14 16 6	59 18	0 33 50.8	3 38 59	3♓55 6	7 7 56	-112	23 51 41	1N55 36	11♓ 3 2	7 3 52	-130	0 18 49	4N13 17
31 M	12 33 10	15♓15 24	59 16	0 37 29.4	4N 2 17	18♓ 6 54	6 59 16	-145	0 45 52	6N26 15	25♓ 6 10	6 54 14	-156	1 12 52	8N32 32

LUNAR INGRESSES
2 ☽ ♓ 7:19
4 ☽ ♈ 10:16
6 ☽ ♉ 17:01
9 ☽ ♊ 3:27
11 ☽ ♋ 15:55
14 ☽ ♌ 4:16
16 ☽ ♍ 15:04
18 ☽ ♎ 23:52
21 ☽ ♏ 6:38
23 ☽ ♐ 11:22
25 ☽ ♑ 14:14
27 ☽ ♒ 15:52
29 ☽ ♓ 17:27
31 ☽ ♈ 20:30

PLANET INGRESSES
13 ☿ ♒ 3:06
15 ☉ ♓ 14:54
21 ♂ ♍ 22:28

STATIONS
1 ♂ R 16:25
2 ♄ R 16:20
6 ♃ D 10:43

DATA FOR THE 1st AT 0 HOURS
JULIAN DAY 41697.5
☽ MEAN ☊ 6°♎ 12' 6"
OBLIQUITY 23° 26' 7"
DELTA T 72.5 SECONDS
NUTATION LONGITUDE 10.0"

DAY MO	YR	☿ LONG ° ' "	♀ LONG ° ' "	♂ LONG ° ' "	♃ LONG ° ' "	♄ LONG ° ' "	♅ LONG ° ' "	♆ LONG ° ' "	♇ LONG ° ' "	☊ LONG ° '	A.S.S.I. h m s	S.S.R.Y. h m s	S.V.P. ♓ ° ' "	☿ MERCURY R.A. h m s	DECL ° ' "
1	60	23♑13 49	1♑ 9 2	2♎35R21	15♊33R 1	28♎22 34	15♓44 48	10♒18 13	18♐ 7 44	4♎29	28 37 50	30 9 23	5 3 32.8	21 20 7	13S38 37
2	61	23 19 42	1 55 30	2 35 29	15 32 2	28 22R41	15 47 52	10 20 29	18 9 2	4 23	28 42 32	30 10 16	5 3 32.8	21 20 47	13 49 43
3	62	23 31 41	2 42 49	2 34 52	15 31 15	28 22 42	15 50 58	10 22 45	18 10 19	4 18	28 47 14	30 11 11	5 3 32.8	21 21 51	13 58 52
4	63	23 49 25	3 30 58	2 33 31	15 30 39	28 22 37	15 54 5	10 25 1	18 11 35	4 16	28 51 56	30 12 7	5 3 32.8	21 23 18	14 6 4
5	64	24 12 32	4 19 56	2 31 25	15 30 16	28 22 26	15 57 14	10 27 17	18 12 48	4 15	28 56 36	30 13 2	5 3 32.8	21 25 5	14 11 22
6	65	24 40 41	5 9 39	2 28 33	15 30D 5	28 22 9	16 0 23	10 29 32	18 14 0	4 16	29 1 17	30 13 54	5 3 32.7	21 27 12	14 14 46
7	66	25 13 31	6 0 6	2 24 56	15 30 5	28 21 45	16 3 34	10 31 47	18 15 11	4 18	29 5 56	30 14 39	5 3 32.6	21 29 37	14 16 18
8	67	25 50 43	6 51 16	2 20 32	15 30 17	28 21 15	16 6 45	10 34 2	18 16 20	4 19	29 10 36	30 15 17	5 3 32.4	21 32 18	14 16 2
9	68	26 32 0	7 43 7	2 15 23	15 30 42	28 20 40	16 9 58	10 36 16	18 17 27	4 19	29 15 14	30 15 44	5 3 32.3	21 35 15	14 14 0
10	69	27 17 5	8 35 38	2 9 28	15 31 18	28 19 58	16 13 12	10 38 30	18 18 33	4 18	29 19 52	30 16 1	5 3 32.1	21 38 27	14 10 13
11	70	28 5 43	9 28 46	2 2 46	15 32 6	28 19 10	16 16 26	10 40 43	18 19 37	4 14	29 24 30	30 16 5	5 3 32.0	21 41 51	14 4 44
12	71	28 57 39	10 22 31	1 55 18	15 33 5	28 18 16	16 19 42	10 42 56	18 20 39	4 09	29 29 7	30 15 56	5 3 31.9	21 45 27	13 57 36
13	72	29 52 41	11 16 52	1 47 4	15 34 16	28 17 16	16 22 59	10 45 8	18 21 40	4 03	29 33 44	30 15 34	5 3 31.8	21 49 15	13 48 49
14	73	0♒50 37	12 11 46	1 38 4	15 35 39	28 16 11	16 26 16	10 47 20	18 22 38	3 57	29 38 21	30 14 59	5 3 31.8	21 53 13	13 38 27
15	74	1 51 17	13 7 14	1 28 19	15 37 13	28 14 59	16 29 34	10 49 32	18 23 36	3 50	29 42 57	30 14 14	5 3 31.7	21 57 21	13 26 31
16	75	2 54 30	14 3 13	1 17 47	15 38 58	28 13 42	16 32 53	10 51 42	18 24 31	3 44	29 47 33	30 13 20	5 3 31.7	22 1 37	13 13 3
17	76	4 0 9	14 59 43	1 6 30	15 40 55	28 12 18	16 36 13	10 53 52	18 25 25	3 40	29 52 9	30 12 19	5 3 31.7	22 6 2	12 58 4
18	77	5 8 5	15 56 42	0 54 29	15 43 4	28 10 49	16 39 33	10 56 2	18 26 17	3 37	29 56 44	30 11 14	5 3 31.7	22 10 34	12 41 37
19	78	6 18 12	16 54 10	0 41 43	15 45 23	28 9 14	16 42 54	10 58 11	18 27 7	3 36	30 1 19	30 10 9	5 3 31.7	22 15 14	12 23 43
20	79	7 30 23	17 52 6	0 28 13	15 47 54	28 7 34	16 46 16	11 0 19	18 27 56	3 36	30 5 54	30 9 6	5 3 31.6	22 20 0	12 4 23
21	80	8 44 34	18 50 28	0 13 59	15 50 36	28 5 48	16 49 38	11 2 26	18 28 43	3 37	0 1 20	30 8 9	5 3 31.6	22 24 52	11 43 40
22	81	10 0 37	19 49 15	29♍59 4	15 53 28	28 3 56	16 53 1	11 4 33	18 29 28	3 39	0 5 55	30 7 19	5 3 31.4	22 29 50	11 21 33
23	82	11 18 31	20 48 27	29 43 27	15 56 32	28 1 59	16 56 24	11 6 39	18 30 11	3 40	0 10 30	30 6 39	5 3 31.3	22 34 54	10 58 6
24	83	12 38 10	21 48 3	29 27 9	15 59 47	27 59 56	16 59 47	11 8 44	18 30 52	3 41	0 15 4	30 6 10	5 3 31.1	22 40 2	10 33 18
25	84	13 59 31	22 48 2	29 10 12	16 3 12	27 57 48	17 3 11	11 10 48	18 31 32	3 40	0 19 39	30 5 52	5 3 30.9	22 45 16	10 7 12
26	85	15 22 31	23 48 23	28 52 37	16 6 48	27 55 34	17 6 36	11 12 51	18 32 10	3 39	0 24 13	30 5 48	5 3 30.8	22 50 34	9 39 48
27	86	16 47 8	24 49 5	28 34 25	16 10 35	27 53 15	17 10 1	11 14 54	18 32 46	3 36	0 28 48	30 5 56	5 3 30.7	22 55 57	9 11 8
28	87	18 13 19	25 50 8	28 15 38	16 14 32	27 50 51	17 13 26	11 16 55	18 33 20	3 33	0 33 22	30 6 17	5 3 30.6	23 1 25	8 41 13
29	88	19 41 3	26 51 29	27 56 18	16 18 40	27 48 22	17 16 51	11 18 56	18 33 52	3 31	0 37 57	30 6 50	5 3 30.6	23 6 56	8 10 4
30	89	21 10 17	27 53 10	27 36 26	16 22 58	27 45 47	17 20 16	11 20 55	18 34 23	3 28	0 42 31	30 7 32	5 3 30.6	23 12 32	7 37 42
31	90	22♒41 2	28♑55 8	27♍16 6	16♊27 27	27♎43 8	17♓23 42	11♒22 54	18♐34 51	3♎27	0 47 6	30 8 23	5 3 30.6	23 18 12	7S 4 9

DAY Mar	♀ VENUS R.A. h m s	DECL ° ' "	♂ MARS R.A. h m s	DECL ° ' "	♃ JUPITER R.A. h m s	DECL ° ' "	♄ SATURN R.A. h m s	DECL ° ' "	♅ URANUS R.A. h m s	DECL ° ' "	♆ NEPTUNE R.A. h m s	DECL ° ' "	♇ PLUTO R.A. h m s	DECL ° ' "
1	19 48 55	16S35 31	13 46 19	7S57 36	6 45 43	23N15 24	15 26 10	16S19 23	0 40 19	3N37 42	22 29 16	10S12 46	18 55 41	20S 7 16
2	19 52 10	16 33 51	13 46 20	7 57 18	6 45 39	23 15 34	15 26 11	16 19 13	0 40 31	3 38 55	22 29 25	10 11 57	18 55 46	20 7 11
3	19 55 29	16 31 47	13 46 18	7 56 45	6 45 36	23 15 43	15 26 11	16 19 2	0 40 42	3 40 9	22 29 34	10 11 8	18 55 52	20 7 5
4	19 58 52	16 29 19	13 46 14	7 55 58	6 45 33	23 15 50	15 26 11	16 18 49	0 40 53	3 41 23	22 29 42	10 10 19	18 55 57	20 6 59
5	20 2 17	16 26 26	13 46 6	7 54 57	6 45 32	23 15 57	15 26 10	16 18 34	0 41 5	3 42 38	22 29 51	10 9 29	18 56 2	20 6 53
6	20 5 46	16 23 9	13 45 56	7 53 41	6 45 31	23 16 2	15 26 9	16 18 18	0 41 17	3 43 53	22 29 59	10 8 40	18 56 8	20 6 48
7	20 9 17	16 19 26	13 45 43	7 52 11	6 45 31	23 16 7	15 26 8	16 18 1	0 41 28	3 45 9	22 30 8	10 7 52	18 56 12	20 6 42
8	20 12 51	16 15 17	13 45 26	7 50 27	6 45 32	23 16 10	15 26 6	16 17 42	0 41 40	3 46 25	22 30 16	10 7 3	18 56 17	20 6 37
9	20 16 28	16 10 42	13 45 7	7 48 28	6 45 34	23 16 13	15 26 4	16 17 22	0 41 52	3 47 41	22 30 25	10 6 14	18 56 22	20 6 32
10	20 20 7	16 5 40	13 44 45	7 46 15	6 45 36	23 16 15	15 26 1	16 17 0	0 42 4	3 48 58	22 30 33	10 5 26	18 56 27	20 6 27
11	20 23 49	16 0 11	13 44 20	7 43 48	6 45 40	23 16 15	15 25 58	16 16 37	0 42 16	3 50 15	22 30 42	10 4 38	18 56 31	20 6 22
12	20 27 32	15 54 15	13 43 52	7 41 6	6 45 44	23 16 15	15 25 55	16 16 13	0 42 28	3 51 32	22 30 50	10 3 49	18 56 36	20 6 17
13	20 31 18	15 47 51	13 43 21	7 38 10	6 45 49	23 16 14	15 25 51	16 15 47	0 42 40	3 52 50	22 30 58	10 3 2	18 56 40	20 6 12
14	20 35 6	15 41 0	13 42 47	7 35 1	6 45 55	23 16 12	15 25 47	16 15 20	0 42 52	3 54 8	22 31 7	10 2 14	18 56 44	20 6 8
15	20 38 56	15 33 41	13 42 10	7 31 37	6 46 2	23 16 9	15 25 42	16 14 51	0 43 4	3 55 26	22 31 15	10 1 26	18 56 48	20 6 3
16	20 42 48	15 25 53	13 41 30	7 27 59	6 46 10	23 16 5	15 25 37	16 14 21	0 43 16	3 56 45	22 31 23	10 0 39	18 56 52	20 5 59
17	20 46 41	15 17 38	13 40 47	7 24 8	6 46 18	23 15 59	15 25 32	16 13 49	0 43 29	3 58 3	22 31 31	9 59 52	18 56 56	20 5 55
18	20 50 36	15 8 55	13 40 2	7 20 3	6 46 28	23 15 53	15 25 26	16 13 17	0 43 41	3 59 22	22 31 40	9 59 6	18 57 0	20 5 51
19	20 54 32	14 59 43	13 39 13	7 15 45	6 46 38	23 15 46	15 25 20	16 12 43	0 43 53	4 0 41	22 31 48	9 58 19	18 57 3	20 5 47
20	20 58 30	14 50 3	13 38 22	7 11 14	6 46 49	23 15 38	15 25 13	16 12 7	0 44 6	4 2 1	22 31 56	9 57 33	18 57 7	20 5 43
21	21 2 29	14 39 55	13 37 28	7 6 30	6 47 0	23 15 29	15 25 6	16 11 31	0 44 18	4 3 20	22 32 4	9 56 47	18 57 10	20 5 40
22	21 6 30	14 29 19	13 36 31	7 1 33	6 47 13	23 15 19	15 24 59	16 10 53	0 44 31	4 4 40	22 32 12	9 56 1	18 57 13	20 5 36
23	21 10 31	14 18 15	13 35 32	6 56 25	6 47 26	23 15 8	15 24 51	16 10 14	0 44 43	4 6 0	22 32 20	9 55 16	18 57 16	20 5 33
24	21 14 34	14 6 43	13 34 30	6 51 4	6 47 40	23 14 56	15 24 43	16 9 33	0 44 56	4 7 20	22 32 28	9 54 31	18 57 19	20 5 30
25	21 18 37	13 54 44	13 33 26	6 45 33	6 47 55	23 14 43	15 24 35	16 8 52	0 45 8	4 8 40	22 32 36	9 53 46	18 57 22	20 5 27
26	21 22 42	13 42 18	13 32 19	6 39 50	6 48 11	23 14 29	15 24 26	16 8 9	0 45 21	4 10 0	22 32 43	9 53 1	18 57 25	20 5 24
27	21 26 47	13 29 24	13 31 9	6 33 57	6 48 27	23 14 14	15 24 17	16 7 25	0 45 33	4 11 21	22 32 51	9 52 17	18 57 27	20 5 21
28	21 30 53	13 16 4	13 29 58	6 27 55	6 48 44	23 13 58	15 24 7	16 6 40	0 45 46	4 12 41	22 32 59	9 51 34	18 57 30	20 5 19
29	21 35 0	13 2 17	13 28 44	6 21 43	6 49 2	23 13 41	15 23 57	16 5 53	0 45 59	4 14 2	22 33 6	9 50 50	18 57 32	20 5 16
30	21 39 8	12 48 4	13 27 28	6 15 23	6 49 21	23 13 23	15 23 47	16 5 6	0 46 11	4 15 22	22 33 14	9 50 7	18 57 34	20 5 14
31	21 43 16	12S33 25	13 26 11	6S 8 55	6 49 40	23N13 4	15 23 37	16S 4 17	0 46 24	4N16 42	22 33 21	9S49 25	18 57 36	20S 5 12

APRIL 2014

DAY	SIDEREAL TIME h m s	☉ SUN LONG ° ' "	MOT ' "	R.A. h m s	DECL ° ' "	☽ MOON AT 0 HOURS LONG ° ' "	12h MOT ° ' "	2DIF	R.A. h m s	DECL ° ' "	☽ MOON AT 12 HOURS LONG ° ' "	12h MOT ° ' "	2DIF	R.A. h m s	DECL ° ' "
1 Tu	12 37 7	16♓14 40	59 14	0 41 8.1	4N25 30	2♈ 0 24	6 48 53	-163	1 39 50	10N30 22	8♈49 17	6 43 21	-167	2 6 47	12N18 13
2 W	12 41 3	17 13 55	59 12	0 44 47.0	4 48 39	15 32 38	6 37 45	-167	2 33 42	13 54 46	22 10 23	6 32 12	-164	3 0 35	15 18 57
3 Th	12 45 0	18 13 6	59 10	0 48 25.9	5 11 42	28 42 35	6 26 48	-158	3 27 25	16 29 58	5♉ 9 24	6 21 39	-149	3 54 9	17 27 17
4 F	12 48 56	19 12 16	59 8	0 52 5.0	5 34 40	11♉31 3	6 16 51	-138	4 20 44	18 10 33	17 47 53	6 12 26	-125	4 47 9	18 39 42
5 S	12 52 53	20 11 24	59 5	0 55 44.2	5 57 32	24 0 19	6 8 29	-111	5 13 21	18 54 50	0♊ 8 49	6 5 3	-95	5 39 17	18 56 15
6 Su	12 56 50	21 10 29	59 3	0 59 23.5	6 20 18	6♊13 52	6 2 9	-78	6 4 56	18 44 20	12 16 1	5 59 50	-61	6 30 16	18 19 39
7 M	13 0 46	22 9 32	59 1	1 3 3.1	6 42 57	18 15 51	5 58 5	-44	6 55 17	17 42 48	24 13 56	5 56 55	-26	7 19 58	16 54 29
8 Tu	13 4 43	23 8 32	58 58	1 6 42.8	7 5 29	0♋10 51	5 56 21	-9	7 44 19	15 55 24	6♋ 7 11	5 56 20	8	8 8 23	14 46 19
9 W	13 8 39	24 7 30	58 56	1 10 22.8	7 27 54	12 3 31	5 56 53	25	8 32 11	13 27 59	18 0 25	5 57 58	40	8 55 45	12 1 13
10 Th	13 12 36	25 6 26	58 54	1 14 3.0	7 50 11	23 58 23	5 59 34	55	9 19 8	10 26 48	29 57 57	6 1 37	68	9 42 23	8 45 33
11 F	13 16 32	26 5 20	58 52	1 17 43.5	8 12 20	5♌59 33	6 4 5	80	10 5 34	6 58 20	12♌ 3 39	6 6 57	91	10 28 45	5 6 3
12 S	13 20 29	27 4 12	58 49	1 21 24.2	8 34 21	18 10 36	6 10 8	100	10 52 0	3 9 40	24 20 44	6 13 36	107	11 15 23	1 10 12
13 Su	13 24 25	28 3 1	58 47	1 25 5.2	8 56 13	0♍34 21	6 17 17	113	11 38 59	0S51 13	6♍51 38	6 21 8	117	12 2 51	2S53 23
14 M	13 28 22	29 1 48	58 45	1 28 46.5	9 17 56	13 12 46	6 25 5	119	12 27 4	4 54 57	19 37 51	6 29 5	120	12 51 42	6 54 30
15 Tu	13 32 19	0♈ 0 34	58 43	1 32 28.1	9 39 30	26 6 33	6 33 3	118	13 16 48	8 50 29	2♎39 59	6 36 58	115	13 42 26	10 41 15
16 W	13 36 15	0 59 17	58 41	1 36 10.1	10 0 55	9♎16 56	6 40 45	111	14 8 37	12 25 4	15 57 41	6 44 23	106	14 35 24	14 0 10
17 Th	13 40 12	1 57 58	58 40	1 39 52.5	10 22 9	22 42 4	6 47 48	99	15 2 45	15 24 48	29 29 52	6 51 0	92	15 30 41	16 37 14
18 F	13 44 8	2 56 37	58 38	1 43 35.2	10 43 13	6♏20 52	6 53 56	84	15 59 7	17 35 53	13♏14 48	6 56 35	75	16 28 0	18 19 21
19 S	13 48 5	3 55 15	58 36	1 47 18.3	11 4 7	20 11 23	6 58 57	66	16 57 15	18 46 32	27 10 20	7 1 1	57	17 26 44	18 56 36
20 Su	13 52 1	4 53 51	58 34	1 51 1.9	11 24 50	4♐11 20	7 2 47	48	17 56 20	18 49 9	11♐14 7	7 4 14	39	18 25 57	18 24 8
21 M	13 55 58	5 52 25	58 33	1 54 45.9	11 45 21	18 18 21	7 5 23	30	18 55 27	17 41 54	25 23 44	7 6 14	21	19 24 44	16 43 12
22 Tu	13 59 54	6 50 58	58 31	1 58 30.4	12 5 41	2♑29 58	7 6 47	12	19 53 45	15 29 5	9♑36 45	7 7 1	2	20 22 24	14 0 52
23 W	14 3 51	7 49 29	58 30	2 2 15.3	12 25 49	16 43 45	7 6 56	-7	20 50 42	12 20 8	23 50 42	7 6 32	-17	21 18 37	10 28 35
24 Th	14 7 48	8 47 59	58 28	2 6 0.7	12 45 45	0♒57 14	7 5 49	-27	21 46 11	8 28 3	8♒ 3 3	7 4 45	-37	22 13 27	6 20 28
25 F	14 11 44	9 46 27	58 27	2 9 46.6	13 5 29	15 7 47	7 3 20	-48	22 40 26	4 7 48	22 11 8	7 1 35	-58	23 7 12	1 52 3
26 S	14 15 41	10 44 53	58 25	2 13 32.9	13 24 59	29 12 43	6 59 28	-69	23 33 49	0N24 49	6♓12 11	6 57 0	-79	0 0 0	2N40 47
27 Su	14 19 37	11 43 18	58 23	2 17 19.8	13 44 17	13♓ 9 11	6 54 12	-89	0 26 50	4 53 57	20 3 23	6 51 5	-98	0 53 20	7 2 25
28 M	14 23 34	12 41 41	58 21	2 21 7.2	14 3 21	26 54 28	6 47 40	-106	1 19 53	9 4 25	3♈42 7	6 43 59	-114	1 46 30	10 58 17
29 Tu	14 27 30	13 40 2	58 20	2 24 55.1	14 22 10	10♈26 6	6 40 5	-119	2 13 13	12 42 29	17 6 12	6 36 2	-123	2 40 0	14 15 40
30 W	14 31 27	14♈38 21	58 18	2 28 43.6	14N40 46	23♈42 13	6 31 52	-126	3 6 51	15N36 43	0♉14 6	6 27 40	-126	3 33 43	16N44 44

LUNAR INGRESSES
3 ☽ ♉ 2:23
5 ☽ ♊ 11:43
7 ☽ ♋ 23:38
10 ☽ ♌ 12:04
12 ☽ ♍ 22:54
15 ☽ ♎ 7:08
17 ☽ ♏ 12:53
19 ☽ ♐ 16:51
21 ☽ ♑ 19:47
23 ☽ ♒ 22:23
26 ☽ ♓ 1:21
28 ☽ ♈ 5:27
30 ☽ ♉ 11:34

PLANET INGRESSES
1 ♀ ♒ 1:00
4 ☿ ♓ 15:04
14 ☉ ♈ 23:46
20 ☿ ♈ 22:34
28 ♀ ♓ 14:01

STATIONS
14 ♇ R 23:48

DATA FOR THE 1st AT 0 HOURS
JULIAN DAY 41728.5
☽ MEAN ☊ 4°♎ 33' 32"
OBLIQUITY 23° 26' 7"
DELTA T 72.5 SECONDS
NUTATION LONGITUDE 8.2"

DAY MO YR	☿ LONG ° ' "	♀ LONG ° ' "	♂ LONG ° ' "	♃ LONG ° ' "	♄ LONG ° ' "	♅ LONG ° ' "	♆ LONG ° ' "	♇ LONG ° ' "	☊ LONG ° '	A.S.S.I. h m s	S.S.R.Y. h m s	S.V.P. ♓ ° ' "	☿ MERCURY R.A. h m s	DECL ° ' "
1 91	24♒13 14	29♑57 24	26♍55R18	16♊32 6	27♎40R23	17♈27 8	11♓24 52	18♑35 18	3♎26	0 51 41	30 9 19	5 3 30.6	23 23 55	6S29 25
2 92	25 46 55	0♒59 56	26 34 5	16 36 55	27 37 34	17 30 33	11 26 48	18 35 43	3 27	0 56 16	30 10 19	5 3 30.5	23 29 43	5 53 31
3 93	27 22 3	2 2 45	26 12 31	16 41 54	27 34 40	17 33 59	11 28 43	18 36 6	3 27	1 0 51	30 11 19	5 3 30.4	23 35 35	5 16 29
4 94	28 58 38	3 5 49	25 50 36	16 47 3	27 31 41	17 37 24	11 30 38	18 36 27	3 29	1 5 26	30 12 17	5 3 30.3	23 41 31	4 38 19
5 95	0♓36 40	4 9 8	25 28 23	16 52 21	27 28 38	17 40 50	11 32 31	18 36 47	3 30	1 10 1	30 13 9	5 3 30.1	23 47 31	3 59 3
6 96	2 16 10	5 12 42	25 5 56	16 57 50	27 25 30	17 44 16	11 34 23	18 37 4	3 31	1 14 37	30 13 54	5 3 30.0	23 53 35	3 18 43
7 97	3 57 6	6 16 30	24 43 17	17 3 28	27 22 18	17 47 41	11 36 14	18 37 20	3 31	1 19 13	30 14 29	5 3 29.8	23 59 43	2 37 19
8 98	5 39 31	7 20 32	24 20 28	17 9 15	27 19 1	17 51 6	11 38 3	18 37 34	3 31	1 23 49	30 14 52	5 3 29.7	0 5 56	1 54 52
9 99	7 23 24	8 24 47	23 57 32	17 15 12	27 15 40	17 54 31	11 39 52	18 37 46	3 31	1 28 25	30 15 3	5 3 29.6	0 12 14	1 11 25
10 100	9 8 46	9 29 15	23 34 31	17 21 18	27 12 16	17 57 56	11 41 39	18 37 56	3 30	1 33 2	30 15 2	5 3 29.5	0 18 36	0 26 58
11 101	10 55 38	10 33 55	23 11 29	17 27 32	27 8 47	18 1 20	11 43 24	18 38 4	3 29	1 37 39	30 14 47	5 3 29.5	0 25 2	0N18 27
12 102	12 44 0	11 38 48	22 48 28	17 33 56	27 5 15	18 4 44	11 45 9	18 38 10	3 28	1 42 16	30 14 20	5 3 29.5	0 31 34	1 4 47
13 103	14 33 53	12 43 53	22 25 30	17 40 29	27 1 38	18 8 7	11 46 52	18 38 15	3 27	1 46 54	30 13 43	5 3 29.4	0 38 11	1 52 0
14 104	16 25 17	13 49 9	22 2 39	17 47 10	26 57 59	18 11 30	11 48 34	18 38R17	3 27	1 51 32	30 12 56	5 3 29.4	0 44 54	2 40 5
15 105	18 18 12	14 54 37	21 39 56	17 54 1	26 54 15	18 14 53	11 50 14	18 38 18	3 26	1 56 10	30 12 2	5 3 29.4	0 51 42	3 28 58
16 106	20 12 39	16 0 15	21 17 25	18 0 59	26 50 28	18 18 15	11 51 53	18 38 17	3 26	2 0 49	30 11 3	5 3 29.3	0 58 36	4 18 37
17 107	22 8 38	17 6 5	20 55 8	18 8 6	26 46 38	18 21 36	11 53 31	18 38 14	3 27	2 5 29	30 10 3	5 3 29.2	1 5 36	5 8 58
18 108	24 6 7	18 12 5	20 33 6	18 15 21	26 42 45	18 24 57	11 55 7	18 38 10	3 27	2 10 8	30 9 2	5 3 29.1	1 12 42	5 59 56
19 109	26 5 5	19 18 15	20 11 24	18 22 45	26 38 49	18 28 17	11 56 42	18 38 3	3 27	2 14 49	30 8 4	5 3 28.9	1 19 54	6 51 29
20 110	28 5 31	20 24 35	19 50 2	18 30 16	26 34 50	18 31 37	11 58 16	18 37 55	3 26	2 19 30	30 7 11	5 3 28.7	1 27 13	7 43 29
21 111	0♈ 7 21	21 31 4	19 29 3	18 37 56	26 30 47	18 34 56	11 59 47	18 37 45	3 26	2 24 11	30 6 27	5 3 28.6	1 34 39	8 35 52
22 112	2 10 33	22 37 43	19 8 30	18 45 44	26 26 42	18 38 14	12 1 18	18 37 33	3 26	2 28 53	30 5 51	5 3 28.4	1 42 11	9 28 31
23 113	4 15 0	23 44 31	18 48 24	18 53 39	26 22 35	18 41 31	12 2 47	18 37 20	3 26	2 33 36	30 5 28	5 3 28.2	1 49 50	10 21 19
24 114	6 20 37	24 51 27	18 28 48	19 1 42	26 18 25	18 44 48	12 4 14	18 37 4	3 27	2 38 19	30 5 18	5 3 28.2	1 57 36	11 14 7
25 115	8 27 16	25 58 32	18 9 44	19 9 52	26 14 13	18 48 4	12 5 40	18 36 47	3 27	2 43 3	30 5 21	5 3 28.1	2 5 28	12 6 46
26 116	10 34 49	27 5 44	17 51 13	19 18 11	26 9 58	18 51 18	12 7 4	18 36 28	3 28	2 47 47	30 5 39	5 3 28.1	2 13 27	12 59 6
27 117	12 43 4	28 13 5	17 33 18	19 26 36	26 5 41	18 54 32	12 8 26	18 36 7	3 28	2 52 32	30 6 9	5 3 28.0	2 21 31	13 50 57
28 118	14 51 49	29 20 32	17 16 0	19 35 9	26 1 23	18 57 45	12 9 47	18 35 45	3 29	2 57 18	30 6 51	5 3 28.0	2 29 40	14 42 7
29 119	17 0 50	0♓28 7	16 59 21	19 43 49	25 57 2	19 0 57	12 11 6	18 35 21	3 29	3 2 4	30 7 43	5 3 27.9	2 37 55	15 32 23
30 120	19♈ 9 51	1♓35 49	16♍43 23	19♊52 36	25♎52 40	19♈ 4 7	12♓12 24	18♑34 55	3♎28	3 6 51	30 8 42	5 3 27.8	2 46 13	16N21 35

DAY Apr	♀ VENUS R.A. h m s	DECL ° ' "	♂ MARS R.A. h m s	DECL ° ' "	♃ JUPITER R.A. h m s	DECL ° ' "	♄ SATURN R.A. h m s	DECL ° ' "	♅ URANUS R.A. h m s	DECL ° ' "	♆ NEPTUNE R.A. h m s	DECL ° ' "	♇ PLUTO R.A. h m s	DECL ° ' "
1	21 47 24	12S18 21	13 24 51	6S 2 20	6 50 1	23N12 43	15 23 26	16S 3 28	0 46 37	4N18 3	22 33 29	9S48 42	18 57 38	20S 5 10
2	21 51 33	12 2 52	13 23 30	5 55 39	6 50 22	23 12 22	15 23 15	16 2 37	0 46 49	4 19 23	22 33 36	9 48 1	18 57 40	20 5 9
3	21 55 43	11 46 57	13 22 8	5 48 53	6 50 43	23 11 59	15 23 3	16 1 45	0 47 2	4 20 43	22 33 44	9 47 19	18 57 41	20 5 7
4	21 59 53	11 30 39	13 20 44	5 42 2	6 51 6	23 11 36	15 22 51	16 0 52	0 47 14	4 22 4	22 33 51	9 46 38	18 57 43	20 5 6
5	22 4 3	11 13 56	13 19 19	5 35 8	6 51 29	23 11 11	15 22 39	15 59 58	0 47 27	4 23 24	22 33 58	9 45 57	18 57 44	20 5 5
6	22 8 13	10 56 50	13 17 53	5 28 10	6 51 52	23 10 46	15 22 27	15 59 4	0 47 40	4 24 44	22 34 5	9 45 17	18 57 46	20 5 4
7	22 12 24	10 39 21	13 16 26	5 21 12	6 52 17	23 10 19	15 22 14	15 58 8	0 47 52	4 26 4	22 34 12	9 44 38	18 57 47	20 5 3
8	22 16 35	10 21 29	13 14 59	5 14 12	6 52 42	23 9 51	15 22 1	15 57 11	0 48 5	4 27 24	22 34 19	9 43 58	18 57 48	20 5 3
9	22 20 47	10 3 15	13 13 31	5 7 12	6 53 8	23 9 22	15 21 48	15 56 14	0 48 18	4 28 44	22 34 26	9 43 20	18 57 49	20 5 3
10	22 24 58	9 44 39	13 12 3	5 0 13	6 53 34	23 8 52	15 21 34	15 55 16	0 48 30	4 30 4	22 34 33	9 42 41	18 57 49	20 5 2
11	22 29 10	9 25 42	13 10 34	4 53 15	6 54 1	23 8 21	15 21 20	15 54 16	0 48 43	4 31 23	22 34 39	9 42 4	18 57 50	20 5 3
12	22 33 22	9 6 24	13 9 6	4 46 21	6 54 29	23 7 49	15 21 6	15 53 16	0 48 56	4 32 43	22 34 46	9 41 26	18 57 50	20 5 3
13	22 37 34	8 46 46	13 7 38	4 39 30	6 54 57	23 7 15	15 20 52	15 52 15	0 49 8	4 34 2	22 34 52	9 40 49	18 57 51	20 5 3
14	22 41 46	8 26 48	13 6 10	4 32 44	6 55 26	23 6 40	15 20 37	15 51 14	0 49 21	4 35 20	22 34 59	9 40 13	18 57 51	20 5 4
15	22 45 58	8 6 30	13 4 42	4 26 3	6 55 56	23 6 5	15 20 22	15 50 12	0 49 33	4 36 39	22 35 5	9 39 37	18 57 51	20 5 5
16	22 50 10	7 45 54	13 3 15	4 19 28	6 56 26	23 5 28	15 20 7	15 49 9	0 49 46	4 37 57	22 35 11	9 39 2	18 57 51	20 5 6
17	22 54 23	7 24 59	13 1 49	4 13 0	6 56 57	23 4 49	15 19 52	15 48 5	0 49 58	4 39 16	22 35 18	9 38 27	18 57 51	20 5 7
18	22 58 36	7 3 47	13 0 24	4 6 41	6 57 28	23 4 10	15 19 36	15 47 1	0 50 10	4 40 33	22 35 24	9 37 53	18 57 50	20 5 8
19	23 2 48	6 42 18	12 59 1	4 0 30	6 58 0	23 3 29	15 19 21	15 45 56	0 50 23	4 41 51	22 35 30	9 37 19	18 57 50	20 5 10
20	23 7 1	6 20 32	12 57 38	3 54 29	6 58 33	23 2 47	15 19 5	15 44 50	0 50 35	4 43 8	22 35 36	9 36 46	18 57 49	20 5 12
21	23 11 14	5 58 29	12 56 17	3 48 38	6 59 6	23 2 4	15 18 49	15 43 44	0 50 47	4 44 25	22 35 41	9 36 14	18 57 49	20 5 14
22	23 15 27	5 36 12	12 54 57	3 42 59	6 59 40	23 1 20	15 18 33	15 42 38	0 51 0	4 45 42	22 35 47	9 35 42	18 57 48	20 5 16
23	23 19 40	5 13 40	12 53 39	3 37 31	7 0 14	23 0 35	15 18 16	15 41 31	0 51 12	4 46 58	22 35 53	9 35 10	18 57 47	20 5 19
24	23 23 53	4 50 54	12 52 22	3 32 15	7 0 49	22 59 48	15 17 59	15 40 24	0 51 24	4 48 14	22 35 58	9 34 39	18 57 46	20 5 21
25	23 28 7	4 27 54	12 51 8	3 27 13	7 1 24	22 59 0	15 17 42	15 39 16	0 51 36	4 49 30	22 36 4	9 34 9	18 57 45	20 5 24
26	23 32 20	4 4 41	12 49 56	3 22 25	7 2 0	22 58 10	15 17 25	15 38 7	0 51 48	4 50 45	22 36 9	9 33 40	18 57 43	20 5 27
27	23 36 33	3 41 16	12 48 46	3 17 51	7 2 37	22 57 19	15 17 8	15 36 59	0 52 0	4 52 0	22 36 14	9 33 11	18 57 42	20 5 31
28	23 40 47	3 17 39	12 47 38	3 13 32	7 3 14	22 56 27	15 16 51	15 35 50	0 52 12	4 53 14	22 36 19	9 32 42	18 57 40	20 5 34
29	23 45 1	2 53 51	12 46 32	3 9 29	7 3 51	22 55 34	15 16 34	15 34 41	0 52 24	4 54 28	22 36 24	9 32 14	18 57 39	20 5 38
30	23 49 14	2S29 53	12 45 29	3S 5 42	7 4 29	22N54 39	15 16 16	15S33 31	0 52 35	4N55 41	22 36 29	9S31 47	18 57 37	20S 5 42

MAY 2014

DAY	SIDEREAL TIME	☉ SUN LONG	MOT	R.A.	DECL	☽ MOON AT 0 HOURS LONG	12h MOT	2DIF	R.A.	DECL	☽ MOON AT 12 HOURS LONG	12h MOT	2DIF	R.A.	DECL
	h m s	° ' "	' "	h m s	° ' "	° ' "	° ' "		h m s	° ' "	° ' "	° ' "		h m s	° ' "
1 Th	14 35 23	15♈36 39	58 16	2 32 32.5	14N59 7	6♉41 45	6 23 28	-124	4 0 34	17N39 1	13♉ 5 13	6 19 22	-121	4 27 20	18N19 12
2 F	14 39 20	16 34 55	58 14	2 36 22.0	15 17 14	19 24 36	6 15 26	-115	4 53 57	18 45 5	25 40 1	6 11 43	-107	5 20 22	18 56 47
3 S	14 43 17	17 33 9	58 12	2 40 12.0	15 35 5	1♊51 44	6 8 17	-98	5 46 32	18 54 32	8♊ 0 1	6 5 11	-87	6 12 23	18 38 51
4 Su	14 47 13	18 31 21	58 10	2 44 2.6	15 52 40	14 5 12	6 2 29	-74	6 37 53	18 10 17	20 7 41	6 0 14	-60	7 3 1	17 29 36
5 M	14 51 10	19 29 31	58 8	2 47 53.7	16 10 0	26 7 55	5 58 29	-45	7 27 47	16 37 33	2♋ 6 24	5 57 14	-29	7 52 10	15 34 58
6 Tu	14 55 6	20 27 39	58 6	2 51 45.3	16 27 3	8♋ 3 38	5 56 32	-12	8 16 12	14 22 42	14 0 10	5 56 25	5	8 39 56	13 1 36
7 W	14 59 3	21 25 45	58 4	2 55 37.5	16 43 50	19 56 35	5 56 52	23	9 3 23	11 32 31	25 53 27	5 57 55	40	9 26 37	9 56 17
8 Th	15 2 59	22 23 49	58 2	2 59 30.2	17 0 21	1♌51 22	5 59 34	58	9 49 43	8 13 44	7♌50 56	6 1 47	75	10 12 43	6 25 42
9 F	15 6 56	23 21 51	58 1	3 3 23.5	17 16 34	13 52 43	6 4 34	91	10 35 43	4 33 3	19 57 17	6 7 53	107	10 58 47	2 36 40
10 S	15 10 52	24 19 52	57 59	3 7 17.3	17 32 30	26 5 9	6 11 41	121	11 22 1	0 37 30	2♍16 50	6 15 57	134	11 45 29	1S23 23
11 Su	15 14 49	25 17 50	57 57	3 11 11.7	17 48 8	8♍32 47	6 20 35	144	12 9 18	3S24 53	14 53 23	6 25 33	152	12 33 30	5 25 43
12 M	15 18 45	26 15 47	57 55	3 15 6.6	18 3 28	21 18 55	6 30 45	158	12 58 13	7 24 29	27 49 40	6 36 4	160	13 23 29	9 19 40
13 Tu	15 22 42	27 13 42	57 54	3 19 2.1	18 18 30	4♎25 44	6 41 26	160	13 49 23	11 9 34	11♎ 7 11	6 46 44	156	14 15 57	12 52 22
14 W	15 26 39	28 11 36	57 52	3 22 58.2	18 33 13	17 53 55	6 51 50	149	14 43 13	14 26 10	24 45 45	6 56 39	138	15 11 11	15 49 0
15 Th	15 30 35	29 9 28	57 51	3 26 54.8	18 47 38	1♏42 23	7 1 2	124	15 39 48	16 58 58	8♏43 25	7 4 55	108	16 9 1	17 54 17
16 F	15 34 32	0♉ 7 18	57 49	3 30 52.0	19 1 44	15 48 20	7 8 12	89	16 38 45	18 33 23	22 56 32	7 10 50	68	17 8 51	18 55 4
17 S	15 38 28	1 5 7	57 48	3 34 49.8	19 15 30	0♐ 7 21	7 12 45	47	17 39 11	18 58 31	7♐20 6	7 13 57	25	18 9 35	18 43 25
18 Su	15 42 25	2 2 55	57 47	3 38 48.2	19 28 57	14 34 3	7 14 27	5	18 39 54	18 9 58	21 48 30	7 14 15	-15	19 10 0	17 18 51
19 M	15 46 21	3 0 42	57 46	3 42 47.1	19 42 4	29 2 45	7 13 27	-33	19 39 45	16 11 10	6♑16 12	7 12 5	-48	20 9 3	14 48 23
20 Tu	15 50 18	3 58 27	57 44	3 46 46.6	19 54 51	13♑28 16	7 10 14	-61	20 37 53	13 12 14	20 38 30	7 8 0	-72	21 6 12	11 24 38
21 W	15 54 15	4 56 11	57 43	3 50 46.6	20 7 17	27 46 30	7 5 27	-80	21 34 1	9 27 34	4♒51 58	7 2 41	-85	22 1 22	7 23 3
22 Th	15 58 11	5 53 55	57 42	3 54 47.2	20 19 23	11♒54 39	6 59 46	-89	22 28 18	5 13 7	18 54 25	6 56 44	-92	22 54 52	2 59 43
23 F	16 2 8	6 51 37	57 41	3 58 48.4	20 31 8	25 51 9	6 53 40	-93	23 21 13	0 44 46	2♓44 49	6 50 34	-93	23 47 20	1N29 56
24 S	16 6 4	7 49 18	57 40	4 2 50.0	20 42 32	9♓35 23	6 47 29	-93	0 13 20	3N42 35	16 22 52	6 44 24	-92	0 39 17	5 51 32
25 Su	16 10 1	8 46 59	57 39	4 6 52.3	20 53 34	23 7 15	6 41 20	-92	1 5 15	7 55 8	29 48 35	6 38 17	-91	1 31 17	9 51 52
26 M	16 13 57	9 44 38	57 38	4 10 55.0	21 4 15	6♈26 52	6 35 15	-91	1 57 24	11 40 16	13♈ 2 7	6 32 12	-91	2 23 39	13 19 1
27 Tu	16 17 54	10 42 16	57 37	4 14 58.2	21 14 35	19 34 19	6 29 9	-92	2 50 1	14 46 55	26 3 27	6 26 5	-92	3 16 30	16 2 54
28 W	16 21 50	11 39 53	57 36	4 19 1.9	21 24 32	2♉29 33	6 23 1	-92	3 43 4	17 6 7	8♉52 34	6 19 58	-91	4 9 39	17 55 52
29 Th	16 25 47	12 37 29	57 35	4 23 6.1	21 34 7	15 12 32	6 16 56	-90	4 36 14	18 31 46	21 29 27	6 13 56	-88	5 2 43	18 53 33
30 F	16 29 44	13 35 4	57 34	4 27 10.7	21 43 19	27 43 24	6 11 2	-86	5 29 3	19 1 17	3♊54 25	6 8 14	-81	5 55 9	18 55 12
31 S	16 33 40	14♉32 38	57 33	4 31 15.8	21N52 9	10♊ 2 40	6 5 36	-76	6 20 59	18N35 43	16♊ 8 16	6 3 11	-69	6 46 29	18N 3 28

LUNAR INGRESSES
2 ☽ ♊ 20:23
5 ☽ ♋ 7:46
7 ☽ ♌ 20:16
10 ☽ ♍ 7:36
12 ☽ ♎ 15:58
14 ☽ ♏ 21:04
16 ☽ ♐ 23:48
19 ☽ ♑ 1:35
21 ☽ ♒ 3:45
23 ☽ ♓ 7:12
25 ☽ ♈ 12:21
27 ☽ ♉ 19:20
30 ☽ ♊ 4:24

PLANET INGRESSES
5 ☿ ♉ 2:53
15 ☉ ♉ 20:58
23 ☿ ♊ 16:08
24 ♀ ♈ 17:43

STATIONS
20 ♂ D 1:32

DATA FOR THE 1st AT 0 HOURS
JULIAN DAY 41758.5
☽ MEAN ☊ 2°♎ 58' 9"
OBLIQUITY 23° 26' 6"
DELTA T 72.6 SECONDS
NUTATION LONGITUDE 7.1"

DAY MO YR	☿ LONG	♀ LONG	♂ LONG	♃ LONG	♄ LONG	♅ LONG	♆ LONG	♇ LONG	☊ LONG	A.S.S.I.	S.S.R.Y.	S.V.P. ♓	☿ MERCURY R.A.	DECL
	° ' "	° ' "	° ' "	° ' "	° ' "	° ' "	° ' "	° ' "	° '	h m s	h m s	° ' "	h m s	° ' "
1 121	21♈18 37	2♓43 38	16♍28R 7	20♊ 1 31	25♎48R17	19♓ 7 17	12♒13 40	18♐34R27	3♎27	3 11 39	30 9 45	5 3 27.6	2 54 34	17N 9 29
2 122	23 26 50	3 51 33	16 13 33	20 10 32	25 43 52	19 10 26	12 14 54	18 33 58	3 25	3 16 27	30 10 48	5 3 27.5	3 2 58	17 55 52
3 123	25 34 12	4 59 34	15 59 44	20 19 40	25 39 25	19 13 33	12 16 7	18 33 27	3 23	3 21 16	30 11 50	5 3 27.3	3 11 22	18 40 34
4 124	27 40 24	6 7 41	15 46 40	20 28 54	25 34 58	19 16 39	12 17 17	18 32 54	3 21	3 26 6	30 12 47	5 3 27.1	3 19 46	19 23 22
5 125	29 45 9	7 15 54	15 34 22	20 38 15	25 30 30	19 19 44	12 18 26	18 32 19	3 19	3 30 56	30 13 38	5 3 26.9	3 28 9	20 4 8
6 126	1♉48 9	8 24 13	15 22 50	20 47 43	25 26 1	19 22 47	12 19 34	18 31 43	3 18	3 35 47	30 14 19	5 3 26.8	3 36 29	20 42 42
7 127	3 49 9	9 32 38	15 12 5	20 57 16	25 21 31	19 25 49	12 20 39	18 31 6	3 18	3 40 39	30 14 50	5 3 26.7	3 44 45	21 18 57
8 128	5 47 53	10 41 8	15 2 8	21 6 56	25 17 1	19 28 50	12 21 43	18 30 27	3 18	3 45 31	30 15 9	5 3 26.6	3 52 55	21 52 47
9 129	7 44 7	11 49 43	14 52 59	21 16 42	25 12 31	19 31 49	12 22 45	18 29 46	3 19	3 50 24	30 15 16	5 3 26.5	4 1 0	22 24 8
10 130	9 37 40	12 58 24	14 44 38	21 26 34	25 8 0	19 34 47	12 23 45	18 29 3	3 20	3 55 18	30 15 11	5 3 26.5	4 8 57	22 52 58
11 131	11 28 21	14 7 10	14 37 4	21 36 32	25 3 29	19 37 43	12 24 43	18 28 19	3 22	4 0 12	30 14 54	5 3 26.4	4 16 45	23 19 15
12 132	13 16 1	15 16 1	14 30 20	21 46 35	24 58 58	19 40 38	12 25 39	18 27 34	3 23	4 5 8	30 14 26	5 3 26.4	4 24 23	23 42 59
13 133	15 0 33	16 24 57	14 24 23	21 56 44	24 54 28	19 43 32	12 26 34	18 26 47	3 24	4 10 3	30 13 48	5 3 26.3	4 31 51	24 4 13
14 134	16 41 50	17 33 59	14 19 14	22 6 59	24 49 57	19 46 23	12 27 27	18 25 58	3 23	4 15 0	30 13 2	5 3 26.1	4 39 8	24 22 58
15 135	18 19 47	18 43 5	14 14 53	22 17 19	24 45 28	19 49 13	12 28 18	18 25 8	3 21	4 19 57	30 12 9	5 3 26.0	4 46 13	24 39 18
16 136	19 54 19	19 52 16	14 11 20	22 27 45	24 40 58	19 52 2	12 29 7	18 24 17	3 18	4 24 55	30 11 11	5 3 25.8	4 53 4	24 53 16
17 137	21 25 22	21 1 31	14 8 34	22 38 16	24 36 30	19 54 49	12 29 54	18 23 24	3 14	4 29 54	30 10 11	5 3 25.5	4 59 43	25 4 58
18 138	22 52 53	22 10 52	14 6 35	22 48 52	24 32 2	19 57 34	12 30 39	18 22 30	3 10	4 34 54	30 9 11	5 3 25.3	5 6 7	25 14 28
19 139	24 16 50	23 20 17	14 5 23	22 59 33	24 27 36	20 0 18	12 31 23	18 21 34	3 07	4 39 54	30 8 15	5 3 25.1	5 12 16	25 21 51
20 140	25 37 8	24 29 46	14 4D56	23 10 19	24 23 10	20 2 59	12 32 4	18 20 37	3 04	4 44 55	30 7 26	5 3 24.9	5 18 11	25 27 13
21 141	26 53 45	25 39 20	14 5 16	23 21 10	24 18 46	20 5 39	12 32 44	18 19 39	3 02	4 49 56	30 6 47	5 3 24.8	5 23 50	25 30 40
22 142	28 6 37	26 48 58	14 6 22	23 32 7	24 14 23	20 8 17	12 33 22	18 18 39	3 02	4 54 58	30 6 20	5 3 24.7	5 29 13	25 32 16
23 143	29 15 43	27 58 40	14 8 12	23 43 7	24 10 1	20 10 53	12 33 57	18 17 38	3 03	5 0 1	30 6 6	5 3 24.6	5 34 19	25 32 8
24 144	0♊20 57	29 8 26	14 10 48	23 54 13	24 5 41	20 13 28	12 34 31	18 16 36	3 05	5 5 5	30 6 7	5 3 24.5	5 39 9	25 30 21
25 145	1 22 18	0♈18 16	14 14 8	24 5 23	24 1 23	20 16 0	12 35 3	18 15 32	3 06	5 10 9	30 6 23	5 3 24.5	5 43 41	25 27 1
26 146	2 19 40	1 28 10	14 18 11	24 16 38	23 57 7	20 18 30	12 35 33	18 14 27	3 06	5 15 14	30 6 52	5 3 24.3	5 47 55	25 22 14
27 147	3 13 0	2 38 8	14 22 59	24 27 57	23 52 53	20 20 59	12 36 1	18 13 21	3 05	5 20 20	30 7 33	5 3 24.2	5 51 52	25 16 3
28 148	4 2 13	3 48 8	14 28 29	24 39 21	23 48 41	20 23 25	12 36 27	18 12 14	3 02	5 25 26	30 8 24	5 3 24.0	5 55 30	25 8 36
29 149	4 47 14	4 58 13	14 34 41	24 50 49	23 44 31	20 25 49	12 36 51	18 11 6	2 57	5 30 33	30 9 22	5 3 23.8	5 58 49	24 59 57
30 150	5 28 0	6 8 23	14 41 36	25 2 21	23 40 24	20 28 11	12 37 13	18 9 56	2 51	5 35 40	30 10 25	5 3 23.6	6 1 48	24 50 11
31 151	6♊ 4 25	7♈18 31	14♍49 11	25♊13 57	23♎36 20	20♓30 32	12♒37 33	18♐ 8 45	2♎43	5 40 48	30 11 29	5 3 23.4	6 4 29	24N39 21

DAY May	♀ VENUS R.A.	DECL	♂ MARS R.A.	DECL	♃ JUPITER R.A.	DECL	♄ SATURN R.A.	DECL	♅ URANUS R.A.	DECL	♆ NEPTUNE R.A.	DECL	♇ PLUTO R.A.	DECL
	h m s	° ' "	h m s	° ' "	h m s	° ' "	h m s	° ' "	h m s	° ' "	h m s	° ' "	h m s	° ' "
1	23 53 28	2S 5 45	12 44 29	3S 2 11	7 5 8	22N53 43	15 15 59	15S32 21	0 52 47	4N56 54	22 36 34	9S31 21	18 57 35	20S 5 46
2	23 57 42	1 41 28	12 43 31	2 58 57	7 5 46	22 52 46	15 15 41	15 31 12	0 52 59	4 58 7	22 36 39	9 30 55	18 57 33	20 5 50
3	0 1 57	1 17 2	12 42 36	2 56 0	7 6 26	22 51 47	15 15 23	15 30 2	0 53 10	4 59 19	22 36 44	9 30 29	18 57 31	20 5 55
4	0 6 11	0 52 29	12 41 43	2 53 20	7 7 6	22 50 47	15 15 5	15 28 52	0 53 22	5 0 30	22 36 48	9 30 5	18 57 28	20 5 59
5	0 10 26	0 27 48	12 40 54	2 50 58	7 7 46	22 49 46	15 14 48	15 27 42	0 53 33	5 1 41	22 36 52	9 29 41	18 57 26	20 6 4
6	0 14 40	0 3 1	12 40 7	2 48 54	7 8 27	22 48 43	15 14 30	15 26 31	0 53 45	5 2 51	22 36 57	9 29 17	18 57 23	20 6 10
7	0 18 55	0N21 53	12 39 24	2 47 7	7 9 8	22 47 39	15 14 12	15 25 21	0 53 56	5 4 1	22 37 1	9 28 55	18 57 21	20 6 15
8	0 23 11	0 46 52	12 38 43	2 45 38	7 9 50	22 46 33	15 13 54	15 24 11	0 54 7	5 5 10	22 37 5	9 28 33	18 57 18	20 6 21
9	0 27 26	1 11 55	12 38 5	2 44 28	7 10 32	22 45 26	15 13 36	15 23 1	0 54 18	5 6 19	22 37 9	9 28 12	18 57 15	20 6 26
10	0 31 42	1 37 3	12 37 30	2 43 35	7 11 14	22 44 18	15 13 17	15 21 52	0 54 29	5 7 27	22 37 13	9 27 51	18 57 12	20 6 32
11	0 35 58	2 2 14	12 36 58	2 43 0	7 11 57	22 43 8	15 12 59	15 20 42	0 54 40	5 8 34	22 37 16	9 27 31	18 57 9	20 6 39
12	0 40 14	2 27 28	12 36 29	2 42 43	7 12 41	22 41 57	15 12 41	15 19 32	0 54 51	5 9 41	22 37 20	9 27 12	18 57 6	20 6 45
13	0 44 31	2 52 44	12 36 4	2 42 44	7 13 24	22 40 44	15 12 23	15 18 23	0 55 2	5 10 47	22 37 23	9 26 53	18 57 3	20 6 51
14	0 48 48	3 18 2	12 35 41	2 43 3	7 14 8	22 39 30	15 12 5	15 17 14	0 55 12	5 11 53	22 37 27	9 26 36	18 56 59	20 6 58
15	0 53 6	3 43 21	12 35 21	2 43 40	7 14 53	22 38 15	15 11 47	15 16 6	0 55 23	5 12 58	22 37 30	9 26 18	18 56 56	20 7 5
16	0 57 24	4 8 40	12 35 4	2 44 34	7 15 38	22 36 58	15 11 29	15 14 57	0 55 33	5 14 2	22 37 33	9 26 2	18 56 52	20 7 12
17	1 1 43	4 33 59	12 34 50	2 45 46	7 16 23	22 35 39	15 11 11	15 13 49	0 55 44	5 15 6	22 37 36	9 25 46	18 56 48	20 7 19
18	1 6 2	4 59 17	12 34 38	2 47 13	7 17 9	22 34 20	15 10 53	15 12 42	0 55 54	5 16 9	22 37 39	9 25 31	18 56 45	20 7 27
19	1 10 21	5 24 33	12 34 30	2 48 59	7 17 55	22 32 58	15 10 36	15 11 35	0 56 4	5 17 11	22 37 42	9 25 16	18 56 41	20 7 35
20	1 14 41	5 49 47	12 34 25	2 51 1	7 18 41	22 31 36	15 10 18	15 10 29	0 56 14	5 18 12	22 37 45	9 25 3	18 56 37	20 7 43
21	1 19 2	6 14 58	12 34 22	2 53 20	7 19 27	22 30 11	15 10 0	15 9 22	0 56 24	5 19 13	22 37 47	9 24 50	18 56 33	20 7 51
22	1 23 23	6 40 6	12 34 23	2 55 56	7 20 14	22 28 46	15 9 43	15 8 17	0 56 34	5 20 13	22 37 50	9 24 38	18 56 28	20 7 59
23	1 27 45	7 5 8	12 34 26	2 58 47	7 21 2	22 27 19	15 9 25	15 7 12	0 56 43	5 21 12	22 37 52	9 24 26	18 56 24	20 8 8
24	1 32 8	7 30 6	12 34 32	3 1 55	7 21 49	22 25 50	15 9 8	15 6 8	0 56 53	5 22 11	22 37 54	9 24 15	18 56 20	20 8 16
25	1 36 31	7 54 58	12 34 40	3 5 19	7 22 37	22 24 20	15 8 51	15 5 4	0 57 2	5 23 9	22 37 56	9 24 5	18 56 15	20 8 25
26	1 40 55	8 19 44	12 34 52	3 8 59	7 23 25	22 22 48	15 8 34	15 4 1	0 57 12	5 24 5	22 37 58	9 23 56	18 56 11	20 8 34
27	1 45 20	8 44 23	12 35 6	3 12 54	7 24 14	22 21 15	15 8 17	15 2 59	0 57 21	5 25 2	22 38 0	9 23 48	18 56 6	20 8 43
28	1 49 45	9 8 53	12 35 23	3 17 4	7 25 3	22 19 40	15 8 0	15 1 57	0 57 30	5 25 57	22 38 2	9 23 40	18 56 1	20 8 53
29	1 54 11	9 33 16	12 35 42	3 21 30	7 25 52	22 18 4	15 7 43	15 0 57	0 57 39	5 26 51	22 38 3	9 23 32	18 55 57	20 9 2
30	1 58 38	9 57 29	12 36 4	3 26 10	7 26 41	22 16 26	15 7 26	14 59 57	0 57 48	5 27 45	22 38 5	9 23 26	18 55 52	20 9 12
31	2 3 6	10N21 32	12 36 29	3S31 5	7 27 31	22N14 47	15 7 10	14S58 58	0 57 57	5N28 38	22 38 6	9S23 20	18 55 47	20S 9 22

JUNE 2014

DAY	SIDEREAL TIME h m s	☉ SUN LONG ° ' "	☉ SUN MOT ' "	☉ SUN R.A. h m s	☉ SUN DECL ° ' "	☽ MOON AT 0 HOURS LONG ° ' "	☽ 0h 12h MOT ° ' "	☽ 0h 2DIF "	☽ 0h R.A. h m s	☽ 0h DECL ° ' "	☽ MOON AT 12 HOURS LONG ° ' "	☽ 12h 12h MOT ° ' "	☽ 12h 2DIF "	☽ 12h R.A. h m s	☽ 12h DECL ° ' "
1 Su	16 37 37	15♉30 10	57 31	4 35 21.2	22N 0 36	22♊11 26	6 1 0	-61	7 11 37	17N19 10	28♊12 27	5 59 9	-51	7 36 22	16N23 38
2 M	16 41 33	16 27 41	57 30	4 39 27.1	22 8 40	4♋11 35	5 57 38	-39	8 0 44	15 17 47	10♋ 9 14	5 56 32	-26	8 24 43	14 2 32
3 Tu	16 45 30	17 25 11	57 29	4 43 33.3	22 16 21	16 5 46	5 55 54	-12	8 48 23	12 38 47	22 1 40	5 55 45	4	9 11 44	11 7 28
4 W	16 49 26	18 22 40	57 28	4 47 39.8	22 23 39	27 57 25	5 56 8	20	9 34 50	9 29 29	3♌53 33	5 57 6	38	9 57 45	7 45 42
5 Th	16 53 23	19 20 8	57 26	4 51 46.7	22 30 33	9♌50 39	5 58 39	56	10 20 33	5 57 0	15 49 18	6 0 49	75	10 43 19	4 4 14
6 F	16 57 19	20 17 34	57 25	4 55 54.0	22 37 3	21 50 7	6 3 37	93	11 6 9	2 8 17	27 53 45	6 7 3	112	11 29 6	0 10 3
7 S	17 1 16	21 14 59	57 24	5 0 1.5	22 43 9	4♍ 0 47	6 11 5	130	11 52 17	1S49 30	10♍11 53	6 15 43	147	12 15 48	3S49 19
8 Su	17 5 13	22 12 23	57 23	5 4 9.2	22 48 52	16 27 36	6 20 54	163	12 39 44	5 48 15	22 48 30	6 26 34	176	13 4 10	7 45 0
9 M	17 9 9	23 9 46	57 22	5 8 17.3	22 54 10	29 15 5	6 32 39	187	13 29 12	9 38 10	5♎47 44	6 39 3	195	13 54 55	11 26 9
10 Tu	17 13 6	24 7 8	57 21	5 12 25.5	22 59 5	12♎26 47	6 45 38	198	14 21 22	13 7 11	19 12 25	6 52 16	197	14 48 36	14 39 23
11 W	17 17 2	25 4 29	57 20	5 16 34.0	23 3 35	26 4 40	6 58 47	191	15 16 38	16 0 45	3♏ 3 27	7 5 1	180	15 45 26	17 9 17
12 Th	17 20 59	26 1 49	57 19	5 20 42.7	23 7 40	10♏ 8 28	7 10 47	164	16 14 58	18 3 2	17 19 16	7 15 55	142	16 45 8	18 40 13
13 F	17 24 55	26 59 8	57 19	5 24 51.6	23 11 22	24 35 11	7 20 15	116	17 15 48	18 59 26	1♐55 26	7 23 38	86	17 46 47	18 59 38
14 S	17 28 52	27 56 27	57 18	5 29 0.6	23 14 38	9♐19 4	7 25 59	54	18 17 56	18 40 24	16 45 2	7 27 13	20	18 49 3	18 1 52
15 Su	17 32 48	28 53 44	57 18	5 33 9.8	23 17 30	24 12 14	7 27 19	-13	19 19 57	17 4 46	1♑39 34	7 26 22	-44	19 50 30	15 50 22
16 M	17 36 45	29 51 2	57 17	5 37 19.1	23 19 58	9♑ 5 55	7 24 24	-72	20 20 34	14 20 26	16 30 19	7 21 33	-97	20 50 5	12 37 1
17 Tu	17 40 42	0♊48 19	57 17	5 41 28.5	23 22 0	23 51 51	7 17 57	-116	21 19 1	10 42 22	1♒ 9 49	7 13 48	-131	21 47 21	8 38 51
18 W	17 44 38	1 45 35	57 16	5 45 38.1	23 23 38	8♒23 36	7 9 13	-141	22 15 8	6 28 48	15 32 49	7 4 23	-147	22 42 25	4 14 30
19 Th	17 48 35	2 42 52	57 16	5 49 47.6	23 24 52	22 37 12	6 59 25	-149	23 9 16	1 58 4	29 36 37	6 54 28	-147	23 35 45	0N18 29
20 F	17 52 31	3 40 8	57 16	5 53 57.3	23 25 40	6♓31 5	6 49 38	-143	0 1 57	2N33 18	13♓20 43	6 44 58	-136	0 27 57	4 44 40
21 S	17 56 28	4 37 24	57 16	5 58 6.9	23 26 3	20 5 40	6 40 32	-129	0 53 50	6 51 1	26 46 12	6 36 22	-121	1 19 39	8 50 55
22 Su	18 0 24	5 34 39	57 16	6 2 16.6	23 26 2	3♈22 34	6 32 29	-112	1 45 29	10 43 0	9♈55 2	6 28 52	-104	2 11 22	12 26 3
23 M	18 4 21	6 31 55	57 16	6 6 26.2	23 25 36	16 23 54	6 25 31	-97	2 37 20	13 58 59	22 49 26	6 22 25	-90	3 3 22	15 20 47
24 Tu	18 8 17	7 29 10	57 15	6 10 35.8	23 24 45	29 11 51	6 19 32	-84	3 29 31	16 30 36	5♉31 23	6 16 51	-78	3 55 43	17 27 44
25 W	18 12 14	8 26 26	57 15	6 14 45.3	23 23 29	11♉48 14	6 14 19	-74	4 21 57	18 11 39	18 2 33	6 11 56	-70	4 48 11	18 41 59
26 Th	18 16 11	9 23 41	57 15	6 18 54.6	23 21 49	24 14 29	6 9 40	-66	5 14 20	18 58 34	0♊24 9	6 7 31	-63	5 40 22	19 1 26
27 F	18 20 7	10 20 56	57 15	6 23 3.9	23 19 44	6♊31 40	6 5 28	-60	6 6 12	18 50 51	12 37 7	6 3 31	-56	6 31 48	18 27 12
28 S	18 24 4	11 18 10	57 14	6 27 13.0	23 17 14	18 40 38	6 1 42	-52	6 57 5	17 51 4	24 42 21	6 0 2	-48	7 22 3	17 3 9
29 Su	18 28 0	12 15 24	57 14	6 31 21.9	23 14 20	0♋42 23	5 58 32	-42	7 46 40	16 4 18	6♋40 55	5 57 15	-35	8 10 54	14 55 23
30 M	18 31 57	13♊12 38	57 14	6 35 30.6	23N11 2	12♋38 9	5 56 12	-27	8 34 48	13N37 20	18♋34 22	5 55 28	-17	8 58 21	12N11 8

LUNAR INGRESSES
1 ☽ ♋ 15:35
4 ☽ ♌ 4:08
6 ☽ ♍ 16:08
9 ☽ ♎ 1:23
11 ☽ ♏ 6:46
13 ☽ ♐ 8:52
15 ☽ ♑ 9:20
17 ☽ ♒ 10:05
19 ☽ ♓ 12:40
21 ☽ ♈ 17:51
24 ☽ ♉ 1:31
26 ☽ ♊ 11:13
28 ☽ ♋ 22:35

PLANET INGRESSES
16 ☉ ♊ 3:45
19 ♀ ♉ 6:22
23 ♃ ♋ 7:15
27 ☿ ♉ 17:29

STATIONS
7 ☿ R 11:58
9 ♆ R 19:51

DATA FOR THE 1st AT 0 HOURS
JULIAN DAY 41789.5
☽ MEAN ☊ 1°♎ 19' 35"
OBLIQUITY 23° 26' 6"
DELTA T 72.6 SECONDS
NUTATION LONGITUDE 7.3"

DAY MO	YR	☿ LONG ° ' "	♀ LONG ° ' "	♂ LONG ° ' "	♃ LONG ° ' "	♄ LONG ° ' "	♅ LONG ° ' "	♆ LONG ° ' "	♇ LONG ° ' "	☊ LONG ° '	A.S.S.I. h m s	S.S.R.Y. h m s	S.V.P. ♓ ° ' "	☿ MERCURY R.A. h m s	☿ MERCURY DECL ° ' "
1	152	6♊36 26	8♈28 45	14♍57 28	25♊25 37	23♎32R18	20♓32 49	12♒37 52	18♐ 7R34	2♎36	5 45 56	30 12 33	5 3 23.2	6 6 49	24N27 37
2	153	7 3 58	9 39 2	15 6 24	25 37 21	23 28 19	20 35 5	12 38 8	18 6 21	2 29	5 51 5	30 13 32	5 3 23.0	6 8 49	24 15 0
3	154	7 26 57	10 49 21	15 15 59	25 49 8	23 24 23	20 37 19	12 38 22	18 5 7	2 23	5 56 15	30 14 27	5 3 22.9	6 10 29	24 1 36
4	155	7 45 22	11 59 44	15 26 12	26 1 0	23 20 30	20 39 30	12 38 34	18 3 52	2 19	6 1 24	30 15 14	5 3 22.7	6 11 48	23 47 28
5	156	7 59 9	13 10 10	15 37 4	26 12 55	23 16 40	20 41 39	12 38 45	18 2 37	2 16	6 6 35	30 15 51	5 3 22.6	6 12 47	23 32 43
6	157	8 8 19	14 20 38	15 48 33	26 24 53	23 12 54	20 43 45	12 38 53	18 1 20	2 16	6 11 45	30 16 19	5 3 22.5	6 13 25	23 17 25
7	158	8 12R52	15 31 10	16 0 38	26 36 55	23 9 10	20 45 50	12 38 59	18 0 2	2 17	6 16 56	30 16 36	5 3 22.5	6 13 44	23 1 39
8	159	8 12 52	16 41 44	16 13 18	26 49 1	23 5 31	20 47 52	12 39 4	17 58 44	2 18	6 22 7	30 16 41	5 3 22.4	6 13 42	22 45 30
9	160	8 8 23	17 52 21	16 26 34	27 1 9	23 1 55	20 49 51	12 39R 6	17 57 24	2 19	6 27 19	30 16 34	5 3 22.3	6 13 21	22 29 3
10	161	7 59 33	19 3 1	16 40 23	27 13 21	22 58 23	20 51 49	12 39 6	17 56 4	2 18	6 32 31	30 16 15	5 3 22.1	6 12 41	22 12 23
11	162	7 46 32	20 13 43	16 54 46	27 25 35	22 54 54	20 53 44	12 39 5	17 54 43	2 16	6 37 43	30 15 44	5 3 22.0	6 11 43	21 55 37
12	163	7 29 35	21 24 29	17 9 42	27 37 53	22 51 29	20 55 36	12 39 2	17 53 22	2 11	6 42 56	30 15 3	5 3 21.8	6 10 29	21 38 50
13	164	7 8 57	22 35 17	17 25 10	27 50 14	22 48 9	20 57 26	12 38 56	17 51 59	2 05	6 48 8	30 14 12	5 3 21.5	6 8 59	21 22 9
14	165	6 44 58	23 46 8	17 41 10	28 2 37	22 44 52	20 59 13	12 38 49	17 50 36	1 57	6 53 21	30 13 14	5 3 21.2	6 7 15	21 5 39
15	166	6 18 2	24 57 3	17 57 40	28 15 4	22 41 40	21 0 58	12 38 40	17 49 13	1 48	6 58 34	30 12 13	5 3 21.0	6 5 19	20 49 30
16	167	5 48 34	26 8 0	18 14 41	28 27 33	22 38 31	21 2 41	12 38 29	17 47 48	1 40	7 3 47	30 11 10	5 3 20.7	6 3 13	20 33 46
17	168	5 17 4	27 18 59	18 32 11	28 40 5	22 35 28	21 4 21	12 38 16	17 46 23	1 34	7 9 1	30 10 11	5 3 20.6	6 0 58	20 18 37
18	169	4 44 4	28 30 2	18 50 10	28 52 39	22 32 28	21 5 58	12 38 1	17 44 58	1 30	7 14 14	30 9 19	5 3 20.4	5 58 38	20 4 9
19	170	4 10 6	29 41 8	19 8 38	29 5 16	22 29 33	21 7 33	12 37 44	17 43 32	1 28	7 19 28	30 8 37	5 3 20.3	5 56 14	19 50 30
20	171	3 35 46	0♉52 16	19 27 34	29 17 56	22 26 42	21 9 5	12 37 25	17 42 5	1 27	7 24 41	30 8 8	5 3 20.3	5 53 49	19 37 47
21	172	3 1 38	2 3 27	19 46 57	29 30 37	22 23 56	21 10 35	12 37 5	17 40 38	1 28	7 29 55	30 7 53	5 3 20.2	5 51 25	19 26 9
22	173	2 28 17	3 14 41	20 6 48	29 43 22	22 21 15	21 12 2	12 36 42	17 39 10	1 28	7 35 9	30 7 52	5 3 20.1	5 49 5	19 15 40
23	174	1 56 19	4 25 58	20 27 6	29 56 8	22 18 39	21 13 26	12 36 18	17 37 42	1 27	7 40 22	30 8 4	5 3 19.9	5 46 51	19 6 28
24	175	1 26 16	5 37 17	20 47 50	0♋ 8 57	22 16 7	21 14 48	12 35 52	17 36 14	1 24	7 45 36	30 8 30	5 3 19.7	5 44 44	18 58 38
25	176	0 58 38	6 48 39	21 9 1	0 21 48	22 13 41	21 16 7	12 35 24	17 34 45	1 18	7 50 49	30 9 7	5 3 19.5	5 42 49	18 52 13
26	177	0 33 54	8 0 3	21 30 36	0 34 41	22 11 19	21 17 23	12 34 54	17 33 16	1 10	7 56 3	30 9 54	5 3 19.3	5 41 5	18 47 18
27	178	0 12 29	9 11 29	21 52 37	0 47 35	22 9 3	21 18 36	12 34 22	17 31 47	0 59	8 1 16	30 10 48	5 3 19.1	5 39 35	18 43 54
28	179	29♉54 47	10 22 58	22 15 2	1 0 32	22 6 52	21 19 47	12 33 49	17 30 17	0 47	8 6 29	30 11 47	5 3 18.9	5 38 21	18 42 2
29	180	29 41 7	11 34 29	22 37 51	1 13 31	22 4 46	21 20 55	12 33 13	17 28 47	0 34	8 11 41	30 12 48	5 3 18.7	5 37 24	18 41 43
30	181	29♉31 44	12♉46 3	23♍ 1 4	1♋26 31	22♎ 2 45	21♓22 0	12♒32 36	17♐27 17	0♎22	8 16 54	30 13 50	5 3 18.5	5 36 44	18N42 55

DAY Jun	♀ VENUS R.A. h m s	♀ VENUS DECL ° ' "	♂ MARS R.A. h m s	♂ MARS DECL ° ' "	♃ JUPITER R.A. h m s	♃ JUPITER DECL ° ' "	♄ SATURN R.A. h m s	♄ SATURN DECL ° ' "	♅ URANUS R.A. h m s	♅ URANUS DECL ° ' "	♆ NEPTUNE R.A. h m s	♆ NEPTUNE DECL ° ' "	♇ PLUTO R.A. h m s	♇ PLUTO DECL ° ' "
1	2 7 34	10N45 25	12 36 56	3S36 14	7 28 21	22N13 6	15 6 54	14S58 0	0 58 5	5N29 30	22 38 7	9S23 15	18 55 42	20S 9 32
2	2 12 4	11 9 6	12 37 26	3 41 37	7 29 11	22 11 24	15 6 38	14 57 3	0 58 14	5 30 21	22 38 8	9 23 11	18 55 37	20 9 42
3	2 16 34	11 32 36	12 37 58	3 47 13	7 30 1	22 9 40	15 6 22	14 56 7	0 58 22	5 31 11	22 38 9	9 23 8	18 55 31	20 9 53
4	2 21 5	11 55 53	12 38 33	3 53 4	7 30 52	22 7 55	15 6 6	14 55 12	0 58 30	5 32 0	22 38 10	9 23 5	18 55 26	20 10 3
5	2 25 37	12 18 56	12 39 10	3 59 7	7 31 43	22 6 9	15 5 51	14 54 18	0 58 38	5 32 49	22 38 11	9 23 3	18 55 21	20 10 14
6	2 30 10	12 41 46	12 39 49	4 5 23	7 32 34	22 4 20	15 5 36	14 53 25	0 58 46	5 33 36	22 38 11	9 23 2	18 55 16	20 10 25
7	2 34 44	13 4 21	12 40 31	4 11 51	7 33 25	22 2 31	15 5 21	14 52 33	0 58 54	5 34 23	22 38 12	9 23 1	18 55 10	20 10 36
8	2 39 19	13 26 40	12 41 15	4 18 32	7 34 17	22 0 40	15 5 6	14 51 43	0 59 1	5 35 8	22 38 12	9 23 2	18 55 5	20 10 47
9	2 43 55	13 48 44	12 42 1	4 25 25	7 35 9	21 58 47	15 4 52	14 50 53	0 59 9	5 35 53	22 38 12	9 23 3	18 54 59	20 10 59
10	2 48 32	14 10 30	12 42 49	4 32 30	7 36 1	21 56 53	15 4 37	14 50 5	0 59 16	5 36 37	22 38 12	9 23 4	18 54 53	20 11 10
11	2 53 10	14 32 0	12 43 39	4 39 46	7 36 53	21 54 57	15 4 23	14 49 17	0 59 23	5 37 20	22 38 12	9 23 7	18 54 48	20 11 22
12	2 57 49	14 53 11	12 44 32	4 47 13	7 37 45	21 53 0	15 4 10	14 48 31	0 59 30	5 38 2	22 38 12	9 23 10	18 54 42	20 11 33
13	3 2 29	15 14 3	12 45 26	4 54 51	7 38 38	21 51 1	15 3 56	14 47 47	0 59 37	5 38 43	22 38 12	9 23 13	18 54 36	20 11 45
14	3 7 11	15 34 36	12 46 23	5 2 39	7 39 30	21 49 1	15 3 43	14 47 3	0 59 44	5 39 23	22 38 11	9 23 18	18 54 30	20 11 57
15	3 11 53	15 54 49	12 47 21	5 10 38	7 40 23	21 46 59	15 3 30	14 46 21	0 59 50	5 40 2	22 38 11	9 23 23	18 54 25	20 12 9
16	3 16 36	16 14 41	12 48 21	5 18 47	7 41 16	21 44 56	15 3 17	14 45 40	0 59 57	5 40 40	22 38 10	9 23 29	18 54 19	20 12 22
17	3 21 21	16 34 11	12 49 24	5 27 6	7 42 9	21 42 52	15 3 5	14 45 1	1 0 3	5 41 17	22 38 10	9 23 36	18 54 13	20 12 34
18	3 26 7	16 53 20	12 50 28	5 35 34	7 43 3	21 40 46	15 2 53	14 44 23	1 0 9	5 41 53	22 38 9	9 23 43	18 54 7	20 12 47
19	3 30 54	17 12 5	12 51 34	5 44 11	7 43 56	21 38 38	15 2 41	14 43 46	1 0 15	5 42 28	22 38 9	9 23 51	18 54 1	20 13 0
20	3 35 41	17 30 26	12 52 41	5 52 58	7 44 50	21 36 29	15 2 30	14 43 10	1 0 21	5 43 2	22 38 8	9 24 0	18 53 54	20 13 12
21	3 40 31	17 48 24	12 53 51	6 1 54	7 45 44	21 34 19	15 2 18	14 42 36	1 0 26	5 43 35	22 38 5	9 24 10	18 53 48	20 13 25
22	3 45 21	18 5 56	12 55 2	6 10 58	7 46 38	21 32 7	15 2 7	14 42 4	1 0 32	5 44 6	22 38 4	9 24 20	18 53 42	20 13 38
23	3 50 12	18 23 3	12 56 15	6 20 11	7 47 32	21 29 54	15 1 57	14 41 33	1 0 37	5 44 37	22 38 3	9 24 31	18 53 36	20 13 51
24	3 55 5	18 39 43	12 57 30	6 29 32	7 48 26	21 27 39	15 1 47	14 41 3	1 0 42	5 45 7	22 38 1	9 24 42	18 53 30	20 14 5
25	3 59 58	18 55 57	12 58 46	6 39 2	7 49 21	21 25 23	15 1 37	14 40 35	1 0 47	5 45 36	22 37 59	9 24 54	18 53 24	20 14 18
26	4 4 53	19 11 42	13 0 5	6 48 39	7 50 15	21 23 5	15 1 27	14 40 9	1 0 52	5 46 4	22 37 57	9 25 7	18 53 17	20 14 31
27	4 9 49	19 27 0	13 1 24	6 58 24	7 51 10	21 20 46	15 1 18	14 39 44	1 0 56	5 46 30	22 37 56	9 25 21	18 53 11	20 14 45
28	4 14 46	19 41 49	13 2 46	7 8 16	7 52 4	21 18 26	15 1 9	14 39 20	1 1 1	5 46 56	22 37 53	9 25 35	18 53 5	20 14 58
29	4 19 44	19 56 8	13 4 9	7 18 15	7 52 59	21 16 4	15 1 0	14 38 58	1 1 5	5 47 20	22 37 51	9 25 50	18 52 59	20 15 12
30	4 24 43	20N 9 57	13 5 33	7S28 22	7 53 54	21N13 41	15 0 52	14S38 38	1 1 9	5N47 44	22 37 49	9S26 5	18 52 52	20S15 26

JULY 2014

DAY	SIDEREAL TIME h m s	☉ SUN LONG ° ' "	MOT ' "	R.A. h m s	DECL ° ' "	☽ MOON AT 0 HOURS LONG ° ' "	12h MOT ° ' "	2DIF	R.A. h m s	DECL ° ' "	☽ MOON AT 12 HOURS LONG ° ' "	12h MOT ° ' "	2DIF	R.A. h m s	DECL ° ' "
1 Tu	18 35 53	14♋ 9 52	57 14	6 39 39.1	23N 7 19	24♋29 50	5 55 4	-6	9 21 37	10N37 43	0♌24 53	5 55 3	6	9 44 37	8N58 4
2 W	18 39 50	15 7 5	57 13	6 43 47.2	23 3 12	6♌19 56	5 55 29	20	10 7 25	7 13 6	12 15 25	5 56 24	35	10 30 5	5 23 45
3 Th	18 43 46	16 4 19	57 13	6 47 55.1	22 58 41	18 11 49	5 57 51	52	10 52 41	3 30 55	24 9 39	5 59 52	70	11 15 19	1 35 31
4 F	18 47 43	17 1 31	57 13	6 52 2.7	22 53 45	0♍ 9 31	6 2 29	88	11 38 3	0S21 32	6♍12 0	6 5 44	107	12 0 58	2S19 17
5 S	18 51 40	17 58 44	57 12	6 56 10.0	22 48 26	12 17 44	6 9 38	127	12 24 10	4 16 45	18 27 22	6 14 10	146	12 47 45	6 12 49
6 Su	18 55 36	18 55 56	57 12	7 0 16.9	22 42 43	24 41 32	6 19 21	164	13 11 49	8 6 20	1♎ 0 52	6 25 7	181	13 36 26	9 56 0
7 M	18 59 33	19 53 8	57 12	7 4 23.4	22 36 37	7♎25 59	6 31 26	197	14 1 42	11 40 22	13 57 25	6 38 13	209	14 27 41	13 17 51
8 Tu	19 3 29	20 50 20	57 12	7 8 29.5	22 30 7	20 35 38	6 45 22	218	14 54 27	14 46 44	27 21 0	6 52 44	222	15 22 2	16 5 11
9 W	19 7 26	21 47 31	57 12	7 12 35.3	22 23 13	4♏13 43	7 0 9	221	15 50 26	17 11 15	11♏13 52	7 7 26	213	16 19 37	18 3 3
10 Th	19 11 22	22 44 43	57 12	7 16 40.6	22 15 57	18 21 18	7 14 23	200	16 49 32	18 38 47	25 35 41	7 20 44	179	17 20 5	18 56 51
11 F	19 15 19	23 41 54	57 12	7 20 45.5	22 8 17	2♐56 25	7 26 18	152	17 51 5	18 56 5	10♐22 43	7 30 52	119	18 22 24	18 35 45
12 S	19 19 15	24 39 6	57 12	7 24 49.9	22 0 15	17 53 35	7 34 15	82	18 53 49	17 55 44	25 27 50	7 36 19	41	19 25 11	16 56 34
13 Su	19 23 12	25 36 17	57 12	7 28 53.8	21 51 50	3♑ 4 8	7 37 0	0	19 56 18	15 39 22	10♑41 8	7 36 17	-41	20 27 2	14 5 50
14 M	19 27 9	26 33 29	57 12	7 32 57.3	21 43 2	18 17 25	7 34 16	-79	20 57 18	12 18 6	25 51 41	7 31 2	-112	21 27 1	10 18 38
15 Tu	19 31 5	27 30 42	57 13	7 37 0.3	21 33 53	3♒22 43	7 26 46	-141	21 56 9	8 10 1	10♒49 29	7 21 40	-163	22 24 44	5 54 56
16 W	19 35 2	28 27 54	57 14	7 41 2.9	21 24 21	18 11 8	7 15 55	-178	22 52 47	3 35 56	25 27 4	7 9 46	-188	23 20 21	1 15 30
17 Th	19 38 58	29 25 8	57 14	7 45 4.9	21 14 27	2♓36 50	7 3 25	-192	23 47 31	1N 4 7	9♓40 15	6 57 0	-190	0 14 20	3N20 53
18 F	19 42 55	0♌22 22	57 15	7 49 6.4	21 4 12	16 37 15	6 50 43	-185	0 40 53	5 32 57	23 27 58	6 44 39	-177	1 7 13	7 38 42
19 S	19 46 51	1 19 37	57 16	7 53 7.4	20 53 35	0♈12 37	6 38 55	-166	1 33 26	9 36 42	6♈51 32	6 33 34	-154	1 59 34	11 25 42
20 Su	19 50 48	2 16 52	57 16	7 57 7.9	20 42 37	13 25 5	6 28 38	-141	2 25 39	13 4 38	19 53 44	6 24 9	-128	2 51 44	14 32 34
21 M	19 54 44	3 14 9	57 17	8 1 7.8	20 31 18	26 17 53	6 20 7	-115	3 17 48	15 48 42	2♉37 59	6 16 30	-102	3 43 54	16 52 25
22 Tu	19 58 41	4 11 26	57 18	8 5 7.2	20 19 38	8♉54 29	6 13 17	-91	4 9 58	17 43 12	15 7 46	6 10 27	-80	4 36 1	18 20 44
23 W	20 2 38	5 8 44	57 19	8 9 6.1	20 7 38	21 18 13	6 7 57	-70	5 2 0	18 44 49	27 26 10	6 5 45	-62	5 27 52	18 55 26
24 Th	20 6 34	6 6 2	57 20	8 13 4.4	19 55 18	3♊31 55	6 3 49	-54	5 53 35	18 52 44	9♊35 45	6 2 7	-48	6 19 6	18 36 59
25 F	20 10 31	7 3 21	57 20	8 17 2.1	19 42 37	15 37 52	6 0 38	-42	6 44 23	18 8 38	21 38 29	5 59 19	-37	7 9 23	17 28 15
26 S	20 14 27	8 0 41	57 21	8 20 59.2	19 29 38	27 37 48	5 58 11	-32	7 34 5	16 36 32	3♋35 59	5 57 12	-27	7 58 28	15 34 17
27 Su	20 18 24	8 58 2	57 22	8 24 55.7	19 16 18	9♋33 11	5 56 24	-22	8 22 31	14 22 20	15 29 34	5 55 46	-16	8 46 16	13 1 37
28 M	20 22 20	9 55 24	57 22	8 28 51.6	19 2 40	21 25 20	5 55 19	-10	9 9 42	11 33 5	27 20 39	5 55 6	-3	9 32 52	9 57 41
29 Tu	20 26 17	10 52 46	57 23	8 32 46.9	18 48 43	3♌15 45	5 55 8	5	9 55 49	8 16 25	9♌10 53	5 55 27	15	10 18 35	6 30 16
30 W	20 30 13	11 50 8	57 23	8 36 41.6	18 34 27	15 6 20	5 56 6	25	10 41 13	4 40 10	21 2 27	5 57 8	37	11 3 48	2 47 8
31 Th	20 34 10	12♌47 32	57 24	8 40 35.7	18N19 53	26♌59 35	5 58 35	50	11 26 23	0N52 6	2♍58 9	6 0 29	65	11 49 4	1S 3 57

LUNAR INGRESSES
1 ☽ ♌ 11:10
3 ☽ ♍ 23:41
6 ☽ ♎ 10:05
8 ☽ ♏ 16:39
10 ☽ ♐ 19:13
12 ☽ ♑ 19:10
14 ☽ ♒ 18:36
16 ☽ ♓ 19:36
18 ☽ ♈ 23:37
21 ☽ ♉ 7:00
23 ☽ ♊ 17:02
26 ☽ ♋ 4:46
28 ☽ ♌ 17:23
31 ☽ ♍ 6:03

PLANET INGRESSES
5 ☿ ♊ 6:01
14 ♀ ♊ 9:21
16 ♂ ♎ 0:03
17 ☉ ♌ 14:37
29 ☿ ♋ 10:52

STATIONS
1 ☿ D 12:51
20 ♄ D 20:36
22 ♅ R 2:54

DATA FOR THE 1st AT 0 HOURS
JULIAN DAY 41819.5
☽ MEAN ☊ 29°♍ 44' 12"
OBLIQUITY 23° 26' 6"
DELTA T 72.7 SECONDS
NUTATION LONGITUDE 7.9"

DAY MO YR	☿ LONG ° ' "	♀ LONG ° ' "	♂ LONG ° ' "	♃ LONG ° ' "	♄ LONG ° ' "	♅ LONG ° ' "	♆ LONG ° ' "	♇ LONG ° ' "	☊ LONG ° '	A.S.S.I. h m s	S.S.R.Y. h m s	S.V.P. ♓ ° ' "	☿ MERCURY R.A. h m s	DECL ° ' "
1 182	29♉26D52	13♉57 39	23♍24 40	1♋39 33	22♎ 0R49	21♓23 2	12♒31R57	17♐25R47	0♎11	8 22 6	30 14 50	5 3 18.4	5 36 23	18N45 36
2 183	29 26 42	15 9 17	23 48 38	1 52 36	21 58 59	21 24 1	12 31 16	17 24 17	0 03	8 27 18	30 15 48	5 3 18.2	5 36 22	18 49 42
3 184	29 31 22	16 20 57	24 12 59	2 5 41	21 57 15	21 24 58	12 30 34	17 22 47	29♍58	8 32 29	30 16 39	5 3 18.1	5 36 40	18 55 11
4 185	29 40 57	17 32 40	24 37 42	2 18 47	21 55 35	21 25 52	12 29 50	17 21 16	29 55	8 37 40	30 17 24	5 3 18.1	5 37 20	19 1 56
5 186	29 55 31	18 44 25	25 2 46	2 31 55	21 54 2	21 26 42	12 29 4	17 19 46	29 54	8 42 51	30 18 0	5 3 18.0	5 38 20	19 9 53
6 187	0♊15 7	19 56 12	25 28 11	2 45 4	21 52 34	21 27 30	12 28 16	17 18 15	29 54	8 48 1	30 18 25	5 3 17.9	5 39 41	19 18 54
7 188	0 39 45	21 8 1	25 53 56	2 58 14	21 51 11	21 28 16	12 27 27	17 16 45	29 53	8 53 11	30 18 39	5 3 17.8	5 41 24	19 28 54
8 189	1 9 24	22 19 53	26 20 2	3 11 25	21 49 54	21 28 58	12 26 36	17 15 15	29 52	8 58 20	30 18 40	5 3 17.6	5 43 28	19 39 45
9 190	1 44 3	23 31 47	26 46 26	3 24 37	21 48 43	21 29 37	12 25 44	17 13 45	29 49	9 3 29	30 18 27	5 3 17.4	5 45 54	19 51 19
10 191	2 23 41	24 43 43	27 13 11	3 37 50	21 47 37	21 30 14	12 24 50	17 12 15	29 43	9 8 37	30 18 0	5 3 17.2	5 48 41	20 3 27
11 192	3 8 14	25 55 42	27 40 13	3 51 4	21 46 37	21 30 47	12 23 54	17 10 45	29 34	9 13 45	30 17 20	5 3 17.0	5 51 50	20 16 2
12 193	3 57 40	27 7 43	28 7 34	4 4 19	21 45 43	21 31 18	12 22 57	17 9 16	29 25	9 18 52	30 16 29	5 3 16.7	5 55 20	20 28 53
13 194	4 51 56	28 19 46	28 35 14	4 17 35	21 44 54	21 31 46	12 21 59	17 7 47	29 14	9 23 58	30 15 30	5 3 16.5	5 59 12	20 41 52
14 195	5 50 59	29 31 53	29 3 11	4 30 51	21 44 12	21 32 11	12 20 58	17 6 18	29 04	9 29 4	30 14 26	5 3 16.3	6 3 24	20 54 48
15 196	6 54 44	0♊44 1	29 31 25	4 44 8	21 43 35	21 32 33	12 19 57	17 4 49	28 55	9 34 10	30 13 22	5 3 16.1	6 7 58	21 7 32
16 197	8 3 8	1 56 13	29 59 56	4 57 26	21 43 3	21 32 52	12 18 53	17 3 21	28 49	9 39 14	30 12 21	5 3 16.0	6 12 52	21 19 52
17 198	9 16 7	3 8 26	0♎28 44	5 10 44	21 42 38	21 33 8	12 17 49	17 1 53	28 46	9 44 18	30 11 27	5 3 16.0	6 18 7	21 31 37
18 199	10 33 36	4 20 43	0 57 49	5 24 3	21 42 18	21 33 22	12 16 43	17 0 26	28 44	9 49 22	30 10 44	5 3 15.9	6 23 42	21 42 37
19 200	11 55 30	5 33 2	1 27 11	5 37 22	21 42 4	21 33 32	12 15 35	16 58 59	28 44	9 54 25	30 10 13	5 3 15.8	6 29 37	21 52 39
20 201	13 21 43	6 45 24	1 56 48	5 50 42	21 41D56	21 33 40	12 14 26	16 57 32	28 44	9 59 27	30 9 55	5 3 15.7	6 35 52	22 1 32
21 202	14 52 8	7 57 48	2 26 42	6 4 2	21 41 53	21 33 44	12 13 16	16 56 6	28 42	10 4 28	30 9 50	5 3 15.5	6 42 25	22 9 4
22 203	16 26 38	9 10 15	2 56 52	6 17 22	21 41 57	21 33R46	12 12 4	16 54 40	28 39	10 9 29	30 9 57	5 3 15.3	6 49 17	22 15 3
23 204	18 5 3	10 22 44	3 27 17	6 30 43	21 42 7	21 33 45	12 10 52	16 53 15	28 33	10 14 29	30 10 16	5 3 15.2	6 56 25	22 19 18
24 205	19 47 13	11 35 16	3 57 58	6 44 4	21 42 22	21 33 40	12 9 37	16 51 51	28 23	10 19 28	30 10 46	5 3 15.0	7 3 51	22 21 37
25 206	21 32 55	12 47 50	4 28 53	6 57 23	21 42 43	21 33 33	12 8 22	16 50 27	28 13	10 24 27	30 11 25	5 3 14.8	7 11 31	22 21 51
26 207	23 21 56	14 0 26	5 0 4	7 10 44	21 43 10	21 33 23	12 7 5	16 49 4	27 59	10 29 25	30 12 11	5 3 14.6	7 19 25	22 19 49
27 208	25 14 0	15 13 5	5 31 30	7 24 4	21 43 43	21 33 10	12 5 47	16 47 42	27 45	10 34 22	30 13 3	5 3 14.4	7 27 32	22 15 24
28 209	27 8 50	16 25 46	6 3 10	7 37 24	21 44 22	21 32 54	12 4 28	16 46 20	27 32	10 39 18	30 13 59	5 3 14.3	7 35 50	22 8 28
29 210	29 6 9	17 38 30	6 35 4	7 50 44	21 45 7	21 32 35	12 3 8	16 45 0	27 21	10 44 14	30 14 58	5 3 14.2	7 44 16	21 58 56
30 211	1♋ 5 35	18 51 16	7 7 12	8 4 4	21 45 58	21 32 12	12 1 47	16 43 40	27 11	10 49 9	30 15 58	5 3 14.1	7 52 50	21 46 46
31 212	3♋ 6 49	20♊ 4 4	7♎39 34	8♋17 23	21♎46 54	21♓31 49	12♒ 0 24	16♐42 20	27♍05	10 54 3	30 16 57	5 3 14.1	8 1 29	21N31 56

DAY Jul	♀ VENUS R.A. h m s	DECL ° ' "	♂ MARS R.A. h m s	DECL ° ' "	♃ JUPITER R.A. h m s	DECL ° ' "	♄ SATURN R.A. h m s	DECL ° ' "	♅ URANUS R.A. h m s	DECL ° ' "	♆ NEPTUNE R.A. h m s	DECL ° ' "	♇ PLUTO R.A. h m s	DECL ° ' "
1	4 29 43	20N23 16	13 6 59	7S38 35	7 54 49	21N11 16	15 0 44	14S38 19	1 1 13	5N48 6	22 37 47	9S26 22	18 52 46	20S15 40
2	4 34 44	20 36 3	13 8 27	7 48 55	7 55 44	21 8 50	15 0 37	14 38 2	1 1 17	5 48 27	22 37 44	9 26 39	18 52 40	20 15 54
3	4 39 46	20 48 19	13 9 56	7 59 20	7 56 39	21 6 23	15 0 29	14 37 47	1 1 20	5 48 48	22 37 42	9 26 56	18 52 33	20 16 8
4	4 44 49	21 0 2	13 11 26	8 9 52	7 57 34	21 3 54	15 0 23	14 37 33	1 1 24	5 49 7	22 37 39	9 27 14	18 52 27	20 16 22
5	4 49 53	21 11 12	13 12 58	8 20 30	7 58 29	21 1 24	15 0 16	14 37 21	1 1 27	5 49 25	22 37 36	9 27 33	18 52 21	20 16 36
6	4 54 58	21 21 49	13 14 31	8 31 13	7 59 25	20 58 53	15 0 10	14 37 10	1 1 30	5 49 41	22 37 33	9 27 52	18 52 14	20 16 51
7	5 0 3	21 31 51	13 16 6	8 42 2	8 0 20	20 56 21	15 0 4	14 37 1	1 1 33	5 49 57	22 37 30	9 28 12	18 52 8	20 17 5
8	5 5 10	21 41 20	13 17 42	8 52 56	8 1 15	20 53 47	14 59 59	14 36 54	1 1 35	5 50 12	22 37 27	9 28 33	18 52 2	20 17 19
9	5 10 17	21 50 13	13 19 19	9 3 55	8 2 11	20 51 12	14 59 54	14 36 48	1 1 38	5 50 25	22 37 24	9 28 54	18 51 55	20 17 34
10	5 15 26	21 58 31	13 20 58	9 14 58	8 3 6	20 48 35	14 59 49	14 36 44	1 1 40	5 50 38	22 37 20	9 29 16	18 51 49	20 17 48
11	5 20 35	22 6 14	13 22 38	9 26 6	8 4 2	20 45 58	14 59 45	14 36 42	1 1 42	5 50 49	22 37 17	9 29 38	18 51 43	20 18 3
12	5 25 44	22 13 20	13 24 19	9 37 18	8 4 57	20 43 19	14 59 41	14 36 41	1 1 44	5 50 59	22 37 13	9 30 1	18 51 36	20 18 17
13	5 30 55	22 19 49	13 26 2	9 48 35	8 5 53	20 40 39	14 59 38	14 36 43	1 1 46	5 51 9	22 37 10	9 30 24	18 51 30	20 18 32
14	5 36 6	22 25 42	13 27 46	9 59 55	8 6 49	20 37 57	14 59 35	14 36 45	1 1 48	5 51 17	22 37 6	9 30 48	18 51 24	20 18 47
15	5 41 17	22 30 58	13 29 31	10 11 19	8 7 44	20 35 15	14 59 32	14 36 50	1 1 49	5 51 23	22 37 2	9 31 12	18 51 18	20 19 2
16	5 46 30	22 35 35	13 31 17	10 22 46	8 8 40	20 32 31	14 59 30	14 36 56	1 1 50	5 51 29	22 36 58	9 31 38	18 51 11	20 19 16
17	5 51 42	22 39 35	13 33 5	10 34 16	8 9 35	20 29 47	14 59 28	14 37 4	1 1 51	5 51 34	22 36 54	9 32 3	18 51 5	20 19 31
18	5 56 56	22 42 57	13 34 53	10 45 50	8 10 31	20 27 1	14 59 26	14 37 13	1 1 52	5 51 37	22 36 50	9 32 29	18 50 59	20 19 46
19	6 2 9	22 45 40	13 36 43	10 57 26	8 11 27	20 24 13	14 59 25	14 37 24	1 1 53	5 51 40	22 36 46	9 32 56	18 50 53	20 20 1
20	6 7 23	22 47 45	13 38 34	11 9 6	8 12 22	20 21 25	14 59 24	14 37 37	1 1 53	5 51 41	22 36 42	9 33 23	18 50 47	20 20 16
21	6 12 37	22 49 11	13 40 27	11 20 48	8 13 18	20 18 36	14 59 23	14 37 51	1 1 54	5 51 41	22 36 37	9 33 50	18 50 41	20 20 31
22	6 17 52	22 49 58	13 42 20	11 32 32	8 14 13	20 15 45	14 59 23	14 38 7	1 1 54	5 51 40	22 36 33	9 34 18	18 50 35	20 20 46
23	6 23 7	22 50 5	13 44 15	11 44 18	8 15 9	20 12 54	14 59 24	14 38 25	1 1 54	5 51 38	22 36 28	9 34 47	18 50 29	20 21 1
24	6 28 22	22 49 34	13 46 10	11 56 7	8 16 5	20 10 1	14 59 24	14 38 45	1 1 54	5 51 35	22 36 24	9 35 16	18 50 23	20 21 16
25	6 33 37	22 48 23	13 48 7	12 7 57	8 17 0	20 7 8	14 59 26	14 39 6	1 1 53	5 51 31	22 36 19	9 35 45	18 50 17	20 21 30
26	6 38 52	22 46 33	13 50 5	12 19 49	8 17 55	20 4 13	14 59 27	14 39 29	1 1 53	5 51 25	22 36 14	9 36 15	18 50 11	20 21 45
27	6 44 7	22 44 3	13 52 5	12 31 42	8 18 51	20 1 17	14 59 29	14 39 53	1 1 52	5 51 19	22 36 10	9 36 45	18 50 6	20 22 0
28	6 49 22	22 40 55	13 54 5	12 43 37	8 19 46	19 58 21	14 59 31	14 40 20	1 1 51	5 51 11	22 36 5	9 37 16	18 50 0	20 22 15
29	6 54 37	22 37 6	13 56 6	12 55 33	8 20 42	19 55 23	14 59 34	14 40 47	1 1 50	5 51 2	22 36 0	9 37 47	18 49 54	20 22 30
30	6 59 52	22 32 39	13 58 9	13 7 29	8 21 37	19 52 25	14 59 37	14 41 17	1 1 49	5 50 53	22 35 55	9 38 18	18 49 49	20 22 45
31	7 5 7	22N27 32	14 0 13	13S19 26	8 22 32	19N49 26	14 59 40	14S41 48	1 1 47	5N50 42	22 35 49	9S38 50	18 49 43	20S23 0

AUGUST 2014

DAY	SIDEREAL TIME h m s	☉ SUN LONG ° ' "	MOT ' "	R.A. h m s	DECL ° ' "	☽ MOON AT 0 HOURS LONG ° ' "	12h MOT ° ' "	2DIF "	R.A. h m s	DECL ° ' "	☽ MOON AT 12 HOURS LONG ° ' "	12h MOT ° ' "	2DIF "	R.A. h m s	DECL ° ' "
1 F	20 38 7	13♋44 56	57 25	8 44 29.2	18N 5 1	8♍58 38	6 2 54	80	12 11 54	3S 0 0	15♍ 1 32	6 5 51	97	12 35 0	4S55 3
2 S	20 42 3	14 42 20	57 25	8 48 22.0	17 49 52	21 7 23	6 9 22	115	12 58 25	6 48 1	27 16 45	6 13 29	132	13 22 15	8 37 45
3 Su	20 46 0	15 39 46	57 26	8 52 14.2	17 34 25	3♎30 14	6 18 12	150	13 46 34	10 23 1	9♎48 26	6 23 30	168	14 11 28	12 2 31
4 M	20 49 56	16 37 11	57 27	8 56 5.8	17 18 41	16 11 57	6 29 23	184	14 37 0	13 34 49	22 41 20	6 35 46	198	15 3 15	14 58 24
5 Tu	20 53 53	17 34 38	57 27	8 59 56.8	17 2 40	29 17 6	6 42 36	210	15 30 13	16 11 39	5♏59 42	6 49 46	218	15 57 57	17 12 54
6 W	20 57 49	18 32 5	57 28	9 3 47.1	16 46 23	12♏49 28	6 57 9	222	16 26 26	18 0 27	19 46 37	7 4 33	220	16 55 37	18 32 44
7 Th	21 1 46	19 29 33	57 29	9 7 36.9	16 29 49	26 51 10	7 11 48	212	17 25 26	18 48 16	4♐ 2 57	7 18 40	197	17 55 46	18 45 54
8 F	21 5 42	20 27 2	57 30	9 11 26.0	16 13 0	11♐21 37	7 24 55	175	18 26 30	18 24 49	18 46 31	7 30 20	147	18 57 28	17 44 43
9 S	21 9 39	21 24 31	57 31	9 15 14.5	15 55 55	26 16 51	7 34 41	112	19 28 31	16 45 50	3♑51 32	7 37 48	73	19 59 29	15 28 59
10 Su	21 13 36	22 22 1	57 32	9 19 2.5	15 38 35	11♑29 20	7 39 34	31	20 30 16	13 55 32	19 8 54	7 39 52	-12	21 0 44	12 7 23
11 M	21 17 32	23 19 33	57 33	9 22 49.8	15 21 0	26 48 46	7 38 45	-54	21 30 49	10 6 50	4♒27 31	7 36 15	-94	22 0 27	7 56 27
12 Tu	21 21 29	24 17 5	57 34	9 26 36.6	15 3 10	12♒ 3 46	7 32 30	-129	22 29 39	5 38 59	19 36 16	7 27 41	-158	22 58 25	3 17 10
13 W	21 25 25	25 14 39	57 35	9 30 22.8	14 45 6	27 3 56	7 21 59	-181	23 26 45	0 53 45	4♓25 55	7 15 38	-197	23 54 44	1N28 45
14 Th	21 29 22	26 12 14	57 37	9 34 8.5	14 26 47	11♓41 33	7 8 52	-206	0 22 22	3N47 58	18 50 25	7 1 52	-210	0 49 45	6 1 48
15 F	21 33 18	27 9 51	57 38	9 37 53.7	14 8 15	25 52 18	6 54 51	-209	1 16 54	8 8 26	2♈47 8	6 47 57	-203	1 43 53	10 6 18
16 S	21 37 15	28 7 29	57 40	9 41 38.3	13 49 29	9♈35 5	6 41 19	-194	2 10 42	11 54 3	16 16 24	6 35 2	-182	2 37 25	13 30 37
17 Su	21 41 11	29 5 8	57 41	9 45 22.4	13 30 30	22 51 26	6 29 11	-168	3 4 2	14 55 8	29 20 38	6 23 50	-153	3 30 34	16 6 56
18 M	21 45 8	0♌ 2 50	57 43	9 49 6.1	13 11 17	5♉44 27	6 18 59	-138	3 56 59	17 5 34	12♉ 3 26	6 14 40	-122	4 23 17	17 50 43
19 Tu	21 49 5	1 0 32	57 45	9 52 49.2	12 51 53	18 18 6	6 10 51	-107	4 49 28	18 22 17	24 28 57	6 7 33	-92	5 15 28	18 40 16
20 W	21 53 1	1 58 17	57 46	9 56 31.9	12 32 16	0♊36 30	6 4 44	-78	5 41 17	18 44 50	6♊41 15	6 2 22	-65	6 6 52	18 36 18
21 Th	21 56 58	2 56 3	57 48	10 0 14.1	12 12 27	12 43 36	6 0 24	-53	6 32 12	18 15 4	18 44 0	5 58 50	-42	6 57 16	17 41 41
22 F	22 0 54	3 53 50	57 49	10 3 55.9	11 52 26	24 42 50	5 57 36	-32	7 22 2	16 56 45	0♋40 26	5 56 40	-24	7 46 29	16 0 59
23 S	22 4 51	4 51 39	57 51	10 7 37.2	11 32 14	6♋37 5	5 56 1	-16	8 10 39	14 55 10	12 33 7	5 55 38	-8	8 34 30	13 40 7
24 Su	22 8 47	5 49 30	57 52	10 11 18.1	11 11 52	18 28 44	5 55 28	-2	8 58 4	12 16 43	24 24 12	5 55 31	5	9 21 24	10 45 52
25 M	22 12 44	6 47 22	57 54	10 14 58.5	10 51 18	0♌19 43	5 55 46	11	9 44 30	9 8 32	6♌15 30	5 56 14	17	10 7 25	7 25 40
26 Tu	22 16 40	7 45 16	57 55	10 18 38.6	10 30 34	12 11 44	5 56 55	24	10 30 12	5 38 14	18 8 38	5 57 48	30	10 52 55	3 47 14
27 W	22 20 37	8 43 11	57 57	10 22 18.2	10 9 41	24 6 27	5 58 57	38	11 15 36	1 53 42	0♍ 5 23	6 0 21	46	11 38 20	0S 1 21
28 Th	22 24 34	9 41 8	57 58	10 25 57.5	9 48 37	6♍ 5 44	6 2 2	56	12 1 10	1S56 52	12 7 46	6 4 3	66	12 24 10	3 51 47
29 F	22 28 30	10 39 6	57 59	10 29 36.4	9 27 25	18 11 49	6 6 25	77	12 47 25	5 44 58	24 18 13	6 9 10	89	13 10 59	7 35 18
30 S	22 32 27	11 37 5	58 1	10 33 14.9	9 6 3	0♎27 23	6 12 20	101	13 34 55	9 21 36	6♎39 43	6 15 56	115	13 59 17	11 2 35
31 Su	22 36 23	12♌35 6	58 2	10 36 53.0	8N44 33	12♎55 38	6 19 59	128	14 24 10	12S37 1	19♎15 37	6 24 30	142	14 49 36	14S 3 30

LUNAR INGRESSES
2 ☽ ♎ 17:16
5 ☽ ♏ 1:17
7 ☽ ♐ 5:16
9 ☽ ♑ 5:54
11 ☽ ♒ 5:00
13 ☽ ♓ 4:46
15 ☽ ♈ 7:08
17 ☽ ♉ 13:13
19 ☽ ♊ 22:48
22 ☽ ♋ 10:38
24 ☽ ♌ 23:20
27 ☽ ♍ 11:49
29 ☽ ♎ 23:07

PLANET INGRESSES
8 ♀ ♋ 4:00
13 ☿ ♌ 2:19
17 ☉ ♌ 22:49
29 ☿ ♍ 23:29

STATIONS
NONE

DATA FOR THE 1st AT 0 HOURS
JULIAN DAY 41850.5
☽ MEAN ☊ 28°♍ 5' 38"
OBLIQUITY 23° 26' 6"
DELTA T 72.7 SECONDS
NUTATION LONGITUDE 7.9"

DAY MO YR	☿ LONG ° ' "	♀ LONG ° ' "	♂ LONG ° ' "	♃ LONG ° ' "	♄ LONG ° ' "	♅ LONG ° ' "	♆ LONG ° ' "	♇ LONG ° ' "	☊ LONG ° '	A.S.S.I. h m s	S.S.R.Y. h m s	S.V.P. ♓ ° ' "	☿ MERCURY R.A. h m s	DECL ° ' "
1 213	5♋ 9 30	21♊16 54	8♎12 10	8♋30 41	21♎47 57	21♓31R22	11♒59R 1	16♐41R 2	27♍02	10 58 56	30 17 52	5 3 14.0	8 10 12	21N14 27
2 214	7 13 18	22 29 46	8 44 59	8 43 59	21 49 5	21 30 51	11 57 37	16 39 45	27 00	11 3 49	30 18 44	5 3 13.9	8 18 56	20 54 20
3 215	9 17 52	23 42 41	9 18 1	8 57 17	21 50 19	21 30 18	11 56 11	16 38 28	27 00	11 8 41	30 19 27	5 3 13.9	8 27 41	20 31 42
4 216	11 22 53	24 55 38	9 51 16	9 10 33	21 51 39	21 29 42	11 54 45	16 37 13	27 01	11 13 32	30 19 59	5 3 13.8	8 36 24	20 6 37
5 217	13 28 4	26 8 37	10 24 43	9 23 49	21 53 4	21 29 4	11 53 18	16 35 58	27 00	11 18 22	30 20 18	5 3 13.6	8 45 3	19 39 14
6 218	15 33 8	27 21 38	10 58 23	9 37 4	21 54 35	21 28 22	11 51 49	16 34 45	26 58	11 23 11	30 20 23	5 3 13.5	8 53 39	19 9 39
7 219	17 37 51	28 34 42	11 32 15	9 50 18	21 56 12	21 27 38	11 50 20	16 33 32	26 53	11 28 0	30 20 12	5 3 13.3	9 2 9	18 38 2
8 220	19 41 59	29 47 48	12 6 19	10 3 31	21 57 55	21 26 51	11 48 51	16 32 21	26 46	11 32 48	30 19 46	5 3 13.0	9 10 33	18 4 33
9 221	21 45 22	1♋ 0 56	12 40 34	10 16 42	21 59 43	21 26 1	11 47 20	16 31 10	26 38	11 37 35	30 19 6	5 3 12.8	9 18 49	17 29 21
10 222	23 47 51	2 14 7	13 15 1	10 29 53	22 1 37	21 25 9	11 45 49	16 30 1	26 29	11 42 21	30 18 14	5 3 12.6	9 26 58	16 52 35
11 223	25 49 16	3 27 19	13 49 40	10 43 3	22 3 37	21 24 14	11 44 17	16 28 53	26 20	11 47 7	30 17 13	5 3 12.5	9 34 59	16 14 25
12 224	27 49 33	4 40 35	14 24 29	10 56 11	22 5 42	21 23 16	11 42 44	16 27 46	26 12	11 51 52	30 16 8	5 3 12.4	9 42 51	15 35 0
13 225	29 48 36	5 53 52	14 59 30	11 9 18	22 7 52	21 22 16	11 41 11	16 26 40	26 07	11 56 36	30 15 3	5 3 12.4	9 50 35	14 54 29
14 226	1♌46 22	7 7 13	15 34 41	11 22 24	22 10 8	21 21 13	11 39 37	16 25 35	26 04	12 1 19	30 14 2	5 3 12.3	9 58 11	14 12 59
15 227	3 42 47	8 20 35	16 10 4	11 35 28	22 12 30	21 20 7	11 38 2	16 24 32	26 03	12 6 2	30 13 8	5 3 12.3	10 5 37	13 30 39
16 228	5 37 49	9 34 0	16 45 37	11 48 31	22 14 57	21 18 59	11 36 27	16 23 30	26 04	12 10 44	30 12 22	5 3 12.2	10 12 55	12 47 35
17 229	7 31 27	10 47 28	17 21 21	12 1 32	22 17 29	21 17 48	11 34 51	16 22 29	26 04	12 15 26	30 11 47	5 3 12.1	10 20 5	12 3 54
18 230	9 23 40	12 0 58	17 57 15	12 14 32	22 20 7	21 16 35	11 33 15	16 21 29	26 04	12 20 7	30 11 24	5 3 12.0	10 27 6	11 19 42
19 231	11 14 29	13 14 31	18 33 18	12 27 30	22 22 50	21 15 19	11 31 39	16 20 31	26 03	12 24 47	30 11 11	5 3 11.8	10 34 0	10 35 6
20 232	13 3 52	14 28 6	19 9 35	12 40 26	22 25 38	21 14 1	11 30 2	16 19 34	25 59	12 29 27	30 11 9	5 3 11.6	10 40 46	9 50 9
21 233	14 51 51	15 41 43	19 46 1	12 53 20	22 28 32	21 12 40	11 28 25	16 18 39	25 53	12 34 6	30 11 18	5 3 11.5	10 47 24	9 4 58
22 234	16 38 26	16 55 22	20 22 37	13 6 12	22 31 31	21 11 17	11 26 47	16 17 44	25 45	12 38 45	30 11 38	5 3 11.3	10 53 54	8 19 36
23 235	18 23 37	18 9 4	20 59 23	13 19 3	22 34 36	21 9 51	11 25 9	16 16 52	25 36	12 43 23	30 12 4	5 3 11.2	11 0 18	7 34 7
24 236	20 7 26	19 22 48	21 36 19	13 31 51	22 37 45	21 8 23	11 23 31	16 16 0	25 26	12 48 1	30 12 39	5 3 11.1	11 6 35	6 48 36
25 237	21 49 52	20 36 34	22 13 25	13 44 37	22 41 0	21 6 53	11 21 52	16 15 11	25 17	12 52 37	30 13 23	5 3 11.0	11 12 45	6 3 5
26 238	23 30 58	21 50 23	22 50 41	13 57 20	22 44 20	21 5 20	11 20 14	16 14 22	25 09	12 57 14	30 14 12	5 3 11.0	11 18 49	5 17 39
27 239	25 10 43	23 4 13	23 28 6	14 10 2	22 47 44	21 3 45	11 18 35	16 13 35	25 03	13 1 50	30 15 7	5 3 11.0	11 24 47	4 32 19
28 240	26 49 9	24 18 5	24 5 41	14 22 41	22 51 14	21 2 8	11 16 56	16 12 50	24 59	13 6 25	30 16 6	5 3 11.0	11 30 39	3 47 9
29 241	28 26 16	25 32 0	24 43 25	14 35 17	22 54 49	21 0 29	11 15 17	16 12 6	24 57	13 11 0	30 17 6	5 3 10.9	11 36 25	3 2 12
30 242	0♍ 2 4	26 45 56	25 21 18	14 47 51	22 58 29	20 58 48	11 13 38	16 11 24	24 57	13 15 35	30 18 5	5 3 10.9	11 42 5	2 17 30
31 243	1♍36 35	27♋59 55	25♎59 21	15♋ 0 22	23♎ 2 14	20♓57 4	11♒11 59	16♐10 44	24♍58	13 20 9	30 18 59	5 3 10.8	11 47 41	1N33 5

DAY Aug	♀ VENUS R.A. h m s	DECL ° ' "	♂ MARS R.A. h m s	DECL ° ' "	♃ JUPITER R.A. h m s	DECL ° ' "	♄ SATURN R.A. h m s	DECL ° ' "	♅ URANUS R.A. h m s	DECL ° ' "	♆ NEPTUNE R.A. h m s	DECL ° ' "	♇ PLUTO R.A. h m s	DECL ° ' "
1	7 10 21	22N21 46	14 2 17	13S31 24	8 23 27	19N46 25	14 59 44	14S42 21	1 1 46	5N50 30	22 35 44	9S39 23	18 49 38	20S23 15
2	7 15 35	22 15 21	14 4 23	13 43 22	8 24 22	19 43 24	14 59 48	14 42 55	1 1 44	5 50 16	22 35 39	9 39 55	18 49 32	20 23 30
3	7 20 49	22 8 18	14 6 30	13 55 19	8 25 17	19 40 23	14 59 53	14 43 31	1 1 42	5 50 2	22 35 34	9 40 28	18 49 27	20 23 45
4	7 26 2	22 0 36	14 8 38	14 7 17	8 26 12	19 37 20	14 59 58	14 44 8	1 1 40	5 49 47	22 35 28	9 41 1	18 49 22	20 24 0
5	7 31 15	21 52 15	14 10 47	14 19 14	8 27 7	19 34 16	15 0 3	14 44 47	1 1 37	5 49 31	22 35 23	9 41 35	18 49 16	20 24 15
6	7 36 28	21 43 16	14 12 57	14 31 11	8 28 2	19 31 12	15 0 9	14 45 28	1 1 35	5 49 13	22 35 17	9 42 8	18 49 11	20 24 30
7	7 41 40	21 33 40	14 15 8	14 43 7	8 28 56	19 28 7	15 0 15	14 46 10	1 1 32	5 48 55	22 35 12	9 42 42	18 49 6	20 24 44
8	7 46 51	21 23 26	14 17 20	14 55 2	8 29 51	19 25 2	15 0 22	14 46 54	1 1 29	5 48 36	22 35 6	9 43 17	18 49 1	20 24 59
9	7 52 2	21 12 35	14 19 33	15 6 55	8 30 45	19 21 55	15 0 29	14 47 39	1 1 26	5 48 15	22 35 1	9 43 51	18 48 56	20 25 14
10	7 57 12	21 1 6	14 21 47	15 18 47	8 31 39	19 18 48	15 0 36	14 48 26	1 1 23	5 47 54	22 34 55	9 44 26	18 48 51	20 25 29
11	8 2 21	20 49 2	14 24 2	15 30 38	8 32 34	19 15 41	15 0 43	14 49 15	1 1 20	5 47 31	22 34 49	9 45 1	18 48 47	20 25 43
12	8 7 30	20 36 21	14 26 18	15 42 27	8 33 28	19 12 32	15 0 51	14 50 4	1 1 16	5 47 8	22 34 43	9 45 37	18 48 42	20 25 58
13	8 12 38	20 23 4	14 28 35	15 54 13	8 34 22	19 9 24	15 1 0	14 50 56	1 1 12	5 46 43	22 34 37	9 46 12	18 48 37	20 26 12
14	8 17 45	20 9 12	14 30 53	16 5 58	8 35 15	19 6 14	15 1 8	14 51 48	1 1 8	5 46 18	22 34 32	9 46 48	18 48 33	20 26 27
15	8 22 52	19 54 45	14 33 12	16 17 40	8 36 9	19 3 4	15 1 18	14 52 42	1 1 4	5 45 51	22 34 26	9 47 24	18 48 28	20 26 41
16	8 27 57	19 39 44	14 35 32	16 29 19	8 37 3	18 59 54	15 1 27	14 53 38	1 1 0	5 45 24	22 34 20	9 48 0	18 48 24	20 26 56
17	8 33 2	19 24 9	14 37 53	16 40 56	8 37 56	18 56 42	15 1 37	14 54 35	1 0 56	5 44 56	22 34 14	9 48 36	18 48 20	20 27 10
18	8 38 6	19 8 0	14 40 15	16 52 30	8 38 49	18 53 31	15 1 47	14 55 34	1 0 51	5 44 26	22 34 8	9 49 13	18 48 16	20 27 24
19	8 43 9	18 51 18	14 42 39	17 4 0	8 39 42	18 50 19	15 1 57	14 56 33	1 0 47	5 43 55	22 34 2	9 49 49	18 48 12	20 27 38
20	8 48 11	18 34 4	14 45 3	17 15 27	8 40 35	18 47 7	15 2 8	14 57 35	1 0 42	5 43 24	22 33 56	9 50 26	18 48 8	20 27 52
21	8 53 13	18 16 18	14 47 28	17 26 51	8 41 28	18 43 54	15 2 20	14 58 37	1 0 37	5 42 52	22 33 50	9 51 3	18 48 4	20 28 7
22	8 58 13	17 58 1	14 49 53	17 38 11	8 42 21	18 40 41	15 2 31	14 59 41	1 0 32	5 42 19	22 33 43	9 51 40	18 48 0	20 28 21
23	9 3 13	17 39 13	14 52 20	17 49 27	8 43 13	18 37 28	15 2 43	15 0 46	1 0 27	5 41 45	22 33 37	9 52 17	18 47 56	20 28 34
24	9 8 11	17 19 55	14 54 48	18 0 38	8 44 6	18 34 14	15 2 55	15 1 53	1 0 21	5 41 10	22 33 31	9 52 54	18 47 53	20 28 48
25	9 13 9	17 0 8	14 57 17	18 11 46	8 44 58	18 31 0	15 3 8	15 3 1	1 0 16	5 40 34	22 33 25	9 53 31	18 47 49	20 29 2
26	9 18 5	16 39 52	14 59 47	18 22 49	8 45 50	18 27 46	15 3 21	15 4 10	1 0 10	5 39 58	22 33 19	9 54 8	18 47 46	20 29 16
27	9 23 1	16 19 8	15 2 18	18 33 47	8 46 41	18 24 32	15 3 34	15 5 20	1 0 4	5 39 20	22 33 13	9 54 45	18 47 43	20 29 29
28	9 27 56	15 57 56	15 4 50	18 44 40	8 47 33	18 21 18	15 3 48	15 6 32	0 59 58	5 38 42	22 33 6	9 55 22	18 47 39	20 29 43
29	9 32 50	15 36 17	15 7 23	18 55 28	8 48 24	18 18 3	15 4 2	15 7 45	0 59 52	5 38 3	22 33 0	9 55 59	18 47 36	20 29 56
30	9 37 43	15 14 12	15 9 56	19 6 10	8 49 15	18 14 49	15 4 16	15 8 59	0 59 46	5 37 23	22 32 54	9 56 36	18 47 34	20 30 10
31	9 42 34	14N51 41	15 12 31	19S16 47	8 50 6	18N11 34	15 4 31	15S10 14	0 59 40	5N36 42	22 32 48	9S57 13	18 47 31	20S30 23

SEPTEMBER 2014

DAY	SIDEREAL TIME h m s	☉ SUN LONG ° ' "	MOT ' "	R.A. h m s	DECL ° ' "	☽ MOON AT 0 HOURS LONG ° ' "	12h MOT ° ' "	2DIF "	R.A. h m s	DECL ° ' "
1 M	22 40 20	13♌33 8	58 4	10 40 30.9	8N22 54	25♎40 7	6 29 27	155	15 15 38	15S20 41
2 Tu	22 44 16	14 31 12	58 5	10 44 8.4	8 1 8	8♏44 25	6 40 37	178	16 9 33	17 21 27
3 W	22 48 13	15 29 17	58 6	10 47 45.6	7 39 13	22 11 45	6 53 2	191	17 5 53	18 28 12
4 Th	22 52 9	16 27 23	58 8	10 51 22.5	7 17 12	6♐ 4 15	7 5 52	189	18 4 17	18 31 24
5 F	22 56 6	17 25 31	58 9	10 54 59.2	6 55 3	20 22 12	7 17 54	166	19 4 1	17 25 9
6 S	23 0 2	18 23 40	58 11	10 58 35.6	6 32 48	5♑ 3 15	7 27 40	121	20 4 15	15 9 17
7 Su	23 3 59	19 21 50	58 12	11 2 11.8	6 10 26	20 2 10	7 33 44	57	21 4 10	11 50 44
8 M	23 7 56	20 20 2	58 14	11 5 47.7	5 47 59	5♒10 56	7 35 4	-18	22 3 14	7 43 14
9 Tu	23 11 52	21 18 16	58 16	11 9 23.5	5 25 25	20 19 51	7 31 25	-90	23 1 14	3 5 35
10 W	23 15 49	22 16 32	58 17	11 12 59.1	5 2 46	5♓19 7	7 23 17	-149	23 58 14	1N41 7
11 Th	23 19 45	23 14 49	58 19	11 16 34.6	4 40 2	20 0 19	7 11 53	-188	0 54 26	6 16 21
12 F	23 23 42	24 13 9	58 21	11 20 9.9	4 17 13	4♈17 36	6 58 39	-204	1 50 1	10 22 24
13 S	23 27 38	25 11 30	58 24	11 23 45.2	3 54 20	18 8 4	6 45 2	-201	2 45 8	13 45 50
14 Su	23 31 35	26 9 53	58 26	11 27 20.4	3 31 22	1♉31 32	6 32 9	-183	3 39 43	16 17 50
15 M	23 35 31	27 8 19	58 28	11 30 55.6	3 8 20	14 29 55	6 20 48	-156	4 33 37	17 53 56
16 Tu	23 39 28	28 6 47	58 30	11 34 30.7	2 45 15	27 6 35	6 11 27	-124	5 26 35	18 33 28
17 W	23 43 25	29 5 17	58 32	11 38 5.8	2 22 6	9♊25 38	6 4 18	-91	6 18 22	18 18 38
18 Th	23 47 21	0♍ 3 49	58 34	11 41 41.0	1 58 55	21 31 30	5 59 20	-59	7 8 47	17 13 41
19 F	23 51 18	1 2 23	58 36	11 45 16.1	1 35 41	3♋28 28	5 56 25	-30	7 57 48	15 24 10
20 S	23 55 14	2 0 59	58 39	11 48 51.4	1 12 24	15 20 31	5 55 18	-5	8 45 32	12 56 24
21 Su	23 59 11	2 59 38	58 41	11 52 26.7	0 49 6	27 11 9	5 55 44	17	9 32 11	9 57 7
22 M	0 3 7	3 58 19	58 43	11 56 2.0	0 25 47	9♌ 3 20	5 57 28	34	10 18 7	6 33 23
23 Tu	0 7 4	4 57 1	58 45	11 59 37.5	0 2 26	20 59 33	6 0 16	49	11 3 45	2 52 41
24 W	0 11 0	5 55 46	58 47	12 3 13.1	0S20 56	3♍ 1 49	6 3 57	61	11 49 32	0S57 0
25 Th	0 14 57	6 54 32	58 49	12 6 48.8	0 44 18	15 11 51	6 8 25	73	12 35 59	4 46 59
26 F	0 18 54	7 53 21	58 51	12 10 24.7	1 7 40	27 31 12	6 13 38	84	13 23 34	8 27 52
27 S	0 22 50	8 52 11	58 52	12 14 0.8	1 31 2	10♎ 1 21	6 19 37	96	14 12 43	11 49 26
28 Su	0 26 47	9 51 4	58 54	12 17 37.1	1 54 24	22 43 54	6 26 27	109	15 3 47	14 40 56
29 M	0 30 43	10 49 58	58 56	12 21 13.6	2 17 44	5♏40 31	6 34 7	121	15 56 55	16 51 26
30 Tu	0 34 40	11♍48 54	58 58	12 24 50.3	2S41 3	18♏52 54	6 42 35	132	16 52 1	18S10 44

DAY	☽ MOON AT 12 HOURS LONG ° ' "	12h MOT ° ' "	2DIF "	R.A. h m s	DECL ° ' "
1 M	2♏ 9 34	6 34 51	167	15 42 17	16S27 8
2 Tu	15 25 2	6 46 43	186	16 37 26	18 2 14
3 W	29 4 47	6 59 28	192	17 34 52	18 38 14
4 Th	13♐10 7	7 12 4	181	18 34 2	18 7 7
5 F	27 40 6	7 23 10	147	19 34 8	16 25 39
6 S	12♑30 55	7 31 14	91	20 34 18	13 37 8
7 Su	27 35 54	7 35 2	20	21 33 50	9 52 1
8 M	12♒46 0	7 33 51	-55	22 32 22	5 26 53
9 Tu	27 51 16	7 27 51	-122	23 29 51	0 42 2
10 W	12♓42 24	7 17 54	-171	0 26 25	4N 1 22
11 Th	27 12 12	7 5 24	-198	1 22 17	8 23 58
12 F	11♈16 15	6 51 49	-204	2 17 38	12 10 7
13 S	24 53 6	6 38 26	-193	3 12 30	15 8 38
14 Su	8♉ 3 41	6 26 15	-170	4 6 46	17 12 59
15 M	20 50 43	6 15 52	-140	5 0 14	18 20 41
16 Tu	3♊18 2	6 7 36	-107	5 52 38	18 32 37
17 W	15 29 57	6 1 33	-75	6 43 45	17 52 6
18 Th	27 30 50	5 57 38	-44	7 33 28	16 24 7
19 F	9♋24 53	5 55 38	-17	8 21 49	14 14 39
20 S	21 15 49	5 55 20	7	9 8 58	11 30 16
21 Su	3♌ 6 53	5 56 27	26	9 55 13	8 17 51
22 M	15 0 48	5 58 45	42	10 40 57	4 44 40
23 Tu	26 59 49	6 2 0	55	11 26 36	0 58 27
24 W	9♍ 5 46	6 6 5	67	12 12 39	2S52 31
25 Th	21 20 16	6 10 56	78	12 59 36	6 39 11
26 F	3♎44 50	6 16 32	90	13 47 55	10 11 44
27 S	16 20 59	6 22 56	102	14 38 0	13 19 38
28 Su	29 10 21	6 30 10	115	15 30 5	15 51 58
29 M	12♏14 38	6 38 16	127	16 24 14	17 38 4
30 Tu	25♏35 29	6 47 4	136	17 20 13	18S28 27

LUNAR INGRESSES
1 ☽ ♏ 8:01
3 ☽ ♐ 13:35
5 ☽ ♑ 15:48
7 ☽ ♒ 15:48
9 ☽ ♓ 15:26
11 ☽ ♈ 16:43
13 ☽ ♉ 21:14
16 ☽ ♊ 5:35
18 ☽ ♋ 17:00
21 ☽ ♌ 5:42
23 ☽ ♍ 17:59
26 ☽ ♎ 4:47
28 ☽ ♏ 13:32
30 ☽ ♐ 19:49

PLANET INGRESSES
1 ♀ ♌ 14:57
6 ♂ ♏ 5:46
17 ☉ ♍ 22:26
21 ☿ ♎ 18:05
25 ♀ ♍ 19:35

STATIONS
23 ♇ D 0:37

DATA FOR THE 1st AT 0 HOURS
JULIAN DAY 41881.5
☽ MEAN ☊ 26°♍ 27' 4"
OBLIQUITY 23° 26' 6"
DELTA T 72.8 SECONDS
NUTATION LONGITUDE 7.0"

DAY MO YR	☿ LONG ° ' "	♀ LONG ° ' "	♂ LONG ° ' "	♃ LONG ° ' "	♄ LONG ° ' "	♅ LONG ° ' "	♆ LONG ° ' "	♇ LONG ° ' "	☊ LONG ° '	A.S.S.I. h m s	S.S.R.Y. h m s	S.V.P. ♓ ° ' "	☿ MERCURY R.A. h m s	DECL ° ' "
1 244	3♍ 9 48	29♋13 55	26♎37 32	15♋12 50	23♎ 6 3	20♓55R19	11♒10R20	16♐10R 5	25♍00	13 24 43	30 19 46	5 3 10.8	11 53 11	0N48 59
2 245	4 41 44	0♌27 57	27 15 52	15 25 15	23 9 57	20 53 31	11 8 41	16 9 27	25 01	13 29 16	30 20 20	5 3 10.6	11 58 36	0 5 16
3 246	6 12 22	1 42 1	27 54 21	15 37 37	23 13 56	20 51 42	11 7 3	16 8 51	25 01	13 33 49	30 20 40	5 3 10.5	12 3 56	0S38 4
4 247	7 41 43	2 56 6	28 32 58	15 49 57	23 18 0	20 49 51	11 5 24	16 8 17	24 59	13 38 21	30 20 45	5 3 10.3	12 9 11	1 20 58
5 248	9 9 46	4 10 14	29 11 44	16 2 13	23 22 8	20 47 58	11 3 46	16 7 45	24 56	13 42 54	30 20 34	5 3 10.1	12 14 21	2 3 24
6 249	10 36 29	5 24 23	29 50 38	16 14 26	23 26 21	20 46 3	11 2 8	16 7 14	24 51	13 47 25	30 20 7	5 3 10.0	12 19 27	2 45 20
7 250	12 1 53	6 38 34	0♏29 40	16 26 36	23 30 39	20 44 6	11 0 30	16 6 45	24 46	13 51 57	30 19 25	5 3 9.8	12 24 28	3 26 45
8 251	13 25 57	7 52 47	1 8 50	16 38 42	23 35 0	20 42 7	10 58 53	16 6 17	24 41	13 56 28	30 18 32	5 3 9.8	12 29 24	4 7 35
9 252	14 48 37	9 7 1	1 48 8	16 50 45	23 39 27	20 40 7	10 57 16	16 5 51	24 37	14 0 59	30 17 32	5 3 9.7	12 34 16	4 47 49
10 253	16 9 54	10 21 18	2 27 33	17 2 45	23 43 57	20 38 5	10 55 39	16 5 27	24 34	14 5 30	30 16 27	5 3 9.7	12 39 3	5 27 25
11 254	17 29 44	11 35 36	3 7 7	17 14 41	23 48 32	20 36 2	10 54 3	16 5 5	24 33	14 10 1	30 15 23	5 3 9.7	12 43 45	6 6 20
12 255	18 48 6	12 49 57	3 46 48	17 26 34	23 53 11	20 33 57	10 52 27	16 4 44	24 33	14 14 32	30 14 21	5 3 9.7	12 48 22	6 44 34
13 256	20 4 56	14 4 19	4 26 36	17 38 22	23 57 54	20 31 50	10 50 52	16 4 25	24 35	14 19 2	30 13 24	5 3 9.6	12 52 55	7 22 2
14 257	21 20 10	15 18 43	5 6 33	17 50 8	24 2 42	20 29 42	10 49 17	16 4 8	24 36	14 23 32	30 12 34	5 3 9.5	12 57 22	7 58 43
15 258	22 33 45	16 33 9	5 46 37	18 1 49	24 7 33	20 27 33	10 47 43	16 3 53	24 38	14 28 3	30 11 52	5 3 9.4	13 1 44	8 34 34
16 259	23 45 35	17 47 37	6 26 48	18 13 26	24 12 29	20 25 22	10 46 9	16 3 39	24 38	14 32 33	30 11 18	5 3 9.2	13 6 0	9 9 32
17 260	24 55 37	19 2 6	7 7 7	18 24 59	24 17 29	20 23 10	10 44 36	16 3 27	24 38	14 37 3	30 10 54	5 3 9.1	13 10 10	9 43 34
18 261	26 3 43	20 16 37	7 47 34	18 36 28	24 22 32	20 20 57	10 43 4	16 3 17	24 36	14 41 34	30 10 40	5 3 9.0	13 14 13	10 16 37
19 262	27 9 46	21 31 10	8 28 7	18 47 53	24 27 40	20 18 42	10 41 32	16 3 9	24 33	14 46 4	30 10 35	5 3 8.9	13 18 10	10 48 38
20 263	28 13 40	22 45 45	9 8 49	18 59 14	24 32 51	20 16 27	10 40 1	16 3 3	24 30	14 50 34	30 10 40	5 3 8.8	13 22 0	11 19 31
21 264	29 15 15	24 0 21	9 49 37	19 10 30	24 38 6	20 14 10	10 38 31	16 2 58	24 26	14 55 5	30 10 54	5 3 8.7	13 25 42	11 49 14
22 265	0♎14 21	25 14 59	10 30 33	19 21 41	24 43 25	20 11 52	10 37 2	16 2 55	24 23	14 59 35	30 11 19	5 3 8.7	13 29 16	12 17 41
23 266	1 10 48	26 29 38	11 11 36	19 32 48	24 48 48	20 9 34	10 35 34	16 2D54	24 20	15 4 6	30 11 54	5 3 8.7	13 32 40	12 44 48
24 267	2 4 23	27 44 19	11 52 45	19 43 50	24 54 14	20 7 14	10 34 6	16 2 55	24 18	15 8 37	30 12 37	5 3 8.7	13 35 55	13 10 28
25 268	2 54 53	28 59 1	12 34 2	19 54 47	24 59 44	20 4 53	10 32 40	16 2 58	24 17	15 13 8	30 13 28	5 3 8.7	13 38 59	13 34 35
26 269	3 42 3	0♍13 44	13 15 26	20 5 39	25 5 18	20 2 32	10 31 14	16 3 2	24 17	15 17 39	30 14 25	5 3 8.6	13 41 51	13 57 3
27 270	4 25 36	1 28 29	13 56 57	20 16 26	25 10 54	20 0 10	10 29 50	16 3 9	24 17	15 22 11	30 15 25	5 3 8.6	13 44 30	14 17 44
28 271	5 5 14	2 43 15	14 38 34	20 27 8	25 16 35	19 57 48	10 28 26	16 3 17	24 18	15 26 42	30 16 25	5 3 8.5	13 46 56	14 36 29
29 272	5 40 36	3 58 2	15 20 17	20 37 45	25 22 18	19 55 24	10 27 4	16 3 27	24 19	15 31 14	30 17 20	5 3 8.4	13 49 6	14 53 9
30 273	6♎11 22	5♍12 50	16♏ 2 8	20♋48 16	25♎28 5	19♓53 1	10♒25 42	16♐ 3 39	24♍20	15 35 47	30 18 6	5 3 8.3	13 50 59	15S 7 33

DAY Sep	♀ VENUS R.A. h m s	DECL ° ' "	♂ MARS R.A. h m s	DECL ° ' "	♃ JUPITER R.A. h m s	DECL ° ' "	♄ SATURN R.A. h m s	DECL ° ' "	♅ URANUS R.A. h m s	DECL ° ' "	♆ NEPTUNE R.A. h m s	DECL ° ' "	♇ PLUTO R.A. h m s	DECL ° ' "
1	9 47 25	14N28 45	15 15 7	19S27 18	8 50 57	18N 8 19	15 4 46	15S11 31	0 59 33	5N36 0	22 32 42	9S57 50	18 47 28	20S30 36
2	9 52 15	14 5 25	15 17 43	19 37 43	8 51 47	18 5 5	15 5 1	15 12 48	0 59 26	5 35 18	22 32 35	9 58 27	18 47 25	20 30 49
3	9 57 5	13 41 42	15 20 21	19 48 1	8 52 38	18 1 50	15 5 17	15 14 7	0 59 20	5 34 35	22 32 29	9 59 4	18 47 23	20 31 2
4	10 1 53	13 17 35	15 22 59	19 58 13	8 53 28	17 58 36	15 5 33	15 15 27	0 59 13	5 33 52	22 32 23	9 59 41	18 47 21	20 31 14
5	10 6 40	12 53 6	15 25 39	20 8 19	8 54 17	17 55 22	15 5 49	15 16 47	0 59 6	5 33 7	22 32 17	10 0 17	18 47 18	20 31 27
6	10 11 27	12 28 16	15 28 19	20 18 18	8 55 7	17 52 7	15 6 6	15 18 9	0 58 59	5 32 22	22 32 11	10 0 54	18 47 16	20 31 40
7	10 16 12	12 3 5	15 31 0	20 28 9	8 55 56	17 48 54	15 6 22	15 19 32	0 58 52	5 31 37	22 32 5	10 1 30	18 47 14	20 31 52
8	10 20 57	11 37 33	15 33 42	20 37 53	8 56 45	17 45 40	15 6 40	15 20 56	0 58 44	5 30 50	22 31 59	10 2 7	18 47 12	20 32 5
9	10 25 41	11 11 43	15 36 25	20 47 29	8 57 34	17 42 26	15 6 57	15 22 21	0 58 37	5 30 3	22 31 52	10 2 43	18 47 11	20 32 17
10	10 30 24	10 45 33	15 39 9	20 56 58	8 58 23	17 39 13	15 7 15	15 23 47	0 58 29	5 29 16	22 31 46	10 3 19	18 47 9	20 32 29
11	10 35 7	10 19 5	15 41 53	21 6 19	8 59 11	17 36 1	15 7 33	15 25 14	0 58 22	5 28 28	22 31 40	10 3 54	18 47 7	20 32 41
12	10 39 48	9 52 20	15 44 39	21 15 31	8 59 59	17 32 48	15 7 51	15 26 42	0 58 14	5 27 39	22 31 34	10 4 30	18 47 6	20 32 53
13	10 44 29	9 25 18	15 47 25	21 24 35	9 0 47	17 29 36	15 8 10	15 28 10	0 58 6	5 26 49	22 31 28	10 5 5	18 47 5	20 33 5
14	10 49 10	8 58 0	15 50 13	21 33 31	9 1 34	17 26 24	15 8 29	15 29 40	0 57 58	5 26 0	22 31 22	10 5 40	18 47 4	20 33 16
15	10 53 50	8 30 27	15 53 1	21 42 17	9 2 21	17 23 13	15 8 48	15 31 10	0 57 50	5 25 9	22 31 16	10 6 15	18 47 3	20 33 28
16	10 58 29	8 2 39	15 55 50	21 50 55	9 3 8	17 20 3	15 9 7	15 32 42	0 57 42	5 24 18	22 31 11	10 6 50	18 47 2	20 33 39
17	11 3 7	7 34 37	15 58 40	21 59 24	9 3 55	17 16 53	15 9 27	15 34 14	0 57 34	5 23 27	22 31 5	10 7 24	18 47 1	20 33 50
18	11 7 45	7 6 22	16 1 31	22 7 43	9 4 41	17 13 43	15 9 47	15 35 47	0 57 26	5 22 35	22 30 59	10 7 58	18 47 0	20 34 2
19	11 12 23	6 37 55	16 4 22	22 15 52	9 5 27	17 10 35	15 10 7	15 37 21	0 57 18	5 21 43	22 30 53	10 8 32	18 47 0	20 34 13
20	11 17 0	6 9 16	16 7 15	22 23 52	9 6 12	17 7 27	15 10 28	15 38 55	0 57 9	5 20 51	22 30 47	10 9 5	18 46 59	20 34 24
21	11 21 37	5 40 27	16 10 8	22 31 42	9 6 58	17 4 19	15 10 49	15 40 31	0 57 1	5 19 58	22 30 42	10 9 38	18 46 59	20 34 34
22	11 26 13	5 11 27	16 13 2	22 39 22	9 7 43	17 1 13	15 11 10	15 42 7	0 56 52	5 19 4	22 30 36	10 10 11	18 46 59	20 34 45
23	11 30 49	4 42 17	16 15 57	22 46 51	9 8 27	16 58 7	15 11 31	15 43 43	0 56 44	5 18 11	22 30 31	10 10 44	18 46 59	20 34 55
24	11 35 24	4 12 59	16 18 53	22 54 9	9 9 12	16 55 3	15 11 53	15 45 21	0 56 35	5 17 16	22 30 25	10 11 16	18 46 59	20 35 6
25	11 39 59	3 43 33	16 21 49	23 1 17	9 9 56	16 51 59	15 12 14	15 46 59	0 56 27	5 16 22	22 30 20	10 11 47	18 46 59	20 35 16
26	11 44 34	3 14 0	16 24 47	23 8 14	9 10 39	16 48 56	15 12 37	15 48 38	0 56 18	5 15 27	22 30 14	10 12 19	18 47 0	20 35 26
27	11 49 9	2 44 20	16 27 45	23 15 0	9 11 22	16 45 54	15 12 59	15 50 17	0 56 9	5 14 33	22 30 9	10 12 50	18 47 0	20 35 36
28	11 53 43	2 14 34	16 30 44	23 21 34	9 12 5	16 42 53	15 13 21	15 51 57	0 56 0	5 13 37	22 30 4	10 13 20	18 47 1	20 35 45
29	11 58 18	1 44 43	16 33 44	23 27 57	9 12 48	16 39 53	15 13 44	15 53 37	0 55 51	5 12 42	22 29 58	10 13 50	18 47 2	20 35 55
30	12 2 52	1N14 48	16 36 44	23S34 8	9 13 30	16N36 55	15 14 7	15S55 18	0 55 43	5N11 47	22 29 53	10S14 20	18 47 3	20S36 4

OCTOBER 2014

DAY	SIDEREAL TIME h m s	☉ SUN LONG ° ' "	MOT ' "	R.A. h m s	DECL ° ' "	☽ MOON AT 0 HOURS LONG ° ' "	12h MOT ° ' "	2DIF	R.A. h m s	DECL ° ' "	☽ MOON AT 12 HOURS LONG ° ' "	12h MOT ° ' "	2DIF	R.A. h m s	DECL ° ' "
1 W	0 38 36	12♍47 51	59 0	12 28 27.2	3S 4 21	2♐22 33	6 51 38	138	17 48 45	18S30 26	9♐14 11	6 56 15	138	18 17 33	18S16 10
2 Th	0 42 33	13 46 51	59 1	12 32 4.4	3 27 36	16 10 26	7 0 51	136	18 46 33	17 45 25	23 11 17	7 5 19	131	19 15 38	16 58 13
3 F	0 46 29	14 45 52	59 3	12 35 41.9	3 50 49	0♑16 35	7 9 33	122	19 44 45	15 54 59	7♑26 8	7 13 27	110	20 13 49	14 36 26
4 S	0 50 26	15 44 55	59 5	12 39 19.7	4 13 59	14 39 36	7 16 55	95	20 42 46	13 3 39	21 56 30	7 19 48	76	21 11 36	11 18 0
5 Su	0 54 22	16 43 59	59 6	12 42 57.8	4 37 6	29 16 18	7 22 0	55	21 40 17	9 21 9	6♒38 18	7 23 26	30	22 8 47	7 15 0
6 M	0 58 19	17 43 6	59 8	12 46 36.3	5 0 10	14♒ 1 44	7 24 1	4	22 37 9	5 1 41	21 25 45	7 23 42	-23	23 5 23	2 43 28
7 Tu	1 2 16	18 42 14	59 10	12 50 15.1	5 23 10	28 49 27	7 22 27	-51	23 33 31	0 22 46	6♓11 54	7 20 18	-77	0 1 35	1N58 0
8 W	1 6 12	19 41 24	59 12	12 53 54.3	5 46 6	13♓32 12	7 17 18	-102	0 29 37	4N16 25	20 49 30	7 13 29	-125	0 57 37	6 30 8
9 Th	1 10 9	20 40 36	59 14	12 57 34.0	6 8 57	28 3 0	7 9 0	-144	1 25 38	8 36 58	5♈11 59	7 3 55	-159	1 53 39	10 34 54
10 F	1 14 5	21 39 50	59 16	13 1 14.0	6 31 43	12♈15 54	6 58 23	-171	2 21 39	12 22 12	19 14 17	6 52 33	-178	2 49 39	13 57 22
11 S	1 18 2	22 39 6	59 19	13 4 54.6	6 54 25	26 6 50	6 46 32	-181	3 17 34	15 19 17	2♉53 22	6 40 28	-181	3 45 24	16 27 4
12 Su	1 21 58	23 38 25	59 21	13 8 35.6	7 17 0	9♉33 49	6 34 29	-177	4 13 4	17 20 13	16 8 18	6 28 41	-170	4 40 31	17 58 29
13 M	1 25 55	24 37 46	59 23	13 12 17.2	7 39 30	22 36 59	6 23 10	-160	5 7 42	18 21 57	29 0 8	6 18 1	-148	5 34 34	18 30 53
14 Tu	1 29 51	25 37 9	59 26	13 15 59.3	8 1 54	5♊18 9	6 13 18	-134	6 1 3	18 25 47	11♊31 27	6 9 5	-119	6 27 8	18 7 17
15 W	1 33 48	26 36 34	59 28	13 19 41.9	8 24 11	17 40 31	6 5 23	-102	6 52 47	17 36 7	23 45 54	6 2 15	-85	7 18 1	16 53 9
16 Th	1 37 45	27 36 2	59 30	13 23 25.1	8 46 21	29 48 10	5 59 42	-68	7 42 48	15 59 13	5♋47 52	5 57 44	-50	8 7 11	14 55 13
17 F	1 41 41	28 35 32	59 32	13 27 8.9	9 8 24	11♋45 35	5 56 21	-33	8 31 11	13 42 3	17 41 56	5 55 32	-16	8 54 51	12 20 36
18 S	1 45 38	29 35 4	59 35	13 30 53.3	9 30 19	23 37 28	5 55 17	1	9 18 13	10 51 44	29 32 45	5 55 34	16	9 41 20	9 16 19
19 Su	1 49 34	0♎34 39	59 37	13 34 38.4	9 52 5	5♌28 20	5 56 22	31	10 4 17	7 35 14	11♌24 41	5 57 38	45	10 27 8	5 49 19
20 M	1 53 31	1 34 15	59 39	13 38 24.0	10 13 43	17 22 20	5 59 21	57	10 49 55	3 59 29	23 21 40	6 1 27	69	11 12 44	2 6 40
21 Tu	1 57 27	2 33 54	59 41	13 42 10.3	10 35 13	29 23 8	6 3 55	79	11 35 39	0 11 50	5♍27 3	6 6 42	87	11 58 44	1S44 0
22 W	2 1 24	3 33 35	59 43	13 45 57.3	10 56 32	11♍33 45	6 9 44	94	12 22 3	3S39 42	17 43 28	6 12 58	100	12 45 40	5 34 7
23 Th	2 5 20	4 33 18	59 45	13 49 44.9	11 17 42	23 56 27	6 16 23	104	13 9 39	7 25 58	0♎12 50	6 19 54	108	13 34 4	9 13 55
24 F	2 9 17	5 33 4	59 47	13 53 33.3	11 38 42	6♎32 44	6 23 29	108	13 58 57	10 56 33	12 56 13	6 27 6	108	14 24 20	12 32 24
25 S	2 13 14	6 32 51	59 49	13 57 22.3	11 59 32	19 23 19	6 30 42	107	14 50 14	13 59 56	25 54 1	6 34 15	105	15 16 41	15 17 40
26 Su	2 17 10	7 32 40	59 51	14 1 12.0	12 20 10	2♏28 15	6 37 43	102	15 43 40	16 24 8	9♏ 5 58	6 41 4	99	16 11 7	17 17 57
27 M	2 21 7	8 32 31	59 53	14 5 2.5	12 40 37	15 47 2	6 44 19	95	16 39 2	17 57 54	22 31 21	6 47 25	91	17 7 18	18 22 57
28 Tu	2 25 3	9 32 24	59 55	14 8 53.7	13 0 52	29 18 45	6 50 22	86	17 35 52	18 32 19	6♐ 9 7	6 53 10	81	18 4 37	18 25 30
29 W	2 29 0	10 32 18	59 56	14 12 45.6	13 20 55	13♐ 2 17	6 55 48	76	18 33 28	18 2 21	19 58 4	6 58 15	71	19 2 19	17 22 58
30 Th	2 32 56	11 32 14	59 58	14 16 38.3	13 40 45	26 56 19	7 0 33	66	19 31 6	16 27 51	3♑56 52	7 2 38	60	19 59 43	15 17 46
31 F	2 36 53	12♎32 12	59 59	14 20 31.8	14S 0 22	10♑59 30	7 4 32	53	20 28 8	13S53 44	18♑ 4 2	7 6 12	46	20 56 20	12S17 1

LUNAR INGRESSES			PLANET INGRESSES	STATIONS	DATA FOR THE 1st AT 0 HOURS
2 ☽ ♑ 23:32	13 ☽ ♊ 13:53	25 ☽ ♏ 19:30	15 ☿ ♍ 14:09	4 ☿ R 17:03	JULIAN DAY 41911.5
5 ☽ ♒ 1:11	16 ☽ ♋ 0:24	28 ☽ ♐ 1:13	18 ☉ ♎ 10:03	25 ☿ D 19:18	☽ MEAN ☊ 24°♍ 51' 41"
7 ☽ ♓ 1:55	18 ☽ ♌ 12:55	30 ☽ ♑ 5:15	19 ♀ ♎ 20:05		OBLIQUITY 23° 26' 6"
9 ☽ ♈ 3:16	21 ☽ ♍ 1:13		19 ♂ ♐ 13:27		DELTA T 72.8 SECONDS
11 ☽ ♉ 6:52	23 ☽ ♎ 11:36				NUTATION LONGITUDE 5.5"

DAY MO YR	☿ LONG ° ' "	♀ LONG ° ' "	♂ LONG ° ' "	♃ LONG ° ' "	♄ LONG ° ' "	♅ LONG ° ' "	♆ LONG ° ' "	♇ LONG ° ' "	☊ LONG ° '	A.S.S.I. h m s	S.S.R.Y. h m s	S.V.P. ♓ ° ' "	☿ MERCURY R.A. h m s	DECL ° ' "
1 274	6♎37 7	6♍27 39	16♏44 4	20♋58 42	25♎33 55	19♓50R36	10♒24R22	16♐ 3 53	24♍21	15 40 19	30 18 41	5 3 8.1	13 52 34	15S19 30
2 275	6 57 27	7 42 29	17 26 7	21 9 3	25 39 48	19 48 12	10 23 3	16 4 9	24 21	15 44 52	30 19 0	5 3 8.0	13 53 50	15 28 48
3 276	7 11 56	8 57 20	18 8 16	21 19 17	25 45 44	19 45 47	10 21 45	16 4 26	24 21	15 49 25	30 19 5	5 3 7.8	13 54 44	15 35 13
4 277	7 20R 7	10 12 12	18 50 31	21 29 26	25 51 43	19 43 21	10 20 29	16 4 46	24 20	15 53 59	30 18 53	5 3 7.7	13 55 15	15 38 30
5 278	7 21 35	11 27 5	19 32 52	21 39 29	25 57 46	19 40 56	10 19 14	16 5 7	24 19	15 58 33	30 18 27	5 3 7.6	13 55 22	15 38 24
6 279	7 15 53	12 41 59	20 15 18	21 49 26	26 3 50	19 38 30	10 18 0	16 5 30	24 19	16 3 7	30 17 47	5 3 7.6	13 55 2	15 34 39
7 280	7 2 38	13 56 54	20 57 51	21 59 17	26 9 58	19 36 4	10 16 47	16 5 55	24 18	16 7 42	30 16 58	5 3 7.6	13 54 16	15 27 1
8 281	6 41 33	15 11 50	21 40 29	22 9 3	26 16 9	19 33 38	10 15 36	16 6 21	24 18	16 12 18	30 16 0	5 3 7.6	13 53 1	15 15 14
9 282	6 12 25	16 26 47	22 23 12	22 18 41	26 22 22	19 31 13	10 14 26	16 6 50	24 18	16 16 54	30 14 59	5 3 7.5	13 51 17	14 59 6
10 283	5 35 12	17 41 45	23 6 1	22 28 14	26 28 38	19 28 47	10 13 17	16 7 20	24 18	16 21 30	30 13 56	5 3 7.5	13 49 5	14 38 29
11 284	4 50 4	18 56 44	23 48 56	22 37 40	26 34 56	19 26 21	10 12 10	16 7 52	24 18	16 26 7	30 12 54	5 3 7.4	13 46 25	14 13 18
12 285	3 57 24	20 11 43	24 31 56	22 47 0	26 41 17	19 23 56	10 11 4	16 8 26	24 18	16 30 45	30 11 54	5 3 7.2	13 43 20	13 43 37
13 286	2 57 55	21 26 44	25 15 2	22 56 13	26 47 40	19 21 30	10 10 0	16 9 2	24 18	16 35 23	30 10 59	5 3 7.1	13 39 52	13 9 38
14 287	1 52 39	22 41 46	25 58 13	23 5 20	26 54 6	19 19 6	10 8 58	16 9 40	24 18	16 40 2	30 10 9	5 3 6.9	13 36 5	12 31 46
15 288	0 42 57	23 56 49	26 41 30	23 14 19	27 0 34	19 16 41	10 7 56	16 10 19	24 18	16 44 42	30 9 25	5 3 6.8	13 32 5	11 50 35
16 289	29♍30 30	25 11 52	27 24 52	23 23 12	27 7 5	19 14 17	10 6 57	16 11 0	24 18	16 49 23	30 8 49	5 3 6.7	13 27 58	11 6 54
17 290	28 17 12	26 26 57	28 8 19	23 31 58	27 13 37	19 11 53	10 5 59	16 11 43	24 18	16 54 4	30 8 22	5 3 6.5	13 23 50	10 21 40
18 291	27 5 9	27 42 2	28 51 52	23 40 36	27 20 12	19 9 30	10 5 2	16 12 28	24 18	16 58 46	30 8 5	5 3 6.5	13 19 49	9 36 0
19 292	25 56 28	28 57 8	29 35 30	23 49 7	27 26 49	19 7 8	10 4 8	16 13 14	24 19	17 3 28	30 7 58	5 3 6.4	13 16 3	8 51 7
20 293	24 53 15	0♎12 16	0♐19 13	23 57 31	27 33 28	19 4 46	10 3 15	16 14 2	24 20	17 8 12	30 8 2	5 3 6.4	13 12 38	8 8 10
21 294	23 57 19	1 27 23	1 3 1	24 5 47	27 40 9	19 2 25	10 2 23	16 14 52	24 20	17 12 56	30 8 19	5 3 6.3	13 9 39	7 28 18
22 295	23 10 15	2 42 32	1 46 55	24 13 56	27 46 52	19 0 4	10 1 33	16 15 44	24 21	17 17 41	30 8 48	5 3 6.3	13 7 14	6 52 28
23 296	22 33 16	3 57 41	2 30 53	24 21 56	27 53 37	18 57 45	10 0 45	16 16 38	24 21	17 22 27	30 9 27	5 3 6.3	13 5 24	6 21 28
24 297	22 7 10	5 12 51	3 14 57	24 29 49	28 0 23	18 55 27	9 59 59	16 17 33	24 21	17 27 14	30 10 17	5 3 6.2	13 4 13	5 55 52
25 298	21 52D21	6 28 1	3 59 5	24 37 34	28 7 12	18 53 9	9 59 15	16 18 30	24 20	17 32 2	30 11 13	5 3 6.2	13 3 42	5 36 0
26 299	21 48 55	7 43 12	4 43 18	24 45 11	28 14 1	18 50 53	9 58 32	16 19 28	24 19	17 36 51	30 12 14	5 3 6.0	13 3 50	5 22 1
27 300	21 56 37	8 58 24	5 27 36	24 52 39	28 20 53	18 48 37	9 57 51	16 20 29	24 17	17 41 40	30 13 13	5 3 5.9	13 4 37	5 13 52
28 301	22 14 58	10 13 36	6 11 58	25 0 0	28 27 46	18 46 23	9 57 12	16 21 31	24 15	17 46 31	30 14 8	5 3 5.7	13 6 1	5 11 21
29 302	22 43 18	11 28 48	6 56 25	25 7 11	28 34 40	18 44 11	9 56 35	16 22 34	24 13	17 51 22	30 14 54	5 3 5.5	13 7 59	5 14 11
30 303	23 20 52	12 44 0	7 40 57	25 14 14	28 41 36	18 41 59	9 56 0	16 23 40	24 12	17 56 14	30 15 29	5 3 5.3	13 10 29	5 21 58
31 304	24♍ 6 49	13♎59 13	8♐25 32	25♋21 9	28♎48 33	18♓39 49	9♒55 27	16♐24 47	24♍11	18 1 7	30 15 50	5 3 5.2	13 13 29	5S34 16

DAY Oct	♀ VENUS R.A. h m s	DECL ° ' "	♂ MARS R.A. h m s	DECL ° ' "	♃ JUPITER R.A. h m s	DECL ° ' "	♄ SATURN R.A. h m s	DECL ° ' "	♅ URANUS R.A. h m s	DECL ° ' "	♆ NEPTUNE R.A. h m s	DECL ° ' "	♇ PLUTO R.A. h m s	DECL ° ' "
1	12 7 26	0N44 49	16 39 45	23S40 7	9 14 12	16N33 57	15 14 30	15S57 0	0 55 34	5N10 51	22 29 48	10S14 49	18 47 4	20S36 13
2	12 12 0	0 14 47	16 42 47	23 45 54	9 14 53	16 31 1	15 14 54	15 58 42	0 55 25	5 9 55	22 29 43	10 15 18	18 47 5	20 36 22
3	12 16 34	0S15 16	16 45 50	23 51 28	9 15 34	16 28 6	15 15 18	16 0 25	0 55 16	5 8 59	22 29 38	10 15 46	18 47 6	20 36 31
4	12 21 9	0 45 21	16 48 53	23 56 51	9 16 15	16 25 13	15 15 41	16 2 8	0 55 7	5 8 3	22 29 34	10 16 14	18 47 8	20 36 40
5	12 25 43	1 15 27	16 51 57	24 2 0	9 16 55	16 22 21	15 16 5	16 3 51	0 54 58	5 7 7	22 29 29	10 16 41	18 47 9	20 36 49
6	12 30 17	1 45 33	16 55 2	24 6 57	9 17 35	16 19 30	15 16 30	16 5 35	0 54 49	5 6 11	22 29 24	10 17 8	18 47 11	20 36 57
7	12 34 52	2 15 37	16 58 7	24 11 41	9 18 14	16 16 41	15 16 54	16 7 19	0 54 40	5 5 15	22 29 20	10 17 34	18 47 13	20 37 5
8	12 39 26	2 45 41	17 1 13	24 16 11	9 18 53	16 13 53	15 17 19	16 9 4	0 54 31	5 4 19	22 29 15	10 18 0	18 47 15	20 37 13
9	12 44 1	3 15 42	17 4 19	24 20 28	9 19 31	16 11 6	15 17 44	16 10 49	0 54 22	5 3 23	22 29 11	10 18 25	18 47 17	20 37 21
10	12 48 37	3 45 39	17 7 26	24 24 32	9 20 10	16 8 22	15 18 9	16 12 34	0 54 13	5 2 27	22 29 6	10 18 50	18 47 19	20 37 29
11	12 53 12	4 15 34	17 10 34	24 28 22	9 20 47	16 5 38	15 18 34	16 14 20	0 54 4	5 1 31	22 29 2	10 19 14	18 47 21	20 37 37
12	12 57 48	4 45 23	17 13 42	24 31 58	9 21 24	16 2 57	15 18 59	16 16 6	0 53 55	5 0 35	22 28 58	10 19 38	18 47 24	20 37 44
13	13 2 25	5 15 8	17 16 51	24 35 21	9 22 1	16 0 17	15 19 25	16 17 52	0 53 46	4 59 40	22 28 54	10 20 1	18 47 26	20 37 51
14	13 7 2	5 44 46	17 20 1	24 38 29	9 22 37	15 57 39	15 19 51	16 19 39	0 53 37	4 58 44	22 28 50	10 20 23	18 47 29	20 37 58
15	13 11 39	6 14 17	17 23 11	24 41 23	9 23 13	15 55 3	15 20 17	16 21 25	0 53 28	4 57 49	22 28 46	10 20 45	18 47 32	20 38 5
16	13 16 17	6 43 41	17 26 21	24 44 3	9 23 49	15 52 29	15 20 43	16 23 12	0 53 19	4 56 54	22 28 42	10 21 6	18 47 35	20 38 12
17	13 20 56	7 12 57	17 29 32	24 46 28	9 24 24	15 49 56	15 21 9	16 24 59	0 53 10	4 55 59	22 28 39	10 21 27	18 47 38	20 38 19
18	13 25 35	7 42 4	17 32 44	24 48 39	9 24 58	15 47 26	15 21 35	16 26 47	0 53 1	4 55 4	22 28 35	10 21 47	18 47 41	20 38 25
19	13 30 15	8 11 0	17 35 56	24 50 35	9 25 32	15 44 58	15 22 2	16 28 34	0 52 53	4 54 10	22 28 32	10 22 7	18 47 45	20 38 31
20	13 34 56	8 39 46	17 39 8	24 52 16	9 26 5	15 42 31	15 22 29	16 30 22	0 52 44	4 53 15	22 28 28	10 22 25	18 47 48	20 38 37
21	13 39 37	9 8 21	17 42 21	24 53 42	9 26 38	15 40 7	15 22 55	16 32 9	0 52 35	4 52 22	22 28 25	10 22 44	18 47 52	20 38 43
22	13 44 19	9 36 43	17 45 35	24 54 54	9 27 10	15 37 45	15 23 23	16 33 57	0 52 26	4 51 28	22 28 22	10 23 1	18 47 55	20 38 49
23	13 49 2	10 4 52	17 48 49	24 55 49	9 27 42	15 35 26	15 23 50	16 35 45	0 52 18	4 50 35	22 28 19	10 23 18	18 47 59	20 38 54
24	13 53 46	10 32 47	17 52 3	24 56 29	9 28 14	15 33 8	15 24 17	16 37 33	0 52 9	4 49 42	22 28 16	10 23 34	18 48 3	20 38 59
25	13 58 30	11 0 28	17 55 18	24 56 55	9 28 44	15 30 53	15 24 44	16 39 20	0 52 1	4 48 50	22 28 13	10 23 50	18 48 7	20 39 4
26	14 3 16	11 27 53	17 58 33	24 57 4	9 29 15	15 28 40	15 25 12	16 41 8	0 51 52	4 47 58	22 28 10	10 24 5	18 48 12	20 39 9
27	14 8 2	11 55 3	18 1 48	24 56 59	9 29 44	15 26 30	15 25 39	16 42 56	0 51 44	4 47 7	22 28 8	10 24 19	18 48 16	20 39 14
28	14 12 50	12 21 55	18 5 4	24 56 38	9 30 13	15 24 22	15 26 7	16 44 44	0 51 36	4 46 16	22 28 5	10 24 33	18 48 20	20 39 19
29	14 17 38	12 48 29	18 8 20	24 56 1	9 30 42	15 22 17	15 26 35	16 46 32	0 51 27	4 45 25	22 28 3	10 24 45	18 48 25	20 39 23
30	14 22 27	13 14 45	18 11 36	24 55 8	9 31 10	15 20 14	15 27 3	16 48 20	0 51 19	4 44 35	22 28 1	10 24 58	18 48 30	20 39 27
31	14 27 18	13S40 41	18 14 53	24S54 0	9 31 38	15N18 14	15 27 31	16S50 7	0 51 11	4N43 46	22 27 59	10S25 9	18 48 35	20S39 31

NOVEMBER 2014

DAY	SIDEREAL TIME	☉ SUN LONG	SUN MOT	SUN R.A.	SUN DECL	☽ MOON AT 0 HOURS LONG	12h MOT	2DIF	R.A.	DECL	☽ MOON AT 12 HOURS LONG	12h MOT	2DIF	R.A.	DECL
	h m s	° ' "	' "	h m s	° ' "	° ' "	° ' "	"	h m s	° ' "	° ' "	° ' "	"	h m s	° ' "
1 S	2 40 49	13♎32 11	60 1	14 24 25.9	14S19 46	25♑10 14	7 7 36	38	21 24 18	10S29 6	2♒17 50	7 8 43	28	21 52 3	8S31 39
2 Su	2 44 46	14 32 12	60 2	14 28 20.9	14 38 56	9♒26 32	7 9 30	18	22 19 37	6 26 24	16 36 2	7 9 55	6	22 47 1	4 15 17
3 M	2 48 43	15 32 14	60 4	14 32 16.7	14 57 51	23 45 57	7 9 55	-7	23 14 19	2 0 16	0♓55 51	7 9 27	-21	23 41 34	0N16 35
4 Tu	2 52 39	16 32 18	60 6	14 36 13.2	15 16 32	8♓ 5 19	7 8 31	-36	0 8 49	2N33 11	15 13 49	7 7 3	-52	0 36 7	4 47 24
5 W	2 56 36	17 32 24	60 7	14 40 10.5	15 34 58	22 20 52	7 5 4	-68	1 3 31	6 57 11	29 25 56	7 2 32	-83	1 31 1	9 0 29
6 Th	3 0 32	18 32 31	60 9	14 44 8.7	15 53 8	6♈28 28	6 59 30	-99	1 58 40	10 55 23	13♈27 57	6 55 58	-112	2 26 26	12 40 9
7 F	3 4 29	19 32 40	60 11	14 48 7.7	16 11 3	20 23 55	6 52 0	-125	2 54 19	14 13 12	27 15 55	6 47 40	-135	3 22 15	15 33 16
8 S	3 8 25	20 32 51	60 13	14 52 7.5	16 28 41	4♉ 3 35	6 43 2	-142	3 50 12	16 39 20	10♉46 37	6 38 11	-147	4 18 6	17 30 42
9 Su	3 12 22	21 33 3	60 15	14 56 8.2	16 46 3	17 24 47	6 33 13	-149	4 45 51	18 7 0	23 58 0	6 28 14	-148	5 13 22	18 28 11
10 M	3 16 18	22 33 18	60 17	15 0 9.8	17 3 8	0♊26 14	6 23 19	-145	5 40 36	18 34 29	6♊49 33	6 18 35	-138	6 7 27	18 26 22
11 Tu	3 20 15	23 33 34	60 19	15 4 12.2	17 19 55	13 8 8	6 14 6	-130	6 33 54	18 4 31	19 22 14	6 9 57	-118	6 59 52	17 29 48
12 W	3 24 12	24 33 53	60 20	15 8 15.4	17 36 25	25 32 10	6 6 12	-105	7 25 22	16 43 8	1♋38 22	6 2 56	-90	7 50 22	15 45 32
13 Th	3 28 8	25 34 13	60 22	15 12 19.6	17 52 36	7♋41 18	6 0 11	-74	8 14 54	14 37 59	13 41 29	5 58 0	-57	8 39 0	13 21 31
14 F	3 32 5	26 34 35	60 24	15 16 24.5	18 8 29	19 39 29	5 56 25	-38	9 2 42	11 57 6	25 35 53	5 55 26	-20	9 26 3	10 25 41
15 S	3 36 1	27 34 59	60 26	15 20 30.4	18 24 3	1♌31 20	5 55 6	0	9 49 8	8 48 11	7♌26 26	5 55 25	19	10 12 0	7 5 28
16 Su	3 39 58	28 35 25	60 28	15 24 37.1	18 39 17	13 21 51	5 56 21	37	10 34 44	5 18 25	19 18 11	5 57 54	56	10 57 25	3 27 51
17 M	3 43 54	29 35 53	60 30	15 28 44.7	18 54 12	25 16 6	6 0 4	73	11 20 7	1 34 41	1♍16 9	6 2 47	90	11 42 56	0S20 13
18 Tu	3 47 51	0♏36 23	60 32	15 32 53.1	19 8 46	7♍18 57	6 6 2	105	12 5 57	2S15 52	13 24 59	6 9 46	118	12 29 14	4 11 14
19 W	3 51 47	1 36 55	60 33	15 37 2.4	19 23 0	19 34 45	6 13 54	129	12 52 53	6 5 12	25 48 38	6 18 22	138	13 16 58	7 56 31
20 Th	3 55 44	2 37 28	60 35	15 41 12.5	19 36 54	2♎ 7 1	6 23 6	144	13 41 34	9 43 53	8♎30 7	6 28 0	148	14 6 43	11 25 48
21 F	3 59 40	3 38 3	60 37	15 45 23.4	19 50 26	14 58 6	6 32 57	148	14 32 28	13 0 44	21 31 3	6 37 53	146	14 58 51	14 27 3
22 S	4 3 37	4 38 39	60 38	15 49 35.2	20 3 36	28 8 56	6 42 40	140	15 25 52	15 43 5	4♏51 36	6 47 12	131	15 53 30	16 47 12
23 Su	4 7 34	5 39 17	60 40	15 53 47.8	20 16 24	11♏38 48	6 51 24	120	16 21 42	17 37 51	18 30 12	6 55 12	106	16 50 24	18 13 40
24 M	4 11 30	6 39 57	60 41	15 58 1.1	20 28 50	25 25 23	6 58 30	91	17 19 29	18 33 33	2♐23 53	7 1 16	75	17 48 51	18 36 42
25 Tu	4 15 27	7 40 37	60 42	16 2 15.2	20 40 53	9♐25 8	7 3 28	58	18 18 21	18 22 44	16 28 36	7 5 6	41	18 47 52	17 51 39
26 W	4 19 23	8 41 19	60 43	16 6 30.1	20 52 33	23 33 43	7 6 12	25	19 17 16	17 3 54	0♑39 55	7 6 47	11	19 46 27	16 0 17
27 Th	4 23 20	9 42 2	60 44	16 10 45.7	21 3 50	7♑46 42	7 6 54	-2	20 15 21	14 41 58	14 53 36	7 6 37	-13	20 43 54	13 10 23
28 F	4 27 16	10 42 46	60 45	16 15 2.0	21 14 43	22 0 13	7 6 1	-23	21 12 4	11 27 8	29 6 14	7 5 7	-30	21 39 52	9 34 1
29 S	4 31 13	11 43 31	60 46	16 19 18.9	21 25 12	6♒11 21	7 4 1	-35	22 7 19	7 32 51	13♒15 22	7 2 46	-40	22 34 28	5 25 33
30 Su	4 35 10	12♏44 18	60 47	16 23 36.6	21S35 16	20♒18 8	7 1 23	-43	23 1 22	3S14 1	27♒19 31	6 59 54	-46	23 28 5	1S 0 8

LUNAR INGRESSES
1 ☽ ♒ 8:08
3 ☽ ♓ 10:26
5 ☽ ♈ 12:58
7 ☽ ♉ 16:49
9 ☽ ♊ 23:11
12 ☽ ♋ 8:46
14 ☽ ♌ 20:55
17 ☽ ♍ 9:28
19 ☽ ♎ 19:59
22 ☽ ♏ 3:19
24 ☽ ♐ 7:53
26 ☽ ♑ 10:53
28 ☽ ♒ 13:31
30 ☽ ♓ 16:35

PLANET INGRESSES
5 ☿ ♎ 8:24
10 ♄ ♏ 3:27
12 ♀ ♏ 18:28
17 ☉ ♏ 9:34
24 ☿ ♏ 21:51
28 ♂ ♑ 11:01

STATIONS
16 ♆ D 7:07

DATA FOR THE 1st AT 0 HOURS
JULIAN DAY 41942.5
☽ MEAN ☊ 23°♍ 13' 7"
OBLIQUITY 23° 26' 6"
DELTA T 72.9 SECONDS
NUTATION LONGITUDE 4.2"

DAY MO YR	☿ LONG	♀ LONG	♂ LONG	♃ LONG	♄ LONG	♅ LONG	♆ LONG	♇ LONG	☊ LONG	A.S.S.I.	S.S.R.Y.	S.V.P. ♓	☿ MERCURY R.A.	☿ MERCURY DECL
	° ' "	° ' "	° ' "	° ' "	° ' "	° ' "	° ' "	° ' "	° '	h m s	h m s	° ' "	h m s	° ' "
1 305	25♍ 0 16	15♎14 26	9♐10 12	25♋27 55	28♎55 31	18♓37R40	9♒54R55	16♐25 55	24♍11	18 6 2	30 15 55	5 3 5.0	13 16 54	5S50 38
2 306	26 0 23	16 29 39	9 54 56	25 34 31	29 2 30	18 35 33	9 54 26	16 27 5	24 12	18 10 57	30 15 50	5 3 5.0	13 20 42	6 10 34
3 307	27 6 20	17 44 52	10 39 44	25 40 59	29 9 31	18 33 27	9 53 58	16 28 17	24 14	18 15 53	30 15 29	5 3 4.9	13 24 50	6 33 39
4 308	28 17 21	19 0 6	11 24 35	25 47 18	29 16 32	18 31 23	9 53 32	16 29 30	24 15	18 20 50	30 14 57	5 3 4.9	13 29 17	6 59 26
5 309	29 32 43	20 15 20	12 9 31	25 53 28	29 23 35	18 29 20	9 53 9	16 30 45	24 16	18 25 49	30 14 15	5 3 4.8	13 33 59	7 27 31
6 310	0♎51 50	21 30 34	12 54 30	25 59 29	29 30 38	18 27 20	9 52 47	16 32 2	24 15	18 30 48	30 13 26	5 3 4.7	13 38 54	7 57 31
7 311	2 14 5	22 45 48	13 39 33	26 5 20	29 37 42	18 25 20	9 52 27	16 33 19	24 13	18 35 48	30 12 30	5 3 4.6	13 44 1	8 29 6
8 312	3 39 0	24 1 3	14 24 40	26 11 2	29 44 47	18 23 23	9 52 9	16 34 39	24 10	18 40 49	30 11 31	5 3 4.5	13 49 18	9 1 58
9 313	5 6 8	25 16 18	15 9 50	26 16 34	29 51 53	18 21 27	9 51 53	16 36 0	24 06	18 45 52	30 10 30	5 3 4.3	13 54 43	9 35 49
10 314	6 35 5	26 31 33	15 55 4	26 21 56	29 58 59	18 19 34	9 51 39	16 37 22	24 02	18 50 55	30 9 29	5 3 4.1	14 0 16	10 10 25
11 315	8 5 33	27 46 49	16 40 22	26 27 9	0♏ 6 6	18 17 42	9 51 28	16 38 46	23 57	18 56 0	30 8 29	5 3 3.9	14 5 55	10 45 34
12 316	9 37 14	29 2 5	17 25 43	26 32 12	0 13 13	18 15 52	9 51 18	16 40 11	23 53	19 1 5	30 7 32	5 3 3.7	14 11 40	11 21 3
13 317	11 9 53	0♏17 21	18 11 8	26 37 5	0 20 21	18 14 4	9 51 10	16 41 37	23 50	19 6 12	30 6 40	5 3 3.6	14 17 30	11 56 43
14 318	12 43 19	1 32 38	18 56 36	26 41 48	0 27 29	18 12 19	9 51 4	16 43 5	23 48	19 11 20	30 5 55	5 3 3.4	14 23 24	12 32 25
15 319	14 17 20	2 47 55	19 42 7	26 46 21	0 34 38	18 10 35	9 51 0	16 44 34	23 48	19 16 29	30 5 18	5 3 3.3	14 29 22	13 8 1
16 320	15 51 49	4 3 12	20 27 42	26 50 43	0 41 46	18 8 54	9 50D59	16 46 5	23 49	19 21 39	30 4 52	5 3 3.2	14 35 23	13 43 23
17 321	17 26 39	5 18 30	21 13 21	26 54 55	0 48 55	18 7 14	9 50 59	16 47 37	23 50	19 26 50	30 4 37	5 3 3.2	14 41 27	14 18 27
18 322	19 1 42	6 33 48	21 59 2	26 58 57	0 56 4	18 5 37	9 51 1	16 49 10	23 52	19 32 2	30 4 36	5 3 3.1	14 47 33	14 53 6
19 323	20 36 55	7 49 6	22 44 47	27 2 48	1 3 14	18 4 3	9 51 6	16 50 45	23 53	19 37 15	30 4 48	5 3 3.0	14 53 43	15 27 16
20 324	22 12 13	9 4 25	23 30 36	27 6 28	1 10 23	18 2 30	9 51 13	16 52 21	23 53	19 42 29	30 5 14	5 3 2.9	14 59 54	16 0 52
21 325	23 47 33	10 19 43	24 16 27	27 9 57	1 17 32	18 1 0	9 51 21	16 53 58	23 51	19 47 45	30 5 53	5 3 2.8	15 6 8	16 33 51
22 326	25 22 53	11 35 2	25 2 21	27 13 15	1 24 41	17 59 33	9 51 32	16 55 36	23 47	19 53 1	30 6 42	5 3 2.7	15 12 24	17 6 10
23 327	26 58 10	12 50 21	25 48 19	27 16 23	1 31 49	17 58 8	9 51 45	16 57 16	23 41	19 58 18	30 7 39	5 3 2.5	15 18 42	17 37 45
24 328	28 33 24	14 5 41	26 34 19	27 19 19	1 38 58	17 56 45	9 52 0	16 58 56	23 34	20 3 36	30 8 39	5 3 2.3	15 25 2	18 8 34
25 329	0♏ 8 32	15 21 0	27 20 22	27 22 4	1 46 6	17 55 25	9 52 17	17 0 38	23 26	20 8 56	30 9 38	5 3 2.0	15 31 23	18 38 34
26 330	1 43 35	16 36 19	28 6 28	27 24 38	1 53 13	17 54 8	9 52 36	17 2 21	23 19	20 14 16	30 10 33	5 3 1.8	15 37 47	19 7 42
27 331	3 18 31	17 51 38	28 52 36	27 27 1	2 0 20	17 52 53	9 52 57	17 4 5	23 14	20 19 37	30 11 20	5 3 1.6	15 44 12	19 35 58
28 332	4 53 21	19 6 57	29 38 47	27 29 12	2 7 26	17 51 41	9 53 20	17 5 50	23 10	20 24 59	30 11 58	5 3 1.4	15 50 40	20 3 18
29 333	6 28 5	20 22 16	0♑25 0	27 31 12	2 14 32	17 50 32	9 53 45	17 7 36	23 08	20 30 22	30 12 24	5 3 1.3	15 57 9	20 29 40
30 334	8♏ 2 43	21♏37 35	1♑11 16	27♋33 1	2♏21 37	17♓49 25	9♒54 13	17♐ 9 24	23♍08	20 35 45	30 12 38	5 3 1.2	16 3 40	20S55 4

DAY Nov	♀ VENUS R.A.	♀ VENUS DECL	♂ MARS R.A.	♂ MARS DECL	♃ JUPITER R.A.	♃ JUPITER DECL	♄ SATURN R.A.	♄ SATURN DECL	♅ URANUS R.A.	♅ URANUS DECL	♆ NEPTUNE R.A.	♆ NEPTUNE DECL	♇ PLUTO R.A.	♇ PLUTO DECL
	h m s	° ' "	h m s	° ' "	h m s	° ' "	h m s	° ' "	h m s	° ' "	h m s	° ' "	h m s	° ' "
1	14 32 9	14S 6 17	18 18 9	24S52 36	9 32 4	15N16 17	15 27 59	16S51 55	0 51 3	4N42 57	22 27 57	10S25 20	18 48 39	20S39 35
2	14 37 2	14 31 32	18 21 26	24 50 56	9 32 31	15 14 22	15 28 27	16 53 42	0 50 56	4 42 9	22 27 55	10 25 30	18 48 45	20 39 39
3	14 41 56	14 56 25	18 24 44	24 49 0	9 32 56	15 12 30	15 28 56	16 55 29	0 50 48	4 41 22	22 27 53	10 25 39	18 48 50	20 39 42
4	14 46 51	15 20 55	18 28 1	24 46 48	9 33 21	15 10 41	15 29 24	16 57 16	0 50 40	4 40 35	22 27 51	10 25 48	18 48 55	20 39 45
5	14 51 47	15 45 2	18 31 18	24 44 20	9 33 46	15 8 54	15 29 53	16 59 3	0 50 32	4 39 48	22 27 50	10 25 56	18 49 0	20 39 49
6	14 56 44	16 8 44	18 34 36	24 41 37	9 34 10	15 7 11	15 30 21	17 0 49	0 50 25	4 39 3	22 27 48	10 26 3	18 49 6	20 39 51
7	15 1 42	16 32 2	18 37 54	24 38 37	9 34 33	15 5 30	15 30 50	17 2 36	0 50 18	4 38 18	22 27 47	10 26 9	18 49 11	20 39 54
8	15 6 42	16 54 53	18 41 12	24 35 21	9 34 56	15 3 52	15 31 18	17 4 22	0 50 10	4 37 34	22 27 46	10 26 15	18 49 17	20 39 57
9	15 11 42	17 17 18	18 44 30	24 31 49	9 35 18	15 2 18	15 31 47	17 6 8	0 50 3	4 36 50	22 27 45	10 26 20	18 49 23	20 39 59
10	15 16 44	17 39 16	18 47 48	24 28 1	9 35 39	15 0 46	15 32 16	17 7 53	0 49 56	4 36 8	22 27 44	10 26 24	18 49 29	20 40 1
11	15 21 48	18 0 46	18 51 6	24 23 57	9 36 0	14 59 18	15 32 45	17 9 38	0 49 49	4 35 26	22 27 43	10 26 27	18 49 35	20 40 3
12	15 26 52	18 21 46	18 54 24	24 19 38	9 36 20	14 57 52	15 33 14	17 11 23	0 49 42	4 34 45	22 27 43	10 26 30	18 49 41	20 40 5
13	15 31 58	18 42 17	18 57 42	24 15 2	9 36 39	14 56 30	15 33 43	17 13 8	0 49 36	4 34 4	22 27 42	10 26 32	18 49 47	20 40 6
14	15 37 5	19 2 17	19 1 1	24 10 10	9 36 58	14 55 11	15 34 12	17 14 52	0 49 29	4 33 25	22 27 42	10 26 33	18 49 53	20 40 8
15	15 42 13	19 21 46	19 4 19	24 5 2	9 37 16	14 53 56	15 34 41	17 16 36	0 49 23	4 32 46	22 27 42	10 26 34	18 50 0	20 40 9
16	15 47 22	19 40 43	19 7 37	23 59 38	9 37 34	14 52 43	15 35 10	17 18 20	0 49 17	4 32 8	22 27 42	10 26 33	18 50 6	20 40 10
17	15 52 33	19 59 8	19 10 55	23 53 58	9 37 50	14 51 34	15 35 39	17 20 3	0 49 10	4 31 32	22 27 42	10 26 32	18 50 13	20 40 11
18	15 57 45	20 16 58	19 14 13	23 48 3	9 38 6	14 50 29	15 36 8	17 21 45	0 49 4	4 30 55	22 27 42	10 26 31	18 50 20	20 40 12
19	16 2 58	20 34 15	19 17 31	23 41 52	9 38 22	14 49 27	15 36 37	17 23 27	0 48 58	4 30 20	22 27 42	10 26 28	18 50 26	20 40 12
20	16 8 12	20 50 56	19 20 49	23 35 24	9 38 36	14 48 28	15 37 6	17 25 9	0 48 53	4 29 46	22 27 42	10 26 25	18 50 33	20 40 12
21	16 13 27	21 7 2	19 24 7	23 28 42	9 38 50	14 47 33	15 37 35	17 26 50	0 48 47	4 29 13	22 27 43	10 26 21	18 50 40	20 40 12
22	16 18 44	21 22 32	19 27 25	23 21 43	9 39 4	14 46 42	15 38 4	17 28 31	0 48 42	4 28 41	22 27 44	10 26 16	18 50 47	20 40 12
23	16 24 1	21 37 25	19 30 43	23 14 30	9 39 16	14 45 54	15 38 33	17 30 12	0 48 36	4 28 9	22 27 44	10 26 10	18 50 54	20 40 12
24	16 29 20	21 51 40	19 34 0	23 7 0	9 39 28	14 45 9	15 39 3	17 31 51	0 48 31	4 27 39	22 27 45	10 26 4	18 51 1	20 40 11
25	16 34 40	22 5 17	19 37 17	22 59 16	9 39 39	14 44 28	15 39 32	17 33 31	0 48 26	4 27 10	22 27 46	10 25 56	18 51 9	20 40 11
26	16 40 1	22 18 15	19 40 34	22 51 16	9 39 49	14 43 51	15 40 1	17 35 9	0 48 22	4 26 42	22 27 47	10 25 49	18 51 16	20 40 10
27	16 45 22	22 30 34	19 43 51	22 43 1	9 39 59	14 43 18	15 40 30	17 36 47	0 48 17	4 26 15	22 27 49	10 25 40	18 51 24	20 40 9
28	16 50 45	22 42 13	19 47 8	22 34 31	9 40 8	14 42 48	15 40 59	17 38 25	0 48 12	4 25 49	22 27 50	10 25 30	18 51 31	20 40 8
29	16 56 8	22 53 11	19 50 25	22 25 47	9 40 16	14 42 23	15 41 28	17 40 2	0 48 8	4 25 24	22 27 52	10 25 20	18 51 39	20 40 7
30	17 1 33	23S 3 28	19 53 41	22S16 47	9 40 24	14N42 0	15 41 57	17S41 38	0 48 4	4N25 0	22 27 54	10S25 9	18 51 46	20S40 5

DECEMBER 2014

DAY	SIDEREAL TIME h m s	☉ SUN LONG ° ' "	MOT ' "	R.A. h m s	DECL ° ' "	☽ MOON AT 0 HOURS LONG ° ' "	12h MOT ° ' "	2DIF	R.A. h m s	DECL ° ' "	☽ MOON AT 12 HOURS LONG ° ' "	12h MOT ° ' "	2DIF	R.A. h m s	DECL ° ' "
1 M	4 39 6	13♏45 4	60 48	16 27 54.9	21S44 56	4♓19 25	6 58 20	-48	23 54 41	1N14 12	11♓17 44	6 56 41	-51	0 21 15	3N27 8
2 Tu	4 43 3	14 45 52	60 49	16 32 13.8	21 54 11	18 14 25	6 54 55	-54	0 47 51	5 36 51	25 9 20	6 53 3	-59	1 14 32	7 41 34
3 W	4 46 59	15 46 41	60 50	16 36 33.3	22 3 1	2♈ 2 23	6 51 1	-63	1 41 21	9 39 33	8♈53 24	6 48 49	-69	2 8 19	11 29 10
4 Th	4 50 56	16 47 31	60 51	16 40 53.5	22 11 25	15 42 13	6 46 25	-76	2 35 28	13 8 52	22 28 38	6 43 47	-82	3 2 46	14 37 16
5 F	4 54 52	17 48 21	60 52	16 45 14.2	22 19 23	29 12 24	6 40 55	-89	3 30 14	15 53 8	5♉53 19	6 37 49	-96	3 57 46	16 55 29
6 S	4 58 49	18 49 13	60 53	16 49 35.5	22 26 56	12♉31 8	6 34 30	-103	4 25 21	17 43 35	19 5 38	6 30 58	-108	4 52 52	18 16 57
7 Su	5 2 45	19 50 6	60 54	16 53 57.3	22 34 2	25 36 36	6 27 18	-112	5 20 16	18 35 26	2♊ 3 54	6 23 30	-114	5 47 26	18 39 9
8 M	5 6 42	20 50 59	60 55	16 58 19.6	22 40 42	8♊27 24	6 19 40	-115	6 14 19	18 28 29	14 47 4	6 15 51	-113	6 40 49	18 4 3
9 Tu	5 10 39	21 51 54	60 56	17 2 42.4	22 46 55	21 2 55	6 12 8	-109	7 6 54	17 26 39	27 15 4	6 8 35	-103	7 32 31	16 37 15
10 W	5 14 35	22 52 50	60 57	17 7 5.7	22 52 41	3♋23 39	6 5 17	-94	7 57 39	15 36 51	9♋28 56	6 2 18	-84	8 22 19	14 26 34
11 Th	5 18 32	23 53 47	60 58	17 11 29.4	22 58 0	15 31 13	5 59 42	-71	8 46 30	13 7 28	21 30 55	5 57 34	-57	9 10 16	11 40 38
12 F	5 22 28	24 54 45	60 59	17 15 53.5	23 2 52	27 28 29	5 55 56	-40	9 33 40	10 7 6	3♌24 25	5 54 52	-23	9 56 44	8 27 52
13 S	5 26 25	25 55 44	61 0	17 20 18.0	23 7 17	9♌19 17	5 54 24	-4	10 19 33	6 43 51	15 13 41	5 54 35	15	10 42 11	4 55 59
14 Su	5 30 21	26 56 44	61 1	17 24 42.8	23 11 14	21 8 16	5 55 26	36	11 4 44	3 5 7	27 3 42	5 56 58	56	11 27 17	1 12 7
15 M	5 34 18	27 57 46	61 2	17 29 8.0	23 14 43	3♍ 0 40	5 59 12	77	11 49 54	0S42 8	8♍59 52	6 2 6	97	12 12 41	2S36 44
16 Tu	5 38 14	28 58 48	61 2	17 33 33.4	23 17 44	15 1 58	6 5 41	117	12 35 44	4 30 45	21 7 39	6 9 54	135	12 59 9	6 23 8
17 W	5 42 11	29 59 51	61 4	17 37 59.1	23 20 18	27 17 33	6 14 43	152	13 23 0	8 12 48	3♎32 16	6 20 3	167	13 47 22	9 58 28
18 Th	5 46 8	1♐ 0 55	61 5	17 42 25.1	23 22 24	9♎52 19	6 25 50	178	14 12 20	11 38 48	16 18 8	6 31 56	187	14 37 58	13 12 19
19 F	5 50 4	2 2 0	61 6	17 46 51.2	23 24 1	22 50 5	6 38 16	191	15 4 19	14 37 23	29 28 20	6 44 40	191	15 31 23	15 52 19
20 S	5 54 1	3 3 6	61 7	17 51 17.5	23 25 10	6♏13 0	6 50 59	186	15 59 10	16 55 24	13♏ 3 59	6 57 3	176	16 27 39	17 44 56
21 Su	5 57 57	4 4 13	61 7	17 55 43.9	23 25 52	20 1 2	7 2 42	161	16 56 46	18 19 22	27 3 44	7 7 46	141	17 26 23	18 37 22
22 M	6 1 54	5 5 20	61 8	18 0 10.3	23 26 5	4♐11 29	7 12 6	117	17 56 23	18 37 56	11♐23 35	7 15 36	91	18 26 38	18 20 30
23 Tu	6 5 50	6 6 28	61 8	18 4 36.8	23 25 49	18 39 11	7 18 9	62	18 56 58	17 45 2	25 57 20	7 19 44	33	19 27 13	16 51 56
24 W	6 9 47	7 7 36	61 8	18 9 3.3	23 25 6	3♑17 4	7 20 20	4	19 57 16	15 42 10	10♑37 24	7 20 0	-23	20 26 59	14 17 6
25 Th	6 13 43	8 8 44	61 9	18 13 29.8	23 23 54	17 57 24	7 18 49	-47	20 56 18	12 38 29	25 16 13	7 16 53	-67	21 25 10	10 48 18
26 F	6 17 40	9 9 52	61 9	18 17 56.2	23 22 14	2♒33 6	7 14 19	-84	21 53 34	8 48 42	9♒47 25	7 11 18	-96	22 21 31	6 41 52
27 S	6 21 37	10 11 1	61 9	18 22 22.4	23 20 6	16 58 43	7 7 55	-104	22 49 4	4 30 1	24 6 38	7 4 20	-109	23 16 15	2 15 18
28 Su	6 25 33	11 12 9	61 9	18 26 48.5	23 17 30	1♓10 58	7 0 39	-110	23 43 9	0N 0 16	8♓11 37	6 56 58	-109	0 9 49	2N14 43
29 M	6 29 30	12 13 18	61 9	18 31 14.4	23 14 26	15 8 35	6 53 21	-107	0 36 21	4 26 14	22 1 57	6 49 52	-103	1 2 49	6 33 8
30 Tu	6 33 26	13 14 26	61 8	18 35 40.0	23 10 54	28 51 48	6 46 31	-98	1 29 16	8 33 47	5♈38 19	6 43 20	-93	1 55 46	10 26 44
31 W	6 37 23	14♐15 35	61 8	18 40 5.4	23S 6 54	12♈21 39	6 40 18	-89	2 22 21	12N10 35	19♈ 1 57	6 37 24	-85	2 49 3	13N44 6

LUNAR INGRESSES			PLANET INGRESSES	STATIONS	DATA FOR THE 1st AT 0 HOURS
2 ☽ ♈ 20:26	14 ☽ ♍ 17:56	25 ☽ ♒ 19:47	6 ♀ ♐ 16:08	8 ♃ R 20:42	JULIAN DAY 41972.5
5 ☽ ♉ 1:25	17 ☽ ♎ 5:13	27 ☽ ♓ 21:59	13 ☿ ♐ 23:09	21 ♅ D 22:46	☽ MEAN ☊ 21♍ 37' 44"
7 ☽ ♊ 8:09	19 ☽ ♏ 12:57	30 ☽ ♈ 2:00	17 ☉ ♐ 0:03		OBLIQUITY 23° 26' 5"
9 ☽ ♋ 17:21	21 ☽ ♐ 16:58		30 ♀ ♑ 14:06		DELTA T 72.9 SECONDS
12 ☽ ♌ 5:06	23 ☽ ♑ 18:38				NUTATION LONGITUDE 4.1"

DAY MO YR	☿ LONG ° ' "	♀ LONG ° ' "	♂ LONG ° ' "	♃ LONG ° ' "	♄ LONG ° ' "	♅ LONG ° ' "	♆ LONG ° ' "	♇ LONG ° ' "	☊ LONG ° '	A.S.S.I. h m s	S.S.R.Y. h m s	S.V.P. ♓ ° ' "	☿ MERCURY R.A. h m s	DECL ° ' "
1 335	9♏37 15	22♏52 53	1♑57 34	27♋34 38	2♏28 41	17♓48R21	9♒54 42	17♐11 12	23♍09	20 41 10	30 12 40	5 3 1.1	16 10 12	21S19 26
2 336	11 11 42	24 8 11	2 43 54	27 36 3	2 35 44	17 47 20	9 55 13	17 13 1	23 10	20 46 35	30 12 31	5 3 1.0	16 16 47	21 42 47
3 337	12 46 4	25 23 30	3 30 15	27 37 17	2 42 46	17 46 21	9 55 47	17 14 51	23 10	20 52 1	30 12 10	5 3 0.9	16 23 23	22 5 3
4 338	14 20 23	26 38 48	4 16 39	27 38 20	2 49 48	17 45 26	9 56 22	17 16 42	23 08	20 57 28	30 11 39	5 3 0.8	16 30 1	22 26 14
5 339	15 54 38	27 54 5	5 3 5	27 39 10	2 56 48	17 44 33	9 57 0	17 18 34	23 03	21 2 56	30 11 0	5 3 0.6	16 36 41	22 46 18
6 340	17 28 52	29 9 23	5 49 33	27 39 50	3 3 47	17 43 43	9 57 39	17 20 26	22 55	21 8 24	30 10 13	5 3 0.4	16 43 23	23 5 14
7 341	19 3 5	0♐24 41	6 36 2	27 40 17	3 10 45	17 42 56	9 58 21	17 22 20	22 46	21 13 53	30 9 19	5 3 0.2	16 50 7	23 23 0
8 342	20 37 17	1 39 58	7 22 33	27 40R33	3 17 41	17 42 12	9 59 4	17 24 14	22 35	21 19 22	30 8 21	5 2 59.9	16 56 52	23 39 34
9 343	22 11 31	2 55 16	8 9 6	27 40 37	3 24 36	17 41 31	9 59 50	17 26 9	22 24	21 24 53	30 7 20	5 2 59.7	17 3 39	23 54 56
10 344	23 45 46	4 10 33	8 55 41	27 40 29	3 31 30	17 40 52	10 0 38	17 28 5	22 13	21 30 23	30 6 18	5 2 59.5	17 10 28	24 9 4
11 345	25 20 3	5 25 50	9 42 17	27 40 10	3 38 22	17 40 17	10 1 27	17 30 2	22 05	21 35 55	30 5 17	5 2 59.3	17 17 18	24 21 57
12 346	26 54 25	6 41 7	10 28 55	27 39 38	3 45 13	17 39 45	10 2 18	17 31 59	21 58	21 41 27	30 4 20	5 2 59.2	17 24 10	24 33 33
13 347	28 28 50	7 56 24	11 15 35	27 38 55	3 52 2	17 39 15	10 3 12	17 33 57	21 54	21 46 59	30 3 28	5 2 59.0	17 31 4	24 43 51
14 348	0♐ 3 21	9 11 41	12 2 16	27 38 0	3 58 50	17 38 49	10 4 7	17 35 56	21 53	21 52 32	30 2 46	5 2 58.9	17 37 59	24 52 50
15 349	1 37 58	10 26 59	12 48 59	27 36 53	4 5 35	17 38 26	10 5 4	17 37 55	21 53	21 58 5	30 2 15	5 2 58.8	17 44 55	25 0 28
16 350	3 12 42	11 42 16	13 35 43	27 35 35	4 12 19	17 38 6	10 6 4	17 39 55	21 53	22 3 38	30 1 56	5 2 58.7	17 51 53	25 6 45
17 351	4 47 33	12 57 32	14 22 29	27 34 4	4 19 1	17 37 48	10 7 5	17 41 55	21 53	22 9 12	30 1 52	5 2 58.6	17 58 52	25 11 38
18 352	6 22 32	14 12 49	15 9 16	27 32 22	4 25 41	17 37 34	10 8 8	17 43 56	21 52	22 14 46	30 2 3	5 2 58.5	18 5 52	25 15 7
19 353	7 57 39	15 28 6	15 56 4	27 30 28	4 32 19	17 37 23	10 9 13	17 45 58	21 48	22 20 20	30 2 28	5 2 58.4	18 12 52	25 17 11
20 354	9 32 55	16 43 23	16 42 54	27 28 22	4 38 55	17 37 15	10 10 20	17 48 0	21 41	22 25 55	30 3 6	5 2 58.2	18 19 54	25 17 48
21 355	11 8 19	17 58 39	17 29 44	27 26 5	4 45 29	17 37D11	10 11 28	17 50 2	21 32	22 31 30	30 3 54	5 2 57.9	18 26 56	25 16 58
22 356	12 43 52	19 13 55	18 16 36	27 23 36	4 52 1	17 37 9	10 12 39	17 52 5	21 21	22 37 4	30 4 49	5 2 57.7	18 33 58	25 14 39
23 357	14 19 32	20 29 11	19 3 29	27 20 55	4 58 30	17 37 10	10 13 51	17 54 8	21 09	22 42 39	30 5 48	5 2 57.4	18 41 1	25 10 51
24 358	15 55 20	21 44 27	19 50 23	27 18 3	5 4 56	17 37 15	10 15 5	17 56 12	20 57	22 48 14	30 6 47	5 2 57.1	18 48 3	25 5 32
25 359	17 31 14	22 59 42	20 37 18	27 14 59	5 11 21	17 37 23	10 16 21	17 58 16	20 48	22 53 49	30 7 44	5 2 56.9	18 55 5	24 58 42
26 360	19 7 13	24 14 57	21 24 14	27 11 45	5 17 42	17 37 33	10 17 39	18 0 20	20 41	22 59 24	30 8 35	5 2 56.8	19 2 7	24 50 21
27 361	20 43 14	25 30 11	22 11 10	27 8 19	5 24 1	17 37 47	10 18 58	18 2 25	20 36	23 4 58	30 9 18	5 2 56.6	19 9 7	24 40 27
28 362	22 19 16	26 45 24	22 58 7	27 4 42	5 30 18	17 38 5	10 20 19	18 4 29	20 35	23 10 32	30 9 53	5 2 56.6	19 16 6	24 29 1
29 363	23 55 15	28 0 37	23 45 4	27 0 55	5 36 31	17 38 25	10 21 42	18 6 34	20 35	23 16 6	30 10 18	5 2 56.5	19 23 4	24 16 3
30 364	25 31 7	29 15 49	24 31 59	26 56 56	5 42 42	17 38 48	10 23 6	18 8 39	20 34	23 21 40	30 10 32	5 2 56.4	19 29 59	24 1 32
31 365	27♐ 6 49	0♑31 1	25♑18 59	26♋52 47	5♏48 50	17♓39 15	10♒24 33	18♐10 45	20♍33	23 27 14	30 10 35	5 2 56.2	19 36 51	23S45 29

DAY Dec	♀ VENUS R.A. h m s	DECL ° ' "	♂ MARS R.A. h m s	DECL ° ' "	♃ JUPITER R.A. h m s	DECL ° ' "	♄ SATURN R.A. h m s	DECL ° ' "	♅ URANUS R.A. h m s	DECL ° ' "	♆ NEPTUNE R.A. h m s	DECL ° ' "	♇ PLUTO R.A. h m s	DECL ° ' "
1	17 6 58	23S13 4	19 56 57	22S 7 33	9 40 30	14N41 42	15 42 26	17S43 14	0 48 0	4N24 37	22 27 55	10S24 58	18 51 54	20S40 3
2	17 12 23	23 21 58	20 0 12	21 58 4	9 40 36	14 41 27	15 42 55	17 44 49	0 47 56	4 24 15	22 27 57	10 24 45	18 52 2	20 40 2
3	17 17 50	23 30 10	20 3 28	21 48 21	9 40 41	14 41 17	15 43 23	17 46 23	0 47 52	4 23 54	22 27 59	10 24 32	18 52 10	20 40 0
4	17 23 17	23 37 39	20 6 43	21 38 23	9 40 46	14 41 10	15 43 52	17 47 57	0 47 49	4 23 34	22 28 2	10 24 18	18 52 18	20 39 57
5	17 28 45	23 44 24	20 9 58	21 28 12	9 40 49	14 41 6	15 44 20	17 49 30	0 47 46	4 23 16	22 28 4	10 24 4	18 52 26	20 39 55
6	17 34 13	23 50 27	20 13 12	21 17 46	9 40 52	14 41 7	15 44 49	17 51 2	0 47 43	4 22 59	22 28 7	10 23 48	18 52 34	20 39 52
7	17 39 42	23 55 45	20 16 26	21 7 6	9 40 54	14 41 11	15 45 18	17 52 34	0 47 40	4 22 42	22 28 9	10 23 32	18 52 42	20 39 50
8	17 45 11	24 0 20	20 19 40	20 56 13	9 40 56	14 41 20	15 45 46	17 54 5	0 47 37	4 22 27	22 28 12	10 23 15	18 52 50	20 39 47
9	17 50 40	24 4 10	20 22 53	20 45 6	9 40 56	14 41 32	15 46 15	17 55 35	0 47 34	4 22 13	22 28 15	10 22 58	18 52 58	20 39 44
10	17 56 10	24 7 16	20 26 7	20 33 46	9 40 56	14 41 48	15 46 43	17 57 5	0 47 32	4 22 0	22 28 18	10 22 39	18 53 6	20 39 41
11	18 1 40	24 9 37	20 29 19	20 22 12	9 40 55	14 42 8	15 47 11	17 58 33	0 47 30	4 21 49	22 28 21	10 22 20	18 53 15	20 39 37
12	18 7 10	24 11 14	20 32 32	20 10 25	9 40 53	14 42 32	15 47 39	18 0 1	0 47 28	4 21 39	22 28 24	10 22 1	18 53 23	20 39 34
13	18 12 41	24 12 5	20 35 44	19 58 25	9 40 51	14 42 59	15 48 7	18 1 28	0 47 26	4 21 30	22 28 27	10 21 40	18 53 32	20 39 30
14	18 18 11	24 12 12	20 38 55	19 46 13	9 40 48	14 43 31	15 48 35	18 2 55	0 47 24	4 21 21	22 28 31	10 21 19	18 53 40	20 39 26
15	18 23 41	24 11 33	20 42 6	19 33 47	9 40 44	14 44 6	15 49 3	18 4 20	0 47 23	4 21 14	22 28 34	10 20 57	18 53 49	20 39 22
16	18 29 11	24 10 10	20 45 17	19 21 9	9 40 39	14 44 46	15 49 31	18 5 45	0 47 21	4 21 8	22 28 38	10 20 35	18 53 57	20 39 18
17	18 34 41	24 8 2	20 48 28	19 8 19	9 40 33	14 45 29	15 49 58	18 7 9	0 47 20	4 21 4	22 28 42	10 20 11	18 54 6	20 39 14
18	18 40 11	24 5 9	20 51 38	18 55 17	9 40 27	14 46 16	15 50 26	18 8 32	0 47 19	4 21 1	22 28 46	10 19 47	18 54 14	20 39 10
19	18 45 40	24 1 32	20 54 48	18 42 3	9 40 20	14 47 6	15 50 53	18 9 54	0 47 18	4 20 58	22 28 50	10 19 23	18 54 23	20 39 5
20	18 51 9	23 57 9	20 57 57	18 28 36	9 40 12	14 48 1	15 51 20	18 11 15	0 47 18	4 20 58	22 28 54	10 18 58	18 54 32	20 39 0
21	18 56 38	23 52 2	21 1 6	18 14 59	9 40 3	14 48 59	15 51 47	18 12 36	0 47 18	4 20 58	22 28 59	10 18 32	18 54 40	20 38 55
22	19 2 6	23 46 11	21 4 14	18 1 10	9 39 54	14 50 1	15 52 14	18 13 55	0 47 18	4 21 0	22 29 3	10 18 5	18 54 49	20 38 50
23	19 7 34	23 39 36	21 7 22	17 47 9	9 39 44	14 51 7	15 52 41	18 15 14	0 47 18	4 21 2	22 29 8	10 17 38	18 54 58	20 38 45
24	19 13 1	23 32 18	21 10 30	17 32 58	9 39 33	14 52 16	15 53 8	18 16 32	0 47 18	4 21 6	22 29 12	10 17 10	18 55 7	20 38 40
25	19 18 27	23 24 16	21 13 37	17 18 36	9 39 21	14 53 29	15 53 34	18 17 49	0 47 18	4 21 12	22 29 17	10 16 41	18 55 16	20 38 35
26	19 23 53	23 15 31	21 16 44	17 4 3	9 39 9	14 54 45	15 54 0	18 19 5	0 47 19	4 21 18	22 29 22	10 16 12	18 55 25	20 38 29
27	19 29 18	23 6 4	21 19 50	16 49 20	9 38 56	14 56 5	15 54 26	18 20 20	0 47 20	4 21 26	22 29 27	10 15 42	18 55 33	20 38 24
28	19 34 41	22 55 54	21 22 56	16 34 27	9 38 42	14 57 29	15 54 52	18 21 34	0 47 21	4 21 35	22 29 32	10 15 11	18 55 42	20 38 18
29	19 40 5	22 45 3	21 26 2	16 19 24	9 38 28	14 58 56	15 55 18	18 22 47	0 47 22	4 21 45	22 29 37	10 14 40	18 55 51	20 38 12
30	19 45 27	22 33 31	21 29 7	16 4 11	9 38 12	15 0 26	15 55 44	18 23 59	0 47 23	4 21 56	22 29 43	10 14 9	18 56 0	20 38 6
31	19 50 48	22S21 17	21 32 11	15S48 48	9 37 56	15N 1 59	15 56 9	18S25 10	0 47 25	4N22 9	22 29 48	10S13 36	18 56 9	20S38 0

JANUARY 2015

DAY	SIDEREAL TIME h m s	☉ SUN LONG ° ' "	MOT ' "	R.A. h m s	DECL ° ' "	☽ MOON AT 0 HOURS LONG ° ' "	12h MOT ° ' "	2DIF "	R.A. h m s	DECL ° ' "	☽ MOON AT 12 HOURS LONG ° ' "	12h MOT ° ' "	2DIF "	R.A. h m s	DECL ° ' "
1 Th	6 41 19	15♐16 43	61 8	18 44 30.6	23S 2 26	25♈39 20	6 34 36	-83	3 15 52	15N 6 10	2♉13 57	6 31 53	-81	3 42 47	16N15 47
2 F	6 45 16	16 17 51	61 8	18 48 55.4	22 57 31	8♉45 50	6 29 13	-80	4 9 47	17 12 11	15 15 3	6 26 34	-80	4 36 49	17 54 47
3 S	6 49 12	17 18 59	61 8	18 53 19.8	22 52 8	21 41 37	6 23 54	-80	5 3 49	18 23 12	28 5 31	6 21 12	-81	5 30 43	18 37 17
4 Su	6 53 9	18 20 7	61 8	18 57 43.9	22 46 18	4♊26 43	6 18 29	-82	5 57 28	18 37 8	10♊45 12	6 15 43	-83	6 23 58	18 23 5
5 M	6 57 6	19 21 15	61 8	19 2 7.6	22 40 1	17 0 55	6 12 57	-83	6 50 9	17 55 40	23 13 52	6 10 11	-82	7 15 59	17 15 36
6 Tu	7 1 2	20 22 22	61 8	19 6 30.9	22 33 17	29 24 3	6 7 28	-80	7 41 25	16 23 46	5♋31 31	6 4 50	-77	8 6 26	15 21 8
7 W	7 4 59	21 23 30	61 8	19 10 53.8	22 26 6	11♋36 21	6 2 21	-72	8 31 1	14 8 45	17 38 42	6 0 4	-65	8 55 10	12 47 43
8 Th	7 8 55	22 24 38	61 8	19 15 16.1	22 18 29	23 38 46	5 58 1	-56	9 18 54	11 19 7	29 36 47	5 56 18	-46	9 42 17	9 44 2
9 F	7 12 52	23 25 46	61 8	19 19 38.0	22 10 25	5♌33 5	5 54 58	-34	10 5 21	8 3 32	11♌28 3	5 54 4	-20	10 28 9	6 18 36
10 S	7 16 48	24 26 53	61 8	19 23 59.3	22 1 56	17 22 7	5 53 39	-4	10 50 46	4 30 13	23 15 46	5 53 47	13	11 13 15	2 39 19
11 Su	7 20 45	25 28 1	61 8	19 28 20.2	21 53 0	29 9 33	5 54 31	31	11 35 41	0 46 49	5♍ 4 3	5 55 52	51	11 58 10	1S 6 23
12 M	7 24 41	26 29 9	61 8	19 32 40.4	21 43 39	10♍59 56	5 57 54	71	12 20 46	2S59 24	16 57 49	6 0 37	92	12 43 35	4 51 19
13 Tu	7 28 38	27 30 16	61 8	19 37 0.1	21 33 52	22 58 26	6 4 1	113	13 6 42	6 41 8	29 2 27	6 8 8	134	13 30 12	8 27 51
14 W	7 32 35	28 31 24	61 8	19 41 19.2	21 23 40	5♎10 35	6 12 56	154	13 54 11	10 10 20	11♎23 31	6 18 23	172	14 18 43	11 47 23
15 Th	7 36 31	29 32 31	61 7	19 45 37.6	21 13 4	17 41 54	6 24 25	189	14 43 52	13 17 40	24 6 19	6 30 59	203	15 9 43	14 39 45
16 F	7 40 28	0♑33 39	61 7	19 49 55.5	21 2 3	0♏37 18	6 37 57	213	15 36 18	15 52 6	7♏15 15	6 45 12	219	16 3 38	16 53 6
17 S	7 44 24	1 34 46	61 7	19 54 12.6	20 50 38	14 0 27	6 52 34	220	16 31 42	17 41 7	20 53 1	6 59 52	215	17 0 28	18 14 36
18 Su	7 48 21	2 35 53	61 7	19 58 29.1	20 38 49	27 52 53	7 6 54	204	17 29 52	18 32 7	4♐59 48	7 13 28	186	17 59 47	18 32 29
19 M	7 52 17	3 36 59	61 6	20 2 44.9	20 26 36	12♐13 15	7 19 19	162	18 30 6	18 14 53	19 32 35	7 24 17	133	19 0 40	17 38 59
20 Tu	7 56 14	4 38 5	61 6	20 6 60.0	20 14 0	26 56 52	7 28 12	99	19 31 20	16 44 55	4♑25 3	7 30 55	62	20 1 56	15 33 25
21 W	8 0 10	5 39 11	61 5	20 11 14.3	20 1 2	11♑55 58	7 32 22	24	20 32 21	14 5 45	19 28 19	7 32 32	-13	21 2 28	12 23 37
22 Th	8 4 7	6 40 16	61 4	20 15 27.9	19 47 41	27 0 51	7 31 28	-49	21 32 12	10 29 8	4♒32 19	7 29 16	-81	22 1 32	8 24 40
23 F	8 8 4	7 41 20	61 3	20 19 40.7	19 33 58	12♒ 1 35	7 26 5	-108	22 30 25	6 12 44	19 27 40	7 22 3	-130	22 58 53	3 55 54
24 S	8 12 0	8 42 23	61 2	20 23 52.7	19 19 53	26 49 43	7 17 23	-147	23 26 58	1 36 39	4♓ 7 7	7 12 17	-158	23 54 43	0N42 36
25 Su	8 15 57	9 43 25	61 1	20 28 3.9	19 5 27	11♓19 23	7 6 53	-163	0 22 11	2N59 38	18 26 16	7 1 23	-165	0 49 25	5 12 27
26 M	8 19 53	10 44 26	61 0	20 32 14.3	18 50 40	25 27 39	6 55 54	-163	1 16 29	7 19 12	2♈23 32	6 50 32	-157	1 43 26	9 18 16
27 Tu	8 23 50	11 45 26	60 59	20 36 23.9	18 35 32	9♈14 5	6 45 24	-150	2 10 19	11 8 14	15 59 29	6 40 32	-141	2 37 11	12 47 52
28 W	8 27 46	12 46 25	60 58	20 40 32.7	18 20 5	22 40 1	6 35 59	-132	3 4 1	14 16 7	29 15 59	6 31 45	-122	3 30 51	15 32 8
29 Th	8 31 43	13 47 22	60 57	20 44 40.6	18 4 17	5♉47 44	6 27 50	-113	3 57 41	16 35 12	12♉15 34	6 24 15	-103	4 24 28	17 24 50
30 F	8 35 39	14 48 19	60 55	20 48 47.7	17 48 10	18 39 49	6 20 57	-95	4 51 12	18 0 40	25 0 45	6 17 54	-88	5 17 49	18 22 35
31 S	8 39 36	15♑49 14	60 54	20 52 54.0	17S31 44	1♊18 39	6 15 6	-81	5 44 18	18N30 37	7♊33 45	6 12 30	-75	6 10 34	18N25 0

LUNAR INGRESSES
1 ☽ ♉ 7:55
3 ☽ ♊ 15:36
6 ☽ ♋ 1:10
8 ☽ ♌ 12:47
11 ☽ ♍ 1:43
13 ☽ ♎ 13:53
15 ☽ ♏ 22:52
18 ☽ ♐ 3:36
20 ☽ ♑ 4:55
22 ☽ ♒ 4:45
24 ☽ ♓ 5:12
26 ☽ ♈ 7:50
28 ☽ ♉ 13:21
30 ☽ ♊ 21:30

PLANET INGRESSES
1 ☿ ♑ 19:38
5 ♂ ♒ 23:35
15 ☉ ♑ 10:47
23 ♀ ♒ 13:49

STATIONS
21 ☿ R 15:55

DATA FOR THE 1st AT 0 HOURS
JULIAN DAY 42003.5
☽ MEAN ☊ 19°♍ 59' 10"
OBLIQUITY 23° 26' 5"
DELTA T 73.0 SECONDS
NUTATION LONGITUDE 5.1"

DAY MO YR	☿ LONG ° ' "	♀ LONG ° ' "	♂ LONG ° ' "	♃ LONG ° ' "	♄ LONG ° ' "	♅ LONG ° ' "	♆ LONG ° ' "	♇ LONG ° ' "	☊ LONG ° '	A.S.S.I. h m s	S.S.R.Y. h m s	S.V.P. ♓ ° ' "	☿ MERCURY R.A. h m s	DECL ° ' "
1 1	28♐42 14	1♑46 12	26♑ 5 57	26♋48R28	5♏54 54	17♓39 44	10♒26 0	18♐12 50	20♍29	23 32 47	30 10 29	5 2 56.0	19 43 40	23S27 56
2 2	0♑17 15	3 1 22	26 52 55	26 43 58	6 0 56	17 40 17	10 27 30	18 14 55	20 23	23 38 19	30 10 9	5 2 55.8	19 50 26	23 8 53
3 3	1 51 45	4 16 31	27 39 54	26 39 19	6 6 55	17 40 53	10 29 1	18 17 1	20 13	23 43 52	30 9 40	5 2 55.6	19 57 6	22 48 22
4 4	3 25 34	5 31 40	28 26 52	26 34 29	6 12 50	17 41 32	10 30 33	18 19 6	20 00	23 49 23	30 9 1	5 2 55.4	20 3 42	22 26 25
5 5	4 58 30	6 46 48	29 13 51	26 29 29	6 18 43	17 42 14	10 32 7	18 21 12	19 46	23 54 55	30 8 14	5 2 55.2	20 10 11	22 3 6
6 6	6 30 20	8 1 55	0♒ 0 49	26 24 20	6 24 32	17 42 59	10 33 43	18 23 17	19 31	24 0 25	30 7 20	5 2 54.9	20 16 32	21 38 28
7 7	8 0 49	9 17 1	0 47 48	26 19 2	6 30 18	17 43 47	10 35 20	18 25 22	19 18	24 5 56	30 6 20	5 2 54.8	20 22 45	21 12 35
8 8	9 29 36	10 32 7	1 34 46	26 13 34	6 36 0	17 44 38	10 36 59	18 27 28	19 06	24 11 25	30 5 18	5 2 54.6	20 28 49	20 45 35
9 9	10 56 22	11 47 12	2 21 44	26 7 57	6 41 39	17 45 32	10 38 39	18 29 33	18 56	24 16 54	30 4 16	5 2 54.5	20 34 40	20 17 33
10 10	12 20 41	13 2 16	3 8 43	26 2 11	6 47 14	17 46 29	10 40 20	18 31 38	18 50	24 22 23	30 3 17	5 2 54.4	20 40 19	19 48 39
11 11	13 42 4	14 17 19	3 55 41	25 56 16	6 52 46	17 47 29	10 42 3	18 33 43	18 46	24 27 50	30 2 23	5 2 54.3	20 45 43	19 19 1
12 12	15 0 0	15 32 22	4 42 38	25 50 13	6 58 14	17 48 32	10 43 47	18 35 48	18 45	24 33 17	30 1 38	5 2 54.2	20 50 50	18 48 53
13 13	16 13 51	16 47 24	5 29 36	25 44 2	7 3 39	17 49 39	10 45 33	18 37 52	18 45	24 38 44	30 1 4	5 2 54.1	20 55 37	18 18 27
14 14	17 22 56	18 2 25	6 16 33	25 37 42	7 8 59	17 50 48	10 47 20	18 39 56	18 45	24 44 9	30 0 44	5 2 54.0	21 0 3	17 47 59
15 15	18 26 32	19 17 25	7 3 30	25 31 15	7 14 16	17 52 0	10 49 8	18 42 0	18 44	24 49 34	30 0 38	5 2 53.9	21 4 4	17 17 47
16 16	19 23 50	20 32 25	7 50 27	25 24 41	7 19 29	17 53 15	10 50 57	18 44 4	18 40	24 54 58	30 0 46	5 2 53.7	21 7 37	16 48 12
17 17	20 13 59	21 47 23	8 37 24	25 17 59	7 24 37	17 54 33	10 52 48	18 46 7	18 34	25 0 21	30 1 8	5 2 53.5	21 10 39	16 19 33
18 18	20 56 5	23 2 21	9 24 20	25 11 11	7 29 42	17 55 54	10 54 40	18 48 10	18 26	25 5 43	30 1 42	5 2 53.3	21 13 7	15 52 16
19 19	21 29 16	24 17 18	10 11 15	25 4 15	7 34 43	17 57 17	10 56 34	18 50 13	18 15	25 11 4	30 2 27	5 2 53.0	21 14 59	15 26 44
20 20	21 52 43	25 32 13	10 58 10	24 57 14	7 39 39	17 58 44	10 58 28	18 52 15	18 04	25 16 25	30 3 19	5 2 52.8	21 16 10	15 3 23
21 21	22 5R39	26 47 8	11 45 4	24 50 6	7 44 31	18 0 14	11 0 24	18 54 16	17 52	25 21 44	30 4 17	5 2 52.6	21 16 39	14 42 37
22 22	22 7 30	28 2 1	12 31 58	24 42 52	7 49 19	18 1 46	11 2 20	18 56 17	17 43	25 27 3	30 5 16	5 2 52.4	21 16 24	14 24 50
23 23	21 57 51	29 16 53	13 18 51	24 35 34	7 54 2	18 3 21	11 4 18	18 58 18	17 36	25 32 21	30 6 15	5 2 52.3	21 15 23	14 10 22
24 24	21 36 36	0♒31 44	14 5 43	24 28 10	7 58 41	18 4 59	11 6 17	19 0 18	17 32	25 37 37	30 7 11	5 2 52.2	21 13 38	13 59 29
25 25	21 3 59	1 46 33	14 52 34	24 20 41	8 3 15	18 6 40	11 8 17	19 2 17	17 30	25 42 53	30 8 2	5 2 52.2	21 11 8	13 52 23
26 26	20 20 38	3 1 21	15 39 24	24 13 8	8 7 45	18 8 23	11 10 18	19 4 16	17 30	25 48 7	30 8 47	5 2 52.1	21 7 57	13 49 7
27 27	19 27 33	4 16 7	16 26 12	24 5 31	8 12 10	18 10 9	11 12 19	19 6 14	17 31	25 53 21	30 9 23	5 2 52.0	21 4 10	13 49 38
28 28	18 26 11	5 30 51	17 13 0	23 57 51	8 16 30	18 11 58	11 14 22	19 8 11	17 30	25 58 33	30 9 49	5 2 51.9	20 59 51	13 53 46
29 29	17 18 19	6 45 34	17 59 46	23 50 7	8 20 46	18 13 49	11 16 26	19 10 8	17 28	26 3 45	30 10 4	5 2 51.7	20 55 9	14 1 12
30 30	16 5 58	8 0 15	18 46 31	23 42 20	8 24 56	18 15 43	11 18 30	19 12 4	17 23	26 8 55	30 10 8	5 2 51.5	20 50 12	14 11 32
31 31	14♑51 21	9♒14 54	19♒33 15	23♋34 30	8♏29 2	18♓17 40	11♒20 36	19♐13 59	17♍15	26 14 5	30 9 59	5 2 51.3	20 45 8	14S24 19

DAY Jan	♀ VENUS R.A. h m s	DECL ° ' "	♂ MARS R.A. h m s	DECL ° ' "	♃ JUPITER R.A. h m s	DECL ° ' "	♄ SATURN R.A. h m s	DECL ° ' "	♅ URANUS R.A. h m s	DECL ° ' "	♆ NEPTUNE R.A. h m s	DECL ° ' "	♇ PLUTO R.A. h m s	DECL ° ' "
1	19 56 8	22S 8 24	21 35 15	15S33 16	9 37 40	15N 3 36	15 56 34	18S26 20	0 47 27	4N22 22	22 29 53	10S13 3	18 56 18	20S37 54
2	20 1 27	21 54 50	21 38 19	15 17 35	9 37 22	15 5 16	15 56 59	18 27 30	0 47 29	4 22 37	22 29 59	10 12 30	18 56 27	20 37 47
3	20 6 45	21 40 38	21 41 22	15 1 45	9 37 4	15 6 59	15 57 24	18 28 38	0 47 31	4 22 53	22 30 5	10 11 56	18 56 36	20 37 41
4	20 12 1	21 25 47	21 44 25	14 45 46	9 36 46	15 8 44	15 57 48	18 29 45	0 47 33	4 23 11	22 30 11	10 11 21	18 56 45	20 37 34
5	20 17 17	21 10 18	21 47 28	14 29 39	9 36 27	15 10 33	15 58 13	18 30 51	0 47 36	4 23 29	22 30 17	10 10 46	18 56 54	20 37 28
6	20 22 31	20 54 11	21 50 30	14 13 23	9 36 7	15 12 25	15 58 37	18 31 57	0 47 38	4 23 49	22 30 23	10 10 10	18 57 3	20 37 21
7	20 27 45	20 37 28	21 53 31	13 56 59	9 35 46	15 14 20	15 59 1	18 33 1	0 47 41	4 24 10	22 30 29	10 9 34	18 57 12	20 37 14
8	20 32 56	20 20 9	21 56 32	13 40 27	9 35 25	15 16 17	15 59 24	18 34 4	0 47 44	4 24 32	22 30 35	10 8 57	18 57 21	20 37 8
9	20 38 7	20 2 14	21 59 33	13 23 48	9 35 3	15 18 17	15 59 48	18 35 6	0 47 48	4 24 55	22 30 41	10 8 20	18 57 29	20 37 1
10	20 43 17	19 43 44	22 2 33	13 7 0	9 34 41	15 20 20	16 0 11	18 36 7	0 47 51	4 25 20	22 30 48	10 7 42	18 57 38	20 36 54
11	20 48 25	19 24 41	22 5 33	12 50 6	9 34 18	15 22 25	16 0 34	18 37 8	0 47 55	4 25 45	22 30 54	10 7 4	18 57 47	20 36 46
12	20 53 31	19 5 3	22 8 32	12 33 4	9 33 54	15 24 33	16 0 57	18 38 7	0 47 59	4 26 12	22 31 1	10 6 25	18 57 56	20 36 39
13	20 58 37	18 44 54	22 11 31	12 15 56	9 33 30	15 26 43	16 1 19	18 39 5	0 48 3	4 26 40	22 31 7	10 5 46	18 58 5	20 36 32
14	21 3 41	18 24 12	22 14 30	11 58 40	9 33 6	15 28 55	16 1 41	18 40 2	0 48 7	4 27 9	22 31 14	10 5 6	18 58 14	20 36 25
15	21 8 44	18 2 59	22 17 28	11 41 19	9 32 41	15 31 10	16 2 3	18 40 57	0 48 11	4 27 39	22 31 21	10 4 25	18 58 23	20 36 17
16	21 13 46	17 41 16	22 20 26	11 23 50	9 32 15	15 33 26	16 2 25	18 41 52	0 48 16	4 28 10	22 31 28	10 3 45	18 58 31	20 36 10
17	21 18 46	17 19 3	22 23 24	11 6 16	9 31 49	15 35 44	16 2 46	18 42 46	0 48 21	4 28 43	22 31 35	10 3 3	18 58 40	20 36 2
18	21 23 45	16 56 21	22 26 21	10 48 36	9 31 22	15 38 4	16 3 8	18 43 39	0 48 25	4 29 16	22 31 42	10 2 22	18 58 49	20 35 54
19	21 28 42	16 33 11	22 29 18	10 30 50	9 30 55	15 40 26	16 3 28	18 44 30	0 48 31	4 29 51	22 31 49	10 1 40	18 58 58	20 35 47
20	21 33 39	16 9 34	22 32 14	10 12 58	9 30 28	15 42 50	16 3 49	18 45 21	0 48 36	4 30 27	22 31 56	10 0 57	18 59 6	20 35 39
21	21 38 34	15 45 30	22 35 10	9 55 1	9 30 0	15 45 15	16 4 9	18 46 10	0 48 41	4 31 4	22 32 3	10 0 14	18 59 15	20 35 31
22	21 43 27	15 21 0	22 38 6	9 37 0	9 29 32	15 47 41	16 4 29	18 46 59	0 48 47	4 31 42	22 32 11	9 59 31	18 59 24	20 35 24
23	21 48 20	14 56 6	22 41 1	9 18 53	9 29 3	15 50 9	16 4 49	18 47 46	0 48 53	4 32 21	22 32 18	9 58 47	18 59 32	20 35 16
24	21 53 11	14 30 47	22 43 56	9 0 42	9 28 34	15 52 38	16 5 8	18 48 32	0 48 59	4 33 1	22 32 26	9 58 3	18 59 41	20 35 8
25	21 58 1	14 5 5	22 46 51	8 42 26	9 28 5	15 55 7	16 5 27	18 49 17	0 49 5	4 33 42	22 32 33	9 57 18	18 59 49	20 35 0
26	22 2 50	13 39 0	22 49 45	8 24 6	9 27 35	15 57 38	16 5 46	18 50 1	0 49 11	4 34 24	22 32 41	9 56 34	18 59 58	20 34 52
27	22 7 37	13 12 34	22 52 39	8 5 43	9 27 5	16 0 10	16 6 4	18 50 44	0 49 18	4 35 7	22 32 48	9 55 48	19 0 6	20 34 44
28	22 12 23	12 45 47	22 55 33	7 47 15	9 26 35	16 2 42	16 6 23	18 51 25	0 49 24	4 35 51	22 32 56	9 55 3	19 0 14	20 34 36
29	22 17 9	12 18 39	22 58 26	7 28 44	9 26 5	16 5 15	16 6 40	18 52 6	0 49 31	4 36 37	22 33 4	9 54 17	19 0 23	20 34 28
30	22 21 53	11 51 12	23 1 19	7 10 9	9 25 34	16 7 48	16 6 58	18 52 45	0 49 38	4 37 23	22 33 12	9 53 31	19 0 31	20 34 20
31	22 26 36	11S23 27	23 4 12	6S51 32	9 25 3	16N10 22	16 7 15	18S53 24	0 49 45	4N38 10	22 33 20	9S52 44	19 0 39	20S34 12

FEBRUARY 2015

DAY	SIDEREAL TIME h m s	☉ SUN LONG ° ' "	MOT ' "	R.A. h m s	DECL ° ' "
1 Su	8 43 33	16♑50 8	60 53	20 56 59.4	17S14 59
2 M	8 47 29	17 51 1	60 52	21 1 4.1	16 57 56
3 Tu	8 51 26	18 51 53	60 51	21 5 7.9	16 40 36
4 W	8 55 22	19 52 43	60 50	21 9 10.8	16 22 57
5 Th	8 59 19	20 53 33	60 48	21 13 13.0	16 5 2
6 F	9 3 15	21 54 21	60 47	21 17 14.4	15 46 50
7 S	9 7 12	22 55 9	60 46	21 21 14.9	15 28 22
8 Su	9 11 8	23 55 55	60 45	21 25 14.7	15 9 38
9 M	9 15 5	24 56 40	60 44	21 29 13.7	14 50 38
10 Tu	9 19 2	25 57 24	60 43	21 33 11.9	14 31 24
11 W	9 22 58	26 58 7	60 42	21 37 9.3	14 11 54
12 Th	9 26 55	27 58 50	60 41	21 41 6.0	13 52 11
13 F	9 30 51	28 59 31	60 40	21 45 2.0	13 32 14
14 S	9 34 48	0♒ 0 10	60 39	21 48 57.2	13 12 3
15 Su	9 38 44	1 0 49	60 38	21 52 51.7	12 51 39
16 M	9 42 41	2 1 27	60 37	21 56 45.5	12 31 3
17 Tu	9 46 37	3 2 3	60 35	22 0 38.6	12 10 15
18 W	9 50 34	4 2 38	60 34	22 4 31.0	11 49 15
19 Th	9 54 31	5 3 12	60 32	22 8 22.7	11 28 3
20 F	9 58 27	6 3 44	60 30	22 12 13.8	11 6 41
21 S	10 2 24	7 4 14	60 29	22 16 4.1	10 45 9
22 Su	10 6 20	8 4 43	60 27	22 19 53.8	10 23 27
23 M	10 10 17	9 5 10	60 25	22 23 42.8	10 1 35
24 Tu	10 14 13	10 5 35	60 23	22 27 31.3	9 39 34
25 W	10 18 10	11 5 58	60 21	22 31 19.1	9 17 24
26 Th	10 22 6	12 6 19	60 19	22 35 6.2	8 55 6
27 F	10 26 3	13 6 38	60 17	22 38 52.8	8 32 40
28 S	10 30 0	14♒ 6 55	60 15	22 42 38.9	8S10 6

DAY	☽ MOON AT 0 HOURS LONG ° ' "	12h MOT ° ' "	2DIF "	R.A. h m s	DECL ° ' "
1	13♊46 15	6 10 5	-70	6 36 35	18N 6 6
2	26 4 10	6 5 42	-62	7 27 42	16 50 52
3	8♋13 35	6 1 51	-54	8 17 24	14 50 53
4	20 15 32	5 58 32	-45	9 5 37	12 13 37
5	2♌11 11	5 55 54	-33	9 52 28	9 7 17
6	14 2 1	5 54 13	-17	10 38 14	5 40 16
7	25 50 3	5 53 47	5	11 23 20	2 0 44
8	7♍37 58	5 54 58	32	12 8 17	1S43 29
9	19 29 14	5 58 8	64	12 53 39	5 24 41
10	1♎27 55	6 3 35	100	13 40 1	8 55 3
11	13 38 44	6 11 31	138	14 28 1	12 6 14
12	26 6 40	6 21 56	174	15 18 9	14 48 58
13	8♏56 37	6 34 36	204	16 10 48	16 52 55
14	22 12 48	6 48 52	221	17 6 7	18 7 9
15	5♐57 58	7 3 43	219	18 3 51	18 21 18
16	20 12 35	7 17 39	193	19 3 24	17 27 48
17	4♑53 59	7 28 59	141	20 3 51	15 24 30
18	19 56 9	7 36 9	70	21 4 18	12 16 35
19	5♒10 6	7 38 8	-11	22 4 3	8 16 48
20	20 25 19	7 34 48	-86	23 2 44	3 43 46
21	5♓31 28	7 26 55	-145	0 0 19	1N 1 6
22	20 20 4	7 15 50	-181	0 57 0	5 36 53
23	4♈45 30	7 3 7	-195	1 53 0	9 45 32
24	18 45 11	6 50 7	-191	2 48 31	13 13 13
25	2♉19 8	6 37 52	-174	3 43 34	15 50 34
26	15 29 15	6 27 1	-150	4 38 3	17 32 26
27	28 18 29	6 17 52	-124	5 31 43	18 17 24
28	10♊50 17	6 10 28	-98	6 24 17	18N 7 4

DAY	☽ MOON AT 12 HOURS LONG ° ' "	12h MOT ° ' "	2DIF "	R.A. h m s	DECL ° ' "
1	19♊56 21	6 7 50	-66	7 2 18	17N34 30
2	2♋ 9 52	6 3 43	-58	7 52 44	15 56 1
3	14 15 26	6 0 7	-50	8 41 41	13 36 24
4	26 14 4	5 57 7	-39	9 29 12	10 43 34
5	8♌ 7 6	5 54 55	-25	10 15 27	7 25 51
6	19 56 14	5 53 49	-6	11 0 50	3 51 34
7	1♍43 50	5 54 9	18	11 45 48	0 8 43
8	13 32 57	5 56 17	48	12 30 52	3S34 56
9	25 27 22	6 0 34	82	13 16 40	7 11 43
10	7♎31 30	6 7 14	119	14 3 47	10 33 35
11	19 50 15	6 16 25	156	14 52 47	13 31 46
12	2♏28 36	6 28 1	190	15 44 9	15 56 28
13	15 31 13	6 41 35	214	16 38 8	17 36 56
14	29 1 40	6 56 18	223	17 34 43	18 22 18
15	13♐ 1 41	7 10 54	209	18 33 27	18 3 18
16	27 30 14	7 23 45	170	19 33 34	16 34 44
17	12♑22 58	7 33 10	107	20 34 7	13 57 59
18	27 32 17	7 37 49	30	21 34 17	10 22 7
19	12♒48 14	7 37 6	-50	22 33 32	6 3 7
20	28 0 7	7 31 21	-118	23 31 39	1 21 28
21	12♓58 23	7 21 41	-166	0 28 45	3N21 21
22	27 35 54	7 9 35	-191	1 25 4	7 45 35
23	11♈48 36	6 56 34	-195	2 20 49	11 35 11
24	25 35 18	6 43 51	-184	3 16 6	14 38 36
25	8♉57 0	6 32 15	-163	4 10 53	16 48 36
26	21 56 16	6 22 13	-137	5 5 0	18 1 59
27	4♊36 20	6 13 57	-111	5 58 9	18 18 56
28	17♊ 0 45	6 7 23	-86	6 50 4	17N42 22

LUNAR INGRESSES
2 ☽ ♋ 7:44
4 ☽ ♌ 19:35
7 ☽ ♍ 8:29
9 ☽ ♎ 21:05
12 ☽ ♏ 7:21
14 ☽ ♐ 13:42
16 ☽ ♑ 16:04
18 ☽ ♒ 15:52
20 ☽ ♓ 15:11
22 ☽ ♈ 16:00
24 ☽ ♉ 19:51
27 ☽ ♊ 3:13

PLANET INGRESSES
13 ☉ ♒ 23:56
13 ♂ ♓ 11:09
16 ♀ ♓ 17:52

STATIONS
11 ☿ D 14:58

DATA FOR THE 1st AT 0 HOURS
JULIAN DAY 42034.5
☽ MEAN ☊ 18°♍ 20' 37"
OBLIQUITY 23° 26' 5"
DELTA T 73.1 SECONDS
NUTATION LONGITUDE 5.6"

MO	YR	☿ LONG ° ' "	♀ LONG ° ' "	♂ LONG ° ' "	♃ LONG ° ' "	♄ LONG ° ' "	♅ LONG ° ' "	♆ LONG ° ' "	♇ LONG ° ' "	☊ LONG ° '	A.S.S.I. h m s	S.S.R.Y. h m s	S.V.P. ♓ ° ' "	☿ MERCURY R.A. h m s	☿ MERCURY DECL ° ' "
1	32	13♑36R39	10♒29 31	20♒19 57	23♋26R39	8♏33 3	18♓19 39	11♒22 42	19♐15 53	17♍06	26 19 13	30 9 39	5 2 51.1	20 40 5	14S39 1
2	33	12 23 57	11 44 6	21 6 38	23 18 45	8 36 59	18 21 41	11 24 49	19 17 47	16 54	26 24 21	30 9 8	5 2 51.0	20 35 12	14 55 7
3	34	11 15 8	12 58 40	21 53 18	23 10 49	8 40 50	18 23 45	11 26 57	19 19 40	16 43	26 29 27	30 8 27	5 2 50.8	20 30 37	15 12 7
4	35	10 11 44	14 13 11	22 39 56	23 2 53	8 44 37	18 25 51	11 29 5	19 21 31	16 31	26 34 32	30 7 37	5 2 50.7	20 26 24	15 29 36
5	36	9 14 59	15 27 41	23 26 32	22 54 55	8 48 18	18 28 0	11 31 14	19 23 22	16 22	26 39 36	30 6 40	5 2 50.6	20 22 40	15 47 7
6	37	8 25 43	16 42 8	24 13 7	22 46 56	8 51 53	18 30 11	11 33 24	19 25 12	16 14	26 44 40	30 5 40	5 2 50.5	20 19 26	16 4 23
7	38	7 44 32	17 56 34	24 59 40	22 38 58	8 55 24	18 32 25	11 35 35	19 27 2	16 09	26 49 42	30 4 38	5 2 50.5	20 16 47	16 21 7
8	39	7 11 38	19 10 58	25 46 12	22 30 59	8 58 49	18 34 41	11 37 46	19 28 50	16 07	26 54 43	30 3 39	5 2 50.4	20 14 41	16 37 5
9	40	6 47 6	20 25 19	26 32 42	22 23 1	9 2 10	18 37 0	11 39 57	19 30 37	16 07	26 59 43	30 2 45	5 2 50.4	20 13 11	16 52 9
10	41	6 30 44	21 39 39	27 19 11	22 15 4	9 5 24	18 39 20	11 42 10	19 32 23	16 08	27 4 43	30 1 58	5 2 50.3	20 12 14	17 6 9
11	42	6 22D17	22 53 56	28 5 38	22 7 8	9 8 34	18 41 43	11 44 22	19 34 8	16 09	27 9 41	30 1 22	5 2 50.3	20 11 49	17 19 2
12	43	6 21 22	24 8 11	28 52 4	21 59 13	9 11 38	18 44 8	11 46 35	19 35 52	16 10	27 14 38	30 0 58	5 2 50.1	20 11 56	17 30 41
13	44	6 27 32	25 22 24	29 38 27	21 51 20	9 14 36	18 46 35	11 48 49	19 37 35	16 09	27 19 35	30 0 48	5 2 50.0	20 12 33	17 41 5
14	45	6 40 22	26 36 35	0♓24 49	21 43 29	9 17 29	18 49 5	11 51 3	19 39 17	16 07	27 24 30	30 0 50	5 2 49.8	20 13 36	17 50 10
15	46	6 59 23	27 50 44	1 11 10	21 35 41	9 20 17	18 51 36	11 53 18	19 40 58	16 03	27 29 25	30 1 6	5 2 49.6	20 15 6	17 57 56
16	47	7 24 7	29 4 51	1 57 29	21 27 55	9 22 58	18 54 10	11 55 33	19 42 38	15 57	27 34 19	30 1 34	5 2 49.4	20 16 59	18 4 21
17	48	7 54 9	0♓18 55	2 43 46	21 20 13	9 25 35	18 56 45	11 57 48	19 44 16	15 50	27 39 11	30 2 13	5 2 49.3	20 19 13	18 9 24
18	49	8 29 4	1 32 57	3 30 1	21 12 34	9 28 5	18 59 23	12 0 3	19 45 53	15 43	27 44 3	30 3 1	5 2 49.1	20 21 48	18 13 5
19	50	9 8 28	2 46 57	4 16 14	21 4 59	9 30 29	19 2 3	12 2 19	19 47 29	15 37	27 48 55	30 3 56	5 2 49.0	20 24 41	18 15 23
20	51	9 52 1	4 0 53	5 2 25	20 57 29	9 32 48	19 4 44	12 4 35	19 49 4	15 33	27 53 45	30 4 55	5 2 49.0	20 27 50	18 16 19
21	52	10 39 22	5 14 48	5 48 34	20 50 3	9 35 1	19 7 27	12 6 51	19 50 37	15 31	27 58 34	30 5 57	5 2 49.0	20 31 15	18 15 53
22	53	11 30 13	6 28 39	6 34 42	20 42 42	9 37 8	19 10 13	12 9 8	19 52 9	15 31	28 3 23	30 6 59	5 2 48.9	20 34 55	18 14 3
23	54	12 24 20	7 42 28	7 20 47	20 35 26	9 39 10	19 13 0	12 11 24	19 53 40	15 32	28 8 11	30 7 57	5 2 48.9	20 38 46	18 10 51
24	55	13 21 26	8 56 13	8 6 49	20 28 16	9 41 5	19 15 48	12 13 41	19 55 10	15 33	28 12 57	30 8 50	5 2 48.8	20 42 50	18 6 17
25	56	14 21 20	10 9 56	8 52 50	20 21 12	9 42 54	19 18 39	12 15 58	19 56 38	15 35	28 17 44	30 9 36	5 2 48.7	20 47 4	18 0 21
26	57	15 23 49	11 23 35	9 38 48	20 14 14	9 44 38	19 21 31	12 18 14	19 58 4	15 35	28 22 29	30 10 11	5 2 48.5	20 51 29	17 53 3
27	58	16 28 43	12 37 11	10 24 44	20 7 22	9 46 15	19 24 25	12 20 31	19 59 30	15 34	28 27 14	30 10 35	5 2 48.4	20 56 2	17 44 23
28	59	17♑35 52	13♓50 44	11♓10 38	20♋ 0 37	9♏47 47	19♓27 20	12♒22 47	20♐ 0 53	15♍31	28 31 58	30 10 47	5 2 48.2	21 0 43	17S34 22

DAY Feb	♀ VENUS R.A. h m s	♀ DECL ° ' "	♂ MARS R.A. h m s	♂ DECL ° ' "	♃ JUPITER R.A. h m s	♃ DECL ° ' "	♄ SATURN R.A. h m s	♄ DECL ° ' "	♅ URANUS R.A. h m s	♅ DECL ° ' "	♆ NEPTUNE R.A. h m s	♆ DECL ° ' "	♇ PLUTO R.A. h m s	♇ DECL ° ' "
1	22 31 17	10S55 23	23 7 4	6S32 51	9 24 32	16N12 55	16 7 32	18S54 1	0 49 53	4N38 58	22 33 28	9S51 58	19 0 47	20S34 4
2	22 35 58	10 27 3	23 9 57	6 14 8	9 24 1	16 15 29	16 7 48	18 54 37	0 50 0	4 39 47	22 33 36	9 51 11	19 0 55	20 33 57
3	22 40 38	9 58 26	23 12 48	5 55 22	9 23 30	16 18 3	16 8 4	18 55 12	0 50 8	4 40 37	22 33 44	9 50 23	19 1 3	20 33 49
4	22 45 17	9 29 34	23 15 40	5 36 34	9 22 59	16 20 37	16 8 20	18 55 46	0 50 15	4 41 28	22 33 52	9 49 36	19 1 11	20 33 41
5	22 49 54	9 0 27	23 18 31	5 17 43	9 22 27	16 23 11	16 8 35	18 56 19	0 50 23	4 42 20	22 34 0	9 48 48	19 1 19	20 33 33
6	22 54 31	8 31 6	23 21 22	4 58 51	9 21 56	16 25 44	16 8 51	18 56 50	0 50 31	4 43 13	22 34 8	9 48 0	19 1 27	20 33 25
7	22 59 7	8 1 32	23 24 13	4 39 56	9 21 24	16 28 17	16 9 5	18 57 21	0 50 40	4 44 7	22 34 16	9 47 12	19 1 35	20 33 17
8	23 3 43	7 31 46	23 27 4	4 21 1	9 20 53	16 30 50	16 9 20	18 57 50	0 50 48	4 45 1	22 34 24	9 46 23	19 1 43	20 33 9
9	23 8 17	7 1 48	23 29 54	4 2 3	9 20 21	16 33 21	16 9 34	18 58 18	0 50 56	4 45 57	22 34 33	9 45 35	19 1 50	20 33 1
10	23 12 51	6 31 39	23 32 44	3 43 5	9 19 50	16 35 52	16 9 47	18 58 45	0 51 5	4 46 53	22 34 41	9 44 46	19 1 58	20 32 53
11	23 17 23	6 1 20	23 35 34	3 24 5	9 19 18	16 38 22	16 10 0	18 59 11	0 51 14	4 47 50	22 34 49	9 43 57	19 2 5	20 32 46
12	23 21 56	5 30 51	23 38 24	3 5 4	9 18 47	16 40 51	16 10 13	18 59 36	0 51 23	4 48 48	22 34 58	9 43 8	19 2 13	20 32 38
13	23 26 27	5 0 14	23 41 13	2 46 3	9 18 16	16 43 19	16 10 26	18 59 59	0 51 32	4 49 47	22 35 6	9 42 18	19 2 20	20 32 30
14	23 30 58	4 29 29	23 44 3	2 27 1	9 17 45	16 45 46	16 10 38	19 0 22	0 51 41	4 50 46	22 35 15	9 41 29	19 2 27	20 32 22
15	23 35 29	3 58 37	23 46 52	2 7 59	9 17 14	16 48 12	16 10 50	19 0 43	0 51 50	4 51 47	22 35 23	9 40 39	19 2 34	20 32 15
16	23 39 59	3 27 38	23 49 41	1 48 57	9 16 43	16 50 36	16 11 1	19 1 4	0 52 0	4 52 48	22 35 32	9 39 49	19 2 41	20 32 7
17	23 44 28	2 56 34	23 52 30	1 29 55	9 16 12	16 52 58	16 11 12	19 1 23	0 52 9	4 53 50	22 35 40	9 38 59	19 2 48	20 32 0
18	23 48 57	2 25 25	23 55 18	1 10 53	9 15 42	16 55 19	16 11 22	19 1 41	0 52 19	4 54 52	22 35 49	9 38 9	19 2 55	20 31 53
19	23 53 26	1 54 12	23 58 7	0 51 51	9 15 12	16 57 39	16 11 33	19 1 58	0 52 29	4 55 56	22 35 57	9 37 19	19 3 2	20 31 45
20	23 57 54	1 22 55	0 0 55	0 32 51	9 14 42	16 59 56	16 11 42	19 2 14	0 52 39	4 57 0	22 36 6	9 36 29	19 3 9	20 31 38
21	0 2 22	0 51 36	0 3 43	0 13 51	9 14 12	17 2 12	16 11 52	19 2 28	0 52 49	4 58 4	22 36 14	9 35 39	19 3 15	20 31 31
22	0 6 49	0 20 15	0 6 32	0N 5 8	9 13 43	17 4 26	16 12 1	19 2 42	0 52 59	4 59 10	22 36 23	9 34 49	19 3 22	20 31 24
23	0 11 17	0N11 7	0 9 20	0 24 6	9 13 14	17 6 38	16 12 9	19 2 54	0 53 9	5 0 16	22 36 31	9 33 58	19 3 28	20 31 17
24	0 15 44	0 42 30	0 12 8	0 43 3	9 12 45	17 8 47	16 12 17	19 3 5	0 53 20	5 1 23	22 36 40	9 33 8	19 3 35	20 31 10
25	0 20 11	1 13 52	0 14 55	1 1 57	9 12 17	17 10 54	16 12 25	19 3 15	0 53 30	5 2 30	22 36 49	9 32 18	19 3 41	20 31 3
26	0 24 38	1 45 13	0 17 43	1 20 51	9 11 49	17 13 0	16 12 32	19 3 24	0 53 41	5 3 38	22 36 57	9 31 28	19 3 47	20 30 56
27	0 29 4	2 16 33	0 20 31	1 39 42	9 11 22	17 15 2	16 12 39	19 3 32	0 53 51	5 4 47	22 37 6	9 30 37	19 3 53	20 30 49
28	0 33 31	2N47 49	0 23 18	1N58 31	9 10 55	17N17 2	16 12 46	19S 3 39	0 54 2	5N 5 56	22 37 14	9S29 47	19 3 59	20S30 43

MARCH 2015

DAY	SIDEREAL TIME h m s	☉ SUN LONG ° ' "	MOT ' "	R.A. h m s	DECL ° ' "
1 Su	10 33 56	15♒ 7 10	60 13	22 46 24.4	7S47 26
2 M	10 37 53	16 7 23	60 11	22 50 9.3	7 24 39
3 Tu	10 41 49	17 7 34	60 9	22 53 53.7	7 1 45
4 W	10 45 46	18 7 43	60 7	22 57 37.7	6 38 46
5 Th	10 49 42	19 7 51	60 5	23 1 21.2	6 15 41
6 F	10 53 39	20 7 56	60 4	23 5 4.2	5 52 31
7 S	10 57 35	21 8 0	60 2	23 8 46.8	5 29 15
8 Su	11 1 32	22 8 2	60 0	23 12 29.0	5 5 56
9 M	11 5 28	23 8 2	59 58	23 16 10.8	4 42 32
10 Tu	11 9 25	24 8 0	59 57	23 19 52.3	4 19 5
11 W	11 13 22	25 7 57	59 55	23 23 33.4	3 55 35
12 Th	11 17 18	26 7 52	59 53	23 27 14.3	3 32 1
13 F	11 21 15	27 7 45	59 52	23 30 54.8	3 8 25
14 S	11 25 11	28 7 37	59 50	23 34 35.1	2 44 46
15 Su	11 29 8	29 7 27	59 48	23 38 15.1	2 21 6
16 M	11 33 4	0♓ 7 15	59 47	23 41 54.9	1 57 24
17 Tu	11 37 1	1 7 1	59 45	23 45 34.5	1 33 42
18 W	11 40 57	2 6 46	59 43	23 49 14.0	1 9 58
19 Th	11 44 54	3 6 29	59 41	23 52 53.2	0 46 14
20 F	11 48 51	4 6 11	59 39	23 56 32.3	0 22 30
21 S	11 52 47	5 5 50	59 37	0 0 11.2	0N 1 13
22 Su	11 56 44	6 5 27	59 35	0 3 50.0	0 24 55
23 M	12 0 40	7 5 2	59 33	0 7 28.7	0 48 37
24 Tu	12 4 37	8 4 35	59 31	0 11 7.3	1 12 16
25 W	12 8 33	9 4 5	59 28	0 14 45.9	1 35 54
26 Th	12 12 30	10 3 34	59 26	0 18 24.4	1 59 29
27 F	12 16 26	11 3 0	59 24	0 22 2.8	2 23 2
28 S	12 20 23	12 2 23	59 21	0 25 41.3	2 46 32
29 Su	12 24 20	13 1 45	59 19	0 29 19.7	3 9 58
30 M	12 28 16	14 1 4	59 17	0 32 58.1	3 33 20
31 Tu	12 32 13	15♓ 0 20	59 15	0 36 36.6	3N56 39

DAY	☽ MOON AT 0 HOURS LONG ° ' "	12h MOT ° ' "	2DIF "	R.A. h m s	DECL ° ' "	☽ MOON AT 12 HOURS LONG ° ' "	12h MOT ° ' "	2DIF "	R.A. h m s	DECL ° ' "
1	23♊ 8 7	6 4 42	-75	7 15 30	17N 5 30	29♊12 50	6 2 23	-64	7 40 34	16N17 15
2	5♋15 12	6 0 24	-55	8 5 15	15 18 26	11♋15 37	5 58 45	-45	8 29 34	14 9 58
3	17 14 22	5 57 23	-37	8 53 32	12 52 45	23 11 44	5 56 17	-29	9 17 11	11 27 46
4	29 8 1	5 55 26	-22	9 40 31	9 55 58	5♌ 3 27	5 54 51	-14	10 3 36	8 18 22
5	10♌58 18	5 54 30	-7	10 26 29	6 35 56	16 52 47	5 54 23	0	10 49 11	4 49 40
6	22 47 10	5 54 31	8	11 11 47	3 0 35	28 41 41	5 54 54	16	11 34 20	1 9 40
7	4♍36 34	5 55 33	24	11 56 53	0S42 4	10♍32 8	5 56 30	33	12 19 30	2S33 37
8	16 28 38	5 57 46	43	12 42 15	4 23 56	22 26 24	5 59 22	54	13 5 11	6 12 0
9	28 25 46	6 1 20	65	13 28 23	7 56 46	4♎27 6	6 3 42	77	13 51 53	9 37 9
10	10♎30 47	6 6 28	90	14 15 46	11 12 3	16 37 16	6 9 41	103	14 40 4	12 40 19
11	22 46 57	6 13 22	117	15 4 49	14 0 50	29 0 19	6 17 30	131	15 30 5	15 12 23
12	5♏17 49	6 22 7	145	15 55 52	16 13 50	11♏39 56	6 27 10	158	16 22 12	17 3 58
13	18 7 6	6 32 39	170	16 49 4	17 41 39	24 39 45	6 38 31	180	17 16 26	18 5 48
14	1♐18 16	6 44 41	188	17 44 18	18 15 28	8♐ 2 57	6 51 4	193	18 12 35	18 9 50
15	14 54 1	6 57 35	195	18 41 15	17 48 16	21 51 36	7 4 4	192	19 10 11	17 10 28
16	28 55 39	7 10 22	184	19 39 21	16 16 23	6♑ 6 1	7 16 20	171	20 8 39	15 6 19
17	13♑22 22	7 21 47	153	20 38 1	13 41 0	20 44 9	7 26 33	130	21 7 24	12 1 29
18	28 10 42	7 30 26	102	21 36 44	10 9 17	5♒41 8	7 33 19	70	22 6 0	8 6 11
19	13♒14 27	7 35 5	35	22 35 11	5 54 23	20 49 31	7 35 39	-1	23 4 16	3 36 15
20	28 25 10	7 34 59	-38	23 33 16	1 14 23	6♓ 0 10	7 33 8	-73	0 2 11	1N 8 33
21	13♓33 18	7 30 9	-105	0 31 3	3N29 51	21 3 27	7 26 8	-134	0 59 52	5 46 55
22	28 29 35	7 21 14	-158	1 28 39	7 57 19	5♈50 49	7 15 37	-177	1 57 23	9 58 51
23	13♈ 6 25	7 9 27	-191	2 26 4	11 49 37	20 15 52	7 2 54	-199	2 54 42	13 28 1
24	27 18 46	6 56 9	-203	3 23 13	14 52 50	4♉14 55	6 49 22	-202	3 51 35	16 3 12
25	11♉ 4 17	6 42 41	-198	4 19 45	16 58 34	17 46 58	6 36 12	-190	4 47 40	17 38 45
26	24 23 10	6 30 2	-179	5 15 17	18 3 48	0♊53 12	6 24 16	-166	5 42 33	18 14 2
27	7♊17 28	6 18 58	-152	6 9 25	18 10 0	13 36 26	6 14 9	-137	6 35 50	17 52 21
28	19 50 35	6 9 51	-121	7 1 49	17 21 53	26 0 26	6 6 6	-105	7 27 19	16 39 30
29	2♋ 6 31	6 2 52	-89	7 52 22	15 46 6	8♋ 9 23	6 0 11	-73	8 16 59	14 42 39
30	14 9 34	5 58 0	-58	8 41 10	13 30 6	20 7 34	5 56 19	-43	9 4 58	12 9 24
31	26♋ 3 53	5 55 6	-30	9 28 26	10N41 31	1♌59 0	5 54 20	-17	9 51 36	9N 7 22

LUNAR INGRESSES
1 ☽ ♋ 13:33
4 ☽ ♌ 1:45
6 ☽ ♍ 14:39
9 ☽ ♎ 3:08
11 ☽ ♏ 13:54
13 ☽ ♐ 21:39
16 ☽ ♑ 1:48
18 ☽ ♒ 2:55
20 ☽ ♓ 2:30
22 ☽ ♈ 2:27
24 ☽ ♉ 4:38
26 ☽ ♊ 10:21
28 ☽ ♋ 19:50
31 ☽ ♌ 7:59

PLANET INGRESSES
9 ☿ ♒ 16:10
13 ♀ ♈ 6:08
15 ☉ ♓ 21:05
24 ♂ ♈ 21:41
28 ☿ ♓ 7:53

STATIONS
14 ♄ R 15:03

DATA FOR THE 1st AT 0 HOURS
JULIAN DAY 42062.5
☽ MEAN ☊ 16°♍ 51' 35"
OBLIQUITY 23° 26' 6"
DELTA T 73.1 SECONDS
NUTATION LONGITUDE 4.7"

DAY MO YR	☿ LONG ° ' "	♀ LONG ° ' "	♂ LONG ° ' "	♃ LONG ° ' "	♄ LONG ° ' "	♅ LONG ° ' "	♆ LONG ° ' "	♇ LONG ° ' "	☊ LONG ° '	A.S.S.I. h m s	S.S.R.Y. h m s	S.V.P. ♓ ° ' "	☿ MERCURY R.A. h m s	DECL ° ' "
1 60	18♑45 8	15♓ 4 13	11♓56 29	19♋53R59	9♏49 12	19♓30 17	12♒25 4	20♐ 2 16	15♍27	28 36 41	30 10 46	5 2 48.1	21 5 32	17S23 0
2 61	19 56 24	16 17 39	12 42 17	19 47 28	9 50 32	19 33 16	12 27 21	20 3 37	15 22	28 41 24	30 10 34	5 2 48.0	21 10 28	17 10 18
3 62	21 9 34	17 31 1	13 28 3	19 41 5	9 51 45	19 36 16	12 29 37	20 4 56	15 17	28 46 6	30 10 9	5 2 47.9	21 15 30	16 56 15
4 63	22 24 30	18 44 20	14 13 47	19 34 49	9 52 53	19 39 17	12 31 53	20 6 14	15 12	28 50 47	30 9 33	5 2 47.8	21 20 38	16 40 53
5 64	23 41 9	19 57 36	14 59 28	19 28 42	9 53 54	19 42 20	12 34 9	20 7 30	15 08	28 55 28	30 8 48	5 2 47.8	21 25 52	16 24 12
6 65	24 59 26	21 10 47	15 45 7	19 22 42	9 54 50	19 45 24	12 36 25	20 8 45	15 05	29 0 8	30 7 56	5 2 47.8	21 31 10	16 6 11
7 66	26 19 16	22 23 55	16 30 43	19 16 51	9 55 39	19 48 29	12 38 41	20 9 59	15 03	29 4 48	30 6 59	5 2 47.8	21 36 34	15 46 53
8 67	27 40 37	23 37 0	17 16 17	19 11 8	9 56 22	19 51 36	12 40 56	20 11 11	15 02	29 9 27	30 6 0	5 2 47.7	21 42 1	15 26 16
9 68	29 3 24	24 50 0	18 1 48	19 5 34	9 57 0	19 54 44	12 43 11	20 12 21	15 03	29 14 5	30 5 1	5 2 47.7	21 47 33	15 4 21
10 69	0♒27 37	26 2 57	18 47 16	19 0 9	9 57 31	19 57 53	12 45 26	20 13 29	15 04	29 18 44	30 4 7	5 2 47.7	21 53 9	14 41 9
11 70	1 53 12	27 15 50	19 32 43	18 54 53	9 57 56	20 1 3	12 47 40	20 14 37	15 06	29 23 22	30 3 19	5 2 47.6	21 58 48	14 16 41
12 71	3 20 8	28 28 40	20 18 6	18 49 46	9 58 15	20 4 15	12 49 54	20 15 42	15 07	29 27 59	30 2 39	5 2 47.5	22 4 31	13 50 56
13 72	4 48 23	29 41 25	21 3 27	18 44 49	9 58 27	20 7 27	12 52 8	20 16 46	15 08	29 32 36	30 2 10	5 2 47.4	22 10 17	13 23 56
14 73	6 17 56	0♈54 7	21 48 46	18 40 1	9 58R34	20 10 41	12 54 21	20 17 48	15 09	29 37 13	30 1 52	5 2 47.2	22 16 6	12 55 40
15 74	7 48 45	2 6 45	22 34 2	18 35 24	9 58 35	20 13 55	12 56 34	20 18 48	15 08	29 41 49	30 1 47	5 2 47.1	22 21 58	12 26 10
16 75	9 20 51	3 19 18	23 19 16	18 30 56	9 58 29	20 17 11	12 58 46	20 19 47	15 07	29 46 25	30 1 54	5 2 46.9	22 27 53	11 55 25
17 76	10 54 12	4 31 48	24 4 27	18 26 38	9 58 18	20 20 27	13 0 57	20 20 44	15 05	29 51 1	30 2 15	5 2 46.8	22 33 51	11 23 27
18 77	12 28 49	5 44 14	24 49 35	18 22 31	9 58 0	20 23 45	13 3 9	20 21 40	15 03	29 55 37	30 2 48	5 2 46.7	22 39 52	10 50 15
19 78	14 4 41	6 56 35	25 34 41	18 18 34	9 57 36	20 27 3	13 5 19	20 22 34	15 02	30 0 12	30 3 31	5 2 46.7	22 45 56	10 15 51
20 79	15 41 47	8 8 53	26 19 45	18 14 47	9 57 6	20 30 22	13 7 29	20 23 26	15 01	30 4 48	30 4 25	5 2 46.7	22 52 3	9 40 14
21 80	17 20 9	9 21 6	27 4 45	18 11 12	9 56 30	20 33 41	13 9 38	20 24 16	15 01	0 0 14	30 5 25	5 2 46.7	22 58 12	9 3 26
22 81	18 59 47	10 33 14	27 49 43	18 7 47	9 55 48	20 37 2	13 11 46	20 25 4	15 01	0 4 49	30 6 30	5 2 46.6	23 4 25	8 25 27
23 82	20 40 40	11 45 18	28 34 38	18 4 33	9 55 1	20 40 23	13 13 54	20 25 51	15 01	0 9 24	30 7 36	5 2 46.6	23 10 40	7 46 18
24 83	22 22 50	12 57 17	29 19 31	18 1 30	9 54 7	20 43 45	13 16 1	20 26 36	15 02	0 13 58	30 8 41	5 2 46.5	23 16 58	7 6 0
25 84	24 6 17	14 9 11	0♈ 4 20	17 58 38	9 53 7	20 47 7	13 18 7	20 27 19	15 03	0 18 33	30 9 40	5 2 46.4	23 23 20	6 24 32
26 85	25 51 2	15 21 1	0 49 7	17 55 57	9 52 1	20 50 30	13 20 13	20 28 0	15 03	0 23 7	30 10 32	5 2 46.2	23 29 44	5 41 57
27 86	27 37 5	16 32 45	1 33 50	17 53 27	9 50 50	20 53 53	13 22 17	20 28 40	15 03	0 27 42	30 11 14	5 2 46.1	23 36 12	4 58 16
28 87	29 24 27	17 44 24	2 18 31	17 51 9	9 49 33	20 57 16	13 24 21	20 29 18	15 03	0 32 16	30 11 45	5 2 45.9	23 42 44	4 13 28
29 88	1♓13 10	18 55 57	3 3 9	17 49 2	9 48 10	21 0 41	13 26 24	20 29 54	15 03	0 36 51	30 12 4	5 2 45.8	23 49 19	3 27 36
30 89	3 3 13	20 7 25	3 47 43	17 47 6	9 46 41	21 4 5	13 28 26	20 30 28	15 03	0 41 25	30 12 11	5 2 45.7	23 55 57	2 40 41
31 90	4♓54 37	21♈18 48	4♈32 15	17♋45 22	9♏45 7	21♓ 7 30	13♒30 27	20♐31 0	15♍03	0 46 0	30 12 4	5 2 45.6	0 2 40	1S52 45

DAY Mar	♀ VENUS R.A. h m s	DECL ° ' "	♂ MARS R.A. h m s	DECL ° ' "	♃ JUPITER R.A. h m s	DECL ° ' "	♄ SATURN R.A. h m s	DECL ° ' "	♅ URANUS R.A. h m s	DECL ° ' "	♆ NEPTUNE R.A. h m s	DECL ° ' "	♇ PLUTO R.A. h m s	DECL ° ' "
1	0 37 58	3N19 3	0 26 6	2N17 18	9 10 28	17N19 0	16 12 52	19S 3 45	0 54 13	5N 7 6	22 37 23	9S28 56	19 4 5	20S30 36
2	0 42 24	3 50 12	0 28 53	2 36 2	9 10 2	17 20 56	16 12 57	19 3 50	0 54 24	5 8 16	22 37 32	9 28 6	19 4 11	20 30 30
3	0 46 51	4 21 17	0 31 40	2 54 44	9 9 37	17 22 48	16 13 3	19 3 53	0 54 35	5 9 27	22 37 40	9 27 16	19 4 16	20 30 24
4	0 51 18	4 52 16	0 34 28	3 13 23	9 9 12	17 24 38	16 13 7	19 3 55	0 54 46	5 10 38	22 37 49	9 26 26	19 4 22	20 30 18
5	0 55 45	5 23 9	0 37 15	3 31 59	9 8 47	17 26 26	16 13 12	19 3 57	0 54 58	5 11 50	22 37 57	9 25 36	19 4 27	20 30 12
6	1 0 12	5 53 55	0 40 2	3 50 31	9 8 23	17 28 10	16 13 16	19 3 57	0 55 9	5 13 2	22 38 6	9 24 46	19 4 33	20 30 6
7	1 4 40	6 24 33	0 42 49	4 9 1	9 8 0	17 29 52	16 13 19	19 3 56	0 55 20	5 14 15	22 38 14	9 23 56	19 4 38	20 30 1
8	1 9 7	6 55 3	0 45 36	4 27 27	9 7 37	17 31 31	16 13 22	19 3 54	0 55 32	5 15 28	22 38 23	9 23 6	19 4 43	20 29 55
9	1 13 35	7 25 24	0 48 24	4 45 50	9 7 14	17 33 7	16 13 25	19 3 51	0 55 43	5 16 41	22 38 31	9 22 17	19 4 48	20 29 50
10	1 18 3	7 55 35	0 51 11	5 4 9	9 6 52	17 34 41	16 13 27	19 3 47	0 55 55	5 17 55	22 38 40	9 21 27	19 4 53	20 29 44
11	1 22 32	8 25 35	0 53 58	5 22 23	9 6 31	17 36 11	16 13 29	19 3 42	0 56 7	5 19 10	22 38 48	9 20 38	19 4 58	20 29 39
12	1 27 1	8 55 25	0 56 45	5 40 34	9 6 11	17 37 38	16 13 31	19 3 36	0 56 19	5 20 25	22 38 57	9 19 49	19 5 2	20 29 34
13	1 31 31	9 25 2	0 59 32	5 58 41	9 5 51	17 39 2	16 13 32	19 3 28	0 56 30	5 21 40	22 39 5	9 19 0	19 5 7	20 29 29
14	1 36 1	9 54 27	1 2 19	6 16 43	9 5 31	17 40 23	16 13 32	19 3 20	0 56 42	5 22 56	22 39 13	9 18 11	19 5 11	20 29 24
15	1 40 31	10 23 39	1 5 7	6 34 41	9 5 13	17 41 41	16 13 33	19 3 11	0 56 54	5 24 12	22 39 22	9 17 22	19 5 16	20 29 20
16	1 45 3	10 52 36	1 7 54	6 52 34	9 4 55	17 42 56	16 13 32	19 3 0	0 57 6	5 25 28	22 39 30	9 16 33	19 5 20	20 29 15
17	1 49 34	11 21 19	1 10 42	7 10 23	9 4 38	17 44 8	16 13 32	19 2 49	0 57 19	5 26 45	22 39 38	9 15 45	19 5 24	20 29 11
18	1 54 7	11 49 46	1 13 29	7 28 6	9 4 21	17 45 16	16 13 30	19 2 36	0 57 31	5 28 1	22 39 47	9 14 57	19 5 28	20 29 7
19	1 58 39	12 17 57	1 16 17	7 45 44	9 4 5	17 46 21	16 13 29	19 2 23	0 57 43	5 29 19	22 39 55	9 14 9	19 5 32	20 29 3
20	2 3 13	12 45 50	1 19 4	8 3 17	9 3 50	17 47 23	16 13 27	19 2 8	0 57 55	5 30 36	22 40 3	9 13 22	19 5 35	20 28 59
21	2 7 47	13 13 26	1 21 52	8 20 44	9 3 35	17 48 22	16 13 25	19 1 53	0 58 8	5 31 54	22 40 11	9 12 35	19 5 39	20 28 56
22	2 12 22	13 40 44	1 24 40	8 38 6	9 3 21	17 49 18	16 13 22	19 1 36	0 58 20	5 33 11	22 40 19	9 11 48	19 5 42	20 28 53
23	2 16 58	14 7 43	1 27 27	8 55 22	9 3 8	17 50 10	16 13 19	19 1 19	0 58 32	5 34 30	22 40 27	9 11 1	19 5 46	20 28 49
24	2 21 34	14 34 21	1 30 15	9 12 32	9 2 56	17 50 59	16 13 15	19 1 0	0 58 45	5 35 48	22 40 35	9 10 14	19 5 49	20 28 46
25	2 26 12	15 0 39	1 33 3	9 29 36	9 2 44	17 51 44	16 13 11	19 0 41	0 58 57	5 37 6	22 40 43	9 9 28	19 5 52	20 28 43
26	2 30 50	15 26 36	1 35 52	9 46 34	9 2 34	17 52 26	16 13 7	19 0 20	0 59 10	5 38 25	22 40 51	9 8 42	19 5 55	20 28 41
27	2 35 28	15 52 10	1 38 40	10 3 25	9 2 23	17 53 5	16 13 2	18 59 59	0 59 22	5 39 44	22 40 59	9 7 57	19 5 58	20 28 38
28	2 40 8	16 17 22	1 41 28	10 20 10	9 2 14	17 53 41	16 12 57	18 59 36	0 59 35	5 41 3	22 41 7	9 7 12	19 6 0	20 28 36
29	2 44 48	16 42 11	1 44 17	10 36 48	9 2 5	17 54 13	16 12 51	18 59 13	0 59 48	5 42 22	22 41 14	9 6 27	19 6 3	20 28 34
30	2 49 29	17 6 35	1 47 5	10 53 19	9 1 58	17 54 42	16 12 45	18 58 49	1 0 0	5 43 41	22 41 22	9 5 42	19 6 5	20 28 32
31	2 54 11	17N30 34	1 49 54	11N 9 43	9 1 50	17N55 8	16 12 38	18S58 24	1 0 13	5N45 0	22 41 30	9S 4 58	19 6 8	20S28 30

APRIL 2015

DAY	SIDEREAL TIME h m s	☉ SUN LONG ° ' "	MOT ' "	R.A. h m s	DECL ° ' "	☽ MOON AT 0 HOURS LONG ° ' "	12h MOT ° ' "	2DIF "	R.A. h m s	DECL ° ' "	☽ MOON AT 12 HOURS LONG ° ' "	12h MOT ° ' "	2DIF "	R.A. h m s	DECL ° ' "
1 W	12 36 9	15♓59 35	59 12	0 40 15.2	4N19 53	7♌53 20	5 53 59	-5	10 14 32	7N27 55	13♌47 19	5 54 1	6	10 37 17	5N44 4
2 Th	12 40 6	16 58 47	59 10	0 43 53.8	4 43 2	19 41 21	5 54 25	17	10 59 55	3 56 47	25 35 46	5 55 8	26	11 22 29	2 7 1
3 F	12 44 2	17 57 57	59 8	0 47 32.6	5 6 6	1♍30 54	5 56 10	35	11 45 4	0 15 44	7♍27 4	5 57 28	43	12 7 43	1S36 5
4 S	12 47 59	18 57 5	59 6	0 51 11.5	5 29 4	13 24 32	5 59 2	51	12 30 29	3S27 23	19 23 34	6 0 51	58	12 53 27	5 17 8
5 Su	12 51 55	19 56 11	59 4	0 54 50.5	5 51 57	25 24 25	6 2 54	65	13 16 40	7 4 12	1♎27 19	6 5 10	71	13 40 11	8 47 29
6 M	12 55 52	20 55 15	59 2	0 58 29.7	6 14 44	7♎32 29	6 7 38	78	14 4 3	10 25 48	13 40 7	6 10 20	84	14 28 18	11 57 58
7 Tu	12 59 48	21 54 17	59 0	1 2 9.1	6 37 24	19 50 27	6 13 14	90	14 52 59	13 22 46	26 3 41	6 16 22	97	15 18 7	14 39 0
8 W	13 3 45	22 53 17	58 58	1 5 48.8	6 59 58	2♏20 3	6 19 42	103	15 43 43	15 45 28	8♏39 45	6 23 16	110	16 9 46	16 41 2
9 Th	13 7 42	23 52 15	58 57	1 9 28.6	7 22 24	15 3 1	6 27 2	117	16 36 17	17 24 35	21 30 3	6 31 2	123	17 3 13	17 55 8
10 F	13 11 38	24 51 12	58 55	1 13 8.8	7 44 43	28 1 5	6 35 15	129	17 30 31	18 11 51	4♐36 20	6 39 39	135	17 58 9	18 14 1
11 S	13 15 35	25 50 6	58 53	1 16 49.2	8 6 54	11♐15 59	6 44 13	139	18 26 4	18 1 8	18 0 12	6 48 55	142	18 54 10	17 32 56
12 Su	13 19 31	26 48 59	58 51	1 20 29.9	8 28 57	24 49 7	6 53 42	144	19 22 26	16 49 22	1♑42 49	6 58 30	143	19 50 46	15 50 42
13 M	13 23 28	27 47 51	58 50	1 24 10.9	8 50 52	8♑41 19	7 3 15	140	20 19 9	14 37 25	15 44 33	7 7 51	134	20 47 31	13 10 18
14 Tu	13 27 24	28 46 40	58 48	1 27 52.3	9 12 38	22 52 24	7 12 11	125	21 15 52	11 30 25	0♒ 4 35	7 16 10	112	21 44 10	9 39 7
15 W	13 31 21	29 45 28	58 46	1 31 34.0	9 34 15	7♒20 45	7 19 40	96	22 12 27	7 37 57	14 40 25	7 22 33	76	22 40 42	5 28 48
16 Th	13 35 17	0♈44 14	58 44	1 35 16.0	9 55 42	22 2 58	7 24 44	53	23 8 57	3 13 41	29 27 42	7 26 5	27	23 37 15	0 54 50
17 F	13 39 14	1 42 58	58 43	1 38 58.5	10 17 0	6♓53 47	7 26 33	0	0 5 36	1N25 22	14♓20 20	7 26 4	-29	0 34 3	3N44 28
18 S	13 43 11	2 41 41	58 41	1 42 41.3	10 38 7	21 46 23	7 24 36	-58	1 2 37	5 59 58	29 11 0	7 22 12	-86	1 31 19	8 9 28
19 Su	13 47 7	3 40 22	58 39	1 46 24.5	10 59 4	6♈33 11	7 18 52	-112	2 0 9	10 10 38	13♈52 3	7 14 42	-136	2 29 5	12 1 23
20 M	13 51 4	4 39 0	58 37	1 50 8.1	11 19 50	21 6 46	7 9 49	-156	2 58 5	13 39 54	28 16 35	7 4 20	-171	3 27 7	15 4 40
21 Tu	13 55 0	5 37 37	58 35	1 53 52.1	11 40 25	5♉20 54	6 58 23	-183	3 56 5	16 14 34	12♉19 18	6 52 8	-190	4 24 55	17 8 53
22 W	13 58 57	6 36 11	58 33	1 57 36.6	12 0 48	19 11 26	6 45 44	-192	4 53 32	17 47 17	25 57 10	6 39 20	-191	5 21 51	18 9 47
23 Th	14 2 53	7 34 44	58 31	2 1 21.4	12 21 0	2♊36 30	6 33 2	-185	5 49 46	18 16 44	9♊ 9 32	6 26 59	-176	6 17 15	18 8 47
24 F	14 6 50	8 33 14	58 28	2 5 6.8	12 40 59	15 36 30	6 21 16	-165	6 44 13	17 46 43	21 57 46	6 15 59	-151	7 10 38	17 11 33
25 S	14 10 46	9 31 43	58 26	2 8 52.5	13 0 45	28 13 45	6 11 11	-136	7 36 30	16 24 19	4♋24 56	6 6 56	-119	8 1 50	15 26 7
26 Su	14 14 43	10 30 9	58 24	2 12 38.7	13 20 19	10♋31 52	6 3 16	-101	8 26 38	14 18 5	16 35 8	6 0 12	-83	8 50 56	13 1 18
27 M	14 18 40	11 28 33	58 22	2 16 25.4	13 39 39	22 35 20	5 57 45	-64	9 14 47	11 36 47	28 33 5	5 55 54	-46	9 38 15	10 5 35
28 Tu	14 22 36	12 26 54	58 20	2 20 12.6	13 58 46	4♌28 59	5 54 40	-28	10 1 24	8 28 38	10♌23 39	5 54 1	-11	10 24 17	6 46 54
29 W	14 26 33	13 25 14	58 18	2 24 0.2	14 17 39	16 17 41	5 53 57	6	10 46 58	5 1 16	22 11 37	5 54 24	21	11 9 33	3 12 38
30 Th	14 30 29	14♈23 32	58 16	2 27 48.4	14N36 17	28♌ 6 2	5 55 22	36	11 32 6	1N21 56	4♍ 1 23	5 56 48	49	11 54 41	0S29 57

LUNAR INGRESSES
2 ☽ ♍ 20:56
5 ☽ ♎ 9:07
7 ☽ ♏ 19:33
10 ☽ ♐ 3:37
12 ☽ ♑ 9:02
14 ☽ ♒ 11:52
16 ☽ ♓ 12:52
18 ☽ ♈ 13:20
20 ☽ ♉ 14:55
22 ☽ ♊ 19:17
25 ☽ ♋ 3:25
27 ☽ ♌ 14:56
30 ☽ ♍ 3:51

PLANET INGRESSES
7 ♀ ♉ 8:15
12 ☿ ♈ 13:18
15 ☉ ♈ 5:56
27 ☿ ♉ 19:16

STATIONS
8 ♃ D 16:58
17 ♇ R 3:56

DATA FOR THE 1st AT 0 HOURS
JULIAN DAY 42093.5
☽ MEAN ☊ 15°♍ 13' 1"
OBLIQUITY 23° 26' 6"
DELTA T 73.1 SECONDS
NUTATION LONGITUDE 2.7"

DAY MO YR	☿ LONG ° ' "	♀ LONG ° ' "	♂ LONG ° ' "	♃ LONG ° ' "	♄ LONG ° ' "	♅ LONG ° ' "	♆ LONG ° ' "	♇ LONG ° ' "	☊ LONG ° '	A.S.S.I. h m s	S.S.R.Y. h m s	S.V.P. ♓ ° ' "	☿ MERCURY R.A. h m s	DECL ° ' "
1 91	6♓47 22	22♈30 5	5♈16 44	17♋43R49	9♏43R27	21♓10 55	13♒32 27	20♐31 31	15♍03	0 50 34	30 11 44	5 2 45.6	0 9 27	1S 3 49
2 92	8 41 28	23 41 16	6 1 10	17 42 27	9 41 41	21 14 20	13 34 26	20 31 59	15 03	0 55 9	30 11 17	5 2 45.6	0 16 17	0 13 56
3 93	10 36 55	24 52 21	6 45 32	17 41 16	9 39 50	21 17 45	13 36 24	20 32 26	15 03	0 59 44	30 10 39	5 2 45.6	0 23 12	0N36 51
4 94	12 33 42	26 3 21	7 29 52	17 40 17	9 37 54	21 21 11	13 38 21	20 32 51	15 03	1 4 19	30 9 52	5 2 45.6	0 30 12	1 28 30
5 95	14 31 48	27 14 14	8 14 9	17 39 29	9 35 52	21 24 36	13 40 17	20 33 14	15 03	1 8 54	30 9 0	5 2 45.6	0 37 16	2 20 57
6 96	16 31 11	28 25 2	8 58 23	17 38 53	9 33 45	21 28 2	13 42 11	20 33 36	15 03	1 13 29	30 8 5	5 2 45.5	0 44 25	3 14 8
7 97	18 31 47	29 35 43	9 42 33	17 38 28	9 31 33	21 31 27	13 44 5	20 33 55	15 02	1 18 5	30 7 9	5 2 45.5	0 51 38	4 7 59
8 98	20 33 33	0♉46 18	10 26 41	17 38D14	9 29 15	21 34 53	13 45 58	20 34 13	15 01	1 22 41	30 6 15	5 2 45.4	0 58 56	5 2 23
9 99	22 36 24	1 56 47	11 10 46	17 38 12	9 26 53	21 38 19	13 47 49	20 34 29	15 00	1 27 17	30 5 24	5 2 45.2	1 6 19	5 57 15
10 100	24 40 14	3 7 10	11 54 49	17 38 20	9 24 26	21 41 44	13 49 39	20 34 43	14 59	1 31 54	30 4 40	5 2 45.1	1 13 47	6 52 28
11 101	26 44 55	4 17 26	12 38 48	17 38 40	9 21 52	21 45 10	13 51 28	20 34 55	14 58	1 36 31	30 4 4	5 2 44.9	1 21 19	7 47 54
12 102	28 50 18	5 27 36	13 22 44	17 39 12	9 19 14	21 48 35	13 53 16	20 35 6	14 58	1 41 8	30 3 38	5 2 44.8	1 28 55	8 43 24
13 103	0♈56 11	6 37 40	14 6 38	17 39 54	9 16 32	21 52 0	13 55 2	20 35 14	14 58	1 45 46	30 3 25	5 2 44.6	1 36 35	9 38 48
14 104	3 2 23	7 47 36	14 50 29	17 40 48	9 13 44	21 55 25	13 56 48	20 35 21	14 59	1 50 24	30 3 25	5 2 44.5	1 44 18	10 33 56
15 105	5 8 39	8 57 26	15 34 17	17 41 53	9 10 52	21 58 50	13 58 31	20 35 26	15 00	1 55 2	30 3 40	5 2 44.4	1 52 4	11 28 36
16 106	7 14 43	10 7 10	16 18 2	17 43 9	9 7 55	22 2 14	14 0 14	20 35 29	15 01	1 59 41	30 4 9	5 2 44.4	1 59 52	12 22 36
17 107	9 20 18	11 16 46	17 1 44	17 44 36	9 4 54	22 5 38	14 1 55	20 35R30	15 02	2 4 21	30 4 50	5 2 44.4	2 7 41	13 15 44
18 108	11 25 6	12 26 15	17 45 23	17 46 15	9 1 48	22 9 1	14 3 35	20 35 30	15 02	2 9 1	30 5 43	5 2 44.4	2 15 30	14 7 47
19 109	13 28 46	13 35 37	18 28 59	17 48 4	8 58 38	22 12 24	14 5 14	20 35 27	15 01	2 13 41	30 6 45	5 2 44.3	2 23 18	14 58 32
20 110	15 30 59	14 44 51	19 12 33	17 50 4	8 55 24	22 15 46	14 6 51	20 35 23	14 59	2 18 22	30 7 52	5 2 44.2	2 31 4	15 47 46
21 111	17 31 26	15 53 58	19 56 3	17 52 16	8 52 5	22 19 8	14 8 26	20 35 17	14 56	2 23 4	30 9 2	5 2 44.1	2 38 47	16 35 19
22 112	19 29 45	17 2 57	20 39 30	17 54 38	8 48 42	22 22 30	14 10 0	20 35 9	14 53	2 27 46	30 10 10	5 2 43.9	2 46 26	17 20 59
23 113	21 25 40	18 11 48	21 22 55	17 57 11	8 45 16	22 25 50	14 11 33	20 34 59	14 50	2 32 28	30 11 13	5 2 43.7	2 53 59	18 4 37
24 114	23 18 51	19 20 30	22 6 16	17 59 54	8 41 45	22 29 10	14 13 4	20 34 48	14 48	2 37 11	30 12 10	5 2 43.5	3 1 24	18 46 4
25 115	25 9 3	20 29 4	22 49 34	18 2 48	8 38 11	22 32 29	14 14 33	20 34 34	14 46	2 41 55	30 12 57	5 2 43.4	3 8 42	19 25 13
26 116	26 56 1	21 37 29	23 32 49	18 5 53	8 34 34	22 35 48	14 16 1	20 34 19	14 46	2 46 39	30 13 34	5 2 43.3	3 15 50	20 2 0
27 117	28 39 32	22 45 45	24 16 1	18 9 8	8 30 52	22 39 6	14 17 28	20 34 2	14 46	2 51 24	30 13 59	5 2 43.2	3 22 48	20 36 19
28 118	0♉19 24	23 53 52	24 59 10	18 12 33	8 27 8	22 42 22	14 18 53	20 33 44	14 48	2 56 9	30 14 13	5 2 43.1	3 29 34	21 8 9
29 119	1 55 26	25 1 50	25 42 15	18 16 9	8 23 20	22 45 38	14 20 16	20 33 24	14 49	3 0 55	30 14 15	5 2 43.0	3 36 8	21 37 28
30 120	3♉27 31	26♉ 9 38	26♈25 18	18♋19 55	8♏19 29	22♓48 53	14♒21 37	20♐33 2	14♍51	3 5 42	30 14 5	5 2 43.0	3 42 28	22N 4 15

DAY Apr	♀ VENUS R.A. h m s	DECL ° ' "	♂ MARS R.A. h m s	DECL ° ' "	♃ JUPITER R.A. h m s	DECL ° ' "	♄ SATURN R.A. h m s	DECL ° ' "	♅ URANUS R.A. h m s	DECL ° ' "	♆ NEPTUNE R.A. h m s	DECL ° ' "	♇ PLUTO R.A. h m s	DECL ° ' "
1	2 58 54	17N54 8	1 52 43	11N26 0	9 1 44	17N55 30	16 12 32	18S57 58	1 0 26	5N46 19	22 41 37	9S 4 15	19 6 10	20S28 29
2	3 3 38	18 17 15	1 55 32	11 42 10	9 1 39	17 55 49	16 12 24	18 57 31	1 0 38	5 47 38	22 41 45	9 3 31	19 6 12	20 28 27
3	3 8 22	18 39 56	1 58 21	11 58 13	9 1 34	17 56 5	16 12 17	18 57 3	1 0 51	5 48 57	22 41 52	9 2 48	19 6 14	20 28 26
4	3 13 8	19 2 9	2 1 10	12 14 7	9 1 30	17 56 17	16 12 9	18 56 34	1 1 4	5 50 17	22 41 59	9 2 6	19 6 16	20 28 26
5	3 17 54	19 23 54	2 4 0	12 29 55	9 1 26	17 56 26	16 12 1	18 56 5	1 1 16	5 51 36	22 42 7	9 1 24	19 6 17	20 28 25
6	3 22 41	19 45 10	2 6 49	12 45 34	9 1 24	17 56 32	16 11 52	18 55 34	1 1 29	5 52 55	22 42 14	9 0 42	19 6 19	20 28 24
7	3 27 28	20 5 56	2 9 39	13 1 6	9 1 22	17 56 35	16 11 43	18 55 3	1 1 42	5 54 14	22 42 21	9 0 1	19 6 20	20 28 24
8	3 32 17	20 26 12	2 12 29	13 16 29	9 1 21	17 56 34	16 11 33	18 54 31	1 1 54	5 55 33	22 42 28	8 59 20	19 6 21	20 28 24
9	3 37 6	20 45 58	2 15 19	13 31 45	9 1 21	17 56 30	16 11 23	18 53 58	1 2 7	5 56 52	22 42 35	8 58 39	19 6 23	20 28 24
10	3 41 57	21 5 12	2 18 9	13 46 52	9 1 22	17 56 23	16 11 13	18 53 24	1 2 20	5 58 11	22 42 42	8 57 59	19 6 24	20 28 24
11	3 46 47	21 23 55	2 21 0	14 1 51	9 1 23	17 56 12	16 11 3	18 52 50	1 2 33	5 59 30	22 42 49	8 57 20	19 6 24	20 28 25
12	3 51 39	21 42 4	2 23 51	14 16 41	9 1 25	17 55 58	16 10 52	18 52 14	1 2 45	6 0 49	22 42 56	8 56 41	19 6 25	20 28 26
13	3 56 32	21 59 41	2 26 41	14 31 23	9 1 27	17 55 41	16 10 41	18 51 38	1 2 58	6 2 8	22 43 3	8 56 2	19 6 26	20 28 27
14	4 1 25	22 16 45	2 29 32	14 45 56	9 1 31	17 55 21	16 10 29	18 51 2	1 3 11	6 3 26	22 43 9	8 55 24	19 6 26	20 28 28
15	4 6 18	22 33 14	2 32 24	15 0 20	9 1 35	17 54 58	16 10 18	18 50 24	1 3 23	6 4 45	22 43 16	8 54 46	19 6 27	20 28 29
16	4 11 13	22 49 8	2 35 15	15 14 35	9 1 40	17 54 31	16 10 5	18 49 46	1 3 36	6 6 3	22 43 22	8 54 9	19 6 27	20 28 31
17	4 16 8	23 4 28	2 38 7	15 28 40	9 1 46	17 54 2	16 9 53	18 49 7	1 3 49	6 7 21	22 43 29	8 53 33	19 6 27	20 28 33
18	4 21 4	23 19 12	2 40 59	15 42 37	9 1 52	17 53 29	16 9 40	18 48 27	1 4 1	6 8 39	22 43 35	8 52 57	19 6 27	20 28 35
19	4 26 0	23 33 19	2 43 51	15 56 24	9 2 0	17 52 53	16 9 27	18 47 47	1 4 14	6 9 56	22 43 41	8 52 22	19 6 27	20 28 38
20	4 30 57	23 46 51	2 46 43	16 10 2	9 2 8	17 52 13	16 9 14	18 47 6	1 4 26	6 11 13	22 43 47	8 51 47	19 6 27	20 28 40
21	4 35 54	23 59 45	2 49 35	16 23 30	9 2 16	17 51 31	16 9 0	18 46 24	1 4 39	6 12 31	22 43 53	8 51 12	19 6 26	20 28 43
22	4 40 51	24 12 2	2 52 28	16 36 48	9 2 26	17 50 45	16 8 46	18 45 42	1 4 51	6 13 47	22 43 59	8 50 38	19 6 26	20 28 46
23	4 45 49	24 23 42	2 55 21	16 49 56	9 2 36	17 49 57	16 8 32	18 44 59	1 5 4	6 15 4	22 44 5	8 50 5	19 6 25	20 28 49
24	4 50 47	24 34 44	2 58 14	17 2 55	9 2 47	17 49 5	16 8 18	18 44 16	1 5 16	6 16 20	22 44 11	8 49 33	19 6 24	20 28 52
25	4 55 45	24 45 7	3 1 7	17 15 43	9 2 58	17 48 11	16 8 3	18 43 32	1 5 29	6 17 36	22 44 16	8 49 0	19 6 23	20 28 56
26	5 0 44	24 54 52	3 4 0	17 28 22	9 3 11	17 47 13	16 7 48	18 42 47	1 5 41	6 18 52	22 44 22	8 48 29	19 6 22	20 29 0
27	5 5 43	25 3 58	3 6 54	17 40 49	9 3 24	17 46 12	16 7 33	18 42 2	1 5 53	6 20 7	22 44 27	8 47 58	19 6 21	20 29 4
28	5 10 41	25 12 25	3 9 48	17 53 7	9 3 37	17 45 8	16 7 17	18 41 17	1 6 6	6 21 22	22 44 33	8 47 28	19 6 20	20 29 8
29	5 15 40	25 20 12	3 12 41	18 5 14	9 3 52	17 44 2	16 7 1	18 40 31	1 6 18	6 22 36	22 44 38	8 46 58	19 6 18	20 29 13
30	5 20 38	25N27 20	3 15 36	18N17 10	9 4 7	17N42 52	16 6 46	18S39 44	1 6 30	6N23 50	22 44 43	8S46 29	19 6 17	20S29 18

DAY	SIDEREAL TIME h m s	☉ SUN LONG ° ' "	MOT ' "	R.A. h m s	DECL ° ' "	☽ MOON AT 0 HOURS LONG ° ' "	12h MOT ° ' "	2DIF "	R.A. h m s	DECL ° ' "	☽ MOON AT 12 HOURS LONG ° ' "	12h MOT ° ' "	2DIF "	R.A. h m s	DECL ° ' "
1 F	14 34 26	15♈21 48	58 14	2 31 37.1	14N54 42	9♍58 11	5 58 38	61	12 17 22	2S22 3	15♍56 49	6 0 52	72	12 40 14	4S13 22
2 S	14 38 22	16 20 1	58 12	2 35 26.2	15 12 51	21 57 41	6 3 25	81	13 3 22	6 2 51	28 1 7	6 6 15	88	13 26 48	7 49 23
3 Su	14 42 19	17 18 13	58 10	2 39 16.0	15 30 45	4♎ 7 22	6 9 19	95	13 50 36	9 31 48	10♎16 41	6 12 33	99	14 14 50	11 8 51
4 M	14 46 15	18 16 24	58 9	2 43 6.2	15 48 24	16 29 14	6 15 55	102	14 39 31	12 39 17	22 45 9	6 19 23	104	15 4 41	14 1 46
5 Tu	14 50 12	19 14 32	58 7	2 46 57.1	16 5 47	29 4 32	6 22 52	105	15 30 21	15 14 59	5♏27 24	6 26 22	105	15 56 30	16 17 40
6 W	14 54 9	20 12 39	58 5	2 50 48.4	16 22 54	11♏53 46	6 29 50	103	16 23 8	17 8 34	18 23 36	6 33 16	102	16 50 11	17 46 36
7 Th	14 58 5	21 10 44	58 4	2 54 40.4	16 39 45	24 56 52	6 36 37	99	17 17 37	18 10 47	1♐33 29	6 39 53	97	17 45 22	18 20 23
8 F	15 2 2	22 8 48	58 2	2 58 32.9	16 56 19	8♐13 22	6 43 4	94	18 13 20	18 14 53	14 56 26	6 46 10	92	18 41 27	17 54 0
9 S	15 5 58	23 6 50	58 1	3 2 26.0	17 12 36	21 42 36	6 49 11	89	19 9 38	17 17 46	28 31 46	6 52 6	87	19 37 48	16 26 28
10 Su	15 9 55	24 4 51	58 0	3 6 19.7	17 28 36	5♑23 53	6 54 57	84	20 5 54	15 20 42	12♑18 50	6 57 43	82	20 33 54	14 1 16
11 M	15 13 51	25 2 50	57 58	3 10 14.0	17 44 19	19 16 33	7 0 23	78	21 1 45	12 29 14	26 16 56	7 2 57	75	21 29 28	10 45 49
12 Tu	15 17 48	26 0 49	57 57	3 14 8.9	17 59 43	3♒19 53	7 5 22	70	21 57 2	8 52 29	10♒25 15	7 7 36	64	22 24 30	6 50 49
13 W	15 21 44	26 58 46	57 56	3 18 4.4	18 14 50	17 32 51	7 9 37	56	22 51 54	4 42 32	24 42 28	7 11 20	46	23 19 16	2 29 32
14 Th	15 25 41	27 56 41	57 55	3 22 0.4	18 29 38	1♓53 47	7 12 41	34	23 46 40	0 13 45	9♓ 6 28	7 13 36	20	0 14 10	2N 2 44
15 F	15 29 38	28 54 36	57 53	3 25 57.1	18 44 8	16 20 4	7 14 1	4	0 41 48	4N17 48	23 34 5	7 13 51	-14	1 9 38	6 29 15
16 S	15 33 34	29 52 29	57 52	3 29 54.3	18 58 18	0♈47 56	7 13 3	-34	1 37 40	8 34 55	8♈ 0 59	7 11 35	-55	2 5 56	10 32 41
17 Su	15 37 31	0♉50 21	57 51	3 33 52.1	19 12 10	15 12 34	7 9 25	-75	2 34 26	12 20 33	22 21 59	7 6 33	-96	3 3 8	13 56 42
18 M	15 41 27	1 48 12	57 49	3 37 50.5	19 25 42	29 28 32	7 3 2	-115	3 31 58	15 19 33	6♉31 33	6 58 54	-132	4 0 54	16 27 50
19 Tu	15 45 24	2 46 1	57 48	3 41 49.4	19 38 54	13♉30 28	6 54 16	-146	4 29 49	17 20 40	20 24 43	6 49 11	-157	4 58 37	17 57 30
20 W	15 49 20	3 43 49	57 46	3 45 48.9	19 51 46	27 13 54	6 43 49	-164	5 27 12	18 18 13	3♊57 43	6 38 14	-168	5 55 27	18 23 3
21 Th	15 53 17	4 41 35	57 45	3 49 48.9	20 4 17	10♊35 57	6 32 37	-168	6 23 18	18 12 34	17 8 34	6 27 3	-164	6 50 39	17 47 35
22 F	15 57 13	5 39 19	57 43	3 53 49.5	20 16 29	23 35 36	6 21 39	-158	7 17 28	17 9 7	29 57 15	6 16 33	-148	7 43 43	16 18 20
23 S	16 1 10	6 37 2	57 42	3 57 50.5	20 28 19	6♋13 48	6 11 49	-135	8 9 22	15 16 27	12♋25 37	6 7 32	-120	8 34 26	14 4 41
24 Su	16 5 7	7 34 44	57 40	4 1 52.1	20 39 48	18 33 9	6 3 47	-104	8 58 58	12 44 17	24 36 56	6 0 36	-86	9 23 1	11 16 23
25 M	16 9 3	8 32 24	57 39	4 5 54.1	20 50 56	0♌37 32	5 58 2	-67	9 46 36	9 42 7	6♌35 34	5 56 7	-48	10 9 50	8 2 30
26 Tu	16 13 0	9 30 3	57 37	4 9 56.7	21 1 42	12 31 41	5 54 52	-28	10 32 45	6 18 32	18 26 33	5 54 16	-8	10 55 28	4 31 8
27 W	16 16 56	10 27 40	57 36	4 13 59.7	21 12 7	24 20 49	5 54 21	12	11 18 2	2 41 13	0♍15 10	5 55 4	31	11 40 33	0 49 39
28 Th	16 20 53	11 25 15	57 34	4 18 3.1	21 22 9	6♍10 14	5 56 25	49	12 3 6	1S 2 41	12 6 38	5 58 21	67	12 25 46	2S54 52
29 F	16 24 49	12 22 49	57 33	4 22 7.0	21 31 49	18 4 59	6 0 51	82	12 48 38	4 45 59	24 5 50	6 3 51	97	13 11 46	6 35 0
30 S	16 28 46	13 20 22	57 32	4 26 11.4	21 41 7	0♎ 9 41	6 7 18	109	13 35 16	8 20 51	6♎16 59	6 11 8	119	13 59 11	10 2 23
31 Su	16 32 42	14♉17 54	57 30	4 30 16.1	21N50 2	12♎28 7	6 15 16	127	14 23 35	11S38 23	18♎43 22	6 19 37	133	14 48 31	13S 7 30

LUNAR INGRESSES
2 ☽ ♎ 15:54
5 ☽ ♏ 1:45
7 ☽ ♐ 9:11
9 ☽ ♑ 14:35
11 ☽ ♒ 18:20
13 ☽ ♓ 20:50
15 ☽ ♈ 22:40
18 ☽ ♉ 0:53
20 ☽ ♊ 4:55
22 ☽ ♋ 12:05
24 ☽ ♌ 22:45
27 ☽ ♍ 11:29
29 ☽ ♎ 23:41

PLANET INGRESSES
3 ♀ ♊ 10:00
5 ♂ ♉ 0:08
16 ☉ ♉ 3:07
31 ♀ ♋ 12:33

STATIONS
19 ☿ R 1:50

DATA FOR THE 1st AT 0 HOURS
JULIAN DAY 42123.5
☽ MEAN ☊ 13°♍ 37' 38"
OBLIQUITY 23° 26' 5"
DELTA T 73.2 SECONDS
NUTATION LONGITUDE 1.3"

DAY MO YR	☿ LONG ° ' "	♀ LONG ° ' "	♂ LONG ° ' "	♃ LONG ° ' "	♄ LONG ° ' "	♅ LONG ° ' "	♆ LONG ° ' "	♇ LONG ° ' "	☊ LONG ° '	A.S.S.I. h m s	S.S.R.Y. h m s	S.V.P. ♓ ° ' "	☿ MERCURY R.A. h m s	☿ DECL ° ' "
1 121	4♉55 30	27♉17 16	27♈ 8 18	18♋23 51	8♏15R35	22♓52 8	14♒22 57	20♐32R38	14♍52	3 10 29	30 13 42	5 2 43.0	3 48 34	22N28 33
2 122	6 19 17	28 24 43	27 51 14	18 27 56	8 11 38	22 55 21	14 24 16	20 32 12	14 52	3 15 17	30 13 13	5 2 42.9	3 54 24	22 50 21
3 123	7 38 47	29 32 1	28 34 7	18 32 12	8 7 39	22 58 33	14 25 33	20 31 45	14 50	3 20 6	30 12 34	5 2 42.8	3 59 59	23 9 43
4 124	8 53 53	0♊39 8	29 16 58	18 36 37	8 3 36	23 1 44	14 26 48	20 31 16	14 47	3 24 55	30 11 48	5 2 42.8	4 5 18	23 26 40
5 125	10 4 31	1 46 4	29 59 45	18 41 12	7 59 32	23 4 54	14 28 1	20 30 46	14 42	3 29 45	30 10 57	5 2 42.6	4 10 19	23 41 17
6 126	11 10 36	2 52 50	0♉42 30	18 45 56	7 55 24	23 8 3	14 29 13	20 30 14	14 37	3 34 36	30 10 3	5 2 42.5	4 15 3	23 53 35
7 127	12 12 6	3 59 24	1 25 11	18 50 50	7 51 15	23 11 10	14 30 22	20 29 40	14 31	3 39 27	30 9 7	5 2 42.3	4 19 28	24 3 39
8 128	13 8 54	5 5 47	2 7 50	18 55 54	7 47 3	23 14 17	14 31 31	20 29 5	14 25	3 44 19	30 8 13	5 2 42.1	4 23 35	24 11 32
9 129	14 0 59	6 11 58	2 50 26	19 1 6	7 42 49	23 17 22	14 32 37	20 28 28	14 20	3 49 12	30 7 23	5 2 41.9	4 27 22	24 17 16
10 130	14 48 16	7 17 58	3 32 59	19 6 28	7 38 33	23 20 26	14 33 42	20 27 49	14 17	3 54 6	30 6 41	5 2 41.7	4 30 49	24 20 56
11 131	15 30 41	8 23 46	4 15 29	19 11 59	7 34 16	23 23 29	14 34 45	20 27 9	14 16	3 59 0	30 6 9	5 2 41.6	4 33 56	24 22 36
12 132	16 8 13	9 29 21	4 57 56	19 17 39	7 29 56	23 26 30	14 35 46	20 26 27	14 16	4 3 55	30 5 50	5 2 41.5	4 36 43	24 22 17
13 133	16 40 47	10 34 44	5 40 21	19 23 28	7 25 35	23 29 30	14 36 45	20 25 44	14 17	4 8 51	30 5 45	5 2 41.4	4 39 8	24 20 3
14 134	17 8 23	11 39 54	6 22 42	19 29 26	7 21 13	23 32 29	14 37 43	20 24 59	14 18	4 13 47	30 5 56	5 2 41.3	4 41 13	24 15 58
15 135	17 30 58	12 44 51	7 5 1	19 35 32	7 16 49	23 35 26	14 38 38	20 24 13	14 18	4 18 45	30 6 23	5 2 41.3	4 42 56	24 10 4
16 136	17 48 33	13 49 35	7 47 18	19 41 48	7 12 25	23 38 22	14 39 32	20 23 25	14 17	4 23 43	30 7 3	5 2 41.2	4 44 19	24 2 25
17 137	18 1 9	14 54 5	8 29 31	19 48 12	7 7 59	23 41 16	14 40 24	20 22 36	14 14	4 28 42	30 7 55	5 2 41.1	4 45 19	23 53 4
18 138	18 8 47	15 58 21	9 11 41	19 54 44	7 3 32	23 44 8	14 41 14	20 21 45	14 09	4 33 41	30 8 57	5 2 40.9	4 45 59	23 42 5
19 139	18 11R33	17 2 22	9 53 49	20 1 25	6 59 5	23 46 59	14 42 2	20 20 53	14 02	4 38 41	30 10 4	5 2 40.7	4 46 18	23 29 32
20 140	18 9 33	18 6 8	10 35 54	20 8 14	6 54 37	23 49 49	14 42 48	20 19 59	13 53	4 43 42	30 11 13	5 2 40.5	4 46 17	23 15 29
21 141	18 2 56	19 9 39	11 17 56	20 15 11	6 50 9	23 52 36	14 43 33	20 19 4	13 45	4 48 44	30 12 22	5 2 40.3	4 45 57	23 0 2
22 142	17 51 54	20 12 53	11 59 55	20 22 16	6 45 40	23 55 22	14 44 15	20 18 8	13 38	4 53 46	30 13 27	5 2 40.1	4 45 18	22 43 16
23 143	17 36 42	21 15 51	12 41 51	20 29 29	6 41 11	23 58 7	14 44 56	20 17 10	13 32	4 58 49	30 14 26	5 2 39.9	4 44 22	22 25 18
24 144	17 17 36	22 18 32	13 23 44	20 36 50	6 36 43	24 0 49	14 45 35	20 16 11	13 28	5 3 52	30 15 17	5 2 39.7	4 43 9	22 6 16
25 145	16 55 0	23 20 56	14 5 34	20 44 19	6 32 14	24 3 30	14 46 11	20 15 10	13 26	5 8 56	30 15 59	5 2 39.6	4 41 42	21 46 18
26 146	16 29 16	24 23 1	14 47 22	20 51 56	6 27 46	24 6 8	14 46 46	20 14 9	13 25	5 14 1	30 16 31	5 2 39.5	4 40 3	21 25 35
27 147	16 0 53	25 24 47	15 29 6	20 59 39	6 23 18	24 8 45	14 47 19	20 13 6	13 26	5 19 6	30 16 52	5 2 39.4	4 38 12	21 4 18
28 148	15 30 19	26 26 14	16 10 48	21 7 31	6 18 51	24 11 20	14 47 50	20 12 1	13 27	5 24 12	30 17 2	5 2 39.4	4 36 13	20 42 38
29 149	14 58 6	27 27 21	16 52 26	21 15 29	6 14 24	24 13 53	14 48 19	20 10 56	13 27	5 29 19	30 17 0	5 2 39.3	4 34 8	20 20 49
30 150	14 24 50	28 28 7	17 34 2	21 23 35	6 9 58	24 16 24	14 48 46	20 9 50	13 25	5 34 26	30 16 48	5 2 39.2	4 31 58	19 59 4
31 151	13♉51 3	29♊28 32	18♉15 35	21♋31 48	6♏ 5 34	24♓18 53	14♒49 11	20♐ 8 42	13♍22	5 39 33	30 16 26	5 2 39.1	4 29 47	19N37 36

DAY May	♀ VENUS R.A. h m s	♀ DECL ° ' "	♂ MARS R.A. h m s	♂ DECL ° ' "	♃ JUPITER R.A. h m s	♃ DECL ° ' "	♄ SATURN R.A. h m s	♄ DECL ° ' "	♅ URANUS R.A. h m s	♅ DECL ° ' "	♆ NEPTUNE R.A. h m s	♆ DECL ° ' "	♇ PLUTO R.A. h m s	♇ DECL ° ' "
1	5 25 36	25N33 49	3 18 30	18N28 56	9 4 22	17N41 40	16 6 29	18S38 58	1 6 42	6N25 4	22 44 48	8S46 1	19 6 15	20S29 23
2	5 30 34	25 39 38	3 21 24	18 40 31	9 4 39	17 40 24	16 6 13	18 38 10	1 6 54	6 26 17	22 44 53	8 45 33	19 6 13	20 29 28
3	5 35 32	25 44 47	3 24 19	18 51 54	9 4 56	17 39 6	16 5 57	18 37 23	1 7 6	6 27 30	22 44 58	8 45 6	19 6 12	20 29 34
4	5 40 30	25 49 16	3 27 14	19 3 7	9 5 14	17 37 45	16 5 40	18 36 35	1 7 18	6 28 42	22 45 3	8 44 40	19 6 10	20 29 39
5	5 45 26	25 53 6	3 30 9	19 14 9	9 5 32	17 36 21	16 5 23	18 35 46	1 7 29	6 29 54	22 45 7	8 44 14	19 6 7	20 29 45
6	5 50 23	25 56 16	3 33 4	19 25 0	9 5 51	17 34 54	16 5 6	18 34 57	1 7 41	6 31 5	22 45 12	8 43 48	19 6 5	20 29 51
7	5 55 19	25 58 46	3 36 0	19 35 39	9 6 10	17 33 24	16 4 49	18 34 8	1 7 53	6 32 16	22 45 16	8 43 24	19 6 3	20 29 58
8	6 0 14	26 0 36	3 38 56	19 46 8	9 6 31	17 31 51	16 4 31	18 33 19	1 8 4	6 33 27	22 45 21	8 43 0	19 6 0	20 30 4
9	6 5 8	26 1 47	3 41 51	19 56 24	9 6 51	17 30 16	16 4 14	18 32 30	1 8 16	6 34 37	22 45 25	8 42 37	19 5 58	20 30 11
10	6 10 2	26 2 18	3 44 47	20 6 30	9 7 13	17 28 38	16 3 56	18 31 40	1 8 27	6 35 46	22 45 29	8 42 14	19 5 55	20 30 18
11	6 14 54	26 2 10	3 47 44	20 16 24	9 7 35	17 26 57	16 3 39	18 30 50	1 8 39	6 36 55	22 45 33	8 41 52	19 5 52	20 30 25
12	6 19 46	26 1 23	3 50 40	20 26 6	9 7 58	17 25 14	16 3 21	18 30 0	1 8 50	6 38 3	22 45 37	8 41 31	19 5 49	20 30 33
13	6 24 37	25 59 57	3 53 36	20 35 36	9 8 21	17 23 27	16 3 3	18 29 10	1 9 1	6 39 11	22 45 41	8 41 10	19 5 46	20 30 40
14	6 29 26	25 57 53	3 56 33	20 44 55	9 8 45	17 21 38	16 2 45	18 28 19	1 9 12	6 40 18	22 45 44	8 40 51	19 5 43	20 30 48
15	6 34 15	25 55 10	3 59 30	20 54 2	9 9 9	17 19 47	16 2 27	18 27 28	1 9 23	6 41 25	22 45 48	8 40 32	19 5 40	20 30 56
16	6 39 2	25 51 50	4 2 27	21 2 56	9 9 34	17 17 52	16 2 8	18 26 38	1 9 34	6 42 31	22 45 51	8 40 13	19 5 37	20 31 4
17	6 43 47	25 47 52	4 5 24	21 11 39	9 9 59	17 15 55	16 1 50	18 25 47	1 9 45	6 43 36	22 45 54	8 39 55	19 5 33	20 31 13
18	6 48 32	25 43 17	4 8 22	21 20 10	9 10 26	17 13 56	16 1 32	18 24 56	1 9 56	6 44 41	22 45 58	8 39 38	19 5 30	20 31 21
19	6 53 15	25 38 5	4 11 19	21 28 29	9 10 52	17 11 53	16 1 13	18 24 5	1 10 7	6 45 45	22 46 1	8 39 22	19 5 26	20 31 30
20	6 57 56	25 32 17	4 14 17	21 36 35	9 11 19	17 9 48	16 0 55	18 23 15	1 10 17	6 46 49	22 46 4	8 39 7	19 5 22	20 31 39
21	7 2 36	25 25 53	4 17 14	21 44 30	9 11 47	17 7 41	16 0 36	18 22 24	1 10 28	6 47 52	22 46 7	8 38 52	19 5 18	20 31 49
22	7 7 14	25 18 54	4 20 12	21 52 12	9 12 15	17 5 31	16 0 18	18 21 34	1 10 38	6 48 54	22 46 9	8 38 38	19 5 14	20 31 58
23	7 11 50	25 11 20	4 23 10	21 59 41	9 12 44	17 3 18	15 59 59	18 20 43	1 10 48	6 49 55	22 46 12	8 38 24	19 5 10	20 32 8
24	7 16 24	25 3 12	4 26 8	22 6 59	9 13 13	17 1 3	15 59 41	18 19 53	1 10 58	6 50 56	22 46 14	8 38 11	19 5 6	20 32 18
25	7 20 56	24 54 30	4 29 6	22 14 3	9 13 43	16 58 46	15 59 22	18 19 3	1 11 8	6 51 56	22 46 17	8 38 0	19 5 2	20 32 28
26	7 25 27	24 45 16	4 32 5	22 20 56	9 14 14	16 56 26	15 59 4	18 18 13	1 11 18	6 52 55	22 46 19	8 37 48	19 4 58	20 32 38
27	7 29 55	24 35 29	4 35 3	22 27 35	9 14 44	16 54 4	15 58 45	18 17 23	1 11 28	6 53 53	22 46 21	8 37 38	19 4 53	20 32 48
28	7 34 21	24 25 10	4 38 1	22 34 3	9 15 16	16 51 39	15 58 27	18 16 33	1 11 38	6 54 51	22 46 23	8 37 28	19 4 49	20 32 59
29	7 38 45	24 14 20	4 41 0	22 40 17	9 15 47	16 49 12	15 58 8	18 15 44	1 11 47	6 55 48	22 46 25	8 37 19	19 4 44	20 33 10
30	7 43 6	24 3 0	4 43 58	22 46 19	9 16 19	16 46 42	15 57 50	18 14 55	1 11 57	6 56 44	22 46 27	8 37 11	19 4 39	20 33 21
31	7 47 25	23N51 10	4 46 57	22N52 8	9 16 52	16N44 10	15 57 32	18S14 6	1 12 6	6N57 40	22 46 28	8S37 4	19 4 35	20S33 32

JUNE 2015

DAY	SIDEREAL TIME h m s	☉ SUN LONG ° ' "	MOT ' "	R.A. h m s	DECL ° ' "	☽ MOON AT 0 HOURS LONG ° ' "	12h MOT ° ' "	2DIF "	R.A. h m s	DECL ° ' "	☽ MOON AT 12 HOURS LONG ° ' "	12h MOT ° ' "	2DIF "	R.A. h m s	DECL ° ' "
1 M	16 36 39	15♉15 24	57 29	4 34 21.3	21N58 35	25♎ 2 59	6 24 7	135	15 14 0	14S28 24	1♏27 6	6 28 39	135	15 40 4	15S39 40
2 Tu	16 40 36	16 12 53	57 28	4 38 26.9	22 6 44	7♏55 44	6 33 8	133	16 6 41	16 39 54	14 28 53	6 37 29	127	16 33 51	17 27 46
3 W	16 44 32	17 10 21	57 27	4 42 32.9	22 14 30	21 6 22	6 41 38	120	17 1 30	18 2 2	27 47 59	6 45 29	110	17 29 34	18 21 41
4 Th	16 48 29	18 7 48	57 26	4 46 39.2	22 21 53	4♐33 28	6 48 59	99	17 57 57	18 25 55	11♐22 27	6 52 7	88	18 26 34	18 14 14
5 F	16 52 25	19 5 14	57 26	4 50 45.9	22 28 53	18 14 34	6 54 50	75	18 55 17	17 46 29	25 9 23	6 57 8	63	19 24 0	17 2 53
6 S	16 56 22	20 2 40	57 25	4 54 53.0	22 35 29	2♑ 6 31	6 59 1	51	19 52 37	16 3 56	9♑ 5 32	7 0 32	40	20 21 5	14 50 32
7 Su	17 0 18	21 0 4	57 24	4 59 0.3	22 41 41	16 6 4	7 1 43	31	20 49 19	13 23 49	23 7 47	7 2 36	23	21 17 17	11 45 9
8 M	17 4 15	21 57 28	57 24	5 3 8.0	22 47 29	0♒10 23	7 3 14	16	21 45 0	9 56 5	7♒13 37	7 3 39	10	22 12 28	7 58 18
9 Tu	17 8 11	22 54 52	57 23	5 7 16.0	22 52 53	14 17 16	7 3 54	6	22 39 42	5 53 36	21 21 10	7 4 1	1	23 6 47	3 43 47
10 W	17 12 8	23 52 14	57 22	5 11 24.3	22 57 53	28 25 12	7 4 0	-2	23 33 45	1 30 46	5♓29 12	7 3 52	-6	0 0 40	0N43 34
11 Th	17 16 5	24 49 37	57 22	5 15 32.8	23 2 29	12♓33 3	7 3 34	-11	0 27 37	2N57 18	19 36 38	7 3 7	-17	0 54 39	5 8 30
12 F	17 20 1	25 46 59	57 22	5 19 41.6	23 6 41	26 39 45	7 2 27	-24	1 21 50	7 15 16	3♈42 12	7 1 33	-32	1 49 12	9 15 43
13 S	17 23 58	26 44 20	57 21	5 23 50.5	23 10 28	10♈43 45	7 0 20	-42	2 16 48	11 8 2	17 44 5	6 58 47	-52	2 44 38	12 50 29
14 Su	17 27 54	27 41 41	57 21	5 27 59.7	23 13 51	24 42 51	6 56 50	-64	3 12 42	14 21 28	1♉39 41	6 54 29	-77	3 40 57	15 39 35
15 M	17 31 51	28 39 1	57 20	5 32 9.0	23 16 49	8♉34 10	6 51 43	-90	4 9 21	16 43 38	15 25 53	6 48 31	-102	4 37 49	17 32 45
16 Tu	17 35 47	29 36 21	57 20	5 36 18.5	23 19 22	22 14 24	6 44 56	-113	5 6 15	18 6 21	28 59 19	6 41 0	-122	5 34 34	18 24 13
17 W	17 39 44	0♊33 41	57 19	5 40 28.0	23 21 31	5♊40 19	6 36 46	-130	6 2 38	18 26 28	12♊17 5	6 32 19	-135	6 30 23	18 13 33
18 Th	17 43 40	1 30 59	57 18	5 44 37.7	23 23 15	18 49 24	6 27 45	-138	6 57 43	17 46 11	25 17 9	6 23 9	-137	7 24 34	17 5 19
19 F	17 47 37	2 28 17	57 18	5 48 47.4	23 24 34	1♋40 18	6 18 36	-134	7 50 53	16 12 4	7♋58 54	6 14 13	-128	8 16 39	15 7 39
20 S	17 51 34	3 25 35	57 17	5 52 57.1	23 25 29	14 13 7	6 10 4	-119	8 41 51	13 53 21	20 23 11	6 6 16	-108	9 6 31	12 30 25
21 Su	17 55 30	4 22 51	57 16	5 57 6.8	23 25 58	26 29 27	6 2 52	-95	9 30 41	11 0 7	2♌32 20	5 59 57	-79	9 54 24	9 23 37
22 M	17 59 27	5 20 7	57 15	6 1 16.5	23 26 3	8♌32 17	5 57 35	-62	10 17 42	7 42 3	14 29 52	5 55 48	-44	10 40 42	5 56 28
23 Tu	18 3 23	6 17 23	57 15	6 5 26.1	23 25 43	20 25 39	5 54 38	-25	11 3 26	4 7 51	26 20 17	5 54 8	-5	11 26 1	2 17 8
24 W	18 7 20	7 14 37	57 14	6 9 35.6	23 24 59	2♍14 26	5 54 19	16	11 48 31	0 25 13	8♍ 8 45	5 55 11	36	12 11 1	1S27 1
25 Th	18 11 16	8 11 52	57 14	6 13 45.0	23 23 49	14 3 56	5 56 44	57	12 33 37	3S18 42	20 0 40	5 58 58	77	12 56 23	5 8 55
26 F	18 15 13	9 9 5	57 13	6 17 54.3	23 22 15	25 59 38	6 1 51	96	13 19 26	6 56 44	2♎ 1 30	6 5 21	114	13 42 50	8 41 7
27 S	18 19 9	10 6 18	57 13	6 22 3.4	23 20 16	8♎ 6 51	6 9 25	130	14 6 39	10 21 1	14 16 16	6 14 0	144	14 30 58	11 55 16
28 Su	18 23 6	11 3 30	57 12	6 26 12.4	23 17 53	20 30 16	6 19 0	155	14 55 51	13 22 35	26 49 16	6 24 20	164	15 21 20	14 41 38
29 M	18 27 3	12 0 42	57 12	6 30 21.2	23 15 5	3♏13 36	6 29 54	169	15 47 26	15 51 2	9♏43 30	6 35 35	170	16 14 11	16 49 20
30 Tu	18 30 59	12♊57 54	57 11	6 34 29.8	23N11 53	16♏19 5	6 41 15	168	16 41 33	17S35 8	23♏ 0 20	6 46 45	161	17 9 29	18S 7 7

LUNAR INGRESSES
1 ☽ ♏ 9:17
3 ☽ ♐ 15:55
5 ☽ ♑ 20:22
7 ☽ ♒ 23:42
10 ☽ ♓ 2:41
12 ☽ ♈ 5:41
14 ☽ ♉ 9:07
16 ☽ ♊ 13:49
18 ☽ ♋ 20:51
21 ☽ ♌ 6:57
23 ☽ ♍ 19:27
26 ☽ ♎ 7:59
28 ☽ ♏ 17:59

PLANET INGRESSES
16 ☉ ♊ 9:54
17 ♂ ♊ 2:50

STATIONS
11 ☿ D 22:34
12 ♆ R 9:09

DATA FOR THE 1st AT 0 HOURS
JULIAN DAY 42154.5
☽ MEAN ☊ 11♍ 59' 4"
OBLIQUITY 23° 26' 4"
DELTA T 73.2 SECONDS
NUTATION LONGITUDE 1.4"

DAY MO YR	☿ LONG ° ' "	♀ LONG ° ' "	♂ LONG ° ' "	♃ LONG ° ' "	♄ LONG ° ' "	♅ LONG ° ' "	♆ LONG ° ' "	♇ LONG ° ' "	☊ LONG ° '	A.S.S.I. h m s	S.S.R.Y. h m s	S.V.P. ♓ ° ' "	☿ MERCURY R.A. h m s	DECL ° ' "
1 152	13♉17R23	0♋28 35	18♉57 5	21♋40 7	6♏ 1R10	24♓21 20	14♓49 34	20♑ 7R33	13♍16	5 44 41	30 15 55	5 2 38.9	4 27 37	19N16 41
2 153	12 44 23	1 28 16	19 38 33	21 48 34	5 56 48	24 23 45	14 49 55	20 6 23	13 07	5 49 50	30 15 11	5 2 38.8	4 25 29	18 56 32
3 154	12 12 37	2 27 33	20 19 57	21 57 7	5 52 26	24 26 8	14 50 14	20 5 12	12 58	5 54 59	30 14 22	5 2 38.5	4 23 26	18 37 22
4 155	11 42 38	3 26 27	21 1 19	22 5 47	5 48 7	24 28 29	14 50 32	20 4 0	12 47	6 0 8	30 13 26	5 2 38.3	4 21 31	18 19 23
5 156	11 14 56	4 24 56	21 42 38	22 14 34	5 43 49	24 30 48	14 50 47	20 2 47	12 37	6 5 18	30 12 27	5 2 38.1	4 19 45	18 2 48
6 157	10 49 58	5 22 59	22 23 55	22 23 27	5 39 32	24 33 5	14 51 0	20 1 33	12 28	6 10 29	30 11 28	5 2 37.9	4 18 9	17 47 47
7 158	10 28 8	6 20 37	23 5 9	22 32 27	5 35 18	24 35 19	14 51 12	20 0 18	12 21	6 15 39	30 10 33	5 2 37.7	4 16 46	17 34 27
8 159	10 9 47	7 17 48	23 46 21	22 41 32	5 31 5	24 37 31	14 51 21	19 59 3	12 17	6 20 51	30 9 45	5 2 37.5	4 15 37	17 22 56
9 160	9 55 13	8 14 31	24 27 30	22 50 44	5 26 55	24 39 42	14 51 29	19 57 46	12 16	6 26 2	30 9 9	5 2 37.4	4 14 42	17 13 18
10 161	9 44 41	9 10 46	25 8 36	23 0 3	5 22 47	24 41 49	14 51 34	19 56 28	12 16	6 31 14	30 8 46	5 2 37.3	4 14 3	17 5 39
11 162	9 38D21	10 6 31	25 49 40	23 9 27	5 18 41	24 43 55	14 51 38	19 55 9	12 16	6 36 26	30 8 38	5 2 37.2	4 13 41	16 59 59
12 163	9 36 24	11 1 47	26 30 41	23 18 57	5 14 37	24 45 58	14 51R39	19 53 50	12 15	6 41 39	30 8 46	5 2 37.1	4 13 35	16 56 20
13 164	9 38 55	11 56 31	27 11 40	23 28 33	5 10 36	24 47 59	14 51 39	19 52 30	12 13	6 46 52	30 9 10	5 2 37.0	4 13 47	16 54 41
14 165	9 45 57	12 50 43	27 52 37	23 38 15	5 6 38	24 49 57	14 51 37	19 51 9	12 07	6 52 5	30 9 47	5 2 36.8	4 14 17	16 55 0
15 166	9 57 33	13 44 22	28 33 31	23 48 3	5 2 43	24 51 53	14 51 33	19 49 47	11 59	6 57 18	30 10 35	5 2 36.6	4 15 4	16 57 14
16 167	10 13 43	14 37 25	29 14 22	23 57 56	4 58 50	24 53 47	14 51 26	19 48 24	11 49	7 2 31	30 11 32	5 2 36.4	4 16 10	17 1 20
17 168	10 34 25	15 29 53	29 55 11	24 7 55	4 55 1	24 55 38	14 51 18	19 47 1	11 37	7 7 45	30 12 35	5 2 36.2	4 17 33	17 7 12
18 169	10 59 37	16 21 44	0♊35 57	24 18 0	4 51 15	24 57 26	14 51 8	19 45 38	11 25	7 12 58	30 13 40	5 2 35.9	4 19 15	17 14 46
19 170	11 29 18	17 12 56	1 16 41	24 28 9	4 47 32	24 59 12	14 50 56	19 44 13	11 13	7 18 12	30 14 46	5 2 35.7	4 21 14	17 23 56
20 171	12 3 22	18 3 28	1 57 22	24 38 24	4 43 53	25 0 56	14 50 42	19 42 48	11 04	7 23 26	30 15 49	5 2 35.6	4 23 31	17 34 36
21 172	12 41 46	18 53 18	2 38 1	24 48 44	4 40 17	25 2 37	14 50 26	19 41 23	10 57	7 28 40	30 16 48	5 2 35.4	4 26 6	17 46 39
22 173	13 24 27	19 42 25	3 18 37	24 59 9	4 36 45	25 4 15	14 50 8	19 39 57	10 52	7 33 53	30 17 41	5 2 35.3	4 28 58	17 59 58
23 174	14 11 20	20 30 46	3 59 11	25 9 39	4 33 16	25 5 51	14 49 49	19 38 30	10 50	7 39 7	30 18 27	5 2 35.2	4 32 8	18 14 27
24 175	15 2 20	21 18 21	4 39 42	25 20 14	4 29 51	25 7 24	14 49 27	19 37 3	10 49	7 44 20	30 19 5	5 2 35.1	4 35 35	18 29 57
25 176	15 57 25	22 5 7	5 20 10	25 30 53	4 26 31	25 8 55	14 49 4	19 35 36	10 49	7 49 34	30 19 33	5 2 35.0	4 39 20	18 46 22
26 177	16 56 30	22 51 2	6 0 36	25 41 38	4 23 14	25 10 23	14 48 38	19 34 8	10 49	7 54 47	30 19 51	5 2 34.9	4 43 22	19 3 33
27 178	17 59 32	23 36 5	6 41 0	25 52 26	4 20 1	25 11 48	14 48 11	19 32 40	10 47	8 0 0	30 19 57	5 2 34.8	4 47 41	19 21 22
28 179	19 6 28	24 20 13	7 21 21	26 3 19	4 16 53	25 13 10	14 47 42	19 31 12	10 43	8 5 13	30 19 52	5 2 34.7	4 52 17	19 39 40
29 180	20 17 14	25 3 24	8 1 39	26 14 17	4 13 49	25 14 30	14 47 12	19 29 43	10 36	8 10 25	30 19 34	5 2 34.5	4 57 11	19 58 20
30 181	21♉31 48	25♋45 37	8♊41 55	26♋25 19	4♏10 49	25♓15 48	14♓46 39	19♑28 14	10♍27	8 15 38	30 19 4	5 2 34.3	5 2 21	20N17 12

DAY Jun	♀ VENUS R.A. h m s	DECL ° ' "	♂ MARS R.A. h m s	DECL ° ' "	♃ JUPITER R.A. h m s	DECL ° ' "	♄ SATURN R.A. h m s	DECL ° ' "	♅ URANUS R.A. h m s	DECL ° ' "	♆ NEPTUNE R.A. h m s	DECL ° ' "	♇ PLUTO R.A. h m s	DECL ° ' "
1	7 51 42	23N38 51	4 49 55	22N57 44	9 17 25	16N41 36	15 57 14	18S13 18	1 12 15	6N58 34	22 46 30	8S36 57	19 4 30	20S33 43
2	7 55 56	23 26 4	4 52 54	23 3 8	9 17 59	16 38 59	15 56 56	18 12 30	1 12 24	6 59 28	22 46 31	8 36 51	19 4 25	20 33 54
3	8 0 8	23 12 49	4 55 53	23 8 19	9 18 33	16 36 20	15 56 38	18 11 43	1 12 33	7 0 21	22 46 32	8 36 45	19 4 20	20 34 6
4	8 4 17	22 59 8	4 58 51	23 13 17	9 19 7	16 33 38	15 56 20	18 10 56	1 12 42	7 1 13	22 46 34	8 36 41	19 4 15	20 34 18
5	8 8 23	22 45 0	5 1 50	23 18 2	9 19 42	16 30 55	15 56 2	18 10 9	1 12 51	7 2 5	22 46 35	8 36 37	19 4 10	20 34 30
6	8 12 26	22 30 28	5 4 49	23 22 35	9 20 17	16 28 9	15 55 44	18 9 23	1 12 59	7 2 55	22 46 36	8 36 34	19 4 5	20 34 42
7	8 16 27	22 15 31	5 7 48	23 26 55	9 20 53	16 25 21	15 55 27	18 8 38	1 13 8	7 3 45	22 46 36	8 36 31	19 3 59	20 34 54
8	8 20 25	22 0 10	5 10 46	23 31 2	9 21 29	16 22 31	15 55 9	18 7 53	1 13 16	7 4 34	22 46 37	8 36 30	19 3 54	20 35 7
9	8 24 20	21 44 27	5 13 45	23 34 56	9 22 5	16 19 38	15 54 52	18 7 8	1 13 24	7 5 22	22 46 37	8 36 29	19 3 49	20 35 19
10	8 28 12	21 28 22	5 16 44	23 38 37	9 22 42	16 16 44	15 54 35	18 6 24	1 13 32	7 6 9	22 46 38	8 36 29	19 3 43	20 35 32
11	8 32 1	21 11 55	5 19 43	23 42 5	9 23 19	16 13 47	15 54 18	18 5 41	1 13 40	7 6 55	22 46 38	8 36 29	19 3 38	20 35 45
12	8 35 47	20 55 9	5 22 41	23 45 20	9 23 57	16 10 48	15 54 1	18 4 58	1 13 47	7 7 40	22 46 38	8 36 31	19 3 32	20 35 58
13	8 39 30	20 38 3	5 25 40	23 48 23	9 24 35	16 7 46	15 53 45	18 4 16	1 13 55	7 8 25	22 46 38	8 36 33	19 3 26	20 36 11
14	8 43 9	20 20 38	5 28 38	23 51 13	9 25 13	16 4 43	15 53 28	18 3 35	1 14 2	7 9 8	22 46 38	8 36 36	19 3 21	20 36 24
15	8 46 45	20 2 56	5 31 37	23 53 49	9 25 52	16 1 38	15 53 12	18 2 54	1 14 10	7 9 51	22 46 38	8 36 39	19 3 15	20 36 37
16	8 50 18	19 44 57	5 34 36	23 56 13	9 26 31	15 58 30	15 52 56	18 2 14	1 14 17	7 10 32	22 46 38	8 36 43	19 3 9	20 36 51
17	8 53 48	19 26 43	5 37 34	23 58 24	9 27 10	15 55 20	15 52 40	18 1 35	1 14 24	7 11 13	22 46 37	8 36 48	19 3 3	20 37 5
18	8 57 14	19 8 14	5 40 32	24 0 23	9 27 50	15 52 9	15 52 24	18 0 57	1 14 31	7 11 53	22 46 37	8 36 54	19 2 58	20 37 18
19	9 0 36	18 49 32	5 43 30	24 2 8	9 28 30	15 48 55	15 52 9	18 0 20	1 14 37	7 12 31	22 46 36	8 37 1	19 2 52	20 37 32
20	9 3 55	18 30 36	5 46 29	24 3 41	9 29 11	15 45 39	15 51 54	17 59 43	1 14 44	7 13 9	22 46 35	8 37 8	19 2 46	20 37 46
21	9 7 10	18 11 29	5 49 27	24 5 1	9 29 51	15 42 22	15 51 39	17 59 7	1 14 50	7 13 46	22 46 34	8 37 16	19 2 40	20 38 0
22	9 10 21	17 52 12	5 52 24	24 6 8	9 30 32	15 39 2	15 51 24	17 58 32	1 14 56	7 14 22	22 46 33	8 37 24	19 2 34	20 38 15
23	9 13 29	17 32 45	5 55 22	24 7 3	9 31 14	15 35 41	15 51 10	17 57 58	1 15 2	7 14 56	22 46 32	8 37 34	19 2 28	20 38 29
24	9 16 32	17 13 9	5 58 20	24 7 45	9 31 55	15 32 17	15 50 56	17 57 25	1 15 8	7 15 30	22 46 31	8 37 44	19 2 21	20 38 43
25	9 19 31	16 53 26	6 1 17	24 8 14	9 32 37	15 28 52	15 50 42	17 56 53	1 15 14	7 16 3	22 46 30	8 37 55	19 2 15	20 38 58
26	9 22 26	16 33 36	6 4 14	24 8 30	9 33 19	15 25 25	15 50 28	17 56 22	1 15 19	7 16 34	22 46 29	8 38 6	19 2 9	20 39 13
27	9 25 16	16 13 41	6 7 11	24 8 34	9 34 2	15 21 56	15 50 15	17 55 52	1 15 25	7 17 5	22 46 26	8 38 18	19 2 3	20 39 27
28	9 28 2	15 53 42	6 10 8	24 8 26	9 34 45	15 18 25	15 50 2	17 55 23	1 15 30	7 17 35	22 46 25	8 38 31	19 1 57	20 39 42
29	9 30 44	15 33 39	6 13 5	24 8 5	9 35 28	15 14 52	15 49 49	17 54 55	1 15 35	7 18 3	22 46 23	8 38 44	19 1 51	20 39 57
30	9 33 20	15N13 35	6 16 1	24N 7 31	9 36 11	15N11 18	15 49 37	17S54 27	1 15 40	7N18 31	22 46 21	8S38 58	19 1 44	20S40 12

DAY	SIDEREAL TIME h m s	☉ SUN LONG ° ' "	MOT ' "	R.A. h m s	DECL ° ' "
1 W	18 34 56	13♊55 5	57 11	6 38 38.1	23N 8 16
2 Th	18 38 52	14 52 16	57 11	6 42 46.2	23 4 15
3 F	18 42 49	15 49 27	57 11	6 46 54.0	22 59 50
4 S	18 46 45	16 46 38	57 11	6 51 1.5	22 55 0
5 Su	18 50 42	17 43 49	57 11	6 55 8.8	22 49 47
6 M	18 54 38	18 41 0	57 11	6 59 15.7	22 44 10
7 Tu	18 58 35	19 38 11	57 12	7 3 22.2	22 38 9
8 W	19 2 32	20 35 23	57 12	7 7 28.5	22 31 45
9 Th	19 6 28	21 32 35	57 13	7 11 34.3	22 24 57
10 F	19 10 25	22 29 48	57 13	7 15 39.8	22 17 45
11 S	19 14 21	23 27 1	57 14	7 19 44.9	22 10 11
12 Su	19 18 18	24 24 14	57 14	7 23 49.6	22 2 14
13 M	19 22 14	25 21 28	57 15	7 27 53.8	21 53 54
14 Tu	19 26 11	26 18 42	57 15	7 31 57.6	21 45 12
15 W	19 30 7	27 15 57	57 15	7 36 0.9	21 36 7
16 Th	19 34 4	28 13 12	57 16	7 40 3.7	21 26 41
17 F	19 38 1	29 10 27	57 16	7 44 6.0	21 16 52
18 S	19 41 57	0♋ 7 43	57 16	7 48 7.8	21 6 42
19 Su	19 45 54	1 4 59	57 16	7 52 9.0	20 56 10
20 M	19 49 50	2 2 15	57 17	7 56 9.7	20 45 17
21 Tu	19 53 47	2 59 32	57 17	8 0 9.8	20 34 4
22 W	19 57 43	3 56 49	57 17	8 4 9.3	20 22 29
23 Th	20 1 40	4 54 6	57 18	8 8 8.2	20 10 34
24 F	20 5 36	5 51 23	57 18	8 12 6.6	19 58 19
25 S	20 9 33	6 48 41	57 18	8 16 4.3	19 45 44
26 Su	20 13 30	7 45 59	57 19	8 20 1.5	19 32 50
27 M	20 17 26	8 43 18	57 19	8 23 58.0	19 19 36
28 Tu	20 21 23	9 40 36	57 20	8 27 53.9	19 6 2
29 W	20 25 19	10 37 56	57 20	8 31 49.2	18 52 10
30 Th	20 29 16	11 35 16	57 21	8 35 43.9	18 38 0
31 F	20 33 12	12♋32 37	57 22	8 39 38.0	18N23 31

DAY	☽ MOON AT 0 HOURS LONG ° ' "	12h MOT ° ' "	2DIF "	R.A. h m s	DECL ° ' "
1	29♏47 5	6 51 59	151	17 37 55	18S24 8
2	13♐35 52	7 1 6	120	18 35 53	18 9 51
3	27 41 44	7 7 46	79	19 34 33	16 49 4
4	11♑59 32	7 11 34	35	20 32 57	14 24 56
5	26 23 29	7 12 33	-4	21 30 25	11 6 46
6	10♒48 10	7 11 12	-34	22 26 37	7 8 22
7	25 9 13	7 8 10	-54	23 21 41	2 45 53
8	9♓23 38	7 4 10	-64	0 15 58	1N44 6
9	23 29 46	6 59 43	-68	1 9 58	6 5 43
10	7♈26 53	6 55 5	-70	2 4 11	10 4 22
11	21 14 40	6 50 18	-73	2 58 56	13 26 59
12	4♉52 47	6 45 15	-79	3 54 17	16 2 36
13	18 20 34	6 39 44	-87	4 50 1	17 43 5
14	1♊37 2	6 33 37	-96	5 45 37	18 24 2
15	14 40 59	6 26 55	-104	6 40 26	18 5 24
16	27 31 19	6 19 50	-107	7 33 51	16 51 20
17	10♋ 7 24	6 12 43	-104	8 25 26	14 49 15
18	22 29 25	6 6 2	-94	9 15 4	12 8 29
19	4♌38 29	6 0 20	-76	10 2 51	8 58 52
20	16 36 48	5 56 5	-50	10 49 9	5 29 47
21	28 27 33	5 53 47	-18	11 34 29	1 49 49
22	10♍14 50	5 53 48	19	12 19 25	1S53 19
23	22 3 22	5 56 22	59	13 4 38	5 32 22
24	3♎58 24	6 1 37	99	13 50 47	9 0 2
25	16 5 16	6 9 31	137	14 38 29	12 8 28
26	28 29 10	6 19 47	169	15 28 18	14 48 44
27	11♏14 35	6 31 53	191	16 20 35	16 50 46
28	24 24 49	6 44 57	197	17 15 26	18 3 56
29	8♐ 1 17	6 57 53	185	18 12 30	18 18 20
30	22 3 2	7 9 21	154	19 11 9	17 27 11
31	6♑26 31	7 18 7	106	20 10 28	15S29 5

DAY	☽ MOON AT 12 HOURS LONG ° ' "	12h MOT ° ' "	2DIF "	R.A. h m s	DECL ° ' "
1	6♐39 4	6 56 48	137	18 6 45	18S25 14
2	20 36 58	7 4 46	100	19 5 12	17 37 44
3	4♑49 30	7 10 2	57	20 3 50	15 44 28
4	19 11 6	7 12 23	15	21 1 50	12 51 49
5	3♒36 2	7 12 8	-20	21 58 40	9 11 37
6	17 59 22	7 9 51	-45	22 54 17	4 59 6
7	2♓17 23	7 6 15	-60	23 48 53	0 30 49
8	16 27 48	7 1 58	-67	0 42 58	3N56 54
9	0♈29 29	6 57 24	-70	1 37 2	8 8 46
10	14 21 57	6 52 43	-72	2 31 29	11 50 55
11	28 4 58	6 47 49	-76	3 26 32	14 51 15
12	11♉38 1	6 42 33	-83	4 22 8	17 0 6
13	25 0 18	6 36 45	-92	5 17 52	18 11 7
14	8♊10 39	6 30 20	-100	6 13 10	18 22 0
15	21 7 54	6 23 25	-106	7 7 21	17 34 53
16	3♋51 9	6 16 15	-107	7 59 53	15 55 44
17	16 20 7	6 9 18	-100	8 50 30	13 33 6
18	28 35 27	6 3 2	-86	9 39 10	10 36 41
19	10♌38 48	5 58 0	-64	10 26 9	7 16 12
20	22 32 53	5 54 40	-34	11 11 54	3 40 40
21	4♍21 21	5 53 29	0	11 56 57	0S 1 49
22	16 8 37	5 54 45	39	12 41 57	3 43 48
23	27 59 44	5 58 39	79	13 27 33	7 18 6
24	10♎ 0 1	6 5 15	118	14 14 24	10 37 11
25	22 14 47	6 14 23	154	15 3 6	13 32 43
26	4♏48 57	6 25 39	181	15 54 7	15 55 12
27	17 46 28	6 38 21	196	16 47 42	17 34 7
28	1♐ 9 46	6 51 31	194	17 43 43	18 19 0
29	14 59 10	7 3 53	172	18 41 41	18 1 12
30	29 12 23	7 14 8	132	19 40 47	16 36 20
31	13♑44 39	7 21 12	78	20 40 5	14S 6 20

LUNAR INGRESSES
1 ☽ ♐ 0:23
3 ☽ ♑ 3:53
5 ☽ ♒ 6:00
7 ☽ ♓ 8:09
9 ☽ ♈ 11:09
11 ☽ ♉ 15:23
13 ☽ ♊ 21:03
16 ☽ ♋ 4:41
18 ☽ ♌ 14:47
21 ☽ ♍ 3:08
23 ☽ ♎ 16:02
26 ☽ ♏ 2:53
28 ☽ ♐ 9:57
30 ☽ ♑ 13:19

PLANET INGRESSES
5 ☿ ♊ 20:00
6 ♀ ♌ 16:43
17 ☉ ♋ 20:46
18 ♃ ♌ 10:33
21 ☿ ♋ 3:29

STATIONS
25 ♀ R 9:30
26 ♅ R 10:39

DATA FOR THE 1st AT 0 HOURS
JULIAN DAY 42184.5
☽ MEAN ☊ 10°♍ 23' 41"
OBLIQUITY 23° 26' 4"
DELTA T 73.3 SECONDS
NUTATION LONGITUDE 2.2"

DAY MO YR	☿ LONG ° ' "	♀ LONG ° ' "	♂ LONG ° ' "	♃ LONG ° ' "	♄ LONG ° ' "	♅ LONG ° ' "	♆ LONG ° ' "	♇ LONG ° ' "	☊ LONG ° '
1 182	22♉50 7	26♋26 48	9♊22 9	26♋36 25	4♏ 7R54	25♓17 2	14♒46R 5	19♐26R45	10♍16
2 183	24 12 8	27 6 55	10 2 20	26 47 35	4 5 3	25 18 14	14 45 28	19 25 16	10 04
3 184	25 37 49	27 45 57	10 42 29	26 58 49	4 2 17	25 19 23	14 44 50	19 23 46	9 53
4 185	27 7 6	28 23 50	11 22 36	27 10 7	3 59 35	25 20 29	14 44 11	19 22 17	9 43
5 186	28 39 57	29 0 33	12 2 40	27 21 29	3 56 58	25 21 32	14 43 29	19 20 47	9 35
6 187	0♊16 18	29 36 2	12 42 43	27 32 55	3 54 26	25 22 33	14 42 46	19 19 17	9 31
7 188	1 56 4	0♌10 15	13 22 43	27 44 25	3 51 59	25 23 31	14 42 1	19 17 47	9 28
8 189	3 39 10	0 43 9	14 2 41	27 55 58	3 49 36	25 24 26	14 41 15	19 16 18	9 28
9 190	5 25 30	1 14 41	14 42 37	28 7 35	3 47 19	25 25 18	14 40 27	19 14 48	9 28
10 191	7 14 56	1 44 48	15 22 31	28 19 16	3 45 6	25 26 7	14 39 37	19 13 18	9 27
11 192	9 7 18	2 13 28	16 2 22	28 31 0	3 42 59	25 26 54	14 38 45	19 11 48	9 25
12 193	11 2 26	2 40 37	16 42 12	28 42 48	3 40 57	25 27 37	14 37 52	19 10 19	9 20
13 194	13 0 7	3 6 11	17 21 59	28 54 38	3 39 0	25 28 18	14 36 57	19 8 50	9 12
14 195	15 0 8	3 30 8	18 1 45	29 6 33	3 37 8	25 28 56	14 36 1	19 7 21	9 02
15 196	17 2 12	3 52 23	18 41 28	29 18 30	3 35 22	25 29 30	14 35 3	19 5 52	8 51
16 197	19 6 4	4 12 54	19 21 9	29 30 30	3 33 41	25 30 2	14 34 3	19 4 23	8 39
17 198	21 11 24	4 31 35	20 0 48	29 42 34	3 32 6	25 30 31	14 33 2	19 2 55	8 28
18 199	23 17 55	4 48 25	20 40 25	29 54 40	3 30 36	25 30 57	14 32 0	19 1 27	8 18
19 200	25 25 18	5 3 18	21 19 59	0♌ 6 49	3 29 11	25 31 20	14 30 56	18 59 59	8 11
20 201	27 33 13	5 16 12	21 59 32	0 19 1	3 27 53	25 31 41	14 29 50	18 58 32	8 06
21 202	29 41 24	5 27 2	22 39 2	0 31 16	3 26 39	25 31 58	14 28 44	18 57 6	8 04
22 203	1♋49 33	5 35 46	23 18 30	0 43 33	3 25 32	25 32 12	14 27 35	18 55 39	8 04
23 204	3 57 24	5 42 19	23 57 56	0 55 52	3 24 30	25 32 24	14 26 26	18 54 14	8 04
24 205	6 4 43	5 46 39	24 37 20	1 8 15	3 23 34	25 32 32	14 25 15	18 52 49	8 05
25 206	8 11 18	5 48R43	25 16 42	1 20 39	3 22 43	25 32 37	14 24 2	18 51 24	8 04
26 207	10 16 57	5 48 28	25 56 2	1 33 6	3 21 58	25 32R40	14 22 49	18 50 0	8 02
27 208	12 21 31	5 45 53	26 35 19	1 45 34	3 21 19	25 32 40	14 21 34	18 48 37	7 58
28 209	14 24 52	5 40 54	27 14 35	1 58 5	3 20 46	25 32 36	14 20 18	18 47 14	7 52
29 210	16 26 53	5 33 32	27 53 48	2 10 39	3 20 19	25 32 30	14 19 1	18 45 52	7 44
30 211	18 27 30	5 23 46	28 32 59	2 23 14	3 19 57	25 32 21	14 17 42	18 44 31	7 35
31 212	20♋26 39	5♌11 36	29♊12 9	2♌35 50	3♏19 41	25♓32 9	14♒16 23	18♐43 10	7♍26

DAY	A.S.S.I. h m s	S.S.R.Y. h m s	S.V.P. ♓ ° ' "	☿ MERCURY R.A. h m s	DECL ° ' "
1	8 20 50	30 18 25	5 2 34.0	5 7 49	20N36 6
2	8 26 1	30 17 31	5 2 33.8	5 13 34	20 54 53
3	8 31 13	30 16 32	5 2 33.6	5 19 36	21 13 23
4	8 36 24	30 15 28	5 2 33.4	5 25 55	21 31 26
5	8 41 34	30 14 24	5 2 33.2	5 32 32	21 48 50
6	8 46 44	30 13 24	5 2 33.1	5 39 24	22 5 24
7	8 51 54	30 12 33	5 2 33.0	5 46 34	22 20 56
8	8 57 3	30 11 53	5 2 32.9	5 53 59	22 35 15
9	9 2 12	30 11 27	5 2 32.8	6 1 40	22 48 9
10	9 7 21	30 11 15	5 2 32.7	6 9 35	22 59 25
11	9 12 29	30 11 19	5 2 32.5	6 17 45	23 8 53
12	9 17 36	30 11 36	5 2 32.4	6 26 8	23 16 21
13	9 22 43	30 12 5	5 2 32.2	6 34 42	23 21 38
14	9 27 49	30 12 45	5 2 31.9	6 43 27	23 24 35
15	9 32 55	30 13 33	5 2 31.7	6 52 21	23 25 3
16	9 38 0	30 14 27	5 2 31.5	7 1 23	23 22 57
17	9 43 4	30 15 25	5 2 31.3	7 10 30	23 18 11
18	9 48 8	30 16 24	5 2 31.2	7 19 41	23 10 43
19	9 53 11	30 17 24	5 2 31.1	7 28 54	23 0 31
20	9 58 13	30 18 21	5 2 31.0	7 38 8	22 47 36
21	10 3 15	30 19 15	5 2 30.9	7 47 20	22 32 1
22	10 8 16	30 20 4	5 2 30.8	7 56 29	22 13 50
23	10 13 16	30 20 47	5 2 30.8	8 5 34	21 53 10
24	10 18 16	30 21 21	5 2 30.7	8 14 33	21 30 7
25	10 23 14	30 21 44	5 2 30.6	8 23 25	21 4 49
26	10 28 12	30 21 55	5 2 30.4	8 32 10	20 37 26
27	10 33 10	30 21 53	5 2 30.3	8 40 47	20 8 5
28	10 38 6	30 21 37	5 2 30.1	8 49 14	19 36 56
29	10 43 2	30 21 6	5 2 29.9	8 57 32	19 4 9
30	10 47 56	30 20 22	5 2 29.6	9 5 40	18 29 51
31	10 52 50	30 19 26	5 2 29.4	9 13 39	17N54 13

DAY Jul	♀ VENUS R.A. h m s	DECL ° ' "	♂ MARS R.A. h m s	DECL ° ' "	♃ JUPITER R.A. h m s	DECL ° ' "	♄ SATURN R.A. h m s	DECL ° ' "
1	9 35 52	14N53 30	6 18 58	24N 6 46	9 36 54	15N 7 41	15 49 24	17S54 1
2	9 38 19	14 33 25	6 21 54	24 5 47	9 37 38	15 4 3	15 49 13	17 53 36
3	9 40 41	14 13 22	6 24 50	24 4 37	9 38 22	15 0 23	15 49 1	17 53 13
4	9 42 58	13 53 23	6 27 45	24 3 14	9 39 6	14 56 42	15 48 50	17 52 50
5	9 45 9	13 33 27	6 30 41	24 1 39	9 39 51	14 52 59	15 48 39	17 52 28
6	9 47 15	13 13 36	6 33 36	23 59 52	9 40 36	14 49 14	15 48 28	17 52 8
7	9 49 16	12 53 53	6 36 31	23 57 53	9 41 20	14 45 28	15 48 18	17 51 48
8	9 51 10	12 34 17	6 39 25	23 55 42	9 42 6	14 41 39	15 48 8	17 51 30
9	9 52 59	12 14 51	6 42 20	23 53 19	9 42 51	14 37 50	15 47 59	17 51 13
10	9 54 42	11 55 36	6 45 14	23 50 44	9 43 36	14 33 58	15 47 49	17 50 57
11	9 56 18	11 36 33	6 48 8	23 47 57	9 44 22	14 30 5	15 47 40	17 50 42
12	9 57 48	11 17 44	6 51 1	23 44 59	9 45 8	14 26 11	15 47 32	17 50 29
13	9 59 11	10 59 11	6 53 55	23 41 49	9 45 54	14 22 14	15 47 24	17 50 17
14	10 0 28	10 40 54	6 56 48	23 38 27	9 46 41	14 18 17	15 47 16	17 50 6
15	10 1 38	10 22 57	6 59 40	23 34 54	9 47 27	14 14 18	15 47 8	17 49 56
16	10 2 40	10 5 20	7 2 33	23 31 9	9 48 14	14 10 17	15 47 1	17 49 47
17	10 3 35	9 48 6	7 5 25	23 27 13	9 49 1	14 6 15	15 46 55	17 49 40
18	10 4 22	9 31 16	7 8 17	23 23 6	9 49 48	14 2 11	15 46 48	17 49 34
19	10 5 2	9 14 53	7 11 8	23 18 47	9 50 35	13 58 6	15 46 42	17 49 29
20	10 5 34	8 58 57	7 13 59	23 14 18	9 51 22	13 54 0	15 46 37	17 49 26
21	10 5 57	8 43 32	7 16 50	23 9 37	9 52 10	13 49 53	15 46 32	17 49 24
22	10 6 12	8 28 39	7 19 40	23 4 46	9 52 58	13 45 44	15 46 27	17 49 23
23	10 6 19	8 14 20	7 22 30	22 59 43	9 53 45	13 41 33	15 46 22	17 49 23
24	10 6 17	8 0 38	7 25 20	22 54 30	9 54 33	13 37 22	15 46 18	17 49 25
25	10 6 6	7 47 34	7 28 9	22 49 7	9 55 21	13 33 9	15 46 15	17 49 28
26	10 5 46	7 35 11	7 30 58	22 43 32	9 56 9	13 28 55	15 46 11	17 49 32
27	10 5 18	7 23 30	7 33 46	22 37 48	9 56 58	13 24 40	15 46 8	17 49 38
28	10 4 40	7 12 35	7 36 35	22 31 53	9 57 46	13 20 24	15 46 6	17 49 45
29	10 3 53	7 2 25	7 39 22	22 25 47	9 58 34	13 16 6	15 46 4	17 49 53
30	10 2 57	6 53 5	7 42 10	22 19 32	9 59 23	13 11 47	15 46 2	17 50 2
31	10 1 52	6N44 35	7 44 57	22N13 6	10 0 12	13N 7 27	15 46 1	17S50 13

DAY Jul	♅ URANUS R.A. h m s	DECL ° ' "	♆ NEPTUNE R.A. h m s	DECL ° ' "	♇ PLUTO R.A. h m s	DECL ° ' "
1	1 15 44	7N18 58	22 46 19	8S39 13	19 1 38	20S40 27
2	1 15 49	7 19 23	22 46 16	8 39 29	19 1 32	20 40 42
3	1 15 53	7 19 48	22 46 14	8 39 45	19 1 26	20 40 57
4	1 15 57	7 20 11	22 46 12	8 40 1	19 1 19	20 41 12
5	1 16 1	7 20 34	22 46 9	8 40 19	19 1 13	20 41 27
6	1 16 5	7 20 55	22 46 7	8 40 37	19 1 7	20 41 43
7	1 16 9	7 21 15	22 46 4	8 40 56	19 1 0	20 41 58
8	1 16 12	7 21 35	22 46 1	8 41 15	19 0 54	20 42 14
9	1 16 16	7 21 53	22 45 58	8 41 35	19 0 48	20 42 29
10	1 16 19	7 22 10	22 45 55	8 41 55	19 0 41	20 42 45
11	1 16 22	7 22 26	22 45 52	8 42 17	19 0 35	20 43 0
12	1 16 25	7 22 41	22 45 49	8 42 38	19 0 29	20 43 16
13	1 16 27	7 22 54	22 45 45	8 43 1	19 0 23	20 43 31
14	1 16 30	7 23 7	22 45 42	8 43 24	19 0 16	20 43 47
15	1 16 32	7 23 19	22 45 38	8 43 47	19 0 10	20 44 3
16	1 16 34	7 23 29	22 45 34	8 44 11	19 0 4	20 44 18
17	1 16 36	7 23 39	22 45 31	8 44 36	18 59 58	20 44 34
18	1 16 37	7 23 47	22 45 27	8 45 1	18 59 52	20 44 50
19	1 16 39	7 23 54	22 45 23	8 45 27	18 59 45	20 45 6
20	1 16 40	7 24 0	22 45 19	8 45 53	18 59 39	20 45 21
21	1 16 41	7 24 5	22 45 15	8 46 20	18 59 33	20 45 37
22	1 16 42	7 24 9	22 45 11	8 46 47	18 59 27	20 45 53
23	1 16 43	7 24 12	22 45 6	8 47 15	18 59 21	20 46 9
24	1 16 43	7 24 14	22 45 2	8 47 43	18 59 15	20 46 24
25	1 16 44	7 24 14	22 44 57	8 48 12	18 59 9	20 46 40
26	1 16 44	7 24 14	22 44 53	8 48 41	18 59 3	20 46 56
27	1 16 44	7 24 12	22 44 48	8 49 10	18 58 57	20 47 11
28	1 16 44	7 24 10	22 44 44	8 49 40	18 58 52	20 47 27
29	1 16 44	7 24 6	22 44 39	8 50 11	18 58 46	20 47 42
30	1 16 43	7 24 1	22 44 34	8 50 42	18 58 40	20 47 58
31	1 16 42	7N23 55	22 44 29	8S51 13	18 58 35	20S48 14

AUGUST 2015

DAY	SIDEREAL TIME h m s	☉ SUN LONG ° ' "	MOT ' "	R.A. h m s	DECL ° ' "	☽ MOON AT 0 HOURS LONG ° ' "	12h MOT ° ' "	2DIF "	R.A. h m s	DECL ° ' "	☽ MOON AT 12 HOURS LONG ° ' "	12h MOT ° ' "	2DIF "	R.A. h m s	DECL ° ' "
1 S	20 37 9	13♋29 58	57 22	8 43 31.4	18N 8 44	21♑ 5 50	7 23 18	48	21 9 33	12S29 27	28♑29 8	7 24 24	19	21 38 48	10S40 8
2 Su	20 41 5	14 27 20	57 23	8 47 24.3	17 53 39	5♒53 33	7 24 32	-10	22 7 47	8 40 22	13♒18 5	7 23 45	-36	22 36 29	6 32 23
3 M	20 45 2	15 24 44	57 24	8 51 16.5	17 38 16	20 41 50	7 22 8	-59	23 4 55	4 18 33	28 3 58	7 19 47	-79	23 33 6	2 1 14
4 Tu	20 48 59	16 22 8	57 26	8 55 8.2	17 22 37	5♓23 45	7 16 50	-96	0 1 3	0N17 10	12♓40 36	7 13 25	-108	0 28 50	2N34 22
5 W	20 52 55	17 19 33	57 27	8 58 59.2	17 6 40	19 54 1	7 9 39	-117	0 56 29	4 48 12	27 3 39	7 5 38	-122	1 24 4	6 56 40
6 Th	20 56 52	18 17 0	57 28	9 2 49.7	16 50 27	4♈ 9 17	7 1 29	-125	1 51 37	8 57 54	11♈10 47	6 57 18	-126	2 19 10	10 50 15
7 F	21 0 48	19 14 28	57 30	9 6 39.6	16 33 57	18 8 4	6 53 7	-124	2 46 45	12 32 16	25 1 11	6 49 0	-122	3 14 22	14 2 39
8 S	21 4 45	20 11 58	57 31	9 10 28.9	16 17 12	1♉50 10	6 44 59	-119	3 42 1	15 20 23	8♉35 9	6 41 5	-115	4 9 41	16 24 35
9 Su	21 8 41	21 9 28	57 32	9 14 17.7	16 0 10	15 16 13	6 37 19	-111	4 37 20	17 14 40	21 53 32	6 33 40	-107	5 4 55	17 50 12
10 M	21 12 38	22 7 0	57 34	9 18 5.9	15 42 53	28 27 12	6 30 9	-104	5 32 22	18 11 3	4♊57 22	6 26 46	-100	5 59 39	18 17 16
11 Tu	21 16 34	23 4 34	57 35	9 21 53.6	15 25 21	11♊24 7	6 23 28	-97	6 26 40	18 9 10	17 47 35	6 20 17	-94	6 53 24	17 47 14
12 W	21 20 31	24 2 8	57 36	9 25 40.7	15 7 34	24 7 52	6 17 11	-91	7 19 47	17 12 8	0♋25 2	6 14 11	-88	7 45 45	16 24 44
13 Th	21 24 28	24 59 44	57 37	9 29 27.2	14 49 33	6♋39 13	6 11 17	-85	8 11 19	15 26 0	12 50 30	6 8 30	-82	8 36 26	14 16 58
14 F	21 28 24	25 57 22	57 39	9 33 13.2	14 31 17	18 59 1	6 5 51	-77	9 1 7	12 58 46	25 4 52	6 3 21	-72	9 25 23	11 32 34
15 S	21 32 21	26 55 0	57 40	9 36 58.6	14 12 47	1♌ 8 13	6 1 2	-66	9 49 14	9 59 31	7♌ 9 15	5 58 57	-59	10 12 44	8 20 47
16 Su	21 36 17	27 52 40	57 41	9 40 43.5	13 54 4	13 8 12	5 57 6	-51	10 35 55	6 37 28	19 5 18	5 55 32	-42	10 58 49	4 50 42
17 M	21 40 14	28 50 20	57 42	9 44 27.8	13 35 8	25 0 50	5 54 19	-31	11 21 31	3 1 31	0♍55 9	5 53 28	-19	11 44 5	1 10 56
18 Tu	21 44 10	29 48 2	57 43	9 48 11.7	13 15 59	6♍48 37	5 53 2	-6	12 6 33	0S40 2	12 41 40	5 53 4	8	12 29 1	2S30 28
19 W	21 48 7	0♌45 46	57 44	9 51 55.0	12 56 38	18 34 43	5 53 35	24	12 51 33	4 19 24	24 28 18	5 54 38	40	13 14 13	6 5 56
20 Th	21 52 3	1 43 30	57 45	9 55 37.8	12 37 4	0♎22 56	5 56 15	57	13 37 5	7 49 7	6♎19 11	5 58 27	75	14 0 13	9 28 1
21 F	21 56 0	2 41 15	57 47	9 59 20.1	12 17 18	12 17 38	6 1 15	93	14 23 42	11 1 39	18 18 52	6 4 40	112	14 47 36	12 29 0
22 S	21 59 57	3 39 2	57 48	10 3 1.9	11 57 20	24 23 32	6 8 41	130	15 11 57	13 49 1	0♏32 13	6 13 19	147	15 36 50	15 0 37
23 Su	22 3 53	4 36 49	57 49	10 6 43.3	11 37 12	6♏45 32	6 18 31	164	16 2 15	16 2 38	13 4 3	6 24 15	179	16 28 16	16 53 53
24 M	22 7 50	5 34 38	57 50	10 10 24.2	11 16 52	19 28 18	6 30 27	192	16 54 51	17 33 13	25 58 44	6 37 1	201	17 22 2	17 59 29
25 Tu	22 11 46	6 32 28	57 51	10 14 4.7	10 56 22	2♐35 45	6 43 52	208	17 49 45	18 11 35	9♐19 37	6 50 51	210	18 17 58	18 8 35
26 W	22 15 43	7 30 19	57 53	10 17 44.7	10 35 41	16 10 28	6 57 50	207	18 46 37	17 49 47	23 8 18	7 4 39	199	19 15 37	17 14 41
27 Th	22 19 39	8 28 12	57 54	10 21 24.3	10 14 50	0♑12 57	7 11 7	186	19 44 53	16 23 11	7♑24 5	7 17 4	168	20 14 19	15 15 30
28 F	22 23 36	9 26 6	57 55	10 25 3.5	9 53 50	14 41 8	7 22 18	144	20 43 50	13 52 20	22 3 26	7 26 40	116	21 13 21	12 14 46
29 S	22 27 32	10 24 1	57 57	10 28 42.3	9 32 40	29 30 6	7 30 3	85	21 42 48	10 24 20	7♒ 0 9	7 32 20	51	22 12 8	8 22 53
30 Su	22 31 29	11 21 58	57 58	10 32 20.7	9 11 22	14♒32 29	7 33 28	17	22 41 20	6 12 39	22 5 56	7 33 26	-18	23 10 23	3 56 2
31 M	22 35 26	12♌19 56	58 0	10 35 58.8	8N49 54	29♒39 22	7 32 16	-51	23 39 17	1S35 38	7♓11 38	7 30 4	-81	0 8 4	0N45 56

LUNAR INGRESSES
1 ☽ ♒ 14:27
3 ☽ ♓ 15:10
5 ☽ ♈ 16:58
7 ☽ ♉ 20:45
10 ☽ ♊ 2:51
12 ☽ ♋ 11:12
14 ☽ ♌ 21:44
17 ☽ ♍ 10:08
19 ☽ ♎ 23:14
22 ☽ ♏ 10:57
24 ☽ ♐ 19:19
26 ☽ ♑ 23:38
29 ☽ ♒ 0:48
31 ☽ ♓ 0:33

PLANET INGRESSES
1 ♂ ♋ 5:21
5 ☿ ♌ 0:13
12 ♀ ♋ 0:40
18 ☉ ♌ 4:58
23 ☿ ♍ 18:40

STATIONS
2 ♄ D 5:54

DATA FOR THE 1st AT 0 HOURS
JULIAN DAY 42215.5
☽ MEAN ☊ 8°♍ 45' 7"
OBLIQUITY 23° 26' 5"
DELTA T 73.3 SECONDS
NUTATION LONGITUDE 2.4"

DAY MO YR	☿ LONG ° ' "	♀ LONG ° ' "	♂ LONG ° ' "	♃ LONG ° ' "	♄ LONG ° ' "	♅ LONG ° ' "	♆ LONG ° ' "	♇ LONG ° ' "	☊ LONG ° '	A.S.S.I. h m s	S.S.R.Y. h m s	S.V.P. ♓ ° ' "	☿ MERCURY R.A. h m s	DECL ° ' "
1 213	22♋24 16	4♌57R 3	29♊51 16	2♌48 29	3♏19R31	25♓31R55	14♒15R 2	18♐41R51	7♍19	10 57 44	30 18 21	5 2 29.3	9 21 27	17N17 21
2 214	24 20 20	4 40 9	0♋30 22	3 1 10	3 19D26	25 31 37	14 13 40	18 40 32	7 13	11 2 36	30 17 14	5 2 29.2	9 29 6	16 39 24
3 215	26 14 49	4 20 57	1 9 26	3 13 52	3 19 28	25 31 16	14 12 18	18 39 14	7 10	11 7 28	30 16 7	5 2 29.1	9 36 35	16 0 30
4 216	28 7 43	3 59 31	1 48 28	3 26 36	3 19 35	25 30 53	14 10 54	18 37 56	7 09	11 12 19	30 15 4	5 2 29.0	9 43 54	15 20 46
5 217	29 59 1	3 35 56	2 27 28	3 39 22	3 19 48	25 30 26	14 9 29	18 36 40	7 10	11 17 9	30 14 10	5 2 29.0	9 51 3	14 40 17
6 218	1♌48 44	3 10 18	3 6 27	3 52 9	3 20 7	25 29 57	14 8 3	18 35 25	7 11	11 21 59	30 13 27	5 2 28.9	9 58 3	13 59 11
7 219	3 36 50	2 42 44	3 45 23	4 4 58	3 20 31	25 29 25	14 6 36	18 34 10	7 11	11 26 48	30 12 56	5 2 28.8	10 4 54	13 17 33
8 220	5 23 22	2 13 21	4 24 18	4 17 48	3 21 2	25 28 50	14 5 8	18 32 57	7 11	11 31 36	30 12 39	5 2 28.7	10 11 36	12 35 28
9 221	7 8 20	1 42 19	5 3 12	4 30 39	3 21 38	25 28 13	14 3 40	18 31 44	7 08	11 36 23	30 12 34	5 2 28.5	10 18 10	11 53 1
10 222	8 51 43	1 9 48	5 42 3	4 43 32	3 22 20	25 27 32	14 2 10	18 30 33	7 04	11 41 10	30 12 41	5 2 28.3	10 24 35	11 10 17
11 223	10 33 34	0 35 58	6 20 53	4 56 26	3 23 8	25 26 49	14 0 40	18 29 22	6 58	11 45 56	30 12 59	5 2 28.1	10 30 52	10 27 21
12 224	12 13 52	0 1 1	6 59 41	5 9 21	3 24 2	25 26 3	13 59 9	18 28 13	6 51	11 50 41	30 13 27	5 2 28.0	10 37 0	9 44 16
13 225	13 52 38	29♋25 9	7 38 27	5 22 18	3 25 2	25 25 14	13 57 37	18 27 5	6 43	11 55 26	30 14 3	5 2 27.8	10 43 2	9 1 6
14 226	15 29 52	28 48 37	8 17 12	5 35 15	3 26 7	25 24 23	13 56 5	18 25 58	6 36	12 0 10	30 14 46	5 2 27.7	10 48 55	8 17 55
15 227	17 5 35	28 11 37	8 55 55	5 48 13	3 27 18	25 23 28	13 54 32	18 24 52	6 30	12 4 53	30 15 35	5 2 27.6	10 54 41	7 34 46
16 228	18 39 47	27 34 23	9 34 36	6 1 12	3 28 35	25 22 31	13 52 58	18 23 47	6 26	12 9 36	30 16 27	5 2 27.5	11 0 21	6 51 43
17 229	20 12 28	26 57 10	10 13 15	6 14 12	3 29 58	25 21 31	13 51 23	18 22 44	6 23	12 14 17	30 17 22	5 2 27.5	11 5 53	6 8 48
18 230	21 43 38	26 20 5	10 51 52	6 27 12	3 31 27	25 20 29	13 49 48	18 21 41	6 23	12 18 59	30 18 19	5 2 27.5	11 11 18	5 26 5
19 231	23 13 16	25 43 41	11 30 27	6 40 13	3 33 1	25 19 24	13 48 13	18 20 40	6 23	12 23 39	30 19 14	5 2 27.4	11 16 37	4 43 36
20 232	24 41 21	25 7 53	12 9 1	6 53 15	3 34 41	25 18 16	13 46 37	18 19 41	6 25	12 28 19	30 20 6	5 2 27.4	11 21 49	4 1 25
21 233	26 7 54	24 33 1	12 47 33	7 6 17	3 36 27	25 17 6	13 45 0	18 18 42	6 26	12 32 58	30 20 53	5 2 27.3	11 26 55	3 19 33
22 234	27 32 52	23 59 18	13 26 3	7 19 19	3 38 18	25 15 54	13 43 24	18 17 46	6 28	12 37 37	30 21 31	5 2 27.2	11 31 54	2 38 4
23 235	28 56 15	23 26 54	14 4 31	7 32 22	3 40 15	25 14 38	13 41 46	18 16 50	6 28	12 42 15	30 21 59	5 2 27.1	11 36 46	1 57 1
24 236	0♍18 0	22 56 1	14 42 57	7 45 25	3 42 18	25 13 21	13 40 9	18 15 56	6 27	12 46 53	30 22 13	5 2 27.0	11 41 32	1 16 26
25 237	1 38 5	22 26 50	15 21 22	7 58 28	3 44 26	25 12 0	13 38 31	18 15 3	6 25	12 51 30	30 22 12	5 2 26.8	11 46 12	0 36 22
26 238	2 56 28	21 59 28	15 59 44	8 11 31	3 46 40	25 10 38	13 36 53	18 14 12	6 22	12 56 6	30 21 55	5 2 26.6	11 50 45	0S 3 9
27 239	4 13 6	21 34 5	16 38 5	8 24 34	3 48 59	25 9 13	13 35 14	18 13 22	6 18	13 0 42	30 21 23	5 2 26.5	11 55 12	0 42 3
28 240	5 27 55	21 10 47	17 16 25	8 37 37	3 51 23	25 7 46	13 33 36	18 12 33	6 14	13 5 17	30 20 36	5 2 26.3	11 59 32	1 20 17
29 241	6 40 52	20 49 41	17 54 42	8 50 40	3 53 53	25 6 16	13 31 57	18 11 46	6 11	13 9 52	30 19 39	5 2 26.2	12 3 45	1 57 49
30 242	7 51 52	20 30 50	18 32 58	9 3 43	3 56 29	25 4 44	13 30 18	18 11 1	6 08	13 14 27	30 18 34	5 2 26.2	12 7 51	2 34 34
31 243	9♍ 0 51	20♋14 20	19♋11 13	9♌16 45	3♏59 9	25♓ 3 10	13♒28 39	18♐10 17	6♍07	13 19 1	30 17 26	5 2 26.1	12 11 49	3S10 30

DAY Aug	♀ VENUS R.A. h m s	DECL ° ' "	♂ MARS R.A. h m s	DECL ° ' "	♃ JUPITER R.A. h m s	DECL ° ' "	♄ SATURN R.A. h m s	DECL ° ' "	♅ URANUS R.A. h m s	DECL ° ' "	♆ NEPTUNE R.A. h m s	DECL ° ' "	♇ PLUTO R.A. h m s	DECL ° ' "
1	10 0 39	6N36 57	7 47 43	22N 6 30	10 1 1	13N 3 6	15 46 0	17S50 25	1 16 42	7N23 48	22 44 24	8S51 45	18 58 29	20S48 29
2	9 59 17	6 30 12	7 50 29	21 59 45	10 1 49	12 58 45	15 45 59	17 50 39	1 16 41	7 23 40	22 44 19	8 52 17	18 58 23	20 48 45
3	9 57 46	6 24 23	7 53 15	21 52 50	10 2 38	12 54 22	15 45 59	17 50 54	1 16 39	7 23 31	22 44 14	8 52 49	18 58 18	20 49 0
4	9 56 7	6 19 29	7 56 1	21 45 44	10 3 27	12 49 58	15 46 0	17 51 10	1 16 38	7 23 21	22 44 9	8 53 22	18 58 13	20 49 16
5	9 54 21	6 15 32	7 58 45	21 38 30	10 4 16	12 45 32	15 46 0	17 51 27	1 16 36	7 23 9	22 44 3	8 53 55	18 58 7	20 49 31
6	9 52 28	6 12 32	8 1 30	21 31 6	10 5 6	12 41 6	15 46 1	17 51 45	1 16 34	7 22 57	22 43 58	8 54 29	18 58 2	20 49 46
7	9 50 28	6 10 30	8 4 14	21 23 32	10 5 55	12 36 39	15 46 3	17 52 5	1 16 33	7 22 43	22 43 53	8 55 2	18 57 57	20 50 1
8	9 48 21	6 9 25	8 6 58	21 15 49	10 6 44	12 32 11	15 46 5	17 52 26	1 16 30	7 22 29	22 43 47	8 55 37	18 57 52	20 50 17
9	9 46 10	6 9 18	8 9 41	21 7 57	10 7 34	12 27 42	15 46 7	17 52 49	1 16 28	7 22 13	22 43 42	8 56 11	18 57 46	20 50 32
10	9 43 53	6 10 7	8 12 24	20 59 56	10 8 23	12 23 13	15 46 10	17 53 12	1 16 26	7 21 57	22 43 36	8 56 46	18 57 41	20 50 47
11	9 41 32	6 11 52	8 15 7	20 51 46	10 9 13	12 18 42	15 46 13	17 53 37	1 16 23	7 21 39	22 43 31	8 57 21	18 57 37	20 51 2
12	9 39 8	6 14 31	8 17 49	20 43 27	10 10 2	12 14 11	15 46 16	17 54 4	1 16 20	7 21 21	22 43 25	8 57 56	18 57 32	20 51 17
13	9 36 42	6 18 2	8 20 31	20 34 59	10 10 52	12 9 38	15 46 20	17 54 31	1 16 17	7 21 1	22 43 19	8 58 31	18 57 27	20 51 31
14	9 34 14	6 22 23	8 23 12	20 26 23	10 11 41	12 5 5	15 46 24	17 55 0	1 16 14	7 20 40	22 43 14	8 59 7	18 57 22	20 51 46
15	9 31 45	6 27 32	8 25 53	20 17 39	10 12 31	12 0 31	15 46 29	17 55 30	1 16 11	7 20 19	22 43 8	8 59 43	18 57 18	20 52 1
16	9 29 16	6 33 26	8 28 34	20 8 45	10 13 21	11 55 57	15 46 34	17 56 1	1 16 7	7 19 56	22 43 2	9 0 20	18 57 13	20 52 16
17	9 26 49	6 40 2	8 31 14	19 59 44	10 14 10	11 51 22	15 46 39	17 56 34	1 16 3	7 19 32	22 42 56	9 0 56	18 57 9	20 52 30
18	9 24 23	6 47 17	8 33 53	19 50 34	10 15 0	11 46 46	15 46 45	17 57 7	1 16 0	7 19 7	22 42 50	9 1 33	18 57 4	20 52 45
19	9 22 0	6 55 6	8 36 32	19 41 17	10 15 50	11 42 10	15 46 51	17 57 42	1 15 56	7 18 42	22 42 44	9 2 9	18 57 0	20 52 59
20	9 19 41	7 3 27	8 39 11	19 31 51	10 16 40	11 37 33	15 46 58	17 58 18	1 15 51	7 18 15	22 42 38	9 2 46	18 56 56	20 53 13
21	9 17 26	7 12 16	8 41 49	19 22 18	10 17 29	11 32 55	15 47 5	17 58 55	1 15 47	7 17 47	22 42 32	9 3 23	18 56 52	20 53 27
22	9 15 17	7 21 28	8 44 27	19 12 37	10 18 19	11 28 17	15 47 12	17 59 34	1 15 43	7 17 19	22 42 26	9 4 0	18 56 48	20 53 41
23	9 13 13	7 31 0	8 47 5	19 2 48	10 19 9	11 23 38	15 47 20	18 0 13	1 15 38	7 16 49	22 42 20	9 4 38	18 56 44	20 53 55
24	9 11 16	7 40 48	8 49 42	18 52 51	10 19 59	11 18 59	15 47 28	18 0 54	1 15 33	7 16 19	22 42 14	9 5 15	18 56 40	20 54 9
25	9 9 27	7 50 48	8 52 18	18 42 48	10 20 48	11 14 20	15 47 37	18 1 36	1 15 28	7 15 48	22 42 8	9 5 52	18 56 36	20 54 23
26	9 7 45	8 0 56	8 54 55	18 32 37	10 21 38	11 9 40	15 47 46	18 2 19	1 15 23	7 15 16	22 42 2	9 6 30	18 56 33	20 54 36
27	9 6 11	8 11 9	8 57 30	18 22 19	10 22 28	11 5 0	15 47 55	18 3 3	1 15 18	7 14 43	22 41 56	9 7 7	18 56 29	20 54 50
28	9 4 46	8 21 23	9 0 6	18 11 53	10 23 17	11 0 19	15 48 5	18 3 48	1 15 12	7 14 9	22 41 49	9 7 45	18 56 26	20 55 3
29	9 3 31	8 31 35	9 2 41	18 1 21	10 24 7	10 55 37	15 48 15	18 4 34	1 15 7	7 13 34	22 41 43	9 8 23	18 56 23	20 55 17
30	9 2 24	8 41 41	9 5 15	17 50 42	10 24 56	10 50 56	15 48 25	18 5 21	1 15 1	7 12 58	22 41 37	9 9 0	18 56 20	20 55 30
31	9 1 27	8N51 38	9 7 49	17N39 56	10 25 46	10N46 14	15 48 36	18S 6 10	1 14 55	7N12 22	22 41 31	9S 9 38	18 56 17	20S55 43

SEPTEMBER 2015

DAY	SIDEREAL TIME h m s	☉ SUN LONG ° ' "	MOT ' "	R.A. h m s	DECL ° ' "
1 Tu	22 39 22	13♌17 56	58 2	10 39 36.6	8N28 18
2 W	22 43 19	14 15 58	58 4	10 43 14.1	8 6 34
3 Th	22 47 15	15 14 1	58 6	10 46 51.3	7 44 42
4 F	22 51 12	16 12 7	58 8	10 50 28.3	7 22 42
5 S	22 55 8	17 10 14	58 10	10 54 5.0	7 0 35
6 Su	22 59 5	18 8 24	58 12	10 57 41.5	6 38 21
7 M	23 3 1	19 6 36	58 14	11 1 17.9	6 16 0
8 Tu	23 6 58	20 4 49	58 16	11 4 54.0	5 53 33
9 W	23 10 55	21 3 5	58 18	11 8 30.0	5 31 1
10 Th	23 14 51	22 1 23	58 20	11 12 5.8	5 8 22
11 F	23 18 48	22 59 42	58 21	11 15 41.4	4 45 39
12 S	23 22 44	23 58 4	58 23	11 19 17.0	4 22 50
13 Su	23 26 41	24 56 27	58 25	11 22 52.4	3 59 57
14 M	23 30 37	25 54 52	58 27	11 26 27.8	3 37 0
15 Tu	23 34 34	26 53 19	58 29	11 30 3.1	3 13 58
16 W	23 38 30	27 51 48	58 31	11 33 38.3	2 50 53
17 Th	23 42 27	28 50 18	58 32	11 37 13.5	2 27 45
18 F	23 46 23	29 48 51	58 34	11 40 48.7	2 4 34
19 S	23 50 20	0♍47 25	58 36	11 44 23.9	1 41 21
20 Su	23 54 17	1 46 0	58 37	11 47 59.1	1 18 5
21 M	23 58 13	2 44 38	58 39	11 51 34.3	0 54 48
22 Tu	0 2 10	3 43 17	58 41	11 55 9.6	0 31 29
23 W	0 6 6	4 41 57	58 42	11 58 45.0	0 8 9
24 Th	0 10 3	5 40 40	58 44	12 2 20.4	0S15 12
25 F	0 13 59	6 39 24	58 46	12 5 56.0	0 38 34
26 S	0 17 56	7 38 9	58 48	12 9 31.7	1 1 55
27 Su	0 21 52	8 36 57	58 49	12 13 7.6	1 25 16
28 M	0 25 49	9 35 46	58 51	12 16 43.6	1 48 37
29 Tu	0 29 46	10 34 38	58 54	12 20 19.9	2 11 57
30 W	0 33 42	11♍33 32	58 56	12 23 56.4	2S35 16

DAY	☽ MOON AT 0 HOURS LONG ° ' "	12h MOT ° ' "	2DIF "	R.A. h m s	DECL ° ' "	☽ MOON AT 12 HOURS LONG ° ' "	12h MOT ° ' "	2DIF "	R.A. h m s	DECL ° ' "
1 Tu	14♓41 42	7 26 54	-107	0 36 43	3N 6 4	22♓ 8 36	7 22 56	-129	1 5 18	5N22 16
2 W	29 31 32	7 18 18	-146	1 33 49	7 32 14	6♈49 50	7 13 10	-159	2 2 17	9 33 53
3 Th	14♈ 3 1	7 7 41	-168	2 30 42	11 25 21	21 10 41	7 1 58	-172	2 59 6	13 5 8
4 F	28 12 40	6 56 11	-173	3 27 26	14 31 57	5♉ 8 51	6 50 26	-171	3 55 41	15 44 52
5 S	11♉59 16	6 44 47	-166	4 23 50	16 43 13	18 44 3	6 39 21	-159	4 51 48	17 26 39
6 Su	25 23 24	6 34 10	-151	5 19 35	17 55 2	1♊57 34	6 29 16	-142	5 47 5	18 8 31
7 M	8♊26 50	6 24 42	-132	6 14 17	18 7 27	14 51 31	6 20 27	-122	6 41 7	17 52 23
8 Tu	21 11 59	6 16 34	-112	7 7 33	17 23 59	27 28 32	6 13 0	-102	7 33 34	16 43 6
9 W	3♋41 32	6 9 46	-92	7 59 9	15 50 38	9♋51 19	6 6 52	-83	8 24 17	14 47 37
10 Th	15 58 10	6 4 15	-74	8 48 59	13 35 3	22 2 26	6 1 57	-65	9 13 16	12 14 1
11 F	28 4 22	5 59 55	-57	9 37 9	10 45 36	4♌ 4 17	5 58 10	-49	10 0 42	9 10 53
12 S	10♌ 2 27	5 56 40	-41	10 23 56	7 30 57	15 59 7	5 55 27	-33	10 46 54	5 46 51
13 Su	21 54 33	5 54 29	-25	11 9 40	3 59 39	27 49 2	5 53 47	-16	11 32 17	2 10 22
14 M	3♍42 49	5 53 23	-8	11 54 48	0 20 1	9♍36 12	5 53 16	1	12 17 17	1S30 24
15 Tu	15 29 29	5 53 28	11	12 39 48	3S19 54	21 22 57	5 54 0	21	13 2 24	5 7 28
16 W	27 16 57	5 54 53	32	13 25 10	6 52 9	3♎11 50	5 56 10	44	13 48 7	8 32 58
17 Th	9♎ 8 0	5 57 50	57	14 11 21	10 8 56	15 5 50	5 59 56	70	14 34 54	11 39 2
18 F	21 5 46	6 2 30	84	14 58 48	13 2 17	27 8 16	6 5 32	98	15 23 7	14 17 40
19 S	3♏13 48	6 9 3	113	15 47 53	15 24 9	9♏22 51	6 13 4	128	16 13 6	16 20 42
20 Su	15 35 55	6 17 34	142	16 38 48	17 6 19	21 53 29	6 22 34	157	17 4 59	17 40 1
21 M	28 16 2	6 28 1	170	17 31 38	18 0 51	4♐44 3	6 33 52	181	17 58 43	18 8 0
22 Tu	11♐17 55	6 40 5	191	18 26 13	18 0 43	17 58 0	6 46 34	197	18 54 5	17 38 28
23 W	24 44 34	6 53 14	201	19 21 40	17 0 55	1♑37 49	6 59 57	200	19 50 40	16 7 56
24 Th	8♑37 46	7 6 35	195	20 19 17	14 59 45	15 44 21	7 12 58	185	20 48 2	13 36 52
25 F	22 57 19	7 18 55	170	21 16 53	12 0 9	0♒16 14	7 24 18	150	21 45 47	10 10 50
26 S	7♒40 32	7 28 54	124	22 14 44	8 10 30	15 9 25	7 32 34	94	22 43 42	6 1 3
27 Su	22 42 0	7 35 12	61	23 12 41	3 44 42	0♓17 11	7 36 39	26	23 41 42	1 23 53
28 M	7♓53 51	7 36 54	-11	0 10 46	0N58 45	15 30 45	7 35 55	-48	0 39 52	3N20 31
29 Tu	23 6 40	7 33 44	-82	1 9 3	5 38 42	0♈40 24	7 30 26	-114	1 38 18	7 50 42
30 W	8♈10 50	7 26 8	-142	2 7 36	9N54 5	15♈36 58	7 20 59	-165	2 36 57	11N46 43

LUNAR INGRESSES
2 ☽ ♈ 0:47
4 ☽ ♉ 3:05
6 ☽ ♊ 8:24
8 ☽ ♋ 16:52
11 ☽ ♌ 3:51
13 ☽ ♍ 16:26
16 ☽ ♎ 5:31
18 ☽ ♏ 17:39
21 ☽ ♐ 3:14
23 ☽ ♑ 9:11
25 ☽ ♒ 11:33
27 ☽ ♓ 11:33
29 ☽ ♈ 10:56

PLANET INGRESSES
17 ♂ ♌ 1:39
18 ☉ ♍ 4:34

STATIONS
6 ♀ D 8:30
17 ☿ R 18:11
25 ♇ D 6:59

DATA FOR THE 1st AT 0 HOURS
JULIAN DAY 42246.5
☽ MEAN ☊ 7°♍ 6' 33"
OBLIQUITY 23° 26' 5"
DELTA T 73.4 SECONDS
NUTATION LONGITUDE 1.2"

DAY MO YR	☿ LONG ° ' "	♀ LONG ° ' "	♂ LONG ° ' "	♃ LONG ° ' "	♄ LONG ° ' "	♅ LONG ° ' "	♆ LONG ° ' "	♇ LONG ° ' "	☊ LONG ° '
1 244	10♍ 7 42	20♋ 0R12	19♋49 26	9♌29 48	4♏ 1 55	25♓ 1R33	13♒27R 0	18♐ 9R34	6♍07
2 245	11 12 19	19 48 29	20 27 37	9 42 50	4 4 46	24 59 55	13 25 21	18 8 53	6 08
3 246	12 14 36	19 39 12	21 5 47	9 55 51	4 7 43	24 58 14	13 23 43	18 8 14	6 10
4 247	13 14 25	19 32 21	21 43 55	10 8 52	4 10 45	24 56 31	13 22 4	18 7 36	6 11
5 248	14 11 36	19 27 55	22 22 2	10 21 53	4 13 51	24 54 46	13 20 25	18 7 0	6 12
6 249	15 6 1	19 25D53	23 0 7	10 34 53	4 17 3	24 52 59	13 18 46	18 6 25	6 11
7 250	15 57 28	19 26 13	23 38 11	10 47 53	4 20 21	24 51 10	13 17 8	18 5 52	6 11
8 251	16 45 45	19 28 54	24 16 14	11 0 51	4 23 43	24 49 19	13 15 29	18 5 21	6 09
9 252	17 30 40	19 33 51	24 54 15	11 13 49	4 27 10	24 47 27	13 13 51	18 4 52	6 07
10 253	18 11 59	19 41 3	25 32 14	11 26 46	4 30 42	24 45 32	13 12 13	18 4 24	6 05
11 254	18 49 25	19 50 27	26 10 12	11 39 42	4 34 20	24 43 35	13 10 36	18 3 57	6 03
12 255	19 22 42	20 1 58	26 48 8	11 52 37	4 38 2	24 41 37	13 8 59	18 3 33	6 01
13 256	19 51 32	20 15 34	27 26 2	12 5 30	4 41 49	24 39 37	13 7 22	18 3 10	6 00
14 257	20 15 37	20 31 10	28 3 55	12 18 23	4 45 41	24 37 35	13 5 46	18 2 49	6 00
15 258	20 34 36	20 48 44	28 41 46	12 31 14	4 49 37	24 35 32	13 4 10	18 2 29	6 00
16 259	20 48 8	21 8 12	29 19 36	12 44 4	4 53 38	24 33 27	13 2 35	18 2 12	6 01
17 260	20 55R53	21 29 29	29 57 24	12 56 52	4 57 44	24 31 20	13 1 0	18 1 56	6 01
18 261	20 57 30	21 52 33	0♌35 10	13 9 39	5 1 55	24 29 12	12 59 26	18 1 42	6 02
19 262	20 52 40	22 17 20	1 12 55	13 22 24	5 6 10	24 27 3	12 57 53	18 1 30	6 03
20 263	20 41 5	22 43 46	1 50 38	13 35 7	5 10 30	24 24 52	12 56 20	18 1 19	6 03
21 264	20 22 32	23 11 49	2 28 19	13 47 48	5 14 54	24 22 40	12 54 48	18 1 10	6 03
22 265	19 56 53	23 41 24	3 5 58	14 0 28	5 19 22	24 20 27	12 53 17	18 1 4	6 03
23 266	19 24 5	24 12 29	3 43 36	14 13 6	5 23 55	24 18 12	12 51 46	18 0 58	6 03
24 267	18 44 15	24 45 0	4 21 12	14 25 41	5 28 32	24 15 56	12 50 17	18 0 55	6 03
25 268	17 57 43	25 18 55	4 58 47	14 38 15	5 33 14	24 13 40	12 48 48	18 0D54	6 03
26 269	17 4 58	25 54 11	5 36 20	14 50 46	5 37 59	24 11 22	12 47 20	18 0 54	6 03
27 270	16 6 46	26 30 45	6 13 51	15 3 15	5 42 49	24 9 3	12 45 53	18 0 56	6 03
28 271	15 4 8	27 8 34	6 51 21	15 15 42	5 47 42	24 6 44	12 44 27	18 1 0	6 03
29 272	13 58 20	27 47 36	7 28 49	15 28 6	5 52 40	24 4 23	12 43 2	18 1 6	6 03
30 273	12♍50 50	28♋27 48	8♌ 6 16	15♌40 28	5♏57 41	24♓ 2 2	12♒41 38	18♐ 1 13	6♍03

DAY MO YR	A.S.S.I. h m s	S.S.R.Y. h m s	S.V.P. ♓ ° ' "	☿ MERCURY R.A. h m s	☿ MERCURY DECL ° ' "
1 244	13 23 34	30 15 17	5 2 26.1	12 15 40	3S45 33
2 245	13 28 8	30 15 16	5 2 26.1	12 19 23	4 19 39
3 246	13 32 41	30 14 20	5 2 26.0	12 22 58	4 52 44
4 247	13 37 13	30 13 34	5 2 25.9	12 26 24	5 24 43
5 248	13 41 45	30 12 58	5 2 25.8	12 29 41	5 55 31
6 249	13 46 18	30 12 33	5 2 25.6	12 32 48	6 25 3
7 250	13 50 49	30 12 19	5 2 25.5	12 35 44	6 53 13
8 251	13 55 21	30 12 15	5 2 25.3	12 38 30	7 19 55
9 252	13 59 52	30 12 21	5 2 25.2	12 41 3	7 45 1
10 253	14 4 23	30 12 37	5 2 25.1	12 43 24	8 8 24
11 254	14 8 54	30 13 2	5 2 25.0	12 45 32	8 29 56
12 255	14 13 25	30 13 36	5 2 25.0	12 47 24	8 49 26
13 256	14 17 56	30 14 17	5 2 25.0	12 49 1	9 6 46
14 257	14 22 26	30 15 5	5 2 25.0	12 50 21	9 21 44
15 258	14 26 57	30 15 59	5 2 25.0	12 51 23	9 34 8
16 259	14 31 27	30 16 56	5 2 25.0	12 52 6	9 43 46
17 260	14 35 58	30 17 54	5 2 24.9	12 52 29	9 50 24
18 261	14 40 28	30 18 50	5 2 24.9	12 52 30	9 53 49
19 262	14 44 58	30 19 41	5 2 24.8	12 52 9	9 53 47
20 263	14 49 29	30 20 24	5 2 24.7	12 51 25	9 50 3
21 264	14 53 59	30 20 54	5 2 24.6	12 50 16	9 42 24
22 265	14 58 29	30 21 10	5 2 24.4	12 48 44	9 30 40
23 266	15 3 0	30 21 11	5 2 24.3	12 46 47	9 14 41
24 267	15 7 31	30 20 55	5 2 24.1	12 44 27	8 54 23
25 268	15 12 2	30 20 25	5 2 24.0	12 41 45	8 29 45
26 269	15 16 33	30 19 41	5 2 24.0	12 38 43	8 0 56
27 270	15 21 4	30 18 46	5 2 23.9	12 35 25	7 28 10
28 271	15 25 35	30 17 45	5 2 23.9	12 31 54	6 51 51
29 272	15 30 7	30 16 41	5 2 23.9	12 28 14	6 12 33
30 273	15 34 39	30 15 37	5 2 23.9	12 24 30	5S31 0

DAY Sep	♀ VENUS R.A. h m s	DECL ° ' "	♂ MARS R.A. h m s	DECL ° ' "	♃ JUPITER R.A. h m s	DECL ° ' "	♄ SATURN R.A. h m s	DECL ° ' "
1	9 0 40	9N 1 25	9 10 23	17N29 4	10 26 36	10N41 32	15 48 47	18S 6 59
2	9 0 2	9 10 57	9 12 56	17 18 5	10 27 25	10 36 50	15 48 59	18 7 49
3	8 59 34	9 20 13	9 15 29	17 6 59	10 28 14	10 32 8	15 49 11	18 8 41
4	8 59 16	9 29 11	9 18 2	16 55 47	10 29 4	10 27 25	15 49 23	18 9 33
5	8 59 8	9 37 48	9 20 34	16 44 29	10 29 53	10 22 43	15 49 36	18 10 26
6	8 59 9	9 46 4	9 23 5	16 33 5	10 30 42	10 18 0	15 49 48	18 11 21
7	8 59 20	9 53 56	9 25 37	16 21 35	10 31 32	10 13 17	15 50 2	18 12 16
8	8 59 40	10 1 22	9 28 8	16 9 59	10 32 21	10 8 34	15 50 15	18 13 12
9	9 0 10	10 8 23	9 30 38	15 58 17	10 33 10	10 3 51	15 50 29	18 14 9
10	9 0 48	10 14 56	9 33 8	15 46 29	10 33 59	9 59 8	15 50 44	18 15 8
11	9 1 35	10 21 0	9 35 38	15 34 37	10 34 48	9 54 25	15 50 59	18 16 7
12	9 2 30	10 26 35	9 38 7	15 22 38	10 35 37	9 49 42	15 51 14	18 17 6
13	9 3 34	10 31 40	9 40 36	15 10 34	10 36 25	9 45 0	15 51 29	18 18 7
14	9 4 45	10 36 14	9 43 5	14 58 26	10 37 14	9 40 17	15 51 45	18 19 8
15	9 6 4	10 40 17	9 45 33	14 46 12	10 38 2	9 35 35	15 52 1	18 20 11
16	9 7 31	10 43 48	9 48 1	14 33 53	10 38 51	9 30 53	15 52 17	18 21 14
17	9 9 5	10 46 46	9 50 29	14 21 29	10 39 39	9 26 11	15 52 34	18 22 18
18	9 10 46	10 49 11	9 52 56	14 9 1	10 40 27	9 21 30	15 52 51	18 23 22
19	9 12 34	10 51 3	9 55 22	13 56 27	10 41 15	9 16 49	15 53 8	18 24 28
20	9 14 28	10 52 21	9 57 49	13 43 50	10 42 3	9 12 8	15 53 26	18 25 34
21	9 16 28	10 53 6	10 0 15	13 31 8	10 42 51	9 7 28	15 53 44	18 26 41
22	9 18 34	10 53 16	10 2 41	13 18 21	10 43 39	9 2 48	15 54 2	18 27 49
23	9 20 46	10 52 53	10 5 6	13 5 31	10 44 26	8 58 9	15 54 21	18 28 57
24	9 23 4	10 51 55	10 7 31	12 52 36	10 45 14	8 53 30	15 54 40	18 30 6
25	9 25 27	10 50 22	10 9 55	12 39 37	10 46 1	8 48 52	15 54 59	18 31 15
26	9 27 55	10 48 16	10 12 20	12 26 34	10 46 48	8 44 14	15 55 18	18 32 25
27	9 30 28	10 45 34	10 14 44	12 13 28	10 47 35	8 39 37	15 55 38	18 33 36
28	9 33 5	10 42 18	10 17 7	12 0 18	10 48 22	8 35 1	15 55 58	18 34 47
29	9 35 47	10 38 28	10 19 30	11 47 4	10 49 8	8 30 25	15 56 18	18 35 59
30	9 38 34	10N34 3	10 21 53	11N33 47	10 49 55	8N25 50	15 56 39	18S37 12

DAY Sep	♅ URANUS R.A. h m s	DECL ° ' "	♆ NEPTUNE R.A. h m s	DECL ° ' "	♇ PLUTO R.A. h m s	DECL ° ' "
1	1 14 49	7N11 44	22 41 25	9S10 16	18 56 14	20S55 56
2	1 14 43	7 11 6	22 41 19	9 10 53	18 56 11	20 56 8
3	1 14 37	7 10 27	22 41 12	9 11 31	18 56 8	20 56 21
4	1 14 31	7 9 48	22 41 6	9 12 8	18 56 5	20 56 34
5	1 14 24	7 9 7	22 41 0	9 12 46	18 56 3	20 56 46
6	1 14 18	7 8 26	22 40 54	9 13 23	18 56 1	20 56 58
7	1 14 11	7 7 44	22 40 48	9 14 0	18 55 58	20 57 10
8	1 14 4	7 7 2	22 40 42	9 14 37	18 55 56	20 57 22
9	1 13 57	7 6 18	22 40 35	9 15 14	18 55 54	20 57 34
10	1 13 50	7 5 34	22 40 29	9 15 51	18 55 52	20 57 46
11	1 13 43	7 4 50	22 40 23	9 16 28	18 55 50	20 57 57
12	1 13 35	7 4 4	22 40 17	9 17 4	18 55 49	20 58 9
13	1 13 28	7 3 18	22 40 11	9 17 41	18 55 47	20 58 20
14	1 13 20	7 2 32	22 40 5	9 18 17	18 55 46	20 58 31
15	1 13 13	7 1 45	22 39 59	9 18 53	18 55 44	20 58 42
16	1 13 5	7 0 57	22 39 53	9 19 29	18 55 43	20 58 53
17	1 12 57	7 0 8	22 39 47	9 20 4	18 55 42	20 59 3
18	1 12 49	6 59 20	22 39 41	9 20 39	18 55 41	20 59 14
19	1 12 41	6 58 30	22 39 36	9 21 14	18 55 40	20 59 24
20	1 12 33	6 57 40	22 39 30	9 21 49	18 55 40	20 59 34
21	1 12 25	6 56 50	22 39 24	9 22 23	18 55 39	20 59 44
22	1 12 17	6 55 59	22 39 18	9 22 57	18 55 39	20 59 54
23	1 12 8	6 55 8	22 39 13	9 23 31	18 55 38	21 0 4
24	1 12 0	6 54 17	22 39 7	9 24 4	18 55 38	21 0 13
25	1 11 51	6 53 25	22 39 1	9 24 37	18 55 38	21 0 22
26	1 11 43	6 52 32	22 38 56	9 25 10	18 55 38	21 0 32
27	1 11 34	6 51 40	22 38 50	9 25 42	18 55 39	21 0 41
28	1 11 25	6 50 47	22 38 45	9 26 14	18 55 39	21 0 49
29	1 11 17	6 49 53	22 38 40	9 26 46	18 55 39	21 0 58
30	1 11 8	6N49 0	22 38 34	9S27 17	18 55 40	21S 1 6

OCTOBER 2015

DAY	SIDEREAL TIME h m s	☉ SUN LONG	MOT	R.A. h m s	DECL	☽ MOON AT 0 HOURS LONG	12h MOT	2DIF	R.A. h m s	DECL	☽ MOON AT 12 HOURS LONG	12h MOT	2DIF	R.A. h m s	DECL
1 Th	0 37 39	12♍32 27	58 58	12 27 33.2	2S58 34	22♈57 57	7 15 9	-183	3 6 18	13N26 45	0♉13 6	7 8 49	-195	3 35 36	14N52 45
2 F	0 41 35	13 31 25	59 0	12 31 10.3	3 21 49	7♉21 54	7 2 9	-202	4 4 48	16 3 38	14 24 3	6 55 20	-205	4 33 50	16 58 45
3 S	0 45 32	14 30 25	59 3	12 34 47.7	3 45 3	21 19 22	6 48 30	-203	5 2 36	17 37 50	28 7 53	6 41 49	-197	5 31 3	18 0 55
4 Su	0 49 28	15 29 28	59 5	12 38 25.4	4 8 14	4♊49 41	6 35 23	-188	5 59 7	18 8 24	11♊25 4	6 29 17	-177	6 26 43	18 0 53
5 M	0 53 25	16 28 33	59 7	12 42 3.5	4 31 22	17 54 21	6 23 36	-163	6 53 50	17 39 12	24 17 57	6 18 23	-149	7 20 25	17 4 18
6 Tu	0 57 21	17 27 40	59 10	12 45 42.0	4 54 27	0♋36 20	6 13 40	-134	7 46 28	16 17 13	6♋49 59	6 9 28	-118	8 11 58	15 19 3
7 W	1 1 18	18 26 50	59 12	12 49 20.8	5 17 28	12 59 27	6 5 47	-103	8 36 58	14 10 55	19 5 14	6 2 38	-87	9 1 28	12 53 55
8 Th	1 5 15	19 26 1	59 14	12 53 0.1	5 40 26	25 7 52	5 59 58	-72	9 25 31	11 29 10	1♌ 7 50	5 57 48	-58	9 49 10	9 57 41
9 F	1 9 11	20 25 16	59 16	12 56 39.8	6 3 19	7♌ 5 38	5 56 6	-45	10 12 28	8 20 34	13 1 44	5 54 49	-32	10 35 29	6 38 47
10 S	1 13 8	21 24 32	59 18	13 0 19.9	6 26 7	18 56 33	5 53 57	-20	10 58 16	4 53 22	24 50 30	5 53 28	-10	11 20 53	3 5 16
11 Su	1 17 4	22 23 50	59 21	13 4 0.5	6 48 51	0♍43 58	5 53 19	1	11 43 24	1 15 29	6♍37 17	5 53 30	10	12 5 53	0S35 2
12 M	1 21 1	23 23 11	59 23	13 7 41.6	7 11 29	12 30 46	5 53 58	18	12 28 23	2S25 16	18 24 45	5 54 43	26	12 50 59	4 14 15
13 Tu	1 24 57	24 22 34	59 25	13 11 23.2	7 34 1	24 19 28	5 55 44	34	13 13 43	6 0 58	0♎15 12	5 57 0	41	13 36 39	7 44 23
14 W	1 28 54	25 21 58	59 27	13 15 5.3	7 56 27	6♎12 12	5 58 30	49	13 59 50	9 23 29	12 10 42	6 0 14	56	14 23 19	10 57 12
15 Th	1 32 50	26 21 25	59 29	13 18 47.9	8 18 46	18 10 56	6 2 13	63	14 47 8	12 24 29	24 13 10	6 4 27	71	15 11 19	13 44 15
16 F	1 36 47	27 20 54	59 31	13 22 31.1	8 40 58	0♏17 36	6 6 56	79	15 35 53	14 55 29	6♏24 32	6 9 41	87	16 0 51	15 57 8
17 S	1 40 43	28 20 24	59 33	13 26 14.8	9 3 3	12 34 13	6 12 43	95	16 26 14	16 48 14	18 46 56	6 16 3	105	16 52 0	17 27 51
18 Su	1 44 40	29 19 57	59 34	13 29 59.1	9 25 0	25 2 59	6 19 41	114	17 18 9	17 55 8	1♐22 40	6 23 38	124	17 44 39	18 9 22
19 M	1 48 37	0♎19 31	59 36	13 33 44.0	9 46 49	7♐46 18	6 27 55	133	18 11 27	18 9 56	14 14 13	6 32 31	142	18 38 32	17 56 22
20 Tu	1 52 33	1 19 7	59 38	13 37 29.5	10 8 29	20 46 44	6 37 25	151	19 5 49	17 28 24	27 24 9	6 42 35	159	19 33 18	16 45 56
21 W	1 56 30	2 18 45	59 39	13 41 15.6	10 30 0	4♑ 6 43	6 48 0	165	20 0 54	15 49 46	10♑54 43	6 53 35	169	20 28 40	14 38 14
22 Th	2 0 26	3 18 24	59 41	13 45 2.3	10 51 22	17 48 18	6 59 15	170	20 56 24	13 13 57	24 47 33	7 4 56	168	21 24 15	11 37 2
23 F	2 4 23	4 18 5	59 43	13 48 49.7	11 12 34	1♒52 29	7 10 29	163	21 52 10	9 48 38	9♒ 2 58	7 15 46	153	22 20 8	7 50 3
24 S	2 8 19	5 17 48	59 45	13 52 37.7	11 33 36	16 18 44	7 20 39	138	22 48 13	5 42 55	23 39 22	7 24 57	118	23 16 24	3 29 7
25 Su	2 12 16	6 17 32	59 46	13 56 26.5	11 54 27	1♓ 4 19	7 28 32	94	23 44 45	1 10 44	8♓32 51	7 31 14	66	0 13 17	1N 9 54
26 M	2 16 12	7 17 18	59 48	14 0 15.9	12 15 8	16 4 5	7 32 55	34	0 42 1	3N30 17	23 37 0	7 33 29	0	1 11 0	5 47 51
27 Tu	2 20 9	8 17 7	59 50	14 4 6.0	12 35 37	1♈10 28	7 32 53	-36	1 40 14	7 59 58	8♈43 21	7 31 5	-71	2 9 42	10 4 4
28 W	2 24 6	9 16 56	59 52	14 7 56.8	12 55 54	16 14 26	7 28 8	-105	2 39 23	11 57 47	23 42 34	7 24 6	-135	3 9 14	13 38 59
29 Th	2 28 2	10 16 48	59 54	14 11 48.5	13 16 0	1♉ 6 40	7 19 7	-162	3 39 11	15 5 51	8♉25 47	7 13 19	-183	4 9 8	16 17 3
30 F	2 31 59	11 16 43	59 56	14 15 40.9	13 35 53	15 39 6	7 6 55	-199	4 38 58	17 11 40	22 46 1	7 0 4	-209	5 8 36	17 49 17
31 S	2 35 55	12♎16 39	59 58	14 19 34.0	13S55 33	29♉46 4	6 52 59	-214	5 37 54	18N 9 54	6♊39 3	6 45 50	-213	6 6 46	18N13 57

LUNAR INGRESSES
1 ☽ ♉ 11:38
3 ☽ ♊ 15:20
5 ☽ ♋ 22:50
8 ☽ ♌ 9:44
10 ☽ ♍ 22:30
13 ☽ ♎ 11:29
15 ☽ ♏ 23:25
18 ☽ ♐ 9:24
20 ☽ ♑ 16:40
22 ☽ ♒ 20:50
24 ☽ ♓ 22:16
26 ☽ ♈ 22:08
28 ☽ ♉ 22:11
31 ☽ ♊ 0:24

PLANET INGRESSES
2 ♀ ♌ 4:43
18 ☉ ♎ 16:08
30 ☿ ♎ 6:05

STATIONS
9 ☿ D 14:59

DATA FOR THE 1st AT 0 HOURS
JULIAN DAY 42276.5
☽ MEAN ☊ 5♌ 31' 10"
OBLIQUITY 23° 26' 5"
DELTA T 73.4 SECONDS
NUTATION LONGITUDE -0.4"

DAY MO	YR	☿ LONG	♀ LONG	♂ LONG	♃ LONG	♄ LONG	♅ LONG	♆ LONG	♇ LONG	☊ LONG	A.S.S.I. h m s	S.S.R.Y. h m s	S.V.P. ♓	☿ MERCURY R.A. h m s	DECL
1	274	11♍43R18	29♋ 9 7	8♌43 41	15♌52 47	6♏ 2 47	23♓59R40	12♒40R15	18♐ 1 23	6♌02	15 39 11	30 14 35	5 2 23.8	12 20 50	4S48 3
2	275	10 37 30	29 51 32	9 21 5	16 5 4	6 7 56	23 57 17	12 38 53	18 1 34	6 01	15 43 44	30 13 39	5 2 23.7	12 17 18	4 4 38
3	276	9 35 14	0♌35 0	9 58 27	16 17 18	6 13 9	23 54 54	12 37 32	18 1 47	6 01	15 48 17	30 12 49	5 2 23.5	12 14 0	3 21 47
4	277	8 38 12	1 19 29	10 35 48	16 29 30	6 18 26	23 52 30	12 36 12	18 2 2	6 00	15 52 51	30 12 7	5 2 23.4	12 11 3	2 40 30
5	278	7 47 59	2 4 56	11 13 7	16 41 38	6 23 46	23 50 5	12 34 54	18 2 19	6 00	15 57 25	30 11 34	5 2 23.2	12 8 31	2 1 46
6	279	7 5 58	2 51 19	11 50 25	16 53 44	6 29 10	23 47 41	12 33 37	18 2 37	6 00	16 1 59	30 11 9	5 2 23.1	12 6 29	1 26 26
7	280	6 33 13	3 38 35	12 27 42	17 5 46	6 34 38	23 45 15	12 32 20	18 2 57	6 01	16 6 34	30 10 55	5 2 23.0	12 5 0	0 55 16
8	281	6 10 33	4 26 44	13 4 56	17 17 46	6 40 9	23 42 50	12 31 6	18 3 20	6 02	16 11 10	30 10 50	5 2 22.9	12 4 7	0 28 50
9	282	5 58D27	5 15 43	13 42 10	17 29 42	6 45 44	23 40 24	12 29 52	18 3 44	6 03	16 15 46	30 10 56	5 2 22.9	12 3 51	0 7 33
10	283	5 57 7	6 5 30	14 19 21	17 41 35	6 51 22	23 37 57	12 28 40	18 4 10	6 05	16 20 22	30 11 12	5 2 22.8	12 4 13	0N 8 19
11	284	6 6 28	6 56 3	14 56 31	17 53 24	6 57 4	23 35 31	12 27 29	18 4 37	6 05	16 24 59	30 11 39	5 2 22.8	12 5 12	0 18 41
12	285	6 26 15	7 47 22	15 33 39	18 5 10	7 2 49	23 33 5	12 26 20	18 5 7	6 05	16 29 37	30 12 15	5 2 22.8	12 6 46	0 23 33
13	286	6 55 58	8 39 23	16 10 46	18 16 53	7 8 37	23 30 38	12 25 12	18 5 38	6 04	16 34 16	30 13 1	5 2 22.8	12 8 55	0 23 6
14	287	7 35 1	9 32 5	16 47 50	18 28 31	7 14 28	23 28 12	12 24 5	18 6 11	6 02	16 38 55	30 13 54	5 2 22.8	12 11 36	0 17 33
15	288	8 22 42	10 25 28	17 24 53	18 40 6	7 20 22	23 25 46	12 23 0	18 6 46	5 59	16 43 34	30 14 52	5 2 22.7	12 14 46	0 7 11
16	289	9 18 13	11 19 30	18 1 54	18 51 37	7 26 20	23 23 20	12 21 57	18 7 23	5 56	16 48 15	30 15 53	5 2 22.6	12 18 22	0S 7 36
17	290	10 20 48	12 14 9	18 38 54	19 3 4	7 32 20	23 20 54	12 20 55	18 8 2	5 52	16 52 56	30 16 52	5 2 22.5	12 22 22	0 26 26
18	291	11 29 38	13 9 23	19 15 51	19 14 27	7 38 23	23 18 28	12 19 54	18 8 42	5 49	16 57 37	30 17 46	5 2 22.4	12 26 43	0 48 56
19	292	12 43 57	14 5 13	19 52 47	19 25 45	7 44 30	23 16 3	12 18 56	18 9 24	5 46	17 2 20	30 18 31	5 2 22.2	12 31 22	1 14 41
20	293	14 3 2	15 1 37	20 29 41	19 37 0	7 50 38	23 13 38	12 17 58	18 10 8	5 45	17 7 3	30 19 4	5 2 22.0	12 36 17	1 43 17
21	294	15 26 11	15 58 33	21 6 32	19 48 10	7 56 50	23 11 14	12 17 3	18 10 54	5 44	17 11 47	30 19 23	5 2 21.9	12 41 26	2 14 21
22	295	16 52 48	16 56 1	21 43 22	19 59 15	8 3 4	23 8 51	12 16 9	18 11 41	5 45	17 16 32	30 19 27	5 2 21.7	12 46 46	2 47 33
23	296	18 22 18	17 53 59	22 20 10	20 10 16	8 9 21	23 6 28	12 15 17	18 12 31	5 46	17 21 18	30 19 16	5 2 21.7	12 52 15	3 22 31
24	297	19 54 11	18 52 28	22 56 56	20 21 13	8 15 40	23 4 5	12 14 26	18 13 21	5 48	17 26 4	30 18 51	5 2 21.6	12 57 53	3 58 59
25	298	21 28 2	19 51 25	23 33 41	20 32 4	8 22 2	23 1 44	12 13 37	18 14 14	5 49	17 30 52	30 18 13	5 2 21.6	13 3 38	4 36 39
26	299	23 3 27	20 50 51	24 10 23	20 42 51	8 28 26	22 59 23	12 12 50	18 15 8	5 48	17 35 40	30 17 26	5 2 21.5	13 9 28	5 15 17
27	300	24 40 6	21 50 44	24 47 4	20 53 33	8 34 52	22 57 3	12 12 5	18 16 4	5 47	17 40 29	30 16 32	5 2 21.5	13 15 23	5 54 39
28	301	26 17 42	22 51 4	25 23 43	21 4 10	8 41 21	22 54 44	12 11 22	18 17 2	5 43	17 45 19	30 15 33	5 2 21.4	13 21 21	6 34 32
29	302	27 56 2	23 51 49	26 0 20	21 14 42	8 47 52	22 52 26	12 10 40	18 18 1	5 38	17 50 10	30 14 33	5 2 21.3	13 27 23	7 14 48
30	303	29 34 52	24 53 0	26 36 36	21 25 8	8 54 25	22 50 9	12 10 0	18 19 2	5 33	17 55 1	30 13 33	5 2 21.1	13 33 27	7 55 15
31	304	1♎14 2	25♌54 36	27♌13 29	21♌35 30	9♏ 1 0	22♓47 53	12♒ 9 22	18♐20 5	5♌27	17 59 55	30 12 35	5 2 20.9	13 39 33	8S35 46

DAY Oct	♀ VENUS R.A. h m s	DECL	♂ MARS R.A. h m s	DECL	♃ JUPITER R.A. h m s	DECL	♄ SATURN R.A. h m s	DECL	♅ URANUS R.A. h m s	DECL	♆ NEPTUNE R.A. h m s	DECL	♇ PLUTO R.A. h m s	DECL
1	9 41 24	10N29 3	10 24 16	11N20 26	10 50 41	8N21 16	15 57 0	18S38 25	1 10 59	6N48 6	22 38 29	9S27 48	18 55 41	21S 1 15
2	9 44 19	10 23 30	10 26 38	11 7 2	10 51 27	8 16 42	15 57 21	18 39 38	1 10 50	6 47 12	22 38 24	9 28 18	18 55 42	21 1 23
3	9 47 17	10 17 22	10 29 0	10 53 34	10 52 13	8 12 10	15 57 42	18 40 52	1 10 41	6 46 17	22 38 19	9 28 48	18 55 43	21 1 30
4	9 50 19	10 10 41	10 31 22	10 40 4	10 52 59	8 7 38	15 58 4	18 42 6	1 10 32	6 45 23	22 38 14	9 29 17	18 55 44	21 1 38
5	9 53 25	10 3 26	10 33 44	10 26 30	10 53 44	8 3 7	15 58 26	18 43 21	1 10 23	6 44 28	22 38 9	9 29 46	18 55 45	21 1 46
6	9 56 33	9 55 38	10 36 5	10 12 54	10 54 30	7 58 37	15 58 48	18 44 36	1 10 14	6 43 33	22 38 4	9 30 14	18 55 46	21 1 53
7	9 59 45	9 47 18	10 38 26	9 59 15	10 55 15	7 54 9	15 59 11	18 45 52	1 10 5	6 42 38	22 37 59	9 30 42	18 55 48	21 2 0
8	10 3 0	9 38 25	10 40 46	9 45 33	10 56 0	7 49 41	15 59 33	18 47 8	1 9 56	6 41 43	22 37 55	9 31 10	18 55 50	21 2 7
9	10 6 18	9 28 59	10 43 7	9 31 49	10 56 45	7 45 14	15 59 56	18 48 25	1 9 47	6 40 48	22 37 50	9 31 37	18 55 51	21 2 14
10	10 9 38	9 19 2	10 45 27	9 18 2	10 57 29	7 40 49	16 0 20	18 49 42	1 9 38	6 39 53	22 37 46	9 32 3	18 55 53	21 2 21
11	10 13 1	9 8 34	10 47 46	9 4 13	10 58 13	7 36 24	16 0 43	18 50 59	1 9 29	6 38 58	22 37 41	9 32 29	18 55 55	21 2 27
12	10 16 26	8 57 34	10 50 6	8 50 21	10 58 57	7 32 1	16 1 7	18 52 16	1 9 20	6 38 2	22 37 37	9 32 54	18 55 57	21 2 33
13	10 19 54	8 46 4	10 52 25	8 36 27	10 59 41	7 27 39	16 1 31	18 53 34	1 9 11	6 37 7	22 37 33	9 33 19	18 56 0	21 2 39
14	10 23 24	8 34 4	10 54 44	8 22 32	11 0 25	7 23 19	16 1 55	18 54 52	1 9 2	6 36 12	22 37 28	9 33 43	18 56 2	21 2 45
15	10 26 56	8 21 34	10 57 3	8 8 34	11 1 8	7 18 59	16 2 19	18 56 11	1 8 53	6 35 17	22 37 24	9 34 7	18 56 5	21 2 50
16	10 30 30	8 8 35	10 59 21	7 54 34	11 1 51	7 14 41	16 2 44	18 57 29	1 8 44	6 34 22	22 37 20	9 34 30	18 56 7	21 2 56
17	10 34 5	7 55 7	11 1 39	7 40 33	11 2 34	7 10 25	16 3 8	18 58 48	1 8 35	6 33 27	22 37 16	9 34 52	18 56 10	21 3 1
18	10 37 43	7 41 11	11 3 57	7 26 30	11 3 17	7 6 10	16 3 33	19 0 7	1 8 26	6 32 32	22 37 13	9 35 14	18 56 13	21 3 6
19	10 41 23	7 26 47	11 6 15	7 12 26	11 3 59	7 1 56	16 3 59	19 1 26	1 8 17	6 31 37	22 37 9	9 35 35	18 56 16	21 3 11
20	10 45 4	7 11 56	11 8 32	6 58 20	11 4 41	6 57 44	16 4 24	19 2 46	1 8 8	6 30 43	22 37 5	9 35 56	18 56 19	21 3 16
21	10 48 46	6 56 39	11 10 49	6 44 13	11 5 23	6 53 34	16 4 50	19 4 5	1 7 59	6 29 49	22 37 2	9 36 16	18 56 23	21 3 20
22	10 52 31	6 40 55	11 13 6	6 30 4	11 6 4	6 49 25	16 5 15	19 5 25	1 7 50	6 28 55	22 36 58	9 36 35	18 56 26	21 3 24
23	10 56 16	6 24 46	11 15 23	6 15 55	11 6 45	6 45 18	16 5 41	19 6 45	1 7 41	6 28 1	22 36 55	9 36 54	18 56 30	21 3 28
24	11 0 3	6 8 11	11 17 39	6 1 44	11 7 26	6 41 13	16 6 8	19 8 5	1 7 32	6 27 8	22 36 52	9 37 12	18 56 33	21 3 32
25	11 3 52	5 51 12	11 19 56	5 47 32	11 8 7	6 37 10	16 6 34	19 9 25	1 7 23	6 26 15	22 36 49	9 37 29	18 56 37	21 3 36
26	11 7 42	5 33 49	11 22 12	5 33 20	11 8 47	6 33 8	16 7 0	19 10 45	1 7 14	6 25 22	22 36 46	9 37 46	18 56 41	21 3 39
27	11 11 33	5 16 3	11 24 27	5 19 6	11 9 27	6 29 8	16 7 27	19 12 5	1 7 6	6 24 30	22 36 43	9 38 2	18 56 45	21 3 43
28	11 15 25	4 57 54	11 26 43	5 4 52	11 10 7	6 25 10	16 7 54	19 13 25	1 6 57	6 23 38	22 36 40	9 38 17	18 56 49	21 3 46
29	11 19 18	4 39 23	11 28 58	4 50 37	11 10 46	6 21 14	16 8 21	19 14 45	1 6 49	6 22 46	22 36 38	9 38 32	18 56 54	21 3 48
30	11 23 13	4 20 30	11 31 14	4 36 22	11 11 25	6 17 20	16 8 48	19 16 6	1 6 40	6 21 55	22 36 35	9 38 46	18 56 58	21 3 51
31	11 27 9	4N 1 16	11 33 29	4N22 6	11 12 4	6N13 28	16 9 15	19S17 26	1 6 32	6N21 4	22 36 33	9S38 59	18 57 3	21S 3 54

NOVEMBER 2015

DAY	SIDEREAL TIME h m s	☉ SUN LONG	MOT	R.A. h m s	DECL	☽ MOON AT 0 HOURS LONG	12h MOT	2DIF	R.A. h m s	DECL	☽ MOON AT 12 HOURS LONG	12h MOT	2DIF	R.A. h m s	DECL
1 Su	2 39 52	13♎16 37	60 1	14 23 28.0	14S14 59	13♊24 53	6 38 47	-208	6 35 6	18N 2 11	20♊ 3 39	6 31 58	-199	7 2 52	17N35 38
2 M	2 43 48	14 16 37	60 3	14 27 22.8	14 34 13	26 35 38	6 25 32	-186	7 30 0	16 55 27	3♋ 1 10	6 19 34	-171	7 56 28	16 2 55
3 Tu	2 47 45	15 16 40	60 5	14 31 18.4	14 53 12	9♋20 43	6 14 7	-154	8 22 19	14 59 23	15 34 51	6 9 17	-136	8 47 32	13 46 7
4 W	2 51 41	16 16 45	60 7	14 35 14.8	15 11 57	21 44 7	6 5 3	-117	9 12 11	12 24 23	27 49 10	6 1 29	-98	9 36 18	10 55 24
5 Th	2 55 38	17 16 51	60 9	14 39 12.1	15 30 26	3♌50 39	5 58 33	-78	9 59 57	9 20 18	9♌49 12	5 56 16	-59	10 23 13	7 40 8
6 F	2 59 35	18 17 0	60 11	14 43 10.2	15 48 41	15 45 28	5 54 36	-41	10 46 10	5 55 55	21 40 4	5 53 32	-24	11 8 52	4 8 37
7 S	3 3 31	19 17 11	60 13	14 47 9.1	16 6 40	27 33 36	5 53 1	-7	11 31 25	2 19 9	3♍26 37	5 53 3	8	11 53 52	0 28 28
8 Su	3 7 28	20 17 24	60 15	14 51 8.9	16 24 23	9♍19 40	5 53 33	22	12 16 19	1S22 32	15 13 12	5 54 29	34	12 38 49	3S12 56
9 M	3 11 24	21 17 39	60 17	14 55 9.6	16 41 49	21 7 41	5 55 48	45	13 1 28	5 1 45	27 3 29	5 57 28	54	13 24 18	6 48 0
10 Tu	3 15 21	22 17 56	60 19	14 59 11.1	16 58 59	3♎ 0 58	5 59 25	62	13 47 24	8 30 41	9♎ 0 23	6 1 37	69	14 10 49	10 8 42
11 W	3 19 17	23 18 14	60 20	15 3 13.4	17 15 51	15 2 0	6 4 1	74	14 34 35	11 40 57	21 6 1	6 6 34	78	14 58 45	13 6 20
12 Th	3 23 14	24 18 35	60 22	15 7 16.6	17 32 25	27 12 35	6 9 14	81	15 23 19	14 23 40	3♏21 49	6 11 59	84	15 48 20	15 31 50
13 F	3 27 10	25 18 57	60 24	15 11 20.7	17 48 41	9♏33 48	6 14 49	85	16 13 46	16 29 45	15 48 36	6 17 41	87	16 39 36	17 16 23
14 S	3 31 7	26 19 20	60 25	15 15 25.6	18 4 39	22 6 18	6 20 36	88	17 5 49	17 50 47	28 26 54	6 23 34	90	17 32 21	18 12 10
15 Su	3 35 4	27 19 46	60 27	15 19 31.4	18 20 18	4♐50 28	6 26 35	91	17 59 10	18 19 53	11♐17 2	6 29 39	94	18 26 12	18 13 29
16 M	3 39 0	28 20 12	60 28	15 23 38.0	18 35 38	17 46 41	6 32 49	96	18 53 23	17 52 44	24 19 30	6 36 4	100	19 20 39	17 17 38
17 Tu	3 42 57	29 20 40	60 30	15 27 45.4	18 50 37	0♑55 34	6 39 27	103	19 47 58	16 28 21	7♑35 1	6 42 57	107	20 15 15	15 25 20
18 W	3 46 53	0♏21 10	60 31	15 31 53.6	19 5 17	14 17 58	6 46 36	111	20 42 31	14 9 12	21 4 34	6 50 23	115	21 9 42	12 40 46
19 Th	3 50 50	1 21 40	60 32	15 36 2.7	19 19 36	27 54 57	6 54 17	118	21 36 51	11 1 4	4♒49 14	6 58 16	120	22 3 57	9 11 15
20 F	3 54 46	2 22 12	60 33	15 40 12.5	19 33 35	11♒47 30	7 2 17	120	22 31 2	7 12 42	18 49 46	7 6 15	117	22 58 10	5 6 54
21 S	3 58 43	3 22 45	60 34	15 44 23.1	19 47 12	25 56 1	7 10 5	112	23 25 22	2 55 33	3♓ 6 7	7 13 41	102	23 52 44	0 40 27
22 Su	4 2 39	4 23 19	60 36	15 48 34.6	20 0 27	10♓19 48	7 16 55	89	0 20 17	1N36 22	17 36 43	7 19 38	72	0 48 6	3N52 48
23 M	4 6 36	5 23 55	60 37	15 52 46.8	20 13 20	24 56 21	7 21 44	51	1 16 14	6 6 36	2♈18 5	7 23 3	27	1 44 42	8 15 25
24 Tu	4 10 33	6 24 32	60 38	15 56 59.7	20 25 51	9♈41 8	7 23 30	-1	2 13 33	10 16 56	17 4 38	7 22 59	-30	2 42 44	12 8 51
25 W	4 14 29	7 25 9	60 39	16 1 13.5	20 38 0	24 27 37	7 21 28	-61	3 12 15	13 48 59	1♉49 5	7 18 56	-90	3 42 2	15 15 27
26 Th	4 18 26	8 25 49	60 41	16 5 28.0	20 49 45	9♉ 8 1	7 15 26	-118	4 11 59	16 26 38	16 23 27	7 11 3	-143	4 42 0	17 21 23
27 F	4 22 22	9 26 29	60 42	16 9 43.3	21 1 7	23 34 29	7 5 53	-164	5 11 56	17 58 58	0♊40 22	7 0 5	-181	5 41 41	18 19 8
28 S	4 26 19	10 27 11	60 44	16 13 59.3	21 12 5	7♊40 26	6 53 49	-192	6 11 4	18 22 10	14 34 16	6 47 16	-198	6 40 0	18 8 41
29 Su	4 30 15	11 27 55	60 45	16 18 16.0	21 22 40	21 21 32	6 40 36	-199	7 8 22	17 39 43	28 2 8	6 33 59	-196	7 36 6	16 56 29
30 M	4 34 12	12♏28 40	60 47	16 22 33.4	21S32 50	4♋36 7	6 27 34	-188	8 3 9	16N 0 24	11♋ 3 41	6 21 28	-176	8 29 30	14N52 58

LUNAR INGRESSES
2 ☽ ♋ 6:20
4 ☽ ♌ 16:20
7 ☽ ♍ 4:59
9 ☽ ♎ 17:56
12 ☽ ♏ 5:27
14 ☽ ♐ 14:55
16 ☽ ♑ 22:19
19 ☽ ♒ 3:38
21 ☽ ♓ 6:49
23 ☽ ♈ 8:15
25 ☽ ♉ 9:02
27 ☽ ♊ 10:51
29 ☽ ♋ 15:34

PLANET INGRESSES
3 ♀ ♍ 22:12
4 ♂ ♍ 13:34
17 ☉ ♏ 15:36
17 ☿ ♏ 15:21
30 ♀ ♎ 20:35

STATIONS
18 ♆ D 16:32

DATA FOR THE 1st AT 0 HOURS
JULIAN DAY 42307.5
☽ MEAN ☊ 3°♍ 52' 36"
OBLIQUITY 23° 26' 5"
DELTA T 73.5 SECONDS
NUTATION LONGITUDE -1.5"

DAY MO YR	☿ LONG	♀ LONG	♂ LONG	♃ LONG	♄ LONG	♅ LONG	♆ LONG	♇ LONG	☊ LONG	A.S.S.I. h m s	S.S.R.Y. h m s	S.V.P. ♓	☿ MERCURY R.A. h m s	☿ DECL
1 305	2♎53 24	26♌56 34	27♌50 1	21♌45 46	9♏ 7 37	22♓45R39	12♒ 8R46	18♐21 9	5♍23	18 4 49	30 11 41	5 2 20.7	13 45 41	9S16 14
2 306	4 32 50	27 58 56	28 26 31	21 55 57	9 14 16	22 43 25	12 8 11	18 22 15	5 19	18 9 44	30 10 52	5 2 20.5	13 51 50	9 56 32
3 307	6 12 16	29 1 40	29 2 59	22 6 2	9 20 57	22 41 13	12 7 39	18 23 23	5 18	18 14 40	30 10 10	5 2 20.4	13 58 1	10 36 34
4 308	7 51 36	0♍ 4 46	29 39 25	22 16 1	9 27 40	22 39 2	12 7 8	18 24 32	5 18	18 19 37	30 9 37	5 2 20.3	14 4 13	11 16 16
5 309	9 30 46	1 8 12	0♍15 49	22 25 55	9 34 24	22 36 53	12 6 40	18 25 43	5 19	18 24 35	30 9 13	5 2 20.2	14 10 25	11 55 33
6 310	11 9 43	2 11 58	0 52 12	22 35 43	9 41 11	22 34 44	12 6 13	18 26 55	5 20	18 29 34	30 8 59	5 2 20.1	14 16 39	12 34 20
7 311	12 48 26	3 16 4	1 28 32	22 45 24	9 47 59	22 32 38	12 5 48	18 28 9	5 22	18 34 34	30 8 57	5 2 20.0	14 22 53	13 12 35
8 312	14 26 53	4 20 29	2 4 50	22 55 0	9 54 48	22 30 33	12 5 25	18 29 24	5 22	18 39 36	30 9 7	5 2 20.0	14 29 8	13 50 15
9 313	16 5 1	5 25 12	2 41 6	23 4 29	10 1 39	22 28 29	12 5 4	18 30 41	5 20	18 44 38	30 9 29	5 2 20.0	14 35 24	14 27 16
10 314	17 42 52	6 30 12	3 17 20	23 13 52	10 8 32	22 26 28	12 4 46	18 31 59	5 17	18 49 41	30 10 3	5 2 19.9	14 41 41	15 3 35
11 315	19 20 23	7 35 30	3 53 31	23 23 8	10 15 26	22 24 27	12 4 29	18 33 19	5 11	18 54 46	30 10 47	5 2 19.8	14 47 58	15 39 12
12 316	20 57 35	8 41 4	4 29 41	23 32 18	10 22 21	22 22 29	12 4 14	18 34 40	5 03	18 59 51	30 11 41	5 2 19.7	14 54 17	16 14 2
13 317	22 34 28	9 46 54	5 5 47	23 41 21	10 29 17	22 20 33	12 4 1	18 36 3	4 53	19 4 58	30 12 40	5 2 19.5	15 0 37	16 48 5
14 318	24 11 3	10 53 0	5 41 52	23 50 18	10 36 15	22 18 38	12 3 50	18 37 27	4 43	19 10 6	30 13 42	5 2 19.3	15 6 57	17 21 18
15 319	25 47 18	11 59 20	6 17 54	23 59 7	10 43 14	22 16 46	12 3 41	18 38 53	4 34	19 15 15	30 14 42	5 2 19.1	15 13 19	17 53 41
16 320	27 23 16	13 5 55	6 53 54	24 7 49	10 50 14	22 14 55	12 3 35	18 40 20	4 26	19 20 24	30 15 38	5 2 18.9	15 19 41	18 25 10
17 321	28 58 57	14 12 45	7 29 51	24 16 25	10 57 14	22 13 7	12 3 30	18 41 48	4 20	19 25 35	30 16 25	5 2 18.7	15 26 5	18 55 45
18 322	0♏34 22	15 19 48	8 5 45	24 24 52	11 4 16	22 11 20	12 3D28	18 43 18	4 16	19 30 47	30 17 1	5 2 18.6	15 32 30	19 25 24
19 323	2 9 31	16 27 4	8 41 38	24 33 13	11 11 18	22 9 36	12 3 27	18 44 49	4 15	19 36 0	30 17 25	5 2 18.4	15 38 57	19 54 5
20 324	3 44 25	17 34 34	9 17 27	24 41 26	11 18 21	22 7 54	12 3 29	18 46 21	4 15	19 41 14	30 17 35	5 2 18.3	15 45 24	20 21 47
21 325	5 19 5	18 42 16	9 53 14	24 49 32	11 25 25	22 6 14	12 3 32	18 47 55	4 16	19 46 29	30 17 32	5 2 18.2	15 51 53	20 48 29
22 326	6 53 33	19 50 10	10 28 58	24 57 29	11 32 29	22 4 36	12 3 38	18 49 30	4 16	19 51 45	30 17 16	5 2 18.2	15 58 24	21 14 10
23 327	8 27 48	20 58 17	11 4 40	25 5 20	11 39 34	22 3 1	12 3 46	18 51 6	4 14	19 57 1	30 16 49	5 2 18.1	16 4 56	21 38 47
24 328	10 1 53	22 6 35	11 40 19	25 13 2	11 46 39	22 1 28	12 3 55	18 52 43	4 10	20 2 19	30 16 12	5 2 18.0	16 11 29	22 2 19
25 329	11 35 48	23 15 6	12 15 56	25 20 36	11 53 45	21 59 57	12 4 7	18 54 21	4 03	20 7 38	30 15 27	5 2 17.8	16 18 4	22 24 46
26 330	13 9 34	24 23 47	12 51 30	25 28 2	12 0 51	21 58 29	12 4 21	18 56 1	3 54	20 12 58	30 14 35	5 2 17.6	16 24 40	22 46 6
27 331	14 43 12	25 32 40	13 27 1	25 35 21	12 7 58	21 57 3	12 4 37	18 57 42	3 43	20 18 19	30 13 39	5 2 17.4	16 31 18	23 6 17
28 332	16 16 43	26 41 43	14 2 30	25 42 31	12 15 4	21 55 40	12 4 55	18 59 24	3 32	20 23 40	30 12 40	5 2 17.2	16 37 57	23 25 19
29 333	17 50 7	27 50 57	14 37 57	25 49 32	12 22 11	21 54 19	12 5 15	19 1 7	3 22	20 29 3	30 11 40	5 2 16.9	16 44 38	23 43 9
30 334	19♏23 25	29♍ 0 22	15♍13 20	25♌56 25	12♏29 18	21♓53 1	12♒ 5 38	19♐ 2 51	3♍14	20 34 26	30 10 43	5 2 16.7	16 51 20	23S59 47

DAY Nov	♀ VENUS R.A. h m s	♀ DECL	♂ MARS R.A. h m s	♂ DECL	♃ JUPITER R.A. h m s	♃ DECL	♄ SATURN R.A. h m s	♄ DECL	♅ URANUS R.A. h m s	♅ DECL	♆ NEPTUNE R.A. h m s	♆ DECL	♇ PLUTO R.A. h m s	♇ DECL
1	11 31 5	3N41 42	11 35 44	4N 7 49	11 12 42	6N 9 38	16 9 43	19S18 46	1 6 23	6N20 14	22 36 30	9S39 12	18 57 7	21S 3 56
2	11 35 3	3 21 48	11 37 58	3 53 33	11 13 20	6 5 50	16 10 11	19 20 6	1 6 15	6 19 24	22 36 28	9 39 24	18 57 12	21 3 58
3	11 39 2	3 1 35	11 40 13	3 39 16	11 13 58	6 2 4	16 10 38	19 21 26	1 6 7	6 18 35	22 36 26	9 39 35	18 57 17	21 4 0
4	11 43 2	2 41 4	11 42 27	3 24 59	11 14 35	5 58 21	16 11 6	19 22 46	1 5 59	6 17 46	22 36 24	9 39 45	18 57 22	21 4 1
5	11 47 2	2 20 16	11 44 41	3 10 43	11 15 12	5 54 39	16 11 34	19 24 6	1 5 51	6 16 58	22 36 22	9 39 55	18 57 27	21 4 3
6	11 51 4	1 59 11	11 46 55	2 56 26	11 15 48	5 51 0	16 12 2	19 25 25	1 5 43	6 16 10	22 36 21	9 40 4	18 57 32	21 4 4
7	11 55 6	1 37 50	11 49 9	2 42 10	11 16 25	5 47 24	16 12 31	19 26 45	1 5 35	6 15 23	22 36 19	9 40 12	18 57 37	21 4 5
8	11 59 10	1 16 13	11 51 22	2 27 54	11 17 0	5 43 49	16 12 59	19 28 4	1 5 27	6 14 36	22 36 18	9 40 20	18 57 43	21 4 6
9	12 3 14	0 54 22	11 53 36	2 13 38	11 17 36	5 40 18	16 13 28	19 29 23	1 5 19	6 13 51	22 36 16	9 40 27	18 57 48	21 4 7
10	12 7 19	0 32 17	11 55 49	1 59 23	11 18 11	5 36 48	16 13 56	19 30 42	1 5 12	6 13 5	22 36 15	9 40 33	18 57 54	21 4 7
11	12 11 25	0 9 59	11 58 2	1 45 8	11 18 45	5 33 22	16 14 25	19 32 1	1 5 4	6 12 21	22 36 14	9 40 38	18 58 0	21 4 8
12	12 15 32	0S12 32	12 0 15	1 30 55	11 19 20	5 29 57	16 14 54	19 33 20	1 4 57	6 11 37	22 36 13	9 40 43	18 58 6	21 4 8
13	12 19 39	0 35 14	12 2 28	1 16 42	11 19 53	5 26 36	16 15 23	19 34 38	1 4 50	6 10 54	22 36 12	9 40 46	18 58 12	21 4 8
14	12 23 48	0 58 8	12 4 41	1 2 30	11 20 27	5 23 17	16 15 52	19 35 56	1 4 42	6 10 12	22 36 12	9 40 49	18 58 18	21 4 7
15	12 27 57	1 21 11	12 6 53	0 48 18	11 21 0	5 20 1	16 16 21	19 37 14	1 4 35	6 9 30	22 36 11	9 40 51	18 58 24	21 4 7
16	12 32 7	1 44 24	12 9 6	0 34 8	11 21 32	5 16 48	16 16 50	19 38 32	1 4 29	6 8 50	22 36 11	9 40 53	18 58 30	21 4 6
17	12 36 18	2 7 45	12 11 18	0 20 0	11 22 4	5 13 37	16 17 20	19 39 49	1 4 22	6 8 10	22 36 10	9 40 54	18 58 36	21 4 5
18	12 40 29	2 31 15	12 13 30	0 5 52	11 22 36	5 10 29	16 17 49	19 41 6	1 4 15	6 7 31	22 36 10	9 40 54	18 58 43	21 4 4
19	12 44 42	2 54 51	12 15 42	0S 8 14	11 23 7	5 7 25	16 18 18	19 42 23	1 4 9	6 6 52	22 36 10	9 40 53	18 58 49	21 4 3
20	12 48 55	3 18 34	12 17 53	0 22 19	11 23 38	5 4 23	16 18 48	19 43 39	1 4 2	6 6 15	22 36 10	9 40 51	18 58 56	21 4 1
21	12 53 9	3 42 23	12 20 5	0 36 24	11 24 8	5 1 24	16 19 17	19 44 55	1 3 56	6 5 38	22 36 10	9 40 49	18 59 3	21 4 0
22	12 57 24	4 6 16	12 22 16	0 50 23	11 24 38	4 58 29	16 19 47	19 46 11	1 3 50	6 5 3	22 36 11	9 40 46	18 59 9	21 3 58
23	13 1 40	4 30 14	12 24 28	1 4 23	11 25 7	4 55 36	16 20 16	19 47 26	1 3 44	6 4 28	22 36 11	9 40 42	18 59 16	21 3 56
24	13 5 56	4 54 15	12 26 39	1 18 21	11 25 36	4 52 47	16 20 46	19 48 41	1 3 38	6 3 54	22 36 12	9 40 37	18 59 23	21 3 54
25	13 10 14	5 18 19	12 28 50	1 32 17	11 26 4	4 50 1	16 21 16	19 49 56	1 3 33	6 3 21	22 36 12	9 40 32	18 59 30	21 3 51
26	13 14 32	5 42 25	12 31 1	1 46 12	11 26 32	4 47 18	16 21 45	19 51 10	1 3 27	6 2 49	22 36 13	9 40 25	18 59 37	21 3 49
27	13 18 52	6 6 31	12 33 12	2 0 4	11 26 59	4 44 38	16 22 15	19 52 23	1 3 22	6 2 18	22 36 14	9 40 18	18 59 44	21 3 46
28	13 23 12	6 30 39	12 35 23	2 13 54	11 27 26	4 42 1	16 22 45	19 53 37	1 3 17	6 1 48	22 36 15	9 40 10	18 59 52	21 3 43
29	13 27 33	6 54 45	12 37 33	2 27 43	11 27 52	4 39 28	16 23 15	19 54 49	1 3 12	6 1 19	22 36 17	9 40 2	18 59 59	21 3 40
30	13 31 56	7S18 51	12 39 44	2S41 28	11 28 18	4N36 58	16 23 45	19S56 2	1 3 7	6N 0 51	22 36 18	9S39 53	19 0 7	21S 3 37

DECEMBER 2015

DAY	SIDEREAL TIME h m s	☉ SUN LONG ° ' "	MOT ' "	R.A. h m s	DECL ° ' "	☽ MOON AT 0 HOURS LONG ° ' "	12h MOT ° ' "	2DIF	R.A. h m s	DECL ° ' "	☽ MOON AT 12 HOURS LONG ° ' "	12h MOT ° ' "	2DIF	R.A. h m s	DECL ° ' "
1 Tu	4 38 8	13♏29 26	60 48	16 26 51.5	21S42 36	17♋25 10	6 15 49	-162	8 55 11	13N35 39	23♋40 59	6 10 41	-145	9 20 13	12N 9 54
2 W	4 42 5	14 30 14	60 49	16 31 10.3	21 51 57	29 51 40	6 6 9	-126	9 44 39	10 37 5	5♌57 49	6 2 16	-106	10 8 34	8 58 28
3 Th	4 46 2	15 31 3	60 51	16 35 29.8	22 0 53	12♌ 0 5	5 59 4	-86	10 32 1	7 15 13	17 59 9	5 56 34	-64	10 55 5	5 28 24
4 F	4 49 58	16 31 54	60 52	16 39 49.9	22 9 23	23 55 43	5 54 46	-43	11 17 53	3 39 1	29 50 29	5 53 40	-23	11 40 28	1 48 2
5 S	4 53 55	17 32 46	60 54	16 44 10.6	22 17 28	5♍44 9	5 53 15	-3	12 2 56	0S 3 41	11♍37 24	5 53 30	17	12 25 23	1S55 15
6 Su	4 57 51	18 33 40	60 55	16 48 31.8	22 25 6	17 30 54	5 54 22	35	12 47 53	3 45 47	23 25 16	5 55 48	51	13 10 32	5 34 23
7 M	5 1 48	19 34 34	60 56	16 52 53.7	22 32 19	29 21 4	5 57 46	66	13 33 23	7 20 7	5♎18 50	6 0 12	79	13 56 32	9 2 1
8 Tu	5 5 44	20 35 30	60 57	16 57 16.0	22 39 5	11♎19 2	6 3 2	90	14 20 3	10 39 3	17 22 4	6 6 12	99	14 43 57	12 10 7
9 W	5 9 41	21 36 27	60 58	17 1 38.9	22 45 25	23 28 15	6 9 37	105	15 8 19	13 34 4	29 37 53	6 13 14	110	15 33 10	14 49 43
10 Th	5 13 37	22 37 26	60 59	17 6 2.3	22 51 18	5♏51 6	6 16 56	112	15 58 31	15 55 52	12♏ 8 2	6 20 41	112	16 24 22	16 51 20
11 F	5 17 34	23 38 25	61 0	17 10 26.0	22 56 44	18 28 43	6 24 23	110	16 50 40	17 34 59	24 53 5	6 27 59	106	17 17 25	18 5 48
12 S	5 21 31	24 39 25	61 1	17 14 50.2	23 1 42	1♐21 4	6 31 26	101	17 44 31	18 22 53	7♐52 29	6 34 41	95	18 11 55	18 25 36
13 Su	5 25 27	25 40 26	61 2	17 19 14.8	23 6 14	14 27 10	6 37 44	88	18 39 31	18 13 30	21 4 55	6 40 34	81	19 7 15	17 46 27
14 M	5 29 24	26 41 28	61 3	17 23 39.7	23 10 18	27 45 28	6 43 10	75	19 35 1	17 4 33	4♑28 38	6 45 34	70	20 2 44	16 8 13
15 Tu	5 33 20	27 42 30	61 3	17 28 4.9	23 13 54	11♑14 12	6 47 48	65	20 30 21	14 58 10	18 2 0	6 49 53	61	20 57 48	13 35 18
16 W	5 37 17	28 43 33	61 3	17 32 30.3	23 17 2	24 51 53	6 51 53	59	21 25 6	12 0 45	1♒43 46	6 53 48	57	21 52 12	10 15 49
17 Th	5 41 13	29 44 36	61 4	17 36 56.0	23 19 43	8♒37 34	6 55 42	57	22 19 9	8 21 57	15 33 16	6 57 35	56	22 45 58	6 20 42
18 F	5 45 10	0♐45 40	61 4	17 41 21.9	23 21 55	22 30 51	6 59 27	56	23 12 42	4 13 42	29 30 18	7 1 19	55	23 39 25	2 2 39
19 S	5 49 6	1 46 44	61 4	17 45 47.9	23 23 40	6♓31 37	7 3 9	54	0 6 11	0N10 39	13♓34 46	7 4 53	50	0 33 4	2N24 22
20 Su	5 53 3	2 47 48	61 5	17 50 14.0	23 24 56	20 39 39	7 6 29	45	1 0 8	4 36 35	27 46 8	7 7 52	37	1 27 28	6 45 22
21 M	5 57 0	3 48 53	61 5	17 54 40.3	23 25 44	4♈54 0	7 8 56	26	1 55 5	8 48 43	12♈ 2 56	7 9 36	13	2 23 4	10 44 38
22 Tu	6 0 56	4 49 58	61 5	17 59 6.5	23 26 4	19 12 32	7 9 47	-3	2 51 23	12 31 11	26 22 18	7 9 23	-22	3 20 5	14 6 29
23 W	6 4 53	5 51 3	61 6	18 3 32.9	23 25 56	3♉31 41	7 8 20	-42	3 49 5	15 28 48	10♉40 1	7 6 36	-62	4 18 21	16 36 39
24 Th	6 8 49	6 52 8	61 6	18 7 59.2	23 25 19	17 46 38	7 4 10	-83	4 47 47	17 28 52	24 50 48	7 1 3	-104	5 17 16	18 4 36
25 F	6 12 46	7 53 14	61 6	18 12 25.5	23 24 14	1♊51 50	6 57 16	-122	5 46 41	18 23 29	8♊49 7	6 52 55	-138	6 15 53	18 25 30
26 S	6 16 42	8 54 20	61 7	18 16 51.7	23 22 41	15 42 1	6 48 5	-151	6 44 46	18 11 6	22 30 6	6 42 53	-160	7 13 12	17 41 6
27 Su	6 20 39	9 55 26	61 7	18 21 17.8	23 20 40	29 12 59	6 37 26	-165	7 41 5	16 56 36	5♋50 25	6 31 53	-166	8 8 23	15 58 56
28 M	6 24 35	10 56 33	61 7	18 25 43.8	23 18 10	12♋22 18	6 26 22	-164	8 35 2	14 49 35	18 48 40	6 20 59	-157	9 1 2	13 30 3
29 Tu	6 28 32	11 57 41	61 8	18 30 9.7	23 15 13	25 9 39	6 15 52	-148	9 26 24	12 1 53	1♌25 31	6 11 7	-136	9 51 9	10 26 34
30 W	6 32 29	12 58 48	61 8	18 34 35.3	23 11 47	7♌36 38	6 6 49	-121	10 15 22	8 45 28	13 43 27	6 3 3	-104	10 39 5	6 59 54
31 Th	6 36 25	13♐59 56	61 9	18 39 0.8	23S 7 54	19♌46 30	5 59 52	-86	11 2 24	5N11 3	25♌46 21	5 57 19	-66	11 25 23	3N20 0

LUNAR INGRESSES
2 ☽ ♌ 0:16
4 ☽ ♍ 12:19
7 ☽ ♎ 1:19
9 ☽ ♏ 12:43
11 ☽ ♐ 21:30
14 ☽ ♑ 4:01
16 ☽ ♒ 8:59
18 ☽ ♓ 12:51
20 ☽ ♈ 15:45
22 ☽ ♉ 18:05
24 ☽ ♊ 20:48
27 ☽ ♋ 1:25
29 ☽ ♌ 9:15
31 ☽ ♍ 20:31

PLANET INGRESSES
6 ☿ ♐ 20:15
17 ☉ ♐ 6:03
25 ♂ ♎ 14:01
26 ♀ ♏ 3:20
27 ☿ ♑ 12:17

STATIONS
26 ♅ D 3:54

DATA FOR THE 1st AT 0 HOURS
JULIAN DAY 42337.5
☽ MEAN ☊ 2♍ 17' 13"
OBLIQUITY 23° 26' 4"
DELTA T 73.5 SECONDS
NUTATION LONGITUDE -1.6"

DAY MO YR	☿ LONG ° ' "	♀ LONG ° ' "	♂ LONG ° ' "	♃ LONG ° ' "	♄ LONG ° ' "	♅ LONG ° ' "	♆ LONG ° ' "	♇ LONG ° ' "	☊ LONG ° '	A.S.S.I. h m s	S.S.R.Y. h m s	S.V.P. ♓ ° ' "	☿ MERCURY R.A. h m s	DECL ° ' "
1 335	20♏56 39	0♎ 9 56	15♍48 41	26♌ 3 10	12♏36 24	21♓51R45	12♒ 6 2	19♐ 4 36	3♍09	20 39 50	30 9 48	5 2 16.5	16 58 4	24S15 10
2 336	22 29 48	1 19 40	16 23 59	26 9 45	12 43 31	21 50 32	12 6 28	19 6 22	3 06	20 45 16	30 9 1	5 2 16.4	17 4 48	24 29 19
3 337	24 2 52	2 29 33	16 58 56	26 16 12	12 50 38	21 49 22	12 6 56	19 8 9	3 05	20 50 42	30 8 21	5 2 16.3	17 11 34	24 42 10
4 338	25 35 53	3 39 35	17 34 26	26 22 30	12 57 44	21 48 15	12 7 27	19 9 57	3 05	20 56 8	30 7 50	5 2 16.2	17 18 21	24 53 44
5 339	27 8 49	4 49 46	18 9 36	26 28 39	13 4 51	21 47 10	12 7 59	19 11 46	3 05	21 1 36	30 7 31	5 2 16.1	17 25 9	25 3 59
6 340	28 41 42	6 0 6	18 44 42	26 34 39	13 11 57	21 46 8	12 8 34	19 13 36	3 04	21 7 4	30 7 24	5 2 16.0	17 31 58	25 12 52
7 341	0♐14 30	7 10 33	19 19 46	26 40 29	13 19 2	21 45 8	12 9 10	19 15 26	3 01	21 12 33	30 7 30	5 2 15.9	17 38 47	25 20 24
8 342	1 47 12	8 21 9	19 54 44	26 46 10	13 26 7	21 44 12	12 9 49	19 17 18	2 55	21 18 3	30 7 49	5 2 15.8	17 45 36	25 26 33
9 343	3 19 49	9 31 52	20 29 41	26 51 42	13 33 12	21 43 18	12 10 29	19 19 11	2 47	21 23 33	30 8 21	5 2 15.6	17 52 26	25 31 18
10 344	4 52 17	10 42 43	21 4 34	26 57 4	13 40 16	21 42 27	12 11 12	19 21 4	2 35	21 29 4	30 9 4	5 2 15.5	17 59 16	25 34 38
11 345	6 24 37	11 53 41	21 39 23	27 2 16	13 47 19	21 41 39	12 11 57	19 22 58	2 22	21 34 35	30 9 57	5 2 15.3	18 6 5	25 36 31
12 346	7 56 45	13 4 45	22 14 9	27 7 18	13 54 22	21 40 54	12 12 43	19 24 53	2 08	21 40 7	30 10 55	5 2 15.0	18 12 54	25 36 57
13 347	9 28 38	14 15 56	22 48 51	27 12 11	14 1 24	21 40 13	12 13 32	19 26 49	1 55	21 45 39	30 11 57	5 2 14.8	18 19 41	25 35 55
14 348	11 0 14	15 27 14	23 23 30	27 16 53	14 8 25	21 39 34	12 14 23	19 28 45	1 43	21 51 12	30 12 58	5 2 14.6	18 26 27	25 33 24
15 349	12 31 28	16 38 37	23 58 5	27 21 25	14 15 25	21 38 58	12 15 15	19 30 42	1 34	21 56 45	30 13 55	5 2 14.3	18 33 10	25 29 25
16 350	14 2 15	17 50 7	24 32 36	27 25 47	14 22 23	21 38 25	12 16 10	19 32 40	1 28	22 2 19	30 14 45	5 2 14.2	18 39 52	25 23 56
17 351	15 32 29	19 1 42	25 7 3	27 29 59	14 29 21	21 37 55	12 17 7	19 34 38	1 25	22 7 53	30 15 27	5 2 14.0	18 46 29	25 16 58
18 352	17 2 2	20 13 23	25 41 26	27 34 0	14 36 18	21 37 28	12 18 5	19 36 37	1 24	22 13 27	30 15 58	5 2 13.9	18 53 3	25 8 31
19 353	18 30 47	21 25 9	26 15 45	27 37 51	14 43 13	21 37 4	12 19 5	19 38 36	1 24	22 19 1	30 16 19	5 2 13.8	18 59 32	24 58 37
20 354	19 58 33	22 37 1	26 50 0	27 41 31	14 50 7	21 36 43	12 20 8	19 40 36	1 23	22 24 35	30 16 27	5 2 13.7	19 5 56	24 47 15
21 355	21 25 9	23 48 58	27 24 11	27 45 1	14 56 59	21 36 25	12 21 12	19 42 36	1 21	22 30 10	30 16 24	5 2 13.6	19 12 13	24 34 28
22 356	22 50 20	25 1 0	27 58 18	27 48 20	15 3 50	21 36 11	12 22 18	19 44 37	1 16	22 35 44	30 16 8	5 2 13.4	19 18 22	24 20 19
23 357	24 13 50	26 13 7	28 32 21	27 51 28	15 10 39	21 35 59	12 23 26	19 46 39	1 07	22 41 19	30 15 42	5 2 13.2	19 24 22	24 4 50
24 358	25 35 21	27 25 18	29 6 19	27 54 25	15 17 27	21 35 50	12 24 35	19 48 40	0 57	22 46 53	30 15 6	5 2 13.0	19 30 12	23 48 5
25 359	26 54 30	28 37 35	29 40 14	27 57 12	15 24 13	21 35 45	12 25 47	19 50 43	0 44	22 52 28	30 14 21	5 2 12.8	19 35 49	23 30 9
26 360	28 10 53	29 49 56	0♎14 4	27 59 48	15 30 58	21 35D43	12 27 0	19 52 45	0 31	22 58 3	30 13 29	5 2 12.5	19 41 12	23 11 8
27 361	29 24 0	1♏ 2 22	0 47 50	28 2 12	15 37 41	21 35 44	12 28 15	19 54 48	0 19	23 3 37	30 12 33	5 2 12.3	19 46 20	22 51 10
28 362	0♑33 20	2 14 53	1 21 32	28 4 26	15 44 21	21 35 47	12 29 32	19 56 51	0 09	23 9 11	30 11 34	5 2 12.1	19 51 9	22 30 22
29 363	1 38 14	3 27 27	1 55 9	28 6 29	15 51 0	21 35 54	12 30 50	19 58 54	0 02	23 14 45	30 10 34	5 2 11.9	19 55 36	22 8 55
30 364	2 38 1	4 40 6	2 28 42	28 8 20	15 57 37	21 36 5	12 32 11	20 0 58	29♌57	23 20 19	30 9 38	5 2 11.8	19 59 40	21 47 1
31 365	3♑31 55	5♏52 49	3♎ 2 10	28♌10 0	16♏ 4 12	21♓36 18	12♒33 33	20♐ 3 2	29♌55	23 25 52	30 8 46	5 2 11.6	20 3 18	21S24 52

DAY Dec	♀ VENUS R.A. h m s	DECL ° ' "	♂ MARS R.A. h m s	DECL ° ' "	♃ JUPITER R.A. h m s	DECL ° ' "	♄ SATURN R.A. h m s	DECL ° ' "	♅ URANUS R.A. h m s	DECL ° ' "	♆ NEPTUNE R.A. h m s	DECL ° ' "	♇ PLUTO R.A. h m s	DECL ° ' "
1	13 36 19	7S42 54	12 41 54	2S55 12	11 28 43	4N34 32	16 24 14	19S57 13	1 3 2	6N 0 24	22 36 20	9S39 43	19 0 14	21S 3 33
2	13 40 43	8 6 54	12 44 4	3 8 53	11 29 8	4 32 9	16 24 44	19 58 25	1 2 57	5 59 58	22 36 21	9 39 32	19 0 22	21 3 30
3	13 45 8	8 30 51	12 46 15	3 22 32	11 29 32	4 29 50	16 25 14	19 59 36	1 2 53	5 59 33	22 36 23	9 39 20	19 0 30	21 3 26
4	13 49 35	8 54 43	12 48 25	3 36 8	11 29 56	4 27 35	16 25 44	20 0 46	1 2 49	5 59 9	22 36 25	9 39 8	19 0 37	21 3 22
5	13 54 2	9 18 30	12 50 35	3 49 41	11 30 19	4 25 23	16 26 14	20 1 56	1 2 45	5 58 46	22 36 27	9 38 55	19 0 45	21 3 18
6	13 58 30	9 42 11	12 52 45	4 3 11	11 30 41	4 23 15	16 26 44	20 3 6	1 2 41	5 58 24	22 36 29	9 38 41	19 0 53	21 3 14
7	14 3 0	10 5 45	12 54 54	4 16 39	11 31 3	4 21 10	16 27 13	20 4 14	1 2 37	5 58 3	22 36 31	9 38 26	19 1 1	21 3 9
8	14 7 30	10 29 11	12 57 4	4 30 4	11 31 25	4 19 9	16 27 43	20 5 23	1 2 34	5 57 43	22 36 34	9 38 11	19 1 9	21 3 4
9	14 12 2	10 52 28	12 59 13	4 43 25	11 31 46	4 17 12	16 28 13	20 6 30	1 2 30	5 57 25	22 36 36	9 37 55	19 1 17	21 3 0
10	14 16 34	11 15 36	13 1 23	4 56 44	11 32 6	4 15 19	16 28 43	20 7 37	1 2 27	5 57 7	22 36 39	9 37 38	19 1 25	21 2 55
11	14 21 8	11 38 33	13 3 32	5 9 59	11 32 25	4 13 30	16 29 12	20 8 44	1 2 24	5 56 51	22 36 42	9 37 20	19 1 33	21 2 49
12	14 25 43	12 1 19	13 5 41	5 23 11	11 32 44	4 11 45	16 29 42	20 9 50	1 2 21	5 56 36	22 36 45	9 37 2	19 1 42	21 2 44
13	14 30 19	12 23 54	13 7 50	5 36 19	11 33 3	4 10 4	16 30 12	20 10 55	1 2 19	5 56 22	22 36 48	9 36 43	19 1 50	21 2 39
14	14 34 56	12 46 15	13 9 59	5 49 24	11 33 20	4 8 26	16 30 41	20 12 0	1 2 16	5 56 9	22 36 51	9 36 23	19 1 58	21 2 33
15	14 39 35	13 8 23	13 12 8	6 2 25	11 33 38	4 6 53	16 31 11	20 13 4	1 2 14	5 55 58	22 36 54	9 36 2	19 2 7	21 2 28
16	14 44 14	13 30 17	13 14 17	6 15 23	11 33 54	4 5 24	16 31 40	20 14 8	1 2 12	5 55 47	22 36 58	9 35 41	19 2 15	21 2 22
17	14 48 55	13 51 55	13 16 25	6 28 17	11 34 10	4 3 59	16 32 9	20 15 11	1 2 10	5 55 38	22 37 1	9 35 19	19 2 24	21 2 16
18	14 53 37	14 13 17	13 18 34	6 41 7	11 34 25	4 2 39	16 32 39	20 16 14	1 2 8	5 55 29	22 37 5	9 34 56	19 2 32	21 2 10
19	14 58 20	14 34 23	13 20 42	6 53 53	11 34 40	4 1 22	16 33 8	20 17 15	1 2 7	5 55 22	22 37 8	9 34 33	19 2 40	21 2 3
20	15 3 4	14 55 10	13 22 50	7 6 36	11 34 54	4 0 10	16 33 37	20 18 16	1 2 5	5 55 16	22 37 12	9 34 9	19 2 49	21 1 57
21	15 7 50	15 15 39	13 24 58	7 19 14	11 35 7	3 59 2	16 34 6	20 19 17	1 2 4	5 55 12	22 37 16	9 33 44	19 2 58	21 1 50
22	15 12 37	15 35 49	13 27 6	7 31 48	11 35 20	3 57 58	16 34 35	20 20 16	1 2 3	5 55 8	22 37 20	9 33 19	19 3 6	21 1 44
23	15 17 25	15 55 39	13 29 14	7 44 18	11 35 32	3 56 59	16 35 4	20 21 15	1 2 2	5 55 6	22 37 25	9 32 52	19 3 15	21 1 37
24	15 22 14	16 15 8	13 31 21	7 56 44	11 35 43	3 56 3	16 35 32	20 22 14	1 2 2	5 55 5	22 37 29	9 32 25	19 3 24	21 1 30
25	15 27 4	16 34 15	13 33 29	8 9 5	11 35 54	3 55 12	16 36 1	20 23 11	1 2 1	5 55 5	22 37 34	9 31 58	19 3 32	21 1 23
26	15 31 56	16 53 0	13 35 36	8 21 23	11 36 4	3 54 26	16 36 29	20 24 8	1 2 1	5 55 6	22 37 38	9 31 30	19 3 41	21 1 16
27	15 36 49	17 11 22	13 37 44	8 33 36	11 36 13	3 53 44	16 36 58	20 25 5	1 2 1	5 55 9	22 37 43	9 31 1	19 3 50	21 1 8
28	15 41 43	17 29 19	13 39 51	8 45 44	11 36 22	3 53 6	16 37 26	20 26 0	1 2 2	5 55 12	22 37 48	9 30 31	19 3 59	21 1 1
29	15 46 39	17 46 52	13 41 58	8 57 48	11 36 30	3 52 33	16 37 54	20 26 55	1 2 2	5 55 17	22 37 53	9 30 1	19 4 8	21 0 54
30	15 51 35	18 4 0	13 44 5	9 9 47	11 36 37	3 52 4	16 38 22	20 27 49	1 2 2	5 55 23	22 37 58	9 29 31	19 4 16	21 0 46
31	15 56 33	18S20 41	13 46 11	9S21 42	11 36 44	3N51 40	16 38 50	20S28 43	1 2 3	5N55 31	22 38 3	9S28 59	19 4 25	21S 0 38

JANUARY 2016

DAY	SIDEREAL TIME h m s	☉ SUN LONG ° ' "	MOT ' "	R.A. h m s	DECL ° ' "	☽ MOON AT 0 HOURS LONG ° ' "	12h MOT ° ' "	2DIF	R.A. h m s	DECL ° ' "	☽ MOON AT 12 HOURS LONG ° ' "	12h MOT ° ' "	2DIF	R.A. h m s	DECL ° ' "
1 F	6 40 22	15♑ 1 5	61 9	18 43 26.0	23S 3 33	1♍43 40	5 55 27	-46	11 48 7	1N27 46	7♍39 7	5 54 16	-25	12 10 41	0S24 43
2 S	6 44 18	16 2 14	61 9	18 47 50.9	22 58 44	13 33 23	5 53 47	-4	12 33 12	2S16 33	19 27 9	5 54 0	17	12 55 43	4 6 53
3 Su	6 48 15	17 3 23	61 10	18 52 15.6	22 53 28	25 21 10	5 54 55	38	13 18 21	5 54 50	1♎16 5	5 56 31	57	13 41 11	7 39 33
4 M	6 52 11	18 4 33	61 10	18 56 39.9	22 47 44	7♎12 36	5 58 44	76	14 4 16	9 20 7	13 11 20	6 1 34	93	14 27 42	10 55 33
5 Tu	6 56 8	19 5 43	61 10	19 1 3.8	22 41 33	19 12 53	6 4 56	108	14 51 33	12 24 52	25 17 49	6 8 46	121	15 15 52	13 46 59
6 W	7 0 4	20 6 53	61 10	19 5 27.4	22 34 55	1♏26 35	6 13 1	132	15 40 41	15 0 45	7♏39 36	6 17 35	140	16 6 3	16 4 59
7 Th	7 4 1	21 8 3	61 10	19 9 50.5	22 27 51	13 57 11	6 22 22	145	16 31 58	16 58 31	20 19 33	6 27 16	147	16 58 25	17 40 9
8 F	7 7 58	22 9 13	61 10	19 14 13.1	22 20 19	26 46 49	6 32 10	146	17 25 22	18 8 47	3♐18 59	6 36 59	141	17 52 47	18 23 26
9 S	7 11 54	23 10 23	61 10	19 18 35.3	22 12 22	9♐55 58	6 41 36	134	18 20 34	18 23 20	16 37 34	6 45 55	124	18 48 39	18 7 55
10 Su	7 15 51	24 11 33	61 10	19 22 57.0	22 3 58	23 23 29	6 49 52	112	19 16 55	17 36 57	0♑13 21	6 53 22	98	19 45 17	16 50 31
11 M	7 19 47	25 12 43	61 10	19 27 18.1	21 55 8	7♑ 6 42	6 56 23	83	20 13 38	15 49 4	14 3 6	6 58 54	68	20 41 55	14 33 21
12 Tu	7 23 44	26 13 53	61 9	19 31 38.6	21 45 53	21 2 0	7 0 55	53	21 10 2	13 4 29	28 2 55	7 2 27	39	21 37 57	11 23 48
13 W	7 27 40	27 15 2	61 9	19 35 58.6	21 36 13	5♒ 5 22	7 3 31	26	22 5 40	9 32 55	12♒ 8 53	7 4 12	15	22 33 9	7 33 33
14 Th	7 31 37	28 16 11	61 8	19 40 17.9	21 26 7	19 13 6	7 4 33	6	23 0 26	5 27 34	26 17 38	7 4 36	-2	23 27 34	3 16 54
15 F	7 35 33	29 17 19	61 7	19 44 36.5	21 15 36	3♓22 14	7 4 25	-8	23 54 34	1 3 30	10♓26 39	7 4 4	-13	0 21 32	1N10 41
16 S	7 39 30	0♒18 26	61 7	19 48 54.5	21 4 41	17 30 43	7 3 34	-17	0 48 30	3N23 42	24 34 18	7 2 57	-20	1 15 33	5 33 39
17 Su	7 43 27	1 19 32	61 6	19 53 11.8	20 53 22	1♈37 15	7 2 13	-24	1 42 43	7 38 41	8♈39 28	7 1 23	-27	2 10 5	9 36 59
18 M	7 47 23	2 20 38	61 5	19 57 28.3	20 41 39	15 40 50	7 0 24	-32	2 37 41	11 26 50	22 41 14	6 59 15	-37	3 5 32	13 6 34
19 Tu	7 51 20	3 21 43	61 4	20 1 44.2	20 29 33	29 40 30	6 57 55	-44	3 33 37	14 34 42	6♉38 25	6 56 21	-51	4 1 57	15 49 50
20 W	7 55 16	4 22 47	61 3	20 5 59.3	20 17 3	13♉34 46	6 54 31	-59	4 30 28	16 50 50	20 29 18	6 52 24	-69	4 59 7	17 36 47
21 Th	7 59 13	5 23 50	61 2	20 10 13.6	20 4 10	27 21 41	6 49 56	-79	5 27 49	18 7 4	4♊11 37	6 47 9	-88	5 56 28	18 21 21
22 F	8 3 9	6 24 53	61 2	20 14 27.2	19 50 55	10♊58 47	6 44 3	-98	6 24 57	18 19 42	17 42 50	6 40 38	-106	6 53 11	18 2 27
23 S	8 7 6	7 25 54	61 1	20 18 40.0	19 37 18	24 23 28	6 36 57	-114	7 21 4	17 30 17	1♋ 0 25	6 33 3	-120	7 48 31	16 44 9
24 Su	8 11 3	8 26 55	61 0	20 22 52.0	19 23 19	7♋33 27	6 28 58	-124	8 15 28	15 45 12	14 2 25	6 24 48	-125	8 41 53	14 34 44
25 M	8 14 59	9 27 55	60 59	20 27 3.3	19 8 58	20 27 13	6 20 37	-125	9 7 45	13 14 11	26 47 50	6 16 29	-122	9 33 2	11 45 0
26 Tu	8 18 56	10 28 55	60 59	20 31 13.8	18 54 16	3♌ 4 19	6 12 30	-116	9 57 50	10 8 37	9♌16 49	6 8 44	-109	10 22 7	8 26 27
27 W	8 22 52	11 29 53	60 58	20 35 23.4	18 39 14	15 25 33	6 5 16	-99	10 45 56	6 39 50	21 30 49	6 2 9	-87	11 9 23	4 50 2
28 Th	8 26 49	12 30 51	60 57	20 39 32.3	18 23 51	27 32 59	5 59 29	-73	11 32 30	2 58 12	3♍32 27	5 57 17	-58	11 55 23	1 5 28
29 F	8 30 45	13 31 49	60 57	20 43 40.4	18 8 8	9♍29 44	5 55 37	-41	12 18 5	0S47 12	15 25 21	5 54 32	-24	12 40 41	2S38 48
30 S	8 34 42	14 32 45	60 56	20 47 47.7	17 52 6	21 19 53	5 54 3	-5	13 3 17	4 28 27	27 13 56	5 54 12	14	13 25 57	6 15 16
31 Su	8 38 38	15♒33 41	60 55	20 51 54.2	17S35 44	3♎ 8 8	5 55 1	34	13 48 46	7S58 23	9♎ 3 9	5 56 29	54	14 11 47	9S36 55

LUNAR INGRESSES
3 ☽ ♎ 9:26
5 ☽ ♏ 21:12
8 ☽ ♐ 5:56
10 ☽ ♑ 11:37
12 ☽ ♒ 15:20
14 ☽ ♓ 18:17
16 ☽ ♈ 21:14
19 ☽ ♉ 0:34
21 ☽ ♊ 4:38
23 ☽ ♋ 10:10
25 ☽ ♌ 18:07
28 ☽ ♍ 4:54
30 ☽ ♎ 17:38

PLANET INGRESSES
13 ☿ ♐ 17:10
15 ☉ ♒ 16:46
19 ♀ ♐ 18:08

STATIONS
5 ☿ R 13:06
8 ♃ R 4:41
25 ☿ D 21:51

DATA FOR THE 1st AT 0 HOURS
JULIAN DAY 42368.5
☽ MEAN ☊ 0°♍ 38' 39"
OBLIQUITY 23° 26' 4"
DELTA T 73.6 SECONDS
NUTATION LONGITUDE -0.9"

DAY MO YR	☿ LONG ° ' "	♀ LONG ° ' "	♂ LONG ° ' "	♃ LONG ° ' "	♄ LONG ° ' "	♅ LONG ° ' "	♆ LONG ° ' "	♇ LONG ° ' "	☊ LONG ° '	A.S.S.I. h m s	S.S.R.Y. h m s	S.V.P. ♓ ° ' "	☿ MERCURY R.A. h m s	DECL ° ' "
1 1	4♑19 8	7♏ 5 36	3♎35 33	28♌11 28	16♏10 45	21♓36 34	12♒34 56	20♐ 5 6	29♌55	23 31 26	30 8 1	5 2 11.6	20 6 25	21S 2 45
2 2	4 58 45	8 18 27	4 8 51	28 12 46	16 17 15	21 36 54	12 36 22	20 7 10	29 55	23 36 58	30 7 28	5 2 11.5	20 8 58	20 40 55
3 3	5 29 53	9 31 22	4 42 5	28 13 51	16 23 44	21 37 16	12 37 49	20 9 15	29 55	23 42 31	30 7 5	5 2 11.4	20 10 54	20 19 40
4 4	5 51 38	10 44 20	5 15 13	28 14 46	16 30 10	21 37 42	12 39 17	20 11 19	29 53	23 48 3	30 6 54	5 2 11.3	20 12 10	19 59 20
5 5	6 3R 7	11 57 21	5 48 16	28 15 28	16 36 33	21 38 11	12 40 48	20 13 24	29 49	23 53 35	30 6 57	5 2 11.1	20 12 42	19 40 12
6 6	6 3 37	13 10 26	6 21 13	28 16 0	16 42 54	21 38 43	12 42 19	20 15 28	29 42	23 59 6	30 7 14	5 2 10.9	20 12 28	19 22 37
7 7	5 52 34	14 23 34	6 54 5	28 16 19	16 49 13	21 39 18	12 43 53	20 17 32	29 33	24 4 36	30 7 43	5 2 10.8	20 11 25	19 6 52
8 8	5 29 40	15 36 45	7 26 52	28 16R27	16 55 29	21 39 56	12 45 28	20 19 37	29 20	24 10 6	30 8 24	5 2 10.5	20 9 33	18 53 11
9 9	4 54 59	16 49 58	7 59 32	28 16 23	17 1 42	21 40 37	12 47 4	20 21 42	29 09	24 15 36	30 9 14	5 2 10.3	20 6 53	18 41 46
10 10	4 9 1	18 3 15	8 32 7	28 16 8	17 7 53	21 41 22	12 48 42	20 23 46	28 58	24 21 4	30 10 10	5 2 10.1	20 3 26	18 32 44
11 11	3 12 42	19 16 33	9 4 35	28 15 41	17 14 0	21 42 9	12 50 22	20 25 50	28 47	24 26 32	30 11 10	5 2 9.8	19 59 18	18 26 8
12 12	2 7 30	20 29 55	9 36 58	28 15 2	17 20 5	21 43 0	12 52 3	20 27 55	28 40	24 32 0	30 12 11	5 2 9.7	19 54 35	18 21 55
13 13	0 55 20	21 43 18	10 9 13	28 14 11	17 26 7	21 43 54	12 53 45	20 29 59	28 35	24 37 26	30 13 11	5 2 9.5	19 49 24	18 19 58
14 14	29♐38 27	22 56 44	10 41 23	28 13 9	17 32 5	21 44 50	12 55 29	20 32 2	28 32	24 42 52	30 14 6	5 2 9.4	19 43 55	18 20 7
15 15	28 19 19	24 10 11	11 13 26	28 11 55	17 38 1	21 45 50	12 57 14	20 34 6	28 32	24 48 17	30 14 56	5 2 9.3	19 38 19	18 22 9
16 16	27 0 27	25 23 41	11 45 22	28 10 30	17 43 53	21 46 53	12 59 0	20 36 9	28 33	24 53 41	30 15 37	5 2 9.2	19 32 45	18 25 49
17 17	25 44 13	26 37 13	12 17 12	28 8 54	17 49 42	21 47 59	13 0 48	20 38 12	28 33	24 59 4	30 16 9	5 2 9.2	19 27 24	18 30 54
18 18	24 32 46	27 50 46	12 48 55	28 7 6	17 55 28	21 49 7	13 2 37	20 40 15	28 32	25 4 27	30 16 30	5 2 9.0	19 22 23	18 37 10
19 19	23 27 47	29 4 21	13 20 30	28 5 6	18 1 10	21 50 19	13 4 27	20 42 17	28 29	25 9 48	30 16 38	5 2 8.9	19 17 51	18 44 23
20 20	22 30 37	0♐17 59	13 51 59	28 2 55	18 6 49	21 51 34	13 6 19	20 44 19	28 24	25 15 9	30 16 34	5 2 8.7	19 13 52	18 52 23
21 21	21 42 8	1 31 38	14 23 21	28 0 33	18 12 24	21 52 51	13 8 12	20 46 20	28 16	25 20 28	30 16 18	5 2 8.4	19 10 31	19 0 59
22 22	21 2 49	2 45 18	14 54 36	27 58 0	18 17 56	21 54 12	13 10 5	20 48 21	28 07	25 25 47	30 15 50	5 2 8.2	19 7 48	19 10 2
23 23	20 32 50	3 59 1	15 25 43	27 55 16	18 23 24	21 55 35	13 12 0	20 50 22	27 58	25 31 4	30 15 12	5 2 8.0	19 5 45	19 19 22
24 24	20 12 4	5 12 45	15 56 43	27 52 21	18 28 49	21 57 1	13 13 57	20 52 22	27 49	25 36 21	30 14 25	5 2 7.8	19 4 21	19 28 50
25 25	20 0D13	6 26 31	16 27 36	27 49 14	18 34 9	21 58 30	13 15 54	20 54 22	27 42	25 41 37	30 13 32	5 2 7.7	19 3 35	19 38 19
26 26	19 56 52	7 40 19	16 58 20	27 45 57	18 39 26	22 0 2	13 17 52	20 56 21	27 37	25 46 51	30 12 34	5 2 7.5	19 3 25	19 47 41
27 27	20 1 28	8 54 8	17 28 57	27 42 30	18 44 39	22 1 36	13 19 51	20 58 19	27 34	25 52 5	30 11 36	5 2 7.5	19 3 49	19 56 49
28 28	20 13 29	10 7 59	17 59 26	27 38 51	18 49 48	22 3 14	13 21 52	21 0 17	27 33	25 57 18	30 10 38	5 2 7.4	19 4 44	20 5 36
29 29	20 32 21	11 21 51	18 29 46	27 35 2	18 54 54	22 4 54	13 23 53	21 2 14	27 34	26 2 29	30 9 45	5 2 7.3	19 6 9	20 13 57
30 30	20 57 28	12 35 45	18 59 58	27 31 2	18 59 55	22 6 37	13 25 55	21 4 11	27 35	26 7 40	30 8 59	5 2 7.3	19 8 1	20 21 44
31 31	21♐28 20	13♐49 40	19♎30 2	27♌26 52	19♏ 4 52	22♓ 8 22	13♒27 59	21♐ 6 7	27♌37	26 12 50	30 8 22	5 2 7.2	19 10 17	20S28 54

DAY Jan	♀ VENUS R.A. h m s	DECL ° ' "	♂ MARS R.A. h m s	DECL ° ' "	♃ JUPITER R.A. h m s	DECL ° ' "	♄ SATURN R.A. h m s	DECL ° ' "	♅ URANUS R.A. h m s	DECL ° ' "	♆ NEPTUNE R.A. h m s	DECL ° ' "	♇ PLUTO R.A. h m s	DECL ° ' "
1	16 1 32	18S36 55	13 48 18	9S33 31	11 36 49	3N51 20	16 39 18	20S29 36	1 2 4	5N55 39	22 38 8	9S28 27	19 4 34	21S 0 30
2	16 6 33	18 52 42	13 50 24	9 45 16	11 36 55	3 51 5	16 39 45	20 30 28	1 2 5	5 55 49	22 38 13	9 27 55	19 4 43	21 0 23
3	16 11 34	19 8 0	13 52 31	9 56 56	11 36 59	3 50 55	16 40 13	20 31 19	1 2 7	5 55 59	22 38 19	9 27 22	19 4 52	21 0 15
4	16 16 37	19 22 49	13 54 37	10 8 31	11 37 3	3 50 49	16 40 40	20 32 10	1 2 8	5 56 11	22 38 24	9 26 48	19 5 1	21 0 6
5	16 21 41	19 37 8	13 56 43	10 20 1	11 37 6	3 50 47	16 41 7	20 32 59	1 2 10	5 56 25	22 38 30	9 26 13	19 5 10	20 59 58
6	16 26 46	19 50 56	13 58 48	10 31 26	11 37 8	3 50 50	16 41 34	20 33 48	1 2 12	5 56 39	22 38 36	9 25 38	19 5 18	20 59 50
7	16 31 52	20 4 13	14 0 54	10 42 46	11 37 10	3 50 58	16 42 1	20 34 37	1 2 14	5 56 55	22 38 42	9 25 3	19 5 27	20 59 41
8	16 36 59	20 16 59	14 2 59	10 54 0	11 37 11	3 51 10	16 42 27	20 35 24	1 2 16	5 57 12	22 38 48	9 24 27	19 5 36	20 59 33
9	16 42 7	20 29 12	14 5 4	11 5 9	11 37 11	3 51 27	16 42 54	20 36 11	1 2 19	5 57 30	22 38 54	9 23 50	19 5 45	20 59 25
10	16 47 16	20 40 51	14 7 9	11 16 13	11 37 11	3 51 48	16 43 20	20 36 58	1 2 21	5 57 49	22 39 0	9 23 13	19 5 54	20 59 16
11	16 52 26	20 51 58	14 9 14	11 27 11	11 37 9	3 52 15	16 43 46	20 37 43	1 2 24	5 58 9	22 39 6	9 22 35	19 6 3	20 59 7
12	16 57 37	21 2 29	14 11 18	11 38 4	11 37 7	3 52 45	16 44 11	20 38 28	1 2 27	5 58 31	22 39 12	9 21 57	19 6 12	20 58 59
13	17 2 49	21 12 27	14 13 22	11 48 51	11 37 5	3 53 20	16 44 37	20 39 12	1 2 31	5 58 53	22 39 19	9 21 18	19 6 20	20 58 50
14	17 8 2	21 21 48	14 15 26	11 59 32	11 37 1	3 54 0	16 45 2	20 39 55	1 2 34	5 59 17	22 39 25	9 20 39	19 6 29	20 58 41
15	17 13 15	21 30 34	14 17 30	12 10 8	11 36 57	3 54 45	16 45 28	20 40 37	1 2 38	5 59 42	22 39 32	9 19 59	19 6 38	20 58 33
16	17 18 29	21 38 44	14 19 34	12 20 38	11 36 53	3 55 33	16 45 52	20 41 19	1 2 42	6 0 8	22 39 38	9 19 19	19 6 47	20 58 24
17	17 23 44	21 46 16	14 21 37	12 31 2	11 36 47	3 56 27	16 46 17	20 42 0	1 2 46	6 0 36	22 39 45	9 18 38	19 6 56	20 58 15
18	17 29 0	21 53 12	14 23 40	12 41 20	11 36 41	3 57 24	16 46 42	20 42 40	1 2 50	6 1 4	22 39 52	9 17 57	19 7 5	20 58 6
19	17 34 16	21 59 30	14 25 42	12 51 33	11 36 34	3 58 27	16 47 6	20 43 19	1 2 54	6 1 33	22 39 59	9 17 15	19 7 13	20 57 57
20	17 39 33	22 5 10	14 27 45	13 1 39	11 36 26	3 59 33	16 47 30	20 43 58	1 2 59	6 2 4	22 40 6	9 16 33	19 7 22	20 57 48
21	17 44 51	22 10 12	14 29 47	13 11 40	11 36 18	4 0 44	16 47 54	20 44 35	1 3 4	6 2 36	22 40 13	9 15 50	19 7 31	20 57 38
22	17 50 9	22 14 35	14 31 48	13 21 35	11 36 9	4 1 59	16 48 17	20 45 12	1 3 9	6 3 9	22 40 20	9 15 7	19 7 39	20 57 29
23	17 55 27	22 18 19	14 33 50	13 31 24	11 36 0	4 3 19	16 48 40	20 45 49	1 3 14	6 3 43	22 40 27	9 14 24	19 7 48	20 57 20
24	18 0 46	22 21 24	14 35 51	13 41 7	11 35 49	4 4 42	16 49 3	20 46 24	1 3 19	6 4 18	22 40 35	9 13 40	19 7 56	20 57 11
25	18 6 5	22 23 50	14 37 52	13 50 43	11 35 38	4 6 10	16 49 26	20 46 59	1 3 24	6 4 54	22 40 42	9 12 56	19 8 5	20 57 2
26	18 11 24	22 25 36	14 39 52	14 0 14	11 35 27	4 7 43	16 49 49	20 47 33	1 3 30	6 5 31	22 40 49	9 12 11	19 8 13	20 56 53
27	18 16 44	22 26 43	14 41 52	14 9 39	11 35 14	4 9 19	16 50 11	20 48 6	1 3 36	6 6 9	22 40 57	9 11 26	19 8 22	20 56 44
28	18 22 4	22 27 9	14 43 52	14 18 57	11 35 1	4 10 59	16 50 33	20 48 39	1 3 42	6 6 48	22 41 4	9 10 41	19 8 30	20 56 35
29	18 27 24	22 26 56	14 45 51	14 28 9	11 34 48	4 12 44	16 50 54	20 49 10	1 3 48	6 7 29	22 41 12	9 9 55	19 8 39	20 56 25
30	18 32 44	22 26 2	14 47 50	14 37 15	11 34 33	4 14 32	16 51 16	20 49 41	1 3 54	6 8 10	22 41 20	9 9 9	19 8 47	20 56 16
31	18 38 4	22S24 28	14 49 49	14S46 15	11 34 18	4N16 24	16 51 37	20S50 11	1 4 1	6N 8 52	22 41 27	9S 8 23	19 8 55	20S56 7

FEBRUARY 2016

DAY	SIDEREAL TIME h m s	☉ SUN LONG ° ' "	SUN MOT ' "	SUN R.A. h m s	SUN DECL ° ' "	☽ MOON AT 0 HOURS LONG ° ' "	12h MOT ° ' "	2DIF "	R.A. h m s	DECL ° ' "	☽ MOON AT 12 HOURS LONG ° ' "	12h MOT ° ' "	2DIF "	R.A. h m s	DECL ° ' "
1 M	8 42 35	16♑34 36	60 55	20 55 59.9	17S19 4	14♎59 37	5 58 36	73	14 35 7	11S 9 58	20♎58 13	6 1 22	92	14 58 48	12S36 36
2 Tu	8 46 31	17 35 31	60 54	21 0 4.8	17 2 5	26 59 36	6 4 46	111	15 22 55	13 55 51	3♏ 4 21	6 8 45	127	15 47 30	15 6 42
3 W	8 50 28	18 36 25	60 53	21 4 8.9	16 44 48	9♏13 6	6 13 16	143	16 12 36	16 8 4	15 26 21	6 18 15	156	16 38 13	16 58 52
4 Th	8 54 25	19 37 17	60 52	21 8 12.2	16 27 13	21 44 36	6 23 38	166	17 4 23	17 38 1	28 8 14	6 29 19	173	17 31 5	18 4 27
5 F	8 58 21	20 38 9	60 51	21 12 14.7	16 9 21	4♐37 33	6 35 12	177	17 58 17	18 17 12	11♐12 45	6 41 9	178	18 25 55	18 15 24
6 S	9 2 18	21 39 0	60 50	21 16 16.4	15 51 13	17 53 54	6 47 3	174	18 53 57	17 58 25	24 40 56	6 52 45	166	19 22 16	17 25 51
7 Su	9 6 14	22 39 51	60 49	21 20 17.3	15 32 48	1♑33 41	6 58 8	155	19 50 47	16 37 39	8♑31 49	7 3 3	139	20 19 26	15 34 3
8 M	9 10 11	23 40 40	60 48	21 24 17.5	15 14 7	15 34 52	7 7 25	121	20 48 7	14 15 41	22 42 17	7 11 7	100	21 16 46	12 43 35
9 Tu	9 14 7	24 41 27	60 47	21 28 16.8	14 55 11	29 53 23	7 14 4	77	21 45 19	10 59 6	7♒ 7 28	7 16 15	53	22 13 44	9 3 52
10 W	9 18 4	25 42 14	60 45	21 32 15.3	14 35 59	14♒23 43	7 17 38	30	22 42 0	6 59 50	21 41 21	7 18 14	7	23 10 7	4 49 6
11 Th	9 22 0	26 42 59	60 44	21 36 13.1	14 16 33	28 59 36	7 18 6	-15	23 38 6	2 33 52	6♓17 41	7 17 16	-34	0 5 58	0 16 27
12 F	9 25 57	27 43 42	60 42	21 40 10.0	13 56 53	13♓34 57	7 15 49	-51	0 33 46	2N 0 53	20 50 47	7 13 51	-66	1 1 32	4N15 54
13 S	9 29 54	28 44 24	60 40	21 44 6.2	13 36 59	28 4 38	7 11 27	-78	1 29 19	6 26 27	5♈16 5	7 8 41	-87	1 57 8	8 30 31
14 Su	9 33 50	29 45 5	60 39	21 48 1.6	13 16 51	12♈24 46	7 5 40	-94	2 25 3	10 26 16	19 30 25	7 2 26	-99	2 53 4	12 11 59
15 M	9 37 47	0♒45 43	60 37	21 51 56.3	12 56 31	26 32 51	6 59 4	-102	3 21 12	13 46 13	3♉31 56	6 55 38	-104	3 49 26	15 7 39
16 Tu	9 41 43	1 46 20	60 35	21 55 50.2	12 35 58	10♉27 34	6 52 9	-105	4 17 44	16 15 16	17 19 43	6 48 39	-105	4 46 5	17 8 14
17 W	9 45 40	2 46 55	60 34	21 59 43.3	12 15 13	24 8 22	6 45 10	-104	5 14 24	17 46 2	0♊53 31	6 41 41	-104	5 42 38	18 8 23
18 Th	9 49 36	3 47 29	60 32	22 3 35.8	11 54 16	7♊35 12	6 38 15	-103	6 10 42	18 15 17	14 13 27	6 34 50	-102	6 38 33	18 7 0
19 F	9 53 33	4 48 0	60 30	22 7 27.5	11 33 9	20 48 16	6 31 27	-101	7 6 5	17 44 2	27 19 43	6 28 6	-100	7 33 14	17 7 8
20 S	9 57 29	5 48 30	60 28	22 11 18.5	11 11 50	3♋47 49	6 24 47	-98	7 59 59	16 17 14	10♋12 36	6 21 32	-97	8 26 17	15 15 23
21 Su	10 1 26	6 48 59	60 27	22 15 8.9	10 50 20	16 34 8	6 18 20	-95	8 52 6	14 2 47	22 52 28	6 15 12	-92	9 17 26	12 40 44
22 M	10 5 23	7 49 25	60 25	22 18 58.6	10 28 41	29 7 40	6 12 11	-89	9 42 18	11 10 30	5♌19 51	6 9 16	-85	10 6 44	9 33 26
23 Tu	10 9 19	8 49 50	60 23	22 22 47.6	10 6 52	11♌29 7	6 6 31	-80	10 30 44	7 50 49	17 35 38	6 3 56	-74	10 54 23	6 3 56
24 W	10 13 16	9 50 13	60 22	22 26 36.0	9 44 54	23 39 34	6 1 35	-67	11 17 43	4 14 1	29 41 9	5 59 29	-59	11 40 47	2 22 14
25 Th	10 17 12	10 50 35	60 20	22 30 23.8	9 22 47	5♍40 37	5 57 40	-49	12 3 40	0 29 42	11♍38 18	5 56 12	-39	12 26 24	1S22 31
26 F	10 21 9	11 50 55	60 19	22 34 11.1	9 0 31	17 34 29	5 55 6	-27	12 49 4	3S13 24	23 29 36	5 54 25	-14	13 11 45	5 1 58
27 S	10 25 5	12 51 13	60 17	22 37 57.7	8 38 7	29 24 1	5 54 11	0	13 34 29	6 47 19	5♎18 11	5 54 26	15	13 57 21	8 28 30
28 Su	10 29 2	13 51 30	60 16	22 41 43.9	8 15 36	11♎12 37	5 55 12	31	14 20 24	10 4 39	17 7 49	5 56 31	48	14 43 43	11 34 50
29 M	10 32 58	14♒51 46	60 14	22 45 29.5	7S52 57	23♎ 4 20	5 58 23	65	15 7 20	12S58 11	29♎ 2 43	6 0 50	82	15 31 19	14S13 46

LUNAR INGRESSES
2 ☽ ♏ 5:57
4 ☽ ♐ 15:28
6 ☽ ♑ 21:17
9 ☽ ♒ 0:11
11 ☽ ♓ 1:39
13 ☽ ♈ 3:12
15 ☽ ♉ 5:55
17 ☽ ♊ 10:25
19 ☽ ♋ 16:57
22 ☽ ♌ 1:41
24 ☽ ♍ 12:38
27 ☽ ♎ 1:13
29 ☽ ♏ 13:55

PLANET INGRESSES
9 ☿ ♑ 16:54
13 ♀ ♑ 2:30
14 ☉ ♒ 5:54
22 ♂ ♏ 12:20

STATIONS
NONE

DATA FOR THE 1st AT 0 HOURS
JULIAN DAY 42399.5
☽ MEAN ☊ 29°♌ 0' 5"
OBLIQUITY 23° 26' 5"
DELTA T 73.7 SECONDS
NUTATION LONGITUDE -0.6"

DAY MO YR	☿ LONG ° ' "	♀ LONG ° ' "	♂ LONG ° ' "	♃ LONG ° ' "	♄ LONG ° ' "	♅ LONG ° ' "	♆ LONG ° ' "	♇ LONG ° ' "	☊ LONG ° '	A.S.S.I. h m s	S.S.R.Y. h m s	S.V.P. ♓ ° ' "	☿ MERCURY R.A. h m s	☿ MERCURY DECL ° ' "
1 32	22♐ 4 26	15♐ 3 37	19♎59 56	27♌22R32	19♏ 9 45	22♓10 10	13♒30 3	21♐ 8 2	27♌37	26 17 58	30 7 56	5 2 7.1	19 12 56	20S35 22
2 33	22 45 18	16 17 35	20 29 41	27 18 2	19 14 33	22 12 1	13 32 8	21 9 56	27 37	26 23 6	30 7 42	5 2 7.0	19 15 55	20 41 2
3 34	23 30 30	17 31 34	20 59 17	27 13 22	19 19 18	22 13 55	13 34 14	21 11 50	27 35	26 28 13	30 7 40	5 2 6.8	19 19 12	20 45 52
4 35	24 19 38	18 45 34	21 28 44	27 8 32	19 23 57	22 15 51	13 36 20	21 13 43	27 31	26 33 18	30 7 52	5 2 6.7	19 22 47	20 49 47
5 36	25 12 22	19 59 36	21 58 0	27 3 33	19 28 33	22 17 49	13 38 28	21 15 35	27 26	26 38 23	30 8 15	5 2 6.5	19 26 37	20 52 46
6 37	26 8 22	21 13 38	22 27 7	26 58 24	19 33 4	22 19 51	13 40 36	21 17 26	27 19	26 43 27	30 8 50	5 2 6.3	19 30 41	20 54 44
7 38	27 7 22	22 27 41	22 56 3	26 53 6	19 37 30	22 21 54	13 42 45	21 19 16	27 13	26 48 29	30 9 35	5 2 6.1	19 34 57	20 55 40
8 39	28 9 6	23 41 46	23 24 49	26 47 39	19 41 52	22 24 0	13 44 54	21 21 6	27 08	26 53 31	30 10 27	5 2 5.9	19 39 25	20 55 32
9 40	29 13 21	24 55 50	23 53 23	26 42 4	19 46 9	22 26 9	13 47 5	21 22 54	27 04	26 58 32	30 11 26	5 2 5.8	19 44 3	20 54 18
10 41	0♑19 55	26 9 56	24 21 47	26 36 19	19 50 22	22 28 20	13 49 16	21 24 42	27 02	27 3 32	30 12 28	5 2 5.7	19 48 51	20 51 56
11 42	1 28 37	27 24 2	24 49 59	26 30 27	19 54 29	22 30 34	13 51 27	21 26 28	27 01	27 8 30	30 13 31	5 2 5.7	19 53 47	20 48 24
12 43	2 39 17	28 38 9	25 18 0	26 24 26	19 58 32	22 32 49	13 53 39	21 28 14	27 02	27 13 28	30 14 32	5 2 5.6	19 58 52	20 43 42
13 44	3 51 49	29 52 16	25 45 49	26 18 17	20 2 30	22 35 7	13 55 52	21 29 58	27 04	27 18 25	30 15 30	5 2 5.6	20 4 3	20 37 48
14 45	5 6 4	1♑ 6 23	26 13 26	26 12 1	20 6 22	22 37 28	13 58 5	21 31 42	27 05	27 23 20	30 16 20	5 2 5.5	20 9 21	20 30 42
15 46	6 21 56	2 20 31	26 40 51	26 5 38	20 10 10	22 39 50	14 0 18	21 33 24	27 06	27 28 15	30 17 2	5 2 5.4	20 14 45	20 22 22
16 47	7 39 19	3 34 39	27 8 3	25 59 7	20 13 53	22 42 15	14 2 32	21 35 5	27 06	27 33 9	30 17 32	5 2 5.3	20 20 14	20 12 49
17 48	8 58 9	4 48 48	27 35 3	25 52 30	20 17 31	22 44 42	14 4 46	21 36 45	27 04	27 38 2	30 17 49	5 2 5.1	20 25 48	20 2 0
18 49	10 18 22	6 2 57	28 1 51	25 45 47	20 21 3	22 47 11	14 7 1	21 38 24	27 02	27 42 54	30 17 54	5 2 4.9	20 31 27	19 49 56
19 50	11 39 53	7 17 6	28 28 25	25 38 57	20 24 30	22 49 43	14 9 16	21 40 2	26 59	27 47 45	30 17 45	5 2 4.7	20 37 10	19 36 37
20 51	13 2 40	8 31 16	28 54 46	25 32 1	20 27 53	22 52 16	14 11 31	21 41 38	26 55	27 52 35	30 17 23	5 2 4.6	20 42 57	19 22 2
21 52	14 26 41	9 45 26	29 20 53	25 25 0	20 31 9	22 54 51	14 13 47	21 43 14	26 52	27 57 25	30 16 51	5 2 4.5	20 48 48	19 6 10
22 53	15 51 52	10 59 36	29 46 47	25 17 53	20 34 21	22 57 28	14 16 3	21 44 48	26 49	28 2 13	30 16 8	5 2 4.4	20 54 41	18 49 2
23 54	17 18 11	12 13 47	0♏12 27	25 10 42	20 37 27	23 0 7	14 18 19	21 46 20	26 48	28 7 1	30 15 18	5 2 4.3	21 0 38	18 30 37
24 55	18 45 39	13 27 58	0 37 52	25 3 25	20 40 28	23 2 49	14 20 35	21 47 52	26 47	28 11 48	30 14 24	5 2 4.3	21 6 38	18 10 55
25 56	20 14 12	14 42 10	1 3 2	24 56 4	20 43 24	23 5 32	14 22 51	21 49 22	26 47	28 16 34	30 13 26	5 2 4.3	21 12 40	17 49 56
26 57	21 43 50	15 56 22	1 27 57	24 48 39	20 46 13	23 8 16	14 25 8	21 50 51	26 48	28 21 20	30 12 30	5 2 4.3	21 18 45	17 27 41
27 58	23 14 33	17 10 34	1 52 37	24 41 10	20 48 58	23 11 3	14 27 24	21 52 19	26 49	28 26 5	30 11 36	5 2 4.2	21 24 52	17 4 8
28 59	24 46 19	18 24 47	2 17 1	24 33 37	20 51 37	23 13 51	14 29 41	21 53 45	26 51	28 30 49	30 10 47	5 2 4.2	21 31 2	16 39 17
29 60	26♑19 9	19♑39 0	2♏41 8	24♌26 1	20♏54 10	23♓16 41	14♒31 57	21♐55 10	26♌52	28 35 32	30 10 6	5 2 4.1	21 37 14	16S13 10

DAY Feb	♀ VENUS R.A. h m s	♀ VENUS DECL ° ' "	♂ MARS R.A. h m s	♂ MARS DECL ° ' "	♃ JUPITER R.A. h m s	♃ JUPITER DECL ° ' "	♄ SATURN R.A. h m s	♄ SATURN DECL ° ' "	♅ URANUS R.A. h m s	♅ URANUS DECL ° ' "	♆ NEPTUNE R.A. h m s	♆ NEPTUNE DECL ° ' "	♇ PLUTO R.A. h m s	♇ PLUTO DECL ° ' "
1	18 43 24	22S22 15	14 51 47	14S55 8	11 34 3	4N18 21	16 51 58	20S50 41	1 4 8	6N 9 35	22 41 35	9S 7 36	19 9 3	20S55 58
2	18 48 44	22 19 21	14 53 45	15 3 55	11 33 47	4 20 21	16 52 18	20 51 9	1 4 14	6 10 20	22 41 43	9 6 49	19 9 12	20 55 49
3	18 54 4	22 15 47	14 55 42	15 12 36	11 33 30	4 22 24	16 52 38	20 51 37	1 4 21	6 11 5	22 41 51	9 6 2	19 9 20	20 55 40
4	18 59 23	22 11 33	14 57 39	15 21 10	11 33 12	4 24 31	16 52 58	20 52 4	1 4 28	6 11 51	22 41 59	9 5 14	19 9 28	20 55 31
5	19 4 42	22 6 39	14 59 35	15 29 38	11 32 54	4 26 42	16 53 18	20 52 31	1 4 36	6 12 38	22 42 7	9 4 26	19 9 36	20 55 22
6	19 10 1	22 1 5	15 1 31	15 37 59	11 32 36	4 28 57	16 53 37	20 52 57	1 4 43	6 13 27	22 42 15	9 3 38	19 9 44	20 55 13
7	19 15 20	21 54 52	15 3 26	15 46 14	11 32 17	4 31 14	16 53 56	20 53 22	1 4 51	6 14 16	22 42 23	9 2 50	19 9 51	20 55 4
8	19 20 38	21 48 0	15 5 21	15 54 23	11 31 57	4 33 35	16 54 15	20 53 46	1 4 59	6 15 6	22 42 31	9 2 1	19 9 59	20 54 55
9	19 25 55	21 40 29	15 7 15	16 2 25	11 31 37	4 36 0	16 54 33	20 54 9	1 5 7	6 15 57	22 42 39	9 1 12	19 10 7	20 54 46
10	19 31 13	21 32 18	15 9 8	16 10 20	11 31 16	4 38 27	16 54 51	20 54 32	1 5 15	6 16 48	22 42 47	9 0 23	19 10 15	20 54 37
11	19 36 29	21 23 30	15 11 1	16 18 9	11 30 54	4 40 57	16 55 8	20 54 54	1 5 23	6 17 41	22 42 55	8 59 34	19 10 22	20 54 29
12	19 41 45	21 14 3	15 12 53	16 25 51	11 30 33	4 43 31	16 55 26	20 55 15	1 5 31	6 18 35	22 43 4	8 58 44	19 10 30	20 54 20
13	19 47 0	21 3 58	15 14 45	16 33 27	11 30 10	4 46 7	16 55 43	20 55 36	1 5 40	6 19 29	22 43 12	8 57 54	19 10 37	20 54 11
14	19 52 15	20 53 16	15 16 36	16 40 56	11 29 47	4 48 46	16 55 59	20 55 55	1 5 48	6 20 24	22 43 20	8 57 5	19 10 45	20 54 3
15	19 57 28	20 41 56	15 18 26	16 48 19	11 29 24	4 51 27	16 56 15	20 56 14	1 5 57	6 21 20	22 43 29	8 56 15	19 10 52	20 53 54
16	20 2 41	20 30 0	15 20 16	16 55 35	11 29 0	4 54 11	16 56 31	20 56 33	1 6 6	6 22 17	22 43 37	8 55 24	19 10 59	20 53 46
17	20 7 53	20 17 28	15 22 5	17 2 45	11 28 36	4 56 57	16 56 47	20 56 50	1 6 15	6 23 15	22 43 46	8 54 34	19 11 6	20 53 38
18	20 13 5	20 4 19	15 23 53	17 9 48	11 28 12	4 59 46	16 57 2	20 57 7	1 6 25	6 24 13	22 43 54	8 53 44	19 11 13	20 53 29
19	20 18 15	19 50 36	15 25 40	17 16 45	11 27 47	5 2 36	16 57 17	20 57 23	1 6 34	6 25 12	22 44 2	8 52 53	19 11 20	20 53 21
20	20 23 24	19 36 18	15 27 27	17 23 36	11 27 22	5 5 29	16 57 31	20 57 39	1 6 43	6 26 12	22 44 11	8 52 2	19 11 27	20 53 13
21	20 28 33	19 21 25	15 29 13	17 30 20	11 26 56	5 8 23	16 57 45	20 57 54	1 6 53	6 27 13	22 44 19	8 51 12	19 11 34	20 53 5
22	20 33 40	19 5 59	15 30 58	17 36 58	11 26 30	5 11 19	16 57 59	20 58 8	1 7 3	6 28 15	22 44 28	8 50 21	19 11 41	20 52 58
23	20 38 47	18 49 59	15 32 42	17 43 29	11 26 4	5 14 17	16 58 12	20 58 21	1 7 12	6 29 17	22 44 36	8 49 30	19 11 47	20 52 50
24	20 43 53	18 33 27	15 34 25	17 49 54	11 25 37	5 17 16	16 58 25	20 58 34	1 7 22	6 30 20	22 44 45	8 48 39	19 11 54	20 52 42
25	20 48 57	18 16 22	15 36 7	17 56 13	11 25 10	5 20 17	16 58 37	20 58 46	1 7 33	6 31 23	22 44 53	8 47 48	19 12 0	20 52 35
26	20 54 1	17 58 46	15 37 49	18 2 26	11 24 43	5 23 19	16 58 49	20 58 57	1 7 43	6 32 27	22 45 2	8 46 57	19 12 6	20 52 28
27	20 59 3	17 40 39	15 39 29	18 8 32	11 24 15	5 26 23	16 59 1	20 59 8	1 7 53	6 33 32	22 45 11	8 46 6	19 12 13	20 52 20
28	21 4 5	17 22 2	15 41 9	18 14 32	11 23 48	5 29 27	16 59 12	20 59 18	1 8 3	6 34 37	22 45 19	8 45 15	19 12 19	20 52 13
29	21 9 5	17S 2 55	15 42 47	18S20 26	11 23 20	5N32 32	16 59 23	20S59 27	1 8 14	6N35 43	22 45 28	8S44 25	19 12 25	20S52 6

MARCH 2016

DAY	SIDEREAL TIME h m s	☉ SUN LONG ° ' "	MOT ' "	R.A. h m s	DECL ° ' "	☽ MOON AT 0 HOURS LONG ° ' "	12h MOT ° ' "	2DIF	R.A. h m s	DECL ° ' "	☽ MOON AT 12 HOURS LONG ° ' "	12h MOT ° ' "	2DIF	R.A. h m s	DECL ° ' "
1 Tu	10 36 55	15♓52 0	60 13	22 49 14.6	7S30 11	5♏ 3 33	6 3 52	100	15 55 41	15S20 41	11♏ 7 25	6 7 30	117	16 20 30	16S17 58
2 W	10 40 52	16 52 12	60 11	22 52 59.2	7 7 19	17 14 54	6 11 41	134	16 45 47	17 4 41	23 26 36	6 16 26	150	17 11 31	17 39 55
3 Th	10 44 48	17 52 23	60 10	22 56 43.3	6 44 20	29 43 2	6 21 41	164	17 37 43	18 2 45	6♐ 4 43	6 27 23	177	18 4 23	18 12 21
4 F	10 48 45	18 52 33	60 8	23 0 27.0	6 21 16	12♐32 6	6 33 29	187	18 31 27	18 7 59	19 5 35	6 39 51	194	18 58 55	17 49 3
5 S	10 52 41	19 52 41	60 6	23 4 10.3	5 58 6	25 45 26	6 46 25	198	19 26 42	17 15 9	2♑31 51	6 53 1	197	19 54 45	16 26 6
6 Su	10 56 38	20 52 47	60 5	23 7 53.2	5 34 52	9♑24 52	6 59 33	192	20 23 0	15 22 2	16 24 25	7 5 50	182	20 51 25	14 3 22
7 M	11 0 34	21 52 52	60 3	23 11 35.6	5 11 33	23 30 14	7 11 42	168	21 19 55	12 30 52	0♒41 56	7 17 1	149	21 48 29	10 45 40
8 Tu	11 4 31	22 52 55	60 1	23 15 17.7	4 48 9	7♒58 57	7 21 37	125	22 17 5	8 49 13	15 20 34	7 25 22	98	22 45 41	6 43 21
9 W	11 8 27	23 52 56	59 59	23 18 59.4	4 24 42	22 45 56	7 28 10	68	23 14 17	4 30 7	0♓14 6	7 29 55	37	23 42 53	2 11 50
10 Th	11 12 24	24 52 55	59 57	23 22 40.8	4 1 12	7♓44 1	7 30 36	4	0 11 30	0N 9 1	15 14 37	7 30 12	-27	0 40 10	2N29 52
11 F	11 16 20	25 52 52	59 55	23 26 21.8	3 37 38	22 44 49	7 28 46	-57	1 8 53	4 48 10	0♈13 35	7 26 22	-85	1 37 41	7 1 25
12 S	11 20 17	26 52 47	59 53	23 30 2.5	3 14 2	7♈39 57	7 23 7	-109	2 6 33	9 7 14	15 3 4	7 19 7	-129	2 35 31	11 3 29
13 Su	11 24 14	27 52 40	59 51	23 33 42.9	2 50 24	22 22 11	7 14 32	-144	3 4 32	12 48 17	29 36 43	7 9 30	-156	3 33 36	14 20 2
14 M	11 28 10	28 52 31	59 49	23 37 23.0	2 26 44	6♉46 12	7 4 9	-163	4 2 41	15 37 28	13♉50 22	6 58 38	-166	4 31 42	16 39 41
15 Tu	11 32 7	29 52 20	59 46	23 41 2.9	2 3 3	20 49 0	6 53 4	-166	5 0 35	17 26 6	27 42 4	6 47 34	-163	5 29 18	17 56 30
16 W	11 36 3	0♈52 6	59 44	23 44 42.5	1 39 21	4♊29 38	6 42 11	-158	5 57 44	18 10 56	11♊11 49	6 37 2	-151	6 25 51	18 9 47
17 Th	11 40 0	1 51 50	59 42	23 48 21.8	1 15 38	17 48 50	6 32 7	-143	6 53 34	17 53 39	24 20 58	6 27 31	-133	7 20 50	17 23 19
18 F	11 43 56	2 51 32	59 40	23 52 1.0	0 51 54	0♋48 29	6 23 14	-124	7 47 38	16 39 46	7♋11 43	6 19 17	-114	8 13 55	15 44 3
19 S	11 47 53	3 51 11	59 37	23 55 40.0	0 28 11	13 30 59	6 15 39	-104	8 39 42	14 37 20	19 46 39	6 12 22	-94	9 5 0	13 20 49
20 Su	11 51 49	4 50 48	59 35	23 59 18.8	0 4 29	25 59 0	6 9 23	-85	9 29 48	11 55 42	2♌ 8 23	6 6 43	-76	9 54 10	10 23 14
21 M	11 55 46	5 50 23	59 33	0 2 57.5	0N19 13	8♌15 6	6 4 20	-67	10 18 8	8 44 36	14 19 26	6 2 13	-58	10 41 44	7 1 1
22 Tu	11 59 43	6 49 56	59 31	0 6 36.0	0 42 54	20 21 39	6 0 23	-51	11 5 2	5 13 37	26 22 2	5 58 48	-44	11 28 5	3 23 34
23 W	12 3 39	7 49 27	59 29	0 10 14.5	1 6 33	2♍20 50	5 57 28	-36	11 50 57	1 31 57	8♍18 18	5 56 23	-29	12 13 41	0S20 10
24 Th	12 7 36	8 48 56	59 27	0 13 52.9	1 30 11	14 14 40	5 55 32	-21	12 36 20	2S11 43	20 10 13	5 54 57	-13	12 59 0	4 1 40
25 F	12 11 32	9 48 23	59 25	0 17 31.3	1 53 46	26 5 10	5 54 39	-5	13 21 42	5 49 2	1♎59 49	5 54 37	4	13 44 30	7 32 50
26 S	12 15 29	10 47 47	59 23	0 21 9.6	2 17 19	7♎54 25	5 54 53	13	14 7 28	9 12 6	13 49 18	5 55 29	23	14 30 39	10 45 52
27 Su	12 19 25	11 47 10	59 21	0 24 48.0	2 40 49	19 44 47	5 56 26	34	14 54 4	12 13 12	25 41 13	5 57 45	46	15 17 47	13 33 12
28 M	12 23 22	12 46 31	59 19	0 28 26.3	3 4 16	1♏38 57	5 59 28	58	15 41 50	14 44 55	7♏38 25	6 1 37	71	16 6 13	15 47 30
29 Tu	12 27 18	13 45 51	59 17	0 32 4.8	3 27 39	13 40 3	6 4 14	85	16 30 58	16 40 3	19 44 17	6 7 19	100	16 56 6	17 21 46
30 W	12 31 15	14 45 8	59 16	0 35 43.3	3 50 58	25 51 35	6 10 53	115	17 21 36	17 51 50	2♐ 2 28	6 14 57	129	17 47 27	18 9 33
31 Th	12 35 12	15♈44 23	59 14	0 39 21.8	4N14 13	8♐17 25	6 19 31	144	18 13 40	18S14 16	14♐36 56	6 24 34	158	18 40 11	18S 5 26

LUNAR INGRESSES			PLANET INGRESSES	STATIONS	DATA FOR THE 1st AT 0 HOURS
3 ☽ ♐ 0:32	13 ☽ ♉ 12:39	25 ☽ ♎ 7:57	2 ♀ ♒ 8:02	25 ♄ R 10:02	JULIAN DAY 42428.5
5 ☽ ♑ 7:32	15 ☽ ♊ 16:03	27 ☽ ♏ 20:41	8 ☿ ♒ 8:46		☽ MEAN ☊ 27°♌ 27' 53"
7 ☽ ♒ 10:50	17 ☽ ♋ 22:29	30 ☽ ♐ 8:03	15 ☉ ♈ 3:05		OBLIQUITY 23° 26' 5"
9 ☽ ♓ 11:37	20 ☽ ♌ 7:49		19 ☿ ♓ 10:12		DELTA T 73.7 SECONDS
11 ☽ ♈ 11:38	22 ☽ ♍ 19:17				NUTATION LONGITUDE -1.6"

DAY MO	YR	☿ LONG ° ' "	♀ LONG ° ' "	♂ LONG ° ' "	♃ LONG ° ' "	♄ LONG ° ' "	♅ LONG ° ' "	♆ LONG ° ' "	♇ LONG ° ' "	☊ LONG ° '	A.S.S.I. h m s	S.S.R.Y. h m s	S.V.P. ♓ ° ' "	☿ MERCURY R.A. h m s	DECL ° ' "
1	61	27♑53 2	20♑53 3	3♏ 4 59	24♌18R22	20♐56 38	23♈19 33	14♓34 14	21♑56 33	26♌53	28 40 15	30 9 35	5 2 4.0	21 43 27	15S45 46
2	62	29 27 58	22 7 27	3 28 32	24 10 41	20 59 0	23 22 27	14 36 31	21 57 55	26 53	28 44 57	30 9 13	5 2 3.9	21 49 43	15 17 5
3	63	1♒ 3 58	23 21 41	3 51 48	24 2 57	21 1 16	23 25 22	14 38 47	21 59 16	26 53	28 49 39	30 9 4	5 2 3.8	21 56 1	14 47 7
4	64	2 41 2	24 35 55	4 14 46	23 55 12	21 3 27	23 28 18	14 41 4	22 0 35	26 52	28 54 20	30 9 6	5 2 3.6	22 2 20	14 15 52
5	65	4 19 10	25 50 10	4 37 25	23 47 24	21 5 32	23 31 17	14 43 20	22 1 52	26 51	28 59 0	30 9 21	5 2 3.4	22 8 42	13 43 21
6	66	5 58 22	27 4 24	4 59 45	23 39 35	21 7 31	23 34 16	14 45 36	22 3 9	26 50	29 3 40	30 9 47	5 2 3.3	22 15 5	13 9 34
7	67	7 38 40	28 18 39	5 21 46	23 31 46	21 9 24	23 37 18	14 47 52	22 4 23	26 50	29 8 20	30 10 25	5 2 3.2	22 21 30	12 34 30
8	68	9 20 3	29 32 53	5 43 26	23 23 56	21 11 11	23 40 20	14 50 8	22 5 36	26 49	29 12 59	30 11 35	5 2 3.1	22 27 57	11 58 11
9	69	11 2 33	0♒47 8	6 4 46	23 16 5	21 12 53	23 43 24	14 52 24	22 6 48	26 49	29 17 37	30 12 9	5 2 3.1	22 34 27	11 20 36
10	70	12 46 11	2 1 22	6 25 45	23 8 15	21 14 28	23 46 30	14 54 39	22 7 58	26 49	29 22 15	30 13 11	5 2 3.1	22 40 58	10 41 47
11	71	14 30 57	3 15 36	6 46 23	23 0 25	21 15 57	23 49 36	14 56 54	22 9 6	26 49	29 26 53	30 14 17	5 2 3.1	22 47 31	10 1 43
12	72	16 16 51	4 29 50	7 6 39	22 52 37	21 17 21	23 52 44	14 59 9	22 10 13	26 49	29 31 30	30 15 23	5 2 3.1	22 54 7	9 20 25
13	73	18 3 55	5 44 4	7 26 32	22 44 49	21 18 38	23 55 53	15 1 23	22 11 18	26 49	29 36 7	30 16 25	5 2 3.0	23 0 44	8 37 53
14	74	19 52 10	6 58 17	7 46 3	22 37 3	21 19 50	23 59 4	15 3 37	22 12 21	26 49	29 40 44	30 17 21	5 2 2.9	23 7 24	7 54 9
15	75	21 41 35	8 12 30	8 5 11	22 29 19	21 20 55	24 2 15	15 5 50	22 13 23	26 49	29 45 20	30 18 8	5 2 2.7	23 14 7	7 9 14
16	76	23 32 11	9 26 43	8 23 55	22 21 36	21 21 55	24 5 27	15 8 3	22 14 23	26 49	29 49 56	30 18 43	5 2 2.6	23 20 51	6 23 8
17	77	25 23 58	10 40 55	8 42 15	22 13 58	21 22 48	24 8 41	15 10 15	22 15 22	26 49	29 54 32	30 19 5	5 2 2.4	23 27 39	5 35 53
18	78	27 16 57	11 55 7	9 0 10	22 6 27	21 23 36	24 11 55	15 12 27	22 16 19	26 50	29 59 7	30 19 14	5 2 2.3	23 34 29	4 47 31
19	79	29 11 6	13 9 19	9 17 41	21 58 49	21 24 17	24 15 11	15 14 38	22 17 14	26 50	30 3 42	30 19 10	5 2 2.2	23 41 22	3 58 3
20	80	1♓ 6 24	14 23 30	9 34 46	21 51 19	21 24 53	24 18 27	15 16 49	22 18 7	26 51	30 8 17	30 18 53	5 2 2.1	23 48 18	3 7 32
21	81	3 2 51	15 37 41	9 51 25	21 43 54	21 25 22	24 21 44	15 18 59	22 18 59	26 52	0 3 43	30 18 24	5 2 2.1	23 55 16	2 16 1
22	82	5 0 23	16 51 51	10 7 37	21 36 32	21 25 46	24 25 2	15 21 8	22 19 49	26 52	0 8 18	30 17 45	5 2 2.0	0 2 18	1 23 33
23	83	6 58 57	18 6 2	10 23 22	21 29 15	21 26 3	24 28 21	15 23 17	22 20 37	26 52	0 12 52	30 16 59	5 2 2.0	0 9 22	0 30 11
24	84	8 58 30	19 20 12	10 38 39	21 22 2	21 26 15	24 31 41	15 25 25	22 21 24	26 52	0 17 26	30 16 6	5 2 2.0	0 16 29	0N24 0
25	85	10 58 56	20 34 22	10 53 28	21 14 55	21 26R20	24 35 1	15 27 32	22 22 9	26 50	0 22 1	30 15 10	5 2 2.0	0 23 39	1 18 54
26	86	13 0 9	21 48 32	11 7 47	21 7 52	21 26 20	24 38 22	15 29 39	22 22 52	26 49	0 26 35	30 14 13	5 2 2.0	0 30 51	2 14 26
27	87	15 2 0	23 2 41	11 21 36	21 0 55	21 26 13	24 41 43	15 31 44	22 23 33	26 46	0 31 9	30 13 17	5 2 1.9	0 38 6	3 10 29
28	88	17 4 20	24 16 51	11 34 55	20 54 4	21 26 1	24 45 5	15 33 49	22 24 13	26 44	0 35 44	30 12 23	5 2 1.9	0 45 23	4 6 55
29	89	19 6 57	25 31 0	11 47 43	20 47 19	21 25 42	24 48 28	15 35 54	22 24 51	26 42	0 40 18	30 11 36	5 2 1.8	0 52 41	5 3 35
30	90	21 9 39	26 45 9	11 59 58	20 40 41	21 25 17	24 51 51	15 37 57	22 25 27	26 40	0 44 53	30 10 55	5 2 1.6	1 0 18	6 0 18
31	91	23♓12 10	27♒59 17	12♏11 41	20♌34 8	21♐24 48	24♈55 15	15♓39 59	22♑26 1	26♌39	0 49 27	30 10 23	5 2 1.5	1 7 19	6N56 55

DAY Mar	♀ VENUS R.A. h m s	DECL ° ' "	♂ MARS R.A. h m s	DECL ° ' "	♃ JUPITER R.A. h m s	DECL ° ' "	♄ SATURN R.A. h m s	DECL ° ' "	♅ URANUS R.A. h m s	DECL ° ' "	♆ NEPTUNE R.A. h m s	DECL ° ' "	♇ PLUTO R.A. h m s	DECL ° ' "
1	21 14 5	16S43 19	15 44 25	18S26 14	11 22 52	5N35 38	16 59 34	20S59 35	1 8 25	6N36 50	22 45 36	8S43 33	19 12 31	20S51 59
2	21 19 3	16 23 15	15 46 1	18 31 56	11 22 23	5 38 44	16 59 44	20 59 43	1 8 35	6 37 57	22 45 45	8 42 42	19 12 37	20 51 53
3	21 24 0	16 2 43	15 47 37	18 37 31	11 21 55	5 41 51	16 59 54	20 59 51	1 8 46	6 39 5	22 45 53	8 41 51	19 12 42	20 51 46
4	21 28 57	15 41 44	15 49 11	18 43 1	11 21 26	5 44 58	17 0 3	20 59 57	1 8 57	6 40 14	22 46 2	8 41 0	19 12 48	20 51 40
5	21 33 52	15 20 18	15 50 44	18 48 25	11 20 58	5 48 6	17 0 12	21 0 3	1 9 8	6 41 23	22 46 10	8 40 9	19 12 54	20 51 33
6	21 38 46	14 58 27	15 52 16	18 53 43	11 20 29	5 51 13	17 0 21	21 0 9	1 9 19	6 42 32	22 46 19	8 39 19	19 12 59	20 51 27
7	21 43 39	14 36 11	15 53 46	18 58 54	11 20 0	5 54 21	17 0 29	21 0 13	1 9 31	6 43 42	22 46 27	8 38 28	19 13 4	20 51 21
8	21 48 31	14 13 31	15 55 15	19 4 0	11 19 31	5 57 28	17 0 36	21 0 17	1 9 42	6 44 53	22 46 36	8 37 37	19 13 9	20 51 16
9	21 53 22	13 50 27	15 56 43	19 9 0	11 19 2	6 0 35	17 0 44	21 0 21	1 9 53	6 46 4	22 46 44	8 36 47	19 13 15	20 51 10
10	21 58 12	13 27 1	15 58 9	19 13 55	11 18 34	6 3 42	17 0 50	21 0 24	1 10 5	6 47 15	22 46 53	8 35 57	19 13 20	20 51 4
11	22 3 1	13 3 12	15 59 34	19 18 43	11 18 5	6 6 47	17 0 57	21 0 26	1 10 16	6 48 27	22 47 1	8 35 6	19 13 24	20 50 59
12	22 7 49	12 39 2	16 0 58	19 23 26	11 17 36	6 9 53	17 1 3	21 0 27	1 10 28	6 49 39	22 47 10	8 34 16	19 13 29	20 50 54
13	22 12 36	12 14 31	16 2 20	19 28 3	11 17 7	6 12 57	17 1 8	21 0 28	1 10 40	6 50 52	22 47 18	8 33 27	19 13 34	20 50 49
14	22 17 22	11 49 40	16 3 41	19 32 35	11 16 38	6 16 0	17 1 14	21 0 28	1 10 51	6 52 5	22 47 27	8 32 37	19 13 38	20 50 44
15	22 22 8	11 24 30	16 5 0	19 37 1	11 16 10	6 19 2	17 1 18	21 0 28	1 11 3	6 53 19	22 47 35	8 31 47	19 13 43	20 50 40
16	22 26 52	10 59 1	16 6 17	19 41 22	11 15 41	6 22 2	17 1 23	21 0 27	1 11 15	6 54 32	22 47 43	8 30 58	19 13 47	20 50 35
17	22 31 35	10 33 15	16 7 33	19 45 38	11 15 13	6 25 1	17 1 26	21 0 25	1 11 27	6 55 47	22 47 52	8 30 9	19 13 51	20 50 31
18	22 36 18	10 7 11	16 8 47	19 49 48	11 14 45	6 27 59	17 1 30	21 0 23	1 11 39	6 57 1	22 48 0	8 29 20	19 13 55	20 50 27
19	22 40 59	9 40 51	16 10 0	19 53 54	11 14 17	6 30 55	17 1 33	21 0 20	1 11 51	6 58 16	22 48 8	8 28 31	19 13 59	20 50 23
20	22 45 40	9 14 15	16 11 11	19 57 54	11 13 49	6 33 50	17 1 35	21 0 17	1 12 4	6 59 31	22 48 16	8 27 42	19 14 3	20 50 19
21	22 50 20	8 47 25	16 12 20	20 1 50	11 13 21	6 36 42	17 1 38	21 0 13	1 12 16	7 0 47	22 48 24	8 26 54	19 14 7	20 50 16
22	22 54 59	8 20 20	16 13 27	20 5 40	11 12 54	6 39 32	17 1 39	21 0 8	1 12 28	7 2 2	22 48 32	8 26 6	19 14 10	20 50 13
23	22 59 38	7 53 1	16 14 32	20 9 26	11 12 27	6 42 21	17 1 41	21 0 3	1 12 41	7 3 18	22 48 41	8 25 19	19 14 14	20 50 10
24	23 4 16	7 25 30	16 15 35	20 13 7	11 12 0	6 45 7	17 1 41	20 59 58	1 12 53	7 4 34	22 48 49	8 24 31	19 14 17	20 50 7
25	23 8 53	6 57 46	16 16 37	20 16 44	11 11 34	6 47 50	17 1 42	20 59 51	1 13 5	7 5 51	22 48 56	8 23 44	19 14 20	20 50 4
26	23 13 30	6 29 51	16 17 36	20 20 15	11 11 7	6 50 32	17 1 42	20 59 45	1 13 18	7 7 7	22 49 4	8 22 57	19 14 23	20 50 2
27	23 18 6	6 1 45	16 18 33	20 23 43	11 10 41	6 53 10	17 1 41	20 59 37	1 13 30	7 8 24	22 49 12	8 22 11	19 14 26	20 50 0
28	23 22 42	5 33 29	16 19 29	20 27 5	11 10 16	6 55 47	17 1 41	20 59 29	1 13 43	7 9 41	22 49 20	8 21 25	19 14 29	20 49 58
29	23 27 17	5 5 4	16 20 22	20 30 24	11 9 51	6 58 20	17 1 39	20 59 21	1 13 56	7 10 58	22 49 28	8 20 39	19 14 32	20 49 56
30	23 31 51	4 36 30	16 21 12	20 33 38	11 9 26	7 0 51	17 1 38	20 59 12	1 14 8	7 12 15	22 49 36	8 19 53	19 14 34	20 49 54
31	23 36 25	4S 7 48	16 22 1	20S36 48	11 9 2	7N 3 18	17 1 36	20S59 2	1 14 21	7N13 33	22 49 43	8S19 8	19 14 37	20S49 53

APRIL 2016

DAY	SIDEREAL TIME h m s	☉ SUN LONG ° ' "	MOT ' "	R.A. h m s	DECL ° ' "	☽ MOON AT 0 HOURS LONG ° ' "	12h MOT ° ' "	2DIF "	R.A. h m s	DECL ° ' "	☽ MOON AT 12 HOURS LONG ° ' "	12h MOT ° ' "	2DIF "	R.A. h m s	DECL ° ' "
1 F	12 39 8	16♓43 37	59 12	0 43 0.5	4N37 24	21♐ 1 29	6 30 4	171	19 7 0	17S42 40	27♐31 33	6 35 59	183	19 34 4	17S 5 41
2 S	12 43 5	17 42 49	59 10	0 46 39.3	5 0 30	4♑ 7 33	6 42 16	192	20 1 21	16 14 26	10♑49 48	6 48 48	199	20 28 49	15 9 2
3 Su	12 47 1	18 42 0	59 9	0 50 18.3	5 23 30	17 38 36	6 55 30	202	20 56 27	13 49 53	24 34 7	7 2 15	200	21 24 13	12 17 36
4 M	12 50 58	19 41 8	59 7	0 53 57.5	5 46 25	1♒36 21	7 8 52	194	21 52 6	10 33 6	8♒45 13	7 15 12	183	22 20 7	8 37 36
5 Tu	12 54 54	20 40 15	59 5	0 57 36.8	6 9 14	16 0 25	7 21 4	166	22 48 16	6 32 35	23 21 29	7 26 17	144	23 16 34	4 19 54
6 W	12 58 51	21 39 20	59 3	1 1 16.3	6 31 56	0♓47 47	7 30 40	116	23 45 2	2 1 37	8♓18 27	7 34 3	84	0 13 42	0N19 55
7 Th	13 2 47	22 38 22	59 1	1 4 56.0	6 54 32	15 52 30	7 36 17	48	0 42 34	2N42 9	23 28 47	7 37 17	10	1 11 41	5 2 25
8 F	13 6 44	23 37 23	58 59	1 8 36.0	7 17 1	1♈ 6 4	7 36 59	-28	1 41 2	7 18 1	8♈43 3	7 35 24	-66	2 10 37	9 26 15
9 S	13 10 40	24 36 22	58 57	1 12 16.2	7 39 22	16 18 27	7 32 35	-101	2 40 25	11 24 38	23 51 2	7 28 39	-133	3 10 24	13 10 55
10 Su	13 14 37	25 35 19	58 55	1 15 56.6	8 1 36	1♉19 40	7 23 44	-159	3 40 30	14 43 9	8♉43 24	7 18 1	-180	4 10 37	15 59 51
11 M	13 18 34	26 34 13	58 52	1 19 37.3	8 23 41	16 1 25	7 11 42	-195	4 40 41	16 59 58	23 13 7	7 4 59	-205	5 10 34	17 42 55
12 Tu	13 22 30	27 33 6	58 50	1 23 18.3	8 45 38	0♊18 6	6 58 3	-208	5 40 10	18 8 35	7♊16 10	6 51 6	-207	6 9 23	18 17 14
13 W	13 26 27	28 31 56	58 48	1 26 59.6	9 7 27	14 7 15	6 44 15	-202	6 38 8	18 9 32	20 51 30	6 37 39	-193	7 6 20	17 46 23
14 Th	13 30 23	29 30 43	58 46	1 30 41.2	9 29 6	27 29 9	6 31 24	-181	7 33 56	17 8 54	4♋ 0 33	6 25 35	-167	8 0 54	16 18 22
15 F	13 34 20	0♈29 29	58 43	1 34 23.1	9 50 35	10♋26 8	6 20 15	-152	8 27 15	15 16 5	16 46 23	6 15 27	-136	8 52 59	14 3 24
16 S	13 38 16	1 28 12	58 41	1 38 5.3	10 11 55	23 1 49	6 11 10	-120	9 18 8	12 41 40	29 12 59	6 7 26	-104	9 42 44	11 12 8
17 Su	13 42 13	2 26 53	58 39	1 41 47.9	10 33 4	5♌20 25	6 4 14	-88	10 6 50	9 36 4	11♌24 39	6 1 32	-74	10 30 31	7 54 38
18 M	13 46 9	3 25 32	58 37	1 45 30.8	10 54 3	17 26 11	5 59 20	-59	10 53 51	6 8 59	23 25 31	5 57 34	-46	11 16 52	4 20 11
19 Tu	13 50 6	4 24 8	58 35	1 49 14.2	11 14 51	29 23 5	5 56 14	-34	11 39 41	2 29 18	5♍19 19	5 55 17	-23	12 2 20	0 37 20
20 W	13 54 3	5 22 43	58 33	1 52 57.9	11 35 28	11♍14 37	5 54 41	-13	12 24 55	1S14 42	17 9 18	5 54 25	-4	12 47 28	3S 5 49
21 Th	13 57 59	6 21 15	58 31	1 56 42.1	11 55 53	23 3 43	5 54 25	4	13 10 4	4 55 1	28 58 8	5 54 42	12	13 32 47	6 41 19
22 F	14 1 56	7 19 46	58 29	2 0 26.7	12 16 6	4♎52 50	5 55 12	19	13 55 39	8 23 44	10♎48 2	5 55 56	25	14 18 44	10 1 16
23 S	14 5 52	8 18 14	58 27	2 4 11.8	12 36 8	16 43 58	5 56 53	32	14 42 4	11 32 55	22 40 51	5 58 3	38	15 5 41	12 57 43
24 Su	14 9 49	9 16 41	58 25	2 7 57.3	12 55 57	28 38 54	5 59 25	44	15 29 37	14 14 39	4♏38 20	6 1 1	51	15 53 53	15 22 48
25 M	14 13 45	10 15 6	58 23	2 11 43.3	13 15 33	10♏39 20	6 2 50	59	16 18 30	16 21 15	16 42 10	6 4 55	67	16 43 27	17 9 8
26 Tu	14 17 42	11 13 29	58 22	2 15 29.8	13 34 56	22 47 5	6 7 17	75	17 8 43	17 45 39	28 54 22	6 9 56	85	17 34 18	18 10 7
27 W	14 21 38	12 11 51	58 20	2 19 16.8	13 54 6	5♐ 4 18	6 12 55	95	18 0 10	18 21 55	11♐17 13	6 16 16	106	18 26 16	18 20 35
28 Th	14 25 35	13 10 11	58 19	2 23 4.3	14 13 2	17 33 28	6 19 58	117	18 52 34	18 5 48	23 53 27	6 24 5	129	19 19 2	17 37 21
29 F	14 29 32	14 8 29	58 17	2 26 52.4	14 31 44	0♑17 31	6 28 35	141	19 45 39	16 55 13	6♑46 7	6 33 29	153	20 12 21	15 59 33
30 S	14 33 28	15♈ 6 46	58 16	2 30 41.0	14N50 12	13♑19 36	6 38 46	164	20 39 9	14S50 40	19♑58 22	6 44 24	173	21 6 0	13S29 3

LUNAR INGRESSES
1 ☽ ♑ 16:31
3 ☽ ♒ 21:17
5 ☽ ♓ 22:43
7 ☽ ♈ 22:16
9 ☽ ♉ 21:52
11 ☽ ♊ 23:29
14 ☽ ♋ 4:36
16 ☽ ♌ 13:32
19 ☽ ♍ 1:14
21 ☽ ♎ 14:06
24 ☽ ♏ 2:43
26 ☽ ♐ 14:08
28 ☽ ♑ 23:27

PLANET INGRESSES
1 ♀ ♓ 15:05
3 ☿ ♈ 8:55
14 ☉ ♈ 11:57
25 ♀ ♈ 22:34

STATIONS
17 ♂ R 12:15
18 ♇ R 7:27
28 ☿ R 17:21

DATA FOR THE 1st AT 0 HOURS
JULIAN DAY 42459.5
☽ MEAN ☊ 25°♌ 49' 19"
OBLIQUITY 23° 26' 5"
DELTA T 73.7 SECONDS
NUTATION LONGITUDE -3.2"

DAY MO	YR	☿ LONG ° ' "	♀ LONG ° ' "	♂ LONG ° ' "	♃ LONG ° ' "	♄ LONG ° ' "	♅ LONG ° ' "	♆ LONG ° ' "	♇ LONG ° ' "	☊ LONG ° '	A.S.S.I. h m s	S.S.R.Y. h m s	S.V.P. ♓ ° ' "	☿ MERCURY R.A. h m s	DECL ° ' "
1	92	25♓14 13	29♒13 26	12♏22 50	20♌27R43	21♏24R11	24♓58 39	15♒42 1	22♐26 33	26♌39	0 54 2	30 10 1	5 2 1.3	1 14 38	7N53 14
2	93	27 15 30	0♓27 34	12 33 25	20 21 25	21 23 29	25 2 3	15 44 1	22 27 4	26 39	0 58 37	30 9 51	5 2 1.2	1 21 56	8 49 1
3	94	29 15 41	1 41 42	12 43 25	20 15 14	21 22 41	25 5 28	15 46 1	22 27 33	26 41	1 3 12	30 9 54	5 2 1.1	1 29 11	9 44 4
4	95	1♈14 23	2 55 50	12 52 49	20 9 10	21 21 47	25 8 53	15 47 59	22 28 0	26 42	1 7 47	30 10 11	5 2 1.0	1 36 23	10 38 10
5	96	3 11 16	4 9 57	13 1 37	20 3 14	21 20 47	25 12 19	15 49 57	22 28 25	26 43	1 12 23	30 10 40	5 2 1.0	1 43 31	11 31 5
6	97	5 5 56	5 24 4	13 9 47	19 57 27	21 19 41	25 15 44	15 51 53	22 28 48	26 43	1 16 59	30 11 23	5 2 1.0	1 50 32	12 22 34
7	98	6 58 0	6 38 10	13 17 19	19 51 47	21 18 30	25 19 10	15 53 49	22 29 10	26 42	1 21 35	30 12 15	5 2 0.9	1 57 26	13 12 27
8	99	8 47 7	7 52 16	13 24 13	19 46 16	21 17 13	25 22 36	15 55 43	22 29 30	26 40	1 26 11	30 13 16	5 2 0.9	2 4 12	14 0 30
9	100	10 32 55	9 6 22	13 30 28	19 40 54	21 15 50	25 26 2	15 57 36	22 29 47	26 37	1 30 48	30 14 22	5 2 0.8	2 10 48	14 46 32
10	101	12 15 5	10 20 27	13 36 3	19 35 40	21 14 21	25 29 27	15 59 28	22 30 3	26 33	1 35 25	30 15 28	5 2 0.7	2 17 13	15 30 24
11	102	13 53 16	11 34 31	13 40 58	19 30 36	21 12 47	25 32 53	16 1 19	22 30 18	26 29	1 40 2	30 16 30	5 2 0.6	2 23 25	16 11 56
12	103	15 27 13	12 48 35	13 45 12	19 25 41	21 11 7	25 36 19	16 3 8	22 30 30	26 25	1 44 40	30 17 27	5 2 0.4	2 29 23	16 51 2
13	104	16 56 41	14 2 38	13 48 45	19 20 55	21 9 22	25 39 45	16 4 57	22 30 41	26 23	1 49 18	30 18 13	5 2 0.2	2 35 7	17 27 36
14	105	18 21 24	15 16 40	13 51 36	19 16 19	21 7 31	25 43 11	16 6 44	22 30 49	26 22	1 53 56	30 18 49	5 2 0.1	2 40 35	18 1 32
15	106	19 41 12	16 30 42	13 53 46	19 11 52	21 5 35	25 46 36	16 8 30	22 30 56	26 22	1 58 35	30 19 11	5 1 59.9	2 45 45	18 32 47
16	107	20 55 54	17 44 43	13 55 13	19 7 35	21 3 33	25 50 2	16 10 14	22 31 1	26 24	2 3 14	30 19 22	5 1 59.8	2 50 38	19 1 19
17	108	22 5 20	18 58 44	13 55R57	19 3 28	21 1 27	25 53 27	16 11 57	22 31 4	26 25	2 7 54	30 19 19	5 1 59.8	2 55 12	19 27 4
18	109	23 9 24	20 12 44	13 55 57	18 59 31	20 59 15	25 56 51	16 13 39	22 31R 6	26 27	2 12 34	30 19 4	5 1 59.7	2 59 26	19 50 3
19	110	24 7 56	21 26 43	13 55 13	18 55 44	20 56 58	26 0 16	16 15 19	22 31 5	26 27	2 17 14	30 18 38	5 1 59.7	3 3 21	20 10 15
20	111	25 0 53	22 40 42	13 53 46	18 52 8	20 54 36	26 3 40	16 16 58	22 31 3	26 26	2 21 55	30 18 3	5 1 59.7	3 6 54	20 27 38
21	112	25 48 8	23 54 40	13 51 33	18 48 41	20 52 9	26 7 3	16 18 36	22 30 59	26 23	2 26 37	30 17 18	5 1 59.6	3 10 6	20 42 14
22	113	26 29 38	25 8 38	13 48 36	18 45 25	20 49 37	26 10 26	16 20 12	22 30 54	26 18	2 31 19	30 16 28	5 1 59.6	3 12 56	20 54 2
23	114	27 5 20	26 22 35	13 44 54	18 42 20	20 47 0	26 13 49	16 21 47	22 30 46	26 11	2 36 2	30 15 32	5 1 59.5	3 15 24	21 3 2
24	115	27 35 12	27 36 32	13 40 26	18 39 25	20 44 19	26 17 11	16 23 20	22 30 37	26 03	2 40 45	30 14 32	5 1 59.4	3 17 29	21 9 16
25	116	27 59 14	28 50 28	13 35 12	18 36 41	20 41 32	26 20 33	16 24 52	22 30 26	25 55	2 45 29	30 13 32	5 1 59.3	3 19 12	21 12 44
26	117	28 17 27	0♈ 4 25	13 29 13	18 34 7	20 38 42	26 23 54	16 26 23	22 30 13	25 47	2 50 14	30 12 31	5 1 59.2	3 20 32	21 13 27
27	118	28 29 54	1 18 20	13 22 27	18 31 44	20 35 46	26 27 14	16 27 51	22 29 58	25 40	2 54 59	30 11 33	5 1 59.0	3 21 29	21 11 26
28	119	28 36R40	2 32 16	13 14 56	18 29 31	20 32 46	26 30 34	16 29 19	22 29 42	25 35	2 59 45	30 10 41	5 1 58.8	3 22 4	21 6 44
29	120	28 37 53	3 46 11	13 6 38	18 27 30	20 29 42	26 33 52	16 30 44	22 29 24	25 32	3 4 31	30 9 56	5 1 58.7	3 22 18	20 59 23
30	121	28♈33 44	5♈ 0 5	12♏57 36	18♌25 39	20♏26 33	26♓37 11	16♒32 9	22♐29 4	25♌31	3 9 19	30 9 21	5 1 58.5	3 22 11	20N49 28

DAY Apr	♀ VENUS R.A. h m s	DECL ° ' "	♂ MARS R.A. h m s	DECL ° ' "	♃ JUPITER R.A. h m s	DECL ° ' "	♄ SATURN R.A. h m s	DECL ° ' "	♅ URANUS R.A. h m s	DECL ° ' "	♆ NEPTUNE R.A. h m s	DECL ° ' "	♇ PLUTO R.A. h m s	DECL ° ' "
1	23 40 59	3S38 59	16 22 47	20S39 54	11 8 38	7N 5 43	17 1 33	20S58 52	1 14 34	7N14 50	22 49 51	8S18 23	19 14 39	20S49 52
2	23 45 33	3 10 3	16 23 31	20 42 55	11 8 14	7 8 4	17 1 30	20 58 41	1 14 46	7 16 8	22 49 58	8 17 39	19 14 41	20 49 51
3	23 50 6	2 41 2	16 24 12	20 45 53	11 7 51	7 10 23	17 1 27	20 58 30	1 14 59	7 17 26	22 50 6	8 16 54	19 14 43	20 49 50
4	23 54 39	2 11 55	16 24 51	20 48 46	11 7 28	7 12 38	17 1 23	20 58 19	1 15 12	7 18 43	22 50 13	8 16 11	19 14 45	20 49 50
5	23 59 11	1 42 44	16 25 27	20 51 35	11 7 6	7 14 50	17 1 19	20 58 7	1 15 25	7 20 1	22 50 21	8 15 28	19 14 47	20 49 50
6	0 3 44	1 13 29	16 26 0	20 54 20	11 6 44	7 16 58	17 1 14	20 57 54	1 15 37	7 21 19	22 50 28	8 14 45	19 14 49	20 49 50
7	0 8 16	0 44 12	16 26 31	20 57 1	11 6 23	7 19 3	17 1 9	20 57 41	1 15 50	7 22 37	22 50 35	8 14 2	19 14 50	20 49 50
8	0 12 48	0 14 52	16 26 59	20 59 38	11 6 2	7 21 5	17 1 4	20 57 27	1 16 3	7 23 54	22 50 42	8 13 20	19 14 52	20 49 51
9	0 17 20	0N14 30	16 27 25	21 2 12	11 5 42	7 23 2	17 0 58	20 57 13	1 16 16	7 25 12	22 50 50	8 12 39	19 14 53	20 49 51
10	0 21 52	0 43 52	16 27 47	21 4 41	11 5 23	7 24 56	17 0 52	20 56 58	1 16 29	7 26 29	22 50 57	8 11 58	19 14 54	20 49 52
11	0 26 24	1 13 14	16 28 7	21 7 6	11 5 4	7 26 47	17 0 45	20 56 43	1 16 41	7 27 47	22 51 4	8 11 17	19 14 55	20 49 53
12	0 30 56	1 42 36	16 28 24	21 9 28	11 4 45	7 28 33	17 0 38	20 56 27	1 16 54	7 29 5	22 51 10	8 10 37	19 14 56	20 49 55
13	0 35 28	2 11 57	16 28 38	21 11 46	11 4 27	7 30 15	17 0 31	20 56 11	1 17 7	7 30 23	22 51 17	8 9 57	19 14 57	20 49 56
14	0 40 0	2 41 15	16 28 49	21 13 59	11 4 10	7 31 54	17 0 23	20 55 54	1 17 20	7 31 40	22 51 24	8 9 18	19 14 58	20 49 58
15	0 44 32	3 10 31	16 28 57	21 16 10	11 3 53	7 33 29	17 0 15	20 55 37	1 17 33	7 32 58	22 51 31	8 8 39	19 14 58	20 50 1
16	0 49 5	3 39 43	16 29 1	21 18 16	11 3 37	7 34 59	17 0 6	20 55 19	1 17 46	7 34 15	22 51 37	8 8 1	19 14 59	20 50 3
17	0 53 37	4 8 52	16 29 3	21 20 18	11 3 21	7 36 26	16 59 57	20 55 1	1 17 58	7 35 32	22 51 44	8 7 23	19 14 59	20 50 6
18	0 58 10	4 37 55	16 29 2	21 22 17	11 3 6	7 37 49	16 59 48	20 54 43	1 18 11	7 36 49	22 51 50	8 6 46	19 14 59	20 50 9
19	1 2 43	5 6 53	16 28 57	21 24 11	11 2 52	7 39 7	16 59 38	20 54 24	1 18 24	7 38 6	22 51 56	8 6 10	19 14 59	20 50 12
20	1 7 17	5 35 45	16 28 50	21 26 2	11 2 38	7 40 21	16 59 28	20 54 5	1 18 37	7 39 22	22 52 2	8 5 34	19 14 59	20 50 15
21	1 11 51	6 4 30	16 28 39	21 27 48	11 2 25	7 41 32	16 59 18	20 53 45	1 18 49	7 40 38	22 52 9	8 4 58	19 14 59	20 50 19
22	1 16 25	6 33 7	16 28 25	21 29 31	11 2 13	7 42 38	16 59 7	20 53 25	1 19 2	7 41 54	22 52 15	8 4 23	19 14 58	20 50 23
23	1 21 0	7 1 36	16 28 8	21 31 9	11 2 1	7 43 40	16 58 56	20 53 4	1 19 15	7 43 10	22 52 21	8 3 49	19 14 58	20 50 27
24	1 25 36	7 29 56	16 27 47	21 32 43	11 1 50	7 44 37	16 58 44	20 52 43	1 19 27	7 44 26	22 52 26	8 3 15	19 14 57	20 50 31
25	1 30 11	7 58 7	16 27 24	21 34 13	11 1 40	7 45 31	16 58 33	20 52 22	1 19 40	7 45 41	22 52 32	8 2 42	19 14 56	20 50 36
26	1 34 48	8 26 7	16 26 57	21 35 38	11 1 30	7 46 20	16 58 21	20 52 0	1 19 52	7 46 56	22 52 38	8 2 9	19 14 56	20 50 40
27	1 39 25	8 53 56	16 26 26	21 36 59	11 1 21	7 47 5	16 58 8	20 51 38	1 20 5	7 48 11	22 52 44	8 1 37	19 14 55	20 50 45
28	1 44 3	9 21 33	16 25 53	21 38 15	11 1 12	7 47 45	16 57 55	20 51 15	1 20 17	7 49 25	22 52 49	8 1 5	19 14 53	20 50 51
29	1 48 41	9 48 57	16 25 16	21 39 26	11 1 4	7 48 21	16 57 42	20 50 52	1 20 30	7 50 40	22 52 54	8 0 34	19 14 52	20 50 56
30	1 53 20	10N16 8	16 24 35	21S40 31	11 0 57	7N48 54	16 57 29	20S50 29	1 20 42	7N51 53	22 53 0	8S 0 4	19 14 51	20S51 2

MAY 2016

DAY	SIDEREAL TIME h m s	☉ SUN LONG ° ' "	MOT ' "	R.A. h m s	DECL ° ' "	☽ MOON AT 0 HOURS LONG ° ' "	12h MOT ° ' "	2DIF "	R.A. h m s	DECL ° ' "	☽ MOON AT 12 HOURS LONG ° ' "	12h MOT ° ' "	2DIF "	R.A. h m s	DECL ° ' "
1 Su	14 37 25	16♈ 5 2	58 14	2 34 30.1	15N 8 25	26♑42 46	6 50 19	181	21 32 57	11S55 24	3♒33 4	6 56 26	185	21 59 58	10S10 37
2 M	14 41 21	17 3 16	58 13	2 38 19.8	15 26 23	10♒29 30	7 2 39	186	22 27 6	8 15 47	17 32 9	7 8 51	183	22 54 22	6 12 14
3 Tu	14 45 18	18 1 28	58 11	2 42 10.1	15 44 6	24 41 0	7 14 51	175	23 21 50	4 1 31	1♓55 51	7 20 30	161	23 49 31	1 45 27
4 W	14 49 14	18 59 39	58 10	2 46 0.9	16 1 34	9♓16 21	7 25 35	141	0 17 30	0N33 57	16 41 56	7 29 55	116	0 45 48	2N54 24
5 Th	14 53 11	19 57 49	58 8	2 49 52.3	16 18 45	24 11 51	7 33 19	85	1 14 29	5 13 28	1♈45 10	7 35 36	50	1 43 34	7 28 31
6 F	14 57 7	20 55 57	58 6	2 53 44.2	16 35 40	9♈20 46	7 36 39	12	2 13 4	9 36 56	16 57 25	7 36 23	-28	2 42 57	11 36 3
7 S	15 1 4	21 54 3	58 5	2 57 36.8	16 52 19	24 33 48	7 34 47	-68	3 13 12	13 23 24	2♉ 8 35	7 31 52	-106	3 43 44	14 56 45
8 Su	15 5 1	22 52 8	58 3	3 1 29.9	17 8 41	9♉40 26	7 27 44	-140	4 14 27	16 14 16	17 8 11	7 22 33	-169	4 45 13	17 14 35
9 M	15 8 57	23 50 11	58 1	3 5 23.6	17 24 45	24 30 44	7 16 30	-192	5 15 55	17 56 51	1♊47 14	7 9 47	-208	5 46 23	18 20 47
10 Tu	15 12 54	24 48 12	58 0	3 9 17.8	17 40 32	8♊57 0	7 2 37	-218	6 16 28	18 26 37	15 59 37	6 55 13	-222	6 46 2	18 15 5
11 W	15 16 50	25 46 11	57 58	3 13 12.6	17 56 2	22 54 50	6 47 47	-221	7 15 0	17 47 14	29 42 37	6 40 30	-214	7 43 18	17 4 26
12 Th	15 20 47	26 44 9	57 56	3 17 7.9	18 11 13	6♋23 7	6 33 31	-203	8 10 51	16 8 12	12♋56 38	6 26 57	-189	8 37 41	15 0 6
13 F	15 24 43	27 42 4	57 54	3 21 3.8	18 26 6	19 23 35	6 20 53	-173	9 3 47	13 41 44	25 44 28	6 15 24	-155	9 29 12	12 14 38
14 S	15 28 40	28 39 58	57 52	3 25 0.3	18 40 40	1♌59 52	6 10 32	-136	9 53 59	10 40 14	8♌10 24	6 6 19	-117	10 18 12	8 59 53
15 Su	15 32 36	29 37 50	57 50	3 28 57.3	18 54 55	14 16 44	6 2 45	-97	10 41 55	7 14 52	20 19 29	5 59 50	-78	11 5 14	5 26 18
16 M	15 36 33	0♉35 41	57 49	3 32 54.8	19 8 51	26 19 19	5 57 32	-60	11 28 14	3 35 17	2♍16 51	5 55 50	-43	11 50 58	1 42 50
17 Tu	15 40 30	1 33 29	57 47	3 36 52.9	19 22 27	8♍12 40	5 54 41	-26	12 13 34	0S10 6	14 7 22	5 54 4	-12	12 36 5	2S 2 33
18 W	15 44 26	2 31 16	57 46	3 40 51.5	19 35 44	20 1 25	5 53 55	2	12 58 35	3 53 37	25 55 20	5 54 12	14	13 21 11	5 42 22
19 Th	15 48 23	3 29 2	57 44	3 44 50.7	19 48 40	1♎49 32	5 54 51	25	13 43 54	7 27 50	7♎44 23	5 55 50	34	14 6 50	9 9 4
20 F	15 52 19	4 26 46	57 43	3 48 50.4	20 1 16	13 40 13	5 57 6	42	14 30 1	10 45 5	19 37 19	5 58 37	48	14 53 31	12 14 54
21 S	15 56 16	5 24 28	57 41	3 52 50.6	20 13 32	25 35 56	6 0 20	54	15 17 21	13 37 28	1♏36 16	6 2 12	58	15 41 32	14 51 46
22 Su	16 0 12	6 22 9	57 40	3 56 51.4	20 25 27	7♏38 28	6 4 13	62	16 6 6	15 56 50	13 42 41	6 6 21	66	16 31 2	16 51 40
23 M	16 4 9	7 19 49	57 39	4 0 52.7	20 37 1	19 49 2	6 8 35	69	16 56 20	17 35 23	25 57 37	6 10 56	72	17 21 57	18 7 10
24 Tu	16 8 5	8 17 28	57 38	4 4 54.5	20 48 14	2♐ 8 33	6 13 22	75	17 47 52	18 26 20	8♐21 55	6 15 56	79	18 14 1	18 32 20
25 W	16 12 2	9 15 5	57 37	4 8 56.8	20 59 5	14 37 51	6 18 38	83	18 40 21	18 24 49	20 56 29	6 21 30	89	19 6 49	18 3 33
26 Th	16 15 59	10 12 41	57 36	4 12 59.6	21 9 34	27 17 59	6 24 33	95	19 33 22	17 28 34	3♑42 32	6 27 49	102	19 59 57	16 40 2
27 F	16 19 55	11 10 17	57 35	4 17 2.9	21 19 42	10♑10 20	6 31 19	109	20 26 31	15 38 20	16 41 39	6 35 5	117	20 53 3	14 24 1
28 S	16 23 52	12 7 51	57 34	4 21 6.7	21 29 27	23 16 43	6 39 7	125	21 19 33	12 57 50	29 55 50	6 43 25	133	21 46 1	11 20 38
29 Su	16 27 48	13 5 25	57 33	4 25 11.0	21 38 51	6♒39 15	6 47 59	140	22 12 28	9 33 27	13♒27 14	6 52 45	146	22 38 57	7 37 29
30 M	16 31 45	14 2 57	57 32	4 29 15.7	21 47 51	20 19 59	6 57 42	149	23 5 29	5 34 3	27 17 41	7 2 43	150	23 32 10	3 24 37
31 Tu	16 35 41	15♉ 0 29	57 31	4 33 20.9	21N56 29	4♓20 23	7 7 42	147	23 59 2	1S10 52	11♓28 5	7 12 32	140	0 26 10	1N 5 26

LUNAR INGRESSES
1 ☽ ♒ 5:47
3 ☽ ♓ 8:49
5 ☽ ♈ 9:13
7 ☽ ♉ 8:36
9 ☽ ♊ 9:02
11 ☽ ♋ 12:31
13 ☽ ♌ 20:09
16 ☽ ♍ 7:24
18 ☽ ♎ 20:17
21 ☽ ♏ 8:48
23 ☽ ♐ 19:51
26 ☽ ♑ 5:04
28 ☽ ♒ 12:07
30 ☽ ♓ 16:37

PLANET INGRESSES
15 ☉ ♉ 9:12
20 ♀ ♉ 7:31

STATIONS
9 ♃ D 12:15
22 ☿ D 13:21

DATA FOR THE 1st AT 0 HOURS
JULIAN DAY 42489.5
☽ MEAN ☊ 24°♌ 13' 56"
OBLIQUITY 23° 26' 5"
DELTA T 73.8 SECONDS
NUTATION LONGITUDE -4.4"

DAY MO YR	☿ LONG ° ' "	♀ LONG ° ' "	♂ LONG ° ' "	♃ LONG ° ' "	♄ LONG ° ' "	♅ LONG ° ' "	♆ LONG ° ' "	♇ LONG ° ' "	☊ LONG ° '	A.S.S.I. h m s	S.S.R.Y. h m s	S.V.P. ♓ ° ' "	☿ MERCURY R.A. h m s	DECL ° ' "
1 122	28♈24R25	6♈14 0	12♏47R47	18♌23R59	20♏23R21	26♓40 28	16♒33 31	22♐28R43	25♌32	3 14 6	30 8 57	5 1 58.4	3 21 44	20N37 3
2 123	28 10 15	7 27 54	12 37 14	18 22 31	20 20 4	26 43 44	16 34 52	22 28 19	25 33	3 18 55	30 8 51	5 1 58.3	3 20 58	20 22 14
3 124	27 51 32	8 41 48	12 25 56	18 21 13	20 16 43	26 47 0	16 36 11	22 27 55	25 33	3 23 44	30 8 59	5 1 58.2	3 19 54	20 5 10
4 125	27 28 41	9 55 41	12 13 54	18 20 6	20 13 18	26 50 15	16 37 29	22 27 28	25 32	3 28 34	30 9 22	5 1 58.2	3 18 36	19 45 59
5 126	27 2 9	11 9 34	12 1 10	18 19 10	20 9 49	26 53 29	16 38 45	22 27 0	25 30	3 33 25	30 9 59	5 1 58.1	3 17 3	19 24 55
6 127	26 32 27	12 23 27	11 47 43	18 18 26	20 6 17	26 56 41	16 39 59	22 26 30	25 24	3 38 16	30 10 48	5 1 58.1	3 15 19	19 2 9
7 128	26 0 8	13 37 20	11 33 35	18 17 52	20 2 41	26 59 53	16 41 12	22 25 58	25 17	3 43 9	30 11 45	5 1 57.9	3 13 25	18 37 58
8 129	25 25 48	14 51 12	11 18 48	18 17 29	19 59 1	27 3 4	16 42 22	22 25 25	25 09	3 48 2	30 12 48	5 1 57.8	3 11 24	18 12 39
9 130	24 50 4	16 5 3	11 3 23	18 17D18	19 55 18	27 6 13	16 43 32	22 24 50	25 00	3 52 55	30 13 51	5 1 57.5	3 9 19	17 46 29
10 131	24 13 35	17 18 54	10 47 21	18 17 18	19 51 32	27 9 21	16 44 39	22 24 13	24 52	3 57 49	30 14 50	5 1 57.3	3 7 11	17 19 48
11 132	23 37 0	18 32 44	10 30 45	18 17 28	19 47 43	27 12 29	16 45 44	22 23 35	24 46	4 2 44	30 15 43	5 1 57.1	3 5 4	16 52 58
12 133	23 0 58	19 46 34	10 13 35	18 17 50	19 43 50	27 15 35	16 46 48	22 22 55	24 42	4 7 40	30 16 28	5 1 56.9	3 3 0	16 26 16
13 134	22 26 5	21 0 23	9 55 54	18 18 23	19 39 55	27 18 39	16 47 50	22 22 14	24 40	4 12 36	30 17 3	5 1 56.8	3 1 0	16 0 5
14 135	21 52 57	22 14 12	9 37 44	18 19 6	19 35 57	27 21 43	16 48 50	22 21 31	24 39	4 17 33	30 17 26	5 1 56.7	2 59 8	15 34 43
15 136	21 22 5	23 28 0	9 19 7	18 20 1	19 31 56	27 24 45	16 49 49	22 20 47	24 40	4 22 31	30 17 38	5 1 56.6	2 57 24	15 10 27
16 137	20 53 59	24 41 48	9 0 5	18 21 6	19 27 53	27 27 45	16 50 45	22 20 1	24 40	4 27 30	30 17 39	5 1 56.5	2 55 51	14 47 35
17 138	20 29 4	25 55 35	8 40 39	18 22 22	19 23 48	27 30 44	16 51 40	22 19 14	24 39	4 32 29	30 17 29	5 1 56.4	2 54 30	14 26 21
18 139	20 7 42	27 9 22	8 20 53	18 23 49	19 19 40	27 33 42	16 52 33	22 18 25	24 36	4 37 29	30 17 8	5 1 56.4	2 53 22	14 6 56
19 140	19 50 12	28 23 9	8 0 49	18 25 26	19 15 30	27 36 38	16 53 24	22 17 35	24 31	4 42 29	30 16 37	5 1 56.3	2 52 28	13 49 32
20 141	19 36 47	29 36 55	7 40 28	18 27 14	19 11 18	27 39 33	16 54 13	22 16 44	24 23	4 47 30	30 15 57	5 1 56.2	2 51 50	13 34 17
21 142	19 27 38	0♉50 40	7 19 54	18 29 13	19 7 4	27 42 26	16 55 0	22 15 51	24 12	4 52 32	30 15 9	5 1 56.1	2 51 27	13 21 16
22 143	19 22D54	2 4 26	6 59 8	18 31 22	19 2 49	27 45 18	16 55 46	22 14 56	24 00	4 57 34	30 14 14	5 1 55.9	2 51 20	13 10 33
23 144	19 22 39	3 18 11	6 38 14	18 33 42	18 58 31	27 48 8	16 56 29	22 14 1	23 47	5 2 38	30 13 12	5 1 55.7	2 51 29	13 2 11
24 145	19 26 55	4 31 56	6 17 14	18 36 11	18 54 12	27 50 56	16 57 11	22 13 4	23 35	5 7 41	30 12 7	5 1 55.5	2 51 56	12 56 11
25 146	19 35 43	5 45 41	5 56 10	18 38 51	18 49 52	27 53 43	16 57 50	22 12 5	23 24	5 12 46	30 11 0	5 1 55.3	2 52 37	12 52 31
26 147	19 49 1	6 59 25	5 35 6	18 41 42	18 45 31	27 56 28	16 58 28	22 11 6	23 15	5 17 51	30 9 53	5 1 55.1	2 53 36	12 51 10
27 148	20 6 46	8 13 10	5 14 3	18 44 42	18 41 8	27 59 11	16 59 4	22 10 5	23 09	5 22 57	30 8 50	5 1 54.9	2 54 51	12 52 5
28 149	20 28 55	9 26 54	4 53 5	18 47 53	18 36 44	28 1 53	16 59 38	22 9 2	23 06	5 28 3	30 7 56	5 1 54.8	2 56 22	12 55 11
29 150	20 55 21	10 40 39	4 32 14	18 51 13	18 32 20	28 4 32	17 0 10	22 7 59	23 05	5 33 10	30 7 12	5 1 54.6	2 58 8	13 0 25
30 151	21 26 0	11 54 23	4 11 33	18 54 44	18 28 0	28 7 10	17 0 40	22 6 54	23 05	5 38 17	30 6 43	5 1 54.5	3 0 10	13 7 42
31 152	22♈ 0 46	13♉ 8 7	3♏51 4	18♌58 24	18♏23 29	28♓ 9 46	17♒ 1 8	22♐ 5 49	23♌05	5 43 25	30 6 29	5 1 54.5	3 2 28	13N16 56

DAY May	♀ VENUS R.A. h m s	DECL ° ' "	♂ MARS R.A. h m s	DECL ° ' "	♃ JUPITER R.A. h m s	DECL ° ' "	♄ SATURN R.A. h m s	DECL ° ' "	♅ URANUS R.A. h m s	DECL ° ' "	♆ NEPTUNE R.A. h m s	DECL ° ' "	♇ PLUTO R.A. h m s	DECL ° ' "
1	1 58 0	10N43 5	16 23 52	21S41 32	11 0 51	7N49 21	16 57 15	20S50 5	1 20 54	7N53 7	22 53 5	7S59 34	19 14 49	20S51 8
2	2 2 41	11 9 48	16 23 5	21 42 27	11 0 45	7 49 45	16 57 1	20 49 41	1 21 7	7 54 20	22 53 10	7 59 5	19 14 48	20 51 14
3	2 7 23	11 36 15	16 22 15	21 43 17	11 0 40	7 50 4	16 56 47	20 49 17	1 21 19	7 55 33	22 53 15	7 58 37	19 14 46	20 51 21
4	2 12 5	12 2 25	16 21 22	21 44 1	11 0 35	7 50 19	16 56 33	20 48 52	1 21 31	7 56 45	22 53 20	7 58 9	19 14 44	20 51 28
5	2 16 48	12 28 19	16 20 26	21 44 40	11 0 31	7 50 29	16 56 18	20 48 27	1 21 43	7 57 57	22 53 25	7 57 42	19 14 42	20 51 35
6	2 21 32	12 53 55	16 19 27	21 45 12	11 0 28	7 50 35	16 56 3	20 48 2	1 21 55	7 59 9	22 53 29	7 57 16	19 14 40	20 51 42
7	2 26 18	13 19 13	16 18 25	21 45 38	11 0 26	7 50 37	16 55 48	20 47 36	1 22 7	8 0 20	22 53 34	7 56 50	19 14 38	20 51 49
8	2 31 4	13 44 12	16 17 20	21 45 58	11 0 24	7 50 35	16 55 32	20 47 10	1 22 19	8 1 30	22 53 38	7 56 25	19 14 36	20 51 57
9	2 35 51	14 8 50	16 16 13	21 46 12	11 0 23	7 50 28	16 55 16	20 46 44	1 22 31	8 2 40	22 53 43	7 56 0	19 14 33	20 52 5
10	2 40 39	14 33 8	16 15 2	21 46 19	11 0 23	7 50 17	16 55 0	20 46 18	1 22 43	8 3 50	22 53 47	7 55 36	19 14 31	20 52 13
11	2 45 28	14 57 5	16 13 50	21 46 20	11 0 23	7 50 1	16 54 44	20 45 51	1 22 55	8 4 59	22 53 51	7 55 13	19 14 28	20 52 21
12	2 50 18	15 20 39	16 12 35	21 46 15	11 0 24	7 49 42	16 54 28	20 45 24	1 23 6	8 6 8	22 53 55	7 54 51	19 14 25	20 52 30
13	2 55 9	15 43 51	16 11 17	21 46 3	11 0 26	7 49 18	16 54 11	20 44 57	1 23 18	8 7 16	22 53 59	7 54 29	19 14 22	20 52 39
14	3 0 1	16 6 39	16 9 58	21 45 44	11 0 29	7 48 50	16 53 54	20 44 29	1 23 29	8 8 24	22 54 3	7 54 8	19 14 19	20 52 48
15	3 4 54	16 29 3	16 8 37	21 45 20	11 0 32	7 48 18	16 53 37	20 44 2	1 23 41	8 9 31	22 54 7	7 53 48	19 14 16	20 52 57
16	3 9 48	16 51 2	16 7 14	21 44 49	11 0 35	7 47 41	16 53 20	20 43 34	1 23 52	8 10 38	22 54 10	7 53 28	19 14 13	20 53 7
17	3 14 43	17 12 35	16 5 49	21 44 12	11 0 40	7 47 1	16 53 3	20 43 6	1 24 3	8 11 44	22 54 14	7 53 9	19 14 10	20 53 16
18	3 19 40	17 33 41	16 4 23	21 43 28	11 0 45	7 46 16	16 52 45	20 42 38	1 24 14	8 12 49	22 54 17	7 52 51	19 14 6	20 53 26
19	3 24 37	17 54 21	16 2 56	21 42 39	11 0 51	7 45 27	16 52 27	20 42 9	1 24 25	8 13 54	22 54 20	7 52 34	19 14 3	20 53 36
20	3 29 36	18 14 32	16 1 27	21 41 44	11 0 57	7 44 34	16 52 10	20 41 41	1 24 36	8 14 58	22 54 23	7 52 17	19 13 59	20 53 47
21	3 34 36	18 34 15	15 59 58	21 40 43	11 1 4	7 43 37	16 51 52	20 41 12	1 24 47	8 16 2	22 54 26	7 52 1	19 13 56	20 53 57
22	3 39 37	18 53 29	15 58 28	21 39 37	11 1 12	7 42 36	16 51 34	20 40 43	1 24 58	8 17 5	22 54 29	7 51 46	19 13 52	20 54 8
23	3 44 39	19 12 15	15 56 57	21 38 25	11 1 20	7 41 31	16 51 15	20 40 15	1 25 9	8 18 7	22 54 32	7 51 31	19 13 48	20 54 19
24	3 49 42	19 30 26	15 55 26	21 37 9	11 1 29	7 40 22	16 50 57	20 39 46	1 25 19	8 19 9	22 54 35	7 51 17	19 13 44	20 54 30
25	3 54 46	19 48 8	15 53 54	21 35 48	11 1 39	7 39 9	16 50 39	20 39 17	1 25 30	8 20 10	22 54 37	7 51 4	19 13 40	20 54 41
26	3 59 51	20 5 18	15 52 23	21 34 23	11 1 49	7 37 52	16 50 20	20 38 48	1 25 40	8 21 10	22 54 40	7 50 51	19 13 36	20 54 53
27	4 4 58	20 21 56	15 50 52	21 32 54	11 2 0	7 36 32	16 50 2	20 38 18	1 25 50	8 22 10	22 54 42	7 50 40	19 13 31	20 55 5
28	4 10 5	20 38 0	15 49 21	21 31 21	11 2 11	7 35 7	16 49 43	20 37 49	1 26 0	8 23 9	22 54 44	7 50 29	19 13 27	20 55 16
29	4 15 14	20 53 31	15 47 51	21 29 45	11 2 23	7 33 38	16 49 24	20 37 20	1 26 10	8 24 7	22 54 46	7 50 19	19 13 23	20 55 29
30	4 20 23	21 8 27	15 46 21	21 28 6	11 2 36	7 32 6	16 49 5	20 36 51	1 26 20	8 25 5	22 54 48	7 50 9	19 13 18	20 55 41
31	4 25 34	21N22 48	15 44 53	21S26 25	11 2 50	7N30 30	16 48 47	20S36 22	1 26 30	8N26 1	22 54 50	7S50 1	19 13 13	20S55 53

JUNE 2016

DAY	SIDEREAL TIME h m s	☉ SUN LONG ° ' "	MOT ' "	R.A. h m s	DECL ° ' "	☽ MOON AT 0 HOURS LONG ° ' "	12h MOT ° ' "	2DIF "	R.A. h m s	DECL ° ' "	☽ MOON AT 12 HOURS LONG ° ' "	12h MOT ° ' "	2DIF "	R.A. h m s	DECL ° ' "
1 W	16 39 38	15♉58 0	57 30	4 37 26.5	22N 4 45	18♓40 36	7 17 3	128	0 53 37	3N22 16	25♓57 39	7 21 5	111	1 21 29	5N37 30
2 Th	16 43 34	16 55 31	57 30	4 41 32.5	22 12 37	3♈18 44	7 24 28	90	1 49 47	7 48 51	10♈43 12	7 27 3	63	2 18 34	9 53 55
3 F	16 47 31	17 53 0	57 29	4 45 38.9	22 20 5	18 10 15	7 28 40	32	2 47 50	11 50 17	25 38 55	7 29 12	-1	3 17 35	13 35 33
4 S	16 51 28	18 50 29	57 28	4 49 45.7	22 27 11	3♉ 8 7	7 28 34	-37	3 47 46	15 7 31	10♉36 41	7 26 46	-72	4 18 17	16 24 11
5 Su	16 55 24	19 47 57	57 27	4 53 52.8	22 33 53	18 3 26	7 23 48	-105	4 49 1	17 24 1	25 27 14	7 19 45	-135	5 19 50	18 5 53
6 M	16 59 21	20 45 24	57 26	4 58 0.3	22 40 11	2♊46 59	7 14 46	-161	5 50 33	18 29 14	10♊ 1 45	7 9 0	-182	6 21 1	18 34 6
7 Tu	17 3 17	21 42 50	57 25	5 2 8.0	22 46 5	17 10 44	7 2 37	-197	6 51 4	18 20 59	24 13 21	6 55 51	-206	7 20 35	17 50 54
8 W	17 7 14	22 40 15	57 24	5 6 16.0	22 51 36	1♋ 9 12	6 48 52	-210	7 49 26	17 5 12	7♋58 4	6 41 52	-208	8 17 34	16 5 29
9 Th	17 11 10	23 37 39	57 23	5 10 24.3	22 56 42	14 39 57	6 35 1	-201	8 44 56	14 53 28	21 14 58	6 28 27	-191	9 11 32	13 30 55
10 F	17 15 7	24 35 1	57 22	5 14 32.8	23 1 24	27 43 25	6 22 18	-177	9 37 24	11 59 34	4♌ 5 44	6 16 40	-161	10 2 35	10 21 1
11 S	17 19 3	25 32 23	57 21	5 18 41.5	23 5 42	10♌22 23	6 11 36	-143	10 27 9	8 36 49	16 33 59	6 7 9	-123	10 51 9	6 48 18
12 Su	17 23 0	26 29 44	57 20	5 22 50.4	23 9 35	22 41 8	6 3 23	-103	11 14 42	4 56 45	28 44 31	6 0 17	-83	11 37 52	3 3 18
13 M	17 26 57	27 27 4	57 19	5 26 59.4	23 13 4	4♍44 48	5 57 52	-63	12 0 45	1 9 1	10♍42 39	5 56 6	-43	12 23 27	0S45 10
14 Tu	17 30 53	28 24 23	57 18	5 31 8.5	23 16 8	16 38 45	5 55 0	-24	12 46 2	2S38 19	22 33 45	5 54 30	-6	13 8 37	4 29 31
15 W	17 34 50	29 21 41	57 17	5 35 17.8	23 18 47	28 28 15	5 54 35	10	13 31 15	6 17 54	4♎22 50	5 55 12	26	13 54 2	8 2 36
16 Th	17 38 46	0♊18 58	57 16	5 39 27.2	23 21 2	10♎18 1	5 56 18	39	14 17 2	9 42 40	16 14 19	5 57 50	52	14 40 18	11 17 10
17 F	17 42 43	1 16 14	57 16	5 43 36.6	23 22 52	22 12 9	5 59 44	62	15 3 54	12 45 9	28 11 53	6 1 58	71	15 27 53	14 5 36
18 S	17 46 39	2 13 30	57 15	5 47 46.1	23 24 18	4♏13 50	6 4 26	77	15 52 15	15 17 30	10♏18 17	6 7 7	82	16 17 3	16 19 49
19 Su	17 50 36	3 10 45	57 15	5 51 55.6	23 25 18	16 25 23	6 9 56	86	16 42 15	17 11 33	22 35 19	6 12 51	88	17 7 52	17 51 46
20 M	17 54 32	4 7 59	57 14	5 56 5.2	23 25 54	28 48 10	6 15 49	89	17 33 51	18 19 35	5♐ 3 59	6 18 47	89	18 0 9	18 34 19
21 Tu	17 58 29	5 5 13	57 14	6 0 14.7	23 26 5	11♐22 46	6 21 45	88	18 26 42	18 35 22	17 44 30	6 24 40	87	18 53 27	18 22 23
22 W	18 2 26	6 2 27	57 13	6 4 24.2	23 25 51	24 9 10	6 27 33	86	19 20 20	17 55 14	0♑36 43	6 30 24	85	19 47 15	17 14 0
23 Th	18 6 22	6 59 40	57 13	6 8 33.6	23 25 12	7♑ 7 7	6 33 13	84	20 14 9	16 19 2	13 40 20	6 36 2	85	20 41 0	15 10 52
24 F	18 10 19	7 56 53	57 13	6 12 43.0	23 24 9	20 16 22	6 38 51	85	21 7 45	13 50 18	26 55 13	6 41 43	87	21 34 22	12 18 17
25 S	18 14 15	8 54 5	57 13	6 16 52.2	23 22 41	3♒36 56	6 44 38	89	22 0 53	10 35 56	10♒21 34	6 47 38	91	22 27 17	8 44 30
26 Su	18 18 12	9 51 18	57 13	6 21 1.4	23 20 48	17 9 12	6 50 43	94	22 53 38	6 45 24	23 59 55	6 53 53	96	23 19 57	4 40 6
27 M	18 22 8	10 48 31	57 13	6 25 10.4	23 18 30	0♓53 47	6 57 6	97	23 46 19	2 30 10	7♓50 53	7 0 21	97	0 12 47	0 17 17
28 Tu	18 26 5	11 45 43	57 13	6 29 19.3	23 15 48	14 51 14	7 3 33	95	0 39 26	1N56 47	21 54 47	7 6 40	90	1 6 20	4N10 11
29 W	18 30 1	12 42 56	57 13	6 33 28.0	23 12 42	29 1 27	7 9 34	83	1 33 34	6 20 58	6♈11 2	7 12 11	72	2 1 11	8 27 6
30 Th	18 33 58	13♊40 9	57 13	6 37 36.5	23N 9 11	13♈23 12	7 14 22	58	2 29 14	10N26 31	20♈37 35	7 16 2	40	2 57 45	12N17 6

LUNAR INGRESSES
1 ☽ ♈ 18:36
3 ☽ ♉ 18:58
5 ☽ ♊ 19:26
7 ☽ ♋ 21:59
10 ☽ ♌ 4:16
12 ☽ ♍ 14:30
15 ☽ ♎ 3:06
17 ☽ ♏ 15:36
20 ☽ ♐ 2:18
22 ☽ ♑ 10:52
24 ☽ ♒ 17:32
26 ☽ ♓ 22:27
29 ☽ ♈ 1:38

PLANET INGRESSES
8 ☿ ♉ 23:12
13 ♀ ♊ 17:22
13 ♂ ♎ 6:26
15 ☉ ♊ 16:03
27 ☿ ♊ 13:07

STATIONS
13 ♆ R 20:44
29 ♂ D 23:39

DATA FOR THE 1st AT 0 HOURS
JULIAN DAY 42520.5
☽ MEAN ☊ 22°♌ 35' 22"
OBLIQUITY 23° 26' 4"
DELTA T 73.8 SECONDS
NUTATION LONGITUDE -4.6"

DAY MO YR	☿ LONG ° ' "	♀ LONG ° ' "	♂ LONG ° ' "	♃ LONG ° ' "	♄ LONG ° ' "	♅ LONG ° ' "	♆ LONG ° ' "	♇ LONG ° ' "	☊ LONG ° '	A.S.S.I. h m s	S.S.R.Y. h m s	S.V.P. ♓ ° ' "	☿ MERCURY R.A. h m s	DECL ° ' "
1 153	22♈39 32	14♉21 52	3♏30R51	19♌ 2 14	18♏19R 2	28♓12 20	17♒ 1 35	22♐ 4R42	23♌03	5 48 34	30 6 32	5 1 54.4	3 5 0	13N28 2
2 154	23 22 13	15 35 36	3 10 56	19 6 14	18 14 35	28 14 52	17 1 59	22 3 33	22 59	5 53 43	30 6 51	5 1 54.3	3 7 47	13 40 54
3 155	24 8 41	16 49 21	2 51 21	19 10 24	18 10 8	28 17 22	17 2 21	22 2 24	22 53	5 58 52	30 7 25	5 1 54.2	3 10 49	13 55 25
4 156	24 58 52	18 3 5	2 32 10	19 14 43	18 5 41	28 19 51	17 2 41	22 1 14	22 43	6 4 2	30 8 10	5 1 54.0	3 14 5	14 11 30
5 157	25 52 40	19 16 49	2 13 25	19 19 12	18 1 14	28 22 17	17 3 0	22 0 3	22 33	6 9 13	30 9 3	5 1 53.7	3 17 35	14 29 3
6 158	26 49 59	20 30 33	1 55 9	19 23 50	17 56 47	28 24 41	17 3 16	21 58 50	22 21	6 14 24	30 10 1	5 1 53.5	3 21 19	14 47 57
7 159	27 50 45	21 44 25	1 37 23	19 28 38	17 52 21	28 27 3	17 3 30	21 57 37	22 11	6 19 35	30 10 59	5 1 53.2	3 25 17	15 8 5
8 160	28 54 52	22 58 2	1 20 10	19 33 35	17 47 55	28 29 22	17 3 43	21 56 22	22 02	6 24 47	30 11 56	5 1 53.0	3 29 28	15 29 22
9 161	0♉ 2 18	24 11 45	1 3 33	19 38 41	17 43 30	28 31 40	17 3 53	21 55 7	21 56	6 29 59	30 12 47	5 1 52.8	3 33 53	15 51 41
10 162	1 12 58	25 25 29	0 47 32	19 43 57	17 39 5	28 33 55	17 4 2	21 53 51	21 53	6 35 11	30 13 31	5 1 52.6	3 38 32	16 14 56
11 163	2 26 49	26 39 12	0 32 10	19 49 21	17 34 42	28 36 9	17 4 8	21 52 34	21 51	6 40 23	30 14 7	5 1 52.5	3 43 24	16 38 59
12 164	3 43 50	27 52 55	0 17 29	19 54 54	17 30 20	28 38 20	17 4 13	21 51 16	21 51	6 45 36	30 14 35	5 1 52.4	3 48 31	17 3 44
13 165	5 3 56	29 6 38	0 3 29	20 0 36	17 25 58	28 40 28	17 4R15	21 49 57	21 51	6 50 49	30 14 52	5 1 52.3	3 53 51	17 29 4
14 166	6 27 7	0♊20 21	29♎50 13	20 6 26	17 21 38	28 42 35	17 4 16	21 48 38	21 50	6 56 2	30 15 0	5 1 52.3	3 59 24	17 54 52
15 167	7 53 21	1 34 3	29 37 40	20 12 25	17 17 20	28 44 39	17 4 15	21 47 17	21 47	7 1 15	30 14 57	5 1 52.2	4 5 12	18 21 0
16 168	9 22 36	2 47 46	29 25 53	20 18 33	17 13 3	28 46 40	17 4 11	21 45 56	21 41	7 6 28	30 14 44	5 1 52.0	4 11 14	18 47 21
17 169	10 54 50	4 1 28	29 14 52	20 24 49	17 8 48	28 48 40	17 4 6	21 44 34	21 33	7 11 42	30 14 20	5 1 51.9	4 17 30	19 13 45
18 170	12 30 3	5 15 11	29 4 38	20 31 13	17 4 35	28 50 37	17 3 59	21 43 12	21 23	7 16 55	30 13 46	5 1 51.7	4 24 1	19 40 5
19 171	14 8 12	6 28 53	28 55 12	20 37 45	17 0 23	28 52 31	17 3 50	21 41 49	21 11	7 22 9	30 13 2	5 1 51.5	4 30 46	20 6 12
20 172	15 49 17	7 42 35	28 46 34	20 44 25	16 56 14	28 54 23	17 3 39	21 40 25	20 58	7 27 22	30 12 8	5 1 51.3	4 37 45	20 31 55
21 173	17 33 14	8 56 17	28 38 44	20 51 13	16 52 7	28 56 13	17 3 26	21 39 1	20 46	7 32 36	30 11 6	5 1 51.1	4 44 59	20 57 5
22 174	19 20 1	10 10 0	28 31 43	20 58 10	16 48 2	28 58 0	17 3 11	21 37 36	20 35	7 37 49	30 9 57	5 1 50.9	4 52 28	21 21 31
23 175	21 9 34	11 23 42	28 25 31	21 5 13	16 44 0	28 59 45	17 2 55	21 36 11	20 26	7 43 2	30 8 45	5 1 50.7	5 0 10	21 45 3
24 176	23 1 49	12 37 24	28 20 9	21 12 25	16 40 0	29 1 27	17 2 36	21 34 45	20 21	7 48 16	30 7 33	5 1 50.5	5 8 7	22 7 28
25 177	24 56 40	13 51 7	28 15 36	21 19 44	16 36 3	29 3 7	17 2 16	21 33 19	20 18	7 53 29	30 6 25	5 1 50.3	5 16 18	22 28 34
26 178	26 53 59	15 4 50	28 11 53	21 27 11	16 32 8	29 4 44	17 1 53	21 31 52	20 17	7 58 42	30 5 26	5 1 50.2	5 24 42	22 48 11
27 179	28 53 40	16 18 33	28 9 0	21 34 45	16 28 17	29 6 18	17 1 29	21 30 25	20 17	8 3 55	30 4 39	5 1 50.1	5 33 18	23 6 6
28 180	0♊55 30	17 32 16	28 6 56	21 42 27	16 24 28	29 7 50	17 1 3	21 28 58	20 17	8 9 7	30 4 7	5 1 50.0	5 42 6	23 22 6
29 181	2 59 19	18 45 59	28 5D43	21 50 15	16 20 43	29 9 19	17 0 35	21 27 30	20 16	8 14 20	30 3 52	5 1 50.0	5 51 5	23 36 2
30 182	5♊ 4 52	19♊59 43	28♎ 5 18	21♌58 11	16♏17 0	29♓10 46	17♒ 0 6	21♐26 2	20♌13	8 19 32	30 3 53	5 1 49.8	6 0 13	23N47 42

DAY Jun	♀ VENUS R.A. h m s	DECL ° ' "	♂ MARS R.A. h m s	DECL ° ' "	♃ JUPITER R.A. h m s	DECL ° ' "	♄ SATURN R.A. h m s	DECL ° ' "	♅ URANUS R.A. h m s	DECL ° ' "	♆ NEPTUNE R.A. h m s	DECL ° ' "	♇ PLUTO R.A. h m s	DECL ° ' "
1	4 30 46	21N36 33	15 43 25	21S24 43	11 3 4	7N28 50	16 48 28	20S35 52	1 26 40	8N26 58	22 54 52	7S49 53	19 13 9	20S56 6
2	4 35 58	21 49 42	15 41 59	21 22 59	11 3 18	7 27 7	16 48 9	20 35 23	1 26 49	8 27 53	22 54 53	7 49 45	19 13 4	20 56 19
3	4 41 12	22 2 15	15 40 35	21 21 15	11 3 33	7 25 20	16 47 50	20 34 54	1 26 59	8 28 47	22 54 55	7 49 39	19 12 59	20 56 32
4	4 46 26	22 14 10	15 39 12	21 19 31	11 3 49	7 23 29	16 47 31	20 34 25	1 27 8	8 29 41	22 54 56	7 49 33	19 12 54	20 56 45
5	4 51 41	22 25 27	15 37 51	21 17 47	11 4 6	7 21 34	16 47 12	20 33 56	1 27 17	8 30 34	22 54 57	7 49 28	19 12 49	20 56 58
6	4 56 57	22 36 6	15 36 32	21 16 5	11 4 22	7 19 36	16 46 53	20 33 27	1 27 26	8 31 27	22 54 58	7 49 24	19 12 44	20 57 11
7	5 2 15	22 46 7	15 35 15	21 14 25	11 4 40	7 17 34	16 46 35	20 32 58	1 27 35	8 32 18	22 54 59	7 49 20	19 12 39	20 57 25
8	5 7 32	22 55 29	15 34 1	21 12 47	11 4 58	7 15 28	16 46 16	20 32 30	1 27 44	8 33 9	22 55 0	7 49 18	19 12 34	20 57 39
9	5 12 50	23 4 10	15 32 49	21 11 12	11 5 17	7 13 19	16 45 57	20 32 1	1 27 53	8 33 59	22 55 1	7 49 16	19 12 29	20 57 53
10	5 18 9	23 12 12	15 31 40	21 9 41	11 5 36	7 11 7	16 45 38	20 31 33	1 28 1	8 34 47	22 55 1	7 49 15	19 12 23	20 58 7
11	5 23 29	23 19 33	15 30 34	21 8 14	11 5 56	7 8 51	16 45 20	20 31 5	1 28 10	8 35 36	22 55 2	7 49 14	19 12 18	20 58 21
12	5 28 49	23 26 14	15 29 31	21 6 51	11 6 16	7 6 32	16 45 1	20 30 37	1 28 18	8 36 23	22 55 2	7 49 15	19 12 12	20 58 35
13	5 34 10	23 32 14	15 28 30	21 5 34	11 6 37	7 4 10	16 44 43	20 30 10	1 28 26	8 37 9	22 55 2	7 49 16	19 12 7	20 58 50
14	5 39 31	23 37 32	15 27 33	21 4 23	11 6 59	7 1 44	16 44 24	20 29 42	1 28 34	8 37 55	22 55 3	7 49 17	19 12 1	20 59 4
15	5 44 52	23 42 9	15 26 39	21 3 18	11 7 20	6 59 14	16 44 6	20 29 15	1 28 42	8 38 39	22 55 3	7 49 20	19 11 56	20 59 19
16	5 50 14	23 46 3	15 25 48	21 2 20	11 7 43	6 56 42	16 43 48	20 28 48	1 28 49	8 39 23	22 55 2	7 49 23	19 11 50	20 59 34
17	5 55 36	23 49 16	15 25 0	21 1 28	11 8 6	6 54 6	16 43 30	20 28 22	1 28 57	8 40 6	22 55 2	7 49 27	19 11 44	20 59 49
18	6 0 58	23 51 47	15 24 15	21 0 44	11 8 29	6 51 28	16 43 12	20 27 55	1 29 4	8 40 48	22 55 2	7 49 32	19 11 38	21 0 4
19	6 6 21	23 53 35	15 23 34	21 0 8	11 8 53	6 48 46	16 42 54	20 27 30	1 29 12	8 41 29	22 55 1	7 49 38	19 11 32	21 0 19
20	6 11 43	23 54 41	15 22 57	20 59 40	11 9 18	6 46 1	16 42 36	20 27 4	1 29 19	8 42 9	22 55 1	7 49 44	19 11 27	21 0 34
21	6 17 6	23 55 5	15 22 22	20 59 20	11 9 43	6 43 12	16 42 19	20 26 39	1 29 26	8 42 48	22 55 0	7 49 51	19 11 21	21 0 50
22	6 22 29	23 54 46	15 21 52	20 59 9	11 10 8	6 40 21	16 42 2	20 26 14	1 29 32	8 43 26	22 54 59	7 49 58	19 11 15	21 1 5
23	6 27 51	23 53 44	15 21 24	20 59 6	11 10 34	6 37 27	16 41 45	20 25 50	1 29 39	8 44 4	22 54 58	7 50 7	19 11 9	21 1 21
24	6 33 14	23 52 0	15 21 0	20 59 13	11 11 1	6 34 30	16 41 28	20 25 26	1 29 45	8 44 40	22 54 57	7 50 16	19 11 3	21 1 37
25	6 38 36	23 49 33	15 20 40	20 59 28	11 11 28	6 31 30	16 41 11	20 25 2	1 29 52	8 45 15	22 54 56	7 50 26	19 10 57	21 1 52
26	6 43 58	23 46 24	15 20 23	20 59 53	11 11 55	6 28 27	16 40 54	20 24 39	1 29 58	8 45 50	22 54 54	7 50 36	19 10 51	21 2 8
27	6 49 20	23 42 32	15 20 10	21 0 26	11 12 23	6 25 21	16 40 38	20 24 16	1 30 4	8 46 23	22 54 53	7 50 47	19 10 45	21 2 24
28	6 54 41	23 37 58	15 20 0	21 1 10	11 12 51	6 22 12	16 40 22	20 23 54	1 30 10	8 46 56	22 54 51	7 50 59	19 10 38	21 2 40
29	7 0 2	23 32 43	15 19 53	21 2 2	11 13 20	6 19 1	16 40 6	20 23 32	1 30 15	8 47 27	22 54 50	7 51 12	19 10 32	21 2 56
30	7 5 23	23N26 45	15 19 50	21S 3 4	11 13 49	6N15 46	16 39 50	20S23 11	1 30 21	8N47 58	22 54 48	7S51 25	19 10 26	21S 3 12

DAY	SIDEREAL TIME h m s	☉ SUN LONG ° ' "	MOT ' "	R.A. h m s	DECL ° ' "	☽ MOON AT 0 HOURS LONG ° ' "	12h MOT ° ' "	2DIF "	R.A. h m s	DECL ° ' "	☽ MOON AT 12 HOURS LONG ° ' "	12h MOT ° ' "	2DIF "	R.A. h m s	DECL ° ' "
1 F	18 37 55	14♊37 22	57 13	6 41 44.8	23N 5 15	27♈53 36	7 17 3	19	3 26 44	13N56 48	5♉10 39	7 17 19	-4	3 56 10	15N23 38
2 S	18 41 51	15 34 36	57 14	6 45 52.8	23 0 56	12♉27 58	7 16 47	-29	4 25 58	16 35 51	19 44 44	7 15 23	-55	4 56 4	17 31 58
3 Su	18 45 48	16 31 49	57 14	6 50 0.6	22 56 12	27 0 7	7 13 8	-80	5 26 19	18 10 53	4♊13 15	7 10 2	-105	5 56 36	18 31 55
4 M	18 49 44	17 29 2	57 14	6 54 8.1	22 51 5	11♊23 16	7 6 9	-126	6 26 45	18 34 57	18 29 26	7 1 36	-145	6 56 36	18 20 18
5 Tu	18 53 41	18 26 16	57 14	6 58 15.2	22 45 33	25 31 2	6 56 30	-160	7 26 3	17 48 45	2♋27 32	6 50 57	-170	7 54 56	17 1 30
6 W	18 57 37	19 23 29	57 13	7 2 22.1	22 39 38	9♋18 29	6 45 8	-177	8 23 12	16 0 2	16 3 37	6 39 11	-178	8 50 46	14 46 0
7 Th	19 1 34	20 20 42	57 13	7 6 28.5	22 33 20	22 42 48	6 33 15	-176	9 17 38	13 21 11	29 16 2	6 27 27	-170	9 43 48	11 47 22
8 F	19 5 31	21 17 55	57 13	7 10 34.5	22 26 38	5♌43 29	6 21 54	-161	10 9 17	10 6 14	12♌ 5 23	6 16 43	-149	10 34 9	8 19 26
9 S	19 9 27	22 15 8	57 13	7 14 40.2	22 19 32	18 22 6	6 11 59	-134	10 58 27	6 28 28	24 34 5	6 7 46	-118	11 22 17	4 34 42
10 Su	19 13 24	23 12 21	57 13	7 18 45.3	22 12 4	0♍41 51	6 4 7	-100	11 45 43	2 39 22	6♍45 59	6 1 5	-82	12 8 50	0 43 36
11 M	19 17 20	24 9 34	57 13	7 22 50.1	22 4 13	12 47 4	5 58 41	-62	12 31 43	1S11 35	18 45 45	5 56 56	-43	12 54 29	3S 5 12
12 Tu	19 21 17	25 6 47	57 13	7 26 54.3	21 55 59	24 42 41	5 55 50	-23	13 17 11	4 56 23	0♎38 31	5 55 23	-4	13 39 56	6 44 14
13 W	19 25 13	26 4 0	57 13	7 30 58.1	21 47 22	6♎33 54	5 55 33	14	14 2 48	8 27 54	12 29 27	5 56 19	32	14 25 52	10 6 32
14 Th	19 29 10	27 1 13	57 13	7 35 1.4	21 38 23	18 25 46	5 57 40	48	14 49 11	11 39 13	24 23 26	5 59 32	63	15 12 49	13 5 4
15 F	19 33 6	27 58 26	57 13	7 39 4.2	21 29 2	0♏22 58	6 1 53	77	15 36 50	14 23 7	6♏24 52	6 4 40	89	16 1 16	15 32 25
16 S	19 37 3	28 55 39	57 13	7 43 6.5	21 19 19	12 29 31	6 7 49	99	16 26 8	16 31 57	18 37 20	6 11 15	107	16 51 26	17 20 44
17 Su	19 40 59	29 52 52	57 14	7 47 8.2	21 9 15	24 48 35	6 14 55	113	17 17 10	17 57 51	1♐ 3 30	6 18 45	116	17 43 19	18 22 22
18 M	19 44 56	0♋50 5	57 14	7 51 9.4	20 58 49	7♐22 16	6 22 40	118	18 9 51	18 33 33	13 44 56	6 26 37	117	18 36 40	18 30 47
19 Tu	19 48 53	1 47 19	57 14	7 55 10.1	20 48 1	20 11 32	6 30 30	115	19 3 45	18 13 39	26 42 3	6 34 17	111	19 30 59	17 41 57
20 W	19 52 49	2 44 33	57 15	7 59 10.1	20 36 53	3♑16 20	6 37 55	106	19 58 19	16 55 47	9♑54 15	6 41 22	100	20 25 40	15 55 31
21 Th	19 56 46	3 41 48	57 15	8 3 9.7	20 25 24	16 35 37	6 44 35	93	20 52 59	14 41 46	23 20 12	6 47 34	86	21 20 12	13 15 25
22 F	20 0 42	4 39 3	57 16	8 7 8.6	20 13 34	0♒ 7 46	6 50 18	79	21 47 18	11 37 36	6♒58 4	6 52 48	71	22 14 16	9 49 39
23 S	20 4 39	5 36 19	57 17	8 11 7.0	20 1 25	13 50 52	6 55 4	65	22 41 6	7 53 4	20 45 56	6 57 7	58	23 7 49	5 49 28
24 Su	20 8 35	6 33 36	57 18	8 15 4.8	19 48 55	27 43 2	6 58 58	53	23 34 29	3 40 35	4♓42 0	7 0 37	47	0 1 7	1 28 13
25 M	20 12 32	7 30 53	57 19	8 19 2.1	19 36 5	11♓42 37	7 2 6	42	0 27 47	0N45 46	18 44 44	7 3 25	37	0 54 34	2N59 29
26 Tu	20 16 28	8 28 12	57 20	8 22 58.8	19 22 55	25 48 9	7 4 33	31	1 21 31	5 11 2	2♈52 41	7 5 29	25	1 48 42	7 18 28
27 W	20 20 25	9 25 31	57 21	8 26 54.9	19 9 27	9♈58 10	7 6 12	18	2 16 9	9 19 54	17 4 22	7 6 39	9	2 43 57	11 13 25
28 Th	20 24 22	10 22 51	57 22	8 30 50.4	18 55 39	24 11 1	7 6 50	0	3 12 6	12 57 12	1♉17 51	7 6 40	-11	3 40 36	14 29 30
29 F	20 28 18	11 20 13	57 23	8 34 45.3	18 41 32	8♉24 30	7 6 7	-23	4 9 27	15 48 42	15 30 37	7 5 9	-36	4 38 36	16 53 23
30 S	20 32 15	12 17 35	57 24	8 38 39.7	18 27 7	22 35 45	7 3 44	-50	5 7 58	17 42 23	29 39 29	7 1 51	-64	5 37 28	18 14 52
31 Su	20 36 11	13♋14 59	57 25	8 42 33.5	18N12 24	6♊41 20	6 59 28	-78	6 6 58	18N30 21	13♊40 48	6 56 38	-92	6 36 23	18N28 45

LUNAR INGRESSES
1 ☽ ♉ 3:28
3 ☽ ♊ 4:58
5 ☽ ♋ 7:44
7 ☽ ♌ 13:21
9 ☽ ♍ 22:38
12 ☽ ♎ 10:42
14 ☽ ♏ 23:14
17 ☽ ♐ 9:58
19 ☽ ♑ 18:02
21 ☽ ♒ 23:46
24 ☽ ♓ 3:56
26 ☽ ♈ 7:07
28 ☽ ♉ 9:49
30 ☽ ♊ 12:35

PLANET INGRESSES
8 ♀ ♋ 3:22
11 ☿ ♋ 14:23
17 ☉ ♋ 3:00
17 ♂ ♏ 0:22
27 ☿ ♌ 14:34

STATIONS
29 ♅ R 21:08

DATA FOR THE 1st AT 0 HOURS
JULIAN DAY 42550.5
☽ MEAN ☊ 20°♌ 59' 58"
OBLIQUITY 23° 26' 4"
DELTA T 73.9 SECONDS
NUTATION LONGITUDE -3.8"

DAY MO YR	☿ LONG ° ' "	♀ LONG ° ' "	♂ LONG ° ' "	♃ LONG ° ' "	♄ LONG ° ' "	♅ LONG ° ' "	♆ LONG ° ' "	♇ LONG ° ' "	☊ LONG ° '	A.S.S.I. h m s	S.S.R.Y. h m s	S.V.P. ♓ ° ' "	☿ MERCURY R.A. h m s	DECL ° ' "
1 183	7♊11 56	21♊13 27	28♎ 5 44	22♌ 6 15	16♏13R21	29♓12 10	16♒59R34	21♐24R34	20♌07	8 24 34	30 4 11	5 1 49.7	6 9 29	23N56 57
2 184	9 20 15	22 27 11	28 6 58	22 14 25	16 9 46	29 13 31	16 59 1	21 23 5	20 00	8 29 56	30 4 39	5 1 49.5	6 18 52	24 3 39
3 185	11 29 31	23 40 56	28 9 2	22 22 42	16 6 14	29 14 49	16 58 25	21 21 36	19 51	8 35 7	30 5 19	5 1 49.2	6 28 20	24 7 41
4 186	13 39 26	24 54 40	28 11 55	22 31 6	16 2 45	29 16 5	16 57 48	21 20 7	19 41	8 40 18	30 6 7	5 1 49.0	6 37 50	24 9 0
5 187	15 49 45	26 8 25	28 15 37	22 39 36	15 59 21	29 17 18	16 57 10	21 18 38	19 32	8 45 28	30 6 59	5 1 48.7	6 47 23	24 7 31
6 188	18 0 8	27 22 10	28 20 7	22 48 14	15 56 0	29 18 28	16 56 29	21 17 9	19 24	8 50 38	30 7 54	5 1 48.5	6 56 54	24 3 15
7 189	20 10 21	28 35 58	28 25 24	22 56 58	15 52 43	29 19 36	16 55 47	21 15 40	19 19	8 55 48	30 8 47	5 1 48.3	7 6 24	23 56 12
8 190	22 20 6	29 49 39	28 31 29	23 5 48	15 49 30	29 20 40	16 55 3	21 14 10	19 16	9 0 57	30 9 38	5 1 48.2	7 15 51	23 46 25
9 191	24 29 11	1♋ 3 24	28 38 21	23 14 44	15 46 22	29 21 42	16 54 17	21 12 41	19 15	9 6 6	30 10 24	5 1 48.1	7 25 12	23 33 58
10 192	26 37 21	2 17 9	28 45 58	23 23 47	15 43 18	29 22 41	16 53 29	21 11 12	19 16	9 11 14	30 11 5	5 1 48.0	7 34 27	23 18 57
11 193	28 44 27	3 30 53	28 54 21	23 32 56	15 40 18	29 23 37	16 52 40	21 9 43	19 17	9 16 21	30 11 39	5 1 47.9	7 43 35	23 1 30
12 194	0♋50 18	4 44 38	29 3 28	23 42 11	15 37 22	29 24 30	16 51 50	21 8 14	19 17	9 21 28	30 12 5	5 1 47.8	7 52 34	22 41 42
13 195	2 54 46	5 58 22	29 13 19	23 51 32	15 34 31	29 25 20	16 50 57	21 6 45	19 16	9 26 34	30 12 22	5 1 47.7	8 1 25	22 19 44
14 196	4 57 44	7 12 7	29 23 54	24 0 59	15 31 44	29 26 8	16 50 3	21 5 16	19 14	9 31 40	30 12 30	5 1 47.6	8 10 5	21 55 43
15 197	6 59 8	8 25 51	29 35 10	24 10 32	15 29 2	29 26 53	16 49 8	21 3 47	19 09	9 36 45	30 12 26	5 1 47.5	8 18 36	21 29 48
16 198	8 58 53	9 39 35	29 47 9	24 20 10	15 26 25	29 27 34	16 48 11	21 2 18	19 03	9 41 50	30 12 10	5 1 47.3	8 26 56	21 2 8
17 199	10 56 56	10 53 19	29 59 48	24 29 53	15 23 53	29 28 13	16 47 12	21 0 51	18 55	9 46 53	30 11 42	5 1 47.1	8 35 5	20 32 51
18 200	12 53 15	12 7 3	0♏13 7	24 39 43	15 21 25	29 28 49	16 46 12	20 59 23	18 47	9 51 56	30 11 1	5 1 46.9	8 43 3	20 2 6
19 201	14 47 48	13 20 47	0 27 5	24 49 37	15 19 3	29 29 22	16 45 10	20 57 56	18 39	9 56 59	30 10 9	5 1 46.7	8 50 50	19 30 0
20 202	16 40 34	14 34 31	0 41 42	24 59 37	15 16 45	29 29 52	16 44 7	20 56 29	18 32	10 2 0	30 9 6	5 1 46.5	8 58 26	18 56 43
21 203	18 31 33	15 48 15	0 56 57	25 9 42	15 14 32	29 30 20	16 43 2	20 55 2	18 26	10 7 1	30 7 56	5 1 46.3	9 5 52	18 22 21
22 204	20 20 44	17 1 58	1 12 48	25 19 52	15 12 24	29 30 44	16 41 56	20 53 36	18 23	10 12 1	30 6 42	5 1 46.2	9 13 7	17 47 0
23 205	22 8 8	18 15 42	1 29 16	25 30 7	15 10 22	29 31 5	16 40 49	20 52 10	18 21	10 17 1	30 5 29	5 1 46.1	9 20 11	17 10 49
24 206	23 53 46	19 29 26	1 46 20	25 40 28	15 8 24	29 31 24	16 39 40	20 50 45	18 22	10 22 0	30 4 21	5 1 46.0	9 27 5	16 33 52
25 207	25 37 36	20 43 10	2 3 59	25 50 53	15 6 32	29 31 40	16 38 30	20 49 20	18 23	10 26 58	30 3 23	5 1 45.9	9 33 48	15 56 17
26 208	27 19 40	21 56 53	2 22 12	26 1 23	15 4 45	29 31 52	16 37 18	20 47 56	18 24	10 31 55	30 2 37	5 1 45.9	9 40 22	15 18 8
27 209	28 59 59	23 10 37	2 40 59	26 11 57	15 3 3	29 32 2	16 36 5	20 46 32	18 25	10 36 52	30 2 5	5 1 45.8	9 46 46	14 39 31
28 210	0♌38 32	24 24 21	3 0 20	26 22 37	15 1 27	29 32 9	16 34 51	20 45 9	18 24	10 41 48	30 1 49	5 1 45.6	9 53 1	14 0 30
29 211	2 15 20	25 38 6	3 20 13	26 33 21	14 59 56	29 32R13	16 33 36	20 43 47	18 21	10 46 43	30 1 47	5 1 45.5	9 59 6	13 21 12
30 212	3 50 22	26 51 50	3 40 38	26 44 9	14 58 31	29 32 13	16 32 19	20 42 25	18 17	10 51 37	30 2 0	5 1 45.3	10 5 2	12 41 39
31 213	5♌23 39	28♋ 5 34	4♏ 1 36	26♌55 2	14♏57 11	29♓32 11	16♒31 1	20♐41 4	18♌13	10 56 31	30 2 24	5 1 45.1	10 10 49	12N 1 57

DAY Jul	♀ VENUS R.A. h m s	DECL ° ' "	♂ MARS R.A. h m s	DECL ° ' "	♃ JUPITER R.A. h m s	DECL ° ' "	♄ SATURN R.A. h m s	DECL ° ' "	♅ URANUS R.A. h m s	DECL ° ' "	♆ NEPTUNE R.A. h m s	DECL ° ' "	♇ PLUTO R.A. h m s	DECL ° ' "
1	7 10 43	23N20 6	15 19 51	21S 4 16	11 14 19	6N12 29	16 39 34	20S22 50	1 30 26	8N48 27	22 54 46	7S51 39	19 10 20	21S 3 28
2	7 16 3	23 12 45	15 19 55	21 5 37	11 14 49	6 9 9	16 39 19	20 22 30	1 30 31	8 48 56	22 54 44	7 51 54	19 10 14	21 3 45
3	7 21 22	23 4 43	15 20 2	21 7 8	11 15 19	6 5 47	16 39 4	20 22 11	1 30 36	8 49 23	22 54 42	7 52 9	19 10 7	21 4 1
4	7 26 40	22 56 1	15 20 13	21 8 49	11 15 50	6 2 22	16 38 49	20 21 52	1 30 41	8 49 50	22 54 40	7 52 25	19 10 1	21 4 17
5	7 31 57	22 46 38	15 20 28	21 10 39	11 16 21	5 58 54	16 38 35	20 21 33	1 30 46	8 50 15	22 54 37	7 52 42	19 9 55	21 4 34
6	7 37 14	22 36 35	15 20 45	21 12 38	11 16 53	5 55 24	16 38 21	20 21 16	1 30 50	8 50 40	22 54 35	7 52 59	19 9 49	21 4 50
7	7 42 30	22 25 52	15 21 6	21 14 47	11 17 25	5 51 51	16 38 7	20 20 58	1 30 54	8 51 3	22 54 32	7 53 17	19 9 42	21 5 7
8	7 47 45	22 14 31	15 21 31	21 17 5	11 17 57	5 48 15	16 37 53	20 20 42	1 30 58	8 51 26	22 54 30	7 53 36	19 9 36	21 5 23
9	7 53 0	22 2 30	15 21 58	21 19 32	11 18 30	5 44 38	16 37 40	20 20 26	1 31 2	8 51 47	22 54 27	7 53 55	19 9 30	21 5 40
10	7 58 13	21 49 51	15 22 29	21 22 8	11 19 4	5 40 57	16 37 27	20 20 11	1 31 6	8 52 7	22 54 24	7 54 15	19 9 24	21 5 57
11	8 3 25	21 36 34	15 23 3	21 24 53	11 19 37	5 37 15	16 37 14	20 19 56	1 31 10	8 52 26	22 54 21	7 54 36	19 9 17	21 6 13
12	8 8 37	21 22 40	15 23 41	21 27 46	11 20 11	5 33 30	16 37 1	20 19 42	1 31 13	8 52 44	22 54 18	7 54 57	19 9 11	21 6 30
13	8 13 47	21 8 9	15 24 21	21 30 48	11 20 46	5 29 42	16 36 49	20 19 29	1 31 16	8 53 2	22 54 15	7 55 19	19 9 5	21 6 46
14	8 18 56	20 53 2	15 25 4	21 33 58	11 21 20	5 25 53	16 36 38	20 19 17	1 31 19	8 53 18	22 54 11	7 55 41	19 8 58	21 7 3
15	8 24 4	20 37 19	15 25 51	21 37 15	11 21 55	5 22 1	16 36 26	20 19 5	1 31 22	8 53 33	22 54 8	7 56 4	19 8 52	21 7 20
16	8 29 11	20 21 1	15 26 40	21 40 40	11 22 31	5 18 7	16 36 15	20 18 54	1 31 25	8 53 46	22 54 5	7 56 27	19 8 46	21 7 36
17	8 34 17	20 4 8	15 27 32	21 44 13	11 23 6	5 14 11	16 36 4	20 18 43	1 31 27	8 53 59	22 54 1	7 56 51	19 8 40	21 7 53
18	8 39 22	19 46 41	15 28 27	21 47 52	11 23 43	5 10 12	16 35 54	20 18 34	1 31 30	8 54 11	22 53 57	7 57 16	19 8 34	21 8 9
19	8 44 26	19 28 41	15 29 25	21 51 38	11 24 19	5 6 12	16 35 43	20 18 25	1 31 32	8 54 22	22 53 53	7 57 41	19 8 28	21 8 26
20	8 49 28	19 10 9	15 30 26	21 55 31	11 24 56	5 2 9	16 35 34	20 18 17	1 31 34	8 54 31	22 53 50	7 58 7	19 8 21	21 8 43
21	8 54 29	18 51 4	15 31 30	21 59 30	11 25 33	4 58 5	16 35 24	20 18 10	1 31 35	8 54 40	22 53 46	7 58 33	19 8 15	21 8 59
22	8 59 29	18 31 28	15 32 36	22 3 34	11 26 10	4 53 58	16 35 15	20 18 4	1 31 37	8 54 48	22 53 42	7 59 0	19 8 9	21 9 16
23	9 4 28	18 11 21	15 33 44	22 7 44	11 26 48	4 49 50	16 35 6	20 17 58	1 31 38	8 54 54	22 53 37	7 59 27	19 8 3	21 9 32
24	9 9 26	17 50 44	15 34 56	22 11 59	11 27 26	4 45 39	16 34 58	20 17 53	1 31 40	8 55 0	22 53 33	7 59 55	19 7 57	21 9 49
25	9 14 22	17 29 37	15 36 9	22 16 19	11 28 4	4 41 27	16 34 50	20 17 49	1 31 41	8 55 4	22 53 29	8 0 24	19 7 51	21 10 5
26	9 19 18	17 8 2	15 37 26	22 20 43	11 28 42	4 37 12	16 34 42	20 17 46	1 31 41	8 55 7	22 53 25	8 0 52	19 7 45	21 10 22
27	9 24 12	16 45 58	15 38 45	22 25 12	11 29 21	4 32 56	16 34 35	20 17 44	1 31 42	8 55 9	22 53 20	8 1 22	19 7 40	21 10 38
28	9 29 5	16 23 28	15 40 6	22 29 44	11 30 0	4 28 38	16 34 28	20 17 42	1 31 43	8 55 11	22 53 16	8 1 51	19 7 34	21 10 55
29	9 33 57	16 0 30	15 41 30	22 34 21	11 30 40	4 24 18	16 34 22	20 17 41	1 31 43	8 55 11	22 53 11	8 2 22	19 7 28	21 11 11
30	9 38 47	15 37 7	15 42 56	22 39 0	11 31 20	4 19 57	16 34 16	20 17 42	1 31 43	8 55 10	22 53 6	8 2 52	19 7 22	21 11 27
31	9 43 37	15N13 18	15 44 24	22S43 43	11 31 59	4N15 33	16 34 10	20S17 43	1 31 43	8N55 7	22 53 1	8S 3 23	19 7 17	21S11 43

AUGUST 2016

DAY	SIDEREAL TIME h m s	☉ SUN LONG ° ' "	SUN MOT ' "	SUN R.A. h m s	SUN DECL ° ' "	☽ MOON AT 0 HOURS LONG ° ' "	12h MOT ° ' "	2DIF "	R.A. h m s	DECL ° ' "	☽ MOON AT 12 HOURS LONG ° ' "	12h MOT ° ' "	2DIF "	R.A. h m s	DECL ° ' "
1 M	20 40 8	14♋12 24	57 26	8 46 26.7	17N57 23	20♊37 26	6 53 21	-105	7 5 33	18N10 22	27♊30 47	6 49 40	-116	7 34 22	17N35 54
2 Tu	20 44 4	15 9 49	57 27	8 50 19.2	17 42 5	4♋20 27	6 45 38	-125	8 2 44	16 46 24	11♋ 6 4	6 41 19	-132	8 30 35	15 43 10
3 W	20 48 1	16 7 16	57 28	8 54 11.2	17 26 29	17 47 23	6 36 48	-137	8 57 51	14 27 41	24 24 11	6 32 10	-139	9 24 30	13 1 35
4 Th	20 51 58	17 4 43	57 28	8 58 2.6	17 10 36	0♌56 21	6 27 31	-139	9 50 32	11 26 33	7♌23 51	6 22 55	-136	10 15 59	9 44 14
5 F	20 55 54	18 2 12	57 29	9 1 53.3	16 54 27	13 46 46	6 18 27	-130	10 40 53	7 56 16	20 5 13	6 14 14	-122	11 5 17	6 4 9
6 S	20 59 51	18 59 41	57 30	9 5 43.5	16 38 1	26 19 26	6 10 18	-112	11 29 13	4 9 20	2♍29 44	6 6 44	-101	11 52 48	2 13 7
7 Su	21 3 47	19 57 11	57 31	9 9 33.0	16 21 19	8♍36 28	6 3 35	-87	12 16 5	0 16 42	14 40 3	6 0 55	-72	12 39 8	1S38 48
8 M	21 7 44	20 54 41	57 32	9 13 21.9	16 4 22	20 40 59	5 58 47	-56	13 2 3	3S32 23	26 39 45	5 57 11	-39	13 24 55	5 23 4
9 Tu	21 11 40	21 52 13	57 33	9 17 10.3	15 47 9	2♎36 56	5 56 9	-22	13 47 47	7 9 59	8♎33 5	5 55 44	-4	14 10 44	8 52 15
10 W	21 15 37	22 49 46	57 33	9 20 58.0	15 29 40	14 28 49	5 55 54	14	14 33 52	10 29 0	20 24 43	5 56 41	32	14 57 13	11 59 25
11 Th	21 19 33	23 47 19	57 34	9 24 45.2	15 11 57	26 21 24	5 58 4	50	15 20 51	13 22 38	2♏19 27	6 0 1	67	15 44 49	14 37 45
12 F	21 23 30	24 44 53	57 35	9 28 31.7	14 54 0	8♏19 29	6 2 33	84	16 9 10	15 43 54	14 22 2	6 5 36	99	16 33 56	16 40 10
13 S	21 27 26	25 42 28	57 36	9 32 17.7	14 35 48	20 27 37	6 9 8	113	16 59 7	17 25 39	26 36 46	6 13 6	125	17 24 44	17 59 28
14 Su	21 31 23	26 40 4	57 37	9 36 3.2	14 17 23	2♐49 52	6 17 27	135	17 50 46	18 20 47	9♐ 7 19	6 22 6	143	18 17 12	18 28 50
15 M	21 35 20	27 37 42	57 38	9 39 48.1	13 58 43	15 29 25	6 26 58	148	18 43 59	18 23 0	21 56 23	6 31 59	151	19 11 3	18 2 49
16 Tu	21 39 16	28 35 20	57 39	9 43 32.4	13 39 51	28 28 21	6 37 2	151	19 38 21	17 28 2	5♑ 5 23	6 42 2	148	20 5 49	16 38 39
17 W	21 43 13	29 32 59	57 41	9 47 16.2	13 20 46	11♑47 26	6 46 54	142	20 33 23	15 34 55	18 34 20	6 51 32	134	21 1 0	14 17 26
18 Th	21 47 9	0♌30 40	57 42	9 50 59.5	13 1 28	25 25 52	6 55 50	123	21 28 37	12 47 0	2♒21 42	6 59 45	110	21 56 10	11 4 48
19 F	21 51 6	1 28 21	57 43	9 54 42.3	12 41 57	9♒21 27	7 3 11	95	22 23 40	9 12 12	16 24 38	7 6 7	79	22 51 6	7 10 52
20 S	21 55 2	2 26 5	57 45	9 58 24.6	12 22 15	23 30 44	7 8 29	63	23 18 29	5 2 35	0♓39 13	7 10 17	45	23 45 49	2 49 20
21 Su	21 58 59	3 23 49	57 46	10 2 6.5	12 2 21	7♓49 30	7 11 31	28	0 13 9	0 33 12	15 1 1	7 12 11	12	0 40 31	1N43 41
22 M	22 2 55	4 21 36	57 48	10 5 47.8	11 42 15	22 13 12	7 12 19	-4	1 7 59	3N59 10	29 25 31	7 11 57	-18	1 35 34	6 11 8
23 Tu	22 6 52	5 19 23	57 50	10 9 28.8	11 21 58	6♈37 27	7 11 7	-31	2 3 19	8 17 28	13♈48 34	7 9 52	-43	2 31 17	10 16 11
24 W	22 10 49	6 17 13	57 52	10 13 9.4	11 1 30	20 58 26	7 8 15	-53	2 59 29	12 5 26	28 6 41	7 6 19	-62	3 27 54	13 43 27
25 Th	22 14 45	7 15 5	57 53	10 16 49.5	10 40 52	5♉13 0	7 4 6	-70	3 56 33	15 8 44	12♉17 6	7 1 39	-77	4 25 24	16 19 56
26 F	22 18 42	8 12 58	57 55	10 20 29.3	10 20 3	19 18 45	6 59 0	-82	4 54 22	17 16 1	26 17 45	6 56 10	-87	5 23 25	17 56 11
27 S	22 22 38	9 10 53	57 57	10 24 8.7	9 59 5	3♊13 55	6 53 11	-91	5 52 28	18 19 59	10♊ 7 6	6 50 5	-95	6 21 23	18 27 17
28 Su	22 26 35	10 8 50	57 59	10 27 47.7	9 37 57	16 57 11	6 46 52	-98	6 50 7	18 18 16	23 44 2	6 43 33	-101	7 18 33	17 53 27
29 M	22 30 31	11 6 48	58 1	10 31 26.4	9 16 40	0♋27 35	6 40 9	-103	7 46 36	17 13 37	7♋ 7 43	6 36 41	-104	8 14 13	16 19 47
30 Tu	22 34 28	12 4 49	58 2	10 35 4.8	8 55 14	13 44 25	6 33 11	-106	8 41 21	15 13 13	20 17 36	6 29 39	-106	9 7 57	13 55 16
31 W	22 38 24	13♌ 2 51	58 4	10 38 42.8	8N33 39	26♋47 15	6 26 7	-106	9 34 1	12N27 24	3♌13 22	6 22 36	-105	9 59 34	10N51 9

LUNAR INGRESSES
1 ☽ ♋ 16:22
3 ☽ ♌ 22:16
6 ☽ ♍ 7:08
8 ☽ ♎ 18:43
11 ☽ ♏ 7:20
13 ☽ ♐ 18:33
16 ☽ ♑ 2:47
18 ☽ ♒ 7:55
20 ☽ ♓ 10:54
22 ☽ ♈ 12:57
24 ☽ ♉ 15:11
26 ☽ ♊ 18:24
28 ☽ ♋ 23:11
31 ☽ ♌ 5:59

PLANET INGRESSES
1 ♀ ♌ 13:15
16 ♃ ♍ 3:49
17 ☉ ♌ 11:15
20 ☿ ♍ 14:36
25 ♀ ♍ 23:42

STATIONS
13 ♄ D 9:51
30 ☿ R 13:05

DATA FOR THE 1st AT 0 HOURS
JULIAN DAY 42581.5
☽ MEAN ☊ 19°♌ 21' 25"
OBLIQUITY 23° 26' 5"
DELTA T 73.9 SECONDS
NUTATION LONGITUDE -3.4"

DAY MO YR	☿ LONG ° ' "	♀ LONG ° ' "	♂ LONG ° ' "	♃ LONG ° ' "	♄ LONG ° ' "	♅ LONG ° ' "	♆ LONG ° ' "	♇ LONG ° ' "	☊ LONG ° '	A.S.S.I. h m s	S.S.R.Y. h m s	S.V.P. ♓ ° ' "	☿ MERCURY R.A. h m s	☿ MERCURY DECL ° ' "
1 214	6♌55 11	29♋19 18	4♏23 5	27♌ 6 0	14♏55R56	29♓32R 6	16♒29R42	20♐39R43	18♌07	11 1 24	30 2 58	5 1 44.8	10 16 27	11N22 10
2 215	8 24 56	0♌33 3	4 45 4	27 17 2	14 54 48	29 31 59	16 28 22	20 38 24	18 02	11 6 16	30 3 39	5 1 44.6	10 21 56	10 42 21
3 216	9 52 53	1 46 47	5 7 34	27 28 7	14 53 44	29 31 48	16 27 1	20 37 5	17 58	11 11 8	30 4 26	5 1 44.5	10 27 17	10 2 35
4 217	11 19 3	3 0 31	5 30 33	27 39 17	14 52 47	29 31 34	16 25 38	20 35 47	17 56	11 15 58	30 5 17	5 1 44.4	10 32 30	9 22 55
5 218	12 43 23	4 14 14	5 54 2	27 50 32	14 51 55	29 31 17	16 24 15	20 34 30	17 55	11 20 48	30 6 9	5 1 44.3	10 37 34	8 43 25
6 219	14 5 51	5 27 58	6 17 59	28 1 49	14 51 9	29 30 57	16 22 51	20 33 14	17 55	11 25 37	30 7 1	5 1 44.2	10 42 29	8 4 9
7 220	15 26 25	6 41 41	6 42 23	28 13 11	14 50 29	29 30 35	16 21 25	20 31 59	17 56	11 30 26	30 7 52	5 1 44.2	10 47 16	7 25 10
8 221	16 45 3	7 55 24	7 7 16	28 24 37	14 49 55	29 30 9	16 19 59	20 30 44	17 58	11 35 13	30 8 40	5 1 44.1	10 51 55	6 46 32
9 222	18 1 43	9 9 6	7 32 34	28 36 6	14 49 26	29 29 41	16 18 31	20 29 31	17 59	11 40 0	30 9 23	5 1 44.1	10 56 25	6 8 19
10 223	19 16 20	10 22 49	7 58 19	28 47 39	14 49 3	29 29 10	16 17 3	20 28 19	18 00	11 44 46	30 9 59	5 1 44.0	11 0 47	5 30 34
11 224	20 28 50	11 36 30	8 24 30	28 59 15	14 48 46	29 28 36	16 15 34	20 27 7	18 01	11 49 32	30 10 26	5 1 43.9	11 5 0	4 53 21
12 225	21 39 11	12 50 11	8 51 6	29 10 55	14 48 35	29 27 59	16 14 4	20 25 57	18 00	11 54 16	30 10 43	5 1 43.8	11 9 5	4 16 44
13 226	22 47 16	14 3 52	9 18 6	29 22 38	14 48D29	29 27 20	16 12 33	20 24 48	17 58	11 59 0	30 10 48	5 1 43.6	11 13 0	3 40 48
14 227	23 53 0	15 17 32	9 45 29	29 34 24	14 48 29	29 26 37	16 11 2	20 23 40	17 56	12 3 43	30 10 39	5 1 43.5	11 16 46	3 5 36
15 228	24 56 17	16 31 12	10 13 17	29 46 14	14 48 36	29 25 52	16 9 30	20 22 33	17 53	12 8 26	30 10 16	5 1 43.3	11 20 23	2 31 12
16 229	25 57 1	17 44 51	10 41 26	29 58 6	14 48 48	29 25 4	16 7 57	20 21 27	17 50	12 13 8	30 9 39	5 1 43.1	11 23 50	1 57 43
17 230	26 55 4	18 58 30	11 9 59	0♍10 2	14 49 5	29 24 13	16 6 24	20 20 23	17 47	12 17 49	30 8 48	5 1 43.0	11 27 7	1 25 12
18 231	27 50 18	20 12 8	11 38 53	0 22 0	14 49 29	29 23 20	16 4 50	20 19 19	17 46	12 22 30	30 7 47	5 1 42.8	11 30 13	0 53 45
19 232	28 42 35	21 25 46	12 8 8	0 34 2	14 49 58	29 22 24	16 3 15	20 18 17	17 45	12 27 9	30 6 39	5 1 42.8	11 33 9	0 23 28
20 233	29 31 43	22 39 23	12 37 44	0 46 6	14 50 34	29 21 25	16 1 40	20 17 16	17 45	12 31 49	30 5 27	5 1 42.7	11 35 53	0S 5 34
21 234	0♍17 34	23 52 59	13 7 40	0 58 13	14 51 14	29 20 24	16 0 4	20 16 16	17 45	12 36 27	30 4 18	5 1 42.7	11 38 24	0 33 14
22 235	0 59 54	25 6 35	13 37 57	1 10 23	14 52 1	29 19 20	15 58 28	20 15 18	17 46	12 41 6	30 3 14	5 1 42.7	11 40 43	0 59 24
23 236	1 38 33	26 20 11	14 8 33	1 22 35	14 52 54	29 18 13	15 56 51	20 14 21	17 47	12 45 43	30 2 18	5 1 42.6	11 42 49	1 23 57
24 237	2 13 17	27 33 46	14 39 29	1 34 50	14 53 52	29 17 4	15 55 14	20 13 25	17 48	12 50 20	30 1 34	5 1 42.5	11 44 41	1 46 46
25 238	2 43 51	28 47 21	15 10 44	1 47 7	14 54 56	29 15 52	15 53 36	20 12 31	17 48	12 54 57	30 1 3	5 1 42.4	11 46 18	2 7 40
26 239	3 10 1	0♍ 0 56	15 42 18	1 59 27	14 56 6	29 14 37	15 51 59	20 11 38	17 48	12 59 33	30 0 44	5 1 42.2	11 47 39	2 26 32
27 240	3 31 32	1 14 30	16 14 10	2 11 50	14 57 22	29 13 20	15 50 21	20 10 46	17 47	13 4 9	30 0 38	5 1 42.1	11 48 44	2 43 10
28 241	3 48 8	2 28 4	16 46 21	2 24 14	14 58 43	29 12 1	15 48 42	20 9 56	17 47	13 8 44	30 0 44	5 1 41.9	11 49 31	2 57 25
29 242	3 59 32	3 41 37	17 18 50	2 36 41	15 0 10	29 10 39	15 47 4	20 9 7	17 46	13 13 19	30 1 0	5 1 41.7	11 50 1	3 9 5
30 243	4 5R29	4 55 10	17 51 36	2 49 10	15 1 43	29 9 15	15 45 25	20 8 20	17 45	13 17 53	30 1 27	5 1 41.6	11 50 11	3 17 58
31 244	4♍ 5 44	6♍ 8 43	18♏24 40	3♍ 1 41	15♏ 3 22	29♓ 7 48	15♒43 46	20♐ 7 35	17♌44	13 22 27	30 2 2	5 1 41.5	11 50 2	3S23 53

DAY Aug	♀ VENUS R.A. h m s	♀ VENUS DECL ° ' "	♂ MARS R.A. h m s	♂ MARS DECL ° ' "	♃ JUPITER R.A. h m s	♃ JUPITER DECL ° ' "	♄ SATURN R.A. h m s	♄ SATURN DECL ° ' "	♅ URANUS R.A. h m s	♅ URANUS DECL ° ' "	♆ NEPTUNE R.A. h m s	♆ NEPTUNE DECL ° ' "	♇ PLUTO R.A. h m s	♇ PLUTO DECL ° ' "
1	9 48 25	14N49 5	15 45 55	22S48 29	11 32 40	4N11 8	16 34 4	20S17 44	1 31 43	8N55 4	22 52 56	8S 3 55	19 7 11	21S11 59
2	9 53 12	14 24 28	15 47 28	22 53 17	11 33 20	4 6 41	16 33 59	20 17 47	1 31 42	8 55 0	22 52 52	8 4 27	19 7 5	21 12 16
3	9 57 58	13 59 28	15 49 3	22 58 7	11 34 1	4 2 13	16 33 55	20 17 51	1 31 42	8 54 55	22 52 46	8 4 59	19 7 0	21 12 32
4	10 2 43	13 34 6	15 50 41	23 3 0	11 34 42	3 57 43	16 33 51	20 17 55	1 31 41	8 54 48	22 52 41	8 5 32	19 6 54	21 12 48
5	10 7 27	13 8 22	15 52 20	23 7 54	11 35 23	3 53 11	16 33 47	20 18 0	1 31 40	8 54 41	22 52 36	8 6 5	19 6 49	21 13 3
6	10 12 10	12 42 18	15 54 2	23 12 49	11 36 5	3 48 38	16 33 44	20 18 7	1 31 39	8 54 32	22 52 31	8 6 38	19 6 44	21 13 19
7	10 16 52	12 15 53	15 55 46	23 17 45	11 36 46	3 44 4	16 33 41	20 18 14	1 31 37	8 54 23	22 52 26	8 7 12	19 6 38	21 13 35
8	10 21 33	11 49 9	15 57 32	23 22 42	11 37 28	3 39 28	16 33 38	20 18 22	1 31 36	8 54 12	22 52 20	8 7 46	19 6 33	21 13 51
9	10 26 13	11 22 6	15 59 20	23 27 39	11 38 10	3 34 50	16 33 36	20 18 30	1 31 34	8 54 1	22 52 15	8 8 21	19 6 28	21 14 6
10	10 30 52	10 54 45	16 1 10	23 32 36	11 38 53	3 30 11	16 33 34	20 18 40	1 31 32	8 53 48	22 52 10	8 8 56	19 6 23	21 14 21
11	10 35 30	10 27 7	16 3 2	23 37 33	11 39 35	3 25 31	16 33 33	20 18 50	1 31 30	8 53 34	22 52 4	8 9 31	19 6 18	21 14 37
12	10 40 7	9 59 13	16 4 56	23 42 29	11 40 18	3 20 50	16 33 32	20 19 2	1 31 28	8 53 19	22 51 58	8 10 6	19 6 13	21 14 52
13	10 44 43	9 31 3	16 6 52	23 47 24	11 41 1	3 16 7	16 33 31	20 19 14	1 31 25	8 53 3	22 51 53	8 10 41	19 6 8	21 15 7
14	10 49 19	9 2 38	16 8 50	23 52 18	11 41 44	3 11 23	16 33 31	20 19 27	1 31 22	8 52 47	22 51 47	8 11 17	19 6 3	21 15 22
15	10 53 53	8 33 59	16 10 50	23 57 10	11 42 28	3 6 37	16 33 32	20 19 41	1 31 20	8 52 29	22 51 42	8 11 53	19 5 59	21 15 37
16	10 58 27	8 5 6	16 12 51	24 2 0	11 43 11	3 1 51	16 33 32	20 19 56	1 31 17	8 52 10	22 51 36	8 12 30	19 5 54	21 15 52
17	11 3 0	7 36 0	16 14 54	24 6 48	11 43 55	2 57 3	16 33 34	20 20 12	1 31 14	8 51 50	22 51 30	8 13 6	19 5 50	21 16 7
18	11 7 33	7 6 43	16 16 59	24 11 33	11 44 39	2 52 14	16 33 35	20 20 28	1 31 10	8 51 30	22 51 24	8 13 43	19 5 45	21 16 21
19	11 12 4	6 37 13	16 19 5	24 16 16	11 45 23	2 47 25	16 33 37	20 20 46	1 31 7	8 51 8	22 51 18	8 14 20	19 5 41	21 16 36
20	11 16 35	6 7 34	16 21 14	24 20 55	11 46 7	2 42 34	16 33 39	20 21 4	1 31 3	8 50 45	22 51 12	8 14 57	19 5 36	21 16 50
21	11 21 6	5 37 44	16 23 23	24 25 31	11 46 52	2 37 42	16 33 42	20 21 23	1 30 59	8 50 21	22 51 6	8 15 34	19 5 32	21 17 4
22	11 25 36	5 7 45	16 25 35	24 30 2	11 47 36	2 32 49	16 33 45	20 21 43	1 30 55	8 49 57	22 51 1	8 16 12	19 5 28	21 17 18
23	11 30 6	4 37 37	16 27 48	24 34 30	11 48 21	2 27 55	16 33 49	20 22 4	1 30 51	8 49 31	22 50 55	8 16 49	19 5 24	21 17 32
24	11 34 35	4 7 22	16 30 2	24 38 53	11 49 6	2 23 0	16 33 53	20 22 25	1 30 47	8 49 5	22 50 49	8 17 27	19 5 20	21 17 46
25	11 39 3	3 36 59	16 32 18	24 43 11	11 49 51	2 18 4	16 33 57	20 22 48	1 30 42	8 48 37	22 50 42	8 18 5	19 5 17	21 18 0
26	11 43 32	3 6 30	16 34 36	24 47 25	11 50 36	2 13 7	16 34 2	20 23 11	1 30 38	8 48 9	22 50 36	8 18 43	19 5 13	21 18 13
27	11 48 0	2 35 55	16 36 55	24 51 33	11 51 22	2 8 9	16 34 7	20 23 35	1 30 33	8 47 39	22 50 30	8 19 21	19 5 9	21 18 27
28	11 52 27	2 5 14	16 39 16	24 55 36	11 52 7	2 3 11	16 34 13	20 24 0	1 30 28	8 47 9	22 50 24	8 19 59	19 5 6	21 18 40
29	11 56 55	1 34 30	16 41 38	24 59 33	11 52 53	1 58 12	16 34 19	20 24 26	1 30 23	8 46 38	22 50 18	8 20 37	19 5 2	21 18 53
30	12 1 22	1 3 42	16 44 1	25 3 23	11 53 38	1 53 11	16 34 25	20 24 52	1 30 18	8 46 6	22 50 12	8 21 15	19 4 59	21 19 6
31	12 5 49	0N32 51	16 46 26	25S 7 8	11 54 24	1N48 11	16 34 32	20S25 19	1 30 12	8N45 34	22 50 6	8S21 53	19 4 56	21S19 19

SEPTEMBER 2016

DAY	SIDEREAL TIME h m s	☉ SUN LONG	MOT	R.A. h m s	DECL	☽ MOON AT 0 HOURS LONG	12h MOT	2DIF	R.A. h m s	DECL	☽ MOON AT 12 HOURS LONG	12h MOT	2DIF	R.A. h m s	DECL
1 Th	22 42 21	14♌ 0 55	58 6	10 42 20.6	8N11 56	9♌35 58	6 19 9	-103	10 24 37	9N 8 2	15♌55 6	6 15 46	-99	10 49 12	7N19 31
2 F	22 46 18	14 59 1	58 7	10 45 58.0	7 50 5	22 10 53	6 12 31	-95	11 13 22	5 27 5	28 23 24	6 9 26	-90	11 37 10	3 32 6
3 S	22 50 14	15 57 8	58 9	10 49 35.2	7 28 7	4♍32 49	6 6 32	-83	12 0 40	1 35 52	10♍39 21	6 3 53	-75	12 23 56	0S20 24
4 Su	22 54 11	16 55 16	58 10	10 53 12.0	7 6 1	16 43 15	6 1 32	-66	12 47 1	2S15 33	22 44 47	5 59 30	-56	13 10 0	4 8 30
5 M	22 58 7	17 53 27	58 12	10 56 48.7	6 43 48	28 44 16	5 57 50	-44	13 32 56	5 58 15	4♎42 6	5 56 34	-31	13 55 54	7 43 51
6 Tu	23 2 4	18 51 39	58 13	11 0 25.1	6 21 29	10♎38 40	5 55 45	-17	14 18 57	9 24 22	16 34 25	5 55 24	-3	14 42 8	10 58 57
7 W	23 6 0	19 49 52	58 15	11 4 1.3	5 59 4	22 29 49	5 55 34	13	15 5 32	12 26 45	28 25 23	5 56 16	29	15 29 10	13 46 55
8 Th	23 9 57	20 48 7	58 17	11 7 37.3	5 36 33	4♏21 39	5 57 31	46	15 53 6	14 58 38	10♏19 9	5 59 19	63	16 17 21	16 1 4
9 F	23 13 53	21 46 24	58 18	11 11 13.1	5 13 56	16 18 28	6 1 42	80	16 41 57	16 53 26	22 20 10	6 4 40	97	17 6 56	17 34 56
10 S	23 17 50	22 44 42	58 20	11 14 48.7	4 51 14	28 24 50	6 8 11	114	17 32 17	18 4 47	4♐33 1	6 12 14	129	17 58 0	18 22 18
11 Su	23 21 47	23 43 1	58 21	11 18 24.2	4 28 27	10♐45 15	6 16 49	144	18 24 4	18 26 50	17 2 4	6 21 51	157	18 50 27	18 17 49
12 M	23 25 43	24 41 22	58 23	11 21 59.6	4 5 35	23 23 54	6 27 17	168	19 17 9	17 54 50	29 51 12	6 33 4	177	19 44 5	17 17 38
13 Tu	23 29 40	25 39 45	58 24	11 25 34.8	3 42 39	6♑24 16	6 39 5	183	20 11 14	16 26 9	13♑ 3 21	6 45 14	185	20 38 33	15 20 33
14 W	23 33 36	26 38 9	58 26	11 29 10.0	3 19 39	19 48 35	6 51 25	183	21 6 0	14 1 16	26 39 59	6 57 28	178	21 33 32	12 28 59
15 Th	23 37 33	27 36 35	58 28	11 32 45.1	2 56 36	3♒37 27	7 3 16	168	22 1 9	10 44 43	10♒40 43	7 8 41	154	22 28 50	8 49 43
16 F	23 41 29	28 35 3	58 30	11 36 20.1	2 33 30	17 49 24	7 13 32	136	22 56 34	6 45 33	25 2 56	7 17 44	114	23 24 22	4 34 2
17 S	23 45 26	29 33 33	58 31	11 39 55.2	2 10 20	2♓20 40	7 21 8	89	23 52 16	2 17 15	9♓41 48	7 23 39	61	0 20 16	0N 2 35
18 Su	23 49 22	0♍32 4	58 34	11 43 30.2	1 47 8	17 5 27	7 25 13	33	0 48 25	2N23 5	24 30 40	7 25 49	3	1 16 44	4 41 48
19 M	23 53 19	1 30 38	58 36	11 47 5.3	1 23 53	1♈56 29	7 25 27	-25	1 45 14	6 56 15	9♈21 56	7 24 8	-52	2 13 57	9 4 3
20 Tu	23 57 15	2 29 13	58 38	11 50 40.4	1 0 37	16 46 4	7 21 58	-76	2 42 53	11 2 55	24 8 2	7 19 3	-97	3 12 1	12 50 46
21 W	0 1 12	3 27 51	58 40	11 54 15.7	0 37 18	1♉27 5	7 15 29	-115	3 41 19	14 25 47	8♉42 34	7 11 24	-128	4 10 45	15 46 26
22 Th	0 5 9	4 26 31	58 42	11 57 51.0	0 13 58	15 53 57	7 6 56	-138	4 40 16	16 51 32	23 0 53	7 2 12	-144	5 9 45	17 40 15
23 F	0 9 5	5 25 13	58 45	12 1 26.5	0S 9 22	0♊ 3 5	6 57 20	-147	5 39 8	18 12 8	7♊ 0 25	6 52 26	-146	6 8 19	18 27 7
24 S	0 13 2	6 23 58	58 47	12 5 2.1	0 32 44	13 52 51	6 47 35	-144	6 37 13	18 25 28	20 40 26	6 42 51	-139	7 5 45	18 7 45
25 Su	0 16 58	7 22 45	58 49	12 8 37.8	0 56 6	27 23 17	6 38 19	-133	7 33 50	17 34 47	4♋ 1 35	6 33 59	-126	8 1 25	16 47 38
26 M	0 20 55	8 21 34	58 51	12 12 13.8	1 19 28	10♋35 34	6 29 53	-119	8 28 29	15 47 30	17 5 27	6 26 3	-111	8 55 0	14 35 41
27 Tu	0 24 51	9 20 25	58 54	12 15 50.0	1 42 50	23 31 30	6 22 28	-104	9 20 59	13 13 33	29 53 57	6 19 7	-96	9 46 26	11 42 32
28 W	0 28 48	10 19 19	58 56	12 19 26.4	2 6 11	6♌13 4	6 16 2	-89	10 11 23	10 4 1	12♌29 6	6 13 10	-83	10 35 53	8 19 23
29 Th	0 32 44	11 18 14	58 58	12 23 3.0	2 29 31	18 42 16	6 10 31	-76	10 59 59	6 30 0	24 52 47	6 8 4	-70	11 23 43	4 37 10
30 F	0 36 41	12♍17 12	59 0	12 26 39.9	2S52 49	1♍ 0 51	6 5 49	-65	11 47 11	2N42 10	7♍ 6 39	6 3 45	-59	12 10 25	0N46 13

LUNAR INGRESSES
2 ☽ ♍ 15:08
5 ☽ ♎ 2:32
7 ☽ ♏ 15:11
10 ☽ ♐ 3:07
12 ☽ ♑ 12:16
14 ☽ ♒ 17:46
16 ☽ ♓ 20:09
18 ☽ ♈ 20:52
20 ☽ ♉ 21:37
22 ☽ ♊ 23:55
25 ☽ ♋ 4:42
27 ☽ ♌ 12:11
29 ☽ ♍ 22:01

PLANET INGRESSES
8 ☿ ♌ 12:46
17 ☉ ♍ 10:51
19 ♀ ♎ 11:59
19 ♂ ♐ 12:03

STATIONS
22 ☿ D 5:32
26 ♇ D 15:03

DATA FOR THE 1st AT 0 HOURS
JULIAN DAY 42612.5
☽ MEAN ☊ 17°♌ 42' 51"
OBLIQUITY 23° 26' 5"
DELTA T 74.0 SECONDS
NUTATION LONGITUDE -4.5"

DAY MO YR	☿ LONG	♀ LONG	♂ LONG	♃ LONG	♄ LONG	♅ LONG	♆ LONG	♇ LONG	☊ LONG	A.S.S.I. h m s	S.S.R.Y. h m s	S.V.P. ♓ ' "	☿ MERCURY R.A. h m s	☿ MERCURY DECL
1 245	4♍ 0R 4	7♍22 15	18♏58 1	3♍14 14	15♏ 5 6	29♓ 6R19	15♒42R 7	20♐ 6R50	17♌44	13 27 0	30 2 42	5 1 41.4	11 49 33	3S26 38
2 246	3 48 17	8 35 46	19 31 39	3 26 49	15 6 56	29 4 47	15 40 28	20 6 8	17 44	13 31 34	30 3 32	5 1 41.4	11 48 42	3 26 2
3 247	3 30 16	9 49 17	20 5 33	3 39 25	15 8 52	29 3 14	15 38 49	20 5 26	17 44	13 36 6	30 4 24	5 1 41.4	11 47 31	3 21 55
4 248	3 5 57	11 2 47	20 39 44	3 52 4	15 10 53	29 1 38	15 37 9	20 4 47	17 44	13 40 39	30 5 20	5 1 41.4	11 45 59	3 14 7
5 249	2 35 23	12 16 16	21 14 10	4 4 44	15 13 0	28 59 59	15 35 30	20 4 9	17 44	13 45 11	30 6 16	5 1 41.4	11 44 6	3 2 32
6 250	1 58 42	13 29 44	21 48 52	4 17 26	15 15 12	28 58 19	15 33 51	20 3 32	17 44	13 49 43	30 7 11	5 1 41.3	11 41 53	2 47 6
7 251	1 16 15	14 43 12	22 23 50	4 30 9	15 17 30	28 56 36	15 32 12	20 2 57	17 44	13 54 15	30 8 3	5 1 41.3	11 39 22	2 27 50
8 252	0 28 27	15 56 39	22 59 2	4 42 53	15 19 54	28 54 52	15 30 34	20 2 24	17 44	13 58 46	30 8 49	5 1 41.2	11 36 34	2 4 50
9 253	29♌35 57	17 10 4	23 34 28	4 55 39	15 22 23	28 53 5	15 28 55	20 1 53	17 44	14 3 17	30 9 25	5 1 41.1	11 33 31	1 38 15
10 254	28 39 36	18 23 29	24 10 9	5 8 27	15 24 57	28 51 16	15 27 17	20 1 23	17 44	14 7 48	30 9 50	5 1 40.9	11 30 18	1 8 25
11 255	27 40 23	19 36 53	24 46 4	5 21 15	15 27 37	28 49 26	15 25 39	20 0 55	17 44	14 12 19	30 10 2	5 1 40.8	11 26 57	0 35 42
12 256	26 39 28	20 50 16	25 22 12	5 34 4	15 30 22	28 47 33	15 24 1	20 0 28	17 45	14 16 49	30 9 58	5 1 40.7	11 23 32	0 0 38
13 257	25 38 11	22 3 38	25 58 33	5 46 55	15 33 12	28 45 39	15 22 24	20 0 3	17 45	14 21 20	30 9 39	5 1 40.5	11 20 9	0N36 11
14 258	24 37 56	23 16 59	26 35 8	5 59 47	15 36 8	28 43 43	15 20 47	19 59 40	17 46	14 25 50	30 9 6	5 1 40.4	11 16 52	1 14 2
15 259	23 40 9	24 30 18	27 11 55	6 12 39	15 39 9	28 41 45	15 19 11	19 59 19	17 47	14 30 20	30 8 19	5 1 40.3	11 13 46	1 52 11
16 260	22 46 18	25 43 37	27 48 54	6 25 32	15 42 15	28 39 45	15 17 35	19 58 59	17 47	14 34 50	30 7 23	5 1 40.3	11 10 56	2 29 51
17 261	21 57 43	26 56 55	28 26 6	6 38 26	15 45 26	28 37 43	15 15 59	19 58 41	17 47	14 39 21	30 6 20	5 1 40.3	11 8 27	3 6 14
18 262	21 15 40	28 10 11	29 3 29	6 51 21	15 48 42	28 35 40	15 14 24	19 58 25	17 46	14 43 51	30 5 14	5 1 40.3	11 6 22	3 40 37
19 263	20 41 13	29 23 27	29 41 4	7 4 17	15 52 3	28 33 36	15 12 50	19 58 10	17 44	14 48 21	30 4 10	5 1 40.3	11 4 45	4 12 18
20 264	20 15 16	0♎36 42	0♐18 50	7 17 13	15 55 30	28 31 29	15 11 16	19 57 57	17 43	14 52 51	30 3 11	5 1 40.2	11 3 40	4 40 42
21 265	19 58 28	1 49 55	0 56 48	7 30 9	15 59 1	28 29 22	15 9 43	19 57 46	17 41	14 57 22	30 2 18	5 1 40.1	11 3 8	5 5 19
22 266	19 51D17	3 3 8	1 34 57	7 43 6	16 2 37	28 27 13	15 8 11	19 57 37	17 39	15 1 52	30 1 34	5 1 40.0	11 3 12	5 25 44
23 267	19 53 57	4 16 20	2 13 16	7 56 4	16 6 18	28 25 2	15 6 39	19 57 29	17 39	15 6 23	30 1 0	5 1 39.8	11 3 50	5 41 40
24 268	20 6 31	5 29 31	2 51 47	8 9 2	16 10 4	28 22 50	15 5 8	19 57 24	17 39	15 10 54	30 0 37	5 1 39.7	11 5 4	5 52 56
25 269	20 28 51	6 42 42	3 30 29	8 22 0	16 13 55	28 20 37	15 3 38	19 57 20	17 39	15 15 25	30 0 24	5 1 39.5	11 6 52	5 59 26
26 270	21 0 38	7 55 51	4 9 21	8 34 58	16 17 50	28 18 22	15 2 8	19 57D18	17 41	15 19 56	30 0 22	5 1 39.4	11 9 14	6 1 10
27 271	21 41 28	9 9 0	4 48 23	8 47 57	16 21 51	28 16 7	15 0 40	19 57 17	17 42	15 24 28	30 0 31	5 1 39.3	11 12 7	5 58 10
28 272	22 30 49	10 22 7	5 27 36	9 0 55	16 25 56	28 13 50	14 59 12	19 57 19	17 44	15 29 0	30 0 50	5 1 39.2	11 15 29	5 50 37
29 273	23 28 4	11 35 14	6 6 59	9 13 54	16 30 5	28 11 32	14 57 45	19 57 22	17 44	15 33 32	30 1 19	5 1 39.2	11 19 19	5 38 40
30 274	24♌32 34	12♎48 20	6♐46 32	9♍26 52	16♏34 20	28♓ 9 13	14♒56 19	19♐57 27	17♌43	15 38 4	30 1 58	5 1 39.2	11 23 33	5N22 35

DAY Sep	♀ VENUS R.A. h m s	♀ VENUS DECL	♂ MARS R.A. h m s	♂ MARS DECL	♃ JUPITER R.A. h m s	♃ JUPITER DECL	♄ SATURN R.A. h m s	♄ SATURN DECL	♅ URANUS R.A. h m s	♅ URANUS DECL	♆ NEPTUNE R.A. h m s	♆ NEPTUNE DECL	♇ PLUTO R.A. h m s	♇ PLUTO DECL
1	12 10 16	0N 1 58	16 48 53	25S10 46	11 55 10	1N43 9	16 34 39	20S25 47	1 30 7	8N45 0	22 50 0	8S22 31	19 4 53	21S19 32
2	12 14 43	0S28 57	16 51 20	25 14 17	11 55 56	1 38 7	16 34 47	20 26 16	1 30 1	8 44 25	22 49 54	8 23 9	19 4 50	21 19 44
3	12 19 10	0 59 52	16 53 50	25 17 41	11 56 43	1 33 4	16 34 55	20 26 45	1 29 55	8 43 50	22 49 47	8 23 47	19 4 47	21 19 57
4	12 23 37	1 30 47	16 56 20	25 20 57	11 57 29	1 28 1	16 35 3	20 27 15	1 29 49	8 43 14	22 49 41	8 24 26	19 4 44	21 20 9
5	12 28 4	2 1 42	16 58 52	25 24 6	11 58 16	1 22 57	16 35 12	20 27 46	1 29 43	8 42 37	22 49 35	8 25 4	19 4 42	21 20 21
6	12 32 31	2 32 36	17 1 25	25 27 7	11 59 2	1 17 52	16 35 21	20 28 18	1 29 37	8 41 59	22 49 29	8 25 42	19 4 39	21 20 33
7	12 36 58	3 3 27	17 3 59	25 30 0	11 59 49	1 12 47	16 35 31	20 28 50	1 29 30	8 41 20	22 49 23	8 26 19	19 4 37	21 20 45
8	12 41 25	3 34 15	17 6 34	25 32 45	12 0 35	1 7 42	16 35 41	20 29 23	1 29 24	8 40 41	22 49 17	8 26 57	19 4 34	21 20 56
9	12 45 52	4 5 0	17 9 11	25 35 21	12 1 22	1 2 36	16 35 51	20 29 57	1 29 17	8 40 1	22 49 10	8 27 35	19 4 32	21 21 7
10	12 50 20	4 35 41	17 11 49	25 37 48	12 2 9	0 57 30	16 36 2	20 30 32	1 29 10	8 39 20	22 49 4	8 28 12	19 4 30	21 21 19
11	12 54 48	5 6 16	17 14 27	25 40 7	12 2 56	0 52 23	16 36 13	20 31 7	1 29 3	8 38 39	22 48 58	8 28 50	19 4 28	21 21 30
12	12 59 16	5 36 46	17 17 7	25 42 15	12 3 43	0 47 16	16 36 25	20 31 42	1 28 56	8 37 57	22 48 52	8 29 27	19 4 26	21 21 40
13	13 3 45	6 7 10	17 19 48	25 44 15	12 4 30	0 42 9	16 36 36	20 32 19	1 28 49	8 37 14	22 48 46	8 30 4	19 4 25	21 21 51
14	13 8 14	6 37 26	17 22 31	25 46 4	12 5 17	0 37 1	16 36 49	20 32 56	1 28 42	8 36 31	22 48 40	8 30 41	19 4 23	21 22 2
15	13 12 44	7 7 34	17 25 14	25 47 44	12 6 5	0 31 54	16 37 1	20 33 34	1 28 35	8 35 47	22 48 34	8 31 17	19 4 21	21 22 12
16	13 17 14	7 37 34	17 27 58	25 49 13	12 6 52	0 26 46	16 37 14	20 34 12	1 28 27	8 35 2	22 48 28	8 31 54	19 4 20	21 22 22
17	13 21 44	8 7 24	17 30 43	25 50 32	12 7 39	0 21 38	16 37 28	20 34 51	1 28 20	8 34 16	22 48 22	8 32 30	19 4 19	21 22 32
18	13 26 15	8 37 4	17 33 29	25 51 40	12 8 27	0 16 30	16 37 41	20 35 30	1 28 12	8 33 31	22 48 16	8 33 6	19 4 18	21 22 42
19	13 30 47	9 6 34	17 36 16	25 52 38	12 9 14	0 11 21	16 37 55	20 36 10	1 28 4	8 32 44	22 48 10	8 33 42	19 4 17	21 22 51
20	13 35 19	9 35 52	17 39 3	25 53 24	12 10 2	0 6 13	16 38 10	20 36 50	1 27 56	8 31 57	22 48 4	8 34 18	19 4 16	21 23 1
21	13 39 52	10 4 57	17 41 52	25 53 59	12 10 49	0 1 4	16 38 25	20 37 31	1 27 48	8 31 9	22 47 59	8 34 53	19 4 15	21 23 10
22	13 44 26	10 33 50	17 44 41	25 54 23	12 11 37	0S 4 4	16 38 40	20 38 13	1 27 40	8 30 21	22 47 53	8 35 28	19 4 15	21 23 19
23	13 49 1	11 2 29	17 47 32	25 54 35	12 12 24	0 9 13	16 38 55	20 38 55	1 27 32	8 29 33	22 47 47	8 36 2	19 4 14	21 23 27
24	13 53 36	11 30 54	17 50 23	25 54 36	12 13 12	0 14 21	16 39 11	20 39 37	1 27 24	8 28 44	22 47 42	8 36 37	19 4 14	21 23 36
25	13 58 12	11 59 3	17 53 15	25 54 25	12 14 0	0 19 30	16 39 27	20 40 21	1 27 15	8 27 54	22 47 36	8 37 10	19 4 14	21 23 44
26	14 2 49	12 26 56	17 56 8	25 54 1	12 14 47	0 24 38	16 39 44	20 41 4	1 27 7	8 27 4	22 47 30	8 37 44	19 4 14	21 23 53
27	14 7 27	12 54 33	17 59 1	25 53 26	12 15 35	0 29 46	16 40 1	20 41 48	1 26 59	8 26 14	22 47 25	8 38 17	19 4 14	21 24 1
28	14 12 6	13 21 52	18 1 55	25 52 38	12 16 22	0 34 54	16 40 18	20 42 33	1 26 50	8 25 23	22 47 19	8 38 50	19 4 14	21 24 9
29	14 16 46	13 48 53	18 4 50	25 51 37	12 17 10	0 40 2	16 40 35	20 43 17	1 26 41	8 24 32	22 47 14	8 39 23	19 4 14	21 24 16
30	14 21 27	14S15 35	18 7 46	25S50 25	12 17 58	0S45 9	16 40 53	20S44 3	1 26 33	8N23 41	22 47 9	8S39 55	19 4 15	21S24 24

OCTOBER 2016

DAY	SIDEREAL TIME h m s	☉ SUN LONG ° ' "	MOT ' "	R.A. h m s	DECL ° ' "	☽ MOON AT 0 HOURS LONG ° ' "	12h MOT ° ' "	2DIF "	R.A. h m s	DECL ° ' "	☽ MOON AT 12 HOURS LONG ° ' "	12h MOT ° ' "	2DIF "	R.A. h m s	DECL ° ' "
1 S	0 40 38	13♍16 12	59 2	12 30 17.0	3S16 6	13♍10 25	6 1 53	-53	12 33 29	1S 9 31	19♍12 18	6 0 12	-47	12 56 27	3S 3 54
2 Su	0 44 34	14 15 14	59 4	12 33 54.5	3 39 21	25 12 30	5 58 44	-41	13 19 22	4 55 52	1♎11 14	5 57 29	-34	13 42 18	6 44 23
3 M	0 48 31	15 14 18	59 6	12 37 32.2	4 2 33	7♎ 8 43	5 56 28	-26	14 5 18	8 28 27	13 5 11	5 55 43	-18	14 28 24	10 7 5
4 Tu	0 52 27	16 13 24	59 8	12 41 10.3	4 25 43	19 0 55	5 55 16	-9	14 51 41	11 39 24	24 56 11	5 55 9	2	15 15 10	13 4 30
5 W	0 56 24	17 12 32	59 10	12 44 48.7	4 48 49	0♏51 20	5 55 23	13	15 38 52	14 21 31	6♏46 43	5 56 1	26	16 2 51	15 29 39
6 Th	1 0 20	18 11 41	59 12	12 48 27.5	5 11 51	12 42 45	5 57 5	39	16 27 6	16 28 5	18 39 50	5 58 38	54	16 51 39	17 16 7
7 F	1 4 17	19 10 53	59 13	12 52 6.7	5 34 50	24 38 27	6 0 40	69	17 16 30	17 53 2	0♐39 7	6 3 13	85	17 41 38	18 18 13
8 S	1 8 13	20 10 6	59 15	12 55 46.3	5 57 44	6♐42 20	6 6 20	102	18 7 3	18 31 5	12 48 40	6 10 0	119	18 32 44	18 31 9
9 Su	1 12 10	21 9 21	59 17	12 59 26.3	6 20 34	18 58 40	6 14 15	136	18 58 40	18 18 2	25 12 55	6 19 3	152	19 24 48	17 51 28
10 M	1 16 7	22 8 38	59 19	13 3 6.7	6 43 18	1♑31 57	6 24 23	168	19 51 8	17 11 18	7♑56 20	6 30 14	182	20 17 39	16 17 32
11 Tu	1 20 3	23 7 56	59 20	13 6 47.6	7 5 57	14 26 34	6 36 31	194	20 44 18	15 10 21	21 3 5	6 43 10	203	21 11 6	13 50 6
12 W	1 24 0	24 7 17	59 22	13 10 28.9	7 28 30	27 46 14	6 50 4	209	21 38 3	12 17 23	4♒36 18	6 57 6	211	22 5 7	10 33 0
13 Th	1 27 56	25 6 39	59 24	13 14 10.7	7 50 57	11♒33 24	7 4 6	207	22 32 20	8 38 0	18 37 30	7 10 55	198	22 59 44	6 33 45
14 F	1 31 53	26 6 3	59 26	13 17 53.1	8 13 17	25 48 24	7 17 19	183	23 27 20	4 21 49	3♓ 5 44	7 23 7	162	23 55 10	2 4 6
15 S	1 35 49	27 5 28	59 28	13 21 35.9	8 35 31	10♓28 51	7 28 8	135	0 23 16	0N17 15	17 56 59	7 32 9	103	0 51 41	2N39 51
16 Su	1 39 46	28 4 56	59 30	13 25 19.4	8 57 37	25 29 8	7 35 1	67	1 20 25	5 1 9	3♈ 4 9	7 36 38	28	1 49 32	7 18 27
17 M	1 43 42	29 4 26	59 32	13 29 3.4	9 19 35	10♈40 46	7 36 54	-12	2 19 0	9 29 3	18 17 40	7 35 50	-51	2 48 48	11 30 18
18 Tu	1 47 39	0♎ 3 58	59 34	13 32 48.0	9 41 25	25 53 31	7 33 30	-88	3 18 56	13 19 45	3♉27 1	7 29 59	-121	3 49 18	14 55 14
19 W	1 51 35	1 3 32	59 36	13 36 33.2	10 3 7	10♉56 59	7 25 26	-149	4 19 50	16 14 56	18 22 26	7 20 4	-171	4 50 25	17 17 32
20 Th	1 55 32	2 3 8	59 39	13 40 19.1	10 24 40	25 42 30	7 14 4	-186	5 20 56	18 2 12	2♊56 33	7 7 38	-196	5 51 14	18 28 37
21 F	1 59 29	3 2 46	59 41	13 44 5.7	10 46 4	10♊ 4 12	7 0 59	-200	6 21 13	18 36 57	17 5 11	6 54 17	-199	6 50 45	18 27 47
22 S	2 3 25	4 2 27	59 43	13 47 52.9	11 7 19	23 59 28	6 47 42	-194	7 19 44	18 2 5	0♋47 10	6 41 21	-185	7 48 6	17 21 4
23 Su	2 7 22	5 2 10	59 45	13 51 40.8	11 28 23	7♋28 31	6 35 21	-174	8 15 48	16 26 7	14 3 52	6 29 45	-161	8 42 51	15 18 44
24 M	2 11 18	6 1 56	59 48	13 55 29.5	11 49 18	20 33 38	6 24 37	-147	9 9 13	14 0 26	26 58 15	6 19 59	-132	9 34 57	12 32 44
25 Tu	2 15 15	7 1 43	59 50	13 59 18.8	12 10 1	3♌18 14	6 15 50	-117	10 0 5	10 57 6	9♌34 3	6 12 10	-103	10 24 40	9 14 58
26 W	2 19 11	8 1 33	59 52	14 3 8.9	12 30 34	15 46 13	6 8 58	-89	10 48 47	7 27 38	21 55 11	6 6 13	-76	11 12 30	5 36 24
27 Th	2 23 8	9 1 25	59 54	14 6 59.8	12 50 55	28 1 24	6 3 52	-65	11 35 53	3 42 28	4♍ 5 17	6 1 54	-54	11 59 0	1 46 58
28 F	2 27 4	10 1 19	59 56	14 10 51.4	13 11 4	10♍ 7 10	6 0 16	-45	12 21 56	0S 8 57	16 7 26	5 58 55	-36	12 44 45	2S 4 14
29 S	2 31 1	11 1 15	59 58	14 14 43.7	13 31 0	22 6 22	5 57 51	-29	13 7 32	3 57 50	28 4 12	5 57 0	-22	13 30 19	5 48 43
30 Su	2 34 58	12 1 13	60 0	14 18 36.9	13 50 44	4♎ 1 12	5 56 22	-16	13 53 11	7 35 53	9♎57 35	5 55 56	-11	14 16 10	9 18 19
31 M	2 38 54	13♎ 1 13	60 2	14 22 30.8	14S10 15	15♎53 30	5 55 40	-5	14 39 19	10S55 4	21♎49 11	5 55 35	0	15 2 41	12S25 8

LUNAR INGRESSES
2 ☽ ♎ 9:37
4 ☽ ♏ 22:16
7 ☽ ♐ 10:42
9 ☽ ♑ 21:06
12 ☽ ♒ 3:56
14 ☽ ♓ 6:55
16 ☽ ♈ 7:09
18 ☽ ♉ 6:31
20 ☽ ♊ 7:06
22 ☽ ♋ 10:36
24 ☽ ♌ 17:43
27 ☽ ♍ 3:54
29 ☽ ♎ 15:53

PLANET INGRESSES
4 ☿ ♍ 2:57
14 ♀ ♏ 3:28
17 ☉ ♎ 22:24
21 ☿ ♎ 21:17

STATIONS
NONE

DATA FOR THE 1st AT 0 HOURS
JULIAN DAY 42642.5
☽ MEAN ☊ 16°♌ 7' 27"
OBLIQUITY 23° 26' 5"
DELTA T 74.0 SECONDS
NUTATION LONGITUDE -6.4"

DAY MO YR	☿ LONG ° ' "	♀ LONG ° ' "	♂ LONG ° ' "	♃ LONG ° ' "	♄ LONG ° ' "	♅ LONG ° ' "	♆ LONG ° ' "	♇ LONG ° ' "	☊ LONG ° '	A.S.S.I. h m s	S.S.R.Y. h m s	S.V.P. ♓ ° ' "	☿ MERCURY R.A. h m s	DECL ° ' "
1 275	25♌43 37	14♎ 1 25	7♐26 15	9♍39 50	16♏38 38	28♓ 6R53	14♒54R55	19♐57 34	17♌41	15 42 37	30 2 42	5 1 39.2	11 28 9	5N 2 37
2 276	27 0 30	15 14 28	8 6 7	9 52 48	16 43 2	28 4 32	14 53 31	19 57 43	17 38	15 47 10	30 3 37	5 1 39.2	11 33 4	4 39 5
3 277	28 22 33	16 27 31	8 46 9	10 5 45	16 47 29	28 2 11	14 52 8	19 57 54	17 34	15 51 44	30 4 36	5 1 39.2	11 38 16	4 12 17
4 278	29 49 3	17 40 32	9 26 20	10 18 42	16 52 2	27 59 49	14 50 47	19 58 6	17 28	15 56 18	30 5 37	5 1 39.1	11 43 42	3 42 33
5 279	1♍19 24	18 53 33	10 6 40	10 31 39	16 56 38	27 57 25	14 49 27	19 58 21	17 23	16 0 52	30 6 39	5 1 39.0	11 49 21	3 10 12
6 280	2 52 59	20 6 32	10 47 9	10 44 35	17 1 19	27 55 2	14 48 7	19 58 37	17 18	16 5 27	30 7 37	5 1 38.9	11 55 9	2 35 33
7 281	4 29 16	21 19 29	11 27 46	10 57 30	17 6 4	27 52 37	14 46 49	19 58 55	17 15	16 10 3	30 8 29	5 1 38.8	12 1 5	1 58 55
8 282	6 7 45	22 32 25	12 8 32	11 10 24	17 10 53	27 50 13	14 45 33	19 59 14	17 12	16 14 38	30 9 12	5 1 38.7	12 7 8	1 20 34
9 283	7 47 59	23 45 20	12 49 26	11 23 18	17 15 46	27 47 47	14 44 17	19 59 36	17 11	16 19 15	30 9 43	5 1 38.5	12 13 16	0 40 46
10 284	9 29 35	24 58 13	13 30 28	11 36 10	17 20 43	27 45 22	14 43 3	19 59 59	17 12	16 23 52	30 10 0	5 1 38.4	12 19 27	0S 0 13
11 285	11 12 13	26 11 5	14 11 38	11 49 2	17 25 44	27 42 56	14 41 50	20 0 25	17 13	16 28 29	30 10 2	5 1 38.3	12 25 42	0 42 11
12 286	12 55 36	27 23 55	14 52 55	12 1 52	17 30 49	27 40 30	14 40 39	20 0 52	17 14	16 33 7	30 9 49	5 1 38.2	12 31 58	1 24 54
13 287	14 39 29	28 36 44	15 34 19	12 14 41	17 35 58	27 38 3	14 39 29	20 1 21	17 15	16 37 46	30 9 21	5 1 38.1	12 38 16	2 8 12
14 288	16 23 38	29 49 31	16 15 51	12 27 29	17 41 10	27 35 37	14 38 20	20 1 51	17 15	16 42 25	30 8 42	5 1 38.1	12 44 35	2 51 55
15 289	18 7 55	1♏ 2 16	16 57 29	12 40 16	17 46 27	27 33 10	14 37 13	20 2 24	17 13	16 47 5	30 7 53	5 1 38.1	12 50 53	3 35 53
16 290	19 52 9	2 14 59	17 39 15	12 53 1	17 51 47	27 30 43	14 36 7	20 2 58	17 10	16 51 46	30 6 58	5 1 38.1	12 57 12	4 20 0
17 291	21 36 13	3 27 41	18 21 7	13 5 45	17 57 10	27 28 17	14 35 3	20 3 34	17 04	16 56 27	30 5 59	5 1 38.0	13 3 31	5 4 8
18 292	23 20 3	4 40 21	19 3 5	13 18 27	18 2 37	27 25 50	14 34 0	20 4 12	16 58	17 1 10	30 5 1	5 1 37.9	13 9 49	5 48 10
19 293	25 3 33	5 52 59	19 45 10	13 31 8	18 8 8	27 23 24	14 32 59	20 4 51	16 51	17 5 53	30 4 4	5 1 37.8	13 16 7	6 32 3
20 294	26 46 39	7 5 36	20 27 21	13 43 47	18 13 42	27 20 57	14 31 59	20 5 32	16 45	17 10 36	30 3 12	5 1 37.6	13 22 24	7 15 39
21 295	28 29 19	8 18 11	21 9 38	13 56 25	18 19 20	27 18 31	14 31 1	20 6 16	16 41	17 15 21	30 2 26	5 1 37.4	13 28 40	7 58 57
22 296	0♎11 31	9 30 45	21 52 2	14 9 1	18 25 0	27 16 6	14 30 5	20 7 0	16 39	17 20 7	30 1 47	5 1 37.2	13 34 56	8 41 50
23 297	1 53 13	10 43 17	22 34 32	14 21 34	18 30 45	27 13 41	14 29 10	20 7 47	16 38	17 24 53	30 1 17	5 1 37.0	13 41 11	9 24 17
24 298	3 34 24	11 55 48	23 17 7	14 34 6	18 36 32	27 11 16	14 28 17	20 8 35	16 39	17 29 40	30 0 57	5 1 36.9	13 47 25	10 6 14
25 299	5 15 3	13 8 16	23 59 49	14 46 36	18 42 23	27 8 52	14 27 25	20 9 25	16 40	17 34 28	30 0 47	5 1 36.8	13 53 39	10 47 38
26 300	6 55 10	14 20 43	24 42 37	14 59 4	18 48 16	27 6 28	14 26 35	20 10 17	16 41	17 39 17	30 0 49	5 1 36.8	13 59 53	11 28 27
27 301	8 34 46	15 33 9	25 25 30	15 11 29	18 54 13	27 4 5	14 25 47	20 11 10	16 40	17 44 7	30 1 2	5 1 36.7	14 6 6	12 8 39
28 302	10 13 50	16 45 32	26 8 29	15 23 52	19 0 13	27 1 43	14 25 1	20 12 6	16 37	17 48 58	30 1 26	5 1 36.7	14 12 19	12 48 11
29 303	11 52 23	17 57 54	26 51 33	15 36 13	19 6 15	26 59 21	14 24 17	20 13 2	16 32	17 53 50	30 2 1	5 1 36.7	14 18 32	13 27 2
30 304	13 30 25	19 10 14	27 34 43	15 48 31	19 12 21	26 57 0	14 23 34	20 14 1	16 24	17 58 43	30 2 46	5 1 36.6	14 24 45	14 5 10
31 305	15♎ 7 57	20♏22 32	28♐17 59	16♍ 0 46	19♏18 29	26♓54 41	14♒22 53	20♐15 1	16♌14	18 3 37	30 3 39	5 1 36.5	14 30 58	14S42 33

DAY Oct	♀ VENUS R.A. h m s	DECL ° ' "	♂ MARS R.A. h m s	DECL ° ' "	♃ JUPITER R.A. h m s	DECL ° ' "	♄ SATURN R.A. h m s	DECL ° ' "	♅ URANUS R.A. h m s	DECL ° ' "	♆ NEPTUNE R.A. h m s	DECL ° ' "	♇ PLUTO R.A. h m s	DECL ° ' "
1	14 26 9	14S41 58	18 10 42	25S48 59	12 18 45	0S50 17	16 41 11	20S44 48	1 26 24	8N22 49	22 47 3	8S40 27	19 4 15	21S24 31
2	14 30 52	15 7 59	18 13 39	25 47 20	12 19 33	0 55 24	16 41 30	20 45 34	1 26 15	8 21 57	22 46 58	8 40 58	19 4 16	21 24 38
3	14 35 35	15 33 40	18 16 36	25 45 29	12 20 21	1 0 30	16 41 49	20 46 21	1 26 6	8 21 4	22 46 53	8 41 29	19 4 17	21 24 45
4	14 40 20	15 58 58	18 19 34	25 43 25	12 21 8	1 5 36	16 42 8	20 47 7	1 25 57	8 20 11	22 46 48	8 41 59	19 4 18	21 24 51
5	14 45 7	16 23 54	18 22 33	25 41 7	12 21 56	1 10 42	16 42 27	20 47 54	1 25 48	8 19 18	22 46 43	8 42 29	19 4 19	21 24 57
6	14 49 54	16 48 26	18 25 32	25 38 36	12 22 43	1 15 47	16 42 47	20 48 42	1 25 39	8 18 25	22 46 38	8 42 59	19 4 20	21 25 4
7	14 54 42	17 12 33	18 28 32	25 35 52	12 23 31	1 20 52	16 43 7	20 49 30	1 25 30	8 17 32	22 46 33	8 43 28	19 4 21	21 25 9
8	14 59 31	17 36 15	18 31 32	25 32 54	12 24 18	1 25 57	16 43 27	20 50 18	1 25 21	8 16 38	22 46 28	8 43 56	19 4 23	21 25 15
9	15 4 22	17 59 32	18 34 33	25 29 43	12 25 6	1 31 0	16 43 48	20 51 6	1 25 12	8 15 45	22 46 23	8 44 24	19 4 25	21 25 21
10	15 9 14	18 22 22	18 37 34	25 26 18	12 25 53	1 36 4	16 44 9	20 51 54	1 25 3	8 14 51	22 46 19	8 44 52	19 4 26	21 25 26
11	15 14 7	18 44 44	18 40 35	25 22 40	12 26 41	1 41 6	16 44 30	20 52 43	1 24 54	8 13 57	22 46 14	8 45 18	19 4 28	21 25 31
12	15 19 1	19 6 38	18 43 37	25 18 48	12 27 28	1 46 8	16 44 52	20 53 32	1 24 45	8 13 3	22 46 10	8 45 45	19 4 30	21 25 36
13	15 23 56	19 28 3	18 46 39	25 14 42	12 28 15	1 51 9	16 45 13	20 54 22	1 24 36	8 12 9	22 46 5	8 46 11	19 4 32	21 25 41
14	15 28 52	19 48 59	18 49 42	25 10 23	12 29 2	1 56 9	16 45 35	20 55 11	1 24 27	8 11 15	22 46 1	8 46 36	19 4 34	21 25 45
15	15 33 50	20 9 24	18 52 45	25 5 50	12 29 49	2 1 9	16 45 58	20 56 1	1 24 17	8 10 21	22 45 57	8 47 1	19 4 37	21 25 49
16	15 38 48	20 29 18	18 55 48	25 1 2	12 30 36	2 6 8	16 46 20	20 56 51	1 24 8	8 9 27	22 45 53	8 47 25	19 4 39	21 25 53
17	15 43 48	20 48 40	18 58 51	24 56 1	12 31 23	2 11 6	16 46 43	20 57 40	1 23 59	8 8 33	22 45 49	8 47 48	19 4 42	21 25 57
18	15 48 49	21 7 29	19 1 55	24 50 46	12 32 10	2 16 3	16 47 6	20 58 30	1 23 50	8 7 39	22 45 45	8 48 11	19 4 45	21 26 1
19	15 53 51	21 25 46	19 4 58	24 45 17	12 32 57	2 20 59	16 47 30	20 59 21	1 23 41	8 6 45	22 45 41	8 48 34	19 4 48	21 26 4
20	15 58 54	21 43 28	19 8 2	24 39 34	12 33 43	2 25 55	16 47 53	21 0 11	1 23 31	8 5 51	22 45 37	8 48 55	19 4 51	21 26 7
21	16 3 58	22 0 36	19 11 6	24 33 37	12 34 30	2 30 49	16 48 17	21 1 1	1 23 22	8 4 57	22 45 34	8 49 16	19 4 54	21 26 10
22	16 9 3	22 17 8	19 14 11	24 27 26	12 35 17	2 35 43	16 48 41	21 1 52	1 23 13	8 4 4	22 45 30	8 49 37	19 4 57	21 26 13
23	16 14 10	22 33 5	19 17 15	24 21 1	12 36 3	2 40 35	16 49 5	21 2 42	1 23 4	8 3 11	22 45 27	8 49 57	19 5 0	21 26 16
24	16 19 17	22 48 25	19 20 20	24 14 22	12 36 49	2 45 26	16 49 30	21 3 33	1 22 55	8 2 17	22 45 23	8 50 16	19 5 4	21 26 18
25	16 24 26	23 3 8	19 23 24	24 7 29	12 37 35	2 50 17	16 49 55	21 4 24	1 22 46	8 1 24	22 45 20	8 50 35	19 5 8	21 26 20
26	16 29 35	23 17 14	19 26 29	24 0 22	12 38 21	2 55 6	16 50 20	21 5 15	1 22 37	8 0 32	22 45 17	8 50 52	19 5 11	21 26 22
27	16 34 45	23 30 41	19 29 34	23 53 2	12 39 7	2 59 54	16 50 45	21 6 5	1 22 28	7 59 39	22 45 14	8 51 10	19 5 15	21 26 24
28	16 39 56	23 43 29	19 32 39	23 45 27	12 39 53	3 4 41	16 51 10	21 6 56	1 22 19	7 58 47	22 45 11	8 51 26	19 5 19	21 26 25
29	16 45 8	23 55 38	19 35 44	23 37 39	12 40 39	3 9 26	16 51 36	21 7 47	1 22 10	7 57 55	22 45 8	8 51 42	19 5 23	21 26 26
30	16 50 21	24 7 8	19 38 49	23 29 37	12 41 24	3 14 10	16 52 2	21 8 37	1 22 2	7 57 4	22 45 5	8 51 57	19 5 28	21 26 27
31	16 55 35	24S17 56	19 41 54	23S21 21	12 42 9	3S18 53	16 52 28	21S 9 28	1 21 53	7N56 12	22 45 3	8S52 12	19 5 32	21S26 28

NOVEMBER 2016

DAY	SIDEREAL TIME h m s	☉ SUN LONG ° ' "	MOT ' "	R.A. h m s	DECL ° ' "	☽ MOON AT 0 HOURS LONG ° ' "	12h MOT ° ' "	2DIF "	R.A. h m s	DECL ° ' "	☽ MOON AT 12 HOURS LONG ° ' "	12h MOT ° ' "	2DIF "	R.A. h m s	DECL ° ' "
1 Tu	2 42 51	14♎ 1 15	60 4	14 26 25.5	14S29 32	27♎44 46	5 55 42	6	15 26 18	13S47 37	3♏40 28	5 56 0	12	15 50 9	15S 1 37
2 W	2 46 47	15 1 19	60 6	14 30 21.0	14 48 35	9♏36 27	5 56 31	19	16 14 18	16 6 16	15 32 58	5 57 17	27	16 38 42	17 0 46
3 Th	2 50 44	16 1 25	60 7	14 34 17.3	15 7 24	21 30 15	5 58 20	36	17 3 23	17 44 24	27 28 35	5 59 42	46	17 28 18	18 16 32
4 F	2 54 40	17 1 32	60 9	14 38 14.5	15 25 58	3♐28 17	6 1 25	57	17 53 27	18 36 35	9♐29 41	6 3 31	70	18 18 49	18 44 9
5 S	2 58 37	18 1 41	60 11	14 42 12.4	15 44 16	15 33 12	6 6 5	84	18 44 20	18 38 52	21 39 17	6 9 6	98	19 10 0	18 20 33
6 Su	3 2 33	19 1 52	60 12	14 46 11.1	16 2 19	27 48 23	6 12 38	114	19 35 46	17 49 7	4♑ 1 1	6 16 42	130	20 1 38	17 4 36
7 M	3 6 30	20 2 4	60 14	14 50 10.7	16 20 6	10♑17 43	6 21 19	147	20 27 33	16 7 12	16 39 3	6 26 29	163	20 53 33	14 57 14
8 Tu	3 10 27	21 2 17	60 15	14 54 11.1	16 37 37	23 5 31	6 32 10	178	21 19 35	13 35 10	29 37 42	6 38 22	192	21 45 43	12 1 36
9 W	3 14 23	22 2 32	60 17	14 58 12.3	16 54 50	6♒16 3	6 44 59	204	22 11 57	10 17 18	13♒ 1 2	6 51 56	212	22 38 18	8 23 13
10 Th	3 18 20	23 2 48	60 18	15 2 14.3	17 11 47	19 52 58	6 59 6	216	23 4 51	6 20 30	26 52 4	7 6 20	215	23 31 38	4 10 29
11 F	3 22 16	24 3 6	60 19	15 6 17.2	17 28 25	3♓58 23	7 13 26	208	23 58 44	1 54 48	11♓11 49	7 20 12	194	0 26 10	0N24 44
12 S	3 26 13	25 3 26	60 21	15 10 20.9	17 44 45	18 32 1	7 26 24	174	0 54 2	2N46 0	25 58 25	7 31 47	146	1 22 23	5 6 40
13 Su	3 30 9	26 3 46	60 22	15 14 25.4	18 0 47	3♈30 12	7 36 8	112	1 51 15	7 24 10	11♈ 6 20	7 39 15	73	2 20 40	9 35 46
14 M	3 34 6	27 4 9	60 24	15 18 30.8	18 16 30	18 45 35	7 40 58	29	2 50 37	11 38 42	26 26 34	7 41 12	-16	3 21 5	13 30 15
15 Tu	3 38 2	28 4 33	60 26	15 22 37.0	18 31 54	4♉ 7 46	7 39 55	-61	3 51 59	15 7 52	11♉47 41	7 37 10	-103	4 23 14	16 29 22
16 W	3 41 59	29 4 58	60 28	15 26 44.1	18 46 58	19 24 50	7 33 4	-140	4 54 41	17 32 59	26 57 54	7 27 48	-172	5 26 9	18 17 36
17 Th	3 45 56	0♏ 5 26	60 29	15 30 52.0	19 1 42	4♊25 42	7 21 35	-197	5 57 29	18 42 38	11♊47 17	7 14 40	-215	6 28 30	18 48 14
18 F	3 49 52	1 5 55	60 31	15 35 0.8	19 16 6	19 1 57	7 7 17	-225	6 59 1	18 35 2	26 9 14	6 59 40	-228	7 28 55	18 4 12
19 S	3 53 49	2 6 25	60 33	15 39 10.4	19 30 9	3♋ 8 54	6 52 3	-226	7 58 6	17 17 14	10♋ 0 56	6 44 36	-219	8 26 30	16 15 51
20 Su	3 57 45	3 6 58	60 35	15 43 20.8	19 43 51	16 45 32	6 37 29	-207	8 54 6	15 1 53	23 23 1	6 30 48	-192	9 20 54	13 37 10
21 M	4 1 42	4 7 32	60 36	15 47 32.1	19 57 12	29 53 49	6 24 39	-176	9 46 56	12 3 29	6♌18 28	6 19 5	-158	10 12 15	10 22 29
22 Tu	4 5 38	5 8 9	60 38	15 51 44.2	20 10 11	12♌37 33	6 14 9	-139	10 36 57	8 35 44	18 51 42	6 9 50	-120	11 1 5	6 44 37
23 W	4 9 35	6 8 46	60 40	15 55 57.0	20 22 47	25 1 32	6 6 9	-101	11 24 45	4 50 28	1♍ 7 42	6 3 5	-84	11 48 3	2 54 26
24 Th	4 13 31	7 9 26	60 41	16 0 10.7	20 35 2	7♍10 47	6 0 35	-67	12 11 3	0 57 37	13 11 21	5 58 37	-52	12 33 52	0S58 55
25 F	4 17 28	8 10 7	60 43	16 4 25.2	20 46 53	19 9 58	5 57 9	-37	12 56 33	2S54 12	25 7 7	5 56 7	-25	13 19 13	4 47 16
26 S	4 21 25	9 10 50	60 44	16 8 40.5	20 58 21	1♎ 3 14	5 55 29	-14	13 41 55	6 37 11	6♎58 44	5 55 12	-4	14 4 43	8 23 0
27 Su	4 25 21	10 11 34	60 46	16 12 56.4	21 9 26	12 53 56	5 55 13	4	14 27 41	10 3 46	18 49 9	5 55 29	11	14 50 52	11 38 32
28 M	4 29 18	11 12 20	60 47	16 17 13.2	21 20 6	24 44 38	5 55 58	17	15 14 19	13 6 21	0♏40 37	5 56 38	22	15 38 3	14 26 16
29 Tu	4 33 14	12 13 7	60 48	16 21 30.6	21 30 23	6♏37 15	5 57 28	27	16 2 5	15 37 21	12 34 43	5 58 25	31	16 26 26	16 38 44
30 W	4 37 11	13♏13 55	60 50	16 25 48.7	21S40 15	18♏33 8	5 59 31	35	16 51 5	17S29 33	24♏32 39	6 0 45	39	17 16 1	18S 9 3

LUNAR INGRESSES
- 1 ☽ ♏ 4:34
- 3 ☽ ♐ 17:03
- 6 ☽ ♑ 4:15
- 8 ☽ ♒ 12:41
- 10 ☽ ♓ 17:19
- 12 ☽ ♈ 18:26
- 14 ☽ ♉ 17:33
- 16 ☽ ♊ 16:52
- 18 ☽ ♋ 18:34
- 21 ☽ ♌ 0:11
- 23 ☽ ♍ 9:46
- 25 ☽ ♎ 21:52
- 28 ☽ ♏ 10:38
- 30 ☽ ♐ 22:53

PLANET INGRESSES
- 2 ♂ ♑ 8:26
- 8 ♀ ♐ 0:10
- 9 ☿ ♏ 8:46
- 16 ☉ ♏ 21:51
- 29 ☿ ♐ 7:29

STATIONS
- 20 ♆ D 4:39

DATA FOR THE 1st AT 0 HOURS
- JULIAN DAY 42673.5
- ☽ MEAN ☊ 14°♌ 28' 54"
- OBLIQUITY 23° 26' 5"
- DELTA T 74.1 SECONDS
- NUTATION LONGITUDE -7.7"

DAY MO	YR	☿ LONG ° ' "	♀ LONG ° ' "	♂ LONG ° ' "	♃ LONG ° ' "	♄ LONG ° ' "	♅ LONG ° ' "	♆ LONG ° ' "	♇ LONG ° ' "	☊ LONG ° '	A.S.S.I. h m s	S.S.R.Y. h m s	S.V.P. ♓ ° ' "	☿ MERCURY R.A. h m s	DECL ° ' "
1	306	16♎45 0	21♏34 47	29♐ 1 19	16♍12 59	19♏24 40	26♓52R22	14♒22R14	20♐16 3	16♌02	18 8 32	30 4 40	5 1 36.4	14 37 11	15S19 10
2	307	18 21 35	22 47 1	29 44 44	16 25 9	19 30 54	26 50 4	14 21 37	20 17 6	15 51	18 13 28	30 5 44	5 1 36.3	14 43 25	15 54 59
3	308	19 57 43	23 59 12	0♑28 14	16 37 16	19 37 10	26 47 48	14 21 2	20 18 11	15 39	18 18 25	30 6 49	5 1 36.2	14 49 39	16 29 59
4	309	21 33 25	25 11 21	1 11 49	16 49 20	19 43 29	26 45 32	14 20 28	20 19 18	15 30	18 23 23	30 7 51	5 1 36.0	14 55 54	17 4 8
5	310	23 8 41	26 23 27	1 55 29	17 1 21	19 49 50	26 43 18	14 19 57	20 20 26	15 22	18 28 22	30 8 47	5 1 35.8	15 2 9	17 37 25
6	311	24 43 32	27 35 31	2 39 13	17 13 19	19 56 14	26 41 5	14 19 27	20 21 36	15 18	18 33 22	30 9 34	5 1 35.6	15 8 24	18 9 50
7	312	26 18 0	28 47 32	3 23 1	17 25 14	20 2 40	26 38 53	14 19 0	20 22 48	15 15	18 38 23	30 10 10	5 1 35.5	15 14 41	18 41 19
8	313	27 52 6	29 59 30	4 6 53	17 37 5	20 9 8	26 36 43	14 18 34	20 24 1	15 15	18 43 25	30 10 32	5 1 35.3	15 20 58	19 11 53
9	314	29 25 50	1♐11 26	4 50 49	17 48 53	20 15 39	26 34 34	14 18 10	20 25 15	15 15	18 48 28	30 10 41	5 1 35.2	15 27 17	19 41 30
10	315	0♏59 14	2 23 18	5 34 49	18 0 37	20 22 11	26 32 27	14 17 49	20 26 31	15 15	18 53 32	30 10 35	5 1 35.2	15 33 36	20 10 9
11	316	2 32 17	3 35 7	6 18 53	18 12 17	20 28 46	26 30 21	14 17 29	20 27 49	15 14	18 58 37	30 10 17	5 1 35.1	15 39 56	20 37 48
12	317	4 5 1	4 46 52	7 3 0	18 23 54	20 35 22	26 28 17	14 17 11	20 29 7	15 10	19 3 43	30 9 47	5 1 35.0	15 46 17	21 4 26
13	318	5 37 27	5 58 34	7 47 10	18 35 28	20 42 1	26 26 15	14 16 55	20 30 28	15 04	19 8 50	30 9 8	5 1 35.0	15 52 39	21 30 1
14	319	7 9 35	7 10 13	8 31 24	18 46 57	20 48 41	26 24 14	14 16 41	20 31 50	14 55	19 13 58	30 8 21	5 1 34.9	15 59 2	21 54 34
15	320	8 41 25	8 21 48	9 15 41	18 58 22	20 55 23	26 22 15	14 16 30	20 33 13	14 44	19 19 8	30 7 29	5 1 34.7	16 5 26	22 18 1
16	321	10 12 59	9 33 19	10 0 0	19 9 44	21 2 7	26 20 18	14 16 20	20 34 37	14 33	19 24 18	30 6 34	5 1 34.5	16 11 51	22 40 22
17	322	11 44 15	10 44 47	10 44 23	19 21 1	21 8 53	26 18 23	14 16 12	20 36 3	14 23	19 29 30	30 5 38	5 1 34.2	16 18 17	23 1 36
18	323	13 15 15	11 56 10	11 28 49	19 32 14	21 15 40	26 16 30	14 16 7	20 37 31	14 15	19 34 42	30 4 44	5 1 34.0	16 24 43	23 21 41
19	324	14 45 57	13 7 30	12 13 18	19 43 23	21 22 28	26 14 38	14 16 3	20 38 59	14 10	19 39 56	30 3 54	5 1 33.8	16 31 11	23 40 36
20	325	16 16 22	14 18 47	12 57 49	19 54 27	21 29 19	26 12 49	14 16D 1	20 40 29	14 07	19 45 10	30 3 10	5 1 33.6	16 37 39	23 58 19
21	326	17 46 29	15 29 59	13 42 24	20 5 27	21 36 10	26 11 2	14 16 2	20 42 0	14 06	19 50 26	30 2 33	5 1 33.4	16 44 7	24 14 48
22	327	19 16 17	16 41 7	14 27 1	20 16 23	21 43 3	26 9 17	14 16 4	20 43 33	14 06	19 55 43	30 2 6	5 1 33.3	16 50 36	24 30 4
23	328	20 45 45	17 52 11	15 11 40	20 27 13	21 49 57	26 7 34	14 16 9	20 45 7	14 06	20 1 1	30 1 50	5 1 33.2	16 57 5	24 44 4
24	329	22 14 50	19 3 11	15 56 23	20 37 59	21 56 53	26 5 53	14 16 16	20 46 42	14 04	20 6 19	30 1 45	5 1 33.2	17 3 34	24 56 46
25	330	23 43 31	20 14 6	16 41 8	20 48 40	22 3 50	26 4 14	14 16 25	20 48 18	14 00	20 11 39	30 1 52	5 1 33.1	17 10 2	25 8 11
26	331	25 11 46	21 24 57	17 25 55	20 59 16	22 10 47	26 2 38	14 16 35	20 49 55	13 53	20 17 0	30 2 12	5 1 33.0	17 16 30	25 18 15
27	332	26 39 30	22 35 43	18 10 45	21 9 47	22 17 46	26 1 4	14 16 48	20 51 34	13 42	20 22 21	30 2 44	5 1 32.9	17 22 56	25 26 59
28	333	28 6 40	23 46 25	18 55 38	21 20 12	22 24 46	25 59 32	14 17 3	20 53 14	13 29	20 27 44	30 3 27	5 1 32.8	17 29 21	25 34 20
29	334	29 33 12	24 57 1	19 40 32	21 30 32	22 31 46	25 58 3	14 17 20	20 54 55	13 15	20 33 7	30 4 19	5 1 32.6	17 35 43	25 40 19
30	335	0♐58 59	26♐ 7 32	20♑25 29	21♍40 47	22♏38 48	25♓56 37	14♒17 40	20♐56 37	12♌59	20 38 31	30 5 18	5 1 32.4	17 42 4	25S44 54

DAY Nov	♀ VENUS R.A. h m s	DECL ° ' "	♂ MARS R.A. h m s	DECL ° ' "	♃ JUPITER R.A. h m s	DECL ° ' "	♄ SATURN R.A. h m s	DECL ° ' "	♅ URANUS R.A. h m s	DECL ° ' "	♆ NEPTUNE R.A. h m s	DECL ° ' "	♇ PLUTO R.A. h m s	DECL ° ' "
1	17 0 49	24S28 4	19 44 59	23S12 51	12 42 55	3S23 35	16 52 54	21S10 18	1 21 44	7N55 22	22 45 0	8S52 25	19 5 36	21S26 29
2	17 6 4	24 37 31	19 48 4	23 4 8	12 43 40	3 28 15	16 53 21	21 11 9	1 21 36	7 54 31	22 44 58	8 52 38	19 5 41	21 26 29
3	17 11 19	24 46 16	19 51 9	22 55 12	12 44 24	3 32 54	16 53 48	21 11 59	1 21 27	7 53 41	22 44 56	8 52 51	19 5 46	21 26 29
4	17 16 35	24 54 19	19 54 14	22 46 2	12 45 9	3 37 31	16 54 14	21 12 49	1 21 19	7 52 52	22 44 54	8 53 2	19 5 50	21 26 29
5	17 21 52	25 1 40	19 57 19	22 36 39	12 45 54	3 42 7	16 54 41	21 13 40	1 21 10	7 52 3	22 44 52	8 53 13	19 5 55	21 26 29
6	17 27 9	25 8 18	20 0 23	22 27 3	12 46 38	3 46 41	16 55 9	21 14 30	1 21 2	7 51 14	22 44 50	8 53 23	19 6 0	21 26 28
7	17 32 26	25 14 13	20 3 28	22 17 13	12 47 22	3 51 14	16 55 36	21 15 20	1 20 54	7 50 26	22 44 48	8 53 32	19 6 6	21 26 28
8	17 37 44	25 19 25	20 6 33	22 7 11	12 48 6	3 55 45	16 56 4	21 16 9	1 20 45	7 49 39	22 44 47	8 53 41	19 6 11	21 26 27
9	17 43 1	25 23 54	20 9 37	21 56 55	12 48 50	4 0 15	16 56 31	21 16 59	1 20 37	7 48 52	22 44 45	8 53 49	19 6 16	21 26 26
10	17 48 19	25 27 38	20 12 41	21 46 27	12 49 33	4 4 42	16 56 59	21 17 48	1 20 29	7 48 6	22 44 44	8 53 56	19 6 22	21 26 25
11	17 53 37	25 30 39	20 15 45	21 35 46	12 50 17	4 9 8	16 57 27	21 18 38	1 20 22	7 47 20	22 44 42	8 54 2	19 6 27	21 26 23
12	17 58 55	25 32 56	20 18 49	21 24 53	12 51 0	4 13 33	16 57 55	21 19 27	1 20 14	7 46 35	22 44 41	8 54 8	19 6 33	21 26 21
13	18 4 13	25 34 29	20 21 52	21 13 47	12 51 43	4 17 55	16 58 24	21 20 15	1 20 6	7 45 50	22 44 40	8 54 13	19 6 39	21 26 19
14	18 9 30	25 35 18	20 24 56	21 2 28	12 52 25	4 22 16	16 58 52	21 21 4	1 19 59	7 45 7	22 44 39	8 54 17	19 6 45	21 26 17
15	18 14 47	25 35 23	20 27 59	20 50 58	12 53 8	4 26 35	16 59 21	21 21 52	1 19 51	7 44 24	22 44 39	8 54 20	19 6 51	21 26 15
16	18 20 4	25 34 44	20 31 2	20 39 15	12 53 50	4 30 52	16 59 49	21 22 40	1 19 44	7 43 41	22 44 38	8 54 23	19 6 57	21 26 12
17	18 25 21	25 33 20	20 34 4	20 27 21	12 54 32	4 35 7	17 0 18	21 23 28	1 19 37	7 43 0	22 44 38	8 54 24	19 7 3	21 26 10
18	18 30 37	25 31 13	20 37 7	20 15 14	12 55 14	4 39 20	17 0 47	21 24 15	1 19 29	7 42 19	22 44 37	8 54 25	19 7 9	21 26 7
19	18 35 53	25 28 22	20 40 9	20 2 56	12 55 55	4 43 31	17 1 16	21 25 3	1 19 22	7 41 39	22 44 37	8 54 25	19 7 16	21 26 4
20	18 41 8	25 24 47	20 43 11	19 50 27	12 56 36	4 47 40	17 1 45	21 25 50	1 19 16	7 40 59	22 44 37	8 54 25	19 7 22	21 26 0
21	18 46 23	25 20 29	20 46 12	19 37 46	12 57 17	4 51 48	17 2 15	21 26 36	1 19 9	7 40 21	22 44 37	8 54 24	19 7 29	21 25 57
22	18 51 36	25 15 28	20 49 13	19 24 55	12 57 58	4 55 53	17 2 44	21 27 23	1 19 2	7 39 43	22 44 37	8 54 21	19 7 35	21 25 53
23	18 56 49	25 9 43	20 52 14	19 11 50	12 58 38	4 59 55	17 3 14	21 28 9	1 18 56	7 39 6	22 44 37	8 54 19	19 7 42	21 25 49
24	19 2 1	25 3 16	20 55 15	18 58 35	12 59 18	5 3 56	17 3 43	21 28 54	1 18 50	7 38 30	22 44 38	8 54 15	19 7 49	21 25 45
25	19 7 12	24 56 7	20 58 16	18 45 10	12 59 58	5 7 55	17 4 13	21 29 40	1 18 43	7 37 54	22 44 38	8 54 10	19 7 56	21 25 41
26	19 12 23	24 48 16	21 1 16	18 31 34	13 0 38	5 11 51	17 4 43	21 30 25	1 18 37	7 37 20	22 44 39	8 54 5	19 8 3	21 25 37
27	19 17 32	24 39 43	21 4 16	18 17 48	13 1 17	5 15 45	17 5 13	21 31 9	1 18 31	7 36 46	22 44 39	8 53 59	19 8 10	21 25 32
28	19 22 40	24 30 29	21 7 15	18 3 51	13 1 56	5 19 37	17 5 42	21 31 53	1 18 26	7 36 14	22 44 40	8 53 52	19 8 17	21 25 27
29	19 27 47	24 20 34	21 10 14	17 49 44	13 2 34	5 23 26	17 6 12	21 32 37	1 18 20	7 35 42	22 44 41	8 53 45	19 8 24	21 25 22
30	19 32 52	24S 9 59	21 13 13	17S35 27	13 3 13	5S27 13	17 6 43	21S33 21	1 18 15	7N35 11	22 44 43	8S53 36	19 8 31	21S25 17

DECEMBER 2016

DAY	SIDEREAL TIME h m s	☉ SUN LONG ° ' "	MOT ' "	R.A. h m s	DECL ° ' "	☽ MOON AT 0 HOURS LONG ° ' "	12h MOT ° ' "	2DIF "	R.A. h m s	DECL ° ' "	☽ MOON AT 12 HOURS LONG ° ' "	12h MOT ° ' "	2DIF "	R.A. h m s	DECL ° ' "
1 Th	4 41 7	14♏14 45	60 51	16 30 7.5	21S49 42	0♐33 24	6 2 8	44	17 41 12	18S36 34	6♐35 31	6 3 40	49	18 6 36	18S51 36
2 F	4 45 4	15 15 35	60 52	16 34 26.9	21 58 45	12 39 11	6 5 24	55	18 32 10	18 53 45	18 44 35	6 7 21	63	18 57 51	18 42 45
3 S	4 49 0	16 16 27	60 53	16 38 46.9	22 7 22	24 51 55	6 9 34	71	19 23 36	18 18 34	1♑ 1 29	6 12 5	81	19 49 23	17 41 17
4 Su	4 52 57	17 17 20	60 54	16 43 7.5	22 15 33	7♑13 34	6 14 57	92	20 15 9	16 51 8	13 28 31	6 18 12	104	20 40 52	15 48 31
5 M	4 56 54	18 18 13	60 54	16 47 28.7	22 23 18	19 46 43	6 21 51	116	21 6 33	14 33 59	26 8 34	6 25 58	130	21 32 11	13 8 11
6 Tu	5 0 50	19 19 7	60 55	16 51 50.4	22 30 38	2♒34 32	6 30 31	143	21 57 47	11 31 53	9♒ 5 2	6 35 31	157	22 23 23	9 46 1
7 W	5 4 47	20 20 2	60 56	16 56 12.6	22 37 30	15 40 34	6 40 57	169	22 49 2	7 51 34	22 21 31	6 46 46	179	23 14 48	5 49 40
8 Th	5 8 43	21 20 58	60 56	17 0 35.3	22 43 57	29 8 17	6 52 53	187	23 40 43	3 41 37	6♓ 1 10	6 59 13	191	0 6 54	1 28 50
9 F	5 12 40	22 21 54	60 57	17 4 58.4	22 49 56	13♓ 0 23	7 5 37	190	0 33 24	0N47 6	20 5 59	7 11 55	185	1 0 19	3N 4 20
10 S	5 16 36	23 22 51	60 58	17 9 21.9	22 55 28	27 17 54	7 17 56	173	1 27 44	5 20 55	4♈35 50	7 23 27	155	1 55 42	7 34 36
11 Su	5 20 33	24 23 49	60 58	17 13 45.8	23 0 34	11♈59 17	7 28 16	130	2 24 16	9 43 0	19 27 33	7 32 9	100	2 53 30	11 43 37
12 M	5 24 29	25 24 47	60 59	17 18 10.1	23 5 11	26 59 42	7 34 55	64	3 23 22	13 33 49	4♉34 37	7 36 25	24	3 53 50	15 11 6
13 Tu	5 28 26	26 25 46	61 0	17 22 34.7	23 9 22	12♉11 1	7 36 33	-17	4 24 50	16 33 6	19 47 34	7 35 16	-59	4 56 14	17 37 48
14 W	5 32 23	27 26 46	61 1	17 26 59.7	23 13 5	27 22 50	7 32 37	-99	5 27 53	18 23 40	4♊55 27	7 28 42	-135	5 59 34	18 49 46
15 Th	5 36 19	28 27 46	61 1	17 31 24.9	23 16 20	12♊24 8	7 23 39	-165	6 31 7	18 55 49	19 47 47	7 17 41	-190	7 2 19	18 42 14
16 F	5 40 16	29 28 47	61 2	17 35 50.4	23 19 7	27 5 28	7 10 59	-208	7 32 59	18 10 0	4♋16 27	7 3 50	-219	8 2 58	17 20 35
17 S	5 44 12	0♐29 49	61 3	17 40 16.1	23 21 26	11♋20 16	6 56 24	-223	8 32 11	16 15 49	18 16 41	6 48 56	-222	9 0 34	14 57 42
18 Su	5 48 9	1 30 52	61 4	17 44 42.0	23 23 17	25 5 37	6 41 36	-216	9 28 6	13 28 21	1♌47 13	6 34 34	-205	9 54 48	11 49 46
19 M	5 52 5	2 31 56	61 5	17 49 8.1	23 24 40	8♌21 46	6 27 56	-191	10 20 43	10 3 56	14 49 42	6 21 49	-175	10 45 55	8 12 35
20 Tu	5 56 2	3 33 0	61 5	17 53 34.3	23 25 35	21 11 31	6 16 17	-156	11 10 29	6 17 20	27 27 48	6 11 23	-137	11 34 31	4 19 38
21 W	5 59 58	4 34 6	61 6	17 58 0.6	23 26 2	3♍39 12	6 7 9	-117	11 58 5	2 20 45	9♍46 20	6 3 34	-98	12 21 19	0 21 50
22 Th	6 3 55	5 35 12	61 7	18 2 27.0	23 26 0	15 49 54	6 0 38	-78	12 44 18	1S36 5	21 50 33	5 58 21	-59	13 7 6	3S32 0
23 F	6 7 52	6 36 19	61 8	18 6 53.4	23 25 30	27 48 54	5 56 41	-42	13 29 51	5 25 2	3♎45 35	5 55 35	-25	13 52 37	7 14 18
24 S	6 11 48	7 37 27	61 8	18 11 19.9	23 24 32	9♎41 10	5 55 1	-10	14 15 28	8 58 56	15 36 11	5 54 56	4	14 38 28	10 38 4
25 Su	6 15 45	8 38 35	61 9	18 15 46.3	23 23 6	21 31 8	5 55 18	16	15 1 42	12 10 48	27 26 26	5 56 2	27	15 25 12	13 36 16
26 M	6 19 41	9 39 43	61 9	18 20 12.6	23 21 11	3♏22 27	5 57 6	36	15 49 1	14 53 32	9♏19 34	5 58 27	44	16 13 10	16 1 43
27 Tu	6 23 38	10 40 53	61 10	18 24 38.8	23 18 49	15 18 1	6 0 2	50	16 37 40	16 59 55	21 18 3	6 1 49	55	17 2 31	17 47 17
28 W	6 27 34	11 42 2	61 10	18 29 4.9	23 15 58	27 19 52	6 3 44	59	17 27 41	18 23 1	3♐23 36	6 5 46	63	17 53 8	18 46 26
29 Th	6 31 31	12 43 12	61 10	18 33 30.8	23 12 39	9♐29 22	6 7 54	65	18 18 50	18 56 59	15 37 16	6 10 7	67	18 44 43	18 54 15
30 F	6 35 28	13 44 22	61 10	18 37 56.4	23 8 53	21 47 22	6 12 24	70	19 10 44	18 38 0	27 59 46	6 14 45	72	19 36 49	18 8 13
31 S	6 39 24	14♐45 33	61 10	18 42 21.9	23S 4 39	4♑14 31	6 17 12	75	20 2 54	17S25 4	10♑31 43	6 19 44	78	20 28 56	16S28 54

LUNAR INGRESSES
3 ☽ ♑ 10:01
5 ☽ ♒ 19:13
8 ☽ ♓ 1:31
10 ☽ ♈ 4:28
12 ☽ ♉ 4:46
14 ☽ ♊ 4:09
16 ☽ ♋ 4:50
18 ☽ ♌ 8:47
20 ☽ ♍ 16:54
23 ☽ ♎ 4:24
25 ☽ ♏ 17:11
28 ☽ ♐ 5:17
30 ☽ ♑ 15:52

PLANET INGRESSES
3 ♀ ♑ 7:21
12 ♂ ♒ 17:34
16 ☉ ♐ 12:16
29 ♀ ♒ 16:38

STATIONS
19 ☿ R 10:56
29 ♅ D 9:30

DATA FOR THE 1st AT 0 HOURS
JULIAN DAY 42703.5
☽ MEAN ☊ 12°♌ 53' 30"
OBLIQUITY 23° 26' 4"
DELTA T 74.1 SECONDS
NUTATION LONGITUDE -7.4"

DAY MO YR	☿ LONG ° ' "	♀ LONG ° ' "	♂ LONG ° ' "	♃ LONG ° ' "	♄ LONG ° ' "	♅ LONG ° ' "	♆ LONG ° ' "	♇ LONG ° ' "	☊ LONG ° '	A.S.S.I. h m s	S.S.R.Y. h m s	S.V.P. ♓ ° ' "	☿ MERCURY R.A. h m s	DECL ° ' "
1 336	2♐23 55	27♐17 57	21♑10 27	21♍50 56	22♏45 50	25♓55R12	14♒18 1	20♐58 20	12♌45	20 43 57	30 6 23	5 1 32.2	17 48 20	25S48 4
2 337	3 47 53	28 28 17	21 55 28	22 1 0	22 52 53	25 53 51	14 18 24	21 0 4	12 32	20 49 23	30 7 27	5 1 32.0	17 54 33	25 49 49
3 338	5 10 44	29 38 30	22 40 30	22 10 57	22 59 56	25 52 32	14 18 50	21 1 49	12 22	20 54 49	30 8 30	5 1 31.8	18 0 41	25 50 9
4 339	6 32 16	0♑48 38	23 25 34	22 20 49	23 7 0	25 51 15	14 19 17	21 3 35	12 15	21 0 17	30 9 28	5 1 31.6	18 6 43	25 49 3
5 340	7 52 18	1 58 39	24 10 40	22 30 35	23 14 5	25 50 2	14 19 47	21 5 22	12 11	21 5 45	30 10 18	5 1 31.4	18 12 38	25 46 33
6 341	9 10 34	3 8 33	24 55 47	22 40 14	23 21 9	25 48 51	14 20 18	21 7 10	12 09	21 11 14	30 10 59	5 1 31.2	18 18 25	25 42 37
7 342	10 26 49	4 18 20	25 40 56	22 49 48	23 28 14	25 47 42	14 20 52	21 8 59	12 09	21 16 43	30 11 28	5 1 31.1	18 24 2	25 37 19
8 343	11 40 43	5 28 0	26 26 5	22 59 15	23 35 20	25 46 37	14 21 28	21 10 49	12 09	21 22 13	30 11 46	5 1 31.0	18 29 29	25 30 39
9 344	12 51 53	6 37 33	27 11 16	23 8 36	23 42 25	25 45 34	14 22 5	21 12 39	12 08	21 27 43	30 11 50	5 1 30.9	18 34 42	25 22 39
10 345	13 59 54	7 46 57	27 56 28	23 17 50	23 49 30	25 44 34	14 22 45	21 14 31	12 04	21 33 15	30 11 43	5 1 30.8	18 39 41	25 13 23
11 346	15 4 17	8 56 13	28 41 41	23 26 58	23 56 36	25 43 37	14 23 27	21 16 23	11 58	21 38 46	30 11 23	5 1 30.7	18 44 23	25 2 54
12 347	16 4 29	10 5 21	29 26 54	23 35 58	24 3 41	25 42 43	14 24 11	21 18 16	11 49	21 44 18	30 10 53	5 1 30.5	18 48 45	24 51 17
13 348	16 59 52	11 14 19	0♒12 8	23 44 53	24 10 46	25 41 51	14 24 56	21 20 10	11 38	21 49 51	30 10 13	5 1 30.3	18 52 45	24 38 37
14 349	17 49 45	12 23 9	0 57 23	23 53 40	24 17 51	25 41 3	14 25 44	21 22 5	11 27	21 55 24	30 9 26	5 1 30.0	18 56 19	24 25 1
15 350	18 33 22	13 31 50	1 42 38	24 2 20	24 24 56	25 40 17	14 26 34	21 24 0	11 16	22 0 57	30 8 33	5 1 29.8	18 59 25	24 10 35
16 351	19 9 54	14 40 21	2 27 54	24 10 54	24 32 1	25 39 34	14 27 26	21 25 56	11 08	22 6 30	30 7 38	5 1 29.5	19 1 59	23 55 28
17 352	19 38 29	15 48 42	3 13 10	24 19 20	24 39 5	25 38 55	14 28 19	21 27 52	11 02	22 12 4	30 6 41	5 1 29.3	19 3 58	23 39 49
18 353	19 58 13	16 56 53	3 58 27	24 27 39	24 46 9	25 38 18	14 29 15	21 29 50	10 58	22 17 38	30 5 47	5 1 29.1	19 5 16	23 23 48
19 354	20 8R13	18 4 54	4 43 44	24 35 50	24 53 12	25 37 44	14 30 12	21 31 47	10 57	22 23 12	30 4 58	5 1 28.9	19 5 52	23 7 34
20 355	20 7 43	19 12 44	5 29 2	24 43 54	25 0 15	25 37 13	14 31 12	21 33 46	10 58	22 28 47	30 4 16	5 1 28.8	19 5 42	22 51 17
21 356	19 56 1	20 20 24	6 14 20	24 51 50	25 7 17	25 36 45	14 32 13	21 35 44	10 58	22 34 22	30 3 43	5 1 28.7	19 4 43	22 35 8
22 357	19 32 41	21 27 52	6 59 39	24 59 39	25 14 19	25 36 21	14 33 16	21 37 44	10 57	22 39 56	30 3 21	5 1 28.6	19 2 54	22 19 14
23 358	18 57 36	22 35 9	7 44 57	25 7 19	25 21 20	25 35 59	14 34 21	21 39 44	10 55	22 45 31	30 3 11	5 1 28.5	19 0 14	22 3 44
24 359	18 11 3	23 42 14	8 30 16	25 14 52	25 28 19	25 35 40	14 35 28	21 41 44	10 50	22 51 6	30 3 14	5 1 28.4	18 56 46	21 48 45
25 360	17 13 50	24 49 6	9 15 36	25 22 16	25 35 18	25 35 25	14 36 37	21 43 45	10 42	22 56 40	30 3 29	5 1 28.3	18 52 33	21 34 23
26 361	16 7 16	25 55 46	10 0 55	25 29 33	25 42 16	25 35 12	14 37 48	21 45 46	10 32	23 2 15	30 3 56	5 1 28.1	18 47 41	21 20 44
27 362	14 53 13	27 2 13	10 46 15	25 36 40	25 49 13	25 35 3	14 39 0	21 47 48	10 21	23 7 49	30 4 34	5 1 27.9	18 42 18	21 7 55
28 363	13 34 0	28 8 26	11 31 34	25 43 40	25 56 9	25 34 57	14 40 15	21 49 49	10 09	23 13 24	30 5 22	5 1 27.7	18 36 35	20 56 3
29 364	12 12 12	29 14 25	12 16 54	25 50 31	26 3 4	25 34D54	14 41 31	21 51 52	9 57	23 18 58	30 6 18	5 1 27.4	18 30 41	20 45 17
30 365	10 50 33	0♒20 10	13 2 14	25 57 13	26 9 57	25 34 55	14 42 49	21 53 54	9 47	23 24 31	30 7 18	5 1 27.2	18 24 50	20 35 47
31 366	9♐31 44	1♒25 39	13♒47 33	26♍ 3 46	26♏16 49	25♓34 57	14♒44 8	21♐55 57	9♌39	23 30 5	30 8 20	5 1 27.0	18 19 13	20S27 43

DAY Dec	♀ VENUS R.A. h m s	DECL ° ' "	♂ MARS R.A. h m s	DECL ° ' "	♃ JUPITER R.A. h m s	DECL ° ' "	♄ SATURN R.A. h m s	DECL ° ' "	♅ URANUS R.A. h m s	DECL ° ' "	♆ NEPTUNE R.A. h m s	DECL ° ' "	♇ PLUTO R.A. h m s	DECL ° ' "
1	19 37 57	23S58 44	21 16 12	17S21 0	13 3 51	5S30 57	17 7 13	21S34 4	1 18 9	7N34 41	22 44 44	8S53 27	19 8 39	21S25 12
2	19 42 59	23 46 50	21 19 10	17 6 23	13 4 28	5 34 39	17 7 43	21 34 46	1 18 4	7 34 13	22 44 46	8 53 17	19 8 46	21 25 6
3	19 48 1	23 34 17	21 22 8	16 51 37	13 5 5	5 38 19	17 8 13	21 35 29	1 17 59	7 33 45	22 44 47	8 53 6	19 8 54	21 25 0
4	19 53 1	23 21 6	21 25 6	16 36 42	13 5 42	5 41 56	17 8 43	21 36 11	1 17 54	7 33 18	22 44 49	8 52 55	19 9 2	21 24 54
5	19 58 0	23 7 18	21 28 3	16 21 38	13 6 19	5 45 30	17 9 14	21 36 52	1 17 50	7 32 52	22 44 50	8 52 42	19 9 9	21 24 48
6	20 2 57	22 52 52	21 31 0	16 6 24	13 6 55	5 49 2	17 9 44	21 37 33	1 17 45	7 32 28	22 44 52	8 52 29	19 9 17	21 24 42
7	20 7 52	22 37 51	21 33 57	15 51 2	13 7 31	5 52 31	17 10 14	21 38 13	1 17 41	7 32 4	22 44 55	8 52 15	19 9 25	21 24 36
8	20 12 46	22 22 14	21 36 53	15 35 32	13 8 6	5 55 57	17 10 45	21 38 53	1 17 37	7 31 41	22 44 57	8 52 1	19 9 33	21 24 29
9	20 17 38	22 6 2	21 39 49	15 19 53	13 8 41	5 59 21	17 11 15	21 39 33	1 17 33	7 31 19	22 44 59	8 51 46	19 9 41	21 24 23
10	20 22 28	21 49 16	21 42 45	15 4 6	13 9 16	6 2 42	17 11 45	21 40 12	1 17 29	7 30 59	22 45 2	8 51 29	19 9 49	21 24 16
11	20 27 16	21 31 57	21 45 40	14 48 10	13 9 50	6 6 0	17 12 16	21 40 51	1 17 26	7 30 39	22 45 4	8 51 13	19 9 57	21 24 9
12	20 32 3	21 14 4	21 48 35	14 32 8	13 10 24	6 9 15	17 12 46	21 41 29	1 17 22	7 30 21	22 45 7	8 50 55	19 10 5	21 24 2
13	20 36 48	20 55 40	21 51 29	14 15 57	13 10 58	6 12 28	17 13 17	21 42 7	1 17 19	7 30 3	22 45 10	8 50 36	19 10 13	21 23 54
14	20 41 31	20 36 45	21 54 23	13 59 39	13 11 30	6 15 37	17 13 47	21 42 44	1 17 16	7 29 47	22 45 13	8 50 17	19 10 21	21 23 47
15	20 46 12	20 17 19	21 57 17	13 43 14	13 12 3	6 18 44	17 14 17	21 43 20	1 17 13	7 29 32	22 45 16	8 49 57	19 10 29	21 23 39
16	20 50 51	19 57 23	22 0 10	13 26 42	13 12 35	6 21 48	17 14 48	21 43 57	1 17 10	7 29 18	22 45 19	8 49 37	19 10 38	21 23 32
17	20 55 28	19 36 58	22 3 3	13 10 3	13 13 7	6 24 48	17 15 18	21 44 32	1 17 8	7 29 5	22 45 22	8 49 15	19 10 46	21 23 24
18	21 0 4	19 16 5	22 5 56	12 53 17	13 13 38	6 27 46	17 15 48	21 45 8	1 17 5	7 28 54	22 45 26	8 48 53	19 10 54	21 23 16
19	21 4 37	18 54 45	22 8 49	12 36 25	13 14 9	6 30 41	17 16 19	21 45 42	1 17 3	7 28 43	22 45 29	8 48 31	19 11 3	21 23 8
20	21 9 8	18 32 58	22 11 41	12 19 26	13 14 39	6 33 32	17 16 49	21 46 17	1 17 1	7 28 33	22 45 33	8 48 7	19 11 11	21 23 0
21	21 13 38	18 10 45	22 14 32	12 2 22	13 15 9	6 36 20	17 17 19	21 46 50	1 17 0	7 28 25	22 45 37	8 47 43	19 11 20	21 22 51
22	21 18 5	17 48 7	22 17 24	11 45 11	13 15 39	6 39 6	17 17 49	21 47 23	1 16 58	7 28 18	22 45 41	8 47 18	19 11 28	21 22 43
23	21 22 30	17 25 5	22 20 15	11 27 55	13 16 8	6 41 48	17 18 19	21 47 56	1 16 57	7 28 12	22 45 45	8 46 53	19 11 37	21 22 34
24	21 26 54	17 1 40	22 23 6	11 10 33	13 16 36	6 44 26	17 18 49	21 48 28	1 16 55	7 28 7	22 45 49	8 46 26	19 11 46	21 22 25
25	21 31 15	16 37 52	22 25 56	10 53 5	13 17 4	6 47 2	17 19 19	21 49 0	1 16 54	7 28 3	22 45 53	8 45 59	19 11 54	21 22 17
26	21 35 34	16 13 42	22 28 46	10 35 32	13 17 32	6 49 34	17 19 49	21 49 31	1 16 53	7 28 0	22 45 58	8 45 32	19 12 3	21 22 8
27	21 39 51	15 49 11	22 31 36	10 17 55	13 17 59	6 52 3	17 20 19	21 50 1	1 16 53	7 27 59	22 46 2	8 45 3	19 12 12	21 21 59
28	21 44 7	15 24 20	22 34 26	10 0 12	13 18 25	6 54 29	17 20 49	21 50 31	1 16 52	7 27 59	22 46 7	8 44 34	19 12 20	21 21 49
29	21 48 20	14 59 10	22 37 15	9 42 25	13 18 51	6 56 51	17 21 19	21 51 1	1 16 52	7 28 0	22 46 12	8 44 5	19 12 29	21 21 40
30	21 52 31	14 33 41	22 40 4	9 24 33	13 19 16	6 59 9	17 21 48	21 51 30	1 16 52	7 28 2	22 46 16	8 43 34	19 12 38	21 21 31
31	21 56 40	14S 7 55	22 42 53	9S 6 37	13 19 41	7S 1 24	17 22 18	21S51 58	1 16 52	7N28 5	22 46 21	8S43 3	19 12 47	21S21 21

DAY	SIDEREAL TIME h m s	☉ SUN LONG ° ' "	MOT ' "	R.A. h m s	DECL ° ' "
1 Su	6 43 21	15♐46 43	61 10	18 46 47.0	22S59 57
2 M	6 47 17	16 47 53	61 10	18 51 11.8	22 54 47
3 Tu	6 51 14	17 49 3	61 10	18 55 36.2	22 49 10
4 W	6 55 10	18 50 13	61 10	19 0 0.2	22 43 6
5 Th	6 59 7	19 51 23	61 9	19 4 23.8	22 36 35
6 F	7 3 3	20 52 32	61 9	19 8 47.0	22 29 37
7 S	7 7 0	21 53 41	61 8	19 13 9.7	22 22 13
8 Su	7 10 57	22 54 49	61 8	19 17 31.8	22 14 22
9 M	7 14 53	23 55 57	61 8	19 21 53.4	22 6 4
10 Tu	7 18 50	24 57 4	61 7	19 26 14.5	21 57 21
11 W	7 22 46	25 58 11	61 7	19 30 35.0	21 48 12
12 Th	7 26 43	26 59 18	61 6	19 34 54.9	21 38 38
13 F	7 30 39	28 0 24	61 6	19 39 14.2	21 28 39
14 S	7 34 36	29 1 30	61 6	19 43 32.8	21 18 15
15 Su	7 38 32	0♑ 2 35	61 5	19 47 50.8	21 7 26
16 M	7 42 29	1 3 41	61 5	19 52 8.2	20 56 13
17 Tu	7 46 26	2 4 46	61 5	19 56 24.9	20 44 35
18 W	7 50 22	3 5 50	61 5	20 0 40.8	20 32 35
19 Th	7 54 19	4 6 55	61 4	20 4 56.1	20 20 10
20 F	7 58 15	5 7 59	61 4	20 9 10.7	20 7 23
21 S	8 2 12	6 9 3	61 4	20 13 24.5	19 54 13
22 Su	8 6 8	7 10 6	61 3	20 17 37.6	19 40 41
23 M	8 10 5	8 11 9	61 3	20 21 50.0	19 26 47
24 Tu	8 14 1	9 12 12	61 2	20 26 1.6	19 12 31
25 W	8 17 58	10 13 13	61 1	20 30 12.4	18 57 54
26 Th	8 21 55	11 14 15	61 1	20 34 22.5	18 42 56
27 F	8 25 51	12 15 15	61 0	20 38 31.7	18 27 38
28 S	8 29 48	13 16 15	60 59	20 42 40.1	18 12 0
29 Su	8 33 44	14 17 14	60 58	20 46 47.8	17 56 2
30 M	8 37 41	15 18 11	60 57	20 50 54.6	17 39 44
31 Tu	8 41 37	16♑19 8	60 56	20 55 0.6	17S23 8

DAY	☽ MOON AT 0 HOURS LONG ° ' "	12h MOT ° ' "	2DIF "	R.A. h m s	DECL ° ' "
1 Su	16♑51 27	6 22 25	82	20 54 54	15S20 18
2 M	29 39 5	6 28 14	93	21 46 29	12 28 50
3 Tu	12♒38 46	6 34 53	107	22 37 39	8 58 10
4 W	25 52 12	6 42 28	121	23 28 39	4 57 33
5 Th	9♓21 18	6 50 57	132	0 19 58	0 37 46
6 F	23 7 41	6 59 59	136	1 12 12	3N48 57
7 S	7♈12 9	7 8 53	127	2 6 2	8 8 36
8 Su	21 34 1	7 16 40	102	3 2 1	12 5 18
9 M	6♉10 27	7 22 11	59	4 0 26	15 21 45
10 Tu	20 56 22	7 24 21	3	5 1 2	17 41 5
11 W	5♊44 39	7 22 30	-59	6 3 2	18 49 55
12 Th	20 27 12	7 16 37	-116	7 5 6	18 42 3
13 F	4♋56 9	7 7 18	-160	8 5 48	17 20 15
14 S	19 5 7	6 55 38	-185	9 4 1	14 55 24
15 Su	2♌50 6	6 42 57	-191	9 59 12	11 43 5
16 M	16 9 39	6 30 27	-180	10 51 24	7 59 52
17 Tu	29 4 42	6 19 8	-157	11 41 1	4 0 39
18 W	11♍38 0	6 9 43	-125	12 28 44	0S 2 12
19 Th	23 53 33	6 2 35	-88	13 15 14	3 58 53
20 F	5♎56 5	5 57 57	-51	14 1 16	7 41 27
21 S	17 50 35	5 55 47	-15	14 47 29	11 2 56
22 Su	29 41 57	5 55 57	19	15 34 25	13 56 48
23 M	11♏34 45	5 58 12	47	16 22 29	16 16 29
24 Tu	23 32 57	6 2 11	70	17 11 55	17 55 25
25 W	5♐39 48	6 7 28	87	18 2 42	18 47 22
26 Th	17 57 44	6 13 38	97	18 54 35	18 47 21
27 F	0♑28 18	6 20 17	101	19 47 11	17 52 35
28 S	13 12 13	6 27 1	100	20 39 59	16 3 23
29 Su	26 9 34	6 33 35	96	21 32 37	13 23 34
30 M	9♒19 54	6 39 50	91	22 24 51	10 0 20
31 Tu	22♒42 32	6 45 41	85	23 16 44	6S 3 39

DAY	☽ MOON AT 12 HOURS LONG ° ' "	12h MOT ° ' "	2DIF "	R.A. h m s	DECL ° ' "
1 Su	23♑13 52	6 25 14	87	21 20 45	14S 0 0
2 M	6♒ 7 19	6 31 27	100	22 12 6	10 47 51
3 Tu	19 13 39	6 38 33	114	23 3 8	7 0 57
4 W	2♓34 41	6 46 37	127	23 54 14	2 49 20
5 Th	16 12 15	6 55 26	135	0 45 56	1N35 33
6 F	0♈ 7 39	7 4 30	134	1 38 53	6 0 37
7 S	14 21 2	7 12 59	117	2 33 44	10 10 53
8 Su	28 50 41	7 19 47	83	3 30 55	13 49 39
9 M	13♉32 38	7 23 44	33	4 30 30	16 39 31
10 Tu	28 20 43	7 23 57	-28	5 31 56	18 24 54
11 W	13♊ 7 10	7 20 3	-88	6 34 9	18 55 37
12 Th	27 43 49	7 12 20	-140	7 35 42	18 9 52
13 F	12♋ 3 26	7 1 41	-175	8 35 16	16 14 48
14 S	26 0 45	6 49 21	-190	9 32 0	13 24 8
15 Su	9♌33 3	6 36 36	-187	10 25 39	9 54 21
16 M	22 40 6	6 24 36	-170	11 16 29	6 1 25
17 Tu	5♍23 50	6 14 9	-141	12 5 4	1 59 1
18 W	17 47 42	6 5 51	-107	12 52 5	2S 1 51
19 Th	29 56 8	5 59 57	-70	13 38 16	5 52 23
20 F	11♎54 1	5 56 34	-32	14 24 19	9 25 14
21 S	23 46 22	5 55 36	3	15 10 50	12 33 44
22 Su	5♏37 55	5 56 51	34	15 58 17	15 11 20
23 M	17 32 57	6 0 0	60	16 47 2	17 11 27
24 Tu	29 35 8	6 4 41	79	17 37 9	18 27 37
25 W	11♐47 16	6 10 28	93	18 28 32	18 54 5
26 Th	24 11 22	6 16 55	100	19 20 49	18 26 52
27 F	6♑48 34	6 23 39	101	20 13 35	17 4 38
28 S	19 39 14	6 30 20	99	21 6 21	14 49 25
29 Su	2♒43 9	6 36 45	94	21 58 47	11 46 49
30 M	15 59 43	6 42 48	88	22 50 50	8 5 28
31 Tu	29♒28 13	6 48 28	82	23 42 37	3S56 25

LUNAR INGRESSES
2 ☽ ♒ 0:39
4 ☽ ♓ 7:24
6 ☽ ♈ 11:47
8 ☽ ♉ 13:54
10 ☽ ♊ 14:41
12 ☽ ♋ 15:46
14 ☽ ♌ 19:00
17 ☽ ♍ 1:44
19 ☽ ♎ 12:08
22 ☽ ♏ 0:37
24 ☽ ♐ 12:49
26 ☽ ♑ 23:06
29 ☽ ♒ 7:02
31 ☽ ♓ 12:56

PLANET INGRESSES
14 ☉ ♑ 22:59
21 ♂ ♓ 12:35
28 ♀ ♓ 14:58

STATIONS
8 ☿ D 9:44

DATA FOR THE 1st AT 0 HOURS
JULIAN DAY 42734.5
☽ MEAN ☊ 11°♌ 14' 57"
OBLIQUITY 23° 26' 4"
DELTA T 74.2 SECONDS
NUTATION LONGITUDE -6.4"

DAY MO	YR	☿ LONG ° ' "	♀ LONG ° ' "	♂ LONG ° ' "	♃ LONG ° ' "	♄ LONG ° ' "	♅ LONG ° ' "	♆ LONG ° ' "	♇ LONG ° ' "	☊ LONG ° '	A.S.S.I. h m s	S.S.R.Y. h m s	S.V.P. ♓ ° ' "	☿ MERCURY R.A. h m s	DECL ° ' "
1	1	8♐18R 5	2♒30 53	14♒32 52	26♍10 11	26♏23 39	25♓35 4	14♒45 30	21♐58 0	9♌34	23 35 38	30 9 23	5 1 26.8	18 13 58	20S21 14
2	2	7 11 35	3 35 50	15 18 11	26 16 26	26 30 28	25 35 13	14 46 53	22 0 3	9 31	23 41 11	30 10 22	5 1 26.6	18 9 14	20 16 28
3	3	6 13 43	4 40 30	16 3 29	26 22 33	26 37 16	25 35 26	14 48 17	22 2 6	9 31	23 46 43	30 11 16	5 1 26.5	18 5 8	20 13 30
4	4	5 25 25	5 44 53	16 48 47	26 28 30	26 44 1	25 35 42	14 49 44	22 4 10	9 32	23 52 15	30 12 3	5 1 26.4	18 1 42	20 12 20
5	5	4 47 15	6 48 57	17 34 4	26 34 18	26 50 45	25 36 1	14 51 12	22 6 13	9 33	23 57 46	30 12 41	5 1 26.3	17 59 0	20 12 57
6	6	4 19 17	7 52 42	18 19 21	26 39 56	26 57 28	25 36 23	14 52 41	22 8 17	9 33	24 3 16	30 13 9	5 1 26.2	17 57 1	20 15 14
7	7	4 1 22	8 56 7	19 4 37	26 45 26	27 4 8	25 36 48	14 54 12	22 10 20	9 32	24 8 46	30 13 24	5 1 26.1	17 55 44	20 19 2
8	8	3 53D 6	9 59 12	19 49 52	26 50 45	27 10 46	25 37 16	14 55 45	22 12 23	9 29	24 14 16	30 13 27	5 1 26.0	17 55 9	20 24 12
9	9	3 53 54	11 1 56	20 35 6	26 55 55	27 17 23	25 37 48	14 57 20	22 14 27	9 24	24 19 44	30 13 17	5 1 25.8	17 55 12	20 30 31
10	10	4 3 8	12 4 17	21 20 18	27 0 55	27 23 57	25 38 22	14 58 55	22 16 30	9 17	24 25 12	30 12 54	5 1 25.5	17 55 51	20 37 48
11	11	4 20 9	13 6 16	22 5 30	27 5 46	27 30 29	25 39 0	15 0 33	22 18 34	9 10	24 30 40	30 12 20	5 1 25.3	17 57 4	20 45 49
12	12	4 44 15	14 7 50	22 50 41	27 10 26	27 37 0	25 39 41	15 2 11	22 20 37	9 03	24 36 6	30 11 37	5 1 25.0	17 58 47	20 54 23
13	13	5 14 47	15 9 1	23 35 51	27 14 57	27 43 27	25 40 25	15 3 52	22 22 40	8 58	24 41 32	30 10 45	5 1 24.8	18 0 57	21 3 18
14	14	5 51 7	16 9 46	24 20 59	27 19 17	27 49 53	25 41 12	15 5 33	22 24 43	8 54	24 46 57	30 9 49	5 1 24.6	18 3 33	21 12 25
15	15	6 32 42	17 10 5	25 6 6	27 23 28	27 56 16	25 42 2	15 7 16	22 26 46	8 52	24 52 21	30 8 51	5 1 24.4	18 6 32	21 21 32
16	16	7 18 59	18 9 57	25 51 12	27 27 28	28 2 37	25 42 55	15 9 1	22 28 49	8 53	24 57 44	30 7 55	5 1 24.3	18 9 51	21 30 30
17	17	8 9 30	19 9 21	26 36 17	27 31 18	28 8 55	25 43 51	15 10 46	22 30 51	8 54	25 3 7	30 7 2	5 1 24.2	18 13 29	21 39 13
18	18	9 3 49	20 8 17	27 21 21	27 34 57	28 15 11	25 44 50	15 12 34	22 32 53	8 55	25 8 29	30 6 16	5 1 24.2	18 17 24	21 47 32
19	19	10 1 33	21 6 43	28 6 23	27 38 26	28 21 24	25 45 52	15 14 22	22 34 55	8 57	25 13 49	30 5 39	5 1 24.1	18 21 34	21 55 21
20	20	11 2 22	22 4 39	28 51 24	27 41 44	28 27 34	25 46 57	15 16 12	22 36 56	8 57	25 19 9	30 5 12	5 1 24.0	18 25 58	22 2 34
21	21	12 5 58	23 2 2	29 36 24	27 44 52	28 33 42	25 48 5	15 18 3	22 38 57	8 57	25 24 28	30 4 56	5 1 23.9	18 30 34	22 9 6
22	22	13 12 5	23 58 53	0♓21 23	27 47 49	28 39 47	25 49 16	15 19 55	22 40 58	8 54	25 29 46	30 4 52	5 1 23.8	18 35 22	22 14 52
23	23	14 20 29	24 55 10	1 6 21	27 50 34	28 45 49	25 50 30	15 21 48	22 42 58	8 51	25 35 3	30 5 1	5 1 23.6	18 40 19	22 19 49
24	24	15 30 56	25 50 51	1 51 17	27 53 10	28 51 48	25 51 47	15 23 43	22 44 58	8 46	25 40 19	30 5 21	5 1 23.4	18 45 26	22 23 52
25	25	16 43 18	26 45 56	2 36 11	27 55 34	28 57 43	25 53 7	15 25 38	22 46 57	8 41	25 45 34	30 5 52	5 1 23.2	18 50 41	22 26 59
26	26	17 57 23	27 40 22	3 21 5	27 57 47	29 3 36	25 54 29	15 27 35	22 48 56	8 36	25 50 48	30 6 33	5 1 23.0	18 56 4	22 29 6
27	27	19 13 5	28 34 9	4 5 57	27 59 48	29 9 26	25 55 55	15 29 33	22 50 54	8 31	25 56 2	30 7 21	5 1 22.8	19 1 34	22 30 12
28	28	20 30 15	29 27 16	4 50 47	28 1 39	29 15 12	25 57 24	15 31 32	22 52 52	8 28	26 1 14	30 8 16	5 1 22.6	19 7 10	22 30 13
29	29	21 48 47	0♓19 39	5 35 36	28 3 19	29 20 55	25 58 55	15 33 32	22 54 49	8 26	26 6 25	30 9 15	5 1 22.5	19 12 52	22 29 8
30	30	23 8 36	1 11 18	6 20 24	28 4 47	29 26 34	26 0 29	15 35 33	22 56 45	8 25	26 11 35	30 10 17	5 1 22.4	19 18 40	22 26 55
31	31	24♐29 38	2♓ 2 11	7♓ 5 10	28♍ 6 4	29♏32 10	26♓ 2 6	15♒37 35	22♐58 41	8♌26	26 16 44	30 11 18	5 1 22.3	19 24 31	22S23 33

DAY Jan	♀ VENUS R.A. h m s	DECL ° ' "	♂ MARS R.A. h m s	DECL ° ' "	♃ JUPITER R.A. h m s	DECL ° ' "	♄ SATURN R.A. h m s	DECL ° ' "	♅ URANUS R.A. h m s	DECL ° ' "	♆ NEPTUNE R.A. h m s	DECL ° ' "	♇ PLUTO R.A. h m s	DECL ° ' "
1	22 0 47	13S41 52	22 45 41	8S48 36	13 20 5	7S 3 36	17 22 47	21S52 26	1 16 53	7N28 10	22 46 26	8S42 32	19 12 55	21S21 12
2	22 4 51	13 15 34	22 48 29	8 30 32	13 20 29	7 5 44	17 23 17	21 52 53	1 16 53	7 28 15	22 46 32	8 41 59	19 13 4	21 21 2
3	22 8 54	12 49 0	22 51 17	8 12 25	13 20 52	7 7 48	17 23 46	21 53 20	1 16 54	7 28 22	22 46 37	8 41 27	19 13 13	21 20 53
4	22 12 54	12 22 12	22 54 5	7 54 13	13 21 15	7 9 49	17 24 15	21 53 46	1 16 55	7 28 30	22 46 42	8 40 53	19 13 22	21 20 43
5	22 16 53	11 55 11	22 56 52	7 35 59	13 21 37	7 11 46	17 24 44	21 54 12	1 16 56	7 28 40	22 46 48	8 40 19	19 13 31	21 20 33
6	22 20 49	11 27 58	22 59 39	7 17 41	13 21 58	7 13 40	17 25 13	21 54 37	1 16 57	7 28 50	22 46 53	8 39 44	19 13 39	21 20 23
7	22 24 43	11 0 33	23 2 26	6 59 20	13 22 19	7 15 30	17 25 41	21 55 1	1 16 59	7 29 2	22 46 59	8 39 9	19 13 48	21 20 13
8	22 28 35	10 32 57	23 5 13	6 40 57	13 22 40	7 17 16	17 26 10	21 55 25	1 17 1	7 29 14	22 47 5	8 38 33	19 13 57	21 20 3
9	22 32 24	10 5 11	23 7 59	6 22 31	13 22 59	7 18 58	17 26 39	21 55 49	1 17 3	7 29 28	22 47 11	8 37 57	19 14 6	21 19 53
10	22 36 12	9 37 17	23 10 45	6 4 3	13 23 18	7 20 37	17 27 7	21 56 12	1 17 5	7 29 43	22 47 17	8 37 20	19 14 15	21 19 43
11	22 39 57	9 9 14	23 13 31	5 45 32	13 23 37	7 22 12	17 27 35	21 56 34	1 17 7	7 30 0	22 47 23	8 36 42	19 14 24	21 19 33
12	22 43 40	8 41 4	23 16 17	5 27 0	13 23 55	7 23 43	17 28 3	21 56 56	1 17 9	7 30 17	22 47 29	8 36 4	19 14 32	21 19 22
13	22 47 20	8 12 47	23 19 2	5 8 25	13 24 12	7 25 10	17 28 31	21 57 18	1 17 12	7 30 36	22 47 35	8 35 25	19 14 41	21 19 12
14	22 50 58	7 44 25	23 21 47	4 49 50	13 24 29	7 26 34	17 28 59	21 57 38	1 17 15	7 30 55	22 47 41	8 34 46	19 14 50	21 19 2
15	22 54 34	7 15 58	23 24 32	4 31 12	13 24 45	7 27 53	17 29 26	21 57 59	1 17 18	7 31 16	22 47 48	8 34 7	19 14 59	21 18 52
16	22 58 8	6 47 28	23 27 17	4 12 34	13 25 0	7 29 9	17 29 53	21 58 19	1 17 21	7 31 38	22 47 54	8 33 27	19 15 8	21 18 41
17	23 1 39	6 18 54	23 30 2	3 53 54	13 25 15	7 30 21	17 30 21	21 58 38	1 17 25	7 32 1	22 48 1	8 32 46	19 15 16	21 18 31
18	23 5 8	5 50 18	23 32 46	3 35 13	13 25 29	7 31 28	17 30 47	21 58 57	1 17 28	7 32 25	22 48 8	8 32 5	19 15 25	21 18 20
19	23 8 34	5 21 40	23 35 31	3 16 31	13 25 42	7 32 32	17 31 14	21 59 15	1 17 32	7 32 51	22 48 14	8 31 23	19 15 34	21 18 10
20	23 11 58	4 53 2	23 38 15	2 57 49	13 25 55	7 33 32	17 31 41	21 59 32	1 17 36	7 33 17	22 48 21	8 30 41	19 15 42	21 17 59
21	23 15 20	4 24 24	23 40 59	2 39 6	13 26 7	7 34 27	17 32 7	21 59 50	1 17 40	7 33 45	22 48 28	8 29 59	19 15 51	21 17 49
22	23 18 39	3 55 47	23 43 42	2 20 23	13 26 18	7 35 19	17 32 33	22 0 6	1 17 45	7 34 13	22 48 35	8 29 16	19 16 0	21 17 38
23	23 21 55	3 27 12	23 46 26	2 1 40	13 26 29	7 36 7	17 32 59	22 0 22	1 17 49	7 34 43	22 48 42	8 28 32	19 16 8	21 17 28
24	23 25 9	2 58 40	23 49 10	1 42 57	13 26 39	7 36 50	17 33 25	22 0 38	1 17 54	7 35 14	22 48 49	8 27 48	19 16 17	21 17 17
25	23 28 20	2 30 12	23 51 53	1 24 14	13 26 49	7 37 30	17 33 51	22 0 53	1 17 59	7 35 46	22 48 57	8 27 4	19 16 25	21 17 7
26	23 31 29	2 1 49	23 54 36	1 5 31	13 26 57	7 38 5	17 34 16	22 1 8	1 18 4	7 36 19	22 49 4	8 26 19	19 16 34	21 16 56
27	23 34 34	1 33 31	23 57 20	0 46 49	13 27 5	7 38 36	17 34 41	22 1 22	1 18 10	7 36 53	22 49 11	8 25 34	19 16 42	21 16 46
28	23 37 37	1 5 19	0 0 3	0 28 7	13 27 13	7 39 3	17 35 6	22 1 36	1 18 15	7 37 28	22 49 19	8 24 49	19 16 51	21 16 36
29	23 40 37	0 37 16	0 2 46	0 9 27	13 27 19	7 39 26	17 35 31	22 1 50	1 18 21	7 38 5	22 49 26	8 24 3	19 16 59	21 16 25
30	23 43 33	0 9 20	0 5 29	0N 9 13	13 27 25	7 39 45	17 35 55	22 2 2	1 18 26	7 38 42	22 49 34	8 23 17	19 17 7	21 16 15
31	23 46 27	0N18 25	0 8 11	0N27 51	13 27 30	7S39 59	17 36 19	22S 2 15	1 18 32	7N39 20	22 49 41	8S22 30	19 17 15	21S16 5

FEBRUARY 2017

DAY	SIDEREAL TIME h m s	☉ SUN LONG ° ' "	MOT ' "	R.A. h m s	DECL ° ' "	☽ MOON AT 0 HOURS LONG ° ' "	12h MOT ° ' "	2DIF "	R.A. h m s	DECL ° ' "	☽ MOON AT 12 HOURS LONG ° ' "	12h MOT ° ' "	2DIF "	R.A. h m s	DECL ° ' "
1 W	8 45 34	17♑20 3	60 54	20 59 5.7	17S 6 14	6♓16 41	6 51 10	79	0 8 31	1S45 24	13♓ 7 51	6 53 46	76	0 34 31	0N27 42
2 Th	8 49 30	18 20 58	60 53	21 3 10.0	16 49 1	20 1 36	6 56 16	73	1 0 40	2N41 8	26 57 52	6 58 39	70	1 27 2	4 53 7
3 F	8 53 27	19 21 51	60 52	21 7 13.5	16 31 31	3♈56 31	7 0 55	65	1 53 43	7 1 47	10♈57 26	7 3 1	60	2 20 45	9 5 17
4 S	8 57 24	20 22 42	60 50	21 11 16.2	16 13 44	18 0 26	7 4 55	54	2 48 12	11 1 43	25 5 22	7 6 36	46	3 16 7	12 49 9
5 Su	9 1 20	21 23 32	60 49	21 15 18.0	15 55 39	2♉11 58	7 7 59	36	3 44 30	14 25 44	9♉19 57	7 9 2	25	4 13 22	15 49 40
6 M	9 5 17	22 24 21	60 47	21 19 19.0	15 37 19	16 28 58	7 9 40	12	4 42 39	16 59 17	23 38 38	7 9 52	-2	5 12 20	17 53 8
7 Tu	9 9 13	23 25 8	60 46	21 23 19.1	15 18 42	0♊48 30	7 9 33	-17	5 42 17	18 30 2	7♊58 3	7 8 42	-34	6 12 24	18 49 12
8 W	9 13 10	24 25 53	60 44	21 27 18.5	14 59 50	15 6 44	7 7 17	-51	6 42 33	18 50 14	22 14 2	7 5 19	-68	7 12 35	18 33 11
9 Th	9 17 6	25 26 37	60 43	21 31 17.1	14 40 43	29 19 20	7 2 46	-84	7 42 21	17 58 37	6♋22 7	6 59 42	-100	8 11 44	17 7 28
10 F	9 21 3	26 27 20	60 41	21 35 14.8	14 21 21	13♋21 48	6 56 8	-113	8 40 38	16 1 5	20 17 56	6 52 9	-125	9 8 58	14 41 4
11 S	9 24 59	27 28 1	60 40	21 39 11.8	14 1 45	27 10 5	6 47 48	-134	9 36 40	13 9 16	3♌57 53	6 43 11	-141	10 3 44	11 27 35
12 Su	9 28 56	28 28 41	60 39	21 43 8.0	13 41 55	10♌41 4	6 38 24	-145	10 30 10	9 37 59	17 19 28	6 33 30	-146	10 56 0	7 42 23
13 M	9 32 53	29 29 20	60 37	21 47 3.5	13 21 51	23 52 58	6 28 38	-145	11 21 16	5 42 36	0♍21 36	6 23 51	-141	11 46 2	3 40 21
14 Tu	9 36 49	0♒29 57	60 36	21 50 58.2	13 1 34	6♍45 26	6 19 14	-134	12 10 22	1 37 10	13 4 41	6 14 54	-125	12 34 21	0S25 30
15 W	9 40 46	1 30 33	60 35	21 54 52.2	12 41 5	19 19 35	6 10 53	-114	12 58 3	2S26 23	25 30 28	6 7 16	-102	13 21 32	4 24 20
16 Th	9 44 42	2 31 8	60 34	21 58 45.5	12 20 23	1♎37 43	6 4 5	-88	13 44 53	6 18 17	7♎41 49	6 1 25	-72	14 8 12	8 7 17
17 F	9 48 39	3 31 42	60 32	22 2 38.1	11 59 29	13 43 14	5 59 16	-56	14 31 31	9 50 27	19 42 29	5 57 40	-39	14 54 55	11 26 57
18 S	9 52 35	4 32 14	60 31	22 6 30.0	11 38 24	25 40 10	5 56 40	-22	15 18 27	12 55 58	1♏36 49	5 56 14	-4	15 42 10	14 16 46
19 Su	9 56 32	5 32 45	60 30	22 10 21.2	11 17 7	7♏33 3	5 56 24	14	16 6 8	15 28 33	13 29 27	5 57 10	31	16 30 22	16 30 36
20 M	10 0 28	6 33 15	60 29	22 14 11.8	10 55 40	19 26 37	5 58 30	49	16 54 54	17 22 11	25 25 7	6 0 24	65	17 19 44	18 2 36
21 Tu	10 4 25	7 33 44	60 27	22 18 1.8	10 34 3	1♐25 31	6 2 50	80	17 44 53	18 31 10	7♐28 21	6 5 45	95	18 10 19	18 47 19
22 W	10 8 21	8 34 11	60 26	22 21 51.1	10 12 16	13 34 6	6 9 8	107	18 36 2	18 50 30	19 43 14	6 12 55	119	19 1 59	18 40 18
23 Th	10 12 18	9 34 36	60 24	22 25 39.8	9 50 19	25 56 8	6 17 2	128	19 28 9	18 16 26	2♑13 10	6 21 26	135	19 54 27	17 38 49
24 F	10 16 15	10 35 1	60 23	22 29 27.9	9 28 13	8♑34 36	6 26 2	140	20 20 53	16 47 29	15 0 38	6 30 45	142	20 47 23	15 42 44
25 S	10 20 11	11 35 24	60 21	22 33 15.5	9 5 59	21 31 22	6 35 30	142	21 13 55	14 25 6	28 6 52	6 40 12	139	21 40 27	12 55 18
26 Su	10 24 8	12 35 45	60 20	22 37 2.4	8 43 37	4♒47 4	6 44 46	134	22 6 58	11 14 18	11♒31 49	6 49 6	126	22 33 28	9 23 19
27 M	10 28 4	13 36 4	60 18	22 40 48.8	8 21 6	18 20 56	6 53 9	116	22 59 57	7 23 44	25 14 4	6 56 49	104	23 26 26	5 17 7
28 Tu	10 32 1	14♒36 22	60 16	22 44 34.7	7S58 29	2♓10 53	7 0 4	90	23 52 58	3S 5 12	9♓10 57	7 2 50	76	0 19 34	0S49 53

LUNAR INGRESSES
2 ☽ ♈ 17:14
4 ☽ ♉ 20:18
6 ☽ ♊ 22:39
9 ☽ ♋ 1:09
11 ☽ ♌ 4:59
13 ☽ ♍ 11:20
15 ☽ ♎ 20:48
18 ☽ ♏ 8:44
20 ☽ ♐ 21:10
23 ☽ ♑ 7:47
25 ☽ ♒ 15:24
27 ☽ ♓ 20:15

PLANET INGRESSES
3 ☿ ♑ 22:44
5 ♄ ♐ 3:22
13 ☉ ♒ 12:08
23 ☿ ♒ 1:42

STATIONS
6 ♃ R 6:54

DATA FOR THE 1st AT 0 HOURS
JULIAN DAY 42765.5
☽ MEAN ☊ 9°♌ 36' 23"
OBLIQUITY 23° 26' 5"
DELTA T 74.3 SECONDS
NUTATION LONGITUDE -6.3"

DAY MO	YR	☿ LONG ° ' "	♀ LONG ° ' "	♂ LONG ° ' "	♃ LONG ° ' "	♄ LONG ° ' "	♅ LONG ° ' "	♆ LONG ° ' "	♇ LONG ° ' "	☊ LONG ° '	A.S.S.I. h m s	S.S.R.Y. h m s	S.V.P. ♓ ° ' "	☿ MERCURY R.A. h m s	DECL ° ' "
1	32	25♐51 47	2♓52 16	7♓49 54	28♍ 7 9	29♏37 43	26♓ 3 46	15♒39 38	23♐ 0 36	8♌27	26 21 52	30 12 16	5 1 22.3	19 30 28	22S19 0
2	33	27 15 1	3 41 30	8 34 36	28 8 3	29 43 11	26 5 28	15 41 42	23 2 30	8 29	26 26 59	30 13 11	5 1 22.2	19 36 28	22 13 15
3	34	28 39 17	4 29 53	9 19 17	28 8 46	29 48 37	26 7 13	15 43 46	23 4 24	8 30	26 32 5	30 13 57	5 1 22.1	19 42 32	22 6 16
4	35	0♑ 4 32	5 17 21	10 3 55	28 9 18	29 53 58	26 9 1	15 45 52	23 6 17	8 31	26 37 10	30 14 34	5 1 22.1	19 48 40	21 58 3
5	36	1 30 44	6 3 52	10 48 32	28 9 38	29 59 16	26 10 52	15 47 58	23 8 9	8 30	26 42 13	30 14 58	5 1 21.9	19 54 50	21 48 35
6	37	2 57 51	6 49 24	11 33 6	28 9R47	0♐ 4 29	26 12 45	15 50 5	23 10 0	8 29	26 47 16	30 15 8	5 1 21.7	20 1 3	21 37 51
7	38	4 25 53	7 33 55	12 17 39	28 9 44	0 9 39	26 14 41	15 52 13	23 11 50	8 28	26 52 18	30 15 5	5 1 21.5	20 7 19	21 25 51
8	39	5 54 47	8 17 21	13 2 9	28 9 30	0 14 45	26 16 39	15 54 22	23 13 40	8 26	26 57 19	30 14 48	5 1 21.3	20 13 37	21 12 33
9	40	7 24 34	8 59 42	13 46 37	28 9 5	0 19 47	26 18 40	15 56 31	23 15 28	8 24	27 2 18	30 14 18	5 1 21.1	20 19 58	20 57 57
10	41	8 55 12	9 40 53	14 31 3	28 8 28	0 24 45	26 20 43	15 58 41	23 17 16	8 23	27 7 17	30 13 37	5 1 20.9	20 26 20	20 42 3
11	42	10 26 42	10 20 52	15 15 27	28 7 40	0 29 39	26 22 49	16 0 51	23 19 3	8 22	27 12 15	30 12 47	5 1 20.8	20 32 45	20 24 50
12	43	11 59 3	10 59 37	15 59 49	28 6 41	0 34 28	26 24 57	16 3 2	23 20 48	8 21	27 17 12	30 11 51	5 1 20.7	20 39 11	20 6 18
13	44	13 32 15	11 37 4	16 44 8	28 5 30	0 39 14	26 27 7	16 5 14	23 22 33	8 22	27 22 7	30 10 53	5 1 20.7	20 45 39	19 46 26
14	45	15 6 19	12 13 11	17 28 25	28 4 8	0 43 55	26 29 20	16 7 26	23 24 17	8 22	27 27 2	30 9 55	5 1 20.6	20 52 8	19 25 14
15	46	16 41 14	12 47 54	18 12 41	28 2 35	0 48 31	26 31 35	16 9 39	23 26 0	8 23	27 31 56	30 9 1	5 1 20.6	20 58 39	19 2 42
16	47	18 17 2	13 21 12	18 56 54	28 0 50	0 53 4	26 33 53	16 11 52	23 27 41	8 24	27 36 49	30 8 11	5 1 20.6	21 5 11	18 38 49
17	48	19 53 42	13 52 59	19 41 4	27 58 55	0 57 32	26 36 13	16 14 6	23 29 22	8 24	27 41 42	30 7 29	5 1 20.5	21 11 44	18 13 36
18	49	21 31 15	14 23 14	20 25 13	27 56 48	1 1 55	26 38 35	16 16 20	23 31 1	8 25	27 46 33	30 6 56	5 1 20.4	21 18 19	17 47 1
19	50	23 9 42	14 51 52	21 9 20	27 54 30	1 6 14	26 40 59	16 18 34	23 32 40	8 25	27 51 23	30 6 33	5 1 20.3	21 24 55	17 19 6
20	51	24 49 4	15 18 50	21 53 24	27 52 1	1 10 28	26 43 26	16 20 49	23 34 17	8 25	27 56 13	30 6 21	5 1 20.2	21 31 32	16 49 50
21	52	26 29 21	15 44 5	22 37 27	27 49 21	1 14 37	26 45 55	16 23 4	23 35 53	8 25	28 1 2	30 6 20	5 1 20.0	21 38 10	16 19 13
22	53	28 10 34	16 7 32	23 21 27	27 46 30	1 18 42	26 48 25	16 25 20	23 37 28	8 25	28 5 50	30 6 30	5 1 19.9	21 44 50	15 47 14
23	54	29 52 45	16 29 8	24 5 25	27 43 28	1 22 42	26 50 58	16 27 36	23 39 1	8 25	28 10 37	30 6 50	5 1 19.7	21 51 30	15 13 55
24	55	1♒35 53	16 48 50	24 49 21	27 40 15	1 26 37	26 53 33	16 29 52	23 40 33	8 25	28 15 24	30 7 21	5 1 19.6	21 58 12	14 39 14
25	56	3 20 0	17 6 33	25 33 14	27 36 52	1 30 27	26 56 10	16 32 8	23 42 4	8 25	28 20 10	30 8 2	5 1 19.5	22 4 55	14 3 13
26	57	5 5 6	17 22 14	26 17 6	27 33 18	1 34 12	26 58 49	16 34 24	23 43 34	8 25	28 24 55	30 8 51	5 1 19.4	22 11 40	13 25 51
27	58	6 51 12	17 35 48	27 0 55	27 29 34	1 37 52	27 1 30	16 36 41	23 45 3	8 25	28 29 40	30 9 47	5 1 19.3	22 18 25	12 47 10
28	59	8♒38 20	17♓47 13	27♓44 42	27♍25 39	1♐41 27	27♓ 4 13	16♒38 57	23♐46 30	8♌25	28 34 23	30 10 48	5 1 19.3	22 25 12	12S 7 8

DAY Feb	♀ VENUS R.A. h m s	DECL ° ' "	♂ MARS R.A. h m s	DECL ° ' "	♃ JUPITER R.A. h m s	DECL ° ' "	♄ SATURN R.A. h m s	DECL ° ' "	♅ URANUS R.A. h m s	DECL ° ' "	♆ NEPTUNE R.A. h m s	DECL ° ' "	♇ PLUTO R.A. h m s	DECL ° ' "
1	23 49 17	0N46 0	0 10 54	0N46 28	13 27 35	7S40 9	17 36 43	22S 2 27	1 18 39	7N39 59	22 49 49	8S21 43	19 17 24	21S15 54
2	23 52 5	1 13 24	0 13 37	1 5 4	13 27 39	7 40 15	17 37 7	22 2 38	1 18 45	7 40 40	22 49 57	8 20 56	19 17 32	21 15 44
3	23 54 48	1 40 35	0 16 19	1 23 38	13 27 42	7 40 17	17 37 30	22 2 49	1 18 52	7 41 21	22 50 4	8 20 9	19 17 40	21 15 34
4	23 57 28	2 7 32	0 19 2	1 42 10	13 27 44	7 40 15	17 37 53	22 3 0	1 18 58	7 42 3	22 50 12	8 19 21	19 17 48	21 15 24
5	0 0 5	2 34 14	0 21 44	2 0 39	13 27 46	7 40 9	17 38 16	22 3 10	1 19 5	7 42 46	22 50 20	8 18 33	19 17 56	21 15 14
6	0 2 38	3 0 40	0 24 27	2 19 7	13 27 47	7 39 58	17 38 39	22 3 20	1 19 12	7 43 30	22 50 28	8 17 44	19 18 4	21 15 4
7	0 5 6	3 26 49	0 27 9	2 37 32	13 27 47	7 39 43	17 39 1	22 3 29	1 19 19	7 44 16	22 50 36	8 16 56	19 18 12	21 14 54
8	0 7 31	3 52 39	0 29 52	2 55 55	13 27 46	7 39 25	17 39 23	22 3 38	1 19 27	7 45 2	22 50 44	8 16 7	19 18 20	21 14 44
9	0 9 52	4 18 9	0 32 34	3 14 15	13 27 45	7 39 2	17 39 45	22 3 46	1 19 34	7 45 49	22 50 52	8 15 17	19 18 27	21 14 34
10	0 12 8	4 43 18	0 35 16	3 32 32	13 27 43	7 38 34	17 40 6	22 3 54	1 19 42	7 46 37	22 51 0	8 14 28	19 18 35	21 14 24
11	0 14 19	5 8 5	0 37 59	3 50 46	13 27 40	7 38 3	17 40 27	22 4 2	1 19 50	7 47 25	22 51 8	8 13 38	19 18 43	21 14 15
12	0 16 26	5 32 28	0 40 41	4 8 57	13 27 37	7 37 28	17 40 48	22 4 9	1 19 58	7 48 15	22 51 16	8 12 49	19 18 50	21 14 5
13	0 18 28	5 56 25	0 43 23	4 27 5	13 27 33	7 36 48	17 41 9	22 4 16	1 20 6	7 49 6	22 51 25	8 11 59	19 18 58	21 13 56
14	0 20 25	6 19 56	0 46 6	4 45 9	13 27 28	7 36 4	17 41 29	22 4 23	1 20 14	7 49 57	22 51 33	8 11 8	19 19 5	21 13 46
15	0 22 17	6 42 58	0 48 48	5 3 10	13 27 23	7 35 17	17 41 49	22 4 29	1 20 22	7 50 49	22 51 41	8 10 18	19 19 12	21 13 37
16	0 24 4	7 5 31	0 51 30	5 21 6	13 27 17	7 34 25	17 42 8	22 4 35	1 20 31	7 51 42	22 51 50	8 9 27	19 19 20	21 13 28
17	0 25 45	7 27 32	0 54 13	5 38 59	13 27 10	7 33 29	17 42 28	22 4 40	1 20 39	7 52 36	22 51 58	8 8 37	19 19 27	21 13 19
18	0 27 20	7 49 0	0 56 55	5 56 48	13 27 2	7 32 29	17 42 47	22 4 45	1 20 48	7 53 31	22 52 6	8 7 46	19 19 34	21 13 10
19	0 28 49	8 9 53	0 59 38	6 14 33	13 26 54	7 31 25	17 43 5	22 4 50	1 20 57	7 54 26	22 52 15	8 6 55	19 19 41	21 13 1
20	0 30 12	8 30 9	1 2 20	6 32 14	13 26 45	7 30 18	17 43 24	22 4 54	1 21 6	7 55 23	22 52 23	8 6 4	19 19 48	21 12 52
21	0 31 29	8 49 46	1 5 3	6 49 50	13 26 35	7 29 6	17 43 41	22 4 58	1 21 16	7 56 20	22 52 31	8 5 12	19 19 55	21 12 43
22	0 32 39	9 8 42	1 7 45	7 7 22	13 26 25	7 27 50	17 43 59	22 5 2	1 21 25	7 57 17	22 52 40	8 4 21	19 20 2	21 12 35
23	0 33 42	9 26 54	1 10 28	7 24 48	13 26 14	7 26 31	17 44 16	22 5 6	1 21 35	7 58 16	22 52 48	8 3 30	19 20 8	21 12 26
24	0 34 38	9 44 22	1 13 11	7 42 11	13 26 2	7 25 7	17 44 33	22 5 9	1 21 44	7 59 15	22 52 57	8 2 38	19 20 15	21 12 18
25	0 35 27	10 1 2	1 15 54	7 59 28	13 25 50	7 23 40	17 44 50	22 5 12	1 21 54	8 0 15	22 53 5	8 1 47	19 20 21	21 12 10
26	0 36 8	10 16 51	1 18 37	8 16 39	13 25 37	7 22 9	17 45 6	22 5 14	1 22 4	8 1 16	22 53 14	8 0 55	19 20 28	21 12 2
27	0 36 42	10 31 48	1 21 20	8 33 46	13 25 23	7 20 35	17 45 22	22 5 17	1 22 14	8 2 17	22 53 22	8 0 3	19 20 34	21 11 55
28	0 37 8	10N45 49	1 24 4	8N50 47	13 25 9	7S18 56	17 45 37	22S 5 19	1 22 24	8N 3 19	22 53 31	7S59 12	19 20 40	21S11 47

MARCH 2017

DAY	SIDEREAL TIME h m s	☉ SUN LONG ° ' "	MOT ' "	R.A. h m s	DECL ° ' "
1 W	10 35 57	15♒36 38	60 14	22 48 20.0	7S35 44
2 Th	10 39 54	16 36 52	60 12	22 52 4.8	7 12 53
3 F	10 43 50	17 37 4	60 10	22 55 49.1	6 49 56
4 S	10 47 47	18 37 14	60 8	22 59 32.9	6 26 53
5 Su	10 51 44	19 37 22	60 6	23 3 16.3	6 3 45
6 M	10 55 40	20 37 27	60 4	23 6 59.1	5 40 32
7 Tu	10 59 37	21 37 31	60 2	23 10 41.6	5 17 14
8 W	11 3 33	22 37 32	59 59	23 14 23.6	4 53 52
9 Th	11 7 30	23 37 32	59 57	23 18 5.3	4 30 27
10 F	11 11 26	24 37 29	59 55	23 21 46.6	4 6 58
11 S	11 15 23	25 37 24	59 53	23 25 27.5	3 43 26
12 Su	11 19 19	26 37 17	59 51	23 29 8.1	3 19 51
13 M	11 23 16	27 37 8	59 49	23 32 48.4	2 56 14
14 Tu	11 27 13	28 36 57	59 47	23 36 28.5	2 32 36
15 W	11 31 9	29 36 44	59 45	23 40 8.3	2 8 55
16 Th	11 35 6	0♓36 29	59 44	23 43 47.8	1 45 14
17 F	11 39 2	1 36 13	59 42	23 47 27.2	1 21 31
18 S	11 42 59	2 35 55	59 40	23 51 6.4	0 57 48
19 Su	11 46 55	3 35 35	59 38	23 54 45.4	0 34 5
20 M	11 50 52	4 35 13	59 37	23 58 24.3	0 10 22
21 Tu	11 54 48	5 34 50	59 35	0 2 3.1	0N13 20
22 W	11 58 45	6 34 25	59 33	0 5 41.8	0 37 2
23 Th	12 2 42	7 33 58	59 31	0 9 20.4	1 0 42
24 F	12 6 38	8 33 29	59 30	0 12 58.9	1 24 21
25 S	12 10 35	9 32 59	59 28	0 16 37.5	1 47 57
26 Su	12 14 31	10 32 26	59 26	0 20 16.0	2 11 31
27 M	12 18 28	11 31 52	59 24	0 23 54.4	2 35 3
28 Tu	12 22 24	12 31 16	59 22	0 27 33.0	2 58 31
29 W	12 26 21	13 30 38	59 20	0 31 11.5	3 21 56
30 Th	12 30 17	14 29 57	59 18	0 34 50.1	3 45 17
31 F	12 34 14	15♓29 15	59 15	0 38 28.7	4N 8 34

DAY	☽ MOON AT 0 HOURS LONG ° ' "	12h MOT ° ' "	2DIF "	R.A. h m s	DECL ° ' "	☽ MOON AT 12 HOURS LONG ° ' "	12h MOT ° ' "	2DIF "	R.A. h m s	DECL ° ' "
1	16♓13 47	7 5 6	60	0 46 17	1N26 53	23♓18 54	7 6 51	45	1 13 11	3N43 4
2	0♈25 45	7 8 5	29	1 40 18	5 56 35	7♈33 50	7 8 48	14	2 7 40	8 5 21
3	14 42 38	7 9 3	1	2 35 21	10 7 19	21 51 41	7 8 50	-12	3 3 22	12 0 29
4	29 0 31	7 8 14	-24	3 31 44	13 42 58	6♉ 8 45	7 7 15	-34	4 0 26	15 13 2
5	13♉16 0	7 5 58	-43	4 29 27	16 29 7	20 21 58	7 4 24	-51	4 58 43	17 29 53
6	27 26 21	7 2 35	-57	5 28 11	18 14 19	4♊28 56	7 0 35	-63	5 57 44	18 41 41
7	11♊29 31	6 58 23	-68	6 27 16	18 51 38	18 27 54	6 56 2	-73	6 56 42	18 44 11
8	25 23 56	6 53 32	-77	7 25 54	18 19 42	2♋17 28	6 50 54	-81	7 54 46	17 38 54
9	9♋ 8 22	6 48 8	-85	8 23 13	16 42 50	15 56 30	6 45 14	-89	8 51 12	15 32 47
10	22 41 44	6 42 13	-92	9 18 40	14 10 14	29 23 57	6 39 5	-96	9 45 35	12 36 47
11	6♌ 3 2	6 35 50	-99	10 11 58	10 54 10	12♌38 52	6 32 30	-101	10 37 49	9 4 6
12	19 11 22	6 29 6	-103	11 3 11	7 8 18	25 40 28	6 25 39	-104	11 28 7	5 8 27
13	2♍ 6 6	6 22 11	-104	11 52 39	3 6 9	8♍28 17	6 18 44	-102	12 16 51	1 2 55
14	14 47 2	6 15 22	-99	12 40 47	0S59 50	21 2 24	6 12 7	-95	13 4 31	3S 0 45
15	27 14 30	6 9 1	-90	13 28 6	4 58 38	3♎23 31	6 6 8	-82	13 51 36	6 52 20
16	9♎29 39	6 3 32	-73	14 15 5	8 40 49	15 33 11	6 1 15	-63	14 38 36	10 23 5
17	21 34 26	5 59 20	-51	15 2 12	11 58 16	27 33 46	5 57 50	-38	15 25 56	13 25 30
18	3♏31 35	5 56 47	-24	15 49 49	14 44 1	9♏28 22	5 56 15	-8	16 13 55	15 53 3
19	15 24 37	5 56 14	8	16 38 14	16 51 54	21 20 51	5 56 48	25	17 2 46	17 39 57
20	27 17 39	5 57 56	43	17 27 34	18 16 35	3♐15 35	5 59 41	61	17 52 35	18 41 14
21	9♐15 16	6 2 1	79	18 17 51	18 53 27	15 17 17	6 4 58	97	18 43 19	18 52 48
22	21 22 15	6 8 30	115	19 8 59	18 39 0	27 30 46	6 12 36	131	19 34 48	18 11 49
23	3♑43 22	6 17 14	146	20 0 47	17 31 13	10♑ 0 36	6 22 20	159	20 26 52	16 37 15
24	16 22 56	6 27 50	170	20 53 3	15 30 10	22 50 46	6 33 40	178	21 19 19	14 10 22
25	29 24 26	6 39 42	183	21 45 40	12 38 30	6♒ 4 8	6 45 50	184	22 12 5	10 55 22
26	12♒49 58	6 51 56	180	22 38 35	9 2 3	19 41 54	6 57 51	173	23 5 11	6 59 50
27	26 39 45	7 3 27	160	23 31 55	4 50 13	3♓43 12	7 8 33	144	23 58 48	2 34 56
28	10♓51 45	7 13 1	123	0 25 54	0 15 57	18 4 46	7 16 44	99	0 53 15	2N 4 36
29	25 21 30	7 19 36	72	1 20 53	4N24 28	2♈41 6	7 21 32	43	1 48 51	6 41 14
30	10♈ 2 37	7 22 29	14	2 17 9	8 52 31	17 25 7	7 22 29	-14	2 45 50	10 55 55
31	24♈47 36	7 21 34	-40	3 14 52	12N49 8	2♉ 9 9	7 19 47	-64	3 44 15	14N30 2

LUNAR INGRESSES
1 ☽ ♈ 23:17
4 ☽ ♉ 1:40
6 ☽ ♊ 4:21
8 ☽ ♋ 8:00
10 ☽ ♌ 13:05
12 ☽ ♍ 20:04
15 ☽ ♎ 5:22
17 ☽ ♏ 16:54
20 ☽ ♐ 5:27
22 ☽ ♑ 16:49
25 ☽ ♒ 1:04
27 ☽ ♓ 5:42
29 ☽ ♈ 7:37
31 ☽ ♉ 8:29

PLANET INGRESSES
3 ♂ ♈ 2:18
11 ☿ ♓ 7:57
15 ☉ ♓ 9:21
27 ☿ ♈ 16:39

STATIONS
4 ♀ R 9:10

DATA FOR THE 1st AT 0 HOURS
JULIAN DAY 42793.5
☽ MEAN ☊ 8°♌ 7' 21"
OBLIQUITY 23° 26' 6"
DELTA T 74.3 SECONDS
NUTATION LONGITUDE -7.3"

DAY MO	YR	☿ LONG ° ' "	♀ LONG ° ' "	♂ LONG ° ' "	♃ LONG ° ' "	♄ LONG ° ' "	♅ LONG ° ' "	♆ LONG ° ' "	♇ LONG ° ' "	☊ LONG ° '	A.S.S.I. h m s	S.S.R.Y. h m s	S.V.P. ♓ ° ' "	☿ MERCURY R.A. h m s	DECL ° ' "
1	60	10♒26 28	17♓56 23	28♓28 26	27♍21R35	1♐44 56	27♓ 6 58	16♒41 14	23♐47 55	8♌24	28 39 6	30 11 50	5 1 19.3	22 32 0	11S25 47
2	61	12 15 37	18 3 17	29 12 9	27 17 20	1 48 21	27 9 44	16 43 31	23 49 20	8 23	28 43 49	30 12 55	5 1 19.3	22 38 49	10 43 8
3	62	14 5 47	18 7 49	29 55 48	27 12 56	1 51 40	27 12 32	16 45 47	23 50 42	8 22	28 48 31	30 13 54	5 1 19.2	22 45 40	9 59 12
4	63	15 56 58	18 9R58	0♈39 26	27 8 22	1 54 54	27 15 22	16 48 4	23 52 4	8 21	28 53 12	30 14 47	5 1 19.1	22 52 32	9 13 59
5	64	17 49 9	18 9 40	1 23 1	27 3 38	1 58 3	27 18 14	16 50 20	23 53 24	8 21	28 57 52	30 15 28	5 1 19.0	22 59 25	8 27 32
6	65	19 42 18	18 6 54	2 6 33	26 58 45	2 1 7	27 21 7	16 52 37	23 54 43	8 21	29 2 32	30 15 57	5 1 18.8	23 6 20	7 39 52
7	66	21 36 23	18 1 37	2 50 2	26 53 43	2 4 5	27 24 2	16 54 53	23 56 0	8 21	29 7 12	30 16 12	5 1 18.7	23 13 16	6 51 1
8	67	23 31 22	17 53 49	3 33 29	26 48 33	2 6 57	27 26 59	16 57 10	23 57 15	8 22	29 11 51	30 16 12	5 1 18.5	23 20 13	6 1 3
9	68	25 27 12	17 43 29	4 16 54	26 43 13	2 9 44	27 29 57	16 59 26	23 58 30	8 24	29 16 29	30 15 58	5 1 18.4	23 27 12	5 9 59
10	69	27 23 47	17 30 38	5 0 16	26 37 45	2 12 26	27 32 56	17 1 41	23 59 42	8 25	29 21 7	30 15 30	5 1 18.2	23 34 11	4 17 55
11	70	29 21 2	17 15 17	5 43 35	26 32 9	2 15 2	27 35 57	17 3 57	24 0 53	8 25	29 25 45	30 14 52	5 1 18.2	23 41 11	3 24 54
12	71	1♓18 49	16 57 28	6 26 51	26 26 24	2 17 33	27 39 0	17 6 12	24 2 3	8 25	29 30 22	30 14 4	5 1 18.2	23 48 12	2 31 2
13	72	3 17 1	16 37 16	7 10 5	26 20 32	2 19 58	27 42 3	17 8 27	24 3 11	8 23	29 34 59	30 13 10	5 1 18.1	23 55 12	1 36 26
14	73	5 15 26	16 14 45	7 53 16	26 14 32	2 22 18	27 45 8	17 10 42	24 4 17	8 21	29 39 35	30 12 13	5 1 18.1	0 2 13	0 41 11
15	74	7 13 52	15 50 0	8 36 25	26 8 24	2 24 31	27 48 15	17 12 56	24 5 22	8 18	29 44 11	30 11 15	5 1 18.1	0 9 13	0N14 33
16	75	9 12 5	15 23 8	9 19 31	26 2 10	2 26 40	27 51 22	17 15 10	24 6 25	8 14	29 48 47	30 10 18	5 1 18.1	0 16 11	1 10 36
17	76	11 9 50	14 54 19	10 2 34	25 55 48	2 28 42	27 54 31	17 17 24	24 7 27	8 11	29 53 23	30 9 25	5 1 18.1	0 23 7	2 6 50
18	77	13 6 46	14 23 40	10 45 35	25 49 20	2 30 39	27 57 41	17 19 37	24 8 27	8 07	29 57 58	30 8 37	5 1 18.0	0 30 0	3 3 1
19	78	15 2 34	13 51 22	11 28 34	25 42 45	2 32 30	28 0 52	17 21 49	24 9 25	8 05	30 2 33	30 7 56	5 1 17.9	0 36 49	3 58 57
20	79	16 56 52	13 17 37	12 11 30	25 36 3	2 34 15	28 4 5	17 24 1	24 10 22	8 03	30 7 8	30 7 23	5 1 17.7	0 43 32	4 54 25
21	80	18 49 15	12 42 37	12 54 23	25 29 16	2 35 55	28 7 18	17 26 13	24 11 17	8 03	0 2 35	30 7 0	5 1 17.6	0 50 10	5 49 10
22	81	20 39 18	12 6 35	13 37 14	25 22 23	2 37 28	28 10 32	17 28 24	24 12 10	8 04	0 7 9	30 6 46	5 1 17.5	0 56 39	6 42 57
23	82	22 26 34	11 29 46	14 20 3	25 15 25	2 38 56	28 13 48	17 30 34	24 13 2	8 06	0 11 44	30 6 44	5 1 17.3	1 2 59	7 35 32
24	83	24 10 38	10 52 24	15 2 49	25 8 21	2 40 18	28 17 4	17 32 44	24 13 52	8 07	0 16 19	30 6 53	5 1 17.2	1 9 9	8 26 38
25	84	25 51 3	10 14 43	15 45 33	25 1 13	2 41 33	28 20 21	17 34 53	24 14 40	8 08	0 20 53	30 7 14	5 1 17.1	1 15 6	9 16 0
26	85	27 27 22	9 36 59	16 28 14	24 54 0	2 42 43	28 23 39	17 37 2	24 15 26	8 09	0 25 28	30 7 47	5 1 17.1	1 20 50	10 3 26
27	86	28 59 10	8 59 28	17 10 53	24 46 42	2 43 47	28 26 58	17 39 9	24 16 11	8 07	0 30 2	30 8 32	5 1 17.1	1 26 18	10 48 40
28	87	0♈26 5	8 22 22	17 53 29	24 39 21	2 44 45	28 30 18	17 41 16	24 16 54	8 04	0 34 37	30 9 26	5 1 17.1	1 31 30	11 31 30
29	88	1 47 43	7 45 58	18 36 3	24 31 56	2 45 37	28 33 38	17 43 22	24 17 35	8 00	0 39 11	30 10 27	5 1 17.1	1 36 24	12 11 45
30	89	3 3 46	7 10 29	19 18 34	24 24 28	2 46 23	28 36 59	17 45 28	24 18 15	7 54	0 43 46	30 11 33	5 1 17.0	1 40 58	12 49 14
31	90	4♈13 55	6♓36 7	20♈ 1 3	24♍16 57	2♐47 3	28♓40 21	17♒47 32	24♐18 53	7♌49	0 48 21	30 12 39	5 1 17.0	1 45 12	13N23 48

DAY Mar	♀ VENUS R.A. h m s	DECL ° ' "	♂ MARS R.A. h m s	DECL ° ' "	♃ JUPITER R.A. h m s	DECL ° ' "	♄ SATURN R.A. h m s	DECL ° ' "	♅ URANUS R.A. h m s	DECL ° ' "	♆ NEPTUNE R.A. h m s	DECL ° ' "	♇ PLUTO R.A. h m s	DECL ° ' "
1	0 37 25	10N58 52	1 26 47	9N 7 43	13 24 54	7S17 14	17 45 52	22S 5 20	1 22 34	8N 4 22	22 53 39	7S58 20	19 20 46	21S11 39
2	0 37 34	11 10 53	1 29 30	9 24 33	13 24 38	7 15 29	17 46 7	22 5 22	1 22 45	8 5 25	22 53 48	7 57 29	19 20 52	21 11 32
3	0 37 35	11 21 51	1 32 14	9 41 17	13 24 22	7 13 40	17 46 21	22 5 23	1 22 55	8 6 29	22 53 56	7 56 37	19 20 58	21 11 25
4	0 37 27	11 31 42	1 34 58	9 57 55	13 24 5	7 11 47	17 46 35	22 5 24	1 23 6	8 7 34	22 54 5	7 55 45	19 21 4	21 11 18
5	0 37 11	11 40 23	1 37 42	10 14 27	13 23 48	7 9 52	17 46 49	22 5 25	1 23 16	8 8 39	22 54 13	7 54 54	19 21 10	21 11 11
6	0 36 46	11 47 51	1 40 26	10 30 53	13 23 30	7 7 53	17 47 2	22 5 25	1 23 27	8 9 45	22 54 22	7 54 2	19 21 15	21 11 4
7	0 36 11	11 54 3	1 43 10	10 47 12	13 23 11	7 5 50	17 47 15	22 5 26	1 23 38	8 10 51	22 54 30	7 53 11	19 21 21	21 10 58
8	0 35 28	11 58 56	1 45 54	11 3 25	13 22 52	7 3 45	17 47 27	22 5 26	1 23 49	8 11 58	22 54 39	7 52 19	19 21 26	21 10 52
9	0 34 36	12 2 28	1 48 38	11 19 31	13 22 33	7 1 37	17 47 40	22 5 25	1 24 0	8 13 6	22 54 47	7 51 28	19 21 32	21 10 46
10	0 33 36	12 4 36	1 51 23	11 35 30	13 22 13	6 59 25	17 47 51	22 5 25	1 24 12	8 14 13	22 54 56	7 50 37	19 21 37	21 10 40
11	0 32 27	12 5 18	1 54 8	11 51 22	13 21 52	6 57 11	17 48 2	22 5 25	1 24 23	8 15 22	22 55 4	7 49 46	19 21 42	21 10 34
12	0 31 10	12 4 31	1 56 52	12 7 7	13 21 31	6 54 54	17 48 13	22 5 24	1 24 34	8 16 31	22 55 13	7 48 55	19 21 47	21 10 29
13	0 29 44	12 2 16	1 59 38	12 22 45	13 21 9	6 52 34	17 48 24	22 5 23	1 24 46	8 17 40	22 55 21	7 48 4	19 21 52	21 10 23
14	0 28 12	11 58 30	2 2 23	12 38 16	13 20 47	6 50 12	17 48 34	22 5 22	1 24 57	8 18 50	22 55 30	7 47 13	19 21 56	21 10 18
15	0 26 32	11 53 13	2 5 8	12 53 39	13 20 24	6 47 47	17 48 43	22 5 21	1 25 9	8 20 0	22 55 38	7 46 23	19 22 1	21 10 13
16	0 24 46	11 46 24	2 7 54	13 8 54	13 20 1	6 45 19	17 48 53	22 5 19	1 25 21	8 21 10	22 55 46	7 45 32	19 22 6	21 10 9
17	0 22 53	11 38 6	2 10 39	13 24 2	13 19 37	6 42 49	17 49 1	22 5 17	1 25 32	8 22 21	22 55 55	7 44 42	19 22 10	21 10 4
18	0 20 56	11 28 19	2 13 25	13 39 2	13 19 13	6 40 17	17 49 10	22 5 16	1 25 44	8 23 33	22 56 3	7 43 52	19 22 14	21 10 0
19	0 18 53	11 17 4	2 16 11	13 53 54	13 18 49	6 37 42	17 49 18	22 5 14	1 25 56	8 24 44	22 56 11	7 43 2	19 22 19	21 9 56
20	0 16 47	11 4 26	2 18 58	14 8 38	13 18 24	6 35 6	17 49 25	22 5 12	1 26 8	8 25 57	22 56 20	7 42 13	19 22 23	21 9 52
21	0 14 38	10 50 27	2 21 44	14 23 14	13 17 59	6 32 27	17 49 33	22 5 10	1 26 20	8 27 9	22 56 28	7 41 23	19 22 27	21 9 48
22	0 12 27	10 35 12	2 24 31	14 37 42	13 17 34	6 29 47	17 49 39	22 5 7	1 26 32	8 28 22	22 56 36	7 40 34	19 22 30	21 9 45
23	0 10 15	10 18 46	2 27 18	14 52 2	13 17 8	6 27 4	17 49 46	22 5 5	1 26 45	8 29 35	22 56 44	7 39 45	19 22 34	21 9 41
24	0 8 2	10 1 14	2 30 5	15 6 13	13 16 42	6 24 20	17 49 52	22 5 2	1 26 57	8 30 48	22 56 52	7 38 57	19 22 38	21 9 39
25	0 5 50	9 42 43	2 32 52	15 20 15	13 16 15	6 21 35	17 49 57	22 5 0	1 27 9	8 32 2	22 57 0	7 38 8	19 22 41	21 9 36
26	0 3 39	9 23 19	2 35 40	15 34 9	13 15 48	6 18 47	17 50 2	22 4 57	1 27 22	8 33 16	22 57 8	7 37 20	19 22 44	21 9 33
27	0 1 30	9 3 10	2 38 27	15 47 53	13 15 21	6 15 59	17 50 7	22 4 54	1 27 34	8 34 30	22 57 16	7 36 32	19 22 48	21 9 31
28	23 59 25	8 42 23	2 41 15	16 1 29	13 14 54	6 13 9	17 50 11	22 4 51	1 27 47	8 35 45	22 57 24	7 35 45	19 22 51	21 9 29
29	23 57 23	8 21 7	2 44 3	16 14 56	13 14 26	6 10 18	17 50 15	22 4 48	1 27 59	8 36 59	22 57 32	7 34 58	19 22 54	21 9 27
30	23 55 27	7 59 28	2 46 52	16 28 14	13 13 59	6 7 27	17 50 18	22 4 45	1 28 12	8 38 14	22 57 40	7 34 11	19 22 57	21 9 26
31	23 53 35	7N37 34	2 49 40	16N41 22	13 13 31	6S 4 34	17 50 21	22S 4 42	1 28 24	8N39 29	22 57 48	7S33 24	19 22 59	21S 9 25

APRIL 2017

DAY	SIDEREAL TIME h m s	☉ SUN LONG ° ' "	MOT ' "	R.A. h m s	DECL ° ' "	☽ MOON AT 0 HOURS LONG ° ' "	12h MOT ° ' "	2DIF "	R.A. h m s	DECL ° ' "	☽ MOON AT 12 HOURS LONG ° ' "	12h MOT ° ' "	2DIF "	R.A. h m s	DECL ° ' "
1 S	12 38 10	16♓28 30	59 13	0 42 7.5	4N31 46	9♉28 56	7 17 17	-85	4 13 55	15N56 45	16♉46 13	7 14 9	-101	4 43 48	17N 7 45
2 Su	12 42 7	17 27 43	59 11	0 45 46.3	4 54 53	24 0 22	7 10 32	-114	5 13 49	18 1 49	1♊10 54	7 6 33	-123	5 43 51	18 38 12
3 M	12 46 4	18 26 54	59 8	0 49 25.2	5 17 55	8♊17 27	7 2 21	-128	6 13 47	18 56 32	15 19 48	6 58 3	-130	6 43 31	18 56 56
4 Tu	12 50 0	19 26 2	59 6	0 53 4.3	5 40 51	22 17 51	6 53 43	-129	7 12 55	18 39 51	29 11 34	6 49 28	-126	7 41 54	18 6 6
5 W	12 53 57	20 25 8	59 4	0 56 43.5	6 3 41	6♋ 1 2	6 45 20	-121	8 10 23	17 16 47	12♋46 22	6 41 22	-116	8 38 19	16 13 12
6 Th	12 57 53	21 24 12	59 1	1 0 22.8	6 26 25	19 27 45	6 37 36	-110	9 5 41	14 56 50	26 5 21	6 34 2	-104	9 32 27	13 29 14
7 F	13 1 50	22 23 13	58 59	1 4 2.4	6 49 2	2♌39 24	6 30 41	-98	9 58 39	11 52 0	9♌10 4	6 27 30	-93	10 24 19	10 6 43
8 S	13 5 46	23 22 12	58 57	1 7 42.1	7 11 32	15 37 35	6 24 31	-88	10 49 29	8 15 0	22 2 5	6 21 40	-83	11 14 13	6 18 23
9 Su	13 9 43	24 21 9	58 55	1 11 22.1	7 33 54	28 23 45	6 18 57	-80	11 38 34	4 18 21	4♍42 42	6 16 22	-76	12 2 36	2 16 21
10 M	13 13 39	25 20 4	58 53	1 15 2.3	7 56 9	10♍59 4	6 13 52	-73	12 26 23	0 13 44	17 12 57	6 11 29	-71	12 49 58	1S48 9
11 Tu	13 17 36	26 18 56	58 51	1 18 42.8	8 18 16	23 24 25	6 9 10	-68	13 13 27	3S48 5	29 33 36	6 6 58	-65	13 36 52	5 44 50
12 W	13 21 33	27 17 47	58 49	1 22 23.5	8 40 14	5♎40 33	6 4 52	-61	14 0 17	7 37 17	11♎45 25	6 2 54	-57	14 23 44	9 24 21
13 Th	13 25 29	28 16 35	58 47	1 26 4.6	9 2 4	17 48 19	6 1 6	-51	14 47 17	11 5 1	23 49 25	5 59 29	-45	15 10 58	12 38 19
14 F	13 29 26	29 15 22	58 45	1 29 46.0	9 23 45	29 48 54	5 58 6	-37	15 34 48	14 3 21	5♏47 1	5 57 0	-28	15 58 50	15 19 16
15 S	13 33 22	0♈14 7	58 43	1 33 27.8	9 45 16	11♏44 1	5 56 14	-18	16 23 3	16 25 19	17 40 15	5 55 49	-6	16 47 28	17 20 48
16 Su	13 37 19	1 12 50	58 42	1 37 9.9	10 6 38	23 36 4	5 55 49	7	17 12 5	18 5 4	29 31 53	5 56 18	22	17 36 54	18 37 35
17 M	13 41 15	2 11 32	58 40	1 40 52.4	10 27 50	5♐28 11	5 57 16	37	18 1 54	18 57 55	11♐25 27	5 58 47	54	18 27 2	19 5 41
18 Tu	13 45 12	3 10 11	58 38	1 44 35.3	10 48 51	17 24 14	6 0 53	72	18 52 19	19 0 37	23 25 8	6 3 36	91	19 17 42	18 42 33
19 W	13 49 8	4 8 49	58 36	1 48 18.6	11 9 42	29 28 43	6 6 56	109	19 43 11	18 11 26	5♑35 39	6 10 53	128	20 8 44	17 27 20
20 Th	13 53 5	5 7 26	58 35	1 52 2.3	11 30 22	11♑46 32	6 15 28	147	20 34 20	16 30 24	18 2 0	6 20 40	164	21 0 0	15 20 56
21 F	13 57 2	6 6 0	58 33	1 55 46.5	11 50 50	24 22 40	6 26 25	180	21 25 43	13 59 22	0♒49 5	6 32 40	194	21 51 30	12 26 16
22 S	14 0 58	7 4 33	58 31	1 59 31.1	12 11 7	7♒21 45	6 39 20	205	22 17 23	10 42 23	14 1 6	6 46 19	212	22 43 23	8 48 37
23 Su	14 4 55	8 3 5	58 30	2 3 16.2	12 31 12	20 47 24	6 53 27	214	23 9 34	6 46 4	27 40 51	7 0 35	211	23 35 57	4 36 3
24 M	14 8 51	9 1 34	58 28	2 7 1.8	12 51 5	4♓41 27	7 7 32	203	0 2 37	2 20 9	11♓48 59	7 14 5	187	0 29 36	0 0 9
25 Tu	14 12 48	10 0 2	58 26	2 10 47.8	13 10 45	19 3 4	7 20 2	166	0 56 59	2N21 55	26 23 6	7 25 10	139	1 24 48	4N43 45
26 W	14 16 44	10 58 29	58 25	2 14 34.4	13 30 12	3♈48 16	7 29 18	106	1 53 6	7 2 54	11♈17 34	7 32 16	70	2 21 56	9 16 44
27 Th	14 20 41	11 56 53	58 23	2 18 21.4	13 49 26	18 49 49	7 33 58	31	2 51 17	11 22 35	26 23 47	7 34 20	-8	3 21 8	13 17 47
28 F	14 24 37	12 55 16	58 21	2 22 9.0	14 8 26	3♉58 7	7 33 25	-47	3 51 27	14 59 51	11♉31 32	7 31 14	-82	4 22 9	16 26 33
29 S	14 28 34	13 53 36	58 19	2 25 57.0	14 27 12	19 2 46	7 27 57	-113	4 53 8	17 36 5	26 30 43	7 23 43	-139	5 24 14	18 27 5
30 Su	14 32 30	14♈51 55	58 17	2 29 45.6	14N45 44	3♊54 25	7 18 43	-158	5 55 18	18N58 47	11♊13 8	7 13 9	-172	6 26 11	19N10 59

LUNAR INGRESSES
2 ☽ ♊ 10:01
4 ☽ ♋ 13:25
6 ☽ ♌ 19:08
9 ☽ ♍ 3:02
11 ☽ ♎ 12:52
14 ☽ ♏ 0:22
16 ☽ ♐ 12:57
19 ☽ ♑ 1:02
21 ☽ ♒ 10:29
23 ☽ ♓ 15:59
25 ☽ ♈ 17:52
27 ☽ ♉ 17:43
29 ☽ ♊ 17:39

PLANET INGRESSES
14 ☉ ♈ 18:14
14 ♂ ♉ 5:06
23 ♅ ♈ 7:26
29 ☿ ♓ 11:59

STATIONS
6 ♄ R 5:07
9 ☿ R 23:15
15 ♀ D 10:19
20 ♇ R 12:50

DATA FOR THE 1st AT 0 HOURS
JULIAN DAY 42824.5
☽ MEAN ☊ 6°♌ 28' 47"
OBLIQUITY 23° 26' 6"
DELTA T 74.3 SECONDS
NUTATION LONGITUDE -8.8"

DAY MO YR	☿ LONG ° ' "	♀ LONG ° ' "	♂ LONG ° ' "	♃ LONG ° ' "	♄ LONG ° ' "	♅ LONG ° ' "	♆ LONG ° ' "	♇ LONG ° ' "	☊ LONG ° '	A.S.S.I. h m s	S.S.R.Y. h m s	S.V.P. ♓ ° ' "	☿ MERCURY R.A. h m s	DECL ° ' "
1 91	5♈17 55	6♓ 3R 6	20♈43 29	24♍ 9R23	2♐47 37	28♓43 43	17♒49 36	24♐19 28	7♌44	0 52 55	30 13 42	5 1 16.8	1 49 4	13N55 19
2 92	6 15 32	5 31 36	21 25 53	24 1 48	2 48 5	28 47 6	17 51 39	24 20 3	7 40	0 57 30	30 14 36	5 1 16.7	1 52 34	14 23 39
3 93	7 6 34	5 1 48	22 8 14	23 54 10	2 48 27	28 50 29	17 53 41	24 20 35	7 38	1 2 5	30 15 19	5 1 16.5	1 55 40	14 48 43
4 94	7 50 53	4 33 52	22 50 32	23 46 30	2 48 43	28 53 53	17 55 42	24 21 5	7 37	1 6 41	30 15 50	5 1 16.3	1 58 22	15 10 25
5 95	8 28 21	4 7 56	23 32 48	23 38 50	2 48 53	28 57 17	17 57 42	24 21 34	7 38	1 11 16	30 16 6	5 1 16.2	2 0 40	15 28 40
6 96	8 58 54	3 44 7	24 15 0	23 31 8	2 48R57	29 0 41	17 59 41	24 22 1	7 40	1 15 52	30 16 8	5 1 16.1	2 2 32	15 43 24
7 97	9 22 30	3 22 31	24 57 10	23 23 26	2 48 56	29 4 6	18 1 39	24 22 26	7 41	1 20 27	30 15 57	5 1 16.0	2 4 0	15 54 35
8 98	9 39 11	3 3 13	25 39 18	23 15 43	2 48 48	29 7 31	18 3 35	24 22 50	7 40	1 25 3	30 15 33	5 1 15.9	2 5 2	16 2 10
9 99	9 49R 0	2 46 17	26 21 23	23 8 1	2 48 34	29 10 57	18 5 31	24 23 11	7 38	1 29 40	30 14 58	5 1 15.9	2 5 40	16 6 8
10 100	9 52 6	2 31 46	27 3 25	23 0 18	2 48 15	29 14 22	18 7 26	24 23 31	7 34	1 34 16	30 14 15	5 1 15.9	2 5 53	16 6 28
11 101	9 48 41	2 19 42	27 45 24	22 52 37	2 47 49	29 17 48	18 9 20	24 23 49	7 27	1 38 53	30 13 25	5 1 15.9	2 5 42	16 3 14
12 102	9 38 59	2 10 6	28 27 21	22 44 56	2 47 18	29 21 14	18 11 12	24 24 5	7 19	1 43 31	30 12 31	5 1 15.9	2 5 10	15 56 27
13 103	9 23 22	2 2 58	29 9 15	22 37 17	2 46 41	29 24 40	18 13 3	24 24 19	7 09	1 48 9	30 11 34	5 1 15.8	2 4 16	15 46 13
14 104	9 2 14	1 58 17	29 51 7	22 29 39	2 45 58	29 28 6	18 14 53	24 24 32	7 00	1 52 47	30 10 36	5 1 15.7	2 3 3	15 32 41
15 105	8 36 5	1 56D 3	0♉32 56	22 22 3	2 45 9	29 31 32	18 16 42	24 24 43	6 50	1 57 25	30 9 39	5 1 15.6	2 1 33	15 16 1
16 106	8 5 29	1 56 13	1 14 42	22 14 29	2 44 15	29 34 58	18 18 30	24 24 52	6 42	2 2 4	30 8 45	5 1 15.5	1 59 48	14 56 25
17 107	7 31 5	1 58 44	1 56 26	22 6 58	2 43 15	29 38 24	18 20 17	24 24 59	6 37	2 6 44	30 7 56	5 1 15.3	1 57 51	14 34 11
18 108	6 53 34	2 3 36	2 38 8	21 59 29	2 42 9	29 41 50	18 22 2	24 25 4	6 33	2 11 24	30 7 13	5 1 15.2	1 55 43	14 9 37
19 109	6 13 42	2 10 43	3 19 47	21 52 4	2 40 57	29 45 16	18 23 46	24 25 8	6 31	2 16 5	30 6 37	5 1 15.0	1 53 29	13 43 5
20 110	5 32 15	2 20 3	4 1 24	21 44 42	2 39 40	29 48 41	18 25 28	24 25R10	6 32	2 20 46	30 6 12	5 1 14.9	1 51 10	13 14 58
21 111	4 50 1	2 31 33	4 42 59	21 37 23	2 38 17	29 52 7	18 27 9	24 25 10	6 32	2 25 27	30 5 59	5 1 14.8	1 48 50	12 45 42
22 112	4 7 47	2 45 8	5 24 31	21 30 9	2 36 48	29 55 32	18 28 49	24 25 8	6 33	2 30 9	30 5 59	5 1 14.7	1 46 32	12 15 43
23 113	3 26 18	3 0 45	6 6 1	21 22 59	2 35 14	29 58 57	18 30 28	24 25 4	6 32	2 34 52	30 6 14	5 1 14.6	1 44 17	11 45 27
24 114	2 46 18	3 18 19	6 47 28	21 15 54	2 33 35	0♈ 2 21	18 32 5	24 24 59	6 29	2 39 36	30 6 42	5 1 14.6	1 42 10	11 15 21
25 115	2 8 28	3 37 47	7 28 53	21 8 53	2 31 49	0 5 45	18 33 40	24 24 51	6 23	2 44 20	30 7 25	5 1 14.6	1 40 11	10 45 49
26 116	1 33 21	3 59 4	8 10 16	21 1 58	2 29 59	0 9 9	18 35 14	24 24 42	6 16	2 49 4	30 8 19	5 1 14.5	1 38 23	10 17 14
27 117	1 1 31	4 22 8	8 51 37	20 55 8	2 28 3	0 12 32	18 36 47	24 24 32	6 06	2 53 49	30 9 21	5 1 14.4	1 36 47	9 49 58
28 118	0 33 23	4 46 53	9 32 55	20 48 24	2 26 2	0 15 55	18 38 18	24 24 19	5 56	2 58 35	30 10 28	5 1 14.3	1 35 25	9 24 19
29 119	0 9 18	5 13 16	10 14 10	20 41 46	2 23 55	0 19 17	18 39 48	24 24 5	5 47	3 3 22	30 11 35	5 1 14.1	1 34 18	9 0 32
30 120	29♓49 34	5♓41 13	10♉55 24	20♍35 14	2♐21 43	0♈22 38	18♒41 16	24♐23 49	5♌40	3 8 9	30 12 38	5 1 13.9	1 33 27	8N38 50

DAY Apr	♀ VENUS R.A. h m s	DECL ° ' "	♂ MARS R.A. h m s	DECL ° ' "	♃ JUPITER R.A. h m s	DECL ° ' "	♄ SATURN R.A. h m s	DECL ° ' "	♅ URANUS R.A. h m s	DECL ° ' "	♆ NEPTUNE R.A. h m s	DECL ° ' "	♇ PLUTO R.A. h m s	DECL ° ' "
1	23 51 50	7N15 35	2 52 29	16N54 21	13 13 3	6S 1 40	17 50 23	22S 4 38	1 28 37	8N40 44	22 57 55	7S32 38	19 23 2	21S 9 23
2	23 50 11	6 53 36	2 55 18	17 7 11	13 12 34	5 58 46	17 50 25	22 4 35	1 28 50	8 42 0	22 58 3	7 31 52	19 23 4	21 9 23
3	23 48 40	6 31 45	2 58 8	17 19 51	13 12 6	5 55 52	17 50 27	22 4 31	1 29 2	8 43 15	22 58 11	7 31 7	19 23 7	21 9 22
4	23 47 16	6 10 10	3 0 57	17 32 21	13 11 38	5 52 57	17 50 28	22 4 28	1 29 15	8 44 31	22 58 18	7 30 22	19 23 9	21 9 22
5	23 46 0	5 48 57	3 3 47	17 44 42	13 11 9	5 50 2	17 50 29	22 4 24	1 29 28	8 45 47	22 58 26	7 29 37	19 23 11	21 9 22
6	23 44 53	5 28 12	3 6 37	17 56 52	13 10 40	5 47 7	17 50 29	22 4 20	1 29 41	8 47 2	22 58 33	7 28 53	19 23 13	21 9 22
7	23 43 54	5 8 1	3 9 27	18 8 53	13 10 12	5 44 12	17 50 29	22 4 17	1 29 54	8 48 18	22 58 40	7 28 9	19 23 15	21 9 22
8	23 43 4	4 48 28	3 12 17	18 20 43	13 9 43	5 41 17	17 50 28	22 4 13	1 30 7	8 49 34	22 58 48	7 27 25	19 23 16	21 9 23
9	23 42 23	4 29 39	3 15 7	18 32 23	13 9 14	5 38 22	17 50 27	22 4 9	1 30 19	8 50 50	22 58 55	7 26 42	19 23 18	21 9 24
10	23 41 52	4 11 38	3 17 58	18 43 53	13 8 46	5 35 28	17 50 26	22 4 5	1 30 32	8 52 6	22 59 2	7 26 0	19 23 19	21 9 26
11	23 41 29	3 54 28	3 20 49	18 55 12	13 8 17	5 32 34	17 50 24	22 4 1	1 30 45	8 53 22	22 59 9	7 25 18	19 23 21	21 9 27
12	23 41 16	3 38 11	3 23 40	19 6 21	13 7 49	5 29 40	17 50 22	22 3 57	1 30 58	8 54 38	22 59 16	7 24 36	19 23 22	21 9 29
13	23 41 11	3 22 51	3 26 31	19 17 20	13 7 20	5 26 48	17 50 19	22 3 53	1 31 11	8 55 54	22 59 23	7 23 55	19 23 23	21 9 31
14	23 41 16	3 8 29	3 29 23	19 28 7	13 6 52	5 23 56	17 50 16	22 3 48	1 31 24	8 57 9	22 59 30	7 23 14	19 23 24	21 9 33
15	23 41 29	2 55 8	3 32 15	19 38 44	13 6 23	5 21 5	17 50 13	22 3 44	1 31 37	8 58 25	22 59 37	7 22 34	19 23 25	21 9 36
16	23 41 51	2 42 47	3 35 7	19 49 10	13 5 55	5 18 16	17 50 9	22 3 40	1 31 50	8 59 41	22 59 44	7 21 54	19 23 25	21 9 38
17	23 42 22	2 31 28	3 37 59	19 59 25	13 5 27	5 15 28	17 50 5	22 3 36	1 32 3	9 0 57	22 59 50	7 21 14	19 23 26	21 9 41
18	23 43 1	2 21 11	3 40 51	20 9 30	13 4 59	5 12 40	17 50 0	22 3 31	1 32 16	9 2 13	22 59 57	7 20 35	19 23 26	21 9 45
19	23 43 48	2 11 56	3 43 44	20 19 23	13 4 32	5 9 55	17 49 55	22 3 27	1 32 29	9 3 28	23 0 3	7 19 57	19 23 27	21 9 48
20	23 44 43	2 3 44	3 46 36	20 29 5	13 4 4	5 7 11	17 49 49	22 3 22	1 32 42	9 4 44	23 0 10	7 19 19	19 23 27	21 9 52
21	23 45 46	1 56 33	3 49 29	20 38 36	13 3 37	5 4 28	17 49 43	22 3 18	1 32 54	9 5 59	23 0 16	7 18 42	19 23 27	21 9 56
22	23 46 55	1 50 23	3 52 22	20 47 55	13 3 10	5 1 48	17 49 37	22 3 14	1 33 7	9 7 14	23 0 22	7 18 5	19 23 27	21 10 1
23	23 48 12	1 45 13	3 55 16	20 57 4	13 2 43	4 59 9	17 49 30	22 3 9	1 33 20	9 8 29	23 0 29	7 17 29	19 23 27	21 10 5
24	23 49 36	1 41 3	3 58 9	21 6 1	13 2 17	4 56 32	17 49 23	22 3 5	1 33 33	9 9 44	23 0 35	7 16 54	19 23 26	21 10 10
25	23 51 7	1 37 50	4 1 3	21 14 46	13 1 51	4 53 58	17 49 15	22 3 0	1 33 46	9 10 59	23 0 41	7 16 19	19 23 26	21 10 15
26	23 52 43	1 35 35	4 3 57	21 23 20	13 1 25	4 51 25	17 49 7	22 2 55	1 33 59	9 12 13	23 0 46	7 15 44	19 23 25	21 10 21
27	23 54 26	1 34 16	4 6 51	21 31 42	13 0 59	4 48 55	17 48 59	22 2 50	1 34 12	9 13 27	23 0 52	7 15 10	19 23 25	21 10 27
28	23 56 15	1 33 51	4 9 45	21 39 53	13 0 34	4 46 28	17 48 50	22 2 46	1 34 24	9 14 41	23 0 58	7 14 37	19 23 24	21 10 32
29	23 58 9	1 34 19	4 12 39	21 47 51	13 0 9	4 44 3	17 48 41	22 2 41	1 34 37	9 15 55	23 1 4	7 14 4	19 23 23	21 10 39
30	0 0 8	1N35 38	4 15 34	21N55 38	12 59 45	4S41 40	17 48 32	22S 2 36	1 34 50	9N17 8	23 1 9	7S13 32	19 23 22	21S10 45

DAY	SIDEREAL TIME h m s	☉ SUN LONG ° ' "	☉ MOT ' "	☉ R.A. h m s	☉ DECL ° ' "	☽ MOON AT 0 HOURS LONG ° ' "	12h MOT ° ' "	2DIF "	R.A. h m s	DECL ° ' "	☽ MOON AT 12 HOURS LONG ° ' "	12h MOT ° ' "	2DIF "	R.A. h m s	DECL ° ' "
1 M	14 36 27	15♈50 12	58 15	2 33 34.6	15N 4 2	18♊26 17	7 7 14	-180	6 56 44	19N 4 2	25♊33 32	7 1 9	-183	7 26 47	18N38 47
2 Tu	14 40 24	16 48 26	58 13	2 37 24.2	15 22 4	2♋34 40	6 55 3	-181	7 56 14	17 56 28	9♋29 44	6 49 5	-175	8 25 1	16 58 36
3 W	14 44 20	17 46 39	58 11	2 41 14.3	15 39 51	16 18 49	6 43 22	-167	8 53 5	15 46 52	23 2 11	6 37 58	-156	9 20 26	14 23 3
4 Th	14 48 17	18 44 50	58 9	2 45 5.0	15 57 22	29 40 9	6 32 56	-145	9 47 3	12 48 55	6♌13 5	6 28 20	-132	10 13 1	11 6 14
5 F	14 52 13	19 42 58	58 7	2 48 56.1	16 14 37	12♌41 25	6 24 8	-120	10 38 21	9 16 39	19 5 33	6 20 21	-107	11 3 9	7 21 45
6 S	14 56 10	20 41 5	58 5	2 52 47.8	16 31 36	25 25 54	6 16 58	-96	11 27 29	5 23 0	1♍42 52	6 13 58	-85	11 51 25	3 21 48
7 Su	15 0 6	21 39 9	58 3	2 56 40.1	16 48 18	7♍56 49	6 11 17	-76	12 15 3	1 19 27	14 8 6	6 8 55	-67	12 38 27	0S42 49
8 M	15 4 3	22 37 12	58 1	3 0 32.9	17 4 44	20 17 2	6 6 49	-60	13 1 43	2S43 49	26 23 51	6 4 57	-53	13 24 54	4 42 24
9 Tu	15 7 59	23 35 13	57 59	3 4 26.3	17 20 52	2♎28 48	6 3 17	-47	13 48 4	6 37 29	8♎32 5	6 1 48	-42	14 11 17	8 28 0
10 W	15 11 56	24 33 12	57 58	3 8 20.2	17 36 43	14 33 53	6 0 28	-38	14 34 37	10 12 53	20 34 21	5 59 18	-33	14 58 6	11 51 10
11 Th	15 15 53	25 31 10	57 56	3 12 14.7	17 52 16	26 33 39	5 58 16	-29	15 21 46	13 21 51	2♏31 55	5 57 23	-24	15 45 38	14 44 1
12 F	15 19 49	26 29 6	57 55	3 16 9.8	18 7 31	8♏29 18	5 56 41	-18	16 9 43	15 56 48	14 25 58	5 56 10	-12	16 34 3	16 59 24
13 S	15 23 46	27 27 1	57 53	3 20 5.4	18 22 28	20 22 8	5 55 52	-5	16 58 35	17 51 5	26 17 59	5 55 50	3	17 23 19	18 31 13
14 Su	15 27 42	28 24 54	57 52	3 24 1.7	18 37 6	2♐13 49	5 56 5	13	17 48 14	18 59 16	8♐ 9 54	5 56 41	24	18 13 17	19 14 50
15 M	15 31 39	29 22 46	57 51	3 27 58.5	18 51 26	14 6 35	5 57 41	36	18 38 27	19 17 38	20 4 16	5 59 6	50	19 3 42	19 7 31
16 Tu	15 35 35	0♉20 36	57 49	3 31 55.9	19 5 26	26 3 22	6 1 1	65	19 28 58	18 44 27	2♑ 4 23	6 3 26	81	19 54 15	18 8 30
17 W	15 39 32	1 18 26	57 48	3 35 53.9	19 19 7	8♑ 7 49	6 6 26	98	20 19 31	17 19 55	14 14 15	6 10 0	116	20 44 45	16 19 1
18 Th	15 43 28	2 16 14	57 47	3 39 52.4	19 32 29	20 24 14	6 14 11	135	21 9 57	15 6 14	26 38 25	6 18 58	153	21 35 9	13 42 7
19 F	15 47 25	3 14 1	57 46	3 43 51.5	19 45 30	2♒57 23	6 24 21	170	22 0 21	12 7 17	9♒21 44	6 30 19	187	22 25 35	10 22 30
20 S	15 51 22	4 11 47	57 45	3 47 51.2	19 58 12	15 52 3	6 36 47	201	22 50 55	8 28 39	22 28 50	6 43 42	212	23 16 24	6 26 45
21 Su	15 55 18	5 9 31	57 44	3 51 51.4	20 10 33	29 12 32	6 50 56	220	23 42 6	4 17 58	6♓ 3 28	6 58 21	222	0 8 6	2 3 39
22 M	15 59 15	6 7 15	57 43	3 55 52.2	20 22 33	13♓ 1 49	7 5 46	219	0 34 28	0N14 37	20 7 35	7 12 59	210	1 1 17	2N35 1
23 Tu	16 3 11	7 4 58	57 42	3 59 53.6	20 34 12	27 20 33	7 19 46	194	1 28 37	4 55 32	4♈40 19	7 25 54	170	1 56 34	7 13 50
24 W	16 7 8	8 2 39	57 41	4 3 55.4	20 45 31	12♈ 6 13	7 31 8	140	2 25 9	9 27 27	19 37 22	7 35 16	104	2 54 25	11 33 39
25 Th	16 11 4	9 0 20	57 39	4 7 57.8	20 56 28	27 12 37	7 38 6	64	3 24 22	13 29 43	4♉50 43	7 39 31	21	3 54 58	15 12 53
26 F	16 15 1	9 57 59	57 38	4 12 0.7	21 7 3	12♉30 14	7 39 29	-23	4 26 7	16 40 38	20 9 43	7 38 0	-65	4 57 43	17 50 47
27 S	16 18 57	10 55 37	57 37	4 16 4.1	21 17 16	27 47 43	7 35 8	-104	5 29 35	18 41 37	5♊22 51	7 31 3	-138	6 1 32	19 12 4
28 Su	16 22 54	11 53 14	57 36	4 20 7.9	21 27 8	12♊53 54	7 25 56	-166	6 33 21	19 21 46	20 19 50	7 20 0	-187	7 4 49	19 11 2
29 M	16 26 51	12 50 49	57 34	4 24 12.2	21 36 37	27 39 50	7 13 29	-201	7 35 47	18 40 49	4♋53 19	7 6 37	-208	8 6 6	17 52 33
30 Tu	16 30 47	13 48 23	57 33	4 28 16.9	21 45 44	11♋59 56	6 59 35	-210	8 35 38	16 48 5	18 59 31	6 52 36	-207	9 4 20	15 29 27
31 W	16 34 44	14♉45 56	57 31	4 32 22.0	21N54 27	25♋52 7	6 45 48	-199	9 32 11	13N58 46	2♌37 55	6 39 19	-188	9 59 12	12N18 6

LUNAR INGRESSES
1 ☽ ♋ 19:34
4 ☽ ♌ 0:36
6 ☽ ♍ 8:43
8 ☽ ♎ 19:06
11 ☽ ♏ 6:54
13 ☽ ♐ 19:29
16 ☽ ♑ 7:52
18 ☽ ♒ 18:24
21 ☽ ♓ 1:24
23 ☽ ♈ 4:22
25 ☽ ♉ 4:23
27 ☽ ♊ 3:29
29 ☽ ♋ 3:52
31 ☽ ♌ 7:18

PLANET INGRESSES
7 ☿ ♈ 22:59
15 ☉ ♉ 15:27
28 ♂ ♊ 3:43

STATIONS
3 ☿ D 16:34

DATA FOR THE 1st AT 0 HOURS
JULIAN DAY 42854.5
☽ MEAN ☊ 4°♌ 53' 24"
OBLIQUITY 23° 26' 5"
DELTA T 74.4 SECONDS
NUTATION LONGITUDE -9.7"

DAY MO YR	☿ LONG ° ' "	♀ LONG ° ' "	♂ LONG ° ' "	♃ LONG ° ' "	♄ LONG ° ' "	♅ LONG ° ' "	♆ LONG ° ' "	♇ LONG ° ' "	☊ LONG ° '	A.S.S.I. h m s	S.S.R.Y. h m s	S.V.P. ♓ ° ' "	☿ MERCURY R.A. h m s	☿ MERCURY DECL ° ' "
1 121	29♓34R23	6♓10 41	11♉36 35	20♍28R49	2♐19R27	0♈25 59	18♒42 42	24♐23R31	5♌35	3 12 57	30 13 32	5 1 13.7	1 32 52	8N19 24
2 122	29 23 54	6 41 36	12 17 43	20 22 31	2 17 5	0 29 19	18 44 7	24 23 12	5 32	3 17 45	30 14 16	5 1 13.5	1 32 33	8 2 21
3 123	29 18D11	7 13 56	12 58 49	20 16 19	2 14 38	0 32 38	18 45 31	24 22 50	5 31	3 22 34	30 14 47	5 1 13.3	1 32 31	7 47 47
4 124	29 17 16	7 47 36	13 39 52	20 10 15	2 12 7	0 35 57	18 46 52	24 22 27	5 31	3 27 24	30 15 6	5 1 13.2	1 32 47	7 35 45
5 125	29 21 8	8 22 35	14 20 53	20 4 19	2 9 30	0 39 15	18 48 12	24 22 3	5 31	3 32 15	30 15 12	5 1 13.1	1 33 18	7 26 16
6 126	29 29 45	8 58 48	15 1 51	19 58 30	2 6 49	0 42 32	18 49 31	24 21 37	5 30	3 37 6	30 15 5	5 1 13.0	1 34 7	7 19 20
7 127	29 43 1	9 36 14	15 42 47	19 52 49	2 4 3	0 45 48	18 50 47	24 21 9	5 26	3 41 57	30 14 47	5 1 13.0	1 35 11	7 14 55
8 128	0♈ 0 51	10 14 49	16 23 41	19 47 16	2 1 13	0 49 3	18 52 3	24 20 39	5 19	3 46 50	30 14 20	5 1 12.9	1 36 31	7 13 0
9 129	0 23 8	10 54 32	17 4 32	19 41 52	1 58 18	0 52 17	18 53 16	24 20 8	5 10	3 51 43	30 13 43	5 1 12.9	1 38 7	7 13 30
10 130	0 49 43	11 35 19	17 45 20	19 36 35	1 55 19	0 55 30	18 54 28	24 19 35	4 58	3 56 37	30 12 59	5 1 12.8	1 39 57	7 16 22
11 131	1 20 30	12 17 8	18 26 7	19 31 28	1 52 16	0 58 43	18 55 38	24 19 1	4 45	4 1 32	30 12 9	5 1 12.7	1 42 2	7 21 31
12 132	1 55 19	12 59 56	19 6 51	19 26 29	1 49 8	1 1 54	18 56 46	24 18 25	4 31	4 6 27	30 11 14	5 1 12.5	1 44 21	7 28 52
13 133	2 34 2	13 43 42	19 47 33	19 21 39	1 45 56	1 5 4	18 57 52	24 17 47	4 18	4 11 23	30 10 16	5 1 12.4	1 46 53	7 38 20
14 134	3 16 32	14 28 23	20 28 12	19 16 58	1 42 40	1 8 13	18 58 57	24 17 8	4 06	4 16 20	30 9 16	5 1 12.2	1 49 39	7 49 50
15 135	4 2 40	15 13 58	21 8 50	19 12 26	1 39 20	1 11 20	19 0 0	24 16 28	3 57	4 21 17	30 8 16	5 1 12.0	1 52 37	8 3 17
16 136	4 52 18	16 0 23	21 49 25	19 8 3	1 35 57	1 14 27	19 1 1	24 15 46	3 51	4 26 16	30 7 18	5 1 11.8	1 55 48	8 18 35
17 137	5 45 20	16 47 37	22 29 58	19 3 50	1 32 29	1 17 32	19 2 1	24 15 2	3 47	4 31 15	30 6 25	5 1 11.6	1 59 11	8 35 38
18 138	6 41 38	17 35 39	23 10 29	18 59 47	1 28 58	1 20 36	19 2 58	24 14 17	3 46	4 36 14	30 5 40	5 1 11.5	2 2 45	8 54 22
19 139	7 41 7	18 24 26	23 50 58	18 55 53	1 25 23	1 23 39	19 3 54	24 13 30	3 46	4 41 15	30 5 6	5 1 11.3	2 6 31	9 14 41
20 140	8 43 40	19 13 56	24 31 25	18 52 9	1 21 45	1 26 41	19 4 48	24 12 42	3 46	4 46 16	30 4 45	5 1 11.2	2 10 28	9 36 30
21 141	9 49 11	20 4 8	25 11 49	18 48 35	1 18 3	1 29 41	19 5 40	24 11 52	3 44	4 51 18	30 4 40	5 1 11.2	2 14 37	9 59 43
22 142	10 57 37	20 55 1	25 52 12	18 45 11	1 14 18	1 32 39	19 6 30	24 11 1	3 41	4 56 20	30 4 51	5 1 11.1	2 18 56	10 24 16
23 143	12 8 53	21 46 31	26 32 33	18 41 57	1 10 30	1 35 36	19 7 18	24 10 9	3 35	5 1 23	30 5 19	5 1 11.0	2 23 26	10 50 4
24 144	13 22 54	22 38 39	27 12 52	18 38 54	1 6 39	1 38 32	19 8 5	24 9 15	3 27	5 6 27	30 6 1	5 1 10.9	2 28 7	11 17 2
25 145	14 39 38	23 31 23	27 53 9	18 36 1	1 2 45	1 41 26	19 8 49	24 8 20	3 17	5 11 32	30 6 54	5 1 10.8	2 32 58	11 45 4
26 146	15 59 1	24 24 40	28 33 23	18 33 18	0 58 48	1 44 19	19 9 32	24 7 24	3 06	5 16 37	30 7 56	5 1 10.6	2 38 1	12 14 6
27 147	17 21 1	25 18 31	29 13 36	18 30 46	0 54 49	1 47 10	19 10 13	24 6 26	2 55	5 21 43	30 9 2	5 1 10.3	2 43 14	12 44 3
28 148	18 45 36	26 12 52	29 53 47	18 28 25	0 50 47	1 49 59	19 10 52	24 5 27	2 47	5 26 49	30 10 7	5 1 10.0	2 48 38	13 14 48
29 149	20 12 44	27 7 44	0♊33 56	18 26 14	0 46 42	1 52 47	19 11 29	24 4 26	2 41	5 31 56	30 11 7	5 1 9.8	2 54 12	13 46 18
30 150	21 42 23	28 3 6	1 14 2	18 24 14	0 42 35	1 55 33	19 12 4	24 3 25	2 38	5 37 3	30 12 1	5 1 9.6	2 59 58	14 18 27
31 151	23♈14 34	28♓58 55	1♊54 7	18♍22 25	0♐38 27	1♈58 17	19♒12 37	24♐ 2 22	2♌36	5 42 11	30 12 45	5 1 9.4	3 5 55	14N51 9

DAY May	♀ VENUS R.A. h m s	♀ VENUS DECL ° ' "	♂ MARS R.A. h m s	♂ MARS DECL ° ' "	♃ JUPITER R.A. h m s	♃ JUPITER DECL ° ' "	♄ SATURN R.A. h m s	♄ SATURN DECL ° ' "	♅ URANUS R.A. h m s	♅ URANUS DECL ° ' "	♆ NEPTUNE R.A. h m s	♆ NEPTUNE DECL ° ' "	♇ PLUTO R.A. h m s	♇ PLUTO DECL ° ' "
1	0 2 13	1N37 48	4 18 28	22N 3 14	12 59 21	4S39 21	17 48 22	22S 2 31	1 35 2	9N18 21	23 1 15	7S13 1	19 23 20	21S10 52
2	0 4 23	1 40 47	4 21 23	22 10 37	12 58 57	4 37 4	17 48 12	22 2 26	1 35 15	9 19 34	23 1 20	7 12 30	19 23 19	21 10 59
3	0 6 37	1 44 34	4 24 18	22 17 48	12 58 34	4 34 50	17 48 1	22 2 21	1 35 27	9 20 46	23 1 25	7 12 0	19 23 18	21 11 6
4	0 8 56	1 49 7	4 27 13	22 24 48	12 58 12	4 32 39	17 47 50	22 2 16	1 35 40	9 21 59	23 1 30	7 11 30	19 23 16	21 11 14
5	0 11 20	1 54 24	4 30 8	22 31 35	12 57 49	4 30 31	17 47 39	22 2 11	1 35 52	9 23 10	23 1 35	7 11 1	19 23 14	21 11 21
6	0 13 47	2 0 25	4 33 3	22 38 10	12 57 28	4 28 27	17 47 28	22 2 6	1 36 5	9 24 22	23 1 40	7 10 33	19 23 13	21 11 29
7	0 16 19	2 7 7	4 35 58	22 44 33	12 57 6	4 26 25	17 47 16	22 2 1	1 36 17	9 25 33	23 1 45	7 10 5	19 23 11	21 11 38
8	0 18 54	2 14 31	4 38 54	22 50 43	12 56 45	4 24 27	17 47 3	22 1 56	1 36 30	9 26 43	23 1 50	7 9 38	19 23 9	21 11 46
9	0 21 34	2 22 33	4 41 49	22 56 42	12 56 25	4 22 33	17 46 51	22 1 51	1 36 42	9 27 54	23 1 54	7 9 12	19 23 7	21 11 55
10	0 24 16	2 31 14	4 44 45	23 2 28	12 56 5	4 20 41	17 46 38	22 1 46	1 36 54	9 29 3	23 1 59	7 8 46	19 23 4	21 12 4
11	0 27 3	2 40 31	4 47 40	23 8 1	12 55 46	4 18 54	17 46 25	22 1 40	1 37 6	9 30 13	23 2 3	7 8 21	19 23 2	21 12 13
12	0 29 52	2 50 24	4 50 36	23 13 23	12 55 27	4 17 9	17 46 11	22 1 35	1 37 18	9 31 22	23 2 8	7 7 57	19 22 59	21 12 22
13	0 32 45	3 0 50	4 53 32	23 18 32	12 55 9	4 15 29	17 45 58	22 1 30	1 37 30	9 32 30	23 2 12	7 7 33	19 22 57	21 12 32
14	0 35 41	3 11 49	4 56 28	23 23 28	12 54 52	4 13 52	17 45 44	22 1 24	1 37 42	9 33 39	23 2 16	7 7 10	19 22 54	21 12 42
15	0 38 40	3 23 20	4 59 24	23 28 13	12 54 34	4 12 19	17 45 29	22 1 19	1 37 54	9 34 46	23 2 20	7 6 48	19 22 51	21 12 52
16	0 41 41	3 35 20	5 2 20	23 32 44	12 54 18	4 10 50	17 45 15	22 1 13	1 38 6	9 35 53	23 2 24	7 6 26	19 22 48	21 13 2
17	0 44 46	3 47 49	5 5 16	23 37 4	12 54 2	4 9 24	17 45 0	22 1 8	1 38 17	9 37 0	23 2 27	7 6 6	19 22 45	21 13 13
18	0 47 53	4 0 46	5 8 12	23 41 11	12 53 47	4 8 2	17 44 44	22 1 2	1 38 29	9 38 6	23 2 31	7 5 45	19 22 42	21 13 24
19	0 51 3	4 14 10	5 11 8	23 45 5	12 53 32	4 6 44	17 44 29	22 0 57	1 38 41	9 39 12	23 2 35	7 5 26	19 22 39	21 13 35
20	0 54 15	4 27 58	5 14 4	23 48 47	12 53 18	4 5 31	17 44 13	22 0 51	1 38 52	9 40 17	23 2 38	7 5 7	19 22 36	21 13 46
21	0 57 29	4 42 10	5 17 0	23 52 16	12 53 4	4 4 21	17 43 57	22 0 45	1 39 3	9 41 22	23 2 41	7 4 49	19 22 32	21 13 58
22	1 0 46	4 56 45	5 19 56	23 55 33	12 52 51	4 3 15	17 43 41	22 0 40	1 39 15	9 42 26	23 2 44	7 4 32	19 22 29	21 14 10
23	1 4 5	5 11 41	5 22 52	23 58 38	12 52 39	4 2 13	17 43 25	22 0 34	1 39 26	9 43 29	23 2 47	7 4 16	19 22 25	21 14 22
24	1 7 26	5 26 58	5 25 48	24 1 29	12 52 27	4 1 15	17 43 8	22 0 28	1 39 37	9 44 32	23 2 50	7 4 0	19 22 21	21 14 34
25	1 10 49	5 42 34	5 28 44	24 4 9	12 52 16	4 0 22	17 42 52	22 0 22	1 39 48	9 45 34	23 2 53	7 3 45	19 22 17	21 14 46
26	1 14 15	5 58 28	5 31 40	24 6 35	12 52 6	3 59 32	17 42 35	22 0 16	1 39 59	9 46 36	23 2 56	7 3 30	19 22 13	21 14 59
27	1 17 42	6 14 39	5 34 36	24 8 50	12 51 56	3 58 47	17 42 17	22 0 10	1 40 10	9 47 37	23 2 59	7 3 17	19 22 9	21 15 11
28	1 21 11	6 31 6	5 37 32	24 10 52	12 51 47	3 58 6	17 42 0	22 0 4	1 40 20	9 48 37	23 3 1	7 3 4	19 22 5	21 15 24
29	1 24 42	6 47 47	5 40 28	24 12 41	12 51 39	3 57 30	17 41 42	21 59 58	1 40 31	9 49 37	23 3 3	7 2 52	19 22 1	21 15 37
30	1 28 15	7 4 43	5 43 24	24 14 18	12 51 31	3 56 57	17 41 25	21 59 52	1 40 42	9 50 36	23 3 6	7 2 40	19 21 57	21 15 51
31	1 31 49	7N21 51	5 46 19	24N15 42	12 51 24	3S56 29	17 41 7	21S59 45	1 40 52	9N51 35	23 3 8	7S 2 30	19 21 52	21S16 4

JUNE 2017

DAY	SIDEREAL TIME h m s	☉ SUN LONG ° ' "	SUN MOT ' "	SUN R.A. h m s	SUN DECL ° ' "	☽ MOON AT 0 HOURS LONG ° ' "	12h MOT ° ' "	2DIF "	R.A. h m s	DECL ° ' "	☽ MOON AT 12 HOURS LONG ° ' "	12h MOT ° ' "	2DIF "	R.A. h m s	DECL ° ' "
1 Th	16 38 40	15♉43 27	57 30	4 36 27.5	22N 2 48	9♌17 15	6 33 15	-175	10 25 27	10N29 29	15♌50 30	6 27 39	-161	10 50 59	8N34 46
2 F	16 42 37	16 40 57	57 29	4 40 33.4	22 10 46	22 18 8	6 22 33	-145	11 15 53	6 35 37	28 40 41	6 17 59	-129	11 40 15	4 33 36
3 S	16 46 33	17 38 26	57 27	4 44 39.6	22 18 21	4♍58 40	6 13 56	-114	12 4 10	2 30 7	11♍12 36	6 10 25	-98	12 27 44	0 26 25
4 Su	16 50 30	18 35 53	57 26	4 48 46.2	22 25 32	17 23 0	6 7 22	-84	12 51 2	1S36 19	23 30 23	6 4 48	-71	13 14 11	3S37 0
5 M	16 54 26	19 33 19	57 25	4 52 53.1	22 32 19	29 35 10	6 2 38	-59	13 37 15	5 34 34	5♎37 49	6 0 52	-48	14 0 19	7 28 3
6 Tu	16 58 23	20 30 45	57 24	4 57 0.3	22 38 43	11♎38 40	5 59 26	-38	14 23 27	9 16 28	17 38 6	5 58 18	-30	14 46 42	10 58 51
7 W	17 2 20	21 28 9	57 23	5 1 7.8	22 44 43	23 36 24	5 57 26	-22	15 10 8	12 34 17	29 33 50	5 56 49	-15	15 33 47	14 1 49
8 Th	17 6 16	22 25 32	57 22	5 5 15.6	22 50 19	5♏30 39	5 56 24	-9	15 57 40	15 20 34	11♏27 3	5 56 11	-4	16 21 49	16 29 39
9 F	17 10 13	23 22 54	57 21	5 9 23.7	22 55 31	17 23 14	5 56 10	2	16 46 13	17 28 18	23 19 24	5 56 18	7	17 10 52	18 15 44
10 S	17 14 9	24 20 15	57 21	5 13 32.0	23 0 18	29 15 42	5 56 39	13	17 35 44	18 51 20	5♐12 21	5 57 10	19	18 0 47	19 14 35
11 Su	17 18 6	25 17 35	57 20	5 17 40.5	23 4 42	11♐ 9 31	5 57 55	26	18 25 59	19 25 4	17 7 26	5 58 55	34	18 51 17	19 22 33
12 M	17 22 2	26 14 55	57 19	5 21 49.3	23 8 41	23 6 21	6 0 11	43	19 16 37	19 6 56	29 6 33	6 1 46	53	19 41 57	18 38 16
13 Tu	17 25 59	27 12 14	57 19	5 25 58.2	23 12 15	5♑ 8 18	6 3 41	64	20 7 14	17 56 48	11♑12 0	6 6 0	76	20 32 27	17 2 51
14 W	17 29 56	28 9 33	57 18	5 30 7.3	23 15 25	17 18 0	6 8 44	89	20 57 34	15 56 56	23 26 44	6 11 56	103	21 22 35	14 39 37
15 Th	17 33 52	29 6 51	57 18	5 34 16.6	23 18 10	29 38 40	6 15 36	118	21 47 30	13 11 38	5♒54 16	6 19 47	133	22 12 22	11 33 45
16 F	17 37 49	0♊ 4 9	57 18	5 38 25.9	23 20 31	12♒14 3	6 24 28	148	22 37 11	9 46 51	18 38 32	6 29 39	163	23 2 2	7 51 53
17 S	17 41 45	1 1 26	57 17	5 42 35.4	23 22 27	25 8 11	6 35 19	176	23 26 58	5 49 56	1♓43 30	6 41 24	188	23 52 4	3 42 8
18 Su	17 45 42	1 58 43	57 17	5 46 45.0	23 23 58	8♓24 54	6 47 49	196	0 17 24	1 29 47	15 12 43	6 54 30	202	0 43 3	0N45 41
19 M	17 49 38	2 56 0	57 17	5 50 54.6	23 25 5	22 7 12	7 1 16	203	1 9 9	3N 2 39	29 8 29	7 8 0	198	1 35 45	5 19 18
20 Tu	17 53 35	3 53 17	57 17	5 55 4.3	23 25 47	6♈16 29	7 14 30	188	2 2 57	7 33 38	13♈30 59	7 20 33	172	2 30 49	9 43 24
21 W	17 57 31	4 50 33	57 16	5 59 14.0	23 26 4	20 51 32	7 25 57	149	2 59 25	11 46 12	28 17 30	7 30 30	120	3 28 47	13 39 28
22 Th	18 1 28	5 47 50	57 16	6 3 23.7	23 25 56	5♉47 59	7 33 59	86	3 58 53	15 20 34	13♉21 58	7 36 15	49	4 29 41	16 46 59
23 F	18 5 25	6 45 6	57 16	6 7 33.3	23 25 23	20 58 13	7 37 13	8	5 1 5	17 56 23	28 35 25	7 36 49	-32	5 32 55	18 46 50
24 S	18 9 21	7 42 21	57 16	6 11 42.9	23 24 26	6♊12 14	7 35 4	-72	6 5 1	19 16 59	13♊47 17	7 32 2	-108	6 37 8	19 26 6
25 Su	18 13 18	8 39 37	57 15	6 15 52.4	23 23 4	21 19 19	7 27 52	-140	7 9 5	19 14 12	28 47 10	7 22 43	-166	7 40 37	18 42 3
26 M	18 17 14	9 36 52	57 15	6 20 1.8	23 21 17	6♋ 9 53	7 16 47	-186	8 11 34	17 51 0	13♋26 40	7 10 17	-200	8 41 47	16 42 54
27 Tu	18 21 11	10 34 6	57 14	6 24 11.0	23 19 6	20 36 57	7 3 26	-208	9 11 10	15 19 55	27 40 23	6 56 25	-210	9 39 42	13 44 23
28 W	18 25 7	11 31 20	57 14	6 28 20.0	23 16 30	4♌36 48	6 49 25	-208	10 7 22	11 58 38	11♌26 13	6 42 34	-201	10 34 12	10 4 56
29 Th	18 29 4	12 28 34	57 13	6 32 28.8	23 13 29	18 8 47	6 36 1	-191	11 0 15	8 5 23	24 44 47	6 29 51	-178	11 25 37	6 1 53
30 F	18 33 0	13♊25 47	57 13	6 36 37.4	23N10 4	1♍14 39	6 24 9	-163	11 50 22	3N56 8	7♍38 48	6 18 58	-147	12 14 37	1N49 39

LUNAR INGRESSES
2 ☽ ♍ 14:30
5 ☽ ♎ 0:49
7 ☽ ♏ 12:53
10 ☽ ♐ 1:29
12 ☽ ♑ 13:47
15 ☽ ♒ 0:41
17 ☽ ♓ 8:52
19 ☽ ♈ 13:27
21 ☽ ♉ 14:44
23 ☽ ♊ 14:13
25 ☽ ♋ 13:58
27 ☽ ♌ 16:00
29 ☽ ♍ 21:41

PLANET INGRESSES
1 ♀ ♈ 2:02
4 ☿ ♉ 2:45
8 ♄ ♏ 23:12
15 ☉ ♊ 22:16
19 ☿ ♊ 3:05
30 ♀ ♉ 9:41

STATIONS
9 ♃ D 14:04
16 ♆ R 11:11

DATA FOR THE 1st AT 0 HOURS
JULIAN DAY 42885.5
☽ MEAN ☊ 3°♌ 14' 50"
OBLIQUITY 23° 26' 5"
DELTA T 74.4 SECONDS
NUTATION LONGITUDE -9.8"

DAY MO YR	☿ LONG ° ' "	♀ LONG ° ' "	♂ LONG ° ' "	♃ LONG ° ' "	♄ LONG ° ' "	♅ LONG ° ' "	♆ LONG ° ' "	♇ LONG ° ' "	☊ LONG ° '	A.S.S.I. h m s	S.S.R.Y. h m s	S.V.P. ♓ ° ' "	☿ MERCURY R.A. h m s	☿ MERCURY DECL ° ' "
1 152	24♈49 14	29♓55 12	2♊34 9	18♍20R47	0♐34R16	2♈ 0 59	19♒13 8	24♐ 1R18	2♌36	5 47 20	30 13 18	5 1 9.3	3 12 4	15N24 17
2 153	26 26 23	0♈51 55	3 14 10	18 19 19	0 30 3	2 3 40	19 13 37	24 0 12	2 36	5 52 29	30 13 42	5 1 9.2	3 18 24	15 57 47
3 154	28 6 1	1 49 4	3 54 8	18 18 2	0 25 48	2 6 18	19 14 4	23 59 6	2 35	5 57 38	30 13 54	5 1 9.1	3 24 56	16 31 31
4 155	29 48 7	2 46 37	4 34 4	18 16 56	0 21 32	2 8 55	19 14 29	23 57 59	2 32	6 2 48	30 13 55	5 1 9.0	3 31 40	17 5 22
5 156	1♉32 41	3 44 35	5 13 58	18 16 1	0 17 14	2 11 30	19 14 52	23 56 50	2 26	6 7 58	30 13 46	5 1 8.9	3 38 36	17 39 13
6 157	3 19 41	4 42 56	5 53 51	18 15 17	0 12 55	2 14 3	19 15 14	23 55 40	2 18	6 13 9	30 13 28	5 1 8.8	3 45 45	18 12 56
7 158	5 9 7	5 41 39	6 33 41	18 14 43	0 8 35	2 16 34	19 15 33	23 54 30	2 07	6 18 20	30 12 59	5 1 8.7	3 53 7	18 46 22
8 159	7 0 56	6 40 45	7 13 29	18 14 20	0 4 14	2 19 3	19 15 50	23 53 18	1 55	6 23 31	30 12 22	5 1 8.5	4 0 41	19 19 23
9 160	8 55 6	7 40 11	7 53 16	18 14D 8	29♏59 51	2 21 30	19 16 6	23 52 5	1 42	6 28 42	30 11 37	5 1 8.3	4 8 28	19 51 48
10 161	10 51 34	8 39 58	8 33 0	18 14 7	29 55 28	2 23 55	19 16 19	23 50 52	1 30	6 33 54	30 10 45	5 1 8.1	4 16 27	20 23 26
11 162	12 50 15	9 40 6	9 12 43	18 14 17	29 51 4	2 26 18	19 16 31	23 49 37	1 20	6 39 7	30 9 46	5 1 7.9	4 24 40	20 54 8
12 163	14 51 4	10 40 32	9 52 24	18 14 37	29 46 39	2 28 39	19 16 41	23 48 22	1 12	6 44 19	30 8 43	5 1 7.7	4 33 4	21 23 41
13 164	16 53 53	11 41 18	10 32 3	18 15 8	29 42 14	2 30 58	19 16 48	23 47 5	1 06	6 49 32	30 7 38	5 1 7.5	4 41 41	21 51 54
14 165	18 58 34	12 42 22	11 11 40	18 15 50	29 37 49	2 33 14	19 16 54	23 45 48	1 03	6 54 45	30 6 34	5 1 7.3	4 50 29	22 18 35
15 166	21 4 57	13 43 43	11 51 16	18 16 43	29 33 23	2 35 29	19 16 58	23 44 30	1 02	6 59 58	30 5 35	5 1 7.2	4 59 27	22 43 31
16 167	23 12 49	14 45 22	12 30 50	18 17 46	29 28 57	2 37 41	19 16R59	23 43 11	1 03	7 5 11	30 4 45	5 1 7.0	5 8 36	23 6 31
17 168	25 21 59	15 47 17	13 10 22	18 18 59	29 24 32	2 39 51	19 16 59	23 41 52	1 03	7 10 25	30 4 6	5 1 6.9	5 17 53	23 27 24
18 169	27 32 11	16 49 28	13 49 53	18 20 24	29 20 6	2 41 58	19 16 57	23 40 31	1 03	7 15 38	30 3 43	5 1 6.8	5 27 17	23 45 58
19 170	29 43 10	17 51 55	14 29 23	18 21 58	29 15 41	2 44 3	19 16 53	23 39 10	1 02	7 20 52	30 3 37	5 1 6.8	5 36 47	24 2 5
20 171	1♊54 39	18 54 38	15 8 50	18 23 44	29 11 16	2 46 6	19 16 47	23 37 48	0 58	7 26 6	30 3 47	5 1 6.7	5 46 22	24 15 36
21 172	4 6 21	19 57 34	15 48 17	18 25 40	29 6 52	2 48 7	19 16 39	23 36 26	0 52	7 31 19	30 4 14	5 1 6.5	5 55 59	24 26 26
22 173	6 18 1	21 0 45	16 27 41	18 27 46	29 2 28	2 50 5	19 16 29	23 35 3	0 45	7 36 33	30 4 54	5 1 6.3	6 5 38	24 34 29
23 174	8 29 21	22 4 10	17 7 4	18 30 3	28 58 5	2 52 1	19 16 17	23 33 39	0 37	7 41 47	30 5 46	5 1 6.1	6 15 16	24 39 44
24 175	10 40 6	23 7 47	17 46 26	18 32 30	28 53 44	2 53 55	19 16 4	23 32 15	0 29	7 47 0	30 6 45	5 1 5.8	6 24 53	24 42 9
25 176	12 50 1	24 11 38	18 25 46	18 35 8	28 49 23	2 55 46	19 15 48	23 30 50	0 23	7 52 14	30 7 48	5 1 5.5	6 34 25	24 41 44
26 177	14 58 54	25 15 40	19 5 5	18 37 55	28 45 4	2 57 34	19 15 30	23 29 25	0 19	7 57 27	30 8 50	5 1 5.3	6 43 53	24 38 34
27 178	17 6 32	26 19 55	19 44 21	18 40 53	28 40 46	2 59 20	19 15 11	23 27 59	0 16	8 2 40	30 9 49	5 1 5.0	6 53 14	24 32 42
28 179	19 12 47	27 24 21	20 23 37	18 44 1	28 36 30	3 1 3	19 14 50	23 26 33	0 16	8 7 53	30 10 43	5 1 4.9	7 2 27	24 24 14
29 180	21 17 28	28 28 59	21 2 50	18 47 19	28 32 15	3 2 44	19 14 26	23 25 7	0 17	8 13 6	30 11 30	5 1 4.8	7 11 32	24 13 15
30 181	23♊20 29	29♈33 47	21♊42 2	18♍50 47	28♏28 2	3♈ 4 22	19♒14 1	23♐23 40	0♌18	8 18 18	30 12 10	5 1 4.7	7 20 28	23N59 53

DAY Jun	♀ VENUS R.A. h m s	♀ VENUS DECL ° ' "	♂ MARS R.A. h m s	♂ MARS DECL ° ' "	♃ JUPITER R.A. h m s	♃ JUPITER DECL ° ' "	♄ SATURN R.A. h m s	♄ SATURN DECL ° ' "	♅ URANUS R.A. h m s	♅ URANUS DECL ° ' "	♆ NEPTUNE R.A. h m s	♆ NEPTUNE DECL ° ' "	♇ PLUTO R.A. h m s	♇ PLUTO DECL ° ' "
1	1 35 26	7N39 10	5 49 15	24N16 54	12 51 17	3S56 5	17 40 49	21S59 39	1 41 2	9N52 32	23 3 10	7S 2 20	19 21 48	21S16 18
2	1 39 4	7 56 41	5 52 10	24 17 53	12 51 12	3 55 45	17 40 31	21 59 33	1 41 12	9 53 29	23 3 12	7 2 11	19 21 43	21 16 32
3	1 42 44	8 14 21	5 55 6	24 18 40	12 51 6	3 55 30	17 40 12	21 59 27	1 41 22	9 54 26	23 3 13	7 2 2	19 21 39	21 16 46
4	1 46 25	8 32 10	5 58 1	24 19 15	12 51 2	3 55 18	17 39 54	21 59 20	1 41 32	9 55 21	23 3 15	7 1 55	19 21 34	21 17 0
5	1 50 8	8 50 7	6 0 56	24 19 37	12 50 58	3 55 11	17 39 35	21 59 14	1 41 42	9 56 16	23 3 17	7 1 48	19 21 29	21 17 15
6	1 53 53	9 8 11	6 3 51	24 19 47	12 50 55	3 55 9	17 39 17	21 59 8	1 41 52	9 57 10	23 3 18	7 1 42	19 21 24	21 17 29
7	1 57 39	9 26 21	6 6 46	24 19 44	12 50 53	3 55 10	17 38 58	21 59 1	1 42 1	9 58 4	23 3 19	7 1 37	19 21 19	21 17 44
8	2 1 27	9 44 36	6 9 41	24 19 30	12 50 51	3 55 16	17 38 39	21 58 55	1 42 11	9 58 56	23 3 20	7 1 32	19 21 14	21 17 59
9	2 5 17	10 2 56	6 12 35	24 19 3	12 50 50	3 55 26	17 38 20	21 58 49	1 42 20	9 59 48	23 3 21	7 1 28	19 21 9	21 18 14
10	2 9 8	10 21 18	6 15 30	24 18 23	12 50 49	3 55 40	17 38 2	21 58 42	1 42 29	10 0 39	23 3 22	7 1 25	19 21 4	21 18 29
11	2 13 0	10 39 43	6 18 24	24 17 32	12 50 49	3 55 59	17 37 43	21 58 36	1 42 38	10 1 30	23 3 23	7 1 23	19 20 59	21 18 44
12	2 16 55	10 58 10	6 21 18	24 16 28	12 50 50	3 56 21	17 37 24	21 58 29	1 42 47	10 2 19	23 3 24	7 1 21	19 20 53	21 19 0
13	2 20 51	11 16 37	6 24 12	24 15 13	12 50 52	3 56 48	17 37 5	21 58 23	1 42 56	10 3 8	23 3 24	7 1 20	19 20 48	21 19 15
14	2 24 48	11 35 5	6 27 6	24 13 45	12 50 54	3 57 19	17 36 46	21 58 16	1 43 5	10 3 56	23 3 25	7 1 20	19 20 43	21 19 31
15	2 28 47	11 53 31	6 29 59	24 12 5	12 50 57	3 57 54	17 36 26	21 58 10	1 43 13	10 4 44	23 3 25	7 1 21	19 20 37	21 19 47
16	2 32 47	12 11 54	6 32 53	24 10 14	12 51 0	3 58 34	17 36 7	21 58 4	1 43 22	10 5 30	23 3 25	7 1 23	19 20 32	21 20 3
17	2 36 49	12 30 16	6 35 46	24 8 10	12 51 4	3 59 17	17 35 48	21 57 57	1 43 30	10 6 15	23 3 25	7 1 25	19 20 26	21 20 19
18	2 40 52	12 48 33	6 38 39	24 5 55	12 51 9	4 0 4	17 35 29	21 57 51	1 43 38	10 7 0	23 3 25	7 1 28	19 20 20	21 20 36
19	2 44 57	13 6 46	6 41 31	24 3 28	12 51 15	4 0 56	17 35 10	21 57 45	1 43 46	10 7 44	23 3 25	7 1 32	19 20 15	21 20 52
20	2 49 4	13 24 53	6 44 24	24 0 49	12 51 21	4 1 51	17 34 51	21 57 38	1 43 54	10 8 27	23 3 25	7 1 36	19 20 9	21 21 8
21	2 53 12	13 42 53	6 47 16	23 57 58	12 51 27	4 2 51	17 34 32	21 57 32	1 44 2	10 9 9	23 3 24	7 1 41	19 20 3	21 21 25
22	2 57 21	14 0 47	6 50 8	23 54 56	12 51 35	4 3 55	17 34 13	21 57 26	1 44 9	10 9 50	23 3 24	7 1 47	19 19 57	21 21 41
23	3 1 32	14 18 33	6 53 0	23 51 42	12 51 43	4 5 2	17 33 54	21 57 20	1 44 16	10 10 31	23 3 23	7 1 54	19 19 52	21 21 58
24	3 5 44	14 36 9	6 55 51	23 48 17	12 51 52	4 6 14	17 33 36	21 57 14	1 44 24	10 11 10	23 3 22	7 2 1	19 19 46	21 22 15
25	3 9 58	14 53 36	6 58 42	23 44 41	12 52 1	4 7 30	17 33 17	21 57 8	1 44 31	10 11 49	23 3 21	7 2 9	19 19 40	21 22 32
26	3 14 13	15 10 53	7 1 33	23 40 53	12 52 11	4 8 49	17 32 58	21 57 2	1 44 38	10 12 26	23 3 20	7 2 18	19 19 34	21 22 49
27	3 18 30	15 27 57	7 4 24	23 36 54	12 52 21	4 10 13	17 32 40	21 56 56	1 44 44	10 13 3	23 3 19	7 2 28	19 19 28	21 23 6
28	3 22 48	15 44 50	7 7 14	23 32 43	12 52 33	4 11 40	17 32 21	21 56 50	1 44 51	10 13 39	23 3 18	7 2 38	19 19 22	21 23 23
29	3 27 7	16 1 30	7 10 4	23 28 22	12 52 44	4 13 11	17 32 3	21 56 44	1 44 57	10 14 14	23 3 17	7 2 49	19 19 16	21 23 40
30	3 31 28	16N17 56	7 12 54	23N23 50	12 52 57	4S14 46	17 31 45	21S56 39	1 45 4	10N14 48	23 3 15	7S 3 1	19 19 10	21S23 58

DAY	SIDEREAL TIME h m s	☉ SUN LONG ° ' "	MOT ' "	R.A. h m s	DECL ° ' "	☽ MOON AT 0 HOURS LONG ° ' "	12h MOT ° ' "	2DIF "	R.A. h m s	DECL ° ' "	☽ MOON AT 12 HOURS LONG ° ' "	12h MOT ° ' "	2DIF "	R.A. h m s	DECL ° ' "
1 S	18 36 57	14♊23 0	57 12	6 40 45.7	23N 6 15	13♍57 46	6 14 19	-131	12 38 28	0S16 13	20♍12 5	6 10 14	-114	13 2 1	2S20 15
2 Su	18 40 54	15 20 12	57 12	6 44 53.7	23 2 1	26 22 19	6 6 43	-97	13 25 21	4 21 23	2♎29 2	6 3 44	-81	13 48 34	6 18 37
3 M	18 44 50	16 17 24	57 12	6 49 1.5	22 57 24	8♎32 47	6 1 18	-66	14 11 45	8 11 1	14 34 5	5 59 21	-51	14 34 59	9 57 39
4 Tu	18 48 47	17 14 36	57 12	6 53 8.9	22 52 22	20 33 25	5 57 52	-38	14 58 19	11 37 40	26 31 18	5 56 50	-25	15 21 49	13 10 13
5 W	18 52 43	18 11 47	57 11	6 57 16.0	22 46 56	2♏28 8	5 56 12	-14	15 45 31	14 34 26	8♏24 19	5 55 55	-3	16 9 29	15 49 29
6 Th	18 56 40	19 8 58	57 11	7 1 22.7	22 41 7	14 20 14	5 55 58	6	16 33 42	16 54 35	20 16 12	5 56 19	14	16 58 11	17 48 57
7 F	19 0 36	20 6 9	57 11	7 5 29.1	22 34 54	26 12 30	5 56 55	22	17 22 56	18 31 52	2♐ 9 25	5 57 46	29	17 47 56	19 2 44
8 S	19 4 33	21 3 20	57 11	7 9 35.1	22 28 18	8♐ 7 11	5 58 50	35	18 13 7	19 21 0	14 6 1	6 0 7	41	18 38 28	19 26 17
9 Su	19 8 29	22 0 31	57 11	7 13 40.7	22 21 18	20 6 8	6 1 35	47	19 3 55	19 18 22	26 7 43	6 3 15	53	19 29 25	18 57 10
10 M	19 12 26	22 57 42	57 12	7 17 45.8	22 13 55	2♑10 57	6 5 6	59	19 54 55	18 22 47	8♑16 4	6 7 10	65	20 20 22	17 35 30
11 Tu	19 16 23	23 54 54	57 12	7 21 50.6	22 6 10	14 23 14	6 9 27	72	20 45 43	16 35 45	20 32 41	6 11 58	79	21 10 57	15 24 10
12 W	19 20 19	24 52 6	57 12	7 25 54.9	21 58 1	26 44 39	6 14 45	87	21 36 4	14 1 26	2♒59 24	6 17 47	96	22 1 2	12 28 27
13 Th	19 24 16	25 49 18	57 13	7 29 58.7	21 49 30	9♒17 11	6 21 7	105	22 25 54	10 46 9	15 38 18	6 24 46	114	22 50 41	8 55 35
14 F	19 28 12	26 46 30	57 13	7 34 2.1	21 40 36	22 3 4	6 28 42	123	23 15 26	6 57 52	28 31 46	6 32 58	132	23 40 12	4 54 11
15 S	19 32 9	27 43 43	57 14	7 38 5.0	21 31 21	5♓ 4 44	6 37 31	141	0 5 4	2 45 50	11♓42 14	6 42 20	148	0 30 6	0 34 9
16 Su	19 36 5	28 40 57	57 14	7 42 7.4	21 21 43	18 24 34	6 47 22	154	0 55 24	1N39 24	25 11 56	6 52 34	157	1 21 4	3N53 14
17 M	19 40 2	29 38 11	57 15	7 46 9.4	21 11 43	2♈ 4 30	6 57 50	158	1 47 9	6 5 40	9♈ 2 20	7 3 5	155	2 13 46	8 14 52
18 Tu	19 43 58	0♋35 26	57 16	7 50 10.8	21 1 22	16 5 25	7 8 12	149	2 41 0	10 18 50	23 13 37	7 13 1	138	3 8 53	12 15 26
19 W	19 47 55	1 32 42	57 17	7 54 11.7	20 50 40	0♉26 37	7 17 24	123	3 37 29	14 2 27	7♉44 1	7 21 12	103	4 6 49	15 37 35
20 Th	19 51 52	2 29 58	57 17	7 58 12.1	20 39 36	15 5 13	7 24 17	80	4 36 49	16 58 36	22 29 30	7 26 31	53	5 7 27	18 3 23
21 F	19 55 48	3 27 15	57 18	8 2 12.0	20 28 12	29 56 1	7 27 47	23	5 38 35	18 50 8	7♊23 48	7 28 2	-9	6 10 4	19 17 28
22 S	19 59 45	4 24 33	57 19	8 6 11.3	20 16 26	14♊51 50	7 27 13	-40	6 41 42	19 24 32	22 19 3	7 25 20	-71	7 13 18	19 11 8
23 Su	20 3 41	5 21 51	57 19	8 10 10.0	20 4 21	29 44 23	7 22 28	-100	7 44 39	18 37 43	7♋ 6 51	7 18 41	-126	8 15 34	17 45 23
24 M	20 7 38	6 19 10	57 20	8 14 8.2	19 51 55	14♋25 31	7 14 5	-148	8 45 53	16 35 44	21 39 37	7 8 50	-165	9 15 31	15 10 47
25 Tu	20 11 34	7 16 30	57 20	8 18 5.7	19 39 10	28 48 27	7 3 5	-178	9 44 23	13 32 49	5♌51 32	6 56 59	-186	10 12 26	11 44 12
26 W	20 15 31	8 13 50	57 21	8 22 2.7	19 26 5	12♌48 31	6 50 41	-189	10 39 43	9 47 18	19 39 12	6 44 21	-189	11 6 15	7 44 20
27 Th	20 19 27	9 11 11	57 21	8 25 59.0	19 12 41	26 23 33	6 38 6	-184	11 32 7	5 37 26	3♍ 1 39	6 32 3	-177	11 57 21	3 28 28
28 F	20 23 24	10 8 32	57 22	8 29 54.7	18 58 58	9♍33 42	6 26 19	-166	12 22 5	1 19 7	16 0 0	6 20 57	-154	12 46 23	0S49 6
29 S	20 27 21	11 5 54	57 22	8 33 49.8	18 44 56	22 20 58	6 16 3	-140	13 10 21	2S54 53	28 37 0	6 11 38	-124	13 34 5	4 57 4
30 Su	20 31 17	12 3 16	57 23	8 37 44.3	18 30 35	4♎48 38	6 7 46	-108	13 57 39	6 54 35	10♎56 24	6 4 26	-91	14 21 9	8 46 31
31 M	20 35 14	13♋ 0 38	57 23	8 41 38.2	18N15 57	17♎ 0 50	6 1 40	-74	14 44 38	10S31 57	23♎ 2 30	5 59 28	-58	15 8 13	12S10 4

LUNAR INGRESSES
2 ☽ ♎ 7:07
4 ☽ ♏ 19:01
7 ☽ ♐ 7:39
9 ☽ ♑ 19:41
12 ☽ ♒ 6:16
14 ☽ ♓ 14:42
16 ☽ ♈ 20:24
18 ☽ ♉ 23:16
21 ☽ ♊ 0:06
23 ☽ ♋ 0:25
25 ☽ ♌ 2:01
27 ☽ ♍ 6:30
29 ☽ ♎ 14:40

PLANET INGRESSES
3 ☿ ♋ 8:32
12 ♂ ♋ 18:12
17 ☉ ♋ 9:09
21 ☿ ♌ 21:01
27 ♀ ♊ 6:10

STATIONS
NONE

DATA FOR THE 1st AT 0 HOURS
JULIAN DAY 42915.5
☽ MEAN ☊ 1°♌ 39' 27"
OBLIQUITY 23° 26' 5"
DELTA T 74.5 SECONDS
NUTATION LONGITUDE -9.3"

DAY MO	YR	☿ LONG ° ' "	♀ LONG ° ' "	♂ LONG ° ' "	♃ LONG ° ' "	♄ LONG ° ' "	♅ LONG ° ' "	♆ LONG ° ' "	♇ LONG ° ' "	☊ LONG ° '	A.S.S.I. h m s	S.S.R.Y. h m s	S.V.P. ♓ ° ' "	☿ MERCURY R.A. h m s	DECL ° ' "
1	182	25♊21 44	0♉38 47	22♊21 13	18♍54 25	28♏23R51	3♈ 5 58	19♒13R34	23♐22R13	0♌19	8 23 30	30 12 40	5 1 4.6	7 29 14	23N44 15
2	183	27 21 9	1 43 57	23 0 22	18 58 13	28 19 43	3 7 31	19 13 5	23 20 45	0 18	8 28 41	30 13 2	5 1 4.5	7 37 49	23 26 31
3	184	29 18 40	2 49 18	23 39 29	19 2 10	28 15 36	3 9 1	19 12 35	23 19 17	0 16	8 33 53	30 13 14	5 1 4.4	7 46 13	23 6 47
4	185	1♋14 15	3 54 49	24 18 35	19 6 17	28 11 32	3 10 29	19 12 2	23 17 49	0 11	8 39 4	30 13 16	5 1 4.3	7 54 26	22 45 13
5	186	3 7 51	5 0 30	24 57 39	19 10 34	28 7 30	3 11 54	19 11 28	23 16 21	0 05	8 44 14	30 13 8	5 1 4.1	8 2 28	22 21 56
6	187	4 59 28	6 6 20	25 36 42	19 15 0	28 3 31	3 13 16	19 10 52	23 14 53	29♋59	8 49 24	30 12 49	5 1 3.9	8 10 17	21 57 5
7	188	6 49 5	7 12 21	26 15 43	19 19 35	27 59 34	3 14 36	19 10 14	23 13 24	29 51	8 54 33	30 12 19	5 1 3.7	8 17 56	21 30 47
8	189	8 36 40	8 18 31	26 54 43	19 24 20	27 55 40	3 15 52	19 9 34	23 11 56	29 44	8 59 43	30 11 39	5 1 3.5	8 25 22	21 3 11
9	190	10 22 15	9 24 51	27 33 42	19 29 14	27 51 49	3 17 7	19 8 53	23 10 27	29 38	9 4 51	30 10 48	5 1 3.3	8 32 37	20 34 23
10	191	12 5 49	10 31 19	28 12 39	19 34 17	27 48 1	3 18 18	19 8 10	23 8 59	29 34	9 9 59	30 9 50	5 1 3.1	8 39 40	20 4 31
11	192	13 47 22	11 37 57	28 51 35	19 39 28	27 44 16	3 19 27	19 7 25	23 7 30	29 31	9 15 7	30 8 46	5 1 2.9	8 46 31	19 33 41
12	193	15 26 54	12 44 44	29 30 30	19 44 49	27 40 34	3 20 33	19 6 39	23 6 1	29 30	9 20 13	30 7 38	5 1 2.8	8 53 12	19 1 59
13	194	17 4 24	13 51 39	0♋ 9 23	19 50 19	27 36 56	3 21 36	19 5 51	23 4 33	29 30	9 25 20	30 6 32	5 1 2.6	8 59 41	18 29 33
14	195	18 39 54	14 58 43	0 48 16	19 55 57	27 33 21	3 22 36	19 5 1	23 3 4	29 31	9 30 26	30 5 32	5 1 2.6	9 5 59	17 56 28
15	196	20 13 22	16 5 56	1 27 7	20 1 44	27 29 49	3 23 33	19 4 10	23 1 36	29 33	9 35 31	30 4 41	5 1 2.5	9 12 6	17 22 49
16	197	21 44 49	17 13 16	2 5 57	20 7 40	27 26 21	3 24 28	19 3 17	23 0 7	29 34	9 40 35	30 4 3	5 1 2.4	9 18 2	16 48 43
17	198	23 14 12	18 20 45	2 44 46	20 13 44	27 22 57	3 25 20	19 2 22	22 58 39	29 34	9 45 39	30 3 40	5 1 2.3	9 23 48	16 14 14
18	199	24 41 32	19 28 22	3 23 33	20 19 57	27 19 36	3 26 9	19 1 26	22 57 11	29 34	9 50 43	30 3 34	5 1 2.2	9 29 23	15 39 27
19	200	26 6 46	20 36 7	4 2 20	20 26 18	27 16 19	3 26 55	19 0 28	22 55 44	29 32	9 55 45	30 3 44	5 1 2.1	9 34 47	15 4 28
20	201	27 29 54	21 43 59	4 41 6	20 32 47	27 13 6	3 27 38	18 59 28	22 54 16	29 29	10 0 47	30 4 9	5 1 1.9	9 40 1	14 29 21
21	202	28 50 52	22 51 58	5 19 51	20 39 25	27 9 58	3 28 18	18 58 28	22 52 49	29 25	10 5 49	30 4 46	5 1 1.6	9 45 4	13 54 12
22	203	0♌ 9 40	24 0 5	5 58 34	20 46 10	27 6 53	3 28 55	18 57 25	22 51 23	29 22	10 10 49	30 5 34	5 1 1.4	9 49 57	13 19 4
23	204	1 26 13	25 8 18	6 37 17	20 53 4	27 3 53	3 29 30	18 56 21	22 49 56	29 19	10 15 49	30 6 28	5 1 1.1	9 54 39	12 44 3
24	205	2 40 28	26 16 39	7 15 58	21 0 6	27 0 57	3 30 1	18 55 16	22 48 30	29 17	10 20 48	30 7 27	5 1 0.9	9 59 11	12 9 14
25	206	3 52 23	27 25 6	7 54 39	21 7 15	26 58 6	3 30 30	18 54 9	22 47 5	29 17	10 25 47	30 8 27	5 1 0.7	10 3 32	11 34 40
26	207	5 1 51	28 33 39	8 33 18	21 14 33	26 55 19	3 30 55	18 53 1	22 45 40	29 17	10 30 45	30 9 26	5 1 0.6	10 7 43	11 0 27
27	208	6 8 50	29 42 19	9 11 56	21 21 58	26 52 37	3 31 18	18 51 51	22 44 15	29 18	10 35 42	30 10 23	5 1 0.6	10 11 42	10 26 40
28	209	7 13 12	0♊51 5	9 50 33	21 29 30	26 49 59	3 31 37	18 50 40	22 42 51	29 20	10 40 38	30 11 16	5 1 0.5	10 15 30	9 53 24
29	210	8 14 53	1 59 58	10 29 9	21 37 10	26 47 27	3 31 54	18 49 28	22 41 28	29 21	10 45 33	30 12 4	5 1 0.4	10 19 8	9 20 43
30	211	9 13 46	3 8 56	11 7 44	21 44 58	26 44 59	3 32 8	18 48 15	22 40 5	29 22	10 50 28	30 12 44	5 1 0.4	10 22 33	8 48 44
31	212	10♌ 9 43	4♊18 1	11♋46 18	21♍52 52	26♏42 36	3♈32 18	18♒47 0	22♐38 43	29♋22	10 55 21	30 13 17	5 1 0.3	10 25 47	8N17 31

DAY Jul	♀ VENUS R.A. h m s	DECL ° ' "	♂ MARS R.A. h m s	DECL ° ' "	♃ JUPITER R.A. h m s	DECL ° ' "	♄ SATURN R.A. h m s	DECL ° ' "	♅ URANUS R.A. h m s	DECL ° ' "	♆ NEPTUNE R.A. h m s	DECL ° ' "	♇ PLUTO R.A. h m s	DECL ° ' "
1	3 35 50	16N34 7	7 15 43	23N19 6	12 53 10	4S16 24	17 31 27	21S56 33	1 45 10	10N15 21	23 3 14	7S 3 13	19 19 3	21S24 15
2	3 40 14	16 50 3	7 18 32	23 14 12	12 53 23	4 18 7	17 31 9	21 56 28	1 45 16	10 15 53	23 3 12	7 3 27	19 18 57	21 24 32
3	3 44 39	17 5 43	7 21 21	23 9 7	12 53 38	4 19 53	17 30 51	21 56 23	1 45 21	10 16 24	23 3 10	7 3 40	19 18 51	21 24 50
4	3 49 5	17 21 6	7 24 10	23 3 51	12 53 53	4 21 42	17 30 34	21 56 18	1 45 27	10 16 54	23 3 8	7 3 55	19 18 45	21 25 7
5	3 53 33	17 36 11	7 26 58	22 58 24	12 54 8	4 23 35	17 30 16	21 56 13	1 45 32	10 17 23	23 3 6	7 4 10	19 18 39	21 25 25
6	3 58 2	17 50 59	7 29 46	22 52 47	12 54 24	4 25 32	17 29 59	21 56 8	1 45 38	10 17 51	23 3 4	7 4 26	19 18 33	21 25 42
7	4 2 33	18 5 27	7 32 33	22 46 59	12 54 41	4 27 33	17 29 42	21 56 3	1 45 43	10 18 18	23 3 2	7 4 43	19 18 26	21 26 0
8	4 7 5	18 19 35	7 35 20	22 41 1	12 54 58	4 29 36	17 29 25	21 55 59	1 45 48	10 18 44	23 2 59	7 5 0	19 18 20	21 26 17
9	4 11 38	18 33 23	7 38 7	22 34 53	12 55 16	4 31 44	17 29 9	21 55 54	1 45 52	10 19 10	23 2 57	7 5 18	19 18 14	21 26 35
10	4 16 13	18 46 50	7 40 53	22 28 34	12 55 34	4 33 54	17 28 52	21 55 50	1 45 57	10 19 34	23 2 54	7 5 36	19 18 8	21 26 53
11	4 20 49	18 59 55	7 43 40	22 22 5	12 55 53	4 36 8	17 28 36	21 55 46	1 46 1	10 19 57	23 2 51	7 5 55	19 18 1	21 27 10
12	4 25 26	19 12 37	7 46 25	22 15 27	12 56 12	4 38 25	17 28 20	21 55 43	1 46 6	10 20 19	23 2 49	7 6 15	19 17 55	21 27 28
13	4 30 5	19 24 56	7 49 11	22 8 38	12 56 32	4 40 46	17 28 5	21 55 39	1 46 10	10 20 41	23 2 46	7 6 36	19 17 49	21 27 46
14	4 34 45	19 36 51	7 51 56	22 1 39	12 56 53	4 43 10	17 27 49	21 55 36	1 46 13	10 21 1	23 2 43	7 6 57	19 17 43	21 28 3
15	4 39 26	19 48 21	7 54 40	21 54 31	12 57 14	4 45 37	17 27 34	21 55 33	1 46 17	10 21 20	23 2 39	7 7 18	19 17 37	21 28 21
16	4 44 9	19 59 26	7 57 25	21 47 13	12 57 35	4 48 7	17 27 19	21 55 30	1 46 21	10 21 38	23 2 36	7 7 41	19 17 30	21 28 39
17	4 48 52	20 10 6	8 0 9	21 39 45	12 57 57	4 50 40	17 27 4	21 55 27	1 46 24	10 21 55	23 2 33	7 8 4	19 17 24	21 28 56
18	4 53 37	20 20 18	8 2 52	21 32 8	12 58 20	4 53 17	17 26 50	21 55 25	1 46 27	10 22 11	23 2 29	7 8 27	19 17 18	21 29 14
19	4 58 23	20 30 4	8 5 36	21 24 21	12 58 43	4 55 56	17 26 36	21 55 23	1 46 30	10 22 27	23 2 26	7 8 51	19 17 12	21 29 31
20	5 3 11	20 39 21	8 8 19	21 16 25	12 59 7	4 58 39	17 26 22	21 55 21	1 46 33	10 22 41	23 2 22	7 9 16	19 17 6	21 29 49
21	5 7 59	20 48 11	8 11 1	21 8 20	12 59 31	5 1 24	17 26 8	21 55 19	1 46 35	10 22 54	23 2 19	7 9 41	19 17 0	21 30 6
22	5 12 48	20 56 31	8 13 43	21 0 5	12 59 56	5 4 13	17 25 55	21 55 18	1 46 38	10 23 6	23 2 15	7 10 7	19 16 54	21 30 24
23	5 17 39	21 4 22	8 16 25	20 51 42	13 0 21	5 7 4	17 25 42	21 55 16	1 46 40	10 23 17	23 2 11	7 10 33	19 16 47	21 30 41
24	5 22 30	21 11 43	8 19 7	20 43 10	13 0 47	5 9 58	17 25 30	21 55 16	1 46 42	10 23 27	23 2 7	7 11 0	19 16 41	21 30 58
25	5 27 23	21 18 34	8 21 48	20 34 28	13 1 13	5 12 56	17 25 17	21 55 15	1 46 44	10 23 36	23 2 3	7 11 27	19 16 35	21 31 16
26	5 32 16	21 24 53	8 24 28	20 25 39	13 1 40	5 15 55	17 25 5	21 55 15	1 46 46	10 23 43	23 1 59	7 11 55	19 16 29	21 31 33
27	5 37 10	21 30 41	8 27 9	20 16 40	13 2 7	5 18 58	17 24 54	21 55 15	1 46 47	10 23 50	23 1 54	7 12 24	19 16 24	21 31 50
28	5 42 5	21 35 57	8 29 49	20 7 33	13 2 35	5 22 3	17 24 42	21 55 16	1 46 48	10 23 56	23 1 50	7 12 53	19 16 18	21 32 8
29	5 47 1	21 40 41	8 32 28	19 58 18	13 3 3	5 25 11	17 24 31	21 55 16	1 46 49	10 24 1	23 1 46	7 13 22	19 16 12	21 32 25
30	5 51 58	21 44 52	8 35 7	19 48 54	13 3 31	5 28 22	17 24 21	21 55 17	1 46 50	10 24 4	23 1 41	7 13 52	19 16 6	21 32 42
31	5 56 55	21N48 30	8 37 46	19N39 22	13 4 0	5S31 35	17 24 10	21S55 19	1 46 51	10N24 7	23 1 37	7S14 22	19 16 0	21S32 59

AUGUST 2017

DAY	SIDEREAL TIME h m s	☉ SUN LONG ° ' "	SUN MOT ' "	SUN R.A. h m s	SUN DECL ° ' "	☽ MOON AT 0 HOURS LONG ° ' "	12h MOT ° ' "	2DIF "	R.A. h m s	DECL ° ' "	☽ MOON AT 12 HOURS LONG ° ' "	12h MOT ° ' "	2DIF "	R.A. h m s	DECL ° ' "
1 Tu	20 39 10	13♋58 1	57 24	8 45 31.4	18N 1 0	29♎ 1 59	5 57 50	-41	15 31 55	13S40 4	4♏59 48	5 56 43	-25	15 55 47	15S 1 11
2 W	20 43 7	14 55 25	57 25	8 49 24.0	17 45 46	10♏56 31	5 56 8	-10	16 19 53	16 12 40	16 52 39	5 56 2	4	16 44 13	17 13 47
3 Th	20 47 3	15 52 50	57 25	8 53 16.0	17 30 15	22 48 41	5 56 24	17	17 8 47	18 3 51	28 45 4	5 57 11	30	17 33 37	18 42 14
4 F	20 51 0	16 50 15	57 26	8 57 7.4	17 14 26	4♐42 15	5 58 22	41	17 58 41	19 8 22	10♐40 37	5 59 54	51	18 23 57	19 21 45
5 S	20 54 56	17 47 41	57 27	9 0 58.1	16 58 21	16 40 31	6 1 46	60	18 49 23	19 22 2	22 42 17	6 3 55	68	19 14 56	19 8 59
6 Su	20 58 53	18 45 7	57 28	9 4 48.3	16 42 0	28 46 12	6 6 18	75	19 40 33	18 42 32	4♑52 30	6 8 54	81	20 6 12	18 2 48
7 M	21 2 50	19 42 35	57 29	9 8 37.8	16 25 22	11♑ 1 24	6 11 42	86	20 31 49	17 10 3	17 13 6	6 14 38	90	20 57 23	16 4 46
8 Tu	21 6 46	20 40 3	57 30	9 12 26.7	16 8 29	23 27 43	6 17 42	94	21 22 50	14 47 34	29 45 26	6 20 52	96	21 48 11	13 19 17
9 W	21 10 43	21 37 33	57 31	9 16 15.1	15 51 20	6♒ 6 18	6 24 8	99	22 13 26	11 40 50	12♒30 25	6 27 27	101	22 38 34	9 53 19
10 Th	21 14 39	22 35 4	57 32	9 20 2.9	15 33 55	18 57 53	6 30 50	102	23 3 38	7 57 56	25 28 43	6 34 16	103	23 28 39	5 55 59
11 F	21 18 36	23 32 36	57 33	9 23 50.1	15 16 16	2♓ 2 59	6 37 43	104	23 53 41	3 48 49	8♓40 42	6 41 12	105	0 18 47	1 37 56
12 S	21 22 32	24 30 9	57 35	9 27 36.8	14 58 22	15 21 54	6 44 42	105	0 44 2	0N35 8	22 6 36	6 48 10	104	1 9 29	2N48 48
13 Su	21 26 29	25 27 44	57 36	9 31 22.9	14 40 14	28 54 46	6 51 37	103	1 35 14	5 1 22	5♈46 24	6 55 1	100	2 1 22	7 11 5
14 M	21 30 25	26 25 20	57 38	9 35 8.5	14 21 52	12♈41 25	6 58 19	97	2 27 55	9 16 7	19 39 44	7 1 29	92	2 55 0	11 14 34
15 Tu	21 34 22	27 22 58	57 39	9 38 53.5	14 3 15	26 41 13	7 4 29	86	3 22 37	13 4 29	3♉45 42	7 7 13	78	3 50 50	14 43 53
16 W	21 38 19	28 20 37	57 41	9 42 38.1	13 44 26	10♉52 55	7 9 40	68	4 19 39	16 10 50	18 2 36	7 11 45	56	4 49 2	17 23 27
17 Th	21 42 15	29 18 18	57 43	9 46 22.1	13 25 23	25 14 20	7 13 23	42	5 18 55	18 20 2	2♊27 43	7 14 31	26	5 49 14	18 59 9
18 F	21 46 12	0♌16 0	57 44	9 50 5.7	13 6 7	9♊42 14	7 15 6	8	6 19 49	19 19 42	16 57 20	7 15 4	-11	6 50 34	19 21 4
19 S	21 50 8	1 13 44	57 46	9 53 48.8	12 46 39	24 12 24	7 14 24	-30	7 21 17	19 3 7	1♋26 48	7 13 3	-50	7 51 49	18 26 15
20 Su	21 54 5	2 11 30	57 47	9 57 31.4	12 26 59	8♋39 51	7 11 3	-70	8 22 1	17 31 22	15 50 53	7 8 23	-89	8 51 45	16 19 53
21 M	21 58 1	3 9 17	57 49	10 1 13.5	12 7 7	22 59 17	7 5 8	-106	9 20 55	14 53 33	0♌ 4 24	7 1 19	-122	9 49 27	13 14 21
22 Tu	22 1 58	4 7 5	57 50	10 4 55.2	11 47 3	7♌ 5 43	6 57 1	-135	10 17 20	11 24 30	14 2 43	6 52 20	-145	10 44 34	9 26 13
23 W	22 5 54	5 4 55	57 51	10 8 36.4	11 26 49	20 55 3	6 47 20	-152	11 11 9	7 21 42	27 42 23	6 42 10	-157	11 37 9	5 13 3
24 Th	22 9 51	6 2 46	57 53	10 12 17.2	11 6 23	4♍24 33	6 36 53	-158	12 2 38	3 2 14	11♍ 1 26	6 31 38	-156	12 27 38	0 51 2
25 F	22 13 48	7 0 39	57 54	10 15 57.5	10 45 47	17 33 4	6 26 28	-152	12 52 16	1S18 53	23 59 32	6 21 31	-144	13 16 36	3S26 7
26 S	22 17 44	7 58 33	57 55	10 19 37.5	10 25 0	0♎21 3	6 16 50	-135	13 40 41	5 29 19	6♎37 53	6 12 31	-123	14 4 38	7 27 22
27 Su	22 21 41	8 56 28	57 56	10 23 17.0	10 4 4	12 50 24	6 8 37	-110	14 28 30	9 19 13	18 59 2	6 5 11	-95	14 52 20	11 3 57
28 M	22 25 37	9 54 24	57 58	10 26 56.1	9 42 58	25 4 13	6 2 16	-80	15 16 13	12 40 41	1♏ 6 28	5 59 53	-63	15 40 12	14 8 39
29 Tu	22 29 34	10 52 22	57 59	10 30 34.8	9 21 43	7♏ 6 21	5 58 4	-46	16 4 19	15 27 7	13 4 26	5 56 50	-28	16 28 36	16 35 24
30 W	22 33 30	11 50 21	58 0	10 34 13.2	9 0 20	19 1 16	5 56 12	-11	16 53 4	17 32 52	24 57 28	5 56 8	7	17 17 45	18 18 53
31 Th	22 37 27	12♌48 21	58 2	10 37 51.2	8N38 47	0♐53 36	5 56 39	24	17 42 37	18S52 57	6♐50 15	5 57 44	40	18 7 42	19S14 35

LUNAR INGRESSES
1 ☽ ♏ 1:57
3 ☽ ♐ 14:31
6 ☽ ♑ 2:25
8 ☽ ♒ 12:28
10 ☽ ♓ 20:16
13 ☽ ♈ 1:54
15 ☽ ♉ 5:38
17 ☽ ♊ 7:55
19 ☽ ♋ 9:36
21 ☽ ♌ 11:53
23 ☽ ♍ 16:05
25 ☽ ♎ 23:20
28 ☽ ♏ 9:48
30 ☽ ♐ 22:12

PLANET INGRESSES
17 ☉ ♌ 17:21
21 ♀ ♋ 23:16
28 ♂ ♌ 12:18

STATIONS
3 ♅ R 5:32
13 ☿ R 1:02
25 ♄ D 12:09

DATA FOR THE 1st AT 0 HOURS
JULIAN DAY 42946.5
☽ MEAN ☊ 0°♌ 0' 53"
OBLIQUITY 23° 26' 5"
DELTA T 74.5 SECONDS
NUTATION LONGITUDE -9.0"

DAY MO	YR	☿ LONG ° ' "	♀ LONG ° ' "	♂ LONG ° ' "	♃ LONG ° ' "	♄ LONG ° ' "	♅ LONG ° ' "	♆ LONG ° ' "	♇ LONG ° ' "	☊ LONG ° '	A.S.S.I. h m s	S.S.R.Y. h m s	S.V.P. ♓ ° ' "	☿ MERCURY R.A. h m s	☿ MERCURY DECL ° ' "
1	213	11♌ 2 38	5♊27 12	12♋24 50	22♍ 0 54	26♏40R18	3♈32 26	18♒45R44	22♐37R22	29♋21	11 0 14	30 13 41	5 1 0.2	10 28 48	7N47 10
2	214	11 52 21	6 36 29	13 3 22	22 9 3	26 38 5	3 32 31	18 44 26	22 36 1	29 20	11 5 7	30 13 53	5 1 0.0	10 31 37	7 17 48
3	215	12 38 45	7 45 52	13 41 52	22 17 19	26 35 57	3 32R33	18 43 8	22 34 41	29 18	11 9 58	30 13 55	5 0 59.8	10 34 13	6 49 31
4	216	13 21 38	8 55 21	14 20 22	22 25 42	26 33 54	3 32 32	18 41 48	22 33 22	29 16	11 14 49	30 13 44	5 0 59.7	10 36 35	6 22 25
5	217	14 0 51	10 4 55	14 58 51	22 34 11	26 31 57	3 32 28	18 40 28	22 32 4	29 15	11 19 39	30 13 20	5 0 59.5	10 38 43	5 56 38
6	218	14 36 12	11 14 36	15 37 18	22 42 47	26 30 4	3 32 21	18 39 6	22 30 46	29 13	11 24 28	30 12 44	5 0 59.3	10 40 37	5 32 16
7	219	15 7 31	12 24 22	16 15 45	22 51 30	26 28 17	3 32 12	18 37 43	22 29 29	29 12	11 29 16	30 11 56	5 0 59.1	10 42 15	5 9 29
8	220	15 34 36	13 34 15	16 54 11	23 0 19	26 26 35	3 31 59	18 36 19	22 28 13	29 12	11 34 4	30 10 59	5 0 59.0	10 43 38	4 48 23
9	221	15 57 14	14 44 13	17 32 36	23 9 14	26 24 59	3 31 44	18 34 54	22 26 58	29 12	11 38 51	30 9 56	5 0 58.9	10 44 45	4 29 8
10	222	16 15 14	15 54 17	18 11 1	23 18 16	26 23 28	3 31 25	18 33 28	22 25 44	29 12	11 43 37	30 8 50	5 0 58.8	10 45 34	4 11 52
11	223	16 28 22	17 4 26	18 49 24	23 27 24	26 22 2	3 31 4	18 32 2	22 24 31	29 13	11 48 22	30 7 45	5 0 58.8	10 46 6	3 56 45
12	224	16 36 29	18 14 41	19 27 47	23 36 38	26 20 42	3 30 40	18 30 34	22 23 19	29 13	11 53 7	30 6 47	5 0 58.8	10 46 21	3 43 57
13	225	16 39R22	19 25 2	20 6 9	23 45 59	26 19 27	3 30 12	18 29 5	22 22 8	29 14	11 57 51	30 5 59	5 0 58.7	10 46 16	3 33 36
14	226	16 36 54	20 35 29	20 44 31	23 55 25	26 18 18	3 29 42	18 27 36	22 20 58	29 14	12 2 35	30 5 23	5 0 58.6	10 45 53	3 25 52
15	227	16 28 55	21 46 1	21 22 51	24 4 57	26 17 15	3 29 10	18 26 6	22 19 48	29 14	12 7 17	30 5 1	5 0 58.5	10 45 10	3 20 54
16	228	16 15 23	22 56 38	22 1 12	24 14 36	26 16 17	3 28 34	18 24 34	22 18 40	29 14	12 12 0	30 4 53	5 0 58.4	10 44 8	3 18 51
17	229	15 56 15	24 7 21	22 39 31	24 24 19	26 15 25	3 27 55	18 23 3	22 17 34	29 14	12 16 41	30 5 0	5 0 58.2	10 42 48	3 19 49
18	230	15 31 35	25 18 9	23 17 50	24 34 9	26 14 38	3 27 14	18 21 30	22 16 28	29 14	12 21 22	30 5 19	5 0 58.0	10 41 8	3 23 55
19	231	15 1 31	26 29 2	23 56 9	24 44 4	26 13 57	3 26 30	18 19 57	22 15 23	29 14	12 26 2	30 5 51	5 0 57.8	10 39 10	3 31 12
20	232	14 26 18	27 40 1	24 34 27	24 54 5	26 13 22	3 25 43	18 18 23	22 14 20	29 14	12 30 42	30 6 32	5 0 57.6	10 36 55	3 41 42
21	233	13 46 17	28 51 4	25 12 44	25 4 11	26 12 53	3 24 53	18 16 48	22 13 18	29 14	12 35 21	30 7 21	5 0 57.5	10 34 25	3 55 24
22	234	13 1 56	0♋ 2 12	25 51 0	25 14 23	26 12 30	3 24 0	18 15 13	22 12 17	29 14	12 39 59	30 8 16	5 0 57.4	10 31 41	4 12 11
23	235	12 13 52	1 13 25	26 29 16	25 24 40	26 12 12	3 23 5	18 13 38	22 11 17	29 14	12 44 37	30 9 14	5 0 57.3	10 28 46	4 31 56
24	236	11 22 51	2 24 42	27 7 31	25 35 2	26 12 0	3 22 7	18 12 2	22 10 19	29 14	12 49 15	30 10 15	5 0 57.3	10 25 42	4 54 24
25	237	10 29 43	3 36 4	27 45 46	25 45 29	26 11D54	3 21 6	18 10 25	22 9 21	29 13	12 53 52	30 11 16	5 0 57.3	10 22 33	5 19 19
26	238	9 35 29	4 47 31	28 24 0	25 56 1	26 11 54	3 20 3	18 8 48	22 8 26	29 12	12 58 28	30 12 16	5 0 57.2	10 19 22	5 46 18
27	239	8 41 10	5 59 2	29 2 13	26 6 38	26 12 0	3 18 57	18 7 11	22 7 31	29 10	13 3 4	30 13 12	5 0 57.2	10 16 13	6 14 56
28	240	7 47 56	7 10 37	29 40 25	26 17 19	26 12 12	3 17 48	18 5 33	22 6 38	29 10	13 7 39	30 14 2	5 0 57.1	10 13 10	6 44 44
29	241	6 56 55	8 22 17	0♌18 37	26 28 6	26 12 29	3 16 37	18 3 55	22 5 47	29 09	13 12 14	30 14 45	5 0 57.0	10 10 17	7 15 12
30	242	6 9 15	9 34 2	0 56 48	26 38 57	26 12 53	3 15 23	18 2 17	22 4 57	29 09	13 16 48	30 15 18	5 0 56.9	10 7 38	7 45 47
31	243	5♌26 0	10♋45 51	1♌34 58	26♍49 52	26♏13 22	3♈14 7	18♒ 0 38	22♐ 4 8	29♋10	13 21 22	30 15 39	5 0 56.7	10 5 18	8N15 57

DAY Aug	♀ VENUS R.A. h m s	♀ VENUS DECL ° ' "	♂ MARS R.A. h m s	♂ MARS DECL ° ' "	♃ JUPITER R.A. h m s	♃ JUPITER DECL ° ' "	♄ SATURN R.A. h m s	♄ SATURN DECL ° ' "	♅ URANUS R.A. h m s	♅ URANUS DECL ° ' "	♆ NEPTUNE R.A. h m s	♆ NEPTUNE DECL ° ' "	♇ PLUTO R.A. h m s	♇ PLUTO DECL ° ' "
1	6 1 53	21N51 34	8 40 25	19N29 42	13 4 30	5S34 51	17 24 0	21S55 20	1 46 52	10N24 8	23 1 32	7S14 53	19 15 54	21S33 15
2	6 6 52	21 54 5	8 43 3	19 19 54	13 5 0	5 38 9	17 23 51	21 55 22	1 46 52	10 24 9	23 1 27	7 15 24	19 15 49	21 33 32
3	6 11 51	21 56 1	8 45 40	19 9 58	13 5 30	5 41 29	17 23 42	21 55 25	1 46 52	10 24 8	23 1 22	7 15 56	19 15 43	21 33 49
4	6 16 51	21 57 23	8 48 17	18 59 54	13 6 1	5 44 52	17 23 33	21 55 28	1 46 52	10 24 7	23 1 17	7 16 28	19 15 38	21 34 5
5	6 21 51	21 58 11	8 50 54	18 49 42	13 6 32	5 48 18	17 23 24	21 55 31	1 46 52	10 24 4	23 1 13	7 17 0	19 15 32	21 34 22
6	6 26 52	21 58 23	8 53 31	18 39 23	13 7 4	5 51 45	17 23 16	21 55 34	1 46 52	10 24 0	23 1 7	7 17 33	19 15 27	21 34 38
7	6 31 53	21 58 0	8 56 7	18 28 57	13 7 36	5 55 15	17 23 8	21 55 38	1 46 51	10 23 56	23 1 2	7 18 7	19 15 21	21 34 55
8	6 36 54	21 57 2	8 58 43	18 18 23	13 8 9	5 58 47	17 23 1	21 55 42	1 46 50	10 23 50	23 0 57	7 18 40	19 15 16	21 35 11
9	6 41 56	21 55 29	9 1 18	18 7 41	13 8 41	6 2 22	17 22 54	21 55 47	1 46 49	10 23 43	23 0 52	7 19 14	19 15 11	21 35 27
10	6 46 58	21 53 20	9 3 53	17 56 53	13 9 15	6 5 58	17 22 48	21 55 52	1 46 48	10 23 35	23 0 47	7 19 48	19 15 5	21 35 43
11	6 52 1	21 50 35	9 6 28	17 45 57	13 9 48	6 9 36	17 22 41	21 55 58	1 46 47	10 23 27	23 0 41	7 20 23	19 15 0	21 35 59
12	6 57 4	21 47 14	9 9 2	17 34 55	13 10 23	6 13 17	17 22 36	21 56 3	1 46 45	10 23 17	23 0 36	7 20 58	19 14 55	21 36 15
13	7 2 6	21 43 18	9 11 36	17 23 45	13 10 57	6 16 59	17 22 30	21 56 9	1 46 44	10 23 6	23 0 31	7 21 33	19 14 50	21 36 30
14	7 7 9	21 38 45	9 14 9	17 12 28	13 11 32	6 20 44	17 22 25	21 56 16	1 46 42	10 22 54	23 0 25	7 22 9	19 14 45	21 36 46
15	7 12 12	21 33 37	9 16 43	17 1 5	13 12 7	6 24 30	17 22 21	21 56 23	1 46 40	10 22 41	23 0 19	7 22 45	19 14 41	21 37 1
16	7 17 15	21 27 52	9 19 16	16 49 35	13 12 43	6 28 19	17 22 16	21 56 30	1 46 37	10 22 27	23 0 14	7 23 21	19 14 36	21 37 16
17	7 22 18	21 21 32	9 21 48	16 37 59	13 13 19	6 32 9	17 22 13	21 56 38	1 46 35	10 22 12	23 0 8	7 23 57	19 14 31	21 37 31
18	7 27 21	21 14 36	9 24 20	16 26 16	13 13 55	6 36 1	17 22 9	21 56 46	1 46 33	10 21 57	23 0 2	7 24 34	19 14 26	21 37 46
19	7 32 24	21 7 4	9 26 52	16 14 27	13 14 32	6 39 55	17 22 6	21 56 54	1 46 30	10 21 40	22 59 57	7 25 11	19 14 22	21 38 1
20	7 37 26	20 58 57	9 29 24	16 2 32	13 15 9	6 43 51	17 22 4	21 57 3	1 46 27	10 21 22	22 59 51	7 25 48	19 14 18	21 38 16
21	7 42 28	20 50 14	9 31 55	15 50 30	13 15 47	6 47 49	17 22 2	21 57 12	1 46 24	10 21 3	22 59 45	7 26 25	19 14 13	21 38 30
22	7 47 30	20 40 57	9 34 26	15 38 23	13 16 24	6 51 48	17 22 0	21 57 22	1 46 20	10 20 44	22 59 39	7 27 3	19 14 9	21 38 45
23	7 52 32	20 31 4	9 36 56	15 26 10	13 17 2	6 55 48	17 21 59	21 57 32	1 46 17	10 20 23	22 59 33	7 27 40	19 14 5	21 38 59
24	7 57 33	20 20 36	9 39 26	15 13 51	13 17 41	6 59 51	17 21 58	21 57 42	1 46 13	10 20 1	22 59 27	7 28 18	19 14 1	21 39 13
25	8 2 34	20 9 34	9 41 56	15 1 26	13 18 20	7 3 55	17 21 57	21 57 53	1 46 9	10 19 38	22 59 21	7 28 56	19 13 57	21 39 27
26	8 7 35	19 57 57	9 44 26	14 48 56	13 18 59	7 8 0	17 21 57	21 58 4	1 46 5	10 19 15	22 59 15	7 29 34	19 13 53	21 39 41
27	8 12 35	19 45 47	9 46 55	14 36 20	13 19 38	7 12 7	17 21 57	21 58 16	1 46 1	10 18 50	22 59 9	7 30 12	19 13 49	21 39 54
28	8 17 34	19 33 3	9 49 24	14 23 39	13 20 18	7 16 15	17 21 58	21 58 28	1 45 57	10 18 25	22 59 3	7 30 51	19 13 45	21 40 8
29	8 22 33	19 19 45	9 51 52	14 10 53	13 20 58	7 20 25	17 21 59	21 58 40	1 45 53	10 17 58	22 58 57	7 31 29	19 13 42	21 40 21
30	8 27 32	19 5 55	9 54 21	13 58 1	13 21 39	7 24 36	17 22 1	21 58 53	1 45 48	10 17 31	22 58 51	7 32 7	19 13 38	21 40 34
31	8 32 30	18N51 32	9 56 49	13N45 5	13 22 19	7S28 48	17 22 3	21S59 6	1 45 43	10N17 3	22 58 45	7S32 46	19 13 35	21S40 47

SEPTEMBER 2017

DAY	SIDEREAL TIME h m s	☉ SUN LONG ° ' "	MOT ' "	R.A. h m s	DECL ° ' "	☽ MOON AT 0 HOURS LONG ° ' "	12h MOT ° ' "	2DIF "	R.A. h m s	DECL ° ' "	☽ MOON AT 12 HOURS LONG ° ' "	12h MOT ° ' "	2DIF "	R.A. h m s	DECL ° ' "
1 F	22 41 23	13♌46 23	58 3	10 41 28.9	8N17 7	12♐47 58	5 59 20	56	18 32 57	19S23 22	18♐47 19	6 1 27	70	18 58 21	19S19 1
2 S	22 45 20	14 44 26	58 5	10 45 6.3	7 55 18	24 48 45	6 4 2	84	19 23 51	19 1 21	0♑52 47	6 7 2	96	19 49 26	18 30 20
3 Su	22 49 16	15 42 31	58 6	10 48 43.4	7 33 22	6♑59 49	6 10 25	106	20 15 4	17 46 2	13 10 14	6 14 7	115	20 40 43	16 48 44
4 M	22 53 13	16 40 37	58 8	10 52 20.2	7 11 19	19 24 21	6 18 4	121	21 6 20	15 38 52	25 42 25	6 22 13	126	21 31 55	14 17 2
5 Tu	22 57 10	17 38 44	58 9	10 55 56.7	6 49 8	2♒ 4 38	6 26 29	129	21 57 27	12 43 59	8♒31 7	6 30 47	129	22 22 56	11 0 43
6 W	23 1 6	18 36 54	58 11	10 59 33.1	6 26 51	15 1 54	6 35 5	127	22 48 23	9 8 18	21 36 59	6 39 16	123	23 13 49	7 8 1
7 Th	23 5 3	19 35 5	58 13	11 3 9.2	6 4 28	28 16 15	6 43 18	117	23 39 17	5 1 17	4♓59 33	6 47 6	110	0 4 48	2 49 39
8 F	23 8 59	20 33 17	58 15	11 6 45.1	5 41 59	11♓46 38	6 50 37	101	0 30 27	0 34 46	18 37 15	6 53 49	91	0 56 16	1N41 37
9 S	23 12 56	21 31 32	58 17	11 10 20.8	5 19 24	25 31 4	6 56 39	79	1 22 19	3N57 38	2♈27 42	6 59 6	68	1 48 40	6 11 23
10 Su	23 16 52	22 29 49	58 19	11 13 56.4	4 56 43	9♈26 49	7 1 11	56	2 15 23	8 20 52	16 28 0	7 2 52	45	2 42 29	10 24 7
11 M	23 20 49	23 28 7	58 21	11 17 31.9	4 33 58	23 30 52	7 4 11	34	3 10 3	12 19 8	0♉35 2	7 5 8	24	3 38 4	14 3 57
12 Tu	23 24 45	24 26 28	58 23	11 21 7.3	4 11 7	7♉40 10	7 5 45	14	4 6 33	15 36 42	14 45 55	7 6 4	5	4 35 30	16 55 38
13 W	23 28 42	25 24 51	58 25	11 24 42.6	3 48 12	21 51 58	7 6 5	-3	5 4 51	17 59 10	28 58 3	7 5 50	-11	5 34 31	18 46 2
14 Th	23 32 39	26 23 16	58 27	11 28 17.9	3 25 13	6♊ 3 54	7 5 21	-18	6 4 26	19 15 13	13♊ 9 15	7 4 37	-25	6 34 28	19 26 6
15 F	23 36 35	27 21 43	58 30	11 31 53.1	3 2 10	20 13 52	7 3 39	-33	7 4 29	19 18 29	27 17 31	7 2 27	-40	7 34 21	18 52 34
16 S	23 40 32	28 20 12	58 32	11 35 28.3	2 39 4	4♋19 57	7 0 59	-48	8 3 58	18 8 58	11♋20 57	6 59 16	-56	8 33 12	17 8 44
17 Su	23 44 28	29 18 44	58 34	11 39 3.5	2 15 54	18 20 13	6 57 17	-64	9 2 0	15 53 13	25 17 30	6 55 0	-73	9 30 16	14 24 0
18 M	23 48 25	0♍17 17	58 36	11 42 38.7	1 52 42	2♌12 30	6 52 26	-82	9 58 0	12 42 55	9♌ 4 56	6 49 34	-90	10 25 10	10 51 54
19 Tu	23 52 21	1 15 53	58 38	11 46 13.9	1 29 27	15 54 31	6 46 25	-99	10 51 48	8 52 55	22 40 56	6 43 0	-106	11 17 55	6 47 58
20 W	23 56 18	2 14 31	58 40	11 49 49.2	1 6 10	29 23 56	6 39 20	-113	11 43 34	4 39 0	6♍ 3 16	6 35 29	-118	12 8 48	2 27 52
21 Th	0 0 14	3 13 10	58 41	11 53 24.6	0 42 51	12♍38 45	6 31 28	-122	12 33 42	0 16 20	19 10 13	6 27 22	-124	12 58 18	1S53 59
22 F	0 4 11	4 11 52	58 43	11 56 60.0	0 19 31	25 37 34	6 23 14	-123	13 22 41	4S 1 34	2♎ 0 48	6 19 8	-121	13 46 55	6 5 2
23 S	0 8 8	5 10 35	58 45	12 0 35.5	0S 3 50	8♎19 56	6 15 10	-116	14 11 3	8 3 7	14 35 6	6 11 23	-110	14 35 8	9 54 41
24 Su	0 12 4	6 9 20	58 47	12 4 11.1	0 27 12	20 46 28	6 7 51	-101	14 59 14	11 38 44	26 54 20	6 4 40	-90	15 23 22	13 14 18
25 M	0 16 1	7 8 7	58 49	12 7 46.9	0 50 34	2♏58 59	6 1 52	-77	15 47 37	14 40 34	9♏ 0 51	5 59 31	-63	16 11 58	15 56 47
26 Tu	0 19 57	8 6 56	58 51	12 11 22.8	1 13 56	15 0 21	5 57 40	-47	16 36 27	17 2 16	20 58 1	5 56 21	-31	17 1 5	17 56 27
27 W	0 23 54	9 5 46	58 52	12 14 58.9	1 37 18	26 54 22	5 55 37	-13	17 25 52	18 38 47	2♐49 59	5 55 30	6	17 50 47	19 8 50
28 Th	0 27 50	10 4 39	58 54	12 18 35.2	2 0 39	8♐45 29	5 56 1	25	18 15 50	19 26 15	14 41 30	5 57 9	44	18 41 0	19 30 45
29 F	0 31 47	11 3 32	58 56	12 22 11.7	2 23 59	20 38 39	5 58 56	63	19 6 16	19 22 8	26 37 35	6 1 21	82	19 31 36	19 0 20
30 S	0 35 43	12♍ 2 28	58 58	12 25 48.4	2S47 18	2♑38 56	6 4 23	100	19 56 58	18S25 21	8♑43 19	6 8 0	117	20 22 22	17S37 21

LUNAR INGRESSES
2 ☽ ♑ 10:16
4 ☽ ♒ 20:06
7 ☽ ♓ 3:06
9 ☽ ♈ 7:45
11 ☽ ♉ 11:01
13 ☽ ♊ 13:45
15 ☽ ♋ 16:37
17 ☽ ♌ 20:10
20 ☽ ♍ 1:05
22 ☽ ♎ 8:12
24 ☽ ♏ 18:06
27 ☽ ♐ 6:16
29 ☽ ♑ 18:44

PLANET INGRESSES
15 ♀ ♌ 22:29
16 ♃ ♎ 12:23
17 ☉ ♍ 16:55
27 ☿ ♍ 6:39

STATIONS
5 ☿ D 11:31
28 ♇ D 19:37

DATA FOR THE 1st AT 0 HOURS
JULIAN DAY 42977.5
☽ MEAN ☊ 28°♋ 22' 19"
OBLIQUITY 23° 26' 6"
DELTA T 74.6 SECONDS
NUTATION LONGITUDE -9.7"

DAY MO YR	☿ LONG ° ' "	♀ LONG ° ' "	♂ LONG ° ' "	♃ LONG ° ' "	♄ LONG ° ' "	♅ LONG ° ' "	♆ LONG ° ' "	♇ LONG ° ' "	☊ LONG ° '	A.S.S.I. h m s	S.S.R.Y. h m s	S.V.P. ♓ ° ' "	☿ MERCURY R.A. h m s	DECL ° ' "
1 244	4♌48R12	11♋57 44	2♌13 8	27♍ 0 52	26♏13 57	3♈12R48	17♒58R59	22♐ 3R21	29♋11	13 25 56	30 15 48	5 0 56.6	10 3 19	8N45 11
2 245	4 16 45	13 9 41	2 51 17	27 11 56	26 14 38	3 11 27	17 57 20	22 2 35	29 12	13 30 29	30 15 43	5 0 56.4	10 1 45	9 12 57
3 246	3 52 24	14 21 43	3 29 26	27 23 5	26 15 25	3 10 3	17 55 41	22 1 50	29 14	13 35 1	30 15 24	5 0 56.3	10 0 38	9 38 48
4 247	3 35 47	15 33 49	4 7 34	27 34 18	26 16 17	3 8 37	17 54 2	22 1 8	29 15	13 39 34	30 14 51	5 0 56.2	10 0 2	10 2 19
5 248	3 27D24	16 46 0	4 45 41	27 45 34	26 17 15	3 7 9	17 52 23	22 0 26	29 15	13 44 6	30 14 6	5 0 56.1	9 59 56	10 23 7
6 249	3 27 35	17 58 15	5 23 49	27 56 55	26 18 20	3 5 38	17 50 44	21 59 47	29 14	13 48 38	30 13 12	5 0 56.1	10 0 24	10 40 52
7 250	3 36 33	19 10 34	6 1 55	28 8 20	26 19 29	3 4 5	17 49 5	21 59 8	29 12	13 53 9	30 12 12	5 0 56.0	10 1 24	10 55 20
8 251	3 54 20	20 22 57	6 40 1	28 19 49	26 20 45	3 2 30	17 47 26	21 58 32	29 10	13 57 40	30 11 9	5 0 56.0	10 2 58	11 6 17
9 252	4 20 55	21 35 25	7 18 7	28 31 21	26 22 6	3 0 52	17 45 47	21 57 57	29 07	14 2 11	30 10 9	5 0 56.0	10 5 5	11 13 33
10 253	4 56 8	22 47 57	7 56 13	28 42 57	26 23 33	2 59 12	17 44 8	21 57 23	29 04	14 6 42	30 9 14	5 0 56.0	10 7 43	11 17 1
11 254	5 39 42	24 0 33	8 34 18	28 54 37	26 25 6	2 57 30	17 42 30	21 56 51	29 01	14 11 13	30 8 27	5 0 55.9	10 10 53	11 16 37
12 255	6 31 17	25 13 14	9 12 23	29 6 20	26 26 45	2 55 46	17 40 51	21 56 21	28 59	14 15 44	30 7 51	5 0 55.8	10 14 31	11 12 19
13 256	7 30 28	26 25 59	9 50 27	29 18 7	26 28 29	2 54 0	17 39 13	21 55 53	28 58	14 20 14	30 7 26	5 0 55.7	10 18 37	11 4 10
14 257	8 36 44	27 38 47	10 28 32	29 29 58	26 30 19	2 52 12	17 37 35	21 55 26	28 58	14 24 45	30 7 14	5 0 55.5	10 23 7	10 52 13
15 258	9 49 35	28 51 40	11 6 36	29 41 52	26 32 14	2 50 22	17 35 57	21 55 0	28 59	14 29 15	30 7 14	5 0 55.3	10 28 1	10 36 35
16 259	11 8 26	0♌ 4 37	11 44 40	29 53 49	26 34 15	2 48 30	17 34 20	21 54 37	29 01	14 33 45	30 7 26	5 0 55.1	10 33 15	10 17 23
17 260	12 32 41	1 17 38	12 22 43	0♎ 5 49	26 36 22	2 46 36	17 32 43	21 54 15	29 02	14 38 16	30 7 49	5 0 55.0	10 38 47	9 54 48
18 261	14 1 44	2 30 42	13 0 47	0 17 53	26 38 34	2 44 40	17 31 7	21 53 55	29 02	14 42 46	30 8 22	5 0 54.9	10 44 34	9 29 2
19 262	15 34 59	3 43 50	13 38 49	0 30 0	26 40 52	2 42 42	17 29 31	21 53 36	29 01	14 47 17	30 9 5	5 0 54.9	10 50 35	9 0 19
20 263	17 11 51	4 57 2	14 16 52	0 42 9	26 43 16	2 40 42	17 27 56	21 53 20	28 58	14 51 47	30 9 56	5 0 54.9	10 56 46	8 28 54
21 264	18 51 48	6 10 17	14 54 54	0 54 22	26 45 45	2 38 41	17 26 21	21 53 5	28 54	14 56 18	30 10 53	5 0 54.9	11 3 6	7 55 0
22 265	20 34 18	7 23 35	15 32 56	1 6 37	26 48 19	2 36 38	17 24 47	21 52 52	28 48	15 0 48	30 11 55	5 0 54.9	11 9 34	7 18 54
23 266	22 18 51	8 36 57	16 10 57	1 18 55	26 50 59	2 34 33	17 23 13	21 52 40	28 42	15 5 19	30 12 59	5 0 54.9	11 16 6	6 40 50
24 267	24 5 3	9 50 22	16 48 59	1 31 16	26 53 44	2 32 27	17 21 40	21 52 31	28 36	15 9 50	30 14 3	5 0 54.8	11 22 42	6 1 3
25 268	25 52 29	11 3 51	17 26 59	1 43 39	26 56 35	2 30 19	17 20 8	21 52 23	28 30	15 14 21	30 15 5	5 0 54.7	11 29 21	5 19 48
26 269	27 40 48	12 17 22	18 4 59	1 56 5	26 59 31	2 28 10	17 18 36	21 52 17	28 26	15 18 52	30 16 2	5 0 54.6	11 36 0	4 37 17
27 270	29 29 43	13 30 57	18 42 59	2 8 33	27 2 32	2 25 59	17 17 6	21 52 12	28 23	15 23 24	30 16 51	5 0 54.5	11 42 41	3 53 42
28 271	1♍18 58	14 44 34	19 20 59	2 21 4	27 5 38	2 23 47	17 15 36	21 52D10	28 22	15 27 55	30 17 30	5 0 54.4	11 49 20	3 9 17
29 272	3 8 20	15 58 15	19 58 58	2 33 37	27 8 50	2 21 34	17 14 7	21 52 9	28 23	15 32 27	30 17 57	5 0 54.2	11 55 59	2 24 10
30 273	4♍57 37	17♌11 59	20♌36 57	2♎46 12	27♏12 7	2♈19 20	17♒12 39	21♐52 10	28♋24	15 37 0	30 18 10	5 0 54.1	12 2 37	1N38 31

DAY Sep	♀ VENUS R.A. h m s	DECL ° ' "	♂ MARS R.A. h m s	DECL ° ' "	♃ JUPITER R.A. h m s	DECL ° ' "	♄ SATURN R.A. h m s	DECL ° ' "	♅ URANUS R.A. h m s	DECL ° ' "	♆ NEPTUNE R.A. h m s	DECL ° ' "	♇ PLUTO R.A. h m s	DECL ° ' "
1	8 37 27	18N36 36	9 59 16	13N32 3	13 23 0	7S33 2	17 22 6	21S59 19	1 45 38	10N16 34	22 58 39	7S33 24	19 13 31	21S40 59
2	8 42 24	18 21 9	10 1 44	13 18 57	13 23 41	7 37 17	17 22 9	21 59 33	1 45 33	10 16 4	22 58 33	7 34 3	19 13 28	21 41 12
3	8 47 20	18 5 11	10 4 11	13 5 45	13 24 23	7 41 33	17 22 12	21 59 48	1 45 28	10 15 33	22 58 27	7 34 41	19 13 25	21 41 24
4	8 52 15	17 48 41	10 6 37	12 52 30	13 25 5	7 45 50	17 22 16	22 0 2	1 45 22	10 15 2	22 58 21	7 35 20	19 13 22	21 41 36
5	8 57 10	17 31 41	10 9 4	12 39 9	13 25 47	7 50 9	17 22 20	22 0 17	1 45 17	10 14 30	22 58 15	7 35 58	19 13 19	21 41 48
6	9 2 4	17 14 12	10 11 30	12 25 44	13 26 29	7 54 28	17 22 24	22 0 32	1 45 11	10 13 58	22 58 8	7 36 37	19 13 17	21 42 0
7	9 6 57	16 56 12	10 13 56	12 12 15	13 27 12	7 58 48	17 22 29	22 0 48	1 45 5	10 13 26	22 58 2	7 37 15	19 13 14	21 42 12
8	9 11 50	16 37 44	10 16 21	11 58 41	13 27 55	8 3 10	17 22 35	22 1 4	1 44 59	10 12 47	22 57 56	7 37 54	19 13 11	21 42 23
9	9 16 42	16 18 47	10 18 47	11 45 4	13 28 38	8 7 32	17 22 40	22 1 20	1 44 53	10 12 12	22 57 50	7 38 32	19 13 9	21 42 34
10	9 21 33	15 59 22	10 21 12	11 31 22	13 29 21	8 11 55	17 22 47	22 1 37	1 44 47	10 11 35	22 57 44	7 39 10	19 13 7	21 42 45
11	9 26 24	15 39 29	10 23 37	11 17 36	13 30 5	8 16 19	17 22 53	22 1 54	1 44 40	10 10 58	22 57 38	7 39 49	19 13 4	21 42 56
12	9 31 14	15 19 10	10 26 1	11 3 46	13 30 49	8 20 45	17 23 0	22 2 11	1 44 34	10 10 20	22 57 32	7 40 27	19 13 2	21 43 7
13	9 36 3	14 58 24	10 28 26	10 49 52	13 31 33	8 25 10	17 23 8	22 2 29	1 44 27	10 9 42	22 57 26	7 41 4	19 13 0	21 43 17
14	9 40 51	14 37 12	10 30 50	10 35 54	13 32 17	8 29 37	17 23 16	22 2 47	1 44 20	10 9 2	22 57 20	7 41 42	19 12 58	21 43 27
15	9 45 39	14 15 36	10 33 14	10 21 53	13 33 2	8 34 5	17 23 24	22 3 5	1 44 13	10 8 23	22 57 13	7 42 20	19 12 57	21 43 37
16	9 50 26	13 53 35	10 35 38	10 7 48	13 33 47	8 38 33	17 23 32	22 3 23	1 44 6	10 7 42	22 57 7	7 42 57	19 12 55	21 43 47
17	9 55 12	13 31 10	10 38 1	9 53 40	13 34 32	8 43 2	17 23 41	22 3 42	1 43 59	10 7 1	22 57 1	7 43 34	19 12 54	21 43 56
18	9 59 57	13 8 21	10 40 25	9 39 29	13 35 17	8 47 31	17 23 51	22 4 1	1 43 52	10 6 19	22 56 55	7 44 11	19 12 52	21 44 6
19	10 4 42	12 45 10	10 42 48	9 25 14	13 36 3	8 52 2	17 24 1	22 4 20	1 43 44	10 5 36	22 56 50	7 44 48	19 12 51	21 44 15
20	10 9 26	12 21 37	10 45 10	9 10 56	13 36 48	8 56 32	17 24 11	22 4 40	1 43 37	10 4 53	22 56 44	7 45 25	19 12 50	21 44 24
21	10 14 10	11 57 43	10 47 33	8 56 35	13 37 34	9 1 4	17 24 22	22 5 0	1 43 29	10 4 9	22 56 38	7 46 1	19 12 49	21 44 32
22	10 18 53	11 33 27	10 49 56	8 42 11	13 38 21	9 5 35	17 24 33	22 5 20	1 43 21	10 3 24	22 56 32	7 46 37	19 12 48	21 44 41
23	10 23 35	11 8 52	10 52 18	8 27 45	13 39 7	9 10 8	17 24 44	22 5 40	1 43 14	10 2 39	22 56 26	7 47 13	19 12 47	21 44 49
24	10 28 16	10 43 57	10 54 40	8 13 15	13 39 53	9 14 40	17 24 56	22 6 1	1 43 6	10 1 53	22 56 20	7 47 48	19 12 47	21 44 57
25	10 32 57	10 18 44	10 57 2	7 58 43	13 40 40	9 19 14	17 25 8	22 6 21	1 42 57	10 1 7	22 56 15	7 48 23	19 12 46	21 45 5
26	10 37 37	9 53 12	10 59 23	7 44 8	13 41 27	9 23 47	17 25 21	22 6 42	1 42 49	10 0 21	22 56 9	7 48 58	19 12 46	21 45 12
27	10 42 17	9 27 23	11 1 45	7 29 31	13 42 14	9 28 21	17 25 34	22 7 3	1 42 41	9 59 33	22 56 3	7 49 33	19 12 46	21 45 20
28	10 46 56	9 1 18	11 4 6	7 14 52	13 43 1	9 32 55	17 25 47	22 7 25	1 42 33	9 58 46	22 55 58	7 50 7	19 12 45	21 45 27
29	10 51 34	8 34 56	11 6 27	7 0 10	13 43 49	9 37 29	17 26 1	22 7 46	1 42 24	9 57 58	22 55 52	7 50 41	19 12 45	21 45 34
30	10 56 12	8N 8 19	11 8 48	6N45 26	13 44 36	9S42 4	17 26 15	22S 8 8	1 42 16	9N57 9	22 55 47	7S51 14	19 12 46	21S45 40

OCTOBER 2017

DAY	SIDEREAL TIME h m s	☉ SUN LONG ° ' "	MOT ' "	R.A. h m s	DECL ° ' "	☽ MOON AT 0 HOURS LONG ° ' "	12h MOT ° ' "	2DIF "	R.A. h m s	DECL ° ' "	☽ MOON AT 12 HOURS LONG ° ' "	12h MOT ° ' "	2DIF "	R.A. h m s	DECL ° ' "
1 Su	0 39 40	13♍ 1 26	58 59	12 29 25.4	3S10 35	14♑51 18	6 12 9	132	20 47 46	16S36 35	21♑ 3 27	6 16 47	145	21 13 11	15S23 26
2 M	0 43 36	14 0 25	59 1	12 33 2.6	3 33 50	27 20 14	6 21 50	157	21 38 35	13 58 29	3♒42 5	6 27 14	165	22 4 0	12 22 23
3 Tu	0 47 33	14 59 26	59 3	12 36 40.1	3 57 2	10♒ 9 18	6 32 50	170	22 29 26	10 36 0	16 42 9	6 38 34	172	22 54 55	8 40 23
4 W	0 51 30	15 58 29	59 5	12 40 18.0	4 20 11	23 20 43	6 44 18	170	23 20 30	6 36 42	0♓ 5 0	6 49 52	163	23 46 11	4 26 21
5 Th	0 55 26	16 57 34	59 7	12 43 56.2	4 43 17	6♓54 53	6 55 10	153	0 12 4	2 10 54	13 50 3	7 0 4	139	0 38 10	0N 7 55
6 F	0 59 23	17 56 40	59 9	12 47 34.7	5 6 20	20 50 7	7 4 25	121	1 4 33	2N28 9	27 54 32	7 8 8	100	1 31 17	4 47 46
7 S	1 3 19	18 55 49	59 11	12 51 13.7	5 29 19	5♈ 2 40	7 11 7	78	1 58 24	7 4 33	12♈13 47	7 13 18	54	2 25 58	9 16 15
8 Su	1 7 16	19 55 0	59 13	12 54 53.0	5 52 13	19 27 5	7 14 42	30	2 53 59	11 20 33	26 41 47	7 15 17	6	3 22 29	13 15 10
9 M	1 11 12	20 54 13	59 16	12 58 32.8	6 15 3	3♉57 4	7 15 7	-15	3 51 26	14 57 56	11♉12 11	7 14 15	-35	4 20 49	16 26 50
10 Tu	1 15 9	21 53 29	59 18	13 2 13.1	6 37 49	18 26 26	7 12 48	-51	4 50 34	17 40 7	25 39 14	7 10 50	-65	5 20 36	18 36 22
11 W	1 19 5	22 52 47	59 20	13 5 53.8	7 0 29	2♊50 3	7 8 28	-75	5 50 47	19 14 32	9♊58 32	7 5 50	-82	6 21 1	19 34 1
12 Th	1 23 2	23 52 7	59 23	13 9 35.1	7 23 3	17 4 21	7 2 59	-87	6 51 9	19 34 39	24 7 20	7 0 2	-89	7 21 4	19 16 43
13 F	1 26 59	24 51 29	59 25	13 13 16.9	7 45 32	1♋ 7 22	6 57 3	-89	7 50 38	18 40 55	8♋ 4 25	6 54 4	-89	8 19 45	17 48 18
14 S	1 30 55	25 50 54	59 27	13 16 59.2	8 7 54	14 58 30	6 51 8	-87	8 48 22	16 40 12	21 49 38	6 48 16	-85	9 16 25	15 18 10
15 Su	1 34 52	26 50 21	59 29	13 20 42.0	8 30 9	28 37 54	6 45 27	-84	9 43 53	13 43 52	5♌23 20	6 42 41	-82	10 10 47	11 59 5
16 M	1 38 48	27 49 51	59 32	13 24 25.5	8 52 18	12♌ 6 1	6 39 57	-82	10 37 8	10 5 38	18 45 58	6 37 14	-82	11 2 58	8 5 18
17 Tu	1 42 45	28 49 22	59 34	13 28 9.5	9 14 19	25 23 12	6 34 29	-83	11 28 22	5 59 51	1♍57 41	6 31 43	-84	11 53 22	3 51 1
18 W	1 46 41	29 48 56	59 36	13 31 54.1	9 36 12	8♍29 24	6 28 53	-86	12 18 3	1 40 27	14 58 17	6 25 59	-88	12 42 28	0S30 15
19 Th	1 50 38	0♎48 32	59 38	13 35 39.4	9 57 56	21 24 16	6 23 1	-90	13 6 42	2S39 36	27 47 18	6 20 0	-91	13 30 49	4 46 8
20 F	1 54 34	1 48 10	59 40	13 39 25.2	10 19 32	4♎ 7 18	6 16 57	-92	13 54 51	6 48 31	10♎24 14	6 13 53	-91	14 18 53	8 45 28
21 S	1 58 31	2 47 50	59 42	13 43 11.8	10 40 59	16 38 7	6 10 51	-90	14 42 57	10 35 49	22 48 58	6 7 54	-86	15 7 6	12 18 27
22 Su	2 2 28	3 47 32	59 44	13 46 58.9	11 2 17	28 56 53	6 5 6	-81	15 31 21	13 52 23	5♏ 1 59	6 2 29	-75	15 55 43	15 16 41
23 M	2 6 24	4 47 16	59 46	13 50 46.8	11 23 24	11♏ 4 28	6 0 8	-66	16 20 14	16 30 34	17 4 36	5 58 5	-55	16 44 53	17 33 19
24 Tu	2 10 21	5 47 2	59 48	13 54 35.3	11 44 21	23 2 41	5 56 26	-43	17 9 39	18 24 20	28 59 7	5 55 13	-29	17 34 33	19 3 7
25 W	2 14 17	6 46 49	59 49	13 58 24.5	12 5 8	4♐54 20	5 54 30	-14	17 59 32	19 29 18	10♐48 49	5 54 19	3	18 24 36	19 42 36
26 Th	2 18 14	7 46 38	59 51	14 2 14.4	12 25 43	16 43 8	5 54 43	22	18 49 42	19 42 53	22 37 51	5 55 45	41	19 14 49	19 30 4
27 F	2 22 10	8 46 29	59 53	14 6 5.0	12 46 7	28 33 36	5 57 27	61	19 39 56	19 4 12	4♑31 3	5 59 49	81	20 5 0	18 25 28
28 S	2 26 7	9 46 22	59 54	14 9 56.4	13 6 19	10♑30 52	6 2 52	102	20 30 3	17 34 5	16 33 44	6 6 37	122	20 55 3	16 30 24
29 Su	2 30 3	10 46 16	59 56	14 13 48.5	13 26 18	22 40 21	6 11 2	142	21 20 1	15 14 51	28 51 23	6 16 5	160	21 44 58	13 47 59
30 M	2 34 0	11 46 12	59 58	14 17 41.3	13 46 5	5♒ 7 27	6 21 43	177	22 9 55	12 10 26	11♒29 10	6 27 52	191	22 34 55	10 22 58
31 Tu	2 37 57	12♎46 9	59 59	14 21 34.9	14S 5 38	17♒57 2	6 34 26	201	23 0 0	8S26 27	24♒31 28	6 41 18	208	23 25 14	6S21 57

LUNAR INGRESSES

2 ☽ ♒ 5:02	12 ☽ ♋ 22:04	24 ☽ ♐ 14:03
4 ☽ ♓ 11:51	15 ☽ ♌ 2:25	27 ☽ ♑ 2:54
6 ☽ ♈ 15:32	17 ☽ ♍ 8:25	29 ☽ ♒ 14:12
8 ☽ ♉ 17:28	19 ☽ ♎ 16:11	31 ☽ ♓ 21:50
10 ☽ ♊ 19:15	22 ☽ ♏ 2:04	

PLANET INGRESSES
10 ♀ ♍ 9:04
14 ☿ ♎ 7:04
14 ♂ ♍ 20:05
18 ☉ ♎ 4:27

STATIONS
NONE

DATA FOR THE 1st AT 0 HOURS
JULIAN DAY 43007.5
☽ MEAN ☊ 26°♋ 46' 56"
OBLIQUITY 23° 26' 6"
DELTA T 74.6 SECONDS
NUTATION LONGITUDE-11.3"

DAY MO YR	☿ LONG ° ' "	♀ LONG ° ' "	♂ LONG ° ' "	♃ LONG ° ' "	♄ LONG ° ' "	♅ LONG ° ' "	♆ LONG ° ' "	♇ LONG ° ' "	☊ LONG ° '	A.S.S.I. h m s	S.S.R.Y. h m s	S.V.P. ♓ ° ' "	☿ MERCURY R.A. h m s	☿ MERCURY DECL ° ' "
1 274	6♍46 41	18♌25 46	21♌14 55	2♎58 48	27♏15 29	2♈17R 4	17♒11R12	21♐52 13	28♋26	15 41 32	30 18 7	5 0 54.0	12 9 12	0N52 29
2 275	8 35 23	19 39 35	21 52 53	3 11 27	27 18 55	2 14 47	17 9 45	21 52 18	28 26	15 46 5	30 17 52	5 0 53.9	12 15 46	0 6 12
3 276	10 23 38	20 53 28	22 30 51	3 24 8	27 22 27	2 12 29	17 8 20	21 52 24	28 26	15 50 38	30 17 23	5 0 53.8	12 22 17	0S40 13
4 277	12 11 20	22 7 23	23 8 48	3 36 51	27 26 4	2 10 11	17 6 56	21 52 33	28 23	15 55 12	30 16 42	5 0 53.8	12 28 46	1 26 40
5 278	13 58 26	23 21 22	23 46 46	3 49 36	27 29 46	2 7 51	17 5 33	21 52 43	28 18	15 59 46	30 15 52	5 0 53.8	12 35 12	2 13 4
6 279	15 44 52	24 35 23	24 24 43	4 2 22	27 33 32	2 5 30	17 4 11	21 52 54	28 11	16 4 21	30 14 57	5 0 53.8	12 41 37	2 59 20
7 280	17 30 38	25 49 27	25 2 40	4 15 10	27 37 23	2 3 8	17 2 50	21 53 8	28 03	16 8 56	30 13 59	5 0 53.8	12 47 58	3 45 23
8 281	19 15 40	27 3 34	25 40 36	4 27 59	27 41 19	2 0 46	17 1 30	21 53 24	27 55	16 13 32	30 13 2	5 0 53.7	12 54 18	4 31 10
9 282	20 59 59	28 17 44	26 18 33	4 40 50	27 45 20	1 58 23	17 0 11	21 53 41	27 47	16 18 8	30 12 8	5 0 53.6	13 0 36	5 16 37
10 283	22 43 33	29 31 56	26 56 29	4 53 43	27 49 26	1 55 59	16 58 54	21 54 0	27 41	16 22 44	30 11 20	5 0 53.5	13 6 51	6 1 41
11 284	24 26 23	0♍46 12	27 34 26	5 6 37	27 53 36	1 53 35	16 57 38	21 54 21	27 37	16 27 22	30 10 39	5 0 53.3	13 13 5	6 46 20
12 285	26 8 29	2 0 30	28 12 22	5 19 32	27 57 50	1 51 10	16 56 23	21 54 44	27 36	16 32 0	30 10 8	5 0 53.1	13 19 17	7 30 30
13 286	27 49 51	3 14 51	28 50 19	5 32 29	28 2 10	1 48 44	16 55 9	21 55 8	27 35	16 36 38	30 9 46	5 0 52.9	13 25 27	8 14 9
14 287	29 30 29	4 29 14	29 28 15	5 45 26	28 6 33	1 46 18	16 53 57	21 55 35	27 36	16 41 18	30 9 36	5 0 52.8	13 31 36	8 57 16
15 288	1♎10 25	5 43 40	0♍ 6 11	5 58 25	28 11 1	1 43 52	16 52 46	21 56 3	27 37	16 45 58	30 9 38	5 0 52.7	13 37 43	9 39 48
16 289	2 49 39	6 58 8	0 44 7	6 11 25	28 15 34	1 41 25	16 51 37	21 56 33	27 36	16 50 38	30 9 52	5 0 52.6	13 43 50	10 21 44
17 290	4 28 12	8 12 39	1 22 3	6 24 26	28 20 11	1 38 58	16 50 28	21 57 4	27 32	16 55 20	30 10 17	5 0 52.6	13 49 55	11 3 2
18 291	6 6 5	9 27 12	1 59 58	6 37 28	28 24 52	1 36 31	16 49 22	21 57 38	27 26	17 0 2	30 10 52	5 0 52.5	13 55 59	11 43 41
19 292	7 43 19	10 41 47	2 37 54	6 50 30	28 29 37	1 34 4	16 48 17	21 58 13	27 18	17 4 45	30 11 38	5 0 52.5	14 2 3	12 23 39
20 293	9 19 55	11 56 24	3 15 49	7 3 33	28 34 27	1 31 37	16 47 13	21 58 50	27 07	17 9 29	30 12 32	5 0 52.5	14 8 6	13 2 55
21 294	10 55 54	13 11 3	3 53 44	7 16 37	28 39 21	1 29 10	16 46 11	21 59 29	26 55	17 14 13	30 13 32	5 0 52.4	14 14 9	13 41 27
22 295	12 31 18	14 25 44	4 31 39	7 29 42	28 44 19	1 26 42	16 45 11	22 0 10	26 42	17 18 59	30 14 36	5 0 52.3	14 20 11	14 19 14
23 296	14 6 6	15 40 27	5 9 33	7 42 46	28 49 20	1 24 15	16 44 12	22 0 52	26 31	17 23 45	30 15 41	5 0 52.2	14 26 13	14 56 15
24 297	15 40 20	16 55 12	5 47 27	7 55 52	28 54 26	1 21 49	16 43 14	22 1 36	26 21	17 28 32	30 16 44	5 0 52.1	14 32 14	15 32 29
25 298	17 14 0	18 9 58	6 25 21	8 8 57	28 59 36	1 19 22	16 42 19	22 2 22	26 14	17 33 20	30 17 43	5 0 51.9	14 38 16	16 7 54
26 299	18 47 8	19 24 46	7 3 15	8 22 3	29 4 49	1 16 56	16 41 25	22 3 10	26 09	17 38 9	30 18 34	5 0 51.7	14 44 18	16 42 30
27 300	20 19 45	20 39 36	7 41 8	8 35 8	29 10 6	1 14 30	16 40 33	22 3 59	26 07	17 42 59	30 19 14	5 0 51.6	14 50 19	17 16 15
28 301	21 51 50	21 54 28	8 19 1	8 48 14	29 15 27	1 12 5	16 39 42	22 4 50	26 07	17 47 49	30 19 43	5 0 51.4	14 56 21	17 49 8
29 302	23 23 25	23 9 20	8 56 54	9 1 20	29 20 52	1 9 40	16 38 53	22 5 43	26 07	17 52 41	30 19 58	5 0 51.3	15 2 23	18 21 7
30 303	24 54 29	24 24 15	9 34 46	9 14 26	29 26 20	1 7 16	16 38 6	22 6 37	26 07	17 57 33	30 19 59	5 0 51.2	15 8 25	18 52 11
31 304	26♎25 3	25♍39 11	10♍12 39	9♎27 31	29♏31 51	1♈ 4 52	16♒37 21	22♐ 7 33	26♋05	18 2 27	30 19 46	5 0 51.2	15 14 28	19S22 20

DAY Oct	♀ VENUS R.A. h m s	♀ VENUS DECL ° ' "	♂ MARS R.A. h m s	♂ MARS DECL ° ' "	♃ JUPITER R.A. h m s	♃ JUPITER DECL ° ' "	♄ SATURN R.A. h m s	♄ SATURN DECL ° ' "	♅ URANUS R.A. h m s	♅ URANUS DECL ° ' "	♆ NEPTUNE R.A. h m s	♆ NEPTUNE DECL ° ' "	♇ PLUTO R.A. h m s	♇ PLUTO DECL ° ' "
1	11 0 50	7N41 27	11 11 9	6N30 40	13 45 24	9S46 39	17 26 29	22S 8 30	1 42 7	9N56 20	22 55 41	7S51 47	19 12 46	21S45 47
2	11 5 27	7 14 21	11 13 30	6 15 52	13 46 12	9 51 13	17 26 44	22 8 52	1 41 59	9 55 31	22 55 36	7 52 20	19 12 46	21 45 53
3	11 10 3	6 47 2	11 15 51	6 1 2	13 47 0	9 55 48	17 26 59	22 9 14	1 41 50	9 54 42	22 55 31	7 52 52	19 12 47	21 45 59
4	11 14 40	6 19 30	11 18 11	5 46 11	13 47 48	10 0 23	17 27 15	22 9 36	1 41 41	9 53 52	22 55 25	7 53 24	19 12 47	21 46 5
5	11 19 15	5 51 47	11 20 31	5 31 17	13 48 36	10 4 58	17 27 31	22 9 59	1 41 32	9 53 1	22 55 20	7 53 55	19 12 48	21 46 10
6	11 23 51	5 23 52	11 22 51	5 16 22	13 49 25	10 9 34	17 27 47	22 10 21	1 41 24	9 52 11	22 55 15	7 54 26	19 12 49	21 46 16
7	11 28 26	4 55 46	11 25 12	5 1 26	13 50 13	10 14 9	17 28 4	22 10 44	1 41 15	9 51 20	22 55 10	7 54 56	19 12 50	21 46 21
8	11 33 1	4 27 31	11 27 32	4 46 27	13 51 2	10 18 44	17 28 21	22 11 6	1 41 6	9 50 28	22 55 5	7 55 26	19 12 51	21 46 26
9	11 37 36	3 59 6	11 29 51	4 31 28	13 51 51	10 23 18	17 28 38	22 11 29	1 40 57	9 49 37	22 55 0	7 55 56	19 12 53	21 46 30
10	11 42 10	3 30 33	11 32 11	4 16 27	13 52 40	10 27 53	17 28 55	22 11 52	1 40 48	9 48 45	22 54 55	7 56 25	19 12 54	21 46 34
11	11 46 45	3 1 52	11 34 31	4 1 25	13 53 29	10 32 28	17 29 13	22 12 15	1 40 38	9 47 53	22 54 50	7 56 53	19 12 56	21 46 39
12	11 51 19	2 33 4	11 36 50	3 46 22	13 54 18	10 37 2	17 29 32	22 12 38	1 40 29	9 47 1	22 54 46	7 57 21	19 12 57	21 46 42
13	11 55 53	2 4 10	11 39 10	3 31 17	13 55 7	10 41 37	17 29 50	22 13 0	1 40 20	9 46 9	22 54 41	7 57 49	19 12 59	21 46 46
14	12 0 27	1 35 10	11 41 29	3 16 12	13 55 57	10 46 11	17 30 9	22 13 23	1 40 11	9 45 17	22 54 37	7 58 16	19 13 1	21 46 50
15	12 5 1	1 6 5	11 43 49	3 1 6	13 56 46	10 50 45	17 30 29	22 13 46	1 40 2	9 44 24	22 54 32	7 58 42	19 13 3	21 46 53
16	12 9 35	0 36 56	11 46 8	2 45 59	13 57 36	10 55 18	17 30 48	22 14 10	1 39 52	9 43 32	22 54 28	7 59 8	19 13 5	21 46 56
17	12 14 9	0 7 44	11 48 27	2 30 52	13 58 25	10 59 52	17 31 8	22 14 33	1 39 43	9 42 39	22 54 24	7 59 33	19 13 8	21 46 59
18	12 18 43	0S21 31	11 50 47	2 15 44	13 59 15	11 4 24	17 31 28	22 14 55	1 39 34	9 41 46	22 54 20	7 59 58	19 13 10	21 47 1
19	12 23 18	0 50 48	11 53 6	2 0 35	14 0 5	11 8 57	17 31 49	22 15 18	1 39 25	9 40 54	22 54 15	8 0 22	19 13 13	21 47 3
20	12 27 52	1 20 7	11 55 25	1 45 27	14 0 55	11 13 29	17 32 9	22 15 41	1 39 15	9 40 1	22 54 12	8 0 45	19 13 15	21 47 5
21	12 32 27	1 49 25	11 57 44	1 30 18	14 1 45	11 18 0	17 32 31	22 16 4	1 39 6	9 39 8	22 54 8	8 1 8	19 13 18	21 47 7
22	12 37 2	2 18 43	12 0 3	1 15 8	14 2 35	11 22 31	17 32 52	22 16 27	1 38 57	9 38 15	22 54 4	8 1 30	19 13 21	21 47 9
23	12 41 37	2 48 1	12 2 22	0 59 59	14 3 25	11 27 2	17 33 14	22 16 50	1 38 47	9 37 23	22 54 0	8 1 52	19 13 24	21 47 10
24	12 46 12	3 17 16	12 4 41	0 44 50	14 4 15	11 31 32	17 33 36	22 17 12	1 38 38	9 36 30	22 53 57	8 2 13	19 13 28	21 47 11
25	12 50 48	3 46 29	12 7 0	0 29 41	14 5 5	11 36 1	17 33 58	22 17 35	1 38 29	9 35 38	22 53 53	8 2 33	19 13 31	21 47 12
26	12 55 24	4 15 38	12 9 19	0 14 32	14 5 56	11 40 30	17 34 20	22 17 57	1 38 20	9 34 46	22 53 50	8 2 53	19 13 34	21 47 12
27	13 0 1	4 44 44	12 11 38	0S 0 37	14 6 46	11 44 58	17 34 43	22 18 20	1 38 11	9 33 54	22 53 46	8 3 12	19 13 38	21 47 13
28	13 4 38	5 13 44	12 13 56	0 15 45	14 7 36	11 49 25	17 35 6	22 18 42	1 38 1	9 33 2	22 53 43	8 3 30	19 13 42	21 47 13
29	13 9 15	5 42 39	12 16 15	0 30 53	14 8 26	11 53 52	17 35 30	22 19 4	1 37 52	9 32 10	22 53 40	8 3 48	19 13 45	21 47 13
30	13 13 53	6 11 28	12 18 34	0 46 0	14 9 17	11 58 18	17 35 53	22 19 26	1 37 43	9 31 18	22 53 37	8 4 5	19 13 49	21 47 13
31	13 18 31	6S40 9	12 20 53	1S 1 7	14 10 7	12S 2 43	17 36 17	22S19 48	1 37 34	9N30 27	22 53 34	8S 4 21	19 13 53	21S47 12

NOVEMBER 2017

DAY	SIDEREAL TIME h m s	☉ SUN LONG ° ' "	MOT ' "	R.A. h m s	DECL ° ' "	☽ MOON AT 0 HOURS LONG ° ' "	12h MOT ° ' "	2DIF "	R.A. h m s	DECL ° ' "	☽ MOON AT 12 HOURS LONG ° ' "	12h MOT ° ' "	2DIF "	R.A. h m s	DECL ° ' "
1 W	2 41 53	13♎46 9	60 1	14 25 29.3	14S24 58	1♓12 45	6 48 19	210	23 50 40	4S10 42	8♓ 1 4	6 55 19	207	0 16 23	1S54 5
2 Th	2 45 50	14 46 9	60 3	14 29 24.4	14 44 4	14 56 23	7 2 7	198	0 42 27	0N26 15	21 58 30	7 8 31	183	1 8 55	2N48 27
3 F	2 49 46	15 46 12	60 4	14 33 20.4	15 2 55	29 7 1	7 14 19	162	1 35 53	5 10 26	6♈21 20	7 19 20	136	2 3 24	7 29 53
4 S	2 53 43	16 46 16	60 6	14 37 17.1	15 21 32	13♈40 40	7 23 25	106	2 31 30	9 44 21	21 4 5	7 26 24	72	3 0 13	11 51 14
5 Su	2 57 39	17 46 22	60 8	14 41 14.7	15 39 54	28 30 28	7 28 13	37	3 29 34	13 47 53	5♉58 42	7 28 51	1	3 59 30	15 31 46
6 M	3 1 36	18 46 30	60 10	14 45 13.1	15 58 0	13♉27 32	7 28 18	-33	4 29 57	17 0 30	20 55 51	7 26 40	-64	5 0 49	18 12 3
7 Tu	3 5 32	19 46 40	60 12	14 49 12.4	16 15 50	28 22 31	7 24 4	-90	5 31 58	19 4 49	5♊46 35	7 20 39	-112	6 3 14	19 37 45
8 W	3 9 29	20 46 52	60 14	14 53 12.5	16 33 24	13♊ 7 14	7 16 34	-129	6 34 26	19 50 23	20 23 48	7 12 2	-141	7 5 23	19 42 52
9 Th	3 13 26	21 47 6	60 16	14 57 13.5	16 50 41	27 35 49	7 7 11	-148	7 35 56	19 15 55	4♋43 0	7 2 11	-150	8 5 57	18 30 41
10 F	3 17 22	22 47 22	60 18	15 1 15.3	17 7 41	11♋45 11	6 57 11	-149	8 35 19	17 28 42	18 42 22	6 52 17	-144	9 3 59	16 11 45
11 S	3 21 19	23 47 40	60 20	15 5 18.0	17 24 24	25 34 38	6 47 33	-138	9 31 56	14 41 44	2♌22 11	6 43 4	-130	9 59 9	13 0 37
12 Su	3 25 15	24 48 0	60 22	15 9 21.6	17 40 49	9♌ 5 15	6 38 51	-122	10 25 41	11 10 19	15 44 6	6 34 56	-113	10 51 36	9 12 41
13 M	3 29 12	25 48 22	60 24	15 13 26.0	17 56 56	22 19 2	6 31 18	-105	11 16 56	7 9 31	28 50 20	6 27 56	-97	11 41 48	5 2 27
14 Tu	3 33 8	26 48 46	60 26	15 17 31.3	18 12 43	5♍18 17	6 24 49	-90	12 6 16	2 53 5	11♍43 6	6 21 55	-84	12 30 26	0 42 53
15 W	3 37 5	27 49 12	60 28	15 21 37.5	18 28 12	18 5 1	6 19 11	-80	12 54 22	1S26 44	24 24 12	6 16 37	-76	13 18 9	3S34 27
16 Th	3 41 1	28 49 40	60 29	15 25 44.5	18 43 22	0♎40 49	6 14 9	-72	13 41 52	5 38 58	6♎54 58	6 11 47	-70	14 5 34	7 39 5
17 F	3 44 58	29 50 9	60 31	15 29 52.4	18 58 11	13 6 45	6 9 30	-68	14 29 20	9 33 35	19 16 15	6 7 17	-65	14 53 12	11 21 21
18 S	3 48 54	0♏50 40	60 33	15 34 1.1	19 12 41	25 23 33	6 5 9	-63	15 17 13	13 1 20	1♏28 41	6 3 5	-60	15 41 23	14 32 28
19 Su	3 52 51	1 51 13	60 34	15 38 10.6	19 26 49	7♏31 46	6 1 8	-57	16 5 45	15 53 51	13 32 54	5 59 19	-52	16 30 17	17 4 37
20 M	3 56 48	2 51 47	60 36	15 42 21.0	19 40 37	19 32 13	5 57 40	-46	16 55 0	18 4 1	25 29 52	5 56 13	-39	17 19 52	18 51 25
21 Tu	4 0 44	3 52 22	60 37	15 46 32.2	19 54 3	1♐26 6	5 55 3	-30	17 44 51	19 26 19	7♐21 9	5 54 12	-20	18 9 55	19 48 20
22 W	4 4 41	4 52 59	60 38	15 50 44.1	20 7 8	13 15 26	5 53 42	-8	18 35 2	19 57 15	19 9 2	5 53 38	5	19 0 8	19 53 0
23 Th	4 8 37	5 53 37	60 40	15 54 56.9	20 19 50	25 2 40	5 54 2	20	19 25 12	19 35 37	0♑56 42	5 54 58	36	19 50 11	19 5 17
24 F	4 12 34	6 54 16	60 41	15 59 10.4	20 32 10	6♑51 40	5 56 28	54	20 15 4	18 22 19	12 48 8	5 58 35	73	20 39 50	17 27 5
25 S	4 16 30	7 54 57	60 42	16 3 24.7	20 44 7	18 46 42	6 1 20	93	21 4 29	16 20 5	24 48 2	6 4 45	113	21 29 0	15 1 53
26 Su	4 20 27	8 55 39	60 43	16 7 39.7	20 55 41	0♒52 47	6 8 52	133	21 53 27	13 33 5	7♒ 1 39	6 13 39	153	22 17 50	11 54 23
27 M	4 24 24	9 56 21	60 44	16 11 55.4	21 6 51	13 15 17	6 19 5	173	22 42 13	10 6 34	19 34 22	6 25 9	190	23 6 39	8 10 27
28 Tu	4 28 20	10 57 5	60 45	16 16 11.9	21 17 37	25 59 31	6 31 47	206	23 31 14	6 6 59	2♓31 18	6 38 52	218	23 56 0	3 57 14
29 W	4 32 17	11 57 50	60 46	16 20 29.0	21 28 0	9♓10 10	6 46 19	226	0 21 4	1 42 26	15 56 28	6 53 57	229	0 46 31	0N36 2
30 Th	4 36 13	12♏58 35	60 47	16 24 46.8	21S37 57	22♓50 25	7 1 36	227	1 12 27	2N56 33	29♓52 2	7 9 5	218	1 38 56	5N17 15

LUNAR INGRESSES
3 ☽ ♈ 1:28
5 ☽ ♉ 2:24
7 ☽ ♊ 2:38
9 ☽ ♋ 4:02
11 ☽ ♌ 7:48
13 ☽ ♍ 14:09
15 ☽ ♎ 22:42
18 ☽ ♏ 9:05
20 ☽ ♐ 21:06
23 ☽ ♑ 10:05
25 ☽ ♒ 22:16
28 ☽ ♓ 7:23
30 ☽ ♈ 12:13

PLANET INGRESSES
2 ☿ ♏ 9:30
3 ♀ ♎ 11:29
4 ♄ ♐ 22:41
17 ☉ ♏ 3:54
25 ☿ ♐ 6:20
27 ♀ ♏ 9:32

STATIONS
22 ♆ D 14:22

DATA FOR THE 1st AT 0 HOURS
JULIAN DAY 43038.5
☽ MEAN ☊ 25°♋ 8' 22"
OBLIQUITY 23° 26' 6"
DELTA T 74.7 SECONDS
NUTATION LONGITUDE-12.8"

DAY MO YR	☿ LONG ° ' "	♀ LONG ° ' "	♂ LONG ° ' "	♃ LONG ° ' "	♄ LONG ° ' "	♅ LONG ° ' "	♆ LONG ° ' "	♇ LONG ° ' "	☊ LONG ° '	A.S.S.I. h m s	S.S.R.Y. h m s	S.V.P. ♓ ° ' "	☿ MERCURY R.A. h m s	DECL ° ' "
1 305	27♎55 7	26♍49 8	10♍50 30	9♎40 36	29♏37 26	1♈ 2R30	16♒36R37	22♐ 8 31	26♋01	18 7 21	30 19 19	5 0 51.1	15 20 30	19S51 32
2 306	29 24 41	28 9 6	11 28 22	9 53 41	29 43 5	1 0 8	16 35 56	22 9 30	25 54	18 12 17	30 18 45	5 0 51.1	15 26 33	20 19 45
3 307	0♏53 45	29 24 6	12 6 14	10 6 45	29 48 46	0 57 47	16 35 16	22 10 31	25 44	18 17 13	30 17 59	5 0 51.0	15 32 36	20 46 58
4 308	2 22 18	0♎39 8	12 44 5	10 19 49	29 54 31	0 55 26	16 34 38	22 11 34	25 33	18 22 11	30 17 7	5 0 51.0	15 38 39	21 13 10
5 309	3 50 20	1 54 11	13 21 56	10 32 53	0♐ 0 19	0 53 7	16 34 2	22 12 38	25 21	18 27 9	30 16 11	5 0 50.8	15 44 42	21 38 20
6 310	5 17 49	3 9 15	13 59 47	10 45 56	0 6 10	0 50 49	16 33 27	22 13 44	25 10	18 32 9	30 15 13	5 0 50.6	15 50 45	22 2 25
7 311	6 44 45	4 24 21	14 37 38	10 58 58	0 12 5	0 48 32	16 32 55	22 14 51	25 01	18 37 9	30 14 15	5 0 50.4	15 56 48	22 25 26
8 312	8 11 5	5 39 28	15 15 29	11 11 59	0 18 2	0 46 16	16 32 24	22 16 0	24 55	18 42 11	30 13 21	5 0 50.2	16 2 50	22 47 19
9 313	9 36 47	6 54 36	15 53 20	11 25 0	0 24 2	0 44 1	16 31 56	22 17 11	24 51	18 47 14	30 12 31	5 0 50.0	16 8 52	23 8 4
10 314	11 1 49	8 9 46	16 31 11	11 38 0	0 30 5	0 41 47	16 31 29	22 18 23	24 50	18 52 18	30 11 49	5 0 49.8	16 14 52	23 27 39
11 315	12 26 8	9 24 57	17 9 2	11 50 58	0 36 11	0 39 35	16 31 4	22 19 36	24 50	18 57 22	30 11 16	5 0 49.6	16 20 52	23 46 3
12 316	13 49 40	10 40 10	17 46 52	12 3 56	0 42 20	0 37 24	16 30 42	22 20 51	24 49	19 2 28	30 10 54	5 0 49.5	16 26 50	24 3 14
13 317	15 12 21	11 55 23	18 24 43	12 16 53	0 48 32	0 35 14	16 30 21	22 22 8	24 48	19 7 36	30 10 44	5 0 49.4	16 32 45	24 19 10
14 318	16 34 4	13 10 38	19 2 33	12 29 48	0 54 46	0 33 6	16 30 2	22 23 26	24 43	19 12 44	30 10 47	5 0 49.4	16 38 39	24 33 51
15 319	17 54 45	14 25 53	19 40 23	12 42 42	1 1 3	0 30 59	16 29 45	22 24 45	24 36	19 17 53	30 11 1	5 0 49.3	16 44 29	24 47 13
16 320	19 14 16	15 41 10	20 18 13	12 55 34	1 7 22	0 28 54	16 29 30	22 26 6	24 26	19 23 3	30 11 28	5 0 49.2	16 50 15	24 59 17
17 321	20 32 28	16 56 28	20 56 3	13 8 26	1 13 44	0 26 51	16 29 18	22 27 29	24 13	19 28 15	30 12 5	5 0 49.1	16 55 57	25 10 1
18 322	21 49 12	18 11 46	21 33 52	13 21 15	1 20 8	0 24 50	16 29 7	22 28 52	23 59	19 33 27	30 12 51	5 0 49.0	17 1 33	25 19 23
19 323	23 4 16	19 27 6	22 11 41	13 34 3	1 26 35	0 22 50	16 28 58	22 30 17	23 44	19 38 41	30 13 45	5 0 48.9	17 7 4	25 27 21
20 324	24 17 28	20 42 26	22 49 29	13 46 49	1 33 4	0 20 52	16 28 52	22 31 44	23 30	19 43 55	30 14 43	5 0 48.7	17 12 26	25 33 55
21 325	25 28 32	21 57 47	23 27 18	13 59 33	1 39 35	0 18 56	16 28 47	22 33 12	23 19	19 49 11	30 15 43	5 0 48.5	17 17 40	25 39 4
22 326	26 37 10	23 13 8	24 5 5	14 12 15	1 46 8	0 17 1	16 28D45	22 34 41	23 09	19 54 27	30 16 42	5 0 48.3	17 22 44	25 42 46
23 327	27 43 4	24 28 30	24 42 53	14 24 55	1 52 43	0 15 9	16 28 44	22 36 11	23 03	19 59 45	30 17 36	5 0 48.1	17 27 37	25 45 1
24 328	28 45 49	25 43 53	25 20 40	14 37 33	1 59 20	0 13 19	16 28 46	22 37 43	23 00	20 5 3	30 18 24	5 0 47.9	17 32 15	25 45 48
25 329	29 45 1	26 59 16	25 58 26	14 50 9	2 5 59	0 11 31	16 28 50	22 39 16	22 59	20 10 23	30 19 3	5 0 47.7	17 36 38	25 45 6
26 330	0♐40 9	28 14 39	26 36 12	15 2 43	2 12 40	0 9 45	16 28 55	22 40 50	22 59	20 15 43	30 19 31	5 0 47.6	17 40 44	25 42 55
27 331	1 30 40	29 30 3	27 13 58	15 15 14	2 19 23	0 8 1	16 29 3	22 42 25	22 59	20 21 5	30 19 47	5 0 47.4	17 44 28	25 39 15
28 332	2 15 58	0♏45 27	27 51 43	15 27 42	2 26 7	0 6 20	16 29 13	22 44 2	22 58	20 26 27	30 19 51	5 0 47.4	17 47 50	25 34 6
29 333	2 55 22	2 0 52	28 29 28	15 40 8	2 32 53	0 4 41	16 29 25	22 45 39	22 55	20 31 50	30 19 42	5 0 47.3	17 50 45	25 27 28
30 334	3♐28 7	3♏16 17	29♍ 7 12	15♎52 32	2♐39 41	0♈ 3 4	16♒29 39	22♐47 18	22♋50	20 37 14	30 19 21	5 0 47.2	17 53 10	25S19 21

DAY Nov	♀ VENUS R.A. h m s	DECL ° ' "	♂ MARS R.A. h m s	DECL ° ' "	♃ JUPITER R.A. h m s	DECL ° ' "	♄ SATURN R.A. h m s	DECL ° ' "	♅ URANUS R.A. h m s	DECL ° ' "	♆ NEPTUNE R.A. h m s	DECL ° ' "	♇ PLUTO R.A. h m s	DECL ° ' "
1	13 23 11	7S 8 42	12 23 12	1S16 12	14 10 58	12S 7 7	17 36 41	22S20 9	1 37 25	9N29 36	22 53 32	8S 4 37	19 13 58	21S47 11
2	13 27 50	7 37 7	12 25 31	1 31 17	14 11 48	12 11 31	17 37 6	22 20 31	1 37 16	9 28 46	22 53 29	8 4 51	19 14 2	21 47 10
3	13 32 31	8 5 23	12 27 50	1 46 21	14 12 38	12 15 53	17 37 30	22 20 52	1 37 7	9 27 55	22 53 27	8 5 6	19 14 6	21 47 9
4	13 37 12	8 33 28	12 30 9	2 1 24	14 13 29	12 20 15	17 37 55	22 21 13	1 36 58	9 27 5	22 53 24	8 5 19	19 14 11	21 47 8
5	13 41 54	9 1 22	12 32 28	2 16 26	14 14 19	12 24 36	17 38 20	22 21 34	1 36 50	9 26 16	22 53 22	8 5 32	19 14 15	21 47 6
6	13 46 37	9 29 4	12 34 47	2 31 27	14 15 10	12 28 56	17 38 45	22 21 54	1 36 41	9 25 26	22 53 20	8 5 44	19 14 20	21 47 4
7	13 51 20	9 56 34	12 37 6	2 46 26	14 16 0	12 33 15	17 39 11	22 22 15	1 36 32	9 24 38	22 53 18	8 5 55	19 14 25	21 47 2
8	13 56 5	10 23 51	12 39 25	3 1 24	14 16 51	12 37 32	17 39 37	22 22 35	1 36 24	9 23 49	22 53 16	8 6 5	19 14 30	21 46 59
9	14 0 50	10 50 53	12 41 45	3 16 21	14 17 41	12 41 49	17 40 3	22 22 55	1 36 15	9 23 1	22 53 14	8 6 15	19 14 35	21 46 57
10	14 5 36	11 17 41	12 44 4	3 31 17	14 18 31	12 46 5	17 40 29	22 23 15	1 36 7	9 22 14	22 53 12	8 6 24	19 14 40	21 46 54
11	14 10 23	11 44 13	12 46 23	3 46 10	14 19 22	12 50 20	17 40 55	22 23 34	1 35 58	9 21 27	22 53 11	8 6 32	19 14 46	21 46 51
12	14 15 11	12 10 29	12 48 43	4 1 2	14 20 12	12 54 34	17 41 22	22 23 53	1 35 50	9 20 41	22 53 9	8 6 39	19 14 51	21 46 48
13	14 20 0	12 36 27	12 51 3	4 15 52	14 21 2	12 58 46	17 41 48	22 24 12	1 35 42	9 19 55	22 53 8	8 6 46	19 14 57	21 46 45
14	14 24 50	13 2 7	12 53 22	4 30 41	14 21 52	13 2 57	17 42 15	22 24 31	1 35 34	9 19 9	22 53 7	8 6 52	19 15 2	21 46 41
15	14 29 42	13 27 28	12 55 42	4 45 27	14 22 42	13 7 8	17 42 43	22 24 49	1 35 26	9 18 24	22 53 6	8 6 57	19 15 8	21 46 37
16	14 34 34	13 52 30	12 58 2	5 0 11	14 23 32	13 11 16	17 43 10	22 25 7	1 35 18	9 17 40	22 53 5	8 7 2	19 15 14	21 46 33
17	14 39 27	14 17 11	13 0 22	5 14 53	14 24 22	13 15 24	17 43 37	22 25 25	1 35 10	9 16 57	22 53 4	8 7 5	19 15 20	21 46 29
18	14 44 22	14 41 30	13 2 42	5 29 33	14 25 12	13 19 31	17 44 5	22 25 42	1 35 2	9 16 14	22 53 3	8 7 8	19 15 26	21 46 24
19	14 49 17	15 5 28	13 5 2	5 44 10	14 26 2	13 23 36	17 44 33	22 25 59	1 34 55	9 15 31	22 53 3	8 7 10	19 15 32	21 46 19
20	14 54 14	15 29 2	13 7 22	5 58 45	14 26 52	13 27 39	17 45 1	22 26 16	1 34 47	9 14 50	22 53 2	8 7 11	19 15 38	21 46 14
21	14 59 12	15 52 13	13 9 43	6 13 17	14 27 42	13 31 42	17 45 29	22 26 32	1 34 40	9 14 9	22 53 2	8 7 12	19 15 44	21 46 9
22	15 4 11	16 14 59	13 12 3	6 27 47	14 28 31	13 35 43	17 45 58	22 26 48	1 34 33	9 13 29	22 53 2	8 7 12	19 15 51	21 46 4
23	15 9 11	16 37 20	13 14 24	6 42 13	14 29 21	13 39 43	17 46 26	22 27 4	1 34 26	9 12 49	22 53 2	8 7 10	19 15 57	21 45 59
24	15 14 13	16 59 15	13 16 44	6 56 37	14 30 10	13 43 41	17 46 55	22 27 19	1 34 19	9 12 11	22 53 2	8 7 8	19 16 4	21 45 53
25	15 19 15	17 20 43	13 19 5	7 10 58	14 30 59	13 47 38	17 47 23	22 27 34	1 34 12	9 11 33	22 53 2	8 7 6	19 16 11	21 45 47
26	15 24 19	17 41 43	13 21 26	7 25 16	14 31 49	13 51 33	17 47 52	22 27 49	1 34 5	9 10 56	22 53 2	8 7 2	19 16 17	21 45 41
27	15 29 24	18 2 14	13 23 47	7 39 31	14 32 38	13 55 27	17 48 21	22 28 3	1 33 59	9 10 19	22 53 3	8 6 58	19 16 24	21 45 35
28	15 34 30	18 22 16	13 26 9	7 53 42	14 33 26	13 59 19	17 48 51	22 28 17	1 33 52	9 9 44	22 53 3	8 6 53	19 16 31	21 45 28
29	15 39 38	18 41 48	13 28 30	8 7 51	14 34 15	14 3 9	17 49 20	22 28 30	1 33 46	9 9 9	22 53 4	8 6 47	19 16 38	21 45 22
30	15 44 46	19S 0 49	13 30 51	8S21 55	14 35 4	14S 6 58	17 49 49	22S28 43	1 33 40	9N 8 35	22 53 5	8S 6 40	19 16 45	21S45 15

DECEMBER 2017

DAY	SIDEREAL TIME h m s	☉ SUN LONG ° ' "	MOT ' "	R.A. h m s	DECL ° ' "
1 F	4 40 10	13♏59 22	60 48	16 29 5.2	21S47 30
2 S	4 44 6	15 0 10	60 49	16 33 24.3	21 56 38
3 Su	4 48 3	16 0 58	60 50	16 37 44.0	22 5 21
4 M	4 51 59	17 1 48	60 51	16 42 4.2	22 13 38
5 Tu	4 55 56	18 2 39	60 52	16 46 25.1	22 21 29
6 W	4 59 53	19 3 31	60 54	16 50 46.6	22 28 54
7 Th	5 3 49	20 4 24	60 55	16 55 8.5	22 35 53
8 F	5 7 46	21 5 19	60 56	16 59 31.0	22 42 25
9 S	5 11 42	22 6 15	60 57	17 3 54.0	22 48 31
10 Su	5 15 39	23 7 12	60 58	17 8 17.5	22 54 10
11 M	5 19 35	24 8 10	60 59	17 12 41.3	22 59 22
12 Tu	5 23 32	25 9 9	61 1	17 17 5.6	23 4 6
13 W	5 27 28	26 10 10	61 2	17 21 30.3	23 8 23
14 Th	5 31 25	27 11 11	61 3	17 25 55.3	23 12 13
15 F	5 35 22	28 12 14	61 4	17 30 20.6	23 15 35
16 S	5 39 18	29 13 17	61 4	17 34 46.2	23 18 29
17 Su	5 43 15	0♐14 22	61 5	17 39 12.0	23 20 55
18 M	5 47 11	1 15 26	61 6	17 43 38.1	23 22 53
19 Tu	5 51 8	2 16 32	61 6	17 48 4.3	23 24 23
20 W	5 55 4	3 17 38	61 7	17 52 30.6	23 25 25
21 Th	5 59 1	4 18 45	61 7	17 56 57.0	23 25 58
22 F	6 2 57	5 19 52	61 7	18 1 23.4	23 26 4
23 S	6 6 54	6 20 59	61 8	18 5 49.9	23 25 41
24 Su	6 10 51	7 22 6	61 8	18 10 16.3	23 24 50
25 M	6 14 47	8 23 14	61 8	18 14 42.7	23 23 31
26 Tu	6 18 44	9 24 22	61 8	18 19 9.0	23 21 43
27 W	6 22 40	10 25 29	61 8	18 23 35.1	23 19 27
28 Th	6 26 37	11 26 37	61 8	18 28 1.1	23 16 44
29 F	6 30 33	12 27 45	61 8	18 32 26.9	23 13 32
30 S	6 34 30	13 28 52	61 8	18 36 52.4	23 9 52
31 Su	6 38 26	14♐30 0	61 8	18 41 17.7	23S 5 44

DAY	☽ MOON AT 0 HOURS LONG ° ' "	12h MOT ° ' "	2DIF "	R.A. h m s	DECL ° ' "
1	7♈ 1 6	7 16 8	202	2 6 5	7N36 2
2	21 39 47	7 28 5	150	3 2 37	11 58 8
3	6♉40 25	7 35 46	76	4 2 18	15 41 42
4	21 53 47	7 38 4	-8	5 4 49	18 24 58
5	7♊ 8 57	7 34 51	-86	6 9 4	19 50 21
6	22 15 12	7 26 58	-145	7 13 23	19 49 28
7	7♋ 3 53	7 15 54	-180	8 16 1	18 25 36
8	21 29 29	7 3 18	-192	9 15 41	15 51 40
9	5♌29 41	6 50 37	-185	10 11 56	12 25 31
10	19 4 51	6 38 50	-166	11 4 56	8 25 23
11	2♍17 10	6 28 33	-142	11 55 16	4 7 23
12	15 9 44	6 19 57	-116	12 43 44	0S15 8
13	27 45 59	6 13 1	-93	13 31 7	4 31 11
14	10♎ 9 6	6 7 32	-73	14 18 9	8 31 20
15	22 21 53	6 3 14	-57	15 5 25	12 7 5
16	4♏26 34	5 59 53	-44	15 53 20	15 10 29
17	16 24 59	5 57 20	-33	16 42 6	17 34 15
18	28 18 38	5 55 29	-22	17 31 41	19 12 8
19	10♐ 8 58	5 54 25	-9	18 21 50	19 59 31
20	21 57 37	5 54 17	6	19 12 10	19 54 5
21	3♑46 33	5 55 21	27	20 2 16	18 56 1
22	15 38 18	5 57 55	52	20 51 48	17 7 58
23	27 36 4	6 2 18	81	21 40 36	14 34 30
24	9♒43 38	6 8 48	114	22 28 48	11 21 29
25	22 5 21	6 17 35	149	23 16 42	7 35 43
26	4♓45 46	6 28 38	181	0 4 50	3 24 49
27	17 49 19	6 41 38	206	0 53 55	1N 2 25
28	1♈19 37	6 55 54	218	1 44 45	5 35 12
29	15 18 42	7 10 18	209	2 38 7	9 59 48
30	29 46 5	7 23 19	175	3 34 43	13 58 56
31	14♉38 10	7 33 14	117	4 34 48	17N12 16

DAY	☽ MOON AT 12 HOURS LONG ° ' "	12h MOT ° ' "	2DIF "	R.A. h m s	DECL ° ' "
1	14♈17 14	7 22 33	179	2 33 58	9N50 31
2	29 7 52	7 32 33	115	3 32 4	13 56 8
3	14♉16 10	7 37 37	35	4 33 15	17 12 8
4	29 31 50	7 37 7	-48	5 36 49	19 18 11
5	14♊43 48	7 31 25	-118	6 41 20	20 0 45
6	29 42 10	7 21 44	-166	7 45 0	19 17 17
7	14♋19 47	7 9 42	-189	8 46 16	17 16 20
8	28 32 47	6 56 54	-190	9 44 15	14 13 57
9	12♌20 17	6 44 34	-177	10 38 48	10 28 37
10	25 43 41	6 33 29	-154	11 30 23	6 17 43
11	8♍45 42	6 24 2	-129	12 19 41	1 55 58
12	21 29 42	6 16 17	-104	13 7 31	2S24 35
13	3♎59 0	6 10 6	-82	13 54 38	6 33 48
14	16 16 38	6 5 15	-64	14 41 44	10 22 46
15	28 25 7	6 1 27	-50	15 29 17	13 43 18
16	10♏26 28	5 58 31	-38	16 17 36	16 27 45
17	22 22 19	5 56 19	-28	17 6 48	18 29 16
18	4♐14 7	5 54 51	-16	17 56 42	19 42 20
19	16 3 23	5 54 13	-2	18 47 0	20 3 27
20	27 51 54	5 54 39	16	19 37 16	19 31 31
21	9♑41 53	5 56 25	38	20 27 7	18 8 0
22	21 36 13	5 59 51	66	21 16 17	15 56 34
23	3♒38 22	6 5 16	98	22 4 46	13 2 32
24	15 52 27	6 12 54	132	22 52 45	9 32 15
25	28 22 56	6 22 50	166	23 40 42	5 32 54
26	11♓14 23	6 34 55	195	0 29 13	1 12 37
27	24 30 57	6 48 40	214	1 19 4	3N18 54
28	8♈15 31	7 3 11	216	2 11 4	7 49 31
29	22 29 0	7 17 5	195	3 5 59	12 3 46
30	7♉ 9 24	7 28 46	149	4 4 20	15 42 39
31	22♉11 23	7 36 33	80	5 6 3	18N25 11

LUNAR INGRESSES
2 ☽ ♉ 13:23
4 ☽ ♊ 12:44
6 ☽ ♋ 12:29
8 ☽ ♌ 14:30
10 ☽ ♍ 19:48
13 ☽ ♎ 4:18
15 ☽ ♏ 15:09
18 ☽ ♐ 3:25
20 ☽ ♑ 16:20
23 ☽ ♒ 4:47
25 ☽ ♓ 15:04
27 ☽ ♈ 21:41
30 ☽ ♉ 0:23

PLANET INGRESSES
1 ♂ ♎ 9:35
1 ♅ ♓ 23:12
10 ☿ ♏ 5:21
16 ☉ ♐ 18:21
21 ♀ ♐ 5:53

STATIONS
3 ☿ R 7:35
23 ☿ D 1:52

DATA FOR THE 1st AT 0 HOURS
JULIAN DAY 43068.5
☽ MEAN ☊ 23°♋ 32' 59"
OBLIQUITY 23° 26' 6"
DELTA T 74.7 SECONDS
NUTATION LONGITUDE-12.7"

DAY MO YR	☿ LONG ° ' "	♀ LONG ° ' "	♂ LONG ° ' "	♃ LONG ° ' "	♄ LONG ° ' "	♅ LONG ° ' "	♆ LONG ° ' "
1 335	3♐53 25	4♏31 42	29♍44 56	16♎ 4 52	2♐46 30	0♈ 1R29	16♒29 56
2 336	4 10 28	5 47 8	0♎22 40	16 17 10	2 53 20	29♓59 57	16 30 14
3 337	4 18R26	7 2 34	1 0 23	16 29 25	3 0 12	29 58 27	16 30 34
4 338	4 16 32	8 18 1	1 38 6	16 41 37	3 7 5	29 57 0	16 30 57
5 339	4 4 5	9 33 27	2 15 49	16 53 46	3 13 59	29 55 35	16 31 21
6 340	3 40 34	10 48 55	2 53 31	17 5 51	3 20 54	29 54 13	16 31 48
7 341	3 5 45	12 4 23	3 31 13	17 17 54	3 27 51	29 52 53	16 32 16
8 342	2 19 45	13 19 51	4 8 55	17 29 53	3 34 49	29 51 36	16 32 47
9 343	1 23 10	14 35 20	4 46 37	17 41 49	3 41 47	29 50 21	16 33 19
10 344	0 17 6	15 50 49	5 24 18	17 53 42	3 48 47	29 49 9	16 33 54
11 345	29♏ 3 14	17 6 18	6 1 59	18 5 30	3 55 47	29 48 0	16 34 31
12 346	27 43 44	18 21 48	6 39 39	18 17 16	4 2 48	29 46 53	16 35 10
13 347	26 21 10	19 37 18	7 17 19	18 28 57	4 9 50	29 45 50	16 35 50
14 348	24 58 19	20 52 49	7 54 58	18 40 35	4 16 53	29 44 49	16 36 33
15 349	23 38 1	22 8 20	8 32 37	18 52 8	4 23 56	29 43 51	16 37 18
16 350	22 22 50	23 23 51	9 10 15	19 3 38	4 31 0	29 42 56	16 38 5
17 351	21 14 59	24 39 22	9 47 53	19 15 3	4 38 4	29 42 3	16 38 54
18 352	20 16 8	25 54 54	10 25 29	19 26 24	4 45 8	29 41 14	16 39 45
19 353	19 27 27	27 10 25	11 3 6	19 37 40	4 52 13	29 40 27	16 40 38
20 354	18 49 35	28 25 57	11 40 41	19 48 52	4 59 18	29 39 44	16 41 32
21 355	18 22 42	29 41 28	12 18 16	20 0 0	5 6 23	29 39 3	16 42 29
22 356	18 6 37	0♐57 0	12 55 50	20 11 2	5 13 28	29 38 26	16 43 28
23 357	18 0D53	2 12 31	13 33 23	20 22 0	5 20 33	29 37 51	16 44 28
24 358	18 4 53	3 28 2	14 10 55	20 32 53	5 27 38	29 37 20	16 45 31
25 359	18 17 51	4 43 33	14 48 26	20 43 41	5 34 43	29 36 51	16 46 35
26 360	18 39 3	5 59 4	15 25 57	20 54 24	5 41 47	29 36 26	16 47 41
27 361	19 7 41	7 14 35	16 3 26	21 5 1	5 48 52	29 36 4	16 48 49
28 362	19 43 0	8 30 6	16 40 55	21 15 34	5 55 56	29 35 45	16 49 59
29 363	20 24 18	9 45 36	17 18 23	21 26 1	6 2 59	29 35 29	16 51 11
30 364	21 10 55	11 1 6	17 55 50	21 36 22	6 10 2	29 35 16	16 52 25
31 365	22♏ 2 17	12♐16 36	18♎33 16	21♎46 38	6♐17 5	29♓35 6	16♒53 40

DAY MO YR	♇ LONG ° ' "	☊ LONG ° '	A.S.S.I. h m s	S.S.R.Y. h m s	S.V.P. ♓ ° ' "	☿ MERCURY R.A. h m s	DECL ° ' "
1 335	22♐48 58	22♋42	20 42 38	30 18 49	5 0 47.1	17 55 2	25S 9 44
2 336	22 50 39	22 32	20 48 4	30 18 5	5 0 47.0	17 56 18	24 58 39
3 337	22 52 21	22 21	20 53 30	30 17 14	5 0 46.8	17 56 54	24 46 5
4 338	22 54 4	22 11	20 58 57	30 16 15	5 0 46.5	17 56 46	24 32 1
5 339	22 55 48	22 03	21 4 25	30 15 13	5 0 46.2	17 55 51	24 16 28
6 340	22 57 33	21 57	21 9 53	30 14 8	5 0 45.9	17 54 9	23 59 26
7 341	22 59 19	21 54	21 15 22	30 13 4	5 0 45.7	17 51 38	23 40 57
8 342	23 1 6	21 53	21 20 52	30 12 4	5 0 45.5	17 48 18	23 21 3
9 343	23 2 54	21 53	21 26 23	30 11 11	5 0 45.3	17 44 14	22 59 51
10 344	23 4 43	21 54	21 31 54	30 10 26	5 0 45.2	17 39 31	22 37 32
11 345	23 6 32	21 54	21 37 25	30 9 53	5 0 45.1	17 34 15	22 14 24
12 346	23 8 23	21 52	21 42 57	30 9 31	5 0 45.0	17 28 36	21 50 50
13 347	23 10 14	21 47	21 48 30	30 9 23	5 0 44.9	17 22 47	21 27 20
14 348	23 12 6	21 40	21 54 3	30 9 26	5 0 44.8	17 16 57	21 4 30
15 349	23 13 59	21 31	21 59 36	30 9 42	5 0 44.6	17 11 20	20 42 57
16 350	23 15 53	21 21	22 5 10	30 10 9	5 0 44.5	17 6 5	20 23 17
17 351	23 17 47	21 10	22 10 44	30 10 46	5 0 44.3	17 1 22	20 6 2
18 352	23 19 42	21 00	22 16 18	30 11 30	5 0 44.1	16 57 17	19 51 36
19 353	23 21 37	20 51	22 21 52	30 12 19	5 0 43.8	16 53 54	19 40 15
20 354	23 23 34	20 45	22 27 27	30 13 10	5 0 43.6	16 51 17	19 32 7
21 355	23 25 31	20 41	22 33 2	30 14 2	5 0 43.4	16 49 24	19 27 9
22 356	23 27 28	20 39	22 38 36	30 14 52	5 0 43.2	16 48 17	19 25 14
23 357	23 29 26	20 39	22 44 11	30 15 37	5 0 43.0	16 47 52	19 26 9
24 358	23 31 24	20 41	22 49 46	30 16 15	5 0 42.9	16 48 7	19 29 38
25 359	23 33 23	20 42	22 55 20	30 16 45	5 0 42.8	16 49 0	19 35 22
26 360	23 35 23	20 43	23 0 55	30 17 5	5 0 42.7	16 50 26	19 43 3
27 361	23 37 22	20 43	23 6 29	30 17 14	5 0 42.6	16 52 24	19 52 21
28 362	23 39 22	20 41	23 12 4	30 17 11	5 0 42.5	16 54 50	20 2 59
29 363	23 41 23	20 38	23 17 37	30 16 55	5 0 42.3	16 57 41	20 14 41
30 364	23 43 24	20 33	23 23 11	30 16 27	5 0 42.2	17 0 56	20 27 9
31 365	23♐45 25	20♋27	23 28 44	30 15 47	5 0 41.9	17 4 30	20S40 10

DAY Dec	♀ VENUS R.A. h m s	DECL ° ' "	♂ MARS R.A. h m s	DECL ° ' "	♃ JUPITER R.A. h m s	DECL ° ' "	♄ SATURN R.A. h m s	DECL ° ' "
1	15 49 56	19S19 19	13 33 13	8S35 56	14 35 52	14S10 46	17 50 19	22S28 56
2	15 55 7	19 37 16	13 35 35	8 49 54	14 36 41	14 14 31	17 50 48	22 29 8
3	16 0 19	19 54 41	13 37 57	9 3 48	14 37 29	14 18 15	17 51 18	22 29 20
4	16 5 32	20 11 32	13 40 19	9 17 38	14 38 17	14 21 58	17 51 48	22 29 31
5	16 10 47	20 27 48	13 42 41	9 31 25	14 39 5	14 25 39	17 52 18	22 29 42
6	16 16 2	20 43 30	13 45 4	9 45 8	14 39 52	14 29 18	17 52 48	22 29 53
7	16 21 19	20 58 35	13 47 27	9 58 46	14 40 40	14 32 55	17 53 18	22 30 3
8	16 26 37	21 13 5	13 49 49	10 12 21	14 41 27	14 36 31	17 53 48	22 30 13
9	16 31 55	21 26 57	13 52 12	10 25 51	14 42 14	14 40 5	17 54 18	22 30 22
10	16 37 15	21 40 12	13 54 36	10 39 17	14 43 1	14 43 37	17 54 48	22 30 31
11	16 42 36	21 52 49	13 56 59	10 52 39	14 43 48	14 47 7	17 55 19	22 30 39
12	16 47 58	22 4 47	13 59 23	11 5 57	14 44 34	14 50 35	17 55 49	22 30 47
13	16 53 20	22 16 6	14 1 47	11 19 9	14 45 20	14 54 2	17 56 20	22 30 55
14	16 58 44	22 26 45	14 4 11	11 32 17	14 46 6	14 57 26	17 56 50	22 31 2
15	17 4 8	22 36 43	14 6 35	11 45 21	14 46 52	15 0 49	17 57 21	22 31 8
16	17 9 33	22 46 1	14 8 59	11 58 19	14 47 38	15 4 10	17 57 51	22 31 14
17	17 14 59	22 54 38	14 11 24	12 11 13	14 48 23	15 7 29	17 58 22	22 31 20
18	17 20 26	23 2 33	14 13 49	12 24 2	14 49 8	15 10 46	17 58 52	22 31 25
19	17 25 53	23 9 46	14 16 14	12 36 45	14 49 53	15 14 1	17 59 23	22 31 30
20	17 31 20	23 16 16	14 18 39	12 49 23	14 50 37	15 17 13	17 59 54	22 31 34
21	17 36 49	23 22 4	14 21 4	13 1 56	14 51 21	15 20 24	18 0 25	22 31 38
22	17 42 17	23 27 9	14 23 30	13 14 24	14 52 5	15 23 33	18 0 55	22 31 41
23	17 47 46	23 31 31	14 25 55	13 26 46	14 52 49	15 26 40	18 1 26	22 31 45
24	17 53 15	23 35 9	14 28 21	13 39 2	14 53 32	15 29 44	18 1 57	22 31 47
25	17 58 45	23 38 3	14 30 47	13 51 13	14 54 15	15 32 47	18 2 27	22 31 50
26	18 4 15	23 40 14	14 33 14	14 3 18	14 54 58	15 35 47	18 2 58	22 31 51
27	18 9 45	23 41 41	14 35 40	14 15 17	14 55 40	15 38 45	18 3 29	22 31 52
28	18 15 15	23 42 23	14 38 7	14 27 10	14 56 22	15 41 41	18 3 59	22 31 53
29	18 20 45	23 42 21	14 40 34	14 38 57	14 57 4	15 44 35	18 4 30	22 31 53
30	18 26 15	23 41 35	14 43 1	14 50 39	14 57 46	15 47 27	18 5 0	22 31 53
31	18 31 45	23S40 6	14 45 29	15S 2 14	14 58 27	15S50 16	18 5 31	22S31 53

DAY Dec	♅ URANUS R.A. h m s	DECL ° ' "	♆ NEPTUNE R.A. h m s	DECL ° ' "	♇ PLUTO R.A. h m s	DECL ° ' "
1	1 33 34	9N 8 2	22 53 6	8S 6 33	19 16 52	21S45 8
2	1 33 28	9 7 30	22 53 7	8 6 25	19 17 0	21 45 1
3	1 33 23	9 6 59	22 53 8	8 6 16	19 17 7	21 44 53
4	1 33 17	9 6 29	22 53 10	8 6 6	19 17 14	21 44 46
5	1 33 12	9 6 0	22 53 11	8 5 55	19 17 22	21 44 38
6	1 33 6	9 5 32	22 53 13	8 5 43	19 17 29	21 44 30
7	1 33 1	9 5 4	22 53 15	8 5 31	19 17 37	21 44 22
8	1 32 57	9 4 38	22 53 17	8 5 18	19 17 45	21 44 14
9	1 32 52	9 4 12	22 53 19	8 5 5	19 17 53	21 44 6
10	1 32 47	9 3 48	22 53 21	8 4 50	19 18 0	21 43 57
11	1 32 43	9 3 24	22 53 23	8 4 35	19 18 8	21 43 48
12	1 32 39	9 3 2	22 53 25	8 4 19	19 18 16	21 43 40
13	1 32 35	9 2 40	22 53 28	8 4 2	19 18 24	21 43 31
14	1 32 31	9 2 20	22 53 30	8 3 44	19 18 32	21 43 22
15	1 32 27	9 2 1	22 53 33	8 3 26	19 18 40	21 43 12
16	1 32 24	9 1 42	22 53 36	8 3 7	19 18 48	21 43 3
17	1 32 20	9 1 25	22 53 39	8 2 47	19 18 57	21 42 53
18	1 32 17	9 1 9	22 53 42	8 2 26	19 19 5	21 42 44
19	1 32 14	9 0 54	22 53 46	8 2 5	19 19 13	21 42 34
20	1 32 11	9 0 40	22 53 49	8 1 43	19 19 21	21 42 24
21	1 32 9	9 0 27	22 53 52	8 1 20	19 19 30	21 42 14
22	1 32 6	9 0 15	22 53 56	8 0 56	19 19 38	21 42 4
23	1 32 4	9 0 5	22 54 0	8 0 32	19 19 47	21 41 53
24	1 32 2	8 59 55	22 54 4	8 0 7	19 19 55	21 41 43
25	1 32 0	8 59 47	22 54 8	7 59 41	19 20 4	21 41 33
26	1 31 59	8 59 39	22 54 12	7 59 15	19 20 12	21 41 22
27	1 31 57	8 59 33	22 54 16	7 58 48	19 20 21	21 41 11
28	1 31 56	8 59 28	22 54 20	7 58 20	19 20 29	21 41 1
29	1 31 55	8 59 24	22 54 25	7 57 52	19 20 38	21 40 50
30	1 31 54	8 59 22	22 54 29	7 57 23	19 20 47	21 40 39
31	1 31 53	8N59 20	22 54 34	7S56 53	19 20 55	21S40 28

DAY	SIDEREAL TIME h m s	☉ SUN LONG ° ' "	MOT ' "	R.A. h m s	DECL ° ' "
1 M	6 42 23	15♐31 7	61 8	18 45 42.7	23S 1 9
2 Tu	6 46 20	16 32 15	61 8	18 50 7.4	22 56 6
3 W	6 50 16	17 33 23	61 8	18 54 31.7	22 50 36
4 Th	6 54 13	18 34 30	61 8	18 58 55.7	22 44 38
5 F	6 58 9	19 35 38	61 8	19 3 19.3	22 38 14
6 S	7 2 6	20 36 46	61 8	19 7 42.5	22 31 22
7 Su	7 6 2	21 37 54	61 8	19 12 5.2	22 24 4
8 M	7 9 59	22 39 2	61 9	19 16 27.5	22 16 20
9 Tu	7 13 55	23 40 11	61 9	19 20 49.3	22 8 9
10 W	7 17 52	24 41 19	61 9	19 25 10.5	21 59 32
11 Th	7 21 49	25 42 28	61 9	19 29 31.3	21 50 29
12 F	7 25 45	26 43 36	61 9	19 33 51.4	21 41 1
13 S	7 29 42	27 44 45	61 8	19 38 11.0	21 31 7
14 Su	7 33 38	28 45 53	61 8	19 42 30.0	21 20 49
15 M	7 37 35	29 47 1	61 8	19 46 48.3	21 10 5
16 Tu	7 41 31	0♑48 9	61 7	19 51 6.0	20 58 58
17 W	7 45 28	1 49 16	61 7	19 55 23.0	20 47 26
18 Th	7 49 25	2 50 23	61 6	19 59 39.3	20 35 31
19 F	7 53 21	3 51 29	61 6	20 3 54.9	20 23 12
20 S	7 57 18	4 52 34	61 5	20 8 9.7	20 10 31
21 Su	8 1 14	5 53 39	61 4	20 12 23.8	19 57 26
22 M	8 5 11	6 54 43	61 3	20 16 37.1	19 43 59
23 Tu	8 9 7	7 55 46	61 2	20 20 49.6	19 30 11
24 W	8 13 4	8 56 48	61 1	20 25 1.4	19 16 0
25 Th	8 17 0	9 57 49	61 0	20 29 12.3	19 1 28
26 F	8 20 57	10 58 49	60 59	20 33 22.4	18 46 36
27 S	8 24 53	11 59 47	60 58	20 37 31.7	18 31 23
28 Su	8 28 50	13 0 45	60 57	20 41 40.2	18 15 50
29 M	8 32 47	14 1 41	60 56	20 45 47.8	17 59 57
30 Tu	8 36 43	15 2 37	60 54	20 49 54.7	17 43 44
31 W	8 40 40	16♑ 3 31	60 53	20 54 0.7	17S27 13

DAY	☽ MOON AT 0 HOURS LONG ° ' "	12h MOT ° ' "	2DIF "	R.A. h m s	DECL ° ' "
1	29♉47 56	7 38 36	41	5 37 57	19N19 6
2	15♊ 5 48	7 38 35	-41	6 42 55	20 3 23
3	0♋20 57	7 33 18	-114	7 47 49	19 19 7
4	15 23 12	7 23 41	-169	8 50 48	17 12 44
5	0♌ 4 36	7 11 13	-200	9 50 37	14 0 35
6	14 20 12	6 57 27	-208	10 46 53	10 3 21
7	28 8 11	6 43 47	-198	11 39 52	5 41 12
8	11♍29 17	6 31 12	-177	12 30 15	1 11 4
9	24 26 1	6 20 20	-148	13 18 51	3S13 44
10	7♎ 2 1	6 11 28	-118	14 6 29	7 22 49
11	19 21 17	6 4 38	-88	14 53 51	11 7 46
12	1♏27 53	5 59 44	-60	15 41 31	14 21 16
13	13 25 34	5 56 33	-36	16 29 52	16 56 41
14	25 17 38	5 54 51	-16	17 19 2	18 48 1
15	7♐ 6 58	5 54 24	2	18 8 56	19 50 19
16	18 55 57	5 55 2	17	18 59 16	20 0 21
17	0♑46 40	5 56 37	31	19 49 38	19 17 8
18	12 41 3	5 59 9	45	20 39 37	17 42 17
19	24 41 0	6 2 41	61	21 28 55	15 19 57
20	6♒48 32	6 7 20	79	22 17 27	12 16 10
21	19 5 59	6 13 15	99	23 5 23	8 38 27
22	1♓35 57	6 20 34	121	23 53 5	4 35 9
23	14 21 18	6 29 21	142	0 41 7	0 15 24
24	27 24 54	6 39 29	161	1 30 10	4N10 40
25	10♈49 22	6 50 40	172	2 21 1	8 31 21
26	24 36 31	7 2 17	172	3 14 26	12 32 46
27	8♉46 46	7 13 24	157	4 10 58	15 58 34
28	23 18 34	7 22 51	122	5 10 45	18 30 39
29	8♊ 7 58	7 29 25	71	6 13 15	19 51 48
30	23 8 40	7 32 5	7	7 17 13	19 50 6
31	8♋12 32	7 30 20	-60	8 20 56	18N23 14

DAY	☽ MOON AT 12 HOURS LONG ° ' "	12h MOT ° ' "	2DIF "	R.A. h m s	DECL ° ' "
1	7♊26 32	7 39 17	0	6 10 19	19N52 13
2	22 44 24	7 36 34	-79	7 15 30	19 52 12
3	7♋54 15	7 28 57	-144	8 19 39	18 25 20
4	22 46 54	7 17 42	-187	9 21 9	15 43 37
5	7♌15 48	7 4 24	-206	10 19 11	12 6 17
6	21 17 39	6 50 32	-205	11 13 45	7 54 15
7	4♍51 59	6 37 19	-189	12 5 20	3 26 13
8	18 0 30	6 25 32	-163	12 54 43	1S 2 42
9	0♎46 22	6 15 39	-133	13 42 45	5 20 48
10	13 13 29	6 7 48	-102	14 30 10	9 18 47
11	25 25 55	6 1 58	-74	15 17 37	12 48 53
12	7♏27 37	5 57 57	-48	16 5 36	15 44 8
13	19 22 7	5 55 32	-26	16 54 21	17 58 12
14	1♐12 29	5 54 29	-7	17 43 54	19 25 33
15	13 1 22	5 54 35	9	18 34 4	20 1 59
16	24 50 58	5 55 42	24	19 24 29	19 45 21
17	6♑43 18	5 57 46	38	20 14 42	18 35 58
18	18 40 12	6 0 47	53	21 4 22	16 36 43
19	0♒43 41	6 4 52	70	21 53 17	13 52 48
20	12 55 52	6 10 7	89	22 41 29	10 31 3
21	25 19 14	6 16 44	110	23 29 14	6 39 26
22	7♓56 31	6 24 46	132	0 17 1	2 26 43
23	20 50 38	6 34 16	152	1 5 28	1N57 32
24	4♈ 4 23	6 44 59	168	1 55 19	6 22 29
25	17 40 2	6 56 29	174	2 47 22	10 35 26
26	1♉38 48	7 7 58	167	3 42 18	14 21 14
27	16 0 9	7 18 24	142	4 40 28	17 22 28
28	0♊41 24	7 26 34	99	5 41 44	19 21 1
29	15 37 23	7 31 17	40	6 45 9	20 1 42
30	0♋40 45	7 31 46	-26	7 49 13	19 17 0
31	15♋42 52	7 27 48	-91	8 52 11	17N10 14

LUNAR INGRESSES
1 ☽ ♊ 0:19
2 ☽ ♋ 23:27
4 ☽ ♌ 23:52
7 ☽ ♍ 3:18
9 ☽ ♎ 10:32
11 ☽ ♏ 21:05
14 ☽ ♐ 9:33
16 ☽ ♑ 22:26
19 ☽ ♒ 10:34
21 ☽ ♓ 20:57
24 ☽ ♈ 4:41
26 ☽ ♉ 9:12
28 ☽ ♊ 10:53
30 ☽ ♋ 10:55

PLANET INGRESSES
7 ☿ ♐ 7:40
14 ♀ ♑ 2:07
15 ☉ ♑ 5:06
18 ♂ ♏ 9:58
28 ☿ ♑ 9:14

STATIONS
2 ♅ D 14:12

DATA FOR THE 1st AT 0 HOURS
JULIAN DAY 43099.5
☽ MEAN ☊ 21°♋ 54' 25"
OBLIQUITY 23° 26' 6"
DELTA T 74.8 SECONDS
NUTATION LONGITUDE-11.3"

DAY MO	YR	☿ LONG ° ' "	♀ LONG ° ' "	♂ LONG ° ' "	♃ LONG ° ' "	♄ LONG ° ' "	♅ LONG ° ' "	♆ LONG ° ' "	♇ LONG ° ' "	☊ LONG ° '
1	1	22♏57 50	13♐32 5	19♎10 42	21♎56 48	6♐24 6	29♓34R59	16♒54 57	23♐47 26	20♋22
2	2	23 57 7	14 47 35	19 48 7	22 6 52	6 31 7	29 34D55	16 56 16	23 49 28	20 17
3	3	24 59 43	16 3 4	20 25 30	22 16 51	6 38 8	29 34 55	16 57 36	23 51 30	20 14
4	4	26 5 15	17 18 33	21 2 54	22 26 44	6 45 7	29 34 57	16 58 59	23 53 32	20 13
5	5	27 13 24	18 34 2	21 40 16	22 36 30	6 52 6	29 35 3	17 0 22	23 55 34	20 13
6	6	28 23 52	19 49 32	22 17 38	22 46 11	6 59 3	29 35 12	17 1 48	23 57 37	20 14
7	7	29 36 25	21 5 0	22 54 58	22 55 45	7 6 0	29 35 23	17 3 15	23 59 39	20 16
8	8	0♐50 50	22 20 29	23 32 18	23 5 13	7 12 55	29 35 38	17 4 44	24 1 42	20 17
9	9	2 6 55	23 35 58	24 9 37	23 14 34	7 19 50	29 35 57	17 6 14	24 3 44	20 18
10	10	3 24 31	24 51 27	24 46 55	23 23 49	7 26 43	29 36 18	17 7 46	24 5 46	20 17
11	11	4 43 29	26 6 56	25 24 12	23 32 57	7 33 35	29 36 42	17 9 20	24 7 49	20 15
12	12	6 3 42	27 22 24	26 1 28	23 41 58	7 40 25	29 37 10	17 10 55	24 9 51	20 12
13	13	7 25 4	28 37 52	26 38 42	23 50 52	7 47 14	29 37 41	17 12 32	24 11 54	20 08
14	14	8 47 28	29 53 20	27 15 55	23 59 40	7 54 2	29 38 15	17 14 10	24 13 56	20 05
15	15	10 10 51	1♑ 8 48	27 53 8	24 8 20	8 0 48	29 38 52	17 15 50	24 15 59	20 01
16	16	11 35 8	2 24 16	28 30 18	24 16 53	8 7 32	29 39 32	17 17 31	24 18 1	19 58
17	17	13 0 16	3 39 43	29 7 28	24 25 18	8 14 15	29 40 15	17 19 13	24 20 3	19 56
18	18	14 26 13	4 55 9	29 44 36	24 33 36	8 20 55	29 41 1	17 20 57	24 22 4	19 55
19	19	15 52 55	6 10 36	0♏21 42	24 41 46	8 27 34	29 41 51	17 22 42	24 24 6	19 55
20	20	17 20 22	7 26 2	0 58 47	24 49 49	8 34 11	29 42 43	17 24 29	24 26 7	19 55
21	21	18 48 31	8 41 27	1 35 50	24 57 43	8 40 46	29 43 39	17 26 17	24 28 8	19 56
22	22	20 17 20	9 56 51	2 12 52	25 5 30	8 47 19	29 44 37	17 28 6	24 30 8	19 58
23	23	21 46 51	11 12 16	2 49 52	25 13 9	8 53 49	29 45 39	17 29 56	24 32 9	19 59
24	24	23 17 0	12 27 39	3 26 51	25 20 39	9 0 18	29 46 43	17 31 48	24 34 8	20 00
25	25	24 47 49	13 43 2	4 3 47	25 28 2	9 6 44	29 47 51	17 33 41	24 36 8	20 00
26	26	26 19 17	14 58 24	4 40 43	25 35 16	9 13 7	29 49 2	17 35 35	24 38 6	20 00
27	27	27 51 23	16 13 45	5 17 36	25 42 22	9 19 28	29 50 15	17 37 30	24 40 5	19 59
28	28	29 24 8	17 29 6	5 54 28	25 49 19	9 25 47	29 51 32	17 39 26	24 42 2	19 58
29	29	0♑57 33	18 44 25	6 31 18	25 56 7	9 32 3	29 52 51	17 41 24	24 44 0	19 57
30	30	2 31 37	19 59 44	7 8 7	26 2 47	9 38 17	29 54 13	17 43 22	24 45 56	19 57
31	31	4♑ 6 21	21♑15 3	7♏44 54	26♎ 9 18	9♐44 28	29♓55 39	17♒45 22	24♐47 53	19♋57

DAY	A.S.S.I. h m s	S.S.R.Y. h m s	S.V.P. ♓ ° ' "	☿ MERCURY R.A. h m s	DECL ° ' "
1	23 34 17	30 14 59	5 0 41.6	17 8 24	20S53 32
2	23 39 50	30 13 56	5 0 41.4	17 12 34	21 7 2
3	23 45 22	30 12 49	5 0 41.1	17 16 58	21 20 31
4	23 50 54	30 11 39	5 0 40.8	17 21 37	21 33 49
5	23 56 25	30 10 28	5 0 40.6	17 26 27	21 46 49
6	24 1 55	30 9 21	5 0 40.5	17 31 28	21 59 23
7	24 7 25	30 8 20	5 0 40.4	17 36 39	22 11 25
8	24 12 55	30 7 27	5 0 40.3	17 41 59	22 22 49
9	24 18 24	30 6 46	5 0 40.2	17 47 27	22 33 30
10	24 23 52	30 6 16	5 0 40.1	17 53 3	22 43 25
11	24 29 20	30 5 58	5 0 40.0	17 58 45	22 52 28
12	24 34 47	30 5 52	5 0 39.8	18 4 34	23 0 37
13	24 40 13	30 5 59	5 0 39.7	18 10 28	23 7 49
14	24 45 38	30 6 15	5 0 39.5	18 16 27	23 14 0
15	24 51 3	30 6 42	5 0 39.3	18 22 31	23 19 8
16	24 56 26	30 7 16	5 0 39.0	18 28 40	23 23 12
17	25 1 49	30 7 56	5 0 38.8	18 34 52	23 26 8
18	25 7 11	30 8 41	5 0 38.6	18 41 8	23 27 55
19	25 12 32	30 9 28	5 0 38.5	18 47 28	23 28 32
20	25 17 52	30 10 15	5 0 38.4	18 53 50	23 27 56
21	25 23 12	30 11 0	5 0 38.3	19 0 16	23 26 7
22	25 28 30	30 11 42	5 0 38.2	19 6 44	23 23 3
23	25 33 47	30 12 18	5 0 38.1	19 13 14	23 18 43
24	25 39 3	30 12 46	5 0 38.1	19 19 47	23 13 6
25	25 44 19	30 13 4	5 0 38.0	19 26 22	23 6 12
26	25 49 33	30 13 10	5 0 37.8	19 32 58	22 57 58
27	25 54 46	30 13 1	5 0 37.7	19 39 37	22 48 25
28	25 59 58	30 12 39	5 0 37.5	19 46 17	22 37 31
29	26 5 9	30 12 3	5 0 37.2	19 52 58	22 25 16
30	26 10 20	30 11 14	5 0 36.9	19 59 41	22 11 39
31	26 15 29	30 10 15	5 0 36.7	20 6 25	21S56 40

DAY Jan	♀ VENUS R.A. h m s	DECL ° ' "	♂ MARS R.A. h m s	DECL ° ' "	♃ JUPITER R.A. h m s	DECL ° ' "	♄ SATURN R.A. h m s	DECL ° ' "
1	18 37 14	23S37 51	14 47 56	15S13 42	14 59 7	15S53 4	18 6 1	22S31 52
2	18 42 44	23 34 53	14 50 24	15 25 5	14 59 48	15 55 49	18 6 32	22 31 50
3	18 48 13	23 31 11	14 52 52	15 36 21	15 0 27	15 58 31	18 7 2	22 31 48
4	18 53 42	23 26 46	14 55 20	15 47 31	15 1 7	16 1 12	18 7 32	22 31 46
5	18 59 10	23 21 37	14 57 49	15 58 34	15 1 46	16 3 50	18 8 2	22 31 43
6	19 4 38	23 15 44	15 0 18	16 9 31	15 2 25	16 6 26	18 8 33	22 31 40
7	19 10 5	23 9 8	15 2 46	16 20 21	15 3 3	16 9 0	18 9 3	22 31 37
8	19 15 32	23 1 50	15 5 16	16 31 4	15 3 41	16 11 31	18 9 33	22 31 33
9	19 20 58	22 53 49	15 7 45	16 41 40	15 4 19	16 14 0	18 10 3	22 31 28
10	19 26 24	22 45 6	15 10 14	16 52 10	15 4 56	16 16 27	18 10 32	22 31 23
11	19 31 49	22 35 40	15 12 44	17 2 32	15 5 33	16 18 51	18 11 2	22 31 18
12	19 37 12	22 25 34	15 15 14	17 12 48	15 6 9	16 21 13	18 11 32	22 31 12
13	19 42 36	22 14 46	15 17 44	17 22 56	15 6 45	16 23 32	18 12 1	22 31 6
14	19 47 58	22 3 18	15 20 15	17 32 57	15 7 20	16 25 49	18 12 31	22 31 0
15	19 53 19	21 51 10	15 22 45	17 42 51	15 7 55	16 28 4	18 13 0	22 30 53
16	19 58 39	21 38 22	15 25 16	17 52 37	15 8 30	16 30 16	18 13 29	22 30 46
17	20 3 59	21 24 56	15 27 47	18 2 16	15 9 4	16 32 26	18 13 58	22 30 38
18	20 9 17	21 10 50	15 30 18	18 11 47	15 9 37	16 34 33	18 14 27	22 30 31
19	20 14 34	20 56 7	15 32 49	18 21 11	15 10 10	16 36 38	18 14 56	22 30 22
20	20 19 50	20 40 47	15 35 20	18 30 27	15 10 43	16 38 41	18 15 25	22 30 14
21	20 25 5	20 24 50	15 37 52	18 39 36	15 11 15	16 40 40	18 15 53	22 30 5
22	20 30 19	20 8 17	15 40 24	18 48 36	15 11 46	16 42 38	18 16 21	22 29 56
23	20 35 31	19 51 8	15 42 56	18 57 29	15 12 17	16 44 32	18 16 50	22 29 46
24	20 40 43	19 33 25	15 45 28	19 6 14	15 12 48	16 46 24	18 17 18	22 29 36
25	20 45 53	19 15 8	15 48 0	19 14 50	15 13 17	16 48 14	18 17 45	22 29 26
26	20 51 2	18 56 17	15 50 32	19 23 19	15 13 47	16 50 1	18 18 13	22 29 16
27	20 56 9	18 36 53	15 53 5	19 31 40	15 14 15	16 51 45	18 18 41	22 29 5
28	21 1 16	18 16 58	15 55 37	19 39 52	15 14 44	16 53 27	18 19 8	22 28 54
29	21 6 21	17 56 31	15 58 10	19 47 56	15 15 11	16 55 7	18 19 35	22 28 43
30	21 11 25	17 35 34	16 0 43	19 55 53	15 15 38	16 56 43	18 20 2	22 28 31
31	21 16 27	17S14 7	16 3 16	20S 3 41	15 16 5	16S58 17	18 20 29	22S28 19

DAY Jan	♅ URANUS R.A. h m s	DECL ° ' "	♆ NEPTUNE R.A. h m s	DECL ° ' "	♇ PLUTO R.A. h m s	DECL ° ' "
1	1 31 53	8N59 20	22 54 39	7S56 22	19 21 4	21S40 16
2	1 31 53	8 59 20	22 54 44	7 55 51	19 21 13	21 40 5
3	1 31 53	8 59 22	22 54 49	7 55 19	19 21 22	21 39 54
4	1 31 53	8 59 25	22 54 54	7 54 47	19 21 30	21 39 43
5	1 31 53	8 59 29	22 54 59	7 54 14	19 21 39	21 39 31
6	1 31 54	8 59 35	22 55 4	7 53 40	19 21 48	21 39 20
7	1 31 54	8 59 41	22 55 10	7 53 6	19 21 57	21 39 8
8	1 31 55	8 59 49	22 55 15	7 52 31	19 22 5	21 38 57
9	1 31 56	8 59 57	22 55 21	7 51 56	19 22 14	21 38 45
10	1 31 58	9 0 7	22 55 26	7 51 19	19 22 23	21 38 33
11	1 31 59	9 0 18	22 55 32	7 50 43	19 22 32	21 38 22
12	1 32 1	9 0 30	22 55 38	7 50 6	19 22 40	21 38 10
13	1 32 3	9 0 43	22 55 44	7 49 28	19 22 49	21 37 58
14	1 32 5	9 0 58	22 55 50	7 48 49	19 22 58	21 37 46
15	1 32 7	9 1 13	22 55 56	7 48 10	19 23 7	21 37 34
16	1 32 9	9 1 30	22 56 3	7 47 31	19 23 15	21 37 23
17	1 32 12	9 1 48	22 56 9	7 46 51	19 23 24	21 37 11
18	1 32 15	9 2 7	22 56 16	7 46 11	19 23 33	21 36 59
19	1 32 18	9 2 27	22 56 22	7 45 30	19 23 41	21 36 47
20	1 32 21	9 2 48	22 56 29	7 44 48	19 23 50	21 36 35
21	1 32 25	9 3 11	22 56 35	7 44 6	19 23 59	21 36 23
22	1 32 28	9 3 34	22 56 42	7 43 24	19 24 7	21 36 11
23	1 32 32	9 3 59	22 56 49	7 42 41	19 24 16	21 36 0
24	1 32 36	9 4 24	22 56 56	7 41 57	19 24 25	21 35 48
25	1 32 40	9 4 51	22 57 3	7 41 14	19 24 33	21 35 36
26	1 32 45	9 5 19	22 57 10	7 40 29	19 24 42	21 35 24
27	1 32 49	9 5 48	22 57 17	7 39 45	19 24 50	21 35 12
28	1 32 54	9 6 17	22 57 24	7 39 0	19 24 58	21 35 1
29	1 32 59	9 6 48	22 57 32	7 38 14	19 25 7	21 34 49
30	1 33 4	9 7 21	22 57 39	7 37 28	19 25 15	21 34 37
31	1 33 10	9N 7 54	22 57 47	7S36 42	19 25 24	21S34 26

FEBRUARY 2018

DAY	SIDEREAL TIME h m s	☉ SUN LONG ° ' "	MOT ' "	R.A. h m s	DECL ° ' "
1 Th	8 44 36	17♑ 4 24	60 52	20 58 5.8	17S10 24
2 F	8 48 33	18 5 16	60 51	21 2 10.2	16 53 16
3 S	8 52 29	19 6 7	60 50	21 6 13.7	16 35 50
4 Su	8 56 26	20 6 57	60 49	21 10 16.5	16 18 7
5 M	9 0 22	21 7 47	60 49	21 14 18.4	16 0 8
6 Tu	9 4 19	22 8 35	60 48	21 18 19.6	15 41 51
7 W	9 8 16	23 9 23	60 47	21 22 20.0	15 23 18
8 Th	9 12 12	24 10 9	60 46	21 26 19.6	15 4 30
9 F	9 16 9	25 10 55	60 45	21 30 18.4	14 45 26
10 S	9 20 5	26 11 40	60 44	21 34 16.5	14 26 7
11 Su	9 24 2	27 12 23	60 43	21 38 13.8	14 6 34
12 M	9 27 58	28 13 6	60 41	21 42 10.3	13 46 47
13 Tu	9 31 55	29 13 47	60 40	21 46 6.1	13 26 46
14 W	9 35 51	0♒14 27	60 39	21 50 1.2	13 6 32
15 Th	9 39 48	1 15 6	60 37	21 53 55.5	12 46 5
16 F	9 43 45	2 15 43	60 36	21 57 49.1	12 25 25
17 S	9 47 41	3 16 19	60 34	22 1 42.0	12 4 34
18 Su	9 51 38	4 16 53	60 33	22 5 34.2	11 43 31
19 M	9 55 34	5 17 26	60 31	22 9 25.7	11 22 17
20 Tu	9 59 31	6 17 57	60 29	22 13 16.5	11 0 52
21 W	10 3 27	7 18 26	60 27	22 17 6.6	10 39 17
22 Th	10 7 24	8 18 53	60 26	22 20 56.0	10 17 32
23 F	10 11 20	9 19 18	60 24	22 24 44.9	9 55 38
24 S	10 15 17	10 19 42	60 22	22 28 33.0	9 33 35
25 Su	10 19 14	11 20 3	60 20	22 32 20.6	9 11 23
26 M	10 23 10	12 20 23	60 18	22 36 7.6	8 49 3
27 Tu	10 27 7	13 20 40	60 16	22 39 54.0	8 26 35
28 W	10 31 3	14♒20 56	60 14	22 43 39.8	8S 4 0

DAY	☽ MOON AT 0 HOURS LONG ° ' "	12h MOT ° ' "	2DIF "	R.A. h m s	DECL ° ' "	☽ MOON AT 12 HOURS LONG ° ' "	12h MOT ° ' "	2DIF "	R.A. h m s	DECL ° ' "
1 Th	23♋10 39	7 24 15	-120	9 22 48	15N40 2	0♌34 54	7 19 47	-145	9 52 42	13N55 3
2 F	7♌54 41	7 14 33	-166	10 21 49	11 57 57	15 9 15	7 8 43	-182	10 50 8	9 51 25
3 S	22 17 57	7 2 25	-193	11 17 42	7 38 9	29 20 22	6 55 50	-199	11 44 32	5 20 39
4 Su	6♍16 12	6 49 8	-201	12 10 44	3 1 11	13♍ 5 20	6 42 27	-198	12 36 22	0 41 48
5 M	19 47 47	6 35 55	-192	13 1 32	1S35 42	26 23 42	6 29 40	-182	13 26 20	3S49 43
6 Tu	2♎53 21	6 23 46	-170	13 50 51	5 58 55	9♎17 7	6 18 19	-156	14 15 9	8 2 6
7 W	15 35 26	6 13 21	-141	14 39 21	9 58 12	21 48 47	6 8 56	-124	15 3 30	11 46 19
8 Th	27 57 43	6 5 5	-107	15 27 40	13 25 34	4♏ 2 48	6 1 49	-89	15 51 54	14 55 13
9 F	10♏ 4 37	5 59 8	-72	16 16 14	16 14 32	16 3 44	5 57 1	-55	16 40 43	17 22 52
10 S	22 0 45	5 55 28	-38	17 5 21	18 19 39	27 56 14	5 54 28	-22	17 30 8	19 4 19
11 Su	3♐50 42	5 53 59	-7	17 55 4	19 36 25	9♐44 41	5 53 59	7	18 20 7	19 55 35
12 M	15 38 40	5 54 26	20	18 45 15	20 1 34	21 33 6	5 55 18	32	19 10 26	19 54 12
13 Tu	27 28 24	5 56 33	43	19 35 37	19 33 30	3♑24 58	5 58 9	52	20 0 47	18 59 36
14 W	9♑23 7	6 0 3	61	20 25 51	18 12 47	15 23 10	6 2 13	69	20 50 49	17 13 31
15 Th	21 25 23	6 4 37	75	21 15 38	16 2 21	27 30 0	6 7 13	81	21 40 18	14 40 3
16 F	3♒37 13	6 10 0	85	22 4 49	13 7 27	9♒47 13	6 12 55	89	22 29 10	11 25 30
17 S	16 0 8	6 15 57	93	22 53 25	9 35 17	22 16 5	6 19 6	96	23 17 33	7 37 55
18 Su	28 35 11	6 22 20	98	23 41 39	5 34 38	4♓57 32	6 25 40	101	0 5 46	3 26 42
19 M	11♓23 11	6 29 3	103	0 29 57	1 15 29	17 52 14	6 32 31	105	0 54 17	0N57 38
20 Tu	24 24 45	6 36 2	107	1 18 50	3N11 10	1♈ 0 47	6 39 37	108	1 43 43	5 23 35
21 W	7♈40 24	6 43 16	110	2 8 58	7 33 15	14 23 40	6 46 56	111	2 34 42	9 38 30
22 Th	21 10 36	6 50 39	111	3 0 59	11 37 33	28 1 15	6 54 21	111	3 27 52	13 28 31
23 F	4♉55 36	6 58 2	109	3 55 24	15 9 30	11♉53 38	7 1 38	106	4 23 37	16 38 33
24 S	18 55 15	7 5 6	101	4 52 30	17 53 43	26 0 21	7 8 22	94	5 22 1	18 53 11
25 Su	3♊ 8 43	7 11 22	85	5 52 6	19 35 17	10♊20 5	7 14 1	73	6 22 38	19 58 40
26 M	17 34 6	7 16 13	58	6 53 28	20 2 22	24 50 20	7 17 54	41	7 24 27	19 45 53
27 Tu	2♋ 8 13	7 18 57	21	7 55 24	19 9 19	9♋27 11	7 19 20	0	8 26 9	18 13 16
28 W	16♋46 30	7 18 57	-23	8 56 34	16N58 56	24♋ 5 27	7 17 47	-47	9 26 31	15N28 1

LUNAR INGRESSES
1 ☽ ♌ 11:03
3 ☽ ♍ 13:08
5 ☽ ♎ 18:38
8 ☽ ♏ 4:00
10 ☽ ♐ 16:11
13 ☽ ♑ 5:06
15 ☽ ♒ 16:55
18 ☽ ♓ 2:40
20 ☽ ♈ 10:10
22 ☽ ♉ 15:27
24 ☽ ♊ 18:43
26 ☽ ♋ 20:29
28 ☽ ♌ 21:43

PLANET INGRESSES
2 ♅ ♈ 21:14
6 ♀ ♒ 23:24
13 ☉ ♒ 18:17
15 ☿ ♒ 9:49

STATIONS
NONE

DATA FOR THE 1st AT 0 HOURS
JULIAN DAY 43130.5
☽ MEAN ☊ 20°♋ 15' 51"
OBLIQUITY 23° 26' 6"
DELTA T 74.9 SECONDS
NUTATION LONGITUDE-10.8"

DAY MO	YR	☿ LONG ° ' "	♀ LONG ° ' "	♂ LONG ° ' "	♃ LONG ° ' "	♄ LONG ° ' "	♅ LONG ° ' "	♆ LONG ° ' "	♇ LONG ° ' "	☊ LONG ° '	A.S.S.I. h m s	S.S.R.Y. h m s	S.V.P. ♓ ° ' "	☿ MERCURY R.A. h m s	DECL ° ' "
1	32	5♑41 46	22♑30 20	8♏21 39	26♎15 41	9♐50 36	29♓57 7	17♒47 22	24♐49 48	19♋56	26 20 37	30 9 7	5 0 36.5	20 13 10	21S40 17
2	33	7 17 52	23 45 37	8 58 23	26 21 54	9 56 41	29 58 37	17 49 24	24 51 43	19 57	26 25 44	30 7 56	5 0 36.4	20 19 56	21 22 32
3	34	8 54 40	25 0 53	9 35 5	26 27 58	10 2 43	0♈ 0 11	17 51 26	24 53 37	19 57	26 30 50	30 6 44	5 0 36.3	20 26 43	21 3 22
4	35	10 32 12	26 16 9	10 11 46	26 33 53	10 8 43	0 1 47	17 53 29	24 55 31	19 57	26 35 55	30 5 35	5 0 36.3	20 33 32	20 42 48
5	36	12 10 27	27 31 24	10 48 24	26 39 39	10 14 40	0 3 26	17 55 33	24 57 23	19 57	26 40 59	30 4 32	5 0 36.2	20 40 21	20 20 49
6	37	13 49 27	28 46 38	11 25 1	26 45 16	10 20 33	0 5 8	17 57 39	24 59 15	19 56	26 46 2	30 3 36	5 0 36.2	20 47 10	19 57 25
7	38	15 29 12	0♒ 1 52	12 1 36	26 50 43	10 26 23	0 6 53	17 59 44	25 1 7	19 56	26 51 4	30 2 50	5 0 36.1	20 54 1	19 32 35
8	39	17 9 44	1 17 4	12 38 8	26 56 0	10 32 11	0 8 40	18 1 51	25 2 57	19 56	26 56 5	30 2 15	5 0 36.0	21 0 52	19 6 20
9	40	18 51 4	2 32 17	13 14 39	27 1 8	10 37 54	0 10 30	18 3 59	25 4 47	19 56	27 1 5	30 1 51	5 0 35.9	21 7 44	18 38 39
10	41	20 33 11	3 47 28	13 51 8	27 6 6	10 43 35	0 12 23	18 6 7	25 6 35	19 57	27 6 4	30 1 38	5 0 35.7	21 14 36	18 9 31
11	42	22 16 8	5 2 39	14 27 34	27 10 54	10 49 12	0 14 18	18 8 16	25 8 23	19 58	27 11 2	30 1 36	5 0 35.5	21 21 29	17 38 58
12	43	23 59 54	6 17 49	15 3 58	27 15 32	10 54 46	0 16 15	18 10 25	25 10 10	19 59	27 15 59	30 1 44	5 0 35.4	21 28 23	17 6 59
13	44	25 44 31	7 32 58	15 40 19	27 20 0	11 0 16	0 18 16	18 12 36	25 11 56	19 59	27 20 55	30 2 2	5 0 35.2	21 35 17	16 33 33
14	45	27 29 57	8 48 6	16 16 38	27 24 18	11 5 43	0 20 19	18 14 47	25 13 42	20 00	27 25 51	30 2 28	5 0 35.0	21 42 11	15 58 42
15	46	29 16 15	10 3 13	16 52 55	27 28 26	11 11 6	0 22 24	18 16 58	25 15 26	20 00	27 30 45	30 3 3	5 0 34.9	21 49 6	15 22 25
16	47	1♒ 3 23	11 18 19	17 29 9	27 32 23	11 16 25	0 24 32	18 19 10	25 17 9	20 00	27 35 39	30 3 43	5 0 34.8	21 56 1	14 44 43
17	48	2 51 21	12 33 25	18 5 20	27 36 10	11 21 40	0 26 42	18 21 23	25 18 51	19 59	27 40 31	30 4 29	5 0 34.8	22 2 56	14 5 37
18	49	4 40 9	13 48 29	18 41 28	27 39 46	11 26 52	0 28 55	18 23 36	25 20 32	19 57	27 45 23	30 5 19	5 0 34.7	22 9 52	13 25 8
19	50	6 29 45	15 3 32	19 17 33	27 43 12	11 31 59	0 31 10	18 25 49	25 22 12	19 55	27 50 14	30 6 10	5 0 34.7	22 16 48	12 43 16
20	51	8 20 7	16 18 34	19 53 35	27 46 27	11 37 3	0 33 27	18 28 3	25 23 50	19 53	27 55 4	30 7 0	5 0 34.7	22 23 44	12 0 4
21	52	10 11 14	17 33 34	20 29 35	27 49 32	11 42 3	0 35 47	18 30 18	25 25 28	19 50	27 59 53	30 7 46	5 0 34.6	22 30 40	11 15 33
22	53	12 3 0	18 48 34	21 5 31	27 52 26	11 46 58	0 38 9	18 32 32	25 27 4	19 49	28 4 41	30 8 25	5 0 34.6	22 37 35	10 29 45
23	54	13 55 23	20 3 32	21 41 25	27 55 8	11 51 49	0 40 33	18 34 47	25 28 40	19 48	28 9 28	30 8 53	5 0 34.5	22 44 30	9 42 43
24	55	15 48 18	21 18 28	22 17 15	27 57 41	11 56 36	0 42 59	18 37 3	25 30 14	19 48	28 14 15	30 9 8	5 0 34.3	22 51 25	8 54 31
25	56	17 41 36	22 33 23	22 53 2	28 0 2	12 1 19	0 45 27	18 39 18	25 31 47	19 49	28 19 1	30 9 8	5 0 34.1	22 58 18	8 5 13
26	57	19 35 11	23 48 17	23 28 46	28 2 12	12 5 58	0 47 58	18 41 34	25 33 18	19 50	28 23 46	30 8 52	5 0 33.9	23 5 10	7 14 53
27	58	21 28 53	25 3 9	24 4 28	28 4 11	12 10 32	0 50 31	18 43 50	25 34 49	19 52	28 28 31	30 8 22	5 0 33.7	23 12 0	6 23 38
28	59	23♒22 30	26♒18 0	24♏40 5	28♎ 6 0	12♐15 1	0♈53 5	18♒46 7	25♐36 18	19♋52	28 33 14	30 7 39	5 0 33.5	23 18 47	5S31 34

DAY Feb	♀ VENUS R.A. h m s	DECL ° ' "	♂ MARS R.A. h m s	DECL ° ' "	♃ JUPITER R.A. h m s	DECL ° ' "	♄ SATURN R.A. h m s	DECL ° ' "	♅ URANUS R.A. h m s	DECL ° ' "	♆ NEPTUNE R.A. h m s	DECL ° ' "	♇ PLUTO R.A. h m s	DECL ° ' "
1	21 21 28	16S52 11	16 5 49	20S11 20	15 16 31	16S59 49	18 20 55	22S28 7	1 33 15	9N 8 28	22 57 54	7S35 55	19 25 32	21S34 14
2	21 26 28	16 29 46	16 8 22	20 18 52	15 16 56	17 1 18	18 21 22	22 27 55	1 33 21	9 9 3	22 58 2	7 35 9	19 25 40	21 34 3
3	21 31 27	16 6 54	16 10 56	20 26 15	15 17 21	17 2 44	18 21 48	22 27 42	1 33 27	9 9 39	22 58 9	7 34 21	19 25 48	21 33 51
4	21 36 25	15 43 35	16 13 29	20 33 30	15 17 45	17 4 8	18 22 14	22 27 30	1 33 33	9 10 16	22 58 17	7 33 34	19 25 56	21 33 40
5	21 41 21	15 19 50	16 16 3	20 40 36	15 18 8	17 5 29	18 22 39	22 27 17	1 33 39	9 10 54	22 58 24	7 32 46	19 26 4	21 33 29
6	21 46 16	14 55 40	16 18 37	20 47 34	15 18 31	17 6 47	18 23 5	22 27 3	1 33 45	9 11 33	22 58 32	7 31 58	19 26 12	21 33 18
7	21 51 10	14 31 6	16 21 11	20 54 23	15 18 53	17 8 3	18 23 30	22 26 50	1 33 52	9 12 13	22 58 40	7 31 9	19 26 20	21 33 7
8	21 56 3	14 6 7	16 23 45	21 1 3	15 19 15	17 9 16	18 23 55	22 26 36	1 33 58	9 12 54	22 58 48	7 30 20	19 26 28	21 32 55
9	22 0 55	13 40 45	16 26 19	21 7 35	15 19 36	17 10 26	18 24 20	22 26 23	1 34 5	9 13 36	22 58 56	7 29 31	19 26 36	21 32 44
10	22 5 45	13 15 2	16 28 53	21 13 59	15 19 56	17 11 34	18 24 45	22 26 9	1 34 12	9 14 19	22 59 4	7 28 42	19 26 44	21 32 34
11	22 10 35	12 48 57	16 31 27	21 20 14	15 20 16	17 12 39	18 25 9	22 25 55	1 34 19	9 15 2	22 59 12	7 27 52	19 26 51	21 32 23
12	22 15 23	12 22 31	16 34 1	21 26 20	15 20 35	17 13 41	18 25 33	22 25 41	1 34 27	9 15 47	22 59 20	7 27 2	19 26 59	21 32 12
13	22 20 10	11 55 45	16 36 35	21 32 17	15 20 53	17 14 40	18 25 57	22 25 26	1 34 34	9 16 33	22 59 28	7 26 12	19 27 7	21 32 2
14	22 24 56	11 28 40	16 39 9	21 38 6	15 21 10	17 15 37	18 26 20	22 25 12	1 34 42	9 17 19	22 59 36	7 25 21	19 27 14	21 31 51
15	22 29 42	11 1 17	16 41 44	21 43 46	15 21 27	17 16 31	18 26 44	22 24 58	1 34 50	9 18 7	22 59 44	7 24 31	19 27 22	21 31 41
16	22 34 26	10 33 37	16 44 18	21 49 17	15 21 43	17 17 22	18 27 7	22 24 43	1 34 58	9 18 55	22 59 52	7 23 40	19 27 29	21 31 31
17	22 39 9	10 5 39	16 46 52	21 54 40	15 21 59	17 18 11	18 27 29	22 24 29	1 35 6	9 19 44	23 0 1	7 22 49	19 27 36	21 31 21
18	22 43 51	9 37 26	16 49 26	21 59 53	15 22 14	17 18 57	18 27 52	22 24 14	1 35 14	9 20 34	23 0 9	7 21 58	19 27 44	21 31 11
19	22 48 33	9 8 57	16 52 1	22 4 58	15 22 28	17 19 40	18 28 14	22 23 59	1 35 23	9 21 25	23 0 17	7 21 7	19 27 51	21 31 1
20	22 53 13	8 40 15	16 54 35	22 9 54	15 22 41	17 20 20	18 28 36	22 23 44	1 35 31	9 22 16	23 0 26	7 20 16	19 27 58	21 30 52
21	22 57 53	8 11 18	16 57 9	22 14 41	15 22 54	17 20 57	18 28 57	22 23 30	1 35 40	9 23 9	23 0 34	7 19 24	19 28 5	21 30 42
22	23 2 32	7 42 8	16 59 43	22 19 19	15 23 6	17 21 32	18 29 19	22 23 15	1 35 49	9 24 2	23 0 42	7 18 32	19 28 12	21 30 33
23	23 7 10	7 12 47	17 2 17	22 23 49	15 23 17	17 22 4	18 29 40	22 23 0	1 35 58	9 24 56	23 0 51	7 17 41	19 28 18	21 30 23
24	23 11 48	6 43 14	17 4 51	22 28 10	15 23 27	17 22 33	18 30 0	22 22 45	1 36 7	9 25 50	23 0 59	7 16 49	19 28 25	21 30 14
25	23 16 24	6 13 31	17 7 25	22 32 21	15 23 37	17 22 59	18 30 21	22 22 30	1 36 17	9 26 46	23 1 8	7 15 57	19 28 32	21 30 5
26	23 21 1	5 43 37	17 9 59	22 36 25	15 23 46	17 23 23	18 30 41	22 22 15	1 36 26	9 27 42	23 1 16	7 15 5	19 28 38	21 29 57
27	23 25 36	5 13 35	17 12 33	22 40 19	15 23 54	17 23 44	18 31 0	22 22 0	1 36 36	9 28 39	23 1 24	7 14 13	19 28 45	21 29 48
28	23 30 11	4S43 25	17 15 6	22S44 5	15 24 2	17S24 2	18 31 20	22S21 45	1 36 45	9N29 37	23 1 33	7S13 21	19 28 51	21S29 40

MARCH 2018

DAY	SIDEREAL TIME (h m s)	☉ SUN LONG (° ' ")	SUN MOT (' ")	SUN R.A. (h m s)	SUN DECL (° ' ")	☽ MOON AT 0 HOURS LONG (° ' ")	12h MOT (° ' ")	2DIF (")	R.A. (h m s)	DECL (° ' ")	☽ MOON AT 12 HOURS LONG (° ' ")	12h MOT (° ' ")	2DIF (")	R.A. (h m s)	DECL (° ' ")
1 Th	10 35 0	15♒21 10	60 12	22 47 25.0	7S41 18	1♌23 14	7 15 49	-71	9 55 55	13N42 32	8♌39 3	7 13 4	-94	10 24 43	11N44 49
2 F	10 38 56	16 21 22	60 10	22 51 9.8	7 18 29	15 52 7	7 9 33	-115	10 52 53	9 37 22	23 1 40	7 5 22	-134	11 20 27	7 22 41
3 S	10 42 53	17 21 32	60 8	22 54 54.1	6 55 34	0♍ 7 2	7 0 36	-151	11 47 26	5 3 14	7♍ 7 38	6 55 20	-163	12 13 54	2 41 24
4 Su	10 46 49	18 21 40	60 7	22 58 37.9	6 32 33	14 2 58	6 49 43	-172	12 39 54	0 19 20	20 52 41	6 43 52	-177	13 5 31	2S 0 58
5 M	10 50 46	19 21 47	60 5	23 2 21.2	6 9 27	27 36 33	6 37 56	-178	13 30 49	4S17 42	4♎14 29	6 32 1	-175	13 55 52	6 29 17
6 Tu	10 54 43	20 21 52	60 3	23 6 4.1	5 46 15	10♎46 30	6 26 15	-169	14 20 45	8 34 21	17 12 45	6 20 45	-160	14 45 31	10 31 41
7 W	10 58 39	21 21 55	60 2	23 9 46.6	5 22 59	23 33 31	6 15 37	-148	15 10 14	12 20 12	29 49 7	6 10 54	-134	15 34 56	13 59 2
8 Th	11 2 36	22 21 57	60 0	23 13 28.8	4 59 38	6♏ 0 1	6 6 42	-118	15 59 41	15 27 20	12♏ 6 43	6 3 3	-100	16 24 28	16 44 28
9 F	11 6 32	23 21 57	59 59	23 17 10.5	4 36 13	18 9 47	6 0 0	-82	16 49 20	17 49 48	24 9 47	5 57 35	-63	17 14 18	18 42 51
10 S	11 10 29	24 21 56	59 57	23 20 52.0	4 12 45	0♐ 7 21	5 55 47	-44	17 39 20	19 23 13	6♐ 3 8	5 54 39	-25	18 4 26	19 50 33
11 Su	11 14 25	25 21 53	59 55	23 24 33.1	3 49 13	11 57 47	5 54 8	-6	18 29 35	20 4 38	17 51 55	5 54 15	13	18 54 45	20 5 21
12 M	11 18 22	26 21 48	59 54	23 28 13.9	3 25 39	23 46 10	5 54 59	30	19 19 56	19 52 41	29 41 9	5 56 17	47	19 45 4	19 26 41
13 Tu	11 22 18	27 21 41	59 52	23 31 54.4	3 2 2	5♑37 27	5 58 8	63	20 10 8	18 47 35	11♑35 35	6 0 29	77	20 35 8	17 55 42
14 W	11 26 15	28 21 33	59 50	23 35 34.7	2 38 23	17 36 3	6 3 16	89	21 0 1	16 51 29	23 39 19	6 6 26	100	21 24 47	15 35 31
15 Th	11 30 12	29 21 23	59 48	23 39 14.7	2 14 42	29 45 45	6 9 57	109	21 49 27	14 8 27	5♒55 42	6 13 43	116	22 14 0	12 31 8
16 F	11 34 8	0♓21 12	59 46	23 42 54.5	1 51 0	12♒ 9 25	6 17 40	120	22 38 28	10 44 28	18 27 5	6 21 44	123	23 2 52	8 49 32
17 S	11 38 5	1 20 58	59 44	23 46 34.0	1 27 17	24 48 49	6 25 51	123	23 27 15	6 47 29	1♓14 40	6 29 56	121	23 51 40	4 39 35
18 Su	11 42 1	2 20 42	59 42	23 50 13.4	1 3 33	7♓44 35	6 33 54	117	0 16 10	2 27 13	14 18 30	6 37 44	112	0 40 49	0 11 54
19 M	11 45 58	3 20 25	59 40	23 53 52.5	0 39 49	20 56 14	6 41 21	105	1 5 40	2N 4 47	27 37 34	6 44 42	97	1 30 48	4N21 10
20 Tu	11 49 54	4 20 5	59 38	23 57 31.6	0 16 6	4♈22 17	6 47 47	88	1 56 17	6 35 27	11♈10 4	6 50 35	79	2 22 10	8 45 49
21 W	11 53 51	5 19 43	59 36	0 1 10.4	0N 7 37	18 0 38	6 53 4	70	2 48 31	10 50 19	24 53 43	6 55 17	62	3 15 23	12 47 1
22 Th	11 57 47	6 19 19	59 34	0 4 49.2	0 31 19	1♉48 59	6 57 13	54	3 42 49	14 33 59	8♉46 12	6 58 54	47	4 10 48	16 9 16
23 F	12 1 44	7 18 53	59 32	0 8 27.8	0 55 0	15 45 6	7 0 22	41	4 39 20	17 31 1	22 45 28	7 1 39	36	5 8 23	18 37 33
24 S	12 5 40	8 18 25	59 29	0 12 6.4	1 18 39	29 47 7	7 2 46	31	5 37 53	19 27 21	6♊49 53	7 3 43	26	6 7 45	19 59 12
25 Su	12 9 37	9 17 54	59 27	0 15 44.8	1 42 16	13♊53 36	7 4 31	22	6 37 50	20 12 15	20 58 7	7 5 10	17	7 8 2	20 6 2
26 M	12 13 34	10 17 20	59 25	0 19 23.3	2 5 51	28 3 17	7 5 38	11	7 38 13	19 40 32	5♋ 8 55	7 5 54	4	8 8 13	18 56 10
27 Tu	12 17 30	11 16 45	59 22	0 23 1.6	2 29 23	12♋14 48	7 5 54	-4	8 37 56	17 53 50	19 20 42	7 5 38	-14	9 7 16	16 34 46
28 W	12 21 27	12 16 7	59 20	0 26 40.0	2 52 51	26 26 20	7 5 0	-25	9 36 9	15 0 34	3♌31 20	7 3 59	-37	10 4 32	13 13 7
29 Th	12 25 23	13 15 27	59 18	0 30 18.4	3 16 16	10♌35 18	7 2 31	-51	10 32 24	11 14 25	17 37 49	7 0 34	-66	10 59 45	9 6 40
30 F	12 29 20	14 14 44	59 15	0 33 56.8	3 39 37	24 38 23	6 58 8	-80	11 26 38	6 52 4	1♍36 32	6 55 13	-95	11 53 4	4 32 49
31 S	12 33 16	15♓14 0	59 13	0 37 35.3	4N 2 54	8♍31 44	6 51 48	-109	12 19 7	2N11 4	15♍23 33	6 47 58	-121	12 44 52	0S11 7

LUNAR INGRESSES
2 ☽ ♍ 23:48
5 ☽ ♎ 4:18
7 ☽ ♏ 12:21
9 ☽ ♐ 23:45
12 ☽ ♑ 12:38
15 ☽ ♒ 0:28
17 ☽ ♓ 9:41
19 ☽ ♈ 16:14
21 ☽ ♉ 20:51
24 ☽ ♊ 0:22
26 ☽ ♋ 3:18
28 ☽ ♌ 6:02
30 ☽ ♍ 9:13

PLANET INGRESSES
2 ♀ ♓ 23:14
3 ☿ ♓ 12:53
9 ♂ ♐ 1:11
15 ☉ ♓ 15:30
27 ♀ ♈ 3:28

STATIONS
9 ♃ R 4:47
23 ☿ R 0:20

DATA FOR THE 1st AT 0 HOURS
JULIAN DAY 43158.5
☽ MEAN ☊ 18°♋ 46' 50"
OBLIQUITY 23° 26' 7"
DELTA T 74.9 SECONDS
NUTATION LONGITUDE-11.7"

DAY MO	YR	☿ LONG (° ' ")	♀ LONG (° ' ")	♂ LONG (° ' ")	♃ LONG (° ' ")	♄ LONG (° ' ")	♅ LONG (° ' ")	♆ LONG (° ' ")	♇ LONG (° ' ")	☊ LONG (° ')	A.S.S.I. (h m s)	S.S.R.Y. (h m s)	S.V.P. ♓ (° ' ")	☿ MERCURY R.A. (h m s)	☿ MERCURY DECL (° ' ")
1	60	25♒15 49	27♒32 49	25♏15 40	28♎ 7 37	12♐19 27	0♈55 42	18♒48 23	25♐37 46	19♋52	28 37 57	30 6 42	5 0 33.4	23 25 32	4S38 50
2	61	27 8 33	28 47 37	25 51 12	28 9 3	12 23 47	0 58 20	18 50 39	25 39 12	19 50	28 42 40	30 5 42	5 0 33.4	23 32 12	3 45 34
3	62	29 0 26	0♓ 2 24	26 26 40	28 10 19	12 28 4	1 1 1	18 52 56	25 40 37	19 47	28 47 21	30 4 36	5 0 33.4	23 38 47	2 51 56
4	63	0♓51 5	1 17 9	27 2 5	28 11 23	12 32 15	1 3 43	18 55 13	25 42 1	19 43	28 52 3	30 3 28	5 0 33.4	23 45 17	1 58 9
5	64	2 40 9	2 31 52	27 37 27	28 12 16	12 36 22	1 6 28	18 57 29	25 43 23	19 38	28 56 43	30 2 22	5 0 33.3	23 51 40	1 4 26
6	65	4 27 11	3 46 34	28 12 45	28 12 57	12 40 24	1 9 14	18 59 45	25 44 44	19 34	29 1 23	30 1 21	5 0 33.3	23 57 54	0 11 1
7	66	6 11 45	5 1 15	28 47 59	28 13 27	12 44 21	1 12 1	19 2 2	25 46 4	19 30	29 6 3	30 0 26	5 0 33.2	0 3 58	0N41 50
8	67	7 53 21	6 15 54	29 23 10	28 13 47	12 48 14	1 14 51	19 4 18	25 47 22	19 27	29 10 42	29 59 39	5 0 33.1	0 9 51	1 33 51
9	68	9 31 28	7 30 32	29 58 17	28 13R54	12 52 2	1 17 42	19 6 35	25 48 39	19 25	29 15 21	29 59 0	5 0 33.0	0 15 30	2 24 45
10	69	11 5 35	8 45 9	0♐33 19	28 13 51	12 55 45	1 20 35	19 8 51	25 49 54	19 25	29 19 59	29 58 31	5 0 32.9	0 20 55	3 14 12
11	70	12 35 9	9 59 44	1 8 18	28 13 36	12 59 22	1 23 30	19 11 7	25 51 8	19 27	29 24 36	29 58 12	5 0 32.7	0 26 4	4 1 55
12	71	13 59 39	11 14 18	1 43 12	28 13 10	13 2 55	1 26 26	19 13 23	25 52 20	19 28	29 29 14	29 58 3	5 0 32.6	0 30 54	4 47 37
13	72	15 18 33	12 28 50	2 18 2	28 12 32	13 6 23	1 29 24	19 15 39	25 53 31	19 30	29 33 51	29 58 5	5 0 32.5	0 35 24	5 30 57
14	73	16 31 22	13 43 20	2 52 48	28 11 43	13 9 45	1 32 24	19 17 55	25 54 40	19 31	29 38 28	29 58 16	5 0 32.4	0 39 32	6 11 40
15	74	17 37 40	14 57 49	3 27 28	28 10 43	13 13 2	1 35 24	19 20 10	25 55 48	19 30	29 43 4	29 58 38	5 0 32.3	0 43 18	6 49 29
16	75	18 37 0	16 12 17	4 2 4	28 9 31	13 16 14	1 38 27	19 22 25	25 56 54	19 28	29 47 40	29 59 10	5 0 32.2	0 46 38	7 24 8
17	76	19 29 1	17 26 43	4 36 35	28 8 9	13 19 21	1 41 30	19 24 39	25 57 58	19 23	29 52 16	29 59 51	5 0 32.2	0 49 32	7 55 23
18	77	20 13 24	18 41 7	5 11 1	28 6 35	13 22 23	1 44 35	19 26 53	25 59 1	19 17	29 56 52	30 0 41	5 0 32.2	0 52 0	8 23 0
19	78	20 49 55	19 55 29	5 45 21	28 4 49	13 25 19	1 47 42	19 29 7	26 0 3	19 10	30 1 27	30 1 38	5 0 32.2	0 53 59	8 46 48
20	79	21 18 24	21 9 50	6 19 37	28 2 53	13 28 9	1 50 49	19 31 21	26 1 2	19 02	30 6 2	30 2 38	5 0 32.2	0 55 31	9 6 36
21	80	21 38 44	22 24 9	6 53 46	28 0 46	13 30 54	1 53 58	19 33 33	26 2 0	18 54	0 1 28	30 3 38	5 0 32.2	0 56 33	9 22 16
22	81	21 50 55	23 38 25	7 27 51	27 58 27	13 33 34	1 57 8	19 35 46	26 2 57	18 48	0 6 3	30 4 35	5 0 32.1	0 57 7	9 33 41
23	82	21 55R 0	24 52 40	8 1 49	27 55 58	13 36 8	2 0 19	19 37 57	26 3 51	18 44	0 10 38	30 5 23	5 0 31.9	0 57 13	9 40 46
24	83	21 51 12	26 6 53	8 35 42	27 53 18	13 38 37	2 3 32	19 40 9	26 4 44	18 42	0 15 13	30 6 0	5 0 31.8	0 56 52	9 43 29
25	84	21 39 47	27 21 4	9 9 29	27 50 27	13 41 0	2 6 45	19 42 19	26 5 36	18 42	0 19 47	30 6 23	5 0 31.6	0 56 5	9 41 50
26	85	21 21 8	28 35 12	9 43 10	27 47 26	13 43 17	2 9 59	19 44 29	26 6 25	18 43	0 24 21	30 6 31	5 0 31.4	0 54 53	9 35 53
27	86	20 55 47	29 49 19	10 16 45	27 44 14	13 45 29	2 13 15	19 46 39	26 7 13	18 44	0 28 56	30 6 24	5 0 31.3	0 53 19	9 25 46
28	87	20 24 21	1♈ 3 23	10 50 15	27 40 52	13 47 35	2 16 31	19 48 47	26 7 59	18 44	0 33 30	30 6 2	5 0 31.1	0 51 25	9 11 40
29	88	19 47 34	2 17 25	11 23 38	27 37 20	13 49 36	2 19 48	19 50 55	26 8 44	18 41	0 38 5	30 5 27	5 0 31.1	0 49 14	8 53 50
30	89	19 6 17	3 31 25	11 56 55	27 33 37	13 51 31	2 23 6	19 53 3	26 9 27	18 37	0 42 39	30 4 42	5 0 31.1	0 46 49	8 32 36
31	90	18♓21 24	4♈45 23	12♐30 5	27♎29 44	13♐53 20	2♈26 25	19♒55 9	26♐10 8	18♋30	0 47 13	30 3 49	5 0 31.1	0 44 14	8N 8 21

DAY Mar	♀ VENUS R.A. (h m s)	♀ VENUS DECL (° ' ")	♂ MARS R.A. (h m s)	♂ MARS DECL (° ' ")	♃ JUPITER R.A. (h m s)	♃ JUPITER DECL (° ' ")	♄ SATURN R.A. (h m s)	♄ SATURN DECL (° ' ")	♅ URANUS R.A. (h m s)	♅ URANUS DECL (° ' ")	♆ NEPTUNE R.A. (h m s)	♆ NEPTUNE DECL (° ' ")	♇ PLUTO R.A. (h m s)	♇ PLUTO DECL (° ' ")
1	23 34 45	4S13 6	17 17 40	22S47 42	15 24 9	17S24 17	18 31 39	22S21 31	1 36 55	9N30 35	23 1 41	7S12 28	19 28 57	21S29 32
2	23 39 19	3 42 42	17 20 14	22 51 10	15 24 15	17 24 30	18 31 58	22 21 16	1 37 5	9 31 34	23 1 50	7 11 36	19 29 4	21 29 24
3	23 43 53	3 12 11	17 22 47	22 54 30	15 24 20	17 24 39	18 32 16	22 21 2	1 37 15	9 32 34	23 1 58	7 10 44	19 29 10	21 29 16
4	23 48 26	2 41 34	17 25 20	22 57 41	15 24 24	17 24 46	18 32 34	22 20 47	1 37 25	9 33 34	23 2 7	7 9 52	19 29 16	21 29 8
5	23 52 59	2 10 53	17 27 53	23 0 43	15 24 28	17 24 50	18 32 52	22 20 33	1 37 36	9 34 35	23 2 15	7 9 0	19 29 22	21 29 1
6	23 57 31	1 40 9	17 30 26	23 3 37	15 24 31	17 24 52	18 33 9	22 20 19	1 37 46	9 35 36	23 2 24	7 8 8	19 29 27	21 28 54
7	0 2 3	1 9 21	17 32 59	23 6 23	15 24 33	17 24 50	18 33 26	22 20 4	1 37 57	9 36 38	23 2 32	7 7 16	19 29 33	21 28 46
8	0 6 35	0 38 30	17 35 32	23 9 0	15 24 35	17 24 46	18 33 43	22 19 50	1 38 7	9 37 41	23 2 41	7 6 24	19 29 39	21 28 40
9	0 11 7	0 7 38	17 38 4	23 11 28	15 24 35	17 24 40	18 34 0	22 19 36	1 38 18	9 38 44	23 2 49	7 5 32	19 29 44	21 28 33
10	0 15 39	0N23 15	17 40 37	23 13 49	15 24 35	17 24 30	18 34 16	22 19 23	1 38 29	9 39 48	23 2 58	7 4 40	19 29 50	21 28 26
11	0 20 10	0 54 8	17 43 9	23 16 1	15 24 34	17 24 18	18 34 31	22 19 9	1 38 40	9 40 53	23 3 6	7 3 48	19 29 55	21 28 20
12	0 24 42	1 25 1	17 45 40	23 18 4	15 24 33	17 24 2	18 34 47	22 18 56	1 38 51	9 41 57	23 3 15	7 2 56	19 30 0	21 28 14
13	0 29 13	1 55 53	17 48 12	23 20 0	15 24 30	17 23 44	18 35 2	22 18 43	1 39 2	9 43 3	23 3 23	7 2 4	19 30 5	21 28 8
14	0 33 45	2 26 42	17 50 43	23 21 47	15 24 27	17 23 24	18 35 16	22 18 30	1 39 14	9 44 9	23 3 31	7 1 13	19 30 10	21 28 3
15	0 38 17	2 57 29	17 53 14	23 23 26	15 24 23	17 23 0	18 35 30	22 18 17	1 39 25	9 45 15	23 3 40	7 0 21	19 30 15	21 27 58
16	0 42 48	3 28 13	17 55 45	23 24 57	15 24 19	17 22 34	18 35 44	22 18 5	1 39 36	9 46 22	23 3 48	6 59 30	19 30 20	21 27 52
17	0 47 20	3 58 52	17 58 16	23 26 20	15 24 13	17 22 5	18 35 58	22 17 52	1 39 48	9 47 30	23 3 57	6 58 39	19 30 24	21 27 48
18	0 51 52	4 29 26	18 0 46	23 27 35	15 24 7	17 21 34	18 36 11	22 17 40	1 40 0	9 48 37	23 4 5	6 57 48	19 30 29	21 27 43
19	0 56 25	4 59 55	18 3 15	23 28 42	15 24 0	17 20 59	18 36 23	22 17 29	1 40 11	9 49 46	23 4 13	6 56 57	19 30 33	21 27 39
20	1 0 57	5 30 17	18 5 45	23 29 42	15 23 52	17 20 22	18 36 36	22 17 17	1 40 23	9 50 54	23 4 22	6 56 7	19 30 37	21 27 34
21	1 5 30	6 0 32	18 8 14	23 30 34	15 23 44	17 19 43	18 36 47	22 17 6	1 40 35	9 52 3	23 4 30	6 55 16	19 30 42	21 27 30
22	1 10 4	6 30 40	18 10 43	23 31 18	15 23 35	17 19 0	18 36 59	22 16 55	1 40 47	9 53 13	23 4 38	6 54 26	19 30 46	21 27 27
23	1 14 37	7 0 38	18 13 11	23 31 55	15 23 25	17 18 15	18 37 10	22 16 44	1 40 59	9 54 23	23 4 46	6 53 36	19 30 50	21 27 23
24	1 19 11	7 30 27	18 15 39	23 32 24	15 23 14	17 17 28	18 37 21	22 16 34	1 41 11	9 55 33	23 4 54	6 52 46	19 30 53	21 27 20
25	1 23 46	8 0 6	18 18 6	23 32 46	15 23 3	17 16 37	18 37 31	22 16 23	1 41 23	9 56 43	23 5 3	6 51 57	19 30 57	21 27 17
26	1 28 21	8 29 34	18 20 34	23 33 1	15 22 51	17 15 45	18 37 41	22 16 14	1 41 36	9 57 54	23 5 11	6 51 8	19 31 1	21 27 14
27	1 32 57	8 58 51	18 23 0	23 33 9	15 22 38	17 14 49	18 37 50	22 16 4	1 41 48	9 59 5	23 5 19	6 50 19	19 31 4	21 27 12
28	1 37 33	9 27 54	18 25 27	23 33 10	15 22 24	17 13 52	18 37 59	22 15 55	1 42 0	10 0 17	23 5 27	6 49 30	19 31 8	21 27 10
29	1 42 10	9 56 45	18 27 52	23 33 4	15 22 10	17 12 51	18 38 8	22 15 46	1 42 13	10 1 28	23 5 35	6 48 42	19 31 11	21 27 8
30	1 46 47	10 25 22	18 30 18	23 32 51	15 21 55	17 11 48	18 38 16	22 15 38	1 42 25	10 2 40	23 5 43	6 47 54	19 31 14	21 27 7
31	1 51 26	10N53 44	18 32 43	23S32 32	15 21 40	17S10 43	18 38 24	22S15 30	1 42 38	10N 3 52	23 5 50	6S47 6	19 31 17	21S27 5

APRIL 2018

DAY	SIDEREAL TIME h m s	☉ SUN LONG ° ' "	MOT ' "	R.A. h m s	DECL ° ' "	☽ MOON AT 0 HOURS LONG ° ' "	12h MOT ° ' "	2DIF "	R.A. h m s	DECL ° ' "	☽ MOON AT 12 HOURS LONG ° ' "	12h MOT ° ' "	2DIF "	R.A. h m s	DECL ° ' "
1 Su	12 37 13	16♓13 13	59 11	0 41 13.8	4N26 7	22♍11 31	6 43 44	-131	13 10 21	2S31 46	28♍55 15	6 39 12	-139	13 35 38	4S49 4
2 M	12 41 9	17 12 25	59 10	0 44 52.5	4 49 14	5♎34 27	6 34 27	-144	14 0 47	7 1 20	12♎ 8 55	6 29 35	-146	14 25 51	9 7 5
3 Tu	12 45 6	18 11 34	59 8	0 48 31.2	5 12 17	18 38 30	6 24 42	-145	14 50 54	11 4 55	25 3 12	6 19 54	-141	15 15 56	12 53 38
4 W	12 49 3	19 10 42	59 6	0 52 10.2	5 35 14	1♏23 5	6 15 17	-134	15 41 1	14 32 12	7♏38 22	6 10 56	-125	16 6 9	15 59 41
5 Th	12 52 59	20 9 47	59 4	0 55 49.3	5 58 5	13 49 18	6 6 58	-113	16 31 21	17 15 20	19 56 16	6 3 26	-98	16 56 36	18 18 32
6 F	12 56 56	21 8 51	59 2	0 59 28.6	6 20 50	25 59 41	6 0 24	-82	17 21 54	19 8 47	2♐ 0 5	5 57 56	-65	17 47 15	19 45 44
7 S	13 0 52	22 7 53	59 1	1 3 8.1	6 43 29	7♐58 1	5 56 5	-46	18 12 35	20 9 9	13 54 6	5 54 52	-26	18 37 54	20 18 57
8 Su	13 4 49	23 6 54	58 59	1 6 47.9	7 6 0	19 48 58	5 54 19	-6	19 3 11	20 15 6	25 43 17	5 54 27	14	19 28 22	19 57 45
9 M	13 8 45	24 5 52	58 57	1 10 27.9	7 28 25	1♑37 44	5 55 16	35	19 53 27	19 27 6	7♑33 1	5 56 46	55	20 18 25	18 43 28
10 Tu	13 12 42	25 4 49	58 55	1 14 8.1	7 50 42	13 29 47	5 58 56	74	20 43 15	17 47 17	19 28 42	6 1 43	93	21 7 57	16 39 1
11 W	13 16 38	26 3 44	58 53	1 17 48.7	8 12 52	25 30 25	6 5 6	109	21 32 31	15 19 16	1♒35 31	6 9 1	125	21 56 58	13 48 42
12 Th	13 20 35	27 2 38	58 52	1 21 29.5	8 34 53	7♒44 31	6 13 24	138	22 21 21	12 8 5	13 57 56	6 18 11	148	22 45 41	10 18 16
13 F	13 24 32	28 1 29	58 50	1 25 10.7	8 56 45	20 16 7	6 23 17	156	23 10 0	8 20 14	26 39 24	6 28 34	160	23 34 23	6 15 4
14 S	13 28 28	29 0 19	58 48	1 28 52.1	9 18 29	3♓ 7 58	6 33 57	161	23 58 53	4 3 59	9♓41 54	6 39 17	158	0 23 33	1 48 20
15 Su	13 32 25	29 59 7	58 46	1 32 34.0	9 40 4	16 21 11	6 44 28	151	0 48 29	0N30 21	23 5 39	6 49 22	141	1 13 44	2N50 25
16 M	13 36 21	0♈57 53	58 44	1 36 16.1	10 1 29	29 55 1	6 53 52	128	1 39 22	5 10 1	6♈48 53	6 57 53	112	2 5 27	7 27 12
17 Tu	13 40 18	1 56 37	58 42	1 39 58.7	10 22 44	13♈46 46	7 1 19	94	2 32 4	9 39 51	20 48 5	7 4 8	75	2 59 14	11 45 48
18 W	13 44 14	2 55 19	58 40	1 43 41.6	10 43 48	27 52 13	7 6 18	55	3 26 59	13 42 46	4♉58 31	7 7 48	36	3 55 20	15 28 33
19 Th	13 48 11	3 53 59	58 38	1 47 24.9	11 4 42	12♉ 6 18	7 8 40	18	4 24 15	17 1 0	19 14 59	7 8 58	1	4 53 42	18 18 9
20 F	13 52 7	4 52 36	58 36	1 51 8.6	11 25 25	26 23 57	7 8 45	-13	5 23 35	19 18 17	3♊32 42	7 8 7	-25	5 53 47	20 0 5
21 S	13 56 4	5 51 12	58 34	1 54 52.7	11 45 57	10♊40 48	7 7 7	-34	6 24 11	20 22 35	17 47 55	7 5 51	-41	6 54 37	20 25 20
22 Su	14 0 1	6 49 45	58 31	1 58 37.2	12 6 17	24 53 47	7 4 24	-46	7 24 56	20 8 23	1♋58 11	7 2 49	-49	7 55 0	19 32 15
23 M	14 3 57	7 48 17	58 29	2 2 22.2	12 26 25	9♋ 1 0	7 1 9	-51	8 24 41	18 37 51	16 2 9	6 59 25	-52	8 53 54	17 26 30
24 Tu	14 7 54	8 46 46	58 27	2 6 7.5	12 46 21	23 1 34	6 57 40	-54	9 22 35	15 59 48	29 59 14	6 55 51	-55	9 50 42	14 19 31
25 W	14 11 50	9 45 12	58 25	2 9 53.4	13 6 4	6♌55 5	6 53 59	-57	10 18 15	12 27 35	13♌49 3	6 52 2	-60	10 45 15	10 25 58
26 Th	14 15 47	10 43 37	58 23	2 13 39.7	13 25 34	20 41 5	6 49 58	-64	11 11 44	8 16 41	27 31 3	6 47 45	-69	11 37 46	6 1 42
27 F	14 19 43	11 42 0	58 21	2 17 26.4	13 44 50	4♍18 47	6 45 21	-75	12 3 25	3 42 59	11♍ 4 8	6 42 44	-81	12 28 46	1 22 25
28 S	14 23 40	12 40 20	58 19	2 21 13.7	14 3 53	17 46 52	6 39 55	-88	12 53 53	0S58 11	24 26 47	6 36 51	-95	13 18 50	3S17 4
29 Su	14 27 36	13 38 39	58 17	2 25 1.4	14 22 42	1♎ 3 38	6 33 35	-101	13 43 41	5 32 33	7♎37 13	6 30 7	-106	14 8 31	7 43 3
30 M	14 31 33	14♈36 56	58 15	2 28 49.7	14N41 17	14♎ 7 20	6 26 29	-110	14 33 22	9S47 6	20♎33 50	6 22 45	-113	14 58 16	11S43 19

LUNAR INGRESSES
1 ☽ ♎ 13:56
3 ☽ ♏ 21:22
6 ☽ ♐ 8:00
8 ☽ ♑ 20:42
11 ☽ ♒ 8:52
13 ☽ ♓ 18:13
16 ☽ ♈ 0:09
18 ☽ ♉ 3:36
20 ☽ ♊ 6:03
22 ☽ ♋ 8:39
24 ☽ ♌ 12:01
26 ☽ ♍ 16:23
28 ☽ ♎ 22:04

PLANET INGRESSES
15 ☉ ♈ 0:22
20 ♀ ♉ 14:02

STATIONS
15 ☿ D 9:22
18 ♄ R 1:48
22 ♇ R 15:27

DATA FOR THE 1st AT 0 HOURS
JULIAN DAY 43189.5
☽ MEAN ☊ 17°♋ 8' 16"
OBLIQUITY 23° 26' 7"
DELTA T 74.9 SECONDS
NUTATION LONGITUDE-13.5"

DAY MO	YR	☿ LONG ° ' "	♀ LONG ° ' "	♂ LONG ° ' "	♃ LONG ° ' "	♄ LONG ° ' "	♅ LONG ° ' "	♆ LONG ° ' "	♇ LONG ° ' "	☊ LONG ° '	A.S.S.I. h m s	S.S.R.Y. h m s	S.V.P. ♓ ° ' "	☿ MERCURY R.A. h m s	☿ MERCURY DECL ° ' "
1	91	17♓33R55	5♈59 18	13♐ 3 10	27♎25R42	13♐55 3	2♈29 44	19♒57 15	26♐10 47	18♋21	0 51 48	30 2 50	5 0 31.0	0 41 32	7N41 33
2	92	16 44 48	7 13 12	13 36 7	27 21 30	13 56 41	2 33 4	19 59 20	26 11 25	18 11	0 56 23	30 1 52	5 0 31.0	0 38 47	7 12 41
3	93	15 55 5	8 27 3	14 8 58	27 17 8	13 58 13	2 36 25	20 1 24	26 12 1	18 01	1 0 58	30 0 52	5 0 31.0	0 36 1	6 42 16
4	94	15 5 46	9 40 53	14 41 42	27 12 36	13 59 39	2 39 47	20 3 27	26 12 35	17 51	1 5 33	29 59 55	5 0 30.9	0 33 20	6 10 51
5	95	14 17 45	10 54 40	15 14 18	27 7 56	14 0 59	2 43 9	20 5 29	26 13 7	17 43	1 10 8	29 59 2	5 0 30.8	0 30 45	5 38 59
6	96	13 31 54	12 8 25	15 46 48	27 3 6	14 2 14	2 46 32	20 7 31	26 13 38	17 38	1 14 43	29 58 14	5 0 30.6	0 28 19	5 7 11
7	97	12 48 59	13 22 8	16 19 9	26 58 7	14 3 22	2 49 55	20 9 31	26 14 6	17 35	1 19 19	29 57 33	5 0 30.5	0 26 6	4 35 55
8	98	12 9 40	14 35 49	16 51 23	26 52 59	14 4 25	2 53 19	20 11 31	26 14 33	17 33	1 23 55	29 56 59	5 0 30.3	0 24 6	4 5 40
9	99	11 34 29	15 49 28	17 23 28	26 47 42	14 5 22	2 56 43	20 13 29	26 14 59	17 34	1 28 32	29 56 34	5 0 30.2	0 22 23	3 36 48
10	100	11 3 53	17 3 5	17 55 25	26 42 17	14 6 13	3 0 8	20 15 27	26 15 22	17 34	1 33 8	29 56 18	5 0 30.1	0 20 56	3 9 38
11	101	10 38 10	18 16 40	18 27 14	26 36 43	14 6 58	3 3 33	20 17 23	26 15 44	17 34	1 37 45	29 56 14	5 0 30.0	0 19 47	2 44 29
12	102	10 17 34	19 30 12	18 58 53	26 31 2	14 7 37	3 6 58	20 19 18	26 16 4	17 32	1 42 23	29 56 22	5 0 29.9	0 18 57	2 21 33
13	103	10 2 15	20 43 43	19 30 23	26 25 12	14 8 10	3 10 24	20 21 13	26 16 22	17 28	1 47 1	29 56 42	5 0 29.9	0 18 26	2 1 0
14	104	9 52 14	21 57 11	20 1 44	26 19 15	14 8 37	3 13 50	20 23 6	26 16 38	17 21	1 51 39	29 57 15	5 0 29.8	0 18 14	1 42 56
15	105	9 47D33	23 10 37	20 32 55	26 13 10	14 8 58	3 17 16	20 24 58	26 16 52	17 12	1 56 18	29 58 0	5 0 29.8	0 18 20	1 27 28
16	106	9 48 7	24 24 1	21 3 57	26 6 59	14 9 13	3 20 42	20 26 49	26 17 5	17 00	2 0 57	29 58 56	5 0 29.8	0 18 45	1 14 36
17	107	9 53 51	25 37 22	21 34 48	26 0 40	14 9 22	3 24 9	20 28 38	26 17 16	16 49	2 5 36	30 0 0	5 0 29.8	0 19 27	1 4 21
18	108	10 4 36	26 50 41	22 5 28	25 54 14	14 9R26	3 27 35	20 30 26	26 17 25	16 37	2 10 17	30 1 8	5 0 29.7	0 20 27	0 56 43
19	109	10 20 14	28 3 58	22 35 58	25 47 42	14 9 23	3 31 1	20 32 14	26 17 32	16 28	2 14 57	30 2 17	5 0 29.5	0 21 44	0 51 39
20	110	10 40 34	29 17 12	23 6 17	25 41 4	14 9 14	3 34 27	20 33 59	26 17 38	16 21	2 19 38	30 3 20	5 0 29.3	0 23 17	0 49 6
21	111	11 5 25	0♉30 24	23 36 25	25 34 21	14 9 0	3 37 54	20 35 44	26 17 41	16 17	2 24 20	30 4 15	5 0 29.1	0 25 5	0 49 0
22	112	11 34 37	1 43 33	24 6 21	25 27 31	14 8 40	3 41 20	20 37 27	26 17R43	16 15	2 29 2	30 4 59	5 0 28.9	0 27 9	0 51 18
23	113	12 7 59	2 56 39	24 36 6	25 20 37	14 8 13	3 44 46	20 39 9	26 17 43	16 14	2 33 44	30 5 28	5 0 28.7	0 29 26	0 55 54
24	114	12 45 20	4 9 43	25 5 40	25 13 37	14 7 41	3 48 12	20 40 49	26 17 41	16 14	2 38 27	30 5 43	5 0 28.6	0 31 57	1 2 44
25	115	13 26 29	5 22 44	25 35 1	25 6 33	14 7 4	3 51 38	20 42 29	26 17 38	16 13	2 43 11	30 5 43	5 0 28.5	0 34 40	1 11 44
26	116	14 11 16	6 35 42	26 4 10	24 59 24	14 6 20	3 55 3	20 44 6	26 17 33	16 10	2 47 55	30 5 31	5 0 28.4	0 37 36	1 22 47
27	117	14 59 33	7 48 37	26 33 7	24 52 11	14 5 31	3 58 28	20 45 42	26 17 26	16 04	2 52 40	30 5 6	5 0 28.4	0 40 44	1 35 50
28	118	15 51 9	9 1 29	27 1 52	24 44 55	14 4 36	4 1 53	20 47 17	26 17 17	15 55	2 57 26	30 4 32	5 0 28.3	0 44 2	1 50 47
29	119	16 45 57	10 14 19	27 30 23	24 37 34	14 3 35	4 5 18	20 48 51	26 17 6	15 44	3 2 12	30 3 51	5 0 28.3	0 47 32	2 7 34
30	120	17♓43 49	11♉27 6	27♐58 41	24♎30 11	14♐ 2 29	4♈ 8 41	20♒50 22	26♐16 54	15♋31	3 6 59	30 3 3	5 0 28.2	0 51 12	2N26 7

DAY Apr	♀ VENUS R.A. h m s	♀ VENUS DECL ° ' "	♂ MARS R.A. h m s	♂ MARS DECL ° ' "	♃ JUPITER R.A. h m s	♃ JUPITER DECL ° ' "	♄ SATURN R.A. h m s	♄ SATURN DECL ° ' "	♅ URANUS R.A. h m s	♅ URANUS DECL ° ' "	♆ NEPTUNE R.A. h m s	♆ NEPTUNE DECL ° ' "	♇ PLUTO R.A. h m s	♇ PLUTO DECL ° ' "
1	1 56 4	11N21 51	18 35 7	23S32 6	15 21 23	17S 9 36	18 38 32	22S15 22	1 42 50	10N 5 4	23 5 58	6S46 18	19 31 20	21S27 4
2	2 0 44	11 49 42	18 37 31	23 31 33	15 21 6	17 8 26	18 38 39	22 15 15	1 43 3	10 6 17	23 6 6	6 45 31	19 31 22	21 27 3
3	2 5 25	12 17 16	18 39 54	23 30 55	15 20 49	17 7 13	18 38 45	22 15 8	1 43 16	10 7 29	23 6 14	6 44 45	19 31 25	21 27 3
4	2 10 6	12 44 32	18 42 17	23 30 10	15 20 31	17 5 58	18 38 51	22 15 1	1 43 29	10 8 42	23 6 21	6 43 58	19 31 27	21 27 2
5	2 14 48	13 11 30	18 44 40	23 29 19	15 20 12	17 4 41	18 38 57	22 14 55	1 43 41	10 9 55	23 6 29	6 43 12	19 31 30	21 27 2
6	2 19 31	13 38 10	18 47 1	23 28 23	15 19 52	17 3 22	18 39 3	22 14 49	1 43 54	10 11 9	23 6 37	6 42 26	19 31 32	21 27 3
7	2 24 15	14 4 29	18 49 23	23 27 21	15 19 32	17 2 1	18 39 7	22 14 43	1 44 7	10 12 22	23 6 44	6 41 41	19 31 34	21 27 3
8	2 29 0	14 30 28	18 51 43	23 26 13	15 19 12	17 0 37	18 39 12	22 14 38	1 44 20	10 13 35	23 6 51	6 40 56	19 31 36	21 27 4
9	2 33 45	14 56 5	18 54 3	23 25 0	15 18 50	16 59 11	18 39 16	22 14 33	1 44 33	10 14 49	23 6 59	6 40 12	19 31 38	21 27 5
10	2 38 32	15 21 21	18 56 23	23 23 42	15 18 29	16 57 43	18 39 20	22 14 29	1 44 46	10 16 3	23 7 6	6 39 28	19 31 40	21 27 6
11	2 43 20	15 46 13	18 58 41	23 22 19	15 18 6	16 56 13	18 39 23	22 14 25	1 44 59	10 17 16	23 7 13	6 38 44	19 31 41	21 27 8
12	2 48 9	16 10 43	19 0 59	23 20 50	15 17 43	16 54 41	18 39 26	22 14 22	1 45 12	10 18 30	23 7 21	6 38 1	19 31 43	21 27 10
13	2 52 58	16 34 48	19 3 17	23 19 17	15 17 20	16 53 7	18 39 28	22 14 19	1 45 25	10 19 44	23 7 28	6 37 18	19 31 44	21 27 12
14	2 57 49	16 58 28	19 5 33	23 17 40	15 16 56	16 51 32	18 39 30	22 14 16	1 45 38	10 20 58	23 7 35	6 36 36	19 31 45	21 27 15
15	3 2 41	17 21 42	19 7 49	23 15 58	15 16 32	16 49 54	18 39 32	22 14 14	1 45 51	10 22 12	23 7 42	6 35 54	19 31 46	21 27 18
16	3 7 34	17 44 30	19 10 4	23 14 12	15 16 7	16 48 14	18 39 33	22 14 13	1 46 4	10 23 26	23 7 49	6 35 12	19 31 47	21 27 21
17	3 12 28	18 6 50	19 12 18	23 12 22	15 15 41	16 46 33	18 39 33	22 14 11	1 46 17	10 24 39	23 7 55	6 34 32	19 31 48	21 27 24
18	3 17 23	18 28 43	19 14 32	23 10 28	15 15 15	16 44 50	18 39 34	22 14 10	1 46 30	10 25 53	23 8 2	6 33 51	19 31 49	21 27 28
19	3 22 19	18 50 7	19 16 45	23 8 30	15 14 49	16 43 5	18 39 33	22 14 10	1 46 43	10 27 6	23 8 9	6 33 11	19 31 49	21 27 32
20	3 27 16	19 11 2	19 18 56	23 6 29	15 14 22	16 41 19	18 39 33	22 14 10	1 46 56	10 28 20	23 8 16	6 32 32	19 31 50	21 27 36
21	3 32 15	19 31 27	19 21 7	23 4 24	15 13 55	16 39 31	18 39 32	22 14 10	1 47 9	10 29 34	23 8 22	6 31 53	19 31 50	21 27 40
22	3 37 14	19 51 21	19 23 18	23 2 17	15 13 28	16 37 42	18 39 30	22 14 11	1 47 22	10 30 48	23 8 28	6 31 14	19 31 50	21 27 45
23	3 42 14	20 10 43	19 25 27	23 0 7	15 13 0	16 35 52	18 39 28	22 14 12	1 47 35	10 32 1	23 8 35	6 30 37	19 31 50	21 27 50
24	3 47 16	20 29 34	19 27 35	22 57 54	15 12 32	16 34 0	18 39 26	22 14 14	1 47 48	10 33 15	23 8 41	6 29 59	19 31 50	21 27 56
25	3 52 18	20 47 52	19 29 43	22 55 39	15 12 4	16 32 7	18 39 23	22 14 16	1 48 1	10 34 28	23 8 47	6 29 23	19 31 50	21 28 1
26	3 57 21	21 5 36	19 31 49	22 53 21	15 11 35	16 30 13	18 39 20	22 14 19	1 48 15	10 35 41	23 8 53	6 28 47	19 31 50	21 28 7
27	4 2 26	21 22 46	19 33 55	22 51 2	15 11 6	16 28 18	18 39 17	22 14 22	1 48 28	10 36 54	23 8 59	6 28 11	19 31 50	21 28 13
28	4 7 31	21 39 21	19 36 0	22 48 41	15 10 37	16 26 22	18 39 13	22 14 25	1 48 40	10 38 6	23 9 5	6 27 36	19 31 49	21 28 20
29	4 12 37	21 55 21	19 38 3	22 46 18	15 10 7	16 24 24	18 39 8	22 14 29	1 48 53	10 39 19	23 9 11	6 27 2	19 31 48	21 28 27
30	4 17 44	22N10 46	19 40 6	22S43 54	15 9 37	16S22 27	18 39 4	22S14 33	1 49 6	10N40 31	23 9 17	6S26 28	19 31 47	21S28 34

DAY	SIDEREAL TIME h m s	☉ SUN LONG ° ' "	MOT ' "	R.A. h m s	DECL ° ' "	☽ MOON AT 0 HOURS LONG ° ' "	12h MOT ° ' "	2DIF	R.A. h m s	DECL ° ' "	☽ MOON AT 12 HOURS LONG ° ' "	12h MOT ° ' "	2DIF	R.A. h m s	DECL ° ' "
1 Tu	14 35 29	15♈35 11	58 13	2 32 38.5	14N59 37	26♎56 35	6 18 58	-113	15 23 17	13S30 25	3♏15 33	6 15 12	-112	15 48 24	15S 7 17
2 W	14 39 26	16 33 24	58 12	2 36 27.8	15 17 42	9♏30 44	6 11 31	-108	16 13 38	16 32 54	15 42 16	6 8 1	-102	16 38 59	17 46 24
3 Th	14 43 23	17 31 36	58 10	2 40 17.7	15 35 32	21 50 17	6 4 45	-93	17 4 26	18 47 7	27 55 1	6 1 48	-83	17 29 57	19 34 29
4 F	14 47 19	18 29 46	58 9	2 44 8.2	15 53 6	3♐56 49	5 59 14	-70	17 55 29	20 8 9	9♐56 3	5 57 7	-56	18 21 1	20 27 56
5 S	14 51 16	19 27 54	58 7	2 47 59.2	16 10 25	15 53 9	5 55 30	-40	18 46 28	20 33 44	21 48 39	5 54 27	-22	19 11 50	20 25 42
6 Su	14 55 12	20 26 1	58 6	2 51 50.8	16 27 28	27 43 6	5 54 0	-4	19 37 3	20 4 3	3♑37 6	5 54 12	16	20 2 5	19 29 7
7 M	14 59 9	21 24 7	58 4	2 55 42.9	16 44 14	9♑31 17	5 55 3	36	20 26 57	18 41 22	15 26 20	5 56 36	57	20 51 36	17 41 20
8 Tu	15 3 5	22 22 11	58 3	2 59 35.7	17 0 44	21 22 56	5 58 50	77	21 16 4	16 29 35	27 21 45	6 1 45	98	21 40 21	15 6 48
9 W	15 7 2	23 20 14	58 2	3 3 29.0	17 16 57	3♒23 30	6 5 20	117	22 4 29	13 33 40	9♒28 50	6 9 34	136	22 28 31	11 50 58
10 Th	15 10 58	24 18 15	58 0	3 7 22.9	17 32 52	15 38 24	6 14 24	153	22 52 30	9 59 31	21 52 48	6 19 45	167	23 16 30	8 0 12
11 F	15 14 55	25 16 16	57 59	3 11 17.4	17 48 30	28 12 33	6 25 33	179	23 40 34	5 54 1	4♓38 6	6 31 41	188	0 4 48	3 42 4
12 S	15 18 52	26 14 14	57 58	3 15 12.5	18 3 51	11♓ 9 47	6 38 3	192	0 29 16	1 25 35	17 47 50	6 44 30	192	0 54 4	0N54 3
13 Su	15 22 48	27 12 12	57 56	3 19 8.2	18 18 52	24 32 20	6 50 52	188	1 19 17	3N15 13	1♈23 13	6 57 0	178	1 45 0	5 36 9
14 M	15 26 45	28 10 8	57 55	3 23 4.4	18 33 36	8♈20 13	7 2 44	163	2 11 18	7 54 51	15 22 57	7 7 54	144	2 38 14	10 9 6
15 Tu	15 30 41	29 8 3	57 53	3 27 1.3	18 48 1	22 30 51	7 12 22	121	3 5 53	12 16 34	29 43 14	7 16 0	95	3 34 16	14 14 44
16 W	15 34 38	0♉ 5 56	57 52	3 30 58.7	19 2 6	6♉59 14	7 18 44	68	4 3 23	16 1 3	14♉17 58	7 20 30	39	4 33 11	17 33 4
17 Th	15 38 34	1 3 48	57 50	3 34 56.7	19 15 53	21 38 28	7 21 19	11	5 3 36	18 48 31	28 59 47	7 21 13	-16	5 34 30	19 45 27
18 F	15 42 31	2 1 38	57 49	3 38 55.2	19 29 20	6♊21 0	7 20 16	-40	6 5 43	20 22 23	13♊41 16	7 18 33	-61	6 37 5	20 38 25
19 S	15 46 27	2 59 26	57 47	3 42 54.3	19 42 26	20 59 49	7 16 13	-78	7 8 24	20 33 18	28 16 2	7 13 22	-91	7 39 27	20 7 23
20 Su	15 50 24	3 57 13	57 45	3 46 53.9	19 55 13	5♋29 24	7 10 9	-101	8 10 6	19 21 36	12♋39 33	7 6 40	-107	8 40 10	18 17 23
21 M	15 54 21	4 54 58	57 44	3 50 54.0	20 7 39	19 46 13	7 3 2	-110	9 9 36	16 56 31	26 49 15	6 59 20	-111	9 38 19	15 21 3
22 Tu	15 58 17	5 52 42	57 42	3 54 54.7	20 19 45	3♌48 35	6 55 38	-110	10 6 19	13 33 5	10♌44 13	6 52 0	-108	10 33 36	11 34 48
23 W	16 2 14	6 50 24	57 40	3 58 55.8	20 31 30	17 36 13	6 48 27	-105	11 0 15	9 28 20	24 24 40	6 45 0	-102	11 26 19	7 15 43
24 Th	16 6 10	7 48 4	57 39	4 2 57.4	20 42 53	1♍ 9 41	6 41 40	-99	11 51 53	4 58 52	7♍51 20	6 38 25	-96	12 17 2	2 39 38
25 F	16 10 7	8 45 43	57 37	4 6 59.6	20 53 55	14 29 45	6 35 15	-94	12 41 52	0 19 44	21 5 1	6 32 10	-92	13 6 28	1S59 14
26 S	16 14 3	9 43 21	57 36	4 11 2.2	21 4 35	27 37 10	6 29 7	-91	13 30 55	4S15 42	4♎ 6 17	6 26 6	-90	13 55 20	6 28 12
27 Su	16 18 0	10 40 56	57 35	4 15 5.2	21 14 53	10♎32 23	6 23 6	-90	14 19 44	8 35 21	16 55 28	6 20 7	-89	14 44 13	10 35 47
28 M	16 21 56	11 38 31	57 34	4 19 8.8	21 24 49	23 15 35	6 17 9	-89	15 8 50	12 28 16	29 32 43	6 14 12	-87	15 33 35	14 11 36
29 Tu	16 25 53	12 36 4	57 32	4 23 12.8	21 34 23	5♏46 55	6 11 19	-86	15 58 31	15 44 39	11♏58 14	6 8 30	-83	16 23 38	17 6 26
30 W	16 29 50	13 33 37	57 31	4 27 17.2	21 43 35	18 6 43	6 5 47	-79	16 48 55	18 16 5	24 12 30	6 3 13	-74	17 14 20	19 12 52
31 Th	16 33 46	14♉31 8	57 30	4 31 22.1	21N52 24	0♐15 44	6 0 51	-67	17 39 51	19S56 12	6♐16 35	5 58 44	-59	18 5 25	20S25 42

LUNAR INGRESSES
1 ☽ ♏ 5:48
3 ☽ ♐ 16:08
6 ☽ ♑ 4:38
8 ☽ ♒ 17:16
11 ☽ ♓ 3:22
13 ☽ ♈ 9:35
15 ☽ ♉ 12:28
17 ☽ ♊ 13:38
19 ☽ ♋ 14:52
21 ☽ ♌ 17:27
23 ☽ ♍ 21:56
26 ☽ ♎ 4:24
28 ☽ ♏ 12:52
30 ☽ ♐ 23:29

PLANET INGRESSES
4 ♂ ♑ 9:14
10 ☿ ♈ 3:10
15 ☉ ♉ 21:32
15 ♀ ♊ 8:56
27 ☿ ♉ 13:26

STATIONS
NONE

DATA FOR THE 1st AT 0 HOURS
JULIAN DAY 43219.5
☽ MEAN ☊ 15°♋ 32' 52"
OBLIQUITY 23° 26' 7"
DELTA T 75.0 SECONDS
NUTATION LONGITUDE -14.5"

DAY MO YR	☿ LONG ° ' "	♀ LONG ° ' "	♂ LONG ° ' "	♃ LONG ° ' "	♄ LONG ° ' "	♅ LONG ° ' "	♆ LONG ° ' "	♇ LONG ° ' "	☊ LONG ° '	A.S.S.I. h m s	S.S.R.Y. h m s	S.V.P. ♓ ° ' "	☿ MERCURY R.A. h m s	DECL ° ' "
1 121	18♓44 37	12♉39 50	28♐26 45	24♎22R45	14♐ 1R17	4♈12 5	20♒51 53	26♐16R40	15♋18	3 11 46	30 2 13	5 0 28.1	0 55 1	2N46 20
2 122	19 48 15	13 52 31	28 54 36	24 15 16	13 59 59	4 15 28	20 53 22	26 16 25	15 06	3 16 34	30 1 19	5 0 28.0	0 59 1	3 8 11
3 123	20 54 37	15 5 9	29 22 12	24 7 44	13 58 36	4 18 50	20 54 49	26 16 7	14 55	3 21 23	30 0 25	5 0 27.8	1 3 9	3 31 34
4 124	22 3 37	16 17 45	29 49 33	24 0 4	13 57 7	4 22 12	20 56 15	26 15 48	14 48	3 26 13	29 59 32	5 0 27.6	1 7 27	3 56 25
5 125	23 15 10	17 30 17	0♑16 39	23 52 36	13 55 33	4 25 33	20 57 39	26 15 28	14 42	3 31 3	29 58 42	5 0 27.5	1 11 54	4 22 41
6 126	24 29 11	18 42 47	0 43 29	23 44 59	13 53 54	4 28 54	20 59 1	26 15 5	14 40	3 35 54	29 57 56	5 0 27.3	1 16 29	4 50 17
7 127	25 45 37	19 55 15	1 10 3	23 37 22	13 52 9	4 32 14	21 0 22	26 14 41	14 39	3 40 46	29 57 16	5 0 27.1	1 21 13	5 19 10
8 128	27 4 24	21 7 39	1 36 20	23 29 43	13 50 18	4 35 33	21 1 42	26 14 15	14 39	3 45 38	29 56 44	5 0 27.0	1 26 5	5 49 17
9 129	28 25 30	22 20 1	2 2 20	23 22 4	13 48 22	4 38 52	21 3 0	26 13 48	14 39	3 50 31	29 56 23	5 0 26.9	1 31 5	6 20 33
10 130	29 48 50	23 32 20	2 28 2	23 14 25	13 46 22	4 42 9	21 4 16	26 13 19	14 37	3 55 25	29 56 14	5 0 26.8	1 36 14	6 52 55
11 131	1♈14 23	24 44 36	2 53 27	23 6 46	13 44 15	4 45 26	21 5 30	26 12 48	14 33	4 0 20	29 56 19	5 0 26.7	1 41 31	7 26 20
12 132	2 42 8	25 56 49	3 18 32	22 59 7	13 42 4	4 48 42	21 6 43	26 12 16	14 27	4 5 15	29 56 39	5 0 26.7	1 46 57	8 0 43
13 133	4 12 3	27 8 59	3 43 18	22 51 29	13 39 48	4 51 57	21 7 54	26 11 42	14 19	4 10 11	29 57 14	5 0 26.6	1 52 31	8 36 1
14 134	5 44 6	28 21 6	4 7 44	22 43 53	13 37 26	4 55 11	21 9 3	26 11 6	14 08	4 15 8	29 58 4	5 0 26.5	1 58 14	9 12 11
15 135	7 18 17	29 33 11	4 31 50	22 36 17	13 35 0	4 58 24	21 10 10	26 10 29	13 57	4 20 5	29 59 4	5 0 26.4	2 4 5	9 49 8
16 136	8 54 35	0♊45 12	4 55 36	22 28 44	13 32 28	5 1 36	21 11 16	26 9 50	13 46	4 25 4	30 0 13	5 0 26.2	2 10 6	10 26 49
17 137	10 32 59	1 57 10	5 19 0	22 21 13	13 29 52	5 4 47	21 12 20	26 9 10	13 37	4 30 3	30 1 25	5 0 26.0	2 16 15	11 5 8
18 138	12 13 31	3 9 5	5 42 2	22 13 44	13 27 11	5 7 56	21 13 22	26 8 28	13 30	4 35 2	30 2 37	5 0 25.8	2 22 34	11 44 3
19 139	13 56 8	4 20 56	6 4 42	22 6 18	13 24 26	5 11 5	21 14 22	26 7 45	13 26	4 40 3	30 3 43	5 0 25.5	2 29 2	12 23 28
20 140	15 40 52	5 32 44	6 26 59	21 58 55	13 21 36	5 14 12	21 15 21	26 7 0	13 24	4 45 4	30 4 40	5 0 25.3	2 35 40	13 3 18
21 141	17 27 43	6 44 29	6 48 53	21 51 36	13 18 41	5 17 19	21 16 18	26 6 14	13 24	4 50 6	30 5 26	5 0 25.1	2 42 29	13 43 27
22 142	19 16 39	7 56 10	7 10 24	21 44 20	13 15 42	5 20 23	21 17 12	26 5 27	13 24	4 55 8	30 6 0	5 0 24.9	2 49 27	14 23 50
23 143	21 7 41	9 7 47	7 31 31	21 37 8	13 12 39	5 23 27	21 18 5	26 4 38	13 24	5 0 11	30 6 22	5 0 24.8	2 56 36	15 4 20
24 144	23 0 49	10 19 21	7 52 13	21 30 1	13 9 32	5 26 29	21 18 56	26 3 47	13 22	5 5 14	30 6 31	5 0 24.7	3 3 55	15 44 50
25 145	24 56 0	11 30 51	8 12 30	21 22 58	13 6 20	5 29 30	21 19 46	26 2 55	13 17	5 10 19	30 6 28	5 0 24.7	3 11 26	16 25 13
26 146	26 53 13	12 42 16	8 32 22	21 16 0	13 3 5	5 32 29	21 20 33	26 2 2	13 10	5 15 23	30 6 15	5 0 24.6	3 19 8	17 5 20
27 147	28 52 25	13 53 38	8 51 47	21 9 8	12 59 45	5 35 27	21 21 19	26 1 7	13 01	5 20 29	30 5 52	5 0 24.5	3 27 1	17 45 2
28 148	0♉53 33	15 4 56	9 10 46	21 2 20	12 56 22	5 38 23	21 22 2	26 0 11	12 50	5 25 35	30 5 21	5 0 24.4	3 35 5	18 24 11
29 149	2 56 32	16 16 10	9 29 17	20 55 38	12 52 55	5 41 18	21 22 44	25 59 14	12 40	5 30 41	30 4 42	5 0 24.2	3 43 21	19 2 34
30 150	5 1 16	17 27 20	9 47 21	20 49 2	12 49 25	5 44 12	21 23 20	25 58 16	12 30	5 35 48	30 3 58	5 0 24.0	3 51 47	19 40 2
31 151	7♉ 7 37	18♊38 26	10♑ 4 55	20♎42 32	12♐45 51	5♈47 3	21♒24 2	25♐57 16	12♋21	5 40 56	30 3 8	5 0 23.8	4 0 24	20N16 22

DAY May	♀ VENUS R.A. h m s	DECL ° ' "	♂ MARS R.A. h m s	DECL ° ' "	♃ JUPITER R.A. h m s	DECL ° ' "	♄ SATURN R.A. h m s	DECL ° ' "	♅ URANUS R.A. h m s	DECL ° ' "	♆ NEPTUNE R.A. h m s	DECL ° ' "	♇ PLUTO R.A. h m s	DECL ° ' "
1	4 22 52	22N25 33	19 42 8	22S41 29	15 9 8	16S20 28	18 38 59	22S14 38	1 49 19	10N41 43	23 9 23	6S25 55	19 31 47	21S28 41
2	4 28 1	22 39 44	19 44 8	22 39 3	15 8 37	16 18 28	18 38 53	22 14 43	1 49 32	10 42 55	23 9 28	6 25 22	19 31 46	21 28 48
3	4 33 11	22 53 18	19 46 8	22 36 36	15 8 7	16 16 29	18 38 47	22 14 49	1 49 45	10 44 6	23 9 34	6 24 50	19 31 44	21 28 56
4	4 38 22	23 6 13	19 48 6	22 34 9	15 7 37	16 14 28	18 38 41	22 14 55	1 49 58	10 45 18	23 9 39	6 24 18	19 31 43	21 29 4
5	4 43 33	23 18 30	19 50 4	22 31 42	15 7 7	16 12 27	18 38 34	22 15 1	1 50 11	10 46 29	23 9 44	6 23 48	19 31 42	21 29 13
6	4 48 45	23 30 8	19 52 0	22 29 16	15 6 36	16 10 26	18 38 27	22 15 8	1 50 23	10 47 39	23 9 49	6 23 18	19 31 40	21 29 21
7	4 53 58	23 41 6	19 53 55	22 26 50	15 6 5	16 8 24	18 38 19	22 15 15	1 50 36	10 48 50	23 9 54	6 22 48	19 31 39	21 29 30
8	4 59 11	23 51 25	19 55 49	22 24 24	15 5 35	16 6 23	18 38 11	22 15 22	1 50 49	10 50 0	23 9 59	6 22 19	19 31 37	21 29 39
9	5 4 25	24 1 4	19 57 41	22 22 0	15 5 4	16 4 21	18 38 3	22 15 30	1 51 1	10 51 10	23 10 4	6 21 51	19 31 35	21 29 49
10	5 9 40	24 10 1	19 59 33	22 19 37	15 4 33	16 2 19	18 37 54	22 15 39	1 51 14	10 52 19	23 10 9	6 21 23	19 31 33	21 29 59
11	5 14 55	24 18 18	20 1 23	22 17 16	15 4 3	16 0 17	18 37 45	22 15 48	1 51 27	10 53 28	23 10 14	6 20 57	19 31 31	21 30 9
12	5 20 10	24 25 54	20 3 11	22 14 57	15 3 32	15 58 15	18 37 36	22 15 57	1 51 39	10 54 37	23 10 18	6 20 30	19 31 29	21 30 19
13	5 25 26	24 32 48	20 4 59	22 12 40	15 3 1	15 56 14	18 37 26	22 16 6	1 51 51	10 55 45	23 10 23	6 20 5	19 31 26	21 30 29
14	5 30 42	24 39 1	20 6 44	22 10 25	15 2 31	15 54 12	18 37 16	22 16 16	1 52 4	10 56 53	23 10 27	6 19 40	19 31 24	21 30 40
15	5 35 59	24 44 31	20 8 29	22 8 13	15 2 0	15 52 11	18 37 5	22 16 26	1 52 16	10 58 1	23 10 31	6 19 16	19 31 21	21 30 51
16	5 41 15	24 49 19	20 10 12	22 6 5	15 1 30	15 50 11	18 36 54	22 16 36	1 52 28	10 59 8	23 10 35	6 18 52	19 31 19	21 31 2
17	5 46 32	24 53 25	20 11 53	22 4 0	15 1 0	15 48 12	18 36 43	22 16 47	1 52 40	11 0 15	23 10 39	6 18 30	19 31 16	21 31 14
18	5 51 49	24 56 48	20 13 33	22 1 58	15 0 30	15 46 13	18 36 32	22 16 58	1 52 52	11 1 21	23 10 43	6 18 8	19 31 13	21 31 25
19	5 57 6	24 59 28	20 15 11	22 0 1	15 0 0	15 44 14	18 36 20	22 17 10	1 53 4	11 2 27	23 10 47	6 17 46	19 31 10	21 31 37
20	6 2 23	25 1 26	20 16 48	21 58 8	14 59 31	15 42 17	18 36 8	22 17 21	1 53 16	11 3 32	23 10 51	6 17 25	19 31 7	21 31 49
21	6 7 39	25 2 41	20 18 23	21 56 19	14 59 1	15 40 21	18 35 55	22 17 33	1 53 28	11 4 37	23 10 54	6 17 6	19 31 4	21 32 2
22	6 12 56	25 3 13	20 19 56	21 54 36	14 58 32	15 38 26	18 35 42	22 17 46	1 53 40	11 5 42	23 10 58	6 16 46	19 31 0	21 32 15
23	6 18 12	25 3 3	20 21 28	21 52 57	14 58 4	15 36 32	18 35 29	22 17 58	1 53 52	11 6 45	23 11 1	6 16 28	19 30 57	21 32 27
24	6 23 28	25 2 10	20 22 58	21 51 24	14 57 35	15 34 39	18 35 16	22 18 11	1 54 3	11 7 49	23 11 4	6 16 10	19 30 53	21 32 41
25	6 28 43	25 0 34	20 24 27	21 49 56	14 57 7	15 32 48	18 35 2	22 18 25	1 54 15	11 8 51	23 11 8	6 15 53	19 30 50	21 32 54
26	6 33 58	24 58 15	20 25 53	21 48 36	14 56 39	15 30 57	18 34 48	22 18 38	1 54 26	11 9 54	23 11 11	6 15 37	19 30 46	21 33 7
27	6 39 13	24 55 14	20 27 18	21 47 22	14 56 11	15 29 9	18 34 33	22 18 52	1 54 38	11 10 55	23 11 13	6 15 22	19 30 42	21 33 21
28	6 44 27	24 51 31	20 28 41	21 46 14	14 55 44	15 27 22	18 34 19	22 19 5	1 54 49	11 11 56	23 11 16	6 15 7	19 30 38	21 33 35
29	6 49 40	24 47 6	20 30 2	21 45 13	14 55 17	15 25 36	18 34 4	22 19 20	1 55 0	11 12 57	23 11 19	6 14 53	19 30 34	21 33 49
30	6 54 52	24 41 59	20 31 21	21 44 20	14 54 51	15 23 53	18 33 49	22 19 34	1 55 11	11 13 57	23 11 21	6 14 39	19 30 30	21 34 3
31	7 0 4	24N36 11	20 32 38	21S43 35	14 54 25	15S22 11	18 33 34	22S19 48	1 55 22	11N14 56	23 11 24	6S14 27	19 30 26	21S34 18

JUNE 2018

DAY	SIDEREAL TIME h m s	☉ SUN LONG ° ' "	MOT ' "	R.A. h m s	DECL ° ' "	☽ MOON AT 0 HOURS LONG ° ' "	12h MOT ° ' "	2DIF "	R.A. h m s	DECL ° ' "	☽ MOON AT 12 HOURS LONG ° ' "	12h MOT ° ' "	2DIF "	R.A. h m s	DECL ° ' "
1 F	16 37 43	15♉28 38	57 29	4 35 27.4	22N 0 50	12♐15 19	5 56 54	-50	18 30 58	20S41 9	18♐12 13	5 55 25	-39	18 56 28	20S42 30
2 S	16 41 39	16 26 7	57 28	4 39 33.1	22 8 53	24 7 39	5 54 20	-26	19 21 51	20 29 56	0♑ 1 59	5 53 42	-12	19 47 3	20 3 44
3 Su	16 45 36	17 23 35	57 28	4 43 39.2	22 16 33	5♑55 40	5 53 33	3	20 12 2	19 24 20	11 49 13	5 53 56	20	20 36 48	18 32 17
4 M	16 49 32	18 21 3	57 27	4 47 45.7	22 23 50	17 43 8	5 54 53	38	21 1 18	17 28 15	23 38 1	5 56 26	56	21 25 33	16 12 56
5 Tu	16 53 29	19 18 29	57 26	4 51 52.6	22 30 43	29 34 27	5 58 38	75	21 49 35	14 47 6	5♒33 5	6 1 28	95	22 13 24	13 11 31
6 W	16 57 25	20 15 55	57 25	4 55 59.8	22 37 12	11♒34 32	6 4 57	114	22 37 5	11 27 2	17 39 29	6 9 4	133	23 0 40	9 34 29
7 Th	17 1 22	21 13 21	57 25	5 0 7.3	22 43 18	23 48 33	6 13 50	151	23 24 14	7 34 47	0♓ 2 23	6 19 10	168	23 47 51	5 28 51
8 F	17 5 19	22 10 45	57 24	5 4 15.1	22 49 0	6♓21 33	6 25 3	183	0 11 37	3 17 42	12 46 36	6 31 23	195	0 35 37	1 2 29
9 S	17 9 15	23 8 10	57 24	5 8 23.3	22 54 18	19 17 58	6 38 4	204	0 59 58	1N15 33	25 56 3	6 45 0	209	1 24 46	3N35 0
10 Su	17 13 12	24 5 33	57 23	5 12 31.6	22 59 12	2♈41 2	6 52 0	209	1 50 6	5 54 14	9♈33 3	6 58 57	204	2 16 5	8 11 24
11 M	17 17 8	25 2 56	57 23	5 16 40.3	23 3 41	16 31 59	7 5 38	194	2 42 48	10 24 27	23 37 37	7 11 53	178	3 10 20	12 31 3
12 Tu	17 21 5	26 0 19	57 22	5 20 49.2	23 7 46	0♉49 30	7 17 30	157	3 38 43	14 28 42	8♉ 6 59	7 22 19	130	4 7 59	16 14 45
13 W	17 25 1	26 57 40	57 21	5 24 58.2	23 11 27	15 29 18	7 26 12	100	4 38 5	17 46 31	22 55 30	7 29 1	68	5 8 57	19 1 28
14 Th	17 28 58	27 55 2	57 21	5 29 7.5	23 14 43	0♊24 30	7 30 42	33	5 40 28	19 57 20	7♊55 13	7 31 15	-1	6 12 26	20 32 19
15 F	17 32 55	28 52 22	57 20	5 33 16.9	23 17 35	15 26 27	7 30 40	-33	6 44 38	20 45 16	22 57 7	7 29 1	-64	7 16 50	20 35 47
16 S	17 36 51	29 49 42	57 19	5 37 26.4	23 20 2	0♋26 7	7 26 25	-90	7 48 48	20 4 14	7♋52 33	7 23 1	-112	8 20 18	19 11 43
17 Su	17 40 48	0♊47 1	57 18	5 41 36.0	23 22 4	15 15 33	7 18 55	-130	8 51 11	17 59 55	22 34 29	7 14 19	-144	9 21 19	16 31 2
18 M	17 44 44	1 44 19	57 17	5 45 45.6	23 23 41	29 48 48	7 9 21	-152	9 50 38	14 47 27	6♌58 9	7 4 10	-157	10 19 7	12 51 45
19 Tu	17 48 41	2 41 37	57 17	5 49 55.2	23 24 54	14♌ 2 19	6 58 52	-159	10 46 47	10 46 26	21 1 11	6 53 35	-157	11 13 42	8 33 54
20 W	17 52 37	3 38 53	57 16	5 54 4.9	23 25 42	27 54 46	6 48 24	-153	11 39 56	6 16 26	4♍43 10	6 43 22	-148	12 5 35	3 56 4
21 Th	17 56 34	4 36 9	57 15	5 58 14.5	23 26 5	11♍26 31	6 38 32	-141	12 30 45	1 34 41	18 5 4	6 33 58	-133	12 55 33	0S46 2
22 F	18 0 30	5 33 24	57 14	6 2 24.1	23 26 3	24 39 1	6 29 39	-125	13 20 4	3S 4 31	1♎ 8 40	6 25 36	-117	13 44 24	5 19 21
23 S	18 4 27	6 30 38	57 14	6 6 33.7	23 25 36	7♎34 15	6 21 49	-109	14 8 39	7 29 12	13 56 4	6 18 18	-102	14 32 53	9 32 52
24 Su	18 8 24	7 27 52	57 13	6 10 43.1	23 24 45	20 14 22	6 15 2	-94	14 57 11	11 29 9	26 29 24	6 12 1	-87	15 21 37	13 16 56
25 M	18 12 20	8 25 5	57 13	6 14 52.4	23 23 28	2♏41 25	6 9 13	-80	15 46 11	14 55 11	8♏50 39	6 6 39	-74	16 10 57	16 22 56
26 Tu	18 16 17	9 22 17	57 12	6 19 1.7	23 21 48	14 57 17	6 4 17	-68	16 35 54	17 39 15	21 1 35	6 2 8	-61	17 1 2	18 43 20
27 W	18 20 13	10 19 30	57 12	6 23 10.7	23 19 42	27 3 43	6 0 12	-55	17 26 20	19 34 32	3♐ 3 54	5 58 28	-48	17 51 45	20 12 17
28 Th	18 24 10	11 16 41	57 12	6 27 19.6	23 17 12	9♐ 2 23	5 56 59	-41	18 17 13	20 36 13	14 59 21	5 55 44	-34	18 42 42	20 46 7
29 F	18 28 6	12 13 53	57 12	6 31 28.3	23 14 17	20 55 5	5 54 44	-25	19 8 8	20 41 59	26 49 49	5 54 2	-16	19 33 27	20 23 59
30 S	18 32 3	13♊11 5	57 12	6 35 36.8	23N10 58	2♑43 51	5 53 39	-6	19 58 35	19S52 27	8♑37 30	5 53 37	4	20 23 30	19S 7 53

LUNAR INGRESSES
2 ☽ ♑ 11:56
5 ☽ ♒ 0:51
7 ☽ ♓ 11:55
9 ☽ ♈ 19:15
11 ☽ ♉ 22:38
13 ☽ ♊ 23:21
15 ☽ ♋ 23:18
18 ☽ ♌ 0:19
20 ☽ ♍ 3:40
22 ☽ ♎ 9:53
24 ☽ ♏ 18:47
27 ☽ ♐ 5:52
29 ☽ ♑ 18:27

PLANET INGRESSES
9 ♀ ♋ 15:16
10 ☿ ♊ 11:50
16 ☉ ♊ 4:19
26 ☿ ♋ 1:24

STATIONS
18 ♆ R 23:27
26 ♂ R 21:06

DATA FOR THE 1st AT 0 HOURS
JULIAN DAY 43250.5
☽ MEAN ☊ 13°♋ 54' 19"
OBLIQUITY 23° 26' 7"
DELTA T 75.0 SECONDS
NUTATION LONGITUDE -14.1"

DAY MO YR	☿ LONG ° ' "	♀ LONG ° ' "	♂ LONG ° ' "	♃ LONG ° ' "	♄ LONG ° ' "	♅ LONG ° ' "	♆ LONG ° ' "	♇ LONG ° ' "	☊ LONG ° '	A.S.S.I. h m s	S.S.R.Y. h m s	S.V.P. ♓ ° ' "	☿ MERCURY R.A. h m s	DECL ° ' "
1 152	9♉15 26	19♊49 28	10♑22 0	20♎36R 9	12♐42R13	5♈49 54	21♒24 38	25♐56R15	12♋14	5 46 4	30 2 16	5 0 23.6	4 9 11	20N51 23
2 153	11 24 32	21 0 26	10 38 34	20 29 51	12 38 32	5 52 42	21 25 12	25 55 13	12 10	5 51 13	30 1 20	5 0 23.4	4 18 8	21 24 53
3 154	13 34 45	22 11 19	10 54 38	20 23 41	12 34 48	5 55 29	21 25 44	25 54 10	12 09	5 56 22	30 0 25	5 0 23.2	4 27 13	21 56 39
4 155	15 45 49	23 22 9	11 10 10	20 17 38	12 31 1	5 58 14	21 26 14	25 53 5	12 09	6 1 32	29 59 33	5 0 23.0	4 36 26	22 26 30
5 156	17 57 30	24 32 54	11 25 9	20 11 42	12 27 11	6 0 58	21 26 43	25 51 59	12 09	6 6 42	29 58 47	5 0 22.8	4 45 46	22 54 14
6 157	20 9 33	25 43 35	11 39 34	20 5 53	12 23 18	6 3 39	21 27 9	25 50 52	12 11	6 11 52	29 58 10	5 0 22.7	4 55 11	23 19 40
7 158	22 21 41	26 54 12	11 53 25	20 0 12	12 19 22	6 6 19	21 27 34	25 49 45	12 11	6 17 3	29 57 44	5 0 22.6	5 4 40	23 42 40
8 159	24 33 37	28 4 45	12 6 42	19 54 39	12 15 23	6 8 57	21 27 56	25 48 36	12 10	6 22 15	29 57 32	5 0 22.5	5 14 12	24 3 5
9 160	26 45 6	29 15 13	12 19 22	19 49 14	12 11 22	6 11 33	21 28 17	25 47 25	12 07	6 27 27	29 57 36	5 0 22.5	5 23 44	24 20 50
10 161	28 55 51	0♋25 36	12 31 26	19 43 57	12 7 18	6 14 7	21 28 35	25 46 14	12 02	6 32 39	29 57 57	5 0 22.4	5 33 16	24 35 49
11 162	1♊ 5 38	1 35 56	12 42 52	19 38 49	12 3 12	6 16 40	21 28 52	25 45 2	11 56	6 37 51	29 58 33	5 0 22.2	5 42 46	24 48 2
12 163	3 14 13	2 46 10	12 53 40	19 33 49	11 59 4	6 19 10	21 29 6	25 43 49	11 49	6 43 4	29 59 24	5 0 22.1	5 52 12	24 57 26
13 164	5 21 23	3 56 21	13 3 49	19 28 58	11 54 53	6 21 38	21 29 19	25 42 35	11 42	6 48 17	30 0 25	5 0 21.8	6 1 33	25 4 2
14 165	7 26 59	5 6 26	13 13 19	19 24 17	11 50 41	6 24 4	21 29 30	25 41 20	11 36	6 53 30	30 1 33	5 0 21.6	6 10 48	25 7 54
15 166	9 30 50	6 16 26	13 22 9	19 19 44	11 46 27	6 26 28	21 29 38	25 40 4	11 32	6 58 43	30 2 45	5 0 21.3	6 19 55	25 9 4
16 167	11 32 48	7 26 22	13 30 18	19 15 21	11 42 11	6 28 50	21 29 45	25 38 48	11 30	7 3 57	30 3 55	5 0 21.0	6 28 54	25 7 38
17 168	13 32 48	8 36 12	13 37 46	19 11 7	11 37 54	6 31 10	21 29 50	25 37 30	11 29	7 9 10	30 5 0	5 0 20.8	6 37 43	25 3 41
18 169	15 30 43	9 45 57	13 44 33	19 7 3	11 33 35	6 33 28	21 29R53	25 36 12	11 30	7 14 24	30 5 58	5 0 20.6	6 46 23	24 57 21
19 170	17 26 31	10 55 36	13 50 37	19 3 9	11 29 15	6 35 44	21 29 53	25 34 53	11 31	7 19 37	30 6 47	5 0 20.4	6 54 52	24 48 44
20 171	19 20 7	12 5 9	13 56 0	18 59 24	11 24 54	6 37 57	21 29 52	25 33 33	11 32	7 24 51	30 7 27	5 0 20.3	7 3 10	24 37 58
21 172	21 11 30	13 14 37	14 0 40	18 55 50	11 20 32	6 40 8	21 29 49	25 32 13	11 32	7 30 5	30 7 56	5 0 20.3	7 11 16	24 25 10
22 173	23 0 37	14 23 59	14 4 37	18 52 26	11 16 9	6 42 16	21 29 44	25 30 52	11 31	7 35 18	30 8 14	5 0 20.2	7 19 10	24 10 28
23 174	24 47 28	15 33 14	14 7 50	18 49 11	11 11 46	6 44 23	21 29 37	25 29 30	11 28	7 40 32	30 8 22	5 0 20.1	7 26 52	23 54 1
24 175	26 32 1	16 42 23	14 10 20	18 46 7	11 7 22	6 46 27	21 29 28	25 28 7	11 23	7 45 45	30 8 20	5 0 19.9	7 34 22	23 35 55
25 176	28 14 17	17 51 26	14 12 6	18 43 14	11 2 57	6 48 29	21 29 18	25 26 44	11 18	7 50 58	30 8 7	5 0 19.8	7 41 40	23 16 18
26 177	29 54 14	19 0 23	14 13R 7	18 40 30	10 58 32	6 50 28	21 29 5	25 25 21	11 12	7 56 11	30 7 45	5 0 19.6	7 48 45	22 55 18
27 178	1♋31 52	20 9 13	14 13 24	18 37 58	10 54 7	6 52 25	21 28 50	25 23 57	11 07	8 1 24	30 7 13	5 0 19.4	7 55 37	22 33 2
28 179	3 7 10	21 17 56	14 12 56	18 35 35	10 49 42	6 54 20	21 28 34	25 22 32	11 03	8 6 37	30 6 33	5 0 19.1	8 2 17	22 9 37
29 180	4 40 8	22 26 32	14 11 42	18 33 23	10 45 17	6 56 12	21 28 15	25 21 7	11 00	8 11 50	30 5 45	5 0 18.9	8 8 44	21 45 10
30 181	6♋10 45	23♋35 1	14♑ 9 44	18♎31 22	10♐40 52	6♈58 1	21♒27 55	25♐19 42	10♋58	8 17 2	30 4 52	5 0 18.7	8 14 59	21N19 48

DAY Jun	♀ VENUS R.A. h m s	DECL ° ' "	♂ MARS R.A. h m s	DECL ° ' "	♃ JUPITER R.A. h m s	DECL ° ' "	♄ SATURN R.A. h m s	DECL ° ' "	♅ URANUS R.A. h m s	DECL ° ' "	♆ NEPTUNE R.A. h m s	DECL ° ' "	♇ PLUTO R.A. h m s	DECL ° ' "
1	7 5 15	24N29 41	20 33 53	21S42 57	14 53 59	15S20 31	18 33 18	22S20 3	1 55 33	11N15 55	23 11 26	6S14 15	19 30 22	21S34 33
2	7 10 25	24 22 31	20 35 6	21 42 28	14 53 34	15 18 53	18 33 2	22 20 18	1 55 44	11 16 53	23 11 28	6 14 4	19 30 18	21 34 48
3	7 15 34	24 14 40	20 36 17	21 42 8	14 53 9	15 17 17	18 32 46	22 20 33	1 55 54	11 17 51	23 11 30	6 13 54	19 30 13	21 35 3
4	7 20 43	24 6 10	20 37 26	21 41 57	14 52 45	15 15 43	18 32 30	22 20 49	1 56 5	11 18 48	23 11 32	6 13 44	19 30 9	21 35 18
5	7 25 50	23 56 59	20 38 33	21 41 55	14 52 21	15 14 11	18 32 13	22 21 4	1 56 15	11 19 44	23 11 34	6 13 35	19 30 4	21 35 33
6	7 30 56	23 47 9	20 39 37	21 42 3	14 51 58	15 12 41	18 31 56	22 21 20	1 56 26	11 20 39	23 11 36	6 13 27	19 29 59	21 35 49
7	7 36 1	23 36 40	20 40 39	21 42 21	14 51 35	15 11 14	18 31 39	22 21 35	1 56 36	11 21 34	23 11 37	6 13 20	19 29 55	21 36 5
8	7 41 4	23 25 33	20 41 39	21 42 49	14 51 13	15 9 49	18 31 22	22 21 51	1 56 46	11 22 29	23 11 39	6 13 14	19 29 50	21 36 21
9	7 46 7	23 13 49	20 42 36	21 43 28	14 50 51	15 8 26	18 31 5	22 22 7	1 56 56	11 23 22	23 11 40	6 13 8	19 29 45	21 36 37
10	7 51 8	23 1 26	20 43 30	21 44 18	14 50 30	15 7 6	18 30 47	22 22 23	1 57 6	11 24 15	23 11 41	6 13 3	19 29 40	21 36 53
11	7 56 8	22 48 27	20 44 22	21 45 18	14 50 10	15 5 48	18 30 30	22 22 40	1 57 16	11 25 7	23 11 43	6 12 59	19 29 35	21 37 10
12	8 1 7	22 34 52	20 45 12	21 46 31	14 49 50	15 4 33	18 30 12	22 22 56	1 57 25	11 25 58	23 11 43	6 12 55	19 29 30	21 37 26
13	8 6 4	22 20 41	20 45 59	21 47 54	14 49 30	15 3 20	18 29 54	22 23 12	1 57 35	11 26 49	23 11 44	6 12 53	19 29 25	21 37 43
14	8 11 0	22 5 54	20 46 43	21 49 30	14 49 11	15 2 10	18 29 36	22 23 29	1 57 44	11 27 39	23 11 45	6 12 51	19 29 19	21 38 0
15	8 15 54	21 50 34	20 47 25	21 51 17	14 48 53	15 1 3	18 29 17	22 23 45	1 57 53	11 28 28	23 11 46	6 12 49	19 29 14	21 38 17
16	8 20 47	21 34 39	20 48 3	21 53 16	14 48 35	14 59 59	18 28 59	22 24 2	1 58 2	11 29 17	23 11 46	6 12 49	19 29 9	21 38 34
17	8 25 39	21 18 11	20 48 39	21 55 28	14 48 18	14 58 58	18 28 41	22 24 18	1 58 11	11 30 4	23 11 47	6 12 49	19 29 3	21 38 51
18	8 30 29	21 1 11	20 49 11	21 57 52	14 48 2	14 57 59	18 28 22	22 24 35	1 58 20	11 30 51	23 11 47	6 12 50	19 28 58	21 39 8
19	8 35 17	20 43 38	20 49 43	22 0 28	14 47 46	14 57 4	18 28 3	22 24 52	1 58 29	11 31 37	23 11 47	6 12 52	19 28 52	21 39 26
20	8 40 4	20 25 35	20 50 10	22 3 17	14 47 31	14 56 11	18 27 44	22 25 9	1 58 37	11 32 22	23 11 47	6 12 55	19 28 47	21 39 44
21	8 44 49	20 7 0	20 50 35	22 6 18	14 47 17	14 55 22	18 27 26	22 25 26	1 58 46	11 33 7	23 11 47	6 12 59	19 28 41	21 40 1
22	8 49 33	19 47 56	20 50 56	22 9 32	14 47 3	14 54 35	18 27 7	22 25 42	1 58 54	11 33 50	23 11 47	6 13 3	19 28 35	21 40 19
23	8 54 15	19 28 23	20 51 15	22 12 58	14 46 50	14 53 52	18 26 48	22 25 59	1 59 2	11 34 33	23 11 46	6 13 8	19 28 30	21 40 37
24	8 58 55	19 8 21	20 51 31	22 16 36	14 46 38	14 53 11	18 26 29	22 26 15	1 59 10	11 35 15	23 11 46	6 13 13	19 28 24	21 40 55
25	9 3 34	18 47 51	20 51 43	22 20 27	14 46 26	14 52 34	18 26 10	22 26 32	1 59 18	11 35 56	23 11 45	6 13 20	19 28 18	21 41 13
26	9 8 11	18 26 55	20 51 53	22 24 29	14 46 15	14 52 0	18 25 51	22 26 49	1 59 26	11 36 37	23 11 44	6 13 27	19 28 12	21 41 31
27	9 12 46	18 5 31	20 51 59	22 28 44	14 46 4	14 51 29	18 25 32	22 27 5	1 59 33	11 37 16	23 11 44	6 13 35	19 28 6	21 41 49
28	9 17 20	17 43 42	20 52 3	22 33 11	14 45 55	14 51 1	18 25 12	22 27 22	1 59 41	11 37 55	23 11 43	6 13 44	19 28 0	21 42 7
29	9 21 53	17 21 28	20 52 3	22 37 50	14 45 46	14 50 36	18 24 53	22 27 38	1 59 48	11 38 32	23 11 42	6 13 53	19 27 55	21 42 26
30	9 26 23	16N58 50	20 52 0	22S42 40	14 45 38	14S50 15	18 24 34	22S27 55	1 59 55	11N39 9	23 11 40	6S14 3	19 27 49	21S42 44

JULY 2018

DAY	SIDEREAL TIME h m s	☉ SUN LONG ° ' "	MOT ' "	R.A. h m s	DECL ° ' "	☽ MOON AT 0 HOURS LONG ° ' "	12h MOT ° ' "	2DIF "	R.A. h m s	DECL ° ' "	☽ MOON AT 12 HOURS LONG ° ' "	12h MOT ° ' "	2DIF "	R.A. h m s	DECL ° ' "
1 Su	18 35 59	14♊ 8 16	57 12	6 39 45.1	23N 7 14	14♑31 7	5 53 57	16	20 48 10	18S10 53	20♑25 3	5 54 41	29	21 12 34	17S 2 12
2 M	18 39 56	15 5 27	57 12	6 43 53.2	23 3 7	26 19 44	5 55 52	42	21 36 41	15 42 37	2♒15 36	5 57 31	57	22 0 32	14 13 0
3 Tu	18 43 53	16 2 39	57 12	6 48 0.9	22 58 35	8♒13 7	5 59 40	72	22 24 9	12 34 15	14 12 47	6 2 20	88	22 47 35	10 47 17
4 W	18 47 49	16 59 50	57 12	6 52 8.4	22 53 39	20 15 8	6 5 33	105	23 10 53	8 53 3	26 20 41	6 9 19	121	23 34 7	6 52 29
5 Th	18 51 46	17 57 2	57 12	6 56 15.6	22 48 19	2♓29 59	6 13 37	137	23 57 22	4 46 35	8♓43 36	6 18 28	153	0 20 44	2 36 23
6 F	18 55 42	18 54 14	57 12	7 0 22.5	22 42 35	15 2 4	6 23 50	168	0 44 18	0 22 57	21 25 54	6 29 40	181	1 8 10	1N52 30
7 S	18 59 39	19 51 26	57 13	7 4 29.0	22 36 28	27 55 34	6 35 55	192	1 32 26	4N 8 40	4♈31 28	6 42 29	200	1 57 14	6 24 7
8 Su	19 3 35	20 48 39	57 13	7 8 35.2	22 29 57	11♈13 57	6 49 16	205	2 22 39	8 37 9	18 3 13	6 56 10	206	2 48 49	10 45 57
9 M	19 7 32	21 45 52	57 14	7 12 41.0	22 23 3	24 59 23	7 3 0	202	3 15 47	12 48 24	2♉ 2 23	7 9 37	193	3 43 39	14 42 13
10 Tu	19 11 28	22 43 5	57 14	7 16 46.5	22 15 46	9♉12 0	7 15 51	178	4 12 26	16 24 55	16 27 50	7 21 30	158	4 42 9	17 53 56
11 W	19 15 25	23 40 19	57 14	7 20 51.5	22 8 5	23 49 20	7 26 24	133	5 12 44	19 6 41	1♊15 43	7 30 23	104	5 44 6	20 0 48
12 Th	19 19 22	24 37 33	57 15	7 24 56.1	22 0 2	8♊46 6	7 33 19	71	6 16 4	20 34 17	16 19 25	7 35 7	36	6 48 26	20 45 42
13 F	19 23 18	25 34 48	57 15	7 29 0.2	21 51 36	23 54 32	7 35 44	0	7 20 57	20 34 17	1♋30 16	7 35 8	-36	7 53 23	20 0 9
14 S	19 27 15	26 32 2	57 15	7 33 3.9	21 42 48	9♋ 5 23	7 33 22	-69	8 25 28	19 4 12	16 38 45	7 30 30	-100	8 57 1	17 48 4
15 Su	19 31 11	27 29 17	57 15	7 37 7.1	21 33 37	24 9 15	7 26 41	-127	9 27 52	16 13 58	1♌35 56	7 22 2	-150	9 57 55	14 24 31
16 M	19 35 8	28 26 32	57 15	7 41 9.8	21 24 5	8♌57 58	7 16 43	-167	10 27 7	12 22 33	16 14 41	7 10 54	-180	10 55 30	10 10 53
17 Tu	19 39 4	29 23 47	57 15	7 45 11.9	21 14 11	23 25 34	7 4 45	-187	11 23 4	7 52 16	0♍30 19	6 58 25	-191	11 49 54	5 29 16
18 W	19 43 1	0♋21 3	57 15	7 49 13.5	21 3 55	7♍28 43	6 52 2	-190	12 16 7	3 4 12	14 20 46	6 45 45	-186	12 41 46	0 39 7
19 Th	19 46 57	1 18 18	57 16	7 53 14.5	20 53 17	21 6 31	6 39 40	-179	13 7 0	1S44 6	27 46 11	6 33 50	-170	13 31 54	4S 3 52
20 F	19 50 54	2 15 33	57 16	7 57 15.0	20 42 19	4♎20 1	6 28 21	-159	13 56 33	6 18 43	10♎48 22	6 23 15	-147	14 21 4	8 27 23
21 S	19 54 51	3 12 49	57 16	8 1 14.9	20 30 59	17 11 36	6 18 33	-134	14 45 32	10 28 42	23 30 9	6 14 18	-121	15 10 0	12 21 36
22 Su	19 58 47	4 10 5	57 16	8 5 14.2	20 19 20	29 44 27	6 10 29	-108	15 34 32	14 5 7	5♏54 55	6 7 6	-95	15 59 11	15 38 21
23 M	20 2 44	5 7 21	57 17	8 9 12.9	20 7 19	12♏ 2 1	6 4 8	-82	16 23 59	17 0 28	18 6 9	6 1 36	-70	16 48 56	18 10 43
24 Tu	20 6 40	6 4 38	57 17	8 13 11.0	19 54 59	24 7 44	5 59 27	-59	17 14 2	19 8 26	0♐ 7 11	5 57 41	-48	17 39 15	19 53 3
25 W	20 10 37	7 1 55	57 18	8 17 8.5	19 42 18	6♐ 4 51	5 56 16	-37	18 4 35	20 24 9	12 1 7	5 55 11	-27	18 29 58	20 41 26
26 Th	20 14 33	7 59 12	57 18	8 21 5.5	19 29 18	17 56 18	5 54 26	-18	18 55 21	20 44 46	23 50 45	5 54 0	-9	19 20 41	20 34 10
27 F	20 18 30	8 56 31	57 19	8 25 1.8	19 15 59	29 44 44	5 53 51	0	19 45 54	20 9 51	5♑38 35	5 54 0	9	20 10 56	19 32 9
28 S	20 22 26	9 53 49	57 20	8 28 57.5	19 2 21	11♑32 35	5 54 25	17	20 35 46	18 41 37	17 27 0	5 55 8	26	21 0 21	17 38 54
29 Su	20 26 23	10 51 9	57 20	8 32 52.6	18 48 23	23 22 8	5 56 8	34	21 24 52	16 24 45	29 18 15	5 57 25	43	21 48 43	15 0 3
30 M	20 30 20	11 48 29	57 21	8 36 47.1	18 34 8	5♒15 41	5 59 1	53	22 12 31	13 25 42	11♒14 42	6 0 57	63	22 36 4	11 42 42
31 Tu	20 34 16	12♋45 50	57 22	8 40 41.1	18N19 34	17♒15 39	6 3 12	73	22 59 26	9S52 4	23♒18 50	6 5 48	83	23 22 39	7S54 50

LUNAR INGRESSES
2 ☽ ♒ 7:26
4 ☽ ♓ 19:09
7 ☽ ♈ 3:47
9 ☽ ♉ 8:33
11 ☽ ♊ 9:58
13 ☽ ♋ 9:37
15 ☽ ♌ 9:25
17 ☽ ♍ 11:08
19 ☽ ♎ 16:04
22 ☽ ♏ 0:30
24 ☽ ♐ 11:46
27 ☽ ♑ 0:31
29 ☽ ♒ 13:24

PLANET INGRESSES
5 ♀ ♌ 15:42
17 ☉ ♋ 15:11

STATIONS
10 ♃ D 17:04
26 ☿ R 5:04

DATA FOR THE 1st AT 0 HOURS
JULIAN DAY 43280.5
☽ MEAN ☊ 12°♋ 18' 55"
OBLIQUITY 23° 26' 7"
DELTA T 75.1 SECONDS
NUTATION LONGITUDE -13.3"

DAY MO	YR	☿ LONG ° ' "	♀ LONG ° ' "	♂ LONG ° ' "	♃ LONG ° ' "	♄ LONG ° ' "	♅ LONG ° ' "	♆ LONG ° ' "	♇ LONG ° ' "	☊ LONG ° '	A.S.S.I. h m s	S.S.R.Y. h m s	S.V.P. ♓ ° ' "	☿ MERCURY R.A. h m s	DECL ° ' "
1	182	7♋39 0	24♋43 24	14♑ 7R 0	18♎29R32	10♐36R27	6♈59 49	21♒27R33	25♐18R16	10♋58	8 22 14	30 3 54	5 0 18.5	8 21 1	20N53 37
2	183	9 4 51	25 51 39	14 3 31	18 27 52	10 32 3	7 1 33	21 27 9	25 16 50	10 59	8 27 25	30 2 55	5 0 18.3	8 26 51	20 26 43
3	184	10 28 16	26 59 47	13 59 17	18 26 22	10 27 39	7 3 15	21 26 43	25 15 23	11 01	8 32 37	30 1 59	5 0 18.2	8 32 28	19 59 12
4	185	11 49 15	28 7 47	13 54 18	18 25 4	10 23 16	7 4 55	21 26 15	25 13 56	11 02	8 37 48	30 1 8	5 0 18.1	8 37 53	19 31 11
5	186	13 7 44	29 15 40	13 48 34	18 23 56	10 18 54	7 6 32	21 25 46	25 12 29	11 04	8 42 58	30 0 28	5 0 18.0	8 43 5	19 2 45
6	187	14 23 40	0♌23 26	13 42 5	18 22 59	10 14 33	7 8 6	21 25 14	25 11 2	11 04	8 48 8	30 0 0	5 0 17.9	8 48 5	18 34 1
7	188	15 37 1	1 31 4	13 34 53	18 22 13	10 10 12	7 9 38	21 24 41	25 9 34	11 04	8 53 18	29 59 47	5 0 17.9	8 52 51	18 5 3
8	189	16 47 42	2 38 34	13 26 58	18 21 38	10 5 53	7 11 7	21 24 6	25 8 6	11 03	8 58 27	29 59 51	5 0 17.7	8 57 25	17 35 58
9	190	17 55 40	3 45 55	13 18 20	18 21 13	10 1 36	7 12 34	21 23 29	25 6 38	11 01	9 3 36	30 0 11	5 0 17.6	9 1 47	17 6 51
10	191	19 0 50	4 53 9	13 9 0	18 21D 0	9 57 20	7 13 58	21 22 51	25 5 10	10 59	9 8 44	30 0 46	5 0 17.4	9 5 55	16 37 48
11	192	20 3 7	6 0 15	12 59 0	18 20 57	9 53 5	7 15 19	21 22 10	25 3 42	10 57	9 13 52	30 1 34	5 0 17.2	9 9 49	16 8 54
12	193	21 2 25	7 7 11	12 48 21	18 21 6	9 48 53	7 16 37	21 21 28	25 2 14	10 55	9 19 0	30 2 32	5 0 16.9	9 13 31	15 40 16
13	194	21 58 38	8 14 0	12 37 5	18 21 28	9 44 42	7 17 53	21 20 44	25 0 46	10 54	9 24 6	30 3 37	5 0 16.6	9 16 58	15 12 0
14	195	22 51 39	9 20 39	12 25 13	18 21 55	9 40 33	7 19 5	21 19 59	24 59 17	10 53	9 29 13	30 4 45	5 0 16.4	9 20 12	14 44 11
15	196	23 41 21	10 27 9	12 12 47	18 22 36	9 36 26	7 20 15	21 19 12	24 57 49	10 53	9 34 18	30 5 52	5 0 16.1	9 23 12	14 16 55
16	197	24 27 35	11 33 29	11 59 49	18 23 28	9 32 22	7 21 23	21 18 23	24 56 21	10 54	9 39 23	30 6 57	5 0 16.0	9 25 56	13 50 20
17	198	25 10 14	12 39 39	11 46 20	18 24 31	9 28 20	7 22 27	21 17 32	24 54 53	10 55	9 44 27	30 7 57	5 0 15.9	9 28 26	13 24 31
18	199	25 49 9	13 45 39	11 32 25	18 25 45	9 24 20	7 23 28	21 16 40	24 53 25	10 56	9 49 31	30 8 51	5 0 15.8	9 30 41	12 59 35
19	200	26 24 11	14 51 28	11 18 3	18 27 9	9 20 24	7 24 27	21 15 46	24 51 58	10 56	9 54 33	30 9 38	5 0 15.8	9 32 39	12 35 39
20	201	26 55 10	15 57 7	11 3 19	18 28 44	9 16 30	7 25 23	21 14 50	24 50 30	10 57	9 59 36	30 10 16	5 0 15.7	9 34 21	12 12 50
21	202	27 21 57	17 2 34	10 48 13	18 30 30	9 12 39	7 26 16	21 13 53	24 49 3	10 56	10 4 37	30 10 44	5 0 15.6	9 35 47	11 51 16
22	203	27 44 22	18 7 50	10 32 49	18 32 27	9 8 50	7 27 6	21 12 55	24 47 36	10 56	10 9 38	30 11 2	5 0 15.4	9 36 56	11 31 4
23	204	28 2 16	19 12 54	10 17 9	18 34 34	9 5 5	7 27 53	21 11 55	24 46 10	10 55	10 14 37	30 11 10	5 0 15.3	9 37 47	11 12 21
24	205	28 15 31	20 17 46	10 1 15	18 36 51	9 1 24	7 28 38	21 10 53	24 44 44	10 54	10 19 37	30 11 6	5 0 15.1	9 38 20	10 55 16
25	206	28 23 58	21 22 26	9 45 10	18 39 19	8 57 45	7 29 19	21 9 50	24 43 18	10 54	10 24 35	30 10 51	5 0 14.9	9 38 35	10 39 56
26	207	28 27R30	22 26 52	9 28 56	18 41 57	8 54 10	7 29 58	21 8 45	24 41 52	10 54	10 29 33	30 10 24	5 0 14.7	9 38 31	10 26 29
27	208	28 26 3	23 31 6	9 12 36	18 44 45	8 50 38	7 30 33	21 7 39	24 40 27	10 53	10 34 30	30 9 47	5 0 14.5	9 38 9	10 15 2
28	209	28 19 32	24 35 6	8 56 13	18 47 44	8 47 10	7 31 6	21 6 32	24 39 3	10 53	10 39 26	30 9 0	5 0 14.3	9 37 28	10 5 43
29	210	28 7 57	25 38 53	8 39 48	18 50 53	8 43 46	7 31 36	21 5 23	24 37 39	10 53	10 44 21	30 8 6	5 0 14.2	9 36 29	9 58 38
30	211	27 51 21	26 42 25	8 23 25	18 54 12	8 40 26	7 32 3	21 4 13	24 36 15	10 53	10 49 16	30 7 7	5 0 14.0	9 35 11	9 53 52
31	212	27♋29 49	27♌45 43	8♑ 7 7	18♎57 41	8♐37 9	7♈32 27	21♒ 3 2	24♐34 52	10♋53	10 54 10	30 6 6	5 0 14.0	9 33 36	9N51 31

DAY Jul	♀ VENUS R.A. h m s	DECL ° ' "	♂ MARS R.A. h m s	DECL ° ' "	♃ JUPITER R.A. h m s	DECL ° ' "	♄ SATURN R.A. h m s	DECL ° ' "	♅ URANUS R.A. h m s	DECL ° ' "	♆ NEPTUNE R.A. h m s	DECL ° ' "	♇ PLUTO R.A. h m s	DECL ° ' "
1	9 30 52	16N35 49	20 51 54	22S47 41	14 45 30	14S49 57	18 24 15	22S28 11	2 0 2	11N39 45	23 11 39	6S14 13	19 27 43	21S43 2
2	9 35 19	16 12 24	20 51 45	22 52 53	14 45 23	14 49 42	18 23 56	22 28 28	2 0 8	11 40 20	23 11 38	6 14 25	19 27 36	21 43 21
3	9 39 45	15 48 37	20 51 32	22 58 16	14 45 17	14 49 30	18 23 37	22 28 44	2 0 15	11 40 54	23 11 36	6 14 37	19 27 30	21 43 39
4	9 44 9	15 24 29	20 51 16	23 3 48	14 45 11	14 49 22	18 23 18	22 29 1	2 0 21	11 41 28	23 11 35	6 14 50	19 27 24	21 43 58
5	9 48 32	15 0 0	20 50 58	23 9 30	14 45 7	14 49 16	18 22 59	22 29 17	2 0 28	11 42 0	23 11 33	6 15 4	19 27 18	21 44 17
6	9 52 52	14 35 12	20 50 36	23 15 21	14 45 3	14 49 14	18 22 41	22 29 33	2 0 34	11 42 31	23 11 31	6 15 18	19 27 12	21 44 35
7	9 57 12	14 10 3	20 50 11	23 21 21	14 44 59	14 49 15	18 22 22	22 29 49	2 0 40	11 43 2	23 11 29	6 15 33	19 27 6	21 44 54
8	10 1 29	13 44 36	20 49 42	23 27 28	14 44 57	14 49 20	18 22 3	22 30 5	2 0 45	11 43 32	23 11 27	6 15 49	19 27 0	21 45 13
9	10 5 46	13 18 52	20 49 11	23 33 42	14 44 55	14 49 28	18 21 45	22 30 20	2 0 51	11 44 0	23 11 25	6 16 5	19 26 54	21 45 31
10	10 10 0	12 52 49	20 48 37	23 40 3	14 44 53	14 49 39	18 21 26	22 30 36	2 0 56	11 44 28	23 11 22	6 16 22	19 26 47	21 45 50
11	10 14 14	12 26 31	20 47 59	23 46 29	14 44 53	14 49 53	18 21 8	22 30 52	2 1 1	11 44 55	23 11 20	6 16 40	19 26 41	21 46 9
12	10 18 25	11 59 56	20 47 19	23 53 0	14 44 53	14 50 10	18 20 50	22 31 7	2 1 7	11 45 21	23 11 17	6 16 58	19 26 35	21 46 27
13	10 22 35	11 33 7	20 46 36	23 59 34	14 44 54	14 50 31	18 20 32	22 31 22	2 1 11	11 45 46	23 11 15	6 17 17	19 26 29	21 46 46
14	10 26 44	11 6 2	20 45 51	24 6 11	14 44 56	14 50 55	18 20 14	22 31 38	2 1 16	11 46 10	23 11 12	6 17 37	19 26 23	21 47 5
15	10 30 51	10 38 44	20 45 2	24 12 50	14 44 58	14 51 23	18 19 56	22 31 53	2 1 21	11 46 33	23 11 9	6 17 57	19 26 16	21 47 23
16	10 34 57	10 11 13	20 44 12	24 19 30	14 45 1	14 51 53	18 19 38	22 32 8	2 1 25	11 46 55	23 11 6	6 18 18	19 26 10	21 47 42
17	10 39 2	9 43 30	20 43 19	24 26 9	14 45 5	14 52 27	18 19 21	22 32 23	2 1 29	11 47 16	23 11 3	6 18 40	19 26 4	21 48 1
18	10 43 4	9 15 35	20 42 24	24 32 47	14 45 10	14 53 4	18 19 4	22 32 38	2 1 33	11 47 36	23 11 0	6 19 2	19 25 58	21 48 19
19	10 47 6	8 47 29	20 41 26	24 39 22	14 45 15	14 53 44	18 18 47	22 32 52	2 1 37	11 47 55	23 10 57	6 19 25	19 25 52	21 48 38
20	10 51 6	8 19 13	20 40 27	24 45 54	14 45 21	14 54 28	18 18 30	22 33 7	2 1 40	11 48 13	23 10 53	6 19 49	19 25 46	21 48 56
21	10 55 5	7 50 47	20 39 26	24 52 22	14 45 28	14 55 14	18 18 14	22 33 21	2 1 44	11 48 30	23 10 50	6 20 13	19 25 39	21 49 15
22	10 59 2	7 22 13	20 38 24	24 58 44	14 45 35	14 56 4	18 17 57	22 33 36	2 1 47	11 48 46	23 10 46	6 20 37	19 25 33	21 49 33
23	11 2 58	6 53 30	20 37 20	25 5 0	14 45 43	14 56 56	18 17 41	22 33 50	2 1 50	11 49 1	23 10 43	6 21 3	19 25 27	21 49 51
24	11 6 52	6 24 39	20 36 15	25 11 8	14 45 52	14 57 52	18 17 25	22 34 4	2 1 53	11 49 15	23 10 39	6 21 28	19 25 21	21 50 10
25	11 10 46	5 55 42	20 35 9	25 17 8	14 46 1	14 58 51	18 17 9	22 34 18	2 1 56	11 49 28	23 10 35	6 21 55	19 25 15	21 50 28
26	11 14 37	5 26 38	20 34 2	25 22 59	14 46 11	14 59 53	18 16 53	22 34 32	2 1 58	11 49 40	23 10 31	6 22 21	19 25 9	21 50 46
27	11 18 28	4 57 29	20 32 54	25 28 40	14 46 22	15 0 58	18 16 38	22 34 45	2 2 1	11 49 51	23 10 27	6 22 49	19 25 3	21 51 4
28	11 22 17	4 28 15	20 31 46	25 34 9	14 46 34	15 2 5	18 16 23	22 34 59	2 2 3	11 50 1	23 10 23	6 23 17	19 24 57	21 51 22
29	11 26 5	3 58 56	20 30 37	25 39 27	14 46 46	15 3 16	18 16 8	22 35 12	2 2 5	11 50 10	23 10 19	6 23 45	19 24 51	21 51 40
30	11 29 52	3 29 34	20 29 29	25 44 32	14 46 58	15 4 30	18 15 54	22 35 26	2 2 6	11 50 18	23 10 15	6 24 14	19 24 46	21 51 58
31	11 33 37	3N 0 9	20 28 20	25S49 23	14 47 12	15S 5 46	18 15 40	22S35 39	2 2 8	11N50 25	23 10 10	6S24 43	19 24 40	21S52 16

AUGUST 2018

DAY	SIDEREAL TIME h m s	☉ SUN LONG ° ' "	MOT ' "	R.A. h m s	DECL ° ' "	☽ MOON AT 0 HOURS LONG ° ' "	12h MOT ° ' "	2DIF "	R.A. h m s	DECL ° ' "	☽ MOON AT 12 HOURS LONG ° ' "	12h MOT ° ' "	2DIF "	R.A. h m s	DECL ° ' "
1 W	20 38 13	13♋43 12	57 23	8 44 34.4	18N 4 42	29♒24 38	6 8 45	94	23 45 47	5S52 3	5♓33 23	6 12 5	106	0 8 55	3S44 50
2 Th	20 42 9	14 40 35	57 24	8 48 27.1	17 49 32	11♓45 28	6 15 48	117	0 32 7	1 34 16	18 1 17	6 19 55	129	0 55 30	0N38 29
3 F	20 46 6	15 37 59	57 25	8 52 19.2	17 34 5	24 21 12	6 24 24	140	1 19 7	2N52 11	0♈45 36	6 29 16	151	1 43 7	5 5 31
4 S	20 50 2	16 35 25	57 27	8 56 10.7	17 18 21	7♈14 52	6 34 28	161	2 7 34	7 17 5	13 49 20	6 39 59	169	2 32 35	9 25 19
5 Su	20 53 59	17 32 51	57 28	9 0 1.7	17 2 19	20 29 19	6 45 45	175	2 58 16	11 28 31	27 15 4	6 51 41	179	3 24 42	13 24 48
6 M	20 57 55	18 30 19	57 29	9 3 52.1	16 46 2	4♉ 6 44	6 57 42	180	3 51 57	15 12 8	11♉ 4 27	7 3 42	178	4 20 4	16 48 21
7 Tu	21 1 52	19 27 48	57 31	9 7 41.9	16 29 27	18 8 9	7 9 33	171	4 49 4	18 11 8	25 17 42	7 15 6	160	5 18 55	19 18 13
8 W	21 5 49	20 25 19	57 32	9 11 31.1	16 12 37	2♊32 48	7 20 13	144	5 49 33	20 7 27	9♊53 1	7 24 43	124	6 20 50	20 36 54
9 Th	21 9 45	21 22 50	57 33	9 15 19.8	15 55 31	17 17 44	7 28 28	99	6 52 36	20 45 9	24 46 12	7 31 19	71	7 24 39	20 31 17
10 F	21 13 42	22 20 23	57 34	9 19 7.9	15 38 10	2♋17 31	7 33 10	39	7 56 44	19 55 9	9♋50 41	7 33 55	5	8 28 39	18 57 21
11 S	21 17 38	23 17 57	57 35	9 22 55.4	15 20 34	17 24 36	7 33 31	-29	9 0 11	17 39 11	24 58 7	7 31 58	-63	9 31 11	16 2 37
12 Su	21 21 35	24 15 33	57 36	9 26 42.4	15 2 43	2♌30 5	7 29 18	-96	10 1 31	14 10 8	9♌59 23	7 25 36	-125	10 31 8	12 4 28
13 M	21 25 31	25 13 9	57 37	9 30 28.7	14 44 38	17 24 59	7 20 59	-150	11 0 1	9 48 33	24 45 57	7 15 35	-171	11 28 10	7 25 17
14 Tu	21 29 28	26 10 46	57 38	9 34 14.6	14 26 19	2♍ 1 32	7 9 34	-187	11 55 38	4 57 28	9♍11 6	7 3 6	-198	12 22 29	2 27 43
15 W	21 33 24	27 8 25	57 39	9 37 59.8	14 7 46	16 14 12	6 56 23	-203	12 48 49	0S 1 39	23 10 35	6 49 33	-204	13 14 42	2S28 31
16 Th	21 37 21	28 6 4	57 41	9 41 44.5	13 48 59	0♎ 0 8	6 42 46	-201	13 40 14	4 51 4	6♎42 53	6 36 9	-194	14 5 31	7 7 42
17 F	21 41 18	29 3 45	57 42	9 45 28.7	13 29 59	13 19 3	6 29 51	-184	14 30 38	9 17 1	19 48 53	6 23 55	-171	14 55 38	11 17 49
18 S	21 45 14	0♌ 1 26	57 43	9 49 12.4	13 10 47	26 12 48	6 18 27	-157	15 20 35	13 9 2	2♏31 15	6 13 29	-141	15 45 34	14 49 46
19 Su	21 49 11	0 59 9	57 44	9 52 55.5	12 51 22	8♏44 43	6 9 4	-124	16 10 35	16 19 11	14 53 47	6 5 13	-107	16 35 41	17 36 36
20 M	21 53 7	1 56 52	57 45	9 56 38.1	12 31 45	20 59 0	6 1 56	-90	17 0 53	18 41 23	27 0 56	5 59 14	-73	17 26 9	19 33 4
21 Tu	21 57 4	2 54 37	57 46	10 0 20.2	12 11 56	3♐ 0 9	5 57 5	-56	17 51 29	20 11 13	8♐57 14	5 55 28	-41	18 16 52	20 35 34
22 W	22 1 0	3 52 23	57 47	10 4 1.8	11 51 56	14 52 42	5 54 22	-26	18 42 14	20 45 59	20 47 4	5 53 46	-12	19 7 35	20 42 24
23 Th	22 4 57	4 50 10	57 48	10 7 43.0	11 31 44	26 40 50	5 53 36	2	19 32 49	20 24 59	2♑34 26	5 53 52	14	19 57 56	19 53 59
24 F	22 8 53	5 47 58	57 50	10 11 23.7	11 11 22	8♑28 18	5 54 31	25	20 22 53	19 9 48	14 22 48	5 55 31	35	20 47 37	18 12 59
25 S	22 12 50	6 45 48	57 51	10 15 4.0	10 50 49	20 18 19	5 56 49	44	21 12 7	17 4 11	26 15 8	5 58 25	52	21 36 23	15 44 12
26 Su	22 16 47	7 43 39	57 53	10 18 43.9	10 30 5	2♒13 33	6 0 16	59	22 0 25	14 13 54	8♒13 49	6 2 20	65	22 24 12	12 34 13
27 M	22 20 43	8 41 31	57 54	10 22 23.3	10 9 12	14 16 9	6 4 37	71	22 47 48	10 46 11	20 20 46	6 7 5	76	23 11 14	8 50 53
28 Tu	22 24 40	9 39 25	57 56	10 26 2.4	9 48 9	26 27 51	6 9 43	81	23 34 34	6 49 25	2♓37 34	6 12 30	86	23 57 50	4 42 58
29 W	22 28 36	10 37 21	57 57	10 29 41.1	9 26 57	8♓50 3	6 15 27	91	0 21 6	2 32 45	15 5 30	6 18 32	95	0 44 28	0 19 59
30 Th	22 32 33	11 35 18	57 59	10 33 19.5	9 5 36	21 24 3	6 21 48	100	1 8 0	1N54 1	27 45 50	6 25 12	105	1 31 46	4N 7 53
31 F	22 36 29	12♌33 17	58 1	10 36 57.5	8N44 6	4♈11 2	6 28 47	110	1 55 53	6N20 13	10♈39 49	6 32 31	115	2 20 25	8N29 30

LUNAR INGRESSES
1 ☽ ♓ 1:09
3 ☽ ♈ 10:35
5 ☽ ♉ 16:50
7 ☽ ♊ 19:48
9 ☽ ♋ 20:21
11 ☽ ♌ 20:01
13 ☽ ♍ 20:38
15 ☽ ♎ 24:00
18 ☽ ♏ 7:11
20 ☽ ♐ 17:58
23 ☽ ♑ 6:46
25 ☽ ♒ 19:32
28 ☽ ♓ 6:54
30 ☽ ♈ 16:12

PLANET INGRESSES
2 ♀ ♍ 3:14
17 ☉ ♌ 23:24

STATIONS
7 ♅ R 16:50
19 ☿ D 4:26
27 ♂ D 14:06

DATA FOR THE 1st AT 0 HOURS
JULIAN DAY 43311.5
☽ MEAN ☊ 10♋ 40' 22"
OBLIQUITY 23° 26' 7"
DELTA T 75.1 SECONDS
NUTATION LONGITUDE -13.2"

DAY MO YR	☿ LONG ° ' "	♀ LONG ° ' "	♂ LONG ° ' "	♃ LONG ° ' "	♄ LONG ° ' "	♅ LONG ° ' "	♆ LONG ° ' "	♇ LONG ° ' "	☊ LONG ° '	A.S.S.I. h m s	S.S.R.Y. h m s	S.V.P. ♓ ° ' "	☿ MERCURY R.A. h m s	DECL ° ' "
1 213	27♋ 3R32	28♌48 46	7♑50R56	19♎ 1 20	8♐33R56	7♈32 48	21♒ 1R49	24♐33R30	10♋53	10 59 3	30 5 7	5 0 13.9	9 31 44	9N51 37
2 214	26 32 45	29 51 34	7 34 54	19 5 9	8 30 48	7 33 6	21 0 35	24 32 8	10 52	11 3 55	30 4 17	5 0 13.8	9 29 36	9 54 13
3 215	25 57 49	0♍54 6	7 19 4	19 9 7	8 27 43	7 33 21	20 59 19	24 30 47	10 52	11 8 47	30 3 36	5 0 13.8	9 27 14	9 59 18
4 216	25 19 11	1 56 23	7 3 29	19 13 16	8 24 43	7 33 33	20 58 3	24 29 27	10 52	11 13 38	30 3 7	5 0 13.7	9 24 39	10 6 50
5 217	24 37 22	2 58 23	6 48 11	19 17 34	8 21 47	7 33 42	20 56 45	24 28 7	10 52	11 18 28	30 2 53	5 0 13.6	9 21 54	10 16 44
6 218	23 53 0	4 0 7	6 33 14	19 22 2	8 18 55	7 33 49	20 55 26	24 26 48	10 52	11 23 17	30 2 55	5 0 13.5	9 19 1	10 28 54
7 219	23 6 48	5 1 34	6 18 38	19 26 39	8 16 8	7 33R52	20 54 6	24 25 30	10 52	11 28 6	30 3 11	5 0 13.3	9 16 3	10 43 10
8 220	22 19 32	6 2 43	6 4 28	19 31 26	8 13 26	7 33 52	20 52 45	24 24 12	10 53	11 32 54	30 3 41	5 0 13.1	9 13 3	10 59 20
9 221	21 32 5	7 3 33	5 50 45	19 36 22	8 10 48	7 33 50	20 51 22	24 22 56	10 54	11 37 41	30 4 23	5 0 12.8	9 10 4	11 17 9
10 222	20 45 18	8 4 6	5 37 32	19 41 28	8 8 15	7 33 44	20 49 59	24 21 40	10 54	11 42 28	30 5 15	5 0 12.6	9 7 9	11 36 23
11 223	20 0 7	9 4 19	5 24 51	19 46 43	8 5 47	7 33 36	20 48 35	24 20 25	10 55	11 47 14	30 6 14	5 0 12.4	9 4 21	11 56 42
12 224	19 17 23	10 4 12	5 12 45	19 52 8	8 3 23	7 33 24	20 47 9	24 19 11	10 54	11 51 59	30 7 17	5 0 12.3	9 1 45	12 17 50
13 225	18 38 1	11 3 44	5 1 15	19 57 41	8 1 5	7 33 10	20 45 43	24 17 58	10 53	11 56 43	30 8 23	5 0 12.2	8 59 24	12 39 26
14 226	18 2 47	12 2 55	4 50 24	20 3 24	7 58 52	7 32 52	20 44 15	24 16 46	10 51	12 1 27	30 9 29	5 0 12.1	8 57 20	13 1 10
15 227	17 32 27	13 1 44	4 40 12	20 9 15	7 56 43	7 32 32	20 42 47	24 15 35	10 49	12 6 10	30 10 32	5 0 12.1	8 55 36	13 22 44
16 228	17 7 42	14 0 10	4 30 43	20 15 16	7 54 40	7 32 9	20 41 18	24 14 25	10 47	12 10 52	30 11 32	5 0 12.1	8 54 15	13 43 48
17 229	16 49 5	14 58 12	4 21 57	20 21 25	7 52 43	7 31 43	20 39 48	24 13 16	10 46	12 15 34	30 12 26	5 0 12.0	8 53 19	14 4 5
18 230	16 37 6	15 55 49	4 13 55	20 27 43	7 50 50	7 31 13	20 38 17	24 12 8	10 45	12 20 15	30 13 12	5 0 11.9	8 52 50	14 23 17
19 231	16 32D 7	16 53 1	4 6 38	20 34 9	7 49 3	7 30 42	20 36 46	24 11 2	10 45	12 24 55	30 13 49	5 0 11.8	8 52 50	14 41 7
20 232	16 34 28	17 49 46	4 0 8	20 40 44	7 47 21	7 30 7	20 35 13	24 9 56	10 46	12 29 35	30 14 16	5 0 11.6	8 53 19	14 57 21
21 233	16 44 19	18 46 4	3 54 24	20 47 27	7 45 45	7 29 29	20 33 41	24 8 52	10 47	12 34 14	30 14 31	5 0 11.5	8 54 18	15 11 44
22 234	17 1 48	19 41 53	3 49 28	20 54 19	7 44 14	7 28 49	20 32 7	24 7 48	10 49	12 38 52	30 14 33	5 0 11.3	8 55 48	15 24 3
23 235	17 26 58	20 37 13	3 45 21	21 1 18	7 42 48	7 28 6	20 30 33	24 6 46	10 50	12 43 30	30 14 22	5 0 11.1	8 57 49	15 34 6
24 236	17 59 47	21 32 2	3 42 1	21 8 26	7 41 28	7 27 20	20 28 58	24 5 46	10 51	12 48 8	30 13 58	5 0 11.0	9 0 20	15 41 43
25 237	18 40 10	22 26 19	3 39 30	21 15 42	7 40 14	7 26 31	20 27 23	24 4 46	10 51	12 52 44	30 13 23	5 0 10.9	9 3 21	15 46 42
26 238	19 27 56	23 20 4	3 37 48	21 23 5	7 39 5	7 25 39	20 25 47	24 3 48	10 49	12 57 21	30 12 37	5 0 10.8	9 6 52	15 48 56
27 239	20 21 54	24 13 15	3 36D55	21 30 37	7 38 1	7 24 45	20 24 11	24 2 51	10 46	13 1 56	30 11 43	5 0 10.7	9 10 50	15 48 16
28 240	21 24 47	25 5 51	3 36 50	21 38 16	7 37 4	7 23 48	20 22 34	24 1 55	10 42	13 6 32	30 10 44	5 0 10.7	9 15 14	15 44 36
29 241	22 33 17	25 57 51	3 37 35	21 46 3	7 36 12	7 22 48	20 20 57	24 1 1	10 37	13 11 6	30 9 44	5 0 10.7	9 20 4	15 37 52
30 242	23 48 1	26 49 13	3 39 8	21 53 57	7 35 25	7 21 46	20 19 19	24 0 8	10 32	13 15 41	30 8 47	5 0 10.7	9 25 17	15 28 0
31 243	25♋ 8 35	27♍39 56	3♑41 30	22♎ 1 58	7♐34 45	7♈20 41	20♒17 41	23♐59 16	10♋27	13 20 15	30 7 56	5 0 10.6	9 30 51	15N14 59

DAY Aug	♀ VENUS R.A. h m s	DECL ° ' "	♂ MARS R.A. h m s	DECL ° ' "	♃ JUPITER R.A. h m s	DECL ° ' "	♄ SATURN R.A. h m s	DECL ° ' "	♅ URANUS R.A. h m s	DECL ° ' "	♆ NEPTUNE R.A. h m s	DECL ° ' "	♇ PLUTO R.A. h m s	DECL ° ' "
1	11 37 21	2N30 42	20 27 11	25S54 1	14 47 26	15S 7 5	18 15 26	22S35 52	2 2 9	11N50 31	23 10 6	6S25 13	19 24 34	21S52 33
2	11 41 4	2 1 12	20 26 3	25 58 23	14 47 41	15 8 28	18 15 12	22 36 5	2 2 11	11 50 36	23 10 1	6 25 44	19 24 28	21 52 51
3	11 44 46	1 31 42	20 24 55	26 2 31	14 47 56	15 9 52	18 14 59	22 36 18	2 2 12	11 50 40	23 9 57	6 26 15	19 24 23	21 53 8
4	11 48 26	1 2 10	20 23 49	26 6 22	14 48 12	15 11 20	18 14 46	22 36 30	2 2 12	11 50 43	23 9 52	6 26 46	19 24 17	21 53 26
5	11 52 5	0 32 39	20 22 43	26 9 57	14 48 29	15 12 50	18 14 33	22 36 43	2 2 13	11 50 45	23 9 47	6 27 18	19 24 11	21 53 43
6	11 55 43	0 3 8	20 21 38	26 13 15	14 48 47	15 14 23	18 14 21	22 36 55	2 2 13	11 50 46	23 9 42	6 27 50	19 24 6	21 54 0
7	11 59 20	0S26 21	20 20 35	26 16 15	14 49 5	15 15 59	18 14 9	22 37 7	2 2 14	11 50 47	23 9 37	6 28 22	19 24 0	21 54 17
8	12 2 56	0 55 49	20 19 33	26 18 59	14 49 23	15 17 37	18 13 57	22 37 19	2 2 14	11 50 46	23 9 33	6 28 55	19 23 55	21 54 34
9	12 6 30	1 25 14	20 18 34	26 21 24	14 49 43	15 19 18	18 13 46	22 37 31	2 2 14	11 50 44	23 9 27	6 29 29	19 23 49	21 54 51
10	12 10 3	1 54 36	20 17 36	26 23 31	14 50 2	15 21 2	18 13 35	22 37 43	2 2 13	11 50 41	23 9 22	6 30 2	19 23 44	21 55 7
11	12 13 35	2 23 55	20 16 40	26 25 20	14 50 23	15 22 48	18 13 24	22 37 55	2 2 13	11 50 37	23 9 17	6 30 37	19 23 39	21 55 24
12	12 17 6	2 53 9	20 15 46	26 26 51	14 50 44	15 24 36	18 13 14	22 38 7	2 2 12	11 50 32	23 9 12	6 31 11	19 23 34	21 55 40
13	12 20 35	3 22 19	20 14 55	26 28 3	14 51 6	15 26 27	18 13 4	22 38 19	2 2 11	11 50 26	23 9 7	6 31 46	19 23 29	21 55 56
14	12 24 3	3 51 23	20 14 6	26 28 57	14 51 28	15 28 20	18 12 54	22 38 30	2 2 10	11 50 19	23 9 1	6 32 21	19 23 23	21 56 12
15	12 27 30	4 20 20	20 13 21	26 29 33	14 51 51	15 30 16	18 12 45	22 38 41	2 2 9	11 50 10	23 8 56	6 32 57	19 23 18	21 56 28
16	12 30 55	4 49 11	20 12 38	26 29 50	14 52 15	15 32 15	18 12 36	22 38 53	2 2 7	11 50 1	23 8 50	6 33 33	19 23 14	21 56 44
17	12 34 19	5 17 55	20 11 58	26 29 50	14 52 39	15 34 15	18 12 28	22 39 4	2 2 6	11 49 51	23 8 45	6 34 9	19 23 9	21 57 0
18	12 37 42	5 46 30	20 11 21	26 29 32	14 53 4	15 36 17	18 12 20	22 39 15	2 2 4	11 49 40	23 8 39	6 34 45	19 23 4	21 57 15
19	12 41 3	6 14 56	20 10 47	26 28 56	14 53 29	15 38 22	18 12 12	22 39 26	2 2 2	11 49 28	23 8 34	6 35 22	19 22 59	21 57 30
20	12 44 23	6 43 13	20 10 17	26 28 3	14 53 55	15 40 29	18 12 5	22 39 36	2 2 0	11 49 15	23 8 28	6 35 58	19 22 55	21 57 45
21	12 47 41	7 11 20	20 9 50	26 26 54	14 54 22	15 42 38	18 11 58	22 39 47	2 1 57	11 49 1	23 8 22	6 36 36	19 22 50	21 58 0
22	12 50 58	7 39 16	20 9 26	26 25 27	14 54 49	15 44 49	18 11 51	22 39 58	2 1 55	11 48 47	23 8 17	6 37 13	19 22 46	21 58 15
23	12 54 13	8 7 1	20 9 5	26 23 45	14 55 16	15 47 3	18 11 45	22 40 8	2 1 52	11 48 31	23 8 11	6 37 50	19 22 41	21 58 29
24	12 57 26	8 34 33	20 8 48	26 21 46	14 55 44	15 49 18	18 11 39	22 40 18	2 1 49	11 48 14	23 8 5	6 38 28	19 22 37	21 58 44
25	13 0 38	9 1 53	20 8 35	26 19 32	14 56 13	15 51 35	18 11 34	22 40 29	2 1 46	11 47 56	23 7 59	6 39 6	19 22 33	21 58 58
26	13 3 48	9 29 0	20 8 25	26 17 3	14 56 42	15 53 54	18 11 29	22 40 39	2 1 43	11 47 38	23 7 53	6 39 44	19 22 29	21 59 12
27	13 6 56	9 55 52	20 8 18	26 14 19	14 57 12	15 56 15	18 11 24	22 40 49	2 1 39	11 47 18	23 7 47	6 40 22	19 22 25	21 59 26
28	13 10 3	10 22 30	20 8 15	26 11 20	14 57 42	15 58 38	18 11 20	22 40 59	2 1 36	11 46 57	23 7 41	6 41 1	19 22 21	21 59 40
29	13 13 7	10 48 52	20 8 15	26 8 7	14 58 13	16 1 2	18 11 16	22 41 9	2 1 32	11 46 36	23 7 35	6 41 39	19 22 17	21 59 53
30	13 16 10	11 14 58	20 8 19	26 4 40	14 58 44	16 3 29	18 11 13	22 41 18	2 1 28	11 46 14	23 7 29	6 42 18	19 22 13	22 0 6
31	13 19 10	11S40 47	20 8 26	26S 0 59	14 59 16	16S 5 56	18 11 10	22S41 28	2 1 24	11N45 50	23 7 23	6S42 56	19 22 10	22S 0 19

DAY	SIDEREAL TIME h m s	☉ SUN LONG ° ' "	MOT ' "	R.A. h m s	DECL ° ' "	☽ MOON AT 0 HOURS LONG ° ' "	12h MOT ° ' "	2DIF "	R.A. h m s	DECL ° ' "	☽ MOON AT 12 HOURS LONG ° ' "	12h MOT ° ' "	2DIF "	R.A. h m s	DECL ° ' "
1 S	22 40 26	13♌31 18	58 3	10 40 35.3	8N22 28	17♈12 20	6 36 26	120	2 45 28	10N34 8	23♈48 46	6 40 31	125	3 11 6	12N32 27
2 Su	22 44 22	14 29 21	58 5	10 44 12.7	8 0 41	0♉29 17	6 44 45	129	3 37 24	14 22 38	7♉14 2	6 49 7	133	4 4 25	16 2 50
3 M	22 48 19	15 27 26	58 7	10 47 49.9	7 38 47	14 3 8	6 53 35	135	4 32 11	17 31 4	20 56 43	6 58 6	135	5 0 41	18 45 25
4 Tu	22 52 15	16 25 33	58 9	10 51 26.9	7 16 45	27 54 49	7 2 37	134	5 29 55	19 43 56	4♊57 25	7 7 2	130	5 59 48	20 24 52
5 W	22 56 12	17 23 42	58 11	10 55 3.6	6 54 36	12♊ 4 27	7 11 16	123	6 30 14	20 46 41	19 15 43	7 15 12	112	7 1 4	20 48 15
6 Th	23 0 9	18 21 52	58 13	10 58 40.1	6 32 20	26 30 55	7 18 44	98	7 32 9	20 28 53	3♋49 38	7 21 42	79	8 3 18	19 48 29
7 F	23 4 5	19 20 5	58 15	11 2 16.4	6 9 57	11♋11 21	7 24 1	57	8 34 20	18 47 33	18 35 22	7 25 32	32	9 5 6	17 27 10
8 S	23 8 2	20 18 20	58 17	11 5 52.5	5 47 29	26 0 54	7 26 10	4	9 35 28	15 48 59	3♌27 4	7 25 50	-25	10 5 19	13 55 8
9 Su	23 11 58	21 16 36	58 18	11 9 28.5	5 24 54	10♌52 54	7 24 30	-55	10 34 37	11 48 4	18 17 24	7 22 9	-85	11 3 21	9 30 28
10 M	23 15 55	22 14 55	58 20	11 13 4.2	5 2 14	25 39 33	7 18 50	-113	11 31 30	7 5 5	2♍58 23	7 14 37	-138	11 59 6	4 34 43
11 Tu	23 19 51	23 13 15	58 22	11 16 39.9	4 39 29	10♍13 0	7 9 37	-160	12 26 14	2 2 0	17 22 37	7 3 58	-177	12 52 56	0S30 32
12 W	23 23 48	24 11 37	58 24	11 20 15.4	4 16 39	24 26 35	6 57 49	-189	13 19 17	3S 0 35	1♎24 47	6 51 21	-196	13 45 22	5 26 7
13 Th	23 27 44	25 10 0	58 25	11 23 50.8	3 53 45	8♎15 46	6 44 44	-199	14 11 14	7 45 16	15 0 30	6 38 6	-197	14 36 57	9 56 26
14 F	23 31 41	26 8 26	58 27	11 27 26.1	3 30 47	21 38 36	6 31 38	-190	15 2 35	11 58 15	28 10 14	6 25 25	-180	15 28 10	13 49 32
15 S	23 35 38	27 6 53	58 29	11 31 1.3	3 7 44	4♏35 39	6 19 36	-167	15 53 44	15 29 16	10♏55 15	6 14 15	-152	16 19 19	16 56 40
16 Su	23 39 34	28 5 21	58 30	11 34 36.5	2 44 39	17 9 30	6 9 28	-135	16 44 56	18 11 3	23 18 58	6 5 15	-117	17 10 34	19 11 54
17 M	23 43 31	29 3 51	58 32	11 38 11.6	2 21 30	29 24 13	6 1 41	-97	17 36 12	19 58 49	5♐25 54	5 58 46	-78	18 1 50	20 31 35
18 Tu	23 47 27	0♍ 2 23	58 33	11 41 46.8	1 58 18	11♐24 40	5 56 31	-58	18 27 25	20 50 4	17 21 11	5 54 55	-38	18 52 55	20 54 18
19 W	23 51 24	1 0 56	58 35	11 45 21.9	1 35 5	23 16 7	5 53 58	-19	19 18 18	20 44 24	29 10 4	5 53 38	-1	19 43 32	20 20 38
20 Th	23 55 20	1 59 31	58 37	11 48 57.0	1 11 49	5♑ 3 42	5 53 53	16	20 8 35	19 43 23	10♑57 35	5 54 42	32	20 33 26	18 53 7
21 F	23 59 17	2 58 8	58 39	11 52 32.2	0 48 31	16 52 17	5 56 1	47	20 58 4	17 50 27	22 48 18	5 57 48	60	21 22 28	16 36 2
22 S	0 3 13	3 56 46	58 40	11 56 7.4	0 25 12	28 46 6	5 59 59	71	21 46 38	15 10 39	4♒46 5	6 2 32	81	22 10 36	13 35 8
23 Su	0 7 10	4 55 27	58 42	11 59 42.8	0 1 52	10♒48 36	6 5 22	88	22 34 22	11 50 26	16 53 58	6 8 25	94	22 58 0	9 57 33
24 M	0 11 7	5 54 9	58 44	12 3 18.2	0S21 29	23 2 23	6 11 40	99	23 21 32	7 57 33	29 14 3	6 15 0	101	23 45 0	5 51 34
25 Tu	0 15 3	6 52 53	58 46	12 6 53.8	0 44 50	5♓29 3	6 18 24	102	0 8 30	3 40 50	11♓47 28	6 21 49	102	0 32 3	1 26 39
26 W	0 19 0	7 51 39	58 48	12 10 29.5	1 8 12	18 9 16	6 25 11	100	0 55 46	0N49 37	24 34 28	6 28 29	98	1 19 42	3N 6 31
27 Th	0 22 56	8 50 27	58 50	12 14 5.4	1 31 33	1♈ 2 57	6 31 41	94	1 43 55	5 22 31	7♈34 38	6 34 47	91	2 8 31	7 36 0
28 F	0 26 53	9 49 17	58 52	12 17 41.5	1 54 54	14 9 25	6 37 45	88	2 33 34	9 45 17	20 47 10	6 40 38	85	2 59 8	11 48 34
29 S	0 30 49	10 48 9	58 55	12 21 17.9	2 18 13	27 27 48	6 43 24	82	3 25 16	13 44 3	4♉11 12	6 46 6	80	3 52 0	15 29 52
30 Su	0 34 46	11♍47 4	58 57	12 24 54.5	2S41 32	10♉57 17	6 48 44	79	4 19 23	17N 4 7	17♉46 2	6 51 21	78	4 47 23	18N24 57

LUNAR INGRESSES
1 ☽ ♉ 23:08
4 ☽ ♊ 3:34
6 ☽ ♋ 5:44
8 ☽ ♌ 6:26
10 ☽ ♍ 7:07
12 ☽ ♎ 9:34
14 ☽ ♏ 15:24
17 ☽ ♐ 1:11
19 ☽ ♑ 13:42
22 ☽ ♒ 2:28
24 ☽ ♓ 13:29
26 ☽ ♈ 22:04
29 ☽ ♉ 4:32

PLANET INGRESSES
2 ♀ ♎ 20:02
3 ☿ ♌ 4:44
17 ☉ ♍ 23:01
19 ☿ ♍ 10:11

STATIONS
6 ♄ D 11:10

DATA FOR THE 1st AT 0 HOURS
JULIAN DAY 43342.5
☽ MEAN ☊ 9°♋ 1' 48"
OBLIQUITY 23° 26' 8"
DELTA T 75.2 SECONDS
NUTATION LONGITUDE-14.0"

DAY MO YR	☿ LONG ° ' "	♀ LONG ° ' "	♂ LONG ° ' "	♃ LONG ° ' "	♄ LONG ° ' "	♅ LONG ° ' "	♆ LONG ° ' "	♇ LONG ° ' "	☊ LONG ° '	A.S.S.I. h m s	S.S.R.Y. h m s	S.V.P. ♓ ° ' "	☿ MERCURY R.A. h m s	DECL ° ' "
1 244	26♋34 32	28♍29 59	3♑44 40	22♎10 8	7♐34R10	7♈19R33	20♒16R 3	23♐58R26	10♋24	13 24 48	30 7 14	5 0 10.6	9 36 44	14N58 50
2 245	28 5 26	29 19 21	3 48 39	22 18 24	7 33 41	7 18 23	20 14 25	23 57 37	10 21	13 29 21	30 6 43	5 0 10.5	9 42 54	14 39 36
3 246	29 40 45	0♎ 7 59	3 53 25	22 26 48	7 33 17	7 17 10	20 12 46	23 56 49	10 20	13 33 54	30 6 25	5 0 10.4	9 49 19	14 17 21
4 247	1♌20 0	0 55 53	3 58 59	22 35 18	7 33 0	7 15 55	20 11 7	23 56 3	10 21	13 38 27	30 6 20	5 0 10.2	9 55 57	13 52 12
5 248	3 2 41	1 43 1	4 5 20	22 43 56	7 32 48	7 14 37	20 9 28	23 55 19	10 22	13 42 59	30 6 28	5 0 10.0	10 2 45	13 24 17
6 249	4 48 17	2 29 21	4 12 28	22 52 41	7 32D42	7 13 16	20 7 49	23 54 36	10 23	13 47 31	30 6 50	5 0 9.8	10 9 41	12 53 46
7 250	6 36 20	3 14 50	4 20 23	23 1 32	7 32 42	7 11 53	20 6 10	23 53 54	10 24	13 52 3	30 7 23	5 0 9.6	10 16 43	12 20 50
8 251	8 26 23	3 59 28	4 29 4	23 10 31	7 32 48	7 10 28	20 4 31	23 53 14	10 23	13 56 34	30 8 6	5 0 9.5	10 23 50	11 45 40
9 252	10 18 0	4 43 12	4 38 32	23 19 36	7 33 0	7 9 0	20 2 51	23 52 36	10 20	14 1 6	30 8 58	5 0 9.4	10 31 0	11 8 29
10 253	12 10 46	5 26 1	4 48 45	23 28 48	7 33 18	7 7 30	20 1 12	23 51 59	10 16	14 5 37	30 9 57	5 0 9.4	10 38 11	10 29 28
11 254	14 4 22	6 7 50	4 59 42	23 38 6	7 33 41	7 5 57	19 59 33	23 51 24	10 09	14 10 8	30 11 0	5 0 9.4	10 45 22	9 48 52
12 255	15 58 29	6 48 39	5 11 25	23 47 31	7 34 11	7 4 23	19 57 54	23 50 50	10 02	14 14 38	30 12 6	5 0 9.4	10 52 32	9 6 50
13 256	17 52 49	7 28 24	5 23 51	23 57 2	7 34 46	7 2 47	19 56 15	23 50 18	9 55	14 19 9	30 13 12	5 0 9.3	10 59 40	8 23 36
14 257	19 47 9	8 7 3	5 37 0	24 6 40	7 35 28	7 1 6	19 54 36	23 49 48	9 49	14 23 40	30 14 16	5 0 9.3	11 6 45	7 39 19
15 258	21 41 17	8 44 33	5 50 51	24 16 23	7 36 15	6 59 24	19 52 58	23 49 19	9 45	14 28 10	30 15 15	5 0 9.2	11 13 48	6 54 10
16 259	23 35 2	9 20 51	6 5 24	24 26 13	7 37 8	6 57 41	19 51 20	23 48 52	9 43	14 32 40	30 16 6	5 0 9.1	11 20 47	6 8 18
17 260	25 28 16	9 55 54	6 20 37	24 36 8	7 38 7	6 55 55	19 49 42	23 48 26	9 42	14 37 11	30 16 48	5 0 8.9	11 27 42	5 21 53
18 261	27 20 53	10 29 39	6 36 30	24 46 9	7 39 12	6 54 7	19 48 4	23 48 3	9 42	14 41 41	30 17 19	5 0 8.8	11 34 33	4 35 1
19 262	29 12 46	11 2 2	6 53 2	24 56 16	7 40 23	6 52 17	19 46 27	23 47 41	9 44	14 46 11	30 17 37	5 0 8.6	11 41 20	3 47 51
20 263	1♍ 3 52	11 33 2	7 10 12	25 6 29	7 41 39	6 50 26	19 44 51	23 47 20	9 45	14 50 41	30 17 42	5 0 8.5	11 48 3	3 0 28
21 264	2 54 7	12 2 33	7 27 59	25 16 47	7 43 1	6 48 32	19 43 15	23 47 2	9 44	14 55 12	30 17 33	5 0 8.4	11 54 41	2 12 58
22 265	4 43 28	12 30 34	7 46 23	25 27 11	7 44 29	6 46 36	19 41 39	23 46 45	9 42	14 59 42	30 17 11	5 0 8.3	12 1 16	1 25 26
23 266	6 31 55	12 57 0	8 5 22	25 37 40	7 46 3	6 44 39	19 40 4	23 46 29	9 38	15 4 13	30 16 37	5 0 8.3	12 7 46	0 37 58
24 267	8 19 26	13 21 47	8 24 55	25 48 14	7 47 43	6 42 40	19 38 29	23 46 16	9 31	15 8 43	30 15 52	5 0 8.2	12 14 12	0S 9 22
25 268	10 6 0	13 44 53	8 45 3	25 58 53	7 49 28	6 40 39	19 36 55	23 46 4	9 23	15 13 14	30 15 0	5 0 8.2	12 20 35	0 56 32
26 269	11 51 38	14 6 14	9 5 43	26 9 38	7 51 19	6 38 36	19 35 22	23 45 54	9 12	15 17 45	30 14 2	5 0 8.2	12 26 54	1 43 27
27 270	13 36 19	14 25 46	9 26 55	26 20 27	7 53 15	6 36 32	19 33 50	23 45 46	9 02	15 22 16	30 13 4	5 0 8.2	12 33 10	2 30 5
28 271	15 20 4	14 43 25	9 48 39	26 31 22	7 55 17	6 34 26	19 32 18	23 45 39	8 52	15 26 48	30 12 7	5 0 8.2	12 39 23	3 16 23
29 272	17 2 53	14 59 8	10 10 54	26 42 21	7 57 25	6 32 18	19 30 47	23 45 35	8 43	15 31 20	30 11 14	5 0 8.1	12 45 32	4 2 17
30 273	18♍44 48	15♎12 52	10♑33 39	26♎53 26	7♐59 38	6♈30 10	19♒29 16	23♐45 32	8♋37	15 35 52	30 10 28	5 0 8.0	12 51 39	4S47 47

DAY Sep	♀ VENUS R.A. h m s	DECL ° ' "	♂ MARS R.A. h m s	DECL ° ' "	♃ JUPITER R.A. h m s	DECL ° ' "	♄ SATURN R.A. h m s	DECL ° ' "	♅ URANUS R.A. h m s	DECL ° ' "	♆ NEPTUNE R.A. h m s	DECL ° ' "	♇ PLUTO R.A. h m s	DECL ° ' "
1	13 22 8	12S 6 19	20 8 37	25S57 5	14 59 48	16S 8 26	18 11 8	22S41 38	2 1 20	11N45 26	23 7 17	6S43 35	19 22 6	22S 0 32
2	13 25 4	12 31 33	20 8 51	25 52 57	15 0 21	16 10 57	18 11 6	22 41 47	2 1 15	11 45 1	23 7 11	6 44 14	19 22 3	22 0 45
3	13 27 58	12 56 28	20 9 8	25 48 37	15 0 55	16 13 30	18 11 4	22 41 56	2 1 11	11 44 35	23 7 5	6 44 53	19 22 0	22 0 57
4	13 30 49	13 21 3	20 9 29	25 44 4	15 1 28	16 16 5	18 11 3	22 42 5	2 1 6	11 44 9	23 6 59	6 45 32	19 21 56	22 1 9
5	13 33 38	13 45 19	20 9 53	25 39 18	15 2 3	16 18 40	18 11 2	22 42 14	2 1 1	11 43 41	23 6 53	6 46 11	19 21 53	22 1 21
6	13 36 24	14 9 13	20 10 20	25 34 20	15 2 38	16 21 18	18 11 1	22 42 23	2 0 56	11 43 13	23 6 47	6 46 49	19 21 50	22 1 33
7	13 39 7	14 32 46	20 10 51	25 29 11	15 3 13	16 23 57	18 11 1	22 42 32	2 0 50	11 42 43	23 6 41	6 47 28	19 21 47	22 1 44
8	13 41 47	14 55 56	20 11 25	25 23 49	15 3 49	16 26 37	18 11 2	22 42 41	2 0 45	11 42 13	23 6 35	6 48 7	19 21 45	22 1 56
9	13 44 25	15 18 43	20 12 2	25 18 16	15 4 25	16 29 19	18 11 3	22 42 49	2 0 39	11 41 42	23 6 28	6 48 46	19 21 42	22 2 7
10	13 46 59	15 41 6	20 12 43	25 12 32	15 5 1	16 32 2	18 11 4	22 42 58	2 0 34	11 41 10	23 6 22	6 49 25	19 21 39	22 2 18
11	13 49 30	16 3 4	20 13 26	25 6 37	15 5 39	16 34 46	18 11 6	22 43 6	2 0 28	11 40 38	23 6 16	6 50 4	19 21 37	22 2 29
12	13 51 57	16 24 36	20 14 13	25 0 30	15 6 16	16 37 31	18 11 8	22 43 14	2 0 22	11 40 4	23 6 10	6 50 42	19 21 35	22 2 39
13	13 54 21	16 45 41	20 15 3	24 54 13	15 6 54	16 40 18	18 11 11	22 43 22	2 0 15	11 39 30	23 6 4	6 51 21	19 21 32	22 2 49
14	13 56 40	17 6 17	20 15 55	24 47 45	15 7 33	16 43 6	18 11 14	22 43 30	2 0 9	11 38 55	23 5 58	6 51 59	19 21 30	22 2 59
15	13 58 56	17 26 25	20 16 51	24 41 6	15 8 12	16 45 54	18 11 17	22 43 38	2 0 3	11 38 20	23 5 52	6 52 38	19 21 28	22 3 9
16	14 1 7	17 46 3	20 17 50	24 34 17	15 8 51	16 48 44	18 11 21	22 43 46	1 59 56	11 37 43	23 5 46	6 53 16	19 21 26	22 3 18
17	14 3 14	18 5 9	20 18 51	24 27 18	15 9 31	16 51 35	18 11 25	22 43 53	1 59 49	11 37 6	23 5 40	6 53 54	19 21 25	22 3 28
18	14 5 16	18 23 42	20 19 55	24 20 9	15 10 11	16 54 27	18 11 30	22 44 1	1 59 43	11 36 29	23 5 34	6 54 32	19 21 23	22 3 37
19	14 7 14	18 41 42	20 21 2	24 12 50	15 10 51	16 57 20	18 11 35	22 44 8	1 59 36	11 35 50	23 5 28	6 55 9	19 21 22	22 3 45
20	14 9 6	18 59 6	20 22 11	24 5 22	15 11 32	17 0 14	18 11 40	22 44 15	1 59 28	11 35 11	23 5 22	6 55 47	19 21 20	22 3 54
21	14 10 52	19 15 54	20 23 23	23 57 43	15 12 13	17 3 8	18 11 46	22 44 22	1 59 21	11 34 31	23 5 16	6 56 24	19 21 19	22 4 2
22	14 12 33	19 32 3	20 24 37	23 49 55	15 12 55	17 6 3	18 11 53	22 44 29	1 59 14	11 33 51	23 5 10	6 57 1	19 21 18	22 4 10
23	14 14 9	19 47 33	20 25 54	23 41 58	15 13 37	17 9 0	18 12 0	22 44 36	1 59 6	11 33 10	23 5 4	6 57 38	19 21 17	22 4 18
24	14 15 38	20 2 22	20 27 13	23 33 51	15 14 20	17 11 56	18 12 7	22 44 42	1 58 59	11 32 28	23 4 58	6 58 14	19 21 16	22 4 26
25	14 17 0	20 16 28	20 28 34	23 25 35	15 15 3	17 14 54	18 12 14	22 44 48	1 58 51	11 31 46	23 4 52	6 58 50	19 21 15	22 4 33
26	14 18 16	20 29 49	20 29 58	23 17 9	15 15 46	17 17 52	18 12 22	22 44 54	1 58 43	11 31 3	23 4 46	6 59 26	19 21 14	22 4 40
27	14 19 25	20 42 23	20 31 23	23 8 35	15 16 30	17 20 51	18 12 31	22 45 0	1 58 35	11 30 20	23 4 41	7 0 2	19 21 14	22 4 47
28	14 20 27	20 54 9	20 32 51	22 59 51	15 17 14	17 23 50	18 12 40	22 45 6	1 58 27	11 29 36	23 4 35	7 0 37	19 21 13	22 4 54
29	14 21 22	21 5 5	20 34 20	22 50 58	15 17 58	17 26 50	18 12 49	22 45 12	1 58 19	11 28 52	23 4 29	7 1 12	19 21 13	22 5 0
30	14 22 9	21S15 8	20 35 52	22S41 56	15 18 43	17S29 50	18 12 59	22S45 17	1 58 11	11N28 7	23 4 24	7S 1 47	19 21 13	22S 5 6

OCTOBER 2018

DAY	SIDEREAL TIME h m s	☉ SUN LONG ° ' "	MOT ' "	R.A. h m s	DECL ° ' "	☽ MOON AT 0 HOURS LONG ° ' "	12h MOT ° ' "	2DIF "	R.A. h m s	DECL ° ' "	☽ MOON AT 12 HOURS LONG ° ' "	12h MOT ° ' "	2DIF "	R.A. h m s	DECL ° ' "
1 M	0 38 42	12♍46 0	58 59	12 28 31.4	3S 4 49	24♉37 22	6 53 56	78	5 16 0	19N30 38	1♊31 18	6 56 31	77	5 45 10	20N19 33
2 Tu	0 42 39	13 45 0	59 2	12 32 8.6	3 28 4	8♊27 49	6 59 5	77	6 14 48	20 50 21	15 26 53	7 1 37	75	6 44 47	21 1 59
3 W	0 46 36	14 44 1	59 4	12 35 46.2	3 51 17	22 28 30	7 4 6	73	7 14 58	20 53 48	29 32 36	7 6 29	69	7 45 14	20 25 34
4 Th	0 50 32	15 43 5	59 6	12 39 24.0	4 14 28	6♋39 5	7 8 41	62	8 15 25	19 37 33	13♋47 46	7 10 38	53	8 45 24	18 30 28
5 F	0 54 29	16 42 11	59 9	12 43 2.2	4 37 35	20 58 23	7 12 15	42	9 15 5	17 5 31	28 10 38	7 13 25	27	9 44 22	15 24 15
6 S	0 58 25	17 41 19	59 11	12 46 40.8	5 0 39	5♌24 3	7 14 3	10	10 13 12	13 28 34	12♌38 7	7 14 4	-10	10 41 35	11 20 38
7 Su	1 2 22	18 40 30	59 13	12 50 19.8	5 23 40	19 52 11	7 13 23	-32	11 9 30	9 2 47	27 5 34	7 11 57	-55	11 36 58	6 37 28
8 M	1 6 18	19 39 43	59 15	12 53 59.2	5 46 37	4♍17 30	7 9 43	-78	12 4 4	4 7 8	11♍27 14	7 6 44	-101	12 30 49	1 34 16
9 Tu	1 10 15	20 38 58	59 17	12 57 39.1	6 9 29	18 33 58	7 3 1	-121	12 57 17	0S58 44	25 36 59	6 58 39	-140	13 23 34	3S29 37
10 W	1 14 11	21 38 15	59 19	13 1 19.3	6 32 16	2♎35 38	6 53 43	-155	13 49 41	5 56 14	9♎29 20	6 48 20	-166	14 15 43	8 16 37
11 Th	1 18 8	22 37 34	59 21	13 5 0.1	6 54 58	16 17 41	6 42 40	-173	14 41 43	10 28 58	23 0 20	6 36 49	-176	15 7 42	12 31 45
12 F	1 22 4	23 36 55	59 23	13 8 41.3	7 17 34	29 37 9	6 30 57	-174	15 33 43	14 23 33	6♏ 8 6	6 25 12	-169	15 59 46	16 3 14
13 S	1 26 1	24 36 18	59 25	13 12 23.0	7 40 5	12♏33 18	6 19 41	-160	16 25 52	17 29 51	18 52 58	6 14 30	-149	16 51 58	18 42 38
14 Su	1 29 58	25 35 43	59 27	13 16 5.2	8 2 29	25 7 29	6 9 46	-134	17 18 5	19 41 4	1♐17 15	6 5 34	-118	17 44 10	20 24 47
15 M	1 33 54	26 35 9	59 28	13 19 47.9	8 24 46	7♐22 49	6 1 56	-99	18 10 10	20 53 39	13 24 45	5 58 57	-80	18 36 4	21 7 39
16 Tu	1 37 51	27 34 38	59 30	13 23 31.2	8 46 57	19 23 42	5 56 38	-59	19 1 48	21 6 58	25 20 20	5 55 0	-39	19 27 19	20 51 54
17 W	1 41 47	28 34 8	59 32	13 27 15.0	9 8 59	1♑15 19	5 54 4	-18	19 52 37	20 22 51	7♑ 9 22	5 53 49	3	20 17 40	19 40 22
18 Th	1 45 44	29 33 40	59 34	13 30 59.4	9 30 54	13 3 12	5 54 16	23	20 42 26	18 45 2	18 57 28	5 55 23	43	21 6 56	17 37 32
19 F	1 49 40	0♎33 13	59 35	13 34 44.3	9 52 40	24 52 51	5 57 8	61	21 31 11	16 18 36	0♒49 59	5 59 28	78	21 55 11	14 49 0
20 S	1 53 37	1 32 48	59 37	13 38 29.9	10 14 18	6♒49 28	6 2 21	93	22 18 58	13 9 35	12 51 49	6 5 42	107	22 42 36	11 21 13
21 Su	1 57 33	2 32 26	59 39	13 42 16.1	10 35 46	18 57 31	6 9 28	118	23 6 7	9 24 51	25 6 59	6 13 33	126	23 29 36	7 21 29
22 M	2 1 30	3 32 5	59 41	13 46 3.0	10 57 5	1♓20 32	6 17 53	132	23 53 5	5 12 12	7♓38 24	6 22 21	135	0 16 39	2 58 12
23 Tu	2 5 27	4 31 45	59 43	13 49 50.5	11 18 14	14 0 45	6 26 53	135	0 40 23	0 40 46	20 27 38	6 31 21	132	1 4 22	1N38 43
24 W	2 9 23	5 31 28	59 45	13 53 38.6	11 39 13	26 58 59	6 35 42	127	1 28 40	3N58 43	3♈34 41	6 39 49	119	1 53 22	6 17 32
25 Th	2 13 20	6 31 13	59 47	13 57 27.5	12 0 2	10♈14 31	6 43 39	110	2 18 32	8 33 24	16 58 10	6 47 8	98	2 44 15	10 44 23
26 F	2 17 16	7 30 59	59 49	14 1 17.1	12 20 39	23 45 17	6 50 12	86	3 10 34	12 48 28	0♉35 30	6 52 53	74	3 37 30	14 43 32
27 S	2 21 13	8 30 48	59 51	14 5 7.5	12 41 5	7♉28 22	6 55 8	62	4 5 6	16 27 30	14 23 30	6 57 0	50	4 33 20	17 58 17
28 Su	2 25 9	9 30 39	59 53	14 8 58.5	13 1 19	21 20 30	6 58 29	40	5 2 10	19 13 56	28 18 59	6 59 40	31	5 31 32	20 12 42
29 M	2 29 6	10 30 32	59 55	14 12 50.4	13 21 21	5♊18 38	7 0 34	24	6 1 19	20 53 9	12♊19 12	7 1 16	18	6 31 24	21 14 13
30 Tu	2 33 2	11 30 27	59 58	14 16 43.0	13 41 11	19 20 28	7 1 47	14	7 1 38	21 15 15	26 22 15	7 2 11	10	7 31 50	20 56 6
31 W	2 36 59	12♎30 24	60 0	14 20 36.5	14S 0 47	3♋24 25	7 2 29	8	8 1 54	20N17 6	10♋26 54	7 2 42	5	8 31 40	19N19 2

LUNAR INGRESSES
1 ☽ ♊ 9:22
3 ☽ ♋ 12:46
5 ☽ ♌ 15:02
7 ☽ ♍ 16:50
9 ☽ ♎ 19:31
12 ☽ ♏ 0:42
14 ☽ ♐ 9:29
16 ☽ ♑ 21:27
19 ☽ ♒ 10:19
21 ☽ ♓ 21:25
24 ☽ ♈ 5:30
26 ☽ ♉ 10:58
28 ☽ ♊ 14:54
30 ☽ ♋ 18:11

PLANET INGRESSES
6 ☿ ♎ 20:28
15 ♃ ♏ 23:13
18 ☉ ♎ 10:37
27 ☿ ♏ 7:10

STATIONS
1 ♇ D 2:04
5 ♀ R 19:06

DATA FOR THE 1st AT 0 HOURS
JULIAN DAY 43372.5
☽ MEAN ☊ 7°♋ 26' 24"
OBLIQUITY 23° 26' 8"
DELTA T 75.2 SECONDS
NUTATION LONGITUDE-15.2"

DAY MO	YR	☿ LONG ° ' "	♀ LONG ° ' "	♂ LONG ° ' "	♃ LONG ° ' "	♄ LONG ° ' "	♅ LONG ° ' "	♆ LONG ° ' "	♇ LONG ° ' "	☊ LONG ° '	A.S.S.I. h m s	S.S.R.Y. h m s	S.V.P. ♓ ° ' "	☿ MERCURY R.A. h m s	DECL ° ' "
1	274	20♍25 49	15♎24 33	10♑56 53	27♎ 4 35	8♐ 1 57	6♈27R59	19♒27R47	23♐45D30	8♋33	15 40 24	30 9 52	5 0 7.8	12 57 43	5S32 50
2	275	22 5 58	15 34 8	11 20 36	27 15 48	8 4 22	6 25 47	19 26 18	23 45 31	8 32	15 44 57	30 9 24	5 0 7.7	13 3 45	6 17 24
3	276	23 45 14	15 41 34	11 44 48	27 27 7	8 6 52	6 23 34	19 24 50	23 45 33	8 32	15 49 31	30 9 9	5 0 7.5	13 9 44	7 1 27
4	277	25 23 40	15 46 47	12 9 27	27 38 29	8 9 27	6 21 20	19 23 23	23 45 37	8 32	15 54 4	30 9 6	5 0 7.3	13 15 41	7 44 58
5	278	27 1 16	15 49R46	12 34 33	27 49 57	8 12 8	6 19 4	19 21 58	23 45 43	8 32	15 58 39	30 9 15	5 0 7.2	13 21 37	8 27 56
6	279	28 38 4	15 50 27	13 0 6	28 1 28	8 14 54	6 16 47	19 20 33	23 45 51	8 29	16 3 13	30 9 37	5 0 7.1	13 27 30	9 10 18
7	280	0♎14 4	15 48 48	13 26 5	28 13 4	8 17 46	6 14 29	19 19 9	23 46 1	8 24	16 7 48	30 10 11	5 0 7.0	13 33 22	9 52 3
8	281	1 49 17	15 44 47	13 52 30	28 24 44	8 20 43	6 12 10	19 17 46	23 46 12	8 16	16 12 24	30 10 55	5 0 7.0	13 39 12	10 33 11
9	282	3 23 44	15 38 24	14 19 20	28 36 28	8 23 45	6 9 50	19 16 24	23 46 25	8 06	16 17 0	30 11 49	5 0 7.0	13 45 1	11 13 39
10	283	4 57 26	15 29 37	14 46 34	28 48 16	8 26 53	6 7 29	19 15 4	23 46 40	7 54	16 21 37	30 12 49	5 0 7.0	13 50 48	11 53 27
11	284	6 30 24	15 18 25	15 14 13	29 0 8	8 30 5	6 5 8	19 13 45	23 46 57	7 42	16 26 14	30 13 53	5 0 6.9	13 56 35	12 32 33
12	285	8 2 38	15 4 50	15 42 14	29 12 4	8 33 24	6 2 45	19 12 27	23 47 15	7 32	16 30 52	30 14 58	5 0 6.8	14 2 20	13 10 57
13	286	9 34 8	14 48 53	16 10 39	29 24 4	8 36 47	6 0 21	19 11 10	23 47 36	7 23	16 35 31	30 16 2	5 0 6.7	14 8 4	13 48 36
14	287	11 4 56	14 30 36	16 39 26	29 36 7	8 40 15	5 57 57	19 9 54	23 47 58	7 17	16 40 10	30 17 1	5 0 6.6	14 13 47	14 25 29
15	288	12 35 0	14 10 2	17 8 35	29 48 14	8 43 48	5 55 33	19 8 40	23 48 22	7 13	16 44 50	30 17 54	5 0 6.4	14 19 30	15 1 37
16	289	14 4 21	13 47 16	17 38 4	0♏ 0 24	8 47 27	5 53 7	19 7 27	23 48 48	7 12	16 49 30	30 18 36	5 0 6.2	14 25 11	15 36 56
17	290	15 33 0	13 22 23	18 7 54	0 12 37	8 51 10	5 50 41	19 6 15	23 49 15	7 12	16 54 11	30 19 8	5 0 6.1	14 30 52	16 11 26
18	291	17 0 55	12 55 31	18 38 4	0 24 54	8 54 58	5 48 15	19 5 5	23 49 45	7 12	16 58 53	30 19 27	5 0 6.0	14 36 32	16 45 6
19	292	18 28 5	12 26 46	19 8 32	0 37 14	8 58 51	5 45 49	19 3 56	23 50 16	7 11	17 3 36	30 19 33	5 0 5.9	14 42 11	17 17 54
20	293	19 54 31	11 56 19	19 39 20	0 49 37	9 2 49	5 43 22	19 2 49	23 50 49	7 08	17 8 19	30 19 26	5 0 5.8	14 47 49	17 49 49
21	294	21 20 11	11 24 19	20 10 26	1 2 3	9 6 52	5 40 55	19 1 43	23 51 24	7 02	17 13 3	30 19 6	5 0 5.7	14 53 25	18 20 49
22	295	22 45 3	10 50 59	20 41 49	1 14 32	9 10 59	5 38 27	19 0 39	23 52 0	6 54	17 17 48	30 18 34	5 0 5.7	14 59 1	18 50 53
23	296	24 9 5	10 16 29	21 13 29	1 27 4	9 15 11	5 36 0	18 59 36	23 52 38	6 43	17 22 34	30 17 52	5 0 5.7	15 4 36	19 20 0
24	297	25 32 17	9 41 4	21 45 26	1 39 39	9 19 27	5 33 32	18 58 35	23 53 18	6 30	17 27 21	30 17 2	5 0 5.7	15 10 9	19 48 7
25	298	26 54 34	9 4 59	22 17 38	1 52 16	9 23 48	5 31 5	18 57 35	23 54 0	6 17	17 32 8	30 16 7	5 0 5.6	15 15 40	20 15 13
26	299	28 15 53	8 28 27	22 50 7	2 4 56	9 28 13	5 28 37	18 56 37	23 54 43	6 05	17 36 57	30 15 9	5 0 5.5	15 21 10	20 41 17
27	300	29 36 12	7 51 43	23 22 50	2 17 39	9 32 43	5 26 10	18 55 41	23 55 28	5 54	17 41 46	30 14 11	5 0 5.4	15 26 37	21 6 17
28	301	0♏55 25	7 15 4	23 55 49	2 30 24	9 37 17	5 23 43	18 54 46	23 56 15	5 46	17 46 37	30 13 14	5 0 5.2	15 32 1	21 30 10
29	302	2 13 28	6 38 44	24 29 1	2 43 12	9 41 56	5 21 16	18 53 53	23 57 4	5 40	17 51 28	30 12 21	5 0 5.0	15 37 23	21 52 55
30	303	3 30 14	6 2 58	25 2 28	2 56 2	9 46 39	5 18 49	18 53 1	23 57 54	5 38	17 56 20	30 11 35	5 0 4.8	15 42 41	22 14 30
31	304	4♏45 37	5♎28 1	25♑36 9	3♏ 8 54	9♐51 26	5♈16 23	18♒52 12	23♐58 46	5♋37	18 1 13	30 10 57	5 0 4.6	15 47 55	22S34 53

DAY Oct	♀ VENUS R.A. h m s	DECL ° ' "	♂ MARS R.A. h m s	DECL ° ' "	♃ JUPITER R.A. h m s	DECL ° ' "	♄ SATURN R.A. h m s	DECL ° ' "	♅ URANUS R.A. h m s	DECL ° ' "	♆ NEPTUNE R.A. h m s	DECL ° ' "	♇ PLUTO R.A. h m s	DECL ° ' "
1	14 22 48	21S24 16	20 37 25	22S32 45	15 19 28	17S32 51	18 13 9	22S45 22	1 58 3	11N27 21	23 4 18	7S 2 21	19 21 13	22S 5 12
2	14 23 19	21 32 28	20 39 1	22 23 25	15 20 13	17 35 52	18 13 19	22 45 27	1 57 54	11 26 36	23 4 13	7 2 55	19 21 13	22 5 17
3	14 23 42	21 39 40	20 40 38	22 13 56	15 20 59	17 38 54	18 13 30	22 45 32	1 57 46	11 25 49	23 4 7	7 3 28	19 21 13	22 5 23
4	14 23 57	21 45 51	20 42 17	22 4 18	15 21 45	17 41 56	18 13 41	22 45 37	1 57 37	11 25 3	23 4 2	7 4 2	19 21 14	22 5 28
5	14 24 3	21 50 57	20 43 57	21 54 31	15 22 31	17 44 58	18 13 53	22 45 41	1 57 29	11 24 16	23 3 57	7 4 34	19 21 14	22 5 33
6	14 24 0	21 54 57	20 45 40	21 44 35	15 23 18	17 48 1	18 14 5	22 45 45	1 57 20	11 23 28	23 3 51	7 5 7	19 21 15	22 5 37
7	14 23 48	21 57 48	20 47 23	21 34 31	15 24 5	17 51 3	18 14 17	22 45 49	1 57 11	11 22 40	23 3 46	7 5 38	19 21 16	22 5 42
8	14 23 27	21 59 27	20 49 9	21 24 18	15 24 52	17 54 7	18 14 30	22 45 53	1 57 2	11 21 52	23 3 41	7 6 10	19 21 16	22 5 46
9	14 22 58	21 59 52	20 50 56	21 13 56	15 25 40	17 57 10	18 14 43	22 45 56	1 56 53	11 21 3	23 3 36	7 6 41	19 21 17	22 5 50
10	14 22 19	21 59 1	20 52 44	21 3 25	15 26 28	18 0 13	18 14 57	22 45 59	1 56 44	11 20 14	23 3 31	7 7 11	19 21 19	22 5 53
11	14 21 32	21 56 50	20 54 34	20 52 45	15 27 16	18 3 17	18 15 11	22 46 2	1 56 35	11 19 25	23 3 26	7 7 41	19 21 20	22 5 56
12	14 20 36	21 53 19	20 56 25	20 41 57	15 28 5	18 6 20	18 15 25	22 46 5	1 56 26	11 18 35	23 3 21	7 8 11	19 21 21	22 5 59
13	14 19 31	21 48 24	20 58 18	20 31 0	15 28 54	18 9 24	18 15 40	22 46 7	1 56 17	11 17 45	23 3 16	7 8 40	19 21 23	22 6 2
14	14 18 18	21 42 5	21 0 12	20 19 54	15 29 43	18 12 27	18 15 55	22 46 9	1 56 8	11 16 55	23 3 12	7 9 8	19 21 24	22 6 4
15	14 16 57	21 34 20	21 2 7	20 8 40	15 30 32	18 15 31	18 16 10	22 46 11	1 55 59	11 16 5	23 3 7	7 9 36	19 21 26	22 6 7
16	14 15 28	21 25 8	21 4 4	19 57 18	15 31 22	18 18 34	18 16 26	22 46 13	1 55 49	11 15 15	23 3 3	7 10 4	19 21 28	22 6 9
17	14 13 51	21 14 29	21 6 1	19 45 47	15 32 12	18 21 38	18 16 42	22 46 14	1 55 40	11 14 24	23 2 58	7 10 30	19 21 30	22 6 10
18	14 12 9	21 2 24	21 8 0	19 34 8	15 33 2	18 24 41	18 16 59	22 46 15	1 55 31	11 13 34	23 2 54	7 10 57	19 21 32	22 6 12
19	14 10 20	20 48 53	21 10 0	19 22 21	15 33 52	18 27 44	18 17 16	22 46 16	1 55 21	11 12 43	23 2 49	7 11 22	19 21 35	22 6 13
20	14 8 25	20 33 59	21 12 1	19 10 26	15 34 43	18 30 47	18 17 33	22 46 17	1 55 12	11 11 52	23 2 45	7 11 48	19 21 37	22 6 14
21	14 6 26	20 17 43	21 14 2	18 58 23	15 35 34	18 33 49	18 17 51	22 46 17	1 55 3	11 11 1	23 2 41	7 12 12	19 21 40	22 6 15
22	14 4 23	20 0 9	21 16 5	18 46 11	15 36 25	18 36 51	18 18 8	22 46 17	1 54 53	11 10 10	23 2 37	7 12 36	19 21 42	22 6 16
23	14 2 18	19 41 21	21 18 9	18 33 52	15 37 16	18 39 53	18 18 27	22 46 16	1 54 44	11 9 19	23 2 33	7 12 59	19 21 45	22 6 16
24	14 0 10	19 21 25	21 20 13	18 21 25	15 38 8	18 42 55	18 18 45	22 46 15	1 54 34	11 8 28	23 2 29	7 13 22	19 21 48	22 6 16
25	13 58 1	19 0 25	21 22 18	18 8 50	15 38 59	18 45 56	18 19 4	22 46 14	1 54 25	11 7 37	23 2 26	7 13 44	19 21 51	22 6 15
26	13 55 52	18 38 29	21 24 25	17 56 7	15 39 51	18 48 57	18 19 23	22 46 13	1 54 16	11 6 46	23 2 22	7 14 5	19 21 54	22 6 15
27	13 53 43	18 15 44	21 26 31	17 43 17	15 40 44	18 51 57	18 19 43	22 46 11	1 54 6	11 5 55	23 2 19	7 14 26	19 21 57	22 6 14
28	13 51 36	17 52 17	21 28 39	17 30 19	15 41 36	18 54 57	18 20 3	22 46 8	1 53 57	11 5 4	23 2 15	7 14 46	19 22 1	22 6 13
29	13 49 32	17 28 17	21 30 47	17 17 14	15 42 29	18 57 56	18 20 23	22 46 6	1 53 48	11 4 13	23 2 12	7 15 6	19 22 4	22 6 12
30	13 47 32	17 3 52	21 32 57	17 4 1	15 43 21	19 0 55	18 20 43	22 46 3	1 53 38	11 3 22	23 2 9	7 15 24	19 22 8	22 6 10
31	13 45 36	16S39 11	21 35 6	16S50 41	15 44 14	19S 3 53	18 21 4	22S46 0	1 53 29	11N 2 32	23 2 6	7S15 42	19 22 12	22S 6 8

NOVEMBER 2018

DAY	SIDEREAL TIME	☉ SUN LONG	MOT	R.A.	DECL	☽ MOON AT 0 HOURS LONG	12h MOT	2DIF	R.A.	DECL	☽ MOON AT 12 HOURS LONG	12h MOT	2DIF	R.A.	DECL
	h m s	° ' "	° '	h m s	° ' "	° ' "	° ' "		h m s	° ' "	° ' "	° ' "		h m s	° ' "
1 Th	2 40 56	13♎30 23	60 2	14 24 30.7	14S20 11	17♋29 35	7 2 50	3	9 1 3	18N 3 6	24♋32 25	7 2 52	-1	9 29 58	16N30 47
2 F	2 44 52	14 30 25	60 4	14 28 25.7	14 39 20	1♌35 17	7 2 46	-6	9 58 22	14 43 52	8♌38 3	7 2 29	-12	10 26 16	12 44 18
3 S	2 48 49	15 30 29	60 6	14 32 21.6	14 58 16	15 40 32	7 1 59	-20	10 53 40	10 34 9	22 42 31	7 1 11	-29	11 20 36	8 15 34
4 Su	2 52 45	16 30 35	60 8	14 36 18.3	15 16 57	29 43 42	7 0 2	-40	11 47 9	5 50 41	6♍43 44	6 58 30	-53	12 13 22	3 21 40
5 M	2 56 42	17 30 43	60 10	14 40 15.8	15 35 23	13♍42 14	6 56 31	-66	12 39 20	0 50 41	20 38 45	6 54 4	-80	13 5 7	1S40 12
6 Tu	3 0 38	18 30 53	60 12	14 44 14.2	15 53 34	27 32 50	6 51 10	-94	13 30 49	4S 8 56	4♎23 59	6 47 48	-107	13 56 29	6 33 32
7 W	3 4 35	19 31 5	60 14	14 48 13.4	16 11 29	11♎11 48	6 44 2	-119	14 22 10	8 52 9	17 55 49	6 39 54	-128	14 47 57	11 3 1
8 Th	3 8 31	20 31 19	60 16	14 52 13.5	16 29 7	24 35 43	6 35 29	-135	15 13 50	13 4 30	1♏11 12	6 30 53	-140	15 39 51	14 55 7
9 F	3 12 28	21 31 35	60 17	14 56 14.4	16 46 29	7♏42 5	6 26 10	-141	16 5 59	16 33 35	14 8 15	6 21 28	-140	16 32 15	17 58 48
10 S	3 16 25	22 31 52	60 19	15 0 16.1	17 3 34	20 29 43	6 16 52	-135	16 58 37	19 9 54	26 46 35	6 12 28	-128	17 25 0	20 6 13
11 Su	3 20 21	23 32 11	60 21	15 4 18.7	17 20 22	2♐59 3	6 8 21	-118	17 51 23	20 47 22	9♐ 7 24	6 4 38	-105	18 17 41	21 13 10
12 M	3 24 18	24 32 31	60 22	15 8 22.1	17 36 52	15 12 1	6 1 21	-91	18 43 50	21 23 38	21 13 22	5 58 35	-74	19 9 47	21 19 3
13 Tu	3 28 14	25 32 53	60 24	15 12 26.4	17 53 3	27 11 57	5 56 24	-56	19 35 29	20 59 48	3♑ 8 21	5 54 50	-37	20 0 52	20 26 28
14 W	3 32 11	26 33 17	60 25	15 16 31.4	18 8 56	9♑ 3 10	5 53 55	-17	20 25 56	19 39 42	14 57 5	5 53 40	3	20 50 39	18 40 15
15 Th	3 36 7	27 33 41	60 26	15 20 37.4	18 24 30	20 50 45	5 54 7	24	21 15 2	17 28 55	26 44 53	5 55 16	45	21 39 6	16 6 32
16 F	3 40 4	28 34 7	60 28	15 24 44.1	18 39 44	2♒40 9	5 57 6	65	22 2 53	14 33 56	8♒37 15	5 59 37	85	22 26 25	12 52 0
17 S	3 44 0	29 34 35	60 29	15 28 51.7	18 54 38	14 36 52	6 2 46	104	22 49 46	11 1 35	20 39 38	6 6 31	121	23 13 0	9 3 35
18 Su	3 47 57	0♏35 4	60 30	15 33 0.0	19 9 12	26 46 10	6 10 49	136	23 36 11	6 58 57	2♓56 59	6 15 36	149	23 59 25	4 48 40
19 M	3 51 54	1 35 34	60 31	15 37 9.2	19 23 26	9♓12 35	6 20 46	159	0 22 47	2 33 47	15 33 20	6 26 13	167	0 46 22	0 15 30
20 Tu	3 55 50	2 36 5	60 33	15 41 19.2	19 37 18	21 59 34	6 31 52	170	1 10 15	2N 4 54	28 31 25	6 37 34	170	1 34 34	4N25 57
21 W	3 59 47	3 36 38	60 34	15 45 30.0	19 50 49	5♈ 8 59	6 43 12	166	1 59 23	6 46 0	11♈52 11	6 48 37	158	2 24 47	9 3 13
22 Th	4 3 43	4 37 12	60 36	15 49 41.7	20 3 58	18 40 48	6 53 43	146	2 50 52	11 15 36	25 34 31	6 58 22	131	3 17 41	13 20 55
23 F	4 7 40	5 37 48	60 37	15 53 54.1	20 16 45	2♉32 53	7 2 28	113	3 45 16	15 16 51	9♉35 21	7 5 56	94	4 13 38	17 1 0
24 S	4 11 36	6 38 24	60 39	15 58 7.2	20 29 10	16 41 17	7 8 42	73	4 42 46	18 30 56	23 50 0	7 10 46	51	5 12 35	19 44 27
25 Su	4 15 33	7 39 3	60 40	16 2 21.2	20 41 12	1♊ 0 45	7 12 7	30	5 42 58	20 39 32	8♊12 52	7 12 47	10	6 13 47	21 14 37
26 M	4 19 29	8 39 43	60 42	16 6 35.9	20 52 51	15 25 38	7 12 48	-8	6 44 51	21 28 41	22 38 27	7 12 16	-23	7 15 57	21 21 15
27 Tu	4 23 26	9 40 24	60 43	16 10 51.4	21 4 7	29 50 43	7 11 16	-36	7 46 54	20 52 30	7♋ 1 59	7 9 51	-47	8 17 30	20 3 15
28 W	4 27 23	10 41 7	60 45	16 15 7.7	21 14 59	14♋11 49	7 8 7	-55	8 47 38	18 54 48	21 19 56	7 6 9	-62	9 17 11	17 28 51
29 Th	4 31 19	11 41 52	60 46	16 19 24.6	21 25 27	28 26 5	7 4 0	-66	9 46 4	15 47 24	5♌30 5	7 1 44	-69	10 14 17	13 52 39
30 F	4 35 16	12♏42 38	60 48	16 23 42.3	21S35 31	12♌31 48	6 59 23	-72	10 41 51	11N46 48	19♌31 11	6 56 57	-73	11 8 48	9N32 5

LUNAR INGRESSES
1 ☽ ♌ 21:18
4 ☽ ♍ 0:28
6 ☽ ♎ 4:17
8 ☽ ♏ 9:50
10 ☽ ♐ 18:13
13 ☽ ♑ 5:39
15 ☽ ♒ 18:36
18 ☽ ♓ 6:17
20 ☽ ♈ 14:41
22 ☽ ♉ 19:38
24 ☽ ♊ 22:19
27 ☽ ♋ 0:15
29 ☽ ♌ 2:39

PLANET INGRESSES
7 ♂ ♒ 14:59
17 ☉ ♏ 10:05

STATIONS
16 ♀ D 10:52
17 ☿ R 1:34
25 ♆ D 1:09

DATA FOR THE 1st AT 0 HOURS
JULIAN DAY 43403.5
☽ MEAN ☊ 5°♋ 47' 51"
OBLIQUITY 23° 26' 8"
DELTA T 75.3 SECONDS
NUTATION LONGITUDE -16.2"

DAY MO YR	☿ LONG	♀ LONG	♂ LONG	♃ LONG	♄ LONG	♅ LONG	♆ LONG	♇ LONG	☊ LONG	A.S.S.I.	S.S.R.Y.	S.V.P.	☿ MERCURY R.A.	DECL
	° ' "	° ' "	° ' "	° ' "	° ' "	° ' "	° ' "	° ' "	° '	h m s	h m s	° ♓ ' "	h m s	° ' "
1 305	5♏59 29	4♎54R 6	26♑10 3	3♏21 49	9♐56 17	5♈13R57	18♒51R24	23♐59 39	5♋37	18 6 8	30 10 29	5 0 4.4	15 53 5	22S54 1
2 306	7 11 40	4 21 27	26 44 10	3 34 46	10 1 12	5 11 32	18 50 37	24 0 35	5 37	18 11 3	30 10 20	5 0 4.2	15 58 9	23 11 52
3 307	8 22 0	3 50 15	27 18 31	3 47 45	10 6 12	5 9 7	18 49 53	24 1 32	5 34	18 15 59	30 10 13	5 0 4.2	16 3 7	23 28 23
4 308	9 30 17	3 20 42	27 53 4	4 0 46	10 11 15	5 6 43	18 49 10	24 2 30	5 28	18 20 57	30 10 25	5 0 4.1	16 7 57	23 43 32
5 309	10 36 17	2 52 56	28 27 50	4 13 48	10 16 22	5 4 19	18 48 29	24 3 30	5 20	18 25 55	30 10 50	5 0 4.1	16 12 39	23 57 16
6 310	11 39 44	2 27 8	29 2 47	4 26 53	10 21 34	5 1 56	18 47 50	24 4 32	5 09	18 30 55	30 11 27	5 0 4.0	16 17 12	24 9 32
7 311	12 40 19	2 3 23	29 37 57	4 39 59	10 26 49	4 59 35	18 47 13	24 5 36	4 57	18 35 55	30 12 14	5 0 3.9	16 21 33	24 20 16
8 312	13 37 43	1 41 49	0♒13 19	4 53 7	10 32 8	4 57 13	18 46 38	24 6 41	4 44	18 40 57	30 13 9	5 0 3.8	16 25 41	24 29 25
9 313	14 31 32	1 22 32	0 48 52	5 6 17	10 37 30	4 54 53	18 46 4	24 7 47	4 33	18 45 59	30 14 9	5 0 3.7	16 29 36	24 36 55
10 314	15 21 19	1 5 34	1 24 36	5 19 28	10 42 57	4 52 34	18 45 33	24 8 56	4 23	18 51 3	30 15 11	5 0 3.5	16 33 13	24 42 42
11 315	16 6 36	0 50 59	2 0 30	5 32 41	10 48 27	4 50 16	18 45 3	24 10 5	4 16	18 56 8	30 16 12	5 0 3.3	16 36 32	24 46 42
12 316	16 46 50	0 38 51	2 36 35	5 45 55	10 54 0	4 47 59	18 44 36	24 11 17	4 12	19 1 14	30 17 9	5 0 3.1	16 39 29	24 48 48
13 317	17 21 24	0 29 9	3 12 50	5 59 10	10 59 37	4 45 44	18 44 10	24 12 29	4 10	19 6 21	30 18 0	5 0 2.9	16 42 3	24 48 56
14 318	17 49 40	0 21 55	3 49 15	6 12 26	11 5 17	4 43 29	18 43 47	24 13 44	4 10	19 11 28	30 18 43	5 0 2.7	16 44 10	24 46 59
15 319	18 10 55	0 17 9	4 25 49	6 25 43	11 11 1	4 41 16	18 43 25	24 14 59	4 10	19 16 37	30 19 15	5 0 2.6	16 45 46	24 42 50
16 320	18 24 27	0 14D50	5 2 33	6 39 1	11 16 48	4 39 5	18 43 5	24 16 17	4 10	19 21 47	30 19 37	5 0 2.4	16 46 50	24 36 21
17 321	18 29R31	0 14 56	5 39 25	6 52 20	11 22 38	4 36 54	18 42 48	24 17 35	4 09	19 26 58	30 19 46	5 0 2.3	16 47 17	24 27 23
18 322	18 25 26	0 17 27	6 16 25	7 5 40	11 28 31	4 34 46	18 42 32	24 18 55	4 06	19 32 11	30 19 43	5 0 2.3	16 47 6	24 15 49
19 323	18 11 32	0 22 20	6 53 34	7 19 1	11 34 27	4 32 39	18 42 18	24 20 17	4 00	19 37 24	30 19 28	5 0 2.2	16 46 12	24 1 29
20 324	17 47 22	0 29 32	7 30 51	7 32 22	11 40 26	4 30 33	18 42 7	24 21 40	3 52	19 42 38	30 19 2	5 0 2.1	16 44 35	23 44 17
21 325	17 12 38	0 39 0	8 8 15	7 45 44	11 46 28	4 28 29	18 41 57	24 23 4	3 42	19 47 53	30 18 26	5 0 2.0	16 42 14	23 24 5
22 326	16 27 23	0 50 42	8 45 46	7 59 6	11 52 33	4 26 27	18 41 50	24 24 29	3 31	19 53 9	30 17 42	5 0 1.9	16 39 9	23 0 54
23 327	15 32 3	1 4 35	9 23 25	8 12 29	11 58 41	4 24 26	18 41 44	24 25 56	3 21	19 58 26	30 16 50	5 0 1.8	16 35 23	22 34 47
24 328	14 27 32	1 20 34	10 1 10	8 25 52	12 4 51	4 22 28	18 41 41	24 27 24	3 13	20 3 44	30 15 52	5 0 1.6	16 30 59	22 5 56
25 329	13 15 16	1 38 37	10 39 2	8 39 16	12 11 4	4 20 31	18 41D39	24 28 54	3 06	20 9 3	30 14 51	5 0 1.3	16 26 5	21 34 45
26 330	11 57 11	1 58 39	11 17 0	8 52 40	12 17 20	4 18 36	18 41 40	24 30 24	3 03	20 14 23	30 13 49	5 0 1.0	16 20 49	21 1 48
27 331	10 35 40	2 20 37	11 55 5	9 6 3	12 23 38	4 16 43	18 41 43	24 31 56	3 01	20 19 44	30 12 49	5 0 0.8	16 15 20	20 27 49
28 332	9 13 24	2 44 28	12 33 16	9 19 27	12 29 59	4 14 52	18 41 48	24 33 30	3 02	20 25 6	30 11 54	5 0 0.5	16 9 50	19 53 42
29 333	7 53 9	3 10 7	13 11 33	9 32 51	12 36 23	4 13 3	18 41 54	24 35 4	3 03	20 30 29	30 11 7	5 0 0.3	16 4 30	19 20 28
30 334	6♏37 34	3♎37 30	13♒49 56	9♏46 16	12♐42 48	4♈11 16	18♒42 3	24♐36 39	3♋03	20 35 53	30 10 31	5 0 0.2	15 59 31	18S49 5

DAY	♀ VENUS R.A.	DECL	♂ MARS R.A.	DECL	♃ JUPITER R.A.	DECL	♄ SATURN R.A.	DECL	♅ URANUS R.A.	DECL	♆ NEPTUNE R.A.	DECL	♇ PLUTO R.A.	DECL
Nov	h m s	° ' "	h m s	° ' "	h m s	° ' "	h m s	° ' "	h m s	° ' "	h m s	° ' "	h m s	° ' "
1	13 43 44	16S14 22	21 37 17	16S37 14	15 45 8	19S 6 51	18 21 25	22S45 56	1 53 20	11N 1 42	23 2 3	7S16 0	19 22 16	22S 6 6
2	13 41 59	15 49 35	21 39 28	16 23 39	15 46 1	19 9 48	18 21 47	22 45 52	1 53 10	11 0 51	23 2 0	7 16 16	19 22 20	22 6 4
3	13 40 20	15 24 56	21 41 39	16 9 58	15 46 55	19 12 45	18 22 8	22 45 48	1 53 1	11 0 1	23 1 57	7 16 32	19 22 24	22 6 2
4	13 38 49	15 0 35	21 43 51	15 56 9	15 47 48	19 15 41	18 22 30	22 45 43	1 52 52	10 59 12	23 1 54	7 16 48	19 22 28	22 5 59
5	13 37 24	14 36 38	21 46 4	15 42 14	15 48 42	19 18 36	18 22 52	22 45 38	1 52 43	10 58 22	23 1 52	7 17 2	19 22 32	22 5 56
6	13 36 8	14 13 14	21 48 17	15 28 11	15 49 36	19 21 30	18 23 15	22 45 32	1 52 34	10 57 33	23 1 49	7 17 16	19 22 37	22 5 53
7	13 35 0	13 50 28	21 50 31	15 14 1	15 50 30	19 24 24	18 23 38	22 45 26	1 52 25	10 56 44	23 1 47	7 17 29	19 22 41	22 5 49
8	13 34 0	13 28 26	21 52 45	14 59 45	15 51 25	19 27 17	18 24 1	22 45 20	1 52 16	10 55 55	23 1 45	7 17 42	19 22 46	22 5 45
9	13 33 9	13 7 13	21 55 0	14 45 22	15 52 19	19 30 9	18 24 24	22 45 13	1 52 7	10 55 7	23 1 43	7 17 53	19 22 51	22 5 41
10	13 32 27	12 46 54	21 57 16	14 30 53	15 53 14	19 33 0	18 24 48	22 45 5	1 51 58	10 54 19	23 1 41	7 18 4	19 22 56	22 5 37
11	13 31 54	12 27 33	21 59 31	14 16 17	15 54 9	19 35 51	18 25 11	22 44 58	1 51 49	10 53 32	23 1 39	7 18 14	19 23 1	22 5 33
12	13 31 31	12 9 14	22 1 48	14 1 35	15 55 4	19 38 40	18 25 36	22 44 50	1 51 40	10 52 45	23 1 37	7 18 23	19 23 6	22 5 28
13	13 31 16	11 51 58	22 4 4	13 46 46	15 55 59	19 41 29	18 26 0	22 44 41	1 51 32	10 51 58	23 1 35	7 18 32	19 23 11	22 5 23
14	13 31 10	11 35 49	22 6 21	13 31 52	15 56 54	19 44 17	18 26 25	22 44 32	1 51 23	10 51 12	23 1 34	7 18 40	19 23 17	22 5 18
15	13 31 13	11 20 48	22 8 39	13 16 52	15 57 49	19 47 4	18 26 49	22 44 23	1 51 15	10 50 26	23 1 33	7 18 47	19 23 22	22 5 13
16	13 31 26	11 6 56	22 10 57	13 1 45	15 58 44	19 49 50	18 27 14	22 44 13	1 51 6	10 49 41	23 1 31	7 18 53	19 23 28	22 5 7
17	13 31 47	10 54 14	22 13 15	12 46 33	15 59 40	19 52 35	18 27 40	22 44 2	1 50 58	10 48 56	23 1 30	7 18 58	19 23 33	22 5 2
18	13 32 16	10 42 42	22 15 33	12 31 16	16 0 35	19 55 18	18 28 5	22 43 52	1 50 50	10 48 12	23 1 29	7 19 3	19 23 39	22 4 56
19	13 32 54	10 32 20	22 17 52	12 15 53	16 1 31	19 58 1	18 28 31	22 43 40	1 50 42	10 47 28	23 1 28	7 19 7	19 23 45	22 4 50
20	13 33 40	10 23 8	22 20 11	12 0 24	16 2 26	20 0 43	18 28 57	22 43 29	1 50 34	10 46 45	23 1 28	7 19 10	19 23 51	22 4 43
21	13 34 34	10 15 4	22 22 30	11 44 51	16 3 22	20 3 23	18 29 23	22 43 17	1 50 26	10 46 3	23 1 27	7 19 12	19 23 57	22 4 37
22	13 35 36	10 8 9	22 24 49	11 29 12	16 4 18	20 6 3	18 29 50	22 43 4	1 50 18	10 45 21	23 1 26	7 19 14	19 24 3	22 4 30
23	13 36 46	10 2 21	22 27 9	11 13 29	16 5 14	20 8 41	18 30 16	22 42 51	1 50 10	10 44 40	23 1 26	7 19 15	19 24 9	22 4 23
24	13 38 3	9 57 39	22 29 29	10 57 40	16 6 10	20 11 18	18 30 43	22 42 37	1 50 3	10 43 59	23 1 26	7 19 15	19 24 16	22 4 15
25	13 39 27	9 54 1	22 31 49	10 41 47	16 7 6	20 13 54	18 31 10	22 42 23	1 49 55	10 43 19	23 1 26	7 19 14	19 24 22	22 4 8
26	13 40 59	9 51 25	22 34 10	10 25 50	16 8 2	20 16 29	18 31 37	22 42 8	1 49 48	10 42 40	23 1 26	7 19 12	19 24 29	22 4 0
27	13 42 37	9 49 50	22 36 31	10 9 48	16 8 58	20 19 3	18 32 4	22 41 53	1 49 41	10 42 2	23 1 26	7 19 9	19 24 35	22 3 52
28	13 44 21	9 49 14	22 38 51	9 53 42	16 9 54	20 21 35	18 32 32	22 41 38	1 49 34	10 41 24	23 1 26	7 19 6	19 24 42	22 3 44
29	13 46 12	9 49 35	22 41 12	9 37 31	16 10 50	20 24 7	18 33 0	22 41 22	1 49 27	10 40 47	23 1 27	7 19 2	19 24 49	22 3 36
30	13 48 9	9S50 51	22 43 34	9S21 17	16 11 47	20S26 37	18 33 27	22S41 5	1 49 20	10N40 11	23 1 27	7S18 57	19 24 56	22S 3 28

DECEMBER 2018

DAY	SIDEREAL TIME h m s	☉ SUN LONG ° ' "	MOT ' "	R.A. h m s	DECL ° ' "
1 S	4 39 12	13♏43 26	60 49	16 28 0.7	21S45 11
2 Su	4 43 9	14 44 15	60 51	16 32 19.7	21 54 25
3 M	4 47 5	15 45 5	60 52	16 36 39.4	22 3 14
4 Tu	4 51 2	16 45 58	60 54	16 40 59.7	22 11 38
5 W	4 54 58	17 46 51	60 55	16 45 20.6	22 19 36
6 Th	4 58 55	18 47 45	60 56	16 49 42.1	22 27 8
7 F	5 2 52	19 48 41	60 57	16 54 4.2	22 34 14
8 S	5 6 48	20 49 38	60 58	16 58 26.7	22 40 53
9 Su	5 10 45	21 50 36	60 59	17 2 49.8	22 47 6
10 M	5 14 41	22 51 34	61 0	17 7 13.2	22 52 52
11 Tu	5 18 38	23 52 34	61 0	17 11 37.1	22 58 10
12 W	5 22 34	24 53 34	61 1	17 16 1.4	23 3 2
13 Th	5 26 31	25 54 34	61 1	17 20 26.0	23 7 26
14 F	5 30 27	26 55 36	61 2	17 24 50.9	23 11 22
15 S	5 34 24	27 56 37	61 2	17 29 16.1	23 14 51
16 Su	5 38 21	28 57 40	61 3	17 33 41.6	23 17 52
17 M	5 42 17	29 58 42	61 3	17 38 7.3	23 20 25
18 Tu	5 46 14	0♐59 45	61 4	17 42 33.1	23 22 30
19 W	5 50 10	2 0 49	61 4	17 46 59.1	23 24 6
20 Th	5 54 7	3 1 53	61 4	17 51 25.3	23 25 15
21 F	5 58 3	4 2 57	61 5	17 55 51.5	23 25 55
22 S	6 2 0	5 4 1	61 5	18 0 17.8	23 26 7
23 Su	6 5 57	6 5 6	61 6	18 4 44.1	23 25 51
24 M	6 9 53	7 6 12	61 6	18 9 10.4	23 25 7
25 Tu	6 13 50	8 7 18	61 7	18 13 36.7	23 23 54
26 W	6 17 46	9 8 25	61 7	18 18 2.9	23 22 14
27 Th	6 21 43	10 9 32	61 8	18 22 29.1	23 20 5
28 F	6 25 39	11 10 39	61 8	18 26 55.1	23 17 28
29 S	6 29 36	12 11 48	61 9	18 31 21.0	23 14 23
30 Su	6 33 32	13 12 57	61 9	18 35 46.6	23 10 50
31 M	6 37 29	14♐14 6	61 10	18 40 12.1	23S 6 49

DAY	☽ MOON AT 0 HOURS LONG ° ' "	12h MOT ° ' "	2DIF "	R.A. h m s	DECL ° ' "
1	26♌28 8	6 54 29	-75	11 35 13	7N10 42
2	10♍14 34	6 49 22	-79	12 26 46	2 16 11
3	23 50 38	6 43 56	-84	13 17 15	2S41 5
4	7♎15 38	6 38 5	-92	14 7 25	7 26 39
5	20 28 41	6 31 44	-99	14 57 52	11 47 13
6	3♏28 48	6 24 57	-104	15 49 1	15 30 37
7	16 15 12	6 17 57	-105	16 40 58	18 26 19
8	28 47 36	6 11 3	-100	17 33 32	20 26 15
9	11♐ 6 26	6 4 42	-89	18 26 14	21 25 38
10	23 13 0	5 59 22	-70	19 18 28	21 23 33
11	5♑ 9 35	5 55 30	-45	20 9 38	20 22 42
12	16 59 19	5 53 31	-14	20 59 22	18 28 30
13	28 46 10	5 53 45	22	21 47 34	15 48 0
14	10♒34 41	5 56 26	60	22 34 24	12 28 45
15	22 29 52	6 1 43	98	23 20 20	8 38 17
16	4♓36 54	6 9 32	135	0 5 58	4 23 59
17	17 0 46	6 19 40	167	0 52 3	0N 6 22
18	29 45 52	6 31 37	189	1 39 26	4 43 52
19	12♈55 32	6 44 37	197	2 28 58	9 17 22
20	26 31 19	6 57 36	188	3 21 29	13 32 35
21	10♉32 38	7 9 22	160	4 17 34	17 11 42
22	24 56 22	7 18 40	115	5 17 14	19 54 31
23	9♊37 7	7 24 33	59	6 19 50	21 21 58
24	24 27 41	7 26 31	0	7 23 51	21 21 14
25	9♋20 15	7 24 40	-54	8 27 22	19 50 21
26	24 7 23	7 19 34	-96	9 28 47	16 59 3
27	8♌43 2	7 12 8	-124	10 27 12	13 5 18
28	23 3 0	7 3 19	-138	11 22 32	8 30 7
29	7♍ 4 59	6 53 59	-140	12 15 16	3 33 39
30	20 48 18	6 44 46	-135	13 6 12	1S26 38
31	4♎13 24	6 36 5	-125	13 56 10	6S16 3

DAY	☽ MOON AT 12 HOURS LONG ° ' "	12h MOT ° ' "	2DIF "	R.A. h m s	DECL ° ' "
1	3♍22 37	6 51 57	-77	12 1 10	4N44 44
2	17 3 56	6 46 42	-81	12 52 5	0S13 2
3	0♎34 34	6 41 4	-88	13 42 20	5 6 11
4	13 53 43	6 34 58	-95	14 32 34	9 40 51
5	27 0 25	6 28 23	-102	15 23 20	13 44 16
6	9♏53 45	6 21 27	-105	16 14 53	17 5 0
7	22 33 9	6 14 27	-103	17 7 12	19 33 38
8	4♐58 39	6 7 47	-95	17 59 54	21 3 40
9	17 11 8	6 1 53	-80	18 52 27	21 32 11
10	29 12 22	5 57 13	-58	19 44 13	21 0 11
11	11♑ 5 5	5 54 15	-30	20 34 42	19 31 51
12	22 52 50	5 53 20	3	21 23 39	17 13 34
13	4♒39 55	5 54 46	40	22 11 8	14 12 45
14	16 31 7	5 58 45	79	22 57 27	10 36 58
15	28 31 35	6 5 19	117	23 43 9	6 33 39
16	10♓46 26	6 14 20	152	0 28 54	2 10 18
17	23 20 25	6 25 27	179	1 15 31	2N24 51
18	6♈17 29	6 38 2	195	2 3 52	7 1 56
19	19 40 8	6 51 11	195	2 54 49	11 28 18
20	3♉28 55	7 3 43	176	3 49 4	15 27 53
21	17 41 59	7 14 23	140	4 46 58	18 41 25
22	2♊15 2	7 22 5	88	5 48 15	20 48 41
23	17 1 39	7 26 2	30	6 51 47	21 33 2
24	1♋54 12	7 26 3	-28	7 55 47	20 46 42
25	16 44 55	7 22 28	-76	8 58 25	18 33 46
26	1♌26 57	7 16 5	-112	9 58 24	15 8 41
27	15 55 10	7 7 50	-132	10 55 14	10 51 34
28	0♍ 6 19	6 58 40	-140	11 49 11	6 3 23
29	13 58 58	6 49 20	-138	12 40 54	1 3 0
30	27 33 4	6 40 21	-130	13 31 15	3S53 32
31	10♎49 29	6 32 1	-119	14 21 3	8S32 42

LUNAR INGRESSES
1 ☽ ♍ 6:07
3 ☽ ♎ 10:58
5 ☽ ♏ 17:32
8 ☽ ♐ 2:20
10 ☽ ♑ 13:36
13 ☽ ♒ 2:30
15 ☽ ♓ 14:55
18 ☽ ♈ 0:26
20 ☽ ♉ 6:01
22 ☽ ♊ 8:19
24 ☽ ♋ 8:56
26 ☽ ♌ 9:37
28 ☽ ♍ 11:49
30 ☽ ♎ 16:23

PLANET INGRESSES
17 ☉ ♐ 0:31
24 ♂ ♓ 15:14

STATIONS
6 ☿ D 21:23

DATA FOR THE 1st AT 0 HOURS
JULIAN DAY 43433.5
☽ MEAN ☊ 4°♋ 12' 27"
OBLIQUITY 23° 26' 8"
DELTA T 75.3 SECONDS
NUTATION LONGITUDE-16.1"

DAY MO YR	☿ LONG ° ' "	♀ LONG ° ' "	♂ LONG ° ' "	♃ LONG ° ' "	♄ LONG ° ' "	♅ LONG ° ' "	♆ LONG ° ' "	♇ LONG ° ' "	☊ LONG ° '	A.S.S.I. h m s	S.S.R.Y. h m s	S.V.P. ♓ ° ' "	☿ MERCURY R.A. h m s	☿ MERCURY DECL ° ' "
1 335	5♏29R 3	4♎ 6 35	14♒28 24	9♏59 39	12♐49 16	4♈ 9R32	18♒42 14	24♐38 16	3♋03	20 41 17	30 10 6	5 0 0.1	15 55 1	18S20 29
2 336	4 29 30	4 37 16	15 6 58	10 13 3	12 55 46	4 7 49	18 42 27	24 39 54	3 00	20 46 43	30 9 57	5 0 0.0	15 51 7	17 55 25
3 337	3 40 16	5 9 30	15 45 38	10 26 27	13 2 19	4 6 9	18 42 42	24 41 33	2 55	20 52 9	30 10 1	4 59 59.9	15 47 55	17 34 25
4 338	3 2 12	5 43 13	16 24 23	10 39 50	13 8 53	4 4 31	18 43 0	24 43 13	2 48	20 57 36	30 10 19	4 59 59.8	15 45 27	17 17 50
5 339	2 35 38	6 18 23	17 3 14	10 53 12	13 15 30	4 2 55	18 43 19	24 44 54	2 40	21 3 4	30 10 48	4 59 59.7	15 43 45	17 5 46
6 340	2 20D27	6 54 56	17 42 10	11 6 34	13 22 8	4 1 22	18 43 40	24 46 36	2 31	21 8 32	30 11 29	4 59 59.5	15 42 47	16 58 9
7 341	2 16 17	7 32 47	18 21 11	11 19 55	13 28 49	3 59 51	18 44 4	24 48 19	2 24	21 14 2	30 12 17	4 59 59.3	15 42 32	16 54 47
8 342	2 22 29	8 11 55	19 0 17	11 33 16	13 35 31	3 58 23	18 44 30	24 50 3	2 17	21 19 31	30 13 11	4 59 59.1	15 42 58	16 55 20
9 343	2 38 16	8 52 16	19 39 27	11 46 36	13 42 15	3 56 57	18 44 57	24 51 49	2 13	21 25 2	30 14 7	4 59 58.9	15 44 2	16 59 27
10 344	3 2 48	9 33 48	20 18 43	11 59 55	13 49 1	3 55 34	18 45 27	24 53 35	2 11	21 30 33	30 15 4	4 59 58.6	15 45 40	17 6 42
11 345	3 35 15	10 16 27	20 58 2	12 13 12	13 55 48	3 54 14	18 45 59	24 55 22	2 10	21 36 4	30 15 59	4 59 58.4	15 47 50	17 16 42
12 346	4 14 45	11 0 11	21 37 26	12 26 29	14 2 37	3 52 56	18 46 33	24 57 10	2 11	21 41 36	30 16 48	4 59 58.2	15 50 28	17 29 2
13 347	5 0 31	11 44 57	22 16 54	12 39 45	14 9 27	3 51 40	18 47 9	24 58 58	2 13	21 47 9	30 17 32	4 59 58.0	15 53 31	17 43 18
14 348	5 51 49	12 30 44	22 56 25	12 52 59	14 16 19	3 50 28	18 47 47	25 0 48	2 15	21 52 42	30 18 7	4 59 57.9	15 56 57	17 59 10
15 349	6 47 59	13 17 28	23 36 0	13 6 12	14 23 12	3 49 18	18 48 27	25 2 38	2 16	21 58 15	30 18 33	4 59 57.8	16 0 44	18 16 18
16 350	7 48 26	14 5 8	24 15 39	13 19 23	14 30 6	3 48 10	18 49 9	25 4 29	2 16	22 3 48	30 18 49	4 59 57.7	16 4 48	18 34 24
17 351	8 52 37	14 53 41	24 55 21	13 32 33	14 37 2	3 47 6	18 49 53	25 6 21	2 15	22 9 22	30 18 54	4 59 57.6	16 9 9	18 53 12
18 352	10 0 4	15 43 6	25 35 6	13 45 41	14 43 59	3 46 4	18 50 39	25 8 14	2 12	22 14 56	30 18 47	4 59 57.5	16 13 44	19 12 29
19 353	11 10 22	16 33 20	26 14 55	13 58 48	14 50 56	3 45 6	18 51 27	25 10 7	2 08	22 20 30	30 18 30	4 59 57.4	16 18 32	19 32 2
20 354	12 23 10	17 24 22	26 54 46	14 11 52	14 57 55	3 44 10	18 52 17	25 12 1	2 03	22 26 5	30 18 0	4 59 57.2	16 23 31	19 51 40
21 355	13 38 9	18 16 11	27 34 39	14 24 55	15 4 54	3 43 17	18 53 9	25 13 56	1 58	22 31 39	30 17 20	4 59 57.0	16 28 41	20 11 13
22 356	14 55 3	19 8 43	28 14 36	14 37 56	15 11 55	3 42 27	18 54 2	25 15 51	1 55	22 37 14	30 16 30	4 59 56.7	16 34 0	20 30 33
23 357	16 13 38	20 1 59	28 54 34	14 50 55	15 18 56	3 41 40	18 54 58	25 17 47	1 52	22 42 48	30 15 32	4 59 56.4	16 39 28	20 49 33
24 358	17 33 42	20 55 57	29 34 35	15 3 52	15 25 58	3 40 55	18 55 56	25 19 43	1 51	22 48 23	30 14 28	4 59 56.1	16 45 3	21 8 5
25 359	18 55 4	21 50 34	0♓14 38	15 16 47	15 33 0	3 40 14	18 56 56	25 21 40	1 51	22 53 58	30 13 21	4 59 55.9	16 50 46	21 26 3
26 360	20 17 35	22 45 49	0 54 44	15 29 40	15 40 3	3 39 36	18 57 57	25 23 37	1 51	22 59 32	30 12 15	4 59 55.6	16 56 34	21 43 24
27 361	21 41 8	23 41 42	1 34 51	15 42 30	15 47 7	3 39 0	18 59 1	25 25 35	1 53	23 5 6	30 11 13	4 59 55.5	17 2 29	22 0 1
28 362	23 5 37	24 38 10	2 15 0	15 55 18	15 54 11	3 38 28	19 0 6	25 27 34	1 54	23 10 41	30 10 20	4 59 55.3	17 8 29	22 15 51
29 363	24 30 56	25 35 13	2 55 12	16 8 3	16 1 15	3 37 59	19 1 13	25 29 32	1 55	23 16 15	30 9 37	4 59 55.3	17 14 34	22 30 50
30 364	25 56 59	26 32 48	3 35 25	16 20 46	16 8 20	3 37 32	19 2 22	25 31 31	1 55	23 21 48	30 9 7	4 59 55.2	17 20 43	22 44 54
31 365	27♏23 44	27♎30 55	4♓15 41	16♏33 26	16♐15 25	3♈37 9	19♒ 3 33	25♐33 31	1♋54	23 27 22	30 8 51	4 59 55.1	17 26 57	22S58 2

DAY Dec	♀ VENUS R.A. h m s	♀ VENUS DECL ° ' "	♂ MARS R.A. h m s	♂ MARS DECL ° ' "	♃ JUPITER R.A. h m s	♃ JUPITER DECL ° ' "	♄ SATURN R.A. h m s	♄ SATURN DECL ° ' "	♅ URANUS R.A. h m s	♅ URANUS DECL ° ' "	♆ NEPTUNE R.A. h m s	♆ NEPTUNE DECL ° ' "	♇ PLUTO R.A. h m s	♇ PLUTO DECL ° ' "
1	13 50 12	9S52 59	22 45 55	9S 4 58	16 12 43	20S29 6	18 33 55	22S40 49	1 49 14	10N39 36	23 1 28	7S18 52	19 25 2	22S 3 19
2	13 52 21	9 55 58	22 48 17	8 48 36	16 13 39	20 31 33	18 34 24	22 40 31	1 49 7	10 39 1	23 1 28	7 18 45	19 25 10	22 3 11
3	13 54 35	9 59 46	22 50 38	8 32 10	16 14 35	20 33 59	18 34 52	22 40 13	1 49 1	10 38 27	23 1 29	7 18 38	19 25 17	22 3 2
4	13 56 54	10 4 20	22 53 0	8 15 40	16 15 32	20 36 24	18 35 20	22 39 55	1 48 54	10 37 54	23 1 30	7 18 30	19 25 24	22 2 52
5	13 59 18	10 9 38	22 55 23	7 59 6	16 16 28	20 38 48	18 35 49	22 39 36	1 48 48	10 37 21	23 1 32	7 18 21	19 25 31	22 2 43
6	14 1 47	10 15 39	22 57 45	7 42 29	16 17 24	20 41 10	18 36 18	22 39 16	1 48 42	10 36 50	23 1 33	7 18 11	19 25 38	22 2 34
7	14 4 21	10 22 20	23 0 7	7 25 49	16 18 20	20 43 31	18 36 47	22 38 56	1 48 37	10 36 20	23 1 34	7 18 1	19 25 46	22 2 24
8	14 6 59	10 29 38	23 2 30	7 9 6	16 19 16	20 45 50	18 37 16	22 38 36	1 48 31	10 35 50	23 1 36	7 17 49	19 25 53	22 2 14
9	14 9 42	10 37 33	23 4 53	6 52 19	16 20 13	20 48 8	18 37 45	22 38 15	1 48 25	10 35 21	23 1 38	7 17 37	19 26 1	22 2 4
10	14 12 29	10 46 2	23 7 16	6 35 30	16 21 9	20 50 25	18 38 14	22 37 53	1 48 20	10 34 54	23 1 39	7 17 24	19 26 8	22 1 54
11	14 15 20	10 55 4	23 9 39	6 18 38	16 22 5	20 52 41	18 38 44	22 37 31	1 48 15	10 34 27	23 1 41	7 17 11	19 26 16	22 1 44
12	14 18 15	11 4 35	23 12 3	6 1 43	16 23 1	20 54 54	18 39 13	22 37 9	1 48 10	10 34 1	23 1 43	7 16 56	19 26 24	22 1 33
13	14 21 14	11 14 35	23 14 26	5 44 46	16 23 57	20 57 7	18 39 43	22 36 46	1 48 5	10 33 36	23 1 46	7 16 41	19 26 32	22 1 23
14	14 24 17	11 25 2	23 16 50	5 27 46	16 24 53	20 59 18	18 40 12	22 36 23	1 48 1	10 33 12	23 1 48	7 16 25	19 26 40	22 1 12
15	14 27 23	11 35 54	23 19 13	5 10 45	16 25 49	21 1 27	18 40 42	22 35 59	1 47 56	10 32 49	23 1 50	7 16 8	19 26 47	22 1 1
16	14 30 33	11 47 9	23 21 37	4 53 41	16 26 45	21 3 35	18 41 12	22 35 35	1 47 52	10 32 27	23 1 53	7 15 51	19 26 55	22 0 50
17	14 33 46	11 58 46	23 24 1	4 36 35	16 27 40	21 5 42	18 41 42	22 35 10	1 47 48	10 32 6	23 1 56	7 15 32	19 27 3	22 0 39
18	14 37 2	12 10 42	23 26 25	4 19 28	16 28 36	21 7 47	18 42 12	22 34 45	1 47 44	10 31 46	23 1 58	7 15 13	19 27 12	22 0 28
19	14 40 22	12 22 57	23 28 49	4 2 19	16 29 31	21 9 51	18 42 42	22 34 19	1 47 40	10 31 27	23 2 1	7 14 54	19 27 20	22 0 16
20	14 43 44	12 35 29	23 31 14	3 45 8	16 30 27	21 11 53	18 43 12	22 33 52	1 47 36	10 31 9	23 2 5	7 14 33	19 27 28	22 0 4
21	14 47 10	12 48 15	23 33 38	3 27 56	16 31 22	21 13 53	18 43 43	22 33 26	1 47 33	10 30 52	23 2 8	7 14 12	19 27 36	21 59 53
22	14 50 39	13 1 16	23 36 3	3 10 43	16 32 17	21 15 52	18 44 13	22 32 58	1 47 30	10 30 36	23 2 11	7 13 49	19 27 44	21 59 41
23	14 54 11	13 14 29	23 38 27	2 53 29	16 33 13	21 17 50	18 44 43	22 32 31	1 47 27	10 30 21	23 2 14	7 13 26	19 27 53	21 59 29
24	14 57 46	13 27 52	23 40 52	2 36 14	16 34 8	21 19 46	18 45 14	22 32 2	1 47 24	10 30 7	23 2 18	7 13 3	19 28 1	21 59 17
25	15 1 23	13 41 25	23 43 17	2 18 59	16 35 2	21 21 40	18 45 44	22 31 34	1 47 21	10 29 54	23 2 22	7 12 39	19 28 9	21 59 5
26	15 5 3	13 55 6	23 45 42	2 1 42	16 35 57	21 23 33	18 46 15	22 31 5	1 47 19	10 29 43	23 2 26	7 12 13	19 28 18	21 58 53
27	15 8 46	14 8 53	23 48 7	1 44 26	16 36 52	21 25 25	18 46 45	22 30 35	1 47 17	10 29 32	23 2 29	7 11 48	19 28 26	21 58 40
28	15 12 32	14 22 46	23 50 32	1 27 9	16 37 46	21 27 15	18 47 16	22 30 5	1 47 14	10 29 22	23 2 33	7 11 21	19 28 35	21 58 28
29	15 16 20	14 36 42	23 52 57	1 9 51	16 38 40	21 29 3	18 47 46	22 29 35	1 47 13	10 29 14	23 2 38	7 10 54	19 28 43	21 58 16
30	15 20 11	14 50 40	23 55 23	0 52 34	16 39 35	21 30 50	18 48 17	22 29 4	1 47 11	10 29 7	23 2 42	7 10 26	19 28 52	21 58 3
31	15 24 4	15S 4 40	23 57 48	0S35 16	16 40 29	21S32 35	18 48 47	22S28 33	1 47 9	10N29 0	23 2 46	7S 9 58	19 29 0	21S57 50

JANUARY 2019

DAY	SIDEREAL TIME h m s	☉ SUN LONG ° ' "	MOT ' "	R.A. h m s	DECL ° ' "	☽ MOON AT 0 HOURS LONG ° ' "	12h MOT ° ' "	2DIF "	R.A. h m s	DECL ° ' "	☽ MOON AT 12 HOURS LONG ° ' "	12h MOT ° ' "	2DIF "	R.A. h m s	DECL ° ' "
1 Tu	6 41 26	15♐15 16	61 10	18 44 37.3	23S 2 20	17♎21 30	6 28 8	-113	14 45 58	10S42 5	23♎49 39	6 24 28	-107	15 10 59	12S42 52
2 W	6 45 22	16 16 26	61 11	18 49 2.3	22 57 24	0♏14 6	6 20 59	-102	15 36 10	14 33 47	6♏35 5	6 17 42	-96	16 1 33	16 13 40
3 Th	6 49 19	17 17 36	61 11	18 53 26.9	22 52 1	12 52 47	6 14 36	-90	16 27 7	17 41 27	19 7 22	6 11 40	-85	16 52 54	18 56 10
4 F	6 53 15	18 18 47	61 11	18 57 51.2	22 46 10	25 19 2	6 8 56	-79	17 18 50	19 57 0	1♐27 59	6 6 23	-74	17 44 55	20 43 18
5 S	6 57 12	19 19 58	61 11	19 2 15.1	22 39 51	7♐34 21	6 4 0	-68	18 11 2	21 14 39	13 38 21	6 1 49	-62	18 37 10	21 30 47
6 Su	7 1 8	20 21 8	61 11	19 6 38.6	22 33 6	19 40 11	5 59 51	-56	19 3 11	21 31 42	25 40 2	5 58 6	-49	19 29 2	21 17 39
7 M	7 5 5	21 22 19	61 11	19 11 1.6	22 25 55	1♑38 7	5 56 35	-41	19 54 39	20 49 2	7♑34 42	5 55 20	-33	20 19 57	20 6 31
8 Tu	7 9 1	22 23 29	61 10	19 15 24.2	22 18 16	13 30 2	5 54 23	-24	20 44 54	19 10 51	19 24 25	5 53 46	-13	21 9 28	18 2 56
9 W	7 12 58	23 24 40	61 10	19 19 46.2	22 10 12	25 18 10	5 53 29	-2	21 33 38	16 43 45	1♒11 40	5 53 37	10	21 57 25	15 14 20
10 Th	7 16 55	24 25 49	61 10	19 24 7.7	22 1 41	7♒ 5 17	5 54 10	23	22 20 50	13 35 43	12 59 26	5 55 10	37	22 43 57	11 48 57
11 F	7 20 51	25 26 59	61 9	19 28 28.7	21 52 45	18 54 36	5 56 39	52	23 6 47	9 55 3	24 51 14	5 58 39	68	23 29 26	7 55 2
12 S	7 24 48	26 28 8	61 9	19 32 49.0	21 43 22	0♓49 53	6 1 11	84	23 51 58	5 49 54	6♓51 4	6 4 16	101	0 14 28	3 40 37
13 Su	7 28 44	27 29 16	61 8	19 37 8.7	21 33 35	12 55 21	6 7 55	118	0 37 2	1 28 11	19 3 16	6 12 8	135	0 59 46	0N46 22
14 M	7 32 41	28 30 24	61 7	19 41 27.8	21 23 22	25 15 24	6 16 54	151	1 22 46	3N 1 55	1♈32 18	6 22 11	166	1 46 10	5 17 19
15 Tu	7 36 37	29 31 31	61 7	19 45 46.2	21 12 45	7♈54 29	6 27 58	180	2 10 4	7 31 13	14 22 27	6 34 9	191	2 34 35	9 42 9
16 W	7 40 34	0♑32 38	61 6	19 50 3.9	21 1 44	20 56 36	6 40 42	200	2 59 49	11 48 27	27 37 18	6 47 29	206	3 25 53	13 48 13
17 Th	7 44 30	1 33 43	61 5	19 54 21.0	20 50 18	4♉24 47	6 54 24	207	3 52 50	15 39 22	11♉19 11	7 1 18	204	4 20 46	17 19 36
18 F	7 48 27	2 34 48	61 5	19 58 37.3	20 38 28	18 20 29	7 8 1	196	4 49 40	18 46 27	25 28 30	7 14 24	183	5 19 31	19 57 26
19 S	7 52 24	3 35 53	61 4	20 2 52.9	20 26 15	2♊42 54	7 20 15	165	5 50 14	20 50 8	10♊ 3 9	7 25 24	141	6 21 42	21 22 24
20 Su	7 56 20	4 36 56	61 3	20 7 7.8	20 13 39	17 28 32	7 29 40	113	6 53 43	21 32 34	24 58 12	7 32 56	81	7 26 2	21 19 36
21 M	8 0 17	5 37 59	61 2	20 11 21.9	20 0 41	2♋31 7	7 35 4	46	7 58 25	20 43 14	10♋ 6 11	7 36 0	10	8 30 37	19 44 4
22 Tu	8 4 13	6 39 1	61 2	20 15 35.3	19 47 19	17 42 10	7 35 42	-27	9 2 25	18 23 30	25 17 53	7 34 12	-62	9 33 37	16 43 37
23 W	8 8 10	7 40 3	61 1	20 19 47.9	19 33 36	2♌52 5	7 31 34	-95	10 4 6	14 47 0	10♌23 39	7 27 54	-123	10 33 49	12 36 37
24 Th	8 12 6	8 41 3	61 0	20 23 59.8	19 19 31	17 51 33	7 23 21	-148	11 2 45	10 15 29	25 14 54	7 18 4	-167	11 30 55	7 46 39
25 F	8 16 3	9 42 4	61 0	20 28 10.8	19 5 5	2♍32 58	7 12 14	-181	11 58 23	5 12 59	9♍45 12	7 6 1	-190	12 25 15	2 37 9
26 S	8 19 59	10 43 4	60 59	20 32 21.1	18 50 17	16 51 13	6 59 35	-194	12 51 36	0 1 34	23 50 48	6 53 6	-193	13 17 32	2S31 38
27 Su	8 23 56	11 44 3	60 59	20 36 30.6	18 35 9	0♎43 54	6 46 42	-189	13 43 9	5S 0 32	7♎30 36	6 40 29	-182	14 8 34	7 23 28
28 M	8 27 53	12 45 2	60 58	20 40 39.4	18 19 40	14 11 5	6 34 34	-173	14 33 51	9 38 55	20 45 38	6 28 59	-161	14 59 6	11 45 35
29 Tu	8 31 49	13 46 0	60 58	20 44 47.3	18 3 52	27 14 37	6 23 49	-149	15 24 23	13 42 16	3♏38 26	6 19 5	-135	15 49 44	15 27 54
30 W	8 35 46	14 46 58	60 57	20 48 54.5	17 47 44	9♏57 31	6 14 48	-122	16 15 13	17 1 31	16 12 18	6 10 58	-108	16 40 49	18 22 17
31 Th	8 39 42	15♑47 54	60 56	20 53 0.9	17S31 17	22♏23 16	6 7 35	-95	17 6 32	19S29 27	28♏30 51	6 4 38	-82	17 32 22	20S22 27

LUNAR INGRESSES
1 ☽ ♏ 23:33
4 ☽ ♐ 9:08
6 ☽ ♑ 20:42
9 ☽ ♒ 9:34
11 ☽ ♓ 22:20
14 ☽ ♈ 9:05
16 ☽ ♉ 16:13
18 ☽ ♊ 19:31
20 ☽ ♋ 20:00
22 ☽ ♌ 19:27
24 ☽ ♍ 19:48
26 ☽ ♎ 22:43
29 ☽ ♏ 5:09
31 ☽ ♐ 14:56

PLANET INGRESSES
1 ☿ ♐ 18:49
2 ♀ ♏ 12:39
15 ☉ ♑ 11:11
21 ☿ ♑ 4:41
30 ♀ ♐ 12:48

STATIONS
6 ♅ D 20:28

DATA FOR THE 1st AT 0 HOURS
JULIAN DAY 43464.5
☽ MEAN ☊ 2°♋ 33' 54"
OBLIQUITY 23° 26' 8"
DELTA T 75.4 SECONDS
NUTATION LONGITUDE -15.0"

DAY MO YR	☿ LONG ° ' "	♀ LONG ° ' "	♂ LONG ° ' "	♃ LONG ° ' "	♄ LONG ° ' "	♅ LONG ° ' "	♆ LONG ° ' "	♇ LONG ° ' "	☊ LONG ° '	A.S.S.I. h m s	S.S.R.Y. h m s	S.V.P. ♓ ° ' "	☿ MERCURY R.A. h m s	DECL ° ' "
1 1	28♏51 7	28♎29 33	4♓55 58	16♏46 4	16♐22 31	3♈36R49	19♒ 4 46	25♐35 31	1♋52	23 32 55	30 8 49	4 59 54.9	17 33 15	23S10 9
2 2	0♐19 4	29 28 40	5 36 17	16 58 39	16 29 36	3 36 32	19 6 0	25 37 31	1 50	23 38 28	30 8 57	4 59 54.8	17 39 36	23 21 14
3 3	1 47 35	0♏28 14	6 16 38	17 11 10	16 36 41	3 36 18	19 7 17	25 39 32	1 48	23 44 1	30 9 19	4 59 54.6	17 46 1	23 31 14
4 4	3 16 36	1 28 16	6 57 1	17 23 39	16 43 47	3 36 7	19 8 35	25 41 32	1 45	23 49 33	30 9 51	4 59 54.3	17 52 29	23 40 7
5 5	4 46 7	2 28 43	7 37 26	17 36 5	16 50 52	3 36 0	19 9 54	25 43 33	1 44	23 55 4	30 10 30	4 59 54.1	17 59 0	23 47 52
6 6	6 16 7	3 29 36	8 17 52	17 48 27	16 57 57	3 35D55	19 11 16	25 45 34	1 43	24 0 35	30 11 16	4 59 53.8	18 5 33	23 54 26
7 7	7 46 34	4 30 52	8 58 19	18 0 46	17 5 2	3 35 54	19 12 39	25 47 36	1 43	24 6 6	30 12 6	4 59 53.6	18 12 10	23 59 48
8 8	9 17 28	5 32 31	9 38 48	18 13 1	17 12 7	3 35 56	19 14 4	25 49 37	1 43	24 11 35	30 12 57	4 59 53.4	18 18 48	24 3 57
9 9	10 48 48	6 34 32	10 19 19	18 25 13	17 19 11	3 36 1	19 15 31	25 51 39	1 43	24 17 5	30 13 48	4 59 53.3	18 25 29	24 6 51
10 10	12 20 35	7 36 55	10 59 50	18 37 21	17 26 15	3 36 9	19 16 59	25 53 41	1 44	24 22 33	30 14 37	4 59 53.1	18 32 13	24 8 28
11 11	13 52 49	8 39 39	11 40 23	18 49 26	17 33 18	3 36 20	19 18 29	25 55 43	1 45	24 28 1	30 15 23	4 59 53.0	18 38 58	24 8 48
12 12	15 25 29	9 42 42	12 20 56	19 1 27	17 40 20	3 36 35	19 20 0	25 57 43	1 46	24 33 28	30 16 3	4 59 52.9	18 45 45	24 7 49
13 13	16 58 36	10 46 5	13 1 31	19 13 23	17 47 22	3 36 52	19 21 33	25 59 45	1 46	24 38 54	30 16 37	4 59 52.8	18 52 33	24 5 31
14 14	18 32 11	11 49 46	13 42 6	19 25 16	17 54 23	3 37 13	19 23 7	26 1 47	1 46	24 44 20	30 17 2	4 59 52.8	18 59 23	24 1 51
15 15	20 6 14	12 53 45	14 22 42	19 37 5	18 1 23	3 37 37	19 24 44	26 3 48	1 46	24 49 45	30 17 17	4 59 52.7	19 6 15	23 56 50
16 16	21 40 45	13 58 1	15 3 19	19 48 49	18 8 23	3 38 4	19 26 21	26 5 50	1 46	24 55 8	30 17 20	4 59 52.5	19 13 8	23 50 27
17 17	23 15 45	15 2 35	15 43 56	20 0 29	18 15 21	3 38 34	19 28 0	26 7 51	1 46	25 0 31	30 17 11	4 59 52.4	19 20 2	23 42 39
18 18	24 51 16	16 7 24	16 24 33	20 12 5	18 22 18	3 39 7	19 29 40	26 9 52	1 46	25 5 53	30 16 48	4 59 52.1	19 26 58	23 33 28
19 19	26 27 18	17 12 30	17 5 11	20 23 37	18 29 15	3 39 44	19 31 22	26 11 53	1 46	25 11 14	30 16 11	4 59 51.9	19 33 54	23 22 51
20 20	28 3 51	18 17 51	17 45 48	20 35 3	18 36 10	3 40 23	19 33 6	26 13 54	1 46	25 16 35	30 15 22	4 59 51.6	19 40 51	23 10 48
21 21	29 40 57	19 23 27	18 26 26	20 46 26	18 43 3	3 41 6	19 34 50	26 15 54	1 46	25 21 54	30 14 23	4 59 51.3	19 47 50	22 57 19
22 22	1♑18 37	20 29 18	19 7 4	20 57 43	18 49 56	3 41 52	19 36 36	26 17 54	1 46	25 27 12	30 13 17	4 59 51.1	19 54 49	22 42 22
23 23	2 56 52	21 35 23	19 47 43	21 8 56	18 56 47	3 42 40	19 38 23	26 19 54	1 46	25 32 30	30 12 8	4 59 50.9	20 1 48	22 25 58
24 24	4 35 42	22 41 41	20 28 21	21 20 4	19 3 37	3 43 32	19 40 12	26 21 54	1 46	25 37 46	30 10 59	4 59 50.8	20 8 48	22 8 5
25 25	6 15 9	23 48 13	21 8 59	21 31 7	19 10 25	3 44 27	19 42 2	26 23 53	1 44	25 43 1	30 9 54	4 59 50.7	20 15 49	21 48 44
26 26	7 55 13	24 54 58	21 49 37	21 42 4	19 17 12	3 45 25	19 43 53	26 25 52	1 43	25 48 16	30 8 58	4 59 50.7	20 22 50	21 27 53
27 27	9 35 55	26 1 55	22 30 15	21 52 57	19 23 57	3 46 26	19 45 45	26 27 50	1 43	25 53 29	30 8 12	4 59 50.6	20 29 51	21 5 32
28 28	11 17 15	27 9 4	23 10 54	22 3 45	19 30 40	3 47 30	19 47 38	26 29 48	1 43	25 58 42	30 7 38	4 59 50.5	20 36 53	20 41 42
29 29	12 59 15	28 16 24	23 51 32	22 14 27	19 37 22	3 48 37	19 49 33	26 31 46	1 43	26 3 53	30 7 16	4 59 50.4	20 43 54	20 16 21
30 30	14 41 55	29 23 56	24 32 10	22 25 3	19 44 2	3 49 46	19 51 29	26 33 43	1 44	26 9 3	30 7 6	4 59 50.2	20 50 56	19 49 29
31 31	16♑25 14	0♐31 38	25♓12 49	22♏35 34	19♐50 40	3♈50 59	19♒53 26	26♐35 39	1♋45	26 14 13	30 7 8	4 59 50.0	20 57 57	19S21 8

DAY Jan	♀ VENUS R.A. h m s	DECL ° ' "	♂ MARS R.A. h m s	DECL ° ' "	♃ JUPITER R.A. h m s	DECL ° ' "	♄ SATURN R.A. h m s	DECL ° ' "	♅ URANUS R.A. h m s	DECL ° ' "	♆ NEPTUNE R.A. h m s	DECL ° ' "	♇ PLUTO R.A. h m s	DECL ° ' "
1	15 28 0	15S18 39	0 0 14	0S17 59	16 41 22	21S34 19	18 49 18	22S28 1	1 47 8	10N28 55	23 2 51	7S 9 29	19 29 9	21S57 38
2	15 31 57	15 32 36	0 2 40	0 0 42	16 42 16	21 36 1	18 49 49	22 27 28	1 47 7	10 28 51	23 2 53	7 8 59	19 29 18	21 57 25
3	15 35 58	15 46 31	0 5 6	0N16 35	16 43 9	21 37 42	18 50 19	22 26 56	1 47 6	10 28 48	23 3 0	7 8 28	19 29 26	21 57 12
4	15 40 0	16 0 21	0 7 32	0 33 52	16 44 3	21 39 21	18 50 50	22 26 24	1 47 5	10 28 46	23 3 5	7 7 57	19 29 35	21 56 59
5	15 44 5	16 14 6	0 9 58	0 51 8	16 44 56	21 40 58	18 51 20	22 25 50	1 47 5	10 28 45	23 3 10	7 7 25	19 29 44	21 56 46
6	15 48 12	16 27 45	0 12 25	1 8 23	16 45 48	21 42 34	18 51 51	22 25 17	1 47 4	10 28 47	23 3 15	7 6 52	19 29 52	21 56 33
7	15 52 21	16 41 16	0 14 51	1 25 38	16 46 41	21 44 9	18 52 21	22 24 43	1 47 4	10 28 48	23 3 20	7 6 19	19 30 1	21 56 20
8	15 56 32	16 54 39	0 17 18	1 42 51	16 47 33	21 45 42	18 52 52	22 24 8	1 47 4	10 28 50	23 3 25	7 5 45	19 30 10	21 56 7
9	16 0 45	17 7 51	0 19 45	2 0 4	16 48 26	21 47 13	18 53 23	22 23 33	1 47 5	10 28 54	23 3 31	7 5 11	19 30 18	21 55 54
10	16 5 0	17 20 52	0 22 12	2 17 15	16 49 17	21 48 43	18 53 53	22 22 58	1 47 5	10 28 59	23 3 36	7 4 36	19 30 27	21 55 40
11	16 9 17	17 33 41	0 24 39	2 34 25	16 50 9	21 50 11	18 54 23	22 22 23	1 47 6	10 29 4	23 3 42	7 4 0	19 30 36	21 55 27
12	16 13 36	17 46 18	0 27 6	2 51 33	16 51 1	21 51 38	18 54 54	22 21 47	1 47 7	10 29 12	23 3 47	7 3 24	19 30 44	21 55 14
13	16 17 57	17 58 40	0 29 34	3 8 40	16 51 52	21 53 3	18 55 24	22 21 11	1 47 8	10 29 20	23 3 53	7 2 47	19 30 53	21 55 1
14	16 22 19	18 10 46	0 32 1	3 25 44	16 52 43	21 54 27	18 55 54	22 20 34	1 47 9	10 29 29	23 3 59	7 2 10	19 31 2	21 54 47
15	16 26 44	18 22 37	0 34 29	3 42 47	16 53 33	21 55 49	18 56 24	22 19 57	1 47 10	10 29 40	23 4 5	7 1 32	19 31 10	21 54 34
16	16 31 10	18 34 11	0 36 57	3 59 48	16 54 23	21 57 10	18 56 55	22 19 20	1 47 12	10 29 51	23 4 11	7 0 53	19 31 19	21 54 21
17	16 35 38	18 45 26	0 39 25	4 16 47	16 55 13	21 58 29	18 57 25	22 18 43	1 47 14	10 30 4	23 4 17	7 0 14	19 31 28	21 54 7
18	16 40 8	18 56 23	0 41 53	4 33 43	16 56 3	21 59 46	18 57 55	22 18 5	1 47 16	10 30 18	23 4 23	6 59 34	19 31 37	21 53 54
19	16 44 39	19 7 0	0 44 21	4 50 37	16 56 53	22 1 2	18 58 24	22 17 27	1 47 18	10 30 32	23 4 29	6 58 54	19 31 45	21 53 41
20	16 49 12	19 17 17	0 46 50	5 7 28	16 57 42	22 2 17	18 58 54	22 16 49	1 47 21	10 30 48	23 4 36	6 58 13	19 31 54	21 53 27
21	16 53 47	19 27 12	0 49 19	5 24 16	16 58 30	22 3 30	18 59 24	22 16 10	1 47 24	10 31 6	23 4 42	6 57 32	19 32 2	21 53 14
22	16 58 24	19 36 44	0 51 47	5 41 1	16 59 19	22 4 41	18 59 54	22 15 31	1 47 26	10 31 24	23 4 49	6 56 50	19 32 11	21 53 1
23	17 3 1	19 45 54	0 54 17	5 57 44	17 0 7	22 5 52	19 0 23	22 14 52	1 47 29	10 31 43	23 4 55	6 56 8	19 32 20	21 52 47
24	17 7 41	19 54 40	0 56 46	6 14 23	17 0 55	22 7 0	19 0 52	22 14 13	1 47 33	10 32 3	23 5 2	6 55 25	19 32 28	21 52 34
25	17 12 21	20 3 0	0 59 15	6 30 59	17 1 42	22 8 8	19 1 22	22 13 34	1 47 36	10 32 25	23 5 9	6 54 42	19 32 37	21 52 21
26	17 17 4	20 10 56	1 1 45	6 47 31	17 2 30	22 9 14	19 1 51	22 12 54	1 47 40	10 32 47	23 5 16	6 53 58	19 32 45	21 52 8
27	17 21 47	20 18 25	1 4 14	7 4 0	17 3 16	22 10 18	19 2 20	22 12 14	1 47 44	10 33 11	23 5 23	6 53 14	19 32 54	21 51 55
28	17 26 32	20 25 28	1 6 44	7 20 25	17 4 3	22 11 21	19 2 49	22 11 33	1 47 48	10 33 35	23 5 30	6 52 30	19 33 2	21 51 42
29	17 31 18	20 32 3	1 9 14	7 36 47	17 4 49	22 12 22	19 3 18	22 10 54	1 47 52	10 34 1	23 5 37	6 51 45	19 33 11	21 51 29
30	17 36 5	20 38 9	1 11 45	7 53 4	17 5 34	22 13 23	19 3 46	22 10 14	1 47 56	10 34 28	23 5 44	6 50 59	19 33 19	21 51 16
31	17 40 54	20S43 47	1 14 15	8N 9 18	17 6 20	22S14 21	19 4 15	22S 9 33	1 48 1	10N34 55	23 5 51	6S50 14	19 33 27	21S51 3

FEBRUARY 2019

DAY	SIDEREAL TIME h m s	☉ SUN LONG ° ' "	SUN MOT ' "	SUN R.A. h m s	SUN DECL ° ' "	☽ MOON AT 0 HOURS LONG ° ' "	12h MOT ° ' "	2DIF "	R.A. h m s	DECL ° ' "
1 F	8 43 39	16♑48 51	60 55	20 57 6.4	17S14 31	4♐35 29	6 2 6	-70	17 58 16	21S 0 50
2 S	8 47 35	17 49 46	60 55	21 1 11.2	16 57 27	16 37 34	5 58 11	-48	18 50 3	21 32 45
3 Su	8 51 32	18 50 40	60 54	21 5 15.1	16 40 5	28 32 30	5 55 38	-29	19 41 24	21 5 11
4 M	8 55 28	19 51 33	60 52	21 9 18.3	16 22 26	10♑22 57	5 54 16	-13	20 31 48	19 41 5
5 Tu	8 59 25	20 52 26	60 51	21 13 20.6	16 4 29	22 11 10	5 53 56	3	21 20 53	17 25 59
6 W	9 3 22	21 53 17	60 50	21 17 22.1	15 46 16	3♒59 15	5 54 36	18	22 8 32	14 27 19
7 Th	9 7 18	22 54 7	60 49	21 21 22.8	15 27 47	15 49 11	5 56 18	34	22 54 51	10 53 31
8 F	9 11 15	23 54 55	60 47	21 25 22.7	15 9 2	27 43 2	5 59 7	52	23 40 11	6 53 21
9 S	9 15 11	24 55 42	60 46	21 29 21.8	14 50 1	9♓43 9	6 3 14	72	0 25 3	2 35 31
10 Su	9 19 8	25 56 28	60 44	21 33 20.1	14 30 46	21 52 12	6 8 50	96	1 10 7	1N51 13
11 M	9 23 4	26 57 12	60 43	21 37 17.6	14 11 16	4♈13 16	6 16 6	122	1 56 8	6 17 48
12 Tu	9 27 1	27 57 55	60 41	21 41 14.3	13 51 32	16 49 46	6 25 8	149	2 43 54	10 34 9
13 W	9 30 57	28 58 36	60 39	21 45 10.2	13 31 34	29 45 12	6 35 54	173	3 34 13	14 28 27
14 Th	9 34 54	29 59 15	60 38	21 49 5.4	13 11 23	13♉ 2 56	6 48 5	191	4 27 47	17 46 32
15 F	9 38 51	0♒59 53	60 36	21 52 59.8	12 50 59	26 45 35	7 1 7	197	5 24 55	20 11 58
16 S	9 42 47	2 0 29	60 34	21 56 53.5	12 30 23	10♊54 22	7 14 1	185	6 25 24	21 27 48
17 Su	9 46 44	3 1 3	60 33	22 0 46.4	12 9 35	25 28 24	7 25 28	152	7 28 14	21 19 58
18 M	9 50 40	4 1 35	60 31	22 4 38.6	11 48 35	10♋24 2	7 33 57	97	8 31 54	19 42 8
19 Tu	9 54 37	5 2 6	60 29	22 8 30.1	11 27 24	25 34 38	7 38 7	25	9 34 44	16 39 2
20 W	9 58 33	6 2 35	60 28	22 12 20.9	11 6 2	10♌51 2	7 37 7	-55	10 35 33	12 26 20
21 Th	10 2 30	7 3 3	60 26	22 16 11.1	10 44 30	26 2 46	7 30 54	-128	11 33 51	7 26 49
22 F	10 6 26	8 3 29	60 25	22 20 0.6	10 22 48	10♍59 44	7 20 19	-183	12 29 44	2 5 27
23 S	10 10 23	9 3 54	60 23	22 23 49.5	10 0 57	25 33 54	7 6 51	-215	13 23 46	3S14 41
24 Su	10 14 20	10 4 17	60 22	22 27 37.8	9 38 56	9♎40 16	6 52 7	-221	14 16 34	8 14 29
25 M	10 18 16	11 4 39	60 21	22 31 25.5	9 16 46	23 17 11	6 37 40	-208	15 8 46	12 39 11
26 Tu	10 22 13	12 4 59	60 19	22 35 12.6	8 54 28	6♏25 45	6 24 36	-181	16 0 50	16 17 58
27 W	10 26 9	13 5 19	60 18	22 38 59.2	8 32 2	19 9 11	6 13 37	-147	16 52 58	19 3 13
28 Th	10 30 6	14♒ 5 36	60 16	22 42 45.3	8S 9 28	1♐31 50	6 5 4	-110	17 45 11	20S50 6

DAY	☽ MOON AT 12 HOURS LONG ° ' "	12h MOT ° ' "	2DIF "	R.A. h m s	DECL ° ' "
1	10♐37 36	5 59 58	-59	18 24 11	21S24 17
2	22 35 45	5 56 45	-38	19 15 49	21 26 17
3	4♑28 8	5 54 49	-21	20 6 44	20 29 55
4	16 17 12	5 53 58	-5	20 56 31	18 39 29
5	28 5 7	5 54 9	10	21 44 53	16 1 35
6	9♒53 52	5 55 19	25	22 31 51	12 44 16
7	21 45 28	5 57 33	42	23 17 37	8 56 11
8	3♓42 9	6 1 0	62	0 2 39	4 46 6
9	15 46 22	6 5 50	84	0 47 31	0 22 43
10	28 1 2	6 12 15	109	1 32 57	4N 5 8
11	10♈29 22	6 20 24	136	2 19 44	8 27 57
12	23 14 54	6 30 19	161	3 8 42	12 34 53
13	6♉21 6	6 41 51	183	4 0 34	16 13 0
14	19 51 2	6 54 33	196	4 55 55	19 6 55
15	3♊46 42	7 7 40	193	5 54 47	20 59 35
16	18 8 23	7 20 1	172	6 56 36	21 34 58
17	2♋53 52	7 30 10	127	8 0 4	20 42 17
18	17 57 59	7 36 39	62	9 3 31	18 20 29
19	3♌12 45	7 38 17	-15	10 5 27	14 40 4
20	18 28 9	7 34 37	-93	11 5 1	10 0 51
21	3♍33 39	7 26 4	-159	12 2 4	4 47 21
22	18 20 3	7 13 51	-202	12 56 57	0S36 4
23	2♎40 44	6 59 32	-221	13 50 17	5 48 9
24	16 32 24	6 44 47	-217	14 42 43	10 31 59
25	29 54 51	6 30 54	-196	15 34 48	14 34 52
26	12♏50 21	6 18 49	-165	16 26 53	17 47 39
27	25 22 48	6 9 2	-128	17 19 5	20 4 10
28	7♐36 53	6 1 43	-92	18 11 14	21S20 52

LUNAR INGRESSES
3 ☽ ♑ 2:57
5 ☽ ♒ 15:54
8 ☽ ♓ 4:35
10 ☽ ♈ 15:51
13 ☽ ♉ 0:27
15 ☽ ♊ 5:34
17 ☽ ♋ 7:20
19 ☽ ♌ 6:57
21 ☽ ♍ 6:18
23 ☽ ♎ 7:28
25 ☽ ♏ 12:09
27 ☽ ♐ 21:00

PLANET INGRESSES
7 ☿ ♒ 16:29
7 ♂ ♈ 1:37
14 ☉ ♒ 0:18
25 ☿ ♓ 21:34
25 ♀ ♑ 11:16

STATIONS
NONE

DATA FOR THE 1st AT 0 HOURS
JULIAN DAY 43495.5
☽ MEAN ☊ 0°♋ 55' 20"
OBLIQUITY 23° 26' 8"
DELTA T 75.5 SECONDS
NUTATION LONGITUDE-14.1"

DAY MO	YR	☿ LONG ° ' "	♀ LONG ° ' "	♂ LONG ° ' "	♃ LONG ° ' "	♄ LONG ° ' "	♅ LONG ° ' "	♆ LONG ° ' "	♇ LONG ° ' "
1	32	18♑ 9 12	1♐39 30	25♓53 27	22♏45 59	19♐57 16	3♈52 15	19♒55 24	26♐37 35
2	33	19 53 49	2 47 32	26 34 6	22 56 19	20 3 50	3 53 34	19 57 23	26 39 30
3	34	21 39 5	3 55 44	27 14 44	23 6 32	20 10 22	3 54 56	19 59 23	26 41 25
4	35	23 24 58	5 4 5	27 55 22	23 16 40	20 16 52	3 56 20	20 1 24	26 43 19
5	36	25 11 26	6 12 34	28 36 0	23 26 41	20 23 19	3 57 48	20 3 26	26 45 13
6	37	26 58 26	7 21 12	29 16 38	23 36 36	20 29 44	3 59 18	20 5 29	26 47 5
7	38	28 45 56	8 29 58	29 57 16	23 46 24	20 36 7	4 0 51	20 7 33	26 48 57
8	39	0♒33 52	9 38 52	0♈37 53	23 56 7	20 42 27	4 2 27	20 9 38	26 50 48
9	40	2 22 9	10 47 54	1 18 30	24 5 42	20 48 45	4 4 6	20 11 43	26 52 39
10	41	4 10 39	11 57 2	1 59 6	24 15 11	20 55 0	4 5 47	20 13 50	26 54 29
11	42	5 59 17	13 6 18	2 39 42	24 24 33	21 1 13	4 7 32	20 15 57	26 56 17
12	43	7 47 52	14 15 41	3 20 18	24 33 48	21 7 22	4 9 18	20 18 5	26 58 5
13	44	9 36 13	15 25 10	4 0 52	24 42 57	21 13 29	4 11 8	20 20 13	26 59 52
14	45	11 24 7	16 34 46	4 41 26	24 51 58	21 19 33	4 13 0	20 22 23	27 1 39
15	46	13 11 19	17 44 28	5 21 59	25 0 52	21 25 35	4 14 55	20 24 33	27 3 24
16	47	14 57 31	18 54 17	6 2 31	25 9 39	21 31 33	4 16 52	20 26 43	27 5 8
17	48	16 42 23	20 4 11	6 43 3	25 18 18	21 37 28	4 18 52	20 28 55	27 6 51
18	49	18 25 31	21 14 11	7 23 33	25 26 50	21 43 20	4 20 55	20 31 6	27 8 34
19	50	20 6 28	22 24 18	8 4 3	25 35 15	21 49 9	4 23 0	20 33 19	27 10 15
20	51	21 44 46	23 34 29	8 44 31	25 43 32	21 54 54	4 25 7	20 35 31	27 11 55
21	52	23 19 54	24 44 47	9 24 59	25 51 41	22 0 36	4 27 17	20 37 45	27 13 34
22	53	24 51 16	25 55 10	10 5 25	25 59 43	22 6 15	4 29 29	20 39 58	27 15 12
23	54	26 18 16	27 5 38	10 45 50	26 7 36	22 11 51	4 31 43	20 42 12	27 16 49
24	55	27 40 17	28 16 11	11 26 15	26 15 22	22 17 23	4 34 0	20 44 27	27 18 25
25	56	28 56 41	29 26 49	12 6 39	26 22 59	22 22 52	4 36 19	20 46 42	27 20 0
26	57	0♓ 6 48	0♑37 33	12 47 1	26 30 29	22 28 17	4 38 41	20 48 57	27 21 33
27	58	1 10 2	1 48 20	13 27 23	26 37 49	22 33 38	4 41 4	20 51 12	27 23 5
28	59	2♓ 5 46	2♑59 12	14♈ 7 44	26♏45 2	22♐38 56	4♈43 30	20♒53 28	27♐24 37

DAY MO	☊ LONG ° '	A.S.S.I. h m s	S.S.R.Y. h m s	S.V.P. ♓ ° ' "	☿ MERCURY R.A. h m s	☿ MERCURY DECL ° ' "
1	1♋46	26 19 22	30 7 22	4 59 49.8	21 4 59	18S51 16
2	1 48	26 24 29	30 7 43	4 59 49.6	21 12 0	18 19 54
3	1 48	26 29 36	30 8 14	4 59 49.4	21 19 0	17 47 2
4	1 48	26 34 41	30 8 51	4 59 49.3	21 26 0	17 12 42
5	1 47	26 39 46	30 9 34	4 59 49.1	21 32 59	16 36 54
6	1 44	26 44 49	30 10 21	4 59 49.0	21 39 57	15 59 39
7	1 41	26 49 52	30 11 11	4 59 49.0	21 46 54	15 20 58
8	1 37	26 54 53	30 12 2	4 59 48.9	21 53 49	14 40 55
9	1 33	26 59 54	30 12 54	4 59 48.9	22 0 42	13 59 32
10	1 30	27 4 53	30 13 42	4 59 48.8	22 7 33	13 16 51
11	1 27	27 9 51	30 14 26	4 59 48.8	22 14 21	12 32 56
12	1 25	27 14 49	30 15 2	4 59 48.7	22 21 6	11 47 53
13	1 24	27 19 45	30 15 27	4 59 48.6	22 27 47	11 1 46
14	1 25	27 24 41	30 15 39	4 59 48.4	22 34 24	10 14 43
15	1 26	27 29 35	30 15 37	4 59 48.2	22 40 55	9 26 51
16	1 28	27 34 29	30 15 19	4 59 48.0	22 47 19	8 38 19
17	1 29	27 39 21	30 14 46	4 59 47.8	22 53 36	7 49 18
18	1 29	27 44 13	30 14 0	4 59 47.6	22 59 44	7 0 1
19	1 27	27 49 4	30 13 3	4 59 47.4	23 5 42	6 10 41
20	1 24	27 53 54	30 11 59	4 59 47.3	23 11 27	5 21 33
21	1 19	27 58 43	30 10 51	4 59 47.3	23 16 59	4 32 54
22	1 13	28 3 31	30 9 44	4 59 47.3	23 22 16	3 45 3
23	1 07	28 8 19	30 8 41	4 59 47.2	23 27 15	2 58 20
24	1 03	28 13 6	30 7 45	4 59 47.2	23 31 55	2 13 5
25	0 59	28 17 52	30 6 59	4 59 47.1	23 36 13	1 29 41
26	0 58	28 22 37	30 6 22	4 59 47.0	23 40 7	0 48 30
27	0 58	28 27 22	30 5 55	4 59 46.9	23 43 36	0 9 55
28	0♋59	28 32 6	30 5 39	4 59 46.7	23 46 37	0N25 43

DAY Feb	♀ VENUS R.A. h m s	♀ VENUS DECL ° ' "	♂ MARS R.A. h m s	♂ MARS DECL ° ' "	♃ JUPITER R.A. h m s	♃ JUPITER DECL ° ' "	♄ SATURN R.A. h m s	♄ SATURN DECL ° ' "
1	17 45 44	20S48 56	1 16 46	8N25 28	17 7 4	22S15 19	19 4 43	22S 8 53
2	17 50 34	20 53 35	1 19 17	8 41 34	17 7 49	22 16 15	19 5 11	22 8 12
3	17 55 26	20 57 43	1 21 48	8 57 35	17 8 33	22 17 10	19 5 39	22 7 31
4	18 0 18	21 1 20	1 24 20	9 13 32	17 9 17	22 18 3	19 6 7	22 6 50
5	18 5 12	21 4 26	1 26 51	9 29 25	17 10 0	22 18 55	19 6 35	22 6 9
6	18 10 6	21 6 59	1 29 23	9 45 12	17 10 42	22 19 46	19 7 3	22 5 28
7	18 15 1	21 9 1	1 31 56	10 0 55	17 11 25	22 20 36	19 7 30	22 4 47
8	18 19 56	21 10 30	1 34 28	10 16 34	17 12 7	22 21 24	19 7 57	22 4 6
9	18 24 53	21 11 25	1 37 1	10 32 7	17 12 48	22 22 11	19 8 24	22 3 25
10	18 29 50	21 11 48	1 39 33	10 47 35	17 13 29	22 22 57	19 8 51	22 2 44
11	18 34 47	21 11 37	1 42 7	11 2 57	17 14 9	22 23 41	19 9 18	22 2 3
12	18 39 45	21 10 51	1 44 40	11 18 14	17 14 49	22 24 24	19 9 44	22 1 22
13	18 44 43	21 9 32	1 47 13	11 33 26	17 15 28	22 25 6	19 10 10	22 0 40
14	18 49 42	21 7 39	1 49 47	11 48 32	17 16 7	22 25 47	19 10 36	21 59 59
15	18 54 41	21 5 11	1 52 21	12 3 32	17 16 46	22 26 27	19 11 2	21 59 18
16	18 59 40	21 2 9	1 54 56	12 18 26	17 17 24	22 27 5	19 11 28	21 58 38
17	19 4 39	20 58 32	1 57 30	12 33 15	17 18 1	22 27 43	19 11 53	21 57 57
18	19 9 39	20 54 20	2 0 5	12 47 57	17 18 38	22 28 19	19 12 18	21 57 16
19	19 14 39	20 49 33	2 2 40	13 2 32	17 19 14	22 28 54	19 12 43	21 56 36
20	19 19 39	20 44 12	2 5 15	13 17 1	17 19 50	22 29 28	19 13 8	21 55 55
21	19 24 39	20 38 16	2 7 51	13 31 24	17 20 25	22 30 1	19 13 32	21 55 15
22	19 29 38	20 31 45	2 10 27	13 45 40	17 21 0	22 30 33	19 13 56	21 54 35
23	19 34 38	20 24 40	2 13 3	13 59 49	17 21 34	22 31 4	19 14 20	21 53 55
24	19 39 38	20 17 0	2 15 39	14 13 52	17 22 8	22 31 34	19 14 44	21 53 16
25	19 44 37	20 8 46	2 18 16	14 27 47	17 22 41	22 32 3	19 15 8	21 52 36
26	19 49 36	19 59 57	2 20 52	14 41 35	17 23 13	22 32 31	19 15 31	21 51 57
27	19 54 35	19 50 34	2 23 30	14 55 17	17 23 45	22 32 58	19 15 54	21 51 18
28	19 59 34	19S40 37	2 26 7	15N 8 51	17 24 16	22S33 24	19 16 16	21S50 39

DAY Feb	♅ URANUS R.A. h m s	♅ URANUS DECL ° ' "	♆ NEPTUNE R.A. h m s	♆ NEPTUNE DECL ° ' "	♇ PLUTO R.A. h m s	♇ PLUTO DECL ° ' "
1	1 48 6	10N35 24	23 5 58	6S49 27	19 33 36	21S50 50
2	1 48 10	10 35 54	23 6 6	6 48 41	19 33 44	21 50 37
3	1 48 16	10 36 25	23 6 13	6 47 54	19 33 52	21 50 25
4	1 48 21	10 36 57	23 6 21	6 47 7	19 34 0	21 50 12
5	1 48 26	10 37 29	23 6 28	6 46 19	19 34 8	21 50 0
6	1 48 32	10 38 3	23 6 36	6 45 31	19 34 16	21 49 47
7	1 48 38	10 38 38	23 6 44	6 44 43	19 34 24	21 49 35
8	1 48 44	10 39 14	23 6 51	6 43 54	19 34 32	21 49 23
9	1 48 50	10 39 50	23 6 59	6 43 5	19 34 40	21 49 11
10	1 48 57	10 40 28	23 7 7	6 42 16	19 34 48	21 48 59
11	1 49 3	10 41 7	23 7 15	6 41 26	19 34 56	21 48 47
12	1 49 10	10 41 46	23 7 23	6 40 37	19 35 4	21 48 35
13	1 49 17	10 42 27	23 7 31	6 39 46	19 35 11	21 48 23
14	1 49 24	10 43 8	23 7 39	6 38 56	19 35 19	21 48 12
15	1 49 31	10 43 50	23 7 47	6 38 6	19 35 26	21 48 0
16	1 49 39	10 44 34	23 7 55	6 37 15	19 35 34	21 47 49
17	1 49 46	10 45 18	23 8 3	6 36 24	19 35 41	21 47 38
18	1 49 54	10 46 3	23 8 11	6 35 33	19 35 49	21 47 27
19	1 50 2	10 46 48	23 8 19	6 34 41	19 35 56	21 47 16
20	1 50 10	10 47 35	23 8 27	6 33 50	19 36 3	21 47 6
21	1 50 18	10 48 22	23 8 36	6 32 58	19 36 10	21 46 55
22	1 50 27	10 49 10	23 8 44	6 32 6	19 36 17	21 46 45
23	1 50 35	10 49 59	23 8 52	6 31 14	19 36 24	21 46 35
24	1 50 44	10 50 49	23 9 1	6 30 22	19 36 31	21 46 25
25	1 50 52	10 51 40	23 9 9	6 29 30	19 36 38	21 46 15
26	1 51 1	10 52 31	23 9 17	6 28 38	19 36 44	21 46 6
27	1 51 11	10 53 23	23 9 26	6 27 45	19 36 51	21 45 56
28	1 51 20	10N54 16	23 9 34	6S26 53	19 36 58	21S45 47

MARCH 2019

DAY	SIDEREAL TIME h m s	☉ SUN LONG ° ' "	MOT ' "	R.A. h m s	DECL ° ' "	☽ MOON AT 0 HOURS LONG ° ' "	12h MOT ° ' "	2DIF "	R.A. h m s	DECL ° ' "	☽ MOON AT 12 HOURS LONG ° ' "	12h MOT ° ' "	2DIF "	R.A. h m s	DECL ° ' "
1 F	10 34 2	15♓ 5 52	60 15	22 46 30.8	7S46 47	13♐38 36	5 58 58	-74	18 37 13	21S36 23	19♐37 33	5 56 48	-57	19 3 3	21S36 47
2 S	10 37 59	16 6 7	60 13	22 50 15.9	7 23 59	25 34 21	5 55 10	-41	19 28 41	21 22 22	1♑29 31	5 54 4	-26	19 54 6	20 53 32
3 Su	10 41 55	17 6 20	60 12	22 54 0.4	7 1 4	7♑23 35	5 53 26	-13	20 19 13	20 10 52	13 17 0	5 53 13	0	20 44 2	19 15 2
4 M	10 45 52	18 6 32	60 10	22 57 44.5	6 38 4	19 10 13	5 53 24	10	21 8 31	18 6 52	25 3 37	5 53 55	20	21 32 39	16 47 13
5 Tu	10 49 49	19 6 42	60 8	23 1 28.1	6 14 58	0♒57 32	5 54 44	29	21 56 27	15 17 4	6♒52 16	5 55 49	36	22 19 56	13 37 25
6 W	10 53 45	20 6 50	60 6	23 5 11.3	5 51 47	12 48 4	5 57 7	42	22 43 8	11 49 20	18 45 12	5 58 38	48	23 6 4	9 53 54
7 Th	10 57 42	21 6 56	60 4	23 8 54.1	5 28 31	24 43 50	6 0 19	53	23 28 49	7 52 15	0♓44 9	6 2 10	58	23 51 25	5 45 29
8 F	11 1 38	22 7 0	60 2	23 12 36.4	5 5 10	6♓46 18	6 4 9	62	0 13 57	3 34 48	12 50 28	6 6 18	67	0 36 29	1 21 21
9 S	11 5 35	23 7 3	60 0	23 16 18.4	4 41 46	18 56 46	6 8 36	71	0 59 6	0N53 40	25 5 22	6 11 4	77	1 21 52	3N 8 59
10 Su	11 9 31	24 7 3	59 58	23 19 60.0	4 18 17	1♈16 25	6 13 42	82	1 44 53	5 23 21	7♈30 8	6 16 34	89	2 8 15	7 35 25
11 M	11 13 28	25 7 2	59 56	23 23 41.2	3 54 46	13 46 41	6 19 39	96	2 32 1	9 43 47	20 6 20	6 22 59	104	2 56 18	11 46 58
12 Tu	11 17 24	26 6 58	59 54	23 27 22.1	3 31 12	26 29 19	6 26 36	113	3 21 10	13 43 24	2♉55 55	6 30 31	122	3 46 41	15 31 26
13 W	11 21 21	27 6 52	59 52	23 31 2.7	3 7 35	9♉26 26	6 34 45	132	4 12 55	17 9 18	16 1 11	6 39 18	141	4 39 54	18 35 13
14 Th	11 25 17	28 6 44	59 50	23 34 43.0	2 43 56	22 40 29	6 44 8	149	5 7 39	19 47 19	29 24 37	6 49 15	156	5 36 8	20 43 47
15 F	11 29 14	29 6 33	59 48	23 38 23.0	2 20 16	6♊13 52	6 54 34	162	6 5 18	21 22 53	13♊ 8 25	7 0 2	164	6 35 4	21 43 5
16 S	11 33 11	0♓ 6 21	59 45	23 42 2.8	1 56 34	20 8 27	7 5 32	164	7 5 20	21 43 9	27 13 59	7 10 57	159	7 35 55	21 22 14
17 Su	11 37 7	1 6 6	59 43	23 45 42.3	1 32 52	4♋24 56	7 16 8	150	8 6 40	20 40 1	11♋41 4	7 20 55	135	8 37 26	19 36 43
18 M	11 41 4	2 5 48	59 41	23 49 21.5	1 9 9	19 1 59	7 25 8	115	9 8 3	18 13 7	26 27 7	7 28 35	90	9 38 24	16 30 36
19 Tu	11 45 0	3 5 29	59 38	23 53 0.6	0 45 26	3♌55 41	7 31 6	59	10 8 22	14 31 4	11♌26 47	7 32 32	25	10 37 55	12 16 51
20 W	11 48 57	4 5 7	59 36	23 56 39.5	0 21 43	18 59 19	7 32 48	-11	11 7 1	9 50 35	26 32 7	7 31 48	-49	11 35 39	7 15 10
21 Th	11 52 53	5 4 44	59 34	0 0 18.3	0N 2 0	4♍ 3 55	7 29 34	-85	12 3 52	4 33 33	11♍33 29	7 26 7	-120	12 31 42	1 48 46
22 F	11 56 50	6 4 18	59 32	0 3 56.9	0 25 41	18 59 35	7 21 34	-151	12 59 14	0S56 18	26 21 9	7 16 4	-176	13 26 30	3S38 54
23 S	12 0 46	7 3 50	59 31	0 7 35.4	0 49 21	3♎47 57	7 9 48	-196	13 53 36	6 16 28	10♎47 0	7 2 58	-210	14 20 34	8 46 42
24 Su	12 4 43	8 3 21	59 29	0 11 13.9	1 13 0	17 49 58	6 55 47	-218	14 47 27	11 7 34	24 45 45	6 48 28	-219	15 14 19	13 17 19
25 M	12 8 40	9 2 50	59 27	0 14 52.3	1 36 37	1♏34 13	6 41 10	-216	15 41 11	15 14 26	8♏15 23	6 34 5	-207	16 8 3	16 57 45
26 Tu	12 12 36	10 2 16	59 25	0 18 30.7	2 0 12	14 49 28	6 27 21	-195	16 34 55	18 26 18	21 16 49	6 21 5	-180	17 1 45	19 39 24
27 W	12 16 33	11 1 42	59 24	0 22 9.1	2 23 44	27 37 54	6 15 22	-162	17 28 33	20 36 37	3♐53 15	6 10 15	-143	17 55 15	21 17 43
28 Th	12 20 29	12 1 5	59 22	0 25 47.6	2 47 14	10♐ 3 31	6 5 49	-123	18 21 48	21 42 43	16 9 19	6 2 3	-102	18 48 8	21 51 47
29 F	12 24 26	13 0 26	59 20	0 29 26.0	3 10 40	22 11 22	5 58 59	-82	19 14 14	21 45 18	28 10 21	5 56 36	-62	19 40 1	21 23 45
30 S	12 28 22	13 59 46	59 18	0 33 4.5	3 34 3	4♑ 6 56	5 54 53	-42	20 5 28	20 47 47	10♑ 1 48	5 53 48	-23	20 30 34	19 58 9
31 Su	12 32 19	14♓59 4	59 16	0 36 43.1	3N57 21	15♑55 36	5 53 20	-6	20 55 16	18S55 39	21♑48 56	5 53 25	10	21 19 36	17S41 10

LUNAR INGRESSES
2 ☽ ♑ 8:58
4 ☽ ♒ 22:03
7 ☽ ♓ 10:32
9 ☽ ♈ 21:32
12 ☽ ♉ 6:33
14 ☽ ♊ 13:03
16 ☽ ♋ 16:38
18 ☽ ♌ 17:42
20 ☽ ♍ 17:31
22 ☽ ♎ 18:00
24 ☽ ♏ 21:13
27 ☽ ♐ 4:31
29 ☽ ♑ 15:41

PLANET INGRESSES
14 ☿ ♒ 4:54
15 ☉ ♓ 21:27
22 ♀ ♒ 15:56
23 ♂ ♉ 17:29

STATIONS
5 ☿ R 18:20
28 ☿ D 14:00

DATA FOR THE 1st AT 0 HOURS
JULIAN DAY 43523.5
☽ MEAN ☊ 29°♊ 26' 18"
OBLIQUITY 23° 26' 9"
DELTA T 75.5 SECONDS
NUTATION LONGITUDE-14.8"

DAY MO YR	☿ LONG ° ' "	♀ LONG ° ' "	♂ LONG ° ' "	♃ LONG ° ' "	♄ LONG ° ' "	♅ LONG ° ' "	♆ LONG ° ' "	♇ LONG ° ' "	☊ LONG ° '	A.S.S.I. h m s	S.S.R.Y. h m s	S.V.P. ♓ ° ' "	☿ MERCURY R.A. h m s	☿ MERCURY DECL ° ' "
1 60	2♓53 29	4♑10 9	14♈48 4	26♏52 6	22♐44 10	4♈45 58	20♒55 44	27♐26 6	1♋01	28 36 49	30 5 33	4 59 46.5	23 49 9	0N58 2
2 61	3 32 42	5 21 9	15 28 23	26 59 1	22 49 20	4 48 28	20 58 0	27 27 35	1 02	28 41 32	30 5 37	4 59 46.4	23 51 10	1 26 41
3 62	4 3 2	6 32 14	16 8 42	27 5 48	22 54 26	4 51 1	21 0 17	27 29 2	1 02	28 46 14	30 5 51	4 59 46.2	23 52 40	1 51 21
4 63	4 24 11	7 43 22	16 48 59	27 12 25	22 59 29	4 53 35	21 2 33	27 30 28	1 00	28 50 56	30 6 13	4 59 46.1	23 53 36	2 11 46
5 64	4 36R 1	8 54 34	17 29 16	27 18 54	23 4 27	4 56 11	21 4 50	27 31 53	0 55	28 55 37	30 6 44	4 59 46.0	23 54 0	2 27 42
6 65	4 38 28	10 5 49	18 9 31	27 25 13	23 9 21	4 58 50	21 7 6	27 33 16	0 49	29 0 17	30 7 23	4 59 46.0	23 53 51	2 38 58
7 66	4 31 42	11 17 8	18 49 46	27 31 23	23 14 11	5 1 30	21 9 23	27 34 38	0 40	29 4 57	30 8 9	4 59 46.0	23 53 11	2 45 25
8 67	4 15 58	12 28 30	19 29 59	27 37 24	23 18 56	5 4 12	21 11 39	27 35 58	0 30	29 9 36	30 9 1	4 59 46.0	23 51 59	2 47 1
9 68	3 51 46	13 39 54	20 10 12	27 43 16	23 23 38	5 6 56	21 13 56	27 37 18	0 20	29 14 15	30 9 58	4 59 46.0	23 50 19	2 43 48
10 69	3 19 43	14 51 22	20 50 23	27 48 58	23 28 15	5 9 42	21 16 13	27 38 35	0 10	29 18 53	30 10 57	4 59 45.9	23 48 14	2 35 52
11 70	2 40 39	16 2 53	21 30 34	27 54 31	23 32 48	5 12 30	21 18 29	27 39 51	0 02	29 23 31	30 11 56	4 59 45.9	23 45 45	2 23 26
12 71	1 55 31	17 14 26	22 10 43	27 59 54	23 37 16	5 15 20	21 20 46	27 41 6	29♊55	29 28 9	30 12 50	4 59 45.8	23 42 57	2 6 49
13 72	1 5 27	18 26 2	22 50 51	28 5 7	23 41 40	5 18 11	21 23 2	27 42 19	29 51	29 32 46	30 13 36	4 59 45.7	23 39 55	1 46 24
14 73	0 11 38	19 37 40	23 30 58	28 10 10	23 45 59	5 21 4	21 25 18	27 43 31	29 50	29 37 23	30 14 10	4 59 45.6	23 36 42	1 22 41
15 74	29♒15 23	20 49 21	24 11 3	28 15 4	23 50 13	5 23 58	21 27 34	27 44 41	29 50	29 41 59	30 14 30	4 59 45.4	23 33 23	0 56 12
16 75	28 17 57	22 1 4	24 51 7	28 19 47	23 54 23	5 26 54	21 29 49	27 45 50	29 51	29 46 35	30 14 34	4 59 45.2	23 30 2	0 27 33
17 76	27 20 39	23 12 50	25 31 10	28 24 21	23 58 28	5 29 52	21 32 5	27 46 57	29 51	29 51 11	30 14 21	4 59 45.0	23 26 45	0S 2 38
18 77	26 24 39	24 24 38	26 11 12	28 28 44	24 2 29	5 32 51	21 34 20	27 48 3	29 49	29 55 47	30 13 54	4 59 44.9	23 23 35	0 33 44
19 78	25 31 4	25 36 28	26 51 12	28 32 57	24 6 25	5 35 52	21 36 34	27 49 7	29 45	30 0 22	30 13 13	4 59 44.8	23 20 36	1 5 9
20 79	24 40 50	26 48 21	27 31 10	28 37 0	24 10 16	5 38 54	21 38 48	27 50 9	29 39	30 4 57	30 12 22	4 59 44.7	23 17 51	1 36 19
21 80	23 54 48	28 0 16	28 11 7	28 40 53	24 14 2	5 41 57	21 41 2	27 51 10	29 30	0 0 23	30 11 24	4 59 44.7	23 15 23	2 6 42
22 81	23 13 36	29 12 13	28 51 3	28 44 36	24 17 43	5 45 2	21 43 16	27 52 10	29 20	0 4 58	30 10 23	4 59 44.7	23 13 13	2 35 53
23 82	22 37 44	0♒24 13	29 30 57	28 48 8	24 21 19	5 48 8	21 45 29	27 53 7	29 10	0 9 32	30 9 22	4 59 44.7	23 11 24	3 3 29
24 83	22 7 34	1 36 14	0♉10 50	28 51 29	24 24 50	5 51 15	21 47 41	27 54 3	29 00	0 14 7	30 8 24	4 59 44.7	23 9 56	3 29 12
25 84	21 43 17	2 48 18	0 50 42	28 54 40	24 28 16	5 54 24	21 49 53	27 54 58	28 53	0 18 41	30 7 30	4 59 44.6	23 8 51	3 52 48
26 85	21 25 1	4 0 25	1 30 32	28 57 40	24 31 38	5 57 34	21 52 5	27 55 51	28 48	0 23 15	30 6 44	4 59 44.4	23 8 7	4 14 5
27 86	21 12 46	5 12 33	2 10 21	29 0 30	24 34 54	6 0 45	21 54 16	27 56 42	28 45	0 27 50	30 6 4	4 59 44.3	23 7 46	4 32 58
28 87	21 6D28	6 24 43	2 50 9	29 3 8	24 38 4	6 3 57	21 56 26	27 57 31	28 44	0 32 24	30 5 33	4 59 44.1	23 7 46	4 49 21
29 88	21 5 59	7 36 55	3 29 56	29 5 36	24 41 10	6 7 10	21 58 36	27 58 19	28 44	0 36 59	30 5 10	4 59 44.0	23 8 7	5 3 12
30 89	21 11 8	8 49 9	4 9 41	29 7 53	24 44 10	6 10 24	22 0 45	27 59 5	28 44	0 41 33	30 4 57	4 59 43.8	23 8 49	5 14 31
31 90	21♒21 43	10♒ 1 24	4♉49 26	29♏ 9 59	24♐47 5	6♈13 40	22♒ 2 53	27♐59 50	28♊43	0 46 8	30 4 53	4 59 43.7	23 9 50	5S23 20

DAY Mar	♀ VENUS R.A. h m s	♀ VENUS DECL ° ' "	♂ MARS R.A. h m s	♂ MARS DECL ° ' "	♃ JUPITER R.A. h m s	♃ JUPITER DECL ° ' "	♄ SATURN R.A. h m s	♄ SATURN DECL ° ' "	♅ URANUS R.A. h m s	♅ URANUS DECL ° ' "	♆ NEPTUNE R.A. h m s	♆ NEPTUNE DECL ° ' "	♇ PLUTO R.A. h m s	♇ PLUTO DECL ° ' "
1	20 4 32	19S30 7	2 28 45	15N22 17	17 24 46	22S33 49	19 16 39	21S50 1	1 51 29	10N55 10	23 9 43	6S26 0	19 37 4	21S45 38
2	20 9 30	19 19 4	2 31 23	15 35 36	17 25 16	22 34 13	19 17 1	21 49 23	1 51 39	10 56 4	23 9 51	6 25 8	19 37 10	21 45 29
3	20 14 28	19 7 27	2 34 1	15 48 48	17 25 46	22 34 37	19 17 23	21 48 45	1 51 48	10 56 59	23 9 59	6 24 15	19 37 17	21 45 21
4	20 19 25	18 55 17	2 36 39	16 1 52	17 26 14	22 34 59	19 17 44	21 48 7	1 51 58	10 57 55	23 10 8	6 23 22	19 37 23	21 45 12
5	20 24 21	18 42 36	2 39 18	16 14 49	17 26 42	22 35 21	19 18 5	21 47 30	1 52 8	10 58 51	23 10 16	6 22 30	19 37 29	21 45 4
6	20 29 17	18 29 22	2 41 57	16 27 37	17 27 10	22 35 42	19 18 26	21 46 53	1 52 18	10 59 48	23 10 25	6 21 37	19 37 35	21 44 56
7	20 34 13	18 15 36	2 44 37	16 40 17	17 27 36	22 36 2	19 18 47	21 46 17	1 52 28	11 0 45	23 10 33	6 20 45	19 37 41	21 44 48
8	20 39 7	18 1 20	2 47 16	16 52 50	17 28 2	22 36 21	19 19 7	21 45 41	1 52 39	11 1 44	23 10 42	6 19 52	19 37 46	21 44 41
9	20 44 1	17 46 32	2 49 56	17 5 14	17 28 28	22 36 39	19 19 27	21 45 5	1 52 49	11 2 43	23 10 50	6 18 59	19 37 52	21 44 34
10	20 48 55	17 31 14	2 52 37	17 17 30	17 28 53	22 36 57	19 19 47	21 44 30	1 52 59	11 3 42	23 10 59	6 18 7	19 37 58	21 44 27
11	20 53 48	17 15 26	2 55 17	17 29 37	17 29 17	22 37 13	19 20 7	21 43 55	1 53 10	11 4 42	23 11 7	6 17 14	19 38 3	21 44 20
12	20 58 40	16 59 9	2 57 58	17 41 36	17 29 40	22 37 29	19 20 26	21 43 21	1 53 21	11 5 43	23 11 16	6 16 22	19 38 8	21 44 13
13	21 3 31	16 42 22	3 0 39	17 53 27	17 30 2	22 37 44	19 20 44	21 42 47	1 53 32	11 6 44	23 11 24	6 15 29	19 38 14	21 44 7
14	21 8 21	16 25 7	3 3 21	18 5 8	17 30 24	22 37 59	19 21 3	21 42 14	1 53 43	11 7 46	23 11 32	6 14 37	19 38 19	21 44 1
15	21 13 11	16 7 25	3 6 2	18 16 41	17 30 45	22 38 13	19 21 21	21 41 41	1 53 54	11 8 48	23 11 41	6 13 45	19 38 24	21 43 55
16	21 18 0	15 49 14	3 8 44	18 28 5	17 31 6	22 38 26	19 21 39	21 41 8	1 54 5	11 9 51	23 11 49	6 12 53	19 38 29	21 43 49
17	21 22 49	15 30 37	3 11 26	18 39 20	17 31 26	22 38 39	19 21 56	21 40 36	1 54 16	11 10 54	23 11 58	6 12 1	19 38 34	21 43 44
18	21 27 36	15 11 34	3 14 9	18 50 26	17 31 45	22 38 51	19 22 13	21 40 5	1 54 28	11 11 58	23 12 6	6 11 9	19 38 38	21 43 39
19	21 32 23	14 52 5	3 16 51	19 1 22	17 32 3	22 39 2	19 22 30	21 39 34	1 54 39	11 13 2	23 12 14	6 10 17	19 38 43	21 43 34
20	21 37 9	14 32 10	3 19 34	19 12 9	17 32 21	22 39 13	19 22 47	21 39 4	1 54 51	11 14 7	23 12 23	6 9 26	19 38 48	21 43 29
21	21 41 54	14 11 51	3 22 18	19 22 47	17 32 37	22 39 23	19 23 3	21 38 35	1 55 2	11 15 12	23 12 31	6 8 35	19 38 52	21 43 25
22	21 46 38	13 51 8	3 25 1	19 33 15	17 32 53	22 39 32	19 23 18	21 38 6	1 55 14	11 16 17	23 12 39	6 7 44	19 38 56	21 43 21
23	21 51 22	13 30 1	3 27 45	19 43 34	17 33 9	22 39 41	19 23 34	21 37 37	1 55 26	11 17 23	23 12 47	6 6 53	19 39 0	21 43 17
24	21 56 5	13 8 31	3 30 29	19 53 43	17 33 23	22 39 49	19 23 49	21 37 9	1 55 38	11 18 30	23 12 56	6 6 2	19 39 4	21 43 14
25	22 0 47	12 46 39	3 33 13	20 3 42	17 33 37	22 39 57	19 24 3	21 36 42	1 55 50	11 19 36	23 13 4	6 5 12	19 39 8	21 43 10
26	22 5 28	12 24 25	3 35 58	20 13 31	17 33 50	22 40 4	19 24 18	21 36 16	1 56 2	11 20 43	23 13 12	6 4 21	19 39 12	21 43 7
27	22 10 9	12 1 51	3 38 42	20 23 11	17 34 2	22 40 11	19 24 32	21 35 50	1 56 14	11 21 51	23 13 20	6 3 31	19 39 16	21 43 5
28	22 14 49	11 38 55	3 41 27	20 32 40	17 34 14	22 40 17	19 24 45	21 35 25	1 56 26	11 22 58	23 13 28	6 2 42	19 39 19	21 43 2
29	22 19 28	11 15 40	3 44 13	20 42 0	17 34 24	22 40 23	19 24 59	21 35 0	1 56 39	11 24 7	23 13 36	6 1 52	19 39 23	21 43 0
30	22 24 6	10 52 6	3 46 58	20 51 9	17 34 34	22 40 28	19 25 11	21 34 36	1 56 51	11 25 15	23 13 44	6 1 3	19 39 26	21 42 58
31	22 28 44	10S28 13	3 49 44	21N 0 8	17 34 43	22S40 33	19 25 24	21S34 13	1 57 3	11N26 24	23 13 52	6S 0 14	19 39 29	21S42 57

APRIL 2019

DAY	SIDEREAL TIME h m s	☉ SUN LONG ° ′ ″	MOT ′ ″	R.A. h m s	DECL ° ′ ″	☽ MOON AT 0 HOURS LONG ° ′ ″	12h MOT ° ′ ″	2DIF ″	R.A. h m s	DECL ° ′ ″	☽ MOON AT 12 HOURS LONG ° ′ ″	12h MOT ° ′ ″	2DIF ″	R.A. h m s	DECL ° ′ ″
1 M	12 36 15	15♓58 20	59 14	0 40 21.8	4N20 36	27♑42 21	5 54 2	25	21 43 34	16S15 38	3♒36 23	5 55 6	38	22 7 11	14S40 1
2 Tu	12 40 12	16 57 35	59 12	0 44 0.6	4 43 45	9♒31 28	5 56 35	50	22 30 30	12 55 18	15 28 3	5 58 24	59	22 53 34	11 2 30
3 W	12 44 9	17 56 47	59 11	0 47 39.5	5 6 50	21 26 27	6 0 32	67	23 16 25	9 2 40	27 26 59	6 2 53	73	23 39 8	6 56 53
4 Th	12 48 5	18 55 58	59 9	0 51 18.5	5 29 49	3♓29 52	6 5 25	78	0 1 46	4 46 16	9♓35 17	6 8 5	81	0 24 24	2 31 58
5 F	12 52 2	19 55 6	59 7	0 54 57.7	5 52 43	15 43 23	6 10 51	83	0 47 6	0 15 13	21 54 13	6 13 39	84	1 9 57	2N 2 43
6 S	12 55 58	20 54 13	59 4	0 58 37.1	6 15 30	28 7 52	6 16 28	85	1 33 3	4N20 30	4♈24 20	6 19 17	84	1 56 27	6 36 42
7 Su	12 59 55	21 53 17	59 2	1 2 16.7	6 38 11	10♈43 36	6 22 5	84	2 20 15	8 49 49	17 5 42	6 24 53	84	2 44 31	10 58 16
8 M	13 3 51	22 52 20	59 0	1 5 56.5	7 0 45	23 30 35	6 27 41	84	3 9 19	13 0 25	29 58 16	6 30 31	85	3 34 43	14 54 30
9 Tu	13 7 48	23 51 20	58 58	1 9 36.5	7 23 12	6♉28 47	6 33 23	87	4 0 45	16 38 46	13♉ 2 10	6 36 19	90	4 27 28	18 11 23
10 W	13 11 44	24 50 18	58 56	1 13 16.7	7 45 32	19 38 29	6 39 22	93	4 54 50	19 30 35	26 17 51	6 42 32	97	5 22 51	20 34 38
11 Th	13 15 41	25 49 13	58 54	1 16 57.2	8 7 43	3♊ 0 22	6 45 50	101	5 51 28	21 21 57	9♊46 12	6 49 17	106	6 20 34	21 51 7
12 F	13 19 37	26 48 7	58 51	1 20 38.0	8 29 46	16 35 29	6 52 53	110	6 50 5	22 1 5	23 28 22	6 56 36	112	7 19 52	21 51 4
13 S	13 23 34	27 46 58	58 49	1 24 19.0	8 51 41	0♋24 57	7 0 23	113	7 49 46	21 20 44	7♋25 20	7 4 10	112	8 19 41	20 30 12
14 Su	13 27 31	28 45 47	58 47	1 28 0.3	9 13 27	14 29 29	7 7 52	108	8 49 27	19 20 2	21 37 21	7 11 22	100	9 18 59	17 51 14
15 M	13 31 27	29 44 33	58 44	1 31 41.9	9 35 3	28 48 43	7 14 33	89	9 48 11	16 5 13	6♌ 3 16	7 17 17	73	10 17 2	14 3 46
16 Tu	13 35 24	0♈43 17	58 42	1 35 23.9	9 56 30	13♌20 33	7 19 26	53	10 45 30	11 48 57	20 39 59	7 20 51	30	11 13 36	9 23 4
17 W	13 39 20	1 41 59	58 40	1 39 6.2	10 17 46	28 0 49	7 21 26	4	11 41 21	6 48 35	5♍22 15	7 21 5	-25	12 8 49	4 8 6
18 Th	13 43 17	2 40 39	58 38	1 42 48.8	10 38 53	12♍43 20	7 19 46	-55	12 36 4	1 24 18	20 3 5	7 17 27	-84	13 3 8	1S20 12
19 F	13 47 13	3 39 17	58 36	1 46 31.9	10 59 48	27 20 32	7 14 11	-111	13 30 8	4S 2 44	4♎34 43	7 10 2	-136	13 57 5	6 40 47
20 S	13 51 10	4 37 53	58 34	1 50 15.3	11 20 33	11♎44 45	7 5 7	-157	14 24 5	9 11 58	18 49 53	6 59 35	-173	14 51 9	11 34 4
21 Su	13 55 6	5 36 27	58 32	1 53 59.2	11 41 7	25 49 28	6 53 34	-185	15 18 19	13 45 6	2♏43 2	6 47 16	-191	15 45 36	15 43 17
22 M	13 59 3	6 34 59	58 31	1 57 43.5	12 1 29	9♏30 18	6 40 50	-193	16 12 58	17 27 12	16 11 7	6 34 25	-190	16 40 25	18 55 40
23 Tu	14 3 0	7 33 29	58 29	2 1 28.3	12 21 39	22 45 32	6 28 11	-183	17 7 53	20 7 50	29 13 43	6 22 15	-172	17 35 18	21 3 9
24 W	14 6 56	8 31 58	58 27	2 5 13.5	12 41 37	5♐35 57	6 16 43	-158	18 2 36	21 41 25	11♐52 40	6 11 42	-142	18 29 43	22 2 40
25 Th	14 10 53	9 30 25	58 26	2 8 59.2	13 1 23	18 4 22	6 7 15	-124	18 56 33	22 7 13	24 11 36	6 3 25	-105	19 23 3	21 55 35
26 F	14 14 49	10 28 51	58 24	2 12 45.4	13 20 56	0♑15 1	6 0 14	-85	19 49 9	21 28 30	6♑15 15	5 57 45	-65	20 14 50	20 46 48
27 S	14 18 46	11 27 14	58 22	2 16 32.1	13 40 16	12 13 0	5 55 56	-44	20 40 3	19 51 23	18 8 56	5 54 49	-24	21 4 48	18 43 16
28 Su	14 22 42	12 25 37	58 21	2 20 19.3	13 59 22	24 3 45	5 54 21	-4	21 29 6	17 23 27	29 58 6	5 54 32	15	21 53 0	15 52 57
29 M	14 26 39	13 23 57	58 19	2 24 7.1	14 18 15	5♒52 38	5 55 20	32	22 16 30	14 12 48	11♒47 58	5 56 42	49	22 39 41	12 23 59
30 Tu	14 30 35	14♈22 17	58 18	2 27 55.3	14N36 53	17♒44 39	5 58 35	64	23 2 36	10S27 31	23♒43 14	6 0 56	77	23 25 19	8S24 24

LUNAR INGRESSES
1 ☽ ♒ 4:40
3 ☽ ♓ 17:04
6 ☽ ♈ 3:35
8 ☽ ♉ 12:03
10 ☽ ♊ 18:38
12 ☽ ♋ 23:17
15 ☽ ♌ 1:58
17 ☽ ♍ 3:14
19 ☽ ♎ 4:24
21 ☽ ♏ 7:15
23 ☽ ♐ 13:27
25 ☽ ♑ 23:30
28 ☽ ♒ 12:04

PLANET INGRESSES
12 ☿ ♓ 19:48
15 ☉ ♈ 6:19
16 ♀ ♓ 13:07

STATIONS
10 ♃ R 17:02
24 ♇ R 18:49
30 ♄ R 0:55

DATA FOR THE 1st AT 0 HOURS
JULIAN DAY 43554.5
☽ MEAN ☊ 27°♊ 47′ 44″
OBLIQUITY 23° 26′ 9″
DELTA T 75.5 SECONDS
NUTATION LONGITUDE-16.3″

DAY MO	YR	☿ LONG ° ′ ″	♀ LONG ° ′ ″	♂ LONG ° ′ ″	♃ LONG ° ′ ″	♄ LONG ° ′ ″	♅ LONG ° ′ ″	♆ LONG ° ′ ″	♇ LONG ° ′ ″	☊ LONG ° ′	A.S.S.I. h m s	S.S.R.Y. h m s	S.V.P. ♓ ° ′ ″	☿ MERCURY R.A. h m s	DECL ° ′ ″
1	91	21♒37 32	11♒13 41	5♉29 9	29♏11 54	24♐49 55	6♈16 56	22♒ 5 1	28♐ 0 32	28♊40	0 50 43	30 4 57	4 59 43.6	23 11 10	5S29 39
2	92	21 58 18	12 26 0	6 8 51	29 13 37	24 52 39	6 20 13	22 7 8	28 1 13	28 34	0 55 17	30 5 16	4 59 43.6	23 12 47	5 33 32
3	93	22 23 49	13 38 20	6 48 32	29 15 10	24 55 17	6 23 31	22 9 14	28 1 52	28 25	0 59 53	30 5 43	4 59 43.5	23 14 41	5 35 4
4	94	22 53 49	14 50 41	7 28 11	29 16 31	24 57 51	6 26 50	22 11 19	28 2 30	28 13	1 4 28	30 6 22	4 59 43.5	23 16 50	5 34 17
5	95	23 28 4	16 3 4	8 7 50	29 17 41	25 0 18	6 30 10	22 13 24	28 3 5	28 00	1 9 3	30 7 10	4 59 43.5	23 19 15	5 31 16
6	96	24 6 22	17 15 28	8 47 27	29 18 39	25 2 40	6 33 30	22 15 27	28 3 39	27 46	1 13 39	30 8 7	4 59 43.5	23 21 53	5 26 5
7	97	24 48 29	18 27 53	9 27 3	29 19 27	25 4 57	6 36 51	22 17 30	28 4 12	27 33	1 18 15	30 9 11	4 59 43.5	23 24 45	5 18 49
8	98	25 34 13	19 40 19	10 6 37	29 20 3	25 7 8	6 40 13	22 19 32	28 4 42	27 21	1 22 51	30 10 18	4 59 43.4	23 27 48	5 9 32
9	99	26 23 22	20 52 46	10 46 11	29 20 28	25 9 13	6 43 35	22 21 33	28 5 11	27 12	1 27 27	30 11 25	4 59 43.3	23 31 4	4 58 17
10	100	27 15 47	22 5 14	11 25 43	29 20R41	25 11 13	6 46 58	22 23 33	28 5 38	27 06	1 32 4	30 12 27	4 59 43.1	23 34 30	4 45 10
11	101	28 11 17	23 17 43	12 5 14	29 20 43	25 13 6	6 50 22	22 25 32	28 6 3	27 03	1 36 41	30 13 20	4 59 43.0	23 38 7	4 30 14
12	102	29 9 42	24 30 13	12 44 43	29 20 34	25 14 55	6 53 46	22 27 30	28 6 26	27 02	1 41 18	30 14 0	4 59 42.8	23 41 53	4 13 33
13	103	0♓10 56	25 42 44	13 24 11	29 20 14	25 16 37	6 57 10	22 29 27	28 6 48	27 01	1 45 56	30 14 26	4 59 42.6	23 45 48	3 55 11
14	104	1 14 50	26 55 15	14 3 38	29 19 42	25 18 14	7 0 35	22 31 23	28 7 7	27 01	1 50 34	30 14 36	4 59 42.4	23 49 53	3 35 10
15	105	2 21 17	28 7 47	14 43 3	29 18 59	25 19 44	7 4 0	22 33 17	28 7 25	26 59	1 55 12	30 14 30	4 59 42.3	23 54 5	3 13 35
16	106	3 30 11	29 20 20	15 22 26	29 18 5	25 21 9	7 7 26	22 35 11	28 7 42	26 55	1 59 51	30 14 10	4 59 42.2	23 58 25	2 50 28
17	107	4 41 26	0♓32 54	16 1 49	29 17 0	25 22 29	7 10 52	22 37 4	28 7 56	26 48	2 4 30	30 13 38	4 59 42.2	0 2 54	2 25 53
18	108	5 54 58	1 45 29	16 41 9	29 15 44	25 23 42	7 14 18	22 38 55	28 8 9	26 38	2 9 10	30 12 57	4 59 42.1	0 7 29	1 59 53
19	109	7 10 42	2 58 5	17 20 29	29 14 16	25 24 50	7 17 44	22 40 45	28 8 20	26 27	2 13 50	30 12 8	4 59 42.1	0 12 11	1 32 29
20	110	8 28 34	4 10 42	17 59 46	29 12 38	25 25 52	7 21 10	22 42 34	28 8 29	26 15	2 18 31	30 11 16	4 59 42.1	0 17 1	1 3 46
21	111	9 48 31	5 23 19	18 39 3	29 10 48	25 26 48	7 24 37	22 44 22	28 8 36	26 04	2 23 12	30 10 22	4 59 42.0	0 21 57	0 33 45
22	112	11 10 29	6 35 58	19 18 18	29 8 48	25 27 38	7 28 4	22 46 8	28 8 42	25 55	2 27 54	30 9 28	4 59 41.8	0 27 0	0 2 29
23	113	12 34 25	7 48 37	19 57 32	29 6 37	25 28 23	7 31 30	22 47 53	28 8 46	25 49	2 32 37	30 8 36	4 59 41.6	0 32 9	0N30 0
24	114	14 0 18	9 1 18	20 36 45	29 4 14	25 29 1	7 34 56	22 49 37	28 8R48	25 45	2 37 20	30 7 48	4 59 41.5	0 37 25	1 3 38
25	115	15 28 6	10 13 59	21 15 56	29 1 41	25 29 34	7 38 23	22 51 20	28 8 48	25 44	2 42 3	30 7 5	4 59 41.3	0 42 47	1 38 24
26	116	16 57 46	11 26 41	21 55 6	28 58 57	25 30 0	7 41 50	22 53 1	28 8 46	25 44	2 46 47	30 6 28	4 59 41.1	0 48 15	2 14 15
27	117	18 29 18	12 39 24	22 34 15	28 56 3	25 30 21	7 45 16	22 54 41	28 8 43	25 44	2 51 32	30 5 58	4 59 40.9	0 53 50	2 51 8
28	118	20 2 41	13 52 8	23 13 23	28 52 57	25 30 36	7 48 43	22 56 19	28 8 38	25 43	2 56 18	30 5 37	4 59 40.8	0 59 32	3 29 2
29	119	21 37 54	15 4 53	23 52 30	28 49 42	25 30 45	7 52 9	22 57 56	28 8 32	25 41	3 1 4	30 5 26	4 59 40.7	1 5 20	4 7 53
30	120	23♓14 56	16♓17 38	24♉31 35	28♏46 15	25♐30R48	7♈55 35	22♒59 32	28♐ 8 23	25♊36	3 5 51	30 5 27	4 59 40.6	1 11 15	4N47 40

DAY Apr	♀ VENUS R.A. h m s	DECL ° ′ ″	♂ MARS R.A. h m s	DECL ° ′ ″	♃ JUPITER R.A. h m s	DECL ° ′ ″	♄ SATURN R.A. h m s	DECL ° ′ ″	♅ URANUS R.A. h m s	DECL ° ′ ″	♆ NEPTUNE R.A. h m s	DECL ° ′ ″	♇ PLUTO R.A. h m s	DECL ° ′ ″
1	22 33 21	10S 4 2	3 52 30	21N 8 57	17 34 52	22S40 37	19 25 36	21S33 51	1 57 16	11N27 33	23 14 0	5S59 25	19 39 33	21S42 56
2	22 37 58	9 39 34	3 55 16	21 17 36	17 34 59	22 40 41	19 25 47	21 33 29	1 57 29	11 28 42	23 14 8	5 58 37	19 39 36	21 42 55
3	22 42 34	9 14 49	3 58 3	21 26 4	17 35 6	22 40 44	19 25 59	21 33 8	1 57 41	11 29 51	23 14 16	5 57 49	19 39 38	21 42 54
4	22 47 9	8 49 49	4 0 49	21 34 21	17 35 12	22 40 47	19 26 10	21 32 48	1 57 54	11 31 1	23 14 24	5 57 2	19 39 41	21 42 54
5	22 51 43	8 24 33	4 3 36	21 42 29	17 35 17	22 40 49	19 26 20	21 32 29	1 58 7	11 32 11	23 14 31	5 56 14	19 39 44	21 42 54
6	22 56 17	7 59 3	4 6 23	21 50 25	17 35 21	22 40 51	19 26 30	21 32 10	1 58 19	11 33 21	23 14 39	5 55 27	19 39 46	21 42 54
7	23 0 50	7 33 18	4 9 11	21 58 11	17 35 24	22 40 53	19 26 40	21 31 52	1 58 32	11 34 31	23 14 47	5 54 41	19 39 49	21 42 54
8	23 5 23	7 7 21	4 11 58	22 5 46	17 35 27	22 40 54	19 26 49	21 31 35	1 58 45	11 35 42	23 14 54	5 53 55	19 39 51	21 42 55
9	23 9 56	6 41 11	4 14 46	22 13 10	17 35 29	22 40 54	19 26 58	21 31 19	1 58 58	11 36 52	23 15 2	5 53 9	19 39 53	21 42 56
10	23 14 27	6 14 49	4 17 34	22 20 24	17 35 30	22 40 54	19 27 7	21 31 3	1 59 11	11 38 3	23 15 9	5 52 23	19 39 55	21 42 58
11	23 18 59	5 48 16	4 20 23	22 27 26	17 35 30	22 40 54	19 27 15	21 30 48	1 59 24	11 39 14	23 15 17	5 51 38	19 39 57	21 42 59
12	23 23 30	5 21 32	4 23 11	22 34 18	17 35 29	22 40 53	19 27 22	21 30 35	1 59 37	11 40 25	23 15 24	5 50 54	19 39 58	21 43 1
13	23 28 0	4 54 38	4 25 59	22 40 58	17 35 28	22 40 52	19 27 30	21 30 22	1 59 50	11 41 36	23 15 31	5 50 9	19 40 0	21 43 4
14	23 32 30	4 27 36	4 28 48	22 47 27	17 35 26	22 40 51	19 27 37	21 30 10	2 0 3	11 42 47	23 15 38	5 49 26	19 40 2	21 43 6
15	23 37 0	4 0 24	4 31 37	22 53 45	17 35 23	22 40 49	19 27 43	21 29 58	2 0 16	11 43 59	23 15 45	5 48 42	19 40 3	21 43 9
16	23 41 29	3 33 5	4 34 26	22 59 52	17 35 19	22 40 46	19 27 49	21 29 48	2 0 29	11 45 10	23 15 53	5 47 59	19 40 4	21 43 13
17	23 45 58	3 5 38	4 37 15	23 5 47	17 35 14	22 40 44	19 27 55	21 29 39	2 0 42	11 46 21	23 15 59	5 47 17	19 40 5	21 43 16
18	23 50 27	2 38 5	4 40 5	23 11 32	17 35 8	22 40 41	19 28 0	21 29 30	2 0 56	11 47 33	23 16 6	5 46 35	19 40 6	21 43 20
19	23 54 56	2 10 26	4 42 54	23 17 4	17 35 2	22 40 37	19 28 5	21 29 22	2 1 9	11 48 44	23 16 13	5 45 54	19 40 7	21 43 24
20	23 59 24	1 42 41	4 45 44	23 22 25	17 34 55	22 40 33	19 28 9	21 29 15	2 1 22	11 49 55	23 16 20	5 45 13	19 40 8	21 43 29
21	0 3 53	1 14 52	4 48 33	23 27 35	17 34 47	22 40 29	19 28 13	21 29 9	2 1 35	11 51 7	23 16 27	5 44 33	19 40 8	21 43 33
22	0 8 21	0 46 59	4 51 23	23 32 33	17 34 38	22 40 24	19 28 17	21 29 4	2 1 48	11 52 18	23 16 33	5 43 53	19 40 9	21 43 38
23	0 12 49	0 19 2	4 54 13	23 37 20	17 34 29	22 40 18	19 28 20	21 28 59	2 2 2	11 53 28	23 16 40	5 43 13	19 40 9	21 43 44
24	0 17 18	0N 8 57	4 57 3	23 41 55	17 34 19	22 40 13	19 28 23	21 28 56	2 2 15	11 54 40	23 16 46	5 42 34	19 40 9	21 43 49
25	0 21 46	0 36 58	4 59 53	23 46 19	17 34 8	22 40 7	19 28 25	21 28 54	2 2 28	11 55 51	23 16 53	5 41 56	19 40 10	21 43 55
26	0 26 14	1 5 1	5 2 43	23 50 31	17 33 56	22 40 0	19 28 27	21 28 52	2 2 41	11 57 2	23 16 59	5 41 18	19 40 10	21 44 2
27	0 30 42	1 33 5	5 5 34	23 54 32	17 33 43	22 39 53	19 28 29	21 28 51	2 2 55	11 58 13	23 17 5	5 40 41	19 40 9	21 44 8
28	0 35 11	2 1 8	5 8 24	23 58 20	17 33 30	22 39 46	19 28 30	21 28 51	2 3 8	11 59 24	23 17 11	5 40 4	19 40 9	21 44 15
29	0 39 39	2 29 11	5 11 15	24 1 57	17 33 16	22 39 38	19 28 30	21 28 53	2 3 21	12 0 35	23 17 17	5 39 28	19 40 9	21 44 22
30	0 44 8	2N57 12	5 14 5	24N 5 23	17 33 1	22S39 30	19 28 31	21S28 55	2 3 34	12N 1 46	23 17 23	5S38 53	19 40 8	21S44 30

MAY 2019

DAY	SIDEREAL TIME (h m s)	☉ SUN LONG (° ' ")	MOT (' ")	R.A. (h m s)	DECL (° ' ")
1 W	14 34 32	15♈20 34	58 16	2 31 44.1	14N55 18
2 Th	14 38 29	16 18 50	58 14	2 35 33.5	15 13 27
3 F	14 42 25	17 17 4	58 13	2 39 23.4	15 31 21
4 S	14 46 22	18 15 17	58 11	2 43 13.9	15 49 0
5 Su	14 50 18	19 13 28	58 10	2 47 4.9	16 6 24
6 M	14 54 15	20 11 38	58 8	2 50 56.5	16 23 31
7 Tu	14 58 11	21 9 45	58 6	2 54 48.6	16 40 22
8 W	15 2 8	22 7 51	58 4	2 58 41.3	16 56 56
9 Th	15 6 4	23 5 55	58 2	3 2 34.5	17 13 13
10 F	15 10 1	24 3 57	58 0	3 6 28.3	17 29 13
11 S	15 13 58	25 1 58	57 59	3 10 22.7	17 44 56
12 Su	15 17 54	25 59 56	57 57	3 14 17.6	18 0 20
13 M	15 21 51	26 57 52	57 55	3 18 13.1	18 15 26
14 Tu	15 25 47	27 55 47	57 53	3 22 9.1	18 30 14
15 W	15 29 44	28 53 40	57 51	3 26 5.6	18 44 42
16 Th	15 33 40	29 51 31	57 49	3 30 2.7	18 58 52
17 F	15 37 37	0♉49 20	57 48	3 34 0.4	19 12 42
18 S	15 41 33	1 47 8	57 46	3 37 58.6	19 26 13
19 Su	15 45 30	2 44 54	57 45	3 41 57.4	19 39 24
20 M	15 49 27	3 42 39	57 44	3 45 56.7	19 52 15
21 Tu	15 53 23	4 40 23	57 43	3 49 56.5	20 4 45
22 W	15 57 20	5 38 5	57 41	3 53 57.0	20 16 55
23 Th	16 1 16	6 35 47	57 40	3 57 57.9	20 28 44
24 F	16 5 13	7 33 27	57 39	4 1 59.4	20 40 12
25 S	16 9 9	8 31 6	57 38	4 6 1.4	20 51 19
26 Su	16 13 6	9 28 44	57 37	4 10 3.9	21 2 4
27 M	16 17 2	10 26 21	57 36	4 14 7.0	21 12 28
28 Tu	16 20 59	11 23 57	57 35	4 18 10.5	21 22 30
29 W	16 24 56	12 21 32	57 34	4 22 14.5	21 32 10
30 Th	16 28 52	13 19 7	57 34	4 26 18.9	21 41 27
31 F	16 32 49	14♉16 40	57 33	4 30 23.9	21N50 21

DAY	☽ MOON AT 0 HOURS LONG (° ' ")	12h MOT (° ' ")	2DIF (")	R.A. (h m s)	DECL (° ' ")
1 W	29♒44 10	6 3 41	88	23 47 56	6S15 39
2 Th	11♓54 38	6 10 8	104	0 33 9	1 45 34
3 F	24 18 28	6 17 23	111	1 18 56	2N53 34
4 S	6♈56 57	6 24 50	110	2 5 59	7 31 11
5 Su	19 50 15	6 31 59	103	2 55 0	11 54 49
6 M	2♉57 35	6 38 31	92	3 46 31	15 50 9
7 Tu	16 17 35	6 44 15	80	4 40 49	19 1 28
8 W	29 48 39	6 49 13	70	5 37 46	21 13 12
9 Th	13♊29 20	6 53 35	62	6 36 43	22 12 18
10 F	27 18 31	6 57 33	57	7 36 35	21 51 0
11 S	11♋15 30	7 1 14	53	8 36 9	20 8 43
12 Su	25 19 41	7 4 33	46	9 34 26	17 12 6
13 M	9♌30 13	7 7 13	32	10 30 55	13 13 36
14 Tu	23 45 34	7 8 44	11	11 25 38	8 29 12
15 W	8♍ 3 12	7 8 33	-18	12 19 1	3 16 38
16 Th	22 19 24	7 6 10	-54	13 11 41	2S 5 41
17 F	6♎29 38	7 1 21	-90	14 4 20	7 19 19
18 S	20 29 2	6 54 12	-122	14 57 31	12 6 31
19 Su	4♏13 8	6 45 14	-144	15 51 33	16 11 2
20 M	17 38 40	6 35 11	-154	16 46 25	19 19 30
21 Tu	0♐43 53	6 24 56	-150	17 41 42	21 22 37
22 W	13 28 49	6 15 20	-135	18 36 42	22 16 17
23 Th	25 55 10	6 7 6	-110	19 30 39	22 1 35
24 F	8♑ 5 57	6 0 48	-78	20 22 53	20 43 53
25 S	20 5 13	5 56 47	-42	21 13 6	18 31 15
26 Su	1♒57 42	5 55 16	-4	22 1 17	15 32 41
27 M	13 48 25	5 56 18	34	22 47 47	11 57 10
28 Tu	25 42 28	5 59 47	70	23 33 8	7 53 2
29 W	7♓44 38	6 5 29	100	0 18 1	3 28 21
30 Th	19 59 11	6 13 1	124	1 3 11	1N 8 44
31 F	2♈29 30	6 21 50	138	1 49 28	5N48 57

DAY	☽ MOON AT 12 HOURS LONG (° ' ")	12h MOT (° ' ")	2DIF (")	R.A. (h m s)	DECL (° ' ")
1 W	5♓47 51	6 6 47	97	0 10 31	4S 2 20
2 Th	18 4 46	6 13 42	109	0 55 55	0N33 30
3 F	0♈35 51	6 21 7	112	1 42 15	5 13 18
4 S	13 21 47	6 28 28	107	2 30 13	9 45 36
5 Su	26 22 14	6 35 21	98	3 20 26	13 56 59
6 M	9♉36 6	6 41 29	86	4 13 19	17 32 19
7 Tu	23 1 50	6 46 49	75	5 8 59	20 15 41
8 W	6♊37 52	6 51 28	66	6 7 3	21 52 28
9 Th	20 22 55	6 55 37	60	7 6 37	22 11 55
10 F	4♋16 5	6 59 26	55	8 6 29	21 9 44
11 S	18 16 44	7 2 57	50	9 5 30	18 49 2
12 Su	2♌24 14	7 5 59	40	10 2 54	15 19 39
13 M	16 37 25	7 8 9	23	10 58 29	10 56 3
14 Tu	0♍54 18	7 8 53	-3	11 52 27	5 55 17
15 W	15 11 45	7 7 40	-36	12 45 24	0 35 32
16 Th	29 25 34	7 4 4	-72	13 37 59	4S44 43
17 F	13♎30 59	6 58 3	-107	14 30 50	9 47 17
18 S	27 23 14	6 49 54	-135	15 24 25	14 15 2
19 Su	10♏58 23	6 40 18	-151	16 18 54	17 52 58
20 M	24 13 51	6 30 2	-154	17 14 3	20 29 36
21 Tu	7♐ 8 49	6 20 0	-144	18 9 17	21 58 11
22 W	19 44 9	6 11 1	-123	19 3 51	22 17 13
23 Th	2♑ 2 16	6 3 41	-95	19 57 0	21 30 9
24 F	14 6 44	5 58 29	-60	20 48 15	19 43 53
25 S	26 2 0	5 55 42	-23	21 37 26	17 7 8
26 Su	7♒52 57	5 55 28	16	22 24 43	13 49 1
27 M	19 44 43	5 57 45	52	23 10 34	9 58 10
28 Tu	1♓42 15	6 2 23	86	23 55 35	5 42 46
29 W	13 50 8	6 9 3	113	0 40 31	1 10 49
30 Th	26 12 12	6 17 18	132	1 26 8	3N29 5
31 F	8♈51 20	6 26 31	142	2 13 17	8N 6 52

LUNAR INGRESSES			PLANET INGRESSES	STATIONS	DATA FOR THE 1st AT 0 HOURS
1 ☽ ♓ 0:31	12 ☽ ♌ 7:56	23 ☽ ♑ 7:59	3 ☿ ♈ 23:42	NONE	JULIAN DAY 43584.5
3 ☽ ♈ 10:52	14 ☽ ♍ 10:29	25 ☽ ♒ 20:02	8 ♂ ♊ 10:04		☽ MEAN ☊ 26°♊ 12' 21"
5 ☽ ♉ 18:37	16 ☽ ♎ 12:58	28 ☽ ♓ 8:36	11 ♀ ♈ 7:04		OBLIQUITY 23° 26' 9"
8 ☽ ♊ 0:20	18 ☽ ♏ 16:34	30 ☽ ♈ 19:16	16 ☉ ♉ 3:31		DELTA T 75.6 SECONDS
10 ☽ ♋ 4:39	20 ☽ ♐ 22:39		19 ☿ ♉ 3:54		NUTATION LONGITUDE-17.5"

DAY MO YR	☿ LONG (° ' ")	♀ LONG (° ' ")	♂ LONG (° ' ")	♃ LONG (° ' ")	♄ LONG (° ' ")	♅ LONG (° ' ")
1 121	24♓53 47	17♓30 24	25♉10 40	28♏42R39	25♐30R46	7♈59 0
2 122	26 34 28	18 43 11	25 49 43	28 38 52	25 30 37	8 2 25
3 123	28 16 58	19 55 58	26 28 46	28 34 55	25 30 22	8 5 50
4 124	0♈ 1 18	21 8 46	27 7 47	28 30 48	25 30 2	8 9 15
5 125	1 47 28	22 21 34	27 46 47	28 26 31	25 29 36	8 12 39
6 126	3 35 27	23 34 23	28 25 46	28 22 5	25 29 3	8 16 3
7 127	5 25 17	24 47 12	29 4 44	28 17 29	25 28 26	8 19 26
8 128	7 16 58	26 0 1	29 43 41	28 12 44	25 27 42	8 22 48
9 129	9 10 28	27 12 51	0♊22 36	28 7 50	25 26 52	8 26 10
10 130	11 5 48	28 25 41	1 1 31	28 2 47	25 25 57	8 29 31
11 131	13 2 57	29 38 32	1 40 24	27 57 35	25 24 56	8 32 52
12 132	15 1 53	0♈51 22	2 19 16	27 52 15	25 23 50	8 36 12
13 133	17 2 34	2 4 13	2 58 6	27 46 46	25 22 37	8 39 31
14 134	19 4 56	3 17 5	3 36 56	27 41 9	25 21 20	8 42 49
15 135	21 8 55	4 29 57	4 15 44	27 35 24	25 19 56	8 46 6
16 136	23 14 26	5 42 49	4 54 31	27 29 32	25 18 28	8 49 23
17 137	25 21 22	6 55 41	5 33 17	27 23 32	25 16 53	8 52 38
18 138	27 29 35	8 8 34	6 12 1	27 17 25	25 15 14	8 55 53
19 139	29 38 54	9 21 28	6 50 45	27 11 11	25 13 29	8 59 6
20 140	1♉49 9	10 34 22	7 29 27	27 4 50	25 11 39	9 2 19
21 141	4 0 5	11 47 17	8 8 8	26 58 23	25 9 43	9 5 31
22 142	6 11 30	13 0 12	8 46 48	26 51 49	25 7 43	9 8 41
23 143	8 23 8	14 13 8	9 25 28	26 45 9	25 5 37	9 11 50
24 144	10 34 42	15 26 5	10 4 6	26 38 24	25 3 26	9 14 59
25 145	12 45 55	16 39 2	10 42 43	26 31 33	25 1 10	9 18 5
26 146	14 56 32	17 52 0	11 21 19	26 24 36	24 58 49	9 21 11
27 147	17 6 15	19 4 59	11 59 55	26 17 35	24 56 23	9 24 16
28 148	19 14 50	20 17 58	12 38 29	26 10 28	24 53 52	9 27 19
29 149	21 22 1	21 30 58	13 17 3	26 3 18	24 51 16	9 30 21
30 150	23 27 35	22 43 59	13 55 36	25 56 3	24 48 36	9 33 21
31 151	25♉31 20	23♈57 0	14♊34 8	25♏48 44	24♐45 51	9♈36 20

DAY MO YR	♆ LONG (° ' ")	♇ LONG (° ' ")	☊ LONG (° ')	A.S.S.I. (h m s)	S.S.R.Y. (h m s)	S.V.P. ♓ (° ' ")	☿ MERCURY R.A. (h m s)	DECL (° ' ")
1 121	23♒ 1 6	28♐ 8R13	25♊29	3 10 38	30 5 38	4 59 40.6	1 17 17	5N28 19
2 122	23 2 39	28 8 1	25 20	3 15 26	30 6 6	4 59 40.6	1 23 26	6 9 47
3 123	23 4 10	28 7 47	25 09	3 20 15	30 6 45	4 59 40.5	1 29 42	6 52 2
4 124	23 5 40	28 7 32	24 57	3 25 5	30 7 37	4 59 40.5	1 36 5	7 35 0
5 125	23 7 8	28 7 15	24 45	3 29 55	30 8 38	4 59 40.4	1 42 36	8 18 38
6 126	23 8 35	28 6 56	24 35	3 34 46	30 9 47	4 59 40.2	1 49 15	9 2 53
7 127	23 10 0	28 6 35	24 28	3 39 37	30 11 0	4 59 40.1	1 56 3	9 47 39
8 128	23 11 23	28 6 13	24 23	3 44 30	30 12 10	4 59 39.8	2 2 58	10 32 52
9 129	23 12 45	28 5 49	24 20	3 49 23	30 13 15	4 59 39.6	2 10 3	11 18 28
10 130	23 14 5	28 5 24	24 20	3 54 16	30 14 11	4 59 39.4	2 17 16	12 4 21
11 131	23 15 24	28 4 57	24 20	3 59 11	30 14 54	4 59 39.2	2 24 39	12 50 24
12 132	23 16 40	28 4 28	24 21	4 4 6	30 15 24	4 59 39.0	2 32 10	13 36 32
13 133	23 17 56	28 3 57	24 20	4 9 2	30 15 39	4 59 38.9	2 39 52	14 22 36
14 134	23 19 9	28 3 25	24 18	4 13 58	30 15 41	4 59 38.8	2 47 42	15 8 28
15 135	23 20 21	28 2 52	24 13	4 18 56	30 15 30	4 59 38.7	2 55 43	15 54 0
16 136	23 21 31	28 2 17	24 06	4 23 53	30 15 8	4 59 38.7	3 3 53	16 39 1
17 137	23 22 39	28 1 40	23 58	4 28 52	30 14 36	4 59 38.6	3 12 12	17 23 21
18 138	23 23 46	28 1 2	23 49	4 33 51	30 13 57	4 59 38.5	3 20 41	18 6 48
19 139	23 24 51	28 0 22	23 41	4 38 51	30 13 12	4 59 38.3	3 29 18	18 49 12
20 140	23 25 54	27 59 41	23 35	4 43 52	30 12 23	4 59 38.1	3 38 3	19 30 20
21 141	23 26 55	27 58 58	23 30	4 48 53	30 11 31	4 59 37.9	3 46 56	20 10 0
22 142	23 27 55	27 58 14	23 28	4 53 55	30 10 38	4 59 37.6	3 55 55	20 47 59
23 143	23 28 52	27 57 28	23 28	4 58 58	30 9 46	4 59 37.4	4 4 59	21 24 5
24 144	23 29 48	27 56 41	23 28	5 4 1	30 8 56	4 59 37.2	4 14 8	21 58 8
25 145	23 30 42	27 55 53	23 30	5 9 5	30 8 12	4 59 37.0	4 23 20	22 29 57
26 146	23 31 34	27 55 3	23 31	5 14 10	30 7 33	4 59 36.9	4 32 33	22 59 23
27 147	23 32 25	27 54 11	23 31	5 19 16	30 7 4	4 59 36.8	4 41 47	23 26 19
28 148	23 33 13	27 53 19	23 30	5 24 21	30 6 47	4 59 36.7	4 50 59	23 50 38
29 149	23 34 0	27 52 25	23 27	5 29 28	30 6 42	4 59 36.6	5 0 9	24 12 18
30 150	23 34 45	27 51 29	23 23	5 34 35	30 6 51	4 59 36.6	5 9 14	24 31 14
31 151	23♒35 28	27♐50 33	23♊17	5 39 43	30 7 15	4 59 36.5	5 18 15	24N47 28

DAY May	♀ VENUS R.A. (h m s)	DECL (° ' ")	♂ MARS R.A. (h m s)	DECL (° ' ")	♃ JUPITER R.A. (h m s)	DECL (° ' ")
1	0 48 37	3N25 12	5 16 56	24N 8 37	17 32 45	22S39 21
2	0 53 6	3 53 9	5 19 47	24 11 39	17 32 29	22 39 12
3	0 57 36	4 21 2	5 22 37	24 14 29	17 32 12	22 39 2
4	1 2 6	4 48 51	5 25 28	24 17 7	17 31 54	22 38 52
5	1 6 36	5 16 36	5 28 19	24 19 34	17 31 35	22 38 41
6	1 11 6	5 44 15	5 31 10	24 21 49	17 31 16	22 38 30
7	1 15 37	6 11 48	5 34 1	24 23 52	17 30 56	22 38 18
8	1 20 9	6 39 14	5 36 52	24 25 43	17 30 36	22 38 6
9	1 24 41	7 6 32	5 39 42	24 27 23	17 30 15	22 37 53
10	1 29 13	7 33 43	5 42 33	24 28 51	17 29 53	22 37 40
11	1 33 46	8 0 44	5 45 24	24 30 7	17 29 30	22 37 26
12	1 38 20	8 27 36	5 48 15	24 31 11	17 29 7	22 37 12
13	1 42 54	8 54 17	5 51 6	24 32 3	17 28 43	22 36 57
14	1 47 29	9 20 47	5 53 56	24 32 44	17 28 19	22 36 42
15	1 52 4	9 47 6	5 56 47	24 33 13	17 27 54	22 36 26
16	1 56 40	10 13 12	5 59 37	24 33 30	17 27 29	22 36 10
17	2 1 17	10 39 5	6 2 28	24 33 35	17 27 3	22 35 53
18	2 5 55	11 4 44	6 5 18	24 33 29	17 26 36	22 35 35
19	2 10 34	11 30 9	6 8 9	24 33 10	17 26 10	22 35 18
20	2 15 13	11 55 19	6 10 59	24 32 41	17 25 42	22 34 59
21	2 19 53	12 20 13	6 13 49	24 31 59	17 25 14	22 34 40
22	2 24 35	12 44 50	6 16 39	24 31 6	17 24 46	22 34 21
23	2 29 17	13 9 11	6 19 29	24 30 1	17 24 17	22 34 0
24	2 34 0	13 33 13	6 22 18	24 28 45	17 23 48	22 33 40
25	2 38 44	13 56 56	6 25 8	24 27 18	17 23 18	22 33 19
26	2 43 29	14 20 21	6 27 57	24 25 38	17 22 48	22 32 57
27	2 48 15	14 43 25	6 30 47	24 23 48	17 22 18	22 32 35
28	2 53 2	15 6 8	6 33 36	24 21 46	17 21 47	22 32 12
29	2 57 50	15 28 30	6 36 25	24 19 32	17 21 16	22 31 49
30	3 2 39	15 50 29	6 39 14	24 17 8	17 20 45	22 31 25
31	3 7 30	16N12 6	6 42 2	24N14 32	17 20 13	22S31 1

DAY May	♄ SATURN R.A. (h m s)	DECL (° ' ")	♅ URANUS R.A. (h m s)	DECL (° ' ")	♆ NEPTUNE R.A. (h m s)	DECL (° ' ")	♇ PLUTO R.A. (h m s)	DECL (° ' ")
1	19 28 30	21S28 58	2 3 47	12N 2 56	23 17 29	5S38 18	19 40 8	21S44 37
2	19 28 30	21 29 1	2 4 0	12 4 6	23 17 35	5 37 43	19 40 7	21 44 46
3	19 28 29	21 29 6	2 4 14	12 5 16	23 17 41	5 37 10	19 40 6	21 44 54
4	19 28 27	21 29 12	2 4 27	12 6 26	23 17 46	5 36 36	19 40 5	21 45 3
5	19 28 26	21 29 18	2 4 40	12 7 36	23 17 52	5 36 4	19 40 4	21 45 11
6	19 28 23	21 29 26	2 4 53	12 8 45	23 17 57	5 35 32	19 40 2	21 45 21
7	19 28 21	21 29 34	2 5 6	12 9 54	23 18 2	5 35 1	19 40 1	21 45 30
8	19 28 18	21 29 43	2 5 19	12 11 3	23 18 8	5 34 30	19 40 0	21 45 40
9	19 28 14	21 29 53	2 5 32	12 12 12	23 18 13	5 34 0	19 39 58	21 45 50
10	19 28 10	21 30 4	2 5 45	12 13 20	23 18 18	5 33 30	19 39 56	21 46 0
11	19 28 6	21 30 16	2 5 58	12 14 28	23 18 23	5 33 2	19 39 55	21 46 11
12	19 28 1	21 30 29	2 6 11	12 15 36	23 18 28	5 32 34	19 39 53	21 46 22
13	19 27 56	21 30 42	2 6 23	12 16 44	23 18 32	5 32 6	19 39 50	21 46 33
14	19 27 51	21 30 57	2 6 36	12 17 51	23 18 37	5 31 40	19 39 48	21 46 44
15	19 27 45	21 31 12	2 6 49	12 18 58	23 18 41	5 31 14	19 39 46	21 46 56
16	19 27 39	21 31 28	2 7 1	12 20 4	23 18 46	5 30 48	19 39 44	21 47 8
17	19 27 32	21 31 45	2 7 14	12 21 10	23 18 50	5 30 24	19 39 41	21 47 20
18	19 27 25	21 32 2	2 7 26	12 22 16	23 18 54	5 30 0	19 39 38	21 47 33
19	19 27 18	21 32 21	2 7 39	12 23 21	23 18 58	5 29 37	19 39 36	21 47 45
20	19 27 10	21 32 40	2 7 51	12 24 26	23 19 2	5 29 14	19 39 33	21 47 58
21	19 27 2	21 33 0	2 8 4	12 25 30	23 19 6	5 28 52	19 39 30	21 48 11
22	19 26 53	21 33 21	2 8 16	12 26 34	23 19 10	5 28 31	19 39 27	21 48 25
23	19 26 44	21 33 43	2 8 28	12 27 38	23 19 13	5 28 11	19 39 24	21 48 38
24	19 26 35	21 34 5	2 8 40	12 28 41	23 19 17	5 27 51	19 39 21	21 48 52
25	19 26 26	21 34 28	2 8 52	12 29 44	23 19 20	5 27 32	19 39 17	21 49 7
26	19 26 16	21 34 52	2 9 4	12 30 46	23 19 24	5 27 14	19 39 14	21 49 21
27	19 26 5	21 35 17	2 9 16	12 31 48	23 19 27	5 26 56	19 39 10	21 49 36
28	19 25 55	21 35 42	2 9 28	12 32 49	23 19 30	5 26 40	19 39 7	21 49 50
29	19 25 44	21 36 8	2 9 40	12 33 50	23 19 33	5 26 24	19 39 3	21 50 6
30	19 25 32	21 36 35	2 9 51	12 34 50	23 19 36	5 26 9	19 38 59	21 50 21
31	19 25 21	21S37 2	2 10 3	12N35 50	23 19 38	5S25 54	19 38 55	21S50 36

JUNE 2019

DAY	SIDEREAL TIME h m s	☉ SUN LONG ° ' "	MOT ' "	R.A. h m s	DECL ° ' "
1 S	16 36 45	15♉14 13	57 32	4 34 29.2	21N58 53
2 Su	16 40 42	16 11 44	57 31	4 38 35.0	22 7 2
3 M	16 44 38	17 9 15	57 30	4 42 41.2	22 14 48
4 Tu	16 48 35	18 6 45	57 29	4 46 47.7	22 22 11
5 W	16 52 31	19 4 13	57 28	4 50 54.6	22 29 10
6 Th	16 56 28	20 1 41	57 27	4 55 1.8	22 35 46
7 F	17 0 25	20 59 7	57 26	4 59 9.4	22 41 57
8 S	17 4 21	21 56 33	57 24	5 3 17.2	22 47 45
9 Su	17 8 18	22 53 57	57 23	5 7 25.2	22 53 9
10 M	17 12 14	23 51 20	57 22	5 11 33.5	22 58 8
11 Tu	17 16 11	24 48 42	57 21	5 15 42.0	23 2 43
12 W	17 20 7	25 46 3	57 20	5 19 50.7	23 6 54
13 Th	17 24 4	26 43 23	57 19	5 23 59.6	23 10 40
14 F	17 28 0	27 40 41	57 18	5 28 8.6	23 14 2
15 S	17 31 57	28 37 59	57 17	5 32 17.8	23 16 59
16 Su	17 35 54	29 35 17	57 17	5 36 27.0	23 19 32
17 M	17 39 50	0♊32 33	57 16	5 40 36.4	23 21 39
18 Tu	17 43 47	1 29 49	57 16	5 44 45.8	23 23 22
19 W	17 47 43	2 27 4	57 15	5 48 55.3	23 24 41
20 Th	17 51 40	3 24 19	57 15	5 53 4.9	23 25 34
21 F	17 55 36	4 21 34	57 14	5 57 14.4	23 26 3
22 S	17 59 33	5 18 48	57 14	6 1 24.0	23 26 7
23 Su	18 3 30	6 16 2	57 14	6 5 33.5	23 25 46
24 M	18 7 26	7 13 16	57 14	6 9 43.0	23 25 1
25 Tu	18 11 23	8 10 30	57 14	6 13 52.4	23 23 50
26 W	18 15 19	9 7 43	57 14	6 18 1.7	23 22 15
27 Th	18 19 16	10 4 57	57 14	6 22 10.9	23 20 16
28 F	18 23 12	11 2 11	57 14	6 26 19.9	23 17 51
29 S	18 27 9	11 59 24	57 14	6 30 28.8	23 15 3
30 Su	18 31 5	12♊56 38	57 14	6 34 37.5	23N11 49

DAY	☽ MOON AT 0 HOURS LONG ° ' "	12h MOT ° ' "	2DIF "	R.A. h m s	DECL ° ' "	☽ MOON AT 12 HOURS LONG ° ' "	12h MOT ° ' "	2DIF "	R.A. h m s	DECL ° ' "
1 S	15♈17 51	6 31 16	142	2 37 40	10N21 14	21♈49 7	6 36 1	140	3 2 43	12N30 15
2 Su	28 25 8	6 40 38	136	3 28 31	14 31 59	5♉ 5 46	6 45 4	129	3 55 6	16 24 18
3 M	11♉50 49	6 49 13	120	4 22 29	18 5 2	18 40 3	6 53 2	109	4 50 41	19 31 56
4 Tu	25 33 4	6 56 27	96	5 19 38	20 42 51	2♊29 32	6 59 27	83	5 49 15	21 35 48
5 W	9♊28 58	7 1 59	69	6 19 23	22 9 8	16 30 57	7 4 4	55	6 49 54	22 21 38
6 Th	23 35 1	7 5 41	42	7 20 34	22 12 38	0♋40 42	7 6 52	29	7 51 13	21 42 3
7 F	7♋47 34	7 7 38	17	8 21 39	20 50 26	14 55 12	7 8 2	6	8 51 43	19 38 52
8 S	22 3 13	7 8 4	-4	9 21 17	18 8 52	29 11 17	7 7 47	-13	9 50 17	16 22 23
9 Su	6♌19 4	7 7 13	-21	10 18 41	14 21 31	13♌26 16	7 6 22	-29	10 46 29	12 8 33
10 M	20 32 38	7 5 16	-37	11 13 44	9 45 49	27 37 55	7 3 56	-44	11 40 29	7 15 38
11 Tu	4♍41 50	7 2 21	-51	12 6 50	4 40 16	11♍44 11	7 0 32	-58	12 32 52	2 1 56
12 W	18 44 43	6 58 28	-66	12 58 42	0S37 13	25 43 10	6 56 10	-73	13 24 26	3S15 7
13 Th	2♎39 20	6 53 37	-80	13 50 9	5 49 44	9♎32 57	6 50 49	-87	14 15 57	8 19 6
14 F	16 23 45	6 47 47	-94	14 41 55	10 41 19	23 11 32	6 44 32	-101	15 8 6	12 54 32
15 S	29 56 4	6 41 5	-106	15 34 32	14 57 0	6♏37 9	6 37 28	-111	16 1 15	16 47 5
16 Su	13♏14 36	6 33 42	-114	16 28 14	18 23 20	19 48 18	6 29 51	-116	16 55 26	19 44 29
17 M	26 18 9	6 25 57	-117	17 22 49	20 49 30	2♐44 6	6 22 4	-116	17 50 17	21 37 39
18 Tu	9♐ 6 10	6 18 15	-113	18 17 45	22 8 33	15 24 25	6 14 33	-108	18 45 5	22 22 7
19 W	21 38 57	6 11 1	-102	19 12 12	22 18 35	27 49 58	6 7 44	-94	19 38 58	21 58 30
20 Th	3♑57 42	6 4 44	-85	20 5 20	21 22 39	10♑ 2 26	6 2 5	-74	20 31 14	20 32 2
21 F	16 4 31	5 59 49	-61	20 56 35	19 27 47	22 4 20	5 57 59	-48	21 21 25	18 11 4
22 S	28 2 19	5 56 38	-33	21 45 43	16 43 9	3♒58 57	5 55 47	-18	22 9 31	15 5 15
23 Su	9♒54 44	5 55 28	-1	22 32 52	13 18 33	15 50 11	5 55 42	16	22 55 49	11 24 13
24 M	21 45 54	5 56 31	33	23 18 27	9 23 18	27 42 25	5 57 55	51	23 40 51	7 16 53
25 Tu	3♓40 20	5 59 54	68	0 3 7	5 5 57	9♓40 14	6 2 28	85	0 25 20	2 51 29
26 W	15 42 42	6 5 36	102	0 47 36	0 34 30	21 48 18	6 9 16	118	1 10 3	1N43 58
27 Th	27 57 34	6 13 27	132	1 32 47	4N 2 48	4♈11 1	6 18 5	145	1 55 55	6 20 47
28 F	10♈29 5	6 23 6	156	2 19 32	8 36 35	16 52 11	6 28 27	164	2 43 46	10 48 41
29 S	23 20 38	6 34 2	170	3 8 43	12 55 23	29 54 40	6 39 45	172	3 34 28	14 54 47
30 Su	6♉34 25	6 45 31	171	4 1 5	16N44 49	13♉19 56	6 51 11	167	4 28 36	18N23 12

LUNAR INGRESSES
2 ☽ ♉ 2:51
4 ☽ ♊ 7:42
6 ☽ ♋ 10:51
8 ☽ ♌ 13:22
10 ☽ ♍ 16:01
12 ☽ ♎ 19:24
15 ☽ ♏ 0:07
17 ☽ ♐ 6:53
19 ☽ ♑ 16:14
22 ☽ ♒ 3:57
24 ☽ ♓ 16:37
27 ☽ ♈ 3:57
29 ☽ ♉ 12:10

PLANET INGRESSES
2 ☿ ♊ 5:32
4 ♀ ♉ 23:16
16 ☉ ♊ 10:22
21 ☿ ♋ 16:11
24 ♂ ♋ 3:09
29 ♀ ♊ 13:25

STATIONS
21 ♆ R 14:37

DATA FOR THE 1st AT 0 HOURS
JULIAN DAY 43615.5
☽ MEAN ☊ 24°♊ 33' 47"
OBLIQUITY 23° 26' 9"
DELTA T 75.6 SECONDS
NUTATION LONGITUDE -17.2"

DAY MO YR	☿ LONG ° ' "	♀ LONG ° ' "	♂ LONG ° ' "	♃ LONG ° ' "	♄ LONG ° ' "	♅ LONG ° ' "	♆ LONG ° ' "	♇ LONG ° ' "	☊ LONG ° '
1 152	27♉33 7	25♈10 2	15♊12 40	25♏41R22	24♐43R 1	9♈39 17	23♒36 9	27♐49R35	23♊10
2 153	29 32 45	26 23 4	15 51 10	25 33 56	24 40 7	9 42 13	23 36 48	27 48 35	23 04
3 154	1♊30 8	27 36 7	16 29 40	25 26 28	24 37 8	9 45 8	23 37 25	27 47 35	22 59
4 155	3 25 10	28 49 11	17 8 9	25 18 57	24 34 6	9 48 1	23 38 0	27 46 33	22 55
5 156	5 17 45	0♉ 2 15	17 46 38	25 11 24	24 30 58	9 50 52	23 38 33	27 45 30	22 53
6 157	7 7 49	1 15 19	18 25 5	25 3 49	24 27 47	9 53 42	23 39 4	27 44 26	22 52
7 158	8 55 21	2 28 24	19 3 32	24 56 12	24 24 32	9 56 30	23 39 34	27 43 21	22 53
8 159	10 40 16	3 41 30	19 41 57	24 48 35	24 21 12	9 59 16	23 40 1	27 42 15	22 54
9 160	12 22 34	4 54 36	20 20 22	24 40 56	24 17 49	10 2 0	23 40 27	27 41 7	22 55
10 161	14 2 12	6 7 42	20 58 46	24 33 17	24 14 22	10 4 43	23 40 50	27 39 59	22 56
11 162	15 39 9	7 20 49	21 37 9	24 25 37	24 10 52	10 7 24	23 41 11	27 38 49	22 56
12 163	17 13 24	8 33 56	22 15 31	24 17 58	24 7 18	10 10 3	23 41 31	27 37 39	22 54
13 164	18 44 56	9 47 4	22 53 53	24 10 19	24 3 41	10 12 40	23 41 49	27 36 27	22 52
14 165	20 13 43	11 0 13	23 32 13	24 2 41	24 0 0	10 15 15	23 42 4	27 35 15	22 48
15 166	21 39 43	12 13 22	24 10 33	23 55 3	23 56 16	10 17 48	23 42 18	27 34 1	22 45
16 167	23 2 56	13 26 32	24 48 52	23 47 28	23 52 29	10 20 20	23 42 30	27 32 47	22 41
17 168	24 23 18	14 39 42	25 27 10	23 39 53	23 48 39	10 22 49	23 42 39	27 31 32	22 39
18 169	25 40 47	15 52 54	26 5 27	23 32 21	23 44 46	10 25 16	23 42 47	27 30 16	22 37
19 170	26 55 22	17 6 6	26 43 44	23 24 51	23 40 50	10 27 42	23 42 53	27 28 59	22 36
20 171	28 6 57	18 19 19	27 22 0	23 17 23	23 36 52	10 30 5	23 42 57	27 27 42	22 37
21 172	29 15 31	19 32 33	28 0 15	23 9 59	23 32 51	10 32 26	23 42R59	27 26 23	22 38
22 173	0♋20 59	20 45 48	28 38 30	23 2 37	23 28 48	10 34 45	23 42 59	27 25 4	22 39
23 174	1 23 15	21 59 4	29 16 44	22 55 19	23 24 42	10 37 2	23 42 57	27 23 44	22 41
24 175	2 22 17	23 12 20	29 54 58	22 48 5	23 20 34	10 39 16	23 42 53	27 22 24	22 42
25 176	3 17 57	24 25 38	0♋33 12	22 40 54	23 16 24	10 41 29	23 42 48	27 21 3	22 42
26 177	4 10 11	25 38 57	1 11 25	22 33 48	23 12 12	10 43 39	23 42 40	27 19 41	22 42
27 178	4 58 52	26 52 17	1 49 37	22 26 47	23 7 58	10 45 47	23 42 30	27 18 18	22 42
28 179	5 43 53	28 5 38	2 27 49	22 19 50	23 3 43	10 47 52	23 42 19	27 16 55	22 41
29 180	6 25 8	29 19 0	3 6 1	22 12 59	22 59 26	10 49 55	23 42 5	27 15 32	22 39
30 181	7♋ 2 30	0♊32 23	3♋44 12	22♏ 6 13	22♐55 7	10♈51 56	23♒41 50	27♐14 8	22♊38

DAY MO YR	A.S.S.I. h m s	S.S.R.Y. h m s	S.V.P. ♓ ° ' "	☿ MERCURY R.A. h m s	DECL ° ' "
1 152	5 44 51	30 7 55	4 59 36.4	5 27 9	25N 0 58
2 153	5 50 0	30 8 46	4 59 36.2	5 35 55	25 11 49
3 154	5 55 9	30 9 48	4 59 36.0	5 44 33	25 20 2
4 155	6 0 19	30 10 56	4 59 35.8	5 53 2	25 25 43
5 156	6 5 29	30 12 6	4 59 35.5	6 1 20	25 28 56
6 157	6 10 40	30 13 15	4 59 35.2	6 9 28	25 29 49
7 158	6 15 51	30 14 18	4 59 35.0	6 17 24	25 28 26
8 159	6 21 2	30 15 12	4 59 34.8	6 25 8	25 24 56
9 160	6 26 14	30 15 56	4 59 34.6	6 32 40	25 19 25
10 161	6 31 26	30 16 28	4 59 34.5	6 39 59	25 12 0
11 162	6 36 38	30 16 48	4 59 34.4	6 47 6	25 2 48
12 163	6 41 50	30 16 56	4 59 34.3	6 53 59	24 51 57
13 164	6 47 3	30 16 52	4 59 34.2	7 0 38	24 39 34
14 165	6 52 16	30 16 37	4 59 34.1	7 7 4	24 25 45
15 166	6 57 29	30 16 13	4 59 33.9	7 13 16	24 10 39
16 167	7 2 42	30 15 39	4 59 33.7	7 19 14	23 54 21
17 168	7 7 55	30 14 56	4 59 33.5	7 24 58	23 36 59
18 169	7 13 9	30 14 7	4 59 33.2	7 30 28	23 18 39
19 170	7 18 22	30 13 12	4 59 33.0	7 35 43	22 59 28
20 171	7 23 36	30 12 14	4 59 32.7	7 40 43	22 39 33
21 172	7 28 49	30 11 14	4 59 32.5	7 45 29	22 18 59
22 173	7 34 3	30 10 15	4 59 32.4	7 50 0	21 57 53
23 174	7 39 16	30 9 20	4 59 32.2	7 54 15	21 36 22
24 175	7 44 30	30 8 33	4 59 32.1	7 58 15	21 14 31
25 176	7 49 43	30 7 55	4 59 32.0	8 1 59	20 52 26
26 177	7 54 56	30 7 29	4 59 32.0	8 5 28	20 30 15
27 178	8 0 9	30 7 17	4 59 31.9	8 8 40	20 8 3
28 179	8 5 22	30 7 21	4 59 31.8	8 11 35	19 45 56
29 180	8 10 35	30 7 40	4 59 31.6	8 14 14	19 24 1
30 181	8 15 47	30 8 13	4 59 31.4	8 16 35	19N 2 23

DAY Jun	♀ VENUS R.A. h m s	DECL ° ' "	♂ MARS R.A. h m s	DECL ° ' "	♃ JUPITER R.A. h m s	DECL ° ' "	♄ SATURN R.A. h m s	DECL ° ' "
1	3 12 21	16N33 19	6 44 51	24N11 44	17 19 41	22S30 36	19 25 9	21S37 30
2	3 17 13	16 54 7	6 47 39	24 8 46	17 19 9	22 30 11	19 24 56	21 37 59
3	3 22 7	17 14 31	6 50 27	24 5 36	17 18 37	22 29 45	19 24 44	21 38 28
4	3 27 2	17 34 29	6 53 15	24 2 15	17 18 4	22 29 19	19 24 31	21 38 58
5	3 31 57	17 54 0	6 56 3	23 58 44	17 17 32	22 28 53	19 24 18	21 39 28
6	3 36 54	18 13 4	6 58 50	23 55 1	17 16 59	22 28 26	19 24 4	21 39 59
7	3 41 52	18 31 41	7 1 38	23 51 7	17 16 26	22 27 58	19 23 50	21 40 31
8	3 46 51	18 49 48	7 4 25	23 47 3	17 15 53	22 27 31	19 23 36	21 41 3
9	3 51 51	19 7 27	7 7 12	23 42 47	17 15 20	22 27 3	19 23 22	21 41 36
10	3 56 53	19 24 36	7 9 58	23 38 21	17 14 47	22 26 35	19 23 7	21 42 9
11	4 1 55	19 41 14	7 12 44	23 33 44	17 14 14	22 26 6	19 22 52	21 42 42
12	4 6 58	19 57 21	7 15 30	23 28 57	17 13 41	22 25 37	19 22 37	21 43 16
13	4 12 3	20 12 56	7 18 16	23 23 59	17 13 8	22 25 8	19 22 22	21 43 51
14	4 17 8	20 27 59	7 21 2	23 18 51	17 12 35	22 24 39	19 22 6	21 44 26
15	4 22 15	20 42 29	7 23 47	23 13 32	17 12 2	22 24 9	19 21 50	21 45 1
16	4 27 22	20 56 25	7 26 32	23 8 2	17 11 29	22 23 39	19 21 34	21 45 37
17	4 32 31	21 9 47	7 29 17	23 2 23	17 10 57	22 23 9	19 21 18	21 46 13
18	4 37 40	21 22 35	7 32 1	22 56 33	17 10 24	22 22 39	19 21 1	21 46 49
19	4 42 51	21 34 47	7 34 45	22 50 33	17 9 52	22 22 9	19 20 45	21 47 25
20	4 48 2	21 46 24	7 37 29	22 44 23	17 9 20	22 21 39	19 20 28	21 48 2
21	4 53 14	21 57 25	7 40 13	22 38 3	17 8 48	22 21 9	19 20 11	21 48 40
22	4 58 27	22 7 48	7 42 56	22 31 33	17 8 16	22 20 39	19 19 53	21 49 17
23	5 3 41	22 17 35	7 45 39	22 24 53	17 7 44	22 20 9	19 19 36	21 49 55
24	5 8 56	22 26 44	7 48 22	22 18 4	17 7 13	22 19 39	19 19 18	21 50 33
25	5 14 11	22 35 15	7 51 4	22 11 5	17 6 42	22 19 9	19 19 1	21 51 11
26	5 19 27	22 43 7	7 53 46	22 3 56	17 6 11	22 18 40	19 18 43	21 51 50
27	5 24 44	22 50 21	7 56 28	21 56 38	17 5 41	22 18 10	19 18 25	21 52 28
28	5 30 1	22 56 55	7 59 9	21 49 10	17 5 11	22 17 40	19 18 7	21 53 7
29	5 35 19	23 2 50	8 1 50	21 41 33	17 4 42	22 17 11	19 17 48	21 53 46
30	5 40 38	23N 8 4	8 4 31	21N33 46	17 4 13	22S16 42	19 17 30	21S54 25

DAY Jun	♅ URANUS R.A. h m s	DECL ° ' "	♆ NEPTUNE R.A. h m s	DECL ° ' "	♇ PLUTO R.A. h m s	DECL ° ' "
1	2 10 14	12N36 49	23 19 41	5S25 40	19 38 51	21S50 52
2	2 10 25	12 37 47	23 19 43	5 25 27	19 38 47	21 51 8
3	2 10 37	12 38 45	23 19 46	5 25 15	19 38 43	21 51 24
4	2 10 48	12 39 43	23 19 48	5 25 4	19 38 38	21 51 40
5	2 10 59	12 40 40	23 19 50	5 24 53	19 38 34	21 51 56
6	2 11 10	12 41 36	23 19 52	5 24 43	19 38 30	21 52 13
7	2 11 21	12 42 32	23 19 54	5 24 34	19 38 25	21 52 30
8	2 11 31	12 43 27	23 19 56	5 24 25	19 38 20	21 52 47
9	2 11 42	12 44 22	23 19 58	5 24 17	19 38 16	21 53 4
10	2 11 53	12 45 15	23 19 59	5 24 11	19 38 11	21 53 21
11	2 12 3	12 46 8	23 20 0	5 24 5	19 38 6	21 53 39
12	2 12 13	12 47 1	23 20 2	5 23 59	19 38 1	21 53 56
13	2 12 23	12 47 53	23 20 3	5 23 55	19 37 56	21 54 14
14	2 12 33	12 48 44	23 20 4	5 23 51	19 37 51	21 54 32
15	2 12 43	12 49 34	23 20 5	5 23 48	19 37 46	21 54 50
16	2 12 53	12 50 24	23 20 6	5 23 46	19 37 41	21 55 8
17	2 13 3	12 51 13	23 20 6	5 23 44	19 37 36	21 55 26
18	2 13 12	12 52 1	23 20 7	5 23 43	19 37 30	21 55 45
19	2 13 22	12 52 49	23 20 7	5 23 43	19 37 25	21 56 3
20	2 13 31	12 53 36	23 20 8	5 23 44	19 37 20	21 56 22
21	2 13 40	12 54 22	23 20 8	5 23 46	19 37 14	21 56 41
22	2 13 49	12 55 8	23 20 8	5 23 48	19 37 9	21 57 0
23	2 13 58	12 55 52	23 20 8	5 23 51	19 37 3	21 57 19
24	2 14 7	12 56 36	23 20 8	5 23 55	19 36 57	21 57 38
25	2 14 15	12 57 19	23 20 7	5 23 59	19 36 52	21 57 57
26	2 14 24	12 58 2	23 20 7	5 24 5	19 36 46	21 58 16
27	2 14 32	12 58 43	23 20 7	5 24 11	19 36 40	21 58 35
28	2 14 40	12 59 24	23 20 6	5 24 18	19 36 34	21 58 55
29	2 14 48	13 0 4	23 20 5	5 24 25	19 36 29	21 59 14
30	2 14 56	13N 0 43	23 20 4	5S24 34	19 36 23	21S59 34

JULY 2019

DAY	SIDEREAL TIME h m s	☉ SUN LONG ° ' "	MOT ' "	R.A. h m s	DECL ° ' "	☽ MOON AT 0 HOURS LONG ° ' "	12h MOT ° ' "	2DIF	R.A. h m s	DECL ° ' "	☽ MOON AT 12 HOURS LONG ° ' "	12h MOT ° ' "	2DIF	R.A. h m s	DECL ° ' "
1 M	18 35 2	13♊53 51	57 14	6 38 46.0	23N 8 12	20♉11 6	6 56 38	159	4 57 2	19N47 38	27♉ 7 44	7 1 46	147	5 26 20	20N55 47
2 Tu	18 38 59	14 51 5	57 14	6 42 54.3	23 4 10	4♊ 9 30	7 6 28	132	5 56 25	21 45 28	11♊15 58	7 10 36	114	6 27 7	22 14 49
3 W	18 42 55	15 48 18	57 14	6 47 2.3	22 59 44	18 26 33	7 14 5	94	6 58 16	22 22 26	25 40 39	7 16 52	72	7 29 40	22 7 30
4 Th	18 46 52	16 45 32	57 13	6 51 10.0	22 54 53	2♋57 30	7 18 52	48	8 1 3	21 29 55	10♋16 22	7 20 4	24	8 32 13	20 30 19
5 F	18 50 48	17 42 45	57 13	6 55 17.4	22 49 39	17 36 25	7 20 28	0	9 2 59	19 9 59	24 56 52	7 20 5	-22	9 33 12	17 30 47
6 S	18 54 45	18 39 58	57 13	6 59 24.4	22 44 1	2♌16 57	7 18 58	-43	10 2 47	15 35 1	9♌35 56	7 17 12	-62	10 31 40	13 25 15
7 Su	18 58 41	19 37 11	57 13	7 3 31.1	22 38 0	16 53 7	7 14 50	-79	10 59 52	11 4 7	24 7 57	7 11 58	-92	11 27 26	8 34 22
8 M	19 2 38	20 34 24	57 12	7 7 37.4	22 31 34	1♍19 55	7 8 41	-103	11 54 26	5 58 35	8♍28 36	7 5 5	-112	12 20 57	3 19 15
9 Tu	19 6 34	21 31 36	57 12	7 11 43.2	22 24 46	15 33 41	7 1 15	-117	12 47 5	0 38 44	22 34 56	6 57 16	-121	13 12 57	2S 0 49
10 W	19 10 31	22 28 48	57 12	7 15 48.7	22 17 34	29 32 12	6 53 11	-123	13 38 39	4S37 19	6♎25 23	6 49 5	-123	14 4 18	7 8 54
11 Th	19 14 28	23 26 0	57 12	7 19 53.7	22 9 59	13♎14 27	6 45 0	-122	14 29 59	9 33 46	19 59 27	6 40 58	-119	14 55 46	11 50 13
12 F	19 18 24	24 23 12	57 12	7 23 58.2	22 2 1	26 40 25	6 37 2	-116	15 21 44	13 56 41	3♏17 27	6 33 13	-113	15 47 55	15 51 39
13 S	19 22 21	25 20 24	57 12	7 28 2.3	21 53 41	9♏50 40	6 29 31	-109	16 14 21	17 33 47	16 20 11	6 25 57	-105	16 41 1	19 1 51
14 Su	19 26 17	26 17 36	57 12	7 32 5.9	21 44 58	22 46 7	6 22 31	-101	17 7 53	20 14 48	29 8 39	6 19 15	-96	17 34 55	21 11 47
15 M	19 30 14	27 14 48	57 12	7 36 9.0	21 35 53	5♐27 53	6 16 7	-91	18 2 1	21 52 13	11♐44 1	6 13 9	-87	18 29 9	22 15 45
16 Tu	19 34 10	28 12 0	57 13	7 40 11.6	21 26 26	17 57 10	6 10 21	-81	18 56 9	22 22 23	24 7 31	6 7 44	-76	19 22 56	22 12 22
17 W	19 38 7	29 9 13	57 13	7 44 13.7	21 16 37	0♑15 15	6 5 18	-70	19 49 25	21 46 13	6♑20 33	6 3 4	-63	20 15 31	21 4 43
18 Th	19 42 3	0♋ 6 26	57 13	7 48 15.2	21 6 26	12 23 37	6 1 5	-56	20 41 10	20 8 50	18 24 42	5 59 20	-48	21 6 19	18 59 40
19 F	19 46 0	1 3 39	57 14	7 52 16.3	20 55 54	24 24 1	5 57 51	-40	21 30 58	17 38 25	0♒21 53	5 56 41	-30	21 55 6	16 6 22
20 S	19 49 57	2 0 53	57 15	7 56 16.8	20 45 1	6♒18 34	5 55 51	-19	22 18 44	14 24 44	12 14 25	5 55 23	-8	22 41 56	12 34 48
21 Su	19 53 53	2 58 7	57 15	8 0 16.7	20 33 47	18 9 49	5 55 19	4	23 4 45	10 37 44	24 5 8	5 55 41	18	23 27 14	8 34 43
22 M	19 57 50	3 55 22	57 16	8 4 16.1	20 22 12	0♓ 0 48	5 56 30	32	23 49 29	6 26 49	5♓57 18	5 57 47	47	0 11 35	4 15 6
23 Tu	20 1 46	4 52 38	57 17	8 8 14.9	20 10 17	11 55 5	5 59 36	62	0 33 38	2 0 37	17 54 41	6 1 56	78	0 55 43	0N15 38
24 W	20 5 43	5 49 55	57 18	8 12 13.2	19 58 1	23 56 37	6 4 48	94	1 17 57	2N32 36	0♈ 1 25	6 8 13	111	1 40 26	4 49 13
25 Th	20 9 39	6 47 12	57 19	8 16 10.9	19 45 26	6♈ 9 38	6 12 11	127	2 3 18	7 4 18	12 21 49	6 16 40	142	2 26 38	9 16 36
26 F	20 13 36	7 44 31	57 19	8 20 8.0	19 32 30	18 38 29	6 21 40	157	2 50 33	11 24 44	25 0 9	6 27 7	170	3 15 11	13 27 7
27 S	20 17 32	8 41 50	57 20	8 24 4.6	19 19 15	1♉27 16	6 32 59	181	3 40 35	15 22 1	8♉ 0 15	6 39 11	189	4 6 52	17 7 30
28 Su	20 21 29	9 39 10	57 21	8 28 0.6	19 5 41	14 39 26	6 45 36	195	4 34 4	18 41 28	21 25 2	6 52 10	196	5 2 12	20 1 42
29 M	20 25 26	10 36 32	57 22	8 31 56.0	18 51 48	28 17 11	6 58 42	194	5 31 16	21 5 55	5♊15 53	7 5 5	187	6 1 11	21 51 55
30 Tu	20 29 22	11 33 54	57 23	8 35 50.8	18 37 37	12♊20 58	7 11 9	175	6 31 49	22 17 43	19 32 7	7 16 44	158	7 3 2	22 21 46
31 W	20 33 19	12♋31 17	57 24	8 39 45.0	18N23 7	26♊48 51	7 21 39	136	7 34 35	22N 3 2	4♋10 30	7 25 46	109	8 6 16	21N21 11

LUNAR INGRESSES
1 ☽ ♊ 16:55
3 ☽ ♋ 19:08
5 ☽ ♌ 20:16
7 ☽ ♍ 21:46
10 ☽ ♎ 0:48
12 ☽ ♏ 6:01
14 ☽ ♐ 13:37
16 ☽ ♑ 23:30
19 ☽ ♒ 11:16
21 ☽ ♓ 23:58
24 ☽ ♈ 11:57
26 ☽ ♉ 21:19
29 ☽ ♊ 2:58
31 ☽ ♋ 5:12

PLANET INGRESSES
17 ☉ ♋ 21:18
24 ♀ ♋ 0:35
27 ☿ ♊ 11:26

STATIONS
7 ☿ R 23:16

DATA FOR THE 1st AT 0 HOURS
JULIAN DAY 43645.5
☽ MEAN ☊ 22°♊ 58' 24"
OBLIQUITY 23° 26' 9"
DELTA T 75.7 SECONDS
NUTATION LONGITUDE -16.0"

DAY MO YR	☿ LONG ° ' "	♀ LONG ° ' "	♂ LONG ° ' "	♃ LONG ° ' "	♄ LONG ° ' "	♅ LONG ° ' "	♆ LONG ° ' "	♇ LONG ° ' "	☊ LONG ° '	A.S.S.I. h m s	S.S.R.Y. h m s	S.V.P. ♓ ° ' "	☿ MERCURY R.A. h m s	DECL ° ' "
1 182	7♋35 51	1♊45 47	4♋22 23	21♏59R32	22♐50R47	10♈53 55	23♒41R32	27♐12R43	22♊37	8 20 59	30 9 2	4 59 31.2	8 18 39	18N41 11
2 183	8 5 4	2 59 12	5 0 34	21 52 58	22 46 26	10 55 51	23 41 13	27 11 18	22 36	8 26 11	30 9 54	4 59 30.9	8 20 26	18 20 29
3 184	8 30 1	4 12 38	5 38 44	21 46 30	22 42 4	10 57 44	23 40 52	27 9 53	22 36	8 31 23	30 10 55	4 59 30.6	8 21 54	18 0 24
4 185	8 50 37	5 26 4	6 16 54	21 40 9	22 37 41	10 59 35	23 40 29	27 8 27	22 36	8 36 34	30 11 57	4 59 30.4	8 23 3	17 41 4
5 186	9 6 44	6 39 32	6 55 3	21 33 55	22 33 17	11 1 24	23 40 4	27 7 1	22 36	8 41 45	30 12 59	4 59 30.1	8 23 54	17 22 34
6 187	9 18 17	7 53 0	7 33 12	21 27 47	22 28 52	11 3 10	23 39 37	27 5 35	22 37	8 46 55	30 13 56	4 59 30.0	8 24 26	17 5 1
7 188	9 25R11	9 6 30	8 11 21	21 21 47	22 24 27	11 4 53	23 39 9	27 4 8	22 37	8 52 5	30 14 47	4 59 29.8	8 24 39	16 48 31
8 189	9 27 24	10 20 0	8 49 29	21 15 55	22 20 2	11 6 34	23 38 38	27 2 41	22 37	8 57 15	30 15 30	4 59 29.7	8 24 33	16 33 11
9 190	9 24 53	11 33 31	9 27 37	21 10 10	22 15 37	11 8 12	23 38 6	27 1 14	22 37	9 2 24	30 16 3	4 59 29.7	8 24 8	16 19 6
10 191	9 17 41	12 47 3	10 5 44	21 4 33	22 11 11	11 9 48	23 37 32	26 59 47	22 37	9 7 32	30 16 27	4 59 29.6	8 23 25	16 6 23
11 192	9 5 51	14 0 36	10 43 51	20 59 5	22 6 45	11 11 21	23 36 56	26 58 20	22 37	9 12 40	30 16 39	4 59 29.5	8 22 23	15 55 7
12 193	8 49 29	15 14 9	11 21 58	20 53 45	22 2 20	11 12 52	23 36 18	26 56 52	22 37	9 17 47	30 16 40	4 59 29.3	8 21 3	15 45 22
13 194	8 28 47	16 27 44	12 0 4	20 48 33	21 57 55	11 14 19	23 35 39	26 55 25	22 38	9 22 54	30 16 30	4 59 29.1	8 19 27	15 37 13
14 195	8 3 58	17 41 19	12 38 9	20 43 30	21 53 31	11 15 44	23 34 58	26 53 57	22 38	9 28 0	30 16 8	4 59 28.9	8 17 36	15 30 43
15 196	7 35 20	18 54 56	13 16 15	20 38 36	21 49 7	11 17 7	23 34 15	26 52 29	22 38	9 33 5	30 15 35	4 59 28.7	8 15 29	15 25 55
16 197	7 3 17	20 8 33	13 54 20	20 33 51	21 44 44	11 18 26	23 33 30	26 51 2	22 38	9 38 10	30 14 51	4 59 28.4	8 13 11	15 22 50
17 198	6 28 15	21 22 12	14 32 25	20 29 16	21 40 21	11 19 43	23 32 44	26 49 34	22 38	9 43 14	30 13 59	4 59 28.2	8 10 41	15 21 29
18 199	5 50 46	22 35 51	15 10 29	20 24 49	21 36 0	11 20 58	23 31 56	26 48 7	22 38	9 48 17	30 12 59	4 59 28.0	8 8 3	15 21 51
19 200	5 11 25	23 49 32	15 48 34	20 20 32	21 31 39	11 22 9	23 31 6	26 46 39	22 38	9 53 20	30 11 53	4 59 27.9	8 5 18	15 23 53
20 201	4 30 50	25 3 14	16 26 38	20 16 25	21 27 20	11 23 18	23 30 15	26 45 12	22 36	9 58 22	30 10 45	4 59 27.7	8 2 30	15 27 34
21 202	3 49 41	26 16 57	17 4 42	20 12 27	21 23 3	11 24 24	23 29 22	26 43 45	22 35	10 3 24	30 9 38	4 59 27.6	7 59 41	15 32 48
22 203	3 8 43	27 30 41	17 42 46	20 8 39	21 18 46	11 25 27	23 28 28	26 42 18	22 33	10 8 25	30 8 35	4 59 27.6	7 56 53	15 39 31
23 204	2 28 39	28 44 27	18 20 50	20 5 1	21 14 31	11 26 27	23 27 31	26 40 51	22 32	10 13 25	30 7 39	4 59 27.5	7 54 11	15 47 34
24 205	1 50 12	29 58 14	18 58 54	20 1 33	21 10 18	11 27 24	23 26 34	26 39 25	22 31	10 18 24	30 6 54	4 59 27.4	7 51 36	15 56 52
25 206	1 14 5	1♋12 2	19 36 58	19 58 16	21 6 7	11 28 19	23 25 35	26 37 59	22 31	10 23 23	30 6 21	4 59 27.4	7 49 12	16 7 16
26 207	0 40 58	2 25 51	20 15 2	19 55 9	21 1 58	11 29 10	23 24 34	26 36 33	22 31	10 28 21	30 6 3	4 59 27.3	7 47 1	16 18 37
27 208	0 11 29	3 39 41	20 53 7	19 52 12	20 57 51	11 29 59	23 23 32	26 35 7	22 32	10 33 18	30 6 0	4 59 27.1	7 45 5	16 30 46
28 209	29♊46 13	4 53 33	21 31 11	19 49 26	20 53 46	11 30 45	23 22 28	26 33 42	22 33	10 38 14	30 6 11	4 59 26.9	7 43 28	16 43 33
29 210	29 25 40	6 7 26	22 9 15	19 46 50	20 49 44	11 31 28	23 21 23	26 32 18	22 34	10 43 10	30 6 35	4 59 26.7	7 42 11	16 56 49
30 211	29 10 16	7 21 26	22 47 19	19 44 25	20 45 44	11 32 8	23 20 16	26 30 55	22 35	10 48 5	30 7 12	4 59 26.4	7 41 10	17 10 23
31 212	29♊ 0 24	8♋35 15	23♋25 24	19♏42 11	20♐41 46	11♈32 45	23♒19 8	26♐29 30	22♊35	10 52 59	30 7 57	4 59 26.2	7 40 44	17N24 6

DAY Jul	♀ VENUS R.A. h m s	DECL ° ' "	♂ MARS R.A. h m s	DECL ° ' "	♃ JUPITER R.A. h m s	DECL ° ' "	♄ SATURN R.A. h m s	DECL ° ' "	♅ URANUS R.A. h m s	DECL ° ' "	♆ NEPTUNE R.A. h m s	DECL ° ' "	♇ PLUTO R.A. h m s	DECL ° ' "
1	5 45 57	23N12 39	8 7 12	21N25 50	17 3 44	22S16 14	19 17 12	21S55 4	2 15 4	13N 1 22	23 20 3	5S24 43	19 36 17	21S59 53
2	5 51 16	23 16 33	8 9 52	21 17 45	17 3 15	22 15 46	19 16 53	21 55 43	2 15 11	13 1 59	23 20 2	5 24 52	19 36 11	22 0 13
3	5 56 36	23 19 47	8 12 32	21 9 32	17 2 48	22 15 18	19 16 34	21 56 22	2 15 18	13 2 36	23 20 1	5 25 3	19 36 5	22 0 32
4	6 1 56	23 22 20	8 15 12	21 1 9	17 2 20	22 14 51	19 16 16	21 57 1	2 15 26	13 3 12	23 20 0	5 25 14	19 35 59	22 0 52
5	6 7 16	23 24 12	8 17 51	20 52 37	17 1 53	22 14 24	19 15 57	21 57 40	2 15 33	13 3 47	23 19 58	5 25 26	19 35 53	22 1 12
6	6 12 36	23 25 22	8 20 30	20 43 57	17 1 27	22 13 57	19 15 38	21 58 19	2 15 40	13 4 21	23 19 57	5 25 39	19 35 47	22 1 31
7	6 17 57	23 25 52	8 23 8	20 35 8	17 1 1	22 13 32	19 15 19	21 58 58	2 15 46	13 4 55	23 19 55	5 25 52	19 35 41	22 1 51
8	6 23 18	23 25 40	8 25 47	20 26 10	17 0 36	22 13 6	19 15 0	21 59 37	2 15 53	13 5 27	23 19 53	5 26 6	19 35 35	22 2 11
9	6 28 38	23 24 46	8 28 25	20 17 4	17 0 11	22 12 42	19 14 42	22 0 16	2 15 59	13 5 58	23 19 51	5 26 21	19 35 28	22 2 31
10	6 33 59	23 23 11	8 31 2	20 7 49	16 59 47	22 12 18	19 14 23	22 0 55	2 16 5	13 6 29	23 19 49	5 26 37	19 35 22	22 2 50
11	6 39 19	23 20 55	8 33 40	19 58 26	16 59 23	22 11 55	19 14 4	22 1 34	2 16 11	13 6 59	23 19 47	5 26 53	19 35 16	22 3 10
12	6 44 40	23 17 57	8 36 17	19 48 55	16 59 0	22 11 32	19 13 45	22 2 13	2 16 17	13 7 28	23 19 45	5 27 10	19 35 10	22 3 30
13	6 50 0	23 14 18	8 38 53	19 39 16	16 58 38	22 11 10	19 13 26	22 2 51	2 16 23	13 7 56	23 19 42	5 27 28	19 35 4	22 3 49
14	6 55 20	23 9 58	8 41 29	19 29 29	16 58 16	22 10 49	19 13 7	22 3 30	2 16 29	13 8 23	23 19 40	5 27 46	19 34 58	22 4 9
15	7 0 39	23 4 57	8 44 5	19 19 33	16 57 55	22 10 29	19 12 48	22 4 8	2 16 34	13 8 49	23 19 37	5 28 5	19 34 52	22 4 29
16	7 5 58	22 59 15	8 46 41	19 9 30	16 57 34	22 10 10	19 12 30	22 4 46	2 16 39	13 9 14	23 19 35	5 28 24	19 34 46	22 4 48
17	7 11 17	22 52 52	8 49 16	18 59 19	16 57 15	22 9 52	19 12 11	22 5 24	2 16 44	13 9 39	23 19 32	5 28 44	19 34 39	22 5 8
18	7 16 36	22 45 49	8 51 51	18 49 1	16 56 56	22 9 34	19 11 53	22 6 1	2 16 49	13 10 2	23 19 29	5 29 5	19 34 33	22 5 28
19	7 21 53	22 38 5	8 54 26	18 38 35	16 56 37	22 9 18	19 11 34	22 6 39	2 16 54	13 10 25	23 19 26	5 29 27	19 34 27	22 5 47
20	7 27 11	22 29 42	8 57 0	18 28 1	16 56 19	22 9 2	19 11 16	22 7 16	2 16 58	13 10 46	23 19 23	5 29 49	19 34 21	22 6 7
21	7 32 27	22 20 39	8 59 34	18 17 20	16 56 2	22 8 47	19 10 57	22 7 53	2 17 2	13 11 7	23 19 20	5 30 11	19 34 15	22 6 26
22	7 37 44	22 10 56	9 2 8	18 6 32	16 55 46	22 8 34	19 10 39	22 8 29	2 17 7	13 11 27	23 19 16	5 30 35	19 34 9	22 6 46
23	7 42 59	22 0 34	9 4 41	17 55 36	16 55 30	22 8 21	19 10 21	22 9 6	2 17 10	13 11 46	23 19 13	5 30 59	19 34 3	22 7 5
24	7 48 14	21 49 34	9 7 14	17 44 33	16 55 15	22 8 9	19 10 3	22 9 42	2 17 14	13 12 3	23 19 10	5 31 23	19 33 57	22 7 24
25	7 53 27	21 37 55	9 9 47	17 33 24	16 55 1	22 7 59	19 9 45	22 10 17	2 17 18	13 12 20	23 19 6	5 31 48	19 33 51	22 7 43
26	7 58 41	21 25 39	9 12 19	17 22 7	16 54 48	22 7 49	19 9 27	22 10 53	2 17 21	13 12 36	23 19 2	5 32 14	19 33 45	22 8 2
27	8 3 53	21 12 45	9 14 51	17 10 43	16 54 35	22 7 41	19 9 9	22 11 27	2 17 24	13 12 51	23 18 59	5 32 40	19 33 39	22 8 21
28	8 9 4	20 59 14	9 17 23	16 59 12	16 54 23	22 7 34	19 8 52	22 12 2	2 17 27	13 13 5	23 18 55	5 33 7	19 33 33	22 8 40
29	8 14 15	20 45 6	9 19 55	16 47 35	16 54 12	22 7 28	19 8 35	22 12 36	2 17 30	13 13 18	23 18 51	5 33 34	19 33 27	22 8 59
30	8 19 24	20 30 23	9 22 26	16 35 51	16 54 1	22 7 23	19 8 18	22 13 10	2 17 33	13 13 31	23 18 47	5 34 2	19 33 21	22 9 18
31	8 24 33	20N15 4	9 24 57	16N24 1	16 53 51	22S 7 19	19 8 1	22S13 44	2 17 35	13N13 42	23 18 43	5S34 31	19 33 15	22S 9 36

AUGUST 2019

DAY	SIDEREAL TIME h m s	☉ SUN LONG	MOT	R.A. h m s	DECL	☽ MOON AT 0 HOURS LONG	12h MOT	2DIF	R.A. h m s	DECL	☽ MOON AT 12 HOURS LONG	12h MOT	2DIF	R.A. h m s	DECL
1 Th	20 37 15	13♋28 41	57 25	8 43 38.7	18N 8 19	11♋36 16	7 28 56	79	8 37 50	20N16 38	19♋ 5 11	7 31 2	46	9 9 7	18N50 35
2 F	20 41 12	14 26 6	57 26	8 47 31.7	17 53 13	26 36 13	7 32 1	12	9 39 55	17 4 54	4♌ 8 14	7 31 50	-22	10 10 7	15 1 58
3 S	20 45 8	15 23 31	57 26	8 51 24.1	17 37 49	11♌40 4	7 30 32	-55	10 39 41	12 44 35	19 10 36	7 28 9	-86	11 8 35	10 15 43
4 Su	20 49 5	16 20 58	57 27	8 55 15.8	17 22 9	26 38 46	7 24 49	-113	11 36 50	7 38 26	4♍ 3 35	7 20 39	-135	12 4 31	4 55 43
5 M	20 53 1	17 18 25	57 28	8 59 7.0	17 6 12	11♍24 13	7 15 48	-153	12 31 41	2 10 25	18 40 1	7 10 26	-166	12 58 27	0S34 49
6 Tu	20 56 58	18 15 52	57 28	9 2 57.5	16 49 58	25 50 26	7 4 43	-174	13 24 54	3S17 33	2♎55 10	6 58 50	-178	13 51 9	5 55 34
7 W	21 0 55	19 13 21	57 29	9 6 47.4	16 33 27	9♎53 59	6 52 53	-177	14 17 17	8 26 54	16 46 53	6 47 2	-173	14 43 23	10 49 45
8 Th	21 4 51	20 10 50	57 30	9 10 36.7	16 16 41	23 33 55	6 41 21	-166	15 9 32	13 2 30	0♏15 16	6 35 56	-158	15 35 47	15 3 42
9 F	21 8 48	21 8 20	57 31	9 14 25.4	15 59 39	6♏51 11	6 30 50	-147	16 2 11	16 52 5	13 22 1	6 26 6	-136	16 28 44	18 26 31
10 S	21 12 44	22 5 50	57 32	9 18 13.5	15 42 22	19 48 7	6 21 45	-125	16 55 25	19 46 3	26 9 52	6 17 47	-113	17 22 14	20 49 55
11 Su	21 16 41	23 3 22	57 33	9 22 1.0	15 24 50	2♐27 39	6 14 13	-101	17 49 7	21 37 33	8♐41 53	6 11 2	-90	18 16 1	22 8 36
12 M	21 20 37	24 0 54	57 34	9 25 47.9	15 7 3	14 52 55	6 8 13	-80	18 42 49	22 22 59	21 1 8	6 5 44	-70	19 9 29	22 20 49
13 Tu	21 24 34	24 58 28	57 35	9 29 34.2	14 49 2	27 6 51	6 3 34	-61	19 35 53	22 2 29	3♑10 25	6 1 41	-52	20 1 29	21 28 36
14 W	21 28 30	25 56 2	57 36	9 33 20.0	14 30 46	9♑12 6	6 0 5	-44	20 27 41	20 39 57	15 12 11	5 58 45	-37	20 52 57	19 37 31
15 Th	21 32 27	26 53 38	57 37	9 37 5.2	14 12 17	21 10 56	5 57 38	-30	21 17 45	18 22 22	27 8 34	5 56 45	-23	21 42 4	16 55 41
16 F	21 36 24	27 51 14	57 38	9 40 49.9	13 53 34	3♒ 5 19	5 56 6	-16	22 5 56	15 18 42	9♒ 1 25	5 55 40	-9	22 29 20	13 32 38
17 S	21 40 20	28 48 52	57 39	9 44 34.1	13 34 38	14 57 6	5 55 28	-2	22 52 20	11 38 45	20 52 34	5 55 31	5	23 14 59	9 38 15
18 Su	21 44 17	29 46 32	57 41	9 48 17.7	13 15 30	26 48 5	5 55 50	14	23 37 21	7 32 20	2♓43 55	5 56 26	23	23 59 29	5 22 8
19 M	21 48 13	0♌44 12	57 42	9 52 0.9	12 56 8	8♓40 21	5 57 21	33	0 21 30	3 8 47	14 37 42	5 58 36	43	0 43 28	0 53 22
20 Tu	21 52 10	1 41 55	57 44	9 55 43.5	12 36 35	20 36 18	6 0 14	55	1 5 28	1N23 0	26 36 32	6 2 16	68	1 27 37	3N39 15
21 W	21 56 6	2 39 38	57 45	9 59 25.7	12 16 49	2♈38 49	6 4 45	81	1 50 1	5 54 14	8♈43 34	6 7 42	96	2 12 45	8 6 47
22 Th	22 0 3	3 37 24	57 47	10 3 7.4	11 56 51	14 51 15	6 11 8	111	2 35 55	10 15 39	21 2 24	6 15 5	126	2 59 39	12 19 28
23 F	22 3 59	4 35 11	57 49	10 6 48.7	11 36 43	27 17 28	6 19 33	142	3 24 0	14 16 47	3♉37 1	6 24 31	157	3 49 6	16 5 59
24 S	22 7 56	5 33 0	57 51	10 10 29.6	11 16 23	10♉ 1 32	6 30 0	171	4 14 59	17 45 18	16 31 32	6 35 55	184	4 41 43	19 12 52
25 Su	22 11 53	6 30 50	57 52	10 14 10.1	10 55 52	23 7 27	6 42 15	195	5 9 21	20 26 41	29 49 42	6 48 54	203	5 37 50	21 24 44
26 M	22 15 49	7 28 42	57 54	10 17 50.2	10 35 11	6♊38 36	6 55 45	207	6 7 8	22 5 2	13♊34 21	7 2 41	207	6 37 10	22 25 46
27 Tu	22 19 46	8 26 36	57 56	10 21 29.9	10 14 19	20 37 2	7 9 32	201	7 7 46	22 25 26	27 46 35	7 16 7	190	7 38 48	22 2 59
28 W	22 23 42	9 24 32	57 58	10 25 9.2	9 53 18	5♋ 2 41	7 22 13	173	8 10 2	21 17 55	12♋24 55	7 27 39	149	8 41 18	20 10 26
29 Th	22 27 39	10 22 30	57 59	10 28 48.1	9 32 8	19 52 34	7 32 11	120	9 12 24	18 41 25	27 24 44	7 35 38	85	9 43 11	16 52 27
30 F	22 31 35	11 20 29	58 1	10 32 26.7	9 10 48	5♌ 0 22	7 37 51	46	10 13 32	14 45 40	12♌38 13	7 38 43	5	10 43 23	12 23 45
31 S	22 35 32	12♌18 30	58 2	10 36 5.0	8N49 19	20♌16 57	7 38 12	-36	11 12 42	9N49 39	27♌55 9	7 36 18	-77	11 41 29	7N 6 34

LUNAR INGRESSES
2 ☽ ♌ 5:25
4 ☽ ♍ 5:25
6 ☽ ♎ 7:02
8 ☽ ♏ 11:32
10 ☽ ♐ 19:18
13 ☽ ♑ 5:42
15 ☽ ♒ 17:46
18 ☽ ♓ 6:28
20 ☽ ♈ 18:45
23 ☽ ♉ 5:09
25 ☽ ♊ 12:18
27 ☽ ♋ 15:41
29 ☽ ♌ 16:06
31 ☽ ♍ 15:17

PLANET INGRESSES
5 ☿ ♋ 15:38
10 ♂ ♌ 8:42
17 ♀ ♌ 8:19
18 ☉ ♌ 5:36
26 ☿ ♌ 19:23

STATIONS
1 ☿ D 3:59
11 ♃ D 13:39
12 ♅ R 2:28

DATA FOR THE 1st AT 0 HOURS
JULIAN DAY 43676.5
☽ MEAN ☊ 21°♊ 19' 50"
OBLIQUITY 23° 26' 10"
DELTA T 75.7 SECONDS
NUTATION LONGITUDE-15.3"

DAY MO YR	☿ LONG	♀ LONG	♂ LONG	♃ LONG	♄ LONG	♅ LONG	♆ LONG	♇ LONG	☊ LONG	A.S.S.I. h m s	S.S.R.Y. h m s	S.V.P. ♓	☿ MERCURY R.A. h m s	DECL
1 213	28♊56D23	9♋49 12	24♋ 3 29	19♏40R 8	20♐37R51	11♈33 19	23♒17R58	26♐28R 7	22♊34	10 57 53	30 8 48	4 59 26.0	7 40 36	17N37 46
2 214	28 58 26	11 3 9	24 41 33	19 38 15	20 34 0	11 33 51	23 16 48	26 26 44	22 33	11 2 46	30 9 43	4 59 25.8	7 40 55	17 51 13
3 215	29 6 46	12 17 7	25 19 38	19 36 34	20 30 11	11 34 19	23 15 35	26 25 22	22 30	11 7 38	30 10 39	4 59 25.6	7 41 40	18 4 17
4 216	29 21 30	13 31 7	25 57 43	19 35 4	20 26 25	11 34 44	23 14 22	26 24 0	22 27	11 12 29	30 11 33	4 59 25.6	7 42 52	18 16 48
5 217	29 42 42	14 45 7	26 35 48	19 33 45	20 22 42	11 35 6	23 13 7	26 22 40	22 24	11 17 19	30 12 23	4 59 25.5	7 44 31	18 28 34
6 218	0♋10 26	15 59 8	27 13 52	19 32 37	20 19 3	11 35 26	23 11 51	26 21 19	22 22	11 22 9	30 13 9	4 59 25.5	7 46 38	18 39 25
7 219	0 44 41	17 13 10	27 51 57	19 31 40	20 15 27	11 35 42	23 10 34	26 20 0	22 20	11 26 58	30 13 46	4 59 25.4	7 49 13	18 49 10
8 220	1 25 25	18 27 13	28 30 2	19 30 55	20 11 55	11 35 55	23 9 15	26 18 41	22 20	11 31 46	30 14 14	4 59 25.3	7 52 15	18 57 38
9 221	2 12 34	19 41 16	29 8 7	19 30 20	20 8 27	11 36 6	23 7 56	26 17 24	22 21	11 36 33	30 14 32	4 59 25.2	7 55 44	19 4 39
10 222	3 6 2	20 55 21	29 46 12	19 29 57	20 5 2	11 36 13	23 6 35	26 16 6	22 22	11 41 20	30 14 38	4 59 25.0	7 59 39	19 10 1
11 223	4 5 42	22 9 26	0♌24 17	19 29D45	20 1 41	11 36 18	23 5 13	26 14 50	22 24	11 46 5	30 14 31	4 59 24.8	8 4 0	19 13 34
12 224	5 11 24	23 23 33	1 2 22	19 29 44	19 58 24	11 36R19	23 3 51	26 13 35	22 25	11 50 50	30 14 11	4 59 24.6	8 8 46	19 15 7
13 225	6 22 56	24 37 40	1 40 27	19 29 54	19 55 11	11 36 18	23 2 27	26 12 20	22 25	11 55 35	30 13 39	4 59 24.4	8 13 56	19 14 31
14 226	7 40 6	25 51 48	2 18 33	19 30 15	19 52 2	11 36 14	23 1 2	26 11 7	22 24	12 0 18	30 12 55	4 59 24.2	8 19 28	19 11 37
15 227	9 2 38	27 5 57	2 56 38	19 30 48	19 48 57	11 36 7	22 59 36	26 9 54	22 21	12 5 1	30 12 1	4 59 24.1	8 25 22	19 6 16
16 228	10 30 16	28 20 7	3 34 44	19 31 31	19 45 56	11 35 56	22 58 9	26 8 42	22 16	12 9 44	30 10 59	4 59 24.0	8 31 36	18 58 21
17 229	12 2 39	29 34 17	4 12 50	19 32 25	19 43 0	11 35 43	22 56 41	26 7 31	22 10	12 14 25	30 9 51	4 59 23.9	8 38 8	18 47 46
18 230	13 39 27	0♌48 29	4 50 57	19 33 31	19 40 8	11 35 27	22 55 13	26 6 22	22 03	12 19 6	30 8 41	4 59 23.9	8 44 56	18 34 28
19 231	15 20 17	2 2 42	5 29 4	19 34 47	19 37 21	11 35 8	22 53 43	26 5 13	21 56	12 23 47	30 7 30	4 59 23.8	8 51 58	18 18 24
20 232	17 4 46	3 16 55	6 7 11	19 36 15	19 34 38	11 34 46	22 52 13	26 4 5	21 50	12 28 26	30 6 24	4 59 23.8	8 59 13	17 59 34
21 233	18 52 28	4 31 10	6 45 18	19 37 53	19 32 0	11 34 21	22 50 42	26 2 59	21 45	12 33 6	30 5 26	4 59 23.8	9 6 38	17 37 59
22 234	20 42 57	5 45 25	7 23 26	19 39 42	19 29 27	11 33 54	22 49 10	26 1 53	21 41	12 37 44	30 4 37	4 59 23.7	9 14 11	17 13 44
23 235	22 35 49	6 59 42	8 1 35	19 41 43	19 26 58	11 33 23	22 47 38	26 0 49	21 39	12 42 22	30 4 0	4 59 23.6	9 21 51	16 46 53
24 236	24 30 37	8 13 59	8 39 44	19 43 54	19 24 35	11 32 50	22 46 4	25 59 46	21 39	12 47 0	30 3 36	4 59 23.5	9 29 35	16 17 34
25 237	26 26 58	9 28 17	9 17 53	19 46 15	19 22 16	11 32 13	22 44 31	25 58 44	21 40	12 51 37	30 3 25	4 59 23.3	9 37 21	15 45 55
26 238	28 24 29	10 42 37	9 56 3	19 48 48	19 20 2	11 31 34	22 42 56	25 57 43	21 41	12 56 13	30 3 28	4 59 23.1	9 45 8	15 12 6
27 239	0♌22 49	11 56 57	10 34 14	19 51 31	19 17 54	11 30 52	22 41 21	25 56 43	21 42	13 0 49	30 3 44	4 59 22.9	9 52 55	14 36 16
28 240	2 21 37	13 11 18	11 12 25	19 54 25	19 15 50	11 30 7	22 39 45	25 55 45	21 41	13 5 25	30 4 11	4 59 22.7	10 0 40	13 58 37
29 241	4 20 37	14 25 40	11 50 37	19 57 30	19 13 52	11 29 19	22 38 9	25 54 48	21 39	13 10 0	30 4 49	4 59 22.5	10 8 23	13 19 19
30 242	6 19 34	15 40 3	12 28 49	20 0 46	19 11 59	11 28 27	22 36 33	25 53 52	21 34	13 14 34	30 5 34	4 59 22.4	10 16 1	12 38 33
31 243	8♌18 14	16♌54 26	13♌ 7 2	20♏ 4 11	19♐10 12	11♈27 35	22♒34 55	25♐52 58	21♊27	13 19 9	30 6 26	4 59 22.4	10 23 35	11N56 29

DAY Aug	♀ VENUS R.A. h m s	DECL	♂ MARS R.A. h m s	DECL	♃ JUPITER R.A. h m s	DECL	♄ SATURN R.A. h m s	DECL	♅ URANUS R.A. h m s	DECL	♆ NEPTUNE R.A. h m s	DECL	♇ PLUTO R.A. h m s	DECL
1	8 29 41	19N59 10	9 27 28	16N12 4	16 53 43	22S 7 17	19 7 44	22S14 17	2 17 37	13N13 52	23 18 38	5S34 59	19 33 9	22S 9 55
2	8 34 47	19 42 42	9 29 58	16 0 1	16 53 35	22 7 15	19 7 27	22 14 49	2 17 40	13 14 1	23 18 34	5 35 29	19 33 3	22 10 13
3	8 39 53	19 25 40	9 32 28	15 47 52	16 53 27	22 7 15	19 7 11	22 15 22	2 17 41	13 14 10	23 18 30	5 35 59	19 32 57	22 10 32
4	8 44 58	19 8 5	9 34 58	15 35 37	16 53 21	22 7 16	19 6 55	22 15 54	2 17 43	13 14 17	23 18 25	5 36 29	19 32 52	22 10 50
5	8 50 1	18 49 57	9 37 27	15 23 16	16 53 15	22 7 19	19 6 39	22 16 25	2 17 45	13 14 23	23 18 21	5 37 0	19 32 46	22 11 8
6	8 55 4	18 31 17	9 39 57	15 10 48	16 53 10	22 7 22	19 6 24	22 16 56	2 17 46	13 14 29	23 18 16	5 37 32	19 32 40	22 11 26
7	9 0 5	18 12 6	9 42 26	14 58 15	16 53 6	22 7 27	19 6 8	22 17 26	2 17 47	13 14 33	23 18 11	5 38 3	19 32 35	22 11 43
8	9 5 5	17 52 24	9 44 54	14 45 37	16 53 2	22 7 33	19 5 53	22 17 56	2 17 48	13 14 36	23 18 6	5 38 36	19 32 29	22 12 1
9	9 10 4	17 32 12	9 47 22	14 32 52	16 53 0	22 7 41	19 5 38	22 18 26	2 17 48	13 14 39	23 18 2	5 39 8	19 32 24	22 12 18
10	9 15 3	17 11 31	9 49 51	14 20 2	16 52 58	22 7 50	19 5 24	22 18 55	2 17 49	13 14 40	23 17 57	5 39 41	19 32 18	22 12 36
11	9 20 0	16 50 21	9 52 18	14 7 7	16 52 57	22 7 59	19 5 9	22 19 23	2 17 49	13 14 41	23 17 52	5 40 15	19 32 13	22 12 53
12	9 24 55	16 28 43	9 54 46	13 54 6	16 52 57	22 8 11	19 4 55	22 19 51	2 17 49	13 14 40	23 17 47	5 40 49	19 32 8	22 13 10
13	9 29 50	16 6 37	9 57 13	13 41 0	16 52 58	22 8 23	19 4 41	22 20 19	2 17 49	13 14 39	23 17 42	5 41 23	19 32 3	22 13 27
14	9 34 44	15 44 5	9 59 40	13 27 49	16 52 59	22 8 37	19 4 28	22 20 46	2 17 49	13 14 36	23 17 36	5 41 57	19 31 57	22 13 43
15	9 39 37	15 21 6	10 2 7	13 14 33	16 53 1	22 8 51	19 4 15	22 21 12	2 17 49	13 14 33	23 17 31	5 42 32	19 31 52	22 14 0
16	9 44 28	14 57 43	10 4 34	13 1 11	16 53 4	22 9 8	19 4 2	22 21 38	2 17 48	13 14 29	23 17 26	5 43 8	19 31 47	22 14 16
17	9 49 19	14 33 54	10 7 0	12 47 45	16 53 8	22 9 25	19 3 49	22 22 4	2 17 47	13 14 23	23 17 20	5 43 43	19 31 42	22 14 32
18	9 54 8	14 9 42	10 9 26	12 34 14	16 53 13	22 9 44	19 3 37	22 22 29	2 17 46	13 14 17	23 17 15	5 44 19	19 31 37	22 14 48
19	9 58 57	13 45 7	10 11 52	12 20 39	16 53 18	22 10 4	19 3 25	22 22 53	2 17 45	13 14 10	23 17 10	5 44 55	19 31 33	22 15 4
20	10 3 44	13 20 9	10 14 17	12 6 59	16 53 24	22 10 25	19 3 13	22 23 17	2 17 44	13 14 2	23 17 4	5 45 32	19 31 28	22 15 20
21	10 8 31	12 54 49	10 16 43	11 53 14	16 53 31	22 10 47	19 3 2	22 23 40	2 17 42	13 13 53	23 16 58	5 46 9	19 31 23	22 15 35
22	10 13 17	12 29 8	10 19 8	11 39 24	16 53 39	22 11 10	19 2 51	22 24 3	2 17 40	13 13 43	23 16 53	5 46 46	19 31 19	22 15 50
23	10 18 1	12 3 7	10 21 33	11 25 31	16 53 48	22 11 35	19 2 41	22 24 25	2 17 38	13 13 32	23 16 47	5 47 23	19 31 14	22 16 5
24	10 22 45	11 36 46	10 23 58	11 11 33	16 53 57	22 12 0	19 2 30	22 24 46	2 17 36	13 13 20	23 16 41	5 48 1	19 31 10	22 16 20
25	10 27 28	11 10 6	10 26 22	10 57 30	16 54 7	22 12 27	19 2 21	22 25 7	2 17 34	13 13 7	23 16 36	5 48 38	19 31 5	22 16 35
26	10 32 10	10 43 7	10 28 47	10 43 24	16 54 18	22 12 55	19 2 11	22 25 28	2 17 31	13 12 53	23 16 30	5 49 16	19 31 1	22 16 49
27	10 36 51	10 15 51	10 31 11	10 29 13	16 54 29	22 13 24	19 2 2	22 25 48	2 17 29	13 12 38	23 16 24	5 49 54	19 30 57	22 17 3
28	10 41 32	9 48 19	10 33 35	10 14 59	16 54 42	22 13 54	19 1 53	22 26 7	2 17 26	13 12 23	23 16 18	5 50 32	19 30 53	22 17 17
29	10 46 11	9 20 30	10 35 59	10 0 41	16 54 55	22 14 25	19 1 45	22 26 26	2 17 23	13 12 6	23 16 12	5 51 11	19 30 49	22 17 31
30	10 50 50	8 52 26	10 38 23	9 46 19	16 55 9	22 14 58	19 1 37	22 26 44	2 17 20	13 11 49	23 16 6	5 51 50	19 30 45	22 17 45
31	10 55 29	8N24 8	10 40 46	9N31 53	16 55 23	22S15 31	19 1 29	22S27 1	2 17 16	13N11 30	23 16 0	5S52 28	19 30 41	22S17 58

SEPTEMBER 2019

DAY	SIDEREAL TIME h m s	☉ SUN LONG ° ' "	MOT ' "	R.A. h m s	DECL ° ' "
1 Su	22 39 28	13♌16 32	58 4	10 39 42.9	8N27 42
2 M	22 43 25	14 14 36	58 5	10 43 20.5	8 5 57
3 Tu	22 47 22	15 12 41	58 7	10 46 57.8	7 44 4
4 W	22 51 18	16 10 48	58 8	10 50 34.9	7 22 4
5 Th	22 55 15	17 8 56	58 10	10 54 11.6	6 59 56
6 F	22 59 11	18 7 6	58 11	10 57 48.1	6 37 42
7 S	23 3 8	19 5 17	58 13	11 1 24.4	6 15 21
8 Su	23 7 4	20 3 29	58 14	11 5 0.4	5 52 55
9 M	23 11 1	21 1 43	58 16	11 8 36.3	5 30 22
10 Tu	23 14 57	21 59 59	58 17	11 12 11.9	5 7 44
11 W	23 18 54	22 58 16	58 19	11 15 47.5	4 45 1
12 Th	23 22 51	23 56 34	58 21	11 19 22.8	4 22 13
13 F	23 26 47	24 54 55	58 22	11 22 58.1	3 59 21
14 S	23 30 44	25 53 17	58 24	11 26 33.3	3 36 24
15 Su	23 34 40	26 51 41	58 26	11 30 8.3	3 13 24
16 M	23 38 37	27 50 7	58 28	11 33 43.4	2 50 20
17 Tu	23 42 33	28 48 35	58 30	11 37 18.4	2 27 13
18 W	23 46 30	29 47 5	58 32	11 40 53.5	2 4 2
19 Th	23 50 26	0♍45 37	58 34	11 44 28.5	1 40 50
20 F	23 54 23	1 44 11	58 37	11 48 3.6	1 17 34
21 S	23 58 19	2 42 48	58 39	11 51 38.8	0 54 17
22 Su	0 2 16	3 41 27	58 41	11 55 14.1	0 30 58
23 M	0 6 13	4 40 7	58 43	11 58 49.5	0 7 38
24 Tu	0 10 9	5 38 51	58 46	12 2 25.0	0S15 43
25 W	0 14 6	6 37 36	58 48	12 6 0.7	0 39 5
26 Th	0 18 2	7 36 24	58 50	12 9 36.5	1 2 27
27 F	0 21 59	8 35 14	58 52	12 13 12.5	1 25 49
28 S	0 25 55	9 34 6	58 54	12 16 48.7	1 49 11
29 Su	0 29 52	10 33 0	58 56	12 20 25.2	2 12 32
30 M	0 33 48	11♍31 56	58 58	12 24 1.8	2S35 52

DAY	☽ MOON AT 0 HOURS LONG ° ' "	12h MOT ° ' "	2DIF "	R.A. h m s	DECL ° ' "
1 Su	5♍31 27	7 33 6	-114	12 9 48	4N17 42
2 M	20 33 16	7 23 21	-173	13 5 12	1S24 51
3 Tu	5♎13 50	7 10 29	-207	13 59 33	6 54 50
4 W	19 27 44	6 56 14	-215	14 53 28	11 52 56
5 Th	3♏13 2	6 42 7	-204	15 47 25	16 4 8
6 F	16 30 40	6 29 19	-178	16 41 37	19 17 33
7 S	29 23 36	6 18 29	-146	17 35 58	21 26 16
8 Su	11♐55 58	6 9 53	-112	18 30 4	22 27 8
9 M	24 12 18	6 3 33	-79	19 23 23	22 20 45
10 Tu	6♑16 59	5 59 14	-51	20 15 22	21 11 5
11 W	18 13 59	5 56 41	-27	21 5 39	19 4 46
12 Th	0♒ 6 38	5 55 33	-8	21 54 5	16 10 13
13 F	11 57 34	5 55 30	6	22 40 46	12 36 43
14 S	23 48 54	5 56 20	18	23 26 2	8 33 50
15 Su	5♓42 14	5 57 52	28	0 10 23	4 11 2
16 M	17 39 1	6 0 7	39	0 54 24	0N22 19
17 Tu	29 40 40	6 3 10	53	1 38 46	4 56 50
18 W	11♈48 53	6 7 14	70	2 24 9	9 22 50
19 Th	24 5 50	6 12 35	92	3 11 17	13 29 52
20 F	6♉34 15	6 19 30	117	4 0 47	17 6 20
21 S	19 17 23	6 28 12	144	4 53 8	19 59 23
22 Su	2♊18 48	6 38 42	170	5 48 28	21 55 16
23 M	15 42 4	6 50 46	190	6 46 29	22 40 41
24 Tu	29 30 1	7 3 45	196	7 46 23	22 5 21
25 W	13♋44 2	7 16 33	182	8 47 1	20 4 52
26 Th	28 22 58	7 27 37	143	9 47 15	16 42 57
27 F	13♌22 33	7 35 15	80	10 46 19	12 11 57
28 S	28 35 7	7 38 0	-1	11 43 58	6 51 17
29 Su	13♍50 22	7 35 7	-85	12 40 22	1 4 44
30 M	28♍57 6	7 26 56	-156	13 36 1	4S42 36

DAY	☽ MOON AT 12 HOURS LONG ° ' "	12h MOT ° ' "	2DIF "	R.A. h m s	DECL ° ' "
1 Su	13♍ 4 33	7 28 43	-146	12 37 40	1N26 13
2 M	27 56 38	7 17 12	-193	13 32 28	4S12 43
3 Tu	12♎24 19	7 3 25	-214	14 26 32	9 28 54
4 W	26 23 58	6 49 4	-212	15 20 25	14 5 10
5 Th	9♏55 9	6 35 30	-192	16 14 29	17 48 35
6 F	22 59 58	6 23 37	-163	17 8 47	20 30 17
7 S	5♐42 4	6 13 54	-129	18 3 4	22 5 13
8 Su	18 5 51	6 6 27	-95	18 56 51	22 32 10
9 M	0♑15 50	6 1 9	-65	19 49 34	21 53 28
10 Tu	12 16 14	5 57 46	-38	20 40 44	20 14 31
11 W	24 10 40	5 55 57	-17	21 30 6	17 42 58
12 Th	6♒ 2 10	5 55 24	-1	22 17 37	14 27 45
13 F	17 53 5	5 55 49	12	23 3 33	10 38 21
14 S	29 45 14	5 57 1	23	23 48 17	6 24 20
15 Su	11♓40 7	5 58 54	34	0 32 24	1 55 6
16 M	23 39 8	6 1 32	46	1 16 30	2N40 1
17 Tu	5♈43 50	6 5 3	61	2 1 17	7 11 32
18 W	17 56 7	6 9 44	80	2 47 27	11 29 25
19 Th	0♉18 26	6 15 50	104	3 35 42	15 22 42
20 F	12 53 46	6 23 37	130	4 26 35	18 39 9
21 S	25 45 34	6 33 14	158	5 20 26	21 5 20
22 Su	8♊57 30	6 44 34	181	6 17 11	22 27 32
23 M	22 32 49	6 57 12	195	7 16 16	22 33 34
24 Tu	6♋33 46	7 10 15	192	8 16 41	21 15 43
25 W	21 0 34	7 22 24	166	9 17 14	18 33 30
26 Th	5♌50 35	7 31 58	115	10 16 58	14 35 1
27 F	20 57 49	7 37 18	41	11 15 19	9 36 24
28 S	6♍13 6	7 37 16	-43	12 12 18	3 59 40
29 Su	21 25 29	7 31 37	-123	13 8 15	1S50 22
30 M	6♎24 2	7 21 13	-184	14 3 43	7S29 4

LUNAR INGRESSES
- 2 ☽ ♎ 15:22
- 4 ☽ ♏ 18:19
- 7 ☽ ♐ 1:09
- 9 ☽ ♑ 11:29
- 11 ☽ ♒ 23:47
- 14 ☽ ♓ 12:30
- 17 ☽ ♈ 0:38
- 19 ☽ ♉ 11:25
- 21 ☽ ♊ 19:47
- 24 ☽ ♋ 0:51
- 26 ☽ ♌ 2:37
- 28 ☽ ♍ 2:13
- 30 ☽ ♎ 1:41

PLANET INGRESSES
- 10 ♀ ♍ 13:17
- 11 ☿ ♍ 11:19
- 18 ☉ ♍ 5:18
- 26 ♂ ♍ 10:06
- 29 ☿ ♎ 21:44

STATIONS
- 18 ♄ D 8:48

DATA FOR THE 1st AT 0 HOURS
- JULIAN DAY 43707.5
- ☽ MEAN ☊ 19°♊ 41' 16"
- OBLIQUITY 23° 26' 10"
- DELTA T 75.8 SECONDS
- NUTATION LONGITUDE-16.2"

DAY MO YR	☿ LONG ° ' "	♀ LONG ° ' "	♂ LONG ° ' "	♃ LONG ° ' "	♄ LONG ° ' "	♅ LONG ° ' "	♆ LONG ° ' "	♇ LONG ° ' "
1 244	10♌16 26	18♌ 8 50	13♌45 15	20♏ 7 48	19♐ 8R29	11♈26R39	22♒33R18	25♐52R 5
2 245	12 14 0	19 23 15	14 23 28	20 11 35	19 6 53	11 25 41	22 31 40	25 51 13
3 246	14 10 49	20 37 40	15 1 42	20 15 32	19 5 22	11 24 39	22 30 2	25 50 23
4 247	16 6 46	21 52 5	15 39 57	20 19 39	19 3 56	11 23 35	22 28 24	25 49 34
5 248	18 1 46	23 6 31	16 18 12	20 23 57	19 2 36	11 22 28	22 26 45	25 48 46
6 249	19 55 46	24 20 58	16 56 27	20 28 24	19 1 22	11 21 18	22 25 6	25 48 0
7 250	21 48 41	25 35 25	17 34 43	20 33 2	19 0 13	11 20 6	22 23 27	25 47 16
8 251	23 40 31	26 49 52	18 12 59	20 37 49	18 59 10	11 18 52	22 21 48	25 46 33
9 252	25 31 14	28 4 20	18 51 16	20 42 47	18 58 12	11 17 34	22 20 9	25 45 51
10 253	27 20 49	29 18 48	19 29 33	20 47 54	18 57 21	11 16 15	22 18 29	25 45 11
11 254	29 9 16	0♍33 16	20 7 51	20 53 11	18 56 35	11 14 52	22 16 50	25 44 33
12 255	0♍56 34	1 47 44	20 46 10	20 58 37	18 55 55	11 13 28	22 15 11	25 43 56
13 256	2 42 44	3 2 13	21 24 29	21 4 12	18 55 21	11 12 1	22 13 32	25 43 21
14 257	4 27 48	4 16 43	22 2 49	21 9 57	18 54 52	11 10 31	22 11 53	25 42 47
15 258	6 11 44	5 31 13	22 41 9	21 15 52	18 54 29	11 8 59	22 10 14	25 42 15
16 259	7 54 35	6 45 43	23 19 30	21 21 55	18 54 12	11 7 25	22 8 35	25 41 44
17 260	9 36 22	8 0 13	23 57 52	21 28 8	18 54 1	11 5 49	22 6 57	25 41 15
18 261	11 17 4	9 14 44	24 36 15	21 34 29	18 53D56	11 4 10	22 5 18	25 40 48
19 262	12 56 44	10 29 15	25 14 38	21 41 0	18 53 57	11 2 30	22 3 40	25 40 22
20 263	14 35 23	11 43 47	25 53 3	21 47 39	18 54 4	11 0 47	22 2 3	25 39 58
21 264	16 13 1	12 58 19	26 31 28	21 54 28	18 54 16	10 59 1	22 0 25	25 39 36
22 265	17 49 39	14 12 52	27 9 54	22 1 24	18 54 35	10 57 14	21 58 48	25 39 15
23 266	19 25 18	15 27 25	27 48 21	22 8 30	18 54 59	10 55 25	21 57 12	25 38 56
24 267	21 0 0	16 41 58	28 26 49	22 15 44	18 55 29	10 53 34	21 55 36	25 38 39
25 268	22 33 44	17 56 32	29 5 18	22 23 6	18 56 5	10 51 40	21 54 0	25 38 23
26 269	24 6 32	19 11 6	29 43 48	22 30 37	18 56 48	10 49 45	21 52 25	25 38 9
27 270	25 38 24	20 25 40	0♍22 18	22 38 16	18 57 36	10 47 48	21 50 51	25 37 57
28 271	27 9 19	21 40 15	1 0 50	22 46 4	18 58 30	10 45 49	21 49 17	25 37 47
29 272	28 39 19	22 54 50	1 39 22	22 53 59	18 59 29	10 43 48	21 47 44	25 37 38
30 273	0♎ 8 22	24♍ 9 25	2♍17 55	23♏ 2 3	19♐ 0 35	10♈41 46	21♒46 12	25♐37 31

DAY MO YR	☊ LONG ° '	A.S.S.I. h m s	S.S.R.Y. h m s	S.V.P. ♓ ° ' "	☿ MERCURY R.A. h m s	☿ MERCURY DECL ° ' "
1 244	21♊19	13 23 42	30 7 19	4 59 22.3	10 31 4	11N13 17
2 245	21 12	13 28 16	30 8 17	4 59 22.3	10 38 28	10 29 7
3 246	21 05	13 32 49	30 9 12	4 59 22.3	10 45 46	9 44 8
4 247	21 00	13 37 21	30 10 2	4 59 22.2	10 52 57	8 58 28
5 248	20 57	13 41 54	30 10 46	4 59 22.1	11 0 3	8 12 15
6 249	20 56	13 46 26	30 11 20	4 59 22.0	11 7 3	7 25 35
7 250	20 56	13 50 57	30 11 44	4 59 21.8	11 13 57	6 38 34
8 251	20 57	13 55 29	30 11 55	4 59 21.6	11 20 45	5 51 20
9 252	20 57	14 0 0	30 11 53	4 59 21.5	11 27 27	5 3 56
10 253	20 56	14 4 31	30 11 38	4 59 21.3	11 34 4	4 16 29
11 254	20 53	14 9 2	30 11 10	4 59 21.2	11 40 35	3 29 1
12 255	20 47	14 13 32	30 10 30	4 59 21.1	11 47 1	2 41 37
13 256	20 38	14 18 3	30 9 39	4 59 21.1	11 53 23	1 54 20
14 257	20 27	14 22 33	30 8 41	4 59 21.0	11 59 39	1 7 14
15 258	20 15	14 27 3	30 7 36	4 59 21.0	12 5 51	0 20 21
16 259	20 02	14 31 34	30 6 29	4 59 21.0	12 11 58	0S26 16
17 260	19 50	14 36 4	30 5 22	4 59 21.0	12 18 2	1 12 34
18 261	19 40	14 40 34	30 4 18	4 59 21.0	12 24 1	1 58 32
19 262	19 32	14 45 4	30 3 20	4 59 20.9	12 29 57	2 44 6
20 263	19 27	14 49 34	30 2 30	4 59 20.8	12 35 50	3 29 17
21 264	19 25	14 54 5	30 1 50	4 59 20.7	12 41 39	4 14 1
22 265	19 24	14 58 35	30 1 21	4 59 20.5	12 47 25	4 58 16
23 266	19 24	15 3 6	30 1 4	4 59 20.4	12 53 8	5 42 3
24 267	19 24	15 7 36	30 1 0	4 59 20.2	12 58 48	6 25 18
25 268	19 22	15 12 7	30 1 9	4 59 20.0	13 4 25	7 8 0
26 269	19 18	15 16 39	30 1 30	4 59 19.9	13 10 0	7 50 8
27 270	19 11	15 21 10	30 2 4	4 59 19.8	13 15 32	8 31 41
28 271	19 01	15 25 42	30 2 48	4 59 19.8	13 21 2	9 12 38
29 272	18 50	15 30 14	30 3 40	4 59 19.8	13 26 30	9 52 56
30 273	18♊39	15 34 46	30 4 38	4 59 19.8	13 31 56	10S32 34

DAY Sep	♀ VENUS R.A. h m s	♀ VENUS DECL ° ' "	♂ MARS R.A. h m s	♂ MARS DECL ° ' "	♃ JUPITER R.A. h m s	♃ JUPITER DECL ° ' "	♄ SATURN R.A. h m s	♄ SATURN DECL ° ' "
1	11 0 6	7N55 36	10 43 10	9N17 24	16 55 39	22S16 6	19 1 22	22S27 18
2	11 4 43	7 26 50	10 45 33	9 2 52	16 55 55	22 16 41	19 1 15	22 27 35
3	11 9 19	6 57 52	10 47 56	8 48 16	16 56 12	22 17 17	19 1 8	22 27 50
4	11 13 55	6 28 43	10 50 19	8 33 37	16 56 30	22 17 54	19 1 2	22 28 5
5	11 18 30	5 59 23	10 52 41	8 18 54	16 56 48	22 18 33	19 0 57	22 28 20
6	11 23 5	5 29 52	10 55 4	8 4 9	16 57 7	22 19 12	19 0 51	22 28 34
7	11 27 39	5 0 13	10 57 27	7 49 20	16 57 27	22 19 52	19 0 46	22 28 47
8	11 32 13	4 30 24	10 59 49	7 34 29	16 57 47	22 20 32	19 0 42	22 29 0
9	11 36 46	4 0 28	11 2 11	7 19 35	16 58 9	22 21 14	19 0 38	22 29 12
10	11 41 19	3 30 24	11 4 33	7 4 38	16 58 31	22 21 57	19 0 34	22 29 23
11	11 45 52	3 0 14	11 6 55	6 49 39	16 58 53	22 22 40	19 0 31	22 29 34
12	11 50 25	2 29 58	11 9 17	6 34 37	16 59 17	22 23 24	19 0 28	22 29 45
13	11 54 57	1 59 37	11 11 39	6 19 33	16 59 41	22 24 9	19 0 26	22 29 54
14	11 59 29	1 29 11	11 14 1	6 4 26	17 0 5	22 24 54	19 0 24	22 30 3
15	12 4 1	0 58 43	11 16 22	5 49 17	17 0 31	22 25 40	19 0 22	22 30 12
16	12 8 32	0 28 11	11 18 44	5 34 6	17 0 57	22 26 26	19 0 21	22 30 20
17	12 13 4	0S 2 23	11 21 5	5 18 53	17 1 23	22 27 14	19 0 20	22 30 27
18	12 17 36	0 32 59	11 23 27	5 3 37	17 1 51	22 28 1	19 0 20	22 30 33
19	12 22 8	1 3 35	11 25 48	4 48 20	17 2 19	22 28 49	19 0 20	22 30 39
20	12 26 40	1 34 11	11 28 9	4 33 1	17 2 47	22 29 38	19 0 21	22 30 45
21	12 31 12	2 4 47	11 30 31	4 17 40	17 3 16	22 30 27	19 0 21	22 30 49
22	12 35 44	2 35 21	11 32 52	4 2 17	17 3 46	22 31 17	19 0 23	22 30 53
23	12 40 16	3 5 53	11 35 13	3 46 53	17 4 17	22 32 7	19 0 25	22 30 57
24	12 44 49	3 36 22	11 37 34	3 31 27	17 4 48	22 32 58	19 0 27	22 31 0
25	12 49 22	4 6 48	11 39 56	3 16 0	17 5 20	22 33 49	19 0 30	22 31 2
26	12 53 55	4 37 9	11 42 17	3 0 31	17 5 52	22 34 40	19 0 33	22 31 3
27	12 58 29	5 7 25	11 44 38	2 45 2	17 6 25	22 35 31	19 0 36	22 31 4
28	13 3 3	5 37 35	11 46 59	2 29 31	17 6 59	22 36 23	19 0 40	22 31 5
29	13 7 37	6 7 39	11 49 20	2 13 59	17 7 33	22 37 15	19 0 44	22 31 4
30	13 12 12	6S37 35	11 51 42	1N58 26	17 8 7	22S38 7	19 0 49	22S31 3

DAY Sep	♅ URANUS R.A. h m s	♅ URANUS DECL ° ' "	♆ NEPTUNE R.A. h m s	♆ NEPTUNE DECL ° ' "	♇ PLUTO R.A. h m s	♇ PLUTO DECL ° ' "
1	2 17 13	13N11 11	23 15 54	5S53 7	19 30 37	22S18 11
2	2 17 9	13 10 51	23 15 48	5 53 46	19 30 34	22 18 24
3	2 17 5	13 10 30	23 15 42	5 54 25	19 30 30	22 18 36
4	2 17 1	13 10 8	23 15 36	5 55 4	19 30 27	22 18 49
5	2 16 56	13 9 45	23 15 30	5 55 44	19 30 23	22 19 1
6	2 16 52	13 9 21	23 15 24	5 56 23	19 30 20	22 19 13
7	2 16 47	13 8 57	23 15 18	5 57 2	19 30 17	22 19 24
8	2 16 42	13 8 32	23 15 12	5 57 41	19 30 14	22 19 36
9	2 16 38	13 8 6	23 15 6	5 58 20	19 30 11	22 19 47
10	2 16 32	13 7 39	23 15 0	5 59 0	19 30 8	22 19 58
11	2 16 27	13 7 11	23 14 54	5 59 39	19 30 6	22 20 9
12	2 16 22	13 6 42	23 14 48	6 0 18	19 30 3	22 20 19
13	2 16 16	13 6 13	23 14 42	6 0 57	19 30 1	22 20 29
14	2 16 10	13 5 43	23 14 35	6 1 36	19 29 58	22 20 39
15	2 16 4	13 5 12	23 14 29	6 2 15	19 29 56	22 20 49
16	2 15 58	13 4 40	23 14 23	6 2 54	19 29 54	22 20 58
17	2 15 52	13 4 8	23 14 17	6 3 32	19 29 52	22 21 7
18	2 15 46	13 3 35	23 14 11	6 4 11	19 29 50	22 21 16
19	2 15 39	13 3 1	23 14 5	6 4 49	19 29 48	22 21 25
20	2 15 33	13 2 26	23 13 59	6 5 28	19 29 47	22 21 33
21	2 15 26	13 1 51	23 13 53	6 6 6	19 29 45	22 21 41
22	2 15 19	13 1 15	23 13 47	6 6 43	19 29 44	22 21 49
23	2 15 12	13 0 38	23 13 41	6 7 21	19 29 42	22 21 56
24	2 15 5	13 0 1	23 13 35	6 7 58	19 29 41	22 22 4
25	2 14 57	12 59 23	23 13 29	6 8 35	19 29 40	22 22 11
26	2 14 50	12 58 45	23 13 24	6 9 12	19 29 39	22 22 17
27	2 14 42	12 58 6	23 13 18	6 9 49	19 29 38	22 22 24
28	2 14 35	12 57 26	23 13 12	6 10 25	19 29 38	22 22 30
29	2 14 27	12 56 46	23 13 6	6 11 1	19 29 37	22 22 36
30	2 14 19	12N56 5	23 13 0	6S11 37	19 29 37	22S22 42

OCTOBER 2019

DAY	SIDEREAL TIME h m s	☉ SUN LONG ° ' "	MOT ' "	R.A. h m s	DECL ° ' "	☽ MOON AT 0 HOURS LONG ° ' "	12h MOT ° ' "	2DIF	R.A. h m s	DECL ° ' "	☽ MOON AT 12 HOURS LONG ° ' "	12h MOT ° ' "	2DIF	R.A. h m s	DECL ° ' "
1 Tu	0 37 45	12♍30 54	59 0	12 27 38.8	2S59 10	13♎45 15	7 14 42	-204	14 31 25	10S 7 7	20♎59 57	7 7 36	-218	14 59 10	12S34 24
2 W	0 41 42	13 29 54	59 2	12 31 16.0	3 22 26	28 7 33	7 0 11	-225	15 27 0	14 48 49	5♏ 7 44	6 52 38	-225	15 54 54	16 48 37
3 Th	0 45 38	14 28 55	59 4	12 34 53.4	3 45 40	12♏ 0 21	6 45 10	-220	16 22 52	18 32 26	18 45 31	6 37 56	-211	16 50 52	19 59 10
4 F	0 49 35	15 27 59	59 5	12 38 31.2	4 8 52	25 23 27	6 31 5	-198	17 18 50	21 8 9	1♐54 32	6 24 44	-182	17 46 43	21 59 0
5 S	0 53 31	16 27 4	59 7	12 42 9.3	4 32 0	8♐19 16	6 18 57	-164	18 14 26	22 31 39	14 38 13	6 13 47	-145	18 41 53	22 46 20
6 Su	0 57 28	17 26 11	59 9	12 45 47.8	4 55 5	20 52 0	6 9 16	-126	19 9 1	22 43 32	27 1 16	6 5 25	-106	19 35 45	22 23 58
7 M	1 1 24	18 25 20	59 11	12 49 26.6	5 18 6	3♑ 6 41	6 2 12	-87	20 2 0	21 48 30	9♑ 8 53	5 59 38	-68	20 27 46	20 58 8
8 Tu	1 5 21	19 24 30	59 12	12 53 5.8	5 41 3	15 8 31	5 57 40	-50	20 53 1	19 53 58	21 6 11	5 56 16	-34	21 17 44	18 37 8
9 W	1 9 17	20 23 42	59 14	12 56 45.4	6 3 56	27 2 26	5 55 24	-19	21 41 57	17 8 48	2♒57 50	5 55 0	-5	22 5 41	15 30 9
10 Th	1 13 14	21 22 56	59 16	13 0 25.4	6 26 44	8♒52 50	5 55 2	7	22 28 58	13 42 20	14 47 52	5 55 26	17	22 51 53	11 46 30
11 F	1 17 11	22 22 12	59 18	13 4 5.8	6 49 26	20 43 18	5 56 11	26	23 14 28	9 43 49	26 39 29	5 57 11	34	23 36 49	7 35 24
12 S	1 21 7	23 21 30	59 20	13 7 46.7	7 12 3	2♓36 40	5 58 26	40	23 58 58	5 22 24	8♓35 6	5 59 52	45	0 21 3	3 5 56
13 Su	1 25 4	24 20 50	59 22	13 11 28.2	7 34 34	14 34 57	6 1 27	49	0 43 6	0 47 11	20 36 24	6 3 9	53	1 5 13	1N32 40
14 M	1 29 0	25 20 12	59 24	13 15 10.1	7 56 59	26 39 33	6 4 58	56	1 27 30	3N52 22	2♈44 31	6 6 53	59	1 50 1	6 10 40
15 Tu	1 32 57	26 19 36	59 26	13 18 52.5	8 19 17	8♈51 24	6 8 53	62	2 12 51	8 26 11	15 0 18	6 11 0	65	2 36 5	10 37 32
16 W	1 36 53	27 19 2	59 28	13 22 35.5	8 41 28	21 11 18	6 13 14	69	2 59 48	12 43 13	27 24 32	6 15 36	74	3 24 4	14 41 42
17 Th	1 40 50	28 18 30	59 31	13 26 19.1	9 3 32	3♉40 7	6 18 8	79	3 48 56	16 31 22	9♉58 16	6 20 53	86	4 14 26	18 10 34
18 F	1 44 46	29 18 1	59 33	13 30 3.3	9 25 28	16 19 9	6 23 52	93	4 40 37	19 37 37	22 43 1	6 27 7	102	5 7 27	20 50 52
19 S	1 48 43	0♎17 33	59 35	13 33 48.1	9 47 16	29 10 7	6 30 40	111	5 34 56	21 48 41	5♊40 47	6 34 31	121	6 3 0	22 29 36
20 Su	1 52 39	1 17 8	59 37	13 37 33.5	10 8 56	12♊15 18	6 38 42	130	6 31 34	22 52 19	18 54 0	6 43 12	139	7 0 32	22 55 48
21 M	1 56 36	2 16 45	59 40	13 41 19.6	10 30 27	25 37 12	6 47 59	147	7 29 47	22 39 20	2♋25 11	6 53 0	153	7 59 10	22 2 34
22 Tu	2 0 33	3 16 25	59 42	13 45 6.4	10 51 49	9♋18 12	6 58 11	156	8 28 35	21 5 35	16 16 23	7 3 26	156	8 57 55	19 48 50
23 W	2 4 29	4 16 7	59 44	13 48 53.8	11 13 1	23 19 49	7 8 37	152	9 27 3	18 13 16	0♌28 26	7 13 35	143	9 55 56	16 20 9
24 Th	2 8 26	5 15 51	59 46	13 52 42.0	11 34 3	7♌42 1	7 18 10	129	10 24 32	14 11 9	15 0 12	7 22 12	110	10 52 50	11 48 15
25 F	2 12 22	6 15 37	59 49	13 56 30.8	11 54 54	22 22 24	7 25 29	85	11 20 52	9 13 43	29 47 53	7 27 52	56	11 48 39	6 30 1
26 S	2 16 19	7 15 26	59 51	14 0 20.4	12 15 35	7♍15 44	7 29 12	23	12 16 16	3 39 49	14♍44 56	7 29 23	-12	12 43 47	0 45 57
27 Su	2 20 15	8 15 16	59 53	14 4 10.7	12 36 5	22 14 18	7 28 22	-48	13 11 16	2S 8 41	29 42 40	7 26 9	-84	13 38 48	5S 1 11
28 M	2 24 12	9 15 9	59 55	14 8 1.8	12 56 23	7♎ 8 49	7 22 48	-116	14 6 26	7 48 38	14♎31 37	7 18 24	-145	14 34 15	10 28 16
29 Tu	2 28 8	10 15 4	59 57	14 11 53.6	13 16 29	21 50 1	7 13 8	-169	15 2 16	12 57 27	29 3 9	7 7 9	-187	15 30 31	15 13 47
30 W	2 32 5	11 15 0	59 59	14 15 46.1	13 36 22	6♏10 18	7 0 39	-200	15 58 58	17 15 13	13♏10 56	6 53 50	-206	16 27 35	18 59 59
31 Th	2 36 2	12♎14 59	60 0	14 19 39.5	13S56 3	20♏ 4 46	6 46 53	-208	16 56 18	20S26 47	26♏51 39	6 40 0	-204	17 25 2	21S34 43

LUNAR INGRESSES
2 ☽ ♏ 3:11
4 ☽ ♐ 8:28
6 ☽ ♑ 17:51
9 ☽ ♒ 6:00
11 ☽ ♓ 18:44
14 ☽ ♈ 6:36
16 ☽ ♉ 16:59
19 ☽ ♊ 1:32
21 ☽ ♋ 7:45
23 ☽ ♌ 11:12
25 ☽ ♍ 12:19
27 ☽ ♎ 12:28
29 ☽ ♏ 13:35
31 ☽ ♐ 17:38

PLANET INGRESSES
4 ♀ ♎ 16:48
18 ☉ ♎ 16:56
24 ☿ ♏ 22:02
28 ♀ ♏ 20:06

STATIONS
3 ♇ D 6:41
31 ☿ R 15:42

DATA FOR THE 1st AT 0 HOURS
JULIAN DAY 43737.5
☽ MEAN ☊ 18°♊ 5' 53"
OBLIQUITY 23° 26' 11"
DELTA T 75.8 SECONDS
NUTATION LONGITUDE-17.5"

DAY MO YR	☿ LONG ° ' "	♀ LONG ° ' "	♂ LONG ° ' "	♃ LONG ° ' "	♄ LONG ° ' "	♅ LONG ° ' "	♆ LONG ° ' "	♇ LONG ° ' "	☊ LONG ° '	A.S.S.I. h m s	S.S.R.Y. h m s	S.V.P. ♓ ° ' "	☿ MERCURY R.A. h m s	DECL ° ' "
1 274	1♎36 30	25♍24 0	2♍56 29	23♏10 14	19♐ 1 47	10♈39R41	21♒44R40	25♐37R26	18♊29	15 39 18	30 5 39	4 59 19.7	13 37 19	11S11 31
2 275	3 3 40	26 38 36	3 35 4	23 18 34	19 3 5	10 37 36	21 43 9	25 37 23	18 21	15 43 51	30 6 40	4 59 19.6	13 42 40	11 49 47
3 276	4 29 53	27 53 11	4 13 40	23 27 0	19 4 28	10 35 28	21 41 39	25 37D21	18 16	15 48 24	30 7 37	4 59 19.5	13 47 59	12 27 18
4 277	5 55 8	29 7 47	4 52 16	23 35 35	19 5 58	10 33 19	21 40 10	25 37 21	18 13	15 52 58	30 8 27	4 59 19.3	13 53 16	13 4 4
5 278	7 19 22	0♎22 22	5 30 53	23 44 17	19 7 33	10 31 9	21 38 42	25 37 23	18 12	15 57 32	30 9 8	4 59 19.2	13 58 30	13 40 3
6 279	8 42 36	1 36 57	6 9 31	23 53 6	19 9 14	10 28 57	21 37 14	25 37 27	18 12	16 2 6	30 9 38	4 59 19.0	14 3 42	14 15 14
7 280	10 4 45	2 51 32	6 48 10	24 2 3	19 11 1	10 26 44	21 35 48	25 37 33	18 11	16 6 41	30 9 55	4 59 18.8	14 8 52	14 49 35
8 281	11 25 49	4 6 7	7 26 50	24 11 7	19 12 53	10 24 30	21 34 23	25 37 40	18 09	16 11 17	30 10 0	4 59 18.7	14 13 59	15 23 4
9 282	12 45 45	5 20 42	8 5 30	24 20 18	19 14 52	10 22 14	21 32 58	25 37 49	18 05	16 15 53	30 9 52	4 59 18.6	14 19 3	15 55 40
10 283	14 4 28	6 35 16	8 44 11	24 29 35	19 16 56	10 19 58	21 31 35	25 38 0	17 58	16 20 29	30 9 32	4 59 18.6	14 24 4	16 27 20
11 284	15 21 56	7 49 51	9 22 54	24 39 0	19 19 5	10 17 40	21 30 13	25 38 13	17 48	16 25 6	30 9 0	4 59 18.5	14 29 2	16 58 2
12 285	16 38 4	9 4 25	10 1 37	24 48 31	19 21 20	10 15 21	21 28 52	25 38 27	17 36	16 29 44	30 8 18	4 59 18.5	14 33 57	17 27 44
13 286	17 52 46	10 19 0	10 40 21	24 58 9	19 23 41	10 13 1	21 27 32	25 38 44	17 22	16 34 22	30 7 28	4 59 18.5	14 38 47	17 56 24
14 287	19 5 57	11 33 34	11 19 6	25 7 54	19 26 7	10 10 40	21 26 13	25 39 2	17 08	16 39 1	30 6 32	4 59 18.5	14 43 33	18 24 0
15 288	20 17 30	12 48 8	11 57 52	25 17 45	19 28 39	10 8 18	21 24 56	25 39 22	16 55	16 43 40	30 5 33	4 59 18.4	14 48 14	18 50 28
16 289	21 27 17	14 2 42	12 36 40	25 27 43	19 31 17	10 5 55	21 23 40	25 39 43	16 43	16 48 20	30 4 32	4 59 18.4	14 52 50	19 15 46
17 290	22 35 9	15 17 16	13 15 28	25 37 47	19 33 59	10 3 32	21 22 25	25 40 7	16 34	16 53 1	30 3 33	4 59 18.3	14 57 20	19 39 50
18 291	23 40 57	16 31 50	13 54 18	25 47 57	19 36 48	10 1 8	21 21 11	25 40 32	16 28	16 57 43	30 2 36	4 59 18.1	15 1 42	20 2 38
19 292	24 44 28	17 46 24	14 33 8	25 58 13	19 39 41	9 58 43	21 19 59	25 40 59	16 24	17 2 25	30 1 45	4 59 18.0	15 5 58	20 24 4
20 293	25 45 29	19 0 58	15 12 0	26 8 35	19 42 40	9 56 17	21 18 48	25 41 28	16 23	17 7 8	30 1 1	4 59 17.8	15 10 4	20 44 6
21 294	26 43 47	20 15 32	15 50 53	26 19 4	19 45 44	9 53 51	21 17 38	25 41 58	16 23	17 11 52	30 0 27	4 59 17.6	15 14 1	21 2 38
22 295	27 39 3	21 30 7	16 29 47	26 29 38	19 48 54	9 51 25	21 16 30	25 42 30	16 23	17 16 37	30 0 4	4 59 17.4	15 17 46	21 19 36
23 296	28 31 0	22 44 41	17 8 42	26 40 18	19 52 9	9 48 58	21 15 23	25 43 4	16 22	17 21 23	29 59 54	4 59 17.2	15 21 20	21 34 54
24 297	29 19 17	23 59 15	17 47 39	26 51 3	19 55 29	9 46 31	21 14 18	25 43 40	16 19	17 26 10	29 59 59	4 59 17.1	15 24 39	21 48 25
25 298	0♏ 3 29	25 13 49	18 26 37	27 1 55	19 58 54	9 44 3	21 13 14	25 44 18	16 12	17 30 57	30 0 17	4 59 17.1	15 27 42	22 0 2
26 299	0 43 10	26 28 24	19 5 35	27 12 52	20 2 25	9 41 35	21 12 12	25 44 57	16 04	17 35 46	30 0 50	4 59 17.0	15 30 28	22 9 39
27 300	1 17 52	27 42 58	19 44 35	27 23 54	20 6 0	9 39 7	21 11 12	25 45 38	15 54	17 40 35	30 1 34	4 59 17.0	15 32 55	22 17 6
28 301	1 47 4	28 57 32	20 23 36	27 35 2	20 9 41	9 36 39	21 10 13	25 46 21	15 43	17 45 25	30 2 28	4 59 16.9	15 34 59	22 22 12
29 302	2 10 11	0♏12 7	21 2 39	27 46 15	20 13 26	9 34 11	21 9 15	25 47 5	15 33	17 50 17	30 3 30	4 59 16.9	15 36 39	22 24 49
30 303	2 26 38	1 26 41	21 41 42	27 57 34	20 17 17	9 31 43	21 8 20	25 47 52	15 26	17 55 9	30 4 34	4 59 16.7	15 37 52	22 24 43
31 304	2♏35R48	2♏41 15	22♍20 46	28♏ 8 57	20♐21 12	9♈29 15	21♒ 7 26	25♐48 39	15♊20	18 0 2	30 5 39	4 59 16.5	15 38 36	22S21 42

DAY Oct	♀ VENUS R.A. h m s	DECL ° ' "	♂ MARS R.A. h m s	DECL ° ' "	♃ JUPITER R.A. h m s	DECL ° ' "	♄ SATURN R.A. h m s	DECL ° ' "	♅ URANUS R.A. h m s	DECL ° ' "	♆ NEPTUNE R.A. h m s	DECL ° ' "	♇ PLUTO R.A. h m s	DECL ° ' "
1	13 16 48	7S 7 23	11 54 3	1N42 53	17 8 43	22S39 0	19 0 54	22S31 2	2 14 11	12N55 23	23 12 55	6S12 13	19 29 36	22S22 47
2	13 21 24	7 37 1	11 56 24	1 27 18	17 9 19	22 39 52	19 1 0	22 30 59	2 14 3	12 54 41	23 12 49	6 12 48	19 29 36	22 22 52
3	13 26 1	8 6 31	11 58 45	1 11 43	17 9 55	22 40 45	19 1 6	22 30 56	2 13 55	12 53 59	23 12 44	6 13 22	19 29 36	22 22 57
4	13 30 38	8 35 49	12 1 7	0 56 8	17 10 32	22 41 37	19 1 13	22 30 53	2 13 47	12 53 16	23 12 38	6 13 57	19 29 36	22 23 1
5	13 35 16	9 4 57	12 3 28	0 40 31	17 11 10	22 42 30	19 1 19	22 30 48	2 13 38	12 52 32	23 12 33	6 14 31	19 29 37	22 23 5
6	13 39 55	9 33 52	12 5 49	0 24 55	17 11 48	22 43 23	19 1 27	22 30 44	2 13 30	12 51 48	23 12 27	6 15 4	19 29 37	22 23 9
7	13 44 34	10 2 35	12 8 11	0 9 19	17 12 26	22 44 16	19 1 34	22 30 38	2 13 21	12 51 4	23 12 22	6 15 37	19 29 37	22 23 13
8	13 49 15	10 31 4	12 10 32	0S 6 18	17 13 5	22 45 8	19 1 43	22 30 32	2 13 12	12 50 19	23 12 17	6 16 10	19 29 38	22 23 16
9	13 53 56	10 59 18	12 12 54	0 21 55	17 13 45	22 46 1	19 1 51	22 30 25	2 13 4	12 49 34	23 12 11	6 16 42	19 29 39	22 23 20
10	13 58 38	11 27 18	12 15 15	0 37 32	17 14 25	22 46 53	19 2 0	22 30 18	2 12 55	12 48 49	23 12 6	6 17 14	19 29 39	22 23 23
11	14 3 21	11 55 1	12 17 37	0 53 8	17 15 6	22 47 46	19 2 9	22 30 10	2 12 46	12 48 3	23 12 1	6 17 46	19 29 40	22 23 25
12	14 8 5	12 22 28	12 19 59	1 8 45	17 15 47	22 48 38	19 2 19	22 30 1	2 12 37	12 47 16	23 11 56	6 18 17	19 29 42	22 23 27
13	14 12 50	12 49 37	12 22 20	1 24 21	17 16 29	22 49 29	19 2 29	22 29 51	2 12 28	12 46 30	23 11 51	6 18 47	19 29 43	22 23 29
14	14 17 35	13 16 28	12 24 42	1 39 56	17 17 11	22 50 21	19 2 40	22 29 41	2 12 19	12 45 43	23 11 46	6 19 17	19 29 44	22 23 31
15	14 22 21	13 43 0	12 27 4	1 55 32	17 17 53	22 51 12	19 2 51	22 29 30	2 12 10	12 44 55	23 11 42	6 19 46	19 29 46	22 23 33
16	14 27 10	14 9 12	12 29 27	2 11 6	17 18 37	22 52 3	19 3 2	22 29 19	2 12 1	12 44 8	23 11 37	6 20 15	19 29 47	22 23 34
17	14 31 59	14 35 3	12 31 49	2 26 40	17 19 20	22 52 54	19 3 14	22 29 7	2 11 51	12 43 20	23 11 33	6 20 44	19 29 49	22 23 35
18	14 36 49	15 0 33	12 34 11	2 42 14	17 20 4	22 53 44	19 3 26	22 28 54	2 11 42	12 42 32	23 11 28	6 21 12	19 29 51	22 23 35
19	14 41 40	15 25 41	12 36 34	2 57 46	17 20 49	22 54 34	19 3 38	22 28 41	2 11 33	12 41 44	23 11 23	6 21 39	19 29 53	22 23 36
20	14 46 33	15 50 26	12 38 57	3 13 18	17 21 34	22 55 23	19 3 51	22 28 26	2 11 23	12 40 56	23 11 19	6 22 6	19 29 55	22 23 36
21	14 51 26	16 14 47	12 41 20	3 28 49	17 22 19	22 56 12	19 4 5	22 28 12	2 11 14	12 40 7	23 11 14	6 22 32	19 29 57	22 23 35
22	14 56 21	16 38 43	12 43 43	3 44 18	17 23 5	22 57 1	19 4 18	22 27 56	2 11 5	12 39 19	23 11 10	6 22 57	19 29 59	22 23 35
23	15 1 17	17 2 15	12 46 6	3 59 47	17 23 51	22 57 49	19 4 32	22 27 40	2 10 55	12 38 30	23 11 6	6 23 22	19 30 2	22 23 34
24	15 6 14	17 25 20	12 48 29	4 15 14	17 24 38	22 58 36	19 4 47	22 27 23	2 10 46	12 37 41	23 11 2	6 23 47	19 30 4	22 23 33
25	15 11 12	17 47 58	12 50 53	4 30 40	17 25 25	22 59 23	19 5 1	22 27 6	2 10 36	12 36 52	23 10 58	6 24 10	19 30 7	22 23 32
26	15 16 12	18 10 8	12 53 16	4 46 4	17 26 12	23 0 9	19 5 17	22 26 48	2 10 27	12 36 3	23 10 54	6 24 33	19 30 10	22 23 30
27	15 21 13	18 31 50	12 55 40	5 1 26	17 27 0	23 0 55	19 5 32	22 26 29	2 10 17	12 35 13	23 10 50	6 24 56	19 30 13	22 23 29
28	15 26 15	18 53 3	12 58 4	5 16 47	17 27 48	23 1 40	19 5 48	22 26 10	2 10 8	12 34 24	23 10 47	6 25 18	19 30 16	22 23 26
29	15 31 18	19 13 45	13 0 28	5 32 6	17 28 37	23 2 24	19 6 4	22 25 49	2 9 58	12 33 35	23 10 43	6 25 39	19 30 19	22 23 24
30	15 36 23	19 33 57	13 2 53	5 47 23	17 29 26	23 3 8	19 6 21	22 25 29	2 9 49	12 32 46	23 10 40	6 26 0	19 30 23	22 23 21
31	15 41 29	19S53 37	13 5 18	6S 2 38	17 30 15	23S 3 51	19 6 38	22S25 7	2 9 39	12N31 57	23 10 36	6S26 19	19 30 26	22S23 18

NOVEMBER 2019

DAY	SIDEREAL TIME h m s	☉ SUN LONG ° ' "	MOT ' "	R.A. h m s	DECL ° ' "	☽ MOON AT 0 HOURS LONG ° ' "	12h MOT ° ' "	2DIF "	R.A. h m s	DECL ° ' "	☽ MOON AT 12 HOURS LONG ° ' "	12h MOT ° ' "	2DIF "	R.A. h m s	DECL ° ' "
1 F	2 39 58	13♎14 59	60 2	14 23 33.6	14S15 30	3♐31 39	6 33 18	-196	17 53 41	22S23 18	10♐ 4 57	6 26 57	-184	18 22 7	22S52 31
2 S	2 43 55	14 15 1	60 4	14 27 28.4	14 34 44	16 31 54	6 21 3	-169	18 50 15	23 2 42	22 52 57	6 15 40	-153	19 17 56	22 54 32
3 Su	2 47 51	15 15 4	60 5	14 31 24.1	14 53 43	29 8 36	6 10 52	-134	19 45 7	22 28 58	5♑19 28	6 6 42	-115	20 11 44	21 47 8
4 M	2 51 48	16 15 9	60 7	14 35 20.6	15 12 28	11♑26 9	6 3 11	-96	20 37 44	20 50 18	17 29 20	6 0 20	-76	21 3 6	19 39 46
5 Tu	2 55 44	17 15 16	60 8	14 39 17.8	15 30 58	23 29 40	5 58 8	-56	21 27 52	18 16 52	29 27 48	5 56 35	-37	21 52 2	16 42 55
6 W	2 59 41	18 15 24	60 10	14 43 15.9	15 49 12	5♒24 23	5 55 39	-19	22 15 40	14 59 10	11♒20 1	5 55 18	-2	22 38 50	13 6 49
7 Th	3 3 37	19 15 34	60 11	14 47 14.8	16 7 10	17 15 19	5 55 29	13	23 1 36	11 7 2	23 10 48	5 56 11	28	23 24 2	9 0 55
8 F	3 7 34	20 15 45	60 13	14 51 14.5	16 24 53	29 7 0	5 57 20	40	23 46 15	6 49 33	5♓ 4 20	5 58 53	52	0 8 18	4 34 0
9 S	3 11 31	21 15 58	60 14	14 55 15.0	16 42 18	11♓ 3 13	6 0 47	61	0 30 19	2 15 20	17 4 0	6 2 57	69	0 52 22	0N 5 20
10 Su	3 15 27	22 16 12	60 16	14 59 16.4	16 59 27	23 6 57	6 5 22	75	1 14 33	2N26 51	29 12 19	6 7 57	80	1 36 58	4 47 59
11 M	3 19 24	23 16 28	60 18	15 3 18.6	17 16 18	5♈20 16	6 10 41	83	1 59 43	7 7 26	11♈30 57	6 13 29	85	2 22 52	9 23 47
12 Tu	3 23 20	24 16 46	60 20	15 7 21.6	17 32 51	17 44 26	6 16 20	86	2 46 30	11 35 31	24 0 46	6 19 12	86	3 10 43	13 41 0
13 W	3 27 17	25 17 5	60 21	15 11 25.5	17 49 6	0♉19 58	6 22 4	86	3 35 33	15 38 31	6♉42 2	6 24 55	85	4 1 4	17 26 16
14 Th	3 31 13	26 17 26	60 23	15 15 30.3	18 5 3	13 6 56	6 27 44	85	4 27 16	19 2 25	19 34 41	6 30 33	84	4 54 10	20 25 6
15 F	3 35 10	27 17 49	60 25	15 19 35.9	18 20 41	26 5 14	6 33 21	84	5 21 43	21 32 35	2♊38 35	6 36 10	85	5 49 52	22 23 14
16 S	3 39 6	28 18 14	60 27	15 23 42.4	18 36 0	9♊14 45	6 39 1	86	6 18 30	22 55 40	15 53 46	6 41 55	88	6 47 31	23 8 47
17 Su	3 43 3	29 18 40	60 28	15 27 49.7	18 50 58	22 35 41	6 44 52	90	7 16 45	23 1 54	29 20 33	6 47 54	92	7 46 5	22 34 43
18 M	3 47 0	0♏19 8	60 30	15 31 57.9	19 5 37	6♋ 8 27	6 51 0	94	8 14 2	21 47 23	12♋59 27	6 54 10	95	8 44 26	20 40 29
19 Tu	3 50 56	1 19 39	60 32	15 36 6.9	19 19 56	19 53 37	6 57 21	95	9 13 14	19 14 58	26 50 57	7 0 31	94	9 41 40	17 32 10
20 W	3 54 53	2 20 11	60 34	15 40 16.8	19 33 54	3♌51 28	7 3 36	90	10 9 44	15 33 39	10♌55 4	7 6 32	85	10 37 24	13 21 12
21 Th	3 58 49	3 20 44	60 36	15 44 27.5	19 47 30	18 1 36	7 9 14	76	11 4 42	10 56 50	25 10 50	7 11 36	64	11 31 43	8 22 38
22 F	4 2 46	4 21 20	60 37	15 48 39.0	20 0 46	2♍22 26	7 13 30	49	11 58 29	5 40 50	9♍35 56	7 14 52	31	12 25 6	2 53 47
23 S	4 6 42	5 21 57	60 39	15 52 51.4	20 13 39	16 50 49	7 15 36	11	12 51 41	0 3 52	24 6 25	7 15 37	-11	13 18 17	2S46 25
24 Su	4 10 39	6 22 36	60 41	15 57 4.5	20 26 10	1♎22 1	7 14 51	-35	13 45 3	5S34 34	8♎36 52	7 13 18	-59	14 12 1	8 17 59
25 M	4 14 35	7 23 17	60 42	16 1 18.5	20 38 18	15 50 10	7 10 57	-82	14 39 16	10 54 7	23 1 7	7 7 50	-104	15 6 52	13 20 28
26 Tu	4 18 32	8 23 59	60 44	16 5 33.2	20 50 4	0♏ 8 56	7 4 1	-123	15 34 50	15 34 40	7♏12 57	6 59 36	-140	16 3 9	17 34 30
27 W	4 22 29	9 24 43	60 45	16 9 48.7	21 1 26	14 12 33	6 54 41	-153	16 31 37	19 18 3	21 7 13	6 49 23	-163	17 0 39	20 43 44
28 Th	4 26 25	10 25 28	60 46	16 14 4.9	21 12 25	27 56 36	6 43 51	-168	17 29 39	21 50 25	4♐40 27	6 38 11	-170	17 58 39	22 37 24
29 F	4 30 22	11 26 14	60 48	16 18 21.8	21 22 59	11♐18 37	6 32 33	-167	18 27 30	23 4 27	17 51 10	6 27 2	-162	18 56 5	23 11 51
30 S	4 34 18	12♏27 1	60 49	16 22 39.4	21S33 9	24♐18 11	6 21 45	-153	19 24 14	23S 0 14	0♑39 56	6 16 48	-142	19 51 51	22S30 38

LUNAR INGRESSES
- 3 ☽ ♑ 1:39
- 5 ☽ ♒ 13:05
- 8 ☽ ♓ 1:47
- 10 ☽ ♈ 13:34
- 12 ☽ ♉ 23:22
- 15 ☽ ♊ 7:10
- 17 ☽ ♋ 13:10
- 19 ☽ ♌ 17:24
- 21 ☽ ♍ 20:03
- 23 ☽ ♎ 21:44
- 25 ☽ ♏ 23:45
- 28 ☽ ♐ 3:39
- 30 ☽ ♑ 10:44

PLANET INGRESSES
- 6 ☿ ♎ 11:42
- 9 ♃ ♐ 9:56
- 11 ♂ ♎ 17:18
- 17 ☉ ♏ 16:24
- 21 ♀ ♐ 23:59

STATIONS
- 20 ☿ D 19:13
- 27 ♆ D 12:33

DATA FOR THE 1st AT 0 HOURS
- JULIAN DAY 43768.5
- ☽ MEAN ☊ 16°♊ 27' 19"
- OBLIQUITY 23° 26' 10"
- DELTA T 75.9 SECONDS
- NUTATION LONGITUDE-18.2"

DAY MO YR	☿ LONG ° ' "	♀ LONG ° ' "	♂ LONG ° ' "	♃ LONG ° ' "	♄ LONG ° ' "	♅ LONG ° ' "	♆ LONG ° ' "	♇ LONG ° ' "	☊ LONG ° '	A.S.S.I. h m s	S.S.R.Y. h m s	S.V.P. ♓ ' "	☿ MERCURY R.A. h m s	☿ DECL ° ' "
1 305	2♏37R 3	3♏55 48	22♍59 51	28♏20 25	20♐25 12	9♈26R47	21♒ 6R33	25♐49 29	15♊18	18 4 56	30 6 42	4 59 16.3	15 38 48	22S15 33
2 306	2 29 48	5 10 22	23 38 58	28 31 59	20 29 17	9 24 20	21 5 43	25 50 20	15 17	18 9 51	30 7 35	4 59 16.1	15 38 26	22 6 1
3 307	2 13 31	6 24 54	24 18 5	28 43 37	20 33 27	9 21 53	21 4 54	25 51 13	15 18	18 14 47	30 8 22	4 59 15.9	15 37 27	21 52 53
4 308	1 47 49	7 39 27	24 57 13	28 55 19	20 37 42	9 19 26	21 4 7	25 52 8	15 18	18 19 44	30 8 58	4 59 15.7	15 35 51	21 35 56
5 309	1 12 28	8 53 59	25 36 23	29 7 6	20 42 1	9 16 59	21 3 22	25 53 4	15 18	18 24 42	30 9 23	4 59 15.6	15 33 36	21 15 1
6 310	0 27 30	10 8 31	26 15 33	29 18 58	20 46 24	9 14 34	21 2 38	25 54 2	15 16	18 29 41	30 9 36	4 59 15.5	15 30 44	20 50 3
7 311	29♎33 19	11 23 2	26 54 44	29 30 54	20 50 52	9 12 8	21 1 56	25 55 2	15 12	18 34 42	30 9 38	4 59 15.4	15 27 17	20 21 6
8 312	28 30 39	12 37 33	27 33 57	29 42 55	20 55 25	9 9 44	21 1 17	25 56 3	15 06	18 39 43	30 9 28	4 59 15.3	15 23 17	19 48 20
9 313	27 20 45	13 52 4	28 13 11	29 54 59	21 0 2	9 7 20	21 0 39	25 57 6	14 58	18 44 45	30 9 8	4 59 15.3	15 18 51	19 12 10
10 314	26 5 18	15 6 34	28 52 26	0♐ 7 8	21 4 43	9 4 56	21 0 2	25 58 10	14 48	18 49 48	30 8 38	4 59 15.2	15 14 5	18 33 15
11 315	24 46 23	16 21 3	29 31 42	0 19 20	21 9 29	9 2 34	20 59 28	25 59 16	14 38	18 54 52	30 7 59	4 59 15.2	15 9 8	17 52 25
12 316	23 26 26	17 35 33	0♎10 59	0 31 37	21 14 18	9 0 12	20 58 56	26 0 23	14 28	18 59 58	30 7 14	4 59 15.1	15 4 9	17 10 42
13 317	22 8 3	18 50 1	0 50 17	0 43 58	21 19 12	8 57 52	20 58 25	26 1 32	14 20	19 5 4	30 6 23	4 59 14.9	14 59 18	16 29 19
14 318	20 53 46	20 4 29	1 29 37	0 56 22	21 24 10	8 55 32	20 57 57	26 2 42	14 13	19 10 12	30 5 28	4 59 14.7	14 54 45	15 49 27
15 319	19 45 59	21 18 57	2 8 58	1 8 50	21 29 12	8 53 13	20 57 30	26 3 54	14 10	19 15 20	30 4 31	4 59 14.5	14 50 37	15 12 17
16 320	18 46 43	22 33 25	2 48 20	1 21 22	21 34 18	8 50 56	20 57 6	26 5 8	14 08	19 20 30	30 3 34	4 59 14.3	14 47 3	14 38 51
17 321	17 57 29	23 47 52	3 27 44	1 33 57	21 39 28	8 48 40	20 56 43	26 6 23	14 08	19 25 41	30 2 40	4 59 14.1	14 44 8	14 9 56
18 322	17 19 20	25 2 19	4 7 9	1 46 36	21 44 42	8 46 25	20 56 22	26 7 39	14 09	19 30 52	30 1 52	4 59 13.8	14 41 54	13 46 7
19 323	16 52 49	26 16 45	4 46 35	1 59 18	21 50 0	8 44 11	20 56 4	26 8 57	14 11	19 36 5	30 1 13	4 59 13.6	14 40 24	13 27 40
20 324	16 38D 0	27 31 11	5 26 3	2 12 3	21 55 21	8 41 58	20 55 47	26 10 16	14 11	19 41 19	30 0 45	4 59 13.5	14 39 37	13 14 41
21 325	16 34 38	28 45 37	6 5 32	2 24 52	22 0 46	8 39 47	20 55 32	26 11 37	14 10	19 46 34	30 0 32	4 59 13.3	14 39 32	13 7 2
22 326	16 42 9	0♐ 0 3	6 45 2	2 37 44	22 6 15	8 37 38	20 55 20	26 12 59	14 07	19 51 50	30 0 33	4 59 13.3	14 40 8	13 4 26
23 327	16 59 51	1 14 28	7 24 34	2 50 39	22 11 48	8 35 29	20 55 9	26 14 22	14 03	19 57 7	30 0 50	4 59 13.2	14 41 22	13 6 31
24 328	17 26 51	2 28 53	8 4 7	3 3 37	22 17 24	8 33 23	20 55 0	26 15 47	13 57	20 2 25	30 1 21	4 59 13.1	14 43 10	13 12 51
25 329	18 2 17	3 43 17	8 43 41	3 16 38	22 23 3	8 31 18	20 54 54	26 17 13	13 51	20 7 44	30 2 5	4 59 13.0	14 45 29	13 22 56
26 330	18 45 16	4 57 41	9 23 16	3 29 42	22 28 46	8 29 15	20 54 49	26 18 40	13 46	20 13 4	30 2 59	4 59 12.8	14 48 17	13 36 19
27 331	19 34 55	6 12 5	10 2 53	3 42 48	22 34 32	8 27 13	20 54D47	26 20 9	13 41	20 18 25	30 4 0	4 59 12.6	14 51 30	13 52 33
28 332	20 30 26	7 26 28	10 42 31	3 55 57	22 40 22	8 25 14	20 54 47	26 21 38	13 38	20 23 47	30 5 5	4 59 12.4	14 55 6	14 11 10
29 333	21 31 4	8 40 50	11 22 10	4 9 9	22 46 14	8 23 16	20 54 48	26 23 10	13 37	20 29 10	30 6 10	4 59 12.1	14 59 2	14 31 46
30 334	22♎36 10	9♐55 11	12♎ 1 50	4♐22 23	22♐52 10	8♈21 20	20♒54 52	26♐24 42	13♊38	20 34 34	30 7 12	4 59 11.9	15 3 15	14S54 1

DAY Nov	♀ VENUS R.A. h m s	♀ DECL ° ' "	♂ MARS R.A. h m s	♂ DECL ° ' "	♃ JUPITER R.A. h m s	♃ DECL ° ' "	♄ SATURN R.A. h m s	♄ DECL ° ' "	♅ URANUS R.A. h m s	♅ DECL ° ' "	♆ NEPTUNE R.A. h m s	♆ DECL ° ' "	♇ PLUTO R.A. h m s	♇ DECL ° ' "
1	15 46 36	20S12 45	13 7 42	6S17 51	17 31 5	23S 4 33	19 6 55	22S24 45	2 9 29	12N31 8	23 10 33	6S26 39	19 30 30	22S23 15
2	15 51 44	20 31 19	13 10 8	6 33 1	17 31 55	23 5 14	19 7 13	22 24 22	2 9 20	12 30 19	23 10 30	6 26 57	19 30 34	22 23 12
3	15 56 54	20 49 20	13 12 33	6 48 10	17 32 46	23 5 55	19 7 30	22 23 58	2 9 11	12 29 30	23 10 27	6 27 15	19 30 37	22 23 8
4	16 2 4	21 7 3	13 14 58	7 3 15	17 33 37	23 6 35	19 7 49	22 23 34	2 9 1	12 28 41	23 10 24	6 27 32	19 30 41	22 23 4
5	16 7 16	21 23 38	13 17 24	7 18 18	17 34 28	23 7 13	19 8 7	22 23 9	2 8 52	12 27 52	23 10 21	6 27 48	19 30 45	22 23 0
6	16 12 29	21 39 53	13 19 50	7 33 19	17 35 19	23 7 51	19 8 26	22 22 43	2 8 42	12 27 4	23 10 18	6 28 4	19 30 50	22 22 56
7	16 17 43	21 55 31	13 22 16	7 48 16	17 36 11	23 8 28	19 8 46	22 22 17	2 8 33	12 26 16	23 10 16	6 28 19	19 30 54	22 22 51
8	16 22 59	22 10 32	13 24 43	8 3 11	17 37 3	23 9 5	19 9 5	22 21 50	2 8 24	12 25 28	23 10 13	6 28 33	19 30 58	22 22 46
9	16 28 15	22 24 56	13 27 9	8 18 3	17 37 56	23 9 40	19 9 25	22 21 22	2 8 14	12 24 40	23 10 11	6 28 46	19 31 3	22 22 41
10	16 33 32	22 38 40	13 29 36	8 32 51	17 38 49	23 10 14	19 9 45	22 20 54	2 8 5	12 23 53	23 10 9	6 28 59	19 31 7	22 22 35
11	16 38 50	22 51 46	13 32 4	8 47 37	17 39 42	23 10 47	19 10 6	22 20 25	2 7 56	12 23 5	23 10 7	6 29 11	19 31 12	22 22 30
12	16 44 9	23 4 12	13 34 31	9 2 19	17 40 35	23 11 19	19 10 26	22 19 55	2 7 47	12 22 18	23 10 5	6 29 22	19 31 17	22 22 24
13	16 49 30	23 15 58	13 36 59	9 16 57	17 41 29	23 11 50	19 10 47	22 19 24	2 7 38	12 21 32	23 10 3	6 29 33	19 31 22	22 22 17
14	16 54 51	23 27 2	13 39 27	9 31 33	17 42 23	23 12 20	19 11 9	22 18 53	2 7 29	12 20 46	23 10 1	6 29 42	19 31 27	22 22 11
15	17 0 12	23 37 26	13 41 55	9 46 4	17 43 17	23 12 49	19 11 30	22 18 21	2 7 20	12 20 0	23 9 59	6 29 51	19 31 32	22 22 4
16	17 5 35	23 47 8	13 44 24	10 0 32	17 44 12	23 13 16	19 11 52	22 17 49	2 7 11	12 19 14	23 9 58	6 29 59	19 31 38	22 21 57
17	17 10 59	23 56 8	13 46 53	10 14 56	17 45 6	23 13 43	19 12 15	22 17 15	2 7 2	12 18 29	23 9 56	6 30 7	19 31 43	22 21 50
18	17 16 23	24 4 25	13 49 22	10 29 17	17 46 1	23 14 9	19 12 37	22 16 42	2 6 54	12 17 45	23 9 55	6 30 13	19 31 48	22 21 43
19	17 21 47	24 11 59	13 51 52	10 43 33	17 46 57	23 14 33	19 13 0	22 16 7	2 6 45	12 17 0	23 9 54	6 30 19	19 31 54	22 21 35
20	17 27 13	24 18 50	13 54 22	10 57 45	17 47 52	23 14 56	19 13 23	22 15 32	2 6 37	12 16 17	23 9 53	6 30 24	19 32 0	22 21 27
21	17 32 38	24 24 57	13 56 52	11 11 53	17 48 48	23 15 18	19 13 46	22 14 56	2 6 28	12 15 33	23 9 52	6 30 28	19 32 6	22 21 19
22	17 38 5	24 30 21	13 59 23	11 25 57	17 49 44	23 15 39	19 14 10	22 14 19	2 6 20	12 14 51	23 9 51	6 30 31	19 32 11	22 21 11
23	17 43 31	24 35 0	14 1 54	11 39 56	17 50 40	23 15 58	19 14 34	22 13 42	2 6 11	12 14 8	23 9 50	6 30 34	19 32 17	22 21 3
24	17 48 58	24 38 54	14 4 25	11 53 51	17 51 37	23 16 17	19 14 58	22 13 4	2 6 3	12 13 27	23 9 50	6 30 36	19 32 24	22 20 54
25	17 54 26	24 42 4	14 6 57	12 7 41	17 52 33	23 16 34	19 15 22	22 12 25	2 5 55	12 12 45	23 9 49	6 30 37	19 32 30	22 20 45
26	17 59 53	24 44 29	14 9 29	12 21 26	17 53 30	23 16 49	19 15 46	22 11 45	2 5 47	12 12 5	23 9 49	6 30 37	19 32 36	22 20 36
27	18 5 21	24 46 8	14 12 1	12 35 6	17 54 27	23 17 4	19 16 11	22 11 5	2 5 40	12 11 25	23 9 49	6 30 37	19 32 42	22 20 27
28	18 10 49	24 47 3	14 14 34	12 48 41	17 55 25	23 17 17	19 16 36	22 10 25	2 5 32	12 10 46	23 9 49	6 30 35	19 32 49	22 20 17
29	18 16 17	24 47 13	14 17 7	13 2 11	17 56 22	23 17 29	19 17 1	22 9 43	2 5 24	12 10 7	23 9 49	6 30 33	19 32 55	22 20 7
30	18 21 44	24S46 37	14 19 40	13S15 36	17 57 20	23S17 39	19 17 27	22S 9 1	2 5 17	12N 9 29	23 9 49	6S30 30	19 33 2	22S19 57

DECEMBER 2019

DAY	SIDEREAL TIME h m s	☉ SUN LONG ° ' "	MOT ' "	R.A. h m s	DECL ° ' "	☽ MOON AT 0 HOURS LONG ° ' "	12h MOT ° ' "	2DIF "	R.A. h m s	DECL ° ' "	☽ MOON AT 12 HOURS LONG ° ' "	12h MOT ° ' "	2DIF "	R.A. h m s	DECL ° ' "
1 Su	4 38 15	13♏27 49	60 49	16 26 57.7	21S42 55	6♑56 44	6 12 15	-129	20 18 51	21S44 18	13♑ 8 59	6 8 11	-114	20 45 11	20S42 42
2 M	4 42 11	14 28 39	60 50	16 31 16.6	21 52 16	19 17 10	6 4 39	-98	21 10 48	19 27 17	25 21 49	6 1 41	-80	21 35 45	17 59 37
3 Tu	4 46 8	15 29 29	60 51	16 35 36.2	22 1 11	1♒23 30	5 59 19	-62	22 0 2	16 21 9	7♒22 49	5 57 33	-43	22 23 43	14 33 18
4 W	4 50 5	16 30 20	60 52	16 39 56.3	22 9 41	13 20 22	5 56 25	-25	22 46 53	12 37 22	19 16 47	5 55 54	-6	23 9 35	10 34 33
5 Th	4 54 1	17 31 12	60 53	16 44 17.0	22 17 46	25 12 40	5 55 59	12	23 31 57	8 26 1	1♓ 8 39	5 56 40	29	23 54 3	6 12 50
6 F	4 57 58	18 32 5	60 54	16 48 38.2	22 25 24	7♓ 5 19	5 57 54	45	0 15 59	3 56 0	13 3 14	5 59 41	61	0 37 53	1 36 35
7 S	5 1 54	19 32 59	60 55	16 53 0.0	22 32 36	19 2 54	6 1 57	75	0 59 50	0N44 26	25 4 51	6 4 39	87	1 21 57	3N 5 58
8 Su	5 5 51	20 33 53	60 56	16 57 22.3	22 39 21	1♈ 9 30	6 7 45	98	1 44 21	5 26 51	7♈17 15	6 11 11	107	2 7 7	7 45 51
9 M	5 9 47	21 34 48	60 56	17 1 45.0	22 45 40	13 28 26	6 14 52	114	2 30 22	10 1 36	19 43 18	6 18 46	119	2 54 11	12 12 35
10 Tu	5 13 44	22 35 44	60 57	17 6 8.2	22 51 32	26 2 4	6 22 48	122	3 18 40	14 17 8	2♉24 52	6 26 54	123	3 43 52	16 13 26
11 W	5 17 40	23 36 41	60 58	17 10 31.8	22 56 57	8♉51 46	6 30 59	122	4 9 51	17 59 32	15 22 45	6 35 0	119	4 36 38	19 33 26
12 Th	5 21 37	24 37 39	60 59	17 14 55.9	23 1 55	21 57 45	6 38 54	114	5 4 12	20 53 4	28 36 38	6 42 37	108	5 32 30	21 56 27
13 F	5 25 34	25 38 37	61 0	17 19 20.3	23 6 26	5♊19 14	6 46 6	101	6 1 27	22 41 49	12♊ 5 8	6 49 20	93	6 30 55	23 7 40
14 S	5 29 30	26 39 36	61 1	17 23 45.0	23 10 28	18 54 40	6 52 17	84	7 0 43	23 12 53	25 46 57	6 54 56	75	7 30 42	22 56 55
15 Su	5 33 27	27 40 37	61 1	17 28 10.0	23 14 4	2♋41 53	6 57 17	66	8 0 40	22 19 42	9♋39 11	6 59 20	57	8 30 26	21 21 44
16 M	5 37 23	28 41 38	61 2	17 32 35.4	23 17 11	16 38 30	7 1 4	48	8 59 52	20 4 3	23 39 34	7 2 31	39	9 28 52	18 28 7
17 Tu	5 41 20	29 42 40	61 3	17 37 1.0	23 19 51	0♌42 5	7 3 41	31	9 57 21	16 35 43	7♌45 46	7 4 35	23	10 25 18	14 28 51
18 W	5 45 16	0♐43 43	61 4	17 41 26.8	23 22 3	14 50 21	7 5 12	15	10 52 44	12 9 43	21 55 33	7 5 34	7	11 19 41	9 40 32
19 Th	5 49 13	1 44 47	61 5	17 45 52.8	23 23 47	29 1 7	7 5 40	-1	11 46 14	7 3 35	6♍ 6 47	7 5 29	-9	12 12 28	4 21 7
20 F	5 53 9	2 45 52	61 6	17 50 19.0	23 25 2	13♍12 16	7 5 2	-18	12 38 31	1 35 23	20 17 18	7 4 18	-27	13 4 27	1S11 24
21 S	5 57 6	3 46 58	61 7	17 54 45.4	23 25 50	27 21 36	7 3 15	-36	13 30 24	3S57 1	4♎24 51	7 1 53	-46	13 56 28	6 39 17
22 Su	6 1 3	4 48 5	61 8	17 59 11.8	23 26 9	11♎26 44	7 0 11	-56	14 22 45	9 16 0	18 26 55	6 58 9	-66	14 49 20	11 44 58
23 M	6 4 59	5 49 12	61 8	18 3 38.3	23 26 0	25 25 4	6 55 46	-76	15 16 17	14 4 3	2♏20 4	6 53 3	-86	15 43 37	16 11 9
24 Tu	6 8 56	6 50 20	61 9	18 8 4.8	23 25 23	9♏13 53	6 50 1	-96	16 11 22	18 4 19	16 3 54	6 46 41	-104	16 39 30	19 41 46
25 W	6 12 52	7 51 29	61 9	18 12 31.3	23 24 17	22 50 35	6 43 5	-111	17 7 56	21 1 58	29 33 40	6 39 16	-117	17 36 35	22 3 43
26 Th	6 16 49	8 52 38	61 10	18 16 57.7	23 22 44	6♐12 56	6 35 17	-121	18 5 20	22 46 15	12♐48 14	6 31 11	-124	18 34 2	23 9 12
27 F	6 20 45	9 53 48	61 10	18 21 24.1	23 20 42	19 19 25	6 27 2	-124	19 2 31	23 12 41	25 46 27	6 22 54	-123	19 30 40	22 57 13
28 S	6 24 42	10 54 57	61 10	18 25 50.3	23 18 12	2♑ 9 21	6 18 51	-119	19 58 20	22 23 44	8♑28 11	6 14 56	-114	20 25 25	21 33 27
29 Su	6 28 38	11 56 7	61 10	18 30 16.4	23 15 14	14 43 7	6 11 15	-107	20 51 50	20 27 49	20 54 22	6 7 50	-97	21 17 35	19 8 22
30 M	6 32 35	12 57 17	61 10	18 34 42.2	23 11 48	27 2 11	6 4 45	-87	21 42 37	17 36 44	3♒ 6 56	6 2 4	-74	22 7 0	15 54 28
31 Tu	6 36 32	13♐58 27	61 10	18 39 7.8	23S 7 54	9♒ 9 0	5 59 48	-60	22 30 44	14S 3 6	15♒ 8 48	5 58 2	-45	22 53 56	12S 4 5

LUNAR INGRESSES
2 ☽ ♒ 21:13
5 ☽ ♓ 9:41
7 ☽ ♈ 21:43
10 ☽ ♉ 7:28
12 ☽ ♊ 14:30
14 ☽ ♋ 19:20
16 ☽ ♌ 22:48
19 ☽ ♍ 1:40
21 ☽ ♎ 4:29
23 ☽ ♏ 7:56
25 ☽ ♐ 12:47
27 ☽ ♑ 19:56
30 ☽ ♒ 5:50

PLANET INGRESSES
5 ☿ ♏ 20:41
16 ♀ ♑ 5:40
17 ☉ ♐ 6:49
25 ☿ ♐ 23:59
26 ♂ ♏ 23:36

STATIONS
NONE

DATA FOR THE 1st AT 0 HOURS
JULIAN DAY 43798.5
☽ MEAN ☊ 14°♊ 51' 56"
OBLIQUITY 23° 26' 10"
DELTA T 75.9 SECONDS
NUTATION LONGITUDE -17.7"

DAY MO YR	☿ LONG ° ' "	♀ LONG ° ' "	♂ LONG ° ' "	♃ LONG ° ' "	♄ LONG ° ' "	♅ LONG ° ' "	♆ LONG ° ' "	♇ LONG ° ' "	☊ LONG ° '	A.S.S.I. h m s	S.S.R.Y. h m s	S.V.P. ♓ ° ' "	☿ MERCURY R.A. h m s	DECL ° ' "
1 335	23♎45 8	11♐ 9 32	12♎41 31	4♐35 40	22♐58 9	8♈19R26	20♒54 58	26♐26 16	13♊39	20 39 58	30 8 10	4 59 11.6	15 7 44	15S17 33
2 336	24 57 25	12 23 53	13 21 13	4 48 59	23 4 11	8 17 35	20 55 6	26 27 50	13 41	20 45 23	30 9 0	4 59 11.4	15 12 27	15 42 5
3 337	26 12 33	13 38 11	14 0 57	5 2 20	23 10 16	8 15 45	20 55 16	26 29 26	13 43	20 50 50	30 9 42	4 59 11.3	15 17 22	16 7 21
4 338	27 30 9	14 52 29	14 40 41	5 15 43	23 16 24	8 13 57	20 55 29	26 31 3	13 43	20 56 16	30 10 15	4 59 11.1	15 22 28	16 33 7
5 339	28 49 52	16 6 46	15 20 27	5 29 8	23 22 34	8 12 12	20 55 43	26 32 41	13 43	21 1 44	30 10 38	4 59 11.0	15 27 44	16 59 12
6 340	0♏11 22	17 21 1	16 0 14	5 42 35	23 28 47	8 10 29	20 55 59	26 34 20	13 43	21 7 12	30 10 51	4 59 11.0	15 33 8	17 25 23
7 341	1 34 26	18 35 16	16 40 2	5 56 4	23 35 3	8 8 48	20 56 18	26 36 1	13 39	21 12 41	30 10 53	4 59 10.9	15 38 40	17 51 32
8 342	2 58 48	19 49 30	17 19 51	6 9 35	23 41 22	8 7 9	20 56 38	26 37 42	13 36	21 18 10	30 10 45	4 59 10.8	15 44 19	18 17 30
9 343	4 24 18	21 3 42	17 59 42	6 23 7	23 47 42	8 5 33	20 57 1	26 39 24	13 32	21 23 41	30 10 27	4 59 10.7	15 50 4	18 43 10
10 344	5 50 46	22 17 53	18 39 34	6 36 41	23 54 6	8 3 59	20 57 26	26 41 7	13 28	21 29 11	30 10 0	4 59 10.5	15 55 55	19 8 25
11 345	7 18 3	23 32 2	19 19 27	6 50 16	24 0 31	8 2 27	20 57 52	26 42 51	13 25	21 34 42	30 9 23	4 59 10.3	16 1 52	19 33 10
12 346	8 46 4	24 46 11	19 59 21	7 3 53	24 7 0	8 0 58	20 58 21	26 44 36	13 23	21 40 14	30 8 38	4 59 10.1	16 7 53	19 57 20
13 347	10 14 41	26 0 18	20 39 17	7 17 31	24 13 30	7 59 32	20 58 52	26 46 22	13 22	21 45 46	30 7 46	4 59 9.8	16 13 58	20 20 49
14 348	11 43 51	27 14 23	21 19 14	7 31 11	24 20 2	7 58 8	20 59 25	26 48 9	13 22	21 51 19	30 6 48	4 59 9.5	16 20 8	20 43 35
15 349	13 13 29	28 28 28	21 59 12	7 44 51	24 26 37	7 56 46	21 0 0	26 49 57	13 23	21 56 52	30 5 49	4 59 9.2	16 26 21	21 5 32
16 350	14 43 31	29 42 31	22 39 12	7 58 33	24 33 14	7 55 27	21 0 37	26 51 46	13 24	22 2 25	30 4 51	4 59 9.0	16 32 38	21 26 39
17 351	16 13 56	0♑56 32	23 19 13	8 12 16	24 39 52	7 54 11	21 1 16	26 53 35	13 25	22 7 59	30 3 58	4 59 8.8	16 38 59	21 46 52
18 352	17 44 40	2 10 32	23 59 16	8 26 0	24 46 33	7 52 58	21 1 57	26 55 25	13 26	22 13 33	30 3 15	4 59 8.6	16 45 22	22 6 9
19 353	19 15 42	3 24 31	24 39 20	8 39 45	24 53 15	7 51 47	21 2 40	26 57 16	13 26	22 19 7	30 2 44	4 59 8.5	16 51 49	22 24 26
20 354	20 47 1	4 38 28	25 19 25	8 53 31	25 0 0	7 50 38	21 3 25	26 59 8	13 26	22 24 42	30 2 27	4 59 8.4	16 58 19	22 41 42
21 355	22 18 35	5 52 24	25 59 32	9 7 18	25 6 46	7 49 33	21 4 12	27 1 0	13 26	22 30 16	30 2 25	4 59 8.3	17 4 51	22 57 54
22 356	23 50 25	7 6 18	26 39 40	9 21 5	25 13 34	7 48 30	21 5 1	27 2 53	13 25	22 35 51	30 2 39	4 59 8.2	17 11 26	23 13 1
23 357	25 22 28	8 20 10	27 19 50	9 34 54	25 20 23	7 47 31	21 5 52	27 4 47	13 24	22 41 26	30 3 6	4 59 8.1	17 18 3	23 27 1
24 358	26 54 46	9 34 1	28 0 0	9 48 42	25 27 14	7 46 34	21 6 45	27 6 41	13 23	22 47 1	30 3 46	4 59 7.8	17 24 43	23 39 51
25 359	28 27 18	10 47 51	28 40 12	10 2 31	25 34 6	7 45 40	21 7 40	27 8 36	13 22	22 52 35	30 4 35	4 59 7.6	17 31 26	23 51 31
26 360	0♐ 0 5	12 1 38	29 20 26	10 16 21	25 41 0	7 44 49	21 8 37	27 10 31	13 22	22 58 10	30 5 31	4 59 7.3	17 38 10	24 1 58
27 361	1 33 5	13 15 23	0♏ 0 40	10 30 11	25 47 55	7 44 1	21 9 36	27 12 27	13 22	23 3 45	30 6 31	4 59 7.0	17 44 57	24 11 12
28 362	3 6 21	14 29 7	0 40 56	10 43 58	25 54 51	7 43 15	21 10 36	27 14 24	13 22	23 9 19	30 7 33	4 59 6.8	17 51 45	24 19 11
29 363	4 39 51	15 42 48	1 21 12	10 57 49	26 1 49	7 42 33	21 11 39	27 16 21	13 22	23 14 53	30 8 33	4 59 6.6	17 58 35	24 25 53
30 364	6 13 38	16 56 27	2 1 30	11 11 39	26 8 49	7 41 54	21 12 44	27 18 18	13 22	23 20 27	30 9 31	4 59 6.4	18 5 28	24 31 18
31 365	7♐47 41	18♑10 3	2♏41 49	11♐25 29	26♐15 47	7♈41 18	21♒13 50	27♐20 16	13♊22	23 26 1	30 10 24	4 59 6.2	18 12 21	24S35 23

DAY Dec	♀ VENUS R.A. h m s	DECL ° ' "	♂ MARS R.A. h m s	DECL ° ' "	♃ JUPITER R.A. h m s	DECL ° ' "	♄ SATURN R.A. h m s	DECL ° ' "	♅ URANUS R.A. h m s	DECL ° ' "	♆ NEPTUNE R.A. h m s	DECL ° ' "	♇ PLUTO R.A. h m s	DECL ° ' "
1	18 27 11	24S45 16	14 22 14	13S28 55	17 58 18	23S17 49	19 17 53	22S 8 18	2 5 10	12N 8 52	23 9 49	6S30 26	19 33 9	22S19 47
2	18 32 39	24 43 10	14 24 48	13 42 9	17 59 16	23 17 56	19 18 19	22 7 35	2 5 2	12 8 15	23 9 50	6 30 21	19 33 16	22 19 37
3	18 38 6	24 40 19	14 27 22	13 55 17	18 0 14	23 18 3	19 18 45	22 6 51	2 4 55	12 7 39	23 9 50	6 30 16	19 33 22	22 19 27
4	18 43 32	24 36 43	14 29 57	14 8 19	18 1 12	23 18 8	19 19 11	22 6 6	2 4 48	12 7 4	23 9 51	6 30 10	19 33 29	22 19 16
5	18 48 58	24 32 22	14 32 32	14 21 15	18 2 10	23 18 12	19 19 37	22 5 21	2 4 42	12 6 30	23 9 52	6 30 3	19 33 36	22 19 5
6	18 54 24	24 27 17	14 35 8	14 34 5	18 3 9	23 18 14	19 20 4	22 4 34	2 4 35	12 5 56	23 9 53	6 29 55	19 33 44	22 18 54
7	18 59 49	24 21 27	14 37 44	14 46 50	18 4 8	23 18 15	19 20 31	22 3 48	2 4 28	12 5 23	23 9 54	6 29 46	19 33 51	22 18 43
8	19 5 13	24 14 53	14 40 20	14 59 27	18 5 7	23 18 14	19 20 58	22 3 0	2 4 22	12 4 51	23 9 55	6 29 37	19 33 58	22 18 31
9	19 10 37	24 7 35	14 42 57	15 11 59	18 6 6	23 18 12	19 21 25	22 2 12	2 4 16	12 4 20	23 9 57	6 29 26	19 34 5	22 18 20
10	19 16 0	23 59 33	14 45 34	15 24 24	18 7 5	23 18 9	19 21 52	22 1 24	2 4 10	12 3 49	23 9 58	6 29 15	19 34 13	22 18 8
11	19 21 22	23 50 49	14 48 11	15 36 43	18 8 4	23 18 4	19 22 20	22 0 34	2 4 4	12 3 19	23 10 0	6 29 3	19 34 20	22 17 56
12	19 26 44	23 41 21	14 50 49	15 48 55	18 9 3	23 17 58	19 22 48	21 59 44	2 3 58	12 2 51	23 10 1	6 28 50	19 34 28	22 17 44
13	19 32 4	23 31 11	14 53 28	16 1 0	18 10 3	23 17 50	19 23 15	21 58 54	2 3 53	12 2 23	23 10 3	6 28 37	19 34 35	22 17 32
14	19 37 23	23 20 20	14 56 6	16 12 58	18 11 2	23 17 41	19 23 43	21 58 3	2 3 47	12 1 56	23 10 5	6 28 22	19 34 43	22 17 20
15	19 42 42	23 8 47	14 58 45	16 24 50	18 12 2	23 17 30	19 24 12	21 57 11	2 3 42	12 1 30	23 10 7	6 28 7	19 34 51	22 17 7
16	19 47 59	22 56 32	15 1 25	16 36 34	18 13 1	23 17 18	19 24 40	21 56 18	2 3 37	12 1 4	23 10 10	6 27 51	19 34 59	22 16 55
17	19 53 15	22 43 38	15 4 5	16 48 11	18 14 1	23 17 5	19 25 8	21 55 26	2 3 32	12 0 40	23 10 12	6 27 35	19 35 6	22 16 42
18	19 58 30	22 30 3	15 6 45	16 59 41	18 15 1	23 16 50	19 25 37	21 54 32	2 3 27	12 0 17	23 10 15	6 27 17	19 35 14	22 16 29
19	20 3 44	22 15 49	15 9 26	17 11 3	18 16 1	23 16 34	19 26 5	21 53 38	2 3 23	11 59 54	23 10 17	6 26 59	19 35 22	22 16 16
20	20 8 57	22 0 57	15 12 7	17 22 18	18 17 1	23 16 16	19 26 34	21 52 43	2 3 18	11 59 32	23 10 20	6 26 40	19 35 30	22 16 3
21	20 14 8	21 45 26	15 14 49	17 33 25	18 18 1	23 15 56	19 27 3	21 51 48	2 3 14	11 59 12	23 10 23	6 26 20	19 35 38	22 15 50
22	20 19 19	21 29 17	15 17 31	17 44 25	18 19 1	23 15 35	19 27 32	21 50 52	2 3 10	11 58 52	23 10 26	6 26 0	19 35 46	22 15 36
23	20 24 27	21 12 32	15 20 13	17 55 16	18 20 1	23 15 13	19 28 1	21 49 55	2 3 6	11 58 33	23 10 29	6 25 39	19 35 55	22 15 23
24	20 29 35	20 55 10	15 22 56	18 5 59	18 21 1	23 14 49	19 28 31	21 48 58	2 3 3	11 58 16	23 10 32	6 25 16	19 36 3	22 15 9
25	20 34 41	20 37 13	15 25 40	18 16 34	18 22 1	23 14 24	19 29 0	21 48 1	2 2 59	11 57 59	23 10 36	6 24 54	19 36 11	22 14 55
26	20 39 46	20 18 41	15 28 23	18 27 1	18 23 1	23 13 57	19 29 29	21 47 3	2 2 56	11 57 43	23 10 39	6 24 30	19 36 19	22 14 41
27	20 44 49	19 59 35	15 31 7	18 37 20	18 24 1	23 13 29	19 29 59	21 46 4	2 2 53	11 57 29	23 10 43	6 24 6	19 36 28	22 14 28
28	20 49 51	19 39 55	15 33 52	18 47 30	18 25 1	23 12 59	19 30 28	21 45 5	2 2 50	11 57 15	23 10 46	6 23 41	19 36 36	22 14 14
29	20 54 52	19 19 42	15 36 37	18 57 31	18 26 2	23 12 29	19 30 58	21 44 5	2 2 47	11 57 3	23 10 50	6 23 15	19 36 44	22 14 0
30	20 59 51	18 58 58	15 39 22	19 7 24	18 27 2	23 11 56	19 31 28	21 43 5	2 2 44	11 56 51	23 10 54	6 22 48	19 36 53	22 13 45
31	21 4 48	18S37 42	15 42 8	19S17 7	18 28 2	23S11 22	19 31 58	21S42 4	2 2 42	11N56 40	23 10 58	6S22 21	19 37 1	22S13 31

DAY	SIDEREAL TIME h m s	☉ SUN LONG ° ' "	MOT ' "	R.A. h m s	DECL ° ' "	☽ MOON AT 0 HOURS LONG ° ' "	12h MOT ° ' "	2DIF	R.A. h m s	DECL ° ' "	☽ MOON AT 12 HOURS LONG ° ' "	12h MOT ° ' "	2DIF	R.A. h m s	DECL ° ' "
1 W	6 40 28	14♐59 37	61 10	18 43 33.1	23S 3 32	21♒ 6 50	5 56 47	-29	23 16 38	9S58 42	27♒ 3 37	5 56 5	-13	23 38 58	7S48 11
2 Th	6 44 25	16 0 47	61 10	18 47 58.1	22 58 43	2♓59 41	5 55 56	5	0 1 0	5 33 39	8♓55 38	5 56 23	22	0 22 51	3 16 12
3 F	6 48 21	17 1 57	61 10	18 52 22.8	22 53 26	14 52 1	5 57 26	40	0 44 37	0 56 48	20 49 27	5 59 5	58	1 6 25	1N23 31
4 S	6 52 18	18 3 6	61 9	18 56 47.1	22 47 41	26 48 32	6 1 19	76	1 28 23	3N43 45	2♈49 50	6 4 7	92	1 50 36	6 2 49
5 Su	6 56 14	19 4 16	61 9	19 1 10.9	22 41 30	8♈53 57	6 7 28	108	2 13 12	8 19 36	15 1 25	6 11 20	123	2 36 17	10 32 49
6 M	7 0 11	20 5 25	61 9	19 5 34.4	22 34 51	21 12 44	6 15 39	136	2 59 58	12 41 3	27 28 24	6 20 23	147	3 24 20	14 42 45
7 Tu	7 4 7	21 6 33	61 8	19 9 57.4	22 27 46	3♉48 46	6 25 27	156	3 49 29	16 36 11	10♉14 13	6 30 46	162	4 15 29	18 19 25
8 W	7 8 4	22 7 42	61 8	19 14 19.9	22 20 14	16 44 59	6 36 15	165	4 42 21	19 50 26	23 21 14	6 41 47	165	5 10 6	21 7 5
9 Th	7 12 1	23 8 50	61 8	19 18 41.9	22 12 16	0♊ 3 0	6 47 15	162	5 38 42	22 7 15	6♊50 16	6 52 33	155	6 8 2	22 48 58
10 F	7 15 57	24 9 57	61 8	19 23 3.4	22 3 51	13 42 49	6 57 34	144	6 38 0	23 10 31	20 40 23	7 2 10	131	7 8 25	23 10 36
11 S	7 19 54	25 11 5	61 7	19 27 24.3	21 55 1	27 42 33	7 6 16	114	7 39 5	22 48 29	4♋48 49	7 9 46	95	8 9 46	22 4 3
12 Su	7 23 50	26 12 12	61 7	19 31 44.7	21 45 45	11♋58 34	7 12 34	73	8 40 17	20 57 51	19 11 9	7 14 39	51	9 10 27	19 31 5
13 M	7 27 47	27 13 19	61 7	19 36 4.5	21 36 4	26 25 47	7 15 58	28	9 40 9	17 45 29	3♌41 46	7 16 32	6	10 9 17	15 43 12
14 Tu	7 31 43	28 14 26	61 7	19 40 23.6	21 25 58	10♌58 18	7 16 22	-16	10 37 48	13 26 43	18 14 39	7 15 30	-35	11 5 44	10 58 37
15 W	7 35 40	29 15 32	61 7	19 44 42.1	21 15 27	25 30 9	7 14 1	-53	11 33 6	8 21 36	2♍44 10	7 12 0	-67	12 0 0	5 38 17
16 Th	7 39 36	0♑16 39	61 6	19 49 0.0	21 4 32	9♍56 10	7 9 31	-80	12 26 31	2 51 13	17 5 41	7 6 41	-89	12 52 44	0 2 53
17 F	7 43 33	1 17 45	61 6	19 53 17.3	20 53 10	24 12 22	7 3 34	-96	13 18 47	2S44 25	1♎15 56	7 0 17	-101	13 44 47	5S28 28
18 S	7 47 30	2 18 51	61 6	19 57 33.9	20 41 28	8♎16 13	6 56 52	-103	14 10 49	8 7 9	15 13 4	6 53 24	-104	14 36 59	10 38 28
19 Su	7 51 26	3 19 57	61 6	20 1 49.8	20 29 21	22 6 28	6 49 55	-104	15 3 24	13 0 29	28 56 23	6 46 29	-103	15 30 5	15 11 22
20 M	7 55 23	4 21 3	61 6	20 6 5.0	20 16 50	5♏42 52	6 43 5	-101	15 57 6	17 9 24	12♏25 57	6 39 45	-99	16 24 28	18 52 58
21 Tu	7 59 19	5 22 8	61 5	20 10 19.4	20 3 57	19 5 42	6 36 30	-97	16 52 8	20 20 38	25 42 12	6 33 19	-95	17 20 5	21 31 13
22 W	8 3 16	6 23 13	61 5	20 14 33.2	19 50 41	2♐15 30	6 30 11	-93	17 48 13	22 23 45	8♐45 41	6 27 8	-91	18 16 25	22 57 40
23 Th	8 7 12	7 24 18	61 4	20 18 46.2	19 37 2	15 12 49	6 24 7	-89	18 44 34	23 12 41	21 36 56	6 21 10	-88	19 12 32	23 8 59
24 F	8 11 9	8 25 21	61 3	20 22 58.4	19 23 2	27 58 5	6 18 15	-86	19 40 12	22 47 2	4♑16 20	6 15 25	-84	20 7 26	22 7 42
25 S	8 15 6	9 26 25	61 3	20 27 9.9	19 8 40	10♑31 45	6 12 38	-82	20 34 9	21 12 7	16 44 23	6 9 57	-79	21 0 16	20 1 37
26 Su	8 19 2	10 27 27	61 2	20 31 20.5	18 53 57	22 54 20	6 7 24	-75	21 25 45	18 37 42	29 1 44	6 4 58	-70	21 50 36	17 1 54
27 M	8 22 59	11 28 28	61 1	20 35 30.4	18 38 54	5♒ 6 42	6 2 44	-64	22 14 50	15 15 48	11♒ 9 26	6 0 43	-56	22 38 28	13 20 55
28 Tu	8 26 55	12 29 29	61 0	20 39 39.4	18 23 30	17 10 10	5 58 58	-48	23 1 34	11 18 44	23 9 8	5 57 32	-38	23 24 13	9 10 38
29 W	8 30 52	13 30 28	60 58	20 43 47.6	18 7 46	29 6 40	5 56 27	-27	23 46 29	6 57 54	5♓ 3 7	5 55 46	-14	0 8 28	4 41 46
30 Th	8 34 48	14 31 27	60 57	20 47 55.0	17 51 42	10♓58 53	5 55 32	0	0 30 15	2 23 20	16 54 25	5 55 46	15	0 51 57	0 3 43
31 F	8 38 45	15♑32 24	60 56	20 52 1.6	17S35 20	22♓50 11	5 56 32	31	1 13 40	2N16 5	28♓46 44	5 57 52	48	1 35 30	4N35 0

LUNAR INGRESSES
1 ☽ ♓ 17:57
4 ☽ ♈ 6:22
6 ☽ ♉ 16:48
8 ☽ ♊ 23:55
11 ☽ ♋ 3:53
13 ☽ ♌ 5:54
15 ☽ ♍ 7:27
17 ☽ ♎ 9:51
19 ☽ ♏ 13:52
21 ☽ ♐ 19:51
24 ☽ ♑ 3:51
26 ☽ ♒ 13:55
29 ☽ ♓ 1:48
31 ☽ ♈ 14:28

PLANET INGRESSES
9 ♀ ♒ 16:18
13 ☿ ♑ 18:54
15 ☉ ♑ 17:28
31 ☿ ♒ 10:04
31 ♄ ♑ 18:20

STATIONS
11 ♅ D 1:50

DATA FOR THE 1st AT 0 HOURS
JULIAN DAY 43829.5
☽ MEAN ☊ 13°♊ 13' 22"
OBLIQUITY 23° 26' 10"
DELTA T 76.0 SECONDS
NUTATION LONGITUDE -16.6"

DAY MO	YR	☿ LONG ° ' "	♀ LONG ° ' "	♂ LONG ° ' "	♃ LONG ° ' "	♄ LONG ° ' "	♅ LONG ° ' "	♆ LONG ° ' "	♇ LONG ° ' "	☊ LONG ° '	A.S.S.I. h m s	S.S.R.Y. h m s	S.V.P. ♓ ° ' "	☿ MERCURY R.A. h m s	DECL ° ' "
1	1	9♐22 2	19♑23 37	3♏22 9	11♐39 19	26♐22 48	7♈40R45	21♒14 58	27♐22 15	13♊22	23 31 34	30 11 11	4 59 6.1	18 19 17	24S38 8
2	2	10 56 40	20 37 8	4 2 30	11 53 8	26 29 49	7 40 15	21 16 8	27 24 13	13 22	23 37 7	30 11 53	4 59 6.0	18 26 14	24 39 32
3	3	12 31 38	21 50 36	4 42 52	12 6 57	26 36 51	7 39 48	21 17 20	27 26 12	13 22	23 42 40	30 12 26	4 59 5.9	18 33 12	24 39 34
4	4	14 6 55	23 4 2	5 23 16	12 20 46	26 43 54	7 39 24	21 18 34	27 28 11	13 22	23 48 12	30 12 50	4 59 5.8	18 40 12	24 38 11
5	5	15 42 33	24 17 24	6 3 40	12 34 33	26 50 58	7 39 3	21 19 50	27 30 11	13 22	23 53 43	30 13 4	4 59 5.7	18 47 13	24 35 25
6	6	17 18 33	25 30 44	6 44 6	12 48 21	26 58 2	7 38 46	21 21 7	27 32 11	13 23	23 59 14	30 13 8	4 59 5.6	18 54 15	24 31 12
7	7	18 54 55	26 44 0	7 24 33	13 2 8	27 5 7	7 38 31	21 22 26	27 34 11	13 24	24 4 45	30 13 0	4 59 5.4	19 1 18	24 25 33
8	8	20 31 40	27 57 13	8 5 1	13 15 53	27 12 12	7 38 20	21 23 47	27 36 11	13 24	24 10 15	30 12 40	4 59 5.2	19 8 22	24 18 27
9	9	22 8 50	29 10 22	8 45 31	13 29 39	27 19 17	7 38 11	21 25 9	27 38 11	13 25	24 15 44	30 12 8	4 59 4.9	19 15 26	24 9 52
10	10	23 46 25	0♒23 28	9 26 1	13 43 23	27 26 23	7 38 6	21 26 33	27 40 11	13 25	24 21 12	30 11 25	4 59 4.7	19 22 32	23 59 49
11	11	25 24 26	1 36 30	10 6 34	13 57 6	27 33 29	7 38D 4	21 27 59	27 42 12	13 25	24 26 40	30 10 32	4 59 4.4	19 29 37	23 48 15
12	12	27 2 54	2 49 29	10 47 7	14 10 48	27 40 36	7 38 5	21 29 26	27 44 13	13 24	24 32 7	30 9 32	4 59 4.1	19 36 44	23 35 11
13	13	28 41 48	4 2 23	11 27 42	14 24 29	27 47 43	7 38 9	21 30 56	27 46 13	13 22	24 37 34	30 8 29	4 59 3.9	19 43 50	23 20 36
14	14	0♑21 10	5 15 14	12 8 18	14 38 9	27 54 47	7 38 17	21 32 26	27 48 13	13 21	24 42 59	30 7 28	4 59 3.8	19 50 57	23 4 29
15	15	2 1 0	6 28 2	12 48 55	14 51 48	28 1 55	7 38 27	21 33 58	27 50 14	13 19	24 48 24	30 6 33	4 59 3.7	19 58 3	22 46 49
16	16	3 41 18	7 40 45	13 29 34	15 5 25	28 9 1	7 38 41	21 35 32	27 52 15	13 17	24 53 48	30 5 46	4 59 3.6	20 5 9	22 27 38
17	17	5 22 3	8 53 24	14 10 14	15 19 1	28 16 8	7 38 57	21 37 7	27 54 15	13 16	24 59 11	30 5 12	4 59 3.5	20 12 15	22 6 53
18	18	7 3 15	10 5 59	14 50 56	15 32 36	28 23 14	7 39 17	21 38 44	27 56 16	13 16	25 4 34	30 4 52	4 59 3.4	20 19 21	21 44 35
19	19	8 44 54	11 18 31	15 31 39	15 46 8	28 30 20	7 39 40	21 40 22	27 58 16	13 17	25 9 55	30 4 46	4 59 3.3	20 26 25	21 20 44
20	20	10 26 57	12 30 58	16 12 23	15 59 40	28 37 25	7 40 6	21 42 2	28 0 17	13 18	25 15 16	30 4 53	4 59 3.1	20 33 29	20 55 21
21	21	12 9 24	13 43 20	16 53 8	16 13 9	28 44 30	7 40 36	21 43 43	28 2 17	13 20	25 20 35	30 5 14	4 59 2.9	20 40 31	20 28 25
22	22	13 52 10	14 55 38	17 33 54	16 26 37	28 51 35	7 41 8	21 45 26	28 4 17	13 21	25 25 54	30 5 45	4 59 2.6	20 47 32	19 59 58
23	23	15 35 15	16 7 52	18 14 42	16 40 2	28 58 39	7 41 44	21 47 10	28 6 16	13 21	25 31 12	30 6 25	4 59 2.4	20 54 31	19 30 0
24	24	17 18 32	17 20 1	18 55 31	16 53 26	29 5 42	7 42 23	21 48 55	28 8 15	13 21	25 36 29	30 7 12	4 59 2.2	21 1 28	18 58 32
25	25	19 1 58	18 32 5	19 36 21	17 6 47	29 12 45	7 43 5	21 50 42	28 10 14	13 18	25 41 45	30 8 4	4 59 2.0	21 8 22	18 25 38
26	26	20 45 26	19 44 3	20 17 12	17 20 7	29 19 47	7 43 50	21 52 30	28 12 13	13 15	25 47 0	30 8 59	4 59 1.8	21 15 13	17 51 19
27	27	22 28 48	20 55 57	20 58 4	17 33 24	29 26 48	7 44 38	21 54 20	28 14 12	13 10	25 52 14	30 9 56	4 59 1.7	21 22 0	17 15 37
28	28	24 11 56	22 7 45	21 38 57	17 46 38	29 33 48	7 45 29	21 56 10	28 16 9	13 4	25 57 27	30 10 53	4 59 1.6	21 28 43	16 38 38
29	29	25 54 39	23 19 27	22 19 51	17 59 50	29 40 47	7 46 23	21 58 2	28 18 7	12 59	26 2 38	30 11 49	4 59 1.5	21 35 21	16 0 24
30	30	27 36 44	24 31 4	23 0 46	18 12 59	29 47 45	7 47 20	21 59 55	28 20 4	12 54	26 7 49	30 12 43	4 59 1.4	21 41 53	15 21 2
31	31	29♑17 55	25♒42 34	23♏41 42	18♐26 6	29♐54 42	7♈48 21	22♒ 1 49	28♐22 1	12♊50	26 12 59	30 13 32	4 59 1.4	21 48 19	14S40 38

DAY Jan	♀ VENUS R.A. h m s	DECL ° ' "	♂ MARS R.A. h m s	DECL ° ' "	♃ JUPITER R.A. h m s	DECL ° ' "	♄ SATURN R.A. h m s	DECL ° ' "	♅ URANUS R.A. h m s	DECL ° ' "	♆ NEPTUNE R.A. h m s	DECL ° ' "	♇ PLUTO R.A. h m s	DECL ° ' "
1	21 9 45	18S15 56	15 44 54	19S26 42	18 29 2	23S10 47	19 32 28	21S41 3	2 2 40	11N56 31	23 11 3	6S21 53	19 37 10	22S13 17
2	21 14 39	17 53 40	15 47 41	19 36 7	18 30 2	23 10 10	19 32 57	21 40 1	2 2 38	11 56 23	23 11 7	6 21 25	19 37 18	22 13 3
3	21 19 32	17 30 56	15 50 28	19 45 23	18 31 2	23 9 32	19 33 27	21 38 59	2 2 36	11 56 15	23 11 11	6 20 55	19 37 27	22 12 48
4	21 24 24	17 7 43	15 53 15	19 54 30	18 32 2	23 8 52	19 33 57	21 37 57	2 2 35	11 56 9	23 11 16	6 20 25	19 37 35	22 12 34
5	21 29 14	16 44 3	15 56 3	20 3 28	18 33 2	23 8 11	19 34 27	21 36 54	2 2 33	11 56 4	23 11 20	6 19 55	19 37 44	22 12 19
6	21 34 3	16 19 56	15 58 51	20 12 16	18 34 2	23 7 29	19 34 58	21 35 50	2 2 32	11 55 59	23 11 25	6 19 24	19 37 52	22 12 4
7	21 38 51	15 55 23	16 1 39	20 20 54	18 35 2	23 6 45	19 35 28	21 34 46	2 2 31	11 55 56	23 11 30	6 18 51	19 38 1	22 11 50
8	21 43 37	15 30 26	16 4 28	20 29 23	18 36 2	23 6 0	19 35 58	21 33 42	2 2 30	11 55 54	23 11 35	6 18 19	19 38 10	22 11 35
9	21 48 21	15 5 5	16 7 18	20 37 42	18 37 2	23 5 13	19 36 28	21 32 37	2 2 30	11 55 53	23 11 40	6 17 45	19 38 18	22 11 20
10	21 53 4	14 39 20	16 10 7	20 45 51	18 38 1	23 4 25	19 36 58	21 31 32	2 2 29	11 55 53	23 11 45	6 17 11	19 38 27	22 11 6
11	21 57 46	14 13 12	16 12 58	20 53 50	18 39 1	23 3 36	19 37 28	21 30 26	2 2 29	11 55 55	23 11 51	6 16 37	19 38 36	22 10 51
12	22 2 26	13 46 43	16 15 48	21 1 38	18 40 0	23 2 46	19 37 59	21 29 20	2 2 29	11 55 57	23 11 56	6 16 2	19 38 44	22 10 36
13	22 7 5	13 19 53	16 18 39	21 9 17	18 41 0	23 1 54	19 38 29	21 28 14	2 2 30	11 56 0	23 12 1	6 15 26	19 38 53	22 10 22
14	22 11 42	12 52 43	16 21 30	21 16 45	18 41 59	23 1 1	19 38 59	21 27 8	2 2 30	11 56 5	23 12 7	6 14 50	19 39 1	22 10 7
15	22 16 19	12 25 13	16 24 22	21 24 3	18 42 58	23 0 6	19 39 29	21 26 1	2 2 31	11 56 10	23 12 13	6 14 13	19 39 10	22 9 52
16	22 20 54	11 57 25	16 27 14	21 31 11	18 43 57	22 59 10	19 39 59	21 24 54	2 2 31	11 56 17	23 12 18	6 13 35	19 39 19	22 9 37
17	22 25 27	11 29 19	16 30 6	21 38 8	18 44 56	22 58 13	19 40 29	21 23 46	2 2 33	11 56 24	23 12 24	6 12 57	19 39 27	22 9 22
18	22 30 0	11 0 55	16 32 59	21 44 54	18 45 55	22 57 15	19 41 0	21 22 38	2 2 34	11 56 33	23 12 30	6 12 18	19 39 36	22 9 7
19	22 34 31	10 32 16	16 35 52	21 51 29	18 46 54	22 56 16	19 41 30	21 21 30	2 2 35	11 56 43	23 12 36	6 11 39	19 39 45	22 8 53
20	22 39 1	10 3 20	16 38 46	21 57 54	18 47 52	22 55 15	19 42 0	21 20 21	2 2 37	11 56 53	23 12 42	6 10 59	19 39 53	22 8 38
21	22 43 30	9 34 10	16 41 39	22 4 8	18 48 51	22 54 13	19 42 30	21 19 13	2 2 39	11 57 5	23 12 49	6 10 19	19 40 2	22 8 23
22	22 47 58	9 4 46	16 44 34	22 10 10	18 49 49	22 53 10	19 43 0	21 18 4	2 2 41	11 57 18	23 12 55	6 9 38	19 40 10	22 8 8
23	22 52 25	8 35 9	16 47 28	22 16 2	18 50 47	22 52 6	19 43 30	21 16 54	2 2 43	11 57 32	23 13 1	6 8 56	19 40 19	22 7 53
24	22 56 51	8 5 19	16 50 23	22 21 42	18 51 45	22 51 1	19 44 0	21 15 45	2 2 45	11 57 48	23 13 8	6 8 14	19 40 28	22 7 39
25	23 1 15	7 35 17	16 53 18	22 27 11	18 52 43	22 49 54	19 44 29	21 14 35	2 2 48	11 58 4	23 13 14	6 7 32	19 40 36	22 7 24
26	23 5 39	7 5 5	16 56 13	22 32 29	18 53 40	22 48 47	19 44 59	21 13 26	2 2 51	11 58 21	23 13 21	6 6 49	19 40 45	22 7 10
27	23 10 1	6 34 42	16 59 9	22 37 35	18 54 38	22 47 38	19 45 29	21 12 16	2 2 54	11 58 40	23 13 28	6 6 5	19 40 53	22 6 55
28	23 14 23	6 4 10	17 2 5	22 42 29	18 55 35	22 46 28	19 45 59	21 11 6	2 2 57	11 58 59	23 13 35	6 5 22	19 41 1	22 6 41
29	23 18 44	5 33 29	17 5 1	22 47 12	18 56 32	22 45 18	19 46 28	21 9 55	2 3 1	11 59 19	23 13 42	6 4 37	19 41 10	22 6 27
30	23 23 4	5 2 41	17 7 58	22 51 43	18 57 29	22 44 6	19 46 58	21 8 45	2 3 4	11 59 41	23 13 49	6 3 53	19 41 18	22 6 12
31	23 27 23	4S31 45	17 10 55	22S56 3	18 58 26	22S42 53	19 47 27	21S 7 34	2 3 8	12N 0 3	23 13 56	6S 3 7	19 41 27	22S 5 58

FEBRUARY 2020

DAY	SIDEREAL TIME h m s	☉ SUN LONG ° ' "	MOT ' "	R.A. h m s	DECL ° ' "	☽ MOON AT 0 HOURS LONG ° ' "	12h MOT ° ' "	2DIF "	R.A. h m s	DECL ° ' "	☽ MOON AT 12 HOURS LONG ° ' "	12h MOT ° ' "	2DIF "	R.A. h m s	DECL ° ' "
1 S	8 42 41	16♑33 20	60 55	20 56 7.3	17S18 39	4♈44 35	5 59 46	66	1 57 34	6N52 0	10♈44 21	6 2 16	84	2 19 58	9N 5 57
2 Su	8 46 38	17 34 15	60 54	21 0 12.2	17 1 39	16 46 37	6 5 23	103	2 42 50	11 15 41	22 52 1	6 9 7	121	3 6 15	13 19 54
3 M	8 50 34	18 35 8	60 52	21 4 16.3	16 44 21	29 1 8	6 13 28	139	3 30 20	15 17 10	5♉14 35	6 18 22	155	3 55 9	17 5 53
4 Tu	8 54 31	19 36 0	60 51	21 8 19.5	16 26 46	11♉32 58	6 23 50	171	4 20 47	18 44 21	17 56 47	6 29 45	184	4 47 18	20 10 39
5 W	8 58 28	20 36 51	60 50	21 12 21.9	16 8 54	24 26 32	6 36 5	194	5 14 42	21 22 49	1♊ 2 37	6 42 42	201	5 42 58	22 18 49
6 Th	9 2 24	21 37 40	60 48	21 16 23.5	15 50 45	7♊45 19	6 49 30	204	6 12 2	22 56 41	14 34 49	6 56 19	202	6 41 49	23 14 39
7 F	9 6 21	22 38 28	60 47	21 20 24.2	15 32 20	21 31 7	7 2 59	195	7 12 8	23 11 17	28 34 7	7 9 21	183	7 42 50	22 45 36
8 S	9 10 17	23 39 15	60 45	21 24 24.2	15 13 39	5♋43 27	7 15 11	165	8 13 41	21 57 15	12♋58 39	7 20 20	141	8 44 30	20 46 31
9 Su	9 14 14	24 40 0	60 44	21 28 23.3	14 54 43	20 18 59	7 24 37	113	9 15 6	19 14 23	27 43 36	7 27 53	81	9 45 21	17 22 31
10 M	9 18 10	25 40 44	60 43	21 32 21.7	14 35 32	5♌11 29	7 30 1	46	10 15 7	15 13 3	12♌41 30	7 30 58	10	10 44 21	12 48 37
11 Tu	9 22 7	26 41 27	60 42	21 36 19.3	14 16 6	20 12 28	7 30 42	-25	11 13 3	10 12 7	27 43 10	7 29 17	-59	11 41 14	7 26 33
12 W	9 26 4	27 42 8	60 40	21 40 16.1	13 56 25	5♍12 27	7 26 47	-89	12 8 57	4 35 0	12♍39 14	7 23 20	-115	12 36 17	1 40 29
13 Th	9 30 0	28 42 48	60 39	21 44 12.1	13 36 31	20 2 34	7 19 6	-136	13 3 19	1S14 8	27 21 40	7 14 15	-152	13 30 10	4S 6 9
14 F	9 33 57	29 43 28	60 38	21 48 7.4	13 16 24	4♎35 55	7 8 58	-162	13 56 55	6 53 3	11♎44 53	7 3 26	-168	14 23 40	9 32 32
15 S	9 37 53	0♒44 4	60 37	21 52 2.0	12 56 3	18 48 19	6 57 47	-169	14 50 30	12 2 29	25 46 6	6 52 11	-166	15 17 28	14 21 1
16 Su	9 41 50	1 44 43	60 36	21 55 55.9	12 35 30	2♏38 17	6 46 44	-160	15 44 38	16 26 23	9♏25 1	6 41 32	-152	16 12 0	18 17 6
17 M	9 45 46	2 45 19	60 35	21 59 49.1	12 14 44	16 6 33	6 36 37	-142	16 39 36	19 51 52	22 43 10	6 31 32	-132	17 7 22	21 9 36
18 Tu	9 49 43	3 45 53	60 33	22 3 41.6	11 53 47	29 15 13	6 27 51	-121	17 35 15	22 9 31	5♐43 3	6 24 1	-110	18 3 11	22 51 4
19 W	9 53 39	4 46 27	60 32	22 7 33.4	11 32 38	12♐ 7 4	6 20 32	-99	18 31 4	23 14 2	18 27 35	6 17 23	-90	18 58 48	23 18 30
20 Th	9 57 36	5 46 59	60 31	22 11 24.6	11 11 18	24 44 58	6 14 33	-81	19 26 15	23 4 52	0♑59 31	6 11 59	-73	19 53 21	22 33 48
21 F	10 1 33	6 47 29	60 29	22 15 15.1	10 49 48	7♑11 30	6 9 40	-66	20 19 59	21 46 15	13 21 10	6 7 34	-60	20 46 23	20 43 20
22 S	10 5 29	7 47 59	60 28	22 19 4.9	10 28 8	19 28 45	6 5 40	-55	21 11 40	19 26 23	25 34 24	6 3 55	-50	21 36 38	17 56 46
23 Su	10 9 26	8 48 26	60 26	22 22 54.2	10 6 17	1♒38 19	6 2 19	-46	22 1 1	16 15 57	7♒40 38	6 0 51	-42	22 24 50	14 25 25
24 M	10 13 22	9 48 52	60 24	22 26 42.7	9 44 18	13 41 29	5 59 32	-37	22 48 9	12 26 37	19 41 0	5 58 21	-33	23 11 0	10 20 57
25 Tu	10 17 19	10 49 17	60 23	22 30 30.7	9 22 9	25 39 21	5 57 20	-28	23 33 27	8 9 48	1♓36 41	5 56 31	-22	23 55 34	5 54 28
26 W	10 21 15	11 49 40	60 21	22 34 18.1	8 59 53	7♓33 12	5 55 54	-14	0 17 27	3 36 11	13 29 6	5 55 33	-6	0 39 11	1 16 10
27 Th	10 25 12	12 50 0	60 19	22 38 4.9	8 37 28	19 24 39	5 55 29	3	1 0 52	1N 4 28	25 20 8	5 55 46	14	1 22 34	3N24 34
28 F	10 29 8	13 50 19	60 17	22 41 51.1	8 14 55	1♈15 54	5 56 26	26	1 44 24	5 43 2	7♈12 19	5 57 32	40	2 6 28	7 58 44
29 S	10 33 5	14♒50 37	60 15	22 45 36.8	7S52 15	13♈ 9 51	5 59 7	55	2 28 51	10N10 32	19♈ 8 58	6 1 13	71	2 51 40	12N17 13

LUNAR INGRESSES
3 ☽ ♉ 1:54
5 ☽ ♊ 10:07
7 ☽ ♋ 14:25
9 ☽ ♌ 15:40
11 ☽ ♍ 15:39
13 ☽ ♎ 16:22
15 ☽ ♏ 19:22
18 ☽ ♐ 1:23
20 ☽ ♑ 10:05
22 ☽ ♒ 20:45
25 ☽ ♓ 8:45
27 ☽ ♈ 21:27

PLANET INGRESSES
3 ♀ ♓ 14:42
9 ♂ ♐ 5:20
14 ☉ ♒ 6:33
29 ♀ ♈ 15:03

STATIONS
17 ☿ R 0:55

DATA FOR THE 1st AT 0 HOURS
JULIAN DAY 43860.5
☽ MEAN ☊ 11°♊ 34' 48"
OBLIQUITY 23° 26' 11"
DELTA T 76.1 SECONDS
NUTATION LONGITUDE-16.1"

DAY MO	YR	☿ LONG ° ' "	♀ LONG ° ' "	♂ LONG ° ' "	♃ LONG ° ' "	♄ LONG ° ' "	♅ LONG ° ' "	♆ LONG ° ' "	♇ LONG ° ' "	☊ LONG ° '	A.S.S.I. h m s	S.S.R.Y. h m s	S.V.P. ♓ ° ' "	☿ MERCURY R.A. h m s	DECL ° ' "
1	32	0♒57 56	26♒53 58	24♏22 39	18♐39 10	0♑ 1 38	7♈49 24	22♒ 3 44	28♐23 57	12♊48	26 18 8	30 14 14	4 59 1.3	21 54 36	13S59 20
2	33	2 36 25	28 5 16	25 3 37	18 52 11	0 8 32	7 50 31	22 5 41	28 25 52	12 47	26 23 15	30 14 49	4 59 1.2	22 0 44	13 17 18
3	34	4 12 59	29 16 27	25 44 36	19 5 9	0 15 25	7 51 40	22 7 38	28 27 47	12 47	26 28 22	30 15 13	4 59 1.1	22 6 42	12 34 42
4	35	5 47 12	0♓27 31	26 25 36	19 18 4	0 22 17	7 52 52	22 9 37	28 29 42	12 49	26 33 28	30 15 25	4 59 0.9	22 12 28	11 51 44
5	36	7 18 33	1 38 28	27 6 37	19 30 56	0 29 7	7 54 8	22 11 37	28 31 36	12 50	26 38 32	30 15 24	4 59 0.7	22 18 0	11 8 39
6	37	8 46 27	2 49 18	27 47 39	19 43 45	0 35 56	7 55 26	22 13 37	28 33 29	12 52	26 43 36	30 15 7	4 59 0.5	22 23 16	10 25 44
7	38	10 10 20	4 0 0	28 28 42	19 56 30	0 42 43	7 56 47	22 15 39	28 35 21	12 51	26 48 38	30 14 37	4 59 0.3	22 28 15	9 43 16
8	39	11 29 29	5 10 35	29 9 47	20 9 12	0 49 28	7 58 11	22 17 41	28 37 13	12 49	26 53 40	30 13 53	4 59 0.0	22 32 53	9 1 36
9	40	12 43 14	6 21 2	29 50 53	20 21 51	0 56 12	7 59 38	22 19 45	28 39 4	12 45	26 58 40	30 12 58	4 58 59.9	22 37 9	8 21 7
10	41	13 50 49	7 31 20	0♐32 0	20 34 26	1 2 53	8 1 8	22 21 49	28 40 54	12 39	27 3 39	30 11 57	4 58 59.7	22 41 0	7 42 10
11	42	14 51 30	8 41 31	1 13 8	20 46 58	1 9 33	8 2 40	22 23 54	28 42 44	12 33	27 8 38	30 10 52	4 58 59.6	22 44 23	7 5 12
12	43	15 44 31	9 51 33	1 54 17	20 59 26	1 16 11	8 4 16	22 26 0	28 44 33	12 26	27 13 35	30 9 50	4 58 59.6	22 47 17	6 30 38
13	44	16 29 9	11 1 27	2 35 27	21 11 50	1 22 47	8 5 54	22 28 7	28 46 21	12 19	27 18 32	30 8 53	4 58 59.6	22 49 39	5 58 54
14	45	17 4 46	12 11 13	3 16 39	21 24 11	1 29 21	8 7 34	22 30 14	28 48 8	12 15	27 23 28	30 8 5	4 58 59.5	22 51 27	5 30 26
15	46	17 30 47	13 20 49	3 57 52	21 36 27	1 35 53	8 9 18	22 32 22	28 49 54	12 12	27 28 22	30 7 29	4 58 59.4	22 52 39	5 5 38
16	47	17 46 45	14 30 17	4 39 6	21 48 40	1 42 23	8 11 4	22 34 31	28 51 40	12 11	27 33 16	30 7 4	4 58 59.3	22 53 14	4 44 53
17	48	17 52R22	15 39 36	5 20 21	22 0 48	1 48 50	8 12 53	22 36 41	28 53 24	12 12	27 38 9	30 6 51	4 58 59.1	22 53 11	4 28 31
18	49	17 47 32	16 48 45	6 1 38	22 12 53	1 55 15	8 14 45	22 38 51	28 55 8	12 13	27 43 1	30 6 50	4 58 58.9	22 52 31	4 16 46
19	50	17 32 23	17 57 45	6 42 55	22 24 53	2 1 38	8 16 39	22 41 2	28 56 50	12 14	27 47 53	30 6 59	4 58 58.7	22 51 14	4 9 51
20	51	17 7 16	19 6 35	7 24 13	22 36 48	2 7 58	8 18 36	22 43 14	28 58 32	12 13	27 52 43	30 7 19	4 58 58.5	22 49 22	4 7 50
21	52	16 32 48	20 15 15	8 5 32	22 48 39	2 14 16	8 20 35	22 45 26	29 0 13	12 10	27 57 33	30 7 48	4 58 58.4	22 46 57	4 10 42
22	53	15 49 53	21 23 45	8 46 52	23 0 26	2 20 31	8 22 37	22 47 39	29 1 52	12 04	28 2 21	30 8 24	4 58 58.2	22 44 4	4 18 18
23	54	14 59 36	22 32 4	9 28 13	23 12 8	2 26 44	8 24 42	22 49 52	29 3 31	11 56	28 7 9	30 9 7	4 58 58.1	22 40 46	4 30 21
24	55	14 3 19	23 40 13	10 9 35	23 23 45	2 32 53	8 26 49	22 52 5	29 5 8	11 45	28 11 57	30 9 56	4 58 58.1	22 37 9	4 46 30
25	56	13 3 32	24 48 10	10 50 57	23 35 17	2 39 0	8 28 58	22 54 19	29 6 44	11 33	28 16 43	30 10 49	4 58 58.0	22 33 19	5 6 14
26	57	11 58 51	25 55 56	11 32 21	23 46 44	2 45 4	8 31 10	22 56 34	29 8 20	11 21	28 21 29	30 11 46	4 58 58.0	22 29 20	5 28 59
27	58	10 53 55	27 3 29	12 13 45	23 58 6	2 51 5	8 33 24	22 58 48	29 9 54	11 10	28 26 14	30 12 45	4 58 58.0	22 25 20	5 54 6
28	59	9 49 19	28 10 51	12 55 9	24 9 22	2 57 3	8 35 41	23 1 3	29 11 26	11 00	28 30 58	30 13 44	4 58 58.0	22 21 24	6 20 55
29	60	8♒46 33	29♓18 0	13♐36 35	24♐20 34	3♑ 2 58	8♈37 59	23♒ 3 19	29♐12 58	10♊53	28 35 41	30 14 41	4 58 58.0	22 17 37	6S48 47

DAY Feb	♀ VENUS R.A. h m s	DECL ° ' "	♂ MARS R.A. h m s	DECL ° ' "	♃ JUPITER R.A. h m s	DECL ° ' "	♄ SATURN R.A. h m s	DECL ° ' "	♅ URANUS R.A. h m s	DECL ° ' "	♆ NEPTUNE R.A. h m s	DECL ° ' "	♇ PLUTO R.A. h m s	DECL ° ' "
1	23 31 41	4S 0 43	17 13 52	23S 0 10	18 59 22	22S41 40	19 47 56	21S 6 24	2 3 12	12N 0 27	23 14 3	6S 2 22	19 41 35	22S 5 44
2	23 35 59	3 29 35	17 16 49	23 4 6	19 0 18	22 40 25	19 48 25	21 5 13	2 3 16	12 0 51	23 14 10	6 1 36	19 41 43	22 5 30
3	23 40 15	2 58 22	17 19 47	23 7 50	19 1 14	22 39 10	19 48 55	21 4 2	2 3 21	12 1 17	23 14 17	6 0 49	19 41 51	22 5 16
4	23 44 31	2 27 5	17 22 44	23 11 22	19 2 10	22 37 53	19 49 24	21 2 51	2 3 25	12 1 43	23 14 24	6 0 2	19 42 0	22 5 2
5	23 48 46	1 55 45	17 25 42	23 14 41	19 3 5	22 36 36	19 49 52	21 1 40	2 3 30	12 2 11	23 14 32	5 59 15	19 42 8	22 4 48
6	23 53 1	1 24 22	17 28 40	23 17 49	19 4 1	22 35 18	19 50 21	21 0 29	2 3 35	12 2 39	23 14 39	5 58 27	19 42 16	22 4 34
7	23 57 15	0 52 57	17 31 39	23 20 45	19 4 56	22 33 59	19 50 50	20 59 19	2 3 40	12 3 9	23 14 47	5 57 39	19 42 24	22 4 21
8	0 1 28	0 21 31	17 34 38	23 23 28	19 5 50	22 32 39	19 51 18	20 58 8	2 3 46	12 3 39	23 14 54	5 56 51	19 42 32	22 4 7
9	0 5 40	0N 9 55	17 37 36	23 26 0	19 6 45	22 31 19	19 51 47	20 56 57	2 3 51	12 4 11	23 15 2	5 56 3	19 42 40	22 3 54
10	0 9 52	0 41 22	17 40 35	23 28 19	19 7 39	22 29 58	19 52 15	20 55 46	2 3 57	12 4 43	23 15 10	5 55 14	19 42 48	22 3 41
11	0 14 4	1 12 47	17 43 35	23 30 25	19 8 33	22 28 36	19 52 43	20 54 35	2 4 3	12 5 16	23 15 17	5 54 24	19 42 56	22 3 28
12	0 18 15	1 44 11	17 46 34	23 32 20	19 9 26	22 27 14	19 53 11	20 53 25	2 4 9	12 5 51	23 15 25	5 53 35	19 43 3	22 3 15
13	0 22 26	2 15 32	17 49 34	23 34 2	19 10 20	22 25 51	19 53 39	20 52 14	2 4 15	12 6 26	23 15 33	5 52 45	19 43 11	22 3 2
14	0 26 36	2 46 51	17 52 33	23 35 32	19 11 13	22 24 27	19 54 6	20 51 4	2 4 22	12 7 2	23 15 41	5 51 55	19 43 19	22 2 50
15	0 30 45	3 18 6	17 55 33	23 36 49	19 12 6	22 23 3	19 54 34	20 49 54	2 4 28	12 7 39	23 15 49	5 51 5	19 43 26	22 2 37
16	0 34 55	3 49 17	17 58 33	23 37 54	19 12 58	22 21 38	19 55 1	20 48 43	2 4 35	12 8 16	23 15 57	5 50 14	19 43 34	22 2 25
17	0 39 4	4 20 23	18 1 33	23 38 46	19 13 50	22 20 12	19 55 28	20 47 33	2 4 42	12 8 55	23 16 5	5 49 23	19 43 41	22 2 13
18	0 43 12	4 51 24	18 4 34	23 39 26	19 14 42	22 18 46	19 55 55	20 46 24	2 4 49	12 9 35	23 16 13	5 48 32	19 43 49	22 2 1
19	0 47 21	5 22 18	18 7 34	23 39 54	19 15 34	22 17 20	19 56 22	20 45 14	2 4 56	12 10 15	23 16 21	5 47 41	19 43 56	22 1 49
20	0 51 29	5 53 5	18 10 34	23 40 8	19 16 25	22 15 53	19 56 49	20 44 5	2 5 4	12 10 57	23 16 29	5 46 49	19 44 4	22 1 37
21	0 55 37	6 23 45	18 13 35	23 40 11	19 17 16	22 14 26	19 57 15	20 42 56	2 5 11	12 11 39	23 16 37	5 45 57	19 44 11	22 1 26
22	0 59 44	6 54 16	18 16 35	23 40 1	19 18 6	22 12 59	19 57 42	20 41 47	2 5 19	12 12 22	23 16 45	5 45 6	19 44 18	22 1 14
23	1 3 52	7 24 39	18 19 36	23 39 38	19 18 56	22 11 31	19 58 8	20 40 38	2 5 27	12 13 6	23 16 53	5 44 13	19 44 25	22 1 3
24	1 7 59	7 54 52	18 22 37	23 39 3	19 19 46	22 10 3	19 58 34	20 39 30	2 5 35	12 13 51	23 17 2	5 43 21	19 44 32	22 0 52
25	1 12 6	8 24 54	18 25 37	23 38 15	19 20 36	22 8 34	19 58 59	20 38 22	2 5 44	12 14 36	23 17 10	5 42 29	19 44 39	22 0 42
26	1 16 13	8 54 46	18 28 38	23 37 15	19 21 25	22 7 6	19 59 25	20 37 15	2 5 52	12 15 22	23 17 18	5 41 37	19 44 46	22 0 31
27	1 20 19	9 24 26	18 31 39	23 36 2	19 22 13	22 5 37	19 59 50	20 36 7	2 6 1	12 16 9	23 17 26	5 40 44	19 44 52	22 0 21
28	1 24 26	9 53 54	18 34 39	23 34 37	19 23 2	22 4 8	20 0 15	20 35 1	2 6 9	12 16 57	23 17 35	5 39 51	19 44 59	22 0 11
29	1 28 32	10N23 9	18 37 40	23S32 59	19 23 49	22S 2 39	20 0 40	20S33 54	2 6 18	12N17 46	23 17 43	5S38 59	19 45 6	22S 0 1

MARCH 2020

DAY	SIDEREAL TIME h m s	☉ SUN LONG ° ' "	MOT ° '	R.A. h m s	DECL ° ' "	☽ MOON AT 0 HOURS LONG ° ' "	12h MOT ° ' "	2DIF	R.A. h m s	DECL ° ' "	☽ MOON AT 12 HOURS LONG ° ' "	12h MOT ° ' "	2DIF	R.A. h m s	DECL ° ' "
1 Su	10 37 1	15♒50 52	60 13	22 49 22.0	7S29 29	25♈10 10	6 3 52	89	3 14 59	14N17 31	1♉14 3	6 7 7	107	3 38 54	16N10 3
2 M	10 40 58	16 51 5	60 11	22 53 6.6	7 6 36	7♉21 10	6 10 59	125	4 3 30	17 53 21	13 32 9	6 15 29	144	4 28 50	19 25 51
3 Tu	10 44 55	17 51 16	60 9	22 56 50.7	6 43 37	19 47 38	6 20 35	162	4 54 57	20 45 51	26 8 13	6 26 18	180	5 21 52	21 51 38
4 W	10 48 51	18 51 25	60 7	23 0 34.4	6 20 32	2♊34 31	6 32 34	195	5 49 34	22 41 26	9♊ 7 5	6 39 19	208	6 18 0	23 13 31
5 Th	10 52 48	19 51 31	60 5	23 4 17.6	5 57 23	15 46 23	6 46 27	218	6 47 6	23 26 21	22 32 51	6 53 52	224	7 16 43	23 18 37
6 F	10 56 44	20 51 36	60 3	23 8 0.3	5 34 8	29 26 42	7 1 23	224	7 46 45	22 49 22	6♋28 5	7 8 48	218	8 16 59	21 58 9
7 S	11 0 41	21 51 39	60 1	23 11 42.6	5 10 49	13♋36 53	7 15 56	206	8 47 18	20 45 1	20 52 49	7 22 33	187	9 17 32	19 10 41
8 Su	11 4 37	22 51 39	59 59	23 15 24.5	4 47 26	28 15 22	7 28 23	160	9 47 33	17 16 26	5♌43 45	7 33 13	127	10 17 15	15 4 5
9 M	11 8 34	23 51 38	59 57	23 19 6.1	4 24 0	13♌16 58	7 36 52	89	10 46 37	12 36 0	20 53 50	7 39 9	47	11 15 35	9 54 55
10 Tu	11 12 30	24 51 34	59 55	23 22 47.3	4 0 30	28 32 59	7 39 58	3	11 44 12	7 3 51	6♍12 57	7 39 19	-41	12 12 30	4 6 2
11 W	11 16 27	25 51 29	59 53	23 26 28.1	3 36 57	13♍52 16	7 37 13	-83	12 40 32	1 4 44	21 29 29	7 33 48	-120	13 8 24	1S56 48
12 Th	11 20 24	26 51 22	59 51	23 30 8.6	3 13 22	29 3 17	7 29 13	-152	13 36 9	4S55 22	6♎32 30	7 23 40	-177	14 3 53	7 48 2
13 F	11 24 20	27 51 13	59 49	23 33 48.9	2 49 45	13♎56 10	7 17 25	-195	14 31 40	10 32 2	21 13 35	7 10 40	-206	14 59 33	13 4 52
14 S	11 28 17	28 51 2	59 48	23 37 28.9	2 26 5	28 24 14	7 3 39	-211	15 27 35	15 24 21	5♏27 53	6 56 35	-210	15 55 46	17 28 36
15 Su	11 32 13	29 50 49	59 46	23 41 8.7	2 2 24	12♏24 28	6 49 38	-205	16 24 6	19 16 4	19 14 6	6 42 57	-195	16 52 33	20 45 34
16 M	11 36 10	0♓50 35	59 44	23 44 48.3	1 38 42	25 57 2	6 36 38	-183	17 21 2	21 56 15	2♐33 40	6 30 46	-168	17 49 30	22 47 36
17 Tu	11 40 6	1 50 20	59 43	23 48 27.7	1 14 59	9♐ 4 25	6 25 24	-153	18 17 50	23 19 30	15 29 49	6 20 34	-137	18 45 55	23 32 9
18 W	11 44 3	2 50 2	59 41	23 52 6.9	0 51 15	21 50 23	6 16 17	-121	19 13 41	23 26 3	28 6 40	6 12 31	-105	19 41 1	23 1 59
19 Th	11 47 59	3 49 43	59 39	23 55 46.0	0 27 31	4♑19 11	6 9 15	-91	20 7 51	22 20 56	10♑28 26	6 6 28	-77	20 34 8	21 24 6
20 F	11 51 56	4 49 22	59 37	23 59 24.9	0 3 48	16 34 54	6 4 7	-65	20 59 48	20 12 45	22 39 1	6 2 9	-54	21 24 52	18 48 16
21 S	11 55 53	5 48 59	59 35	0 3 3.7	0N19 55	28 41 10	6 0 32	-44	21 49 21	17 12 3	4♒41 42	5 59 14	-35	22 13 15	15 25 31
22 Su	11 59 49	6 48 35	59 33	0 6 42.5	0 43 36	10♒40 56	5 58 12	-28	22 36 37	13 30 1	16 39 8	5 57 23	-21	22 59 32	11 26 57
23 M	12 3 46	7 48 8	59 32	0 10 21.1	1 7 17	22 36 30	5 56 46	-16	23 22 2	9 17 37	28 33 16	5 56 20	-11	23 44 13	7 3 18
24 Tu	12 7 42	8 47 40	59 29	0 13 59.7	1 30 55	4♓29 36	5 56 4	-6	0 6 8	4 45 15	10♓25 40	5 55 57	-1	0 27 53	2 24 41
25 W	12 11 39	9 47 9	59 27	0 17 38.2	1 54 31	16 21 37	5 56 0	4	0 49 34	0 2 48	22 17 36	5 56 13	9	1 11 14	2N19 13
26 Th	12 15 35	10 46 37	59 25	0 21 16.7	2 18 5	28 13 49	5 56 37	16	1 33 1	4N40 11	4♈10 26	5 57 15	23	1 54 58	6 58 54
27 F	12 19 32	11 46 2	59 23	0 24 55.2	2 41 36	10♈ 7 42	5 58 8	31	2 17 11	9 14 10	16 5 50	5 59 19	40	2 39 45	11 24 42
28 S	12 23 28	12 45 25	59 21	0 28 33.7	3 5 4	22 5 9	6 0 50	51	3 2 45	13 29 14	28 6 0	6 2 44	63	3 26 15	15 26 24
29 Su	12 27 25	13 44 46	59 19	0 32 12.2	3 28 28	4♉ 8 44	6 5 4	77	3 50 20	17 14 47	10♉13 48	6 7 51	91	4 15 2	18 52 55
30 M	12 31 21	14 44 5	59 17	0 35 50.8	3 51 48	16 21 39	6 11 9	107	4 40 25	20 19 17	22 32 49	6 15 0	123	5 6 28	21 32 21
31 Tu	12 35 18	15♓43 21	59 14	0 39 29.4	4N15 3	28♉47 48	6 19 23	140	5 33 13	22N30 35	5♊ 7 11	6 24 20	157	6 0 36	23N12 28

LUNAR INGRESSES
1 ☽ ♉ 9:34
3 ☽ ♊ 19:13
6 ☽ ♋ 0:57
8 ☽ ♌ 2:49
10 ☽ ♍ 2:16
12 ☽ ♎ 1:30
14 ☽ ♏ 2:42
16 ☽ ♐ 7:20
18 ☽ ♑ 15:38
21 ☽ ♒ 2:37
23 ☽ ♓ 14:55
26 ☽ ♈ 3:34
28 ☽ ♉ 15:47
31 ☽ ♊ 2:18

PLANET INGRESSES
15 ☉ ♓ 3:41
23 ♂ ♑ 15:41
29 ♀ ♉ 8:19

STATIONS
10 ☿ D 3:50

DATA FOR THE 1st AT 0 HOURS
JULIAN DAY 43889.5
☽ MEAN ☊ 10°♊ 2' 36"
OBLIQUITY 23° 26' 12"
DELTA T 76.1 SECONDS
NUTATION LONGITUDE-16.6"

DAY MO	YR	☿ LONG ° ' "	♀ LONG ° ' "	♂ LONG ° ' "	♃ LONG ° ' "	♄ LONG ° ' "	♅ LONG ° ' "	♆ LONG ° ' "	♇ LONG ° ' "	☊ LONG ° '	A.S.S.I. h m s	S.S.R.Y. h m s	S.V.P. ♓ ° ' "	☿ MERCURY R.A. h m s	DECL ° ' "
1	61	7♒46R56	0♈24 56	14♐18 1	24♐31 39	3♑ 8 50	8♈40 20	23♒ 5 34	29♐14 28	10♊48	28 40 24	30 15 32	4 58 57.9	22 14 4	7S17 5
2	62	6 51 38	1 31 38	14 59 27	24 42 40	3 14 59	8 42 44	23 7 50	29 15 57	10 46	28 45 6	30 16 14	4 58 57.8	22 10 49	7 45 13
3	63	6 1 32	2 38 7	15 40 55	24 53 35	3 20 24	8 45 9	23 10 6	29 17 25	10 45	28 49 48	30 16 45	4 58 57.6	22 7 54	8 12 41
4	64	5 17 20	3 44 21	16 22 23	25 4 24	3 26 6	8 47 37	23 12 23	29 18 52	10 46	28 54 29	30 17 2	4 58 57.4	22 5 24	8 39 4
5	65	4 39 32	4 50 20	17 3 52	25 15 8	3 31 45	8 50 7	23 14 39	29 20 17	10 46	28 59 9	30 17 3	4 58 57.2	22 3 18	9 4 0
6	66	4 8 25	5 56 5	17 45 22	25 25 45	3 37 20	8 52 39	23 16 56	29 21 41	10 45	29 3 49	30 16 48	4 58 57.0	22 1 39	9 27 13
7	67	3 44 7	7 1 34	18 26 52	25 36 17	3 42 52	8 55 13	23 19 12	29 23 4	10 41	29 8 29	30 16 18	4 58 56.9	22 0 26	9 48 31
8	68	3 26 40	8 6 46	19 8 24	25 46 43	3 48 20	8 57 49	23 21 29	29 24 25	10 35	29 13 7	30 15 34	4 58 56.7	21 59 39	10 7 45
9	69	3 15 55	9 11 43	19 49 56	25 57 2	3 53 45	9 0 27	23 23 45	29 25 45	10 26	29 17 46	30 14 40	4 58 56.7	21 59 18	10 24 49
10	70	3 11D44	10 16 22	20 31 29	26 7 16	3 59 5	9 3 7	23 26 1	29 27 3	10 15	29 22 24	30 13 40	4 58 56.7	21 59 22	10 39 40
11	71	3 13 50	11 20 44	21 13 3	26 17 23	4 4 23	9 5 49	23 28 18	29 28 21	10 04	29 27 1	30 12 37	4 58 56.6	21 59 50	10 52 16
12	72	3 21 57	12 24 48	21 54 37	26 27 24	4 9 36	9 8 32	23 30 35	29 29 36	9 54	29 31 38	30 11 36	4 58 56.6	22 0 41	11 2 38
13	73	3 35 48	13 28 34	22 36 13	26 37 18	4 14 46	9 11 18	23 32 51	29 30 50	9 46	29 36 15	30 10 39	4 58 56.6	22 1 53	11 10 47
14	74	3 55 4	14 32 2	23 17 49	26 47 6	4 19 51	9 14 5	23 35 7	29 32 3	9 41	29 40 51	30 9 50	4 58 56.5	22 3 26	11 16 44
15	75	4 19 26	15 35 11	23 59 27	26 56 47	4 24 53	9 16 54	23 37 23	29 33 15	9 38	29 45 27	30 9 10	4 58 56.4	22 5 17	11 20 33
16	76	4 48 35	16 37 59	24 41 4	27 6 21	4 29 51	9 19 45	23 39 39	29 34 24	9 37	29 50 3	30 8 38	4 58 56.2	22 7 27	11 22 16
17	77	5 22 14	17 40 28	25 22 43	27 15 49	4 34 45	9 22 38	23 41 55	29 35 33	9 37	29 54 39	30 8 17	4 58 56.0	22 9 53	11 21 57
18	78	6 0 6	18 42 37	26 4 22	27 25 9	4 39 34	9 25 32	23 44 10	29 36 40	9 37	29 59 14	30 8 5	4 58 55.8	22 12 35	11 19 39
19	79	6 41 55	19 44 24	26 46 2	27 34 23	4 44 20	9 28 28	23 46 26	29 37 45	9 35	30 3 50	30 8 3	4 58 55.7	22 15 31	11 15 25
20	80	7 27 27	20 45 49	27 27 42	27 43 29	4 49 1	9 31 25	23 48 40	29 38 49	9 30	30 8 25	30 8 10	4 58 55.5	22 18 40	11 9 18
21	81	8 16 27	21 46 52	28 9 23	27 52 28	4 53 38	9 34 24	23 50 55	29 39 51	9 23	0 3 51	30 8 27	4 58 55.5	22 22 2	11 1 21
22	82	9 8 43	22 47 31	28 51 3	28 1 19	4 58 11	9 37 25	23 53 9	29 40 51	9 13	0 8 26	30 8 53	4 58 55.4	22 25 35	10 51 39
23	83	10 4 3	23 47 47	29 32 45	28 10 3	5 2 39	9 40 27	23 55 23	29 41 50	9 00	0 13 0	30 9 29	4 58 55.4	22 29 19	10 40 12
24	84	11 2 18	24 47 38	0♑14 26	28 18 40	5 7 2	9 43 30	23 57 36	29 42 48	8 45	0 17 35	30 10 12	4 58 55.4	22 33 12	10 27 5
25	85	12 3 16	25 47 3	0 56 8	28 27 8	5 11 21	9 46 35	23 59 49	29 43 43	8 30	0 22 9	30 11 4	4 58 55.4	22 37 15	10 12 20
26	86	13 6 49	26 46 2	1 37 49	28 35 29	5 15 36	9 49 41	24 2 1	29 44 38	8 16	0 26 44	30 12 2	4 58 55.4	22 41 27	9 56 0
27	87	14 12 49	27 44 33	2 19 31	28 43 42	5 19 45	9 52 48	24 4 13	29 45 30	8 04	0 31 19	30 13 4	4 58 55.3	22 45 46	9 38 7
28	88	15 21 10	28 42 36	3 1 13	28 51 46	5 23 51	9 55 57	24 6 24	29 46 21	7 54	0 35 53	30 14 8	4 58 55.3	22 50 13	9 18 42
29	89	16 31 44	29 40 10	3 42 55	28 59 43	5 27 51	9 59 7	24 8 35	29 47 10	7 48	0 40 28	30 15 10	4 58 55.2	22 54 48	8 57 50
30	90	17 44 26	0♉37 13	4 24 37	29 7 31	5 31 46	10 2 18	24 10 45	29 47 57	7 44	0 45 2	30 16 6	4 58 55.1	22 59 29	8 35 31
31	91	18♒59 10	1♉33 45	5♑ 6 19	29♐15 11	5♑35 37	10♈ 5 30	24♒12 54	29♐48 43	7♊43	0 49 37	30 16 53	4 58 54.9	23 4 16	8S11 47

DAY Mar	♀ VENUS R.A. h m s	DECL ° ' "	♂ MARS R.A. h m s	DECL ° ' "	♃ JUPITER R.A. h m s	DECL ° ' "	♄ SATURN R.A. h m s	DECL ° ' "	♅ URANUS R.A. h m s	DECL ° ' "	♆ NEPTUNE R.A. h m s	DECL ° ' "	♇ PLUTO R.A. h m s	DECL ° ' "
1	1 32 38	10N52 11	18 40 41	23S31 8	19 24 37	22S 1 10	20 1 5	20S32 48	2 6 27	12N18 35	23 17 52	5S38 6	19 45 12	21S59 51
2	1 36 44	11 20 58	18 43 41	23 29 6	19 25 24	21 59 41	20 1 29	20 31 42	2 6 36	12 19 25	23 18 0	5 37 13	19 45 18	21 59 42
3	1 40 50	11 49 30	18 46 42	23 26 51	19 26 11	21 58 12	20 1 53	20 30 37	2 6 46	12 20 16	23 18 8	5 36 20	19 45 25	21 59 33
4	1 44 56	12 17 47	18 49 42	23 24 23	19 26 57	21 56 43	20 2 17	20 29 32	2 6 55	12 21 7	23 18 17	5 35 27	19 45 31	21 59 24
5	1 49 1	12 45 48	18 52 43	23 21 43	19 27 43	21 55 14	20 2 41	20 28 28	2 7 5	12 21 59	23 18 25	5 34 34	19 45 37	21 59 15
6	1 53 7	13 13 31	18 55 43	23 18 51	19 28 28	21 53 45	20 3 4	20 27 25	2 7 14	12 22 52	23 18 34	5 33 40	19 45 43	21 59 6
7	1 57 12	13 40 57	18 58 44	23 15 47	19 29 13	21 52 16	20 3 27	20 26 21	2 7 24	12 23 46	23 18 42	5 32 47	19 45 49	21 58 58
8	2 1 17	14 8 6	19 1 44	23 12 30	19 29 57	21 50 48	20 3 50	20 25 19	2 7 34	12 24 40	23 18 51	5 31 55	19 45 55	21 58 50
9	2 5 22	14 34 55	19 4 44	23 9 1	19 30 42	21 49 19	20 4 13	20 24 17	2 7 44	12 25 35	23 18 59	5 31 2	19 46 1	21 58 42
10	2 9 27	15 1 25	19 7 44	23 5 20	19 31 25	21 47 51	20 4 35	20 23 16	2 7 55	12 26 30	23 19 7	5 30 8	19 46 6	21 58 35
11	2 13 31	15 27 35	19 10 44	23 1 27	19 32 8	21 46 24	20 4 58	20 22 15	2 8 5	12 27 26	23 19 16	5 29 15	19 46 12	21 58 28
12	2 17 36	15 53 25	19 13 44	22 57 22	19 32 51	21 44 56	20 5 20	20 21 15	2 8 16	12 28 22	23 19 24	5 28 23	19 46 17	21 58 21
13	2 21 40	16 18 54	19 16 44	22 53 5	19 33 33	21 43 29	20 5 41	20 20 15	2 8 26	12 29 19	23 19 33	5 27 30	19 46 23	21 58 14
14	2 25 44	16 44 1	19 19 43	22 48 36	19 34 15	21 42 3	20 6 2	20 19 16	2 8 37	12 30 17	23 19 41	5 26 37	19 46 28	21 58 7
15	2 29 47	17 8 47	19 22 43	22 43 54	19 34 56	21 40 36	20 6 24	20 18 18	2 8 48	12 31 15	23 19 49	5 25 44	19 46 33	21 58 1
16	2 33 50	17 33 10	19 25 42	22 39 2	19 35 37	21 39 11	20 6 44	20 17 20	2 8 59	12 32 14	23 19 58	5 24 51	19 46 38	21 57 55
17	2 37 53	17 57 10	19 28 41	22 33 57	19 36 17	21 37 45	20 7 5	20 16 23	2 9 10	12 33 13	23 20 6	5 23 59	19 46 43	21 57 49
18	2 41 56	18 20 46	19 31 40	22 28 41	19 36 57	21 36 21	20 7 25	20 15 27	2 9 21	12 34 13	23 20 15	5 23 7	19 46 48	21 57 44
19	2 45 58	18 43 59	19 34 39	22 23 13	19 37 36	21 34 57	20 7 45	20 14 32	2 9 32	12 35 13	23 20 23	5 22 14	19 46 53	21 57 39
20	2 50 0	19 6 46	19 37 38	22 17 34	19 38 15	21 33 33	20 8 5	20 13 37	2 9 44	12 36 14	23 20 31	5 21 22	19 46 57	21 57 34
21	2 54 1	19 29 9	19 40 36	22 11 43	19 38 53	21 32 11	20 8 24	20 12 43	2 9 55	12 37 15	23 20 40	5 20 30	19 47 2	21 57 30
22	2 58 2	19 51 7	19 43 34	22 5 41	19 39 31	21 30 49	20 8 43	20 11 50	2 10 7	12 38 17	23 20 48	5 19 39	19 47 6	21 57 25
23	3 2 2	20 12 39	19 46 32	21 59 27	19 40 8	21 29 28	20 9 2	20 10 58	2 10 18	12 39 19	23 20 56	5 18 47	19 47 10	21 57 22
24	3 6 2	20 33 44	19 49 30	21 53 2	19 40 44	21 28 8	20 9 20	20 10 7	2 10 30	12 40 22	23 21 4	5 17 56	19 47 14	21 57 18
25	3 10 0	20 54 23	19 52 27	21 46 27	19 41 20	21 26 48	20 9 38	20 9 16	2 10 42	12 41 25	23 21 13	5 17 5	19 47 18	21 57 15
26	3 13 58	21 14 34	19 55 24	21 39 40	19 41 56	21 25 30	20 9 56	20 8 27	2 10 54	12 42 28	23 21 21	5 16 14	19 47 22	21 57 12
27	3 17 55	21 34 18	19 58 21	21 32 42	19 42 31	21 24 12	20 10 13	20 7 38	2 11 6	12 43 32	23 21 29	5 15 23	19 47 26	21 57 9
28	3 21 52	21 53 34	20 1 18	21 25 34	19 43 5	21 22 55	20 10 30	20 6 50	2 11 18	12 44 36	23 21 37	5 14 32	19 47 30	21 57 6
29	3 25 47	22 12 21	20 4 14	21 18 15	19 43 39	21 21 40	20 10 47	20 6 3	2 11 30	12 45 40	23 21 45	5 13 42	19 47 33	21 57 4
30	3 29 41	22 30 40	20 7 10	21 10 45	19 44 12	21 20 25	20 11 3	20 5 17	2 11 43	12 46 45	23 21 53	5 12 52	19 47 37	21 57 2
31	3 33 34	22N48 30	20 10 6	21S 3 5	19 44 44	21S19 12	20 11 19	20S 4 33	2 11 55	12N47 50	23 22 1	5S12 3	19 47 40	21S57 1

APRIL 2020

DAY	SIDEREAL TIME h m s	☉ SUN LONG ° ' "	MOT ' "	R.A. h m s	DECL ° ' "	☽ MOON AT 0 HOURS LONG ° ' "	12h MOT ° ' "	2DIF	R.A. h m s	DECL ° ' "	☽ MOON AT 12 HOURS LONG ° ' "	12h MOT ° ' "	2DIF	R.A. h m s	DECL ° ' "
1 W	12 39 15	16♓42 35	59 12	0 43 8.2	4N38 14	11♊31 31	6 29 51	173	6 28 35	23N36 38	18♊ 1 22	6 35 52	188	6 57 3	23N41 53
2 Th	12 43 11	17 41 47	59 10	0 46 47.0	5 1 20	24 37 13	6 42 21	200	7 25 56	23 27 15	1♋19 35	6 49 13	210	7 55 5	22 52 6
3 F	12 47 8	18 40 56	59 7	0 50 25.9	5 24 20	8♋ 8 47	6 56 20	215	8 24 23	21 56 10	15 5 7	7 3 34	216	8 53 43	20 39 40
4 S	12 51 4	19 40 3	59 5	0 54 4.9	5 47 14	22 8 41	7 10 44	211	9 22 58	19 3 11	29 19 25	7 17 36	199	9 52 4	17 7 49
5 Su	12 55 1	20 39 8	59 2	0 57 44.1	6 10 3	6♌37 1	7 23 58	180	10 20 57	14 55 7	14♌ 0 59	7 29 35	154	10 49 36	12 27 0
6 M	12 58 57	21 38 10	59 0	1 1 23.5	6 32 44	21 30 34	7 34 13	121	11 18 1	9 45 49	29 4 48	7 37 41	83	11 46 15	6 54 12
7 Tu	13 2 54	22 37 11	58 58	1 5 3.1	6 55 19	6♍42 29	7 39 47	41	12 14 20	3 55 4	14♍22 15	7 40 26	-3	12 42 20	0 51 34
8 W	13 6 50	23 36 9	58 56	1 8 42.9	7 17 47	22 2 41	7 39 36	-47	13 10 20	2S13 5	29 42 17	7 37 18	-89	13 38 25	5S15 33
9 Th	13 10 47	24 35 5	58 54	1 12 22.9	7 40 7	7♎19 35	7 33 40	-127	14 6 39	8 12 36	14♎53 15	7 28 51	-159	14 35 6	11 1 3
10 F	13 14 44	25 33 59	58 52	1 16 3.2	8 2 20	22 22 6	7 23 3	-185	15 3 47	13 37 59	29 45 9	7 16 30	-204	15 32 43	16 0 45
11 S	13 18 40	26 32 51	58 51	1 19 43.8	8 24 24	7♏ 1 39	7 9 27	-216	16 1 55	18 7 2	14♏11 6	7 2 6	-221	16 31 18	19 54 59
12 Su	13 22 37	27 31 42	58 49	1 23 24.6	8 46 20	21 13 12	6 54 41	-221	17 0 49	21 23 12	28 7 53	6 47 22	-215	17 30 20	22 30 45
13 M	13 26 33	28 30 31	58 47	1 27 5.9	9 8 8	4♐55 15	6 40 20	-206	17 59 44	23 17 15	11♐35 35	6 33 40	-193	18 28 54	23 42 47
14 Tu	13 30 30	29 29 18	58 46	1 30 47.4	9 29 46	18 9 14	6 27 28	-178	18 57 41	23 47 51	24 36 43	6 21 49	-161	19 25 58	23 33 19
15 W	13 34 26	0♈28 3	58 44	1 34 29.3	9 51 15	0♑58 32	6 16 45	-143	19 53 39	23 0 23	7♑15 17	6 12 16	-126	20 20 41	22 10 25
16 Th	13 38 23	1 26 47	58 42	1 38 11.6	10 12 35	13 27 32	6 8 22	-108	20 47 0	21 4 53	19 35 54	6 5 4	-91	21 12 37	19 45 22
17 F	13 42 19	2 25 28	58 40	1 41 54.3	10 33 44	25 40 58	6 2 19	-74	21 37 31	18 13 24	1♒43 17	6 0 6	-59	22 1 46	16 30 29
18 S	13 46 16	3 24 9	58 39	1 45 37.4	10 54 43	7♒43 23	5 58 22	-45	22 25 24	14 38 4	13 41 45	5 57 5	-32	22 48 29	12 37 32
19 Su	13 50 13	4 22 47	58 37	1 49 20.8	11 15 31	19 38 50	5 56 13	-21	23 11 6	10 30 12	25 35 3	5 55 42	-11	23 33 21	8 17 18
20 M	13 54 9	5 21 24	58 35	1 53 4.7	11 36 9	1♓30 46	5 55 31	-1	23 55 18	6 0 2	7♓26 17	5 55 36	6	0 17 3	3 39 34
21 Tu	13 58 6	6 19 59	58 33	1 56 49.1	11 56 34	13 21 53	5 55 57	13	0 38 42	1 17 3	19 17 50	5 56 50	20	1 0 19	1N 6 22
22 W	14 2 2	7 18 32	58 31	2 0 33.9	12 16 48	25 14 20	5 57 15	25	1 22 2	3N29 31	1♈11 35	5 58 11	30	1 43 54	5 51 12
23 Th	14 5 59	8 17 3	58 29	2 4 19.1	12 36 50	7♈ 9 46	5 59 17	35	2 6 1	8 10 11	13 9 3	6 0 33	41	2 28 28	10 25 9
24 F	14 9 55	9 15 33	58 28	2 8 4.8	12 56 40	19 9 35	6 1 59	46	2 51 21	12 34 46	25 11 35	6 3 38	52	3 14 43	14 37 37
25 S	14 13 52	10 14 0	58 26	2 11 51.0	13 16 17	1♉15 12	6 5 28	59	3 38 37	16 32 13	7♉20 41	6 7 33	66	4 3 8	18 17 2
26 Su	14 17 48	11 12 26	58 24	2 15 37.7	13 35 40	13 28 14	6 9 54	75	4 28 17	19 50 32	19 38 8	6 12 33	84	4 54 4	21 11 7
27 M	14 21 45	12 10 49	58 22	2 19 24.8	13 54 51	25 50 40	6 15 31	95	5 20 29	22 17 18	2♊ 6 12	6 18 51	106	5 47 29	23 7 36
28 Tu	14 25 42	13 9 11	58 20	2 23 12.5	14 13 47	8♊25 3	6 22 34	117	6 15 1	23 40 45	14 47 37	6 26 41	129	6 42 59	23 55 37
29 W	14 29 38	14 7 30	58 18	2 27 0.6	14 32 29	21 14 17	6 31 11	141	7 11 17	23 51 22	27 45 29	6 36 5	152	7 39 47	23 27 27
30 Th	14 33 35	15♈ 5 47	58 16	2 30 49.3	14N50 57	4♋21 34	6 41 21	162	8 8 24	22N43 40	11♋ 2 55	6 46 55	171	8 36 59	21N40 9

LUNAR INGRESSES
2 ☽ ♋ 9:38
4 ☽ ♌ 13:07
6 ☽ ♍ 13:27
8 ☽ ♎ 12:28
10 ☽ ♏ 12:24
12 ☽ ♐ 15:17
14 ☽ ♑ 22:09
17 ☽ ♒ 8:34
19 ☽ ♓ 20:56
22 ☽ ♈ 9:36
24 ☽ ♉ 21:31
27 ☽ ♊ 7:59
29 ☽ ♋ 16:06

PLANET INGRESSES
6 ♃ ♑ 6:30
7 ☿ ♓ 23:09
14 ☉ ♈ 12:32
25 ☿ ♈ 7:56

STATIONS
25 ♇ R 18:55

DATA FOR THE 1st AT 0 HOURS
JULIAN DAY 43920.5
☽ MEAN ☊ 8°♊ 24' 2"
OBLIQUITY 23° 26' 12"
DELTA T 76.1 SECONDS
NUTATION LONGITUDE -17.5"

DAY MO YR	☿ LONG ° ' "	♀ LONG ° ' "	♂ LONG ° ' "	♃ LONG ° ' "	♄ LONG ° ' "	♅ LONG ° ' "	♆ LONG ° ' "	♇ LONG ° ' "	☊ LONG ° '	A.S.S.I. h m s	S.S.R.Y. h m s	S.V.P. ♓ ' "	☿ MERCURY R.A. h m s	DECL ° ' "
1 92	20♒15 52	2♉29 44	5♑48 1	29♐22 43	5♑39 23	10♈ 8 43	24♒15 3	29♐49 27	7♊43	0 54 12	30 17 27	4 58 54.7	23 9 9	7S46 41
2 93	21 34 28	3 25 9	6 29 43	29 30 6	5 43 4	10 11 58	24 17 11	29 50 10	7 42	0 58 47	30 17 45	4 58 54.5	23 14 8	7 20 14
3 94	22 54 55	4 19 59	7 11 25	29 37 20	5 46 40	10 15 13	24 19 18	29 50 50	7 41	1 3 22	30 17 48	4 58 54.3	23 19 13	6 52 29
4 95	24 17 9	5 14 13	7 53 7	29 44 26	5 50 11	10 18 29	24 21 25	29 51 29	7 38	1 7 57	30 17 35	4 58 54.2	23 24 22	6 23 26
5 96	25 41 7	6 7 49	8 34 49	29 51 23	5 53 36	10 21 46	24 23 30	29 52 6	7 32	1 12 32	30 17 7	4 58 54.1	23 29 37	5 53 7
6 97	27 6 48	7 0 45	9 16 31	29 58 11	5 56 57	10 25 4	24 25 35	29 52 42	7 24	1 17 8	30 16 27	4 58 54.1	23 34 57	5 21 34
7 98	28 34 9	7 53 1	9 58 13	0♑ 4 50	6 0 13	10 28 23	24 27 39	29 53 16	7 14	1 21 44	30 15 37	4 58 54.1	23 40 22	4 48 49
8 99	0♓ 3 9	8 44 35	10 39 56	0 11 21	6 3 23	10 31 43	24 29 42	29 53 48	7 3	1 26 20	30 14 41	4 58 54.0	23 45 52	4 14 53
9 100	1 33 47	9 35 26	11 21 38	0 17 42	6 6 29	10 35 3	24 31 45	29 54 18	6 53	1 30 56	30 13 42	4 58 54.0	23 51 27	3 39 47
10 101	3 6 1	10 25 51	12 3 20	0 23 54	6 9 29	10 38 24	24 33 46	29 54 46	6 45	1 35 33	30 12 43	4 58 53.9	23 57 6	3 3 34
11 102	4 39 51	11 14 51	12 45 2	0 29 56	6 12 24	10 41 46	24 35 46	29 55 13	6 40	1 40 10	30 11 47	4 58 53.8	0 2 51	2 26 13
12 103	6 15 17	12 3 22	13 26 44	0 35 50	6 15 13	10 45 8	24 37 46	29 55 38	6 37	1 44 48	30 10 56	4 58 53.6	0 8 40	1 47 48
13 104	7 52 17	12 51 3	14 8 26	0 41 33	6 17 57	10 48 31	24 39 44	29 56 2	6 36	1 49 26	30 10 10	4 58 53.4	0 14 34	1 8 19
14 105	9 30 53	13 37 53	14 50 8	0 47 8	6 20 36	10 51 55	24 41 42	29 56 23	6 36	1 54 4	30 9 30	4 58 53.2	0 20 33	0 27 48
15 106	11 11 3	14 23 50	15 31 50	0 52 32	6 23 9	10 55 19	24 43 38	29 56 43	6 36	1 58 43	30 8 59	4 58 53.0	0 26 38	0N13 43
16 107	12 52 49	15 8 51	16 13 30	0 57 47	6 25 37	10 58 44	24 45 34	29 57 1	6 36	2 3 22	30 8 36	4 58 52.9	0 32 47	0 56 12
17 108	14 36 10	15 52 55	16 55 11	1 2 52	6 27 59	11 2 9	24 47 28	29 57 18	6 33	2 8 2	30 8 22	4 58 52.7	0 39 2	1 39 38
18 109	16 21 7	16 36 0	17 36 51	1 7 47	6 30 16	11 5 34	24 49 21	29 57 32	6 28	2 12 42	30 8 18	4 58 52.7	0 45 23	2 23 58
19 110	18 7 41	17 18 3	18 18 30	1 12 31	6 32 27	11 9 0	24 51 13	29 57 45	6 20	2 17 23	30 8 26	4 58 52.6	0 51 50	3 9 10
20 111	19 55 52	17 59 1	19 0 8	1 17 6	6 34 33	11 12 26	24 53 4	29 57 56	6 11	2 22 4	30 8 44	4 58 52.6	0 58 22	3 55 11
21 112	21 45 40	18 38 54	19 41 45	1 21 30	6 36 33	11 15 52	24 54 53	29 58 5	5 59	2 26 46	30 9 14	4 58 52.5	1 5 1	4 42 0
22 113	23 37 5	19 17 36	20 23 21	1 25 44	6 38 27	11 19 19	24 56 42	29 58 12	5 48	2 31 28	30 9 54	4 58 52.5	1 11 46	5 29 32
23 114	25 30 9	19 55 7	21 4 56	1 29 48	6 40 15	11 22 46	24 58 29	29 58 18	5 37	2 36 11	30 10 45	4 58 52.5	1 18 37	6 17 45
24 115	27 24 51	20 31 24	21 46 30	1 33 41	6 41 58	11 26 13	25 0 15	29 58 22	5 27	2 40 55	30 11 44	4 58 52.4	1 25 36	7 6 35
25 116	29 21 9	21 6 22	22 28 3	1 37 23	6 43 35	11 29 40	25 1 59	29 58R24	5 20	2 45 39	30 12 49	4 58 52.3	1 32 42	7 55 57
26 117	1♈19 5	21 39 59	23 9 35	1 40 55	6 45 6	11 33 7	25 3 43	29 58 24	5 15	2 50 24	30 13 55	4 58 52.1	1 39 55	8 45 47
27 118	3 18 35	22 12 13	23 51 5	1 44 16	6 46 32	11 36 33	25 5 25	29 58 23	5 13	2 55 9	30 14 59	4 58 52.0	1 47 15	9 35 59
28 119	5 19 38	22 42 59	24 32 33	1 47 26	6 47 51	11 40 1	25 7 5	29 58 20	5 13	2 59 55	30 15 57	4 58 51.8	1 54 43	10 26 28
29 120	7 22 11	23 12 14	25 14 0	1 50 26	6 49 5	11 43 28	25 8 44	29 58 15	5 13	3 4 42	30 16 45	4 58 51.5	2 2 19	11 17 6
30 121	9♈26 9	23♉39 55	25♑55 26	1♑53 14	6♑50 13	11♈46 55	25♒10 22	29♐58 8	5♊14	3 9 29	30 17 20	4 58 51.3	2 10 3	12N 7 46

DAY Apr	♀ VENUS R.A. h m s	DECL ° ' "	♂ MARS R.A. h m s	DECL ° ' "	♃ JUPITER R.A. h m s	DECL ° ' "	♄ SATURN R.A. h m s	DECL ° ' "
1	3 37 25	23N 5 50	20 13 2	20S55 14	19 45 16	21S17 59	20 11 35	20S 3 49
2	3 41 15	23 22 41	20 15 57	20 47 13	19 45 47	21 16 48	20 11 51	20 3 6
3	3 45 4	23 39 2	20 18 52	20 39 3	19 46 18	21 15 38	20 12 6	20 2 24
4	3 48 51	23 54 53	20 21 47	20 30 42	19 46 48	21 14 30	20 12 20	20 1 43
5	3 52 36	24 10 13	20 24 41	20 22 11	19 47 18	21 13 23	20 12 35	20 1 3
6	3 56 19	24 25 2	20 27 35	20 13 30	19 47 46	21 12 17	20 12 49	20 0 24
7	4 0 0	24 39 21	20 30 29	20 4 39	19 48 15	21 11 12	20 13 2	19 59 46
8	4 3 39	24 53 8	20 33 22	19 55 39	19 48 42	21 10 9	20 13 15	19 59 10
9	4 7 16	25 6 24	20 36 15	19 46 30	19 49 9	21 9 7	20 13 28	19 58 34
10	4 10 50	25 19 9	20 39 8	19 37 11	19 49 35	21 8 6	20 13 41	19 58 0
11	4 14 21	25 31 23	20 42 0	19 27 43	19 50 1	21 7 7	20 13 53	19 57 26
12	4 17 50	25 43 5	20 44 52	19 18 5	19 50 26	21 6 10	20 14 5	19 56 54
13	4 21 16	25 54 16	20 47 44	19 8 19	19 50 50	21 5 14	20 14 16	19 56 23
14	4 24 39	26 4 56	20 50 36	18 58 23	19 51 14	21 4 20	20 14 27	19 55 53
15	4 27 58	26 15 4	20 53 27	18 48 20	19 51 36	21 3 28	20 14 38	19 55 24
16	4 31 15	26 24 41	20 56 17	18 38 7	19 51 59	21 2 37	20 14 48	19 54 57
17	4 34 27	26 33 46	20 59 8	18 27 46	19 52 20	21 1 48	20 14 58	19 54 30
18	4 37 36	26 42 20	21 1 58	18 17 17	19 52 41	21 1 0	20 15 8	19 54 5
19	4 40 40	26 50 23	21 4 47	18 6 40	19 53 1	21 0 15	20 15 17	19 53 41
20	4 43 40	26 57 55	21 7 37	17 55 55	19 53 20	20 59 31	20 15 26	19 53 19
21	4 46 36	27 4 56	21 10 25	17 45 1	19 53 39	20 58 49	20 15 34	19 52 57
22	4 49 27	27 11 25	21 13 14	17 34 1	19 53 57	20 58 9	20 15 42	19 52 37
23	4 52 14	27 17 24	21 16 2	17 22 53	19 54 14	20 57 31	20 15 50	19 52 18
24	4 54 55	27 22 51	21 18 50	17 11 37	19 54 31	20 56 55	20 15 57	19 52 0
25	4 57 30	27 27 48	21 21 37	17 0 14	19 54 46	20 56 21	20 16 4	19 51 44
26	5 0 0	27 32 13	21 24 24	16 48 44	19 55 1	20 55 49	20 16 10	19 51 29
27	5 2 24	27 36 8	21 27 10	16 37 8	19 55 16	20 55 18	20 16 16	19 51 15
28	5 4 42	27 39 32	21 29 56	16 25 24	19 55 29	20 54 50	20 16 22	19 51 2
29	5 6 53	27 42 25	21 32 42	16 13 34	19 55 42	20 54 24	20 16 27	19 50 51
30	5 8 57	27N44 47	21 35 27	16S 1 38	19 55 54	20S54 0	20 16 32	19S50 41

DAY Apr	♅ URANUS R.A. h m s	DECL ° ' "	♆ NEPTUNE R.A. h m s	DECL ° ' "	♇ PLUTO R.A. h m s	DECL ° ' "
1	2 12 8	12N48 55	23 22 9	5S11 13	19 47 43	21S56 59
2	2 12 20	12 50 1	23 22 17	5 10 24	19 47 46	21 56 59
3	2 12 33	12 51 7	23 22 25	5 9 35	19 47 49	21 56 58
4	2 12 45	12 52 13	23 22 33	5 8 47	19 47 52	21 56 58
5	2 12 58	12 53 20	23 22 41	5 7 59	19 47 55	21 56 58
6	2 13 11	12 54 27	23 22 48	5 7 11	19 47 58	21 56 58
7	2 13 24	12 55 33	23 22 56	5 6 24	19 48 0	21 56 59
8	2 13 36	12 56 40	23 23 4	5 5 37	19 48 2	21 57 0
9	2 13 49	12 57 48	23 23 11	5 4 50	19 48 5	21 57 1
10	2 14 2	12 58 55	23 23 19	5 4 4	19 48 7	21 57 3
11	2 14 15	13 0 3	23 23 26	5 3 18	19 48 9	21 57 5
12	2 14 28	13 1 11	23 23 34	5 2 32	19 48 11	21 57 7
13	2 14 41	13 2 19	23 23 41	5 1 47	19 48 12	21 57 10
14	2 14 55	13 3 27	23 23 48	5 1 2	19 48 14	21 57 13
15	2 15 8	13 4 35	23 23 55	5 0 18	19 48 16	21 57 16
16	2 15 21	13 5 43	23 24 3	4 59 34	19 48 17	21 57 20
17	2 15 34	13 6 51	23 24 10	4 58 51	19 48 18	21 57 24
18	2 15 48	13 8 0	23 24 17	4 58 8	19 48 19	21 57 28
19	2 16 1	13 9 8	23 24 24	4 57 26	19 48 20	21 57 33
20	2 16 14	13 10 17	23 24 30	4 56 44	19 48 21	21 57 38
21	2 16 27	13 11 25	23 24 37	4 56 3	19 48 22	21 57 43
22	2 16 41	13 12 34	23 24 44	4 55 22	19 48 23	21 57 48
23	2 16 54	13 13 42	23 24 51	4 54 41	19 48 23	21 57 54
24	2 17 8	13 14 51	23 24 57	4 54 1	19 48 23	21 58 0
25	2 17 21	13 15 59	23 25 4	4 53 22	19 48 24	21 58 7
26	2 17 34	13 17 7	23 25 10	4 52 43	19 48 24	21 58 14
27	2 17 48	13 18 16	23 25 17	4 52 5	19 48 24	21 58 21
28	2 18 1	13 19 24	23 25 23	4 51 27	19 48 24	21 58 28
29	2 18 15	13 20 33	23 25 29	4 50 50	19 48 24	21 58 36
30	2 18 28	13N21 41	23 25 35	4S50 13	19 48 23	21S58 44

MAY 2020

DAY	SIDEREAL TIME h m s	☉ SUN LONG ° ' "	MOT ' "	R.A. h m s	DECL ° ' "
1 F	14 37 31	16♈ 4 3	58 13	2 34 38.4	15N 9 10
2 S	14 41 28	17 2 16	58 11	2 38 28.1	15 27 8
3 Su	14 45 24	18 0 27	58 9	2 42 18.3	15 44 50
4 M	14 49 21	18 58 36	58 7	2 46 9.0	16 2 16
5 Tu	14 53 17	19 56 44	58 5	2 50 0.3	16 19 27
6 W	14 57 14	20 54 49	58 4	2 53 52.1	16 36 21
7 Th	15 1 11	21 52 53	58 2	2 57 44.5	16 52 58
8 F	15 5 7	22 50 54	58 0	3 1 37.4	17 9 19
9 S	15 9 4	23 48 55	57 59	3 5 30.9	17 25 22
10 Su	15 13 0	24 46 54	57 58	3 9 25.0	17 41 8
11 M	15 16 57	25 44 51	57 56	3 13 19.7	17 56 36
12 Tu	15 20 53	26 42 47	57 55	3 17 15.0	18 11 46
13 W	15 24 50	27 40 42	57 54	3 21 10.8	18 26 38
14 Th	15 28 46	28 38 35	57 52	3 25 7.3	18 41 12
15 F	15 32 43	29 36 27	57 51	3 29 4.3	18 55 26
16 S	15 36 40	0♉34 18	57 50	3 33 1.9	19 9 21
17 Su	15 40 36	1 32 8	57 49	3 37 0.1	19 22 57
18 M	15 44 33	2 29 57	57 47	3 40 58.9	19 36 14
19 Tu	15 48 29	3 27 44	57 46	3 44 58.2	19 49 10
20 W	15 52 26	4 25 30	57 45	3 48 58.0	20 1 46
21 Th	15 56 22	5 23 15	57 44	3 52 58.5	20 14 2
22 F	16 0 19	6 20 59	57 43	3 56 59.4	20 25 56
23 S	16 4 15	7 18 41	57 41	4 1 0.9	20 37 30
24 Su	16 8 12	8 16 23	57 40	4 5 2.9	20 48 43
25 M	16 12 9	9 14 2	57 39	4 9 5.5	20 59 34
26 Tu	16 16 5	10 11 41	57 37	4 13 8.4	21 10 3
27 W	16 20 2	11 9 18	57 36	4 17 11.9	21 20 11
28 Th	16 23 58	12 6 54	57 34	4 21 15.8	21 29 56
29 F	16 27 55	13 4 28	57 33	4 25 20.2	21 39 19
30 S	16 31 51	14 2 1	57 31	4 29 24.9	21 48 19
31 Su	16 35 48	14♉59 32	57 30	4 33 30.1	21N56 56

DAY	☽ MOON AT 0 HOURS LONG ° ' "	12h MOT ° ' "	2DIF "	R.A. h m s	DECL ° ' "
1 F	17♋49 49	6 52 43	176	9 5 27	20N17 25
2 S	1♌41 11	7 4 36	176	10 1 48	16 38 6
3 Su	15 56 12	7 15 55	158	10 57 13	11 56 22
4 M	0♍33 3	7 25 17	118	11 51 54	6 27 21
5 Tu	15 27 6	7 31 15	58	12 46 24	0 30 6
6 W	0♎30 58	7 32 45	-14	13 41 27	5S33 8
7 Th	15 35 23	7 29 22	-86	14 37 44	11 17 52
8 F	0♏30 40	7 21 30	-146	15 35 40	16 19 22
9 S	15 8 23	7 10 16	-186	16 35 12	20 15 36
10 Su	29 22 29	6 57 7	-203	17 35 40	22 50 36
11 M	13♐ 9 52	6 43 29	-201	18 35 50	23 57 11
12 Tu	26 30 14	6 30 36	-183	19 34 22	23 37 35
13 W	9♑25 31	6 19 17	-155	20 30 10	22 1 30
14 Th	21 59 11	6 10 3	-121	21 22 43	19 22 33
15 F	4♒15 32	6 3 8	-86	22 12 6	15 55 2
16 S	16 19 14	5 58 33	-52	22 58 47	11 51 59
17 Su	28 14 51	5 56 8	-21	23 43 30	7 24 34
18 M	10♓ 6 39	5 55 40	6	0 27 2	2 42 23
19 Tu	21 58 24	5 56 51	29	1 10 14	2N 5 44
20 W	3♈53 13	5 59 24	46	1 53 56	6 50 56
21 Th	15 53 41	6 2 59	60	2 38 55	11 23 38
22 F	28 1 46	6 7 23	71	3 25 50	15 32 54
23 S	10♉18 57	6 12 24	79	4 15 15	19 6 24
24 Su	22 46 28	6 17 57	87	5 7 21	21 50 49
25 M	5♊25 20	6 24 2	95	6 1 56	23 33 11
26 Tu	18 16 37	6 30 38	103	6 58 20	24 2 54
27 W	1♋21 25	6 37 49	112	7 55 32	23 13 58
28 Th	14 40 52	6 45 32	119	8 52 28	21 6 24
29 F	28 15 57	6 53 37	122	9 48 20	17 46 12
30 S	12♌ 7 14	7 1 41	118	10 42 50	13 24 13
31 Su	26♌14 27	7 9 9	103	11 36 10	8N14 32

DAY	☽ MOON AT 12 HOURS LONG ° ' "	12h MOT ° ' "	2DIF "	R.A. h m s	DECL ° ' "
1 F	24♋42 32	6 58 39	178	9 33 45	18N36 21
2 S	8♌45 47	7 10 25	170	10 29 37	14 24 11
3 Su	23 12 7	7 20 56	140	11 24 37	9 16 40
4 M	7♍58 20	7 28 46	90	12 19 8	3 30 56
5 Tu	22 58 21	7 32 36	22	13 13 49	2S32 16
6 W	8♎ 3 43	7 31 40	-51	14 9 24	8 29 23
7 Th	23 4 44	7 25 56	-118	15 6 29	13 55 30
8 F	7♏52 10	7 16 13	-169	16 5 15	18 26 49
9 S	22 18 39	7 3 50	-197	17 5 23	21 43 56
10 Su	6♐19 35	6 50 17	-204	18 5 52	23 35 1
11 M	19 53 21	6 36 53	-193	19 5 23	23 57 42
12 Tu	3♑ 0 50	6 24 42	-170	20 2 39	22 58 18
13 W	15 44 48	6 14 23	-138	20 56 51	20 48 58
14 Th	28 9 14	6 6 18	-104	21 47 47	17 44 0
15 F	10♒18 40	6 0 33	-69	22 35 44	13 57 13
16 S	22 17 46	5 57 5	-36	23 21 20	9 40 42
17 Su	4♓10 59	5 55 40	-7	0 5 21	5 4 45
18 M	16 2 19	5 56 4	18	0 48 37	0 18 31
19 Tu	27 55 15	5 57 59	38	1 31 59	4N29 17
20 W	9♈52 37	6 1 4	54	2 16 13	9 9 30
21 Th	21 56 40	6 5 5	66	3 2 6	13 31 56
22 F	4♉ 9 8	6 9 49	75	3 50 13	17 24 56
23 S	16 31 21	6 15 7	83	4 40 58	20 35 35
24 Su	29 4 25	6 20 56	91	5 34 21	22 50 30
25 M	11♊49 22	6 27 16	99	6 29 58	23 57 38
26 Tu	24 47 16	6 34 10	108	7 26 55	23 48 25
27 W	7♋59 14	6 41 37	116	8 24 6	22 19 46
28 Th	21 26 24	6 49 33	121	9 20 34	19 34 48
29 F	5♌ 9 34	6 57 41	121	10 15 45	15 42 7
30 S	19 8 55	7 5 32	112	11 9 37	10 54 21
31 Su	3♍23 35	7 12 25	92	12 2 33	5N26 53

LUNAR INGRESSES
1 ☽ ♌ 21:07
3 ☽ ♍ 23:06
5 ☽ ♎ 23:11
7 ☽ ♏ 23:10
10 ☽ ♐ 1:04
12 ☽ ♑ 6:25
14 ☽ ♒ 15:37
17 ☽ ♓ 3:32
19 ☽ ♈ 16:11
22 ☽ ♉ 3:52
24 ☽ ♊ 13:45
26 ☽ ♋ 21:32
29 ☽ ♌ 3:02
31 ☽ ♍ 6:19

PLANET INGRESSES
5 ♂ ♒ 22:00
9 ☿ ♉ 14:07
15 ☉ ♉ 9:46
25 ☿ ♊ 7:59

STATIONS
11 ♄ R 4:10
13 ♀ R 6:46
14 ♃ R 14:33

DATA FOR THE 1st AT 0 HOURS
JULIAN DAY 43950.5
☽ MEAN ☊ 6°♊ 48' 39"
OBLIQUITY 23° 26' 12"
DELTA T 76.2 SECONDS
NUTATION LONGITUDE-18.2"

DAY MO YR	☿ LONG ° ' "	♀ LONG ° ' "	♂ LONG ° ' "	♃ LONG ° ' "	♄ LONG ° ' "	♅ LONG ° ' "	♆ LONG ° ' "	♇ LONG ° ' "
1 122	11♈31 28	24♉ 5 58	26♑36 50	1♑55 52	6♑51 15	11♈50 22	25♒11 59	29♐58R 0
2 123	13 38 1	24 30 19	27 18 13	1 58 19	6 52 11	11 53 48	25 13 33	29 57 50
3 124	15 45 39	24 52 55	27 59 34	2 0 34	6 53 2	11 57 14	25 15 7	29 57 38
4 125	17 54 13	25 13 42	28 40 53	2 2 39	6 53 46	12 0 40	25 16 39	29 57 24
5 126	20 3 33	25 32 36	29 22 11	2 4 33	6 54 25	12 4 6	25 18 9	29 57 9
6 127	22 13 25	25 49 33	0♒ 3 27	2 6 15	6 54 58	12 7 31	25 19 38	29 56 52
7 128	24 23 35	26 4 30	0 44 41	2 7 47	6 55 25	12 10 56	25 21 5	29 56 34
8 129	26 33 47	26 17 24	1 25 54	2 9 7	6 55 46	12 14 21	25 22 31	29 56 13
9 130	28 43 47	26 28 11	2 7 5	2 10 16	6 56 1	12 17 45	25 23 56	29 55 52
10 131	0♉53 15	26 36 47	2 48 14	2 11 14	6 56 11	12 21 8	25 25 18	29 55 28
11 132	3 1 55	26 43 11	3 29 21	2 12 1	6 56R15	12 24 32	25 26 39	29 55 3
12 133	5 9 30	26 47 19	4 10 25	2 12 36	6 56 13	12 27 54	25 27 59	29 54 36
13 134	7 15 43	26 49R 8	4 51 28	2 13 0	6 56 5	12 31 16	25 29 17	29 54 8
14 135	9 20 17	26 48 37	5 32 28	2 13R12	6 55 51	12 34 37	25 30 33	29 53 38
15 136	11 22 59	26 45 44	6 13 25	2 13 13	6 55 31	12 37 58	25 31 47	29 53 6
16 137	13 23 34	26 40 26	6 54 20	2 13 3	6 55 5	12 41 17	25 33 0	29 52 33
17 138	15 21 50	26 32 44	7 35 12	2 12 41	6 54 34	12 44 36	25 34 11	29 51 58
18 139	17 17 38	26 22 37	8 16 0	2 12 8	6 53 57	12 47 54	25 35 21	29 51 22
19 140	19 10 48	26 10 5	8 56 46	2 11 23	6 53 14	12 51 12	25 36 28	29 50 44
20 141	21 1 13	25 55 10	9 37 28	2 10 27	6 52 25	12 54 28	25 37 34	29 50 5
21 142	22 48 47	25 37 53	10 18 6	2 9 20	6 51 31	12 57 44	25 38 38	29 49 24
22 143	24 33 23	25 18 16	10 58 41	2 8 1	6 50 30	13 0 58	25 39 40	29 48 42
23 144	26 15 0	24 56 25	11 39 12	2 6 31	6 49 25	13 4 12	25 40 41	29 47 58
24 145	27 53 31	24 32 22	12 19 39	2 4 50	6 48 13	13 7 24	25 41 40	29 47 12
25 146	29 28 56	24 6 15	13 0 2	2 2 57	6 46 56	13 10 36	25 42 37	29 46 26
26 147	1♊ 1 10	23 38 10	13 40 21	2 0 53	6 45 33	13 13 46	25 43 32	29 45 38
27 148	2 30 13	23 8 15	14 20 35	1 58 38	6 44 5	13 16 55	25 44 25	29 44 48
28 149	3 56 0	22 36 39	15 0 45	1 56 12	6 42 31	13 20 3	25 45 16	29 43 57
29 150	5 18 30	22 3 33	15 40 50	1 53 35	6 40 52	13 23 10	25 46 6	29 43 5
30 151	6 37 41	21 29 6	16 20 51	1 50 48	6 39 8	13 26 15	25 46 53	29 42 11
31 152	7♊53 30	20♉53 33	17♒ 0 47	1♑47 49	6♑37 18	13♈29 19	25♒47 39	29♐41 16

DAY MO YR	☊ LONG ° '	A.S.S.I. h m s	S.S.R.Y. h m s	S.V.P. ♓ ° ' "	☿ MERCURY R.A. h m s	DECL ° ' "
1 122	5♊15	3 14 17	30 17 39	4 58 51.1	2 17 54	12N58 19
2 123	5 14	3 19 5	30 17 46	4 58 51.0	2 25 53	13 48 37
3 124	5 11	3 23 55	30 17 37	4 58 50.9	2 34 0	14 38 29
4 125	5 06	3 28 45	30 17 14	4 58 50.9	2 42 14	15 27 44
5 126	5 00	3 33 35	30 16 40	4 58 50.8	2 50 34	16 16 12
6 127	4 54	3 38 26	30 15 57	4 58 50.8	2 59 1	17 3 39
7 128	4 47	3 43 18	30 15 7	4 58 50.7	3 7 33	17 49 54
8 129	4 42	3 48 11	30 14 12	4 58 50.5	3 16 10	18 34 44
9 130	4 39	3 53 4	30 13 15	4 58 50.3	3 24 50	19 17 58
10 131	4 37	3 57 58	30 12 18	4 58 50.1	3 33 33	19 59 23
11 132	4 38	4 2 53	30 11 23	4 58 49.8	3 42 17	20 38 48
12 133	4 39	4 7 49	30 10 30	4 58 49.6	3 51 1	21 16 5
13 134	4 40	4 12 45	30 9 42	4 58 49.4	3 59 44	21 51 4
14 135	4 41	4 17 42	30 9 0	4 58 49.2	4 8 24	22 23 38
15 136	4 41	4 22 40	30 8 27	4 58 49.1	4 17 1	22 53 42
16 137	4 40	4 27 39	30 8 3	4 58 49.0	4 25 32	23 21 13
17 138	4 37	4 32 38	30 7 51	4 58 48.9	4 33 58	23 46 8
18 139	4 33	4 37 38	30 7 51	4 58 48.8	4 42 16	24 8 26
19 140	4 28	4 42 38	30 8 4	4 58 48.8	4 50 25	24 28 9
20 141	4 23	4 47 40	30 8 30	4 58 48.7	4 58 25	24 45 18
21 142	4 18	4 52 42	30 9 9	4 58 48.6	5 6 15	24 59 57
22 143	4 14	4 57 45	30 9 59	4 58 48.5	5 13 54	25 12 10
23 144	4 10	5 2 48	30 10 58	4 58 48.3	5 21 21	25 22 0
24 145	4 09	5 7 52	30 12 2	4 58 48.1	5 28 36	25 29 34
25 146	4 08	5 12 57	30 13 7	4 58 47.8	5 35 38	25 34 57
26 147	4 09	5 18 2	30 14 10	4 58 47.6	5 42 26	25 38 16
27 148	4 10	5 23 8	30 15 7	4 58 47.3	5 49 1	25 39 36
28 149	4 12	5 28 14	30 15 54	4 58 47.1	5 55 22	25 39 3
29 150	4 13	5 33 21	30 16 30	4 58 46.9	6 1 27	25 36 44
30 151	4 13	5 38 29	30 16 54	4 58 46.8	6 7 18	25 32 46
31 152	4♊13	5 43 37	30 17 4	4 58 46.7	6 12 54	25N27 15

DAY May	♀ VENUS R.A. h m s	DECL ° ' "	♂ MARS R.A. h m s	DECL ° ' "	♃ JUPITER R.A. h m s	DECL ° ' "
1	5 10 54	27N46 38	21 38 12	15S49 35	19 56 5	20S53 38
2	5 12 43	27 47 57	21 40 56	15 37 27	19 56 15	20 53 19
3	5 14 25	27 48 45	21 43 40	15 25 12	19 56 25	20 53 1
4	5 15 59	27 49 1	21 46 24	15 12 52	19 56 34	20 52 46
5	5 17 25	27 48 45	21 49 7	15 0 26	19 56 42	20 52 32
6	5 18 42	27 47 57	21 51 50	14 47 54	19 56 49	20 52 21
7	5 19 50	27 46 36	21 54 32	14 35 17	19 56 56	20 52 12
8	5 20 48	27 44 41	21 57 14	14 22 35	19 57 1	20 52 6
9	5 21 38	27 42 13	21 59 56	14 9 47	19 57 6	20 52 1
10	5 22 18	27 39 10	22 2 37	13 56 55	19 57 11	20 51 59
11	5 22 48	27 35 32	22 5 18	13 43 58	19 57 14	20 51 59
12	5 23 7	27 31 19	22 7 58	13 30 56	19 57 17	20 52 1
13	5 23 17	27 26 29	22 10 38	13 17 50	19 57 18	20 52 5
14	5 23 16	27 21 1	22 13 18	13 4 40	19 57 19	20 52 12
15	5 23 5	27 14 55	22 15 57	12 51 26	19 57 20	20 52 21
16	5 22 43	27 8 10	22 18 36	12 38 8	19 57 19	20 52 32
17	5 22 11	27 0 45	22 21 14	12 24 47	19 57 18	20 52 46
18	5 21 28	26 52 39	22 23 52	12 11 22	19 57 15	20 53 2
19	5 20 34	26 43 50	22 26 29	11 57 54	19 57 12	20 53 20
20	5 19 30	26 34 19	22 29 6	11 44 22	19 57 9	20 53 40
21	5 18 16	26 24 5	22 31 42	11 30 48	19 57 4	20 54 3
22	5 16 52	26 13 7	22 34 18	11 17 11	19 56 59	20 54 27
23	5 15 19	26 1 24	22 36 54	11 3 32	19 56 53	20 54 54
24	5 13 36	25 48 58	22 39 29	10 49 50	19 56 46	20 55 23
25	5 11 45	25 35 47	22 42 4	10 36 7	19 56 38	20 55 55
26	5 9 45	25 21 53	22 44 38	10 22 21	19 56 29	20 56 28
27	5 7 38	25 7 18	22 47 11	10 8 34	19 56 20	20 57 4
28	5 5 25	24 52 1	22 49 45	9 54 45	19 56 10	20 57 42
29	5 3 5	24 36 5	22 52 17	9 40 54	19 55 59	20 58 22
30	5 0 40	24 19 33	22 54 50	9 27 3	19 55 48	20 59 4
31	4 58 11	24N 2 28	22 57 21	9S13 10	19 55 35	20S59 48

DAY May	♄ SATURN R.A. h m s	DECL ° ' "	♅ URANUS R.A. h m s	DECL ° ' "	♆ NEPTUNE R.A. h m s	DECL ° ' "	♇ PLUTO R.A. h m s	DECL ° ' "
1	20 16 36	19S50 33	2 18 41	13N22 49	23 25 41	4S49 37	19 48 23	21S58 53
2	20 16 40	19 50 25	2 18 55	13 23 57	23 25 47	4 49 2	19 48 22	21 59 1
3	20 16 44	19 50 19	2 19 8	13 25 5	23 25 53	4 48 27	19 48 21	21 59 10
4	20 16 47	19 50 15	2 19 21	13 26 12	23 25 58	4 47 53	19 48 20	21 59 20
5	20 16 50	19 50 12	2 19 35	13 27 20	23 26 4	4 47 19	19 48 19	21 59 30
6	20 16 52	19 50 10	2 19 48	13 28 27	23 26 9	4 46 46	19 48 18	21 59 39
7	20 16 54	19 50 9	2 20 1	13 29 34	23 26 15	4 46 14	19 48 17	21 59 50
8	20 16 56	19 50 10	2 20 15	13 30 41	23 26 20	4 45 42	19 48 16	22 0 0
9	20 16 57	19 50 11	2 20 28	13 31 47	23 26 25	4 45 11	19 48 14	22 0 11
10	20 16 57	19 50 15	2 20 41	13 32 54	23 26 31	4 44 40	19 48 13	22 0 22
11	20 16 58	19 50 19	2 20 54	13 34 0	23 26 36	4 44 11	19 48 11	22 0 33
12	20 16 58	19 50 25	2 21 7	13 35 6	23 26 41	4 43 41	19 48 9	22 0 45
13	20 16 57	19 50 32	2 21 20	13 36 11	23 26 46	4 43 13	19 48 7	22 0 57
14	20 16 56	19 50 41	2 21 34	13 37 17	23 26 50	4 42 45	19 48 5	22 1 9
15	20 16 55	19 50 51	2 21 47	13 38 22	23 26 55	4 42 18	19 48 3	22 1 22
16	20 16 54	19 51 2	2 22 0	13 39 27	23 26 59	4 41 51	19 48 1	22 1 35
17	20 16 51	19 51 15	2 22 12	13 40 31	23 27 4	4 41 26	19 47 59	22 1 48
18	20 16 49	19 51 29	2 22 25	13 41 35	23 27 8	4 41 0	19 47 56	22 2 2
19	20 16 46	19 51 44	2 22 38	13 42 39	23 27 12	4 40 36	19 47 54	22 2 15
20	20 16 43	19 52 0	2 22 51	13 43 42	23 27 17	4 40 12	19 47 51	22 2 29
21	20 16 39	19 52 18	2 23 4	13 44 45	23 27 21	4 39 49	19 47 48	22 2 43
22	20 16 35	19 52 37	2 23 16	13 45 48	23 27 25	4 39 27	19 47 45	22 2 58
23	20 16 31	19 52 57	2 23 29	13 46 51	23 27 28	4 39 5	19 47 42	22 3 12
24	20 16 26	19 53 19	2 23 41	13 47 52	23 27 32	4 38 45	19 47 39	22 3 27
25	20 16 21	19 53 41	2 23 54	13 48 54	23 27 36	4 38 24	19 47 36	22 3 42
26	20 16 15	19 54 5	2 24 6	13 49 55	23 27 39	4 38 5	19 47 33	22 3 58
27	20 16 9	19 54 31	2 24 19	13 50 56	23 27 42	4 37 46	19 47 29	22 4 13
28	20 16 3	19 54 57	2 24 31	13 51 56	23 27 46	4 37 28	19 47 26	22 4 29
29	20 15 56	19 55 25	2 24 43	13 52 56	23 27 49	4 37 11	19 47 22	22 4 45
30	20 15 49	19 55 54	2 24 55	13 53 55	23 27 52	4 36 55	19 47 18	22 5 2
31	20 15 41	19S56 24	2 25 7	13N54 54	23 27 55	4S36 39	19 47 15	22S 5 18

JUNE 2020

DAY	SIDEREAL TIME h m s	☉ SUN LONG ° ' "	MOT ' "	R.A. h m s	DECL ° ' "	☽ MOON AT 0 HOURS LONG ° ' "	12h MOT ° ' "	2DIF "	R.A. h m s	DECL ° ' "	☽ MOON AT 12 HOURS LONG ° ' "	12h MOT ° ' "	2DIF "	R.A. h m s	DECL ° ' "
1 M	16 39 44	15♉57 2	57 29	4 37 35.6	22N 5 10	10♍36 1	7 15 16	77	12 28 54	2N33 38	17♍51 16	7 17 33	59	12 55 19	0S22 50
2 Tu	16 43 41	16 54 31	57 28	4 41 41.5	22 13 2	25 8 49	7 19 12	39	13 21 54	3S20 1	2♎28 1	7 20 7	16	13 48 45	6 15 17
3 W	16 47 38	17 51 58	57 26	4 45 47.8	22 20 29	9♎48 8	7 20 15	-8	14 15 59	9 5 54	17 8 23	7 19 33	-33	14 43 41	11 49 2
4 Th	16 51 34	18 49 24	57 25	4 49 54.4	22 27 34	24 27 56	7 18 1	-58	15 11 54	14 21 52	1♏45 58	7 15 40	-82	15 40 40	16 41 36
5 F	16 55 31	19 46 49	57 24	4 54 1.4	22 34 14	9♏ 1 38	7 12 32	-104	16 9 59	18 45 36	16 14 10	7 8 42	-124	16 39 46	20 31 29
6 S	16 59 27	20 44 14	57 24	4 58 8.7	22 40 31	23 22 52	7 4 16	-141	17 9 56	21 57 18	0♐27 8	6 59 19	-154	17 40 19	23 1 35
7 Su	17 3 24	21 41 37	57 23	5 2 16.2	22 46 24	7♐26 27	6 54 0	-164	18 10 45	23 43 29	14 20 26	6 48 25	-169	18 41 2	24 2 47
8 M	17 7 20	22 38 59	57 22	5 6 24.1	22 51 53	21 8 51	6 42 42	-171	19 10 58	23 59 54	27 51 33	6 36 59	-170	19 40 21	23 35 52
9 Tu	17 11 17	23 36 21	57 21	5 10 32.2	22 56 59	4♑28 32	6 31 22	-166	20 9 3	22 52 5	10♑59 55	6 25 57	-158	20 36 57	21 50 20
10 W	17 15 13	24 33 42	57 21	5 14 40.6	23 1 40	17 25 51	6 20 49	-148	21 4 0	20 32 34	23 46 41	6 16 4	-136	21 30 11	19 0 48
11 Th	17 19 10	25 31 3	57 20	5 18 49.2	23 5 56	0♒ 2 44	6 11 44	-123	21 55 31	17 16 59	6♒14 28	6 7 53	-108	22 20 3	15 22 59
12 F	17 23 7	26 28 23	57 20	5 22 58.1	23 9 49	12 22 21	6 4 32	-92	22 43 51	13 20 32	18 26 53	6 1 45	-75	23 7 1	11 11 13
13 S	17 27 3	27 25 43	57 19	5 27 7.1	23 13 16	24 28 38	5 59 31	-58	23 29 39	8 56 27	0♓28 9	5 57 52	-41	23 51 51	6 37 31
14 Su	17 31 0	28 23 2	57 19	5 31 16.3	23 16 20	6♓26 1	5 56 47	-24	0 13 44	4 15 36	12 22 47	5 56 15	-7	0 35 26	1 51 48
15 M	17 34 56	29 20 21	57 19	5 35 25.6	23 18 58	18 19 3	5 56 17	9	0 57 2	0N32 49	24 15 20	5 56 51	24	1 18 40	2N57 13
16 Tu	17 38 53	0♊17 39	57 18	5 39 35.1	23 21 12	0♈12 11	5 57 55	39	1 40 27	5 20 20	6♈10 6	5 59 27	53	2 2 28	7 41 4
17 W	17 42 49	1 14 57	57 18	5 43 44.7	23 23 2	12 9 32	6 1 26	65	2 24 51	9 58 15	18 10 58	6 3 48	77	2 47 41	12 10 34
18 Th	17 46 46	2 12 15	57 18	5 47 54.3	23 24 26	24 14 46	6 6 32	86	3 11 4	14 16 40	0♉21 17	6 9 34	95	3 35 4	16 14 59
19 F	17 50 42	3 9 32	57 17	5 52 4.0	23 25 26	6♉30 51	6 12 51	102	3 59 46	18 3 56	12 43 43	6 16 22	107	4 25 12	19 41 45
20 S	17 54 39	4 6 49	57 17	5 56 13.7	23 26 1	19 0 4	6 20 1	111	4 51 22	21 6 40	25 20 5	6 23 46	114	5 18 17	22 16 53
21 Su	17 58 36	5 4 6	57 16	6 0 23.4	23 26 11	1♊43 51	6 27 35	114	5 45 52	23 10 40	8♊11 26	6 31 24	114	6 14 2	23 46 30
22 M	18 2 32	6 1 22	57 16	6 4 33.1	23 25 57	14 42 50	6 35 11	112	6 42 41	24 3 6	21 18 1	6 38 53	109	7 11 38	23 59 34
23 Tu	18 6 29	6 58 38	57 15	6 8 42.8	23 25 17	27 56 54	6 42 27	105	7 40 44	23 35 25	4♋39 21	6 45 53	100	8 9 50	22 50 40
24 W	18 10 25	7 55 53	57 15	6 12 52.3	23 24 13	11♋25 14	6 49 8	94	8 38 45	21 45 48	18 14 22	6 52 10	88	9 7 23	20 21 45
25 Th	18 14 22	8 53 8	57 14	6 17 1.7	23 22 44	25 6 32	6 55 0	81	9 35 37	18 39 51	2♌ 1 32	6 57 35	74	10 3 25	16 41 44
26 F	18 18 18	9 50 22	57 14	6 21 11.0	23 20 51	8♌59 7	6 59 56	66	10 30 45	14 29 16	15 59 3	7 2 1	59	10 57 40	12 4 30
27 S	18 22 15	10 47 35	57 13	6 25 20.1	23 18 32	23 1 4	7 3 50	50	11 24 12	9 29 31	0♍ 4 54	7 5 22	42	11 50 25	6 46 30
28 Su	18 26 12	11 44 48	57 13	6 29 29.0	23 15 49	7♍10 16	7 6 37	33	12 16 26	3 57 42	14 16 53	7 7 34	23	12 42 21	1 5 21
29 M	18 30 8	12 42 1	57 12	6 33 37.6	23 12 42	21 24 27	7 8 11	13	13 8 17	1S48 18	28 32 38	7 8 28	3	13 34 21	4S40 54
30 Tu	18 34 5	13♊39 13	57 12	6 37 46.1	23N 9 10	5♎41 5	7 8 23	-8	14 0 41	7S30 5	12♎49 28	7 7 55	-20	14 27 21	10S13 27

LUNAR INGRESSES
2 ☽ ♎ 7:58
4 ☽ ♏ 9:06
6 ☽ ♐ 11:14
8 ☽ ♑ 15:52
10 ☽ ♒ 23:55
13 ☽ ♓ 11:03
15 ☽ ♈ 23:35
18 ☽ ♉ 11:18
20 ☽ ♊ 20:46
23 ☽ ♋ 3:41
25 ☽ ♌ 8:30
27 ☽ ♍ 11:52
29 ☽ ♎ 14:27

PLANET INGRESSES
15 ☉ ♊ 16:36
20 ♂ ♓ 0:23
22 ♃ ♐ 5:08

STATIONS
18 ☿ R 5:00
23 ♆ R 4:33
25 ♀ D 6:49

DATA FOR THE 1st AT 0 HOURS
JULIAN DAY 43981.5
☽ MEAN ☊ 5°♊ 10' 5"
OBLIQUITY 23° 26' 12"
DELTA T 76.2 SECONDS
NUTATION LONGITUDE-18.0"

DAY MO	YR	☿ LONG ° ' "	♀ LONG ° ' "	♂ LONG ° ' "	♃ LONG ° ' "	♄ LONG ° ' "	♅ LONG ° ' "	♆ LONG ° ' "	♇ LONG ° ' "	☊ LONG ° '	A.S.S.I. h m s	S.S.R.Y. h m s	S.V.P. ♓ ° ' "	☿ MERCURY R.A. h m s	DECL ° ' "
1	153	9♊ 5 53	20♉17R 5	17♒40 38	1♑44R40	6♑35R23	13♈32 22	25♒48 23	29♐40R20	4♊12	5 48 45	30 17 1	4 58 46.6	6 18 13	25N20 17
2	154	10 14 47	19 39 56	18 20 25	1 41 21	6 33 22	13 35 23	25 49 5	29 39 22	4 10	5 53 54	30 16 47	4 58 46.5	6 23 17	25 11 59
3	155	11 20 10	19 2 22	19 0 6	1 37 51	6 31 17	13 38 23	25 49 45	29 38 24	4 08	5 59 4	30 16 21	4 58 46.4	6 28 4	25 2 26
4	156	12 21 57	18 24 36	19 39 42	1 34 10	6 29 6	13 41 21	25 50 23	29 37 24	4 06	6 4 13	30 15 45	4 58 46.3	6 32 34	24 51 45
5	157	13 20 3	17 46 53	20 19 14	1 30 20	6 26 51	13 44 18	25 50 59	29 36 23	4 05	6 9 24	30 15 1	4 58 46.1	6 36 47	24 40 3
6	158	14 14 25	17 9 30	20 58 40	1 26 20	6 24 30	13 47 14	25 51 33	29 35 20	4 04	6 14 34	30 14 10	4 58 45.8	6 40 43	24 27 24
7	159	15 4 57	16 32 39	21 38 0	1 22 9	6 22 5	13 50 7	25 52 6	29 34 17	4 04	6 19 45	30 13 13	4 58 45.5	6 44 21	24 13 55
8	160	15 51 35	15 56 36	22 17 15	1 17 49	6 19 34	13 53 0	25 52 36	29 33 12	4 04	6 24 57	30 12 14	4 58 45.2	6 47 41	23 59 42
9	161	16 34 13	15 21 35	22 56 24	1 13 19	6 16 59	13 55 50	25 53 5	29 32 7	4 05	6 30 9	30 11 13	4 58 45.0	6 50 43	23 44 50
10	162	17 12 45	14 47 47	23 35 27	1 8 40	6 14 20	13 58 40	25 53 31	29 31 0	4 06	6 35 21	30 10 14	4 58 44.8	6 53 26	23 29 25
11	163	17 47 7	14 15 25	24 14 23	1 3 51	6 11 35	14 1 27	25 53 56	29 29 52	4 07	6 40 33	30 9 18	4 58 44.6	6 55 50	23 13 33
12	164	18 17 13	13 44 39	24 53 13	0 58 53	6 8 46	14 4 13	25 54 19	29 28 43	4 07	6 45 46	30 8 28	4 58 44.5	6 57 54	22 57 19
13	165	18 42 59	13 15 40	25 31 56	0 53 45	6 5 53	14 6 56	25 54 39	29 27 33	4 07	6 50 58	30 7 47	4 58 44.4	6 59 39	22 40 50
14	166	19 4 19	12 48 35	26 10 32	0 48 29	6 2 54	14 9 39	25 54 58	29 26 22	4 07	6 56 12	30 7 17	4 58 44.3	7 1 5	22 24 9
15	167	19 21 10	12 23 32	26 49 1	0 43 4	5 59 52	14 12 19	25 55 15	29 25 10	4 07	7 1 25	30 6 59	4 58 44.2	7 2 10	22 7 23
16	168	19 33 30	12 0 37	27 27 22	0 37 31	5 56 45	14 14 57	25 55 30	29 23 57	4 07	7 6 38	30 6 54	4 58 44.1	7 2 56	21 50 37
17	169	19 41 16	11 39 56	28 5 35	0 31 49	5 53 35	14 17 34	25 55 43	29 22 44	4 06	7 11 52	30 7 4	4 58 44.0	7 3 22	21 33 57
18	170	19 44R28	11 21 31	28 43 39	0 25 59	5 50 20	14 20 9	25 55 54	29 21 29	4 06	7 17 5	30 7 28	4 58 43.8	7 3 28	21 17 28
19	171	19 43 9	11 5 27	29 21 36	0 20 1	5 47 1	14 22 41	25 56 3	29 20 14	4 06	7 22 19	30 8 5	4 58 43.7	7 3 15	21 1 15
20	172	19 37 23	10 51 45	29 59 24	0 13 56	5 43 38	14 25 12	25 56 10	29 18 57	4 06	7 27 33	30 8 52	4 58 43.4	7 2 43	20 45 24
21	173	19 27 15	10 40 26	0♓37 2	0 7 43	5 40 11	14 27 41	25 56 15	29 17 40	4 06	7 32 47	30 9 48	4 58 43.2	7 1 52	20 30 0
22	174	19 12 55	10 31 31	1 14 32	0 1 23	5 36 41	14 30 7	25 56 18	29 16 22	4 06	7 38 0	30 10 49	4 58 42.9	7 0 44	20 15 8
23	175	18 54 36	10 24 59	1 51 52	29♐54 56	5 33 7	14 32 32	25 56R19	29 15 4	4 06	7 43 14	30 11 52	4 58 42.6	6 59 19	20 0 54
24	176	18 32 34	10 20 49	2 29 2	29 48 23	5 29 29	14 34 55	25 56 18	29 13 44	4 05	7 48 27	30 12 52	4 58 42.4	6 57 39	19 47 22
25	177	18 7 6	10 18D59	3 6 2	29 41 43	5 25 48	14 37 15	25 56 15	29 12 24	4 05	7 53 41	30 13 48	4 58 42.2	6 55 45	19 34 38
26	178	17 38 37	10 19 29	3 42 52	29 34 57	5 22 4	14 39 33	25 56 10	29 11 4	4 04	7 58 54	30 14 36	4 58 42.0	6 53 40	19 22 46
27	179	17 7 32	10 22 15	4 19 32	29 28 5	5 18 17	14 41 49	25 56 4	29 9 42	4 04	8 4 7	30 15 16	4 58 41.9	6 51 23	19 11 51
28	180	16 34 21	10 27 15	4 56 1	29 21 8	5 14 27	14 44 2	25 55 55	29 8 20	4 03	8 9 20	30 15 45	4 58 41.8	6 48 59	19 1 59
29	181	15 59 35	10 34 26	5 32 19	29 14 6	5 10 34	14 46 14	25 55 44	29 6 58	4 03	8 14 32	30 16 3	4 58 41.8	6 46 29	18 53 12
30	182	15♊23 50	10♉43 45	6♓ 8 26	29♐ 6 59	5♑ 6 38	14♈48 23	25♒55 32	29♐ 5 35	4♊04	8 19 44	30 16 10	4 58 41.7	6 43 55	18N45 34

DAY Jun	♀ VENUS R.A. h m s	DECL ° ' "	♂ MARS R.A. h m s	DECL ° ' "	♃ JUPITER R.A. h m s	DECL ° ' "	♄ SATURN R.A. h m s	DECL ° ' "	♅ URANUS R.A. h m s	DECL ° ' "	♆ NEPTUNE R.A. h m s	DECL ° ' "	♇ PLUTO R.A. h m s	DECL ° ' "
1	4 55 39	23N44 53	22 59 53	8S59 17	19 55 22	21S 0 34	20 15 33	19S56 55	2 25 19	13N55 53	23 27 57	4S36 24	19 47 11	22S 5 35
2	4 53 5	23 26 52	23 2 23	8 45 23	19 55 8	21 1 22	20 15 25	19 57 27	2 25 31	13 56 50	23 28 0	4 36 10	19 47 7	22 5 52
3	4 50 30	23 8 30	23 4 54	8 31 28	19 54 54	21 2 12	20 15 17	19 58 1	2 25 42	13 57 48	23 28 3	4 35 57	19 47 3	22 6 9
4	4 47 54	22 49 51	23 7 24	8 17 32	19 54 38	21 3 3	20 15 8	19 58 35	2 25 54	13 58 44	23 28 5	4 35 44	19 46 59	22 6 26
5	4 45 20	22 31 1	23 9 53	8 3 37	19 54 22	21 3 57	20 14 58	19 59 11	2 26 6	13 59 41	23 28 7	4 35 32	19 46 54	22 6 44
6	4 42 47	22 12 6	23 12 22	7 49 41	19 54 6	21 4 52	20 14 49	19 59 47	2 26 17	14 0 36	23 28 10	4 35 21	19 46 50	22 7 1
7	4 40 18	21 53 11	23 14 51	7 35 45	19 53 48	21 5 50	20 14 39	20 0 25	2 26 28	14 1 32	23 28 12	4 35 11	19 46 46	22 7 19
8	4 37 53	21 34 21	23 17 19	7 21 49	19 53 30	21 6 49	20 14 29	20 1 4	2 26 40	14 2 26	23 28 14	4 35 1	19 46 41	22 7 37
9	4 35 32	21 15 44	23 19 46	7 7 54	19 53 11	21 7 50	20 14 18	20 1 44	2 26 51	14 3 21	23 28 15	4 34 52	19 46 37	22 7 56
10	4 33 17	20 57 24	23 22 13	6 54 0	19 52 52	21 8 52	20 14 7	20 2 25	2 27 2	14 4 14	23 28 17	4 34 44	19 46 32	22 8 14
11	4 31 9	20 39 26	23 24 40	6 40 6	19 52 32	21 9 56	20 13 56	20 3 6	2 27 13	14 5 7	23 28 19	4 34 37	19 46 27	22 8 33
12	4 29 7	20 21 56	23 27 6	6 26 14	19 52 11	21 11 2	20 13 44	20 3 49	2 27 24	14 5 59	23 28 20	4 34 30	19 46 22	22 8 51
13	4 27 14	20 4 59	23 29 31	6 12 22	19 51 49	21 12 9	20 13 32	20 4 33	2 27 34	14 6 51	23 28 22	4 34 25	19 46 18	22 9 10
14	4 25 28	19 48 38	23 31 56	5 58 33	19 51 27	21 13 18	20 13 20	20 5 18	2 27 45	14 7 42	23 28 23	4 34 20	19 46 13	22 9 29
15	4 23 51	19 32 57	23 34 20	5 44 45	19 51 5	21 14 28	20 13 7	20 6 3	2 27 55	14 8 33	23 28 24	4 34 15	19 46 8	22 9 49
16	4 22 23	19 18 0	23 36 44	5 30 58	19 50 41	21 15 39	20 12 55	20 6 50	2 28 6	14 9 23	23 28 25	4 34 12	19 46 3	22 10 8
17	4 21 5	19 3 50	23 39 7	5 17 14	19 50 18	21 16 52	20 12 41	20 7 37	2 28 16	14 10 12	23 28 26	4 34 9	19 45 57	22 10 27
18	4 19 55	18 50 29	23 41 30	5 3 32	19 49 53	21 18 6	20 12 28	20 8 25	2 28 26	14 11 0	23 28 27	4 34 7	19 45 52	22 10 47
19	4 18 56	18 37 58	23 43 52	4 49 53	19 49 28	21 19 21	20 12 14	20 9 14	2 28 36	14 11 48	23 28 27	4 34 6	19 45 47	22 11 7
20	4 18 5	18 26 19	23 46 14	4 36 16	19 49 2	21 20 37	20 12 0	20 10 3	2 28 46	14 12 36	23 28 28	4 34 6	19 45 42	22 11 26
21	4 17 25	18 15 33	23 48 34	4 22 42	19 48 36	21 21 55	20 11 46	20 10 53	2 28 56	14 13 22	23 28 28	4 34 6	19 45 36	22 11 46
22	4 16 54	18 5 41	23 50 55	4 9 12	19 48 10	21 23 13	20 11 32	20 11 45	2 29 5	14 14 8	23 28 28	4 34 8	19 45 31	22 12 6
23	4 16 33	17 56 42	23 53 14	3 55 44	19 47 43	21 24 32	20 11 17	20 12 36	2 29 15	14 14 53	23 28 28	4 34 9	19 45 25	22 12 26
24	4 16 21	17 48 36	23 55 33	3 42 20	19 47 15	21 25 53	20 11 2	20 13 29	2 29 24	14 15 38	23 28 29	4 34 12	19 45 20	22 12 46
25	4 16 19	17 41 23	23 57 52	3 29 0	19 46 47	21 27 14	20 10 47	20 14 22	2 29 33	14 16 22	23 28 28	4 34 16	19 45 14	22 13 7
26	4 16 26	17 35 1	0 0 9	3 15 44	19 46 19	21 28 36	20 10 31	20 15 16	2 29 42	14 17 5	23 28 28	4 34 20	19 45 9	22 13 27
27	4 16 42	17 29 31	0 2 26	3 2 31	19 45 50	21 29 58	20 10 16	20 16 10	2 29 51	14 17 47	23 28 28	4 34 25	19 45 3	22 13 48
28	4 17 6	17 24 49	0 4 42	2 49 23	19 45 20	21 31 22	20 10 0	20 17 5	2 30 0	14 18 29	23 28 27	4 34 31	19 44 57	22 14 8
29	4 17 40	17 20 56	0 6 58	2 36 19	19 44 51	21 32 45	20 9 44	20 18 0	2 30 8	14 19 10	23 28 27	4 34 37	19 44 52	22 14 29
30	4 18 22	17N17 49	0 9 13	2S23 20	19 44 21	21S34 10	20 9 27	20S18 56	2 30 17	14N19 50	23 28 26	4S34 45	19 44 46	22S14 49

DAY	SIDEREAL TIME h m s	☉ SUN LONG ° ' "	MOT ' "	R.A. h m s	DECL ° ' "	☽ MOON AT 0 HOURS LONG ° ' "	12h MOT ° ' "	2DIF "	R.A. h m s	DECL ° ' "
1 W	18 38 1	14♊36 25	57 11	6 41 54.2	23N 5 14	19♎57 23	7 7 4	-32	14 54 29	12S48 32
2 Th	18 41 58	15 33 36	57 11	6 46 2.1	23 0 54	4♏10 13	7 4 6	-57	15 50 19	17 24 2
3 F	18 45 54	16 30 47	57 11	6 50 9.7	22 56 9	18 16 19	6 59 28	-82	16 48 18	20 57 40
4 S	18 49 51	17 27 58	57 11	6 54 17.0	22 51 1	2♐12 18	6 53 14	-104	17 47 56	23 13 53
5 Su	18 53 47	18 25 8	57 11	6 58 24.0	22 45 29	15 55 6	6 45 39	-122	18 47 59	24 3 43
6 M	18 57 44	19 22 19	57 11	7 2 30.6	22 39 33	29 22 13	6 37 7	-132	19 46 56	23 27 5
7 Tu	19 1 41	20 19 30	57 11	7 6 36.8	22 33 13	12♑32 1	6 28 12	-134	20 43 27	21 32 32
8 W	19 5 37	21 16 40	57 11	7 10 42.7	22 26 30	25 23 57	6 19 26	-127	21 36 46	18 34 9
9 Th	19 9 34	22 13 52	57 12	7 14 48.2	22 19 24	7♒58 43	6 11 27	-111	22 26 48	14 47 56
10 F	19 13 30	23 11 3	57 12	7 18 53.3	22 11 55	20 18 6	6 4 47	-88	23 13 58	10 28 52
11 S	19 17 27	24 8 15	57 12	7 22 57.9	22 4 3	2♓24 56	5 59 50	-59	23 58 58	5 49 44
12 Su	19 21 23	25 5 27	57 13	7 27 2.1	21 55 48	14 22 54	5 56 58	-26	0 42 40	1 1 5
13 M	19 25 20	26 2 40	57 13	7 31 5.9	21 47 11	26 16 15	5 56 23	9	1 25 59	3N48 7
14 Tu	19 29 16	26 59 53	57 14	7 35 9.2	21 38 11	8♈ 9 36	5 58 10	44	2 9 50	8 29 28
15 W	19 33 13	27 57 7	57 15	7 39 12.1	21 28 50	20 7 42	6 2 17	78	2 55 6	12 54 5
16 Th	19 37 10	28 54 22	57 15	7 43 14.4	21 19 6	2♉15 9	6 8 33	109	3 42 36	16 51 45
17 F	19 41 6	29 51 37	57 16	7 47 16.3	21 9 0	14 36 6	6 16 40	133	4 32 57	20 10 16
18 S	19 45 3	0♋48 53	57 16	7 51 17.6	20 58 33	27 14 1	6 26 7	148	5 26 26	22 35 46
19 Su	19 48 59	1 46 9	57 17	7 55 18.4	20 47 45	10♊11 16	6 36 15	153	6 22 48	23 54 1
20 M	19 52 56	2 43 26	57 18	7 59 18.7	20 36 35	23 28 52	6 46 19	146	7 21 12	23 53 20
21 Tu	19 56 52	3 40 43	57 18	8 3 18.4	20 25 5	7♋ 6 14	6 55 28	126	8 20 20	22 27 52
22 W	20 0 49	4 38 1	57 18	8 7 17.5	20 13 14	21 1 8	7 2 55	96	9 18 50	19 40 0
23 Th	20 4 45	5 35 19	57 19	8 11 16.1	20 1 3	5♌ 9 53	7 8 7	59	10 15 40	15 40 10
24 F	20 8 42	6 32 38	57 19	8 15 14.0	19 48 32	19 27 48	7 10 49	22	11 10 44	10 44 43
25 S	20 12 39	7 29 57	57 20	8 19 11.3	19 35 41	3♍49 52	7 11 6	-12	12 4 4	5 12 56
26 Su	20 16 35	8 27 16	57 20	8 23 8.1	19 22 31	18 11 25	7 9 21	-39	12 56 26	0S35 12
27 M	20 20 32	9 24 36	57 20	8 27 4.2	19 9 1	2♎28 38	7 6 5	-57	13 48 41	6 20 10
28 Tu	20 24 28	10 21 57	57 21	8 30 59.7	18 55 13	16 38 45	7 1 49	-69	14 41 43	11 43 10
29 W	20 28 25	11 19 17	57 21	8 34 54.5	18 41 6	0♏40 3	6 57 0	-75	15 36 14	16 26 8
30 Th	20 32 21	12 16 38	57 22	8 38 48.8	18 26 40	14 31 30	6 51 51	-79	16 32 36	20 12 6
31 F	20 36 18	13♋14 0	57 23	8 42 42.4	18N11 57	28♏12 32	6 46 27	-83	17 30 38	22S46 35

DAY	☽ MOON AT 12 HOURS LONG ° ' "	12h MOT ° ' "	2DIF "	R.A. h m s	DECL ° ' "
1 W	27♎ 4 26	7 5 47	-44	15 22 7	15S12 53
2 Th	11♏14 20	7 1 59	-70	16 19 3	19 19 40
3 F	25 15 46	6 56 32	-94	17 17 59	22 16 13
4 S	9♐ 5 32	6 49 35	-114	18 18 0	23 49 49
5 Su	22 40 45	6 41 28	-128	19 17 41	23 55 51
6 M	5♑59 20	6 32 40	-134	20 15 33	22 38 45
7 Tu	19 0 12	6 23 45	-131	21 10 32	20 10 19
8 W	1♒43 24	6 15 19	-120	22 2 11	16 46 2
9 Th	14 10 10	6 7 55	-100	22 50 42	12 41 39
10 F	26 22 52	6 2 4	-74	23 36 41	8 11 6
11 S	8♓24 46	5 58 8	-43	0 20 55	3 26 0
12 Su	20 19 52	5 56 23	-9	1 4 19	1N23 59
13 M	2♈12 38	5 56 59	27	1 47 47	6 10 18
14 Tu	14 7 46	5 59 56	62	2 32 14	10 44 28
15 W	26 9 59	6 5 10	94	3 18 32	14 57 0
16 Th	8♉23 42	6 12 24	122	4 7 24	18 36 44
17 F	20 52 46	6 21 15	142	4 59 18	21 30 33
18 S	3♊40 8	6 31 9	152	5 54 18	23 24 7
19 Su	16 47 32	6 41 21	151	6 51 49	24 4 5
20 M	0♋15 11	6 51 3	137	7 50 46	23 21 15
21 Tu	14 1 42	6 59 26	112	8 49 44	21 13 45
22 W	28 4 3	7 5 50	78	9 47 31	17 48 9
23 Th	12♌18 0	7 9 47	40	10 43 28	13 18 13
24 F	26 38 37	7 11 15	4	11 37 34	8 2 7
25 S	11♍ 0 58	7 10 27	-26	12 30 19	2 19 41
26 Su	25 20 46	7 7 52	-49	13 22 31	3S29 16
27 M	9♎34 43	7 4 3	-64	14 15 3	9 5 34
28 Tu	23 40 35	6 59 28	-72	15 8 45	14 10 45
29 W	7♏37 3	6 54 28	-77	16 4 11	18 27 14
30 Th	21 23 21	6 49 11	-81	17 1 27	21 39 2
31 F	4♐58 59	6 43 38	-85	18 0 2	23S33 41

LUNAR INGRESSES
1 ☽ ♏ 16:57
3 ☽ ♐ 20:11
6 ☽ ♑ 1:08
8 ☽ ♒ 8:43
10 ☽ ♓ 19:11
13 ☽ ♈ 7:32
15 ☽ ♉ 19:34
18 ☽ ♊ 5:11
20 ☽ ♋ 11:33
22 ☽ ♌ 15:16
24 ☽ ♍ 17:36
26 ☽ ♎ 19:50
28 ☽ ♏ 22:51
31 ☽ ♐ 3:10

PLANET INGRESSES
17 ☉ ♋ 3:31

STATIONS
12 ☿ D 8:28

DATA FOR THE 1st AT 0 HOURS
JULIAN DAY 44011.5
☽ MEAN ☊ 3°♊ 34' 42"
OBLIQUITY 23° 26' 12"
DELTA T 76.3 SECONDS
NUTATION LONGITUDE-16.8"

DAY MO YR	☿ LONG ° ' "	♀ LONG ° ' "	♂ LONG ° ' "	♃ LONG ° ' "	♄ LONG ° ' "	♅ LONG ° ' "	♆ LONG ° ' "	♇ LONG ° ' "	☊ LONG ° '	A.S.S.I. h m s	S.S.R.Y. h m s	S.V.P. ♓ ° ' "	☿ MERCURY R.A. h m s	DECL ° ' "
1 183	14♊47R40	10♉55 10	6♓44 22	28♐59R47	5♑ 2R39	14♈50 30	25♒55R17	29♐ 4R12	4♊05	8 24 56	30 16 6	4 58 41.5	6 41 20	18N39 9
2 184	14 11 44	11 8 36	7 20 7	28 52 31	4 58 38	14 52 34	25 55 1	29 2 48	4 05	8 30 7	30 15 46	4 58 41.3	6 38 47	18 34 0
3 185	13 36 39	11 24 1	7 55 40	28 45 11	4 54 34	14 54 36	25 54 43	29 1 23	4 06	8 35 18	30 15 17	4 58 41.1	6 36 18	18 30 9
4 186	13 3 1	11 41 21	8 31 1	28 37 47	4 50 28	14 56 36	25 54 23	28 59 59	4 07	8 40 29	30 14 37	4 58 40.8	6 33 56	18 27 36
5 187	12 31 25	12 0 32	9 6 9	28 30 20	4 46 20	14 58 34	25 54 1	28 58 34	4 06	8 45 39	30 13 47	4 58 40.5	6 31 43	18 26 24
6 188	12 2 27	12 21 32	9 41 6	28 22 50	4 42 10	15 0 29	25 53 37	28 57 8	4 05	8 50 49	30 12 51	4 58 40.3	6 29 41	18 26 31
7 189	11 36 35	12 44 16	10 15 49	28 15 16	4 37 58	15 2 21	25 53 11	28 55 42	4 04	8 55 59	30 11 49	4 58 40.0	6 27 53	18 27 57
8 190	11 14 18	13 8 42	10 50 19	28 7 41	4 33 43	15 4 11	25 52 44	28 54 16	4 01	9 1 7	30 10 44	4 58 39.8	6 26 19	18 30 40
9 191	10 56 2	13 34 45	11 24 35	28 0 3	4 29 28	15 5 59	25 52 15	28 52 50	3 59	9 6 16	30 9 40	4 58 39.7	6 25 3	18 34 38
10 192	10 42 8	14 2 23	11 58 37	27 52 23	4 25 10	15 7 44	25 51 43	28 51 24	3 56	9 11 24	30 8 39	4 58 39.6	6 24 6	18 39 46
11 193	10 32 53	14 31 31	12 32 24	27 44 42	4 20 51	15 9 26	25 51 10	28 49 57	3 54	9 16 31	30 7 45	4 58 39.5	6 23 28	18 46 1
12 194	10 28D32	15 2 7	13 5 56	27 36 59	4 16 31	15 11 6	25 50 36	28 48 30	3 53	9 21 38	30 6 59	4 58 39.4	6 23 11	18 53 17
13 195	10 29 18	15 34 6	13 39 13	27 29 16	4 12 9	15 12 43	25 49 59	28 47 3	3 52	9 26 44	30 6 24	4 58 39.4	6 23 15	19 1 29
14 196	10 35 20	16 7 27	14 12 14	27 21 32	4 7 47	15 14 18	25 49 21	28 45 36	3 53	9 31 50	30 6 2	4 58 39.3	6 23 42	19 10 31
15 197	10 46 44	16 42 6	14 44 58	27 13 47	4 3 23	15 15 50	25 48 40	28 44 9	3 54	9 36 55	30 5 54	4 58 39.1	6 24 32	19 20 16
16 198	11 3 35	17 17 59	15 17 25	27 6 3	3 58 59	15 17 19	25 47 59	28 42 42	3 56	9 41 59	30 6 0	4 58 39.0	6 25 46	19 30 36
17 199	11 25 55	17 55 4	15 49 35	26 58 19	3 54 33	15 18 46	25 47 15	28 41 14	3 57	9 47 3	30 6 20	4 58 38.8	6 27 22	19 41 23
18 200	11 53 45	18 33 19	16 21 26	26 50 36	3 50 8	15 20 10	25 46 30	28 39 47	3 58	9 52 7	30 6 52	4 58 38.6	6 29 23	19 52 29
19 201	12 27 6	19 12 40	16 53 0	26 42 54	3 45 42	15 21 32	25 45 42	28 38 20	3 58	9 57 9	30 7 34	4 58 38.3	6 31 47	20 3 44
20 202	13 5 55	19 53 4	17 24 14	26 35 14	3 41 15	15 22 50	25 44 54	28 36 53	3 57	10 2 11	30 8 25	4 58 38.1	6 34 36	20 15 1
21 203	13 50 10	20 34 30	17 55 8	26 27 35	3 36 49	15 24 6	25 44 3	28 35 26	3 54	10 7 12	30 9 20	4 58 37.8	6 37 48	20 26 8
22 204	14 39 49	21 16 55	18 25 43	26 19 58	3 32 22	15 25 19	25 43 11	28 33 59	3 50	10 12 13	30 10 19	4 58 37.6	6 41 23	20 36 55
23 205	15 34 48	22 0 16	18 55 57	26 12 24	3 27 55	15 26 29	25 42 18	28 32 33	3 46	10 17 12	30 11 17	4 58 37.5	6 45 22	20 47 13
24 206	16 35 3	22 44 32	19 25 50	26 4 53	3 23 29	15 27 36	25 41 22	28 31 7	3 41	10 22 11	30 12 13	4 58 37.4	6 49 44	20 56 50
25 207	17 40 28	23 29 40	19 55 22	25 57 25	3 19 4	15 28 41	25 40 25	28 29 41	3 37	10 27 9	30 13 4	4 58 37.3	6 54 29	21 5 35
26 208	18 50 57	24 15 39	20 24 32	25 50 0	3 14 38	15 29 42	25 39 27	28 28 15	3 34	10 32 7	30 13 49	4 58 37.2	6 59 36	21 13 17
27 209	20 6 26	25 2 27	20 53 20	25 42 40	3 10 14	15 30 41	25 38 27	28 26 49	3 33	10 37 3	30 14 25	4 58 37.2	7 5 4	21 19 44
28 210	21 26 45	25 50 1	21 21 45	25 35 23	3 5 50	15 31 37	25 37 25	28 25 23	3 33	10 41 59	30 14 51	4 58 37.0	7 10 54	21 24 44
29 211	22 51 47	26 38 21	21 49 47	25 28 11	3 1 28	15 32 30	25 36 22	28 24 0	3 34	10 46 54	30 15 5	4 58 36.9	7 17 4	21 28 6
30 212	24 21 22	27 27 25	22 17 25	25 21 4	2 57 6	15 33 20	25 35 18	28 22 36	3 35	10 51 49	30 15 6	4 58 36.7	7 23 34	21 29 40
31 213	25♊55 18	28♉17 12	22♓44 40	25♐14 1	2♑52 46	15♈34 8	25♒34 12	28♐21 12	3♊36	10 56 42	30 14 53	4 58 36.5	7 30 22	21N29 13

DAY Jul	♀ VENUS R.A. h m s	DECL ° ' "	♂ MARS R.A. h m s	DECL ° ' "	♃ JUPITER R.A. h m s	DECL ° ' "	♄ SATURN R.A. h m s	DECL ° ' "	♅ URANUS R.A. h m s	DECL ° ' "	♆ NEPTUNE R.A. h m s	DECL ° ' "	♇ PLUTO R.A. h m s	DECL ° ' "
1	4 19 12	17N15 28	0 11 27	2S10 25	19 43 50	21S35 34	20 9 11	20S19 52	2 30 25	14N20 29	23 28 25	4S34 53	19 44 40	22S15 10
2	4 20 10	17 13 49	0 13 40	1 57 35	19 43 20	21 36 59	20 8 54	20 20 49	2 30 33	14 21 8	23 28 24	4 35 2	19 44 34	22 15 30
3	4 21 16	17 12 51	0 15 53	1 44 50	19 42 49	21 38 24	20 8 37	20 21 46	2 30 41	14 21 45	23 28 23	4 35 11	19 44 28	22 15 51
4	4 22 29	17 12 33	0 18 5	1 32 10	19 42 18	21 39 50	20 8 20	20 22 44	2 30 49	14 22 22	23 28 22	4 35 21	19 44 22	22 16 12
5	4 23 50	17 12 51	0 20 16	1 19 35	19 41 46	21 41 15	20 8 3	20 23 42	2 30 57	14 22 59	23 28 21	4 35 32	19 44 16	22 16 33
6	4 25 19	17 13 46	0 22 27	1 7 5	19 41 14	21 42 41	20 7 46	20 24 40	2 31 4	14 23 34	23 28 20	4 35 44	19 44 10	22 16 53
7	4 26 54	17 15 13	0 24 36	0 54 42	19 40 42	21 44 7	20 7 28	20 25 38	2 31 12	14 24 9	23 28 18	4 35 56	19 44 4	22 17 14
8	4 28 36	17 17 11	0 26 45	0 42 24	19 40 10	21 45 33	20 7 11	20 26 37	2 31 19	14 24 43	23 28 16	4 36 9	19 43 58	22 17 35
9	4 30 24	17 19 39	0 28 53	0 30 12	19 39 38	21 46 59	20 6 53	20 27 36	2 31 26	14 25 16	23 28 15	4 36 23	19 43 52	22 17 56
10	4 32 19	17 22 33	0 31 0	0 18 6	19 39 6	21 48 24	20 6 35	20 28 35	2 31 33	14 25 48	23 28 13	4 36 38	19 43 46	22 18 17
11	4 34 20	17 25 52	0 33 6	0 6 6	19 38 33	21 49 49	20 6 17	20 29 35	2 31 40	14 26 20	23 28 11	4 36 53	19 43 40	22 18 38
12	4 36 27	17 29 34	0 35 12	0N 5 46	19 38 0	21 51 15	20 5 59	20 30 34	2 31 46	14 26 50	23 28 9	4 37 9	19 43 34	22 18 58
13	4 38 40	17 33 37	0 37 16	0 17 32	19 37 28	21 52 39	20 5 41	20 31 34	2 31 53	14 27 20	23 28 7	4 37 26	19 43 28	22 19 19
14	4 40 58	17 37 59	0 39 20	0 29 11	19 36 55	21 54 4	20 5 23	20 32 33	2 31 59	14 27 49	23 28 4	4 37 43	19 43 22	22 19 40
15	4 43 22	17 42 37	0 41 22	0 40 43	19 36 22	21 55 27	20 5 5	20 33 33	2 32 5	14 28 17	23 28 2	4 38 1	19 43 16	22 20 0
16	4 45 51	17 47 31	0 43 24	0 52 7	19 35 49	21 56 51	20 4 46	20 34 33	2 32 11	14 28 44	23 28 0	4 38 20	19 43 10	22 20 21
17	4 48 25	17 52 38	0 45 24	1 3 23	19 35 16	21 58 14	20 4 28	20 35 33	2 32 16	14 29 10	23 27 57	4 38 39	19 43 4	22 20 42
18	4 51 4	17 57 56	0 47 23	1 14 32	19 34 44	21 59 36	20 4 10	20 36 33	2 32 22	14 29 36	23 27 54	4 38 59	19 42 58	22 21 2
19	4 53 47	18 3 24	0 49 21	1 25 32	19 34 11	22 0 57	20 3 51	20 37 32	2 32 27	14 30 1	23 27 51	4 39 20	19 42 51	22 21 23
20	4 56 35	18 8 59	0 51 19	1 36 25	19 33 38	22 2 18	20 3 33	20 38 32	2 32 32	14 30 24	23 27 48	4 39 41	19 42 45	22 21 43
21	4 59 27	18 14 41	0 53 14	1 47 9	19 33 6	22 3 38	20 3 14	20 39 31	2 32 37	14 30 47	23 27 45	4 40 3	19 42 39	22 22 3
22	5 2 24	18 20 28	0 55 9	1 57 44	19 32 34	22 4 57	20 2 56	20 40 31	2 32 42	14 31 9	23 27 42	4 40 26	19 42 33	22 22 24
23	5 5 25	18 26 17	0 57 3	2 8 10	19 32 1	22 6 16	20 2 37	20 41 30	2 32 47	14 31 31	23 27 39	4 40 49	19 42 27	22 22 44
24	5 8 29	18 32 8	0 58 55	2 18 28	19 31 29	22 7 33	20 2 19	20 42 29	2 32 51	14 31 51	23 27 36	4 41 13	19 42 21	22 23 4
25	5 11 38	18 38 0	1 0 46	2 28 36	19 30 58	22 8 50	20 2 0	20 43 28	2 32 56	14 32 10	23 27 32	4 41 37	19 42 15	22 23 24
26	5 14 50	18 43 49	1 2 35	2 38 35	19 30 26	22 10 5	20 1 42	20 44 26	2 33 0	14 32 28	23 27 29	4 42 2	19 42 9	22 23 44
27	5 18 6	18 49 36	1 4 23	2 48 25	19 29 55	22 11 20	20 1 23	20 45 24	2 33 4	14 32 46	23 27 25	4 42 28	19 42 3	22 24 4
28	5 21 25	18 55 19	1 6 10	2 58 5	19 29 24	22 12 33	20 1 5	20 46 22	2 33 7	14 33 2	23 27 22	4 42 54	19 41 57	22 24 24
29	5 24 48	19 0 57	1 7 56	3 7 36	19 28 53	22 13 45	20 0 47	20 47 20	2 33 11	14 33 18	23 27 18	4 43 21	19 41 51	22 24 43
30	5 28 14	19 6 28	1 9 40	3 16 57	19 28 23	22 14 56	20 0 29	20 48 17	2 33 14	14 33 33	23 27 14	4 43 48	19 41 45	22 25 3
31	5 31 44	19N11 51	1 11 23	3N26 8	19 27 53	22S16 6	20 0 10	20S49 14	2 33 17	14N33 47	23 27 10	4S44 16	19 41 39	22S25 22

AUGUST 2020

DAY	SIDEREAL TIME h m s	☉ SUN LONG ° ' "	☉ MOT ' "	☉ R.A. h m s	☉ DECL ° ' "	☽ MOON AT 0 HOURS LONG ° ' "	12h MOT ° ' "	2DIF "	R.A. h m s	DECL ° ' "	☽ MOON AT 12 HOURS LONG ° ' "	12h MOT ° ' "	2DIF "	R.A. h m s	DECL ° ' "
1 S	20 40 14	14♋11 23	57 23	8 46 35.4	17N56 55	11♐42 37	6 40 45	-88	18 29 30	23S59 44	18♐23 22	6 37 47	-91	18 58 51	24S 4 35
2 Su	20 44 11	15 8 46	57 24	8 50 27.8	17 41 37	25 1 9	6 34 43	-93	19 27 57	23 48 37	1♑35 52	6 31 34	-96	19 56 36	23 12 41
3 M	20 48 8	16 6 9	57 25	8 54 19.5	17 26 1	8♑ 7 25	6 28 20	-98	20 24 41	22 18 1	14 35 45	6 25 2	-99	20 52 6	21 6 12
4 Tu	20 52 4	17 3 34	57 26	8 58 10.7	17 10 8	21 0 47	6 21 42	-100	21 18 47	19 39 1	27 22 29	6 18 22	-100	21 44 42	17 58 22
5 W	20 56 1	18 1 0	57 27	9 2 1.2	16 53 58	3♒40 51	6 15 3	-98	22 9 51	16 6 10	9♒55 54	6 11 50	-95	22 34 16	14 4 20
6 Th	20 59 57	18 58 26	57 28	9 5 51.2	16 37 32	16 7 44	6 8 45	-90	22 58 2	11 54 40	22 16 29	6 5 51	-83	23 21 12	9 38 51
7 F	21 3 54	19 55 54	57 29	9 9 40.5	16 20 50	28 22 20	6 3 13	-75	23 43 53	7 18 27	4♓25 33	6 0 52	-65	0 6 9	4 54 54
8 S	21 7 50	20 53 23	57 30	9 13 29.3	16 3 53	10♓26 25	5 58 54	-53	0 28 6	2 29 31	16 25 19	5 57 20	-40	0 49 52	0 3 30
9 Su	21 11 47	21 50 53	57 32	9 17 17.6	15 46 39	22 22 39	5 56 15	-25	1 11 33	2N22 0	28 18 54	5 55 40	-9	1 33 15	4N45 52
10 M	21 15 43	22 48 25	57 33	9 21 5.2	15 29 11	4♈14 34	5 55 38	8	1 55 4	7 7 4	10♈10 13	5 56 12	26	2 17 8	9 24 30
11 Tu	21 19 40	23 45 58	57 34	9 24 52.3	15 11 27	16 6 25	5 57 22	45	2 39 32	11 37 2	22 3 47	5 59 11	64	3 2 23	13 43 31
12 W	21 23 37	24 43 32	57 36	9 28 38.9	14 53 29	28 2 58	6 1 37	83	3 25 46	15 42 39	4♉ 4 35	6 4 43	102	3 49 47	17 33 5
13 Th	21 27 33	25 41 8	57 37	9 32 24.9	14 35 17	10♉ 9 18	6 8 26	121	4 14 29	19 13 20	16 17 43	6 12 45	138	4 39 56	20 41 46
14 F	21 31 30	26 38 45	57 39	9 36 10.4	14 16 51	22 30 28	6 17 38	154	5 6 10	21 56 44	28 48 6	6 23 1	168	5 33 10	22 56 30
15 S	21 35 26	27 36 24	57 40	9 39 55.3	13 58 11	5♊11 7	6 28 50	179	6 0 55	23 39 23	11♊39 57	6 34 59	188	6 29 19	24 3 46
16 Su	21 39 23	28 34 4	57 42	9 43 39.8	13 39 17	18 14 56	6 41 20	192	6 58 16	24 8 19	24 56 16	6 47 47	192	7 27 38	23 51 57
17 M	21 43 19	29 31 45	57 43	9 47 23.8	13 20 11	1♋44 3	6 54 9	187	7 57 14	23 14 6	8♋38 11	7 0 17	178	8 26 55	22 14 38
18 Tu	21 47 16	0♌29 29	57 45	9 51 7.2	13 0 52	15 38 28	7 6 0	163	8 56 30	20 54 1	22 44 28	7 11 9	143	9 25 53	19 13 15
19 W	21 51 12	1 27 13	57 46	9 54 50.2	12 41 20	29 55 37	7 15 34	120	9 54 55	17 13 53	7♌11 10	7 19 7	92	10 23 34	14 57 53
20 Th	21 55 9	2 24 59	57 47	9 58 32.6	12 21 36	14♌30 17	7 21 43	62	10 51 48	12 27 35	21 52 0	7 23 17	32	11 19 37	9 45 36
21 F	21 59 6	3 22 46	57 48	10 2 14.6	12 1 41	29 15 17	7 23 49	1	11 47 3	6 54 42	6♍39 6	7 23 21	-28	12 14 11	3 57 45
22 S	22 3 2	4 20 34	57 50	10 5 56.1	11 41 34	14♍ 2 27	7 21 56	-55	12 41 6	0 57 37	21 24 23	7 19 42	-78	13 7 53	2S 2 51
23 Su	22 6 59	5 18 24	57 51	10 9 37.1	11 21 16	28 44 4	7 16 45	-97	13 34 40	5S 0 53	6♎ 0 49	7 13 15	-111	14 1 31	7 53 49
24 M	22 10 55	6 16 15	57 52	10 13 17.7	11 0 48	13♎14 4	7 9 20	-121	14 28 32	10 39 7	20 23 24	7 5 9	-127	14 55 49	13 14 24
25 Tu	22 14 52	7 14 6	57 53	10 16 57.9	10 40 9	27 28 33	7 0 50	-130	15 23 24	15 37 24	4♏29 23	6 56 29	-129	15 51 21	17 46 5
26 W	22 18 48	8 12 0	57 55	10 20 37.6	10 19 20	11♏25 53	6 52 12	-127	16 19 40	19 38 34	18 18 5	6 48 3	-122	16 48 18	21 13 15
27 Th	22 22 45	9 9 54	57 56	10 24 17.0	9 58 21	25 6 8	6 44 5	-116	17 17 13	22 28 50	1♐50 13	6 40 18	-110	17 46 19	23 24 18
28 F	22 26 41	10 7 49	57 57	10 27 55.9	9 37 13	8♐30 31	6 36 44	-104	18 15 28	23 59 6	15 7 15	6 33 23	-98	18 44 32	24 13 3
29 S	22 30 38	11 5 46	57 58	10 31 34.5	9 15 56	21 40 38	6 30 13	-92	19 13 22	24 6 25	28 10 51	6 27 14	-88	19 41 50	23 39 51
30 Su	22 34 35	12 3 45	58 0	10 35 12.7	8 54 30	4♑38 5	6 24 22	-84	20 9 48	22 54 23	11♑ 2 27	6 21 38	-81	20 37 11	21 51 22
31 M	22 38 31	13♌ 1 44	58 1	10 38 50.5	8N32 55	17♑24 5	6 19 0	-78	21 3 53	20S32 19	23♑43 5	6 16 25	-76	21 29 54	18S58 57

LUNAR INGRESSES
2 ☽ ♑ 9:05
4 ☽ ♒ 16:59
7 ☽ ♓ 3:13
9 ☽ ♈ 15:25
12 ☽ ♉ 3:54
14 ☽ ♊ 14:16
16 ☽ ♋ 20:57
19 ☽ ♌ 0:07
21 ☽ ♍ 1:13
23 ☽ ♎ 2:05
25 ☽ ♏ 4:18
27 ☽ ♐ 8:43
29 ☽ ♑ 15:22

PLANET INGRESSES
2 ☿ ♋ 10:15
2 ♀ ♊ 0:34
17 ☉ ♌ 11:45
17 ☿ ♌ 13:31
19 ♂ ♈ 13:04

STATIONS
15 ♅ R 14:28

DATA FOR THE 1st AT 0 HOURS
JULIAN DAY 44042.5
☽ MEAN ☊ 1°♊ 56' 8"
OBLIQUITY 23° 26' 12"
DELTA T 76.3 SECONDS
NUTATION LONGITUDE-15.8"

DAY MO YR	☿ LONG ° ' "	♀ LONG ° ' "	♂ LONG ° ' "	♃ LONG ° ' "	♄ LONG ° ' "	♅ LONG ° ' "	♆ LONG ° ' "	♇ LONG ° ' "	☊ LONG ° '	A.S.S.I. h m s	S.S.R.Y. h m s	S.V.P. ♓ ° ' "	☿ MERCURY R.A. h m s	☿ MERCURY DECL ° ' "
1 214	27♊33 23	29♉ 7 39	23♓11 29	25♐ 7R 4	2♑48R27	15♈34 52	25♒33R 5	28♐19R49	3♊36	11 1 35	30 14 29	4 58 36.2	7 37 27	21N26 37
2 215	29 15 21	29 58 47	23 37 54	25 0 13	2 44 10	15 35 33	25 31 56	28 18 26	3 34	11 6 27	30 13 49	4 58 36.0	7 44 48	21 21 43
3 216	1♋ 0 57	0♊50 33	24 3 53	24 53 27	2 39 54	15 36 12	25 30 46	28 17 4	3 30	11 11 18	30 13 1	4 58 35.8	7 52 23	21 14 23
4 217	2 49 52	1 42 56	24 29 25	24 46 47	2 35 40	15 36 48	25 29 35	28 15 42	3 24	11 16 8	30 12 3	4 58 35.6	8 0 11	21 4 30
5 218	4 41 47	2 35 55	24 54 30	24 40 14	2 31 28	15 37 20	25 28 22	28 14 21	3 17	11 20 58	30 11 0	4 58 35.5	8 8 10	20 52 1
6 219	6 36 22	3 29 30	25 19 7	24 33 48	2 27 18	15 37 50	25 27 8	28 13 1	3 09	11 25 47	30 9 53	4 58 35.4	8 16 17	20 36 52
7 220	8 33 13	4 23 38	25 43 16	24 27 28	2 23 10	15 38 17	25 25 53	28 11 41	3 01	11 30 35	30 8 47	4 58 35.3	8 24 32	20 19 4
8 221	10 32 0	5 18 18	26 6 55	24 21 15	2 19 4	15 38 41	25 24 36	28 10 22	2 53	11 35 23	30 7 43	4 58 35.3	8 32 52	19 58 38
9 222	12 32 21	6 13 31	26 30 4	24 15 10	2 15 0	15 39 2	25 23 18	28 9 3	2 48	11 40 9	30 6 46	4 58 35.2	8 41 15	19 35 37
10 223	14 33 52	7 9 14	26 52 42	24 9 12	2 10 59	15 39 20	25 22 0	28 7 46	2 44	11 44 55	30 5 57	4 58 35.2	8 49 39	19 10 6
11 224	16 36 15	8 5 26	27 14 48	24 3 22	2 7 0	15 39 35	25 20 39	28 6 29	2 42	11 49 41	30 5 18	4 58 35.1	8 58 4	18 42 13
12 225	18 39 8	9 2 8	27 36 21	23 57 40	2 3 5	15 39 47	25 19 18	28 5 13	2 41	11 54 25	30 4 52	4 58 35.0	9 6 26	18 12 4
13 226	20 42 15	9 59 17	27 57 21	23 52 6	1 59 11	15 39 56	25 17 56	28 3 58	2 42	11 59 9	30 4 39	4 58 34.9	9 14 46	17 39 48
14 227	22 45 18	10 56 52	28 17 47	23 46 41	1 55 21	15 40 2	25 16 33	28 2 43	2 43	12 3 52	30 4 39	4 58 34.7	9 23 1	17 5 35
15 228	24 48 4	11 54 54	28 37 37	23 41 24	1 51 34	15 40R 5	25 15 8	28 1 30	2 43	12 8 35	30 4 51	4 58 34.5	9 31 12	16 29 36
16 229	26 50 19	12 53 21	28 56 51	23 36 17	1 47 51	15 40 5	25 13 43	28 0 17	2 42	12 13 17	30 5 15	4 58 34.2	9 39 16	15 51 58
17 230	28 51 54	13 52 12	29 15 29	23 31 18	1 44 10	15 40 2	25 12 16	27 59 6	2 39	12 17 58	30 5 50	4 58 34.0	9 47 14	15 12 53
18 231	0♌52 38	14 51 27	29 33 28	23 26 29	1 40 33	15 39 56	25 10 49	27 57 55	2 33	12 22 39	30 6 33	4 58 33.8	9 55 4	14 32 30
19 232	2 52 24	15 51 4	29 50 49	23 21 49	1 36 59	15 39 47	25 9 21	27 56 45	2 26	12 27 19	30 7 24	4 58 33.7	10 2 48	13 50 59
20 233	4 51 6	16 51 3	0♈ 7 31	23 17 19	1 33 29	15 39 35	25 7 52	27 55 37	2 17	12 31 59	30 8 19	4 58 33.6	10 10 23	13 8 27
21 234	6 48 40	17 51 24	0 23 33	23 12 59	1 30 3	15 39 20	25 6 22	27 54 29	2 07	12 36 38	30 9 17	4 58 33.6	10 17 51	12 25 3
22 235	8 45 1	18 52 5	0 38 54	23 8 49	1 26 41	15 39 3	25 4 51	27 53 23	1 59	12 41 16	30 10 16	4 58 33.6	10 25 11	11 40 55
23 236	10 40 7	19 53 6	0 53 33	23 4 49	1 23 22	15 38 42	25 3 19	27 52 18	1 52	12 45 54	30 11 12	4 58 33.5	10 32 24	10 56 10
24 237	12 33 56	20 54 27	1 7 31	23 1 0	1 20 8	15 38 18	25 1 47	27 51 13	1 48	12 50 31	30 12 3	4 58 33.5	10 39 29	10 10 55
25 238	14 26 26	21 56 7	1 20 46	22 57 21	1 16 58	15 37 52	25 0 14	27 50 10	1 46	12 55 7	30 12 45	4 58 33.4	10 46 26	9 25 15
26 239	16 17 38	22 58 6	1 33 17	22 53 52	1 13 52	15 37 22	24 58 40	27 49 8	1 46	12 59 44	30 13 17	4 58 33.2	10 53 17	8 39 15
27 240	18 7 30	24 0 22	1 45 5	22 50 35	1 10 50	15 36 50	24 57 6	27 48 8	1 46	13 4 19	30 13 36	4 58 33.0	11 0 0	7 53 2
28 241	19 56 3	25 2 57	1 56 8	22 47 28	1 7 53	15 36 14	24 55 31	27 47 8	1 46	13 8 54	30 13 41	4 58 32.8	11 6 36	7 6 39
29 242	21 43 17	26 5 49	2 6 26	22 44 31	1 5 1	15 35 36	24 53 56	27 46 10	1 45	13 13 29	30 13 32	4 58 32.6	11 13 6	6 20 11
30 243	23 29 13	27 8 58	2 15 58	22 41 46	1 2 13	15 34 55	24 52 20	27 45 13	1 41	13 18 3	30 13 10	4 58 32.4	11 19 29	5 33 42
31 244	25♌13 52	28♊12 24	2♈24 43	22♐39 12	0♑59 29	15♈34 12	24♒50 44	27♐44 18	1♊34	13 22 37	30 12 34	4 58 32.3	11 25 46	4N47 15

DAY Aug	♀ VENUS R.A. h m s	♀ VENUS DECL ° ' "	♂ MARS R.A. h m s	♂ MARS DECL ° ' "	♃ JUPITER R.A. h m s	♃ JUPITER DECL ° ' "	♄ SATURN R.A. h m s	♄ SATURN DECL ° ' "	♅ URANUS R.A. h m s	♅ URANUS DECL ° ' "	♆ NEPTUNE R.A. h m s	♆ NEPTUNE DECL ° ' "	♇ PLUTO R.A. h m s	♇ PLUTO DECL ° ' "
1	5 35 16	19N17 6	1 13 4	3N35 10	19 27 23	22S17 15	19 59 52	20S50 10	2 33 20	14N34 0	23 27 6	4S44 44	19 41 34	22S25 41
2	5 38 52	19 22 10	1 14 43	3 44 1	19 26 54	22 18 22	19 59 35	20 51 6	2 33 23	14 34 12	23 27 2	4 45 13	19 41 28	22 26 1
3	5 42 30	19 27 3	1 16 21	3 52 42	19 26 25	22 19 28	19 59 17	20 52 1	2 33 25	14 34 23	23 26 57	4 45 42	19 41 22	22 26 20
4	5 46 11	19 31 43	1 17 58	4 1 13	19 25 57	22 20 33	19 58 59	20 52 56	2 33 28	14 34 33	23 26 53	4 46 12	19 41 16	22 26 38
5	5 49 56	19 36 11	1 19 32	4 9 33	19 25 29	22 21 36	19 58 42	20 53 51	2 33 30	14 34 43	23 26 49	4 46 42	19 41 11	22 26 57
6	5 53 42	19 40 23	1 21 6	4 17 42	19 25 1	22 22 39	19 58 24	20 54 45	2 33 32	14 34 51	23 26 44	4 47 13	19 41 5	22 27 16
7	5 57 32	19 44 20	1 22 37	4 25 41	19 24 34	22 23 39	19 58 7	20 55 38	2 33 34	14 34 59	23 26 39	4 47 44	19 40 59	22 27 34
8	6 1 24	19 48 1	1 24 6	4 33 28	19 24 8	22 24 39	19 57 50	20 56 31	2 33 35	14 35 5	23 26 35	4 48 16	19 40 54	22 27 53
9	6 5 18	19 51 25	1 25 34	4 41 4	19 23 42	22 25 37	19 57 33	20 57 23	2 33 37	14 35 11	23 26 30	4 48 48	19 40 48	22 28 11
10	6 9 15	19 54 30	1 27 0	4 48 28	19 23 16	22 26 33	19 57 16	20 58 14	2 33 38	14 35 16	23 26 25	4 49 21	19 40 43	22 28 28
11	6 13 14	19 57 16	1 28 23	4 55 41	19 22 51	22 27 28	19 56 59	20 59 5	2 33 39	14 35 19	23 26 20	4 49 54	19 40 37	22 28 46
12	6 17 15	19 59 42	1 29 45	5 2 42	19 22 27	22 28 21	19 56 43	20 59 56	2 33 40	14 35 22	23 26 15	4 50 28	19 40 32	22 29 4
13	6 21 18	20 1 47	1 31 5	5 9 31	19 22 3	22 29 13	19 56 27	21 0 45	2 33 40	14 35 24	23 26 10	4 51 2	19 40 27	22 29 21
14	6 25 24	20 3 31	1 32 22	5 16 8	19 21 40	22 30 4	19 56 10	21 1 34	2 33 41	14 35 25	23 26 5	4 51 36	19 40 22	22 29 38
15	6 29 31	20 4 53	1 33 38	5 22 32	19 21 17	22 30 53	19 55 55	21 2 22	2 33 41	14 35 25	23 26 0	4 52 10	19 40 16	22 29 55
16	6 33 40	20 5 52	1 34 51	5 28 44	19 20 55	22 31 41	19 55 39	21 3 9	2 33 41	14 35 24	23 25 55	4 52 45	19 40 11	22 30 12
17	6 37 51	20 6 27	1 36 1	5 34 43	19 20 34	22 32 27	19 55 24	21 3 56	2 33 41	14 35 23	23 25 50	4 53 21	19 40 6	22 30 29
18	6 42 4	20 6 38	1 37 10	5 40 29	19 20 14	22 33 11	19 55 8	21 4 42	2 33 40	14 35 20	23 25 45	4 53 56	19 40 1	22 30 45
19	6 46 18	20 6 24	1 38 16	5 46 2	19 19 54	22 33 54	19 54 54	21 5 27	2 33 40	14 35 17	23 25 39	4 54 32	19 39 56	22 31 1
20	6 50 34	20 5 44	1 39 19	5 51 22	19 19 34	22 34 35	19 54 39	21 6 11	2 33 39	14 35 12	23 25 34	4 55 9	19 39 52	22 31 17
21	6 54 51	20 4 39	1 40 20	5 56 29	19 19 16	22 35 15	19 54 24	21 6 55	2 33 38	14 35 7	23 25 28	4 55 46	19 39 47	22 31 33
22	6 59 10	20 3 8	1 41 19	6 1 22	19 18 58	22 35 54	19 54 10	21 7 38	2 33 37	14 35 0	23 25 23	4 56 22	19 39 42	22 31 49
23	7 3 30	20 1 10	1 42 14	6 6 2	19 18 41	22 36 30	19 53 56	21 8 19	2 33 36	14 34 53	23 25 17	4 57 0	19 39 38	22 32 4
24	7 7 52	19 58 44	1 43 8	6 10 29	19 18 25	22 37 5	19 53 43	21 9 0	2 33 34	14 34 45	23 25 11	4 57 37	19 39 33	22 32 19
25	7 12 14	19 55 51	1 43 58	6 14 42	19 18 9	22 37 39	19 53 30	21 9 40	2 33 33	14 34 35	23 25 6	4 58 15	19 39 29	22 32 34
26	7 16 38	19 52 30	1 44 46	6 18 42	19 17 54	22 38 11	19 53 17	21 10 19	2 33 31	14 34 25	23 25 0	4 58 53	19 39 24	22 32 48
27	7 21 3	19 48 40	1 45 31	6 22 28	19 17 40	22 38 41	19 53 4	21 10 57	2 33 29	14 34 14	23 24 54	4 59 31	19 39 20	22 33 3
28	7 25 29	19 44 22	1 46 13	6 26 1	19 17 27	22 39 10	19 52 52	21 11 35	2 33 26	14 34 3	23 24 48	5 0 9	19 39 16	22 33 17
29	7 29 55	19 39 35	1 46 52	6 29 21	19 17 14	22 39 37	19 52 40	21 12 11	2 33 24	14 33 50	23 24 43	5 0 47	19 39 12	22 33 31
30	7 34 23	19 34 19	1 47 28	6 32 26	19 17 2	22 40 2	19 52 28	21 12 46	2 33 21	14 33 37	23 24 37	5 1 26	19 39 8	22 33 44
31	7 38 52	19N28 34	1 48 1	6N35 18	19 16 51	22S40 26	19 52 16	21S13 21	2 33 18	14N33 22	23 24 31	5S 2 5	19 39 4	22S33 58

DAY	SIDEREAL TIME h m s	☉ SUN LONG ° ' "	MOT ' "	R.A. h m s	DECL ° ' "
1 Tu	22 42 28	13♌59 45	58 3	10 42 28.1	8N11 13
2 W	22 46 24	14 57 48	58 4	10 46 5.3	7 49 22
3 Th	22 50 21	15 55 52	58 6	10 49 42.3	7 27 25
4 F	22 54 17	16 53 58	58 8	10 53 19.0	7 5 19
5 S	22 58 14	17 52 6	58 10	10 56 55.5	6 43 7
6 Su	23 2 10	18 50 16	58 12	11 0 31.7	6 20 49
7 M	23 6 7	19 48 28	58 14	11 4 7.8	5 58 24
8 Tu	23 10 4	20 46 41	58 16	11 7 43.7	5 35 53
9 W	23 14 0	21 44 57	58 18	11 11 19.4	5 13 16
10 Th	23 17 57	22 43 14	58 20	11 14 55.0	4 50 34
11 F	23 21 53	23 41 34	58 22	11 18 30.5	4 27 47
12 S	23 25 50	24 39 56	58 24	11 22 5.9	4 4 55
13 Su	23 29 46	25 38 20	58 26	11 25 41.2	3 41 59
14 M	23 33 43	26 36 46	58 28	11 29 16.5	3 18 58
15 Tu	23 37 39	27 35 14	58 30	11 32 51.7	2 55 54
16 W	23 41 36	28 33 44	58 32	11 36 26.9	2 32 47
17 Th	23 45 32	29 32 16	58 34	11 40 2.1	2 9 36
18 F	23 49 29	0♍30 50	58 36	11 43 37.3	1 46 23
19 S	23 53 26	1 29 26	58 38	11 47 12.5	1 23 7
20 Su	23 57 22	2 28 4	58 40	11 50 47.8	0 59 49
21 M	0 1 19	3 26 43	58 41	11 54 23.1	0 36 30
22 Tu	0 5 15	4 25 25	58 43	11 57 58.5	0 13 10
23 W	0 9 12	5 24 7	58 45	12 1 34.0	0S10 12
24 Th	0 13 8	6 22 52	58 46	12 5 9.6	0 33 33
25 F	0 17 5	7 21 38	58 48	12 8 45.4	0 56 56
26 S	0 21 1	8 20 26	58 50	12 12 21.2	1 20 17
27 Su	0 24 58	9 19 16	58 52	12 15 57.3	1 43 39
28 M	0 28 55	10 18 7	58 53	12 19 33.5	2 6 59
29 Tu	0 32 51	11 17 0	58 55	12 23 10.0	2 30 19
30 W	0 36 48	12♍15 56	58 57	12 26 46.7	2S53 36

DAY	☽ MOON AT 0 HOURS LONG ° ' "	12h MOT ° ' "	2DIF "	R.A. h m s	DECL ° ' "	☽ MOON AT 12 HOURS LONG ° ' "	12h MOT ° ' "	2DIF "	R.A. h m s	DECL ° ' "
1	29♑59 30	6 13 55	-75	21 55 12	17S13 3	6♒13 25	6 11 27	-73	22 19 48	15S16 24
2	12♒24 52	6 9 3	-71	22 43 47	13 10 46	18 33 55	6 6 43	-68	23 7 10	10 57 50
3	24 40 38	6 4 29	-65	23 30 2	8 39 13	0♓45 7	6 2 22	-61	23 52 29	6 16 25
4	6♓47 30	6 0 25	-56	0 14 36	3 50 53	12 47 55	5 58 40	-49	0 36 28	1 23 56
5	18 46 35	5 57 10	-40	0 58 11	1N 3 9	24 43 45	5 55 58	-31	1 19 52	3N29 11
6	0♈39 44	5 55 8	-19	1 41 35	5 53 0	6♈34 51	5 54 42	-6	2 3 28	8 13 26
7	12 29 33	5 54 44	8	2 25 35	10 29 23	18 24 17	5 55 16	24	2 48 2	12 39 40
8	24 19 33	5 56 21	42	3 10 55	14 43 5	0♉15 54	5 58 2	60	3 34 18	16 38 22
9	6♉13 57	6 0 21	79	3 58 17	18 24 13	12 14 18	6 3 19	99	4 22 54	19 59 14
10	18 17 37	6 6 57	119	4 48 12	21 21 55	24 24 34	6 11 16	139	5 14 12	22 30 47
11	0♊35 50	6 16 13	158	5 40 55	23 24 18	6♊52 3	6 21 48	176	6 8 17	24 0 57
12	13 13 51	6 27 57	192	6 36 15	24 19 22	19 41 48	6 34 36	205	7 4 44	24 18 19
13	26 16 23	6 41 38	215	7 33 36	23 56 53	2♋58 1	6 48 55	220	8 2 43	23 14 29
14	9♋46 56	6 56 18	220	8 31 57	22 10 56	16 43 14	7 3 35	214	9 1 10	20 46 34
15	23 46 49	7 10 35	202	9 30 15	19 2 9	0♌57 24	7 17 3	183	9 59 7	16 58 59
16	8♌14 27	7 22 47	158	10 27 44	14 38 50	15 37 14	7 27 34	127	10 56 3	12 3 51
17	23 4 48	7 31 13	91	11 24 6	9 16 32	0♍36 1	7 33 38	52	11 51 55	6 19 41
18	8♍ 9 39	7 34 43	12	12 19 33	3 16 18	15 44 22	7 34 27	-27	12 47 6	0 9 33
19	23 18 49	7 32 55	-64	13 14 38	2S57 25	0♎51 44	7 30 11	-97	13 42 14	6S 1 22
20	8♎21 56	7 26 26	-125	14 10 0	8 59 14	15 48 22	7 21 51	-147	14 38 1	11 48 1
21	23 10 13	7 16 37	-163	15 6 19	14 24 58	0♏26 50	7 10 57	-174	15 34 56	16 47 32
22	7♏37 47	7 5 3	-178	16 3 53	18 53 31	14 42 50	6 59 4	-178	16 33 7	20 41 3
23	21 41 53	6 53 9	-175	17 2 35	22 8 39	28 35 2	6 47 26	-168	17 32 10	23 15 16
24	5♐22 28	6 41 59	-158	18 1 45	24 0 21	12♐ 4 27	6 36 52	-148	18 31 11	24 23 47
25	18 41 19	6 32 8	-136	19 0 21	24 25 55	25 13 27	6 27 48	-124	19 29 4	24 7 29
26	1♑41 15	6 23 51	-113	19 57 15	23 29 36	8♑ 5 5	6 20 16	-102	20 24 48	22 33 38
27	14 25 21	6 17 2	-92	20 51 39	21 21 9	20 42 24	6 14 8	-83	21 17 45	19 53 49
28	26 56 32	6 11 31	-75	21 43 9	18 13 21	3♒ 8 3	6 9 9	-68	22 7 50	16 21 30
29	9♒17 12	6 7 1	-61	22 31 51	14 19 56	15 24 13	6 5 4	-56	22 55 17	12 10 16
30	21♒29 17	6 3 16	-51	23 18 12	9S54 4	27♒32 33	6 1 38	-47	23 40 40	7S32 49

LUNAR INGRESSES
1 ☽ ♒ 0:01
3 ☽ ♓ 10:31
5 ☽ ♈ 22:40
8 ☽ ♉ 11:28
10 ☽ ♊ 22:51
13 ☽ ♋ 6:42
15 ☽ ♌ 10:25
17 ☽ ♍ 11:03
19 ☽ ♎ 10:38
21 ☽ ♏ 11:16
23 ☽ ♐ 14:29
25 ☽ ♑ 20:51
28 ☽ ♒ 5:55
30 ☽ ♓ 16:53

PLANET INGRESSES
1 ♀ ♋ 16:29
2 ☿ ♍ 19:10
17 ☉ ♍ 11:22
23 ☿ ♎ 4:09
28 ♀ ♌ 13:55

STATIONS
9 ♂ R 22:24
13 ♃ D 0:42
29 ♄ D 5:13

DATA FOR THE 1st AT 0 HOURS
JULIAN DAY 44073.5
☽ MEAN ☊ 0°♊ 17' 34"
OBLIQUITY 23° 26' 13"
DELTA T 76.4 SECONDS
NUTATION LONGITUDE-16.3"

DAY MO YR	☿ LONG ° ' "	♀ LONG ° ' "	♂ LONG ° ' "	♃ LONG ° ' "	♄ LONG ° ' "	♅ LONG ° ' "	♆ LONG ° ' "	♇ LONG ° ' "
1 245	26♌57 14	29♊16 6	2♈32 41	22♐36R49	0♑56R50	15♈33R25	24♒49R 7	27♐43R23
2 246	28 39 21	0♋20 4	2 39 51	22 34 37	0 54 16	15 32 35	24 47 30	27 42 30
3 247	0♍20 13	1 24 18	2 46 12	22 32 36	0 51 47	15 31 43	24 45 52	27 41 39
4 248	1 59 51	2 28 47	2 51 44	22 30 47	0 49 23	15 30 48	24 44 14	27 40 49
5 249	3 38 17	3 33 31	2 56 25	22 29 8	0 47 4	15 29 51	24 42 36	27 40 0
6 250	5 15 30	4 38 30	3 0 16	22 27 42	0 44 50	15 28 50	24 40 57	27 39 12
7 251	6 51 33	5 43 44	3 3 16	22 26 26	0 42 41	15 27 47	24 39 19	27 38 26
8 252	8 26 25	6 49 11	3 5 23	22 25 22	0 40 37	15 26 41	24 37 40	27 37 42
9 253	10 0 7	7 54 52	3 6R39	22 24 30	0 38 38	15 25 33	24 36 1	27 36 59
10 254	11 32 40	9 0 47	3 7 2	22 23 48	0 36 45	15 24 22	24 34 21	27 36 17
11 255	13 4 3	10 6 55	3 6 31	22 23 19	0 34 57	15 23 8	24 32 42	27 35 37
12 256	14 34 17	11 13 15	3 5 8	22 23 1	0 33 14	15 21 52	24 31 3	27 34 58
13 257	16 3 22	12 19 48	3 2 51	22 22D55	0 31 37	15 20 33	24 29 23	27 34 21
14 258	17 31 17	13 26 33	2 59 41	22 23 0	0 30 6	15 19 12	24 27 44	27 33 46
15 259	18 58 2	14 33 30	2 55 37	22 23 17	0 28 40	15 17 48	24 26 5	27 33 12
16 260	20 23 35	15 40 39	2 50 41	22 23 46	0 27 19	15 16 22	24 24 26	27 32 39
17 261	21 47 57	16 47 59	2 44 51	22 24 26	0 26 5	15 14 53	24 22 47	27 32 8
18 262	23 11 4	17 55 30	2 38 10	22 25 18	0 24 56	15 13 22	24 21 8	27 31 39
19 263	24 32 56	19 3 11	2 30 38	22 26 21	0 23 53	15 11 48	24 19 29	27 31 12
20 264	25 53 30	20 11 3	2 22 15	22 27 36	0 22 55	15 10 12	24 17 51	27 30 46
21 265	27 12 44	21 19 5	2 13 4	22 29 3	0 22 4	15 8 34	24 16 13	27 30 22
22 266	28 30 34	22 27 17	2 3 4	22 30 41	0 21 18	15 6 54	24 14 35	27 29 59
23 267	29 46 57	23 35 39	1 52 18	22 32 31	0 20 38	15 5 11	24 12 58	27 29 38
24 268	1♎ 1 50	24 44 10	1 40 46	22 34 32	0 20 4	15 3 26	24 11 21	27 29 19
25 269	2 15 6	25 52 51	1 28 31	22 36 45	0 19 36	15 1 40	24 9 45	27 29 2
26 270	3 26 42	27 1 42	1 15 34	22 39 8	0 19 14	14 59 51	24 8 9	27 28 46
27 271	4 36 30	28 10 41	1 1 57	22 41 44	0 18 58	14 58 0	24 6 34	27 28 32
28 272	5 44 25	29 19 50	0 47 40	22 44 30	0 18 48	14 56 7	24 4 59	27 28 19
29 273	6 50 17	0♌29 8	0 32 48	22 47 27	0 18D43	14 54 12	24 3 25	27 28 9
30 274	7♎54 0	1♌38 34	0♈17 20	22♐50 36	0♑18 45	14♈52 15	24♒ 1 52	27♐28 0

DAY MO YR	☊ LONG ° '	A.S.S.I. h m s	S.S.R.Y. h m s	S.V.P. ♓ ° ' "	☿ MERCURY R.A. h m s	DECL ° ' "
1 245	1♊24	13 27 10	30 11 46	4 58 32.2	11 31 58	4N 0 54
2 246	1 13	13 31 43	30 10 53	4 58 32.1	11 38 4	3 14 41
3 247	1 00	13 36 15	30 9 52	4 58 32.1	11 44 4	2 28 39
4 248	0 47	13 40 48	30 8 47	4 58 32.1	11 49 59	1 42 51
5 249	0 34	13 45 20	30 7 42	4 58 32.1	11 55 49	0 57 19
6 250	0 24	13 49 51	30 6 40	4 58 32.0	12 1 35	0 12 5
7 251	0 16	13 54 23	30 5 43	4 58 32.0	12 7 16	0S32 48
8 252	0 11	13 58 54	30 4 52	4 58 31.9	12 12 52	1 17 19
9 253	0 09	14 3 25	30 4 11	4 58 31.8	12 18 25	2 1 25
10 254	0 08	14 7 56	30 3 40	4 58 31.7	12 23 53	2 45 6
11 255	0 08	14 12 27	30 3 21	4 58 31.5	12 29 17	3 28 18
12 256	0 08	14 16 57	30 3 13	4 58 31.3	12 34 37	4 11 1
13 257	0 06	14 21 28	30 3 17	4 58 31.1	12 39 53	4 53 12
14 258	0 02	14 25 58	30 3 34	4 58 31.0	12 45 6	5 34 51
15 259	29♉55	14 30 29	30 4 2	4 58 30.8	12 50 15	6 15 55
16 260	29 46	14 34 59	30 4 42	4 58 30.8	12 55 20	6 56 22
17 261	29 35	14 39 29	30 5 31	4 58 30.7	13 0 22	7 36 11
18 262	29 23	14 44 0	30 6 27	4 58 30.7	13 5 19	8 15 20
19 263	29 13	14 48 30	30 7 29	4 58 30.7	13 10 13	8 53 47
20 264	29 04	14 53 1	30 8 33	4 58 30.7	13 15 3	9 31 30
21 265	28 58	14 57 31	30 9 35	4 58 30.6	13 19 50	10 8 28
22 266	28 55	15 2 2	30 10 32	4 58 30.5	13 24 32	10 44 37
23 267	28 54	15 6 32	30 11 20	4 58 30.3	13 29 9	11 19 56
24 268	28 54	15 11 3	30 11 57	4 58 30.1	13 33 42	11 54 23
25 269	28 54	15 15 34	30 12 22	4 58 29.9	13 38 10	12 27 54
26 270	28 52	15 20 6	30 12 32	4 58 29.7	13 42 33	13 0 26
27 271	28 48	15 24 37	30 12 28	4 58 29.6	13 46 51	13 31 58
28 272	28 41	15 29 9	30 12 12	4 58 29.5	13 51 2	14 2 25
29 273	28 31	15 33 41	30 11 43	4 58 29.4	13 55 7	14 31 45
30 274	28♉19	15 38 13	30 11 4	4 58 29.4	13 59 5	14S59 52

DAY Sep	♀ VENUS R.A. h m s	DECL ° ' "	♂ MARS R.A. h m s	DECL ° ' "	♃ JUPITER R.A. h m s	DECL ° ' "	♄ SATURN R.A. h m s	DECL ° ' "
1	7 43 21	19N22 19	1 48 31	6N37 56	19 16 41	22S40 49	19 52 5	21S13 54
2	7 47 52	19 15 34	1 48 59	6 40 21	19 16 32	22 41 10	19 51 55	21 14 27
3	7 52 22	19 8 20	1 49 23	6 42 31	19 16 23	22 41 29	19 51 44	21 14 59
4	7 56 54	19 0 35	1 49 43	6 44 27	19 16 15	22 41 47	19 51 34	21 15 29
5	8 1 26	18 52 21	1 50 1	6 46 10	19 16 8	22 42 3	19 51 24	21 15 59
6	8 5 59	18 43 36	1 50 15	6 47 38	19 16 2	22 42 17	19 51 15	21 16 27
7	8 10 32	18 34 21	1 50 26	6 48 52	19 15 57	22 42 30	19 51 6	21 16 55
8	8 15 6	18 24 36	1 50 34	6 49 53	19 15 52	22 42 42	19 50 57	21 17 21
9	8 19 40	18 14 20	1 50 38	6 50 39	19 15 48	22 42 52	19 50 49	21 17 47
10	8 24 14	18 3 35	1 50 39	6 51 11	19 15 45	22 43 0	19 50 41	21 18 11
11	8 28 49	17 52 20	1 50 36	6 51 28	19 15 43	22 43 7	19 50 33	21 18 34
12	8 33 24	17 40 35	1 50 30	6 51 32	19 15 42	22 43 12	19 50 26	21 18 57
13	8 37 59	17 28 20	1 50 21	6 51 22	19 15 42	22 43 16	19 50 20	21 19 18
14	8 42 34	17 15 35	1 50 8	6 50 58	19 15 42	22 43 18	19 50 13	21 19 38
15	8 47 9	17 2 21	1 49 51	6 50 21	19 15 43	22 43 18	19 50 7	21 19 57
16	8 51 45	16 48 38	1 49 31	6 49 30	19 15 45	22 43 17	19 50 2	21 20 16
17	8 56 20	16 34 27	1 49 8	6 48 26	19 15 48	22 43 15	19 49 56	21 20 33
18	9 0 56	16 19 46	1 48 41	6 47 8	19 15 52	22 43 11	19 49 52	21 20 49
19	9 5 31	16 4 38	1 48 11	6 45 39	19 15 57	22 43 5	19 49 47	21 21 3
20	9 10 6	15 49 1	1 47 38	6 43 57	19 16 2	22 42 58	19 49 43	21 21 17
21	9 14 41	15 32 56	1 47 1	6 42 3	19 16 8	22 42 49	19 49 40	21 21 30
22	9 19 17	15 16 25	1 46 21	6 39 58	19 16 15	22 42 38	19 49 36	21 21 41
23	9 23 51	14 59 26	1 45 38	6 37 43	19 16 23	22 42 26	19 49 34	21 21 52
24	9 28 26	14 42 1	1 44 53	6 35 17	19 16 32	22 42 13	19 49 31	21 22 1
25	9 33 1	14 24 9	1 44 4	6 32 41	19 16 42	22 41 58	19 49 29	21 22 9
26	9 37 35	14 5 52	1 43 12	6 29 57	19 16 52	22 41 41	19 49 28	21 22 16
27	9 42 10	13 47 10	1 42 18	6 27 3	19 17 3	22 41 23	19 49 27	21 22 22
28	9 46 43	13 28 2	1 41 22	6 24 2	19 17 15	22 41 4	19 49 26	21 22 27
29	9 51 17	13 8 30	1 40 22	6 20 53	19 17 28	22 40 42	19 49 26	21 22 31
30	9 55 51	12N48 34	1 39 21	6N17 37	19 17 41	22S40 20	19 49 26	21S22 34

DAY Sep	♅ URANUS R.A. h m s	DECL ° ' "	♆ NEPTUNE R.A. h m s	DECL ° ' "	♇ PLUTO R.A. h m s	DECL ° ' "
1	2 33 15	14N33 7	23 24 25	5S 2 44	19 39 0	22S34 11
2	2 33 12	14 32 51	23 24 19	5 3 23	19 38 56	22 34 24
3	2 33 9	14 32 34	23 24 13	5 4 2	19 38 53	22 34 37
4	2 33 5	14 32 16	23 24 7	5 4 41	19 38 49	22 34 49
5	2 33 1	14 31 57	23 24 1	5 5 21	19 38 46	22 35 1
6	2 32 57	14 31 37	23 23 55	5 6 0	19 38 43	22 35 13
7	2 32 53	14 31 17	23 23 49	5 6 39	19 38 39	22 35 25
8	2 32 49	14 30 56	23 23 43	5 7 19	19 38 36	22 35 36
9	2 32 45	14 30 34	23 23 37	5 7 58	19 38 33	22 35 47
10	2 32 40	14 30 11	23 23 31	5 8 38	19 38 30	22 35 58
11	2 32 35	14 29 47	23 23 25	5 9 17	19 38 27	22 36 8
12	2 32 30	14 29 23	23 23 19	5 9 57	19 38 25	22 36 18
13	2 32 25	14 28 57	23 23 12	5 10 36	19 38 22	22 36 28
14	2 32 20	14 28 31	23 23 6	5 11 16	19 38 20	22 36 38
15	2 32 14	14 28 5	23 23 0	5 11 55	19 38 17	22 36 48
16	2 32 9	14 27 37	23 22 54	5 12 34	19 38 15	22 36 57
17	2 32 3	14 27 9	23 22 48	5 13 13	19 38 13	22 37 6
18	2 31 57	14 26 39	23 22 42	5 13 52	19 38 11	22 37 14
19	2 31 51	14 26 10	23 22 36	5 14 31	19 38 9	22 37 22
20	2 31 45	14 25 39	23 22 30	5 15 10	19 38 7	22 37 30
21	2 31 38	14 25 8	23 22 24	5 15 49	19 38 6	22 37 38
22	2 31 32	14 24 36	23 22 18	5 16 27	19 38 4	22 37 45
23	2 31 25	14 24 3	23 22 12	5 17 5	19 38 3	22 37 52
24	2 31 18	14 23 30	23 22 6	5 17 43	19 38 1	22 37 59
25	2 31 11	14 22 56	23 22 0	5 18 21	19 38 0	22 38 5
26	2 31 4	14 22 21	23 21 54	5 18 58	19 37 59	22 38 12
27	2 30 57	14 21 46	23 21 48	5 19 35	19 37 58	22 38 18
28	2 30 50	14 21 10	23 21 42	5 20 12	19 37 57	22 38 23
29	2 30 42	14 20 34	23 21 37	5 20 49	19 37 57	22 38 29
30	2 30 34	14N19 57	23 21 31	5S21 26	19 37 56	22S38 34

OCTOBER 2020

DAY	SIDEREAL TIME h m s	☉ SUN LONG ° ' "	MOT ' "	R.A. h m s	DECL ° ' "	☽ MOON AT 0 HOURS LONG ° ' "	12h MOT ° ' "	2DIF "	R.A. h m s	DECL ° ' "	☽ MOON AT 12 HOURS LONG ° ' "	12h MOT ° ' "	2DIF "	R.A. h m s	DECL ° ' "
1 Th	0 40 44	13♍14 53	58 59	12 30 23.7	3S16 52	3♓34 12	6 0 9	-43	0 2 48	5S 7 55	9♓34 20	5 58 48	-38	0 24 40	2S40 43
2 F	0 44 41	14 13 52	59 1	12 34 1.0	3 40 6	15 33 8	5 57 35	-34	0 46 22	0 12 32	21 30 43	5 56 33	-28	1 8 0	2N15 25
3 S	0 48 37	15 12 53	59 3	12 37 38.6	4 3 17	27 27 16	5 55 42	-22	1 29 40	4N41 51	3♈22 59	5 55 5	-15	1 51 26	7 5 36
4 Su	0 52 34	16 11 56	59 5	12 41 16.5	4 26 25	9♈18 3	5 54 42	-7	2 13 24	9 25 25	15 12 46	5 54 38	3	2 35 39	11 40 6
5 M	0 56 30	17 11 1	59 8	12 44 54.8	4 49 31	21 7 24	5 54 54	14	2 58 16	13 48 23	27 2 18	5 55 34	26	3 21 20	15 49 0
6 Tu	1 0 27	18 10 8	59 10	12 48 33.4	5 12 32	2♉57 52	5 56 40	40	3 44 53	17 40 39	8♉54 32	5 58 15	55	4 9 1	19 21 58
7 W	1 4 24	19 9 18	59 12	12 52 12.5	5 35 30	14 52 46	6 0 21	72	4 33 44	20 51 35	20 53 7	6 3 1	89	4 59 3	22 8 7
8 Th	1 8 20	20 8 30	59 14	12 55 52.0	5 58 24	26 56 8	6 6 17	107	5 25 0	23 10 12	3♊ 2 25	6 10 10	126	5 51 32	23 56 30
9 F	1 12 17	21 7 44	59 17	12 59 32.0	6 21 13	9♊12 35	6 14 40	145	6 18 36	24 25 45	15 27 15	6 19 49	163	6 46 9	24 36 54
10 S	1 16 13	22 7 1	59 19	13 3 12.4	6 43 57	21 47 4	6 25 33	180	7 14 4	24 29 1	28 12 36	6 31 50	196	7 42 15	24 1 27
11 Su	1 20 10	23 6 20	59 21	13 6 53.3	7 6 36	4♋44 26	6 38 37	209	8 10 35	23 13 52	11♋23 3	6 45 47	219	8 38 59	22 6 14
12 M	1 24 6	24 5 41	59 24	13 10 34.7	7 29 9	18 8 50	6 53 13	224	9 7 21	20 38 55	25 2 3	7 0 44	224	9 35 36	18 52 36
13 Tu	1 28 3	25 5 4	59 26	13 14 16.6	7 51 36	2♌ 2 47	7 8 10	219	10 3 42	16 48 24	9♌10 57	7 15 18	206	10 31 36	14 27 45
14 W	1 31 59	26 4 30	59 28	13 17 59.1	8 13 57	16 26 15	7 21 54	187	10 59 21	11 52 28	23 48 10	7 27 44	160	11 26 56	9 4 42
15 Th	1 35 56	27 3 58	59 30	13 21 42.1	8 36 11	1♍15 54	7 32 35	128	11 54 27	6 6 56	8♍48 30	7 36 15	90	12 21 57	3 1 53
16 F	1 39 53	28 3 29	59 32	13 25 25.7	8 58 17	16 24 45	7 38 36	49	12 49 32	0S 7 24	24 3 21	7 39 32	6	13 17 17	3S17 44
17 S	1 43 49	29 3 1	59 34	13 29 9.9	9 20 16	1♎42 52	7 39 1	-36	13 45 16	6 25 45	9♎21 53	7 37 7	-76	14 13 36	9 28 1
18 Su	1 47 46	0♎ 2 35	59 36	13 32 54.7	9 42 7	16 59 0	7 33 56	-112	14 42 21	12 21 9	24 32 56	7 29 37	-143	15 11 31	15 1 53
19 M	1 51 42	1 2 12	59 38	13 36 40.1	10 3 50	2♏ 2 32	7 24 22	-168	15 41 8	17 27 13	9♏26 55	7 18 24	-186	16 11 10	19 34 27
20 Tu	1 55 39	2 1 50	59 40	13 40 26.1	10 25 24	16 45 19	7 11 57	-198	16 41 33	21 21 23	23 57 15	7 5 11	-204	17 12 8	22 46 21
21 W	1 59 35	3 1 30	59 42	13 44 12.8	10 46 48	1♐ 2 27	6 58 20	-205	17 42 48	23 48 18	8♐ 0 47	6 51 33	-201	18 13 21	24 26 49
22 Th	2 3 32	4 1 11	59 44	13 48 0.1	11 8 3	14 52 20	6 44 58	-193	18 43 36	24 42 7	21 37 17	6 38 41	-183	19 13 24	24 34 58
23 F	2 7 28	5 0 55	59 45	13 51 48.0	11 29 8	28 15 58	6 32 48	-170	19 42 34	24 6 37	4♑48 46	6 27 21	-156	20 10 59	23 18 37
24 S	2 11 25	6 0 40	59 47	13 55 36.7	11 50 2	11♑16 7	6 22 23	-142	20 38 36	22 12 49	17 38 29	6 17 54	-127	21 5 22	20 51 5
25 Su	2 15 22	7 0 26	59 49	13 59 26.0	12 10 45	23 56 24	6 13 55	-112	21 31 17	19 15 22	0♒10 19	6 10 25	-98	21 56 22	17 27 32
26 M	2 19 18	8 0 15	59 50	14 3 16.0	12 31 17	6♒20 44	6 7 22	-85	22 20 42	15 29 24	12 28 6	6 4 45	-73	22 44 21	13 22 38
27 Tu	2 23 15	9 0 5	59 52	14 7 6.7	12 51 37	18 32 51	6 2 32	-61	23 7 24	11 8 47	24 35 23	6 0 40	-51	23 29 57	8 49 20
28 W	2 27 11	9 59 57	59 54	14 10 58.2	13 11 45	0♓36 3	5 59 8	-41	23 52 6	6 25 37	6♓35 11	5 57 54	-33	0 13 57	3 58 57
29 Th	2 31 8	10 59 50	59 55	14 14 50.4	13 31 41	12 33 4	5 56 56	-25	0 35 35	1 30 34	18 30 1	5 56 13	-18	0 57 8	0N58 20
30 F	2 35 4	11 59 46	59 57	14 18 43.4	13 51 24	24 26 13	5 55 43	-12	1 18 41	3N26 32	0♈21 57	5 55 26	-5	1 40 20	5 52 52
31 S	2 39 1	12♎59 43	59 59	14 22 37.1	14S10 53	6♈17 23	5 55 21	1	2 2 9	8N16 4	12♈12 44	5 55 29	7	2 24 15	10N34 55

LUNAR INGRESSES
3 ☽ ♈ 5:09
5 ☽ ♉ 18:00
8 ☽ ♊ 6:02
10 ☽ ♋ 15:19
12 ☽ ♌ 20:31
14 ☽ ♍ 21:59
16 ☽ ♎ 21:19
18 ☽ ♏ 20:43
20 ☽ ♐ 22:14
23 ☽ ♑ 3:10
25 ☽ ♒ 11:40
27 ☽ ♓ 22:48
30 ☽ ♈ 11:16

PLANET INGRESSES
1 ♂ ♓ 1:54
17 ☉ ♎ 22:57
23 ♀ ♍ 22:52

STATIONS
4 ♇ D 13:34
14 ☿ R 1:06

DATA FOR THE 1st AT 0 HOURS
JULIAN DAY 44103.5
☽ MEAN ☊ 28°♉ 42' 11"
OBLIQUITY 23° 26' 13"
DELTA T 76.4 SECONDS
NUTATION LONGITUDE-17.8"

DAY MO	YR	☿ LONG ° ' "	♀ LONG ° ' "	♂ LONG ° ' "	♃ LONG ° ' "	♄ LONG ° ' "	♅ LONG ° ' "	♆ LONG ° ' "	♇ LONG ° ' "	☊ LONG ° '	A.S.S.I. h m s	S.S.R.Y. h m s	S.V.P. ♓ ° ' "	☿ MERCURY R.A. h m s	DECL ° ' "
1	275	8♎55 21	2♌48 10	0♈ 1R20	22♐53 55	0♑18 53	14♈50R17	24♒ 0R19	27♐27R53	28♉06	15 42 46	30 10 14	4 58 29.4	14 2 54	15S26 43
2	276	9 54 12	3 57 53	29♓44 49	22 57 26	0 19 6	14 48 17	23 58 47	27 27 47	27 52	15 47 18	30 9 23	4 58 29.4	14 6 36	15 52 14
3	277	10 50 18	5 7 46	29 27 50	23 1 7	0 19 26	14 46 15	23 57 16	27 27 44	27 39	15 51 52	30 8 26	4 58 29.4	14 10 7	16 16 18
4	278	11 43 25	6 17 47	29 10 26	23 4 59	0 19 51	14 44 11	23 55 45	27 27D42	27 29	15 56 26	30 7 27	4 58 29.3	14 13 29	16 38 51
5	279	12 33 19	7 27 56	28 52 38	23 9 1	0 20 23	14 42 5	23 54 16	27 27 42	27 20	16 1 0	30 6 30	4 58 29.3	14 16 39	16 59 45
6	280	13 19 42	8 38 13	28 34 30	23 13 15	0 21 0	14 39 58	23 52 47	27 27 43	27 15	16 5 35	30 5 35	4 58 29.2	14 19 36	17 18 55
7	281	14 2 14	9 48 38	28 16 4	23 17 39	0 21 43	14 37 50	23 51 19	27 27 46	27 12	16 10 10	30 4 45	4 58 29.1	14 22 20	17 36 11
8	282	14 40 35	10 59 11	27 57 23	23 22 13	0 22 33	14 35 40	23 49 52	27 27 52	27 11	16 14 46	30 4 1	4 58 28.9	14 24 48	17 51 25
9	283	15 14 20	12 9 52	27 38 29	23 26 58	0 23 28	14 33 28	23 48 26	27 27 58	27 12	16 19 22	30 3 25	4 58 28.7	14 26 59	18 4 27
10	284	15 43 5	13 20 40	27 19 27	23 31 53	0 24 29	14 31 16	23 47 1	27 28 7	27 12	16 23 59	30 2 59	4 58 28.5	14 28 51	18 15 7
11	285	16 6 23	14 31 35	27 0 17	23 36 59	0 25 36	14 29 1	23 45 37	27 28 18	27 12	16 28 36	30 2 45	4 58 28.4	14 30 23	18 23 12
12	286	16 23 44	15 42 38	26 41 5	23 42 14	0 26 49	14 26 46	23 44 14	27 28 30	27 09	16 33 15	30 2 43	4 58 28.2	14 31 33	18 28 29
13	287	16 34 39	16 53 48	26 21 52	23 47 40	0 28 8	14 24 29	23 42 53	27 28 44	27 04	16 37 53	30 2 55	4 58 28.1	14 32 18	18 30 45
14	288	16 38R38	18 5 4	26 2 42	23 53 16	0 29 33	14 22 11	23 41 32	27 29 0	26 57	16 42 33	30 3 20	4 58 28.0	14 32 37	18 29 44
15	289	16 35 10	19 16 27	25 43 39	23 59 2	0 31 4	14 19 52	23 40 13	27 29 17	26 49	16 47 13	30 3 59	4 58 28.0	14 32 28	18 25 10
16	290	16 23 50	20 27 57	25 24 44	24 4 58	0 32 41	14 17 32	23 38 54	27 29 37	26 39	16 51 54	30 4 50	4 58 28.0	14 31 49	18 16 48
17	291	16 4 12	21 39 32	25 6 3	24 11 4	0 34 24	14 15 11	23 37 37	27 29 58	26 31	16 56 36	30 5 51	4 58 28.0	14 30 40	18 4 23
18	292	15 36 2	22 51 14	24 47 36	24 17 19	0 36 12	14 12 49	23 36 22	27 30 21	26 24	17 1 18	30 6 58	4 58 27.9	14 28 59	17 47 42
19	293	14 59 12	24 3 2	24 29 29	24 23 44	0 38 7	14 10 26	23 35 7	27 30 45	26 19	17 6 1	30 8 7	4 58 27.8	14 26 45	17 26 34
20	294	14 13 49	25 14 55	24 11 43	24 30 19	0 40 7	14 8 2	23 33 54	27 31 12	26 17	17 10 45	30 9 14	4 58 27.6	14 24 1	17 0 56
21	295	13 20 16	26 26 54	23 54 21	24 37 3	0 42 13	14 5 37	23 32 42	27 31 40	26 16	17 15 30	30 10 16	4 58 27.3	14 20 48	16 30 50
22	296	12 19 18	27 38 59	23 37 27	24 43 56	0 44 25	14 3 12	23 31 32	27 32 10	26 17	17 20 16	30 11 9	4 58 27.1	14 17 9	15 56 29
23	297	11 12 0	28 51 9	23 21 1	24 50 59	0 46 42	14 0 47	23 30 23	27 32 42	26 18	17 25 2	30 11 52	4 58 26.9	14 13 9	15 18 17
24	298	9 59 51	0♍ 3 24	23 5 7	24 58 10	0 49 5	13 58 20	23 29 16	27 33 16	26 18	17 29 49	30 12 22	4 58 26.7	14 8 53	14 36 52
25	299	8 44 40	1 15 45	22 49 47	25 5 31	0 51 34	13 55 53	23 28 10	27 33 51	26 17	17 34 37	30 12 39	4 58 26.6	14 4 28	13 53 5
26	300	7 28 36	2 28 10	22 35 2	25 13 1	0 54 8	13 53 26	23 27 6	27 34 28	26 13	17 39 26	30 12 44	4 58 26.5	14 0 3	13 7 58
27	301	6 13 54	3 40 41	22 20 54	25 20 39	0 56 48	13 50 59	23 26 3	27 35 7	26 07	17 44 16	30 12 37	4 58 26.4	13 55 45	12 22 42
28	302	5 2 55	4 53 17	22 7 26	25 28 26	0 59 34	13 48 31	23 25 1	27 35 47	25 59	17 49 7	30 12 19	4 58 26.4	13 51 42	11 38 31
29	303	3 57 50	6 5 58	21 54 37	25 36 21	1 2 25	13 46 3	23 24 2	27 36 30	25 51	17 53 59	30 11 52	4 58 26.3	13 48 3	10 56 41
30	304	3 0 36	7 18 43	21 42 30	25 44 25	1 5 21	13 43 35	23 23 4	27 37 13	25 42	17 58 51	30 11 17	4 58 26.3	13 44 53	10 18 18
31	305	2♎12 48	8♍31 34	21♓31 5	25♐52 37	1♑ 8 22	13♈41 6	23♒22 7	27♐37 59	25♉34	18 3 45	30 10 35	4 58 26.3	13 42 18	9S44 19

DAY Oct	♀ VENUS R.A. h m s	DECL ° ' "	♂ MARS R.A. h m s	DECL ° ' "	♃ JUPITER R.A. h m s	DECL ° ' "	♄ SATURN R.A. h m s	DECL ° ' "	♅ URANUS R.A. h m s	DECL ° ' "	♆ NEPTUNE R.A. h m s	DECL ° ' "	♇ PLUTO R.A. h m s	DECL ° ' "
1	10 0 24	12N28 15	1 38 17	6N14 15	19 17 56	22S39 55	19 49 27	21S22 35	2 30 27	14N19 19	23 21 25	5S22 2	19 37 55	22S38 38
2	10 4 57	12 7 32	1 37 11	6 10 48	19 18 11	22 39 29	19 49 28	21 22 36	2 30 19	14 18 41	23 21 20	5 22 38	19 37 55	22 38 43
3	10 9 30	11 46 27	1 36 4	6 7 16	19 18 26	22 39 2	19 49 29	21 22 35	2 30 11	14 18 2	23 21 14	5 23 13	19 37 55	22 38 47
4	10 14 2	11 24 59	1 34 54	6 3 39	19 18 43	22 38 33	19 49 31	21 22 33	2 30 3	14 17 23	23 21 8	5 23 48	19 37 55	22 38 51
5	10 18 35	11 3 10	1 33 44	5 59 59	19 19 0	22 38 2	19 49 33	21 22 31	2 29 55	14 16 43	23 21 3	5 24 23	19 37 55	22 38 54
6	10 23 7	10 41 0	1 32 31	5 56 17	19 19 19	22 37 30	19 49 36	21 22 27	2 29 46	14 16 3	23 20 57	5 24 57	19 37 55	22 38 57
7	10 27 38	10 18 30	1 31 18	5 52 32	19 19 38	22 36 56	19 49 39	21 22 21	2 29 38	14 15 22	23 20 52	5 25 31	19 37 55	22 39 0
8	10 32 10	9 55 39	1 30 3	5 48 47	19 19 57	22 36 20	19 49 42	21 22 15	2 29 30	14 14 41	23 20 47	5 26 5	19 37 56	22 39 3
9	10 36 41	9 32 29	1 28 47	5 45 1	19 20 18	22 35 43	19 49 46	21 22 8	2 29 21	14 13 59	23 20 41	5 26 38	19 37 56	22 39 5
10	10 41 12	9 9 0	1 27 31	5 41 16	19 20 39	22 35 5	19 49 51	21 21 59	2 29 12	14 13 17	23 20 36	5 27 10	19 37 57	22 39 7
11	10 45 43	8 45 14	1 26 14	5 37 32	19 21 1	22 34 25	19 49 56	21 21 50	2 29 4	14 12 34	23 20 31	5 27 43	19 37 58	22 39 8
12	10 50 14	8 21 9	1 24 57	5 33 51	19 21 23	22 33 43	19 50 1	21 21 39	2 28 55	14 11 51	23 20 26	5 28 15	19 37 59	22 39 10
13	10 54 44	7 56 47	1 23 40	5 30 13	19 21 47	22 32 59	19 50 6	21 21 27	2 28 46	14 11 8	23 20 21	5 28 46	19 38 0	22 39 11
14	10 59 14	7 32 10	1 22 23	5 26 38	19 22 11	22 32 14	19 50 12	21 21 15	2 28 37	14 10 24	23 20 16	5 29 17	19 38 1	22 39 12
15	11 3 44	7 7 16	1 21 6	5 23 9	19 22 35	22 31 28	19 50 19	21 21 1	2 28 28	14 9 40	23 20 11	5 29 47	19 38 2	22 39 12
16	11 8 14	6 42 7	1 19 50	5 19 46	19 23 1	22 30 39	19 50 26	21 20 46	2 28 19	14 8 56	23 20 6	5 30 17	19 38 4	22 39 13
17	11 12 44	6 16 44	1 18 34	5 16 29	19 23 27	22 29 50	19 50 33	21 20 29	2 28 9	14 8 11	23 20 1	5 30 47	19 38 5	22 39 12
18	11 17 13	5 51 8	1 17 20	5 13 20	19 23 54	22 28 58	19 50 41	21 20 12	2 28 0	14 7 26	23 19 56	5 31 15	19 38 7	22 39 12
19	11 21 43	5 25 18	1 16 6	5 10 20	19 24 21	22 28 5	19 50 49	21 19 53	2 27 51	14 6 41	23 19 52	5 31 44	19 38 9	22 39 11
20	11 26 12	4 59 15	1 14 54	5 7 29	19 24 49	22 27 10	19 50 57	21 19 34	2 27 41	14 5 55	23 19 47	5 32 11	19 38 11	22 39 10
21	11 30 41	4 33 1	1 13 43	5 4 48	19 25 18	22 26 13	19 51 6	21 19 13	2 27 32	14 5 10	23 19 43	5 32 38	19 38 13	22 39 9
22	11 35 10	4 6 36	1 12 34	5 2 19	19 25 48	22 25 15	19 51 15	21 18 51	2 27 23	14 4 24	23 19 39	5 33 5	19 38 15	22 39 7
23	11 39 39	3 40 1	1 11 26	5 0 1	19 26 18	22 24 15	19 51 25	21 18 28	2 27 13	14 3 38	23 19 34	5 33 31	19 38 17	22 39 5
24	11 44 8	3 13 16	1 10 21	4 57 55	19 26 49	22 23 13	19 51 35	21 18 4	2 27 4	14 2 51	23 19 30	5 33 56	19 38 20	22 39 3
25	11 48 37	2 46 21	1 9 17	4 56 1	19 27 20	22 22 10	19 51 46	21 17 39	2 26 54	14 2 5	23 19 26	5 34 21	19 38 22	22 39 1
26	11 53 6	2 19 19	1 8 16	4 54 21	19 27 52	22 21 5	19 51 57	21 17 13	2 26 44	14 1 18	23 19 22	5 34 45	19 38 25	22 38 58
27	11 57 35	1 52 8	1 7 17	4 52 55	19 28 25	22 19 58	19 52 8	21 16 46	2 26 35	14 0 31	23 19 18	5 35 9	19 38 28	22 38 55
28	12 2 5	1 24 51	1 6 21	4 51 42	19 28 58	22 18 50	19 52 20	21 16 18	2 26 25	13 59 45	23 19 14	5 35 32	19 38 31	22 38 52
29	12 6 34	0 57 27	1 5 27	4 50 44	19 29 32	22 17 40	19 52 32	21 15 48	2 26 16	13 58 58	23 19 11	5 35 54	19 38 34	22 38 48
30	12 11 3	0 29 58	1 4 35	4 50 0	19 30 7	22 16 28	19 52 44	21 15 18	2 26 6	13 58 11	23 19 7	5 36 15	19 38 37	22 38 44
31	12 15 33	0N 2 24	1 3 47	4N49 31	19 30 42	22S15 14	19 52 57	21S14 46	2 25 56	13N57 24	23 19 4	5S36 36	19 38 40	22S38 40

NOVEMBER 2020

DAY	SIDEREAL TIME (h m s)	☉ SUN LONG (° ' ")	MOT (' ")	R.A. (h m s)	DECL (° ' ")
1 Su	2 42 57	13♎59 42	60 1	14 26 31.7	14S30 9
2 M	2 46 54	14 59 43	60 3	14 30 27.0	14 49 11
3 Tu	2 50 51	15 59 46	60 5	14 34 23.2	15 7 59
4 W	2 54 47	16 59 51	60 7	14 38 20.2	15 26 31
5 Th	2 58 44	17 59 58	60 9	14 42 18.0	15 44 49
6 F	3 2 40	19 0 7	60 11	14 46 16.7	16 2 51
7 S	3 6 37	20 0 18	60 13	14 50 16.2	16 20 37
8 Su	3 10 33	21 0 31	60 15	14 54 16.6	16 38 7
9 M	3 14 30	22 0 46	60 17	14 58 17.8	16 55 20
10 Tu	3 18 26	23 1 3	60 19	15 2 19.9	17 12 16
11 W	3 22 23	24 1 22	60 21	15 6 22.9	17 28 54
12 Th	3 26 20	25 1 43	60 23	15 10 26.7	17 45 15
13 F	3 30 16	26 2 6	60 25	15 14 31.4	18 1 17
14 S	3 34 13	27 2 31	60 27	15 18 37.0	18 17 0
15 Su	3 38 9	28 2 58	60 29	15 22 43.4	18 32 24
16 M	3 42 6	29 3 26	60 30	15 26 50.7	18 47 28
17 Tu	3 46 2	0♏ 3 56	60 32	15 30 58.8	19 2 13
18 W	3 49 59	1 4 27	60 33	15 35 7.7	19 16 37
19 Th	3 53 55	2 5 0	60 34	15 39 17.5	19 30 40
20 F	3 57 52	3 5 34	60 35	15 43 28.0	19 44 22
21 S	4 1 49	4 6 9	60 36	15 47 39.4	19 57 43
22 Su	4 5 45	5 6 45	60 38	15 51 51.5	20 10 41
23 M	4 9 42	6 7 23	60 39	15 56 4.4	20 23 17
24 Tu	4 13 38	7 8 2	60 40	16 0 18.0	20 35 31
25 W	4 17 35	8 8 41	60 41	16 4 32.4	20 47 22
26 Th	4 21 31	9 9 22	60 42	16 8 47.6	20 58 49
27 F	4 25 28	10 10 4	60 43	16 13 3.4	21 9 52
28 S	4 29 24	11 10 48	60 45	16 17 20.0	21 20 32
29 Su	4 33 21	12 11 32	60 46	16 21 37.3	21 30 47
30 M	4 37 18	13♏12 18	60 47	16 25 55.2	21S40 38

DAY	☽ MOON AT 0 HOURS LONG (° ' ")	12h MOT (° ' ")	2DIF (")	R.A. (h m s)	DECL (° ' ")
1	18♈ 8 13	5 55 50	14	2 46 43	12N48 7
2	0♉ 0 27	5 57 13	29	3 32 58	16 52 10
3	11 55 57	5 59 41	47	4 21 22	20 17 3
4	23 57 2	6 3 29	68	5 12 6	22 51 25
5	6♊ 6 28	6 8 52	94	6 4 59	24 24 32
6	18 27 32	6 16 3	122	6 59 30	24 47 36
7	1♋ 3 56	6 25 9	151	7 54 52	23 55 16
8	13 59 30	6 36 6	176	8 50 14	21 46 33
9	27 17 47	6 48 32	194	9 45 1	18 25 7
10	11♌ 1 24	7 1 43	197	10 38 58	13 58 59
11	25 11 21	7 14 29	181	11 32 19	8 40 0
12	9♍46 7	7 25 25	142	12 25 37	2 43 48
13	24 41 16	7 33 1	82	13 19 40	3S30 4
14	9♎49 26	7 36 4	8	14 15 21	9 37 59
15	25 1 12	7 34 3	-67	15 13 19	15 13 26
16	10♏ 6 26	7 27 15	-132	16 13 50	19 49 26
17	24 56 2	7 16 43	-178	17 16 19	23 3 0
18	9♐23 13	7 3 51	-202	18 19 26	24 40 7
19	23 24 5	6 50 8	-205	19 21 20	24 38 49
20	6♑57 35	6 36 49	-191	20 20 24	23 8 27
21	20 5 1	6 24 49	-167	21 15 42	20 25 12
22	2♒49 20	6 14 42	-136	22 7 7	16 47 7
23	15 14 27	6 6 42	-103	22 55 9	12 30 40
24	27 24 41	6 0 54	-71	23 40 36	7 49 35
25	9♓24 22	5 57 10	-42	0 24 22	2 55 3
26	21 17 32	5 55 18	-15	1 7 24	2N 3 21
27	3♈ 7 48	5 55 3	7	1 50 35	6 56 39
28	14 58 17	5 56 9	26	2 34 43	11 35 39
29	26 51 35	5 58 24	41	3 20 33	15 50 11
30	8♉49 52	6 1 35	54	4 8 35	19N28 59

DAY	☽ MOON AT 12 HOURS LONG (° ' ")	12h MOT (° ' ")	2DIF (")	R.A. (h m s)	DECL (° ' ")
1	24♈ 4 3	5 56 24	21	3 9 36	14N54 19
2	5♉57 39	5 58 18	37	3 56 53	18 40 13
3	17 55 38	6 1 24	57	4 46 27	21 41 15
4	0♊ 0 31	6 5 57	81	5 38 18	23 46 14
5	12 15 19	6 12 13	108	6 32 5	24 45 15
6	24 43 35	6 20 22	137	7 27 8	24 31 2
7	7♋29 5	6 30 25	164	8 22 36	23 0 20
8	20 35 36	6 42 10	186	9 17 44	20 14 31
9	4♌ 6 19	6 55 6	198	10 12 6	16 19 29
10	18 3 7	7 8 14	192	11 5 41	11 25 13
11	2♍25 50	7 20 17	164	11 58 55	5 45 25
12	17 11 32	7 29 44	114	12 52 30	0S22 19
13	2♎14 17	7 35 10	46	13 47 15	6 36 23
14	17 25 30	7 35 41	-30	14 44 1	12 31 30
15	2♏35 14	7 31 12	-102	15 43 16	17 40 27
16	17 33 41	7 22 22	-158	16 44 54	21 37 39
17	2♐12 45	7 10 29	-193	17 47 54	24 4 2
18	16 27 4	6 57 1	-206	18 50 39	24 51 25
19	0♑14 13	6 43 22	-200	19 51 18	24 3 52
20	13 34 24	6 30 37	-180	20 48 32	21 54 48
21	26 29 50	6 19 30	-152	21 41 52	18 41 55
22	9♒ 4 2	6 10 26	-120	22 31 31	14 42 46
23	21 21 9	6 3 32	-87	23 18 8	10 12 27
24	3♓25 35	5 58 47	-56	0 2 38	5 23 22
25	15 21 32	5 56 1	-28	0 45 55	0 25 46
26	27 12 49	5 54 59	-4	1 28 55	4N31 12
27	9♈ 2 51	5 55 27	17	2 12 29	9 18 33
28	20 54 27	5 57 9	34	2 57 23	13 46 39
29	2♉49 59	5 59 53	48	3 44 16	17 44 47
30	14♉51 27	6 3 30	60	4 33 32	21N 1 12

LUNAR INGRESSES
1 ☽ ♉ 23:59
4 ☽ ♊ 11:59
6 ☽ ♋ 22:00
9 ☽ ♌ 4:47
11 ☽ ♍ 7:59
13 ☽ ♎ 8:27
15 ☽ ♏ 7:53
17 ☽ ♐ 8:20
19 ☽ ♑ 11:35
21 ☽ ♒ 18:38
24 ☽ ♓ 5:09
26 ☽ ♈ 17:39
29 ☽ ♉ 6:19

PLANET INGRESSES
16 ☉ ♏ 22:26
17 ♀ ♎ 12:44
25 ♃ ♑ 3:42
28 ☿ ♏ 15:14

STATIONS
3 ☿ D 17:51
14 ♂ D 0:37
29 ♆ D 0:37

DATA FOR THE 1st AT 0 HOURS
JULIAN DAY 44134.5
☽ MEAN ☊ 27°♉ 3' 37"
OBLIQUITY 23° 26' 13"
DELTA T 76.5 SECONDS
NUTATION LONGITUDE-18.6"

DAY MO YR	☿ LONG (° ' ")	♀ LONG (° ' ")	♂ LONG (° ' ")	♃ LONG (° ' ")	♄ LONG (° ' ")
1 306	1♎35R36	9♍44 29	21♓20R24	26♐ 0 58	1♑11 29
2 307	1 9 42	10 57 29	21 10 28	26 9 26	1 14 42
3 308	0 55D24	12 10 34	21 1 17	26 18 3	1 17 59
4 309	0 52 37	13 23 43	20 52 53	26 26 48	1 21 22
5 310	1 0 59	14 36 56	20 45 15	26 35 40	1 24 50
6 311	1 19 53	15 50 14	20 38 24	26 44 41	1 28 23
7 312	1 48 33	17 3 36	20 32 20	26 53 49	1 32 2
8 313	2 26 9	18 17 2	20 27 4	27 3 4	1 35 45
9 314	3 11 48	19 30 32	20 22 37	27 12 27	1 39 33
10 315	4 4 36	20 44 6	20 18 57	27 21 58	1 43 27
11 316	5 3 42	21 57 44	20 16 6	27 31 35	1 47 25
12 317	6 8 18	23 11 26	20 14 4	27 41 20	1 51 28
13 318	7 17 41	24 25 11	20 12 50	27 51 13	1 55 36
14 319	8 31 9	25 38 59	20 12D24	28 1 12	1 59 49
15 320	9 48 8	26 52 51	20 12 47	28 11 18	2 4 6
16 321	11 8 5	28 6 45	20 13 58	28 21 31	2 8 28
17 322	12 30 33	29 20 43	20 15 57	28 31 51	2 12 55
18 323	13 55 8	0♎34 44	20 18 43	28 42 17	2 17 26
19 324	15 21 28	1 48 47	20 22 16	28 52 50	2 22 2
20 325	16 49 17	3 2 53	20 26 36	29 3 29	2 26 43
21 326	18 18 18	4 17 1	20 31 41	29 14 14	2 31 27
22 327	19 48 19	5 31 12	20 37 31	29 25 6	2 36 16
23 328	21 19 9	6 45 26	20 44 5	29 36 4	2 41 9
24 329	22 50 38	7 59 41	20 51 23	29 47 7	2 46 7
25 330	24 22 38	9 14 0	20 59 23	29 58 16	2 51 8
26 331	25 55 4	10 28 20	21 8 5	0♑ 9 31	2 56 14
27 332	27 27 50	11 42 43	21 17 28	0 20 52	3 1 23
28 333	29 0 51	12 57 8	21 27 32	0 32 18	3 6 37
29 334	0♏34 4	14 11 35	21 38 14	0 43 50	3 11 54
30 335	2♏ 7 26	15♎26 5	21♓49 35	0♑55 27	3♑17 15

DAY MO YR	♅ LONG (° ' ")	♆ LONG (° ' ")	♇ LONG (° ' ")	☊ LONG (° ')	A.S.S.I. (h m s)	S.S.R.Y. (h m s)	S.V.P. ♓ (° ' ")	☿ MERCURY R.A. (h m s)	DECL (° ' ")
1 306	13♈38R38	23♒21R12	27♐38 46	25♉27	18 8 40	30 9 48	4 58 26.2	13 40 22	9S15 27
2 307	13 36 10	23 20 19	27 39 35	25 22	18 13 35	30 8 57	4 58 26.1	13 39 6	8 52 12
3 308	13 33 41	23 19 28	27 40 26	25 19	18 18 32	30 8 5	4 58 25.9	13 38 31	8 34 48
4 309	13 31 13	23 18 38	27 41 18	25 18	18 23 30	30 7 12	4 58 25.7	13 38 37	8 23 15
5 310	13 28 45	23 17 50	27 42 12	25 18	18 28 29	30 6 21	4 58 25.5	13 39 22	8 17 26
6 311	13 26 18	23 17 4	27 43 8	25 20	18 33 29	30 5 33	4 58 25.3	13 40 45	8 17 3
7 312	13 23 50	23 16 19	27 44 5	25 22	18 38 29	30 4 52	4 58 25.1	13 42 42	8 21 42
8 313	13 21 23	23 15 37	27 45 4	25 23	18 43 31	30 4 20	4 58 24.9	13 45 10	8 30 57
9 314	13 18 57	23 14 56	27 46 4	25 23	18 48 35	30 4 0	4 58 24.7	13 48 7	8 44 18
10 315	13 16 31	23 14 17	27 47 6	25 22	18 53 39	30 3 54	4 58 24.6	13 51 29	9 1 18
11 316	13 14 5	23 13 40	27 48 9	25 19	18 58 44	30 4 3	4 58 24.5	13 55 14	9 21 27
12 317	13 11 41	23 13 4	27 49 15	25 15	19 3 50	30 4 28	4 58 24.5	13 59 19	9 44 19
13 318	13 9 17	23 12 31	27 50 21	25 11	19 8 58	30 5 8	4 58 24.4	14 3 42	10 9 28
14 319	13 6 53	23 12 0	27 51 29	25 06	19 14 6	30 6 1	4 58 24.3	14 8 19	10 36 32
15 320	13 4 31	23 11 30	27 52 39	25 03	19 19 16	30 7 4	4 58 24.2	14 13 10	11 5 8
16 321	13 2 10	23 11 3	27 53 50	25 01	19 24 26	30 8 13	4 58 24.0	14 18 13	11 34 59
17 322	12 59 49	23 10 37	27 55 3	25 00	19 29 38	30 9 24	4 58 23.7	14 23 26	12 5 47
18 323	12 57 30	23 10 13	27 56 17	25 01	19 34 51	30 10 34	4 58 23.4	14 28 48	12 37 18
19 324	12 55 11	23 9 52	27 57 33	25 02	19 40 5	30 11 38	4 58 23.2	14 34 17	13 9 18
20 325	12 52 54	23 9 32	27 58 50	25 04	19 45 20	30 12 34	4 58 22.9	14 39 54	13 41 36
21 326	12 50 38	23 9 15	28 0 9	25 05	19 50 35	30 13 21	4 58 22.7	14 45 36	14 14 2
22 327	12 48 24	23 8 59	28 1 29	25 06	19 55 52	30 13 57	4 58 22.6	14 51 24	14 46 26
23 328	12 46 11	23 8 46	28 2 50	25 05	20 1 10	30 14 23	4 58 22.4	14 57 16	15 18 40
24 329	12 43 59	23 8 34	28 4 12	25 04	20 6 28	30 14 39	4 58 22.4	15 3 13	15 50 39
25 330	12 41 49	23 8 25	28 5 36	25 02	20 11 48	30 14 43	4 58 22.3	15 9 14	16 22 15
26 331	12 39 40	23 8 17	28 7 2	25 00	20 17 9	30 14 38	4 58 22.2	15 15 18	16 53 24
27 332	12 37 33	23 8 12	28 8 28	24 57	20 22 30	30 14 24	4 58 22.1	15 21 26	17 24 0
28 333	12 35 27	23 8 8	28 9 56	24 55	20 27 52	30 14 1	4 58 22.0	15 27 37	17 53 59
29 334	12 33 23	23 8D 7	28 11 25	24 53	20 33 16	30 13 30	4 58 21.9	15 33 50	18 23 18
30 335	12♈31 21	23♒ 8 8	28♐12 55	24♉52	20 38 40	30 12 52	4 58 21.7	15 40 7	18S51 53

DAY Nov	♀ VENUS R.A. (h m s)	DECL (° ' ")	♂ MARS R.A. (h m s)	DECL (° ' ")	♃ JUPITER R.A. (h m s)	DECL (° ' ")	♄ SATURN R.A. (h m s)	DECL (° ' ")
1	12 20 3	0S25 15	1 3 1	4N49 18	19 31 17	22S13 59	19 53 10	21S14 14
2	12 24 33	0 52 57	1 2 18	4 49 19	19 31 54	22 12 42	19 53 24	21 13 40
3	12 29 3	1 20 43	1 1 37	4 49 36	19 32 30	22 11 23	19 53 37	21 13 5
4	12 33 34	1 48 30	1 1 0	4 50 9	19 33 8	22 10 3	19 53 52	21 12 29
5	12 38 5	2 16 19	1 0 25	4 50 57	19 33 46	22 8 40	19 54 6	21 11 52
6	12 42 37	2 44 9	0 59 54	4 52 0	19 34 24	22 7 16	19 54 21	21 11 14
7	12 47 8	3 11 58	0 59 25	4 53 19	19 35 3	22 5 50	19 54 37	21 10 35
8	12 51 41	3 39 47	0 59 0	4 54 54	19 35 43	22 4 23	19 54 53	21 9 55
9	12 56 13	4 7 35	0 58 37	4 56 44	19 36 23	22 2 54	19 55 9	21 9 14
10	13 0 46	4 35 20	0 58 18	4 58 50	19 37 3	22 1 23	19 55 25	21 8 32
11	13 5 20	5 3 2	0 58 1	5 1 12	19 37 44	21 59 50	19 55 42	21 7 49
12	13 9 54	5 30 41	0 57 48	5 3 49	19 38 26	21 58 15	19 55 59	21 7 5
13	13 14 29	5 58 15	0 57 38	5 6 41	19 39 8	21 56 38	19 56 16	21 6 20
14	13 19 5	6 25 43	0 57 31	5 9 49	19 39 50	21 55 0	19 56 34	21 5 33
15	13 23 41	6 53 6	0 57 27	5 13 12	19 40 33	21 53 20	19 56 52	21 4 46
16	13 28 18	7 20 21	0 57 26	5 16 51	19 41 16	21 51 38	19 57 11	21 3 58
17	13 32 55	7 47 29	0 57 28	5 20 44	19 42 0	21 49 54	19 57 29	21 3 8
18	13 37 33	8 14 29	0 57 33	5 24 53	19 42 45	21 48 8	19 57 48	21 2 18
19	13 42 12	8 41 19	0 57 41	5 29 16	19 43 29	21 46 21	19 58 8	21 1 27
20	13 46 52	9 8 0	0 57 52	5 33 54	19 44 15	21 44 31	19 58 27	21 0 34
21	13 51 33	9 34 29	0 58 6	5 38 45	19 45 0	21 42 40	19 58 47	20 59 41
22	13 56 14	10 0 47	0 58 23	5 43 51	19 45 46	21 40 47	19 59 8	20 58 47
23	14 0 56	10 26 53	0 58 43	5 49 10	19 46 33	21 38 53	19 59 28	20 57 51
24	14 5 40	10 52 45	0 59 6	5 54 43	19 47 20	21 36 56	19 59 49	20 56 55
25	14 10 24	11 18 23	0 59 31	6 0 28	19 48 7	21 34 58	20 0 10	20 55 58
26	14 15 9	11 43 47	0 59 59	6 6 26	19 48 55	21 32 57	20 0 32	20 55 0
27	14 19 55	12 8 55	1 0 29	6 12 37	19 49 43	21 30 55	20 0 53	20 54 0
28	14 24 42	12 33 47	1 1 2	6 18 59	19 50 31	21 28 51	20 1 15	20 53 0
29	14 29 30	12 58 22	1 1 38	6 25 33	19 51 20	21 26 45	20 1 38	20 51 59
30	14 34 19	13S22 39	1 2 16	6N32 19	19 52 9	21S24 38	20 2 0	20S50 57

DAY Nov	♅ URANUS R.A. (h m s)	DECL (° ' ")	♆ NEPTUNE R.A. (h m s)	DECL (° ' ")	♇ PLUTO R.A. (h m s)	DECL (° ' ")
1	2 25 47	13N56 37	23 19 0	5S36 57	19 38 44	22S38 35
2	2 25 37	13 55 50	23 18 57	5 37 16	19 38 47	22 38 31
3	2 25 27	13 55 3	23 18 54	5 37 35	19 38 51	22 38 25
4	2 25 18	13 54 16	23 18 51	5 37 53	19 38 54	22 38 20
5	2 25 8	13 53 29	23 18 48	5 38 10	19 38 58	22 38 15
6	2 24 58	13 52 42	23 18 45	5 38 27	19 39 2	22 38 9
7	2 24 49	13 51 56	23 18 42	5 38 43	19 39 7	22 38 3
8	2 24 39	13 51 9	23 18 39	5 38 58	19 39 11	22 37 56
9	2 24 30	13 50 23	23 18 37	5 39 13	19 39 15	22 37 50
10	2 24 20	13 49 37	23 18 34	5 39 27	19 39 20	22 37 43
11	2 24 11	13 48 51	23 18 32	5 39 40	19 39 24	22 37 36
12	2 24 1	13 48 5	23 18 30	5 39 52	19 39 29	22 37 28
13	2 23 52	13 47 19	23 18 28	5 40 4	19 39 34	22 37 21
14	2 23 43	13 46 34	23 18 26	5 40 15	19 39 39	22 37 13
15	2 23 33	13 45 49	23 18 24	5 40 25	19 39 44	22 37 4
16	2 23 24	13 45 4	23 18 22	5 40 34	19 39 49	22 36 56
17	2 23 15	13 44 20	23 18 21	5 40 43	19 39 54	22 36 47
18	2 23 6	13 43 36	23 18 19	5 40 50	19 39 59	22 36 38
19	2 22 57	13 42 52	23 18 18	5 40 57	19 40 5	22 36 29
20	2 22 48	13 42 9	23 18 16	5 41 3	19 40 10	22 36 20
21	2 22 39	13 41 26	23 18 15	5 41 8	19 40 16	22 36 10
22	2 22 31	13 40 44	23 18 14	5 41 13	19 40 22	22 36 0
23	2 22 22	13 40 2	23 18 13	5 41 17	19 40 27	22 35 50
24	2 22 13	13 39 20	23 18 13	5 41 19	19 40 33	22 35 40
25	2 22 5	13 38 39	23 18 12	5 41 22	19 40 39	22 35 30
26	2 21 56	13 37 59	23 18 12	5 41 23	19 40 46	22 35 19
27	2 21 48	13 37 18	23 18 11	5 41 23	19 40 52	22 35 8
28	2 21 40	13 36 39	23 18 11	5 41 23	19 40 58	22 34 57
29	2 21 32	13 36 0	23 18 11	5 41 22	19 41 4	22 34 45
30	2 21 24	13N35 21	23 18 11	5S41 20	19 41 11	22S34 34

DECEMBER 2020

DAY	SIDEREAL TIME h m s	☉ SUN LONG ° ' "	MOT ' "	R.A. h m s	DECL ° ' "	☽ MOON AT 0 HOURS LONG ° ' "	12h MOT ° ' "	2DIF "	R.A. h m s	DECL ° ' "	☽ MOON AT 12 HOURS LONG ° ' "	12h MOT ° ' "	2DIF "	R.A. h m s	DECL ° ' "
1 Tu	4 41 14	14♏13 4	60 48	16 30 13.8	21S50 5	20♉54 56	6 5 36	66	4 59 6	22N19 56	27♉ 0 33	6 7 55	72	5 25 16	23N23 44
2 W	4 45 11	15 13 52	60 50	16 34 33.1	21 59 6	3♊ 8 27	6 10 25	78	5 51 58	24 11 12	9♊18 52	6 13 7	84	6 19 7	24 41 13
3 Th	4 49 7	16 14 42	60 51	16 38 52.9	22 7 42	15 31 58	6 16 1	90	6 46 36	24 52 52	21 47 59	6 19 8	97	7 14 18	24 45 31
4 F	4 53 4	17 15 32	60 52	16 43 13.4	22 15 52	28 7 7	6 22 29	104	7 42 4	24 18 54	4♋29 36	6 26 3	111	8 9 48	23 33 4
5 S	4 57 0	18 16 24	60 53	16 47 34.5	22 23 36	10♋55 39	6 29 51	117	8 37 23	22 28 28	17 25 30	6 33 52	124	9 4 43	21 5 47
6 Su	5 0 57	19 17 17	60 55	16 51 56.1	22 30 55	23 59 22	6 38 7	130	9 31 45	19 26 1	0♌37 29	6 42 33	135	9 58 28	17 30 23
7 M	5 4 53	20 18 11	60 56	16 56 18.3	22 37 47	7♌20 2	6 47 8	139	10 24 51	15 20 15	14 7 9	6 51 50	142	10 50 57	12 57 11
8 Tu	5 8 50	21 19 7	60 57	17 0 41.0	22 44 12	20 58 59	6 56 35	142	11 16 49	10 22 49	27 55 34	7 1 18	140	11 42 32	7 38 56
9 W	5 12 47	22 20 4	60 58	17 5 4.1	22 50 11	4♍56 52	7 5 54	135	12 8 13	4 47 28	12♍ 2 46	7 10 16	126	12 33 58	1 50 27
10 Th	5 16 43	23 21 2	61 0	17 9 27.8	22 55 43	19 13 2	7 14 18	114	12 59 55	1S 9 54	26 27 21	7 17 53	98	13 26 11	4S11 10
11 F	5 20 40	24 22 2	61 1	17 13 51.8	23 0 48	3♎45 13	7 20 52	79	13 52 54	7 10 44	11♎ 6 5	7 23 9	57	14 20 11	10 5 47
12 S	5 24 36	25 23 2	61 2	17 18 16.3	23 5 25	18 29 15	7 24 39	32	14 48 7	12 53 18	25 53 54	7 25 16	4	15 16 47	15 30 9
13 Su	5 28 33	26 24 4	61 3	17 22 41.1	23 9 35	3♏19 9	7 24 57	-24	15 46 14	17 53 7	10♏44 6	7 23 41	-52	16 16 26	19 59 5
14 M	5 32 29	27 25 6	61 4	17 27 6.3	23 13 18	18 7 47	7 21 28	-80	16 47 18	21 45 12	25 29 15	7 18 21	-106	17 18 42	23 9 2
15 Tu	5 36 26	28 26 10	61 4	17 31 31.7	23 16 32	2♐47 36	7 14 25	-129	17 50 27	24 8 45	10♐ 2 1	7 9 46	-149	18 22 17	24 43 21
16 W	5 40 22	29 27 14	61 5	17 35 57.4	23 19 19	17 11 46	7 4 30	-165	18 53 57	24 52 38	24 16 16	6 58 47	-176	19 25 11	24 37 14
17 Th	5 44 19	0♐28 18	61 5	17 40 23.4	23 21 38	1♑15 3	6 52 45	-184	19 55 45	23 58 34	8♑ 7 48	6 46 32	-187	20 25 27	22 58 35
18 F	5 48 16	1 29 23	61 6	17 44 49.4	23 23 28	14 54 19	6 40 17	-186	20 54 11	21 39 39	21 34 36	6 34 7	-182	21 21 53	20 4 16
19 S	5 52 12	2 30 29	61 6	17 49 15.7	23 24 51	28 8 43	6 28 10	-174	21 48 33	18 14 58	4♒36 53	6 22 32	-163	22 14 14	16 14 10
20 Su	5 56 9	3 31 35	61 6	17 53 42.0	23 25 45	10♒59 25	6 17 17	-151	22 38 59	14 4 8	17 16 42	6 12 30	-136	23 2 54	11 46 50
21 M	6 0 5	4 32 41	61 6	17 58 8.4	23 26 11	23 29 11	6 8 14	-120	23 26 8	9 24 6	29 37 25	6 4 31	-103	23 48 46	6 57 29
22 Tu	6 4 2	5 33 47	61 7	18 2 34.8	23 26 9	5♓41 55	6 1 23	-85	0 10 57	4 28 24	11♓43 18	5 58 51	-67	0 32 47	1 58 5
23 W	6 7 58	6 34 54	61 7	18 7 1.2	23 25 38	17 42 9	5 56 55	-49	0 54 26	0N32 19	23 39 5	5 55 35	-31	1 15 59	3N 1 43
24 Th	6 11 55	7 36 1	61 7	18 11 27.5	23 24 39	29 34 40	5 54 51	-14	1 37 34	5 29 4	5♈29 31	5 54 40	3	1 59 18	7 53 18
25 F	6 15 51	8 37 8	61 7	18 15 53.8	23 23 12	11♈24 11	5 55 2	19	2 21 18	10 13 19	17 19 13	5 55 54	33	2 43 39	12 27 59
26 S	6 19 48	9 38 15	61 7	18 20 20.0	23 21 17	23 15 7	5 57 15	47	3 6 28	14 36 2	29 12 22	5 59 2	59	3 29 49	16 36 8
27 Su	6 23 45	10 39 22	61 8	18 24 46.1	23 18 54	5♉11 24	6 1 13	70	3 53 46	18 26 52	11♉12 37	6 3 44	80	4 18 23	20 6 41
28 M	6 27 41	11 40 29	61 8	18 29 12.0	23 16 2	17 16 20	6 6 32	88	4 43 41	21 34 0	23 22 53	6 9 36	95	5 9 39	22 47 16
29 Tu	6 31 38	12 41 36	61 8	18 33 37.7	23 12 43	29 32 28	6 12 51	100	5 36 16	23 44 53	5♊45 19	6 16 15	103	6 3 27	24 25 28
30 W	6 35 34	13 42 44	61 8	18 38 3.2	23 8 55	12♊ 1 34	6 19 44	105	6 31 5	24 47 46	18 21 18	6 23 17	106	6 59 5	24 50 53
31 Th	6 39 31	14♐43 52	61 8	18 42 28.4	23S 4 40	24♊44 35	6 26 49	106	7 27 15	24N34 15	1♋11 24	6 30 20	105	7 55 28	23N57 41

LUNAR INGRESSES
1 ☽ ♊ 17:52
4 ☽ ♋ 3:33
6 ☽ ♌ 10:53
8 ☽ ♍ 15:33
10 ☽ ♎ 17:50
12 ☽ ♏ 18:38
14 ☽ ♐ 19:24
16 ☽ ♑ 21:50
19 ☽ ♒ 3:25
21 ☽ ♓ 12:44
24 ☽ ♈ 0:51
26 ☽ ♉ 13:36
29 ☽ ♊ 0:53
31 ☽ ♋ 9:48

PLANET INGRESSES
11 ♀ ♏ 16:48
16 ☉ ♐ 12:53
17 ☿ ♐ 19:37
26 ♂ ♈ 10:15

STATIONS
NONE

DATA FOR THE 1st AT 0 HOURS
JULIAN DAY 44164.5
☽ MEAN ☊ 25°♉ 28' 14"
OBLIQUITY 23° 26' 13"
DELTA T 76.5 SECONDS
NUTATION LONGITUDE-17.7"

DAY MO	YR	☿ LONG ° ' "	♀ LONG ° ' "	♂ LONG ° ' "	♃ LONG ° ' "	♄ LONG ° ' "	♅ LONG ° ' "	♆ LONG ° ' "	♇ LONG ° ' "	☊ LONG ° '	A.S.S.I. h m s	S.S.R.Y. h m s	S.V.P. ♓ ° ' "	☿ MERCURY R.A. h m s	DECL ° ' "
1	336	3♏40 54	16♎40 36	22♓ 1 33	1♑ 7 9	3♑22 40	12♈29R21	23♒ 8 11	28♐14 27	24♉52	20 44 5	30 12 10	4 58 21.4	15 46 26	19S19 41
2	337	5 14 27	17 55 10	22 14 8	1 18 57	3 28 8	12 27 22	23 8 16	28 15 59	24 52	20 49 30	30 11 17	4 58 21.2	15 52 47	19 46 39
3	338	6 48 4	19 9 45	22 27 19	1 30 49	3 33 41	12 25 26	23 8 23	28 17 33	24 52	20 54 57	30 10 24	4 58 20.9	15 59 11	20 12 45
4	339	8 21 43	20 24 23	22 41 5	1 42 47	3 39 16	12 23 31	23 8 32	28 19 8	24 53	21 0 24	30 9 29	4 58 20.7	16 5 37	20 37 56
5	340	9 55 25	21 39 2	22 55 26	1 54 49	3 44 55	12 21 38	23 8 43	28 20 44	24 54	21 5 52	30 8 36	4 58 20.4	16 12 6	21 2 10
6	341	11 29 7	22 53 44	23 10 20	2 6 56	3 50 38	12 19 48	23 8 56	28 22 21	24 54	21 11 21	30 7 49	4 58 20.2	16 18 36	21 25 25
7	342	13 2 52	24 8 27	23 25 47	2 19 8	3 56 24	12 17 59	23 9 12	28 23 59	24 55	21 16 50	30 7 12	4 58 20.1	16 25 9	21 47 39
8	343	14 36 37	25 23 12	23 41 47	2 31 25	4 2 14	12 16 13	23 9 29	28 25 39	24 55	21 22 20	30 6 47	4 58 20.0	16 31 44	22 8 51
9	344	16 10 25	26 37 59	23 58 18	2 43 46	4 8 6	12 14 29	23 9 49	28 27 19	24 55	21 27 51	30 6 38	4 58 19.9	16 38 21	22 28 58
10	345	17 44 14	27 52 47	24 15 20	2 56 11	4 14 2	12 12 47	23 10 10	28 29 0	24 55	21 33 22	30 6 45	4 58 19.8	16 45 1	22 47 59
11	346	19 18 6	29 7 37	24 32 52	3 8 41	4 20 1	12 11 7	23 10 34	28 30 43	24 55	21 38 54	30 7 8	4 58 19.7	16 51 42	23 5 52
12	347	20 52 1	0♏22 29	24 50 54	3 21 16	4 26 3	12 9 30	23 10 59	28 32 26	24 55	21 44 26	30 7 46	4 58 19.5	16 58 25	23 22 36
13	348	22 26 0	1 37 22	25 9 26	3 33 54	4 32 9	12 7 55	23 11 27	28 34 10	24 55	21 49 59	30 8 36	4 58 19.3	17 5 10	23 38 9
14	349	24 0 4	2 52 16	25 28 26	3 46 37	4 38 17	12 6 22	23 11 57	28 35 55	24 55	21 55 32	30 9 36	4 58 19.0	17 11 57	23 52 31
15	350	25 34 12	4 7 11	25 47 54	3 59 24	4 44 28	12 4 52	23 12 29	28 37 41	24 55	22 1 5	30 10 42	4 58 18.7	17 18 46	24 5 38
16	351	27 8 27	5 22 7	26 7 49	4 12 14	4 50 41	12 3 25	23 13 3	28 39 28	24 54	22 6 39	30 11 49	4 58 18.4	17 25 37	24 17 31
17	352	28 42 49	6 37 5	26 28 12	4 25 9	4 56 58	12 2 0	23 13 39	28 41 16	24 54	22 12 13	30 12 56	4 58 18.1	17 32 29	24 28 7
18	353	0♐17 18	7 52 3	26 49 0	4 38 7	5 3 17	12 0 37	23 14 17	28 43 5	24 53	22 17 47	30 13 59	4 58 17.9	17 39 24	24 37 26
19	354	1 51 56	9 7 2	27 10 13	4 51 8	5 9 39	11 59 17	23 14 58	28 44 54	24 52	22 23 22	30 14 57	4 58 17.7	17 46 19	24 45 26
20	355	3 26 44	10 22 2	27 31 51	5 4 13	5 16 3	11 58 0	23 15 40	28 46 44	24 51	22 28 57	30 15 47	4 58 17.5	17 53 16	24 52 6
21	356	5 1 41	11 37 2	27 53 54	5 17 22	5 22 30	11 56 46	23 16 24	28 48 35	24 51	22 34 31	30 16 30	4 58 17.4	18 0 15	24 57 25
22	357	6 36 51	12 52 3	28 16 19	5 30 34	5 28 59	11 55 34	23 17 10	28 50 26	24 50	22 40 6	30 17 4	4 58 17.3	18 7 15	25 1 20
23	358	8 12 12	14 7 5	28 39 8	5 43 49	5 35 30	11 54 25	23 17 58	28 52 18	24 51	22 45 41	30 17 29	4 58 17.2	18 14 16	25 3 52
24	359	9 47 46	15 22 8	29 2 18	5 57 7	5 42 4	11 53 19	23 18 49	28 54 11	24 52	22 51 15	30 17 46	4 58 17.1	18 21 18	25 4 59
25	360	11 23 34	16 37 11	29 25 50	6 10 28	5 48 40	11 52 16	23 19 41	28 56 4	24 53	22 56 50	30 17 52	4 58 17.0	18 28 21	25 4 41
26	361	12 59 36	17 52 15	29 49 42	6 23 52	5 55 17	11 51 15	23 20 35	28 57 58	24 54	23 2 24	30 17 49	4 58 16.9	18 35 26	25 2 55
27	362	14 35 52	19 7 20	0♈13 55	6 37 19	6 1 57	11 50 18	23 21 31	28 59 53	24 55	23 7 59	30 17 36	4 58 16.7	18 42 30	24 59 41
28	363	16 12 24	20 22 25	0 38 27	6 50 49	6 8 39	11 49 23	23 22 29	29 1 48	24 56	23 13 33	30 17 12	4 58 16.4	18 49 36	24 54 58
29	364	17 49 11	21 37 31	1 3 18	7 4 21	6 15 23	11 48 31	23 23 29	29 3 43	24 56	23 19 6	30 16 38	4 58 16.2	18 56 41	24 48 45
30	365	19 26 14	22 52 38	1 28 28	7 17 56	6 22 8	11 47 42	23 24 31	29 5 39	24 56	23 24 40	30 15 54	4 58 15.9	19 3 47	24 41 1
31	366	21♐ 3 32	24♏ 7 45	1♈53 56	7♑31 34	6♑28 55	11♈46 56	23♒25 34	29♐ 7 36	24♉54	23 30 13	30 15 2	4 58 15.7	19 10 53	24S31 46

DAY Dec	♀ VENUS R.A. h m s	DECL ° ' "	♂ MARS R.A. h m s	DECL ° ' "	♃ JUPITER R.A. h m s	DECL ° ' "	♄ SATURN R.A. h m s	DECL ° ' "	♅ URANUS R.A. h m s	DECL ° ' "	♆ NEPTUNE R.A. h m s	DECL ° ' "	♇ PLUTO R.A. h m s	DECL ° ' "
1	14 39 10	13S46 37	1 2 57	6N39 15	19 52 58	21S22 28	20 2 23	20S49 54	2 21 16	13N34 44	23 18 11	5S41 17	19 41 18	22S34 22
2	14 44 1	14 10 16	1 3 40	6 46 22	19 53 48	21 20 17	20 2 46	20 48 50	2 21 9	13 34 7	23 18 11	5 41 13	19 41 24	22 34 10
3	14 48 54	14 33 35	1 4 25	6 53 40	19 54 38	21 18 4	20 3 9	20 47 46	2 21 1	13 33 30	23 18 12	5 41 9	19 41 31	22 33 58
4	14 53 47	14 56 33	1 5 13	7 1 8	19 55 29	21 15 49	20 3 33	20 46 40	2 20 54	13 32 54	23 18 12	5 41 4	19 41 38	22 33 46
5	14 58 42	15 19 9	1 6 3	7 8 45	19 56 19	21 13 32	20 3 56	20 45 33	2 20 46	13 32 19	23 18 13	5 40 58	19 41 45	22 33 33
6	15 3 38	15 41 22	1 6 55	7 16 32	19 57 10	21 11 13	20 4 20	20 44 26	2 20 39	13 31 44	23 18 14	5 40 51	19 41 52	22 33 20
7	15 8 35	16 3 13	1 7 49	7 24 28	19 58 2	21 8 53	20 4 44	20 43 18	2 20 32	13 31 10	23 18 15	5 40 43	19 41 59	22 33 8
8	15 13 33	16 24 38	1 8 45	7 32 34	19 58 53	21 6 31	20 5 9	20 42 9	2 20 25	13 30 37	23 18 16	5 40 35	19 42 6	22 32 55
9	15 18 33	16 45 39	1 9 44	7 40 47	19 59 45	21 4 7	20 5 33	20 40 59	2 20 18	13 30 5	23 18 17	5 40 25	19 42 13	22 32 41
10	15 23 34	17 6 14	1 10 44	7 49 10	20 0 38	21 1 41	20 5 58	20 39 48	2 20 12	13 29 33	23 18 18	5 40 15	19 42 20	22 32 28
11	15 28 36	17 26 23	1 11 47	7 57 40	20 1 30	20 59 13	20 6 23	20 38 36	2 20 5	13 29 2	23 18 19	5 40 4	19 42 28	22 32 15
12	15 33 39	17 46 4	1 12 51	8 6 19	20 2 23	20 56 44	20 6 49	20 37 23	2 19 59	13 28 31	23 18 21	5 39 53	19 42 35	22 32 1
13	15 38 43	18 5 18	1 13 58	8 15 5	20 3 16	20 54 12	20 7 14	20 36 10	2 19 53	13 28 2	23 18 23	5 39 40	19 42 42	22 31 47
14	15 43 48	18 24 2	1 15 6	8 23 59	20 4 9	20 51 39	20 7 40	20 34 55	2 19 47	13 27 33	23 18 25	5 39 27	19 42 50	22 31 33
15	15 48 55	18 42 17	1 16 16	8 33 0	20 5 3	20 49 4	20 8 6	20 33 40	2 19 41	13 27 5	23 18 26	5 39 12	19 42 58	22 31 19
16	15 54 3	19 0 1	1 17 28	8 42 8	20 5 57	20 46 27	20 8 32	20 32 24	2 19 35	13 26 38	23 18 29	5 38 57	19 43 5	22 31 4
17	15 59 12	19 17 15	1 18 42	8 51 23	20 6 51	20 43 49	20 8 58	20 31 8	2 19 30	13 26 12	23 18 31	5 38 42	19 43 13	22 30 50
18	16 4 22	19 33 56	1 19 58	9 0 45	20 7 45	20 41 8	20 9 25	20 29 50	2 19 24	13 25 47	23 18 33	5 38 25	19 43 21	22 30 35
19	16 9 33	19 50 6	1 21 15	9 10 13	20 8 39	20 38 26	20 9 51	20 28 32	2 19 19	13 25 23	23 18 36	5 38 8	19 43 29	22 30 21
20	16 14 45	20 5 41	1 22 34	9 19 46	20 9 34	20 35 43	20 10 18	20 27 13	2 19 14	13 24 59	23 18 38	5 37 50	19 43 36	22 30 6
21	16 19 59	20 20 43	1 23 54	9 29 26	20 10 29	20 32 57	20 10 45	20 25 53	2 19 9	13 24 36	23 18 41	5 37 31	19 43 44	22 29 51
22	16 25 13	20 35 11	1 25 16	9 39 11	20 11 24	20 30 10	20 11 12	20 24 33	2 19 4	13 24 14	23 18 44	5 37 11	19 43 52	22 29 36
23	16 30 28	20 49 3	1 26 40	9 49 1	20 12 19	20 27 21	20 11 39	20 23 11	2 19 0	13 23 53	23 18 47	5 36 51	19 44 0	22 29 21
24	16 35 45	21 2 20	1 28 5	9 58 56	20 13 15	20 24 30	20 12 7	20 21 49	2 18 56	13 23 33	23 18 50	5 36 29	19 44 9	22 29 6
25	16 41 2	21 15 0	1 29 32	10 8 56	20 14 11	20 21 38	20 12 34	20 20 27	2 18 51	13 23 14	23 18 53	5 36 7	19 44 17	22 28 50
26	16 46 20	21 27 4	1 31 0	10 19 0	20 15 6	20 18 44	20 13 2	20 19 3	2 18 48	13 22 56	23 18 56	5 35 45	19 44 25	22 28 35
27	16 51 40	21 38 30	1 32 30	10 29 8	20 16 2	20 15 48	20 13 30	20 17 39	2 18 44	13 22 39	23 18 59	5 35 21	19 44 33	22 28 19
28	16 57 0	21 49 18	1 34 1	10 39 20	20 16 59	20 12 50	20 13 57	20 16 14	2 18 40	13 22 23	23 19 3	5 34 57	19 44 41	22 28 4
29	17 2 21	21 59 28	1 35 33	10 49 35	20 17 55	20 9 51	20 14 26	20 14 49	2 18 37	13 22 8	23 19 7	5 34 32	19 44 50	22 27 48
30	17 7 43	22 8 58	1 37 7	10 59 54	20 18 51	20 6 51	20 14 54	20 13 23	2 18 34	13 21 53	23 19 10	5 34 6	19 44 58	22 27 32
31	17 13 5	22S17 50	1 38 42	11N10 16	20 19 48	20S 3 48	20 15 22	20S11 56	2 18 31	13N21 40	23 19 14	5S33 40	19 45 6	22S27 16

JANUARY 2021

DAY	SIDEREAL TIME h m s	☉ SUN LONG ° ' "	MOT ' "	R.A. h m s	DECL ° ' "
1 F	6 43 27	15♐45 0	61 8	18 46 53.4	22S59 57
2 S	6 47 24	16 46 8	61 9	18 51 18.0	22 54 47
3 Su	6 51 21	17 47 16	61 9	18 55 42.3	22 49 10
4 M	6 55 17	18 48 25	61 9	19 0 6.3	22 43 5
5 Tu	6 59 14	19 49 34	61 9	19 4 29.8	22 36 33
6 W	7 3 10	20 50 43	61 9	19 8 52.9	22 29 35
7 Th	7 7 7	21 51 52	61 10	19 13 15.6	22 22 9
8 F	7 11 3	22 53 1	61 10	19 17 37.9	22 14 18
9 S	7 15 0	23 54 11	61 10	19 21 59.6	22 5 59
10 Su	7 18 56	24 55 21	61 10	19 26 20.8	21 57 15
11 M	7 22 53	25 56 30	61 10	19 30 41.5	21 48 6
12 Tu	7 26 50	26 57 40	61 10	19 35 1.6	21 38 31
13 W	7 30 46	27 58 49	61 9	19 39 21.1	21 28 30
14 Th	7 34 43	28 59 58	61 9	19 43 40.0	21 18 5
15 F	7 38 39	0♑ 1 6	61 8	19 47 58.2	21 7 15
16 S	7 42 36	1 2 14	61 7	19 52 15.7	20 56 1
17 Su	7 46 32	2 3 22	61 7	19 56 32.5	20 44 23
18 M	7 50 29	3 4 28	61 6	20 0 48.6	20 32 21
19 Tu	7 54 25	4 5 34	61 5	20 5 3.9	20 19 56
20 W	7 58 22	5 6 39	61 4	20 9 18.5	20 7 8
21 Th	8 2 19	6 7 43	61 3	20 13 32.4	19 53 57
22 F	8 6 15	7 8 46	61 2	20 17 45.5	19 40 24
23 S	8 10 12	8 9 48	61 1	20 21 57.7	19 26 29
24 Su	8 14 8	9 10 49	61 0	20 26 9.2	19 12 12
25 M	8 18 5	10 11 49	60 59	20 30 19.9	18 57 35
26 Tu	8 22 1	11 12 49	60 58	20 34 29.8	18 42 37
27 W	8 25 58	12 13 47	60 57	20 38 38.9	18 27 18
28 Th	8 29 54	13 14 44	60 56	20 42 47.1	18 11 39
29 F	8 33 51	14 15 40	60 55	20 46 54.5	17 55 41
30 S	8 37 48	15 16 36	60 55	20 51 1.2	17 39 24
31 Su	8 41 44	16♑17 30	60 54	20 55 7.0	17S22 48

DAY	☽ MOON AT 0 HOURS LONG ° ' "	12h MOT ° ' "	2DIF "	R.A. h m s	DECL ° ' "
1	7♋41 44	6 33 48	102	8 23 34	23N 1 27
2	20 52 41	6 40 25	96	9 18 59	20 13 5
3	4♌16 39	6 46 34	88	10 12 51	16 18 28
4	17 52 40	6 52 11	80	11 5 6	11 30 45
5	1♍39 39	6 57 17	72	11 56 9	6 5 3
6	15 36 35	7 1 50	64	12 46 47	0 17 27
7	29 42 17	7 5 44	52	13 37 58	5S35 5
8	13♎55 22	7 8 44	37	14 30 43	11 14 9
9	28 13 53	7 10 30	15	15 25 55	16 19 31
10	12♏35 9	7 10 35	-14	16 24 4	20 29 36
11	26 55 36	7 8 35	-47	17 24 55	23 23 43
12	11♐10 54	7 4 15	-83	18 27 22	24 46 20
13	25 16 22	6 57 37	-115	19 29 35	24 31 37
14	9♑ 7 30	6 49 0	-141	20 29 40	22 45 27
15	22 40 40	6 39 4	-155	21 26 19	19 43 4
16	5♒53 33	6 28 36	-156	22 19 6	15 44 2
17	18 45 36	6 18 29	-145	23 8 19	11 7 38
18	1♓17 52	6 9 29	-123	23 54 43	6 10 20
19	13 32 58	6 2 16	-92	0 39 13	1 5 18
20	25 34 41	5 57 16	-56	1 22 48	3N57 1
21	7♈27 39	5 54 47	-18	2 6 25	8 47 42
22	19 16 56	5 54 55	22	2 51 1	13 18 14
23	1♉ 7 49	5 57 39	59	3 37 22	17 19 27
24	13 5 23	6 2 46	93	4 26 7	20 40 55
25	25 14 16	6 9 56	120	5 17 37	23 10 52
26	7♊38 21	6 18 39	139	6 11 45	24 37 3
27	20 20 23	6 28 15	146	7 7 52	24 48 53
28	3♋21 45	6 37 57	142	8 4 53	23 40 3
29	16 42 16	6 46 56	125	9 1 37	21 10 46
30	0♌20 7	6 54 29	99	9 57 8	17 28 19
31	14♌12 9	7 0 6	68	10 51 0	12N45 49

DAY	☽ MOON AT 12 HOURS LONG ° ' "	12h MOT ° ' "	2DIF "	R.A. h m s	DECL ° ' "
1	14♋15 32	6 37 10	99	8 51 26	21N46 15
2	27 33 6	6 43 33	92	9 46 7	18 23 17
3	11♌ 3 13	6 49 27	84	10 39 9	14 0 19
4	24 44 51	6 54 48	76	11 30 44	8 51 40
5	8♍36 57	6 59 38	68	12 21 27	3 12 57
6	22 38 25	7 3 52	58	13 12 14	2S39 19
7	6♎48 1	7 7 22	45	14 4 5	8 27 31
8	21 4 6	7 9 48	26	14 57 58	13 52 23
9	5♏24 23	7 10 47	1	15 54 37	18 32 50
10	19 45 44	7 9 52	-30	16 54 12	22 7 19
11	4♐ 4 11	7 6 43	-65	17 56 3	24 17 6
12	18 15 10	7 1 13	-100	18 58 38	24 51 2
13	2♑13 59	6 53 31	-129	19 59 59	23 49 11
14	15 56 31	6 44 9	-149	20 58 28	21 22 36
15	29 19 43	6 33 50	-157	21 53 11	17 49 23
16	12♒22 9	6 23 27	-152	22 44 7	13 29 24
17	25 4 4	6 13 48	-135	23 31 49	8 40 42
18	7♓27 21	6 5 37	-108	0 17 8	3 38 5
19	19 35 13	5 59 28	-75	1 1 3	1N26 47
20	1♈31 57	5 55 42	-37	1 44 33	6 24 21
21	13 22 25	5 54 31	2	2 28 33	11 6 2
22	25 11 52	5 55 58	41	3 13 55	15 23 7
23	7♉ 5 28	5 59 55	77	4 1 25	19 5 52
24	19 8 9	6 6 7	108	4 51 31	22 3 6
25	1♊24 13	6 14 8	131	5 44 23	24 2 39
26	13 57 0	6 23 23	144	6 39 37	24 52 47
27	26 48 38	6 33 8	145	7 36 20	24 24 42
28	9♋59 42	6 42 34	135	8 33 22	22 35 10
29	23 29 12	6 50 55	113	9 29 34	19 27 59
30	7♌14 36	6 57 33	84	10 24 17	15 13 35
31	21♌12 15	7 2 7	53	11 17 21	10N 7 11

LUNAR INGRESSES
2 ☽ ♌ 16:23
4 ☽ ♍ 21:07
7 ☽ ♎ 0:30
9 ☽ ♏ 2:58
11 ☽ ♐ 5:09
13 ☽ ♑ 8:08
15 ☽ ♒ 13:13
17 ☽ ♓ 21:29
20 ☽ ♈ 8:54
22 ☽ ♉ 21:43
25 ☽ ♊ 9:17
27 ☽ ♋ 17:52
29 ☽ ♌ 23:25

PLANET INGRESSES
4 ♀ ♐ 16:30
5 ☿ ♑ 11:21
14 ☉ ♑ 23:34
26 ☿ ♒ 14:26
26 ♇ ♑ 10:42
28 ♀ ♑ 14:56

STATIONS
14 ♅ D 8:37
30 ☿ R 15:53

DATA FOR THE 1st AT 0 HOURS
JULIAN DAY 44195.5
☽ MEAN ☊ 23°♉ 49' 40"
OBLIQUITY 23° 26' 13"
DELTA T 76.6 SECONDS
NUTATION LONGITUDE-16.1"

DAY MO	YR	☿ LONG ° ' "	♀ LONG ° ' "	♂ LONG ° ' "	♃ LONG ° ' "	♄ LONG ° ' "	♅ LONG ° ' "	♆ LONG ° ' "	♇ LONG ° ' "	☊ LONG ° '
1	1	22♐41 5	25♏22 52	2♈19 42	7♑45 13	6♑35 44	11♈46R13	23♒26 40	29♐ 9 33	24♉51
2	2	24 18 52	26 38 1	2 45 45	7 58 56	6 42 35	11 45 33	23 27 47	29 11 30	24 48
3	3	25 56 52	27 53 9	3 12 4	8 12 40	6 49 27	11 44 56	23 28 56	29 13 28	24 44
4	4	27 35 4	29 8 19	3 38 39	8 26 27	6 56 20	11 44 22	23 30 7	29 15 25	24 41
5	5	29 13 25	0♐23 29	4 5 31	8 40 16	7 3 15	11 43 51	23 31 20	29 17 24	24 39
6	6	0♑51 54	1 38 40	4 32 38	8 54 7	7 10 12	11 43 23	23 32 35	29 19 22	24 37
7	7	2 30 26	2 53 51	5 0 0	9 8 0	7 17 9	11 42 58	23 33 51	29 21 21	24 38
8	8	4 8 57	4 9 2	5 27 37	9 21 55	7 24 8	11 42 36	23 35 10	29 23 20	24 39
9	9	5 47 23	5 24 14	5 55 28	9 35 52	7 31 8	11 42 18	23 36 29	29 25 19	24 40
10	10	7 25 37	6 39 27	6 23 34	9 49 51	7 38 9	11 42 2	23 37 51	29 27 19	24 42
11	11	9 3 32	7 54 39	6 51 54	10 3 51	7 45 12	11 41 50	23 39 15	29 29 18	24 42
12	12	10 40 58	9 9 52	7 20 28	10 17 53	7 52 15	11 41 40	23 40 40	29 31 18	24 41
13	13	12 17 44	10 25 5	7 49 15	10 31 56	7 59 19	11 41 34	23 42 6	29 33 18	24 38
14	14	13 53 39	11 40 19	8 18 15	10 46 1	8 6 24	11 41D31	23 43 35	29 35 18	24 34
15	15	15 28 27	12 55 32	8 47 28	11 0 7	8 13 29	11 41 32	23 45 5	29 37 17	24 28
16	16	17 1 49	14 10 45	9 16 53	11 14 14	8 20 35	11 41 35	23 46 36	29 39 17	24 21
17	17	18 33 27	15 25 58	9 46 30	11 28 22	8 27 42	11 41 42	23 48 9	29 41 17	24 15
18	18	20 2 55	16 41 11	10 16 19	11 42 32	8 34 49	11 41 51	23 49 44	29 43 16	24 09
19	19	21 29 46	17 56 24	10 46 19	11 56 42	8 41 57	11 42 4	23 51 20	29 45 16	24 05
20	20	22 53 31	19 11 37	11 16 30	12 10 53	8 49 5	11 42 20	23 52 58	29 47 15	24 03
21	21	24 13 33	20 26 50	11 46 51	12 25 5	8 56 13	11 42 40	23 54 37	29 49 15	24 02
22	22	25 29 14	21 42 2	12 17 23	12 39 17	9 3 22	11 43 2	23 56 18	29 51 14	24 03
23	23	26 39 51	22 57 15	12 48 5	12 53 30	9 10 30	11 43 28	23 58 0	29 53 13	24 05
24	24	27 44 39	24 12 27	13 18 57	13 7 44	9 17 39	11 43 56	23 59 43	29 55 11	24 06
25	25	28 42 49	25 27 39	13 49 58	13 21 58	9 24 47	11 44 28	24 1 28	29 57 9	24 07
26	26	29 33 30	26 42 51	14 21 8	13 36 12	9 31 56	11 45 3	24 3 14	29 59 8	24 06
27	27	0♒15 51	27 58 2	14 52 27	13 50 27	9 39 4	11 45 41	24 5 1	0♑ 1 5	24 02
28	28	0 49 4	29 13 14	15 23 55	14 4 42	9 46 12	11 46 22	24 6 50	0 3 3	23 57
29	29	1 12 24	0♑28 25	15 55 30	14 18 56	9 53 20	11 47 7	24 8 40	0 5 0	23 50
30	30	1 25R11	1 43 36	16 27 14	14 33 11	10 0 28	11 47 54	24 10 31	0 6 56	23 41
31	31	1♒26 59	2♑58 47	16♈59 6	14♑47 26	10♑ 7 35	11♈48 44	24♒12 24	0♑ 8 52	23♉31

DAY	A.S.S.I. h m s	S.S.R.Y. h m s	S.V.P. ♓ ° ' "	☿ MERCURY R.A. h m s	DECL ° ' "
1	23 35 46	30 14 5	4 58 15.4	19 17 59	24S20 59
2	23 41 19	30 13 3	4 58 15.2	19 25 4	24 8 39
3	23 46 51	30 12 4	4 58 15.0	19 32 9	23 54 46
4	23 52 22	30 11 12	4 58 14.9	19 39 13	23 39 20
5	23 57 53	30 10 29	4 58 14.8	19 46 15	23 22 20
6	24 3 24	30 10 0	4 58 14.7	19 53 16	23 3 47
7	24 8 54	30 9 46	4 58 14.6	20 0 14	22 43 42
8	24 14 23	30 9 47	4 58 14.5	20 7 10	22 22 4
9	24 19 52	30 10 3	4 58 14.3	20 14 3	21 58 56
10	24 25 20	30 10 34	4 58 14.1	20 20 53	21 34 19
11	24 30 48	30 11 15	4 58 13.8	20 27 38	21 8 14
12	24 36 15	30 12 5	4 58 13.5	20 34 19	20 40 45
13	24 41 41	30 13 1	4 58 13.2	20 40 53	20 11 55
14	24 47 6	30 13 59	4 58 12.9	20 47 21	19 41 48
15	24 52 30	30 14 59	4 58 12.7	20 53 41	19 10 30
16	24 57 54	30 15 57	4 58 12.6	20 59 53	18 38 7
17	25 3 16	30 16 53	4 58 12.5	21 5 54	18 4 46
18	25 8 38	30 17 44	4 58 12.4	21 11 43	17 30 38
19	25 13 59	30 18 31	4 58 12.3	21 17 18	16 55 51
20	25 19 19	30 19 11	4 58 12.2	21 22 38	16 20 40
21	25 24 38	30 19 44	4 58 12.2	21 27 41	15 45 19
22	25 29 56	30 20 8	4 58 12.0	21 32 23	15 10 4
23	25 35 13	30 20 22	4 58 11.9	21 36 43	14 35 14
24	25 40 29	30 20 24	4 58 11.7	21 40 37	14 1 10
25	25 45 44	30 20 14	4 58 11.5	21 44 4	13 28 15
26	25 50 58	30 19 51	4 58 11.2	21 46 59	12 56 54
27	25 56 10	30 19 15	4 58 11.0	21 49 21	12 27 32
28	26 1 22	30 18 26	4 58 10.8	21 51 6	12 0 36
29	26 6 33	30 17 27	4 58 10.6	21 52 12	11 36 32
30	26 11 43	30 16 22	4 58 10.4	21 52 37	11 15 47
31	26 16 52	30 15 14	4 58 10.3	21 52 20	10S58 42

DAY Jan	♀ VENUS R.A. h m s	DECL ° ' "	♂ MARS R.A. h m s	DECL ° ' "	♃ JUPITER R.A. h m s	DECL ° ' "
1	17 18 28	22S26 1	1 40 18	11N20 41	20 20 45	20S 0 44
2	17 23 52	22 33 32	1 41 56	11 31 8	20 21 41	19 57 39
3	17 29 16	22 40 23	1 43 34	11 41 38	20 22 38	19 54 32
4	17 34 41	22 46 33	1 45 14	11 52 10	20 23 35	19 51 23
5	17 40 7	22 52 1	1 46 55	12 2 44	20 24 33	19 48 13
6	17 45 33	22 56 48	1 48 37	12 13 19	20 25 30	19 45 1
7	17 50 59	23 0 53	1 50 21	12 23 57	20 26 27	19 41 48
8	17 56 26	23 4 16	1 52 5	12 34 36	20 27 25	19 38 33
9	18 1 53	23 6 56	1 53 51	12 45 16	20 28 22	19 35 17
10	18 7 20	23 8 55	1 55 37	12 55 57	20 29 20	19 31 59
11	18 12 48	23 10 10	1 57 25	13 6 39	20 30 18	19 28 40
12	18 18 15	23 10 43	1 59 14	13 17 23	20 31 16	19 25 19
13	18 23 43	23 10 33	2 1 4	13 28 6	20 32 14	19 21 57
14	18 29 10	23 9 40	2 2 55	13 38 50	20 33 12	19 18 33
15	18 34 37	23 8 5	2 4 47	13 49 35	20 34 9	19 15 8
16	18 40 5	23 5 47	2 6 40	14 0 19	20 35 8	19 11 42
17	18 45 32	23 2 46	2 8 33	14 11 4	20 36 6	19 8 15
18	18 50 58	22 59 2	2 10 28	14 21 48	20 37 4	19 4 46
19	18 56 25	22 54 37	2 12 24	14 32 31	20 38 2	19 1 15
20	19 1 51	22 49 28	2 14 21	14 43 14	20 39 0	18 57 44
21	19 7 16	22 43 38	2 16 18	14 53 55	20 39 58	18 54 11
22	19 12 41	22 37 6	2 18 17	15 4 36	20 40 56	18 50 37
23	19 18 6	22 29 53	2 20 16	15 15 15	20 41 54	18 47 2
24	19 23 29	22 21 58	2 22 16	15 25 53	20 42 52	18 43 26
25	19 28 52	22 13 22	2 24 17	15 36 29	20 43 51	18 39 48
26	19 34 15	22 4 6	2 26 19	15 47 3	20 44 49	18 36 10
27	19 39 37	21 54 10	2 28 22	15 57 35	20 45 47	18 32 30
28	19 44 57	21 43 33	2 30 25	16 8 5	20 46 45	18 28 50
29	19 50 18	21 32 18	2 32 29	16 18 32	20 47 43	18 25 8
30	19 55 37	21 20 24	2 34 34	16 28 57	20 48 41	18 21 25
31	20 0 55	21S 7 51	2 36 40	16N39 19	20 49 39	18S17 41

DAY Jan	♄ SATURN R.A. h m s	DECL ° ' "	♅ URANUS R.A. h m s	DECL ° ' "	♆ NEPTUNE R.A. h m s	DECL ° ' "	♇ PLUTO R.A. h m s	DECL ° ' "
1	20 15 50	20S10 29	2 18 28	13N21 28	23 19 18	5S33 12	19 45 15	22S27 0
2	20 16 19	20 9 1	2 18 25	13 21 16	23 19 23	5 32 44	19 45 23	22 26 44
3	20 16 47	20 7 32	2 18 23	13 21 6	23 19 27	5 32 16	19 45 31	22 26 28
4	20 17 16	20 6 3	2 18 21	13 20 57	23 19 31	5 31 47	19 45 40	22 26 12
5	20 17 45	20 4 34	2 18 19	13 20 48	23 19 36	5 31 17	19 45 48	22 25 56
6	20 18 14	20 3 3	2 18 17	13 20 41	23 19 40	5 30 46	19 45 57	22 25 40
7	20 18 43	20 1 33	2 18 15	13 20 34	23 19 45	5 30 15	19 46 5	22 25 24
8	20 19 12	20 0 1	2 18 14	13 20 29	23 19 50	5 29 43	19 46 14	22 25 8
9	20 19 41	19 58 29	2 18 12	13 20 25	23 19 54	5 29 10	19 46 22	22 24 51
10	20 20 10	19 56 57	2 18 11	13 20 21	23 19 59	5 28 37	19 46 31	22 24 35
11	20 20 39	19 55 24	2 18 10	13 20 19	23 20 5	5 28 3	19 46 39	22 24 19
12	20 21 9	19 53 51	2 18 10	13 20 18	23 20 10	5 27 28	19 46 48	22 24 2
13	20 21 38	19 52 17	2 18 9	13 20 18	23 20 15	5 26 53	19 46 57	22 23 46
14	20 22 7	19 50 42	2 18 9	13 20 18	23 20 21	5 26 17	19 47 5	22 23 30
15	20 22 37	19 49 8	2 18 9	13 20 20	23 20 26	5 25 40	19 47 14	22 23 14
16	20 23 6	19 47 33	2 18 9	13 20 23	23 20 32	5 25 3	19 47 22	22 22 58
17	20 23 36	19 45 57	2 18 10	13 20 27	23 20 37	5 24 26	19 47 31	22 22 41
18	20 24 5	19 44 21	2 18 10	13 20 32	23 20 43	5 23 47	19 47 39	22 22 25
19	20 24 35	19 42 45	2 18 11	13 20 38	23 20 49	5 23 9	19 47 48	22 22 9
20	20 25 4	19 41 9	2 18 12	13 20 45	23 20 55	5 22 29	19 47 57	22 21 53
21	20 25 34	19 39 32	2 18 13	13 20 53	23 21 1	5 21 49	19 48 5	22 21 36
22	20 26 3	19 37 55	2 18 15	13 21 2	23 21 7	5 21 9	19 48 14	22 21 20
23	20 26 33	19 36 17	2 18 16	13 21 13	23 21 14	5 20 28	19 48 22	22 21 4
24	20 27 2	19 34 40	2 18 18	13 21 24	23 21 20	5 19 46	19 48 31	22 20 48
25	20 27 32	19 33 1	2 18 20	13 21 36	23 21 26	5 19 4	19 48 39	22 20 32
26	20 28 1	19 31 23	2 18 23	13 21 49	23 21 33	5 18 21	19 48 48	22 20 16
27	20 28 31	19 29 44	2 18 25	13 22 3	23 21 40	5 17 38	19 48 56	22 20 0
28	20 29 0	19 28 5	2 18 28	13 22 19	23 21 46	5 16 55	19 49 4	22 19 45
29	20 29 30	19 26 27	2 18 30	13 22 35	23 21 53	5 16 11	19 49 13	22 19 29
30	20 29 59	19 24 47	2 18 34	13 22 52	23 22 0	5 15 26	19 49 21	22 19 14
31	20 30 29	19S23 8	2 18 37	13N23 11	23 22 7	5S14 41	19 49 29	22S18 58

FEBRUARY 2021

DAY	SIDEREAL TIME h m s	☉ SUN LONG ° ' "	MOT ' "	R.A. h m s	DECL ° ' "	☽ MOON AT 0 HOURS LONG ° ' "	12h MOT ° ' "	2DIF "	R.A. h m s	DECL ° ' "	☽ MOON AT 12 HOURS LONG ° ' "	12h MOT ° ' "	2DIF "	R.A. h m s	DECL ° ' "
1 M	8 45 41	17♑18 24	60 53	20 59 12.0	17S 5 53	28♌14 21	7 3 36	37	11 43 22	7N20 0	5♍17 58	7 4 36	23	12 9 10	4N26 36
2 Tu	8 49 37	18 19 16	60 52	21 3 16.2	16 48 40	12♍22 34	7 5 9	10	12 34 49	1 29 21	19 27 42	7 5 18	0	13 0 27	1S29 23
3 W	8 53 34	19 20 8	60 51	21 7 19.6	16 31 10	26 33 0	7 5 7	-9	13 26 11	4S27 14	3♎38 7	7 4 40	-17	13 52 7	7 21 48
4 Th	8 57 30	20 20 59	60 50	21 11 22.2	16 13 22	10♎42 46	7 4 0	-22	14 18 24	10 10 42	17 46 47	7 3 11	-26	14 45 8	12 51 32
5 F	9 1 27	21 21 50	60 50	21 15 24.0	15 55 17	24 49 58	7 2 15	-30	15 12 23	15 21 52	1♏52 13	7 1 13	-32	15 40 13	17 39 20
6 S	9 5 23	22 22 39	60 49	21 19 25.0	15 36 56	8♏53 26	7 0 6	-35	16 8 42	19 41 34	15 53 32	6 58 54	-38	16 37 47	21 26 20
7 Su	9 9 20	23 23 28	60 48	21 23 25.3	15 18 18	22 52 25	6 57 34	-42	17 7 25	22 51 39	29 50 0	6 56 7	-46	17 37 31	23 55 47
8 M	9 13 17	24 24 15	60 47	21 27 24.8	14 59 25	6♐46 7	6 54 30	-52	18 7 55	24 37 30	13♐40 37	6 52 40	-59	18 38 25	24 56 3
9 Tu	9 17 13	25 25 2	60 46	21 31 23.5	14 40 17	20 33 17	6 50 36	-66	19 8 50	24 51 19	27 23 52	6 48 15	-75	19 38 56	24 23 45
10 W	9 21 10	26 25 48	60 44	21 35 21.4	14 20 54	4♑12 6	6 45 36	-84	20 8 32	23 34 27	10♑57 42	6 42 39	-93	20 37 29	22 24 59
11 Th	9 25 6	27 26 32	60 43	21 39 18.6	14 1 16	17 40 21	6 39 24	-101	21 5 40	20 57 17	24 19 46	6 35 53	-109	21 32 59	19 13 33
12 F	9 29 3	28 27 15	60 42	21 43 15.0	13 41 25	0♒55 39	6 32 8	-115	21 59 28	17 16 5	7♒27 47	6 28 12	-120	22 25 5	15 7 14
13 S	9 32 59	29 27 56	60 40	21 47 10.6	13 21 20	13 55 59	6 24 9	-122	22 49 55	12 49 15	20 20 8	6 20 3	-122	23 14 1	10 24 14
14 Su	9 36 56	0♒28 37	60 39	21 51 5.5	13 1 2	26 40 11	6 16 0	-120	23 37 30	7 54 11	2♓56 11	6 12 3	-115	0 0 26	5 20 54
15 M	9 40 52	1 29 15	60 37	21 54 59.7	12 40 31	9♓8 14	6 8 19	-108	0 22 57	2 45 59	15 16 33	6 4 52	-98	0 45 9	0 10 57
16 Tu	9 44 49	2 29 52	60 35	21 58 53.1	12 19 48	21 21 26	6 1 47	-86	1 7 9	2N22 54	27 23 13	5 59 8	-72	1 29 4	4N54 16
17 W	9 48 46	3 30 27	60 34	22 2 45.7	11 58 53	3♈22 21	5 56 59	-56	1 50 59	7 22 2	9♈19 20	5 55 23	-39	2 13 3	9 45 3
18 Th	9 52 42	4 31 1	60 32	22 6 37.7	11 37 47	15 14 44	5 54 24	-20	2 35 19	12 2 12	21 9 7	5 54 2	-1	2 57 56	14 12 24
19 F	9 56 39	5 31 33	60 30	22 10 29.0	11 16 29	27 3 10	5 54 21	20	3 20 57	16 14 28	2♉57 31	5 55 22	41	3 44 28	18 7 13
20 S	10 0 35	6 32 3	60 28	22 14 19.5	10 55 2	8♉52 53	5 57 4	62	4 8 33	19 49 22	14 49 56	5 59 28	82	4 33 15	21 19 35
21 Su	10 4 32	7 32 31	60 26	22 18 9.4	10 33 24	20 49 24	6 2 33	102	4 58 36	22 36 30	26 51 57	6 6 17	121	5 24 36	23 38 41
22 M	10 8 28	8 32 57	60 25	22 21 58.7	10 11 36	2♊58 14	6 10 39	139	5 51 13	24 24 44	9♊8 52	6 15 34	155	6 18 25	24 53 21
23 Tu	10 12 25	9 33 21	60 23	22 25 47.3	9 49 39	15 24 26	6 20 58	168	6 46 7	25 3 22	21 45 23	6 26 45	178	7 14 12	24 53 48
24 W	10 16 21	10 33 44	60 21	22 29 35.3	9 27 34	28 12 9	6 32 50	184	7 42 32	24 24 2	4♋44 58	6 39 3	187	8 10 59	23 33 47
25 Th	10 20 18	11 34 5	60 19	22 33 22.7	9 5 20	11♋24 1	6 45 17	185	8 39 25	22 23 12	18 9 18	6 51 22	178	9 7 43	20 52 49
26 F	10 24 15	12 34 23	60 17	22 37 9.5	8 42 58	25 0 40	6 57 8	166	9 35 48	19 3 41	1♌57 48	7 2 27	150	10 3 35	16 57 10
27 S	10 28 11	13 34 40	60 15	22 40 55.7	8 20 28	9♌0 15	7 7 9	130	10 31 3	14 35 3	16 7 24	7 11 7	106	10 58 11	11 59 26
28 Su	10 32 8	14♒34 56	60 14	22 44 41.3	7S57 51	23♌18 31	7 14 15	80	11 25 2	9N12 36	0♍32 46	7 16 29	53	11 51 38	6N17 5

LUNAR INGRESSES
1 ☽ ♍ 3:00
3 ☽ ♎ 5:51
5 ☽ ♏ 8:48
7 ☽ ♐ 12:17
9 ☽ ♑ 16:35
11 ☽ ♒ 22:18
14 ☽ ♓ 6:22
16 ☽ ♈ 17:14
19 ☽ ♉ 5:59
21 ☽ ♊ 18:11
24 ☽ ♋ 3:19
26 ☽ ♌ 8:38
28 ☽ ♍ 11:06

PLANET INGRESSES
3 ☿ ♑ 13:53
13 ☉ ♒ 12:41
21 ♀ ♒ 13:50
23 ♂ ♉ 12:18

STATIONS
21 ☿ D 0:53

DATA FOR THE 1st AT 0 HOURS
JULIAN DAY 44226.5
☽ MEAN ☊ 22°♉ 11' 6"
OBLIQUITY 23° 26' 14"
DELTA T 76.7 SECONDS
NUTATION LONGITUDE-15.5"

DAY MO	YR	☿ LONG ° ' "	♀ LONG ° ' "	♂ LONG ° ' "	♃ LONG ° ' "	♄ LONG ° ' "	♅ LONG ° ' "	♆ LONG ° ' "	♇ LONG ° ' "	☊ LONG ° '	A.S.S.I. h m s	S.S.R.Y. h m s	S.V.P. ♓ ° ' "	☿ MERCURY R.A. h m s	DECL ° ' "
1	32	1♒17R32	4♑13 58	17♈31 5	15♑1 41	10♑14 42	11♈49 38	24♒14 17	0♑10 48	23♉23	26 22 0	30 14 7	4 58 10.2	21 51 20	10S45 37
2	33	0 56 52	5 29 9	18 3 12	15 15 56	10 21 48	11 50 34	24 16 12	0 12 43	23 16	26 27 7	30 13 9	4 58 10.2	21 49 38	10 36 47
3	34	0 25 18	6 44 20	18 35 27	15 30 10	10 28 54	11 51 34	24 18 8	0 14 38	23 11	26 32 12	30 12 20	4 58 10.1	21 47 15	10 32 20
4	35	29♑43 32	7 59 31	19 7 48	15 44 25	10 35 59	11 52 36	24 20 5	0 16 32	23 09	26 37 17	30 11 43	4 58 10.1	21 44 15	10 32 16
5	36	28 52 37	9 14 41	19 40 17	15 58 39	10 43 4	11 53 42	24 22 3	0 18 25	23 09	26 42 21	30 11 20	4 58 9.9	21 40 42	10 36 30
6	37	27 53 56	10 29 52	20 12 52	16 12 52	10 50 7	11 54 51	24 24 2	0 20 18	23 09	26 47 24	30 11 11	4 58 9.7	21 36 41	10 44 46
7	38	26 49 8	11 45 2	20 45 35	16 27 5	10 57 10	11 56 2	24 26 2	0 22 11	23 10	26 52 26	30 11 15	4 58 9.5	21 32 20	10 56 42
8	39	25 40 7	13 0 12	21 18 24	16 41 18	11 4 12	11 57 17	24 28 3	0 24 3	23 09	26 57 26	30 11 30	4 58 9.3	21 27 44	11 11 49
9	40	24 28 52	14 15 22	21 51 20	16 55 29	11 11 13	11 58 34	24 30 5	0 25 54	23 06	27 2 26	30 11 56	4 58 9.0	21 23 3	11 29 33
10	41	23 17 23	15 30 32	22 24 22	17 9 40	11 18 12	11 59 55	24 32 8	0 27 44	23 00	27 7 25	30 12 30	4 58 8.8	21 18 23	11 49 18
11	42	22 7 32	16 45 41	22 57 31	17 23 50	11 25 11	12 1 18	24 34 12	0 29 33	22 51	27 12 23	30 13 10	4 58 8.6	21 13 51	12 10 28
12	43	21 1 2	18 0 50	23 30 46	17 37 59	11 32 8	12 2 44	24 36 17	0 31 22	22 40	27 17 20	30 13 56	4 58 8.5	21 9 35	12 32 27
13	44	19 59 19	19 15 58	24 4 7	17 52 7	11 39 4	12 4 14	24 38 23	0 33 10	22 28	27 22 16	30 14 45	4 58 8.4	21 5 38	12 54 43
14	45	19 3 33	20 31 6	24 37 33	18 6 14	11 45 59	12 5 46	24 40 29	0 34 58	22 16	27 27 11	30 15 36	4 58 8.4	21 2 7	13 16 48
15	46	18 14 33	21 46 13	25 11 6	18 20 20	11 52 52	12 7 20	24 42 36	0 36 44	22 04	27 32 6	30 16 28	4 58 8.3	20 59 3	13 38 18
16	47	17 32 54	23 1 20	25 44 44	18 34 24	11 59 44	12 8 58	24 44 44	0 38 29	21 55	27 36 59	30 17 18	4 58 8.3	20 56 29	13 58 52
17	48	16 58 56	24 16 26	26 18 27	18 48 27	12 6 34	12 10 38	24 46 53	0 40 14	21 48	27 41 51	30 18 6	4 58 8.3	20 54 27	14 18 17
18	49	16 32 44	25 31 31	26 52 15	19 2 29	12 13 23	12 12 21	24 49 2	0 41 58	21 44	27 46 43	30 18 50	4 58 8.2	20 52 56	14 36 21
19	50	16 14 15	26 46 36	27 26 8	19 16 28	12 20 9	12 14 7	24 51 12	0 43 40	21 42	27 51 33	30 19 26	4 58 8.1	20 51 56	14 52 54
20	51	16 3 16	28 1 40	28 0 6	19 30 27	12 26 54	12 15 56	24 53 23	0 45 22	21 42	27 56 23	30 19 54	4 58 8.0	20 51 26	15 7 52
21	52	15 59D30	29 16 44	28 34 9	19 44 23	12 33 38	12 17 47	24 55 34	0 47 3	21 42	28 1 12	30 20 10	4 58 7.8	20 51 25	15 21 11
22	53	16 2 38	0♒31 46	29 8 16	19 58 18	12 40 19	12 19 41	24 57 46	0 48 43	21 42	28 6 0	30 20 13	4 58 7.6	20 51 52	15 32 47
23	54	16 12 14	1 46 48	29 42 27	20 12 11	12 46 58	12 21 37	24 59 58	0 50 22	21 40	28 10 47	30 20 1	4 58 7.4	20 52 45	15 42 42
24	55	16 27 57	3 1 50	0♉16 42	20 26 1	12 53 35	12 23 36	25 2 11	0 51 59	21 35	28 15 33	30 19 34	4 58 7.2	20 54 3	15 50 53
25	56	16 49 21	4 16 50	0 51 2	20 39 50	13 0 10	12 25 37	25 4 24	0 53 36	21 28	28 20 19	30 18 52	4 58 7.1	20 55 43	15 57 21
26	57	17 16 3	5 31 50	1 25 25	20 53 37	13 6 43	12 27 41	25 6 38	0 55 11	21 18	28 25 4	30 17 57	4 58 6.9	20 57 45	16 2 8
27	58	17 47 41	6 46 49	1 59 52	21 7 22	13 13 14	12 29 48	25 8 52	0 56 46	21 06	28 29 48	30 16 52	4 58 6.8	21 0 6	16 5 15
28	59	18♑23 54	8♒1 47	2♉34 23	21♑21 4	13♑19 42	12♈31 57	25♒11 7	0♑58 19	20♉54	28 34 32	30 15 41	4 58 6.8	21 2 45	16S 6 41

DAY Feb	♀ VENUS R.A. h m s	DECL ° ' "	♂ MARS R.A. h m s	DECL ° ' "	♃ JUPITER R.A. h m s	DECL ° ' "	♄ SATURN R.A. h m s	DECL ° ' "	♅ URANUS R.A. h m s	DECL ° ' "	♆ NEPTUNE R.A. h m s	DECL ° ' "	♇ PLUTO R.A. h m s	DECL ° ' "
1	20 6 12	20S54 40	2 38 47	16N49 38	20 50 37	18S13 56	20 30 58	19S21 29	2 18 40	13N23 30	23 22 14	5S13 56	19 49 38	22S18 43
2	20 11 29	20 40 52	2 40 54	16 59 54	20 51 35	18 10 11	20 31 27	19 19 49	2 18 44	13 23 50	23 22 21	5 13 10	19 49 46	22 18 28
3	20 16 44	20 26 27	2 43 2	17 10 6	20 52 32	18 6 24	20 31 56	19 18 10	2 18 48	13 24 11	23 22 28	5 12 24	19 49 54	22 18 12
4	20 21 58	20 11 25	2 45 10	17 20 16	20 53 30	18 2 37	20 32 26	19 16 30	2 18 52	13 24 33	23 22 35	5 11 37	19 50 2	22 17 57
5	20 27 12	19 55 48	2 47 20	17 30 22	20 54 28	17 58 48	20 32 55	19 14 50	2 18 56	13 24 57	23 22 42	5 10 50	19 50 10	22 17 42
6	20 32 24	19 39 36	2 49 30	17 40 24	20 55 25	17 54 59	20 33 24	19 13 10	2 19 0	13 25 21	23 22 50	5 10 3	19 50 18	22 17 27
7	20 37 35	19 22 49	2 51 41	17 50 22	20 56 23	17 51 9	20 33 53	19 11 30	2 19 5	13 25 46	23 22 57	5 9 15	19 50 27	22 17 13
8	20 42 45	19 5 28	2 53 52	18 0 17	20 57 21	17 47 18	20 34 22	19 9 51	2 19 10	13 26 12	23 23 4	5 8 27	19 50 35	22 16 58
9	20 47 54	18 47 34	2 56 5	18 10 8	20 58 18	17 43 26	20 34 51	19 8 11	2 19 15	13 26 39	23 23 12	5 7 38	19 50 43	22 16 44
10	20 53 1	18 29 7	2 58 17	18 19 55	20 59 15	17 39 34	20 35 19	19 6 31	2 19 20	13 27 7	23 23 20	5 6 49	19 50 50	22 16 29
11	20 58 8	18 10 9	3 0 31	18 29 37	21 0 12	17 35 41	20 35 48	19 4 51	2 19 25	13 27 36	23 23 27	5 6 0	19 50 58	22 16 15
12	21 3 13	17 50 39	3 2 45	18 39 15	21 1 10	17 31 47	20 36 17	19 3 11	2 19 31	13 28 6	23 23 35	5 5 11	19 51 6	22 16 1
13	21 8 17	17 30 38	3 5 0	18 48 48	21 2 6	17 27 53	20 36 45	19 1 32	2 19 37	13 28 37	23 23 43	5 4 21	19 51 14	22 15 48
14	21 13 20	17 10 8	3 7 16	18 58 17	21 3 3	17 23 58	20 37 14	18 59 52	2 19 42	13 29 8	23 23 50	5 3 31	19 51 21	22 15 34
15	21 18 22	16 49 9	3 9 32	19 7 41	21 4 0	17 20 2	20 37 42	18 58 13	2 19 49	13 29 41	23 23 58	5 2 41	19 51 29	22 15 21
16	21 23 22	16 27 41	3 11 49	19 17 0	21 4 57	17 16 6	20 38 10	18 56 34	2 19 55	13 30 14	23 24 6	5 1 50	19 51 37	22 15 7
17	21 28 22	16 5 46	3 14 6	19 26 14	21 5 53	17 12 10	20 38 38	18 54 55	2 20 1	13 30 49	23 24 14	5 0 59	19 51 44	22 14 54
18	21 33 20	15 43 24	3 16 24	19 35 22	21 6 49	17 8 13	20 39 6	18 53 16	2 20 8	13 31 24	23 24 22	5 0 8	19 51 52	22 14 41
19	21 38 17	15 20 35	3 18 43	19 44 25	21 7 46	17 4 15	20 39 34	18 51 37	2 20 15	13 32 0	23 24 30	4 59 17	19 51 59	22 14 28
20	21 43 12	14 57 21	3 21 2	19 53 23	21 8 42	17 0 18	20 40 2	18 49 59	2 20 22	13 32 37	23 24 38	4 58 25	19 52 6	22 14 16
21	21 48 7	14 33 43	3 23 22	20 2 14	21 9 38	16 56 19	20 40 29	18 48 21	2 20 29	13 33 14	23 24 46	4 57 33	19 52 13	22 14 3
22	21 53 1	14 9 40	3 25 43	20 11 0	21 10 33	16 52 21	20 40 57	18 46 43	2 20 36	13 33 53	23 24 54	4 56 41	19 52 21	22 13 51
23	21 57 53	13 45 14	3 28 4	20 19 40	21 11 29	16 48 22	20 41 24	18 45 5	2 20 44	13 34 33	23 25 2	4 55 49	19 52 28	22 13 39
24	22 2 44	13 20 26	3 30 25	20 28 14	21 12 24	16 44 23	20 41 51	18 43 28	2 20 52	13 35 13	23 25 10	4 54 57	19 52 35	22 13 28
25	22 7 35	12 55 17	3 32 47	20 36 41	21 13 20	16 40 24	20 42 18	18 41 51	2 20 59	13 35 54	23 25 19	4 54 4	19 52 42	22 13 16
26	22 12 24	12 29 46	3 35 10	20 45 3	21 14 15	16 36 25	20 42 45	18 40 15	2 21 7	13 36 36	23 25 27	4 53 11	19 52 49	22 13 5
27	22 17 12	12 3 55	3 37 33	20 53 17	21 15 10	16 32 25	20 43 11	18 38 39	2 21 16	13 37 18	23 25 35	4 52 19	19 52 55	22 12 54
28	22 21 59	11S37 45	3 39 56	21N 1 25	21 16 4	16S28 26	20 43 38	18S37 3	2 21 24	13N38 2	23 25 43	4S51 26	19 53 2	22S12 43

MARCH 2021

DAY	SIDEREAL TIME h m s	☉ SUN LONG ° ' "	MOT ' "	R.A. h m s	DECL ° ' "
1 M	10 36 4	15♒35 9	60 12	22 48 26.5	7S35 6
2 Tu	10 40 1	16 35 21	60 10	22 52 11.1	7 12 16
3 W	10 43 57	17 35 31	60 9	22 55 55.3	6 49 19
4 Th	10 47 54	18 35 40	60 7	22 59 39.0	6 26 16
5 F	10 51 50	19 35 47	60 6	23 3 22.3	6 3 8
6 S	10 55 47	20 35 53	60 4	23 7 5.2	5 39 55
7 Su	10 59 44	21 35 57	60 3	23 10 47.7	5 16 37
8 M	11 3 40	22 36 0	60 1	23 14 29.8	4 53 14
9 Tu	11 7 37	23 36 1	59 59	23 18 11.6	4 29 48
10 W	11 11 33	24 36 0	59 58	23 21 53.0	4 6 18
11 Th	11 15 30	25 35 57	59 56	23 25 34.1	3 42 45
12 F	11 19 26	26 35 53	59 54	23 29 14.9	3 19 9
13 S	11 23 23	27 35 47	59 52	23 32 55.3	2 55 31
14 Su	11 27 19	28 35 39	59 50	23 36 35.6	2 31 51
15 M	11 31 16	29 35 29	59 48	23 40 15.5	2 8 10
16 Tu	11 35 13	0♓35 17	59 46	23 43 55.2	1 44 27
17 W	11 39 9	1 35 3	59 44	23 47 34.7	1 20 43
18 Th	11 43 6	2 34 47	59 42	23 51 14.0	0 56 59
19 F	11 47 2	3 34 28	59 39	23 54 53.1	0 33 15
20 S	11 50 59	4 34 7	59 37	23 58 32.1	0 9 32
21 Su	11 54 55	5 33 44	59 35	0 2 10.9	0N14 11
22 M	11 58 52	6 33 19	59 33	0 5 49.5	0 37 53
23 Tu	12 2 48	7 32 52	59 30	0 9 28.1	1 1 33
24 W	12 6 45	8 32 22	59 28	0 13 6.6	1 25 12
25 Th	12 10 41	9 31 50	59 26	0 16 45.0	1 48 48
26 F	12 14 38	10 31 15	59 23	0 20 23.4	2 12 22
27 S	12 18 35	11 30 38	59 21	0 24 1.7	2 35 52
28 Su	12 22 31	12 30 0	59 19	0 27 40.0	2 59 20
29 M	12 26 28	13 29 19	59 17	0 31 18.4	3 22 44
30 Tu	12 30 24	14 28 36	59 15	0 34 56.8	3 46 4
31 W	12 34 21	15♓27 51	59 13	0 38 35.3	4N 9 19

DAY	☽ MOON AT 0 HOURS LONG ° ' "	12h MOT ° ' "	2DIF "	R.A. h m s	DECL ° ' "	☽ MOON AT 12 HOURS LONG ° ' "	12h MOT ° ' "	2DIF "	R.A. h m s	DECL ° ' "
1	7♍49 14	7 17 47	26	12 18 5	3N15 32	15♍ 7 2	7 18 12	0	12 44 28	0N10 41
2	22 25 14	7 17 47	-24	13 10 53	2S54 40	29 43 1	7 16 36	-45	13 37 26	5S57 44
3	6♎59 36	7 14 46	-63	14 4 14	8 55 42	14♎14 22	7 12 24	-77	14 31 22	11 45 53
4	21 26 46	7 9 39	-87	14 58 56	14 25 35	28 36 25	7 6 37	-93	15 26 58	16 52 16
5	5♏43 2	7 3 25	-97	15 55 31	19 3 33	12♏46 27	7 0 9	-98	16 24 34	20 57 15
6	19 46 36	6 56 53	-97	16 54 5	22 31 26	26 43 30	6 53 41	-95	17 23 57	23 44 34
7	3♐37 10	6 50 34	-92	17 54 4	24 35 30	10♐27 44	6 47 33	-89	18 24 15	25 3 35
8	17 15 16	6 44 38	-86	18 54 20	25 8 42	23 59 54	6 41 48	-84	19 24 8	24 51 17
9	0♑41 42	6 39 2	-82	19 53 28	24 12 13	7♑20 44	6 36 18	-82	20 22 13	23 12 52
10	13 57 2	6 33 35	-82	20 50 15	21 54 54	20 30 37	6 30 50	-83	21 17 31	20 20 13
11	27 1 27	6 28 3	-85	21 43 58	18 30 54	3♒29 30	6 25 11	-87	22 9 38	16 29 2
12	9♒54 41	6 22 16	-88	22 34 34	14 16 43	16 16 57	6 19 18	-90	22 58 47	11 55 59
13	22 36 15	6 16 17	-91	23 22 24	9 28 45	28 52 32	6 13 15	-91	23 45 29	6 56 50
14	5♓ 5 47	6 10 15	-89	0 8 9	4 21 57	11♓16 2	6 7 19	-86	0 30 28	1 45 41
15	17 23 21	6 4 30	-82	0 52 35	0N50 29	23 27 51	6 1 53	-75	1 14 33	3N25 10
16	29 29 44	5 59 30	-67	1 36 30	5 57 2	5♈29 14	5 57 26	-57	1 58 31	8 24 50
17	11♈26 39	5 55 43	-45	2 20 42	10 47 20	17 22 22	5 54 27	-31	2 43 8	13 3 21
18	23 16 49	5 53 39	-16	3 5 54	15 11 40	29 10 28	5 53 24	1	3 29 5	17 11 5
19	5♉ 3 52	5 53 43	19	3 52 44	19 0 24	10♉57 35	5 54 40	38	4 16 55	20 38 21
20	16 52 15	5 56 17	58	4 41 40	22 3 40	22 48 32	5 58 33	79	5 6 59	23 15 5
21	28 47 5	6 1 32	100	5 32 53	24 11 22	4♊48 37	6 5 12	120	5 59 18	24 51 18
22	10♊53 49	6 9 33	140	6 26 13	25 13 46	17 3 21	6 14 33	159	6 53 31	25 17 51
23	23 17 54	6 20 9	176	7 21 8	25 2 46	29 38 3	6 26 18	191	7 48 58	24 28 2
24	6♋ 4 20	6 32 53	203	8 16 53	23 33 26	12♋37 13	6 39 48	210	8 44 47	22 19 6
25	19 17 1	6 46 54	214	9 12 36	20 45 30	26 3 55	6 54 2	212	9 40 15	18 53 27
26	2♌57 57	7 1 1	204	10 7 42	16 44 9	9♌58 58	7 7 38	190	10 34 57	14 19 6
27	17 6 36	7 13 43	171	11 1 59	11 40 7	24 20 18	7 19 3	146	11 28 53	8 49 22
28	1♍39 21	7 23 28	117	11 55 41	5 49 15	9♍ 2 49	7 26 51	84	12 22 28	2 42 25
29	16 29 40	7 29 5	50	12 49 20	0S28 14	23 58 45	7 30 9	14	13 16 23	3S39 40
30	1♎28 55	7 30 2	-20	13 43 43	6 48 42	8♎58 57	7 28 49	-52	14 11 25	9 52 7
31	16♎27 46	7 26 35	-80	14 39 35	12S46 39	23♎54 21	7 23 29	-104	15 8 15	15S29 9

LUNAR INGRESSES
2 ☽ ♎ 12:28
4 ☽ ♏ 14:21
6 ☽ ♐ 17:41
8 ☽ ♑ 22:45
11 ☽ ♒ 5:31
13 ☽ ♓ 14:10
16 ☽ ♈ 1:00
18 ☽ ♉ 13:41
21 ☽ ♊ 2:26
23 ☽ ♋ 12:41
25 ☽ ♌ 18:52
27 ☽ ♍ 21:18
29 ☽ ♎ 21:38
31 ☽ ♏ 21:53

PLANET INGRESSES
12 ☿ ♒ 0:45
15 ☉ ♓ 9:50
17 ♀ ♓ 14:33

STATIONS
NONE

DATA FOR THE 1st AT 0 HOURS
JULIAN DAY 44254.5
☽ MEAN ☊ 20°♉ 42' 4"
OBLIQUITY 23° 26' 14"
DELTA T 76.7 SECONDS
NUTATION LONGITUDE-15.9"

DAY MO	YR	☿ LONG ° ' "	♀ LONG ° ' "	♂ LONG ° ' "	♃ LONG ° ' "	♄ LONG ° ' "	♅ LONG ° ' "	♆ LONG ° ' "	♇ LONG ° ' "	☊ LONG ° '
1	60	19♑ 4 21	9♒16 45	3♉ 8 58	21♑34 44	13♑26 9	12♈34 8	25♒13 21	0♑59 51	20♉42
2	61	19 48 44	10 31 42	3 43 35	21 48 22	13 32 32	12 36 21	25 15 37	1 1 22	20 32
3	62	20 36 46	11 46 39	4 18 17	22 1 57	13 38 53	12 38 37	25 17 52	1 2 52	20 25
4	63	21 28 12	13 1 35	4 53 1	22 15 29	13 45 12	12 40 56	25 20 8	1 4 20	20 21
5	64	22 22 48	14 16 31	5 27 49	22 29 0	13 51 28	12 43 16	25 22 24	1 5 47	20 20
6	65	23 20 20	15 31 25	6 2 41	22 42 27	13 57 42	12 45 39	25 24 40	1 7 14	20 19
7	66	24 20 37	16 46 20	6 37 35	22 55 52	14 3 53	12 48 4	25 26 56	1 8 38	20 19
8	67	25 23 29	18 1 13	7 12 33	23 9 14	14 10 1	12 50 31	25 29 13	1 10 2	20 18
9	68	26 28 45	19 16 6	7 47 34	23 22 33	14 16 6	12 53 1	25 31 29	1 11 24	20 14
10	69	27 36 19	20 30 59	8 22 39	23 35 48	14 22 8	12 55 32	25 33 46	1 12 45	20 07
11	70	28 46 1	21 45 50	8 57 46	23 49 1	14 28 7	12 58 6	25 36 2	1 14 4	19 57
12	71	29 57 45	23 0 41	9 32 56	24 2 11	14 34 4	13 0 42	25 38 19	1 15 22	19 45
13	72	1♒11 25	24 15 31	10 8 9	24 15 17	14 39 57	13 3 19	25 40 35	1 16 38	19 31
14	73	2 26 56	25 30 20	10 43 26	24 28 20	14 45 47	13 5 59	25 42 52	1 17 54	19 18
15	74	3 44 14	26 45 8	11 18 44	24 41 19	14 51 33	13 8 41	25 45 9	1 19 7	19 05
16	75	5 3 12	27 59 56	11 54 6	24 54 14	14 57 16	13 11 24	25 47 25	1 20 20	18 54
17	76	6 23 49	29 14 42	12 29 30	25 7 6	15 2 56	13 14 9	25 49 41	1 21 30	18 45
18	77	7 46 1	0♓29 27	13 4 56	25 19 55	15 8 33	13 16 57	25 51 57	1 22 40	18 40
19	78	9 9 45	1 44 11	13 40 25	25 32 39	15 14 5	13 19 46	25 54 13	1 23 48	18 37
20	79	10 34 59	2 58 55	14 15 57	25 45 19	15 19 35	13 22 36	25 56 29	1 24 54	18 37
21	80	12 1 41	4 13 37	14 51 30	25 57 56	15 25 0	13 25 29	25 58 44	1 25 59	18 37
22	81	13 29 49	5 28 18	15 27 6	26 10 28	15 30 22	13 28 23	26 0 59	1 27 2	18 37
23	82	14 59 22	6 42 57	16 2 43	26 22 56	15 35 41	13 31 18	26 3 13	1 28 3	18 36
24	83	16 30 18	7 57 36	16 38 23	26 35 20	15 40 55	13 34 16	26 5 28	1 29 4	18 32
25	84	18 2 38	9 12 14	17 14 4	26 47 39	15 46 6	13 37 15	26 7 42	1 30 2	18 27
26	85	19 36 20	10 26 50	17 49 47	26 59 54	15 51 12	13 40 15	26 9 55	1 30 59	18 19
27	86	21 11 24	11 41 25	18 25 32	27 12 5	15 56 15	13 43 16	26 12 8	1 31 54	18 09
28	87	22 47 50	12 55 59	19 1 18	27 24 10	16 1 14	13 46 20	26 14 20	1 32 48	17 59
29	88	24 25 39	14 10 32	19 37 6	27 36 12	16 6 8	13 49 24	26 16 32	1 33 40	17 49
30	89	26 4 49	15 25 4	20 12 56	27 48 8	16 10 59	13 52 30	26 18 44	1 34 30	17 41
31	90	27♒45 22	16♓39 35	20♉48 47	28♑ 0 0	16♑15 45	13♈55 37	26♒20 55	1♑35 19	17♉35

DAY MO	A.S.S.I. h m s	S.S.R.Y. h m s	S.V.P. ♓ ° ' "	☿ MERCURY R.A. h m s	DECL ° ' "
1	28 39 14	30 14 26	4 58 6.8	21 5 40	16S 6 30
2	28 43 57	30 13 18	4 58 6.8	21 8 51	16 4 42
3	28 48 38	30 12 14	4 58 6.7	21 12 16	16 1 18
4	28 53 19	30 11 18	4 58 6.7	21 15 53	15 56 21
5	28 58 0	30 10 33	4 58 6.5	21 19 43	15 49 51
6	29 2 40	30 9 59	4 58 6.3	21 23 44	15 41 50
7	29 7 20	30 9 36	4 58 6.1	21 27 54	15 32 19
8	29 11 59	30 9 24	4 58 5.9	21 32 14	15 21 19
9	29 16 37	30 9 23	4 58 5.7	21 36 42	15 8 52
10	29 21 15	30 9 31	4 58 5.6	21 41 18	14 54 59
11	29 25 53	30 9 49	4 58 5.4	21 46 1	14 39 41
12	29 30 31	30 10 15	4 58 5.4	21 50 51	14 22 59
13	29 35 8	30 10 49	4 58 5.4	21 55 48	14 4 54
14	29 39 44	30 11 29	4 58 5.3	22 0 49	13 45 28
15	29 44 21	30 12 14	4 58 5.3	22 5 57	13 24 40
16	29 48 57	30 13 3	4 58 5.3	22 11 9	13 2 33
17	29 53 32	30 13 54	4 58 5.3	22 16 26	12 39 7
18	29 58 8	30 14 43	4 58 5.2	22 21 48	12 14 23
19	30 2 43	30 15 29	4 58 5.1	22 27 14	11 48 22
20	30 7 18	30 16 8	4 58 5.0	22 32 44	11 21 5
21	0 2 44	30 16 37	4 58 4.8	22 38 18	10 52 32
22	0 7 19	30 16 53	4 58 4.7	22 43 55	10 22 45
23	0 11 54	30 16 55	4 58 4.5	22 49 37	9 51 44
24	0 16 28	30 16 41	4 58 4.3	22 55 21	9 19 30
25	0 21 3	30 16 11	4 58 4.2	23 1 10	8 46 4
26	0 25 37	30 15 27	4 58 4.1	23 7 2	8 11 27
27	0 30 11	30 14 30	4 58 4.0	23 12 57	7 35 40
28	0 34 46	30 13 25	4 58 4.0	23 18 56	6 58 42
29	0 39 20	30 12 14	4 58 4.0	23 24 58	6 20 37
30	0 43 54	30 11 1	4 58 4.0	23 31 4	5 41 23
31	0 48 29	30 9 50	4 58 4.0	23 37 14	5S 1 2

DAY Mar	♀ VENUS R.A. h m s	DECL ° ' "	♂ MARS R.A. h m s	DECL ° ' "	♃ JUPITER R.A. h m s	DECL ° ' "	♄ SATURN R.A. h m s	DECL ° ' "	♅ URANUS R.A. h m s	DECL ° ' "	♆ NEPTUNE R.A. h m s	DECL ° ' "	♇ PLUTO R.A. h m s	DECL ° ' "
1	22 26 45	11S11 16	3 42 21	21N 9 26	21 16 59	16S24 26	20 44 4	18S35 28	2 21 32	13N38 46	23 25 52	4S50 33	19 53 9	22S12 33
2	22 31 30	10 44 29	3 44 45	21 17 20	21 17 53	16 20 26	20 44 30	18 33 53	2 21 41	13 39 30	23 26 0	4 49 40	19 53 15	22 12 22
3	22 36 14	10 17 25	3 47 10	21 25 8	21 18 47	16 16 26	20 44 56	18 32 19	2 21 50	13 40 16	23 26 8	4 48 47	19 53 22	22 12 12
4	22 40 58	9 50 4	3 49 36	21 32 48	21 19 41	16 12 27	20 45 22	18 30 45	2 21 59	13 41 2	23 26 17	4 47 54	19 53 28	22 12 2
5	22 45 40	9 22 27	3 52 2	21 40 21	21 20 35	16 8 27	20 45 48	18 29 12	2 22 8	13 41 49	23 26 25	4 47 0	19 53 34	22 11 53
6	22 50 22	8 54 36	3 54 29	21 47 47	21 21 28	16 4 27	20 46 13	18 27 39	2 22 17	13 42 37	23 26 34	4 46 7	19 53 40	22 11 43
7	22 55 3	8 26 30	3 56 56	21 55 5	21 22 22	16 0 28	20 46 39	18 26 7	2 22 27	13 43 25	23 26 42	4 45 13	19 53 46	22 11 34
8	22 59 43	7 58 11	3 59 23	22 2 16	21 23 15	15 56 28	20 47 4	18 24 35	2 22 36	13 44 14	23 26 50	4 44 20	19 53 52	22 11 25
9	23 4 22	7 29 39	4 1 51	22 9 20	21 24 8	15 52 29	20 47 28	18 23 4	2 22 46	13 45 4	23 26 59	4 43 26	19 53 58	22 11 17
10	23 9 1	7 0 55	4 4 20	22 16 15	21 25 0	15 48 30	20 47 53	18 21 33	2 22 56	13 45 54	23 27 7	4 42 33	19 54 4	22 11 8
11	23 13 39	6 31 59	4 6 49	22 23 3	21 25 53	15 44 32	20 48 18	18 20 4	2 23 6	13 46 45	23 27 16	4 41 40	19 54 10	22 11 0
12	23 18 16	6 2 54	4 9 18	22 29 44	21 26 45	15 40 34	20 48 42	18 18 35	2 23 16	13 47 36	23 27 24	4 40 47	19 54 16	22 10 53
13	23 22 53	5 33 38	4 11 48	22 36 16	21 27 37	15 36 36	20 49 6	18 17 6	2 23 26	13 48 29	23 27 32	4 39 53	19 54 21	22 10 45
14	23 27 30	5 4 14	4 14 18	22 42 40	21 28 28	15 32 38	20 49 30	18 15 38	2 23 36	13 49 21	23 27 41	4 39 0	19 54 26	22 10 38
15	23 32 5	4 34 41	4 16 49	22 48 56	21 29 20	15 28 41	20 49 53	18 14 11	2 23 47	13 50 15	23 27 49	4 38 6	19 54 32	22 10 31
16	23 36 41	4 5 1	4 19 20	22 55 4	21 30 11	15 24 45	20 50 16	18 12 45	2 23 57	13 51 9	23 27 58	4 37 13	19 54 37	22 10 25
17	23 41 15	3 35 14	4 21 52	23 1 4	21 31 2	15 20 49	20 50 40	18 11 20	2 24 8	13 52 3	23 28 6	4 36 20	19 54 42	22 10 18
18	23 45 50	3 5 21	4 24 24	23 6 55	21 31 52	15 16 53	20 51 2	18 9 55	2 24 19	13 52 58	23 28 14	4 35 27	19 54 47	22 10 12
19	23 50 24	2 35 22	4 26 56	23 12 38	21 32 42	15 12 59	20 51 25	18 8 31	2 24 30	13 53 53	23 28 23	4 34 34	19 54 52	22 10 6
20	23 54 58	2 5 20	4 29 29	23 18 12	21 33 32	15 9 5	20 51 47	18 7 8	2 24 41	13 54 49	23 28 31	4 33 42	19 54 57	22 10 1
21	23 59 31	1 35 13	4 32 2	23 23 37	21 34 22	15 5 11	20 52 9	18 5 46	2 24 52	13 55 46	23 28 39	4 32 49	19 55 1	22 9 56
22	0 4 5	1 5 3	4 34 35	23 28 53	21 35 11	15 1 19	20 52 31	18 4 25	2 25 3	13 56 43	23 28 48	4 31 57	19 55 6	22 9 51
23	0 8 38	0 34 51	4 37 9	23 34 1	21 36 1	14 57 27	20 52 53	18 3 5	2 25 15	13 57 41	23 28 56	4 31 4	19 55 11	22 9 47
24	0 13 11	0 4 37	4 39 43	23 39 0	21 36 49	14 53 36	20 53 14	18 1 45	2 25 26	13 58 39	23 29 4	4 30 12	19 55 15	22 9 43
25	0 17 43	0N25 38	4 42 17	23 43 49	21 37 38	14 49 46	20 53 35	18 0 27	2 25 38	13 59 37	23 29 13	4 29 20	19 55 19	22 9 39
26	0 22 16	0 55 52	4 44 52	23 48 30	21 38 26	14 45 57	20 53 56	17 59 10	2 25 50	14 0 36	23 29 21	4 28 28	19 55 23	22 9 35
27	0 26 49	1 26 7	4 47 27	23 53 1	21 39 14	14 42 9	20 54 17	17 57 53	2 26 1	14 1 35	23 29 29	4 27 37	19 55 27	22 9 32
28	0 31 22	1 56 20	4 50 3	23 57 23	21 40 1	14 38 22	20 54 37	17 56 38	2 26 13	14 2 35	23 29 37	4 26 46	19 55 31	22 9 29
29	0 35 54	2 26 31	4 52 38	24 1 36	21 40 49	14 34 35	20 54 57	17 55 23	2 26 25	14 3 35	23 29 45	4 25 55	19 55 35	22 9 27
30	0 40 27	2 56 39	4 55 14	24 5 39	21 41 35	14 30 50	20 55 17	17 54 10	2 26 37	14 4 35	23 29 53	4 25 4	19 55 39	22 9 25
31	0 45 0	3N26 44	4 57 50	24N 9 33	21 42 22	14S27 6	20 55 36	17S52 58	2 26 50	14N 5 35	23 30 2	4S24 13	19 55 42	22S 9 23

APRIL 2021

DAY	SIDEREAL TIME h m s	☉ SUN LONG ° ' "	MOT ' "	R.A. h m s	DECL ° ' "
1 Th	12 38 17	16♓27 4	59 12	0 42 13.9	4N32 31
2 F	12 42 14	17 26 15	59 10	0 45 52.7	4 55 37
3 S	12 46 10	18 25 25	59 8	0 49 31.6	5 18 38
4 Su	12 50 7	19 24 33	59 6	0 53 10.6	5 41 34
5 M	12 54 4	20 23 39	59 5	0 56 49.8	6 4 24
6 Tu	12 58 0	21 22 43	59 3	1 0 29.2	6 27 8
7 W	13 1 57	22 21 46	59 1	1 4 8.9	6 49 45
8 Th	13 5 53	23 20 47	58 59	1 7 48.8	7 12 16
9 F	13 9 50	24 19 46	58 57	1 11 28.9	7 34 39
10 S	13 13 46	25 18 43	58 55	1 15 9.2	7 56 54
11 Su	13 17 43	26 17 38	58 53	1 18 49.9	8 19 2
12 M	13 21 39	27 16 32	58 51	1 22 30.8	8 41 1
13 Tu	13 25 36	28 15 23	58 49	1 26 12.1	9 2 52
14 W	13 29 33	29 14 12	58 47	1 29 53.7	9 24 33
15 Th	13 33 29	0♈12 59	58 45	1 33 35.6	9 46 5
16 F	13 37 26	1 11 44	58 43	1 37 17.8	10 7 28
17 S	13 41 22	2 10 27	58 41	1 41 0.4	10 28 40
18 Su	13 45 19	3 9 8	58 39	1 44 43.4	10 49 42
19 M	13 49 15	4 7 47	58 37	1 48 26.8	11 10 33
20 Tu	13 53 12	5 6 23	58 34	1 52 10.5	11 31 13
21 W	13 57 8	6 4 57	58 32	1 55 54.7	11 51 41
22 Th	14 1 5	7 3 29	58 30	1 59 39.3	12 11 58
23 F	14 5 2	8 1 59	58 28	2 3 24.3	12 32 2
24 S	14 8 58	9 0 27	58 26	2 7 9.7	12 51 54
25 Su	14 12 55	9 58 52	58 24	2 10 55.6	13 11 33
26 M	14 16 51	10 57 16	58 22	2 14 42.0	13 30 59
27 Tu	14 20 48	11 55 37	58 20	2 18 28.9	13 50 11
28 W	14 24 44	12 53 57	58 18	2 22 16.3	14 9 10
29 Th	14 28 41	13 52 15	58 17	2 26 4.2	14 27 55
30 F	14 32 37	14♈50 31	58 15	2 29 52.6	14N46 26

DAY	☽ MOON AT 0 HOURS LONG ° ' "	12h MOT ° ' "	2DIF "	R.A. h m s	DECL ° ' "
1	1♏17 50	7 19 40	-123	15 37 28	17S56 39
2	15 52 48	7 10 33	-146	16 37 26	21 56 4
3	0♐ 8 56	7 0 30	-152	17 38 49	24 28 4
4	14 4 52	6 50 29	-146	18 40 22	25 24 23
5	27 41 4	6 41 9	-133	19 40 30	24 46 34
6	10♑59 3	6 32 47	-118	20 37 58	22 44 33
7	24 0 49	6 25 26	-103	21 32 4	19 33 24
8	6♒48 21	6 18 59	-91	22 22 47	15 29 46
9	19 23 24	6 13 18	-81	23 10 36	10 49 37
10	1♓47 22	6 8 12	-72	23 56 12	5 47 16
11	14 1 25	6 3 39	-64	0 40 26	0 35 21
12	26 6 39	5 59 41	-54	1 24 5	4N34 45
13	8♈ 4 18	5 56 27	-42	2 7 59	9 32 26
14	19 55 56	5 54 12	-25	2 52 47	14 7 23
15	1♉43 41	5 53 15	-3	3 39 7	18 9 21
16	13 30 19	5 53 56	24	4 27 24	21 28 2
17	25 19 15	5 56 36	56	5 17 46	23 53 18
18	7♊14 36	6 1 30	92	6 10 4	25 15 47
19	19 20 57	6 8 50	129	7 3 48	25 28 1
20	1♋43 14	6 18 38	164	7 58 15	24 25 24
21	14 26 15	6 30 40	195	8 52 41	22 7 13
22	27 34 17	6 44 24	214	9 46 34	18 36 51
23	11♌10 17	6 58 53	216	10 39 44	14 1 45
24	25 15 12	7 12 50	196	11 32 26	8 33 20
25	9♍47 10	7 24 41	153	12 25 14	2 27 9
26	24 41 12	7 32 56	90	13 18 58	3S56 50
27	9♎49 27	7 36 28	15	14 14 31	10 14 15
28	25 2 15	7 34 58	-58	15 12 35	15 57 31
29	10♏ 9 40	7 28 54	-120	16 13 28	20 38 35
30	25♏ 3 2	7 19 20	-162	17 16 35	23S53 26

DAY	☽ MOON AT 12 HOURS LONG ° ' "	12h MOT ° ' "	2DIF "	R.A. h m s	DECL ° ' "
1	8♏37 30	7 15 18	-137	16 7 13	20S 6 24
2	23 3 21	7 5 35	-151	17 8 1	23 23 44
3	7♐ 9 26	6 55 26	-150	18 9 40	25 8 19
4	20 55 21	6 45 43	-140	19 10 42	25 16 47
5	4♑22 13	6 36 50	-126	20 9 38	23 55 13
6	17 31 50	6 28 59	-110	21 5 27	21 16 35
7	0♒26 15	6 22 6	-97	21 57 50	17 37 7
8	13 7 20	6 16 3	-85	22 47 1	13 13 19
9	25 36 41	6 10 41	-76	23 33 37	8 20 24
10	7♓55 34	6 5 51	-68	0 18 26	3 11 46
11	20 5 4	6 1 35	-60	1 2 17	2N 0 37
12	2♈ 6 20	5 57 58	-48	1 45 58	7 5 48
13	14 0 45	5 55 11	-34	2 30 14	11 53 23
14	25 50 9	5 53 33	-14	3 15 44	16 13 8
15	7♉36 57	5 53 22	10	4 3 0	19 54 45
16	19 24 15	5 55 0	40	4 52 19	22 47 58
17	1♊15 51	5 58 45	74	5 43 42	24 42 55
18	13 16 6	6 4 52	110	6 36 48	25 31 3
19	25 29 48	6 13 26	147	7 30 59	25 6 12
20	8♋ 1 51	6 24 24	180	8 25 30	23 25 39
21	20 56 55	6 37 22	206	9 19 43	20 30 41
22	4♌18 40	6 51 37	217	10 13 14	16 26 46
23	18 9 11	7 6 2	209	11 6 7	11 23 20
24	2♍28 3	7 19 8	178	11 58 46	5 33 49
25	17 11 52	7 29 20	124	12 51 56	0S44 2
26	2♎14 8	7 35 20	53	13 46 28	7 8 2
27	17 25 55	7 36 20	-22	14 43 12	13 11 57
28	2♏37 13	7 32 27	-91	15 42 41	18 27 30
29	17 38 34	7 24 28	-143	16 44 49	22 27 59
30	2♐22 22	7 13 41	-175	17 48 34	24S53 24

LUNAR INGRESSES
2 ☽ ♐ 23:45
5 ☽ ♑ 4:08
7 ☽ ♒ 11:11
9 ☽ ♓ 20:31
12 ☽ ♈ 7:47
14 ☽ ♉ 20:29
17 ☽ ♊ 9:27
19 ☽ ♋ 20:42
22 ☽ ♌ 4:21
24 ☽ ♍ 7:55
26 ☽ ♎ 8:27
28 ☽ ♏ 7:51
30 ☽ ♐ 8:06

PLANET INGRESSES
1 ☿ ♓ 7:38
10 ♀ ♈ 18:07
10 ♃ ♒ 13:29
14 ☉ ♈ 18:42
15 ♂ ♊ 6:51
17 ☿ ♈ 1:42

STATIONS
27 ♇ R 20:04

DATA FOR THE 1st AT 0 HOURS
JULIAN DAY 44285.5
☽ MEAN ☊ 19°♉ 3' 30"
OBLIQUITY 23° 26' 14"
DELTA T 76.7 SECONDS
NUTATION LONGITUDE-16.9"

DAY MO YR	☿ LONG ° ' "	♀ LONG ° ' "	♂ LONG ° ' "	♃ LONG ° ' "	♄ LONG ° ' "	♅ LONG ° ' "	♆ LONG ° ' "	♇ LONG ° ' "	☊ LONG ° '	A.S.S.I. h m s	S.S.R.Y. h m s	S.V.P. ♓ ° ' "	☿ MERCURY R.A. h m s	☿ MERCURY DECL ° ' "
1 91	29♒27 19	17♓54 6	21♉24 40	28♑11 47	16♑20 28	13♈58 46	26♒23 5	1♑36 6	17♉31	0 53 4	30 8 44	4 58 3.8	23 43 27	4S19 36
2 92	1♓10 39	19 8 35	22 0 34	28 23 29	16 25 6	14 1 55	26 25 14	1 36 52	17 30	0 57 38	30 7 42	4 58 3.7	23 49 45	3 37 5
3 93	2 55 23	20 23 3	22 36 30	28 35 5	16 29 39	14 5 6	26 27 24	1 37 36	17 31	1 2 13	30 6 48	4 58 3.4	23 56 6	2 53 30
4 94	4 41 32	21 37 30	23 12 28	28 46 37	16 34 8	14 8 18	26 29 32	1 38 18	17 32	1 6 49	30 6 3	4 58 3.2	0 2 32	2 8 53
5 95	6 29 7	22 51 56	23 48 27	28 58 3	16 38 33	14 11 31	26 31 40	1 38 58	17 31	1 11 24	30 5 28	4 58 3.0	0 9 1	1 23 16
6 96	8 18 8	24 6 22	24 24 27	29 9 24	16 42 54	14 14 45	26 33 46	1 39 37	17 30	1 16 0	30 5 2	4 58 2.8	0 15 36	0 36 39
7 97	10 8 35	25 20 46	25 0 29	29 20 40	16 47 9	14 18 1	26 35 53	1 40 14	17 25	1 20 36	30 4 47	4 58 2.7	0 22 14	0N10 55
8 98	12 0 30	26 35 10	25 36 33	29 31 50	16 51 21	14 21 17	26 37 58	1 40 50	17 19	1 25 12	30 4 42	4 58 2.6	0 28 58	0 59 23
9 99	13 53 52	27 49 32	26 12 38	29 42 54	16 55 27	14 24 34	26 40 2	1 41 23	17 10	1 29 48	30 4 48	4 58 2.6	0 35 47	1 48 45
10 100	15 48 41	29 3 54	26 48 45	29 53 53	16 59 29	14 27 52	26 42 6	1 41 55	17 01	1 34 25	30 5 4	4 58 2.6	0 42 40	2 38 56
11 101	17 44 57	0♈18 14	27 24 53	0♒ 4 45	17 3 26	14 31 11	26 44 9	1 42 25	16 51	1 39 2	30 5 30	4 58 2.6	0 49 39	3 29 53
12 102	19 42 38	1 32 34	28 1 2	0 15 32	17 7 18	14 34 31	26 46 11	1 42 54	16 42	1 43 40	30 6 6	4 58 2.5	0 56 44	4 21 33
13 103	21 41 44	2 46 52	28 37 13	0 26 12	17 11 5	14 37 52	26 48 12	1 43 20	16 34	1 48 18	30 6 49	4 58 2.5	1 3 54	5 13 52
14 104	23 42 12	4 1 9	29 13 25	0 36 47	17 14 47	14 41 13	26 50 12	1 43 45	16 29	1 52 56	30 7 38	4 58 2.4	1 11 10	6 6 45
15 105	25 43 58	5 15 25	29 49 39	0 47 15	17 18 25	14 44 35	26 52 11	1 44 8	16 25	1 57 35	30 8 30	4 58 2.3	1 18 32	7 0 6
16 106	27 46 59	6 29 39	0♊25 53	0 57 37	17 21 57	14 47 58	26 54 9	1 44 30	16 24	2 2 14	30 9 22	4 58 2.2	1 26 0	7 53 49
17 107	29 51 10	7 43 53	1 2 9	1 7 52	17 25 24	14 51 21	26 56 6	1 44 49	16 24	2 6 54	30 10 10	4 58 2.0	1 33 33	8 47 47
18 108	1♈56 24	8 58 5	1 38 26	1 18 0	17 28 47	14 54 45	26 58 2	1 45 7	16 26	2 11 34	30 10 51	4 58 1.8	1 41 13	9 41 52
19 109	4 2 33	10 12 16	2 14 44	1 28 2	17 32 4	14 58 9	26 59 56	1 45 23	16 27	2 16 15	30 11 21	4 58 1.6	1 48 57	10 35 55
20 110	6 9 28	11 26 26	2 51 3	1 37 58	17 35 15	15 1 34	27 1 50	1 45 38	16 28	2 20 56	30 11 39	4 58 1.4	1 56 48	11 29 47
21 111	8 16 56	12 40 34	3 27 23	1 47 46	17 38 22	15 4 59	27 3 43	1 45 50	16 28	2 25 38	30 11 42	4 58 1.3	2 4 42	12 23 17
22 112	10 24 47	13 54 41	4 3 43	1 57 27	17 41 23	15 8 25	27 5 34	1 46 1	16 26	2 30 20	30 11 30	4 58 1.1	2 12 42	13 16 13
23 113	12 32 44	15 8 47	4 40 5	2 7 2	17 44 19	15 11 51	27 7 24	1 46 10	16 22	2 35 2	30 11 3	4 58 1.1	2 20 45	14 8 24
24 114	14 40 32	16 22 52	5 16 27	2 16 29	17 47 10	15 15 17	27 9 13	1 46 18	16 17	2 39 46	30 10 23	4 58 1.0	2 28 51	14 59 37
25 115	16 47 54	17 36 55	5 52 51	2 25 49	17 49 56	15 18 44	27 11 1	1 46 23	16 12	2 44 29	30 9 32	4 58 1.0	2 36 59	15 49 40
26 116	18 54 33	18 50 57	6 29 14	2 35 2	17 52 36	15 22 11	27 12 47	1 46 27	16 07	2 49 14	30 8 32	4 58 0.9	2 45 8	16 38 21
27 117	21 0 9	20 4 57	7 5 39	2 44 8	17 55 10	15 25 38	27 14 33	1 46R29	16 03	2 53 59	30 7 27	4 58 0.9	2 53 17	17 25 27
28 118	23 4 24	21 18 57	7 42 4	2 53 6	17 57 39	15 29 5	27 16 16	1 46 30	16 00	2 58 45	30 6 18	4 58 0.8	3 1 25	18 10 47
29 119	25 6 58	22 32 55	8 18 30	3 1 57	18 0 3	15 32 32	27 17 59	1 46 29	15 58	3 3 31	30 5 9	4 58 0.6	3 9 30	18 54 10
30 120	27♈ 7 36	23♈46 52	8♊54 57	3♒10 40	18♑ 2 21	15♈36 0	27♒19 40	1♑46 26	15♉58	3 8 18	30 4 1	4 58 0.3	3 17 32	19N35 28

DAY Apr	♀ VENUS R.A. h m s	♀ VENUS DECL ° ' "	♂ MARS R.A. h m s	♂ MARS DECL ° ' "	♃ JUPITER R.A. h m s	♃ JUPITER DECL ° ' "	♄ SATURN R.A. h m s	♄ SATURN DECL ° ' "	♅ URANUS R.A. h m s	♅ URANUS DECL ° ' "	♆ NEPTUNE R.A. h m s	♆ NEPTUNE DECL ° ' "	♇ PLUTO R.A. h m s	♇ PLUTO DECL ° ' "
1	0 49 34	3N56 45	5 0 27	24N13 17	21 43 8	14S23 24	20 55 55	17S51 47	2 27 2	14N 6 37	23 30 10	4S23 23	19 55 46	22S 9 21
2	0 54 7	4 26 41	5 3 3	24 16 52	21 43 54	14 19 42	20 56 14	17 50 36	2 27 14	14 7 38	23 30 18	4 22 33	19 55 49	22 9 20
3	0 58 41	4 56 32	5 5 40	24 20 17	21 44 39	14 16 1	20 56 33	17 49 27	2 27 27	14 8 40	23 30 26	4 21 43	19 55 52	22 9 19
4	1 3 15	5 26 17	5 8 17	24 23 32	21 45 25	14 12 22	20 56 51	17 48 20	2 27 39	14 9 42	23 30 34	4 20 54	19 55 55	22 9 18
5	1 7 50	5 55 54	5 10 55	24 26 38	21 46 9	14 8 45	20 57 9	17 47 13	2 27 52	14 10 44	23 30 41	4 20 4	19 55 58	22 9 18
6	1 12 25	6 25 24	5 13 33	24 29 34	21 46 54	14 5 8	20 57 27	17 46 7	2 28 4	14 11 47	23 30 49	4 19 15	19 56 1	22 9 18
7	1 17 0	6 54 46	5 16 11	24 32 20	21 47 38	14 1 33	20 57 44	17 45 3	2 28 17	14 12 50	23 30 57	4 18 27	19 56 4	22 9 19
8	1 21 36	7 23 58	5 18 49	24 34 57	21 48 21	13 58 0	20 58 1	17 44 0	2 28 30	14 13 53	23 31 5	4 17 39	19 56 6	22 9 20
9	1 26 12	7 53 1	5 21 27	24 37 23	21 49 5	13 54 28	20 58 18	17 42 59	2 28 43	14 14 56	23 31 12	4 16 51	19 56 9	22 9 21
10	1 30 49	8 21 53	5 24 6	24 39 40	21 49 48	13 50 58	20 58 34	17 41 58	2 28 56	14 16 0	23 31 20	4 16 3	19 56 11	22 9 22
11	1 35 26	8 50 33	5 26 44	24 41 47	21 50 30	13 47 29	20 58 50	17 40 59	2 29 9	14 17 4	23 31 28	4 15 16	19 56 14	22 9 24
12	1 40 5	9 19 2	5 29 23	24 43 43	21 51 12	13 44 2	20 59 6	17 40 1	2 29 22	14 18 8	23 31 35	4 14 30	19 56 16	22 9 26
13	1 44 43	9 47 17	5 32 2	24 45 30	21 51 54	13 40 37	20 59 21	17 39 5	2 29 35	14 19 12	23 31 43	4 13 43	19 56 18	22 9 29
14	1 49 23	10 15 19	5 34 42	24 47 6	21 52 35	13 37 13	20 59 36	17 38 9	2 29 48	14 20 16	23 31 50	4 12 57	19 56 20	22 9 32
15	1 54 3	10 43 7	5 37 21	24 48 32	21 53 16	13 33 51	20 59 51	17 37 15	2 30 1	14 21 20	23 31 57	4 12 12	19 56 21	22 9 35
16	1 58 44	11 10 39	5 40 1	24 49 48	21 53 56	13 30 31	21 0 6	17 36 23	2 30 14	14 22 25	23 32 5	4 11 27	19 56 23	22 9 39
17	2 3 26	11 37 56	5 42 40	24 50 54	21 54 36	13 27 13	21 0 20	17 35 32	2 30 28	14 23 30	23 32 12	4 10 42	19 56 24	22 9 42
18	2 8 8	12 4 56	5 45 20	24 51 50	21 55 16	13 23 57	21 0 33	17 34 42	2 30 41	14 24 35	23 32 19	4 9 58	19 56 26	22 9 47
19	2 12 52	12 31 39	5 48 0	24 52 36	21 55 55	13 20 43	21 0 47	17 33 54	2 30 54	14 25 40	23 32 26	4 9 14	19 56 27	22 9 51
20	2 17 36	12 58 3	5 50 40	24 53 11	21 56 33	13 17 31	21 1 0	17 33 7	2 31 8	14 26 45	23 32 33	4 8 31	19 56 28	22 9 56
21	2 22 21	13 24 9	5 53 20	24 53 36	21 57 11	13 14 21	21 1 12	17 32 22	2 31 21	14 27 50	23 32 40	4 7 48	19 56 29	22 10 2
22	2 27 8	13 49 55	5 56 1	24 53 51	21 57 49	13 11 14	21 1 25	17 31 38	2 31 34	14 28 55	23 32 47	4 7 6	19 56 30	22 10 7
23	2 31 55	14 15 20	5 58 41	24 53 55	21 58 26	13 8 8	21 1 37	17 30 56	2 31 48	14 30 1	23 32 54	4 6 24	19 56 31	22 10 13
24	2 36 43	14 40 25	6 1 21	24 53 49	21 59 3	13 5 5	21 1 48	17 30 15	2 32 1	14 31 6	23 33 1	4 5 42	19 56 32	22 10 20
25	2 41 32	15 5 7	6 4 2	24 53 33	21 59 39	13 2 4	21 2 0	17 29 36	2 32 15	14 32 11	23 33 7	4 5 2	19 56 32	22 10 26
26	2 46 22	15 29 27	6 6 42	24 53 6	22 0 15	12 59 5	21 2 10	17 28 58	2 32 28	14 33 16	23 33 14	4 4 21	19 56 32	22 10 33
27	2 51 13	15 53 24	6 9 23	24 52 29	22 0 51	12 56 9	21 2 21	17 28 21	2 32 42	14 34 22	23 33 20	4 3 42	19 56 33	22 10 41
28	2 56 5	16 16 57	6 12 3	24 51 41	22 1 25	12 53 15	21 2 31	17 27 47	2 32 56	14 35 27	23 33 27	4 3 2	19 56 33	22 10 48
29	3 0 58	16 40 4	6 14 44	24 50 43	22 2 0	12 50 23	21 2 41	17 27 13	2 33 9	14 36 32	23 33 33	4 2 24	19 56 33	22 10 56
30	3 5 53	17N 2 47	6 17 24	24N49 35	22 2 34	12S47 34	21 2 50	17S26 42	2 33 23	14N37 37	23 33 40	4S 1 45	19 56 33	22S11 5

MAY 2021

DAY	SIDEREAL TIME h m s	☉ SUN LONG ° ' "	MOT ' "	R.A. h m s	DECL ° ' "	☽ MOON AT 0 HOURS LONG ° ' "	12h MOT ° ' "	2DIF "	R.A. h m s	DECL ° ' "	☽ MOON AT 12 HOURS LONG ° ' "	12h MOT ° ' "	2DIF "	R.A. h m s	DECL ° ' "
1 S	14 36 34	15♉48 46	58 14	2 33 41.6	15N 4 42	9♐36 3	7 7 41	-183	18 20 31	25S27 14	16♐43 44	7 1 29	-187	18 52 11	25S35 4
2 Su	14 40 31	16 46 59	58 12	2 37 31.1	15 22 43	23 45 12	6 55 14	-186	19 23 20	25 17 50	0♑40 27	6 49 4	-182	19 53 44	24 37 8
3 M	14 44 27	17 45 11	58 11	2 41 21.2	15 40 29	7♑29 31	6 43 5	-176	20 23 16	23 35 1	14 12 36	6 37 22	-167	20 51 48	22 13 48
4 Tu	14 48 24	18 43 21	58 9	2 45 11.8	15 58 0	20 49 58	6 31 57	-157	21 19 19	20 35 56	27 21 55	6 26 54	-146	21 45 49	18 43 53
5 W	14 52 20	19 41 30	58 8	2 49 3.0	16 15 14	3♒48 49	6 22 14	-134	22 11 22	16 39 56	10♒11 3	6 17 58	-122	22 36 2	14 26 15
6 Th	14 56 17	20 39 38	58 6	2 52 54.8	16 32 13	16 29 1	6 14 6	-110	22 59 56	12 4 49	22 43 7	6 10 37	-99	23 23 10	9 37 25
7 F	15 0 13	21 37 44	58 5	2 56 47.2	16 48 55	28 53 44	6 7 31	-88	23 45 50	7 5 42	5♓ 1 14	6 4 46	-77	0 8 5	4 31 8
8 S	15 4 10	22 35 48	58 3	3 0 40.1	17 5 21	11♓ 6 0	6 2 22	-67	0 30 2	1 55 8	17 8 22	6 0 17	-58	0 51 46	0N41 1
9 Su	15 8 6	23 33 52	58 2	3 4 33.7	17 21 29	23 8 38	5 58 30	-49	1 13 25	3N16 3	29 7 8	5 57 1	-41	1 35 6	5 48 43
10 M	15 12 3	24 31 53	58 0	3 8 27.8	17 37 20	5♈ 4 9	5 55 48	-32	1 56 54	8 17 48	10♈59 57	5 54 51	-24	2 18 55	10 42 3
11 Tu	15 16 0	25 29 53	57 59	3 12 22.5	17 52 54	16 54 48	5 54 10	-17	2 41 14	13 0 11	22 48 58	5 53 45	-9	3 3 55	15 10 56
12 W	15 19 56	26 27 52	57 57	3 16 17.8	18 8 9	28 42 43	5 53 36	0	3 27 4	17 12 57	4♉36 20	5 53 44	8	3 50 42	19 4 53
13 Th	15 23 53	27 25 49	57 56	3 20 13.6	18 23 6	10♉30 3	5 54 9	17	4 14 51	20 45 22	16 24 13	5 54 53	27	4 39 33	22 13 4
14 F	15 27 49	28 23 44	57 54	3 24 10.0	18 37 45	22 19 6	5 55 57	37	5 4 46	23 26 41	28 15 3	5 57 22	48	5 30 30	24 24 59
15 S	15 31 46	29 21 38	57 52	3 28 7.0	18 52 4	4♊12 25	5 59 10	60	5 56 39	25 6 56	10♊11 35	6 1 22	72	6 23 10	25 31 35
16 Su	15 35 42	0♊19 31	57 51	3 32 4.5	19 6 5	16 12 57	6 4 0	86	6 49 56	25 38 16	22 16 57	6 7 5	99	7 16 52	25 26 33
17 M	15 39 39	1 17 21	57 49	3 36 2.6	19 19 46	28 24 1	6 10 37	113	7 43 50	24 56 14	4♋34 38	6 14 38	127	8 10 45	24 7 25
18 Tu	15 43 35	2 15 10	57 47	3 40 1.2	19 33 7	10♋49 15	6 19 7	141	8 37 32	23 0 26	17 8 22	6 24 3	155	9 4 7	21 35 51
19 W	15 47 32	3 12 57	57 46	3 44 0.3	19 46 8	23 32 25	6 29 26	167	9 30 27	19 54 29	0♌ 1 51	6 35 12	178	9 56 32	17 57 17
20 Th	15 51 29	4 10 43	57 44	3 48 0.1	19 58 49	6♌37 3	6 41 19	187	10 22 23	15 45 23	13 18 22	6 47 41	193	10 48 1	13 20 5
21 F	15 55 25	5 8 27	57 42	3 52 0.3	20 11 9	20 6 3	6 54 13	196	11 13 32	10 42 50	27 0 16	7 0 46	195	11 39 0	7 55 12
22 S	15 59 22	6 6 9	57 41	3 56 1.0	20 23 9	4♍ 1 2	7 7 13	190	12 4 32	4 59 1	11♍ 8 15	7 13 25	179	12 30 14	1 56 17
23 Su	16 3 18	7 3 49	57 39	4 0 2.2	20 34 47	18 21 40	7 19 10	164	12 56 13	1S10 44	25 40 50	7 24 19	143	13 22 39	4S19 28
24 M	16 7 15	8 1 29	57 38	4 4 3.9	20 46 4	3♎ 5 9	7 28 41	117	13 49 39	7 27 6	10♎33 51	7 32 8	88	14 17 19	10 30 28
25 Tu	16 11 11	8 59 6	57 36	4 8 6.1	20 57 0	18 5 59	7 34 32	55	14 45 47	13 26 10	25 40 31	7 35 47	20	15 15 6	16 10 35
26 W	16 15 8	9 56 42	57 35	4 12 8.8	21 7 34	3♏16 18	7 35 51	-16	15 45 19	18 40 4	10♏52 9	7 34 42	-52	16 16 23	20 51 0
27 Th	16 19 4	10 54 18	57 34	4 16 12.0	21 17 46	18 26 51	7 32 24	-85	16 48 13	22 40 9	25 59 16	7 29 2	-116	17 20 38	24 4 46
28 F	16 23 1	11 51 51	57 33	4 20 15.7	21 27 36	3♐28 17	7 24 41	-142	17 53 24	25 2 57	10♐52 58	7 19 32	-164	18 26 14	25 33 40
29 S	16 26 58	12 49 24	57 32	4 24 19.8	21 37 4	18 12 30	7 13 44	-181	18 58 48	25 36 56	25 26 14	7 7 27	-193	19 30 49	25 13 45
30 Su	16 30 54	13 46 56	57 31	4 28 24.4	21 46 9	2♑33 41	7 0 52	-200	20 2 2	24 25 53	9♑34 33	6 54 8	-202	20 32 15	23 15 45
31 M	16 34 51	14♊44 27	57 30	4 32 29.4	21N54 52	16♑28 40	6 47 24	-200	21 1 23	21S46 4	23♑16 4	6 40 48	-194	21 29 22	19S59 42

LUNAR INGRESSES
2 ☽ ♑ 10:49
4 ☽ ♒ 16:53
7 ☽ ♓ 2:09
9 ☽ ♈ 13:46
12 ☽ ♉ 2:37
14 ☽ ♊ 15:32
17 ☽ ♋ 3:07
19 ☽ ♌ 11:57
21 ☽ ♍ 17:09
23 ☽ ♎ 19:01
25 ☽ ♏ 18:50
27 ☽ ♐ 18:25
29 ☽ ♑ 19:40

PLANET INGRESSES
1 ☿ ♉ 11:07
5 ♀ ♉ 1:10
15 ☉ ♊ 15:54
29 ♀ ♊ 11:52

STATIONS
23 ♄ R 9:20
29 ☿ R 22:35

DATA FOR THE 1st AT 0 HOURS
JULIAN DAY 44315.5
☽ MEAN ☊ 17°♉ 28' 7"
OBLIQUITY 23° 26' 14"
DELTA T 76.8 SECONDS
NUTATION LONGITUDE -17.2"

DAY MO YR	☿ LONG ° ' "	♀ LONG ° ' "	♂ LONG ° ' "	♃ LONG ° ' "	♄ LONG ° ' "	♅ LONG ° ' "	♆ LONG ° ' "	♇ LONG ° ' "	☊ LONG	A.S.S.I. h m s	S.S.R.Y. h m s	S.V.P. ° ♓ "	☿ MERCURY R.A. h m s	DECL ° ' "
1 121	29♈ 5 58	25♈ 0 49	9♊31 25	3♒19 15	18♑ 4 34	15♈39 27	27♒21 20	1♒46R21	15♉59	3 13 6	30 2 58	4 58 0.1	3 25 29	20N14 31
2 122	1♉ 1 51	26 14 44	10 7 54	3 27 42	18 6 41	15 42 54	27 22 59	1 46 14	16 01	3 17 54	30 1 57	4 57 59.8	3 33 20	20 51 15
3 123	2 54 59	27 28 38	10 44 23	3 36 2	18 8 43	15 46 22	27 24 36	1 46 6	16 02	3 22 43	30 1 4	4 57 59.6	3 41 4	21 25 34
4 124	4 45 10	28 42 31	11 20 53	3 44 13	18 10 39	15 49 49	27 26 12	1 45 56	16 02	3 27 33	30 0 19	4 57 59.4	3 48 39	21 57 24
5 125	6 32 13	29 56 24	11 57 24	3 52 17	18 12 29	15 53 16	27 27 46	1 45 45	16 02	3 32 23	29 59 44	4 57 59.3	3 56 4	22 26 44
6 126	8 15 59	1♉10 15	12 33 56	4 0 12	18 14 13	15 56 43	27 29 19	1 45 32	16 00	3 37 14	29 59 20	4 57 59.2	4 3 19	22 53 33
7 127	9 56 19	2 24 5	13 10 29	4 7 59	18 15 52	16 0 10	27 30 50	1 45 17	15 57	3 42 6	29 59 8	4 57 59.1	4 10 23	23 17 52
8 128	11 33 6	3 37 54	13 47 3	4 15 37	18 17 25	16 3 37	27 32 20	1 45 0	15 53	3 46 59	29 59 9	4 57 59.1	4 17 14	23 39 43
9 129	13 6 14	4 51 43	14 23 38	4 23 6	18 18 52	16 7 3	27 33 48	1 44 41	15 49	3 51 52	29 59 21	4 57 59.0	4 23 53	23 59 7
10 130	14 35 38	6 5 30	15 0 13	4 30 27	18 20 14	16 10 29	27 35 15	1 44 21	15 46	3 56 47	29 59 46	4 57 59.0	4 30 17	24 16 8
11 131	16 1 13	7 19 16	15 36 49	4 37 39	18 21 29	16 13 55	27 36 40	1 44 0	15 43	4 1 41	30 0 21	4 57 58.9	4 36 27	24 30 50
12 132	17 22 56	8 33 1	16 13 27	4 44 42	18 22 39	16 17 20	27 38 4	1 43 36	15 41	4 6 37	30 1 6	4 57 58.7	4 42 22	24 43 18
13 133	18 40 42	9 46 45	16 50 4	4 51 36	18 23 43	16 20 45	27 39 26	1 43 11	15 40	4 11 33	30 1 57	4 57 58.6	4 48 2	24 53 34
14 134	19 54 28	11 0 28	17 26 43	4 58 22	18 24 41	16 24 9	27 40 46	1 42 45	15 40	4 16 30	30 2 52	4 57 58.4	4 53 25	25 1 45
15 135	21 4 11	12 14 10	18 3 23	5 4 57	18 25 33	16 27 33	27 42 5	1 42 17	15 41	4 21 28	30 3 46	4 57 58.1	4 58 31	25 7 55
16 136	22 9 46	13 27 51	18 40 3	5 11 24	18 26 19	16 30 56	27 43 22	1 41 47	15 42	4 26 26	30 4 37	4 57 57.9	5 3 21	25 12 8
17 137	23 11 10	14 41 30	19 16 44	5 17 41	18 27 0	16 34 19	27 44 37	1 41 16	15 44	4 31 26	30 5 21	4 57 57.7	5 7 52	25 14 30
18 138	24 8 19	15 55 8	19 53 25	5 23 49	18 27 34	16 37 41	27 45 51	1 40 43	15 45	4 36 25	30 5 56	4 57 57.5	5 12 5	25 15 6
19 139	25 1 9	17 8 45	20 30 7	5 29 47	18 28 3	16 41 2	27 47 3	1 40 8	15 45	4 41 26	30 6 18	4 57 57.3	5 16 0	25 13 59
20 140	25 49 36	18 22 21	21 6 50	5 35 35	18 28 26	16 44 23	27 48 13	1 39 32	15 46	4 46 27	30 6 28	4 57 57.2	5 19 35	25 11 15
21 141	26 33 36	19 35 55	21 43 33	5 41 14	18 28 42	16 47 42	27 49 22	1 38 55	15 45	4 51 29	30 6 24	4 57 57.1	5 22 51	25 6 58
22 142	27 13 5	20 49 28	22 20 17	5 46 43	18 28 53	16 51 1	27 50 28	1 38 15	15 44	4 56 31	30 6 7	4 57 57.0	5 25 48	25 1 12
23 143	27 47 59	22 3 0	22 57 1	5 52 2	18 28R58	16 54 19	27 51 33	1 37 35	15 44	5 1 34	30 5 38	4 57 56.9	5 28 24	24 54 2
24 144	28 18 16	23 16 30	23 33 46	5 57 11	18 28 58	16 57 37	27 52 37	1 36 53	15 43	5 6 38	30 4 59	4 57 56.8	5 30 39	24 45 32
25 145	28 43 51	24 29 59	24 10 31	6 2 10	18 28 51	17 0 53	27 53 38	1 36 9	15 42	5 11 42	30 4 9	4 57 56.7	5 32 34	24 35 46
26 146	29 4 43	25 43 27	24 47 17	6 6 59	18 28 39	17 4 8	27 54 38	1 35 25	15 42	5 16 47	30 3 13	4 57 56.5	5 34 8	24 24 49
27 147	29 20 50	26 56 54	25 24 3	6 11 38	18 28 21	17 7 22	27 55 36	1 34 38	15 41	5 21 53	30 2 11	4 57 56.2	5 35 21	24 12 44
28 148	29 32 14	28 10 20	26 0 50	6 16 7	18 27 57	17 10 36	27 56 32	1 33 51	15 42	5 26 59	30 1 5	4 57 55.9	5 36 14	23 59 35
29 149	29 38R55	29 23 44	26 37 37	6 20 25	18 27 27	17 13 48	27 57 26	1 33 1	15 42	5 32 5	29 59 58	4 57 55.6	5 36 45	23 45 29
30 150	29 40 56	0♊37 7	27 14 25	6 24 33	18 26 51	17 16 59	27 58 18	1 32 11	15 42	5 37 13	29 58 52	4 57 55.4	5 36 57	23 30 27
31 151	29♉38 24	1♊50 30	27♊51 14	6♒28 31	18♑26 10	17♈20 9	27♒59 9	1♒31 19	15♉42	5 42 21	29 57 49	4 57 55.1	5 36 49	23N14 37

DAY May	♀ VENUS R.A. h m s	DECL ° ' "	♂ MARS R.A. h m s	DECL ° ' "	♃ JUPITER R.A. h m s	DECL ° ' "	♄ SATURN R.A. h m s	DECL ° ' "	♅ URANUS R.A. h m s	DECL ° ' "	♆ NEPTUNE R.A. h m s	DECL ° ' "	♇ PLUTO R.A. h m s	DECL ° ' "
1	3 10 48	17N25 3	6 20 5	24N48 17	22 3 7	12S44 47	21 2 59	17S26 12	2 33 36	14N38 42	23 33 46	4S 1 8	19 56 33	22S11 13
2	3 15 45	17 46 52	6 22 45	24 46 48	22 3 40	12 42 3	21 3 8	17 25 43	2 33 50	14 39 47	23 33 52	4 0 31	19 56 32	22 11 22
3	3 20 42	18 8 14	6 25 26	24 45 9	22 4 12	12 39 22	21 3 16	17 25 16	2 34 3	14 40 53	23 33 58	3 59 54	19 56 32	22 11 32
4	3 25 41	18 29 7	6 28 6	24 43 19	22 4 44	12 36 43	21 3 24	17 24 51	2 34 17	14 41 58	23 34 4	3 59 18	19 56 31	22 11 41
5	3 30 41	18 49 31	6 30 47	24 41 20	22 5 15	12 34 7	21 3 32	17 24 27	2 34 31	14 43 2	23 34 10	3 58 43	19 56 31	22 11 51
6	3 35 42	19 9 25	6 33 27	24 39 10	22 5 46	12 31 34	21 3 39	17 24 5	2 34 44	14 44 7	23 34 15	3 58 8	19 56 30	22 12 2
7	3 40 44	19 28 49	6 36 8	24 36 49	22 6 16	12 29 3	21 3 46	17 23 45	2 34 58	14 45 12	23 34 21	3 57 34	19 56 29	22 12 12
8	3 45 48	19 47 42	6 38 48	24 34 19	22 6 46	12 26 36	21 3 52	17 23 27	2 35 11	14 46 16	23 34 27	3 57 1	19 56 28	22 12 23
9	3 50 52	20 6 3	6 41 29	24 31 38	22 7 15	12 24 11	21 3 58	17 23 10	2 35 25	14 47 20	23 34 32	3 56 28	19 56 27	22 12 34
10	3 55 57	20 23 51	6 44 9	24 28 47	22 7 43	12 21 50	21 4 4	17 22 54	2 35 38	14 48 24	23 34 38	3 55 56	19 56 25	22 12 46
11	4 1 4	20 41 6	6 46 49	24 25 46	22 8 11	12 19 31	21 4 9	17 22 40	2 35 52	14 49 28	23 34 43	3 55 24	19 56 24	22 12 58
12	4 6 12	20 57 47	6 49 29	24 22 34	22 8 39	12 17 15	21 4 14	17 22 28	2 36 5	14 50 32	23 34 48	3 54 53	19 56 22	22 13 10
13	4 11 20	21 13 53	6 52 9	24 19 12	22 9 5	12 15 3	21 4 18	17 22 18	2 36 19	14 51 36	23 34 53	3 54 23	19 56 21	22 13 22
14	4 16 30	21 29 25	6 54 50	24 15 41	22 9 32	12 12 53	21 4 22	17 22 9	2 36 32	14 52 39	23 34 58	3 53 53	19 56 19	22 13 35
15	4 21 41	21 44 20	6 57 29	24 11 59	22 9 57	12 10 47	21 4 26	17 22 3	2 36 45	14 53 42	23 35 3	3 53 24	19 56 17	22 13 48
16	4 26 52	21 58 40	7 0 9	24 8 7	22 10 22	12 8 44	21 4 29	17 21 57	2 36 59	14 54 45	23 35 8	3 52 56	19 56 15	22 14 2
17	4 32 5	22 12 22	7 2 49	24 4 5	22 10 47	12 6 45	21 4 32	17 21 54	2 37 12	14 55 47	23 35 13	3 52 28	19 56 13	22 14 15
18	4 37 18	22 25 27	7 5 29	23 59 53	22 11 11	12 4 48	21 4 35	17 21 52	2 37 25	14 56 50	23 35 17	3 52 1	19 56 11	22 14 29
19	4 42 33	22 37 54	7 8 8	23 55 31	22 11 34	12 2 55	21 4 37	17 21 52	2 37 39	14 57 52	23 35 22	3 51 35	19 56 8	22 14 44
20	4 47 48	22 49 42	7 10 47	23 50 59	22 11 56	12 1 6	21 4 39	17 21 53	2 37 52	14 58 54	23 35 26	3 51 10	19 56 6	22 14 58
21	4 53 4	23 0 52	7 13 27	23 46 17	22 12 18	11 59 20	21 4 40	17 21 57	2 38 5	14 59 55	23 35 30	3 50 45	19 56 3	22 15 13
22	4 58 21	23 11 22	7 16 6	23 41 26	22 12 40	11 57 37	21 4 41	17 22 2	2 38 18	15 0 56	23 35 35	3 50 21	19 56 1	22 15 28
23	5 3 38	23 21 12	7 18 45	23 36 24	22 13 0	11 55 58	21 4 41	17 22 8	2 38 31	15 1 57	23 35 39	3 49 57	19 55 58	22 15 43
24	5 8 56	23 30 21	7 21 23	23 31 13	22 13 20	11 54 22	21 4 41	17 22 17	2 38 44	15 2 57	23 35 43	3 49 35	19 55 55	22 15 59
25	5 14 15	23 38 50	7 24 2	23 25 52	22 13 40	11 52 50	21 4 41	17 22 27	2 38 57	15 3 57	23 35 46	3 49 13	19 55 52	22 16 15
26	5 19 34	23 46 38	7 26 40	23 20 21	22 13 59	11 51 22	21 4 41	17 22 38	2 39 10	15 4 57	23 35 50	3 48 52	19 55 49	22 16 31
27	5 24 54	23 53 44	7 29 18	23 14 41	22 14 17	11 49 57	21 4 40	17 22 52	2 39 23	15 5 56	23 35 54	3 48 31	19 55 46	22 16 47
28	5 30 15	24 0 9	7 31 56	23 8 51	22 14 34	11 48 35	21 4 38	17 23 7	2 39 35	15 6 55	23 35 57	3 48 11	19 55 43	22 17 4
29	5 35 35	24 5 52	7 34 34	23 2 52	22 14 51	11 47 18	21 4 36	17 23 23	2 39 48	15 7 54	23 36 1	3 47 52	19 55 39	22 17 20
30	5 40 56	24 10 53	7 37 12	22 56 43	22 15 7	11 46 4	21 4 34	17 23 42	2 40 1	15 8 52	23 36 4	3 47 33	19 55 36	22 17 37
31	5 46 18	24N15 11	7 39 49	22N50 25	22 15 23	11S44 54	21 4 32	17S24 2	2 40 13	15N 9 50	23 36 7	3S47 16	19 55 32	22S17 55

JUNE 2021

DAY	SIDEREAL TIME h m s	☉ SUN LONG ° ' "	MOT ' "	R.A. h m s	DECL ° ' "
1 Tu	16 38 47	15♉41 58	57 30	4 36 34.9	22N 3 12
2 W	16 42 44	16 39 27	57 29	4 40 40.7	22 11 9
3 Th	16 46 40	17 36 56	57 28	4 44 47.0	22 18 43
4 F	16 50 37	18 34 24	57 27	4 48 53.6	22 25 53
5 S	16 54 33	19 31 51	57 27	4 53 0.6	22 32 40
6 Su	16 58 30	20 29 18	57 26	4 57 8.0	22 39 3
7 M	17 2 27	21 26 43	57 25	5 1 15.6	22 45 3
8 Tu	17 6 23	22 24 9	57 25	5 5 23.6	22 50 38
9 W	17 10 20	23 21 33	57 24	5 9 31.8	22 55 50
10 Th	17 14 16	24 18 57	57 23	5 13 40.3	23 0 37
11 F	17 18 13	25 16 20	57 22	5 17 49.1	23 5 0
12 S	17 22 9	26 13 42	57 22	5 21 58.0	23 8 58
13 Su	17 26 6	27 11 3	57 21	5 26 7.1	23 12 32
14 M	17 30 3	28 8 23	57 20	5 30 16.3	23 15 42
15 Tu	17 33 59	29 5 43	57 19	5 34 25.7	23 18 26
16 W	17 37 56	0♊ 3 2	57 18	5 38 35.2	23 20 46
17 Th	17 41 52	1 0 20	57 17	5 42 44.7	23 22 42
18 F	17 45 49	1 57 37	57 16	5 46 54.3	23 24 12
19 S	17 49 45	2 54 53	57 16	5 51 3.9	23 25 18
20 Su	17 53 42	3 52 9	57 15	5 55 13.5	23 25 58
21 M	17 57 38	4 49 23	57 14	5 59 23.0	23 26 14
22 Tu	18 1 35	5 46 37	57 14	6 3 32.6	23 26 6
23 W	18 5 32	6 43 50	57 13	6 7 42.0	23 25 32
24 Th	18 9 28	7 41 3	57 13	6 11 51.4	23 24 33
25 F	18 13 25	8 38 16	57 12	6 16 0.7	23 23 10
26 S	18 17 21	9 35 28	57 12	6 20 9.8	23 21 23
27 Su	18 21 18	10 32 40	57 12	6 24 18.9	23 19 10
28 M	18 25 14	11 29 52	57 12	6 28 27.7	23 16 33
29 Tu	18 29 11	12 27 3	57 12	6 32 36.4	23 13 32
30 W	18 33 7	13♊24 15	57 12	6 36 44.9	23N10 6

DAY	☽ MOON AT 0 HOURS LONG ° ' "	12h MOT ° ' "	2DIF "	R.A. h m s	DECL ° ' "
1	29♑56 51	6 34 26	-186	21 56 13	17S59 27
2	12♒59 43	6 22 48	-162	22 46 52	13 27 36
3	25 40 9	6 12 58	-132	23 34 8	8 28 36
4	8♓ 1 57	6 5 11	-101	0 19 3	3 16 41
5	20 9 12	5 59 29	-71	1 2 42	1N56 47
6	2♈ 6 3	5 55 45	-42	1 46 3	7 2 10
7	13 56 22	5 53 49	-17	2 30 0	11 50 15
8	25 43 39	5 53 29	6	3 15 19	16 11 27
9	7♉31 0	5 54 33	25	4 2 34	19 55 27
10	19 21 4	5 56 48	42	4 52 4	22 51 16
11	1♊16 12	6 0 8	57	5 43 43	24 48 11
12	13 18 30	6 4 27	72	6 37 1	25 37 11
13	25 29 56	6 9 45	87	7 31 5	25 12 42
14	7♋52 26	6 16 1	102	8 24 58	23 33 52
15	20 28 0	6 23 19	117	9 17 53	20 44 33
16	3♌18 40	6 31 38	132	10 9 28	16 52 26
17	16 26 28	6 40 54	145	10 59 50	12 7 45
18	29 53 11	6 50 53	153	11 49 30	6 42 23
19	13♍40 5	7 1 9	153	12 39 18	0 49 44
20	27 47 25	7 11 2	140	13 30 17	5S14 30
21	12♎13 59	7 19 38	114	14 23 33	11 11 17
22	26 56 45	7 25 57	72	15 20 5	16 37 30
23	11♏50 37	7 29 0	17	16 20 26	21 6 37
24	26 48 43	7 28 9	-44	17 24 14	24 12 13
25	11♐43 3	7 23 13	-103	18 29 56	25 34 28
26	26 25 35	7 14 36	-152	19 35 9	25 6 55
27	10♑49 21	7 3 13	-185	20 37 31	22 58 43
28	24 49 27	6 50 18	-198	21 35 37	19 30 8
29	8♒23 23	6 37 5	-194	22 29 10	15 5 11
30	21♒31 10	6 24 39	-176	23 18 43	10S 5 49

DAY	☽ MOON AT 12 HOURS LONG ° ' "	12h MOT ° ' "	2DIF "	R.A. h m s	DECL ° ' "
1	6♒31 18	6 28 25	-175	22 22 1	15S47 57
2	19 22 31	6 17 38	-147	23 10 51	11 0 31
3	1♓53 8	6 8 49	-117	23 56 49	5 53 30
4	14 7 8	6 2 5	-86	0 40 58	0 39 31
5	26 8 41	5 57 22	-56	1 24 21	4N31 4
6	8♈ 1 48	5 54 34	-29	2 7 53	9 28 57
7	19 50 11	5 53 28	-5	2 52 26	14 4 50
8	1♉37 9	5 53 51	16	3 38 40	18 8 47
9	13 25 32	5 55 32	34	4 27 2	21 30 4
10	25 17 52	5 58 20	50	5 17 39	23 57 43
11	7♊16 20	6 2 10	65	6 10 13	25 21 37
12	19 22 58	6 6 59	79	7 4 0	25 34 18
13	1♋39 41	6 12 46	94	7 58 6	24 32 26
14	14 8 28	6 19 32	109	8 51 34	22 17 36
15	26 51 19	6 27 21	125	9 43 51	18 55 45
16	9♌50 18	6 36 10	139	10 34 47	14 35 57
17	23 7 22	6 45 49	150	11 24 43	9 29 21
18	6♍44 4	6 56 1	154	12 14 20	3 48 33
19	20 41 13	7 6 11	148	13 4 35	2S12 2
20	4♎58 26	7 15 33	129	13 56 34	8 15 10
21	19 33 37	7 23 8	95	14 51 21	13 59 49
22	4♏22 42	7 27 56	46	15 49 47	19 0 54
23	19 19 38	7 29 6	-13	16 51 58	22 51 20
24	4♐16 52	7 26 11	-74	17 56 59	25 7 2
25	19 6 16	7 19 19	-129	19 2 46	25 34 11
26	3♑40 10	7 9 11	-171	20 6 49	24 14 19
27	17 52 34	6 56 52	-194	21 7 9	21 22 59
28	1♒39 44	6 43 39	-198	22 2 56	17 23 15
29	15 0 28	6 30 42	-186	22 54 23	12 38 35
30	27♒55 49	6 19 0	-162	23 42 18	7S28 56

LUNAR INGRESSES
1 ☽ ♒ 0:06
3 ☽ ♓ 8:21
5 ☽ ♈ 19:46
8 ☽ ♉ 8:42
10 ☽ ♊ 21:27
13 ☽ ♋ 8:46
15 ☽ ♌ 17:52
18 ☽ ♍ 0:12
20 ☽ ♎ 3:42
22 ☽ ♏ 4:56
24 ☽ ♐ 5:07
26 ☽ ♑ 5:54
28 ☽ ♒ 9:04
30 ☽ ♓ 15:55

PLANET INGRESSES
3 ♂ ♋ 11:53
15 ☉ ♊ 22:44
23 ♀ ♋ 2:20

STATIONS
20 ♃ R 15:06
22 ☿ D 22:01
25 ♆ R 19:22

DATA FOR THE 1st AT 0 HOURS
JULIAN DAY 44346.5
☽ MEAN ☊ 15°♉ 49' 33"
OBLIQUITY 23° 26' 14"
DELTA T 76.8 SECONDS
NUTATION LONGITUDE-16.6"

DAY MO YR	☿ LONG ° ' "	♀ LONG ° ' "	♂ LONG ° ' "	♃ LONG ° ' "	♄ LONG ° ' "
1 152	29♉31R26	3♊ 3 51	28♊28 3	6♒32 17	18♑25R23
2 153	29 20 13	4 17 11	29 4 54	6 35 53	18 24 30
3 154	29 4 57	5 30 31	29 41 44	6 39 19	18 23 32
4 155	28 45 56	6 43 49	0♋18 36	6 42 33	18 22 28
5 156	28 23 29	7 57 6	0 55 28	6 45 37	18 21 18
6 157	27 57 59	9 10 23	1 32 21	6 48 29	18 20 2
7 158	27 29 51	10 23 38	2 9 15	6 51 10	18 18 41
8 159	26 59 33	11 36 52	2 46 10	6 53 40	18 17 14
9 160	26 27 37	12 50 5	3 23 5	6 55 59	18 15 42
10 161	25 54 35	14 3 17	4 0 2	6 58 7	18 14 4
11 162	25 21 0	15 16 28	4 36 59	7 0 3	18 12 21
12 163	24 47 28	16 29 38	5 13 56	7 1 48	18 10 33
13 164	24 14 32	17 42 46	5 50 55	7 3 21	18 8 39
14 165	23 42 47	18 55 54	6 27 54	7 4 43	18 6 39
15 166	23 12 44	20 9 0	7 4 54	7 5 54	18 4 35
16 167	22 44 54	21 22 4	7 41 54	7 6 53	18 2 25
17 168	22 19 46	22 35 8	8 18 55	7 7 40	18 0 11
18 169	21 57 44	23 48 9	8 55 57	7 8 16	17 57 51
19 170	21 39 12	25 1 10	9 32 59	7 8 41	17 55 26
20 171	21 24 27	26 14 8	10 10 2	7 8R54	17 52 57
21 172	21 13 47	27 27 6	10 47 5	7 8 55	17 50 22
22 173	21 7D24	28 40 1	11 24 9	7 8 45	17 47 43
23 174	21 5 30	29 52 56	12 1 14	7 8 23	17 44 59
24 175	21 8 11	1♋ 5 48	12 38 19	7 7 50	17 42 11
25 176	21 15 35	2 18 39	13 15 25	7 7 5	17 39 18
26 177	21 27 43	3 31 29	13 52 32	7 6 9	17 36 21
27 178	21 44 38	4 44 17	14 29 39	7 5 2	17 33 19
28 179	22 6 20	5 57 4	15 6 47	7 3 42	17 30 13
29 180	22 32 49	7 9 49	15 43 56	7 2 12	17 27 3
30 181	23♉ 4 2	8♋22 33	16♋21 6	7♒ 0 30	17♑23 49

DAY MO YR	♅ LONG ° ' "	♆ LONG ° ' "	♇ LONG ° ' "	☊ LONG ° '	A.S.S.I. h m s	S.S.R.Y. h m s	S.V.P. ♓ ° ' "	☿ MERCURY R.A. h m s	DECL ° ' "
1 152	17♈23 18	27♒59 58	1♑30R26	15♉42	5 47 29	29 56 52	4 57 54.9	5 36 21	22N58 3
2 153	17 26 26	28 0 45	1 29 32	15 42	5 52 38	29 56 4	4 57 54.8	5 35 36	22 40 52
3 154	17 29 32	28 1 29	1 28 36	15 42	5 57 47	29 55 26	4 57 54.7	5 34 33	22 23 8
4 155	17 32 37	28 2 13	1 27 39	15 42	6 2 57	29 55 0	4 57 54.6	5 33 14	22 5 0
5 156	17 35 41	28 2 54	1 26 41	15 43	6 8 7	29 54 47	4 57 54.6	5 31 41	21 46 34
6 157	17 38 44	28 3 33	1 25 41	15 43	6 13 18	29 54 48	4 57 54.5	5 29 55	21 28 0
7 158	17 41 45	28 4 10	1 24 40	15 44	6 18 29	29 55 1	4 57 54.3	5 27 59	21 9 25
8 159	17 44 45	28 4 46	1 23 39	15 44	6 23 41	29 55 28	4 57 54.2	5 25 53	20 51 0
9 160	17 47 43	28 5 19	1 22 35	15 45	6 28 53	29 56 6	4 57 54.0	5 23 41	20 32 54
10 161	17 50 39	28 5 51	1 21 31	15 45	6 34 5	29 56 53	4 57 53.8	5 21 25	20 15 17
11 162	17 53 35	28 6 20	1 20 26	15 44	6 39 17	29 57 47	4 57 53.5	5 19 7	19 58 20
12 163	17 56 28	28 6 48	1 19 20	15 43	6 44 30	29 58 44	4 57 53.3	5 16 49	19 42 13
13 164	17 59 20	28 7 14	1 18 12	15 42	6 49 43	29 59 42	4 57 53.0	5 14 34	19 27 5
14 165	18 2 10	28 7 38	1 17 4	15 40	6 54 56	30 0 37	4 57 52.8	5 12 24	19 13 6
15 166	18 4 59	28 7 59	1 15 54	15 39	7 0 10	30 1 26	4 57 52.6	5 10 21	19 0 25
16 167	18 7 46	28 8 19	1 14 44	15 37	7 5 23	30 2 8	4 57 52.4	5 8 28	18 49 8
17 168	18 10 31	28 8 37	1 13 32	15 36	7 10 36	30 2 40	4 57 52.3	5 6 45	18 39 23
18 169	18 13 14	28 8 53	1 12 20	15 35	7 15 50	30 3 1	4 57 52.2	5 5 15	18 31 15
19 170	18 15 56	28 9 7	1 11 7	15 36	7 21 4	30 3 11	4 57 52.1	5 4 0	18 24 47
20 171	18 18 36	28 9 19	1 9 52	15 37	7 26 17	30 3 9	4 57 52.0	5 2 59	18 20 2
21 172	18 21 13	28 9 29	1 8 38	15 38	7 31 31	30 2 54	4 57 51.9	5 2 15	18 17 2
22 173	18 23 49	28 9 37	1 7 22	15 39	7 36 44	30 2 27	4 57 51.7	5 1 49	18 15 46
23 174	18 26 23	28 9 43	1 6 5	15 40	7 41 58	30 1 50	4 57 51.5	5 1 41	18 16 13
24 175	18 28 55	28 9 47	1 4 48	15 39	7 47 11	30 1 2	4 57 51.2	5 1 51	18 18 22
25 176	18 31 25	28 9R49	1 3 30	15 38	7 52 24	30 0 7	4 57 50.9	5 2 21	18 22 8
26 177	18 33 53	28 9 50	1 2 11	15 36	7 57 37	29 59 5	4 57 50.5	5 3 10	18 27 28
27 178	18 36 19	28 9 48	1 0 52	15 32	8 2 50	29 58 0	4 57 50.3	5 4 19	18 34 16
28 179	18 38 43	28 9 44	0 59 32	15 29	8 8 3	29 56 55	4 57 50.1	5 5 47	18 42 28
29 180	18 41 5	28 9 39	0 58 11	15 25	8 13 15	29 55 54	4 57 49.9	5 7 36	18 51 56
30 181	18♈43 25	28♒ 9 31	0♑56 50	15♉23	8 18 27	29 54 58	4 57 49.8	5 9 44	19N 2 34

DAY Jun	♀ VENUS R.A. h m s	DECL ° ' "	♂ MARS R.A. h m s	DECL ° ' "	♃ JUPITER R.A. h m s	DECL ° ' "
1	5 51 39	24N18 46	7 42 27	22N43 58	22 15 38	11S43 48
2	5 57 1	24 21 39	7 45 4	22 37 21	22 15 52	11 42 45
3	6 2 23	24 23 49	7 47 40	22 30 35	22 16 5	11 41 47
4	6 7 45	24 25 16	7 50 17	22 23 40	22 16 18	11 40 52
5	6 13 7	24 25 59	7 52 54	22 16 36	22 16 30	11 40 2
6	6 18 29	24 26 0	7 55 30	22 9 23	22 16 41	11 39 15
7	6 23 51	24 25 17	7 58 6	22 2 0	22 16 52	11 38 32
8	6 29 13	24 23 51	8 0 42	21 54 29	22 17 2	11 37 54
9	6 34 34	24 21 42	8 3 17	21 46 49	22 17 11	11 37 19
10	6 39 55	24 18 50	8 5 53	21 39 0	22 17 20	11 36 48
11	6 45 16	24 15 16	8 8 28	21 31 2	22 17 27	11 36 22
12	6 50 37	24 10 58	8 11 3	21 22 55	22 17 34	11 36 0
13	6 55 57	24 5 58	8 13 38	21 14 40	22 17 41	11 35 41
14	7 1 16	24 0 16	8 16 12	21 6 17	22 17 46	11 35 27
15	7 6 35	23 53 52	8 18 46	20 57 45	22 17 51	11 35 17
16	7 11 53	23 46 45	8 21 20	20 49 4	22 17 56	11 35 12
17	7 17 10	23 38 58	8 23 54	20 40 15	22 17 59	11 35 10
18	7 22 27	23 30 29	8 26 28	20 31 18	22 18 2	11 35 13
19	7 27 42	23 21 20	8 29 1	20 22 13	22 18 4	11 35 20
20	7 32 57	23 11 30	8 31 34	20 13 0	22 18 5	11 35 30
21	7 38 11	23 1 0	8 34 7	20 3 38	22 18 5	11 35 45
22	7 43 24	22 49 50	8 36 39	19 54 9	22 18 5	11 36 5
23	7 48 36	22 38 2	8 39 11	19 44 32	22 18 4	11 36 28
24	7 53 47	22 25 35	8 41 43	19 34 47	22 18 2	11 36 55
25	7 58 57	22 12 29	8 44 15	19 24 54	22 18 0	11 37 27
26	8 4 5	21 58 47	8 46 46	19 14 54	22 17 57	11 38 2
27	8 9 13	21 44 27	8 49 18	19 4 46	22 17 53	11 38 42
28	8 14 19	21 29 31	8 51 49	18 54 31	22 17 48	11 39 26
29	8 19 24	21 13 59	8 54 19	18 44 8	22 17 43	11 40 14
30	8 24 28	20N57 51	8 56 50	18N33 38	22 17 37	11S41 6

DAY Jun	♄ SATURN R.A. h m s	DECL ° ' "	♅ URANUS R.A. h m s	DECL ° ' "	♆ NEPTUNE R.A. h m s	DECL ° ' "	♇ PLUTO R.A. h m s	DECL ° ' "
1	21 4 29	17S24 23	2 40 25	15N10 48	23 36 10	3S46 59	19 55 29	22S18 12
2	21 4 25	17 24 47	2 40 38	15 11 45	23 36 13	3 46 43	19 55 25	22 18 30
3	21 4 22	17 25 12	2 40 50	15 12 41	23 36 16	3 46 28	19 55 21	22 18 48
4	21 4 17	17 25 38	2 41 2	15 13 37	23 36 19	3 46 13	19 55 17	22 19 6
5	21 4 13	17 26 6	2 41 14	15 14 33	23 36 21	3 45 59	19 55 13	22 19 25
6	21 4 8	17 26 36	2 41 26	15 15 28	23 36 24	3 45 46	19 55 9	22 19 43
7	21 4 3	17 27 7	2 41 38	15 16 23	23 36 26	3 45 34	19 55 5	22 20 2
8	21 3 57	17 27 40	2 41 50	15 17 17	23 36 29	3 45 22	19 55 1	22 20 21
9	21 3 51	17 28 14	2 42 2	15 18 11	23 36 31	3 45 11	19 54 56	22 20 40
10	21 3 45	17 28 50	2 42 14	15 19 4	23 36 33	3 45 1	19 54 52	22 20 59
11	21 3 38	17 29 28	2 42 25	15 19 57	23 36 35	3 44 52	19 54 47	22 21 19
12	21 3 31	17 30 7	2 42 37	15 20 49	23 36 36	3 44 44	19 54 43	22 21 38
13	21 3 23	17 30 47	2 42 48	15 21 41	23 36 38	3 44 36	19 54 38	22 21 58
14	21 3 16	17 31 29	2 42 59	15 22 32	23 36 40	3 44 29	19 54 34	22 22 18
15	21 3 8	17 32 13	2 43 10	15 23 22	23 36 41	3 44 23	19 54 29	22 22 38
16	21 2 59	17 32 57	2 43 21	15 24 12	23 36 42	3 44 17	19 54 24	22 22 59
17	21 2 50	17 33 44	2 43 32	15 25 2	23 36 43	3 44 13	19 54 19	22 23 19
18	21 2 41	17 34 31	2 43 43	15 25 51	23 36 45	3 44 9	19 54 14	22 23 40
19	21 2 31	17 35 20	2 43 54	15 26 39	23 36 45	3 44 6	19 54 9	22 24 0
20	21 2 22	17 36 11	2 44 4	15 27 26	23 36 46	3 44 4	19 54 4	22 24 21
21	21 2 11	17 37 2	2 44 15	15 28 13	23 36 47	3 44 3	19 53 58	22 24 42
22	21 2 1	17 37 55	2 44 25	15 29 0	23 36 48	3 44 2	19 53 53	22 25 3
23	21 1 50	17 38 49	2 44 35	15 29 45	23 36 48	3 44 2	19 53 48	22 25 24
24	21 1 39	17 39 44	2 44 45	15 30 30	23 36 48	3 44 3	19 53 43	22 25 45
25	21 1 28	17 40 41	2 44 55	15 31 15	23 36 49	3 44 4	19 53 37	22 26 6
26	21 1 16	17 41 39	2 45 5	15 31 59	23 36 49	3 44 7	19 53 32	22 26 28
27	21 1 4	17 42 38	2 45 15	15 32 42	23 36 49	3 44 10	19 53 26	22 26 49
28	21 0 51	17 43 38	2 45 24	15 33 25	23 36 49	3 44 14	19 53 21	22 27 11
29	21 0 39	17 44 39	2 45 34	15 34 7	23 36 48	3 44 18	19 53 15	22 27 32
30	21 0 26	17S45 41	2 45 43	15N34 48	23 36 48	3S44 24	19 53 9	22S27 54

JULY 2021

DAY	SIDEREAL TIME (h m s)	☉ SUN LONG (° ′ ″)	MOT (′ ″)	R.A. (h m s)	DECL (° ′ ″)
1 Th	18 37 4	14♊21 27	57 12	6 40 53.1	23N 6 16
2 F	18 41 1	15 18 39	57 12	6 45 1.1	23 2 2
3 S	18 44 57	16 15 51	57 13	6 49 8.9	22 57 24
4 Su	18 48 54	17 13 4	57 13	6 53 16.4	22 52 21
5 M	18 52 50	18 10 16	57 13	6 57 23.5	22 46 55
6 Tu	18 56 47	19 7 29	57 13	7 1 30.4	22 41 5
7 W	19 0 43	20 4 42	57 14	7 5 36.9	22 34 51
8 Th	19 4 40	21 1 56	57 14	7 9 43.0	22 28 14
9 F	19 8 36	21 59 9	57 14	7 13 48.8	22 21 13
10 S	19 12 33	22 56 23	57 14	7 17 54.1	22 13 49
11 Su	19 16 30	23 53 37	57 14	7 21 59.1	22 6 3
12 M	19 20 26	24 50 51	57 14	7 26 3.5	21 57 53
13 Tu	19 24 23	25 48 5	57 14	7 30 7.5	21 49 21
14 W	19 28 19	26 45 19	57 14	7 34 11.0	21 40 26
15 Th	19 32 16	27 42 33	57 14	7 38 14.0	21 31 10
16 F	19 36 12	28 39 48	57 14	7 42 16.5	21 21 31
17 S	19 40 9	29 37 2	57 15	7 46 18.4	21 11 31
18 Su	19 44 5	0♋34 17	57 15	7 50 19.8	21 1 9
19 M	19 48 2	1 31 31	57 15	7 54 20.6	20 50 25
20 Tu	19 51 59	2 28 46	57 15	7 58 20.8	20 39 21
21 W	19 55 55	3 26 1	57 16	8 2 20.5	20 27 56
22 Th	19 59 52	4 23 16	57 16	8 6 19.6	20 16 10
23 F	20 3 48	5 20 32	57 16	8 10 18.2	20 4 4
24 S	20 7 45	6 17 48	57 17	8 14 16.1	19 51 38
25 Su	20 11 41	7 15 5	57 18	8 18 13.4	19 38 53
26 M	20 15 38	8 12 22	57 18	8 22 10.2	19 25 48
27 Tu	20 19 34	9 9 40	57 19	8 26 6.3	19 12 23
28 W	20 23 31	10 7 0	57 20	8 30 1.9	18 58 40
29 Th	20 27 28	11 4 20	57 21	8 33 56.9	18 44 37
30 F	20 31 24	12 1 41	57 22	8 37 51.3	18 30 16
31 S	20 35 21	12♋59 3	57 23	8 41 45.1	18N15 37

DAY	☽ MOON AT 0 HOURS LONG (° ′ ″)	12h MOT (° ′ ″)	2DIF (″)	R.A. (h m s)	DECL (° ′ ″)
1 Th	4♓14 49	6 13 50	-147	0 5 16	4S49 45
2 F	16 37 50	6 5 8	-113	0 49 54	0N29 28
3 S	28 44 39	5 58 50	-76	1 33 42	5 41 12
4 Su	10♈40 5	5 55 0	-40	2 17 38	10 36 19
5 M	22 29 3	5 53 30	-6	3 2 36	15 5 57
6 Tu	4♉16 8	5 54 10	24	3 49 19	19 0 38
7 W	16 5 31	5 56 41	50	4 38 14	22 10 3
8 Th	28 0 45	6 0 44	70	5 29 28	24 23 21
9 F	10♊ 4 41	6 5 56	84	6 22 40	25 30 33
10 S	22 19 27	6 11 54	94	7 17 2	25 24 23
11 Su	4♋46 26	6 18 21	99	8 11 34	24 2 10
12 M	17 26 27	6 25 0	100	9 5 17	21 26 39
13 Tu	0♌19 47	6 31 41	100	9 57 35	17 45 33
14 W	13 26 30	6 38 21	100	10 48 21	13 9 56
15 Th	26 46 30	6 44 58	99	11 37 57	7 52 55
16 F	10♍19 45	6 51 35	99	12 27 5	2 8 37
17 S	24 6 14	6 58 10	97	13 16 43	3S47 45
18 Su	8♎ 5 47	7 4 31	92	14 7 56	9 39 18
19 M	22 17 47	7 10 17	79	15 1 47	15 6 39
20 Tu	6♏40 50	7 14 54	57	15 59 4	19 47 31
21 W	21 12 16	7 17 38	23	16 59 58	23 18 7
22 Th	5♐47 59	7 17 48	-20	18 3 42	25 17 3
23 F	20 22 32	7 14 53	-68	19 8 25	25 31 19
24 S	4♑49 38	7 8 46	-114	20 11 48	24 1 21
25 Su	19 3 1	6 59 50	-151	21 11 55	21 0 49
26 M	2♒57 24	6 48 52	-174	22 7 53	16 51 33
27 Tu	16 29 12	6 36 56	-180	22 59 45	11 57 1
28 W	29 37 5	6 25 7	-170	23 48 13	6 38 5
29 Th	12♓21 47	6 14 25	-148	0 34 17	1 11 32
30 F	24 45 55	6 5 33	-116	1 18 59	4N 9 40
31 S	6♈53 27	5 59 2	-79	2 3 20	9N15 5

DAY	☽ MOON AT 12 HOURS LONG (° ′ ″)	12h MOT (° ′ ″)	2DIF (″)	R.A. (h m s)	DECL (° ′ ″)
1 Th	10♓28 39	6 9 11	-130	0 27 45	2S 9 49
2 F	22 42 58	6 1 41	-94	1 11 50	3N 6 51
3 S	4♈43 29	5 56 37	-58	1 55 35	8 11 23
4 Su	16 35 5	5 53 58	-22	2 39 56	12 54 53
5 M	28 22 33	5 53 35	10	3 25 42	17 8 17
6 Tu	10♉10 18	5 55 13	38	4 13 29	20 41 41
7 W	22 2 12	5 58 33	61	5 3 34	23 24 23
8 Th	4♊ 1 29	6 3 13	78	5 55 51	25 5 45
9 F	16 10 37	6 8 50	90	6 49 46	25 36 56
10 S	28 31 21	6 15 5	97	7 44 21	24 52 44
11 Su	11♋ 4 48	6 21 40	100	8 38 34	22 53 11
12 M	23 51 27	6 28 21	100	9 31 38	19 43 40
13 Tu	6♌51 29	6 35 1	100	10 23 9	15 33 46
14 W	20 4 50	6 41 40	99	11 13 15	10 35 44
15 Th	3♍31 28	6 48 17	99	12 2 31	5 3 15
16 F	17 11 21	6 54 53	99	12 51 46	0S49 4
17 S	1♎ 4 24	7 1 23	95	13 42 4	6 45 17
18 Su	15 10 17	7 7 30	87	14 34 28	12 27 20
19 M	29 28 4	7 12 46	69	15 29 58	17 34 22
20 Tu	13♏55 44	7 16 33	41	16 29 5	21 43 4
21 W	28 29 54	7 18 5	3	17 31 35	24 30 8
22 Th	13♐ 5 47	7 16 45	-44	18 36 5	25 37 35
23 F	27 37 25	7 12 13	-92	19 40 25	24 58 47
24 S	11♑58 25	7 4 37	-134	20 42 21	22 41 9
25 Su	26 2 51	6 54 32	-165	21 40 26	19 3 17
26 M	9♒46 16	6 42 57	-179	22 34 17	14 28 32
27 Tu	23 6 8	6 30 57	-177	23 24 21	9 19 27
28 W	6♓ 2 12	6 19 35	-161	0 11 29	3 54 52
29 Th	18 36 12	6 9 43	-133	0 56 44	1N30 26
30 F	0♈51 28	6 1 59	-98	1 41 9	6 44 56
31 S	12♈52 29	5 56 45	-59	2 25 41	11N39 1

LUNAR INGRESSES
- 3 ☽ ♈ 2:31
- 5 ☽ ♉ 15:18
- 8 ☽ ♊ 3:59
- 10 ☽ ♋ 14:51
- 12 ☽ ♌ 23:23
- 15 ☽ ♍ 5:45
- 17 ☽ ♎ 10:09
- 19 ☽ ♏ 12:53
- 21 ☽ ♐ 14:28
- 23 ☽ ♑ 15:57
- 25 ☽ ♒ 18:51
- 28 ☽ ♓ 0:43
- 30 ☽ ♈ 10:18

PLANET INGRESSES
- 8 ☿ ♊ 0:28
- 17 ☉ ♋ 9:38
- 17 ♀ ♌ 21:34
- 21 ♂ ♌ 22:22
- 25 ☿ ♋ 16:25

STATIONS
NONE

DATA FOR THE 1st AT 0 HOURS
- JULIAN DAY 44376.5
- ☽ MEAN ☊ 14°♉ 14' 10"
- OBLIQUITY 23° 26' 14"
- DELTA T 76.9 SECONDS
- NUTATION LONGITUDE-15.5"

DAY MO	YR	☿ LONG (° ′ ″)	♀ LONG (° ′ ″)	♂ LONG (° ′ ″)	♃ LONG (° ′ ″)	♄ LONG (° ′ ″)	♅ LONG (° ′ ″)	♆ LONG (° ′ ″)	♇ LONG (° ′ ″)	☊ LONG (° ′)	A.S.S.I. (h m s)	S.S.R.Y. (h m s)	S.V.P. ♓ (° ′ ″)	☿ MERCURY R.A. (h m s)	☿ MERCURY DECL (° ′ ″)
1	182	23♉39 58	9♋35 16	16♋58 16	6♒58R36	17♑20R30	18♈45 42	28♒ 9R22	0♑55R28	15♉21	8 23 39	29 54 9	4 57 49.7	5 12 12	19N14 15
2	183	24 20 33	10 47 57	17 35 28	6 56 31	17 17 8	18 47 57	28 9 11	0 54 5	15 20	8 28 51	29 53 34	4 57 49.6	5 15 0	19 26 52
3	184	25 5 44	12 0 37	18 12 40	6 54 15	17 13 41	18 50 10	28 8 57	0 52 43	15 21	8 34 2	29 53 10	4 57 49.5	5 18 8	19 40 15
4	185	25 55 27	13 13 15	18 49 54	6 51 47	17 10 11	18 52 21	28 8 42	0 51 19	15 23	8 39 13	29 52 59	4 57 49.4	5 21 35	19 54 17
5	186	26 49 40	14 25 52	19 27 8	6 49 8	17 6 38	18 54 29	28 8 25	0 49 55	15 24	8 44 23	29 53 1	4 57 49.3	5 25 22	20 8 49
6	187	27 48 19	15 38 27	20 4 23	6 46 18	17 3 0	18 56 36	28 8 6	0 48 31	15 26	8 49 34	29 53 17	4 57 49.1	5 29 29	20 23 43
7	188	28 51 20	16 51 1	20 41 39	6 43 17	16 59 20	18 58 39	28 7 45	0 47 6	15 26	8 54 43	29 53 46	4 57 48.9	5 33 55	20 38 48
8	189	29 58 39	18 3 33	21 18 57	6 40 5	16 55 36	19 0 41	28 7 23	0 45 41	15 25	8 59 53	29 54 25	4 57 48.7	5 38 40	20 53 55
9	190	1♊10 14	19 16 4	21 56 15	6 36 42	16 51 48	19 2 40	28 6 58	0 44 16	15 23	9 5 1	29 55 14	4 57 48.4	5 43 45	21 8 54
10	191	2 26 1	20 28 33	22 33 34	6 33 8	16 47 58	19 4 37	28 6 31	0 42 51	15 19	9 10 10	29 56 9	4 57 48.2	5 49 8	21 23 35
11	192	3 45 56	21 41 1	23 10 54	6 29 23	16 44 4	19 6 31	28 6 3	0 41 25	15 13	9 15 17	29 57 8	4 57 47.9	5 54 51	21 37 46
12	193	5 9 55	22 53 26	23 48 15	6 25 28	16 40 8	19 8 22	28 5 33	0 39 59	15 06	9 20 24	29 58 8	4 57 47.7	6 0 52	21 51 17
13	194	6 37 54	24 5 50	24 25 37	6 21 23	16 36 9	19 10 11	28 5 1	0 38 32	15 00	9 25 31	29 59 7	4 57 47.5	6 7 12	22 3 56
14	195	8 9 47	25 18 12	25 3 0	6 17 7	16 32 7	19 11 58	28 4 27	0 37 6	14 53	9 30 37	30 0 4	4 57 47.4	6 13 50	22 15 31
15	196	9 45 28	26 30 32	25 40 24	6 12 41	16 28 2	19 13 42	28 3 51	0 35 39	14 48	9 35 42	30 0 55	4 57 47.3	6 20 45	22 25 50
16	197	11 24 52	27 42 50	26 17 48	6 8 5	16 23 56	19 15 23	28 3 14	0 34 13	14 45	9 40 47	30 1 40	4 57 47.3	6 27 57	22 34 42
17	198	13 7 49	28 55 6	26 55 14	6 3 19	16 19 47	19 17 2	28 2 34	0 32 46	14 43	9 45 51	30 2 15	4 57 47.2	6 35 26	22 41 55
18	199	14 54 10	0♌ 7 20	27 32 40	5 58 24	16 15 36	19 18 38	28 1 53	0 31 19	14 44	9 50 54	30 2 39	4 57 47.1	6 43 10	22 47 17
19	200	16 43 43	1 19 32	28 10 7	5 53 20	16 11 22	19 20 12	28 1 11	0 29 53	14 45	9 55 56	30 2 51	4 57 46.9	6 51 8	22 50 38
20	201	18 36 17	2 31 41	28 47 35	5 48 6	16 7 7	19 21 43	28 0 26	0 28 26	14 46	10 0 58	30 2 49	4 57 46.7	6 59 19	22 51 46
21	202	20 31 36	3 43 48	29 25 4	5 42 44	16 2 51	19 23 11	27 59 40	0 26 59	14 46	10 5 59	30 2 34	4 57 46.5	7 7 42	22 50 35
22	203	22 29 24	4 55 53	0♌ 2 34	5 37 12	15 58 32	19 24 36	27 58 52	0 25 33	14 44	10 11 0	30 2 5	4 57 46.2	7 16 15	22 46 54
23	204	24 29 25	6 7 55	0 40 5	5 31 32	15 54 12	19 25 59	27 58 3	0 24 7	14 40	10 16 0	30 1 25	4 57 45.9	7 24 57	22 40 40
24	205	26 31 19	7 19 55	1 17 36	5 25 44	15 49 51	19 27 19	27 57 12	0 22 40	14 34	10 20 58	30 0 34	4 57 45.6	7 33 46	22 31 47
25	206	28 34 48	8 31 52	1 55 9	5 19 47	15 45 29	19 28 37	27 56 19	0 21 14	14 26	10 25 57	29 59 37	4 57 45.4	7 42 39	22 20 13
26	207	0♋39 31	9 43 48	2 32 43	5 13 42	15 41 5	19 29 51	27 55 25	0 19 49	14 18	10 30 54	29 58 35	4 57 45.3	7 51 35	22 5 58
27	208	2 45 8	10 55 40	3 10 18	5 7 30	15 36 40	19 31 3	27 54 29	0 18 23	14 09	10 35 51	29 57 33	4 57 45.2	8 0 33	21 49 4
28	209	4 51 22	12 7 31	3 47 53	5 1 10	15 32 15	19 32 12	27 53 31	0 16 58	14 02	10 40 47	29 56 34	4 57 45.1	8 9 30	21 29 33
29	210	6 57 53	13 19 19	4 25 30	4 54 42	15 27 49	19 33 18	27 52 32	0 15 33	13 56	10 45 42	29 55 41	4 57 45.0	8 18 26	21 7 31
30	211	9 4 24	14 31 5	5 3 9	4 48 8	15 23 22	19 34 22	27 51 31	0 14 8	13 52	10 50 36	29 54 57	4 57 45.0	8 27 18	20 43 5
31	212	11♋10 40	15♌42 48	5♌40 48	4♒41 27	15♑18 54	19♈35 22	27♒50 29	0♑12 44	13♉51	10 55 30	29 54 22	4 57 44.9	8 36 5	20N16 22

DAY Jul	♀ VENUS R.A. (h m s)	♀ VENUS DECL (° ′ ″)	♂ MARS R.A. (h m s)	♂ MARS DECL (° ′ ″)	♃ JUPITER R.A. (h m s)	♃ JUPITER DECL (° ′ ″)	♄ SATURN R.A. (h m s)	♄ SATURN DECL (° ′ ″)	♅ URANUS R.A. (h m s)	♅ URANUS DECL (° ′ ″)	♆ NEPTUNE R.A. (h m s)	♆ NEPTUNE DECL (° ′ ″)	♇ PLUTO R.A. (h m s)	♇ PLUTO DECL (° ′ ″)
1	8 29 31	20N41 9	8 59 20	18N23 0	22 17 30	11S42 2	21 0 13	17S46 44	2 45 52	15N35 28	23 36 47	3S44 30	19 53 4	22S28 16
2	8 34 33	20 23 53	9 1 50	18 12 16	22 17 23	11 43 2	20 59 59	17 47 48	2 46 1	15 36 8	23 36 47	3 44 37	19 52 58	22 28 37
3	8 39 33	20 6 3	9 4 20	18 1 24	22 17 14	11 44 6	20 59 46	17 48 54	2 46 10	15 36 47	23 36 46	3 44 45	19 52 52	22 28 59
4	8 44 32	19 47 41	9 6 49	17 50 25	22 17 5	11 45 14	20 59 32	17 50 0	2 46 18	15 37 26	23 36 45	3 44 53	19 52 46	22 29 21
5	8 49 29	19 28 46	9 9 19	17 39 20	22 16 56	11 46 26	20 59 18	17 51 7	2 46 27	15 38 3	23 36 44	3 45 2	19 52 40	22 29 43
6	8 54 26	19 9 19	9 11 48	17 28 7	22 16 45	11 47 42	20 59 3	17 52 15	2 46 35	15 38 40	23 36 43	3 45 12	19 52 35	22 30 4
7	8 59 21	18 49 22	9 14 16	17 16 47	22 16 34	11 49 2	20 58 48	17 53 23	2 46 44	15 39 17	23 36 42	3 45 23	19 52 29	22 30 26
8	9 4 14	18 28 55	9 16 45	17 5 21	22 16 22	11 50 25	20 58 33	17 54 33	2 46 52	15 39 52	23 36 41	3 45 34	19 52 23	22 30 48
9	9 9 7	18 7 58	9 19 13	16 53 48	22 16 10	11 51 53	20 58 18	17 55 43	2 46 59	15 40 27	23 36 39	3 45 46	19 52 17	22 31 10
10	9 13 58	17 46 32	9 21 41	16 42 9	22 15 57	11 53 24	20 58 3	17 56 54	2 47 7	15 41 1	23 36 38	3 45 59	19 52 11	22 31 32
11	9 18 48	17 24 38	9 24 9	16 30 23	22 15 43	11 54 59	20 57 47	17 58 6	2 47 15	15 41 34	23 36 36	3 46 13	19 52 5	22 31 54
12	9 23 36	17 2 17	9 26 37	16 18 30	22 15 28	11 56 37	20 57 32	17 59 18	2 47 22	15 42 7	23 36 34	3 46 27	19 51 59	22 32 15
13	9 28 23	16 39 29	9 29 4	16 6 32	22 15 13	11 58 19	20 57 16	18 0 31	2 47 29	15 42 39	23 36 32	3 46 42	19 51 53	22 32 37
14	9 33 9	16 16 15	9 31 32	15 54 27	22 14 57	12 0 5	20 57 0	18 1 45	2 47 37	15 43 10	23 36 30	3 46 58	19 51 47	22 32 59
15	9 37 53	15 52 36	9 33 59	15 42 16	22 14 41	12 1 54	20 56 43	18 2 59	2 47 43	15 43 40	23 36 28	3 47 14	19 51 41	22 33 21
16	9 42 36	15 28 32	9 36 25	15 29 58	22 14 23	12 3 46	20 56 27	18 4 14	2 47 50	15 44 9	23 36 26	3 47 31	19 51 35	22 33 43
17	9 47 18	15 4 5	9 38 52	15 17 35	22 14 6	12 5 42	20 56 10	18 5 29	2 47 57	15 44 38	23 36 24	3 47 49	19 51 29	22 34 4
18	9 51 59	14 39 15	9 41 18	15 5 6	22 13 47	12 7 41	20 55 53	18 6 45	2 48 3	15 45 5	23 36 21	3 48 8	19 51 22	22 34 26
19	9 56 38	14 14 2	9 43 44	14 52 32	22 13 28	12 9 42	20 55 36	18 8 1	2 48 9	15 45 32	23 36 19	3 48 27	19 51 16	22 34 47
20	10 1 16	13 48 28	9 46 10	14 39 51	22 13 8	12 11 47	20 55 19	18 9 17	2 48 15	15 45 59	23 36 16	3 48 47	19 51 10	22 35 9
21	10 5 53	13 22 33	9 48 36	14 27 5	22 12 48	12 13 55	20 55 2	18 10 34	2 48 21	15 46 24	23 36 13	3 49 7	19 51 4	22 35 30
22	10 10 29	12 56 17	9 51 1	14 14 13	22 12 27	12 16 6	20 54 45	18 11 51	2 48 27	15 46 49	23 36 10	3 49 28	19 50 58	22 35 51
23	10 15 3	12 29 43	9 53 26	14 1 16	22 12 6	12 18 19	20 54 27	18 13 8	2 48 32	15 47 12	23 36 8	3 49 50	19 50 52	22 36 12
24	10 19 37	12 2 49	9 55 51	13 48 14	22 11 44	12 20 36	20 54 10	18 14 25	2 48 38	15 47 35	23 36 4	3 50 12	19 50 46	22 36 33
25	10 24 9	11 35 38	9 58 16	13 35 6	22 11 22	12 22 54	20 53 52	18 15 43	2 48 43	15 47 58	23 36 1	3 50 35	19 50 40	22 36 55
26	10 28 40	11 8 10	10 0 41	13 21 54	22 10 59	12 25 16	20 53 35	18 17 1	2 48 48	15 48 19	23 35 58	3 50 59	19 50 34	22 37 15
27	10 33 10	10 40 25	10 3 5	13 8 36	22 10 35	12 27 40	20 53 17	18 18 18	2 48 53	15 48 39	23 35 55	3 51 23	19 50 28	22 37 36
28	10 37 39	10 12 24	10 5 29	12 55 13	22 10 11	12 30 6	20 52 59	18 19 36	2 48 57	15 48 59	23 35 51	3 51 48	19 50 22	22 37 57
29	10 42 7	9 44 8	10 7 53	12 41 45	22 9 47	12 32 34	20 52 41	18 20 54	2 49 2	15 49 18	23 35 48	3 52 13	19 50 16	22 38 18
30	10 46 34	9 15 37	10 10 17	12 28 12	22 9 22	12 35 5	20 52 23	18 22 12	2 49 6	15 49 36	23 35 44	3 52 39	19 50 10	22 38 38
31	10 51 0	8N46 53	10 12 41	12N14 34	22 8 57	12S37 38	20 52 5	18S23 30	2 49 10	15N49 53	23 35 40	3S53 6	19 50 4	22S38 58

AUGUST 2021

DAY	SIDEREAL TIME h m s	☉ SUN LONG ° ' "	MOT ' "	R.A. h m s	DECL ° ' "	☽ MOON AT 0 HOURS LONG ° ' "	12h MOT ° ' "	2DIF "	R.A. h m s	DECL ° ' "	☽ MOON AT 12 HOURS LONG ° ' "	12h MOT ° ' "	2DIF "	R.A. h m s	DECL ° ' "
1 Su	20 39 17	13♋56 26	57 24	8 45 38.3	18N 0 40	18♈49 14	5 55 7	-39	2 48 16	13N55 38	24♈44 21	5 54 10	-19	3 11 12	16N 3 49
2 M	20 43 14	14 53 50	57 26	8 49 30.9	17 45 26	0♉38 31	5 53 53	1	3 34 34	18 2 23	6♉32 25	5 54 15	20	3 58 25	19 50 10
3 Tu	20 47 10	15 51 16	57 27	8 53 22.9	17 29 53	12 26 40	5 55 15	38	4 22 49	21 25 53	18 21 54	5 56 49	56	4 47 48	22 48 16
4 W	20 51 7	16 48 42	57 28	8 57 14.4	17 14 4	24 18 43	5 58 57	71	5 13 21	23 56 2	0♊17 40	6 1 34	85	5 39 26	24 47 55
5 Th	20 55 3	17 46 10	57 29	9 1 5.3	16 57 58	6♊19 14	6 4 38	97	6 6 1	25 22 46	12 23 51	6 8 4	108	6 32 59	25 39 37
6 F	20 59 0	18 43 39	57 30	9 4 55.5	16 41 36	18 31 55	6 11 48	115	7 0 15	25 37 41	24 43 42	6 15 45	121	7 27 41	25 16 29
7 S	21 2 57	19 41 9	57 31	9 8 45.2	16 24 57	0♋59 27	6 19 52	124	7 55 10	24 35 54	7♋19 19	6 24 2	125	8 22 32	23 36 7
8 Su	21 6 53	20 38 40	57 32	9 12 34.3	16 8 2	13 43 20	6 28 11	123	8 49 43	22 17 44	20 11 31	6 32 14	119	9 16 36	20 41 38
9 M	21 10 50	21 36 12	57 33	9 16 22.8	15 50 52	26 43 45	6 36 8	114	9 43 8	18 49 2	3♌19 53	6 39 49	106	10 9 17	16 41 23
10 Tu	21 14 46	22 33 45	57 34	9 20 10.8	15 33 26	9♌59 42	6 43 14	98	10 35 4	14 20 22	16 42 56	6 46 21	89	11 0 29	11 47 46
11 W	21 18 43	23 31 20	57 35	9 23 58.1	15 15 46	23 29 17	6 49 10	80	11 25 38	9 5 31	0♍18 27	6 51 40	71	11 50 35	6 15 38
12 Th	21 22 39	24 28 55	57 36	9 27 44.9	14 57 51	7♍10 7	6 53 52	62	12 15 24	3 20 10	14 3 59	6 55 48	54	12 40 14	0 21 16
13 F	21 26 36	25 26 31	57 37	9 31 31.0	14 39 42	20 59 48	6 57 30	48	13 5 11	2S38 55	27 57 18	6 58 59	42	13 30 23	5S38 8
14 S	21 30 32	26 24 8	57 38	9 35 16.7	14 21 18	4♎56 17	7 0 19	38	13 55 57	8 34 2	11♎56 36	7 1 29	34	14 22 0	11 24 15
15 Su	21 34 29	27 21 46	57 39	9 39 1.7	14 2 41	18 58 5	7 2 33	30	14 48 41	14 6 17	26 0 38	7 3 31	27	15 16 3	16 37 31
16 M	21 38 26	28 19 25	57 40	9 42 46.2	13 43 51	3♏ 4 9	7 4 22	24	15 44 12	18 55 21	10♏ 8 31	7 5 5	19	16 13 9	20 57 7
17 Tu	21 42 22	29 17 5	57 41	9 46 30.2	13 24 48	17 13 35	7 5 39	14	16 42 54	22 40 16	24 19 14	7 6 0	7	17 13 21	24 2 25
18 W	21 46 19	0♌14 46	57 42	9 50 13.7	13 5 32	1♐25 13	7 6 5	-2	17 44 22	25 1 35	8♐31 18	7 5 51	-13	18 15 47	25 36 14
19 Th	21 50 15	1 12 28	57 43	9 53 56.6	12 46 4	15 37 9	7 5 13	-26	18 47 21	25 45 32	22 42 22	7 4 8	-40	19 18 48	25 29 21
20 F	21 54 12	2 10 11	57 44	9 57 39.0	12 26 24	29 46 30	7 2 34	-55	19 49 54	24 48 21	6♑49 4	7 0 28	-71	20 20 25	23 43 53
21 S	21 58 8	3 7 55	57 46	10 1 21.0	12 6 32	13♑49 32	6 57 49	-87	20 50 11	22 17 54	20 47 21	6 54 38	-103	21 19 4	20 32 46
22 Su	22 2 5	4 5 41	57 47	10 5 2.4	11 46 28	27 41 58	6 50 57	-117	21 47 1	18 31 10	4♒32 55	6 46 49	-130	22 14 1	16 15 50
23 M	22 6 1	5 3 28	57 48	10 8 43.4	11 26 14	11♒19 44	6 42 18	-139	22 40 7	13 49 29	18 2 3	6 37 31	-146	23 5 22	11 14 46
24 Tu	22 9 58	6 1 16	57 50	10 12 24.0	11 5 49	24 39 34	6 32 33	-150	23 29 52	8 34 6	1♓12 6	6 27 30	-151	23 53 44	5 49 43
25 W	22 13 55	6 59 6	57 52	10 16 4.2	10 45 13	7♓39 36	6 22 30	-148	0 17 4	3 3 38	14 2 6	6 17 38	-142	0 40 0	0 17 41
26 Th	22 17 51	7 56 58	57 53	10 19 43.9	10 24 27	20 19 45	6 13 2	-133	1 2 39	2N26 31	26 32 46	6 8 46	-122	1 25 7	5N 7 29
27 F	22 21 48	8 54 51	57 55	10 23 23.3	10 3 31	2♈41 32	6 4 55	-108	1 47 32	7 43 52	8♈46 27	6 1 34	-92	2 10 1	10 14 25
28 S	22 25 44	9 52 46	57 57	10 27 2.3	9 42 25	14 48 1	5 58 47	-75	2 32 38	12 37 56	20 46 48	5 56 36	-56	2 55 31	14 53 16
29 Su	22 29 41	10 50 43	57 59	10 30 41.0	9 21 11	26 43 24	5 55 3	-36	3 18 44	16 59 16	2♉38 27	5 54 11	-16	3 42 21	18 54 47
30 M	22 33 37	11 48 42	58 1	10 34 19.3	8 59 47	8♉32 38	5 54 0	5	4 6 27	20 38 39	14 26 39	5 54 31	26	4 31 3	22 9 41
31 Tu	22 37 34	12♌46 42	58 3	10 37 57.4	8N38 14	20♉21 10	5 55 43	46	4 56 11	23N26 41	26♉16 53	5 57 36	66	5 21 50	24N28 30

LUNAR INGRESSES
1 ☽ ♉ 22:42
4 ☽ ♊ 11:25
6 ☽ ♋ 22:07
9 ☽ ♌ 5:58
11 ☽ ♍ 11:28
13 ☽ ♎ 15:31
15 ☽ ♏ 18:47
17 ☽ ♐ 21:36
20 ☽ ♑ 0:23
22 ☽ ♒ 4:01
24 ☽ ♓ 9:47
26 ☽ ♈ 18:44
29 ☽ ♉ 6:38
31 ☽ ♊ 19:30

PLANET INGRESSES
9 ☿ ♌ 7:03
9 ♇ ♐ 8:26
11 ♀ ♍ 23:55
17 ☉ ♌ 17:51
26 ☿ ♍ 19:52

STATIONS
20 ♅ R 1:41

DATA FOR THE 1st AT 0 HOURS
JULIAN DAY 44407.5
☽ MEAN ☊ 12°♉ 35' 36"
OBLIQUITY 23° 26' 15"
DELTA T 76.9 SECONDS
NUTATION LONGITUDE -14.7"

DAY MO	YR	☿ LONG ° ' "	♀ LONG ° ' "	♂ LONG ° ' "	♃ LONG ° ' "	♄ LONG ° ' "	♅ LONG ° ' "	♆ LONG ° ' "	♇ LONG ° ' "	☊ LONG ° '	A.S.S.I. h m s	S.S.R.Y. h m s	S.V.P. ♓ ° ' "	☿ MERCURY R.A. h m s	DECL ° ' "
1	213	13♋16 27	16♌54 29	6♌18 29	4♒34R39	15♑14R27	19♈36 20	27♒49R26	0♑11R20	13♉51	11 0 23	29 54 1	4 57 44.8	8 44 46	19N47 30
2	214	15 21 32	18 6 8	6 56 11	4 27 45	15 9 59	19 37 15	27 48 21	0 9 57	13 51	11 5 15	29 53 50	4 57 44.7	8 53 20	19 16 39
3	215	17 25 45	19 17 44	7 33 54	4 20 44	15 5 31	19 38 7	27 47 14	0 8 34	13 52	11 10 7	29 53 52	4 57 44.5	9 1 47	18 43 57
4	216	19 28 56	20 29 18	8 11 38	4 13 38	15 1 3	19 38 56	27 46 6	0 7 11	13 51	11 14 58	29 54 7	4 57 44.3	9 10 6	18 9 35
5	217	21 30 59	21 40 50	8 49 24	4 6 27	14 56 35	19 39 42	27 44 57	0 5 49	13 49	11 19 48	29 54 34	4 57 44.1	9 18 16	17 33 40
6	218	23 31 47	22 52 19	9 27 11	3 59 11	14 52 7	19 40 25	27 43 46	0 4 28	13 44	11 24 37	29 55 11	4 57 43.8	9 26 17	16 56 24
7	219	25 31 16	24 3 45	10 5 0	3 51 50	14 47 41	19 41 5	27 42 34	0 3 7	13 37	11 29 26	29 55 56	4 57 43.6	9 34 9	16 17 53
8	220	27 29 21	25 15 8	10 42 49	3 44 24	14 43 14	19 41 42	27 41 21	0 1 47	13 27	11 34 13	29 56 49	4 57 43.4	9 41 51	15 38 17
9	221	29 26 1	26 26 29	11 20 40	3 36 54	14 38 49	19 42 17	27 40 6	0 0 28	13 16	11 39 1	29 57 48	4 57 43.3	9 49 25	14 57 43
10	222	1♌21 14	27 37 47	11 58 32	3 29 20	14 34 24	19 42 48	27 38 50	29♐59 9	13 05	11 43 47	29 58 50	4 57 43.2	9 56 49	14 16 20
11	223	3 14 57	28 49 2	12 36 26	3 21 43	14 30 1	19 43 16	27 37 33	29 57 51	12 54	11 48 32	29 59 55	4 57 43.1	10 4 5	13 34 12
12	224	5 7 11	0♍ 0 14	13 14 21	3 14 3	14 25 38	19 43 42	27 36 14	29 56 33	12 45	11 53 17	30 0 59	4 57 43.1	10 11 11	12 51 28
13	225	6 57 54	1 11 24	13 52 17	3 6 20	14 21 17	19 44 4	27 34 55	29 55 17	12 39	11 58 2	30 2 0	4 57 43.1	10 18 9	12 8 13
14	226	8 47 9	2 22 29	14 30 14	2 58 35	14 16 58	19 44 23	27 33 34	29 54 1	12 35	12 2 45	30 2 55	4 57 43.0	10 24 58	11 24 32
15	227	10 34 53	3 33 32	15 8 12	2 50 47	14 12 40	19 44 40	27 32 12	29 52 46	12 33	12 7 28	30 3 41	4 57 42.9	10 31 39	10 40 31
16	228	12 21 9	4 44 31	15 46 12	2 42 58	14 8 24	19 44 53	27 30 50	29 51 32	12 33	12 12 10	30 4 16	4 57 42.7	10 38 13	9 56 14
17	229	14 5 56	5 55 27	16 24 13	2 35 8	14 4 9	19 45 4	27 29 26	29 50 19	12 33	12 16 51	30 4 37	4 57 42.5	10 44 38	9 11 45
18	230	15 49 16	7 6 19	17 2 15	2 27 17	13 59 57	19 45 11	27 28 1	29 49 7	12 32	12 21 32	30 4 42	4 57 42.3	10 50 56	8 27 10
19	231	17 31 10	8 17 7	17 40 18	2 19 25	13 55 47	19 45 15	27 26 35	29 47 55	12 29	12 26 12	30 4 33	4 57 42.1	10 57 7	7 42 31
20	232	19 11 37	9 27 52	18 18 23	2 11 32	13 51 39	19 45R17	27 25 8	29 46 45	12 23	12 30 51	30 4 8	4 57 41.8	11 3 11	6 57 52
21	233	20 50 39	10 38 33	18 56 28	2 3 40	13 47 34	19 45 15	27 23 40	29 45 36	12 14	12 35 30	30 3 34	4 57 41.6	11 9 8	6 13 16
22	234	22 28 17	11 49 10	19 34 36	1 55 48	13 43 31	19 45 11	27 22 12	29 44 27	12 04	12 40 9	30 2 47	4 57 41.5	11 14 58	5 28 47
23	235	24 4 30	12 59 43	20 12 44	1 47 57	13 39 31	19 45 4	27 20 42	29 43 20	11 52	12 44 46	30 1 53	4 57 41.4	11 20 43	4 44 27
24	236	25 39 20	14 10 12	20 50 54	1 40 6	13 35 33	19 44 53	27 19 12	29 42 14	11 39	12 49 23	30 0 56	4 57 41.3	11 26 21	4 0 18
25	237	27 12 47	15 20 38	21 29 5	1 32 17	13 31 38	19 44 40	27 17 41	29 41 9	11 28	12 54 0	29 59 58	4 57 41.3	11 31 53	3 16 25
26	238	28 44 51	16 31 0	22 7 18	1 24 30	13 27 46	19 44 23	27 16 9	29 40 5	11 19	12 58 36	29 59 2	4 57 41.3	11 37 19	2 32 48
27	239	0♍15 31	17 41 17	22 45 33	1 16 45	13 23 57	19 44 4	27 14 36	29 39 2	11 13	13 3 12	29 58 12	4 57 41.3	11 42 40	1 49 31
28	240	1 44 49	18 51 31	23 23 49	1 9 2	13 20 12	19 43 42	27 13 3	29 38 0	11 09	13 7 47	29 57 28	4 57 41.2	11 47 55	1 6 35
29	241	3 12 42	20 1 41	24 2 6	1 1 22	13 16 29	19 43 17	27 11 29	29 36 59	11 07	13 12 22	29 56 54	4 57 41.1	11 53 4	0 24 4
30	242	4 39 11	21 11 46	24 40 25	0 53 45	13 12 50	19 42 49	27 9 55	29 36 0	11 07	13 16 56	29 56 29	4 57 41.0	11 58 8	0S18 2
31	243	6♍ 4 14	22♍21 48	25♌18 46	0♒46 11	13♑ 9 15	19♈42 18	27♒ 8 19	29♐35 2	11♉07	13 21 30	29 56 15	4 57 40.8	12 3 7	0S59 38

DAY Aug	♀ VENUS R.A. h m s	DECL ° ' "	♂ MARS R.A. h m s	DECL ° ' "	♃ JUPITER R.A. h m s	DECL ° ' "	♄ SATURN R.A. h m s	DECL ° ' "	♅ URANUS R.A. h m s	DECL ° ' "	♆ NEPTUNE R.A. h m s	DECL ° ' "	♇ PLUTO R.A. h m s	DECL ° ' "
1	10 55 26	8N17 55	10 15 4	12N 0 51	22 8 31	12S40 12	20 51 47	18S24 47	2 49 14	15N50 9	23 35 36	3S53 33	19 49 59	22S39 19
2	10 59 50	7 48 46	10 17 28	11 47 4	22 8 5	12 42 48	20 51 29	18 26 5	2 49 17	15 50 25	23 35 32	3 54 1	19 49 53	22 39 39
3	11 4 14	7 19 24	10 19 51	11 33 12	22 7 38	12 45 27	20 51 11	18 27 22	2 49 21	15 50 39	23 35 28	3 54 29	19 49 47	22 39 58
4	11 8 36	6 49 51	10 22 14	11 19 16	22 7 11	12 48 6	20 50 53	18 28 39	2 49 24	15 50 53	23 35 24	3 54 58	19 49 41	22 40 18
5	11 12 58	6 20 8	10 24 37	11 5 15	22 6 44	12 50 47	20 50 35	18 29 56	2 49 27	15 51 6	23 35 20	3 55 27	19 49 35	22 40 38
6	11 17 20	5 50 15	10 27 0	10 51 10	22 6 16	12 53 30	20 50 17	18 31 13	2 49 30	15 51 18	23 35 16	3 55 57	19 49 30	22 40 57
7	11 21 40	5 20 13	10 29 23	10 37 1	22 5 48	12 56 14	20 49 59	18 32 29	2 49 33	15 51 29	23 35 12	3 56 27	19 49 24	22 41 16
8	11 26 0	4 50 3	10 31 45	10 22 47	22 5 20	12 58 59	20 49 41	18 33 45	2 49 35	15 51 39	23 35 7	3 56 58	19 49 18	22 41 35
9	11 30 20	4 19 45	10 34 8	10 8 29	22 4 51	13 1 45	20 49 23	18 35 0	2 49 38	15 51 48	23 35 3	3 57 29	19 49 13	22 41 54
10	11 34 38	3 49 20	10 36 30	9 54 8	22 4 22	13 4 32	20 49 6	18 36 15	2 49 40	15 51 57	23 34 58	3 58 1	19 49 7	22 42 13
11	11 38 57	3 18 49	10 38 52	9 39 42	22 3 53	13 7 19	20 48 48	18 37 30	2 49 42	15 52 5	23 34 53	3 58 33	19 49 2	22 42 32
12	11 43 14	2 48 13	10 41 14	9 25 13	22 3 24	13 10 7	20 48 30	18 38 44	2 49 43	15 52 11	23 34 49	3 59 6	19 48 56	22 42 50
13	11 47 32	2 17 31	10 43 36	9 10 40	22 2 54	13 12 56	20 48 12	18 39 58	2 49 45	15 52 17	23 34 44	3 59 39	19 48 51	22 43 8
14	11 51 48	1 46 46	10 45 58	8 56 3	22 2 25	13 15 45	20 47 55	18 41 11	2 49 46	15 52 22	23 34 39	4 0 12	19 48 46	22 43 26
15	11 56 5	1 15 56	10 48 20	8 41 23	22 1 55	13 18 34	20 47 38	18 42 23	2 49 47	15 52 26	23 34 34	4 0 46	19 48 40	22 43 44
16	12 0 21	0 45 4	10 50 42	8 26 39	22 1 25	13 21 24	20 47 20	18 43 35	2 49 48	15 52 29	23 34 29	4 1 20	19 48 35	22 44 1
17	12 4 36	0 14 10	10 53 3	8 11 52	22 0 55	13 24 13	20 47 3	18 44 46	2 49 49	15 52 31	23 34 24	4 1 55	19 48 30	22 44 18
18	12 8 52	0S16 45	10 55 25	7 57 2	22 0 25	13 27 2	20 46 46	18 45 56	2 49 49	15 52 33	23 34 19	4 2 30	19 48 25	22 44 35
19	12 13 7	0 47 42	10 57 46	7 42 9	21 59 55	13 29 51	20 46 29	18 47 5	2 49 50	15 52 34	23 34 13	4 3 5	19 48 20	22 44 52
20	12 17 21	1 18 38	11 0 8	7 27 12	21 59 24	13 32 39	20 46 12	18 48 14	2 49 50	15 52 33	23 34 8	4 3 41	19 48 15	22 45 9
21	12 21 36	1 49 35	11 2 29	7 12 13	21 58 54	13 35 27	20 45 56	18 49 22	2 49 50	15 52 33	23 34 3	4 4 17	19 48 10	22 45 25
22	12 25 51	2 20 29	11 4 50	6 57 10	21 58 24	13 38 15	20 45 39	18 50 29	2 49 49	15 52 30	23 33 57	4 4 53	19 48 5	22 45 42
23	12 30 5	2 51 22	11 7 11	6 42 5	21 57 54	13 41 1	20 45 23	18 51 35	2 49 49	15 52 27	23 33 52	4 5 30	19 48 1	22 45 57
24	12 34 19	3 22 13	11 9 32	6 26 57	21 57 23	13 43 47	20 45 7	18 52 41	2 49 48	15 52 24	23 33 46	4 6 7	19 47 56	22 46 13
25	12 38 33	3 53 0	11 11 53	6 11 47	21 56 53	13 46 32	20 44 51	18 53 45	2 49 47	15 52 19	23 33 41	4 6 44	19 47 51	22 46 29
26	12 42 48	4 23 44	11 14 14	5 56 33	21 56 23	13 49 15	20 44 35	18 54 49	2 49 46	15 52 13	23 33 35	4 7 22	19 47 47	22 46 44
27	12 47 2	4 54 23	11 16 35	5 41 18	21 55 53	13 51 58	20 44 20	18 55 51	2 49 45	15 52 7	23 33 30	4 8 0	19 47 43	22 46 59
28	12 51 16	5 24 57	11 18 56	5 25 59	21 55 24	13 54 39	20 44 5	18 56 53	2 49 44	15 52 0	23 33 24	4 8 38	19 47 38	22 47 13
29	12 55 31	5 55 26	11 21 17	5 10 39	21 54 54	13 57 18	20 43 49	18 57 53	2 49 42	15 51 52	23 33 18	4 9 16	19 47 34	22 47 28
30	12 59 45	6 25 48	11 23 38	4 55 16	21 54 24	13 59 56	20 43 35	18 58 53	2 49 40	15 51 43	23 33 12	4 9 54	19 47 30	22 47 42
31	13 4 0	6S56 3	11 25 59	4N39 51	21 53 55	14S 2 33	20 43 20	18S59 51	2 49 38	15N51 33	23 33 7	4S10 33	19 47 26	22S47 56

SEPTEMBER 2021

DAY	SIDEREAL TIME h m s	☉ SUN LONG ° ' "	MOT ' "	R.A. h m s	DECL ° ' "	☽ MOON AT 0 HOURS LONG ° ' "	12h MOT ° ' "	2DIF	R.A. h m s	DECL ° ' "	☽ MOON AT 12 HOURS LONG ° ' "	12h MOT ° ' "	2DIF	R.A. h m s	DECL ° ' "
1 W	22 41 30	13♌44 44	58 4	10 41 35.1	8N16 33	2♊14 29	6 0 7	85	5 47 59	25N14 1	8♊14 36	6 3 15	102	6 14 34	25N42 12
2 Th	22 45 27	14 42 49	58 6	10 45 12.5	7 54 44	14 17 51	6 6 57	118	6 41 30	25 52 11	20 24 48	6 11 8	132	7 8 42	25 43 19
3 F	22 49 24	15 40 55	58 8	10 48 49.7	7 32 47	26 35 56	6 15 45	143	7 36 2	25 15 11	2♋51 41	6 20 42	152	8 3 25	24 27 40
4 S	22 53 20	16 39 3	58 10	10 52 26.6	7 10 43	9♋12 23	6 25 52	157	8 30 43	23 20 59	15 38 15	6 31 10	159	8 57 50	21 55 38
5 Su	22 57 17	17 37 13	58 12	10 56 3.3	6 48 31	22 9 25	6 36 28	157	9 24 43	20 12 30	28 45 53	6 41 40	152	9 51 18	18 12 43
6 M	23 1 13	18 35 25	58 14	10 59 39.8	6 26 13	5♌27 33	6 46 37	143	10 17 35	15 57 41	12♌14 10	6 51 13	131	10 43 34	13 29 6
7 Tu	23 5 10	19 33 38	58 15	11 3 16.0	6 3 49	19 5 23	6 55 23	117	11 9 17	10 48 48	26 0 45	6 59 1	100	11 34 47	7 58 50
8 W	23 9 6	20 31 53	58 17	11 6 52.1	5 41 18	2♍59 46	7 2 4	82	12 0 10	5 1 23	10♍ 1 49	7 4 30	64	12 25 31	1 58 49
9 Th	23 13 3	21 30 10	58 19	11 10 28.0	5 18 42	17 6 19	7 6 18	45	12 50 56	1S 6 29	24 12 37	7 7 31	28	13 16 32	4S11 58
10 F	23 16 59	22 28 29	58 20	11 14 3.7	4 56 0	1♎20 9	7 8 10	12	13 42 26	7 15 2	8♎28 19	7 8 20	-2	14 8 45	10 13 0
11 S	23 20 56	23 26 49	58 22	11 17 39.2	4 33 14	15 36 39	7 8 3	-14	14 35 34	13 3 10	22 44 42	7 7 26	-23	15 3 0	15 42 48
12 Su	23 24 53	24 25 11	58 23	11 21 14.7	4 10 22	29 52 8	7 6 31	-30	15 31 6	18 9 10	6♏58 39	7 5 24	-36	15 59 54	20 19 39
13 M	23 28 49	25 23 34	58 25	11 24 50.0	3 47 27	14♏ 4 2	7 4 7	-40	16 29 23	21 22 45	21 8 9	7 2 43	-43	16 59 29	23 43 14
14 Tu	23 32 46	26 21 59	58 27	11 28 25.3	3 24 27	28 10 52	7 1 14	-46	17 30 6	24 52 12	5♐12 6	6 59 40	-48	18 1 4	25 37 15
15 W	23 36 42	27 20 26	58 28	11 32 0.4	3 1 24	12♐11 46	6 58 1	-51	18 32 10	25 57 35	19 9 47	6 56 17	-54	19 3 12	25 52 59
16 Th	23 40 39	28 18 53	58 30	11 35 35.5	2 38 18	26 6 3	6 54 25	-58	19 33 55	25 23 57	3♑ 0 28	6 52 24	-63	20 4 8	24 31 34
17 F	23 44 35	29 17 23	58 31	11 39 10.6	2 15 9	9♑52 52	6 50 12	-69	20 33 40	23 17 27	16 43 4	6 47 47	-76	21 2 25	21 43 37
18 S	23 48 32	0♍15 54	58 33	11 42 45.6	1 51 57	23 30 51	6 45 9	-83	21 30 19	19 52 22	0♒16 0	6 42 15	-90	21 57 20	17 46 9
19 Su	23 52 28	1 14 27	58 35	11 46 20.7	1 28 43	6♒58 15	6 39 7	-98	22 23 29	15 27 25	13 37 22	6 35 45	-104	22 48 51	12 58 37
20 M	23 56 25	2 13 2	58 37	11 49 55.8	1 5 26	20 13 7	6 32 10	-110	23 13 29	10 22 6	26 45 17	6 28 25	-114	23 37 29	7 40 4
21 Tu	0 0 22	3 11 39	58 39	11 53 31.0	0 42 9	3♓13 42	6 24 33	-117	0 0 59	4 54 35	9♓38 15	6 20 37	-118	0 24 3	2 7 34
22 W	0 4 18	4 10 17	58 41	11 57 6.2	0 18 50	15 58 52	6 16 42	-116	0 46 50	0N39 11	22 15 34	6 12 53	-113	1 9 24	3N24 3
23 Th	0 8 15	5 8 58	58 43	12 0 41.5	0S 4 31	28 28 27	6 9 12	-107	1 31 54	6 5 28	4♈37 39	6 5 46	-99	1 54 25	8 42 0
24 F	0 12 11	6 7 40	58 45	12 4 17.0	0 27 52	10♈43 25	6 2 37	-89	2 17 2	11 12 17	16 46 2	5 59 52	-76	2 39 52	13 35 2
25 S	0 16 8	7 6 25	58 47	12 7 52.6	0 51 13	22 45 54	5 57 32	-62	3 2 58	15 48 58	28 43 25	5 55 42	-47	3 26 26	17 52 51
26 Su	0 20 4	8 5 12	58 49	12 11 28.5	1 14 35	4♉39 7	5 54 24	-30	3 50 18	19 45 30	10♉33 31	5 53 42	-12	4 14 37	21 25 43
27 M	0 24 1	9 4 1	58 52	12 15 4.5	1 37 56	16 27 12	5 53 36	7	4 39 24	22 52 22	22 20 49	5 54 10	27	5 4 40	24 4 19
28 Tu	0 27 57	10 2 53	58 54	12 18 40.7	2 1 17	28 14 58	5 55 24	47	5 30 23	25 0 32	4♊10 22	5 57 18	67	5 56 30	25 40 3
29 W	0 31 54	11 1 46	58 56	12 22 17.2	2 24 36	10♊ 7 40	5 59 53	87	6 22 59	26 2 2	16 7 34	6 3 8	107	6 49 44	26 5 49
30 Th	0 35 51	12♍ 0 42	58 58	12 25 53.9	2S47 55	22♊10 42	6 7 1	126	7 16 39	25N50 55	28♊17 43	6 11 30	143	7 43 40	25N17 6

LUNAR INGRESSES
3 ☽ ♋ 6:32
5 ☽ ♌ 14:13
7 ☽ ♍ 18:52
9 ☽ ♎ 21:45
12 ☽ ♏ 0:13
14 ☽ ♐ 3:06
16 ☽ ♑ 6:46
18 ☽ ♒ 11:31
20 ☽ ♓ 18:00
23 ☽ ♈ 2:58
25 ☽ ♉ 14:35
28 ☽ ♊ 3:33
30 ☽ ♋ 15:19

PLANET INGRESSES
6 ♀ ♎ 13:38
6 ♃ ♑ 7:53
7 ♂ ♍ 7:29
17 ☉ ♍ 17:29
24 ☿ ♎ 8:28
29 ☿ ♍ 21:44

STATIONS
27 ☿ R 5:11

DATA FOR THE 1st AT 0 HOURS
JULIAN DAY 44438.5
☽ MEAN ☊ 10°♉ 57' 2"
OBLIQUITY 23° 26' 15"
DELTA T 77.0 SECONDS
NUTATION LONGITUDE -14.8"

DAY MO YR	☿ LONG ° ' "	♀ LONG ° ' "	♂ LONG ° ' "	♃ LONG ° ' "	♄ LONG ° ' "	♅ LONG ° ' "	♆ LONG ° ' "	♇ LONG ° ' "	☊ LONG ° '	A.S.S.I. h m s	S.S.R.Y. h m s	S.V.P. ♓ ° ' "	☿ MERCURY R.A. h m s	DECL ° ' "
1 244	7♍27 51	23♍31 46	25♌57 9	0♒38R41	13♑ 5R43	19♈41R44	27♒ 6R44	29♐34R 5	11♉06	13 26 3	29 56 13	4 57 40.7	12 8 0	1S40 44
2 245	8 49 59	24 41 39	26 35 33	0 31 15	13 2 15	19 41 7	27 5 8	29 33 9	11 03	13 30 36	29 56 20	4 57 40.5	12 12 48	2 21 17
3 246	10 10 36	25 51 28	27 13 58	0 23 53	12 58 51	19 40 28	27 3 31	29 32 15	10 58	13 35 9	29 56 40	4 57 40.3	12 17 31	3 1 15
4 247	11 29 41	27 1 13	27 52 26	0 16 36	12 55 30	19 39 45	27 1 54	29 31 22	10 51	13 39 42	29 57 9	4 57 40.1	12 22 8	3 40 34
5 248	12 47 9	28 10 53	28 30 55	0 9 24	12 52 14	19 39 0	27 0 16	29 30 30	10 41	13 44 14	29 57 49	4 57 40.0	12 26 39	4 19 13
6 249	14 2 59	29 20 29	29 9 26	0 2 18	12 49 2	19 38 11	26 58 38	29 29 40	10 29	13 48 46	29 58 38	4 57 39.9	12 31 5	4 57 9
7 250	15 17 6	0♎30 0	29 47 58	29♑55 17	12 45 54	19 37 20	26 57 0	29 28 51	10 17	13 53 18	29 59 35	4 57 39.9	12 35 25	5 34 19
8 251	16 29 27	1 39 26	0♍26 32	29 48 22	12 42 51	19 36 26	26 55 21	29 28 4	10 05	13 57 49	30 0 39	4 57 39.8	12 39 38	6 10 41
9 252	17 39 55	2 48 48	1 5 7	29 41 33	12 39 52	19 35 29	26 53 43	29 27 18	9 55	14 2 20	30 1 47	4 57 39.8	12 43 46	6 46 11
10 253	18 48 26	3 58 4	1 43 45	29 34 52	12 36 57	19 34 30	26 52 4	29 26 33	9 48	14 6 51	30 2 57	4 57 39.8	12 47 46	7 20 45
11 254	19 54 52	5 7 15	2 22 24	29 28 17	12 34 7	19 33 28	26 50 24	29 25 50	9 44	14 11 22	30 4 5	4 57 39.8	12 51 40	7 54 21
12 255	20 59 8	6 16 21	3 1 4	29 21 49	12 31 22	19 32 23	26 48 45	29 25 8	9 42	14 15 53	30 5 6	4 57 39.6	12 55 20	8 26 54
13 256	22 1 5	7 25 21	3 39 46	29 15 29	12 28 42	19 31 15	26 47 6	29 24 28	9 42	14 20 23	30 5 58	4 57 39.5	12 59 4	8 58 20
14 257	23 0 34	8 34 16	4 18 30	29 9 16	12 26 7	19 30 5	26 45 26	29 23 50	9 42	14 24 54	30 6 37	4 57 39.3	13 2 34	9 28 35
15 258	23 57 26	9 43 4	4 57 15	29 3 12	12 23 36	19 28 52	26 43 47	29 23 13	9 41	14 29 24	30 7 1	4 57 39.0	13 5 55	9 57 33
16 259	24 51 28	10 51 46	5 36 2	28 57 16	12 21 11	19 27 37	26 42 8	29 22 37	9 38	14 33 54	30 7 10	4 57 38.8	13 9 6	10 25 9
17 260	25 42 30	12 0 22	6 14 50	28 51 28	12 18 50	19 26 19	26 40 28	29 22 3	9 33	14 38 25	30 7 4	4 57 38.7	13 12 7	10 51 17
18 261	26 30 17	13 8 51	6 53 40	28 45 49	12 16 35	19 24 58	26 38 49	29 21 31	9 25	14 42 55	30 6 44	4 57 38.5	13 14 56	11 15 50
19 262	27 14 35	14 17 14	7 32 32	28 40 19	12 14 25	19 23 35	26 37 10	29 21 0	9 15	14 47 25	30 6 11	4 57 38.4	13 17 33	11 38 41
20 263	27 55 7	15 25 30	8 11 25	28 34 58	12 12 20	19 22 10	26 35 31	29 20 31	9 04	14 51 55	30 5 29	4 57 38.4	13 19 57	11 59 41
21 264	28 31 36	16 33 39	8 50 20	28 29 47	12 10 21	19 20 42	26 33 52	29 20 3	8 52	14 56 26	30 4 40	4 57 38.4	13 22 6	12 18 42
22 265	29 3 42	17 41 41	9 29 17	28 24 45	12 8 27	19 19 12	26 32 14	29 19 37	8 42	15 0 56	30 3 48	4 57 38.4	13 24 0	12 35 33
23 266	29 31 5	18 49 36	10 8 16	28 19 52	12 6 38	19 17 39	26 30 36	29 19 13	8 33	15 5 27	30 2 54	4 57 38.4	13 25 37	12 50 5
24 267	29 53 24	19 57 23	10 47 16	28 15 9	12 4 55	19 16 4	26 28 58	29 18 51	8 27	15 9 57	30 2 1	4 57 38.4	13 26 55	13 2 5
25 268	0♎10 14	21 5 3	11 26 19	28 10 37	12 3 17	19 14 27	26 27 20	29 18 29	8 24	15 14 28	30 1 11	4 57 38.3	13 27 54	13 11 20
26 269	0 21 12	22 12 36	12 5 23	28 6 14	12 1 45	19 12 47	26 25 43	29 18 9	8 22	15 18 59	30 0 26	4 57 38.2	13 28 33	13 17 37
27 270	0 25R54	23 20 1	12 44 29	28 2 2	12 0 19	19 11 5	26 24 7	29 17 52	8 23	15 23 31	29 59 48	4 57 38.0	13 28 48	13 20 41
28 271	0 23 58	24 27 18	13 23 37	27 58 0	11 58 58	19 9 21	26 22 31	29 17 36	8 23	15 28 2	29 59 17	4 57 37.9	13 28 40	13 20 18
29 272	0 15 0	25 34 27	14 2 48	27 54 9	11 57 43	19 7 35	26 20 55	29 17 21	8 24	15 32 34	29 58 54	4 57 37.7	13 28 8	13 16 12
30 273	29♍58 44	26♎41 28	14♍42 0	27♑50 29	11♑56 33	19♈ 5 47	26♒19 20	29♐17 9	8♉23	15 37 7	29 58 42	4 57 37.5	13 27 9	13S 8 9

DAY Sep	♀ VENUS R.A. h m s	DECL ° ' "	♂ MARS R.A. h m s	DECL ° ' "	♃ JUPITER R.A. h m s	DECL ° ' "	♄ SATURN R.A. h m s	DECL ° ' "	♅ URANUS R.A. h m s	DECL ° ' "	♆ NEPTUNE R.A. h m s	DECL ° ' "	♇ PLUTO R.A. h m s	DECL ° ' "
1	13 8 15	7S26 11	11 28 20	4N24 23	21 53 26	14S 5 7	20 43 6	19S 0 48	2 49 36	15N51 22	23 33 1	4S11 11	19 47 22	22S48 9
2	13 12 30	7 56 10	11 30 41	4 8 54	21 52 57	14 7 40	20 42 52	19 1 44	2 49 34	15 51 11	23 32 55	4 11 50	19 47 18	22 48 22
3	13 16 46	8 26 1	11 33 2	3 53 23	21 52 29	14 10 11	20 42 38	19 2 39	2 49 31	15 50 59	23 32 49	4 12 29	19 47 14	22 48 35
4	13 21 2	8 55 42	11 35 23	3 37 50	21 52 1	14 12 40	20 42 24	19 3 33	2 49 28	15 50 46	23 32 43	4 13 9	19 47 10	22 48 48
5	13 25 18	9 25 13	11 37 44	3 22 15	21 51 33	14 15 6	20 42 11	19 4 26	2 49 25	15 50 32	23 32 37	4 13 48	19 47 7	22 49 1
6	13 29 35	9 54 33	11 40 5	3 6 38	21 51 5	14 17 31	20 41 58	19 5 17	2 49 22	15 50 17	23 32 31	4 14 27	19 47 3	22 49 13
7	13 33 52	10 23 42	11 42 26	2 51 0	21 50 38	14 19 53	20 41 45	19 6 8	2 49 19	15 50 1	23 32 25	4 15 7	19 47 0	22 49 25
8	13 38 9	10 52 38	11 44 47	2 35 20	21 50 11	14 22 12	20 41 32	19 6 57	2 49 15	15 49 45	23 32 19	4 15 47	19 46 56	22 49 37
9	13 42 27	11 21 21	11 47 8	2 19 39	21 49 44	14 24 29	20 41 20	19 7 44	2 49 11	15 49 28	23 32 13	4 16 26	19 46 53	22 49 48
10	13 46 45	11 49 51	11 49 29	2 3 57	21 49 18	14 26 43	20 41 8	19 8 31	2 49 7	15 49 9	23 32 7	4 17 6	19 46 50	22 49 59
11	13 51 4	12 18 7	11 51 51	1 48 13	21 48 53	14 28 55	20 40 57	19 9 16	2 49 3	15 48 51	23 32 1	4 17 46	19 46 47	22 50 10
12	13 55 23	12 46 7	11 54 12	1 32 29	21 48 28	14 31 3	20 40 46	19 10 0	2 48 59	15 48 31	23 31 55	4 18 26	19 46 44	22 50 20
13	13 59 43	13 13 53	11 56 33	1 16 43	21 48 3	14 33 9	20 40 35	19 10 42	2 48 55	15 48 10	23 31 49	4 19 5	19 46 41	22 50 30
14	14 4 4	13 41 21	11 58 55	1 0 57	21 47 39	14 35 11	20 40 24	19 11 23	2 48 50	15 47 49	23 31 43	4 19 45	19 46 39	22 50 40
15	14 8 25	14 8 33	12 1 17	0 45 9	21 47 15	14 37 11	20 40 14	19 12 3	2 48 45	15 47 27	23 31 37	4 20 24	19 46 36	22 50 49
16	14 12 46	14 35 27	12 3 38	0 29 21	21 46 52	14 39 7	20 40 4	19 12 41	2 48 40	15 47 4	23 31 31	4 21 4	19 46 34	22 50 58
17	14 17 8	15 2 3	12 6 0	0 13 33	21 46 29	14 41 0	20 39 55	19 13 18	2 48 35	15 46 41	23 31 24	4 21 44	19 46 31	22 51 7
18	14 21 31	15 28 19	12 8 22	0S 2 16	21 46 7	14 42 50	20 39 45	19 13 53	2 48 30	15 46 17	23 31 18	4 22 23	19 46 29	22 51 16
19	14 25 54	15 54 16	12 10 44	0 18 6	21 45 46	14 44 37	20 39 36	19 14 27	2 48 24	15 45 52	23 31 12	4 23 2	19 46 27	22 51 24
20	14 30 18	16 19 53	12 13 6	0 33 55	21 45 25	14 46 20	20 39 28	19 15 0	2 48 19	15 45 26	23 31 6	4 23 42	19 46 25	22 51 32
21	14 34 43	16 45 8	12 15 28	0 49 45	21 45 4	14 48 0	20 39 20	19 15 31	2 48 13	15 45 0	23 31 0	4 24 21	19 46 23	22 51 40
22	14 39 8	17 10 2	12 17 50	1 5 35	21 44 45	14 49 37	20 39 12	19 16 1	2 48 7	15 44 33	23 30 54	4 25 0	19 46 21	22 51 47
23	14 43 34	17 34 33	12 20 13	1 21 26	21 44 25	14 51 9	20 39 5	19 16 29	2 48 1	15 44 5	23 30 48	4 25 39	19 46 19	22 51 54
24	14 48 0	17 58 42	12 22 36	1 37 16	21 44 7	14 52 39	20 38 58	19 16 56	2 47 54	15 43 36	23 30 42	4 26 17	19 46 18	22 52 1
25	14 52 28	18 22 27	12 24 58	1 53 6	21 43 49	14 54 4	20 38 51	19 17 22	2 47 48	15 43 7	23 30 36	4 26 56	19 46 16	22 52 7
26	14 56 55	18 45 48	12 27 21	2 8 56	21 43 32	14 55 26	20 38 45	19 17 45	2 47 41	15 42 37	23 30 30	4 27 34	19 46 15	22 52 13
27	15 1 24	19 8 45	12 29 45	2 24 46	21 43 15	14 56 45	20 38 39	19 18 8	2 47 35	15 42 7	23 30 24	4 28 12	19 46 14	22 52 19
28	15 5 53	19 31 15	12 32 8	2 40 35	21 43 0	14 57 59	20 38 33	19 18 29	2 47 28	15 41 36	23 30 18	4 28 50	19 46 13	22 52 24
29	15 10 23	19 53 20	12 34 31	2 56 24	21 42 44	14 59 10	20 38 28	19 18 48	2 47 21	15 41 4	23 30 13	4 29 27	19 46 12	22 52 29
30	15 14 53	20S14 59	12 36 55	3S12 12	21 42 30	15S 0 17	20 38 23	19S19 6	2 47 14	15N40 32	23 30 7	4S30 5	19 46 11	22S52 34

OCTOBER 2021

DAY	SIDEREAL TIME h m s	☉ SUN LONG ° ' "	MOT ' "	R.A. h m s	DECL ° ' "	☽ MOON AT 0 HOURS LONG ° ' "	12h MOT ° ' "	2DIF "	R.A. h m s	DECL ° ' "	☽ MOON AT 12 HOURS LONG ° ' "	12h MOT ° ' "	2DIF "	R.A. h m s	DECL ° ' "
1 F	0 39 47	12♍59 40	59 1	12 29 30.9	3S11 12	4♋29 13	6 16 32	158	8 10 39	24N24 22	10♋45 45	6 22 2	171	8 37 33	23N12 57
2 S	0 43 44	13 58 41	59 3	12 33 8.3	3 34 27	17 7 47	6 27 55	181	9 4 16	21 43 22	23 35 42	6 34 4	187	9 30 46	19 56 23
3 Su	0 47 40	14 57 44	59 5	12 36 45.9	3 57 40	0♌ 9 47	6 40 23	189	9 57 2	17 53 0	6♌50 9	6 46 41	187	10 23 5	15 34 29
4 M	0 51 37	15 56 49	59 7	12 40 23.9	4 20 50	13 36 51	6 52 52	181	10 48 55	13 2 16	20 29 42	6 58 44	170	11 14 35	10 18 5
5 Tu	0 55 33	16 55 56	59 9	12 44 2.2	4 43 57	27 28 26	7 4 10	154	11 40 10	7 23 51	4♍32 36	7 9 1	135	12 5 46	4 21 42
6 W	0 59 30	17 55 5	59 11	12 47 40.9	5 7 1	11♍41 37	7 13 8	112	12 31 27	1 14 1	18 54 45	7 16 27	87	12 57 21	1S56 38
7 Th	1 3 26	18 54 16	59 13	12 51 20.0	5 30 1	26 11 13	7 18 54	60	13 23 34	5S 7 28	3♎30 7	7 20 27	33	13 50 14	8 15 31
8 F	1 7 23	19 53 30	59 15	12 54 59.5	5 52 56	10♎50 34	7 21 6	7	14 17 25	11 17 42	18 11 40	7 20 54	-18	14 45 15	14 10 51
9 S	1 11 19	20 52 45	59 17	12 58 39.5	6 15 47	25 32 33	7 19 54	-40	15 13 46	16 51 44	2♏52 28	7 18 13	-59	15 43 1	19 17 14
10 Su	1 15 16	21 52 2	59 19	13 2 19.8	6 38 33	10♏10 41	7 15 57	-75	16 12 58	21 24 24	17 26 37	7 13 11	-88	16 43 34	23 10 37
11 M	1 19 13	22 51 21	59 21	13 6 0.7	7 1 14	24 39 48	7 10 4	-98	17 14 41	24 33 41	1♐49 52	7 6 40	-104	17 46 8	25 32 0
12 Tu	1 23 9	23 50 42	59 23	13 9 42.0	7 23 49	8♐56 32	7 3 6	-108	18 17 43	26 4 39	15 59 39	6 59 26	-111	18 49 11	26 11 27
13 W	1 27 6	24 50 4	59 24	13 13 23.7	7 46 17	22 59 5	6 55 44	-111	19 20 17	25 52 56	29 54 49	6 52 2	-110	19 50 50	25 10 18
14 Th	1 31 2	25 49 29	59 26	13 17 6.0	8 8 40	6♑46 51	6 48 23	-109	20 20 38	24 5 15	13♑35 15	6 44 47	-107	20 49 34	22 39 54
15 F	1 34 59	26 48 54	59 28	13 20 48.8	8 30 55	20 20 2	6 41 15	-105	21 17 35	20 56 34	27 1 17	6 37 48	-103	21 44 39	18 57 41
16 S	1 38 55	27 48 22	59 29	13 24 32.1	8 53 2	3♒39 5	6 34 24	-101	22 10 50	16 45 39	10♒13 29	6 31 4	-99	22 36 9	14 22 49
17 Su	1 42 52	28 47 51	59 31	13 28 16.0	9 15 3	16 44 32	6 27 47	-98	23 0 43	11 51 24	23 12 19	6 24 32	-96	23 24 38	9 13 29
18 M	1 46 48	29 47 23	59 33	13 32 0.5	9 36 55	29 36 51	6 21 21	-95	23 48 0	6 31 0	5♓58 12	6 18 13	-93	0 10 56	3 45 48
19 Tu	1 50 45	0♎46 56	59 35	13 35 45.6	9 58 38	12♓16 25	6 15 8	-91	0 33 34	0 59 35	18 31 33	6 12 8	-89	0 55 58	1N46 3
20 W	1 54 42	1 46 31	59 37	13 39 31.3	10 20 13	24 43 41	6 9 14	-85	1 18 18	4N29 31	0♈52 55	6 6 27	-81	1 40 37	7 9 22
21 Th	1 58 38	2 46 8	59 39	13 43 17.6	10 41 38	6♈59 22	6 3 50	-76	2 3 4	9 44 9	13 3 12	6 1 25	-69	2 25 41	12 12 27
22 F	2 2 35	3 45 47	59 41	13 47 4.6	11 2 55	19 4 36	5 59 13	-62	2 48 35	14 32 56	25 3 49	5 57 18	-53	3 11 50	16 44 13
23 S	2 6 31	4 45 28	59 43	13 50 52.3	11 24 1	1♉ 1 7	5 55 42	-42	3 35 29	18 44 59	6♉56 49	5 54 28	-31	3 59 34	20 33 57
24 Su	2 10 28	5 45 11	59 46	13 54 40.7	11 44 57	12 51 17	5 53 38	-18	4 24 6	22 9 53	18 44 56	5 53 15	-4	4 49 6	23 31 35
25 M	2 14 24	6 44 57	59 48	13 58 29.8	12 5 42	24 38 11	5 53 22	11	5 14 32	24 37 59	0♊31 33	5 53 59	27	5 40 22	25 28 7
26 Tu	2 18 21	7 44 44	59 50	14 2 19.6	12 26 17	6♊25 32	5 55 10	44	6 6 31	26 1 8	12 20 42	5 56 56	62	6 32 55	26 16 25
27 W	2 22 17	8 44 34	59 52	14 6 10.2	12 46 40	18 17 38	5 59 18	80	6 59 29	26 13 32	24 16 57	6 2 17	99	7 26 6	25 52 14
28 Th	2 26 14	9 44 26	59 54	14 10 1.5	13 6 51	0♋19 14	6 5 53	117	7 52 41	25 12 32	6♋25 7	6 10 6	135	8 19 10	24 14 38
29 F	2 30 11	10 44 20	59 56	14 13 53.6	13 26 50	12 35 13	6 14 54	152	8 45 28	22 58 58	18 50 6	6 20 14	168	9 11 32	21 26 9
30 S	2 34 7	11 44 16	59 59	14 17 46.5	13 46 37	25 10 21	6 26 5	182	9 37 22	19 36 59	1♌36 26	6 32 21	193	10 2 57	17 32 23
31 Su	2 38 4	12♎44 14	60 1	14 21 40.1	14S 6 10	8♌ 8 47	6 38 57	201	10 28 20	15N13 29	14♌47 44	6 45 46	206	10 53 33	12N41 32

LUNAR INGRESSES
2 ☽ ♌ 23:42
5 ☽ ♍ 4:18
7 ☽ ♎ 6:16
9 ☽ ♏ 7:18
11 ☽ ♐ 8:56
13 ☽ ♑ 12:09
15 ☽ ♒ 17:23
18 ☽ ♓ 0:44
20 ☽ ♈ 10:17
22 ☽ ♉ 21:57
25 ☽ ♊ 10:56
27 ☽ ♋ 23:22
30 ☽ ♌ 9:01

PLANET INGRESSES
2 ♀ ♏ 23:24
18 ☉ ♎ 5:05
23 ♂ ♎ 4:23
31 ♀ ♐ 8:05

STATIONS
6 ♇ D 18:30
11 ♄ D 2:18
18 ☿ D 15:18
18 ♃ D 5:31

DATA FOR THE 1st AT 0 HOURS
JULIAN DAY 44468.5
☽ MEAN ☊ 9°♉ 21' 39"
OBLIQUITY 23° 26' 16"
DELTA T 77.0 SECONDS
NUTATION LONGITUDE-15.8"

DAY MO YR	☿ LONG ° ' "	♀ LONG ° ' "	♂ LONG ° ' "	♃ LONG ° ' "	♄ LONG ° ' "	♅ LONG ° ' "	♆ LONG ° ' "	♇ LONG ° ' "	☊ LONG ° '	A.S.S.I. h m s	S.S.R.Y. h m s	S.V.P. ♓ ° ' "	☿ MERCURY R.A. h m s	DECL ° ' "
1 274	29♍34R55	27♎48 21	15♍21 14	27♑47R 0	11♑55R30	19♈ 3R57	26♒17R45	29♐16R58	8♉21	15 41 39	29 58 39	4 57 37.4	13 25 44	12S55 56
2 275	29 3 26	28 55 4	16 0 30	27 43 42	11 54 32	19 2 4	26 16 11	29 16 48	8 16	15 46 12	29 58 48	4 57 37.2	13 23 52	12 39 21
3 276	28 24 20	0♏ 1 40	16 39 48	27 40 35	11 53 40	19 0 10	26 14 38	29 16 41	8 10	15 50 46	29 59 9	4 57 37.1	13 21 35	12 18 18
4 277	27 37 51	1 8 5	17 19 9	27 37 39	11 52 54	18 58 14	26 13 6	29 16 35	8 02	15 55 20	29 59 42	4 57 37.1	13 18 52	11 52 46
5 278	26 44 29	2 14 22	17 58 31	27 34 55	11 52 14	18 56 16	26 11 34	29 16 31	7 53	15 59 54	30 0 28	4 57 37.0	13 15 47	11 22 50
6 279	25 44 57	3 20 29	18 37 55	27 32 23	11 51 40	18 54 16	26 10 3	29 16D29	7 45	16 4 29	30 1 24	4 57 37.0	13 12 22	10 48 45
7 280	24 40 19	4 26 26	19 17 21	27 30 2	11 51 12	18 52 14	26 8 33	29 16 28	7 38	16 9 4	30 2 30	4 57 37.0	13 8 41	10 10 56
8 281	23 31 55	5 32 13	19 56 49	27 27 53	11 50 50	18 50 10	26 7 3	29 16 30	7 33	16 13 40	30 3 41	4 57 37.0	13 4 50	9 29 59
9 282	22 21 22	6 37 49	20 36 19	27 25 56	11 50 34	18 48 5	26 5 35	29 16 33	7 30	16 18 16	30 4 54	4 57 36.9	13 0 53	8 46 40
10 283	21 10 28	7 43 14	21 15 51	27 24 10	11 50 24	18 45 58	26 4 7	29 16 38	7 30	16 22 53	30 6 4	4 57 36.7	12 56 58	8 1 57
11 284	20 1 12	8 48 27	21 55 25	27 22 37	11 50D20	18 43 50	26 2 41	29 16 44	7 31	16 27 30	30 7 7	4 57 36.5	12 53 11	7 16 52
12 285	18 55 31	9 53 29	22 35 0	27 21 16	11 50 22	18 41 40	26 1 15	29 16 53	7 32	16 32 8	30 8 0	4 57 36.3	12 49 40	6 32 34
13 286	17 55 22	10 58 18	23 14 38	27 20 7	11 50 30	18 39 28	25 59 51	29 17 3	7 33	16 36 47	30 8 40	4 57 36.0	12 46 29	5 50 10
14 287	17 2 27	12 2 54	23 54 18	27 19 10	11 50 45	18 37 15	25 58 27	29 17 15	7 32	16 41 26	30 9 6	4 57 35.8	12 43 45	5 10 43
15 288	16 18 14	13 7 16	24 33 59	27 18 24	11 51 5	18 35 1	25 57 5	29 17 28	7 30	16 46 6	30 9 17	4 57 35.7	12 41 33	4 35 9
16 289	15 43 52	14 11 25	25 13 42	27 17 51	11 51 32	18 32 46	25 55 44	29 17 44	7 26	16 50 47	30 9 14	4 57 35.6	12 39 56	4 4 14
17 290	15 20 7	15 15 19	25 53 28	27 17 31	11 52 4	18 30 29	25 54 24	29 18 1	7 20	16 55 28	30 8 59	4 57 35.5	12 38 56	3 38 32
18 291	15 7D26	16 18 58	26 33 15	27 17D22	11 52 43	18 28 11	25 53 5	29 18 20	7 14	17 0 10	30 8 33	4 57 35.5	12 38 35	3 18 24
19 292	15 5 54	17 22 22	27 13 4	27 17 25	11 53 27	18 25 52	25 51 47	29 18 41	7 07	17 4 53	30 7 59	4 57 35.5	12 38 53	3 4 3
20 293	15 15 20	18 25 31	27 52 56	27 17 40	11 54 18	18 23 32	25 50 31	29 19 3	7 01	17 9 36	30 7 17	4 57 35.5	12 39 49	2 55 27
21 294	15 35 20	19 28 23	28 32 49	27 18 8	11 55 15	18 21 11	25 49 16	29 19 28	6 56	17 14 21	30 6 31	4 57 35.4	12 41 21	2 52 29
22 295	16 5 17	20 30 58	29 12 45	27 18 47	11 56 17	18 18 49	25 48 2	29 19 54	6 53	17 19 6	30 5 43	4 57 35.3	12 43 27	2 54 53
23 296	16 44 28	21 33 15	29 52 42	27 19 38	11 57 26	18 16 26	25 46 50	29 20 21	6 51	17 23 52	30 4 52	4 57 35.2	12 46 5	3 2 20
24 297	17 32 5	22 35 15	0♎32 42	27 20 42	11 58 41	18 14 3	25 45 39	29 20 51	6 51	17 28 39	30 4 3	4 57 35.1	12 49 12	3 14 26
25 298	18 27 17	23 36 56	1 12 44	27 21 57	12 0 2	18 11 38	25 44 29	29 21 22	6 52	17 33 27	30 3 15	4 57 34.9	12 52 44	3 30 45
26 299	19 29 15	24 38 19	1 52 48	27 23 25	12 1 28	18 9 13	25 43 21	29 21 55	6 54	17 38 15	30 2 30	4 57 34.7	12 56 39	3 50 50
27 300	20 37 10	25 39 21	2 32 55	27 25 4	12 3 1	18 6 47	25 42 14	29 22 30	6 56	17 43 5	30 1 50	4 57 34.5	13 0 55	4 14 16
28 301	21 50 14	26 40 3	3 13 4	27 26 55	12 4 39	18 4 21	25 41 9	29 23 6	6 57	17 47 56	30 1 17	4 57 34.3	13 5 28	4 40 36
29 302	23 7 46	27 40 24	3 53 15	27 28 58	12 6 24	18 1 54	25 40 5	29 23 44	6 58	17 52 47	30 0 53	4 57 34.1	13 10 17	5 9 26
30 303	24 29 5	28 40 23	4 33 28	27 31 13	12 8 14	17 59 26	25 39 3	29 24 24	6 57	17 57 40	30 0 40	4 57 34.0	13 15 19	5 40 23
31 304	25♍53 38	29♏40 0	5♎13 43	27♑33 40	12♑10 10	17♈56 58	25♒38 2	29♐25 6	6♉55	18 2 33	30 0 40	4 57 33.9	13 20 32	6S13 6

DAY Oct	♀ VENUS R.A. h m s	DECL ° ' "	♂ MARS R.A. h m s	DECL ° ' "	♃ JUPITER R.A. h m s	DECL ° ' "	♄ SATURN R.A. h m s	DECL ° ' "	♅ URANUS R.A. h m s	DECL ° ' "	♆ NEPTUNE R.A. h m s	DECL ° ' "	♇ PLUTO R.A. h m s	DECL ° ' "
1	15 19 24	20S36 10	12 39 19	3S28 0	21 42 16	15S 1 21	20 38 19	19S19 22	2 47 6	15N39 59	23 30 1	4S30 42	19 46 10	22S52 39
2	15 23 56	20 56 54	12 41 43	3 43 47	21 42 3	15 2 20	20 38 15	19 19 37	2 46 59	15 39 25	23 29 55	4 31 19	19 46 9	22 52 43
3	15 28 28	21 17 9	12 44 8	3 59 33	21 41 51	15 3 16	20 38 12	19 19 50	2 46 51	15 38 51	23 29 49	4 31 55	19 46 9	22 52 47
4	15 33 1	21 36 56	12 46 32	4 15 18	21 41 39	15 4 7	20 38 9	19 20 2	2 46 44	15 38 16	23 29 44	4 32 31	19 46 8	22 52 50
5	15 37 35	21 56 13	12 48 57	4 31 2	21 41 28	15 4 55	20 38 6	19 20 12	2 46 36	15 37 41	23 29 38	4 33 7	19 46 8	22 52 53
6	15 42 8	22 15 0	12 51 22	4 46 44	21 41 18	15 5 39	20 38 3	19 20 21	2 46 28	15 37 5	23 29 32	4 33 43	19 46 8	22 52 56
7	15 46 43	22 33 16	12 53 47	5 2 26	21 41 9	15 6 19	20 38 2	19 20 28	2 46 20	15 36 29	23 29 27	4 34 18	19 46 8	22 52 59
8	15 51 18	22 51 2	12 56 13	5 18 5	21 41 0	15 6 55	20 38 0	19 20 34	2 46 12	15 35 52	23 29 21	4 34 53	19 46 8	22 53 1
9	15 55 53	23 8 16	12 58 38	5 33 44	21 40 53	15 7 26	20 37 59	19 20 37	2 46 4	15 35 14	23 29 16	4 35 27	19 46 8	22 53 2
10	16 0 28	23 24 58	13 1 4	5 49 21	21 40 46	15 7 54	20 37 58	19 20 40	2 45 55	15 34 36	23 29 11	4 36 1	19 46 9	22 53 4
11	16 5 4	23 41 7	13 3 31	6 4 56	21 40 39	15 8 18	20 37 58	19 20 41	2 45 47	15 33 58	23 29 5	4 36 34	19 46 9	22 53 5
12	16 9 40	23 56 43	13 5 57	6 20 29	21 40 34	15 8 37	20 37 58	19 20 40	2 45 38	15 33 19	23 29 0	4 37 7	19 46 10	22 53 6
13	16 14 16	24 11 46	13 8 24	6 36 0	21 40 29	15 8 53	20 37 59	19 20 37	2 45 30	15 32 40	23 28 55	4 37 40	19 46 11	22 53 6
14	16 18 53	24 26 15	13 10 51	6 51 30	21 40 25	15 9 4	20 38 0	19 20 34	2 45 21	15 32 0	23 28 50	4 38 12	19 46 12	22 53 7
15	16 23 29	24 40 10	13 13 18	7 6 56	21 40 22	15 9 12	20 38 1	19 20 28	2 45 12	15 31 20	23 28 45	4 38 44	19 46 13	22 53 7
16	16 28 6	24 53 30	13 15 46	7 22 21	21 40 20	15 9 15	20 38 3	19 20 21	2 45 3	15 30 40	23 28 40	4 39 15	19 46 14	22 53 6
17	16 32 42	25 6 14	13 18 14	7 37 43	21 40 18	15 9 15	20 38 5	19 20 13	2 44 54	15 29 59	23 28 35	4 39 46	19 46 15	22 53 5
18	16 37 18	25 18 24	13 20 42	7 53 2	21 40 18	15 9 10	20 38 8	19 20 3	2 44 45	15 29 18	23 28 30	4 40 16	19 46 17	22 53 4
19	16 41 54	25 29 58	13 23 11	8 8 19	21 40 18	15 9 2	20 38 11	19 19 51	2 44 36	15 28 36	23 28 25	4 40 46	19 46 18	22 53 3
20	16 46 29	25 40 56	13 25 40	8 23 33	21 40 18	15 8 49	20 38 14	19 19 38	2 44 26	15 27 54	23 28 20	4 41 15	19 46 20	22 53 1
21	16 51 5	25 51 17	13 28 9	8 38 44	21 40 20	15 8 33	20 38 18	19 19 23	2 44 17	15 27 12	23 28 16	4 41 44	19 46 21	22 52 59
22	16 55 39	26 1 3	13 30 38	8 53 52	21 40 22	15 8 12	20 38 22	19 19 7	2 44 8	15 26 30	23 28 11	4 42 12	19 46 23	22 52 57
23	17 0 14	26 10 12	13 33 8	9 8 58	21 40 26	15 7 47	20 38 27	19 18 49	2 43 58	15 25 47	23 28 7	4 42 39	19 46 25	22 52 54
24	17 4 47	26 18 45	13 35 38	9 24 0	21 40 30	15 7 19	20 38 32	19 18 30	2 43 49	15 25 4	23 28 2	4 43 6	19 46 27	22 52 51
25	17 9 20	26 26 41	13 38 9	9 38 58	21 40 34	15 6 46	20 38 38	19 18 9	2 43 39	15 24 21	23 27 58	4 43 32	19 46 30	22 52 48
26	17 13 52	26 34 0	13 40 40	9 53 54	21 40 40	15 6 10	20 38 44	19 17 46	2 43 30	15 23 37	23 27 54	4 43 58	19 46 32	22 52 44
27	17 18 23	26 40 42	13 43 11	10 8 45	21 40 46	15 5 29	20 38 50	19 17 22	2 43 20	15 22 54	23 27 50	4 44 23	19 46 35	22 52 41
28	17 22 53	26 46 48	13 45 43	10 23 34	21 40 53	15 4 45	20 38 57	19 16 57	2 43 11	15 22 10	23 27 46	4 44 48	19 46 37	22 52 36
29	17 27 22	26 52 17	13 48 15	10 38 18	21 41 1	15 3 57	20 39 4	19 16 30	2 43 1	15 21 26	23 27 42	4 45 12	19 46 40	22 52 32
30	17 31 50	26 57 10	13 50 48	10 52 58	21 41 10	15 3 5	20 39 11	19 16 1	2 42 51	15 20 42	23 27 38	4 45 35	19 46 43	22 52 27
31	17 36 17	27S 1 26	13 53 21	11S 7 35	21 41 19	15S 2 9	20 39 19	19S15 31	2 42 41	15N19 58	23 27 34	4S45 58	19 46 46	22S52 22

DAY	SIDEREAL TIME h m s	☉ SUN LONG ° ' "	MOT ' "	R.A. h m s	DECL ° ' "	☽ MOON AT 0 HOURS LONG ° ' "	12h MOT ° ' "	2DIF "	R.A. h m s	DECL ° ' "	☽ MOON AT 12 HOURS LONG ° ' "	12h MOT ° ' "	2DIF "	R.A. h m s	DECL ° ' "
1 M	2 42 0	13♎44 15	60 3	14 25 34.6	14S25 30	21♌33 30	6 52 40	206	11 18 41	9N57 59	28♌26 10	6 59 29	201	11 43 49	7N 4 28
2 Tu	2 45 57	14 44 18	60 5	14 29 29.9	14 44 36	5♍25 39	7 6 4	191	12 9 4	4 2 50	12♍31 43	7 12 14	176	12 34 33	0 55 12
3 W	2 49 53	15 44 22	60 7	14 33 26.0	15 3 28	19 43 57	7 17 49	156	13 0 22	2S16 3	27 1 46	7 22 39	132	13 26 40	5S28 12
4 Th	2 53 50	16 44 29	60 9	14 37 22.9	15 22 6	4♎24 25	7 26 35	103	13 53 34	8 38 17	11♎51 0	7 29 31	72	14 21 11	11 43 1
5 F	2 57 46	17 44 38	60 11	14 41 20.7	15 40 28	19 20 31	7 31 21	38	14 49 37	14 38 52	26 51 52	7 32 4	5	15 18 56	17 22 13
6 S	3 1 43	18 44 48	60 12	14 45 19.3	15 58 35	4♏23 56	7 31 40	-28	15 49 8	19 49 23	11♏55 36	7 30 12	-59	16 20 12	21 56 52
7 Su	3 5 40	19 45 1	60 14	14 49 18.7	16 16 25	19 25 47	7 27 44	-87	16 52 1	23 41 33	26 53 31	7 24 24	-111	17 24 23	25 0 55
8 M	3 9 36	20 45 14	60 16	14 53 19.0	16 34 0	4♐17 55	7 20 20	-131	17 57 4	25 53 14	11♐38 15	7 15 40	-147	18 29 46	26 17 41
9 Tu	3 13 33	21 45 30	60 17	14 57 20.1	16 51 17	18 53 55	7 10 34	-158	19 2 12	26 14 28	26 4 28	7 5 10	-165	19 34 3	25 44 38
10 W	3 17 29	22 45 47	60 18	15 1 22.0	17 8 17	3♑ 9 38	6 59 36	-168	20 5 7	24 50 3	10♑ 9 13	6 53 59	-167	20 35 12	23 33 5
11 Th	3 21 26	23 46 5	60 20	15 5 24.7	17 25 0	17 3 12	6 48 26	-164	21 4 13	21 56 26	23 51 38	6 43 2	-159	21 32 7	20 2 54
12 F	3 25 22	24 46 25	60 21	15 9 28.3	17 41 25	0♒34 40	6 37 50	-152	21 58 57	17 55 14	7♒12 29	6 32 53	-144	22 24 47	15 36 3
13 S	3 29 19	25 46 46	60 23	15 13 32.7	17 57 31	13 45 22	6 28 14	-135	22 49 42	13 7 45	20 13 36	6 23 53	-125	23 13 49	10 32 30
14 Su	3 33 15	26 47 8	60 24	15 17 37.9	18 13 18	26 37 29	6 19 52	-116	23 37 17	7 52 18	2♓57 22	6 16 10	-106	0 0 13	5 8 55
15 M	3 37 12	27 47 32	60 25	15 21 43.9	18 28 46	9♓13 32	6 12 48	-97	0 22 45	2 24 0	15 26 20	6 9 43	-88	0 45 0	0N20 58
16 Tu	3 41 9	28 47 57	60 27	15 25 50.8	18 43 54	21 36 3	6 6 57	-79	1 7 6	3N 4 32	27 43 0	6 4 27	-71	1 29 10	5 45 19
17 W	3 45 5	29 48 24	60 28	15 29 58.5	18 58 43	3♈47 27	6 2 14	-63	1 51 19	8 21 59	9♈49 41	6 0 17	-55	2 13 38	10 53 12
18 Th	3 49 2	0♏48 52	60 30	15 34 7.1	19 13 11	15 49 58	5 58 34	-47	2 36 13	13 17 37	21 48 32	5 57 7	-40	2 59 9	15 33 53
19 F	3 52 58	1 49 22	60 31	15 38 16.4	19 27 18	27 45 39	5 55 54	-32	3 22 29	17 40 37	3♉41 33	5 54 57	-25	3 46 16	19 36 29
20 S	3 56 55	2 49 53	60 33	15 42 26.6	19 41 5	9♉36 30	5 54 16	-17	4 10 33	21 20 8	15 30 46	5 53 50	-8	4 35 18	22 50 15
21 Su	4 0 51	3 50 25	60 34	15 46 37.6	19 54 30	21 24 36	5 53 43	1	5 0 32	24 5 38	27 18 19	5 53 54	11	5 26 12	25 5 10
22 M	4 4 48	4 51 0	60 36	15 50 49.5	20 7 33	3♊12 12	5 54 25	21	5 52 13	25 47 56	9♊ 6 37	5 55 17	32	6 18 30	26 13 11
23 Tu	4 8 44	5 51 36	60 38	15 55 2.1	20 20 14	15 1 54	5 56 33	44	6 44 57	26 20 25	20 58 27	5 58 14	57	7 11 27	26 9 25
24 W	4 12 41	6 52 13	60 39	15 59 15.5	20 32 33	26 56 41	6 0 20	70	7 37 54	25 40 9	2♋57 1	6 2 55	84	8 4 13	24 52 55
25 Th	4 16 38	7 52 52	60 41	16 3 29.7	20 44 29	8♋59 56	6 5 58	99	8 30 17	23 48 12	15 5 54	6 9 32	114	8 56 5	22 26 40
26 F	4 20 34	8 53 33	60 42	16 7 44.6	20 56 3	21 15 25	6 13 35	129	9 21 33	20 49 9	27 29 1	6 18 9	144	9 46 42	18 56 38
27 S	4 24 31	9 54 15	60 44	16 12 0.3	21 7 12	3♌47 10	6 23 13	159	10 11 33	16 50 8	10♌10 22	6 28 44	172	10 36 9	14 30 48
28 Su	4 28 27	10 54 59	60 45	16 16 16.8	21 17 58	16 39 6	6 34 40	184	11 0 34	11 59 51	23 13 46	6 40 58	193	11 24 54	9 18 35
29 M	4 32 24	11 55 44	60 47	16 20 34.0	21 28 20	29 54 44	6 47 33	200	11 49 14	6 28 26	6♍42 17	6 54 17	203	12 13 43	3 30 59
30 Tu	4 36 20	12♏56 31	60 49	16 24 51.9	21S38 18	13♍36 34	7 1 4	202	12 38 28	0N28 1	20♍37 39	7 7 45	196	13 3 37	2S38 28

LUNAR INGRESSES

1 ☽ ♍ 14:42	11 ☽ ♒ 22:58	24 ☽ ♋ 6:07
3 ☽ ♎ 16:51	14 ☽ ♓ 6:23	26 ☽ ♌ 16:49
5 ☽ ♏ 17:00	16 ☽ ♈ 16:30	29 ☽ ♍ 0:09
7 ☽ ♐ 17:01	19 ☽ ♉ 4:32	
9 ☽ ♑ 18:38	21 ☽ ♊ 17:29	

PLANET INGRESSES

2 ☿ ♎ 18:22
17 ☉ ♏ 4:36
21 ☿ ♏ 12:40
28 ♃ ♒ 8:42

STATIONS

NONE

DATA FOR THE 1st AT 0 HOURS

JULIAN DAY 44499.5
☽ MEAN ☊ 7°♉ 43' 5"
OBLIQUITY 23° 26' 16"
DELTA T 77.1 SECONDS
NUTATION LONGITUDE-16.6"

DAY MO YR	☿ LONG ° ' "	♀ LONG ° ' "	♂ LONG ° ' "	♃ LONG ° ' "	♄ LONG ° ' "	♅ LONG ° ' "	♆ LONG ° ' "	♇ LONG ° ' "	☊ LONG ° '	A.S.S.I. h m s	S.S.R.Y. h m s	S.V.P. ♓ ' "	☿ MERCURY R.A. h m s	DECL ° ' "
1 305	27♍20 51	0♐39 14	5♎54 1	27♑36 19	12♑12 12	17♈54R30	25♒37R 3	29♐25 49	6♉52	18 7 28	30 0 53	4 57 33.8	13 25 55	6S47 17
2 306	28 50 18	1 38 3	6 34 21	27 39 9	12 14 20	17 52 2	25 36 6	29 26 34	6 49	18 12 24	30 1 24	4 57 33.8	13 31 26	7 22 38
3 307	0♎21 34	2 36 27	7 14 43	27 42 11	12 16 34	17 49 33	25 35 10	29 27 21	6 46	18 17 20	30 2 8	4 57 33.7	13 37 5	7 58 53
4 308	1 54 19	3 34 25	7 55 8	27 45 24	12 18 54	17 47 4	25 34 16	29 28 9	6 43	18 22 18	30 3 4	4 57 33.7	13 42 49	8 35 49
5 309	3 28 15	4 31 57	8 35 35	27 48 49	12 21 19	17 44 35	25 33 24	29 28 59	6 42	18 27 17	30 4 10	4 57 33.6	13 48 38	9 13 14
6 310	5 3 7	5 29 0	9 16 4	27 52 26	12 23 50	17 42 6	25 32 33	29 29 51	6 41	18 32 16	30 5 22	4 57 33.4	13 54 31	9 50 57
7 311	6 38 41	6 25 33	9 56 35	27 56 14	12 26 27	17 39 37	25 31 44	29 30 44	6 41	18 37 17	30 6 35	4 57 33.1	14 0 28	10 28 48
8 312	8 14 47	7 21 36	10 37 8	28 0 14	12 29 9	17 37 8	25 30 57	29 31 39	6 42	18 42 19	30 7 45	4 57 32.9	14 6 28	11 6 40
9 313	9 51 16	8 17 7	11 17 43	28 4 24	12 31 57	17 34 40	25 30 12	29 32 36	6 43	18 47 22	30 8 47	4 57 32.6	14 12 31	11 44 24
10 314	11 28 0	9 12 5	11 58 21	28 8 46	12 34 51	17 32 12	25 29 28	29 33 34	6 44	18 52 26	30 9 40	4 57 32.3	14 18 36	12 21 55
11 315	13 4 52	10 6 27	12 39 0	28 13 19	12 37 50	17 29 44	25 28 47	29 34 34	6 45	18 57 31	30 10 20	4 57 32.1	14 24 44	12 59 6
12 316	14 41 49	11 0 14	13 19 42	28 18 3	12 40 54	17 27 16	25 28 7	29 35 36	6 45	19 2 37	30 10 49	4 57 31.9	14 30 53	13 35 52
13 317	16 18 45	11 53 22	14 0 26	28 22 58	12 44 4	17 24 49	25 27 29	29 36 38	6 45	19 7 44	30 11 5	4 57 31.8	14 37 5	14 12 10
14 318	17 55 37	12 45 51	14 41 12	28 28 4	12 47 20	17 22 23	25 26 53	29 37 43	6 44	19 12 52	30 11 9	4 57 31.8	14 43 18	14 47 55
15 319	19 32 24	13 37 38	15 22 0	28 33 20	12 50 41	17 19 57	25 26 18	29 38 49	6 42	19 18 1	30 11 2	4 57 31.7	14 49 32	15 23 4
16 320	21 9 2	14 28 43	16 2 50	28 38 47	12 54 7	17 17 31	25 25 46	29 39 57	6 41	19 23 11	30 10 46	4 57 31.6	14 55 48	15 57 33
17 321	22 45 31	15 19 3	16 43 43	28 44 24	12 57 38	17 15 7	25 25 16	29 41 6	6 40	19 28 22	30 10 22	4 57 31.6	15 2 6	16 31 19
18 322	24 21 49	16 8 37	17 24 37	28 50 12	13 1 14	17 12 43	25 24 47	29 42 16	6 39	19 33 35	30 9 50	4 57 31.5	15 8 25	17 4 21
19 323	25 57 56	16 57 22	18 5 34	28 56 10	13 4 56	17 10 20	25 24 21	29 43 28	6 39	19 38 48	30 9 11	4 57 31.3	15 14 45	17 36 35
20 324	27 33 51	17 45 17	18 46 34	29 2 18	13 8 42	17 7 58	25 23 56	29 44 41	6 39	19 44 2	30 8 27	4 57 31.1	15 21 7	18 8 0
21 325	29 9 35	18 32 20	19 27 35	29 8 36	13 12 34	17 5 37	25 23 34	29 45 56	6 39	19 49 18	30 7 39	4 57 30.9	15 27 31	18 38 33
22 326	0♏45 7	19 18 28	20 8 39	29 15 4	13 16 30	17 3 17	25 23 13	29 47 13	6 39	19 54 34	30 6 48	4 57 30.7	15 33 56	19 8 12
23 327	2 20 28	20 3 40	20 49 46	29 21 42	13 20 32	17 0 58	25 22 54	29 48 30	6 39	19 59 51	30 5 55	4 57 30.4	15 40 22	19 36 57
24 328	3 55 38	20 47 53	21 30 55	29 28 29	13 24 38	16 58 40	25 22 38	29 49 49	6 39	20 5 10	30 5 3	4 57 30.2	15 46 51	20 4 44
25 329	5 30 38	21 31 4	22 12 6	29 35 27	13 28 49	16 56 24	25 22 23	29 51 10	6 39	20 10 29	30 4 14	4 57 30.0	15 53 20	20 31 33
26 330	7 5 28	22 13 12	22 53 19	29 42 34	13 33 5	16 54 8	25 22 11	29 52 32	6 39	20 15 49	30 3 31	4 57 29.8	15 59 52	20 57 21
27 331	8 40 10	22 54 14	23 34 35	29 49 50	13 37 26	16 51 54	25 22 0	29 53 55	6 39	20 21 11	30 2 58	4 57 29.6	16 6 25	21 22 8
28 332	10 14 44	23 34 7	24 15 54	29 57 16	13 41 52	16 49 42	25 21 52	29 55 19	6 39	20 26 33	30 2 37	4 57 29.5	16 12 59	21 45 52
29 333	11 49 11	24 12 48	24 57 14	0♒ 4 51	13 46 22	16 47 30	25 21 45	29 56 45	6 39	20 31 56	30 2 31	4 57 29.4	16 19 36	22 8 31
30 334	13♏23 32	24♐50 15	25♎38 38	0♒12 35	13♑50 57	16♈45 21	25♒21 41	29♐58 12	6♉40	20 37 20	30 2 42	4 57 29.4	16 26 14	22S30 4

DAY Nov	♀ VENUS R.A. h m s	DECL ° ' "	♂ MARS R.A. h m s	DECL ° ' "	♃ JUPITER R.A. h m s	DECL ° ' "	♄ SATURN R.A. h m s	DECL ° ' "	♅ URANUS R.A. h m s	DECL ° ' "	♆ NEPTUNE R.A. h m s	DECL ° ' "	♇ PLUTO R.A. h m s	DECL ° ' "
1	17 40 42	27S 5 5	13 55 54	11S22 7	21 41 29	15S 1 9	20 39 28	19S15 0	2 42 32	15N19 14	23 27 30	4S46 20	19 46 49	22S52 17
2	17 45 5	27 8 8	13 58 28	11 36 36	21 41 40	15 0 5	20 39 36	19 14 27	2 42 22	15 18 29	23 27 27	4 46 41	19 46 52	22 52 11
3	17 49 27	27 10 36	14 1 2	11 50 59	21 41 52	14 58 58	20 39 46	19 13 52	2 42 12	15 17 45	23 27 23	4 47 2	19 46 56	22 52 5
4	17 53 47	27 12 27	14 3 36	12 5 19	21 42 4	14 57 46	20 39 55	19 13 16	2 42 2	15 17 0	23 27 20	4 47 22	19 46 59	22 51 59
5	17 58 5	27 13 43	14 6 11	12 19 33	21 42 17	14 56 31	20 40 5	19 12 38	2 41 52	15 16 15	23 27 17	4 47 41	19 47 3	22 51 52
6	18 2 21	27 14 23	14 8 46	12 33 43	21 42 31	14 55 12	20 40 15	19 11 59	2 41 43	15 15 31	23 27 14	4 47 59	19 47 6	22 51 45
7	18 6 35	27 14 29	14 11 22	12 47 48	21 42 46	14 53 49	20 40 26	19 11 19	2 41 33	15 14 46	23 27 11	4 48 17	19 47 10	22 51 38
8	18 10 47	27 14 0	14 13 59	13 1 48	21 43 2	14 52 22	20 40 37	19 10 37	2 41 23	15 14 2	23 27 8	4 48 34	19 47 14	22 51 31
9	18 14 56	27 12 57	14 16 35	13 15 42	21 43 18	14 50 51	20 40 49	19 9 53	2 41 13	15 13 17	23 27 5	4 48 51	19 47 18	22 51 23
10	18 19 2	27 11 21	14 19 12	13 29 32	21 43 35	14 49 17	20 41 0	19 9 8	2 41 3	15 12 33	23 27 2	4 49 6	19 47 22	22 51 15
11	18 23 6	27 9 11	14 21 50	13 43 15	21 43 52	14 47 39	20 41 13	19 8 22	2 40 54	15 11 49	23 27 0	4 49 21	19 47 27	22 51 7
12	18 27 7	27 6 28	14 24 28	13 56 53	21 44 10	14 45 58	20 41 25	19 7 34	2 40 44	15 11 5	23 26 57	4 49 35	19 47 31	22 50 58
13	18 31 5	27 3 14	14 27 6	14 10 26	21 44 29	14 44 12	20 41 38	19 6 45	2 40 34	15 10 21	23 26 55	4 49 49	19 47 36	22 50 49
14	18 34 59	26 59 28	14 29 45	14 23 52	21 44 49	14 42 24	20 41 52	19 5 54	2 40 25	15 9 37	23 26 52	4 50 1	19 47 40	22 50 40
15	18 38 50	26 55 11	14 32 24	14 37 13	21 45 10	14 40 31	20 42 5	19 5 2	2 40 15	15 8 53	23 26 50	4 50 13	19 47 45	22 50 31
16	18 42 38	26 50 24	14 35 4	14 50 27	21 45 31	14 38 35	20 42 19	19 4 8	2 40 6	15 8 10	23 26 48	4 50 25	19 47 50	22 50 22
17	18 46 22	26 45 7	14 37 44	15 3 35	21 45 52	14 36 36	20 42 34	19 3 13	2 39 56	15 7 27	23 26 46	4 50 35	19 47 55	22 50 12
18	18 50 2	26 39 22	14 40 25	15 16 37	21 46 15	14 34 33	20 42 48	19 2 17	2 39 47	15 6 43	23 26 45	4 50 44	19 48 0	22 50 2
19	18 53 38	26 33 8	14 43 6	15 29 32	21 46 38	14 32 26	20 43 3	19 1 19	2 39 37	15 6 1	23 26 43	4 50 53	19 48 5	22 49 51
20	18 57 10	26 26 28	14 45 48	15 42 21	21 47 2	14 30 16	20 43 19	19 0 20	2 39 28	15 5 18	23 26 41	4 51 1	19 48 10	22 49 41
21	19 0 38	26 19 21	14 48 30	15 55 2	21 47 26	14 28 3	20 43 35	18 59 20	2 39 19	15 4 36	23 26 40	4 51 8	19 48 16	22 49 30
22	19 4 1	26 11 49	14 51 13	16 7 37	21 47 51	14 25 46	20 43 51	18 58 18	2 39 9	15 3 54	23 26 39	4 51 15	19 48 21	22 49 19
23	19 7 19	26 3 52	14 53 56	16 20 5	21 48 17	14 23 25	20 44 7	18 57 15	2 39 0	15 3 13	23 26 37	4 51 20	19 48 27	22 49 7
24	19 10 32	25 55 31	14 56 40	16 32 26	21 48 43	14 21 2	20 44 24	18 56 10	2 38 51	15 2 31	23 26 36	4 51 25	19 48 32	22 48 56
25	19 13 40	25 46 48	14 59 24	16 44 39	21 49 10	14 18 35	20 44 41	18 55 4	2 38 42	15 1 51	23 26 35	4 51 29	19 48 38	22 48 44
26	19 16 44	25 37 42	15 2 9	16 56 46	21 49 37	14 16 4	20 44 59	18 53 57	2 38 33	15 1 10	23 26 35	4 51 32	19 48 44	22 48 32
27	19 19 41	25 28 16	15 4 54	17 8 44	21 50 5	14 13 31	20 45 16	18 52 49	2 38 24	15 0 30	23 26 34	4 51 35	19 48 50	22 48 20
28	19 22 33	25 18 30	15 7 40	17 20 35	21 50 34	14 10 54	20 45 34	18 51 39	2 38 16	14 59 51	23 26 33	4 51 36	19 48 56	22 48 7
29	19 25 19	25 8 25	15 10 26	17 32 18	21 51 3	14 8 14	20 45 53	18 50 28	2 38 7	14 59 11	23 26 33	4 51 37	19 49 2	22 47 55
30	19 27 59	24S58 2	15 13 13	17S43 53	21 51 33	14S 5 31	20 46 11	18S49 16	2 37 58	14N58 33	23 26 33	4S51 37	19 49 9	22S47 42

DECEMBER 2021

DAY	SIDEREAL TIME h m s	☉ SUN LONG ° ' "	MOT ' "	R.A. h m s	DECL ° ' "	☽ MOON AT 0 HOURS LONG ° ' "	12h MOT ° ' "	2DIF "	R.A. h m s	DECL ° ' "	☽ MOON AT 12 HOURS LONG ° ' "	12h MOT ° ' "	2DIF "	R.A. h m s	DECL ° ' "
1 W	4 40 17	13♏57 19	60 50	16 29 10.4	21S47 50	27♍45 24	7 14 10	186	13 29 20	5S46 7	4♎59 34	7 20 8	170	13 55 44	8S52 17
2 Th	4 44 13	14 58 9	60 51	16 33 29.7	21 56 58	12♎19 42	7 25 29	148	14 23 0	11 53 57	19 45 11	7 30 0	121	14 51 13	14 47 45
3 F	4 48 10	15 59 1	60 53	16 37 49.6	22 5 41	27 15 11	7 33 34	90	15 20 28	17 30 0	4♏48 45	7 36 2	56	15 50 50	19 56 50
4 S	4 52 7	16 59 53	60 54	16 42 10.1	22 13 58	12♏24 46	7 37 17	19	16 22 15	22 4 24	20 2 3	7 37 16	-19	16 54 37	23 49 5
5 Su	4 56 3	18 0 47	60 55	16 46 31.2	22 21 49	27 39 19	7 36 0	-57	17 27 44	25 7 46	5♐15 18	7 33 30	-92	18 1 19	25 58 13
6 M	5 0 0	19 1 41	60 56	16 50 52.8	22 29 14	12♐48 48	7 29 53	-124	18 35 2	26 19 15	20 18 41	7 25 16	-151	19 8 30	26 10 51
7 Tu	5 3 56	20 2 37	60 57	16 55 15.0	22 36 13	27 43 56	7 19 49	-173	19 41 22	25 34 11	5♑ 3 45	7 13 43	-190	20 13 22	24 31 21
8 W	5 7 53	21 3 33	60 57	16 59 37.6	22 42 45	12♑17 28	7 7 10	-201	20 44 16	23 5 11	19 24 38	7 0 20	-206	21 13 57	21 18 53
9 Th	5 11 49	22 4 30	60 58	17 4 0.7	22 48 51	26 24 57	6 53 24	-207	21 42 25	19 15 45	3♒18 21	6 46 31	-203	22 9 39	16 59 2
10 F	5 15 46	23 5 28	60 58	17 8 24.2	22 54 29	10♒ 4 52	6 39 50	-196	22 35 46	14 31 41	16 44 42	6 33 27	-186	23 0 53	11 56 23
11 S	5 19 43	24 6 27	60 59	17 12 48.1	22 59 40	23 18 9	6 27 27	-173	23 25 8	9 15 31	29 45 36	6 21 54	-159	23 48 39	6 31 7
12 Su	5 23 39	25 7 25	61 0	17 17 12.4	23 4 24	6♓ 7 30	6 16 51	-144	0 11 36	3 45 1	12♓24 22	6 12 20	-128	0 34 7	0 58 46
13 M	5 27 36	26 8 25	61 0	17 21 37.0	23 8 41	18 36 41	6 8 20	-112	0 56 21	1N46 10	24 45 2	6 4 52	-96	1 18 26	4N28 30
14 Tu	5 31 32	27 9 25	61 1	17 26 1.9	23 12 29	0♈49 54	6 1 56	-81	1 40 29	7 6 59	6♈51 50	5 59 29	-66	2 2 37	9 40 23
15 W	5 35 29	28 10 26	61 1	17 30 27.1	23 15 50	12 51 19	5 57 31	-52	2 24 57	12 7 32	18 48 50	5 56 0	-39	2 47 35	14 27 10
16 Th	5 39 25	29 11 27	61 2	17 34 52.5	23 18 43	24 44 50	5 54 54	-27	3 10 36	16 38 3	0♉39 44	5 54 10	-16	3 34 3	18 38 52
17 F	5 43 22	0♐12 28	61 2	17 39 18.2	23 21 9	6♉33 53	5 53 48	-6	3 58 0	20 28 20	12 27 41	5 53 44	3	4 22 27	22 5 6
18 S	5 47 18	1 13 31	61 3	17 43 44.0	23 23 6	18 21 25	5 53 59	11	4 47 26	23 27 53	24 15 24	5 54 29	19	5 12 53	24 35 27
19 Su	5 51 15	2 14 33	61 4	17 48 10.0	23 24 35	0♊ 9 53	5 55 15	26	5 38 47	25 26 44	6♊ 5 8	5 56 14	33	6 5 1	26 0 47
20 M	5 55 12	3 15 37	61 4	17 52 36.2	23 25 36	12 1 21	5 57 27	40	6 31 30	26 16 56	17 58 48	5 58 52	46	6 58 6	26 14 46
21 Tu	5 59 8	4 16 41	61 5	17 57 2.4	23 26 9	23 57 40	6 0 32	53	7 24 42	25 54 10	29 58 11	6 2 24	60	7 51 10	25 15 18
22 W	6 3 5	5 17 46	61 5	18 1 28.7	23 26 13	6♋ 0 35	6 4 31	67	8 17 25	24 18 40	12♋ 5 7	6 6 53	75	8 43 20	23 4 57
23 Th	6 7 1	6 18 51	61 6	18 5 55.0	23 25 50	18 12 0	6 9 32	84	9 8 54	21 35 6	24 21 32	6 12 28	93	9 34 3	19 50 11
24 F	6 10 58	7 19 57	61 7	18 10 21.3	23 24 58	0♌33 59	6 15 43	102	9 58 49	17 51 23	6♌49 42	6 19 17	112	10 23 13	15 39 58
25 S	6 14 54	8 21 3	61 7	18 14 47.6	23 23 38	13 8 59	6 23 13	123	10 47 18	13 17 15	19 32 12	6 27 29	134	11 11 8	10 44 34
26 Su	6 18 51	9 22 10	61 8	18 19 13.9	23 21 50	25 59 41	6 32 7	144	11 34 51	8 3 18	2♍31 48	6 37 6	154	11 58 32	5 14 52
27 M	6 22 47	10 23 18	61 8	18 23 40.0	23 19 34	9♍ 8 54	6 42 24	163	12 22 20	2 20 48	15 51 17	6 47 58	170	12 46 21	0S37 16
28 Tu	6 26 44	11 24 26	61 9	18 28 6.0	23 16 49	22 39 15	6 53 45	175	13 10 46	3S37 33	29 33 0	6 59 39	178	13 35 42	6 38 1
29 W	6 30 41	12 25 35	61 10	18 32 31.9	23 13 37	6♎32 39	7 5 35	176	14 1 21	9 36 22	13♎38 14	7 11 24	170	14 27 49	12 30 1
30 Th	6 34 37	13 26 45	61 10	18 36 57.6	23 9 57	20 49 37	7 16 57	160	14 55 16	15 16 1	28 6 34	7 22 4	144	15 23 49	17 51 6
31 F	6 38 34	14♐27 54	61 11	18 41 23.0	23S 5 49	5♏28 37	7 26 34	123	15 53 30	20S11 45	12♏55 11	7 30 17	97	16 24 21	22S14 16

LUNAR INGRESSES
1 ☽ ♎ 3:44
3 ☽ ♏ 4:22
5 ☽ ♐ 3:42
7 ☽ ♑ 3:42
9 ☽ ♒ 6:13
11 ☽ ♓ 12:27
13 ☽ ♈ 22:21
16 ☽ ♉ 10:39
18 ☽ ♊ 23:40
21 ☽ ♋ 12:04
23 ☽ ♌ 22:55
26 ☽ ♍ 7:22
28 ☽ ♎ 12:47
30 ☽ ♏ 15:05

PLANET INGRESSES
1 ♇ ♑ 5:24
6 ♂ ♏ 7:03
10 ☿ ♐ 14:07
10 ♀ ♑ 18:57
16 ☉ ♐ 19:06
27 ♀ ♐ 19:00
29 ☿ ♑ 20:15

STATIONS
1 ♆ D 13:23
19 ♀ R 10:37

DATA FOR THE 1st AT 0 HOURS
JULIAN DAY 44529.5
☽ MEAN ☊ 6°♉ 7' 42"
OBLIQUITY 23° 26' 15"
DELTA T 77.1 SECONDS
NUTATION LONGITUDE-16.0"

DAY MO YR	☿ LONG ° ' "	♀ LONG ° ' "	♂ LONG ° ' "	♃ LONG ° ' "	♄ LONG ° ' "	♅ LONG ° ' "	♆ LONG ° ' "	♇ LONG ° ' "	☊ LONG ° '	A.S.S.I. h m s	S.S.R.Y. h m s	S.V.P. ♓ ° ' "	☿ MERCURY R.A. h m s	☿ MERCURY DECL ° ' "
1 335	14♏57 48	25♐26 24	26♎20 3	0♒20 29	13♑55 36	16♈43R13	25♒21D38	29♐59 40	6♉40	20 42 45	30 3 9	4 57 29.3	16 32 54	22S50 29
2 336	16 31 59	26 1 13	27 1 31	0 28 31	14 0 19	16 41 6	25 21 38	0♑ 1 9	6 41	20 48 11	30 3 49	4 57 29.1	16 39 35	23 9 46
3 337	18 6 7	26 34 37	27 43 2	0 36 43	14 5 8	16 39 1	25 21 40	0 2 40	6 42	20 53 37	30 4 44	4 57 29.0	16 46 18	23 27 52
4 338	19 40 12	27 6 34	28 24 34	0 45 3	14 10 0	16 36 58	25 21 44	0 4 12	6 42	20 59 4	30 5 47	4 57 28.7	16 53 3	23 44 47
5 339	21 14 16	27 37 0	29 6 9	0 53 32	14 14 57	16 34 57	25 21 50	0 5 45	6 41	21 4 32	30 6 56	4 57 28.4	16 59 49	24 0 29
6 340	22 48 19	28 5 51	29 47 47	1 2 9	14 19 58	16 32 57	25 21 58	0 7 19	6 40	21 10 1	30 8 5	4 57 28.1	17 6 37	24 14 56
7 341	24 22 22	28 33 3	0♏29 26	1 10 55	14 25 3	16 31 0	25 22 8	0 8 55	6 38	21 15 30	30 9 12	4 57 27.7	17 13 26	24 28 7
8 342	25 56 25	28 58 32	1 11 8	1 19 49	14 30 13	16 29 4	25 22 21	0 10 31	6 37	21 21 0	30 10 12	4 57 27.5	17 20 17	24 40 2
9 343	27 30 30	29 22 15	1 52 52	1 28 52	14 35 26	16 27 10	25 22 35	0 12 9	6 35	21 26 31	30 11 4	4 57 27.2	17 27 9	24 50 38
10 344	29 4 36	29 44 6	2 34 38	1 38 2	14 40 43	16 25 19	25 22 52	0 13 47	6 34	21 32 2	30 11 47	4 57 27.1	17 34 3	24 59 55
11 345	0♐38 45	0♑ 4 2	3 16 26	1 47 21	14 46 5	16 23 30	25 23 10	0 15 27	6 33	21 37 34	30 12 20	4 57 27.0	17 40 57	25 7 50
12 346	2 12 57	0 21 59	3 58 17	1 56 47	14 51 30	16 21 42	25 23 31	0 17 7	6 34	21 43 6	30 12 43	4 57 26.9	17 47 53	25 14 23
13 347	3 47 11	0 37 53	4 40 9	2 6 21	14 56 58	16 19 57	25 23 54	0 18 49	6 35	21 48 38	30 12 57	4 57 26.8	17 54 49	25 19 33
14 348	5 21 28	0 51 39	5 22 4	2 16 3	15 2 31	16 18 15	25 24 18	0 20 31	6 36	21 54 11	30 13 1	4 57 26.7	18 1 46	25 23 18
15 349	6 55 48	1 3 14	6 4 2	2 25 52	15 8 7	16 16 34	25 24 45	0 22 14	6 38	21 59 44	30 12 56	4 57 26.5	18 8 44	25 25 37
16 350	8 30 10	1 12 35	6 46 1	2 35 48	15 13 47	16 14 56	25 25 14	0 23 59	6 39	22 5 18	30 12 41	4 57 26.4	18 15 42	25 26 30
17 351	10 4 34	1 19 38	7 28 3	2 45 52	15 19 30	16 13 20	25 25 45	0 25 44	6 40	22 10 51	30 12 18	4 57 26.2	18 22 40	25 25 55
18 352	11 38 59	1 24 19	8 10 7	2 56 3	15 25 16	16 11 47	25 26 18	0 27 30	6 39	22 16 25	30 11 46	4 57 26.0	18 29 38	25 23 51
19 353	13 13 23	1 26R37	8 52 14	3 6 21	15 31 6	16 10 16	25 26 54	0 29 17	6 37	22 22 0	30 11 5	4 57 25.7	18 36 35	25 20 17
20 354	14 47 44	1 26 28	9 34 23	3 16 46	15 37 0	16 8 47	25 27 31	0 31 4	6 34	22 27 34	30 10 17	4 57 25.4	18 43 32	25 15 13
21 355	16 22 0	1 23 51	10 16 34	3 27 17	15 42 56	16 7 22	25 28 10	0 32 52	6 29	22 33 8	30 9 22	4 57 25.2	18 50 27	25 8 39
22 356	17 56 9	1 18 44	10 58 48	3 37 56	15 48 56	16 5 58	25 28 51	0 34 42	6 24	22 38 43	30 8 24	4 57 24.9	18 57 21	25 0 33
23 357	19 30 6	1 11 8	11 41 4	3 48 41	15 54 58	16 4 38	25 29 34	0 36 31	6 19	22 44 18	30 7 24	4 57 24.7	19 4 13	24 50 57
24 358	21 3 47	1 1 1	12 23 22	3 59 32	16 1 4	16 3 19	25 30 19	0 38 22	6 14	22 49 52	30 6 27	4 57 24.5	19 11 3	24 39 49
25 359	22 37 7	0 48 24	13 5 43	4 10 30	16 7 13	16 2 4	25 31 7	0 40 13	6 10	22 55 27	30 5 36	4 57 24.4	19 17 49	24 27 10
26 360	24 10 0	0 33 21	13 48 7	4 21 35	16 13 25	16 0 51	25 31 56	0 42 5	6 07	23 1 1	30 4 56	4 57 24.3	19 24 32	24 13 1
27 361	25 42 17	0 15 52	14 30 33	4 32 45	16 19 39	15 59 41	25 32 47	0 43 57	6 07	23 6 36	30 4 30	4 57 24.2	19 31 10	23 57 24
28 362	27 13 48	29♐56 3	15 13 1	4 44 2	16 25 57	15 58 34	25 33 40	0 45 50	6 07	23 12 10	30 4 19	4 57 24.1	19 37 43	23 40 20
29 363	28 44 25	29 33 57	15 55 32	4 55 25	16 32 17	15 57 29	25 34 35	0 47 44	6 08	23 17 44	30 4 25	4 57 24.0	19 44 10	23 21 50
30 364	0♑13 52	29 9 41	16 38 5	5 6 53	16 38 40	15 56 28	25 35 32	0 49 38	6 10	23 23 18	30 4 47	4 57 23.8	19 50 30	23 1 59
31 365	1♑41 56	28♐43 21	17♏20 40	5♒18 28	16♑45 5	15♈55 29	25♒36 31	0♑51 33	6♉11	23 28 51	30 5 23	4 57 23.6	19 56 41	22S40 50

DAY Dec	♀ VENUS R.A. h m s	♀ VENUS DECL ° ' "	♂ MARS R.A. h m s	♂ MARS DECL ° ' "	♃ JUPITER R.A. h m s	♃ JUPITER DECL ° ' "	♄ SATURN R.A. h m s	♄ SATURN DECL ° ' "	♅ URANUS R.A. h m s	♅ URANUS DECL ° ' "	♆ NEPTUNE R.A. h m s	♆ NEPTUNE DECL ° ' "	♇ PLUTO R.A. h m s	♇ PLUTO DECL ° ' "
1	19 30 33	24S47 23	15 16 0	17S55 19	21 52 4	14S 2 44	20 46 30	18S48 2	2 37 50	14N57 54	23 26 32	4S51 36	19 49 15	22S47 29
2	19 33 1	24 36 27	15 18 48	18 6 38	21 52 35	13 59 54	20 46 50	18 46 48	2 37 42	14 57 17	23 26 32	4 51 35	19 49 21	22 47 15
3	19 35 21	24 25 16	15 21 37	18 17 48	21 53 6	13 57 1	20 47 9	18 45 31	2 37 34	14 56 39	23 26 32	4 51 32	19 49 28	22 47 2
4	19 37 35	24 13 52	15 24 26	18 28 49	21 53 39	13 54 5	20 47 29	18 44 14	2 37 25	14 56 3	23 26 33	4 51 29	19 49 34	22 46 48
5	19 39 42	24 2 16	15 27 15	18 39 42	21 54 11	13 51 6	20 47 49	18 42 55	2 37 17	14 55 26	23 26 33	4 51 25	19 49 41	22 46 34
6	19 41 41	23 50 27	15 30 5	18 50 26	21 54 45	13 48 4	20 48 10	18 41 35	2 37 10	14 54 51	23 26 33	4 51 20	19 49 48	22 46 20
7	19 43 32	23 38 29	15 32 55	19 1 1	21 55 18	13 44 58	20 48 30	18 40 14	2 37 2	14 54 16	23 26 34	4 51 14	19 49 55	22 46 5
8	19 45 16	23 26 21	15 35 46	19 11 26	21 55 53	13 41 50	20 48 51	18 38 52	2 36 54	14 53 42	23 26 35	4 51 7	19 50 2	22 45 51
9	19 46 51	23 14 6	15 38 38	19 21 43	21 56 27	13 38 39	20 49 13	18 37 29	2 36 47	14 53 8	23 26 36	4 51 0	19 50 8	22 45 36
10	19 48 18	23 1 43	15 41 30	19 31 50	21 57 3	13 35 24	20 49 34	18 36 4	2 36 39	14 52 35	23 26 37	4 50 51	19 50 16	22 45 22
11	19 49 36	22 49 14	15 44 22	19 41 47	21 57 39	13 32 7	20 49 56	18 34 39	2 36 32	14 52 2	23 26 38	4 50 42	19 50 23	22 45 7
12	19 50 45	22 36 41	15 47 15	19 51 34	21 58 15	13 28 47	20 50 18	18 33 12	2 36 25	14 51 31	23 26 39	4 50 32	19 50 30	22 44 52
13	19 51 44	22 24 4	15 50 8	20 1 12	21 58 52	13 25 24	20 50 40	18 31 44	2 36 18	14 51 0	23 26 40	4 50 22	19 50 37	22 44 36
14	19 52 35	22 11 25	15 53 2	20 10 39	21 59 29	13 21 58	20 51 3	18 30 15	2 36 12	14 50 29	23 26 42	4 50 10	19 50 44	22 44 21
15	19 53 15	21 58 44	15 55 57	20 19 57	22 0 7	13 18 29	20 51 26	18 28 45	2 36 5	14 49 59	23 26 43	4 49 58	19 50 52	22 44 5
16	19 53 45	21 46 3	15 58 52	20 29 4	22 0 45	13 14 58	20 51 49	18 27 14	2 35 58	14 49 30	23 26 45	4 49 45	19 50 59	22 43 49
17	19 54 6	21 33 22	16 1 47	20 38 1	22 1 24	13 11 24	20 52 12	18 25 41	2 35 52	14 49 2	23 26 47	4 49 31	19 51 7	22 43 33
18	19 54 16	21 20 44	16 4 43	20 46 47	22 2 3	13 7 47	20 52 35	18 24 8	2 35 46	14 48 35	23 26 49	4 49 16	19 51 14	22 43 17
19	19 54 15	21 8 8	16 7 40	20 55 22	22 2 42	13 4 7	20 52 59	18 22 34	2 35 40	14 48 8	23 26 51	4 49 0	19 51 22	22 43 1
20	19 54 4	20 55 35	16 10 37	21 3 47	22 3 22	13 0 25	20 53 23	18 20 58	2 35 34	14 47 42	23 26 53	4 48 44	19 51 30	22 42 45
21	19 53 43	20 43 8	16 13 34	21 12 1	22 4 3	12 56 40	20 53 47	18 19 22	2 35 29	14 47 17	23 26 56	4 48 26	19 51 38	22 42 28
22	19 53 10	20 30 45	16 16 32	21 20 4	22 4 44	12 52 53	20 54 11	18 17 44	2 35 23	14 46 53	23 26 58	4 48 8	19 51 45	22 42 12
23	19 52 27	20 18 29	16 19 31	21 27 56	22 5 25	12 49 2	20 54 36	18 16 6	2 35 18	14 46 29	23 27 1	4 47 50	19 51 53	22 41 55
24	19 51 34	20 6 20	16 22 30	21 35 37	22 6 6	12 45 10	20 55 1	18 14 26	2 35 13	14 46 7	23 27 4	4 47 30	19 52 1	22 41 39
25	19 50 29	19 54 19	16 25 29	21 43 6	22 6 48	12 41 15	20 55 26	18 12 46	2 35 8	14 45 45	23 27 7	4 47 10	19 52 9	22 41 22
26	19 49 15	19 42 27	16 28 29	21 50 23	22 7 31	12 37 17	20 55 51	18 11 5	2 35 3	14 45 24	23 27 9	4 46 49	19 52 17	22 41 5
27	19 47 50	19 30 44	16 31 29	21 57 29	22 8 14	12 33 17	20 56 16	18 9 23	2 34 58	14 45 4	23 27 13	4 46 27	19 52 25	22 40 48
28	19 46 16	19 19 12	16 34 30	22 4 23	22 8 57	12 29 14	20 56 41	18 7 40	2 34 54	14 44 44	23 27 16	4 46 4	19 52 33	22 40 31
29	19 44 32	19 7 51	16 37 31	22 11 6	22 9 40	12 25 9	20 57 7	18 5 56	2 34 50	14 44 26	23 27 19	4 45 41	19 52 41	22 40 14
30	19 42 40	18 56 41	16 40 33	22 17 36	22 10 24	12 21 2	20 57 33	18 4 11	2 34 46	14 44 8	23 27 23	4 45 17	19 52 49	22 39 56
31	19 40 39	18S45 45	16 43 35	22S23 54	22 11 8	12S16 52	20 57 59	18S 2 25	2 34 42	14N43 51	23 27 26	4S44 52	19 52 58	22S39 39

JANUARY 2022

DAY	SIDEREAL TIME h m s	☉ SUN LONG ° ' "	MOT ' "	R.A. h m s	DECL ° ' "	☽ MOON AT 0 HOURS LONG ° ' "	12h MOT ° ' "	2DIF "	R.A. h m s	DECL ° ' "	☽ MOON AT 12 HOURS LONG ° ' "	12h MOT ° ' "	2DIF "	R.A. h m s	DECL ° ' "
1 S	6 42 30	15♐29 5	61 11	18 45 48.2	23S 1 13	20♏25 27	7 33 3	66	16 56 17	23S55 3	27♏58 30	7 34 43	32	17 29 9	25S10 50
2 Su	6 46 27	16 30 15	61 11	18 50 13.1	22 56 9	5♐33 12	7 35 10	-5	18 2 39	25 59 1	13♐ 8 23	7 34 22	-43	18 36 29	26 17 55
3 M	6 50 23	17 31 26	61 11	18 54 37.7	22 50 38	20 42 44	7 32 17	-81	19 10 16	26 7 2	28 15 1	7 29 0	-116	19 43 37	25 27 6
4 Tu	6 54 20	18 32 36	61 11	18 59 1.9	22 44 40	5♑44 1	7 24 34	-147	20 16 12	24 19 58	13♑ 8 35	7 19 11	-174	20 47 46	22 48 22
5 W	6 58 17	19 33 47	61 10	19 3 25.7	22 38 15	20 27 46	7 13 0	-194	21 18 9	20 55 37	27 40 46	7 6 13	-209	21 47 18	18 45 15
6 Th	7 2 13	20 34 57	61 10	19 7 49.0	22 31 22	4♒46 59	6 59 3	-218	22 15 13	16 20 51	11♒46 2	6 51 42	-220	22 41 58	13 45 45
7 F	7 6 10	21 36 7	61 10	19 12 11.9	22 24 3	18 37 43	6 44 21	-218	23 7 40	11 2 59	25 22 5	6 37 11	-211	23 32 27	8 15 16
8 S	7 10 6	22 37 17	61 9	19 16 34.2	22 16 18	1♓59 15	6 30 19	-199	23 56 28	5 24 55	8♓29 34	6 23 53	-185	0 19 51	2 33 55
9 Su	7 14 3	23 38 26	61 9	19 20 56.0	22 8 6	14 53 27	6 17 59	-169	0 42 47	0N15 58	21 11 26	6 12 39	-150	1 5 23	3N 3 14
10 M	7 17 59	24 39 35	61 8	19 25 17.3	21 59 29	27 24 5	6 7 58	-131	1 27 47	5 46 34	3♈32 3	6 3 55	-111	1 50 9	8 24 43
11 Tu	7 21 56	25 40 43	61 8	19 29 38.0	21 50 25	9♈35 58	6 0 33	-91	2 12 35	10 56 31	15 36 30	5 57 50	-72	2 35 11	13 20 51
12 W	7 25 52	26 41 51	61 7	19 33 58.1	21 40 56	21 34 20	5 55 45	-53	2 58 5	15 36 35	27 30 5	5 54 18	-35	3 21 20	17 42 34
13 Th	7 29 49	27 42 58	61 7	19 38 17.6	21 31 2	3♉24 23	5 53 25	-18	3 45 1	19 37 36	9♉17 48	5 53 5	-2	4 9 11	21 20 30
14 F	7 33 46	28 44 4	61 6	19 42 36.4	21 20 43	15 10 53	5 53 15	12	4 33 52	22 50 2	21 4 9	5 53 53	25	4 59 3	24 5 0
15 S	7 37 42	29 45 10	61 6	19 46 54.6	21 9 59	26 58 1	5 54 54	36	5 24 43	25 4 14	2♊52 55	5 56 16	46	5 50 48	25 46 44
16 Su	7 41 39	0♑46 16	61 5	19 51 12.1	20 58 51	8♊49 11	5 57 57	54	6 17 12	26 11 37	14 47 7	5 59 52	61	6 43 51	26 18 17
17 M	7 45 35	1 47 20	61 5	19 55 28.9	20 47 19	20 46 59	6 2 0	66	7 10 35	26 6 21	26 48 59	6 4 17	71	7 37 17	25 35 48
18 Tu	7 49 32	2 48 25	61 4	19 59 45.1	20 35 23	2♋53 15	6 6 42	74	8 3 51	24 46 52	8♋59 57	6 9 12	76	8 30 9	23 40 7
19 W	7 53 28	3 49 29	61 3	20 4 0.5	20 23 4	15 9 9	6 11 47	78	8 56 7	22 16 26	21 20 56	6 14 25	80	9 21 42	20 36 51
20 Th	7 57 25	4 50 32	61 3	20 8 15.1	20 10 22	27 35 22	6 17 7	82	9 46 50	18 42 39	3♌52 28	6 19 51	83	10 11 34	16 35 12
21 F	8 1 21	5 51 35	61 2	20 12 29.1	19 57 18	10♌12 20	6 22 40	86	10 35 54	14 15 58	16 35 0	6 25 33	88	10 59 54	11 46 28
22 S	8 5 18	6 52 37	61 2	20 16 42.3	19 43 51	23 0 33	6 28 33	92	11 23 39	9 8 17	29 29 6	6 31 41	96	11 47 13	6 22 59
23 Su	8 9 15	7 53 39	61 1	20 20 54.7	19 30 1	6♍ 0 47	6 34 58	101	12 10 45	3 32 11	12♍35 45	6 38 25	107	12 34 21	0 37 33
24 M	8 13 11	8 54 40	61 1	20 25 6.4	19 15 51	19 14 9	6 42 4	112	12 58 9	2S19 12	25 56 13	6 45 54	118	13 22 17	5S16 13
25 Tu	8 17 8	9 55 41	61 1	20 29 17.3	19 1 18	2♎42 7	6 49 56	123	13 46 54	8 11 31	9♎32 4	6 54 8	128	14 12 9	11 2 56
26 W	8 21 4	10 56 41	61 0	20 33 27.4	18 46 25	16 26 12	6 58 27	130	14 38 10	13 48 6	23 24 39	7 2 50	131	15 5 5	16 24 24
27 Th	8 25 1	11 57 41	61 0	20 37 36.8	18 31 12	0♏27 28	7 7 10	128	15 33 0	18 48 59	7♏34 38	7 11 22	122	16 1 59	20 58 48
28 F	8 28 57	12 58 41	60 59	20 41 45.4	18 15 38	14 46 0	7 15 17	111	16 32 3	22 50 41	22 1 17	7 18 47	96	17 3 8	24 21 32
29 S	8 32 54	13 59 39	60 58	20 45 53.2	17 59 44	29 20 3	7 21 42	77	17 35 6	25 28 29	6♐41 46	7 23 54	53	18 7 45	26 9 10
30 Su	8 36 50	15 0 38	60 58	20 50 0.2	17 43 30	14♐ 5 40	7 25 15	25	18 40 47	26 21 59	21 30 54	7 25 36	-5	19 13 52	26 6 16
31 M	8 40 47	16♑ 1 35	60 57	20 54 6.4	17S26 58	28♐56 30	7 24 54	-37	19 46 39	25S22 26	6♑21 24	7 23 7	-70	20 18 52	24S11 54

LUNAR INGRESSES
1 ☽ ♐ 15:13
3 ☽ ♑ 14:48
5 ☽ ♒ 15:54
7 ☽ ♓ 20:23
10 ☽ ♈ 5:04
12 ☽ ♉ 17:04
15 ☽ ♊ 6:09
17 ☽ ♋ 18:18
20 ☽ ♌ 4:37
22 ☽ ♍ 12:57
24 ☽ ♎ 19:13
26 ☽ ♏ 23:13
29 ☽ ♐ 1:05
31 ☽ ♑ 1:43

PLANET INGRESSES
15 ☉ ♑ 5:50
17 ♂ ♐ 16:27

STATIONS
14 ☿ R 11:42
18 ♅ D 15:28
29 ♀ D 8:47

DATA FOR THE 1st AT 0 HOURS
JULIAN DAY 44560.5
☽ MEAN ☊ 4°♉ 29' 8"
OBLIQUITY 23° 26' 15"
DELTA T 77.2 SECONDS
NUTATION LONGITUDE -13.9"

DAY MO	YR	☿ LONG ° ' "	♀ LONG ° ' "	♂ LONG ° ' "	♃ LONG ° ' "	♄ LONG ° ' "	♅ LONG ° ' "	♆ LONG ° ' "	♇ LONG ° ' "	☊ LONG ° '	A.S.S.I. h m s	S.S.R.Y. h m s	S.V.P. ♓ ° ' "	☿ MERCURY R.A. h m s	DECL ° ' "
1	1	3♑ 8 17	28♐15R 6	18♏ 3 18	5♒30 8	16♑51 33	15♈54R33	25♒37 32	0♑53 28	6♉10	23 34 24	30 6 14	4 57 23.3	20 2 43	22S18 27
2	2	4 32 37	27 45 5	18 45 58	5 41 54	16 58 4	15 53 40	25 38 35	0 55 23	6 07	23 39 57	30 7 7	4 57 23.0	20 8 33	21 54 57
3	3	5 54 29	27 13 28	19 28 41	5 53 46	17 4 36	15 52 50	25 39 40	0 57 19	6 02	23 45 29	30 8 9	4 57 22.6	20 14 11	21 30 26
4	4	7 13 28	26 40 26	20 11 25	6 5 43	17 11 12	15 52 3	25 40 46	0 59 16	5 56	23 51 1	30 9 11	4 57 22.3	20 19 34	21 5 4
5	5	8 29 2	26 6 11	20 54 12	6 17 45	17 17 49	15 51 19	25 41 55	1 1 13	5 49	23 56 33	30 10 13	4 57 22.1	20 24 39	20 38 59
6	6	9 40 34	25 30 58	21 37 1	6 29 53	17 24 28	15 50 38	25 43 5	1 3 10	5 42	24 2 4	30 11 11	4 57 21.9	20 29 26	20 12 24
7	7	10 47 25	24 54 59	22 19 52	6 42 5	17 31 10	15 50 0	25 44 17	1 5 7	5 36	24 7 34	30 12 4	4 57 21.8	20 33 51	19 45 32
8	8	11 48 51	24 18 29	23 2 45	6 54 23	17 37 54	15 49 26	25 45 31	1 7 5	5 32	24 13 3	30 12 50	4 57 21.7	20 37 50	19 18 39
9	9	12 44 4	23 41 45	23 45 41	7 6 45	17 44 39	15 48 54	25 46 47	1 9 3	5 29	24 18 32	30 13 30	4 57 21.6	20 41 22	18 52 2
10	10	13 32 12	23 5 0	24 28 38	7 19 12	17 51 27	15 48 25	25 48 4	1 11 1	5 29	24 24 1	30 14 2	4 57 21.5	20 44 23	18 26 1
11	11	14 12 22	22 28 31	25 11 38	7 31 44	17 58 16	15 47 59	25 49 23	1 12 59	5 30	24 29 28	30 14 26	4 57 21.4	20 46 50	18 0 57
12	12	14 43 40	21 52 32	25 54 40	7 44 21	18 5 7	15 47 37	25 50 44	1 14 57	5 31	24 34 55	30 14 40	4 57 21.2	20 48 39	17 37 12
13	13	15 5 13	21 17 20	26 37 44	7 57 1	18 11 59	15 47 17	25 52 7	1 16 56	5 32	24 40 21	30 14 45	4 57 21.1	20 49 47	17 15 9
14	14	15 16R14	20 43 8	27 20 50	8 9 46	18 18 53	15 47 1	25 53 31	1 18 55	5 31	24 45 46	30 14 39	4 57 20.8	20 50 11	16 55 11
15	15	15 16 5	20 10 10	28 3 59	8 22 36	18 25 49	15 46 48	25 54 57	1 20 53	5 29	24 51 10	30 14 22	4 57 20.6	20 49 50	16 37 40
16	16	15 4 18	19 38 38	28 47 9	8 35 29	18 32 46	15 46 38	25 56 25	1 22 52	5 23	24 56 34	30 13 53	4 57 20.4	20 48 42	16 22 55
17	17	14 40 45	19 8 45	29 30 22	8 48 27	18 39 44	15 46 31	25 57 54	1 24 51	5 16	25 1 57	30 13 14	4 57 20.1	20 46 47	16 11 13
18	18	14 5 38	18 40 40	0♐13 37	9 1 28	18 46 44	15 46D27	25 59 25	1 26 49	5 06	25 7 18	30 12 24	4 57 19.9	20 44 6	16 2 43
19	19	13 19 36	18 14 34	0 56 55	9 14 34	18 53 45	15 46 26	26 0 57	1 28 48	4 55	25 12 39	30 11 26	4 57 19.7	20 40 42	15 57 32
20	20	12 23 42	17 50 34	1 40 14	9 27 43	19 0 47	15 46 29	26 2 31	1 30 47	4 43	25 17 59	30 10 23	4 57 19.5	20 36 40	15 55 37
21	21	11 19 27	17 28 48	2 23 36	9 40 56	19 7 51	15 46 34	26 4 6	1 32 45	4 32	25 23 18	30 9 19	4 57 19.4	20 32 5	15 56 51
22	22	10 8 46	17 9 21	3 7 1	9 54 12	19 14 55	15 46 43	26 5 43	1 34 44	4 22	25 28 36	30 8 17	4 57 19.3	20 27 7	16 0 58
23	23	8 53 49	16 52 18	3 50 27	10 7 32	19 22 0	15 46 55	26 7 22	1 36 42	4 15	25 33 54	30 7 23	4 57 19.2	20 21 53	16 7 38
24	24	7 36 56	16 37 41	4 33 56	10 20 56	19 29 7	15 47 10	26 9 2	1 38 40	4 11	25 39 10	30 6 39	4 57 19.2	20 16 33	16 16 29
25	25	6 20 27	16 25 33	5 17 27	10 34 23	19 36 14	15 47 29	26 10 43	1 40 38	4 09	25 44 25	30 6 9	4 57 19.1	20 11 17	16 27 5
26	26	5 6 34	16 15 56	6 1 1	10 47 53	19 43 22	15 47 50	26 12 25	1 42 36	4 09	25 49 39	30 5 54	4 57 19.0	20 6 13	16 39 1
27	27	3 57 12	16 8 49	6 44 36	11 1 27	19 50 30	15 48 14	26 14 10	1 44 33	4 10	25 54 53	30 5 55	4 57 18.8	20 1 29	16 51 54
28	28	2 53 56	16 4 13	7 28 14	11 15 3	19 57 39	15 48 42	26 15 55	1 46 31	4 09	26 0 5	30 6 9	4 57 18.6	19 57 11	17 5 23
29	29	1 57 58	16 2D 5	8 11 54	11 28 43	20 4 49	15 49 13	26 17 42	1 48 28	4 07	26 5 16	30 6 37	4 57 18.3	19 53 24	17 19 8
30	30	1 10 7	16 2 24	8 55 37	11 42 25	20 12 0	15 49 47	26 19 30	1 50 24	4 02	26 10 26	30 7 16	4 57 18.0	19 50 11	17 32 53
31	31	0♑30 52	16♐ 5 8	9♐39 21	11♒56 11	20♑19 11	15♈50 24	26♒21 19	1♑52 20	3♉54	26 15 36	30 8 3	4 57 17.7	19 47 34	17S46 27

DAY Jan	♀ VENUS R.A. h m s	DECL ° ' "	♂ MARS R.A. h m s	DECL ° ' "	♃ JUPITER R.A. h m s	DECL ° ' "	♄ SATURN R.A. h m s	DECL ° ' "	♅ URANUS R.A. h m s	DECL ° ' "	♆ NEPTUNE R.A. h m s	DECL ° ' "	♇ PLUTO R.A. h m s	DECL ° ' "
1	19 38 30	18S35 2	16 46 38	22S30 0	22 11 53	12S12 40	20 58 25	18S 0 38	2 34 38	14N43 36	23 27 30	4S44 26	19 53 6	22S39 21
2	19 36 15	18 24 34	16 49 41	22 35 53	22 12 38	12 8 25	20 58 51	17 58 51	2 34 35	14 43 21	23 27 34	4 44 0	19 53 14	22 39 4
3	19 33 53	18 14 22	16 52 45	22 41 34	22 13 23	12 4 8	20 59 18	17 57 2	2 34 31	14 43 7	23 27 38	4 43 33	19 53 23	22 38 46
4	19 31 26	18 4 26	16 55 49	22 47 2	22 14 9	11 59 49	20 59 45	17 55 13	2 34 28	14 42 54	23 27 42	4 43 5	19 53 31	22 38 29
5	19 28 54	17 54 48	16 58 53	22 52 18	22 14 55	11 55 28	21 0 11	17 53 23	2 34 25	14 42 42	23 27 46	4 42 36	19 53 39	22 38 11
6	19 26 19	17 45 29	17 1 58	22 57 21	22 15 41	11 51 5	21 0 38	17 51 32	2 34 23	14 42 31	23 27 50	4 42 7	19 53 48	22 37 54
7	19 23 41	17 36 31	17 5 3	23 2 10	22 16 27	11 46 39	21 1 5	17 49 41	2 34 20	14 42 21	23 27 55	4 41 37	19 53 56	22 37 36
8	19 21 2	17 27 54	17 8 8	23 6 47	22 17 14	11 42 11	21 1 32	17 47 49	2 34 18	14 42 12	23 27 59	4 41 7	19 54 4	22 37 18
9	19 18 22	17 19 39	17 11 14	23 11 11	22 18 1	11 37 42	21 2 0	17 45 56	2 34 16	14 42 3	23 28 4	4 40 35	19 54 13	22 37 1
10	19 15 43	17 11 49	17 14 20	23 15 21	22 18 49	11 33 10	21 2 27	17 44 3	2 34 14	14 41 56	23 28 9	4 40 3	19 54 21	22 36 43
11	19 13 6	17 4 23	17 17 26	23 19 18	22 19 36	11 28 36	21 2 55	17 42 8	2 34 12	14 41 50	23 28 13	4 39 31	19 54 30	22 36 25
12	19 10 31	16 57 23	17 20 33	23 23 2	22 20 24	11 24 0	21 3 22	17 40 13	2 34 10	14 41 44	23 28 18	4 38 57	19 54 38	22 36 7
13	19 8 1	16 50 51	17 23 40	23 26 32	22 21 12	11 19 22	21 3 50	17 38 18	2 34 9	14 41 40	23 28 23	4 38 23	19 54 47	22 35 49
14	19 5 35	16 44 47	17 26 48	23 29 48	22 22 1	11 14 43	21 4 18	17 36 22	2 34 8	14 41 36	23 28 29	4 37 49	19 54 55	22 35 32
15	19 3 14	16 39 11	17 29 56	23 32 51	22 22 49	11 10 1	21 4 46	17 34 25	2 34 7	14 41 34	23 28 34	4 37 13	19 55 4	22 35 14
16	19 1 0	16 34 5	17 33 4	23 35 41	22 23 38	11 5 18	21 5 14	17 32 27	2 34 7	14 41 33	23 28 39	4 36 38	19 55 12	22 34 56
17	18 58 54	16 29 29	17 36 12	23 38 16	22 24 27	11 0 32	21 5 42	17 30 29	2 34 6	14 41 32	23 28 45	4 36 1	19 55 21	22 34 39
18	18 56 55	16 25 22	17 39 21	23 40 38	22 25 17	10 55 45	21 6 10	17 28 31	2 34 6	14 41 33	23 28 50	4 35 24	19 55 29	22 34 21
19	18 55 5	16 21 46	17 42 30	23 42 46	22 26 6	10 50 57	21 6 38	17 26 32	2 34 6	14 41 34	23 28 56	4 34 46	19 55 38	22 34 3
20	18 53 24	16 18 40	17 45 39	23 44 40	22 26 56	10 46 6	21 7 6	17 24 32	2 34 6	14 41 37	23 29 2	4 34 8	19 55 46	22 33 46
21	18 51 52	16 16 3	17 48 48	23 46 20	22 27 46	10 41 14	21 7 35	17 22 32	2 34 6	14 41 40	23 29 7	4 33 29	19 55 55	22 33 28
22	18 50 31	16 13 55	17 51 58	23 47 46	22 28 36	10 36 20	21 8 3	17 20 32	2 34 7	14 41 45	23 29 13	4 32 50	19 56 3	22 33 10
23	18 49 19	16 12 15	17 55 8	23 48 57	22 29 27	10 31 25	21 8 32	17 18 31	2 34 7	14 41 50	23 29 19	4 32 10	19 56 12	22 32 53
24	18 48 18	16 11 2	17 58 18	23 49 55	22 30 17	10 26 27	21 9 0	17 16 30	2 34 8	14 41 56	23 29 25	4 31 29	19 56 20	22 32 36
25	18 47 28	16 10 15	18 1 28	23 50 38	22 31 8	10 21 29	21 9 29	17 14 28	2 34 10	14 42 4	23 29 32	4 30 48	19 56 28	22 32 18
26	18 46 48	16 9 53	18 4 39	23 51 7	22 31 59	10 16 28	21 9 57	17 12 26	2 34 11	14 42 12	23 29 38	4 30 7	19 56 37	22 32 1
27	18 46 18	16 9 54	18 7 49	23 51 21	22 32 50	10 11 27	21 10 26	17 10 23	2 34 13	14 42 21	23 29 44	4 29 24	19 56 45	22 31 44
28	18 45 59	16 10 18	18 11 0	23 51 22	22 33 42	10 6 23	21 10 55	17 8 20	2 34 14	14 42 32	23 29 51	4 28 42	19 56 54	22 31 27
29	18 45 50	16 11 1	18 14 11	23 51 7	22 34 33	10 1 18	21 11 23	17 6 17	2 34 16	14 42 43	23 29 57	4 27 59	19 57 2	22 31 9
30	18 45 52	16 12 4	18 17 22	23 50 39	22 35 25	9 56 12	21 11 52	17 4 13	2 34 19	14 42 55	23 30 4	4 27 15	19 57 10	22 30 53
31	18 46 4	16S13 23	18 20 34	23S49 56	22 36 17	9S51 4	21 12 21	17S 2 9	2 34 21	14N43 8	23 30 11	4S26 31	19 57 19	22S30 36

FEBRUARY 2022

DAY	SIDEREAL TIME h m s	☉ SUN LONG ° ' "	SUN MOT ' "	SUN R.A. h m s	SUN DECL ° ' "	☽ MOON AT 0 HOURS LONG ° ' "	12h MOT ° ' "	2DIF "	R.A. h m s	DECL ° ' "
1 Tu	8 44 44	17♑ 2 31	60 56	20 58 11.8	17S10 7	13♑44 31	7 20 15	-101	20 50 13	22S37 0
2 W	8 48 40	18 3 27	60 54	21 2 16.4	16 52 58	28 21 6	7 11 33	-156	21 49 50	18 26 14
3 Th	8 52 37	19 4 21	60 53	21 6 20.1	16 35 31	12♒38 39	6 59 49	-191	22 45 3	13 16 50
4 F	8 56 33	20 5 14	60 52	21 10 23.0	16 17 47	26 31 41	6 46 25	-205	23 36 23	7 34 58
5 S	9 0 30	21 6 6	60 50	21 14 25.1	15 59 46	9♓57 39	6 32 48	-198	0 24 46	1 42 33
6 Su	9 4 26	22 6 56	60 49	21 18 26.4	15 41 28	22 56 47	6 20 14	-175	1 11 20	4N 3 20
7 M	9 8 23	23 7 45	60 48	21 22 26.8	15 22 54	5♈31 40	6 9 37	-141	1 57 8	9 29 36
8 Tu	9 12 19	24 8 33	60 46	21 26 26.5	15 4 5	17 46 31	6 1 32	-101	2 43 8	14 25 44
9 W	9 16 16	25 9 19	60 45	21 30 25.3	14 45 0	29 46 33	5 56 13	-59	3 30 9	18 42 29
10 Th	9 20 13	26 10 3	60 43	21 34 23.3	14 25 41	11♉37 22	5 53 42	-17	4 18 43	22 10 57
11 F	9 24 9	27 10 46	60 42	21 38 20.6	14 6 7	23 24 31	5 53 50	20	5 9 7	24 42 21
12 S	9 28 6	28 11 28	60 40	21 42 17.0	13 46 20	5♊13 10	5 56 19	53	6 1 11	26 8 33
13 Su	9 32 2	29 12 7	60 38	21 46 12.7	13 26 18	17 7 47	6 0 44	78	6 54 22	26 23 12
14 M	9 35 59	0♒12 46	60 37	21 50 7.6	13 6 4	29 12 0	6 6 33	95	7 47 50	25 23 13
15 Tu	9 39 55	1 13 22	60 35	21 54 1.8	12 45 37	11♋28 22	6 13 14	104	8 40 42	23 9 53
16 W	9 43 52	2 13 58	60 34	21 57 55.3	12 24 58	23 58 20	6 20 13	104	9 32 18	19 48 54
17 Th	9 47 48	3 14 31	60 32	22 1 48.0	12 4 6	6♌42 13	6 27 1	99	10 22 23	15 29 43
18 F	9 51 45	4 15 3	60 31	22 5 40.0	11 43 4	19 39 28	6 33 18	89	11 11 6	10 24 21
19 S	9 55 42	5 15 34	60 29	22 9 31.4	11 21 50	2♍48 57	6 38 55	79	11 58 58	4 46 27
20 Su	9 59 38	6 16 3	60 28	22 13 22.0	11 0 25	16 9 20	6 43 55	72	12 46 46	1S 9 17
21 M	10 3 35	7 16 31	60 27	22 17 12.1	10 38 50	29 39 32	6 48 33	68	13 35 26	7 7 2
22 Tu	10 7 31	8 16 58	60 25	22 21 1.5	10 17 5	13♎18 52	6 53 2	68	14 25 59	12 49 38
23 W	10 11 28	9 17 23	60 24	22 24 50.3	9 55 11	27 7 13	6 57 35	69	15 19 24	17 58 3
24 Th	10 15 24	10 17 47	60 23	22 28 38.5	9 33 7	11♏ 4 40	7 2 10	68	16 16 20	22 11 19
25 F	10 19 21	11 18 10	60 22	22 32 26.1	9 10 55	25 11 12	7 6 29	60	17 16 50	25 7 58
26 S	10 23 17	12 18 31	60 20	22 36 13.2	8 48 34	9♐26 4	7 9 59	42	18 20 0	26 29 23
27 Su	10 27 14	13 18 51	60 19	22 39 59.7	8 26 5	23 47 14	7 11 54	13	19 24 3	26 5 1
28 M	10 31 11	14♒19 9	60 17	22 43 45.7	8S 3 29	8♑11 10	7 11 29	-27	20 26 49	23S56 22

DAY	☽ MOON AT 12 HOURS LONG ° ' "	12h MOT ° ' "	2DIF "	R.A. h m s	DECL ° ' "
1 Tu	21♑ 4 45	7 16 21	-130	21 20 35	20S40 40
2 W	5♒32 40	7 5 59	-176	22 17 59	15 57 9
3 Th	19 38 27	6 53 14	-201	23 11 9	10 28 28
4 F	3♓18 6	6 39 33	-204	0 0 52	4 38 54
5 S	16 30 28	6 26 20	-189	0 48 12	1N12 6
6 Su	29 17 1	6 14 39	-159	1 34 16	6 49 37
7 M	11♈41 17	6 5 14	-121	2 20 3	12 2 2
8 Tu	23 48 3	5 58 31	-80	3 6 28	16 39 35
9 W	5♉42 46	5 54 37	-38	3 54 13	20 33 18
10 Th	17 31 4	5 53 27	2	4 43 41	23 34 19
11 F	29 18 21	5 54 48	37	5 34 58	25 34 3
12 S	11♊ 9 29	5 58 19	66	6 27 41	26 25 6
13 Su	23 8 30	6 3 30	87	7 21 7	26 2 34
14 M	5♋18 33	6 9 49	100	8 14 23	24 25 28
15 Tu	17 41 37	6 16 43	105	9 6 41	21 37 20
16 W	0♌18 33	6 23 40	102	9 57 32	17 45 53
17 Th	13 9 14	6 30 14	94	10 46 54	13 1 59
18 F	26 12 46	6 36 11	84	11 35 6	7 38 34
19 S	9♍27 51	6 41 29	75	12 22 49	1 49 51
20 Su	22 53 16	6 46 16	69	13 10 55	4S 8 56
21 M	6♎28 4	6 50 48	67	14 0 24	10 1 22
22 Tu	20 11 55	6 55 18	68	14 52 17	15 29 23
23 W	4♏ 4 48	6 59 53	69	15 47 24	20 12 56
24 Th	18 6 50	7 4 23	65	16 46 10	23 50 31
25 F	2♐17 41	7 8 23	53	17 48 10	26 1 30
26 S	16 36 3	7 11 12	29	18 52 3	26 30 38
27 Su	0♑59 8	7 12 2	-6	19 55 43	25 13 7
28 M	15♑22 39	7 10 13	-49	20 57 9	22S16 49

LUNAR INGRESSES
2 ☽ ♒ 2:44
4 ☽ ♓ 6:08
6 ☽ ♈ 13:22
9 ☽ ♉ 0:27
11 ☽ ♊ 13:25
14 ☽ ♋ 1:35
16 ☽ ♌ 11:25
18 ☽ ♍ 18:54
21 ☽ ♎ 0:36
23 ☽ ♏ 4:58
25 ☽ ♐ 8:08
27 ☽ ♑ 10:21

PLANET INGRESSES
1 ☿ ♐ 0:29
7 ☿ ♑ 13:30
13 ☉ ♒ 18:57
27 ♂ ♑ 14:51
28 ♀ ♑ 7:48

STATIONS
4 ☿ D 4:14

DATA FOR THE 1st AT 0 HOURS
JULIAN DAY 44591.5
☽ MEAN ☊ 2°♉ 50' 34"
OBLIQUITY 23° 26' 16"
DELTA T 77.3 SECONDS
NUTATION LONGITUDE-12.7"

DAY MO	YR	☿ LONG ° ' "	♀ LONG ° ' "	♂ LONG ° ' "	♃ LONG ° ' "	♄ LONG ° ' "	♅ LONG ° ' "	♆ LONG ° ' "	♇ LONG ° ' "	☊ LONG ° '	A.S.S.I. h m s	S.S.R.Y. h m s	S.V.P. ♓ ° ' "	☿ MERCURY R.A. h m s	☿ MERCURY DECL ° ' "
1	32	0♑ 0R22	16♐10 13	10♐23 7	12♒ 9 59	20♑26 22	15♈51 5	26♒23 10	1♑54 16	3♉44	26 20 44	30 8 55	4 57 17.5	19 45 34	17S59 37
2	33	29♐38 34	16 17 37	11 6 56	12 23 50	20 33 33	15 51 48	26 25 2	1 56 11	3 32	26 25 51	30 9 52	4 57 17.3	19 44 11	18 12 15
3	34	29 25 14	16 27 15	11 50 46	12 37 44	20 40 45	15 52 35	26 26 55	1 58 6	3 20	26 30 58	30 10 49	4 57 17.2	19 43 23	18 24 14
4	35	29 19D59	16 39 6	12 34 38	12 51 39	20 47 57	15 53 24	26 28 49	2 0 0	3 10	26 36 3	30 11 47	4 57 17.1	19 43 9	18 35 27
5	36	29 22 23	16 53 4	13 18 32	13 5 38	20 55 8	15 54 17	26 30 45	2 1 54	3 01	26 41 7	30 12 43	4 57 17.1	19 43 27	18 45 50
6	37	29 31 57	17 9 6	14 2 28	13 19 38	21 2 20	15 55 13	26 32 41	2 3 48	2 55	26 46 10	30 13 35	4 57 17.0	19 44 15	18 55 19
7	38	29 48 10	17 27 8	14 46 26	13 33 41	21 9 32	15 56 12	26 34 39	2 5 40	2 52	26 51 12	30 14 23	4 57 16.9	19 45 31	19 3 49
8	39	0♑10 31	17 47 7	15 30 26	13 47 46	21 16 43	15 57 14	26 36 38	2 7 32	2 51	26 56 13	30 15 5	4 57 16.8	19 47 13	19 11 19
9	40	0 38 33	18 8 59	16 14 28	14 1 52	21 23 54	15 58 19	26 38 37	2 9 24	2 51	27 1 13	30 15 38	4 57 16.7	19 49 18	19 17 44
10	41	1 11 47	18 32 40	16 58 31	14 16 1	21 31 5	15 59 27	26 40 38	2 11 15	2 51	27 6 12	30 16 2	4 57 16.6	19 51 46	19 23 3
11	42	1 49 47	18 58 6	17 42 37	14 30 12	21 38 16	16 0 38	26 42 40	2 13 5	2 50	27 11 10	30 16 15	4 57 16.4	19 54 33	19 27 15
12	43	2 32 9	19 25 14	18 26 44	14 44 24	21 45 26	16 1 52	26 44 42	2 14 54	2 46	27 16 7	30 16 15	4 57 16.2	19 57 39	19 30 17
13	44	3 18 32	19 53 59	19 10 53	14 58 38	21 52 36	16 3 9	26 46 46	2 16 43	2 40	27 21 4	30 16 2	4 57 16.0	20 1 1	19 32 8
14	45	4 8 36	20 24 19	19 55 4	15 12 53	21 59 45	16 4 28	26 48 50	2 18 31	2 30	27 25 59	30 15 36	4 57 15.8	20 4 39	19 32 46
15	46	5 2 2	20 56 10	20 39 17	15 27 10	22 6 53	16 5 51	26 50 55	2 20 18	2 18	27 30 53	30 14 57	4 57 15.6	20 8 30	19 32 11
16	47	5 58 35	21 29 29	21 23 32	15 41 28	22 14 1	16 7 17	26 53 1	2 22 4	2 05	27 35 46	30 14 7	4 57 15.4	20 12 34	19 30 22
17	48	6 57 59	22 4 11	22 7 49	15 55 48	22 21 8	16 8 45	26 55 8	2 23 50	1 51	27 40 39	30 13 7	4 57 15.3	20 16 50	19 27 18
18	49	8 0 3	22 40 15	22 52 8	16 10 9	22 28 14	16 10 16	26 57 15	2 25 34	1 37	27 45 30	30 12 3	4 57 15.3	20 21 16	19 22 59
19	50	9 4 33	23 17 37	23 36 29	16 24 31	22 35 20	16 11 50	26 59 24	2 27 18	1 26	27 50 21	30 10 57	4 57 15.3	20 25 51	19 17 23
20	51	10 11 21	23 56 14	24 20 51	16 38 54	22 42 24	16 13 27	27 1 33	2 29 1	1 17	27 55 11	30 9 55	4 57 15.2	20 30 36	19 10 31
21	52	11 20 16	24 36 3	25 5 16	16 53 19	22 49 27	16 15 7	27 3 42	2 30 43	1 11	28 0 0	30 9 0	4 57 15.2	20 35 28	19 2 22
22	53	12 31 11	25 17 2	25 49 42	17 7 44	22 56 29	16 16 49	27 5 53	2 32 24	1 08	28 4 48	30 8 15	4 57 15.1	20 40 27	18 52 56
23	54	13 43 59	25 59 6	26 34 11	17 22 10	23 3 30	16 18 34	27 8 3	2 34 4	1 08	28 9 35	30 7 41	4 57 15.0	20 45 34	18 42 12
24	55	14 58 32	26 42 14	27 18 41	17 36 38	23 10 30	16 20 22	27 10 15	2 35 43	1 08	28 14 22	30 7 20	4 57 14.8	20 50 46	18 30 11
25	56	16 14 45	27 26 24	28 3 14	17 51 6	23 17 29	16 22 12	27 12 27	2 37 21	1 07	28 19 8	30 7 13	4 57 14.6	20 56 4	18 16 53
26	57	17 32 34	28 11 32	28 47 48	18 5 34	23 24 26	16 24 6	27 14 40	2 38 58	1 05	28 23 53	30 7 17	4 57 14.4	21 1 27	18 2 17
27	58	18 51 53	28 57 36	29 32 23	18 20 4	23 31 22	16 26 1	27 16 53	2 40 34	1 00	28 28 38	30 7 34	4 57 14.1	21 6 55	17 46 24
28	59	20♑12 39	29♐44 33	0♑17 1	18♒34 33	23♑38 17	16♈28 0	27♒19 6	2♑42 9	0♉52	28 33 22	30 8 1	4 57 13.9	21 12 28	17S29 13

DAY Feb	♀ VENUS R.A. h m s	♀ VENUS DECL ° ' "	♂ MARS R.A. h m s	♂ MARS DECL ° ' "	♃ JUPITER R.A. h m s	♃ JUPITER DECL ° ' "	♄ SATURN R.A. h m s	♄ SATURN DECL ° ' "	♅ URANUS R.A. h m s	♅ URANUS DECL ° ' "	♆ NEPTUNE R.A. h m s	♆ NEPTUNE DECL ° ' "	♇ PLUTO R.A. h m s	♇ PLUTO DECL ° ' "
1	18 46 26	16S14 58	18 23 45	23S48 59	22 37 9	9S45 55	21 12 50	17S 0 5	2 34 24	14N43 23	23 30 17	4S25 46	19 57 27	22S30 19
2	18 46 57	16 16 46	18 26 56	23 47 47	22 38 1	9 40 45	21 13 19	16 58 0	2 34 26	14 43 38	23 30 24	4 25 1	19 57 35	22 30 2
3	18 47 38	16 18 47	18 30 8	23 46 20	22 38 53	9 35 33	21 13 47	16 55 56	2 34 29	14 43 54	23 30 31	4 24 15	19 57 43	22 29 46
4	18 48 28	16 20 57	18 33 20	23 44 39	22 39 46	9 30 20	21 14 16	16 53 51	2 34 33	14 44 11	23 30 38	4 23 29	19 57 52	22 29 30
5	18 49 27	16 23 16	18 36 31	23 42 44	22 40 38	9 25 6	21 14 45	16 51 46	2 34 36	14 44 29	23 30 45	4 22 43	19 58 0	22 29 13
6	18 50 34	16 25 41	18 39 43	23 40 34	22 41 31	9 19 51	21 15 14	16 49 41	2 34 40	14 44 48	23 30 52	4 21 56	19 58 8	22 28 57
7	18 51 50	16 28 11	18 42 55	23 38 10	22 42 24	9 14 34	21 15 43	16 47 35	2 34 44	14 45 8	23 31 0	4 21 9	19 58 16	22 28 41
8	18 53 14	16 30 44	18 46 6	23 35 31	22 43 16	9 9 17	21 16 11	16 45 30	2 34 48	14 45 29	23 31 7	4 20 22	19 58 24	22 28 26
9	18 54 46	16 33 19	18 49 18	23 32 38	22 44 9	9 3 58	21 16 40	16 43 24	2 34 52	14 45 51	23 31 14	4 19 34	19 58 32	22 28 10
10	18 56 26	16 35 54	18 52 30	23 29 30	22 45 2	8 58 39	21 17 9	16 41 18	2 34 56	14 46 13	23 31 22	4 18 45	19 58 40	22 27 54
11	18 58 13	16 38 27	18 55 42	23 26 8	22 45 56	8 53 18	21 17 37	16 39 13	2 35 1	14 46 37	23 31 29	4 17 57	19 58 48	22 27 39
12	19 0 8	16 40 56	18 58 53	23 22 31	22 46 49	8 47 56	21 18 6	16 37 7	2 35 6	14 47 2	23 31 37	4 17 8	19 58 56	22 27 24
13	19 2 9	16 43 21	19 2 5	23 18 40	22 47 42	8 42 34	21 18 35	16 35 1	2 35 11	14 47 27	23 31 44	4 16 18	19 59 3	22 27 9
14	19 4 17	16 45 39	19 5 17	23 14 35	22 48 36	8 37 10	21 19 3	16 32 55	2 35 16	14 47 54	23 31 52	4 15 29	19 59 11	22 26 54
15	19 6 31	16 47 49	19 8 28	23 10 16	22 49 29	8 31 46	21 19 32	16 30 50	2 35 21	14 48 21	23 32 0	4 14 39	19 59 19	22 26 39
16	19 8 51	16 49 50	19 11 40	23 5 42	22 50 23	8 26 21	21 20 0	16 28 44	2 35 27	14 48 49	23 32 7	4 13 48	19 59 26	22 26 25
17	19 11 18	16 51 40	19 14 51	23 0 54	22 51 16	8 20 55	21 20 29	16 26 38	2 35 33	14 49 18	23 32 15	4 12 58	19 59 34	22 26 11
18	19 13 50	16 53 19	19 18 2	22 55 52	22 52 10	8 15 28	21 20 57	16 24 33	2 35 39	14 49 48	23 32 23	4 12 7	19 59 41	22 25 57
19	19 16 27	16 54 44	19 21 14	22 50 36	22 53 4	8 10 1	21 21 25	16 22 28	2 35 45	14 50 18	23 32 31	4 11 16	19 59 49	22 25 43
20	19 19 10	16 55 54	19 24 25	22 45 6	22 53 57	8 4 32	21 21 53	16 20 22	2 35 51	14 50 50	23 32 39	4 10 25	19 59 56	22 25 29
21	19 21 58	16 56 49	19 27 36	22 39 22	22 54 51	7 59 3	21 22 21	16 18 17	2 35 58	14 51 22	23 32 47	4 9 33	20 0 4	22 25 16
22	19 24 51	16 57 28	19 30 46	22 33 24	22 55 45	7 53 34	21 22 49	16 16 12	2 36 4	14 51 55	23 32 55	4 8 42	20 0 11	22 25 2
23	19 27 49	16 57 48	19 33 57	22 27 12	22 56 39	7 48 4	21 23 17	16 14 8	2 36 11	14 52 29	23 33 3	4 7 50	20 0 18	22 24 49
24	19 30 50	16 57 50	19 37 8	22 20 46	22 57 33	7 42 33	21 23 45	16 12 3	2 36 18	14 53 4	23 33 11	4 6 57	20 0 25	22 24 36
25	19 33 57	16 57 32	19 40 18	22 14 6	22 58 27	7 37 2	21 24 13	16 9 59	2 36 25	14 53 40	23 33 19	4 6 5	20 0 32	22 24 24
26	19 37 7	16 56 54	19 43 28	22 7 13	22 59 21	7 31 30	21 24 41	16 7 55	2 36 33	14 54 16	23 33 27	4 5 12	20 0 39	22 24 12
27	19 40 21	16 55 55	19 46 38	22 0 6	23 0 15	7 25 57	21 25 8	16 5 51	2 36 40	14 54 53	23 33 35	4 4 20	20 0 46	22 23 59
28	19 43 39	16S54 33	19 49 48	21S52 46	23 1 9	7S20 24	21 25 36	16S 3 48	2 36 48	14N55 31	23 33 43	4S 3 27	20 0 53	22S23 48

MARCH 2022

DAY	SIDEREAL TIME h m s	☉ SUN LONG ° ' "	☉ MOT ' "	☉ R.A. h m s	☉ DECL ° ' "	☽ MOON AT 0 HOURS LONG ° ' "	12h MOT ° ' "	2DIF "	R.A. h m s	DECL ° ' "	☽ MOON AT 12 HOURS LONG ° ' "	12h MOT ° ' "	2DIF "	R.A. h m s	DECL ° ' "
1 Tu	10 35 7	15♒19 26	60 15	22 47 31.1	7S40 45	22♑32 52	7 8 11	-72	21 26 36	20S17 5	29♑41 4	7 5 25	-94	21 55 7	18S 0 4
2 W	10 39 4	16 19 41	60 14	22 51 16.1	7 17 55	6♒46 28	7 1 55	-115	22 22 41	15 28 48	13♒48 23	6 57 45	-133	22 49 20	12 46 23
3 Th	10 43 0	17 19 55	60 12	22 55 0.6	6 54 58	20 46 8	6 53 3	-148	23 15 10	9 55 46	27 39 11	6 47 53	-160	23 40 17	6 59 44
4 F	10 46 57	18 20 7	60 10	22 58 44.5	6 31 56	4♓27 4	6 42 25	-167	0 4 47	4 0 52	11♓ 9 29	6 36 45	-170	0 28 48	1 1 31
5 S	10 50 53	19 20 16	60 8	23 2 28.1	6 8 48	17 46 14	6 31 3	-170	0 52 27	1N56 12	24 17 17	6 25 27	-165	1 15 51	4N50 21
6 Su	10 54 50	20 20 24	60 6	23 6 11.1	5 45 35	0♈42 44	6 20 3	-157	1 39 8	7 39 14	7♈ 2 48	6 14 59	-146	2 2 25	10 21 17
7 M	10 58 46	21 20 30	60 4	23 9 53.8	5 22 17	13 17 46	6 10 19	-132	2 25 47	12 55 4	19 28 5	6 6 9	-117	2 49 20	15 19 15
8 Tu	11 2 43	22 20 34	60 2	23 13 36.0	4 58 55	25 34 14	6 2 33	-99	3 13 8	17 32 36	1♉36 47	5 59 33	-80	3 37 16	19 33 56
9 W	11 6 39	23 20 35	60 0	23 17 17.9	4 35 30	7♉36 20	5 57 13	-60	4 1 47	21 22 8	13 33 33	5 55 32	-40	4 26 41	22 56 6
10 Th	11 10 36	24 20 35	59 57	23 20 59.3	4 12 1	19 29 5	5 54 33	-19	4 52 0	24 14 51	25 23 39	5 54 16	1	5 17 42	25 17 25
11 F	11 14 33	25 20 32	59 55	23 24 40.5	3 48 28	1♊17 54	5 54 38	21	5 43 44	26 3 0	7♊12 32	5 55 41	41	6 10 4	26 30 52
12 S	11 18 29	26 20 27	59 53	23 28 21.2	3 24 53	13 8 13	5 57 21	59	6 36 36	26 40 30	19 5 34	5 59 37	76	7 3 14	26 31 33
13 Su	11 22 26	27 20 20	59 51	23 32 1.7	3 1 16	25 5 12	6 2 26	92	7 29 52	26 3 56	1♋ 7 38	6 5 44	105	7 56 25	25 17 45
14 M	11 26 22	28 20 11	59 49	23 35 41.9	2 37 37	7♋13 22	6 9 28	117	8 22 47	24 13 23	13 22 50	6 13 32	126	8 48 54	22 51 24
15 Tu	11 30 19	29 19 59	59 47	23 39 21.8	2 13 57	19 36 22	6 17 52	133	9 14 43	21 12 39	25 54 14	6 22 23	136	9 40 12	19 18 9
16 W	11 34 15	0♓19 46	59 44	23 43 1.4	1 50 15	2♌16 37	6 26 58	138	10 5 21	17 9 5	8♌43 35	6 31 33	136	10 30 12	14 46 49
17 Th	11 38 12	1 19 30	59 42	23 46 40.9	1 26 32	15 15 8	6 36 1	131	10 54 47	12 12 52	21 51 10	6 40 18	125	11 19 10	9 28 54
18 F	11 42 8	2 19 12	59 40	23 50 20.1	1 2 49	28 31 28	6 44 20	116	11 43 26	6 36 40	5♍15 48	6 48 1	105	12 7 40	3 38 6
19 S	11 46 5	3 18 53	59 38	23 53 59.1	0 39 6	12♍ 3 49	6 51 20	93	12 31 59	0 35 16	18 55 9	6 54 15	81	12 56 29	2S29 41
20 Su	11 50 2	4 18 31	59 36	23 57 38.0	0 15 23	25 49 23	6 56 44	69	13 21 18	5S34 25	2♎46 7	6 58 49	57	13 46 33	8 36 30
21 M	11 53 58	5 18 7	59 35	0 1 16.8	0N 8 19	9♎44 56	7 0 31	45	14 12 21	11 33 21	16 45 27	7 1 50	35	14 38 48	14 22 17
22 Tu	11 57 55	6 17 42	59 33	0 4 55.4	0 32 1	23 47 17	7 2 51	26	15 6 1	17 0 31	0♏50 8	7 3 34	18	15 34 2	19 25 13
23 W	12 1 51	7 17 15	59 31	0 8 34.0	0 55 41	7♏53 42	7 4 3	11	16 2 53	21 33 35	14 57 45	7 4 20	6	16 32 34	23 22 56
24 Th	12 5 48	8 16 46	59 30	0 12 12.5	1 19 20	22 2 5	7 4 25	0	17 2 59	24 50 47	29 6 30	7 4 21	-5	17 34 1	25 55 2
25 F	12 9 44	9 16 15	59 28	0 15 51.0	1 42 57	6♐10 50	7 4 7	-9	18 5 29	26 34 8	13♐14 57	7 3 43	-15	18 37 8	26 47 6
26 S	12 13 41	10 15 43	59 26	0 19 29.5	2 6 32	20 18 40	7 3 8	-21	19 8 43	26 33 45	27 21 48	7 2 20	-28	19 40 0	25 54 34
27 Su	12 17 37	11 15 9	59 24	0 23 8.0	2 30 4	4♑24 7	7 1 17	-35	20 10 44	24 50 47	11♑25 25	6 59 58	-44	20 40 45	23 24 11
28 M	12 21 34	12 14 33	59 22	0 26 46.5	2 53 34	18 25 22	6 58 20	-54	21 9 57	21 37 1	25 23 42	6 56 21	-65	21 38 16	19 31 47
29 Tu	12 25 31	13 13 55	59 21	0 30 25.0	3 17 0	2♒20 3	6 54 1	-76	22 5 40	17 11 10	9♒14 4	6 51 19	-87	22 32 13	14 37 53
30 W	12 29 27	14 13 16	59 19	0 34 3.6	3 40 22	16 5 22	6 48 15	-97	22 57 58	11 54 37	22 53 37	6 44 50	-107	23 23 1	9 3 56
31 Th	12 33 24	15♓12 34	59 17	0 37 42.3	4N 3 40	29♒38 27	6 41 7	-115	23 47 29	6S 8 18	6♓19 34	6 37 10	-122	0 11 29	3S10 2

LUNAR INGRESSES
1 ☽ ♒ 12:32
3 ☽ ♓ 16:08
5 ☽ ♈ 22:40
8 ☽ ♉ 8:47
10 ☽ ♊ 21:22
13 ☽ ♋ 9:46
15 ☽ ♌ 19:44
18 ☽ ♍ 2:38
20 ☽ ♎ 7:13
22 ☽ ♏ 10:35
24 ☽ ♐ 13:31
26 ☽ ♑ 16:30
28 ☽ ♒ 19:57
31 ☽ ♓ 0:39

PLANET INGRESSES
6 ☿ ♒ 20:03
15 ☉ ♓ 16:04
24 ☿ ♓ 16:53
31 ♀ ♒ 23:22

STATIONS
NONE

DATA FOR THE 1st AT 0 HOURS
JULIAN DAY 44619.5
☽ MEAN ☊ 1°♉ 21' 33"
OBLIQUITY 23° 26' 17"
DELTA T 77.3 SECONDS
NUTATION LONGITUDE-13.1"

DAY MO	YR	☿ LONG ° ' "	♀ LONG ° ' "	♂ LONG ° ' "	♃ LONG ° ' "	♄ LONG ° ' "	♅ LONG ° ' "	♆ LONG ° ' "	♇ LONG ° ' "	☊ LONG ° '	A.S.S.I. h m s	S.S.R.Y. h m s	S.V.P. ♓ ° ' "	☿ MERCURY R.A. h m s	☿ MERCURY DECL ° ' "
1	60	21♑34 49	0♑32 22	1♑ 1 40	18♒49 4	23♑45 10	16♈30 0	27♒21 20	2♑43 43	0♉42	28 38 5	30 8 35	4 57 13.8	21 18 4	17S10 45
2	61	22 58 20	1 21 1	1 46 20	19 3 34	23 52 1	16 32 4	27 23 35	2 45 15	0 30	28 42 48	30 9 21	4 57 13.7	21 23 45	16 51 0
3	62	24 23 9	2 10 26	2 31 2	19 18 5	23 58 50	16 34 10	27 25 49	2 46 47	0 18	28 47 30	30 10 11	4 57 13.6	21 29 28	16 29 59
4	63	25 49 14	3 0 37	3 15 46	19 32 36	24 5 38	16 36 18	27 28 4	2 48 17	0 07	28 52 11	30 11 6	4 57 13.6	21 35 16	16 7 40
5	64	27 16 33	3 51 31	4 0 31	19 47 8	24 12 24	16 38 29	27 30 20	2 49 46	29♈58	28 56 52	30 12 3	4 57 13.6	21 41 6	15 44 6
6	65	28 45 6	4 43 6	4 45 17	20 1 38	24 19 8	16 40 42	27 32 35	2 51 14	29 52	29 1 32	30 13 2	4 57 13.6	21 46 59	15 19 15
7	66	0♒14 50	5 35 22	5 30 5	20 16 10	24 25 50	16 42 58	27 34 51	2 52 40	29 49	29 6 12	30 14 0	4 57 13.5	21 52 55	14 53 8
8	67	1 45 46	6 28 16	6 14 54	20 30 40	24 32 30	16 45 16	27 37 7	2 54 6	29 47	29 10 51	30 14 54	4 57 13.5	21 58 53	14 25 45
9	68	3 17 52	7 21 48	6 59 44	20 45 11	24 39 7	16 47 36	27 39 24	2 55 30	29 47	29 15 30	30 15 42	4 57 13.3	22 4 55	13 57 7
10	69	4 51 8	8 15 55	7 44 36	20 59 42	24 45 43	16 49 58	27 41 40	2 56 52	29 48	29 20 8	30 16 22	4 57 13.2	22 10 58	13 27 14
11	70	6 25 33	9 10 36	8 29 29	21 14 12	24 52 16	16 52 23	27 43 56	2 58 14	29 48	29 24 46	30 16 52	4 57 13.0	22 17 5	12 56 6
12	71	8 1 9	10 5 51	9 14 23	21 28 41	24 58 47	16 54 50	27 46 13	2 59 34	29 46	29 29 23	30 17 10	4 57 12.8	22 23 13	12 23 44
13	72	9 37 54	11 1 37	9 59 18	21 43 10	25 5 16	16 57 19	27 48 30	3 0 52	29 42	29 34 0	30 17 13	4 57 12.7	22 29 24	11 50 7
14	73	11 15 50	11 57 55	10 44 15	21 57 38	25 11 42	16 59 50	27 50 46	3 2 10	29 36	29 38 37	30 17 2	4 57 12.5	22 35 38	11 15 17
15	74	12 54 56	12 54 42	11 29 13	22 12 6	25 18 6	17 2 24	27 53 2	3 3 26	29 28	29 43 13	30 16 37	4 57 12.4	22 41 53	10 39 14
16	75	14 35 14	13 51 58	12 14 13	22 26 33	25 24 27	17 4 59	27 55 19	3 4 40	29 18	29 47 49	30 15 58	4 57 12.3	22 48 12	10 1 58
17	76	16 16 43	14 49 42	12 59 13	22 40 59	25 30 46	17 7 36	27 57 35	3 5 53	29 07	29 52 25	30 15 8	4 57 12.2	22 54 32	9 23 30
18	77	17 59 24	15 47 53	13 44 15	22 55 24	25 37 1	17 10 15	27 59 52	3 7 5	28 57	29 57 0	30 14 10	4 57 12.2	23 0 56	8 43 49
19	78	19 43 19	16 46 29	14 29 18	23 9 48	25 43 15	17 12 56	28 2 8	3 8 15	28 48	30 1 35	30 13 7	4 57 12.2	23 7 22	8 2 58
20	79	21 28 28	17 45 31	15 14 23	23 24 12	25 49 25	17 15 40	28 4 24	3 9 24	28 42	30 6 10	30 12 3	4 57 12.2	23 13 50	7 20 56
21	80	23 14 52	18 44 57	15 59 28	23 38 34	25 55 32	17 18 24	28 6 40	3 10 31	28 38	0 1 36	30 11 1	4 57 12.2	23 20 22	6 37 45
22	81	25 2 32	19 44 47	16 44 35	23 52 55	26 1 37	17 21 11	28 8 55	3 11 37	28 36	0 6 11	30 10 5	4 57 12.1	23 26 57	5 53 24
23	82	26 51 28	20 44 59	17 29 43	24 7 14	26 7 39	17 24 0	28 11 11	3 12 41	28 37	0 10 46	30 9 16	4 57 11.9	23 33 34	5 7 56
24	83	28 41 40	21 45 33	18 14 53	24 21 33	26 13 37	17 26 50	28 13 26	3 13 44	28 38	0 15 20	30 8 36	4 57 11.8	23 40 15	4 21 22
25	84	0♓33 10	22 46 29	19 0 3	24 35 50	26 19 33	17 29 42	28 15 41	3 14 45	28 38	0 19 55	30 8 7	4 57 11.5	23 46 59	3 33 43
26	85	2 25 57	23 47 44	19 45 15	24 50 6	26 25 25	17 32 36	28 17 55	3 15 45	28 38	0 24 29	30 7 48	4 57 11.3	23 53 47	2 45 0
27	86	4 20 1	24 49 19	20 30 27	25 4 20	26 31 15	17 35 31	28 20 9	3 16 43	28 36	0 29 4	30 7 40	4 57 11.1	0 0 38	1 55 16
28	87	6 15 22	25 51 12	21 15 41	25 18 33	26 37 1	17 38 28	28 22 23	3 17 40	28 31	0 33 38	30 7 44	4 57 10.9	0 7 33	1 4 34
29	88	8 11 59	26 53 24	22 0 55	25 32 44	26 42 43	17 41 27	28 24 36	3 18 35	28 25	0 38 13	30 7 59	4 57 10.8	0 14 31	0 12 56
30	89	10 9 49	27 55 53	22 46 10	25 46 53	26 48 22	17 44 27	28 26 49	3 19 28	28 18	0 42 48	30 8 25	4 57 10.8	0 21 34	0N39 35
31	90	12♓ 8 50	28♑58 38	23♑31 26	26♒ 1 0	26♑53 58	17♈47 29	28♒29 1	3♑20 20	28♈10	0 47 22	30 9 1	4 57 10.8	0 28 40	1N32 55

DAY Mar	♀ VENUS R.A. h m s	♀ VENUS DECL ° ' "	♂ MARS R.A. h m s	♂ MARS DECL ° ' "	♃ JUPITER R.A. h m s	♃ JUPITER DECL ° ' "	♄ SATURN R.A. h m s	♄ SATURN DECL ° ' "	♅ URANUS R.A. h m s	♅ URANUS DECL ° ' "	♆ NEPTUNE R.A. h m s	♆ NEPTUNE DECL ° ' "	♇ PLUTO R.A. h m s	♇ PLUTO DECL ° ' "
1	19 47 0	16S52 49	19 52 58	21S45 12	23 2 3	7S14 51	21 26 3	16S 1 45	2 36 56	14N56 10	23 33 52	4S 2 34	20 1 0	22S23 36
2	19 50 24	16 50 41	19 56 7	21 37 25	23 2 57	7 9 18	21 26 30	15 59 43	2 37 4	14 56 49	23 34 0	4 1 41	20 1 6	22 23 25
3	19 53 52	16 48 10	19 59 16	21 29 25	23 3 51	7 3 44	21 26 57	15 57 41	2 37 12	14 57 30	23 34 8	4 0 47	20 1 13	22 23 14
4	19 57 23	16 45 14	20 2 25	21 21 12	23 4 45	6 58 10	21 27 24	15 55 39	2 37 21	14 58 11	23 34 16	3 59 54	20 1 19	22 23 3
5	20 0 56	16 41 53	20 5 34	21 12 46	23 5 39	6 52 35	21 27 51	15 53 38	2 37 29	14 58 52	23 34 25	3 59 1	20 1 26	22 22 52
6	20 4 33	16 38 6	20 8 42	21 4 6	23 6 33	6 47 1	21 28 18	15 51 37	2 37 38	14 59 35	23 34 33	3 58 7	20 1 32	22 22 42
7	20 8 12	16 33 54	20 11 50	20 55 15	23 7 27	6 41 26	21 28 44	15 49 36	2 37 47	15 0 18	23 34 41	3 57 14	20 1 38	22 22 32
8	20 11 53	16 29 16	20 14 58	20 46 10	23 8 21	6 35 51	21 29 11	15 47 37	2 37 56	15 1 1	23 34 50	3 56 20	20 1 44	22 22 22
9	20 15 37	16 24 11	20 18 6	20 36 53	23 9 15	6 30 15	21 29 37	15 45 37	2 38 5	15 1 46	23 34 58	3 55 26	20 1 50	22 22 13
10	20 19 22	16 18 39	20 21 13	20 27 23	23 10 9	6 24 40	21 30 3	15 43 39	2 38 15	15 2 31	23 35 7	3 54 33	20 1 56	22 22 4
11	20 23 10	16 12 40	20 24 20	20 17 42	23 11 3	6 19 5	21 30 29	15 41 41	2 38 24	15 3 16	23 35 15	3 53 39	20 2 2	22 21 55
12	20 27 0	16 6 14	20 27 27	20 7 48	23 11 56	6 13 29	21 30 55	15 39 43	2 38 34	15 4 3	23 35 23	3 52 45	20 2 8	22 21 46
13	20 30 52	15 59 20	20 30 33	19 57 42	23 12 50	6 7 54	21 31 21	15 37 46	2 38 43	15 4 50	23 35 32	3 51 52	20 2 14	22 21 38
14	20 34 46	15 51 59	20 33 39	19 47 24	23 13 44	6 2 19	21 31 46	15 35 50	2 38 53	15 5 37	23 35 40	3 50 58	20 2 19	22 21 30
15	20 38 41	15 44 10	20 36 45	19 36 54	23 14 38	5 56 44	21 32 12	15 33 55	2 39 3	15 6 26	23 35 49	3 50 4	20 2 25	22 21 23
16	20 42 38	15 35 53	20 39 51	19 26 13	23 15 31	5 51 9	21 32 37	15 32 0	2 39 14	15 7 14	23 35 57	3 49 11	20 2 30	22 21 15
17	20 46 36	15 27 8	20 42 56	19 15 20	23 16 25	5 45 34	21 33 2	15 30 6	2 39 24	15 8 4	23 36 5	3 48 17	20 2 35	22 21 8
18	20 50 35	15 17 55	20 46 1	19 4 16	23 17 18	5 40 0	21 33 27	15 28 13	2 39 34	15 8 53	23 36 14	3 47 24	20 2 41	22 21 2
19	20 54 36	15 8 14	20 49 5	18 53 1	23 18 11	5 34 26	21 33 51	15 26 21	2 39 45	15 9 44	23 36 22	3 46 31	20 2 46	22 20 55
20	20 58 39	14 58 4	20 52 9	18 41 34	23 19 5	5 28 52	21 34 16	15 24 29	2 39 56	15 10 35	23 36 30	3 45 37	20 2 51	22 20 49
21	21 2 42	14 47 27	20 55 13	18 29 56	23 19 58	5 23 18	21 34 40	15 22 39	2 40 6	15 11 26	23 36 39	3 44 44	20 2 55	22 20 44
22	21 6 46	14 36 22	20 58 17	18 18 8	23 20 51	5 17 45	21 35 4	15 20 49	2 40 17	15 12 18	23 36 47	3 43 51	20 3 0	22 20 38
23	21 10 52	14 24 49	21 1 20	18 6 8	23 21 44	5 12 12	21 35 28	15 18 59	2 40 28	15 13 10	23 36 55	3 42 58	20 3 5	22 20 33
24	21 14 58	14 12 49	21 4 23	17 53 58	23 22 37	5 6 39	21 35 51	15 17 11	2 40 40	15 14 3	23 37 4	3 42 5	20 3 9	22 20 28
25	21 19 5	14 0 21	21 7 25	17 41 38	23 23 30	5 1 7	21 36 15	15 15 24	2 40 51	15 14 57	23 37 12	3 41 13	20 3 14	22 20 24
26	21 23 13	13 47 25	21 10 28	17 29 7	23 24 23	4 55 35	21 36 38	15 13 38	2 41 2	15 15 51	23 37 20	3 40 20	20 3 18	22 20 20
27	21 27 22	13 34 3	21 13 30	17 16 26	23 25 16	4 50 3	21 37 1	15 11 52	2 41 14	15 16 45	23 37 29	3 39 28	20 3 23	22 20 16
28	21 31 31	13 20 14	21 16 31	17 3 36	23 26 8	4 44 33	21 37 24	15 10 8	2 41 26	15 17 40	23 37 37	3 38 36	20 3 27	22 20 13
29	21 35 41	13 5 59	21 19 32	16 50 35	23 27 1	4 39 2	21 37 47	15 8 25	2 41 37	15 18 35	23 37 45	3 37 44	20 3 31	22 20 10
30	21 39 51	12 51 18	21 22 33	16 37 25	23 27 53	4 33 33	21 38 9	15 6 42	2 41 49	15 19 31	23 37 53	3 36 52	20 3 35	22 20 7
31	21 44 2	12S36 11	21 25 34	16S24 6	23 28 45	4S28 4	21 38 31	15S 5 1	2 42 1	15N20 27	23 38 1	3S36 1	20 3 38	22S20 5

APRIL 2022

DAY	SIDEREAL TIME h m s	☉ SUN LONG ° ' "	MOT ' "	R.A. h m s	DECL ° ' "	☽ MOON AT 0 HOURS LONG ° ' "	12h MOT ° ' "	2DIF "	R.A. h m s	DECL ° ' "	☽ MOON AT 12 HOURS LONG ° ' "	12h MOT ° ' "	2DIF "	R.A. h m s	DECL ° ' "
1 F	12 37 20	16♓11 51	59 15	0 41 21.0	4N26 54	12♓56 44	6 33 0	-127	0 35 7	0S11 16	19♓29 44	6 28 43	-129	0 58 32	2N45 57
2 S	12 41 17	17 11 6	59 13	0 44 59.9	4 50 3	25 58 27	6 24 23	-129	1 21 49	5N39 44	2♈22 50	6 20 6	-127	1 45 5	8 28 19
3 Su	12 45 13	18 10 18	59 10	0 48 38.9	5 13 6	8♈42 56	6 15 55	-123	2 8 27	11 10 1	14 58 51	6 11 55	-116	2 31 59	13 43 17
4 M	12 49 10	19 9 29	59 8	0 52 18.0	5 36 5	21 10 46	6 8 12	-107	2 55 46	16 6 37	27 18 58	6 4 49	-95	3 19 52	18 18 39
5 Tu	12 53 6	20 8 37	59 6	0 55 57.3	5 58 57	3♉23 48	6 1 51	-83	3 44 20	20 18 2	9♉25 38	5 59 19	-68	4 9 11	22 3 35
6 W	12 57 3	21 7 43	59 4	0 59 36.7	6 21 43	15 24 57	5 57 18	-52	4 34 26	23 34 9	21 22 15	5 55 50	-35	5 0 4	24 48 42
7 Th	13 1 0	22 6 47	59 2	1 3 16.3	6 44 22	27 18 6	5 54 57	-17	5 26 1	25 46 23	3♊13 3	5 54 40	1	5 52 15	26 26 28
8 F	13 4 56	23 5 48	58 59	1 6 56.2	7 6 55	9♊ 7 43	5 55 1	20	6 18 41	26 48 26	15 2 44	5 56 0	39	6 45 13	26 51 56
9 S	13 8 53	24 4 47	58 57	1 10 36.2	7 29 20	20 58 44	5 57 37	58	7 11 45	26 36 50	26 56 21	5 59 51	76	7 38 12	26 3 16
10 Su	13 12 49	25 3 44	58 55	1 14 16.5	7 51 37	2♋56 11	6 2 41	94	8 4 28	25 11 31	8♋58 53	6 6 7	111	8 30 30	24 2 5
11 M	13 16 46	26 2 39	58 52	1 17 57.0	8 13 46	15 4 59	6 10 4	126	8 56 14	22 35 39	21 15 3	6 14 30	139	9 21 38	20 53 3
12 Tu	13 20 42	27 1 31	58 50	1 21 37.8	8 35 47	27 29 32	6 19 21	150	9 46 44	18 55 15	3♌48 53	6 24 32	159	10 11 32	16 43 21
13 W	13 24 39	28 0 21	58 48	1 25 18.9	8 57 39	10♌13 24	6 29 57	165	10 36 4	14 18 34	16 43 22	6 35 32	168	11 0 24	11 42 14
14 Th	13 28 35	28 59 9	58 46	1 29 0.3	9 19 22	23 18 54	6 41 9	167	11 24 38	8 55 51	0♍ 0 2	6 46 40	163	11 48 51	6 1 2
15 F	13 32 32	29 57 55	58 44	1 32 42.0	9 40 55	6♍46 43	6 52 0	155	12 13 9	2 59 36	13 38 43	6 57 1	144	12 37 47	0S 6 27
16 S	13 36 29	0♈56 39	58 42	1 36 24.0	10 2 19	20 35 44	7 1 37	130	13 2 30	3S14 54	27 37 21	7 5 41	113	13 27 47	6 23 18
17 Su	13 40 25	1 55 20	58 40	1 40 6.4	10 23 33	4♎43 2	7 9 10	94	13 53 39	9 28 57	11♎52 12	7 11 59	74	14 20 13	12 28 56
18 M	13 44 22	2 54 0	58 38	1 43 49.2	10 44 37	19 4 11	7 14 7	53	14 47 35	15 20 9	26 18 17	7 15 32	32	15 15 50	17 59 22
19 Tu	13 48 18	3 52 38	58 36	1 47 32.4	11 5 30	3♏33 49	7 16 15	12	15 44 59	20 23 17	10♏50 4	7 16 18	-8	16 15 3	22 28 41
20 W	13 52 15	4 51 14	58 35	1 51 16.0	11 26 12	18 6 21	7 15 44	-26	16 45 56	24 12 37	25 22 5	7 14 35	-42	17 17 30	25 32 30
21 Th	13 56 11	5 49 48	58 33	1 55 0.0	11 46 43	2♐36 40	7 12 57	-56	17 49 33	26 26 23	9♐49 37	7 10 53	-67	18 21 50	26 53 7
22 F	14 0 8	6 48 21	58 31	1 58 44.5	12 7 2	17 0 29	7 8 27	-77	18 54 2	26 52 19	24 8 57	7 5 44	-85	19 25 53	26 24 33
23 S	14 4 4	7 46 52	58 30	2 2 29.5	12 27 10	1♑14 41	7 2 47	-91	19 57 9	25 31 7	8♑17 28	6 59 40	-96	20 27 36	24 13 57
24 Su	14 8 1	8 45 21	58 28	2 6 14.9	12 47 5	15 17 8	6 56 25	-99	20 57 8	22 35 28	22 13 33	6 53 4	-102	21 25 40	20 38 18
25 M	14 11 58	9 43 49	58 26	2 10 0.9	13 6 48	29 6 36	6 49 38	-103	21 53 12	18 25 13	5♒56 15	6 46 11	-104	22 19 47	15 58 54
26 Tu	14 15 54	10 42 16	58 25	2 13 47.3	13 26 18	12♒42 25	6 42 42	-105	22 45 29	13 22 0	19 25 7	6 39 12	-105	23 10 25	10 36 57
27 W	14 19 51	11 40 40	58 23	2 17 34.2	13 45 35	26 4 18	6 35 41	-105	23 34 43	7 46 5	2♓40 0	6 32 12	-105	23 58 29	4 51 30
28 Th	14 23 47	12 39 3	58 21	2 21 21.6	14 4 38	9♓12 12	6 28 43	-104	0 21 51	1 55 15	15 40 55	6 25 17	-103	0 44 57	1N 0 48
29 F	14 27 44	13 37 25	58 20	2 25 9.6	14 23 28	22 6 12	6 21 53	-101	1 7 55	3N54 52	28 28 5	6 18 33	-99	1 30 52	6 45 14
30 S	14 31 40	14♈35 45	58 18	2 28 58.0	14N42 3	4♈46 38	6 15 19	-95	1 53 53	9N30 15	11♈ 1 57	6 12 11	-92	2 17 5	12N 8 20

LUNAR INGRESSES
2 ☽ ♈ 7:32
4 ☽ ♉ 17:17
7 ☽ ♊ 5:28
9 ☽ ♋ 18:08
12 ☽ ♌ 4:47
14 ☽ ♍ 12:00
16 ☽ ♎ 16:02
18 ☽ ♏ 18:07
20 ☽ ♐ 19:40
22 ☽ ♑ 21:53
25 ☽ ♒ 1:34
27 ☽ ♓ 7:08
29 ☽ ♈ 14:54

PLANET INGRESSES
8 ☿ ♈ 16:42
8 ♂ ♓ 13:50
15 ☉ ♈ 0:51
17 ♃ ♈ 8:53
25 ☿ ♉ 10:54
28 ♀ ♓ 7:32

STATIONS
29 ♇ R 18:38

DATA FOR THE 1st AT 0 HOURS
JULIAN DAY 44650.5
☽ MEAN ☊ 29° ♈ 42' 59"
OBLIQUITY 23° 26' 17"
DELTA T 77.3 SECONDS
NUTATION LONGITUDE-14.4"

DAY MO	YR	☿ LONG ° ' "	♀ LONG ° ' "	♂ LONG ° ' "	♃ LONG ° ' "	♄ LONG ° ' "	♅ LONG ° ' "	♆ LONG ° ' "	♇ LONG ° ' "	☊ LONG ° '	A.S.S.I. h m s	S.S.R.Y. h m s	S.V.P. ♓ ' "	☿ MERCURY R.A. h m s	DECL ° ' "
1	91	14♓ 9 0	0♒ 1 39	24♒16 43	26♒15 6	26♑59 30	17♈50 32	28♒31 13	3♑21 10	28♈04	0 51 57	30 9 44	4 57 10.8	0 35 51	2N26 59
2	92	16 10 13	1 4 56	25 2 0	26 29 9	27 4 59	17 53 36	28 33 24	3 21 58	27 58	0 56 32	30 10 37	4 57 10.7	0 43 5	3 21 42
3	93	18 12 25	2 8 28	25 47 17	26 43 10	27 10 23	17 56 42	28 35 35	3 22 45	27 54	1 1 7	30 11 35	4 57 10.7	0 50 23	4 16 58
4	94	20 15 29	3 12 14	26 32 36	26 57 9	27 15 44	17 59 49	28 37 45	3 23 30	27 52	1 5 42	30 12 35	4 57 10.6	0 57 45	5 12 41
5	95	22 19 16	4 16 13	27 17 54	27 11 6	27 21 2	18 2 58	28 39 54	3 24 14	27 52	1 10 18	30 13 35	4 57 10.5	1 5 10	6 8 42
6	96	24 23 37	5 20 27	28 3 13	27 25 1	27 26 15	18 6 7	28 42 3	3 24 55	27 54	1 14 54	30 14 33	4 57 10.4	1 12 38	7 4 53
7	97	26 28 19	6 24 53	28 48 32	27 38 53	27 31 25	18 9 18	28 44 11	3 25 35	27 55	1 19 30	30 15 25	4 57 10.2	1 20 10	8 1 5
8	98	28 33 11	7 29 31	29 33 52	27 52 42	27 36 30	18 12 30	28 46 18	3 26 14	27 57	1 24 6	30 16 8	4 57 10.0	1 27 43	8 57 6
9	99	0♈37 56	8 34 22	0♓19 12	28 6 29	27 41 32	18 15 44	28 48 25	3 26 51	27 58	1 28 42	30 16 41	4 57 9.8	1 35 18	9 52 45
10	100	2 42 18	9 39 25	1 4 32	28 20 14	27 46 29	18 18 58	28 50 30	3 27 26	27 57	1 33 19	30 17 0	4 57 9.7	1 42 53	10 47 51
11	101	4 45 59	10 44 39	1 49 52	28 33 55	27 51 22	18 22 13	28 52 35	3 27 59	27 56	1 37 56	30 17 5	4 57 9.5	1 50 29	11 42 11
12	102	6 48 39	11 50 5	2 35 13	28 47 34	27 56 11	18 25 29	28 54 39	3 28 31	27 53	1 42 33	30 16 56	4 57 9.4	1 58 3	12 35 31
13	103	8 49 59	12 55 41	3 20 34	29 1 10	28 0 56	18 28 47	28 56 42	3 29 0	27 49	1 47 11	30 16 32	4 57 9.3	2 5 35	13 27 39
14	104	10 49 36	14 1 28	4 5 55	29 14 43	28 5 37	18 32 5	28 58 45	3 29 29	27 44	1 51 49	30 15 56	4 57 9.3	2 13 4	14 18 22
15	105	12 47 11	15 7 25	4 51 16	29 28 13	28 10 13	18 35 24	29 0 46	3 29 55	27 40	1 56 28	30 15 9	4 57 9.3	2 20 28	15 7 28
16	106	14 42 22	16 13 33	5 36 38	29 41 40	28 14 45	18 38 43	29 2 46	3 30 20	27 36	2 1 7	30 14 15	4 57 9.3	2 27 46	15 54 45
17	107	16 34 50	17 19 50	6 21 59	29 55 3	28 19 13	18 42 4	29 4 46	3 30 43	27 33	2 5 46	30 13 16	4 57 9.2	2 34 57	16 40 2
18	108	18 24 16	18 26 17	7 7 21	0♈ 8 24	28 23 36	18 45 25	29 6 44	3 31 4	27 32	2 10 26	30 12 14	4 57 9.1	2 42 0	17 23 12
19	109	20 10 23	19 32 53	7 52 43	0 21 41	28 27 54	18 48 47	29 8 42	3 31 23	27 32	2 15 6	30 11 12	4 57 9.0	2 48 53	18 4 6
20	110	21 52 55	20 39 39	8 38 6	0 34 55	28 32 8	18 52 10	29 10 38	3 31 41	27 33	2 19 47	30 10 14	4 57 8.8	2 55 35	18 42 38
21	111	23 31 38	21 46 33	9 23 28	0 48 6	28 36 18	18 55 34	29 12 34	3 31 57	27 34	2 24 29	30 9 19	4 57 8.5	3 2 5	19 18 43
22	112	25 6 19	22 53 36	10 8 50	1 1 13	28 40 22	18 58 58	29 14 28	3 32 12	27 35	2 29 11	30 8 31	4 57 8.2	3 8 22	19 52 17
23	113	26 36 47	24 0 48	10 54 12	1 14 16	28 44 22	19 2 22	29 16 21	3 32 24	27 36	2 33 54	30 7 51	4 57 8.0	3 14 25	20 23 18
24	114	28 2 53	25 8 7	11 39 34	1 27 16	28 48 18	19 5 47	29 18 13	3 32 35	27 36	2 38 37	30 7 21	4 57 7.8	3 20 13	20 51 46
25	115	29 24 28	26 15 35	12 24 56	1 40 12	28 52 8	19 9 13	29 20 4	3 32 44	27 35	2 43 21	30 7 2	4 57 7.7	3 25 45	21 17 38
26	116	0♉41 25	27 23 9	13 10 18	1 53 4	28 55 53	19 12 39	29 21 54	3 32 52	27 34	2 48 5	30 6 56	4 57 7.6	3 31 1	21 40 57
27	117	1 53 36	28 30 52	13 55 39	2 5 52	28 59 34	19 16 5	29 23 42	3 32 57	27 31	2 52 50	30 7 1	4 57 7.5	3 35 59	22 1 42
28	118	3 0 58	29 38 41	14 40 59	2 18 37	29 3 10	19 19 32	29 25 29	3 33 1	27 29	2 57 36	30 7 19	4 57 7.5	3 40 39	22 19 56
29	119	4 3 23	0♓46 36	15 26 19	2 31 17	29 6 40	19 22 59	29 27 15	3 33R 3	27 27	3 2 22	30 7 50	4 57 7.5	3 45 0	22 35 40
30	120	5♉ 0 47	1♓54 38	16♓11 39	2♈43 53	29♑10 5	19♈26 26	29♒29 0	3♑33 4	27♈26	3 7 9	30 8 30	4 57 7.4	3 49 2	22N48 56

DAY Apr	♀ VENUS R.A. h m s	DECL ° ' "	♂ MARS R.A. h m s	DECL ° ' "	♃ JUPITER R.A. h m s	DECL ° ' "	♄ SATURN R.A. h m s	DECL ° ' "	♅ URANUS R.A. h m s	DECL ° ' "	♆ NEPTUNE R.A. h m s	DECL ° ' "	♇ PLUTO R.A. h m s	DECL ° ' "
1	21 48 14	12S20 39	21 28 34	16S10 37	23 29 37	4S22 36	21 38 53	15S 3 21	2 42 13	15N21 23	23 38 9	3S35 10	20 3 42	22S20 3
2	21 52 25	12 4 42	21 31 33	15 56 59	23 30 29	4 17 8	21 39 14	15 1 42	2 42 25	15 22 20	23 38 18	3 34 19	20 3 45	22 20 1
3	21 56 37	11 48 21	21 34 33	15 43 12	23 31 21	4 11 42	21 39 36	15 0 4	2 42 38	15 23 17	23 38 26	3 33 28	20 3 49	22 20 0
4	22 0 49	11 31 35	21 37 32	15 29 17	23 32 12	4 6 16	21 39 57	14 58 28	2 42 50	15 24 14	23 38 34	3 32 38	20 3 52	22 19 59
5	22 5 2	11 14 26	21 40 30	15 15 13	23 33 4	4 0 51	21 40 18	14 56 52	2 43 2	15 25 12	23 38 42	3 31 48	20 3 55	22 19 58
6	22 9 15	10 56 54	21 43 29	15 1 0	23 33 56	3 55 27	21 40 39	14 55 18	2 43 15	15 26 10	23 38 50	3 30 58	20 3 59	22 19 58
7	22 13 28	10 38 59	21 46 27	14 46 39	23 34 47	3 50 3	21 40 59	14 53 45	2 43 27	15 27 8	23 38 57	3 30 8	20 4 1	22 19 58
8	22 17 41	10 20 42	21 49 24	14 32 10	23 35 38	3 44 41	21 41 19	14 52 13	2 43 40	15 28 7	23 39 5	3 29 19	20 4 4	22 19 59
9	22 21 54	10 2 3	21 52 21	14 17 34	23 36 29	3 39 20	21 41 39	14 50 43	2 43 53	15 29 6	23 39 13	3 28 30	20 4 7	22 20 0
10	22 26 7	9 43 2	21 55 18	14 2 49	23 37 20	3 34 0	21 41 58	14 49 13	2 44 6	15 30 5	23 39 21	3 27 42	20 4 10	22 20 1
11	22 30 21	9 23 41	21 58 15	13 47 57	23 38 10	3 28 40	21 42 18	14 47 46	2 44 18	15 31 5	23 39 29	3 26 54	20 4 12	22 20 3
12	22 34 34	9 4 0	22 1 11	13 32 58	23 39 1	3 23 22	21 42 37	14 46 19	2 44 31	15 32 5	23 39 36	3 26 6	20 4 15	22 20 5
13	22 38 48	8 43 59	22 4 7	13 17 51	23 39 51	3 18 6	21 42 56	14 44 54	2 44 44	15 33 5	23 39 44	3 25 18	20 4 17	22 20 7
14	22 43 2	8 23 38	22 7 2	13 2 38	23 40 41	3 12 50	21 43 14	14 43 30	2 44 57	15 34 5	23 39 51	3 24 31	20 4 19	22 20 10
15	22 47 16	8 2 59	22 9 57	12 47 18	23 41 31	3 7 35	21 43 32	14 42 8	2 45 11	15 35 5	23 39 59	3 23 45	20 4 21	22 20 13
16	22 51 30	7 42 1	22 12 52	12 31 50	23 42 20	3 2 22	21 43 50	14 40 47	2 45 24	15 36 5	23 40 6	3 22 58	20 4 23	22 20 16
17	22 55 44	7 20 46	22 15 47	12 16 17	23 43 10	2 57 10	21 44 8	14 39 28	2 45 37	15 37 6	23 40 14	3 22 13	20 4 24	22 20 20
18	22 59 57	6 59 13	22 18 41	12 0 36	23 43 59	2 52 0	21 44 25	14 38 10	2 45 50	15 38 7	23 40 21	3 21 27	20 4 26	22 20 24
19	23 4 12	6 37 23	22 21 35	11 44 50	23 44 48	2 46 50	21 44 42	14 36 53	2 46 4	15 39 8	23 40 28	3 20 42	20 4 28	22 20 29
20	23 8 26	6 15 18	22 24 28	11 28 58	23 45 37	2 41 42	21 44 59	14 35 38	2 46 17	15 40 9	23 40 35	3 19 58	20 4 29	22 20 34
21	23 12 40	5 52 56	22 27 21	11 12 59	23 46 25	2 36 36	21 45 15	14 34 24	2 46 31	15 41 10	23 40 43	3 19 13	20 4 30	22 20 39
22	23 16 54	5 30 20	22 30 14	10 56 55	23 47 14	2 31 30	21 45 31	14 33 12	2 46 44	15 42 11	23 40 50	3 18 30	20 4 31	22 20 44
23	23 21 8	5 7 29	22 33 7	10 40 45	23 48 2	2 26 27	21 45 47	14 32 2	2 46 58	15 43 13	23 40 57	3 17 46	20 4 33	22 20 50
24	23 25 23	4 44 25	22 35 59	10 24 30	23 48 50	2 21 24	21 46 3	14 30 53	2 47 11	15 44 14	23 41 4	3 17 4	20 4 33	22 20 57
25	23 29 37	4 21 7	22 38 51	10 8 10	23 49 38	2 16 24	21 46 18	14 29 46	2 47 25	15 45 16	23 41 10	3 16 21	20 4 34	22 21 4
26	23 33 51	3 57 37	22 41 43	9 51 45	23 50 25	2 11 25	21 46 33	14 28 40	2 47 38	15 46 17	23 41 17	3 15 40	20 4 35	22 21 11
27	23 38 6	3 33 55	22 44 34	9 35 16	23 51 13	2 6 27	21 46 47	14 27 36	2 47 52	15 47 19	23 41 24	3 14 58	20 4 35	22 21 18
28	23 42 21	3 10 2	22 47 25	9 18 42	23 52 0	2 1 32	21 47 2	14 26 34	2 48 6	15 48 21	23 41 30	3 14 18	20 4 36	22 21 26
29	23 46 35	2 45 58	22 50 16	9 2 3	23 52 46	1 56 38	21 47 16	14 25 33	2 48 19	15 49 23	23 41 37	3 13 38	20 4 36	22 21 34
30	23 50 50	2S21 44	22 53 7	8S45 20	23 53 33	1S51 45	21 47 29	14S24 34	2 48 33	15N50 24	23 41 43	3S12 58	20 4 36	22S21 42

MAY 2022

DAY	SIDEREAL TIME h m s	☉ SUN LONG ° ' "	MOT ' "	R.A. h m s	DECL ° ' "	☽ MOON AT 0 HOURS LONG ° ' "	12h MOT ° ' "	2DIF "	R.A. h m s	DECL ° ' "	☽ MOON AT 12 HOURS LONG ° ' "	12h MOT ° ' "	2DIF "	R.A. h m s	DECL ° ' "
1 Su	14 35 37	15♈34 3	58 16	2 32 47.1	15N 0 24	17♈14 8	6 9 13	-87	2 40 33	14N37 53	23♈23 21	6 6 24	-81	3 4 21	16N57 25
2 M	14 39 33	16 32 19	58 15	2 36 36.6	15 18 29	29 29 45	6 3 48	-74	3 28 32	19 5 27	5♉33 33	6 1 27	-66	3 53 8	21 0 35
3 Tu	14 43 30	17 30 33	58 13	2 40 26.7	15 36 20	11♉35 1	5 59 24	-57	4 18 11	22 41 31	17 34 24	5 57 39	-47	4 43 38	24 7 3
4 W	14 47 27	18 28 46	58 11	2 44 17.3	15 53 55	23 32 3	5 56 16	-35	5 9 28	25 16 7	29 28 20	5 55 18	-23	5 35 36	26 7 52
5 Th	14 51 23	19 26 56	58 9	2 48 8.5	16 11 14	5♊23 37	5 54 45	-9	6 1 58	26 41 37	11♊18 22	5 54 40	5	6 28 28	26 56 58
6 F	14 55 20	20 25 5	58 7	2 52 0.2	16 28 17	17 13 1	5 55 5	20	6 54 59	26 53 44	23 8 7	5 56 2	36	7 21 24	26 32 0
7 S	14 59 16	21 23 12	58 5	2 55 52.5	16 45 3	29 4 8	5 57 31	53	7 47 39	25 52 4	5♋ 1 38	5 59 34	70	8 13 37	24 54 28
8 Su	15 3 13	22 21 17	58 3	2 59 45.3	17 1 33	11♋ 1 12	6 2 11	87	8 39 15	23 39 54	17 3 22	6 5 22	104	9 4 32	22 9 10
9 M	15 7 9	23 19 20	58 1	3 3 38.7	17 17 45	23 8 44	6 9 7	121	9 29 26	20 23 13	29 17 51	6 13 25	137	9 53 59	18 23 4
10 Tu	15 11 6	24 17 21	57 59	3 7 32.6	17 33 40	5♌31 16	6 18 13	151	10 18 14	16 9 48	11♌49 29	6 23 30	164	10 42 13	13 44 33
11 W	15 15 2	25 15 20	57 57	3 11 27.1	17 49 18	18 12 59	6 29 11	175	11 6 2	11 8 32	24 42 10	6 35 12	184	11 29 47	8 23 2
12 Th	15 18 59	26 13 18	57 56	3 15 22.1	18 4 37	1♍17 21	6 41 27	189	11 53 34	5 29 29	7♍58 48	6 47 50	191	12 17 31	2 29 27
13 F	15 22 56	27 11 13	57 54	3 19 17.7	18 19 37	14 46 38	6 54 13	190	12 41 45	0S35 16	21 40 51	7 0 28	183	13 6 26	3S42 39
14 S	15 26 52	28 9 7	57 52	3 23 13.8	18 34 20	28 41 18	7 6 26	173	13 31 41	6 50 23	5♎47 44	7 11 58	157	13 57 39	9 55 50
15 Su	15 30 49	29 6 59	57 51	3 27 10.5	18 48 43	12♎59 42	7 16 55	138	14 24 28	12 56 1	20 16 37	7 21 10	115	14 52 15	15 47 40
16 M	15 34 45	0♉ 4 50	57 49	3 31 7.8	19 2 47	27 37 47	7 24 34	88	15 21 5	18 27 14	5♏ 2 21	7 27 2	59	15 51 1	20 50 59
17 Tu	15 38 42	1 2 39	57 48	3 35 5.6	19 16 32	12♏29 23	7 28 30	29	16 22 0	22 55 16	19 57 53	7 28 56	-2	16 53 57	24 36 37
18 W	15 42 38	2 0 27	57 47	3 39 4.0	19 29 58	27 26 49	7 28 21	-32	17 26 39	25 52 4	4♐55 10	7 26 48	-60	17 59 51	26 39 29
19 Th	15 46 35	2 58 13	57 46	3 43 3.0	19 43 3	12♐21 58	7 24 20	-86	18 33 14	26 57 38	19 46 17	7 21 4	-108	19 6 25	26 46 28
20 F	15 50 31	3 55 58	57 44	3 47 2.5	19 55 49	27 7 21	7 17 7	-127	19 39 4	26 6 58	4♑24 28	7 12 37	-141	20 10 56	25 1 4
21 S	15 54 28	4 53 42	57 43	3 51 2.6	20 8 14	11♑37 5	7 7 43	-151	20 41 47	23 31 21	18 44 48	7 2 33	-157	21 11 30	21 40 53
22 Su	15 58 25	5 51 25	57 42	3 55 3.2	20 20 18	25 47 21	6 57 13	-160	21 40 3	19 32 49	2♒44 34	6 51 52	-160	22 7 28	17 10 19
23 M	16 2 21	6 49 7	57 41	3 59 4.4	20 32 2	9♒36 26	6 46 34	-157	22 33 50	14 36 23	16 22 59	6 41 24	-152	22 59 15	11 53 43
24 Tu	16 6 18	7 46 48	57 40	4 3 6.1	20 43 25	23 4 23	6 36 26	-145	23 23 51	9 4 49	29 40 50	6 31 44	-137	23 47 47	6 11 54
25 W	16 10 14	8 44 28	57 39	4 7 8.3	20 54 26	6♓12 33	6 27 18	-128	0 11 11	3 16 59	12♓39 51	6 23 10	-119	0 34 13	0 21 53
26 Th	16 14 11	9 42 8	57 38	4 11 11.1	21 5 6	19 3 1	6 19 20	-110	0 57 0	2N31 44	25 22 21	6 15 49	-101	1 19 42	5N22 17
27 F	16 18 7	10 39 45	57 37	4 15 14.3	21 15 24	1♈38 10	6 12 36	-92	1 42 24	8 8 16	7♈50 46	6 9 41	-84	2 5 13	10 48 13
28 S	16 22 4	11 37 22	57 36	4 19 18.1	21 25 20	14 0 26	6 7 2	-75	2 28 17	13 20 40	20 7 28	6 4 40	-67	2 51 40	15 44 11
29 Su	16 26 0	12 34 58	57 35	4 23 22.3	21 34 54	26 12 8	6 2 33	-60	3 15 26	17 57 21	2♉14 40	6 0 41	-52	3 39 38	19 58 44
30 M	16 29 57	13 32 33	57 34	4 27 26.9	21 44 5	8♉15 21	5 59 4	-45	4 4 17	21 46 56	14 14 25	5 57 41	-38	4 29 25	23 20 40
31 Tu	16 33 54	14♉30 7	57 33	4 31 32.0	21N52 54	20♉12 6	5 56 33	-30	4 54 59	24N38 43	26♉ 8 39	5 55 41	-22	5 20 55	25N40 2

LUNAR INGRESSES
2 ☽ ♉ 1:00
4 ☽ ♊ 13:04
7 ☽ ♋ 1:53
9 ☽ ♌ 13:22
11 ☽ ♍ 21:40
14 ☽ ♎ 2:14
16 ☽ ♏ 3:51
18 ☽ ♐ 4:06
20 ☽ ♑ 4:44
22 ☽ ♒ 7:15
24 ☽ ♓ 12:35
26 ☽ ♈ 20:51
29 ☽ ♉ 7:32
31 ☽ ♊ 19:48

PLANET INGRESSES
15 ☉ ♉ 22:00
18 ♂ ♓ 8:21
20 ♄ ♒ 3:16
20 ♆ ♓ 22:59
24 ♀ ♈ 9:08

STATIONS
10 ☿ R 11:49

DATA FOR THE 1st AT 0 HOURS
JULIAN DAY 44680.5
☽ MEAN ☊ 28°♈ 7' 36"
OBLIQUITY 23° 26' 17"
DELTA T 77.4 SECONDS
NUTATION LONGITUDE-14.8"

DAY MO YR	☿ LONG ° ' "	♀ LONG ° ' "	♂ LONG ° ' "	♃ LONG ° ' "	♄ LONG ° ' "	♅ LONG ° ' "	♆ LONG ° ' "	♇ LONG ° ' "	☊ LONG ° '	A.S.S.I. h m s	S.S.R.Y. h m s	S.V.P. ♓ ' "	☿ MERCURY R.A. h m s	DECL ° ' "
1 121	5♉53 6	3♓ 2 47	16♒56 57	2♓56 24	29♑13 26	19♈29 54	29♒30 43	3♑33R 2	27♈25	3 11 57	30 9 21	4 57 7.3	3 52 44	22N59 46
2 122	6 40 17	4 11 1	17 42 15	3 8 51	29 16 41	19 33 21	29 32 25	3 32 59	27 25	3 16 45	30 10 16	4 57 7.2	3 56 6	23 8 12
3 123	7 22 15	5 19 22	18 27 32	3 21 14	29 19 51	19 36 49	29 34 6	3 32 55	27 25	3 21 35	30 11 17	4 57 7.0	3 59 7	23 14 17
4 124	7 58 57	6 27 48	19 12 47	3 33 32	29 22 55	19 40 17	29 35 45	3 32 48	27 26	3 26 24	30 12 18	4 57 6.8	4 1 46	23 18 3
5 125	8 30 22	7 36 19	19 58 2	3 45 46	29 25 55	19 43 46	29 37 23	3 32 40	27 27	3 31 15	30 13 16	4 57 6.6	4 4 5	23 19 31
6 126	8 56 29	8 44 56	20 43 16	3 57 54	29 28 49	19 47 12	29 39 0	3 32 30	27 28	3 36 6	30 14 9	4 57 6.4	4 6 1	23 18 44
7 127	9 17 16	9 53 38	21 28 28	4 9 58	29 31 37	19 50 41	29 40 35	3 32 19	27 28	3 40 58	30 14 54	4 57 6.2	4 7 36	23 15 45
8 128	9 32 44	11 2 25	22 13 40	4 21 57	29 34 20	19 54 9	29 42 8	3 32 5	27 29	3 45 50	30 15 27	4 57 6.0	4 8 48	23 10 36
9 129	9 42 58	12 11 17	22 58 50	4 33 51	29 36 58	19 57 36	29 43 40	3 31 50	27 29	3 50 43	30 15 49	4 57 5.8	4 9 40	23 3 19
10 130	9 48R 0	13 20 14	23 43 59	4 45 40	29 39 30	20 1 4	29 45 11	3 31 34	27 29	3 55 37	30 15 58	4 57 5.7	4 10 9	22 53 58
11 131	9 47 58	14 29 15	24 29 6	4 57 24	29 41 57	20 4 31	29 46 40	3 31 15	27 28	4 0 32	30 15 53	4 57 5.6	4 10 18	22 42 36
12 132	9 43 1	15 38 22	25 14 13	5 9 2	29 44 19	20 7 59	29 48 7	3 30 56	27 28	4 5 27	30 15 35	4 57 5.5	4 10 7	22 29 19
13 133	9 33 21	16 47 33	25 59 18	5 20 35	29 46 34	20 11 26	29 49 33	3 30 34	27 28	4 10 23	30 15 6	4 57 5.5	4 9 37	22 14 11
14 134	9 19 13	17 56 48	26 44 21	5 32 3	29 48 44	20 14 52	29 50 58	3 30 11	27 28	4 15 20	30 14 26	4 57 5.4	4 8 49	21 57 19
15 135	9 0 56	19 6 8	27 29 23	5 43 25	29 50 49	20 18 18	29 52 20	3 29 46	27 28	4 20 17	30 13 37	4 57 5.3	4 7 44	21 38 51
16 136	8 38 52	20 15 32	28 14 24	5 54 42	29 52 48	20 21 44	29 53 42	3 29 20	27 28	4 25 15	30 12 42	4 57 5.2	4 6 24	21 18 56
17 137	8 13 25	21 25 1	28 59 24	6 5 53	29 54 41	20 25 9	29 55 1	3 28 52	27 28	4 30 14	30 11 42	4 57 4.9	4 4 50	20 57 45
18 138	7 45 4	22 34 34	29 44 22	6 16 58	29 56 29	20 28 34	29 56 19	3 28 22	27 27	4 35 14	30 10 40	4 57 4.6	4 3 5	20 35 30
19 139	7 14 20	23 44 12	0♓29 18	6 27 58	29 58 11	20 31 59	29 57 35	3 27 51	27 27	4 40 14	30 9 37	4 57 4.3	4 1 11	20 12 24
20 140	6 41 45	24 53 54	1 14 13	6 38 52	29 59 47	20 35 23	29 58 50	3 27 19	27 27	4 45 15	30 8 37	4 57 4.0	3 59 10	19 48 42
21 141	6 7 55	26 3 39	1 59 6	6 49 39	0♒ 1 18	20 38 46	0♓ 0 3	3 26 44	27 26	4 50 16	30 7 41	4 57 3.8	3 57 4	19 24 39
22 142	5 33 25	27 13 29	2 43 58	7 0 21	0 2 43	20 42 9	0 1 14	3 26 9	27 26	4 55 19	30 6 53	4 57 3.6	3 54 57	19 0 32
23 143	4 58 53	28 23 23	3 28 47	7 10 56	0 4 2	20 45 31	0 2 24	3 25 31	27 26	5 0 22	30 6 15	4 57 3.4	3 52 49	18 36 38
24 144	4 24 53	29 33 21	4 13 35	7 21 26	0 5 15	20 48 52	0 3 32	3 24 53	27 26	5 5 25	30 5 48	4 57 3.3	3 50 44	18 13 13
25 145	3 52 1	0♈43 22	4 58 21	7 31 48	0 6 22	20 52 13	0 4 38	3 24 12	27 27	5 10 30	30 5 35	4 57 3.3	3 48 43	17 50 34
26 146	3 20 51	1 53 27	5 43 4	7 42 5	0 7 23	20 55 33	0 5 42	3 23 31	27 28	5 15 35	30 5 36	4 57 3.2	3 46 49	17 28 56
27 147	2 51 51	3 3 35	6 27 45	7 52 14	0 8 19	20 58 52	0 6 45	3 22 48	27 29	5 20 40	30 5 50	4 57 3.1	3 45 4	17 8 33
28 148	2 25 31	4 13 47	7 12 23	8 2 17	0 9 8	21 2 10	0 7 45	3 22 3	27 30	5 25 46	30 6 17	4 57 3.0	3 43 29	16 49 39
29 149	2 2 15	5 24 1	7 57 0	8 12 14	0 9 52	21 5 28	0 8 44	3 21 17	27 30	5 30 53	30 6 55	4 57 2.8	3 42 6	16 32 25
30 150	1 42 25	6 34 19	8 41 33	8 22 3	0 10 30	21 8 44	0 9 41	3 20 30	27 30	5 36 0	30 7 43	4 57 2.7	3 40 57	16 17 0
31 151	1♉26 18	7♈44 40	9♓26 4	8♓31 45	0♒11 2	21♈11 59	0♓10 37	3♑19 41	27♈29	5 41 8	30 8 37	4 57 2.4	3 40 1	16N 3 32

DAY May	♀ VENUS R.A. h m s	DECL ° ' "	♂ MARS R.A. h m s	DECL ° ' "	♃ JUPITER R.A. h m s	DECL ° ' "	♄ SATURN R.A. h m s	DECL ° ' "	♅ URANUS R.A. h m s	DECL ° ' "	♆ NEPTUNE R.A. h m s	DECL ° ' "	♇ PLUTO R.A. h m s	DECL ° ' "
1	23 55 5	1S57 21	22 55 57	8S28 34	23 54 19	1S46 55	21 47 42	14S23 37	2 48 47	15N51 26	23 41 50	3S12 19	20 4 36	22S21 51
2	23 59 20	1 32 49	22 58 47	8 11 43	23 55 5	1 42 6	21 47 55	14 22 41	2 49 1	15 52 28	23 41 56	3 11 40	20 4 36	22 22 0
3	0 3 35	1 8 10	23 1 37	7 54 49	23 55 51	1 37 20	21 48 8	14 21 48	2 49 14	15 53 29	23 42 2	3 11 2	20 4 36	22 22 10
4	0 7 51	0 43 22	23 4 26	7 37 52	23 56 36	1 32 35	21 48 20	14 20 55	2 49 28	15 54 31	23 42 9	3 10 25	20 4 36	22 22 20
5	0 12 6	0 18 28	23 7 15	7 20 51	23 57 21	1 27 52	21 48 32	14 20 5	2 49 42	15 55 32	23 42 15	3 9 48	20 4 35	22 22 30
6	0 16 22	0N 6 32	23 10 4	7 3 47	23 58 6	1 23 11	21 48 43	14 19 17	2 49 56	15 56 34	23 42 21	3 9 12	20 4 35	22 22 41
7	0 20 38	0 31 37	23 12 52	6 46 41	23 58 51	1 18 32	21 48 55	14 18 30	2 50 9	15 57 35	23 42 27	3 8 36	20 4 34	22 22 51
8	0 24 54	0 56 48	23 15 41	6 29 32	23 59 35	1 13 55	21 49 5	14 17 45	2 50 23	15 58 37	23 42 32	3 8 1	20 4 33	22 23 3
9	0 29 10	1 22 2	23 18 29	6 12 20	0 0 19	1 9 21	21 49 16	14 17 3	2 50 37	15 59 38	23 42 38	3 7 26	20 4 32	22 23 14
10	0 33 27	1 47 21	23 21 17	5 55 6	0 1 3	1 4 48	21 49 26	14 16 21	2 50 51	16 0 39	23 42 44	3 6 52	20 4 31	22 23 26
11	0 37 44	2 12 42	23 24 4	5 37 50	0 1 46	1 0 18	21 49 36	14 15 42	2 51 5	16 1 40	23 42 49	3 6 19	20 4 30	22 23 39
12	0 42 1	2 38 5	23 26 51	5 20 32	0 2 29	0 55 50	21 49 45	14 15 5	2 51 18	16 2 41	23 42 55	3 5 47	20 4 29	22 23 51
13	0 46 19	3 3 30	23 29 39	5 3 13	0 3 12	0 51 24	21 49 54	14 14 30	2 51 32	16 3 42	23 43 0	3 5 15	20 4 28	22 24 4
14	0 50 37	3 28 56	23 32 25	4 45 51	0 3 54	0 47 1	21 50 3	14 13 56	2 51 46	16 4 42	23 43 5	3 4 44	20 4 26	22 24 17
15	0 54 55	3 54 23	23 35 12	4 28 29	0 4 36	0 42 39	21 50 11	14 13 24	2 51 59	16 5 43	23 43 10	3 4 13	20 4 24	22 24 31
16	0 59 14	4 19 49	23 37 59	4 11 4	0 5 18	0 38 21	21 50 19	14 12 54	2 52 13	16 6 43	23 43 15	3 3 43	20 4 23	22 24 44
17	1 3 33	4 45 15	23 40 45	3 53 39	0 5 59	0 34 4	21 50 27	14 12 27	2 52 27	16 7 43	23 43 20	3 3 14	20 4 21	22 24 59
18	1 7 53	5 10 39	23 43 31	3 36 13	0 6 40	0 29 50	21 50 34	14 12 1	2 52 40	16 8 42	23 43 25	3 2 45	20 4 19	22 25 13
19	1 12 14	5 36 1	23 46 17	3 18 45	0 7 21	0 25 38	21 50 41	14 11 36	2 52 54	16 9 42	23 43 30	3 2 17	20 4 17	22 25 28
20	1 16 35	6 1 21	23 49 3	3 1 17	0 8 1	0 21 29	21 50 47	14 11 14	2 53 7	16 10 41	23 43 35	3 1 49	20 4 15	22 25 43
21	1 20 56	6 26 38	23 51 48	2 43 49	0 8 41	0 17 22	21 50 54	14 10 54	2 53 21	16 11 41	23 43 39	3 1 23	20 4 12	22 25 58
22	1 25 18	6 51 48	23 54 34	2 26 20	0 9 21	0 13 18	21 50 59	14 10 36	2 53 34	16 12 39	23 43 44	3 0 57	20 4 10	22 26 14
23	1 29 41	7 16 55	23 57 19	2 8 52	0 10 0	0 9 16	21 51 5	14 10 20	2 53 48	16 13 38	23 43 48	3 0 31	20 4 8	22 26 29
24	1 34 4	7 41 57	0 0 4	1 51 23	0 10 39	0 5 18	21 51 10	14 10 6	2 54 1	16 14 36	23 43 52	3 0 7	20 4 5	22 26 46
25	1 38 29	8 6 52	0 2 49	1 33 55	0 11 17	0 1 21	21 51 14	14 9 53	2 54 15	16 15 34	23 43 56	2 59 43	20 4 2	22 27 2
26	1 42 53	8 31 41	0 5 33	1 16 27	0 11 55	0N 2 32	21 51 19	14 9 43	2 54 28	16 16 32	23 44 0	2 59 20	20 3 59	22 27 19
27	1 47 19	8 56 21	0 8 18	0 59 1	0 12 33	0 6 23	21 51 22	14 9 35	2 54 41	16 17 30	23 44 4	2 58 58	20 3 57	22 27 36
28	1 51 45	9 20 54	0 11 2	0 41 34	0 13 10	0 10 11	21 51 26	14 9 29	2 54 54	16 18 27	23 44 8	2 58 36	20 3 54	22 27 53
29	1 56 12	9 45 18	0 13 46	0 24 9	0 13 47	0 13 56	21 51 29	14 9 24	2 55 8	16 19 23	23 44 12	2 58 15	20 3 50	22 28 10
30	2 0 40	10 9 32	0 16 30	0 6 46	0 14 23	0 17 38	21 51 32	14 9 22	2 55 21	16 20 20	23 44 15	2 57 55	20 3 47	22 28 28
31	2 5 9	10N33 35	0 19 14	0N10 37	0 14 59	0N21 17	21 51 34	14S 9 22	2 55 34	16N21 16	23 44 19	2S57 35	20 3 44	22S28 46

JUNE 2022

DAY	SIDEREAL TIME h m s	☉ SUN LONG ° ' "	MOT ' "	R.A. h m s	DECL ° ' "	☽ MOON AT 0 HOURS LONG ° ' "	12h MOT ° ' "	2DIF	R.A. h m s	DECL ° ' "	☽ MOON AT 12 HOURS LONG ° ' "	12h MOT ° ' "	2DIF	R.A. h m s	DECL ° ' "
1 W	16 37 50	15♉27 40	57 32	4 35 37.5	22N 1 20	2♊ 4 19	5 55 4	-14	5 47 10	26N23 46	7♊59 23	5 54 44	-5	6 13 36	26N49 19
2 Th	16 41 47	16 25 11	57 31	4 39 43.4	22 9 22	13 54 7	5 54 42	4	6 40 7	26 56 19	19 48 50	5 55 0	14	7 6 35	26 44 45
3 F	16 45 43	17 22 41	57 29	4 43 49.7	22 17 2	25 43 49	5 55 39	25	7 32 54	26 14 50	1♋39 28	5 56 40	37	7 58 57	25 27 4
4 S	16 49 40	18 20 11	57 28	4 47 56.3	22 24 18	7♋36 8	5 58 6	49	8 24 39	24 22 9	13 34 14	5 59 57	63	8 49 58	23 0 58
5 Su	16 53 36	19 17 39	57 27	4 52 3.3	22 31 11	19 34 11	6 2 17	77	9 14 50	21 24 31	25 36 28	6 5 4	91	9 39 16	19 33 55
6 M	16 57 33	20 15 5	57 26	4 56 10.6	22 37 39	1♌41 32	6 8 22	107	10 3 19	17 30 16	7♌49 54	6 12 11	122	10 27 1	15 14 45
7 Tu	17 1 29	21 12 31	57 25	5 0 18.1	22 43 44	14 2 5	6 16 30	137	10 50 26	12 48 31	20 18 35	6 21 20	152	11 13 40	10 12 47
8 W	17 5 26	22 9 56	57 23	5 4 26.0	22 49 25	26 39 55	6 26 38	166	11 36 49	7 28 46	3♍ 6 33	6 32 24	179	12 0 1	4 37 47
9 Th	17 9 23	23 7 19	57 22	5 8 34.1	22 54 42	9♍38 56	6 38 32	189	12 23 24	1 41 14	16 17 29	6 45 0	197	12 47 5	1S19 18
10 F	17 13 19	24 4 41	57 21	5 12 42.4	22 59 34	23 2 29	6 51 42	202	13 11 15	4S22 4	29 54 11	6 58 29	203	13 36 2	7 24 59
11 S	17 17 16	25 2 2	57 20	5 16 50.9	23 4 3	6♎52 40	7 5 14	199	14 1 35	10 25 41	13♎57 54	7 11 47	191	14 28 5	13 21 27
12 Su	17 21 12	25 59 22	57 19	5 20 59.6	23 8 6	21 9 40	7 17 56	176	14 55 39	16 9 9	28 27 36	7 23 32	156	15 24 23	18 45 18
13 M	17 25 9	26 56 42	57 19	5 25 8.5	23 11 46	5♏51 8	7 28 22	131	15 54 21	21 6 9	13♏19 30	7 32 16	101	16 25 32	23 7 48
14 Tu	17 29 5	27 54 0	57 18	5 29 17.6	23 15 0	20 51 46	7 35 5	66	16 57 51	24 46 29	28 26 51	7 36 42	29	17 31 5	25 58 51
15 W	17 33 2	28 51 18	57 17	5 33 26.8	23 17 51	6♐ 3 33	7 37 2	-9	18 4 58	26 42 18	13♐40 36	7 36 5	-48	18 39 6	26 55 18
16 Th	17 36 59	29 48 35	57 17	5 37 36.1	23 20 16	21 16 40	7 33 52	-84	19 13 7	26 37 35	28 50 33	7 30 29	-117	19 46 36	25 50 8
17 F	17 40 55	0♊45 51	57 16	5 41 45.5	23 22 17	6♑21 1	7 26 4	-146	20 19 15	24 35 6	13♑47 5	7 20 46	-169	20 50 49	22 55 26
18 S	17 44 52	1 43 8	57 16	5 45 55.0	23 23 54	21 7 51	7 14 48	-186	21 21 9	20 54 38	28 22 38	7 8 20	-198	21 50 13	18 36 21
19 Su	17 48 48	2 40 23	57 16	5 50 4.6	23 25 5	5♒30 58	7 1 36	-204	22 18 4	16 4 11	12♒32 34	6 54 45	-205	22 44 45	13 21 31
20 M	17 52 45	3 37 39	57 15	5 54 14.2	23 25 52	19 27 18	6 47 57	-201	23 10 26	10 31 24	26 15 15	6 41 21	-193	23 35 15	7 36 30
21 Tu	17 56 41	4 34 54	57 15	5 58 23.8	23 26 14	2♓56 36	6 35 3	-183	23 59 20	4 39 11	9♓31 39	6 29 9	-170	0 22 52	1 41 31
22 W	18 0 38	5 32 10	57 15	6 2 33.4	23 26 11	16 0 48	6 23 41	-156	0 46 1	1N14 43	22 24 29	6 18 44	-141	1 8 54	4N 7 53
23 Th	18 4 34	6 29 25	57 15	6 6 43.0	23 25 44	28 43 13	6 14 16	-126	1 31 40	6 56 28	4♈57 29	6 10 20	-110	1 54 27	9 39 15
24 F	18 8 31	7 26 40	57 15	6 10 52.5	23 24 52	11♈ 7 49	6 6 55	-95	2 17 22	12 14 44	17 14 44	6 3 59	-81	2 40 31	14 41 40
25 S	18 12 28	8 23 54	57 15	6 15 2.0	23 23 34	23 18 43	6 1 31	-67	3 3 59	16 58 46	29 20 13	5 59 29	-55	3 27 52	19 4 42
26 Su	18 16 24	9 21 9	57 15	6 19 11.4	23 21 53	5♉19 42	5 57 51	-43	3 52 10	20 58 12	11♉17 33	5 56 36	-33	4 16 57	22 37 59
27 M	18 20 21	10 18 23	57 15	6 23 20.6	23 19 46	17 14 9	5 55 41	-23	4 42 12	24 2 50	23 9 50	5 55 4	-14	5 7 52	25 11 37
28 Tu	18 24 17	11 15 38	57 14	6 27 29.7	23 17 15	29 4 55	5 54 45	-6	5 33 54	26 3 22	4♊59 39	5 54 40	1	6 0 12	26 37 19
29 W	18 28 14	12 12 52	57 14	6 31 38.6	23 14 19	10♊54 19	5 54 49	8	6 26 40	26 52 55	16 49 8	5 55 12	15	6 53 11	26 49 58
30 Th	18 32 10	13♊10 6	57 14	6 35 47.2	23N10 59	22♊44 20	5 55 48	21	7 19 36	26N28 29	28♊40 8	5 56 37	28	7 45 49	25N48 50

LUNAR INGRESSES
3 ☽ ♋ 8:39
5 ☽ ♌ 20:40
8 ☽ ♍ 6:14
10 ☽ ♎ 12:10
12 ☽ ♏ 14:31
14 ☽ ♐ 14:27
16 ☽ ♑ 13:51
18 ☽ ♒ 14:43
20 ☽ ♓ 18:42
23 ☽ ♈ 2:27
25 ☽ ♉ 13:19
28 ☽ ♊ 1:52
30 ☽ ♋ 14:41

PLANET INGRESSES
16 ☉ ♊ 4:47
18 ♀ ♉ 20:39
20 ♄ ♉ 18:09
28 ♂ ♈ 5:56

STATIONS
3 ☿ D 8:01
4 ♄ R 21:48
28 ♆ R 7:56

DATA FOR THE 1st AT 0 HOURS
JULIAN DAY 44711.5
☽ MEAN ☊ 26° ♈ 29' 2"
OBLIQUITY 23° 26' 16"
DELTA T 77.4 SECONDS
NUTATION LONGITUDE -13.8"

DAY MO YR	☿ LONG ° ' "	♀ LONG ° ' "	♂ LONG ° ' "	♃ LONG ° ' "	♄ LONG ° ' "	♅ LONG ° ' "	♆ LONG ° ' "	♇ LONG ° ' "	☊ LONG ° '	A.S.S.I. h m s	S.S.R.Y. h m s	S.V.P. ♓ ° ' "	☿ MERCURY R.A. h m s	DECL ° ' "
1 152	1♉14R10	8♈55 4	10♓10 32	8♓41 20	0♓11 28	21♉15 14	0♓11 30	3♑18R51	27♈27	5 46 17	30 9 38	4 57 2.2	3 39 20	15N52 6
2 153	1 6 11	10 5 31	10 54 57	8 50 48	0 11 48	21 18 27	0 12 22	3 17 59	27 24	5 51 26	30 10 36	4 57 1.9	3 38 55	15 42 48
3 154	1 2D31	11 16 1	11 39 19	9 0 8	0 12 2	21 21 39	0 13 11	3 17 6	27 21	5 56 35	30 11 34	4 57 1.7	3 38 47	15 35 39
4 155	1 3 15	12 26 33	12 23 38	9 9 22	0 12R10	21 24 51	0 13 59	3 16 12	27 17	6 1 45	30 12 27	4 57 1.5	3 38 55	15 30 40
5 156	1 8 27	13 37 8	13 7 53	9 18 27	0 12 12	21 28 1	0 14 45	3 15 17	27 15	6 6 55	30 13 13	4 57 1.3	3 39 20	15 27 50
6 157	1 18 8	14 47 46	13 52 6	9 27 25	0 12 8	21 31 9	0 15 29	3 14 20	27 12	6 12 6	30 13 50	4 57 1.1	3 40 2	15 27 9
7 158	1 32 18	15 58 27	14 36 15	9 36 15	0 11 59	21 34 17	0 16 11	3 13 22	27 11	6 17 17	30 14 17	4 57 1.0	3 41 1	15 28 33
8 159	1 50 57	17 9 10	15 20 22	9 44 58	0 11 43	21 37 23	0 16 52	3 12 23	27 11	6 22 28	30 14 33	4 57 0.9	3 42 17	15 31 58
9 160	2 14 0	18 19 55	16 4 24	9 53 32	0 11 22	21 40 28	0 17 30	3 11 23	27 12	6 27 40	30 14 37	4 57 0.8	3 43 49	15 37 20
10 161	2 41 24	19 30 43	16 48 24	10 1 59	0 10 55	21 43 31	0 18 6	3 10 21	27 13	6 32 52	30 14 29	4 57 0.7	3 45 39	15 44 35
11 162	3 13 6	20 41 34	17 32 20	10 10 17	0 10 22	21 46 34	0 18 41	3 9 18	27 15	6 38 4	30 14 10	4 57 0.6	3 47 45	15 53 36
12 163	3 49 0	21 52 28	18 16 12	10 18 27	0 9 43	21 49 34	0 19 13	3 8 15	27 16	6 43 17	30 13 38	4 57 0.4	3 50 8	16 4 18
13 164	4 29 3	23 3 24	19 0 1	10 26 30	0 8 59	21 52 34	0 19 44	3 7 10	27 16	6 48 30	30 12 56	4 57 0.2	3 52 47	16 16 35
14 165	5 13 9	24 14 22	19 43 47	10 34 23	0 8 9	21 55 32	0 20 13	3 6 4	27 14	6 53 42	30 12 5	4 56 59.9	3 55 43	16 30 21
15 166	6 1 13	25 25 24	20 27 29	10 42 9	0 7 13	21 58 28	0 20 40	3 4 57	27 11	6 58 56	30 11 6	4 56 59.6	3 58 54	16 45 28
16 167	6 53 11	26 36 28	21 11 7	10 49 46	0 6 11	22 1 23	0 21 5	3 3 49	27 07	7 4 9	30 10 2	4 56 59.3	4 2 22	17 1 50
17 168	7 48 59	27 47 35	21 54 42	10 57 14	0 5 4	22 4 16	0 21 27	3 2 40	27 02	7 9 22	30 8 56	4 56 59.0	4 6 5	17 19 21
18 169	8 48 32	28 58 44	22 38 13	11 4 34	0 3 51	22 7 7	0 21 48	3 1 30	26 58	7 14 36	30 7 51	4 56 58.7	4 10 4	17 37 52
19 170	9 51 46	0♉ 9 57	23 21 40	11 11 44	0 2 33	22 9 57	0 22 8	3 0 19	26 54	7 19 49	30 6 51	4 56 58.5	4 14 18	17 57 16
20 171	10 58 39	1 21 12	24 5 3	11 18 46	0 1 8	22 12 46	0 22 25	2 59 7	26 52	7 25 3	30 5 59	4 56 58.4	4 18 49	18 17 27
21 172	12 9 5	2 32 29	24 48 22	11 25 39	29♒59 39	22 15 32	0 22 40	2 57 55	26 51	7 30 16	30 5 18	4 56 58.3	4 23 35	18 38 15
22 173	13 23 4	3 43 50	25 31 37	11 32 23	29 58 3	22 18 17	0 22 53	2 56 41	26 51	7 35 30	30 4 49	4 56 58.2	4 28 37	18 59 34
23 174	14 40 31	4 55 13	26 14 47	11 38 57	29 56 23	22 21 0	0 23 4	2 55 27	26 53	7 40 43	30 4 34	4 56 58.1	4 33 54	19 21 15
24 175	16 1 25	6 6 38	26 57 52	11 45 22	29 54 36	22 23 41	0 23 13	2 54 11	26 54	7 45 57	30 4 33	4 56 58.0	4 39 27	19 43 9
25 176	17 25 43	7 18 6	27 40 53	11 51 37	29 52 45	22 26 21	0 23 21	2 52 55	26 55	7 51 10	30 4 45	4 56 57.9	4 45 16	20 5 7
26 177	18 53 23	8 29 36	28 23 49	11 57 43	29 50 48	22 28 58	0 23 26	2 51 38	26 55	7 56 24	30 5 10	4 56 57.7	4 51 21	20 27 1
27 178	20 24 23	9 41 9	29 6 40	12 3 39	29 48 45	22 31 34	0 23 29	2 50 21	26 53	8 1 37	30 5 46	4 56 57.4	4 57 42	20 48 41
28 179	21 58 40	10 52 44	29 49 26	12 9 26	29 46 38	22 34 7	0 23R31	2 49 2	26 49	8 6 50	30 6 31	4 56 57.2	5 4 19	21 9 56
29 180	23 36 12	12 4 21	0♈32 7	12 15 2	29 44 25	22 36 39	0 23 30	2 47 43	26 42	8 12 2	30 7 23	4 56 56.9	5 11 11	21 30 36
30 181	25♉16 56	13♉16 1	1♈14 43	12♓20 29	29♒42 7	22♉39 8	0♓23 27	2♑46 24	26♈35	8 17 15	30 8 19	4 56 56.7	5 18 19	21N50 30

DAY Jun	♀ VENUS R.A. h m s	DECL ° ' "	♂ MARS R.A. h m s	DECL ° ' "	♃ JUPITER R.A. h m s	DECL ° ' "	♄ SATURN R.A. h m s	DECL ° ' "	♅ URANUS R.A. h m s	DECL ° ' "	♆ NEPTUNE R.A. h m s	DECL ° ' "	♇ PLUTO R.A. h m s	DECL ° ' "
1	2 9 38	10N57 28	0 21 58	0N27 57	0 15 35	0N24 53	21 51 36	14S 9 23	2 55 47	16N22 12	23 44 22	2S57 16	20 3 40	22S29 4
2	2 14 8	11 21 9	0 24 41	0 45 16	0 16 10	0 28 26	21 51 38	14 9 27	2 55 59	16 23 7	23 44 25	2 56 58	20 3 37	22 29 23
3	2 18 40	11 44 37	0 27 25	1 2 33	0 16 44	0 31 56	21 51 39	14 9 33	2 56 12	16 24 2	23 44 29	2 56 41	20 3 33	22 29 41
4	2 23 12	12 7 52	0 30 8	1 19 48	0 17 19	0 35 23	21 51 40	14 9 40	2 56 25	16 24 57	23 44 32	2 56 24	20 3 30	22 30 0
5	2 27 45	12 30 54	0 32 51	1 37 1	0 17 52	0 38 47	21 51 40	14 9 50	2 56 38	16 25 51	23 44 34	2 56 9	20 3 26	22 30 19
6	2 32 19	12 53 40	0 35 34	1 54 10	0 18 26	0 42 8	21 51 40	14 10 2	2 56 50	16 26 45	23 44 37	2 55 54	20 3 22	22 30 39
7	2 36 54	13 16 12	0 38 17	2 11 18	0 18 58	0 45 25	21 51 40	14 10 16	2 57 3	16 27 39	23 44 40	2 55 40	20 3 18	22 30 58
8	2 41 30	13 38 28	0 41 0	2 28 22	0 19 31	0 48 39	21 51 39	14 10 31	2 57 15	16 28 32	23 44 42	2 55 26	20 3 14	22 31 18
9	2 46 7	14 0 27	0 43 42	2 45 24	0 20 3	0 51 50	21 51 38	14 10 49	2 57 28	16 29 24	23 44 45	2 55 13	20 3 10	22 31 38
10	2 50 44	14 22 8	0 46 25	3 2 22	0 20 34	0 54 57	21 51 36	14 11 9	2 57 40	16 30 16	23 44 47	2 55 2	20 3 6	22 31 58
11	2 55 23	14 43 32	0 49 7	3 19 17	0 21 5	0 58 2	21 51 34	14 11 30	2 57 52	16 31 8	23 44 49	2 54 50	20 3 1	22 32 19
12	3 0 3	15 4 37	0 51 49	3 36 9	0 21 35	1 1 2	21 51 32	14 11 54	2 58 4	16 31 59	23 44 51	2 54 40	20 2 57	22 32 39
13	3 4 45	15 25 23	0 54 31	3 52 58	0 22 5	1 4 0	21 51 30	14 12 19	2 58 16	16 32 50	23 44 53	2 54 30	20 2 53	22 33 0
14	3 9 27	15 45 49	0 57 13	4 9 42	0 22 35	1 6 54	21 51 27	14 12 46	2 58 28	16 33 40	23 44 55	2 54 22	20 2 48	22 33 20
15	3 14 10	16 5 54	0 59 55	4 26 24	0 23 4	1 9 44	21 51 23	14 13 15	2 58 40	16 34 30	23 44 57	2 54 13	20 2 43	22 33 41
16	3 18 54	16 25 38	1 2 37	4 43 1	0 23 32	1 12 31	21 51 20	14 13 46	2 58 51	16 35 19	23 44 59	2 54 6	20 2 39	22 34 2
17	3 23 40	16 45 0	1 5 19	4 59 34	0 24 0	1 15 15	21 51 16	14 14 19	2 59 3	16 36 8	23 45 0	2 53 59	20 2 34	22 34 24
18	3 28 27	17 4 0	1 8 1	5 16 3	0 24 27	1 17 55	21 51 11	14 14 54	2 59 14	16 36 57	23 45 1	2 53 54	20 2 29	22 34 45
19	3 33 14	17 22 36	1 10 42	5 32 27	0 24 54	1 20 31	21 51 6	14 15 31	2 59 26	16 37 44	23 45 3	2 53 49	20 2 24	22 35 7
20	3 38 3	17 40 48	1 13 24	5 48 47	0 25 20	1 23 3	21 51 1	14 16 9	2 59 37	16 38 32	23 45 4	2 53 44	20 2 19	22 35 29
21	3 42 53	17 58 35	1 16 5	6 5 2	0 25 46	1 25 32	21 50 55	14 16 50	2 59 48	16 39 18	23 45 5	2 53 41	20 2 14	22 35 50
22	3 47 45	18 15 56	1 18 46	6 21 12	0 26 11	1 27 57	21 50 50	14 17 32	2 59 59	16 40 5	23 45 6	2 53 38	20 2 9	22 36 12
23	3 52 37	18 32 52	1 21 28	6 37 17	0 26 36	1 30 19	21 50 43	14 18 16	3 0 10	16 40 50	23 45 7	2 53 37	20 2 4	22 36 34
24	3 57 30	18 49 21	1 24 9	6 53 17	0 27 0	1 32 36	21 50 37	14 19 2	3 0 21	16 41 35	23 45 7	2 53 36	20 1 59	22 36 56
25	4 2 25	19 5 22	1 26 50	7 9 12	0 27 23	1 34 50	21 50 30	14 19 49	3 0 31	16 42 20	23 45 8	2 53 35	20 1 54	22 37 19
26	4 7 20	19 20 56	1 29 30	7 25 1	0 27 46	1 36 59	21 50 22	14 20 38	3 0 42	16 43 4	23 45 8	2 53 36	20 1 48	22 37 41
27	4 12 17	19 36 0	1 32 11	7 40 44	0 28 8	1 39 5	21 50 15	14 21 29	3 0 52	16 43 47	23 45 8	2 53 37	20 1 43	22 38 3
28	4 17 15	19 50 36	1 34 52	7 56 21	0 28 30	1 41 7	21 50 7	14 22 22	3 1 3	16 44 30	23 45 9	2 53 39	20 1 37	22 38 26
29	4 22 14	20 4 41	1 37 32	8 11 53	0 28 51	1 43 4	21 49 58	14 23 16	3 1 13	16 45 12	23 45 9	2 53 42	20 1 32	22 38 48
30	4 27 14	20N18 16	1 40 13	8N27 18	0 29 11	1N44 58	21 49 50	14S24 12	3 1 23	16N45 53	23 45 9	2S53 45	20 1 27	22S39 11

JULY 2022

DAY	SIDEREAL TIME h m s	☉ SUN LONG ° ' "	MOT ' "	R.A. h m s	DECL ° ' "	☽ MOON AT 0 HOURS LONG ° ' "	12h MOT ° ' "	2DIF	R.A. h m s	DECL ° ' "	☽ MOON AT 12 HOURS LONG ° ' "	12h MOT ° ' "	2DIF	R.A. h m s	DECL ° ' "
1 F	18 36 7	14♊ 7 19	57 14	6 39 55.7	23N 7 15	4♋36 45	5 57 39	35	8 11 43	24N51 39	10♋34 24	5 58 56	42	8 37 13	23N37 47
2 S	18 40 3	15 4 33	57 13	6 44 3.9	23 3 6	16 33 20	6 0 28	50	9 2 16	22 8 15	22 33 47	6 2 16	59	9 26 52	20 24 13
3 Su	18 44 0	16 1 46	57 13	6 48 11.8	22 58 33	28 36 4	6 4 24	69	9 50 59	18 26 56	4♌40 27	6 6 51	79	10 14 41	16 17 39
4 M	18 47 57	16 58 59	57 13	6 52 19.4	22 53 36	10♌47 18	6 9 40	90	10 38 0	13 57 40	16 56 58	6 12 53	103	11 1 2	11 28 16
5 Tu	18 51 53	17 56 12	57 13	6 56 26.6	22 48 15	23 9 50	6 16 31	116	11 23 51	8 50 45	29 26 21	6 20 35	129	11 46 34	6 6 23
6 W	18 55 50	18 53 24	57 12	7 0 33.5	22 42 30	5♍46 55	6 25 6	142	12 9 19	3 16 30	12♍12 1	6 30 4	155	12 32 14	0 22 29
7 Th	18 59 46	19 50 36	57 12	7 4 40.0	22 36 22	18 42 5	6 35 28	168	12 55 26	2S34 9	25 17 33	6 41 16	179	13 19 6	5S31 46
8 F	19 3 43	20 47 48	57 12	7 8 46.2	22 29 50	1♎58 48	6 47 24	188	13 43 22	8 28 29	8♎46 13	6 53 48	194	14 8 24	11 22 10
9 S	19 7 39	21 45 0	57 12	7 12 51.9	22 22 55	15 40 1	7 0 22	197	14 34 22	14 10 22	22 40 23	7 6 57	195	15 1 23	16 50 18
10 Su	19 11 36	22 42 12	57 12	7 16 57.2	22 15 36	29 47 20	7 13 24	189	15 29 35	19 18 46	7♏ 0 43	7 19 31	176	15 59 3	21 32 20
11 M	19 15 32	23 39 23	57 12	7 21 2.0	22 7 55	14♏20 14	7 25 7	157	16 29 47	23 27 19	21 45 21	7 29 59	132	17 1 42	25 0 3
12 Tu	19 19 29	24 36 34	57 12	7 25 6.4	21 59 51	29 15 19	7 33 55	101	17 34 39	26 7 10	6♐49 14	7 36 43	65	18 8 22	26 45 53
13 W	19 23 26	25 33 46	57 12	7 29 10.3	21 51 24	14♐25 57	7 38 16	26	18 42 30	26 54 24	22 4 13	7 38 27	-15	19 16 38	26 32 3
14 Th	19 27 22	26 30 58	57 12	7 33 13.8	21 42 35	29 42 40	7 37 15	-57	19 50 23	25 39 32	7♑19 54	7 34 40	-96	20 23 23	24 18 43
15 F	19 31 19	27 28 10	57 13	7 37 16.7	21 33 24	14♑54 34	7 30 49	-133	20 55 24	22 32 29	22 25 23	7 25 50	-164	21 26 15	20 24 21
16 S	19 35 15	28 25 22	57 13	7 41 19.2	21 23 51	29 51 13	7 19 54	-189	21 55 51	17 58 11	7♒11 7	7 13 15	-207	22 24 14	15 17 52
17 Su	19 39 12	29 22 35	57 14	7 45 21.2	21 13 56	14♒24 23	7 6 7	-219	22 51 28	12 27 4	21 30 29	6 58 41	-224	23 17 41	9 29 12
18 M	19 43 8	0♋19 48	57 14	7 49 22.6	21 3 39	28 29 10	6 51 11	-223	23 43 1	6 27 14	5♓20 22	6 43 49	-217	0 7 36	3 23 50
19 Tu	19 47 5	1 17 2	57 15	7 53 23.5	20 53 1	12♓ 4 10	6 36 42	-207	0 31 38	0 21 16	18 40 53	6 30 0	-194	0 55 14	2N38 31
20 W	19 51 1	2 14 17	57 16	7 57 23.9	20 42 2	25 10 52	6 23 46	-178	1 18 34	5N33 47	1♈34 39	6 18 7	-161	1 41 46	8 23 1
21 Th	19 54 58	3 11 33	57 16	8 1 23.8	20 30 42	7♈52 46	6 13 4	-142	2 4 58	11 4 50	14 5 50	6 8 39	-123	2 28 17	13 37 55
22 F	19 58 55	4 8 49	57 17	8 5 23.1	20 19 1	20 14 28	6 4 52	-104	2 51 49	16 1 4	26 19 20	6 1 42	-86	3 15 40	18 13 4
23 S	20 2 51	5 6 6	57 18	8 9 21.9	20 7 0	2♉21 2	5 59 9	-68	3 39 52	20 12 45	8♉20 12	5 57 11	-51	4 4 29	21 58 56
24 Su	20 6 48	6 3 24	57 19	8 13 20.1	19 54 39	14 17 23	5 55 45	-36	4 29 32	23 30 30	20 13 8	5 54 49	-21	4 55 0	24 46 23
25 M	20 10 44	7 0 43	57 20	8 17 17.7	19 41 57	26 7 56	5 54 20	-8	5 20 51	25 45 37	2♊ 2 17	5 54 16	3	5 47 1	26 27 22
26 Tu	20 14 41	7 58 3	57 21	8 21 14.7	19 28 56	7♊56 32	5 54 33	13	6 13 24	26 51 1	13 51 5	5 55 9	22	6 39 54	26 56 9
27 W	20 18 37	8 55 23	57 21	8 25 11.2	19 15 36	19 46 13	5 56 1	30	7 6 23	26 42 41	25 42 14	5 57 7	36	7 32 45	26 10 46
28 Th	20 22 34	9 52 44	57 22	8 29 7.1	19 1 56	1♋39 21	5 58 25	42	7 58 52	25 20 50	7♋37 46	5 59 53	46	8 24 38	24 13 38
29 F	20 26 30	10 50 6	57 23	8 33 2.3	18 47 58	13 37 39	6 1 30	51	8 50 0	22 50 4	19 39 9	6 3 15	55	9 14 55	21 11 17
30 S	20 30 27	11 47 29	57 23	8 36 57.0	18 33 40	25 42 24	6 5 9	59	9 39 21	19 18 31	1♌47 33	6 7 10	63	10 3 20	17 13 7
31 Su	20 34 24	12♋44 52	57 24	8 40 51.0	18N19 5	7♌54 43	6 9 21	68	10 26 53	14N56 27	14♌ 4 4	6 11 42	73	10 50 4	12N29 57

LUNAR INGRESSES
3 ☽ ♌ 2:46
5 ☽ ♍ 13:04
7 ☽ ♎ 20:28
10 ☽ ♏ 0:21
12 ☽ ♐ 1:11
14 ☽ ♑ 0:27
16 ☽ ♒ 0:14
18 ☽ ♓ 2:38
20 ☽ ♈ 9:01
22 ☽ ♉ 19:19
25 ☽ ♊ 7:51
27 ☽ ♋ 20:40
30 ☽ ♌ 8:28

PLANET INGRESSES
2 ☿ ♊ 15:52
13 ♀ ♊ 22:59
17 ☉ ♋ 15:42
17 ☿ ♋ 4:35

STATIONS
28 ♃ R 20:39

DATA FOR THE 1st AT 0 HOURS
JULIAN DAY 44741.5
☽ MEAN ☊ 24°♈ 53' 39"
OBLIQUITY 23° 26' 16"
DELTA T 77.5 SECONDS
NUTATION LONGITUDE-12.3"

DAY MO YR	☿ LONG ° ' "	♀ LONG ° ' "	♂ LONG ° ' "	♃ LONG ° ' "	♄ LONG ° ' "	♅ LONG ° ' "	♆ LONG ° ' "	♇ LONG ° ' "	☊ LONG ° '	A.S.S.I. h m s	S.S.R.Y. h m s	S.V.P. ♓ ° ' "	☿ MERCURY R.A. h m s	DECL ° ' "
1 182	27♉ 0 47	14♉27 42	1♈57 13	12♓25 45	29♒39R44	22♈41 36	0♓23R23	2♑45R 3	26♈26	8 22 27	30 9 18	4 56 56.4	5 25 43	22N 9 28
2 183	28 47 41	15 39 26	2 39 37	12 30 51	29 37 16	22 44 1	0 23 16	2 43 42	26 17	8 27 39	30 10 15	4 56 56.2	5 33 21	22 27 16
3 184	0♊37 31	16 51 13	3 21 56	12 35 47	29 34 43	22 46 25	0 23 8	2 42 21	26 08	8 32 50	30 11 10	4 56 56.1	5 41 15	22 43 43
4 185	2 30 12	18 3 1	4 4 9	12 40 32	29 32 5	22 48 46	0 22 58	2 40 59	26 02	8 38 1	30 12 0	4 56 55.9	5 49 22	22 58 38
5 186	4 25 33	19 14 52	4 46 16	12 45 7	29 29 22	22 51 5	0 22 45	2 39 37	25 57	8 43 12	30 12 45	4 56 55.8	5 57 43	23 11 48
6 187	6 23 26	20 26 44	5 28 17	12 49 32	29 26 35	22 53 21	0 22 31	2 38 14	25 54	8 48 22	30 13 21	4 56 55.8	6 6 17	23 23 2
7 188	8 23 38	21 38 39	6 10 12	12 53 46	29 23 43	22 55 36	0 22 15	2 36 50	25 53	8 53 32	30 13 48	4 56 55.7	6 15 2	23 32 9
8 189	10 25 56	22 50 36	6 52 2	12 57 49	29 20 47	22 57 48	0 21 57	2 35 27	25 53	8 58 41	30 14 3	4 56 55.6	6 23 57	23 38 59
9 190	12 30 4	24 2 35	7 33 45	13 1 42	29 17 46	22 59 58	0 21 37	2 34 2	25 54	9 3 50	30 14 6	4 56 55.4	6 33 1	23 43 23
10 191	14 35 47	25 14 36	8 15 21	13 5 23	29 14 40	23 2 6	0 21 15	2 32 38	25 54	9 8 58	30 13 56	4 56 55.3	6 42 12	23 45 14
11 192	16 42 48	26 26 40	8 56 52	13 8 54	29 11 31	23 4 11	0 20 52	2 31 13	25 53	9 14 6	30 13 32	4 56 55.0	6 51 29	23 44 25
12 193	18 50 49	27 38 46	9 38 16	13 12 14	29 8 17	23 6 14	0 20 26	2 29 48	25 50	9 19 13	30 12 56	4 56 54.7	7 0 49	23 40 54
13 194	20 59 32	28 50 54	10 19 34	13 15 23	29 5 0	23 8 14	0 19 59	2 28 23	25 44	9 24 19	30 12 7	4 56 54.4	7 10 11	23 34 37
14 195	23 8 38	0♊ 3 5	11 0 46	13 18 21	29 1 38	23 10 13	0 19 30	2 26 57	25 36	9 29 25	30 11 10	4 56 54.0	7 19 34	23 25 34
15 196	25 17 50	1 15 18	11 41 51	13 21 8	28 58 12	23 12 8	0 18 59	2 25 32	25 27	9 34 30	30 10 6	4 56 53.8	7 28 55	23 13 49
16 197	27 26 52	2 27 33	12 22 49	13 23 43	28 54 43	23 14 2	0 18 26	2 24 6	25 18	9 39 35	30 8 59	4 56 53.6	7 38 13	22 59 23
17 198	29 35 29	3 39 51	13 3 40	13 26 8	28 51 9	23 15 52	0 17 51	2 22 40	25 10	9 44 39	30 7 54	4 56 53.5	7 47 27	22 42 22
18 199	1♋43 27	4 52 12	13 44 25	13 28 21	28 47 33	23 17 41	0 17 15	2 21 14	25 04	9 49 42	30 6 54	4 56 53.4	7 56 35	22 22 53
19 200	3 50 34	6 4 35	14 25 2	13 30 22	28 43 52	23 19 26	0 16 37	2 19 47	25 01	9 54 45	30 6 3	4 56 53.3	8 5 36	22 1 2
20 201	5 56 38	7 17 1	15 5 33	13 32 12	28 40 8	23 21 10	0 15 57	2 18 21	24 59	9 59 47	30 5 23	4 56 53.2	8 14 29	21 36 58
21 202	8 1 31	8 29 29	15 45 55	13 33 51	28 36 21	23 22 50	0 15 15	2 16 55	24 59	10 4 48	30 4 55	4 56 53.1	8 23 13	21 10 50
22 203	10 5 6	9 41 59	16 26 10	13 35 17	28 32 31	23 24 28	0 14 32	2 15 29	24 59	10 9 49	30 4 39	4 56 53.0	8 31 49	20 42 46
23 204	12 7 15	10 54 32	17 6 17	13 36 32	28 28 37	23 26 4	0 13 47	2 14 2	24 59	10 14 49	30 4 37	4 56 52.8	8 40 14	20 12 55
24 205	14 7 56	12 7 8	17 46 16	13 37 36	28 24 40	23 27 36	0 13 0	2 12 36	24 57	10 19 48	30 4 47	4 56 52.6	8 48 30	19 41 27
25 206	16 7 2	13 19 46	18 26 7	13 38 27	28 20 41	23 29 6	0 12 11	2 11 10	24 54	10 24 47	30 5 8	4 56 52.4	8 56 35	19 8 29
26 207	18 4 33	14 32 26	19 5 50	13 39 7	28 16 39	23 30 34	0 11 21	2 9 45	24 47	10 29 44	30 5 40	4 56 52.2	9 4 30	18 34 11
27 208	20 0 25	15 45 9	19 45 24	13 39 35	28 12 34	23 31 58	0 10 29	2 8 19	24 37	10 34 41	30 6 21	4 56 51.9	9 12 14	17 58 40
28 209	21 54 38	16 57 54	20 24 49	13 39R51	28 8 26	23 33 20	0 9 35	2 6 53	24 26	10 39 38	30 7 8	4 56 51.7	9 19 48	17 22 4
29 210	23 47 10	18 10 41	21 4 5	13 39 55	28 4 16	23 34 39	0 8 40	2 5 28	24 13	10 44 33	30 8 1	4 56 51.5	9 27 12	16 44 31
30 211	25 38 2	19 23 31	21 43 12	13 39 47	28 0 4	23 35 56	0 7 43	2 4 3	24 00	10 49 28	30 8 57	4 56 51.4	9 34 26	16 6 7
31 212	27♋27 14	20♊36 22	22♈22 10	13♓39 28	27♒55 50	23♈37 9	0♓ 6 45	2♑ 2 39	23♈47	10 54 22	30 9 56	4 56 51.3	9 41 30	15N26 59

DAY Jul	♀ VENUS R.A. h m s	DECL ° ' "	♂ MARS R.A. h m s	DECL ° ' "	♃ JUPITER R.A. h m s	DECL ° ' "	♄ SATURN R.A. h m s	DECL ° ' "	♅ URANUS R.A. h m s	DECL ° ' "	♆ NEPTUNE R.A. h m s	DECL ° ' "	♇ PLUTO R.A. h m s	DECL ° ' "
1	4 32 15	20N31 20	1 42 53	8N42 37	0 29 31	1N46 48	21 49 41	14S25 10	3 1 33	16N46 34	23 45 8	2S53 50	20 1 21	22S39 34
2	4 37 17	20 43 52	1 45 33	8 57 50	0 29 50	1 48 33	21 49 31	14 26 9	3 1 43	16 47 15	23 45 8	2 53 55	20 1 15	22 39 56
3	4 42 20	20 55 52	1 48 13	9 12 56	0 30 9	1 50 14	21 49 22	14 27 10	3 1 52	16 47 54	23 45 8	2 54 1	20 1 10	22 40 19
4	4 47 24	21 7 19	1 50 53	9 27 55	0 30 27	1 51 51	21 49 12	14 28 12	3 2 2	16 48 34	23 45 7	2 54 7	20 1 4	22 40 42
5	4 52 28	21 18 12	1 53 33	9 42 48	0 30 44	1 53 24	21 49 1	14 29 16	3 2 11	16 49 12	23 45 6	2 54 15	20 0 58	22 41 5
6	4 57 34	21 28 32	1 56 13	9 57 33	0 31 1	1 54 53	21 48 51	14 30 21	3 2 20	16 49 50	23 45 6	2 54 23	20 0 52	22 41 28
7	5 2 41	21 38 18	1 58 52	10 12 12	0 31 17	1 56 17	21 48 40	14 31 28	3 2 29	16 50 27	23 45 5	2 54 32	20 0 47	22 41 51
8	5 7 48	21 47 28	2 1 32	10 26 43	0 31 32	1 57 37	21 48 29	14 32 36	3 2 38	16 51 3	23 45 4	2 54 41	20 0 41	22 42 14
9	5 12 56	21 56 3	2 4 11	10 41 8	0 31 47	1 58 53	21 48 17	14 33 45	3 2 47	16 51 39	23 45 3	2 54 52	20 0 35	22 42 36
10	5 18 5	22 4 3	2 6 50	10 55 25	0 32 1	2 0 4	21 48 5	14 34 56	3 2 55	16 52 14	23 45 1	2 55 3	20 0 29	22 42 59
11	5 23 15	22 11 27	2 9 29	11 9 34	0 32 14	2 1 11	21 47 53	14 36 8	3 3 4	16 52 48	23 45 0	2 55 15	20 0 23	22 43 22
12	5 28 25	22 18 14	2 12 8	11 23 36	0 32 27	2 2 13	21 47 41	14 37 22	3 3 12	16 53 22	23 44 59	2 55 27	20 0 17	22 43 45
13	5 33 36	22 24 24	2 14 46	11 37 31	0 32 39	2 3 12	21 47 28	14 38 36	3 3 20	16 53 55	23 44 57	2 55 41	20 0 11	22 44 8
14	5 38 48	22 29 57	2 17 25	11 51 18	0 32 51	2 4 6	21 47 15	14 39 52	3 3 28	16 54 27	23 44 55	2 55 54	20 0 5	22 44 30
15	5 44 0	22 34 53	2 20 3	12 4 58	0 33 1	2 4 56	21 47 2	14 41 9	3 3 36	16 54 59	23 44 53	2 56 9	19 59 59	22 44 53
16	5 49 13	22 39 11	2 22 41	12 18 29	0 33 11	2 5 41	21 46 49	14 42 27	3 3 43	16 55 30	23 44 52	2 56 25	19 59 54	22 45 16
17	5 54 26	22 42 50	2 25 19	12 31 53	0 33 21	2 6 22	21 46 35	14 43 46	3 3 51	16 56 0	23 44 49	2 56 41	19 59 48	22 45 39
18	5 59 40	22 45 52	2 27 57	12 45 8	0 33 29	2 6 58	21 46 21	14 45 6	3 3 58	16 56 30	23 44 47	2 56 58	19 59 42	22 46 1
19	6 4 54	22 48 14	2 30 35	12 58 15	0 33 37	2 7 29	21 46 7	14 46 28	3 4 5	16 56 58	23 44 45	2 57 15	19 59 35	22 46 24
20	6 10 8	22 49 58	2 33 12	13 11 14	0 33 44	2 7 56	21 45 53	14 47 50	3 4 12	16 57 26	23 44 43	2 57 33	19 59 29	22 46 46
21	6 15 23	22 51 3	2 35 50	13 24 5	0 33 51	2 8 19	21 45 38	14 49 13	3 4 19	16 57 54	23 44 40	2 57 52	19 59 23	22 47 9
22	6 20 38	22 51 29	2 38 27	13 36 47	0 33 57	2 8 36	21 45 23	14 50 37	3 4 25	16 58 20	23 44 38	2 58 12	19 59 17	22 47 31
23	6 25 53	22 51 15	2 41 4	13 49 21	0 34 2	2 8 50	21 45 8	14 52 2	3 4 32	16 58 46	23 44 35	2 58 32	19 59 11	22 47 53
24	6 31 8	22 50 22	2 43 40	14 1 46	0 34 6	2 8 58	21 44 53	14 53 28	3 4 38	16 59 11	23 44 32	2 58 53	19 59 5	22 48 15
25	6 36 24	22 48 50	2 46 16	14 14 2	0 34 10	2 9 2	21 44 38	14 54 54	3 4 44	16 59 35	23 44 29	2 59 14	19 58 59	22 48 37
26	6 41 39	22 46 38	2 48 53	14 26 9	0 34 13	2 9 2	21 44 22	14 56 22	3 4 50	16 59 59	23 44 26	2 59 36	19 58 53	22 48 59
27	6 46 54	22 43 46	2 51 28	14 38 8	0 34 15	2 8 57	21 44 6	14 57 49	3 4 56	17 0 22	23 44 23	2 59 59	19 58 47	22 49 21
28	6 52 10	22 40 15	2 54 4	14 49 57	0 34 16	2 8 47	21 43 51	14 59 18	3 5 1	17 0 44	23 44 20	3 0 23	19 58 41	22 49 42
29	6 57 25	22 36 5	2 56 39	15 1 38	0 34 17	2 8 32	21 43 34	15 0 47	3 5 7	17 1 5	23 44 17	3 0 47	19 58 35	22 50 4
30	7 2 40	22 31 16	2 59 14	15 13 9	0 34 17	2 8 13	21 43 18	15 2 17	3 5 12	17 1 25	23 44 13	3 1 11	19 58 30	22 50 25
31	7 7 55	22N25 47	3 1 48	15N24 31	0 34 16	2N 7 49	21 43 2	15S 3 47	3 5 17	17N 1 45	23 44 10	3S 1 37	19 58 24	22S50 47

AUGUST 2022

DAY	SIDEREAL TIME h m s	☉ SUN LONG ° ' "	MOT ' "	R.A. h m s	DECL ° ' "
1 M	20 38 20	13♋42 16	57 25	8 44 44.4	18N 4 12
2 Tu	20 42 17	14 39 41	57 25	8 48 37.2	17 49 1
3 W	20 46 13	15 37 6	57 26	8 52 29.4	17 33 33
4 Th	20 50 10	16 34 32	57 27	8 56 21.0	17 17 47
5 F	20 54 6	17 31 58	57 27	9 0 11.9	17 1 45
6 S	20 58 3	18 29 26	57 28	9 4 2.2	16 45 26
7 Su	21 1 59	19 26 54	57 29	9 7 51.9	16 28 51
8 M	21 5 56	20 24 22	57 30	9 11 41.0	16 12 1
9 Tu	21 9 53	21 21 52	57 31	9 15 29.5	15 54 55
10 W	21 13 49	22 19 22	57 31	9 19 17.4	15 37 33
11 Th	21 17 46	23 16 53	57 32	9 23 4.7	15 19 57
12 F	21 21 42	24 14 26	57 34	9 26 51.4	15 2 6
13 S	21 25 39	25 11 59	57 35	9 30 37.6	14 44 1
14 Su	21 29 35	26 9 34	57 36	9 34 23.2	14 25 42
15 M	21 33 32	27 7 10	57 37	9 38 8.3	14 7 9
16 Tu	21 37 28	28 4 47	57 39	9 41 52.8	13 48 23
17 W	21 41 25	29 2 26	57 41	9 45 36.9	13 29 23
18 Th	21 45 22	0♌ 0 6	57 42	9 49 20.4	13 10 10
19 F	21 49 18	0 57 48	57 44	9 53 3.5	12 50 45
20 S	21 53 15	1 55 32	57 45	9 56 46.1	12 31 8
21 Su	21 57 11	2 53 17	57 47	10 0 28.2	12 11 18
22 M	22 1 8	3 51 4	57 49	10 4 9.9	11 51 17
23 Tu	22 5 4	4 48 53	57 50	10 7 51.2	11 31 5
24 W	22 9 1	5 46 43	57 52	10 11 32.0	11 10 41
25 Th	22 12 57	6 44 35	57 53	10 15 12.4	10 50 7
26 F	22 16 54	7 42 28	57 55	10 18 52.4	10 29 23
27 S	22 20 51	8 40 23	57 56	10 22 32.0	10 8 28
28 Su	22 24 47	9 38 19	57 58	10 26 11.2	9 47 24
29 M	22 28 44	10 36 17	57 59	10 29 50.0	9 26 11
30 Tu	22 32 40	11 34 17	58 1	10 33 28.5	9 4 48
31 W	22 36 37	12♌32 18	58 2	10 37 6.6	8N43 17

DAY	☽ MOON AT 0 HOURS LONG ° ' "	12h MOT ° ' "	2DIF "	R.A. h m s	DECL ° ' "
1	20♌15 46	6 14 14	80	11 12 57	9N55 2
2	2♍47 1	6 20 2	95	11 58 15	4 25 40
3	15 30 23	6 26 58	114	12 43 40	1S20 4
4	28 28 15	6 35 13	134	13 30 15	7 9 44
5	11♎43 21	6 44 51	153	14 19 8	12 48 59
6	25 18 17	6 55 35	166	15 11 28	18 0 15
7	9♏15 4	7 6 49	167	16 8 11	22 21 53
8	23 34 12	7 17 32	149	17 9 34	25 28 55
9	8♐13 58	7 26 19	109	18 14 43	26 57 4
10	23 9 48	7 31 42	48	19 21 32	26 30 14
11	8♑14 15	7 32 31	-26	20 27 16	24 7 35
12	23 17 47	7 28 16	-100	21 29 42	20 4 53
13	8♒10 24	7 19 23	-162	22 27 50	14 48 47
14	22 43 20	7 7 4	-201	23 21 52	8 48 53
15	6♓50 32	6 52 57	-216	0 12 39	2 31 54
16	20 29 12	6 38 36	-209	1 1 20	3N40 24
17	3♈39 34	6 25 21	-185	1 49 2	9 31 12
18	16 24 21	6 14 5	-151	2 36 45	14 47 25
19	28 47 48	6 5 18	-112	3 25 16	19 18 16
20	10♉55 2	5 59 12	-72	4 15 6	22 54 27
21	22 51 21	5 55 42	-34	5 6 24	25 27 42
22	4♊41 55	5 54 36	0	5 58 53	26 51 19
23	16 31 21	5 55 33	27	6 51 56	27 1 9
24	28 23 34	5 58 9	49	7 44 41	25 56 33
25	10♋21 39	6 1 58	64	8 36 20	23 40 53
26	22 27 50	6 6 35	73	9 26 21	20 21 3
27	4♌43 30	6 11 39	78	10 14 38	16 6 36
28	17 9 25	6 16 54	80	11 1 23	11 8 38
29	29 45 53	6 22 16	81	11 47 13	5 39 9
30	12♍33 9	6 27 46	84	12 32 52	0S 9 12
31	25♍31 33	6 33 35	90	13 19 17	6S 2 56

DAY	☽ MOON AT 12 HOURS LONG ° ' "	12h MOT ° ' "	2DIF "	R.A. h m s	DECL ° ' "
1	26♌30 0	6 17 0	87	11 35 39	7N13 8
2	9♍ 7 2	6 23 20	104	12 20 53	1 34 6
3	21 57 20	6 30 55	124	13 6 44	4S15 15
4	5♎ 3 29	6 39 52	144	13 54 19	10 1 40
5	18 28 11	6 50 6	161	14 44 48	15 29 22
6	2♏13 52	7 1 12	169	15 39 15	20 18 47
7	16 21 53	7 12 19	161	16 38 19	24 6 20
8	0♐51 43	7 22 15	132	17 41 46	26 26 39
9	15 40 17	7 29 31	81	18 48 5	26 58 30
10	0♑41 31	7 32 44	12	19 54 42	25 32 45
11	15 46 46	7 31 1	-64	20 58 59	22 17 14
12	0♒46 3	7 24 21	-133	21 59 19	17 34 9
13	15 29 47	7 13 34	-185	22 55 19	11 52 32
14	29 50 25	7 0 8	-212	23 47 36	5 41 2
15	13♓43 29	6 45 43	-215	0 37 11	0N35 59
16	27 7 48	6 31 46	-199	1 25 15	6 39 22
17	10♈ 4 55	6 19 26	-169	2 12 50	12 14 21
18	22 38 26	6 9 22	-132	3 0 52	17 9 7
19	4♉53 7	6 1 55	-92	3 50 0	21 13 44
20	16 54 13	5 57 8	-52	4 40 34	24 19 24
21	28 47 3	5 54 52	-17	5 32 32	26 18 33
22	10♊36 31	5 54 50	14	6 25 24	27 5 35
23	22 26 54	5 56 40	39	7 18 24	26 38 2
24	4♋21 43	5 59 56	57	8 10 41	24 57 15
25	16 23 38	6 4 12	69	9 1 34	22 8 27
26	28 34 25	6 9 5	76	9 50 42	18 19 59
27	10♌55 9	6 14 16	79	10 38 10	13 42 19
28	23 26 19	6 19 35	80	11 24 22	8 27 3
29	6♍ 8 9	6 25 0	83	12 10 0	2 46 31
30	19 0 55	6 30 37	87	12 55 55	3S 6 17
31	2♎ 5 7	6 36 39	95	13 43 5	8S57 16

LUNAR INGRESSES
1 ☽ ♍ 18:42
4 ☽ ♎ 2:48
6 ☽ ♏ 8:09
8 ☽ ♐ 10:35
10 ☽ ♑ 10:54
12 ☽ ♒ 10:46
14 ☽ ♓ 12:16
16 ☽ ♈ 17:15
19 ☽ ♉ 2:22
21 ☽ ♊ 14:28
24 ☽ ♋ 3:14
26 ☽ ♌ 14:47
29 ☽ ♍ 0:27
31 ☽ ♎ 8:12

PLANET INGRESSES
1 ☿ ♌ 10:13
6 ♆ ♒ 8:10
7 ♀ ♋ 17:15
12 ♂ ♉ 2:07
17 ☉ ♌ 23:57
21 ☿ ♍ 14:11

STATIONS
24 ♅ R 13:55

DATA FOR THE 1st AT 0 HOURS
JULIAN DAY 44772.5
☽ MEAN ☊ 23°♈ 15' 5"
OBLIQUITY 23° 26' 17"
DELTA T 77.5 SECONDS
NUTATION LONGITUDE-11.6"

DAY MO	YR	☿ LONG ° ' "	♀ LONG ° ' "	♂ LONG ° ' "	♃ LONG ° ' "	♄ LONG ° ' "	♅ LONG ° ' "	♆ LONG ° ' "	♇ LONG ° ' "	☊ LONG ° '
1	213	29♋14 45	21♊49 16	23♈ 0 58	13♓38R56	27♑51R34	23♈38 20	0♓ 5R45	2♑ 1R14	23♈36
2	214	1♌ 0 36	23 2 13	23 39 36	13 38 13	27 47 16	23 39 28	0 4 44	1 59 51	23 28
3	215	2 44 47	24 15 11	24 18 5	13 37 17	27 42 56	23 40 33	0 3 41	1 58 27	23 23
4	216	4 27 19	25 28 11	24 56 24	13 36 10	27 38 34	23 41 35	0 2 37	1 57 4	23 20
5	217	6 8 13	26 41 14	25 34 33	13 34 51	27 34 11	23 42 34	0 1 31	1 55 41	23 19
6	218	7 47 29	27 54 19	26 12 32	13 33 20	27 29 47	23 43 30	0 0 23	1 54 19	23 19
7	219	9 25 7	29 7 26	26 50 21	13 31 38	27 25 22	23 44 24	29♒59 15	1 52 58	23 19
8	220	11 1 8	0♋20 35	27 27 59	13 29 44	27 20 56	23 45 15	29 58 5	1 51 37	23 17
9	221	12 35 31	1 33 46	28 5 27	13 27 38	27 16 28	23 46 2	29 56 54	1 50 17	23 12
10	222	14 8 16	2 47 0	28 42 44	13 25 21	27 12 0	23 46 47	29 55 41	1 48 57	23 05
11	223	15 39 25	4 0 16	29 19 50	13 22 52	27 7 32	23 47 29	29 54 27	1 47 38	22 55
12	224	17 8 55	5 13 34	29 56 46	13 20 12	27 3 2	23 48 8	29 53 12	1 46 19	22 45
13	225	18 36 46	6 26 54	0♉33 30	13 17 20	26 58 33	23 48 44	29 51 55	1 45 2	22 34
14	226	20 2 57	7 40 17	1 10 3	13 14 17	26 54 3	23 49 17	29 50 38	1 43 45	22 24
15	227	21 27 28	8 53 42	1 46 24	13 11 3	26 49 33	23 49 47	29 49 19	1 42 29	22 16
16	228	22 50 16	10 7 9	2 22 34	13 7 38	26 45 3	23 50 14	29 47 59	1 41 13	22 11
17	229	24 11 20	11 20 39	2 58 31	13 4 2	26 40 33	23 50 38	29 46 37	1 39 58	22 08
18	230	25 30 38	12 34 12	3 34 17	13 0 15	26 36 4	23 50 59	29 45 15	1 38 45	22 07
19	231	26 48 6	13 47 46	4 9 49	12 56 16	26 31 35	23 51 17	29 43 52	1 37 32	22 07
20	232	28 3 42	15 1 24	4 45 9	12 52 8	26 27 6	23 51 32	29 42 28	1 36 20	22 07
21	233	29 17 23	16 15 3	5 20 15	12 47 48	26 22 38	23 51 44	29 41 2	1 35 9	22 05
22	234	0♍29 3	17 28 45	5 55 8	12 43 18	26 18 11	23 51 53	29 39 36	1 33 58	22 01
23	235	1 38 39	18 42 29	6 29 47	12 38 38	26 13 45	23 52 0	29 38 8	1 32 49	21 55
24	236	2 46 5	19 56 15	7 4 11	12 33 47	26 9 20	23 52R 3	29 36 40	1 31 41	21 46
25	237	3 51 16	21 10 3	7 38 22	12 28 47	26 4 56	23 52 3	29 35 11	1 30 34	21 35
26	238	4 54 4	22 23 54	8 12 17	12 23 36	26 0 34	23 52 0	29 33 41	1 29 28	21 23
27	239	5 54 23	23 37 46	8 45 57	12 18 16	25 56 13	23 51 54	29 32 10	1 28 23	21 10
28	240	6 52 4	24 51 41	9 19 22	12 12 47	25 51 54	23 51 45	29 30 39	1 27 19	20 58
29	241	7 46 59	26 5 38	9 52 31	12 7 8	25 47 37	23 51 33	29 29 6	1 26 16	20 47
30	242	8 38 57	27 19 36	10 25 24	12 1 20	25 43 22	23 51 18	29 27 33	1 25 14	20 39
31	243	9♍27 47	28♋33 36	10♉58 1	11♓55 24	25♑39 9	23♈51 0	29♒25 59	1♑24 14	20♈34

DAY	A.S.S.I. h m s	S.S.R.Y. h m s	S.V.P. ♓ ° ' "	☿ MERCURY R.A. h m s	DECL ° ' "
1	10 59 15	30 10 53	4 56 51.2	9 48 24	14N47 12
2	11 4 8	30 11 52	4 56 51.1	9 55 8	14 6 53
3	11 9 0	30 12 46	4 56 51.1	10 1 44	13 26 7
4	11 13 51	30 13 33	4 56 51.0	10 8 10	12 44 58
5	11 18 41	30 14 11	4 56 50.9	10 14 28	12 3 32
6	11 23 30	30 14 37	4 56 50.8	10 20 37	11 21 52
7	11 28 19	30 14 49	4 56 50.6	10 26 37	10 40 4
8	11 33 6	30 14 45	4 56 50.3	10 32 30	9 58 10
9	11 37 53	30 14 27	4 56 50.1	10 38 14	9 16 15
10	11 42 40	30 13 53	4 56 49.8	10 43 51	8 34 23
11	11 47 25	30 13 7	4 56 49.5	10 49 20	7 52 36
12	11 52 10	30 12 11	4 56 49.3	10 54 41	7 10 57
13	11 56 54	30 11 9	4 56 49.2	10 59 55	6 29 31
14	12 1 38	30 10 5	4 56 49.1	11 5 2	5 48 21
15	12 6 21	30 9 2	4 56 49.1	11 10 1	5 7 28
16	12 11 3	30 8 5	4 56 49.1	11 14 53	4 26 57
17	12 15 44	30 7 16	4 56 49.0	11 19 38	3 46 51
18	12 20 25	30 6 37	4 56 48.9	11 24 16	3 7 12
19	12 25 5	30 6 7	4 56 48.8	11 28 46	2 28 3
20	12 29 45	30 5 49	4 56 48.7	11 33 9	1 49 28
21	12 34 24	30 5 42	4 56 48.5	11 37 24	1 11 31
22	12 39 3	30 5 46	4 56 48.3	11 41 32	0 34 14
23	12 43 41	30 6 0	4 56 48.1	11 45 32	0S 2 19
24	12 48 18	30 6 24	4 56 47.9	11 49 24	0 38 4
25	12 52 55	30 6 56	4 56 47.7	11 53 8	1 12 57
26	12 57 31	30 7 37	4 56 47.6	11 56 43	1 46 54
27	13 2 7	30 8 24	4 56 47.5	12 0 8	2 19 50
28	13 6 43	30 9 18	4 56 47.5	12 3 25	2 51 40
29	13 11 17	30 10 18	4 56 47.4	12 6 31	3 22 19
30	13 15 52	30 11 20	4 56 47.4	12 9 27	3 51 41
31	13 20 26	30 12 24	4 56 47.4	12 12 11	4S19 41

DAY Aug	♀ VENUS R.A. h m s	DECL ° ' "	♂ MARS R.A. h m s	DECL ° ' "	♃ JUPITER R.A. h m s	DECL ° ' "
1	7 13 9	22N19 39	3 4 22	15N35 44	0 34 15	2N 7 21
2	7 18 23	22 12 52	3 6 56	15 46 48	0 34 13	2 6 47
3	7 23 37	22 5 26	3 9 30	15 57 43	0 34 10	2 6 10
4	7 28 50	21 57 22	3 12 3	16 8 28	0 34 6	2 5 27
5	7 34 3	21 48 39	3 14 35	16 19 4	0 34 2	2 4 40
6	7 39 15	21 39 19	3 17 7	16 29 30	0 33 57	2 3 49
7	7 44 27	21 29 20	3 19 39	16 39 47	0 33 51	2 2 53
8	7 49 38	21 18 45	3 22 11	16 49 55	0 33 44	2 1 53
9	7 54 49	21 7 32	3 24 42	16 59 54	0 33 37	2 0 48
10	7 59 59	20 55 43	3 27 12	17 9 43	0 33 29	1 59 39
11	8 5 8	20 43 17	3 29 42	17 19 23	0 33 20	1 58 25
12	8 10 16	20 30 15	3 32 12	17 28 54	0 33 11	1 57 7
13	8 15 24	20 16 38	3 34 41	17 38 16	0 33 1	1 55 44
14	8 20 31	20 2 26	3 37 9	17 47 28	0 32 50	1 54 18
15	8 25 37	19 47 39	3 39 37	17 56 31	0 32 39	1 52 47
16	8 30 42	19 32 18	3 42 5	18 5 24	0 32 27	1 51 11
17	8 35 47	19 16 23	3 44 31	18 14 8	0 32 14	1 49 32
18	8 40 50	18 59 55	3 46 58	18 22 43	0 32 0	1 47 48
19	8 45 53	18 42 54	3 49 23	18 31 9	0 31 46	1 46 1
20	8 50 55	18 25 21	3 51 48	18 39 25	0 31 31	1 44 9
21	8 55 56	18 7 17	3 54 12	18 47 32	0 31 16	1 42 13
22	9 0 56	17 48 42	3 56 36	18 55 30	0 30 59	1 40 14
23	9 5 55	17 29 36	3 58 59	19 3 19	0 30 43	1 38 10
24	9 10 53	17 10 0	4 1 21	19 10 59	0 30 25	1 36 3
25	9 15 50	16 49 56	4 3 42	19 18 29	0 30 7	1 33 52
26	9 20 46	16 29 22	4 6 2	19 25 50	0 29 49	1 31 37
27	9 25 42	16 8 21	4 8 22	19 33 3	0 29 29	1 29 19
28	9 30 36	15 46 53	4 10 41	19 40 6	0 29 10	1 26 57
29	9 35 29	15 24 58	4 12 58	19 47 0	0 28 49	1 24 32
30	9 40 22	15 2 37	4 15 15	19 53 46	0 28 28	1 22 3
31	9 45 13	14N39 50	4 17 31	20N 0 23	0 28 7	1N19 32

DAY Aug	♄ SATURN R.A. h m s	DECL ° ' "	♅ URANUS R.A. h m s	DECL ° ' "	♆ NEPTUNE R.A. h m s	DECL ° ' "	♇ PLUTO R.A. h m s	DECL ° ' "
1	21 42 45	15S 5 18	3 5 21	17N 2 4	23 44 6	3S 2 2	19 58 18	22S51 8
2	21 42 29	15 6 49	3 5 26	17 2 22	23 44 2	3 2 29	19 58 12	22 51 29
3	21 42 12	15 8 21	3 5 30	17 2 39	23 43 59	3 2 56	19 58 6	22 51 50
4	21 41 55	15 9 53	3 5 34	17 2 56	23 43 55	3 3 23	19 58 0	22 52 10
5	21 41 38	15 11 25	3 5 38	17 3 11	23 43 51	3 3 52	19 57 54	22 52 31
6	21 41 21	15 12 57	3 5 42	17 3 26	23 43 47	3 4 20	19 57 49	22 52 51
7	21 41 4	15 14 29	3 5 46	17 3 40	23 43 43	3 4 49	19 57 43	22 53 11
8	21 40 46	15 16 2	3 5 49	17 3 54	23 43 38	3 5 19	19 57 37	22 53 31
9	21 40 29	15 17 34	3 5 53	17 4 6	23 43 34	3 5 49	19 57 32	22 53 51
10	21 40 12	15 19 7	3 5 56	17 4 18	23 43 30	3 6 20	19 57 26	22 54 10
11	21 39 54	15 20 40	3 5 58	17 4 29	23 43 25	3 6 51	19 57 21	22 54 30
12	21 39 37	15 22 12	3 6 1	17 4 39	23 43 21	3 7 22	19 57 15	22 54 49
13	21 39 19	15 23 45	3 6 3	17 4 48	23 43 16	3 7 54	19 57 10	22 55 8
14	21 39 2	15 25 17	3 6 6	17 4 57	23 43 11	3 8 27	19 57 4	22 55 27
15	21 38 44	15 26 49	3 6 8	17 5 4	23 43 7	3 9 0	19 56 59	22 55 45
16	21 38 27	15 28 21	3 6 10	17 5 11	23 43 2	3 9 33	19 56 54	22 56 3
17	21 38 9	15 29 53	3 6 11	17 5 17	23 42 57	3 10 7	19 56 48	22 56 21
18	21 37 52	15 31 24	3 6 13	17 5 22	23 42 52	3 10 42	19 56 43	22 56 39
19	21 37 34	15 32 55	3 6 14	17 5 27	23 42 47	3 11 16	19 56 38	22 56 57
20	21 37 17	15 34 25	3 6 15	17 5 30	23 42 42	3 11 51	19 56 33	22 57 14
21	21 36 59	15 35 55	3 6 16	17 5 33	23 42 36	3 12 26	19 56 28	22 57 31
22	21 36 42	15 37 25	3 6 16	17 5 35	23 42 31	3 13 2	19 56 23	22 57 48
23	21 36 24	15 38 54	3 6 17	17 5 36	23 42 26	3 13 38	19 56 18	22 58 4
24	21 36 7	15 40 22	3 6 17	17 5 36	23 42 21	3 14 14	19 56 13	22 58 21
25	21 35 50	15 41 50	3 6 17	17 5 36	23 42 15	3 14 51	19 56 9	22 58 37
26	21 35 33	15 43 17	3 6 17	17 5 35	23 42 10	3 15 28	19 56 4	22 58 53
27	21 35 16	15 44 44	3 6 16	17 5 32	23 42 4	3 16 5	19 56 0	22 59 8
28	21 34 59	15 46 9	3 6 16	17 5 29	23 41 59	3 16 43	19 55 55	22 59 23
29	21 34 42	15 47 34	3 6 15	17 5 26	23 41 53	3 17 21	19 55 51	22 59 38
30	21 34 25	15 48 58	3 6 14	17 5 21	23 41 47	3 17 59	19 55 46	22 59 53
31	21 34 9	15S50 21	3 6 13	17N 5 15	23 41 42	3S18 37	19 55 42	23S 0 7

DAY	SIDEREAL TIME h m s	☉ SUN LONG ° ' "	MOT ' "	R.A. h m s	DECL ° ' "
1 Th	22 40 33	13♌30 20	58 4	10 40 44.4	8N21 38
2 F	22 44 30	14 28 23	58 5	10 44 21.9	7 59 50
3 S	22 48 26	15 26 29	58 7	10 47 59.1	7 37 55
4 Su	22 52 23	16 24 35	58 8	10 51 36.0	7 15 53
5 M	22 56 20	17 22 43	58 9	10 55 12.6	6 53 43
6 Tu	23 0 16	18 20 52	58 11	10 58 49.0	6 31 27
7 W	23 4 13	19 19 3	58 12	11 2 25.2	6 9 5
8 Th	23 8 9	20 17 15	58 14	11 6 1.1	5 46 37
9 F	23 12 6	21 15 28	58 15	11 9 36.9	5 24 3
10 S	23 16 2	22 13 44	58 17	11 13 12.5	5 1 24
11 Su	23 19 59	23 12 1	58 19	11 16 47.9	4 38 40
12 M	23 23 55	24 10 20	58 21	11 20 23.2	4 15 51
13 Tu	23 27 52	25 8 41	58 23	11 23 58.4	3 52 57
14 W	23 31 49	26 7 4	58 25	11 27 33.6	3 30 0
15 Th	23 35 45	27 5 29	58 27	11 31 8.7	3 6 58
16 F	23 39 42	28 3 56	58 29	11 34 43.8	2 43 53
17 S	23 43 38	29 2 25	58 32	11 38 18.9	2 20 44
18 Su	23 47 35	0♍ 0 56	58 34	11 41 54.0	1 57 33
19 M	23 51 31	0 59 30	58 36	11 45 29.1	1 34 19
20 Tu	23 55 28	1 58 6	58 38	11 49 4.3	1 11 3
21 W	23 59 24	2 56 44	58 40	11 52 39.5	0 47 45
22 Th	0 3 21	3 55 24	58 42	11 56 14.9	0 24 25
23 F	0 7 18	4 54 6	58 44	11 59 50.3	0 1 4
24 S	0 11 14	5 52 50	58 46	12 3 25.9	0S22 18
25 Su	0 15 11	6 51 37	58 48	12 7 1.6	0 45 40
26 M	0 19 7	7 50 25	58 50	12 10 37.5	1 9 3
27 Tu	0 23 4	8 49 15	58 52	12 14 13.5	1 32 25
28 W	0 27 0	9 48 8	58 54	12 17 49.8	1 55 47
29 Th	0 30 57	10 47 2	58 56	12 21 26.3	2 19 8
30 F	0 34 53	11♍45 58	58 58	12 25 3.0	2S42 27

DAY	☽ MOON AT 0 HOURS LONG ° ' "	12h MOT ° ' "	2DIF "	R.A. h m s	DECL ° ' "	☽ MOON AT 12 HOURS LONG ° ' "	12h MOT ° ' "	2DIF "	R.A. h m s	DECL ° ' "
1	8♎41 47	6 39 53	99	14 7 29	11S47 12	15♎21 39	6 43 16	104	14 32 35	14S30 34
2	22 4 55	6 46 49	109	14 58 31	17 5 0	28 51 44	6 50 31	113	15 25 23	19 27 57
3	5♏42 15	6 54 21	116	15 53 15	21 36 43	12♏36 36	6 58 17	118	16 22 9	23 28 30
4	19 34 53	7 2 13	117	16 52 4	25 0 31	26 37 6	7 6 6	114	17 22 54	26 10 4
5	3♐43 11	7 9 48	107	17 54 30	26 54 49	10♐52 59	7 13 12	96	18 26 39	27 12 57
6	18 6 10	7 16 10	81	18 59 4	27 3 21	25 22 20	7 18 35	62	19 31 26	26 25 45
7	2♑40 55	7 20 18	39	20 3 30	25 20 47	10♑ 1 13	7 21 13	14	20 34 58	23 49 58
8	17 22 26	7 21 13	-14	21 5 41	21 55 33	24 43 39	7 20 17	-43	21 35 31	19 40 20
9	2♒ 3 56	7 18 22	-72	22 4 24	17 7 29	9♒22 18	7 15 30	-99	22 32 22	14 20 20
10	16 37 48	7 11 46	-124	22 59 28	11 22 17	23 49 34	7 7 14	-146	23 25 46	8 16 34
11	0♓56 48	7 2 3	-163	23 51 25	5 6 20	7♓58 51	6 56 22	-176	0 16 32	1 54 27
12	14 55 13	6 50 20	-184	0 41 14	1N16 26	21 45 33	6 44 7	-187	1 5 39	4N23 53
13	28 29 40	6 37 52	-186	1 29 55	7 25 46	5♈ 7 31	6 31 43	-181	1 54 9	10 20 6
14	11♈39 14	6 25 49	-172	2 18 27	13 5 7	18 5 3	6 20 15	-160	2 42 55	15 39 13
15	24 25 18	6 15 8	-146	3 7 36	18 0 57	0♉40 25	6 10 31	-130	3 32 35	20 9 1
16	6♉50 56	6 6 28	-112	3 57 54	22 2 11	12 57 25	6 3 2	-94	4 23 33	23 39 23
17	19 0 27	6 0 14	-74	4 49 31	24 59 42	25 0 40	5 58 4	-55	5 15 47	26 2 19
18	0♊58 44	5 56 34	-36	5 42 15	26 46 38	6♊55 18	5 55 41	-17	6 8 52	27 12 14
19	12 50 59	5 55 26	1	6 35 31	27 18 53	18 46 25	5 55 47	19	7 2 7	27 6 36
20	24 42 12	5 56 41	35	7 28 32	26 35 39	0♋38 53	5 58 7	50	7 54 43	25 46 28
21	6♋36 59	6 0 1	63	8 20 33	24 39 45	12 37 1	6 2 21	75	8 46 0	23 16 17
22	18 39 21	6 5 2	85	9 11 2	21 37 6	24 44 23	6 8 2	94	9 35 38	19 43 18
23	0♌52 25	6 11 16	100	9 59 50	17 36 5	7♌ 3 41	6 14 41	104	10 23 40	15 16 45
24	13 18 23	6 18 13	107	10 47 11	12 46 40	19 36 36	6 21 48	108	11 10 27	10 7 17
25	25 58 24	6 25 23	107	11 33 33	7 20 6	2♍23 48	6 28 56	105	11 56 36	4 26 44
26	8♍52 43	6 32 22	101	12 19 42	1 28 54	15 25 5	6 35 41	97	12 42 58	1S31 38
27	22 0 47	6 38 52	93	13 6 31	4S32 56	28 39 39	6 41 53	88	13 30 27	7 32 56
28	5♎21 32	6 44 45	83	13 54 56	10 29 25	12♎ 6 17	6 47 27	79	14 20 4	13 20 2
29	18 53 44	6 50 0	75	14 45 57	16 2 17	25 43 44	6 52 25	71	15 12 41	18 33 31
30	2♏36 9	6 54 43	67	15 40 21	20S51 0	9♏30 51	6 56 53	64	16 8 57	22S51 56

LUNAR INGRESSES
2 ☽ ♏ 14:00
4 ☽ ♐ 17:44
6 ☽ ♑ 19:36
8 ☽ ♒ 20:37
10 ☽ ♓ 22:24
13 ☽ ♈ 2:42
15 ☽ ♉ 10:42
17 ☽ ♊ 22:02
20 ☽ ♋ 10:42
22 ☽ ♌ 22:18
25 ☽ ♍ 7:32
27 ☽ ♎ 14:24
29 ☽ ♏ 19:28

PLANET INGRESSES
1 ♀ ♌ 4:00
17 ☉ ♍ 23:37
25 ♀ ♍ 8:36
29 ☿ ♌ 6:33

STATIONS
10 ☿ R 3:39

DATA FOR THE 1st AT 0 HOURS
JULIAN DAY 44803.5
☽ MEAN ☊ 21°♈ 36' 31"
OBLIQUITY 23° 26' 17"
DELTA T 77.6 SECONDS
NUTATION LONGITUDE-11.9"

DAY MO YR	☿ LONG ° ' "	♀ LONG ° ' "	♂ LONG ° ' "	♃ LONG ° ' "	♄ LONG ° ' "	♅ LONG ° ' "	♆ LONG ° ' "	♇ LONG ° ' "	☊ LONG ° '	A.S.S.I. h m s	S.S.R.Y. h m s	S.V.P. ♓ ° ' "	☿ MERCURY R.A. h m s	DECL ° ' "
1 244	10♍13 18	29♋47 39	11♉30 21	11♓49R19	25♑34R58	23♈50R39	29♒24R25	1♑23R15	20♈32	13 25 0	30 13 24	4 56 47.3	12 14 44	4S46 10
2 245	10 55 17	1♌ 1 43	12 2 25	11 43 6	25 30 49	23 50 15	29 22 50	1 22 17	20 31	13 29 33	30 14 18	4 56 47.3	12 17 4	5 11 2
3 246	11 33 29	2 15 49	12 34 11	11 36 45	25 26 44	23 49 48	29 21 14	1 21 20	20 31	13 34 6	30 15 1	4 56 47.1	12 19 11	5 34 8
4 247	12 7 40	3 29 56	13 5 39	11 30 16	25 22 40	23 49 19	29 19 38	1 20 25	20 32	13 38 38	30 15 31	4 56 46.9	12 21 4	5 55 20
5 248	12 37 33	4 44 6	13 36 50	11 23 40	25 18 40	23 48 46	29 18 2	1 19 30	20 31	13 43 10	30 15 46	4 56 46.7	12 22 41	6 14 29
6 249	13 2 50	5 58 17	14 7 43	11 16 56	25 14 42	23 48 10	29 16 25	1 18 38	20 27	13 47 42	30 15 44	4 56 46.4	12 24 3	6 31 24
7 250	13 23 15	7 12 29	14 38 18	11 10 6	25 10 47	23 47 32	29 14 48	1 17 46	20 22	13 52 14	30 15 26	4 56 46.2	12 25 7	6 45 54
8 251	13 38 29	8 26 44	15 8 34	11 3 9	25 6 56	23 46 51	29 13 10	1 16 56	20 14	13 56 45	30 14 53	4 56 46.0	12 25 53	6 57 47
9 252	13 48 13	9 41 0	15 38 32	10 56 6	25 3 7	23 46 6	29 11 32	1 16 7	20 05	14 1 16	30 14 8	4 56 45.9	12 26 20	7 6 51
10 253	13 52R 9	10 55 18	16 8 10	10 48 56	24 59 22	23 45 19	29 9 53	1 15 20	19 56	14 5 47	30 13 14	4 56 45.8	12 26 26	7 12 53
11 254	13 49 59	12 9 38	16 37 28	10 41 41	24 55 41	23 44 30	29 8 15	1 14 34	19 48	14 10 18	30 12 14	4 56 45.8	12 26 12	7 15 40
12 255	13 41 29	13 23 59	17 6 26	10 34 21	24 52 3	23 43 37	29 6 36	1 13 49	19 41	14 14 48	30 11 13	4 56 45.8	12 25 36	7 15 0
13 256	13 26 24	14 38 23	17 35 4	10 26 55	24 48 28	23 42 41	29 4 57	1 13 6	19 37	14 19 19	30 10 13	4 56 45.8	12 24 37	7 10 39
14 257	13 4 37	15 52 48	18 3 21	10 19 24	24 44 58	23 41 43	29 3 18	1 12 25	19 35	14 23 49	30 9 16	4 56 45.8	12 23 16	7 2 27
15 258	12 36 4	17 7 15	18 31 16	10 11 49	24 41 31	23 40 42	29 1 38	1 11 45	19 35	14 28 19	30 8 26	4 56 45.7	12 21 33	6 50 14
16 259	12 0 49	18 21 43	18 58 49	10 4 10	24 38 8	23 39 39	28 59 59	1 11 6	19 36	14 32 49	30 7 42	4 56 45.5	12 19 27	6 33 54
17 260	11 19 6	19 36 13	19 26 0	9 56 26	24 34 49	23 38 32	28 58 19	1 10 29	19 37	14 37 20	30 7 6	4 56 45.4	12 17 0	6 13 25
18 261	10 31 18	20 50 46	19 52 47	9 48 39	24 31 35	23 37 23	28 56 40	1 9 53	19 37	14 41 50	30 6 39	4 56 45.2	12 14 14	5 48 51
19 262	9 38 0	22 5 19	20 19 11	9 40 49	24 28 24	23 36 12	28 55 0	1 9 19	19 36	14 46 20	30 6 21	4 56 45.0	12 11 11	5 20 21
20 263	8 40 1	23 19 55	20 45 10	9 32 56	24 25 18	23 34 57	28 53 21	1 8 46	19 34	14 50 51	30 6 13	4 56 44.9	12 7 53	4 48 12
21 264	7 38 24	24 34 32	21 10 45	9 25 0	24 22 17	23 33 40	28 51 42	1 8 15	19 29	14 55 21	30 6 14	4 56 44.7	12 4 26	4 12 51
22 265	6 34 23	25 49 10	21 35 54	9 17 3	24 19 20	23 32 21	28 50 3	1 7 46	19 23	14 59 51	30 6 25	4 56 44.6	12 0 53	3 34 49
23 266	5 29 23	27 3 50	22 0 37	9 9 3	24 16 27	23 30 59	28 48 24	1 7 18	19 15	15 4 22	30 6 46	4 56 44.5	11 57 19	2 54 49
24 267	4 24 57	28 18 32	22 24 54	9 1 2	24 13 40	23 29 34	28 46 45	1 6 52	19 07	15 8 53	30 7 17	4 56 44.5	11 53 50	2 13 38
25 268	3 22 44	29 33 14	22 48 43	8 53 0	24 10 57	23 28 7	28 45 6	1 6 28	18 59	15 13 24	30 7 59	4 56 44.4	11 50 30	1 32 10
26 269	2 24 22	0♍47 59	23 12 4	8 44 58	24 8 19	23 26 37	28 43 28	1 6 5	18 53	15 17 55	30 8 49	4 56 44.4	11 47 27	0 51 19
27 270	1 31 23	2 2 44	23 34 57	8 36 55	24 5 46	23 25 5	28 41 50	1 5 43	18 48	15 22 27	30 9 48	4 56 44.4	11 44 44	0 12 1
28 271	0 45 13	3 17 31	23 57 21	8 28 52	24 3 18	23 23 31	28 40 13	1 5 24	18 45	15 26 58	30 10 52	4 56 44.4	11 42 27	0N24 53
29 272	0 7 5	4 32 18	24 19 16	8 20 50	24 0 56	23 21 54	28 38 36	1 5 6	18 44	15 31 30	30 11 57	4 56 44.3	11 40 39	0 58 36
30 273	29♌37 59	5♍47 7	24♉40 40	8♓12 49	23♑58 38	23♈20 15	28♒36 59	1♑ 4 50	18♈45	15 36 3	30 12 58	4 56 44.2	11 39 24	1N28 26

DAY Sep	♀ VENUS R.A. h m s	DECL ° ' "	♂ MARS R.A. h m s	DECL ° ' "	♃ JUPITER R.A. h m s	DECL ° ' "	♄ SATURN R.A. h m s	DECL ° ' "	♅ URANUS R.A. h m s	DECL ° ' "	♆ NEPTUNE R.A. h m s	DECL ° ' "	♇ PLUTO R.A. h m s	DECL ° ' "
1	9 50 3	14N16 39	4 19 46	20N 6 52	0 27 45	1N16 57	21 33 52	15S51 43	3 6 12	17N 5 9	23 41 36	3S19 16	19 55 38	23S 0 22
2	9 54 53	13 53 5	4 22 0	20 13 11	0 27 22	1 14 19	21 33 36	15 53 5	3 6 10	17 5 2	23 41 30	3 19 54	19 55 34	23 0 35
3	9 59 42	13 29 7	4 24 13	20 19 23	0 26 59	1 11 39	21 33 20	15 54 25	3 6 8	17 4 54	23 41 24	3 20 33	19 55 30	23 0 49
4	10 4 29	13 4 46	4 26 25	20 25 26	0 26 35	1 8 55	21 33 4	15 55 44	3 6 6	17 4 45	23 41 18	3 21 12	19 55 26	23 1 2
5	10 9 16	12 40 3	4 28 36	20 31 22	0 26 11	1 6 9	21 32 48	15 57 2	3 6 4	17 4 36	23 41 13	3 21 51	19 55 22	23 1 15
6	10 14 2	12 15 0	4 30 45	20 37 9	0 25 47	1 3 21	21 32 33	15 58 18	3 6 2	17 4 26	23 41 7	3 22 31	19 55 18	23 1 27
7	10 18 48	11 49 36	4 32 54	20 42 49	0 25 22	1 0 30	21 32 17	15 59 34	3 5 59	17 4 15	23 41 1	3 23 10	19 55 15	23 1 40
8	10 23 32	11 23 52	4 35 1	20 48 20	0 24 57	0 57 37	21 32 2	16 0 49	3 5 56	17 4 3	23 40 55	3 23 50	19 55 11	23 1 52
9	10 28 15	10 57 50	4 37 8	20 53 45	0 24 31	0 54 41	21 31 47	16 2 2	3 5 53	17 3 51	23 40 49	3 24 29	19 55 8	23 2 3
10	10 32 58	10 31 28	4 39 12	20 59 1	0 24 5	0 51 44	21 31 32	16 3 14	3 5 50	17 3 37	23 40 43	3 25 9	19 55 5	23 2 15
11	10 37 40	10 4 50	4 41 16	21 4 11	0 23 39	0 48 45	21 31 18	16 4 25	3 5 47	17 3 23	23 40 37	3 25 49	19 55 1	23 2 26
12	10 42 22	9 37 54	4 43 19	21 9 13	0 23 12	0 45 43	21 31 4	16 5 34	3 5 43	17 3 8	23 40 31	3 26 29	19 54 58	23 2 36
13	10 47 2	9 10 42	4 45 20	21 14 8	0 22 45	0 42 40	21 30 49	16 6 42	3 5 40	17 2 52	23 40 25	3 27 8	19 54 55	23 2 47
14	10 51 42	8 43 14	4 47 19	21 18 57	0 22 18	0 39 36	21 30 36	16 7 49	3 5 36	17 2 36	23 40 19	3 27 48	19 54 52	23 2 57
15	10 56 22	8 15 32	4 49 18	21 23 38	0 21 50	0 36 30	21 30 22	16 8 54	3 5 32	17 2 19	23 40 13	3 28 28	19 54 49	23 3 6
16	11 1 1	7 47 35	4 51 15	21 28 13	0 21 22	0 33 23	21 30 9	16 9 58	3 5 28	17 2 1	23 40 6	3 29 8	19 54 47	23 3 16
17	11 5 39	7 19 25	4 53 10	21 32 41	0 20 54	0 30 14	21 29 55	16 11 0	3 5 23	17 1 42	23 40 0	3 29 48	19 54 44	23 3 25
18	11 10 16	6 51 2	4 55 4	21 37 3	0 20 25	0 27 5	21 29 43	16 12 1	3 5 18	17 1 23	23 39 54	3 30 28	19 54 42	23 3 34
19	11 14 54	6 22 27	4 56 56	21 41 19	0 19 57	0 23 54	21 29 30	16 13 1	3 5 14	17 1 3	23 39 48	3 31 7	19 54 39	23 3 42
20	11 19 31	5 53 41	4 58 47	21 45 29	0 19 28	0 20 43	21 29 18	16 13 59	3 5 9	17 0 42	23 39 42	3 31 47	19 54 37	23 3 50
21	11 24 7	5 24 44	5 0 36	21 49 33	0 18 59	0 17 31	21 29 6	16 14 55	3 5 4	17 0 21	23 39 36	3 32 27	19 54 35	23 3 58
22	11 28 43	4 55 37	5 2 23	21 53 31	0 18 30	0 14 19	21 28 54	16 15 50	3 4 58	16 59 58	23 39 30	3 33 6	19 54 33	23 4 5
23	11 33 18	4 26 21	5 4 8	21 57 24	0 18 0	0 11 6	21 28 43	16 16 43	3 4 53	16 59 35	23 39 24	3 33 46	19 54 31	23 4 12
24	11 37 54	3 56 57	5 5 52	22 1 11	0 17 31	0 7 54	21 28 32	16 17 34	3 4 47	16 59 12	23 39 18	3 34 25	19 54 29	23 4 19
25	11 42 29	3 27 26	5 7 34	22 4 53	0 17 2	0 4 41	21 28 21	16 18 24	3 4 41	16 58 48	23 39 12	3 35 4	19 54 27	23 4 25
26	11 47 3	2 57 47	5 9 14	22 8 31	0 16 32	0 1 28	21 28 11	16 19 12	3 4 35	16 58 23	23 39 6	3 35 43	19 54 26	23 4 31
27	11 51 38	2 28 2	5 10 51	22 12 3	0 16 3	0S 1 44	21 28 0	16 19 59	3 4 29	16 57 57	23 39 0	3 36 22	19 54 24	23 4 37
28	11 56 12	1 58 12	5 12 27	22 15 32	0 15 33	0 4 56	21 27 51	16 20 44	3 4 23	16 57 30	23 38 54	3 37 0	19 54 23	23 4 42
29	12 0 47	1 28 17	5 14 1	22 18 55	0 15 4	0 8 8	21 27 41	16 21 27	3 4 16	16 57 3	23 38 48	3 37 39	19 54 22	23 4 47
30	12 5 21	0N58 18	5 15 33	22N22 15	0 14 34	0S11 18	21 27 32	16S22 8	3 4 10	16N56 36	23 38 42	3S38 17	19 54 20	23S 4 52

OCTOBER 2022

DAY	SIDEREAL TIME (h m s)	☉ SUN LONG (° ' ")	☉ SUN MOT (' ")	☉ SUN R.A. (h m s)	☉ SUN DECL (° ' ")	☽ MOON AT 0 HOURS LONG (° ' ")	☽ 0h 12h MOT (° ' ")	☽ 0h 2DIF (")	☽ 0h R.A. (h m s)	☽ 0h DECL (° ' ")	☽ MOON AT 12 HOURS LONG (° ' ")	☽ 12h 12h MOT (° ' ")	☽ 12h 2DIF (")	☽ 12h R.A. (h m s)	☽ 12h DECL (° ' ")
1 S	0 38 50	12♍44 56	59 0	12 28 39.9	3S 5 45	16♏27 44	6 58 57	60	16 38 29	24S33 37	23♏26 41	7 0 53	56	17 8 51	25S53 29
2 Su	0 42 47	13 43 55	59 2	12 32 17.2	3 29 0	0♐27 34	7 2 41	52	17 39 55	26 49 21	7♐30 15	7 4 20	46	18 11 30	27 19 30
3 M	0 46 43	14 42 57	59 3	12 35 54.7	3 52 14	14 34 35	7 5 47	40	18 43 19	27 22 52	21 40 22	7 6 59	32	19 15 7	26 59 10
4 Tu	0 50 40	15 42 0	59 5	12 39 32.5	4 15 24	28 47 21	7 7 54	22	19 46 38	26 8 50	5♑55 16	7 8 28	11	20 17 39	24 53 6
5 W	0 54 36	16 41 4	59 7	12 43 10.6	4 38 31	13♑ 3 44	7 8 37	-2	20 47 57	23 13 47	20 12 21	7 8 19	-17	21 17 27	21 13 15
6 Th	0 58 33	17 40 11	59 8	12 46 49.1	5 1 35	27 20 40	7 7 30	-32	21 46 5	18 54 7	4♒28 11	7 6 9	-49	22 13 50	16 19 17
7 F	1 2 29	18 39 19	59 10	12 50 28.0	5 24 34	11♒34 20	7 4 15	-66	22 40 46	13 31 39	18 38 35	7 1 47	-82	23 6 58	10 34 9
8 S	1 6 26	19 38 29	59 12	12 54 7.2	5 47 30	25 40 22	6 58 47	-97	23 32 31	7 29 37	2♓39 9	6 55 18	-111	23 57 33	4 20 48
9 Su	1 10 22	20 37 41	59 14	12 57 46.8	6 10 21	9♓34 27	6 51 22	-123	0 22 12	1 10 18	16 25 49	6 47 4	-133	0 46 35	1N59 26
10 M	1 14 19	21 36 55	59 16	13 1 26.9	6 33 7	23 12 52	6 42 29	-140	1 10 49	5N 6 2	29 55 21	6 37 42	-145	1 35 1	8 7 20
11 Tu	1 18 15	22 36 11	59 18	13 5 7.5	6 55 47	6♈33 3	6 32 50	-146	1 59 19	11 1 16	13♈ 5 53	6 27 57	-145	2 23 47	13 45 55
12 W	1 22 12	23 35 29	59 20	13 8 48.5	7 18 23	19 33 50	6 23 10	-141	2 48 30	16 19 31	25 57 1	6 18 34	-134	3 13 32	18 40 23
13 Th	1 26 9	24 34 49	59 23	13 12 30.1	7 40 52	2♉15 35	6 14 14	-125	3 38 54	20 47 2	8♉29 49	6 10 14	-114	4 4 39	22 38 6
14 F	1 30 5	25 34 12	59 25	13 16 12.1	8 3 15	14 40 2	6 6 37	-101	4 30 45	24 12 24	20 46 40	6 3 29	-87	4 57 9	25 28 59
15 S	1 34 2	26 33 37	59 27	13 19 54.8	8 25 31	26 50 8	6 0 50	-71	5 23 48	26 27 3	2♊50 58	5 58 43	-55	5 50 36	27 6 5
16 Su	1 37 58	27 33 4	59 29	13 23 38.0	8 47 41	8♊49 41	5 57 11	-37	6 17 28	27 25 49	14 46 52	5 56 14	-19	6 44 16	27 26 14
17 M	1 41 55	28 32 33	59 32	13 27 21.8	9 9 43	20 43 7	5 55 54	-1	7 10 54	27 7 35	26 39 0	5 56 9	17	7 37 16	26 30 20
18 Tu	1 45 51	29 32 4	59 34	13 31 6.1	9 31 37	2♋35 10	5 57 1	35	8 3 17	25 35 8	8♋32 10	5 58 28	52	8 28 54	24 22 48
19 W	1 49 48	0♎31 38	59 36	13 34 51.2	9 53 23	14 30 38	6 0 29	69	8 54 5	22 54 19	20 31 7	6 3 3	84	9 18 48	21 10 41
20 Th	1 53 45	1 31 14	59 38	13 38 36.8	10 15 1	26 34 10	6 6 6	99	9 43 5	19 13 1	2♌40 16	6 9 37	112	10 6 58	17 2 29
21 F	1 57 41	2 30 53	59 41	13 42 23.1	10 36 30	8♌49 54	6 13 33	123	10 30 32	14 40 16	15 3 26	6 17 48	132	10 53 49	12 7 37
22 S	2 1 38	3 30 33	59 43	13 46 10.1	10 57 49	21 21 14	6 22 19	139	11 16 55	9 25 50	27 43 33	6 27 2	143	11 39 58	6 36 18
23 Su	2 5 34	4 30 16	59 45	13 49 57.7	11 18 59	4♍10 35	6 31 51	145	12 3 2	3 40 31	10♍42 26	6 36 41	144	12 26 16	0 40 7
24 M	2 9 31	5 30 1	59 47	13 53 46.0	11 39 58	17 19 7	6 41 26	140	12 49 46	2S23 7	24 0 33	6 46 2	134	13 13 41	5S27 9
25 Tu	2 13 27	6 29 48	59 49	13 57 35.1	12 0 47	0♎46 34	6 50 23	126	13 38 8	8 29 49	7♎36 57	6 54 25	115	14 3 15	11 28 38
26 W	2 17 24	7 29 37	59 51	14 1 24.8	12 21 25	14 31 22	6 58 3	103	14 29 10	14 20 56	21 29 25	7 1 15	89	14 55 58	17 3 50
27 Th	2 21 20	8 29 28	59 53	14 5 15.3	12 41 52	28 30 40	7 3 58	74	15 23 44	19 34 16	5♏34 38	7 6 11	58	15 52 30	21 49 4
28 F	2 25 17	9 29 21	59 55	14 9 6.6	13 2 6	12♏40 48	7 7 52	43	16 22 16	23 45 8	19 48 40	7 9 2	28	16 52 56	25 19 30
29 S	2 29 13	10 29 15	59 56	14 12 58.5	13 22 9	26 57 42	7 9 42	13	17 24 21	26 29 39	4♐ 7 24	7 9 54	-1	17 56 19	27 13 35
30 Su	2 33 10	11 29 11	59 58	14 16 51.3	13 41 59	11♐17 18	7 9 38	-14	18 28 33	27 30 3	18 26 56	7 8 59	-25	19 0 45	27 18 41
31 M	2 37 7	12♎29 9	60 0	14 20 44.7	14S 1 35	25♐35 55	7 7 57	-36	19 32 38	26S39 59	2♑43 52	7 6 36	-45	20 3 57	25S35 13

LUNAR INGRESSES
1 ☽ ♐ 23:13
4 ☽ ♑ 2:02
6 ☽ ♒ 4:28
8 ☽ ♓ 7:26
10 ☽ ♈ 12:08
12 ☽ ♉ 19:41
15 ☽ ♊ 6:18
17 ☽ ♋ 18:46
20 ☽ ♌ 6:46
22 ☽ ♍ 16:15
24 ☽ ♎ 22:38
27 ☽ ♏ 2:32
29 ☽ ♐ 5:06
31 ☽ ♑ 7:24

PLANET INGRESSES
5 ☿ ♍ 13:04
18 ☉ ♎ 11:15
19 ♀ ♎ 9:07
21 ♂ ♊ 15:02
26 ☿ ♎ 20:52

STATIONS
2 ☿ D 9:09
8 ♇ D 21:57
23 ♄ D 4:09
30 ♂ R 13:27

DATA FOR THE 1st AT 0 HOURS
JULIAN DAY 44833.5
☽ MEAN ☊ 20°♈ 1' 8"
OBLIQUITY 23° 26' 18"
DELTA T 77.6 SECONDS
NUTATION LONGITUDE-12.5"

DAY MO	YR	☿ LONG (° ' ")	♀ LONG (° ' ")	♂ LONG (° ' ")	♃ LONG (° ' ")	♄ LONG (° ' ")	♅ LONG (° ' ")	♆ LONG (° ' ")	♇ LONG (° ' ")	☊ LONG (° ')	A.S.S.I. (h m s)	S.S.R.Y. (h m s)	S.V.P. ♓ (° ' ")	☿ MERCURY R.A. (h m s)	☿ MERCURY DECL (° ' ")
1	274	29♌18R37	7♍ 1 57	25♉ 1 33	8♓ 4R49	23♑56R26	23♈18R34	28♒35R23	1♑ 4R35	18♈47	15 40 35	30 13 54	4 56 44.0	11 38 43	1N53 53
2	275	29 9D27	8 16 48	25 21 56	7 56 50	23 54 20	23 16 50	28 33 48	1 4 23	18 48	15 45 8	30 14 35	4 56 43.8	11 38 39	2 14 30
3	276	29 10 41	9 31 40	25 41 46	7 48 54	23 52 18	23 15 5	28 32 13	1 4 12	18 48	15 49 41	30 15 4	4 56 43.6	11 39 11	2 30 3
4	277	29 22 18	10 46 32	26 1 4	7 41 0	23 50 23	23 13 17	28 30 39	1 4 2	18 48	15 54 15	30 15 16	4 56 43.3	11 40 20	2 40 23
5	278	29 44 3	12 1 26	26 19 49	7 33 9	23 48 32	23 11 27	28 29 5	1 3 55	18 46	15 58 49	30 15 13	4 56 43.2	11 42 3	2 45 29
6	279	0♍15 32	13 16 21	26 38 0	7 25 21	23 46 48	23 9 35	28 27 32	1 3 49	18 42	16 3 24	30 14 55	4 56 43.0	11 44 21	2 45 27
7	280	0 56 12	14 31 16	26 55 38	7 17 37	23 45 9	23 7 42	28 26 0	1 3 45	18 38	16 7 58	30 14 23	4 56 42.9	11 47 9	2 40 26
8	281	1 45 26	15 46 12	27 12 40	7 9 56	23 43 35	23 5 46	28 24 28	1 3D42	18 33	16 12 34	30 13 40	4 56 42.9	11 50 27	2 30 41
9	282	2 42 30	17 1 9	27 29 6	7 2 20	23 42 8	23 3 48	28 22 58	1 3 41	18 29	16 17 10	30 12 49	4 56 42.9	11 54 11	2 16 30
10	283	3 46 39	18 16 7	27 44 56	6 54 48	23 40 46	23 1 49	28 21 28	1 3 42	18 26	16 21 46	30 11 53	4 56 42.9	11 58 20	1 58 12
11	284	4 57 8	19 31 6	28 0 10	6 47 20	23 39 30	22 59 47	28 19 59	1 3 45	18 24	16 26 23	30 10 54	4 56 42.9	12 2 49	1 36 9
12	285	6 13 11	20 46 6	28 14 45	6 39 58	23 38 19	22 57 44	28 18 31	1 3 50	18 24	16 31 1	30 9 54	4 56 42.8	12 7 36	1 10 43
13	286	7 34 7	22 1 6	28 28 41	6 32 42	23 37 15	22 55 40	28 17 4	1 3 56	18 24	16 35 40	30 8 56	4 56 42.7	12 12 39	0 42 17
14	287	8 59 12	23 16 8	28 41 58	6 25 31	23 36 16	22 53 33	28 15 38	1 4 4	18 26	16 40 19	30 8 1	4 56 42.5	12 17 56	0 11 11
15	288	10 27 51	24 31 10	28 54 34	6 18 26	23 35 24	22 51 25	28 14 13	1 4 14	18 27	16 44 58	30 7 9	4 56 42.3	12 23 25	0S22 13
16	289	11 59 29	25 46 14	29 6 29	6 11 27	23 34 37	22 49 15	28 12 49	1 4 25	18 29	16 49 39	30 6 23	4 56 42.1	12 29 2	0 57 36
17	290	13 33 33	27 1 18	29 17 41	6 4 35	23 33 57	22 47 4	28 11 26	1 4 38	18 30	16 54 20	30 5 43	4 56 41.9	12 34 48	1 34 38
18	291	15 9 38	28 16 23	29 28 11	5 57 51	23 33 22	22 44 52	28 10 4	1 4 53	18 30	16 59 2	30 5 10	4 56 41.8	12 40 40	2 13 4
19	292	16 47 19	29 31 29	29 37 57	5 51 13	23 32 53	22 42 38	28 8 43	1 5 10	18 30	17 3 44	30 4 46	4 56 41.6	12 46 38	2 52 37
20	293	18 26 14	0♎46 35	29 46 58	5 44 43	23 32 31	22 40 22	28 7 24	1 5 29	18 28	17 8 28	30 4 33	4 56 41.5	12 52 39	3 33 5
21	294	20 6 6	2 1 43	29 55 13	5 38 21	23 32 14	22 38 6	28 6 5	1 5 49	18 26	17 13 12	30 4 30	4 56 41.4	12 58 44	4 14 13
22	295	21 46 39	3 16 51	0♊ 2 42	5 32 7	23 32 4	22 35 48	28 4 48	1 6 11	18 24	17 17 57	30 4 41	4 56 41.4	13 4 51	4 55 51
23	296	23 27 41	4 32 0	0 9 24	5 26 1	23 32D 0	22 33 29	28 3 32	1 6 35	18 22	17 22 43	30 5 4	4 56 41.3	13 11 1	5 37 49
24	297	25 9 0	5 47 9	0 15 18	5 20 4	23 32 2	22 31 9	28 2 18	1 7 1	18 20	17 27 30	30 5 41	4 56 41.3	13 17 11	6 19 59
25	298	26 50 26	7 2 20	0 20 24	5 14 16	23 32 10	22 28 48	28 1 4	1 7 28	18 19	17 32 18	30 6 29	4 56 41.3	13 23 23	7 2 11
26	299	28 31 53	8 17 30	0 24 40	5 8 37	23 32 24	22 26 25	27 59 53	1 7 57	18 18	17 37 7	30 7 25	4 56 41.2	13 29 36	7 44 20
27	300	0♎13 15	9 32 41	0 28 7	5 3 8	23 32 45	22 24 2	27 58 42	1 8 28	18 18	17 41 56	30 8 28	4 56 41.1	13 35 49	8 26 19
28	301	1 54 25	10 47 53	0 30 43	4 57 49	23 33 12	22 21 38	27 57 33	1 9 1	18 19	17 46 47	30 9 30	4 56 40.9	13 42 3	9 8 3
29	302	3 35 21	12 3 5	0 32 28	4 52 39	23 33 45	22 19 13	27 56 26	1 9 35	18 20	17 51 38	30 10 29	4 56 40.6	13 48 17	9 49 27
30	303	5 15 59	13 18 17	0 33R23	4 47 40	23 34 24	22 16 48	27 55 20	1 10 11	18 20	17 56 31	30 11 20	4 56 40.3	13 54 31	10 30 26
31	304	6♎56 16	14♎33 29	0♊33 25	4♓42 51	23♑35 9	22♈14 22	27♒54 15	1♑10 49	18♈21	18 1 24	30 11 59	4 56 40.1	14 0 45	11S10 58

DAY Oct	♀ VENUS R.A. (h m s)	♀ VENUS DECL (° ' ")	♂ MARS R.A. (h m s)	♂ MARS DECL (° ' ")	♃ JUPITER R.A. (h m s)	♃ JUPITER DECL (° ' ")	♄ SATURN R.A. (h m s)	♄ SATURN DECL (° ' ")	♅ URANUS R.A. (h m s)	♅ URANUS DECL (° ' ")	♆ NEPTUNE R.A. (h m s)	♆ NEPTUNE DECL (° ' ")	♇ PLUTO R.A. (h m s)	♇ PLUTO DECL (° ' ")
1	12 9 55	0N28 17	5 17 2	22N25 31	0 14 5	0S14 28	21 27 23	16S22 47	3 4 3	16N56 8	23 38 36	3S38 55	19 54 19	23S 4 56
2	12 14 29	0S 1 48	5 18 30	22 28 44	0 13 36	0 17 37	21 27 15	16 23 25	3 3 56	16 55 39	23 38 30	3 39 32	19 54 19	23 5 0
3	12 19 3	0 31 54	5 19 55	22 31 53	0 13 6	0 20 44	21 27 7	16 24 1	3 3 49	16 55 9	23 38 24	3 40 9	19 54 18	23 5 4
4	12 23 37	1 2 1	5 21 18	22 34 58	0 12 37	0 23 50	21 26 59	16 24 35	3 3 42	16 54 39	23 38 19	3 40 46	19 54 17	23 5 7
5	12 28 12	1 32 8	5 22 38	22 38 1	0 12 9	0 26 54	21 26 52	16 25 7	3 3 35	16 54 9	23 38 13	3 41 23	19 54 17	23 5 10
6	12 32 46	2 2 14	5 23 57	22 41 1	0 11 40	0 29 57	21 26 45	16 25 37	3 3 27	16 53 38	23 38 7	3 42 0	19 54 16	23 5 12
7	12 37 21	2 32 19	5 25 12	22 43 59	0 11 11	0 32 58	21 26 38	16 26 6	3 3 19	16 53 6	23 38 2	3 42 36	19 54 16	23 5 15
8	12 41 55	3 2 23	5 26 26	22 46 54	0 10 43	0 35 57	21 26 32	16 26 33	3 3 12	16 52 34	23 37 56	3 43 11	19 54 16	23 5 17
9	12 46 30	3 32 23	5 27 36	22 49 47	0 10 15	0 38 54	21 26 26	16 26 57	3 3 4	16 52 1	23 37 50	3 43 47	19 54 16	23 5 18
10	12 51 6	4 2 20	5 28 45	22 52 39	0 9 47	0 41 49	21 26 21	16 27 20	3 2 56	16 51 28	23 37 45	3 44 22	19 54 16	23 5 19
11	12 55 42	4 32 12	5 29 50	22 55 28	0 9 20	0 44 42	21 26 16	16 27 41	3 2 48	16 50 54	23 37 39	3 44 57	19 54 16	23 5 20
12	13 0 18	5 2 0	5 30 53	22 58 16	0 8 53	0 47 32	21 26 11	16 28 0	3 2 39	16 50 20	23 37 34	3 45 31	19 54 16	23 5 20
13	13 4 55	5 31 42	5 31 53	23 1 2	0 8 26	0 50 20	21 26 7	16 28 18	3 2 31	16 49 45	23 37 29	3 46 5	19 54 17	23 5 21
14	13 9 32	6 1 18	5 32 50	23 3 47	0 7 59	0 53 5	21 26 3	16 28 33	3 2 23	16 49 10	23 37 23	3 46 38	19 54 18	23 5 20
15	13 14 9	6 30 46	5 33 45	23 6 31	0 7 33	0 55 48	21 25 59	16 28 46	3 2 14	16 48 34	23 37 18	3 47 11	19 54 18	23 5 20
16	13 18 48	7 0 7	5 34 36	23 9 15	0 7 7	0 58 27	21 25 56	16 28 58	3 2 5	16 47 58	23 37 13	3 47 43	19 54 19	23 5 19
17	13 23 27	7 29 18	5 35 24	23 11 57	0 6 42	1 1 3	21 25 54	16 29 8	3 1 57	16 47 22	23 37 8	3 48 15	19 54 20	23 5 18
18	13 28 6	7 58 20	5 36 9	23 14 39	0 6 17	1 3 37	21 25 51	16 29 15	3 1 48	16 46 45	23 37 3	3 48 47	19 54 21	23 5 16
19	13 32 46	8 27 12	5 36 52	23 17 21	0 5 52	1 6 7	21 25 49	16 29 21	3 1 39	16 46 7	23 36 58	3 49 18	19 54 22	23 5 14
20	13 37 27	8 55 53	5 37 30	23 20 2	0 5 28	1 8 34	21 25 48	16 29 25	3 1 30	16 45 30	23 36 53	3 49 49	19 54 24	23 5 12
21	13 42 9	9 24 22	5 38 6	23 22 43	0 5 5	1 10 57	21 25 47	16 29 27	3 1 21	16 44 52	23 36 48	3 50 19	19 54 25	23 5 9
22	13 46 51	9 52 38	5 38 38	23 25 24	0 4 42	1 13 17	21 25 46	16 29 27	3 1 12	16 44 13	23 36 43	3 50 48	19 54 27	23 5 6
23	13 51 35	10 20 41	5 39 7	23 28 5	0 4 19	1 15 33	21 25 45	16 29 25	3 1 2	16 43 35	23 36 39	3 51 17	19 54 29	23 5 3
24	13 56 19	10 48 30	5 39 32	23 30 46	0 3 57	1 17 45	21 25 45	16 29 21	3 0 53	16 42 55	23 36 34	3 51 46	19 54 30	23 5 0
25	14 1 4	11 16 3	5 39 54	23 33 27	0 3 35	1 19 54	21 25 46	16 29 15	3 0 43	16 42 16	23 36 30	3 52 14	19 54 32	23 4 56
26	14 5 50	11 43 21	5 40 12	23 36 9	0 3 14	1 21 58	21 25 47	16 29 7	3 0 34	16 41 36	23 36 25	3 52 41	19 54 34	23 4 51
27	14 10 37	12 10 22	5 40 27	23 38 50	0 2 54	1 23 59	21 25 48	16 28 57	3 0 24	16 40 56	23 36 21	3 53 8	19 54 37	23 4 47
28	14 15 25	12 37 5	5 40 38	23 41 33	0 2 34	1 25 55	21 25 50	16 28 45	3 0 15	16 40 16	23 36 17	3 53 34	19 54 39	23 4 42
29	14 20 13	13 3 31	5 40 45	23 44 15	0 2 15	1 27 47	21 25 52	16 28 32	3 0 5	16 39 36	23 36 12	3 54 0	19 54 41	23 4 36
30	14 25 3	13 29 37	5 40 49	23 46 58	0 1 56	1 29 35	21 25 54	16 28 16	2 59 55	16 38 55	23 36 8	3 54 24	19 54 44	23 4 31
31	14 29 54	13S55 23	5 40 49	23N49 42	0 1 38	1S31 18	21 25 57	16S27 58	2 59 46	16N38 14	23 36 4	3S54 49	19 54 47	23S 4 25

NOVEMBER 2022

DAY	SIDEREAL TIME h m s	☉ SUN LONG ° ' "	MOT ' "	R.A. h m s	DECL ° ' "	☽ MOON AT 0 HOURS LONG ° ' "	12h MOT ° ' "	2DIF "	R.A. h m s	DECL ° ' "	☽ MOON AT 12 HOURS LONG ° ' "	12h MOT ° ' "	2DIF "	R.A. h m s	DECL ° ' "
1 Tu	2 41 3	13♎29 9	60 1	14 24 39.0	14S20 59	9♑50 27	7 4 58	-53	20 34 29	24S 6 22	16♑55 25	7 3 4	-60	21 4 7	22S15 51
2 W	2 45 0	14 29 10	60 3	14 28 34.0	14 40 8	23 58 29	7 0 57	-67	21 32 47	20 6 23	0♒59 25	6 58 37	-72	22 0 29	17 40 48
3 Th	2 48 56	15 29 12	60 4	14 32 29.8	14 59 3	7♒58 2	6 56 7	-78	22 27 17	15 1 56	14 54 10	6 53 27	-82	22 53 16	12 12 32
4 F	2 52 53	16 29 16	60 6	14 36 26.4	15 17 43	21 47 37	6 50 38	-87	23 18 33	9 15 13	28 38 15	6 47 41	-91	23 43 16	6 12 28
5 S	2 56 49	17 29 22	60 7	14 40 23.8	15 36 8	5♓25 56	6 44 35	-94	0 7 32	3 6 39	12♓10 31	6 41 23	-98	0 31 30	0 0 0
6 Su	3 0 46	18 29 29	60 9	14 44 22.0	15 54 17	18 51 54	6 38 4	-101	0 55 18	3N 5 21	25 29 58	6 34 40	-103	1 19 3	6N 7 21
7 M	3 4 42	19 29 38	60 11	14 48 21.0	16 12 10	2♈ 4 38	6 31 12	-105	1 42 53	9 4 0	8♈35 50	6 27 41	-106	2 6 55	11 53 24
8 Tu	3 8 39	20 29 49	60 13	14 52 20.9	16 29 48	15 3 31	6 24 9	-105	2 31 13	14 33 41	21 27 40	6 20 39	-104	2 55 52	17 3 1
9 W	3 12 36	21 30 1	60 14	14 56 21.6	16 47 8	27 48 19	6 17 12	-102	3 20 55	19 19 43	4♉ 5 31	6 13 51	-98	3 46 24	21 22 9
10 Th	3 16 32	22 30 15	60 16	15 0 23.2	17 4 12	10♉19 23	6 10 39	-93	4 12 18	23 8 51	16 30 2	6 7 39	-87	4 38 36	24 38 31
11 F	3 20 29	23 30 31	60 18	15 4 25.6	17 20 58	22 37 40	6 4 52	-79	5 5 14	25 50 5	28 42 32	6 2 22	-70	5 32 7	26 42 45
12 S	3 24 25	24 30 49	60 20	15 8 28.9	17 37 27	4♊44 54	6 0 13	-59	5 59 7	27 16 0	10♊45 7	5 58 26	-47	6 26 8	27 29 38
13 Su	3 28 22	25 31 9	60 22	15 12 33.0	17 53 37	16 43 33	5 57 4	-34	6 53 1	27 23 46	22 40 37	5 56 9	-20	7 19 39	26 58 48
14 M	3 32 18	26 31 31	60 24	15 16 38.0	18 9 29	28 36 45	5 55 44	-5	7 45 56	26 15 25	4♋32 29	5 55 50	11	8 11 47	25 14 29
15 Tu	3 36 15	27 31 54	60 26	15 20 43.9	18 25 1	10♋28 19	5 56 30	28	8 37 9	23 57 0	16 24 49	5 57 43	45	9 2 0	22 24 4
16 W	3 40 12	28 32 20	60 27	15 24 50.6	18 40 15	22 22 32	5 59 31	63	9 26 20	20 36 50	28 22 3	6 1 55	81	9 50 13	18 36 30
17 Th	3 44 8	29 32 47	60 29	15 28 58.2	18 55 9	4♌23 58	6 4 54	98	10 13 40	16 24 13	10♌28 52	6 8 28	115	10 36 46	14 1 9
18 F	3 48 5	0♏33 16	60 31	15 33 6.6	19 9 42	16 37 20	6 12 34	131	10 59 37	11 28 26	22 49 54	6 17 11	146	11 22 18	8 47 16
19 S	3 52 1	1 33 47	60 33	15 37 15.8	19 23 55	29 7 5	6 22 16	159	11 44 58	5 58 51	5♍29 21	6 27 46	169	12 7 43	3 4 30
20 Su	3 55 58	2 34 19	60 35	15 41 26.0	19 37 48	11♍57 7	6 33 34	178	12 30 41	0 5 40	18 30 41	6 39 36	183	12 54 1	2S56 4
21 M	3 59 54	3 34 54	60 36	15 45 36.9	19 51 19	25 10 17	6 45 45	184	13 17 52	5S58 50	1♎56 2	6 51 52	182	13 42 22	9 0 32
22 Tu	4 3 51	4 35 30	60 38	15 49 48.7	20 4 28	8♎47 54	6 57 51	175	14 7 39	11 58 44	15 45 45	7 3 32	164	14 33 54	14 50 40
23 W	4 7 47	5 36 8	60 39	15 54 1.2	20 17 15	22 49 17	7 8 46	148	15 1 11	17 33 15	29 58 2	7 13 24	129	15 29 56	20 3 6
24 Th	4 11 44	6 36 47	60 41	15 58 14.6	20 29 40	7♏11 26	7 17 20	105	15 59 12	22 16 40	14♏28 47	7 20 26	79	16 29 57	24 10 22
25 F	4 15 41	7 37 28	60 42	16 2 28.8	20 41 42	21 49 13	7 22 38	51	17 1 43	25 40 47	29 11 51	7 23 52	23	17 34 18	26 45 2
26 S	4 19 37	8 38 10	60 43	16 6 43.7	20 53 21	6♐35 43	7 24 8	-6	18 7 25	27 20 56	13♐59 51	7 23 27	-34	18 40 45	27 27 18
27 Su	4 23 34	9 38 53	60 45	16 10 59.3	21 4 37	21 23 18	7 21 53	-59	19 13 54	27 4 5	28 45 11	7 19 30	-82	19 46 32	26 12 19
28 M	4 27 30	10 39 37	60 46	16 15 15.6	21 15 29	6♑ 4 41	7 16 26	-100	20 18 23	24 53 57	13♑21 8	7 12 49	-115	20 49 14	23 11 41
29 Tu	4 31 27	11 40 22	60 46	16 19 32.7	21 25 57	20 33 56	7 8 44	-127	21 18 58	21 8 37	27 42 40	7 4 22	-134	21 47 34	18 48 3
30 W	4 35 23	12♏41 8	60 47	16 23 50.4	21S36 0	4♒47 2	6 59 49	-138	22 15 5	16S13 13	11♒46 51	6 55 11	-139	22 41 35	13S27 14

LUNAR INGRESSES
2 ☽ ♒ 10:18
4 ☽ ♓ 14:24
6 ☽ ♈ 20:12
9 ☽ ♉ 4:11
11 ☽ ♊ 14:34
14 ☽ ♋ 2:48
16 ☽ ♌ 15:15
19 ☽ ♍ 1:40
21 ☽ ♎ 8:35
23 ☽ ♏ 12:03
25 ☽ ♐ 13:18
27 ☽ ♑ 14:02
29 ☽ ♒ 15:52

PLANET INGRESSES
8 ♂ ♉ 7:15
12 ♀ ♏ 7:35
14 ☿ ♏ 5:15
17 ☉ ♏ 10:48

STATIONS
23 ♃ D 23:03

DATA FOR THE 1st AT 0 HOURS
JULIAN DAY 44864.5
☽ MEAN ☊ 18°♈ 22' 34"
OBLIQUITY 23° 26' 18"
DELTA T 77.7 SECONDS
NUTATION LONGITUDE -12.7"

DAY MO YR	☿ LONG ° ' "	♀ LONG ° ' "	♂ LONG ° ' "	♃ LONG ° ' "	♄ LONG ° ' "	♅ LONG ° ' "	♆ LONG ° ' "	♇ LONG ° ' "	☊ LONG ° '	A.S.S.I. h m s	S.S.R.Y. h m s	S.V.P. ♓ ° ' "	☿ MERCURY R.A. h m s	DECL ° ' "
1 305	8♎36 12	15♎48 42	0♊32R36	4♓38R12	23♑36 1	22♈11R55	27♒53R12	1♑11 28	18♈21	18 6 18	30 12 25	4 56 39.8	14 7 0	11S50 58
2 306	10 15 43	17 3 55	0 30 55	4 33 44	23 36 59	22 9 28	27 52 11	1 12 9	18 21	18 11 13	30 12 36	4 56 39.7	14 13 15	12 30 24
3 307	11 54 51	18 19 8	0 28 22	4 29 27	23 38 2	22 7 0	27 51 11	1 12 52	18 21	18 16 10	30 12 34	4 56 39.5	14 19 30	13 9 13
4 308	13 33 34	19 34 21	0 24 57	4 25 21	23 39 12	22 4 32	27 50 13	1 13 37	18 21	18 21 7	30 12 18	4 56 39.5	14 25 45	13 47 22
5 309	15 11 52	20 49 35	0 20 38	4 21 26	23 40 28	22 2 3	27 49 16	1 14 23	18 20	18 26 5	30 11 51	4 56 39.4	14 32 1	14 24 50
6 310	16 49 45	22 4 48	0 15 27	4 17 43	23 41 50	21 59 35	27 48 21	1 15 11	18 20	18 31 4	30 11 15	4 56 39.4	14 38 17	15 1 34
7 311	18 27 14	23 20 2	0 9 24	4 14 11	23 43 18	21 57 6	27 47 28	1 16 0	18 20	18 36 5	30 10 30	4 56 39.3	14 44 34	15 37 32
8 312	20 4 19	24 35 16	0 2 27	4 10 50	23 44 52	21 54 36	27 46 37	1 16 51	18 20	18 41 6	30 9 39	4 56 39.2	14 50 52	16 12 43
9 313	21 41 3	25 50 30	29♉54 38	4 7 41	23 46 33	21 52 7	27 45 47	1 17 44	18 20	18 46 9	30 8 44	4 56 39.1	14 57 10	16 47 5
10 314	23 17 22	27 5 45	29 45 57	4 4 43	23 48 19	21 49 38	27 44 59	1 18 39	18 20	18 51 12	30 7 45	4 56 38.9	15 3 29	17 20 36
11 315	24 53 20	28 21 0	29 36 24	4 1 58	23 50 11	21 47 9	27 44 13	1 19 35	18 20	18 56 17	30 6 45	4 56 38.7	15 9 48	17 53 15
12 316	26 28 58	29 36 15	29 25 58	3 59 24	23 52 9	21 44 40	27 43 28	1 20 32	18 19	19 1 22	30 5 44	4 56 38.4	15 16 9	18 25 1
13 317	28 4 15	0♏51 30	29 14 42	3 57 2	23 54 13	21 42 11	27 42 45	1 21 31	18 18	19 6 29	30 4 44	4 56 38.2	15 22 31	18 55 52
14 318	29 39 15	2 6 46	29 2 34	3 54 52	23 56 22	21 39 42	27 42 5	1 22 32	18 17	19 11 37	30 3 47	4 56 38.0	15 28 54	19 25 46
15 319	1♏13 56	3 22 2	28 49 37	3 52 55	23 58 38	21 37 14	27 41 26	1 23 34	18 16	19 16 46	30 2 54	4 56 37.8	15 35 18	19 54 43
16 320	2 48 21	4 37 18	28 35 50	3 51 9	24 1 0	21 34 45	27 40 48	1 24 38	18 16	19 21 56	30 2 9	4 56 37.6	15 41 43	20 22 40
17 321	4 22 30	5 52 35	28 21 16	3 49 36	24 3 27	21 32 18	27 40 13	1 25 43	18 15	19 27 7	30 1 32	4 56 37.5	15 48 9	20 49 38
18 322	5 56 24	7 7 52	28 5 54	3 48 15	24 6 0	21 29 51	27 39 40	1 26 50	18 16	19 32 19	30 1 8	4 56 37.4	15 54 37	21 15 33
19 323	7 30 4	8 23 9	27 49 47	3 47 7	24 8 39	21 27 24	27 39 8	1 27 59	18 17	19 37 32	30 0 57	4 56 37.3	16 1 6	21 40 26
20 324	9 3 31	9 38 26	27 32 56	3 46 11	24 11 23	21 24 58	27 38 39	1 29 8	18 18	19 42 46	30 1 1	4 56 37.2	16 7 36	22 4 14
21 325	10 36 46	10 53 44	27 15 23	3 45 27	24 14 14	21 22 33	27 38 11	1 30 20	18 19	19 48 1	30 1 20	4 56 37.2	16 14 8	22 26 57
22 326	12 9 49	12 9 2	26 57 9	3 44 56	24 17 9	21 20 8	27 37 46	1 31 33	18 20	19 53 18	30 1 54	4 56 37.1	16 20 41	22 48 32
23 327	13 42 41	13 24 20	26 38 16	3 44D37	24 20 11	21 17 44	27 37 22	1 32 47	18 20	19 58 35	30 2 40	4 56 36.9	16 27 15	23 8 59
24 328	15 15 23	14 39 38	26 18 48	3 44 31	24 23 18	21 15 21	27 37 0	1 34 2	18 20	20 3 53	30 3 35	4 56 36.7	16 33 50	23 28 17
25 329	16 47 55	15 54 56	25 58 45	3 44 38	24 26 31	21 12 59	27 36 41	1 35 19	18 18	20 9 13	30 4 35	4 56 36.4	16 40 27	23 46 23
26 330	18 20 17	17 10 14	25 38 11	3 44 57	24 29 49	21 10 38	27 36 23	1 36 38	18 15	20 14 33	30 5 35	4 56 36.1	16 47 5	24 3 17
27 331	19 52 29	18 25 33	25 17 8	3 45 28	24 33 12	21 8 19	27 36 8	1 37 58	18 12	20 19 54	30 6 31	4 56 35.8	16 53 44	24 18 56
28 332	21 24 32	19 40 51	24 55 40	3 46 13	24 36 41	21 6 0	27 35 54	1 39 19	18 10	20 25 16	30 7 19	4 56 35.5	17 0 23	24 33 21
29 333	22 56 25	20 56 9	24 33 48	3 47 9	24 40 15	21 3 42	27 35 43	1 40 41	18 07	20 30 39	30 7 57	4 56 35.3	17 7 4	24 46 29
30 334	24♏28 7	22♏11 27	24♉11 36	3♓48 19	24♑43 55	21♈ 1 26	27♒35 33	1♑42 5	18♈06	20 36 3	30 8 25	4 56 35.1	17 13 45	24S58 19

DAY Nov	♀ VENUS R.A. h m s	DECL ° ' "	♂ MARS R.A. h m s	DECL ° ' "	♃ JUPITER R.A. h m s	DECL ° ' "	♄ SATURN R.A. h m s	DECL ° ' "	♅ URANUS R.A. h m s	DECL ° ' "	♆ NEPTUNE R.A. h m s	DECL ° ' "	♇ PLUTO R.A. h m s	DECL ° ' "
1	14 34 46	14S20 49	5 40 45	23N52 25	0 1 21	1S32 57	21 26 1	16S27 39	2 59 36	16N37 33	23 36 0	3S55 12	19 54 50	23S 4 19
2	14 39 40	14 45 53	5 40 37	23 55 9	0 1 4	1 34 31	21 26 4	16 27 17	2 59 26	16 36 52	23 35 57	3 55 35	19 54 53	23 4 12
3	14 44 34	15 10 34	5 40 25	23 57 53	0 0 48	1 36 1	21 26 9	16 26 54	2 59 16	16 36 11	23 35 53	3 55 58	19 54 56	23 4 5
4	14 49 29	15 34 52	5 40 10	24 0 38	0 0 33	1 37 26	21 26 13	16 26 28	2 59 6	16 35 30	23 35 49	3 56 19	19 54 59	23 3 58
5	14 54 26	15 58 47	5 39 51	24 3 22	0 0 18	1 38 47	21 26 18	16 26 1	2 58 56	16 34 48	23 35 46	3 56 40	19 55 2	23 3 51
6	14 59 24	16 22 17	5 39 28	24 6 5	0 0 4	1 40 3	21 26 23	16 25 32	2 58 46	16 34 6	23 35 42	3 57 0	19 55 6	23 3 43
7	15 4 23	16 45 21	5 39 1	24 8 48	23 59 50	1 41 14	21 26 29	16 25 1	2 58 37	16 33 25	23 35 39	3 57 20	19 55 9	23 3 35
8	15 9 23	17 7 59	5 38 30	24 11 31	23 59 38	1 42 21	21 26 35	16 24 28	2 58 27	16 32 43	23 35 36	3 57 39	19 55 13	23 3 27
9	15 14 24	17 30 9	5 37 55	24 14 12	23 59 26	1 43 22	21 26 42	16 23 53	2 58 17	16 32 1	23 35 33	3 57 57	19 55 17	23 3 18
10	15 19 27	17 51 52	5 37 16	24 16 52	23 59 15	1 44 19	21 26 49	16 23 17	2 58 7	16 31 19	23 35 30	3 58 15	19 55 20	23 3 9
11	15 24 31	18 13 7	5 36 34	24 19 30	23 59 4	1 45 11	21 26 56	16 22 38	2 57 57	16 30 38	23 35 27	3 58 31	19 55 24	23 3 0
12	15 29 36	18 33 52	5 35 48	24 22 8	23 58 54	1 45 58	21 27 4	16 21 57	2 57 47	16 29 56	23 35 24	3 58 47	19 55 29	23 2 50
13	15 34 42	18 54 7	5 34 58	24 24 42	23 58 45	1 46 40	21 27 12	16 21 15	2 57 37	16 29 14	23 35 22	3 59 3	19 55 33	23 2 40
14	15 39 50	19 13 51	5 34 4	24 27 14	23 58 37	1 47 18	21 27 20	16 20 31	2 57 27	16 28 33	23 35 19	3 59 17	19 55 37	23 2 30
15	15 44 58	19 33 3	5 33 6	24 29 43	23 58 29	1 47 50	21 27 29	16 19 45	2 57 17	16 27 51	23 35 17	3 59 31	19 55 42	23 2 20
16	15 50 8	19 51 43	5 32 5	24 32 8	23 58 22	1 48 17	21 27 39	16 18 57	2 57 7	16 27 10	23 35 14	3 59 44	19 55 46	23 2 9
17	15 55 20	20 9 50	5 31 1	24 34 30	23 58 16	1 48 40	21 27 48	16 18 8	2 56 57	16 26 28	23 35 12	3 59 56	19 55 51	23 1 58
18	16 0 32	20 27 22	5 29 53	24 36 48	23 58 11	1 48 57	21 27 58	16 17 16	2 56 48	16 25 47	23 35 10	4 0 8	19 55 56	23 1 47
19	16 5 46	20 44 21	5 28 41	24 39 1	23 58 6	1 49 10	21 28 9	16 16 23	2 56 38	16 25 6	23 35 8	4 0 18	19 56 1	23 1 36
20	16 11 0	21 0 44	5 27 26	24 41 9	23 58 2	1 49 17	21 28 20	16 15 28	2 56 28	16 24 25	23 35 6	4 0 28	19 56 6	23 1 24
21	16 16 16	21 16 31	5 26 8	24 43 12	23 57 59	1 49 19	21 28 31	16 14 32	2 56 18	16 23 44	23 35 4	4 0 38	19 56 11	23 1 12
22	16 21 33	21 31 41	5 24 47	24 45 9	23 57 57	1 49 17	21 28 42	16 13 33	2 56 9	16 23 3	23 35 3	4 0 46	19 56 16	23 1 0
23	16 26 51	21 46 14	5 23 24	24 47 0	23 57 55	1 49 9	21 28 54	16 12 33	2 55 59	16 22 23	23 35 1	4 0 54	19 56 21	23 0 47
24	16 32 11	22 0 9	5 21 57	24 48 44	23 57 55	1 48 56	21 29 6	16 11 30	2 55 50	16 21 43	23 35 0	4 1 0	19 56 27	23 0 35
25	16 37 31	22 13 26	5 20 28	24 50 22	23 57 55	1 48 38	21 29 19	16 10 26	2 55 40	16 21 3	23 34 59	4 1 6	19 56 32	23 0 21
26	16 42 52	22 26 3	5 18 57	24 51 52	23 57 55	1 48 15	21 29 32	16 9 21	2 55 31	16 20 24	23 34 58	4 1 11	19 56 38	23 0 8
27	16 48 14	22 38 1	5 17 24	24 53 15	23 57 57	1 47 47	21 29 45	16 8 13	2 55 21	16 19 45	23 34 57	4 1 16	19 56 43	22 59 55
28	16 53 37	22 49 18	5 15 48	24 54 31	23 57 59	1 47 14	21 29 59	16 7 4	2 55 12	16 19 6	23 34 56	4 1 19	19 56 49	22 59 41
29	16 59 1	22 59 55	5 14 11	24 55 39	23 58 2	1 46 36	21 30 13	16 5 54	2 55 3	16 18 27	23 34 55	4 1 22	19 56 55	22 59 27
30	17 4 26	23S 9 50	5 12 33	24N56 39	23 58 6	1S45 53	21 30 27	16S 4 41	2 54 54	16N17 49	23 34 54	4S 1 24	19 57 1	22S59 13

DECEMBER 2022

DAY	SIDEREAL TIME h m s	☉ SUN LONG ° ' "	MOT ' "	R.A. h m s	DECL ° ' "	☽ MOON AT 0 HOURS LONG ° ' "	12h MOT ° ' "	2DIF	R.A. h m s	DECL ° ' "	☽ MOON AT 12 HOURS LONG ° ' "	12h MOT ° ' "	2DIF	R.A. h m s	DECL ° ' "
1 Th	4 39 20	13♏41 56	60 48	16 28 8.7	21S45 38	18♒42 2	6 50 35	-137	23 7 11	10S32 58	25♒32 37	6 46 4	-133	23 32 3	7S33 1
2 F	4 43 16	14 42 44	60 48	16 32 27.7	21 54 52	2♓18 41	6 41 42	-128	23 56 20	4 29 45	9♓ 0 23	6 37 32	-122	0 20 10	1 25 20
3 S	4 47 13	15 43 33	60 50	16 36 47.3	22 3 40	15 37 56	6 33 35	-115	0 43 43	1N38 14	22 11 31	6 29 52	-108	1 7 8	4N39 6
4 Su	4 51 10	16 44 22	60 51	16 41 7.5	22 12 3	28 41 23	6 26 23	-101	1 30 32	7 35 30	5♈ 7 46	6 23 7	-95	1 54 3	10 25 43
5 M	4 55 6	17 45 13	60 52	16 45 28.2	22 19 59	11♈30 52	6 20 3	-89	2 17 48	13 8 4	17 50 56	6 17 12	-83	2 41 52	15 40 54
6 Tu	4 59 3	18 46 5	60 53	16 49 49.5	22 27 30	24 8 7	6 14 31	-78	3 6 20	18 2 33	0♉22 38	6 12 0	-73	3 31 16	20 11 26
7 W	5 2 59	19 46 57	60 54	16 54 11.4	22 34 35	6♉34 38	6 9 38	-69	3 56 40	22 6 1	12 44 15	6 7 24	-65	4 22 32	23 44 49
8 Th	5 6 56	20 47 51	60 55	16 58 33.7	22 41 13	18 51 39	6 5 19	-60	4 48 50	25 6 35	24 56 59	6 3 23	-56	5 15 28	26 10 13
9 F	5 10 52	21 48 45	60 56	17 2 56.5	22 47 24	1♊ 0 22	6 1 36	-51	5 42 22	26 54 54	7♊ 1 58	6 0 0	-45	6 9 23	27 20 8
10 S	5 14 49	22 49 41	60 57	17 7 19.8	22 53 9	13 1 57	5 58 35	-39	6 36 23	27 25 47	19 0 33	5 57 24	-32	7 3 14	27 12 0
11 Su	5 18 45	23 50 37	60 58	17 11 43.5	22 58 27	24 57 56	5 56 28	-23	7 29 47	26 39 19	0♋54 25	5 55 50	-14	7 55 55	25 48 30
12 M	5 22 42	24 51 35	60 59	17 16 7.6	23 3 17	6♋50 15	5 55 32	-3	8 21 34	24 40 35	12 45 47	5 55 37	9	8 46 41	23 16 44
13 Tu	5 26 39	25 52 33	61 0	17 20 32.1	23 7 41	18 41 23	5 56 6	22	9 11 14	21 38 13	24 37 30	5 57 3	36	9 35 13	19 46 18
14 W	5 30 35	26 53 33	61 1	17 24 56.9	23 11 36	0♌34 33	5 58 30	51	9 58 41	17 42 19	6♌33 3	6 0 29	68	10 21 42	15 27 29
15 Th	5 34 32	27 54 34	61 2	17 29 22.0	23 15 4	12 33 33	6 3 2	85	10 44 21	13 3 3	18 36 35	6 6 10	103	11 6 43	10 30 10
16 F	5 38 28	28 55 35	61 3	17 33 47.4	23 18 5	24 42 44	6 9 54	121	11 28 54	7 50 0	0♍52 38	6 14 14	139	11 51 4	5 3 43
17 S	5 42 25	29 56 38	61 4	17 38 13.1	23 20 37	7♍ 6 51	6 19 9	156	12 13 18	2 12 29	13 26 0	6 24 39	173	12 35 46	0S42 25
18 Su	5 46 21	0♐57 41	61 5	17 42 39.0	23 22 41	19 50 39	6 30 40	187	12 58 36	3S39 33	26 21 19	6 37 8	200	13 21 58	6 37 19
19 M	5 50 18	1 58 46	61 5	17 47 5.1	23 24 18	2♎58 26	6 43 58	209	13 46 1	9 33 53	9♎42 24	6 51 2	214	14 10 55	12 27 2
20 Tu	5 54 14	2 59 51	61 6	17 51 31.4	23 25 26	16 33 26	6 58 13	214	14 36 50	15 14 17	23 31 40	7 5 20	209	15 3 53	17 52 40
21 W	5 58 11	4 0 57	61 7	17 55 57.7	23 26 6	0♏36 59	7 12 10	198	15 32 11	20 18 55	7♏49 9	7 18 33	181	16 1 48	22 29 24
22 Th	6 2 8	5 2 4	61 8	18 0 24.2	23 26 17	15 7 42	7 24 14	157	16 32 43	24 20 20	22 31 57	7 29 2	128	17 4 50	25 48 0
23 F	6 6 4	6 3 12	61 8	18 4 50.7	23 26 1	0♐ 0 58	7 32 46	93	17 37 57	26 49 4	7♐33 44	7 35 15	55	18 11 46	27 20 52
24 S	6 10 1	7 4 20	61 9	18 9 17.2	23 25 16	15 8 59	7 36 26	15	18 45 55	27 21 51	22 45 24	7 36 14	-26	19 19 57	26 51 42
25 Su	6 13 57	8 5 28	61 9	18 13 43.7	23 24 3	0♑21 38	7 34 42	-65	19 53 30	25 51 24	7♑56 20	7 31 54	-101	20 26 14	24 23 8
26 M	6 17 54	9 6 36	61 9	18 18 10.0	23 22 21	15 28 14	7 27 59	-132	20 57 54	22 29 57	22 56 13	7 23 8	-157	21 28 22	20 15 30
27 Tu	6 21 50	10 7 45	61 9	18 22 36.3	23 20 12	0♒19 21	7 17 32	-176	21 57 36	17 43 36	7♒36 53	7 11 25	-189	22 25 38	14 58 3
28 W	6 25 47	11 8 54	61 9	18 27 2.4	23 17 34	14 48 17	7 4 58	-195	22 52 34	12 2 26	21 53 15	6 58 24	-196	23 18 32	9 0 0
29 Th	6 29 44	12 10 3	61 9	18 31 28.3	23 14 28	28 51 38	6 51 52	-193	23 43 42	5 53 38	5♓43 30	6 45 32	-186	0 8 13	2 45 53
30 F	6 33 40	13 11 11	61 9	18 35 54.0	23 10 54	12♓29 2	6 39 29	-176	0 32 15	0N21 0	19 8 31	6 33 49	-163	0 55 57	3N25 3
31 S	6 37 37	14♐12 20	61 9	18 40 19.4	23S 6 53	25♓42 20	6 28 36	-150	1 19 30	6N24 28	2♈10 55	6 23 50	-135	1 43 0	9N17 37

LUNAR INGRESSES
1 ☽ ♓ 19:53
4 ☽ ♈ 2:26
6 ☽ ♉ 11:16
8 ☽ ♊ 22:00
11 ☽ ♋ 10:10
13 ☽ ♌ 22:50
16 ☽ ♍ 10:18
18 ☽ ♎ 18:38
20 ☽ ♏ 22:58
22 ☽ ♐ 23:58
24 ☽ ♑ 23:26
26 ☽ ♒ 23:28
29 ☽ ♓ 1:59
31 ☽ ♈ 7:56

PLANET INGRESSES
3 ☿ ♐ 15:18
6 ♀ ♐ 5:22
17 ☉ ♐ 1:19
30 ♀ ♑ 3:30

STATIONS
4 ♆ D 0:16
29 ☿ R 9:33

DATA FOR THE 1st AT 0 HOURS
JULIAN DAY 44894.5
☽ MEAN ☊ 16°♈ 47' 11"
OBLIQUITY 23° 26' 17"
DELTA T 77.7 SECONDS
NUTATION LONGITUDE -12.1"

DAY MO	YR	☿ LONG ° ' "	♀ LONG ° ' "	♂ LONG ° ' "	♃ LONG ° ' "	♄ LONG ° ' "	♅ LONG ° ' "	♆ LONG ° ' "	♇ LONG ° ' "	☊ LONG ° '	A.S.S.I. h m s	S.S.R.Y. h m s	S.V.P. ♓ ° ' "	☿ MERCURY R.A. h m s	DECL ° ' "
1	335	25♏59 38	23♏26 45	23♉49R 7	3♓49 40	24♑47 39	20♈59R11	27♒35R26	1♑43 30	18♈06	20 41 27	30 8 39	4 56 34.9	17 20 27	25S 8 50
2	336	27 30 57	24 42 2	23 26 24	3 51 14	24 51 29	20 56 58	27 35 21	1 44 56	18 07	20 46 53	30 8 45	4 56 34.9	17 27 8	25 18 0
3	337	29 2 3	25 57 20	23 3 29	3 53 0	24 55 24	20 54 46	27 35 17	1 46 24	18 08	20 52 19	30 8 39	4 56 34.8	17 33 50	25 25 49
4	338	0♐32 53	27 12 37	22 40 26	3 54 59	24 59 24	20 52 35	27 35D16	1 47 53	18 10	20 57 46	30 8 22	4 56 34.7	17 40 32	25 32 14
5	339	2 3 26	28 27 54	22 17 18	3 57 9	25 3 29	20 50 26	27 35 17	1 49 23	18 11	21 3 13	30 7 57	4 56 34.6	17 47 12	25 37 16
6	340	3 33 39	29 43 10	21 54 7	3 59 32	25 7 39	20 48 19	27 35 20	1 50 54	18 11	21 8 42	30 7 23	4 56 34.4	17 53 52	25 40 53
7	341	5 3 28	0♐58 27	21 30 57	4 2 7	25 11 54	20 46 14	27 35 25	1 52 26	18 10	21 14 11	30 6 41	4 56 34.2	18 0 31	25 43 4
8	342	6 32 49	2 13 43	21 7 50	4 4 54	25 16 13	20 44 10	27 35 32	1 53 59	18 06	21 19 40	30 5 51	4 56 33.9	18 7 7	25 43 49
9	343	8 1 38	3 28 59	20 44 50	4 7 52	25 20 37	20 42 7	27 35 42	1 55 34	18 01	21 25 10	30 4 56	4 56 33.7	18 13 41	25 43 6
10	344	9 29 49	4 44 15	20 21 59	4 11 3	25 25 6	20 40 7	27 35 53	1 57 9	17 55	21 30 41	30 3 56	4 56 33.4	18 20 12	25 40 57
11	345	10 57 14	5 59 31	19 59 20	4 14 25	25 29 40	20 38 9	27 36 6	1 58 46	17 48	21 36 12	30 2 52	4 56 33.1	18 26 39	25 37 20
12	346	12 23 45	7 14 47	19 36 56	4 17 59	25 34 18	20 36 12	27 36 22	2 0 24	17 41	21 41 44	30 1 47	4 56 32.9	18 33 2	25 32 15
13	347	13 49 14	8 30 3	19 14 50	4 21 45	25 39 1	20 34 18	27 36 39	2 2 2	17 35	21 47 17	30 0 43	4 56 32.7	18 39 20	25 25 44
14	348	15 13 28	9 45 19	18 53 4	4 25 42	25 43 48	20 32 25	27 36 59	2 3 42	17 30	21 52 49	29 59 43	4 56 32.5	18 45 31	25 17 48
15	349	16 36 14	11 0 34	18 31 41	4 29 50	25 48 40	20 30 35	27 37 21	2 5 23	17 27	21 58 22	29 58 50	4 56 32.4	18 51 34	25 8 27
16	350	17 57 16	12 15 50	18 10 44	4 34 10	25 53 36	20 28 46	27 37 44	2 7 4	17 25	22 3 56	29 58 8	4 56 32.3	18 57 29	24 57 44
17	351	19 16 16	13 31 5	17 50 14	4 38 41	25 58 36	20 27 0	27 38 10	2 8 47	17 25	22 9 30	29 57 39	4 56 32.2	19 3 13	24 45 42
18	352	20 32 54	14 46 20	17 30 15	4 43 24	26 3 41	20 25 16	27 38 38	2 10 30	17 26	22 15 4	29 57 26	4 56 32.1	19 8 46	24 32 24
19	353	21 46 45	16 1 35	17 10 48	4 48 17	26 8 49	20 23 35	27 39 8	2 12 14	17 28	22 20 38	29 57 29	4 56 32.0	19 14 5	24 17 55
20	354	22 57 20	17 16 50	16 51 56	4 53 22	26 14 2	20 21 55	27 39 40	2 13 59	17 29	22 26 12	29 57 47	4 56 31.8	19 19 8	24 2 19
21	355	24 4 10	18 32 5	16 33 40	4 58 37	26 19 19	20 20 19	27 40 14	2 15 45	17 28	22 31 47	29 58 20	4 56 31.6	19 23 53	23 45 45
22	356	25 6 37	19 47 20	16 16 3	5 4 4	26 24 40	20 18 44	27 40 50	2 17 32	17 25	22 37 22	29 59 5	4 56 31.3	19 28 17	23 28 19
23	357	26 4 1	21 2 34	15 59 6	5 9 41	26 30 5	20 17 12	27 41 29	2 19 20	17 20	22 42 57	29 59 59	4 56 31.0	19 32 18	23 10 10
24	358	26 55 38	22 17 49	15 42 52	5 15 29	26 35 34	20 15 42	27 42 9	2 21 8	17 13	22 48 32	30 0 56	4 56 30.7	19 35 52	22 51 30
25	359	27 40 39	23 33 2	15 27 20	5 21 28	26 41 7	20 14 15	27 42 51	2 22 57	17 05	22 54 6	30 1 55	4 56 30.3	19 38 56	22 32 30
26	360	28 18 12	24 48 16	15 12 33	5 27 37	26 46 44	20 12 51	27 43 36	2 24 47	16 56	22 59 41	30 2 50	4 56 30.1	19 41 26	22 13 24
27	361	28 47 22	26 3 29	14 58 33	5 33 56	26 52 24	20 11 29	27 44 22	2 26 37	16 49	23 5 15	30 3 40	4 56 29.8	19 43 20	21 54 25
28	362	29 7 16	27 18 41	14 45 19	5 40 26	26 58 8	20 10 10	27 45 10	2 28 28	16 44	23 10 50	30 4 23	4 56 29.7	19 44 33	21 35 50
29	363	29 17R 1	28 33 52	14 32 53	5 47 5	27 3 55	20 8 54	27 46 1	2 30 20	16 41	23 16 24	30 4 59	4 56 29.6	19 45 2	21 17 53
30	364	29 15 50	29 49 3	14 21 15	5 53 55	27 9 45	20 7 42	27 46 53	2 32 12	16 40	23 21 58	30 5 25	4 56 29.5	19 44 43	21 0 50
31	365	29♐ 3 9	1♑ 4 14	14♉10 26	6♓ 0 54	27♑15 40	20♈ 6 29	27♒47 47	2♑34 5	16♈41	23 27 31	30 5 43	4 56 29.4	19 43 36	20S44 55

DAY Dec	♀ VENUS R.A. h m s	DECL ° ' "	♂ MARS R.A. h m s	DECL ° ' "	♃ JUPITER R.A. h m s	DECL ° ' "	♄ SATURN R.A. h m s	DECL ° ' "	♅ URANUS R.A. h m s	DECL ° ' "	♆ NEPTUNE R.A. h m s	DECL ° ' "	♇ PLUTO R.A. h m s	DECL ° ' "
1	17 9 51	23S19 3	5 10 53	24N57 31	23 58 11	1S45 5	21 30 42	16S 3 27	2 54 45	16N17 11	23 34 54	4S 1 25	19 57 7	22S58 59
2	17 15 18	23 27 35	5 9 12	24 58 14	23 58 16	1 44 12	21 30 57	16 2 12	2 54 36	16 16 34	23 34 54	4 1 25	19 57 13	22 58 44
3	17 20 45	23 35 23	5 7 30	24 58 50	23 58 22	1 43 15	21 31 13	16 0 54	2 54 27	16 15 57	23 34 53	4 1 24	19 57 20	22 58 29
4	17 26 12	23 42 29	5 5 48	24 59 17	23 58 29	1 42 12	21 31 28	15 59 36	2 54 19	16 15 20	23 34 53	4 1 23	19 57 26	22 58 14
5	17 31 40	23 48 51	5 4 5	24 59 35	23 58 36	1 41 5	21 31 44	15 58 15	2 54 10	16 14 44	23 34 53	4 1 21	19 57 32	22 57 59
6	17 37 8	23 54 30	5 2 23	24 59 46	23 58 45	1 39 52	21 32 1	15 56 53	2 54 2	16 14 9	23 34 53	4 1 18	19 57 39	22 57 44
7	17 42 37	23 59 25	5 0 40	24 59 48	23 58 54	1 38 35	21 32 17	15 55 29	2 53 53	16 13 33	23 34 54	4 1 14	19 57 45	22 57 28
8	17 48 7	24 3 36	4 58 58	24 59 43	23 59 3	1 37 14	21 32 34	15 54 4	2 53 45	16 12 59	23 34 54	4 1 9	19 57 52	22 57 12
9	17 53 36	24 7 2	4 57 16	24 59 30	23 59 14	1 35 47	21 32 52	15 52 37	2 53 37	16 12 25	23 34 55	4 1 3	19 57 59	22 56 56
10	17 59 6	24 9 44	4 55 34	24 59 9	23 59 25	1 34 16	21 33 9	15 51 9	2 53 29	16 11 51	23 34 55	4 0 57	19 58 6	22 56 40
11	18 4 36	24 11 41	4 53 54	24 58 42	23 59 37	1 32 40	21 33 27	15 49 39	2 53 21	16 11 18	23 34 56	4 0 50	19 58 13	22 56 23
12	18 10 6	24 12 53	4 52 15	24 58 7	23 59 50	1 31 0	21 33 45	15 48 8	2 53 13	16 10 45	23 34 57	4 0 42	19 58 20	22 56 7
13	18 15 36	24 13 21	4 50 37	24 57 26	0 0 3	1 29 15	21 34 4	15 46 35	2 53 6	16 10 13	23 34 58	4 0 33	19 58 27	22 55 50
14	18 21 7	24 13 3	4 49 1	24 56 39	0 0 17	1 27 25	21 34 23	15 45 1	2 52 58	16 9 42	23 34 59	4 0 23	19 58 34	22 55 34
15	18 26 37	24 12 1	4 47 27	24 55 46	0 0 32	1 25 31	21 34 42	15 43 25	2 52 51	16 9 11	23 35 0	4 0 13	19 58 41	22 55 17
16	18 32 7	24 10 13	4 45 54	24 54 49	0 0 47	1 23 33	21 35 1	15 41 48	2 52 44	16 8 41	23 35 2	4 0 1	19 58 48	22 55 0
17	18 37 37	24 7 41	4 44 24	24 53 47	0 1 4	1 21 30	21 35 21	15 40 10	2 52 37	16 8 12	23 35 3	3 59 49	19 58 56	22 54 42
18	18 43 6	24 4 24	4 42 56	24 52 40	0 1 20	1 19 23	21 35 41	15 38 30	2 52 30	16 7 43	23 35 5	3 59 36	19 59 3	22 54 25
19	18 48 35	24 0 22	4 41 30	24 51 30	0 1 38	1 17 12	21 36 1	15 36 49	2 52 23	16 7 14	23 35 7	3 59 23	19 59 10	22 54 7
20	18 54 4	23 55 36	4 40 7	24 50 18	0 1 56	1 14 56	21 36 21	15 35 6	2 52 16	16 6 47	23 35 9	3 59 8	19 59 18	22 53 50
21	18 59 32	23 50 5	4 38 46	24 49 2	0 2 15	1 12 35	21 36 42	15 33 22	2 52 10	16 6 20	23 35 11	3 58 53	19 59 25	22 53 32
22	19 5 0	23 43 50	4 37 29	24 47 45	0 2 35	1 10 11	21 37 3	15 31 36	2 52 3	16 5 54	23 35 13	3 58 36	19 59 33	22 53 14
23	19 10 28	23 36 52	4 36 14	24 46 27	0 2 55	1 7 42	21 37 24	15 29 50	2 51 57	16 5 28	23 35 16	3 58 19	19 59 41	22 52 55
24	19 15 54	23 29 10	4 35 3	24 45 8	0 3 16	1 5 9	21 37 46	15 28 2	2 51 51	16 5 4	23 35 18	3 58 1	19 59 49	22 52 37
25	19 21 20	23 20 44	4 33 55	24 43 50	0 3 37	1 2 32	21 38 8	15 26 12	2 51 46	16 4 40	23 35 20	3 57 43	19 59 56	22 52 19
26	19 26 45	23 11 37	4 32 50	24 42 31	0 3 59	0 59 51	21 38 30	15 24 22	2 51 40	16 4 17	23 35 23	3 57 23	20 0 4	22 52 1
27	19 32 9	23 1 46	4 31 49	24 41 14	0 4 22	0 57 6	21 38 52	15 22 30	2 51 35	16 3 54	23 35 26	3 57 3	20 0 12	22 51 42
28	19 37 33	22 51 14	4 30 51	24 39 58	0 4 46	0 54 17	21 39 14	15 20 37	2 51 29	16 3 33	23 35 29	3 56 42	20 0 20	22 51 24
29	19 42 55	22 40 0	4 29 56	24 38 44	0 5 10	0 51 24	21 39 37	15 18 43	2 51 24	16 3 12	23 35 32	3 56 21	20 0 28	22 51 5
30	19 48 17	22 28 5	4 29 5	24 37 33	0 5 34	0 48 27	21 40 0	15 16 48	2 51 19	16 2 52	23 35 35	3 55 58	20 0 36	22 50 46
31	19 53 37	22S15 29	4 28 18	24N36 24	0 6 0	0S45 27	21 40 23	15S14 51	2 51 15	16N 2 32	23 35 38	3S55 35	20 0 44	22S50 28

JANUARY 2023

DAY	SIDEREAL TIME h m s	☉ SUN LONG ° ' "	MOT ' "	R.A. h m s	DECL ° ' "	☽ MOON AT 0 HOURS LONG ° ' "	12h MOT ° ' "	2DIF "	R.A. h m s	DECL ° ' "	☽ MOON AT 12 HOURS LONG ° ' "	12h MOT ° ' "	2DIF "	R.A. h m s	DECL ° ' "
1 Su	6 41 33	15♐13 28	61 8	18 44 44.5	23S 2 23	8♈34 45	6 19 34	-121	2 6 37	12N 2 58	14♈54 19	6 15 46	-107	2 30 26	14N39 1
2 M	6 45 30	16 14 37	61 8	18 49 9.3	22 57 26	21 10 5	6 12 26	-94	2 54 34	17 4 21	27 22 30	6 9 31	-81	3 19 5	19 17 32
3 Tu	6 49 26	17 15 45	61 8	18 53 33.8	22 52 2	3♉32 1	6 7 1	-70	3 44 2	21 17 10	9♉39 2	6 4 52	-60	4 9 26	23 1 54
4 W	6 53 23	18 16 53	61 8	18 57 57.9	22 46 10	15 43 54	6 3 2	-51	4 35 17	24 30 30	21 46 57	6 1 30	-43	5 1 33	25 41 49
5 Th	6 57 19	19 18 1	61 8	19 2 21.6	22 39 51	27 48 26	6 0 11	-36	5 28 7	26 34 56	3♊48 38	5 59 6	-30	5 54 56	27 9 7
6 F	7 1 16	20 19 8	61 8	19 6 44.8	22 33 6	9♊47 43	5 58 12	-25	6 21 49	27 23 59	15 45 55	5 57 28	-20	6 48 40	27 19 28
7 S	7 5 13	21 20 16	61 8	19 11 7.6	22 25 54	21 43 22	5 56 53	-15	7 15 20	26 55 48	27 40 15	5 56 27	-10	7 41 41	26 13 35
8 Su	7 9 9	22 21 24	61 8	19 15 30.0	22 18 15	3♋36 43	5 56 12	-5	8 7 36	25 13 40	9♋32 54	5 56 6	0	8 33 0	23 57 9
9 M	7 13 6	23 22 31	61 7	19 19 51.8	22 10 10	15 29 0	5 56 13	7	8 57 51	22 25 16	21 25 13	5 56 33	14	9 22 8	20 39 23
10 Tu	7 17 2	24 23 38	61 7	19 24 13.1	22 1 39	27 21 45	5 57 9	23	9 45 51	18 40 53	3♌18 54	5 58 3	32	10 9 2	16 31 10
11 W	7 20 59	25 24 46	61 7	19 28 33.9	21 52 42	9♌16 57	5 59 18	43	10 31 45	14 11 36	15 16 15	6 0 56	56	10 54 6	11 43 31
12 Th	7 24 55	26 25 53	61 7	19 32 54.1	21 43 19	21 17 11	6 3 1	70	11 16 8	9 8 11	27 20 13	6 5 35	85	11 38 0	6 26 51
13 F	7 28 52	27 27 0	61 7	19 37 13.7	21 33 32	3♍25 48	6 8 40	101	11 59 48	3 40 44	9♍34 28	6 12 18	118	12 21 40	0 51 3
14 S	7 32 48	28 28 7	61 7	19 41 32.7	21 23 19	15 46 46	6 16 31	135	12 43 44	2S 0 56	22 3 17	6 21 19	153	13 6 8	4S53 51
15 Su	7 36 45	29 29 14	61 7	19 45 51.1	21 12 41	28 24 37	6 26 42	170	13 29 2	7 46 12	4♎51 19	6 32 39	186	13 52 36	10 36 19
16 M	7 40 42	0♑30 20	61 7	19 50 8.9	21 1 39	11♎23 58	6 39 6	200	14 16 58	13 22 13	18 3 3	6 45 58	211	14 42 18	16 1 41
17 Tu	7 44 38	1 31 27	61 7	19 54 26.0	20 50 13	24 49 1	6 53 11	219	15 8 45	18 32 8	1♏42 12	7 0 34	222	15 36 25	20 50 36
18 W	7 48 35	2 32 33	61 6	19 58 42.4	20 38 23	8♏42 46	7 7 58	219	16 5 24	22 53 50	15 50 45	7 15 11	210	16 35 43	24 38 19
19 Th	7 52 31	3 33 40	61 6	20 2 58.2	20 26 9	23 5 55	7 21 58	194	17 7 17	26 0 29	0♐27 53	7 28 5	170	17 39 57	26 57 0
20 F	7 56 28	4 34 46	61 6	20 7 13.2	20 13 32	7♐55 57	7 33 17	139	18 13 27	27 25 3	15 29 14	7 37 21	102	18 47 26	27 22 42
21 S	8 0 24	5 35 51	61 5	20 11 27.5	20 0 33	23 6 35	7 40 5	60	19 21 31	26 49 9	0♑46 40	7 41 21	15	19 55 18	25 44 56
22 Su	8 4 21	6 36 56	61 4	20 15 41.0	19 47 10	8♑28 1	7 41 6	-31	20 28 25	24 11 50	16 9 7	7 39 18	-75	21 0 36	22 12 40
23 M	8 8 17	7 38 0	61 4	20 19 53.8	19 33 26	23 48 25	7 36 5	-116	21 31 41	19 51 1	1♒24 30	7 31 34	-152	22 1 36	17 10 52
24 Tu	8 12 14	8 39 3	61 3	20 24 5.8	19 19 20	8♒56 4	7 25 58	-181	22 30 21	14 16 22	16 22 2	7 19 31	-203	22 58 1	11 11 27
25 W	8 16 11	9 40 6	61 2	20 28 17.0	19 4 52	23 41 33	7 12 28	-217	23 24 44	7 59 52	0♓54 1	7 5 3	-224	23 50 37	4 44 56
26 Th	8 20 7	10 41 7	61 0	20 32 27.4	18 50 4	7♓59 4	6 57 31	-225	0 15 51	1 29 36	14 56 35	6 50 2	-221	0 40 35	1N43 32
27 F	8 24 4	11 42 8	60 59	20 36 37.0	18 34 55	21 46 37	6 42 49	-211	1 4 59	4N52 14	28 29 25	6 35 57	-199	1 29 10	7 54 31
28 S	8 28 0	12 43 7	60 58	20 40 45.7	18 19 25	5♈ 5 23	6 29 34	-183	1 53 18	10 48 38	11♈34 57	6 23 44	-166	2 17 30	13 33 2
29 Su	8 31 57	13 44 5	60 57	20 44 53.6	18 3 36	17 58 41	6 18 30	-148	2 41 53	16 6 16	24 17 11	6 13 52	-130	3 6 31	18 27 0
30 M	8 35 53	14 45 2	60 56	20 49 0.7	17 47 28	0♉31 2	6 9 50	-112	3 31 30	20 33 56	6♉40 52	6 6 24	-94	3 56 50	22 25 54
31 Tu	8 39 50	15♑45 58	60 55	20 53 7.0	17S31 0	12♉47 16	6 3 32	-78	4 22 34	24N 1 46	18♉50 49	6 1 13	-63	4 48 39	25N20 31

LUNAR INGRESSES
2 ☽ ♉ 17:06
5 ☽ ♊ 4:23
7 ☽ ♋ 16:42
10 ☽ ♌ 5:19
12 ☽ ♍ 17:15
15 ☽ ♎ 2:59
17 ☽ ♏ 9:03
19 ☽ ♐ 11:15
21 ☽ ♑ 10:47
23 ☽ ♒ 9:46
25 ☽ ♓ 10:30
27 ☽ ♈ 14:44
29 ☽ ♉ 23:00

PLANET INGRESSES
15 ☉ ♑ 12:05
23 ♀ ♒ 3:25
25 ♄ ♒ 6:12

STATIONS
12 ♂ D 20:57
18 ☿ D 13:13
22 ♅ D 23:00

DATA FOR THE 1st AT 0 HOURS
JULIAN DAY 44925.5
☽ MEAN ☊ 15°♈ 8' 37"
OBLIQUITY 23° 26' 17"
DELTA T 77.8 SECONDS
NUTATION LONGITUDE -10.5"

DAY MO	YR	☿ LONG ° ' "	♀ LONG ° ' "	♂ LONG ° ' "	♃ LONG ° ' "	♄ LONG ° ' "	♅ LONG ° ' "	♆ LONG ° ' "	♇ LONG ° ' "	☊ LONG ° '	A.S.S.I. h m s	S.S.R.Y. h m s	S.V.P. ♓ ° ' "	☿ MERCURY R.A. h m s	DECL ° ' "
1	1	28♐38R38	2♑19 23	14♉ 0R27	6♓ 8 4	27♑21 37	20♈ 5R21	27♒48 43	2♑35 58	16♈41	23 33 4	30 5 53	4 56 29.3	19 41 39	20S30 21
2	2	28 2 17	3 34 32	13 51 16	6 15 23	27 27 38	20 4 16	27 49 41	2 37 52	16 42	23 38 37	30 5 50	4 56 29.1	19 38 52	20 17 19
3	3	27 14 34	4 49 40	13 42 55	6 22 51	27 33 41	20 3 13	27 50 41	2 39 46	16 40	23 44 9	30 5 39	4 56 28.9	19 35 18	20 5 55
4	4	26 16 28	6 4 47	13 35 24	6 30 28	27 39 48	20 2 13	27 51 43	2 41 40	16 36	23 49 41	30 5 17	4 56 28.7	19 31 1	19 56 14
5	5	25 9 26	7 19 53	13 28 42	6 38 15	27 45 58	20 1 17	27 52 47	2 43 35	16 29	23 55 12	30 4 46	4 56 28.4	19 26 8	19 48 17
6	6	23 55 26	8 34 59	13 22 49	6 46 11	27 52 11	20 0 23	27 53 53	2 45 31	16 19	24 0 43	30 4 5	4 56 28.1	19 20 47	19 42 2
7	7	22 36 48	9 50 4	13 17 45	6 54 16	27 58 27	19 59 32	27 55 1	2 47 27	16 08	24 6 13	30 3 16	4 56 27.9	19 15 7	19 37 25
8	8	21 16 8	11 5 8	13 13 30	7 2 30	28 4 45	19 58 44	27 56 10	2 49 23	15 54	24 11 43	30 2 18	4 56 27.6	19 9 21	19 34 23
9	9	19 56 2	12 20 11	13 10 3	7 10 53	28 11 7	19 57 59	27 57 21	2 51 19	15 41	24 17 12	30 1 15	4 56 27.4	19 3 38	19 32 50
10	10	18 39 0	13 35 13	13 7 25	7 19 24	28 17 31	19 57 17	27 58 34	2 53 16	15 28	24 22 40	30 0 10	4 56 27.2	18 58 10	19 32 43
11	11	17 27 12	14 50 14	13 5 34	7 28 4	28 23 57	19 56 38	27 59 49	2 55 13	15 18	24 28 8	29 59 4	4 56 27.1	18 53 5	19 33 55
12	12	16 22 26	16 5 15	13 4D30	7 36 52	28 30 27	19 56 2	28 1 5	2 57 10	15 10	24 33 34	29 58 3	4 56 27.0	18 48 30	19 36 24
13	13	15 26 0	17 20 15	13 4 12	7 45 49	28 36 59	19 55 29	28 2 24	2 59 7	15 04	24 39 1	29 57 10	4 56 26.9	18 44 31	19 40 2
14	14	14 38 46	18 35 14	13 4 41	7 54 53	28 43 33	19 54 59	28 3 44	3 1 5	15 02	24 44 26	29 56 28	4 56 26.8	18 41 12	19 44 44
15	15	14 1 10	19 50 12	13 5 55	8 4 6	28 50 9	19 54 32	28 5 5	3 3 2	15 01	24 49 51	29 56 0	4 56 26.8	18 38 34	19 50 24
16	16	13 33 18	21 5 9	13 7 55	8 13 27	28 56 48	19 54 9	28 6 29	3 5 0	15 01	24 55 15	29 55 48	4 56 26.6	18 36 37	19 56 52
17	17	13 15 0	22 20 5	13 10 38	8 22 56	29 3 30	19 53 48	28 7 54	3 6 58	15 01	25 0 38	29 55 51	4 56 26.5	18 35 21	20 4 2
18	18	13 5D52	23 34 58	13 14 6	8 32 33	29 10 13	19 53 31	28 9 21	3 8 56	14 59	25 6 0	29 56 9	4 56 26.2	18 34 44	20 11 43
19	19	13 5 25	24 49 54	13 18 17	8 42 17	29 16 59	19 53 16	28 10 49	3 10 54	14 55	25 11 21	29 56 41	4 56 26.0	18 34 44	20 19 47
20	20	13 13 3	26 4 48	13 23 10	8 52 9	29 23 46	19 53 5	28 12 19	3 12 51	14 47	25 16 41	29 57 24	4 56 25.6	18 35 19	20 28 5
21	21	13 28 10	27 19 40	13 28 46	9 2 8	29 30 36	19 52 57	28 13 51	3 14 49	14 37	25 22 1	29 58 14	4 56 25.3	18 36 26	20 36 27
22	22	13 50 8	28 34 31	13 35 3	9 12 15	29 37 27	19 52D52	28 15 24	3 16 47	14 26	25 27 19	29 59 11	4 56 25.0	18 38 2	20 44 46
23	23	14 18 22	29 49 21	13 42 1	9 22 29	29 44 20	19 52 51	28 16 59	3 18 45	14 14	25 32 37	30 0 9	4 56 24.8	18 40 6	20 52 53
24	24	14 52 16	1♒ 4 9	13 49 38	9 32 50	29 51 15	19 52 52	28 18 35	3 20 43	14 04	25 37 54	30 1 7	4 56 24.7	18 42 33	21 0 42
25	25	15 31 20	2 18 56	13 57 55	9 43 18	29 58 12	19 52 57	28 20 13	3 22 40	13 55	25 43 9	30 2 3	4 56 24.6	18 45 24	21 8 5
26	26	16 15 4	3 33 41	14 6 51	9 53 53	0♒ 5 10	19 53 5	28 21 52	3 24 37	13 50	25 48 24	30 2 55	4 56 24.5	18 48 34	21 14 56
27	27	17 3 1	4 48 25	14 16 24	10 4 35	0 12 10	19 53 16	28 23 33	3 26 34	13 47	25 53 37	30 3 43	4 56 24.4	18 52 3	21 21 10
28	28	17 54 48	6 3 7	14 26 34	10 15 23	0 19 11	19 53 30	28 25 15	3 28 31	13 46	25 58 50	30 4 24	4 56 24.3	18 55 49	21 26 42
29	29	18 50 3	7 17 48	14 37 20	10 26 18	0 26 14	19 53 48	28 26 59	3 30 28	13 46	26 4 1	30 4 57	4 56 24.2	18 59 49	21 31 28
30	30	19 48 26	8 32 26	14 48 41	10 37 19	0 33 17	19 54 9	28 28 44	3 32 24	13 46	26 9 12	30 5 21	4 56 24.1	19 4 4	21 35 23
31	31	20♐49 41	9♒47 3	15♉ 0 36	10♓48 26	0♒40 22	19♈54 32	28♒30 30	3♑34 20	13♈43	26 14 21	30 5 34	4 56 23.9	19 8 30	21S38 25

DAY Jan	♀ VENUS R.A. h m s	DECL ° ' "	♂ MARS R.A. h m s	DECL ° ' "	♃ JUPITER R.A. h m s	DECL ° ' "	♄ SATURN R.A. h m s	DECL ° ' "	♅ URANUS R.A. h m s	DECL ° ' "	♆ NEPTUNE R.A. h m s	DECL ° ' "	♇ PLUTO R.A. h m s	DECL ° ' "
1	19 58 57	22S 2 14	4 27 34	24N35 18	0 6 26	0S42 23	21 40 46	15S12 53	2 51 10	16N 2 14	23 35 42	3S55 11	20 0 52	22S50 9
2	20 4 15	21 48 19	4 26 54	24 34 16	0 6 52	0 39 15	21 41 10	15 10 55	2 51 6	16 1 56	23 35 45	3 54 46	20 1 0	22 49 50
3	20 9 32	21 33 45	4 26 18	24 33 17	0 7 19	0 36 3	21 41 34	15 8 55	2 51 2	16 1 39	23 35 49	3 54 21	20 1 8	22 49 31
4	20 14 49	21 18 32	4 25 45	24 32 23	0 7 47	0 32 47	21 41 58	15 6 54	2 50 58	16 1 23	23 35 53	3 53 54	20 1 17	22 49 12
5	20 20 3	21 2 42	4 25 16	24 31 33	0 8 15	0 29 29	21 42 22	15 4 52	2 50 54	16 1 8	23 35 56	3 53 27	20 1 25	22 48 52
6	20 25 17	20 46 16	4 24 50	24 30 47	0 8 44	0 26 6	21 42 46	15 2 49	2 50 50	16 0 54	23 36 0	3 53 0	20 1 33	22 48 33
7	20 30 30	20 29 12	4 24 28	24 30 6	0 9 13	0 22 40	21 43 11	15 0 45	2 50 47	16 0 41	23 36 5	3 52 31	20 1 41	22 48 14
8	20 35 41	20 11 33	4 24 10	24 29 30	0 9 43	0 19 11	21 43 35	14 58 40	2 50 44	16 0 28	23 36 9	3 52 2	20 1 50	22 47 55
9	20 40 51	19 53 19	4 23 55	24 28 59	0 10 13	0 15 39	21 44 0	14 56 34	2 50 41	16 0 17	23 36 13	3 51 32	20 1 58	22 47 36
10	20 45 59	19 34 31	4 23 43	24 28 32	0 10 44	0 12 3	21 44 25	14 54 27	2 50 38	16 0 6	23 36 18	3 51 2	20 2 6	22 47 17
11	20 51 7	19 15 9	4 23 35	24 28 11	0 11 15	0 8 24	21 44 50	14 52 19	2 50 35	15 59 56	23 36 22	3 50 30	20 2 15	22 46 58
12	20 56 13	18 55 14	4 23 31	24 27 56	0 11 47	0 4 42	21 45 16	14 50 10	2 50 33	15 59 47	23 36 27	3 49 59	20 2 23	22 46 38
13	21 1 17	18 34 46	4 23 30	24 27 45	0 12 20	0 0 56	21 45 41	14 48 0	2 50 31	15 59 39	23 36 32	3 49 26	20 2 31	22 46 19
14	21 6 21	18 13 48	4 23 32	24 27 40	0 12 53	0N 2 52	21 46 7	14 45 50	2 50 29	15 59 32	23 36 36	3 48 53	20 2 40	22 46 0
15	21 11 23	17 52 18	4 23 37	24 27 40	0 13 26	0 6 44	21 46 33	14 43 38	2 50 27	15 59 25	23 36 41	3 48 19	20 2 48	22 45 41
16	21 16 23	17 30 18	4 23 46	24 27 45	0 14 0	0 10 38	21 46 58	14 41 26	2 50 25	15 59 20	23 36 46	3 47 45	20 2 57	22 45 22
17	21 21 23	17 7 50	4 23 58	24 27 56	0 14 35	0 14 36	21 47 25	14 39 13	2 50 24	15 59 15	23 36 52	3 47 9	20 3 5	22 45 3
18	21 26 21	16 44 52	4 24 13	24 28 12	0 15 10	0 18 36	21 47 51	14 36 59	2 50 23	15 59 12	23 36 57	3 46 33	20 3 13	22 44 43
19	21 31 18	16 21 27	4 24 32	24 28 34	0 15 45	0 22 40	21 48 17	14 34 44	2 50 22	15 59 9	23 37 2	3 45 57	20 3 22	22 44 24
20	21 36 13	15 57 34	4 24 53	24 29 0	0 16 21	0 26 46	21 48 44	14 32 28	2 50 21	15 59 8	23 37 8	3 45 20	20 3 30	22 44 5
21	21 41 7	15 33 16	4 25 18	24 29 32	0 16 57	0 30 55	21 49 10	14 30 12	2 50 21	15 59 7	23 37 14	3 44 42	20 3 39	22 43 46
22	21 46 0	15 8 32	4 25 45	24 30 8	0 17 34	0 35 7	21 49 37	14 27 55	2 50 20	15 59 7	23 37 19	3 44 4	20 3 47	22 43 27
23	21 50 52	14 43 24	4 26 16	24 30 50	0 18 11	0 39 22	21 50 4	14 25 37	2 50 20	15 59 8	23 37 25	3 43 25	20 3 56	22 43 8
24	21 55 42	14 17 52	4 26 49	24 31 36	0 18 49	0 43 39	21 50 31	14 23 19	2 50 20	15 59 10	23 37 31	3 42 45	20 4 4	22 42 50
25	22 0 32	13 51 57	4 27 25	24 32 27	0 19 27	0 47 59	21 50 58	14 21 0	2 50 21	15 59 13	23 37 37	3 42 5	20 4 12	22 42 31
26	22 5 20	13 25 39	4 28 4	24 33 23	0 20 6	0 52 21	21 51 25	14 18 41	2 50 21	15 59 17	23 37 43	3 41 25	20 4 21	22 42 12
27	22 10 6	12 59 1	4 28 46	24 34 22	0 20 45	0 56 46	21 51 52	14 16 20	2 50 22	15 59 22	23 37 49	3 40 44	20 4 29	22 41 54
28	22 14 52	12 32 1	4 29 31	24 35 26	0 21 24	1 1 13	21 52 19	14 14 0	2 50 22	15 59 28	23 37 55	3 40 2	20 4 37	22 41 35
29	22 19 36	12 4 42	4 30 18	24 36 34	0 22 4	1 5 42	21 52 47	14 11 38	2 50 23	15 59 34	23 38 2	3 39 20	20 4 46	22 41 17
30	22 24 20	11 37 4	4 31 8	24 37 45	0 22 44	1 10 14	21 53 14	14 9 17	2 50 25	15 59 42	23 38 8	3 38 37	20 4 54	22 40 58
31	22 29 2	11S 9 8	4 32 0	24N38 59	0 23 25	1N14 48	21 53 42	14S 6 54	2 50 26	15N59 50	23 38 14	3S37 54	20 5 2	22S40 40

FEBRUARY 2023

DAY	SIDEREAL TIME h m s	☉ SUN LONG ° ' "	SUN MOT ' "	SUN R.A. h m s	SUN DECL ° ' "	☽ MOON AT 0 HOURS LONG ° ' "	12h MOT ° ' "	2DIF "	R.A. h m s	DECL ° ' "	☽ MOON AT 12 HOURS LONG ° ' "	12h MOT ° ' "	2DIF "	R.A. h m s	DECL ° ' "
1 W	8 43 46	16♑46 52	60 53	20 57 12.4	17S14 14	24♉52 1	5 59 22	-48	5 15 3	26N21 18	0♊51 24	5 57 59	-36	5 41 42	27N 3 24
2 Th	8 47 43	17 47 45	60 52	21 1 17.0	16 57 10	6♊49 22	5 56 59	-25	6 8 28	27 26 24	12 46 21	5 56 20	-15	6 35 15	27 30 6
3 F	8 51 40	18 48 37	60 51	21 5 20.8	16 39 48	18 42 41	5 55 59	-7	7 1 55	27 14 36	24 38 40	5 55 54	1	7 28 21	26 40 18
4 S	8 55 36	19 49 28	60 50	21 9 23.8	16 22 8	0♋34 33	5 56 2	7	7 54 26	25 47 52	6♋30 35	5 56 21	12	8 20 4	24 38 13
5 Su	8 59 33	20 50 18	60 49	21 13 25.9	16 4 12	12 26 55	5 56 50	17	8 45 12	23 12 29	18 23 45	5 57 28	21	9 9 47	21 31 54
6 M	9 3 29	21 51 6	60 47	21 17 27.2	15 45 59	24 21 13	5 58 15	25	9 33 49	19 37 51	0♌19 28	5 59 10	30	9 57 19	17 31 45
7 Tu	9 7 26	22 51 53	60 46	21 21 27.8	15 27 30	6♌18 38	6 0 14	35	10 20 19	15 15 2	12 18 52	6 1 29	40	10 42 53	12 49 8
8 W	9 11 22	23 52 40	60 45	21 25 27.5	15 8 45	18 20 22	6 2 56	47	11 5 7	10 15 27	24 23 18	6 4 37	54	11 27 5	7 35 23
9 Th	9 15 19	24 53 25	60 44	21 29 26.4	14 49 45	0♍27 55	6 6 34	63	11 48 53	4 50 16	6♍34 29	6 8 50	73	12 10 38	2 1 29
10 F	9 19 15	25 54 8	60 43	21 33 24.6	14 30 30	12 43 18	6 11 27	84	12 32 28	0S49 38	18 54 45	6 14 27	97	12 54 30	3S41 40
11 S	9 23 12	26 54 51	60 42	21 37 22.0	14 11 0	25 9 12	6 17 53	110	13 16 52	6 33 8	1♎27 6	6 21 47	124	13 39 43	9 22 29
12 Su	9 27 9	27 55 33	60 41	21 41 18.6	13 51 16	7♎48 53	6 26 9	138	14 3 10	12 8 0	14 15 2	6 31 0	152	14 27 23	14 47 45
13 M	9 31 5	28 56 14	60 40	21 45 14.5	13 31 18	20 46 2	6 36 19	166	14 52 30	17 19 38	27 22 20	6 42 3	178	15 18 38	19 41 15
14 Tu	9 35 2	29 56 53	60 39	21 49 9.7	13 11 7	4♏ 4 23	6 48 9	187	15 45 53	21 49 58	10♏52 33	6 54 33	194	16 14 19	23 42 54
15 W	9 38 58	0♒57 32	60 38	21 53 4.2	12 50 42	17 47 5	7 1 5	196	16 43 57	25 17 2	24 48 10	7 7 38	194	17 14 43	26 29 19
16 Th	9 42 55	1 58 9	60 37	21 56 57.9	12 30 5	1♐55 48	7 14 0	186	17 46 29	27 16 54	9♐ 9 48	7 20 0	171	18 19 1	27 37 21
17 F	9 46 51	2 58 45	60 35	22 0 51.0	12 9 16	16 29 48	7 25 24	150	18 52 2	27 28 57	23 55 12	7 29 59	122	19 25 12	26 50 53
18 S	9 50 48	3 59 20	60 34	22 4 43.3	11 48 15	1♑25 11	7 33 34	89	19 58 11	25 43 24	8♑58 45	7 35 56	51	20 30 39	24 7 51
19 Su	9 54 45	4 59 54	60 32	22 8 35.0	11 27 3	16 34 41	7 36 59	11	21 2 23	22 6 31	24 11 40	7 36 39	-31	21 33 13	19 42 30
20 M	9 58 41	6 0 26	60 31	22 12 26.0	11 5 40	1♒48 18	7 34 54	-72	22 3 4	16 59 20	9♒23 13	7 31 50	-110	22 31 56	14 0 54
21 Tu	10 2 38	7 0 57	60 29	22 16 16.4	10 44 7	16 55 2	7 27 32	-144	22 59 52	10 51 6	24 22 35	7 22 12	-173	23 26 59	7 33 45
22 W	10 6 34	8 1 26	60 27	22 20 6.1	10 22 23	1♓44 47	7 16 2	-194	23 53 23	4 12 24	9♓ 0 49	7 9 15	-209	0 19 13	0 50 23
23 Th	10 10 31	9 1 53	60 26	22 23 55.1	10 0 30	16 10 4	7 2 5	-218	0 44 37	2N29 22	23 12 9	6 54 44	-220	1 9 44	5N44 11
24 F	10 14 27	10 2 19	60 24	22 27 43.5	9 38 28	0♈ 6 54	6 47 25	-217	1 34 43	8 51 43	6♈54 18	6 40 16	-209	1 59 40	11 49 54
25 S	10 18 24	11 2 43	60 22	22 31 31.3	9 16 17	13 34 35	6 33 28	-198	2 24 42	14 36 54	20 8 2	6 27 5	-183	2 49 54	17 11 5
26 Su	10 22 20	12 3 4	60 20	22 35 18.5	8 53 58	26 35 7	6 21 14	-167	3 15 22	19 31 1	2♉56 21	6 15 57	-149	3 41 7	21 35 22
27 M	10 26 17	13 3 24	60 18	22 39 5.1	8 31 31	9♉12 18	6 11 17	-130	4 7 11	23 23 2	15 23 35	6 7 15	-112	4 33 33	24 53 1
28 Tu	10 30 13	14♒ 3 42	60 16	22 42 51.1	8S 8 57	21♉30 50	6 3 51	-93	5 0 11	26N 4 31	27♉34 41	6 1 4	-74	5 27 1	26N56 54

LUNAR INGRESSES
1 ☽ ♊ 10:17
3 ☽ ♋ 22:50
6 ☽ ♌ 11:21
8 ☽ ♍ 23:05
11 ☽ ♎ 9:15
13 ☽ ♏ 16:44
15 ☽ ♐ 20:46
17 ☽ ♑ 21:44
19 ☽ ♒ 21:09
21 ☽ ♓ 21:09
23 ☽ ♈ 23:48
26 ☽ ♉ 6:26
28 ☽ ♊ 16:49

PLANET INGRESSES
7 ☿ ♑ 18:30
14 ☉ ♒ 1:14
16 ♀ ♓ 7:44
28 ☿ ♒ 0:11

STATIONS
NONE

DATA FOR THE 1st AT 0 HOURS
JULIAN DAY 44956.5
☽ MEAN ☊ 13°♈ 30' 3"
OBLIQUITY 23° 26' 18"
DELTA T 77.9 SECONDS
NUTATION LONGITUDE -9.0"

DAY MO	YR	☿ LONG ° ' "	♀ LONG ° ' "	♂ LONG ° ' "	♃ LONG ° ' "	♄ LONG ° ' "	♅ LONG ° ' "	♆ LONG ° ' "	♇ LONG ° ' "	☊ LONG ° '	A.S.S.I. h m s	S.S.R.Y. h m s	S.V.P. ♓ ° ' "	☿ MERCURY R.A. h m s	☿ MERCURY DECL ° ' "
1	32	21♐53 33	11♒ 1 38	15♉13 5	10♓59 40	0♒47 29	19♈54 59	28♒32 17	3♑36 15	13♈39	26 19 30	30 5 38	4 56 23.6	19 13 8	21S40 29
2	33	22 59 47	12 16 10	15 26 6	11 10 59	0 54 36	19 55 29	28 34 6	3 38 10	13 31	26 24 37	30 5 28	4 56 23.4	19 17 57	21 41 34
3	34	24 8 13	13 30 41	15 39 39	11 22 24	1 1 44	19 56 2	28 35 56	3 40 5	13 20	26 29 43	30 5 7	4 56 23.2	19 22 54	21 41 37
4	35	25 18 40	14 45 10	15 53 43	11 33 56	1 8 53	19 56 39	28 37 47	3 41 59	13 07	26 34 48	30 4 34	4 56 23.0	19 28 0	21 40 35
5	36	26 30 58	15 59 37	16 8 18	11 45 32	1 16 3	19 57 18	28 39 40	3 43 53	12 53	26 39 53	30 3 50	4 56 22.8	19 33 13	21 38 28
6	37	27 45 0	17 14 1	16 23 22	11 57 15	1 23 14	19 58 1	28 41 33	3 45 47	12 38	26 44 56	30 2 58	4 56 22.7	19 38 34	21 35 12
7	38	29 0 38	18 28 24	16 38 55	12 9 3	1 30 26	19 58 46	28 43 28	3 47 40	12 24	26 49 58	30 1 59	4 56 22.5	19 44 1	21 30 48
8	39	0♑17 47	19 42 44	16 54 56	12 20 56	1 37 38	19 59 35	28 45 24	3 49 32	12 12	26 54 59	30 0 56	4 56 22.5	19 49 33	21 25 12
9	40	1 36 21	20 57 3	17 11 24	12 32 54	1 44 51	20 0 27	28 47 21	3 51 24	12 02	26 59 59	29 59 54	4 56 22.4	19 55 11	21 18 25
10	41	2 56 15	22 11 19	17 28 19	12 44 58	1 52 4	20 1 22	28 49 19	3 53 15	11 56	27 4 59	29 58 56	4 56 22.4	20 0 54	21 10 25
11	42	4 17 25	23 25 32	17 45 41	12 57 7	1 59 18	20 2 20	28 51 18	3 55 5	11 53	27 9 57	29 58 7	4 56 22.3	20 6 41	21 1 12
12	43	5 39 48	24 39 44	18 3 28	13 9 21	2 6 33	20 3 21	28 53 18	3 56 55	11 51	27 14 54	29 57 27	4 56 22.3	20 12 33	20 50 44
13	44	7 3 21	25 53 53	18 21 41	13 21 39	2 13 48	20 4 25	28 55 19	3 58 45	11 51	27 19 50	29 57 1	4 56 22.2	20 18 28	20 39 1
14	45	8 28 1	27 8 1	18 40 17	13 34 3	2 21 3	20 5 32	28 57 22	4 0 33	11 52	27 24 46	29 56 48	4 56 22.0	20 24 26	20 26 2
15	46	9 53 46	28 22 5	18 59 18	13 46 31	2 28 18	20 6 42	28 59 25	4 2 21	11 50	27 29 40	29 56 49	4 56 21.8	20 30 28	20 11 47
16	47	11 20 34	29 36 8	19 18 43	13 59 4	2 35 33	20 7 55	29 1 28	4 4 8	11 47	27 34 34	29 57 4	4 56 21.5	20 36 32	19 56 15
17	48	12 48 24	0♓50 8	19 38 30	14 11 42	2 42 49	20 9 11	29 3 33	4 5 55	11 41	27 39 27	29 57 31	4 56 21.3	20 42 39	19 39 26
18	49	14 17 14	2 4 6	19 58 40	14 24 24	2 50 4	20 10 30	29 5 39	4 7 40	11 33	27 44 19	29 58 9	4 56 21.0	20 48 49	19 21 20
19	50	15 47 4	3 18 1	20 19 12	14 37 10	2 57 20	20 11 52	29 7 45	4 9 25	11 23	27 49 10	29 58 56	4 56 20.8	20 55 1	19 1 56
20	51	17 17 52	4 31 54	20 40 5	14 50 0	3 4 35	20 13 16	29 9 53	4 11 9	11 13	27 54 0	29 59 51	4 56 20.7	21 1 15	18 41 15
21	52	18 49 39	5 45 44	21 1 20	15 2 55	3 11 50	20 14 44	29 12 1	4 12 52	11 03	27 58 50	30 0 50	4 56 20.6	21 7 31	18 19 15
22	53	20 22 23	6 59 31	21 22 55	15 15 54	3 19 5	20 16 15	29 14 9	4 14 34	10 56	28 3 38	30 1 52	4 56 20.5	21 13 50	17 55 58
23	54	21 56 6	8 13 15	21 44 50	15 28 56	3 26 20	20 17 48	29 16 19	4 16 15	10 51	28 8 26	30 2 55	4 56 20.5	21 20 9	17 31 22
24	55	23 30 46	9 26 56	22 7 5	15 42 3	3 33 34	20 19 24	29 18 29	4 17 55	10 48	28 13 13	30 3 58	4 56 20.5	21 26 31	17 5 28
25	56	25 6 25	10 40 34	22 29 38	15 55 13	3 40 47	20 21 3	29 20 39	4 19 34	10 48	28 17 59	30 4 57	4 56 20.4	21 32 54	16 38 15
26	57	26 43 2	11 54 9	22 52 31	16 8 27	3 48 0	20 22 45	29 22 51	4 21 13	10 48	28 22 44	30 5 51	4 56 20.3	21 39 19	16 9 45
27	58	28 20 38	13 7 41	23 15 41	16 21 44	3 55 12	20 24 30	29 25 2	4 22 50	10 49	28 27 29	30 6 36	4 56 20.2	21 45 45	15 39 56
28	59	29♑59 13	14♓21 9	23♉39 9	16♓35 4	4♒ 2 24	20♈26 17	29♒27 15	4♑24 26	10♈49	28 32 13	30 7 13	4 56 20.0	21 52 13	15S 8 48

DAY Feb	♀ VENUS R.A. h m s	♀ VENUS DECL ° ' "	♂ MARS R.A. h m s	♂ MARS DECL ° ' "	♃ JUPITER R.A. h m s	♃ JUPITER DECL ° ' "	♄ SATURN R.A. h m s	♄ SATURN DECL ° ' "	♅ URANUS R.A. h m s	♅ URANUS DECL ° ' "	♆ NEPTUNE R.A. h m s	♆ NEPTUNE DECL ° ' "	♇ PLUTO R.A. h m s	♇ PLUTO DECL ° ' "
1	22 33 43	10S40 54	4 32 54	24N40 17	0 24 6	1N19 25	21 54 9	14S 4 31	2 50 28	16N 0 0	23 38 21	3S37 10	20 5 11	22S40 22
2	22 38 23	10 12 24	4 33 51	24 41 38	0 24 47	1 24 3	21 54 37	14 2 8	2 50 30	16 0 10	23 38 28	3 36 26	20 5 19	22 40 4
3	22 43 2	9 43 38	4 34 51	24 43 2	0 25 29	1 28 44	21 55 5	13 59 45	2 50 32	16 0 22	23 38 34	3 35 42	20 5 27	22 39 46
4	22 47 40	9 14 37	4 35 52	24 44 28	0 26 11	1 33 26	21 55 33	13 57 21	2 50 35	16 0 34	23 38 41	3 34 56	20 5 35	22 39 29
5	22 52 17	8 45 22	4 36 56	24 45 56	0 26 53	1 38 11	21 56 0	13 54 56	2 50 37	16 0 47	23 38 48	3 34 11	20 5 43	22 39 11
6	22 56 54	8 15 53	4 38 2	24 47 27	0 27 36	1 42 58	21 56 28	13 52 32	2 50 40	16 1 1	23 38 55	3 33 25	20 5 52	22 38 54
7	23 1 29	7 46 12	4 39 10	24 48 59	0 28 19	1 47 46	21 56 56	13 50 6	2 50 43	16 1 16	23 39 2	3 32 39	20 6 0	22 38 37
8	23 6 4	7 16 18	4 40 21	24 50 33	0 29 3	1 52 37	21 57 24	13 47 41	2 50 46	16 1 32	23 39 9	3 31 52	20 6 8	22 38 20
9	23 10 37	6 46 14	4 41 33	24 52 9	0 29 46	1 57 29	21 57 52	13 45 15	2 50 50	16 1 48	23 39 16	3 31 5	20 6 16	22 38 3
10	23 15 11	6 15 59	4 42 47	24 53 46	0 30 31	2 2 23	21 58 20	13 42 50	2 50 53	16 2 6	23 39 24	3 30 17	20 6 24	22 37 46
11	23 19 43	5 45 34	4 44 3	24 55 23	0 31 15	2 7 19	21 58 48	13 40 23	2 50 57	16 2 24	23 39 31	3 29 29	20 6 31	22 37 29
12	23 24 15	5 15 0	4 45 22	24 57 2	0 32 0	2 12 16	21 59 16	13 37 57	2 51 1	16 2 44	23 39 38	3 28 41	20 6 39	22 37 13
13	23 28 46	4 44 18	4 46 41	24 58 40	0 32 45	2 17 15	21 59 44	13 35 30	2 51 5	16 3 4	23 39 46	3 27 52	20 6 47	22 36 57
14	23 33 16	4 13 28	4 48 3	25 0 20	0 33 30	2 22 16	22 0 12	13 33 4	2 51 10	16 3 25	23 39 53	3 27 3	20 6 55	22 36 41
15	23 37 46	3 42 32	4 49 27	25 1 59	0 34 16	2 27 19	22 0 41	13 30 37	2 51 14	16 3 47	23 40 1	3 26 14	20 7 3	22 36 25
16	23 42 15	3 11 29	4 50 52	25 3 39	0 35 2	2 32 23	22 1 9	13 28 10	2 51 19	16 4 10	23 40 8	3 25 24	20 7 10	22 36 9
17	23 46 44	2 40 22	4 52 19	25 5 18	0 35 48	2 37 28	22 1 37	13 25 42	2 51 24	16 4 33	23 40 16	3 24 34	20 7 18	22 35 53
18	23 51 13	2 9 9	4 53 48	25 6 57	0 36 35	2 42 35	22 2 5	13 23 15	2 51 30	16 4 58	23 40 24	3 23 43	20 7 26	22 35 38
19	23 55 41	1 37 53	4 55 18	25 8 35	0 37 22	2 47 44	22 2 33	13 20 48	2 51 35	16 5 23	23 40 31	3 22 53	20 7 33	22 35 23
20	0 0 9	1 6 34	4 56 50	25 10 12	0 38 9	2 52 53	22 3 1	13 18 20	2 51 41	16 5 50	23 40 39	3 22 2	20 7 41	22 35 8
21	0 4 36	0 35 13	4 58 24	25 11 48	0 38 56	2 58 4	22 3 29	13 15 53	2 51 46	16 6 17	23 40 47	3 21 10	20 7 48	22 34 54
22	0 9 4	0 3 50	4 59 59	25 13 23	0 39 44	3 3 17	22 3 57	13 13 26	2 51 52	16 6 44	23 40 55	3 20 19	20 7 55	22 34 40
23	0 13 31	0N27 33	5 1 36	25 14 56	0 40 31	3 8 30	22 4 25	13 10 58	2 51 59	16 7 13	23 41 3	3 19 27	20 8 2	22 34 25
24	0 17 57	0 58 57	5 3 14	25 16 28	0 41 20	3 13 45	22 4 53	13 8 31	2 52 5	16 7 42	23 41 11	3 18 35	20 8 10	22 34 12
25	0 22 24	1 30 20	5 4 53	25 17 58	0 42 8	3 19 1	22 5 21	13 6 4	2 52 11	16 8 13	23 41 19	3 17 43	20 8 17	22 33 58
26	0 26 51	2 1 41	5 6 34	25 19 25	0 42 57	3 24 18	22 5 49	13 3 37	2 52 18	16 8 44	23 41 27	3 16 51	20 8 24	22 33 44
27	0 31 17	2 33 1	5 8 17	25 20 51	0 43 45	3 29 36	22 6 17	13 1 10	2 52 25	16 9 15	23 41 35	3 15 58	20 8 31	22 33 31
28	0 35 44	3N 4 17	5 10 0	25N22 14	0 44 34	3N34 55	22 6 44	12S58 44	2 52 32	16N 9 48	23 41 43	3S15 6	20 8 38	22S33 18

MARCH 2023

DAY	SIDEREAL TIME h m s	☉ SUN LONG ° ' "	MOT ' "	R.A. h m s	DECL ° ' "	☽ MOON AT 0 HOURS LONG ° ' "	12h MOT ° ' "	2DIF "	R.A. h m s	DECL ° ' "	☽ MOON AT 12 HOURS LONG ° ' "	12h MOT ° ' "	2DIF "	R.A. h m s	DECL ° ' "
1 W	10 34 10	15♒ 3 57	60 14	22 46 36.6	7S46 15	3♊35 45	5 58 53	-57	5 53 58	27N29 48	9♊34 38	5 57 16	-41	6 20 54	27N43 3
2 Th	10 38 7	16 4 11	60 12	22 50 21.6	7 23 27	15 31 55	5 56 11	-25	6 47 44	27 36 46	21 28 6	5 55 35	-11	7 14 21	27 11 19
3 F	10 42 3	17 4 23	60 10	22 54 6.1	7 0 33	27 23 40	5 55 26	1	7 40 37	26 27 19	3♋19 6	5 55 41	13	8 6 28	25 25 36
4 S	10 46 0	18 4 33	60 8	22 57 50.0	6 37 32	9♋14 47	5 56 16	22	8 31 50	24 7 8	15 11 3	5 57 10	31	8 56 41	22 33 7
5 Su	10 49 56	19 4 41	60 6	23 1 33.5	6 14 27	21 8 13	5 58 20	38	9 21 0	20 44 47	27 6 33	5 59 43	44	9 44 47	18 43 27
6 M	10 53 53	20 4 46	60 4	23 5 16.5	5 51 16	3♌ 6 16	6 1 18	50	10 8 6	16 30 31	9♌ 7 34	6 3 2	54	10 30 57	14 7 20
7 Tu	10 57 49	21 4 50	60 2	23 8 59.1	5 28 1	15 10 35	6 4 54	58	10 53 27	11 35 21	21 15 29	6 6 54	62	11 15 40	8 55 57
8 W	11 1 46	22 4 52	60 0	23 12 41.4	5 4 41	27 22 23	6 9 1	65	11 37 42	6 10 35	3♍31 24	6 11 14	69	11 59 38	3 20 41
9 Th	11 5 42	23 4 53	59 58	23 16 23.2	4 41 17	9♍42 38	6 13 36	73	12 21 36	0 27 44	15 56 14	6 16 6	77	12 43 41	2S26 44
10 F	11 9 39	24 4 51	59 57	23 20 4.6	4 17 49	22 12 20	6 18 45	82	13 6 3	5S21 9	28 31 5	6 21 35	88	13 28 47	8 13 49
11 S	11 13 36	25 4 48	59 55	23 23 45.8	3 54 19	4♎52 40	6 24 38	95	13 52 1	11 2 57	11♎17 18	6 27 54	102	14 15 54	13 46 39
12 Su	11 17 32	26 4 42	59 53	23 27 26.6	3 30 45	17 45 12	6 31 25	109	14 40 32	16 22 48	24 16 37	6 35 11	117	15 6 3	18 49 11
13 M	11 21 29	27 4 36	59 52	23 31 7.1	3 7 9	0♏51 48	6 39 12	124	15 32 30	21 3 24	7♏31 0	6 43 28	131	15 59 59	23 2 52
14 Tu	11 25 25	28 4 27	59 50	23 34 47.4	2 43 30	14 14 28	6 47 57	137	16 28 31	24 44 57	21 2 24	6 52 35	141	16 58 3	26 7 1
15 W	11 29 22	29 4 17	59 49	23 38 27.4	2 19 49	27 54 59	6 57 20	142	17 28 30	27 6 33	4♐52 19	7 2 5	141	17 59 42	27 41 20
16 Th	11 33 18	0♓ 4 5	59 47	23 42 7.2	1 56 7	11♐54 24	7 6 44	136	18 31 26	27 49 39	19 1 8	7 11 10	127	19 3 27	27 30 28
17 F	11 37 15	1 3 52	59 45	23 45 46.8	1 32 24	26 12 17	7 15 14	114	19 35 27	26 43 27	3♑27 31	7 18 47	97	20 7 10	25 29 12
18 S	11 41 11	2 3 37	59 43	23 49 26.2	1 8 40	10♑46 18	7 21 42	75	20 38 22	23 49 4	18 8 0	7 23 49	50	21 8 54	21 45 8
19 Su	11 45 8	3 3 20	59 42	23 53 5.5	0 44 56	25 31 49	7 25 2	22	21 38 39	19 20 3	2♒56 50	7 25 16	-8	22 7 34	16 36 50
20 M	11 49 5	4 3 2	59 40	23 56 44.5	0 21 12	10♒22 6	7 24 28	-39	22 35 30	13 38 49	17 46 34	7 22 38	-70	23 3 2	10 29 22
21 Tu	11 53 1	5 2 41	59 38	0 0 23.5	0N 2 32	25 9 12	7 19 49	-98	23 29 45	7 11 56	2♓29 0	7 16 4	-124	23 55 57	3 49 50
22 W	11 56 58	6 2 19	59 36	0 4 2.3	0 26 15	9♓45 5	7 11 31	-146	0 21 44	0 26 17	16 56 36	7 6 19	-164	0 47 15	2N55 41
23 Th	12 0 54	7 1 54	59 33	0 7 41.0	0 49 57	24 2 55	7 0 35	-177	1 12 37	6N13 16	1♈ 3 29	6 54 30	-185	1 37 58	9 23 49
24 F	12 4 51	8 1 28	59 31	0 11 19.7	1 13 37	7♈57 59	6 48 13	-189	2 3 25	12 24 58	14 46 11	6 41 53	-188	2 29 2	15 14 32
25 S	12 8 47	9 0 59	59 29	0 14 58.3	1 37 16	21 28 4	6 35 39	-184	2 54 55	17 50 34	28 3 44	6 29 39	-176	3 21 6	20 11 20
26 Su	12 12 44	10 0 28	59 27	0 18 36.8	2 0 52	4♉33 22	6 23 57	-165	3 47 37	22 15 18	10♉57 19	6 18 40	-151	4 14 26	24 1 13
27 M	12 16 40	10 59 55	59 25	0 22 15.3	2 24 25	17 15 59	6 13 52	-136	4 41 32	25 28 2	23 29 51	6 9 35	-120	5 8 51	26 35 2
28 Tu	12 20 37	11 59 20	59 22	0 25 53.8	2 47 55	29 39 26	6 5 52	-103	5 36 16	27 21 43	5♊45 17	6 2 44	-85	6 3 41	27 47 55
29 W	12 24 34	12 58 42	59 20	0 29 32.3	3 11 22	11♊48 1	6 0 12	-67	6 30 59	27 53 45	17 48 14	5 58 17	-49	6 58 2	27 39 38
30 Th	12 28 30	13 58 2	59 18	0 33 10.8	3 34 45	23 46 30	5 56 56	-32	7 24 43	27 6 13	29 43 26	5 56 10	-15	7 50 58	26 14 22
31 F	12 32 27	14♓57 19	59 15	0 36 49.3	3N58 3	5♋39 36	5 55 57	1	8 16 42	25N 5 8	11♋35 34	5 56 15	16	8 41 53	23N39 38

LUNAR INGRESSES
3 ☽ ♋ 5:17
5 ☽ ♌ 17:48
8 ☽ ♍ 5:08
10 ☽ ♎ 14:48
12 ☽ ♏ 22:26
15 ☽ ♐ 3:36
17 ☽ ♑ 6:17
19 ☽ ♒ 7:14
21 ☽ ♓ 7:56
23 ☽ ♈ 10:11
25 ☽ ♉ 15:34
28 ☽ ♊ 0:40
30 ☽ ♋ 12:33

PLANET INGRESSES
12 ♀ ♈ 20:29
14 ♂ ♊ 22:47
14 ♆ ♓ 13:11
15 ☉ ♓ 22:21
16 ☿ ♓ 16:13
31 ☿ ♈ 20:56

STATIONS
NONE

DATA FOR THE 1st AT 0 HOURS
JULIAN DAY 44984.5
☽ MEAN ☊ 12° ♈ 1' 1"
OBLIQUITY 23° 26' 18"
DELTA T 77.9 SECONDS
NUTATION LONGITUDE -9.1"

DAY MO	YR	☿ LONG ° ' "	♀ LONG ° ' "	♂ LONG ° ' "	♃ LONG ° ' "	♄ LONG ° ' "	♅ LONG ° ' "	♆ LONG ° ' "	♇ LONG ° ' "	☊ LONG ° '	A.S.S.I. h m s	S.S.R.Y. h m s	S.V.P. ♓ ° ' "	☿ MERCURY R.A. h m s	☿ DECL ° ' "
1	60	1♒38 49	15♓34 34	24♉ 2 54	16♓48 28	4♒ 9 35	20♈28 7	29♒29 28	4♑26 1	10♈47	28 36 56	30 7 39	4 56 19.8	21 58 43	14S36 23
2	61	3 19 26	16 47 55	24 26 55	17 1 55	4 16 45	20 29 59	29 31 41	4 27 35	10 42	28 41 39	30 7 51	4 56 19.6	22 5 14	14 2 40
3	62	5 1 4	18 1 13	24 51 13	17 15 26	4 23 53	20 31 54	29 33 54	4 29 8	10 36	28 46 21	30 7 51	4 56 19.4	22 11 47	13 27 38
4	63	6 43 45	19 14 27	25 15 46	17 28 59	4 31 1	20 33 52	29 36 9	4 30 40	10 27	28 51 2	30 7 38	4 56 19.3	22 18 21	12 51 19
5	64	8 27 30	20 27 37	25 40 35	17 42 35	4 38 8	20 35 52	29 38 23	4 32 11	10 17	28 55 43	30 7 12	4 56 19.1	22 24 57	12 13 43
6	65	10 12 18	21 40 43	26 5 38	17 56 14	4 45 14	20 37 55	29 40 38	4 33 40	10 07	29 0 23	30 6 34	4 56 19.1	22 31 34	11 34 50
7	66	11 58 12	22 53 46	26 30 56	18 9 56	4 52 19	20 40 0	29 42 53	4 35 8	9 58	29 5 3	30 5 47	4 56 19.0	22 38 14	10 54 40
8	67	13 45 12	24 6 44	26 56 28	18 23 40	4 59 22	20 42 8	29 45 8	4 36 35	9 49	29 9 42	30 4 54	4 56 19.0	22 44 55	10 13 14
9	68	15 33 19	25 19 39	27 22 14	18 37 27	5 6 25	20 44 18	29 47 24	4 38 1	9 43	29 14 21	30 3 56	4 56 19.0	22 51 38	9 30 32
10	69	17 22 32	26 32 30	27 48 14	18 51 17	5 13 25	20 46 31	29 49 40	4 39 26	9 40	29 18 59	30 3 0	4 56 19.0	22 58 23	8 46 36
11	70	19 12 52	27 45 17	28 14 26	19 5 9	5 20 25	20 48 46	29 51 56	4 40 49	9 38	29 23 37	30 2 6	4 56 19.0	23 5 10	8 1 26
12	71	21 4 20	28 58 0	28 40 52	19 19 3	5 27 23	20 51 3	29 54 12	4 42 11	9 38	29 28 14	30 1 19	4 56 18.9	23 11 59	7 15 4
13	72	22 56 55	0♈10 39	29 7 30	19 33 0	5 34 19	20 53 23	29 56 28	4 43 32	9 39	29 32 52	30 0 40	4 56 18.8	23 18 50	6 27 31
14	73	24 50 35	1 23 14	29 34 20	19 46 59	5 41 14	20 55 44	29 58 45	4 44 51	9 41	29 37 28	30 0 12	4 56 18.6	23 25 43	5 38 49
15	74	26 45 21	2 35 44	0♊ 1 22	20 1 0	5 48 7	20 58 8	0♓ 1 1	4 46 9	9 41	29 42 5	29 59 55	4 56 18.4	23 32 39	4 49 0
16	75	28 41 9	3 48 11	0 28 37	20 15 4	5 54 59	21 0 35	0 3 18	4 47 26	9 41	29 46 41	29 59 50	4 56 18.2	23 39 36	3 58 7
17	76	0♓37 58	5 0 33	0 56 3	20 29 9	6 1 48	21 3 3	0 5 34	4 48 42	9 38	29 51 17	29 59 57	4 56 17.9	23 46 36	3 6 12
18	77	2 35 44	6 12 51	1 23 40	20 43 16	6 8 36	21 5 34	0 7 51	4 49 56	9 35	29 55 52	30 0 17	4 56 17.7	23 53 38	2 13 20
19	78	4 34 21	7 25 5	1 51 29	20 57 25	6 15 22	21 8 7	0 10 7	4 51 8	9 29	30 0 28	30 0 48	4 56 17.6	0 0 42	1 19 35
20	79	6 33 45	8 37 15	2 19 28	21 11 36	6 22 6	21 10 42	0 12 24	4 52 19	9 24	30 5 3	30 1 30	4 56 17.5	0 7 48	0 25 2
21	80	8 33 48	9 49 20	2 47 39	21 25 49	6 28 47	21 13 19	0 14 40	4 53 29	9 19	0 0 30	30 2 22	4 56 17.5	0 14 56	0N30 13
22	81	10 34 21	11 1 20	3 16 0	21 40 3	6 35 27	21 15 57	0 16 56	4 54 37	9 15	0 5 4	30 3 21	4 56 17.5	0 22 5	1 26 4
23	82	12 35 14	12 13 16	3 44 32	21 54 18	6 42 4	21 18 38	0 19 12	4 55 44	9 12	0 9 39	30 4 27	4 56 17.5	0 29 14	2 22 21
24	83	14 36 14	13 25 7	4 13 13	22 8 22	6 48 39	21 21 21	0 21 28	4 56 49	9 11	0 14 14	30 5 35	4 56 17.4	0 36 24	3 18 58
25	84	16 37 8	14 36 53	4 42 4	22 22 54	6 55 12	21 24 6	0 23 44	4 57 53	9 12	0 18 49	30 6 45	4 56 17.3	0 43 34	4 15 42
26	85	18 37 39	15 48 34	5 11 5	22 37 13	7 1 42	21 26 52	0 25 59	4 58 55	9 13	0 23 23	30 7 51	4 56 17.2	0 50 43	5 12 25
27	86	20 37 29	17 0 9	5 40 15	22 51 34	7 8 10	21 29 41	0 28 14	4 59 56	9 15	0 27 58	30 8 53	4 56 17.0	0 57 50	6 8 53
28	87	22 36 18	18 11 40	6 9 35	23 5 56	7 14 35	21 32 31	0 30 29	5 0 55	9 16	0 32 32	30 9 47	4 56 16.9	1 4 55	7 4 54
29	88	24 33 46	19 23 4	6 39 3	23 20 18	7 20 58	21 35 23	0 32 43	5 1 53	9 17	0 37 7	30 10 30	4 56 16.7	1 11 55	8 0 14
30	89	26 29 28	20 34 23	7 8 39	23 34 42	7 27 18	21 38 16	0 34 57	5 2 49	9 17	0 41 41	30 11 2	4 56 16.5	1 18 51	8 54 39
31	90	28♓23 2	21♈45 37	7♊38 24	23♓49 6	7♒33 35	21♈41 10	0♓37 10	5♑ 3 43	9♈15	0 46 16	30 11 21	4 56 16.3	1 25 40	9N47 56

DAY Mar	♀ VENUS R.A. h m s	♀ DECL ° ' "	♂ MARS R.A. h m s	♂ DECL ° ' "	♃ JUPITER R.A. h m s	♃ DECL ° ' "	♄ SATURN R.A. h m s	♄ DECL ° ' "	♅ URANUS R.A. h m s	♅ DECL ° ' "	♆ NEPTUNE R.A. h m s	♆ DECL ° ' "	♇ PLUTO R.A. h m s	♇ DECL ° ' "
1	0 40 10	3N35 29	5 11 45	25N23 34	0 45 24	3N40 15	22 7 12	12S56 17	2 52 39	16N10 21	23 41 51	3S14 13	20 8 45	22S33 6
2	0 44 36	4 6 38	5 13 32	25 24 51	0 46 13	3 45 36	22 7 40	12 53 51	2 52 47	16 10 55	23 41 59	3 13 20	20 8 51	22 32 53
3	0 49 3	4 37 40	5 15 19	25 26 5	0 47 3	3 50 57	22 8 7	12 51 25	2 52 55	16 11 30	23 42 7	3 12 27	20 8 58	22 32 41
4	0 53 30	5 8 37	5 17 8	25 27 16	0 47 53	3 56 20	22 8 35	12 49 0	2 53 2	16 12 6	23 42 16	3 11 33	20 9 5	22 32 30
5	0 57 57	5 39 28	5 18 57	25 28 23	0 48 43	4 1 43	22 9 2	12 46 34	2 53 10	16 12 42	23 42 24	3 10 40	20 9 11	22 32 18
6	1 2 24	6 10 11	5 20 48	25 29 27	0 49 33	4 7 7	22 9 30	12 44 9	2 53 18	16 13 19	23 42 32	3 9 47	20 9 18	22 32 7
7	1 6 51	6 40 46	5 22 40	25 30 27	0 50 24	4 12 32	22 9 57	12 41 45	2 53 27	16 13 56	23 42 41	3 8 53	20 9 24	22 31 56
8	1 11 18	7 11 12	5 24 33	25 31 23	0 51 14	4 17 57	22 10 24	12 39 21	2 53 35	16 14 35	23 42 49	3 7 59	20 9 30	22 31 46
9	1 15 46	7 41 29	5 26 27	25 32 15	0 52 5	4 23 23	22 10 51	12 36 57	2 53 44	16 15 13	23 42 57	3 7 6	20 9 36	22 31 35
10	1 20 14	8 11 35	5 28 22	25 33 3	0 52 56	4 28 49	22 11 18	12 34 34	2 53 53	16 15 53	23 43 5	3 6 12	20 9 42	22 31 25
11	1 24 43	8 41 31	5 30 19	25 33 46	0 53 47	4 34 16	22 11 45	12 32 11	2 54 2	16 16 33	23 43 14	3 5 18	20 9 48	22 31 16
12	1 29 12	9 11 15	5 32 16	25 34 24	0 54 38	4 39 44	22 12 12	12 29 48	2 54 11	16 17 14	23 43 22	3 4 24	20 9 54	22 31 6
13	1 33 41	9 40 46	5 34 14	25 34 58	0 55 30	4 45 12	22 12 39	12 27 26	2 54 20	16 17 55	23 43 31	3 3 31	20 10 0	22 30 57
14	1 38 11	10 10 5	5 36 13	25 35 27	0 56 22	4 50 40	22 13 5	12 25 5	2 54 29	16 18 38	23 43 39	3 2 37	20 10 6	22 30 48
15	1 42 42	10 39 10	5 38 13	25 35 51	0 57 13	4 56 9	22 13 32	12 22 44	2 54 39	16 19 20	23 43 47	3 1 43	20 10 11	22 30 40
16	1 47 13	11 8 1	5 40 13	25 36 11	0 58 5	5 1 39	22 13 58	12 20 23	2 54 49	16 20 4	23 43 56	3 0 49	20 10 17	22 30 32
17	1 51 44	11 36 36	5 42 15	25 36 24	0 58 57	5 7 9	22 14 25	12 18 4	2 54 59	16 20 48	23 44 4	2 59 55	20 10 23	22 30 24
18	1 56 17	12 4 56	5 44 17	25 36 33	0 59 50	5 12 39	22 14 51	12 15 45	2 55 9	16 21 32	23 44 12	2 59 1	20 10 28	22 30 16
19	2 0 49	12 32 59	5 46 21	25 36 36	1 0 42	5 18 9	22 15 17	12 13 26	2 55 19	16 22 17	23 44 21	2 58 7	20 10 33	22 30 9
20	2 5 23	13 0 45	5 48 25	25 36 33	1 1 35	5 23 39	22 15 43	12 11 8	2 55 29	16 23 3	23 44 29	2 57 14	20 10 38	22 30 2
21	2 9 57	13 28 13	5 50 30	25 36 25	1 2 28	5 29 10	22 16 9	12 8 51	2 55 39	16 23 49	23 44 38	2 56 20	20 10 43	22 29 56
22	2 14 32	13 55 22	5 52 35	25 36 11	1 3 20	5 34 41	22 16 34	12 6 35	2 55 50	16 24 36	23 44 46	2 55 27	20 10 48	22 29 50
23	2 19 8	14 22 11	5 54 42	25 35 51	1 4 13	5 40 12	22 17 0	12 4 20	2 56 1	16 25 23	23 44 54	2 54 33	20 10 53	22 29 44
24	2 23 44	14 48 40	5 56 49	25 35 24	1 5 6	5 45 43	22 17 25	12 2 5	2 56 12	16 26 11	23 45 3	2 53 40	20 10 58	22 29 39
25	2 28 21	15 14 49	5 58 57	25 34 52	1 5 59	5 51 13	22 17 50	11 59 51	2 56 22	16 26 59	23 45 11	2 52 47	20 11 2	22 29 34
26	2 32 59	15 40 35	6 1 6	25 34 13	1 6 52	5 56 44	22 18 15	11 57 38	2 56 34	16 27 48	23 45 19	2 51 54	20 11 7	22 29 29
27	2 37 38	16 6 0	6 3 15	25 33 28	1 7 45	6 2 15	22 18 40	11 55 26	2 56 45	16 28 37	23 45 28	2 51 1	20 11 11	22 29 25
28	2 42 17	16 31 1	6 5 25	25 32 36	1 8 39	6 7 46	22 19 5	11 53 14	2 56 56	16 29 26	23 45 36	2 50 8	20 11 16	22 29 21
29	2 46 58	16 55 38	6 7 35	25 31 38	1 9 32	6 13 17	22 19 29	11 51 4	2 57 8	16 30 16	23 45 44	2 49 16	20 11 20	22 29 17
30	2 51 39	17 19 51	6 9 46	25 30 33	1 10 25	6 18 47	22 19 53	11 48 55	2 57 19	16 31 7	23 45 52	2 48 24	20 11 24	22 29 14
31	2 56 21	17N43 38	6 11 58	25N29 21	1 11 19	6N24 17	22 20 18	11S46 46	2 57 31	16N31 58	23 46 1	2S47 31	20 11 28	22S29 11

APRIL 2023

DAY	SIDEREAL TIME h m s	☉ SUN LONG ° ' "	SUN MOT ° '	SUN R.A. h m s	SUN DECL ° ' "	☽ MOON AT 0 HOURS LONG ° ' "	12h MOT ° ' "	2DIF "	R.A. h m s	DECL ° ' "	☽ MOON AT 12 HOURS LONG ° ' "	12h MOT ° ' "	2DIF "	R.A. h m s	DECL ° ' "
1 S	12 36 23	15♓56 35	59 13	0 40 28.0	4N21 18	17♋31 49	5 57 3	31	9 6 30	21N59 9	23♋28 52	5 58 17	43	9 30 34	20N 4 55
2 Su	12 40 20	16 55 48	59 11	0 44 6.7	4 44 27	29 27 9	5 59 56	55	9 54 7	17 58 15	5♌27 6	6 1 57	65	10 17 12	15 40 27
3 M	12 44 16	17 54 58	59 9	0 47 45.5	5 7 31	11♌29 3	6 4 17	74	10 39 53	13 12 50	17 33 20	6 6 53	81	11 2 17	10 36 42
4 Tu	12 48 13	18 54 7	59 6	0 51 24.4	5 30 29	23 40 13	6 9 42	87	11 24 27	7 53 24	29 49 55	6 12 43	92	11 46 32	5 4 18
5 W	12 52 9	19 53 13	59 4	0 55 3.5	5 53 22	6♍ 2 38	6 15 51	96	12 8 36	2 10 51	12♍18 29	6 19 6	98	12 30 48	0S45 26
6 Th	12 56 6	20 52 18	59 2	0 58 42.8	6 16 9	18 37 35	6 22 24	100	12 53 14	3S42 58	24 59 58	6 25 44	100	13 16 1	6 40 0
7 F	13 0 2	21 51 20	59 0	1 2 22.2	6 38 49	1♎25 42	6 29 4	100	13 39 18	9 34 38	7♎54 46	6 32 23	99	14 3 11	12 24 51
8 S	13 3 59	22 50 20	58 59	1 6 1.9	7 1 22	14 27 9	6 35 41	98	14 27 48	15 8 26	21 2 50	6 38 56	97	14 53 14	17 43 1
9 Su	13 7 56	23 49 19	58 57	1 9 41.8	7 23 48	27 41 45	6 42 7	95	15 19 36	20 6 2	4♏23 53	6 45 15	93	15 46 55	22 14 52
10 M	13 11 52	24 48 15	58 55	1 13 22.0	7 46 7	11♏ 9 8	6 48 20	91	16 15 15	24 6 47	17 57 27	6 51 19	88	16 44 31	25 39 10
11 Tu	13 15 49	25 47 10	58 53	1 17 2.4	8 8 17	24 48 46	6 54 13	86	17 14 39	26 49 32	1♐43 0	6 57 1	82	17 45 30	27 35 45
12 W	13 19 45	26 46 3	58 52	1 20 43.1	8 30 20	8♐40 1	6 59 41	78	18 16 50	27 56 11	15 39 42	7 2 12	72	18 48 25	27 49 50
13 Th	13 23 42	27 44 54	58 50	1 24 24.2	8 52 15	22 41 53	7 4 31	66	19 19 58	27 16 27	29 46 24	7 6 35	58	19 51 14	26 16 33
14 F	13 27 38	28 43 44	58 48	1 28 5.6	9 14 1	6♑52 59	7 8 22	48	20 21 59	24 51 19	14♑ 1 21	7 9 49	37	20 52 5	23 2 34
15 S	13 31 35	29 42 32	58 46	1 31 47.3	9 35 37	21 11 10	7 10 51	24	21 21 24	20 52 36	28 22 1	7 11 26	10	21 49 55	18 24 2
16 Su	13 35 32	0♈41 18	58 45	1 35 29.4	9 57 5	5♒33 27	7 11 31	-6	22 17 39	15 39 38	12♒44 58	7 11 4	-22	22 44 38	12 42 21
17 M	13 39 28	1 40 3	58 43	1 39 11.9	10 18 22	19 56 1	7 10 2	-40	23 10 59	9 35 6	27 6 3	7 8 25	-57	23 36 48	6 20 47
18 Tu	13 43 25	2 38 46	58 41	1 42 54.7	10 39 29	4♓14 28	7 6 13	-74	0 2 14	3 2 16	11♓20 40	7 3 27	-91	0 27 24	0N17 38
19 W	13 47 21	3 37 26	58 39	1 46 38.0	11 0 26	18 24 7	7 0 10	-106	0 52 27	3N36 12	25 24 17	6 56 24	-119	1 17 29	6 50 49
20 Th	13 51 18	4 36 6	58 37	1 50 21.6	11 21 12	2♈20 41	6 52 14	-130	1 42 39	9 58 56	9♈12 55	6 47 44	-139	2 8 3	12 58 8
21 F	13 55 14	5 34 43	58 35	1 54 5.7	11 41 47	16 0 38	6 42 59	-145	2 33 45	15 46 5	22 43 37	6 38 5	-148	2 59 49	18 20 40
22 S	13 59 11	6 33 18	58 33	1 57 50.2	12 2 10	29 21 42	6 33 8	-148	3 26 19	20 39 54	5♉54 50	6 28 13	-146	3 53 12	22 42 2
23 Su	14 3 7	7 31 51	58 31	2 1 35.2	12 22 21	12♉23 3	6 23 25	-141	4 20 29	24 25 34	18 46 29	6 18 50	-134	4 48 5	25 49 19
24 M	14 7 4	8 30 22	58 29	2 5 20.6	12 42 20	25 5 18	6 14 31	-124	5 15 53	26 52 26	1♊19 49	6 10 33	-113	5 43 46	27 34 26
25 Tu	14 11 0	9 28 51	58 27	2 9 6.4	13 2 6	7♊30 22	6 7 0	-100	6 11 36	27 55 13	13 37 22	6 3 54	-85	6 39 13	27 55 4
26 W	14 14 57	10 27 18	58 25	2 12 52.7	13 21 40	19 41 16	6 1 19	-70	7 6 31	27 34 36	25 42 35	5 59 15	-54	7 33 21	26 54 41
27 Th	14 18 54	11 25 43	58 23	2 16 39.5	13 41 0	1♋41 50	5 57 44	-37	7 59 38	25 56 25	7♋39 34	5 56 48	-19	8 25 19	24 41 5
28 F	14 22 50	12 24 6	58 21	2 20 26.8	14 0 6	13 36 22	5 56 27	-2	8 50 22	23 9 59	19 32 48	5 56 40	15	9 14 47	21 24 29
29 S	14 26 47	13 22 27	58 19	2 24 14.6	14 18 59	25 29 28	5 57 28	32	9 38 37	19 25 56	1♌26 56	5 58 49	49	10 1 55	17 15 39
30 Su	14 30 43	14♈20 45	58 17	2 28 2.8	14N37 37	7♌25 45	6 0 43	65	10 24 45	14N54 55	13♌26 28	6 3 8	79	10 47 12	12N24 59

LUNAR INGRESSES			PLANET INGRESSES	STATIONS	DATA FOR THE 1st AT 0 HOURS
2 ☽ ♌ 1:06	13 ☽ ♑ 12:23	24 ☽ ♊ 9:26	6 ♀ ♉ 23:33	21 ☿ R 8:36	JULIAN DAY 45015.5
4 ☽ ♍ 12:20	15 ☽ ♒ 14:44	26 ☽ ♋ 20:36	15 ☉ ♈ 7:08		☽ MEAN ☊ 10°♈ 22' 27"
6 ☽ ♎ 21:21	17 ☽ ♓ 16:52	29 ☽ ♌ 9:05	25 ♃ ♈ 16:12		OBLIQUITY 23° 26' 19"
9 ☽ ♏ 4:08	19 ☽ ♈ 19:56				DELTA T 77.9 SECONDS
11 ☽ ♐ 9:01	22 ☽ ♉ 1:10				NUTATION LONGITUDE-10.0"

DAY MO YR	☿ LONG ° ' "	♀ LONG ° ' "	♂ LONG ° ' "	♃ LONG ° ' "	♄ LONG ° ' "	♅ LONG ° ' "	♆ LONG ° ' "	♇ LONG ° ' "	☊ LONG ° '	A.S.S.I. h m s	S.S.R.Y. h m s	S.V.P. ♓ ° ' "	☿ MERCURY R.A. h m s	☿ MERCURY DECL ° ' "
1 91	0♈14 3	22♈56 44	8♊ 8 18	24♓ 3 31	7♒39 49	21♈44 8	0♓39 23	5♑ 4 36	9♈12	0 50 50	30 11 25	4 56 16.2	1 32 22	10N39 50
2 92	2 2 8	24 7 45	8 38 19	24 17 57	7 46 0	21 47 7	0 41 35	5 5 27	9 09	0 55 25	30 11 19	4 56 16.1	1 38 55	11 30 8
3 93	3 46 52	25 18 41	9 8 27	24 32 23	7 52 9	21 50 7	0 43 47	5 6 17	9 05	1 0 0	30 10 58	4 56 16.1	1 45 17	12 18 36
4 94	5 27 52	26 29 30	9 38 44	24 46 50	7 58 15	21 53 8	0 45 59	5 7 5	9 02	1 4 35	30 10 26	4 56 16.0	1 51 28	13 5 3
5 95	7 4 48	27 40 13	10 9 7	25 1 18	8 4 17	21 56 11	0 48 10	5 7 51	8 59	1 9 10	30 9 45	4 56 16.0	1 57 25	13 49 16
6 96	8 37 18	28 50 50	10 39 38	25 15 45	8 10 17	21 59 15	0 50 20	5 8 36	8 57	1 13 46	30 8 57	4 56 16.0	2 3 8	14 31 7
7 97	10 5 4	0♉ 1 20	11 10 16	25 30 13	8 16 13	22 2 20	0 52 29	5 9 19	8 56	1 18 22	30 8 6	4 56 16.0	2 8 36	15 10 27
8 98	11 27 50	1 11 43	11 41 1	25 44 42	8 22 6	22 5 27	0 54 38	5 10 0	8 56	1 22 58	30 7 13	4 56 15.9	2 13 46	15 47 8
9 99	12 45 21	2 22 0	12 11 52	25 59 10	8 27 56	22 8 36	0 56 47	5 10 40	8 57	1 27 34	30 6 21	4 56 15.8	2 18 38	16 21 4
10 100	13 57 24	3 32 11	12 42 51	26 13 39	8 33 43	22 11 45	0 58 54	5 11 18	8 58	1 32 10	30 5 33	4 56 15.6	2 23 11	16 52 10
11 101	15 3 48	4 42 15	13 13 55	26 28 8	8 39 26	22 14 56	1 1 1	5 11 55	8 59	1 36 47	30 4 50	4 56 15.4	2 27 24	17 20 22
12 102	16 4 22	5 52 11	13 45 6	26 42 36	8 45 6	22 18 8	1 3 7	5 12 29	9 00	1 41 25	30 4 15	4 56 15.2	2 31 17	17 45 36
13 103	16 58 58	7 2 1	14 16 24	26 57 5	8 50 42	22 21 21	1 5 12	5 13 2	9 00	1 46 2	30 3 49	4 56 15.0	2 34 47	18 7 50
14 104	17 47 30	8 11 44	14 47 48	27 11 34	8 56 15	22 24 35	1 7 17	5 13 34	9 00	1 50 41	30 3 34	4 56 14.7	2 37 56	18 27 1
15 105	18 29 52	9 21 20	15 19 18	27 26 2	9 1 44	22 27 50	1 9 21	5 14 3	9 00	1 55 19	30 3 31	4 56 14.6	2 40 41	18 43 8
16 106	19 6 1	10 30 49	15 50 54	27 40 30	9 7 10	22 31 7	1 11 23	5 14 31	8 59	1 59 58	30 3 42	4 56 14.5	2 43 4	18 56 9
17 107	19 35 54	11 40 11	16 22 37	27 54 58	9 12 32	22 34 24	1 13 25	5 14 58	8 58	2 4 38	30 4 6	4 56 14.4	2 45 3	19 6 3
18 108	19 59 30	12 49 25	16 54 25	28 9 25	9 17 50	22 37 42	1 15 26	5 15 22	8 57	2 9 18	30 4 42	4 56 14.4	2 46 39	19 12 50
19 109	20 16 52	13 58 31	17 26 19	28 23 53	9 23 4	22 41 1	1 17 26	5 15 45	8 57	2 13 58	30 5 31	4 56 14.4	2 47 51	19 16 30
20 110	20 28 2	15 7 30	17 58 19	28 38 19	9 28 14	22 44 21	1 19 25	5 16 6	8 57	2 18 39	30 6 29	4 56 14.3	2 48 40	19 17 2
21 111	20 33R 8	16 16 20	18 30 24	28 52 45	9 33 20	22 47 42	1 21 23	5 16 25	8 57	2 23 21	30 7 34	4 56 14.2	2 49 6	19 14 29
22 112	20 32 19	17 25 3	19 2 35	29 7 9	9 38 22	22 51 4	1 23 20	5 16 43	8 57	2 28 3	30 8 44	4 56 14.1	2 49 9	19 8 53
23 113	20 25 47	18 33 37	19 34 52	29 21 34	9 43 20	22 54 26	1 25 16	5 16 59	8 57	2 32 45	30 9 55	4 56 13.9	2 48 52	19 0 17
24 114	20 13 49	19 42 2	20 7 13	29 35 57	9 48 14	22 57 49	1 27 11	5 17 13	8 57	2 37 28	30 11 4	4 56 13.7	2 48 14	18 48 47
25 115	19 56 44	20 50 19	20 39 40	29 50 19	9 53 3	23 1 13	1 29 5	5 17 25	8 57	2 42 12	30 12 8	4 56 13.5	2 47 17	18 34 29
26 116	19 34 56	21 58 26	21 12 12	0♈ 4 40	9 57 49	23 4 37	1 30 57	5 17 36	8 57	2 46 57	30 13 4	4 56 13.3	2 46 3	18 17 32
27 117	19 8 53	23 6 24	21 44 49	0 19 0	10 2 30	23 8 2	1 32 49	5 17 45	8 57	2 51 41	30 13 50	4 56 13.1	2 44 34	17 58 7
28 118	18 39 7	24 14 12	22 17 30	0 33 19	10 7 6	23 11 27	1 34 39	5 17 52	8 57	2 56 27	30 14 24	4 56 12.9	2 42 52	17 36 28
29 119	18 6 13	25 21 50	22 50 16	0 47 36	10 11 38	23 14 53	1 36 28	5 17 58	8 57	3 1 13	30 14 46	4 56 12.8	2 40 58	17 12 50
30 120	17♈30 48	26♉29 18	23♊23 6	1♈ 1 52	10♒16 6	23♈18 19	1♓38 16	5♑18 1	8♈57	3 6 0	30 14 55	4 56 12.7	2 38 57	16N47 31

DAY Apr	♀ VENUS R.A. h m s	♀ VENUS DECL ° ' "	♂ MARS R.A. h m s	♂ MARS DECL ° ' "	♃ JUPITER R.A. h m s	♃ JUPITER DECL ° ' "	♄ SATURN R.A. h m s	♄ SATURN DECL ° ' "	♅ URANUS R.A. h m s	♅ URANUS DECL ° ' "	♆ NEPTUNE R.A. h m s	♆ NEPTUNE DECL ° ' "	♇ PLUTO R.A. h m s	♇ PLUTO DECL ° ' "
1	3 1 4	18N 7 0	6 14 10	25N28 2	1 12 13	6N29 47	22 20 42	11S44 39	2 57 43	16N32 49	23 46 9	2S46 40	20 11 32	22S29 9
2	3 5 47	18 29 55	6 16 23	25 26 37	1 13 6	6 35 17	22 21 5	11 42 32	2 57 54	16 33 41	23 46 17	2 45 48	20 11 36	22 29 6
3	3 10 32	18 52 23	6 18 36	25 25 4	1 14 0	6 40 46	22 21 29	11 40 27	2 58 6	16 34 33	23 46 25	2 44 57	20 11 39	22 29 5
4	3 15 17	19 14 23	6 20 50	25 23 24	1 14 54	6 46 15	22 21 52	11 38 23	2 58 18	16 35 25	23 46 33	2 44 5	20 11 43	22 29 3
5	3 20 3	19 35 54	6 23 4	25 21 37	1 15 48	6 51 44	22 22 16	11 36 20	2 58 31	16 36 18	23 46 41	2 43 15	20 11 46	22 29 3
6	3 24 49	19 56 57	6 25 19	25 19 43	1 16 42	6 57 12	22 22 39	11 34 18	2 58 43	16 37 11	23 46 49	2 42 24	20 11 50	22 29 2
7	3 29 37	20 17 29	6 27 34	25 17 41	1 17 36	7 2 40	22 23 1	11 32 17	2 58 55	16 38 4	23 46 57	2 41 34	20 11 53	22 29 2
8	3 34 25	20 37 31	6 29 50	25 15 32	1 18 30	7 8 7	22 23 24	11 30 17	2 59 8	16 38 58	23 47 5	2 40 44	20 11 56	22 29 2
9	3 39 15	20 57 2	6 32 6	25 13 16	1 19 24	7 13 34	22 23 46	11 28 18	2 59 20	16 39 52	23 47 13	2 39 54	20 11 59	22 29 2
10	3 44 4	21 16 1	6 34 22	25 10 52	1 20 18	7 19 0	22 24 9	11 26 21	2 59 33	16 40 46	23 47 21	2 39 4	20 12 2	22 29 3
11	3 48 55	21 34 29	6 36 39	25 8 20	1 21 12	7 24 26	22 24 31	11 24 24	2 59 46	16 41 41	23 47 29	2 38 15	20 12 4	22 29 4
12	3 53 46	21 52 23	6 38 57	25 5 41	1 22 6	7 29 51	22 24 52	11 22 29	2 59 59	16 42 36	23 47 36	2 37 26	20 12 7	22 29 6
13	3 58 39	22 9 45	6 41 14	25 2 54	1 23 1	7 35 16	22 25 14	11 20 36	3 0 11	16 43 31	23 47 44	2 36 38	20 12 9	22 29 8
14	4 3 31	22 26 33	6 43 32	25 0 0	1 23 55	7 40 40	22 25 35	11 18 43	3 0 24	16 44 27	23 47 52	2 35 50	20 12 12	22 29 10
15	4 8 25	22 42 47	6 45 50	24 56 58	1 24 49	7 46 4	22 25 56	11 16 52	3 0 37	16 45 22	23 47 59	2 35 2	20 12 14	22 29 13
16	4 13 19	22 58 25	6 48 9	24 53 48	1 25 43	7 51 26	22 26 17	11 15 3	3 0 51	16 46 18	23 48 7	2 34 14	20 12 16	22 29 17
17	4 18 13	23 13 29	6 50 28	24 50 30	1 26 37	7 56 48	22 26 38	11 13 14	3 1 4	16 47 14	23 48 14	2 33 27	20 12 18	22 29 20
18	4 23 8	23 27 57	6 52 47	24 47 5	1 27 32	8 2 9	22 26 58	11 11 27	3 1 17	16 48 11	23 48 22	2 32 41	20 12 20	22 29 24
19	4 28 4	23 41 49	6 55 7	24 43 31	1 28 26	8 7 30	22 27 18	11 9 42	3 1 30	16 49 7	23 48 29	2 31 55	20 12 22	22 29 29
20	4 33 0	23 55 4	6 57 27	24 39 49	1 29 20	8 12 49	22 27 38	11 7 58	3 1 44	16 50 4	23 48 37	2 31 9	20 12 23	22 29 33
21	4 37 56	24 7 42	6 59 47	24 36 0	1 30 14	8 18 8	22 27 58	11 6 15	3 1 57	16 51 0	23 48 44	2 30 24	20 12 25	22 29 38
22	4 42 53	24 19 43	7 2 7	24 32 2	1 31 9	8 23 25	22 28 17	11 4 34	3 2 11	16 51 57	23 48 51	2 29 39	20 12 26	22 29 44
23	4 47 50	24 31 6	7 4 28	24 27 57	1 32 3	8 28 42	22 28 36	11 2 55	3 2 24	16 52 54	23 48 58	2 28 54	20 12 28	22 29 50
24	4 52 48	24 41 51	7 6 49	24 23 43	1 32 57	8 33 58	22 28 55	11 1 17	3 2 38	16 53 51	23 49 5	2 28 10	20 12 29	22 29 56
25	4 57 45	24 51 58	7 9 10	24 19 21	1 33 51	8 39 13	22 29 14	10 59 40	3 2 51	16 54 49	23 49 12	2 27 27	20 12 30	22 30 3
26	5 2 43	25 1 26	7 11 32	24 14 51	1 34 45	8 44 27	22 29 32	10 58 6	3 3 5	16 55 46	23 49 19	2 26 44	20 12 31	22 30 10
27	5 7 40	25 10 16	7 13 53	24 10 13	1 35 39	8 49 39	22 29 50	10 56 32	3 3 19	16 56 44	23 49 26	2 26 1	20 12 31	22 30 17
28	5 12 38	25 18 26	7 16 15	24 5 27	1 36 33	8 54 51	22 30 8	10 55 1	3 3 32	16 57 41	23 49 33	2 25 19	20 12 32	22 30 25
29	5 17 35	25 25 57	7 18 37	24 0 33	1 37 27	9 0 1	22 30 25	10 53 31	3 3 46	16 58 39	23 49 40	2 24 37	20 12 33	22 30 33
30	5 22 33	25N32 49	7 20 59	23N55 31	1 38 21	9N 5 11	22 30 42	10S52 3	3 4 0	16N59 37	23 49 46	2S23 56	20 12 33	22S30 42

DAY	SIDEREAL TIME h m s	☉ SUN LONG ° ' "	☉ SUN MOT ' "	☉ SUN R.A. h m s	☉ SUN DECL ° ' "	☽ MOON AT 0 HOURS LONG ° ' "	☽ 0h 12h MOT ° ' "	☽ 0h 2DIF "	☽ 0h R.A. h m s	☽ 0h DECL ° ' "	☽ MOON AT 12 HOURS LONG ° ' "	☽ 12h 12h MOT ° ' "	☽ 12h 2DIF "	☽ 12h R.A. h m s	☽ 12h DECL ° ' "
1 M	14 34 40	15♈19 2	58 15	2 31 51.6	14N56 0	19♌29 36	6 6 1	93	11 9 23	9N47 3	25♌35 37	6 9 19	105	11 31 25	7N 2 21
2 Tu	14 38 36	16 17 16	58 13	2 35 40.9	15 14 9	1♍44 56	6 13 1	116	11 53 24	4 12 9	7♍57 57	6 17 2	124	12 15 27	1 17 47
3 W	14 42 33	17 15 29	58 11	2 39 30.7	15 32 2	14 14 59	6 21 19	131	12 37 43	1S39 20	20 36 18	6 25 46	136	13 0 18	4S37 36
4 Th	14 46 29	18 13 40	58 9	2 43 21.0	15 49 40	27 2 4	6 30 21	138	13 23 22	7 35 18	3♎32 25	6 34 57	138	13 47 3	10 30 26
5 F	14 50 26	19 11 49	58 7	2 47 11.9	16 7 2	10♎ 7 22	6 39 31	135	14 11 27	13 20 51	16 46 53	6 43 57	130	14 36 43	16 4 6
6 S	14 54 23	20 9 56	58 6	2 51 3.4	16 24 8	23 30 49	6 48 10	123	15 2 56	18 37 30	0♏19 0	6 52 7	113	15 30 12	20 58 12
7 Su	14 58 19	21 8 1	58 4	2 54 55.4	16 40 58	7♏11 7	6 55 44	102	15 58 31	23 3 10	14 6 51	6 58 56	90	16 27 54	24 49 25
8 M	15 2 16	22 6 5	58 3	2 58 48.0	16 57 31	21 5 47	7 1 42	76	16 58 15	26 14 3	28 7 29	7 4 1	62	17 29 25	27 14 31
9 Tu	15 6 12	23 4 7	58 1	3 2 41.1	17 13 47	5♐11 30	7 5 50	47	18 1 9	27 48 50	12♐17 19	7 7 9	33	18 33 12	27 55 43
10 W	15 10 9	24 2 8	58 0	3 6 34.9	17 29 47	19 24 28	7 8 1	19	19 5 15	27 34 45	26 32 29	7 8 25	6	19 37 1	26 46 21
11 Th	15 14 5	25 0 8	57 59	3 10 29.2	17 45 28	3♑40 54	7 8 24	-6	20 8 13	25 31 50	10♑49 18	7 8 0	-17	20 38 41	23 53 7
12 F	15 18 2	25 58 6	57 57	3 14 24.2	18 0 52	17 57 18	7 7 15	-27	21 8 16	21 52 38	25 4 32	7 6 11	-36	21 36 56	19 33 10
13 S	15 21 59	26 56 3	57 56	3 18 19.7	18 15 58	2♒10 43	7 4 50	-44	22 4 42	16 57 33	9♒15 33	7 3 14	-51	22 31 36	14 8 43
14 Su	15 25 55	27 53 59	57 55	3 22 15.8	18 30 45	16 18 47	7 1 26	-57	22 57 45	11 9 28	23 20 13	6 59 25	-63	23 23 16	8 2 32
15 M	15 29 52	28 51 54	57 53	3 26 12.5	18 45 14	0♓19 37	6 57 12	-69	23 48 18	4 50 33	7♓16 49	6 54 49	-74	0 12 59	1 35 59
16 Tu	15 33 48	29 49 47	57 52	3 30 9.7	18 59 24	14 11 38	6 52 15	-80	0 37 29	1N38 43	21 3 53	6 49 31	-85	1 1 56	4N51 15
17 W	15 37 45	0♉47 39	57 51	3 34 7.6	19 13 14	27 53 24	6 46 37	-90	1 26 27	7 59 18	4♈40 1	6 43 32	-94	1 51 11	11 0 38
18 Th	15 41 41	1 45 30	57 50	3 38 6.0	19 26 45	11♈23 33	6 40 19	-99	2 16 13	13 53 2	18 3 52	6 36 57	-103	2 41 39	16 34 22
19 F	15 45 38	2 43 19	57 48	3 42 5.0	19 39 57	24 40 49	6 33 28	-106	3 7 34	19 2 33	1♉14 17	6 29 54	-108	3 33 57	21 15 36
20 S	15 49 34	3 41 7	57 47	3 46 4.6	19 52 48	7♉44 11	6 26 16	-109	4 0 51	23 11 42	14 10 26	6 22 37	-109	4 28 11	24 49 18
21 Su	15 53 31	4 38 54	57 45	3 50 4.7	20 5 18	20 33 3	6 18 59	-107	4 55 52	26 7 5	26 52 2	6 15 27	-104	5 23 48	27 4 7
22 M	15 57 28	5 36 39	57 44	3 54 5.3	20 17 28	3♊ 7 29	6 12 3	-99	5 51 51	27 39 52	9♊19 31	6 8 50	-93	6 19 49	27 54 14
23 Tu	16 1 24	6 34 23	57 43	3 58 6.5	20 29 18	15 28 21	6 5 52	-84	6 47 33	27 47 32	21 34 13	6 3 12	-75	7 14 54	27 20 28
24 W	16 5 21	7 32 5	57 41	4 2 8.1	20 40 46	27 37 24	6 0 53	-63	7 41 45	26 34 2	3♋38 17	5 58 59	-50	8 7 59	25 29 31
25 Th	16 9 17	8 29 46	57 39	4 6 10.3	20 51 52	9♋37 16	5 57 32	-36	8 33 34	24 8 18	15 34 49	5 56 35	-21	8 58 27	22 31 53
26 F	16 13 14	9 27 25	57 38	4 10 12.9	21 2 37	21 31 24	5 56 10	-4	9 22 41	20 41 44	27 27 34	5 56 18	13	9 46 16	18 39 19
27 S	16 17 10	10 25 3	57 36	4 14 16.0	21 13 0	3♌23 52	5 57 2	31	10 9 17	16 26 1	9♌20 54	5 58 21	49	10 31 50	14 3 7
28 Su	16 21 7	11 22 39	57 35	4 18 19.6	21 23 2	15 19 15	6 0 17	67	10 54 0	11 31 51	21 19 32	6 2 49	85	11 15 54	8 53 25
29 M	16 25 3	12 20 14	57 34	4 22 23.6	21 32 40	27 22 20	6 5 57	103	11 37 40	6 8 58	3♍28 17	6 9 39	119	11 59 24	3 19 40
30 Tu	16 29 0	13 17 48	57 32	4 26 28.0	21 41 57	9♍37 56	6 13 54	135	12 21 14	0 26 42	15 51 50	6 18 39	149	12 43 20	2S28 36
31 W	16 32 57	14♉15 20	57 31	4 30 32.8	21N50 50	22♍10 29	6 23 49	160	13 5 49	5S24 47	28♍34 18	6 29 20	170	13 28 51	8S20 15

LUNAR INGRESSES
1 ☽ ♍ 20:36
4 ☽ ♎ 5:29
6 ☽ ♏ 11:27
8 ☽ ♐ 15:11
10 ☽ ♑ 17:49
12 ☽ ♒ 20:19
14 ☽ ♓ 23:26
17 ☽ ♈ 3:44
19 ☽ ♉ 9:44
21 ☽ ♊ 18:00
24 ☽ ♋ 4:44
26 ☽ ♌ 17:08
29 ☽ ♍ 5:11
31 ☽ ♎ 14:39

PLANET INGRESSES
3 ♀ ♊ 3:21
11 ♂ ♋ 22:09
16 ☉ ♉ 4:14
31 ♀ ♋ 11:35

STATIONS
1 ♇ R 17:10
15 ☿ D 3:18

DATA FOR THE 1st AT 0 HOURS
JULIAN DAY 45045.5
☽ MEAN ☊ 8°♈ 47' 4"
OBLIQUITY 23° 26' 18"
DELTA T 78.0 SECONDS
NUTATION LONGITUDE-10.6"

DAY MO	YR	☿ LONG ° ' "	♀ LONG ° ' "	♂ LONG ° ' "	♃ LONG ° ' "	♄ LONG ° ' "	♅ LONG ° ' "	♆ LONG ° ' "	♇ LONG ° ' "	☊ LONG ° '	A.S.S.I. h m s	S.S.R.Y. h m s	S.V.P. ♓ ° ' "	☿ MERCURY R.A. h m s	☿ MERCURY DECL ° ' "
1	121	16♈53R34	27♉36 36	23♊56 1	1♈16 7	10♒20 29	23♈21 46	1♓40 3	5♑18R 3	8♈58	3 10 47	30 14 50	4 56 12.6	2 36 49	16N20 51
2	122	16 15 10	28 43 43	24 29 1	1 30 20	10 24 48	23 25 13	1 41 48	5 18 4	8 59	3 15 35	30 14 36	4 56 12.6	2 34 39	15 53 12
3	123	15 36 21	29 50 40	25 2 4	1 44 32	10 29 2	23 28 40	1 43 32	5 18 2	8 59	3 20 24	30 14 9	4 56 12.5	2 32 28	15 24 54
4	124	14 57 47	0♊57 25	25 35 12	1 58 42	10 33 11	23 32 8	1 45 14	5 17 59	9 00	3 25 14	30 13 34	4 56 12.5	2 30 18	14 56 23
5	125	14 20 9	2 3 58	26 8 23	2 12 50	10 37 16	23 35 35	1 46 56	5 17 55	9 00	3 30 4	30 12 51	4 56 12.4	2 28 14	14 27 59
6	126	13 44 6	3 10 20	26 41 39	2 26 57	10 41 16	23 39 3	1 48 36	5 17 48	9 00	3 34 54	30 12 2	4 56 12.3	2 26 15	14 0 7
7	127	13 10 13	4 16 31	27 14 59	2 41 2	10 45 11	23 42 32	1 50 14	5 17 40	8 59	3 39 46	30 11 9	4 56 12.1	2 24 26	13 33 7
8	128	12 39 2	5 22 29	27 48 22	2 55 5	10 49 1	23 46 0	1 51 51	5 17 30	8 57	3 44 38	30 10 14	4 56 11.8	2 22 46	13 7 18
9	129	12 11 1	6 28 15	28 21 50	3 9 6	10 52 47	23 49 29	1 53 27	5 17 19	8 56	3 49 31	30 9 20	4 56 11.5	2 21 19	12 42 58
10	130	11 46 35	7 33 48	28 55 21	3 23 5	10 56 27	23 52 56	1 55 2	5 17 6	8 54	3 54 25	30 8 29	4 56 11.3	2 20 5	12 20 23
11	131	11 26 3	8 39 8	29 28 56	3 37 2	11 0 3	23 56 25	1 56 35	5 16 51	8 52	3 59 19	30 7 44	4 56 11.0	2 19 5	11 59 45
12	132	11 9 41	9 44 15	0♋ 2 35	3 50 57	11 3 33	23 59 53	1 58 6	5 16 34	8 52	4 4 14	30 7 7	4 56 10.8	2 18 21	11 41 14
13	133	10 57 40	10 49 9	0 36 18	4 4 50	11 6 58	24 3 21	1 59 36	5 16 16	8 51	4 9 10	30 6 42	4 56 10.6	2 17 52	11 25 0
14	134	10 50 9	11 53 49	1 10 4	4 18 41	11 10 19	24 6 50	2 1 4	5 15 56	8 52	4 14 7	30 6 30	4 56 10.5	2 17 39	11 11 6
15	135	10 47D12	12 58 16	1 43 55	4 32 29	11 13 34	24 10 18	2 2 31	5 15 35	8 53	4 19 4	30 6 32	4 56 10.4	2 17 43	10 59 38
16	136	10 48 53	14 2 28	2 17 49	4 46 15	11 16 44	24 13 46	2 3 56	5 15 12	8 55	4 24 2	30 6 49	4 56 10.4	2 18 3	10 50 37
17	137	10 55 10	15 6 25	2 51 46	4 59 58	11 19 48	24 17 13	2 5 20	5 14 47	8 56	4 29 1	30 7 20	4 56 10.3	2 18 39	10 44 4
18	138	11 6 2	16 10 7	3 25 48	5 13 39	11 22 47	24 20 41	2 6 42	5 14 21	8 56	4 34 1	30 8 3	4 56 10.2	2 19 32	10 39 57
19	139	11 21 24	17 13 34	3 59 53	5 27 17	11 25 41	24 24 8	2 8 3	5 13 53	8 55	4 39 1	30 8 57	4 56 10.1	2 20 40	10 38 14
20	140	11 41 13	18 16 44	4 34 1	5 40 52	11 28 30	24 27 34	2 9 22	5 13 24	8 53	4 44 2	30 9 59	4 56 9.9	2 22 4	10 38 51
21	141	12 5 22	19 19 39	5 8 13	5 54 25	11 31 13	24 31 1	2 10 39	5 12 53	8 50	4 49 4	30 11 5	4 56 9.6	2 23 44	10 41 46
22	142	12 33 44	20 22 16	5 42 29	6 7 55	11 33 50	24 34 26	2 11 54	5 12 20	8 46	4 54 6	30 12 12	4 56 9.4	2 25 39	10 46 54
23	143	13 6 14	21 24 35	6 16 47	6 21 21	11 36 22	24 37 52	2 13 8	5 11 46	8 41	4 59 9	30 13 17	4 56 9.1	2 27 48	10 54 9
24	144	13 42 43	22 26 36	6 51 9	6 34 45	11 38 49	24 41 17	2 14 21	5 11 11	8 37	5 4 12	30 14 18	4 56 8.9	2 30 12	11 3 27
25	145	14 23 6	23 28 19	7 25 35	6 48 5	11 41 10	24 44 41	2 15 31	5 10 34	8 33	5 9 17	30 15 12	4 56 8.7	2 32 50	11 14 41
26	146	15 7 14	24 29 42	8 0 3	7 1 22	11 43 25	24 48 4	2 16 40	5 9 55	8 30	5 14 21	30 15 58	4 56 8.5	2 35 42	11 27 47
27	147	15 55 2	25 30 45	8 34 34	7 14 36	11 45 35	24 51 27	2 17 47	5 9 15	8 29	5 19 27	30 16 33	4 56 8.3	2 38 47	11 42 39
28	148	16 46 23	26 31 27	9 9 9	7 27 46	11 47 39	24 54 50	2 18 52	5 8 34	8 28	5 24 33	30 16 57	4 56 8.2	2 42 5	11 59 11
29	149	17 41 10	27 31 48	9 43 46	7 40 53	11 49 37	24 58 11	2 19 55	5 7 51	8 29	5 29 39	30 17 10	4 56 8.1	2 45 36	12 17 17
30	150	18 39 19	28 31 47	10 18 27	7 53 57	11 51 29	25 1 32	2 20 57	5 7 6	8 31	5 34 47	30 17 11	4 56 8.1	2 49 20	12 36 51
31	151	19♈40 43	29♊31 23	10♋53 10	8♈ 6 57	11♒53 16	25♈ 4 52	2♓21 57	5♑ 6 21	8♈32	5 39 54	30 17 1	4 56 8.0	2 53 17	12N57 48

DAY May	♀ VENUS R.A. h m s	♀ VENUS DECL ° ' "	♂ MARS R.A. h m s	♂ MARS DECL ° ' "	♃ JUPITER R.A. h m s	♃ JUPITER DECL ° ' "	♄ SATURN R.A. h m s	♄ SATURN DECL ° ' "	♅ URANUS R.A. h m s	♅ URANUS DECL ° ' "	♆ NEPTUNE R.A. h m s	♆ NEPTUNE DECL ° ' "	♇ PLUTO R.A. h m s	♇ PLUTO DECL ° ' "
1	5 27 30	25N39 1	7 23 21	23N50 21	1 39 15	9N10 19	22 30 59	10S50 37	3 4 14	17N 0 34	23 49 53	2S23 16	20 12 33	22S30 51
2	5 32 27	25 44 34	7 25 43	23 45 2	1 40 9	9 15 26	22 31 16	10 49 12	3 4 28	17 1 32	23 50 0	2 22 36	20 12 34	22 31 0
3	5 37 23	25 49 27	7 28 6	23 39 36	1 41 2	9 20 31	22 31 32	10 47 49	3 4 42	17 2 30	23 50 6	2 21 57	20 12 34	22 31 9
4	5 42 19	25 53 40	7 30 28	23 34 1	1 41 56	9 25 36	22 31 48	10 46 28	3 4 55	17 3 27	23 50 12	2 21 18	20 12 34	22 31 19
5	5 47 14	25 57 13	7 32 51	23 28 18	1 42 49	9 30 39	22 32 4	10 45 8	3 5 9	17 4 25	23 50 19	2 20 40	20 12 33	22 31 30
6	5 52 9	26 0 7	7 35 13	23 22 27	1 43 43	9 35 41	22 32 19	10 43 50	3 5 23	17 5 23	23 50 25	2 20 2	20 12 33	22 31 41
7	5 57 3	26 2 22	7 37 36	23 16 28	1 44 36	9 40 41	22 32 34	10 42 34	3 5 37	17 6 20	23 50 31	2 19 25	20 12 33	22 31 52
8	6 1 57	26 3 57	7 39 59	23 10 21	1 45 30	9 45 41	22 32 49	10 41 20	3 5 51	17 7 18	23 50 37	2 18 48	20 12 32	22 32 3
9	6 6 50	26 4 53	7 42 22	23 4 5	1 46 23	9 50 38	22 33 4	10 40 8	3 6 5	17 8 15	23 50 43	2 18 12	20 12 32	22 32 15
10	6 11 41	26 5 10	7 44 45	22 57 42	1 47 16	9 55 35	22 33 18	10 38 57	3 6 19	17 9 12	23 50 49	2 17 36	20 12 31	22 32 27
11	6 16 32	26 4 48	7 47 8	22 51 11	1 48 9	10 0 30	22 33 32	10 37 49	3 6 33	17 10 10	23 50 54	2 17 1	20 12 30	22 32 39
12	6 21 22	26 3 47	7 49 31	22 44 32	1 49 2	10 5 24	22 33 45	10 36 42	3 6 47	17 11 8	23 51 0	2 16 27	20 12 29	22 32 52
13	6 26 10	26 2 8	7 51 54	22 37 44	1 49 55	10 10 16	22 33 59	10 35 37	3 7 1	17 12 5	23 51 6	2 15 54	20 12 28	22 33 5
14	6 30 58	25 59 51	7 54 17	22 30 49	1 50 47	10 15 7	22 34 12	10 34 34	3 7 15	17 13 2	23 51 11	2 15 21	20 12 27	22 33 19
15	6 35 44	25 56 56	7 56 41	22 23 46	1 51 40	10 19 56	22 34 24	10 33 34	3 7 29	17 13 59	23 51 17	2 14 48	20 12 25	22 33 33
16	6 40 28	25 53 24	7 59 4	22 16 35	1 52 33	10 24 44	22 34 36	10 32 35	3 7 43	17 14 56	23 51 22	2 14 17	20 12 24	22 33 47
17	6 45 12	25 49 15	8 1 27	22 9 15	1 53 25	10 29 30	22 34 48	10 31 38	3 7 57	17 15 53	23 51 27	2 13 46	20 12 22	22 34 1
18	6 49 54	25 44 29	8 3 50	22 1 48	1 54 17	10 34 14	22 35 0	10 30 43	3 8 11	17 16 50	23 51 32	2 13 15	20 12 20	22 34 16
19	6 54 34	25 39 6	8 6 14	21 54 13	1 55 9	10 38 57	22 35 11	10 29 50	3 8 25	17 17 46	23 51 37	2 12 46	20 12 19	22 34 31
20	6 59 13	25 33 8	8 8 37	21 46 30	1 56 1	10 43 38	22 35 22	10 28 59	3 8 39	17 18 42	23 51 42	2 12 16	20 12 17	22 34 47
21	7 3 50	25 26 35	8 11 0	21 38 39	1 56 53	10 48 18	22 35 33	10 28 11	3 8 53	17 19 38	23 51 47	2 11 48	20 12 15	22 35 2
22	7 8 25	25 19 27	8 13 24	21 30 40	1 57 44	10 52 55	22 35 43	10 27 24	3 9 7	17 20 34	23 51 52	2 11 20	20 12 13	22 35 18
23	7 12 58	25 11 44	8 15 47	21 22 34	1 58 36	10 57 31	22 35 53	10 26 39	3 9 20	17 21 30	23 51 56	2 10 53	20 12 10	22 35 35
24	7 17 29	25 3 28	8 18 10	21 14 19	1 59 27	11 2 6	22 36 3	10 25 57	3 9 34	17 22 26	23 52 1	2 10 27	20 12 8	22 35 51
25	7 21 58	24 54 39	8 20 33	21 5 58	2 0 18	11 6 38	22 36 12	10 25 16	3 9 48	17 23 21	23 52 5	2 10 1	20 12 6	22 36 8
26	7 26 26	24 45 18	8 22 56	20 57 28	2 1 9	11 11 9	22 36 21	10 24 38	3 10 2	17 24 16	23 52 9	2 9 36	20 12 3	22 36 25
27	7 30 50	24 35 25	8 25 19	20 48 51	2 2 0	11 15 38	22 36 29	10 24 2	3 10 15	17 25 11	23 52 14	2 9 12	20 12 0	22 36 43
28	7 35 13	24 25 0	8 27 43	20 40 6	2 2 51	11 20 5	22 36 37	10 23 28	3 10 29	17 26 5	23 52 18	2 8 49	20 11 58	22 37 1
29	7 39 33	24 14 6	8 30 6	20 31 14	2 3 41	11 24 30	22 36 45	10 22 56	3 10 43	17 27 0	23 52 22	2 8 26	20 11 55	22 37 19
30	7 43 51	24 2 41	8 32 28	20 22 14	2 4 31	11 28 53	22 36 52	10 22 26	3 10 56	17 27 54	23 52 25	2 8 4	20 11 52	22 37 37
31	7 48 7	23N50 48	8 34 51	20N13 7	2 5 21	11N33 14	22 36 59	10S21 59	3 11 10	17N28 47	23 52 29	2S 7 43	20 11 49	22S37 56

JUNE 2023

DAY	SIDEREAL TIME h m s	☉ SUN LONG ° ' "	MOT ' "	R.A. h m s	DECL ° ' "	☽ MOON AT 0 HOURS LONG ° ' "	12h MOT ° ' "	2DIF	R.A. h m s	DECL ° ' "	☽ MOON AT 12 HOURS LONG ° ' "	12h MOT ° ' "	2DIF	R.A. h m s	DECL ° ' "
1 Th	16 36 53	15♉12 51	57 30	4 34 38.1	21N59 21	5♎ 3 38	6 35 8	176	13 52 35	11S13 6	11♎38 46	6 41 4	179	14 17 8	14S 1 10
2 F	16 40 50	16 10 20	57 29	4 38 43.7	22 7 29	18 19 50	6 47 2	177	14 42 39	16 41 59	25 6 52	6 52 54	172	15 9 16	19 12 48
3 S	16 44 46	17 7 48	57 27	4 42 49.8	22 15 13	1♏59 45	6 58 31	163	15 37 3	21 30 31	8♏58 16	7 3 44	149	16 6 2	23 31 52
4 Su	16 48 43	18 5 16	57 27	4 46 56.2	22 22 34	16 2 0	7 8 25	131	16 36 12	25 13 31	23 10 25	7 12 27	109	17 7 26	26 32 16
5 M	16 52 39	19 2 42	57 26	4 51 2.9	22 29 32	0♐22 52	7 15 43	85	17 39 31	27 25 17	7♐38 35	7 18 8	59	18 12 13	27 50 25
6 Tu	16 56 36	20 0 7	57 25	4 55 10.0	22 36 7	14 56 42	7 19 39	32	18 45 10	27 46 26	22 16 21	7 20 15	5	19 18 1	27 13 9
7 W	17 0 32	20 57 32	57 24	4 59 17.4	22 42 17	29 36 36	7 19 59	-21	19 50 26	26 11 26	6♑56 35	7 18 53	-44	20 22 8	24 43 6
8 Th	17 4 29	21 54 56	57 23	5 3 25.1	22 48 4	14♑15 29	7 17 3	-65	20 52 55	22 50 43	21 32 32	7 14 35	-82	21 22 40	20 37 22
9 F	17 8 26	22 52 19	57 23	5 7 33.1	22 53 27	28 47 7	7 11 36	-95	21 51 21	18 6 19	5♒58 43	7 8 13	-105	22 19 1	15 20 53
10 S	17 12 22	23 49 41	57 22	5 11 41.4	22 58 26	13♒ 6 56	7 4 34	-112	22 45 45	12 24 18	20 11 30	7 0 45	-116	23 11 41	9 19 34
11 Su	17 16 19	24 47 4	57 22	5 15 49.9	23 3 0	27 12 15	6 56 51	-117	23 36 57	6 9 28	4♓ 9 6	6 52 58	-116	0 1 42	2 56 37
12 M	17 20 15	25 44 25	57 21	5 19 58.7	23 7 10	11♓ 2 5	6 49 9	-113	0 26 6	0N16 38	17 51 14	6 45 27	-109	0 50 18	3N28 3
13 Tu	17 24 12	26 41 46	57 21	5 24 7.7	23 10 56	24 36 41	6 41 52	-105	1 14 28	6 35 33	1♈18 33	6 38 26	-101	1 38 44	9 37 5
14 W	17 28 8	27 39 7	57 20	5 28 16.9	23 14 17	7♈56 59	6 35 9	-97	2 3 13	12 30 44	14 32 8	6 32 0	-93	2 28 2	15 14 33
15 Th	17 32 5	28 36 27	57 20	5 32 26.2	23 17 14	21 4 8	6 28 57	-90	2 53 16	17 46 39	27 33 5	6 26 1	-87	3 18 59	20 5 10
16 F	17 36 1	29 33 47	57 20	5 36 35.7	23 19 46	3♉59 6	6 23 10	-85	3 45 13	22 8 21	10♉22 16	6 20 23	-83	4 11 57	23 54 33
17 S	17 39 58	0♊31 7	57 19	5 40 45.2	23 21 53	16 42 38	6 17 39	-81	4 39 8	25 22 18	23 0 17	6 14 59	-79	5 6 41	26 30 23
18 Su	17 43 55	1 28 25	57 18	5 44 54.9	23 23 35	29 15 16	6 12 22	-77	5 34 29	27 17 56	5♊27 37	6 9 49	-75	6 2 22	27 44 28
19 M	17 47 51	2 25 44	57 18	5 49 4.6	23 24 53	11♊37 26	6 7 21	-72	6 30 11	27 49 54	17 44 47	6 5 1	-68	6 57 45	27 34 36
20 Tu	17 51 48	3 23 1	57 17	5 53 14.4	23 25 46	23 49 47	6 2 49	-63	7 24 55	26 59 18	29 52 36	6 0 49	-57	7 51 33	26 5 5
21 W	17 55 44	4 20 18	57 17	5 57 24.1	23 26 14	5♋53 25	5 59 3	-49	8 17 34	24 53 16	11♋52 28	5 57 34	-39	8 42 48	23 25 20
22 Th	17 59 41	5 17 35	57 16	6 1 33.8	23 26 17	17 50 1	5 56 25	-29	9 7 31	21 42 50	23 46 26	5 55 39	-17	9 31 28	19 47 21
23 F	18 3 37	6 14 50	57 15	6 5 43.5	23 25 55	29 42 5	5 55 19	-3	9 54 47	17 40 30	5♌37 24	5 55 36	12	10 17 31	15 23 27
24 S	18 7 34	7 12 6	57 15	6 9 53.0	23 25 8	11♌32 52	5 56 8	28	10 39 46	12 57 51	17 28 59	5 57 21	46	11 1 38	10 24 52
25 Su	18 11 30	8 9 20	57 14	6 14 2.5	23 23 57	23 26 21	5 59 11	64	11 23 14	7 45 43	29 25 31	6 1 38	83	11 44 41	5 1 32
26 M	18 15 27	9 6 34	57 13	6 18 11.8	23 22 21	5♍27 9	6 4 43	102	12 6 7	2 13 28	11♍31 52	6 8 26	121	12 27 40	0S37 19
27 Tu	18 19 24	10 3 47	57 13	6 22 21.0	23 20 20	17 40 18	6 12 48	140	12 49 28	3S29 38	23 53 6	6 17 47	158	13 11 41	6 22 8
28 W	18 23 20	11 1 0	57 12	6 26 30.0	23 17 55	0♎10 53	6 23 21	174	13 34 27	9 13 18	6♎34 14	6 29 25	189	13 57 56	12 1 25
29 Th	18 27 17	11 58 13	57 12	6 30 38.8	23 15 5	13 3 39	6 35 56	200	14 22 17	14 44 30	19 39 34	6 42 46	208	14 47 39	17 20 12
30 F	18 31 13	12♊55 24	57 12	6 34 47.4	23N11 51	26♎22 20	6 49 48	211	15 14 10	19S45 53	3♏12 8	6 56 52	210	15 41 55	21S58 30

LUNAR INGRESSES
2 ☽ ♏ 20:32
4 ☽ ♐ 23:22
7 ☽ ♑ 0:38
9 ☽ ♒ 2:01
11 ☽ ♓ 4:49
13 ☽ ♈ 9:39
15 ☽ ♉ 16:33
18 ☽ ♊ 1:26
20 ☽ ♋ 12:15
23 ☽ ♌ 0:36
25 ☽ ♍ 13:09
27 ☽ ♎ 23:39
30 ☽ ♏ 6:24

PLANET INGRESSES
8 ☿ ♉ 5:04
16 ☉ ♊ 10:58
24 ☿ ♊ 17:15

STATIONS
17 ♄ R 17:29
30 ♆ R 21:08

DATA FOR THE 1st AT 0 HOURS
JULIAN DAY 45076.5
☽ MEAN ☊ 7°♈ 8' 30"
OBLIQUITY 23° 26' 18"
DELTA T 78.0 SECONDS
NUTATION LONGITUDE -9.9"

DAY MO	YR	☿ LONG ° ' "	♀ LONG ° ' "	♂ LONG ° ' "	♃ LONG ° ' "	♄ LONG ° ' "	♅ LONG ° ' "	♆ LONG ° ' "	♇ LONG ° ' "	☊ LONG	A.S.S.I. h m s	S.S.R.Y. h m s	S.V.P. ♓ ° ' "	☿ MERCURY R.A. h m s	DECL ° ' "
1	152	20♈45 19	0♋30 36	11♋27 56	8♈19 53	11♒54 58	25♈ 8 1	2♓22 55	5♑ 5R33	8♈33	5 45 2	30 16 41	4 56 7.9	2 57 26	13N20 1
2	153	21 53 1	1 29 24	12 2 44	8 32 45	11 56 33	25 11 29	2 23 51	5 4 45	8 33	5 50 11	30 16 8	4 56 7.7	3 1 48	13 43 26
3	154	23 3 47	2 27 48	12 37 36	8 45 34	11 58 3	25 14 46	2 24 45	5 3 55	8 31	5 55 20	30 15 27	4 56 7.5	3 6 22	14 7 56
4	155	24 17 32	3 25 45	13 12 30	8 58 18	11 59 26	25 18 3	2 25 38	5 3 4	8 27	6 0 30	30 14 37	4 56 7.3	3 11 8	14 33 26
5	156	25 34 15	4 23 16	13 47 27	9 10 59	12 0 45	25 21 18	2 26 29	5 2 12	8 22	6 5 40	30 13 40	4 56 7.0	3 16 6	14 59 49
6	157	26 53 51	5 20 19	14 22 26	9 23 36	12 1 57	25 24 32	2 27 18	5 1 18	8 16	6 10 50	30 12 39	4 56 6.6	3 21 18	15 26 59
7	158	28 16 20	6 16 54	14 57 29	9 36 9	12 3 3	25 27 46	2 28 5	5 0 23	8 10	6 16 1	30 11 36	4 56 6.3	3 26 41	15 54 51
8	159	29 41 38	7 13 0	15 32 34	9 48 37	12 4 4	25 30 58	2 28 50	4 59 27	8 04	6 21 12	30 10 35	4 56 6.1	3 32 17	16 23 17
9	160	1♉ 9 46	8 8 36	16 7 42	10 1 2	12 4 58	25 34 9	2 29 33	4 58 29	8 00	6 26 24	30 9 40	4 56 5.9	3 38 6	16 52 12
10	161	2 40 41	9 3 42	16 42 52	10 13 22	12 5 47	25 37 19	2 30 14	4 57 30	7 58	6 31 36	30 8 55	4 56 5.7	3 44 8	17 21 27
11	162	4 14 23	9 58 15	17 18 5	10 25 37	12 6 30	25 40 28	2 30 54	4 56 30	7 58	6 36 48	30 8 21	4 56 5.6	3 50 23	17 50 57
12	163	5 50 50	10 52 15	17 53 21	10 37 49	12 7 7	25 43 35	2 31 32	4 55 29	7 58	6 42 0	30 8 2	4 56 5.5	3 56 51	18 20 33
13	164	7 30 1	11 45 42	18 28 40	10 49 55	12 7 38	25 46 41	2 32 7	4 54 27	7 59	6 47 13	30 7 58	4 56 5.4	4 3 33	18 50 7
14	165	9 11 55	12 38 34	19 4 2	11 1 57	12 8 3	25 49 46	2 32 41	4 53 24	8 00	6 52 26	30 8 8	4 56 5.3	4 10 28	19 19 31
15	166	10 56 31	13 30 49	19 39 26	11 13 54	12 8 22	25 52 50	2 33 13	4 52 19	7 59	6 57 39	30 8 33	4 56 5.2	4 17 37	19 48 35
16	167	12 43 46	14 22 26	20 14 54	11 25 46	12 8 35	25 55 52	2 33 43	4 51 14	7 56	7 2 53	30 9 9	4 56 5.0	4 24 59	20 17 10
17	168	14 33 38	15 13 25	20 50 23	11 37 34	12 8R42	25 58 53	2 34 11	4 50 7	7 51	7 8 6	30 9 56	4 56 4.7	4 32 35	20 45 6
18	169	16 26 4	16 3 43	21 25 56	11 49 16	12 8 43	26 1 52	2 34 37	4 48 59	7 43	7 13 20	30 10 49	4 56 4.4	4 40 25	21 12 12
19	170	18 20 58	16 53 19	22 1 31	12 0 53	12 8 38	26 4 50	2 35 1	4 47 51	7 34	7 18 34	30 11 47	4 56 4.2	4 48 28	21 38 16
20	171	20 18 17	17 42 11	22 37 9	12 12 24	12 8 27	26 7 46	2 35 23	4 46 41	7 24	7 23 48	30 12 47	4 56 3.9	4 56 45	22 3 8
21	172	22 17 52	18 30 18	23 12 50	12 23 51	12 8 10	26 10 41	2 35 43	4 45 31	7 14	7 29 1	30 13 46	4 56 3.7	5 5 14	22 26 35
22	173	24 19 36	19 17 37	23 48 33	12 35 11	12 7 48	26 13 34	2 36 1	4 44 19	7 04	7 34 15	30 14 42	4 56 3.5	5 13 55	22 48 25
23	174	26 23 19	20 4 8	24 24 18	12 46 27	12 7 19	26 16 25	2 36 17	4 43 7	6 57	7 39 29	30 15 33	4 56 3.3	5 22 48	23 8 27
24	175	28 28 50	20 49 48	25 0 6	12 57 36	12 6 45	26 19 15	2 36 31	4 41 53	6 51	7 44 42	30 16 18	4 56 3.2	5 31 51	23 26 29
25	176	0♊35 54	21 34 34	25 35 57	13 8 40	12 6 4	26 22 3	2 36 43	4 40 39	6 48	7 49 56	30 16 55	4 56 3.1	5 41 3	23 42 19
26	177	2 44 19	22 18 26	26 11 50	13 19 38	12 5 18	26 24 49	2 36 54	4 39 24	6 47	7 55 9	30 17 24	4 56 3.0	5 50 24	23 55 48
27	178	4 53 48	23 1 20	26 47 45	13 30 31	12 4 26	26 27 33	2 37 2	4 38 9	6 47	8 0 22	30 17 42	4 56 2.9	5 59 50	24 6 47
28	179	7 4 5	23 43 15	27 23 43	13 41 17	12 3 28	26 30 16	2 37 8	4 36 52	6 47	8 5 35	30 17 49	4 56 2.8	6 9 22	24 15 9
29	180	9 14 53	24 24 7	27 59 43	13 51 57	12 2 25	26 32 57	2 37 12	4 35 35	6 47	8 10 47	30 17 45	4 56 2.7	6 18 56	24 20 48
30	181	11♊25 55	25♋ 3 55	28♋35 45	14♈ 2 31	12♒ 1 15	26♈35 36	2♓37R15	4♑34 17	6♈46	8 16 0	30 17 27	4 56 2.5	6 28 33	24N23 40

DAY Jun	♀ VENUS R.A. h m s	DECL ° ' "	♂ MARS R.A. h m s	DECL ° ' "	♃ JUPITER R.A. h m s	DECL ° ' "	♄ SATURN R.A. h m s	DECL ° ' "	♅ URANUS R.A. h m s	DECL ° ' "	♆ NEPTUNE R.A. h m s	DECL ° ' "	♇ PLUTO R.A. h m s	DECL ° ' "
1	7 52 19	23N38 26	8 37 14	20N 3 53	2 6 11	11N37 33	22 37 6	10S21 33	3 11 23	17N29 40	23 52 33	2S 7 22	20 11 45	22S38 15
2	7 56 30	23 25 37	8 39 37	19 54 31	2 7 1	11 41 50	22 37 12	10 21 10	3 11 36	17 30 34	23 52 36	2 7 2	20 11 42	22 38 34
3	8 0 37	23 12 21	8 41 59	19 45 2	2 7 50	11 46 6	22 37 18	10 20 49	3 11 50	17 31 26	23 52 40	2 6 43	20 11 39	22 38 53
4	8 4 42	22 58 39	8 44 22	19 35 26	2 8 39	11 50 19	22 37 24	10 20 30	3 12 3	17 32 19	23 52 43	2 6 25	20 11 35	22 39 12
5	8 8 44	22 44 32	8 46 44	19 25 43	2 9 28	11 54 31	22 37 29	10 20 13	3 12 16	17 33 11	23 52 46	2 6 7	20 11 32	22 39 32
6	8 12 43	22 30 1	8 49 7	19 15 52	2 10 17	11 58 40	22 37 34	10 19 59	3 12 29	17 34 3	23 52 49	2 5 50	20 11 28	22 39 52
7	8 16 39	22 15 7	8 51 29	19 5 55	2 11 5	12 2 47	22 37 39	10 19 46	3 12 42	17 34 54	23 52 52	2 5 34	20 11 25	22 40 12
8	8 20 32	21 59 50	8 53 51	18 55 50	2 11 53	12 6 53	22 37 43	10 19 36	3 12 55	17 35 45	23 52 55	2 5 18	20 11 21	22 40 33
9	8 24 23	21 44 11	8 56 13	18 45 39	2 12 41	12 10 56	22 37 47	10 19 28	3 13 8	17 36 36	23 52 58	2 5 4	20 11 17	22 40 54
10	8 28 9	21 28 12	8 58 35	18 35 21	2 13 29	12 14 57	22 37 50	10 19 22	3 13 21	17 37 26	23 53 1	2 4 50	20 11 13	22 41 14
11	8 31 53	21 11 52	9 0 57	18 24 55	2 14 17	12 18 56	22 37 53	10 19 19	3 13 34	17 38 16	23 53 3	2 4 37	20 11 9	22 41 36
12	8 35 34	20 55 13	9 3 19	18 14 23	2 15 4	12 22 53	22 37 56	10 19 18	3 13 46	17 39 6	23 53 6	2 4 25	20 11 5	22 41 57
13	8 39 11	20 38 16	9 5 41	18 3 45	2 15 51	12 26 47	22 37 58	10 19 19	3 13 59	17 39 55	23 53 8	2 4 13	20 11 0	22 42 18
14	8 42 45	20 21 1	9 8 2	17 52 59	2 16 37	12 30 40	22 38 0	10 19 22	3 14 11	17 40 44	23 53 10	2 4 2	20 10 56	22 42 40
15	8 46 15	20 3 30	9 10 24	17 42 7	2 17 24	12 34 30	22 38 2	10 19 27	3 14 24	17 41 32	23 53 12	2 3 52	20 10 52	22 43 2
16	8 49 42	19 45 44	9 12 45	17 31 8	2 18 10	12 38 18	22 38 3	10 19 34	3 14 36	17 42 20	23 53 14	2 3 43	20 10 47	22 43 23
17	8 53 5	19 27 42	9 15 7	17 20 2	2 18 56	12 42 3	22 38 3	10 19 44	3 14 48	17 43 8	23 53 16	2 3 34	20 10 43	22 43 46
18	8 56 25	19 9 28	9 17 28	17 8 50	2 19 41	12 45 47	22 38 4	10 19 56	3 15 0	17 43 55	23 53 17	2 3 27	20 10 38	22 44 8
19	8 59 41	18 51 0	9 19 49	16 57 32	2 20 26	12 49 28	22 38 4	10 20 11	3 15 12	17 44 41	23 53 19	2 3 20	20 10 33	22 44 30
20	9 2 52	18 32 21	9 22 10	16 46 7	2 21 11	12 53 6	22 38 4	10 20 27	3 15 24	17 45 27	23 53 20	2 3 14	20 10 28	22 44 53
21	9 6 0	18 13 32	9 24 31	16 34 36	2 21 56	12 56 43	22 38 3	10 20 46	3 15 36	17 46 13	23 53 22	2 3 8	20 10 24	22 45 15
22	9 9 4	17 54 33	9 26 52	16 22 59	2 22 40	13 0 17	22 38 2	10 21 7	3 15 48	17 46 58	23 53 23	2 3 4	20 10 19	22 45 38
23	9 12 4	17 35 25	9 29 13	16 11 15	2 23 24	13 3 48	22 38 1	10 21 30	3 15 59	17 47 43	23 53 24	2 3 0	20 10 14	22 46 1
24	9 14 59	17 16 11	9 31 33	15 59 26	2 24 8	13 7 17	22 37 59	10 21 55	3 16 11	17 48 27	23 53 25	2 2 57	20 10 9	22 46 24
25	9 17 50	16 56 50	9 33 54	15 47 30	2 24 51	13 10 44	22 37 56	10 22 22	3 16 22	17 49 11	23 53 26	2 2 55	20 10 4	22 46 48
26	9 20 36	16 37 24	9 36 14	15 35 29	2 25 34	13 14 8	22 37 54	10 22 52	3 16 34	17 49 54	23 53 26	2 2 53	20 9 58	22 47 11
27	9 23 18	16 17 54	9 38 35	15 23 21	2 26 16	13 17 30	22 37 51	10 23 23	3 16 45	17 50 37	23 53 27	2 2 53	20 9 53	22 47 34
28	9 25 55	15 58 21	9 40 55	15 11 8	2 26 58	13 20 49	22 37 48	10 23 57	3 16 56	17 51 19	23 53 27	2 2 53	20 9 48	22 47 58
29	9 28 27	15 38 47	9 43 15	14 58 49	2 27 40	13 24 5	22 37 44	10 24 33	3 17 7	17 52 0	23 53 28	2 2 54	20 9 43	22 48 21
30	9 30 54	15N19 13	9 45 35	14N46 25	2 28 21	13N27 19	22 37 40	10S25 11	3 17 17	17N52 41	23 53 28	2S 2 56	20 9 37	22S48 45

DAY	SIDEREAL TIME h m s	☉ SUN LONG ° ' "	MOT ' "	R.A. h m s	DECL ° ' "	☽ MOON AT 0 HOURS LONG ° ' "	12h MOT ° ' "	2DIF "	R.A. h m s	DECL ° ' "	☽ MOON AT 12 HOURS LONG ° ' "	12h MOT ° ' "	2DIF "	R.A. h m s	DECL ° ' "
1 S	18 35 10	13♊52 36	57 11	6 38 55.7	23N 8 12	10♏ 8 59	7 3 47	203	16 10 58	23S54 49	17♏12 46	7 10 22	189	16 41 17	25S31 22
2 Su	18 39 6	14 49 47	57 11	6 43 3.8	23 4 9	24 23 8	7 16 24	170	17 12 47	26 44 46	1♐39 32	7 21 42	145	17 45 16	27 31 59
3 M	18 43 3	15 46 58	57 11	6 47 11.6	22 59 42	9♐ 1 14	7 26 4	115	18 18 26	27 50 35	16 27 17	7 29 21	80	18 51 57	27 39 6
4 Tu	18 47 0	16 44 9	57 11	6 51 19.1	22 54 51	23 56 38	7 31 26	44	19 25 24	26 57 12	1♑28 3	7 32 16	6	19 58 27	25 45 45
5 W	18 50 56	17 41 19	57 11	6 55 26.3	22 49 36	9♑ 0 19	7 31 50	-31	20 30 46	24 6 44	16 32 9	7 30 13	-65	21 2 9	22 3 0
6 Th	18 54 53	18 38 30	57 11	6 59 33.2	22 43 57	24 2 21	7 27 30	-96	21 32 26	19 38 1	1♒29 51	7 23 50	-121	22 1 37	16 55 31
7 F	18 58 49	19 35 41	57 11	7 3 39.7	22 37 55	8♒53 41	7 19 25	-142	22 29 44	13 59 17	16 13 6	7 14 24	-156	22 56 52	10 52 57
8 S	19 2 46	20 32 52	57 12	7 7 45.9	22 31 29	23 27 30	7 9 0	-165	23 23 10	7 39 56	0♓36 29	7 3 23	-169	23 48 45	4 23 19
9 Su	19 6 42	21 30 4	57 12	7 11 51.7	22 24 40	7♓39 52	6 57 42	-169	0 13 48	1 5 53	14 37 34	6 52 6	-165	0 38 29	2N 9 51
10 M	19 10 39	22 27 16	57 13	7 15 57.1	22 17 27	21 29 40	6 46 41	-159	1 2 58	5N21 37	28 16 21	6 41 31	-150	1 27 22	8 27 21
11 Tu	19 14 35	23 24 28	57 13	7 20 2.1	22 9 51	4♈57 52	6 36 41	-140	1 51 52	11 25 7	11♈34 33	6 32 12	-129	2 16 33	14 13 7
12 W	19 18 32	24 21 41	57 14	7 24 6.7	22 1 53	18 6 45	6 28 4	-118	2 41 33	16 49 37	24 34 49	6 24 18	-108	3 6 55	19 12 57
13 Th	19 22 29	25 18 55	57 14	7 28 10.9	21 53 32	0♉59 7	6 20 52	-98	3 32 45	21 21 45	7♉19 59	6 17 45	-89	3 59 2	23 13 53
14 F	19 26 25	26 16 9	57 15	7 32 14.6	21 44 48	13 37 44	6 14 56	-81	4 25 46	24 48 35	19 52 40	6 12 22	-74	4 52 54	26 4 27
15 S	19 30 22	27 13 23	57 15	7 36 17.9	21 35 42	26 5 2	6 10 1	-68	5 20 19	27 0 32	2♊15 2	6 7 51	-62	5 47 55	27 36 11
16 Su	19 34 18	28 10 38	57 15	7 40 20.7	21 26 13	8♊22 53	6 5 52	-58	6 15 33	27 51 7	14 28 45	6 4 1	-53	6 43 4	27 45 23
17 M	19 38 15	29 7 53	57 16	7 44 22.9	21 16 23	20 32 45	6 2 18	-49	7 10 17	27 19 30	26 35 4	6 0 44	-45	7 37 4	26 34 16
18 Tu	19 42 11	0♋ 5 8	57 16	7 48 24.7	21 6 11	2♋35 47	5 59 17	-41	8 3 19	25 30 47	8♋35 4	5 58 0	-36	8 28 57	24 10 25
19 W	19 46 8	1 2 24	57 16	7 52 25.8	20 55 38	14 33 4	5 56 53	-30	8 53 54	22 34 40	20 29 58	5 55 59	-24	9 18 11	20 45 5
20 Th	19 50 4	1 59 41	57 17	7 56 26.5	20 44 44	26 25 56	5 55 19	-16	9 41 48	18 43 16	2♌21 15	5 54 55	-7	10 4 47	16 30 46
21 F	19 54 1	2 56 57	57 17	8 0 26.6	20 33 28	8♌16 10	5 54 51	4	10 27 14	14 9 4	14 11 1	5 55 10	15	10 49 14	11 39 35
22 S	19 57 58	3 54 14	57 17	8 4 26.1	20 21 52	20 6 11	5 55 53	29	11 10 51	9 3 39	26 2 4	5 57 5	43	11 32 13	6 22 32
23 Su	20 1 54	4 51 32	57 18	8 8 25.0	20 9 55	1♍59 8	5 58 47	59	11 53 26	3 37 27	7♍57 55	6 1 3	77	12 14 39	0 49 33
24 M	20 5 51	5 48 49	57 18	8 12 23.3	19 57 39	13 58 58	6 3 53	95	12 35 59	1S59 58	20 2 51	6 7 21	113	12 57 33	4S49 52
25 Tu	20 9 47	6 46 7	57 18	8 16 21.0	19 45 2	26 10 12	6 11 27	133	13 19 32	7 38 50	2♎21 40	6 16 11	151	13 42 3	10 25 27
26 W	20 13 44	7 43 26	57 19	8 20 18.1	19 32 6	8♎37 51	6 21 33	170	14 5 16	13 8 4	14 59 24	6 27 30	187	14 29 20	15 44 50
27 Th	20 17 40	8 40 44	57 19	8 24 14.6	19 18 50	21 26 54	6 34 0	202	14 54 22	18 13 37	28 0 53	6 40 57	214	15 20 32	20 31 56
28 F	20 21 37	9 38 3	57 20	8 28 10.5	19 5 15	4♏41 50	6 48 15	222	15 47 55	22 37 3	11♏30 5	6 55 45	225	16 16 34	24 25 56
29 S	20 25 33	10 35 23	57 20	8 32 5.7	18 51 21	18 25 49	7 3 16	223	16 46 30	25 55 20	25 29 5	7 10 38	215	17 17 37	27 2 3
30 Su	20 29 30	11 32 43	57 21	8 36 0.4	18 37 9	2♐39 43	7 17 36	200	17 49 46	27 43 5	9♐57 20	7 23 57	177	18 22 41	27 55 57
31 M	20 33 27	12♋30 3	57 22	8 39 54.4	18N22 39	17♐21 16	7 29 26	148	18 56 1	27S39 0	24♐50 42	7 33 51	114	19 29 25	26S51 38

LUNAR INGRESSES
2 ☽ ♐ 9:16
4 ☽ ♑ 9:40
6 ☽ ♒ 9:35
8 ☽ ♓ 10:58
10 ☽ ♈ 15:05
12 ☽ ♉ 22:09
15 ☽ ♊ 7:37
17 ☽ ♋ 18:49
20 ☽ ♌ 7:14
22 ☽ ♍ 20:00
25 ☽ ♎ 7:26
27 ☽ ♏ 15:35
29 ☽ ♐ 19:34
31 ☽ ♑ 20:11

PLANET INGRESSES
2 ♂ ♌ 8:01
8 ☿ ♋ 17:07
8 ♀ ♌ 18:19
17 ☉ ♋ 21:51
25 ☿ ♌ 12:54

STATIONS
23 ♀ R 1:34

DATA FOR THE 1st AT 0 HOURS
JULIAN DAY 45106.5
☽ MEAN ☊ 5°♈ 33' 7"
OBLIQUITY 23° 26' 18"
DELTA T 78.1 SECONDS
NUTATION LONGITUDE -8.1"

DAY MO YR	☿ LONG ° ' "	♀ LONG ° ' "	♂ LONG ° ' "	♃ LONG ° ' "	♄ LONG ° ' "	♅ LONG ° ' "	♆ LONG ° ' "	♇ LONG ° ' "	☊ LONG ° '	A.S.S.I. h m s	S.S.R.Y. h m s	S.V.P. ♓ ° ' "	☿ MERCURY R.A. h m s	DECL ° ' "
1 182	13♊36 54	25♋42 37	29♋11 49	14♈12 59	12♒ 0R 0	26♈38 13	2♓37R15	4♑32R59	6♈42	8 21 12	30 17 1	4 56 2.2	6 38 9	24N23 43
2 183	15 47 34	26 20 8	29 47 56	14 23 20	11 58 40	26 40 48	2 37 14	4 31 40	6 36	8 26 23	30 16 15	4 56 1.9	6 47 43	24 20 57
3 184	17 57 40	26 56 28	0♌24 5	14 33 35	11 57 14	26 43 21	2 37 11	4 30 20	6 27	8 31 35	30 15 24	4 56 1.6	6 57 14	24 15 24
4 185	20 6 57	27 31 32	1 0 17	14 43 44	11 55 42	26 45 52	2 37 5	4 29 0	6 18	8 36 46	30 14 18	4 56 1.3	7 6 40	24 7 9
5 186	22 15 14	28 5 19	1 36 30	14 53 46	11 54 5	26 48 21	2 36 58	4 27 39	6 08	8 41 56	30 13 10	4 56 1.0	7 16 0	23 56 14
6 187	24 22 19	28 37 45	2 12 47	15 3 41	11 52 22	26 50 48	2 36 49	4 26 17	5 59	8 47 6	30 12 0	4 56 0.8	7 25 13	23 42 47
7 188	26 28 4	29 8 48	2 49 5	15 13 30	11 50 33	26 53 13	2 36 38	4 24 55	5 52	8 52 16	30 10 52	4 56 0.6	7 34 17	23 26 54
8 189	28 32 20	29 38 24	3 25 26	15 23 12	11 48 40	26 55 35	2 36 25	4 23 33	5 47	8 57 25	30 9 51	4 56 0.5	7 43 13	23 8 44
9 190	0♋35 1	0♌ 6 31	4 1 49	15 32 47	11 46 41	26 57 56	2 36 10	4 22 10	5 45	9 2 34	30 9 0	4 56 0.4	7 51 58	22 48 24
10 191	2 36 1	0 33 6	4 38 15	15 42 15	11 44 36	27 0 15	2 35 53	4 20 47	5 44	9 7 42	30 8 22	4 56 0.3	8 0 33	22 26 3
11 192	4 35 18	0 58 5	5 14 43	15 51 35	11 42 26	27 2 31	2 35 34	4 19 23	5 44	9 12 50	30 7 58	4 56 0.2	8 8 58	22 1 49
12 193	6 32 47	1 21 24	5 51 14	16 0 48	11 40 11	27 4 45	2 35 13	4 17 59	5 44	9 17 58	30 7 49	4 56 0.1	8 17 11	21 35 50
13 194	8 28 27	1 43 1	6 27 47	16 9 54	11 37 51	27 6 57	2 34 51	4 16 35	5 42	9 23 4	30 7 53	4 55 59.9	8 25 13	21 8 17
14 195	10 22 15	2 2 52	7 4 23	16 18 53	11 35 26	27 9 6	2 34 26	4 15 10	5 37	9 28 11	30 8 9	4 55 59.7	8 33 4	20 39 15
15 196	12 14 12	2 20 53	7 41 1	16 27 43	11 32 56	27 11 13	2 34 0	4 13 45	5 30	9 33 16	30 8 37	4 55 59.4	8 40 44	20 8 54
16 197	14 4 17	2 37 1	8 17 42	16 36 26	11 30 20	27 13 18	2 33 32	4 12 20	5 20	9 38 21	30 9 13	4 55 59.2	8 48 13	19 37 21
17 198	15 52 29	2 51 12	8 54 25	16 45 1	11 27 40	27 15 21	2 33 2	4 10 55	5 07	9 43 26	30 9 57	4 55 58.9	8 55 30	19 4 43
18 199	17 38 48	3 3 23	9 31 11	16 53 28	11 24 55	27 17 21	2 32 30	4 9 29	4 54	9 48 29	30 10 45	4 55 58.7	9 2 36	18 31 7
19 200	19 23 15	3 13 29	10 7 59	17 1 47	11 22 5	27 19 18	2 31 56	4 8 4	4 40	9 53 32	30 11 36	4 55 58.5	9 9 32	17 56 40
20 201	21 5 49	3 21 28	10 44 50	17 9 58	11 19 10	27 21 13	2 31 21	4 6 38	4 27	9 58 35	30 12 29	4 55 58.3	9 16 17	17 21 28
21 202	22 46 32	3 27 17	11 21 43	17 18 1	11 16 11	27 23 6	2 30 43	4 5 12	4 16	10 3 37	30 13 21	4 55 58.2	9 22 51	16 45 36
22 203	24 25 22	3 30 51	11 58 38	17 25 55	11 13 7	27 24 56	2 30 4	4 3 46	4 08	10 8 37	30 14 12	4 55 58.1	9 29 15	16 9 11
23 204	26 2 20	3 32R10	12 35 36	17 33 40	11 9 59	27 26 43	2 29 24	4 2 20	4 03	10 13 37	30 14 59	4 55 58.0	9 35 29	15 32 18
24 205	27 37 26	3 31 9	13 12 36	17 41 17	11 6 46	27 28 28	2 28 41	4 0 54	4 00	10 18 37	30 15 41	4 55 58.0	9 41 32	14 55 2
25 206	29 10 40	3 27 47	13 49 39	17 48 46	11 3 30	27 30 10	2 27 57	3 59 29	3 59	10 23 35	30 16 16	4 55 57.9	9 47 26	14 17 27
26 207	0♌42 1	3 22 2	14 26 43	17 56 5	11 0 9	27 31 50	2 27 11	3 58 3	3 59	10 28 33	30 16 41	4 55 57.8	9 53 11	13 39 39
27 208	2 11 29	3 13 53	15 3 50	18 3 16	10 56 44	27 33 27	2 26 23	3 56 38	3 58	10 33 30	30 16 54	4 55 57.7	9 58 45	13 1 42
28 209	3 39 2	3 3 20	15 41 0	18 10 17	10 53 15	27 35 1	2 25 34	3 55 12	3 57	10 38 27	30 16 54	4 55 57.5	10 4 10	12 23 41
29 210	5 4 39	2 50 24	16 18 11	18 17 10	10 49 43	27 36 33	2 24 42	3 53 47	3 53	10 43 22	30 16 39	4 55 57.2	10 9 26	11 45 39
30 211	6 28 18	2 35 4	16 55 25	18 23 53	10 46 6	27 38 2	2 23 50	3 52 22	3 47	10 48 17	30 16 9	4 55 56.9	10 14 32	11 7 41
31 212	7♌49 58	2♌17 23	17♌32 41	18♈30 28	10♒42 26	27♈39 29	2♓22 56	3♑50 57	3♈38	10 53 11	30 16 25	4 55 56.6	10 19 30	10N29 51

DAY Jul	♀ VENUS R.A. h m s	DECL ° ' "	♂ MARS R.A. h m s	DECL ° ' "	♃ JUPITER R.A. h m s	DECL ° ' "	♄ SATURN R.A. h m s	DECL ° ' "	♅ URANUS R.A. h m s	DECL ° ' "	♆ NEPTUNE R.A. h m s	DECL ° ' "	♇ PLUTO R.A. h m s	DECL ° ' "
1	9 33 16	14N59 40	9 47 55	14N33 54	2 29 2	13N30 31	22 37 36	10S25 51	3 17 28	17N53 22	23 53 28	2S 2 58	20 9 32	22S49 8
2	9 35 33	14 40 9	9 50 15	14 21 19	2 29 43	13 33 40	22 37 31	10 26 33	3 17 39	17 54 2	23 53 28	2 3 1	20 9 26	22 49 32
3	9 37 44	14 20 42	9 52 35	14 8 38	2 30 23	13 36 47	22 37 26	10 27 17	3 17 49	17 54 41	23 53 28	2 3 5	20 9 21	22 49 55
4	9 39 50	14 1 20	9 54 54	13 55 51	2 31 3	13 39 51	22 37 20	10 28 3	3 17 59	17 55 20	23 53 28	2 3 10	20 9 15	22 50 19
5	9 41 50	13 42 4	9 57 14	13 43 0	2 31 42	13 42 52	22 37 15	10 28 51	3 18 9	17 55 59	23 53 27	2 3 16	20 9 10	22 50 43
6	9 43 44	13 22 55	9 59 33	13 30 3	2 32 21	13 45 51	22 37 9	10 29 41	3 18 19	17 56 37	23 53 27	2 3 22	20 9 4	22 51 7
7	9 45 31	13 3 56	10 1 53	13 17 1	2 33 0	13 48 47	22 37 2	10 30 33	3 18 29	17 57 14	23 53 26	2 3 29	20 8 58	22 51 31
8	9 47 13	12 45 7	10 4 12	13 3 53	2 33 38	13 51 41	22 36 55	10 31 26	3 18 39	17 57 50	23 53 26	2 3 36	20 8 53	22 51 55
9	9 48 48	12 26 30	10 6 31	12 50 41	2 34 16	13 54 32	22 36 48	10 32 22	3 18 48	17 58 26	23 53 25	2 3 45	20 8 47	22 52 18
10	9 50 17	12 8 7	10 8 50	12 37 24	2 34 53	13 57 20	22 36 41	10 33 20	3 18 58	17 59 2	23 53 24	2 3 54	20 8 41	22 52 42
11	9 51 39	11 49 58	10 11 9	12 24 2	2 35 30	14 0 5	22 36 33	10 34 20	3 19 7	17 59 36	23 53 23	2 4 4	20 8 35	22 53 6
12	9 52 54	11 32 6	10 13 28	12 10 34	2 36 6	14 2 48	22 36 25	10 35 21	3 19 16	18 0 11	23 53 22	2 4 15	20 8 30	22 53 30
13	9 54 2	11 14 31	10 15 47	11 57 2	2 36 42	14 5 28	22 36 16	10 36 24	3 19 25	18 0 44	23 53 20	2 4 27	20 8 24	22 53 54
14	9 55 2	10 57 17	10 18 6	11 43 26	2 37 17	14 8 5	22 36 7	10 37 29	3 19 34	18 1 17	23 53 19	2 4 39	20 8 18	22 54 17
15	9 55 56	10 40 24	10 20 25	11 29 44	2 37 52	14 10 39	22 35 58	10 38 36	3 19 42	18 1 49	23 53 17	2 4 52	20 8 12	22 54 41
16	9 56 41	10 23 54	10 22 43	11 15 58	2 38 27	14 13 11	22 35 49	10 39 45	3 19 51	18 2 21	23 53 16	2 5 5	20 8 6	22 55 5
17	9 57 19	10 7 49	10 25 2	11 2 8	2 39 1	14 15 40	22 35 39	10 40 55	3 19 59	18 2 52	23 53 14	2 5 20	20 8 0	22 55 28
18	9 57 48	9 52 12	10 27 21	10 48 13	2 39 34	14 18 6	22 35 29	10 42 7	3 20 7	18 3 22	23 53 12	2 5 35	20 7 54	22 55 52
19	9 58 9	9 37 3	10 29 39	10 34 13	2 40 7	14 20 29	22 35 18	10 43 21	3 20 15	18 3 52	23 53 10	2 5 51	20 7 48	22 56 16
20	9 58 22	9 22 26	10 31 58	10 20 10	2 40 39	14 22 49	22 35 8	10 44 36	3 20 23	18 4 21	23 53 8	2 6 7	20 7 42	22 56 39
21	9 58 26	9 8 21	10 34 16	10 6 2	2 41 11	14 25 6	22 34 57	10 45 53	3 20 31	18 4 50	23 53 6	2 6 25	20 7 36	22 57 3
22	9 58 22	8 54 52	10 36 35	9 51 50	2 41 43	14 27 20	22 34 45	10 47 11	3 20 38	18 5 18	23 53 4	2 6 43	20 7 30	22 57 26
23	9 58 8	8 42 0	10 38 53	9 37 34	2 42 13	14 29 31	22 34 34	10 48 31	3 20 46	18 5 45	23 53 1	2 7 1	20 7 24	22 57 49
24	9 57 46	8 29 46	10 41 11	9 23 14	2 42 44	14 31 40	22 34 22	10 49 52	3 20 53	18 6 11	23 52 59	2 7 21	20 7 18	22 58 12
25	9 57 14	8 18 14	10 43 30	9 8 50	2 43 13	14 33 45	22 34 10	10 51 15	3 21 0	18 6 37	23 52 56	2 7 41	20 7 12	22 58 35
26	9 56 34	8 7 26	10 45 48	8 54 22	2 43 42	14 35 48	22 33 57	10 52 39	3 21 6	18 7 2	23 52 53	2 8 1	20 7 6	22 58 58
27	9 55 44	7 57 22	10 48 6	8 39 51	2 44 11	14 37 47	22 33 45	10 54 4	3 21 13	18 7 26	23 52 50	2 8 23	20 7 0	22 59 21
28	9 54 45	7 48 6	10 50 24	8 25 16	2 44 39	14 39 43	22 33 32	10 55 31	3 21 19	18 7 50	23 52 47	2 8 45	20 6 54	22 59 43
29	9 53 37	7 39 38	10 52 43	8 10 38	2 45 6	14 41 37	22 33 19	10 56 59	3 21 26	18 8 12	23 52 44	2 9 7	20 6 49	23 0 6
30	9 52 21	7 32 1	10 55 1	7 55 56	2 45 33	14 43 27	22 33 5	10 58 28	3 21 32	18 8 35	23 52 41	2 9 30	20 6 43	23 0 28
31	9 50 56	7N25 15	10 57 19	7N41 11	2 45 59	14N45 15	22 32 52	10S59 58	3 21 38	18N 8 56	23 52 38	2S 9 54	20 6 37	23S 0 50

AUGUST 2023

DAY	SIDEREAL TIME h m s	☉ SUN LONG ° ' "	SUN MOT ' "	SUN R.A. h m s	SUN DECL ° ' "	☽ MOON AT 0 HOURS LONG ° ' "	12h MOT ° ' "	2DIF "	R.A. h m s	DECL ° ' "	☽ MOON AT 12 HOURS LONG ° ' "	12h MOT ° ' "	2DIF "	R.A. h m s	DECL ° ' "
1 Tu	20 37 23	13♋27 25	57 22	8 43 47.8	18N 7 50	2♑24 33	7 37 1	74	20 2 32	25S34 26	10♑ 1 34	7 38 48	32	20 35 3	23S49 7
2 W	20 41 20	14 24 47	57 23	8 47 40.6	17 52 44	17 40 21	7 39 9	-11	21 6 43	21 38 21	25 19 30	7 38 4	-53	21 37 24	19 5 33
3 Th	20 45 16	15 22 10	57 24	8 51 32.8	17 37 21	2♒57 33	7 35 37	-92	22 7 4	16 14 34	10♒33 10	7 31 57	-126	22 35 42	13 9 23
4 F	20 49 13	16 19 33	57 25	8 55 24.4	17 21 40	18 5 7	7 27 14	-154	23 3 25	9 54 0	25 32 21	7 21 41	-176	23 30 20	6 32 11
5 S	20 53 9	17 16 58	57 26	8 59 15.3	17 5 43	2♓54 2	7 15 31	-191	23 56 34	3 7 26	10♓ 9 33	7 8 57	-200	0 22 17	0N17 4
6 Su	20 57 6	18 14 24	57 27	9 3 5.7	16 49 29	17 18 30	7 2 12	-203	0 47 39	3N38 28	24 20 42	6 55 27	-201	1 12 49	6 54 12
7 M	21 1 2	19 11 52	57 29	9 6 55.6	16 32 58	1♈16 9	6 48 50	-194	1 37 55	10 2 1	8♈ 4 59	6 42 29	-185	2 3 5	12 59 50
8 Tu	21 4 59	20 9 20	57 30	9 10 44.8	16 16 12	14 47 28	6 36 29	-173	2 28 26	15 45 49	21 23 57	6 30 55	-160	2 54 4	18 18 15
9 W	21 8 56	21 6 50	57 32	9 14 33.5	15 59 10	27 54 52	6 25 49	-146	3 20 1	20 35 36	4♉20 41	6 21 12	-131	3 46 22	22 36 25
10 Th	21 12 52	22 4 22	57 33	9 18 21.6	15 41 52	10♉41 53	6 17 4	-117	4 13 5	24 19 28	16 58 57	6 13 24	-103	4 40 8	25 43 38
11 F	21 16 49	23 1 54	57 34	9 22 9.2	15 24 19	23 12 20	6 10 11	-90	5 7 29	26 48 3	29 22 31	6 7 23	-78	5 34 59	27 32 7
12 S	21 20 45	23 59 28	57 36	9 25 56.2	15 6 31	5♊29 53	6 4 58	-67	6 2 33	27 55 30	11♊34 51	6 2 54	-57	6 30 2	27 58 14
13 Su	21 24 42	24 57 4	57 37	9 29 42.6	14 48 28	17 37 45	6 1 9	-48	6 57 16	27 40 41	23 38 53	5 59 40	-41	7 24 9	27 3 30
14 M	21 28 38	25 54 40	57 38	9 33 28.5	14 30 12	29 38 33	5 58 26	-34	7 50 32	26 7 40	5♋36 59	5 57 26	-27	8 16 21	24 54 22
15 Tu	21 32 35	26 52 18	57 39	9 37 13.9	14 11 41	11♋34 25	5 56 37	-21	8 41 33	23 24 58	17 31 2	5 56 0	-16	9 6 5	21 40 58
16 W	21 36 31	27 49 58	57 41	9 40 58.7	13 52 57	23 27 2	5 55 34	-10	9 29 57	19 43 54	29 22 36	5 55 20	-4	9 53 13	17 35 18
17 Th	21 40 28	28 47 38	57 42	9 44 43.0	13 34 0	5♌17 56	5 55 17	2	10 15 55	15 16 43	11♌13 13	5 55 27	9	10 38 7	12 49 36
18 F	21 44 25	29 45 20	57 43	9 48 26.8	13 14 50	17 8 40	5 55 52	16	10 59 54	10 15 24	23 4 32	5 56 33	25	11 21 22	7 35 28
19 S	21 48 21	0♌43 3	57 44	9 52 10.1	12 55 27	29 1 5	5 57 33	35	11 42 37	4 51 9	4♍58 37	5 58 53	46	12 3 47	2 3 44
20 Su	21 52 18	1 40 47	57 45	9 55 52.8	12 35 52	10♍57 30	6 0 37	58	12 24 57	0S45 32	16 58 7	6 2 46	71	12 46 16	3S35 20
21 M	21 56 14	2 38 33	57 47	9 59 35.1	12 16 5	23 0 53	6 5 22	86	13 7 51	6 24 23	29 6 15	6 8 29	101	13 29 50	9 11 15
22 Tu	22 0 11	3 36 19	57 48	10 3 16.9	11 56 6	5♎14 44	6 12 7	117	13 52 21	11 54 28	11♎26 52	6 16 18	134	14 15 32	14 32 21
23 W	22 4 7	4 34 7	57 49	10 6 58.2	11 35 56	17 43 10	6 21 2	150	14 39 32	17 3 5	24 4 12	6 26 19	166	15 4 27	19 24 38
24 Th	22 8 4	5 31 56	57 50	10 10 39.0	11 15 36	0♏30 31	6 32 6	181	15 30 25	21 34 41	7♏ 2 36	6 38 21	193	15 57 30	23 30 43
25 F	22 12 0	6 29 46	57 51	10 14 19.5	10 55 4	13 40 57	6 45 0	204	16 25 46	25 10 2	20 25 57	6 51 56	210	16 55 10	26 29 48
26 S	22 15 57	7 27 37	57 53	10 17 59.4	10 34 23	27 17 52	6 59 1	212	17 25 39	27 27 13	4♐16 53	7 6 5	209	17 57 4	27 59 41
27 Su	22 19 54	8 25 30	57 54	10 21 39.0	10 13 31	11♐22 58	7 12 58	200	18 29 10	28 5 4	18 35 56	7 19 27	185	19 1 40	27 41 54
28 M	22 23 50	9 23 23	57 55	10 25 18.2	9 52 30	25 55 23	7 25 18	163	19 34 17	26 49 36	3♑20 41	7 30 19	135	20 6 40	25 28 33
29 Tu	22 27 47	10 21 18	57 57	10 28 56.9	9 31 20	10♑51 0	7 34 18	101	20 38 35	23 40 7	18 25 18	7 37 5	63	21 9 49	21 26 34
30 W	22 31 43	11 19 15	57 58	10 32 35.4	9 10 1	26 2 23	7 38 32	23	21 40 14	18 50 50	3♒40 56	7 38 36	-19	22 9 48	15 56 26
31 Th	22 35 40	12♌17 13	58 0	10 36 13.4	8N48 33	11♒19 32	7 37 18	-59	22 38 30	12S47 7	18♒56 50	7 34 40	-97	23 6 26	9S26 48

LUNAR INGRESSES
2 ☽ ♒ 19:21
4 ☽ ♓ 19:15
6 ☽ ♈ 21:47
9 ☽ ♉ 3:52
11 ☽ ♊ 13:13
14 ☽ ♋ 0:43
16 ☽ ♌ 13:16
19 ☽ ♍ 1:59
21 ☽ ♎ 13:45
23 ☽ ♏ 23:04
26 ☽ ♐ 4:40
28 ☽ ♑ 6:37
30 ☽ ♒ 6:13

PLANET INGRESSES
5 ♀ ♋ 12:48
18 ☉ ♌ 6:06
19 ♂ ♍ 19:49

STATIONS
23 ☿ R 20:01
29 ♅ R 2:40

DATA FOR THE 1st AT 0 HOURS
JULIAN DAY 45137.5
☽ MEAN ☊ 3°♈ 54' 33"
OBLIQUITY 23° 26' 18"
DELTA T 78.1 SECONDS
NUTATION LONGITUDE -6.7"

DAY MO	YR	☿ LONG ° ' "	♀ LONG ° ' "	♂ LONG ° ' "	♃ LONG ° ' "	♄ LONG ° ' "	♅ LONG ° ' "	♆ LONG ° ' "	♇ LONG ° ' "	☊ LONG ° '	A.S.S.I. h m s	S.S.R.Y. h m s	S.V.P. ♓ ° ' "	☿ MERCURY R.A. h m s	☿ MERCURY DECL ° ' "
1	213	9♌ 9 37	1♌57R25	18♌10 0	18♈36 53	10♒38R43	27♈40 52	2♓22R 0	3♑49R33	3♈28	10 58 4	30 14 29	4 55 56.3	10 24 17	9N52 14
2	214	10 27 12	1 35 13	18 47 20	18 43 8	10 34 56	27 42 13	2 21 2	3 48 9	3 17	11 2 57	30 13 22	4 55 56.1	10 28 56	9 14 52
3	215	11 42 39	1 10 53	19 24 43	18 49 14	10 31 6	27 43 31	2 20 3	3 46 45	3 07	11 7 49	30 12 10	4 55 55.9	10 33 25	8 37 51
4	216	12 55 56	0 44 31	20 2 9	18 55 10	10 27 12	27 44 47	2 19 3	3 45 22	3 00	11 12 39	30 10 57	4 55 55.8	10 37 45	8 1 14
5	217	14 6 58	0 16 14	20 39 36	19 0 57	10 23 16	27 45 59	2 18 1	3 43 59	2 55	11 17 30	30 9 48	4 55 55.8	10 41 55	7 25 6
6	218	15 15 41	29♋46 11	21 17 7	19 6 34	10 19 16	27 47 9	2 16 57	3 42 36	2 52	11 22 19	30 8 46	4 55 55.7	10 45 56	6 49 31
7	219	16 22 0	29 14 32	21 54 39	19 12 0	10 15 14	27 48 16	2 15 52	3 41 14	2 51	11 27 8	30 7 55	4 55 55.7	10 49 47	6 14 33
8	220	17 25 50	28 41 28	22 32 15	19 17 17	10 11 8	27 49 20	2 14 46	3 39 52	2 51	11 31 56	30 7 15	4 55 55.6	10 53 28	5 40 17
9	221	18 27 3	28 7 8	23 9 53	19 22 24	10 7 1	27 50 21	2 13 38	3 38 31	2 51	11 36 43	30 6 48	4 55 55.4	10 56 58	5 6 47
10	222	19 25 34	27 31 46	23 47 33	19 27 20	10 2 50	27 51 19	2 12 29	3 37 10	2 50	11 41 30	30 6 33	4 55 55.2	11 0 18	4 34 9
11	223	20 21 15	26 55 35	24 25 16	19 32 6	9 58 37	27 52 15	2 11 18	3 35 50	2 46	11 46 16	30 6 30	4 55 55.0	11 3 27	4 2 28
12	224	21 13 57	26 18 48	25 3 2	19 36 41	9 54 22	27 53 7	2 10 6	3 34 31	2 40	11 51 1	30 6 38	4 55 54.8	11 6 25	3 31 50
13	225	22 3 32	25 41 39	25 40 50	19 41 6	9 50 5	27 53 57	2 8 53	3 33 12	2 31	11 55 45	30 6 56	4 55 54.6	11 9 10	3 2 20
14	226	22 49 49	25 4 22	26 18 41	19 45 20	9 45 45	27 54 43	2 7 38	3 31 54	2 20	12 0 29	30 7 22	4 55 54.4	11 11 44	2 34 6
15	227	23 32 38	24 27 12	26 56 34	19 49 23	9 41 24	27 55 27	2 6 22	3 30 36	2 08	12 5 12	30 7 56	4 55 54.2	11 14 4	2 7 14
16	228	24 11 47	23 50 21	27 34 30	19 53 15	9 37 1	27 56 8	2 5 5	3 29 19	1 56	12 9 55	30 8 36	4 55 54.1	11 16 11	1 41 50
17	229	24 47 5	23 14 5	28 12 28	19 56 57	9 32 37	27 56 46	2 3 47	3 28 3	1 45	12 14 37	30 9 21	4 55 54.0	11 18 4	1 18 4
18	230	25 18 18	22 38 37	28 50 29	20 0 27	9 28 11	27 57 20	2 2 27	3 26 48	1 35	12 19 18	30 10 11	4 55 53.9	11 19 42	0 56 4
19	231	25 45 12	22 4 9	29 28 33	20 3 46	9 23 43	27 57 52	2 1 6	3 25 34	1 28	12 23 58	30 11 4	4 55 53.9	11 21 4	0 35 57
20	232	26 7 34	21 30 53	0♍ 6 39	20 6 53	9 19 15	27 58 21	1 59 45	3 24 20	1 23	12 28 38	30 11 58	4 55 53.8	11 22 11	0 17 55
21	233	26 25 10	20 59 2	0 44 47	20 9 50	9 14 45	27 58 46	1 58 22	3 23 8	1 21	12 33 17	30 12 51	4 55 53.8	11 23 0	0 2 5
22	234	26 37 45	20 28 46	1 22 58	20 12 35	9 10 15	27 59 9	1 56 58	3 21 56	1 21	12 37 56	30 13 41	4 55 53.8	11 23 32	0S11 20
23	235	26 45R 5	20 0 13	2 1 12	20 15 9	9 5 44	27 59 29	1 55 33	3 20 45	1 22	12 42 34	30 14 24	4 55 53.7	11 23 45	0 22 11
24	236	26 46 56	19 33 34	2 39 28	20 17 31	9 1 12	27 59 45	1 54 7	3 19 35	1 22	12 47 11	30 14 57	4 55 53.5	11 23 39	0 30 16
25	237	26 43 8	19 8 54	3 17 46	20 19 42	8 56 40	27 59 59	1 52 40	3 18 26	1 22	12 51 48	30 15 16	4 55 53.3	11 23 14	0 35 25
26	238	26 33 30	18 46 21	3 56 7	20 21 41	8 52 7	28 0 10	1 51 12	3 17 18	1 20	12 56 25	30 15 20	4 55 53.1	11 22 28	0 37 28
27	239	26 17 55	18 25 59	4 34 30	20 23 28	8 47 34	28 0 17	1 49 43	3 16 11	1 17	13 1 1	30 15 8	4 55 52.9	11 21 23	0 36 15
28	240	25 56 21	18 7 55	5 12 56	20 25 4	8 43 2	28 0 22	1 48 14	3 15 6	1 11	13 5 36	30 14 40	4 55 52.6	11 19 57	0 31 37
29	241	25 28 49	17 52 10	5 51 24	20 26 28	8 38 29	28 0R24	1 46 43	3 14 1	1 04	13 10 11	30 13 57	4 55 52.4	11 18 12	0 23 28
30	242	24 55 29	17 38 47	6 29 55	20 27 41	8 33 57	28 0 22	1 45 12	3 12 57	0 56	13 14 45	30 13 2	4 55 52.2	11 16 7	0 11 44
31	243	24♌16 35	17♋27 49	7♍ 8 28	20♈28 41	8♒29 25	28♈ 0 18	1♓43 40	3♑11 55	0♈49	13 19 19	30 11 58	4 55 52.1	11 13 45	0N 3 35

DAY Aug	♀ VENUS R.A. h m s	♀ VENUS DECL ° ' "	♂ MARS R.A. h m s	♂ MARS DECL ° ' "	♃ JUPITER R.A. h m s	♃ JUPITER DECL ° ' "	♄ SATURN R.A. h m s	♄ SATURN DECL ° ' "	♅ URANUS R.A. h m s	♅ URANUS DECL ° ' "	♆ NEPTUNE R.A. h m s	♆ NEPTUNE DECL ° ' "	♇ PLUTO R.A. h m s	♇ PLUTO DECL ° ' "
1	9 49 22	7N19 23	10 59 37	7N26 22	2 46 25	14N46 59	22 32 38	11S 1 29	3 21 43	18N 9 17	23 52 35	2S10 18	20 6 31	23S 1 12
2	9 47 40	7 14 26	11 1 55	7 11 30	2 46 50	14 48 40	22 32 24	11 3 2	3 21 49	18 9 37	23 52 31	2 10 43	20 6 25	23 1 34
3	9 45 51	7 10 23	11 4 14	6 56 36	2 47 14	14 50 19	22 32 9	11 4 35	3 21 54	18 9 57	23 52 28	2 11 9	20 6 19	23 1 56
4	9 43 54	7 7 15	11 6 32	6 41 38	2 47 38	14 51 54	22 31 55	11 6 10	3 21 59	18 10 16	23 52 24	2 11 35	20 6 13	23 2 18
5	9 41 51	7 5 4	11 8 50	6 26 37	2 48 1	14 53 26	22 31 40	11 7 45	3 22 4	18 10 34	23 52 20	2 12 2	20 6 7	23 2 39
6	9 39 42	7 3 47	11 11 8	6 11 33	2 48 23	14 54 55	22 31 25	11 9 21	3 22 9	18 10 51	23 52 17	2 12 29	20 6 2	23 3 1
7	9 37 27	7 3 26	11 13 26	5 56 26	2 48 45	14 56 20	22 31 10	11 10 58	3 22 14	18 11 7	23 52 13	2 12 57	20 5 56	23 3 22
8	9 35 8	7 3 58	11 15 45	5 41 17	2 49 6	14 57 43	22 30 55	11 12 36	3 22 18	18 11 23	23 52 9	2 13 26	20 5 50	23 3 42
9	9 32 45	7 5 23	11 18 3	5 26 5	2 49 26	14 59 2	22 30 40	11 14 15	3 22 22	18 11 38	23 52 5	2 13 54	20 5 45	23 4 3
10	9 30 19	7 7 40	11 20 21	5 10 50	2 49 46	15 0 19	22 30 24	11 15 55	3 22 26	18 11 52	23 52 0	2 14 24	20 5 39	23 4 23
11	9 27 51	7 10 46	11 22 40	4 55 32	2 50 5	15 1 32	22 30 8	11 17 35	3 22 30	18 12 6	23 51 56	2 14 54	20 5 33	23 4 44
12	9 25 21	7 14 40	11 24 58	4 40 12	2 50 24	15 2 41	22 29 52	11 19 15	3 22 33	18 12 19	23 51 52	2 15 24	20 5 28	23 5 3
13	9 22 51	7 19 19	11 27 17	4 24 50	2 50 41	15 3 48	22 29 36	11 20 56	3 22 37	18 12 31	23 51 47	2 15 55	20 5 22	23 5 23
14	9 20 21	7 24 40	11 29 36	4 9 25	2 50 58	15 4 51	22 29 20	11 22 38	3 22 40	18 12 42	23 51 43	2 16 27	20 5 17	23 5 43
15	9 17 53	7 30 40	11 31 54	3 53 58	2 51 15	15 5 51	22 29 4	11 24 20	3 22 43	18 12 53	23 51 38	2 16 59	20 5 11	23 6 2
16	9 15 27	7 37 17	11 34 13	3 38 29	2 51 30	15 6 48	22 28 47	11 26 3	3 22 46	18 13 3	23 51 34	2 17 31	20 5 6	23 6 21
17	9 13 4	7 44 27	11 36 32	3 22 57	2 51 45	15 7 41	22 28 31	11 27 46	3 22 48	18 13 12	23 51 29	2 18 4	20 5 1	23 6 40
18	9 10 45	7 52 6	11 38 51	3 7 24	2 51 59	15 8 31	22 28 14	11 29 29	3 22 51	18 13 20	23 51 24	2 18 37	20 4 55	23 6 59
19	9 8 31	8 0 11	11 41 10	2 51 49	2 52 13	15 9 18	22 27 57	11 31 13	3 22 53	18 13 28	23 51 19	2 19 11	20 4 50	23 7 17
20	9 6 22	8 8 39	11 43 29	2 36 12	2 52 25	15 10 1	22 27 40	11 32 57	3 22 55	18 13 35	23 51 14	2 19 45	20 4 45	23 7 35
21	9 4 20	8 17 26	11 45 49	2 20 34	2 52 37	15 10 41	22 27 23	11 34 41	3 22 57	18 13 41	23 51 9	2 20 20	20 4 40	23 7 53
22	9 2 24	8 26 27	11 48 8	2 4 54	2 52 48	15 11 18	22 27 6	11 36 25	3 22 58	18 13 46	23 51 4	2 20 55	20 4 35	23 8 11
23	9 0 36	8 35 41	11 50 28	1 49 12	2 52 59	15 11 51	22 26 49	11 38 8	3 23 0	18 13 50	23 50 59	2 21 30	20 4 30	23 8 28
24	8 58 56	8 45 3	11 52 47	1 33 29	2 53 8	15 12 21	22 26 32	11 39 52	3 23 1	18 13 54	23 50 54	2 22 6	20 4 25	23 8 45
25	8 57 24	8 54 30	11 55 7	1 17 45	2 53 17	15 12 48	22 26 15	11 41 36	3 23 2	18 13 57	23 50 49	2 22 42	20 4 20	23 9 2
26	8 56 1	9 3 59	11 57 27	1 1 59	2 53 25	15 13 11	22 25 58	11 43 20	3 23 2	18 13 59	23 50 43	2 23 18	20 4 15	23 9 18
27	8 54 47	9 13 26	11 59 47	0 46 13	2 53 33	15 13 31	22 25 41	11 45 3	3 23 3	18 14 1	23 50 38	2 23 55	20 4 11	23 9 34
28	8 53 43	9 22 50	12 2 7	0 30 25	2 53 39	15 13 48	22 25 24	11 46 46	3 23 3	18 14 2	23 50 32	2 24 32	20 4 6	23 9 50
29	8 52 48	9 32 6	12 4 27	0 14 36	2 53 45	15 14 1	22 25 7	11 48 29	3 23 3	18 14 2	23 50 27	2 25 9	20 4 2	23 10 6
30	8 52 2	9 41 13	12 6 48	0S 1 13	2 53 50	15 14 11	22 24 49	11 50 11	3 23 3	18 14 1	23 50 21	2 25 46	20 3 57	23 10 21
31	8 51 27	9N50 8	12 9 9	0S17 3	2 53 54	15N14 17	22 24 32	11S51 53	3 23 3	18N14 0	23 50 16	2S26 24	20 3 53	23S10 36

DAY	SIDEREAL TIME h m s	☉ SUN LONG ° ' "	MOT ' "	R.A. h m s	DECL ° ' "	☽ MOON AT 0 HOURS LONG ° ' "	12h MOT ° ' "	2DIF "	R.A. h m s	DECL ° ' "	☽ MOON AT 12 HOURS LONG ° ' "	12h MOT ° ' "	2DIF "	R.A. h m s	DECL ° ' "
1 F	22 39 36	13♌15 12	58 1	10 39 51.1	8N26 56	26♒31 29	7 30 50	-130	23 33 42	5S59 19	4♓ 2 19	7 25 58	-159	0 0 24	2S28 26
2 S	22 43 33	14 13 13	58 3	10 43 28.6	8 5 12	11♓28 17	7 20 16	-181	0 26 42	1N 2 23	18 48 33	7 13 55	-196	0 52 44	4N29 53
3 Su	22 47 29	15 11 16	58 5	10 47 5.7	7 43 20	26 2 28	7 7 10	-206	1 18 39	7 51 5	3♈ 9 38	7 0 11	-210	1 44 34	11 3 21
4 M	22 51 26	16 9 21	58 7	10 50 42.6	7 21 20	10♈ 9 49	6 53 9	-209	2 10 36	14 4 16	17 2 58	6 46 15	-204	2 36 50	16 51 41
5 Tu	22 55 23	17 7 28	58 9	10 54 19.3	6 59 13	23 49 12	6 39 35	-195	3 3 22	19 23 42	0♉28 47	6 33 16	-183	3 30 13	21 38 42
6 W	22 59 19	18 5 37	58 11	10 57 55.7	6 36 58	7♉ 2 3	6 27 23	-169	3 57 24	23 35 14	13 29 26	6 21 59	-154	4 24 53	25 12 9
7 Th	23 3 16	19 3 48	58 13	11 1 32.0	6 14 38	19 51 24	6 17 6	-138	4 52 36	26 28 35	26 8 30	6 12 45	-122	5 20 28	27 23 55
8 F	23 7 12	20 2 1	58 15	11 5 8.0	5 52 11	2♊21 15	6 8 56	-106	5 48 22	27 57 54	8♊30 11	6 5 39	-91	6 16 9	28 10 35
9 S	23 11 9	21 0 15	58 17	11 8 43.9	5 29 38	14 35 50	6 2 53	-76	6 43 42	28 2 23	20 38 43	6 0 36	-62	7 10 52	27 33 59
10 Su	23 15 5	21 58 32	58 19	11 12 19.7	5 6 59	26 39 19	5 58 47	-48	7 37 33	26 46 20	2♋38 5	5 57 22	-36	8 3 39	25 40 38
11 M	23 19 2	22 56 51	58 21	11 15 55.3	4 44 15	8♋35 28	5 56 22	-25	8 29 8	24 18 11	14 31 49	5 55 42	-15	8 53 56	22 40 25
12 Tu	23 22 58	23 55 12	58 23	11 19 30.8	4 21 26	20 27 32	5 55 23	-6	9 18 6	20 48 50	26 22 54	5 55 20	3	9 41 37	18 44 54
13 W	23 26 55	24 53 35	58 25	11 23 6.2	3 58 32	2♌18 15	5 55 34	11	10 4 34	16 30 7	8♌13 49	5 56 3	18	10 27 0	14 5 56
14 Th	23 30 52	25 52 0	58 27	11 26 41.5	3 35 35	14 9 52	5 56 45	24	10 48 59	11 33 47	20 6 37	5 57 41	31	11 10 39	8 55 2
15 F	23 34 48	26 50 26	58 29	11 30 16.7	3 12 33	26 4 18	5 58 49	37	11 32 3	6 11 3	2♍ 3 7	6 0 10	44	11 53 19	3 23 12
16 S	23 38 45	27 48 55	58 30	11 33 51.9	2 49 28	8♍ 3 17	6 1 45	51	12 14 34	0 32 48	14 5 2	6 3 33	58	12 35 53	2S18 45
17 Su	23 42 41	28 47 25	58 32	11 37 27.1	2 26 19	20 8 35	6 5 36	66	12 57 25	5S10 3	26 14 11	6 7 56	74	13 19 16	7 59 38
18 M	23 46 38	29 45 57	58 34	11 41 2.3	2 3 8	2♎22 7	6 10 33	83	13 41 34	10 45 56	8♎32 40	6 13 29	93	14 4 25	13 27 18
19 Tu	23 50 34	0♍44 31	58 36	11 44 37.4	1 39 54	14 46 8	6 16 44	103	14 27 58	16 1 54	21 2 53	6 20 21	114	14 52 19	18 27 49
20 W	23 54 31	1 43 7	58 38	11 48 12.6	1 16 38	27 23 13	6 24 19	124	15 17 34	20 42 56	3♏47 32	6 28 39	135	15 43 47	22 44 58
21 Th	23 58 27	2 41 44	58 39	11 51 47.8	0 53 20	10♏16 11	6 33 20	145	16 11 1	24 31 31	16 49 30	6 38 20	154	16 39 16	26 0 8
22 F	0 2 24	3 40 24	58 41	11 55 23.1	0 30 0	23 27 50	6 43 37	162	17 8 30	27 8 22	0♐11 27	6 49 8	168	17 38 37	27 53 54
23 S	0 6 21	4 39 4	58 43	11 58 58.5	0 6 40	7♐ 0 35	6 54 48	170	18 9 25	28 14 46	13 55 23	7 0 30	170	18 40 41	28 9 25
24 Su	0 10 17	5 37 47	58 44	12 2 34.0	0S16 41	20 55 53	7 6 7	165	19 12 59	27 36 59	28 2 0	7 11 31	156	19 43 40	26 37 16
25 M	0 14 14	6 36 31	58 46	12 6 9.5	0 40 3	5♑13 31	7 16 33	143	20 14 52	25 10 52	12♑30 5	7 21 3	125	20 45 36	23 19 7
26 Tu	0 18 10	7 35 16	58 48	12 9 45.3	1 3 25	19 51 7	7 24 51	102	21 15 43	21 4 2	27 15 59	7 27 49	75	21 45 9	18 28 8
27 W	0 22 7	8 34 4	58 49	12 13 21.1	1 26 46	4♒43 48	7 29 50	44	22 13 52	15 34 23	12♒13 37	7 30 47	12	22 41 54	12 26 0
28 Th	0 26 3	9 32 53	58 51	12 16 57.2	1 50 7	19 44 24	7 30 37	-22	23 9 21	9 6 24	27 15 1	7 29 20	-55	23 36 17	5 39 4
29 F	0 30 0	10 31 44	58 53	12 20 33.4	2 13 26	4♓44 21	7 26 58	-86	0 2 51	2 7 32	12♓11 19	7 23 34	-115	0 29 11	1N24 47
30 S	0 33 56	11♍30 38	58 55	12 24 9.9	2S36 45	19♓34 53	7 19 17	-140	0 55 25	4N54 33	26♓54 10	7 14 13	-161	1 21 40	8N18 34

LUNAR INGRESSES
1 ☽ ♓ 5:32
3 ☽ ♈ 6:39
5 ☽ ♉ 11:08
7 ☽ ♊ 19:26
10 ☽ ♋ 6:42
12 ☽ ♌ 19:20
15 ☽ ♍ 7:53
17 ☽ ♎ 19:22
20 ☽ ♏ 4:55
22 ☽ ♐ 11:40
24 ☽ ♑ 15:18
26 ☽ ♒ 16:24
28 ☽ ♓ 16:24
30 ☽ ♈ 17:07

PLANET INGRESSES
18 ☉ ♍ 5:45

STATIONS
4 ♀ D 1:21
4 ♃ R 14:12
15 ☿ D 20:22

DATA FOR THE 1st AT 0 HOURS
JULIAN DAY 45168.5
☽ MEAN ☊ 2°♈ 15' 59"
OBLIQUITY 23° 26' 19"
DELTA T 78.2 SECONDS
NUTATION LONGITUDE -7.1"

DAY MO YR	☿ LONG ° ' "	♀ LONG ° ' "	♂ LONG ° ' "	♃ LONG ° ' "	♄ LONG ° ' "	♅ LONG ° ' "	♆ LONG ° ' "	♇ LONG ° ' "	☊ LONG ° '	A.S.S.I. h m s	S.S.R.Y. h m s	S.V.P. ♓ ° ' "	☿ MERCURY R.A. h m s	DECL ° ' "
1 244	23♌32R32	17♋19R16	7♍47 4	20♈29 30	8♒24R52	28♈ 0R11	1♓42R 7	3♑10R53	0♈44	13 23 53	30 10 47	4 55 52.1	11 11 6	0N22 28
2 245	22 43 53	17 13 8	8 25 42	20 30 7	8 20 23	28 0 0	1 40 34	3 9 53	0 41	13 28 26	30 9 41	4 55 52.1	11 8 13	0 44 45
3 246	21 51 21	17 9 25	9 4 23	20 30 32	8 15 52	27 59 47	1 39 0	3 8 54	0 39	13 32 59	30 8 37	4 55 52.1	11 5 9	1 10 13
4 247	20 55 47	17 8D 6	9 43 7	20 30R45	8 11 23	27 59 31	1 37 25	3 7 56	0 39	13 37 31	30 7 39	4 55 52.0	11 1 56	1 38 35
5 248	19 58 14	17 9 21	10 21 53	20 30 46	8 6 55	27 59 11	1 35 50	3 7 0	0 40	13 42 3	30 6 50	4 55 51.9	10 58 38	2 9 25
6 249	18 59 49	17 12 30	11 0 42	20 30 35	8 2 28	27 58 49	1 34 14	3 6 4	0 42	13 46 35	30 6 11	4 55 51.8	10 55 20	2 42 14
7 250	18 1 49	17 18 9	11 39 34	20 30 12	7 58 3	27 58 24	1 32 38	3 5 10	0 42	13 51 7	30 5 41	4 55 51.6	10 52 6	3 16 29
8 251	17 5 30	17 26 2	12 18 28	20 29 36	7 53 39	27 57 56	1 31 1	3 4 17	0 41	13 55 38	30 5 21	4 55 51.4	10 49 0	3 51 30
9 252	16 12 11	17 36 5	12 57 26	20 28 49	7 49 16	27 57 25	1 29 24	3 3 26	0 39	14 0 10	30 5 11	4 55 51.2	10 46 8	4 26 39
10 253	15 23 10	17 48 16	13 36 26	20 27 50	7 44 55	27 56 51	1 27 46	3 2 36	0 35	14 4 41	30 5 11	4 55 51.0	10 43 32	5 1 15
11 254	14 39 37	18 2 30	14 15 29	20 26 38	7 40 36	27 56 14	1 26 8	3 1 47	0 29	14 9 12	30 5 20	4 55 50.8	10 41 18	5 34 38
12 255	14 2 38	18 18 45	14 54 35	20 25 14	7 36 20	27 55 34	1 24 30	3 1 0	0 22	14 13 42	30 5 38	4 55 50.7	10 39 29	6 6 9
13 256	13 33 8	18 36 56	15 33 43	20 23 39	7 32 5	27 54 51	1 22 51	3 0 14	0 16	14 18 13	30 6 5	4 55 50.6	10 38 8	6 35 15
14 257	13 11 52	18 56 59	16 12 55	20 21 51	7 27 52	27 54 5	1 21 12	2 59 29	0 09	14 22 44	30 6 41	4 55 50.6	10 37 18	7 1 23
15 258	12 59D24	19 18 52	16 52 9	20 19 51	7 23 43	27 53 16	1 19 33	2 58 46	0 04	14 27 14	30 7 25	4 55 50.6	10 37 1	7 24 8
16 259	12 56 9	19 42 30	17 31 26	20 17 39	7 19 35	27 52 25	1 17 54	2 58 4	0 01	14 31 44	30 8 17	4 55 50.6	10 37 17	7 43 8
17 260	13 2 17	20 7 49	18 10 45	20 15 16	7 15 31	27 51 31	1 16 14	2 57 24	29♓59	14 36 15	30 9 14	4 55 50.6	10 38 8	7 58 7
18 261	13 17 53	20 34 47	18 50 8	20 12 40	7 11 29	27 50 33	1 14 35	2 56 46	29 58	14 40 45	30 10 16	4 55 50.5	10 39 34	8 8 52
19 262	13 42 50	21 3 20	19 29 33	20 9 53	7 7 30	27 49 34	1 12 55	2 56 9	29 59	14 45 15	30 11 18	4 55 50.5	10 41 33	8 15 17
20 263	14 16 53	21 33 24	20 9 0	20 6 54	7 3 34	27 48 31	1 11 15	2 55 33	0♈00	14 49 46	30 12 16	4 55 50.4	10 44 4	8 17 17
21 264	14 59 40	22 4 56	20 48 31	20 3 44	6 59 42	27 47 26	1 9 36	2 54 59	0 02	14 54 16	30 13 7	4 55 50.2	10 47 7	8 14 54
22 265	15 50 44	22 37 53	21 28 4	20 0 22	6 55 53	27 46 17	1 7 56	2 54 26	0 03	14 58 46	30 13 46	4 55 50.0	10 50 39	8 8 12
23 266	16 49 33	23 12 13	22 7 40	19 56 49	6 52 8	27 45 7	1 6 17	2 53 55	0 04	15 3 17	30 14 11	4 55 49.8	10 54 38	7 57 18
24 267	17 55 31	23 47 51	22 47 19	19 53 5	6 48 26	27 43 53	1 4 37	2 53 26	0 03	15 7 48	30 14 20	4 55 49.6	10 59 1	7 42 22
25 268	19 8 1	24 24 46	23 27 0	19 49 5	6 44 48	27 42 37	1 2 58	2 52 58	0 01	15 12 19	30 14 14	4 55 49.4	11 3 47	7 23 37
26 269	20 26 22	25 2 55	24 6 44	19 45 3	6 41 13	27 41 19	1 1 19	2 52 32	29♓58	15 16 50	30 13 49	4 55 49.2	11 8 51	7 1 17
27 270	21 49 56	25 42 15	24 46 30	19 40 46	6 37 43	27 39 58	0 59 41	2 52 8	29 55	15 21 21	30 13 12	4 55 49.1	11 14 13	6 35 38
28 271	23 18 4	26 22 44	25 26 20	19 36 18	6 34 16	27 38 34	0 58 2	2 51 45	29 53	15 25 52	30 12 23	4 55 49.1	11 19 49	6 6 56
29 272	24 50 7	27 4 19	26 6 12	19 31 40	6 30 54	27 37 8	0 56 24	2 51 23	29 51	15 30 24	30 11 28	4 55 49.1	11 25 38	5 35 29
30 273	26♌25 31	27♋46 59	26♍46 7	19♈26 51	6♒27 36	27♈35 39	0♓54 47	2♑51 4	29♓50	15 34 56	30 10 29	4 55 49.1	11 31 36	5N 1 34

DAY Sep	♀ VENUS R.A. h m s	DECL ° ' "	♂ MARS R.A. h m s	DECL ° ' "	♃ JUPITER R.A. h m s	DECL ° ' "	♄ SATURN R.A. h m s	DECL ° ' "	♅ URANUS R.A. h m s	DECL ° ' "	♆ NEPTUNE R.A. h m s	DECL ° ' "	♇ PLUTO R.A. h m s	DECL ° ' "
1	8 51 1	9N58 49	12 11 29	0S32 54	2 53 58	15N14 20	22 24 15	11S53 35	3 23 3	18N13 57	23 50 10	2S27 2	20 3 48	23S10 51
2	8 50 45	10 7 13	12 13 50	0 48 45	2 54 1	15 14 20	22 23 58	11 55 16	3 23 2	18 13 54	23 50 4	2 27 41	20 3 44	23 11 5
3	8 50 39	10 15 18	12 16 11	1 4 36	2 54 2	15 14 16	22 23 41	11 56 57	3 23 1	18 13 51	23 49 59	2 28 19	20 3 40	23 11 19
4	8 50 42	10 23 4	12 18 33	1 20 29	2 54 4	15 14 9	22 23 24	11 58 37	3 23 0	18 13 46	23 49 53	2 28 58	20 3 36	23 11 33
5	8 50 55	10 30 27	12 20 54	1 36 21	2 54 4	15 13 58	22 23 7	12 0 16	3 22 59	18 13 41	23 49 47	2 29 37	20 3 32	23 11 46
6	8 51 17	10 37 27	12 23 16	1 52 14	2 54 3	15 13 44	22 22 50	12 1 55	3 22 57	18 13 35	23 49 41	2 30 16	20 3 28	23 11 59
7	8 51 48	10 44 3	12 25 38	2 8 7	2 54 2	15 13 27	22 22 33	12 3 33	3 22 55	18 13 28	23 49 36	2 30 55	20 3 24	23 12 12
8	8 52 29	10 50 12	12 28 0	2 24 0	2 54 0	15 13 6	22 22 17	12 5 10	3 22 53	18 13 21	23 49 30	2 31 34	20 3 21	23 12 24
9	8 53 18	10 55 55	12 30 23	2 39 53	2 53 57	15 12 42	22 22 0	12 6 46	3 22 51	18 13 13	23 49 24	2 32 14	20 3 17	23 12 36
10	8 54 15	11 1 10	12 32 45	2 55 46	2 53 53	15 12 15	22 21 43	12 8 22	3 22 49	18 13 4	23 49 18	2 32 53	20 3 13	23 12 48
11	8 55 21	11 5 57	12 35 8	3 11 39	2 53 49	15 11 44	22 21 27	12 9 56	3 22 47	18 12 54	23 49 12	2 33 33	20 3 10	23 13 0
12	8 56 34	11 10 15	12 37 32	3 27 31	2 53 44	15 11 9	22 21 11	12 11 30	3 22 44	18 12 44	23 49 6	2 34 13	20 3 7	23 13 11
13	8 57 56	11 14 3	12 39 55	3 43 23	2 53 37	15 10 31	22 20 55	12 13 2	3 22 41	18 12 32	23 49 0	2 34 53	20 3 3	23 13 21
14	8 59 24	11 17 20	12 42 19	3 59 14	2 53 31	15 9 50	22 20 39	12 14 34	3 22 38	18 12 21	23 48 54	2 35 33	20 3 0	23 13 32
15	9 1 0	11 20 6	12 44 43	4 15 5	2 53 23	15 9 6	22 20 23	12 16 4	3 22 35	18 12 8	23 48 48	2 36 13	20 2 57	23 13 42
16	9 2 43	11 22 22	12 47 7	4 30 55	2 53 14	15 8 18	22 20 7	12 17 33	3 22 31	18 11 55	23 48 42	2 36 53	20 2 54	23 13 52
17	9 4 33	11 24 5	12 49 31	4 46 44	2 53 5	15 7 26	22 19 51	12 19 1	3 22 27	18 11 41	23 48 36	2 37 33	20 2 51	23 14 1
18	9 6 29	11 25 16	12 51 56	5 2 32	2 52 55	15 6 32	22 19 36	12 20 28	3 22 24	18 11 26	23 48 29	2 38 13	20 2 49	23 14 10
19	9 8 31	11 25 56	12 54 21	5 18 19	2 52 44	15 5 34	22 19 21	12 21 53	3 22 20	18 11 10	23 48 23	2 38 53	20 2 46	23 14 19
20	9 10 39	11 26 3	12 56 47	5 34 4	2 52 32	15 4 33	22 19 6	12 23 17	3 22 15	18 10 54	23 48 17	2 39 33	20 2 44	23 14 27
21	9 12 53	11 25 37	12 59 12	5 49 49	2 52 20	15 3 29	22 18 51	12 24 39	3 22 11	18 10 37	23 48 11	2 40 13	20 2 41	23 14 35
22	9 15 12	11 24 38	13 1 38	6 5 32	2 52 7	15 2 21	22 18 36	12 26 0	3 22 6	18 10 19	23 48 5	2 40 53	20 2 39	23 14 42
23	9 17 36	11 23 6	13 4 5	6 21 13	2 51 53	15 1 11	22 18 22	12 27 20	3 22 1	18 10 2	23 47 59	2 41 32	20 2 37	23 14 49
24	9 20 6	11 21 2	13 6 31	6 36 52	2 51 38	14 59 57	22 18 8	12 28 38	3 21 56	18 9 43	23 47 53	2 42 12	20 2 35	23 14 56
25	9 22 40	11 18 24	13 8 58	6 52 30	2 51 23	14 58 40	22 17 54	12 29 55	3 21 51	18 9 24	23 47 47	2 42 51	20 2 33	23 15 3
26	9 25 20	11 15 13	13 11 26	7 8 6	2 51 7	14 57 20	22 17 40	12 31 10	3 21 46	18 9 3	23 47 41	2 43 31	20 2 31	23 15 9
27	9 28 3	11 11 28	13 13 53	7 23 40	2 50 50	14 55 58	22 17 27	12 32 23	3 21 41	18 8 43	23 47 35	2 44 10	20 2 29	23 15 15
28	9 30 51	11 7 11	13 16 21	7 39 11	2 50 33	14 54 32	22 17 13	12 33 35	3 21 35	18 8 21	23 47 29	2 44 49	20 2 28	23 15 20
29	9 33 43	11 2 19	13 18 49	7 54 40	2 50 15	14 53 3	22 17 1	12 34 45	3 21 29	18 7 59	23 47 23	2 45 28	20 2 26	23 15 25
30	9 36 39	10N56 55	13 21 18	8S10 7	2 49 56	14N51 31	22 16 48	12S35 53	3 21 23	18N 7 37	23 47 17	2S46 7	20 2 25	23S15 30

OCTOBER 2023

DAY	SIDEREAL TIME h m s	☉ SUN LONG ° ' "	MOT ' "	R.A. h m s	DECL ° ' "
1 Su	0 37 53	12♍29 33	58 57	12 27 46.7	3S 0 2
2 M	0 41 50	13 28 30	59 0	12 31 23.8	3 23 17
3 Tu	0 45 46	14 27 30	59 2	12 35 1.1	3 46 30
4 W	0 49 43	15 26 32	59 4	12 38 38.8	4 9 41
5 Th	0 53 39	16 25 36	59 7	12 42 16.9	4 32 49
6 F	0 57 36	17 24 42	59 9	12 45 55.3	4 55 53
7 S	1 1 32	18 23 51	59 11	12 49 34.1	5 18 54
8 Su	1 5 29	19 23 2	59 14	12 53 13.4	5 41 51
9 M	1 9 25	20 22 15	59 16	12 56 53.0	6 4 44
10 Tu	1 13 22	21 21 31	59 18	13 0 33.1	6 27 33
11 W	1 17 19	22 20 49	59 20	13 4 13.7	6 50 16
12 Th	1 21 15	23 20 9	59 22	13 7 54.8	7 12 54
13 F	1 25 12	24 19 31	59 24	13 11 36.3	7 35 25
14 S	1 29 8	25 18 56	59 27	13 15 18.4	7 57 51
15 Su	1 33 5	26 18 22	59 29	13 19 1.1	8 20 10
16 M	1 37 1	27 17 51	59 31	13 22 44.2	8 42 22
17 Tu	1 40 58	28 17 21	59 33	13 26 28.0	9 4 27
18 W	1 44 54	29 16 54	59 34	13 30 12.3	9 26 24
19 Th	1 48 51	0♎16 28	59 36	13 33 57.2	9 48 13
20 F	1 52 47	1 16 4	59 38	13 37 42.7	10 9 53
21 S	1 56 44	2 15 42	59 40	13 41 28.9	10 31 24
22 Su	2 0 41	3 15 22	59 41	13 45 15.7	10 52 45
23 M	2 4 37	4 15 3	59 43	13 49 3.1	11 13 57
24 Tu	2 8 34	5 14 46	59 45	13 52 51.2	11 34 58
25 W	2 12 30	6 14 30	59 46	13 56 39.9	11 55 49
26 Th	2 16 27	7 14 17	59 48	14 0 29.4	12 16 28
27 F	2 20 23	8 14 5	59 50	14 4 19.5	12 36 57
28 S	2 24 20	9 13 54	59 52	14 8 10.4	12 57 13
29 Su	2 28 16	10 13 46	59 54	14 12 2.1	13 17 18
30 M	2 32 13	11 13 40	59 56	14 15 54.5	13 37 10
31 Tu	2 36 10	12♎13 36	59 58	14 19 47.7	13S56 49

DAY	☽ MOON AT 0 HOURS LONG ° ' "	12h MOT ° ' "	2DIF "	R.A. h m s	DECL ° ' "
1 Su	4♈ 8 22	7 8 32	-177	1 48 3	11N33 50
2 M	18 19 19	6 55 59	-194	2 41 38	17 27 17
3 Tu	2♉ 4 44	6 42 55	-194	3 36 40	22 15 42
4 W	15 24 12	6 30 25	-178	4 33 4	25 44 45
5 Th	28 19 16	6 19 18	-153	5 30 12	27 45 55
6 F	10♊53 1	6 10 6	-122	6 26 57	28 17 18
7 S	23 9 26	6 3 6	-88	7 22 9	27 23 15
8 Su	5♋12 58	5 58 21	-55	8 14 52	25 12 57
9 M	17 8 6	5 55 47	-23	9 4 45	21 58 7
10 Tu	28 59 8	5 55 13	5	9 51 53	17 50 56
11 W	10♌49 59	5 56 26	30	10 36 47	13 3 5
12 Th	22 44 1	5 59 8	50	11 20 9	7 45 21
13 F	4♍44 5	6 3 2	66	12 2 51	2 8 10
14 S	16 52 28	6 7 52	78	12 45 47	3S37 50
15 Su	29 10 53	6 13 24	87	13 29 55	9 20 58
16 M	11♎40 41	6 19 29	94	14 16 11	14 47 50
17 Tu	24 22 49	6 25 57	100	15 5 28	19 42 43
18 W	7♏18 6	6 32 46	104	15 58 24	23 47 36
19 Th	20 27 9	6 39 52	108	16 55 9	26 43 11
20 F	3♐50 30	6 47 10	110	17 55 5	28 11 21
21 S	17 28 30	6 54 30	109	18 56 43	27 59 17
22 Su	1♑21 7	7 1 37	103	19 58 12	26 3 9
23 M	15 27 41	7 8 4	89	20 57 54	22 29 28
24 Tu	29 46 38	7 13 18	66	21 54 57	17 33 10
25 W	14♒15 12	7 16 41	34	22 49 24	11 34 22
26 Th	28 49 24	7 17 38	-6	23 41 55	4 55 45
27 F	13♓24 6	7 15 45	-50	0 33 30	1N58 56
28 S	27 53 34	7 10 56	-93	1 25 15	8 45 37
29 Su	12♈11 58	7 3 25	-130	2 18 10	15 0 31
30 M	26 14 14	6 53 50	-155	3 12 54	20 21 17
31 Tu	9♉56 34	6 42 59	-167	4 9 36	24N28 44

DAY	☽ MOON AT 12 HOURS LONG ° ' "	12h MOT ° ' "	2DIF "	R.A. h m s	DECL ° ' "
1 Su	11♈16 54	7 2 24	-188	2 14 41	14N37 35
2 M	25 15 18	6 49 27	-196	3 8 58	20 0 38
3 Tu	8♉47 40	6 36 32	-187	4 4 43	24 10 49
4 W	21 54 37	6 24 39	-167	5 1 36	26 56 36
5 Th	4♊38 34	6 14 27	-138	5 58 42	28 12 42
6 F	17 3 7	6 6 19	-105	6 54 49	28 0 28
7 S	29 12 32	6 0 26	-71	7 48 51	26 26 56
8 Su	11♋11 19	5 56 48	-39	8 40 10	23 42 50
9 M	23 3 53	5 55 16	-8	9 28 38	20 0 19
10 Tu	4♌54 22	5 55 37	18	10 14 34	15 31 24
11 W	16 46 24	5 57 37	40	10 58 36	10 27 18
12 Th	28 43 8	6 0 57	59	11 41 32	4 58 32
13 F	10♍47 7	6 5 21	73	12 24 14	0S44 26
14 S	23 0 19	6 10 34	83	13 7 39	6 30 33
15 Su	5♎24 18	6 16 23	91	13 52 43	12 7 22
16 M	18 0 9	6 22 40	97	14 40 24	17 20 21
17 Tu	0♏48 46	6 29 19	102	15 31 27	21 52 36
18 W	13 50 52	6 36 17	106	16 26 20	25 25 16
19 Th	27 7 1	6 43 30	109	17 24 48	27 39 10
20 F	10♐37 40	6 50 51	110	18 25 48	28 18 19
21 S	24 23 1	6 58 7	107	19 27 36	27 14 3
22 Su	8♑22 44	7 4 57	97	20 28 21	24 27 44
23 M	22 35 46	7 10 53	79	21 26 46	20 10 28
24 Tu	6♒59 56	7 15 16	51	22 22 28	14 40 12
25 W	21 31 54	7 17 30	14	23 15 50	8 18 34
26 Th	6♓ 7 2	7 17 4	-28	0 7 45	1 28 55
27 F	20 39 51	7 13 42	-72	0 59 17	5N24 47
28 S	5♈ 4 29	7 7 29	-113	1 51 30	11 58 29
29 Su	19 15 24	6 58 50	-144	2 45 17	17 48 58
30 M	3♉ 8 4	6 48 30	-163	3 41 1	22 35 12
31 Tu	16♉39 33	6 37 22	-168	4 38 32	26N 0 21

LUNAR INGRESSES
2 ☽ ♉ 20:19
5 ☽ ♊ 3:10
7 ☽ ♋ 13:35
10 ☽ ♌ 2:03
12 ☽ ♍ 14:34
15 ☽ ♎ 1:35
17 ☽ ♏ 10:29
19 ☽ ♐ 17:09
21 ☽ ♑ 21:41
24 ☽ ♒ 0:22
26 ☽ ♓ 1:56
28 ☽ ♈ 3:31
30 ☽ ♉ 6:32

PLANET INGRESSES
2 ☿ ♍ 3:44
2 ♀ ♌ 23:28
4 ♂ ♎ 20:11
18 ☉ ♎ 17:22
19 ☿ ♎ 8:18

STATIONS
11 ♇ D 1:11

DATA FOR THE 1st AT 0 HOURS
JULIAN DAY 45198.5
☽ MEAN ☊ 0°♈ 40' 36"
OBLIQUITY 23° 26' 19"
DELTA T 78.2 SECONDS
NUTATION LONGITUDE -8.0"

DAY MO YR	☿ LONG ° ' "	♀ LONG ° ' "	♂ LONG ° ' "	♃ LONG ° ' "	♄ LONG ° ' "	♅ LONG ° ' "	♆ LONG ° ' "
1 274	28♌ 3 43	28♋30 40	27♍26 4	19♈21R52	6♒24R22	27♈34R 8	0♓53R 9
2 275	29 44 12	29 15 22	28 6 5	19 16 43	6 21 12	27 32 35	0 51 32
3 276	1♍26 31	0♌ 1 1	28 46 8	19 11 24	6 18 7	27 30 59	0 49 56
4 277	3 10 16	0 47 36	29 26 15	19 5 56	6 15 7	27 29 21	0 48 20
5 278	4 55 6	1 35 4	0♎ 6 24	19 0 17	6 12 11	27 27 40	0 46 45
6 279	6 40 41	2 23 24	0 46 36	18 54 30	6 9 20	27 25 58	0 45 10
7 280	8 26 46	3 12 33	1 26 52	18 48 33	6 6 34	27 24 13	0 43 36
8 281	10 13 8	4 2 31	2 7 10	18 42 28	6 3 53	27 22 26	0 42 3
9 282	11 59 35	4 53 15	2 47 31	18 36 13	6 1 17	27 20 37	0 40 30
10 283	13 45 57	5 44 43	3 27 56	18 29 51	5 58 46	27 18 45	0 38 58
11 284	15 32 6	6 36 54	4 8 23	18 23 20	5 56 20	27 16 52	0 37 27
12 285	17 17 57	7 29 46	4 48 54	18 16 41	5 53 59	27 14 57	0 35 56
13 286	19 3 24	8 23 18	5 29 27	18 9 55	5 51 44	27 12 59	0 34 27
14 287	20 48 23	9 17 29	6 10 3	18 3 1	5 49 34	27 11 0	0 32 58
15 288	22 32 51	10 12 17	6 50 43	17 56 0	5 47 30	27 8 59	0 31 30
16 289	24 16 45	11 7 40	7 31 25	17 48 53	5 45 31	27 6 56	0 30 4
17 290	26 0 3	12 3 38	8 12 10	17 41 39	5 43 38	27 4 52	0 28 38
18 291	27 42 46	13 0 9	8 52 58	17 34 19	5 41 50	27 2 45	0 27 13
19 292	29 24 51	13 57 13	9 33 49	17 26 53	5 40 9	27 0 38	0 25 49
20 293	1♎ 6 18	14 54 47	10 14 43	17 19 22	5 38 33	26 58 28	0 24 27
21 294	2 47 9	15 52 52	10 55 40	17 11 46	5 37 3	26 56 17	0 23 5
22 295	4 27 21	16 51 26	11 36 40	17 4 5	5 35 39	26 54 5	0 21 45
23 296	6 6 57	17 50 29	12 17 42	16 56 20	5 34 21	26 51 51	0 20 26
24 297	7 45 57	18 49 59	12 58 47	16 48 31	5 33 8	26 49 35	0 19 8
25 298	9 24 21	19 49 56	13 39 56	16 40 38	5 32 2	26 47 19	0 17 52
26 299	11 2 10	20 50 19	14 21 7	16 32 42	5 31 2	26 45 1	0 16 37
27 300	12 39 26	21 51 7	15 2 21	16 24 43	5 30 8	26 42 42	0 15 23
28 301	14 16 9	22 52 20	15 43 37	16 16 42	5 29 19	26 40 22	0 14 10
29 302	15 52 20	23 53 57	16 24 57	16 8 38	5 28 37	26 38 1	0 12 59
30 303	17 28 1	24 55 58	17 6 20	16 0 32	5 28 1	26 35 39	0 11 49
31 304	19♎ 3 13	25♌58 21	17♎47 46	15♈52 25	5♒27 32	26♈33 16	0♓10 41

DAY MO YR	♇ LONG ° ' "	☊ LONG ° '	A.S.S.I. h m s	S.S.R.Y. h m s	S.V.P. ♓ ° ' "	☿ MERCURY R.A. h m s	DECL ° ' "
1 274	2♑50R46	29♓49	15 39 28	30 9 29	4 55 49.0	11 37 42	4N25 28
2 275	2 50 29	29 50	15 44 1	30 8 31	4 55 48.9	11 43 55	3 47 29
3 276	2 50 15	29 51	15 48 34	30 7 38	4 55 48.8	11 50 13	3 7 52
4 277	2 50 2	29 52	15 53 8	30 6 50	4 55 48.6	11 56 35	2 26 51
5 278	2 49 51	29 53	15 57 42	30 6 8	4 55 48.4	12 2 59	1 44 42
6 279	2 49 41	29 54	16 2 16	30 5 33	4 55 48.2	12 9 24	1 1 36
7 280	2 49 33	29 54	16 6 51	30 5 7	4 55 48.0	12 15 50	0 17 45
8 281	2 49 27	29 54	16 11 26	30 4 48	4 55 47.9	12 22 17	0S26 40
9 282	2 49 22	29 53	16 16 2	30 4 39	4 55 47.7	12 28 43	1 11 30
10 283	2 49 20	29 52	16 20 39	30 4 40	4 55 47.6	12 35 8	1 56 36
11 284	2 49D19	29 50	16 25 16	30 4 51	4 55 47.6	12 41 33	2 41 51
12 285	2 49 19	29 49	16 29 54	30 5 13	4 55 47.6	12 47 56	3 27 9
13 286	2 49 22	29 49	16 34 32	30 5 47	4 55 47.5	12 54 19	4 12 22
14 287	2 49 26	29 48	16 39 11	30 6 32	4 55 47.5	13 0 40	4 57 26
15 288	2 49 32	29 48	16 43 51	30 7 26	4 55 47.5	13 6 59	5 42 16
16 289	2 49 40	29 48	16 48 31	30 8 28	4 55 47.4	13 13 17	6 26 48
17 290	2 49 49	29 48	16 53 12	30 9 35	4 55 47.3	13 19 34	7 10 58
18 291	2 50 1	29 48	16 57 54	30 10 42	4 55 47.2	13 25 50	7 54 43
19 292	2 50 14	29 48	17 2 37	30 11 45	4 55 47.0	13 32 4	8 38 0
20 293	2 50 29	29 48	17 7 20	30 12 39	4 55 46.8	13 38 18	9 20 46
21 294	2 50 45	29 48	17 12 4	30 13 21	4 55 46.5	13 44 30	10 3 0
22 295	2 51 3	29 48	17 16 49	30 13 49	4 55 46.3	13 50 42	10 44 37
23 296	2 51 24	29 48	17 21 35	30 14 2	4 55 46.1	13 56 53	11 25 38
24 297	2 51 45	29 48	17 26 21	30 14 0	4 55 45.9	14 3 3	12 5 59
25 298	2 52 9	29 49	17 31 9	30 13 43	4 55 45.9	14 9 13	12 45 39
26 299	2 52 34	29 50	17 35 57	30 13 14	4 55 45.8	14 15 22	13 24 37
27 300	2 53 1	29 50	17 40 46	30 12 36	4 55 45.8	14 21 32	14 2 51
28 301	2 53 30	29 50	17 45 36	30 11 50	4 55 45.7	14 27 41	14 40 19
29 302	2 54 0	29 50	17 50 27	30 11 0	4 55 45.7	14 33 50	15 17 1
30 303	2 54 32	29 49	17 55 19	30 10 7	4 55 45.5	14 40 0	15 52 55
31 304	2♑55 6	29♓48	18 0 12	30 9 13	4 55 45.3	14 46 9	16S27 59

DAY Oct	♀ VENUS R.A. h m s	DECL ° ' "	♂ MARS R.A. h m s	DECL ° ' "	♃ JUPITER R.A. h m s	DECL ° ' "	♄ SATURN R.A. h m s	DECL ° ' "
1	9 39 38	10N50 58	13 23 47	8S25 32	2 49 36	14N49 57	22 16 35	12S37 0
2	9 42 41	10 44 27	13 26 17	8 40 53	2 49 16	14 48 19	22 16 23	12 38 4
3	9 45 48	10 37 23	13 28 47	8 56 12	2 48 55	14 46 39	22 16 11	12 39 7
4	9 48 58	10 29 47	13 31 17	9 11 29	2 48 34	14 44 56	22 16 0	12 40 9
5	9 52 11	10 21 37	13 33 47	9 26 42	2 48 11	14 43 10	22 15 48	12 41 8
6	9 55 27	10 12 56	13 36 18	9 41 53	2 47 49	14 41 22	22 15 37	12 42 5
7	9 58 46	10 3 43	13 38 50	9 57 0	2 47 25	14 39 32	22 15 27	12 43 1
8	10 2 7	9 53 58	13 41 22	10 12 4	2 47 1	14 37 38	22 15 16	12 43 55
9	10 5 31	9 43 42	13 43 54	10 27 5	2 46 37	14 35 43	22 15 6	12 44 46
10	10 8 58	9 32 55	13 46 27	10 42 2	2 46 12	14 33 44	22 14 57	12 45 36
11	10 12 26	9 21 37	13 49 0	10 56 55	2 45 46	14 31 44	22 14 47	12 46 24
12	10 15 57	9 9 49	13 51 34	11 11 45	2 45 20	14 29 41	22 14 38	12 47 10
13	10 19 31	8 57 32	13 54 8	11 26 30	2 44 54	14 27 36	22 14 29	12 47 53
14	10 23 6	8 44 45	13 56 43	11 41 12	2 44 26	14 25 29	22 14 21	12 48 35
15	10 26 43	8 31 30	13 59 18	11 55 49	2 43 59	14 23 21	22 14 13	12 49 15
16	10 30 22	8 17 47	14 1 53	12 10 22	2 43 31	14 21 10	22 14 5	12 49 52
17	10 34 2	8 3 35	14 4 29	12 24 50	2 43 2	14 18 57	22 13 58	12 50 27
18	10 37 44	7 48 57	14 7 6	12 39 14	2 42 34	14 16 43	22 13 51	12 51 0
19	10 41 28	7 33 51	14 9 43	12 53 33	2 42 4	14 14 27	22 13 44	12 51 31
20	10 45 13	7 18 20	14 12 20	13 7 47	2 41 35	14 12 9	22 13 38	12 52 0
21	10 49 0	7 2 22	14 14 58	13 21 56	2 41 5	14 9 51	22 13 32	12 52 27
22	10 52 48	6 46 0	14 17 36	13 36 0	2 40 35	14 7 31	22 13 27	12 52 51
23	10 56 37	6 29 13	14 20 15	13 49 58	2 40 5	14 5 9	22 13 22	12 53 13
24	11 0 28	6 12 2	14 22 55	14 3 51	2 39 34	14 2 47	22 13 17	12 53 33
25	11 4 20	5 54 27	14 25 35	14 17 38	2 39 3	14 0 24	22 13 12	12 53 51
26	11 8 13	5 36 29	14 28 15	14 31 19	2 38 32	13 57 59	22 13 8	12 54 7
27	11 12 7	5 18 9	14 30 56	14 44 54	2 38 0	13 55 34	22 13 5	12 54 20
28	11 16 2	4 59 27	14 33 37	14 58 24	2 37 29	13 53 8	22 13 2	12 54 31
29	11 19 58	4 40 23	14 36 19	15 11 47	2 36 57	13 50 42	22 12 59	12 54 40
30	11 23 55	4 20 59	14 39 2	15 25 3	2 36 25	13 48 15	22 12 56	12 54 47
31	11 27 54	4N 1 14	14 41 45	15S38 13	2 35 54	13N45 48	22 12 54	12S54 51

DAY Oct	♅ URANUS R.A. h m s	DECL ° ' "	♆ NEPTUNE R.A. h m s	DECL ° ' "	♇ PLUTO R.A. h m s	DECL ° ' "
1	3 21 17	18N 7 13	23 47 11	2S46 45	20 2 23	23S15 34
2	3 21 11	18 6 49	23 47 5	2 47 24	20 2 22	23 15 38
3	3 21 4	18 6 25	23 46 59	2 48 2	20 2 21	23 15 41
4	3 20 57	18 6 0	23 46 53	2 48 40	20 2 20	23 15 44
5	3 20 51	18 5 34	23 46 47	2 49 17	20 2 20	23 15 47
6	3 20 44	18 5 8	23 46 42	2 49 54	20 2 19	23 15 49
7	3 20 37	18 4 41	23 46 36	2 50 31	20 2 18	23 15 51
8	3 20 29	18 4 14	23 46 30	2 51 8	20 2 18	23 15 53
9	3 20 22	18 3 46	23 46 24	2 51 44	20 2 18	23 15 54
10	3 20 14	18 3 17	23 46 19	2 52 21	20 2 18	23 15 55
11	3 20 7	18 2 48	23 46 13	2 52 56	20 2 17	23 15 56
12	3 19 59	18 2 19	23 46 8	2 53 32	20 2 18	23 15 56
13	3 19 51	18 1 49	23 46 2	2 54 7	20 2 18	23 15 56
14	3 19 43	18 1 18	23 45 57	2 54 41	20 2 18	23 15 56
15	3 19 35	18 0 47	23 45 51	2 55 15	20 2 18	23 15 55
16	3 19 26	18 0 16	23 45 46	2 55 49	20 2 19	23 15 53
17	3 19 18	17 59 44	23 45 41	2 56 23	20 2 20	23 15 52
18	3 19 9	17 59 11	23 45 36	2 56 55	20 2 21	23 15 50
19	3 19 1	17 58 39	23 45 30	2 57 28	20 2 21	23 15 47
20	3 18 52	17 58 5	23 45 25	2 58 0	20 2 23	23 15 45
21	3 18 43	17 57 32	23 45 20	2 58 31	20 2 24	23 15 42
22	3 18 34	17 56 58	23 45 15	2 59 2	20 2 25	23 15 38
23	3 18 25	17 56 24	23 45 11	2 59 32	20 2 26	23 15 34
24	3 18 16	17 55 49	23 45 6	3 0 2	20 2 28	23 15 30
25	3 18 7	17 55 14	23 45 1	3 0 31	20 2 30	23 15 26
26	3 17 57	17 54 38	23 44 56	3 1 0	20 2 32	23 15 21
27	3 17 48	17 54 3	23 44 52	3 1 28	20 2 33	23 15 16
28	3 17 39	17 53 27	23 44 47	3 1 56	20 2 35	23 15 10
29	3 17 29	17 52 50	23 44 43	3 2 23	20 2 38	23 15 4
30	3 17 19	17 52 14	23 44 39	3 2 49	20 2 40	23 14 58
31	3 17 10	17N51 37	23 44 35	3S 3 15	20 2 42	23S14 51

DAY	SIDEREAL TIME h m s	☉ SUN LONG ° ' "	☉ SUN MOT ' "	☉ SUN R.A. h m s	☉ SUN DECL ° ' "	☽ MOON AT 0 HOURS LONG ° ' "	☽ 0h 12h MOT ° ' "	☽ 0h 2DIF "	☽ 0h R.A. h m s	☽ 0h DECL ° ' "	☽ MOON AT 12 HOURS LONG ° ' "	☽ 12h 12h MOT ° ' "	☽ 12h 2DIF "	☽ 12h R.A. h m s	☽ 12h DECL ° ' "
1 W	2 40 6	13♎13 33	60 0	14 23 41.6	14S16 15	23♉16 54	6 31 47	-166	5 7 41	27N 9 0	29♉48 41	6 26 20	-160	5 36 54	27N54 8
2 Th	2 44 3	14 13 33	60 2	14 27 36.4	14 35 27	6♊15 1	6 21 7	-152	6 5 59	28 15 46	12♊36 8	6 16 13	-141	6 34 44	28 14 24
3 F	2 47 59	15 13 35	60 4	14 31 32.0	14 54 25	18 52 20	6 11 43	-128	7 3 0	27 51 1	25 4 4	6 7 41	-113	7 30 37	27 6 56
4 S	2 51 56	16 13 39	60 6	14 35 28.5	15 13 9	1♋11 44	6 4 9	-98	7 57 31	26 3 42	7♋15 53	6 1 11	-81	8 23 36	24 43 1
5 Su	2 55 52	17 13 45	60 8	14 39 25.7	15 31 38	13 17 4	5 58 47	-63	8 48 53	23 6 39	19 15 51	5 56 59	-45	9 13 22	21 16 17
6 M	2 59 49	18 13 53	60 10	14 43 23.8	15 49 52	25 12 50	5 55 48	-26	9 37 7	19 13 34	1♌ 8 39	5 55 14	-8	10 0 11	17 0 4
7 Tu	3 3 45	19 14 4	60 12	14 47 22.8	16 7 50	7♌ 3 52	5 55 15	10	10 22 41	14 37 11	12 59 8	5 55 52	27	10 44 42	12 6 15
8 W	3 7 42	20 14 16	60 14	14 51 22.6	16 25 32	18 55 0	5 57 3	43	11 6 22	9 28 32	24 52 3	5 58 46	59	11 27 47	6 45 14
9 Th	3 11 39	21 14 30	60 16	14 55 23.2	16 42 58	0♍50 49	6 0 59	73	11 49 4	3 57 32	6♍51 48	6 3 39	86	12 10 22	1 6 39
10 F	3 15 35	22 14 47	60 18	14 59 24.7	17 0 7	12 55 27	6 6 43	97	12 31 47	1S46 9	19 2 10	6 10 9	107	12 53 28	4S39 33
11 S	3 19 32	23 15 5	60 20	15 3 27.1	17 16 58	25 12 19	6 13 51	115	13 15 32	7 32 3	1♎26 10	6 17 47	120	13 38 8	10 22 1
12 Su	3 23 28	24 15 25	60 22	15 7 30.3	17 33 32	7♎43 57	6 21 52	124	14 1 22	13 7 36	14 5 49	6 26 2	125	14 25 23	15 46 48
13 M	3 27 25	25 15 47	60 24	15 11 34.4	17 49 47	20 31 50	6 30 12	124	14 50 16	18 17 20	27 2 3	6 34 19	121	15 16 8	20 36 46
14 Tu	3 31 21	26 16 11	60 25	15 15 39.4	18 5 44	3♏36 22	6 38 18	117	15 43 0	22 42 28	10♏14 40	6 42 6	110	16 10 54	24 31 45
15 W	3 35 18	27 16 36	60 27	15 19 45.2	18 21 22	16 56 46	6 45 40	103	16 39 48	26 1 53	23 42 25	6 48 56	94	17 9 36	27 10 24
16 Th	3 39 14	28 17 3	60 29	15 23 51.8	18 36 41	0♐31 21	6 51 55	84	17 40 7	27 55 6	7♐23 16	6 54 33	74	18 11 8	28 14 20
17 F	3 43 11	29 17 31	60 30	15 27 59.3	18 51 40	14 17 49	6 56 52	64	18 42 23	28 7 7	21 14 41	6 58 51	55	19 13 35	27 33 13
18 S	3 47 8	0♏18 0	60 31	15 32 7.6	19 6 19	28 13 32	7 0 31	45	19 44 30	26 33 12	5♑14 2	7 1 53	37	20 14 53	25 8 17
19 Su	3 51 4	1 18 31	60 32	15 36 16.7	19 20 37	12♑15 54	7 2 58	29	20 44 35	23 20 19	19 18 53	7 3 49	22	21 13 30	21 11 32
20 M	3 55 1	2 19 3	60 33	15 40 26.6	19 34 34	26 22 41	7 4 25	15	21 41 36	18 44 27	3♒27 6	7 4 49	9	22 8 56	16 1 44
21 Tu	3 58 57	3 19 37	60 35	15 44 37.3	19 48 10	10♒31 55	7 5 0	3	22 35 32	13 6 5	17 36 55	7 4 59	-4	23 1 33	10 0 10
22 W	4 2 54	4 20 11	60 36	15 48 48.8	20 1 24	24 41 54	7 4 46	-10	23 27 5	6 46 39	1♓46 40	7 4 18	-18	23 52 17	3 28 9
23 Th	4 6 50	5 20 47	60 37	15 53 1.1	20 14 16	8♓50 58	7 3 35	-26	0 17 18	0 7 13	15 54 33	7 2 35	-35	0 42 17	3N13 34
24 F	4 10 47	6 21 24	60 38	15 57 14.1	20 26 45	22 57 8	7 1 17	-45	1 7 23	6N31 40	29 58 25	6 59 37	-55	1 32 45	9 44 27
25 S	4 14 44	7 22 2	60 39	16 1 27.9	20 38 52	6♈58 2	6 57 36	-66	1 58 29	12 49 21	13♈55 38	6 55 11	-78	2 24 43	15 43 45
26 Su	4 18 40	8 22 41	60 41	16 5 42.5	20 50 36	20 50 49	6 52 24	-90	2 51 30	18 25 4	27 43 13	6 49 13	-101	3 18 54	20 50 49
27 M	4 22 37	9 23 22	60 42	16 9 57.8	21 1 57	4♉32 26	6 45 41	-111	3 46 53	22 58 41	11♉18 7	6 41 50	-120	4 15 26	24 46 35
28 Tu	4 26 33	10 24 3	60 43	16 14 13.8	21 12 54	17 59 57	6 37 43	-127	4 44 25	26 12 49	24 37 40	6 33 24	-131	5 13 43	27 16 9
29 W	4 30 30	11 24 47	60 45	16 18 30.5	21 23 27	1♊11 3	6 28 57	-134	5 43 6	27 55 52	7♊40 1	6 24 28	-134	6 12 23	28 11 53
30 Th	4 34 26	12♏25 31	60 46	16 22 48.0	21S33 36	14♊ 4 29	6 20 2	-131	6 41 22	28N 4 40	20♊24 30	6 15 43	-126	7 9 49	27N35 12

LUNAR INGRESSES
1 ☽ ♊ 12:21
3 ☽ ♋ 21:39
6 ☽ ♌ 9:41
8 ☽ ♍ 22:18
11 ☽ ♎ 9:15
13 ☽ ♏ 17:26
15 ☽ ♐ 23:05
18 ☽ ♑ 3:03
20 ☽ ♒ 6:09
22 ☽ ♓ 8:59
24 ☽ ♈ 12:03
26 ☽ ♉ 16:00
28 ☽ ♊ 21:49

PLANET INGRESSES
3 ♀ ♍ 19:41
7 ☿ ♏ 0:45
10 ♆ ♒ 20:13
17 ☉ ♏ 16:51
17 ♂ ♏ 11:21
27 ☿ ♐ 16:25
30 ♀ ♎ 13:48

STATIONS
4 ♄ D 7:04

DATA FOR THE 1st AT 0 HOURS
JULIAN DAY 45229.5
☽ MEAN ☊ 29°♓ 2' 2"
OBLIQUITY 23° 26' 19"
DELTA T 78.3 SECONDS
NUTATION LONGITUDE -8.0"

DAY MO	YR	☿ LONG ° ' "	♀ LONG ° ' "	♂ LONG ° ' "	♃ LONG ° ' "	♄ LONG ° ' "	♅ LONG ° ' "	♆ LONG ° ' "	♇ LONG ° ' "	☊ LONG ° '	A.S.S.I. h m s	S.S.R.Y. h m s	S.V.P. ♓ ° ' "	☿ MERCURY R.A. h m s	☿ MERCURY DECL ° ' "
1	305	20♎37 56	27♌ 1 7	18♎29 15	15♈44R17	5♒27R 8	26♈30R52	0♓ 9R34	2♑55 42	29♓46	18 5 6	30 8 22	4 55 45.1	14 52 19	17S 2 14
2	306	22 12 11	28 4 14	19 10 47	15 36 8	5 26 50	26 28 27	0 8 29	2 56 19	29 44	18 10 1	30 7 29	4 55 44.9	14 58 30	17 35 36
3	307	23 46 0	29 7 41	19 52 22	15 27 58	5 26 39	26 26 2	0 7 25	2 56 58	29 42	18 14 57	30 6 41	4 55 44.6	15 4 40	18 8 5
4	308	25 19 23	0♍11 29	20 34 0	15 19 48	5 26D34	26 23 35	0 6 23	2 57 39	29 41	18 19 54	30 5 59	4 55 44.4	15 10 52	18 39 41
5	309	26 52 22	1 15 37	21 15 41	15 11 39	5 26 35	26 21 8	0 5 22	2 58 21	29 40	18 24 52	30 5 22	4 55 44.2	15 17 4	19 10 20
6	310	28 24 56	2 20 3	21 57 26	15 3 31	5 26 42	26 18 41	0 4 23	2 59 5	29 40	18 29 51	30 4 54	4 55 44.1	15 23 17	19 40 3
7	311	29 57 7	3 24 48	22 39 13	14 55 23	5 26 56	26 16 13	0 3 25	2 59 51	29 41	18 34 52	30 4 35	4 55 44.0	15 29 30	20 8 49
8	312	1♏28 55	4 29 50	23 21 4	14 47 17	5 27 16	26 13 44	0 2 29	3 0 38	29 43	18 39 53	30 4 27	4 55 43.9	15 35 44	20 36 34
9	313	3 0 20	5 35 10	24 2 58	14 39 13	5 27 42	26 11 15	0 1 35	3 1 27	29 45	18 44 55	30 4 31	4 55 43.9	15 41 59	21 3 20
10	314	4 31 23	6 40 46	24 44 55	14 31 11	5 28 14	26 8 46	0 0 43	3 2 18	29 46	18 49 59	30 4 49	4 55 43.8	15 48 15	21 29 3
11	315	6 2 3	7 46 38	25 26 55	14 23 12	5 28 53	26 6 16	29♒59 52	3 3 10	29 47	18 55 3	30 5 20	4 55 43.7	15 54 31	21 53 43
12	316	7 32 22	8 52 46	26 8 58	14 15 15	5 29 38	26 3 47	29 59 3	3 4 4	29 47	19 0 9	30 6 4	4 55 43.7	16 0 48	22 17 19
13	317	9 2 18	9 59 9	26 51 4	14 7 23	5 30 29	26 1 17	29 58 16	3 4 59	29 45	19 5 15	30 6 59	4 55 43.5	16 7 5	22 39 49
14	318	10 31 51	11 5 47	27 33 13	13 59 34	5 31 27	25 58 47	29 57 30	3 5 56	29 43	19 10 23	30 8 2	4 55 43.3	16 13 23	23 1 11
15	319	12 0 59	12 12 38	28 15 25	13 51 49	5 32 30	25 56 17	29 56 47	3 6 55	29 39	19 15 32	30 9 9	4 55 43.1	16 19 41	23 21 25
16	320	13 29 43	13 19 44	28 57 41	13 44 9	5 33 40	25 53 47	29 56 5	3 7 55	29 34	19 20 42	30 10 16	4 55 42.8	16 26 0	23 40 28
17	321	14 58 1	14 27 2	29 39 59	13 36 33	5 34 57	25 51 18	29 55 25	3 8 57	29 29	19 25 53	30 11 18	4 55 42.6	16 32 18	23 58 20
18	322	16 25 50	15 34 34	0♏22 20	13 29 3	5 36 19	25 48 48	29 54 47	3 10 0	29 25	19 31 5	30 12 11	4 55 42.3	16 38 36	24 14 59
19	323	17 53 9	16 42 18	1 4 42	13 21 39	5 37 48	25 46 19	29 54 11	3 11 5	29 23	19 36 18	30 12 53	4 55 42.0	16 44 54	24 30 23
20	324	19 19 55	17 50 14	1 47 10	13 14 20	5 39 23	25 43 50	29 53 36	3 12 12	29 21	19 41 32	30 13 23	4 55 41.8	16 51 11	24 44 32
21	325	20 46 4	18 58 23	2 29 39	13 7 8	5 41 4	25 41 22	29 53 4	3 13 19	29 21	19 46 47	30 13 40	4 55 41.7	16 57 26	24 57 24
22	326	22 11 33	20 6 42	3 12 12	13 0 3	5 42 51	25 38 54	29 52 34	3 14 29	29 22	19 52 3	30 13 44	4 55 41.6	17 3 40	25 8 57
23	327	23 36 17	21 15 14	3 54 48	12 53 4	5 44 44	25 36 27	29 52 5	3 15 39	29 24	19 57 19	30 13 36	4 55 41.5	17 9 52	25 19 10
24	328	25 0 11	22 23 56	4 37 26	12 46 13	5 46 43	25 34 0	29 51 39	3 16 52	29 25	20 2 37	30 13 17	4 55 41.5	17 16 1	25 28 2
25	329	26 23 8	23 32 49	5 20 7	12 39 29	5 48 48	25 31 34	29 51 14	3 18 5	29 25	20 7 56	30 12 48	4 55 41.4	17 22 7	25 35 33
26	330	27 45 0	24 41 53	6 2 51	12 32 53	5 50 59	25 29 9	29 50 52	3 19 20	29 23	20 13 16	30 12 11	4 55 41.2	17 28 9	25 41 41
27	331	29 5 39	25 51 7	6 45 39	12 26 25	5 53 17	25 26 45	29 50 31	3 20 37	29 19	20 18 37	30 11 28	4 55 41.0	17 34 6	25 46 25
28	332	0♐24 54	27 0 31	7 28 29	12 20 5	5 55 39	25 24 21	29 50 12	3 21 54	29 13	20 23 58	30 10 39	4 55 40.7	17 39 58	25 49 44
29	333	1 42 34	28 10 5	8 11 22	12 13 54	5 58 8	25 21 59	29 49 56	3 23 13	29 06	20 29 21	30 9 45	4 55 40.4	17 45 42	25 51 40
30	334	2♐58 24	29♍19 49	8♏54 18	12♈ 7 51	6♒ 0 43	25♈19 37	29♒49 41	3♑24 34	28♓58	20 34 44	30 8 49	4 55 40.2	17 51 19	25S52 10

DAY Nov	♀ VENUS R.A. h m s	♀ VENUS DECL ° ' "	♂ MARS R.A. h m s	♂ MARS DECL ° ' "	♃ JUPITER R.A. h m s	♃ JUPITER DECL ° ' "	♄ SATURN R.A. h m s	♄ SATURN DECL ° ' "	♅ URANUS R.A. h m s	♅ URANUS DECL ° ' "	♆ NEPTUNE R.A. h m s	♆ NEPTUNE DECL ° ' "	♇ PLUTO R.A. h m s	♇ PLUTO DECL ° ' "
1	11 31 53	3N41 10	14 44 29	15S51 17	2 35 22	13N43 21	22 12 53	12S54 54	3 17 0	17N51 0	23 44 30	3S 3 40	20 2 45	23S14 45
2	11 35 53	3 20 47	14 47 13	16 4 14	2 34 50	13 40 53	22 12 51	12 54 54	3 16 50	17 50 23	23 44 26	3 4 5	20 2 48	23 14 37
3	11 39 54	3 0 6	14 49 58	16 17 3	2 34 18	13 38 26	22 12 50	12 54 51	3 16 40	17 49 45	23 44 22	3 4 29	20 2 50	23 14 30
4	11 43 56	2 39 7	14 52 43	16 29 46	2 33 46	13 35 58	22 12 50	12 54 47	3 16 30	17 49 7	23 44 19	3 4 52	20 2 53	23 14 22
5	11 47 59	2 17 52	14 55 29	16 42 22	2 33 14	13 33 31	22 12 50	12 54 40	3 16 21	17 48 30	23 44 15	3 5 15	20 2 56	23 14 14
6	11 52 3	1 56 20	14 58 16	16 54 50	2 32 42	13 31 4	22 12 50	12 54 31	3 16 11	17 47 52	23 44 11	3 5 37	20 2 59	23 14 5
7	11 56 7	1 34 33	15 1 3	17 7 11	2 32 10	13 28 37	22 12 51	12 54 20	3 16 1	17 47 13	23 44 8	3 5 58	20 3 3	23 13 56
8	12 0 13	1 12 32	15 3 50	17 19 24	2 31 38	13 26 11	22 12 52	12 54 6	3 15 51	17 46 35	23 44 4	3 6 19	20 3 6	23 13 47
9	12 4 19	0 50 16	15 6 38	17 31 29	2 31 7	13 23 46	22 12 53	12 53 50	3 15 40	17 45 57	23 44 1	3 6 39	20 3 10	23 13 38
10	12 8 26	0 27 47	15 9 27	17 43 26	2 30 35	13 21 21	22 12 55	12 53 32	3 15 30	17 45 18	23 43 58	3 6 58	20 3 13	23 13 28
11	12 12 34	0 5 6	15 12 17	17 55 15	2 30 4	13 18 58	22 12 58	12 53 12	3 15 20	17 44 39	23 43 54	3 7 17	20 3 17	23 13 18
12	12 16 42	0S17 47	15 15 7	18 6 55	2 29 33	13 16 35	22 13 0	12 52 50	3 15 10	17 44 1	23 43 51	3 7 35	20 3 21	23 13 7
13	12 20 52	0 40 51	15 17 57	18 18 27	2 29 2	13 14 14	22 13 4	12 52 25	3 15 0	17 43 22	23 43 48	3 7 52	20 3 25	23 12 57
14	12 25 2	1 4 5	15 20 48	18 29 51	2 28 31	13 11 54	22 13 7	12 51 58	3 14 50	17 42 43	23 43 46	3 8 8	20 3 29	23 12 46
15	12 29 13	1 27 28	15 23 40	18 41 6	2 28 1	13 9 35	22 13 11	12 51 29	3 14 40	17 42 4	23 43 43	3 8 24	20 3 33	23 12 34
16	12 33 24	1 51 0	15 26 32	18 52 11	2 27 31	13 7 18	22 13 15	12 50 57	3 14 30	17 41 25	23 43 40	3 8 39	20 3 37	23 12 22
17	12 37 37	2 14 40	15 29 25	19 3 8	2 27 1	13 5 3	22 13 20	12 50 23	3 14 20	17 40 47	23 43 38	3 8 53	20 3 42	23 12 11
18	12 41 50	2 38 27	15 32 19	19 13 57	2 26 32	13 2 49	22 13 25	12 49 47	3 14 9	17 40 8	23 43 35	3 9 6	20 3 46	23 11 58
19	12 46 4	3 2 21	15 35 12	19 24 33	2 26 2	13 0 38	22 13 31	12 49 9	3 13 59	17 39 29	23 43 33	3 9 18	20 3 51	23 11 46
20	12 50 19	3 26 20	15 38 7	19 35 1	2 25 34	12 58 28	22 13 37	12 48 29	3 13 49	17 38 51	23 43 31	3 9 30	20 3 56	23 11 33
21	12 54 34	3 50 24	15 41 2	19 45 19	2 25 6	12 56 21	22 13 43	12 47 46	3 13 39	17 38 12	23 43 29	3 9 41	20 4 0	23 11 20
22	12 58 51	4 14 32	15 43 58	19 55 27	2 24 38	12 54 16	22 13 49	12 47 2	3 13 29	17 37 34	23 43 27	3 9 52	20 4 5	23 11 7
23	13 3 8	4 38 43	15 46 54	20 5 26	2 24 10	12 52 13	22 13 57	12 46 15	3 13 19	17 36 56	23 43 25	3 10 1	20 4 10	23 10 53
24	13 7 26	5 2 58	15 49 51	20 15 14	2 23 44	12 50 12	22 14 4	12 45 26	3 13 10	17 36 18	23 43 24	3 10 10	20 4 15	23 10 39
25	13 11 45	5 27 14	15 52 49	20 24 51	2 23 17	12 48 14	22 14 12	12 44 35	3 13 0	17 35 40	23 43 22	3 10 18	20 4 21	23 10 25
26	13 16 5	5 51 31	15 55 47	20 34 18	2 22 51	12 46 19	22 14 20	12 43 42	3 12 50	17 35 2	23 43 21	3 10 25	20 4 26	23 10 11
27	13 20 25	6 15 49	15 58 45	20 43 34	2 22 26	12 44 26	22 14 29	12 42 46	3 12 40	17 34 25	23 43 19	3 10 31	20 4 31	23 9 56
28	13 24 47	6 40 7	16 1 44	20 52 40	2 22 1	12 42 36	22 14 38	12 41 49	3 12 31	17 33 47	23 43 18	3 10 36	20 4 37	23 9 41
29	13 29 9	7 4 23	16 4 44	21 1 34	2 21 37	12 40 49	22 14 47	12 40 49	3 12 21	17 33 10	23 43 17	3 10 41	20 4 43	23 9 26
30	13 33 33	7S28 38	16 7 44	21S10 18	2 21 13	12N39 5	22 14 57	12S39 48	3 12 11	17N32 33	23 43 16	3S10 45	20 4 48	23S 9 11

DECEMBER 2023

DAY	SIDEREAL TIME h m s	☉ SUN LONG ° ' "	MOT ' "	R.A. h m s	DECL ° ' "	☽ MOON AT 0 HOURS LONG ° ' "	12h MOT ° ' "	2DIF "	R.A. h m s	DECL ° ' "	☽ MOON AT 12 HOURS LONG ° ' "	12h MOT ° ' "	2DIF "	R.A. h m s	DECL ° ' "
1 F	4 38 23	13♏26 17	60 48	16 27 6.1	21S43 20	26♊40 13	6 11 37	-119	7 37 37	26N44 55	2♋51 50	6 7 49	-108	8 4 37	25N35 29
2 S	4 42 19	14 27 4	60 49	16 31 24.9	21 52 40	8♋59 38	6 4 23	-96	8 30 47	24 8 48	15 4 1	6 1 23	-82	8 56 5	22 26 47
3 Su	4 46 16	15 27 53	60 50	16 35 44.4	22 1 34	21 5 24	5 58 54	-67	9 20 32	20 31 18	27 4 18	5 56 57	-49	9 44 12	18 24 7
4 M	4 50 13	16 28 43	60 52	16 40 4.4	22 10 3	3♌ 1 16	5 55 36	-31	10 7 9	16 6 54	8♌56 52	5 54 53	-12	10 29 30	13 41 9
5 Tu	4 54 9	17 29 35	60 53	16 44 25.1	22 18 7	14 51 45	5 54 48	8	10 51 22	11 8 14	20 46 33	5 55 23	28	11 12 51	8 29 23
6 W	4 58 6	18 30 28	60 54	16 48 46.4	22 25 44	26 41 56	5 56 39	48	11 34 5	5 45 47	2♍38 35	5 58 34	67	11 55 12	2 58 34
7 Th	5 2 2	19 31 22	60 56	16 53 8.2	22 32 56	8♍37 9	6 1 8	86	12 16 21	0 8 50	14 38 16	6 4 19	104	12 37 39	2S42 16
8 F	5 5 59	20 32 17	60 57	16 57 30.6	22 39 41	20 42 35	6 8 5	121	12 59 15	5S33 30	26 50 40	6 12 23	136	13 21 17	8 23 29
9 S	5 9 55	21 33 14	60 58	17 1 53.4	22 45 59	3♎ 3 3	6 17 8	148	13 43 55	11 10 41	9♎20 11	6 22 16	158	14 7 16	13 53 21
10 Su	5 13 52	22 34 12	60 59	17 6 16.8	22 51 51	15 42 27	6 27 41	165	14 31 28	16 29 27	22 10 9	6 33 17	169	14 56 40	18 56 43
11 M	5 17 48	23 35 11	61 0	17 10 40.6	22 57 15	28 43 26	6 38 56	168	15 22 56	21 12 33	5♏22 22	6 44 30	164	15 50 21	23 14 10
12 Tu	5 21 45	24 36 11	61 1	17 15 4.8	23 2 13	12♏ 6 52	6 49 52	156	16 18 55	24 58 37	18 56 43	6 54 53	143	16 48 35	26 22 55
13 W	5 25 42	25 37 12	61 2	17 19 29.4	23 6 42	25 51 36	6 59 25	128	17 19 13	27 24 18	2♐51 1	7 3 23	109	17 50 37	28 0 21
14 Th	5 29 38	26 38 13	61 3	17 23 54.3	23 10 45	9♐54 24	7 6 41	88	18 22 31	28 9 21	17 1 5	7 9 15	66	18 54 36	27 50 23
15 F	5 33 35	27 39 16	61 3	17 28 19.5	23 14 19	24 10 20	7 11 4	43	19 26 32	27 3 27	1♑21 24	7 12 7	21	19 58 2	25 49 33
16 S	5 37 31	28 40 19	61 4	17 32 45.0	23 17 26	8♑33 31	7 12 27	0	20 28 52	24 10 27	15 45 57	7 12 7	-19	20 58 50	22 8 36
17 Su	5 41 28	29 41 23	61 4	17 37 10.7	23 20 5	22 58 4	7 11 11	-35	21 27 54	19 46 49	0♒ 9 15	7 9 47	-48	21 56 1	17 8 12
18 M	5 45 24	0♐42 27	61 4	17 41 36.6	23 22 16	7♒19 2	7 7 59	-58	22 23 14	14 15 50	14 27 0	7 5 53	-66	22 49 41	11 12 47
19 Tu	5 49 21	1 43 31	61 5	17 46 2.7	23 23 59	21 32 54	7 3 36	-70	23 15 27	8 1 57	28 36 30	7 1 12	-73	23 40 42	4 46 4
20 W	5 53 17	2 44 35	61 5	17 50 28.9	23 25 13	5♓37 43	6 58 45	-74	0 5 36	1 27 44	12♓36 28	6 56 18	-73	0 30 17	1N50 36
21 Th	5 57 14	3 45 40	61 5	17 54 55.1	23 26 0	19 32 46	6 53 52	-73	0 54 56	5N 6 35	26 26 38	6 51 28	-72	1 19 42	8 17 55
22 F	6 1 11	4 46 45	61 5	17 59 21.4	23 26 18	3♈18 5	6 49 5	-71	1 44 42	11 22 23	10♈ 7 11	6 46 44	-71	2 10 6	14 17 42
23 S	6 5 7	5 47 51	61 6	18 3 47.8	23 26 7	16 53 55	6 44 22	-72	2 35 58	17 1 40	23 38 16	6 41 57	-74	3 2 25	19 32 3
24 Su	6 9 4	6 48 56	61 6	18 8 14.1	23 25 29	0♉20 13	6 39 27	-76	3 29 28	21 46 42	6♉59 40	6 36 52	-80	3 57 7	23 43 33
25 M	6 13 0	7 50 2	61 6	18 12 40.4	23 24 22	13 36 31	6 34 9	-84	4 25 19	25 20 44	20 10 40	6 31 17	-88	4 54 0	26 36 44
26 Tu	6 16 57	8 51 8	61 7	18 17 6.6	23 22 48	26 41 57	6 28 17	-92	5 22 58	27 30 21	3♊10 15	6 25 10	-96	5 52 4	28 0 56
27 W	6 20 53	9 52 15	61 7	18 21 32.8	23 20 45	9♊35 24	6 21 55	-98	6 21 5	28 8 22	15 57 19	6 18 36	-100	6 49 49	27 53 4
28 Th	6 24 50	10 53 21	61 7	18 25 58.8	23 18 14	22 15 55	6 15 15	-100	7 18 3	27 15 59	28 31 10	6 11 56	-98	7 45 38	26 18 29
29 F	6 28 47	11 54 28	61 8	18 30 24.6	23 15 15	4♋43 6	6 8 42	-95	8 12 28	25 2 16	10♋51 48	6 5 37	-89	8 38 27	23 29 13
30 S	6 32 43	12 55 36	61 8	18 34 50.2	23 11 48	16 57 25	6 2 45	-81	9 3 36	21 41 15	23 0 10	6 0 11	-72	9 27 54	19 40 22
31 Su	6 36 40	13♐56 43	61 8	18 39 15.7	23S 7 53	29♋ 0 21	5 57 59	-60	9 51 25	17N28 22	4♌58 20	5 56 12	-46	10 14 14	15N 7 1

LUNAR INGRESSES
1 ☽ ♋ 6:26
3 ☽ ♌ 17:54
6 ☽ ♍ 6:40
8 ☽ ♎ 18:07
11 ☽ ♏ 2:19
13 ☽ ♐ 7:07
15 ☽ ♑ 9:44
17 ☽ ♒ 11:45
19 ☽ ♓ 14:22
21 ☽ ♈ 18:13
23 ☽ ♉ 23:24
26 ☽ ♊ 6:07
28 ☽ ♋ 14:51
31 ☽ ♌ 2:00

PLANET INGRESSES
17 ☉ ♐ 7:19
25 ♀ ♏ 18:49
27 ☿ ♏ 7:04
28 ♂ ♐ 23:34
31 ♆ ♓ 20:23

STATIONS
6 ♆ D 13:23
13 ☿ R 7:10
31 ♃ D 2:42

DATA FOR THE 1st AT 0 HOURS
JULIAN DAY 45259.5
☽ MEAN ☊ 27°♓ 26' 39"
OBLIQUITY 23° 26' 18"
DELTA T 78.3 SECONDS
NUTATION LONGITUDE -7.0"

DAY MO YR	☿ LONG ° ' "	♀ LONG ° ' "	♂ LONG ° ' "	♃ LONG ° ' "	♄ LONG ° ' "	♅ LONG ° ' "	♆ LONG ° ' "	♇ LONG ° ' "	☊ LONG ° '	A.S.S.I. h m s	S.S.R.Y. h m s	S.V.P. ♓ ° ' "	☿ MERCURY R.A. h m s	DECL ° ' "
1 335	4♐12 8	0♎29 43	9♏37 17	12♈ 1R58	6♒ 3 24	25♈17R16	29♒49R29	3♑25 56	28♓50	20 40 9	30 7 54	4 55 39.9	17 56 47	25S51 16
2 336	5 23 27	1 39 45	10 20 20	11 56 14	6 6 10	25 14 57	29 49 18	3 27 19	28 43	20 45 34	30 6 57	4 55 39.7	18 2 3	25 48 58
3 337	6 32 1	2 49 56	11 3 25	11 50 39	6 9 2	25 12 39	29 49 10	3 28 43	28 38	20 51 0	30 6 5	4 55 39.5	18 7 8	25 45 16
4 338	7 37 24	4 0 16	11 46 33	11 45 14	6 11 59	25 10 22	29 49 3	3 30 8	28 35	20 56 27	30 5 18	4 55 39.3	18 11 57	25 40 13
5 339	8 39 9	5 10 45	12 29 45	11 39 59	6 15 3	25 8 6	29 48 59	3 31 35	28 34	21 1 54	30 4 39	4 55 39.2	18 16 30	25 33 50
6 340	9 36 43	6 21 21	13 12 59	11 34 55	6 18 12	25 5 51	29 48D57	3 33 3	28 34	21 7 22	30 4 12	4 55 39.1	18 20 44	25 26 9
7 341	10 29 30	7 32 5	13 56 17	11 30 0	6 21 26	25 3 38	29 48 59	3 34 32	28 35	21 12 51	30 3 56	4 55 39.0	18 24 37	25 17 14
8 342	11 16 51	8 42 57	14 39 38	11 25 16	6 24 46	25 1 27	29 48 59	3 36 3	28 36	21 18 21	30 3 55	4 55 38.9	18 28 4	25 7 8
9 343	11 58 2	9 53 56	15 23 1	11 20 43	6 28 12	24 59 17	29 49 2	3 37 34	28 36	21 23 51	30 4 8	4 55 38.8	18 31 3	24 55 56
10 344	12 32 14	11 5 2	16 6 28	11 16 21	6 31 43	24 57 8	29 49 9	3 39 7	28 35	21 29 22	30 4 36	4 55 38.7	18 33 31	24 43 41
11 345	12 58 38	12 16 15	16 49 57	11 12 10	6 35 19	24 55 1	29 49 17	3 40 41	28 31	21 34 53	30 5 18	4 55 38.5	18 35 24	24 30 29
12 346	13 16 20	13 27 34	17 33 30	11 8 11	6 39 1	24 52 56	29 49 27	3 42 15	28 24	21 40 25	30 6 10	4 55 38.2	18 36 38	24 16 25
13 347	13 24R30	14 39 0	18 17 5	11 4 22	6 42 48	24 50 53	29 49 39	3 43 51	28 16	21 45 58	30 7 9	4 55 37.9	18 37 10	24 1 36
14 348	13 22 20	15 50 32	19 0 44	11 0 46	6 46 40	24 48 52	29 49 54	3 45 28	28 6	21 51 31	30 8 12	4 55 37.6	18 36 56	23 46 7
15 349	13 9 9	17 2 9	19 44 25	10 57 21	6 50 38	24 46 52	29 50 10	3 47 6	27 56	21 57 4	30 9 14	4 55 37.3	18 35 54	23 30 3
16 350	12 44 30	18 13 53	20 28 9	10 54 8	6 54 41	24 44 55	29 50 29	3 48 45	27 46	22 2 37	30 10 13	4 55 37.0	18 34 2	23 13 30
17 351	12 8 14	19 25 41	21 11 56	10 51 7	6 58 48	24 42 59	29 50 50	3 50 25	27 39	22 8 11	30 11 5	4 55 36.7	18 31 20	22 56 34
18 352	11 20 38	20 37 35	21 55 45	10 48 18	7 3 1	24 41 5	29 51 13	3 52 6	27 34	22 13 45	30 11 49	4 55 36.6	18 27 49	22 39 19
19 353	10 22 26	21 49 34	22 39 37	10 45 42	7 7 19	24 39 14	29 51 38	3 53 48	27 32	22 19 20	30 12 23	4 55 36.4	18 23 34	22 21 53
20 354	9 14 56	23 1 38	23 23 32	10 43 17	7 11 41	24 37 25	29 52 5	3 55 30	27 32	22 24 54	30 12 46	4 55 36.3	18 18 39	22 4 25
21 355	8 0 0	24 13 47	24 7 30	10 41 5	7 16 9	24 35 38	29 52 34	3 57 14	27 32	22 30 28	30 12 59	4 55 36.2	18 13 14	21 47 7
22 356	6 39 55	25 26 0	24 51 30	10 39 5	7 20 41	24 33 53	29 53 5	3 58 58	27 32	22 36 3	30 13 2	4 55 36.1	18 7 28	21 30 13
23 357	5 17 22	26 38 18	25 35 33	10 37 18	7 25 18	24 32 10	29 53 38	4 0 43	27 31	22 41 38	30 12 53	4 55 36.0	18 1 33	21 14 3
24 358	3 55 7	27 50 41	26 19 38	10 35 42	7 29 59	24 30 30	29 54 13	4 2 29	27 26	22 47 12	30 12 34	4 55 35.7	17 55 41	20 58 58
25 359	2 35 54	29 3 8	27 3 47	10 34 20	7 34 45	24 28 52	29 54 50	4 4 16	27 19	22 52 47	30 12 6	4 55 35.5	17 50 3	20 45 19
26 360	1 22 10	0♏15 39	27 47 58	10 33 10	7 39 36	24 27 16	29 55 30	4 6 3	27 09	22 58 21	30 11 27	4 55 35.2	17 44 49	20 33 27
27 361	0 15 54	1 28 15	28 32 11	10 32 12	7 44 31	24 25 43	29 56 11	4 7 52	26 57	23 3 56	30 10 41	4 55 34.9	17 40 8	20 23 38
28 362	29♏18 38	2 40 55	29 16 28	10 31 27	7 49 30	24 24 13	29 56 55	4 9 40	26 44	23 9 30	30 9 48	4 55 34.6	17 36 5	20 16 5
29 363	28 31 21	3 53 39	0♐ 0 47	10 30 54	7 54 34	24 22 45	29 57 40	4 11 30	26 30	23 15 4	30 8 49	4 55 34.4	17 32 45	20 10 54
30 364	27 54 33	5 6 27	0 45 9	10 30 34	7 59 42	24 21 19	29 58 27	4 13 20	26 18	23 20 38	30 7 48	4 55 34.1	17 30 8	20 8 6
31 365	27♏28 20	6♏19 19	1♐29 34	10♈30D26	8♒ 4 54	24♈19 57	29♒59 17	4♑15 11	26♓08	23 26 11	30 6 47	4 55 34.0	17 28 17	20S 7 35

DAY Dec	♀ VENUS R.A. h m s	DECL ° ' "	♂ MARS R.A. h m s	DECL ° ' "	♃ JUPITER R.A. h m s	DECL ° ' "	♄ SATURN R.A. h m s	DECL ° ' "	♅ URANUS R.A. h m s	DECL ° ' "	♆ NEPTUNE R.A. h m s	DECL ° ' "	♇ PLUTO R.A. h m s	DECL ° ' "
1	13 37 58	7S52 50	16 10 45	21S18 50	2 20 50	12N37 24	22 15 7	12S38 44	3 12 2	17N31 57	23 43 15	3S10 48	20 4 54	23S 8 55
2	13 42 23	8 16 58	16 13 47	21 27 11	2 20 27	12 35 47	22 15 17	12 37 38	3 11 52	17 31 21	23 43 15	3 10 50	20 5 0	23 8 40
3	13 46 49	8 41 2	16 16 48	21 35 20	2 20 5	12 34 12	22 15 28	12 36 31	3 11 43	17 30 45	23 43 14	3 10 51	20 5 6	23 8 24
4	13 51 17	9 5 1	16 19 51	21 43 18	2 19 44	12 32 41	22 15 39	12 35 21	3 11 34	17 30 9	23 43 14	3 10 52	20 5 12	23 8 7
5	13 55 45	9 28 54	16 22 54	21 51 3	2 19 23	12 31 12	22 15 51	12 34 10	3 11 25	17 29 34	23 43 13	3 10 52	20 5 18	23 7 51
6	14 0 15	9 52 41	16 25 58	21 58 37	2 19 3	12 29 48	22 16 3	12 32 56	3 11 16	17 28 59	23 43 13	3 10 50	20 5 25	23 7 34
7	14 4 46	10 16 19	16 29 2	22 5 58	2 18 44	12 28 27	22 16 15	12 31 40	3 11 7	17 28 24	23 43 13	3 10 49	20 5 31	23 7 18
8	14 9 17	10 39 49	16 32 6	22 13 7	2 18 25	12 27 9	22 16 27	12 30 23	3 10 58	17 27 50	23 43 13	3 10 46	20 5 37	23 7 1
9	14 13 50	11 3 10	16 35 12	22 20 4	2 18 7	12 25 55	22 16 40	12 29 3	3 10 49	17 27 16	23 43 13	3 10 42	20 5 44	23 6 43
10	14 18 24	11 26 21	16 38 17	22 26 48	2 17 50	12 24 45	22 16 54	12 27 42	3 10 40	17 26 43	23 43 14	3 10 38	20 5 51	23 6 26
11	14 22 59	11 49 21	16 41 23	22 33 19	2 17 34	12 23 38	22 17 7	12 26 19	3 10 32	17 26 10	23 43 14	3 10 33	20 5 57	23 6 8
12	14 27 35	12 12 9	16 44 30	22 39 38	2 17 18	12 22 35	22 17 21	12 24 53	3 10 23	17 25 37	23 43 15	3 10 26	20 6 4	23 5 50
13	14 32 13	12 34 45	16 47 37	22 45 43	2 17 3	12 21 36	22 17 36	12 23 26	3 10 15	17 25 5	23 43 16	3 10 20	20 6 11	23 5 32
14	14 36 51	12 57 7	16 50 45	22 51 36	2 16 48	12 20 41	22 17 50	12 21 57	3 10 7	17 24 34	23 43 16	3 10 12	20 6 18	23 5 14
15	14 41 31	13 19 15	16 53 53	22 57 15	2 16 35	12 19 50	22 18 5	12 20 26	3 9 59	17 24 3	23 43 17	3 10 3	20 6 25	23 4 56
16	14 46 11	13 41 7	16 57 2	23 2 41	2 16 22	12 19 3	22 18 21	12 18 53	3 9 51	17 23 32	23 43 18	3 9 54	20 6 32	23 4 37
17	14 50 53	14 2 44	17 0 11	23 7 53	2 16 10	12 18 20	22 18 36	12 17 19	3 9 43	17 23 2	23 43 20	3 9 43	20 6 39	23 4 19
18	14 55 36	14 24 4	17 3 20	23 12 51	2 15 59	12 17 42	22 18 52	12 15 43	3 9 36	17 22 33	23 43 21	3 9 32	20 6 46	23 4 0
19	15 0 21	14 45 7	17 6 30	23 17 36	2 15 48	12 17 7	22 19 9	12 14 5	3 9 28	17 22 4	23 43 23	3 9 20	20 6 53	23 3 41
20	15 5 6	15 5 51	17 9 41	23 22 7	2 15 39	12 16 36	22 19 25	12 12 25	3 9 21	17 21 36	23 43 24	3 9 8	20 7 1	23 3 22
21	15 9 53	15 26 16	17 12 51	23 26 24	2 15 30	12 16 9	22 19 42	12 10 44	3 9 14	17 21 8	23 43 26	3 8 54	20 7 8	23 3 3
22	15 14 41	15 46 21	17 16 2	23 30 27	2 15 22	12 15 47	22 19 59	12 9 0	3 9 6	17 20 41	23 43 28	3 8 40	20 7 16	23 2 44
23	15 19 30	16 6 5	17 19 14	23 34 16	2 15 14	12 15 28	22 20 17	12 7 16	3 9 0	17 20 15	23 43 30	3 8 25	20 7 23	23 2 24
24	15 24 20	16 25 28	17 22 26	23 37 50	2 15 8	12 15 14	22 20 34	12 5 29	3 8 53	17 19 49	23 43 32	3 8 9	20 7 31	23 2 5
25	15 29 12	16 44 29	17 25 38	23 41 10	2 15 2	12 15 4	22 20 53	12 3 41	3 8 46	17 19 23	23 43 34	3 7 52	20 7 38	23 1 45
26	15 34 5	17 3 7	17 28 51	23 44 15	2 14 57	12 14 58	22 21 11	12 1 51	3 8 40	17 18 59	23 43 36	3 7 34	20 7 46	23 1 25
27	15 38 59	17 21 21	17 32 3	23 47 6	2 14 53	12 14 57	22 21 30	12 0 0	3 8 34	17 18 35	23 43 39	3 7 16	20 7 54	23 1 5
28	15 43 54	17 39 10	17 35 17	23 49 43	2 14 50	12 14 59	22 21 48	11 58 7	3 8 27	17 18 12	23 43 42	3 6 56	20 8 1	23 0 45
29	15 48 51	17 56 35	17 38 30	23 52 5	2 14 47	12 15 6	22 22 8	11 56 13	3 8 21	17 17 49	23 43 44	3 6 36	20 8 9	23 0 25
30	15 53 49	18 13 33	17 41 44	23 54 12	2 14 46	12 15 16	22 22 27	11 54 17	3 8 16	17 17 27	23 43 47	3 6 16	20 8 17	23 0 5
31	15 58 48	18S30 5	17 44 58	23S56 4	2 14 45	12N15 31	22 22 47	11S52 20	3 8 10	17N17 6	23 43 50	3S 5 54	20 8 25	22S59 45

JANUARY 2024

DAY	SIDEREAL TIME h m s	☉ SUN LONG ° ' "	☉ SUN MOT ' "	☉ SUN R.A. h m s	☉ SUN DECL ° ' "	☽ MOON AT 0 HOURS LONG ° ' "	☽ 0h 12h MOT ° ' "	☽ 0h 2DIF "	☽ 0h R.A. h m s	☽ 0h DECL ° ' "	☽ MOON AT 12 HOURS LONG ° ' "	☽ 12h 12h MOT ° ' "	☽ 12h 2DIF "	☽ 12h R.A. h m s	☽ 12h DECL ° ' "
1 M	6 40 36	14♐57 51	61 8	18 43 40.8	23S 3 31	10♌54 32	5 54 54	-31	10 36 26	12N37 54	16♌49 25	5 54 8	-14	10 58 9	10N 2 26
2 Tu	6 44 33	15 59 0	61 9	18 48 5.7	22 58 41	22 43 33	5 53 58	4	11 19 28	7 21 59	28 37 31	5 54 25	24	11 40 32	4 37 43
3 W	6 48 29	17 0 8	61 9	18 52 30.3	22 53 23	4♍31 55	5 55 32	44	12 1 29	1 50 47	10♍27 28	5 57 21	65	12 22 27	0S57 42
4 Th	6 52 26	18 1 17	61 9	18 56 54.5	22 47 38	16 24 48	5 59 52	86	12 43 33	3S46 38	22 24 40	6 3 4	107	13 4 57	6 34 51
5 F	6 56 22	19 2 27	61 10	19 1 18.4	22 41 26	28 27 44	6 6 59	127	13 26 47	9 21 5	4♎34 44	6 11 34	147	13 49 13	12 3 55
6 S	7 0 19	20 3 36	61 10	19 5 41.9	22 34 47	10♎46 17	6 16 46	165	14 12 22	14 41 43	17 3 3	6 22 32	180	14 36 24	17 12 39
7 Su	7 4 16	21 4 46	61 10	19 10 5.0	22 27 41	23 25 35	6 28 46	193	15 1 26	19 34 34	29 54 21	6 35 23	202	15 27 35	21 45 1
8 M	7 8 12	22 5 56	61 10	19 14 27.6	22 20 8	6♏29 44	6 42 14	207	15 54 56	23 41 17	13♏11 58	6 49 9	206	16 23 30	25 20 27
9 Tu	7 12 9	23 7 6	61 10	19 18 49.7	22 12 9	20 1 7	6 55 59	201	16 53 15	26 39 28	26 57 6	7 2 32	189	17 24 5	27 35 23
10 W	7 16 5	24 8 16	61 10	19 23 11.4	22 3 44	3♐59 37	7 8 36	172	17 55 47	28 5 37	11♐ 8 13	7 14 1	150	18 28 5	28 8 9
11 Th	7 20 2	25 9 26	61 10	19 27 32.5	21 54 52	18 22 14	7 18 36	123	19 0 40	27 41 49	25 40 50	7 22 12	92	19 33 10	26 46 28
12 F	7 23 58	26 10 35	61 10	19 31 53.0	21 45 36	3♑ 3 1	7 24 43	59	20 5 17	25 23 0	10♑27 44	7 26 6	25	20 36 44	23 33 16
13 S	7 27 55	27 11 45	61 9	19 36 12.9	21 35 53	17 53 50	7 26 22	-8	21 7 21	21 19 58	25 20 12	7 25 33	-39	21 37 1	18 46 16
14 Su	7 31 51	28 12 53	61 8	19 40 32.2	21 25 46	2♒45 45	7 23 45	-67	22 5 44	15 55 41	10♒ 9 30	7 21 5	-90	22 33 31	12 51 50
15 M	7 35 48	29 14 2	61 8	19 44 50.8	21 15 14	17 30 35	7 17 44	-109	23 0 29	9 38 15	24 48 19	7 13 50	-123	23 26 45	6 18 17
16 Tu	7 39 45	0♑15 9	61 7	19 49 8.8	21 4 17	2♓ 2 9	7 9 34	-131	23 52 28	2 55 5	9♓11 42	7 5 4	-136	0 17 47	0N28 26
17 W	7 43 41	1 16 16	61 6	19 53 26.1	20 52 56	16 16 47	7 0 30	-137	0 42 53	3N49 38	23 17 16	6 55 56	-135	1 7 55	7 6 0
18 Th	7 47 38	2 17 22	61 5	19 57 42.6	20 41 11	0♈13 12	6 51 30	-130	1 33 1	10 15 16	7♈ 4 42	6 47 15	-125	1 58 20	13 15 15
19 F	7 51 34	3 18 27	61 5	20 1 58.4	20 29 3	13 51 57	6 43 12	-118	2 23 59	16 3 52	20 35 9	6 39 24	-111	2 50 4	18 39 9
20 S	7 55 31	4 19 32	61 4	20 6 13.5	20 16 32	27 14 32	6 35 49	-104	3 16 38	20 59 10	3♉50 22	6 32 29	-97	3 43 44	23 2 7
21 Su	7 59 27	5 20 35	61 3	20 10 27.8	20 3 38	10♉22 50	6 29 21	-91	4 11 20	24 46 22	16 52 11	6 26 23	-87	4 39 24	26 10 27
22 M	8 3 24	6 21 38	61 2	20 14 41.4	19 50 21	23 18 35	6 23 35	-83	5 7 48	27 13 12	29 42 9	6 20 53	-80	5 36 26	27 53 50
23 Tu	8 7 20	7 22 40	61 1	20 18 54.2	19 36 42	6♊ 3 2	6 18 16	-77	6 5 5	28 11 59	12♊21 18	6 15 43	-76	6 33 36	28 7 44
24 W	8 11 17	8 23 41	61 0	20 23 6.2	19 22 42	18 37 1	6 13 14	-74	7 1 47	27 41 39	24 50 15	6 10 46	-73	7 29 27	26 54 45
25 Th	8 15 14	9 24 41	61 0	20 27 17.4	19 8 20	1♋ 1 1	6 8 22	-71	7 56 30	25 48 23	7♋ 9 23	6 6 1	-69	8 22 48	24 24 10
26 F	8 19 10	10 25 40	60 59	20 31 27.9	18 53 37	13 15 24	6 3 46	-66	8 48 19	22 43 55	19 19 10	6 1 37	-62	9 13 2	20 49 30
27 S	8 23 7	11 26 39	60 58	20 35 37.5	18 38 33	25 20 46	5 59 37	-57	9 36 59	18 42 47	1♌20 23	5 57 49	-50	10 0 12	16 25 35
28 Su	8 27 3	12 27 36	60 57	20 39 46.3	18 23 9	7♌18 12	5 56 16	-42	10 22 45	13 59 38	13 14 28	5 55 0	-32	10 44 45	11 26 33
29 M	8 31 0	13 28 33	60 56	20 43 54.3	18 7 26	19 9 28	5 54 6	-21	11 6 17	8 47 49	25 3 34	5 53 36	-8	11 27 28	6 4 48
30 Tu	8 34 56	14 29 30	60 56	20 48 1.6	17 51 22	0♍57 10	5 53 34	6	11 48 26	3 18 49	6♍50 44	5 54 2	22	12 9 16	0 31 4
31 W	8 38 53	15♑30 25	60 55	20 52 8.0	17S35 0	12♍44 46	5 55 4	40	12 30 8	2S17 17	18♍39 50	5 56 41	58	12 51 9	5S 5 2

LUNAR INGRESSES
2 ☽ ♍ 14:48
5 ☽ ♎ 3:02
7 ☽ ♏ 12:10
9 ☽ ♐ 17:13
11 ☽ ♑ 19:03
13 ☽ ♒ 19:32
15 ☽ ♓ 20:37
17 ☽ ♈ 23:37
20 ☽ ♉ 5:00
22 ☽ ♊ 12:34
24 ☽ ♋ 22:01
27 ☽ ♌ 9:19
29 ☽ ♍ 22:04

PLANET INGRESSES
8 ☿ ♐ 21:13
15 ☉ ♑ 18:03
19 ♀ ♐ 8:43

STATIONS
2 ☿ D 3:09
27 ♅ D 7:37

DATA FOR THE 1st AT 0 HOURS
JULIAN DAY 45290.5
☽ MEAN ☊ 25°♓ 48' 5"
OBLIQUITY 23° 26' 18"
DELTA T 78.4 SECONDS
NUTATION LONGITUDE -5.4"

DAY MO	DAY YR	☿ LONG ° ' "	♀ LONG ° ' "	♂ LONG ° ' "	♃ LONG ° ' "	♄ LONG ° ' "	♅ LONG ° ' "	♆ LONG ° ' "	♇ LONG ° ' "	☊ LONG ° '	A.S.S.I. h m s	S.S.R.Y. h m s	S.V.P. ♓ ° ' "	☿ MERCURY R.A. h m s	☿ MERCURY DECL ° ' "
1	1	27♏12R29	7♏32 15	2♐14 2	10♈30 31	8♒10 10	24♈18R36	0♓ 0 8	4♑17 2	26♓00	23 31 44	30 5 47	4 55 33.8	17 27 9	20S 9 13
2	2	27 6D30	8 45 14	2 58 32	10 30 48	8 15 31	24 17 19	0 1 1	4 18 54	25 55	23 37 17	30 4 55	4 55 33.7	17 26 43	20 12 48
3	3	27 9 50	9 58 17	3 43 5	10 31 17	8 20 55	24 16 4	0 1 56	4 20 46	25 53	23 42 49	30 4 10	4 55 33.6	17 26 55	20 18 6
4	4	27 21 45	11 11 23	4 27 41	10 31 59	8 26 24	24 14 52	0 2 53	4 22 39	25 53	23 48 21	30 3 37	4 55 33.5	17 27 45	20 24 51
5	5	27 41 32	12 24 32	5 12 20	10 32 54	8 31 56	24 13 42	0 3 52	4 24 32	25 53	23 53 53	30 3 17	4 55 33.4	17 29 7	20 32 50
6	6	28 8 28	13 37 45	5 57 1	10 34 1	8 37 32	24 12 35	0 4 53	4 26 26	25 52	23 59 24	30 3 12	4 55 33.3	17 31 0	20 41 46
7	7	28 41 51	14 51 0	6 41 45	10 35 20	8 43 12	24 11 32	0 5 56	4 28 20	25 50	24 4 54	30 3 22	4 55 33.1	17 33 21	20 51 27
8	8	29 21 2	16 4 19	7 26 32	10 36 52	8 48 56	24 10 31	0 7 1	4 30 15	25 45	24 10 24	30 3 46	4 55 32.9	17 36 7	21 1 38
9	9	0♐ 5 25	17 17 40	8 11 21	10 38 36	8 54 43	24 9 33	0 8 8	4 32 9	25 37	24 15 54	30 4 23	4 55 32.6	17 39 16	21 12 8
10	10	0 54 26	18 31 4	8 56 13	10 40 32	9 0 34	24 8 38	0 9 16	4 34 5	25 27	24 21 22	30 5 10	4 55 32.3	17 42 45	21 22 45
11	11	1 47 37	19 44 30	9 41 7	10 42 41	9 6 28	24 7 46	0 10 27	4 36 0	25 15	24 26 50	30 6 4	4 55 32.0	17 46 32	21 33 21
12	12	2 44 30	20 57 58	10 26 4	10 45 2	9 12 26	24 6 56	0 11 39	4 37 56	25 02	24 32 18	30 7 2	4 55 31.7	17 50 36	21 43 45
13	13	3 44 42	22 11 29	11 11 3	10 47 35	9 18 28	24 6 10	0 12 53	4 39 52	24 51	24 37 44	30 8 1	4 55 31.4	17 54 55	21 53 49
14	14	4 47 51	23 25 2	11 56 4	10 50 20	9 24 32	24 5 27	0 14 9	4 41 49	24 41	24 43 10	30 8 59	4 55 31.3	17 59 27	22 3 28
15	15	5 53 41	24 38 36	12 41 8	10 53 17	9 30 40	24 4 47	0 15 26	4 43 45	24 35	24 48 35	30 9 53	4 55 31.1	18 4 11	22 12 34
16	16	7 1 54	25 52 13	13 26 14	10 56 25	9 36 51	24 4 10	0 16 46	4 45 42	24 31	24 53 59	30 10 43	4 55 31.0	18 9 7	22 21 2
17	17	8 12 16	27 5 51	14 11 23	10 59 46	9 43 5	24 3 36	0 18 7	4 47 39	24 30	24 59 22	30 11 25	4 55 31.0	18 14 12	22 28 47
18	18	9 24 35	28 19 31	14 56 33	11 3 18	9 49 22	24 3 5	0 19 29	4 49 35	24 30	25 4 45	30 11 59	4 55 30.9	18 19 26	22 35 44
19	19	10 38 41	29 33 13	15 41 46	11 7 2	9 55 41	24 2 37	0 20 54	4 51 32	24 29	25 10 6	30 12 24	4 55 30.7	18 24 48	22 41 50
20	20	11 54 24	0♐46 56	16 27 1	11 10 58	10 2 4	24 2 13	0 22 20	4 53 29	24 28	25 15 26	30 12 38	4 55 30.6	18 30 18	22 47 2
21	21	13 11 35	2 0 41	17 12 19	11 15 4	10 8 30	24 1 51	0 23 48	4 55 26	24 23	25 20 46	30 12 40	4 55 30.3	18 35 55	22 51 15
22	22	14 30 8	3 14 27	17 57 38	11 19 22	10 14 58	24 1 33	0 25 17	4 57 23	24 16	25 26 5	30 12 31	4 55 30.1	18 41 37	22 54 29
23	23	15 49 57	4 28 15	18 43 0	11 23 52	10 21 29	24 1 18	0 26 48	4 59 20	24 06	25 31 22	30 12 10	4 55 29.8	18 47 26	22 56 39
24	24	17 10 56	5 42 5	19 28 24	11 28 32	10 28 2	24 1 5	0 28 20	5 1 17	23 54	25 36 39	30 11 38	4 55 29.6	18 53 19	22 57 44
25	25	18 33 1	6 55 56	20 13 50	11 33 23	10 34 38	24 0 56	0 29 54	5 3 14	23 40	25 41 54	30 10 56	4 55 29.3	18 59 18	22 57 42
26	26	19 56 8	8 9 49	20 59 18	11 38 25	10 41 16	24 0 51	0 31 30	5 5 10	23 26	25 47 9	30 10 5	4 55 29.1	19 5 20	22 56 31
27	27	21 20 14	9 23 43	21 44 48	11 43 38	10 47 57	24 0D48	0 33 7	5 7 7	23 13	25 52 23	30 9 8	4 55 29.0	19 11 27	22 54 10
28	28	22 45 15	10 37 38	22 30 21	11 49 1	10 54 40	24 0 48	0 34 45	5 9 3	23 03	25 57 35	30 8 6	4 55 28.8	19 17 37	22 50 36
29	29	24 11 11	11 51 35	23 15 56	11 54 35	11 1 25	24 0 52	0 36 25	5 10 59	22 55	26 2 47	30 7 4	4 55 28.8	19 23 50	22 45 50
30	30	25 37 57	13 5 34	24 1 33	12 0 19	11 8 12	24 0 59	0 38 6	5 12 55	22 50	26 7 57	30 6 3	4 55 28.7	19 30 7	22 39 50
31	31	27♐ 5 34	14♐19 33	24♐47 12	12♈ 6 14	11♒15 1	24♈ 1 9	0♓39 49	5♑14 50	22♓47	26 13 7	30 5 9	4 55 28.6	19 36 26	22S32 34

DAY Jan	♀ VENUS R.A. h m s	♀ VENUS DECL ° ' "	♂ MARS R.A. h m s	♂ MARS DECL ° ' "	♃ JUPITER R.A. h m s	♃ JUPITER DECL ° ' "	♄ SATURN R.A. h m s	♄ SATURN DECL ° ' "	♅ URANUS R.A. h m s	♅ URANUS DECL ° ' "	♆ NEPTUNE R.A. h m s	♆ NEPTUNE DECL ° ' "	♇ PLUTO R.A. h m s	♇ PLUTO DECL ° ' "
1	16 3 48	18S46 9	17 48 13	23S57 41	2 14 45	12N15 50	22 23 7	11S50 21	3 8 5	17N16 46	23 43 53	3S 5 32	20 8 33	22S59 25
2	16 8 49	19 1 44	17 51 28	23 59 3	2 14 45	12 16 13	22 23 27	11 48 20	3 8 0	17 16 26	23 43 56	3 5 9	20 8 41	22 59 4
3	16 13 52	19 16 51	17 54 43	24 0 10	2 14 47	12 16 41	22 23 47	11 46 19	3 7 54	17 16 7	23 44 0	3 4 45	20 8 49	22 58 44
4	16 18 56	19 31 28	17 57 58	24 1 2	2 14 49	12 17 12	22 24 8	11 44 16	3 7 50	17 15 49	23 44 3	3 4 21	20 8 57	22 58 24
5	16 24 0	19 45 35	18 1 13	24 1 39	2 14 52	12 17 47	22 24 29	11 42 11	3 7 45	17 15 31	23 44 7	3 3 55	20 9 5	22 58 3
6	16 29 6	19 59 11	18 4 29	24 2 0	2 14 56	12 18 27	22 24 50	11 40 5	3 7 40	17 15 14	23 44 11	3 3 29	20 9 13	22 57 43
7	16 34 13	20 12 14	18 7 45	24 2 6	2 15 1	12 19 11	22 25 12	11 37 58	3 7 36	17 14 58	23 44 14	3 3 3	20 9 21	22 57 22
8	16 39 21	20 24 46	18 11 1	24 1 57	2 15 6	12 19 58	22 25 34	11 35 49	3 7 32	17 14 43	23 44 18	3 2 35	20 9 29	22 57 1
9	16 44 31	20 36 45	18 14 18	24 1 32	2 15 13	12 20 50	22 25 55	11 33 39	3 7 28	17 14 29	23 44 22	3 2 7	20 9 37	22 56 41
10	16 49 41	20 48 10	18 17 34	24 0 52	2 15 20	12 21 46	22 26 18	11 31 28	3 7 24	17 14 15	23 44 26	3 1 38	20 9 46	22 56 20
11	16 54 52	20 59 0	18 20 51	23 59 57	2 15 28	12 22 46	22 26 40	11 29 15	3 7 21	17 14 2	23 44 31	3 1 8	20 9 54	22 55 59
12	17 0 4	21 9 17	18 24 7	23 58 46	2 15 36	12 23 49	22 27 3	11 27 1	3 7 18	17 13 50	23 44 35	3 0 38	20 10 2	22 55 39
13	17 5 16	21 18 57	18 27 24	23 57 19	2 15 46	12 24 57	22 27 25	11 24 46	3 7 14	17 13 39	23 44 40	3 0 6	20 10 11	22 55 18
14	17 10 30	21 28 2	18 30 41	23 55 38	2 15 56	12 26 9	22 27 48	11 22 30	3 7 12	17 13 29	23 44 44	2 59 35	20 10 19	22 54 58
15	17 15 44	21 36 31	18 33 58	23 53 40	2 16 7	12 27 24	22 28 12	11 20 13	3 7 9	17 13 20	23 44 49	2 59 2	20 10 27	22 54 37
16	17 21 0	21 44 23	18 37 15	23 51 27	2 16 19	12 28 44	22 28 35	11 17 54	3 7 6	17 13 11	23 44 54	2 58 29	20 10 35	22 54 17
17	17 26 15	21 51 38	18 40 32	23 48 59	2 16 31	12 30 7	22 28 59	11 15 34	3 7 4	17 13 3	23 44 59	2 57 55	20 10 44	22 53 56
18	17 31 32	21 58 15	18 43 49	23 46 15	2 16 44	12 31 33	22 29 22	11 13 14	3 7 2	17 12 56	23 45 4	2 57 21	20 10 52	22 53 35
19	17 36 49	22 4 15	18 47 7	23 43 15	2 16 59	12 33 4	22 29 46	11 10 52	3 7 0	17 12 50	23 45 9	2 56 46	20 11 0	22 53 15
20	17 42 6	22 9 36	18 50 24	23 40 0	2 17 13	12 34 38	22 30 10	11 8 29	3 6 58	17 12 44	23 45 14	2 56 10	20 11 9	22 52 55
21	17 47 25	22 14 18	18 53 41	23 36 29	2 17 29	12 36 16	22 30 35	11 6 5	3 6 57	17 12 40	23 45 19	2 55 34	20 11 17	22 52 34
22	17 52 43	22 18 22	18 56 58	23 32 43	2 17 45	12 37 57	22 30 59	11 3 40	3 6 56	17 12 36	23 45 25	2 54 57	20 11 25	22 52 14
23	17 58 2	22 21 46	19 0 15	23 28 42	2 18 2	12 39 42	22 31 24	11 1 15	3 6 55	17 12 34	23 45 30	2 54 19	20 11 34	22 51 53
24	18 3 22	22 24 32	19 3 32	23 24 26	2 18 20	12 41 30	22 31 49	10 58 48	3 6 54	17 12 32	23 45 36	2 53 41	20 11 42	22 51 33
25	18 8 41	22 26 37	19 6 49	23 19 54	2 18 38	12 43 22	22 32 14	10 56 20	3 6 53	17 12 31	23 45 42	2 53 2	20 11 50	22 51 13
26	18 14 1	22 28 3	19 10 6	23 15 6	2 18 57	12 45 17	22 32 39	10 53 52	3 6 53	17 12 31	23 45 48	2 52 23	20 11 59	22 50 53
27	18 19 21	22 28 49	19 13 23	23 10 4	2 19 17	12 47 15	22 33 4	10 51 23	3 6 53	17 12 32	23 45 54	2 51 43	20 12 7	22 50 33
28	18 24 41	22 28 55	19 16 40	23 4 46	2 19 38	12 49 17	22 33 29	10 48 52	3 6 53	17 12 33	23 46 0	2 51 2	20 12 15	22 50 13
29	18 30 2	22 28 21	19 19 56	22 59 13	2 19 59	12 51 21	22 33 55	10 46 21	3 6 53	17 12 36	23 46 6	2 50 21	20 12 24	22 49 54
30	18 35 22	22 27 6	19 23 13	22 53 25	2 20 21	12 53 29	22 34 20	10 43 50	3 6 53	17 12 39	23 46 12	2 49 40	20 12 32	22 49 34
31	18 40 43	22S25 12	19 26 29	22S47 22	2 20 43	12N55 40	22 34 46	10S41 17	3 6 54	17N12 43	23 46 18	2S48 58	20 12 40	22S49 15

FEBRUARY 2024

DAY	SIDEREAL TIME h m s	☉ SUN LONG ° ' "	MOT ' "	R.A. h m s	DECL ° ' "
1 Th	8 42 49	16♑31 20	60 54	20 56 13.6	17S18 18
2 F	8 46 46	17 32 14	60 53	21 0 18.4	17 1 18
3 S	8 50 43	18 33 7	60 53	21 4 22.5	16 44 1
4 Su	8 54 39	19 33 59	60 52	21 8 25.7	16 26 25
5 M	8 58 36	20 34 51	60 51	21 12 28.2	16 8 32
6 Tu	9 2 32	21 35 42	60 50	21 16 29.8	15 50 23
7 W	9 6 29	22 36 31	60 49	21 20 30.7	15 31 57
8 Th	9 10 25	23 37 20	60 48	21 24 30.8	15 13 15
9 F	9 14 22	24 38 8	60 47	21 28 30.1	14 54 17
10 S	9 18 19	25 38 54	60 45	21 32 28.6	14 35 4
11 Su	9 22 15	26 39 40	60 44	21 36 26.3	14 15 37
12 M	9 26 12	27 40 24	60 42	21 40 23.2	13 55 56
13 Tu	9 30 8	28 41 6	60 41	21 44 19.4	13 36 0
14 W	9 34 5	29 41 47	60 39	21 48 14.8	13 15 51
15 Th	9 38 1	0♒42 26	60 37	21 52 9.4	12 55 30
16 F	9 41 58	1 43 3	60 36	21 56 3.3	12 34 56
17 S	9 45 54	2 43 39	60 34	21 59 56.4	12 14 9
18 Su	9 49 51	3 44 12	60 32	22 3 48.9	11 53 12
19 M	9 53 48	4 44 44	60 30	22 7 40.6	11 32 3
20 Tu	9 57 44	5 45 15	60 29	22 11 31.6	11 10 43
21 W	10 1 41	6 45 43	60 27	22 15 21.9	10 49 13
22 Th	10 5 37	7 46 10	60 25	22 19 11.6	10 27 33
23 F	10 9 34	8 46 35	60 23	22 23 0.6	10 5 43
24 S	10 13 30	9 46 58	60 22	22 26 49.0	9 43 44
25 Su	10 17 27	10 47 20	60 20	22 30 36.8	9 21 36
26 M	10 21 23	11 47 40	60 18	22 34 24.0	8 59 20
27 Tu	10 25 20	12 47 58	60 17	22 38 10.7	8 36 56
28 W	10 29 16	13 48 15	60 15	22 41 56.8	8 14 24
29 Th	10 33 13	14♒48 30	60 14	22 45 42.3	7S51 45

DAY	☽ MOON AT 0 HOURS LONG ° ' "	12h MOT ° ' "	2DIF "	R.A. h m s	DECL ° ' "	☽ MOON AT 12 HOURS LONG ° ' "	12h MOT ° ' "	2DIF "	R.A. h m s	DECL ° ' "
1	24♍36 31	5 58 57	78	13 12 26	7S51 2	0♎35 27	6 1 52	98	13 34 9	10S33 58
2	6♎37 19	6 5 27	118	13 56 24	13 12 30	12 42 46	6 9 44	138	14 19 22	15 45 4
3	18 52 30	6 14 40	158	14 43 9	18 9 57	25 7 10	6 20 15	176	15 7 54	20 25 11
4	1♏27 25	6 26 25	193	15 33 42	22 28 34	7♏53 50	6 33 6	207	16 0 39	24 17 37
5	14 26 56	6 40 12	217	16 28 45	25 49 41	21 7 8	6 47 35	223	16 58 2	27 2 0
6	27 54 42	6 55 5	224	17 28 21	27 51 49	4♐49 47	7 2 32	219	17 59 34	28 16 39
7	11♐52 19	7 9 43	208	18 31 27	28 14 26	19 2 2	7 16 25	190	19 3 41	27 43 50
8	26 18 26	7 22 25	166	19 35 59	26 44 26	3♑40 51	7 27 30	136	20 8 2	25 16 44
9	11♑ 8 21	7 31 30	102	20 39 34	23 22 15	18 39 50	7 34 16	63	21 10 25	21 3 19
10	26 14 6	7 35 44	24	21 40 28	18 22 58	3♒49 50	7 35 51	-16	22 9 39	15 24 42
11	11♒25 41	7 34 41	-53	22 38 2	12 12 14	19 0 22	7 32 18	-87	23 5 40	8 49 27
12	26 32 40	7 28 51	-117	23 32 41	5 20 5	4♓ 1 31	7 24 30	-141	23 59 12	1 47 46
13	11♓26 1	7 19 27	-159	0 25 22	1N44 4	18 45 28	7 13 54	-172	0 51 21	5N12 18
14	25 59 21	7 8 1	-179	1 17 17	8 34 0	3♈ 7 22	7 1 59	-181	1 43 18	11 46 31
15	10♈ 9 21	6 55 56	-179	2 9 32	14 47 27	17 5 17	6 50 1	-174	2 36 4	17 34 33
16	23 55 18	6 44 19	-167	3 2 59	20 5 49	0♉39 38	6 38 55	-157	3 30 19	22 19 28
17	7♉18 32	6 33 50	-147	3 58 4	24 13 53	13 52 22	6 29 8	-136	4 26 12	25 47 46
18	20 21 30	6 24 48	-124	4 54 37	27 0 4	26 46 18	6 20 51	-113	5 23 13	27 50 6
19	3♊ 7 8	6 17 15	-103	5 51 50	28 17 33	9♊24 23	6 14 0	-93	6 20 18	28 22 34
20	15 38 23	6 11 4	-84	6 48 29	28 5 38	21 49 28	6 8 26	-75	7 16 11	27 27 39
21	27 57 53	6 6 4	-68	7 43 18	26 29 52	4♋ 3 57	6 3 56	-61	8 9 43	25 13 43
22	10♋ 7 52	6 2 1	-54	8 35 24	23 40 53	16 9 54	6 0 19	-48	9 0 19	21 53 4
23	22 10 13	5 58 48	-42	9 24 28	19 52 3	28 9 1	5 57 29	-37	9 47 55	17 39 35
24	4♌ 6 30	5 56 22	-31	10 10 42	15 17 22	10♌ 2 52	5 55 27	-24	10 32 54	12 47 2
25	15 58 19	5 54 44	-18	10 54 38	10 10 7	21 53 3	5 54 16	-10	11 15 58	7 28 4
26	27 47 19	5 54 4	-2	11 37 2	4 42 18	3♍41 23	5 54 10	8	11 57 55	1 54 7
27	9♍35 34	5 54 36	18	12 18 46	0S55 10	15 30 10	5 55 24	30	12 39 40	3S44 17
28	21 25 33	5 56 36	43	13 0 45	6 31 58	27 22 9	5 58 15	57	13 22 9	9 16 54
29	3♎20 24	6 0 22	71	13 43 58	11S57 43	9♎20 46	6 3 0	87	14 6 20	14S32 58

LUNAR INGRESSES
1 ☽ ♎ 10:49
3 ☽ ♏ 21:15
6 ☽ ♐ 3:39
8 ☽ ♑ 6:02
10 ☽ ♒ 5:57
12 ☽ ♓ 5:32
14 ☽ ♈ 6:44
16 ☽ ♉ 10:49
18 ☽ ♊ 18:05
21 ☽ ♋ 4:00
23 ☽ ♌ 15:43
26 ☽ ♍ 4:30
28 ☽ ♎ 17:18

PLANET INGRESSES
1 ☿ ♑ 23:08
6 ♂ ♑ 19:57
12 ♀ ♑ 16:33
14 ☉ ♒ 7:13
20 ☿ ♒ 12:42

STATIONS
NONE

DATA FOR THE 1st AT 0 HOURS
JULIAN DAY 45321.5
☽ MEAN ☊ 24°♓ 9' 31"
OBLIQUITY 23° 26' 19"
DELTA T 78.5 SECONDS
NUTATION LONGITUDE -4.4"

DAY MO	YR	☿ LONG ° ' "	♀ LONG ° ' "	♂ LONG ° ' "	♃ LONG ° ' "	♄ LONG ° ' "	♅ LONG ° ' "	♆ LONG ° ' "	♇ LONG ° ' "	☊ LONG ° '	A.S.S.I. h m s	S.S.R.Y. h m s	S.V.P. ♓ ° ' "	☿ MERCURY R.A. h m s	☿ MERCURY DECL ° ' "
1	32	28♐34 0	15♐33 34	25♐32 53	12♈12 19	11♒21 53	24♈ 1 22	0♓41 33	5♑16 46	22♓47	26 18 16	30 4 23	4 55 28.6	19 42 48	22S24 2
2	33	0♑ 3 14	16 47 37	26 18 37	12 18 34	11 28 46	24 1 38	0 43 19	5 18 41	22 47	26 23 23	30 3 48	4 55 28.5	19 49 13	22 14 12
3	34	1 33 14	18 1 40	27 4 22	12 24 59	11 35 42	24 1 57	0 45 6	5 20 35	22 47	26 28 30	30 3 26	4 55 28.4	19 55 39	22 3 5
4	35	3 4 1	19 15 45	27 50 10	12 31 34	11 42 39	24 2 20	0 46 54	5 22 30	22 47	26 33 35	30 3 18	4 55 28.2	20 2 8	21 50 39
5	36	4 35 35	20 29 50	28 35 59	12 38 18	11 49 38	24 2 46	0 48 43	5 24 24	22 44	26 38 40	30 3 24	4 55 28.0	20 8 38	21 36 54
6	37	6 7 54	21 43 57	29 21 51	12 45 13	11 56 38	24 3 15	0 50 34	5 26 17	22 39	26 43 44	30 3 42	4 55 27.7	20 15 10	21 21 49
7	38	7 41 0	22 58 4	0♑ 7 45	12 52 17	12 3 41	24 3 47	0 52 26	5 28 10	22 32	26 48 46	30 4 13	4 55 27.5	20 21 44	21 5 24
8	39	9 14 52	24 12 12	0 53 40	12 59 30	12 10 44	24 4 22	0 54 19	5 30 3	22 23	26 53 48	30 4 54	4 55 27.2	20 28 19	20 47 38
9	40	10 49 30	25 26 22	1 39 37	13 6 53	12 17 50	24 5 1	0 56 13	5 31 55	22 13	26 58 48	30 5 43	4 55 27.0	20 34 55	20 28 31
10	41	12 24 56	26 40 31	2 25 36	13 14 25	12 24 56	24 5 42	0 58 9	5 33 46	22 04	27 3 48	30 6 38	4 55 26.8	20 41 33	20 8 2
11	42	14 1 9	27 54 41	3 11 37	13 22 7	12 32 5	24 6 27	1 0 5	5 35 37	21 57	27 8 47	30 7 37	4 55 26.7	20 48 12	19 46 11
12	43	15 38 10	29 8 52	3 57 39	13 29 57	12 39 14	24 7 15	1 2 3	5 37 28	21 52	27 13 44	30 8 38	4 55 26.6	20 54 51	19 22 58
13	44	17 15 59	0♑23 3	4 43 43	13 37 56	12 46 24	24 8 6	1 4 1	5 39 17	21 49	27 18 41	30 9 39	4 55 26.6	21 1 32	18 58 23
14	45	18 54 38	1 37 15	5 29 49	13 46 4	12 53 36	24 9 0	1 6 1	5 41 6	21 49	27 23 37	30 10 37	4 55 26.5	21 8 14	18 32 25
15	46	20 34 7	2 51 26	6 15 56	13 54 20	13 0 48	24 9 57	1 8 2	5 42 55	21 50	27 28 32	30 11 30	4 55 26.4	21 14 57	18 5 4
16	47	22 14 28	4 5 38	7 2 4	14 2 45	13 8 2	24 10 57	1 10 3	5 44 42	21 51	27 33 26	30 12 15	4 55 26.3	21 21 41	17 36 20
17	48	23 55 40	5 19 51	7 48 14	14 11 19	13 15 16	24 12 0	1 12 6	5 46 29	21 51	27 38 18	30 12 51	4 55 26.1	21 28 26	17 6 14
18	49	25 37 46	6 34 3	8 34 25	14 20 0	13 22 31	24 13 7	1 14 10	5 48 16	21 49	27 43 10	30 13 16	4 55 25.9	21 35 11	16 34 44
19	50	27 20 45	7 48 16	9 20 38	14 28 50	13 29 47	24 14 16	1 16 14	5 50 1	21 46	27 48 2	30 13 29	4 55 25.7	21 41 58	16 1 51
20	51	29 4 38	9 2 29	10 6 51	14 37 48	13 37 4	24 15 28	1 18 19	5 51 46	21 40	27 52 52	30 13 29	4 55 25.5	21 48 45	15 27 35
21	52	0♒49 27	10 16 43	10 53 7	14 46 53	13 44 21	24 16 44	1 20 25	5 53 29	21 33	27 57 41	30 13 15	4 55 25.3	21 55 33	14 51 56
22	53	2 35 12	11 30 56	11 39 24	14 56 6	13 51 39	24 18 2	1 22 32	5 55 12	21 24	28 2 30	30 12 50	4 55 25.1	22 2 22	14 14 55
23	54	4 21 53	12 45 10	12 25 42	15 5 27	13 58 57	24 19 23	1 24 39	5 56 54	21 16	28 7 17	30 12 13	4 55 25.0	22 9 12	13 36 31
24	55	6 9 31	13 59 25	13 12 1	15 14 55	14 6 16	24 20 47	1 26 48	5 58 36	21 08	28 12 4	30 11 27	4 55 24.9	22 16 3	12 56 46
25	56	7 58 5	15 13 39	13 58 22	15 24 31	14 13 35	24 22 14	1 28 57	6 0 16	21 01	28 16 51	30 10 34	4 55 24.8	22 22 55	12 15 40
26	57	9 47 37	16 27 54	14 44 44	15 34 14	14 20 54	24 23 43	1 31 6	6 1 55	20 57	28 21 36	30 9 36	4 55 24.8	22 29 47	11 33 14
27	58	11 38 4	17 42 9	15 31 7	15 44 4	14 28 13	24 25 16	1 33 16	6 3 34	20 54	28 26 21	30 8 37	4 55 24.8	22 36 41	10 49 29
28	59	13 29 26	18 56 24	16 17 31	15 54 1	14 35 33	24 26 51	1 35 27	6 5 11	20 53	28 31 5	30 7 39	4 55 24.8	22 43 35	10 4 26
29	60	15♒21 41	20♑10 40	17♑ 3 57	16♈ 4 5	14♒42 52	24♈28 29	1♓37 39	6♑ 6 47	20♓54	28 35 48	30 6 46	4 55 24.8	22 50 30	9S18 7

DAY Feb	♀ VENUS R.A. h m s	♀ VENUS DECL ° ' "	♂ MARS R.A. h m s	♂ MARS DECL ° ' "	♃ JUPITER R.A. h m s	♃ JUPITER DECL ° ' "	♄ SATURN R.A. h m s	♄ SATURN DECL ° ' "	♅ URANUS R.A. h m s	♅ URANUS DECL ° ' "	♆ NEPTUNE R.A. h m s	♆ NEPTUNE DECL ° ' "	♇ PLUTO R.A. h m s	♇ PLUTO DECL ° ' "
1	18 46 3	22S22 37	19 29 46	22S41 4	2 21 7	12N57 54	22 35 12	10S38 44	3 6 55	17N12 48	23 46 24	2S48 15	20 12 48	22S48 55
2	18 51 23	22 19 21	19 33 2	22 34 31	2 21 31	13 0 12	22 35 38	10 36 10	3 6 56	17 12 54	23 46 31	2 47 32	20 12 57	22 48 36
3	18 56 43	22 15 26	19 36 18	22 27 43	2 21 55	13 2 32	22 36 4	10 33 35	3 6 57	17 13 0	23 46 37	2 46 48	20 13 5	22 48 17
4	19 2 3	22 10 51	19 39 33	22 20 41	2 22 20	13 4 55	22 36 30	10 31 0	3 6 59	17 13 8	23 46 44	2 46 4	20 13 13	22 47 58
5	19 7 22	22 5 35	19 42 49	22 13 23	2 22 46	13 7 21	22 36 57	10 28 24	3 7 0	17 13 16	23 46 51	2 45 20	20 13 21	22 47 39
6	19 12 41	21 59 40	19 46 4	22 5 52	2 23 13	13 9 50	22 37 23	10 25 47	3 7 2	17 13 26	23 46 57	2 44 35	20 13 29	22 47 20
7	19 18 0	21 53 5	19 49 20	21 58 5	2 23 40	13 12 22	22 37 50	10 23 10	3 7 4	17 13 36	23 47 4	2 43 49	20 13 37	22 47 2
8	19 23 18	21 45 51	19 52 35	21 50 4	2 24 8	13 14 56	22 38 17	10 20 32	3 7 7	17 13 47	23 47 11	2 43 3	20 13 45	22 46 43
9	19 28 36	21 37 58	19 55 49	21 41 49	2 24 36	13 17 33	22 38 43	10 17 53	3 7 9	17 13 59	23 47 18	2 42 17	20 13 53	22 46 25
10	19 33 53	21 29 27	19 59 4	21 33 20	2 25 5	13 20 13	22 39 10	10 15 14	3 7 12	17 14 12	23 47 25	2 41 30	20 14 1	22 46 7
11	19 39 9	21 20 16	20 2 18	21 24 37	2 25 35	13 22 56	22 39 37	10 12 35	3 7 15	17 14 26	23 47 32	2 40 42	20 14 9	22 45 49
12	19 44 25	21 10 28	20 5 32	21 15 40	2 26 5	13 25 41	22 40 4	10 9 55	3 7 18	17 14 40	23 47 40	2 39 55	20 14 17	22 45 32
13	19 49 40	21 0 2	20 8 45	21 6 29	2 26 36	13 28 28	22 40 31	10 7 15	3 7 22	17 14 55	23 47 47	2 39 7	20 14 25	22 45 14
14	19 54 55	20 48 58	20 11 59	20 57 4	2 27 7	13 31 18	22 40 58	10 4 34	3 7 25	17 15 11	23 47 54	2 38 19	20 14 33	22 44 57
15	20 0 8	20 37 17	20 15 12	20 47 26	2 27 39	13 34 10	22 41 25	10 1 53	3 7 29	17 15 28	23 48 1	2 37 30	20 14 41	22 44 40
16	20 5 21	20 25 0	20 18 25	20 37 34	2 28 12	13 37 4	22 41 53	9 59 12	3 7 33	17 15 46	23 48 9	2 36 41	20 14 48	22 44 23
17	20 10 33	20 12 7	20 21 37	20 27 29	2 28 45	13 40 1	22 42 20	9 56 30	3 7 37	17 16 5	23 48 16	2 35 51	20 14 56	22 44 6
18	20 15 44	19 58 38	20 24 49	20 17 11	2 29 18	13 43 0	22 42 47	9 53 48	3 7 42	17 16 24	23 48 24	2 35 1	20 15 4	22 43 50
19	20 20 54	19 44 35	20 28 1	20 6 40	2 29 52	13 46 1	22 43 15	9 51 6	3 7 46	17 16 44	23 48 32	2 34 11	20 15 11	22 43 33
20	20 26 3	19 29 56	20 31 12	19 55 56	2 30 27	13 49 4	22 43 42	9 48 23	3 7 51	17 17 5	23 48 39	2 33 21	20 15 19	22 43 17
21	20 31 12	19 14 44	20 34 23	19 45 0	2 31 2	13 52 9	22 44 9	9 45 41	3 7 56	17 17 27	23 48 47	2 32 30	20 15 26	22 43 2
22	20 36 19	18 58 58	20 37 34	19 33 50	2 31 38	13 55 16	22 44 37	9 42 58	3 8 2	17 17 50	23 48 55	2 31 39	20 15 33	22 42 46
23	20 41 25	18 42 39	20 40 45	19 22 28	2 32 14	13 58 25	22 45 4	9 40 15	3 8 7	17 18 13	23 49 2	2 30 48	20 15 41	22 42 31
24	20 46 30	18 25 48	20 43 55	19 10 54	2 32 51	14 1 36	22 45 32	9 37 31	3 8 13	17 18 37	23 49 10	2 29 57	20 15 48	22 42 16
25	20 51 35	18 8 25	20 47 4	18 59 8	2 33 29	14 4 49	22 46 0	9 34 48	3 8 18	17 19 2	23 49 18	2 29 5	20 15 55	22 42 1
26	20 56 38	17 50 30	20 50 14	18 47 10	2 34 6	14 8 3	22 46 27	9 32 5	3 8 24	17 19 28	23 49 26	2 28 13	20 16 2	22 41 47
27	21 1 40	17 32 6	20 53 23	18 35 0	2 34 45	14 11 19	22 46 55	9 29 22	3 8 31	17 19 54	23 49 34	2 27 21	20 16 9	22 41 33
28	21 6 41	17 13 11	20 56 31	18 22 38	2 35 23	14 14 37	22 47 22	9 26 38	3 8 37	17 20 21	23 49 42	2 26 29	20 16 16	22 41 19
29	21 11 41	16S53 46	20 59 40	18S10 5	2 36 3	14N17 56	22 47 50	9S23 55	3 8 44	17N20 49	23 49 50	2S25 36	20 16 23	22S41 5

DAY	SIDEREAL TIME h m s	☉ SUN LONG ° ' "	☉ MOT ' "	☉ R.A. h m s	☉ DECL ° ' "	☽ MOON AT 0 HOURS LONG ° ' "	12h MOT ° ' "	2DIF "	R.A. h m s	DECL ° ' "	☽ MOON AT 12 HOURS LONG ° ' "	12h MOT ° ' "	2DIF "	R.A. h m s	DECL ° ' "
1 F	10 37 10	15♒48 44	60 12	22 49 27.4	7S28 59	15♎23 46	6 6 10	103	14 29 23	17S 1 3	21♎29 55	6 9 53	120	14 53 13	19S20 15
2 S	10 41 6	16 48 56	60 11	22 53 11.9	7 6 6	27 39 49	6 14 11	137	15 17 56	21 28 39	3♏53 59	6 19 1	154	15 43 38	23 24 13
3 Su	10 45 3	17 49 7	60 9	22 56 56.0	6 43 7	10♏13 0	6 24 25	169	16 10 21	25 4 42	16 37 25	6 30 19	184	16 38 7	26 27 45
4 M	10 48 59	18 49 16	60 8	23 0 39.7	6 20 3	23 7 44	6 36 40	196	17 6 53	27 31 0	29 44 24	6 43 23	205	17 36 33	28 12 9
5 Tu	10 52 56	19 49 24	60 6	23 4 22.9	5 56 52	6♐27 46	6 50 21	211	18 6 59	28 29 8	13♐18 8	6 57 28	213	18 37 58	28 20 18
6 W	10 56 52	20 49 30	60 5	23 8 5.8	5 33 37	20 15 35	7 4 32	209	19 9 15	27 44 33	27 20 7	7 11 24	200	19 40 36	26 41 29
7 Th	11 0 49	21 49 34	60 3	23 11 48.2	5 10 18	4♑31 31	7 17 51	185	20 11 45	25 11 31	11♑49 22	7 23 42	163	20 42 31	23 15 47
8 F	11 4 45	22 49 37	60 1	23 15 30.2	4 46 54	19 13 4	7 28 45	137	21 12 45	20 56 10	26 41 49	7 32 49	105	21 42 20	18 15 10
9 S	11 8 42	23 49 38	59 59	23 19 11.9	4 23 26	4♒14 38	7 35 44	69	22 11 15	15 15 48	11♒50 22	7 37 25	31	22 39 33	12 1 25
10 Su	11 12 39	24 49 37	59 57	23 22 53.3	3 59 55	19 27 47	7 37 48	-8	23 7 17	8 35 35	27 5 35	7 36 53	-46	23 34 34	5 2 3
11 M	11 16 35	25 49 35	59 56	23 26 34.3	3 36 20	4♓42 27	7 34 42	-82	0 1 30	1 24 32	12♓17 10	7 31 23	-115	0 28 15	2N13 15
12 Tu	11 20 32	26 49 30	59 53	23 30 15.0	3 12 44	19 48 32	7 27 3	-143	0 54 56	5N47 45	27 15 35	7 21 52	-165	1 21 42	9 15 33
13 W	11 24 28	27 49 24	59 51	23 33 55.4	2 49 5	4♈37 27	7 16 2	-182	1 48 40	12 33 30	11♈53 29	7 9 43	-194	2 15 55	15 38 37
14 Th	11 28 25	28 49 15	59 49	23 37 35.5	2 25 24	19 3 12	7 3 8	-200	2 43 33	18 28 17	26 6 20	6 56 25	-201	3 11 35	21 0 7
15 F	11 32 21	29 49 4	59 47	23 41 15.4	2 1 42	3♉ 2 45	6 49 44	-198	3 40 2	23 12 6	9♉52 28	6 43 12	-192	4 8 51	25 2 36
16 S	11 36 18	0♓48 51	59 45	23 44 55.0	1 37 59	16 35 40	6 36 56	-183	4 37 57	26 30 21	23 12 35	6 31 0	-172	5 7 13	27 34 36
17 Su	11 40 14	1 48 36	59 43	23 48 34.4	1 14 15	29 43 35	6 25 29	-159	5 36 29	28 15 1	6♊ 9 4	6 20 24	-145	6 5 34	28 31 46
18 M	11 44 11	2 48 18	59 40	23 52 13.6	0 50 32	12♊29 28	6 15 48	-131	6 34 19	28 25 29	18 45 17	6 11 41	-116	7 2 32	27 57 10
19 Tu	11 48 8	3 47 58	59 38	23 55 52.6	0 26 48	24 56 57	6 8 3	-102	7 30 8	27 8 9	1♋ 5 0	6 4 53	-88	7 56 59	26 0 1
20 W	11 52 4	4 47 36	59 36	23 59 31.5	0 3 5	7♋ 9 54	6 2 11	-74	8 23 2	24 34 28	13 12 5	5 59 55	-62	8 48 16	22 53 17
21 Th	11 56 1	5 47 12	59 33	0 3 10.2	0N20 37	19 12 0	5 58 5	-50	9 12 43	20 58 13	25 10 5	5 56 37	-38	9 36 24	18 51 1
22 F	11 59 57	6 46 45	59 31	0 6 48.8	0 44 18	1♌ 6 42	5 55 32	-28	9 59 23	16 33 21	7♌ 2 13	5 54 46	-18	10 21 47	14 6 46
23 S	12 3 54	7 46 16	59 29	0 10 27.3	1 7 58	12 56 59	5 54 20	-9	10 43 39	11 32 48	18 51 20	5 54 12	0	11 5 7	8 52 51
24 Su	12 7 50	8 45 45	59 27	0 14 5.7	1 31 35	24 45 32	5 54 21	8	11 26 16	6 8 18	0♍39 52	5 54 46	16	11 47 13	3 20 28
25 M	12 11 47	9 45 12	59 25	0 17 44.1	1 55 11	6♍34 38	5 55 26	24	12 8 6	0 30 40	12 30 4	5 56 22	32	12 29 0	2S19 48
26 Tu	12 15 43	10 44 37	59 23	0 21 22.5	2 18 43	18 26 26	5 57 34	40	12 50 3	5S 9 35	24 24 0	5 59 2	48	13 11 22	7 57 20
27 W	12 19 40	11 44 0	59 21	0 25 0.8	2 42 13	0♎23 2	6 0 46	56	13 33 3	10 41 36	6♎23 48	6 2 47	65	13 55 13	13 20 53
28 Th	12 23 37	12 43 21	59 19	0 28 39.2	3 5 40	12 26 34	6 5 6	74	14 17 59	15 53 32	18 31 40	6 7 44	84	14 41 27	18 17 51
29 F	12 27 33	13 42 41	59 17	0 32 17.6	3 29 3	24 39 24	6 10 42	94	15 5 43	20 31 57	0♏50 7	6 14 1	105	15 30 51	22 33 53
30 S	12 31 30	14 41 58	59 16	0 35 56.1	3 52 22	7♏ 4 8	6 17 41	115	15 56 53	24 21 33	13 21 49	6 21 43	126	16 23 51	25 52 50
31 Su	12 35 26	15♓41 13	59 14	0 39 34.7	4N15 37	19♏43 31	6 26 6	137	16 51 43	27S 5 35	26♏ 9 38	6 30 50	147	17 20 25	27S57 46

LUNAR INGRESSES

2 ☽ ♏ 4:31
4 ☽ ♐ 12:28
6 ☽ ♑ 16:28
8 ☽ ♒ 17:16
10 ☽ ♓ 16:35
12 ☽ ♈ 16:27
14 ☽ ♉ 18:43
17 ☽ ♊ 0:30
19 ☽ ♋ 9:52
21 ☽ ♌ 21:45
24 ☽ ♍ 10:39
26 ☽ ♎ 23:14
29 ☽ ♏ 10:23
31 ☽ ♐ 19:06

PLANET INGRESSES

7 ☿ ♓ 15:02
7 ♀ ♒ 22:25
15 ☉ ♓ 4:23
16 ♂ ♒ 15:55
27 ☿ ♈ 0:13

STATIONS
NONE

DATA FOR THE 1st AT 0 HOURS
JULIAN DAY 45350.5
☽ MEAN ☊ 22°♓ 37' 19"
OBLIQUITY 23° 26' 19"
DELTA T 78.5 SECONDS
NUTATION LONGITUDE -4.5"

DAY MO	YR	☿ LONG ° ' "	♀ LONG ° ' "	♂ LONG ° ' "	♃ LONG ° ' "	♄ LONG ° ' "	♅ LONG ° ' "	♆ LONG ° ' "	♇ LONG ° ' "	☊ LONG ° '	A.S.S.I. h m s	S.S.R.Y. h m s	S.V.P. ♓ ° ' "	☿ MERCURY R.A. h m s	☿ MERCURY DECL ° ' "
1	61	17♒14 47	21♑24 56	17♑50 24	16♈14 15	14♒50 12	24♈30 10	1♓39 51	6♑ 8 23	20♓56	28 40 31	30 6 1	4 55 24.7	22 57 26	8S30 34
2	62	19 8 41	22 39 12	18 36 52	16 24 33	14 57 31	24 31 54	1 42 3	6 9 57	20 57	28 45 13	30 5 25	4 55 24.6	23 4 22	7 41 51
3	63	21 3 19	23 53 29	19 23 22	16 34 57	15 4 51	24 33 40	1 44 16	6 11 30	20 59	28 49 55	30 4 59	4 55 24.4	23 11 19	6 51 59
4	64	22 58 35	25 7 45	20 9 52	16 45 28	15 12 10	24 35 29	1 46 29	6 13 3	20 59	28 54 36	30 4 46	4 55 24.2	23 18 16	6 1 3
5	65	24 54 23	26 22 2	20 56 24	16 56 5	15 19 29	24 37 21	1 48 43	6 14 34	20 58	28 59 16	30 4 44	4 55 24.0	23 25 13	5 9 7
6	66	26 50 35	27 36 19	21 42 57	17 6 48	15 26 48	24 39 15	1 50 58	6 16 4	20 55	29 3 56	30 4 55	4 55 23.8	23 32 9	4 16 17
7	67	28 47 3	28 50 36	22 29 30	17 17 37	15 34 7	24 41 12	1 53 12	6 17 33	20 51	29 8 36	30 5 18	4 55 23.5	23 39 5	3 22 39
8	68	0♓43 33	0♒ 4 53	23 16 5	17 28 33	15 41 25	24 43 11	1 55 27	6 19 0	20 47	29 13 14	30 5 53	4 55 23.4	23 45 59	2 28 21
9	69	2 39 53	1 19 10	24 2 40	17 39 35	15 48 42	24 45 14	1 57 43	6 20 27	20 43	29 17 53	30 6 38	4 55 23.3	23 52 51	1 33 29
10	70	4 35 48	2 33 27	24 49 16	17 50 42	15 55 59	24 47 18	1 59 58	6 21 52	20 40	29 22 31	30 7 31	4 55 23.2	23 59 41	0 38 16
11	71	6 31 0	3 47 44	25 35 53	18 1 56	16 3 15	24 49 25	2 2 14	6 23 16	20 38	29 27 9	30 8 32	4 55 23.2	0 6 27	0N17 10
12	72	8 25 8	5 2 0	26 22 30	18 13 15	16 10 31	24 51 35	2 4 30	6 24 38	20 37	29 31 46	30 9 38	4 55 23.2	0 13 9	1 12 36
13	73	10 17 52	6 16 17	27 9 8	18 24 39	16 17 45	24 53 47	2 6 46	6 26 0	20 38	29 36 23	30 10 45	4 55 23.2	0 19 45	2 7 49
14	74	12 8 45	7 30 33	27 55 46	18 36 9	16 24 59	24 56 1	2 9 2	6 27 20	20 39	29 41 0	30 11 51	4 55 23.1	0 26 14	3 2 34
15	75	13 57 24	8 44 48	28 42 24	18 47 45	16 32 12	24 58 18	2 11 19	6 28 38	20 41	29 45 36	30 12 52	4 55 22.9	0 32 34	3 56 37
16	76	15 43 20	9 59 3	29 29 3	18 59 25	16 39 23	25 0 37	2 13 35	6 29 56	20 42	29 50 12	30 13 46	4 55 22.8	0 38 46	4 49 41
17	77	17 26 5	11 13 18	0♒15 43	19 11 11	16 46 34	25 2 59	2 15 52	6 31 12	20 42	29 54 47	30 14 30	4 55 22.5	0 44 46	5 41 31
18	78	19 5 10	12 27 32	1 2 22	19 23 1	16 53 43	25 5 22	2 18 8	6 32 27	20 42	29 59 23	30 15 2	4 55 22.3	0 50 33	6 31 50
19	79	20 40 7	13 41 46	1 49 2	19 34 56	17 0 51	25 7 48	2 20 25	6 33 40	20 41	30 3 58	30 15 21	4 55 22.1	0 56 5	7 20 22
20	80	22 10 27	14 56 0	2 35 42	19 46 56	17 7 58	25 10 16	2 22 41	6 34 52	20 39	30 8 33	30 15 27	4 55 22.0	1 1 22	8 6 51
21	81	23 35 43	16 10 13	3 22 23	19 59 1	17 15 4	25 12 47	2 24 58	6 36 2	20 37	0 3 59	30 15 20	4 55 21.9	1 6 21	8 51 1
22	82	24 55 29	17 24 26	4 9 3	20 11 10	17 22 8	25 15 19	2 27 14	6 37 11	20 35	0 8 34	30 15 0	4 55 21.8	1 11 1	9 32 39
23	83	26 9 23	18 38 38	4 55 44	20 23 24	17 29 10	25 17 53	2 29 30	6 38 19	20 33	0 13 8	30 14 29	4 55 21.7	1 15 21	10 11 31
24	84	27 17 2	19 52 51	5 42 25	20 35 42	17 36 12	25 20 30	2 31 46	6 39 25	20 31	0 17 43	30 13 48	4 55 21.7	1 19 18	10 47 25
25	85	28 18 8	21 7 2	6 29 6	20 48 4	17 43 11	25 23 8	2 34 2	6 40 29	20 30	0 22 17	30 13 0	4 55 21.7	1 22 53	11 20 9
26	86	29 12 24	22 21 14	7 15 48	21 0 31	17 50 9	25 25 48	2 36 17	6 41 33	20 30	0 26 51	30 12 7	4 55 21.7	1 26 3	11 49 35
27	87	29 59 36	23 35 25	8 2 29	21 13 1	17 57 5	25 28 31	2 38 32	6 42 34	20 30	0 31 26	30 11 12	4 55 21.7	1 28 49	12 15 32
28	88	0♈39 34	24 49 36	8 49 11	21 25 36	18 3 59	25 31 15	2 40 47	6 43 34	20 30	0 36 0	30 10 17	4 55 21.6	1 31 8	12 37 53
29	89	1 12 11	26 3 47	9 35 53	21 38 14	18 10 52	25 34 1	2 43 2	6 44 33	20 31	0 40 34	30 9 24	4 55 21.6	1 33 2	12 56 31
30	90	1 37 21	27 17 57	10 22 34	21 50 57	18 17 42	25 36 49	2 45 16	6 45 30	20 32	0 45 9	30 8 36	4 55 21.4	1 34 29	13 11 21
31	91	1♈55 4	28♒32 8	11♒ 9 16	22♈ 3 43	18♒24 31	25♈39 38	2♓47 30	6♑46 26	20♓32	0 49 43	30 7 55	4 55 21.2	1 35 29	13N22 18

DAY Mar	♀ VENUS R.A. h m s	♀ VENUS DECL ° ' "	♂ MARS R.A. h m s	♂ MARS DECL ° ' "	♃ JUPITER R.A. h m s	♃ JUPITER DECL ° ' "	♄ SATURN R.A. h m s	♄ SATURN DECL ° ' "	♅ URANUS R.A. h m s	♅ URANUS DECL ° ' "	♆ NEPTUNE R.A. h m s	♆ NEPTUNE DECL ° ' "	♇ PLUTO R.A. h m s	♇ PLUTO DECL ° ' "
1	21 16 40	16S33 53	21 2 48	17S57 20	2 36 42	14N21 17	22 48 17	9S21 11	3 8 50	17N21 17	23 49 58	2S24 43	20 16 30	22S40 52
2	21 21 38	16 13 32	21 5 55	17 44 24	2 37 22	14 24 39	22 48 45	9 18 28	3 8 57	17 21 47	23 50 6	2 23 50	20 16 37	22 40 39
3	21 26 35	15 52 43	21 9 2	17 31 16	2 38 3	14 28 3	22 49 12	9 15 44	3 9 4	17 22 17	23 50 14	2 22 57	20 16 44	22 40 26
4	21 31 31	15 31 28	21 12 9	17 17 58	2 38 44	14 31 28	22 49 40	9 13 1	3 9 12	17 22 47	23 50 23	2 22 4	20 16 50	22 40 13
5	21 36 26	15 9 47	21 15 16	17 4 29	2 39 26	14 34 55	22 50 8	9 10 18	3 9 19	17 23 19	23 50 31	2 21 11	20 16 57	22 40 1
6	21 41 19	14 47 40	21 18 22	16 50 50	2 40 8	14 38 23	22 50 35	9 7 34	3 9 27	17 23 51	23 50 39	2 20 17	20 17 3	22 39 49
7	21 46 12	14 25 9	21 21 27	16 37 0	2 40 50	14 41 52	22 51 3	9 4 52	3 9 35	17 24 24	23 50 47	2 19 24	20 17 10	22 39 37
8	21 51 4	14 2 13	21 24 33	16 23 0	2 41 33	14 45 22	22 51 30	9 2 9	3 9 43	17 24 57	23 50 56	2 18 30	20 17 16	22 39 26
9	21 55 55	13 38 55	21 27 37	16 8 50	2 42 16	14 48 54	22 51 57	8 59 26	3 9 51	17 25 31	23 51 4	2 17 36	20 17 22	22 39 15
10	22 0 44	13 15 14	21 30 42	15 54 30	2 43 0	14 52 27	22 52 25	8 56 44	3 9 59	17 26 6	23 51 12	2 16 42	20 17 28	22 39 5
11	22 5 33	12 51 11	21 33 46	15 40 1	2 43 44	14 56 0	22 52 52	8 54 2	3 10 8	17 26 42	23 51 21	2 15 48	20 17 34	22 38 54
12	22 10 20	12 26 47	21 36 50	15 25 22	2 44 28	14 59 35	22 53 19	8 51 21	3 10 17	17 27 18	23 51 29	2 14 54	20 17 40	22 38 44
13	22 15 7	12 2 3	21 39 53	15 10 34	2 45 13	15 3 11	22 53 47	8 48 39	3 10 26	17 27 54	23 51 37	2 14 0	20 17 46	22 38 35
14	22 19 53	11 36 59	21 42 56	14 55 37	2 45 58	15 6 48	22 54 14	8 45 58	3 10 35	17 28 31	23 51 46	2 13 7	20 17 52	22 38 25
15	22 24 38	11 11 36	21 45 59	14 40 31	2 46 44	15 10 25	22 54 41	8 43 18	3 10 44	17 29 9	23 51 54	2 12 13	20 17 58	22 38 16
16	22 29 21	10 45 55	21 49 1	14 25 17	2 47 30	15 14 4	22 55 8	8 40 38	3 10 53	17 29 48	23 52 2	2 11 19	20 18 3	22 38 8
17	22 34 4	10 19 57	21 52 3	14 9 54	2 48 16	15 17 43	22 55 35	8 37 58	3 11 3	17 30 27	23 52 11	2 10 25	20 18 9	22 37 59
18	22 38 47	9 53 42	21 55 4	13 54 22	2 49 3	15 21 23	22 56 2	8 35 19	3 11 12	17 31 6	23 52 19	2 9 31	20 18 14	22 37 51
19	22 43 28	9 27 11	21 58 5	13 38 43	2 49 50	15 25 3	22 56 29	8 32 40	3 11 22	17 31 46	23 52 27	2 8 37	20 18 19	22 37 44
20	22 48 9	9 0 25	22 1 6	13 22 56	2 50 37	15 28 44	22 56 55	8 30 2	3 11 32	17 32 27	23 52 36	2 7 43	20 18 25	22 37 37
21	22 52 48	8 33 24	22 4 6	13 7 1	2 51 25	15 32 26	22 57 22	8 27 25	3 11 42	17 33 8	23 52 44	2 6 49	20 18 30	22 37 30
22	22 57 27	8 6 9	22 7 6	12 50 58	2 52 13	15 36 8	22 57 49	8 24 48	3 11 52	17 33 50	23 52 52	2 5 55	20 18 35	22 37 24
23	23 2 6	7 38 41	22 10 5	12 34 49	2 53 2	15 39 51	22 58 15	8 22 11	3 12 3	17 34 32	23 53 1	2 5 2	20 18 40	22 37 17
24	23 6 43	7 11 1	22 13 5	12 18 32	2 53 50	15 43 34	22 58 41	8 19 36	3 12 13	17 35 15	23 53 9	2 4 8	20 18 45	22 37 12
25	23 11 20	6 43 9	22 16 3	12 2 8	2 54 39	15 47 17	22 59 8	8 17 1	3 12 24	17 35 58	23 53 18	2 3 15	20 18 49	22 37 6
26	23 15 57	6 15 6	22 19 2	11 45 37	2 55 29	15 51 1	22 59 34	8 14 26	3 12 35	17 36 42	23 53 26	2 2 22	20 18 54	22 37 1
27	23 20 33	5 46 52	22 22 0	11 29 0	2 56 18	15 54 45	23 0 0	8 11 53	3 12 46	17 37 26	23 53 34	2 1 29	20 18 58	22 36 57
28	23 25 8	5 18 29	22 24 58	11 12 16	2 57 8	15 58 30	23 0 26	8 9 20	3 12 57	17 38 10	23 53 42	2 0 36	20 19 3	22 36 53
29	23 29 43	4 49 57	22 27 55	10 55 26	2 57 59	16 2 14	23 0 52	8 6 47	3 13 8	17 38 55	23 53 51	1 59 43	20 19 7	22 36 49
30	23 34 17	4 21 16	22 30 53	10 38 30	2 58 49	16 5 59	23 1 17	8 4 16	3 13 19	17 39 41	23 53 59	1 58 50	20 19 11	22 36 45
31	23 38 51	3S52 28	22 33 49	10S21 28	2 59 40	16N 9 44	23 1 43	8S 1 45	3 13 31	17N40 26	23 54 7	1S57 58	20 19 15	22S36 42

APRIL 2024

DAY	SIDEREAL TIME h m s	☉ SUN LONG ° ' "	SUN MOT ' "	SUN R.A. h m s	SUN DECL ° ' "	☽ MOON AT 0 HOURS LONG ° ' "	12h MOT ° ' "	2DIF "	R.A. h m s	DECL ° ' "	☽ MOON AT 12 HOURS LONG ° ' "	12h MOT ° ' "	2DIF "	R.A. h m s	DECL ° ' "
1 M	12 39 23	16♓40 27	59 12	0 43 13.4	4N38 48	2♐40 27	6 35 54	156	17 49 49	28S27 33	9♐16 21	6 41 14	164	18 19 44	28S33 26
2 Tu	12 43 19	17 39 39	59 10	0 46 52.2	5 1 53	15 57 35	6 46 48	169	18 49 59	28 14 20	22 44 23	6 52 32	173	19 20 21	27 29 43
3 W	12 47 16	18 38 49	59 9	0 50 31.2	5 24 54	29 36 55	6 58 20	173	19 50 37	26 19 40	6♑35 15	7 4 5	170	20 20 37	24 44 49
4 Th	12 51 12	19 37 57	59 7	0 54 10.3	5 47 49	13♑39 19	7 9 40	163	20 50 10	22 46 24	20 48 59	7 14 57	151	21 19 13	20 26 8
5 F	12 55 9	20 37 4	59 5	0 57 49.7	6 10 38	28 3 56	7 19 46	136	21 47 42	17 46 13	5♒23 41	7 23 59	115	22 15 39	14 49 8
6 S	12 59 6	21 36 9	59 3	1 1 29.2	6 33 20	12♒47 40	7 27 26	91	22 43 6	11 37 41	20 15 7	7 30 1	63	23 10 9	8 14 55
7 Su	13 3 2	22 35 12	59 1	1 5 8.9	6 55 56	27 45 8	7 31 36	32	23 36 55	4 44 3	5♓16 44	7 32 8	-1	0 3 32	1 8 26
8 M	13 6 59	23 34 13	58 59	1 8 48.9	7 18 25	12♓48 52	7 31 33	-34	0 30 7	2N28 28	20 20 24	7 29 51	-67	0 56 50	6N 3 9
9 Tu	13 10 55	24 33 12	58 57	1 12 29.1	7 40 47	27 50 15	7 27 5	-98	1 23 47	9 32 6	5♈17 21	7 23 21	-125	1 51 6	12 51 52
10 W	13 14 52	25 32 10	58 55	1 16 9.6	8 3 1	12♈40 41	7 18 44	-150	2 18 53	15 59 8	19 59 25	7 13 23	-169	2 47 11	18 50 47
11 Th	13 18 48	26 31 5	58 53	1 19 50.4	8 25 6	27 12 47	7 7 27	-184	3 16 2	21 23 57	4♉20 14	7 1 6	-194	3 45 24	23 36 12
12 F	13 22 45	27 29 58	58 51	1 23 31.4	8 47 3	11♉21 20	6 54 30	-199	4 15 11	25 25 30	18 15 50	6 47 49	-200	4 45 17	26 50 26
13 S	13 26 41	28 28 48	58 49	1 27 12.8	9 8 52	25 3 39	6 41 11	-197	5 15 29	27 50 8	1♊44 50	6 34 43	-190	5 45 37	28 24 25
14 Su	13 30 38	29 27 37	58 46	1 30 54.5	9 30 31	8♊19 32	6 28 32	-180	6 15 26	28 33 43	14 48 5	6 22 45	-167	6 44 46	28 19 1
15 M	13 34 35	0♈26 23	58 44	1 34 36.4	9 52 0	21 10 49	6 17 24	-153	7 13 24	27 41 43	27 28 13	6 12 33	-137	7 41 15	26 43 37
16 Tu	13 38 31	1 25 7	58 42	1 38 18.8	10 13 19	3♋40 46	6 8 15	-121	8 8 12	25 26 38	9♋49 0	6 4 30	-104	8 34 13	23 52 48
17 W	13 42 28	2 23 49	58 40	1 42 1.4	10 34 29	15 53 30	6 1 20	-86	8 59 20	22 4 7	21 54 51	5 58 45	-69	9 23 35	20 2 29
18 Th	13 46 24	3 22 28	58 37	1 45 44.5	10 55 27	27 53 35	5 56 43	-52	9 47 2	17 49 41	3♌50 18	5 55 15	-36	10 9 46	15 27 22
19 F	13 50 21	4 21 6	58 35	1 49 27.9	11 16 15	9♌45 33	5 54 18	-21	10 31 55	12 57 5	15 39 51	5 53 51	-6	10 53 34	10 20 14
20 S	13 54 17	5 19 41	58 33	1 53 11.7	11 36 51	21 33 42	5 53 53	8	11 14 51	7 38 9	27 27 35	5 54 22	20	11 35 53	4 52 4
21 Su	13 58 14	6 18 14	58 31	1 56 56.0	11 57 16	3♍21 57	5 55 14	32	11 56 47	2 3 15	9♍17 11	5 56 29	42	12 17 40	0S47 4
22 M	14 2 10	7 16 45	58 29	2 0 40.6	12 17 29	15 13 40	5 58 4	52	12 38 40	3S37 39	21 11 45	5 59 57	61	12 59 53	6 27 9
23 Tu	14 6 7	8 15 14	58 27	2 4 25.8	12 37 30	27 11 42	6 2 6	68	13 21 28	9 14 9	3♎13 48	6 4 29	75	13 43 30	11 57 10
24 W	14 10 3	9 13 41	58 25	2 8 11.3	12 57 18	9♎18 18	6 7 5	80	14 6 8	14 34 32	15 25 23	6 9 51	85	14 29 26	17 4 29
25 Th	14 14 0	10 12 6	58 24	2 11 57.4	13 16 54	21 35 13	6 12 46	90	14 53 31	19 25 6	27 48 0	6 15 50	94	15 18 27	21 34 19
26 F	14 17 57	11 10 30	58 22	2 15 43.9	13 36 16	4♏ 3 49	6 19 0	97	15 44 17	23 30 0	10♏22 50	6 22 18	100	16 11 1	25 9 56
27 S	14 21 53	12 8 51	58 20	2 19 31.0	13 55 25	16 45 7	6 25 41	103	16 38 39	26 31 55	23 10 48	6 29 10	106	17 7 6	27 33 54
28 Su	14 25 50	13 7 11	58 19	2 23 18.6	14 14 21	29 39 58	6 32 44	108	17 36 13	28 14 2	6♐12 42	6 36 23	111	18 5 51	28 30 51
29 M	14 29 46	14 5 30	58 17	2 27 6.7	14 33 2	12♐49 5	6 40 7	113	18 35 47	28 23 18	19 29 12	6 43 56	115	19 5 49	27 50 57
30 Tu	14 33 43	15♈ 3 47	58 16	2 30 55.3	14N51 29	26♐13 7	6 47 47	116	19 35 43	26S53 53	3♑ 0 55	6 51 41	117	20 5 18	25S32 47

LUNAR INGRESSES
3 ☽ ♑ 0:40
5 ☽ ♒ 3:11
7 ☽ ♓ 3:35
9 ☽ ♈ 3:28
11 ☽ ♉ 4:40
13 ☽ ♊ 8:51
15 ☽ ♋ 16:52
18 ☽ ♌ 4:15
20 ☽ ♍ 17:10
23 ☽ ♎ 5:35
25 ☽ ♏ 16:14
28 ☽ ♐ 0:37
30 ☽ ♑ 6:41

PLANET INGRESSES
1 ♀ ♓ 4:26
8 ☿ ♓ 7:07
14 ☉ ♈ 13:13
24 ♂ ♓ 6:34
25 ♀ ♈ 11:42

STATIONS
1 ☿ R 22:16
25 ☿ D 12:55

DATA FOR THE 1st AT 0 HOURS
JULIAN DAY 45381.5
☽ MEAN ☊ 20°♓ 58' 45"
OBLIQUITY 23° 26' 19"
DELTA T 78.5 SECONDS
NUTATION LONGITUDE -4.9"

DAY MO	YR	☿ LONG ° ' "	♀ LONG ° ' "	♂ LONG ° ' "	♃ LONG ° ' "	♄ LONG ° ' "	♅ LONG ° ' "	♆ LONG ° ' "	♇ LONG ° ' "	☊ LONG ° '	A.S.S.I. h m s	S.S.R.Y. h m s	S.V.P. ♓ ° ' "	☿ MERCURY R.A. h m s	☿ MERCURY DECL ° ' "
1	92	2♈ 5R23	29♒46 17	11♒55 58	22♈16 32	18♒31 18	25♈42 30	2♓49 44	6♑47 20	20♓33	0 54 18	30 7 22	4 55 21.0	1 36 3	13N29 20
2	93	2 8 27	1♓ 0 27	12 42 39	22 29 26	18 38 2	25 45 23	2 51 57	6 48 12	20 33	0 58 53	30 6 57	4 55 20.8	1 36 12	13 32 23
3	94	2 4 26	2 14 37	13 29 21	22 42 22	18 44 45	25 48 18	2 54 10	6 49 3	20 33	1 3 28	30 6 45	4 55 20.6	1 35 56	13 31 30
4	95	1 53 39	3 28 46	14 16 2	22 55 23	18 51 25	25 51 14	2 56 22	6 49 52	20 33	1 8 4	30 6 46	4 55 20.4	1 35 16	13 26 43
5	96	1 36 27	4 42 55	15 2 43	23 8 26	18 58 3	25 54 12	2 58 34	6 50 40	20 33	1 12 39	30 6 59	4 55 20.3	1 34 14	13 18 7
6	97	1 13 18	5 57 3	15 49 23	23 21 33	19 4 38	25 57 12	3 0 45	6 51 26	20 33	1 17 15	30 7 27	4 55 20.2	1 32 52	13 5 49
7	98	0 44 45	7 11 11	16 36 4	23 34 43	19 11 11	26 0 13	3 2 56	6 52 10	20 33	1 21 51	30 8 7	4 55 20.2	1 31 11	12 50 1
8	99	0 11 28	8 25 19	17 22 43	23 47 56	19 17 42	26 3 16	3 5 6	6 52 53	20 33	1 26 27	30 8 58	4 55 20.2	1 29 16	12 30 57
9	100	29♓34 7	9 39 26	18 9 22	24 1 12	19 24 10	26 6 20	3 7 15	6 53 34	20 33	1 31 4	30 9 59	4 55 20.1	1 27 7	12 8 56
10	101	28 53 32	10 53 33	18 56 1	24 14 31	19 30 35	26 9 25	3 9 23	6 54 13	20 33	1 35 41	30 11 5	4 55 20.1	1 24 49	11 44 17
11	102	28 10 30	12 7 39	19 42 38	24 27 53	19 36 58	26 12 32	3 11 31	6 54 51	20 32	1 40 18	30 12 14	4 55 19.9	1 22 24	11 17 25
12	103	27 25 55	13 21 45	20 29 15	24 41 17	19 43 18	26 15 40	3 13 39	6 55 27	20 31	1 44 56	30 13 22	4 55 19.7	1 19 55	10 48 46
13	104	26 40 39	14 35 49	21 15 51	24 54 44	19 49 35	26 18 50	3 15 45	6 56 1	20 30	1 49 34	30 14 26	4 55 19.5	1 17 26	10 18 47
14	105	25 55 33	15 49 54	22 2 26	25 8 14	19 55 49	26 22 1	3 17 51	6 56 34	20 30	1 54 13	30 15 21	4 55 19.3	1 14 59	9 47 58
15	106	25 11 26	17 3 57	22 49 0	25 21 45	20 2 1	26 25 13	3 19 56	6 57 5	20 29	1 58 52	30 16 6	4 55 19.1	1 12 38	9 16 48
16	107	24 29 6	18 18 0	23 35 33	25 35 20	20 8 9	26 28 26	3 22 0	6 57 34	20 29	2 3 31	30 16 40	4 55 18.9	1 10 24	8 45 45
17	108	23 49 13	19 32 2	24 22 5	25 48 56	20 14 14	26 31 40	3 24 3	6 58 2	20 29	2 8 11	30 17 1	4 55 18.7	1 8 20	8 15 15
18	109	23 12 26	20 46 4	25 8 36	26 2 35	20 20 16	26 34 55	3 26 5	6 58 28	20 30	2 12 51	30 17 9	4 55 18.6	1 6 29	7 45 44
19	110	22 39 17	22 0 4	25 55 6	26 16 15	20 26 15	26 38 11	3 28 7	6 58 52	20 31	2 17 32	30 17 5	4 55 18.5	1 4 51	7 17 33
20	111	22 10 11	23 14 5	26 41 34	26 29 58	20 32 10	26 41 29	3 30 7	6 59 14	20 33	2 22 13	30 16 49	4 55 18.5	1 3 28	6 51 2
21	112	21 45 30	24 28 4	27 28 2	26 43 42	20 38 3	26 44 47	3 32 6	6 59 35	20 34	2 26 55	30 16 21	4 55 18.5	1 2 22	6 26 28
22	113	21 25 28	25 42 4	28 14 29	26 57 29	20 43 51	26 48 6	3 34 5	6 59 54	20 35	2 31 37	30 15 45	4 55 18.4	1 1 32	6 4 3
23	114	21 10 18	26 56 2	29 0 54	27 11 17	20 49 37	26 51 26	3 36 2	7 0 11	20 34	2 36 20	30 15 1	4 55 18.4	1 0 59	5 43 58
24	115	21 0 6	28 10 0	29 47 18	27 25 7	20 55 19	26 54 47	3 37 59	7 0 27	20 33	2 41 3	30 14 11	4 55 18.3	1 0 44	5 26 20
25	116	20 54D54	29 23 58	0♓33 41	27 38 58	21 0 58	26 58 8	3 39 54	7 0 41	20 32	2 45 47	30 13 16	4 55 18.2	1 0 47	5 11 14
26	117	20 54 42	0♈37 55	1 20 3	27 52 51	21 6 33	27 1 31	3 41 48	7 0 53	20 29	2 50 32	30 12 19	4 55 18.1	1 1 7	4 58 44
27	118	20 59 28	1 51 52	2 6 23	28 6 46	21 12 4	27 4 54	3 43 41	7 1 4	20 26	2 55 17	30 11 21	4 55 17.9	1 1 44	4 48 50
28	119	21 9 5	3 5 48	2 52 43	28 20 41	21 17 32	27 8 17	3 45 33	7 1 13	20 22	3 0 3	30 10 25	4 55 17.6	1 2 38	4 41 32
29	120	21 23 28	4 19 44	3 39 0	28 34 39	21 22 56	27 11 42	3 47 24	7 1 20	20 19	3 4 49	30 9 32	4 55 17.4	1 3 49	4 36 49
30	121	21♓42 29	5♈33 40	4♓25 17	28♈48 38	21♒28 16	27♈15 7	3♓49 14	7♑ 1 25	20♓17	3 9 37	30 8 46	4 55 17.1	1 5 15	4N34 36

DAY Apr	♀ VENUS R.A. h m s	♀ VENUS DECL ° ' "	♂ MARS R.A. h m s	♂ MARS DECL ° ' "	♃ JUPITER R.A. h m s	♃ JUPITER DECL ° ' "	♄ SATURN R.A. h m s	♄ SATURN DECL ° ' "	♅ URANUS R.A. h m s	♅ URANUS DECL ° ' "	♆ NEPTUNE R.A. h m s	♆ NEPTUNE DECL ° ' "	♇ PLUTO R.A. h m s	♇ PLUTO DECL ° ' "
1	23 43 25	3S23 33	22 36 46	10S 4 20	3 0 31	16N13 30	23 2 8	7S59 15	3 13 42	17N41 13	23 54 15	1S57 5	20 19 19	22S36 39
2	23 47 58	2 54 32	22 39 42	9 47 7	3 1 22	16 17 15	23 2 34	7 56 46	3 13 54	17 41 59	23 54 24	1 56 13	20 19 23	22 36 37
3	23 52 31	2 25 26	22 42 38	9 29 49	3 2 14	16 21 0	23 2 59	7 54 18	3 14 6	17 42 47	23 54 32	1 55 21	20 19 27	22 36 35
4	23 57 4	1 56 14	22 45 34	9 12 25	3 3 6	16 24 46	23 3 24	7 51 51	3 14 18	17 43 34	23 54 40	1 54 30	20 19 30	22 36 34
5	0 1 37	1 26 59	22 48 29	8 54 57	3 3 58	16 28 31	23 3 49	7 49 25	3 14 30	17 44 22	23 54 48	1 53 38	20 19 34	22 36 33
6	0 6 9	0 57 40	22 51 24	8 37 24	3 4 51	16 32 17	23 4 13	7 47 0	3 14 42	17 45 10	23 54 56	1 52 47	20 19 37	22 36 32
7	0 10 41	0 28 19	22 54 19	8 19 46	3 5 43	16 36 2	23 4 38	7 44 35	3 14 54	17 45 59	23 55 4	1 51 56	20 19 41	22 36 32
8	0 15 13	0N 1 4	22 57 13	8 2 5	3 6 36	16 39 47	23 5 3	7 42 12	3 15 6	17 46 48	23 55 12	1 51 6	20 19 44	22 36 32
9	0 19 45	0 30 29	23 0 7	7 44 19	3 7 29	16 43 32	23 5 27	7 39 50	3 15 19	17 47 37	23 55 20	1 50 16	20 19 47	22 36 32
10	0 24 17	0 59 53	23 3 1	7 26 30	3 8 23	16 47 17	23 5 51	7 37 29	3 15 31	17 48 26	23 55 28	1 49 26	20 19 50	22 36 33
11	0 28 49	1 29 18	23 5 55	7 8 36	3 9 16	16 51 1	23 6 15	7 35 9	3 15 44	17 49 16	23 55 36	1 48 36	20 19 53	22 36 34
12	0 33 22	1 58 41	23 8 48	6 50 40	3 10 10	16 54 45	23 6 39	7 32 50	3 15 57	17 50 6	23 55 44	1 47 47	20 19 55	22 36 36
13	0 37 54	2 28 3	23 11 41	6 32 40	3 11 4	16 58 29	23 7 2	7 30 32	3 16 10	17 50 56	23 55 51	1 46 57	20 19 58	22 36 38
14	0 42 26	2 57 23	23 14 34	6 14 37	3 11 58	17 2 12	23 7 26	7 28 15	3 16 22	17 51 47	23 55 59	1 46 9	20 20 0	22 36 40
15	0 46 58	3 26 39	23 17 27	5 56 32	3 12 53	17 5 56	23 7 49	7 26 0	3 16 35	17 52 38	23 56 7	1 45 20	20 20 3	22 36 43
16	0 51 31	3 55 51	23 20 19	5 38 24	3 13 48	17 9 38	23 8 12	7 23 46	3 16 48	17 53 29	23 56 14	1 44 32	20 20 5	22 36 47
17	0 56 4	4 24 59	23 23 11	5 20 13	3 14 42	17 13 20	23 8 35	7 21 33	3 17 2	17 54 20	23 56 22	1 43 45	20 20 7	22 36 50
18	1 0 37	4 54 2	23 26 3	5 2 0	3 15 37	17 17 2	23 8 58	7 19 22	3 17 15	17 55 11	23 56 30	1 42 58	20 20 9	22 36 54
19	1 5 11	5 22 58	23 28 55	4 43 45	3 16 33	17 20 43	23 9 20	7 17 11	3 17 28	17 56 3	23 56 37	1 42 11	20 20 11	22 36 59
20	1 9 45	5 51 48	23 31 46	4 25 28	3 17 28	17 24 24	23 9 42	7 15 2	3 17 41	17 56 55	23 56 44	1 41 24	20 20 13	22 37 4
21	1 14 19	6 20 31	23 34 37	4 7 10	3 18 23	17 28 4	23 10 4	7 12 55	3 17 55	17 57 47	23 56 52	1 40 39	20 20 14	22 37 9
22	1 18 54	6 49 6	23 37 28	3 48 50	3 19 19	17 31 43	23 10 26	7 10 49	3 18 8	17 58 39	23 56 59	1 39 53	20 20 16	22 37 15
23	1 23 29	7 17 32	23 40 19	3 30 29	3 20 15	17 35 21	23 10 48	7 8 44	3 18 22	17 59 31	23 57 6	1 39 8	20 20 17	22 37 21
24	1 28 4	7 45 48	23 43 10	3 12 6	3 21 11	17 38 59	23 11 9	7 6 40	3 18 35	18 0 24	23 57 13	1 38 23	20 20 19	22 37 28
25	1 32 41	8 13 55	23 46 0	2 53 42	3 22 7	17 42 37	23 11 31	7 4 38	3 18 49	18 1 16	23 57 21	1 37 39	20 20 20	22 37 34
26	1 37 18	8 41 50	23 48 51	2 35 18	3 23 3	17 46 13	23 11 52	7 2 38	3 19 3	18 2 9	23 57 28	1 36 55	20 20 21	22 37 42
27	1 41 55	9 9 34	23 51 41	2 16 53	3 24 0	17 49 49	23 12 12	7 0 39	3 19 17	18 3 2	23 57 35	1 36 12	20 20 22	22 37 49
28	1 46 33	9 37 6	23 54 31	1 58 27	3 24 57	17 53 24	23 12 33	6 58 41	3 19 30	18 3 55	23 57 42	1 35 29	20 20 22	22 37 57
29	1 51 12	10 4 25	23 57 21	1 40 1	3 25 53	17 56 58	23 12 53	6 56 45	3 19 44	18 4 48	23 57 48	1 34 47	20 20 23	22 38 6
30	1 55 52	10N31 30	0 0 11	1S21 35	3 26 50	18N 0 31	23 13 13	6S54 51	3 19 58	18N 5 41	23 57 55	1S34 5	20 20 24	22S38 15

MAY 2024

DAY	SIDEREAL TIME h m s	☉ SUN LONG ° ' "	☉ SUN MOT ' "	☉ SUN R.A. h m s	☉ SUN DECL ° ' "
1 W	14 37 39	16♈ 2 2	58 14	2 34 44.5	15N 9 42
2 Th	14 41 36	17 0 16	58 13	2 38 34.2	15 27 40
3 F	14 45 33	17 58 29	58 11	2 42 24.5	15 45 22
4 S	14 49 29	18 56 40	58 10	2 46 15.4	16 2 49
5 Su	14 53 26	19 54 49	58 8	2 50 6.8	16 20 0
6 M	14 57 22	20 52 58	58 7	2 53 58.9	16 36 55
7 Tu	15 1 19	21 51 4	58 5	2 57 51.5	16 53 33
8 W	15 5 15	22 49 9	58 4	3 1 44.6	17 9 54
9 Th	15 9 12	23 47 13	58 2	3 5 38.4	17 25 58
10 F	15 13 8	24 45 15	58 0	3 9 32.7	17 41 44
11 S	15 17 5	25 43 15	57 59	3 13 27.6	17 57 13
12 Su	15 21 2	26 41 13	57 57	3 17 23.0	18 12 23
13 M	15 24 58	27 39 9	57 55	3 21 19.0	18 27 15
14 Tu	15 28 55	28 37 4	57 53	3 25 15.6	18 41 48
15 W	15 32 51	29 34 57	57 51	3 29 12.7	18 56 2
16 Th	15 36 48	0♉32 48	57 50	3 33 10.3	19 9 57
17 F	15 40 44	1 30 38	57 48	3 37 8.5	19 23 32
18 S	15 44 41	2 28 26	57 46	3 41 7.3	19 36 48
19 Su	15 48 37	3 26 12	57 45	3 45 6.5	19 49 43
20 M	15 52 34	4 23 57	57 43	3 49 6.3	20 2 18
21 Tu	15 56 31	5 21 40	57 42	3 53 6.6	20 14 32
22 W	16 0 27	6 19 21	57 40	3 57 7.5	20 26 26
23 Th	16 4 24	7 17 1	57 39	4 1 8.9	20 37 58
24 F	16 8 20	8 14 40	57 38	4 5 10.7	20 49 10
25 S	16 12 17	9 12 18	57 37	4 9 13.1	21 0 0
26 Su	16 16 13	10 9 54	57 36	4 13 16.0	21 10 28
27 M	16 20 10	11 7 30	57 35	4 17 19.4	21 20 34
28 Tu	16 24 6	12 5 4	57 34	4 21 23.2	21 30 19
29 W	16 28 3	13 2 38	57 33	4 25 27.5	21 39 41
30 Th	16 32 0	14 0 11	57 32	4 29 32.3	21 48 40
31 F	16 35 56	14♉57 42	57 31	4 33 37.5	21N57 17

DAY	☽ MOON AT 0 HOURS LONG ° ' "	12h MOT ° ' "	2DIF "	R.A. h m s	DECL ° ' "
1	9♑52 36	6 55 36	117	20 34 25	23S48 49
2	23 47 39	7 3 15	112	21 30 57	19 19 2
3	7♒57 48	7 10 19	98	22 25 11	13 40 49
4	22 21 34	7 16 10	74	23 17 39	7 13 35
5	6♓56 7	7 20 1	39	0 9 19	0 18 49
6	21 37 5	7 21 10	-6	1 1 22	6N40 14
7	6♈18 48	7 19 5	-57	1 54 55	13 18 30
8	20 54 40	7 13 39	-105	2 50 51	19 10 1
9	5♉18 4	7 5 10	-146	3 49 29	23 49 57
10	19 23 14	6 54 24	-173	4 50 16	26 58 11
11	3♊ 6 8	6 42 24	-183	5 51 46	28 23 26
12	16 24 49	6 30 16	-177	6 52 0	28 5 57
13	29 19 33	6 18 59	-158	7 49 17	26 16 17
14	11♋52 26	6 9 20	-129	8 42 40	23 11 6
15	24 7 3	6 1 50	-94	9 32 8	19 8 15
16	6♌ 7 53	5 56 48	-56	10 18 14	14 23 44
17	17 59 55	5 54 20	-18	11 1 52	9 10 43
18	29 48 18	5 54 22	18	11 44 3	3 40 0
19	11♍37 55	5 56 42	51	12 25 49	1S58 56
20	23 33 16	6 1 3	78	13 8 15	7 36 36
21	5♎38 12	6 7 1	99	13 52 22	13 2 23
22	17 55 40	6 14 6	112	14 39 8	18 3 26
23	0♏27 40	6 21 47	117	15 29 22	22 24 5
24	13 15 9	6 29 33	114	16 23 27	25 46 11
25	26 18 0	6 36 55	106	17 21 6	27 51 5
26	9♐35 16	6 43 34	93	18 21 9	28 23 21
27	23 5 23	6 49 19	79	19 21 48	27 15 16
28	6♑46 33	6 54 11	67	20 21 12	24 29 19
29	20 37 2	6 58 17	57	21 18 8	20 17 12
30	4♒35 24	7 1 45	48	22 12 17	14 56 20
31	18♒40 27	7 4 42	40	23 4 9	8S46 26

DAY	☽ MOON AT 12 HOURS LONG ° ' "	12h MOT ° ' "	2DIF "	R.A. h m s	DECL ° ' "
1	16♑48 11	6 59 28	115	21 2 59	21S43 35
2	0♒50 54	7 6 54	106	21 58 20	16 37 19
3	15 8 8	7 13 26	88	22 51 35	10 32 2
4	29 37 44	7 18 23	58	23 43 31	3 48 14
5	14♓16 7	7 20 58	17	0 35 14	3N11 43
6	28 58 15	7 20 33	-31	1 27 53	10 3 35
7	13♈37 54	7 16 47	-82	2 22 33	16 21 43
8	28 8 19	7 9 45	-127	3 19 50	21 40 21
9	12♉23 14	7 0 1	-161	4 19 41	25 36 29
10	26 17 39	6 48 30	-180	5 21 3	27 53 57
11	9♊48 32	6 36 17	-182	6 22 9	28 27 5
12	22 55 5	6 24 28	-169	7 21 5	27 21 40
13	5♋38 32	6 13 55	-145	8 16 29	24 51 59
14	18 1 46	6 5 17	-112	9 7 52	21 15 49
15	0♌ 8 53	5 59 0	-75	9 55 33	16 50 18
16	12 4 41	5 55 15	-37	10 40 18	11 50 4
17	23 54 15	5 54 3	0	11 23 4	6 26 58
18	5♍42 39	5 55 16	35	12 4 55	0 50 59
19	17 34 37	5 58 39	65	12 46 53	4S48 32
20	29 34 20	6 3 52	89	13 30 2	10 21 43
21	11♎45 13	6 10 27	106	14 15 22	15 36 55
22	24 9 46	6 17 54	115	15 3 47	20 19 54
23	6♏49 28	6 25 42	116	15 55 55	24 13 38
24	19 44 42	6 33 18	111	16 51 53	26 59 22
25	2♐54 56	6 40 21	100	17 50 55	28 19 30
26	16 18 50	6 46 33	86	18 51 31	28 1 56
27	29 54 42	6 51 51	73	19 51 45	26 3 58
28	13♑40 44	6 56 19	61	20 50 1	22 33 1
29	27 35 19	7 0 5	52	21 45 33	17 44 9
30	11♒37 10	7 3 18	44	22 38 27	11 56 15
31	25♒45 9	7 5 57	35	23 29 30	5S29 24

LUNAR INGRESSES
2 ☽ ♒ 10:34
4 ☽ ♓ 12:37
6 ☽ ♈ 13:41
8 ☽ ♉ 15:06
10 ☽ ♊ 18:31
13 ☽ ♋ 1:16
15 ☽ ♌ 11:42
18 ☽ ♍ 0:24
20 ☽ ♎ 12:51
22 ☽ ♏ 23:08
25 ☽ ♐ 6:43
27 ☽ ♑ 12:09
29 ☽ ♒ 16:08
31 ☽ ♓ 19:11

PLANET INGRESSES
5 ♃ ♉ 2:03
11 ☿ ♈ 10:04
15 ☉ ♉ 10:23
19 ♀ ♉ 20:28
31 ☿ ♉ 18:09

STATIONS
2 ♇ R 17:47

DATA FOR THE 1st AT 0 HOURS
JULIAN DAY 45411.5
☽ MEAN ☊ 19°♓ 23' 22"
OBLIQUITY 23° 26' 19"
DELTA T 78.6 SECONDS
NUTATION LONGITUDE -5.1"

DAY MO	YR	☿ LONG ° ' "	♀ LONG ° ' "	♂ LONG ° ' "	♃ LONG ° ' "	♄ LONG ° ' "	♅ LONG ° ' "	♆ LONG ° ' "	♇ LONG ° ' "	☊ LONG ° '
1	122	22♓ 5 59	6♈47 35	5♓11 32	29♈ 2 37	21♒33 32	27♈18 32	3♓51 2	7♑ 1 29	20♓16
2	123	22 33 49	8 1 30	5 57 46	29 16 39	21 38 45	27 21 58	3 52 50	7 1R31	20 16
3	124	23 5 49	9 15 25	6 43 58	29 30 41	21 43 53	27 25 25	3 54 36	7 1 31	20 17
4	125	23 41 50	10 29 19	7 30 8	29 44 44	21 48 58	27 28 52	3 56 20	7 1 30	20 18
5	126	24 21 42	11 43 14	8 16 17	29 58 48	21 53 58	27 32 19	3 58 4	7 1 27	20 20
6	127	25 5 17	12 57 7	9 2 24	0♉12 53	21 58 54	27 35 47	3 59 46	7 1 22	20 20
7	128	25 52 26	14 11 1	9 48 29	0 26 59	22 3 46	27 39 15	4 1 27	7 1 15	20 19
8	129	26 42 59	15 24 54	10 34 32	0 41 6	22 8 34	27 42 43	4 3 6	7 1 7	20 17
9	130	27 36 51	16 38 46	11 20 33	0 55 13	22 13 17	27 46 12	4 4 44	7 0 57	20 13
10	131	28 33 52	17 52 38	12 6 32	1 9 21	22 17 56	27 49 41	4 6 21	7 0 46	20 08
11	132	29 33 56	19 6 30	12 52 29	1 23 29	22 22 30	27 53 10	4 7 56	7 0 33	20 02
12	133	0♈36 57	20 20 21	13 38 23	1 37 38	22 27 0	27 56 39	4 9 29	7 0 18	19 57
13	134	1 42 50	21 34 11	14 24 16	1 51 47	22 31 26	28 0 8	4 11 2	7 0 1	19 52
14	135	2 51 28	22 48 1	15 10 6	2 5 56	22 35 46	28 3 36	4 12 32	6 59 43	19 49
15	136	4 2 48	24 1 51	15 55 53	2 20 5	22 40 3	28 7 5	4 14 1	6 59 23	19 48
16	137	5 16 45	25 15 40	16 41 38	2 34 15	22 44 14	28 10 34	4 15 29	6 59 2	19 48
17	138	6 33 16	26 29 28	17 27 21	2 48 24	22 48 21	28 14 3	4 16 55	6 58 39	19 49
18	139	7 52 18	27 43 16	18 13 2	3 2 34	22 52 22	28 17 32	4 18 19	6 58 14	19 50
19	140	9 13 47	28 57 3	18 58 39	3 16 42	22 56 19	28 21 0	4 19 42	6 57 48	19 52
20	141	10 37 43	0♉10 50	19 44 15	3 30 51	23 0 11	28 24 28	4 21 4	6 57 21	19 52
21	142	12 4 2	1 24 37	20 29 48	3 45 0	23 3 59	28 27 56	4 22 23	6 56 51	19 50
22	143	13 32 43	2 38 23	21 15 18	3 59 9	23 7 41	28 31 24	4 23 41	6 56 21	19 47
23	144	15 3 46	3 52 9	22 0 46	4 13 17	23 11 18	28 34 51	4 24 58	6 55 48	19 42
24	145	16 37 9	5 5 55	22 46 12	4 27 25	23 14 50	28 38 18	4 26 13	6 55 14	19 35
25	146	18 12 51	6 19 40	23 31 34	4 41 32	23 18 18	28 41 45	4 27 26	6 54 39	19 26
26	147	19 50 53	7 33 25	24 16 55	4 55 39	23 21 40	28 45 11	4 28 37	6 54 2	19 18
27	148	21 31 14	8 47 10	25 2 12	5 9 45	23 24 56	28 48 36	4 29 47	6 53 24	19 10
28	149	23 13 54	10 0 55	25 47 27	5 23 51	23 28 8	28 52 1	4 30 55	6 52 44	19 04
29	150	24 58 52	11 14 40	26 32 40	5 37 56	23 31 14	28 55 26	4 32 1	6 52 3	18 59
30	151	26 46 8	12 28 25	27 17 49	5 52 0	23 34 15	28 58 50	4 33 5	6 51 20	18 57
31	152	28♈35 41	13♉42 10	28♓ 2 56	6♉ 6 3	23♒37 11	29♈ 2 13	4♓34 8	6♑50 36	18♓57

DAY MO	YR	A.S.S.I. h m s	S.S.R.Y. h m s	S.V.P. ♓ ° ' "	☿ MERCURY R.A. h m s	☿ MERCURY DECL ° ' "
1	122	3 14 25	30 8 9	4 55 16.9	1 6 56	4N34 51
2	123	3 19 13	30 7 44	4 55 16.8	1 8 53	4 37 30
3	124	3 24 3	30 7 33	4 55 16.6	1 11 3	4 42 28
4	125	3 28 53	30 7 38	4 55 16.6	1 13 27	4 49 39
5	126	3 33 43	30 7 57	4 55 16.5	1 16 5	4 59 0
6	127	3 38 35	30 8 31	4 55 16.5	1 18 55	5 10 24
7	128	3 43 27	30 9 18	4 55 16.4	1 21 57	5 23 47
8	129	3 48 20	30 10 14	4 55 16.2	1 25 11	5 39 3
9	130	3 53 14	30 11 17	4 55 16.0	1 28 36	5 56 7
10	131	3 58 8	30 12 22	4 55 15.8	1 32 13	6 14 54
11	132	4 3 3	30 13 26	4 55 15.5	1 36 0	6 35 20
12	133	4 7 59	30 14 25	4 55 15.2	1 39 57	6 57 19
13	134	4 12 55	30 15 17	4 55 15.0	1 44 5	7 20 46
14	135	4 17 53	30 15 59	4 55 14.8	1 48 23	7 45 38
15	136	4 22 51	30 16 31	4 55 14.6	1 52 50	8 11 50
16	137	4 27 49	30 16 53	4 55 14.5	1 57 28	8 39 16
17	138	4 32 48	30 17 2	4 55 14.4	2 2 15	9 7 53
18	139	4 37 48	30 17 1	4 55 14.4	2 7 11	9 37 37
19	140	4 42 49	30 16 48	4 55 14.3	2 12 18	10 8 23
20	141	4 47 50	30 16 25	4 55 14.2	2 17 34	10 40 6
21	142	4 52 52	30 15 52	4 55 14.1	2 22 59	11 12 43
22	143	4 57 55	30 15 11	4 55 14.0	2 28 35	11 46 9
23	144	5 2 58	30 14 21	4 55 13.8	2 34 20	12 20 18
24	145	5 8 2	30 13 24	4 55 13.6	2 40 16	12 55 7
25	146	5 13 6	30 12 22	4 55 13.3	2 46 22	13 30 30
26	147	5 18 11	30 11 15	4 55 13.0	2 52 39	14 6 22
27	148	5 23 17	30 10 8	4 55 12.8	2 59 6	14 42 36
28	149	5 28 24	30 9 3	4 55 12.5	3 5 45	15 19 9
29	150	5 33 31	30 8 5	4 55 12.3	3 12 35	15 55 51
30	151	5 38 38	30 7 17	4 55 12.1	3 19 36	16 32 38
31	152	5 43 46	30 6 42	4 55 12.0	3 26 49	17N 9 21

DAY May	♀ VENUS R.A. h m s	♀ VENUS DECL ° ' "	♂ MARS R.A. h m s	♂ MARS DECL ° ' "	♃ JUPITER R.A. h m s	♃ JUPITER DECL ° ' "	♄ SATURN R.A. h m s	♄ SATURN DECL ° ' "
1	2 0 32	10N58 21	0 3 0	1S 3 9	3 27 47	18N 4 4	23 13 33	6S52 58
2	2 5 14	11 24 57	0 5 50	0 44 44	3 28 44	18 7 35	23 13 53	6 51 6
3	2 9 56	11 51 17	0 8 39	0 26 19	3 29 41	18 11 6	23 14 12	6 49 17
4	2 14 38	12 17 20	0 11 29	0 7 54	3 30 39	18 14 36	23 14 31	6 47 29
5	2 19 22	12 43 6	0 14 18	0N10 29	3 31 36	18 18 4	23 14 50	6 45 42
6	2 24 7	13 8 33	0 17 7	0 28 52	3 32 34	18 21 32	23 15 9	6 43 58
7	2 28 53	13 33 42	0 19 56	0 47 13	3 33 31	18 24 59	23 15 27	6 42 15
8	2 33 39	13 58 31	0 22 45	1 5 33	3 34 29	18 28 25	23 15 45	6 40 33
9	2 38 27	14 23 0	0 25 34	1 23 51	3 35 27	18 31 49	23 16 3	6 38 54
10	2 43 16	14 47 8	0 28 23	1 42 7	3 36 25	18 35 13	23 16 21	6 37 16
11	2 48 5	15 10 54	0 31 12	2 0 21	3 37 23	18 38 35	23 16 38	6 35 40
12	2 52 56	15 34 18	0 34 0	2 18 33	3 38 21	18 41 56	23 16 55	6 34 6
13	2 57 48	15 57 18	0 36 49	2 36 43	3 39 19	18 45 16	23 17 12	6 32 34
14	3 2 40	16 19 54	0 39 38	2 54 50	3 40 17	18 48 35	23 17 28	6 31 4
15	3 7 34	16 42 5	0 42 26	3 12 54	3 41 15	18 51 53	23 17 44	6 29 35
16	3 12 29	17 3 51	0 45 14	3 30 56	3 42 13	18 55 9	23 18 0	6 28 9
17	3 17 25	17 25 11	0 48 3	3 48 54	3 43 12	18 58 25	23 18 16	6 26 45
18	3 22 22	17 46 3	0 50 51	4 6 49	3 44 10	19 1 38	23 18 31	6 25 22
19	3 27 21	18 6 28	0 53 40	4 24 40	3 45 8	19 4 51	23 18 46	6 24 1
20	3 32 20	18 26 25	0 56 28	4 42 28	3 46 7	19 8 2	23 19 1	6 22 43
21	3 37 20	18 45 53	0 59 16	5 0 13	3 47 5	19 11 12	23 19 15	6 21 26
22	3 42 22	19 4 51	1 2 5	5 17 53	3 48 4	19 14 21	23 19 29	6 20 12
23	3 47 25	19 23 19	1 4 53	5 35 30	3 49 2	19 17 28	23 19 43	6 18 59
24	3 52 29	19 41 15	1 7 42	5 53 2	3 50 0	19 20 34	23 19 56	6 17 48
25	3 57 33	19 58 41	1 10 30	6 10 30	3 50 59	19 23 38	23 20 9	6 16 40
26	4 2 39	20 15 33	1 13 19	6 27 54	3 51 57	19 26 41	23 20 22	6 15 33
27	4 7 47	20 31 53	1 16 7	6 45 13	3 52 56	19 29 43	23 20 35	6 14 29
28	4 12 55	20 47 40	1 18 56	7 2 27	3 53 54	19 32 43	23 20 47	6 13 27
29	4 18 4	21 2 52	1 21 44	7 19 36	3 54 53	19 35 42	23 20 59	6 12 26
30	4 23 14	21 17 29	1 24 33	7 36 40	3 55 51	19 38 40	23 21 10	6 11 28
31	4 28 25	21N31 31	1 27 22	7N53 39	3 56 49	19N41 36	23 21 22	6S10 33

DAY May	♅ URANUS R.A. h m s	♅ URANUS DECL ° ' "	♆ NEPTUNE R.A. h m s	♆ NEPTUNE DECL ° ' "	♇ PLUTO R.A. h m s	♇ PLUTO DECL ° ' "
1	3 20 12	18N 6 34	23 58 2	1S33 24	20 20 24	22S38 24
2	3 20 26	18 7 28	23 58 9	1 32 43	20 20 25	22 38 34
3	3 20 40	18 8 21	23 58 15	1 32 3	20 20 25	22 38 44
4	3 20 54	18 9 14	23 58 22	1 31 23	20 20 25	22 38 54
5	3 21 8	18 10 8	23 58 28	1 30 44	20 20 25	22 39 5
6	3 21 22	18 11 1	23 58 34	1 30 5	20 20 25	22 39 16
7	3 21 36	18 11 54	23 58 40	1 29 27	20 20 24	22 39 28
8	3 21 50	18 12 48	23 58 47	1 28 50	20 20 24	22 39 39
9	3 22 5	18 13 41	23 58 53	1 28 13	20 20 23	22 39 52
10	3 22 19	18 14 34	23 58 59	1 27 36	20 20 23	22 40 4
11	3 22 33	18 15 28	23 59 5	1 27 0	20 20 22	22 40 17
12	3 22 47	18 16 21	23 59 10	1 26 25	20 20 21	22 40 30
13	3 23 1	18 17 14	23 59 16	1 25 51	20 20 20	22 40 44
14	3 23 16	18 18 7	23 59 22	1 25 17	20 20 19	22 40 58
15	3 23 30	18 19 0	23 59 27	1 24 44	20 20 18	22 41 13
16	3 23 44	18 19 53	23 59 33	1 24 11	20 20 17	22 41 28
17	3 23 58	18 20 46	23 59 38	1 23 39	20 20 15	22 41 43
18	3 24 12	18 21 39	23 59 43	1 23 8	20 20 14	22 41 58
19	3 24 27	18 22 31	23 59 48	1 22 37	20 20 12	22 42 14
20	3 24 41	18 23 23	23 59 53	1 22 7	20 20 10	22 42 30
21	3 24 55	18 24 16	23 59 58	1 21 38	20 20 8	22 42 46
22	3 25 9	18 25 8	0 0 3	1 21 9	20 20 6	22 43 3
23	3 25 23	18 26 0	0 0 8	1 20 41	20 20 4	22 43 20
24	3 25 37	18 26 51	0 0 13	1 20 14	20 20 2	22 43 37
25	3 25 51	18 27 43	0 0 17	1 19 47	20 20 0	22 43 55
26	3 26 5	18 28 34	0 0 22	1 19 21	20 19 57	22 44 13
27	3 26 19	18 29 26	0 0 26	1 18 56	20 19 55	22 44 31
28	3 26 33	18 30 17	0 0 30	1 18 31	20 19 52	22 44 49
29	3 26 47	18 31 7	0 0 34	1 18 7	20 19 49	22 45 8
30	3 27 1	18 31 58	0 0 38	1 17 44	20 19 47	22 45 27
31	3 27 15	18N32 48	0 0 42	1S17 22	20 19 44	22S45 47

JUNE 2024

DAY	SIDEREAL TIME h m s	☉ SUN LONG ° ' "	MOT ' "	R.A. h m s	DECL ° ' "
1 S	16 39 53	15♉55 13	57 30	4 37 43.1	22N 5 31
2 Su	16 43 49	16 52 44	57 30	4 41 49.2	22 13 22
3 M	16 47 46	17 50 13	57 29	4 45 55.6	22 20 49
4 Tu	16 51 42	18 47 42	57 28	4 50 2.4	22 27 53
5 W	16 55 39	19 45 10	57 28	4 54 9.6	22 34 34
6 Th	16 59 35	20 42 38	57 27	4 58 17.1	22 40 50
7 F	17 3 32	21 40 4	57 26	5 2 24.9	22 46 43
8 S	17 7 29	22 37 29	57 25	5 6 33.0	22 52 12
9 Su	17 11 25	23 34 54	57 24	5 10 41.4	22 57 17
10 M	17 15 22	24 32 18	57 23	5 14 50.0	23 1 57
11 Tu	17 19 18	25 29 40	57 22	5 18 58.7	23 6 13
12 W	17 23 15	26 27 2	57 21	5 23 7.7	23 10 5
13 Th	17 27 11	27 24 22	57 20	5 27 16.8	23 13 32
14 F	17 31 8	28 21 42	57 19	5 31 26.0	23 16 34
15 S	17 35 4	29 19 1	57 18	5 35 35.4	23 19 11
16 Su	17 39 1	0♊16 19	57 17	5 39 44.8	23 21 24
17 M	17 42 58	1 13 36	57 16	5 43 54.3	23 23 13
18 Tu	17 46 54	2 10 52	57 16	5 48 3.9	23 24 36
19 W	17 50 51	3 8 7	57 15	5 52 13.4	23 25 35
20 Th	17 54 47	4 5 22	57 14	5 56 23.0	23 26 8
21 F	17 58 44	5 2 36	57 14	6 0 32.6	23 26 17
22 S	18 2 40	5 59 50	57 14	6 4 42.1	23 26 2
23 Su	18 6 37	6 57 3	57 13	6 8 51.5	23 25 21
24 M	18 10 34	7 54 16	57 13	6 13 0.9	23 24 16
25 Tu	18 14 30	8 51 29	57 13	6 17 10.2	23 22 47
26 W	18 18 27	9 48 42	57 13	6 21 19.3	23 20 52
27 Th	18 22 23	10 45 54	57 13	6 25 28.3	23 18 33
28 F	18 26 20	11 43 7	57 13	6 29 37.2	23 15 50
29 S	18 30 16	12 40 19	57 13	6 33 45.9	23 12 42
30 Su	18 34 13	13♊37 32	57 13	6 37 54.4	23N 9 9

DAY	☽ MOON AT 0 HOURS LONG ° ' "	12h MOT ° ' "	2DIF "	R.A. h m s	DECL ° ' "	☽ MOON AT 12 HOURS LONG ° ' "	12h MOT ° ' "	2DIF "	R.A. h m s	DECL ° ' "
1 S	2♓51 5	7 7 0	29	23 54 40	2S 7 40	9♓58 6	7 7 51	21	0 19 48	1N16 12
2 Su	17 5 57	7 8 25	12	0 45 4	4N39 35	24 14 22	7 8 39	1	1 10 36	7 59 48
3 M	1♈23 0	7 8 29	-12	1 36 34	11 14 5	8♈31 30	7 7 52	-26	2 3 5	14 19 35
4 Tu	15 39 22	7 6 45	-42	2 30 16	17 13 23	22 46 6	7 5 4	-59	2 58 10	19 52 31
5 W	29 51 10	7 2 48	-76	3 26 50	22 14 9	6♉53 58	6 59 58	-93	3 56 14	24 15 36
6 Th	13♉53 56	6 56 34	-110	4 26 15	25 54 31	20 50 30	6 52 40	-124	4 56 44	27 9 2
7 F	27 43 10	6 48 18	-136	5 27 29	27 57 58	4♊31 28	6 43 34	-146	5 58 13	28 20 50
8 S	11♊15 1	6 38 34	-152	6 28 40	28 17 54	17 53 35	6 33 24	-156	6 58 36	27 50 11
9 Su	24 27 0	6 28 12	-155	7 27 47	26 59 19	0♋55 12	6 23 4	-152	7 56 4	25 47 21
10 M	7♋18 15	6 18 5	-145	8 23 21	24 16 36	13 36 20	6 13 24	-135	8 49 37	22 29 27
11 Tu	19 49 44	6 9 4	-123	9 14 52	20 28 16	25 58 48	6 5 12	-109	9 39 10	18 15 17
12 W	2♌ 4 0	6 1 50	-92	10 2 35	15 52 33	8♌ 5 49	5 59 2	-75	10 25 16	13 21 52
13 Th	14 4 51	5 56 51	-56	10 47 19	10 44 53	20 1 42	5 55 19	-36	11 8 51	8 3 2
14 F	25 57 1	5 54 27	-16	11 30 2	5 17 39	1♍51 28	5 54 16	5	11 50 59	2 29 54
15 S	7♍45 44	5 54 45	25	12 11 50	0S19 5	13 40 29	5 55 55	45	12 32 45	3S 8 10
16 Su	19 36 24	5 57 44	64	12 53 50	5 56 14	25 34 7	6 0 10	82	13 15 15	8 42 5
17 M	1♎34 17	6 3 11	98	13 37 7	11 24 24	7♎37 28	6 6 44	113	13 59 35	14 1 44
18 Tu	13 44 12	6 10 44	126	14 22 46	16 32 25	19 54 56	6 15 9	137	14 46 47	18 54 37
19 W	26 10 5	6 19 51	144	15 11 45	21 6 16	2♏29 56	6 24 47	149	15 37 44	23 5 3
20 Th	8♏54 43	6 29 48	151	16 4 45	24 48 33	15 24 31	6 34 50	149	16 32 49	26 14 14
21 F	21 59 21	6 39 45	144	17 1 50	27 19 37	28 39 6	6 44 28	136	17 31 41	28 2 27
22 S	5♐23 34	6 48 51	125	18 2 9	28 20 52	12♐12 24	6 52 49	112	18 32 59	28 13 33
23 Su	19 5 13	6 56 19	97	19 3 55	27 39 58	26 1 33	6 59 18	81	19 34 41	26 40 17
24 M	3♑ 0 50	7 1 44	65	20 5 2	25 15 30	10♑ 2 34	7 3 36	48	20 34 46	23 27 16
25 Tu	17 6 10	7 4 56	33	21 3 47	21 17 45	24 11 6	7 5 47	19	21 32 0	18 49 31
26 W	1♒16 53	7 6 11	6	21 59 27	16 5 19	8♒23 5	7 6 13	-4	22 26 10	13 7 59
27 Th	15 29 18	7 5 56	-12	22 52 15	10 0 21	22 35 13	7 5 24	-19	23 17 50	6 45 11
28 F	29 40 37	7 4 41	-24	23 43 4	3 25 11	6♓45 18	7 3 48	-28	0 8 5	0 2 57
29 S	13♓49 6	7 2 50	-31	0 33 4	3N18 59	20 51 56	7 1 45	-34	0 58 9	6N38 6
30 Su	27♓53 41	7 0 35	-37	1 23 31	9N51 54	4♈54 16	6 59 19	-40	1 49 17	12N57 54

LUNAR INGRESSES
2 ☽ ♈ 21:41
5 ☽ ♉ 0:15
7 ☽ ♊ 4:00
9 ☽ ♋ 10:17
11 ☽ ♌ 19:55
14 ☽ ♍ 8:13
16 ☽ ♎ 20:52
19 ☽ ♏ 7:17
21 ☽ ♐ 14:25
23 ☽ ♑ 18:50
25 ☽ ♒ 21:50
28 ☽ ♓ 0:33
30 ☽ ♈ 3:36

PLANET INGRESSES
2 ♂ ♈ 14:24
13 ♀ ♊ 6:16
15 ☉ ♊ 17:10
15 ☿ ♊ 3:15
17 ♅ ♉ 19:30
29 ☿ ♋ 18:28

STATIONS
29 ♄ R 19:08

DATA FOR THE 1st AT 0 HOURS
JULIAN DAY 45442.5
☽ MEAN ☊ 17°♓ 44' 48"
OBLIQUITY 23° 26' 19"
DELTA T 78.6 SECONDS
NUTATION LONGITUDE -4.5"

DAY MO	YR	☿ LONG ° ' "	♀ LONG ° ' "	♂ LONG ° ' "	♃ LONG ° ' "	♄ LONG ° ' "	♅ LONG ° ' "	♆ LONG ° ' "	♇ LONG ° ' "	☊ LONG ° '	A.S.S.I. h m s	S.S.R.Y. h m s	S.V.P. ♓ ° ' "	☿ MERCURY R.A. h m s	DECL ° ' "
1	153	0♉27 29	14♉55 54	28♓48 0	6♉20 5	23♒40 1	29♈ 5 35	4♓35 9	6♑49R51	18♓58	5 48 55	30 6 22	4 55 11.9	3 34 14	17N45 52
2	154	2 21 33	16 9 39	29 33 1	6 34 7	23 42 46	29 8 57	4 36 8	6 49 4	18 58	5 54 4	30 6 19	4 55 11.8	3 41 51	18 22 2
3	155	4 17 47	17 23 23	0♈17 59	6 48 7	23 45 25	29 12 18	4 37 5	6 48 16	18 58	5 59 13	30 6 33	4 55 11.7	3 49 40	18 57 42
4	156	6 16 11	18 37 8	1 2 53	7 2 6	23 47 59	29 15 39	4 38 1	6 47 26	18 55	6 4 24	30 7 0	4 55 11.6	3 57 41	19 32 43
5	157	8 16 38	19 50 55	1 47 45	7 16 4	23 50 27	29 18 58	4 38 54	6 46 35	18 50	6 9 34	30 7 40	4 55 11.4	4 5 54	20 6 53
6	158	10 19 3	21 4 38	2 32 33	7 30 1	23 52 50	29 22 16	4 39 46	6 45 43	18 42	6 14 45	30 8 30	4 55 11.1	4 14 20	20 40 1
7	159	12 23 20	22 18 23	3 17 18	7 43 56	23 55 7	29 25 34	4 40 36	6 44 49	18 33	6 19 56	30 9 24	4 55 10.8	4 22 56	21 11 55
8	160	14 29 20	23 32 7	4 1 59	7 57 50	23 57 18	29 28 51	4 41 24	6 43 55	18 22	6 25 8	30 10 21	4 55 10.5	4 31 44	21 42 25
9	161	16 36 52	24 45 51	4 46 37	8 11 42	23 59 24	29 32 6	4 42 10	6 42 58	18 12	6 30 20	30 11 17	4 55 10.2	4 40 41	22 11 16
10	162	18 45 45	25 59 35	5 31 12	8 25 33	24 1 24	29 35 21	4 42 55	6 42 1	18 03	6 35 32	30 12 10	4 55 10.0	4 49 49	22 38 18
11	163	20 55 47	27 13 19	6 15 43	8 39 22	24 3 18	29 38 34	4 43 37	6 41 3	17 55	6 40 45	30 12 57	4 55 9.8	4 59 4	23 3 19
12	164	23 6 42	28 27 2	7 0 10	8 53 9	24 5 6	29 41 47	4 44 18	6 40 3	17 50	6 45 58	30 13 37	4 55 9.6	5 8 27	23 26 7
13	165	25 18 15	29 40 46	7 44 33	9 6 55	24 6 48	29 44 58	4 44 56	6 39 2	17 48	6 51 11	30 14 8	4 55 9.5	5 17 56	23 46 33
14	166	27 30 9	0♊54 29	8 28 53	9 20 38	24 8 25	29 48 8	4 45 33	6 38 0	17 47	6 56 24	30 14 31	4 55 9.4	5 27 30	24 4 27
15	167	29 42 9	2 8 12	9 13 9	9 34 20	24 9 56	29 51 16	4 46 8	6 36 57	17 47	7 1 37	30 14 45	4 55 9.3	5 37 6	24 19 44
16	168	1♊53 58	3 21 55	9 57 22	9 48 0	24 11 21	29 54 24	4 46 40	6 35 53	17 47	7 6 50	30 14 48	4 55 9.2	5 46 43	24 32 16
17	169	4 5 20	4 35 38	10 41 30	10 1 37	24 12 40	29 57 30	4 47 11	6 34 48	17 46	7 12 4	30 14 41	4 55 9.1	5 56 21	24 42 1
18	170	6 15 58	5 49 20	11 25 35	10 15 12	24 13 53	0♉ 0 35	4 47 40	6 33 42	17 44	7 17 17	30 14 23	4 55 9.0	6 5 56	24 48 57
19	171	8 25 40	7 3 3	12 9 36	10 28 45	24 15 0	0 3 38	4 48 7	6 32 34	17 38	7 22 31	30 13 54	4 55 8.8	6 15 28	24 53 3
20	172	10 34 12	8 16 45	12 53 33	10 42 16	24 16 1	0 6 40	4 48 32	6 31 26	17 31	7 27 45	30 13 13	4 55 8.6	6 24 55	24 54 21
21	173	12 41 23	9 30 27	13 37 27	10 55 45	24 16 57	0 9 41	4 48 55	6 30 17	17 21	7 32 58	30 12 22	4 55 8.3	6 34 16	24 52 55
22	174	14 47 2	10 44 10	14 21 17	11 9 11	24 17 46	0 12 40	4 49 16	6 29 7	17 10	7 38 12	30 11 21	4 55 8.0	6 43 30	24 48 49
23	175	16 51 1	11 57 52	15 5 2	11 22 34	24 18 30	0 15 37	4 49 36	6 27 56	16 58	7 43 25	30 10 11	4 55 7.7	6 52 35	24 42 9
24	176	18 53 14	13 11 34	15 48 44	11 35 55	24 19 7	0 18 33	4 49 53	6 26 44	16 47	7 48 38	30 8 56	4 55 7.4	7 1 32	24 33 1
25	177	20 53 35	14 25 16	16 32 22	11 49 14	24 19 39	0 21 28	4 50 8	6 25 31	16 38	7 53 51	30 7 39	4 55 7.2	7 10 18	24 21 33
26	178	22 51 59	15 38 59	17 15 57	12 2 30	24 20 5	0 24 20	4 50 22	6 24 18	16 31	7 59 4	30 6 26	4 55 7.0	7 18 53	24 7 51
27	179	24 48 22	16 52 41	17 59 27	12 15 43	24 20 24	0 27 12	4 50 33	6 23 3	16 28	8 4 17	30 5 20	4 55 6.8	7 27 18	23 52 5
28	180	26 42 44	18 6 24	18 42 53	12 28 53	24 20 38	0 30 1	4 50 43	6 21 48	16 26	8 9 30	30 4 26	4 55 6.7	7 35 31	23 34 21
29	181	28 35 0	19 20 7	19 26 15	12 42 0	24 20R46	0 32 49	4 50 50	6 20 32	16 26	8 14 42	30 3 47	4 55 6.7	7 43 33	23 14 49
30	182	0♋25 11	20♊33 50	20♈ 9 33	12♉55 5	24♒20 47	0♉35 35	4♓50 56	6♑19 15	16♓26	8 19 55	30 3 23	4 55 6.6	7 51 23	22N53 36

DAY Jun	♀ VENUS R.A. h m s	DECL ° ' "	♂ MARS R.A. h m s	DECL ° ' "	♃ JUPITER R.A. h m s	DECL ° ' "	♄ SATURN R.A. h m s	DECL ° ' "	♅ URANUS R.A. h m s	DECL ° ' "	♆ NEPTUNE R.A. h m s	DECL ° ' "	♇ PLUTO R.A. h m s	DECL ° ' "
1	4 33 37	21N44 57	1 30 10	8N10 32	3 57 48	19N44 30	23 21 33	6S 9 39	3 27 29	18N33 39	0 0 46	1S17 0	20 19 41	22S46 6
2	4 38 51	21 57 47	1 32 59	8 27 20	3 58 46	19 47 23	23 21 43	6 8 48	3 27 43	18 34 28	0 0 50	1 16 39	20 19 37	22 46 26
3	4 44 5	22 9 59	1 35 48	8 44 2	3 59 44	19 50 15	23 21 53	6 7 58	3 27 56	18 35 18	0 0 53	1 16 19	20 19 34	22 46 46
4	4 49 20	22 21 34	1 38 37	9 0 38	4 0 43	19 53 4	23 22 3	6 7 11	3 28 10	18 36 7	0 0 57	1 15 59	20 19 31	22 47 7
5	4 54 36	22 32 30	1 41 26	9 17 7	4 1 41	19 55 53	23 22 13	6 6 27	3 28 24	18 36 56	0 1 0	1 15 41	20 19 28	22 47 27
6	4 59 52	22 42 49	1 44 15	9 33 31	4 2 39	19 58 40	23 22 22	6 5 44	3 28 37	18 37 45	0 1 4	1 15 23	20 19 24	22 47 48
7	5 5 10	22 52 28	1 47 4	9 49 48	4 3 37	20 1 25	23 22 31	6 5 4	3 28 51	18 38 33	0 1 7	1 15 5	20 19 20	22 48 9
8	5 10 28	23 1 28	1 49 53	10 5 58	4 4 35	20 4 9	23 22 39	6 4 26	3 29 4	18 39 21	0 1 10	1 14 49	20 19 17	22 48 30
9	5 15 46	23 9 47	1 52 43	10 22 2	4 5 33	20 6 51	23 22 47	6 3 50	3 29 17	18 40 9	0 1 13	1 14 33	20 19 13	22 48 52
10	5 21 6	23 17 27	1 55 32	10 37 58	4 6 31	20 9 31	23 22 55	6 3 16	3 29 31	18 40 57	0 1 15	1 14 18	20 19 9	22 49 14
11	5 26 26	23 24 26	1 58 21	10 53 48	4 7 29	20 12 10	23 23 3	6 2 45	3 29 44	18 41 44	0 1 18	1 14 4	20 19 5	22 49 36
12	5 31 46	23 30 44	2 1 11	11 9 30	4 8 27	20 14 48	23 23 10	6 2 17	3 29 57	18 42 31	0 1 21	1 13 50	20 19 1	22 49 58
13	5 37 7	23 36 20	2 4 0	11 25 5	4 9 24	20 17 23	23 23 16	6 1 50	3 30 10	18 43 17	0 1 23	1 13 38	20 18 57	22 50 20
14	5 42 29	23 41 15	2 6 50	11 40 32	4 10 22	20 19 57	23 23 23	6 1 26	3 30 23	18 44 3	0 1 25	1 13 26	20 18 53	22 50 43
15	5 47 50	23 45 29	2 9 40	11 55 52	4 11 19	20 22 30	23 23 29	6 1 4	3 30 36	18 44 49	0 1 28	1 13 15	20 18 49	22 51 6
16	5 53 12	23 49 0	2 12 29	12 11 4	4 12 16	20 25 0	23 23 34	6 0 45	3 30 49	18 45 34	0 1 30	1 13 4	20 18 44	22 51 28
17	5 58 35	23 51 49	2 15 19	12 26 9	4 13 14	20 27 29	23 23 40	6 0 28	3 31 2	18 46 19	0 1 32	1 12 55	20 18 40	22 51 51
18	6 3 57	23 53 56	2 18 9	12 41 5	4 14 11	20 29 57	23 23 45	6 0 13	3 31 14	18 47 4	0 1 34	1 12 46	20 18 35	22 52 15
19	6 9 20	23 55 20	2 20 59	12 55 53	4 15 8	20 32 22	23 23 49	6 0 0	3 31 27	18 47 48	0 1 35	1 12 38	20 18 31	22 52 38
20	6 14 42	23 56 2	2 23 49	13 10 33	4 16 4	20 34 46	23 23 53	5 59 50	3 31 39	18 48 32	0 1 37	1 12 31	20 18 26	22 53 1
21	6 20 5	23 56 2	2 26 40	13 25 5	4 17 1	20 37 9	23 23 57	5 59 42	3 31 52	18 49 15	0 1 38	1 12 24	20 18 21	22 53 25
22	6 25 28	23 55 19	2 29 30	13 39 28	4 17 58	20 39 29	23 24 1	5 59 37	3 32 4	18 49 58	0 1 40	1 12 19	20 18 16	22 53 49
23	6 30 50	23 53 53	2 32 20	13 53 43	4 18 54	20 41 49	23 24 4	5 59 34	3 32 16	18 50 41	0 1 41	1 12 14	20 18 12	22 54 12
24	6 36 13	23 51 45	2 35 11	14 7 49	4 19 50	20 44 6	23 24 6	5 59 33	3 32 28	18 51 23	0 1 42	1 12 9	20 18 7	22 54 36
25	6 41 35	23 48 54	2 38 1	14 21 46	4 20 46	20 46 22	23 24 9	5 59 34	3 32 40	18 52 5	0 1 43	1 12 6	20 18 2	22 55 0
26	6 46 57	23 45 21	2 40 52	14 35 35	4 21 42	20 48 36	23 24 11	5 59 38	3 32 52	18 52 46	0 1 44	1 12 3	20 17 57	22 55 25
27	6 52 18	23 41 6	2 43 43	14 49 14	4 22 38	20 50 48	23 24 12	5 59 44	3 33 4	18 53 27	0 1 45	1 12 2	20 17 52	22 55 49
28	6 57 40	23 36 8	2 46 34	15 2 45	4 23 34	20 52 59	23 24 14	5 59 53	3 33 15	18 54 7	0 1 46	1 12 1	20 17 46	22 56 13
29	7 3 1	23 30 29	2 49 25	15 16 6	4 24 29	20 55 8	23 24 15	6 0 4	3 33 27	18 54 47	0 1 46	1 12 0	20 17 41	22 56 38
30	7 8 21	23N24 8	2 52 16	15N29 17	4 25 25	20N57 15	23 24 15	6S 0 17	3 33 38	18N55 26	0 1 47	1S12 1	20 17 36	22S57 2

JULY 2024

DAY	SIDEREAL TIME h m s	☉ SUN LONG ° ' "	☉ SUN MOT ' "	☉ SUN R.A. h m s	☉ SUN DECL ° ' "	☽ MOON AT 0 HOURS LONG ° ' "	☽ MOON AT 0 HOURS 12h MOT ° ' "	☽ MOON AT 0 HOURS 2DIF "	☽ MOON AT 0 HOURS R.A. h m s	☽ MOON AT 0 HOURS DECL ° ' "	☽ MOON AT 12 HOURS LONG ° ' "	☽ MOON AT 12 HOURS 12h MOT ° ' "	☽ MOON AT 12 HOURS 2DIF "	☽ MOON AT 12 HOURS R.A. h m s	☽ MOON AT 12 HOURS DECL ° ' "
1 M	18 38 9	14♊34 45	57 13	6 42 2.6	23N 5 12	11♈53 35	6 57 54	-45	2 15 35	15N53 31	18♈51 29	6 56 20	-50	2 42 31	18N36 14
2 Tu	18 42 6	15 31 58	57 13	6 46 10.7	23 0 51	25 47 49	6 54 34	-57	3 10 10	21 3 27	2♉42 23	6 52 33	-64	3 38 32	23 12 44
3 W	18 46 3	16 29 11	57 14	6 50 18.4	22 56 6	9♉34 56	6 50 16	-73	4 7 34	25 1 45	16 25 12	6 47 42	-82	4 37 13	26 28 29
4 Th	18 49 59	17 26 25	57 14	6 54 25.9	22 50 56	23 12 54	6 44 49	-91	5 7 17	27 31 21	29 57 43	6 41 38	-100	5 37 35	28 9 20
5 F	18 53 56	18 23 38	57 14	6 58 33.0	22 45 23	6♊39 21	6 38 9	-108	6 7 52	28 22 2	13♊17 30	6 34 26	-115	6 37 53	28 9 48
6 S	18 57 52	19 20 52	57 14	7 2 39.8	22 39 26	19 51 56	6 30 30	-120	7 7 24	27 33 35	26 22 25	6 26 25	-123	7 36 12	26 34 57
7 Su	19 1 49	20 18 5	57 14	7 6 46.3	22 33 6	2♋48 50	6 22 16	-124	8 4 8	25 15 53	9♋11 7	6 18 8	-123	8 31 8	23 38 35
8 M	19 5 45	21 15 19	57 14	7 10 52.3	22 26 22	15 29 14	6 14 4	-119	8 57 9	21 45 26	21 43 19	6 10 11	-113	9 22 11	19 38 45
9 Tu	19 9 42	22 12 32	57 14	7 14 58.0	22 19 14	27 53 30	6 6 34	-104	9 46 19	17 20 46	4♌ 0 4	6 3 16	-93	10 9 37	14 53 32
10 W	19 13 38	23 9 46	57 14	7 19 3.2	22 11 44	10♌ 3 19	6 0 22	-80	10 32 12	12 18 58	16 3 41	5 57 56	-65	10 54 10	9 38 44
11 Th	19 17 35	24 6 59	57 13	7 23 7.9	22 3 51	22 1 37	5 56 2	-49	11 15 39	6 54 21	27 57 38	5 54 42	-31	11 36 47	4 7 10
12 F	19 21 32	25 4 12	57 13	7 27 12.2	21 55 35	3♍52 20	5 53 59	-12	11 57 43	1 18 26	9♍46 19	5 53 55	8	12 18 33	1S30 40
13 S	19 25 28	26 1 26	57 13	7 31 16.0	21 46 56	15 40 14	5 54 31	28	12 39 26	4S19 2	21 34 45	5 55 48	49	13 0 30	7 5 32
14 Su	19 29 25	26 58 39	57 14	7 35 19.3	21 37 55	27 30 33	5 57 47	69	13 21 55	9 48 59	3♎28 20	6 0 26	90	13 43 47	12 28 7
15 M	19 33 21	27 55 53	57 14	7 39 22.1	21 28 32	9♎28 46	6 3 45	109	14 6 14	15 1 34	15 32 32	6 7 42	127	14 29 26	17 27 44
16 Tu	19 37 18	28 53 6	57 14	7 43 24.3	21 18 48	21 40 13	6 12 13	143	14 53 29	19 44 51	27 52 26	6 17 15	158	15 18 29	21 50 56
17 W	19 41 14	29 50 20	57 14	7 47 26.0	21 8 41	4♏ 9 41	6 22 43	169	15 44 30	23 43 48	10♏32 24	6 28 31	178	16 11 36	25 21 2
18 Th	19 45 11	0♋47 33	57 14	7 51 27.2	20 58 13	17 0 55	6 34 33	182	16 39 46	26 40 8	23 35 28	6 40 41	183	17 8 56	27 38 38
19 F	19 49 7	1 44 47	57 15	7 55 27.8	20 47 24	0♐16 9	6 46 45	179	17 38 58	28 14 12	7♐ 2 53	6 52 38	171	18 9 39	28 24 55
20 S	19 53 4	2 42 2	57 15	7 59 27.9	20 36 14	13 55 31	6 58 9	159	18 40 45	28 9 23	20 53 40	7 3 12	142	19 12 0	27 26 56
21 Su	19 57 1	3 39 16	57 15	8 3 27.4	20 24 44	27 56 52	7 7 38	122	19 43 5	26 17 44	5♑ 4 30	7 11 20	99	20 13 47	24 42 47
22 M	20 0 57	4 36 31	57 16	8 7 26.3	20 12 53	12♑15 50	7 14 14	75	20 43 54	22 43 47	19 30 4	7 16 18	49	21 13 18	20 23 8
23 Tu	20 4 54	5 33 47	57 17	8 11 24.7	20 0 41	26 46 22	7 17 31	24	21 41 55	17 43 35	4♒ 3 53	7 17 54	0	22 9 46	14 48 15
24 W	20 8 50	6 31 4	57 17	8 15 22.5	19 48 10	11♒21 47	7 17 32	-22	22 36 54	11 40 19	18 39 19	7 16 28	-41	23 3 25	8 23 1
25 Th	20 12 47	7 28 21	57 18	8 19 19.6	19 35 19	25 55 46	7 14 49	-57	23 29 26	4 59 30	3♓10 35	7 12 41	-70	23 55 6	1 32 49
26 F	20 16 43	8 25 39	57 19	8 23 16.2	19 22 9	10♓23 16	7 10 10	-79	0 20 33	1N54 6	17 33 26	7 7 23	-86	0 45 58	5N18 29
27 S	20 20 40	9 22 58	57 20	8 27 12.3	19 8 39	24 40 49	7 4 25	-91	1 11 30	8 37 39	1♈45 14	7 1 20	-93	1 37 16	11 49 1
28 Su	20 24 36	10 20 18	57 21	8 31 7.7	18 54 50	8♈46 34	6 58 12	-94	2 3 26	14 50 5	15 44 46	6 55 4	-94	2 30 5	17 38 27
29 M	20 28 33	11 17 39	57 22	8 35 2.6	18 40 42	22 39 50	6 51 56	-93	2 57 19	20 11 46	29 31 46	6 48 50	-93	3 25 10	22 27 46
30 Tu	20 32 30	12 15 1	57 23	8 38 56.9	18 26 16	6♉20 36	6 45 45	-92	3 53 37	24 24 22	13♉ 6 22	6 42 42	-92	4 22 38	25 59 43
31 W	20 36 26	13♋12 24	57 25	8 42 50.6	18N11 31	19♉49 3	6 39 39	-92	4 52 6	27N12 17	26♉28 42	6 36 35	-92	5 21 52	28N 0 59

LUNAR INGRESSES
2 ☽ ♉ 7:18
4 ☽ ♊ 12:04
6 ☽ ♋ 18:45
9 ☽ ♌ 4:08
11 ☽ ♍ 16:08
14 ☽ ♎ 5:01
16 ☽ ♏ 16:05
18 ☽ ♐ 23:31
21 ☽ ♑ 3:28
23 ☽ ♒ 5:19
25 ☽ ♓ 6:44
27 ☽ ♈ 9:01
29 ☽ ♉ 12:50
31 ☽ ♊ 18:23

PLANET INGRESSES
7 ♀ ♋ 16:17
13 ♂ ♉ 19:37
17 ☉ ♋ 4:03
20 ☿ ♌ 11:16

STATIONS
2 ♆ R 10:43

DATA FOR THE 1st AT 0 HOURS
JULIAN DAY 45472.5
☽ MEAN ☊ 16°♓ 9' 25"
OBLIQUITY 23° 26' 18"
DELTA T 78.7 SECONDS
NUTATION LONGITUDE -2.9"

DAY MO YR	☿ LONG ° ' "	♀ LONG ° ' "	♂ LONG ° ' "	♃ LONG ° ' "	♄ LONG ° ' "	♅ LONG ° ' "	♆ LONG ° ' "	♇ LONG ° ' "	☊ LONG ° '	A.S.S.I. h m s	S.S.R.Y. h m s	S.V.P. ♓ ° ' "	☿ MERCURY R.A. h m s	☿ MERCURY DECL ° ' "
1 183	2♋13 16	21♊47 34	20♈52 46	13♉ 8 6	24♒20R43	0♉38 19	4♓50 59	6♑17R58	16♓24	8 25 6	30 3 17	4 55 6.4	7 59 1	22N30 49
2 184	3 59 14	23 1 17	21 35 56	13 21 5	24 20 33	0 41 2	4 51R 1	6 16 40	16 21	8 30 18	30 3 22	4 55 6.2	8 6 27	22 6 37
3 185	5 43 4	24 15 1	22 19 1	13 34 0	24 20 16	0 43 42	4 51 0	6 15 21	16 14	8 35 29	30 3 43	4 55 6.0	8 13 41	21 41 8
4 186	7 24 46	25 28 45	23 2 1	13 46 52	24 19 54	0 46 21	4 50 58	6 14 2	16 05	8 40 40	30 4 14	4 55 5.7	8 20 43	21 14 28
5 187	9 4 21	26 42 29	23 44 57	13 59 40	24 19 26	0 48 58	4 50 54	6 12 42	15 54	8 45 51	30 4 54	4 55 5.4	8 27 33	20 46 44
6 188	10 41 48	27 56 13	24 27 48	14 12 25	24 18 51	0 51 33	4 50 48	6 11 21	15 41	8 51 1	30 5 39	4 55 5.1	8 34 11	20 18 3
7 189	12 17 6	29 9 57	25 10 34	14 25 6	24 18 11	0 54 6	4 50 39	6 10 0	15 29	8 56 10	30 6 27	4 55 4.9	8 40 38	19 48 31
8 190	13 50 15	0♋23 41	25 53 16	14 37 44	24 17 25	0 56 36	4 50 29	6 8 38	15 17	9 1 20	30 7 15	4 55 4.6	8 46 53	19 18 15
9 191	15 21 14	1 37 25	26 35 53	14 50 18	24 16 33	0 59 5	4 50 17	6 7 16	15 08	9 6 28	30 8 3	4 55 4.5	8 52 56	18 47 21
10 192	16 50 2	2 51 10	27 18 25	15 2 48	24 15 35	1 1 32	4 50 3	6 5 54	15 01	9 11 36	30 8 47	4 55 4.3	8 58 47	18 15 55
11 193	18 16 38	4 4 54	28 0 51	15 15 14	24 14 31	1 3 56	4 49 47	6 4 31	14 57	9 16 44	30 9 27	4 55 4.2	9 4 27	17 44 1
12 194	19 41 0	5 18 38	28 43 13	15 27 36	24 13 21	1 6 19	4 49 29	6 3 8	14 55	9 21 51	30 10 2	4 55 4.2	9 9 56	17 11 46
13 195	21 3 7	6 32 21	29 25 30	15 39 55	24 12 5	1 8 39	4 49 10	6 1 44	14 55	9 26 57	30 10 31	4 55 4.1	9 15 13	16 39 16
14 196	22 22 56	7 46 5	0♉ 7 42	15 52 9	24 10 44	1 10 57	4 48 48	6 0 20	14 55	9 32 3	30 10 51	4 55 4.0	9 20 19	16 6 35
15 197	23 40 24	8 59 49	0 49 49	16 4 18	24 9 17	1 13 12	4 48 25	5 58 56	14 55	9 37 8	30 11 2	4 55 3.9	9 25 14	15 33 48
16 198	24 55 28	10 13 32	1 31 50	16 16 24	24 7 45	1 15 26	4 47 59	5 57 32	14 53	9 42 12	30 11 2	4 55 3.7	9 29 57	15 1 1
17 199	26 8 5	11 27 15	2 13 47	16 28 25	24 6 6	1 17 37	4 47 32	5 56 7	14 48	9 47 16	30 10 50	4 55 3.6	9 34 28	14 28 19
18 200	27 18 11	12 40 58	2 55 38	16 40 21	24 4 23	1 19 46	4 47 3	5 54 42	14 42	9 52 19	30 10 24	4 55 3.3	9 38 48	13 55 47
19 201	28 25 41	13 54 41	3 37 25	16 52 14	24 2 33	1 21 52	4 46 32	5 53 17	14 33	9 57 21	30 9 44	4 55 3.0	9 42 56	13 23 31
20 202	29 30 31	15 8 24	4 19 6	17 4 1	24 0 39	1 23 56	4 46 0	5 51 52	14 23	10 2 23	30 8 51	4 55 2.7	9 46 52	12 51 35
21 203	0♌32 34	16 22 6	5 0 42	17 15 44	23 58 38	1 25 58	4 45 25	5 50 27	14 12	10 7 23	30 7 46	4 55 2.5	9 50 36	12 20 5
22 204	1 31 45	17 35 48	5 42 12	17 27 22	23 56 33	1 27 57	4 44 49	5 49 1	14 02	10 12 24	30 6 32	4 55 2.2	9 54 8	11 49 6
23 205	2 27 57	18 49 31	6 23 38	17 38 55	23 54 22	1 29 54	4 44 11	5 47 36	13 53	10 17 23	30 5 13	4 55 2.0	9 57 27	11 18 44
24 206	3 21 3	20 3 13	7 4 58	17 50 24	23 52 6	1 31 49	4 43 31	5 46 11	13 47	10 22 22	30 3 53	4 55 1.9	10 0 33	10 49 6
25 207	4 10 55	21 16 55	7 46 13	18 1 47	23 49 44	1 33 41	4 42 49	5 44 45	13 44	10 27 20	30 2 38	4 55 1.8	10 3 26	10 20 16
26 208	4 57 26	22 30 37	8 27 22	18 13 5	23 47 18	1 35 30	4 42 6	5 43 20	13 43	10 32 17	30 1 32	4 55 1.7	10 6 6	9 52 21
27 209	5 40 25	23 44 19	9 8 27	18 24 18	23 44 46	1 37 17	4 41 21	5 41 55	13 43	10 37 14	30 0 38	4 55 1.7	10 8 31	9 25 28
28 210	6 19 44	24 58 1	9 49 25	18 35 26	23 42 9	1 39 1	4 40 34	5 40 30	13 43	10 42 9	29 59 58	4 55 1.6	10 10 42	8 59 43
29 211	6 55 13	26 11 44	10 30 18	18 46 29	23 39 27	1 40 43	4 39 46	5 39 5	13 43	10 47 4	29 59 32	4 55 1.4	10 12 38	8 35 14
30 212	7 26 41	27 25 26	11 11 5	18 57 26	23 36 41	1 42 22	4 38 56	5 37 40	13 41	10 51 59	29 59 21	4 55 1.2	10 14 18	8 12 8
31 213	7♌53 57	28♋39 8	11♉51 47	19♉ 8 17	23♒33 49	1♉43 58	4♓38 4	5♑36 15	13♓36	10 56 52	29 59 22	4 55 1.0	10 15 43	7N50 33

DAY Jul	♀ VENUS R.A. h m s	♀ VENUS DECL ° ' "	♂ MARS R.A. h m s	♂ MARS DECL ° ' "	♃ JUPITER R.A. h m s	♃ JUPITER DECL ° ' "	♄ SATURN R.A. h m s	♄ SATURN DECL ° ' "	♅ URANUS R.A. h m s	♅ URANUS DECL ° ' "	♆ NEPTUNE R.A. h m s	♆ NEPTUNE DECL ° ' "	♇ PLUTO R.A. h m s	♇ PLUTO DECL ° ' "
1	7 13 41	23N17 5	2 55 7	15N42 19	4 26 20	20N59 21	23 24 15	6S 0 33	3 33 49	18N56 5	0 1 47	1S12 2	20 17 31	22S57 27
2	7 19 0	23 9 21	2 57 58	15 55 12	4 27 14	21 1 25	23 24 15	6 0 51	3 34 0	18 56 44	0 1 47	1 12 4	20 17 25	22 57 51
3	7 24 18	23 0 56	3 0 50	16 7 55	4 28 9	21 3 27	23 24 14	6 1 11	3 34 11	18 57 22	0 1 47	1 12 7	20 17 20	22 58 16
4	7 29 36	22 51 50	3 3 41	16 20 28	4 29 4	21 5 27	23 24 13	6 1 34	3 34 22	18 57 59	0 1 47	1 12 11	20 17 14	22 58 41
5	7 34 53	22 42 4	3 6 33	16 32 51	4 29 58	21 7 26	23 24 12	6 1 59	3 34 33	18 58 36	0 1 47	1 12 15	20 17 9	22 59 6
6	7 40 10	22 31 39	3 9 24	16 45 4	4 30 52	21 9 23	23 24 10	6 2 26	3 34 44	18 59 13	0 1 47	1 12 20	20 17 3	22 59 30
7	7 45 25	22 20 34	3 12 16	16 57 7	4 31 46	21 11 19	23 24 8	6 2 55	3 34 54	18 59 49	0 1 46	1 12 26	20 16 58	22 59 55
8	7 50 40	22 8 49	3 15 7	17 8 59	4 32 39	21 13 13	23 24 6	6 3 27	3 35 5	19 0 24	0 1 46	1 12 33	20 16 52	23 0 20
9	7 55 54	21 56 27	3 17 59	17 20 41	4 33 33	21 15 5	23 24 3	6 4 1	3 35 15	19 0 59	0 1 45	1 12 40	20 16 46	23 0 45
10	8 1 6	21 43 26	3 20 50	17 32 13	4 34 26	21 16 55	23 24 0	6 4 38	3 35 25	19 1 33	0 1 44	1 12 48	20 16 41	23 1 10
11	8 6 18	21 29 47	3 23 42	17 43 35	4 35 19	21 18 44	23 23 56	6 5 17	3 35 35	19 2 7	0 1 44	1 12 57	20 16 35	23 1 35
12	8 11 29	21 15 32	3 26 34	17 54 45	4 36 11	21 20 30	23 23 52	6 5 57	3 35 45	19 2 40	0 1 43	1 13 7	20 16 29	23 1 59
13	8 16 39	21 0 40	3 29 26	18 5 45	4 37 3	21 22 16	23 23 48	6 6 41	3 35 54	19 3 13	0 1 41	1 13 18	20 16 23	23 2 24
14	8 21 47	20 45 11	3 32 17	18 16 35	4 37 55	21 23 59	23 23 44	6 7 26	3 36 4	19 3 45	0 1 40	1 13 29	20 16 18	23 2 49
15	8 26 55	20 29 8	3 35 9	18 27 14	4 38 47	21 25 41	23 23 39	6 8 13	3 36 13	19 4 17	0 1 39	1 13 41	20 16 12	23 3 13
16	8 32 1	20 12 30	3 38 1	18 37 41	4 39 39	21 27 21	23 23 33	6 9 3	3 36 22	19 4 48	0 1 37	1 13 54	20 16 6	23 3 38
17	8 37 6	19 55 17	3 40 52	18 47 58	4 40 30	21 29 0	23 23 28	6 9 54	3 36 31	19 5 18	0 1 36	1 14 7	20 16 0	23 4 3
18	8 42 10	19 37 31	3 43 44	18 58 5	4 41 21	21 30 36	23 23 22	6 10 48	3 36 40	19 5 48	0 1 34	1 14 21	20 15 54	23 4 27
19	8 47 13	19 19 12	3 46 36	19 8 0	4 42 11	21 32 12	23 23 15	6 11 44	3 36 49	19 6 17	0 1 32	1 14 36	20 15 48	23 4 51
20	8 52 15	19 0 21	3 49 28	19 17 44	4 43 2	21 33 45	23 23 9	6 12 42	3 36 57	19 6 46	0 1 30	1 14 51	20 15 42	23 5 16
21	8 57 15	18 40 58	3 52 19	19 27 18	4 43 52	21 35 17	23 23 2	6 13 42	3 37 6	19 7 14	0 1 28	1 15 8	20 15 37	23 5 40
22	9 2 15	18 21 4	3 55 11	19 36 40	4 44 41	21 36 48	23 22 54	6 14 44	3 37 14	19 7 42	0 1 26	1 15 24	20 15 31	23 6 4
23	9 7 13	18 0 39	3 58 3	19 45 51	4 45 31	21 38 17	23 22 47	6 15 47	3 37 22	19 8 9	0 1 24	1 15 42	20 15 25	23 6 28
24	9 12 10	17 39 45	4 0 54	19 54 51	4 46 20	21 39 44	23 22 38	6 16 53	3 37 30	19 8 35	0 1 22	1 16 0	20 15 19	23 6 52
25	9 17 6	17 18 22	4 3 46	20 3 40	4 47 8	21 41 9	23 22 30	6 18 1	3 37 37	19 9 1	0 1 19	1 16 19	20 15 13	23 7 16
26	9 22 0	16 56 31	4 6 37	20 12 17	4 47 57	21 42 33	23 22 21	6 19 11	3 37 45	19 9 26	0 1 17	1 16 39	20 15 7	23 7 40
27	9 26 53	16 34 12	4 9 29	20 20 43	4 48 44	21 43 56	23 22 12	6 20 22	3 37 52	19 9 51	0 1 14	1 16 59	20 15 1	23 8 4
28	9 31 46	16 11 26	4 12 20	20 28 58	4 49 32	21 45 16	23 22 3	6 21 36	3 37 59	19 10 15	0 1 11	1 17 20	20 14 55	23 8 27
29	9 36 37	15 48 13	4 15 11	20 37 1	4 50 19	21 46 35	23 21 54	6 22 51	3 38 6	19 10 38	0 1 8	1 17 42	20 14 49	23 8 50
30	9 41 26	15 24 35	4 18 2	20 44 53	4 51 6	21 47 53	23 21 44	6 24 8	3 38 13	19 11 1	0 1 5	1 18 4	20 14 43	23 9 13
31	9 46 15	15N 0 33	4 20 54	20N52 34	4 51 53	21N49 9	23 21 33	6S25 27	3 38 20	19N11 23	0 1 2	1S18 27	20 14 37	23S 9 36

AUGUST 2024

Day	Sidereal Time h m s	☉ Sun Long ° ' "	Mot ' "	R.A. h m s	Decl ° ' "
1 Th	20 40 23	14♋ 9 48	57 26	8 46 43.7	17N56 29
2 F	20 44 19	15 7 14	57 27	8 50 36.2	17 41 9
3 S	20 48 16	16 4 40	57 27	8 54 28.1	17 25 32
4 Su	20 52 12	17 2 7	57 28	8 58 19.4	17 9 37
5 M	20 56 9	17 59 36	57 29	9 2 10.1	16 53 26
6 Tu	21 0 6	18 57 5	57 30	9 6 0.2	16 36 59
7 W	21 4 2	19 54 35	57 31	9 9 49.7	16 20 16
8 Th	21 7 59	20 52 6	57 32	9 13 38.6	16 3 17
9 F	21 11 55	21 49 38	57 33	9 17 26.9	15 46 2
10 S	21 15 52	22 47 10	57 34	9 21 14.6	15 28 32
11 Su	21 19 48	23 44 44	57 35	9 25 1.7	15 10 48
12 M	21 23 45	24 42 18	57 36	9 28 48.3	14 52 49
13 Tu	21 27 41	25 39 54	57 37	9 32 34.2	14 34 36
14 W	21 31 38	26 37 30	57 38	9 36 19.6	14 16 9
15 Th	21 35 35	27 35 8	57 39	9 40 4.5	13 57 29
16 F	21 39 31	28 32 46	57 40	9 43 48.8	13 38 35
17 S	21 43 28	29 30 25	57 41	9 47 32.6	13 19 29
18 Su	21 47 24	0♌28 6	57 42	9 51 15.8	13 0 10
19 M	21 51 21	1 25 47	57 43	9 54 58.6	12 40 39
20 Tu	21 55 17	2 23 30	57 44	9 58 40.8	12 20 56
21 W	21 59 14	3 21 14	57 46	10 2 22.6	12 1 1
22 Th	22 3 10	4 19 0	57 47	10 6 3.9	11 40 55
23 F	22 7 7	5 16 47	57 49	10 9 44.8	11 20 37
24 S	22 11 3	6 14 36	57 51	10 13 25.3	11 0 9
25 Su	22 15 0	7 12 27	57 53	10 17 5.4	10 39 30
26 M	22 18 57	8 10 20	57 55	10 20 45.0	10 18 41
27 Tu	22 22 53	9 8 14	57 56	10 24 24.4	9 57 42
28 W	22 26 50	10 6 10	57 58	10 28 3.3	9 36 33
29 Th	22 30 46	11 4 8	58 0	10 31 42.0	9 15 16
30 F	22 34 43	12 2 8	58 2	10 35 20.2	8 53 49
31 S	22 38 39	13♌ 0 10	58 4	10 38 58.2	8N32 13

Day	☽ Moon at 0 Hours Long ° ' "	12h Mot ° ' "	2Dif "	R.A. h m s	Decl ° ' "
1	3♊ 5 16	6 33 29	-93	5 51 43	28N25 13
2	16 9 6	6 27 11	-96	6 50 48	28 0 56
3	29 0 15	6 20 44	-97	7 47 42	26 6 9
4	11♋38 28	6 14 16	-96	8 41 20	22 54 37
5	24 3 50	6 8 2	-90	9 31 20	18 43 23
6	6♌16 58	6 2 23	-78	10 18 1	13 49 34
7	18 19 16	5 57 45	-60	11 2 6	8 28 25
8	0♍12 58	5 54 33	-35	11 44 30	2 52 47
9	12 1 8	5 53 12	-4	12 26 10	2S46 24
10	23 47 40	5 54 2	31	13 8 8	8 19 26
11	5♎37 5	5 57 20	69	13 51 25	13 36 41
12	17 34 21	6 3 13	108	14 37 2	18 27 26
13	29 44 41	6 11 40	145	15 25 55	22 38 50
14	12♏13 9	6 22 27	177	16 18 42	25 55 17
15	25 4 10	6 35 3	198	17 15 30	27 58 55
16	8♐20 59	6 48 37	205	18 15 34	28 32 14
17	22 5 2	7 2 1	192	19 17 20	27 22 44
18	6♑15 15	7 13 52	159	20 18 50	24 27 34
19	20 47 55	7 22 52	108	21 18 28	19 55 44
20	5♒36 45	7 28 1	46	22 15 30	14 6 20
21	20 33 46	7 28 55	-18	23 10 7	7 24 38
22	5♓30 30	7 25 48	-73	0 3 7	0 18 13
23	20 19 15	7 19 27	-114	0 55 35	6N45 45
24	4♈54 5	7 10 55	-138	1 48 39	13 22 0
25	19 11 10	7 1 16	-148	2 43 17	19 7 46
26	3♉ 8 45	6 51 23	-146	3 39 59	23 43 19
27	16 46 41	6 41 53	-138	4 38 35	26 52 57
28	0♊ 5 56	6 33 5	-125	5 38 10	28 26 52
29	13 8 3	6 25 10	-112	6 37 15	28 23 3
30	25 54 45	6 18 8	-99	7 34 17	26 47 43
31	8♋27 48	6 11 55	-87	8 28 10	23N53 32

Day	☽ Moon at 12 Hours Long ° ' "	12h Mot ° ' "	2Dif "	R.A. h m s	Decl ° ' "
1	9♊38 45	6 30 21	-95	6 21 26	28N25 0
2	22 36 17	6 23 58	-97	7 19 36	27 14 7
3	5♋20 59	6 17 29	-97	8 14 58	24 38 57
4	17 52 44	6 11 6	-94	9 6 46	20 55 22
5	0♌11 51	6 5 7	-85	9 55 3	16 20 48
6	12 19 21	5 59 55	-70	10 40 20	11 11 33
7	24 17 1	5 55 57	-48	11 23 27	5 41 41
8	6♍ 7 31	5 53 37	-20	12 5 21	0 3 1
9	17 54 20	5 53 20	13	12 47 3	5S34 17
10	29 41 43	5 55 22	49	13 29 33	11 0 40
11	11♎34 24	5 59 57	88	14 13 53	16 6 6
12	23 37 34	6 7 8	127	15 1 1	20 38 58
13	5♏56 21	6 16 48	162	15 51 48	24 25 1
14	18 35 36	6 28 34	189	16 46 38	27 7 21
15	1♐39 13	6 41 47	204	17 45 13	28 27 50
16	15 9 37	6 55 25	201	18 46 22	28 10 47
17	29 7 3	7 8 13	178	19 48 14	26 8 4
18	13♑29 7	7 18 48	135	20 48 58	22 22 44
19	28 10 47	7 25 58	77	21 47 19	17 9 14
20	13♒ 4 46	7 29 0	13	22 43 5	10 50 19
21	28 2 41	7 27 49	-47	23 36 45	3 52 47
22	12♓56 18	7 22 58	-95	0 29 20	3N15 43
23	27 38 42	7 15 23	-128	1 21 58	10 8 50
24	12♈ 5 0	7 6 10	-145	2 15 44	16 22 30
25	26 12 26	6 56 19	-148	3 11 22	21 35 25
26	10♉ 0 8	6 46 33	-143	4 9 5	25 29 39
27	23 28 34	6 37 23	-132	5 8 20	27 52 12
28	6♊39 2	6 29 1	-119	6 7 52	28 36 58
29	19 33 13	6 21 33	-106	7 6 6	27 46 9
30	2♋12 53	6 14 55	-93	8 1 39	25 29 31
31	14♋39 43	6 9 6	-82	8 53 48	22N 1 48

LUNAR INGRESSES
3 ☽ ♋ 1:53
5 ☽ ♌ 11:37
7 ☽ ♍ 23:34
10 ☽ ♎ 12:37
13 ☽ ♏ 0:30
15 ☽ ♐ 9:00
17 ☽ ♑ 13:30
19 ☽ ♒ 14:57
21 ☽ ♓ 15:08
23 ☽ ♈ 15:53
25 ☽ ♉ 18:33
27 ☽ ♊ 23:49
30 ☽ ♋ 7:46

PLANET INGRESSES
1 ♀ ♌ 2:20
17 ☉ ♌ 12:19
20 ☿ ♋ 21:41
25 ♀ ♍ 13:06
27 ♂ ♊ 19:49

STATIONS
5 ☿ R 4:57
28 ☿ D 21:15

DATA FOR THE 1st AT 0 HOURS
JULIAN DAY 45503.5
☽ MEAN ☊ 14°♓ 30' 51"
OBLIQUITY 23° 26' 19"
DELTA T 78.7 SECONDS
NUTATION LONGITUDE -1.3"

Day MO YR	☿ Long ° ' "	♀ Long ° ' "	♂ Long ° ' "	♃ Long ° ' "	♄ Long ° ' "	♅ Long ° ' "	♆ Long ° ' "	♇ Long ° ' "	☊ Long ° '
1 214	8♌16 51	29♋52 50	12♉32 22	19♉19 3	23♒30R53	1♉45 32	4♓37R11	5♑34R51	13♓29
2 215	8 35 12	1♌ 6 32	13 12 52	19 29 43	23 27 52	1 47 3	4 36 15	5 33 27	13 20
3 216	8 48 49	2 20 14	13 53 15	19 40 17	23 24 46	1 48 31	4 35 19	5 32 3	13 10
4 217	8 57 31	3 33 56	14 33 32	19 50 45	23 21 36	1 49 57	4 34 21	5 30 40	13 00
5 218	9 1R10	4 47 38	15 13 43	20 1 7	23 18 21	1 51 20	4 33 21	5 29 16	12 51
6 219	8 59 37	6 1 19	15 53 48	20 11 22	23 15 2	1 52 40	4 32 19	5 27 54	12 43
7 220	8 52 48	7 15 0	16 33 45	20 21 31	23 11 39	1 53 57	4 31 17	5 26 31	12 38
8 221	8 40 37	8 28 41	17 13 37	20 31 34	23 8 12	1 55 12	4 30 12	5 25 10	12 35
9 222	8 23 6	9 42 21	17 53 22	20 41 31	23 4 40	1 56 23	4 29 6	5 23 48	12 34
10 223	8 0 18	10 56 1	18 33 0	20 51 20	23 1 5	1 57 32	4 27 59	5 22 27	12 35
11 224	7 32 22	12 9 41	19 12 31	21 1 3	22 57 26	1 58 38	4 26 51	5 21 7	12 36
12 225	6 59 31	13 23 20	19 51 56	21 10 40	22 53 43	1 59 41	4 25 41	5 19 47	12 37
13 226	6 22 7	14 36 58	20 31 14	21 20 9	22 49 57	2 0 41	4 24 29	5 18 28	12 37
14 227	5 40 36	15 50 36	21 10 25	21 29 31	22 46 7	2 1 38	4 23 16	5 17 10	12 36
15 228	4 55 31	17 4 13	21 49 29	21 38 46	22 42 14	2 2 32	4 22 2	5 15 52	12 33
16 229	4 7 34	18 17 50	22 28 26	21 47 54	22 38 18	2 3 23	4 20 47	5 14 35	12 28
17 230	3 17 32	19 31 26	23 7 16	21 56 55	22 34 18	2 4 12	4 19 31	5 13 19	12 22
18 231	2 26 17	20 45 2	23 45 59	22 5 48	22 30 16	2 4 57	4 18 13	5 12 3	12 15
19 232	1 34 48	21 58 37	24 24 35	22 14 34	22 26 10	2 5 40	4 16 54	5 10 48	12 09
20 233	0 44 5	23 12 11	25 3 4	22 23 12	22 22 2	2 6 19	4 15 34	5 9 34	12 04
21 234	29♋55 11	24 25 44	25 41 26	22 31 43	22 17 51	2 6 56	4 14 13	5 8 21	12 01
22 235	29 9 7	25 39 17	26 19 41	22 40 6	22 13 38	2 7 29	4 12 50	5 7 9	11 59
23 236	28 26 53	26 52 50	26 57 48	22 48 21	22 9 22	2 8 0	4 11 27	5 5 57	11 59
24 237	27 49 26	28 6 22	27 35 48	22 56 28	22 5 4	2 8 28	4 10 3	5 4 47	12 00
25 238	27 17 36	29 19 54	28 13 40	23 4 27	22 0 44	2 8 52	4 8 37	5 3 37	12 02
26 239	26 52 7	0♍33 25	28 51 25	23 12 18	21 56 21	2 9 14	4 7 11	5 2 28	12 03
27 240	26 33 38	1 46 55	29 29 2	23 20 0	21 51 57	2 9 33	4 5 43	5 1 21	12 03
28 241	26 22D38	3 0 25	0♊ 6 31	23 27 34	21 47 31	2 9 48	4 4 15	5 0 14	12 01
29 242	26 19 32	4 13 55	0 43 52	23 35 0	21 43 3	2 10 1	4 2 46	4 59 8	11 58
30 243	26 24 34	5 27 24	1 21 4	23 42 17	21 38 34	2 10 10	4 1 16	4 58 4	11 54
31 244	26♋37 54	6♍40 53	1♊58 8	23♉49 25	21♒34 4	2♉10 17	3♓59 45	4♑57 0	11♓49

Day MO YR	A.S.S.I. h m s	S.S.R.Y. h m s	S.V.P. ♓ ° ' "	☿ Mercury R.A. h m s	☿ Mercury Decl ° ' "
1 214	11 1 45	29 59 37	4 55 0.7	10 16 51	7N30 37
2 215	11 6 37	29 59 57	4 55 0.4	10 17 42	7 12 28
3 216	11 11 29	30 0 28	4 55 0.2	10 18 15	6 56 15
4 217	11 16 19	30 1 4	4 55 0.0	10 18 31	6 42 7
5 218	11 21 9	30 1 45	4 54 59.9	10 18 28	6 30 11
6 219	11 25 58	30 2 29	4 54 59.7	10 18 7	6 20 38
7 220	11 30 47	30 3 15	4 54 59.7	10 17 26	6 13 35
8 221	11 35 34	30 4 2	4 54 59.6	10 16 27	6 9 9
9 222	11 40 21	30 4 47	4 54 59.6	10 15 9	6 7 28
10 223	11 45 7	30 5 30	4 54 59.5	10 13 33	6 8 36
11 224	11 49 52	30 6 7	4 54 59.5	10 11 39	6 12 38
12 225	11 54 37	30 6 38	4 54 59.4	10 9 29	6 19 35
13 226	11 59 21	30 6 58	4 54 59.2	10 7 4	6 29 27
14 227	12 4 4	30 7 6	4 54 59.0	10 4 25	6 42 10
15 228	12 8 47	30 7 0	4 54 58.8	10 1 35	6 57 37
16 229	12 13 28	30 6 38	4 54 58.6	9 58 37	7 15 38
17 230	12 18 10	30 6 0	4 54 58.3	9 55 32	7 36 0
18 231	12 22 50	30 5 8	4 54 58.1	9 52 26	7 58 25
19 232	12 27 30	30 4 4	4 54 57.9	9 49 21	8 22 33
20 233	12 32 9	30 2 51	4 54 57.8	9 46 20	8 48 1
21 234	12 36 48	30 1 35	4 54 57.7	9 43 28	9 14 25
22 235	12 41 26	30 0 20	4 54 57.7	9 40 49	9 41 18
23 236	12 46 3	29 59 11	4 54 57.7	9 38 26	10 8 14
24 237	12 50 40	29 58 10	4 54 57.6	9 36 22	10 34 45
25 238	12 55 17	29 57 19	4 54 57.5	9 34 41	11 0 27
26 239	12 59 53	29 56 41	4 54 57.3	9 33 25	11 24 54
27 240	13 4 28	29 56 14	4 54 57.1	9 32 37	11 47 43
28 241	13 9 3	29 55 58	4 54 56.9	9 32 18	12 8 34
29 242	13 13 38	29 55 54	4 54 56.7	9 32 30	12 27 9
30 243	13 18 12	29 55 59	4 54 56.5	9 33 14	12 43 9
31 244	13 22 46	29 56 14	4 54 56.3	9 34 30	12N56 21

Day Aug	♀ Venus R.A. h m s	♀ Venus Decl ° ' "	♂ Mars R.A. h m s	♂ Mars Decl ° ' "	♃ Jupiter R.A. h m s	♃ Jupiter Decl ° ' "	♄ Saturn R.A. h m s	♄ Saturn Decl ° ' "
1	9 51 3	14N36 6	4 23 44	21N 0 3	4 52 39	21N50 24	23 21 23	6S26 47
2	9 55 49	14 11 15	4 26 35	21 7 21	4 53 24	21 51 37	23 21 12	6 28 9
3	10 0 34	13 46 2	4 29 26	21 14 28	4 54 10	21 52 48	23 21 1	6 29 33
4	10 5 19	13 20 27	4 32 16	21 21 22	4 54 54	21 53 58	23 20 49	6 30 59
5	10 10 2	12 54 31	4 35 6	21 28 6	4 55 39	21 55 7	23 20 38	6 32 26
6	10 14 44	12 28 15	4 37 57	21 34 38	4 56 23	21 56 14	23 20 26	6 33 54
7	10 19 25	12 1 38	4 40 46	21 40 58	4 57 6	21 57 19	23 20 14	6 35 24
8	10 24 5	11 34 43	4 43 36	21 47 7	4 57 49	21 58 23	23 20 1	6 36 56
9	10 28 45	11 7 29	4 46 25	21 53 5	4 58 32	21 59 26	23 19 48	6 38 28
10	10 33 23	10 39 58	4 49 14	21 58 51	4 59 14	22 0 27	23 19 35	6 40 3
11	10 38 0	10 12 11	4 52 3	22 4 26	4 59 56	22 1 26	23 19 22	6 41 38
12	10 42 37	9 44 7	4 54 52	22 9 49	5 0 37	22 2 24	23 19 9	6 43 15
13	10 47 12	9 15 48	4 57 40	22 15 2	5 1 18	22 3 21	23 18 55	6 44 52
14	10 51 47	8 47 14	5 0 28	22 20 3	5 1 58	22 4 16	23 18 41	6 46 31
15	10 56 21	8 18 27	5 3 16	22 24 52	5 2 38	22 5 11	23 18 27	6 48 11
16	11 0 54	7 49 26	5 6 4	22 29 31	5 3 17	22 6 3	23 18 13	6 49 53
17	11 5 27	7 20 13	5 8 51	22 33 59	5 3 56	22 6 55	23 17 58	6 51 35
18	11 9 59	6 50 48	5 11 38	22 38 16	5 4 34	22 7 45	23 17 43	6 53 18
19	11 14 30	6 21 13	5 14 24	22 42 21	5 5 12	22 8 34	23 17 28	6 55 2
20	11 19 1	5 51 27	5 17 10	22 46 16	5 5 49	22 9 21	23 17 13	6 56 46
21	11 23 31	5 21 32	5 19 56	22 50 0	5 6 26	22 10 7	23 16 58	6 58 32
22	11 28 0	4 51 28	5 22 41	22 53 33	5 7 2	22 10 52	23 16 43	7 0 18
23	11 32 29	4 21 15	5 25 26	22 56 55	5 7 37	22 11 36	23 16 27	7 2 5
24	11 36 58	3 50 56	5 28 11	23 0 7	5 8 12	22 12 18	23 16 11	7 3 53
25	11 41 26	3 20 29	5 30 55	23 3 8	5 8 47	22 12 59	23 15 55	7 5 41
26	11 45 54	2 49 56	5 33 39	23 5 59	5 9 20	22 13 39	23 15 39	7 7 30
27	11 50 22	2 19 18	5 36 22	23 8 39	5 9 54	22 14 18	23 15 23	7 9 19
28	11 54 49	1 48 35	5 39 5	23 11 8	5 10 26	22 14 55	23 15 7	7 11 9
29	11 59 16	1 17 48	5 41 47	23 13 28	5 10 58	22 15 32	23 14 51	7 12 59
30	12 3 43	0 46 58	5 44 29	23 15 37	5 11 30	22 16 7	23 14 34	7 14 49
31	12 8 10	0N16 5	5 47 10	23N17 36	5 12 0	22N16 41	23 14 18	7S16 40

Day Aug	♅ Uranus R.A. h m s	♅ Uranus Decl ° ' "	♆ Neptune R.A. h m s	♆ Neptune Decl ° ' "	♇ Pluto R.A. h m s	♇ Pluto Decl ° ' "
1	3 38 26	19N11 44	0 0 59	1S18 51	20 14 32	23S 9 59
2	3 38 33	19 12 5	0 0 56	1 19 15	20 14 26	23 10 22
3	3 38 39	19 12 25	0 0 52	1 19 40	20 14 20	23 10 44
4	3 38 45	19 12 45	0 0 49	1 20 5	20 14 14	23 11 7
5	3 38 50	19 13 4	0 0 45	1 20 31	20 14 8	23 11 29
6	3 38 56	19 13 22	0 0 42	1 20 57	20 14 2	23 11 51
7	3 39 1	19 13 39	0 0 38	1 21 25	20 13 57	23 12 13
8	3 39 6	19 13 56	0 0 34	1 21 52	20 13 51	23 12 35
9	3 39 11	19 14 12	0 0 30	1 22 21	20 13 45	23 12 56
10	3 39 16	19 14 28	0 0 26	1 22 50	20 13 40	23 13 17
11	3 39 20	19 14 43	0 0 22	1 23 19	20 13 34	23 13 38
12	3 39 25	19 14 57	0 0 18	1 23 49	20 13 28	23 13 59
13	3 39 29	19 15 10	0 0 13	1 24 19	20 13 23	23 14 19
14	3 39 33	19 15 23	0 0 9	1 24 50	20 13 17	23 14 39
15	3 39 37	19 15 35	0 0 4	1 25 21	20 13 12	23 14 59
16	3 39 40	19 15 47	24 0 0	1 25 53	20 13 7	23 15 19
17	3 39 44	19 15 58	23 59 55	1 26 25	20 13 1	23 15 38
18	3 39 47	19 16 8	23 59 51	1 26 58	20 12 56	23 15 57
19	3 39 50	19 16 17	23 59 46	1 27 31	20 12 51	23 16 16
20	3 39 52	19 16 26	23 59 41	1 28 5	20 12 46	23 16 35
21	3 39 55	19 16 34	23 59 36	1 28 39	20 12 40	23 16 53
22	3 39 57	19 16 42	23 59 31	1 29 13	20 12 35	23 17 11
23	3 39 59	19 16 48	23 59 26	1 29 48	20 12 30	23 17 29
24	3 40 1	19 16 54	23 59 21	1 30 23	20 12 25	23 17 47
25	3 40 3	19 17 0	23 59 16	1 30 58	20 12 21	23 18 4
26	3 40 4	19 17 4	23 59 11	1 31 34	20 12 16	23 18 20
27	3 40 6	19 17 8	23 59 5	1 32 11	20 12 11	23 18 37
28	3 40 7	19 17 12	23 59 0	1 32 47	20 12 6	23 18 53
29	3 40 8	19 17 14	23 58 54	1 33 24	20 12 2	23 19 9
30	3 40 8	19 17 16	23 58 49	1 34 1	20 11 57	23 19 25
31	3 40 9	19N17 17	23 58 44	1S34 38	20 11 53	23S19 40

SEPTEMBER 2024

DAY	SIDEREAL TIME (h m s)	☉ SUN LONG (° ' ")	☉ SUN MOT (' ")	☉ SUN R.A. (h m s)	☉ SUN DECL (° ' ")	☽ MOON AT 0 HOURS LONG (° ' ")	12h MOT (° ' ")	2DIF (")	R.A. (h m s)	DECL (° ' ")	☽ MOON AT 12 HOURS LONG (° ' ")	12h MOT (° ' ")	2DIF (")	R.A. (h m s)	DECL (° ' ")
1 Su	22 42 36	13♌58 13	58 5	10 42 35.9	8N10 30	20♋48 49	6 6 29	-76	9 18 33	19N56 25	26♋55 18	6 4 3	-70	9 42 29	17N39 23
2 M	22 46 33	14 56 18	58 7	10 46 13.3	7 48 38	2♌59 21	6 1 49	-64	10 5 40	15 12 40	9♌ 1 11	5 59 48	-57	10 28 10	12 38 4
3 Tu	22 50 29	15 54 25	58 9	10 49 50.4	7 26 39	15 0 58	5 57 59	-51	10 50 7	9 57 18	20 58 57	5 56 25	-43	11 11 36	7 11 58
4 W	22 54 26	16 52 34	58 10	10 53 27.2	7 4 32	26 55 23	5 55 7	-35	11 32 45	4 23 33	2♍50 30	5 54 6	-26	11 53 39	1 33 26
5 Th	22 58 22	17 50 44	58 12	10 57 3.8	6 42 19	8♍44 36	5 53 25	-16	12 14 28	1S17 2	14 38 1	5 53 4	-5	12 35 16	4S 6 34
6 F	23 2 19	18 48 56	58 13	11 0 40.2	6 19 59	20 31 4	5 53 6	7	12 56 12	6 53 54	26 24 10	5 53 33	20	13 17 23	9 37 47
7 S	23 6 15	19 47 9	58 15	11 4 16.3	5 57 33	2♎17 43	5 54 27	34	13 38 55	12 16 54	8♎12 10	5 55 50	49	14 0 55	14 49 54
8 Su	23 10 12	20 45 24	58 17	11 7 52.3	5 35 1	14 8 0	5 57 44	65	14 23 31	17 15 20	20 5 44	6 0 9	81	14 46 47	19 31 41
9 M	23 14 8	21 43 40	58 18	11 11 28.1	5 12 23	26 5 53	6 3 8	98	15 10 50	21 37 16	2♏ 9 1	6 6 40	115	15 35 45	23 30 18
10 Tu	23 18 5	22 41 58	58 20	11 15 3.7	4 49 41	8♏15 41	6 10 47	132	16 1 33	25 8 54	14 26 28	6 15 27	148	16 28 17	26 31 3
11 W	23 22 1	23 40 18	58 21	11 18 39.2	4 26 53	20 41 55	6 20 40	164	16 55 54	27 34 46	27 2 34	6 26 22	178	17 24 21	28 18 5
12 Th	23 25 58	24 38 39	58 23	11 22 14.5	4 4 1	3♐28 56	6 32 31	190	17 53 30	28 39 11	10♐ 1 27	6 39 2	200	18 23 11	28 36 34
13 F	23 29 55	25 37 2	58 24	11 25 49.7	3 41 5	16 40 29	6 45 50	206	18 53 14	28 9 10	23 26 19	6 52 46	208	19 23 25	27 16 22
14 S	23 33 51	26 35 26	58 26	11 29 24.9	3 18 5	0♑19 5	6 59 43	206	19 53 32	25 58 11	7♑18 48	7 6 31	199	20 23 24	24 15 16
15 Su	23 37 48	27 33 52	58 28	11 32 60.0	2 55 1	14 25 19	7 13 0	187	20 52 52	22 8 49	21 38 19	7 18 59	169	21 21 53	19 40 37
16 M	23 41 44	28 32 20	58 29	11 36 35.0	2 31 55	28 57 19	7 24 18	147	21 50 22	16 52 57	6♒21 37	7 28 46	119	22 18 20	13 48 30
17 Tu	23 45 41	29 30 49	58 31	11 40 10.0	2 8 45	13♒50 22	7 32 14	88	22 45 52	10 30 16	21 22 36	7 34 36	53	23 13 2	7 1 30
18 W	23 49 37	0♍29 20	58 33	11 43 45.1	1 45 33	28 57 12	7 35 48	18	23 39 56	3 25 40	6♓33 0	7 35 47	-18	0 6 44	0N13 40
19 Th	23 53 34	1 27 53	58 35	11 47 20.1	1 22 19	14♓ 8 46	7 34 34	-53	0 33 33	3N52 52	21 43 21	7 32 14	-85	1 0 30	7 28 17
20 F	23 57 30	2 26 28	58 37	11 50 55.2	0 59 2	29 15 35	7 28 53	-114	1 27 46	10 56 21	6♈44 28	7 24 37	-139	1 55 25	14 13 36
21 S	0 1 27	3 25 5	58 39	11 54 30.4	0 35 44	14♈ 9 5	7 19 37	-159	2 23 34	17 16 47	21 28 42	7 14 2	-174	2 52 15	20 2 50
22 Su	0 5 24	4 23 44	58 42	11 58 5.6	0 12 24	28 42 43	7 8 2	-184	3 21 30	22 29 4	5♉50 45	7 1 47	-189	3 51 16	24 33 10
23 M	0 9 20	5 22 26	58 44	12 1 41.0	0S10 56	12♉52 32	6 55 26	-190	4 21 26	26 13 18	19 47 58	6 49 6	-188	4 51 54	27 28 10
24 Tu	0 13 17	6 21 9	58 46	12 5 16.6	0 34 18	26 37 4	6 42 55	-182	5 22 25	28 17 9	3♊19 59	6 36 58	-174	5 52 49	28 40 13
25 W	0 17 13	7 19 55	58 48	12 8 52.3	0 57 40	9♊56 57	6 31 19	-164	6 22 51	28 37 57	16 28 16	6 26 2	-153	6 52 19	28 11 31
26 Th	0 21 10	8 18 44	58 51	12 12 28.2	1 21 2	22 54 18	6 21 9	-140	7 21 4	27 22 29	29 15 27	6 16 41	-128	7 48 57	26 12 47
27 F	0 25 6	9 17 34	58 53	12 16 4.3	1 44 23	5♋32 9	6 12 39	-115	8 15 54	24 44 27	11♋44 48	6 9 3	-102	8 41 54	22 59 39
28 S	0 29 3	10 16 27	58 55	12 19 40.7	2 7 44	17 53 50	6 5 52	-89	9 6 58	21 0 30	23 59 42	6 3 5	-77	9 31 10	18 49 3
29 Su	0 32 59	11 15 22	58 57	12 23 17.3	2 31 4	0♌ 2 47	6 0 42	-66	9 54 33	16 27 13	6♌ 3 29	5 58 42	-55	10 17 14	13 56 47
30 M	0 36 56	12♍14 19	58 59	12 26 54.1	2S54 23	12♌ 2 11	5 57 2	-45	10 39 18	11N19 25	17♌59 13	5 55 43	-35	11 0 53	8N36 40

LUNAR INGRESSES
1 ☽ ♌ 18:05
4 ☽ ♍ 6:14
6 ☽ ♎ 19:20
9 ☽ ♏ 7:45
11 ☽ ♐ 17:32
13 ☽ ♑ 23:27
16 ☽ ♒ 1:42
18 ☽ ♓ 1:39
20 ☽ ♈ 1:11
22 ☽ ♉ 2:09
24 ☽ ♊ 6:01
26 ☽ ♋ 13:25
28 ☽ ♌ 23:54

PLANET INGRESSES
5 ☿ ♌ 5:07
17 ☉ ♍ 11:58
19 ♀ ♎ 1:51
23 ☿ ♍ 16:08

STATIONS
1 ♅ R 15:19

DATA FOR THE 1st AT 0 HOURS
JULIAN DAY 45534.5
☽ MEAN ☊ 12°♓ 52' 17"
OBLIQUITY 23° 26' 19"
DELTA T 78.8 SECONDS
NUTATION LONGITUDE -1.4"

DAY MO YR	☿ LONG (° ' ")	♀ LONG (° ' ")	♂ LONG (° ' ")	♃ LONG (° ' ")	♄ LONG (° ' ")	♅ LONG (° ' ")	♆ LONG (° ' ")	♇ LONG (° ' ")	☊ LONG (° ')	A.S.S.I. (h m s)	S.S.R.Y. (h m s)	S.V.P. ♓ (° ' ")	☿ MERCURY R.A. (h m s)	☿ MERCURY DECL (° ' ")
1 245	26♋59 36	7♍54 21	2♊35 4	23♉56 24	21♒29R32	2♉10R20	3♓58R13	4♑55R58	11♓44	13 27 20	29 56 36	4 54 56.2	9 36 18	13N 6 33
2 246	27 29 35	9 7 48	3 11 51	24 3 13	21 24 59	2 10 20	3 56 41	4 54 57	11 40	13 31 53	29 57 9	4 54 56.1	9 38 38	13 13 33
3 247	28 7 44	10 21 15	3 48 29	24 9 54	21 20 25	2 10 18	3 55 7	4 53 56	11 37	13 36 26	29 57 47	4 54 56.0	9 41 29	13 17 14
4 248	28 53 49	11 34 41	4 24 58	24 16 26	21 15 51	2 10 12	3 53 33	4 52 58	11 35	13 40 58	29 58 31	4 54 56.0	9 44 50	13 17 30
5 249	29 47 34	12 48 7	5 1 18	24 22 48	21 11 15	2 10 3	3 51 59	4 52 0	11 34	13 45 30	29 59 21	4 54 56.0	9 48 40	13 14 16
6 250	0♌48 36	14 1 31	5 37 29	24 29 0	21 6 40	2 9 51	3 50 24	4 51 3	11 34	13 50 2	30 0 14	4 54 56.0	9 52 56	13 7 31
7 251	1 56 30	15 14 55	6 13 30	24 35 3	21 2 4	2 9 36	3 48 48	4 50 8	11 35	13 54 33	30 1 9	4 54 55.9	9 57 37	12 57 13
8 252	3 10 48	16 28 18	6 49 22	24 40 57	20 57 28	2 9 19	3 47 12	4 49 14	11 37	13 59 5	30 2 2	4 54 55.9	10 2 41	12 43 27
9 253	4 31 1	17 41 40	7 25 4	24 46 40	20 52 52	2 8 58	3 45 35	4 48 22	11 38	14 3 36	30 2 51	4 54 55.8	10 8 6	12 26 15
10 254	5 56 35	18 55 1	8 0 37	24 52 14	20 48 16	2 8 34	3 43 58	4 47 30	11 40	14 8 7	30 3 32	4 54 55.6	10 13 49	12 5 45
11 255	7 26 59	20 8 21	8 35 59	24 57 37	20 43 40	2 8 7	3 42 20	4 46 40	11 40	14 12 38	30 4 2	4 54 55.5	10 19 47	11 42 6
12 256	9 1 38	21 21 40	9 11 12	25 2 51	20 39 5	2 7 37	3 40 42	4 45 52	11 40	14 17 8	30 4 18	4 54 55.3	10 25 59	11 15 26
13 257	10 40 0	22 34 58	9 46 15	25 7 54	20 34 30	2 7 5	3 39 4	4 45 5	11 39	14 21 38	30 4 18	4 54 55.0	10 32 23	10 45 58
14 258	12 21 32	23 48 15	10 21 8	25 12 47	20 29 56	2 6 29	3 37 25	4 44 19	11 37	14 26 9	30 4 2	4 54 54.8	10 38 55	10 13 55
15 259	14 5 42	25 1 30	10 55 50	25 17 30	20 25 23	2 5 50	3 35 47	4 43 35	11 36	14 30 39	30 3 30	4 54 54.7	10 45 35	9 39 30
16 260	15 52 4	26 14 45	11 30 23	25 22 3	20 20 51	2 5 9	3 34 7	4 42 52	11 34	14 35 9	30 2 45	4 54 54.5	10 52 20	9 2 55
17 261	17 40 8	27 27 58	12 4 44	25 26 24	20 16 20	2 4 25	3 32 28	4 42 10	11 33	14 39 39	30 1 48	4 54 54.5	10 59 9	8 24 27
18 262	19 29 32	28 41 10	12 38 56	25 30 36	20 11 51	2 3 37	3 30 49	4 41 30	11 32	14 44 9	30 0 45	4 54 54.5	11 6 0	7 44 17
19 263	21 19 54	29 54 21	13 12 56	25 34 36	20 7 23	2 2 47	3 29 9	4 40 51	11 32	14 48 40	29 59 39	4 54 54.5	11 12 52	7 2 38
20 264	23 10 55	1♎ 7 31	13 46 46	25 38 26	20 2 56	2 1 54	3 27 30	4 40 14	11 32	14 53 10	29 58 34	4 54 54.4	11 19 44	6 19 45
21 265	25 2 17	2 20 40	14 20 24	25 42 5	19 58 31	2 0 59	3 25 50	4 39 39	11 33	14 57 40	29 57 33	4 54 54.4	11 26 35	5 35 48
22 266	26 53 47	3 33 48	14 53 52	25 45 33	19 54 8	2 0 0	3 24 10	4 39 5	11 33	15 2 11	29 56 39	4 54 54.2	11 33 25	4 50 58
23 267	28 45 13	4 46 55	15 27 8	25 48 50	19 49 47	1 58 59	3 22 30	4 38 32	11 34	15 6 41	29 55 52	4 54 54.1	11 40 13	4 5 25
24 268	0♍36 24	6 0 1	16 0 12	25 51 56	19 45 28	1 57 55	3 20 51	4 38 1	11 34	15 11 12	29 55 14	4 54 53.8	11 46 58	3 19 19
25 269	2 27 12	7 13 6	16 33 4	25 54 51	19 41 11	1 56 48	3 19 11	4 37 32	11 34	15 15 43	29 54 45	4 54 53.6	11 53 41	2 32 48
26 270	4 17 30	8 26 10	17 5 44	25 57 34	19 36 56	1 55 38	3 17 32	4 37 4	11 34	15 20 14	29 54 26	4 54 53.4	12 0 21	1 45 59
27 271	6 7 12	9 39 13	17 38 11	26 0 6	19 32 44	1 54 26	3 15 53	4 36 38	11 34	15 24 46	29 54 16	4 54 53.2	12 6 58	0 59 0
28 272	7 56 15	10 52 15	18 10 26	26 2 26	19 28 35	1 53 11	3 14 14	4 36 13	11 34	15 29 18	29 54 16	4 54 53.1	12 13 31	0 11 56
29 273	9 44 34	12 5 16	18 42 28	26 4 34	19 24 28	1 51 54	3 12 35	4 35 50	11 34	15 33 50	29 54 26	4 54 53.0	12 20 2	0S35 7
30 274	11♍32 7	13♎18 16	19♊14 16	26♉ 6 31	19♒20 24	1♉50 34	3♓10 57	4♑35 29	11♓34	15 38 22	29 54 45	4 54 53.0	12 26 29	1S22 4

DAY Sep	♀ VENUS R.A. (h m s)	♀ VENUS DECL (° ' ")	♂ MARS R.A. (h m s)	♂ MARS DECL (° ' ")	♃ JUPITER R.A. (h m s)	♃ JUPITER DECL (° ' ")	♄ SATURN R.A. (h m s)	♄ SATURN DECL (° ' ")	♅ URANUS R.A. (h m s)	♅ URANUS DECL (° ' ")	♆ NEPTUNE R.A. (h m s)	♆ NEPTUNE DECL (° ' ")	♇ PLUTO R.A. (h m s)	♇ PLUTO DECL (° ' ")
1	12 12 36	0S14 49	5 49 51	23N19 26	5 12 30	22N17 14	23 14 1	7S18 31	3 40 9	19N17 18	23 58 38	1S35 16	20 11 48	23S19 55
2	12 17 3	0 45 45	5 52 31	23 21 5	5 13 0	22 17 46	23 13 44	7 20 22	3 40 9	19 17 18	23 58 32	1 35 54	20 11 44	23 20 10
3	12 21 30	1 16 41	5 55 10	23 22 35	5 13 29	22 18 17	23 13 27	7 22 13	3 40 9	19 17 17	23 58 27	1 36 33	20 11 40	23 20 24
4	12 25 56	1 47 36	5 57 49	23 23 55	5 13 57	22 18 46	23 13 10	7 24 5	3 40 9	19 17 15	23 58 21	1 37 11	20 11 36	23 20 38
5	12 30 23	2 18 31	6 0 28	23 25 6	5 14 24	22 19 15	23 12 54	7 25 56	3 40 8	19 17 13	23 58 15	1 37 50	20 11 32	23 20 52
6	12 34 50	2 49 24	6 3 5	23 26 7	5 14 51	22 19 42	23 12 37	7 27 47	3 40 7	19 17 10	23 58 9	1 38 29	20 11 28	23 21 5
7	12 39 17	3 20 14	6 5 43	23 26 59	5 15 17	22 20 9	23 12 20	7 29 38	3 40 6	19 17 7	23 58 4	1 39 8	20 11 24	23 21 18
8	12 43 44	3 51 2	6 8 19	23 27 42	5 15 42	22 20 34	23 12 3	7 31 28	3 40 5	19 17 2	23 57 58	1 39 47	20 11 20	23 21 31
9	12 48 11	4 21 45	6 10 55	23 28 15	5 16 7	22 20 58	23 11 46	7 33 19	3 40 3	19 16 57	23 57 52	1 40 26	20 11 16	23 21 43
10	12 52 39	4 52 23	6 13 30	23 28 40	5 16 31	22 21 22	23 11 29	7 35 9	3 40 2	19 16 52	23 57 46	1 41 6	20 11 13	23 21 55
11	12 57 6	5 22 57	6 16 4	23 28 57	5 16 54	22 21 44	23 11 12	7 36 58	3 40 0	19 16 45	23 57 40	1 41 46	20 11 9	23 22 6
12	13 1 35	5 53 24	6 18 38	23 29 5	5 17 17	22 22 6	23 10 55	7 38 47	3 39 58	19 16 38	23 57 34	1 42 25	20 11 6	23 22 17
13	13 6 3	6 23 44	6 21 11	23 29 5	5 17 39	22 22 26	23 10 38	7 40 36	3 39 56	19 16 31	23 57 28	1 43 5	20 11 2	23 22 28
14	13 10 32	6 53 57	6 23 43	23 28 56	5 18 0	22 22 46	23 10 21	7 42 24	3 39 53	19 16 22	23 57 22	1 43 45	20 10 59	23 22 39
15	13 15 2	7 24 1	6 26 15	23 28 39	5 18 20	22 23 5	23 10 4	7 44 11	3 39 51	19 16 13	23 57 16	1 44 25	20 10 56	23 22 49
16	13 19 32	7 53 56	6 28 45	23 28 15	5 18 40	22 23 23	23 9 47	7 45 58	3 39 48	19 16 4	23 57 10	1 45 5	20 10 53	23 22 58
17	13 24 2	8 23 42	6 31 15	23 27 43	5 18 59	22 23 39	23 9 30	7 47 44	3 39 45	19 15 53	23 57 4	1 45 45	20 10 50	23 23 8
18	13 28 34	8 53 16	6 33 44	23 27 3	5 19 17	22 23 56	23 9 14	7 49 29	3 39 42	19 15 42	23 56 58	1 46 25	20 10 47	23 23 17
19	13 33 5	9 22 40	6 36 13	23 26 16	5 19 34	22 24 11	23 8 57	7 51 14	3 39 38	19 15 31	23 56 52	1 47 5	20 10 45	23 23 25
20	13 37 38	9 51 52	6 38 40	23 25 21	5 19 51	22 24 25	23 8 41	7 52 57	3 39 34	19 15 19	23 56 46	1 47 45	20 10 42	23 23 34
21	13 42 11	10 20 51	6 41 7	23 24 20	5 20 6	22 24 38	23 8 24	7 54 40	3 39 31	19 15 6	23 56 40	1 48 25	20 10 39	23 23 41
22	13 46 45	10 49 37	6 43 33	23 23 11	5 20 21	22 24 51	23 8 8	7 56 21	3 39 27	19 14 52	23 56 34	1 49 5	20 10 37	23 23 49
23	13 51 19	11 18 9	6 45 58	23 21 56	5 20 36	22 25 3	23 7 52	7 58 2	3 39 22	19 14 38	23 56 28	1 49 45	20 10 35	23 23 56
24	13 55 55	11 46 26	6 48 22	23 20 34	5 20 49	22 25 14	23 7 36	7 59 41	3 39 18	19 14 23	23 56 21	1 50 25	20 10 33	23 24 2
25	14 0 31	12 14 27	6 50 45	23 19 6	5 21 2	22 25 24	23 7 20	8 1 20	3 39 13	19 14 8	23 56 15	1 51 5	20 10 30	23 24 9
26	14 5 8	12 42 13	6 53 7	23 17 31	5 21 13	22 25 33	23 7 4	8 2 57	3 39 9	19 13 52	23 56 9	1 51 45	20 10 29	23 24 14
27	14 9 46	13 9 41	6 55 29	23 15 51	5 21 24	22 25 42	23 6 48	8 4 33	3 39 4	19 13 35	23 56 3	1 52 24	20 10 27	23 24 20
28	14 14 25	13 36 51	6 57 49	23 14 5	5 21 34	22 25 50	23 6 33	8 6 7	3 38 59	19 13 18	23 55 57	1 53 3	20 10 25	23 24 25
29	14 19 5	14 3 43	7 0 8	23 12 14	5 21 44	22 25 57	23 6 17	8 7 41	3 38 53	19 13 0	23 55 51	1 53 43	20 10 23	23 24 30
30	14 23 46	14S30 16	7 2 26	23N10 17	5 21 52	22N26 3	23 6 2	8S 9 12	3 38 48	19N12 41	23 55 45	1S54 22	20 10 22	23S24 34

OCTOBER 2024

DAY		SIDEREAL TIME h m s	☉ SUN LONG ° ' "	MOT ' "	R.A. h m s	DECL ° ' "
1	Tu	0 40 53	13♍13 18	59 1	12 30 31.2	3S17 40
2	W	0 44 49	14 12 20	59 4	12 34 8.6	3 40 55
3	Th	0 48 46	15 11 23	59 6	12 37 46.4	4 4 7
4	F	0 52 42	16 10 29	59 8	12 41 24.4	4 27 17
5	S	0 56 39	17 9 36	59 10	12 45 2.9	4 50 23
6	Su	1 0 35	18 8 46	59 11	12 48 41.6	5 13 25
7	M	1 4 32	19 7 57	59 13	12 52 20.8	5 36 24
8	Tu	1 8 28	20 7 10	59 15	12 56 0.4	5 59 18
9	W	1 12 25	21 6 25	59 17	12 59 40.4	6 22 7
10	Th	1 16 22	22 5 42	59 19	13 3 20.9	6 44 51
11	F	1 20 18	23 5 1	59 21	13 7 1.8	7 7 30
12	S	1 24 15	24 4 21	59 22	13 10 43.1	7 30 3
13	Su	1 28 11	25 3 43	59 24	13 14 25.0	7 52 29
14	M	1 32 8	26 3 7	59 26	13 18 7.3	8 14 49
15	Tu	1 36 4	27 2 32	59 27	13 21 50.2	8 37 2
16	W	1 40 1	28 2 0	59 29	13 25 33.7	8 59 7
17	Th	1 43 57	29 1 29	59 31	13 29 17.7	9 21 4
18	F	1 47 54	0♎ 1 0	59 34	13 33 2.3	9 42 54
19	S	1 51 51	1 0 34	59 36	13 36 47.5	10 4 35
20	Su	1 55 47	2 0 9	59 38	13 40 33.4	10 26 7
21	M	1 59 44	2 59 47	59 40	13 44 20.0	10 47 31
22	Tu	2 3 40	3 59 27	59 42	13 48 7.2	11 8 44
23	W	2 7 37	4 59 9	59 45	13 51 55.1	11 29 48
24	Th	2 11 33	5 58 54	59 47	13 55 43.7	11 50 42
25	F	2 15 30	6 58 41	59 49	13 59 33.0	12 11 25
26	S	2 19 26	7 58 30	59 51	14 3 23.1	12 31 57
27	Su	2 23 23	8 58 21	59 53	14 7 13.9	12 52 17
28	M	2 27 20	9 58 14	59 56	14 11 5.5	13 12 26
29	Tu	2 31 16	10 58 10	59 58	14 14 57.9	13 32 22
30	W	2 35 13	11 58 7	60 0	14 18 51.0	13 52 5
31	Th	2 39 9	12♎58 7	60 2	14 22 44.9	14S11 35

DAY	☽ MOON AT 0 HOURS LONG ° ' "	12h MOT ° ' "	2DIF	R.A. h m s	DECL ° ' "	☽ MOON AT 12 HOURS LONG ° ' "	12h MOT ° ' "	2DIF	R.A. h m s	DECL ° ' "
1	23♌54 56	5 54 42	-26	11 22 5	5N49 59	29♌49 38	5 54 0	-17	11 43 2	3N 0 46
2	5♍43 38	5 53 35	-8	12 3 50	0 10 20	11♍37 13	5 53 26	0	12 24 37	2S40 1
3	17 30 39	5 53 34	8	12 45 29	5S28 58	23 24 13	5 53 59	17	13 6 33	8 15 13
4	29 18 12	5 54 41	25	13 27 55	10 57 25	5♎12 53	5 55 40	34	13 49 43	13 34 9
5	11♎ 8 33	5 56 57	43	14 12 2	16 3 57	17 5 30	5 58 33	53	14 34 58	18 25 15
6	23 4 3	6 0 30	64	14 58 36	20 36 25	29 4 33	6 2 48	75	15 23 0	22 35 42
7	5♏ 7 21	6 5 28	86	15 48 12	24 21 19	11♏12 49	6 8 32	98	16 14 14	25 51 26
8	17 21 20	6 12 0	110	16 41 5	27 4 12	23 33 21	6 15 54	123	17 8 40	27 57 52
9	29 49 14	6 20 13	136	17 36 54	28 30 50	6♐ 9 27	6 24 57	148	18 5 39	28 41 44
10	12♐34 23	6 30 5	160	18 34 44	28 29 34	19 4 28	6 35 35	170	19 4 0	27 53 42
11	25 40 3	6 41 25	179	19 33 15	26 53 59	2♑21 29	6 47 31	186	20 2 20	25 30 44
12	9♑ 9 0	6 53 48	189	20 31 6	23 44 43	16 2 47	7 0 9	190	20 59 29	21 37 7
13	23 2 56	7 6 27	186	21 27 26	19 9 31	0♒ 9 22	7 12 33	178	21 54 57	16 23 51
14	7♒21 55	7 18 18	165	22 22 5	13 22 20	14 40 14	7 23 32	147	22 48 53	10 7 28
15	22 3 46	7 28 5	123	23 15 29	6 42 1	29 31 50	7 31 46	96	23 41 59	3 8 58
16	7♓ 3 36	7 34 27	64	0 8 32	0N28 27	14♓38 3	7 36 1	29	0 35 17	4N 6 47
17	22 14 4	7 36 23	-8	1 2 21	7 42 26	29 50 27	7 35 31	-44	1 29 54	11 11 39
18	7♈25 58	7 33 25	-80	1 58 2	14 30 42	14♈59 24	7 30 10	-113	2 26 49	17 35 49
19	22 29 34	7 25 52	-143	2 56 19	20 23 28	29 55 26	7 20 39	-168	3 26 31	22 50 23
20	7♉16 4	7 14 41	-187	3 57 19	24 53 46	14♉30 45	7 8 9	-201	4 28 36	26 31 27
21	21 38 53	7 1 15	-210	5 0 9	27 41 58	28 40 9	6 54 10	-213	5 31 42	28 24 41
22	5♊34 19	6 47 4	-211	6 2 59	28 39 50	12♊21 23	6 40 7	-205	6 33 45	28 28 25
23	19 1 30	6 33 25	-195	7 3 46	27 52 3	25 34 54	6 27 5	-183	7 32 51	26 52 51
24	2♋ 1 59	6 21 13	-168	8 0 54	25 33 11	8♋23 12	6 15 52	-152	8 27 52	23 55 33
25	14 39 4	6 11 4	-135	8 53 46	22 2 22	20 50 8	6 6 51	-118	9 18 39	19 55 57
26	26 56 59	6 3 14	-100	9 42 36	17 38 27	3♌ 0 11	6 0 12	-82	10 5 42	15 11 47
27	9♌ 0 24	5 57 44	-65	10 28 7	12 37 41	14 58 8	5 55 50	-49	10 49 55	9 57 43
28	20 53 57	5 54 27	-34	11 11 17	7 13 21	26 48 24	5 53 34	-20	11 32 19	4 25 52
29	2♍41 58	5 53 9	-6	11 53 8	1 36 34	8♍35 7	5 53 9	6	12 13 53	1S13 21
30	14 28 15	5 53 32	17	12 34 41	4S 2 39	20 21 47	5 54 15	27	12 55 39	6 50 5
31	26♍16 2	5 55 18	35	13 16 54	9S34 21	2♎11 20	5 56 36	43	13 38 32	12S14 2

LUNAR INGRESSES
1 ☽ ♍ 12:21
4 ☽ ♎ 1:25
6 ☽ ♏ 13:50
9 ☽ ♐ 0:20
11 ☽ ♑ 7:47
13 ☽ ♒ 11:44
15 ☽ ♓ 12:45
17 ☽ ♈ 12:15
19 ☽ ♉ 12:08
21 ☽ ♊ 14:18
23 ☽ ♋ 20:12
26 ☽ ♌ 6:02
28 ☽ ♍ 18:30
31 ☽ ♎ 7:34

PLANET INGRESSES
10 ☿ ♎ 18:44
13 ♀ ♏ 18:02
17 ☉ ♎ 23:36
22 ♂ ♋ 10:05
30 ☿ ♏ 7:54

STATIONS
9 ♃ R 7:06
12 ♇ D 0:35

DATA FOR THE 1st AT 0 HOURS
JULIAN DAY 45564.5
☽ MEAN ☊ 11°♓ 16' 54"
OBLIQUITY 23° 26' 19"
DELTA T 78.8 SECONDS
NUTATION LONGITUDE -2.5"

DAY MO	YR	☿ LONG ° ' "	♀ LONG ° ' "	♂ LONG ° ' "	♃ LONG ° ' "	♄ LONG ° ' "	♅ LONG ° ' "	♆ LONG ° ' "	♇ LONG ° ' "	☊ LONG ° '	A.S.S.I. h m s	S.S.R.Y. h m s	S.V.P. ° ' "	☿ MERCURY R.A. h m s	DECL ° ' "
1	275	13♍18 53	14♎31 15	19♊45 51	26♉ 8 16	19♒16R24	1♉49R11	3♓ 9R18	4♑35R 9	11♓34	15 42 55	29 55 13	4 54 52.9	12 32 54	2S 8 52
2	276	15 4 50	15 44 13	20 17 12	26 9 49	19 12 26	1 47 46	3 7 41	4 34 51	11 34	15 47 28	29 55 55	4 54 52.9	12 39 15	2 55 25
3	277	16 49 58	16 57 10	20 48 19	26 11 11	19 8 32	1 46 18	3 6 3	4 34 34	11 34	15 52 2	29 56 43	4 54 52.9	12 45 34	3 41 41
4	278	18 34 15	18 10 6	21 19 12	26 12 20	19 4 42	1 44 48	3 4 27	4 34 20	11 34	15 56 36	29 57 39	4 54 52.9	12 51 50	4 27 37
5	279	20 17 43	19 23 0	21 49 50	26 13 18	19 0 55	1 43 15	3 2 50	4 34 6	11 33	16 1 10	29 58 41	4 54 52.9	12 58 4	5 13 9
6	280	22 0 22	20 35 53	22 20 14	26 14 3	18 57 11	1 41 40	3 1 15	4 33 55	11 32	16 5 45	29 59 46	4 54 52.8	13 4 15	5 58 15
7	281	23 42 11	21 48 45	22 50 22	26 14 37	18 53 32	1 40 2	2 59 39	4 33 45	11 31	16 10 20	30 0 50	4 54 52.6	13 10 24	6 42 53
8	282	25 23 12	23 1 35	23 20 15	26 14 58	18 49 56	1 38 22	2 58 5	4 33 37	11 30	16 14 56	30 1 49	4 54 52.5	13 16 32	7 27 1
9	283	27 3 26	24 14 24	23 49 52	26 15R 8	18 46 25	1 36 40	2 56 31	4 33 31	11 29	16 19 33	30 2 39	4 54 52.3	13 22 37	8 10 37
10	284	28 42 53	25 27 12	24 19 13	26 15 5	18 42 57	1 34 56	2 54 58	4 33 27	11 29	16 24 10	30 3 17	4 54 52.1	13 28 41	8 53 39
11	285	0♎21 35	26 39 58	24 48 19	26 14 50	18 39 34	1 33 10	2 53 25	4 33 24	11 28	16 28 47	30 3 40	4 54 51.8	13 34 43	9 36 6
12	286	1 59 32	27 52 42	25 17 8	26 14 23	18 36 16	1 31 21	2 51 54	4 33D23	11 29	16 33 25	30 3 49	4 54 51.7	13 40 44	10 17 55
13	287	3 36 45	29 5 24	25 45 40	26 13 45	18 33 1	1 29 30	2 50 23	4 33 24	11 30	16 38 4	30 3 41	4 54 51.5	13 46 43	10 59 6
14	288	5 13 16	0♏18 5	26 13 55	26 12 54	18 29 52	1 27 38	2 48 53	4 33 26	11 31	16 42 43	30 3 20	4 54 51.4	13 52 41	11 39 38
15	289	6 49 5	1 30 44	26 41 54	26 11 51	18 26 47	1 25 43	2 47 24	4 33 30	11 32	16 47 23	30 2 46	4 54 51.4	13 58 39	12 19 28
16	290	8 24 14	2 43 21	27 9 35	26 10 36	18 23 46	1 23 46	2 45 55	4 33 36	11 32	16 52 4	30 2 2	4 54 51.4	14 4 36	12 58 35
17	291	9 58 43	3 55 56	27 36 58	26 9 9	18 20 51	1 21 47	2 44 28	4 33 43	11 32	16 56 45	30 1 12	4 54 51.3	14 10 32	13 36 59
18	292	11 32 34	5 8 29	28 4 3	26 7 30	18 18 0	1 19 47	2 43 2	4 33 53	11 31	17 1 26	30 0 19	4 54 51.3	14 16 27	14 14 39
19	293	13 5 47	6 21 0	28 30 50	26 5 39	18 15 15	1 17 45	2 41 36	4 34 4	11 29	17 6 11	29 59 25	4 54 51.2	14 22 22	14 51 32
20	294	14 38 23	7 33 30	28 57 18	26 3 36	18 12 34	1 15 41	2 40 12	4 34 16	11 26	17 10 54	29 58 33	4 54 51.0	14 28 16	15 27 38
21	295	16 10 23	8 45 58	29 23 26	26 1 21	18 9 59	1 13 35	2 38 49	4 34 31	11 23	17 15 39	29 57 43	4 54 50.7	14 34 11	16 2 56
22	296	17 41 47	9 58 24	29 49 15	25 58 55	18 7 29	1 11 27	2 37 27	4 34 47	11 21	17 20 24	29 56 59	4 54 50.5	14 40 4	16 37 25
23	297	19 12 35	11 10 48	0♋14 44	25 56 16	18 5 4	1 9 18	2 36 6	4 35 5	11 19	17 25 11	29 56 19	4 54 50.2	14 45 58	17 11 3
24	298	20 42 48	12 23 11	0 39 52	25 53 26	18 2 45	1 7 8	2 34 46	4 35 25	11 18	17 29 58	29 55 47	4 54 50.0	14 51 52	17 43 49
25	299	22 12 27	13 35 31	1 4 39	25 50 24	18 0 31	1 4 55	2 33 28	4 35 46	11 18	17 34 46	29 55 23	4 54 49.8	14 57 45	18 15 42
26	300	23 41 30	14 47 50	1 29 5	25 47 10	17 58 22	1 2 42	2 32 10	4 36 9	11 19	17 39 35	29 55 8	4 54 49.7	15 3 38	18 46 40
27	301	25 9 57	16 0 7	1 53 8	25 43 45	17 56 19	1 0 27	2 30 54	4 36 34	11 21	17 44 25	29 55 3	4 54 49.6	15 9 31	19 16 43
28	302	26 37 48	17 12 22	2 16 48	25 40 9	17 54 22	0 58 10	2 29 39	4 37 1	11 23	17 49 16	29 55 10	4 54 49.6	15 15 23	19 45 49
29	303	28 5 2	18 24 35	2 40 6	25 36 21	17 52 31	0 55 52	2 28 26	4 37 29	11 24	17 54 8	29 55 28	4 54 49.5	15 21 16	20 13 56
30	304	29 31 38	19 36 46	3 2 59	25 32 21	17 50 45	0 53 33	2 27 14	4 37 59	11 24	17 59 1	29 55 58	4 54 49.5	15 27 7	20 41 3
31	305	0♏57 35	20♏48 55	3♋25 29	25♉28 11	17♒49 5	0♉51 13	2♓26 3	4♑38 31	11♓23	18 3 55	29 56 40	4 54 49.5	15 32 59	21S 7 9

DAY Oct	♀ VENUS R.A. h m s	DECL ° ' "	♂ MARS R.A. h m s	DECL ° ' "	♃ JUPITER R.A. h m s	DECL ° ' "	♄ SATURN R.A. h m s	DECL ° ' "	♅ URANUS R.A. h m s	DECL ° ' "	♆ NEPTUNE R.A. h m s	DECL ° ' "	♇ PLUTO R.A. h m s	DECL ° ' "
1	14 28 28	14S56 28	7 4 44	23N 8 15	5 22 0	22N26 8	23 5 47	8S10 43	3 38 42	19N12 22	23 55 39	1S55 1	20 10 20	23S24 38
2	14 33 11	15 22 19	7 7 0	23 6 8	5 22 6	22 26 13	23 5 32	8 12 12	3 38 36	19 12 2	23 55 33	1 55 40	20 10 19	23 24 42
3	14 37 55	15 47 49	7 9 15	23 3 56	5 22 12	22 26 17	23 5 18	8 13 40	3 38 30	19 11 42	23 55 27	1 56 18	20 10 18	23 24 45
4	14 42 41	16 12 56	7 11 29	23 1 41	5 22 17	22 26 20	23 5 3	8 15 5	3 38 24	19 11 21	23 55 21	1 56 57	20 10 17	23 24 48
5	14 47 27	16 37 41	7 13 42	22 59 20	5 22 21	22 26 22	23 4 49	8 16 30	3 38 18	19 11 0	23 55 15	1 57 35	20 10 16	23 24 50
6	14 52 14	17 2 1	7 15 54	22 56 56	5 22 25	22 26 24	23 4 35	8 17 52	3 38 11	19 10 38	23 55 10	1 58 13	20 10 15	23 24 52
7	14 57 3	17 25 56	7 18 4	22 54 28	5 22 27	22 26 25	23 4 21	8 19 13	3 38 4	19 10 15	23 55 4	1 58 50	20 10 15	23 24 54
8	15 1 52	17 49 26	7 20 14	22 51 57	5 22 29	22 26 25	23 4 8	8 20 32	3 37 58	19 9 52	23 54 58	1 59 27	20 10 14	23 24 55
9	15 6 43	18 12 30	7 22 22	22 49 23	5 22 29	22 26 24	23 3 55	8 21 49	3 37 51	19 9 28	23 54 52	2 0 4	20 10 14	23 24 56
10	15 11 35	18 35 6	7 24 29	22 46 45	5 22 29	22 26 23	23 3 42	8 23 5	3 37 44	19 9 4	23 54 47	2 0 41	20 10 13	23 24 56
11	15 16 28	18 57 15	7 26 35	22 44 5	5 22 28	22 26 21	23 3 29	8 24 18	3 37 36	19 8 40	23 54 41	2 1 17	20 10 13	23 24 56
12	15 21 23	19 18 55	7 28 39	22 41 22	5 22 26	22 26 19	23 3 16	8 25 30	3 37 29	19 8 15	23 54 35	2 1 53	20 10 13	23 24 56
13	15 26 18	19 40 6	7 30 43	22 38 37	5 22 23	22 26 16	23 3 4	8 26 40	3 37 21	19 7 49	23 54 30	2 2 28	20 10 13	23 24 55
14	15 31 14	20 0 47	7 32 45	22 35 50	5 22 20	22 26 12	23 2 52	8 27 47	3 37 13	19 7 23	23 54 24	2 3 3	20 10 13	23 24 54
15	15 36 12	20 20 57	7 34 46	22 33 1	5 22 15	22 26 7	23 2 41	8 28 53	3 37 6	19 6 57	23 54 19	2 3 38	20 10 13	23 24 52
16	15 41 11	20 40 35	7 36 45	22 30 11	5 22 10	22 26 2	23 2 29	8 29 57	3 36 58	19 6 30	23 54 13	2 4 13	20 10 14	23 24 51
17	15 46 11	20 59 42	7 38 43	22 27 19	5 22 4	22 25 55	23 2 18	8 30 59	3 36 49	19 6 2	23 54 8	2 4 47	20 10 14	23 24 48
18	15 51 12	21 18 15	7 40 40	22 24 26	5 21 57	22 25 48	23 2 7	8 31 58	3 36 41	19 5 34	23 54 3	2 5 20	20 10 15	23 24 46
19	15 56 14	21 36 15	7 42 35	22 21 32	5 21 49	22 25 41	23 1 57	8 32 56	3 36 33	19 5 6	23 53 57	2 5 53	20 10 16	23 24 42
20	16 1 17	21 53 41	7 44 29	22 18 38	5 21 40	22 25 32	23 1 47	8 33 51	3 36 24	19 4 37	23 53 52	2 6 26	20 10 17	23 24 39
21	16 6 22	22 10 32	7 46 22	22 15 43	5 21 30	22 25 24	23 1 37	8 34 44	3 36 16	19 4 8	23 53 47	2 6 58	20 10 18	23 24 35
22	16 11 27	22 26 47	7 48 13	22 12 48	5 21 20	22 25 14	23 1 28	8 35 35	3 36 7	19 3 38	23 53 42	2 7 29	20 10 19	23 24 31
23	16 16 33	22 42 27	7 50 3	22 9 54	5 21 8	22 25 3	23 1 18	8 36 24	3 35 58	19 3 8	23 53 37	2 8 1	20 10 20	23 24 26
24	16 21 41	22 57 29	7 51 51	22 7 1	5 20 56	22 24 52	23 1 9	8 37 11	3 35 49	19 2 38	23 53 32	2 8 31	20 10 22	23 24 21
25	16 26 49	23 11 55	7 53 37	22 4 8	5 20 43	22 24 40	23 1 1	8 37 55	3 35 40	19 2 7	23 53 27	2 9 1	20 10 23	23 24 16
26	16 31 59	23 25 42	7 55 22	22 1 16	5 20 29	22 24 27	23 0 53	8 38 37	3 35 31	19 1 36	23 53 23	2 9 31	20 10 25	23 24 11
27	16 37 9	23 38 52	7 57 5	21 58 27	5 20 14	22 24 14	23 0 45	8 39 17	3 35 22	19 1 4	23 53 18	2 10 0	20 10 26	23 24 5
28	16 42 20	23 51 22	7 58 47	21 55 38	5 19 59	22 24 0	23 0 37	8 39 55	3 35 12	19 0 33	23 53 13	2 10 29	20 10 28	23 23 58
29	16 47 32	24 3 12	8 0 27	21 52 52	5 19 42	22 23 45	23 0 30	8 40 30	3 35 3	19 0 1	23 53 9	2 10 57	20 10 30	23 23 52
30	16 52 44	24 14 23	8 2 5	21 50 9	5 19 25	22 23 29	23 0 24	8 41 3	3 34 53	18 59 28	23 53 4	2 11 24	20 10 32	23 23 44
31	16 57 58	24S24 53	8 3 42	21N47 28	5 19 7	22N23 12	23 0 17	8S41 33	3 34 44	18N58 55	23 53 0	2S11 51	20 10 35	23S23 37

NOVEMBER 2024

DAY	SIDEREAL TIME h m s	☉ SUN LONG ° ' "	MOT ' "	R.A. h m s	DECL ° ' "	☽ MOON AT 0 HOURS LONG ° ' "	12h MOT ° ' "	2DIF "	R.A. h m s	DECL ° ' "	☽ MOON AT 12 HOURS LONG ° ' "	12h MOT ° ' "	2DIF "	R.A. h m s	DECL ° ' "
1 F	2 43 6	13♎58 9	60 4	14 26 39.7	14S30 52	8♎ 7 56	5 58 10	50	14 0 41	14S47 42	14♎ 6 6	5 59 56	56	14 23 25	17S13 44
2 S	2 47 2	14 58 12	60 6	14 30 35.2	14 49 54	20 6 2	6 1 55	62	14 46 51	19 30 27	26 7 57	6 4 3	67	15 11 2	21 36 5
3 Su	2 50 59	15 58 17	60 7	14 34 31.5	15 8 42	2♏12 0	6 6 22	72	15 36 0	23 28 44	8♏18 22	6 8 51	77	16 1 48	25 6 31
4 M	2 54 55	16 58 25	60 9	14 38 28.7	15 27 15	14 27 13	6 11 29	82	16 28 23	26 27 33	20 38 42	6 14 18	87	16 55 42	27 30 2
5 Tu	2 58 52	17 58 33	60 11	14 42 26.7	15 45 33	26 53 0	6 17 17	92	17 23 39	28 12 22	3♐10 16	6 20 27	98	17 52 6	28 33 14
6 W	3 2 49	18 58 44	60 12	14 46 25.5	16 3 35	9♐30 43	6 23 50	105	18 20 51	28 31 39	15 54 33	6 27 26	111	18 49 45	28 7 6
7 Th	3 6 45	19 58 56	60 14	14 50 25.1	16 21 21	22 21 59	6 31 16	119	19 18 36	27 19 29	28 53 15	6 35 20	126	19 47 14	26 9 13
8 F	3 10 42	20 59 10	60 15	14 54 25.5	16 38 51	5♑28 35	6 39 39	133	20 15 31	24 37 3	12♑ 8 13	6 44 11	139	20 43 22	22 44 12
9 S	3 14 38	21 59 25	60 17	14 58 26.8	16 56 3	18 52 24	6 48 55	144	21 10 43	20 32 5	25 41 19	6 53 49	148	21 37 35	18 2 24
10 Su	3 18 35	22 59 41	60 18	15 2 28.9	17 12 58	2♒35 8	6 58 49	150	22 4 0	15 17 1	9♒33 56	7 3 50	149	22 30 2	12 17 59
11 M	3 22 31	23 59 59	60 19	15 6 31.8	17 29 36	16 37 46	7 8 47	145	22 55 48	9 7 29	23 46 33	7 13 31	137	23 21 25	5 47 50
12 Tu	3 26 28	25 0 19	60 21	15 10 35.6	17 45 55	1♓ 0 4	7 17 56	125	23 47 2	2 21 34	8♓18 0	7 21 52	109	0 12 47	1N 8 38
13 W	3 30 24	26 0 39	60 22	15 14 40.1	18 1 55	15 39 53	7 25 10	87	0 38 50	4N39 49	23 5 3	7 27 41	62	1 5 20	8 8 49
14 Th	3 34 21	27 1 2	60 24	15 18 45.6	18 17 37	0♈32 44	7 29 17	32	1 32 26	11 32 16	8♈ 2 1	7 29 51	0	2 0 16	14 46 35
15 F	3 38 18	28 1 25	60 25	15 22 51.8	18 32 59	15 31 52	7 29 18	-33	2 28 56	17 48 3	23 1 11	7 27 38	-67	2 58 28	20 32 59
16 S	3 42 14	29 1 51	60 27	15 26 58.9	18 48 2	0♉28 48	7 24 49	-100	3 28 52	22 57 49	7♉53 37	7 20 58	-130	4 0 3	24 59 21
17 Su	3 46 11	0♏ 2 18	60 29	15 31 6.8	19 2 45	15 14 35	7 16 9	-157	4 31 52	26 34 55	22 30 44	7 10 31	-178	5 4 3	27 42 39
18 M	3 50 7	1 2 46	60 31	15 35 15.6	19 17 8	29 41 15	7 4 16	-195	5 36 20	28 21 37	6♊45 30	6 57 33	-205	6 8 22	28 31 51
19 Tu	3 54 4	2 3 16	60 32	15 39 25.2	19 31 10	13♊43 3	6 50 34	-211	6 39 52	28 14 23	20 33 37	6 43 31	-210	7 10 32	27 31 0
20 W	3 58 0	3 3 48	60 34	15 43 35.7	19 44 51	27 17 8	6 36 33	-206	7 40 12	26 24 7	3♋53 40	6 29 49	-196	8 8 43	24 56 26
21 Th	4 1 57	4 4 22	60 36	15 47 46.9	19 58 10	10♋23 29	6 23 27	-184	8 36 3	23 10 47	16 46 56	6 17 33	-169	9 2 12	21 9 58
22 F	4 5 53	5 4 58	60 37	15 51 59.0	20 11 8	23 4 29	6 12 13	-151	9 27 15	18 56 33	29 16 41	6 7 29	-132	9 51 18	16 32 53
23 S	4 9 50	6 5 35	60 39	15 56 11.9	20 23 43	5♌24 10	6 3 24	-112	10 14 27	14 1 1	11♌27 33	6 0 0	-92	10 36 52	11 22 46
24 Su	4 13 47	7 6 14	60 41	16 0 25.6	20 35 56	17 27 33	5 57 17	-71	10 58 40	8 39 44	23 24 50	5 55 15	-51	11 20 0	5 53 20
25 M	4 17 43	8 6 54	60 42	16 4 40.1	20 47 47	29 20 4	5 53 52	-31	11 41 1	3 4 51	5♍13 57	5 53 9	-13	12 1 50	0 15 26
26 Tu	4 21 40	9 7 36	60 44	16 8 55.3	20 59 14	11♍ 7 6	5 53 2	5	12 22 37	2S33 46	17 0 7	5 53 29	21	12 43 29	5S21 36
27 W	4 25 36	10 8 20	60 45	16 13 11.3	21 10 17	22 53 36	5 54 28	36	13 4 34	8 6 54	28 48 4	5 55 55	50	13 25 59	10 48 26
28 Th	4 29 33	11 9 5	60 47	16 17 28.0	21 20 57	4♎43 58	5 57 47	61	13 47 51	13 24 51	10♎41 45	6 0 0	71	14 10 18	15 54 40
29 F	4 33 29	12 9 52	60 48	16 21 45.5	21 31 12	16 41 45	6 2 32	79	14 33 26	18 16 16	22 44 17	6 5 18	86	14 57 20	20 27 54
30 S	4 37 26	13♏10 40	60 50	16 26 3.6	21S41 3	28♎49 34	6 8 14	90	15 22 3	22S27 40	4♏57 48	6 11 18	93	15 47 38	24S13 34

LUNAR INGRESSES
2 ☽ ♏ 19:39
5 ☽ ♐ 5:58
7 ☽ ♑ 14:02
9 ☽ ♒ 19:31
11 ☽ ♓ 22:21
13 ☽ ♈ 23:07
15 ☽ ♉ 23:14
18 ☽ ♊ 0:32
20 ☽ ♋ 4:54
22 ☽ ♌ 13:24
25 ☽ ♍ 1:21
27 ☽ ♎ 14:26
30 ☽ ♏ 2:18

PLANET INGRESSES
7 ♀ ♐ 15:45
16 ☉ ♏ 23:05
20 ♅ ♈ 19:35

STATIONS
15 ♄ D 14:21
26 ☿ R 2:43

DATA FOR THE 1st AT 0 HOURS
JULIAN DAY 45595.5
☽ MEAN ☊ 9°♓ 38' 20"
OBLIQUITY 23° 26' 19"
DELTA T 78.9 SECONDS
NUTATION LONGITUDE -2.9"

DAY MO YR	☿ LONG ° ' "	♀ LONG ° ' "	♂ LONG ° ' "	♃ LONG ° ' "	♄ LONG ° ' "	♅ LONG ° ' "	♆ LONG ° ' "	♇ LONG ° ' "	☊ LONG ° '	A.S.S.I. h m s	S.S.R.Y. h m s	S.V.P. ♓ ° ' "	☿ MERCURY R.A. h m s	DECL ° ' "
1 306	2♏22 50	22♏ 1 2	3♋47 34	25♉23R50	17♒47R31	0♉48R52	2♓24R54	4♑39 5	11♓20	18 8 50	29 57 34	4 54 49.4	15 38 49	21S32 11
2 307	3 47 22	23 13 7	4 9 13	25 19 18	17 46 3	0 46 29	2 23 46	4 39 40	11 16	18 13 46	29 58 35	4 54 49.3	15 44 38	21 56 9
3 308	5 11 7	24 25 9	4 30 27	25 14 35	17 44 42	0 44 6	2 22 40	4 40 17	11 10	18 18 43	29 59 44	4 54 49.1	15 50 27	22 19 2
4 309	6 34 2	25 37 8	4 51 14	25 9 42	17 43 26	0 41 42	2 21 35	4 40 55	11 04	18 23 41	30 0 55	4 54 48.9	15 56 13	22 40 46
5 310	7 56 4	26 49 5	5 11 35	25 4 38	17 42 16	0 39 17	2 20 32	4 41 36	10 57	18 28 40	30 2 5	4 54 48.7	16 1 58	23 1 21
6 311	9 17 8	28 1 0	5 31 28	24 59 24	17 41 13	0 36 51	2 19 31	4 42 18	10 51	18 33 40	30 3 10	4 54 48.5	16 7 41	23 20 45
7 312	10 37 9	29 12 51	5 50 53	24 54 1	17 40 15	0 34 24	2 18 31	4 43 1	10 46	18 38 41	30 4 5	4 54 48.2	16 13 21	23 38 57
8 313	11 56 0	0♐24 40	6 9 50	24 48 28	17 39 24	0 31 57	2 17 32	4 43 47	10 43	18 43 43	30 4 50	4 54 48.0	16 18 58	23 55 53
9 314	13 13 34	1 36 25	6 28 18	24 42 45	17 38 39	0 29 29	2 16 36	4 44 34	10 42	18 48 46	30 5 21	4 54 47.8	16 24 30	24 11 33
10 315	14 29 43	2 48 7	6 46 17	24 36 53	17 38 1	0 27 1	2 15 41	4 45 22	10 42	18 53 50	30 5 38	4 54 47.7	16 29 58	24 25 56
11 316	15 44 17	3 59 46	7 3 45	24 30 53	17 37 28	0 24 32	2 14 47	4 46 13	10 43	18 58 55	30 5 42	4 54 47.6	16 35 21	24 38 57
12 317	16 57 6	5 11 21	7 20 43	24 24 43	17 37 2	0 22 3	2 13 56	4 47 4	10 44	19 4 1	30 5 33	4 54 47.5	16 40 37	24 50 37
13 318	18 7 55	6 22 52	7 37 9	24 18 25	17 36 42	0 19 33	2 13 6	4 47 58	10 45	19 9 9	30 5 13	4 54 47.4	16 45 46	25 0 54
14 319	19 16 30	7 34 20	7 53 4	24 11 59	17 36 29	0 17 3	2 12 18	4 48 53	10 43	19 14 17	30 4 43	4 54 47.4	16 50 46	25 9 44
15 320	20 22 35	8 45 44	8 8 27	24 5 25	17 36D22	0 14 33	2 11 31	4 49 49	10 39	19 19 26	30 4 6	4 54 47.2	16 55 36	25 17 7
16 321	21 25 50	9 57 3	8 23 16	23 58 43	17 36 21	0 12 3	2 10 47	4 50 48	10 33	19 24 37	30 3 23	4 54 47.0	17 0 15	25 23 0
17 322	22 25 54	11 8 19	8 37 32	23 51 54	17 36 27	0 9 33	2 10 4	4 51 47	10 26	19 29 48	30 2 37	4 54 46.8	17 4 40	25 27 22
18 323	23 22 20	12 19 31	8 51 13	23 44 57	17 36 38	0 7 3	2 9 23	4 52 48	10 17	19 35 1	30 1 49	4 54 46.5	17 8 50	25 30 10
19 324	24 14 41	13 30 38	9 4 19	23 37 53	17 36 57	0 4 32	2 8 44	4 53 51	10 09	19 40 14	30 1 0	4 54 46.2	17 12 42	25 31 22
20 325	25 2 25	14 41 42	9 16 49	23 30 43	17 37 21	0 2 2	2 8 7	4 54 55	10 02	19 45 29	30 0 13	4 54 45.9	17 16 14	25 30 57
21 326	25 44 56	15 52 41	9 28 42	23 23 27	17 37 52	29♈59 32	2 7 32	4 56 1	9 57	19 50 45	29 59 30	4 54 45.7	17 19 23	25 28 51
22 327	26 21 37	17 3 35	9 39 57	23 16 4	17 38 29	29 57 3	2 6 58	4 57 8	9 54	19 56 1	29 58 52	4 54 45.5	17 22 7	25 25 2
23 328	26 51 43	18 14 25	9 50 35	23 8 36	17 39 13	29 54 33	2 6 27	4 58 17	9 53	20 1 19	29 58 22	4 54 45.3	17 24 22	25 19 28
24 329	27 14 31	19 25 11	10 0 32	23 1 2	17 40 2	29 52 4	2 5 57	4 59 27	9 54	20 6 38	29 58 1	4 54 45.2	17 26 5	25 12 4
25 330	27 29 12	20 35 51	10 9 50	22 53 23	17 40 59	29 49 36	2 5 30	5 0 39	9 55	20 11 58	29 57 52	4 54 45.1	17 27 13	25 2 48
26 331	27 35R 0	21 46 27	10 18 27	22 45 40	17 42 1	29 47 8	2 5 4	5 1 52	9 55	20 17 18	29 57 55	4 54 45.1	17 27 41	24 51 35
27 332	27 31 9	22 56 58	10 26 22	22 37 52	17 43 10	29 44 40	2 4 40	5 3 6	9 54	20 22 40	29 58 11	4 54 45.0	17 27 27	24 38 22
28 333	27 17 1	24 7 23	10 33 36	22 30 0	17 44 25	29 42 13	2 4 19	5 4 22	9 51	20 28 2	29 58 40	4 54 44.9	17 26 29	24 23 4
29 334	26 52 7	25 17 43	10 40 6	22 22 4	17 45 47	29 39 47	2 3 59	5 5 39	9 45	20 33 26	29 59 22	4 54 44.7	17 24 44	24 5 39
30 335	26♏16 12	26♐27 57	10♋45 52	22♉14 6	17♒47 15	29♈37 22	2♓ 3 41	5♑ 6 57	9♓36	20 38 50	30 0 15	4 54 44.6	17 22 12	23S46 4

DAY Nov	♀ VENUS R.A. h m s	DECL ° ' "	♂ MARS R.A. h m s	DECL ° ' "	♃ JUPITER R.A. h m s	DECL ° ' "	♄ SATURN R.A. h m s	DECL ° ' "	♅ URANUS R.A. h m s	DECL ° ' "	♆ NEPTUNE R.A. h m s	DECL ° ' "	♇ PLUTO R.A. h m s	DECL ° ' "
1	17 3 12	24S34 42	8 5 17	21N44 50	5 18 48	22N22 55	23 0 11	8S42 1	3 34 34	18N58 22	23 52 56	2S12 17	20 10 37	23S23 29
2	17 8 27	24 43 49	8 6 50	21 42 16	5 18 29	22 22 37	23 0 5	8 42 27	3 34 24	18 57 49	23 52 52	2 12 43	20 10 40	23 23 21
3	17 13 42	24 52 15	8 8 21	21 39 46	5 18 8	22 22 18	23 0 0	8 42 50	3 34 14	18 57 15	23 52 47	2 13 8	20 10 42	23 23 12
4	17 18 58	24 59 59	8 9 50	21 37 19	5 17 47	22 21 59	22 59 55	8 43 11	3 34 5	18 56 42	23 52 43	2 13 32	20 10 45	23 23 3
5	17 24 14	25 7 0	8 11 17	21 34 57	5 17 25	22 21 38	22 59 51	8 43 29	3 33 55	18 56 8	23 52 40	2 13 56	20 10 48	23 22 54
6	17 29 30	25 13 18	8 12 43	21 32 39	5 17 3	22 21 17	22 59 46	8 43 45	3 33 45	18 55 33	23 52 36	2 14 19	20 10 51	23 22 45
7	17 34 47	25 18 54	8 14 6	21 30 27	5 16 40	22 20 55	22 59 43	8 43 58	3 33 35	18 54 59	23 52 32	2 14 41	20 10 54	23 22 35
8	17 40 4	25 23 46	8 15 28	21 28 20	5 16 16	22 20 33	22 59 39	8 44 9	3 33 25	18 54 25	23 52 28	2 15 2	20 10 57	23 22 24
9	17 45 22	25 27 54	8 16 47	21 26 18	5 15 51	22 20 9	22 59 36	8 44 17	3 33 15	18 53 50	23 52 25	2 15 23	20 11 0	23 22 14
10	17 50 39	25 31 19	8 18 4	21 24 22	5 15 26	22 19 45	22 59 33	8 44 23	3 33 4	18 53 15	23 52 22	2 15 44	20 11 4	23 22 3
11	17 55 56	25 34 0	8 19 20	21 22 33	5 15 0	22 19 20	22 59 31	8 44 27	3 32 54	18 52 40	23 52 18	2 16 3	20 11 7	23 21 52
12	18 1 13	25 35 57	8 20 33	21 20 50	5 14 33	22 18 54	22 59 29	8 44 28	3 32 44	18 52 5	23 52 15	2 16 22	20 11 11	23 21 40
13	18 6 30	25 37 10	8 21 44	21 19 14	5 14 6	22 18 28	22 59 28	8 44 26	3 32 34	18 51 30	23 52 12	2 16 40	20 11 15	23 21 28
14	18 11 47	25 37 40	8 22 52	21 17 44	5 13 38	22 18 0	22 59 27	8 44 23	3 32 23	18 50 55	23 52 9	2 16 58	20 11 19	23 21 16
15	18 17 4	25 37 25	8 23 59	21 16 23	5 13 10	22 17 32	22 59 26	8 44 16	3 32 13	18 50 19	23 52 6	2 17 14	20 11 23	23 21 4
16	18 22 20	25 36 26	8 25 3	21 15 8	5 12 41	22 17 4	22 59 26	8 44 7	3 32 3	18 49 44	23 52 3	2 17 30	20 11 27	23 20 51
17	18 27 36	25 34 43	8 26 5	21 14 2	5 12 12	22 16 34	22 59 26	8 43 56	3 31 53	18 49 8	23 52 1	2 17 45	20 11 31	23 20 38
18	18 32 51	25 32 17	8 27 4	21 13 4	5 11 42	22 16 4	22 59 26	8 43 42	3 31 42	18 48 33	23 51 58	2 18 0	20 11 35	23 20 24
19	18 38 6	25 29 7	8 28 1	21 12 15	5 11 11	22 15 32	22 59 27	8 43 25	3 31 32	18 47 58	23 51 56	2 18 13	20 11 40	23 20 11
20	18 43 20	25 25 14	8 28 56	21 11 35	5 10 41	22 15 1	22 59 29	8 43 7	3 31 22	18 47 22	23 51 53	2 18 26	20 11 44	23 19 57
21	18 48 33	25 20 37	8 29 48	21 11 4	5 10 9	22 14 28	22 59 30	8 42 45	3 31 12	18 46 47	23 51 51	2 18 38	20 11 49	23 19 42
22	18 53 46	25 15 18	8 30 37	21 10 43	5 9 37	22 13 55	22 59 32	8 42 22	3 31 1	18 46 12	23 51 49	2 18 50	20 11 54	23 19 28
23	18 58 58	25 9 16	8 31 24	21 10 32	5 9 5	22 13 21	22 59 35	8 41 56	3 30 51	18 45 36	23 51 47	2 19 0	20 11 59	23 19 13
24	19 4 9	25 2 31	8 32 8	21 10 31	5 8 33	22 12 46	22 59 38	8 41 27	3 30 41	18 45 1	23 51 45	2 19 10	20 12 4	23 18 58
25	19 9 19	24 55 5	8 32 49	21 10 40	5 8 0	22 12 11	22 59 41	8 40 56	3 30 31	18 44 26	23 51 44	2 19 19	20 12 9	23 18 43
26	19 14 27	24 46 57	8 33 28	21 11 1	5 7 27	22 11 35	22 59 44	8 40 23	3 30 21	18 43 51	23 51 42	2 19 27	20 12 14	23 18 27
27	19 19 35	24 38 7	8 34 3	21 11 32	5 6 53	22 10 58	22 59 48	8 39 47	3 30 11	18 43 16	23 51 40	2 19 35	20 12 19	23 18 11
28	19 24 42	24 28 36	8 34 36	21 12 15	5 6 19	22 10 21	22 59 53	8 39 8	3 30 1	18 42 41	23 51 39	2 19 42	20 12 25	23 17 55
29	19 29 47	24 18 26	8 35 6	21 13 9	5 5 45	22 9 43	22 59 58	8 38 28	3 29 51	18 42 6	23 51 38	2 19 47	20 12 30	23 17 39
30	19 34 51	24S 7 35	8 35 33	21N14 16	5 5 11	22N 9 5	23 0 3	8S37 44	3 29 41	18N41 32	23 51 37	2S19 52	20 12 36	23S17 22

DECEMBER 2024

DAY	SIDEREAL TIME h m s	☉ SUN LONG ° ' "	MOT ' "	R.A. h m s	DECL ° ' "
1 Su	4 41 22	14♏11 29	60 51	16 30 22.4	21S50 29
2 M	4 45 19	15 12 20	60 52	16 34 41.9	21 59 29
3 Tu	4 49 16	16 13 11	60 53	16 39 1.9	22 8 5
4 W	4 53 12	17 14 4	60 54	16 43 22.6	22 16 15
5 Th	4 57 9	18 14 58	60 55	16 47 43.8	22 23 58
6 F	5 1 5	19 15 52	60 55	16 52 5.6	22 31 16
7 S	5 5 2	20 16 48	60 56	16 56 27.8	22 38 7
8 Su	5 8 58	21 17 44	60 57	17 0 50.5	22 44 32
9 M	5 12 55	22 18 40	60 57	17 5 13.7	22 50 30
10 Tu	5 16 51	23 19 37	60 58	17 9 37.3	22 56 0
11 W	5 20 48	24 20 35	60 59	17 14 1.2	23 1 4
12 Th	5 24 45	25 21 34	60 59	17 18 25.6	23 5 40
13 F	5 28 41	26 22 33	61 0	17 22 50.2	23 9 48
14 S	5 32 38	27 23 32	61 1	17 27 15.2	23 13 29
15 Su	5 36 34	28 24 33	61 1	17 31 40.4	23 16 43
16 M	5 40 31	29 25 34	61 2	17 36 5.9	23 19 28
17 Tu	5 44 27	0♐26 35	61 3	17 40 31.7	23 21 46
18 W	5 48 24	1 27 38	61 4	17 44 57.6	23 23 36
19 Th	5 52 21	2 28 41	61 4	17 49 23.6	23 24 57
20 F	5 56 17	3 29 45	61 5	17 53 49.8	23 25 51
21 S	6 0 14	4 30 50	61 6	17 58 16.1	23 26 16
22 Su	6 4 10	5 31 56	61 6	18 2 42.5	23 26 13
23 M	6 8 7	6 33 2	61 7	18 7 8.9	23 25 42
24 Tu	6 12 3	7 34 9	61 8	18 11 35.2	23 24 42
25 W	6 16 0	8 35 17	61 8	18 16 1.6	23 23 15
26 Th	6 19 56	9 36 25	61 9	18 20 27.9	23 21 19
27 F	6 23 53	10 37 34	61 10	18 24 54.1	23 18 54
28 S	6 27 50	11 38 43	61 10	18 29 20.1	23 16 2
29 Su	6 31 46	12 39 53	61 10	18 33 46.0	23 12 42
30 M	6 35 43	13 41 3	61 11	18 38 11.7	23 8 54
31 Tu	6 39 39	14♐42 14	61 11	18 42 37.1	23S 4 38

DAY	☽ MOON AT 0 HOURS LONG ° ' "	12h MOT ° ' "	2DIF "	R.A. h m s	DECL ° ' "
1	11♏ 9 6	6 14 25	94	16 14 4	25S43 35
2	23 41 4	6 20 41	93	17 9 19	27 48 3
3	6♐25 32	6 26 47	89	18 6 52	28 27 33
4	19 22 2	6 32 36	85	19 5 11	27 34 33
5	2♑30 2	6 38 11	83	20 2 40	25 9 41
6	15 49 9	6 43 43	84	20 58 9	21 21 26
7	29 19 23	6 49 25	87	21 51 16	16 23 39
8	13♒ 1 10	6 55 23	92	22 42 21	10 32 45
9	26 55 1	7 1 35	93	23 32 14	4 6 4
10	11♓ 1 16	7 7 38	86	0 22 4	2N38 10
11	25 19 20	7 12 55	68	1 13 9	9 20 8
12	9♈47 13	7 16 31	36	2 6 44	15 37 22
13	24 21 8	7 17 31	-9	3 3 45	21 4 30
14	8♉55 29	7 15 14	-61	4 4 28	25 15 5
15	23 23 27	7 9 24	-112	5 8 1	27 46 11
16	7♊38 6	7 0 24	-154	6 12 20	28 24 58
17	21 33 29	6 49 8	-180	7 14 54	27 13 23
18	5♋ 5 37	6 36 47	-186	8 13 38	24 26 46
19	18 12 59	6 24 34	-176	9 7 42	20 27 31
20	0♌56 26	6 13 35	-151	9 57 17	15 38 16
21	13 18 48	6 4 35	-117	10 43 14	10 18 11
22	25 24 23	5 58 7	-76	11 26 40	4 42 5
23	7♍18 25	5 54 25	-34	12 8 45	0S58 38
24	19 6 29	5 53 34	8	12 50 37	6 34 36
25	0♎54 13	5 55 25	47	13 33 22	11 56 50
26	12 46 53	5 59 41	80	14 18 2	16 55 30
27	24 49 9	6 5 55	105	15 5 32	21 18 41
28	7♏ 4 40	6 13 35	122	15 56 31	24 51 58
29	19 35 59	6 21 58	127	16 51 5	27 19 4
30	2♐24 10	6 30 24	123	17 48 38	28 24 13
31	15♐28 57	6 38 11	109	18 47 46	27S56 7

DAY	☽ MOON AT 12 HOURS LONG ° ' "	12h MOT ° ' "	2DIF "	R.A. h m s	DECL ° ' "
1	17♏23 31	6 17 34	94	16 41 20	26S55 41
2	0♐ 1 46	6 23 46	91	17 37 53	28 19 4
3	12 52 19	6 29 44	87	18 36 2	28 12 47
4	25 54 38	6 35 24	84	19 34 7	26 33 14
5	9♑ 8 13	6 40 56	83	20 30 42	23 25 12
6	22 32 52	6 46 32	85	21 25 0	19 0 15
7	6♒ 8 48	6 52 22	90	22 17 1	13 33 46
8	19 56 33	6 58 28	93	23 7 22	7 22 46
9	3♓56 36	7 4 40	91	23 57 5	0 44 57
10	18 8 54	7 10 26	79	0 47 23	6N 0 46
11	2♈32 15	7 14 59	54	1 39 34	12 33 22
12	17 3 45	7 17 24	15	2 34 46	18 28 52
13	1♉38 40	7 16 49	-34	3 33 40	23 20 57
14	16 10 42	7 12 45	-87	4 35 59	26 44 11
15	0♊32 51	7 5 15	-135	5 40 14	28 19 51
16	14 38 30	6 54 59	-169	6 43 59	28 2 16
17	28 22 37	6 43 1	-185	7 44 49	26 0 38
18	11♋42 24	6 30 35	-183	8 41 16	22 34 45
19	24 37 34	6 18 52	-165	9 33 1	18 7 51
20	7♌10 0	6 8 47	-135	10 20 39	13 1 4
21	19 23 23	6 1 1	-97	11 5 12	7 31 22
22	1♍22 30	5 55 55	-55	11 47 49	1 51 41
23	13 12 50	5 53 39	-13	12 29 38	3S47 46
24	25 0 3	5 54 10	28	13 11 49	9 18 0
25	6♎49 37	5 57 16	64	13 55 24	14 29 48
26	18 46 34	6 2 35	94	14 41 23	19 12 22
27	0♏55 4	6 9 37	115	15 30 34	23 12 34
28	13 18 15	6 17 44	126	16 23 22	26 14 50
29	25 57 57	6 26 13	126	17 19 34	28 2 45
30	8♐54 34	6 34 24	117	18 18 7	28 22 14
31	22♐ 7 8	6 41 40	100	19 17 21	27S 5 47

LUNAR INGRESSES
2 ☽ ♐ 11:57
4 ☽ ♑ 19:27
7 ☽ ♒ 1:12
9 ☽ ♓ 5:17
11 ☽ ♈ 7:47
13 ☽ ♉ 9:18
15 ☽ ♊ 11:05
17 ☽ ♋ 14:53
19 ☽ ♌ 22:12
22 ☽ ♍ 9:14
24 ☽ ♎ 22:10
27 ☽ ♏ 10:12
29 ☽ ♐ 19:32

PLANET INGRESSES
3 ♀ ♑ 0:40
16 ☉ ♐ 13:33
29 ♀ ♒ 13:42

STATIONS
6 ♂ R 23:34
7 ♆ D 23:45
15 ☿ D 20:58

DATA FOR THE 1st AT 0 HOURS
JULIAN DAY 45625.5
☽ MEAN ☊ 8°♓ 2' 57"
OBLIQUITY 23° 26' 18"
DELTA T 78.9 SECONDS
NUTATION LONGITUDE -1.7"

DAY MO	YR	☿ LONG ° ' "	♀ LONG ° ' "	♂ LONG ° ' "	♃ LONG ° ' "	♄ LONG ° ' "	♅ LONG ° ' "	♆ LONG ° ' "	♇ LONG ° ' "	☊ LONG ° '	A.S.S.I. h m s	S.S.R.Y. h m s	S.V.P. ♓ ° ' "	☿ MERCURY R.A. h m s	DECL ° ' "
1	336	25♏29R23	27♐38 6	10♋50 54	22♉ 6R 4	17♒48 49	29♈34R57	2♓ 3R26	5♑ 8 17	9♓25	20 44 15	30 1 20	4 54 44.3	17 18 54	23S24 22
2	337	24 32 14	28 48 8	10 55 11	21 57 59	17 50 29	29 32 33	2 3 12	5 9 38	9 13	20 49 41	30 2 27	4 54 44.1	17 14 52	23 0 38
3	338	23 25 50	29 58 4	10 58 42	21 49 53	17 52 16	29 30 11	2 3 1	5 11 1	9 01	20 55 8	30 3 38	4 54 43.8	17 10 12	22 35 6
4	339	22 11 48	1♑ 7 54	11 1 27	21 41 45	17 54 9	29 27 49	2 2 51	5 12 25	8 49	21 0 36	30 4 47	4 54 43.5	17 5 1	22 8 7
5	340	20 52 16	2 17 36	11 3 25	21 33 35	17 56 8	29 25 29	2 2 44	5 13 50	8 39	21 6 4	30 5 53	4 54 43.2	16 59 29	21 40 9
6	341	19 29 46	3 27 12	11 4R36	21 25 25	17 58 13	29 23 9	2 2 39	5 15 16	8 32	21 11 33	30 6 50	4 54 43.0	16 53 45	21 11 53
7	342	18 7 5	4 36 40	11 4 59	21 17 14	18 0 25	29 20 51	2 2D35	5 16 43	8 28	21 17 2	30 7 39	4 54 42.8	16 48 3	20 44 2
8	343	16 47 2	5 46 0	11 4 34	21 9 3	18 2 42	29 18 35	2 2 34	5 18 12	8 26	21 22 32	30 8 16	4 54 42.7	16 42 33	20 17 25
9	344	15 32 12	6 55 13	11 3 20	21 0 52	18 5 5	29 16 19	2 2 35	5 19 41	8 26	21 28 3	30 8 43	4 54 42.6	16 37 26	19 52 47
10	345	14 24 50	8 4 16	11 1 17	20 52 42	18 7 35	29 14 5	2 2 38	5 21 12	8 26	21 33 34	30 8 57	4 54 42.5	16 32 51	19 30 50
11	346	13 26 41	9 13 11	10 58 26	20 44 32	18 10 10	29 11 53	2 2 43	5 22 44	8 25	21 39 6	30 8 59	4 54 42.4	16 28 54	19 12 7
12	347	12 38 56	10 21 57	10 54 44	20 36 24	18 12 51	29 9 42	2 2 51	5 24 17	8 22	21 44 38	30 8 50	4 54 42.2	16 25 39	18 56 58
13	348	12 2 14	11 30 34	10 50 14	20 28 18	18 15 38	29 7 33	2 3 0	5 25 51	8 16	21 50 10	30 8 31	4 54 42.0	16 23 10	18 45 36
14	349	11 36 46	12 39 1	10 44 53	20 20 14	18 18 31	29 5 25	2 3 11	5 27 27	8 07	21 55 43	30 8 2	4 54 41.8	16 21 27	18 38 0
15	350	11 22D21	13 47 18	10 38 42	20 12 13	18 21 30	29 3 19	2 3 25	5 29 3	7 56	22 1 16	30 7 25	4 54 41.4	16 20 28	18 34 3
16	351	11 18 32	14 55 24	10 31 41	20 4 14	18 24 34	29 1 15	2 3 40	5 30 40	7 43	22 6 50	30 6 40	4 54 41.1	16 20 12	18 33 32
17	352	11 24 38	16 3 20	10 23 50	19 56 18	18 27 44	28 59 12	2 3 58	5 32 18	7 31	22 12 24	30 5 51	4 54 40.8	16 20 36	18 36 7
18	353	11 39 54	17 11 5	10 15 9	19 48 26	18 31 0	28 57 12	2 4 18	5 33 57	7 20	22 17 58	30 4 59	4 54 40.5	16 21 38	18 41 30
19	354	12 3 32	18 18 39	10 5 37	19 40 38	18 34 21	28 55 13	2 4 39	5 35 37	7 11	22 23 32	30 4 6	4 54 40.3	16 23 13	18 49 17
20	355	12 34 42	19 26 2	9 55 15	19 32 53	18 37 48	28 53 17	2 5 3	5 37 18	7 05	22 29 6	30 3 16	4 54 40.1	16 25 20	18 59 8
21	356	13 12 37	20 33 12	9 44 4	19 25 14	18 41 20	28 51 22	2 5 29	5 39 0	7 02	22 34 41	30 2 31	4 54 40.0	16 27 54	19 10 42
22	357	13 56 33	21 40 11	9 32 3	19 17 39	18 44 58	28 49 29	2 5 57	5 40 43	7 00	22 40 16	30 1 54	4 54 39.9	16 30 54	19 23 39
23	358	14 45 49	22 46 57	9 19 14	19 10 10	18 48 41	28 47 39	2 6 27	5 42 26	7 00	22 45 50	30 1 26	4 54 39.8	16 34 16	19 37 41
24	359	15 39 48	23 53 30	9 5 36	19 2 46	18 52 30	28 45 50	2 6 59	5 44 11	7 00	22 51 25	30 1 10	4 54 39.7	16 37 59	19 52 33
25	360	16 37 57	24 59 50	8 51 11	18 55 28	18 56 23	28 44 4	2 7 33	5 45 56	6 59	22 57 0	30 1 7	4 54 39.6	16 42 0	20 7 59
26	361	17 39 45	26 5 56	8 35 59	18 48 16	19 0 22	28 42 20	2 8 10	5 47 42	6 55	23 2 34	30 1 18	4 54 39.4	16 46 17	20 23 46
27	362	18 44 49	27 11 49	8 20 2	18 41 11	19 4 27	28 40 39	2 8 48	5 49 28	6 49	23 8 9	30 1 42	4 54 39.2	16 50 48	20 39 43
28	363	19 52 43	28 17 26	8 3 21	18 34 12	19 8 36	28 39 0	2 9 28	5 51 16	6 39	23 13 43	30 2 18	4 54 39.0	16 55 32	20 55 39
29	364	21 3 8	29 22 48	7 45 57	18 27 21	19 12 51	28 37 23	2 10 11	5 53 4	6 28	23 19 17	30 3 6	4 54 38.8	17 0 29	21 11 26
30	365	22 15 47	0♒27 55	7 27 51	18 20 37	19 17 10	28 35 48	2 10 55	5 54 52	6 14	23 24 51	30 4 2	4 54 38.5	17 5 36	21 26 54
31	366	23♏30 24	1♒32 45	7♋ 9 6	18♉14 2	19♒21 35	28♈34 16	2♓11 41	5♑56 42	6♓00	23 30 24	30 5 4	4 54 38.2	17 10 52	21S41 57

DAY Dec	♀ VENUS R.A. h m s	DECL ° ' "	♂ MARS R.A. h m s	DECL ° ' "	♃ JUPITER R.A. h m s	DECL ° ' "	♄ SATURN R.A. h m s	DECL ° ' "	♅ URANUS R.A. h m s	DECL ° ' "	♆ NEPTUNE R.A. h m s	DECL ° ' "	♇ PLUTO R.A. h m s	DECL ° ' "
1	19 39 54	23S56 4	8 35 56	21N15 34	5 4 36	22N 8 26	23 0 9	8S36 59	3 29 31	18N40 57	23 51 36	2S19 56	20 12 41	23S17 5
2	19 44 55	23 43 55	8 36 17	21 17 4	5 4 1	22 7 46	23 0 15	8 36 11	3 29 21	18 40 23	23 51 35	2 20 0	20 12 47	23 16 48
3	19 49 55	23 31 7	8 36 34	21 18 47	5 3 26	22 7 6	23 0 21	8 35 20	3 29 11	18 39 49	23 51 34	2 20 2	20 12 53	23 16 31
4	19 54 54	23 17 42	8 36 49	21 20 42	5 2 51	22 6 26	23 0 28	8 34 28	3 29 2	18 39 16	23 51 33	2 20 4	20 12 59	23 16 13
5	19 59 51	23 3 40	8 37 0	21 22 51	5 2 16	22 5 45	23 0 35	8 33 32	3 28 52	18 38 42	23 51 33	2 20 5	20 13 5	23 15 55
6	20 4 46	22 49 1	8 37 8	21 25 11	5 1 41	22 5 4	23 0 42	8 32 35	3 28 43	18 38 9	23 51 33	2 20 5	20 13 11	23 15 37
7	20 9 39	22 33 46	8 37 12	21 27 45	5 1 6	22 4 23	23 0 50	8 31 35	3 28 33	18 37 37	23 51 32	2 20 4	20 13 17	23 15 19
8	20 14 31	22 17 56	8 37 14	21 30 31	5 0 31	22 3 41	23 0 59	8 30 33	3 28 24	18 37 4	23 51 32	2 20 2	20 13 24	23 15 1
9	20 19 22	22 1 32	8 37 12	21 33 30	4 59 56	22 2 59	23 1 7	8 29 29	3 28 15	18 36 32	23 51 32	2 20 0	20 13 30	23 14 42
10	20 24 10	21 44 34	8 37 6	21 36 42	4 59 21	22 2 16	23 1 16	8 28 22	3 28 5	18 36 0	23 51 32	2 19 56	20 13 36	23 14 23
11	20 28 56	21 27 3	8 36 57	21 40 6	4 58 46	22 1 34	23 1 26	8 27 13	3 27 56	18 35 28	23 51 33	2 19 52	20 13 43	23 14 4
12	20 33 41	21 9 0	8 36 45	21 43 43	4 58 11	22 0 51	23 1 36	8 26 2	3 27 47	18 34 57	23 51 33	2 19 47	20 13 50	23 13 45
13	20 38 24	20 50 25	8 36 29	21 47 32	4 57 36	22 0 8	23 1 46	8 24 49	3 27 39	18 34 26	23 51 34	2 19 41	20 13 56	23 13 26
14	20 43 5	20 31 20	8 36 10	21 51 34	4 57 1	21 59 26	23 1 56	8 23 33	3 27 30	18 33 56	23 51 34	2 19 35	20 14 3	23 13 6
15	20 47 44	20 11 45	8 35 47	21 55 48	4 56 27	21 58 43	23 2 7	8 22 16	3 27 21	18 33 26	23 51 35	2 19 27	20 14 10	23 12 46
16	20 52 21	19 51 40	8 35 21	22 0 13	4 55 52	21 58 0	23 2 18	8 20 56	3 27 13	18 32 57	23 51 36	2 19 19	20 14 17	23 12 26
17	20 56 56	19 31 7	8 34 51	22 4 51	4 55 18	21 57 17	23 2 30	8 19 34	3 27 5	18 32 27	23 51 37	2 19 10	20 14 24	23 12 6
18	21 1 29	19 10 7	8 34 18	22 9 39	4 54 45	21 56 34	23 2 42	8 18 10	3 26 56	18 31 59	23 51 38	2 19 0	20 14 31	23 11 46
19	21 6 0	18 48 40	8 33 41	22 14 39	4 54 11	21 55 52	23 2 54	8 16 43	3 26 48	18 31 31	23 51 39	2 18 49	20 14 38	23 11 26
20	21 10 29	18 26 47	8 33 1	22 19 50	4 53 38	21 55 10	23 3 7	8 15 15	3 26 40	18 31 3	23 51 41	2 18 37	20 14 45	23 11 5
21	21 14 56	18 4 28	8 32 17	22 25 11	4 53 5	21 54 28	23 3 20	8 13 45	3 26 32	18 30 36	23 51 42	2 18 25	20 14 52	23 10 45
22	21 19 21	17 41 46	8 31 29	22 30 42	4 52 32	21 53 46	23 3 33	8 12 13	3 26 25	18 30 9	23 51 44	2 18 12	20 15 0	23 10 24
23	21 23 43	17 18 39	8 30 38	22 36 23	4 52 0	21 53 4	23 3 47	8 10 38	3 26 17	18 29 43	23 51 46	2 17 58	20 15 7	23 10 3
24	21 28 4	16 55 10	8 29 44	22 42 12	4 51 29	21 52 23	23 4 1	8 9 2	3 26 10	18 29 17	23 51 48	2 17 43	20 15 14	23 9 42
25	21 32 23	16 31 19	8 28 46	22 48 9	4 50 57	21 51 42	23 4 15	8 7 23	3 26 3	18 28 52	23 51 50	2 17 27	20 15 22	23 9 21
26	21 36 39	16 7 6	8 27 44	22 54 14	4 50 26	21 51 2	23 4 29	8 5 43	3 25 56	18 28 27	23 51 52	2 17 11	20 15 29	23 9 0
27	21 40 54	15 42 33	8 26 40	23 0 26	4 49 56	21 50 23	23 4 44	8 4 1	3 25 49	18 28 3	23 51 54	2 16 53	20 15 37	23 8 39
28	21 45 6	15 17 41	8 25 32	23 6 45	4 49 26	21 49 44	23 5 0	8 2 16	3 25 42	18 27 39	23 51 57	2 16 35	20 15 45	23 8 17
29	21 49 17	14 52 30	8 24 21	23 13 8	4 48 57	21 49 5	23 5 15	8 0 30	3 25 35	18 27 17	23 51 59	2 16 16	20 15 52	23 7 56
30	21 53 25	14 27 1	8 23 7	23 19 36	4 48 28	21 48 28	23 5 31	7 58 42	3 25 29	18 26 54	23 52 2	2 15 56	20 16 0	23 7 34
31	21 57 31	14S 1 14	8 21 50	23N26 8	4 47 59	21N47 51	23 5 47	7S56 52	3 25 23	18N26 33	23 52 5	2S15 36	20 16 8	23S 7 13

JANUARY 2025

DAY	SIDEREAL TIME h m s	☉ SUN LONG ° ' "	MOT ' "	R.A. h m s	DECL ° ' "	☽ MOON AT 0 HOURS LONG ° ' "	12h MOT ° ' "	2DIF "	R.A. h m s	DECL ° ' "	☽ MOON AT 12 HOURS LONG ° ' "	12h MOT ° ' "	2DIF "	R.A. h m s	DECL ° ' "
1 W	6 43 36	15♐43 24	61 11	18 47 2.2	22S59 54	28♐48 48	6 44 51	90	19 46 40	25S51 46	5♑33 39	6 47 41	80	20 15 33	24S15 13
2 Th	6 47 32	16 44 34	61 11	18 51 27.0	22 54 42	12♑21 19	6 50 10	69	20 43 50	22 17 46	19 11 29	6 52 19	60	21 11 28	20 1 24
3 F	6 51 29	17 45 45	61 10	18 55 51.5	22 49 4	26 3 47	6 54 9	51	21 38 26	17 28 25	2♒57 57	6 55 44	44	22 4 46	14 41 14
4 S	6 55 25	18 46 55	61 10	19 0 15.5	22 42 58	9♒53 40	6 57 5	38	22 30 32	11 42 18	16 50 46	6 58 16	34	22 55 50	8 34 9
5 Su	6 59 22	19 48 5	61 10	19 4 39.1	22 36 25	23 49 2	6 59 19	30	23 20 48	5 19 13	0♓48 22	7 0 17	28	23 45 34	1 59 57
6 M	7 3 19	20 49 15	61 9	19 9 2.3	22 29 25	7♓48 38	7 1 10	26	0 10 18	1N21 12	14 49 48	7 1 59	24	0 35 9	4N41 50
7 Tu	7 7 15	21 50 24	61 9	19 13 24.9	22 21 59	21 51 47	7 2 44	21	1 0 16	7 59 27	28 54 31	7 3 24	18	1 25 50	11 11 33
8 W	7 11 12	22 51 32	61 8	19 17 47.1	22 14 6	5♈57 55	7 3 56	13	1 51 58	14 15 28	13♈ 1 51	7 4 17	7	2 18 49	17 8 30
9 Th	7 15 8	23 52 41	61 8	19 22 8.7	22 5 47	20 6 8	7 4 23	-2	2 46 29	19 47 48	27 10 31	7 4 11	-12	3 15 1	22 10 31
10 F	7 19 5	24 53 48	61 8	19 26 29.8	21 57 2	4♉14 42	7 3 36	-24	3 44 25	24 13 50	11♉18 17	7 2 34	-38	4 14 37	25 55 6
11 S	7 23 1	25 54 56	61 7	19 30 50.3	21 47 51	18 20 51	7 1 3	-54	4 45 30	27 12 2	25 21 54	6 59 0	-70	5 16 51	28 2 54
12 Su	7 26 58	26 56 2	61 7	19 35 10.2	21 38 15	2♊20 53	6 56 25	-86	5 48 23	28 26 39	9♊17 18	6 53 18	-101	6 19 50	28 23 4
13 M	7 30 55	27 57 9	61 6	19 39 29.4	21 28 15	16 10 35	6 49 41	-115	6 50 53	27 52 48	23 0 16	6 45 38	-127	7 21 16	26 57 18
14 Tu	7 34 51	28 58 14	61 6	19 43 48.1	21 17 49	29 45 54	6 41 13	-137	7 50 47	25 38 39	6♋27 6	6 36 31	-143	8 19 17	23 59 21
15 W	7 38 48	29 59 20	61 5	19 48 6.0	21 6 59	13♋ 3 37	6 31 39	-147	8 46 41	22 2 13	19 35 15	6 26 42	-148	9 12 59	19 50 2
16 Th	7 42 44	1♑ 0 25	61 5	19 52 23.3	20 55 44	26 1 57	6 21 48	-145	9 38 14	17 25 32	2♌23 46	6 17 3	-139	10 2 31	14 51 18
17 F	7 46 41	2 1 30	61 4	19 56 40.0	20 44 6	8♌40 49	6 12 33	-130	10 25 56	12 9 39	14 53 21	6 8 22	-119	10 48 37	9 22 40
18 S	7 50 37	3 2 34	61 4	20 0 55.9	20 32 4	21 1 43	6 4 37	-105	11 10 42	6 32 10	27 6 20	6 1 21	-90	11 32 18	3 39 48
19 Su	7 54 34	4 3 38	61 4	20 5 11.1	20 19 39	3♍ 7 41	5 58 37	-73	11 53 35	0 46 59	9♍ 6 18	5 56 30	-54	12 14 41	2S 4 57
20 M	7 58 30	5 4 42	61 3	20 9 25.6	20 6 50	15 2 48	5 55 0	-35	12 35 43	4S54 50	20 57 48	5 54 10	-15	12 56 51	7 41 29
21 Tu	8 2 27	6 5 45	61 3	20 13 39.4	19 53 39	26 51 58	5 54 1	6	13 18 11	10 23 48	2♎45 59	5 54 33	26	13 39 51	13 0 34
22 W	8 6 24	7 6 48	61 3	20 17 52.4	19 40 6	8♎40 32	5 55 46	46	14 2 0	15 30 36	14 36 18	5 57 39	66	14 24 44	17 52 30
23 Th	8 10 20	8 7 51	61 2	20 22 4.5	19 26 10	20 33 56	6 0 11	85	14 48 10	20 4 51	26 34 7	6 3 19	103	15 12 24	22 5 59
24 F	8 14 17	9 8 53	61 2	20 26 16.2	19 11 53	2♏37 26	6 7 1	119	15 37 29	23 54 8	8♏44 28	6 11 14	133	16 3 28	25 27 24
25 S	8 18 13	10 9 54	61 1	20 30 27.0	18 57 15	14 55 41	6 15 52	144	16 30 21	26 43 48	21 11 33	6 20 51	153	16 58 7	27 41 21
26 Su	8 22 10	11 10 55	61 1	20 34 37.0	18 42 16	27 32 24	6 26 4	159	17 26 38	28 18 7	3♐58 28	6 31 27	161	17 55 46	28 32 30
27 M	8 26 6	12 11 55	61 0	20 38 46.2	18 26 56	10♐29 55	6 36 50	160	18 25 19	28 23 11	17 6 45	6 42 8	156	18 55 6	27 49 25
28 Tu	8 30 3	13 12 55	60 59	20 42 54.6	18 11 16	23 48 52	6 47 13	148	19 24 52	26 51 1	0♑36 5	6 51 59	136	19 54 24	25 28 27
29 W	8 33 59	14 13 54	60 58	20 47 2.2	17 55 17	7♑28 4	6 56 19	122	20 23 33	23 42 48	14 24 23	7 0 8	106	20 52 9	21 35 40
30 Th	8 37 56	15 14 52	60 57	20 51 9.0	17 38 58	21 24 31	7 3 24	88	21 20 10	19 9 11	28 27 54	7 6 2	70	21 47 33	16 25 45
31 F	8 41 53	16♑15 49	60 56	20 55 14.9	17S22 20	5♒33 56	7 8 2	51	22 14 20	13S28 2	12♒41 58	7 9 25	33	22 40 35	10S18 52

LUNAR INGRESSES
1 ☽ ♑ 2:07
3 ☽ ♒ 6:51
5 ☽ ♓ 10:37
7 ☽ ♈ 13:51
9 ☽ ♉ 16:48
11 ☽ ♊ 19:57
14 ☽ ♋ 0:25
16 ☽ ♌ 7:28
18 ☽ ♍ 17:45
21 ☽ ♎ 6:22
23 ☽ ♏ 18:49
26 ☽ ♐ 4:36
28 ☽ ♑ 10:56
30 ☽ ♒ 14:36

PLANET INGRESSES
4 ☿ ♐ 22:09
15 ☉ ♑ 0:16
18 ♂ ♊ 22:17
25 ☿ ♑ 1:33
29 ♀ ♓ 2:44

STATIONS
30 ♅ D 16:24

DATA FOR THE 1st AT 0 HOURS
JULIAN DAY 45656.5
☽ MEAN ☊ 6°♓ 24' 23"
OBLIQUITY 23° 26' 18"
DELTA T 79.0 SECONDS
NUTATION LONGITUDE 0.4"

DAY MO	YR	☿ LONG ° ' "	♀ LONG ° ' "	♂ LONG ° ' "	♃ LONG ° ' "	♄ LONG ° ' "	♅ LONG ° ' "	♆ LONG ° ' "	♇ LONG ° ' "	☊ LONG ° '	A.S.S.I. h m s	S.S.R.Y. h m s	S.V.P. ♓ ° ' "	☿ MERCURY R.A. h m s	DECL ° ' "
1	1	24♏46 46	2♒37 18	6♋49R43	18♉ 7R34	19♒26 4	28♈32R47	2♓12 30	5♑58 32	5♓47	23 35 57	30 6 10	4 54 37.9	17 16 17	21S56 28
2	2	26 4 42	3 41 34	6 29 45	18 1 15	19 30 39	28 31 20	2 13 20	6 0 22	5 36	23 41 30	30 7 13	4 54 37.6	17 21 50	22 10 23
3	3	27 24 2	4 45 32	6 9 13	17 55 4	19 35 18	28 29 56	2 14 13	6 2 13	5 28	23 47 2	30 8 16	4 54 37.4	17 27 30	22 23 35
4	4	28 44 37	5 49 11	5 48 9	17 49 2	19 40 2	28 28 35	2 15 7	6 4 5	5 23	23 52 34	30 9 13	4 54 37.3	17 33 16	22 36 1
5	5	0♐ 6 20	6 52 30	5 26 36	17 43 10	19 44 50	28 27 16	2 16 3	6 5 57	5 21	23 58 5	30 10 5	4 54 37.2	17 39 9	22 47 37
6	6	1 29 4	7 55 28	5 4 36	17 37 27	19 49 44	28 26 0	2 17 2	6 7 49	5 21	24 3 36	30 10 48	4 54 37.1	17 45 7	22 58 18
7	7	2 52 45	8 58 6	4 42 13	17 31 53	19 54 41	28 24 47	2 18 2	6 9 42	5 21	24 9 6	30 11 21	4 54 37.0	17 51 10	23 8 3
8	8	4 17 18	10 0 21	4 19 27	17 26 29	19 59 43	28 23 36	2 19 4	6 11 35	5 20	24 14 35	30 11 44	4 54 36.8	17 57 18	23 16 48
9	9	5 42 39	11 2 13	3 56 23	17 21 16	20 4 50	28 22 28	2 20 8	6 13 29	5 18	24 20 4	30 11 54	4 54 36.7	18 3 29	23 24 30
10	10	7 8 45	12 3 41	3 33 3	17 16 12	20 10 1	28 21 24	2 21 14	6 15 23	5 12	24 25 32	30 11 53	4 54 36.4	18 9 45	23 31 8
11	11	8 35 33	13 4 45	3 9 29	17 11 19	20 15 16	28 20 22	2 22 21	6 17 18	5 04	24 30 59	30 11 39	4 54 36.2	18 16 5	23 36 39
12	12	10 3 1	14 5 23	2 45 44	17 6 37	20 20 35	28 19 23	2 23 31	6 19 12	4 54	24 36 25	30 11 13	4 54 35.8	18 22 27	23 41 2
13	13	11 31 8	15 5 35	2 21 51	17 2 5	20 25 58	28 18 26	2 24 42	6 21 7	4 43	24 41 51	30 10 36	4 54 35.5	18 28 53	23 44 14
14	14	12 59 51	16 5 19	1 57 53	16 57 44	20 31 25	28 17 33	2 25 55	6 23 2	4 31	24 47 16	30 9 51	4 54 35.3	18 35 22	23 46 14
15	15	14 29 10	17 4 35	1 33 52	16 53 34	20 36 57	28 16 43	2 27 10	6 24 58	4 21	24 52 40	30 8 58	4 54 35.0	18 41 54	23 47 1
16	16	15 59 4	18 3 21	1 9 51	16 49 35	20 42 32	28 15 55	2 28 27	6 26 53	4 12	24 58 3	30 8 1	4 54 34.8	18 48 28	23 46 33
17	17	17 29 33	19 1 37	0 45 53	16 45 47	20 48 11	28 15 11	2 29 45	6 28 49	4 06	25 3 26	30 7 3	4 54 34.7	18 55 4	23 44 49
18	18	19 0 35	19 59 22	0 22 1	16 42 11	20 53 54	28 14 30	2 31 5	6 30 45	4 03	25 8 47	30 6 6	4 54 34.6	19 1 42	23 41 48
19	19	20 32 12	20 56 34	29♊58 18	16 38 46	20 59 40	28 13 51	2 32 27	6 32 41	4 02	25 14 8	30 5 14	4 54 34.5	19 8 23	23 37 29
20	20	22 4 22	21 53 13	29 34 45	16 35 33	21 5 31	28 13 16	2 33 51	6 34 37	4 03	25 19 28	30 4 30	4 54 34.5	19 15 5	23 31 50
21	21	23 37 7	22 49 17	29 11 27	16 32 31	21 11 25	28 12 44	2 35 16	6 36 33	4 04	25 24 47	30 3 55	4 54 34.4	19 21 49	23 24 51
22	22	25 10 25	23 44 45	28 48 25	16 29 41	21 17 22	28 12 15	2 36 43	6 38 29	4 04	25 30 5	30 3 31	4 54 34.3	19 28 34	23 16 31
23	23	26 44 19	24 39 36	28 25 43	16 27 3	21 23 23	28 11 49	2 38 11	6 40 25	4 03	25 35 22	30 3 20	4 54 34.1	19 35 21	23 6 50
24	24	28 18 48	25 33 49	28 3 22	16 24 37	21 29 27	28 11 26	2 39 41	6 42 21	4 00	25 40 38	30 3 21	4 54 34.0	19 42 9	22 55 45
25	25	29 53 52	26 27 21	27 41 26	16 22 23	21 35 35	28 11 6	2 41 13	6 44 17	3 55	25 45 53	30 3 36	4 54 33.7	19 48 59	22 43 17
26	26	1♑29 33	27 20 12	27 19 56	16 20 21	21 41 46	28 10 50	2 42 46	6 46 13	3 47	25 51 7	30 4 2	4 54 33.5	19 55 49	22 29 26
27	27	3 5 52	28 12 19	26 58 55	16 18 31	21 48 0	28 10 36	2 44 21	6 48 8	3 38	25 56 20	30 4 38	4 54 33.2	20 2 41	22 14 9
28	28	4 42 48	29 3 42	26 38 26	16 16 54	21 54 17	28 10 26	2 45 57	6 50 4	3 29	26 1 32	30 5 23	4 54 32.9	20 9 33	21 57 28
29	29	6 20 23	29 54 18	26 18 30	16 15 28	22 0 38	28 10 19	2 47 35	6 52 0	3 20	26 6 43	30 6 15	4 54 32.7	20 16 26	21 39 21
30	30	7 58 38	0♓44 6	25 59 9	16 14 15	22 7 1	28 10D15	2 49 14	6 53 55	3 13	26 11 53	30 7 12	4 54 32.5	20 23 20	21 19 47
31	31	9♑37 34	1♓33 3	25♊40 25	16♉13 15	22♒13 27	28♈10 14	2♓50 55	6♑55 50	3♓08	26 17 2	30 8 12	4 54 32.4	20 30 15	20S58 47

DAY Jan	♀ VENUS R.A. h m s	DECL ° ' "	♂ MARS R.A. h m s	DECL ° ' "	♃ JUPITER R.A. h m s	DECL ° ' "	♄ SATURN R.A. h m s	DECL ° ' "	♅ URANUS R.A. h m s	DECL ° ' "	♆ NEPTUNE R.A. h m s	DECL ° ' "	♇ PLUTO R.A. h m s	DECL ° ' "
1	22 1 35	13S35 12	8 20 30	23N32 42	4 47 32	21N47 15	23 6 4	7S55 0	3 25 17	18N26 12	23 52 8	2S15 14	20 16 16	23S 6 51
2	22 5 36	13 8 55	8 19 8	23 39 19	4 47 5	21 46 39	23 6 21	7 53 7	3 25 11	18 25 51	23 52 11	2 14 52	20 16 23	23 6 29
3	22 9 36	12 42 23	8 17 43	23 45 56	4 46 38	21 46 5	23 6 38	7 51 11	3 25 5	18 25 32	23 52 14	2 14 30	20 16 31	23 6 7
4	22 13 33	12 15 37	8 16 15	23 52 34	4 46 12	21 45 32	23 6 55	7 49 14	3 24 59	18 25 13	23 52 17	2 14 6	20 16 39	23 5 46
5	22 17 28	11 48 39	8 14 45	23 59 10	4 45 47	21 45 0	23 7 13	7 47 15	3 24 54	18 24 54	23 52 20	2 13 42	20 16 47	23 5 24
6	22 21 21	11 21 29	8 13 13	24 5 45	4 45 23	21 44 28	23 7 31	7 45 15	3 24 49	18 24 36	23 52 24	2 13 16	20 16 55	23 5 2
7	22 25 11	10 54 8	8 11 39	24 12 16	4 44 59	21 43 58	23 7 49	7 43 13	3 24 44	18 24 19	23 52 28	2 12 51	20 17 3	23 4 40
8	22 28 59	10 26 37	8 10 3	24 18 44	4 44 36	21 43 29	23 8 8	7 41 9	3 24 39	18 24 3	23 52 31	2 12 24	20 17 11	23 4 18
9	22 32 45	9 58 57	8 8 26	24 25 7	4 44 13	21 43 1	23 8 27	7 39 3	3 24 34	18 23 47	23 52 35	2 11 57	20 17 19	23 3 56
10	22 36 29	9 31 9	8 6 47	24 31 24	4 43 51	21 42 34	23 8 46	7 36 56	3 24 30	18 23 32	23 52 39	2 11 29	20 17 27	23 3 34
11	22 40 10	9 3 14	8 5 8	24 37 34	4 43 31	21 42 8	23 9 5	7 34 48	3 24 26	18 23 18	23 52 43	2 11 0	20 17 36	23 3 12
12	22 43 49	8 35 12	8 3 27	24 43 38	4 43 10	21 41 44	23 9 25	7 32 37	3 24 22	18 23 4	23 52 48	2 10 30	20 17 44	23 2 50
13	22 47 26	8 7 4	8 1 45	24 49 33	4 42 51	21 41 21	23 9 44	7 30 26	3 24 18	18 22 52	23 52 52	2 10 0	20 17 52	23 2 28
14	22 51 0	7 38 52	8 0 3	24 55 20	4 42 32	21 41 0	23 10 5	7 28 12	3 24 14	18 22 40	23 52 56	2 9 29	20 18 0	23 2 6
15	22 54 31	7 10 36	7 58 20	25 0 57	4 42 14	21 40 39	23 10 25	7 25 58	3 24 11	18 22 28	23 53 1	2 8 57	20 18 8	23 1 44
16	22 58 0	6 42 16	7 56 37	25 6 24	4 41 57	21 40 20	23 10 46	7 23 42	3 24 8	18 22 18	23 53 6	2 8 25	20 18 17	23 1 22
17	23 1 27	6 13 55	7 54 54	25 11 40	4 41 41	21 40 3	23 11 6	7 21 24	3 24 5	18 22 8	23 53 10	2 7 52	20 18 25	23 1 0
18	23 4 51	5 45 32	7 53 11	25 16 45	4 41 25	21 39 47	23 11 27	7 19 5	3 24 2	18 21 59	23 53 15	2 7 19	20 18 33	23 0 38
19	23 8 12	5 17 9	7 51 28	25 21 38	4 41 11	21 39 32	23 11 49	7 16 45	3 23 59	18 21 51	23 53 20	2 6 44	20 18 41	23 0 17
20	23 11 31	4 48 47	7 49 47	25 26 19	4 40 57	21 39 19	23 12 10	7 14 23	3 23 57	18 21 43	23 53 25	2 6 9	20 18 50	22 59 55
21	23 14 47	4 20 25	7 48 6	25 30 48	4 40 44	21 39 7	23 12 32	7 12 1	3 23 54	18 21 36	23 53 30	2 5 34	20 18 58	22 59 33
22	23 18 1	3 52 6	7 46 26	25 35 3	4 40 32	21 38 57	23 12 54	7 9 36	3 23 52	18 21 30	23 53 36	2 4 58	20 19 6	22 59 12
23	23 21 11	3 23 49	7 44 47	25 39 6	4 40 20	21 38 49	23 13 16	7 7 11	3 23 51	18 21 25	23 53 41	2 4 21	20 19 14	22 58 50
24	23 24 19	2 55 37	7 43 9	25 42 55	4 40 10	21 38 42	23 13 39	7 4 44	3 23 49	18 21 20	23 53 46	2 3 44	20 19 23	22 58 29
25	23 27 24	2 27 29	7 41 33	25 46 30	4 40 0	21 38 36	23 14 1	7 2 16	3 23 48	18 21 17	23 53 52	2 3 6	20 19 31	22 58 7
26	23 30 26	1 59 27	7 39 59	25 49 52	4 39 51	21 38 33	23 14 24	6 59 47	3 23 47	18 21 14	23 53 58	2 2 27	20 19 39	22 57 46
27	23 33 25	1 31 31	7 38 27	25 53 0	4 39 44	21 38 31	23 14 47	6 57 16	3 23 46	18 21 12	23 54 4	2 1 48	20 19 47	22 57 25
28	23 36 21	1 3 44	7 36 57	25 55 54	4 39 36	21 38 30	23 15 10	6 54 45	3 23 45	18 21 11	23 54 9	2 1 8	20 19 56	22 57 4
29	23 39 14	0 36 5	7 35 30	25 58 34	4 39 30	21 38 32	23 15 34	6 52 12	3 23 45	18 21 10	23 54 15	2 0 27	20 20 4	22 56 43
30	23 42 3	0 8 36	7 34 5	26 1 1	4 39 25	21 38 35	23 15 57	6 49 38	3 23 44	18 21 11	23 54 21	1 59 46	20 20 12	22 56 22
31	23 44 49	0N18 43	7 32 42	26N 3 15	4 39 21	21N38 39	23 16 21	6S47 4	3 23 44	18N21 12	23 54 28	1S59 5	20 20 20	22S56 1

FEBRUARY 2025

DAY	SIDEREAL TIME h m s	☉ SUN LONG ° ' "	MOT ' "	R.A. h m s	DECL ° ' "
1 S	8 45 49	17♑16 44	60 55	20 59 20.0	17S 5 24
2 Su	8 49 46	18 17 39	60 53	21 3 24.3	16 48 10
3 M	8 53 42	19 18 32	60 52	21 7 27.8	16 30 38
4 Tu	8 57 39	20 19 24	60 51	21 11 30.4	16 12 49
5 W	9 1 35	21 20 15	60 49	21 15 32.2	15 54 44
6 Th	9 5 32	22 21 4	60 48	21 19 33.2	15 36 22
7 F	9 9 28	23 21 51	60 46	21 23 33.3	15 17 44
8 S	9 13 25	24 22 37	60 45	21 27 32.7	14 58 50
9 Su	9 17 22	25 23 21	60 43	21 31 31.2	14 39 42
10 M	9 21 18	26 24 4	60 42	21 35 29.0	14 20 19
11 Tu	9 25 15	27 24 46	60 40	21 39 25.9	14 0 42
12 W	9 29 11	28 25 26	60 39	21 43 22.1	13 40 51
13 Th	9 33 8	29 26 5	60 37	21 47 17.6	13 20 47
14 F	9 37 4	0♒26 42	60 36	21 51 12.2	13 0 29
15 S	9 41 1	1 27 18	60 35	21 55 6.2	12 39 59
16 Su	9 44 57	2 27 52	60 33	21 58 59.4	12 19 16
17 M	9 48 54	3 28 26	60 32	22 2 52.0	11 58 22
18 Tu	9 52 51	4 28 58	60 31	22 6 43.8	11 37 16
19 W	9 56 47	5 29 28	60 30	22 10 35.0	11 15 59
20 Th	10 0 44	6 29 58	60 28	22 14 25.5	10 54 31
21 F	10 4 40	7 30 26	60 27	22 18 15.4	10 32 53
22 S	10 8 37	8 30 53	60 26	22 22 4.7	10 11 5
23 Su	10 12 33	9 31 18	60 24	22 25 53.4	9 49 8
24 M	10 16 30	10 31 42	60 23	22 29 41.4	9 27 1
25 Tu	10 20 26	11 32 5	60 21	22 33 28.9	9 4 46
26 W	10 24 23	12 32 26	60 20	22 37 15.8	8 42 23
27 Th	10 28 20	13 32 45	60 18	22 41 2.2	8 19 52
28 F	10 32 16	14♒33 3	60 16	22 44 48.0	7S57 13

DAY	☽ MOON AT 0 HOURS LONG ° ' "	12h MOT ° ' "	2DIF "	R.A. h m s	DECL ° ' "
1	19♒51 24	7 10 13	15	23 6 24	7S 1 6
2	4♓12 3	7 10 13	-14	23 57 14	0 11 15
3	18 31 48	7 8 31	-35	0 47 59	6N38 49
4	2♈47 32	7 5 40	-49	1 39 48	13 7 1
5	16 57 8	7 2 3	-58	2 33 46	18 51 45
6	0♉59 14	6 57 56	-65	3 30 32	23 31 56
7	14 52 52	6 53 22	-72	4 30 6	26 48 19
8	28 37 7	6 48 17	-80	5 31 29	28 26 24
9	12♊10 56	6 42 37	-90	6 32 57	28 20 11
10	25 33 6	6 36 20	-99	7 32 31	26 34 17
11	8♋42 24	6 29 29	-106	8 28 44	23 22 38
12	21 37 48	6 22 18	-109	9 21 2	19 4 19
13	4♌18 46	6 15 6	-106	10 9 38	13 59 16
14	16 45 30	6 8 19	-96	10 55 13	8 25 37
15	28 59 3	6 2 25	-80	11 38 45	2 38 44
16	11♍ 1 24	5 57 50	-56	12 21 13	3S 8 37
17	22 55 24	5 54 59	-28	13 3 38	8 45 32
18	4♎44 41	5 54 12	5	13 46 57	14 2 0
19	16 33 33	5 55 45	42	14 32 7	18 47 49
20	28 26 45	5 59 46	79	15 19 54	22 51 47
21	10♏29 13	6 6 16	115	16 10 52	26 1 10
22	22 45 53	6 15 5	148	17 5 5	28 1 59
23	5♐21 12	6 25 50	173	18 2 1	28 40 45
24	18 18 48	6 37 55	186	19 0 32	27 47 16
25	1♑40 54	6 50 27	185	19 59 7	25 17 51
26	15 27 53	7 2 21	167	20 56 30	21 17 8
27	29 37 56	7 12 29	133	21 52 1	15 57 46
28	14♒ 6 59	7 19 50	85	22 45 41	9S38 40

DAY	☽ MOON AT 12 HOURS LONG ° ' "	12h MOT ° ' "	2DIF "	R.A. h m s	DECL ° ' "
1	27♒ 1 36	7 10 27	0	23 31 54	3S37 36
2	11♓22 16	7 9 33	-25	0 22 33	3N15 9
3	25 40 20	7 7 13	-43	1 13 41	9 57 1
4	9♈53 12	7 3 56	-54	2 6 28	16 6 9
5	23 59 11	7 0 3	-62	3 1 47	21 21 10
6	7♉57 10	6 55 42	-69	4 0 0	25 21 39
7	21 46 14	6 50 53	-76	5 0 40	27 50 16
8	5♊25 24	6 45 32	-85	6 2 20	28 36 18
9	18 53 33	6 39 33	-94	7 3 5	27 39 0
10	2♋ 9 26	6 32 58	-103	8 1 6	25 8 3
11	15 11 53	6 25 55	-108	8 55 23	21 20 32
12	28 0 6	6 18 41	-108	9 45 46	16 36 26
13	10♌33 52	6 11 38	-102	10 32 45	11 14 59
14	22 53 50	6 5 14	-89	11 17 11	5 32 59
15	5♍ 1 28	5 59 56	-69	12 0 3	0S15 36
16	16 59 14	5 56 10	-43	12 42 22	5 59 1
17	28 50 22	5 54 19	-12	13 25 7	11 26 57
18	10♎38 53	5 54 40	23	14 9 15	16 29 24
19	22 29 18	5 57 27	60	14 55 38	20 55 47
20	4♏26 31	6 2 43	97	15 44 58	24 34 9
21	16 35 29	6 10 24	132	16 37 35	27 11 2
22	29 0 57	6 20 15	161	17 33 16	28 32 23
23	11♐47 2	6 31 46	181	18 31 10	28 25 57
24	24 56 43	6 44 11	188	19 29 54	26 44 28
25	8♑31 21	6 56 33	179	20 28 1	23 28 17
26	22 30 14	7 7 42	152	21 24 30	18 46 13
27	6♒50 25	7 16 34	110	22 19 3	12 54 19
28	21♒26 49	7 22 14	58	23 12 1	6S13 48

LUNAR INGRESSES
1 ☽ ♓ 16:58
3 ☽ ♈ 19:17
5 ☽ ♉ 22:18
8 ☽ ♊ 2:26
10 ☽ ♋ 8:04
12 ☽ ♌ 15:47
15 ☽ ♍ 2:01
17 ☽ ♎ 14:21
20 ☽ ♏ 3:07
22 ☽ ♐ 13:52
24 ☽ ♑ 21:01
27 ☽ ♒ 0:37

PLANET INGRESSES
11 ☿ ♒ 19:14
13 ☉ ♒ 13:26
28 ☿ ♓ 6:46

STATIONS
4 ♃ D 9:42
24 ♂ D 2:01

DATA FOR THE 1st AT 0 HOURS
JULIAN DAY 45687.5
☽ MEAN ☊ 4°♓ 45' 49"
OBLIQUITY 23° 26' 19"
DELTA T 79.1 SECONDS
NUTATION LONGITUDE 1.4"

DAY MO	YR	☿ LONG ° ' "	♀ LONG ° ' "	♂ LONG ° ' "	♃ LONG ° ' "	♄ LONG ° ' "	♅ LONG ° ' "	♆ LONG ° ' "	♇ LONG ° ' "	☊ LONG ° '	A.S.S.I. h m s	S.S.R.Y. h m s	S.V.P. ♓ ° ' "	☿ MERCURY R.A. h m s	DECL ° ' "
1	32	11♑17 11	2♓21 8	25♊22R20	16♉12R26	22♒19 56	28♈10 17	2♓52 37	6♑57 45	3♓05	26 22 10	30 9 11	4 54 32.3	20 37 10	20S36 21
2	33	12 57 30	3 8 18	25 4 56	16 11 50	22 26 28	28 10 22	2 54 21	6 59 39	3 04	26 27 17	30 10 11	4 54 32.2	20 44 5	20 12 27
3	34	14 38 32	3 54 31	24 48 13	16 11 27	22 33 3	28 10 31	2 56 6	7 1 33	3 05	26 32 23	30 11 6	4 54 32.2	20 51 1	19 47 5
4	35	16 20 17	4 39 45	24 32 13	16 11D15	22 39 40	28 10 43	2 57 52	7 3 27	3 06	26 37 27	30 11 54	4 54 32.1	20 57 58	19 20 16
5	36	18 2 48	5 23 56	24 16 58	16 11 16	22 46 19	28 10 59	2 59 39	7 5 20	3 07	26 42 31	30 12 34	4 54 32.0	21 4 55	18 51 58
6	37	19 46 3	6 7 3	24 2 28	16 11 30	22 53 1	28 11 17	3 1 28	7 7 13	3 07	26 47 34	30 13 3	4 54 31.8	21 11 52	18 22 13
7	38	21 30 4	6 49 3	23 48 43	16 11 55	22 59 46	28 11 39	3 3 18	7 9 6	3 05	26 52 36	30 13 19	4 54 31.6	21 18 49	17 51 0
8	39	23 14 50	7 29 52	23 35 44	16 12 33	23 6 33	28 12 4	3 5 10	7 10 58	3 01	26 57 36	30 13 21	4 54 31.3	21 25 46	17 18 19
9	40	25 0 22	8 9 29	23 23 33	16 13 23	23 13 22	28 12 32	3 7 2	7 12 49	2 55	27 2 36	30 13 10	4 54 31.0	21 32 44	16 44 11
10	41	26 46 40	8 47 50	23 12 9	16 14 25	23 20 13	28 13 3	3 8 56	7 14 41	2 49	27 7 35	30 12 45	4 54 30.8	21 39 41	16 8 36
11	42	28 33 43	9 24 52	23 1 32	16 15 39	23 27 6	28 13 37	3 10 51	7 16 31	2 43	27 12 33	30 12 9	4 54 30.6	21 46 39	15 31 35
12	43	0♒21 29	10 0 33	22 51 43	16 17 5	23 34 1	28 14 14	3 12 46	7 18 21	2 37	27 17 29	30 11 22	4 54 30.4	21 53 36	14 53 8
13	44	2 9 58	10 34 48	22 42 41	16 18 43	23 40 59	28 14 55	3 14 43	7 20 10	2 33	27 22 25	30 10 28	4 54 30.3	22 0 33	14 13 16
14	45	3 59 7	11 7 35	22 34 27	16 20 33	23 47 58	28 15 38	3 16 41	7 21 59	2 30	27 27 20	30 9 29	4 54 30.3	22 7 29	13 32 2
15	46	5 48 53	11 38 51	22 27 2	16 22 34	23 54 59	28 16 25	3 18 41	7 23 47	2 29	27 32 14	30 8 27	4 54 30.2	22 14 25	12 49 26
16	47	7 39 13	12 8 32	22 20 23	16 24 48	24 2 2	28 17 15	3 20 41	7 25 35	2 29	27 37 7	30 7 27	4 54 30.2	22 21 20	12 5 32
17	48	9 30 2	12 36 35	22 14 32	16 27 12	24 9 6	28 18 8	3 22 42	7 27 22	2 30	27 41 59	30 6 31	4 54 30.2	22 28 14	11 20 22
18	49	11 21 13	13 2 55	22 9 29	16 29 49	24 16 12	28 19 4	3 24 44	7 29 8	2 32	27 46 50	30 5 41	4 54 30.1	22 35 6	10 33 59
19	50	13 12 40	13 27 31	22 5 12	16 32 37	24 23 20	28 20 3	3 26 47	7 30 53	2 34	27 51 41	30 5 0	4 54 30.0	22 41 56	9 46 27
20	51	15 4 13	13 50 17	22 1 43	16 35 36	24 30 29	28 21 5	3 28 51	7 32 38	2 35	27 56 30	30 4 28	4 54 29.9	22 48 44	8 57 53
21	52	16 55 43	14 11 11	21 58 59	16 38 47	24 37 40	28 22 10	3 30 55	7 34 22	2 35	28 1 19	30 4 7	4 54 29.7	22 55 29	8 8 20
22	53	18 46 55	14 30 8	21 57 2	16 42 10	24 44 52	28 23 18	3 33 1	7 36 5	2 34	28 6 7	30 3 58	4 54 29.5	23 2 11	7 17 57
23	54	20 37 36	14 47 5	21 55 50	16 45 43	24 52 5	28 24 30	3 35 7	7 37 47	2 32	28 10 54	30 4 0	4 54 29.3	23 8 48	6 26 52
24	55	22 27 27	15 1 58	21 55D24	16 49 28	24 59 20	28 25 44	3 37 14	7 39 28	2 30	28 15 41	30 4 13	4 54 29.1	23 15 20	5 35 14
25	56	24 16 11	15 14 44	21 55 42	16 53 23	25 6 35	28 27 1	3 39 22	7 41 9	2 27	28 20 27	30 4 38	4 54 28.9	23 21 45	4 43 14
26	57	26 3 22	15 25 18	21 56 45	16 57 30	25 13 52	28 28 21	3 41 31	7 42 48	2 24	28 25 12	30 5 12	4 54 28.7	23 28 4	3 51 5
27	58	27 48 38	15 33 38	21 58 31	17 1 47	25 21 10	28 29 44	3 43 40	7 44 27	2 21	28 29 56	30 5 56	4 54 28.6	23 34 13	2 59 0
28	59	29♒31 30	15♓39 40	22♊ 1 1	17♉ 6 16	25♒28 29	28♈31 10	3♓45 50	7♑46 4	2♓19	28 34 40	30 6 47	4 54 28.5	23 40 12	2S 7 14

DAY Feb	♀ VENUS R.A. h m s	DECL ° ' "	♂ MARS R.A. h m s	DECL ° ' "	♃ JUPITER R.A. h m s	DECL ° ' "	♄ SATURN R.A. h m s	DECL ° ' "
1	23 47 32	0N45 49	7 31 22	26N 5 15	4 39 17	21N38 46	23 16 45	6S44 28
2	23 50 11	1 12 42	7 30 5	26 7 2	4 39 14	21 38 53	23 17 9	6 41 51
3	23 52 46	1 39 22	7 28 51	26 8 36	4 39 13	21 39 3	23 17 33	6 39 13
4	23 55 17	2 5 45	7 27 40	26 9 57	4 39 12	21 39 14	23 17 58	6 36 35
5	23 57 45	2 31 52	7 26 32	26 11 6	4 39 12	21 39 27	23 18 22	6 33 55
6	0 0 8	2 57 41	7 25 28	26 12 2	4 39 12	21 39 42	23 18 47	6 31 15
7	0 2 27	3 23 10	7 24 26	26 12 47	4 39 14	21 39 58	23 19 12	6 28 34
8	0 4 41	3 48 18	7 23 28	26 13 21	4 39 17	21 40 16	23 19 37	6 25 51
9	0 6 51	4 13 5	7 22 34	26 13 44	4 39 20	21 40 35	23 20 2	6 23 9
10	0 8 56	4 37 28	7 21 43	26 13 56	4 39 24	21 40 56	23 20 27	6 20 25
11	0 10 56	5 1 25	7 20 55	26 13 57	4 39 30	21 41 19	23 20 53	6 17 41
12	0 12 51	5 24 56	7 20 11	26 13 49	4 39 36	21 41 43	23 21 18	6 14 55
13	0 14 40	5 47 59	7 19 30	26 13 32	4 39 42	21 42 9	23 21 44	6 12 10
14	0 16 25	6 10 32	7 18 53	26 13 5	4 39 50	21 42 36	23 22 10	6 9 23
15	0 18 3	6 32 33	7 18 19	26 12 29	4 39 59	21 43 5	23 22 36	6 6 37
16	0 19 35	6 54 1	7 17 49	26 11 44	4 40 8	21 43 35	23 23 2	6 3 49
17	0 21 2	7 14 54	7 17 22	26 10 52	4 40 18	21 44 7	23 23 28	6 1 1
18	0 22 22	7 35 10	7 16 59	26 9 51	4 40 29	21 44 40	23 23 54	5 58 12
19	0 23 35	7 54 47	7 16 39	26 8 43	4 40 41	21 45 15	23 24 20	5 55 23
20	0 24 42	8 13 43	7 16 23	26 7 27	4 40 54	21 45 51	23 24 47	5 52 33
21	0 25 42	8 31 55	7 16 10	26 6 4	4 41 7	21 46 29	23 25 13	5 49 43
22	0 26 35	8 49 22	7 16 0	26 4 34	4 41 21	21 47 8	23 25 40	5 46 52
23	0 27 20	9 6 1	7 15 54	26 2 58	4 41 37	21 47 48	23 26 7	5 44 1
24	0 27 58	9 21 49	7 15 51	26 1 15	4 41 52	21 48 30	23 26 33	5 41 9
25	0 28 28	9 36 44	7 15 51	25 59 25	4 42 9	21 49 13	23 27 0	5 38 18
26	0 28 49	9 50 44	7 15 55	25 57 30	4 42 27	21 49 57	23 27 27	5 35 25
27	0 29 3	10 3 45	7 16 2	25 55 28	4 42 45	21 50 43	23 27 54	5 32 33
28	0 29 9	10N15 45	7 16 12	25N53 21	4 43 4	21N51 29	23 28 21	5S29 40

DAY Feb	♅ URANUS R.A. h m s	DECL ° ' "	♆ NEPTUNE R.A. h m s	DECL ° ' "	♇ PLUTO R.A. h m s	DECL ° ' "
1	3 23 44	18N21 14	23 54 34	1S58 23	20 20 28	22S55 41
2	3 23 45	18 21 16	23 54 40	1 57 40	20 20 37	22 55 20
3	3 23 45	18 21 20	23 54 46	1 56 57	20 20 45	22 55 0
4	3 23 46	18 21 24	23 54 53	1 56 14	20 20 53	22 54 40
5	3 23 47	18 21 29	23 54 59	1 55 30	20 21 1	22 54 20
6	3 23 48	18 21 35	23 55 6	1 54 45	20 21 9	22 54 0
7	3 23 50	18 21 42	23 55 13	1 54 0	20 21 17	22 53 40
8	3 23 52	18 21 49	23 55 20	1 53 15	20 21 25	22 53 21
9	3 23 53	18 21 58	23 55 26	1 52 29	20 21 33	22 53 1
10	3 23 56	18 22 7	23 55 33	1 51 43	20 21 41	22 52 42
11	3 23 58	18 22 17	23 55 40	1 50 56	20 21 49	22 52 23
12	3 24 0	18 22 28	23 55 47	1 50 9	20 21 57	22 52 5
13	3 24 3	18 22 39	23 55 55	1 49 21	20 22 5	22 51 46
14	3 24 6	18 22 51	23 56 2	1 48 33	20 22 12	22 51 28
15	3 24 9	18 23 4	23 56 9	1 47 45	20 22 20	22 51 10
16	3 24 13	18 23 18	23 56 16	1 46 56	20 22 28	22 50 52
17	3 24 16	18 23 32	23 56 24	1 46 8	20 22 35	22 50 34
18	3 24 20	18 23 48	23 56 31	1 45 18	20 22 43	22 50 17
19	3 24 24	18 24 4	23 56 39	1 44 29	20 22 50	22 50 0
20	3 24 28	18 24 20	23 56 46	1 43 38	20 22 58	22 49 43
21	3 24 33	18 24 38	23 56 54	1 42 48	20 23 5	22 49 26
22	3 24 37	18 24 56	23 57 2	1 41 57	20 23 13	22 49 10
23	3 24 42	18 25 15	23 57 9	1 41 7	20 23 20	22 48 53
24	3 24 47	18 25 35	23 57 17	1 40 15	20 23 27	22 48 38
25	3 24 52	18 25 55	23 57 25	1 39 24	20 23 35	22 48 22
26	3 24 58	18 26 17	23 57 33	1 38 32	20 23 42	22 48 7
27	3 25 3	18 26 39	23 57 41	1 37 40	20 23 49	22 47 52
28	3 25 9	18N27 1	23 57 49	1S36 48	20 23 56	22S47 37

MARCH 2025

DAY	SIDEREAL TIME h m s	☉ SUN LONG ° ' "	MOT ' "	R.A. h m s	DECL ° ' "	☽ MOON AT 0 HOURS LONG ° ' "	12h MOT ° ' "	2DIF "	R.A. h m s	DECL ° ' "	☽ MOON AT 12 HOURS LONG ° ' "	12h MOT ° ' "	2DIF "	R.A. h m s	DECL ° ' "
1 S	10 36 13	15♒33 20	60 14	22 48 33.3	7S34 28	28♒49 3	7 23 44	31	23 38 9	2S42 51	6♓12 47	7 24 18	4	0 4 13	0N50 57
2 Su	10 40 9	16 33 34	60 12	22 52 18.1	7 11 36	13♓37 5	7 23 58	-23	0 30 22	4N24 22	21 1 3	7 22 47	-47	0 56 44	7 54 5
3 M	10 44 6	17 33 46	60 10	22 56 2.4	6 48 37	28 23 49	7 20 50	-69	1 23 27	11 16 52	5♈44 39	7 18 12	-88	1 50 39	14 29 31
4 Tu	10 48 2	18 33 57	60 8	22 59 46.2	6 25 34	13♈ 2 51	7 15 0	-103	2 18 25	17 28 55	20 17 50	7 11 20	-115	2 46 50	20 12 6
5 W	10 51 59	19 34 5	60 6	23 3 29.5	6 2 25	27 29 10	7 7 19	-124	3 15 54	22 36 19	4♉36 29	7 3 3	-130	3 45 38	24 39 5
6 Th	10 55 55	20 34 11	60 4	23 7 12.4	5 39 11	11♉39 32	6 58 38	-133	4 15 55	26 18 20	18 38 10	6 54 9	-134	4 46 37	27 32 25
7 F	10 59 52	21 34 15	60 2	23 10 54.9	5 15 52	25 32 19	6 49 41	-133	5 17 33	28 20 21	2♊22 0	6 45 16	-131	5 48 28	28 41 44
8 S	11 3 49	22 34 17	60 0	23 14 37.0	4 52 30	9♊ 7 16	6 40 57	-127	6 19 7	28 36 53	15 48 13	6 36 47	-123	6 49 18	28 6 44
9 Su	11 7 45	23 34 17	59 58	23 18 18.6	4 29 4	22 24 59	6 32 46	-118	7 18 47	27 12 47	28 57 45	6 28 55	-113	7 47 26	25 56 58
10 M	11 11 42	24 34 14	59 56	23 21 59.9	4 5 34	5♋26 39	6 25 15	-107	8 15 8	24 21 28	11♋51 55	6 21 46	-102	8 41 52	22 28 39
11 Tu	11 15 38	25 34 9	59 53	23 25 40.9	3 42 2	18 13 41	6 18 28	-96	9 7 37	20 20 52	24 32 9	6 15 21	-91	9 32 27	18 0 29
12 W	11 19 35	26 34 3	59 51	23 29 21.5	3 18 27	0♌47 30	6 12 25	-85	9 56 26	15 29 43	6♌59 55	6 9 40	-80	10 19 39	12 50 39
13 Th	11 23 31	27 33 54	59 49	23 33 1.8	2 54 50	13 9 35	6 7 5	-74	10 42 14	10 5 13	19 16 40	6 4 42	-68	11 4 16	7 15 15
14 F	11 27 28	28 33 43	59 47	23 36 41.8	2 31 11	25 21 22	6 2 32	-62	11 25 4	4 22 25	1♍23 54	6 0 34	-56	11 47 15	1 28 17
15 S	11 31 24	29 33 31	59 45	23 40 21.6	2 7 30	7♍24 28	5 58 49	-48	12 8 25	1S25 41	13 23 17	5 57 20	-40	12 29 33	4S18 4
16 Su	11 35 21	0♓33 16	59 43	23 44 1.2	1 43 49	19 20 37	5 56 8	-32	12 50 44	7 7 29	25 16 45	5 55 13	-22	13 12 5	9 52 37
17 M	11 39 17	1 32 59	59 42	23 47 40.5	1 20 6	1♎11 58	5 54 39	-12	13 33 44	12 32 8	7♎ 6 37	5 54 26	-1	13 55 46	15 4 40
18 Tu	11 43 14	2 32 41	59 40	23 51 19.7	0 56 23	13 1 2	5 54 36	12	14 18 17	17 28 50	18 55 38	5 55 12	25	14 41 23	19 43 12
19 W	11 47 11	3 32 21	59 38	23 54 58.7	0 32 40	24 50 51	5 56 15	39	15 5 7	21 46 17	0♏47 6	5 57 47	54	15 29 33	23 36 32
20 Th	11 51 7	4 31 59	59 36	23 58 37.6	0 8 57	6♏44 53	5 59 50	69	15 54 44	25 12 22	12 44 43	6 2 23	85	16 20 39	26 32 10
21 F	11 55 4	5 31 35	59 35	0 2 16.3	0N14 46	18 47 6	6 5 29	101	16 47 17	27 34 23	24 52 36	6 9 8	118	17 14 34	28 17 30
22 S	11 59 0	6 31 10	59 33	0 5 55.0	0 38 27	1♐ 1 44	6 13 20	134	17 42 23	28 40 11	7♐15 3	6 18 3	149	18 10 39	28 41 20
23 Su	12 2 57	7 30 42	59 31	0 9 33.6	1 2 8	13 33 6	6 23 16	164	18 39 10	28 20 8	19 56 22	6 28 57	176	19 7 48	27 36 8
24 M	12 6 53	8 30 13	59 29	0 13 12.1	1 25 47	26 25 19	6 35 2	187	19 36 24	26 29 17	3♑ 0 21	6 41 26	195	20 4 48	24 59 57
25 Tu	12 10 50	9 29 43	59 28	0 16 50.6	1 49 23	9♑41 46	6 48 3	200	20 32 56	23 8 53	16 29 50	6 54 47	201	21 0 42	20 57 16
26 W	12 14 47	10 29 10	59 26	0 20 29.1	2 12 58	23 24 36	7 1 28	198	21 28 4	18 26 36	0♒26 4	7 7 58	190	21 55 5	15 38 43
27 Th	12 18 43	11 28 36	59 24	0 24 7.6	2 36 30	7♒34 2	7 14 7	176	22 21 45	12 35 47	14 48 9	7 19 43	158	22 48 11	9 20 11
28 F	12 22 40	12 28 0	59 22	0 27 46.1	2 59 58	22 7 52	7 24 38	134	23 14 28	5 54 39	29 32 29	7 28 40	106	23 40 43	2 22 7
29 S	12 26 36	13 27 22	59 20	0 31 24.7	3 23 23	7♓ 1 10	7 31 43	75	0 7 4	1N14 13	14♓32 53	7 33 40	41	0 33 40	4N50 59
30 Su	12 30 33	14 26 41	59 18	0 35 3.3	3 46 45	22 6 33	7 34 26	5	1 0 39	8 24 36	29 40 59	7 34 1	-30	1 28 10	11 51 23
31 M	12 34 29	15♓25 59	59 16	0 38 41.9	4N10 2	7♈15 0	7 32 25	-64	1 56 19	15N 7 36	14♈47 25	7 29 43	-96	2 25 10	18N 9 34

LUNAR INGRESSES
1 ☽ ♓ 1:55
3 ☽ ♈ 2:37
5 ☽ ♉ 4:13
7 ☽ ♊ 7:50
9 ☽ ♋ 13:55
11 ☽ ♌ 22:29
14 ☽ ♍ 9:13
16 ☽ ♎ 21:34
19 ☽ ♏ 10:22
21 ☽ ♐ 22:00
24 ☽ ♑ 6:33
26 ☽ ♒ 11:16
28 ☽ ♓ 12:44
30 ☽ ♈ 12:30

PLANET INGRESSES
15 ☉ ♓ 10:38

STATIONS
2 ♀ R 0:37
15 ☿ R 6:47

DATA FOR THE 1st AT 0 HOURS
JULIAN DAY 45715.5
☽ MEAN ☊ 3°♓ 16' 47"
OBLIQUITY 23° 26' 19"
DELTA T 79.1 SECONDS
NUTATION LONGITUDE 1.2"

DAY MO YR	☿ LONG ° ' "	♀ LONG ° ' "	♂ LONG ° ' "	♃ LONG ° ' "	♄ LONG ° ' "	♅ LONG ° ' "	♆ LONG ° ' "	♇ LONG ° ' "	☊ LONG ° '	A.S.S.I. h m s	S.S.R.Y. h m s	S.V.P. ♓ ° ' "	☿ MERCURY R.A. h m s	DECL ° ' "
1 60	1♓11 29	15♓43 20	22♊ 4 13	17♉10 55	25♒35 48	28♈32 39	3♓48 1	7♑47 41	2♓19	28 39 23	30 7 43	4 54 28.5	23 46 0	1S16 4
2 61	2 48 2	15 44R37	22 8 7	17 15 45	25 43 9	28 34 10	3 50 12	7 49 17	2 19	28 44 5	30 8 46	4 54 28.5	23 51 33	0 25 47
3 62	4 20 36	15 43 27	22 12 43	17 20 45	25 50 30	28 35 45	3 52 24	7 50 51	2 20	28 48 47	30 9 48	4 54 28.5	23 56 52	0N23 17
4 63	5 48 37	15 39 49	22 17 59	17 25 55	25 57 52	28 37 22	3 54 36	7 52 25	2 21	28 53 28	30 10 48	4 54 28.4	0 1 53	1 10 49
5 64	7 11 30	15 33 39	22 23 55	17 31 16	26 5 14	28 39 2	3 56 49	7 53 57	2 22	28 58 9	30 11 42	4 54 28.2	0 6 35	1 56 30
6 65	8 28 40	15 24 59	22 30 30	17 36 47	26 12 37	28 40 45	3 59 2	7 55 29	2 22	29 2 49	30 12 26	4 54 28.1	0 10 57	2 39 59
7 66	9 39 33	15 13 47	22 37 44	17 42 28	26 20 0	28 42 31	4 1 16	7 56 59	2 23	29 7 29	30 12 59	4 54 27.8	0 14 55	3 20 56
8 67	10 43 39	15 0 4	22 45 35	17 48 19	26 27 24	28 44 19	4 3 30	7 58 28	2 22	29 12 8	30 13 18	4 54 27.6	0 18 29	3 59 2
9 68	11 40 28	14 43 52	22 54 2	17 54 20	26 34 48	28 46 10	4 5 44	7 59 56	2 21	29 16 46	30 13 23	4 54 27.4	0 21 36	4 33 58
10 69	12 29 34	14 25 14	23 3 6	18 0 30	26 42 12	28 48 4	4 7 59	8 1 23	2 20	29 21 24	30 13 14	4 54 27.2	0 24 16	5 5 27
11 70	13 10 35	14 4 12	23 12 45	18 6 50	26 49 36	28 50 0	4 10 14	8 2 48	2 19	29 26 2	30 12 52	4 54 27.1	0 26 28	5 33 13
12 71	13 43 14	13 40 52	23 22 58	18 13 19	26 57 0	28 51 59	4 12 29	8 4 13	2 19	29 30 39	30 12 18	4 54 27.0	0 28 9	5 57 0
13 72	14 7 19	13 15 21	23 33 45	18 19 58	27 4 24	28 54 0	4 14 45	8 5 36	2 18	29 35 16	30 11 34	4 54 26.9	0 29 21	6 16 37
14 73	14 22 43	12 47 45	23 45 4	18 26 45	27 11 49	28 56 4	4 17 0	8 6 58	2 18	29 39 52	30 10 42	4 54 26.9	0 30 2	6 31 53
15 74	14 29R27	12 18 13	23 56 56	18 33 42	27 19 13	28 58 10	4 19 16	8 8 18	2 18	29 44 28	30 9 45	4 54 26.9	0 30 12	6 42 39
16 75	14 27 37	11 46 54	24 9 19	18 40 48	27 26 37	29 0 19	4 21 33	8 9 37	2 18	29 49 4	30 8 45	4 54 26.9	0 29 54	6 48 50
17 76	14 17 28	11 14 0	24 22 13	18 48 2	27 34 1	29 2 30	4 23 49	8 10 56	2 18	29 53 40	30 7 45	4 54 26.8	0 29 6	6 50 23
18 77	13 59 23	10 39 42	24 35 37	18 55 25	27 41 24	29 4 44	4 26 5	8 12 13	2 18	29 58 15	30 6 48	4 54 26.8	0 27 53	6 47 21
19 78	13 33 53	10 4 14	24 49 31	19 2 57	27 48 47	29 7 0	4 28 22	8 13 28	2 18	30 2 50	30 5 55	4 54 26.7	0 26 14	6 39 49
20 79	13 1 38	9 27 49	25 3 53	19 10 37	27 56 10	29 9 18	4 30 38	8 14 42	2 18	30 7 25	30 5 7	4 54 26.6	0 24 13	6 27 58
21 80	12 23 24	8 50 42	25 18 44	19 18 26	28 3 32	29 11 39	4 32 54	8 15 54	2 17	0 2 51	30 4 27	4 54 26.4	0 21 54	6 12 2
22 81	11 40 6	8 13 7	25 34 2	19 26 23	28 10 54	29 14 2	4 35 11	8 17 6	2 17	0 7 26	30 3 56	4 54 26.2	0 19 19	5 52 21
23 82	10 52 45	7 35 21	25 49 47	19 34 28	28 18 15	29 16 27	4 37 27	8 18 16	2 17	0 12 1	30 3 35	4 54 26.0	0 16 32	5 29 20
24 83	10 2 24	6 57 37	26 5 59	19 42 41	28 25 36	29 18 54	4 39 43	8 19 24	2 17	0 16 35	30 3 25	4 54 25.8	0 13 37	5 3 26
25 84	9 10 12	6 20 12	26 22 37	19 51 3	28 32 56	29 21 24	4 42 0	8 20 31	2 18	0 21 10	30 3 27	4 54 25.7	0 10 38	4 35 12
26 85	8 17 14	5 43 20	26 39 40	19 59 32	28 40 15	29 23 56	4 44 16	8 21 37	2 19	0 25 44	30 3 42	4 54 25.5	0 7 39	4 5 11
27 86	7 24 37	5 7 15	26 57 8	20 8 8	28 47 33	29 26 29	4 46 32	8 22 41	2 19	0 30 19	30 4 9	4 54 25.5	0 4 44	3 33 58
28 87	6 33 23	4 32 12	27 15 1	20 16 53	28 54 50	29 29 5	4 48 47	8 23 43	2 20	0 34 53	30 4 49	4 54 25.4	0 1 55	3 2 7
29 88	5 44 27	3 58 23	27 33 18	20 25 45	29 2 6	29 31 43	4 51 3	8 24 44	2 20	0 39 28	30 5 40	4 54 25.4	23 59 17	2 30 12
30 89	4 58 39	3 25 59	27 51 58	20 34 45	29 9 21	29 34 23	4 53 18	8 25 44	2 20	0 44 2	30 6 39	4 54 25.4	23 56 52	1 58 44
31 90	4♓16 43	2♓55 13	28♊11 1	20♉43 51	29♒16 35	29♈37 5	4♓55 33	8♑26 42	2♓18	0 48 37	30 7 44	4 54 25.4	23 54 43	1N28 11

DAY Mar	♀ VENUS R.A. h m s	DECL ° ' "	♂ MARS R.A. h m s	DECL ° ' "	♃ JUPITER R.A. h m s	DECL ° ' "	♄ SATURN R.A. h m s	DECL ° ' "	♅ URANUS R.A. h m s	DECL ° ' "	♆ NEPTUNE R.A. h m s	DECL ° ' "	♇ PLUTO R.A. h m s	DECL ° ' "
1	0 29 6	10N26 41	7 16 25	25N51 8	4 43 24	21N52 17	23 28 48	5S26 47	3 25 15	18N27 24	23 57 57	1S35 56	20 24 3	22S47 22
2	0 28 54	10 36 29	7 16 41	25 48 49	4 43 44	21 53 6	23 29 15	5 23 54	3 25 21	18 27 48	23 58 5	1 35 3	20 24 10	22 47 8
3	0 28 34	10 45 7	7 17 0	25 46 25	4 44 5	21 53 57	23 29 42	5 21 1	3 25 28	18 28 13	23 58 13	1 34 10	20 24 16	22 46 54
4	0 28 5	10 52 32	7 17 22	25 43 55	4 44 27	21 54 48	23 30 9	5 18 7	3 25 35	18 28 38	23 58 21	1 33 17	20 24 23	22 46 41
5	0 27 27	10 58 41	7 17 47	25 41 20	4 44 50	21 55 40	23 30 37	5 15 14	3 25 41	18 29 4	23 58 29	1 32 24	20 24 30	22 46 28
6	0 26 40	11 3 30	7 18 15	25 38 40	4 45 14	21 56 34	23 31 4	5 12 20	3 25 48	18 29 31	23 58 37	1 31 31	20 24 36	22 46 15
7	0 25 44	11 6 58	7 18 46	25 35 55	4 45 38	21 57 28	23 31 31	5 9 26	3 25 56	18 29 58	23 58 45	1 30 38	20 24 43	22 46 2
8	0 24 40	11 9 2	7 19 19	25 33 4	4 46 3	21 58 23	23 31 59	5 6 32	3 26 3	18 30 26	23 58 53	1 29 44	20 24 49	22 45 50
9	0 23 28	11 9 39	7 19 55	25 30 9	4 46 29	21 59 20	23 32 26	5 3 38	3 26 10	18 30 55	23 59 2	1 28 51	20 24 55	22 45 38
10	0 22 7	11 8 49	7 20 34	25 27 8	4 46 55	22 0 17	23 32 53	5 0 44	3 26 18	18 31 24	23 59 10	1 27 57	20 25 2	22 45 26
11	0 20 39	11 6 28	7 21 15	25 24 3	4 47 22	22 1 15	23 33 21	4 57 51	3 26 26	18 31 54	23 59 18	1 27 3	20 25 8	22 45 15
12	0 19 3	11 2 37	7 21 58	25 20 53	4 47 50	22 2 13	23 33 48	4 54 57	3 26 34	18 32 25	23 59 26	1 26 9	20 25 14	22 45 4
13	0 17 20	10 57 16	7 22 45	25 17 38	4 48 18	22 3 13	23 34 15	4 52 4	3 26 42	18 32 56	23 59 35	1 25 15	20 25 20	22 44 54
14	0 15 31	10 50 23	7 23 33	25 14 18	4 48 47	22 4 13	23 34 43	4 49 10	3 26 51	18 33 28	23 59 43	1 24 22	20 25 26	22 44 43
15	0 13 36	10 42 1	7 24 24	25 10 53	4 49 17	22 5 14	23 35 10	4 46 17	3 26 59	18 34 0	23 59 51	1 23 28	20 25 32	22 44 34
16	0 11 36	10 32 11	7 25 17	25 7 23	4 49 47	22 6 16	23 35 37	4 43 24	3 27 8	18 34 33	24 0 0	1 22 34	20 25 37	22 44 24
17	0 9 32	10 20 54	7 26 12	25 3 49	4 50 18	22 7 18	23 36 5	4 40 31	3 27 17	18 35 6	0 0 8	1 21 40	20 25 43	22 44 15
18	0 7 24	10 8 15	7 27 9	25 0 9	4 50 49	22 8 21	23 36 32	4 37 38	3 27 26	18 35 40	0 0 16	1 20 46	20 25 49	22 44 6
19	0 5 13	9 54 17	7 28 9	24 56 25	4 51 22	22 9 24	23 36 59	4 34 46	3 27 35	18 36 14	0 0 25	1 19 52	20 25 54	22 43 58
20	0 3 0	9 39 4	7 29 10	24 52 36	4 51 54	22 10 28	23 37 27	4 31 54	3 27 45	18 36 49	0 0 33	1 18 58	20 25 59	22 43 50
21	0 0 47	9 22 42	7 30 14	24 48 42	4 52 28	22 11 32	23 37 54	4 29 2	3 27 54	18 37 25	0 0 42	1 18 4	20 26 5	22 43 42
22	23 58 34	9 5 17	7 31 19	24 44 42	4 53 2	22 12 37	23 38 21	4 26 10	3 28 4	18 38 1	0 0 50	1 17 10	20 26 10	22 43 35
23	23 56 21	8 46 54	7 32 26	24 40 38	4 53 37	22 13 42	23 38 48	4 23 19	3 28 14	18 38 37	0 0 58	1 16 16	20 26 15	22 43 28
24	23 54 10	8 27 42	7 33 35	24 36 29	4 54 12	22 14 48	23 39 15	4 20 28	3 28 24	18 39 15	0 1 7	1 15 22	20 26 20	22 43 21
25	23 52 2	8 7 47	7 34 46	24 32 14	4 54 48	22 15 54	23 39 42	4 17 38	3 28 34	18 39 52	0 1 15	1 14 28	20 26 25	22 43 15
26	23 49 57	7 47 17	7 35 59	24 27 55	4 55 24	22 17 0	23 40 10	4 14 48	3 28 45	18 40 30	0 1 23	1 13 35	20 26 30	22 43 9
27	23 47 57	7 26 19	7 37 14	24 23 30	4 56 1	22 18 7	23 40 36	4 11 58	3 28 55	18 41 9	0 1 32	1 12 41	20 26 34	22 43 4
28	23 46 2	7 5 2	7 38 30	24 19 0	4 56 38	22 19 13	23 41 3	4 9 9	3 29 6	18 41 48	0 1 40	1 11 48	20 26 39	22 42 59
29	23 44 12	6 43 33	7 39 48	24 14 24	4 57 16	22 20 20	23 41 30	4 6 21	3 29 17	18 42 27	0 1 48	1 10 55	20 26 43	22 42 55
30	23 42 29	6 21 59	7 41 7	24 9 43	4 57 55	22 21 27	23 41 57	4 3 33	3 29 27	18 43 7	0 1 57	1 10 2	20 26 48	22 42 50
31	23 40 53	6N 0 29	7 42 28	24N 4 57	4 58 34	22N22 35	23 42 24	4S 0 46	3 29 39	18N43 47	0 2 5	1S 9 9	20 26 52	22S42 47

APRIL 2025

DAY	SIDEREAL TIME h m s	☉ SUN LONG	MOT	R.A. h m s	DECL	☽ MOON AT 0 HOURS LONG	12h MOT	2DIF	R.A. h m s	DECL	☽ MOON AT 12 HOURS LONG	12h MOT	2DIF	R.A. h m s	DECL
1 Tu	12 38 26	16♓25 15	59 14	0 42 20.7	4N33 14	22♈17 8	7 26 2	-123	2 54 47	20N53 45	29♈43 10	7 21 30	-146	3 25 8	23N16 54
2 W	12 42 22	17 24 28	59 11	0 45 59.5	4 56 22	7♉ 4 40	7 16 17	-164	3 56 10	25 16 11	14♉20 57	7 10 32	-177	4 27 41	26 49 25
3 Th	12 46 19	18 23 40	59 9	0 49 38.5	5 19 24	21 31 29	7 4 27	-185	4 59 31	27 55 4	28 35 56	6 58 11	-189	5 31 23	28 32 30
4 F	12 50 15	19 22 49	59 7	0 53 17.6	5 42 20	5♊34 7	6 51 52	-188	6 3 0	28 41 52	12♊25 59	6 45 40	-183	6 34 7	28 24 9
5 S	12 54 12	20 21 55	59 4	0 56 56.9	6 5 10	19 11 38	6 39 39	-176	7 4 28	27 41 1	25 51 17	6 33 56	-166	7 33 54	26 34 36
6 Su	12 58 9	21 20 59	59 2	1 0 36.3	6 27 54	2♋25 13	6 28 33	-155	8 2 17	25 7 21	8♋53 46	6 23 35	-143	8 29 35	23 21 51
7 M	13 2 5	22 20 1	59 0	1 4 15.9	6 50 30	15 17 21	6 19 2	-130	8 55 48	21 20 39	21 36 23	6 14 55	-117	9 20 59	19 6 13
8 Tu	13 6 2	23 19 1	58 57	1 7 55.7	7 13 0	27 51 18	6 11 15	-104	9 45 14	16 40 50	4♌ 2 32	6 8 0	-91	10 8 38	14 6 36
9 W	13 9 58	24 17 58	58 55	1 11 35.7	7 35 22	10♌10 33	6 5 11	-79	10 31 20	11 25 26	16 15 43	6 2 44	-67	10 53 26	8 39 3
10 Th	13 13 55	25 16 53	58 53	1 15 16.0	7 57 37	22 18 28	6 0 41	-57	11 15 5	5 49 6	28 19 8	5 58 57	-47	11 36 23	2 57 2
11 F	13 17 51	26 15 46	58 51	1 18 56.5	8 19 43	4♍18 6	5 57 34	-37	11 57 29	0 4 17	10♍15 39	5 56 28	-29	12 18 30	2S47 48
12 S	13 21 48	27 14 37	58 49	1 22 37.3	8 41 41	16 12 7	5 55 39	-21	12 39 33	5S37 53	22 7 46	5 55 5	-13	13 0 45	8 24 38
13 Su	13 25 44	28 13 26	58 47	1 26 18.5	9 3 31	28 2 51	5 54 47	-5	13 22 12	11 6 42	3♎57 38	5 54 44	2	13 44 1	13 42 43
14 M	13 29 41	29 12 13	58 45	1 29 59.9	9 25 11	9♎52 22	5 54 55	9	14 6 17	16 11 14	15 47 17	5 55 21	17	14 29 6	18 30 48
15 Tu	13 33 38	0♈10 58	58 43	1 33 41.7	9 46 42	21 42 38	5 56 3	25	14 52 31	20 39 51	27 38 41	5 57 1	33	15 16 37	22 36 49
16 W	13 37 34	1 9 41	58 41	1 37 23.8	10 8 3	3♏35 41	5 58 16	42	15 41 24	24 20 5	9♏33 58	5 59 50	52	16 6 54	25 48 4
17 Th	13 41 31	2 8 22	58 40	1 41 6.3	10 29 14	15 33 48	6 1 45	63	16 33 4	26 59 12	21 35 32	6 4 1	74	16 59 51	27 52 4
18 F	13 45 27	3 7 2	58 38	1 44 49.3	10 50 15	27 39 33	6 6 40	86	17 27 9	28 25 22	3♐46 13	6 9 44	99	17 54 51	28 38 6
19 S	13 49 24	4 5 39	58 36	1 48 32.6	11 11 6	9♐55 57	6 13 15	112	18 22 47	28 29 31	16 9 12	6 17 12	125	18 50 50	27 59 13
20 Su	13 53 20	5 4 16	58 35	1 52 16.3	11 31 45	22 26 23	6 21 36	139	19 18 50	27 7 8	28 47 59	6 26 28	152	19 46 39	25 53 35
21 M	13 57 17	6 2 50	58 33	1 56 0.5	11 52 14	5♑14 57	6 31 46	165	20 14 12	24 19 14	11♑46 14	6 37 29	177	20 41 23	22 24 58
22 Tu	14 1 13	7 1 23	58 31	1 59 45.2	12 12 30	18 23 42	6 43 33	186	21 8 11	20 12 1	25 7 15	6 49 53	193	21 34 36	17 41 46
23 W	14 5 10	7 59 54	58 30	2 3 30.3	12 32 35	1♒57 8	6 56 25	197	22 0 42	14 55 14	8♒53 33	7 3 2	197	22 26 32	11 56 10
24 Th	14 9 7	8 58 24	58 28	2 7 15.9	12 52 27	15 56 35	7 9 33	192	22 52 12	8 44 39	23 6 8	7 15 50	182	23 17 49	5 23 35
25 F	14 13 3	9 56 52	58 26	2 11 2.0	13 12 7	0♓21 58	7 21 41	166	23 43 33	1 55 31	7♓43 39	7 26 55	145	0 9 30	1N36 48
26 S	14 17 0	10 55 18	58 25	2 14 48.5	13 31 34	15 10 34	7 31 19	117	0 35 52	5N10 17	22 41 53	7 34 44	85	1 2 46	8 41 32
27 Su	14 20 56	11 53 43	58 23	2 18 35.6	13 50 47	0♈16 36	7 36 59	49	1 30 22	12 6 54	7♈53 35	7 37 58	9	1 58 46	15 22 31
28 M	14 24 53	12 52 6	58 21	2 22 23.2	14 9 47	15 31 33	7 37 37	-31	2 28 5	18 24 22	23 9 9	7 35 55	-70	2 58 20	21 8 30
29 Tu	14 28 49	13 50 27	58 19	2 26 11.3	14 28 33	0♉45 4	7 32 56	-107	3 29 30	23 31 5	8♉18 0	7 28 47	-140	4 1 29	25 28 49
30 W	14 32 46	14♈48 46	58 18	2 29 60.0	14N47 4	15♉46 47	7 23 36	-168	4 34 3	26N59 0	23♉10 22	7 17 34	-190	5 6 57	27N59 51

LUNAR INGRESSES
1 ☽ ♉ 12:27
3 ☽ ♊ 14:24
5 ☽ ♋ 19:33
8 ☽ ♌ 4:09
10 ☽ ♍ 15:22
13 ☽ ♎ 3:58
15 ☽ ♏ 16:45
18 ☽ ♐ 4:36
20 ☽ ♑ 14:15
22 ☽ ♒ 20:35
24 ☽ ♓ 23:24
26 ☽ ♈ 23:34
28 ☽ ♉ 22:49
30 ☽ ♊ 23:14

PLANET INGRESSES
5 ♂ ♋ 9:25
6 ♄ ♓ 1:45
8 ♀ ♒ 6:32
8 ♅ ♉ 1:50
14 ☉ ♈ 19:31
17 ♀ ♓ 23:22

STATIONS
7 ☿ D 11:09
13 ♀ D 1:03

DATA FOR THE 1st AT 0 HOURS
JULIAN DAY 45746.5
☽ MEAN ☊ 1°♓ 38' 13"
OBLIQUITY 23° 26' 19"
DELTA T 79.1 SECONDS
NUTATION LONGITUDE 0.6"

DAY MO	YR	☿ LONG	♀ LONG	♂ LONG	♃ LONG	♄ LONG	♅ LONG	♆ LONG	♇ LONG	☊ LONG	A.S.S.I. h m s	S.S.R.Y. h m s	S.V.P. ♓	☿ MERCURY R.A. h m s	DECL
1	91	3♓39R12	2♓26R12	28♊30 27	20♉53 5	29♒23 47	29♈39 49	4♓57 47	8♑27 39	2♓17	0 53 12	30 8 52	4 54 25.3	23 52 50	0N58 58
2	92	3 6 34	1 59 7	28 50 14	21 2 26	29 30 59	29 42 35	5 0 1	8 28 34	2 15	0 57 47	30 9 55	4 54 25.1	23 51 15	0 31 26
3	93	2 39 9	1 34 5	29 10 24	21 11 54	29 38 8	29 45 22	5 2 15	8 29 27	2 13	1 2 22	30 10 53	4 54 24.9	23 50 0	0 5 52
4	94	2 17 9	1 11 12	29 30 53	21 21 29	29 45 17	29 48 12	5 4 29	8 30 19	2 12	1 6 57	30 11 40	4 54 24.6	23 49 3	0S17 30
5	95	2 0 43	0 50 34	29 51 44	21 31 11	29 52 24	29 51 3	5 6 41	8 31 9	2 12	1 11 33	30 12 16	4 54 24.4	23 48 30	0 38 31
6	96	1 49 52	0 32 15	0♋12 54	21 40 59	29 59 29	29 53 56	5 8 54	8 31 58	2 12	1 16 8	30 12 39	4 54 24.2	23 48 14	0 57 2
7	97	1 44D34	0 16 19	0 34 23	21 50 53	0♓ 6 33	29 56 50	5 11 6	8 32 45	2 13	1 20 44	30 12 48	4 54 24.0	23 48 19	1 13 0
8	98	1 44 45	0 2 47	0 56 11	22 0 54	0 13 35	29 59 47	5 13 17	8 33 30	2 14	1 25 21	30 12 44	4 54 23.9	23 48 43	1 26 22
9	99	1 50 17	29♒51 43	1 18 18	22 11 1	0 20 35	0♉ 2 44	5 15 28	8 34 14	2 16	1 29 57	30 12 27	4 54 23.9	23 49 26	1 37 8
10	100	2 1 1	29 43 5	1 40 42	22 21 15	0 27 34	0 5 44	5 17 38	8 34 56	2 17	1 34 34	30 11 59	4 54 23.8	23 50 27	1 45 19
11	101	2 16 45	29 36 55	2 3 24	22 31 34	0 34 30	0 8 44	5 19 47	8 35 37	2 18	1 39 11	30 11 22	4 54 23.8	23 51 45	1 50 57
12	102	2 37 18	29 33 12	2 26 23	22 41 59	0 41 25	0 11 47	5 21 56	8 36 16	2 17	1 43 48	30 10 37	4 54 23.8	23 53 20	1 54 4
13	103	3 2 28	29 31D54	2 49 38	22 52 30	0 48 17	0 14 51	5 24 4	8 36 53	2 15	1 48 26	30 9 47	4 54 23.8	23 55 11	1 54 45
14	104	3 32 2	29 32 59	3 13 10	23 3 6	0 55 8	0 17 56	5 26 12	8 37 29	2 11	1 53 4	30 8 53	4 54 23.7	23 57 17	1 53 4
15	105	4 5 49	29 36 24	3 36 58	23 13 48	1 1 56	0 21 2	5 28 19	8 38 3	2 07	1 57 43	30 7 56	4 54 23.6	23 59 37	1 49 5
16	106	4 43 36	29 42 8	4 1 1	23 24 36	1 8 43	0 24 10	5 30 25	8 38 35	2 02	2 2 22	30 7 0	4 54 23.5	0 2 11	1 42 52
17	107	5 25 12	29 50 7	4 25 20	23 35 29	1 15 27	0 27 20	5 32 30	8 39 6	1 57	2 7 1	30 6 4	4 54 23.3	0 4 58	1 34 31
18	108	6 10 26	0♓ 0 18	4 49 53	23 46 28	1 22 9	0 30 30	5 34 34	8 39 35	1 52	2 11 42	30 5 12	4 54 23.1	0 7 57	1 24 6
19	109	6 59 8	0 12 37	5 14 42	23 57 31	1 28 48	0 33 42	5 36 38	8 40 2	1 48	2 16 22	30 4 24	4 54 22.9	0 11 8	1 11 41
20	110	7 51 8	0 27 1	5 39 44	24 8 40	1 35 25	0 36 55	5 38 41	8 40 28	1 46	2 21 3	30 3 43	4 54 22.7	0 14 30	0 57 22
21	111	8 46 17	0 43 25	6 5 1	24 19 54	1 42 0	0 40 9	5 40 43	8 40 52	1 45	2 25 45	30 3 13	4 54 22.5	0 18 2	0 41 13
22	112	9 44 27	1 1 46	6 30 32	24 31 13	1 48 32	0 43 24	5 42 44	8 41 14	1 46	2 30 27	30 2 54	4 54 22.3	0 21 44	0 23 17
23	113	10 45 29	1 22 0	6 56 16	24 42 37	1 55 1	0 46 40	5 44 44	8 41 34	1 47	2 35 10	30 2 49	4 54 22.2	0 25 36	0 3 39
24	114	11 49 16	1 44 2	7 22 14	24 54 5	2 1 28	0 49 57	5 46 43	8 41 53	1 48	2 39 53	30 2 59	4 54 22.1	0 29 37	0N17 36
25	115	12 55 43	2 7 50	7 48 25	25 5 38	2 7 52	0 53 16	5 48 41	8 42 10	1 49	2 44 37	30 3 25	4 54 22.1	0 33 47	0 40 26
26	116	14 4 43	2 33 18	8 14 49	25 17 16	2 14 13	0 56 35	5 50 38	8 42 26	1 48	2 49 22	30 4 5	4 54 22.1	0 38 5	1 4 45
27	117	15 16 10	3 0 24	8 41 26	25 28 59	2 20 32	0 59 55	5 52 33	8 42 40	1 46	2 54 7	30 4 58	4 54 22.0	0 42 31	1 30 32
28	118	16 30 0	3 29 3	9 8 15	25 40 46	2 26 47	1 3 16	5 54 28	8 42 52	1 42	2 58 53	30 6 0	4 54 21.9	0 47 6	1 57 42
29	119	17 46 8	3 59 11	9 35 17	25 52 37	2 33 0	1 6 38	5 56 22	8 43 2	1 36	3 3 40	30 7 9	4 54 21.7	0 51 48	2 26 11
30	120	19♓ 4 31	4♓30 45	10♋ 2 30	26♉ 4 32	2♓39 9	1♉10 1	5♓58 15	8♑43 11	1♓29	3 8 27	30 8 18	4 54 21.5	0 56 38	2N55 58

DAY Apr	♀ VENUS R.A. h m s	DECL	♂ MARS R.A. h m s	DECL	♃ JUPITER R.A. h m s	DECL	♄ SATURN R.A. h m s	DECL	♅ URANUS R.A. h m s	DECL	♆ NEPTUNE R.A. h m s	DECL	♇ PLUTO R.A. h m s	DECL
1	23 39 24	5N39 8	7 43 51	24N 0 5	4 59 14	22N23 42	23 42 51	3S57 59	3 29 50	18N44 28	0 2 13	1S 8 16	20 26 56	22S42 43
2	23 38 3	5 18 5	7 45 15	23 55 7	4 59 54	22 24 49	23 43 17	3 55 13	3 30 1	18 45 9	0 2 21	1 7 24	20 27 0	22 42 40
3	23 36 51	4 57 24	7 46 40	23 50 4	5 0 35	22 25 57	23 43 44	3 52 27	3 30 12	18 45 51	0 2 30	1 6 31	20 27 4	22 42 38
4	23 35 46	4 37 11	7 48 7	23 44 55	5 1 16	22 27 4	23 44 10	3 49 43	3 30 24	18 46 32	0 2 38	1 5 39	20 27 8	22 42 36
5	23 34 51	4 17 33	7 49 36	23 39 41	5 1 58	22 28 11	23 44 36	3 46 59	3 30 36	18 47 15	0 2 46	1 4 47	20 27 12	22 42 34
6	23 34 4	3 58 34	7 51 5	23 34 20	5 2 40	22 29 18	23 45 3	3 44 15	3 30 48	18 47 57	0 2 54	1 3 55	20 27 15	22 42 33
7	23 33 27	3 40 18	7 52 36	23 28 54	5 3 22	22 30 25	23 45 29	3 41 33	3 30 59	18 48 40	0 3 2	1 3 4	20 27 19	22 42 32
8	23 32 59	3 22 49	7 54 8	23 23 23	5 4 6	22 31 32	23 45 55	3 38 51	3 31 12	18 49 24	0 3 10	1 2 12	20 27 22	22 42 32
9	23 32 39	3 6 10	7 55 41	23 17 45	5 4 49	22 32 39	23 46 21	3 36 11	3 31 24	18 50 7	0 3 18	1 1 22	20 27 25	22 42 32
10	23 32 29	2 50 25	7 57 16	23 12 2	5 5 33	22 33 46	23 46 47	3 33 31	3 31 36	18 50 51	0 3 26	1 0 31	20 27 28	22 42 32
11	23 32 28	2 35 35	7 58 51	23 6 13	5 6 18	22 34 52	23 47 12	3 30 52	3 31 48	18 51 36	0 3 34	0 59 41	20 27 31	22 42 33
12	23 32 36	2 21 42	8 0 28	23 0 18	5 7 2	22 35 58	23 47 38	3 28 14	3 32 1	18 52 20	0 3 42	0 58 50	20 27 34	22 42 34
13	23 32 52	2 8 48	8 2 6	22 54 16	5 7 48	22 37 3	23 48 3	3 25 36	3 32 13	18 53 5	0 3 50	0 58 1	20 27 37	22 42 36
14	23 33 18	1 56 55	8 3 44	22 48 9	5 8 34	22 38 8	23 48 29	3 23 0	3 32 26	18 53 50	0 3 58	0 57 11	20 27 40	22 42 38
15	23 33 51	1 46 2	8 5 24	22 41 56	5 9 20	22 39 13	23 48 54	3 20 25	3 32 39	18 54 35	0 4 6	0 56 22	20 27 42	22 42 40
16	23 34 33	1 36 10	8 7 5	22 35 37	5 10 6	22 40 17	23 49 19	3 17 50	3 32 52	18 55 21	0 4 13	0 55 33	20 27 45	22 42 43
17	23 35 23	1 27 19	8 8 46	22 29 12	5 10 53	22 41 21	23 49 44	3 15 17	3 33 5	18 56 7	0 4 21	0 54 45	20 27 47	22 42 46
18	23 36 21	1 19 30	8 10 29	22 22 41	5 11 41	22 42 25	23 50 9	3 12 44	3 33 18	18 56 53	0 4 29	0 53 57	20 27 50	22 42 50
19	23 37 27	1 12 41	8 12 12	22 16 3	5 12 28	22 43 27	23 50 33	3 10 13	3 33 31	18 57 39	0 4 36	0 53 9	20 27 52	22 42 54
20	23 38 39	1 6 52	8 13 57	22 9 19	5 13 17	22 44 30	23 50 58	3 7 43	3 33 44	18 58 26	0 4 44	0 52 22	20 27 54	22 42 59
21	23 39 59	1 2 3	8 15 42	22 2 30	5 14 5	22 45 32	23 51 22	3 5 14	3 33 57	18 59 12	0 4 51	0 51 35	20 27 56	22 43 4
22	23 41 26	0 58 12	8 17 28	21 55 34	5 14 54	22 46 33	23 51 47	3 2 46	3 34 11	18 59 59	0 4 59	0 50 48	20 27 57	22 43 9
23	23 42 59	0 55 18	8 19 15	21 48 31	5 15 43	22 47 34	23 52 11	3 0 19	3 34 24	19 0 47	0 5 6	0 50 2	20 27 59	22 43 15
24	23 44 38	0 53 21	8 21 2	21 41 23	5 16 33	22 48 34	23 52 35	2 57 54	3 34 38	19 1 34	0 5 14	0 49 16	20 28 0	22 43 21
25	23 46 23	0 52 19	8 22 50	21 34 8	5 17 23	22 49 33	23 52 58	2 55 29	3 34 51	19 2 21	0 5 21	0 48 31	20 28 2	22 43 28
26	23 48 15	0 52 10	8 24 40	21 26 46	5 18 13	22 50 32	23 53 22	2 53 6	3 35 5	19 3 9	0 5 28	0 47 46	20 28 3	22 43 35
27	23 50 11	0 52 54	8 26 29	21 19 18	5 19 4	22 51 30	23 53 45	2 50 44	3 35 18	19 3 57	0 5 35	0 47 1	20 28 4	22 43 43
28	23 52 14	0 54 28	8 28 20	21 11 44	5 19 55	22 52 27	23 54 9	2 48 24	3 35 32	19 4 44	0 5 42	0 46 17	20 28 5	22 43 51
29	23 54 21	0 56 53	8 30 11	21 4 3	5 20 46	22 53 23	23 54 32	2 46 5	3 35 46	19 5 32	0 5 49	0 45 34	20 28 6	22 43 59
30	23 56 33	1N 0 5	8 32 3	20N56 15	5 21 38	22N54 18	23 54 55	2S43 47	3 36 0	19N 6 21	0 5 56	0S44 51	20 28 7	22S44 8

MAY 2025

DAY	SIDEREAL TIME (h m s)	☉ SUN LONG (° ' ")	SUN MOT (' ")	SUN R.A. (h m s)	SUN DECL (° ' ")	☽ MOON AT 0 HOURS LONG (° ' ")	12h MOT (° ' ")	2DIF (")	R.A. (h m s)	DECL (° ' ")	☽ MOON AT 12 HOURS LONG (° ' ")	12h MOT (° ' ")	2DIF (")	R.A. (h m s)	DECL (° ' ")
1 Th	14 36 42	15♈47 3	58 16	2 33 49.1	15N 5 21	0♊27 56	7 10 55	-206	5 39 52	28N30 38	7♊38 52	7 3 51	-215	6 12 26	28N31 42
2 F	14 40 39	16 45 19	58 14	2 37 38.8	15 23 22	14 42 43	6 56 35	-218	6 44 21	28 4 24	21 39 18	6 49 18	-216	7 15 20	27 10 51
3 S	14 44 36	17 43 32	58 11	2 41 29.0	15 41 8	28 28 36	6 42 10	-210	7 45 12	25 53 46	5♋10 45	6 35 19	-199	8 13 52	24 16 6
4 Su	14 48 32	18 41 43	58 9	2 45 19.7	15 58 39	11♋46 4	6 28 52	-186	8 41 17	22 20 53	18 14 56	6 22 54	-171	9 7 31	20 11 1
5 M	14 52 29	19 39 52	58 7	2 49 11.0	16 15 53	24 37 50	6 17 29	-154	9 32 37	17 49 10	0♌55 18	6 12 38	-136	9 56 43	15 17 45
6 Tu	14 56 25	20 38 0	58 5	2 53 2.8	16 32 51	7♌7 57	6 8 24	-118	10 19 56	12 38 54	13 16 21	6 4 45	-100	10 42 26	9 54 30
7 W	15 0 22	21 36 5	58 4	2 56 55.2	16 49 33	19 21 6	6 1 42	-83	11 4 21	7 6 13	25 22 48	5 59 13	-66	11 25 49	4 15 32
8 Th	15 4 18	22 34 8	58 2	3 0 48.1	17 5 57	1♍22 1	5 57 17	-51	11 47 0	1 23 50	7♍19 18	5 55 50	-36	12 8 0	1S27 38
9 F	15 8 15	23 32 10	58 0	3 4 41.5	17 22 4	13 15 8	5 54 52	-23	12 28 58	4S17 36	19 9 59	5 54 18	-11	12 50 2	7 4 51
10 S	15 12 11	24 30 10	57 58	3 8 35.5	17 37 54	25 4 18	5 54 8	0	13 11 19	9 48 9	0♎58 26	5 54 19	10	13 32 55	12 26 12
11 Su	15 16 8	25 28 8	57 57	3 12 30.1	17 53 26	6♎52 45	5 54 47	18	13 54 56	14 57 37	12 47 32	5 55 31	26	14 17 29	17 20 57
12 M	15 20 5	26 26 4	57 55	3 16 25.3	18 8 40	18 43 3	5 56 30	32	14 40 39	19 34 42	24 39 33	5 57 41	38	15 4 28	21 37 15
13 Tu	15 24 1	27 23 59	57 54	3 20 21.0	18 23 36	0♏37 14	5 59 3	44	15 29 0	23 26 56	6♏36 16	6 0 35	49	15 54 15	25 2 5
14 W	15 27 58	28 21 53	57 52	3 24 17.3	18 38 13	12 36 52	6 2 18	54	16 20 12	26 21 3	18 39 9	6 4 10	59	16 46 48	27 22 17
15 Th	15 31 54	29 19 45	57 51	3 28 14.2	18 52 32	24 43 19	6 6 13	64	17 13 57	28 4 26	0♐49 33	6 8 28	70	17 41 31	28 26 21
16 F	15 35 51	0♉17 35	57 50	3 32 11.6	19 6 31	6♐58 0	6 10 55	77	18 9 21	28 27 15	13 8 55	6 13 36	84	18 37 17	28 6 44
17 S	15 39 47	1 15 25	57 48	3 36 9.6	19 20 11	19 22 30	6 16 32	93	19 5 10	27 24 43	25 39 3	6 19 46	102	19 32 50	26 21 36
18 Su	15 43 44	2 13 13	57 47	3 40 8.2	19 33 32	1♑58 49	6 23 19	111	20 0 10	24 58 4	8♑22 7	6 27 12	122	20 27 6	23 15 7
19 M	15 47 40	3 10 59	57 46	3 44 7.4	19 46 32	14 49 19	6 31 25	132	20 53 35	21 14 0	21 20 44	6 36 0	143	21 19 36	18 56 8
20 Tu	15 51 37	4 8 45	57 45	3 48 7.1	19 59 13	27 56 44	6 40 56	152	21 45 12	16 23 4	4♒37 40	6 46 10	161	22 10 26	13 36 28
21 W	15 55 34	5 6 30	57 44	3 52 7.4	20 11 33	11♒23 50	6 51 40	168	22 35 25	10 38 4	18 15 30	6 57 22	172	23 0 14	7 29 47
22 Th	15 59 30	6 4 13	57 43	3 56 8.2	20 23 32	25 12 51	7 3 9	173	23 25 3	4 13 35	2♓16 0	7 8 54	170	23 49 59	0 51 41
23 F	16 3 27	7 1 56	57 42	4 0 9.6	20 35 11	9♓24 55	7 14 29	162	0 15 14	2N33 33	16 39 24	7 19 43	149	0 40 56	5N59 27
24 S	16 7 23	7 59 38	57 41	4 4 11.5	20 46 28	23 59 7	7 24 24	130	1 7 15	9 23 2	1♈23 31	7 28 22	105	1 34 21	12 41 3
25 Su	16 11 20	8 57 18	57 40	4 8 13.9	20 57 24	8♈51 53	7 31 25	75	2 2 22	15 49 56	16 23 18	7 33 24	41	2 31 25	18 45 50
26 M	16 15 16	9 54 58	57 39	4 12 16.8	21 7 58	23 56 42	7 34 11	4	3 1 32	21 24 49	1♉30 53	7 33 41	-34	3 32 43	23 42 57
27 Tu	16 19 13	10 52 36	57 38	4 16 20.3	21 18 10	9♉4 33	7 31 53	-73	4 4 52	25 36 39	16 36 26	7 28 50	-109	4 37 45	27 2 51
28 W	16 23 10	11 50 13	57 36	4 20 24.2	21 28 0	24 5 15	7 24 36	-142	5 11 6	27 59 23	1♊29 52	7 19 22	-170	5 44 34	28 25 10
29 Th	16 27 6	12 47 49	57 35	4 24 28.6	21 37 28	8♊49 13	7 13 18	-192	6 17 44	28 20 22	16 2 31	7 6 35	-207	6 50 15	27 46 15
30 F	16 31 3	13 45 24	57 34	4 28 33.4	21 46 33	23 9 6	6 59 28	-217	7 21 50	26 45 4	0♋8 34	6 52 9	-220	7 52 14	25 19 45
31 S	16 34 59	14♉42 57	57 32	4 32 38.6	21N55 15	7♋0 43	6 44 50	-217	8 21 22	23N33 35	13♋45 33	6 37 40	-210	8 49 11	21N29 53

LUNAR INGRESSES
3 ☽ ♋ 2:43
5 ☽ ♌ 10:14
7 ☽ ♍ 21:15
10 ☽ ♎ 10:01
12 ☽ ♏ 22:45
15 ☽ ♐ 10:23
17 ☽ ♑ 20:15
20 ☽ ♒ 3:42
22 ☽ ♓ 8:10
24 ☽ ♈ 9:45
26 ☽ ♉ 9:36
28 ☽ ♊ 9:34
30 ☽ ♋ 11:45

PLANET INGRESSES
7 ☿ ♈ 12:08
15 ☉ ♉ 16:42
18 ♃ ♊ 19:47
23 ☿ ♉ 17:41

STATIONS
4 ♇ R 15:28

DATA FOR THE 1st AT 0 HOURS
JULIAN DAY 45776.5
☽ MEAN ☊ 0°♓ 2' 50"
OBLIQUITY 23° 26' 19"
DELTA T 79.2 SECONDS
NUTATION LONGITUDE 0.6"

DAY MO	YR	☿ LONG (° ' ")	♀ LONG (° ' ")	♂ LONG (° ' ")	♃ LONG (° ' ")	♄ LONG (° ' ")	♅ LONG (° ' ")	♆ LONG (° ' ")	♇ LONG (° ' ")	☊ LONG (° ')	A.S.S.I. (h m s)	S.S.R.Y. (h m s)	S.V.P. ♓ (° ' ")	☿ MERCURY R.A. (h m s)	☿ MERCURY DECL (° ' ")
1	121	20♓25 5	5♓3 43	10♋29 55	26♉16 32	2♓45 15	1♉13 24	6♓0 6	8♑43 17	1♓23	3 13 15	30 9 27	4 54 21.2	1 1 36	3N26 57
2	122	21 47 48	5 37 59	10 57 32	26 28 35	2 51 18	1 16 48	6 1 56	8 43 23	1 18	3 18 4	30 10 24	4 54 20.9	1 6 41	3 59 7
3	123	23 12 37	6 13 32	11 25 20	26 40 42	2 57 18	1 20 13	6 3 46	8 43 26	1 14	3 22 53	30 11 14	4 54 20.6	1 11 53	4 32 25
4	124	24 39 29	6 50 19	11 53 18	26 52 53	3 3 15	1 23 38	6 5 33	8 43R28	1 12	3 27 43	30 11 52	4 54 20.4	1 17 13	5 6 46
5	125	26 8 24	7 28 17	12 21 28	27 5 8	3 9 8	1 27 4	6 7 20	8 43 28	1 12	3 32 33	30 12 19	4 54 20.3	1 22 40	5 42 8
6	126	27 39 20	8 7 22	12 49 47	27 17 27	3 14 57	1 30 30	6 9 5	8 43 26	1 13	3 37 24	30 12 34	4 54 20.2	1 28 15	6 18 29
7	127	29 12 16	8 47 33	13 18 17	27 29 49	3 20 43	1 33 57	6 10 49	8 43 23	1 14	3 42 16	30 12 37	4 54 20.1	1 33 58	6 55 44
8	128	0♈47 12	9 28 47	13 46 57	27 42 14	3 26 26	1 37 24	6 12 32	8 43 18	1 15	3 47 9	30 12 29	4 54 20.1	1 39 49	7 33 51
9	129	2 24 7	10 11 2	14 15 46	27 54 43	3 32 5	1 40 52	6 14 13	8 43 12	1 14	3 52 2	30 12 11	4 54 20.0	1 45 47	8 12 47
10	130	4 3 0	10 54 15	14 44 45	28 7 15	3 37 40	1 44 20	6 15 53	8 43 3	1 11	3 56 56	30 11 43	4 54 19.9	1 51 54	8 52 27
11	131	5 43 52	11 38 25	15 13 54	28 19 50	3 43 12	1 47 48	6 17 32	8 42 53	1 06	4 1 51	30 11 8	4 54 19.9	1 58 8	9 32 49
12	132	7 26 43	12 23 29	15 43 11	28 32 28	3 48 40	1 51 17	6 19 9	8 42 42	0 58	4 6 46	30 10 25	4 54 19.7	2 4 32	10 13 47
13	133	9 11 33	13 9 24	16 12 37	28 45 9	3 54 4	1 54 46	6 20 45	8 42 29	0 49	4 11 43	30 9 37	4 54 19.6	2 11 4	10 55 19
14	134	10 58 23	13 56 10	16 42 13	28 57 54	3 59 24	1 58 15	6 22 19	8 42 14	0 38	4 16 39	30 8 43	4 54 19.4	2 17 46	11 37 19
15	135	12 47 11	14 43 45	17 11 56	29 10 41	4 4 41	2 1 44	6 23 52	8 41 57	0 28	4 21 37	30 7 46	4 54 19.1	2 24 36	12 19 43
16	136	14 37 59	15 32 5	17 41 49	29 23 31	4 9 53	2 5 14	6 25 24	8 41 39	0 17	4 26 35	30 6 46	4 54 18.9	2 31 36	13 2 24
17	137	16 30 46	16 21 11	18 11 50	29 36 23	4 15 1	2 8 43	6 26 54	8 41 20	0 09	4 31 34	30 5 47	4 54 18.6	2 38 46	13 45 18
18	138	18 25 30	17 10 59	18 41 59	29 49 19	4 20 6	2 12 12	6 28 22	8 40 58	0 03	4 36 34	30 4 51	4 54 18.4	2 46 7	14 28 17
19	139	20 22 12	18 1 29	19 12 16	0♊2 17	4 25 6	2 15 42	6 29 49	8 40 35	29♒59	4 41 35	30 4 3	4 54 18.2	2 53 37	15 11 15
20	140	22 20 49	18 52 39	19 42 42	0 15 17	4 30 2	2 19 11	6 31 15	8 40 11	29 57	4 46 36	30 3 25	4 54 18.0	3 1 18	15 54 3
21	141	24 21 18	19 44 27	20 13 15	0 28 20	4 34 54	2 22 41	6 32 38	8 39 45	29 57	4 51 38	30 3 1	4 54 17.9	3 9 9	16 36 33
22	142	26 23 35	20 36 52	20 43 56	0 41 25	4 39 41	2 26 10	6 34 1	8 39 17	29 58	4 56 40	30 2 52	4 54 17.8	3 17 11	17 18 36
23	143	28 27 36	21 29 52	21 14 46	0 54 33	4 44 24	2 29 39	6 35 21	8 38 48	29 57	5 1 43	30 3 1	4 54 17.8	3 25 24	18 0 2
24	144	0♉33 15	22 23 26	21 45 43	1 7 43	4 49 3	2 33 8	6 36 40	8 38 18	29 55	5 6 47	30 3 26	4 54 17.7	3 33 47	18 40 40
25	145	2 40 23	23 17 33	22 16 47	1 20 55	4 53 37	2 36 37	6 37 58	8 37 45	29 51	5 11 52	30 4 7	4 54 17.6	3 42 20	19 20 18
26	146	4 48 52	24 12 11	22 47 59	1 34 9	4 58 6	2 40 6	6 39 13	8 37 12	29 44	5 16 57	30 5 0	4 54 17.4	3 51 2	19 58 45
27	147	6 58 31	25 7 19	23 19 19	1 47 25	5 2 31	2 43 34	6 40 27	8 36 36	29 35	5 22 3	30 6 2	4 54 17.1	3 59 54	20 35 48
28	148	9 9 7	26 2 56	23 50 46	2 0 43	5 6 51	2 47 2	6 41 40	8 36 0	29 25	5 27 9	30 7 9	4 54 16.8	4 8 54	21 11 16
29	149	11 20 27	26 59 1	24 22 20	2 14 3	5 11 7	2 50 29	6 42 50	8 35 21	29 14	5 32 16	30 8 17	4 54 16.5	4 18 2	21 44 57
30	150	13 32 17	27 55 32	24 54 1	2 27 25	5 15 18	2 53 56	6 43 59	8 34 42	29 05	5 37 24	30 9 21	4 54 16.2	4 27 16	22 16 37
31	151	15♉44 19	28♓52 30	25♋25 49	2♊40 48	5♓19 24	2♉57 23	6♓45 6	8♑34 1	28♒58	5 42 32	30 10 19	4 54 15.9	4 36 35	22N46 8

DAY May	♀ VENUS R.A. (h m s)	♀ VENUS DECL (° ' ")	♂ MARS R.A. (h m s)	♂ MARS DECL (° ' ")	♃ JUPITER R.A. (h m s)	♃ JUPITER DECL (° ' ")	♄ SATURN R.A. (h m s)	♄ SATURN DECL (° ' ")	♅ URANUS R.A. (h m s)	♅ URANUS DECL (° ' ")	♆ NEPTUNE R.A. (h m s)	♆ NEPTUNE DECL (° ' ")	♇ PLUTO R.A. (h m s)	♇ PLUTO DECL (° ' ")
1	23 58 50	1N 4 4	8 33 55	20N48 22	5 22 30	22N55 13	23 55 17	2S41 30	3 36 14	19N 7 9	0 6 3	0S44 8	20 28 8	22S44 17
2	0 1 11	1 8 49	8 35 48	20 40 21	5 23 22	22 56 7	23 55 40	2 39 15	3 36 28	19 7 57	0 6 10	0 43 26	20 28 8	22 44 26
3	0 3 36	1 14 17	8 37 42	20 32 15	5 24 14	22 57 0	23 56 2	2 37 1	3 36 42	19 8 45	0 6 17	0 42 45	20 28 9	22 44 36
4	0 6 6	1 20 28	8 39 36	20 24 2	5 25 7	22 57 52	23 56 24	2 34 49	3 36 56	19 9 34	0 6 23	0 42 4	20 28 9	22 44 47
5	0 8 40	1 27 21	8 41 31	20 15 42	5 26 0	22 58 43	23 56 46	2 32 38	3 37 10	19 10 22	0 6 30	0 41 23	20 28 9	22 44 57
6	0 11 17	1 34 54	8 43 26	20 7 16	5 26 54	22 59 33	23 57 8	2 30 29	3 37 24	19 11 11	0 6 36	0 40 43	20 28 9	22 45 9
7	0 13 58	1 43 5	8 45 22	19 58 44	5 27 47	23 0 22	23 57 29	2 28 22	3 37 39	19 12 0	0 6 43	0 40 4	20 28 9	22 45 20
8	0 16 43	1 51 54	8 47 18	19 50 5	5 28 41	23 1 10	23 57 50	2 26 16	3 37 53	19 12 48	0 6 49	0 39 25	20 28 9	22 45 32
9	0 19 31	2 1 20	8 49 15	19 41 20	5 29 35	23 1 57	23 58 12	2 24 11	3 38 7	19 13 37	0 6 56	0 38 47	20 28 9	22 45 44
10	0 22 22	2 11 20	8 51 12	19 32 28	5 30 30	23 2 43	23 58 32	2 22 8	3 38 21	19 14 25	0 7 2	0 38 9	20 28 9	22 45 57
11	0 25 16	2 21 54	8 53 10	19 23 30	5 31 24	23 3 28	23 58 53	2 20 7	3 38 36	19 15 14	0 7 8	0 37 32	20 28 8	22 46 10
12	0 28 13	2 33 1	8 55 8	19 14 26	5 32 19	23 4 12	23 59 13	2 18 7	3 38 50	19 16 2	0 7 14	0 36 56	20 28 7	22 46 24
13	0 31 13	2 44 39	8 57 7	19 5 16	5 33 14	23 4 55	23 59 33	2 16 9	3 39 4	19 16 51	0 7 20	0 36 20	20 28 7	22 46 37
14	0 34 16	2 56 47	8 59 6	18 55 59	5 34 10	23 5 37	23 59 53	2 14 12	3 39 19	19 17 39	0 7 26	0 35 44	20 28 6	22 46 51
15	0 37 22	3 9 24	9 1 5	18 46 36	5 35 5	23 6 17	0 0 13	2 12 17	3 39 33	19 18 28	0 7 31	0 35 10	20 28 5	22 47 6
16	0 40 30	3 22 29	9 3 4	18 37 6	5 36 1	23 6 57	0 0 33	2 10 24	3 39 48	19 19 16	0 7 37	0 34 35	20 28 4	22 47 21
17	0 43 41	3 36 1	9 5 4	18 27 31	5 36 57	23 7 35	0 0 52	2 8 33	3 40 2	19 20 4	0 7 43	0 34 2	20 28 3	22 47 36
18	0 46 54	3 49 58	9 7 5	18 17 49	5 37 53	23 8 12	0 1 11	2 6 43	3 40 16	19 20 51	0 7 48	0 33 29	20 28 1	22 47 52
19	0 50 9	4 4 19	9 9 6	18 8 1	5 38 49	23 8 48	0 1 29	2 4 55	3 40 31	19 21 41	0 7 54	0 32 56	20 28 0	22 48 8
20	0 53 27	4 19 3	9 11 7	17 58 6	5 39 46	23 9 23	0 1 48	2 3 9	3 40 45	19 22 29	0 7 59	0 32 25	20 27 59	22 48 24
21	0 56 47	4 34 9	9 13 8	17 48 6	5 40 43	23 9 56	0 2 6	2 1 24	3 41 0	19 23 17	0 8 4	0 31 54	20 27 57	22 48 41
22	1 0 9	4 49 35	9 15 10	17 37 59	5 41 40	23 10 29	0 2 24	1 59 42	3 41 14	19 24 5	0 8 9	0 31 24	20 27 55	22 48 58
23	1 3 33	5 5 21	9 17 12	17 27 46	5 42 37	23 11 0	0 2 42	1 58 1	3 41 28	19 24 53	0 8 14	0 30 54	20 27 53	22 49 15
24	1 6 59	5 21 26	9 19 14	17 17 27	5 43 34	23 11 29	0 2 59	1 56 23	3 41 43	19 25 41	0 8 19	0 30 25	20 27 51	22 49 33
25	1 10 27	5 37 48	9 21 17	17 7 2	5 44 31	23 11 58	0 3 16	1 54 46	3 41 57	19 26 28	0 8 24	0 29 57	20 27 49	22 49 51
26	1 13 57	5 54 26	9 23 20	16 56 30	5 45 29	23 12 25	0 3 33	1 53 11	3 42 12	19 27 15	0 8 29	0 29 29	20 27 47	22 50 9
27	1 17 29	6 11 20	9 25 23	16 45 52	5 46 27	23 12 51	0 3 50	1 51 38	3 42 26	19 28 3	0 8 33	0 29 2	20 27 45	22 50 27
28	1 21 2	6 28 27	9 27 26	16 35 9	5 47 25	23 13 15	0 4 6	1 50 7	3 42 40	19 28 50	0 8 38	0 28 36	20 27 42	22 50 46
29	1 24 37	6 45 48	9 29 30	16 24 19	5 48 23	23 13 38	0 4 22	1 48 38	3 42 55	19 29 37	0 8 42	0 28 10	20 27 40	22 51 5
30	1 28 14	7 3 21	9 31 34	16 13 23	5 49 21	23 14 0	0 4 38	1 47 11	3 43 9	19 30 24	0 8 46	0 27 45	20 27 37	22 51 25
31	1 31 53	7N21 5	9 33 38	16N 2 21	5 50 19	23N14 21	0 4 53	1S45 46	3 43 23	19N31 10	0 8 51	0S27 21	20 27 35	22S51 45

JUNE 2025

DAY	SIDEREAL TIME h m s	☉ SUN LONG ° ' "	☉ SUN MOT ' "	☉ SUN R.A. h m s	☉ SUN DECL ° ' "	☽ MOON AT 0 HOURS LONG ° ' "	☽ 0h 12h MOT ° ' "	☽ 0h 2DIF "	☽ 0h R.A. h m s	☽ 0h DECL ° ' "
1 Su	16 38 56	15♉40 30	57 31	4 36 44.2	22N 3 34	20♋23 13	6 30 49	-199	9 15 43	19N11 55
2 M	16 42 52	16 38 0	57 30	4 40 50.1	22 11 31	3♌18 27	6 18 31	-168	10 5 22	14 4 35
3 Tu	16 46 49	17 35 30	57 28	4 44 56.5	22 19 4	15 50 12	6 8 34	-130	10 51 22	8 31 19
4 W	16 50 45	18 32 58	57 27	4 49 3.1	22 26 13	28 3 20	6 1 15	-90	11 34 57	2 46 59
5 Th	16 54 42	19 30 25	57 26	4 53 10.1	22 32 59	10♍ 3 11	5 56 35	-51	12 17 21	2S56 56
6 F	16 58 39	20 27 51	57 25	4 57 17.4	22 39 21	21 54 58	5 54 23	-16	12 59 39	8 30 48
7 S	17 2 35	21 25 15	57 24	5 1 25.0	22 45 19	3♎43 29	5 54 22	14	13 42 55	13 45 11
8 Su	17 6 32	22 22 39	57 23	5 5 32.9	22 50 53	15 32 53	5 56 7	37	14 28 4	18 29 53
9 M	17 10 28	23 20 2	57 22	5 9 41.0	22 56 3	27 26 32	5 59 14	55	15 15 47	22 33 11
10 Tu	17 14 25	24 17 23	57 21	5 13 49.4	23 0 49	9♏26 58	6 3 19	66	16 6 28	25 41 55
11 W	17 18 21	25 14 44	57 20	5 17 58.0	23 5 11	21 35 52	6 7 59	73	16 59 57	27 42 42
12 Th	17 22 18	26 12 4	57 20	5 22 6.8	23 9 9	3♐54 19	6 13 0	77	17 55 29	28 24 7
13 F	17 26 14	27 9 24	57 19	5 26 15.7	23 12 42	16 22 53	6 18 12	80	18 51 45	27 39 34
14 S	17 30 11	28 6 42	57 18	5 30 24.9	23 15 50	29 1 58	6 23 38	84	19 47 23	25 29 8
15 Su	17 34 8	29 4 0	57 18	5 34 34.2	23 18 34	11♑52 3	6 29 24	90	20 41 20	21 59 29
16 M	17 38 4	0♊ 1 18	57 18	5 38 43.6	23 20 53	24 53 56	6 35 44	100	21 33 10	17 22 5
17 Tu	17 42 1	0 58 36	57 17	5 42 53.1	23 22 48	8♒ 8 50	6 42 48	112	22 23 8	11 50 57
18 W	17 45 57	1 55 53	57 17	5 47 2.6	23 24 17	21 38 14	6 50 39	123	23 11 56	5 41 7
19 Th	17 49 54	2 53 10	57 17	5 51 12.3	23 25 22	5♓23 42	6 59 6	129	0 0 39	0N51 33
20 F	17 53 50	3 50 26	57 17	5 55 22.0	23 26 3	19 26 12	7 7 39	124	0 50 32	7 29 35
21 S	17 57 47	4 47 43	57 16	5 59 31.7	23 26 18	3♈45 33	7 15 26	105	1 42 53	13 52 38
22 Su	18 1 43	5 44 59	57 16	6 3 41.4	23 26 8	18 19 40	7 21 20	68	2 38 53	19 36 27
23 M	18 5 40	6 42 15	57 16	6 7 51.0	23 25 34	3♉ 4 13	7 24 12	15	3 39 11	24 13 25
24 Tu	18 9 37	7 39 31	57 16	6 12 0.6	23 24 35	17 52 38	7 23 10	-47	4 43 22	27 16 3
25 W	18 13 33	8 36 47	57 16	6 16 10.2	23 23 11	2♊36 51	7 17 56	-108	5 49 38	28 24 15
26 Th	18 17 30	9 34 2	57 15	6 20 19.6	23 21 22	17 8 39	7 8 58	-157	6 55 9	27 32 54
27 F	18 21 26	10 31 17	57 15	6 24 28.8	23 19 9	1♋21 0	6 57 18	-188	7 57 18	24 54 2
28 S	18 25 23	11 28 32	57 14	6 28 37.9	23 16 31	15 9 10	6 44 17	-197	8 54 36	20 51 14
29 Su	18 29 19	12 25 46	57 14	6 32 46.7	23 13 28	28 31 9	6 31 17	-188	9 46 58	15 51 4
30 M	18 33 16	13♊23 0	57 14	6 36 55.3	23N10 1	11♌27 36	6 19 27	-164	10 35 8	10N17 8

DAY	☽ MOON AT 12 HOURS LONG ° ' "	☽ 12h 12h MOT ° ' "	☽ 12h 2DIF "	☽ 12h R.A. h m s	☽ 12h DECL ° ' "
1 Su	26♋54 2	6 24 25	-185	9 41 4	16N42 36
2 M	9♌36 58	6 13 14	-149	10 28 45	11 20 10
3 Tu	21 58 46	6 4 35	-110	11 13 23	5 39 45
4 W	4♍ 4 36	5 58 36	-70	11 56 14	0S 5 39
5 Th	15 59 47	5 55 12	-33	12 38 26	5 45 42
6 F	27 49 22	5 54 8	0	13 21 6	11 11 2
7 S	9♎37 51	5 55 3	26	14 5 12	16 11 56
8 Su	21 29 0	5 57 32	47	14 51 34	20 37 30
9 M	3♏25 47	6 1 11	61	15 40 45	24 15 13
10 Tu	15 30 17	6 5 36	70	16 32 54	26 51 36
11 W	27 43 52	6 10 28	75	17 27 32	28 13 53
12 Th	10♐ 7 19	6 15 35	78	18 23 37	28 12 45
13 F	22 41 6	6 20 53	81	19 19 44	26 44 49
14 S	5♑25 36	6 26 28	87	20 14 37	23 53 34
15 Su	18 21 27	6 32 29	95	21 7 31	19 48 25
16 M	1♒29 40	6 39 10	106	21 58 21	14 42 19
17 Tu	14 51 37	6 46 37	118	22 47 37	8 49 54
18 W	28 28 53	6 54 49	127	23 36 14	2 26 36
19 Th	12♓22 48	7 3 24	128	0 25 22	4N11 5
20 F	26 33 51	7 11 42	117	1 16 19	10 44 24
21 S	11♈ 0 59	7 18 42	89	2 10 22	16 51 7
22 Su	25 41 1	7 23 13	43	3 8 29	22 5 5
23 M	10♉28 26	7 24 13	-16	4 10 52	25 58 3
24 Tu	25 15 48	7 21 4	-78	5 16 24	28 5 11
25 W	9♊54 48	7 13 52	-135	6 22 40	28 13 8
26 Th	24 17 37	7 3 23	-175	7 26 46	26 25 36
27 F	8♋18 18	6 50 52	-195	8 26 35	23 1 26
28 S	21 53 26	6 37 42	-195	9 21 22	18 26 44
29 Su	5♌ 2 26	6 25 10	-178	10 11 30	13 7 3
30 M	17♌47 3	6 14 13	-148	10 58 0	7N23 28

LUNAR INGRESSES
1 ☽ ♌ 17:47
4 ☽ ♍ 3:52
6 ☽ ♎ 16:26
9 ☽ ♏ 5:08
11 ☽ ♐ 16:25
14 ☽ ♑ 1:49
16 ☽ ♒ 9:17
18 ☽ ♓ 14:39
20 ☽ ♈ 17:45
22 ☽ ♉ 19:01
24 ☽ ♊ 19:43
26 ☽ ♋ 21:42
29 ☽ ♌ 2:42

PLANET INGRESSES
1 ♀ ♈ 4:13
6 ☿ ♊ 14:01
8 ♂ ♌ 11:40
15 ☉ ♊ 23:27
23 ☿ ♋ 6:22
30 ♀ ♉ 4:09

STATIONS
NONE

DATA FOR THE 1st AT 0 HOURS
JULIAN DAY 45807.5
☽ MEAN ☊ 28°♒ 24' 16"
OBLIQUITY 23° 26' 18"
DELTA T 79.2 SECONDS
NUTATION LONGITUDE 1.6"

DAY MO YR	☿ LONG ° ' "	♀ LONG ° ' "	♂ LONG ° ' "	♃ LONG ° ' "	♄ LONG ° ' "	♅ LONG ° ' "	♆ LONG ° ' "	♇ LONG ° ' "	☊ LONG ° '	A.S.S.I. h m s	S.S.R.Y. h m s	S.V.P. ♓ ° ' "	☿ MERCURY R.A. h m s	☿ MERCURY DECL ° ' "
1 152	17♉56 19	29♓49 52	25♋57 44	2♊54 13	5♓23 25	3♉ 0 49	6♓46 12	8♑33R18	28♒54	5 47 41	30 11 9	4 54 15.7	4 45 57	23N13 18
2 153	20 7 59	0♈47 39	26 29 45	3 7 39	5 27 21	3 4 14	6 47 15	8 32 34	28 51	5 52 50	30 11 50	4 54 15.5	4 55 22	23 37 59
3 154	22 19 3	1 45 49	27 1 53	3 21 7	5 31 12	3 7 39	6 48 17	8 31 49	28 51	5 57 59	30 12 22	4 54 15.4	5 4 49	24 0 4
4 155	24 29 15	2 44 21	27 34 8	3 34 36	5 34 58	3 11 3	6 49 17	8 31 2	28 51	6 3 9	30 12 43	4 54 15.4	5 14 14	24 19 28
5 156	26 38 20	3 43 16	28 6 28	3 48 7	5 38 39	3 14 27	6 50 15	8 30 14	28 51	6 8 19	30 12 54	4 54 15.3	5 23 37	24 36 7
6 157	28 46 5	4 42 32	28 38 55	4 1 38	5 42 15	3 17 50	6 51 12	8 29 24	28 49	6 13 30	30 12 56	4 54 15.2	5 32 57	24 50 0
7 158	0♊52 17	5 42 9	29 11 28	4 15 11	5 45 46	3 21 12	6 52 6	8 28 34	28 45	6 18 41	30 12 47	4 54 15.1	5 42 12	25 1 7
8 159	2 56 46	6 42 5	29 44 6	4 28 44	5 49 12	3 24 33	6 52 59	8 27 42	28 38	6 23 53	30 12 29	4 54 14.9	5 51 21	25 9 28
9 160	4 59 22	7 42 22	0♌16 51	4 42 19	5 52 32	3 27 53	6 53 50	8 26 49	28 28	6 29 4	30 12 1	4 54 14.8	6 0 23	25 15 7
10 161	6 59 58	8 42 57	0 49 41	4 55 55	5 55 48	3 31 13	6 54 39	8 25 54	28 17	6 34 16	30 11 24	4 54 14.5	6 9 16	25 18 9
11 162	8 58 26	9 43 50	1 22 37	5 9 31	5 58 58	3 34 31	6 55 26	8 24 58	28 04	6 39 29	30 10 38	4 54 14.3	6 18 0	25 18 38
12 163	10 54 42	10 45 2	1 55 39	5 23 9	6 2 2	3 37 49	6 56 11	8 24 1	27 50	6 44 41	30 9 44	4 54 14.0	6 26 34	25 16 40
13 164	12 48 42	11 46 31	2 28 46	5 36 47	6 5 2	3 41 6	6 56 55	8 23 3	27 38	6 49 54	30 8 43	4 54 13.7	6 34 58	25 12 21
14 165	14 40 23	12 48 17	3 1 59	5 50 25	6 7 56	3 44 21	6 57 36	8 22 4	27 27	6 55 7	30 7 37	4 54 13.5	6 43 10	25 5 50
15 166	16 29 42	13 50 19	3 35 18	6 4 5	6 10 44	3 47 36	6 58 16	8 21 4	27 19	7 0 20	30 6 31	4 54 13.2	6 51 11	24 57 13
16 167	18 16 37	14 52 38	4 8 41	6 17 45	6 13 27	3 50 50	6 58 54	8 20 2	27 13	7 5 34	30 5 29	4 54 13.0	6 59 0	24 46 37
17 168	20 1 7	15 55 11	4 42 11	6 31 25	6 16 5	3 54 2	6 59 30	8 18 59	27 11	7 10 47	30 4 35	4 54 12.9	7 6 36	24 34 10
18 169	21 43 12	16 58 0	5 15 45	6 45 6	6 18 37	3 57 13	7 0 4	8 17 56	27 10	7 16 1	30 3 53	4 54 12.8	7 14 0	24 20 0
19 170	23 22 50	18 1 4	5 49 25	6 58 48	6 21 3	4 0 23	7 0 36	8 16 51	27 10	7 21 14	30 3 26	4 54 12.7	7 21 12	24 4 15
20 171	25 0 0	19 4 21	6 23 11	7 12 29	6 23 24	4 3 32	7 1 6	8 15 45	27 09	7 26 28	30 3 16	4 54 12.6	7 28 10	23 47 0
21 172	26 34 43	20 7 52	6 57 2	7 26 11	6 25 38	4 6 40	7 1 34	8 14 38	27 07	7 31 42	30 3 23	4 54 12.5	7 34 56	23 28 25
22 173	28 6 56	21 11 37	7 30 58	7 39 53	6 27 48	4 9 46	7 2 0	8 13 30	27 02	7 36 55	30 3 47	4 54 12.3	7 41 28	23 8 35
23 174	29 36 39	22 15 34	8 4 59	7 53 36	6 29 51	4 12 51	7 2 24	8 12 21	26 55	7 42 9	30 4 24	4 54 12.1	7 47 48	22 47 38
24 175	1♋ 3 50	23 19 44	8 39 6	8 7 18	6 31 49	4 15 55	7 2 47	8 11 11	26 46	7 47 23	30 5 13	4 54 11.8	7 53 54	22 25 41
25 176	2 28 28	24 24 6	9 13 18	8 20 59	6 33 40	4 18 57	7 3 7	8 10 1	26 35	7 52 36	30 6 10	4 54 11.5	7 59 48	22 2 50
26 177	3 50 31	25 28 39	9 47 35	8 34 42	6 35 26	4 21 57	7 3 25	8 8 49	26 24	7 57 49	30 7 11	4 54 11.1	8 5 27	21 39 11
27 178	5 9 57	26 33 23	10 21 57	8 48 24	6 37 6	4 24 57	7 3 42	8 7 37	26 14	8 3 2	30 8 12	4 54 10.8	8 10 54	21 14 52
28 179	6 26 43	27 38 18	10 56 25	9 2 5	6 38 40	4 27 54	7 3 56	8 6 23	26 07	8 8 15	30 9 12	4 54 10.6	8 16 7	20 49 58
29 180	7 40 45	28 43 24	11 30 57	9 15 47	6 40 8	4 30 50	7 4 8	8 5 9	26 01	8 13 28	30 10 8	4 54 10.4	8 21 7	20 24 36
30 181	8♋52 1	29♈48 41	12♌ 5 34	9♊29 27	6♓41 31	4♉33 45	7♓ 4 19	8♑ 3 54	25♒59	8 18 40	30 10 58	4 54 10.3	8 25 53	19N58 51

DAY Jun	♀ VENUS R.A. h m s	♀ VENUS DECL ° ' "	♂ MARS R.A. h m s	♂ MARS DECL ° ' "	♃ JUPITER R.A. h m s	♃ JUPITER DECL ° ' "	♄ SATURN R.A. h m s	♄ SATURN DECL ° ' "	♅ URANUS R.A. h m s	♅ URANUS DECL ° ' "	♆ NEPTUNE R.A. h m s	♆ NEPTUNE DECL ° ' "	♇ PLUTO R.A. h m s	♇ PLUTO DECL ° ' "
1	1 35 33	7N38 59	9 35 43	15N51 13	5 51 17	23N14 40	0 5 8	1S44 23	3 43 37	19N31 57	0 8 55	0S26 57	20 27 32	22S52 5
2	1 39 15	7 57 2	9 37 47	15 40 0	5 52 16	23 14 58	0 5 23	1 43 2	3 43 52	19 32 43	0 8 59	0 26 35	20 27 29	22 52 25
3	1 42 58	8 15 14	9 39 52	15 28 41	5 53 15	23 15 14	0 5 38	1 41 43	3 44 6	19 33 29	0 9 3	0 26 13	20 27 26	22 52 46
4	1 46 43	8 33 33	9 41 57	15 17 16	5 54 13	23 15 29	0 5 52	1 40 27	3 44 20	19 34 14	0 9 6	0 25 52	20 27 23	22 53 7
5	1 50 29	8 51 59	9 44 3	15 5 45	5 55 12	23 15 43	0 6 6	1 39 12	3 44 34	19 35 0	0 9 10	0 25 31	20 27 20	22 53 28
6	1 54 17	9 10 30	9 46 8	14 54 8	5 56 11	23 15 55	0 6 19	1 38 0	3 44 48	19 35 45	0 9 13	0 25 11	20 27 17	22 53 49
7	1 58 7	9 29 6	9 48 14	14 42 27	5 57 10	23 16 6	0 6 33	1 36 49	3 45 2	19 36 30	0 9 17	0 24 52	20 27 13	22 54 11
8	2 1 58	9 47 46	9 50 20	14 30 39	5 58 9	23 16 15	0 6 46	1 35 41	3 45 16	19 37 15	0 9 20	0 24 34	20 27 10	22 54 33
9	2 5 51	10 6 29	9 52 26	14 18 46	5 59 8	23 16 23	0 6 58	1 34 35	3 45 29	19 37 59	0 9 23	0 24 17	20 27 6	22 54 55
10	2 9 45	10 25 14	9 54 32	14 6 48	6 0 7	23 16 30	0 7 11	1 33 31	3 45 43	19 38 43	0 9 26	0 24 0	20 27 2	22 55 17
11	2 13 40	10 44 1	9 56 38	13 54 44	6 1 7	23 16 35	0 7 23	1 32 29	3 45 57	19 39 27	0 9 29	0 23 44	20 26 59	22 55 40
12	2 17 37	11 2 48	9 58 45	13 42 35	6 2 6	23 16 38	0 7 34	1 31 30	3 46 11	19 40 11	0 9 32	0 23 28	20 26 55	22 56 2
13	2 21 36	11 21 34	10 0 52	13 30 21	6 3 5	23 16 41	0 7 46	1 30 33	3 46 24	19 40 54	0 9 35	0 23 14	20 26 51	22 56 25
14	2 25 36	11 40 19	10 2 58	13 18 1	6 4 5	23 16 42	0 7 57	1 29 38	3 46 38	19 41 38	0 9 38	0 23 0	20 26 47	22 56 48
15	2 29 37	11 59 2	10 5 5	13 5 36	6 5 4	23 16 41	0 8 7	1 28 45	3 46 51	19 42 20	0 9 40	0 22 47	20 26 43	22 57 12
16	2 33 40	12 17 43	10 7 13	12 53 6	6 6 4	23 16 39	0 8 18	1 27 54	3 47 5	19 43 3	0 9 43	0 22 35	20 26 39	22 57 35
17	2 37 45	12 36 19	10 9 20	12 40 31	6 7 3	23 16 36	0 8 28	1 27 6	3 47 18	19 43 45	0 9 45	0 22 23	20 26 35	22 57 59
18	2 41 51	12 54 50	10 11 27	12 27 51	6 8 3	23 16 31	0 8 38	1 26 20	3 47 31	19 44 27	0 9 47	0 22 12	20 26 30	22 58 23
19	2 45 58	13 13 16	10 13 35	12 15 6	6 9 2	23 16 25	0 8 47	1 25 36	3 47 44	19 45 9	0 9 49	0 22 2	20 26 26	22 58 47
20	2 50 7	13 31 35	10 15 43	12 2 16	6 10 2	23 16 17	0 8 56	1 24 55	3 47 57	19 45 50	0 9 51	0 21 53	20 26 21	22 59 11
21	2 54 17	13 49 47	10 17 51	11 49 21	6 11 2	23 16 8	0 9 5	1 24 16	3 48 10	19 46 31	0 9 53	0 21 45	20 26 17	22 59 36
22	2 58 29	14 7 51	10 19 59	11 36 21	6 12 1	23 15 57	0 9 13	1 23 39	3 48 23	19 47 11	0 9 55	0 21 37	20 26 12	23 0 0
23	3 2 42	14 25 46	10 22 7	11 23 16	6 13 1	23 15 45	0 9 21	1 23 4	3 48 36	19 47 51	0 9 56	0 21 30	20 26 8	23 0 25
24	3 6 56	14 43 31	10 24 15	11 10 6	6 14 1	23 15 31	0 9 29	1 22 32	3 48 49	19 48 31	0 9 58	0 21 24	20 26 3	23 0 49
25	3 11 12	15 1 5	10 26 24	10 56 51	6 15 0	23 15 16	0 9 36	1 22 3	3 49 1	19 49 10	0 9 59	0 21 19	20 25 58	23 1 14
26	3 15 30	15 18 28	10 28 33	10 43 32	6 16 0	23 15 0	0 9 43	1 21 35	3 49 14	19 49 49	0 10 0	0 21 14	20 25 53	23 1 39
27	3 19 49	15 35 39	10 30 42	10 30 8	6 17 0	23 14 42	0 9 49	1 21 10	3 49 26	19 50 28	0 10 1	0 21 11	20 25 48	23 2 4
28	3 24 9	15 52 36	10 32 51	10 16 40	6 17 59	23 14 23	0 9 56	1 20 48	3 49 39	19 51 6	0 10 2	0 21 8	20 25 43	23 2 29
29	3 28 30	16 9 20	10 35 0	10 3 7	6 18 59	23 14 3	0 10 1	1 20 28	3 49 51	19 51 44	0 10 3	0 21 6	20 25 38	23 2 55
30	3 32 53	16N25 49	10 37 9	9N49 30	6 19 59	23N13 41	0 10 7	1S20 10	3 50 3	19N52 22	0 10 4	0S21 4	20 25 33	23S 3 20

JULY 2025

DAY	SIDEREAL TIME h m s	☉ SUN LONG ° ' "	SUN MOT ' "	SUN R.A. h m s	SUN DECL ° ' "	☽ MOON AT 0 HOURS LONG ° ' "	12h MOT ° ' "	2DIF "	R.A. h m s	DECL ° ' "	☽ MOON AT 12 HOURS LONG ° ' "	12h MOT ° ' "	2DIF "	R.A. h m s	DECL ° ' "
1 Tu	18 37 12	14♊20 13	57 13	6 41 3.7	23N 6 10	24♌ 1 16	6 9 33	-131	11 20 16	4N27 54	0♍10 49	6 5 30	-112	11 42 4	1N32 2
2 W	18 41 9	15 17 26	57 13	6 45 11.7	23 1 54	6♍16 20	6 2 6	-92	12 3 35	1S22 43	12 18 26	5 59 22	-72	12 24 56	4S15 5
3 Th	18 45 6	16 14 39	57 12	6 49 19.5	22 57 15	18 17 47	5 57 17	-52	12 46 16	7 3 53	24 15 5	5 55 53	-33	13 7 44	9 47 59
4 F	18 49 2	17 11 51	57 12	6 53 27.0	22 52 11	0♎10 57	5 55 7	-14	13 29 26	12 26 12	6♎ 6 5	5 54 59	5	13 51 31	14 57 23
5 S	18 52 59	18 9 3	57 12	6 57 34.1	22 46 43	12 1 3	5 55 25	21	14 14 5	17 20 14	17 56 28	5 56 25	37	14 37 14	19 33 24
6 Su	18 56 55	19 6 15	57 12	7 1 40.9	22 40 52	23 52 53	5 57 54	51	15 1 3	21 35 25	29 50 47	5 59 50	64	15 25 35	23 24 44
7 M	19 0 52	20 3 27	57 12	7 5 47.2	22 34 37	5♏50 36	6 2 9	74	15 50 53	24 59 40	11♏52 45	6 4 48	83	16 16 56	26 18 33
8 Tu	19 4 48	21 0 38	57 12	7 9 53.2	22 27 59	17 57 32	6 7 42	90	16 43 42	27 19 44	24 5 14	6 10 49	95	17 11 6	28 1 41
9 W	19 8 45	21 57 50	57 12	7 13 58.8	22 20 58	0♐16 3	6 14 4	99	17 39 0	28 23 5	6♐30 6	6 17 23	100	18 7 15	28 22 57
10 Th	19 12 42	22 55 1	57 12	7 18 4.0	22 13 33	12 47 29	6 20 45	100	18 35 39	28 0 42	19 8 14	6 24 5	99	19 4 2	27 16 11
11 F	19 16 38	23 52 13	57 12	7 22 8.8	22 5 46	25 32 18	6 27 21	97	19 32 12	26 9 47	1♑59 39	6 30 32	94	20 0 1	24 42 20
12 S	19 20 35	24 49 25	57 12	7 26 13.0	21 57 36	8♑30 11	6 33 37	91	20 27 22	22 55 2	15 3 48	6 36 35	87	20 54 10	20 49 27
13 Su	19 24 31	25 46 37	57 13	7 30 16.9	21 49 3	21 40 22	6 39 26	84	21 20 25	18 27 24	28 19 48	6 42 11	81	21 46 8	15 50 52
14 M	19 28 28	26 43 49	57 13	7 34 20.2	21 40 8	5♒ 1 59	6 44 51	79	22 11 20	13 1 56	11♒46 50	6 47 27	77	22 36 9	10 2 42
15 Tu	19 32 24	27 41 2	57 14	7 38 23.1	21 30 51	18 34 16	6 50 0	76	23 0 39	6 55 23	25 24 16	6 52 31	75	23 24 59	3 42 8
16 W	19 36 21	28 38 16	57 14	7 42 25.5	21 21 12	2♓16 47	6 55 0	74	23 49 18	0 25 11	9♓11 47	6 57 29	74	0 13 43	2N53 13
17 Th	19 40 17	29 35 30	57 15	7 46 27.4	21 11 11	16 9 16	6 59 55	72	0 38 25	6N10 43	23 9 10	7 2 17	69	1 3 34	9 24 54
18 F	19 44 14	0♋32 44	57 16	7 50 28.8	21 0 48	0♈11 27	7 4 32	65	1 29 17	12 33 10	7♈15 59	7 6 38	59	1 55 45	15 32 48
19 S	19 48 11	1 30 0	57 16	7 54 29.6	20 50 4	14 22 37	7 8 29	51	2 23 5	18 20 53	21 31 6	7 10 2	40	2 51 22	20 54 24
20 Su	19 52 7	2 27 16	57 17	7 58 30.0	20 38 59	28 41 8	7 11 11	27	3 20 39	23 10 14	5♉52 19	7 11 51	12	3 50 55	25 5 17
21 M	19 56 4	3 24 33	57 18	8 2 29.8	20 27 32	13♉ 4 10	7 11 57	-6	4 22 5	26 36 42	20 16 7	7 11 26	-26	4 53 57	27 42 1
22 Tu	20 0 0	4 21 51	57 19	8 6 29.0	20 15 46	27 27 33	7 10 14	-46	5 26 17	28 19 28	4♊37 47	7 8 20	-67	5 58 46	28 28 6
23 W	20 3 57	5 19 9	57 19	8 10 27.7	20 3 38	11♊46 7	7 5 45	-87	6 31 3	28 7 56	18 51 52	7 2 31	-106	7 2 50	27 19 58
24 Th	20 7 53	6 16 29	57 20	8 14 25.8	19 51 11	25 54 22	6 58 39	-123	7 33 49	26 6 5	2♋53 2	6 54 17	-138	8 3 48	24 28 50
25 F	20 11 50	7 13 48	57 21	8 18 23.4	19 38 24	9♋47 18	6 49 29	-149	8 32 40	22 31 11	16 36 47	6 44 22	-156	9 0 22	20 16 19
26 S	20 15 46	8 11 9	57 21	8 22 20.3	19 25 17	23 21 8	6 39 3	-161	9 26 56	17 47 24	0♌ 0 11	6 33 39	-161	9 52 26	15 7 28
27 Su	20 19 43	9 8 30	57 22	8 26 16.6	19 11 51	6♌33 50	6 28 19	-158	10 16 57	12 19 18	13 2 9	6 23 7	-152	10 40 37	9 25 26
28 M	20 23 40	10 5 51	57 22	8 30 12.3	18 58 6	19 25 16	6 18 10	-143	11 3 36	6 28 4	25 43 26	6 13 34	-132	11 26 1	3 29 11
29 Tu	20 27 36	11 3 14	57 23	8 34 7.4	18 44 2	1♍57 0	6 9 23	-118	11 48 1	0 30 30	8♍ 6 23	6 5 41	-103	12 9 45	2S26 26
30 W	20 31 33	12 0 36	57 23	8 38 1.9	18 29 40	14 12 4	6 2 31	-86	12 31 20	5S20 16	20 14 35	5 59 55	-69	12 52 56	8 9 42
31 Th	20 35 29	12♋57 59	57 24	8 41 55.7	18N14 59	26♍14 30	5 57 56	-50	13 14 39	10S53 31	2♎12 26	5 56 33	-32	13 36 38	13S30 34

LUNAR INGRESSES
1 ☽ ♍ 11:39
3 ☽ ♎ 23:38
6 ☽ ♏ 12:18
8 ☽ ♐ 23:29
11 ☽ ♑ 8:18
13 ☽ ♒ 15:00
15 ☽ ♓ 20:02
17 ☽ ♈ 23:41
20 ☽ ♉ 2:12
22 ☽ ♊ 4:15
24 ☽ ♋ 7:02
26 ☽ ♌ 12:00
28 ☽ ♍ 20:14
31 ☽ ♎ 7:33

PLANET INGRESSES
17 ☉ ♋ 10:16
26 ♀ ♊ 21:55
30 ♂ ♍ 1:06

STATIONS
4 ♆ R 21:35
13 ♄ R 4:08
18 ☿ R 4:46

DATA FOR THE 1st AT 0 HOURS
JULIAN DAY 45837.5
☽ MEAN ☊ 26°♒ 48' 53"
OBLIQUITY 23° 26' 18"
DELTA T 79.3 SECONDS
NUTATION LONGITUDE 2.9"

DAY MO	YR	☿ LONG ° ' "	♀ LONG ° ' "	♂ LONG ° ' "	♃ LONG ° ' "	♄ LONG ° ' "	♅ LONG ° ' "	♆ LONG ° ' "	♇ LONG ° ' "	☊ LONG ° '	A.S.S.I. h m s	S.S.R.Y. h m s	S.V.P. ♓ ° ' "	☿ MERCURY R.A. h m s	☿ MERCURY DECL ° ' "
1	182	10♋ 0 26	0♉54 7	12♌40 15	9♊43 8	6♓42 47	4♉36 37	7♓ 4 27	8♑ 2R39	25♒58	8 23 52	30 11 41	4 54 10.2	8 30 25	19N32 50
2	183	11 5 55	1 59 43	13 15 2	9 56 47	6 43 57	4 39 28	7 4 34	8 1 22	25 58	8 29 4	30 12 19	4 54 10.1	8 34 43	19 6 39
3	184	12 8 25	3 5 29	13 49 53	10 10 27	6 45 1	4 42 18	7 4 38	8 0 5	25 58	8 34 15	30 12 48	4 54 10.0	8 38 47	18 40 23
4	185	13 7 49	4 11 25	14 24 49	10 24 5	6 45 59	4 45 5	7 4R41	7 58 48	25 57	8 39 26	30 13 8	4 54 9.9	8 42 37	18 14 9
5	186	14 4 1	5 17 30	14 59 49	10 37 42	6 46 51	4 47 51	7 4 42	7 57 29	25 55	8 44 37	30 13 18	4 54 9.8	8 46 12	17 48 3
6	187	14 56 56	6 23 44	15 34 53	10 51 19	6 47 38	4 50 35	7 4 40	7 56 10	25 50	8 49 47	30 13 19	4 54 9.6	8 49 33	17 22 11
7	188	15 46 26	7 30 7	16 10 2	11 4 55	6 48 18	4 53 17	7 4 37	7 54 51	25 42	8 54 56	30 13 8	4 54 9.4	8 52 38	16 56 40
8	189	16 32 24	8 36 39	16 45 16	11 18 30	6 48 52	4 55 58	7 4 32	7 53 31	25 33	9 0 5	30 12 45	4 54 9.2	8 55 28	16 31 34
9	190	17 14 43	9 43 20	17 20 33	11 32 4	6 49 20	4 58 36	7 4 25	7 52 10	25 22	9 5 14	30 12 10	4 54 8.9	8 58 2	16 7 2
10	191	17 53 14	10 50 9	17 55 56	11 45 36	6 49 42	5 1 12	7 4 16	7 50 49	25 11	9 10 22	30 11 23	4 54 8.6	9 0 20	15 43 10
11	192	18 27 49	11 57 7	18 31 22	11 59 8	6 49 58	5 3 47	7 4 5	7 49 27	25 01	9 15 29	30 10 25	4 54 8.4	9 2 21	15 20 3
12	193	18 58 20	13 4 13	19 6 53	12 12 38	6 50 8	5 6 19	7 3 52	7 48 5	24 52	9 20 36	30 9 20	4 54 8.1	9 4 6	14 57 50
13	194	19 24 39	14 11 28	19 42 28	12 26 8	6 50R12	5 8 50	7 3 37	7 46 43	24 46	9 25 43	30 8 9	4 54 7.9	9 5 33	14 36 37
14	195	19 46 37	15 18 51	20 18 7	12 39 35	6 50 10	5 11 18	7 3 20	7 45 20	24 42	9 30 48	30 6 59	4 54 7.8	9 6 43	14 16 31
15	196	20 4 6	16 26 21	20 53 50	12 53 2	6 50 1	5 13 44	7 3 2	7 43 57	24 40	9 35 54	30 5 54	4 54 7.7	9 7 34	13 57 40
16	197	20 16 59	17 34 0	21 29 38	13 6 27	6 49 47	5 16 9	7 2 41	7 42 34	24 40	9 40 58	30 4 58	4 54 7.6	9 8 8	13 40 9
17	198	20 25 9	18 41 46	22 5 30	13 19 50	6 49 27	5 18 31	7 2 19	7 41 10	24 41	9 46 2	30 4 15	4 54 7.5	9 8 23	13 24 7
18	199	20 28R32	19 49 40	22 41 27	13 33 12	6 49 1	5 20 51	7 1 54	7 39 46	24 41	9 51 5	30 3 47	4 54 7.4	9 8 19	13 9 41
19	200	20 27 4	20 57 41	23 17 28	13 46 33	6 48 28	5 23 8	7 1 28	7 38 22	24 41	9 56 8	30 3 35	4 54 7.3	9 7 57	12 56 57
20	201	20 20 43	22 5 50	23 53 33	13 59 51	6 47 50	5 25 24	7 1 0	7 36 57	24 38	10 1 10	30 3 39	4 54 7.1	9 7 16	12 46 1
21	202	20 9 30	23 14 6	24 29 42	14 13 8	6 47 5	5 27 37	7 0 30	7 35 33	24 33	10 6 11	30 3 57	4 54 6.8	9 6 17	12 37 0
22	203	19 53 30	24 22 28	25 5 56	14 26 23	6 46 15	5 29 48	6 59 59	7 34 8	24 27	10 11 12	30 4 27	4 54 6.5	9 5 0	12 29 58
23	204	19 32 49	25 30 57	25 42 14	14 39 36	6 45 18	5 31 56	6 59 25	7 32 43	24 19	10 16 12	30 5 7	4 54 6.2	9 3 26	12 25 1
24	205	19 7 39	26 39 33	26 18 37	14 52 47	6 44 16	5 34 2	6 58 50	7 31 18	24 12	10 21 11	30 5 54	4 54 5.9	9 1 35	12 22 11
25	206	18 38 17	27 48 15	26 55 4	15 5 56	6 43 7	5 36 6	6 58 13	7 29 53	24 05	10 26 9	30 6 46	4 54 5.7	8 59 29	12 21 31
26	207	18 5 2	28 57 4	27 31 34	15 19 2	6 41 53	5 38 7	6 57 34	7 28 28	23 59	10 31 7	30 7 41	4 54 5.5	8 57 10	12 23 0
27	208	17 28 22	0♊ 5 58	28 8 10	15 32 6	6 40 33	5 40 6	6 56 53	7 27 3	23 56	10 36 4	30 8 36	4 54 5.4	8 54 38	12 26 39
28	209	16 48 46	1 14 59	28 44 49	15 45 8	6 39 7	5 42 2	6 56 11	7 25 38	23 55	10 41 0	30 9 30	4 54 5.3	8 51 57	12 32 24
29	210	16 6 51	2 24 6	29 21 32	15 58 8	6 37 35	5 43 56	6 55 26	7 24 13	23 55	10 45 55	30 10 22	4 54 5.2	8 49 8	12 40 10
30	211	15 23 17	3 33 18	29 58 19	16 11 4	6 35 57	5 45 48	6 54 40	7 22 49	23 56	10 50 50	30 11 10	4 54 5.2	8 46 14	12 49 51
31	212	14♋38 47	4♊42 36	0♍35 11	16♊23 59	6♓34 14	5♉47 36	6♓53 53	7♑21 24	23♒57	10 55 44	30 11 54	4 54 5.1	8 43 19	13N 1 18

DAY Jul	♀ VENUS R.A. h m s	♀ VENUS DECL ° ' "	♂ MARS R.A. h m s	♂ MARS DECL ° ' "	♃ JUPITER R.A. h m s	♃ JUPITER DECL ° ' "	♄ SATURN R.A. h m s	♄ SATURN DECL ° ' "	♅ URANUS R.A. h m s	♅ URANUS DECL ° ' "	♆ NEPTUNE R.A. h m s	♆ NEPTUNE DECL ° ' "	♇ PLUTO R.A. h m s	♇ PLUTO DECL ° ' "
1	3 37 17	16N42 2	10 39 18	9N35 48	6 20 58	23N13 17	0 10 12	1S19 55	3 50 15	19N52 59	0 10 4	0S21 4	20 25 28	23S 3 45
2	3 41 43	16 58 0	10 41 28	9 22 3	6 21 57	23 12 52	0 10 17	1 19 42	3 50 27	19 53 35	0 10 5	0 21 4	20 25 23	23 4 11
3	3 46 10	17 13 40	10 43 38	9 8 13	6 22 57	23 12 26	0 10 21	1 19 31	3 50 38	19 54 12	0 10 5	0 21 5	20 25 17	23 4 37
4	3 50 39	17 29 3	10 45 47	8 54 19	6 23 56	23 11 58	0 10 25	1 19 23	3 50 50	19 54 47	0 10 6	0 21 7	20 25 12	23 5 2
5	3 55 8	17 44 8	10 47 57	8 40 21	6 24 55	23 11 29	0 10 29	1 19 18	3 51 2	19 55 23	0 10 6	0 21 9	20 25 7	23 5 28
6	3 59 40	17 58 54	10 50 7	8 26 19	6 25 55	23 10 59	0 10 32	1 19 14	3 51 13	19 55 58	0 10 6	0 21 13	20 25 1	23 5 53
7	4 4 12	18 13 20	10 52 18	8 12 13	6 26 54	23 10 27	0 10 35	1 19 13	3 51 24	19 56 32	0 10 6	0 21 17	20 24 56	23 6 19
8	4 8 46	18 27 25	10 54 28	7 58 3	6 27 53	23 9 54	0 10 37	1 19 15	3 51 35	19 57 6	0 10 5	0 21 22	20 24 50	23 6 45
9	4 13 21	18 41 9	10 56 38	7 43 50	6 28 52	23 9 20	0 10 40	1 19 19	3 51 46	19 57 40	0 10 5	0 21 27	20 24 45	23 7 10
10	4 17 58	18 54 32	10 58 49	7 29 33	6 29 51	23 8 44	0 10 41	1 19 25	3 51 57	19 58 13	0 10 5	0 21 33	20 24 39	23 7 36
11	4 22 35	19 7 32	11 1 0	7 15 13	6 30 50	23 8 7	0 10 43	1 19 33	3 52 8	19 58 45	0 10 4	0 21 40	20 24 34	23 8 2
12	4 27 14	19 20 8	11 3 11	7 0 49	6 31 48	23 7 29	0 10 44	1 19 44	3 52 19	19 59 18	0 10 3	0 21 48	20 24 28	23 8 27
13	4 31 55	19 32 21	11 5 22	6 46 21	6 32 47	23 6 49	0 10 45	1 19 58	3 52 29	19 59 49	0 10 2	0 21 57	20 24 22	23 8 53
14	4 36 36	19 44 9	11 7 33	6 31 50	6 33 45	23 6 8	0 10 45	1 20 14	3 52 39	20 0 21	0 10 2	0 22 6	20 24 17	23 9 19
15	4 41 19	19 55 32	11 9 44	6 17 16	6 34 44	23 5 26	0 10 45	1 20 32	3 52 49	20 0 51	0 10 1	0 22 16	20 24 11	23 9 44
16	4 46 3	20 6 29	11 11 56	6 2 39	6 35 42	23 4 43	0 10 44	1 20 52	3 52 59	20 1 22	0 9 59	0 22 27	20 24 5	23 10 10
17	4 50 49	20 17 0	11 14 7	5 47 58	6 36 40	23 3 58	0 10 44	1 21 15	3 53 9	20 1 51	0 9 58	0 22 39	20 23 59	23 10 36
18	4 55 35	20 27 3	11 16 19	5 33 14	6 37 38	23 3 12	0 10 42	1 21 41	3 53 19	20 2 21	0 9 57	0 22 51	20 23 54	23 11 1
19	5 0 23	20 36 38	11 18 31	5 18 27	6 38 36	23 2 25	0 10 41	1 22 8	3 53 29	20 2 49	0 9 55	0 23 4	20 23 48	23 11 26
20	5 5 12	20 45 45	11 20 43	5 3 37	6 39 34	23 1 36	0 10 39	1 22 38	3 53 38	20 3 18	0 9 54	0 23 18	20 23 42	23 11 52
21	5 10 1	20 54 23	11 22 56	4 48 44	6 40 31	23 0 47	0 10 37	1 23 10	3 53 47	20 3 45	0 9 52	0 23 32	20 23 36	23 12 17
22	5 14 52	21 2 32	11 25 8	4 33 48	6 41 29	22 59 56	0 10 34	1 23 45	3 53 56	20 4 13	0 9 50	0 23 48	20 23 30	23 12 42
23	5 19 44	21 10 10	11 27 21	4 18 49	6 42 26	22 59 4	0 10 31	1 24 22	3 54 5	20 4 39	0 9 48	0 24 3	20 23 24	23 13 7
24	5 24 37	21 17 18	11 29 34	4 3 48	6 43 23	22 58 11	0 10 28	1 25 1	3 54 14	20 5 6	0 9 46	0 24 20	20 23 19	23 13 32
25	5 29 31	21 23 55	11 31 47	3 48 43	6 44 20	22 57 17	0 10 24	1 25 43	3 54 23	20 5 31	0 9 44	0 24 37	20 23 13	23 13 57
26	5 34 25	21 30 1	11 34 0	3 33 37	6 45 17	22 56 22	0 10 20	1 26 26	3 54 31	20 5 56	0 9 41	0 24 55	20 23 7	23 14 21
27	5 39 21	21 35 34	11 36 14	3 18 27	6 46 14	22 55 25	0 10 15	1 27 13	3 54 39	20 6 21	0 9 39	0 25 14	20 23 1	23 14 46
28	5 44 17	21 40 35	11 38 27	3 3 16	6 47 10	22 54 28	0 10 10	1 28 1	3 54 47	20 6 45	0 9 37	0 25 34	20 22 55	23 15 11
29	5 49 14	21 45 4	11 40 41	2 48 2	6 48 6	22 53 29	0 10 5	1 28 52	3 54 55	20 7 9	0 9 34	0 25 54	20 22 49	23 15 35
30	5 54 12	21 48 59	11 42 55	2 32 46	6 49 3	22 52 30	0 10 0	1 29 44	3 55 3	20 7 32	0 9 31	0 26 14	20 22 43	23 15 59
31	5 59 11	21N52 20	11 45 9	2N17 28	6 49 58	22N51 29	0 9 54	1S30 39	3 55 11	20N 7 54	0 9 28	0S26 36	20 22 37	23S16 23

AUGUST 2025

DAY	SIDEREAL TIME h m s	☉ SUN LONG ° ' "	MOT ' "	R.A. h m s	DECL ° ' "
1 F	20 39 26	13♋55 23	57 24	8 45 48.9	18N 0 1
2 S	20 43 22	14 52 47	57 25	8 49 41.5	17 44 45
3 Su	20 47 19	15 50 12	57 26	8 53 33.5	17 29 12
4 M	20 51 15	16 47 38	57 27	8 57 24.8	17 13 23
5 Tu	20 55 12	17 45 4	57 27	9 1 15.6	16 57 16
6 W	20 59 9	18 42 31	57 28	9 5 5.7	16 40 53
7 Th	21 3 5	19 39 59	57 29	9 8 55.2	16 24 14
8 F	21 7 2	20 37 28	57 30	9 12 44.1	16 7 20
9 S	21 10 58	21 34 58	57 31	9 16 32.5	15 50 9
10 Su	21 14 55	22 32 28	57 32	9 20 20.2	15 32 44
11 M	21 18 51	23 30 0	57 33	9 24 7.4	15 15 4
12 Tu	21 22 48	24 27 33	57 34	9 27 53.9	14 57 9
13 W	21 26 44	25 25 8	57 36	9 31 40.0	14 39 0
14 Th	21 30 41	26 22 43	57 37	9 35 25.5	14 20 37
15 F	21 34 38	27 20 21	57 39	9 39 10.5	14 2 0
16 S	21 38 34	28 18 0	57 41	9 42 55.0	13 43 9
17 Su	21 42 31	29 15 40	57 42	9 46 39.0	13 24 5
18 M	21 46 27	0♌13 22	57 44	9 50 22.5	13 4 49
19 Tu	21 50 24	1 11 6	57 45	9 54 5.5	12 45 20
20 W	21 54 20	2 8 51	57 46	9 57 48.0	12 25 38
21 Th	21 58 17	3 6 37	57 48	10 1 30.1	12 5 45
22 F	22 2 13	4 4 26	57 50	10 5 11.7	11 45 40
23 S	22 6 10	5 2 15	57 51	10 8 52.9	11 25 24
24 Su	22 10 7	6 0 7	57 53	10 12 33.6	11 4 57
25 M	22 14 3	6 57 59	57 54	10 16 13.9	10 44 20
26 Tu	22 18 0	7 55 53	57 55	10 19 53.8	10 23 33
27 W	22 21 56	8 53 48	57 57	10 23 33.3	10 2 35
28 Th	22 25 53	9 51 45	57 58	10 27 12.4	9 41 28
29 F	22 29 49	10 49 43	57 59	10 30 51.1	9 20 12
30 S	22 33 46	11 47 42	58 1	10 34 29.4	8 58 48
31 Su	22 37 42	12♌45 43	58 2	10 38 7.4	8N37 14

DAY	☽ MOON AT 0 HOURS LONG ° ' "	12h MOT ° ' "	2DIF "	R.A. h m s	DECL ° ' "
1 F	8♎ 8 59	5 55 49	-13	13 58 59	15S59 36
2 S	20 0 30	5 56 12	24	14 45 12	20 28 34
3 Su	1♏54 0	5 58 59	58	15 34 0	24 9 30
4 M	13 54 11	6 3 55	88	16 25 41	26 50 17
5 Tu	26 5 9	6 10 37	111	17 20 4	28 18 34
6 W	8♐30 15	6 18 36	126	18 16 19	28 23 54
7 Th	21 11 44	6 27 17	132	19 13 11	27 0 31
8 F	4♑10 42	6 36 3	129	20 9 18	24 9 24
9 S	17 27 1	6 44 17	117	21 3 43	19 58 34
10 Su	0♒59 20	6 51 30	99	21 56 7	14 41 41
11 M	14 45 28	6 57 24	77	22 46 48	8 36 1
12 Tu	28 42 39	7 1 48	55	23 36 30	2 0 46
13 W	12♓47 55	7 4 46	34	0 26 15	4N43 54
14 Th	26 58 25	7 6 23	15	1 17 14	11 16 58
15 F	11♈11 33	7 6 49	-2	2 10 31	17 16 32
16 S	25 24 59	7 6 8	-18	3 7 0	22 19 51
17 Su	9♉36 31	7 4 22	-35	4 6 53	26 4 26
18 M	23 43 56	7 1 27	-53	5 9 26	28 11 7
19 Tu	7♊44 56	6 57 20	-71	6 12 55	28 28 49
20 W	21 37 3	6 51 58	-89	7 15 4	26 58 20
21 Th	5♋17 53	6 45 28	-105	8 14 2	23 52 19
22 F	18 45 12	6 38 3	-117	9 8 55	19 31 5
23 S	1♌57 20	6 30 2	-122	9 59 45	14 17 12
24 Su	14 53 18	6 21 53	-120	10 47 15	8 31 49
25 M	27 33 6	6 14 6	-111	11 32 23	2 32 58
26 Tu	9♍57 42	6 7 11	-95	12 16 10	3S24 27
27 W	22 9 4	6 1 34	-72	12 59 39	9 7 59
28 Th	4♎10 2	5 57 41	-44	13 43 48	14 26 45
29 F	16 4 11	5 55 48	-12	14 29 27	19 10 25
30 S	27 55 40	5 56 9	23	15 17 18	23 8 25
31 Su	9♏48 59	5 58 49	58	16 7 45	26S 9 36

DAY	☽ MOON AT 12 HOURS LONG ° ' "	12h MOT ° ' "	2DIF "	R.A. h m s	DECL ° ' "
1 F	14♎ 4 48	5 55 42	6	14 21 48	18S19 22
2 S	25 56 42	5 57 18	42	15 9 15	22 25 47
3 Su	7♏52 59	6 1 12	74	15 59 29	25 38 12
4 M	19 58 5	6 7 4	101	16 52 35	27 44 13
5 Tu	2♐15 46	6 14 29	120	17 48 2	28 32 6
6 W	14 48 51	6 22 54	130	18 44 46	27 53 25
7 Th	27 39 1	6 31 42	131	19 41 24	25 45 35
8 F	10♑46 45	6 40 16	124	20 36 45	22 13 12
9 S	24 11 18	6 48 3	108	21 30 10	17 27 22
10 Su	7♒50 51	6 54 38	88	22 21 38	11 43 47
11 M	21 42 52	6 59 47	66	23 11 43	5 20 51
12 Tu	5♓44 27	7 3 28	44	0 1 18	1N21 41
13 W	19 52 41	7 5 44	24	0 51 31	8 3 13
14 Th	4♈ 4 48	7 6 45	6	1 43 31	14 22 20
15 F	18 18 22	7 6 37	-10	2 38 20	19 56 40
16 S	2♉31 8	7 5 24	-27	3 36 32	24 23 19
17 Su	16 40 53	7 3 3	-44	4 37 55	27 20 57
18 M	0♊45 23	6 59 33	-62	5 41 12	28 33 50
19 Tu	14 42 16	6 54 48	-80	6 44 17	27 56 33
20 W	28 29 2	6 48 51	-98	7 45 2	25 36 7
21 Th	12♋ 3 21	6 41 51	-111	8 42 0	21 49 42
22 F	25 23 15	6 34 5	-120	9 34 48	16 59 20
23 S	8♌27 22	6 25 57	-122	10 23 52	11 27 14
24 Su	21 15 11	6 17 55	-117	11 10 3	5 33 4
25 M	3♍47 12	6 10 30	-104	11 54 22	0S26 45
26 Tu	16 4 53	6 4 11	-84	12 37 53	6 18 39
27 W	28 10 38	5 59 24	-58	13 21 35	11 51 7
28 Th	10♎ 7 43	5 56 28	-28	14 6 53	16 53 37
29 F	21 59 59	5 55 41	5	14 53 4	21 15 49
30 S	3♏51 48	5 57 11	40	15 42 11	24 46 50
31 Su	15♏47 48	6 1 2	75	16 33 58	27S15 19

LUNAR INGRESSES
2 ☽ ♏ 20:11
5 ☽ ♐ 7:37
7 ☽ ♑ 16:20
9 ☽ ♒ 22:16
12 ☽ ♓ 2:12
14 ☽ ♈ 5:07
16 ☽ ♉ 7:45
18 ☽ ♊ 10:42
20 ☽ ♋ 14:40
22 ☽ ♌ 20:25
25 ☽ ♍ 4:42
27 ☽ ♎ 15:39
30 ☽ ♏ 4:12

PLANET INGRESSES
17 ☉ ♌ 18:26
21 ♀ ♋ 13:42
30 ☿ ♌ 22:50

STATIONS
11 ☿ D 7:31

DATA FOR THE 1st AT 0 HOURS
JULIAN DAY 45868.5
☽ MEAN ☊ 25°♒ 10' 19"
OBLIQUITY 23° 26' 18"
DELTA T 79.3 SECONDS
NUTATION LONGITUDE 3.9"

DAY MO YR	☿ LONG	♀ LONG	♂ LONG	♃ LONG	♄ LONG	♅ LONG	♆ LONG	♇ LONG
1 213	13♋54R 9	5♊52 1	1♍12 6	16♊36 50	6♓32R25	5♉49 22	6♓53R 3	7♑20R 0
2 214	13 10 10	7 1 30	1 49 5	16 49 39	6 30 30	5 51 6	6 52 12	7 18 35
3 215	12 27 41	8 11 6	2 26 8	17 2 25	6 28 30	5 52 47	6 51 20	7 17 11
4 216	11 47 31	9 20 47	3 3 15	17 15 8	6 26 25	5 54 25	6 50 25	7 15 48
5 217	11 10 25	10 30 33	3 40 26	17 27 48	6 24 14	5 56 1	6 49 30	7 14 24
6 218	10 37 9	11 40 26	4 17 41	17 40 25	6 21 57	5 57 34	6 48 32	7 13 1
7 219	10 8 23	12 50 23	4 54 59	17 52 59	6 19 36	5 59 4	6 47 33	7 11 39
8 220	9 44 44	14 0 27	5 32 21	18 5 29	6 17 9	6 0 31	6 46 33	7 10 17
9 221	9 26 44	15 10 36	6 9 47	18 17 57	6 14 37	6 1 56	6 45 31	7 8 55
10 222	9 14 49	16 20 50	6 47 17	18 30 21	6 11 59	6 3 18	6 44 27	7 7 33
11 223	9 9D21	17 31 10	7 24 51	18 42 42	6 9 17	6 4 37	6 43 22	7 6 12
12 224	9 10 39	18 41 35	8 2 29	18 54 59	6 6 30	6 5 54	6 42 16	7 4 52
13 225	9 18 53	19 52 6	8 40 10	19 7 12	6 3 38	6 7 7	6 41 8	7 3 32
14 226	9 34 14	21 2 42	9 17 55	19 19 23	6 0 41	6 8 18	6 39 59	7 2 13
15 227	9 56 45	22 13 23	9 55 45	19 31 29	5 57 39	6 9 26	6 38 48	7 0 54
16 228	10 26 27	23 24 10	10 33 38	19 43 32	5 54 32	6 10 31	6 37 36	6 59 36
17 229	11 3 19	24 35 2	11 11 35	19 55 30	5 51 21	6 11 33	6 36 23	6 58 19
18 230	11 47 15	25 45 59	11 49 36	20 7 25	5 48 5	6 12 32	6 35 8	6 57 2
19 231	12 38 7	26 57 1	12 27 42	20 19 16	5 44 45	6 13 29	6 33 52	6 55 46
20 232	13 35 44	28 8 8	13 5 51	20 31 2	5 41 21	6 14 22	6 32 35	6 54 30
21 233	14 39 53	29 19 20	13 44 4	20 42 45	5 37 52	6 15 13	6 31 16	6 53 16
22 234	15 50 18	0♋30 37	14 22 21	20 54 23	5 34 19	6 16 0	6 29 57	6 52 2
23 235	17 6 42	1 41 58	15 0 42	21 5 56	5 30 42	6 16 45	6 28 36	6 50 49
24 236	18 28 42	2 53 24	15 39 8	21 17 25	5 27 1	6 17 26	6 27 14	6 49 37
25 237	19 55 58	4 4 54	16 17 37	21 28 49	5 23 16	6 18 4	6 25 51	6 48 26
26 238	21 28 4	5 16 29	16 56 9	21 40 9	5 19 27	6 18 40	6 24 27	6 47 15
27 239	23 4 33	6 28 8	17 34 46	21 51 23	5 15 35	6 19 12	6 23 2	6 46 6
28 240	24 45 0	7 39 52	18 13 27	22 2 33	5 11 40	6 19 42	6 21 36	6 44 58
29 241	26 28 55	8 51 40	18 52 11	22 13 37	5 7 41	6 20 8	6 20 9	6 43 50
30 242	28 15 51	10 3 32	19 30 59	22 24 37	5 3 39	6 20 31	6 18 41	6 42 44
31 243	0♌ 5 20	11♋15 28	20♍ 9 51	22♊35 31	4♓59 33	6♉20 51	6♓17 12	6♑41 38

DAY MO YR	☊ LONG	A.S.S.I. h m s	S.S.R.Y. h m s	S.V.P. ♓ ° ' "	☿ MERCURY R.A. h m s	DECL ° ' "
1 213	23♒58	11 0 37	30 12 31	4 54 5.0	8 40 24	13N14 22
2 214	23 59	11 5 29	30 13 0	4 54 4.9	8 37 33	13 28 49
3 215	23 57	11 10 20	30 13 18	4 54 4.7	8 34 50	13 44 29
4 216	23 54	11 15 11	30 13 25	4 54 4.5	8 32 17	14 1 6
5 217	23 50	11 20 1	30 13 18	4 54 4.3	8 29 58	14 18 26
6 218	23 44	11 24 50	30 12 58	4 54 4.1	8 27 55	14 36 14
7 219	23 39	11 29 38	30 12 22	4 54 3.8	8 26 11	14 54 16
8 220	23 33	11 34 26	30 11 33	4 54 3.6	8 24 49	15 12 15
9 221	23 29	11 39 13	30 10 33	4 54 3.4	8 23 50	15 29 58
10 222	23 26	11 43 59	30 9 25	4 54 3.3	8 23 16	15 47 10
11 223	23 24	11 48 44	30 8 14	4 54 3.2	8 23 10	16 3 38
12 224	23 24	11 53 29	30 7 4	4 54 3.2	8 23 31	16 19 7
13 225	23 25	11 58 13	30 6 0	4 54 3.1	8 24 20	16 33 26
14 226	23 26	12 2 56	30 5 5	4 54 3.1	8 25 39	16 46 21
15 227	23 27	12 7 39	30 4 22	4 54 3.0	8 27 28	16 57 41
16 228	23 28	12 12 21	30 3 53	4 54 2.8	8 29 45	17 7 14
17 229	23 28	12 17 2	30 3 37	4 54 2.6	8 32 32	17 14 49
18 230	23 26	12 21 43	30 3 34	4 54 2.4	8 35 48	17 20 16
19 231	23 24	12 26 23	30 3 43	4 54 2.1	8 39 32	17 23 25
20 232	23 21	12 31 3	30 4 4	4 54 1.9	8 43 43	17 24 7
21 233	23 18	12 35 42	30 4 33	4 54 1.6	8 48 19	17 22 13
22 234	23 16	12 40 20	30 5 10	4 54 1.5	8 53 20	17 17 37
23 235	23 14	12 44 58	30 5 54	4 54 1.4	8 58 44	17 10 11
24 236	23 13	12 49 35	30 6 42	4 54 1.3	9 4 29	16 59 53
25 237	23 13	12 54 12	30 7 35	4 54 1.3	9 10 34	16 46 39
26 238	23 13	12 58 48	30 8 30	4 54 1.3	9 16 55	16 30 28
27 239	23 14	13 3 24	30 9 25	4 54 1.2	9 23 32	16 11 22
28 240	23 15	13 7 59	30 10 20	4 54 1.2	9 30 22	15 49 23
29 241	23 16	13 12 34	30 11 11	4 54 1.1	9 37 23	15 24 36
30 242	23 18	13 17 9	30 11 55	4 54 1.0	9 44 32	14 57 9
31 243	23♒18	13 21 42	30 12 31	4 54 0.8	9 51 49	14N27 9

DAY Aug	♀ VENUS R.A. h m s	DECL ° ' "	♂ MARS R.A. h m s	DECL ° ' "	♃ JUPITER R.A. h m s	DECL ° ' "	♄ SATURN R.A. h m s	DECL ° ' "
1	6 4 10	21N55 8	11 47 24	2N 2 7	6 50 54	22N50 28	0 9 47	1S31 36
2	6 9 9	21 57 22	11 49 38	1 46 45	6 51 49	22 49 25	0 9 41	1 32 35
3	6 14 10	21 59 1	11 51 53	1 31 21	6 52 45	22 48 22	0 9 34	1 33 37
4	6 19 10	22 0 5	11 54 8	1 15 56	6 53 40	22 47 17	0 9 27	1 34 40
5	6 24 12	22 0 35	11 56 24	1 0 29	6 54 34	22 46 12	0 9 19	1 35 45
6	6 29 13	22 0 29	11 58 39	0 45 0	6 55 29	22 45 6	0 9 11	1 36 52
7	6 34 16	21 59 48	12 0 55	0 29 29	6 56 23	22 43 59	0 9 3	1 38 2
8	6 39 18	21 58 32	12 3 11	0 13 58	6 57 17	22 42 52	0 8 54	1 39 13
9	6 44 21	21 56 39	12 5 27	0S 1 35	6 58 11	22 41 43	0 8 45	1 40 26
10	6 49 24	21 54 11	12 7 44	0 17 9	6 59 5	22 40 34	0 8 36	1 41 41
11	6 54 27	21 51 7	12 10 1	0 32 44	6 59 58	22 39 24	0 8 27	1 42 58
12	6 59 30	21 47 27	12 12 18	0 48 21	7 0 51	22 38 13	0 8 17	1 44 16
13	7 4 33	21 43 11	12 14 35	1 3 58	7 1 44	22 37 2	0 8 6	1 45 37
14	7 9 37	21 38 19	12 16 52	1 19 36	7 2 36	22 35 49	0 7 56	1 46 59
15	7 14 40	21 32 50	12 19 10	1 35 15	7 3 28	22 34 37	0 7 45	1 48 23
16	7 19 44	21 26 46	12 21 28	1 50 54	7 4 20	22 33 23	0 7 34	1 49 49
17	7 24 47	21 20 5	12 23 47	2 6 35	7 5 12	22 32 9	0 7 23	1 51 16
18	7 29 51	21 12 49	12 26 5	2 22 16	7 6 3	22 30 54	0 7 11	1 52 45
19	7 34 54	21 4 57	12 28 24	2 37 57	7 6 54	22 29 39	0 6 59	1 54 15
20	7 39 57	20 56 29	12 30 44	2 53 39	7 7 45	22 28 23	0 6 47	1 55 47
21	7 44 59	20 47 26	12 33 3	3 9 21	7 8 35	22 27 7	0 6 35	1 57 21
22	7 50 1	20 37 47	12 35 23	3 25 3	7 9 25	22 25 50	0 6 22	1 58 56
23	7 55 3	20 27 34	12 37 44	3 40 45	7 10 15	22 24 33	0 6 9	2 0 32
24	8 0 5	20 16 46	12 40 4	3 56 27	7 11 4	22 23 16	0 5 56	2 2 10
25	8 5 6	20 5 23	12 42 25	4 12 9	7 11 53	22 21 58	0 5 42	2 3 49
26	8 10 7	19 53 26	12 44 46	4 27 51	7 12 42	22 20 40	0 5 29	2 5 29
27	8 15 7	19 40 55	12 47 8	4 43 32	7 13 30	22 19 22	0 5 15	2 7 10
28	8 20 7	19 27 50	12 49 30	4 59 12	7 14 18	22 18 3	0 5 1	2 8 53
29	8 25 6	19 14 13	12 51 52	5 14 52	7 15 6	22 16 44	0 4 46	2 10 37
30	8 30 5	19 0 2	12 54 15	5 30 32	7 15 53	22 15 25	0 4 32	2 12 21
31	8 35 3	18N45 20	12 56 38	5S46 10	7 16 40	22N14 6	0 4 17	2S14 7

DAY Aug	♅ URANUS R.A. h m s	DECL ° ' "	♆ NEPTUNE R.A. h m s	DECL ° ' "	♇ PLUTO R.A. h m s	DECL ° ' "
1	3 55 18	20N 8 16	0 9 25	0S26 58	20 22 32	23S16 47
2	3 55 25	20 8 37	0 9 22	0 27 20	20 22 26	23 17 10
3	3 55 32	20 8 58	0 9 19	0 27 44	20 22 20	23 17 34
4	3 55 39	20 9 18	0 9 16	0 28 8	20 22 14	23 17 57
5	3 55 46	20 9 37	0 9 13	0 28 32	20 22 8	23 18 20
6	3 55 52	20 9 56	0 9 9	0 28 57	20 22 2	23 18 43
7	3 55 59	20 10 15	0 9 6	0 29 23	20 21 57	23 19 6
8	3 56 5	20 10 33	0 9 2	0 29 49	20 21 51	23 19 28
9	3 56 11	20 10 50	0 8 58	0 30 16	20 21 45	23 19 50
10	3 56 16	20 11 7	0 8 55	0 30 43	20 21 40	23 20 13
11	3 56 22	20 11 23	0 8 51	0 31 11	20 21 34	23 20 34
12	3 56 27	20 11 39	0 8 47	0 31 40	20 21 28	23 20 56
13	3 56 32	20 11 54	0 8 43	0 32 9	20 21 23	23 21 17
14	3 56 37	20 12 8	0 8 38	0 32 39	20 21 17	23 21 38
15	3 56 42	20 12 22	0 8 34	0 33 9	20 21 12	23 21 59
16	3 56 46	20 12 35	0 8 30	0 33 39	20 21 6	23 22 20
17	3 56 51	20 12 47	0 8 25	0 34 10	20 21 1	23 22 40
18	3 56 55	20 12 59	0 8 21	0 34 42	20 20 56	23 23 0
19	3 56 59	20 13 11	0 8 16	0 35 14	20 20 50	23 23 20
20	3 57 3	20 13 22	0 8 12	0 35 46	20 20 45	23 23 39
21	3 57 6	20 13 32	0 8 7	0 36 19	20 20 40	23 23 58
22	3 57 9	20 13 41	0 8 2	0 36 53	20 20 35	23 24 17
23	3 57 13	20 13 50	0 7 57	0 37 27	20 20 30	23 24 36
24	3 57 15	20 13 59	0 7 52	0 38 1	20 20 24	23 24 54
25	3 57 18	20 14 7	0 7 47	0 38 36	20 20 19	23 25 12
26	3 57 21	20 14 14	0 7 42	0 39 11	20 20 15	23 25 30
27	3 57 23	20 14 20	0 7 37	0 39 46	20 20 10	23 25 47
28	3 57 25	20 14 26	0 7 32	0 40 22	20 20 5	23 26 4
29	3 57 27	20 14 31	0 7 26	0 40 58	20 20 0	23 26 21
30	3 57 28	20 14 36	0 7 21	0 41 35	20 19 55	23 26 37
31	3 57 30	20N14 40	0 7 16	0S42 11	20 19 51	23S26 53

SEPTEMBER 2025

DAY	SIDEREAL TIME h m s	☉ SUN LONG	MOT	R.A. h m s	DECL	☽ MOON AT 0 HOURS LONG	12h MOT	2DIF	R.A. h m s	DECL	☽ MOON AT 12 HOURS LONG	12h MOT	2DIF	R.A. h m s	DECL
1 M	22 41 39	13♌43 45	58 4	10 41 45.1	8N15 33	21♏48 50	6 3 49	92	17 0 48	28S 2 37	27♏52 38	6 7 8	107	17 28 9	28S30 17
2 Tu	22 45 36	14 41 48	58 5	10 45 22.5	7 53 44	3♐59 46	6 10 58	122	17 55 54	28 37 15	10♐10 45	6 15 16	135	18 23 55	28 22 46
3 W	22 49 32	15 39 53	58 6	10 48 59.6	7 31 47	16 26 1	6 19 59	147	18 52 3	27 46 24	22 46 0	6 25 3	156	19 20 9	26 48 3
4 Th	22 53 29	16 37 59	58 8	10 52 36.4	7 9 43	29 11 2	6 30 22	162	19 48 4	25 28 5	5♑41 24	6 35 52	166	20 15 42	23 47 10
5 F	22 57 25	17 36 7	58 9	10 56 12.9	6 47 32	12♑17 16	6 41 26	167	20 42 58	21 46 24	18 58 41	6 46 58	164	21 9 49	19 27 12
6 S	23 1 22	18 34 16	58 11	10 59 49.2	6 25 15	25 45 40	6 52 22	158	21 36 16	16 51 14	2♒38 2	6 57 30	148	22 2 19	14 0 30
7 Su	23 5 18	19 32 27	58 12	11 3 25.3	6 2 51	9♒35 31	7 2 16	136	22 28 3	10 57 9	16 37 47	7 6 33	120	22 53 32	7 43 36
8 M	23 9 15	20 30 39	58 14	11 7 1.1	5 40 22	23 44 20	7 10 16	102	23 18 53	4 22 22	0♓54 35	7 13 19	81	23 44 14	0 56 11
9 Tu	23 13 11	21 28 54	58 16	11 10 36.8	5 17 47	8♓ 7 55	7 15 41	60	0 9 42	2N32 5	15 23 36	7 17 18	37	0 35 26	5N59 29
10 W	23 17 8	22 27 10	58 18	11 14 12.4	4 55 6	22 40 53	7 18 9	15	1 1 34	9 22 55	29 59 3	7 18 16	-7	1 28 14	12 39 14
11 Th	23 21 5	23 25 28	58 20	11 17 47.8	4 32 20	7♈17 19	7 17 40	-28	1 55 33	15 45 13	14♈34 59	7 16 24	-47	2 23 36	18 37 40
12 F	23 25 1	24 23 48	58 22	11 21 23.2	4 9 30	21 51 23	7 14 33	-63	2 52 28	21 13 26	29 5 56	7 12 11	-78	3 22 9	23 29 31
13 S	23 28 58	25 22 10	58 25	11 24 58.4	3 46 34	6♉18 7	7 9 23	-89	3 52 35	25 23 14	13♉27 20	7 6 14	-98	4 23 39	26 52 14
14 Su	23 32 54	26 20 34	58 27	11 28 33.6	3 23 35	20 33 44	7 2 49	-105	4 55 11	27 54 48	27 36 34	6 59 13	-110	5 26 56	28 29 52
15 M	23 36 51	27 19 1	58 29	11 32 8.8	3 0 32	4♊35 47	6 55 30	-113	5 58 37	28 37 7	11♊31 16	6 51 42	-114	6 29 59	28 17 4
16 Tu	23 40 47	28 17 30	58 31	11 35 43.9	2 37 25	18 22 58	6 47 54	-114	7 0 45	27 30 55	25 10 52	6 44 7	-113	7 30 44	26 20 32
17 W	23 44 44	29 16 0	58 33	11 39 19.1	2 14 15	1♋54 58	6 40 22	-111	7 59 46	24 48 11	8♋35 21	6 36 42	-109	8 27 47	22 56 24
18 Th	23 48 40	0♍14 33	58 35	11 42 54.2	1 51 3	15 12 3	6 33 7	-106	8 54 46	20 47 50	21 45 10	6 29 37	-103	9 20 44	18 25 10
19 F	23 52 37	1 13 8	58 37	11 46 29.4	1 27 47	28 14 47	6 26 13	-100	9 45 46	15 50 57	4♌41 0	6 22 55	-97	10 9 58	13 7 36
20 S	23 56 34	2 11 46	58 39	11 50 4.6	1 4 30	11♌ 3 55	6 19 44	-94	10 33 25	10 17 22	17 23 39	6 16 39	-91	10 56 17	7 22 22
21 Su	0 0 30	3 10 25	58 41	11 53 39.9	0 41 11	23 40 18	6 13 42	-87	11 18 39	4 24 30	29 54 0	6 10 52	-82	11 40 41	1 25 36
22 M	0 4 27	4 9 6	58 43	11 57 15.3	0 17 51	6♍ 4 52	6 8 12	-78	12 2 8	1S32 42	12♍13 4	6 5 42	-72	12 24 10	4S28 48
23 Tu	0 8 23	5 7 49	58 45	12 0 50.8	0S 5 31	18 18 46	6 3 23	-66	12 45 52	7 21 12	24 22 10	6 1 18	-59	13 7 42	10 8 29
24 W	0 12 20	6 6 34	58 47	12 4 26.4	0 28 53	0♎23 28	5 59 28	-51	13 29 45	12 49 13	6♎22 56	5 57 55	-42	13 52 8	15 22 1
25 Th	0 16 16	7 5 21	58 49	12 8 2.2	0 52 15	12 20 51	5 56 41	-32	14 14 56	17 45 30	18 17 40	5 55 49	-20	14 38 14	19 58 17
26 F	0 20 13	8 4 9	58 51	12 11 38.1	1 15 38	24 13 20	5 55 20	-8	15 2 5	21 58 58	0♏ 8 40	5 55 16	5	15 26 32	23 46 10
27 S	0 24 9	9 3 0	58 52	12 15 14.2	1 39 0	6♏ 3 56	5 55 40	19	15 51 36	25 18 29	11 59 36	5 56 34	35	16 17 15	26 34 34
28 Su	0 28 6	10 1 52	58 54	12 18 50.5	2 2 21	17 56 10	5 57 59	51	16 43 29	27 33 10	23 54 8	5 59 56	67	17 10 12	28 13 8
29 M	0 32 3	11 0 46	58 56	12 22 27.0	2 25 41	29 54 4	6 2 27	84	17 37 19	28 33 29	5♐56 31	6 5 32	101	18 4 44	28 33 29
30 Tu	0 35 59	11♍59 42	58 58	12 26 3.7	2S48 59	12♐ 2 3	6 9 11	118	18 32 17	28S12 36	18♐11 15	6 13 25	135	18 59 52	27S30 40

LUNAR INGRESSES
1 ☽ ♐ 16:11
4 ☽ ♑ 1:31
6 ☽ ♒ 7:25
8 ☽ ♓ 10:29
10 ☽ ♈ 12:02
12 ☽ ♉ 13:30
14 ☽ ♊ 16:06
16 ☽ ♋ 20:34
19 ☽ ♌ 3:16
21 ☽ ♍ 12:12
23 ☽ ♎ 23:13
26 ☽ ♏ 11:42
29 ☽ ♐ 0:12

PLANET INGRESSES
14 ♂ ♎ 23:52
15 ☿ ♍ 17:10
15 ♀ ♌ 12:14
17 ☉ ♍ 18:02

STATIONS
6 ♅ R 4:53

DATA FOR THE 1st AT 0 HOURS
JULIAN DAY 45899.5
☽ MEAN ☊ 23° ♒ 31' 45"
OBLIQUITY 23° 26' 19"
DELTA T 79.4 SECONDS
NUTATION LONGITUDE 4.1"

DAY MO	YR	☿ LONG	♀ LONG	♂ LONG	♃ LONG	♄ LONG	♅ LONG	♆ LONG	♇ LONG	☊ LONG	A.S.S.I. h m s	S.S.R.Y.	S.V.P. ♓	☿ MERCURY R.A. h m s	DECL
1	244	1♌56 55	12♋27 28	20♍48 46	22♊46 20	4♓55R25	6♉21 9	6♓15R42	6♑40R34	23♒18	13 26 16	30 12 57	4 54 0.7	9 59 10	13N54 45
2	245	3 50 10	13 39 33	21 27 46	22 57 4	4 51 14	6 21 23	6 14 11	6 39 31	23 17	13 30 49	30 13 7	4 54 0.5	10 6 34	13 20 9
3	246	5 44 42	14 51 42	22 6 48	23 7 42	4 47 1	6 21 34	6 12 40	6 38 29	23 17	13 35 22	30 13 3	4 54 0.3	10 14 0	12 43 32
4	247	7 40 9	16 3 55	22 45 55	23 18 14	4 42 44	6 21 42	6 11 8	6 37 28	23 16	13 39 54	30 12 44	4 54 0.1	10 21 25	12 5 5
5	248	9 36 11	17 16 12	23 25 5	23 28 41	4 38 26	6 21 47	6 9 35	6 36 28	23 15	13 44 26	30 12 9	4 53 59.9	10 28 50	11 24 59
6	249	11 32 30	18 28 33	24 4 19	23 39 2	4 34 4	6 21R49	6 8 2	6 35 30	23 14	13 48 58	30 11 21	4 53 59.8	10 36 13	10 43 27
7	250	13 28 51	19 40 58	24 43 37	23 49 18	4 29 41	6 21 48	6 6 27	6 34 32	23 14	13 53 29	30 10 22	4 53 59.7	10 43 33	10 0 38
8	251	15 25 2	20 53 27	25 22 58	23 59 27	4 25 16	6 21 44	6 4 52	6 33 36	23 14	13 58 1	30 9 17	4 53 59.7	10 50 49	9 16 45
9	252	17 20 50	22 6 1	26 2 23	24 9 30	4 20 49	6 21 37	6 3 17	6 32 41	23 14	14 2 32	30 8 10	4 53 59.7	10 58 1	8 31 55
10	253	19 16 7	23 18 39	26 41 52	24 19 27	4 16 19	6 21 27	6 1 41	6 31 47	23 14	14 7 2	30 7 4	4 53 59.6	11 5 8	7 46 20
11	254	21 10 45	24 31 20	27 21 25	24 29 19	4 11 49	6 21 14	6 0 4	6 30 55	23 14	14 11 33	30 6 3	4 53 59.6	11 12 11	7 0 7
12	255	23 4 38	25 44 6	28 1 1	24 39 3	4 7 16	6 20 58	5 58 27	6 30 4	23 14	14 16 4	30 5 10	4 53 59.5	11 19 10	6 13 24
13	256	24 57 41	26 56 56	28 40 41	24 48 42	4 2 43	6 20 39	5 56 50	6 29 14	23 14	14 20 34	30 4 27	4 53 59.3	11 26 3	5 26 18
14	257	26 49 50	28 9 50	29 20 25	24 58 14	3 58 8	6 20 17	5 55 12	6 28 26	23 14	14 25 4	30 3 54	4 53 59.1	11 32 51	4 38 56
15	258	28 41 2	29 22 48	0♎ 0 13	25 7 39	3 53 32	6 19 52	5 53 34	6 27 39	23 14	14 29 35	30 3 32	4 53 58.9	11 39 34	3 51 23
16	259	0♍31 15	0♌35 50	0 40 5	25 16 57	3 48 55	6 19 24	5 51 55	6 26 53	23 14	14 34 5	30 3 21	4 53 58.6	11 46 13	3 3 45
17	260	2 20 28	1 48 55	1 20 1	25 26 9	3 44 17	6 18 53	5 50 16	6 26 9	23 15	14 38 35	30 3 20	4 53 58.4	11 52 47	2 16 6
18	261	4 8 40	3 2 4	2 0 1	25 35 14	3 39 38	6 18 19	5 48 37	6 25 26	23 15	14 43 6	30 3 30	4 53 58.3	11 59 16	1 28 32
19	262	5 55 51	4 15 17	2 40 5	25 44 11	3 34 59	6 17 41	5 46 58	6 24 44	23 16	14 47 36	30 3 49	4 53 58.2	12 5 41	0 41 5
20	263	7 41 59	5 28 34	3 20 13	25 53 1	3 30 20	6 17 1	5 45 18	6 24 4	23 16	14 52 6	30 4 18	4 53 58.1	12 12 2	0S 6 11
21	264	9 27 7	6 41 54	4 0 24	26 1 44	3 25 40	6 16 18	5 43 39	6 23 26	23 17	14 56 37	30 4 56	4 53 58.1	12 18 18	0 53 12
22	265	11 11 14	7 55 17	4 40 39	26 10 20	3 21 0	6 15 33	5 41 59	6 22 49	23 16	15 1 7	30 5 42	4 53 58.1	12 24 31	1 39 56
23	266	12 54 21	9 8 43	5 20 59	26 18 47	3 16 21	6 14 44	5 40 19	6 22 13	23 15	15 5 38	30 6 35	4 53 58.1	12 30 41	2 26 21
24	267	14 36 28	10 22 13	6 1 22	26 27 8	3 11 41	6 13 52	5 38 39	6 21 39	23 14	15 10 9	30 7 32	4 53 58.1	12 36 47	3 12 23
25	268	16 17 38	11 35 46	6 41 48	26 35 20	3 7 2	6 12 58	5 36 59	6 21 7	23 12	15 14 40	30 8 32	4 53 58.0	12 42 49	3 58 1
26	269	17 57 50	12 49 22	7 22 19	26 43 24	3 2 24	6 12 0	5 35 19	6 20 36	23 10	15 19 11	30 9 32	4 53 57.9	12 48 49	4 43 13
27	270	19 37 5	14 3 1	8 2 53	26 51 21	2 57 46	6 11 0	5 33 39	6 20 6	23 08	15 23 43	30 10 30	4 53 57.8	12 54 46	5 27 57
28	271	21 15 26	15 16 43	8 43 31	26 59 9	2 53 10	6 9 57	5 32 0	6 19 39	23 06	15 28 15	30 11 21	4 53 57.6	13 0 40	6 12 11
29	272	22 52 52	16 30 27	9 24 13	27 6 49	2 48 34	6 8 51	5 30 20	6 19 12	23 04	15 32 47	30 12 2	4 53 57.5	13 6 32	6 55 54
30	273	24♍29 24	17♌44 15	10♎ 4 59	27♊14 21	2♓43 59	6♉ 7 43	5♓28 41	6♑18 48	23♒04	15 37 19	30 12 31	4 53 57.3	13 12 21	7S39 4

DAY Sep	♀ VENUS R.A. h m s	DECL	♂ MARS R.A. h m s	DECL	♃ JUPITER R.A. h m s	DECL	♄ SATURN R.A. h m s	DECL	♅ URANUS R.A. h m s	DECL	♆ NEPTUNE R.A. h m s	DECL	♇ PLUTO R.A. h m s	DECL
1	8 40 0	18N30 5	12 59 1	6S 1 47	7 17 26	22N12 47	0 4 2	2S15 54	3 57 31	20N14 43	0 7 10	0S42 48	20 19 46	23S27 9
2	8 44 57	18 14 18	13 1 25	6 17 24	7 18 12	22 11 27	0 3 47	2 17 41	3 57 32	20 14 46	0 7 5	0 43 26	20 19 42	23 27 24
3	8 49 53	17 58 1	13 3 49	6 32 59	7 18 58	22 10 8	0 3 32	2 19 29	3 57 33	20 14 48	0 6 59	0 44 3	20 19 38	23 27 39
4	8 54 48	17 41 12	13 6 14	6 48 32	7 19 43	22 8 49	0 3 16	2 21 18	3 57 33	20 14 50	0 6 54	0 44 41	20 19 33	23 27 53
5	8 59 43	17 23 54	13 8 39	7 4 5	7 20 28	22 7 29	0 3 0	2 23 8	3 57 34	20 14 51	0 6 48	0 45 19	20 19 29	23 28 8
6	9 4 37	17 6 6	13 11 4	7 19 35	7 21 12	22 6 10	0 2 45	2 24 58	3 57 34	20 14 51	0 6 42	0 45 58	20 19 25	23 28 22
7	9 9 30	16 47 48	13 13 30	7 35 4	7 21 56	22 4 51	0 2 29	2 26 49	3 57 34	20 14 51	0 6 37	0 46 36	20 19 21	23 28 35
8	9 14 22	16 29 2	13 15 56	7 50 31	7 22 40	22 3 32	0 2 13	2 28 41	3 57 34	20 14 50	0 6 31	0 47 15	20 19 17	23 28 48
9	9 19 14	16 9 47	13 18 22	8 5 56	7 23 23	22 2 13	0 1 57	2 30 33	3 57 33	20 14 49	0 6 25	0 47 54	20 19 13	23 29 1
10	9 24 5	15 50 5	13 20 49	8 21 19	7 24 5	22 0 54	0 1 40	2 32 26	3 57 32	20 14 46	0 6 19	0 48 33	20 19 9	23 29 14
11	9 28 56	15 29 55	13 23 17	8 36 40	7 24 47	21 59 35	0 1 24	2 34 19	3 57 31	20 14 44	0 6 13	0 49 13	20 19 6	23 29 26
12	9 33 45	15 9 19	13 25 45	8 51 59	7 25 29	21 58 17	0 1 7	2 36 12	3 57 30	20 14 40	0 6 8	0 49 52	20 19 2	23 29 37
13	9 38 34	14 48 17	13 28 13	9 7 15	7 26 10	21 56 59	0 0 51	2 38 5	3 57 29	20 14 36	0 6 2	0 50 32	20 18 59	23 29 49
14	9 43 22	14 26 49	13 30 42	9 22 29	7 26 51	21 55 41	0 0 34	2 39 59	3 57 27	20 14 32	0 5 56	0 51 11	20 18 55	23 29 59
15	9 48 10	14 4 57	13 33 11	9 37 41	7 27 31	21 54 24	0 0 17	2 41 53	3 57 26	20 14 27	0 5 50	0 51 51	20 18 52	23 30 10
16	9 52 57	13 42 40	13 35 41	9 52 49	7 28 11	21 53 7	0 0 1	2 43 46	3 57 24	20 14 21	0 5 44	0 52 31	20 18 49	23 30 20
17	9 57 43	13 19 59	13 38 11	10 7 55	7 28 50	21 51 51	23 59 44	2 45 40	3 57 22	20 14 15	0 5 38	0 53 11	20 18 46	23 30 30
18	10 2 28	12 56 56	13 40 42	10 22 58	7 29 29	21 50 35	23 59 27	2 47 34	3 57 19	20 14 8	0 5 32	0 53 51	20 18 42	23 30 39
19	10 7 12	12 33 30	13 43 13	10 37 58	7 30 7	21 49 20	23 59 10	2 49 28	3 57 17	20 14 0	0 5 26	0 54 31	20 18 40	23 30 48
20	10 11 56	12 9 42	13 45 44	10 52 54	7 30 45	21 48 5	23 58 53	2 51 22	3 57 14	20 13 52	0 5 20	0 55 11	20 18 37	23 30 57
21	10 16 40	11 45 34	13 48 17	11 7 48	7 31 22	21 46 51	23 58 36	2 53 16	3 57 11	20 13 43	0 5 13	0 55 51	20 18 34	23 31 5
22	10 21 22	11 21 5	13 50 49	11 22 37	7 31 59	21 45 37	23 58 19	2 55 9	3 57 8	20 13 34	0 5 7	0 56 32	20 18 31	23 31 13
23	10 26 4	10 56 16	13 53 22	11 37 23	7 32 35	21 44 25	23 58 2	2 57 2	3 57 4	20 13 24	0 5 1	0 57 12	20 18 29	23 31 20
24	10 30 45	10 31 8	13 55 56	11 52 5	7 33 10	21 43 13	23 57 44	2 58 54	3 57 1	20 13 13	0 4 55	0 57 52	20 18 26	23 31 27
25	10 35 26	10 5 42	13 58 30	12 6 43	7 33 45	21 42 1	23 57 27	3 0 46	3 56 57	20 13 2	0 4 49	0 58 32	20 18 24	23 31 34
26	10 40 6	9 39 58	14 1 5	12 21 17	7 34 20	21 40 51	23 57 10	3 2 38	3 56 53	20 12 50	0 4 43	0 59 12	20 18 22	23 31 40
27	10 44 45	9 13 57	14 3 40	12 35 47	7 34 53	21 39 42	23 56 54	3 4 29	3 56 49	20 12 38	0 4 37	0 59 52	20 18 20	23 31 45
28	10 49 24	8 47 40	14 6 16	12 50 12	7 35 27	21 38 33	23 56 37	3 6 19	3 56 44	20 12 25	0 4 31	1 0 32	20 18 18	23 31 51
29	10 54 2	8 21 7	14 8 53	13 4 33	7 35 59	21 37 25	23 56 20	3 8 8	3 56 40	20 12 12	0 4 25	1 1 11	20 18 16	23 31 56
30	10 58 40	7N54 20	14 11 29	13S18 49	7 36 31	21N36 19	23 56 3	3S 9 57	3 56 35	20N11 58	0 4 19	1S 1 51	20 18 14	23S32 0

OCTOBER 2025

DAY	SIDEREAL TIME h m s	☉ SUN LONG ° ' "	MOT ' "	R.A. h m s	DECL ° ' "
1 W	0 39 56	12♍58 39	58 59	12 29 40.7	3S12 16
2 Th	0 43 52	13 57 39	59 1	12 33 18.0	3 35 31
3 F	0 47 49	14 56 40	59 3	12 36 55.5	3 58 43
4 S	0 51 45	15 55 42	59 5	12 40 33.4	4 21 52
5 Su	0 55 42	16 54 47	59 6	12 44 11.5	4 44 57
6 M	0 59 38	17 53 53	59 8	12 47 50.1	5 7 59
7 Tu	1 3 35	18 53 2	59 10	12 51 29.0	5 30 58
8 W	1 7 31	19 52 12	59 13	12 55 8.4	5 53 52
9 Th	1 11 28	20 51 25	59 15	12 58 48.1	6 16 41
10 F	1 15 25	21 50 39	59 17	13 2 28.4	6 39 26
11 S	1 19 21	22 49 56	59 20	13 6 9.1	7 2 6
12 Su	1 23 18	23 49 16	59 22	13 9 50.3	7 24 40
13 M	1 27 14	24 48 37	59 24	13 13 32.0	7 47 8
14 Tu	1 31 11	25 48 1	59 26	13 17 14.3	8 9 29
15 W	1 35 7	26 47 27	59 29	13 20 57.2	8 31 44
16 Th	1 39 4	27 46 56	59 31	13 24 40.6	8 53 52
17 F	1 43 0	28 46 27	59 33	13 28 24.6	9 15 53
18 S	1 46 57	29 46 0	59 35	13 32 9.2	9 37 45
19 Su	1 50 54	0♎45 35	59 37	13 35 54.4	9 59 29
20 M	1 54 50	1 45 13	59 40	13 39 40.3	10 21 5
21 Tu	1 58 47	2 44 52	59 42	13 43 26.8	10 42 31
22 W	2 2 43	3 44 34	59 44	13 47 13.9	11 3 48
23 Th	2 6 40	4 44 17	59 46	13 51 1.8	11 24 55
24 F	2 10 36	5 44 2	59 47	13 54 50.3	11 45 51
25 S	2 14 33	6 43 50	59 49	13 58 39.6	12 6 37
26 Su	2 18 29	7 43 39	59 51	14 2 29.5	12 27 12
27 M	2 22 26	8 43 30	59 53	14 6 20.2	12 47 35
28 Tu	2 26 23	9 43 22	59 54	14 10 11.6	13 7 46
29 W	2 30 19	10 43 16	59 56	14 14 3.7	13 27 44
30 Th	2 34 16	11 43 12	59 58	14 17 56.6	13 47 30
31 F	2 38 12	12♎43 10	59 59	14 21 50.2	14S 7 2

DAY	☽ MOON AT 0 HOURS LONG ° ' "	12h MOT ° ' "	2DIF "	R.A. h m s	DECL ° ' "
1 W	24♐24 39	6 18 10	150	19 27 21	26S27 47
2 Th	7♑ 6 15	6 29 9	177	20 21 35	23 21 6
3 F	20 10 39	6 41 39	195	21 14 32	18 59 8
4 S	3♒40 33	6 54 53	198	22 6 11	13 32 30
5 Su	17 36 53	7 7 45	183	22 57 3	7 15 21
6 M	1♓58 17	7 18 57	148	23 47 59	0 25 32
7 Tu	16 40 43	7 27 7	93	0 40 2	6N35 2
8 W	1♈37 32	7 31 11	27	1 34 21	13 20 26
9 Th	16 40 14	7 30 41	-42	2 31 52	19 21 39
10 F	1♉39 38	7 25 48	-102	3 32 56	24 9 11
11 S	16 27 24	7 17 25	-145	4 36 56	27 17 45
12 Su	0♊57 9	7 6 49	-168	5 42 6	28 32 6
13 M	15 5 4	6 55 18	-173	6 45 59	27 51 23
14 Tu	28 49 56	6 43 58	-164	7 46 30	25 28 17
15 W	12♋12 32	6 33 35	-146	8 42 34	21 43 33
16 Th	25 15 0	6 24 34	-124	9 34 13	16 59 37
17 F	8♌ 0 10	6 17 2	-102	10 22 9	11 36 48
18 S	20 31 1	6 10 56	-82	11 7 23	5 52 6
19 Su	2♍50 18	6 6 4	-65	11 51 1	0S 0 18
20 M	15 0 25	6 2 16	-50	12 34 4	5 48 1
21 Tu	27 3 22	5 59 19	-38	13 17 32	11 19 36
22 W	9♎ 0 50	5 57 10	-27	14 2 12	16 23 44
23 Th	20 54 22	5 55 47	-14	14 48 46	20 48 52
24 F	2♏45 35	5 55 19	1	15 37 38	24 23 18
25 S	14 36 23	5 55 57	19	16 28 49	26 55 42
26 Su	26 29 7	5 57 59	42	17 21 54	28 16 20
27 M	8♐26 42	6 1 42	70	18 16 3	28 18 32
28 Tu	20 32 41	6 7 24	102	19 10 15	26 59 49
29 W	2♑51 8	6 15 18	135	20 3 34	24 22 19
30 Th	15 26 31	6 25 27	169	20 55 31	20 31 59
31 F	28♑23 19	6 37 43	197	21 46 5	15S37 37

DAY	☽ MOON AT 12 HOURS LONG ° ' "	12h MOT ° ' "	2DIF "	R.A. h m s	DECL ° ' "
1 W	0♑42 49	6 23 26	165	19 54 37	25S 4 22
2 Th	13 35 24	6 35 15	188	20 48 14	21 18 57
3 F	26 52 18	6 48 14	198	21 40 30	16 23 6
4 S	10♒35 26	7 1 27	193	22 31 40	10 29 13
5 Su	24 44 38	7 13 39	168	23 22 26	3 53 15
6 M	9♓17 14	7 23 29	123	0 13 48	3N 4 56
7 Tu	24 7 49	7 29 43	61	1 6 51	10 1 23
8 W	9♈ 8 43	7 31 31	-8	2 2 40	16 28 26
9 Th	24 10 54	7 28 44	-73	3 1 58	21 56 23
10 F	9♉ 5 26	7 21 58	-126	4 4 39	25 57 6
11 S	23 44 50	7 12 19	-159	5 9 31	28 9 36
12 Su	8♊ 3 58	7 1 6	-173	6 14 21	28 25 36
13 M	22 0 23	6 49 34	-170	7 16 45	26 51 27
14 Tu	5♋33 54	6 38 38	-156	8 15 6	23 44 42
15 W	18 46 7	6 28 53	-135	9 8 55	19 27 39
16 Th	1♌39 34	6 20 37	-113	9 58 35	14 21 56
17 F	14 17 12	6 13 49	-92	10 45 2	8 46 15
18 S	26 41 56	6 8 21	-73	11 29 20	2 56 4
19 Su	8♍56 22	6 4 3	-57	12 12 33	2S55 28
20 M	21 2 40	6 0 41	-44	12 55 42	8 36 32
21 Tu	3♎ 2 41	5 58 9	-32	13 39 40	13 55 49
22 W	14 58 0	5 56 22	-21	14 25 13	18 41 54
23 Th	26 50 10	5 55 26	-7	15 12 54	22 43 9
24 F	8♏40 55	5 55 29	10	16 2 57	25 47 55
25 S	20 32 21	5 56 47	30	16 55 10	27 45 30
26 Su	2♐27 6	5 59 36	56	17 48 55	28 27 30
27 M	14 28 24	6 4 17	86	18 43 13	27 49 15
28 Tu	26 40 4	6 11 4	118	19 37 4	25 50 37
29 W	9♑ 6 26	6 20 6	152	20 29 44	22 35 46
30 Th	21 51 58	6 31 21	184	21 20 57	18 12 10
31 F	5♒ 1 2	6 44 29	208	22 10 58	12S49 46

LUNAR INGRESSES
1 ☽ ♑ 10:39
3 ☽ ♒ 17:32
5 ☽ ♓ 20:44
7 ☽ ♈ 21:24
9 ☽ ♉ 21:20
11 ☽ ♊ 22:24
14 ☽ ♋ 2:04
16 ☽ ♌ 8:53
18 ☽ ♍ 18:27
21 ☽ ♎ 5:54
23 ☽ ♏ 18:25
26 ☽ ♐ 7:05
28 ☽ ♑ 18:29
31 ☽ ♒ 2:56

PLANET INGRESSES
3 ☿ ♎ 11:52
9 ♀ ♍ 22:28
18 ☉ ♎ 5:38
25 ☿ ♏ 0:49
28 ♂ ♏ 16:08

STATIONS
14 ♇ D 2:55

DATA FOR THE 1st AT 0 HOURS
JULIAN DAY 45929.5
☽ MEAN ☊ 21°♒ 56' 22"
OBLIQUITY 23° 26' 19"
DELTA T 79.4 SECONDS
NUTATION LONGITUDE 3.4"

DAY MO	YR	☿ LONG ° ' "	♀ LONG ° ' "	♂ LONG ° ' "	♃ LONG ° ' "	♄ LONG ° ' "	♅ LONG ° ' "	♆ LONG ° ' "	♇ LONG ° ' "	☊ LONG ° '
1	274	26♍ 5 5	18♌58 6	10♎45 48	27♊21 45	2♓39R26	6♉ 6R32	5♓27R 2	6♑18R25	23♒04
2	275	27 39 53	20 11 59	11 26 41	27 29 0	2 34 55	6 5 18	5 25 24	6 18 4	23 06
3	276	29 13 51	21 25 55	12 7 37	27 36 6	2 30 25	6 4 1	5 23 45	6 17 44	23 07
4	277	0♎46 59	22 39 54	12 48 37	27 43 3	2 25 56	6 2 42	5 22 7	6 17 26	23 08
5	278	2 19 17	23 53 56	13 29 41	27 49 52	2 21 30	6 1 20	5 20 30	6 17 10	23 09
6	279	3 50 46	25 8 0	14 10 48	27 56 32	2 17 6	5 59 56	5 18 53	6 16 55	23 09
7	280	5 21 27	26 22 7	14 51 59	28 3 3	2 12 44	5 58 29	5 17 16	6 16 42	23 08
8	281	6 51 19	27 36 17	15 33 13	28 9 24	2 8 24	5 57 0	5 15 40	6 16 30	23 05
9	282	8 20 22	28 50 30	16 14 32	28 15 37	2 4 7	5 55 28	5 14 4	6 16 21	23 01
10	283	9 48 37	0♍ 4 45	16 55 54	28 21 40	1 59 52	5 53 54	5 12 29	6 16 13	22 57
11	284	11 16 3	1 19 3	17 37 20	28 27 34	1 55 40	5 52 18	5 10 55	6 16 6	22 54
12	285	12 42 40	2 33 23	18 18 50	28 33 18	1 51 31	5 50 39	5 9 21	6 16 1	22 51
13	286	14 8 25	3 47 46	19 0 23	28 38 53	1 47 24	5 48 58	5 7 48	6 15 59	22 49
14	287	15 33 20	5 2 12	19 42 1	28 44 17	1 43 21	5 47 14	5 6 16	6 15D57	22 48
15	288	16 57 20	6 16 40	20 23 42	28 49 32	1 39 21	5 45 29	5 4 45	6 15 58	22 49
16	289	18 20 26	7 31 11	21 5 27	28 54 37	1 35 25	5 43 41	5 3 14	6 16 0	22 51
17	290	19 42 35	8 45 43	21 47 16	28 59 32	1 31 32	5 41 51	5 1 44	6 16 4	22 52
18	291	21 3 43	10 0 18	22 29 9	29 4 16	1 27 42	5 39 59	5 0 15	6 16 9	22 53
19	292	22 23 47	11 14 56	23 11 6	29 8 50	1 23 57	5 38 4	4 58 47	6 16 17	22 53
20	293	23 42 45	12 29 35	23 53 6	29 13 14	1 20 15	5 36 8	4 57 20	6 16 26	22 50
21	294	25 0 30	13 44 16	24 35 10	29 17 26	1 16 37	5 34 10	4 55 54	6 16 37	22 46
22	295	26 16 58	14 58 59	25 17 18	29 21 29	1 13 3	5 32 10	4 54 29	6 16 49	22 40
23	296	27 32 3	16 13 44	25 59 30	29 25 20	1 9 34	5 30 7	4 53 5	6 17 4	22 32
24	297	28 45 37	17 28 31	26 41 46	29 29 1	1 6 9	5 28 4	4 51 43	6 17 20	22 24
25	298	29 57 34	18 43 19	27 24 5	29 32 31	1 2 49	5 25 58	4 50 21	6 17 37	22 15
26	299	1♏ 7 42	19 58 10	28 6 28	29 35 49	0 59 33	5 23 51	4 49 0	6 17 57	22 07
27	300	2 15 53	21 13 1	28 48 54	29 38 57	0 56 22	5 21 42	4 47 41	6 18 18	22 01
28	301	3 21 53	22 27 54	29 31 24	29 41 53	0 53 15	5 19 31	4 46 23	6 18 41	21 57
29	302	4 25 29	23 42 49	0♏13 57	29 44 38	0 50 14	5 17 19	4 45 6	6 19 6	21 55
30	303	5 26 25	24 57 45	0 56 35	29 47 12	0 47 18	5 15 6	4 43 51	6 19 32	21 55
31	304	6♏24 24	26♍12 42	1♏39 15	29♊49 35	0♓44 26	5♉12 51	4♓42 37	6♑20 1	21♒55

DAY	A.S.S.I. h m s	S.S.R.Y. h m s	S.V.P. ♓ ° ' "	☿ MERCURY R.A. h m s	DECL ° ' "
1	15 41 51	30 12 46	4 53 57.1	13 18 9	8S21 40
2	15 46 24	30 12 46	4 53 56.9	13 23 54	9 3 40
3	15 50 58	30 12 30	4 53 56.8	13 29 37	9 45 3
4	15 55 31	30 11 59	4 53 56.7	13 35 19	10 25 48
5	16 0 6	30 11 17	4 53 56.7	13 40 58	11 5 53
6	16 4 40	30 10 25	4 53 56.6	13 46 37	11 45 18
7	16 9 15	30 9 27	4 53 56.6	13 52 13	12 24 0
8	16 13 51	30 8 27	4 53 56.6	13 57 48	13 2 0
9	16 18 27	30 7 27	4 53 56.5	14 3 22	13 39 15
10	16 23 4	30 6 30	4 53 56.3	14 8 55	14 15 44
11	16 27 41	30 5 38	4 53 56.1	14 14 26	14 51 26
12	16 32 19	30 4 52	4 53 55.9	14 19 55	15 26 20
13	16 36 57	30 4 14	4 53 55.6	14 25 23	16 0 24
14	16 41 37	30 3 44	4 53 55.4	14 30 50	16 33 37
15	16 46 17	30 3 23	4 53 55.2	14 36 15	17 5 57
16	16 50 57	30 3 14	4 53 55.1	14 41 38	17 37 23
17	16 55 39	30 3 15	4 53 55.0	14 47 0	18 7 53
18	17 0 21	30 3 27	4 53 55.0	14 52 19	18 37 26
19	17 5 4	30 3 51	4 53 55.0	14 57 36	19 5 58
20	17 9 48	30 4 26	4 53 54.9	15 2 50	19 33 30
21	17 14 32	30 5 10	4 53 54.9	15 8 2	19 59 58
22	17 19 18	30 6 3	4 53 54.8	15 13 9	20 25 20
23	17 24 4	30 7 3	4 53 54.7	15 18 14	20 49 34
24	17 28 51	30 8 6	4 53 54.6	15 23 13	21 12 38
25	17 33 39	30 9 10	4 53 54.4	15 28 8	21 34 29
26	17 38 28	30 10 11	4 53 54.2	15 32 57	21 55 5
27	17 43 18	30 11 5	4 53 54.0	15 37 39	22 14 22
28	17 48 8	30 11 49	4 53 53.8	15 42 14	22 32 17
29	17 53 0	30 12 22	4 53 53.6	15 46 40	22 48 46
30	17 57 53	30 12 41	4 53 53.4	15 50 56	23 3 46
31	18 2 46	30 12 45	4 53 53.3	15 55 2	23S17 13

DAY Oct	♀ VENUS R.A. h m s	DECL ° ' "	♂ MARS R.A. h m s	DECL ° ' "	♃ JUPITER R.A. h m s	DECL ° ' "
1	11 3 18	7N27 18	14 14 7	13S33 0	7 37 3	21N35 13
2	11 7 55	7 0 2	14 16 45	13 47 6	7 37 34	21 34 9
3	11 12 31	6 32 34	14 19 23	14 1 7	7 38 4	21 33 6
4	11 17 7	6 4 53	14 22 2	14 15 3	7 38 34	21 32 3
5	11 21 43	5 37 1	14 24 42	14 28 53	7 39 3	21 31 2
6	11 26 18	5 8 58	14 27 22	14 42 38	7 39 31	21 30 3
7	11 30 53	4 40 45	14 30 3	14 56 16	7 39 59	21 29 4
8	11 35 28	4 12 23	14 32 45	15 9 49	7 40 26	21 28 7
9	11 40 3	3 43 51	14 35 26	15 23 16	7 40 52	21 27 11
10	11 44 37	3 15 12	14 38 9	15 36 36	7 41 18	21 26 16
11	11 49 12	2 46 25	14 40 52	15 49 51	7 41 43	21 25 23
12	11 53 46	2 17 31	14 43 36	16 2 58	7 42 7	21 24 31
13	11 58 20	1 48 32	14 46 20	16 16 0	7 42 31	21 23 41
14	12 2 54	1 19 27	14 49 5	16 28 54	7 42 54	21 22 52
15	12 7 28	0 50 17	14 51 51	16 41 41	7 43 16	21 22 5
16	12 12 2	0 21 4	14 54 37	16 54 22	7 43 38	21 21 19
17	12 16 36	0S 8 12	14 57 24	17 6 55	7 43 59	21 20 36
18	12 21 10	0 37 30	15 0 12	17 19 20	7 44 19	21 19 53
19	12 25 45	1 6 50	15 3 0	17 31 38	7 44 38	21 19 13
20	12 30 19	1 36 10	15 5 49	17 43 48	7 44 57	21 18 34
21	12 34 54	2 5 30	15 8 38	17 55 50	7 45 15	21 17 57
22	12 39 29	2 34 50	15 11 28	18 7 44	7 45 32	21 17 22
23	12 44 4	3 4 8	15 14 19	18 19 29	7 45 48	21 16 48
24	12 48 40	3 33 24	15 17 10	18 31 6	7 46 4	21 16 17
25	12 53 16	4 2 37	15 20 2	18 42 35	7 46 19	21 15 47
26	12 57 52	4 31 46	15 22 55	18 53 54	7 46 33	21 15 20
27	13 2 29	5 0 51	15 25 48	19 5 5	7 46 46	21 14 54
28	13 7 6	5 29 50	15 28 42	19 16 6	7 46 59	21 14 30
29	13 11 44	5 58 43	15 31 36	19 26 58	7 47 11	21 14 9
30	13 16 22	6 27 30	15 34 31	19 37 40	7 47 22	21 13 49
31	13 21 1	6S56 8	15 37 27	19S48 13	7 47 32	21N13 32

DAY Oct	♄ SATURN R.A. h m s	DECL ° ' "	♅ URANUS R.A. h m s	DECL ° ' "	♆ NEPTUNE R.A. h m s	DECL ° ' "	♇ PLUTO R.A. h m s	DECL ° ' "
1	23 55 46	3S11 45	3 56 30	20N11 44	0 4 13	1S 2 30	20 18 13	23S32 4
2	23 55 30	3 13 32	3 56 25	20 11 29	0 4 7	1 3 9	20 18 11	23 32 8
3	23 55 13	3 15 18	3 56 20	20 11 13	0 4 1	1 3 48	20 18 10	23 32 11
4	23 54 57	3 17 3	3 56 14	20 10 57	0 3 55	1 4 27	20 18 8	23 32 14
5	23 54 40	3 18 47	3 56 9	20 10 40	0 3 49	1 5 6	20 18 7	23 32 16
6	23 54 24	3 20 30	3 56 3	20 10 23	0 3 43	1 5 44	20 18 6	23 32 19
7	23 54 8	3 22 11	3 55 57	20 10 5	0 3 37	1 6 22	20 18 5	23 32 20
8	23 53 52	3 23 52	3 55 51	20 9 47	0 3 31	1 7 0	20 18 4	23 32 21
9	23 53 36	3 25 31	3 55 44	20 9 28	0 3 25	1 7 38	20 18 4	23 32 22
10	23 53 20	3 27 9	3 55 38	20 9 9	0 3 19	1 8 15	20 18 3	23 32 22
11	23 53 5	3 28 46	3 55 31	20 8 49	0 3 13	1 8 52	20 18 3	23 32 22
12	23 52 49	3 30 21	3 55 24	20 8 29	0 3 8	1 9 29	20 18 2	23 32 22
13	23 52 34	3 31 55	3 55 17	20 8 8	0 3 2	1 10 5	20 18 2	23 32 21
14	23 52 19	3 33 27	3 55 10	20 7 47	0 2 56	1 10 41	20 18 2	23 32 20
15	23 52 5	3 34 57	3 55 3	20 7 26	0 2 51	1 11 17	20 18 2	23 32 18
16	23 51 50	3 36 27	3 54 55	20 7 4	0 2 45	1 11 52	20 18 2	23 32 16
17	23 51 35	3 37 54	3 54 47	20 6 41	0 2 40	1 12 27	20 18 2	23 32 14
18	23 51 21	3 39 20	3 54 40	20 6 18	0 2 34	1 13 2	20 18 3	23 32 11
19	23 51 7	3 40 44	3 54 32	20 5 55	0 2 29	1 13 36	20 18 3	23 32 8
20	23 50 54	3 42 6	3 54 24	20 5 31	0 2 24	1 14 10	20 18 4	23 32 4
21	23 50 40	3 43 26	3 54 15	20 5 6	0 2 18	1 14 43	20 18 5	23 32 0
22	23 50 27	3 44 45	3 54 7	20 4 41	0 2 13	1 15 16	20 18 6	23 31 55
23	23 50 14	3 46 2	3 53 59	20 4 16	0 2 8	1 15 49	20 18 7	23 31 51
24	23 50 1	3 47 16	3 53 50	20 3 51	0 2 3	1 16 21	20 18 8	23 31 45
25	23 49 49	3 48 29	3 53 41	20 3 25	0 1 58	1 16 52	20 18 9	23 31 40
26	23 49 36	3 49 39	3 53 32	20 2 58	0 1 53	1 17 23	20 18 10	23 31 33
27	23 49 24	3 50 47	3 53 24	20 2 32	0 1 48	1 17 53	20 18 12	23 31 27
28	23 49 13	3 51 54	3 53 14	20 2 5	0 1 43	1 18 23	20 18 13	23 31 20
29	23 49 2	3 52 58	3 53 5	20 1 38	0 1 38	1 18 52	20 18 15	23 31 13
30	23 48 50	3 54 0	3 52 56	20 1 10	0 1 34	1 19 21	20 18 17	23 31 5
31	23 48 40	3S54 59	3 52 47	20N 0 42	0 1 29	1S19 49	20 18 19	23S30 58

NOVEMBER 2025

DAY	SIDEREAL TIME (h m s)	☉ SUN LONG (° ' ")	MOT (' ")	R.A. (h m s)	DECL (° ' ")
1 S	2 42 9	13♎43 9	60 1	14 25 44.6	14S26 21
2 Su	2 46 5	14 43 9	60 2	14 29 39.8	14 45 26
3 M	2 50 2	15 43 12	60 4	14 33 35.8	15 4 17
4 Tu	2 53 58	16 43 16	60 6	14 37 32.6	15 22 52
5 W	2 57 55	17 43 21	60 8	14 41 30.2	15 41 13
6 Th	3 1 52	18 43 29	60 10	14 45 28.6	15 59 17
7 F	3 5 48	19 43 38	60 11	14 49 27.8	16 17 7
8 S	3 9 45	20 43 49	60 13	14 53 28.0	16 34 39
9 Su	3 13 41	21 44 2	60 15	14 57 28.9	16 51 56
10 M	3 17 38	22 44 17	60 17	15 1 30.7	17 8 55
11 Tu	3 21 34	23 44 34	60 19	15 5 33.4	17 25 36
12 W	3 25 31	24 44 53	60 21	15 9 37.0	17 42 0
13 Th	3 29 27	25 45 15	60 23	15 13 41.4	17 58 6
14 F	3 33 24	26 45 38	60 25	15 17 46.7	18 13 53
15 S	3 37 21	27 46 3	60 27	15 21 52.9	18 29 20
16 Su	3 41 17	28 46 29	60 29	15 25 59.9	18 44 29
17 M	3 45 14	29 46 58	60 30	15 30 7.7	18 59 17
18 Tu	3 49 10	0♏47 28	60 32	15 34 16.4	19 13 45
19 W	3 53 7	1 48 0	60 34	15 38 26.0	19 27 52
20 Th	3 57 3	2 48 34	60 35	15 42 36.4	19 41 39
21 F	4 1 0	3 49 9	60 37	15 46 47.6	19 55 4
22 S	4 4 56	4 49 46	60 38	15 50 59.6	20 8 7
23 Su	4 8 53	5 50 24	60 40	15 55 12.4	20 20 48
24 M	4 12 50	6 51 3	60 41	15 59 26.0	20 33 6
25 Tu	4 16 46	7 51 43	60 42	16 3 40.3	20 45 2
26 W	4 20 43	8 52 25	60 43	16 7 55.3	20 56 34
27 Th	4 24 39	9 53 8	60 44	16 12 11.1	21 7 43
28 F	4 28 36	10 53 52	60 45	16 16 27.6	21 18 27
29 S	4 32 32	11 54 36	60 46	16 20 44.8	21 28 48
30 Su	4 36 29	12♏55 22	60 47	16 25 2.6	21S38 44

DAY	☽ MOON AT 0 HOURS LONG (° ' ")	12h MOT (° ' ")	2DIF (")	R.A. (h m s)	DECL (° ' ")
1 S	11♒45 31	6 51 33	215	22 35 44	9S50 11
2 Su	25 35 52	7 6 3	215	23 25 18	3 23 7
3 M	9♓55 3	7 19 49	191	0 15 55	3N26 45
4 Tu	24 40 45	7 31 7	141	1 8 48	10 17 47
5 W	9♈47 11	7 38 15	68	2 5 9	16 42 45
6 Th	25 5 16	7 39 58	-18	3 5 45	22 9 53
7 F	10♉23 54	7 35 56	-101	4 10 26	26 6 58
8 S	25 31 47	7 26 52	-166	5 17 37	28 9 6
9 Su	10♊19 34	7 14 17	-205	6 24 33	28 7 2
10 M	24 41 5	7 0 0	-217	7 28 23	26 10 0
11 Tu	8♋33 50	6 45 40	-208	8 27 24	22 40 20
12 W	21 58 24	6 32 32	-183	9 21 15	18 4 26
13 Th	4♌57 36	6 21 20	-151	10 10 38	12 46 12
14 F	17 35 30	6 12 23	-117	10 56 40	7 4 44
15 S	29 56 37	6 5 39	-85	11 40 34	1 14 47
16 Su	12♍5 20	6 0 57	-57	12 23 31	4S31 44
17 M	24 5 32	5 57 57	-34	13 6 36	10 4 16
18 Tu	6♎0 28	5 56 18	-17	13 50 44	15 12 27
19 W	17 52 37	5 55 40	-3	14 36 42	19 45 18
20 Th	29 43 57	5 55 49	7	15 24 58	23 31 7
21 F	11♏35 53	5 56 37	17	16 15 42	26 18 2
22 S	23 29 45	5 58 4	27	17 8 29	27 55 18
23 Su	5♐26 54	6 0 20	41	18 2 30	28 15 18
24 M	17 29 4	6 3 38	59	18 56 35	27 15 3
25 Tu	29 38 29	6 8 20	83	19 49 42	24 56 51
26 W	11♑58 7	6 14 44	110	20 41 12	21 27 21
27 Th	24 31 31	6 23 7	141	21 30 56	16 55 57
28 F	7♒22 43	6 33 34	172	22 19 20	11 33 29
29 S	20 35 49	6 45 55	197	23 7 10	5 31 39
30 Su	4♓14 23	6 59 36	209	23 55 31	0N56 14

DAY	☽ MOON AT 12 HOURS LONG (° ' ")	12h MOT (° ' ")	2DIF (")	R.A. (h m s)	DECL (° ' ")
1 S	18♒37 4	6 58 48	217	23 0 28	6S40 39
2 Su	2♓41 55	7 13 8	206	23 50 24	0N 0 12
3 M	17 14 52	7 25 53	170	0 42 0	6 53 41
4 Tu	2♈11 52	7 35 18	107	1 36 29	13 35 26
5 W	17 25 26	7 39 50	26	2 34 54	19 35 38
6 Th	2♉45 15	7 38 39	-61	3 37 38	24 21 31
7 F	17 59 50	7 31 57	-136	4 43 52	27 23 26
8 S	2♊58 40	7 20 54	-189	5 51 18	28 23 25
9 Su	17 33 51	7 7 15	-214	6 56 59	27 21 42
10 M	1♋41 5	6 52 45	-215	7 58 33	24 35 6
11 Tu	15 19 30	6 38 54	-197	8 54 56	20 29 4
12 W	28 30 56	6 26 40	-168	9 46 26	15 29 18
13 Th	11♌18 56	6 16 34	-134	10 33 59	9 57 22
14 F	23 47 53	6 8 45	-101	11 18 48	4 10 1
15 S	6♍2 16	6 3 4	-71	12 2 6	1S39 34
16 Su	18 6 17	5 59 15	-45	12 44 59	7 20 23
17 M	0♎3 29	5 56 58	-25	13 28 29	12 42 4
18 Tu	11 56 45	5 55 52	-9	14 13 27	17 34 0
19 W	23 48 17	5 55 39	2	15 0 32	21 44 50
20 Th	5♏39 45	5 56 8	12	15 50 2	25 2 39
21 F	17 32 30	5 57 15	22	16 41 53	27 15 57
22 S	29 27 49	5 59 5	34	17 35 24	28 15 16
23 Su	11♐27 14	6 1 50	50	18 29 36	27 55 11
24 M	23 32 42	6 5 48	70	19 23 19	26 15 21
25 Tu	5♑46 49	6 11 18	96	20 15 41	23 20 28
26 W	18 12 51	6 18 40	126	21 6 16	19 18 44
27 Th	0♒54 38	6 28 5	157	21 55 16	14 20 24
28 F	13 56 17	6 39 32	185	22 43 15	8 36 42
29 S	27 21 44	6 52 39	205	23 31 12	2 20 2
30 Su	11♓13 59	7 6 36	209	0 20 16	4N15 2

LUNAR INGRESSES
2 ☽ ♓ 7:28
4 ☽ ♈ 8:30
6 ☽ ♉ 7:41
8 ☽ ♊ 7:11
10 ☽ ♋ 9:06
12 ☽ ♌ 14:45
15 ☽ ♍ 0:07
17 ☽ ♎ 11:53
20 ☽ ♏ 0:33
22 ☽ ♐ 13:05
25 ☽ ♑ 0:42
27 ☽ ♒ 10:18
29 ☽ ♓ 16:38

PLANET INGRESSES
3 ♀ ♎ 0:44
6 ♃ ♋ 4:14
17 ☉ ♏ 5:10
17 ♃ ♊ 3:18
22 ☿ ♎ 20:37
26 ♀ ♏ 22:45

STATIONS
9 ☿ R 19:03
11 ♃ R 16:43
28 ♄ D 3:53
29 ☿ D 17:40

DATA FOR THE 1st AT 0 HOURS
JULIAN DAY 45960.5
☽ MEAN ☊ 20°♒ 17' 48"
OBLIQUITY 23° 26' 18"
DELTA T 79.5 SECONDS
NUTATION LONGITUDE 2.8"

DAY MO YR	☿ LONG (° ' ")	♀ LONG (° ' ")	♂ LONG (° ' ")	♃ LONG (° ' ")	♄ LONG (° ' ")	♅ LONG (° ' ")
1 305	7♏19 5	27♍27 41	2♏21 59	29♊51 46	0♓41R40	5♉10R34
2 306	8 10 6	28 42 41	3 4 47	29 53 45	0 38 59	5 8 17
3 307	8 57 1	29 57 43	3 47 38	29 55 34	0 36 23	5 5 58
4 308	9 39 23	1♎12 45	4 30 33	29 57 10	0 33 53	5 3 38
5 309	10 16 39	2 27 49	5 13 31	29 58 35	0 31 28	5 1 16
6 310	10 48 17	3 42 54	5 56 33	29 59 48	0 29 9	4 58 54
7 311	11 13 37	4 58 1	6 39 38	0♋0 50	0 26 55	4 56 31
8 312	11 32 3	6 13 9	7 22 47	0 1 40	0 24 47	4 54 7
9 313	11 42R52	7 28 18	8 5 59	0 2 18	0 22 45	4 51 42
10 314	11 45 23	8 43 28	8 49 15	0 2 44	0 20 48	4 49 16
11 315	11 38 59	9 58 40	9 32 35	0 2R58	0 18 57	4 46 49
12 316	11 23 3	11 13 53	10 15 58	0 3 0	0 17 12	4 44 21
13 317	10 57 11	12 29 7	10 59 25	0 2 50	0 15 33	4 41 53
14 318	10 21 8	13 44 22	11 42 56	0 2 28	0 14 0	4 39 25
15 319	9 34 58	14 59 39	12 26 30	0 1 54	0 12 33	4 36 55
16 320	8 39 8	16 14 56	13 10 8	0 1 8	0 11 13	4 34 26
17 321	7 34 32	17 30 14	13 53 50	0 0 10	0 9 58	4 31 56
18 322	6 22 31	18 45 33	14 37 35	29♊59 0	0 8 50	4 29 25
19 323	5 5 0	20 0 53	15 21 23	29 57 38	0 7 48	4 26 55
20 324	3 44 16	21 16 14	16 5 15	29 56 4	0 6 52	4 24 24
21 325	2 22 55	22 31 35	16 49 11	29 54 18	0 6 2	4 21 53
22 326	1 3 40	23 46 57	17 33 10	29 52 20	0 5 19	4 19 22
23 327	29♎49 8	25 2 20	18 17 12	29 50 10	0 4 43	4 16 51
24 328	28 41 40	26 17 43	19 1 17	29 47 48	0 4 13	4 14 20
25 329	27 43 10	27 33 7	19 45 26	29 45 15	0 3 49	4 11 49
26 330	26 55 3	28 48 31	20 29 38	29 42 30	0 3 31	4 9 19
27 331	26 18 11	0♏3 55	21 13 54	29 39 33	0 3 21	4 6 49
28 332	25 52 54	1 19 20	21 58 12	29 36 25	0 3D16	4 4 19
29 333	25 39D10	2 34 45	22 42 34	29 33 6	0 3 18	4 1 50
30 334	25♎36 36	3♏50 11	23♏26 59	29♊29 35	0♓3 27	3♉59 21

DAY MO YR	♆ LONG (° ' ")	♇ LONG (° ' ")	☊ LONG (° ')	A.S.S.I. (h m s)	S.S.R.Y. (h m s)	S.V.P. ♓ (° ' ")	☿ MERCURY R.A. (h m s)	☿ MERCURY DECL (° ' ")
1 305	4♓41R24	6♑20 30	21♒56	18 7 41	30 12 34	4 53 53.2	15 58 54	23S29 2
2 306	4 40 13	6 21 2	21 57	18 12 36	30 12 14	4 53 53.2	16 2 32	23 39 9
3 307	4 39 3	6 21 35	21 55	18 17 33	30 11 40	4 53 53.1	16 5 53	23 47 26
4 308	4 37 54	6 22 10	21 52	18 22 30	30 10 57	4 53 53.1	16 8 56	23 53 49
5 309	4 36 47	6 22 47	21 46	18 27 29	30 10 8	4 53 53.0	16 11 39	23 58 10
6 310	4 35 42	6 23 25	21 38	18 32 28	30 9 14	4 53 52.8	16 13 57	24 0 22
7 311	4 34 38	6 24 5	21 29	18 37 29	30 8 17	4 53 52.6	16 15 50	24 0 17
8 312	4 33 35	6 24 47	21 20	18 42 30	30 7 20	4 53 52.3	16 17 14	23 57 44
9 313	4 32 35	6 25 30	21 12	18 47 33	30 6 25	4 53 52.0	16 18 6	23 52 33
10 314	4 31 35	6 26 15	21 06	18 52 37	30 5 33	4 53 51.7	16 18 23	23 44 34
11 315	4 30 38	6 27 1	21 03	18 57 42	30 4 47	4 53 51.5	16 18 3	23 33 36
12 316	4 29 42	6 27 49	21 02	19 2 48	30 4 9	4 53 51.3	16 17 4	23 19 26
13 317	4 28 47	6 28 39	21 02	19 7 55	30 3 40	4 53 51.1	16 15 23	23 1 56
14 318	4 27 55	6 29 31	21 03	19 13 3	30 3 21	4 53 51.1	16 13 0	22 40 58
15 319	4 27 4	6 30 24	21 03	19 18 12	30 3 15	4 53 51.0	16 9 57	22 16 29
16 320	4 26 15	6 31 18	21 00	19 23 23	30 3 21	4 53 50.9	16 6 14	21 48 35
17 321	4 25 27	6 32 14	20 56	19 28 34	30 3 39	4 53 50.9	16 1 57	21 17 28
18 322	4 24 42	6 33 12	20 48	19 33 47	30 4 10	4 53 50.8	15 57 12	20 43 33
19 323	4 23 58	6 34 11	20 37	19 39 0	30 4 51	4 53 50.6	15 52 7	20 7 28
20 324	4 23 16	6 35 12	20 24	19 44 15	30 5 42	4 53 50.5	15 46 50	19 30 3
21 325	4 22 36	6 36 14	20 10	19 49 30	30 6 39	4 53 50.3	15 41 33	18 52 18
22 326	4 21 58	6 37 18	19 56	19 54 47	30 7 41	4 53 50.0	15 36 26	18 15 18
23 327	4 21 22	6 38 23	19 43	20 0 4	30 8 43	4 53 49.8	15 31 40	17 40 11
24 328	4 20 47	6 39 30	19 31	20 5 23	30 9 42	4 53 49.5	15 27 22	17 7 57
25 329	4 20 15	6 40 38	19 23	20 10 43	30 10 35	4 53 49.3	15 23 41	16 39 28
26 330	4 19 44	6 41 48	19 18	20 16 3	30 11 20	4 53 49.1	15 20 40	16 15 22
27 331	4 19 16	6 42 59	19 15	20 21 24	30 11 55	4 53 48.9	15 18 22	15 56 5
28 332	4 18 49	6 44 12	19 14	20 26 47	30 12 18	4 53 48.7	15 16 49	15 41 44
29 333	4 18 25	6 45 26	19 14	20 32 10	30 12 30	4 53 48.6	15 16 1	15 32 19
30 334	4♓18 2	6♑46 41	19♒14	20 37 34	30 12 28	4 53 48.6	15 15 55	15S27 37

DAY Nov	♀ VENUS R.A. (h m s)	♀ VENUS DECL (° ' ")	♂ MARS R.A. (h m s)	♂ MARS DECL (° ' ")	♃ JUPITER R.A. (h m s)	♃ JUPITER DECL (° ' ")	♄ SATURN R.A. (h m s)	♄ SATURN DECL (° ' ")
1	13 25 41	7S24 39	15 40 23	19S58 36	7 47 41	21N13 16	23 48 29	3S55 57
2	13 30 21	7 53 0	15 43 20	20 8 48	7 47 50	21 13 3	23 48 19	3 56 52
3	13 35 2	8 21 11	15 46 18	20 18 51	7 47 57	21 12 51	23 48 9	3 57 45
4	13 39 43	8 49 12	15 49 16	20 28 43	7 48 4	21 12 42	23 48 0	3 58 35
5	13 44 26	9 17 1	15 52 15	20 38 24	7 48 10	21 12 35	23 47 51	3 59 24
6	13 49 9	9 44 38	15 55 15	20 47 55	7 48 16	21 12 30	23 47 42	4 0 10
7	13 53 53	10 12 2	15 58 15	20 57 15	7 48 20	21 12 27	23 47 34	4 0 53
8	13 58 38	10 39 12	16 1 15	21 6 24	7 48 24	21 12 26	23 47 25	4 1 34
9	14 3 23	11 6 8	16 4 17	21 15 22	7 48 26	21 12 28	23 47 18	4 2 13
10	14 8 10	11 32 49	16 7 19	21 24 9	7 48 28	21 12 32	23 47 10	4 2 49
11	14 12 58	11 59 13	16 10 21	21 32 44	7 48 29	21 12 37	23 47 3	4 3 23
12	14 17 46	12 25 20	16 13 25	21 41 7	7 48 30	21 12 46	23 46 56	4 3 54
13	14 22 36	12 51 10	16 16 28	21 49 19	7 48 29	21 12 56	23 46 50	4 4 23
14	14 27 27	13 16 41	16 19 33	21 57 18	7 48 28	21 13 9	23 46 44	4 4 49
15	14 32 19	13 41 53	16 22 38	22 5 5	7 48 26	21 13 23	23 46 38	4 5 13
16	14 37 11	14 6 45	16 25 43	22 12 41	7 48 22	21 13 40	23 46 33	4 5 34
17	14 42 5	14 31 15	16 28 49	22 20 3	7 48 18	21 14 0	23 46 28	4 5 53
18	14 47 0	14 55 24	16 31 56	22 27 13	7 48 14	21 14 21	23 46 24	4 6 9
19	14 51 57	15 19 10	16 35 3	22 34 10	7 48 8	21 14 45	23 46 20	4 6 23
20	14 56 54	15 42 33	16 38 11	22 40 54	7 48 1	21 15 10	23 46 16	4 6 34
21	15 1 53	16 5 31	16 41 20	22 47 25	7 47 54	21 15 38	23 46 13	4 6 42
22	15 6 52	16 28 4	16 44 29	22 53 43	7 47 46	21 16 8	23 46 10	4 6 48
23	15 11 53	16 50 12	16 47 38	22 59 48	7 47 37	21 16 41	23 46 7	4 6 51
24	15 16 55	17 11 53	16 50 48	23 5 39	7 47 27	21 17 15	23 46 5	4 6 51
25	15 21 59	17 33 6	16 53 59	23 11 16	7 47 16	21 17 52	23 46 3	4 6 49
26	15 27 3	17 53 52	16 57 10	23 16 39	7 47 5	21 18 30	23 46 2	4 6 44
27	15 32 9	18 14 8	17 0 21	23 21 49	7 46 53	21 19 11	23 46 1	4 6 37
28	15 37 16	18 33 55	17 3 33	23 26 44	7 46 40	21 19 54	23 46 0	4 6 27
29	15 42 24	18 53 11	17 6 45	23 31 25	7 46 26	21 20 39	23 46 0	4 6 14
30	15 47 33	19S11 55	17 9 58	23S35 52	7 46 11	21N21 25	23 46 0	4S 5 59

DAY Nov	♅ URANUS R.A. (h m s)	♅ URANUS DECL (° ' ")	♆ NEPTUNE R.A. (h m s)	♆ NEPTUNE DECL (° ' ")	♇ PLUTO R.A. (h m s)	♇ PLUTO DECL (° ' ")
1	3 52 37	20N 0 14	0 1 25	1S20 17	20 18 21	23S30 49
2	3 52 28	19 59 45	0 1 20	1 20 44	20 18 23	23 30 41
3	3 52 18	19 59 16	0 1 16	1 21 10	20 18 26	23 30 32
4	3 52 8	19 58 47	0 1 12	1 21 36	20 18 28	23 30 22
5	3 51 59	19 58 18	0 1 8	1 22 2	20 18 31	23 30 12
6	3 51 49	19 57 48	0 1 4	1 22 26	20 18 33	23 30 2
7	3 51 39	19 57 18	0 1 0	1 22 50	20 18 36	23 29 52
8	3 51 29	19 56 48	0 0 56	1 23 13	20 18 39	23 29 41
9	3 51 19	19 56 18	0 0 52	1 23 36	20 18 42	23 29 29
10	3 51 9	19 55 47	0 0 49	1 23 58	20 18 45	23 29 18
11	3 50 59	19 55 17	0 0 45	1 24 19	20 18 49	23 29 6
12	3 50 48	19 54 46	0 0 42	1 24 39	20 18 52	23 28 54
13	3 50 38	19 54 15	0 0 38	1 24 59	20 18 55	23 28 41
14	3 50 28	19 53 44	0 0 35	1 25 18	20 18 59	23 28 28
15	3 50 17	19 53 12	0 0 32	1 25 37	20 19 3	23 28 15
16	3 50 7	19 52 41	0 0 29	1 25 55	20 19 7	23 28 2
17	3 49 57	19 52 9	0 0 26	1 26 12	20 19 11	23 27 48
18	3 49 46	19 51 37	0 0 23	1 26 28	20 19 15	23 27 34
19	3 49 36	19 51 6	0 0 20	1 26 44	20 19 19	23 27 19
20	3 49 25	19 50 34	0 0 18	1 26 58	20 19 23	23 27 4
21	3 49 15	19 50 2	0 0 15	1 27 12	20 19 27	23 26 49
22	3 49 4	19 49 30	0 0 13	1 27 26	20 19 32	23 26 34
23	3 48 54	19 48 58	0 0 10	1 27 38	20 19 37	23 26 18
24	3 48 44	19 48 26	0 0 8	1 27 50	20 19 41	23 26 2
25	3 48 33	19 47 55	0 0 6	1 28 0	20 19 46	23 25 46
26	3 48 23	19 47 23	0 0 4	1 28 10	20 19 51	23 25 29
27	3 48 12	19 46 51	0 0 3	1 28 20	20 19 56	23 25 12
28	3 48 2	19 46 19	0 0 1	1 28 28	20 20 1	23 24 55
29	3 47 52	19 45 48	23 59 59	1 28 36	20 20 6	23 24 38
30	3 47 41	19N45 16	23 59 58	1S28 43	20 20 12	23S24 20

DECEMBER 2025

DAY	SIDEREAL TIME h m s	☉ SUN LONG ° ' "	MOT ' "	R.A. h m s	DECL ° ' "	☽ MOON AT 0 HOURS LONG ° ' "	12h MOT ° ' "	2DIF "	R.A. h m s	DECL ° ' "	☽ MOON AT 12 HOURS LONG ° ' "	12h MOT ° ' "	2DIF "	R.A. h m s	DECL ° ' "
1 M	4 40 26	13♏56 9	60 48	16 29 21.1	21S48 15	18♓20 35	7 13 31	202	0 45 39	7N33 56	25♓34 6	7 20 5	189	1 11 49	10N50 7
2 Tu	4 44 22	14 56 56	60 49	16 33 40.2	21 57 21	2♈54 11	7 26 7	169	1 38 56	14 0 24	10♈20 17	7 31 20	142	2 7 8	17 1 14
3 W	4 48 19	15 57 45	60 50	16 37 59.9	22 6 2	17 51 37	7 35 33	108	2 36 33	19 48 40	25 27 11	7 38 32	69	3 7 12	22 18 34
4 Th	4 52 15	16 58 34	60 51	16 42 20.2	22 14 18	3♉ 5 43	7 40 9	26	3 39 5	24 26 44	10♉45 51	7 40 16	-19	4 12 3	26 9 16
5 F	4 56 12	17 59 25	60 52	16 46 41.1	22 22 7	18 26 7	7 38 53	-63	4 45 51	27 22 52	26 5 1	7 36 3	-105	5 20 9	28 5 14
6 S	5 0 8	19 0 16	60 53	16 51 2.5	22 29 31	3♊41 3	7 31 53	-143	5 54 31	28 15 19	11♊12 56	7 26 32	-174	6 28 31	27 53 28
7 Su	5 4 5	20 1 9	60 54	16 55 24.5	22 36 29	18 39 28	7 20 15	-199	7 1 46	27 1 20	25 59 44	7 13 16	-217	7 33 57	25 41 41
8 M	5 8 1	21 2 3	60 55	16 59 47.0	22 43 0	3♋12 59	7 5 49	-227	8 4 50	23 57 56	10♋18 48	6 58 9	-230	8 34 21	21 53 50
9 Tu	5 11 58	22 2 58	60 56	17 4 9.9	22 49 4	17 16 57	6 50 28	-228	9 2 28	19 33 11	24 7 24	6 42 58	-220	9 29 15	16 59 33
10 W	5 15 55	23 3 54	60 58	17 8 33.4	22 54 41	0♌50 22	6 35 48	-208	9 54 51	14 16 9	7♌26 10	6 29 5	-193	10 19 23	11 25 49
11 Th	5 19 51	24 4 52	60 59	17 12 57.2	22 59 52	13 55 15	6 22 55	-176	10 43 2	8 30 59	20 18 10	6 17 21	-157	11 5 56	5 33 44
12 F	5 23 48	25 5 51	61 0	17 17 21.5	23 4 35	26 35 30	6 12 25	-138	11 28 18	2 35 51	2♍47 55	6 8 9	-118	11 50 15	0S21 7
13 S	5 27 44	26 6 50	61 1	17 21 46.1	23 8 50	8♍56 4	6 4 32	-99	12 11 57	3S15 48	15 0 36	6 1 33	-80	12 33 33	6 6 55
14 Su	5 31 41	27 7 51	61 2	17 26 11.1	23 12 38	21 2 9	5 59 11	-62	12 55 12	8 53 17	27 1 20	5 57 23	-46	13 17 0	11 33 44
15 M	5 35 37	28 8 53	61 3	17 30 36.4	23 15 59	2♎58 43	5 56 7	-31	13 39 5	14 7 3	8♎54 50	5 55 20	-17	14 1 34	16 32 0
16 Tu	5 39 34	29 9 56	61 4	17 35 1.9	23 18 51	14 50 10	5 54 59	-5	14 24 31	18 47 17	20 45 9	5 55 1	6	14 48 2	20 51 32
17 W	5 43 30	0♐11 0	61 5	17 39 27.7	23 21 16	26 40 10	5 55 23	15	15 12 10	22 43 19	2♏35 33	5 56 1	23	15 36 56	24 21 9
18 Th	5 47 27	1 12 4	61 6	17 43 53.8	23 23 12	8♏31 34	5 56 54	29	16 2 19	25 43 37	14 28 28	5 57 59	35	16 28 18	26 49 17
19 F	5 51 24	2 13 9	61 6	17 48 20.0	23 24 40	20 26 26	5 59 13	39	16 54 48	27 36 54	26 25 39	6 0 35	43	17 21 42	28 5 25
20 S	5 55 20	3 14 15	61 7	17 52 46.3	23 25 40	2♐26 14	6 2 5	46	17 48 53	28 14 3	8♐28 19	6 3 41	50	18 16 9	28 2 24
21 Su	5 59 17	4 15 22	61 7	17 57 12.7	23 26 12	14 31 59	6 5 24	53	18 43 23	27 30 23	20 37 23	6 7 14	57	19 10 25	26 38 21
22 M	6 3 13	5 16 29	61 8	18 1 39.1	23 26 16	26 44 36	6 9 12	62	19 37 7	25 26 57	2♑53 48	6 11 21	67	20 3 24	23 57 10
23 Tu	6 7 10	6 17 36	61 8	18 6 5.6	23 25 51	9♑ 5 9	6 13 41	74	20 29 11	22 10 13	15 18 50	6 16 15	81	20 54 28	20 7 31
24 W	6 11 6	7 18 43	61 8	18 10 32.1	23 24 58	21 35 4	6 19 5	90	21 19 14	17 50 32	27 54 10	6 22 14	99	21 43 33	15 20 52
25 Th	6 15 3	8 19 51	61 8	18 14 58.5	23 23 37	4♒16 24	6 25 43	110	22 7 28	12 40 4	10♒42 6	6 29 33	121	22 31 7	9 49 47
26 F	6 18 59	9 20 59	61 8	18 19 24.8	23 21 47	17 11 40	6 33 46	132	22 54 34	6 51 36	23 45 26	6 38 21	143	23 17 59	3 47 13
27 S	6 22 56	10 22 7	61 8	18 23 50.9	23 19 30	0♓23 47	6 43 17	153	23 41 30	0 38 20	7♓ 7 4	6 48 32	161	0 5 16	2N33 14
28 Su	6 26 53	11 23 15	61 8	18 28 16.9	23 16 44	13 55 37	6 54 2	167	0 29 26	5N45 28	20 49 38	6 59 40	170	0 54 12	8 56 12
29 M	6 30 49	12 24 23	61 8	18 32 42.7	23 13 30	27 49 18	7 5 20	168	1 19 43	12 2 58	4♈54 38	7 10 53	162	1 46 9	15 2 59
30 Tu	6 34 46	13 25 31	61 8	18 37 8.2	23 9 49	12♈ 5 30	7 16 8	151	2 13 38	17 53 9	19 21 38	7 20 56	134	2 42 18	20 30 2
31 W	6 38 42	14♐26 39	61 8	18 41 33.5	23S 5 39	26♈42 34	7 25 3	111	3 12 13	22N50 0	4♉ 7 37	7 28 19	83	3 43 21	24N49 14

LUNAR INGRESSES
1 ☽ ♈ 19:16
3 ☽ ♉ 19:09
5 ☽ ♊ 18:10
7 ☽ ♋ 18:38
9 ☽ ♌ 22:29
12 ☽ ♍ 6:34
14 ☽ ♎ 18:00
17 ☽ ♏ 6:45
19 ☽ ♐ 19:08
22 ☽ ♑ 6:22
24 ☽ ♒ 15:58
26 ☽ ♓ 23:17
29 ☽ ♈ 3:42
31 ☽ ♉ 5:20

PLANET INGRESSES
7 ☿ ♏ 13:41
8 ♂ ♐ 19:09
16 ☉ ♐ 19:41
20 ♀ ♐ 19:07
29 ☿ ♐ 15:58

STATIONS
10 ♆ D 12:25

DATA FOR THE 1st AT 0 HOURS
JULIAN DAY 45990.5
☽ MEAN ☊ 18°♒ 42' 25"
OBLIQUITY 23° 26' 18"
DELTA T 79.5 SECONDS
NUTATION LONGITUDE 3.6"

DAY MO YR	☿ LONG ° ' "	♀ LONG ° ' "	♂ LONG ° ' "	♃ LONG ° ' "	♄ LONG ° ' "	♅ LONG ° ' "	♆ LONG ° ' "	♇ LONG ° ' "	☊ LONG ° '
1 335	25♎44 33	5♏ 5 36	24♏11 27	29♊25R53	0♓ 3 42	3♉56R53	4♓17R42	6♑47 58	19♒11
2 336	26 2 15	6 21 3	24 55 58	29 22 0	0 4 3	3 54 25	4 17 23	6 49 15	19 06
3 337	26 28 52	7 36 29	25 40 32	29 17 56	0 4 31	3 51 59	4 17 7	6 50 35	18 59
4 338	27 3 29	8 51 56	26 25 10	29 13 42	0 5 6	3 49 32	4 16 52	6 51 55	18 49
5 339	27 45 17	10 7 23	27 9 50	29 9 17	0 5 47	3 47 7	4 16 40	6 53 17	18 37
6 340	28 33 25	11 22 50	27 54 34	29 4 41	0 6 34	3 44 43	4 16 29	6 54 40	18 25
7 341	29 27 9	12 38 18	28 39 21	28 59 55	0 7 28	3 42 19	4 16 21	6 56 4	18 15
8 342	0♏25 46	13 53 46	29 24 11	28 54 59	0 8 28	3 39 57	4 16 14	6 57 30	18 07
9 343	1 28 40	15 9 15	0♐ 9 4	28 49 53	0 9 34	3 37 36	4 16 10	6 58 57	18 02
10 344	2 35 18	16 24 44	0 54 0	28 44 37	0 10 47	3 35 16	4 16D 8	7 0 24	17 59
11 345	3 45 10	17 40 13	1 38 59	28 39 11	0 12 6	3 32 57	4 16 8	7 1 54	17 58
12 346	4 57 50	18 55 43	2 24 2	28 33 36	0 13 32	3 30 39	4 16 10	7 3 24	17 58
13 347	6 12 56	20 11 13	3 9 8	28 27 52	0 15 4	3 28 22	4 16 14	7 4 55	17 58
14 348	7 30 9	21 26 44	3 54 16	28 21 58	0 16 42	3 26 7	4 16 20	7 6 27	17 56
15 349	8 49 12	22 42 14	4 39 28	28 15 56	0 18 27	3 23 54	4 16 28	7 8 1	17 51
16 350	10 9 50	23 57 45	5 24 43	28 9 45	0 20 18	3 21 41	4 16 38	7 9 35	17 43
17 351	11 31 52	25 13 16	6 10 1	28 3 25	0 22 15	3 19 31	4 16 51	7 11 11	17 33
18 352	12 55 6	26 28 48	6 55 22	27 56 58	0 24 19	3 17 22	4 17 5	7 12 47	17 20
19 353	14 19 23	27 44 19	7 40 46	27 50 22	0 26 29	3 15 15	4 17 22	7 14 25	17 06
20 354	15 44 36	28 59 51	8 26 12	27 43 40	0 28 45	3 13 9	4 17 40	7 16 3	16 51
21 355	17 10 38	0♐15 23	9 11 42	27 36 49	0 31 7	3 11 6	4 18 1	7 17 43	16 38
22 356	18 37 24	1 30 54	9 57 14	27 29 52	0 33 35	3 9 4	4 18 24	7 19 23	16 26
23 357	20 4 48	2 46 26	10 42 49	27 22 49	0 36 10	3 7 4	4 18 49	7 21 4	16 18
24 358	21 32 46	4 1 57	11 28 26	27 15 39	0 38 50	3 5 6	4 19 16	7 22 46	16 12
25 359	23 1 17	5 17 29	12 14 7	27 8 22	0 41 36	3 3 10	4 19 45	7 24 29	16 09
26 360	24 30 16	6 33 0	12 59 49	27 1 1	0 44 29	3 1 16	4 20 16	7 26 13	16 09
27 361	25 59 42	7 48 31	13 45 35	26 53 34	0 47 27	2 59 25	4 20 50	7 27 57	16 09
28 362	27 29 33	9 4 2	14 31 22	26 46 2	0 50 31	2 57 35	4 21 25	7 29 42	16 09
29 363	28 59 47	10 19 32	15 17 13	26 38 25	0 53 41	2 55 48	4 22 2	7 31 28	16 08
30 364	0♐30 24	11 35 2	16 3 5	26 30 44	0 56 56	2 54 3	4 22 42	7 33 15	16 05
31 365	2♐ 1 23	12♐50 32	16♐49 0	26♊22 59	1♓ 0 17	2♉52 20	4♓23 23	7♑35 2	15♒59

DAY MO YR	A.S.S.I. h m s	S.S.R.Y. h m s	S.V.P. ♓ ° ' "	☿ MERCURY R.A. h m s	DECL ° ' "
1 335	20 42 58	30 12 16	4 53 48.5	15 16 30	15S27 20
2 336	20 48 24	30 11 50	4 53 48.4	15 17 42	15 31 3
3 337	20 53 50	30 11 15	4 53 48.2	15 19 28	15 38 21
4 338	20 59 17	30 10 31	4 53 47.9	15 21 45	15 48 48
5 339	21 4 45	30 9 40	4 53 47.6	15 24 30	16 1 56
6 340	21 10 13	30 8 43	4 53 47.3	15 27 41	16 17 21
7 341	21 15 42	30 7 43	4 53 46.9	15 31 13	16 34 40
8 342	21 21 12	30 6 42	4 53 46.6	15 35 6	16 53 31
9 343	21 26 43	30 5 43	4 53 46.4	15 39 16	17 13 35
10 344	21 32 14	30 4 48	4 53 46.2	15 43 42	17 34 34
11 345	21 37 45	30 4 1	4 53 46.1	15 48 22	17 56 13
12 346	21 43 17	30 3 24	4 53 46.0	15 53 15	18 18 19
13 347	21 48 50	30 2 58	4 53 45.9	15 58 19	18 40 38
14 348	21 54 22	30 2 44	4 53 45.8	16 3 33	19 3 1
15 349	21 59 56	30 2 43	4 53 45.7	16 8 55	19 25 18
16 350	22 5 29	30 2 55	4 53 45.5	16 14 26	19 47 21
17 351	22 11 3	30 3 19	4 53 45.3	16 20 4	20 9 2
18 352	22 16 38	30 3 54	4 53 45.1	16 25 49	20 30 15
19 353	22 22 12	30 4 38	4 53 44.9	16 31 40	20 50 55
20 354	22 27 47	30 5 29	4 53 44.6	16 37 36	21 10 57
21 355	22 33 21	30 6 24	4 53 44.3	16 43 38	21 30 15
22 356	22 38 56	30 7 21	4 53 44.0	16 49 44	21 48 46
23 357	22 44 31	30 8 16	4 53 43.8	16 55 55	22 6 27
24 358	22 50 6	30 9 7	4 53 43.6	17 2 10	22 23 13
25 359	22 55 40	30 9 53	4 53 43.4	17 8 28	22 39 3
26 360	23 1 15	30 10 31	4 53 43.3	17 14 50	22 53 53
27 361	23 6 49	30 11 1	4 53 43.2	17 21 15	23 7 42
28 362	23 12 23	30 11 20	4 53 43.1	17 27 44	23 20 26
29 363	23 17 57	30 11 27	4 53 43.0	17 34 15	23 32 5
30 364	23 23 31	30 11 22	4 53 42.8	17 40 49	23 42 35
31 365	23 29 4	30 11 5	4 53 42.6	17 47 26	23S51 55

DAY Dec	♀ VENUS R.A. h m s	DECL ° ' "	♂ MARS R.A. h m s	DECL ° ' "	♃ JUPITER R.A. h m s	DECL ° ' "	♄ SATURN R.A. h m s	DECL ° ' "
1	15 52 43	19S30 8	17 13 12	23S40 4	7 45 55	21N22 14	23 46 1	4S 5 41
2	15 57 55	19 47 48	17 16 25	23 44 2	7 45 39	21 23 4	23 46 2	4 5 21
3	16 3 8	20 4 55	17 19 39	23 47 45	7 45 22	21 23 56	23 46 3	4 4 58
4	16 8 22	20 21 28	17 22 54	23 51 14	7 45 4	21 24 50	23 46 5	4 4 32
5	16 13 37	20 37 26	17 26 9	23 54 27	7 44 46	21 25 46	23 46 7	4 4 4
6	16 18 53	20 52 48	17 29 24	23 57 26	7 44 26	21 26 44	23 46 10	4 3 33
7	16 24 10	21 7 35	17 32 40	24 0 9	7 44 6	21 27 43	23 46 13	4 2 59
8	16 29 29	21 21 45	17 35 56	24 2 38	7 43 46	21 28 44	23 46 16	4 2 23
9	16 34 48	21 35 17	17 39 12	24 4 51	7 43 24	21 29 46	23 46 20	4 1 45
10	16 40 8	21 48 12	17 42 29	24 6 48	7 43 2	21 30 50	23 46 24	4 1 4
11	16 45 29	22 0 28	17 45 46	24 8 31	7 42 39	21 31 55	23 46 28	4 0 21
12	16 50 52	22 12 5	17 49 4	24 9 57	7 42 16	21 33 2	23 46 33	3 59 35
13	16 56 15	22 23 2	17 52 21	24 11 9	7 41 51	21 34 10	23 46 39	3 58 46
14	17 1 39	22 33 20	17 55 39	24 12 4	7 41 27	21 35 20	23 46 44	3 57 55
15	17 7 4	22 42 56	17 58 57	24 12 44	7 41 1	21 36 31	23 46 50	3 57 2
16	17 12 29	22 51 52	18 2 16	24 13 8	7 40 35	21 37 43	23 46 57	3 56 6
17	17 17 55	23 0 6	18 5 34	24 13 16	7 40 8	21 38 56	23 47 4	3 55 7
18	17 23 22	23 7 38	18 8 53	24 13 8	7 39 41	21 40 10	23 47 11	3 54 6
19	17 28 50	23 14 28	18 12 12	24 12 44	7 39 13	21 41 25	23 47 19	3 53 3
20	17 34 18	23 20 36	18 15 32	24 12 4	7 38 45	21 42 42	23 47 27	3 51 57
21	17 39 46	23 26 0	18 18 51	24 11 8	7 38 16	21 43 59	23 47 35	3 50 49
22	17 45 15	23 30 41	18 22 11	24 9 57	7 37 47	21 45 17	23 47 44	3 49 39
23	17 50 44	23 34 39	18 25 31	24 8 29	7 37 17	21 46 35	23 47 53	3 48 26
24	17 56 14	23 37 53	18 28 50	24 6 45	7 36 46	21 47 55	23 48 2	3 47 10
25	18 1 44	23 40 23	18 32 10	24 4 44	7 36 16	21 49 15	23 48 12	3 45 53
26	18 7 14	23 42 10	18 35 30	24 2 28	7 35 44	21 50 35	23 48 23	3 44 33
27	18 12 44	23 43 12	18 38 50	23 59 56	7 35 13	21 51 56	23 48 33	3 43 11
28	18 18 14	23 43 30	18 42 10	23 57 7	7 34 41	21 53 17	23 48 44	3 41 47
29	18 23 44	23 43 4	18 45 31	23 54 3	7 34 9	21 54 39	23 48 55	3 40 20
30	18 29 14	23 41 54	18 48 51	23 50 42	7 33 36	21 56 1	23 49 7	3 38 51
31	18 34 44	23S39 59	18 52 11	23S47 5	7 33 3	21N57 23	23 49 19	3S37 20

DAY Dec	♅ URANUS R.A. h m s	DECL ° ' "	♆ NEPTUNE R.A. h m s	DECL ° ' "	♇ PLUTO R.A. h m s	DECL ° ' "
1	3 47 31	19N44 44	23 59 57	1S28 49	20 20 17	23S24 2
2	3 47 21	19 44 13	23 59 55	1 28 54	20 20 23	23 23 44
3	3 47 11	19 43 42	23 59 54	1 28 59	20 20 28	23 23 26
4	3 47 1	19 43 11	23 59 53	1 29 2	20 20 34	23 23 7
5	3 46 51	19 42 40	23 59 53	1 29 5	20 20 40	23 22 48
6	3 46 41	19 42 9	23 59 52	1 29 7	20 20 46	23 22 29
7	3 46 31	19 41 38	23 59 51	1 29 8	20 20 52	23 22 10
8	3 46 21	19 41 8	23 59 51	1 29 8	20 20 58	23 21 50
9	3 46 11	19 40 38	23 59 51	1 29 8	20 21 4	23 21 31
10	3 46 2	19 40 8	23 59 50	1 29 6	20 21 10	23 21 11
11	3 45 52	19 39 38	23 59 50	1 29 4	20 21 16	23 20 51
12	3 45 42	19 39 9	23 59 50	1 29 1	20 21 23	23 20 30
13	3 45 33	19 38 40	23 59 51	1 28 58	20 21 29	23 20 10
14	3 45 24	19 38 11	23 59 51	1 28 53	20 21 36	23 19 49
15	3 45 14	19 37 42	23 59 51	1 28 47	20 21 42	23 19 28
16	3 45 5	19 37 14	23 59 52	1 28 41	20 21 49	23 19 7
17	3 44 56	19 36 46	23 59 53	1 28 34	20 21 56	23 18 46
18	3 44 47	19 36 18	23 59 54	1 28 26	20 22 3	23 18 25
19	3 44 39	19 35 51	23 59 54	1 28 17	20 22 9	23 18 3
20	3 44 30	19 35 24	23 59 56	1 28 7	20 22 16	23 17 41
21	3 44 21	19 34 57	23 59 57	1 27 57	20 22 23	23 17 19
22	3 44 13	19 34 31	23 59 58	1 27 45	20 22 31	23 16 57
23	3 44 5	19 34 6	24 0 0	1 27 33	20 22 38	23 16 35
24	3 43 57	19 33 40	0 0 1	1 27 20	20 22 45	23 16 13
25	3 43 49	19 33 16	0 0 3	1 27 6	20 22 52	23 15 51
26	3 43 41	19 32 51	0 0 5	1 26 52	20 23 0	23 15 29
27	3 43 33	19 32 27	0 0 7	1 26 36	20 23 7	23 15 6
28	3 43 26	19 32 4	0 0 9	1 26 20	20 23 14	23 14 43
29	3 43 18	19 31 41	0 0 11	1 26 3	20 23 22	23 14 21
30	3 43 11	19 31 18	0 0 14	1 25 45	20 23 29	23 13 58
31	3 43 4	19N30 56	0 0 16	1S25 27	20 23 37	23S13 35

Books by Neil F. Michelsen

The American Ephemeris 1931-1980 & Book of Tables
The American Ephemeris 1901-1930
The American Ephemeris 1941-1950
The American Ephemeris 1951-1960
The American Ephemeris 1961-1970
The American Ephemeris 1971-1980
The American Ephemeris 1981-1990
The American Ephemeris 1991-2000
The American Ephemeris for the 20th Century, 1900 to 2000 at Noon
The American Ephemeris for the 20th Century, 1900 to 2000 at Midnight
The American Ephemeris for the 21st Century, 2000 to 2050 at Noon
The American Ephemeris for the 21st Century, 2000 to 2050 at Midnight
The American Sidereal Ephemeris 1976-2000
*The American Sidereal Ephemeris 2001-2025**
The American Heliocentric Ephemeris 1901-2000
*The American Heliocentric Ephemeris 2001-2050**
The American Midpoint Ephemeris 1986-1990
The American Midpoint Ephemeris 1990-1995
*The American Midpoint Ephemeris 1996-2000**
*The American Midpoint Ephemeris 2001-2005**
The American Book of Tables
The Koch Book of Tables
The Michelsen Book of Tables
The Uranian Transneptune Ephemeris 1850-2050
Comet Halley Ephemeris 1901-1996
Search for the Christmas Star (with Maria Kay Simms)
The Asteroid Ephemeris (with Zipporah Dobyns and Rique Pottenger)
Tables of Planetary Phenomena

Printed in the United States
90164LV00001B/97-112/A